Bibliothek 4. OG
Prüfung

🖱 Online-Version inklusive!

Stellen Sie dieses Buch jetzt in Ihre „digitale Bibliothek" in der NWB Datenbank und nutzen Sie Ihre Vorteile:

- Ob am Arbeitsplatz, zu Hause oder unterwegs: Die Online-Version dieses Buches können Sie jederzeit und überall da nutzen, wo Sie Zugang zu einem mit dem Internet verbundenen PC haben.

- Die praktischen Recherchefunktionen der NWB Datenbank erleichtern Ihnen die gezielte Suche nach bestimmten Inhalten und Fragestellungen.

- Die Anlage Ihrer persönlichen „digitalen Bibliothek" und deren Nutzung in der NWB Datenbank online ist kostenlos. Sie müssen dazu nicht Abonnent der Datenbank sein.

Ihr Freischaltcode: **FBNLPXXRAYVZTPFWN**

Hoffmann/L., NWB Kommentar Bilanzierung

So einfach geht's:

① Rufen Sie im Internet die Seite **www.nwb.de/go/online-buch** auf.

② Geben Sie Ihren Freischaltcode ein und folgen Sie dem Anmeldedialog.

③ Fertig!

Die NWB Datenbank – alle digitalen Inhalte aus unserem Verlagsprogramm in einem System.

www.nwb.de

Service Booklet

NWB Kommentar Bilanzierung

Handels- und Steuerrecht

Editorial

Service Booklet
NWB Kommentar Bilanzierung

Sehr geehrte Damen und Herren,

schöpfen Sie alle Vorteile Ihres Produktes aus – schalten Sie jetzt Ihren Online-Zugang frei.

Mit Ihrem persönlichen Freischaltcode haben Sie ab sofort Zugriff auf die Inhalte des Kommentars und können gleichzeitig von den praktischen Recherchefunktionen profitieren.

Auf den nächsten Seiten erklären wir Ihnen Schritt für Schritt die Freischaltung Ihrer Online-Version und erläutern Ihnen die Vorteile der digitalen Komponente des NWB Kommentar Bilanzierung.

Mit freundlichen Grüßen

Mark Liedtke
Leitung Kundenservice

Inhaltsverzeichnis

Freischaltung Ihres Online-Zugangs 5
- ▶ Wo finden Sie Ihren Freischaltcode? 5
- ▶ So einfach schalten Sie Ihr Produkt in der Datenbank frei 6

So finden Sie Ihr Online-Produkt in der NWB Datenbank 9

Ihre Vorteile mit der Online-Version 11
- ▶ Ihre Vorteile im Überblick 12

Praxistipp 13
- ▶ Doppelansicht – Gesetzestext und Kommentierung auf einen Blick 13
- ▶ Wie rufen Sie die Doppelansicht auf? 14

Ihre Ansprechpartner 15

Freischaltung Ihres Online-Zugangs

Wo finden Sie Ihren Freischaltcode?

Sie finden Ihren Freischaltcode im Buch auf Seite II.

Online-Version inklusive!

Stellen Sie dieses Buch jetzt in Ihre „digitale Bibliothek" in der NWB Datenbank und nutzen Sie Ihre Vorteile:

- Ob am Arbeitsplatz, zu Hause oder unterwegs: Die Online-Version dieses Buches können Sie jederzeit und überall da nutzen, wo Sie Zugang zu einem mit dem Internet verbundenen PC haben.
- Die praktischen Recherchefunktionen der NWB Datenbank erleichtern Ihnen die gezielte Suche nach bestimmten Inhalten und Fragestellungen.
- Die Anlage Ihrer persönlichen „digitalen Bibliothek" und deren Nutzung in der NWB Datenbank online ist kostenlos. Sie müssen dazu nicht Abonnent der Datenbank sein.

Ihr Freischaltcode: 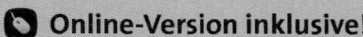 ABCDEFGHIJKLMNOP

Freischaltung Online-Zugang

So einfach schalten Sie Ihr Produkt in der Datenbank frei

Schritt 1
Rufen Sie **www.nwb.de** auf und geben Ihren persönlichen Freischaltcode in das dafür vorgesehene Eingabefeld unter „Neuprodukt freischalten" auf der rechten Seite der NWB Startseite ein. Klicken Sie dann auf „Freischalten".

Schritt 2
Bitte bestätigen Sie die Nutzungsbedingungen und Datenschutzbestimmungen und klicken auf „Freischalten".

Schritt 3
Sie haben bereits ein Benutzerkonto? Dann weiter zu Schritt 4 (auf Seite 8).

Sie haben noch kein Benutzerkonto?
Klicken Sie bitte auf den entsprechenden Link („Sollten Sie noch kein Benutzerkonto bei NWB haben, so können Sie sich hier registrieren.") neben dem Login-Button.

Wählen Sie im folgenden Anmeldedialog einen **Benutzernamen** und ein **Passwort**. Beide müssen mindestens fünf Zeichen lang sein und dürfen keine Umlaute, Leer- oder Sonderzeichen enthalten.

Jeder Benutzername wird nur einmal vergeben. Falls der von Ihnen gewählte Benutzername bereits existiert, erhalten Sie eine entsprechende Meldung. Wählen Sie in diesem Fall bitte einen anderen Benutzernamen.

Freischaltung Online-Zugang

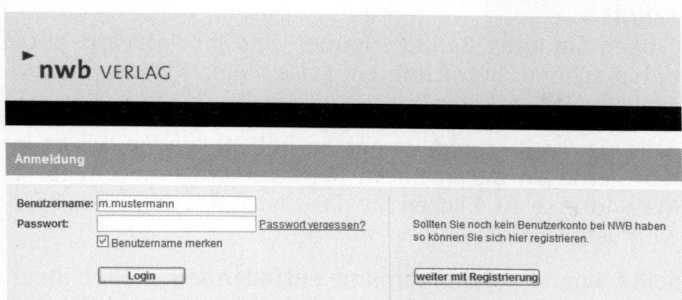

Wiederholen Sie die Eingabe des von Ihnen gewählten Passwortes und tragen Sie darunter Ihre aktuelle E-Mail-Adresse ein. Klicken Sie rechts unten auf „Weiter".

Im nächsten Schritt tragen Sie bitte Ihre Adressdaten in die entsprechende Eingabemaske ein. Falls Sie keine Privatanschrift, sondern eine Firmenadresse eingeben möchten, setzen Sie bitte einen Haken im Ankreuzfeld links neben dieser Option; die Eingabemaske ändert sich entsprechend.

Die mit „*" gekennzeichneten Felder müssen ausgefüllt werden. Haben Sie Ihre Daten vollständig eingegeben, klicken Sie bitte auf „Weiter" rechts unten.

Wenn Sie uns Ihre **Interessenschwerpunkte** mitteilen möchten, können Sie dies auf der folgenden Seite durch Ankreuzen der dort aufgeführten Themengebiete tun. Klicken Sie rechts unten auf „Registrierung abschließen".

Zur Anmeldung für Ihr Benutzerkonto, klicken Sie auf der Folgeseite auf den entsprechenden Link.

Freischaltung Online-Zugang

Schritt 4
Tragen Sie Ihren Benutzernamen und Ihr Passwort in die entsprechend bezeichneten Felder ein. Klicken Sie anschließend auf "**Login**".

Falls Sie Ihr **Passwort vergessen** haben, senden wir es Ihnen gerne an die in Ihrem Benutzerkonto hinterlegte E-Mail-Adresse zu. Klicken Sie dazu bitte auf den Link "Passwort vergessen?".

Sollte Ihnen Ihr **Benutzername entfallen** sein, helfen Ihnen unsere Service-Mitarbeiter unter Telefon 02323 / 141-960 oder per E-Mail an **support@nwb.de** gerne weiter.

Schritt 5
Sie befinden Sich nun in Ihrem Benutzerkonto. Unter dem Menüpunkt "Meine Produkte" können Sie hier Ihr Online-Produkt durch einen Klick auf den entsprechenden Button starten.

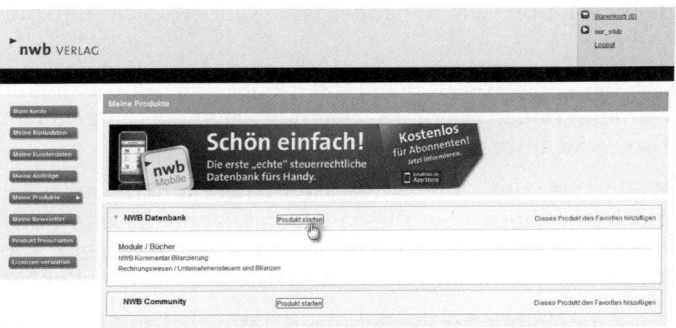

Datenbank

So finden Sie Ihr Online-Produkt in der NWB Datenbank

Schritt 1
Melden Sie sich auf der Seite **www.nwb.de** unter dem Button „Meine Online-Produkte" mit Ihrem Benutzernamen und Passwort an und klicken Sie auf „Login".

Schritt 2
Im Reiter „Meine Produkte" starten Sie die NWB Datenbank über den Button „Produkt starten". Mit **Start der Datenbank** ist auch gleichzeitig der NWB Kommentar Bilanzierung verfügbar.

Schritt 3
Klicken Sie auf der Startseite der Datenbank unter Dokumenttyp auf „**Kommentare**".

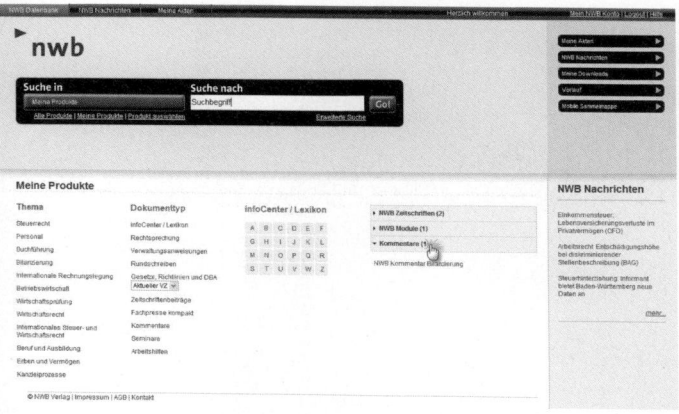

Datenbank

Schritt 4
Über die Inhaltsübersicht können Sie nun ein einzelnes Kapitel auswählen. Oder Sie geben in das Suchfenster einen Suchbegriff ein und gelangen über die Trefferliste in das entsprechende Kapitel.

Vorteile Online-Version

Ihre Vorteile mit der Online-Version

Von der intelligenten – inhaltlichen und technischen – Vernetzung durch **konsequente Querverweise** innerhalb der und zwischen den Paragraphen sowie der **Berücksichtigung des aktuellen Schrifttums** profitieren Sie als Nutzer des NWB Kommentar Bilanzierung im Rahmen der Datenbank besonders. Denn mit einem Klick können Sie z. B. direkt einen einschlägigen Aufsatz aus der Zeitschrift NWB Unternehmensteuern und Bilanzen (StuB), eine andere relevante Stelle des Kommentars oder den Gesetzestext aufschlagen.

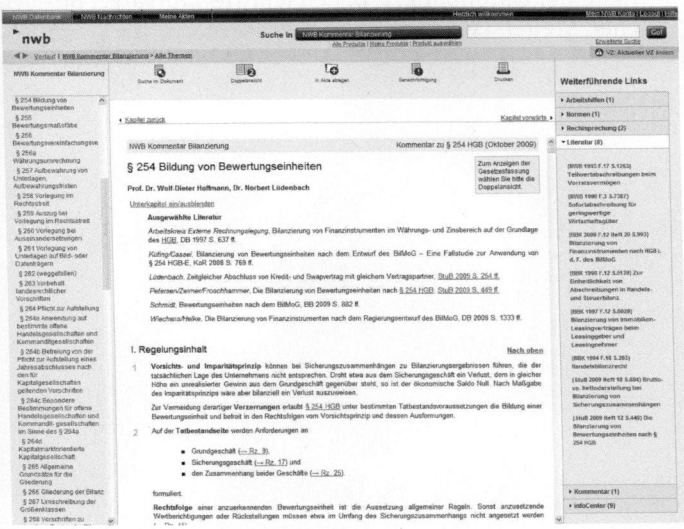

Vorteile Online-Version

Ihre Vorteile im Überblick

- Übersichtliches Inhaltsverzeichnis, aufsteigend sortiert nach Paragraphen
- Querverweise zu anderen Randziffern innerhalb der Paragraphen
- Paragraphenübergreifende Querverweise
- Weiterführende Links auf kostenfreie Verlagsinhalte der Datenbank, z. B. Gesetzestexte, Verwaltungsanweisungen und Rechtsprechung
- Weiterführende Links auf kostenpflichtige Verlagsinhalte der Datenbank, z. B. Zeitschriftenaufsätze, Bücher, Steuer-TV-Sendungen usw.

Praxistipp – Doppelansicht

Praxistipp

Doppelansicht – Gesetzestext und Kommentierung auf einen Blick

Nicht nur die intelligente Vernetzung der Paragraphen, sondern auch die technischen Feinheiten der **NWB Datenbank** sind äußerst nützlich für die Arbeit mit dem NWB Kommentar Bilanzierung.

So können Sie sich mit der **Doppelansicht** gleichzeitig den Kommentartext und den zugehörigen Gesetzestext auf den Bildschirm holen.

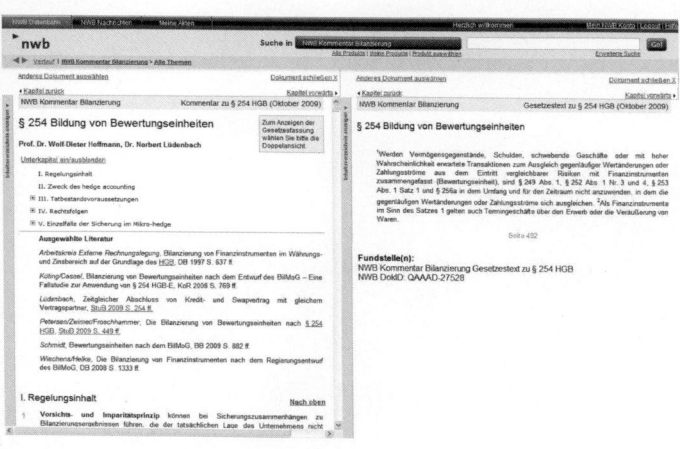

Praxistipp – Doppelansicht

Wie rufen Sie die Doppelansicht auf?

1. Schritt
Rufen Sie ein Kapitel des Kommentars auf.

2. Schritt
Über den Button „Doppelansicht" können Sie den zugehörigen Gesetzestext aufrufen.

Ihre Ansprechpartner

Sie haben **Fragen** zu den **Themen**
- Buchbestellungen,
- Abonnements,
- Rechnung und Lieferung,
- Kündigungen,
- Adressänderungen?

Wir sind für Sie da!
Sie erreichen uns montags bis donnerstags von 08.00 Uhr bis 18.00 Uhr und freitags von 08.00 Uhr bis 16.30 Uhr.

Fon 02323.141-900
Fax 02323.141-173
service@nwb.de

Bei Fragen zur **Anmeldung** oder **Nutzung** der **NWB Datenbank** erreichen Sie uns unter folgenden Kontaktdaten:

Fon 02323.141-960
suppport@nwb.de

www.nwb.de

▸nwb

Hoffmann/Lüdenbach

NWB Kommentar Bilanzierung

NWB Kommentar Bilanzierung

Handels- und Steuerrecht

Verfasst und herausgegeben von

WP/StB Prof. Dr. Wolf-Dieter Hoffmann
WP/StB Dr. Norbert Lüdenbach

2., vollständig überarbeitete und erweiterte Auflage

Zitiervorschlag:

Hoffmann/Lüdenbach, NWB Kommentar Bilanzierung, 2. Aufl., Herne 2011, § ... Rz. ...

ISBN 978-3-482-**61212**-1 (online)

ISBN 978-3-482-**59372**-7 (print)

2., vollständig überarbeitete und erweiterte Auflage 2011

© NWB Verlag GmbH & Co. KG, Herne 2009
www.nwb.de

Alle Rechte vorbehalten.

Dieses Buch und alle in ihm enthaltenen Beiträge und Abbildungen sind urheberrechtlich geschützt. Mit Ausnahme der gesetzlich zugelassenen Fälle ist eine Verwertung ohne Einwilligung des Verlages unzulässig.

Satz: Griebsch & Rochol Druck GmbH & Co. KG, Hamm

Druck: Bercker Graphischer Betrieb GmbH & Co. KG, Kevelaer

VORWORT ZUR 2. AUFLAGE

Über die beiden – in der Sprache des Steuerrechts – Veranlassungen zur Neuverfassung eines Kommentars zur HGB-Bilanzierung haben wir unsere Leser und Anwender im Vorwort zur 1. Auflage informiert. Auf die Methodik zur Erreichung der uns vorschwebenden größtmöglichen Anwendernutzung möchten wir nochmals hinweisen. Nun steht die Darstellung unserer **Beweggründe** zur 2. Auflage an:

- Zuvörderst die **hocherfreuliche Aufnahmebereitschaft** im Anwenderbereich für einen Newcomer, unterlegt mit einer ganzen Anzahl positiver **Rezensionen** im Fachschrifttum.
- Die Einbeziehung **weiterer Abschnitte** des Dritten HGB-Buches, nämlich
  - Abschlussprüfung nach §§ 316 - 324a
  - Offenlegung nach §§ 325 - 329
  - Formblattermächtigung nach § 330
  - Straf- und Bußgeldvorschriften, Zwangsgelder nach §§ 331 - 335b
  - ergänzende Vorschriften für Genossenschaften nach §§ 336 - 339
  - privates Rechnungslegungsgremium, Rechnungslegungsbeirat nach §§ 342 - 342a
  - Prüfstelle für Rechnungslegung nach §§ 342b - 342e.
- Thematische **Ergänzungen** bei den meisten Paragraphen.
- Beträchtliche Ausweitung **steuerlicher** Bilanzierungsaspekte.
- **Beseitigung** von Unvollständigkeiten, Unrichtigkeiten und Druckfehlern in der ersten Auflage.
- Die erforderliche **Aktualisierung**.

Gerade der letzte Aspekt ist uns bei der Erstellung der Zweitauflage immer wieder als besondere Herausforderung – an uns als Verfasser und an die Redaktion als Kontrollorgan – bewusst geworden. Allwöchentlich erscheinen neue Standards, Hinweise, Stellungnahmen u. Ä. zur Rechnungslegung und Prüfung oder neue höchstrichterliche Urteile und Anweisungen der Finanzverwaltung. Als **Beispiele** erwähnen wir nur:

- DRS 18 („*near final*"): latente Steuern;
- IDW RS HFA 31 n. F.: Aktivierung von Herstellungskosten;
- IDW ERS HFA 38: „Bewertungsstetigkeit";
- IDW ERS HFA 35: „Bewertungseinheiten";
- IDW PS 400: „Entwurf zur Änderung des Bestätigungsvermerks";
- BMF-Schreiben vom 12. 3. 2010: „Maßgeblichkeit";
- BMF-Schreiben vom 10. 8. 2010: „Eigene Anteile";
- BMF-Schreiben (Entwurf) vom 31. 8. 2010: „E-Bilanz";
- BFH-Beschluss vom 7. 4. 2010: „Subjektiver Fehlerbegriff";
- BFH-Urteil vom 19. 5. 2010: „Abgrenzung von Kfz-Steuern".

Dazu gesellt sich der unaufhaltsame Strom neuer Erkenntnisse im Schrifttum. Die Halbwertzeit eines auf **Aktualität** bedachten Druckstücks wird immer kürzer oder anders ausgedrückt: Der Alterungsprozess – gerade auch eines Kommentars zur Bilanzierung – bewegt sich in immer kürzeren Zeitintervallen. Dieser Verschleißerscheinung wollen wir im Interesse unserer Anwender in jährlicher Neuauflage entgegenarbeiten. Bei allen Bemühungen um Aktualität: Ein Druckwerk liegt immer auf dem Schafott und harrt des Fallbeils in Form des Redaktionsschlusses, diesmal der 1.9.2010.

Zur Bewältigung dieser Herausforderung haben uns in der 2. Auflage wiederum Frau Monika Gabrysiak und Frau Vera Heise bei der technischen Erfassung der Manuskripte in gewohnter, d. h. hervorragender Form unterstützt. Die redaktionelle Betreuung seitens des Verlags haben erneut die Herren Dr. Frank Stüllenberg und Dipl.-Ök. Patrick Zugehör in der ihnen eigenen Zuverlässigkeit wahrgenommen. Allen genannten Personen gilt unser herzlicher Dank.

Selbstverständlich sind wir für Verbesserungsvorschläge und Fehlerhinweise aus der Anwenderschaft unseres Kommentars dankbar [E-Mail: lektorat-bwl@nwb.de].

Düsseldorf und Freiburg i. Br.　　　　　　　　　　　　　　　　　　　　　Wolf-Dieter Hoffmann
im September 2010　　　　　　　　　　　　　　　　　　　　　　　　　　　Norbert Lüdenbach

AUS DEM VORWORT ZUR 1. AUFLAGE

Wer oder **was** hat uns vor knapp zwei Jahren veranlasst – oder gar verführt –, einen neuen und umfassenden Kommentar zur HGB-Rechnungslegung zu schreiben? Schrifttum in allen Formen und Volumina und unter den verschiedensten Titeln gab und gibt es hierzu mehr als reichlich. Das Thema war und ist in der Verlegersprache „besetzt". Gleichwohl war es gerade „der Verlag" (Neue Wirtschafts-Briefe), der uns vor und nach Erscheinen des BilMoG-Referentenentwurfs letztlich „überzeugt" hat. Das „**Wer**" der Eingangsfrage wäre damit beantwortet. Heute sind wir glücklich über diese Entscheidung, können wir doch dem geneigten Publikum die erste komplette Kommentierung der HGB-Rechnungslegungsvorschriften „nach BilMoG" vorlegen.

Nun aber: „**Was**" hat den Griff zur Feder veranlasst? Zusammenfassend beantwortet war es die Vision einer Gesetzeskommentierung mit **größtmöglichem Anwendernutzen**. Zur Erreichung dieses Zieles griffen wir auf die Erfahrungen im Umgang mit Gesetzeskommentierungen zurück, die wir bei unserer jahrzehntelangen praktischen Arbeit verbunden mit Lehrtätigkeit auf dem Gebiet der Rechnungslegung und Unternehmensbesteuerung sammeln konnten: „Das Gute behaltet." Dieser zeitlosen Vorgabe sind wir nachgekommen durch

- Verwendung einer einfachen und deshalb leserfreundlichen Sprache statt grammatikalischer Hochseilakrobatik,
- Benutzerführung durch unzählige Textverweise (→) innerhalb und zwischen den Paragraphen,
- Gliederung der jeweiligen Kommentierung nach dem Aufbau des Paragraphen, also unter Beachtung von dessen Absätzen und Sätzen,
- Erläuterung der abstrakten Rechtsnormen anhand von weit mehr als Tausend Beispielen, Buchungslisten, Konsolidierungstabellen, Grafiken u.Ä. (jeweils auch optisch hervorgehoben),
- unabhängige und kritische Meinungsbildung mit Bestätigung einer herrschenden Meinung oder (häufig genug) deren Ablehnung,
- größtmögliche Aktualität der Darstellung unter Berücksichtigung des Schrifttums bis Ende September 2009,
- besonders ausführliche Kommentierung wichtiger Bilanzierungsfelder, bei denen sich das HGB einer expliziten Regelung enthält, z.B. die Umsatzrealisation (→ § 252 Rz. 85 ff.) oder die Behandlung von Übergangskonsolidierungen im Konzern (→ § 301 Rz. 107 ff.),
- grundlegende Behandlung der Neuregelungen des BilMoG, z.B. der Bewertung von Pensions- und Ansammlungsrückstellungen (→ § 253 Rz. 30 ff.), der Bewertungseinheiten (→ 254) oder der latenten Steuern im Einzel- und Konzernabschluss (→ § 274 und → § 306),
- Darstellung der gesetzlichen und faktischen Wahlrechte mit ihren bilanzpolitischen Gestaltungsmöglichkeiten,
- ABC-Register (z.B. → § 249 Rz. 162), systematische Auflistungen zur BFH-Rechtsprechung (z.B. → § 250 Rz. 50 ff.) und Aufzählungen zu den Anhangangaben (→ § 284 Rz. 36).

Eine Kommentierung der handelsrechtlichen Rechnungslegungsnormen ohne Berücksichtigung der **steuerlichen** Gewinnermittlungsgrundlagen wäre weniger als eine halbe Sache, denn schließlich legt der BFH in seinen bilanzrechtlichen Entscheidungen weitaus überwiegend Handelsrecht aus – mag man mit dem Ergebnis einig gehen oder nicht. Deshalb ist die einschlägige Steuerrechtslage vollumfänglich in die Kommentierung integriert.

Die **IFRS**-Regeln haben wir der Anregung des EuGH im „BIAO"-Urteil folgend ohne förmlichen und durchgehenden Rechtsvergleich zur Erläuterung herangezogen, wo dies etwa zur Lückenfüllung sinnvoll erschien. Wenn sich allerdings das HGB spürbar unter die Fittiche der internationalen Rechnungslegung begibt, mussten wir deren Regeln im Detail aufgreifen, z. B. beim *hedge accounting* (→ § 254) und in die Zauberwelt des IAS 39 einsteigen. In der Zusammenschau von HGB, EStG und IFRS schlägt dann notgedrungen das Pendel unseres **Stichwortverzeichnisses** zwischen dem altbackenen Thema „Stilllegung eines Mühlenbetriebes" (→ § 250 Rz. 34) und dem fortschrittlichen *„receiver swap"* (→ § 254 Rz. 26).

Freiburg i. Br. und Düsseldorf
im Oktober 2009

Wolf-Dieter Hoffmann
Norbert Lüdenbach

GELEITWORT ZUR 2. AUFLAGE

Das **Bilanzrechtsmodernisierungsgesetz** (BilMoG) hat die HGB-Bilanzierung aus ihrem Dornröschenschlaf erweckt. Nach langen Jahren der Auszehrung durch die Dominanz der Internationalen Rechnungslegung hat die deutsche Tradition auf diesem Wissensgebiet ihre angestammte Bedeutung wiedererlangt. Gerade durch die weltweite Finanz- und Wirtschaftskrise erleben das Anschaffungskosten- und das Vorsichtsprinzip wieder eine Renaissance, während die *fair value*-Bilanzierung nach IFRS „als Brandbeschleuniger der Krise" gebrandmarkt wird.

Das BilMoG war die größte Reform des HGB seit über 20 Jahren, sie bricht teilweise mit traditionellen Bilanzierungsgrundsätzen. Ersteller, Prüfer und alle, die sich mit Bilanzierung befassen, müssen sich informieren und umstellen. Sie benötigen sichere und zuverlässige, aber vor allem **praktische Hilfestellungen**.

Nach der von unseren Lesern begeistert aufgenommenen 1. Auflage liegt nunmehr die 2., wesentlich erweiterte Auflage vor. Sie liefert auf über 2.200 Seiten sichere, zuverlässige und v. a. **nutzwertorientierte Informationen**. Dafür stehen die anerkannten Experten, Prof. Dr. Wolf-Dieter Hoffmann und Dr. Norbert Lüdenbach, die in bewährter Form ein Standardwerk unter Berücksichtigung der **Steuerbilanz** aus einem Guss erstellt haben. Die Verfasser sind „meinungsfreudig und meinungsstark" (so Prof. Heinrich Weber-Grellet in seiner Rezension zur 1. Auflage in DStR 4/2010 S. XVIII), sie scheuen nicht davor, pointiert eine andere Sichtweise der Dinge zu zeigen und somit häufig die sog. herrschende Meinung zu hinterfragen und **neue Lösungsansätze** zu liefern. Wer sich mit Fragen der HGB-Bilanzierung und deren steuerlichen Auswirkungen auseinandersetzen muss, kommt an diesem Kommentar nicht vorbei.

Obwohl der Stoff mitunter eine trockene Materie ist, verstehen die Verfasser, diese **sprachlich** hervorragend aufzubereiten. Sie beeindrucken durch die (scheinbare) Leichtigkeit und Anschaulichkeit, mit der sie das nicht immer einfach zugängliche Bilanz- und Steuerbilanzrecht erläutern und auslegen. Vermutlich sind dafür zwei Faktoren verantwortlich: Talent und harte Arbeit. Rem tene, verba sequentur! Was Cato der Ältere vor mehr als 2.000 Jahren äußerte, gilt auch heute noch: Beherrsche die Sache, dann fließen die Worte. Dafür sei ihnen seitens des Verlags großer Dank ausgesprochen.

Die Autoren garantieren auch für die 2. Auflage auf bewährte Art und Weise eine Kommentierung aus einem Guss mit dem Schwerpunkt auf einer **praxiserprobten Anwenderfreundlichkeit** durch

▶ unzählige Beispiele und Buchungssätze mit direkt einsetzbaren Lösungen,

▶ laufende Querverweise, die einzelnen Themen sind konzeptionell und optisch durch Verweise zwischen den verschiedenen Paragraphen (→ § ... Rz. ...) vernetzt; diese sind komfortabel in der Online-Version nutzbar,

▶ anwenderfreundliche ABC-Register sowie

▶ Checklisten für den Anhang.

Der NWB Kommentar Bilanzierung ergänzt und vertieft hervorragend die Module NWB Unternehmensteuern und Bilanzen sowie NWB Rechnungswesen, Informationen hierzu finden Sie unter www.nwb.de.

GELEITWORT

Dieser Kommentar umfasst auch eine Online-Nutzung mit all den Vorteilen einer elektronischen Nutzung. Details zur Nutzung des Freischaltcodes entnehmen Sie bitte dem beigefügten Booklet. Die zitierte Rechtsprechung ist kostenfrei abrufbar, die unzähligen Verlinkungen lassen Sie zielgerichtet navigieren.

Unser Dank gilt – neben den von den Verfassern genannten Personen – auch Frau Pia Niemeyer und Herrn Dirk Kersting, die im Lektorat mit ihrem Engagement zum Entstehen dieses Werks beigetragen haben.

Unser Ehrgeiz ist auf laufende Verbesserung in den weiteren Auflagen ausgerichtet. Anregungen, Wünsche, aber auch Kritik sind uns dazu herzlich willkommen. Bitte wenden Sie sich per Mail an lektorat-bwl@nwb.de.

Viel Erfolg mit dem NWB Kommentar Bilanzierung!

Herne im September 2010   Frank Stüllenberg und Patrick Zugehör

INHALTSÜBERSICHT

Seite

Vorwort zur 2. Auflage	V
Aus dem Vorwort zur 1. Auflage	VII
Geleitwort zur 2. Auflage	IX
Abkürzungsverzeichnis	XVII

Drittes Buch: Handelsbücher		1
Erster Abschnitt: Vorschriften für alle Kaufleute		1
Erster Unterabschnitt: Buchführung; Inventar		1
§ 238	Buchführungspflicht	1
§ 239	Führung der Handelsbücher	7
§ 240	Inventar	13
§ 241	Inventurvereinfachungsverfahren	27
§ 241a	Befreiung von der Pflicht zur Buchführung und Erstellung eines Inventars	35
Zweiter Unterabschnitt: Eröffnungsbilanz; Jahresabschluss		37
Erster Titel: Allgemeine Vorschriften		37
§ 242	Pflicht zur Aufstellung	37
§ 243	Aufstellungsgrundsatz	47
§ 244	Sprache; Währungseinheit	57
§ 245	Unterzeichnung	59
Zweiter Titel: Ansatzvorschriften		65
§ 246	Vollständigkeit; Verrechnungsverbot	65
§ 247	Inhalt der Bilanz	239
§ 248	Bilanzierungsverbote und -wahlrechte	253
§ 249	Rückstellungen	259
§ 250	Rechnungsabgrenzungsposten	335
§ 251	Haftungsverhältnisse	361
Dritter Titel: Bewertungsvorschriften		377
§ 252	Allgemeine Bewertungsgrundsätze	377
§ 253	Zugangs- und Folgebewertung	497
§ 254	Bildung von Bewertungseinheiten	587
§ 255	Bewertungsmaßstäbe	645
§ 256	Bewertungsvereinfachungsverfahren	719
§ 256a	Währungsumrechnung	735

		Seite
Dritter Unterabschnitt: Aufbewahrung und Vorlage		747
§ 257	Aufbewahrung von Unterlagen; Aufbewahrungsfristen	747
§ 258	Vorlegung im Rechtsstreit	753
§ 259	Auszug bei Vorlegung im Rechtsstreit	755
§ 260	Vorlegung bei Auseinandersetzungen	757
§ 261	Vorlegung von Unterlagen auf Bild- oder Datenträgern	759
Vierter Unterabschnitt: Landesrecht		
§ 262	(weggefallen)	
§ 263	Vorbehalt landesrechtlicher Vorschriften	761
Zweiter Abschnitt: Ergänzende Vorschriften für Kapitalgesellschaften (Aktiengesellschaften, Kommanditgesellschaften auf Aktien und Gesellschaften mit beschränkter Haftung) sowie bestimmte Personenhandelsgesellschaften		763
Erster Unterabschnitt: Jahresabschluss der Kapitalgesellschaft und Lagebericht		763
Erster Titel: Allgemeine Vorschriften		763
§ 264	Pflicht zur Aufstellung	763
§ 264a	Anwendung auf bestimmte offene Handelsgesellschaften und Kommanditgesellschaften	783
§ 264b	Befreiung von der Pflicht zur Aufstellung eines Jahresabschlusses nach den für Kapitalgesellschaften geltenden Vorschriften	789
§ 264c	Besondere Bestimmungen für offene Handelsgesellschaften und Kommanditgesellschaften im Sinne des § 264a	795
§ 264d	Kapitalmarktorientierte Kapitalgesellschaft	817
§ 265	Allgemeine Grundsätze für die Gliederung	823
Zweiter Titel: Bilanz		839
§ 266	Gliederung der Bilanz	839
§ 267	Umschreibung der Größenklassen	877
§ 268	Vorschriften zu einzelnen Posten der Bilanz; Bilanzvermerke	887
§ 269	(weggefallen)	
§ 270	Bildung bestimmter Posten	949
§ 271	Beteiligungen, Verbundene Unternehmen	955
§ 272	Eigenkapital	967
§ 273	(weggefallen)	
§ 274	Latente Steuern	1013
§ 274a	Größenabhängige Erleichterungen	1063
Dritter Titel: Gewinn- und Verlustrechnung		1065
§ 275	Gliederung	1065
§ 276	Größenabhängige Erleichterungen	1113
§ 277	Vorschriften zu einzelnen Posten der Gewinn- und Verlustrechnung	1115
§ 278	Steuern	1149

Seite

Vierter Titel: (weggefallen)
§§ 279 bis 283 (weggefallen)

Fünfter Titel: Anhang 1151
§ 284 Erläuterung der Bilanz und der Gewinn- und Verlustrechnung 1151
§ 285 Sonstige Pflichtangaben 1179
§ 286 Unterlassen von Angaben 1259
§ 287 (weggefallen)
§ 288 Größenabhängige Erleichterungen 1263

Sechster Titel: Lagebericht 1267
§ 289 Inhalt des Lageberichts 1267
§ 289a Erklärung zur Unternehmensführung 1311

Zweiter Unterabschnitt: Konzernabschluss und Konzernlagebericht 1315
Erster Titel: Anwendungsbereich 1315
§ 290 Pflicht zur Aufstellung 1315
§ 291 Befreiende Wirkung von EU/EWR-Konzernabschlüssen 1351
§ 292 Rechtsverordnungsermächtigung für befreiende Konzernabschlüsse und Konzernlageberichte 1365
§ 292a (weggefallen)
§ 293 Größenabhängige Befreiungen 1375

Zweiter Titel: Konsolidierungskreis 1385
§ 294 Einzubeziehende Unternehmen, Vorlage- und Auskunftspflichten 1385
§ 295 (weggefallen)
§ 296 Verzicht auf die Einbeziehung 1397

Dritter Titel: Inhalt und Form des Konzernabschlusses 1407
§ 297 Inhalt 1407
§ 298 Anzuwendende Vorschriften, Erleichterungen 1453
§ 299 Stichtag für die Aufstellung 1469

Vierter Titel: Vollkonsolidierung 1479
§ 300 Konsolidierungsgrundsätze, Vollständigkeitsgebot 1479
§ 301 Kapitalkonsolidierung 1485
§ 302 (weggefallen)
§ 303 Schuldenkonsolidierung 1573
§ 304 Behandlung der Zwischenergebnisse 1583
§ 305 Aufwands- und Ertragskonsolidierung 1595
§ 306 Latente Steuern 1601
§ 307 Anteile anderer Gesellschafter 1621

Fünfter Titel: Bewertungsvorschriften 1635
§ 308 Einheitliche Bewertung 1635
§ 308a Umrechnung von auf fremde Währung lautenden Abschlüssen 1645

		Seite
§ 309	Behandlung des Unterschiedsbetrags	1671

Sechster Titel: Anteilmäßige Konsolidierung — 1679
§ 310 Konsolidierung — 1679

Siebenter Titel: Assoziierte Unternehmen — 1699
§ 311 Definition, Befreiung — 1699
§ 312 Wertansatz der Beteiligung und Behandlung des Unterschiedsbetrags — 1709

Achter Titel: Konzernanhang — 1735
§ 313 Erläuterung der Konzernbilanz und der Konzern-Gewinn- und Verlustrechnung, Angaben zum Beteiligungsbesitz — 1735
§ 314 Sonstige Pflichtangaben — 1749

Neunter Titel: Konzernlagebericht — 1761
§ 315 Inhalt des Konzernlageberichts — 1761

Zehnter Titel: Konzernabschluss nach internationalen Rechnungslegungsstandards — 1767
§ 315a — 1767

Dritter Unterabschnitt: Prüfung — 1775
§ 316 Pflicht zur Prüfung — 1775
§ 317 Gegenstand und Umfang der Prüfung — 1781
§ 318 Bestellung und Abberufung des Abschlussprüfers — 1821
§ 319 Auswahl der Abschlussprüfer und Ausschlussgründe — 1837
§ 319a Besondere Ausschlussgründe bei Unternehmen von öffentlichem Interesse — 1867
§ 319b Netzwerk — 1881
§ 320 Vorlagepflicht, Auskunftsrecht — 1885
§ 321 Prüfungsbericht — 1897
§ 321a Offenlegung des Prüfungsberichts in besonderen Fällen — 1939
§ 322 Bestätigungsvermerk — 1943
§ 323 Verantwortlichkeit des Abschlussprüfers — 1983
§ 324 Prüfungsausschuss — 1999
§ 324a Anwendung auf den Einzelabschluss nach § 325 Abs. 2a — 2005

Vierter Unterabschnitt: Offenlegung, Prüfung durch den Betreiber des elektronischen Bundesanzeigers — 2007
§ 325 Offenlegung — 2007
§ 325a Zweigniederlassungen von Kapitalgesellschaften mit Sitz im Ausland — 2021
§ 326 Größenabhängige Erleichterungen für kleine Kapitalgesellschaften bei der Offenlegung — 2025
§ 327 Größenabhängige Erleichterungen für mittelgroße Kapitalgesellschaften bei der Offenlegung — 2029
§ 327a Erleichterung für bestimmte kapitalmarktorientierte Kapitalgesellschaften — 2035
§ 328 Form und Inhalt der Unterlagen bei der Offenlegung, Veröffentlichung und Vervielfältigung — 2037

			Seite
§ 329	Prüfungs- und Unterrichtungspflicht des Betreibers des elektronischen Bundesanzeigers		2043

Fünfter Unterabschnitt: Verordnungsermächtigung für Formblätter und andere Vorschriften — 2045
§ 330 Formvorschriften — 2045

Sechster Unterabschnitt: Straf- und Bußgeldvorschriften, Zwangsgelder — 2049
§ 331 Unrichtige Darstellung — 2049
§ 332 Verletzung der Berichtspflicht — 2057
§ 333 Verletzung der Geheimhaltungspflicht — 2061
§ 334 Bußgeldvorschriften — 2065
§ 335 Festsetzung von Ordnungsgeld — 2069
§ 335a (weggefallen)
§ 335b Anwendung der Straf- und Bußgeld- sowie der Ordnungsgeldvorschriften auf bestimmte offene Handelsgesellschaften und Kommanditgesellschaften — 2077

Dritter Abschnitt: Ergänzende Vorschriften für eingetragene Genossenschaften — 2079
§ 336 Pflicht zur Aufstellung von Jahresabschluss und Lagebericht — 2079
§ 337 Vorschriften zur Bilanz — 2083
§ 338 Vorschriften zum Anhang — 2087
§ 339 Offenlegung — 2091

Vierter Abschnitt: Ergänzende Vorschriften für Unternehmen bestimmter Geschäftszweige
§§ 340 bis 341p (nicht kommentiert)

Fünfter Abschnitt: Privates Rechnungslegungsgremium; Rechnungslegungsbeirat — 2093
§ 342 Privates Rechnungslegungsgremium — 2093
§ 342a Rechnungslegungsbeirat — 2099

Sechster Abschnitt: Prüfstelle für Rechnungslegung — 2103
§ 342b Prüfstelle für Rechnungslegung — 2103
§ 342c Verschwiegenheitspflicht — 2115
§ 342d Finanzierung der Prüfstelle — 2119
§ 342e Bußgeldvorschriften — 2121

Übergangsvorschriften zum Bilanzrechtsmodernisierungsgesetz — 2123
Art. 66 EGHGB — 2123
Art. 67 EGHGB — 2133

Stichwortverzeichnis — 2157

ABKÜRZUNGSVERZEICHNIS

A

a. A.	anderer Auffassung
a. a. O.	am angeführten/angegebenen Ort
a. F.	alte Fassung
AAB	Allgemeine Auftragsbedingungen
ABl EG	Amtsblatt der Europäischen Gemeinschaft (bis 31. 1. 2003)
ABl EU	Amtsblatt der Europäischen Union (seit 1. 2. 2003)
Abs.	Absatz
Abschn.	Abschnitt
Abschr.	Abschreibung
Abt.	Abteilung
ADS	Adler/Düring/Schmaltz (Kommentar)
AfA	Absetzung für Abnutzungen
AG	Aktiengesellschaft (auch Zeitschrift)
AK	Anschaffungskosten
AKEU	Arbeitskreis Externe Unternehmensrechnung der Schmalenbach-Gesellschaft für Betriebswirtschaft e. V.
AktG	Aktiengesetz
Alt.	Alternative
AltfahrzeugG	Gesetz über die Entsorgung von Altfahrzeugen
Anm.	Anmerkung
Anm. d. Verf.	Anmerkung des Verfassers/der Verfasser
AO	Abgabenordnung
APAK	Abschlussprüferaufsichtskommission
APB	Accounting Principles Board Opinion
App.	Appendix
aRAP	aktiver Rechnungsabgrenzungsposten
ARB	Allgemeine Bedingungen für die Rechtsschutzversicherung oder Accounting Research Bulletin
Arge	Arbeitsgemeinschaften des Baugewerbes
Art.	Artikel
ARUG	Gesetz zur Umsetzung der Aktionärsrichtlinie
AStG	Gesetz über die Besteuerung bei Auslandsbeziehungen
AUD	Australischer Dollar
Aufl.	Auflage
AV	Anlagevermögen
Az.	Aktenzeichen

B

BaFin	Bundesanstalt für Finanzdienstleistungsaufsicht
Bau-ARGE	Bau-Arbeitsgemeinschaft

BB	Betriebs-Berater (Zeitschrift)
Bd.	Band
BdF	Bundesministerium der Finanzen
Begr.	Begründung
Ber.	Rechtsausschuss
BetrAVG	Gesetz zur Verbesserung der betrieblichen Altersversorgung
BetrVerfG	Betriebsverfassungsgesetz
BewG	Bewertungsgesetz
BFH	Bundesfinanzhof
BFH/NV	Sammlung der Entscheidungen des Bundesfinanzhofs (Zeitschrift)
BFuP	Betriebswirtschaftliche Forschung und Praxis (Zeitschrift)
BGB	Bürgerliches Gesetzbuch
BGBl	Bundesgesetzblatt
BGH	Bundesgerichtshof
BGHZ	Entscheidungen des Bundesgerichtshofs in Zivilsachen
BilMoG	Bilanzrechtsmodernisierungsgesetz
BilMoG-RegE	Regierungsentwurf des Bilanzrechtsmodernisierungsgesetz
BilReG	Bilanzrechtsreformgesetz
BiRiLiG	Bilanzrichtliniengesetz
BMF	Bundesministerium der Finanzen
BMJ	Bundesministerium der Justiz
BR	Bundesrat
BRD	Bundesrepublik Deutschland
BR-Drucks.	Bundesratsdrucksache
BRZ	Zeitschrift für Bilanzierung und Rechnungswesen
BS	Berufssatzung
BStBk	Bundessteuerberaterkammer
BStBl	Bundessteuerblatt
BT	Bundestag
BT-Drucks.	Bundestagsdrucksache
BuW	Betrieb und Wirtschaft (Zeitschrift)
BV	Betriebsvermögen
BW	Buchwert
bzw.	beziehungsweise

C

CAD	Kanadischer Dollar
CDO	Collateralized Debt Obligation
CFL	Courant-Friedrichs-Lewy-Zahl
CH	Schweiz (Confoederatio Helvetica)
CHF	Schweizer Franken
CNC	Computerized Numerical Control
Co.	Compagnie

CPA	Certified Public Accountant	
CTA	Contractual Trust Arrangements	

D

D & O	Directors & Officers	
DAT	Deutsche Automobil Treuhand GmbH (Institution für automobile Marktforschung)	
DAX	Deutscher Aktienindex	
DB	Der Betrieb (Zeitschrift)	
DBO	Defined Benefit Obligation	
DCGK	Deutscher Corporate Governance Kodex	
DEHSt	Deutsche Emissionshandelsstelle	
DFB	Deutscher Fußball-Bund e. V.	
d. h.	das heißt	
div.	diverse(-s)	
DM	Deutsche Mark	
DPR	Deutsche Prüfstelle für Rechnungslegung	
DRS	Deutscher Rechnungslegungs Standard	
DRSC	Deutsches Rechnungslegungs Standards Committee e. V.	
DSR	Deutscher Standardisierungsrat	
DStR	Deutsches Steuerrecht (Zeitschrift)	
DStRE	DStR-Entscheidungsdienst (Zeitschrift)	
DStZ	Deutsche Steuer-Zeitung (Zeitschrift)	
DV	Datenverarbeitung	
DVFA/SG	Deutsche Vereinigung für Finanzanalyse und Asset Management/Schmalenbach-Gesellschaft	

E

EB	Eröffnungsbilanz	
eBAnz	elektronischer Bundesanzeiger	
EBIT	Earnings Before Interest and Taxes	
EBITA	Earnings Before Interest, Taxes and Amortization	
EBITDA	Earnings Before Interest, Taxes, Depreciation and Amortization	
EBT	Earnings Before Taxes	
ED	Exposure Draft	
E-DRS	Entwurf Deutscher Rechnungslegungsstandard	
EDV	Elektronische Datenverarbeitung	
EFG	Entscheidungen der Finanzgerichte (Zeitschrift)	
EG	Europäische Gemeinschaft	
EGAktG	Einführungsgesetz zum Aktiengesetz	
EGHGB	Einführungsgesetz zum Handelsgesetzbuch	
einschl.	einschließlich	
EITF	Emerging Issues Task Force	
EK	Eigenkapital	
EnWG	Gesetz über die Elektrizitäts- und Gasversorgung	

ERA		Entgelt-Rahmenabkommen
ErgBd		Ergänzungsband
ERP		Enterprise Resource Planning
ERS		Entwurf IDW Stellungnahme zur Rechnungslegung
EStDV		Einkommensteuer-Durchführungsverordnung
EStH		Einkommensteuerhinweise
EStG		Einkommensteuergesetz
EStR		Einkommensteuer-Richtlinien
etc.		et cetera
EU		Europäische Union oder in Beispielen: Enkelunternehmen
EuGH		Europäischer Gerichtshof
EURIBOR		Euro Interbank Offered Rate
evt.		eventuell
EWG		Europäische Wirtschaftsgemeinschaft
EWR		Europäischer Wirtschaftsraum

F

F		Framework
f.		folgende
FASB		Financial Accounting Standards Board
FAZ		Frankfurter Allgemeine Zeitung
FC		Fußballclub
ff.		fortfolgende
FG		Finanzgericht
FGG		Freiwillige Gerichtsbarkeit Gesetz
FGO		Finanzgerichtsordnung
FiBu		Finanzbuchhaltung
FiFo		First in – First out
FIN		FASB Interpretations
FJD		Fidschi Dollar
FK		Fremdkapital
FN		IDW Fachnachrichten (Zeitschrift)
Fn.		Fußnote
FördG		Gesetz über Sonderabschreibungen und Abzugsbeträge im Fördergebiet
FR		Frankfurter Rundschau (Zeitung) oder Finanz-Rundschau (Zeitschrift)
FS		Festschrift
FuE		Forschung und Entwicklung
FW		Fremdwährung

G

GBP		Great Britain Pound
GbR		Gesellschaft bürgerlichen Rechts
GDPdU		Grundsätze zum Datenzugriff und zur Prüfbarkeit digitaler Unterlagen
GE		Geldeinheit

gem.	gemäß
GenG	Gesetz betreffend die Erwerbs- und Wirtschaftsgenossenschaften
GewStDVO	Gewerbesteuer-Durchführungsverordnung
GewStG	Gewerbesteuergesetz
gez.	gezeichnet
GG	Grundgesetz
ggf.	gegebenenfalls
GJ	Geschäftsjahr
GKV	Gesamtkostenverfahren
Gl. A.	Gleicher Auffassung
GmbH	Gesellschaft mit beschränkter Haftung
GmbHG	Gesetz betreffend die Gesellschaften mit beschränkter Haftung
GmbHR	Gesellschafts- und Steuerrecht der GmbH und GmbH & Co. (Zeitschrift)
GmbH-StB	Der GmbH-Steuer-Berater (Zeitschrift)
GoB	Grundsätze ordnungsmäßiger Buchführung
GRL	Gewinnrücklagen
GSM	Global System for Mobile Communications
GuV	Gewinn- und Verlustrechnung
GWG	Geringwertige Wirtschaftsgüter

H

h. M.	herrschende Meinung
HB	Handelsbilanz
HB I	Handelsbilanz I
HB II	Handelsbilanz II
HFA	Hauptfachausschuss
HGB	Handelsgesetzbuch
HGrG	Gesetz über die Grundsätze des Haushaltsrechts des Bundes und der Länder
HHR	Herrmann/Heuer/Raupach (Kommentar)
HiFo	Highest in – First out
HK	Herstellungskosten
HR	Handelsregister
Hrsg.	Herausgeber

I

i. d. F.	in der Fassung
i. d. R.	in der Regel
i. e. S.	im engeren Sinn
i. Gr.	in Gründung
i. H.	in Höhe
i. S.	im Sinne
i. V.	in Verbindung
i. w. S.	im weitesten Sinne
IAS	International Accounting Standards

IASB	International Accounting Standards Board
IAS-VO	IAS-Verordnung
IDW	Institut der Wirtschaftsprüfer
– ERS	Entwurf Stellungnahme zur Rechnungslegung
– FAIT	Fachausschuss für Informationstechnologie
– HFA	Hauptfachausschuss
– PH	Prüfungshinweise
– PS	Prüfungsstandards
– RH	Rechnungslegungshinweise
– RS	Stellungnahmen zur Rechnungslegung
– S	Standards
– VFA	Versicherungsfachausschuss
IFRIC	International Financial Reporting Interpretations Committee
IFRS	International Financial Reporting Standards
IKB	Deutsche Industriebank AG
INF	Information über Steuer und Wirtschaft (Zeitschrift)
inkl.	inklusive
InvG	Investmentgesetz
InvZulG	Investitionszulagengesetz
IRZ	Zeitschrift für internationale Rechnungslegung
ISA	International Auditing Standards
IT	Informationstechnik

J

JPY	Japanischer Yen

K

KAGG	Gesetz über Kapitalanlagegesellschaften
Kap.	Kapital
Kap. & Co.	Kapital- & Co.
KapCoRiLiG	Kapitalgesellschaften- und Co-Richtlinie-Gesetz
KapRL	Kapitalrücklagen
Kfz	Kraftfahrzeug
KG	Kommanditgesellschaft
KGaA	Kommanditgesellschaft auf Aktien
KGV	Kursgewinnverhältnisse
KiFo	Konzern in – First out
KonBefrV	Verordnung über befreiende Konzernabschlüsse und Konzernlageberichte von Mutterunternehmen mit Sitz in einem Drittstaat
KonTraG	Gesetz zur Kontrolle und Transparenz im Unternehmensbereich
KoR	Zeitschrift für internationale und kapitalmarktorientierte Rechnungslegung
KöSDi	Kölner Steuerdialog (Zeitschrift)
KSM	Kirchhof/Söhn/Mellinghof (Kommentar)

KStG	Körperschaftsteuergesetz	
kum.	kumuliert	
KWG	Gesetz über das Kreditwesen	

L

L+L	Lieferungen und Leistungen
LFD	Landesfinanzdirektion
lfd.	laufend(-e)
LIBOR	London Interbank Offered Rate
LiFo	Last in – First out
LStDV	Lohnsteuer-Durchführungsverordnung
lt.	laut
LW	Landeswährung

M

m. a. W.	mit anderen Worten
m. Anm.	mit Anmerkungen
m. w. N.	mit weiteren Nachweisen
MarkenG	Gesetz über den Schutz von Marken und sonstigen Kennzeichen
MBO	Management Buy Out
MD&A	Management Discussion and Analysis
MDAX	Mid-Cap-DAX
Mio	Millionen
MoMiG	Gesetz zur Modernisierung des GmbH-Rechts und zur Bekämpfung von Missbräuchen
Mrd	Milliarden
MU	Mutterunternehmen

N

n. F.	neue Fassung
NAV	Net Asset Values
NewCo	New Corporation
NJW	Neue juristische Wochenschrift
No.	Number
Nr.	Nummer
NWB	NWB Steuer- und Wirtschaftsrecht (Zeitschrift)
NZB	Nationale Zentralbank

O

o. Ä.	oder Ähnliches
o. g.	oben genannt(-e)
OEM	Original Equipment Manufacturer
OHG	Offene Handelsgesellschaft
OLG	Oberlandesgericht

ÖPP		Öffentlich-Private Partnerschaft
öUGB		(österreichisches) Unternehmensgesetzbuch

P

p. a.		per annum
PiR		NWB Internationale Rechnungslegung (Zeitschrift)
POC		Percentage of Completion
PPP		Public Private Partnership
pRAP		passiver Rechnungsabgrenzungsposten
PU		Partnerunternehmen
PublG		Publizitätsgesetz

R

R		Richtlinie
rd.		rund
RefE		Referentenentwurf
RegE		Regierungsentwurf
RFH		Reichsfinanzhof
RHB		Roh-, Hilfs- und Betriebsstoffe
RIC		Rechnungslegungs Interpretations Committe
ROI		Return on Investment
RWZ		Österreichische Zeitschrift für Recht und Rechnungswesen
Rz.		Randziffer

S

S.		Seite
s. b. A.		sonstiger betrieblicher Aufwand
s. o.		siehe oben
S. A.		Sociedad Anónima
S:R		Status: Recht (Zeitschrift)
SCP		Société Civile Professionelle
SDAX		Small-Cap-DAX
SE		Societas Europaea
SEC		Securities and Exchange Commission
SFAS		Statements of Financial Accounting Standards
SIC		Standing Interpretations Committee
SICAV		Société d'Investissement à Capital Variable oder Società di Investimento a Capitale Variabile
sog.		sogenannt(-e)
sonst.		sonstige(-s)
SOP		Statement of Position
SPE		Special Purpose Entity
StB		Steuerbilanz
Stbg		Die Steuerberatung (Zeitschrift)

StBJb	Steuerberater-Jahrbuch
StBp	Steuerliche Betriebsprüfung (Zeitschrift)
StGB	Strafgesetzbuch
StuB	NWB Unternehmensteuern und Bilanzen (Zeitschrift)
StuW	Steuer und Wirtschaft (Zeitschrift)
StVG	Straßenverkehrsgesetz

T

TA Luft	Technische Anleitung zur Reinhaltung der Luft
TecDAX	Technologie-Werte Deutscher Aktienindex
TEHG	Treibhausgas-Emissionshandelsgesetz
TransPuG	Transparenz- und Publizitätsgesetz
TU	Tochterunternehmen
TU-D	Tochterunternehmen Deutschland
TU-USA	Tochterunternehmen USA
TÜV	Technischer Überwachungs-Verein
Tz.	Textziffer

U

u.	und
u. a.	unter anderem
u. Ä.	und Ähnliches
u. E.	unseres Erachtens
u.U.	unter Umständen
Ubg	Unternehmensbesteuerung (Zeitschrift)
UE	Umsatzerlöse
UKV	Umsatzkostenverfahren
UMTS	Universal Mobile Telecommunications System
UmwG	Umwandlungsgesetz
UmwStG	Umwandlungssteuergesetz
UR	Umsatzsteuer-Rundschau (Zeitschrift)
USA	United States of America
USD	United States Dollar
US-GAAP	United States Generally Accepted Accounting Principles
USt	Umsatzsteuer
usw.	und so weiter

V

VersicherungsaufsichtsG	Versicherungsaufsichtsgesetz
VersRiLiG	Versicherungsbilanzrichtlinie-Gesetz
VG	Vermögensgegenstände
VGH	Verwaltungsgerichtshof
vgl.	vergleiche
VO	Verordnung

VOB		Vergabe- und Vertragsordnung für Bauleistungen
vs.		versus
VV		Verlustvortrag

W

WACC		Weighted Average Cost of Capital
wistra		Zeitschrift für Wirtschafts- und Steuerstrafrecht
WPg		Die Wirtschaftsprüfung (Zeitschrift)
WpHG		Wertpapierhandelsgesetz
WM		Zeitschrift für Wirtschafts- und Bankrecht (Wertpapiermitteilungen)
WPO		Gesetz über eine Berufsordnung der Wirtschaftsprüfer

X

XBRL		eXtensible Business Reporting Language

Z

z. B.		zum Beispiel
z. T.		zum Teil
ZGR		Zeitschrift für Unternehmens- und Gesellschaftsrecht
ZIP		Zeitschrift für Wirtschaftsrecht
ZPO		Zivilprozessordnung
zzgl.		zuzüglich

Drittes Buch: Handelsbücher

Erster Abschnitt: Vorschriften für alle Kaufleute

Erster Unterabschnitt: Buchführung; Inventar

§ 238 Buchführungspflicht

(1) ¹Jeder Kaufmann ist verpflichtet, Bücher zu führen und in diesen seine Handelsgeschäfte und die Lage seines Vermögens nach den Grundsätzen ordnungsmäßiger Buchführung ersichtlich zu machen. ²Die Buchführung muss so beschaffen sein, dass sie einem sachverständigen Dritten innerhalb angemessener Zeit einen Überblick über die Geschäftsvorfälle und über die Lage des Unternehmens vermitteln kann. ³Die Geschäftsvorfälle müssen sich in ihrer Entstehung und Abwicklung verfolgen lassen.

(2) Der Kaufmann ist verpflichtet, eine mit der Urschrift übereinstimmende Wiedergabe der abgesandten Handelsbriefe (Kopie, Abdruck, Abschrift oder sonstige Wiedergabe des Wortlauts auf einem Schrift-, Bild- oder anderen Datenträger) zurückzubehalten.

Inhaltsübersicht	Rz.
I. Die Buchführungspflicht des Kaufmanns (Abs. 1 Satz 1)	1 - 11
1. Die Kaufmannseigenschaft als Auslöser der Buchführungspflicht	1 - 8
2. Die Pflicht zur Führung von Büchern	9 - 10
3. Der Informationszweck: Sichtbarmachung der Vermögenslage	11
II. Der sachverständige Dritte als Beurteilungshilfe (Abs. 1 Satz 2)	12
III. Verfolgung der Geschäftsvorfälle (Abs. 1 Satz 3)	13
IV. Kopien der Handelsbriefe (Abs. 2)	14 - 16

Ausgewählte Literatur

Eisele, Technik des betrieblichen Rechnungswesens, 7. Aufl., München 2002

IDW RS FAIT 1, Grundsätze ordnungsmäßiger Buchführung bei Einsatz von Informationstechnologie, FN IDW 2002 S. 649

BMF, Grundsätze zum Datenzugriff und zur Prüfbarkeit digitaler Unterlagen, WPg 2001 S. 852

BdF-Schreiben vom 7. 11. 1995, Grundsätze ordnungsmäßiger DV-gestützter Buchführungssysteme, BStBl 1995 I S. 738

I. Die Buchführungspflicht des Kaufmanns (Abs. 1 Satz 1)

1. Die Kaufmannseigenschaft als Auslöser der Buchführungspflicht

1 Die **Kaufmannseigenschaft** i. S. der §§ 1 ff. HGB begründet die Buchführungspflicht, aus der Bilanzierungsaufgaben entwachsen (→ § 242 Rz. 1). Umgekehrt unterliegen die Kleingewerbetreibenden (und die Freiberufler) nicht der kaufmännischen Rechnungslegung. Die generellen Abgrenzungsprobleme vom Kleingewerbebetrieb bzw. die Frage des Erfordernisses eines kaufmännisch eingerichteten Geschäftsbetriebs wirken hier fort. Wegen der Angleichung der Buchführungsvorschriften des HGB an die steuerlichen im Bereich des Einzelkaufmanns vgl. → § 241a. Materielle Bedeutung kommt diesem Fragenbereich allerdings kaum zu, da sich die Praxis ohnehin an den **steuerlichen** Vorschriften (→ Rz. 5) orientiert. Dem Abgrenzungsproblem kommt außerdem im Bereich der Buchführung wenig Bedeutung zu, weil diese, wenn sie nicht ohnehin auf eine Bilanzierung (Vermögensvergleich) ausgerichtet ist, nach den auf dem Doppik-System beruhenden EDV-Programmen ohne großes Zutun entsprechend zurechtgestrickt werden kann.

Ein (Einzel-)Kaufmann hat regelmäßig auch **privates** Vermögen, das nicht der Buchführungspflicht unterliegt und deshalb inhaltlich von diesem zu trennen ist (→ § 246 Rz. 130 ff.).

2 Jenseits des Einzugsbereichs eines **Einzel**kaufmanns muss der Kreis der (natürlichen) **Personen** bestimmt werden, die die Buchführungspflichten für die von ihnen vertretenen Gesellschaften in corpore zu erfüllen haben. Angesprochen sind bei Handelsgesellschaften und eingetragenen Genossenschaften die **Organ**mitglieder:

- der Vorstand der AG nach § 91 AktG,
- die persönlich haftenden Gesellschafter einer KGaA (§ 283 Nr. 9 AktG),
- die GmbH-Geschäftsführer (§ 41 GmbHG),
- die Vorstände der eingetragenen Genossenschaft (§ 24 GenG),
- die Liquidatoren solcher Gesellschaften (→ Rz. 8),
- bei Personenhandelsgesellschaften die persönlich haftenden Gesellschafter (§§ 114, 164 HGB).

Die Verantwortung trifft das jeweilige Organ in seiner Gesamtheit, also sämtliche Mitglieder (→ Rz. 3).

Der **stillen Gesellschaft** fehlt als reiner **Innen**gesellschaft die Kaufmannseigenschaft. Sie ist deshalb nicht buchführungspflichtig, ebenso wenig der Stille für seine Einlage. Die Buchführungspflicht trifft nur den Inhaber[1] (→ § 246 Rz. 6).

3 Bei größeren Gesellschaften ist eine **Arbeitsteilung** innerhalb der Organmitglieder aus Rationalisierungsgründen zwingend. Dabei bleibt bei allen Organmitgliedern formal in zivil- und strafrechtlicher Hinsicht die Verantwortlichkeit für die Buchführung bestehen. Diese Verantwor-

---

1 Vgl. *Blaurock*, Handbuch der stillen Gesellschaft, 7. Aufl., Köln 2010, Tz. 13.98 ff.

tung ist allerdings abgestuft: Das nach dem Geschäftsverteilungsplan nicht zuständige Organmitglied handelt dann nicht fahrlässig oder bedingt vorsätzlich, wenn es hinreichende Sorgfalt bei der Auswahl und Überwachung des zuständigen Organmitglieds walten lässt. Diese Verantwortlichkeit des nicht zuständigen Organmitglieds setzt sich dann allerdings nicht in einer weiteren Stufe auf die Überwachung der dort handelnden Personen (z. B. Buchhalter) fort. Die Überwachung der eigentlichen Buchführungsarbeit und die Kontrolle der damit verbundenen Prozesse obliegen dem zuständigen Organmitglied.

Auch sog. **faktische** Geschäftsführer sind für die Rechnungslegung „zuständig", ebenso ein **Testamentsvollstrecker** und ein **Insolvenzverwalter**, soweit sich deren Tätigkeit auf einen kaufmännischen Gewerbebetrieb erstreckt. Als Kaufmann i. S. der Rechnungslegung gilt auch die inländische **Zweigniederlassung** ausländischer Kaufleute (regelmäßig Gesellschaften). Die Kaufmannseigenschaft und damit die Buchführungspflicht nach § 1 Abs. 2 HGB erstreckt sich auch auf juristische Personen des öffentlichen Rechts, die ein gewerbliches Unternehmen betreiben.

Eine Pflicht zur **persönlichen** Erfüllung der Buchführungspflicht besteht **nicht**. Der Kaufmann bzw. das zuständige Organmitglied kann sich Hilfspersonen bedienen und die Buchführung auch außer Haus – über das Internet z. B. in Polen oder Indien – erledigen lassen (→ § 239 Rz. 11). Die persönliche Auswahl und die Überwachung bleiben als Verantwortungstatbestand dadurch unberührt. **4**

Über die Schiene des § 141 AO gehen die **handels-** und **steuerrechtlichen** Buchführungsvorschriften Hand in Hand, d. h. bei Erfüllung der kaufmännischen Verpflichtungen werden auch die ertragsteuerlichen erfüllt. Hinzu kommen aus steuerlicher Sicht noch die umfangreichen Vorgaben für die Umsatzsteuer, die EDV-technisch regelmäßig an die Buchführungspflicht im engeren Sinne nach Handels- und Steuerrecht angeknüpft werden. **5**

Die Buchführungspflicht **beginnt** im Falle der Kaufmannseigenschaft gem. § 1 Abs. 2 HGB mit dem ersten buchungspflichtigen Geschäftsvorfall. **6**

> **BEISPIEL** Meier und Müller gründen die „M+M Sushi-Home-Service OHG" durch Handschlag unter Entkorkung einer Flasche Reisweins. Gleich **danach** begeben sie sich in das Autohaus A, um einen Kleintransporter für den Heimdienst auszuwählen. Nach kurzen Verhandlungen und Beratungen durch das Autohaus wird ein entsprechender Leasingvertrag abgeschlossen, für dessen Abschluss das Autohaus eine pauschale Vermittlungsprovision von 1.000 € erhebt. Diese stellt den ersten buchungspflichtigen Geschäftsvorfall dar. Die erst später erfolgende Handelsregistereintragung als rechtsdeklarierender Akt gilt nicht als Beginn der Buchführungspflicht. Eine Eröffnungsbilanz im eigentlichen Sinn kann hier nicht erstellt werden, da bei Beginn der Buchführungspflicht weder ein Vermögensgegenstand noch eine Verbindlichkeit/Schuld vorhanden ist (→ § 242 Rz. 5).

Anders verhält es sich möglicherweise bei **Kapital**gesellschaften, die erst mit Eintragung ins Handelsregister die Kaufmannseigenschaft erlangen. Die regelmäßig vor der Eintragung bestehende Vorgesellschaft ist nach steuerlichen Kriterien mit Abschluss des notariell beurkundeten Gesellschaftsvertrags buchführungspflichtig. A. A. zufolge beginnt die Buchführungspflicht im Zeitpunkt der Einlageleistung, wobei auf diesen Zeitpunkt dann auch die Eröffnungsbilanz zu erstellen ist (→ § 242 Rz. 7). **7**

8   Die Kaufmannseigenschaft und damit die Buchführungspflicht **endet**
- mit **Aufgabe** des Geschäftsbetriebs, abgesehen von den im Nachgang noch anfallenden buchungspflichtigen Geschäftsvorfällen,
- bei den Kaufleuten kraft Eintragung (§ 2 HGB) mit der Handelsregister**löschung**.

Für Gesellschaften in **Liquidation** endet die Buchführungspflicht nicht vor der Löschung im Handelsregister (sog. Vollbeendigung); während der Liquidationsphase obliegt die Buchführungspflicht den **Liquidatoren**. Das **Insolvenz**verfahren führt nicht zur Beendigung der Buchführungspflicht.

2. Die Pflicht zur Führung von Büchern

9   Begrifflich stammt die **Buch**-Führung noch aus der Zeit, als die Geschäftsvorfälle in einem fortlaufend gehefteten Papier festgehalten worden sind, ist so gesehen in der Ära der oberitalienischen Kaufleute begründet. International hat sich der Begriff zumindest im angelsächsischen („*bookkeeping*") auch gehalten. Heutzutage mag man sich noch an das frühere amerikanische Journal erinnern, das eine gewisse Ähnlichkeit mit einem „Buch" aufzuweisen hatte.

Die Ablösung durch die Loseblattbuchführung leitete den Verzicht auf ein förmliches „Buch" im Rahmen der Buchführung ein. Die Funktion der fortlaufenden lückenlosen Erfassung und deren Nachweis übernahm das **Journal**, das auch heute noch im Zeitalter der EDV-Buchführung geführt werden muss.

10 Inzwischen ist selbst bei kleinsten Unternehmen die „Buch"-Führung durch irgendein **EDV**-System abgelöst, sei es nun in einfacheren Verhältnissen durch PC-Erfassung oder in größeren Bereichen durch Einbindung der eigentlichen Finanzbuchführung in eine unternehmensweite Datenerfassung und -verwaltung aller Unternehmensbereiche (z. B. SAP). Die Gesetzesanweisung – „Bücher zu führen" – lässt die Technik offen; der Gesetzgeber versucht gar nicht erst, sich in die „Niederungen" der Buchungstechnik hinab zu begeben, überlässt dies sinnvollerweise der Praxis und dem unbestimmten Rechtsbegriff der GoB. Diese werden speziell konkretisiert durch detaillierte Anwendungshinweise zu EDV-gestützter Buchführung, wie z. B. des IDW. Zu weiteren Einzelheiten vgl. → § 239 Rz. 8 ff.

3. Der Informationszweck: Sichtbarmachung der Vermögenslage

11 Die Buchführung stellt **keinen Selbstzweck** dar. Sie ist Vorstufe der Bilanzierung und dient insofern der Information
- des **Kaufmanns** selbst, der sich aus eigenem Interesse einen Überblick über „die Lage seines **Vermögens**" machen soll,
- der **Kapitalgeber** (Gesellschafter und Gläubiger), die über die Geschäftsentwicklung und damit die Risikoentwicklung ihres Investments informiert werden sollen,
- des **Fiskus**, der auf der Basis der handelsrechtlichen Vermögensentwicklung den steuerpflichtigen Gewinn feststellen kann.

Streitig ist, inwieweit der Kaufmann nicht nur zum Bilanzstichtag, sondern praktisch jederzeit auch unterjährig über den Stand und die Zusammensetzung seines Vermögens informiert sein muss. Nach handelsrechtlich begründeter Auffassung des BFH gilt:[2]

> „Die Verbuchung des unbaren Geschäftsverkehrs muss **jederzeit** einen Überblick über die Forderungen und Schulden der Höhe und der Zusammensetzung nach geben."

Ganz so apodiktisch, wie es der BFH formuliert, kann es in der Praxis vielfach nicht zugehen. Man denke nur an zu bewertende Schulden, wie z. B. Pensionsverpflichtungen, die jeweils nur zum Bilanzstichtag genau ermittelt werden. Der BFH spricht dabei nur von Forderungen und Schulden, aber diese allein begründen nicht die Vermögenslage des Kaufmanns. Dazu gehören insbesondere auch die Bestände des Vorratsvermögens, die ohne eine Lagerbuchführung mit tagesaktueller Bestandsführung nicht „jederzeit" die Vermögenslage widerspiegeln kann. Man darf vom Kaufmann in diesem Zusammenhang nur ein ordnungsmäßiges Vorgehen verlangen, das sich durchaus auf die tägliche Information über den Stand **bestimmter** Vermögensgegenstände und Schulden erstreckt, aber nur insoweit, als diese zur laufenden Geschäftsführung benötigt werden.

Bei **Rechtsstreitigkeiten** hat die Buchführung eine Beweissicherungsfunktion. Der Kaufmann, der seiner Verpflichtung zur Führung der Bücher nicht nachgekommen ist, kann steuerlich daher einer bis an die Obergrenze des Ermessens gehenden Schätzung seines Gewinns nichts entgegenhalten. Der sachverständige Dritte (→ Rz. 12) muss im Auftrag eines Gesellschafters, des Gerichts oder anderer Instanzen mithilfe der Buchführung auch unterjährig Feststellungen zum Vermögen und zum Gewinn treffen können.

Die Buchführungspflicht ist **öffentlich-rechtlicher** Natur. Ihre Erfüllung dient dem Schutz verschiedener Adressaten der Rechnungslegung. Die Nichterfüllung ist daher etwa im Insolvenzfall strafrechtlich sanktioniert (§ 83 Abs. 1 Nr. 5, Abs. 2 und § 283b Abs. 1 Nr. 1 StGB). Das Finanzamt kann die Erfüllung der Buchführungspflicht mit Zwangsgeld belegen (§ 328 Abs. 1 AO).

Die Buchführung dient vorrangig der Ermittlung des Vermögens am Bilanzstichtag und im Vergleich zweier Stichtage der Ermittlung des Gewinns als um Einlagen und Entnahmen bereinigte Vermögensänderungen. Letzteres wird in § 4 Abs. 1 Satz 1 EStG als Gewinnermittlung durch **Vermögensvergleich** bezeichnet.

Der Erreichung dieser Ziele dient das gesamte Buchführungsgeschehen im engeren Sinn, also in erster Linie der **Finanzbuchführung**, die durch die verschiedenen Nebenbücher ergänzt wird (→ § 239). Die Einbeziehung der Finanzbuchführung in die datentechnische Verknüpfung mit dem gesamten Unternehmen oder dem Konzern verlagert die eigentliche Buchführungstätigkeit in eine Vielzahl von solchen Nebenbüchern (Kunden-, Anlage-, Lagerbuchhaltung etc.). Das **Hauptbuch** mit seinen Konten wird „automatisch" bebucht und übt „nur" noch Kontrollfunktion aus.

---

[2] BFH-Urteil vom 2.10.1968 – I R 8/66, BStBl 1969 II S. 157.

II. Der sachverständige Dritte als Beurteilungshilfe (Abs. 1 Satz 2)

12 Das Gesetz enthält sich detaillierter Vorgaben zur Bestimmung der **Ordnungsmäßigkeit** und der Art der Buchführung (→ Rz. 10). Deshalb kann es selbst auch keinen Beurteilungsmaßstab liefern, sondern verweist auf die imaginäre Figur eines **Sachverständigen**, der sich in angemessener Zeit einen Überblick über die Geschäftsvorfälle und über die Vermögenslage verschaffen muss. Auch hier ist die Gesetzesformulierung ausgesprochen offen: Die „**angemessene Zeit**" muss individuell bestimmt werden, sie ist bei einem Großunternehmen anders zu definieren als bei einem Pizzabringdienst. Sachverständig in diesem Sinn ist regelmäßig ein Wirtschaftsprüfer, insbesondere wenn er mit der Beurteilung der Ordnungsmäßigkeit der Rechnungslegung förmlich beauftragt ist.

III. Verfolgung der Geschäftsvorfälle (Abs. 1 Satz 3)

13 Die in Abs. 1 Satz 3 geforderte Verfolgungsmöglichkeit der Geschäftsvorfälle nach Entstehung und Abwicklung ist eine (eher selbstverständliche) Anforderung an eine ordnungsmäßige Buchführung. Dazu bedarf es insbesondere eines **Belegs** („keine Buchung ohne Beleg") sowie eines **Journals** (→ Rz. 9), in dem die Buchungen nach Datum, Betrag, Konten und Belegnummer erfasst sind.

IV. Kopien der Handelsbriefe (Abs. 2)

14 Eine weitere Konkretisierung der GoB-Anforderungen stellt die in Abs. 2 verlangte **Aufbewahrungspflicht** einer mit der Urschrift übereinstimmenden Kopie der abgesandten Handelsbriefe dar – wobei auch hier die Technik nicht vorgeschrieben wird, also z. B. eine Scanner-Archivierung erlaubt ist. Die Wiedergabe muss im Interesse der Beweissicherung mit der Urschrift übereinstimmen. Eine Beschränkung auf die wesentlichen Inhalte ist unzulässig.

15 Handelsbriefe sind nach § 257 Abs. 2 HGB definiert als die ein Handelsgeschäft betreffenden Schriftstücke. Die Anforderungen von § 238 Abs. 2 HGB beziehen sich anders als in § 257 HGB nur auf die **abgesandten** Handelsbriefe. Die Beschränkung in § 238 Abs. 2 HGB auf die **Kopien** erklärt sich aus der notwendigen Aufbewahrung des Originals beim Empfänger. Umgekehrt verhält es sich bei den eingegangenen Handelsbriefen; diese befinden sich in der Verwahrung des bilanzierenden Kaufmanns. Diese Unterscheidung ist insoweit sinnvoll, als Kopien technisch als Durchschriften erstellt werden bzw. wurden. Mit der Wiedergabemöglichkeit von verschiedenen Datenträgern verliert diese Vorschrift ihre Bedeutung, denn nach § 257 Abs. 3 HGB können auch die empfangenen Handelsbriefe auf Bild- oder Datenträgern mit Wiedergabemöglichkeit aufbewahrt werden (→ § 257 Rz. 14).

16 Die Pflicht zur Aufbewahrung einer vollständigen Kopie der ausgesandten Handelsbriefe ist bei standardisierten **Auftragsbedingungen** auch dann erfüllt, wenn aus den EDV-mäßigen Aufzeichnungen hervorgeht, welche Auftragsbedingungen und Konditionen der jeweiligen Ausgangsrechnung zugrunde gelegt worden sind. Eine komplette Archivierung ist insoweit nicht notwendig.

§ 239 Führung der Handelsbücher

(1) ¹Bei der Führung der Handelsbücher und bei den sonst erforderlichen Aufzeichnungen hat sich der Kaufmann einer lebenden Sprache zu bedienen. ²Werden Abkürzungen, Ziffern, Buchstaben oder Symbole verwendet, muss im Einzelfall deren Bedeutung eindeutig festliegen.

(2) Die Eintragungen in Büchern und die sonst erforderlichen Aufzeichnungen müssen vollständig, richtig, zeitgerecht und geordnet vorgenommen werden.

(3) ¹Eine Eintragung oder eine Aufzeichnung darf nicht in einer Weise verändert werden, dass der ursprüngliche Inhalt nicht mehr feststellbar ist. ²Auch solche Veränderungen dürfen nicht vorgenommen werden, deren Beschaffenheit es ungewiss lässt, ob sie ursprünglich oder erst später gemacht worden sind.

(4) ¹Die Handelsbücher und die sonst erforderlichen Aufzeichnungen können auch in der geordneten Ablage von Belegen bestehen oder auf Datenträgern geführt werden, soweit diese Formen der Buchführung einschließlich des dabei angewandten Verfahrens den Grundsätzen ordnungsmäßiger Buchführung entsprechen. ²Bei der Führung der Handelsbücher und der sonst erforderlichen Aufzeichnungen auf Datenträgern muss insbesondere sichergestellt sein, dass die Daten während der Dauer der Aufbewahrungsfrist verfügbar sind und jederzeit innerhalb angemessener Frist lesbar gemacht werden können. ³Absätze 1 bis 3 gelten sinngemäß.

Inhaltsübersicht	Rz.
I. Überblick	1
II. Lebende Sprache und Abkürzungen (Abs. 1)	2 - 4
III. Vollständigkeit (Abs. 2)	5 - 6
IV. Veränderungsverbot (Abs. 3)	7
V. Bestimmte Buchführungsformen (Abs. 4)	8 - 10
VI. Ort der Buchführung	11

Ausgewählte Literatur

Eisele, Technik des betrieblichen Rechnungswesens, 7. Aufl., München 2002

Fröhlich/Heese, Ordnungsmäßigkeit und Sicherheit der rechnungslegungsbezogenen Informationssysteme im E-Business, WPg 2001 S. 589

Lange/Regnier, Die Verlagerung der elektronischen Buchführung in das Ausland, DB 2009 S. 1256

Schuppenhauer, Grundsätze ordnungsmäßiger Datenverarbeitung im Rechnungswesen, WPg 2000 S. 128

Zepf, Grundsätze ordnungsmäßiger DV-gestützter Buchführungssysteme, DStR 1996 S. 1259

I. Überblick

In § 239 HGB werden die gesetzlichen Anforderungen an die **Ordnungsmäßigkeit** der Buchführung in verschiedener Hinsicht konkretisiert. Die Anweisungen sind dabei – sinnvollerweise – nicht sehr weitgehend, vielmehr teilweise als Selbstverständlichkeit zu werten oder zirkulär, 1 wenn in Abs. 4 Satz 1 bezüglich des angewandten Buchführungssystems wieder auf die GoB zurückverwiesen wird. Die **Zurückhaltung** des Gesetzgebers (→ § 238 Rz. 10) ist sinnvoll, weil im Rahmen einer Gesetzesnorm die Vielzahl der Ausgestaltungsmöglichkeiten von Buchführungssystemen nie auch nur einigermaßen vollständig vorgegeben werden kann.

II. Lebende Sprache und Abkürzungen (Abs. 1)

2   Bei der Führung der Handelsbücher und sonstigen Aufzeichnungen hat sich der Kaufmann einer **lebenden** Sprache zu bedienen. Als tot gilt bei engem Verständnis eine Sprache dann, wenn sie von niemandem als Muttersprache genutzt wird. Tot in diesem Sinne wäre etwa die phönizisch-punische, aber auch die lateinische Sprache. Als lebend kann lateinisch hingegen gelten, wenn darauf abgestellt wird, ob sie von bestimmten Kreisen (etwa den Angehörigen des Vatikans im privaten oder beruflichen Verkehr) regelmäßig benutzt wird.

Ohnehin wird aber niemand auf die Idee kommen, irgendwelche Buchführungsunterlagen, Journale etc. in phönizisch-punischer Sprache wiederzugeben. Vielleicht gedenkt aber eine inländische Niederlassung eines vatikanischen Unternehmens dereinst ihre Bücher in Latein zu führen. In einem solchen Fall dürfte man nicht unpäpstlicher als der Papst sein; die Verwendung von Latein wäre vertretbar.

Die Buchführung muss jedenfalls **nicht in Deutsch** erstellt werden, Englisch oder eine andere gängige Fremdsprache sind ohne Weiteres zulässig. Dazu kommt: In zeitgemäßen Buchungssystemen werden ohnehin kaum Texte erfasst. Texte sind auf den Belegen enthalten, und diese wiederum werden in den gängigen Fremdsprachen oder auch in seltenen Fremdsprachen – z. B. Litauisch – erstellt und sind nach der Gesetzesvorgabe „anzuerkennen". Niemand kann deshalb eine Übersetzung in Deutsch verlangen, wie dies mitunter in anderen Rechtsbereichen verlangt wird. Allerdings kann sich die **Finanzverwaltung** eine deutsche Übersetzung ausbedingen. Ein solches Verlangen darf nur nach dem Grundsatz der Verhältnismäßigkeit ausgesprochen werden, wenn also mit der Übersetzung ein besonderes steuerliches Interesse verknüpft ist.

3   Dem vorstehenden Befund steht die Vorgabe in § 244 HGB nicht entgegen. Der **Jahresabschluss** (nicht die Buchführung) kann nach Maßgabe des Kontenplans und der darauf aufbauenden EDV-Systematik in deutscher Sprache erfolgen, auch wenn die Kontenbezeichnung, die hinter dem einzelnen Abschlussposten steht, im EDV-System in Englisch beschrieben ist. Gleiches gilt für die **Währung**: Sollte die laufende Buchhaltung in Schweizer Franken gefertigt werden, kann ohne Probleme nach einem bestimmten System eine Übertragung in Euro erfolgen, z. B. aufgrund eines monatlichen Durchschnittskurses für die Erfolgskonten und eines Stichtagskurses für die Bestandskonten.

4   Im Zeitalter der **EDV**-Buchführung verliert die „Sprache" ohnehin ihre Bedeutung. Abkürzungen in Form von Symbolen, Ziffern und Buchstaben sind in ihrer Verwendung fast schon zwingend und werden durch die förmliche Erwähnung in Abs. 1 Satz 2 von Gesetzes wegen „abgesegnet". § 146 Abs. 3 AO enthält eine vergleichbare Vorgabe wie Abs. 1.

III. Vollständigkeit (Abs. 2)

Die Anforderungen in Abs. 2 stellen weitgehend eine **Selbstverständlichkeit** dar: Eine „halbe Sache" ist nicht zulässig und die „Unrichtigkeit" verpönt. „Geordnet" soll die Buchführung auch vollzogen werden, Chaos ist also unerwünscht.

Am ehesten ist der „**Zeitnähe**" ein materieller Gehalt zuzuschreiben: Eine Buchführung „Jahre danach" ist nicht zulässig (vgl. aber das unter → Rz. 8 angesprochene BFH-Urteil). Umgekehrt gilt die in der Praxis im kleineren Bereich übliche monatliche Erfassung durch Fernbuchführung beim Steuerberater als zulässig (→ Rz. 9). Das enthebt den Kaufmann aber nicht der Pflicht zur täglichen Erledigung der Grundaufzeichnungen.[1] Dabei interpretiert der BFH „täglich" mit einer Frist von etwa zehn Tagen: Länger darf ein Geschäftsvorfall grundbuchmäßig nicht unerfasst bleiben. Dies kann durch eine übersichtliche **Rechnungsablage** nach Maßgabe der sog. Offene-Posten-Buchführung erfolgen (→ Rz. 8). Ansonsten erlaubt die zeitgemäße internetgestützte Verarbeitung der entsprechenden Daten eine „*real time*"-Erfassung. Die internen Kontrollabläufe, z. B. im Rahmen der Lagerbuchführung, zwingen förmlich zu einer solchen „pausenlosen" Datenerfassung, im Beispiel also die Übertragung der FiBu-relevanten Daten aus der Lagerbestandsführung in das Hauptbuch. Das Gebot der Zeitnähe bezieht sich vor diesem Hintergrund dann eigentlich nur noch auf die zeitlichen Abgrenzungs- und Abschlussbuchungen bei der Erstellung von Zwischen- und Jahresabschlüssen. Hier ist der Begriff der Zeitnähe über die nach Gesetz, Börsenordnung etc. vorgegebenen Aufstellungsfristen bestimmt.

IV. Veränderungsverbot (Abs. 3)

Das Verbot der Veränderung einer ursprünglichen Eintragung lässt sich eher positiv in der Buchhaltersprache formulieren: Wenn eine Buchung falsch war oder aus sonstigen Gründen geändert werden muss, gilt das **Stornierungs**gebot. Die ursprüngliche Buchung darf nicht in die Unkenntlichkeit verkommen. Dieser Vorgabe dient die fortlaufende (und nicht korrigierbare) Erfassung im Journal und muss insbesondere auch im EDV-System gewährleistet sein. Globale Datenlöschungen oder auch gezielte Vernichtung von Eintragungen sind unzulässig.

V. Bestimmte Buchführungsformen (Abs. 4)

Die Handelsbücher und sonstigen Aufzeichnungen „können" nach Abs. 4 Satz 1 auch in der „geordneten Ablage von Belegen" bestehen oder auf Datenträgern geführt werden.

Mit der „geordneten Ablage von Belegen" ist die heute nur noch sehr selten praktizierte „**Offene-Posten-Buchführung**" gemeint. Sie verzichtet auf eine getrennte Erfassung von Kunden im Debitoren- und Lieferanten im Kreditoren-Kontokorrent. Die noch nicht ausgeglichenen („offenen") Posten des jeweiligen Bereichs werden in der Belegablage von den bezahlten, also ausgeglichenen Posten getrennt. Dieses System hat sich in der Praxis weitgehend erledigt, weil sich die erforderliche Datenerfassung und -verwaltung sehr viel einfacher durch gängige EDV-Standardprogramme zur Finanzbuchführung bewerkstelligen lässt.

---

1 Vgl. hierzu im Einzelnen BFH-Urteil vom 2. 10. 1968 – I R 8/66, BStBl 1969 II S. 157.

Mit den Anforderungen an die Ordnungsmäßigkeit hat sich der BFH ausführlich befasst.[2] Entscheidend ging es um die Erfüllung der Grundaufzeichnungen im Fall einer im Monatsrhythmus erstellten **Fernbuchführung** durch einen Steuerberater. In der Offene-Posten-Buchhaltung wird der unbare Geschäftsverkehr zeitlich und sachlich festgehalten und das daraus gewonnene Zahlenmaterial in die eigentliche Buchführung „eingeschleust". Auf das Debitoren- und Kreditorenkontokorrent kann in diesem Fall verzichtet werden. Allerdings müssen abgesehen von Ablage der empfangenden und ausgehenden Rechnungen in der zeitlichen Abfolge die Rechnungsbeträge täglich addiert und auf das Debitoren- bzw. Kreditorensachkonto übernommen werden. Diesen Additionsstreifen kommt eine Art Grundbuchfunktion mit entsprechender Aufbewahrungspflicht zu.

9   Das BFH-Urteil ist zu einem Sachverhalt ergangen, der in einer Zeit spielte, in der die elektronische Datenverarbeitung im heutigen Sinn noch nicht bekannt war. Gleichwohl lassen sich daraus auch unverändert gültige Schlüsse ziehen: Das (noch) übliche Verfahren in der Fernbuchführung mit dem sog. **Pendelordner** allein genügt nicht zur Erfüllung der Ordnungsmäßigkeit. Die Ablage etc. in diesem Ordner muss vielmehr nach den vorstehend kurz skizzierten Vorgaben des BFH zur Erfüllung der Grundbuchfunktion durch den Kaufmann oder dessen Hilfskräfte erfolgen. Die spätere monatliche Erfassung im EDV-System des Steuerberaters ersetzt nicht die erforderlichen Grundaufzeichnungen (→ Rz. 6).

Allerdings sind die Tage des Pendelordners auch gezählt. Die zeitgemäße Datenübertragungstechnik erlaubt ein **zeitgleiches** Überspielen des erforderlichen Datenmaterials eines Buchhaltungsmandanten auf das EDV-Umfeld des Steuerberaters. In diesen Fällen werden die Grundaufzeichnungen durch das zugehörige EDV-Programm bezüglich der Ordnungsmäßigkeit ihrer Erstellung gewährleistet.

10 Die Aufzeichnungsführung auf „**Datenträgern**" spricht die EDV-gestützten Buchführungssysteme an, die während der Aufbewahrungsfrist verfügbar und jederzeit lesbar bereitgestellt werden müssen. „Lesbarkeit" ist auch durch die Sichtbarmachung am Bildschirm eines PC oder eines anderen Arbeitsplatzcomputers gegeben.

Die Anweisung in Abs. 4 Satz 2 bezüglich der EDV-gestützten Buchführungssysteme („auf Datenträgern") hat für den Anwender eines Standardprogramms keine praktische Bedeutung. Er muss sich vom Programmanbieter die Bestätigung eines Wirtschaftsprüfers über die Ordnungsmäßigkeit des angebotenen Systems vorlegen lassen. Eine solche Bestätigung ist regelmäßig auch steuerlich gefordert.[3] Bei prüfungspflichtigen Unternehmen ist eine solche Bestätigung Voraussetzung für die Erteilung eines uneingeschränkten Bestätigungsvermerks.[4]

Anderes gilt im Falle von hoch individualisierten EDV-Systemen, in dem ein „Basis-Tool" auf die speziellen Anforderungen des Anwenders individuell angepasst wird (sog. *customizing*). Hier sind die **Ordnungsmäßigkeits**anforderungen nicht mehr allein durch ein Zertifikat zur Software nachzuweisen. Der individualisierten Ausgestaltung des Programms muss im Prüfungs-

---

2 BFH-Urteil vom 2. 10. 1968 – I R 8/66, BStBl 1969 II S. 157.
3 BMF-Schreiben vom 7. 11. 1995 – S 0316, BStBl I S. 738; H5 EStH, § 146 Abs. 4 und 5 AO.
4 IDW HFA PS 880.

fall eine gleichgelagerte Systemprüfung zugeordnet werden, d. h. das EDV-System selbst ist Gegenstand der Abschlussprüfung.⁵

Wegen der **EDV**-gestützten Finanzbuchführung wird im Übrigen auf die dieser Kommentierung vorangestellte Literaturübersicht verwiesen (→ § 317 Rz. 27 ff.).

VI. Ort der Buchführung

Im Zeitalter der sekundenschnellen Datenübertragung kann die Landesgrenze keine Sperre zur Erfüllung der Buchführungspflichten mehr aufbauen. Die Vorreiterrolle gebührt diesbezüglich dem Steuererhebungsverfahren. Dieses erlaubt in § 146 Abs. 2 AO die Erledigung der Buchführungsarbeiten für ausländische Betriebsstätten an deren Sitz, außerdem die Erfüllung der elektronischen Buchführungen gem. § 146 Abs. 2a AO im EU-Ausland unter Beachtung bestimmter Auflagen.⁶   11

---

5 IDW HFA PS 330.
6 Zu Einzelheiten vgl. *Lange/Rengier*, DB 2009 S. 1256.

§ 240 Inventar

(1) Jeder Kaufmann hat zu Beginn seines Handelsgewerbes seine Grundstücke, seine Forderungen und Schulden, den Betrag seines baren Geldes sowie seine sonstigen Vermögensgegenstände genau zu verzeichnen und dabei den Wert der einzelnen Vermögensgegenstände und Schulden anzugeben.

(2) [1]Er hat demnächst für den Schluss eines jeden Geschäftsjahrs ein solches Inventar aufzustellen. [2]Die Dauer des Geschäftsjahrs darf zwölf Monate nicht überschreiten. [3]Die Aufstellung des Inventars ist innerhalb der einem ordnungsmäßigen Geschäftsgang entsprechenden Zeit zu bewirken.

(3) [1]Vermögensgegenstände des Sachanlagevermögens sowie Roh-, Hilfs- und Betriebsstoffe können, wenn sie regelmäßig ersetzt werden und ihr Gesamtwert für das Unternehmen von nachrangiger Bedeutung ist, mit einer gleich bleibenden Menge und einem gleich bleibenden Wert angesetzt werden, sofern ihr Bestand in seiner Größe, seinem Wert und seiner Zusammensetzung nur geringen Veränderungen unterliegt. [2]Jedoch ist in der Regel alle drei Jahre eine körperliche Bestandsaufnahme durchzuführen.

(4) Gleichartige Vermögensgegenstände des Vorratsvermögens sowie andere gleichartige oder annähernd gleichwertige bewegliche Vermögensgegenstände und Schulden können jeweils zu einer Gruppe zusammengefasst und mit dem gewogenen Durchschnittswert angesetzt werden.

Inhaltsübersicht	Rz.
I. Übersicht zum Regelungsgehalt	1
II. Die Funktionalität der Inventur (Abs. 1)	2 - 16
1. Vorstufe der Bilanzierung	2 - 3
2. Zweck der Inventur	4
3. Arten der Bestandsaufnahme, Anwendungsbereiche	5 - 16
III. Die Vorräteinventur	17 - 21
1. Ordnungsmäßigkeit	17 - 18
2. Integration in das IT-System	19 - 21
IV. Geschäftsjahr (Abs. 2)	22
V. Festbewertung (Abs. 3)	23 - 33
1. Handelsrechtlich	23 - 24
2. Steuerlich	25 - 29
3. Buchmäßige Behandlung	30 - 31
4. Anwendungsbereiche	32 - 33
VI. Gruppenbewertung (Abs. 4)	34 - 36

Ausgewählte Literatur

Büttner/Wenzel, Die Bewertung von Wirtschaftsgütern mit einem Festwert, DB 1992 S. 1893

Quick, Aufnahmeplan und Inventuranweisungen, BB 1991 S. 723

I. Übersicht zum Regelungsgehalt

1   In Abs. 1 wird das Erfordernis eines **Bestandsverzeichnisses** (Inventar) für die bilanzierbaren Vermögensgegenstände und Verbindlichkeiten normiert. In der zeitlichen Abfolge wird dieses Erfordernis auf den **Beginn** des Handelsgewerbes festgelegt.

In Abs. 2 erfolgt eine Weiterführung dieser Vorgabe auf das **Ende** des Geschäftsjahrs (Bilanzstichtag). Sodann werden die **Dauer** des Geschäftsjahrs und die **Frist** für die Erstellung des Inventars geregelt.

Abs. 3 enthält eine **Vereinfachungsvorschrift** für die Inventarisierung von Sachanlagevermögen und Rohmaterial durch die Bildung eines sog. **Festwerts**.

In Abs. 4 ist eine **weitere Vereinfachung** durch **Gruppen-** und **Durchschnitts**bewertung für gleichartige Vermögensgegenstände und Verbindlichkeiten (Schulden) vorgesehen.

Die Inventarisierungspflicht **trifft**

- den Kaufmann (→ § 238 Rz. 1)
- zu Beginn (→ § 242 Rz. 3)
- seines Handelsgewerbes (→ § 238 Rz. 1)
- und wiederholt sich am Schluss eines jeden Geschäftsjahrs (Bilanzstichtag, → § 242 Rz. 11).

II. Die Funktionalität der Inventur (Abs. 1)

1. Vorstufe der Bilanzierung

2   Das Inventar selbst ist inhaltlich durch die Aufführung **einzelner Bilanzposten** in Abs. 1 Satz 1 konkretisiert. Das Inventar stellt demnach ein Verzeichnis dar, das man sich in der Praxis nicht als lückenlose Folge in gehefteter Form vorstellen darf. In weiten Bereichen geht das Inventar Hand in Hand mit den erforderlichen Auflistungen für einzelne Bilanzposten. Man kann deshalb das Inventar als eine Art **Vorstufe** der Bilanzierung bezeichnen.

Technisch erfolgt die Inventarerstellung durch die **Inventur**, d. h. durch ein Verfahren zur Ermittlung der in das Inventar und damit in die Bilanz einzubeziehenden Vermögensgegenstände und Schulden. Dabei ist die Inventur förmlich in § 240 HGB nicht angesprochen, aber implizit als wesentlicher Teil des Gesetzesinhalts zu verstehen. Insofern liefert § 241 HGB zu den Vereinfachungsverfahren der Inventuraufnahme eine **Ergänzung** des § 240 HGB.

3   Nach dem Gesetzeswortlaut müssen nicht nur die einzelnen Sachen, Rechte, Schulden etc. aufgenommen, d. h. dem Grunde nach erfasst, sondern auch **bewertet** werden. Andererseits ist die Bewertung solcher Posten die ureigenste Aufgabe der Bilanzierung gem. §§ 252 ff. HGB. Insofern mag man die Gesetzesvorgabe als nicht logisch oder nicht sinnvoll betrachten; praktische Probleme entstehen daraus nicht, wenn man (→ Rz. 2) die Inventarisierung als **Vorstufe der Bilanzierung** betrachtet und diese organisatorisch als Hand in Hand gehend betrachtet (→ Rz. 7).

2. Zweck der Inventur

Die Inventur soll Vollständigkeit und Richtigkeit des Inventars und damit des Bilanzausweises von Vermögensgegenständen und Schulden zu Beginn (Abs. 1) und zum Ende (Abs. 2) des Geschäftsjahrs (→ Rz. 22) gewährleisten. Aus dieser Vorgabe lassen sich zwei **Funktionen** der Inventur ableiten:

▶ **Informationsbeschaffung**: Diese Funktion ist insbesondere dann von Bedeutung, wenn für das Vorratsvermögen (bei kleineren Unternehmen) keine laufende Bestandsführung erfolgt; eine solche ist vom HGB nicht vorgeschrieben, bei größeren Unternehmen des Produktions- und Handelsbereichs aber aus Kontrollgründen unverzichtbar.

▶ **Kontrolle**: Diese Funktion kommt der Inventur bei umfassender, IT-gestützter Organisation des Rechnungswesens zu. Als Beispiel mag die Anlagenverwaltung gelten: Bei ordnungsmäßiger Anlagenbuchführung genügt ein Systemtest und eine sachlich beschränkte „Inaugenscheinnahme" in regelmäßigen Zeitabständen, die die Richtigkeit und Vollständigkeit des buchmäßigen Bestands belegt. Je zuverlässiger das Organisationssystem, desto weniger solcher „körperlicher" Stichproben sind erforderlich.

3. Arten der Bestandsaufnahme, Anwendungsbereiche

Die erforderliche **Aufnahmetechnik** (bei der Inventur) differiert nach Art der betreffenden Bilanzposten. Man kann wie folgt unterscheiden:

▶ Beleg- oder Buchinventur,
▶ Vertragsinventur („Schubladeninventur"),
▶ körperliche Bestandsaufnahme („zählen, messen, wiegen").

Die vorgenannten Verfahren sind nicht immer trennscharf zu unterscheiden. Im Bereich des **Sachanlagevermögens** stellt das Ergebnis der ordnungsmäßigen Anlagebuchführung auch das Inventar dar, ohne dass es förmlich einer körperlichen Aufnahme bedürfte. Gleichwohl ist eine solche regelmäßig – nicht an einem bestimmten Bilanzstichtag und nur in Teilbereichen – sinnvoll oder gar notwendig, um den Buchbestand mit dem effektiven abzustimmen. Solche Abstimmvorgänge können allerdings auch je nach Qualität der Organisation in vermindertem Umfang erfolgen, wenn also z. B. Anlageabgänge zwingend der Anlagebuchführung zu melden sind.

Immaterielle Vermögensgegenstände des Anlagevermögens werden ebenfalls im Rahmen der Anlagebuchführung inventarisiert. Gleichwohl muss hin und wieder in den **„Schubladen"** nachgeprüft werden, ob das betreffende Patent noch verwendet oder das vor fünf Jahren erworbene *know how* für ein Fertigungsverfahren „erschöpft" ist. Hier zeigt sich erneut die Untrennbarkeit von Inventarisierung und bilanzmäßiger Erfassung mit Bewertung in der praktischen Arbeit (→ Rz. 3).

Der typische Anwendungsfall der **Vertragsinventur** stellt die Bestandsaufnahme nicht bilanzierbarer schwebender Geschäfte (→ § 246 Rz. 4) dar, also Miet- und Leasingverhältnisse. Eine weitere Form der Schubladeninventur bezieht sich auf das Bürgschaftsobligo gem. → § 251 Rz. 22, sofern die Avale nicht organisatorisch zwingend in einem Nebenbuch erfasst werden (dann Buchinventur). Besondere Bedeutung kommt der Vertragsinventur bei betrieblichen Altersversorgungsverpflichtungen zu (→ § 249 Rz. 107).

8   Aus dieser Perspektive stellt sich auch nicht das Problem, ob **Nicht-Vermögensgegenstände** – also insbesondere **Rechnungsabgrenzungsposten** und **latente Steuern** (→ § 266 Rz. 76) – zu inventarisieren sind. Wenn Abgrenzungsposten nicht als eine Art Festwert geführt werden (→ § 250 Rz. 7) – bei kleineren Einzelbeträgen wie Kraftfahrzeugsteuer –, muss in irgendeiner Form eine **Auflistung** erfolgen, um den Bilanzausweis zu belegen. Der vergleichbar bei aktiven latenten Steuern erforderliche Beleg für den Bilanzausweis umfasst im Grunde den gesamten Rechengang zur Bemessung der aktiven Latenz (die Auflistung der temporären Differenzen, die Ermittlung von Verlustvorträgen und die Beurteilung von deren Nutzbarkeit etc.). Vgl. hierzu → § 274 Rz. 10 ff.

Die **Beleginventur** ist sachlich zwingend im Bereich von Bankkonten, Wertpapierdepots etc. anhand der Kontoauszüge und sonstigen Bankbestätigungen.

9   Eine **Buchinventur** muss im „Massengeschäft" der Kunden- und Lieferantenbuchführung erfolgen. Das informationstechnologische Umfeld der Datenerfassung und -verarbeitung stellt – ein ordnungsmäßiges System unterstellt – täglich die Bestände an Forderungen und Verbindlichkeiten in Form der sog. offenen Posten bereit. Im Ergebnis liefert also das „System" ein integriertes Inventar und den bewerteten Bilanzausweis vor individuellen oder pauschalen Abschreibungen. Ausgewählte **Saldenbestätigungen** können als Ergänzung herangezogen werden.

10 Die im landläufigen Sinne verstandene „Inventur" mit sog. **körperlicher Bestandsaufnahme** beschränkt sich dann auf weite Bereiche des **Vorratsvermögens**: Rohmaterialien, Handelswaren, fertige und unfertige Erzeugnisse. Hier muss tatsächlich zum Bilanzstichtag – wegen Ausnahmen bzw. organisatorischen Vereinfachungen und Erleichterungen vgl. → § 241 Rz. 1 – „gezählt, gemessen und gewogen" werden, vor allen Dingen Ersteres. Wegen Einzelheiten vgl. → Rz. 17 ff.

11 Aber auch im Bereich des Vorratsvermögens kann **nicht in allen** Anwendungsbereichen auf eine körperliche Bestandsaufnahme zurückgegriffen werden.

> **BEISPIEL** Die Wirtschaftsprüfungs-GmbH W hat am Bilanzstichtag eine ganze Anzahl unfertige Leistungen aufzuweisen. Diese lassen sich nicht durch „Zählen, Messen, Wiegen" inventarisieren, sondern nur anhand der Aufzeichnungen in der Betriebsbuchhaltung, in der zumindest die für die betreffenden unfertigen Arbeiten aufgelaufenen Arbeitsstunden und Spesen nachgehalten werden müssen.
>
> Der Vermögensgegenstand „unfertige Leistung" liegt hier nicht in physischer Form vor.

12 Bei **physischen** Produkten ist eine Inventarisierung durch Zählen etc. allerdings häufig nicht **möglich** bzw. **ausreichend**.

> **BEISPIEL** B erstellt schlüsselfertig Wohnhäuser. Bei der Bestandsaufnahme der unfertigen Bauleistungen kann eine effektive „Aufnahme" durch Besichtigung der Baustelle allenfalls als Kontrollfunktion dienen: Wurde überhaupt gebaut? Ist das erste Obergeschoss schon fer-

tig betoniert? Ist der Rohbau fertig gestellt? Wie weit sind die Ausbauarbeiten vorangeschritten?

Die (bewertete) Bestandsaufnahme ist letztlich anhand der Betriebsbuchhaltung (Baustellenabrechnung) vorzunehmen – also auch hier eine Buchinventur (mit der genannten physischen Kontrolle in Zweifelsfällen).

Auch **nicht bilanzierungspflichtige** Vorgänge können der Inventarpflicht unterliegen. 13

BEISPIEL Ein Mietwagenunternehmen „lebt" von den Mietverträgen. Diese müssen bzgl. des Bestehens und der Abwicklung bis zur Beendigung aus Kontrollgründen buchmäßig nachgehalten werden.

Ein Finanzinstitut erwirbt geschäftsmäßig Forderungen im Weg des echten Factoring, d. h. es übernimmt auch das Ausfallrisiko für bestehende Forderungen (→ § 246 Rz. 201). Deshalb muss das zedierende Unternehmen das Bestehen dieser Forderungen nachweisen und sinnvollerweise mindestens an einem Bilanzstichtag durch Buchinventur feststellen. Das gilt erst recht, wenn das Ausfallrisiko zwar zum überwiegenden Teil (z. B. 90 %) auf den Factor übergegangen, aber ein Selbstbehalt beim abtretenden Unternehmen verblieben ist.

Eine Bank übernimmt Bürgschaftsverpflichtungen für die verschiedensten Zwecke. Das daraus resultierende Obligo ist regelmäßig nicht bilanzierbar (→ § 251 Rz. 22). Gleichwohl bedarf es der Inventarisierung durch Vertragsinventur (→ Rz. 6).

Insbesondere bei der Inventur von Risiken ist eine **Arbeitsteilung** der agierenden Personen sinnvoll. Ein Buchhalter kann in größeren Unternehmen nicht ohne weiteres über alle Rückstellungs- oder anhangangabepflichtigen Vorgänge Bescheid wissen. Er muss „Bestätigungen" einholen, z. B. von der Rechtsabteilung wegen anhängiger/drohender Passivklagen. 14

Dem Abschlussprüfer genügen diese Bestätigungen nicht. Er will externe (unabhängige) Bestätigungen, also etwa ihm unmittelbar vom Rechtsanwalt zugehende.

In den vorstehenden Beispielen können die aus den genannten Vorgängen resultierenden **Anhangangaben** (→ § 285) datentechnisch generiert werden. M. a. W.: Auch für Zwecke der Anhangangaben bedarf es einer Inventarisierung durch eine systemgerechte Bestandsaufnahme. 15

Fraglich ist, ob auch (nur) **abstrakt bilanzierbare** Vermögensgegenstände zu inventarisieren sind. 16

BEISPIEL Die Biotec AG hat in ihrem „Bestand" mehrere erfolgversprechende Wirkstoffe gegen verschiedene Krebsformen entwickelt. Dafür sind Patente und Warenzeichen registriert. Eine Aktivierung kommt mangels sicherer Verwertbarkeit nicht in Betracht (→ § 255 Rz. 139).

U. E. ist hier sinnvollerweise eine Inventarisierung vorzunehmen, diese erfolgt praktisch aber auch schon zwangsweise in Form von Dokumenten der Rechtsabteilung oder der involvierten Anwaltsbüros. Eine förmliche Auflistung auch aus Kontrollzwecken zum jeweiligen Bilanzstichtag kann dann ohne weitere Probleme geliefert werden.

III. Die Vorräteinventur

1. Ordnungsmäßigkeit

17 Als Qualitätsmaßstab für die Durchführung einer körperlichen Bestandsaufnahme werden mitunter **Grundsätze ordnungsmäßiger Inventur** ins Gespräch gebracht.[1] Der HFA des IDW[2] hat sich dazu geäußert und die Beachtung von

- ▶ Vollständigkeit der Bestandsaufnahme,
- ▶ Richtigkeit der Bestandsaufnahme,
- ▶ Einzelerfassung der Bestände und
- ▶ Nachprüfbarkeit der Bestandsaufnahme

gefordert.

Diese Vorgaben kann man zunächst als **Selbstverständlichkeiten** verstehen, denn eine vollständige und richtige Bestandsaufnahme von Vorratsvermögen, von Briefmarkensammlungen oder von irgendwelchen anderen Sachgesamtheiten ist als Anforderung schon in die Sache hineingelegt.

18 Es bedarf also einer **Konkretisierung** im Hinblick auf spezifische Probleme bei der Inventurdurchführung:

- ▶ Die **Vollständigkeit** ist bei Vorliegen von **Konsignationslägern** gefährdet, wenn also irgendwo im In- oder Ausland dem Unternehmen zugehörige Vorratsbestandteile gelagert sind. Ein ähnliches Problem besteht dann, wenn der Lieferant am Bilanzstichtag bereits Material dem Spediteur übergeben hat, dieses aber erst nach dem Bilanzstichtag und nach der körperlichen Aufnahme beim betreffenden Unternehmen eintrifft (sog. **schwimmende** Ware).
- ▶ Vollständigkeit kann aber auch im **negativen** Sinn verstanden werden: Im Warenlager des Großhändlers X können Konsignationswaren fremder Lieferanten lagern, die dem Großhändler bilanzrechtlich nicht zuzurechnen sind.
- ▶ Die **Richtigkeit** der Bestandsaufnahme verlangt die **Identifizierung** der Sache selbst: Handelt es sich bei der Rolle Edelstahl um V4A oder V2A? Handelt es sich bei dem fertigen Pkw um einen BMW 320 oder 325?
- ▶ Der so richtig identifizierte Vermögensgegenstand ist dann auch in der **Menge** richtig zu erfassen: Der Benzinvorrat im Tanklager ist durch Peilstab zu bestimmen, die Chemikalien im Rohrleitungssystem sind mithilfe von Messzählern zu quantifizieren, die Kohlenhalde im Lagerbunker ist geometrisch zu erfassen, etc.
- ▶ Die **Einzelerfassung** ist als generelle Vorgabe zutreffend, stößt indes bei kleineren und minderwertigen Teilen schnell an ihre Grenzen: Die Rolex-Uhren beim Juwelierhändler sind problemlos einzeln zu erfassen, die Schrauben und Muttern in der Maschinenfabrik nur in irgendeiner vereinfachten Form (z. B. Unterlegscheiben mit Durchmesser 1 cm nach Aufbewahrungskartons).

---

[1] So bei ADS, 6. Aufl., § 240 Tz. 18.
[2] Stellungnahme 1/1990, WPg 1990 S. 143.

▶ Wenn die drei genannten Vorgaben (→ Rz. 17) erfüllt sind, ist damit auch die Nachprüfbarkeit gewährleistet, sofern eine entsprechende Dokumentation erfolgt.

2. Integration in das IT-System

Der Gesamtvorgang der körperlichen Bestandsaufnahme in Teilen des Vorratsvermögens muss im Zusammenhang mit der integrierten Datenerfassung und -verwaltung durch zeitgemäße IT-Systeme gesehen werden. Die schon aus Kontrollgründen zwingende Bestandsführung des eingehenden Rohmaterials bis hin zum verkaufsfähigen Produkt verhindert z. B. die Doppel- oder Nichterfassung von vorhandenen, d. h. bilanzierbaren Vermögenswerten.

> **BEISPIEL** Ein Pharmaunternehmen oder ein Versandhandelsunternehmen liefert täglich Tausende von Produkten aus. Die Bestandsführung beruht auf der Technik der sog. „Vorfakturierung", d. h. das betreffende Produkt bzw. die Ware kann das Lager oder den Unternehmensbereich nur dann verlassen, wenn im System eine Kundenrechnung generiert worden ist.

Das Thema des sog. *cut off* erledigt sich damit von selbst. Früher bestand diesbezüglich die Gefahr einer **Doppelerfassung**, weil einerseits die Rechnung eingebucht, der Lagerabgang aber noch nicht erfasst worden war; oder in umgekehrter Richtung drohte eine **Nichterfassung**.

Entsprechendes gilt im **Beschaffungsbereich**: Wenn der Lieferant zwar schon seinerseits fakturiert, die gelieferte Ware aber die Eingangskontrolle beim Abnehmer noch nicht passiert hat, kann keine Eingangsrechnung in das System eingebucht werden. Dann mag man u. U. einen fehlenden Bestand mit ebenso fehlender Kreditorenrechnung feststellen, was aber im Hinblick auf die Ergebnisneutralität zu vernachlässigen ist. Wichtig ist die Vermeidung einer **einseitigen** Erfassung, nämlich wenn Ware schon vorhanden, aber die Lieferantenrechnung noch nicht eingebucht ist oder umgekehrt.

IT-gestützte Bestandsführungssysteme für das Vorratsvermögen haben auch einen Einfluss auf die **Zeitdimension** der Inventarisierung:

▶ Es bedarf keiner Bestandsaufnahme zum Bilanz**stichtag** (→ § 241 Rz. 16),
▶ die Inventarisierung ist praktisch **täglich** oder sogar stündlich im System enthalten und bei Bedarf aufrufbar, also auch am Bilanzstichtag.

Dies gilt auch für andere Inventarbereiche, z. B. für die Kundenforderungen und Lieferanten oder die Sachanlagen. Deshalb stellt sich das Problem der zeitlichen Erstellung des Inventars nach dem Bilanzstichtag (Abs. 2 Satz 3) zumindest in diesen Bereichen nicht (mehr). Zur **Erstellungsfrist** vgl. → § 243 Rz. 24.

Wegen **Inventurvereinfachungsverfahren** vgl. → § 241 Rz. 5 ff.

IV. Geschäftsjahr (Abs. 2)

Die Dauer des Geschäftsjahrs darf zwölf Monate nicht überschreiten. Unter Geschäftsjahr (vor allem steuerrechtlich verwendetes Synonym dazu: Wirtschaftsjahr) ist die vom Kaufmann festgesetzte Rechnungsperiode zu verstehen, die in Deutschland nicht zwingend, aber praktisch immer auf ein **Monatsende** gelegt wird. Der Kaufmann kann das Geschäftsjahr im Rahmen

IV. Geschäftsjahr

seiner Organisationshoheit selbst bestimmen, was regelmäßig im Gesellschaftsvertrag bzw. in der Satzung zum Ausdruck kommt. Die **Höchstgrenze** von zwölf Monaten macht bei Neugründungen und Umstellungen des Geschäftsjahrs regelmäßig die Einführung eines **Rumpfjahrs** erforderlich, also eines Geschäftsjahrs von weniger als zwölf Monaten.

In den **IFRS** gibt es eine vergleichbare Höchstgrenze nicht. Bei Umstellung eines Geschäftsjahrs kann daher nach IAS 1.36 wahlweise ein Rumpfgeschäftsjahr (< zwölf Monate) oder ein überlanges Geschäftsjahr (> zwölf Monate, aber < 24 Monate) angesetzt werden:

> **BEISPIEL** Das bis 31.12.01 kalendergleiche Geschäftsjahr wird auf ein abweichendes vom 1.7. bis zum 30.6. laufendes umgestellt. Das Unternehmen hat nach IAS 1 folgende Alternativen für den Übergangszeitraum:
>
> ▶ Rumpfgeschäftsjahr 1.1. bis 30.6.02 (sechs Monate)
>
> ▶ Überlanges Geschäftsjahr 1.1.02 bis 30.6.03 (18 Monate).

Das Wahlrecht gilt nur für einen „reinen", nicht der Erfüllung gesellschaftsrechtlicher Vorgaben oder nationaler Publizitätspflichten dienenden, IFRS-Abschluss. Für eine in Deutschland ansässige Gesellschaft, die nach § 315a HGB pflichtweise (bei Börsennotierung) oder befreiend einen IFRS-Konzernabschluss erstellt (→ § 315a Rz. 4 ff.), ist hingegen folgende Arbeitsteilung zu beachten:

Die IFRS bestimmen nur den Modus, in dem eine nach nationalem Recht gegebene Rechnungslegungspflicht zu erfüllen ist; sie werden zum Substitut für einen sonst nach nationalem Recht zu erstellenden Abschluss. Aus dieser Substitutionsrolle der IFRS ergibt sich im deutschen Fall Folgendes:

Die Beschränkung des Berichtszeitraums auf maximal zwölf Monate ist als ein die Konzernrechnungslegungspflicht betreffender GoB anerkannt.

Würde nun bei Änderung eines bisher kalendergleichen Geschäftsjahrs auf die Bildung eines Rumpfgeschäftsjahrs verzichtet und stattdessen der Übergang durch einen mehr als 18 Monate umfassenden Berichtszeitraum abgebildet, entspräche dies zwar den IFRS, nicht aber dem Handelsrecht.

Der geforderten Arbeitsteilung zwischen Handelsrecht (Konzernrechnungslegungspflicht) und IFRS (Modus der Erfüllung) würde in diesem Fall nicht genüge getan. Wegen der Überlagerung der IFRS durch das deutsche Recht ist daher bei Änderung des Bilanzstichtags die Bildung eines Rumpfgeschäftsjahrs geboten.[3]

Steuerlich gilt die Besonderheit der Zustimmung des Finanzamts bei einem vom Kalenderjahr abweichenden Zeitraum bei zuvor gewähltem kalendergleichen Wirtschaftsjahr (§ 4a Nr. 2 EStG).

---

3 Wegen Einzelheiten *Lüdenbach*, PiR 2008 S. 292 ff.

V. Festbewertung (Abs. 3)

1. Handelsrechtlich

Die Festbewertung ist bei Erfüllung folgender **Tatbestands**merkmale zulässig: 23

- Das Verfahren bezieht sich auf Gegenstände des **Sachanlage**vermögens oder auf **Roh-, Hilfs- und Betriebsstoffe**.
- Die betreffenden Vermögensgegenstände müssen regelmäßig **ersetzt** werden.
- Der Gesamtwert der einbezogenen Vermögensgegenstände muss für das Unternehmen von **nachrangiger** Bedeutung sein.
- Der Bestand der einbezogenen Vermögensgegenstände darf nur **geringen Änderungen** in der Größe, dem Wert und der Zusammensetzung unterliegen (→ Rz. 24).
- Eine Bestandsaufnahme erfolgt regelmäßig in einem Zeitraum von **drei** Jahren.

Hinter dieser Erleichterung verbirgt sich der **Kosten-Nutzen-Gedanke**: Eine Inventarisierung ist 24 dann nicht sinnvoll, wenn die damit verbundenen Aufwendungen außer Verhältnis zum damit verbundenen Informationsnutzen stehen (→ § 252 Rz. 191).

> **BEISPIEL** In der Maschinenfabrik werden laufend Schrauben und Muttern in bestimmten Größenordnungen in der Sortierung des Edelstahls V2A benötigt. Ohne dieses Kleinmaterial kann die Produktion gar nicht durchgeführt werden. Schon deswegen erfolgt regelmäßig eine Ersatzbeschaffung.
>
> **ALTERNATIVE** Die Maschinenfabrik stellt ihr Produktionsprogramm um und beliefert nur noch Schiffsbauunternehmen. Deshalb ist das Kleinmaterial auf die Norm V4A mit wesentlich höheren Einstandspreisen umzustellen. Der vergleichbare Festwert erhöht sich signifikant.

U. E. ist ein regelmäßiger, d. h. kalendermäßig bestimmbarer Ersatzzeitpunkt oder -raum nicht zwingend zur „Erlaubnis" der Festbewertung;[4] maßgeblich muss vielmehr der betriebsbedingte Ersatzzeitpunkt sein, der u. U. – bei gerade günstigen Einkaufsmöglichkeiten – einen Vorrat von mehr als einem Geschäftsjahresverbrauch umfasst.

Dieser Befund wird durch das Kriterium der Nachrangigkeit untermauert bzw. überlagert. „Nachrangig" bedeutet „**unwesentlich**". Auch wenn man die Wesentlichkeitsgrenze nie exakt definieren kann (→ § 252 Rz. 184), liegen gerade im Beispielsfall der Maschinenfabrik die fraglichen Bestände mit Sicherheit unter der Wesentlichkeitsgrenze. Es kann dann nicht sinnvoll sein, eine Schwankung im Einkaufsbereich der Schraubenklasse XY als schädlich für die Annahme einer Festbewertung zu betrachten, wenn der Gesamtbestand schlichtweg zu vernachlässigen ist. Die Neuausstattung mit V4A-Material bewegt sich wertmäßig u. U. immer noch im unwesentlichen Bereich „für das Unternehmen", wenn auch höher als zuvor. U. E. ist die Fest-

---

[4] A. A. möglicherweise *ADS*, 6. Aufl., § 240 Tz. 78.

bewertung bis zur nächsten Bestandsaufnahme fortzuführen.[5] Wenn man gleichwohl eine quantitative Betrachtung der Wesentlichkeit für möglich hält, kann man sich z. B. an einer 5 %-Grenze[6] bezogen auf die Bilanzsumme orientieren (→ Rz. 25). Dabei sind die unternehmenstypischen Gegebenheiten zu beachten.

> **BEISPIEL** ▶ Büromaterial ist bei einem Automobilzulieferer mit Sicherheit von nachrangiger Bedeutung und wird regelmäßig beschafft und kann deshalb mit einem Festwert angesetzt werden. Anders beim Büromaterialhändler, dessen Geschäftsmodell gerade auf dieses Material ausgerichtet ist. Deshalb sind Handelswaren von der Festbewertung ausgeschlossen.

2. Steuerlich

25 Die Festbewertung ist ein typischer Fall der **übereinstimmenden** Anwendung in der Handels- und Steuerbilanz. Deshalb werden in der Bilanzierungspraxis die gegenüber den Vorgaben in § 240 Abs. 3 HGB detaillierteren Anweisungen der Finanzverwaltung durchgängig beachtet.[7] Dort ist auch die quantitative Bestimmung der **Nachrangigkeit** – notwendiges Tatbestandsmerkmal für eine Festwertbildung – von 5 % bezogen auf die Bilanzsumme für jeden einzelnen Festwert – eine recht großzügige Betrachtung – normiert. Als „Festwert" ist bei dieser Rechnung der in das Inventar eingestellte Betrag und nicht etwa der reale Wert anzunehmen.

26 Die Finanzverwaltung spezifiziert auch für den Festwert im **Anlagevermögen** das Erfordernis des Ausgleichs von Zugängen mit den Abschreibungen und Abgängen. Das soll dann der Fall sein, wenn bei erstmaliger Bildung eines Festwerts nach Vornahme der planmäßigen Abschreibungen ein „Anhaltewert" von etwa 40 % bis 50 % der tatsächlichen Anschaffungs- oder Herstellungskosten erreicht wird. Erst dann besteht das Wahlrecht zum Übergang auf das Festwertverfahren. Dieser Anhaltewert stellt einen zusammengefassten fiktiven Buchwert dar, der in etwa im Falle einer Einzelbewertung als Buchwert der einbezogenen Vermögensgegenstände erreicht würde. Dabei ist eine lineare Abschreibung zu unterstellen.

27 Im Bereich des **Umlaufvermögens** sind nach den Vorgaben der Finanzverwaltung als Bewertungsmaßstab die Anschaffungs- oder Herstellungskosten, ggf. der niedrigere Teilwert anzusetzen.

28 Die Finanzverwaltung verlangt auch eine **körperliche Bestandsaufnahme** „in bestimmten Zeitabständen", legt sich aber nicht auf die „Regel" von drei Jahren in § 240 Abs. 3 Satz 4 HGB fest. In der Praxis werden auch fünf Jahre toleriert. Die Vorgehensweise der Finanzverwaltung ist hier erfahrungsgemäß auch sehr großzügig, was letztlich in der Vorgabe der Nachrangigkeit und dem Branchenusus begründet ist.

29 Die Festbewertung kann sich inhaltlich mit den steuerlichen geringwertigen Wirtschaftsgütern des Anlagevermögens oder dem Inhalt der sog. Poolabschreibung gem. § 6 Abs. 2 EStG **überschneiden**. U. E. können diese steuerlichen Vereinfachungsvorschriften im Hinblick auf die

---

5 A. A. *Graf*, in: Haufe HGB Bilanz Kommentar, Freiburg 2009, § 240 Rz. 58.
6 So *Winkeljohann/Philipps*, in: Beck'scher Bilanz-Kommentar, 7. Aufl., München 2010, § 240 Tz. 87; ebenso *Graf*, in: Haufe HGB Bilanz Kommentar, Freiburg 2009, § 240 Rz. 57.
7 BMF-Schreiben vom 26. 2. 1992 – IV B 2 – S 2174a – 3/92, DStR 1992 S. 542; BMF-Schreiben vom 8. 3. 1993 – IV B 2 – S 2174 a – 1/93, BStBl I S. 276.

regelmäßig gegebene Unwesentlichkeit auch handelsrechtlich im Interesse einer Vereinheitlichung von handels- und steuerrechtlicher Bilanzierung übernommen werden (→ § 252 Rz. 187). U. E. gehen die Wesentlichkeitsvereinfachungen auf der Grundlage der steuerlich geringwertigen Wirtschaftsgüter bzw. der Poolabschreibungsgüter vor, sind also nicht im Rahmen der Festbewertung zu erfassen.

3. Buchmäßige Behandlung

Buchungstechnisch sind Anpassungen der Festbewertung auf geänderte Verhältnisse nach Maßgabe einer erneuten Bestandsaufnahme im **Anlage**vermögen wie folgt durchzuführen: Eine Erhöhung ist im Anlagegitter (→ § 268 Rz. 58 ff.) als **Zugang** zu verbuchen, eine Minderung als **Abgang** (→ § 268 Rz. 88). Ersatzbeschaffungen sind innerhalb des Anlagegitters als Zu- und Abgang oder außerhalb des Anlagegitters unter den „sonstigen betrieblichen Aufwendungen" (→ § 275 Rz. 57) oder als Materialaufwand (→ § 275 Rz. 23) auszuweisen. Erhöhungen und Minderungen sind als Wertveränderungen aufgrund einer turnusmäßigen Bestandsaufnahme (→ Rz. 28) zu verstehen.[8]

30

Die Ersatzbeschaffung von fest bewertetem **Vorrats**vermögen wird in der **GuV** bei Anwendung des **Gesamt**kostenverfahrens (→ § 275 Rz. 8) unter „Aufwendungen für Roh-, Hilfs- und Betriebsstoffe" (→ § 275 Rz. 21) ausgewiesen. Auf eine Anpassung des Festwerts zurückzuführende Bestandserhöhungen im sonstigen Umlauf- sowie im Anlagevermögen sind als sonstige betriebliche Erträge oder als Kürzung entsprechender Aufwandspositionen zu erfassen.

31

Beim **Umsatz**kostenverfahren (→ § 275 Rz. 61) sind Änderungen des Vorratsvermögens innerhalb der Herstellungskosten zu buchen. Änderungen bei sonstigen Posten können wie im Gesamtkostenverfahren behandelt werden.

4. Anwendungsbereiche

Branchentypische Anwendungsbereiche der Festbewertung im **Anlage**vermögen sind

32

- Gleis- und Signalanlagen im Großindustriebereich,
- Formen und Modelle in der industriellen Fertigung,
- Gerüst- und Schalmaterial im Baugewerbe,
- generell Werkzeuge, Mess- und Prüfgeräte.

Im **Umlauf**vermögen kommt die Festbewertung für Kleinmaterial, Brennstoffe (Heizölbestand) u. Ä. in Betracht.

Weitere Beispiele für zulässige Festwerte:[9]

33

- Bahnanlagen sind ein typisches Beispiel für Festbewertung,[10] allerdings nur soweit die Anlagen nicht erweitert werden.[11] Ausgenommen ist auch der Ersatz von bahneigenen in werkseigene Anlagen;[12]

---

8 Ähnlich *Graf*, in: Haufe HGB Bilanz Kommentar, Freiburg 2009, § 240 Rz. 116 ff.
9 Nach *Hoffmann*, in: Littmann/Bitz/Pust (Hrsg.), EStG, § 6 Tz. 108.
10 Zuletzt RFH-Urteil vom 19. 6. 1942 – V 183/41, RStBl S. 895.
11 RFH-Urteil vom 20. 2. 1935 – I A 105/33, RStBl S. 1113.
12 FG München, Urteil vom 9. 7. 1953 – II 107/53, DStZE 1953 S. 514.

V. Festbewertung

- Beleuchtungsanlagen, soweit es sich um Spezialanlagen für Schaufenster handelt;[13]
- Bergbauanlagen;[14]
- Geschirr in der Gastronomie etc.;[15]
- Brennstoffe;[16]
- Fette;[17]
- Feuerlöschgeräte;[18]
- Flaschen, Kästen etc. im Brauereigewerbe.[19] Hier kommt in aller Regel auch eine Sofortabschreibung nach § 6 Abs. 2 EStG in Betracht;
- Formen;[20]
- Gerüst- und Schalungsteile im Baugewerbe: Vermutlich der in der Praxis am häufigsten vorkommende Typus des Festwerts;[21]
- Gleisanlagen (siehe Bahnanlagen);
- Laboratoriumseinrichtungen;[22]
- Leuchtstoffröhren;[23]
- Mess- und Prüfgeräte;[24]
- Modelle;[25]
- Rebstöcke;[26]
- Schmieröle (siehe Fette);
- Schrauben, Nägel etc.;[27]
- Steinkohlebergbau;[28]
- Werkzeuge.[29]

Beispiele für unzulässige Festwerte:

- Baumschulkulturen;[30]
- Druck- und Prägeformen.[31]

---

13 OFD Düsseldorf, Vfg. vom 23. 8. 1962 – S 2209 A – St 11 a, DB 1962 S. 1190.
14 BMF-Schreiben vom 12. 8. 1993 – IV B 2 – S 2174a – 17/93, BB 1993 S. 1767.
15 BMF-Schreiben vom 26. 2. 1992 – IV B 2 – S 2174a – 3/92, DStR 1992 S. 542.
16 Vgl. *Veigel/Lentschig*, StBp 1994 S. 881.
17 BMF-Schreiben vom 26. 2. 1992 – IV B 2 – S 2174a – 3/92, DStR 1992 S. 542.
18 Vgl. *Veigel/Lentschig*, StBp 1994 S. 881.
19 BMF-Schreiben vom 26. 2. 1992 – IV B 2 – S 2174a – 3/92, DStR 1992 S. 542.
20 BMF-Schreiben vom 26. 2. 1992 – IV B 2 – S 2174a – 3/92, DStR 1992 S. 542.
21 BFH-Urteil vom 23. 3. 1972 – V R 139/71, BStBl II S. 683.
22 Vgl. *Veigel/Lentschig*, StBp 1994 S. 881.
23 OFD Düsseldorf, Vfg. vom 23. 8. 1962 – S 2209 A – St 11 a, DB 1962 S. 1190.
24 Vgl. *Veigel/Lentschig*, StBp 1994 S. 881.
25 BMF-Schreiben vom 26. 2. 1992 – IV B 2 – S 2174a – 3/92, DStR 1992 S. 542.
26 RFH-Urteil vom 7. 3. 1934 – VI A 959/31, RStBl S. 662.
27 Vgl. *Veigel/Lentschig*, StBp 1994 S. 881.
28 BMF-Schreiben vom 12. 8. 1993 – IV B 2 – S 2174a – 17/93, BB 1993 S. 1767.
29 BMF-Schreiben vom 26. 2. 1992 – IV B 2 – S 2174a – 3/92, DStR 1992 S. 542.; *Veigel/Lentschig*, StBp 1994 S. 881.
30 BFH-Urteil vom 3. 12. 1970 – IV R 170/67, BStBl 1971 II S. 321.
31 BFH-Urteil vom 2. 12. 1987 – X R 19/81, BStBl 1988 II S. 502.

VI. Gruppenbewertung (Abs. 4)

Eine weitere Vereinfachung für die Inventarerstellung besteht in Form der sog. **Gruppenbewertung**. Diese setzt tatbestandlich voraus: 34

- Die zu einer Gruppe zusammengefassten Vermögensgegenstände des **Vorrats**vermögens müssen gleich**artig** sein, nicht unbedingt **gleichwertig**.
- **Andere** Vermögensgegenstände und Schulden müssen gleich**artig** oder annähernd gleich**wertig** sein.

Unter diesen Voraussetzungen kann die Bewertung in einer **zusammengefassten** Gruppe mit dem gewogenen Durchschnittswert erfolgen. Dabei ist in der Praxis zwischen **gleich** und gleich**artig** kaum aufgrund allgemeiner Kriterien zu unterscheiden. Hier wird willkürfrei eine Inventar-Nr. zugeteilt, die dann in das Bewertungsverfahren in → Rz. 36 eingeführt wird. Insofern besteht kein materieller Unterschied zwischen der Gruppenbewertung gleicher und gleichartiger Vorratsgegenstände. Die Vereinfachung des Verfahrens beruht auf dem – ohnehin faktisch zwingenden – Verzicht auf die Bewertung des einzelnen konkreten Gegenstands. Im Rahmen einer ordnungsmäßigen Bestandsführung des Vorratsvermögens bedarf es der Zuteilung einer Inventar-Nr. für jeden einzelnen zu erfassenden Vermögensgegenstand. Für diesen wird der gewogene Durchschnittswert ermittelt. Eine weitere Durchschnittsbewertung macht dann keinen Sinn mehr und wird auch nicht praktiziert.

Die Finanzverwaltung folgt für Zwecke der Steuerbilanz in R 6.8 Abs. 4 EStR dieser Vorgabe. In   35
beiden Rechnungslegungskreisen ist der Anwendungsbereich der Vorschrift allerdings beschränkt bzw. nur sinnvoll zu verstehen im Zusammenhang mit den eigentlichen Bilanzbewertungsvorgaben. Dies geht aus § 256 Satz 2 HGB hervor. Danach gilt als **Regel**bewertung diejenige mit dem gewogenen Durchschnitt nach § 240 Abs. 4 HGB, die erlaubte **Ausnahme** stellt die Bewertung mit unterstellten Verbrauchsfolgen nach § 256 HGB dar. Insofern ist die Bewertungsvorgabe für die Gruppenbewertung mit dem gewogenen Durchschnittswert als Bestandteil der Inventarisierung eher verwirrend, handelt es sich doch um die Regelzugangsbewertung im Bereich des Vorratsvermögens.

Zur Ermittlung des **einfach** gewogenen Durchschnittspreises (vgl. Beispiel 1) wird die Summe   36
der mit den Mengen multiplizierten Preise des Anfangsbestands und der mit den tatsächlichen Preisen bewerteten Zugänge während des Geschäftsjahrs oder einer anderen Zeitperiode durch die Summe der Menge von Anfangsbestand und Zugang des Zeitraums dividiert; das Ergebnis wird mit dem Endbestand zum Bilanzstichtag bewertet.

VI. Gruppenbewertung

Dazu folgende Beispiele:[32]

BEISPIEL 1

	Menge	Preis je Einheit €	Gesamtpreis €
Anfangsbestand	50	5,00	250
Zugang 1	100	6,00	600
Zugang 2	200	7,00	1.400
Zugang 3	50	7,00	350
	400	6,50	2.600
Endbestand	100	6,50	650

Bei einem Endbestand von 100 und einem Verbrauch von 300 Einheiten ergibt sich ein Inventurwert von 650 €.

Bei der Ermittlung der **gleitend** gewogenen Durchschnittsberechnung wird der Bestand laufend zu gewogenen Durchschnittspreisen bewertet und jeder Abgang zu den jeweils neu ermittelten Durchschnittspreisen angesetzt; mit der laufenden Berücksichtigung der Abgänge und der laufenden Fortschreibung der Durchschnittspreise wird eine den tatsächlichen Anschaffungskosten näherkommende Bewertung des Inventurwerts erreicht.

BEISPIEL 2

	Menge	Preis je Einheit €	Gesamtpreis €	Durchschnittspreis €
Anfangsbestand	50	5,00	250	–
Zugang 1	100	6,00	600	–
Summe	150	–	850	5,67
Abgang	50	5,67	283	–
Bestand	100	5,67	567	5,67
Zugang 2	200	7,00	1.400	–
Summe	300	–	1.967	6,56
Abgang	150	6,56	983	–
Bestand	150	6,56	984	6,56
Zugang 3	50	7,00	350	–
Summe	200	–	1.334	6,67
Abgang	100	6,67	667	–
Endbestand	100	6,67	667	6,67

---

[32] Nach *Winkeljohann/Philipps*, in: Beck'scher Bilanz-Kommentar, 7. Aufl., München 2010, § 240 Tz. 139. Ein ähnliches Beispiel liefert *Graf*, in: Haufe HGB Bilanz Kommentar, Freiburg 2009, § 240 Rz. 73.

§ 241 Inventurvereinfachungsverfahren

(1) ¹Bei der Aufstellung des Inventars darf der Bestand der Vermögensgegenstände nach Art, Menge und Wert auch mit Hilfe anerkannter mathematisch-statistischer Methoden aufgrund von Stichproben ermittelt werden. ²Das Verfahren muss den Grundsätzen ordnungsmäßiger Buchführung entsprechen. ³Der Aussagewert des auf diese Weise aufgestellten Inventars muss dem Aussagewert eines aufgrund einer körperlichen Bestandsaufnahme aufgestellten Inventars gleichkommen.

(2) Bei der Aufstellung des Inventars für den Schluss eines Geschäftsjahrs bedarf es einer körperlichen Bestandsaufnahme der Vermögensgegenstände für diesen Zeitpunkt nicht, soweit durch Anwendung eines den Grundsätzen ordnungsmäßiger Buchführung entsprechenden anderen Verfahrens gesichert ist, dass der Bestand der Vermögensgegenstände nach Art, Menge und Wert auch ohne die körperliche Bestandsaufnahme für diesen Zeitpunkt festgestellt werden kann.

(3) In dem Inventar für den Schluss eines Geschäftsjahrs brauchen Vermögensgegenstände nicht verzeichnet zu werden, wenn

1. der Kaufmann ihren Bestand aufgrund einer körperlichen Bestandsaufnahme oder aufgrund eines nach Absatz 2 zulässigen anderen Verfahrens nach Art, Menge und Wert in einem besonderen Inventar verzeichnet hat, das für einen Tag innerhalb der letzten drei Monate vor oder der ersten beiden Monate nach dem Schluss des Geschäftsjahrs aufgestellt ist, und

2. aufgrund des besonderen Inventars durch Anwendung eines den Grundsätzen ordnungsmäßiger Buchführung entsprechenden Fortschreibungs- oder Rückrechnungsverfahrens gesichert ist, dass der am Schluss des Geschäftsjahrs vorhandene Bestand der Vermögensgegenstände für diesen Zeitpunkt ordnungsgemäß bewertet werden kann.

Inhaltsübersicht	Rz.
I. Anwendungsbereich: Vorräte und Sachanlagen	1 - 4
II. Überblick über die Vereinfachungen	5 - 9
III. Stichprobenverfahren (Abs. 1)	10 - 15
IV. Permanente Inventur (Abs. 2)	16 - 19
V. Vor- bzw. nachverlegte Stichtagsinventur (Abs. 3)	20 - 25

Ausgewählte Literatur

Eckmann/Peters, Durchführung der Stichprobeninventur, DB 1996 S. 488

I. Anwendungsbereich: Vorräte und Sachanlagen

§ 241 HGB spricht nur die Bestandsaufnahme von Vermögensgegenständen an und hier die „körperliche" (→ § 240 Rz. 10) Form als Regel sowie die möglichen Ausnahmen von dieser Regel. Nicht in den Anwendungsbereich fallen daher von vornherein die Schulden und die unkörperlichen Vermögensgegenstände, also etwa die Forderungen. Es verbleiben die Vorräte und Sachanlagen.

2   Die Inventur des Vorratsvermögens unterliegt einem besonderen betriebswirtschaftlichen Kalkül. Sie ist aus Gründen der **Kontrolle** des gesamten Geschäftsgebarens zwingend erforderlich. Andererseits ist die Bestandsaufnahme mit nennenswerten (Opportunitäts-)**Kosten** verbunden: Umsatzausfall wegen „Inventur geschlossen", Einsatz zusätzlichen Personals in der urlaubsträchtigen Zeit „zwischen den Jahren" etc.

3   § 241 HGB bietet **ausreichende** Möglichkeiten zum Ausgleich von *cost and benefit* bezüglich der körperlichen Bestandsaufnahme des Vorratsvermögens. Das **Steuerrecht** folgt diesen Vorgaben uneingeschränkt. Alle denkbaren Vereinfachungen der Bestandsaufnahme im Bereich des Vorratsvermögens setzen eine IT-gestützte **Bestandsführung** (mitunter noch traditionell als „Lagerbuchführung" bezeichnet) voraus. Als einzige Ausnahme (vom IT-Erfordernis) ist die rein wertmäßige Vor- und Rückrechnung nach Abs. 3 Nr. 1 (→ Rz. 20) zu erwähnen.

4   Beim **Sachanlage**vermögen verhält es sich regelmäßig anders; wegen der dort anzuwendenden Anlagebuchführung erübrigt sich eine jährliche Vollaufnahme (→ § 240 Rz. 6).

II. Überblick über die Vereinfachungen

5   Im Rahmen der körperlichen Bestandsaufnahme – wegen anderer Inventarisierungstechniken vgl. → § 240 Rz. 4 – sind in zweierlei Hinsicht Vereinfachungen vorgesehen:
- nach **Zeitpunkt** und,
- **Umfang**

der Aufnahme.

6   In **zeitlicher** Hinsicht lassen sich drei unterschiedliche Verfahren feststellen:
- (erweiterte) **Stichtags**inventur (→ Rz. 25);
- sog. **permanente** Inventur (Abs. 2, → Rz. 16);
- **vor-** oder **nachverlagerte** Stichtagsinventur (Abs. 3, → Rz. 20).

7   Bezüglich der **Menge** sind folgende Verfahren möglich:
- Körperliche Bestandsaufnahme für **sämtliche** betroffenen Vermögensgegenstände (Grundfall nach § 240 Abs. 1 HGB).
- **Stichproben**inventur nach Abs. 1 (→ Rz. 10).

8   Die Erleichterungen nach § 241 HGB können auch in **kombinierter** Form in Anspruch genommen werden, d. h. die permanente Inventur nach Abs. 2 kann auf Stichprobenbasis nach Abs. 1 erfolgen.

9   Die Vereinfachungsverfahren nach § 241 HGB sind **nicht** anwendbar auf die Fälle der Buch- bzw. Beleginventur und der Vertragsinventur (→ § 240 Rz. 5), werden dafür praktisch aber auch nicht benötigt. Sie scheiden auch bei besonders wertvollen Gegenständen – echter Schmuck u. Ä. – aus.[1]

---

1   HFA des IDW 1/1981 i. d. F. 1990, WPg 1990 S. 143.

Das anzuwendende Inventurverfahren in Form der körperlichen Bestandsaufnahme ist unabhängig von der kaufmännischen Buchführung (**Finanz**buchführung). In Letztere können immer nur die Endbestände einer entsprechenden Bestandsaufnahme eingebucht werden.

Wegen der anzuwendenden Grundsätze ordnungsmäßiger Inventur wird verwiesen auf → § 240 Rz. 17.

III. Stichprobenverfahren (Abs. 1)

In seiner einfachsten Ausprägung, als **Schätz**verfahren, ermittelt das Stichprobenverfahren die Aufnahme**menge** durch eine repräsentative statistische Auswahl. Diese Auswahl kann sich auf die Art des Vermögensgegenstands beziehen, aber auch auf die Menge und den Wert, also auf das **gesamte Aufnahmepotenzial**. Die für die Stichprobe ermittelten Werte werden auf die Gesamtheit hochgerechnet.

10

Voraussetzungen sind von Gesetzes wegen:

11

- Die Verwendung anerkannter mathematisch-statistischer Methoden,
- die Entsprechung mit den GoB,
- das Ergebnis des Verfahrens muss demjenigen einer „Vollinventur" gleichkommen; (Aussageäquivalenz).

Wesenselement der statistischen Vorgehensweise ist die Beachtung des **Zufalls**prinzips bei der Auswahl der Elemente aus dem Gesamtbereich der aufzunehmenden Vermögensgegenstände. Der ausgewählte Bereich wird von Gesetzes wegen und auch sonst als **Stichprobe** bezeichnet. Die statistischen Gesetzmäßigkeiten sollen dann eine der Vollaufnahme gleichkommende Sicherheit über den Wert der potenziellen Gesamtmenge der Inventuraufnahme gewährleisten.

12

Das Zufallsprinzip der Auswahl verlangt:[2] Jede Lagerposition muss eine **von Null verschiedene Chance** zur Gelangung in die Stichprobe haben (ungeschichtete Zufallsauswahl) oder jeder Posten der gesamten Aufnahmemenge muss eine berechenbare, von Null verschiedene Chance des Gelangens in die Stichprobe haben (geschichtete Zufallsauswahl).

Die **GoB**-Vorgabe bezieht sich im Falle der Stichprobeninventur bezüglich der Vollständigkeit auf die Berücksichtigung sämtlicher Vermögensgegenstände innerhalb der Grundgesamtheit, damit sie überhaupt die Chance haben, in die Stichprobe einbezogen zu werden. Außerdem sind die Stichprobenbestandteile vollständig in die Berechnung einzufügen.

Das Auswahl**verfahren** kann nach verschiedenen Kriterien erfolgen, z. B. durch Anwendung eines sog. Zufallsgenerators im EDV-System, durch Auslosung und durch andere Methoden.[3]

13

Die nach den GoB geforderte **Richtigkeit** gilt als erfüllt, wenn bei einem Sicherheitsgrad von 95 % ein Stichprobenfehler von höchstens 1 % des gesamten Werts der Aufnahmeschicht eingehalten wird.[4]

---

2 Vgl. hierzu *Weiss/Heiden*, in: Küting/Pfitzer/Weber (Hrsg.), Handbuch der Rechnungslegung – Einzelabschluss, § 241 Tz. 70.
3 Vgl. hierzu IDW HFA 1/1981, i. d. F. 1990 S. 652.
4 IDW HFA 1/1981 i. d. F. 1990.

14 Die Stichprobeninventur leistet **nicht** den nach § 240 Abs. 1 HGB verlangten **Einzel**nachweis des Bestands nach Art, Menge und Wert. Diesen Nachweis kann nur die Lagerbuchführung bringen, in der die Bestände art- und mengenmäßig fortgeschrieben werden. Voraussetzung ist die Bestandszuverlässigkeit der Lagerbuchführung. Sie wird anhand der Abweichung zwischen dem Wert der Lagerbuchführung und dem Schätzwert des Stichprobenverfahrens beurteilt. Die Gesamtabweichung darf nicht mehr als 2 % betragen.[5] Ist sie größer, muss ggf. eine (nachträgliche) Vollaufnahme durchgeführt werden.

15 Neben dem Schätzverfahren (→ Rz. 10) ist auch das **Test**verfahren eine anerkannte Variante des Stichprobenverfahrens. Die Stichprobe ist hier nur zur Überprüfung der Zuverlässigkeit der Lagerbuchführung bestimmt. Wird diese bestätigt, können die Buchbestände als Inventar verwendet werden.

Die Inventurmethoden lassen sich wie folgt strukturieren:[6]

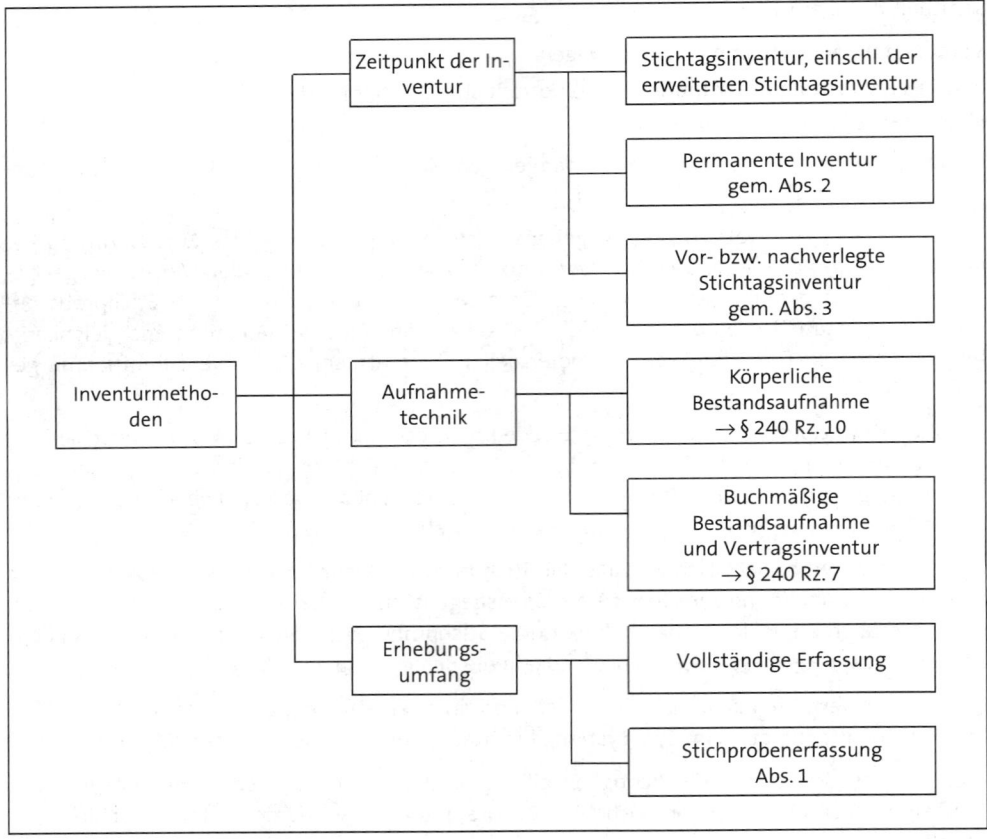

---

5 IDW HFA 1/1991 i. d. F. 1990.
6 Skizzierung nach *Weiss/Heiden*; in: Küting/Pfitzer/Weber (Hrsg.), Handbuch der Rechnungslegung – Einzelabschluss, § 241 Tz. 14.

IV. Permanente Inventur (Abs. 2)

Bei der sog. permanenten Inventur ist ein Aufnahmevorgang nach Abs. 2 **einmal** im Jahr, aber zu einem beliebigen Zeitpunkt durchzuführen. Eine **Beschränkung** auf bestimmte Zeitpunkte vor und nach dem Bilanzstichtag besteht nicht. Weiterhin ist nicht für die **gesamte** Aufnahmemenge der **gleiche** Stichtag zu wählen; dies kann abteilungsweise zu einem passenden Zeitpunkt erfolgen, z. B. zum Beginn der Betriebsferien oder generell in der saisonal „schwachen" Periode. 16

Unabdingbare Voraussetzung zur Anwendung dieses Verfahrens ist eine leistungsfähige **Bestandsführung**. Eine solche herkömmlich als „Lagerbuchführung" bezeichnete mengenmäßige Fortschreibung muss systematisch in die Fakturierung und in die Einkaufsorganisation – beide Abteilungen angesiedelt an der Unternehmensgrenze – integriert sein und muss die Verfahrensabläufe vom Rohmaterialzugang bis zur Auslieferung des fertigen Produkts lückenlos begleiten. 17

Die körperliche Aufnahme zu einem bestimmten frei gewählten Tag dient auch nicht zuletzt der **Systemkontrolle** (→ § 240 Rz. 4), wodurch sich der *cost*-Effekt der körperlichen Bestandsaufnahme in einen *benefit* verwandelt, der in der Gewährleistung einer generell ordnungsmäßigen Bestandsführung liegt. Umgekehrt gilt: Wenn die körperliche Bestandsaufnahme nennenswerte Abweichungen von den Buchbeständen aufweist, muss das System in den einschlägigen Bereichen kontrolliert und überarbeitet werden. Es bietet sich in diesen Fällen an oder ist zwingend, eine **weitere** körperliche Aufnahme im Interesse der „richtigen" Bilanzausweise durchzuführen, und das möglichst in der Nähe zum Bilanzstichtag. 18

Die ordnungsmäßige Bestandsführung wird auch in anderen speziellen Anwendungsbereichen des betrieblichen Rechnungswesens als Vehikel für die körperliche Bestandsaufnahme verwendet: 19

▶ Die **Einlagerungsinventur** bezieht sich auf **automatisch gesteuerte Lagersysteme**. Die körperliche Aufnahme erfolgt bei der Einlagerung schon deswegen, weil danach das Innere des Lagers nicht mehr betreten werden kann. Die Einlagerung erfolgt regelmäßig nach dem Freiplatzsystem, d. h. der betreffende Artikel oder die Artikelgruppe wird auf der Palette dem passenden freien Platz zugewiesen. Dieser Vorgang wird rechentechnisch archiviert. Durch die systemimmanenten Kontrollen können Auslagerungen nur mit entsprechender Bestandsfortschreibung erfolgen.[7]

▶ Bei der systemgestützten **Werkstattinventur** orientiert sich die Bestandsführung insbesondere am Problem der **kontinuierlichen Fertigung** und ist ausgerichtet auf spezifische Produktionen, die eine Unterbrechung des Prozesses nicht „ertragen". Typischer Anwendungsfall ist die Halbleiterfertigung. Die systematischen Anforderungen an eine solche Bestandsführung sind sehr hoch mit entsprechender Kontrollintensität.[8]

▶ Speziell für den Einzelhandel kommen zunehmend sog. **Warenwirtschaftssysteme** zum Einsatz. Dies gelingt durch die Scannerkassen und die schon von der Industrie entsprechend gekennzeichneten Artikel. Dadurch wird eine praktisch lückenlose Bestandsführung erlaubt, die ihre „Grenzen" nur bei physisch bedingtem Schwund (Verderb) und bei Diebstahl

---

[7] Wg. weiterer organisatorischer Voraussetzungen wird verwiesen auf HFA des IDW 1/1981, i. d. F. 1990.
[8] Vgl. hierzu auch HFA 1/1991, IDW i. d. F. 1990.

erfährt. Das System erlaubt dabei auch die Bestandsführung mit **Einstandspreisen**, weil diese auf der Grundlage von Artikelkennzeichnung im System hinterlegt sind. Dieses Verfahren ist also wesentlich höherwertig als die rein wertmäßige Fortschreibung nach Abs. 3 (→ Rz. 20). Entsprechend ist bei einem Bestandsführungssystem auch die fünfmonatige Grenze der wertmäßigen Fortschreibung unbeachtlich. Es kann an jedem frei gewählten Tag im Jahr eine Aufnahme erfolgen, und das aber auch wieder nicht für die gesamte Aufnahmepalette, sondern gezielt nach Abteilungen etc. (→ Rz. 16).

- In der industriellen Fertigung werden häufig sog. PPS-Systeme (Produktionsplanungs- und Steuerungssysteme) verwendet. Die zur Steuerung benötigten Daten können auch ohne spezielle körperliche Aufnahme zur Inventarisierung verwendet werden.

V. Vor- bzw. nachverlegte Stichtagsinventur (Abs. 3)

20 Die organisatorisch am **wenigsten anspruchsvolle** Inanspruchnahme eines anderen Aufnahmetags als des Bilanzstichtags gewährt die Möglichkeit einer Aufnahme in einem Zeitraum von drei Monaten vor oder zwei Monaten nach dem Stichtag. Das Inventar (das Mengengerüst) ist nach den allgemeinen Regeln zu erfassen, aber in einem besonderen Inventar zu dem abweichenden Aufnahmetag.

21 Zur Ermittlung des auszuweisenden Bilanzwerts muss dann eine Fortschreibung/Rückrechnung auf den Bilanzstichtag erfolgen. Dazu genügt eine **rein wertmäßige** Rechnung. Es bedarf also keiner eigentlichen Bestandsführung (→ Rz. 17, Lagerbuchführung), weshalb diese Inventurverfahren auch bei weniger anspruchsvoll organisierten Unternehmen in Betracht kommen. Die in die Fortschreibung und Rückrechnung aufzunehmenden Beträge sind der Finanzbuchführung zu entnehmen, also dem Wareneinkauf für den Bereich der betreffenden Vorratspositionen und dem zugehörigen Verkauf. Dazu müssen Ein- und Verkauf „gleichnamig" sein, es muss also auf identischer Basis gerechnet werden. Dazu wird üblicherweise vom Verkauf (Umsatz) die **Handelsspanne zurückgerechnet**, d. h. der Umsatz wird mit Einstandspreisen bewertet.

22 Die dargestellte Umrechnung der Verkaufserlöse auf Einkaufspreise mithilfe einer Handelsspanne deutet auch den Anwendungsbereich dieses Inventarisierungsverfahrens an, nämlich den **Groß**- und **Einzel**handel. Ein typisches Fallbeispiel ist die Apothekenbranche. In Produktionsunternehmen wird dieses Verfahren deshalb kaum anwendbar sein. Im Handel müssen die Waren zur Ermittlung der betreffenden Spanne mit ihren **unterschiedlichen Rohgewinnmargen** in die Berechnung eingeführt werden.

> **BEISPIEL** ▸ Im Lebensmitteleinzelhandel kann z. B. differenziert werden nach Frischtheke, Tiefkühlkost, alkoholfreie Getränke, Alkoholika etc.
>
> Die Gliederungstiefe hängt von den wirtschaftlichen Strukturen des betreffenden Unternehmens ab.

Anzuwenden ist folgendes Berechnungsschema: 23

Übersicht 1:	Wertfortschreibung
	Wert der Bestände am Aufnahmetag gem. besonderem Inventar nach Abs. 3 Nr. 1
+	Zugänge zwischen Aufnahme- und Bilanzstichtag
-	Abgänge (bewertet mit den Einstandskosten zwischen Aufnahme-, sowie Abschluss- und Bilanzstichtag)
=	Bilanzausweis

Übersicht 2:	Wertrückrechnung
	Wert der Bestände am Aufnahmetag gem. besonderem Inventar nach Abs. 3 Nr. 1
-	Zugänge zwischen Aufnahme- und Bilanzstichtag
+	Abgänge (bewertet mit den Einstandskosten zwischen Aufnahme-, sowie Abschluss- und Bilanzstichtag)
=	Bilanzausweis

Der Genauigkeitsgrad des Bilanzausweises auf der Grundlage dieser Fortschreibungstechnik ist nicht sehr hoch, gleichwohl tolerabel, wenn die betriebswirtschaftlichen Strukturen des Unternehmens dabei gebührend beachtet werden. Andererseits indiziert die Anwendung dieses Inventurverfahrens das Fehlen einer wie immer zu organisierenden oder zu bezeichnenden Bestandsführung (→ Rz. 17). 24

Das Verfahren nach Abs. 3 ist nicht zu verwechseln mit der (gewöhnlich so bezeichneten) **erweiterten Stichtagsinventur**, bei der die körperliche Aufnahme nicht sozusagen in der Silvesternacht, sondern entweder „zwischen den Jahren" oder kurz nach Neujahr (Bilanzstichtag jeweils am 31.12. unterstellt) erfolgt. Hier muss die ordnungsmäßige Weiterrechnung von Zugängen oder Abgängen zwischen dem Bilanzstichtag und dem eigentlichen Aufnahmetag gewährleistet sein. Das kann durch Verzicht auf Einkäufe nach Weihnachten oder durch Nichtauslieferung von Waren zwischen Neujahr und beispielsweise dem 4.1. organisiert werden. 25

§ 241a Befreiung von der Pflicht zur Buchführung und Erstellung eines Inventars

¹Einzelkaufleute, die an den Abschlussstichtagen von zwei aufeinander folgenden Geschäftsjahren nicht mehr als 500 000 Euro Umsatzerlöse und 50 000 Euro Jahresüberschuss aufweisen, brauchen die §§ 238 bis 241 nicht anzuwenden. ²Im Fall der Neugründung treten die Rechtsfolgen schon ein, wenn die Werte des Satzes 1 am ersten Abschlussstichtag nach der Neugründung nicht überschritten werden.

Inhaltsübersicht	Rz.
I. Befreiung von der Buchführungs- und Inventarisierungspflicht für kleine Einzelunternehmen (Satz 1)	1
II. Neugründung (Satz 2)	2
III. Gestaltungsaspekte	3 - 5

I. Befreiung von der Buchführungs- und Inventarisierungspflicht für kleine Einzelunternehmen (Satz 1)

Eine ausgesprochen sinnvolle Lösung sieht das BilMoG für kleine Einzelkaufleute bei folgenden Grenzwerten vor, die in zwei aufeinander folgenden Geschäftsjahren nicht überschritten werden dürfen: 1

▶ Umsatzerlöse 500 T€

▶ Jahresüberschuss 50 T€

Die Befreiung ist förmlich bezogen auf die §§ 238 bis 241 HGB, d. h. die Buchführungs- und Inventarerstellungspflicht. In Ergänzung hierzu entfällt dann konsequenterweise nach § 242 Abs. 4 HGB eine Pflicht zur Aufstellung einer Bilanz und einer GuV (→ § 242 Rz. 15).

II. Neugründung (Satz 2)

In Satz 2 und § 242 Abs. 4 Satz 2 HGB (→ § 242 Rz. 15) ist speziell an den **Unternehmensgründer** gedacht. Ihm sollen die Wohltaten der Buchführungsbefreiung von Beginn an zustatten kommen. Dabei bleibt die Bestimmung der Tatbestandsmerkmale **interpretationsbedürftig**. Nach dem Gesetzeswortlaut soll die Befreiung bei Neugründung auch dann schon möglich sein, wenn die genannten beiden Wertgrößen am ersten Abschlussstichtag nach der Neugründung **voraussichtlich**, d. h. bei realistischer Einschätzung nicht überschritten werden. Offen bleibt dabei im Fall der **unterjährigen** Neugründung die Bestimmung der Wertgrößen. U. E. ist dem **Wortlaut** zu folgen: Keine Hochrechnung aus dem anteiligen Jahresumsatz auf einen „Normalumsatz". Dies entspricht auch der **Steuerrechtslage**.[1] Generell lehnt sich nach der Be-   2

---

1 Vgl. *Drüen*, in: Tipke/Kruse (Hrsg.), Abgabenordnung – Finanzgerichtsordnung, § 141 Tz. 14.

gründung des Rechtsausschusses die Vorstellung des Gesetzgebers an den einschlägigen Regeln und Praktiken der Einnahmen-Überschussrechnung im steuerlichen Sinne an und verzichtet entsprechend auf detaillierte Regelungen. Auch die beiden Quantitäten sind mit der Steuerrechtslage in § 141 AO abgestimmt. Demzufolge ist der für die Befreiung maßgebliche Jahresüberschuss nicht in einer Art Schattenbilanzierung auf Basis periodisierter Aufwendungen zu ermitteln, sondern nach den Regeln der Einnahmen-Überschussrechnung.

III. Gestaltungsaspekte

3   Die Befreiung ist als **Wahlrecht** ausgestaltet, der angesprochene Kaufmann muss sich also überlegen, ob die Inanspruchnahme der Befreiung für ihn sinnvoll ist. Diese Beurteilung wird insbesondere dann negativ ausfallen, wenn nachhaltig größere Umsätze als 500 T€ geplant sind. Dann sollte von vornherein die „normale" Buchführung mit Bilanzierung gewählt werden, schon um die in Kürze anstehende Übergangsrechnung zu vermeiden.

4   Außerdem ist der – so verstandene – Kleinkaufmann nicht der Buchführungs- und Aufzeichnungspflichten generell enthoben. Dafür sorgt schon das **Steuerrecht**, aber auch das Eigeninteresse an der Übersicht über das eigene Geschäftsgebaren. Bei nennenswerten Volumina an Verkäufen auf Ziel und umfangreicherem Lieferantenverkehr müssen Debitoren- und Kreditoren-Kontokorrente geführt werden, regelmäßig auch eine Anlagebuchführung. Dann ist die meiste Arbeit für die Bilanzierung i.d.R. schon getan, die Ausübung dieses Wahlrechts muss daher wohl überlegt werden. Wer vom betroffenen Personenkreis bisher seine Rechnungslegung in der üblichen kaufmännischen Form durch Bilanzierung bewältigt hat, sollte u.E. von der Option eher keinen Gebrauch machen.

5   Das Wahlrecht steht **Personenhandelsgesellschaften** nicht offen. Diese Lösung ist sinnvoll, weil dort zur Erfüllung der gesellschaftsrechtlichen Vorgaben regelmäßig Eigenkapitalien und Kapitalanteile benötigt werden.

Zweiter Unterabschnitt: Eröffnungsbilanz; Jahresabschluss

Erster Titel: Allgemeine Vorschriften

§ 242 Pflicht zur Aufstellung

(1) ¹Der Kaufmann hat zu Beginn seines Handelsgewerbes und für den Schluss eines jeden Geschäftsjahrs einen das Verhältnis seines Vermögens und seiner Schulden darstellenden Abschluss (Eröffnungsbilanz, Bilanz) aufzustellen. ²Auf die Eröffnungsbilanz sind die für den Jahresabschluss geltenden Vorschriften entsprechend anzuwenden, soweit sie sich auf die Bilanz beziehen.

(2) Er hat für den Schluss eines jeden Geschäftsjahrs eine Gegenüberstellung der Aufwendungen und Erträge des Geschäftsjahrs (Gewinn- und Verlustrechnung) aufzustellen.

(3) Die Bilanz und die Gewinn- und Verlustrechnung bilden den Jahresabschluss.

(4) ¹Die Absätze 1 bis 3 sind auf Einzelkaufleute im Sinn des § 241a nicht anzuwenden. ²Im Fall der Neugründung treten die Rechtsfolgen nach Satz 1 schon ein, wenn die Werte des § 241a Satz 1 am ersten Abschlussstichtag nach der Neugründung nicht überschritten werden.

Inhaltsübersicht	Rz.
I. Inhalt, Regelungszweck, Normenzusammenhang	1 - 4
II. Die Eröffnungsbilanz (Abs. 1 Satz 1)	5 - 8b
1. Personenunternehmen	5 - 6
2. Kapitalgesellschaften in der Gründungsphase	7 - 8b
2.1 Handelsbilanz	7 - 8a
2.2 Die Besteuerungsperspektive	8b
III. Unternehmensumstrukturierungen	9 - 10
IV. Inhalt der Bilanz (Abs. 1 Sätze 1 und 2)	11 - 12
V. Gewinn- und Verlustrechnung (Abs. 2)	13
VI. Jahresabschluss (Abs. 3)	14
VII. Befreiung von der Bilanzierungspflicht für kleine Einzelunternehmen (Abs. 4)	15

Ausgewählte Literatur

Josnig, Der Stichtag der Gründungsbilanz von Kapitalgesellschaften, DStR 1996 S. 1907

Körner, Wesen und Funktion der GoB, BB 1986 S. 1742

Sarx, Bilanzierungsfragen im Rahmen einer Gründungsbilanz/Eröffnungsbilanz, DStR 1991 S. 692 und 724

I. Inhalt, Regelungszweck, Normenzusammenhang

Abs. 1 und 2 sind gerichtet auf die Informations- und Selbstinformationspflicht des Kaufmanns darüber, wie er gewirtschaftet hat. Technisch bedarf es dazu nach der Vorstellung des 1

Gesetzgebers einer **Eröffnungs**- und **Schluss**bilanz sowie einer GuV für das jeweilige Geschäftsjahr.

2   Abs. 3 enthält sodann eine Definitionsnorm bezüglich der Zusammensetzung eines Jahresabschlusses, der kaufmännischer Übung zufolge aus Bilanz sowie GuV besteht. Der **Jahresabschluss** ist dabei begrifflich vom **Einzel**abschluss zu unterscheiden, der nach § 325 Abs. 2a Satz 1 HGB den IFRS-Abschluss anspricht, der zur Offenlegung unter bestimmten Voraussetzungen verwendet werden kann. Umgangssprachlich wird allerdings vom „Einzelabschluss" regelmäßig zur Unterscheidung vom Konzernabschluss gesprochen.

3   Abs. 1 steht in einem Regelungszusammenhang mit § 238 HGB (**Buchführungs**pflicht) und § 240 HGB (**Inventar**pflicht). Das Inventar dient als Grundlage für die Erstellung der Bilanz (→ § 240 Rz. 2). Die Buchführung bedarf eines Startpunkts, also eines Zeitpunkts zu Beginn, der regelmäßig mit dem Stichtag der Eröffnungsbilanz übereinstimmt.

Dem Gesetzesaufbau der HGB-Rechnungslegungsvorschriften (Drittes Buch des HGB) entsprechend bezieht sich § 242 HGB auf die an **alle** Kaufleute gestellten Anforderungen, die dann rechtsformspezifisch oder größenmerkmalabhängig weiter ausdifferenziert werden. Kapital- und Kap. & Co.-Gesellschaften müssen z. B. noch einen Anhang erstellen (§ 264 Abs. 1 Satz 1 HGB), der dann zusammen mit Bilanz sowie GuV den Jahresabschluss wiedergibt. Als größenordnungsspezifische Besonderheiten können die Vorgaben nach dem PublG gelten, oder aber auch die drei Größenklassenabstufungen in § 267 HGB.

4   Die Bilanzierungsvorgabe trifft
- den Kaufmann i. S. des § 1 HGB (→ § 238 Rz. 1)
- mit dessen Handelsgewerbe (→ § 238 Rz. 1)
- zu Beginn (→ Rz. 5)
- und zum Schluss eines Geschäftsjahrs (→ § 240 Rz. 1).

II. Die Eröffnungsbilanz (Abs. 1 Satz 1)

1. Personenunternehmen

5   Einer besonderen Erläuterung bedarf der **Beginn** des Handelsgewerbes und die auf diesen Zeitpunkt (Stichtag) zu erstellende **Eröffnungsbilanz**. Kein Tatbestandsmerkmal zur Erstellung einer Eröffnungsbilanz stellen **Rechtsänderungen** zur Bilanzierung – z. B. Übergang auf das BilMoG – dar.[1] Der Beginn soll mit der Aufnahme des Handelsgewerbes identisch sein. Fraglich ist, ob davon **Vorbereitungshandlungen** zu trennen sind und wie diese Trennung gegebenenfalls erfolgen muss.

> **BEISPIEL** Zehn Mitarbeiter aus der IT-Abteilung eines Großunternehmens machen sich selbständig, weil die IT-Umgebung outgesourct werden soll. Mit dem bisherigen Arbeitgeber wird eine Kooperationsvereinbarung geschlossen, die allerdings die Arbeitskapazität der zehn bisherigen Mitarbeiter nicht ausschöpft. Aus früheren Geschäftsbeziehungen und

---

1 A. A. möglicherweise *Zwirner*, DB 2010 S. 1844. Wegen der Bilanzidentität in solchen Fällen vgl. → § 252 Rz. 13 f.

durch Akquisitionsmaßnahmen erhoffen sich die zehn Gesellschafter einen nachhaltigen wirtschaftlichen Erfolg, der durch einen entsprechenden Businessplan einer Bank unterbreitet worden ist. Diese stellt Haftungskapital in Form einer Kommanditbeteiligung zur Verfügung, was sich alles in einem Gesellschaftsvertrag der IT-Service KG niederschlägt, bei der die zehn ehemaligen Mitarbeiter als Komplementäre und die Bank als Kommanditistin figuriert. Das Handelsgewerbe wird am 1.3.01 gewerberechtlich angemeldet. Gleichzeitig erfolgt die Anmeldung zum Handelsregister in notariell beglaubigter Form.

Die Computer-Infrastruktur wird den zehn ehemaligen Mitarbeitern von ihrem bisherigen Unternehmen mietweise überlassen. Geeignete Räumlichkeiten sind mit Wirkung ab 1.3.01 angemietet. Die bisher von den Komplementären genutzten Pkws bleiben in deren Vermögen und werden bei betrieblicher Nutzung mit 0,30 €/km der Gesellschaft in Rechnung gestellt.

Fraglich sind Stichtag und Inhalt der Eröffnungsbilanz.

Als Stichtag gilt nach h. M. der 1.3.01. Allerdings ist zu diesem Zeitpunkt noch kein bilanzierungspflichtiges Vermögen positiver oder negativer Art vorhanden. Die Eröffnungsbilanz lautet deshalb unter den Aktiv- und Passivposten auf Null.

ABWANDLUNG Ein Gesellschafter hat am 25.2.01 eine Mietvorauszahlung für den März 01 an den Vermieter der Räumlichkeiten i. H. von 1.000 € geleistet, damit dieser zum Abschluss des Mietvertrags bereit war.

Eröffnungsbilanz zum 1.3.01

Aktiva		Passiva	
Rechnungsabgrenzungsposten	1.000	Verbindlichkeit gegenüber Gesellschafter	1.000

Bereits während der **Vorbereitungshandlungen** können weitere buchungspflichtige Geschäftsvorfälle angefallen sein (→ § 238 Rz. 6).

BEISPIEL Die zehn ehemaligen IT-Mitarbeiter leisten jeweils 10.000 € auf ein von einer Bank eingerichtetes Konto XY KG i. Gr. Die Einlagen erfolgen zeitgleich am 5.2.01 und werden von der Bank bis zum 5.3.01 als Festgeld geführt.

Die Frage ist, ob in diesem Fall die Eröffnungsbilanz bereits auf den 5.2.01 zu erstellen ist. Dafür spricht die Erfolgswirksamkeit der durch die Anlage bei der Bank anfallenden Zinsen.[2]

2. Kapitalgesellschaften in der Gründungsphase

2.1 Handelsbilanz

Ein Sonderproblem ergibt sich bezüglich des Zeitpunkts der Eröffnungsbilanz bei **Kapitalgesellschaften** und **Genossenschaften**, bei denen die Gründung der notariellen Beurkundung bedarf,

---

2 So *ADS*, 6. Aufl., § 242 Tz. 19.

die dann erst einige Zeit später zur Handelsregistereintragung und damit zur eigentlichen rechtlichen Entstehung der Gesellschaft führt. Außerdem können vor der notariellen Beurkundung der Gesellschaft schon Vorbereitungshandlungen zu deren Gründung erfolgt sein. Die Rechtsprechung spricht hier von einer **Vorgründungsgesellschaft**, die sich durch die notarielle Beurkundung des Gesellschaftsvertrags in eine werbende Kapitalgesellschaft verwandelt („**Vorgesellschaft**") und als „**Vollrechtssubjekt**" durch die Registereintragung entsteht. Die Frage ist dann, auf welchen Zeitpunkt die Eröffnungsbilanz einer – hier unterstellt – GmbH erfolgen muss.

BEISPIEL ▶ Dazu wird das Beispiel unter → Rz. 5 von einer KG auf eine GmbH umgestellt. Die zehn ehemaligen IT-Mitarbeiter zeichnen zu gleichen Teilen die GmbH-Anteile, die Bank gewährt ihr Risikokapital in Form einer stillen Gesellschaft. Die notarielle Beurkundung des Gesellschaftsvertrags erfolgt am 1.3.01. Am 7.3.01 melden die Geschäftsführer der neu gegründeten GmbH in öffentlich beglaubigter Form zur Handelsregistereintragung an und versichern die vollständige Einzahlung der bedungenen Einlagen von 100.000 €, die sich zur freien Verfügung der Geschäftsführer befinden.

Nach h. M. ist die Eröffnungsbilanz auf den 1.3. (Beurkundungstermin) zu erstellen und hat dann folgendes Aussehen:

1. Gesetzeslesart nach § 272 Abs. 1 HGB

Aktiva			Passiva
eingefordertes, nicht einbezahltes Kapital	100.000	gezeichnetes Kapital	100.000

2. Gesetzeslesart nach § 272 Abs. 1 HGB

Aktiva			Passiva
Fehlanzeige	0	gezeichnetes Kapital	100.000
		nicht eingeforderte ausstehende Einlage	- 100.000
		eingefordertes Kapital	0
	0		0

Das vorstehende Bilanzbild wirkt wegen des vollständigen Ausweises des gezeichneten Kapitals als „nicht eingefordert" befremdlich. Im Hinblick auf § 7 Abs. 2 GmbHG kann ein Außenstehender oder sogar das Registergericht die Nichterbringung der Mindesteinlage mutmaßen. Aus praktischer Sicht scheint deshalb eine Aktivierung der tatsächlich später geleisteten Einlagen als Bankguthaben auch dann auf den 1.3.01 zulässig, wenn diese tatsächlich erst einige Tage später geleistet worden sein sollten.

Eine andere Lösung bestünde in der Datierung der Eröffnungsbilanz entgegen der h. M. auf den Tag der Anmeldung zur Eintragung ins Handelsregister, weil dann die bedungene Einlage im Gesellschaftsvermögen vorhanden sein muss.

Die vorstehenden Darstellungsbeispiele beruhen auf der Systematik des § 272 Abs. 1 HGB (→ § 272 Rz. 22). Die dort verwendeten Begriffe sind nicht ohne Weiteres mit dem vorstehenden Sachverhalt in Einklang zu bringen. Das Problem steckt in der „**Einforderung**". Diese kann frühestens nach der Beurkundung der Gesellschaftsverträge erfolgen, denn bis dahin ist ein Geschäftsführer rechtlich nicht vorhanden.

U. E. ist folgende Lösung sinnvoll: Die spätere – bei Anmeldung zur Handelsregistereintragung zwingend einbezahlte – Einlage muss als solche unter Rückbezug auf den 1.3. im Ausweis berücksichtigt werden, also (bei Einzahlung nur der Mindesteinlage nach § 7 Abs. 2 GmbHG):

Aktiva		Passiva	
nicht eingefordertes Kapital	25.000	gezeichnetes Kapital	100.000
		nicht eingeforderte ausstehende Einlage	- 75.000
	25.000		25.000

Schwieriger wird die Gründungsphase in ihrer buchmäßigen und bilanzmäßigen Abbildung, wenn die **Vorgründungsgesellschaft** schon umfangreiche buchungspflichtige Geschäftsvorfälle aufweist. Konsequent müsste ab dem erstmaligen diesbezüglichen „Geschäft" die Eröffnungsbilanz dieser Vorgesellschaft erstellt werden, die dann buchmäßig mit der Schlussbilanz zum Tage der notariellen Beurkundung des Gesellschaftsvertrags endet. In der Bilanzierungspraxis wird hierauf wohl eher kaum Rücksicht genommen, sondern der möglicherweise bestehende Gesamtaufwand bis zur Eintragung in einer „**Vorbelastungsbilanz**" gespeichert, um dann diese Aufwendungen als eigenkapitalmindernd in der Eröffnungsbilanz auszuweisen. 8

Andererseits erscheint auch die Datierung der Eröffnungsbilanz auf den Tag des Beginns der **Vorbereitungshandlungen**, also der Vergütungsgesellschaft, nicht abwegig. Das wäre eine mit dem Fall der Personenhandelsgesellschaft (→ Rz. 6) kompatible Lösung. Es gibt auch bilanzrechtlich keine Gründe zur abweichenden Behandlung von Personenhandels- und Kapitalgesellschaften bezüglich der Datierung der Eröffnungsbilanz. Außerdem sollen Bilanzen die **wirtschaftlichen** Verhältnisse und **nicht rechtsstrukturelle** Akte abbilden. 8a

> **BEISPIEL³** Drei ehemalige BWL-Studenten mit Bachelor-Abschluss wollen sich in die Selbständigkeit wagen. Nach ihrer Geschäftsidee soll auf der Werbewelle der Fußballweltmeisterschaft 2010 durch eine neue Systemgastronomie „South African Flair" mit den gegenüber den argentinischen höherwertigen südafrikanischen Rindersteaks und hochklassigem Angebot von Kap-Weinen den argentinischen Steakhäusern das Wasser abgegraben werden.
>
> In der Vorbereitungszeit seit Ablegung der Examina am 15. 7. 2009 haben sie die entstandenen Auslagen für Reisen, Internetauftritt, Lieferantengewinnung, Kreditzusagen etc. in unterschiedlicher Höhe mit insgesamt 1.000 aus der eigenen Tasche bezahlt. Am 17.11. sind die wichtigsten Verträge unter Dach und Fach, drei Filialen in deutschen Großstädten sind betriebsbereit, der vorbereitete OHG-Vertrag mit einer Pflichteinlage von je 10.000 (**alternativ keine Einlage**) wird unterzeichnet und feierlich mit Kap-Sekt begossen.
>
> Danach stehen folgende Bilanzstichtage zur Diskussion:

---

3 Nach *Hoffmann*, StuB 2009 S. 867.

II. Die Eröffnungsbilanz

- Beginn der Vor-Gründungsgesellschaft am 15. 7. 2009,
- Errichtung = notarielle Beurkundung am 17. 11. 2009,
- Handelsregistereintragung am 7. 1. 2010,
- Geschäftsjahresende gem. Gesellschaftsvertrag am 30.6.

Die anschließende Frage geht nun dahin, ob die Datierung der Eröffnungsbilanz(en) diesen gesellschaftsrechtlichen Strukturmerkmalen folgen muss. Genauer: Müssen **drei** Eröffnungsbilanzen erstellt werden? Die Antwort lautet „Nein" mit der Begründung: Das versteht niemand.

2.2 Die Besteuerungsperspektive

8b Das Körperschaftsteuerrecht folgt der Zivilrechtslehre in der Ausprägung der drei im Beispiel unter → Rz. 8a genannten Zeiträume.[4] Dabei soll die Aktivität der Vor-Gründungsgesellschaft als BGB-Gesellschaft gewürdigt werden, diejenige der Vor-Gesellschaft aber bereits der nachfolgenden Vollgesellschaft zuzuordnen sein. Die Folge wäre: Die Vorgründungsgesellschaft unterläge dem **Einkommensteuer**bereich (soweit natürliche Personen als Gründer agieren), ab dem Zeitpunkt der notariellen Beurkundung gälte das Regime des **Körperschaftsteuer**rechts.

In der Praxis hat man bisher wohl kaum diese Trennung der Besteuerungssphären nachvollzogen und für die BGB-Gesellschaft eine einheitliche und gesonderte Feststellung nach § 180 AO durchgeführt. Der BFH hat diese Frage entscheidungserheblich noch nicht zu beurteilen gehabt, auch nicht in dem zitierten Urteil I R 174/86, in dem es „lediglich" um den Umfang einer Einkommenszurechnung nach Maßgabe des Organschaftsrechts ging. Zu unserem Thema böte sich **auch** die Einbeziehung der Vor-Gründungsgesellschaft in den Körperschaftsteuerbereich an, um dadurch die Bildung von zwei Rumpfgeschäftsjahren mit entsprechender Zweifach-Eröffnungsbilanz zu vermeiden.

Ein Fingerzeig zu diesem Lösungsvorschlag kann einem BFH-Urteil entnommen werden.[5] Dort wird die Vermeidung von unnötigen **Rumpfgeschäftsjahren** zur Entscheidungsbegründung herangezogen. Der Sachverhalt dieses Urteils bewegt sich allerdings innerhalb des Aktivitätszeitraums der Vor-Gesellschaft. Die **Aufnahme** der **Geschäftstätigkeit** soll den Zeitpunkt der Eröffnungsbilanz bestimmen, im entschiedenen Fall also nicht die notarielle Beurkundung, aber auch nicht etwa die Handelsregistereintragung. Ist die Geschäftstätigkeit **nach** der **Anmeldung** zur Eintragung im Handelsregister aufgenommen worden, muss zumindest die bedungene (Mindest-)Einlage vorgelegen haben. Dann könnte in vertrauter Optik auf der Aktivseite das Bargeld und auf der Passivseite das gezeichnete Kapital ausgewiesen werden, gegebenenfalls mit einem Sonderausweis für das noch nicht eingezahlte Kapital.

Die Festlegung des Stichtags der Eröffnungsbilanz auf die **Aufnahme** der **Geschäftstätigkeit** stimmt nicht unbedingt mit der herrschenden Meinung überein. Diese sieht eher den Tag der notariellen **Beurkundung** als Stichtag der Eröffnungsbilanz an. Dabei entsteht u. U. wieder das optische Problem eines Nullausweises auf der Aktiv- und Passivseite, denn bei Beurkundung

---

4 BFH-Urteil vom 8. 11. 1989 – I R 174/86, BStBl 1990 II S. 91.
5 BFH-Urteil vom 3. 9. 2009 – IV R 38/07, Kurzinfo StuB 2009 S. 861 = DStR 2009 S. 2366.

des Gesellschaftsvertrags muss eine Einlage noch nicht geleistet sein. Dieser schiefen Optik kann man pragmatisch nur durch Vorbeziehung der im **Anschluss** an die Beurkundung regelmäßig geleisteten Einlage auf den Stichtag der Beurkundung begegnen.

Bei allen diesen Überlegungen bleibt das hochpraktische Problem der Aktivität einer **Vor-Gründungsgesellschaft** (im Beispiel unter → Rz. 8a zwischen dem 15.7. und dem 17.11.) ungelöst, wenn man einer eher pragmatischen Lösung in Konfrontation zur gesellschaftsrechtlichen und steuerlichen Dogmatik zuneigt. Diese Lösung bestünde – zur Wiederholung – in der Einbeziehung der Vor-Gründungsgesellschaft in die „Rechtssphäre" der späteren GmbH, um dadurch steuerlich eine besondere Gewinnermittlung für die Vor-Gründungsgesellschaft und handels- und steuerrechtlich die Bildung von mehreren Rumpfgeschäftsjahren zu vermeiden. Die Eröffnungsbilanz wäre unter dieser Annahme auf den 15.7. zu datieren. Unter den Aktiva und Passiva erschiene ein Nullausweis.

Eine Begründung für diese „Bilanzgestaltung" könnte in der Wertung der **Vorbereitungshandlungen** als **Geschäftstätigkeit** gefunden werden. Die gezeigten Nullsummen bedürften allerdings den Erläuterungen.

Im **Sonderfall** einer gar nicht erst zur Eintragung gelangenden Vorgesellschaft ist nach Auffassung des BFH[6] der Körperschaftsteuerstatus nicht erreicht worden.

III. Unternehmensumstrukturierungen

Eine Eröffnungsbilanz ist aber nicht nur bei wirtschaftlicher Neugründung eines Gewerbes zu erstellen. Auch unternehmerische **Umstrukturierungen** können eine solche Eröffnungsbilanz erforderlich machen. Als Beispiel dienen die – in der Praxis allerdings eher gemiedenen – Umwandlungsvorgänge, die zu einer **Neugründung** führen:

9

▶ Verschmelzung durch Neugründung gem. § 2 Nr. 2 UmwG.
▶ Spaltung zur Neugründung gem. § 123 Abs. 1 Nr. UmwG.

Die Verschmelzung durch Aufnahme oder die Spaltung zur Aufnahme führt dagegen nicht zu einer Eröffnungsbilanzpflicht bei der aufnehmenden Gesellschaft.

Der **Formwechsel** von einer Personen- in eine Kapitalgesellschaft gem. § 245 Abs. 1 bis 3 i.V. mit § 220 UmwG führt nicht zur Erstellungspflicht einer Eröffnungsbilanz. Der Grund liegt in der **Identität** des Rechtsträgers. Andererseits bedarf es für **steuerliche** Zwecke einer förmlichen Eröffnungsbilanz wegen des unterschiedlichen Steuerstatuts (§§ 14, 25 UmwStG). Ebenso entfällt die Erstellung einer Eröffnungsbilanz, wenn Gesellschafter aus einer Personen- oder Kapitalgesellschaft **ausscheiden** oder ihren Rechtsstatut ändern (Komplementär wird Kommanditist oder umgekehrt). Das gilt auch beim Ausscheiden aller bisheriger Gesellschafter und **Neueintritt** anderer bei einer Kapital- und Personengesellschaft.

Im Falle der **Anwachsung** auf einen einzigen verbleibenden Gesellschafter bei Ausscheiden aller anderen aus einer Personenhandelsgesellschaft entsteht eine neue Rechtsform mit Erstellungspflicht einer Eröffnungsbilanz. Bei unterjährigem Vollzug des Anwachsungsvorgangs muss ohnehin zur Ergebnisabgrenzung zwischen den ausscheidenden Gesellschaftern und

---

6 BFH-Urteil vom 18. 3. 2010 – IV R 88/06, DStR 2010 S. 1072.

dem verbleibenden eine Gewinnermittlung erfolgen, die eine reguläre Bilanz erforderlich macht. Die Eröffnungsbilanz kann nahtlos an diese Schlussbilanz anknüpfen.

Korrespondierend zum Anwachsungsvorgang ist der **Eintritt** einer weiteren Person in ein bisheriges **einzelkaufmännisches** Unternehmen zur Begründung einer Personenhandelsgesellschaft zu sehen. Auf diesen Zeitpunkt ist eine Eröffnungsbilanz der neugegründeten Gesellschaft zu erstellen.

10 Alle diese Eröffnungsbilanzen sind nach Abs. 1 Satz 2 nach den normalen Bilanzierungsregeln zu erstellen.

IV. Inhalt der Bilanz (Abs. 1 Sätze 1 und 2)

11 In der Eröffnungs- und Jahresbilanz hat der Kaufmann nach Abs. 1 Satz 1 das Verhältnis „**seines**" Vermögen und „**seiner**" Schulden darzustellen (→ § 246 Rz. 147). Nach Abs. 1 Satz 2 sind die für die Jahresbilanz geltenden Vorschriften auch auf die Eröffnungsbilanz anzuwenden. Anzusetzen sind damit nur die nach den allgemeinen Regeln bilanzierungspflichtigen Vermögensgegenstände und Schulden (→ § 246 Rz. 3).

> **BEISPIEL** Die zehn ehemaligen IT-Mitarbeiter des Großunternehmens gem. Beispiel unter → Rz. 5 lassen in ihre neu gemieteten Geschäftsräume eine IT-Kommunikationsanlage einbauen, die speziell auf ihre Bedürfnisse zugeschnitten ist. Der Finanzierung dieser Anlage dient ein Leasingvertrag.
>
> Die Telekommunikationsanlage stellt ein sog. Spezialleasing dar, da sie in der konfigurierten und eingebauten Form von niemand anderem wirtschaftlich sinnvoll verwendet werden kann. Die Aktivierung muss deshalb bei der neu gegründeten Gesellschaft erfolgen, obwohl das rechtliche Eigentum bei der Leasinggesellschaft liegt (→ § 246 Rz. 174).

12 Das zu bilanzierende Vermögen ist also nicht mit dem bürgerlich-rechtlichen Eigentum zu identifizieren. Maßgeblich ist das sog. wirtschaftliche Eigentum (→ § 246 Rz. 147). Weitere (ungeschriebene) Voraussetzung zur Aufnahme in die Eröffnungsbilanz stellt die notwendige oder doch mögliche Verwendung im Geschäftsbetrieb des Kaufmanns dar (→ § 246 Rz. 130). Wegen der Besonderheiten bei Personenhandelsgesellschaften vgl. → § 246 Rz. 143.

V. Gewinn- und Verlustrechnung (Abs. 2)

13 Die GuV ist in Abs. 2 als Gegenüberstellung der **Aufwendungen** – nicht aber **künftige** Aufwendungen (→ § 249 Rz. 131) – und **Erträge** des Geschäftsjahrs definiert. Sie ist zum **Schluss** jedes Geschäftsjahrs aufzustellen. Wegen der Dauer des Geschäftsjahrs wird auf → § 240 Rz. 22 verwiesen.

Eine besondere **Gliederung** der GuV ist gesetzlich nur für Kapitalgesellschaften vorgeschrieben (→ § 275). Für Personenunternehmen außerhalb der Kap. & Co.-Gesellschaft (→ § 264a) und des Anwendungsbereichs des Publizitätsgesetzes gelten zwingend nur die allgemeinen Grundsätze der Klarheit und Übersichtlichkeit (→ § 243 Rz. 18).

VI. Jahresabschluss (Abs. 3)

In ihrer Gemeinsamkeit sind die Bilanz und die GuV als Jahresabschluss definiert. Im Verhältnis zum **Konzern**abschluss wird der Jahres- oft als **Einzel**abschluss bezeichnet. Diese Bezeichnung ist gesetzessystematisch unkorrekt, weil nach § 325 Abs. 2a HGB ein nach den IFRS erstellter Abschluss als Einzelabschluss bezeichnet wird. 14

VII. Befreiung von der Bilanzierungspflicht für kleine Einzelunternehmen (Abs. 4)

Auf die Kommentierung in → § 241a Rz. 1 wird verwiesen. 15

§ 243 Aufstellungsgrundsatz

(1) Der Jahresabschluss ist nach den Grundsätzen ordnungsmäßiger Buchführung aufzustellen.

(2) Er muss klar und übersichtlich sein.

(3) Der Jahresabschluss ist innerhalb der einem ordnungsmäßigen Geschäftsgang entsprechenden Zeit aufzustellen.

Inhaltsübersicht

	Rz.
I. Der GoB-Verweis (Abs. 1)	1 - 17
1. Das praktische Erfordernis	1 - 3
2. Der Grundsatz	4 - 7
3. Geschriebene und ungeschriebene Grundsätze	8
4. Ermittlungsmethoden und -quellen	9 - 12
5. Deutsche Rechnungslegungs Standards (DRS)	13 - 14
6. Die GoB als „offene" Auslegungshilfe	15 - 17
II. Klarheit und Übersichtlichkeit (Abs. 2)	18 - 21
III. Aufstellungsfrist (Abs. 3)	22 - 24
IV. Elektronische Steuerbilanz nach § 5b EStG	25 - 32

Ausgewählte Literatur

Arbeitskreis Externe Unternehmensrechnung der Schmalenbach-Gesellschaft für Betriebswirtschaft (AKEU), Finanzkommunikation mit XBRL, DB 2010 S. 1472

Döllerer, Grundsätze ordnungsmäßiger Bilanzierung, BB 1959 S. 1217

Koch/Nagel, Die elektronische Bilanz – Auswirkungen des Steuerbürokratieabbaugesetzes, NWB 2010 S. 1340

Körner, Wesen und Funktion der GoB, BB 1986 S. 1742

Kußmaul/Weiler, Die neuen Regelungen zur elektronischen Bilanz, StuB 2010 S. 607

Moxter, DRSC: Aufgaben und Bedeutung, DB 1998 S. 1425

I. Der GoB-Verweis (Abs. 1)

1. Das praktische Erfordernis

Der Abs. 1 enthält eine sog. Generalnorm für die Erstellung und Präsentation eines Jahresabschlusses. Er wird flankiert und überlappt von ergänzenden Vorgaben in § 238 Abs. 1 HGB und § 264 Abs. 2 Satz 1 HGB. Das „Generelle" dieser Norm liegt im Verweis auf die **Grundsätze ordnungsmäßiger Buchführung** (GoB), die traditionell begrifflich auf die **Bilanzierung** („den Jahresabschluss") ausgeweitet werden. Für die Rechtsanwendung bedarf es offensichtlich solcher **Generalnormen**, wie der Blick auf § 242 BGB – Treu und Glauben – beweist. Vor allem der Richter benötigt solche gesetzliche „Krücken", um eine ihm sinnvolle Lösung eines Streitfalls zu ermöglichen, bei der entweder die Subsumption eines Sachverhalts unter eine konkrete

1

I. Der GoB-Verweis

Rechtsregel unklar ist oder Einzelnormen sich widersprechend darstellen oder um eine gesetzliche Lücke zu füllen.

2 Wie immer bei solchen abstrakten Grundbegriffen des Rechts ist in der Lehre eigentlich alles **umstritten**. Das beginnt mit der Rechtsnatur, nämlich der Frage, ob die GoB eine Art außerrechtliches Ordnungssystem darstellen oder umgekehrt gerade innerhalb des gesetzten Rechts eine Ordnungsfunktion ausfüllen. Das Ende liegt in einer **Kasuistik**, die in der Kommentarliteratur als „ABC" dargestellt wird (→ Rz. 8).

3 Inhaltlich werden die GoB mitunter mit **Handelsbräuchen** identifiziert, die sich im Zeitverlauf zu einem Gewohnheitsrecht fortbilden. Letztlich sollte man an der vorstehend dargestellten Charakteristik des **unbestimmten Rechtsbegriffs** festhalten, der letztlich in allen Rechtssystemen zur Gesetzesauslegung im konkreten Fall benötigt wird. Ein solcher „konkreter Fall" lässt sich nicht immer eindeutig unter eine Einzelnorm subsumieren. Im Bilanzrecht gilt dies insbesondere im Hinblick auf die unendliche Vielgestaltigkeit der Ausprägungen des Wirtschaftslebens und deren dynamischer Entwicklung.

2. Der Grundsatz

4 Es geht bei den GoB zunächst um **Grund**sätze – ein Begriff, der an die Baustatik erinnert. Ohne eine fachgerechte „Gründung" kann kein Bauwerk stabil halten. Übertragen auf die Bilanzierung als Beispiel: Ohne Beachtung des **Realisations**prinzips (→ § 252 Rz. 85) bricht jede Bilanz in sich zusammen. Ohne die **Periodisierung** von Aufwendungen und Erträgen bezogen auf einen bestimmten Stichtag gem. § 252 Abs. 1 Nr. 5 HGB (→ § 252 Rz. 163 ff.) mutiert das Bauwerk „Bilanz" zur Einnahmen-Ausgabenrechnung.

5 Aus dem Bild der Bauwerksstatik wird im Schrifttum eine **Hierarchie** – vergleichbar einem Gebäude vom Fundament bis zum Dach – von „Grundsätzen" abgeleitet, die also von unten nach oben angeordnet vom Allgemeinen zum Spezielleren vordringt. Daraus erklärt sich die pleonastische Wiedergabe von Grundsätzen in Form von Fundamental-Grundsätzen oder Grundprinzipien (Grundsatz = Prinzip). So werden etwa aus dem Vorsichtsprinzip das Imparitäts- und das Anschaffungskostenprinzip abgeleitet, wohingegen **gedanklich** keine Einwendungen zu erheben sind. Allerdings ist der Aufzählung bestimmter GoB in § 252 Abs. 1 HGB **keine Vor- oder Nachordnung** zu entnehmen (→ § 252 Rz. 4).

6 Es besteht bei der Systematisierung von GoB-Bestandteilen die Gefahr einer **Inflationierung** von „Grundsätzlichkeiten", die jeder im Schrifttum oder auch im Rechtsstreit vertretenen Meinung mit einem Grundsatz-„Gewicht" Nachdruck verleihen soll. Auch daraus erklärt sich die bei der Bilanzierung regelmäßig bemühte „Grundsätzlichkeit" jeder Aussage, wodurch dann wirklich „Grundsätzliches" in der Darstellungslogik nicht mehr erkannt werden kann.

7 Die hierarchische Struktur einschlägiger Grundsätze lässt sich allenfalls aus der Vorgabe der „Ordnungsmäßigkeit" ableiten. Ordnung ist ziemlich gleichbedeutend mit **System**. Dieses darf keine unlogischen, den Denkgesetzen widersprechenden Anweisungen enthalten.

3. Geschriebene und ungeschriebene Grundsätze

8 Traditionell wird zwischen **geschriebenen** und **ungeschriebenen** (erstgenannte im Gesetz normiert) GoB unterschieden. Die Bedeutung der (förmlich) ungeschriebenen ist im Katalog des

§ 252 Abs. 1 HGB durch das Bilanzrichtliniengesetz seit 1985 spürbar reduziert worden. Dabei darf das Unterscheidungsmerkmal der „Schriftlichkeit" nicht zu hoch angesiedelt werden. Auch der geschriebene GoB-Bestandteil ist ohne Aussagekraft, wenn er nicht wenigstens eine Legaldefinition enthält. Als Beispiel sei das wirklich „fundamentale" Realisationsprinzip in § 252 Abs. 1 Nr. 4 HGB (→ § 252 Rz. 85 ff.) genannt: Mehr als der Aufforderung zu dessen Beachtung ist dem Gesetz nicht zu entnehmen. Der Inhalt bleibt völlig unbestimmt. Umgekehrt stellt das Steuerrecht im Gefolge eines BFH-Urteils[1] bezüglich der Zulässigkeit der LiFo-Bewertung des Vorratsvermögens auf die Entsprechung mit den handelsrechtlichen GoB ab (→ § 256 Rz. 5). Geschrieben ist diesbezüglich im HGB nichts, ermittelt wurden diese speziellen GoB durch die einschlägigen Überlegungen des BFH im zitierten Urteil. Seien diese Grundsätze nun geschrieben oder ungeschrieben, letztendlich verbleibt in der praktischen Anwendung nur die **Kasuistik**, also der Blick auf Präjudizien (zum Realisationsprinzip hat der BFH zuhauf entschieden), finanzamtlichen Anweisungen (zum LiFo-Verfahren in R 6.3 EStR 2008) oder in die Kommentierung mit dem dortigen ABC-Register (→ Rz. 2).

4. Ermittlungsmethoden und -quellen

Vor Erlass des Bilanzrichtliniengesetzes hat man eher eine sog. **induktive** Methode zur Ermittlung der GoB propagiert. Es ging also um die Handlungsweise ehrbarer Kaufleute, die den Maßstab für ordentliche Bilanzierungsverfahren liefern sollten. In Anwendung dieser Vorgabe zur Ermittlung der GoB hatte der Bundesgerichtshof das IDW und den Deutschen Industrie- und Handelstag um Auskünfte über die Verfahrensweise bei den Unternehmen bezüglich der Bildung von Pensionsrückstellungen für Altersversorgungsverpflichtungen gebeten.[2] Auch der BFH hatte sich eines entsprechenden Vorgehens befleißigt,[3] um über die Bilanzierung von Abrechnungsverpflichtungen im Baugewerbe nach den VOB zu entscheiden.

9

Diese Verfahrensweise wurde durch die obersten Gerichte später nicht weiter verfolgt, wohl deswegen, weil gegen die induktive Methode der GoB-Ermittlung systematische Bedenken erhoben worden sind – nicht zuletzt im Hinblick auf die Feststellungen zur praktischen Nichtbilanzierung der Pensionsrückstellungen. Nicht die **effektive** Handhabung in der Praxis stellt den Maßstab dar, sondern nur die **hypothetische** Verfahrensweise ordentlicher Kaufleute, die durch eine **Deduktion** zu ermitteln ist. Bekannt geworden ist dieses Verfahren durch die Charakterisierung der deduktiven Methode als „Nachdenken". Nicht die Verfahrensweise in der Praxis ist der Maßstab, sondern das, was die Praxis tun **sollte**.[4]

10

Daraus abgeleitet haben sich sog. **Kombinations**modelle entwickelt, da das Soll nicht ohne Rücksicht auf das Ist normiert werden kann. In Form der Hermeneutik findet diese Vorgehensweise im Fachschrifttum besonderen Anklang.[5]

11

Wie immer in solchen Fällen gibt es keine „richtige" und „allgemein anerkannte" Methode und wird es auch nie geben. Entsprechend findet die an sich vom BFH geächtete induktive Methode im Schrifttum immer wieder Anwendungsbereiche, so z. B. bei der neuen „Poolabschrei-

12

---

1 BFH-Urteil vom 20. 6. 2000 – VIII R 32/98, BStBl 2001 II S. 636 = Kurzinfo StuB 2001 S. 84.
2 BGH-Urteil vom 27. 2. 1961 – II ZR 292/59, WPg 1961 S. 24.
3 BFH-Urteil vom 25. 2. 1986 – VIII R 134/80, BStBl II S. 788.
4 Vgl. *Döllerer*, WPg 1959 S. 653.
5 Begründet wohl durch *Welf Müller*, in: FS Goerdeler, S. 6.

bung" für Sachanlagevermögen nach § 6 Abs. 2a EStG. Hier wird eine nachhaltige Anwendung dieser Vereinfachungsvorschrift durch die Kaufmannschaft auch im HGB-Abschluss prognostiziert, wodurch sich über kurz oder lang ein GoB diesen Inhalts herausstellen soll (→ § 252 Rz. 188). Auch in der Regierungsbegründung zum BilMoG wird mitunter auf dieser Grundlage argumentiert, z. B. wenn im Zusammenhang mit der Rückstellungsbewertung zum Erfüllungsbetrag (→ § 253 Rz. 30) von einer Weiterentwicklung der GoB die Rede ist,[6] d. h. „die Praxis dominiert das Gesetz".[7]

5. Deutsche Rechnungslegungs Standards (DRS)

13 Eine neuere Quelle der GoB stellt der **Deutsche Standardisierungsrat** dar, allerdings beschränkt auf die Bereiche der Konzernrechnungslegung gem. § 342 HGB. Seine Empfehlungen sind nach Bekanntgabe durch das Bundesministerium der Justiz mit der Vermutung einer **Konzern**-GoB-Konformität ausgestattet. Soweit sich die „Konzernrechnungslegung" in diesem Sinne auf eigentliche Konsolidierungsvorgänge beschränkt, ist diese Vorgabe aus systematischer Sicht unproblematisch. Anders kann es sich verhalten, wenn der Deutsche Standardisierungsrat im Einvernehmen mit dem Bundesminister der Justiz GoB-Bestandteile feststellt, die Ausstrahlung auch auf den Einzelabschluss haben.

> **BEISPIEL** ▶ Der DSR hat – vor Verabschiedung des BilMoG – die Aktivierung von Steuerabgrenzungsposten (Steuerlatenz) für Verlustvorträge im Konzernabschluss als GoB normiert (vgl. DRS 10.11). Die Frage ist nun, ob dies auch für den Einzelabschluss gilt. Die weitere Frage schließt sich an, ob die GoB im Hinblick auf die reine Informationsvermittlung des Konzernabschlusses anders zu interpretieren sind als diejenigen für den Einzelabschluss (Jahresabschluss im eigentlichen Sinne), der auch als Steuerbemessungsgrundlage dient und dem Gläubigerschutz und der Ermittlung eines entziehbaren Gewinns verpflichtet ist.

14 Als Antwort darf auf die nachfolgend dargestellte Stellungnahme des IDW[8] verwiesen werden: Das IDW beugt sich für den **Konzern**abschluss trotz gewisser Bedenken den Vorgaben des DRS 10 (→ § 274 Rz. 32). Eine Abweichung ist im Prüfungsbericht zu erwähnen (→ § 317 Rz. 96).[9] Bezüglich des Einzelabschlusses wird verwiesen auf → § 342 Rz. 6.

6. Die GoB als „offene" Auslegungshilfe

15 „Grundsätze" lassen sich wegen ihrer notwendigen begrifflichen **Abstraktheit** auch leicht weg- oder hinzuargumentieren, um zu einem **gewünschten** Auslegungsergebnis zu gelangen.

> **BEISPIEL** ▶ Der BFH[10] hatte über Vermittlungsprovisionen einer Buch- und Schallplattenvertriebsgesellschaft zu entscheiden. Es ging um die Frage der Aktivierung dieser Vermittlungsprovisionen im Hinblick auf die späteren Vorteile aus der Kundenbeziehung. Der BFH hat die

---

6 BilMoG-RegE S. 114.
7 Vgl. *Hommel/Laas*, BB 2008 S. 1668.
8 Vgl. WPg 2001 S. 1087.
9 IDW PS 450 Tz. 134.
10 BFH-Urteil vom 29. 10. 1961 – I 93/64, BStBl 1970 II S. 178.

> Bildung eines aktiven Abgrenzungspostens verneint, u. a. mit der Begründung: Es gebe nach deutschem Bilanzrecht keine GoB in Form des *matching principle*.

Auch wenn dieses Urteil heute vielleicht in dieser Form so nicht mehr gefällt oder wenigstens begründet würde, muss doch gefragt werden, ob nicht in einem anderen Gewand ein *matching principle* auch nach deutschem Bilanzrecht gültig ist. Dafür spricht das generelle Periodisierungsprinzip in § 252 Abs. 1 Nr. 5 HGB, das man allenfalls mit mühsamer Begründung in vielfältigen Ausfächerungen vom *matching principle* unterscheiden kann (→ § 252 Rz. 164). 16

Aber auch in der praktischen Anwendung auf Bilanzierungsfälle stößt man immer wieder auf das Erfordernis einer **periodischen** Zuordnung von Aufwendungen und Erträgen, um ein „unmögliches" Bilanzbild zu vermeiden (→ § 249 Rz. 28 und → § 249 Rz. 6).

> **BEISPIEL** Ein Kernkraftwerk muss sich wie jedes andere Kraftwerk und ähnliche Bauten zu Entsorgung und Rückbau der gesamten Anlage nach Ende der Laufzeit verpflichten.

Diese Verpflichtung entsteht spätestens mit der Genehmigung zum eigentlichen Betrieb der Stromerzeugung. Eine Aktivierung der Aufwendungen aus dieser Entsorgungsverpflichtung scheidet nach herkömmlichem deutschen Bilanzverständnis aus (→ § 249 Rz. 62). Nach dem Vollständigkeitsgebot des § 246 Abs. 1 HGB (→ § 246 Rz. 3) war die betreffende Verbindlichkeit – ob abgezinst oder nicht ist an dieser Stelle nicht weiter zu verfolgen (→ § 253 Rz. 72) – anzusetzen. Dann wäre bei der als selbstverständlich betrachteten Gegenbuchung der Rückstellung im Aufwand aber die das Kraftwerk betreibende Gesellschaft sofort bilanzmäßig überschuldet gewesen. Ob dieser „unpassenden" Bilanzierung hat sich in den 90er Jahren des vorigen Jahrhunderts heftiger Streit entzündet. Das Ergebnis ist letztlich mit anderer Begründung entsprechend dem *matching principle* als ungeschriebener GoB gefunden worden: Die Rückstellung ist zulasten des Aufwands **ratierlich** entsprechend der mutmaßlichen Nutzungsdauer aufzubauen mit der Folge einer periodengerechten (*to match*) Zuordnung von Aufwendungen. 17

Man hätte durchaus auch damals einen GoB anderer Art finden können, der auf dem finalen Charakter der Anschaffungs- und Herstellungskosten aufbaut[11] (IAS 16.16(c)): Die Entsorgungsverpflichtung stellt einen **Bestandteil der Herstellungskosten** dar mit der gleichen Folge der ratierlichen Verrechnung des entsprechenden Aufwands über die Nutzungsdauer (→ § 249 Rz. 62). Ein solcher GoB böte auch einen Vorteil gegenüber der „gefundenen" Lösung, weil er dem Vollständigkeitsgebot entspricht und umgekehrt die für notwendig erachtete Aufwandsverbuchung von Rückstellungen im Gesetz keine Stütze findet.

II. Klarheit und Übersichtlichkeit (Abs. 2)

Nach Abs. 2 muss der Jahresabschluss „klar und übersichtlich" sein. Die Frage liegt auf der Hand: „Wie denn sonst?". Klarheit und Übersichtlichkeit eines Dokuments ist eine selbstverständliche Maxime intersubjektiver Mitteilung, insbesondere in schriftlicher Form. Diese beiden Vorgaben gewinnen erst an Konturen, wenn sie auf die **äußere Darstellung** des Jahres- 18

---

[11] Vgl. *Lüdenbach*, BB 2003 S. 839; a. A. *Wick*, Entfernungsverpflichtungen in der kapitalmarktorientierten Rechnungslegung, Wiesbaden 2009.

II. Klarheit und Übersichtlichkeit

abschlusses, d. h. auf die Gliederung von Bilanz und GuV mit entsprechender Bezeichnung der zugehörigen Posten, bezogen werden. Diesbezüglich wird auch verwiesen auf → § 247 Rz. 7.

19 Die gewählte **Bezeichnung** des jeweiligen Abschlusspostens muss dem allgemeinen Verständnis entsprechen. Unter „Sachanlagen" dürfen sich also nicht Forderungen gegen Gesellschafter verbergen – das leuchtet unmittelbar ein. Es dürfen aber auch nicht **rechtlich zutreffende** Bezeichnungen gewählt werden, die den **wirtschaftlichen Gehalt** des Inhalts nicht richtig wiedergeben.

20 **BEISPIEL** Ein Fußballprofiklub mit handelsrechtlicher Rechnungslegungsverpflichtung verkauft seine Großarena an einen Leasingfonds und mietet diesen für 17 Jahre wieder zurück. Gleichzeitig leistet der Verein auf ein Sperrkonto mit Verpfändung an den Leasingfonds einen Einmalbetrag und laufende Beträge, die sich auf 70 Mio € per 30.6.XX belaufen. Der Ausweis dieses Guthabens, über das der Verein aktuell nicht verfügen kann, erfolgt unter „Liquide Mittel".

Unter „Liquide Mittel" werden regelmäßig (auch) Bankguthaben ausgewiesen (→ § 266 Rz. 72) als Kurzform der Bezeichnung unter § 266 Abs. 2 IV. HGB. Der Ausweis unter „Liquide Mittel" ist in diesem Fall in hohem Grade unklar. Der Fußballprofiklub kann über diese „Liquidität" nach den Vertragsbedingungen erst zehn Jahre später bei Beendigung des Leasingverhältnisses verfügen und dann auch nur zur Finanzierung des Rückerwerbs der Fußballarena. Im Interesse der Klarheit hätte der Ausweis unter „Finanzanlagen" erfolgen müssen.

„Klar und eindeutig" sollte also verstanden werden als „nicht missverständlich oder irreführend".

21 Eine andere Frage geht dahin, ob der unklare Ausweis durch einen **Erläuterungstext** oder **Anhangangabe korrigiert** werden kann (→ § 264 Rz. 27). Dazu folgendes Beispiel:

BEISPIEL Die Y+A KG produziert Dichtungsringe für Zylinderköpfe. Kommanditist mit einer 100 %igen Beteiligung am Kapital ist die Automobilzuliefergesellschaft mbH A, Komplementär mit einer Kapitalbeteiligung von 0 % ist eine Frau Y mit Wohnsitz in Kiew.[12] Die KG weist in der Bilanz erhebliche Kundenforderungen aus, die zu 90 % auf die Kommanditistin entfallen.

Hier wäre ein Ausweis dieser Lieferforderungen als solche aus Lieferungen und Leistungen irreführend. Es muss ein ergänzender Hinweis in einer Fußnote oder in einem getrennten Posten erfolgen, aus dem der Adressat und das Volumen ersichtlich ist, etwa folgenden Inhalts: „Vom Gesamtbetrag entfallen rund 90 % auf die Kommanditistin".

Zum Vergleich sei auf die Rechtslage bei umgekehrter Beteiligungsstruktur – also dem typischen Fall einer GmbH & Co. KG – verwiesen. Hier ist eine entsprechende Angabe nach § 264c Abs. 1 HGB vorzunehmen (→ § 264c Rz. 4).

---

12 Vgl. hierzu → § 264a Rz. 6.

III. Aufstellungsfrist (Abs. 3)

Die Erstellung eines Jahresabschlusses bedarf „technisch" eines bestimmten Zeitraums. Das gilt auch, wenn in der Vorstandssitzung bereits im November, die über den Zwischenabschluss zum 30.9. diskutiert, der Jahresüberschuss für das betreffende Jahr oder wenigstens die Dividende festgelegt wird. Das Gesetz enthält sich in Abs. 3 genauerer Vorgaben. Es spricht nur von dem **ordnungsmäßigen Geschäftsgang**, dessen Interpretation der Lehre und der Rechtsprechung überantwortet wird.

In **Spezialnormen** hat das Gesetz folgende Zeiträume nach dem Bilanzstichtag festgelegt für

▶ große und mittlere Kapitalgesellschaften (§ 264 Abs. 1 Satz 3 HGB) innerhalb von **drei** Monaten,

▶ kleine Kapitalgesellschaften und Kap. & Co.-Gesellschaften (§ 264 Abs. 1 Satz 3 HGB) innerhalb von **sechs** Monaten mit dem Vorbehalt des ordnungsgemäßen Geschäftsgangs,

▶ eingetragene Genossenschaften (§ 336 Abs. 1 Satz 2 HGB) **fünf** Monate,

▶ dem Publizitätsgesetz unterliegende Unternehmen (§ 5 Abs. 1 PublG) **drei** Monate sowie

▶ den Konzernabschluss (§ 290 Abs. 1 Satz 1 HGB) **fünf** Monate.

Bei der Beantwortung der Frage nach der Ordnungsmäßigkeit des Geschäftsgangs orientiert sich die Praxis primär an der Judikatur, hier – meistens – derjenigen des **BFH**. Unter Einbeziehung erstinstanzlicher Urteile gibt es diesbezüglich kein einhelliges Erscheinungsbild.[13] Soviel lässt sich sagen: Eine längere Frist als zwölf Monate wird nicht als ordnungsgemäß angesehen. Demgegenüber gibt es **strafrechtliche** Rechtsprechung[14] mit einer Frist von höchstens sechs Monaten. Diese Frist kann sich an der zitierten Lösung für kleine Kapital- und Kap. & Co.-Gesellschaften orientieren, die allenfalls eine Verkürzung, aber keine Verlängerung der Sechs-Monats-Frist vorsehen. Ganz abgesehen davon tendiert die Rechnungslegungspraxis zu immer **schnelleren** Abschlusserstellungsfristen im Zuge des sog. *fast close*.[15] Die schnellere Frist ist auch im Hinblick auf die Selbstinformation des Kaufmanns als sinnvoll zu erachten. Die Vorgaben der Finanzrechtsprechung können demgegenüber nicht als eigentlicher Maßstab gelten, denn die steuerliche Gewinnermittlung durch die Bilanzierung dient lediglich als eine Anlage zur Steuererklärung, **deren** Abgabefrist dominiert.

IV. Elektronische Steuerbilanz nach § 5b EStG

Die Vorgaben des HGB für die Gliederung des Jahresabschlusses von **Personenunternehmen** sind **rudimentär** (→ § 247 Rz. 8). Für die GuV gilt im Wesentlichen nur der Grundsatz der Klarheit und Übersichtlichkeit (→ Rz. 18). Für die Bilanz wird er nur dahingehend „konkretisiert", dass aktivisch Anlage- und Umlaufvermögen, passivisch Eigenkapital und Schulden sowie auf beiden Seiten der Bilanz Rechnungsabgrenzungsposten gesondert auszuweisen sind (→ § 247 Rz. 1). Die spezifischen Gliederungsvorgaben des § 266 HGB (Bilanz) und § 275 HGB (GuV) gelten hingegen nur für Kapitalgesellschaften und Kap. & Co.-Gesellschaften.

---

13 Einzelheiten bei *Hüffer*, in: HGB-Bilanzrecht, 2002, § 243 Tz. 38.
14 BGH-Urteil vom 9.12.1954 – 3 StR 198/54, BB 1955 S. 109 f.
15 Vgl. *Küting/Weber/Boecker*, StuB 2004 S. 1; *Petersen/Zwirner*, StuB 2007 S. 645.

26 Der somit gegebene **hohe Freiheitsgrad** von Personenunternehmen bei Gliederung ihres Jahresabschlusses wird für Wirtschaftsjahre, die nach dem 31.12.2010 beginnen, bei kalendergleichem Wirtschaftsjahr also mit Wirkung **ab 2011,** durch § 5b EStG **faktisch beendet** sein. Danach gilt[16]:

▶ Mit bestimmten Härtefallausnahmen[17] sind Unternehmen (Steuerpflichtige), die ihren Gewinn nach § 5 EStG (oder § 4 Abs. 1 EStG oder § 5a EStG) ermitteln, verpflichtet, den Inhalt der Bilanz, der GuV-Rechnung sowie einer ggf. notwendigen Überleitungsrechnung **nach amtlich vorgeschriebenem Datensatz** in elektronischer Form (E-Bilanzen) zu übermitteln. Die bisher nach § 60 Abs. 1 EStDV vorgeschriebene Übermittlung in Papierform entfällt.

▶ Enthält die handelsrechtliche Bilanz Ansätze oder Beträge, die den steuerlichen Vorschriften nicht entsprechen, sind diese durch Zusätze oder Anmerkungen den steuerlichen Vorschriften gem. § 5b Abs. 1 Satz 2 EStG i.V. mit § 60 Abs. 2 Satz 1 EStDV anzupassen. Diese sog. **Überleitungsrechnungen** sind ebenfalls nach amtlich vorgeschriebenem Datensatz durch Datenfernübertragung zu übermitteln. Der Steuerpflichtige kann stattdessen auch eine den steuerlichen Vorschriften entsprechende Bilanz elektronisch übermitteln (§ 5b Abs. 1 Satz 3 EStG).

27 Die Datenbereitstellung wird mittels standardisierter, von der Finanzverwaltung verbindlich vorgegebenen **Taxonomien** in Form von XBRL-Datensätzen (XBRL = *eXtensible Business Reporting Language*) erfolgen.[18] Das BMF hat erstmals im Februar 2010 über den Arbeitsstand zur Umsetzung dieses gesetzlichen Auftrags informiert.[19] Der dabei angekündigte Entwurf eines überarbeiteten Datenschemas (auf der Grundlage der **HGB-Taxonomie 4.0**)[20] ist am 31.8.2010 erschienen.[21] Die HGB-Taxonomie und die auf ihr aufbauenden Vorgaben des BMF lehnen sich dabei in hohem Maße an die für große Kapitalgesellschaften geltenden Gliederungsvorschriften an. In einer bisher unbekannten und besonderen Art „umgekehrter Maßgeblichkeit" werden damit auf steuerlichem Wege die Vorschriften der §§ 266 und 275 HGB im Wesentlichen auch für Personenunternehmen verbindlich. Bislang hat das Steuerrecht formlos einige wenige Gliederungsposten der HGB-Bilanz als Gewinnermittlungsparameter übernommen, z. B. die Unterscheidung von Anlage- und Umlaufvermögen in § 6 Abs. 2 und 2a EStG oder Rückstellungen in verschiedenen Ausprägungsformen in § 5 EStG. Nun soll das „Zusammenspiel" von Handels- und Steuerbilanz gerade umgekehrt verlaufen: Das Steuerrecht schreibt dem Einzelkaufmann und den Personenunternehmen eine detaillierte Übernahme der großen Kapitalgesellschaften gewidmeten Posten der Bilanz und der GuV (das BMF nennt die „Posten" „Positionen") vor. Damit werden auch den kleinen und mittleren Kapital- und Kap. & Co.-Gesellschaften durch die Hintertür die Erleichterungen nach § 266 Abs. 1 Satz 3 HGB (→ § 266 Rz. 1 ff.) und § 276 Satz 1 HGB (→ § 276 Rz. 1 ff.) entzogen.

28 In nach **Rechtsformen** (Einzelunternehmen, Personengesellschaften, Körperschaften) und **Aufbau der GuV** (Gesamt- oder Umsatzkostenverfahren) unterschiedenen Anlagen (sog. Visualisierungsdateien) zum Entwurf des BMF-Schreibens (→ Rz. 27) werden die jeweils geforderten Ta-

---

16 Vgl. u. a. *Koch/Nagel*, NWB 2010 S. 1340 ff.
17 Dazu *Levedag*, in: HHR, EStG, § 5b Tz. 20 ff.
18 Grundlegend zur Finanzkommunikation mit XBRL: AKEU/SG, DB 2010 S. 1472 ff.
19 BMF-Schreiben vom 3.2.2010 – IV A 5 – O 1000/09/10055-08.
20 Näheres unter www.xbrl.de.
21 Entwurf eines BMF-Schreibens vom 31.8.2010 – IV C 6 – S 2133-b/10/10001.

xonomien vorgelegt. Entscheidend sind dabei die sog. **Mussfeld**er, d. h. die Posten (das BMF spricht von Positionen), die als Mindestumfang des amtlich vorgeschriebenen Datensatzes i. S. des § 5b EStG zwingend sind. Die Finanzverwaltung wird jeweils elektronisch prüfen, ob alle Mussfelder im übertragenen Datensatz ausgefüllt sind. Sofern sich ein Mussfeld nicht mit Werten füllen lässt, z. B. weil aufgrund der Rechtsform des Unternehmens kein dem Mussfeld entsprechendes Buchungskonto geführt wird, ist zur erfolgreichen Übermittlung des Datensatzes die entsprechende Position „leer" (technisch: NIL-Wert) zu übermitteln.

Die am 31. 8. 2010 vorgelegten Taxonomien sind noch in hohem Maße problematisch oder fehlerhaft, wie sich etwa am Beispiel der Taxonomie „**Einzelunternehmen** – Gesamtkostenverfahren"[22] zeigen lässt. Die Taxonomie enthält als **Mussfelder** (!) u. a.

- Kapitalrücklage (bisher nur bei Kapital- und ggf. Personengesellschaften bekannt),
- Gesetzliche Rücklage (bisher nur bei Aktiengesellschaften bekannt),
- Verbindlichkeiten aus Lieferungen und Leistungen gegenüber Gesellschaftern (bisher nur bei Gesellschaften bekannt).

Entweder ist der Titel der betreffenden Taxonomie irreführend, in dem sie gar nicht spezifisch für Einzelunternehmen, sondern für alle Rechtsformen gilt und Einzelunternehmen dann bei auf sie nicht zutreffenden Posten einen Nulleintrag vornehmen müssen, oder die Taxonomie ist falsch, weil etwa im *Copy-and-Paste*-Verfahren aus der „Mustertaxonomie" (Körperschaften) Felder in die Taxonomie Einzelunternehmen kopiert wurden, die es dort gar nicht geben kann.

Unabhängig von solchen **Anfangsschwierigkeiten**, lässt sich zu den Mussfeldern der Taxonomien noch Folgendes feststellen: Rechtsform- und größenunabhängig sind: 29

- neben den Angaben, die handelsrechtlich nur **für (große) Kapitalgesellschaften** gelten (etwa Aufgliederung des immateriellen Anlagervermögens nach selbst geschaffenen, entgeltlich erworbenen, Geschäftswert und geleisteten Anzahlungen),
- werden **spezifisch steuerlich motivierte Aufgliederungen** verlangt, so etwa bei Anteilen an verbundenen Unternehmen eine Unterscheidung zwischen Anteilen an Personengesellschaften (steuerlich nach der Spiegelbildmethode zu erfassen) und Anteilen an Kapitalgesellschaften, etwa bei Materialaufwendungen eine Unterscheidung zwischen Aufwendungen zum umsatzsteuerlichen Regelsatz, solchen zum ermäßigten Steuersatz und solchen aus innergemeinschaftlichen Erwerben.

Der sich so insgesamt ergebende Grad an **Komplexität** ist ganz erheblich (und hat möglicherweise selbst das BMF überfordert → Rz. 28). Der Widerspruch zur als Begründung für die Einführung von § 5b EStG angeführten „**Entbürokratisierung**" könnte nicht größer sein. Vermutlich wird sich erst in einigen Jahren gerichtlich klären, ob das, was auf diese Weise dem Einzelunternehmen oder der kleinen Kapitalgesellschaften zugemutet wird, rechtsstaatlich gebotenen Grundsätzen der Verhältnismäßigkeit etc. noch genügt oder hier nicht den Unternehmen ein nicht vertretbares Übermaß zugemutet wird.

---

[22] http://www.bundesfinanzministerium.de/nn_92/DE/BMF__Startseite/Aktuelles/ BMF__Schreiben/Veroeffentlichungen__zu__Steuerarten/einkommensteuer/003__03,templateId=raw,property=publicationFile.pdf (Abruf 2. 9. 2010).

30　Dem Personenunternehmen bleibt unbenommen, seine Handelsbilanz weiterhin nach rudimentären oder hoch individualisierten Gliederungsstrukturen zu erstellen. Er wird dann aber eine stark gegliederte Steuerbilanz erstellen müssen.

Für die Mehrzahl der Steuerpflichtigen, die ohnehin auf der Basis von Standardkontenplänen großer Softwareanbieter selbst oder über ihren Steuerberater einen tiefer gegliederten Jahresabschluss erstellen, wird sich kein allzu großer Umstellungsaufwand ergeben bzw. die Umstellungsaufgabe über die Standardsoftwareanbieter automatisiert erledigt werden. Problematischer bleibt allein die durch das BilMoG gegebene stärkere Entkoppelung von Steuer- und Handelsbilanz. Sie wird die **Komplexität** der **Überleitungsrechnungen** verstärken.

31　Der **Finanzverwaltung** wird die standardisierte Form der Gliederung und Einreichung der Steuerbilanzen größere Möglichkeiten des automatisierten internen und externen Betriebsvergleichs eröffnen.

32　Über den jeweiligen Stand der E-Bilanz-Taxonomien informiert die Internetseite des BMF.

§ 244 Sprache; Währungseinheit

Der Jahresabschluss ist in deutscher Sprache und in Euro aufzustellen.

Das Gebot der Verwendung der **deutschen Sprache** gilt nicht nur für den Jahres- und den Konzernabschluss, sondern auch für befreiende IFRS-Abschlüsse (→ § 315a Rz. 9), in allen Fällen auch für den Anhang und den Lagebericht. Die Erweiterung auf eine **lebende** Sprache, die bei der Führung der Handelsbücher eingeräumt wird (→ § 239 Rz. 2), gilt für Abschluss und Lagebericht nicht. 1

Als Währung ist der **Euro** vorgeschrieben. Dies gilt auch für den befreienden IFRS-Konzernabschluss (→ § 315a Rz. 9) und für die Niederlassungen ausländischer Unternehmen mit Kaufmannseigenschaft (→ § 238 Rz. 3). Nach DRS 14.26 dürfen **zusätzlich** zum Euro-Konzernabschluss zu Informationszwecken auch andere Berichtswährungen gewählt werden. 2

„Euro" ist dabei **nicht wörtlich** zu verstehen. Der aus der Finanzbuchführung entwickelte EDV-Ausdruck von Bilanz und Gewinn- und Verlustrechnung enthält notgedrungen auch Cent-Beträge. Umgekehrt sind **Rundungen** zulässig, also auf volle Euro oder je nach Größe des Unternehmens auch auf T€ und ggf. auf Mio €. Unter Wesentlichkeitsgesichtspunkten bestehen keine Bedenken, wenn etwa bei einer Bilanzsumme und Umsatzerlösen von einigen Milliarden als kleinste „Berichtseinheit" Mio € verwendet werden. Lesbarkeit und damit Informationsqualität des Abschlusses werden dadurch erhöht.[1] 3

---

1 Vgl. *ADS*, 6. Aufl., § 244 Tz. 6; *Förschle*, in: Beck'scher Bilanz-Kommentar, 7. Aufl., München 2010, § 244 Tz. 6.

§ 245 Unterzeichnung

¹Der Jahresabschluss ist vom Kaufmann unter Angabe des Datums zu unterzeichnen. ²Sind mehrere persönlich haftende Gesellschafter vorhanden, so haben sie alle zu unterzeichnen.

Inhaltsübersicht	Rz.
I. Der unterzeichnungspflichtige Personenkreis	1 - 4
II. Der Jahresabschluss als Objekt der Unterzeichnung	5
III. Der Zeitpunkt der Unterzeichnung ...	6 - 14
1. ... in formalrechtlicher Betrachtung	6 - 13
2. ... unter Beachtung der tatsächlichen Verhältnisse	14

Ausgewählte Literatur

Erle, Unterzeichnung und Datierung des Jahresabschlusses bei Kapitalgesellschaften, WPg 1987 S. 637

Küting/Kaiser, Aufstellung oder Feststellung: Wann endet der Wertaufhellungszeitraum?, WPg 2000 S. 577

I. Der unterzeichnungspflichtige Personenkreis

Mit der Unterzeichnung übernimmt der Kaufmann die **Verantwortung** für die Richtigkeit und Vollständigkeit des Jahresabschlusses im Rahmen der systemimmanenten Grenzen eines Jahresabschlusses. Der Gesetzeswortlaut ist in Satz 1 auf den **Einzel**kaufmann zugeschnitten und wird in Satz 2 um die persönlich haftenden Gesellschafter einer Personenhandelsgesellschaft ergänzt. Nach einhelliger Auffassung im Schrifttum bedarf es bei Kapitalgesellschaften der Unterzeichnung **aller** Vorstandsmitglieder bzw. **aller** Geschäftsführer, auch der stellvertretenden (→ § 268 Rz. 8). Die Unterzeichnung wird bei kapitalmarktorientierten Aktiengesellschaften durch den sog. Bilanzeid ergänzt (→ § 264 Rz. 30). 1

Die Unterzeichnungspflicht aller Organmitglieder soll nach Auffassung im Schrifttum[1] auch für die **Kap. & Co.**-Gesellschaften i. S. des § 264a HGB gelten. Danach hätten also **alle** Geschäftsführer der Komplementär-GmbH einer GmbH & Co. KG den Jahresabschluss der KG zu unterzeichnen. Anderer Ansicht nach genügt die Unterzeichnung der Geschäftsführer in **vertretungsberechtigter** Zahl.[2] Die letztgenannte Auffassung wird mit der Gesamtverantwortung der Geschäftsführer nur für die eigene Rechnungslegung und nicht derjenigen der von ihr vertretenen KG begründet. Dagegen wird mit einem Proportionalitätsgedanken argumentiert: Die Geschäftstätigkeit der Komplementär-GmbH ist regelmäßig vernachlässigungsfähig gering, umgekehrt diejenige der KG. Letztere trüge dann nur die Unterschrift von möglicherweise einem Geschäftsführer, wohingegen der Mini-Abschluss der Komplementär-GmbH die Unterschriften einer Mehrzahl von Geschäftsführern enthielte. Außerdem träfe die Aufstellungs- 2

---

[1] Vgl. *Ellerich/Swart*, in: Küting/Pfitzer/Weber (Hrsg.), Handbuch der Rechnungslegung, 5. Aufl., § 245 Tz. 3; so auch *Winkeljohann/Schellhorn*, in: Beck'scher Bilanz-Kommentar, 7. Aufl., München 2010, § 245 Tz. 2.

[2] Vgl. *ADS*, 6. Aufl., § 245 Tz. 11.

pflicht des Jahresabschlusses für die KG nicht die GmbH als persönlich haftende Gesellschafterin, sondern deren gesetzliche Vertreter.

Beide Argumentationen sind durch eine gewisse Spitzfindigkeit gekennzeichnet, u. E. dominiert in jedem Fall der **Gesamtverantwortungsgedanke** auch bei einer GmbH & Co. KG. Wenn dieser Vorgabe nur durch Unterzeichnung des Jahresabschlusses durch **alle** Vorstandsmitglieder bzw. Geschäftsführer Genüge getan werden kann, müsste dies auch für die Kap. & Co.-Gesellschaften gelten.

3   Im Falle der Abwicklung von Gesellschaften sind die **Liquidatoren** zur Unterzeichnung des Jahresabschlusses verpflichtet.

4   Die Unterzeichnung muss **persönlich** erfolgen, eine Vertretung ist nicht möglich, es sei denn, der Verpflichtete ist durch schwere Krankheit o. Ä. verhindert. Eine **zusätzliche** Unterzeichnung durch Nichtvorstände bzw. Nichtgeschäftsführer aus Prestige- oder anderen Gründen ist unschädlich.

II. Der Jahresabschluss als Objekt der Unterzeichnung

5   Der Gegenstand der Unterzeichnung ist der Jahresabschluss nach Maßgabe der Definition i. S. des § 242 Abs. 3 HGB. Zu unterzeichnen sind also die Bilanz mit der GuV. Die Unterschrift(en) muss bzw. müssen „unter" diese beiden Bestandteile des Jahresabschlusses geleistet werden, regelmäßig also **unter** die GuV unter **Datumsangabe**. Letztere muss nicht handschriftlich erfolgen. Besteht bei Kapital- und Kap. & Co.-Gesellschaften der Jahresabschluss zusätzlich aus einem **Anhang** (→ § 264 Rz. 1), muss das zu unterzeichnende Dokument auch diesen umfassen. Wird dieser drucktechnisch nach Bilanz und GuV dargestellt, ist also die Unter-Zeichnung unterhalb des Anhangs vorzunehmen.

III. Der Zeitpunkt der Unterzeichnung ...

1. ... in formalrechtlicher Betrachtung

6   Der Gesetzeswortlaut gibt zum Zeitpunkt der Unterzeichnung nichts her. Es bedarf einer **Auslegung**, die sich zunächst auf den üblichen Sinngehalt der Unterzeichnung stützen muss. Unterzeichnet wird ein **fertiges** Werk in Schriftform, das regelmäßig irgendwelchen Adressaten oder den eigenen Akten übermittelt wird. Die Beschäftigung des Unterzeichners mit der Materie muss im Zeitpunkt der Unterzeichnung ihr **Ende** gefunden haben. Eine Unterzeichnung mit Datum vor der Befassung mit dem Vorgang oder während desselben ist schlichtweg unsinnig. Deshalb ist das richtige Unterzeichnungsdatum eindeutig mit der **Beendigung der Aufstellungs**arbeiten zu definieren. Damit dokumentiert der Kaufmann die ihm obliegende öffentlich-rechtliche Verpflichtung zur Buchführung und Erstellung des Abschlusses (→ § 242 Rz. 11) mit möglichen strafrechtlichen Konsequenzen und bei bestimmten Rechtsformen mit der förmlichen Einhaltung der von Gesetzes wegen gegebenen Frist (→ § 264 Rz. 11).

Allerdings ist der Wortlaut in § 245 HGB auf den Fall des **Einzelkaufmanns** ausgerichtet. Bei **gesellschaftsrechtlichen** Strukturen und weiteren gesetzlichen Anforderungen an die Rechnungslegung können dem Grunde nach verschiedene Daten in Betracht kommen:[3]   7
▶ Die (eigentliche) Aufstellung des Jahresabschlusses (§ 264 Abs. 1 HGB),
▶ die Beendigung der Abschlussprüfung (§ 316 Abs. 3 HGB),
▶ die Vorlage des Jahresabschlusses an den Aufsichtsrat gem. § 170 Abs. 1 AktG oder an die Gesellschafterversammlung gem. § 42a Abs. 1 GmbHG,
▶ die Feststellung (→ Rz. 10).

Die zweite der genannten Möglichkeiten scheidet schon deswegen als Unterzeichnungsdatum aus, weil die Jahresabschlussprüfung nicht für alle Kaufleute zwingend ist und deshalb bei nicht prüfungspflichtigen Rechtsstrukturen ein Unterzeichnungsdatum nicht festgelegt werden könnte.   8

Der dritte Aufzählungspunkt – Vorlage an den Aufsichtsrat bzw. die Gesellschafterversammlung – scheidet deswegen aus, weil dieser Akt zeitlich mit (der Beendigung) der Aufstellung zusammenfällt („unverzüglich nach ihrer Aufstellung" gem. § 170 Abs. 1 AktG bzw. § 42a GmbHG).   9

In Betracht kommen dann nur noch die Zeitpunkte der **Aufstellung** bzw. Erstellung des Abschlusses oder der **Feststellung**. Beide Handlungen sind rechtlich streng zu trennen. Die Aufstellung folgt der öffentlich-rechtlichen Verpflichtung zur Führung der Bücher und des daraus abzuleitenden Jahresabschlusses durch den Kaufmann (→ § 242 Rz. 11). Die Feststellung stellt demgegenüber einen gesellschaftsrechtlichen Akt mit bestimmten Rechtsfolgen dar, z. B. der Ermöglichung einer Gewinnausschüttung bei Kapitalgesellschaften. Deshalb ist der Feststellungsakt im Spezialrecht der Kapitalgesellschaften geregelt (§ 42a GmbHG und § 172 f. AktG). Das Recht der **Personenhandelsgesellschaft** kennt förmlich keine Feststellung. Allerdings hat der BGH diese für Personengesellschaften für erforderlich erachtet und sie zunächst noch als Grundlagengeschäft gekennzeichnet,[4] demgegenüber im „Otto-Urteil" des BGH der Mehrheitsentscheidung in der Gesellschafterversammlung überantwortet (→ § 264c Rz. 32).[5]   10

Daraus folgt nach einhelliger Auffassung: Erst mit der Feststellung eines Jahresabschlusses liegt dieser **rechtsförmlich** vor. Beim Einzelkaufmann kann man die Abschlusserstellung und Unterzeichnung mit der Feststellung identifizieren.   11

Eine Vielzahl von Stimmen im Schrifttum sehen in der Folge das **Fest**stellungsdatum als das „richtige" der Unterzeichnung des Jahresabschlusses durch den Vorstand bzw. durch die Geschäftsführer und die persönlich haftenden Gesellschafter einer Personenhandelsgesellschaft[6] an. Diese Auffassung kann sich auf ein BGH-Urteil[7] stützen. Die dortige Begründung ist aller-

---

3 Vgl. *Erle*, WPg 1987 S. 638.
4 Grundlegend im Urteil vom 29. 3. 1996 – II ZR 263/94, DStR 1996 S. 753.
5 BGH-Urteil vom 15. 1. 2007 – II ZR 245/05, DStR 2007 S. 494.
6 Vgl. die Schrifttumsauswahl bei *Winkeljohann/Schellhorn*, in: Beck'scher Bilanz-Kommentar, 7. Aufl., München 2010, § 245 Tz. 3; ausführlicher bei *Ellerich/Swart*, in: Küting/Pfitzer/Weber (Hrsg.), Handbuch der Rechnungslegung, 5. Aufl., § 245 Tz. 13, und *Kropff*, in: FS Ludewig, 1996 S. 523.
7 BGH-Urteil vom 28. 1. 1985 – II ZR 1984, DB 1985 S. 1837; ebenso OLG Stuttgart, Urteil vom 5. 11. 2008 – 20 U 8/08, DB 2009 S. 1521; OLG Stuttgart, Urteil vom 1. 7. 2009 – 20 U 8/08, Juris, mit Besprechung von *Fölsing*, StuB 2010 S. 661.

dings mehr als kurz und berücksichtigt die Rechtslage vor der Neufassung des HGB durch das BiRiLiG.

12 **Dagegen** sprechen gewichtige Argumente:[8]

▶ Unstreitig obliegt die Aufstellung des Jahresabschlusses dem Vorstand bzw. den Geschäftsführern. Mit ihrer Unterschrift **dokumentieren** sie die Erfüllung der **Aufstellungspflicht**. Ohne Unterschrift läge ein rechtliches Nullum vor, das folglich auch vom Aufsichtsrat bzw. der Gesellschafterversammlung gar nicht „bearbeitet", damit also auch nicht festgestellt, werden kann.

▶ Mit der Erstellung haben der Vorstand bzw. die Geschäftsführung ihre Schuldigkeit getan, auf die der **Abschlussprüfer** (bei Prüfungspflicht) aufsetzen kann. Er kann nur ein fertiges Werk und nicht ein Konglomerat von Papier oder Elektronikdateien prüfen und letztlich bestätigen. Auch er hätte ein Nullum in der Hand, wenn letztlich der Gesamtbestand der übermittelten Daten nicht rechtsverbindlich unterzeichnet wäre. Deshalb muss der Jahresabschluss dem Prüfer „unverzüglich nach der Aufstellung" vorgelegt werden (→ § 320 Rz. 3).

▶ Mit der Unterzeichnung (erst) des festgestellten Abschlusses würden der Vorstand bzw. die Geschäftsführung förmlich in die **Kompetenz** des Aufsichtsrats oder der Gesellschafterversammlung **eingreifen**. Deren Unterschrift unter die Feststellung wird zwar förmlich nicht verlangt, lediglich nach § 328 Abs. 1 Nr. 1 Satz 2 HGB wird dessen Datum angesprochen, was nicht die übliche oder gar zwingende Unterzeichnung im Aufsichtsratsprotokoll ausschließt.

▶ Nach § 252 Abs. 1 Nr. 4 HGB endet der **Wertaufhellungszeitraum** mit der Erstellung des Jahresabschlusses (→ § 252 Rz. 55 ff.), was durch eine Vielzahl von BFH-Urteilen bestätigt wird.[9] Auch dadurch wird das zeitliche Ende der Verantwortlichkeit des Vorstands bzw. der Geschäftsführung dokumentiert. Spätere wertaufhellende Erkenntnisse dürfen nicht mehr berücksichtigt werden, was im Übrigen auch einer praktischen Notwendigkeit entspringt, denn das Erstellungsgeschehen sollte auch aus *cost benefit*-Gesichtspunkten irgendwann einmal und nicht zu spät ein Ende haben.

▶ **Verweigert** das Feststellungsorgan sein Einverständnis mit dem vorgelegten Abschluss, kann es diesen an das Erstellungsorgan mit der Aufforderung zur Durchführung der Änderung zurückgeben. Auch der geänderte Abschluss fällt in den Verantwortungsbereich des Aufstellungsorgans und muss von diesem erneut unterzeichnet werden. Sofern der Aufsichtsrat oder die Gesellschafterversammlung ausnahmsweise von der Kompetenz der **Änderungsfeststellung** Gebrauch machen (→ § 268 Rz. 52l),[10] fällt dieser Vorgang nicht mehr in den Verantwortungsbereich des Aufstellungs-, sondern in denjenigen des Feststellungsorgans. Eine Unterzeichnung durch den Ersteren würde diese Verantwortlichkeiten geradezu auf den Kopf stellen.

13 Die besseren der auf formaler Ebene ausgetauschten Argumente sprechen u. E. für die Unterzeichnung durch den Vorstand bzw. die Geschäftsführung **nach Erstellung** des Abschlusses.

---

[8] Insbesondere vorgetragen von *Erle*, WPg 1987 S. 1637, und *Küting/Kaiser*, WPg 2000 S. 577.
[9] Z. B. BFH-Urteil vom 17. 11. 1987 – VIII R 348/82, BStBl 1988 II S. 431.
[10] Vgl. hierzu das BFH-Urteil vom 22. 8. 2006 – I R 40/05, GmbHR 2007 S. 206, m. Anm. *Hoffmann*.

2. ... unter Beachtung der tatsächlichen Verhältnisse

Man sollte bei der Beantwortung dieser scheinbar eher nebensächlichen Frage allerdings nicht zu sehr auf der Grundlage der **formalen** Entstehungsprozesse für einen Jahres- bzw. Konzernabschluss in größeren Einheiten ausgehen (beim Einzelkaufmann und Gesellschaftern in einem überschaubaren Kreis stellt sich das Problem ohnehin nicht oder nur ganz am Rande). In der **Praxis** gehen die Aktivitäten der verschiedenen Organe **nicht sequenziell** in der vom Gesetz vorgegebenen rechtlichen Abfolge vonstatten:

14

- Die **Abschlussprüfung** wird „erstellungsbegleitend" durchgeführt. Schon wegen des immer mehr um sich greifenden Zeitdrucks für die Präsentation der Jahresabschlüsse fängt eine Abschlussprüfung selten nach effektiver Beendigung der Erstellungsarbeiten an (→ § 320 Rz. 3). Im Gegenteil: Am 2.1. steht die Prüfungsmannschaft vor dem Fabriktor und harrt ungeduldig des Einlasses, denn nach der Prüfungsplanung muss am 10.1. bei einem anderen Mandat ebenfalls mit der Prüfung begonnen werden, d. h. das Mandat mit dem Prüfungsbeginn am 2.1. wird erst einmal unterbrochen, um dann am 30.1. wieder fortgesetzt zu werden. In der Zeit dazwischen können die Buchhalter die Änderungsvorschläge der Prüfer abarbeiten. Solche werden dann möglicherweise auch im Februar noch erfolgen.

- Besteht ein **Prüfungsausschuss** des Aufsichtsrats (*audit committee*), dann erfüllt dieser oder ein von ihm delegiertes Mitglied seine Arbeit nicht sinnvoll, wenn er sich auf eine Teilnahme an der Schlussbesprechung mit dem Abschlussprüfer und dem Vorstand etwa auf der Grundlage eines *management letter* beschränkt (→ § 268 Rz. 52c). Sinnvollerweise muss sich der Ausschuss oder dessen ernanntes Mitglied bereits in die laufende Prüfung – durchaus auch in die Vorprüfung – einschalten und „vor Ort" informieren.

- Während der Erstellung und der diese begleitenden Prüfungen werden regelmäßig auch **Schriftstücke** bzw. E-Mails ausgetauscht, Aktenvermerke gefertigt u. Ä. Diese münden dann entweder in einen formellen *management letter* oder in ein sog. Leseexemplar des Jahresabschlusses einerseits und des Prüfungsberichts andererseits, regelmäßig in beides. Diese Schriftstücke dienen der Vorbereitung einer Endfassung der formell erforderlichen Dokumente. Als Folge dieser wechselseitigen Lektüre kann durchaus der Jahresabschluss vom Vorstand nochmals geändert werden; das gilt insbesondere für die Formulierung der Anhangerläuterungen.

So gesehen stellt die Abschlusserstellung eine Art **interaktiven** Vorgang der „Bilanzinstanzen" dar. Deshalb beenden diese Instanzen ihre Tätigkeit auch mehr oder weniger gleichzeitig mit der formalen Folge eines zeitlich sehr naheliegenden, wenn nicht identischen Unterzeichnungsdatums. Mit dieser Datierung bestätigt der Vorstand die Berücksichtigung aller bis dahin erkennbaren ansatz- und wertbegründenden Ereignisse von Gewicht.

Der Vorschlag einer zeitlich naheliegenden Datierung der Unterschriften darf allerdings nicht in **formelle Fehler** ausarten: Der Abschlussprüfer darf den Bestätigungsvermerk nicht vor den Erstellungszeitpunkt des Vorstands datieren und der Aufsichtsrat nicht vor dem Datum des Bestätigungsvermerks.

Zweiter Titel: Ansatzvorschriften

§ 246 Vollständigkeit; Verrechnungsverbot

(1) ¹Der Jahresabschluss hat sämtliche Vermögensgegenstände, Schulden, Rechnungsabgrenzungsposten sowie Aufwendungen und Erträge zu enthalten, soweit gesetzlich nichts anderes bestimmt ist. ²Vermögensgegenstände sind in der Bilanz des Eigentümers aufzunehmen; ist ein Vermögensgegenstand nicht dem Eigentümer, sondern einem anderen wirtschaftlich zuzurechnen, hat dieser ihn in seiner Bilanz auszuweisen. ³Schulden sind in die Bilanz des Schuldners aufzunehmen. ⁴Der Unterschiedsbetrag, um den die für die Übernahme eines Unternehmens bewirkte Gegenleistung den Wert der einzelnen Vermögensgegenstände des Unternehmens abzüglich der Schulden im Zeitpunkt der Übernahme übersteigt (entgeltlich erworbener Geschäfts- oder Firmenwert), gilt als zeitlich begrenzt nutzbarer Vermögensgegenstand.

(2) ¹Posten der Aktivseite dürfen nicht mit Posten der Passivseite, Aufwendungen nicht mit Erträgen, Grundstücksrechte nicht mit Grundstückslasten verrechnet werden. ²Vermögensgegenstände, die dem Zugriff aller übrigen Gläubiger entzogen sind und ausschließlich der Erfüllung von Schulden aus Altersversorgungsverpflichtungen oder vergleichbaren langfristig fälligen Verpflichtungen dienen, sind mit diesen Schulden zu verrechnen; entsprechend ist mit den zugehörigen Aufwendungen und Erträgen aus der Abzinsung und aus dem zu verrechnenden Vermögen zu verfahren. ³Übersteigt der beizulegende Zeitwert der Vermögensgegenstände den Betrag der Schulden, ist der übersteigende Betrag unter einem gesonderten Posten zu aktivieren.

(3) ¹Die auf den vorhergehenden Jahresabschluss angewandten Ansatzmethoden sind beizubehalten. ²§ 252 Abs. 2 ist entsprechend anzuwenden.

Inhaltsübersicht

	Rz.
I. Übersicht	1 - 2
II. Vollständigkeitsgebot, schwebendes Geschäft (Abs. 1 Satz 1)	3 - 7
III. Vermögensgegenstand (Abs. 1 Satz 1 1. Halbsatz)	8 - 50
1. Fehlende Legaldefinition	8
2. Begriffsumschreibungen	9 - 18
2.1 Der ökonomische Gehalt	9
2.2 Vermögensgegenstand vs. Wirtschaftsgut	10 - 11
2.3 Sonderfall immaterieller Vermögensgegenstand	12 - 18
2.3.1 Einzelverwertbarkeit	12 - 13
2.3.2 Schuldendeckungspotenzial	14 - 15
2.3.3 Selbständige Bewertbarkeit	16
2.3.4 Abgrenzung HGB/IFRS	17
2.3.5 Entstehungsprozess von Immaterialgütern	18
3. Einzelne immaterielle Vermögensgegenstände	19 - 33
3.1 EDV-Programme	19 - 20
3.2 Belieferungsrechte, Zuschüsse	21 - 23
3.3 Nutzungsrechte	24 - 31
3.4 Treibhausgas-Emissionsrechte	31a - 31i
3.4.1 Bilanzansatz	31a
3.4.2 Ausweis	31b

3.4.3	Zugangsbewertung	31c - 31d
3.4.4	Folgebewertung	31e
3.4.5	Rückgabeverpflichtung	31f - 31i
3.5	ABC der immateriellen Vermögensgegenstände	32 - 33
4.	Geschäfts- oder Firmenwert (Abs. 1 Satz 4)	34
5.	Forderungen	35 - 42
6.	Zusammengesetzte Güter, Sachgesamtheiten, Gebäude, Betriebsvorrichtungen	43 - 47
7.	Die „Verwandlung" des Vermögensgegenstands im Zeitverlauf	48 - 50

IV. Schulden (Abs. 1 Satz 3) — 51 - 62i
1. Grundstruktur des Bilanzansatzes — 51 - 55
2. Sonderfälle — 56 - 62i
   - 2.1 Rückzahlungsverpflichtung, gewinn- oder umsatzabhängige — 56 - 57
   - 2.2 Gesellschafterfinanzierung, — 58 - 62i
     - 2.2.1 Eigenkapitalersatz, Rangrücktritt — 58 - 62
     - 2.2.2 Forderungsverzicht — 62a - 62i
       - 2.2.2.1 Ökonomische Grundstrukturen — 62a - 62c
       - 2.2.2.2 Bilanzielle Abbildung beim Schuldner — 62d - 62g
       - 2.2.2.3 Steuergestaltungsaspekte — 62h
       - 2.2.2.4 Bilanzierung beim Gläubiger/Gesellschafter — 62i

V. Eigenkapital, mezzanine Finanzierungen — 63 - 121
1. Begriff des Eigenkapitals — 63 - 64
2. Abgrenzung zu den Schulden/hybride Finanzierungen — 65 - 74
   - 2.1 Begriffsumschreibungen — 65
   - 2.2 Genussrechte — 66
   - 2.3 Stille Gesellschaft — 67
   - 2.4 *Private equity* — 68 - 70
   - 2.5 Wandelschuldverschreibungen — 71 - 73
   - 2.6 Schuldverschreibung mit Emittententilgungswahlrecht — 74
3. Eigenkapital bei Personenhandelsgesellschaften — 75 - 120
   - 3.1 Grundlagen — 75
   - 3.2 Abgrenzung von Eigen- und Fremdkapital allgemein — 76 - 77
   - 3.3 Spezielle Fragen der Abgrenzung von Eigenkapital und Gesellschafterdarlehen — 78 - 82
   - 3.4 Die Aufgliederung der einzelnen Kapitalkonten — 83 - 85
   - 3.5 Inhalt des Kapitalanteils — 86
   - 3.6 Ergebnisverteilung und Entnahmeberechtigung der persönlich haftenden Gesellschafter nach dem gesetzlichen Regelstatut — 87 - 91
   - 3.7 Kapitalanteil und Ergebnisverteilung der Kommanditisten nach dem gesetzlichen Regelstatut — 92 - 100
   - 3.8 Betriebswirtschaftlich orientierte Vertragsgestaltung zur Kontenführung der Gesellschafter — 101 - 120
     - 3.8.1 „Festkapital" als Ansatz für die Darstellung des Eigenkapitals — 101 - 103
     - 3.8.2 Festkapital – verstanden im Lichte des Eigenkapitals einer Kapitalgesellschaft — 104 - 105
     - 3.8.3 Gewinnentnahmerechte als Fremdkapital — 106 - 109
     - 3.8.4 Anwendbarkeit bei Kommanditisten — 110 - 117
     - 3.8.5 Ein einziges Kapitalkonto bei Kommanditgesellschaften? — 118 - 119
     - 3.8.6 Rechenschema zur Kontoführung der Gesellschafter im Zeitverlauf — 120
4. Einlage eines stillen Gesellschafters — 120a
5. Die Beteiligung an der Personenhandelsgesellschaft, stille Beteiligung, Gewinnbezugsrecht — 121

VI. Aufwendungen und Erträge (Abs. 1 Satz 1 1. Halbsatz) — 122 - 125

VII.	Bilanzieller Zu- und Abgang, zeitliche Dimension		126 - 128
VIII.	Sachliche (objektive) Zurechnung		129 - 146
	1. Problemstellung ...		129
	2. ... beim Einzelkaufmann		130 - 142i
	2.1 Vermögensgegenstände		130 - 137
	2.2 Schulden		138 - 142
	2.3 Einzelheiten aus der BFH-Rechtsprechung		142a - 142i
		2.3.1 Die Dreiteilung der Betriebsvermögenseigenschaft	142a
		2.3.2 Notwendiges Betriebsvermögen	142b - 142e
		2.3.3 Notwendiges Privatvermögen	142f
		2.3.4 Gewillkürtes Betriebsvermögen	142g - 142h
		2.3.5 Weitere Kategorien von Betriebsvermögen	142i
	3. ... bei Personenhandelsgesellschaften		143 - 145
	4. ... bei Kapitalgesellschaften		146
IX.	Persönliche Zurechnung, wirtschaftliches Eigentum (Abs. 1 Satz 2)		147 - 278
	1. Wirtschaftliche Betrachtungsweise, *substance over form*		147 - 165
	1.1 Definitionselemente des wirtschaftlichen Eigentums		147 - 155
		1.1.1 Rechtliches vs. wirtschaftliches Eigentum	147 - 150
		1.1.2 Tatbestandsmerkmale des wirtschaftlichen Eigentums: Verfügungsmacht, Chancen und Risiken	151 - 155
	1.2 Rechtliche vs. wirtschaftliche Betrachtungsweise		156 - 162
	1.3 Strukturierte Rechtsgeschäfte		163 - 165
	2. Besondere Anwendungsfälle		166 - 276
	2.1 Leasing, Mietkauf		166 - 191
		2.1.1 Rechtliche und wirtschaftliche Grundlagen	166 - 169
		2.1.2 Anzuwendende Bilanzierungsregeln	170 - 171
		2.1.3 Bilanzielle Zurechnung – Grundlage	172 - 175
		2.1.4 Bilanzielle Zurechnung bei Vollamortisationsverträgen über Mobilien	176 - 179
		2.1.5 Bilanzielle Zurechnung bei Teilamortisationsverträgen über Mobilien	180 - 182
		2.1.6 Bilanzielle Zurechnung bei Immobilienleasing	183 - 185
		2.1.7 Mietkaufverträge	186 - 187
		2.1.8 Forfaitierung	188
		2.1.9 Degressive Raten, Sonderzahlungen	189
		2.1.10 *Sale and lease back*	190 - 191
	2.2 Kreditsicherungen		192 - 196
	2.3 Treuhandverhältnisse		197 - 198
	2.4 Kommissionsgeschäfte		199 - 200
	2.5 Factoring, Inkassozession, *asset backed securities*		201 - 206
	2.6 Finanzprodukte		207 - 237
		2.6.1 Finanzderivate	207 - 215
		2.6.2 Strukturierte Produkte, eingebettete Derivate	216 - 221
		2.6.3 Zerobonds und ähnliche Finanzprodukte	222 - 224
		2.6.4 Investmentanteile	225
		2.6.5 Pensionsgeschäfte, Wertpapierleihe	226 - 237
	2.7 Mietereinbauten, Umbauten		238 - 242
	2.8 Zuschüsse		243 - 256
		2.8.1 Begriffliches	243
		2.8.2 Erhaltene Zuschüsse	244 - 251
		2.8.3 Geleistete Zuschüsse	252 - 256
	2.9 *Joint Venture*-Aktivitäten		256a
	2.10 Der Pfandkreislauf		257 - 266c
		2.10.1 Tatbestand	257 - 258

	2.10.2 Rechtskleid und wirtschaftlicher Gehalt	259 - 260
	2.10.3 Bilanzielle Abbildung	261 - 266c
2.11	Kundengebundene Werkzeuge	267 - 272
	2.11.1 Wirtschaftlicher Hintergrund	267 - 269
	2.11.2 BFH-Rechtsprechung	270
	2.11.3 Beurteilung	271 - 272
2.12	Betreibermodelle (PPP)	273 - 276
	2.12.1 Sachverhalt	273
	2.12.2 Steuerliche Bilanzierungsvorgabe	274 - 276
3. Schulden, Zurechnung bei mehreren Schuldnern		277 - 278
X. Geschäfts- und Firmenwert (Abs. 1 Satz 4)		279 - 281d
XI. Steuerliche Sonderposten („Ausgleichsposten")		282
XII. Verrechnungsverbot (Abs. 2 Satz 1)		283 - 292
1. Allgemeine Regeln		283 - 286
2. Ausnahme: Plan- oder Deckungsvermögen zur Finanzierung von Pensions- und ähnlichen Verpflichtungen (Abs. 2 Satz 2)		287 - 291
3. Aktivüberhang (Abs. 2 Satz 3)		292
XIII. Stetigkeitsgebot (Abs. 3)		293 - 295
XIV. Steuerbilanzielle Sondertatbestände der Bilanzierung		296 - 343
1. Betriebsaufspaltung		296 - 305
1.1	Die Rechtsgrundlagen der Betriebsaufspaltung	296 - 299
	1.1.1 Die Verflechtungsmerkmale	296 - 298
	1.1.2 Die Typologie	299
1.2	Bilanzierungsfragen	300 - 303
	1.2.1 Korrespondenzprinzip	300
	1.2.2 Getrennte Bilanzierung	301
	1.2.3 Teilwertabschreibung auf eigenkapitalersetzendes Darlehen	302 - 303
1.3	Rechtsprechungsdivergenz bei der kapitalistischen Betriebsaufspaltung	304 - 305
2. Betriebsverpachtung		306 - 309
2.1	Grundlagen	306
2.2	Bilanzsteuerrechtliche Besonderheiten	307 - 309
	2.2.1 Anlagevermögen	307 - 308
	2.2.2 Vorratsvermögen	309
3. Entnahmen und Einlagen		310 - 315
4. Die Steuerbilanz der mitunternehmerischen Personengesellschaft		316 - 335
4.1	Das transparente Besteuerungssystem	316
4.2	Die Mitunternehmerschaft	317 - 319
4.3	Betriebsvermögensbestandteile	320 - 327c
	4.3.1 Gesellschaftsvermögen	320 - 321
	4.3.2 Sonderbetriebsvermögen	322 - 324
	4.3.3 Sondervergütungen	325 - 327c
4.4	Ergänzungsbilanzen	328 - 330
4.5	Die Gewinnermittlung	331 - 334
4.6	Bilanzierungsbeispiel	335
5. Ausgleichsposten bei Organschaft		336 - 343
5.1	Inhalt	336 - 340
	5.1.1 Der steuerökonomische Gehalt	336
	5.1.2 Die rechtliche Strukturierung	337 - 340
	5.1.2.1 Anknüpfung ans Gesellschaftsrecht	337 - 338
	5.1.2.2 Tatbestandsvoraussetzungen und Rechtsfolge	339 - 340
5.2	Auswirkungen auf die steuerliche Bilanzierung	341 - 343

Ausgewählte Literatur

Christiansen, Zur Passivierung von Verbindlichkeiten: (Nicht-)Passivierung im Rahmen schwebender Geschäfte, DStR 2007 S. 869

Goerdeler/Müller, Die Behandlung von nichtigen oder schwebend unwirksamen Anschaffungsgeschäften, von Forderungsverzichten und Sanierungszuschüssen im Jahresabschluss, WPg 1980 S. 313

Grewe, Grundlagen der Bilanzierung beim Leasinggeber, WPg 1990 S. 161

Groh, Genussrechtskapital und Maßgeblichkeitsgrundsatz, BB 1995 S. 559

Hoffmann, Zuschüsse an Handelsketten, PiR 2008 S. 211

Hoffmann, Anmerkung zum BFH-Urteil vom 09.10.2008 IX R 73/06, GmbHR 2009 S. 154

Hoffmann, Persönliche Zurechnung von Wirtschaftsgütern und deren Wechsel, StuB 2009 S. 1

Körner, Die wirtschaftliche Betrachtungsweise im Bilanzsteuerrecht, BB 1974 S. 797

Küffner, Rechnungslegung beim Eigenkapitalersatz, DStR 1993 S. 180

Kußmaul, Sind Nutzungsrechte Vermögensgegenstände bzw. Wirtschaftsgüter?, BB 1987 S. 2053

Küting/Keßler, Bilanzielle Auslegung von Pensionsverpflichtungen nach HGB und den IFRS - durch ein CTA, DB 2009 S. 1717

Küting/Tesche, Der Stetigkeitsgrundsatz im verabschiedeten neuen deutschen Bilanzrecht, DStR 2009 S. 1493

Lüdenbach/Hoffmann, Das schwebende Geschäft als Vermögenswert: Bilanzierung bei Erwerb und Verkauf von Nutzungsrechten, DStR 2006 S. 1382

Lüdenbach/Hoffmann, Wirtschaftliches Eigentum und bilanzielle Ertragsrealisierung bei rechtsunwirksamen Geschäften, DB 2009 S. 861

Meyer-Scharenberg, Sind Nutzungsrechte Wirtschaftsgüter?, BB 1987 S. 874

Moxter, Selbständige Bewertbarkeit als Aktivierungsvoraussetzung, BB 1987 S. 1846

Moxter, Zur bilanzrechtlichen Behandlung von Mietereinbauten, BB 1998 S. 259

Welf Müller, Wohin entwickelt sich der bilanzrechtliche Eigenkapitalbegriff?, FS Budde 1995 S. 445

Wichmann, Der Vermögensgegenstand als Bilanzierungsobjekt nach dem HGB, DB 1988 S. 192

Woerner, Grundsatzfragen zur Bilanzierung schwebender Geschäfte, FR 1984 S. 489

I. Übersicht

Abs. 1 Satz 1 stellt die Grundnorm für den Bilanz**ansatz** dar. Dieser verlangt eine Inventarisierung (→ § 240 Rz. 2), wodurch die Pflicht zur Erstellung einer Bilanz gem. → § 242 Rz. 1 erfüllt werden kann. Weitere Voraussetzung dazu ist die persönliche Zurechnung (→ § 242 Rz. 11 ff. „seines Vermögens" und „seiner Schulden"). Die Vollständigkeit wird inhaltlich in Abs. 1 durch

1

das Adjektiv „**sämtliche**" aufgegriffen, das ansonsten inhaltslos wäre mit der Aussage: „Halbe Sachen taugen nicht bei der Bilanzierung."

2 Es werden sodann in Abs. 1 Satz 1 die in den Jahresabschluss aufzunehmenden **Posten** aufgezählt:
- ▶ Vermögensgegenstände (→ Rz. 8),
- ▶ Schulden (→ Rz. 51) sowie
- ▶ Rechnungsabgrenzungsposten (→ § 250).

Zu diesen gesellen sich an anderer Gesetzesstelle geregelte Posten **eigener Art** (→ § 266 Rz. 76):
- ▶ Latente Steuern,
- ▶ Unterschiedsbetrag aus der Vermögensverrechnung.

Die **GuV** (→ § 242 Rz. 13) wird lediglich mit Aufwendungen und Erträgen tituliert (→ Rz. 122).

Gegenstand von Abs. 1 Satz 2 ist die **persönliche** Zurechnung von Vermögensgegenständen und Schulden (→ Rz. 147 ff.).

Eine Sonderbehandlung erfährt in Abs. 1 Satz 4 der erworbene **Geschäfts-** oder **Firmenwert**, der als abnutzbarer Vermögensgegenstand gilt (→ Rz. 279).

Abs. 2 regelt die **Saldierung**:
- ▶ Abs. 2 Satz 1 **verbietet** eine Verrechnung von Posten der Aktivseite mit Passivposten und Aufwendungen mit Erträgen (→ Rz. 283).
- ▶ Abs. 2 Satz 2 **gebietet** demgegenüber in einem Sonderfall, der vermögensgedeckte Pensionsverpflichtungen betrifft, eine solche Verrechnung (→ Rz. 287), dessen möglicher **Aktivsaldo** gesondert auszuweisen ist (→ Rz. 292).

Abs. 3 enthält ein **Stetigkeitsgebot** für Wahlrechtsausübungen im Rahmen des Bilanzansatzes (→ Rz. 293).

Sobald die **Ansatzpflicht** bejaht werden kann (es liegt ein Vermögensgegenstand nach → Rz. 8 ff. bzw. eine Schuld nach → Rz. 51 vor und es ist nach → Rz. 3 nichts anderes bestimmt), eröffnet sich die Möglichkeit der **Bewertung** (§§ 252 ff. HGB), womit die Bilanzierung bis zum Abgang dieses Vermögensgegenstands im Ergebnis abgeschlossen ist. Spiegelbildliches gilt für die Schuld.

II. Vollständigkeitsgebot, schwebendes Geschäft (Abs. 1 Satz 1)

3 Systematisch setzt die Aufnahme in die Bilanz – vorbehaltlich entgegenstehender Sondervorschriften – die Erfüllung folgender (positiver) **Tatbestände** voraus:[1]
- ▶ Vorliegen eines (konkret ansetzbaren) **Vermögensgegenstands** (Aktivseite, → Rz. 8) oder einer **Schuld** (Passivseite, → Rz. 51), eines **Rechnungsabgrenzungspostens** (beide Seiten, → § 250) oder eines **Sonderpostens** (→ § 266 Rz. 76).

---

[1] Nach *Hennrichs*, in: Münchner Kommentar, AktG, § 246 Tz. 12.

- Betriebsvermögenseigenschaft (**objektives** Kriterium, → Rz. 130 ff.).
- Zurechnung zur bilanzierenden Einheit (**subjektives** Kriterium, → Rz. 147 ff.).
- Erfüllung des **Zeit**moments (→ Rz. 153 ff.).

Negative Ansatzvoraussetzung – in der Auslegung oder explizit – ist: „soweit gesetzlich nichts anderes bestimmt ist." **„Anderes bestimmt"** das Gesetz in folgenden Fällen:

- Ansatz**verbot** für Forderungen und Verbindlichkeiten aus **schwebenden Geschäften** (→ Rz. 4).
- Ansatz**wahlrecht** – ergänzt mit spezifischen Ansatzverboten – z. B. für immaterielle Anlagegüter (→ § 248 Rz. 9) sowie verschiedene Schuldposten für Pensionsverpflichtungen (→ § 249 Rz. 111) und im Rahmen der Übergangsvorschriften auf das BilMoG (→ Art. 67 Rz. 9).

Das bedeutet: Sofern kein Vermögensgegenstand (→ Rz. 8) und keine Schuld (→ Rz. 51) vorliegt, braucht nicht weiter über Bilanzierungsfragen oder Bewertung nachgedacht zu werden; es fehlt an der **abstrakten** Bilanzierbarkeit. Wird diese umgekehrt bejaht, kann gleichwohl der Bilanzansatz ausscheiden, wenn **konkret** vom Gesetz „anderes bestimmt" ist. Dieses Problem taucht insbesondere bei der bilanziellen Abbildung **schwebender Geschäfte** auf (→ Rz. 4).

Schwebende Geschäfte i. S. des Bilanzrechts sind vom bilanzierungspflichtigen Kaufmann abgeschlossene Verträge, die von einer Seite (→ Rz. 5 f.) noch nicht erfüllt worden sind. Die daraus resultierenden Forderungen und Verbindlichkeiten sind solange nicht bilanzierbar, wie sie sich wertmäßig **ausgleichen** (→ § 249 Rz. 121). Dies ist bei Vertragsabschluss unter Fremden (oder zu fremdüblichen Bedingungen) der Fall, kann sich aber im Zeitverlauf ändern. Dann ist die Ausgeglichenheitsvermutung widerlegt. Zum Bilanzansatz kann es bei **Vorleistungen** und **Erfüllungsrückständen** kommen (→ § 249 Rz. 145). Der Vertrag kann **belastend werden** mit der Folge einer Drohverlustrückstellung (→ § 249 Rz. 130); er kann sich auch zum **Vorteil** verändern, ohne einen Bilanzansatz auszulösen (Imparität nach → § 252 Rz. 82). Dieser Vorteil lässt sich auch verkaufen (vgl. → Rz. 27). 4

Dabei **beginnt** der Schwebezustand mit Abschluss des Vertrags; er **endet** dann, wenn der Sach- oder Dienstleistungsverpflichtete die von ihm geschuldete Leistung erbracht hat (→ § 249 Rz. 124).[2] Nach anderer Auffassung endet der Schwebezustand auch dann, wenn der Geldleistungsverpflichtete vorgeleistet hat,[3] u. E. unzutreffend (→ § 249 Rz. 124, m. w. N.). 5

---

[2] BFH-Beschluss vom 23. 6. 1997 – GrS 2/93, BStBl II S. 735; so auch IDW RS HFA 4 Tz. 11.
[3] BFH-Urteil vom 18. 12. 2002 – I R 17/02, BStBl 2004 II S. 126, mit Kommentierung von *Christiansen*, DStR 2007 S. 869. Streitgegenstand dieses BFH-Urteils war die Passivierung einer ex ante entrichteten Stillhaltervergütung beim Stillhalter. Auch das IDW RS HFA 4 Tz. 12 verneint die Beendigung des Schwebeverhältnisses durch die (vorab) erbrachte Geldleistung.

> **BEISPIEL⁴** Im Fall eines Wertpapieroptionsgeschäfts endet dem BFH zufolge der Schwebezustand mit Erbringung der Stillhaltervergütung. Unbeachtlich sei die noch weiter andauernde Verpflichtung des Stillhalters aus dem Optionsvertrag.[5]

Geldflüsse vor Beendigung des Schwebezustands sind als Vorauszahlungen ergebnisunwirksam zu behandeln.

6 Es ist weiter begrifflich zu unterscheiden zwischen schwebenden **Einmal**geschäften (z. B. Errichtung eines Bauwerks, Ein- und Verkaufskontrakte) und schwebenden **Dauerschuldverhältnissen** (Mietverträge, Lizenzverträge, Arbeitsverträge und sog. Sukzessivlieferungsverträge). Bei den letztgenannten Dauerschuldverhältnissen ist die geschuldete Leistung über einen gewissen Zeitraum hinaus zu erbringen, es sind also Räume zur Verfügung und Arbeitskraft bereitzustellen. Die Gegenleistung (Miete) ist regelmäßig in periodischer Form geschuldet. Das ist nach § 252 Abs. 1 Nr. 5 HGB nicht zwingend. Vgl. das Beispiel unter → Rz. 30.

Eine **systematische** Darstellung der verschiedenen Ausprägungen schwebender Geschäfte ist in → § 249 Rz. 121 wiedergegeben.

Die **Bilanzierbarkeit** schwebender Geschäfte (→ Rz. 4) stellt sich insbesondere auch im Zusammenhang mit **immateriellen** Vermögensgegenständen in Form von **Nutzungsrechten** dar; dies ist weiter unter → Rz. 24 kommentiert.

7 Der **Erbbaurechts**vertrag stellt eine besondere Ausprägung eines schwebenden Geschäfts dar.[6] Das „verdinglichte" Dauerrrechtsverhältnis berechtigt den

- Grundstückseigentümer zum Bezug des Erbbauzinses vom Erbbauberechtigten – regelmäßig als periodisch wiederkehrende Leistung;
- Erbbauberechtigten zur langfristigen Nutzung des Grundstücks – regelmäßig in Form eines von ihm zu errichtenden Gebäudes.

Der **Verdinglichung** des Rechts durch Grundbucheintrag kommt keine besondere bilanzrechtliche Bedeutung zu. Wegen der bei Begründung des Erbbaurechts zu vermutenden Ausgeglichenheit von Leistung und Gegenleistung (→ Rz. 4) kommt ein Bilanzansatz des Erbbaurechts und der Zahlungsverpflichtung beim Erbbauberechtigten nicht in Betracht.[7] Lediglich die Einmalkosten der Anschaffung – Notar-, Makler- und Grundbuchgebühren – sind aktivierbar.[8]

Vom Erbbauberechtigten übernommene Erschließungsbeiträge und Kanalanschlussgebühren sind aktiv abzugrenzen (→ § 250 Rz. 50).

Eine beachtliche Gegenauffassung[9] befürwortet die Aktivierung eines durch „Abspaltung" begründeten „verselbständigten Eigentums**ausschnitts**" unter Passivierung der Zahlungsverpflichtung als Kaufpreis**rente**. Dieser dinglichen Berechtigung soll eine andere bilanzrechtliche

---

4 Nach BFH-Urteil vom 18. 12. 2002 – I R 17/02, BStBl 2004 II S. 126.
5 Hierzu ausführlich siehe Anm. *Hoffmann*, StuB 2003 S. 543, und Kommentierung von *Christiansen*, DStR 2007 S. 871. U. E. ist dieses BFH-Urteil bezüglich der Beendigung des Schwebezustands nicht zu verallgemeinern, sondern als Sonderfall zu qualifizieren (*Hoffmann*, StuB 2010 S. 521).
6 Vgl. *Hoffmann*, StuB 2009 S. 667.
7 BFH-Urteil vom 20. 1. 1983 – IV R 158/80, BStBl II S. 413.
8 BFH-Urteil vom 4. 6. 1991 – X R 136/87, BStBl 1992 II S. 70.
9 Vgl. *Marx*, FR 2005 S. 797; *Babel*, BB 1997 S. 2263.

Qualität als dem obligatorischen Nutzungsrecht zukommen; diese Einschätzung ist u. E. unzutreffend. Das Sachenrecht stellt regelmäßig und auch hier keine Bilanzierungsgrundlage dar.

Wird ein Erbbaurecht **mit aufstehendem Gebäude** erworben, ist der anteilige Erbbauzins in kapitalisiertem Umfang als Anschaffungskosten des Gebäudes zu werten, dem die entsprechende Zahlungsverpflichtung als Barwert auf der Passivseite gegenübersteht.[10] In den beiden zitierten BFH-Urteilen wird der Übergang des **wirtschaftlichen Eigentums** nach Leasing-Kriterien (→ Rz. 184) nicht hinterfragt – vermutlich wegen der eindeutigen dinglich-rechtlichen Zuordnung.

Bei entschädigungslosem Übergang des vom Erbbauberechtigten errichteten Gebäudes auf den Grundstückeigentümer (sog. **Heimfall**) erhält Letzterer einen zusätzlichen Erbbauzins.[11]

Vom Grundstückseigentümer ist zu buchen:[12]

- Bei Begründung des Erbbaurechts: per Heimfallanspruch an passive Abgrenzung.
- Während der Laufzeit: per passive Abgrenzung an (ratierlichen) Ertrag.
- Im Heimfallzeitpunkt: per Gebäude an Heimfallanspruch.

Eine **Einmal-Vorauszahlung** des Erbbauzinses ist beim Leistenden aktiv und beim Empfänger passiv abzugrenzen (→ § 250 Rz. 52).

III. Vermögensgegenstand (Abs. 1 Satz 1 1. Halbsatz)

1. Fehlende Legaldefinition

Dem Grunde nach bilanzierbar sind – abgesehen von Sonderfällen (→ Rz. 3) – auf der Aktivseite **Vermögensgegenstände**. Im Gegensatz zum IFRS-Framework **enthält** sich das Gesetz eines **Definitionsversuchs**, wie dies umgekehrt für das *asset* in F.49a i.V. mit F.83 erfolgt. Dafür liefert das Gesetz Anhaltspunkte, was man unter Vermögensgegenstand zu verstehen hat, insbesondere im Gliederungsschema für die Kapitalgesellschaften in § 266 Abs. 2 HGB und noch kürzer in § 240 Abs. 1 HGB „Grundstücke, Forderungen, bares Geld und Sonstige Vermögensgegenstände". Inhaltlich vergleichbar spricht das EStG vom **Wirtschaftsgut** (→ Rz. 10) – ebenfalls ohne eine Legaldefinition.

8

Der fehlenden Gesetzesdefinition des Vermögensgegenstands wird im Schrifttum und in der BFH-Rechtsprechung umso ausführlicher Paroli geboten.

2. Begriffsumschreibungen

2.1 Der ökonomische Gehalt

Bei der Herausarbeitung einer Begriffsumschreibung des Vermögensgegenstands sollte man wie immer bei der Bilanzierung den **ökonomischen Gehalt** in den Vordergrund der Überlegungen stellen. „Vermögen" liegt **immer** dann und **nur** dann vor, wenn durch einen wie immer zu

9

---

10 BFH-Urteil vom 18. 3. 2009 – I R 9/08, DStR 2009 S. 472; BFH-Urteil vom 19. 1. 1982 – VIII R 102/78, BStBl II S. 533.
11 BFH-Urteil vom 11. 12. 2003 – IV R 42/02, BFH/NV 2004 S. 580.
12 Vgl. *Weber-Grellet*, StuB 2004 S. 599.

verstehenden „Gegenstand" **künftiger ökonomischer Nutzen** entstehen kann, wie etwa in der Form von (abgezinsten) Einzahlungsüberschüssen oder Minderung von Auszahlungen. Wenn solcher Nutzen nicht zu erwarten ist, kann kein Vermögen und damit auch kein Vermögensgegenstand vorliegen. Folgerichtig definiert IFRS-Framework F.49 das *asset* als Ressource künftiger wirtschaftlicher Nutzenzuflüsse. Zumindest insoweit kann zwischen Vermögensgegenstand und Vermögenswert (*asset*) **kein Unterschied** festgestellt werden.

> **BEISPIEL** Das Kernkraftwerk Mülheim-Kärlich kann nicht zur Stromerzeugung verwendet werden. Eine andere wirtschaftlich sinnvolle Nutzung ist nicht möglich, im Gegenteil: Die durch den kurzen Betrieb verursachte radioaktive Kontaminierung erfordert einen jahrzehntelangen Rückbauprozess. Einzahlungsüberschüsse aus dem Kraftwerk sind nicht zu erwarten.
>
> Es liegt kein Vermögensgegenstand vor, allenfalls eine Schuld (→ Rz. 51). Die Vermögensgegenstandseigenschaft ging mit dem Widerruf der Betriebsgenehmigung verloren und hat bilanzrechtlich zu einem verlustrealisierenden Abgang geführt. Einer Abschreibung bedurfte es also nicht.

Anders kann es sich bei **planwidriger** Weiternutzungsmöglichkeit eines geschaffenen Vermögensgegenstands verhalten.

> **BEISPIEL** Das Kernkraftwerk Zwentendorf bei Wien stand zur Aufnahme der Stromproduktion bereit. Die Erteilung der Konzession wurde nach politischer Vorgabe einer Volksabstimmung überantwortet. Diese führte zu einer Versagung der Betriebsgenehmigung. Deshalb kann das (unterstellt) 2 Mrd € teure Kraftwerk – das nicht nuklear kontaminiert ist – nur als Museum benutzt werden.
>
> Hier ist eine Abschreibung von den Herstellungskosten auf den Nutzungswert des Museums, also vielleicht auf 2 Mio €, vorzunehmen.

Zur **persönlichen** Zurechnung – nach IFRS „**Kontrolle**" – vgl. → Rz. 147 ff.

2.2 Vermögensgegenstand vs. Wirtschaftsgut

10 Die Diskussion im Schrifttum über den Inhalt der Vermögensgegenstandseigenschaft hat sich insbesondere mit der Übereinstimmung oder dem Gegensatz zum **Wirtschaftsgutsbegriff** nach der Maßgabe der BFH-Rechtsprechung befasst. Der BFH hat in einem Beschluss des Großen Senats[13] die Diskussion aus seiner Sicht beendet: Wirtschaftsgut = Vermögensgegenstand. Diese für die Bilanzierungspraxis sinnvolle Lösung wird seitens des handelsrechtlichen Schrifttums teilweise befürwortet,[14] überwiegend indes abgelehnt. Die Gegner des einheitlichen Begriffsinhalts verweisen auf das Erfordernis eines **Schuldendeckungspotenzials**, das in

---

13 BFH-Beschluss vom 26. 10. 1987 – GrS 2/86, BStBl 1988 II S. 348; bestätigt durch den BFH-Beschluss vom 7. 8. 2000 – GrS 2/99, BStBl II S. 632.
14 Dafür *Moxter*, Bilanzrechtsprechung, 6. Aufl., S. 7; *Ellrott/Krämer*, in: Beck'scher Bilanz-Kommentar, 7. Aufl., München 2010, § 247 Tz. 12; dagegen z. B. *Kleindiek*, in: Ulmer (Hrsg.) HGB-Bilanzrecht, 246 Tz. 5 ff.; *Schulze-Osterloh*, in: Baumbach/Hueck (Hrsg.), GmbHG, § 42 Tz. 73 ff.; vermittelnd *ADS*, 6. Aufl., § 246 Tz. 12.

der Begriffsumschreibung des Wirtschaftsguts durch den BFH nicht immer vorhanden sei. Dieser lautet:

> „Tatsächliche Zustände, konkrete Möglichkeiten und Vorteile für den Betrieb, deren Erlangung der Kaufmann sich etwas kosten lässt und einen Nutzungswert über die Dauer eines Wirtschaftsjahrs hinaus darstellen."

Diese Definition sei zu weitläufig, um das **Schuldendeckungspotenzial** (→ Rz. 14) wiederzugeben. Dazu bedürfe es einer selbständigen Verkehrsfähigkeit, ausgedrückt in der **Einzelveräußerbarkeit** bzw. **-verwertbarkeit**. Dem BFH zufolge genügt demgegenüber die Veräußerbarkeit des Wirtschaftsguts im Zusammenhang mit einer **Unternehmensveräußerung** und damit die **Einzelbewertbarkeit**, was umgekehrt bei den Kritikern der Identifizierung von Wirtschaftsgut und Vermögensgegenstand zwar eine notwendige, aber keine hinreichende Bedingung darstellt; es bedürfe zusätzlich der **Einzel**veräußerbarkeit.

Hinter dieser **Begriffsspielerei** und dem damit verbundenen Abgrenzungsversuch zwischen Vermögensgegenstand und Wirtschaftsgut verbirgt sich auch die frühere Rechtslage nach dem **Warenzeichengesetz**, der zufolge ein Warenzeichen nur zusammen mit dem Betrieb übertragen werden konnte. Diese Rechtslage gilt nicht mehr. Seitdem fällt es schwer, zwischen die genannten Begriffsmerkmale anhand eines praktischen Falls eine scharfe Trennlinie zu ziehen. **11**

Wie immer bei Herausarbeitung von Begriffen mit **hohem Abstraktionsgrad** zeigt sich bei der hier besprochenen Thematik: Klare Fälle bedürfen keiner Definition (Fabrikgrundstück, Schrauben in der Maschinenfabrik, Lieferantenschulden), bei Zweifelsfällen liefern sie keine eindeutige Lösung (insbesondere bei immateriellen Vermögensgegenständen, vgl. → Rz. 17) und eröffnen deshalb eine Begründung für das jeweils gewünschte Ergebnis (→ Rz. 271). Die Wirtschaftsgut-Eigenschaft kann letztlich nur nach den Umständen des **Einzelfalls** beurteilt werden.[15] Dem Praktiker an der Bilanzierungsfront bleibt dann wie immer in solchen Fällen nur der Blick in das ABC-Register einer Kommentierung (→ Rz. 32), um nach Möglichkeit entsprechende Präjudizien festzustellen. Und solche liefert in der deutschen Bilanzierungstradition fast ausschließlich der BFH. Mangels verbindlicher anderer Vorgaben folgt die Praxis dann dem BFH, was andererseits beim Systematiker, der sich mit der Identifizierung von Wirtschaftsgut und Vermögensgegenstand nicht abfinden will, Unbehagen hervorruft. Dabei kann der Rechtsfindung des BFH nicht einfach mit dem Verweis auf eine steuerliche Besonderheit entgegengetreten werden, denn dieser hat sich nach dem sog. Maßgeblichkeitsgrundsatz auf die handelsrechtlichen GoB zur steuerlichen Rechtsauslegung nach § 5 Abs. 1 Satz 1 EStG stützen müssen.

2.3 Sonderfall immaterieller Vermögensgegenstand

2.3.1 Einzelverwertbarkeit

Die Diskussion über das Vorliegen eines Vermögensgegenstands und zur Abgrenzung gegenüber dem steuerlichen Wirtschaftsgut und dem *asset* nach IFRS bezieht sich regelmäßig und weitaus überwiegend auf **immaterielle** Vermögensgegenstände. Der Grund liegt im Abgren- **12**

---

15 BFH-Urteil vom 3. 9. 2002 – I B 144/01, BFH/NV 2003 S. 154.

zungserfordernis gegenüber dem *goodwill* – vergleichbar den einschlägigen Vorgaben in IFRS 3, wonach bei der Kaufpreisallokation im Rahmen eines Unternehmenserwerbs alle immateriellen Vermögenswerte gesondert vom *goodwill* anzusetzen sind. Nur mit dem Unternehmen selbst können – als Beispiel – ein eingearbeiteter Mitarbeiterstamm, ein günstiger Standort u. Ä. genutzt werden, gehen somit im *goodwill* auf.

Die zuvor verbotene Aktivierung hergestellter immaterieller Vermögensgegenstände ist durch das BilMoG in ein **Wahlrecht** umgemünzt worden (→ § 248 Rz. 9). Dadurch können „an sich" auf breiter Front alle immateriellen Vermögensgegenstände, für die Anschaffungs- oder Herstellungskosten entstanden sind, aktiviert werden – vorausgesetzt die Vermögensgegenstandseigenschaft liegt im Einzelfall vor.

Nach der Begründung zum RegE des BilMoG soll ein Vermögensgegenstand dann vorliegen, wenn das betreffende „Gut nach der Verkehrsauffassung **einzeln verwertbar** ist". Die Verwertung kann durch Veräußerung, Verbrauch oder Nutzungsüberlassung erfolgen. In anderer Terminologie bringen die IFRS in R.83 in etwa die gleichen (hochabstrakten) Kriterien zum Ausdruck: Wahrscheinlichkeit des Nutzenzuflusses (= Verwertbarkeit) und verlässliche Bewertbarkeit (bei Veräußerung oder Vermietung gegeben).

> **BEISPIEL** ▶ Die Biotec AG hat einen neuen Wirkstoff zur Bekämpfung des Bauchspeicheldrüsenkrebses entwickelt und diesen patentieren und mit einem Warenzeichen schützen lassen. Das Stadium der Tierversuche ist erfolgreich abgeschlossen worden. Zur weiteren Projektentwicklung bis hin zur Zulassung als Arzneimittel fehlen der Biotec AG die erforderlichen Kapazitäten. Mittelgroße und weltweit agierende Pharmahersteller treten als Interessenten zur Verwertung des Wirkstoffs auf, durch
>
> ▶ **Verkauf** zu einem Festpreis und Beteiligung am späteren Umsatzerlös i. H. von X % sowie
>
> ▶ **Nutzung** des Patents und des Warenzeichens gegen eine feste Monatsvergütung von Y € mit einer Laufzeit von 60 Monaten.

In beiden Fällen ist die Einzel**verwert**barkeit gegeben; diese umfasst inhaltlich unproblematisch auch die Veräußerbarkeit. Der entwickelte Wirkstoff ist aus Sicht der Biotec AG als selbständig verkehrsfähig durch die Angebote der Pharmaunternehmen nachgewiesen, ebenso die selbständige **Bewertbarkeit**, die zur Bestimmung der Wirtschaftsguteigenschaft nach Steuerrecht bedeutsam ist. Die Einzelverwertbarkeit setzt nicht die Eigenschaft eines „fertigen" Produkts voraus. Der „unfertige" Wirkstoff kann zu einem Endprodukt weiterentwickelt werden – wie dies bei Materialgütern der Fall ist (→ § 266 Rz. 55).

Zusätzlich wird zur Bestätigung der Vermögensgegenstandseigenschaft mitunter die Eignung zur **Einzelzwangsvollstreckung** wegen Geldforderungen genannt,[16] um so das **Schuldendeckungspotenzial** darzulegen (→ Rz. 14). Die Erfüllung dieses Kriteriums kann im Beispiel nach § 857 Abs. 3 und 4 ZPO als gegeben unterstellt werden, so dass letztlich der Aktivierung nach HGB nichts entgegensteht. Steuerbilanziell ist bei der Biotec AG die abstrakte Aktivier-

---

16 Begründet durch *Tiedchen*, Der Vermögensgegenstand im Handelsbilanzrecht, 1991; *Schulze-Osterloh*, in: Baumbach/Hueck (Hrsg.), GmbHG, 18. Aufl., § 42 Tz. 77.

barkeit wegen der selbständigen Bewertbarkeit ebenfalls gegeben, es besteht jedoch der besondere Ansatzvorbehalt in § 5 Abs. 2 EStG (selbst erstellte immaterielle Anlagegüter).

WEITERFÜHRUNG DES BEISPIELS Die Biotec AG entscheidet sich für die zweite Variante mit der bilanztechnischen Folge des Belegs einer selbständigen Verwertbarkeit. Da ein Vermögensgegenstand ex definitione vorliegt (→ Rz. 9), können die dem Projekt zuzuordnenden Entwicklungskosten ab diesem Zeitpunkt (→ § 255 Rz. 136) aktiviert werden.

Nach IAS 38 kommt eine Aktivierung entsprechend der branchenüblichen Vorgehensweise allerdings **nicht** in Betracht, da (im Herstellungsfall, anders als bei Anschaffung) die Ansatzkriterien in IAS 38.57 i. d. R. erst mit der arzneirechtlichen Zulassung als erfüllt angesehen werden. Ob das mit Beginn des Überlassungsvertrags anders gesehen werden muss, ist eher zweifelhaft. Bei einem Verkauf (erste Variante des Beispiels unter → Rz. 12) wären die restriktiven Ansatzvorgaben in IAS 38.57 für den Erwerber nicht maßgeblich. Sie gelten nur für den Herstellungs-, nicht für den Anschaffungsfall. Fraglich ist, ob die **Nutzungsüberlassung** in der zweiten Sachverhaltsvariante ebenfalls die Ansatzrestriktionen nach IAS 38.57 bei der Biotec AG aushebelt und dies auch nach HGB beachtlich ist. U. E. ist durch die Vermietung eine Einzelverwertbarkeit belegt (so die Lösung im Beispiel unter → Rz. 12). 13

Zu speziellen Problembereichen der Unterscheidung von Anschaffung und Herstellung von immateriellen Anlagegütern vgl. → § 255 Rz. 75.

2.3.2 Schuldendeckungspotenzial

Die mitunter als zu weitreichend angesehene Definition des (immateriellen) Wirtschaftsguts im Vergleich zum Vermögensgegenstand wird im Schrifttum wegen des insoweit nicht vorhandenen **Schuldendeckungspotenzials** angegriffen.[17] Letzteres soll allerdings nach anderer Auffassung dem *going concern*-Gesichtspunkt (→ § 252 Rz. 16) entgegenstehen.[18] Die HGB-Bilanz sei keine „Schuldendeckungsbilanz". Dies gilt u. E. bereits generell nach dem Kriterium des wirtschaftlichen Eigentums (→ Rz. 148). 14

BEISPIEL Die Krisen-GmbH (oder der in Not befindliche Einzelkaufmann) hat zur Sicherung ihrer/seiner Bankkredite das sächliche Anlagevermögen an die Bank A übereignet und die Kundenforderungen an die Bank B abgetreten. Die Lieferanten haben Vorratsvermögen in den (verlängerten) Eigentumsvorbehalt geliefert. Das Fabrikgrundstück ist bis zum Verkehrswert durch Grundschulden für die Bank C belastet.

Diese Aktiva können zweifellos der Zwangsvollstreckung unterworfen werden und stellen somit „**abstrakt**" Schuldendeckungspotenzial dar. Ob eine solche für den einzelnen Gläubiger erfolgreich verliefe, kann bei der Bilanzierung im Hinblick auf rechtliche Hindernisse nicht beurteilt werden. Die „**konkrete**" Schuldendeckungsfähigkeit ist keinesfalls mit dem einzelnen Vermögensgegenstand zwingend verbunden.

---

17 So *Schulze-Osterloh*, in: Baumbach/Hueck (Hrsg.), GmbHG, 18. Aufl., § 42 Tz. 77.
18 Vgl. *Hennrichs*, in: Münchner Kommentar, AktG, § 246 Tz. 21.

III. Vermögensgegenstand

15 Aber selbst wenn man die „**abstrakte**" Möglichkeit der Schuldendeckung durch Zwangsvollstreckung wegen Geldforderungen[19] als Ansatzkriterium genügen lässt, kann die Zwangsvollstreckung am **wirtschaftlichen Gehalt** des (zu bestimmenden) Vermögensgegenstands substanziell scheitern:

> **BEISPIEL** Der größere Mittelständler M hat in seinem Konzern einheitlich SAP R3 als unternehmensübergreifende Software eingeführt (→ Rz. 20). Die Gesamtkosten von 50 Mio € verteilen sich ungleichmäßig auf die einzelnen Konzernglieder. Ein Teilbetrag von 14 Mio € entfällt auf die nachhaltig in Ertragsproblemen befindliche T-GmbH und ist dort aktiviert. Diese ist deshalb bewusst nicht in einen ertragsteuerlichen Organschaftsverbund wegen der Verlustübernahmeverpflichtung aufgenommen worden.
>
> Eine Zwangsvollstreckung in die Software mag rechtlich zulässig sein, einen ökonomischen Sinn hätte sie nicht, da die Software anderweitig nicht eingesetzt werden kann, d. h. sie stellt nur beim Unternehmen, auf das sie zugeschnitten ist, einen „Wert" dar.

Die gleiche Feststellung lässt sich auch für **materielle** Anlagegüter treffen.

> **BEISPIEL** Die Großbäckerei G hat mit der eigenen IT-Abteilung eine robotergesteuerte Kuchensortiermaschine entwickelt. Diese stellt ein Unikat dar, kann so nirgends gekauft und nirgends anderswo verwendet werden. Eine rechtlich mögliche Zwangsvollstreckung hätte keinen ökonomischen Sinn.

Auf das weitere Beispiel unter → Rz. 23 zur verbesserten Straßenverbindung sei verwiesen.

2.3.3 Selbständige Bewertbarkeit

16 In Anlehnung an die BFH-Bilanzierungsvorgabe der selbständigen **Bewert**barkeit für den Bilanzansatz von immateriellen Wirtschaftsgütern[20] (→ Rz. 10) wird die Erfüllung dieses Kriteriums mitunter auch als Merkmal der Vermögensguteigenschaft nach HGB propagiert.[21] Die Frage ist dann, inwieweit die zugehörigen Kosten z. B. zur Entwicklung einer Marke vom Aufwand zur Generierung eines *goodwill* separiert werden können.

> **BEISPIEL** Die B-AG erstellt und vertreibt Herrenoberbekleidung. Das erfolgt unter der Heranziehung bestimmter Marken und Logos, die bei Erfolglosigkeit mit Maßgabe einer Schaffung neuer Warenzeichen stillgelegt werden. Dazu bedient sich die B-AG einer eigenen Arbeitsgruppe innerhalb der Marketingabteilung, die die entsprechenden Aufwendungen in einer Kostenstellenrechnung erfasst und den jeweiligen Projekten zuordnet. Zusätzlich ergehen Fremdaufträge für Marktforschung und Designerstudien, deren Kosten ebenfalls auf dieses

---

19 So *Schulze-Osterloh*, in: Baumbach/Hueck (Hrsg.), GmbHG, 18. Aufl., § 42 Tz. 77.
20 Vgl. BFH-Urteil vom 9. 7. 1986 – I R 218/82, BStBl 1987 II S. 14.
21 Vgl. hierzu *Hennrichs*, DB 2008 S. 540.

Projekt geschlüsselt werden. Forschungsaufwendungen für diese Projekte fallen nicht an, es handelt sich eindeutig um Entwicklungskosten.

Sofern die getrennte Bewertbarkeit nur nach Maßgabe der **Herstellungskosten** (für die Marken und Logos) bestimmt wird, stehen der abstrakten Bilanzierbarkeit keine Hindernisse entgegen; vgl. allerdings das kasuistische Ansatz**verbot** gem. § 248 Abs. 2 Satz 2 HGB (→ § 248 Rz. 10). „Selbständige Bewertbarkeit" kann auch vom **Verkaufsmarkt** her betrachtet werden, d. h. nach Maßgabe einer besonderen Ausprägung eines Niederstwerttests (→ § 253 Rz. 148). Dann ließe sich in Anlehnung an die Ansatzkriterien in IAS 38.57 (Unsicherheit über den kommerziellen Erfolg) die Aktivierung dieser Kosten bestreiten. Andererseits verzichtet das HGB bewusst auf die Übernahme dieser Kriterien im Interesse einer Eigenständigkeit der handelsrechtlichen Bilanzierung gegenüber den Regeln der IFRS (→ Rz. 12). Dann stellt sich erst recht die Frage, ob im Umkehrschluss nach HGB eine solche Aktivierungsbeschränkung für selbst erstellte immaterielle Vermögensgegenstände nicht in Betracht kommen soll.

Zu den **konkreten** Ansatzkriterien für immaterielle Vermögensgegenstände wird auf die Kommentierung unter → § 248 Rz. 9 und → § 255 Rz. 127 verwiesen.

2.3.4 Abgrenzung HGB/IFRS

Die weitere Frage geht dann dahin, ob das Aktivierungskriterium der selbst erstellten immateriellen Vermögensgegenstände nach HGB in etwa demjenigen entspricht, das für die Vermögenswerte nach IAS 38 gilt. Eine weitgehende **Übereinstimmung** kann aus der Begründung des Referentenentwurfs zum BilMoG abgeleitet werden, der die Ansatzvoraussetzungen für die Entwicklungskosten nach IAS 38.57 paraphrasierend wiederholt.[22] Andererseits wird auch eine **engere** Aktivierbarkeit nach HGB gegenüber den Vorgaben in IAS 38 gesehen.[23] Es kann sich aber gerade umgekehrt verhalten, nämlich eine im Ergebnis weitere Aktivierbarkeit nach HGB gegenüber den Vorgaben in IAS 38 vorliegen. Die vorstehenden Ausführungen mit Beispielen (speziell das Beispiel unter → Rz. 12) haben diese Möglichkeit belegt. Die (hoch) abstrakten Definitionsmerkmale (→ Rz. 9 und → Rz. 12) führen letztlich zu gleichen Inhalten,[24] auch wenn dies im Schrifttum – regelmäßig ohne Begründung – bestritten wird. Man kann diesen Befund auch pragmatisch, d. h. „unwissenschaftlich" formulieren: Die Definitionsmerkmale für den Vermögensgegenstand bzw. das *asset* werden in eindeutigen Fällen nicht benötigt, in Zweifelsfällen liefern sie keine eindeutige Lösung (→ Rz. 11).

17

Jedenfalls sollte der Blick **nicht** auf die **Entwicklungskosten** i. e. S. beschränkt sein, die sich auf die typischen Beispiele in der Pharmabranche und im Maschinenbau beziehen. IAS 38.52 spricht hier von einem „*broader meaning*" des Inhalts von immateriellen Anlagegütern. Auch ganz ungewohnte Bilanzierungsperspektiven können sich nach HGB aus der nicht mehr vorhandenen Ansatzbeschränkung auf hergestellte immaterielle Vermögensgegenstände ergeben.

---

22 So bestätigt von *Laubach/Kraus*, DB 2008, Beilage 1, S. 16.
23 So *Schulze-Osterloh*, DStR 2008 S. 67, und *Hennrichs*, BB 2008 S. 540.
24 Ähnlich *Laubach/Kraus/Bornhofen*, in: Umsetzung der HGB-Modernisierung, DB 2009, Beilage 5, S. 21.

III. Vermögensgegenstand

> **BEISPIEL**[25] Fußballprofis werden regelmäßig „eingekauft". Die Aktivierung dieser „Käufe" wird einheitlich praktiziert, obwohl natürlich seit Abschaffung der Sklaverei Menschen nicht käuflich zu erwerben sind, aber immerhin die Nutzungsmöglichkeit des Spielers im Rahmen der damit verbundenen Spielberechtigung. Profisportler können aber nicht nur „angeschafft", sondern auch „hergestellt" werden – verstanden i. S. der eben genannten Nutzungsmöglichkeit, die als immaterieller Vermögensgegenstand gilt.
>
> Der 18-jährige Fußballprofi P gilt als besonders talentiert. Der Profiverein K entschließt sich nach Abschluss eines sechsjährigen Dienstvertrags zu einer besonderen Förderkampagne: Abstellung eines Physiotherapeuten, Spezialtrainer für die muskuläre Entwicklung, Wintertraining in Florida etc. Dadurch soll die Bundesligatauglichkeit spätestens mit Vollendung des 21. Lebensjahrs erreicht werden.
>
> Die Ansatzkriterien für die Entwicklungskosten sind erfüllt.

2.3.5 Entstehungsprozess von Immaterialgütern

18 „Herstellung" verstanden im bilanzrechtlichen Sinn ist ein **zeitraum**bezogener Vorgang – im Gegensatz zur Anschaffung (→ § 255 Rz. 78). Für materielle Güter des Anlagevermögens sieht das Gliederungsschema des § 266 Abs. 2 HGB den Posten „Anlagen im Bau" vor (→ § 266 Rz. 43), nicht dagegen für immaterielle Anlagegegenstände. Systematisch ist allerdings auch hier zu unterscheiden zwischen **„unfertigen"**, d. h. im Entwicklungsprozess befindlichen Gegenständen, und **„fertigen"**, d. h. im Produktionsprozess oder in der Verwaltung eingesetzten Gütern (→ § 255 Rz. 136).

> **BEISPIEL** Die EDV-Abteilung des Transportbetonherstellers H entwickelt eine neue Software zur weltweit identischen Abstimmung der Produktion und der Logistik. Bis dahin liegt ein unfertiger Entwicklungsprozess vor („Anlagen im Bau"). Nach Fertigstellung kommt sie zum Einsatz im eigenen Konzern. Die Software wird daneben auch zum Verkauf an andere Unternehmen mit gleicher Produktions- und Organisationsstruktur angeboten.

Vor diesem Hintergrund kann eine gliederungstechnisch **getrennte** Darstellung (→ § 265 Rz. 36) von unfertigen Immaterialgütern des Anlagevermögens in Betracht kommen. Die unfertigen Güter sind (noch) nicht abzuschreiben, stellen aber genauso wie die „im Bau befindlichen Anlagen" (bereits) Vermögensgegenstände dar.[26] Sonst käme ein Bilanzansatz nach Abs. 1 Satz 1 nicht in Betracht (→ Rz. 10). Einen **Embryo**-Vermögensgegenstand kann es nicht geben.

Zum **Beginn** der Aktivierungsphase vgl. → § 255 Rz. 136, zur planmäßigen **Abschreibung** vgl. → § 253 Rz. 97.

---

25 Nach *Hoffmann*, in: Lüdenbach/Hoffmann (Hrsg.), Haufe IFRS-Kommentar, 8. Aufl., Freiburg 2010, § 13 Rz. 40; vgl. zu ähnlichen Überlegungen *Rade/Stobbe*, DStR 2009 S. 1114.
26 A. A. *Laubach/Kraus/Bronhofen*, in: Umsetzung der HGB-Modernisierung, DB 2009, Beilage 5, S. 22.

3. Einzelne immaterielle Vermögensgegenstände

3.1 EDV-Programme

Abgesehen von einfachen Sortier- und Trivialprogrammen wird die EDV-Software generell als immaterieller Vermögensgegenstand angesehen, egal ob in standardisierter oder in individualisierter Form. Dies gilt auch für das Betriebssystem, das auf der Hardware installiert ist. Ausnahmsweise soll ein einheitlicher materieller Vermögensgegenstand „Hardware" anzunehmen sein, wenn eine besondere Bewertung aufgrund der einheitlichen Lieferung ausscheidet.[27]

19

Die entscheidende Streitfrage in diesem Bereich dreht sich um die Abgrenzung von **angeschaffter** und **hergestellter** Software, insbesondere im Falle der ERP-Software. Vgl. hierzu die Kommentierung unter → § 255 Rz. 29.

20

Auch einer unternehmensspezifischen Website wird die Vermögensgut-Eigenschaft zuerkannt, und zwar ohne Differenzierung zum Wirtschaftsgut.[28]

3.2 Belieferungsrechte, Zuschüsse

Belieferungsrechte gelten nach der BFH-Rechtsprechung traditionell als immaterielles Wirtschaftsgut. Musterfall ist der „**Zuschuss**", den eine Brauerei einem Gastwirt gewährt, der sich für einen bestimmten Zeitraum zum ausschließlichen Verkauf der Biere dieser Brauerei verpflichtet.[29] Weitere Beispiele aus der BFH-Rechtsprechung betreffen

21

▶ Belieferung von Gemeinden mit Gas und Strom,[30]

▶ Belieferung von Lesezirkeln durch Verlage,[31]

▶ Belieferung von Lese- und Schallplattenringen[32] sowie

▶ Belieferung für Abonnentenverträge.[33]

Voraussetzung für die Wirtschaftsguteigenschaft einer solchen Kundenbeziehung ist das Vorliegen einer **festen** Abnahmeverpflichtung oder eines **faktischen** Abnahmezwangs.[34] Anders verhält es sich bei Rahmen- und Konditionenverträgen ohne Abnahmeverpflichtung.

Handelsrechtlich muss nach der Einzel**bewert-** und **-verwertbarkeit** dieser Belieferungsrechte gefragt werden (→ Rz. 10). Die Bewertbarkeit stellt kein Problem dar, eher die Verwertbarkeit. Man muss Fälle zur Bejahung der **Verwertbarkeit** konstruieren, indem man beispielsweise einen zweiten Gastwirt in die Szene stellt, der in die Abnahmeverpflichtung gegenüber der

22

---

27 BFH-Urteil vom 28.7.1994 – III R 47/92, BStBl II S. 873, u. E. zweifelhaft, da hilfsweise durch Preisvergleiche auf einem recht durchsichtigen Markt eine Trennung der Entgelte vorgenommen werden kann.
28 Vgl. *Kessler*, DB 1998 S. 1341; *Pfitzer/Schwenzer*, in: Beck'sches Handbuch der Rechnungslegung, B 765 Rn. 63; a. A. *Schulze-Osterloh*, in: Baumbach/Hueck (Hrsg.), GmbHG, Tz. 77.
29 BFH-Urteil vom 17.3.1959 – I 207/58 U, BStBl III S. 320; BFH-Urteil vom 26.2.1975 – I R 72/73, BStBl 1976 II S. 13.
30 BFH-Urteil vom 14.1.1958 – I 185/57 U, BStBl III S. 75, und BFH-Urteil vom 9.7.1958 – I 207/57 U, BStBl III S. 416.
31 BFH-Urteil vom 9.7.1981 – IV R 35/78, BStBl S. 734.
32 BFH-Urteil vom 28.10.1987 – II R 224/82, BStBl 1988 II S. 50, zum Bewertungsrecht.
33 BFH-Urteil vom 3.8.1993 – VIII R 37/92, BStBl 1994 II S. 444.
34 BFH-Urteil vom 8.6.1972 – IV R 88/68, BStBl II S. 853, und BFH-Urteil vom 14.3.1979 – I R 37/75, BStBl II S. 470.

Brauerei eintritt. Insofern ist die Abgrenzbarkeit gegenüber dem Firmenwert fraglich, obwohl sich die Bilanzierungspraxis durchgehend an den BFH-Vorgaben orientiert.[35]

23 Die Rechtslage für die Belieferungsrechte gilt auch für andere Formen von „**Zuschüssen**", (hier von privater Seite, → Rz. 243), z. B.

▶ an Gemeinden zur Schaffung einer besseren Straßenverbindung[36] sowie

▶ an Elektrizitätswerke zum Bau einer Transformatorenstation.[37]

Das Urteil zur Straßenverbindung bejaht das Vorliegen eines immateriellen Wirtschaftsguts, verneint allerdings die Aktivierung mangels entgeltlichen Erwerbs. Dieses Aktivierungshindernis besteht seit Einführung des BilMoG handelsrechtlich nicht mehr. Unter dem Aktivierungskriterium des durch Zwangsversteigerung bestimmten Schuldendeckungspotenzials (→ Rz. 14) wäre ein Bilanzansatz abzulehnen. Fraglich ist auch, ob durch den Zuschuss eine Kontrolle über die Straße i. S. von IFRS Framework F.49.a besteht, wenn diese kollektiv genutzt werden kann. Statt eines Vermögensgegenstands kann in beiden Beispielsfällen auch ein **Rechnungsabgrenzungsposten** vorliegen (→ § 250 Rz. 22 ff.).

3.3 Nutzungsrechte[38]

24 Nutzungsrechte – an Immobilien und beweglichen Gegenständen, Patenten, VIP-Lounges und Logos – können ge- und verkauft werden, insofern liegt ein Einmalgeschäft vor. Allerdings erhalten sie ihren ökonomischen Sinn **zeitraumbezogen**. Dem **Kauf** muss also ein bereits bestehendes Dauerschuldverhältnis in Form von Miete, Lizenz oder Leasing zugrunde liegen. Mit dem Kauf und Verkauf assoziiert man inhaltlich aus bilanzrechtlicher Sicht Anschaffungskosten und Realisationsvorgänge, mit dem Dauerschuldverhältnis nicht bilanzierbare schwebende Geschäfte.

25 Betrachtet man die **Definitionsmerkmale** für den Vermögenswert/Vermögensgegenstand/Wirtschaftsgut (→ Rz. 10), kann an der **abstrakten** Bilanzierbarkeit von Nutzungsrechten scheinbar kein Zweifel bestehen.

> **BEISPIEL** ▶ Der Reiseveranstalter Dreamtour AG betreibt mehrtätige Ausflüge in Luxusjachten im Mittelmeer. Die AG benötigt zu einer solchen Veranstaltung mit ausgewähltem Teilnehmerkreis einen Liegeplatz im Hafen von Portals Nous in Mallorca. Die gesamten dortigen Liegeplätze sind auf Jahre hinaus vermietet. Über einen Broker gelingt es der AG, einen Liegeplatzvertrag mit der Restlaufzeit von zehn Jahren gegen eine „Einmalprämie" zugunsten des bisherigen Mieters M zu übernehmen. Die Dreamtour AG tritt in den Mietvertrag mit

---

35 Die Aktivierbarkeit als Vermögensgegenstand verneinend *Schulze-Osterloh*, in: Baumbach/Hueck (Hrsg.), GmbHG, 18. Aufl., § 42 Tz. 78.
36 BFH-Urteil vom 26. 2. 1980 – VIII R 80/77, BStBl II S. 687.
37 BFH-Beschluss vom 3. 2. 1969 – GrS 2/68, BStBl II S. 291, und BFH-Urteil vom 26. 6. 1969 – VI 239/65, BStBl 1970 II S. 35
38 Die nachstehenden Ausführungen beruhen auf dem Beitrag von *Lüdenbach/Hoffmann*, DStR 2006 S. 1382; diesem Aufsatz sind auch die folgenden Beispiele entnommen. Vgl. hierzu auch *Lüdenbach/Freiberg*, BFuP 2009 S. 131. Vgl. hierzu auch → § 252 Rz. 138.

der Marina Portals Nous Gestion y Administracion S. A. ein und zahlt an diese die laufenden Mietraten von 150 T€ p. a. M wird aus dem Mietvertrag entlassen.

Der Vertrag für den Liegeplatz stellt i. S. der abstrakten Begrifflichkeit von IFRS F.49 eine von der Dreamtours AG kontrollierte ökonomische Ressource mit erwartetem zukünftigen Nutzen dar und gilt deshalb als immaterieller **Vermögenswert**. Er ist zugleich **Vermögensgegenstand/ Wirtschaftsgut** i. S. des HGB/EStG, da die Einzelverwertbarkeit bzw. die selbständige Bewertungsmöglichkeit gegeben sind (alle drei fett gedruckten Begriffe im Folgenden, soweit nicht anders betont, als inhaltsgleich verstanden).

Ohne ein Zugrundeliegen der Nutzungsberechtigung aufgrund des mit der Hafenverwaltung abgeschlossenen Mietvertrags wäre die Übertragung des Liegeplatzes durch Rechtskauf i. S. des § 453 BGB inhaltslos gewesen, deshalb muss bezüglich der Bilanzierbarkeit des Nutzungsrechts zunächst über diejenige des Mietvertrags Klarheit verschaffen werden. In der Folge ließe sich die Bilanzierbarkeit des erworbenen Nutzungsrechts mit dem nicht möglichen Ansatz des Mietverhältnisses ablehnen: Wenn die dem Geschäft (Erwerb des Liegeplatzes) zugrunde liegende Geschäftsbeziehung als schwebendes Geschäft **nicht bilanzierbar** ist, muss dies auch für den Folgevertrag gelten. Man kann allerdings die Bilanzierung von Nutzungsrechten auch deshalb bestreiten, weil diese nur einen **Teil** des Vermögensgegenstands/Wirtschaftsguts ausmachen und nicht diesen/dieses selbst darstellen.[39] Diese Auffassung ist insofern zutreffend, als „Vermögen" und damit die Grundlage der Vermögensguteigenschaft (→ Rz. 9) nur aus künftigen Einzahlungsüberschüssen, die dem Gegenstand zuzuordnen sind, resultieren können. Ohne Nutzungsmöglichkeit, z. B. durch Vermietung oder Verkauf, kann Vermögen im wirtschaftlichen Sinne nicht vorliegen.

26

U. E. ist demnach wie folgt zu differenzieren:

27

▶ Der Grundsatz der Nichtbilanzierung schwebender Geschäfte ist **konzeptionell** bzw. prinzipienbasiert nur durch folgende Überlegung zu rechtfertigen: Werden Vertragsansprüche aus einem schwebenden Geschäft auf eine dritte Person übertragen, so gehen mit den Rechten auch die Pflichten über. Soweit sich Rechte und Pflichten ausgewogen gegenüber stehen, beträgt der ökonomisch übertragene Saldo Null. Dementsprechend wird für eine solche Übertragung auch kein relevantes Entgelt bezahlt bzw. erzielt. Aus Sicht des ursprünglichen Vertragsinhabers fehlt es an der **ökonomischen Verwertbarkeit** des Vertrags, damit aus Sicht von IFRS am identifizierbaren Nutzen, aus Sicht des Handelsrechts an der Einzelverwertungsfähigkeit und aus Sicht des Steuerrechts an der zu einem anderen Ergebnis als Null führenden Einzelbewertungsfähigkeit. Somit fehlen insgesamt die konstitutiven Merkmale der **abstrakten** Bilanzierbarkeit.

▶ Diese Betrachtung ändert sich, sobald der schwebende Vertrag einen Gewinn verspricht bzw. seine Konditionen gemessen an aktuellen Marktverhältnissen **günstig** (*favorable*) sind. Nach dem Maß der Gewinnerwartung bzw. Günstigkeit ist ein Erlös aus der Übertragung des Vertrags erzielbar, der den identifizierbaren Nutzen – die Einzelverwertungsfähigkeit und die zu einem positiven Ergebnis führende Einzelbewertungsfähigkeit – repräsentiert. Die Definitionsmerkmale eines Vermögensgegenstands etc. sind erfüllt. Als ökonomischer

---

39 So *Weber-Grellet*, DB 1995 S. 2557, und *Schmidt/Weber-Grellet*, EStG, 29. Aufl., München 2010, § 5 Tz. 176 ff., m. w. N.

und bilanzrechtlicher Vermögenswert ist dabei nicht der Gesamtvertrag anzusehen, sondern die Gewinnaussicht bzw. das **Maß der Günstigkeit**. Bei einem entgeltlichen Erwerb im Rahmen eines *asset deal* (einzelbilanziell) oder auch eines *share deal* (konzernbilanziell) ist ein solcher Vermögenswert separat vom *goodwill* zu erfassen, z. B. als Auftragsbestand,[40] günstiger Einkaufsvertrag etc. Die Verneinung schon der abstrakten Bilanzierungsfähigkeit kann die in allen drei Rechnungslegungssystemen vorzunehmende Aktivierung nicht erklären.

▶ Unsere vorstehenden Überlegungen haben überdies den Vorzug einer Korrespondenz zur **gesellschaftsrechtlichen Einlagefähigkeit von Nutzungsrechten**.[41] Aus Sicht des Gesellschafters ist nicht das ausgeglichene schwebende Geschäft einlagefähig; z. B. etwa nicht der mit marktkonformen Konditionen versehene Mietvertrag, sondern nur der Vorteil gegenüber Marktkonditionen, im einfachsten Fall also etwa das Recht auf unentgeltliche Nutzung eines am Markt entgeltlich verwertbaren Nutzungsrechts.

28   In der **Zusammenfassung** der drei Argumente gilt: Die Regelungen zum Unternehmenserwerb erkennen ebenso wie die der Sacheinlage die konkrete und damit notwendig auch die abstrakte Bilanzierungsfähigkeit **günstiger** bzw. mit Gewinnaussichten versehener Vertragsverhältnisse an. Nur dem in Rechten und Pflichten wirtschaftlich ausgewogenen Vertrag (über ein Dauerschuldverhältnis) fehlt die Vermögens(wert)eigenschaft. Der günstige Vertrag repräsentiert einen ökonomisch identifizierbaren und verwertbaren Nutzen und ist insoweit Vermögensgegenstand, der beim **derivativen**, wegen des Anschaffungskosten- und Imparitätsprinzips aber nicht beim originären Vertragsinhaber auch konkret bilanzierungsfähig ist.

29   Zurückbezogen auf unser Liegeplatzbeispiel (→ Rz. 25) gilt damit: Wenn die Hafengesellschaft aus welchen Gründen auch immer den ökonomischen Gleichgewichtspreis für die Nutzung des Liegeplatzes nicht realisiert, die bestehenden Liegeplatzverträge somit für die Pächter **günstig** sind, ist insoweit beim (derivativen) Erwerber des Vertrags eine Aktivierung der an den Vorpächter gezahlten Vergütung (Anschaffungskosten) geboten, die den Erwerb eines Vermögensgegenstands repräsentiert.

30   In dem vorstehenden Beispiel erfolgte der Verkauf des Nutzungsrechts durch einen Nutzungsberechtigten, der seinerseits die Berechtigung vom originären Inhaber (der Hafenverwaltung) im Rahmen eines Dauerschuldverhältnisses „erworben" hat. Aber auch der rechtliche und wirtschaftliche Eigentümer einer **Sache** kann eine Nutzungsberechtigung an dieser „verkaufen". Die Frage ist dann, ob der Erwerber einen immateriellen Vermögensgegenstand „Nutzungsrecht" erwirbt.

> **BEISPIEL** ▶ Die Erbengemeinschaft E ist Eigentümer eines auf einem Grundstück in bester Innenstadtlage betriebenen Warenhauses, möchte jedoch das Geschäft einstweilen nicht wei-

---

40   So markant der BFH im Urteil vom 15.12.1993 – X R 102/92, BFH/NV 1994 S. 543: „Nach ständiger Rechtsprechung treten mit dem entgeltlichen Erwerb bestehender schwebender Verträge immaterielle Wirtschaftsgüter in Erscheinung, gleichviel, wie sie im Einzelnen benannt werden (Gewinnaussichten aus schwebenden Geschäften, Belieferungsrechte, Kundenaufträge, Auftragsbestand) und ob sie Einzel- oder Dauerschuldverhältnisse betreffen …. Rechte und Pflichten aus schwebenden Verträgen werden grundsätzlich nicht bilanziert. Die in ihnen enthaltenen Gewinnaussichten sind regelmäßig noch unsicher. Wird indessen für die Erlangung einer Gewinnaussicht (Einzelschuldverhältnis) oder fortlaufender Gewinnaussichten (Dauerschuldverhältnis) ein Aufwand getätigt, hat sich am Markt die Werthaltigkeit der Position schwebender Vertrag bestätigt."

41   Ein günstiger Mietvertrag ist Sachverhalt des BGH-Urteils vom 14.6.2004 – II ZR 121/02, BB 2004 S. 1925.

ter betreiben. Zur Bestreitung der Erbschaftsteuer und anderer Schulden werden kurzfristig erhebliche liquide Mittel benötigt. Andererseits sollen die minderjährigen Kinder später die Chance zur Neuaufnahme der wirtschaftlichen Tätigkeit auf dem Grundstück behalten, weshalb das Nutzungsrecht auf 18 Jahre verkauft wird.

Der „Verkauf" des Nutzungsrechts stellt – unabhängig von der zivilrechtlichen Beurteilung der wirtschaftlichen Substanz – kein Veräußerungsgeschäft dar. Vielmehr handelt es sich um einen **Nutzungsüberlassungsvertrag** (Mietvertrag) mit einer Einmalzahlung pränumerando, in der sich gem. dem wirtschaftlichen Interessenausgleich zwischen den fremden Vertragspartnern auch ein entsprechender Abzinsungseffekt niederschlägt. Umgekehrt erwirbt der Einzelhandelsfilialist nicht einen immateriellen Vermögensgegenstand „Nutzungsrecht am Gebäude" – mag man das auch umgangssprachlich so bezeichnen –, vielmehr begründet er ein **Dauernutzungsrecht** in Form eines Mietverhältnisses durch Einmalzahlung. Der bilanzrechtliche Charakter als schwebendes Geschäft bleibt unberührt, die Zahlungsmodalität kann dies gem. § 252 Abs. 1 Nr. 5 HGB nicht beeinflussen (→ § 252 Rz. 163). Die Zahlung ist als Abgrenzungsposten aktivierbar (→ § 250 Rz. 27).

Der ökonomische Gehalt des Vertrags ist im Beispiel unter → Rz. 30 auch ein anderer als derjenige im Beispiel unter → Rz. 25. Der Vertrag reflektiert das bei Abschluss **gültige** Mietniveau in der betreffenden Lage. Wenn sich nach Ablauf von fünf Jahren das Mietniveau um z. B. 30 % erhöht hat und der „Käufer" einen Interessenten findet, der mit einem Einmalbetrag ein Nutzungsrecht indirekt gegenüber der Erbengemeinschaft für die nächsten 13 Jahre erwirbt, entsteht beim Interessenten ein immaterieller Vermögensgegenstand „Nutzungsrecht" – vergleichbar dem Beispiel unter → Rz. 25.

3.4 Treibhausgas-Emissionsrechte

3.4.1 Bilanzansatz

Die im Rahmen eines *cap and trade*-Systems durch die öffentliche Hand – vertreten durch die Deutsche Emissionshandelsstelle (DEHSt) – **kostenlos** zugeteilten Zertifikate stellen allgemeiner Auffassung zufolge Vermögensgegenstände/Wirtschaftsgüter dar, sind also abstrakt bilanzierbar.[42] Sie sind im **Ausgabe**zeitpunkt – jeweils der 28.2. – als Zugang zu erfassen. Beim ebenfalls möglichen entgeltlichen Erwerb eines Zertifikats an der Börse ist der Zugang im **Erwerbs**zeitpunkt zu erfassen (→ § 255 Rz. 14).

3.4.2 Ausweis

Für den Ausweis gelten folgende Regeln:[43]

▶ In der Handelsbilanz unter **Vorrats**vermögen, soweit im Produktionsprozess eingesetzt (→ § 247 Rz. 37).

---

42 Zweifel zur abstrakten Aktivierbarkeit bei *Hoffmann/Lüdenbach*, DB 2006 S. 57 ff. Dort sind auch die Grundlagen des Handelssystems dargestellt.
43 BMF-Schreiben vom 6.12.2005 – IV B 2 – S 2134a – 42/05, BStBl I S. 1047; IDW HFA 15. Das BMF-Schreiben liefert auch anschauliche Buchungsbeispiele.

III. Vermögensgegenstand

- In der Handelsbilanz unter **Sonstige** Vermögensgegenstände, soweit Handelsabsicht besteht.
- In der Steuerbilanz im Umlaufvermögen.

3.4.3 Zugangsbewertung

31c Zur **Zugangsbewertung** gelten folgende Regeln:
- **Entgeltlich** erworbene Zertifikate: Anschaffungskosten (→ § 255 Rz. 17) in der Handels- und Steuerbilanz.
- **Unentgeltlich** zugeteilte Zertifikate: Bewertung mit Null in der Steuerbilanz.
- **Unentgeltlich** zugeteilte Zertifikate: Bewertung mit Null oder mit dem Zeitwert (Börsenpreis) in der Handelsbilanz (Option).

Mit der letztgenannten Variante der Eingangsbuchung (Zeitwert), dem das IDW (a. a. O.) eine Präferenz einräumt, bleibt die Anschaffungskostenrestriktion (→ § 253 Rz. 12) unbeachtet, was das IDW mit einem bisher unbekannten **GoB** begründet, dem insoweit ein *overriding principle* zuerkannt wird. Mit dem zusätzlich eingeräumten **Wahlrecht** lässt sich dieser Bilanzierungsvorschlag in zwei Lesarten interpretieren:[44]

- Das Anschaffungskostenprinzip ist zwar GoB-widrig, wird aber optional wegen des eindeutigen Gesetzeswortlauts in § 253 Abs. 1 Satz 1 HGB (noch) akzeptiert, wenn auch als minderwertig.
- Die GoB erlauben aus sich heraus die Generierung von Bilanzierungswahlrechten gegen den eindeutigen Gesetzeswortlaut.

31d Als **Gegenbuchung** für eine Zugangsbewertung ohne Anschaffungskosten mit dem Zeitwert schlägt das IDW einen „**Sonderposten** für unentgeltlich ausgegebene Schadstoffemissionsrechte" vor. Dabei stützt sich der HFA des IDW (a. a. O.) fälschlicherweise auf die **Gliederungs**erweiterung in § 265 Abs. 5 Satz 2 HGB: „Neue Posten dürfen hinzugefügt werden" (→ § 265 Rz. 36). Das Gesetz bewegt sich dabei im **Gliederungs**bereich der Bilanz (vgl. die Überschrift des Paragraphen), angesprochen in dem Lösungsvorschlag des HFA ist demgegenüber der Bil**ansatz**. Der Bilanzansatz ist aber in seinen möglichen Ausprägungen in § 246 HGB abschließend geregelt (→ Rz. 2), weitere Posten lässt das Gesetz nicht zu. Der vom HFA des IDW neu geschaffene Sonderposten kann seinem Gehalt nach als „Realisationsverhinderungsposten" charakterisiert werden.[45]

3.4.4 Folgebewertung

31e Planmäßige Abschreibungen sind im Umlaufvermögen nicht vorgesehen (→ § 253 Rz. 141); beachtlich ist dagegen das Niederstwertprinzip (→ § 253 Rz. 147). Dieses wiederum läuft bei Anschaffungskosten von Null ins Leere (→ Rz. 31c). Bei einem Mischbestand – Zertifikate mit **und** ohne Anschaffungskosten (→ Rz. 31a) – verweigert das BMF-Schreiben (a. a. O.) die Anwendung des Lifo-Verfahrens (→ § 256 Rz. 18 ff.), erlaubt aber die Anwendung (anderer) Bewertungsver-

---

44 Vgl. *Hoffmann/Lüdenbach*, DB 2006 S. 59.
45 Ähnlich *Hommel/Wolf*, BB 2005 S. 1784.

einfachungen. Handelsrechtlich sind u. E. alle gängigen Bewertungsverfahren, also auch die Vereinfachungen des § 256 HGB, zulässig.

3.4.5 Rückgabeverpflichtung

Das am Emissionsrechteverfahren (→ Rz. 31a) teilnehmende Unternehmen muss am 30.4. die zugeteilten Zertifikate für das Vorjahr im Umfang des in diesem Zeitraum verursachten CO_2-Ausstoßes zurückgeben. Am vorhergehenden **Bilanzstichtag** besteht insoweit eine ansetzbare **Schuld**, bei genauer Bewertungsmöglichkeit eine Verbindlichkeit, sonst eine Rückstellung, wobei in der Praxis nur der letztgenannte Ausweis vorkommt. Jedenfalls handelt es sich einhelliger Auffassung zufolge um eine **Verbindlichkeits**rückstellung. 31f

Daraus werden folgende Bewertungsfolgen abgeleitet: 31g

- Vom **BMF** (a. a. O.): Bei Vorliegen ausreichender Zertifikate am Stichtag (im Umfang der kostenlos erhaltenen Zuteilung) erfolgt die Bewertung als Verbindlichkeit und nach § 6 Abs. 1 Nr. 3 i. V. mit Nr. 2 EStG zu Anschaffungskosten, also mit Null. Die zugekauften oder noch zuzukaufenden Emissionsrechte, mit denen die Rückgabepflicht erfüllt werden muss, sind mit deren Anschaffungskosten oder dem niedrigeren Teilwert zu bewerten. Dabei soll ein Verbrauchsfolgeverfahren gelten. Die unentgeltlich erworbenen Rechte sind **zuerst** zur Rückgabe zu verwenden, mit der Folge einer Nullbewertung der Verpflichtung („Gifo"-Verfahren = *gratis in – first out*). Sofern zur Erfüllung der Rückgabepflicht ein Zukauf erfolgen muss, ist die Bewertung mit dem Börsenpreis am Bilanzstichtag vorzunehmen. Dadurch gelingt eine wertmäßig identische Bilanzierung auf der Aktiv- und Passivseite.

- Vom **HFA des IDW** (a. a. O.): Die am Bilanzstichtag vorhandenen Emissionsrechte, die dem Verbrauch entsprechend im Folgejahr zurückzugeben sind, gelten als Sachleistungsverpflichtung. Dabei ist das vom BMF vorgeschlagene Verbrauchsfolgeverfahren mit Unterstellung einer vorrangigen Verwendung der unentgeltlich erworbenen Zertifikate anzuwenden. Der Wert dieser Sachleistung beträgt Null, sofern die Zugangsbewertung optional (→ Rz. 31c) ebenfalls mit Null erfolgt ist. Entgeltlich erworbene Rechte, die zur Erfüllung der Rückgabepflicht benötigt werden, sind als Sachleistungsverpflichtung mit den entstandenen Kosten zu bewerten. Für erforderliche Zukäufe am Bilanzstichtag gilt der dann bestehende Börsenpreis als Bewertungsmaßstab.

Bei Bewertung der unentgeltlich erworbenen Rechte mit dem Zeitwert ist der korrespondierend zu bildende **Sonderposten** (→ Rz. 31c) in Höhe des Rückstellungsansatzes ergebniswirksam aufzulösen.

Der **Verkauf** von Emissionsrechten führt dem BMF (a. a. O.) zufolge (u. E. zutreffend) zur „normalen" Gewinn- und Verlustrealisation in der Differenz zwischen Anschaffungskosten (regelmäßig Buchwert) und Veräußerungserlös. Die Verwendungsfolge lässt das BMF allerdings offen. Für die unentgeltlich zugeteilten und verkauften Zertifikate entsteht ein Gewinn in Höhe des Verkaufserlöses abzüglich etwaiger Verkaufskosten. Der Gewinnausweis des Verkaufs kompensiert u. E. zutreffend die mit der Reduktion des Schafstoffausstoßes regelmäßig verbundenen höheren Produktionskosten. 31h

Demgegenüber bemüht der HFA des IDW (a. a. O.) wiederum einen Sonderposten zur Realisationsverhinderung, der dann allerdings im Umfang des Rückstellungsansatzes wieder aufgelöst werden kann. Bei Wahl der Einbuchung mit dem Zeitwert (→ Rz. 31c) stellt sich die buchmäßige Abbildung noch intransparenter dar. U. E. ist die systemgerechte (→ Rz. 31c) Einbuchung zu Anschaffungskosten **auch** wegen der einfacheren Darstellung der Vorgänge vorzugswürdig.

31i **Empirisch**[46] üben die HGB-Bilanzierer das Optionsrecht des IDW (→ Rz. 31c) wie folgt aus:
- ▶ 61 % Ansatz zu Anschaffungskosten (Null),
- ▶ 39 % Ansatz zum Zeitwert.

3.5 ABC der immateriellen Vermögensgegenstände

32 Der Praktiker in der Tradition der deutschen Rechnungslegung orientiert sich in solchen Fällen – hier zur Bestimmung eines immateriellen Vermögensgegenstands/Wirtschaftsguts – an der **BFH**-Rechtsprechung. Das ist systematisch gesehen auch zutreffend, denn solche Entscheidungen können nach § 5 Abs. 1 Satz 1 EStG (sog. Maßgeblichkeitsprinzip) nur auf der Basis der GoB, d. h. in Auslegung von Handelsrecht, gefunden werden. Dazu folgende Übersicht in ABC-Form:[47]

Sachverhalt	Vermögensgegenstands-eigenschaft	Fundstelle BFH/Sonstige
Adressensammlung (auf Datenträgern)	ja	BFH-Urteil vom 2. 9. 1988 – III R 38/84, BStBl 1989 II S. 160
Alleinvertriebsrecht	ja	BFH-Urteil vom 27. 7. 1988 – I R 130/84, BStBl 1989 II S. 101
Archiv von Verlagen	nein	BFH-Urteil vom 8. 11. 1974 – III R 90/73, BStBl 1975 II S. 104
Arzneimittelzulassung	ja	BMF-Schreiben vom 12. 7. 1999 – V C 2 – S 2172 – 11/99, BStBl I S. 686
Auffüllrecht	nein	BFH-Urteil vom 20. 3. 2003 – IV R 27/01, BStBl II S. 878
Auftragsbestand, fest vereinbart	ja	BFH-Urteil vom 1. 2. 1989 – VIII R 361/83, BFH/NV 1989 S. 778; BFH-Urteil vom 7. 11. 1985 – IV R 7/83, BStBl 1986 II S. 176
Belieferungsrecht, allgemein	(→ Rz. 16 ff.)	
Belieferungsrecht, Zeitschriftengrossist	ja	BFH-Urteil vom 28. 5. 1998 – IV R 48/97, BStBl II S. 775
Belieferungsrecht, an Gastwirte	ja	BFH-Urteil vom 26. 2. 1975 – I R 72/73, BStBl 1976 II S. 13
Brennrecht	ja	BFH-Urteil vom 9. 12. 1983 – III R 40/79, BStBl 1984 II S. 193
Dienstbarkeit/Grunddienstbarkeit	ja	BFH-Urteil vom 25. 1. 1979 – IV R 21/75, BStBl II S. 369

---

46 Nach der Freiburger Diplomarbeit von *Gulia Kaufmann* auf der Grundlage von 25 HGB-Abschlüssen der am Emissionshandel teilnehmenden Unternehmen für das Geschäftsjahr 2009.

47 Auf der Grundlage der Zusammenstellung von *Hoffmann*, in: Littmann/Bitz/Pust (Hrsg.), Das Einkommensteuerrecht, §§ 4, 5 Tz. 719; soweit nicht gesondert gekennzeichnet, sind die aufgeführten Vermögensgegenstände abnutzbar (→ § 253 Rz. 83).

Domain-Name	ja	BFH-Urteil vom 19. 10. 2006 – III R 6/05, BStBl 2007 II S. 301
EDV-Programm	(→ Rz. 19 f.)	
Erbbaurecht	(→ Rz. 7; → § 266 Rz. 27)	
Finanzprodukte	(→ Rz. 195)	
Forstrecht	ja	BFH-Urteil vom 18. 7. 1974 – IV R 187/69, BStBl II S. 767
Fortsetzungssammelwerk (nicht abnutzbar)	ja	BFH-Urteil vom 28. 10. 1987 – II R 224/82, BStBl 1988 II S. 50
Geschäftsbeziehung (nicht abnutzbar)	ja	BFH-Urteil vom 16. 9. 1970 – I R 196/67, BStBl 1971 II S. 175
Geschmacksmuster	ja	BFH-Urteil vom 1. 8. 1990 – II R 17/87, BStBl II S. 879; BFH-Urteil vom 4. 9. 1996 – II B 135/95, BStBl II S. 586
Güterfernverkehrsgenehmigung	ja	BFH-Urteil vom 22. 1. 1992 – I R 43/91, BStBl II S. 529
Handelsvertreter, Ablösung des Ausgleichsanspruchs	ja	BFH-Urteil vom 18. 1. 1989 – X R 10/86, BStBl II S. 549
know how, technisches Spezialwissen	ja	BFH-Urteil vom 22. 5. 1979 – III R 129/74, BStBl II S. 634; BFH-Urteil vom 15. 7. 1987 – II R 249/83, BStBl II S. 809; BFH-Urteil vom 29. 9. 1987 – X R 17/82, BStBl 1988 II S. 49
Kontingent, z. B. Milchvertrieb	ja	BFH-Urteil vom 22. 2. 1962 – IV 58/59 U, BStBl 1962 III S. 367; RFH-Urteil vom 17. 5. 1939 – VI 73/39, RStBl S. 799; RFH-Urteil vom 2. 10. 1936 – V A 249/36, RStBl 1937 S. 113; BFH-Urteil vom 13. 12. 1979 – IV R 30/77, BStBl 1980 II S. 346
Konzession, Linienkonzession	ja	BFH-Urteil vom 13. 3. 1956 – I 209/55 U, BStBl III S. 149; BFH-Urteil vom 21. 7. 1993 – X R 32/91, BFH/NV 1994 S. 305; BFH-Urteil vom 21. 7. 1993 – II R 74/92, BFH/NV 1994 S. 343
Kundenstamm (nicht abnutzbar); Kundenliste	u. U.	BFH-Urteil vom 14. 2. 1973 – I R 89/71, BStBl II S. 580; BFH-Urteil vom 26. 7. 1989 – I R 49/85, BFH/NV 1990 S. 442; BFH-Urteil vom 18. 12. 1996 – I R 128-129/95, BStBl 1997 II S. 546; BFH-Urteil vom 26. 11. 2009 – III R 40/07, BFH/NV 2010 S. 721
Lieferantenliste	u. U.	BFH-Urteil vom 18. 12. 1996 – I R 128-129/95 BStBl 1997 II S. 546

III. Vermögensgegenstand

Markenrecht	ja	BMF-Schreiben vom 12.7.1999 – IV C 2 – S 2172 – 11/99, BStBl I S. 686
Nutzungsrecht	(→ Rz. 24 ff.)	
Optionsrecht	(→ Rz. 210)	
Patent	ja	BFH-Urteil vom 8.11.1979 – IV R 145/77, BStBl 1980 II S. 146; BFH-Urteil vom 2.6.1976 – I R 20/74, BStBl II S. 666
Profisportler	(→ Rz. 17)	
Prototyp	ja	BFH-Urteil vom 22.5.1979 – III R 129/74, BStBl II S. 634
Software	(→ Rz. 19 f.)	
Spielerlaubnis, für Profisportler	(→ Rz. 17)	
Tabakquote	ja	FG Rheinland-Pfalz, Urteil vom 11.8.2006 – 2 K 2607/04, EFG 2007 S. 21
Thermalwasserbezugsrecht	ja	BFH-Urteil vom 24.8.1989 – IV R 38/88, BStBl II S. 1016
Tonträger	ja	BFH-Urteil vom 10.8.1989 – X R 176-177/87, BStBl 1990 II S. 15
Transferentschädigung	(→ Rz. 17)	
Treibhausgas-Emissionsrechte	(→ Rz. 31a)	
Urheberrecht (nicht abnutzbar)	ja	BFH-Urteil vom 14.3.1979 – I R 37/75, BStBl II S. 470
Verlagsarchiv	nein	BFH-Urteil vom 8.11.1974 – III R 90/73, BStBl 1975 II S. 104
Verlagsrecht	ja	BFH-Urteil vom 14.3.1979 – I R 37/75, BStBl II S. 470
Vertragsarztzulassung (Abnutzbarkeit streitig)		
Verwendungsrecht für Formen, Spezialwerkzeug	ja	BFH-Urteil vom 1.6.1989 – IV R 64/88, BStBl II S. 830
Warenzeichen	ja	BFH-Urteil vom 1.8.1990 – II R 17/87, BStBl II S. 879; BFH-Urteil vom 4.9.1996 – II B 135/95, BStBl II S. 586
Wassernutzungsrecht (nicht abnutzbar)	ja	FG München, Zwischenurteil vom 9.12.2008 – 13 K 2292/03, EFG 2009 S. 909 = Kurzinfo StuB 2010 S. 322
Werbefilm	ja	FG Hamburg, Urteil vom 4.12.1989 – II 208/87, EFG 1990 S. 463

Wettbewerbsverbot	ja	BFH-Urteil vom 14.2.1973 – I R 89/71, BStBl II S. 580; BFH-Urteil vom 25.1.1979 – IV R 21/75, BStBl II S. 369
Zinsbegrenzungsvertrag, *cap*	ja	FG München, Urteil vom 25.3.2003 – 6 K 264/01, DStRE 2003 S. 1143
Zuckerrübenlieferrecht	ja	BFH-Urteil vom 17.3.2010 – IV R 3/08, DStR 2010 S. 6; BFH-Urteil vom 16.10.2008 – IV R 1/06, BStBl II S. 28

Zu weiteren immaterielle Vermögensgegenstände betreffenden Sachverhalten im Zusammenhang mit **Entwicklungskosten** wird auf → § 255 Rz. 127 ff. verwiesen. 33

4. Geschäfts- oder Firmenwert (Abs. 1 Satz 4)

Auf die Kommentierung unter → Rz. 279 wird verwiesen. 34

5. Forderungen

Die Aktivierung von Forderungen erfordert regelmäßig eine **Rechtsgrundlage**. Diese kann aus einem Vertrag, aus einem gesetzlichen Schuldverhältnis, aus einem gesellschaftsrechtlichen Akt oder aus einer öffentlich-rechtlichen Rechtsbeziehung resultieren. 35

Das rechtliche Bestehen der Forderung **allein** begründet den Bilanzansatz jedoch nicht.

BEISPIELE

▶ Am 28.12.00 wird formgerecht und rechtsgültig ein Grundstück verkauft und die Auflassung erklärt. Der Nutzen- und Lastenübergang soll am 1.2.01 stattfinden. Die am 28.12. begründete Kaufpreisforderung ist am 31.12.00 nicht bilanzierbar, weil das wirtschaftliche Eigentum am Grundstück noch nicht übergegangen ist (→ § 252 Rz. 98).

▶ Die Immobilien-AG schließt am 28.12.00 einen Mietvertrag über zehn Jahre zu einem Einmalbetrag von 100 ab. Die Nutzungsberechtigung beginnt am 31.12.00. Der Forderungsbetrag von 100 ist am 31.12.00 nicht bilanzierbar. Der Charakter des schwebenden Geschäfts (→ Rz. 4) verhindert den Bilanzansatz. Die „Forderung" im bilanzrechtlichen Sinn entsteht ratierlich in der Nutzungsperiode.

Besonderheiten bestehen bei **gesetzlichen** Schuldverhältnissen, d. h. bei Forderungen, die nicht aus einem schuldrechtlichen Synallagma stammen (z. B. Schadenersatzforderungen, Forderungen aus unerlaubter Handlung u. Ä.). Hier kommt eine Aktivierung der Forderung erst dann in Betracht, wenn vom Schuldner eine Anerkenntnis oder ein rechtskräftiges Urteil vorliegt. Das Urteil wirkt nicht ansatzaufhellend (→ § 252 Rz. 73), sondern -begründend.[48] Das Bilanzrecht folgt hier nicht dem Prozessrecht, denn Letzteres begründet nicht eine (in diesem Fall) Forde- 36

---

[48] Ständige BFH-Rechtsprechung, z. B. vom 26.4.1989 – I R 147/84, BStBl 1991 II S. 213; BFH-Urteil vom 14.9.1994 – I R 6/94, BStBl 1997 II S. 89; BFH-Urteil vom 27.11.1997 – IV R 95/96, BStBl 1998 II S. 375.

rung, sondern stellt nur das schon immer gültige Bestehen einer Forderung fest. Anderes gilt nach den IFRS.[49] Soweit auf eine bestrittene Forderung vom Schuldner eine (Teil-)Zahlung erfolgt ist, liegt der Realisationstatbestand vor; die Teilzahlung ist nicht als Anzahlung zu behandeln, sondern als Ertrag zu vereinnahmen.[50]

Die zitierten Entscheidungen des BFH beruhen ausschließlich auf Auslegung des Handelsrechts. U. E. kann ihnen gefolgt werden.

37   Soweit die Forderung am Bilanzstichtag rechtsförmlich **noch nicht vorhanden** ist, steht dieses „Manko" dem Bilanzansatz dann nicht entgegen, wenn mit dem nachfolgenden Entstehen der Forderung „fest zu rechnen ist".[51] Dazu muss die Ursache für das Entstehen der Forderung im abgelaufenen Wirtschaftsjahr gesetzt worden sein. Im zitierten BFH-Urteil I R 10/98 lag diese wirtschaftliche Verursachung in der vom Unternehmen erbrachten Mischfutterproduktion, die kurz nach dem Bilanzstichtag durch Antragstellung einen Beihilfeanspruch öffentlich-rechtlicher Natur entstehen lässt.

38   Für **bedingte** Forderungen wird gewöhnlich folgende Regel proklamiert:

▶ **Aufschiebend** bedingte Forderungen dürfen erst mit Eintritt der Bedingung,

▶ **auflösend** bedingte Forderungen dürfen nur bis zum Bedingungseintritt

angesetzt werden.

Gegen diese Regel bestehen Bedenken im Hinblick auf die **gestalterische Austauschbarkeit** mit rechtstechnischen Mitteln.[52] Ein Vertrag unter der aufschiebenden Bedingung des **Nicht**eintretens eines bestimmten Ereignisses führt zum gleichen Rechtszustand wie ein Vertragsabschluss unter der auflösenden Bedingung des **Eintretens** dieses Ereignisses.

BEISPIEL ▶ Ein Getreidegroßhändler verkauft eine bestimmte Menge Weizen zum Preis von 100 je Gewichtseinheit. Die Auslieferung erfolgt am 15.12.00, Bilanzstichtag ist der 31.12. Der Preis ändert sich nachträglich auf 110, wenn sich ein bestimmter Index bis zum 30.6.01 um 15 % erhöht hat (**aufschiebende** Bedingung).

Zum gleichen Ergebnis käme folgende Lieferkondition: Der Kaufpreis beträgt 110, ermäßigt sich aber auf 100, wenn bis zum 30.6.01 der bestimmte Index nicht um 15 % oder mehr gestiegen ist (**auflösende** Bedingung).

39   In beiden Vertragsvarianten kommt eine Aktivierung des „Zusatzpreises" von 10 nicht in Betracht. Gleiches muss für eine *stand alone*-Forderung gelten.

---

49   Vgl. *Lüdenbach*, PiR 2007 S. 143.
50   BFH-Urteil vom 18. 9. 2007 – I R 44/06, BStBl 2008 II S. 319.
51   BFH-Urteil vom 8. 11. 2000 – I R 10/98, BStBl 2001 II S. 349; BFH-Urteil vom 9. 2. 1978 – IV R 201/74, BStBl II S. 370; BFH-Urteil vom 19. 2. 1991 – VIII R 106/87, BStBl II S. 569; BFH-Urteil vom 26. 4. 1995 – I R 92/94, BStBl II S. 594; BFH-Urteil vom 12. 4. 1984 – IV R 112/81, BStBl II S. 554.
52   Vgl. *ADS*, 6. Aufl., § 246 Tz. 55; BFH-Urteil vom 17. 12. 1998 – IV R 21/97, BStBl 2000 II S. 116.

BEISPIEL

▶ Es geht um den Bilanzstichtag 31.12.04

▶ Der selbständige Handelsvertreter erhält für das Jahr 04 eine Zusatzprovision von X %, wenn der vermittelte und bezahlte (Geldeingang) Durchschnittsumsatz der Jahre 01 bis 03 um mehr als 15 % überschritten wird (**aufschiebende** Bedingung).

▶ Der Handelsvertreter erhält eine Zusatzprovision für das Jahr 04. Dieser Anspruch entfällt, wenn der Durchschnittsumsatz der Jahre 01 bis 03 im Jahr 04 nicht um 15 % überschritten wird (**auflösende** Bedingung).

In beiden Fällen richtet sich die Aktivierbarkeit nach der **Wahrscheinlichkeit** des unbedingten Entstehens der Forderung. Die Rechtskonstruktion der Bedingung ist unerheblich. Im Beispielsfall ist der Geldeingang für die vermittelten Umsätze noch nicht vollständig erfolgt. Deshalb ist der Aktivierungszeitpunkt 31.12.04 fraglich, u. E. aber vertretbar, wenn mit Zahlungsausfällen in „kritischer Höhe" nicht zu rechnen ist. Zur spiegelbildlichen Sicht der Verbindlichkeit vgl. → Rz. 55.

Entsprechend sind aufschiebend bedingte Forderungen aus **Besserungsvereinbarungen** erst dann aktivierbar, wenn die Ursache für das Entstehen der Forderung im abgelaufenen Wirtschaftsjahr gesetzt worden und der Eintritt der Bedingung praktisch sicher ist.[53] Zur u. U. korrespondierenden Behandlung auf der Passivseite vgl. → Rz. 61.

Mit **Rechtsmängeln** behaftete Forderungen, z. B. Ausübung eines Zurückbehaltungsrechts, Einrede des nicht erfüllten Vertrags, Stundung etc., berühren nicht den Ansatz der Forderung; sie sind vielmehr bei der Bewertung zu berücksichtigen, oftmals mit dem Erfordernis der Vollabschreibung, die im Ergebnis dem Nichtansatz gleichkommt.

Verjährte Forderungen sind nicht aktivierbar, es sei denn der Schuldner verzichtet auf die Erhebung der Einrede. Gegen eine Forderung kann auch die **Anfechtung** durch den Schuldner erfolgt sein, z. B. wegen Irrtums, Täuschung oder Drohung beim Zustandekommen seiner Verbindlichkeit. Auch hier bleibt der Bilanzansatz unberührt, es stellt sich aber wohl das Bewertungsproblem.

Eine Forderung, für die eine **Rangrücktritts**erklärung ausgesprochen ist, behält ihren Charakter und zwingt weiterhin zum Bilanzansatz (vgl. zum korrespondierenden Fall der Verbindlichkeit → Rz. 60). Das Gleiche gilt für **Stundungs**vereinbarungen, das **pactum de non petendo**, und für sog. **kapitalersetzende** Darlehen (→ Rz. 59). Regelmäßig ist in diesen Fällen aber eine **Abschreibung**, häufig in voller Höhe des Nennwerts, erforderlich (→ § 253 Rz. 158).

Wegen der persönlichen **Zurechnung** von Forderungen wird auf → Rz. 189, wegen des **Aktivierungszeitpunkts** unter dem Gesichtspunkt der Umsatzrealisation auf → § 252 Rz. 85 und wegen des bilanziellen Abgangs auf → Rz. 190 verwiesen.

40

41

42

---

53 BFH-Urteil vom 26. 4. 1995 – I R 92/84, BStBl II S. 594; *Weber-Grellet*, DStR 1996 S. 896.

6. Zusammengesetzte Güter, Sachgesamtheiten, Gebäude, Betriebsvorrichtungen

43 Insbesondere im industriellen Fertigungsprozess können – unterstellt – selbständig be- und verwertbare (→ Rz. 12 ff.) Vermögensgegenstände nur **gemeinsam genutzt** werden.

> **BEISPIEL** ▸ Die Automobilfertigungshalle ist aus physikalischen Gründen ohne den Grund und Boden nicht nutzbar, genauer gesagt nicht vorhanden; ohne die darin installierten Maschinenanlagen, die steuerlich teilweise als Betriebsvorrichtungen gelten, kann die Produktion nicht stattfinden. Diese Anlagen wiederum bedürfen eines Schutzes gegen Witterungseinflüsse durch die Seitenwände und die Überdachung des Gebäudes, die Betriebsvorrichtungen können nur durch Inanspruchnahme der statischen Grundlagen des Gebäudes installiert werden etc.

43a Angesprochen mit dieser Thematik ist in bilanzrechtlicher Sicht der **Einzelbewertungsgrundsatz** (→ § 252 Rz. 31 f.). Dieser separiert die zusammenwirkenden und gemeinsam genutzten Teile (*parts* → Rz. 46) einer (z. B.) Produktionsanlage oder eines Gebäudes nach dem Kriterium des **einheitlichen Nutzungs- und Funktionszusammenhangs** der verbundenen Vermögenswerte.[54] Dieser sei gegeben, wenn diese Vermögenswerte einer einheitlichen Zweckbestimmung dienen und technisch so verbunden und verzahnt sind, dass durch die Abtrennung entweder der abgetrennte Teilbereich oder der Restbereich nicht mehr betrieblich genutzt werden können.

43b Konfrontiert man diese abstrakten Begriffsdefinitionen mit der Realität des Wirtschaftslebens, wird die Bedürftigkeit des Einzelbewertungsgrundsatzes deutlich: Im obigen Beispiel lassen sich die dort genannten „Vermögenswerte" nicht separieren, ohne den betrieblichen Nutzen jeder Einheit zu verunmöglichen. Dann kann man noch einzeln Anschaffungs- oder Herstellungskosten zuordnen, nicht aber konsistent eine Folgebewertung durchführen. Weitere Beispiele unter → § 252 Rz. 32 und unter → § 253 Rz. 91 belegen diese Aussage. Andererseits lassen sich beispielsweise die Objekte einer Sanitärausstellung als selbständig charakterisieren.[55]

43c In der Rechtsprechung wurden vom BFH insbesondere in Streitfällen zur Investitionszulage **Unterkriterien** zum einheitlichen Nutzungs- und Funktionszusammenhang (→ Rz. 43a) entwickelt, die Letzteren bestätigen oder widerlegen können:

▶ **Gemeinsame Zweckbestimmung** der Gegenstände: Die Vermögensbestandteile im ersten Beispiel unter → Rz. 43 haben eine solche Gemeinsamkeit, ebenso die komplette Anlage eines Kraftwerks – bilden sie deshalb **einen** Vermögensgegenstand?

▶ **Festigkeit** der vorgenommenen Verbindung: Eine mechanische Verbindung durch Schrauben bedeutet keine Festigkeit;[56] wie verhält es sich beim Rohrleitungssystem einer Chemieanlage? Stellt dort das einzelne Leitungselement zwischen zwei Kugelhähnen oder eine Steigleitung insgesamt einen Vermögensgegenstand dar? Die **physische Trennbarkeit** soll

---

54 So die Ausdrucksweise von *Herzig et al.*, WPg 2010 S. 564.
55 Ähnlich BFH-Urteil vom 9. 8. 2001 – III R 30/00, BStBl II S. 842.
56 So der BFH im Urteil vom 9. 8. 2001 – III R 43/88, BStBl II S. 100.

die unterschiedliche Nutzungsdauer des Dachs gegenüber dem übrigen Gebäude belegen.[57] Doch ist das Dach „physisch" vom Gebäude zu trennen?

▶ **Zeitraum** der gemeinsamen Verbindung:[58] Die Klimaanlage eines Bürohauses hat sicher eine kürzere Nutzungsdauer als dessen Fundamente, gleichwohl stellte sie Bestandteile eines einheitlichen Vermögensgegenstands dar (→ Rz. 43). Umgekehrt verhält es sich möglicherweise bei den Triebwerken eines Verkehrsflugzeugs. Hier sind die Triebwerke technisch einfach vom Rumpf zu lösen, stellen sie deshalb (separate) Vermögensgegenstände dar?

▶ Das äußere **Erscheinungsbild**: Ein Wasserkraftwerk wirkt wie ein gegen das fließende Wasser gerichtetes Bollwerk. Stellt es deshalb einen einheitlichen Vermögensgegenstand dar?

Angesichts der widersprüchlichen Auslegungsergebnisse des Kriteriums einheitlicher Nutzungs- und Funktionszusammenhang stellt sich der Praxis die Frage nach sinnvollen Lösungen zur Bestimmung „des" Vermögensgegenstands in einem Konglomerat von Produktionsbestandteilen. Diesbezüglich haben sich in der Tradition der deutschen und auch internationalen Rechnungslegung Konventionen herauskristallisiert, die insbesondere durch die unterschiedlichen **Abnutzungszeiträume** motiviert sind (→ § 253 Rz. 88 ff.). Auch steuerliche Aspekte haben hier wesentlich mitgespielt, so insbesondere in der Trennung von Gebäuden und Betriebsvorrichtungen (→ Rz. 44), die in Einzelfällen nicht zwingend sind, denen die Bilanzierungspraxis indes mangels besserer anderer Kriterien folgt. Im vorigen Beispiel wird deshalb das „Grundstück" in die Bestandteile „Grund und Boden" einerseits und „Gebäude" andererseits „zerlegt", um zu unterschiedlichen Abnutzungszeiträumen im Rahmen des planmäßig zu bestimmenden Abschreibungsverfahrens (→ § 253 Rz. 86) zu kommen. 43d

BEISPIEL

Abschreibung auf Grund und Boden	0 %
Abschreibung auf Gebäude	2 %
Abschreibung auf Betriebsvorrichtungen	10 %
Abschreibung auf Maschinenanlagen	20 %
(linearer Abschreibungsverlauf unterstellt)	

Ein weiteres Beispiel in dieser Hinsicht – der (umgekehrten) Maßgeblichkeit steuerlicher Betrachtung für die handelsrechtliche Bilanzierung – stellt die Unterscheidung zwischen **Gebäude** und **Betriebsvorrichtungen** dar (→ Rz. 239). Diese geht der Wurzel nach zurück auf die Einheitsbewertung der Grundstücke für Zwecke der Abgrenzung der Besteuerungsgrundlagen von Gewerbe- und Grundsteuer. Vgl. zu Einzelheiten → § 266 Rz. 34. Die ertragsteuerliche Betrachtung hat sich daran orientiert und insbesondere deswegen an der Abgrenzung der Betriebsvorrichtungen vom Gebäude Gefallen gefunden, weil dann der Abschreibungszeitraum wesentlich kürzer anzusetzen ist als derjenige für das Gebäude. Dabei ist es durchaus zweifelhaft, ob man handelsrechtlich durchgehend der einschlägigen Kasuistik folgen kann oder muss. 44

---

57 IDW RH HFA 1016 Tz. 5.
58 Kriterium nach *Urbahns*, StuB 2009 S. 870 f.

> **BEISPIELE**
>
> ▶ Bürocontainer gelten als Gebäude.[59]
>
> ▶ Fahrstuhlanlagen zur Personenbeförderung sind Gebäudebestandteil, Lastenaufzüge davon zu trennende Betriebsvorrichtungen.[60]
>
> ▶ Klimaanlagen in Chemiefaser- oder Tabakfabriken stellen Betriebsvorrichtungen dar, ansonsten sind sie Gebäudebestandteil.

In der Tat ist die im vorigen Beispiel dargestellte Differenzierung zwischen (z. B.) Personen- und Lastenaufzug nicht unbedingt einzusehen. Auch das Kriterium des einheitlichen **Nutzungs- und Funktionszusammenhangs** (→ Rz. 43a) hilft nicht weiter: Die Fahrstuhlanlage im Kaufhaus dient genauso wie der Lastenaufzug dem gemeinsamen Einsatz im Kaufhausbetrieb. Trotzdem soll der Lastenaufzug einen eigenständigen Vermögensgegenstand darstellen, der Fahrstuhl wiederum nicht (→ § 253 Rz. 91). Stellt man zum Gegenbeweis als Unterscheidungskriterium auf die Definition des Vermögensgegenstands ab, wird man mit den Argumenten bald einmal zu Ende sein. Es müsste eine schlüssige Definition des Vermögensgegenstands (→ Rz. 8 ff.) erarbeitet werden, die insbesondere auch eine Abgrenzung des einen vom anderen Vermögensgegenstand ermöglicht (→ Rz. 43). U. E. ist das Unterscheidungsmerkmal eher in der spezifischen **Funktion** des Vermögensgegenstands im Produktionsprozess – Beispiel Klimaanlage – zu suchen (→ § 266 Rz. 31).

45 Im Beispiel unter → Rz. 43 zur industriellen Produktionshalle sind die, insbesondere auch aus der steuerlichen Interessenlage heraus motivierten, Aufteilungen nach den Vorgaben von BFH-Präjudizien recht eindeutig. In anderen Wirtschaftszweigen liegen solche eher weniger oder gar nicht vor.

> **BEISPIEL** ▶ Ein Verkehrsflugzeug kann als „ein" Vermögensgegenstand angesehen werden. Genauso gut erscheint eine „Zerlegung" in die drei Vermögensgegenstände „Rahmen", „Triebwerke" und „Innenausstattung" als möglich. Zusätzlich ist auch eine weitere Aufteilung innerhalb der Triebwerke denkbar, denn jedes dieser Triebwerke kann auch nach technisch relativ einfacher Demontage an einen anderen Flugzeugrumpf montiert werden.

46 Der Sinngehalt einer möglichen „Zerlegung" des Flugzeugs als Vermögensgegenstand liegt auch hier in der unterschiedlichen **Abschreibungsdauer**. Diesen Gedanken ist in den IFRS in IAS 16 im sog. **Komponentenansatz** nachgekommen.[61] Der Standard enthält sich dabei sinnvollerweise einer Definition i. S. von Abgrenzungsmerkmalen für Vermögenswerte, sondern spricht schlichtweg von *parts* eines *items*, lässt also die Vermögenswerteigenschaft auf sich beruhen, um unterschiedliche Nutzungsdauern innerhalb eines solchen Vermögenswerts berücksichtigen zu können. Je nach Auslegung des Begriffs „*part*" (→ Rz. 43a) kommt die handelsrechtliche Rechnungslegung im Grunde hinsichtlich der Bestimmung von Abschreibungsver-

---

59 BFH-Urteil vom 23. 9. 1988 – III R 9/85, BFH/NV 1989 S. 484.
60 BFH-Urteil vom 7. 10. 1977 – III R 48/76, BStBl 1978 II S. 186.
61 Bestätigt durch IDW RH HFA 1016; vgl. im Einzelnen *Hoffmann*, in: Lüdenbach/Hoffmann (Hrsg.), Haufe IFRS-Kommentar, 8. Aufl., Freiburg 2010, § 10 Rz. 7 ff.

laufen zum selben Ergebnis und wird deshalb als zulässig erachtet.[62] Steuerlich soll dem nicht gefolgt werden können.[63] Vgl. hierzu auch → § 253 Rz. 92.

In wieder anderen Wirtschaftszweigen zerfließen die Abgrenzungskriterien des handelsrechtlichen Vermögensgegenstands und des IFRS-Vermögenswerts vollends. Hier kann man im Ergebnis Vermögensgegenstände und *parts* nicht mehr unterscheiden oder genauer: nur aufgrund interner Konvention. 47

> **BEISPIEL**[64] Eine Müllverbrennungsanlage mit Energie- und Wärmeerzeugung besteht aus folgenden wesentlichen Bestandteilen:
>
> ▶ Entladehalle   ▶ Speisewasserwärmer
> ▶ Abfallbunker   ▶ Katalysator
> ▶ Rostfeuerung   ▶ Abgaswäscher
> ▶ Schlackenaustragung   ▶ Rückstromwirbler/Gewebefilter
> ▶ Dampferzeugung   ▶ Kamin
> ▶ Elektrofilter   ▶ Emissionsmessstation
> ▶ Energienutzung

Die „Zerlegung" der Anlage in Vermögensgegenstände ist nach den Definitionsmerkmalen (→ Rz. 9) nicht möglich.

Zur Frage des Bilanzierungsobjekts (*unit of account*) bei zusammengesetzten bzw. strukturierten **Finanzinstrumenten** wird auf → Rz. 216 verwiesen. Als einheitliches Wirtschaftsgut betrachtet der BFH[65] die kombinierte Rückdeckungsversicherung für einen Pensionsanspruch und eine Leistung des Arbeitgebers bei Berufsunfähigkeit.

Der Bestimmung eines Vermögensgegenstands und seiner Abgrenzung von anderen kommt Bedeutung zu bei der

▶ Festlegung der **Abschreibungsdauer** (→ § 253 Rz. 93a),
▶ **Abgrenzung** von Erhaltungs- und Herstellungsaufwand (→ § 255 Rz. 117a),
▶ Vorliegen einer dauernden **Wertminderung** (→ § 253 Rz. 126a).

7. Die „Verwandlung" des Vermögensgegenstands im Zeitverlauf

Der Vermögensgegenstand kann bei veränderter oder unveränderter „körperlicher" Beschaffenheit seine Eigenschaft im Zeitverlauf verlieren oder wieder zurückgewinnen. Diese „Verwandlung" geschieht im Zuge des Produktionsprozesses. 48

---

62 Vgl. *Mujkanovic/Raatz*, KoR 2008 S. 245; IDW RH HFA 1.016.
63 Vgl. *Herzig et al.*, WPg 2010 S. 564.
64 Vgl. *Hoffmann*, in: Lüdenbach/Hoffmann (Hrsg.), Haufe IFRS-Kommentar, 8. Aufl., Freiburg 2010, § 10 Rz. 14; ein ähnliches Beispiel bieten Windparkanlagen, vgl. *Wischott/Krohn/Nogeus*, DStR 2009 S. 1740; dazu vgl. auch *Urbahns*, StuB 2009 S. 869.
65 BFH-Urteil vom 10. 6. 2009 – I R 67/08, BStBl 2010 II S. 32.

III. Vermögensgegenstand

> **BEISPIEL** ▸ Aus dem Abbau des Vermögensgegenstands „Sand und Kies" entsteht ein anderer Vermögensgegenstand „Baggersee". Dieser ist nach den öffentlich-rechtlichen Gegebenheiten nur zu Fischereizwecken verwendbar und gebiert den neuen immateriellen Vermögensgegenstand „Fischereirecht".[66]

> **BEISPIEL** ▸ Der Flachstahl des Stahlproduzenten und das Türschließsystem des Automobilzulieferers verlieren die Eigenschaft als Vermögensgegenstand im Augenblick der Verwendung als Teil eines Pkw. Letzterer ist auch – als unfertiges Erzeugnis – der Vermögensgegenstand-Nachfolger für die eingebauten Teile.

Ein weiterer Grund für „Verwandlung" kann sich aus den Absichten des Eigentümers (→ Rz. 147) ergeben.

> **BEISPIEL** ▸ Grund und Boden mit Bodenschatz – Kies, Sand, Torf etc. – stellt einen Vermögensgegenstand/Wirtschaftsgut dar. Der Bodenschatz macht sich mit Beginn der Aufschließung als materielles Wirtschaftsgut/Vermögensgegenstand „selbständig".[67]

49 Umgekehrt kann auch der „Rückbau" eines bis dahin bestehenden, weil produktiv genutzten Vermögensgegenstands diese Eigenschaft vernichten und neue Vermögensgegenstände begründen.

> **BEISPIEL** ▸ Der Hersteller von Feinchemikalien legt eine Fabrik still und verwertet die bislang der Produktion dienenden Röhren, Rührkessel, Rührwerkzeuge etc. Dabei werden die verschiedenen Edelmetalle – Titanium, V6a-Stahl, Palladium – „sortenrein" getrennt und über das Internet zum Verkauf angeboten. Dieser „Schrott" stellt lukrativ verwertbare Vermögensgegenstände dar. Der Vermögensgegenstand „Rohrleitungssystem" verwandelt sich in verschiedene Positionen „Edelmetall", das nach Gewicht bewertet wird.

50 Dabei stellt der **Materialwert** im Verhältnis zum erforderlichen (insbesondere) Arbeitseinsatz zur Transformation vom bisherigen „Gesamt"-Vermögensgegenstand zum neuen eine entscheidende Größe dar. Entsprechend ist das „Ausschlachten" eines Pkw zur Gewinnung von Ersatzteilen in entwickelten Volkswirtschaften regelmäßig keine sinnvolle Beschäftigung (mehr). Das Lohnniveau ist im Verhältnis zum erzielbaren Preis im (z. B.) Internethandel zu hoch (Ausnahme: Ersatzteile für Bugatti-Cabriolet Baujahr 1926). Andererseits kann der Anteil von wiederaufbereitbaren Metallen eines zu verschrottenden Pkw wegen deren Werthaltigkeit ein rentables Geschäftsmodell darstellen (→ § 253 Rz. 42). Ähnliches gilt für Flugzeugtriebwerke.

---

[66] Vgl. *Burger*, StBp 2010 S. 148.
[67] BFH-Urteil vom 24. 1. 2008 – IV R 45/05, BStBl 2009 II S. 449.

> **BEISPIEL** Die Deutsche Lufthansa AG betreibt Flugzeuge vom Typ Airbus A 300-600 und Boeing 747-400. Beide Flugzeugtypen werden mit CF6-80C2-Triebwerken von General Electric betrieben. Die Fluglinie entscheidet 2009, die Airbus-Flotte nach 22 Dienstjahren außer Dienst zu stellen.
>
> Zur Sicherstellung einer nahezu 100 %-Verfügbarkeit von Triebwerken für beide Flugzeugtypen existiert ein *„spare pool"* von sechs Triebwerken, von denen nun zwei nicht mehr benötigt werden; diese stehen zum Verkauf.
>
> Nachfolgende Preisverhandlungen mit *engine lease*-Firmen ergeben kein zufriedenstellendes Angebot, da die Nachfrage eingebrochen ist: Nur noch 40 % des Anschaffungspreises können für die flugtauglichen Triebwerke erzielt werden.
>
> Die Fluglinie entscheidet sich daher für die Zerlegung in Einzelteile bei einer Tochterfirma in Manila: Turbinenschaufeln, Brennkammer, Kabelbäume und Steuerungselektronik werden dort als Einzelteile im luftrechtlichen Sinn als *„serviceable"* (einbaubar) zertifiziert.
>
> Diese werden von einem *parts trader* in Chicago für 70 % des OEM-Einzelteilpreises (OEM = *original equipment manufacturer*) aufgekauft, so dass nach Abzug der Zerlegungskosten (an einem Billiglohn-Standort) und *„scrap"* ca. 50 % des (Triebwerks-)Anschaffungspreises erlöst werden.
>
> Der „Rückbau" des Triebwerks ist nur rentabel – führt somit zu Vermögensgegenständen – wegen der niedrigen Lohnkosten in Manila, die bei der Zerlegung anfallen, und den hohen Einzelverkaufspreisen der Triebwerksteile (z. B. hat eine der 36 von außen sichtbaren Schaufeln einen Einzelteilpreis von 25 TUSD).

IV. Schulden (Abs. 1 Satz 3)

1. Grundstruktur des Bilanzansatzes

Die Schulden i. S. des § 246 Abs. 1 HGB können als **Oberbegriff** für **Verbindlichkeiten** und **Rückstellungen** verstanden werden.[68] Rückstellungen sind durch das **Unsicherheits**moment gekennzeichnet (→ § 249 Rz. 11). Schulden werden auch in § 240 Abs. 1 HGB, § 242 Abs. 1 HGB und § 247 Abs. 1 HGB sowie in § 252 Abs. 1 Nr. 3 HGB und § 265 Abs. 3 HGB erwähnt. 51

Eine **Schuld** ist bilanzrechtlich wie folgt zu definieren:[69]

▶ Es besteht eine rechtliche oder faktische **Verpflichtung** zur Leistungserbringung.

▶ Diese Verpflichtung begründet eine wirtschaftliche **Belastung**

▶ und ist **quantifizierbar**, wenn möglicherweise auch nur im Schätzungswege.

Speziell für **steuerliche** Zwecke wird mit Überschneidungen zu den vorstehenden Definitionsmerkmalen noch weiter ausgeholt:[70]

▶ **Betriebliche** Veranlassung,

---

68 So *ADS*, 6. Aufl., § 246 Tz. 102.
69 Nach BFH-Urteil vom 16. 10. 1991 – I R 88/89, BStBl 1992 II S. 257.
70 Vgl. *Schmidt/Weber-Grellet*, EStG, 29. Aufl., München 2010, § 5 Tz. 311.

- **Gewissheit** und **Quantifizier**barkeit am Bilanzstichtag,
- wirtschaftliche **Begründung** bis zum Bilanzstichtag sowie
- **Bekanntsein** bis zur Bilanzerstellung.

Die Verpflichtung kann aus **Rechts**gründen bestehen, aber auch bei **faktischem** Leistungszwang. Typisches Beispiel für Letztere sind die Kulanzverpflichtungen (→ § 249 Rz. 14).

52 Die **wirtschaftliche** Belastung setzt eine am Bilanzstichtag (→ § 252 Rz. 51) hinreichende **Konkretisierung** der Verpflichtung voraus (→ § 249 Rz. 39). Eine solche ist bei Verbindlichkeiten aus dem laufenden Geschäftsverkehr immer gegeben, umgekehrt steht die ausreichende Konkretisierung, z. B. bei öffentlich-rechtlichen Verpflichtungen aus dem Umweltschutz, regelmäßig infrage (→ § 249 Rz. 50).

53 **Rechtsmängel** der Forderung (→ Rz. 40) verhindern deren Ansatz als Verbindlichkeit beim Schuldner nicht. Beispiele hierfür sind temporär wirksame **Einreden**, z. B. des nicht erfüllten Vertrags, oder die Ausübung eines **Zurückbehaltungsrechts**. Das Gegenteil gilt im Fall der **Verjährung**, sofern der Kaufmann die entsprechende Einrede erheben will.[71] Ein **Anfechtungsrecht** wegen Irrtums, Täuschung oder Drohung bei Zustandekommen der Verbindlichkeit erlaubt die Nichtpassivierung erst bei rechtlicher Klärung oder Anerkennung durch den Gläubiger. Entsprechendes gilt für Wandlungs- oder Minderungsrechte. Das **Bestreiten** einer Verbindlichkeit erlaubt keinen Verzicht auf den Ansatz, ebenso wenig die mögliche **Nichtkenntnis** des Gläubigers vom Bestehen seines Anspruchs.

54 Nicht als bilanzansatzbegründende Schulden gelten sog. **Eventual**verbindlichkeiten, es sei denn, die Inanspruchnahme ist am Bilanzstichtag ausreichend wahrscheinlich (→ § 251 Rz. 8). Ebenso wenig sind Verbindlichkeiten aus einem **schwebenden Vertragsverhältnis** (→ Rz. 4) – z. B. die Mietschuld für die Restlaufzeit des Vertrags – zu passivieren, es sei denn, es besteht ein Leistungsrückstand, z. B. hier säumige Mietzahlung o. Ä. (→ § 249 Rz. 145).

Allerdings müssen solche Forderungen hinsichtlich ihrer Berechtigung einigermaßen **substantiiert** vorgetragen werden. Die Forderung eines selbsternannten Gesundheitsapostels gegen den Stromversorger auf Schadenersatz wegen Belästigung durch Elektrosmog berechtigt nicht zur Passivierung einer Schuld. Dazu kann ein BFH-Urteil als Beleg dienen, demzufolge eine Verbindlichkeit nicht passiviert werden kann, wenn sie mit an Sicherheit grenzender Wahrscheinlichkeit nicht erfüllt werden muss.[72]

55 **Aufschiebend** bedingte Verbindlichkeiten sind nach h. M.[73] dann zu bilanzieren, wenn der Bedingungseintritt am Bilanzstichtag wahrscheinlich ist. **Auflösend** bedingte Verbindlichkeiten sind entsprechend bis zum Eintritt der Bedingung zu bilanzieren. **Dagegen** sprechen folgende Argumente (→ Rz. 38):
- Die Rechtstechnik des Einsatzes von aufschiebender und auflösender Bedingung ist regelmäßig **austauschbar**, so dass auflösende und aufschiebende Bedingungen bilanzrechtlich gleich zu behandeln sind. Auf die Beispiele unter → Rz. 38 f. wird verwiesen.

---

71 BFH-Urteil vom 9. 2. 1993 – VIII R 21/92, BStBl II S. 543.
72 BFH-Urteil vom 20. 9. 1995 – X R 225/93, BStBl 1997 II S. 320: Fall von jahrzehntelang nicht bewegten Sparbüchern einer Bank.
73 Vgl. *ADS*, 6. Aufl., § 246 Tz. 122.

▶ Der Eintritt der Auflösungsbedingung muss stichtagsbezogen ausreichend **wahrscheinlich** sein (→ Rz. 39);[74] dann kann die Verbindlichkeit ausgebucht werden.

> **BEISPIEL** ▶ Im Beispiel unter → Rz. 39 gilt aus Sicht des Geschäftsherrn (verkaufswilliges Unternehmen):
>
> ▶ Der Geschäftsherr schuldet aufschiebend bedingt eine Zusatzprovision von X %, wenn im Jahr 04 die Bedingung erfüllt ist.
>
> ▶ Der Geschäftsherr sagt für 04 eine Sonderprovision von X % zu. Der Anspruch entfällt bei Nichterfüllung der Bedingung.
>
> Der Bilanzansatz der Schuld vom 31.12.04 richtet sich nicht nach der Rechtstechnik der Bedingungsgestaltung, sondern nach der Wahrscheinlichkeit des Bedingungseintritts. Das gilt z. B. auch für das Bürgschaftsobligo, das beim Bürgen erst bilanzierbar ist, wenn eine hinreichende Wahrscheinlichkeit der Inanspruchnahme besteht (→ § 251 Rz. 4).[75]

2. Sonderfälle

2.1 Rückzahlungsverpflichtung, gewinn- oder umsatzabhängige

Es geht um Verbindlichkeiten des Kaufmanns, deren Rückzahlung solange aufgeschoben (bedingt) ist, bis (in der Zukunft) irgendwie definierte Gewinne oder Erlöse anfallen oder (auflösend bedingt) Verluste abgebaut sind (→ Rz. 55).

56

Folgende **Sachverhalte**, überwiegend aus der BFH-Rechtsprechung, **sind einschlägig**:

▶ **Bohr-** oder **Schürfrechte** werden an eine Explorationsgesellschaft verkauft. Die Kaufpreisverbindlichkeit ist insoweit zu bedienen, als irgendwie bestimmte Erlöse abzüglich Kosten durch die Erdölproduktion „eingefahren" sind.[76]

▶ Ein Kaufmann erwirbt das Herstellungs- oder **Verwertungsrecht** an einem **Film** zu einem bestimmten Preis von einem Dritten (Filmkredit). Der Kaufpreis wird gestundet und muss nur aus bestimmten Einspielerlösen des Films bezahlt werden.[77]

▶ Die öffentliche Hand gewährt **Zuschüsse**, die (nur) rückzahlbar sind, wenn aus dem Forschungsprojekt Gewinne erzielt werden (aufschiebend bedingte Verpflichtung).[78]

▶ Autoren gewähren einem Buchverlag für Herstellung und Vertrieb wissenschaftlicher Bücher eine **Druckbeihilfe** in Form eines unverzinslichen Darlehens. Bei Überschreitung einer bestimmten verkauften Stückzahl ist für jedes weitere verkaufte Stück ein bestimmter Betrag dieses „Darlehens" zurückzuzahlen.[79]

---

[74] So *Kozikowski/Schubert*, in: Beck'scher Bilanz-Kommentar, 7. Aufl., München 2010, § 247 Tz. 225.
[75] BFH-Urteil vom 22. 1. 1992 – X R 23/89, BStBl II S. 488.
[76] Beispiel nach *Jakob*, BB 1986 S. 972.
[77] Fall ähnlich BFH-Urteil vom 10. 10. 1985 – IV B 30/85, BStBl 1986 II S. 68; BFH-Urteil vom 20. 9. 1995 – X R 225/93, BStBl 1997 II S. 320, mit Nichtanwendungserlass BMF-Schreiben vom 28. 4. 1997 – S 2137, BStBl I S. 398.
[78] BFH-Urteil vom 17. 12. 1998 – IV R 21/97, BStBl 2000 II S. 116.
[79] Fall des BFH-Urteils vom 3. 7. 1997 – IV R 49/96, BStBl 1998 II S. 244.

IV. Schulden

▶ Gläubiger eines **sanierungsbedürftigen** Unternehmens verzichten auf Forderungen, die nach Wiederherstellung des verlorenen gezeichneten Kapitals wieder aufleben sollen (sog. Besserungsschein, → Rz. 61).[80]

57 Teilweise verbergen sich hinter diesen vom BFH entschiedenen Fällen unliebsame Steuerstundungsmodelle, die dann durch den § 5 Abs. 2a EStG im Steuerbereinigungsgesetz 1999 durch Gesetzesänderung bekämpft worden sind. Unabhängig davon bleibt die Frage nach der handelsrechtlichen Passivierung, die nachstehend in Gegenüberstellung zu der Spezialvorschrift des § 5 Abs. 2a EStG zu kommentieren ist.

Dazu folgendes Beispiel:

BEISPIEL[81] Die Biotec AG (B) erhält vom Pharmaproduzenten (P) einen „Forschungskredit" zur Entwicklung eines spezifischen Wirkstoffs. Sofern dessen Markteinführung zugelassen wird, entsteht die Rückzahlungsverpflichtung, die dann nach Maßgabe der Verkaufszahlen nach einem bestimmten Berechnungsmodus zu erfüllen ist. Wenn umgekehrt die Markteinführung nicht gelingt, entfällt der Rückzahlungsanspruch für das Darlehen. Als Entwicklungszeitraum sind vier Jahre vorgesehen.

Bei wörtlicher Auslegung von § 5 Abs. 2a EStG ist bei B zu buchen: per Geld an (sonstigen) Ertrag. Danach wäre also die Gewährung des „Darlehens" mit einer Gewinnrealisierung bei B verbunden. Der Verstoß gegen das Imparitäts- und Realisationsprinzip liegt auf der Hand.[82] Der **zu früh** ausgewiesene Gewinn (ohne z. B. irgendeine Ausschüttungsbegrenzung) wird durch die (u.U.) **spätere** Aufwandsbuchung im Rückzahlungsfall kompensiert oder aber verbleibt bei B zur Deckung seiner vergeblichen Entwicklungskosten. Im Zeitpunkt der Darlehensgewährung ist noch nichts „wirtschaftlich verursacht" (→ Rz. 35). Deshalb ist – bei Maßgeblichkeit der rechtlichen Ausgestaltung – nach dem wirtschaftlichen Gehalt des „Darlehens" zu fragen.

Dem Sachverhalt des Beispiels liegt seitens P die **Entscheidung** „make or buy" zugrunde. P wollte die Entwicklungskosten für den Wirkstoff nicht (gänzlich) allein tragen und hat auf „buy" entschieden. Bei „make" wären im eigenen Unternehmen die entsprechenden Kosten mit Liquiditätsabflüssen kontinuierlich entstanden. Im Falle des „buy" ist die Liquidität schon ex ante abgeflossen, was aber – abgesehen von Zinseffekten – gem. § 252 Abs. 1 Nr. 5 HGB keine Auswirkung auf die bilanzielle Abbildung haben kann (→ § 252 Rz. 163). So betrachtet ist die als „Darlehen" titulierte Liquiditätsgewährung des P an die B als Aufwandszuschuss zu behandeln und über die vereinbarte Laufzeit des Vertrags zu periodisieren (→ § 250 Rz. 33), d.h. passiv abzugrenzen (international „deffered income"). Passive Abgrenzungsposten unterliegen als „Nichtverbindlichkeiten" keinem Passivierungsverbot, stellen auch keine „Verpflichtungen" i. S. des § 5 Abs. 2a EStG dar.

Noch nicht behandelt ist die **latente Rückzahlungsverpflichtung**, aufgeschoben bedingt durch künftig anfallende Gewinne oder Umsatzerlöse bzw. der Wahrscheinlichkeit des Ein-

---

80 Fall des BFH-Urteils vom 30. 5. 1990 – I R 41/87, BStBl 1991 II S. 588.
81 Nach *Hoffmann*, in: Littmann/Bitz/Pust (Hrsg.), Das Einkommensteuerrecht, §§ 4, 5 Tz. 917c.
82 Vgl. *Wendt*, StBJb 2003/2004 S. 255.

tretens (→ Rz. 55). Solange nicht ernsthaft mit einer Rückzahlungsverpflichtung zu rechnen ist, scheidet u. E. der Ansatz der Verbindlichkeit auch handelsrechtlich aus.

2.2 Gesellschafterfinanzierung,

2.2.1 Eigenkapitalersatz, Rangrücktritt

Gesellschafts- und steuerrechtlich steht es dem Gesellschafter einer Kapital- oder Personenhandelsgesellschaft frei, diese mit **Eigen**- oder **Fremd**kapital zu finanzieren. Selbst ein extrem hoher Fremdfinanzierungsgrad ist akzeptabel.[83] Die gleichwohl fiskalisch vermutete Missbräuchlichkeit wird nach verschiedenen Ansätzen in dem früheren § 8a KStG nunmehr durch die Zinsschrankenregelung in § 4h EStG bekämpft. Die wie häufig steuerlich vorgespurte Bilanzierungssituation reflektiert primär **Handelsrecht**. Die einschlägigen BFH-Urteile legen entsprechend ausschließlich Handelsrecht aus (wegen Besonderheiten nach § 5 Abs. 2a EStG vgl. → Rz. 56), dem folgt auch das Schrifttum in weiten Zügen.

58

Die einschlägigen Bilanzierungsfragen beziehen sich zunächst auf das **Eigenkapitalersatzrecht** nach Maßgabe der BGH-Rechtsprechung zu den sog. **kapitalersetzenden Darlehen**. Nach dieser Rechtsprechung muss sich ein Gesellschafter im Insolvenzfall so behandeln lassen, als ob er der Gesellschaft Eigenkapital zugeführt hätte. Diese Rechtsprechung des BGH ist mittlerweile durch das MoMiG überholt. Nunmehr unterliegt ein Gesellschafterdarlehen unter bestimmten Voraussetzungen in der Insolvenz immer einer Gleichsetzung mit dem Eigenkapital. Die bilanzrechtlichen Konsequenzen bleiben u. E. unverändert bestehen.[84]

Der BFH hat in ständiger Rechtsprechung in handelsrechtlicher Betrachtung das **eigenkapitalersetzende** Darlehen als (unveränderte) **Verbindlichkeit** behandelt und eine gewinnerhöhende Auflösung zugunsten des Eigenkapitals abgelehnt.[85] Dem ist u. E. auch für die Handelsbilanz zu folgen. Entsprechend sind nicht ausbezahlte Zinsen für solche kapitalsetzende Darlehen als Verbindlichkeit auszuweisen.

Der mitunter befürwortete **Ausweis** der eigenkapitalersetzenden Darlehen als **Sonderposten** zwischen Eigen- und Fremdkapital kommt u. E. nicht in Betracht.[86] Es gibt keine „halben" Schulden und kein „halbes" Eigenkapital (→ § 247 Rz. 4). Wenn es sich um Fremdkapital handelt, ist es auch als solches darzustellen. Korrespondierend zum Verbindlichkeitsausweis sind die **Forderungen** in der Bilanz des Gesellschafters als solche auszuweisen,[87] keinesfalls aber zwingend gleichlautend zu bewerten (→ Rz. 41).

59

---

83 BFH-Urteil vom 5. 2. 1992 – I R 127/90, BStBl II S. 532.
84 Vgl. hierzu *Hoffmann*, PiR 2009 S. 182.
85 Grundlegend BFH-Urteil vom 5. 2. 1992 – I R 127/90, BStBl II S. 532; BFH-Urteil vom 28. 3. 2000 – VIII R 28/98, BStBl II S. 347, zu § 15a EStG, also dem Fall einer Kommanditgesellschaft; entsprechend urteilt die h. M., z. B. *Schulze-Osterloh*, WPg 1996 S. 105; *Buciek*, StBg 2000 S. 109.
86 So auch *ADS*, 6. Aufl., § 246 Tz. 144.
87 BFH-Urteil vom 14. 1. 2009 – I R 52/08, DStR 2009 S. 631, mit Kommentierungen von *Ott*, StuB 2009 S. 317, und *Hoffmann*, GmbHR 2009 S. 491.

IV. Schulden

60 Eine Passivierungspflicht als Verbindlichkeit besteht ebenso im Falle eines **Rangrücktritts**, der zur Vermeidung einer Überschuldung im Insolvenzstatus häufig als Stützungsmaßnahme für notleidende Gesellschaften erforderlich ist.[88] Dies gilt auch für den sog. **qualifizierten** Rangrücktritt, der nicht nur eine Befriedigung nach allen anderen Gläubigern vorsieht, sondern eine Gleichstellung mit den Eigenkapitalgebern. Unabhängig von der rechtlichen Ausgestaltung des Rangrücktritts zur Vermeidung einer Einstellung in den **Insolvenzstatus** bleibt der **bilanzielle** Verbindlichkeitscharakter erhalten.[89] Dem folgt auch die Finanzverwaltung,[90] sofern die Rangrücktrittsvereinbarung nicht eine Tilgung ausschließlich aus künftigen Gewinnen vorsieht.[91] Der (steuerliche) **Bilanzierungsvorbehalt** in § 5 Abs. 2a EStG kann nur für neu gewährte Darlehen gelten, die gewinnabhängig zu tilgen sind (→ Rz. 56). Demgegenüber betrifft die Rangrücktrittsvereinbarung mit Tilgung auch aus künftigen Gewinnen nur eine Rückzahlungsmodalität.[92]

61 Durch das MoMiG ist die **Unterscheidung** zwischen einfachem und qualifiziertem Rangrücktritt **hinfällig** geworden.[93]

Die Rangrücktrittserklärung lässt die Forderung des Gläubigers dem Grunde nach bestehen, **ändert** lediglich ihren **Inhalt**. Ihre Durchsetzung ist einstweilen gehemmt (pactum de non petendo). Während des Bestehens der Rangrücktrittsabrede hat der Schuldner ein Leistungsverweigerungsrecht. Die gewährten Kreditsicherheiten bleiben bestehen – besonders praxisrelevant im Fall des Rangrücktritts eines Nichtgesellschafters, z. B. einer Bank im Interesse der Unternehmenssanierung.

62 Eine bilanzunwirksame Rangrücktrittserklärung mit fortbestehendem Ausweis als Verbindlichkeit kann auch in **mittelbarer** Form erfolgen.

> **BEISPIEL**[94] Die Krisen-GmbH wird durch Bankdarlehen finanziert, für die sich der oder die Gesellschafter verbürgt hat oder haben.
>
> Die drohende Überschuldung wird mittelbar durch einen Freistellungsanspruch der Gesellschaft gegenüber den Gesellschaftern insolvenzrechtlich beseitigt, wenn der Rückgriffsanspruch der Gesellschafter infolge der Bürgschaftsinanspruchnahme aufrechterhalten bleibt, seinerseits aber eine Rangrücktrittserklärung erfolgt. Die Gesellschaft bleibt primäre Schuldnerin der Bankkredite mit entsprechendem Bilanzausweis als Verbindlichkeit.

---

[88] BFH-Urteil vom 30. 3. 1993 – IV R 57/91, BStBl II S. 503; zustimmend zitiert im BGH-Urteil vom 29. 9. 2008 – II ZR 234/07, DB 2008 S. 2584.
[89] BFH-Urteil vom 20. 10. 2004 – I R 11/03, BStBl 2005 II S. 581; BFH-Urteil vom 10. 11. 2005 – IV R 13/04, GmbHR 2006 S. 158, mit Kommentierung von *Hoffmann*.
[90] BMF-Schreiben vom 8. 9. 2006 – IV B 2 – S 2133 – 10/06, BStBl I S. 497, mit Kommentierung von *Hoffmann*, GmbHR 2006 S. 1116.
[91] U. E. unzutreffend, durch einfache Vertragsgestaltung leicht zu umgehen; *Hoffmann*, GmbH-StB 2004 S. 351.
[92] So auch *Schmidt/Weber-Grellet*, EStG, 29. Aufl., München 2010, § 5 Tz. 315; *Hoffmann*, GmbHR 2006 S. 1116.
[93] Vgl. *Funk*, BB 2009 S. 870.
[94] Nach *Wälzholz*, DB 2007 S. 671.

2.2.2 Forderungsverzicht

2.2.2.1 Ökonomische Grundstrukturen

Vergleichbar dem Rangrücktritt (→ Rz. 60) stellt der Forderungsverzicht ein gängiges Instrument der bilanziellen Unternehmenssanierung (*debt for equity swap*[95]) dar. Das Konzept ist allerdings verschieden: Beim Rangrücktritt bleibt die Verbindlichkeit mit den dort verbundenen Sicherheiten bestehen, beim Verzicht erlischt die Schuld mitsamt den Sicherheiten. Der Verzicht besagt aus Sicht der Unternehmensfinanzierung: Was ich dir bislang als Fremdkapital überlassen habe, stelle ich einstweilen als Eigenkapital zur Verfügung. 62a

Damit ist bereits die Konfliktsituation einer solchen Gestaltung angedeutet: Der Fremdkapitalgeber – oft mit Zinsanspruch – soll Gesellschafter mit Hoffnung auf Dividende werden. Die Anteile der bisherigen Gesellschafter werden verwässert. Wenn allerdings die Gläubiger ihrerseits Gesellschafter sind, ist der Verwässerungseffekt vermeidbar, insbesondere im Falle der Ein-Personen-Gesellschaft. 62b

Die Fremd-Gläubiger wollen auch häufig gar nicht Gesellschafter werden, andererseits an den Früchten der Sanierung partizipieren. Hier bietet sich die Kombination des Verzichts mit der Besserungszusage an: Die Schuld erlischt zwar, lebt aber unter bestimmten Bedingungen – dem Besserungsfall – wieder auf, allerdings von Gesetzes wegen ohne die früher bestehenden Sicherheiten. 62c

2.2.2.2 Bilanzielle Abbildung beim Schuldner

Das Erlöschen der Verbindlichkeit führt zwangsweise zu einer **Eigenkapitalerhöhung** beim Schuldner, was auch das Gestaltungsziel darstellt (→ Rz. 62a). Die weitere Frage geht nach dem Ausweis: Entweder auf dem Umweg über die **GuV**-Rechnung oder „**direkt**" im Eigenkapital, d. h. bei Kapital- und Kap. & Co.-Gesellschaften in der Kapitalrücklage. Die erste Lösung wird in der Praxis bevorzugt, weil sich dadurch ein verbessertes Ergebnis darstellen lässt; der operative Verlust verwandelt sich u. U. ohne Zutun der Gesellschaft in ein positives Ergebnis, das man Gläubigern, Gesellschaftern und der Öffentlichkeit stolz präsentieren kann, um die einmalige oder dauernde Misere zu kaschieren. Dabei wird gewöhnlich ein Ausweis unter den außerordentlichen Erträgen vorgenommen (→ § 277 Rz. 43). Die buchmäßige Abbildung in der Kapitalrücklage oder im außerordentlichen Ergebnis kann der Gläubiger – regelmäßig der Hauptgesellschafter – bestimmen, ein eigenartiges Verständnis der Bilanzierungsgrundlage (→ § 272 Rz. 49). U. E. handelt es sich demgegenüber wie bei anderen Stützungsmaßnahmen von Gläubigern/Gesellschaftern um den typischen Fall einer Zuzahlung in das Eigenkapital i. S. des § 272 Abs. 4 HGB (→ § 272 Rz. 47), wenn man sich vom Wortlaut „Zahlung" löst, was hier geboten erscheint. 62d

Steuerlich kommt diesem Ausweisdualismus keine Bedeutung zu. Der Forderungsverzicht eines Gesellschafters bewirkt nach § 4 Abs. 1 Satz 1 EStG einen Vermögenszuwachs der Gesellschaft – bis dahin also eine Gewinnerhöhung. Die Folgefrage richtet sich nach dem Einlagecharakter des Forderungsverzichts: Sofern gesellschaftsrechtlich veranlasst – beim Ver- 62e

---

[95] Vgl. *Hoffmann*, PiR 2010 S. 117; *Scheunemann/Hoffmann*, DB 2009 S. 883.

zicht eines Gesellschafters regelmäßig der Fall –, ist eine Einlage gegeben, die zur Gewinnermittlung vom Vermögenszugang zu kürzen ist.

62f Die weitere Frage geht nach der **Bewertung** dieser Einlage. Dazu hat der BFH im sog. Einlagebeschluss[96] für Kapitalgesellschaften als Schuldner wie folgt entschieden: Die Einlage ist mit dem Teilwert der Forderung zu bewerten, also i. d. R. wegen der in diesen Fällen bestehenden Wertlosigkeit mit Null. Der Wegfall der Verbindlichkeit führt demnach im Umfang der Wertlosigkeit zu einem Gewinn der Schuldnerin, der gewöhnlich als außerordentlicher Ertrag bezeichnet wird, obwohl das Steuerbilanzrecht diesen Begriff nicht kennt bzw. kennen kann, denn systematisch erfolgt die steuerliche Gewinnermittlung ohne GuV-Rechnung, sondern durch Vermögensvergleich (→ Rz. 62e).

Gegen diese Lösung des Großen BFH-Senats bestehen Bedenken in zweierlei Hinsicht:[97]

▶ Die Bewertung der Verbindlichkeit bei der Gesellschaft wird durch den Wert der **Forderung** des Gesellschafters/Gläubigers bestimmt – eine dem deutschen Bilanzrecht nicht entsprechende Korrespondenz.

▶ Hält der Gesellschafter seine Forderung im (steuerlichen) Privatvermögen, kann es keinen Teilwert als Bewertungsgrundlage geben.

Unabhängig von dieser Kritik wird die Entscheidung des Großen BFH-Senats flächendeckend praktiziert. Für Personengesellschaften als Schuldner ist der BFH-Beschluss nicht einschlägig (→ Rz. 334).

62g Eine Besonderheit ergibt sich bei Eintritt einer ggf. bestehenden **Besserungsbedingung** (→ Rz. 62c), die ein Wiederaufleben der Verbindlichkeit bei der Gesellschaft bewirkt. Handelsrechtlich entsteht dadurch bei der Schuldnerin/Gesellschaft ein (außerordentlicher) Aufwand, steuerlich entsprechend eine Betriebsausgabe. Die (frühere) Bewertung beim Verzicht ist unbeachtlich, wurde allerdings vom BFH nicht entschieden und im Schrifttum kaum oder nicht behandelt.

2.2.2.3 Steuergestaltungsaspekte

62h Wegen der notwendigen Einbeziehung beider Besteuerungsebenen – Gesellschaft und Gesellschafter – können aus dem Forderungsverzicht oder der Besserungszusage eine Vielzahl von steueroptimierten Gestaltungen, aber auch steuerliche Risiken entstehen. Dazu ist auf die einschlägige Kommentarliteratur zu verweisen.[98]

2.2.2.4 Bilanzierung beim Gläubiger/Gesellschafter

62i Ein „normaler" Gläubiger muss den Forderungsverzicht als Abgang mit dem Buchwert aufwandswirksam erfassen. Ein späteres Wiederaufleben durch Eintritt der Besserungsbedingung (→ Rz. 62) führt zu einem entsprechenden Ertrag. Bezüglich der Behandlung beim **Gesellschafter**-Gläubiger wird verwiesen auf → § 255 Rz. 119 ff.

---

96 BFH-Beschluss vom 9. 6. 1997 – GrS 1/94, BStBl 1998 II S. 307.
97 Vgl. *Hoffmann*, DStR 1997 S. 1625, und DB 1998 S. 1983. A. A. *Groh*, DB 1997 S. 1625, und BB 1997 S. 2523.
98 Ausführlich bei *Hoffmann*, in: Littmann/Bitz/Pust (Hrsg.), Das Einkommensteuerrecht, § 6 Tz. 578 ff.

V. Eigenkapital, mezzanine Finanzierungen

1. Begriff des Eigenkapitals

In Abs. 1 ist das Eigenkapital nicht förmlich genannt, anders als in § 247 Abs. 1 HGB. Das ist aber auch nicht erforderlich, denn es ergibt sich nach dem doppischen System zwingend als Saldogröße bzw. als Ausgleich (*equity*) von Aktiva und Passiva, die ihrerseits im Gesetz aufgeführt sind. Eine förmliche Definition des Eigenkapitals wird jenseits der einfachen Unternehmensform des Einzelkaufmanns in Sonderfällen **der Unternehmensfinanzierung** benötigt. Musterfall ist die Genussrechts-Verbindlichkeit (→ Rz. 66). Entscheidend ist in diesem Zusammenhang die **Haftungs**funktion[99] und – damit verbunden – das **Verlustabsorptions**potenzial des Eigenkapitals. Die von den Gesellschaftern erbrachten oder von der Gesellschaft selbst erwirtschafteten Mittel haften **vor** denjenigen der Fremdkapitalgeber für die Unternehmensverluste. Das Eigenkapital kann bei haftungsbeschränkenden Gesellschaftsformen – Kapitalgesellschaft, Kommanditgesellschaften – nur unter bestimmten Voraussetzungen an die Gesellschafter **ausgeschüttet** werden. Insoweit besteht eine Kapitalbindung. Nach IAS 32 kommt ein Eigenkapitalausweis regelmäßig nur in Betracht, wenn keine Rückzahlungsverpflichtung rechtlicher Natur besteht.[100]

63

Strukturelle Besonderheiten bestehen im Eigenkapitalausweis von **Personenhandelsgesellschaften** (→ Rz. 76). Für **Kapitalgesellschaften** (in §§ 266 und 272 HGB) bestehen detaillierte Ausweisvorschriften. Ähnliches gilt für **Kap. & Co.**-Gesellschaften gem. § 264c Abs. 2 HGB (→ § 264c Rz. 9).

64

2. Abgrenzung zu den Schulden/hybride Finanzierungen

2.1 Begriffsumschreibungen

Hybride Finanzinstrumente nehmen eine **Zwitter**stellung („hybrid") zwischen Eigen- und Fremdkapital ein. Zunehmend schleicht sich in die Fachsprache auch die Bezeichnung „mezzanin" ein, abgeleitet von der Mezzanine (= Zwischengeschoss zwischen zwei Hauptetagen eines italienischen Palazzo).

65

Als Hybridanleihen werden z. B. auch sog. **Perpetuals** („ewige Anleihe") bezeichnet, also Anleihen ohne Kündigungsrecht des Gläubigers und überhaupt ohne Laufzeitbegrenzung. Eine solche rechtliche Konstruktion würde die Anleihe unverkäuflich machen, die fehlende rechtliche Beendigung der Laufzeit wird durch eine wirtschaftliche Zwangslage ersetzt, indem z. B. nach zehn Jahren akzelerierende Zinsen eintreten, die den Anleiheschuldner aus seiner **wirtschaftlichen Interessenlage** heraus zur Rückzahlung zwingen.

Zur Behandlung hybrider Finanzinstrumente beim Inhaber/**Gläubiger** wird auf → Rz. 207 ff. verwiesen.

---

[99] Vgl. *ADS*, 6. Aufl., § 246 Tz. 81.
[100] Wegen Einzelheiten wird verwiesen auf *Lüdenbach*, in: Lüdenbach/Hoffmann (Hrsg.), Haufe IFRS-Kommentar, 8. Aufl., Freiburg 2010, § 20 Rz. 24.

2.2 Genussrechte

66 **Genussrechte** sind typischerweise schuldrechtlich begründete Vermögensrechte, die eine Beteiligung am Gewinn (oder am Liquidationserlös, praktisch nicht vorkommend), nicht aber an beiden wegen § 8 Abs. 3 Satz 2 KStG gewähren; die Gegenleistung besteht in der Überlassung von Kapital durch den Genussrechtsinhaber an den Genussrechtsemittenten. Die Vertragsausgestaltung ist sehr flexibel und kann auch eine Beteiligung am Verlust vorsehen. Im wirtschaftlichen Ergebnis besteht eine nahe Verwandtschaft zum partiarischen Darlehen und zur typisch stillen Beteiligung (ohne allerdings wie Letztere ein Gesellschaftsverhältnis zur emittierenden Gesellschaft zu begründen). Werden die Genussrechte in Wertpapieren verbrieft, spricht man von **Genussscheinen**.

Handelsrechtlich umstritten ist der Ausweis unter Eigen- oder Fremdkapital. Dem IDW zufolge[101] kommt ein Ausweis als **Eigenkapital** bei **kumulativer** Erfüllung folgender Kriterien in Betracht:

▶ Nachrangigkeit,

▶ Erfolgsabhängigkeit der Vergütung,

▶ Teilnahme am Verlust bis zur vollen Höhe,

▶ längerfristige Überlassung des Kapitals.

Dagegen stellt die Rückzahlungsmöglichkeit erst im Insolvenz- oder Liquidationsstatus nach Befriedigung aller (anderen) Gläubiger kein zu erfüllendes Kriterium dar.[102] Insoweit besteht ein dem Eigenkapitalcharakter widersprechender Vorgang vor den übrigen Gläubigern.

Diese Kriterien werden seitdem in der Praxis in aller Regel erfüllt. Gegen die Übernahme dieser Ausweisregeln (des IDW) in der **Steuerbilanz** bestehen stichhaltige Bedenken.[103] Nach IAS 32.18 ff. kommt in der IFRS-Bilanz regelmäßig nur ein Ausweis unter Verbindlichkeiten in Betracht. Insoweit besteht Übereinstimmung mit der (deutschen) Steuerbilanz. Die Kombination von Eigenkapital in der Handelsbilanz und Fremdkapital in der Steuerbilanz kommt der Bilanzierungsgestaltungspraxis entgegen, birgt indes unauflösliche systematische Widersprüche (→ § 253 Rz. 29d).

2.3 Stille Gesellschaft

67 Bei der stillen Gesellschaft geht die regelmäßig in bar zu erbringende **Einlage**verpflichtung des Stillen in das **Vermögen** des **Inhabers** des Handelsgeschäfts (z. B. eine GmbH) über. Die stille Gesellschaft hat somit keine (eigene) Bilanz (→ § 238 Rz. 2), die Einlage ist aus Sicht des Inhabers mit einer **Rückzahlungsverpflichtung** verbunden. Die stille Gesellschaft ist stets Innengesellschaft, sie verfügt über kein eigenes Vermögen. Es bestehen lediglich **schuldrechtliche** Ansprüche zwischen den Gesellschaftern. Bei der Ausgestaltung des Gesellschaftsvertrags mit dem Stillen in etwa nach dem gesetzlichen Regelstatut (§§ 230 ff. HGB) ist ein **Verbindlichkeits**ausweis des Inhabers (Emittenten) gegenüber dem Stillen zwingend. Das erklärt sich bereits aus der Möglichkeit des Stillen, seine Einlage (schuldrechtliche Forderung) im Insolvenz-

---

101 IDW HFA 1/1994, WPg 1994 S. 419.
102 Das war noch im Entwurf des IDW HFA 1/1994, WPg 1993 S. 446, so vorgesehen, konnte indes dem Ansturm interessierter Kreise nicht standhalten (*Groh*, BB 1995 S. 559).
103 Vgl. *Groh*, BB 1995 S. 559.

fall geltend zu machen, sofern die Einlage den von ihm zu tragenden Anteil am Verlust übersteigt.

Die gesetzlichen Vorgaben in §§ 230 ff. HGB sind jedoch dispositiv. Sofern der Vertrag für die stille Gesellschaft in etwa den Vorgaben in → Rz. 66 für das Genussrechtskapital entspricht, kommt nach h. M. ein Eigenkapitalausweis in Betracht.[104] Ein besonderes Mitspracherecht des Stillen mit hohen Einflussmöglichkeiten auf die Geschäftspolitik allein rechtfertigt u. E. einen Eigenkapitalausweis nicht. Ähnliche **Negativ**feststellungen sind im Schrifttum zuhauf zu finden. U. E. sollten die **Positiv**kriterien für den Ausweis von Genussrechtskapital (→ Rz. 66) analog angewandt werden. Diese Tatbestandsmerkmale müssen **kumulativ** erfüllt sein. Ist nur die Verlustübernahme vereinbart, kommt ein Eigenkapitalausweis nicht in Betracht.[105]

Präziser stellt sich der Anforderungskatalog nach § 10 Abs. 4 KWG für **Kreditinstitute** dar. Der Eigenkapitalausweis verlangt

► Verlustteilnahme,

► Rangrücktritt hinter alle anderen Gläubiger,

► Mindestlaufzeit fünf Jahre.

Wegen des mezzaninen Charakters der stillen Einlage wird mitunter ein **Ausweis zwischen** Eigen- und Fremdkapital gefordert. U. E. kann dem nicht gefolgt werden, weil das Gesetz nur Eigen- **oder** Fremdkapital als Passivposten kennt (→ § 247 Rz. 4).

Im **Gliederungs**schema des § 266 HGB kommt je nach bilanzrechtlichem Charakter ein Sonderausweis (→ § 265 Rz. 36) als „stille Einlage" in Betracht:

► im **Eigenkapital** z. B. nach „Gezeichnetes Kapital" oder nach den Gewinnrücklagen, nach dem Vorschlag des IDW vor dem Jahresergebnis bzw. dem Gewinn- oder Verlustvortrag,

► unter den **Verbindlichkeiten** z. B. als Sonderposten (→ § 265 Rz. 36) vor den sonstigen Verbindlichkeiten.

Gerade der befremdend wirkende Ausweisvorschlag innerhalb des Eigenkapitals zeigt den **zweifelhaften** Lösungsvorschlag des IDW (→ Rz. 66) bezüglich des Eigenkapitalcharakters. Dem Gesetzgeber schwebte wenigstens in der Gliederungssystematik ein anderer Inhalt des Eigenkapitals vor.

Wegen der **Kontenführung** für den stillen Gesellschafter vgl. → § 252 Rz. 29a ff., wegen des **Ausweises** der stillen Beteiligung in der Bilanz des **Stillen** vgl. → § 247 Rz. 30a, wegen der **steuerlichen** Bilanzierung vgl. → Rz. 319.

2.4 Private equity

Im Bereich des größeren Mittelstands werden von *private equity*-Gesellschaften und anderen außerbörslich agierenden Finanzinstituten zunehmend Finanzierungsmodelle angeboten, die sich im Grenzbereich zwischen Eigen- und Fremdkapital bewegen und gewöhnlich als „**mezzanin**" (→ Rz. 65) bezeichnet werden. Darunter sind regelmäßig unbefristete nachrangige Darle-

68

---

104 Vgl. hierzu *Blaurock*, Handbuch der Stillen Gesellschaft, 7. Aufl., Köln 2010, Tz. 13.104 ff.
105 So auch *Knorr/Seidler*, in: Haufe HGB Bilanz Kommentar, Freiburg 2009, § 272 Rz. 364.

hen (*subordinated debts* oder *junior debts*) zu verstehen mit folgenden Vergütungskomponenten:[106]

- **Erfolgsunabhängige** Komponenten mit laufender Verzinsung
- (zur Vermeidung einer hohen laufenden Zinslast) eine **zusätzliche** endfällige Verzinsung
- **erfolgsabhängige** Komponenten („*equity*-Kicker").

69 Die beiden letztgenannten Vergütungskomponenten spiegeln den hohen **Risikogehalt** der ungesicherten und nachrangigen Verpflichtung wider. Dabei kann der *equity*-Kicker – letztlich eine Beteiligung an der (erhofften) Wertsteigerung des Unternehmens während der Laufzeit der Finanzierung – in „**echter**" Form, d. h. durch Beteiligung am Gesellschaftskapital, oder in **virtueller** Form zugestanden werden; im letzten Fall erfolgt keine Kapitalbeteiligung am finanzierten Unternehmen, sondern eine vom Unternehmen zu erbringende Sonderzahlung in Anlehnung an die Wertentwicklung (Glattstellung).

70 Bilanziell sind beim **Darlehensnehmer** folgende Problemfelder abzudecken:

- Die **Nachrangigkeit** – Rückzahlungsanspruch erst nach Erfüllung aller sonstigen Gläubiger, aber vor den eigentlichen Eigenkapital-Gebern – verhindert nicht den Fremdkapital-Ausweis (siehe → Rz. 58).
- Bezüglich der **laufenden** Zinsverpflichtung einschließlich des – durchaus erheblichen – Risikozuschlags bestehen keine Besonderheiten. Bilanzansätze sind für dieses schwebende Geschäft (die laufende Verzinsung) nur bei Erfüllungsrückständen (→ § 249 Rz. 145) denkbar, d. h. wenn die Darlehensnehmerin ihren entsprechenden Zahlungsverpflichtungen nicht nachkommt.
- Ein Erfüllungsrückstand in periodisierter Form (international: *matching principle*) besteht u. E. bei **zusätzlichen** Verzinsungen, die erst mit der Endfälligkeit des Darlehens zu bezahlen sind, d. h. im wirtschaftlichen Ergebnis gestundet werden. Diese – rückständigen – Zinsen sind periodengerecht (laufzeitgemäß) als Verbindlichkeit einzubuchen. Dieser Auffassung steht allerdings das Ergebnis eines BFH-Urteils[107] betreffend die (angebliche) unentgeltliche Nutzung von Geschäftsräumen am Anfang einer fest vereinbarten zehnjährigen Mietzeit entgegen (→ § 249 Rz. 147). Der BFH würdigt Erfüllungsrückstände entscheidend auf der Grundlage des Schuldrechts: Sofern am Bilanzstichtag keine Vergütung geschuldet wird, soll auch kein Erfüllungsrückstand vorliegen. U. E. ist dieser Auffassung nicht zu folgen; diesbezüglich kann zur Begründung auch auf § 252 Abs. 2 Nr. 5 HGB (→ § 252 Rz. 163) verwiesen werden.
- Bei einer **Zusatzvergütung** durch einen „echten" *equity*-Kicker – Vergütung in Aktien – ergeben sich die Bilanzierungsfolgen für *stock options* (→ § 272 Rz. 68 ff.).
- Im Bereich des Mittelstands scheidet eine weitere Vergütung mit einem echten *equity*-Kicker aus. Zusatzvergütungen auf der Basis einer Unternehmenswertsteigerung werden dann durch „**Glattstellung**" ausgeglichen, d. h. durch Bezahlung durch die Gesellschaft (Schuldnerin). U. E. ist diese Zusatzvergütung in dem Augenblick zu passivieren, in dem die Bewertungsschwelle erreicht ist.

---

106 In Anlehnung an *Bock*, DStR 2005 S. 1067.
107 BFH-Urteil vom 5. 4. 2006 – I R 43/05, DStR 2006 S. 1123, mit dortiger Anm. *Hoffmann*.

2.5 Wandelschuldverschreibungen

Wandel- und Optionsanleihen werden in § 221 Abs. 1 AktG als Wandelschuldverschreibungen definiert. Sie gewähren neben den normalen Gläubigeransprüchen das Recht

▶ zum **Bezug** von Aktien (**Options**anleihe) oder

▶ zum **Umtausch** der Anleihe in Aktien (**Wandel**anleihe) des Emittenten.

71

Die **Wandel**anleihe berechtigt unentziehbar zum Umtausch in eine bestimmte Anzahl von Aktien des Emittenten zu einem festen Termin. Beim Umtausch verwandelt sich die Anleihe in Aktien, der Gläubiger wird zum Aktionär. Anleihe- und Umtauschrecht sind hier nicht getrennt handelbar. Umgekehrt verhält es sich bei der **Options**anleihe. Sie gewährt dem Gläubiger nicht nur die üblichen schuldrechtlichen Ansprüche, sondern auch das **Recht** (kein Zwang wie bei der Wandelanleihe), innerhalb einer bestimmten Frist eine Anzahl Aktien zu einem Festpreis zu beziehen. Der mit der Anleihe ausgegebene Optionsschein wird getrennt von der Anleihe gehandelt.

Beiden Anleihetypen ist eine Art **Zwitterstellung** zwischen Gläubiger- und Aktionärsrecht eigen (→ Rz. 65). Das Recht zum Eintritt in den Aktionärsstand wird nicht unentgeltlich gewährt: Entweder ist vom Zeichner der Anleihe (Gläubiger) ein offenes **Aufgeld** zu bezahlen – handelsrechtlich nach § 272 Abs. 2 Nr. 2 HGB (→ § 272 Rz. 37) vom Emittenten (Schuldner) in die **Kapitalrücklage** einzustellen –, oder die Verzinsung erfolgt unterhalb des Marktpreises (**verdecktes Agio**). Dieses Aufgeld wird aus der Differenz zwischen dem Wert der Anleiheverbindlichkeit – bestimmt durch den Zinssatz – und dem insgesamt anfallenden Ausgabebetrag der Option bestimmt (Residualmethode) und ebenfalls der Kapitalrücklage zugeführt.

72

Für die **steuerliche** Gewinnermittlung ist entscheidend die Frage zu beantworten, ob es sich bei dem direkt oder indirekt ermittelten Aufgeld, das handelsrechtlich in die Kapitalrücklage einzustellen ist, um eine **Einlage** – analog der HGB-Handhabung – oder um einen normal steuerpflichtigen **Ertrag** handelt. Dabei ist die handelsrechtliche Handhabung nicht präjudiziell, es gilt hier nicht ein irgendwie verstandenes Maßgeblichkeitsprinzip. Die Finanzverwaltung[108] vertritt eine differenzierende Auffassung (für die **Optionsanleihen**):

73

▶ Bis zur Ausübung des Optionsrechts ist das Aufgeld als eine Art **Anzahlung** erfolgsneutral zu behandeln. Kommt es zur Ausübung, ist diese Anzahlung in das steuerliche Eigenkapital (erfolgsneutral) umzubuchen.

▶ Im umgekehrten Fall – das Optionsrecht ist bei Fälligkeit „unter Wasser", weil am Markt die betreffende Aktie günstiger bezogen werden kann – soll der Finanzverwaltung zufolge eine steuerpflichtige **Einnahme** anzunehmen sein (Umbuchung von Anzahlung auf Ertrag).

Dieser Rechtsauffassung ist der BFH[109] nicht gefolgt. Entgegen der Auffassung der Finanzverwaltung und einer weit verbreiteten Meinung im Schrifttum setzt der steuerliche Einlagetatbestand, der unabhängig vom handelsrechtlichen zu sehen sei, nicht bereits die Gesellschafterstellung voraus. Es genügt vielmehr eine Art **Anwartschaft** auf diese Gesellschafterstellung durch Innehaben des Optionsscheins. Im Urteilssachverhalt waren die Optionsrechte praktisch

---

108 OFD Düsseldorf, Vfg. vom 23. 3. 2001 – S 2136 A – St 11, DB 2001 S. 1337.
109 BFH-Urteil vom 30. 11. 2005 – I R 3/04, BStBl 2008 II S. 809.

so gut wie nicht ausgeübt worden. Gleichwohl wertet der BFH das Aufgeld als (bei der Gesellschaft steuerneutrale) Einlage.

2.6 Schuldverschreibung mit Emittententilgungswahlrecht

74 Es handelt sich um Schuldverschreibungen (Obligationen) mit dem Wahlrecht des **Emittenten**, die Rückzahlungsverpflichtung statt in bar (zu pari) durch Lieferungen von irgendwelchen marktgängigen Aktien zu leisten. Die „Verzinsung" ist regelmäßig weitaus höher als der Marktzins, weil der Erwerber der Schuldverschreibung sich in eine **Risikoposition** als Stillhalter für den Verkauf einer Verkaufsoption begibt. Die Verbindlichkeit ist beim Emittenten regelmäßig zum Rückzahlungsbetrag zu bilanzieren. I. d. R. wird er bei dem fraglichen Geschäft eine Gegenposition durch den Verkauf einer *put*-Option auf die zu liefernden Aktien aufbauen und die dafür vereinnahmte Options-Prämie als Gegengewicht gegen den überhöhten Zins vereinnahmen. Diese Vereinnahmung ist durch Passivierung eines Rechnungsabgrenzungspostens zeitanteilig entsprechend der Laufzeit vorzunehmen.

3. Eigenkapital bei Personenhandelsgesellschaften

3.1 Grundlagen

75 Ein besonderes Problem der Rechnungslegung von Personenhandelsgesellschaften stellt die Definition des Eigenkapitals i. S. des § 247 Abs. 1 HGB (→ § 247 Rz. 13) dar.[110] Insbesondere ist eine **Abgrenzung** zu „**Schulden**" der Gesellschaft im bilanzrechtlichen Sinn (→ Rz. 51) zu finden. Die Problematik beruht insbesondere auf folgenden Aspekten:

- Abgrenzung von Eigen- und Fremdkapital **generell** (→ Rz. 63; → Rz. 76).
- „**Rechtsfähigkeit**" der Personenhandelsgesellschaft für Zwecke der Rechnungslegung in Gegenüberstellung zu den vom Leitbild der Kapitalgesellschaft abweichenden Haftungsstrukturen bei Personenhandelsgesellschaften (→ Rz. 104).
- **Gesetzliche** Vorgaben zum Eigenkapital mit den Folgewirkungen auf die GuV-Rechnung (→ Rz. 125).
- **Ertragsteuerliche** Durchbrechung des Maßgeblichkeitsprinzips und die damit einhergehende vom Steuerrecht vorbelastete Denkweise in der Praxis (→ Rz. 79).

3.2 Abgrenzung von Eigen- und Fremdkapital allgemein

76 Über die **rechtsformübergreifende** Abgrenzung von Eigen- und Fremdkapital hinaus (→ Rz. 65 ff.) ist bei Personenhandelsgesellschaften insbesondere zu beachten:

Sofern der Gesellschafter der Personenhandelsgesellschaft auf **schuldrechtlicher** Ebene begegnet, können (z. B.) Verbindlichkeiten aus Warenlieferungen, Darlehen, nicht abgehobenen Leistungsvergütungen und Altersversorgungszusagen bestehen. Diese sind zwingend als **Fremdkapital** der Gesellschaft in deren Bilanz auszuweisen und sinnvollerweise analog § 42 Abs. 3 GmbHG offen zu legen. Für Kap. & Co.-Gesellschaften ist dies durch § 264c Abs. 1 HGB

---

[110] Vgl. zum Folgenden die Darstellung bei *Hoffmann/Weidenhammer*, in: Beck'sches Handbuch der Personengesellschaft, 3. Aufl., 2009, § 5 Tz. 60 ff.

(→ § 264c Rz. 4) geregelt. Ein „Zwischenausweis" im Niemandsland zwischen Eigen- und Fremdkapital erscheint in diesen Fällen als unstatthaft. Dies gilt insbesondere für die häufig praktizierte (Un-)sitte, sog. **Gesellschafter-Verrechnungskonten** nach dem Eigenkapital und vor den Rückstellungen als solche auszuweisen (→ Rz. 59). Dabei wird zunächst dem Erfordernis einer zivilrechtlichen Einordnung der entsprechenden Verbindlichkeit (oder Forderung) der Gesellschaft aus dem Weg gegangen. Und überdies wird die bilanzrechtlich i. d. R. zwingende Zuordnung zum Eigen- oder Fremdkapital unterlassen. Auch hier ist der Bezug auf die Verhältnisse bei Kapitalgesellschaften hilfreich.

Diese Anforderung nach Ausweis von Gesellschafter-Verrechnungskonten als (i. d. R.) Fremdkapital kollidiert in der Praxis häufig mit den Anforderungen von Kreditinstituten an Bilanzrelationen. Einem Konflikt kann in pragmatischer Weise aus dem Weg gegangen werden, indem eine von der „Bilanz" begrifflich unterschiedene **„Vermögensübersicht"** aller Gesellschafterkonten in zusammengefasster Form und unter entsprechender Bezeichnung ausgewiesen wird, etwa wie folgt: 77

Vermögensübersicht zum ...

Aktiva		Passiva
	€	€
...	Mittel der Gesellschafter	
...	...	
...	Mittel Fremder aus	
	- Lieferungen und Leistungen	
	- Bankkrediten	
	- Wechsel	
	- ...	
	- ...	

3.3 Spezielle Fragen der Abgrenzung von Eigenkapital und Gesellschafterdarlehen

In der Vertrags- und Rechnungslegungspraxis von Personenhandelsgesellschaften ist die weit verbreitete (Un-)sitte festzustellen, die für die einzelnen Gesellschafter geführten Konten mit Etiketten zu versehen, die den **eigentlichen Charakter** dieser Konten nur mühevoll durch Auslegung des Gewollten ermitteln lassen. Zur Vermeidung dieser Unklarheiten durch gesellschaftsvertragliche Gestaltung vgl. → Rz. 101 ff. In der Praxis kann man durchaus „Bilanzen" antreffen, die die nachstehenden Posten mit den gewählten oder ähnlichen Bezeichnungen aufweisen: 78

Bilanz zum ...

Aktiva		€			Passiva	€
Diverse Aktiva		...	I.	Eigenkapital		
Privatkonten der Gesellschafter (Kapitalkonto II)		...		Festkapital der Komplementäre		...
Darlehen an Gesellschafter		...		Haftkapital der Kommanditisten		...
Verlustvortragskonto (Kapitalkonto IV)		...		Kontokorrentkonten der Gesellschafter		...
			II.	Fremdkapital		
				...		
				Darlehen der Gesellschafter		...
			III.	Gewinnvortragskonto		...

Das Beispiel zeigt ohne weitere Erläuterung, wie schwierig auf dieser Grundlage für Außenstehende, wahrscheinlich aber auch für die Gesellschafter selbst, das effektiv vorhandene Eigenkapital der Personenhandelsgesellschaft zu ermitteln ist.

79 Die gesellschaftsvertraglich und bilanzierungspraktisch bestehende **Unklarheit über den jeweiligen Konteninhalt** konzentriert sich dabei auf die Frage, ob in bilanzrechtlicher Betrachtung Eigen- oder Fremdkapital – bei der Gesellschaft – vorliegt. In den meisten Fällen wird dieses Problem als solches nicht erkannt, weil keine Konsequenzen oder Sanktionen hieraus zu drohen scheinen. Eine **steuerlich dominierte** Betrachtungsweise – Gesellschafterdarlehen sind steuerlich Eigenkapital – leistet hier auch ihren „Beitrag". Die nicht vorhandene Publizitätspflicht einschlägiger Jahresabschlüsse und die nicht gesetzlich und meist auch nicht vertraglich vorgesehene Abschlussprüfung (Ausnahme nach dem PublG und für mittelgroße und große Kap. & Co.-Gesellschaften) fehlen ebenfalls als Korrekturelemente. „Zum Schwure" kann es in Sonderfällen (Konkurs von Kommanditgesellschaften, Ausscheiden eines Gesellschafters), oder aber auch bei der Besteuerung kommen. Dann entzündet sich häufig der Streit über den Kontoinhalt. Anlass dazu war die frühere Gesellschaftsteuer und bietet aktuell die besondere Problematik des § 15a EStG (→ § 264c Rz. 30).

80 Die genannte Verwischung des Konteninhalts schlägt sich in der Praxis schon in der **unklaren Kontenbezeichnung** nieder. Man findet die Etiketten „Kapitalkonto I bis IV", „Verrechnungskonto",[111] „Privat-Darlehenskonto"[112] „Reserve-Fonds"[113] etc. Noch verfänglicher ist die inhaltlich konträre Bezeichnung von „Darlehenskonto", wenn eigentlich gerade kein Darlehen ge-

---

111 So im BFH-Urteil vom 4. 5. 2000 – IV R 16/99, DStR 2000 S. 1508.
112 So im BFH-Urteil vom 3. 2. 1988 – I R 394/83, BB 1988 S. 1199.
113 BGH-Urteil vom 23. 2. 1978 – II ZR 145/76, BB 1978 S. 630.

wollt ist.[114] „Darlehen" liegen auch nicht vor, wenn von vornherein der Gesellschafterbeitrag in eine Einlage und ein Darlehen gesplittet wird und der „Beitrag" der Gesellschaft insgesamt auf Dauer zur Verfügung stehen soll („Scheindarlehen").[115]

Im Fall der unklaren Vertragslage bedarf es der Auslegung des von den Gesellschaftern Gewollten. Die Vereinbarung einer **Verzinslichkeit** liefert keinen eindeutigen Anhaltspunkt, denn diese ist als Sachverhaltsmerkmal sowohl einer Darlehensverbindlichkeit bzw. -forderung als auch dem Eigenkapital (der Personengesellschaft) immanent. Entscheidende Bedeutung kommt vielmehr der Handhabung von **Verlusten** zu. Sofern dem einzelnen Gesellschafter zuzurechnende Verluste auf einem solchen – wie auch immer bezeichneten – Konto zu belasten sind, handelt es sich um ein Eigenkapital wiedergebendes Konto.[116] 81

Für den Eigenkapital-Charakter eines Darlehenskontos spricht auch, wenn dem Gesellschaftsvertrag zufolge sich die Höhe des **Abfindungsguthabens** nach dem Stand des Darlehenskontos richtet;[117] dies gilt erst recht, wenn dem Gesellschafter zugerechnete Verluste dann (bei Abfindung) dem Darlehenskonto belastet werden.[118] Kaum Bedeutung kommt dagegen der Verbuchung von Entnahmen und Einlagen zur Charakterisierung des Konteninhalts zu. Denn die „Entnahmen" können auch als Darlehensrückzahlungen verstanden werden.

Die Empfehlung für die kautelarjuristische und die Bilanzierungspraxis kann deshalb nur lauten, klare Verhältnisse zu treffen und diese auch buchmäßig nachzuhalten. Wegen Einzelheiten hierzu wird auf die Kommentierung in → § 264c Rz. 9 verwiesen. 82

3.4 Die Aufgliederung der einzelnen Kapitalkonten

Wegen Verselbständigung der Personengesellschaft als Subjekt der Rechnungslegung (und der steuerlichen Gewinnermittlung) muss dem Grunde nach die Beteiligung eines Gesellschafters nicht in der Bilanz der **Gesellschaft** dargestellt werden. Bei einer Publikums-KG mit 500 Gesellschaftern scheidet eine solche Aufgliederung des Eigenkapitals aus. Zum Vergleich: Innerhalb des Eigenkapitals einer GmbH erwartet niemand die Darstellung der Beteiligungsverhältnisse am eigenen Nennkapital. In der Stellungnahme des IDW[119] wird für die **OHG** der Ausweis eines einzigen Eigenkapitals der Gesellschaft zumindest für zulässig erklärt (→ Rz. 118) und damit umgekehrt auch die Aufteilung nach Gesellschaftern. Eine solche Teilung des Ausweises mag bei einigen wenigen Gesellschaftern noch zulässig oder sinnvoll sein. Bei mehreren Dutzend Teilhabern wird die Aufführung der einzelnen Kapitalkonten dem Erfordernis der Bilanzklarheit (→ § 243 Rz. 18) nicht mehr nachkommen können. Für die OHG ist dann (wie bei der Kapitalgesellschaft) der bilanzielle Ausweis eines einzigen Postens „Eigenkapital" – ggf. aufgeteilt in 83

---

114 Fall des BFH-Urteils vom 27.6.1996 – IV R 80/95, BStBl 1997 II S. 36.
115 *Bitz* unter Bezugnahme auf das BGH-Urteil vom 17.12.1984 – II ZR 36/84, BB 1985 S. 372, in DStR 1997 S. 729, 730.
116 *Schmidt/Wacker*, EStG, 28. Aufl., 2009, § 15a Rz. 87, spricht von „Faustregel"; siehe dort auch weitere Literatur; *Rodewald*, BB 1997 S. 763, 764.
117 *Rodewald* unter Hinweis auf das eben zitierte BFH-Urteil vom 27.6.1996 – IV R 80/94, BStBl 1997 II S. 36, in BB 1997 S. 763, 764; bestätigt durch das BFH-Urteil vom 15.5.2008 – IV R 46/05, BStBl II S. 812; zum Ganzen *Strahl*, KöSDi 2009 S. 16531.
118 BFH-Urteil vom 15.5.2008 – IV R 46/05, DStR 2008 S. 1577; *Kempermann*, DStR 2008 S. 1919; *Ley*, DStR 2009 S. 613.
119 IDW RS HFA 7 Tz. 32.

(sachliche) Unterpositionen – erforderlich. Die u.U. für erforderlich erachtete Aufgliederung des Eigenkapitals nach Gesellschaftern muss dann in einer **Anlage** zur **Bilanz** erfolgen. Zulässig ist[120] bei der OHG und bei der KG innerhalb einer Gesellschaftergruppe (nicht aber bei Kap. & Co.-Gesellschaften, → § 264c Rz. 20) auch der zusammengefasste Kapitalausweis in **saldierter Form**, wenn also positive und negative Kapitalkonten der einzelnen Gesellschafter gleichzeitig vorliegen (→ Rz. 77). Generell handelt es sich beim Jahresabschluss aber immer um einen solchen der **Gesellschaft** und nicht der **Gesellschafter**. Nur das Kapital der Gesellschaft und nicht die Anteile der Gesellschafter an diesem sind zwingend auszuweisen (siehe hierzu auch → Rz. 86 ff.).

84 Abweichungen in den **gesellschaftsrechtlichen Strukturen** zwischen Kapitalgesellschaft einerseits und Personenhandelsgesellschaft andererseits resultieren aus der Einlagenverpflichtung. Nach dem Gesetz (§ 705 HGB) sind die Gesellschafter – auch Kommanditisten – nur zur Förderung des gemeinsamen Zwecks, nicht dagegen zur Erbringung einer Kapitaleinlage verpflichtet (wegen der Hafteinlage des Kommanditisten siehe → Rz. 94). Zumindest bei Beginn einer Gesellschaft ist (in der Eröffnungsbilanz) der Ausweis eines Eigenkapitals also keineswegs zwingend.

85 Das Gesetz fordert in § 120 Abs. 2 HGB die Zurechnung von Gewinnen und Verlusten neben denjenigen von Einlagen und Entnahmen **unmittelbar** beim **Gesellschafter** – vergleichbar der Vorgehensweise beim Einzelkaufmann und insoweit (formal betrachtet) in Abweichung von den Regeln der Kapitalgesellschaft. Deshalb ist nach dieser Gesetzesvorgabe für jeden Gesellschafter einer Personengesellschaft **sein Kapitalanteil** nach folgendem Rechenschema (ohne Berücksichtigung des zeitlichen Ablaufs) zu ermitteln. Daraus ist auch unmittelbar der nach der (abdingbaren) Gesetzesregel variable Charakter des Kapitalkontos genau wie beim Einzelkaufmann ersichtlich.

Einlagen	+
Entnahmen	-
Gewinnanteil	+
Verlustanteil	-
= Stand des Kapitalanteils	+/-

3.5 Inhalt des Kapitalanteils

86 Der Gesellschafter einer Personenhandelsgesellschaft kann dabei nur **einen** Kapitalanteil haben (→ § 264c Rz. 17). Die Summe der einzelnen Eigenkapitalien der Gesellschafter ergibt das – zusammengefasst ausweisbare oder auszuweisende – **Eigenkapital** der **Personenhandelsgesellschaft** (→ § 264c Rz. 17).[121] Wie die einzelnen Konten bezeichnet werden (Kapitalkonto I bis IV, Rücklagen (→ Rz. 105), Gewinn- oder Verlustvortrag, Jahresüberschuss oder -fehlbetrag) ist dabei unerheblich (→ Rz. 92).

Der Kapitalanteil des Gesellschafters (Kapitalkonto) stellt demnach seiner Funktion nach buchhalterisch den jeweiligen Stand des **Anteils des Gesellschafters** am gesamten Vermögen (Ei-

---

120 IDW RS HFA 7 Tz. 32.
121 Vgl. *Huber*, ZGR 1988 S. 1; *Ley*, KöSDi 1994 S. 9972.

genkapital) der **Gesellschaft dar**. Wegen der gesellschaftsvertraglich üblichen Vereinbarung von Festkapitalkonten für die einzelnen Gesellschafter vgl. → Rz. 101.

3.6 Ergebnisverteilung und Entnahmeberechtigung der persönlich haftenden Gesellschafter nach dem gesetzlichen Regelstatut

Vorbehaltlich anders lautender gesellschaftsvertraglicher Vereinbarungen besagt der Kapitalanteil aber nichts über die Beteiligung am Gewinn; zudem sagt er auch nichts – soweit positiv – zur (vollen) Entnahmeberechtigung und – soweit negativ – zur Nachschusspflicht. In sehr eingeschränktem Umfang hat der Kapitalanteil dagegen Einfluss auf die 87

- **Gewinn**verteilung (§ 121 Abs. 1 HGB),
- **Entnahme**berechtigung (§ 122 HGB) sowie
- Verteilung des bei **Liquidation** vorhandenen Vermögens (§ 155 Abs. 1 HGB).

Zur **Gewinnbeteiligung** und zum **Entnahmerecht** der OHG nach dem gesetzlichen Regelstatut folgende Übersicht:[122] 88

Gewinnbeteiligung (§ 121 Abs. 1 bis 3 HGB)	(1)	Jeder Gesellschafter erhält zunächst vom Jahresgewinn eine 4 %ige Verzinsung seines am Ende des vorangegangenen Geschäftsjahrs festgestellten (positiven) Kapitalanteils zzgl. einer zeitanteiligen 4 %igen Verzinsung der Einlagen abzgl. einer zeitanteiligen 4 %igen Verzinsung der Entnahmen.
	(2)	Vom Jahresgewinn wird die Summe der nach (1) vorgenommenen Verzinsung abgezogen und der Restgewinn auf die Gesellschafter gleichmäßig („nach Köpfen") verteilt.
	(3)	Reicht der Jahresgewinn nicht aus, um die in (1) beschriebene 4 %ige Verzinsung zu realisieren, so ist die Verteilung mit einem unter 4 % liegenden Prozentsatz vorzunehmen, dessen Anwendung den Jahresgewinn erschöpft.
Verlustbeteiligung (§ 121 Abs. 3 HGB)		Der Jahresverlust wird im gleichen Verhältnis („nach Köpfen") auf die Gesellschafter verteilt.
Entnahmerecht (§ 122 Abs. 1 und 2 HGB)	(1)	Jeder Gesellschafter kann bis zu 4 % seines am Ende des letzten Geschäftsjahrs festgestellten (positiven) Kapitalanteils entnehmen; das gilt auch, wenn ihm kein Gewinnanteil zukommt.
	(2)	Wurden Gesellschaftern zum Ende des letzten Geschäftsjahrs Gewinnanteile zugewiesen, die den nach (1) berechneten Betrag übersteigen, dann können auch diese Überschüsse entnommen werden, „soweit es nicht zum offenbaren Schaden der Gesellschaft gereicht ...", d. h. der Entzug sich lediglich auf entbehrliche Betriebsmittel beschränkt.
	(3)	Das Gewinnentnahmerecht kann lediglich im Laufe des Geschäftsjahrs ausgeübt werden, das dem Jahr folgt, auf das sich der festgestellte Jahresabschluss bezieht. Mithin erlischt es mit der Feststellung des nächsten Jahresabschlusses.
	(4)	Ansonsten ist ein Gesellschafter nicht befugt, ohne Einwilligung anderer Gesellschafter seinen Kapitalanteil durch weitere Gewinn- und Kapitalentnahmen zu vermindern.

---

122 Vgl. *Freidank*, WPg 1994 S. 398.

89 Ein **positiver** Kapitalanteil stellt während des Bestehens der Gesellschaft **keine Forderung des Gesellschafters** dar, und eine Einlagerückgewähr kann der Gesellschafter nicht verlangen. Umgekehrt begründet ein negativer Kapitalanteil keine Verpflichtung des Gesellschafters gegenüber der Gesellschaft zu einer Einzahlung; während des Bestehens der Gesellschaft ist ein Gesellschafter nicht zum Nachschuss verpflichtet.

90 Der Kapitalanteil hat nach dem gesetzlichen Regelstatut für persönlich haftende Gesellschafter hinsichtlich der Gewinnverteilung somit nur die **Verzinsungsfolge** des § 121 Abs. 1 HGB als Konsequenz. Im Übrigen ist die Verteilung des Gewinns oder Verlusts nach **Köpfen** vorzunehmen. Letztere, vom Recht der Kapitalgesellschaften abweichende Regelung ist wohl darauf rückzuführen, dass die Beteiligung an einer Personenhandelsgesellschaft nicht zwingend eine Einlage in das Gesellschaftsvermögen voraussetzt. Der Gewinnverteilungsschlüssel – gesetzlich nach Köpfen oder vertraglich anderweitig geregelt – ist auch Maßstab für die Beteiligung der Gesellschafter an den offenen und stillen Reserven der Gesellschaft.

91 Eine Besonderheit gilt für **entnahmefähige Gewinnanteile** der Gesellschafter. Diese sind entgegen dem Wortlaut von § 120 Abs. 2 HGB nicht den Kapitalkonten, sondern einem Verbindlichkeitskonto der Gesellschaft gegenüber dem Gesellschafter gutzuschreiben.[123] Nach dem gesetzlichen Regelstatut handelt es sich um die Beträge nach § 122 Abs. 1 HGB und im Übrigen um die gesellschaftsrechtlich entnahmefähigen Beträge, auch wenn diese vom Gesellschafter nicht abgerufen werden. Umgekehrt sind etwa gesellschaftsvertraglich vereinbarte Verlustdeckungsverpflichtungen Forderungen der Gesellschaft gegenüber den Gesellschaftern.

3.7 Kapitalanteil und Ergebnisverteilung der Kommanditisten nach dem gesetzlichen Regelstatut

92 Für den **Kommanditisten** gelten hinsichtlich des Kapitalanteils und des Gewinnanspruchs Besonderheiten. Von daher ist die einhellige Auffassung in der Literatur[124] begründbar, derzufolge Kapitalanteile von Komplementären und Kommanditisten – nach jeder Kategorie zusammengefasst – im Jahresabschluss einer KG getrennt auszuweisen sind. Diese Bilanzierungsvorgabe folgt daher nicht dem Leitbild der „Rechnungslegungssubjektivität" der Personenhandelsgesellschaft, wonach es wie bei der Kapitalgesellschaft nur **ein** Kapitalkonto – nämlich „das" Eigenkapital" – geben kann (→ Rz. 86).

93 Nach Maßgabe des § 120 Abs. 2 HGB, der über § 161 Abs. 2 HGB auch für die KG gilt, hat jeder Kommanditist wie der persönlich haftende Gesellschafter ein **bewegliches** Kapitalkonto. Allerdings ist der Kapitalanteil des Kommanditisten durch § 167 Abs. 2 HGB der Höhe nach auf die bedungene Pflichteinlage begrenzt. Gewinne des Kommanditisten sind, wenn dessen Einlage voll erbracht und nicht durch Verluste herabgemindert ist, in einem zweiten Konto zu erkennen, das aus Sicht der Gesellschaft **Verbindlichkeitscharakter**[125] hat. Das gilt auch bei bestehenden Entnahmebeschränkungen. Steht dieses (besondere) Konto im Soll, so kann es sich nur

---

123 Vgl. *Freidank* WPg 1994 S. 397, 398; *Thiele*, Das Eigenkapital im handelsrechtlichen Jahresabschluss, Düsseldorf 1998, S. 215; *ADS*, 6. Aufl., § 247 Tz. 64.
124 Z. B. IDW RS HFA 7 Rz. 33, FN 2008 S. 370; *Ley*, KöSDi 1994 S. 9972; *Freidank*, WPg 1994 S. 398, und *Huber*, ZGR 1988 S. 1. Die Darstellung einer abweichenden Auffassung ist unter → Rz. 118 zu finden.
125 Vgl. *Förschle/Hoffmann*, in: Beck'scher Bilanz-Kommentar, 7. Aufl., München 2010, § 247 Tz. 161.

um vorweggenommene Gewinnentnahmen handeln, was wiederum nur aufgrund ausdrücklicher Vereinbarung zwischen dem Kommanditisten und dem Gesellschafter möglich ist. Ansonsten handelt es sich um die Rückzahlung einer Einlage mit der Folge des Wiederauflebens der persönlichen Haftung gem. § 172 Abs. 4 HGB. Das Gleiche gilt für sonstige unberechtigte Entnahmen des Kommanditisten, es sei denn, es handelt sich um (schuldrechtlich) vereinbarte Vorschüsse, Darlehen etc.

Streng zu trennen – obwohl der Gesetzeswortlaut dies gerade nicht tut – ist die **Pflicht-** von der **Haft**einlage. Die Hafteinlage ist in § 162 Abs. 1 HGB angesprochen und macht eigentlich erst einen Gesellschafter zum Kommanditisten (zwingendes Recht).[126] Die Hafteinlage ist etwa vergleichbar mit dem gezeichneten Kapital, soweit dies auf den Gesellschafter einer GmbH oder Aktiengesellschaft entfällt. Soweit sie erbracht und nicht wieder zurückbezahlt worden ist, besteht keine persönliche Haftung des Kommanditisten (mehr). Haft- und Pflichteinlage können in beiden Richtungen voneinander abweichen. Die Regel ist aber Übereinstimmung. Sofern keine ausdrückliche Vereinbarung getroffen ist, sind Haft- und Pflichteinlage identisch.[127] 94

Verlustanteile des Kommanditisten sind seinem Kapitalanteil zu belasten, und zwar auch, wenn ihm zustehende Gewinnanteile aus früherer Zeit noch nicht abgerufen worden sind. Letzteres folgt aus § 169 Abs. 2 HGB, wobei unter „bezogen" die Gutschrift auf dem betreffenden Verbindlichkeitskonto der Gesellschaft und nicht etwa die effektive „Abhebung" zu verstehen ist. Eine solche Abhebung führt also auch dann nicht zum Wiederaufleben der persönlichen Haftung, wenn etwa durch Verluste der Kapitalanteil des Kommanditisten reduziert worden ist und deswegen von nun an eintretende Gewinne nach § 169 Abs. 1 Satz 2 HGB dem Kapitalanteil wieder zuzuschreiben sind und entsprechend zur „Gewinnausschüttung" an den Kommanditisten nicht zur Verfügung stehen. 95

Die Verbuchung von Verlustanteilen des Kommanditisten kann entgegen dem Wortlaut von § 167 Abs. 3 HGB auch zu einem **negativen Kapitalanteil** führen (übrigens auch für steuerliche Zwecke). Nach § 167 Abs. 3 HGB stellt ein negativer Kapitalanteil keine Verbindlichkeit des Kommanditisten, sondern nur einen „nicht durch Eigenkapital gedeckten Fehlbetrag" (§ 268 Abs. 3 HGB) vergleichbar demjenigen einer Kapitalgesellschaft dar (→ § 268 Rz. 93). Für Kap. & Co.-Gesellschaften gilt § 264c Abs. 2 Satz 5 HGB (→ § 264c Rz. 40). Bei einem solchen Fehlbetrag müssen nach § 169 Abs. 1 Satz 2 HGB vorweg spätere Gewinne zur Abdeckung verwendet werden, bevor sie zur Ausschüttung (bei der Kapitalgesellschaft) bzw. zur Gutschrift auf dem besonderen Verbindlichkeitskonto gegenüber dem Kommanditisten nach § 167 Abs. 2 HGB (→ Rz. 90) zur Verfügung stehen (→ Rz. 106). 96

Die Hafteinlage des Kommanditisten kann in **bar**, durch **Sacheinlage** oder durch **Stehenlassen von Gewinnanteilen** erhöht werden. Ist die Hafteinlage geleistet, entfällt die persönliche Haftung des Kommanditisten gegenüber den Gläubigern der Gesellschaft (§ 171 Abs. 1 HGB). Die Hafteinlage ist vergleichbar mit dem gezeichneten Kapital bei einer Kapitalgesellschaft auch ins Handelsregister einzutragen (§ 162 Abs. 1 HGB). Ist die Pflichteinlage höher als die Haftein- 97

---

126 Vgl. *Rieger*, BB 1979 S. 1380 ff.
127 BGH-Urteil vom 28. 3. 1977 – II ZR 230/75, BB 1979 S. 855, 856.

lage, würde die Entnahme eines Betrags außerhalb des Guthabens nach § 167 Abs. 2 HGB keine Wiederauflebung der persönlichen Haftung begründen. Umgekehrt führt die Entnahme eines Kommanditisten dann zum Wiederaufleben der persönlichen Haftung nach § 172 Abs. 4 Satz 2 HGB, wenn das Guthaben auf dem Kapitalkonto die Hafteinlage nicht mehr deckt oder wenn durch die Entnahme eine Unterdeckung eintritt.

98 Für die **Ergebnisverteilung** bei der **KG** gelten zunächst die Verzinsungsregeln der OHG (§ 168 Abs. 1 HGB i.V. mit § 121 Abs. 1 HGB). Abweichend vom OHG-Recht (Verteilung nach Köpfen, siehe → Rz. 90) ist der Restgewinn und der Verlust nach einem „angemessenen Verhältnis" zu verteilen (§ 168 Abs. 2 HGB).

99 Über die **Ergebnisbeteiligung** und die **Entnahmerechte** der KG unterrichtet die nachstehende Übersicht[128] überblicksartig:

---

128 Nach *Freidank*, WPg 1994 S. 402.

Gewinnbeteiligung (§ 168 HGB i.V. mit § 121 Abs. 1 bis 3 HGB)	(1)	Jeder Gesellschafter erhält zunächst vom Jahresgewinn eine 4 %ige Verzinsung seines am Ende des letzten Geschäftsjahrs festgestellten (positiven) Kapitalanteils zzgl. einer zeitanteiligen 4 %igen Verzinsung der Einlagen abzgl. einer zeitanteiligen 4 %igen Verzinsung der Entnahmen.
Gewinnbeteiligung (§ 168 HGB i.V. mit § 121 HGB)	(2)	Vom Jahresgewinn wird die Summe der nach (1) vorgenommenen Verzinsung abgezogen und der Restgewinn auf die Gesellschafter in einem den Umständen nach angemessenen Verhältnis der Anteile verteilt.
Gewinnbeteiligung (§ 168 HGB i.V. mit § 121 Abs. 1 bis 3 HGB)	(3)	Reicht der Jahresgewinn nicht aus, um die in (1) beschriebene 4 %ige Verzinsung zu realisieren, so ist die Verteilung mit einem unter 4 % liegenden Prozentsatz vorzunehmen, dessen Anwendung den Jahresgewinn erschöpft.
Verlustverteilung (§ 168 Abs. 2 HGB)		Der Jahresverlust wird in einem den Umständen nach angemessenen Verhältnis der Anteile auf die Gesellschafter verteilt.
Entnahmerecht des Komplementärs (§ 161 Abs. 2 HGB i.V. mit § 122 HGB)	(1)	Jeder Komplementär kann 4 % seines am Ende des letzten Geschäftsjahrs festgestellten (positiven) Kapitalanteils entnehmen.
	(2)	Wurden Komplementären zum Ende des letzten Geschäftsjahrs Gewinnanteile zugewiesen, die den nach (1) berechneten Betrag übersteigen, dann können auch diese Überschüsse entnommen werden, „... soweit es nicht zum offenbaren Schaden der Gesellschaft gereicht ...", d. h. der Entzug sich lediglich auf entbehrliche Betriebsmittel beschränkt.
Entnahmerecht des Komplementärs (§ 161 Abs. 2 HGB i.V. mit § 122 HGB)	(3)	Wird das Gewinnentnahmerecht bis zur Feststellung des Abschlusses für das Jahr, für das es ausgeübt werden kann, nicht geltend gemacht, so verfällt es.
Entnahmerecht des Komplementärs (§ 161 Abs. 2 HGB i.V. mit § 122 HGB)	(4)	Ansonsten ist ein Gesellschafter nicht befugt, ohne Einwilligung anderer Gesellschafter seinen Kapitalanteil durch weitere Gewinn- und Kapitaleinnahmen zu vermindern.
Entnahmerecht des Kommanditisten (§ 169 HGB)	(1)	Der Kommanditist hat nur Anspruch auf die Entnahme des ihm zustehenden Gewinns, jedoch ohne die Einschränkung von § 122 Abs. 1 HGB, dass dies nicht zum offenbaren Schaden der Gesellschaft gereichen darf.
	(2)	Sofern der Kapitalanteil des Kommanditisten durch Verlust unter seine geleistete Einlage (Pflichteinlage – ausstehende Einlage) herabgemindert ist, kann er keine Auszahlung des ihm zustehenden Gewinns fordern. Sein Gewinnentnahmerecht lebt folglich erst wieder nach der Verlusttilgung auf.
	(3)	Ferner besteht kein Gewinnentnahmerecht, wenn durch die Gewinnauszahlung der Kapitalanteil des Kommanditisten unter seine geleistete Einlage sinken würde.
	(4)	Wird das Gewinnentnahmerecht bis zur Feststellung des Abschlusses für das Jahr, für das es ausgeübt werden kann, nicht geltend gemacht, so verfällt es.

100 Die auf den ersten Blick kompliziert erscheinenden **Haftungsregeln** für den Kommanditisten erschließen sich inhaltlich am besten im **Vergleich** zu den **Kapitalerhaltungsregeln** bei einer **Kapitalgesellschaft**.[129] Das für den Kommanditisten zu führende Kapitalkonto verfolgt nämlich denselben Gesetzeszweck wie die Kapitalerhaltungsvorschriften für Kapitalgesellschaften. Ist bei der Letzteren – festgestellt durch eine Bilanz – das Eigenkapital durch Verlustvorträge „angegriffen", so entspricht dies einem „Verlustvortrag auf dem Kapitalkonto des Kommanditisten", d. h. einer Minderung seines Kapitalanteils. Werden etwa von einer GmbH in einer solchen Situation Ausschüttungen an die Gesellschafter vorgenommen, sind diese nach § 30 Abs. 1 und § 31 GmbHG zurückzubezahlen. In gleichem Umfang hat der Kommanditist bei einer unberechtigten Entnahme nach § 172 Abs. 4 HGB die Einlage zur Vermeidung seiner persönlichen Haftung wieder aufzufüllen. Ist der Verlust höher als seine Hafteinlage, entspricht dies dem Bilanzposten „Nicht durch Eigenkapital gedeckter Fehlbetrag" gem. § 268 Abs. 3 HGB (→ § 268 Rz. 93).

3.8 Betriebswirtschaftlich orientierte Vertragsgestaltung zur Kontenführung der Gesellschafter[130]

3.8.1 „Festkapital" als Ansatz für die Darstellung des Eigenkapitals

101 Diese **Haftungsregeln** für **Kommanditisten** stellen als Ausfluss des Gläubigerschutzgedankens **zwingendes Recht** dar. Im Übrigen sind aber die Beteiligungsverhältnisse, Entnahmerechte und Gewinnanteile als **dispositives Recht** der gesellschaftsrechtlichen Vertragsgestaltung anheim gestellt. Den kautelarjuristischen Entfaltungsmöglichkeiten sind dabei wenig Grenzen gesetzt. Alle in der Praxis anzuwendenden Möglichkeiten sind hier nicht darzustellen. Stattdessen erfolgt eine **kritische Bestandsaufnahme** von häufig vorzufindenden Vertragsmustern mit Gestaltungsempfehlungen.

102 Eine ganz übliche Regelung stellt die Vereinbarung von **Festkapitalkonten** dar. Es wird dabei eine bestimmte Kapitaleinlageverpflichtung (Bar- oder Sachkapital) – beziffert auf Euro – vereinbart, die der Gesellschafter zu Beginn der Gesellschaftstätigkeit oder später zu erbringen hat. Die gedankliche Bezugnahme auf die Verhältnisse von Kapitalgesellschaften ist offensichtlich. U. U. ist auch die gesamte Einlage nicht sofort, sondern erst später und auf Anforderungen der Gesellschaft zu leisten (Fall der ausstehenden Einlage nach § 272 Abs. 1 Satz 3 HGB). Dieses **Fest**kapital bestimmt auch i. d. R. den Anteil am Gewinn oder Verlust eines Geschäftsjahrs. Daneben wird für die einzelnen Gesellschafter regelmäßig noch ein zweites Kapitalkonto (ein **bewegliches**) geführt, auf dem Gewinnanteile und -entnahmen – u. U. auch die Verlustanteile – verbucht werden. Das Festkapitalkonto trägt gewöhnlich die Bezeichnung „Kapitalkonto I" und das bewegliche heißt „Kapitalkonto II"; für Letzteres existieren auch noch die Bezeichnungen „variables Konto", „Sonderkonto", „Verrechnungskonto" etc. (→ Rz. 80).

103 Das praktische Problem im Zusammenhang mit diesem „Kapitalkonto II" besteht in dessen rechtlicher Qualifizierung. Handelt es sich wirklich um Eigenkapital, so ist die gesetzliche Regel des **variablen Kapitalkontos** durch die (scheinbare) Vereinbarung eines Festkapitals gerade

---

129 Nach *Huber*, ZGR 1988 S. 1, 15.
130 Beruhend auf dem Vorschlag von *Hoffmann/Weidenhammer*, in: Beck'sches Handbuch der Personengesellschaften, 3. Aufl., 2009, Tz. 100 ff.

nicht abbedungen. Es gibt für den einzelnen Gesellschafter schließlich auch bei formell getrennter Kontoführung zwingend nur **ein** Kapitalkonto (→ Rz. 86), das sich in diesem Fall eben aus einer festen Größe zuzüglich einer variablen Position zu einem insgesamt (wieder) variablen Kapitalkonto addiert. Soll dagegen wirklich zwischen den Gesellschaftern ein fester Kapitalanteil vereinbart werden, dann muss diesem sog. „Kapitalkonto II" der gesellschaftsrechtliche Charakter genommen und der schuldrechtliche eines Darlehens verliehen werden. Letzteres ist ebenfalls vertragsdispositiv. Anders formuliert: Soll das bedungene Festkapital den Anteil des jeweiligen Gesellschafters am Gesellschaftsvermögen (= Gesellschaftskapital) rechnerisch widerspiegeln (→ Rz. 86), dann bleibt kein Platz für ein Kapitalkonto „II", denn die Festkapitalkonten addieren sich zu 100 auf (so gewollt), und 100 entsprechen dem Eigenkapital der Gesellschaft.

Bei Licht besehen hat also das „Zwei-Konten-Modell" der Kapitalkontenführung bei Personengesellschaften nichts anderes zum Inhalt als die Wiedergabe der Gesetzeslage – es sei denn, dem zweiten Konto ist der Eigenkapital-Charakter abzusprechen. Den gewünschten zusätzlichen Anforderungen an die Kontoführung kann deshalb die Unterteilung des Kapitalkontos in zwei Konten nicht nachkommen. Das Kapitalkonto des einzelnen Gesellschafters ist dann (von Gesetzes wegen) und bleibt (vertraglich) **variabel – im Verhältnis der Gesellschafter zueinander**.

3.8.2 Festkapital – verstanden im Lichte des Eigenkapitals einer Kapitalgesellschaft

„**Variabel**" können die Kapitalkonten der Gesellschafter aber auch in einem **anderen Sinn** sein. Der Gesellschaftsvertrag kann nämlich etwa Folgendes festlegen:

(1) Die Gesellschafter (in ihrer Gesamtheit) leisten einen bestimmten Festbetrag als Einlage (sozusagen Startkapital);

(2) Einlagenerhöhungen und -herabsetzungen sind durch einstimmigen Gesellschafterbeschluss zu veranlassen;

(3) Im Verhältnis der Festeinlagen zueinander sind die Gesellschafter am Gewinn und Verlust beteiligt;

(4) Verluste sind während der Dauer der Gesellschaft nicht nachzuschießen;

(5) Gewinne werden zunächst zur Abdeckung von Verlusten verwendet und im Übrigen in Höhe eines bestimmten Prozentsatzes einem Darlehenskonto des Gesellschafters gutgebracht und können am Tag nach der Feststellung des Jahresabschlusses entnommen (ausgeschüttet) werden;

(6) Werden die Gewinne nicht bei Fälligkeit – siehe (5) – entnommen, sind sie beginnend mit diesem Zeitpunkt mit Y % p. a. zu verzinsen. Die Guthaben auf dem Darlehenskonto sind jederzeit zur Rückzahlung fällig.

(7) Soweit Gewinne nicht der Deckung von Verlustvorträgen dienen – siehe (5) –, sind sie mit 10 % der Gewinnrücklage zuzuführen. Die Gewinnrücklage ist vorab zur Verlustdeckung zu verwenden und kann im Übrigen nur durch einstimmigen Gesellschafterbeschluss ausgeschüttet werden.

Die verschiedenen Kapitalkonto-Bestandteile sind hier zwar auch **variabel**, allerdings nur in ihren absoluten Beträgen; im Verhältnis der Gesellschafter zueinander sind sie **fest**. Die „Variabilität" beruht auf der täglichen Veränderung des Vermögens (Eigenkapitals) der Gesellschaft durch die Geschäftsvorfälle, was dann zwingend auch für die Beteiligungen = Kapitalkonten der Gesellschafter gilt.

105 Wenn – wie hier annahmegemäß vorgegeben und realistisch meist auch gewünscht – die **Ergebnisbeteiligung** der einzelnen Gesellschafter sich nach der Relation der Festkapitalien richtet, dann verändern sich durch Buchungen der Verluste auf einem Vortragskonto und der nicht zur Entnahme bestimmten Gewinne auf einem Rücklagekonto diese zwar absolut, aber nicht im Verhältnis der Gesellschafter zueinander. Entsprechend brauchen solche Konten auch nicht für jeden Gesellschafter getrennt geführt zu werden; es genügt ein Konto „Verlustvortrag" bzw. Gewinnvortrag oder Gewinnrücklage (→ Rz. 116) – wie bei einer Kapitalgesellschaft –, um jedem Gesellschafter „seinen" Anteil am Eigenkapital der Gesellschaft kenntlich zu machen – nämlich durch eine Prozentrechnung nach Maßgabe der Kapitalbeteiligung (→ § 264c Rz. 19).

Der weitere Vorteil dieser Lösung ist die Vermeidung von undefinierten und vom **Gesetz nicht verwendeten** Begriffen wie „Kapitalkonto II", „Sonderkapitalkonto" etc. (→ Rz. 86). Umgekehrt kann sich jeder Sachverständige schnell ein Bild über den Inhalt eines innerhalb des Eigenkapitals ausgewiesenen „Verlustvortrags" bzw. eine „Gewinnrücklage" machen – eben wegen der Verwendung von Begriffen, die aus der Rechnungslegung von **Kapitalgesellschaften** vertraut sind. Dem ist nicht der **Gesamthands**charakter der Personengesellschaft entgegenzuhalten. Diese ist wie eine Kapitalgesellschaft „Kaufmann" i. S. des § 242 HGB und ist somit (auch) insoweit rechtsfähig.

Deshalb kann es begrifflich auch keine von den Kapitalanteilen der Gesellschafter separierbare „**gesamthänderisch gebundene Rücklage**" geben – so wenig wie es bei einer Kapitalgesellschaft eine „kapitalistisch gebundene Rücklage" gibt –, auch wenn dies ständig so formuliert wird.[131] Die Rücklage ist Bestandteil des Eigenkapitals der Personenhandelsgesellschaft; entsprechend partizipiert der Gesellschafter mit seiner Beteiligungsquote (auch) an der Rücklage (→ Rz. 86).

Ein entsprechendes Rechenschema ist unter → Rz. 120 wiedergegeben.

3.8.3 Gewinnentnahmerechte als Fremdkapital

106 Sonderprobleme ergeben sich hinsichtlich der **entnahmefähigen Gewinnanteile**. Diese Guthaben werden häufig von den Gesellschaftern in hohem Umfang zur Bestreitung ihrer Steuerverpflichtungen (Einkommensteuer) aus der Beteiligung verwendet und müssen schon deshalb kurzfristig abrufbar sein. Der **Steuerentnahmebedarf** der verschiedenen Gesellschafter kann daher höchst unterschiedlich ausfallen. Die Höhe der individuellen Steuerlast des einzelnen Gesellschafters hängt aber nicht nur vom Gewinnanteil, sondern von den übrigen Einkünften – im Rahmen der Zusammenveranlagung auch des Ehegatten – ab. Aber selbst wenn man gesellschaftsvertraglich die „Steuerentnahmequote" festlegen sollte, eine Abrufbarkeit durch den Gesellschafter in kurzfristiger Form lässt sich häufig nicht umgehen. Dazu kommen die

---

131 Nach *Reiß*, DB 2005 S. 358, „freischwebender Unsinn"; *Wendt*, FR 2008 S. 915; a. A. z. B. *Strahl*, KöSDi 2009 S. 16531.

persönlichen Entnahmebedürfnisse außerhalb der Steuern, die sich individuell ebenfalls ganz unterschiedlich verhalten können. Deshalb ist es auch hinsichtlich eines wirtschaftlichen Interessenausgleichs zwingend, diese Guthaben der Gesellschafter **verzinslich** auszugestalten – wie in der obigen Vertragsformulierung vorgesehen. Jedenfalls muss gesellschaftsvertraglich dem freien Zugriff der Gesellschafter auf die Liquidität der Gesellschaft vorgebeugt werden.

Gewinne, die dem Kommanditisten auf dem „zweiten Konto" zu Recht gutgeschrieben worden sind, können später bei inzwischen aufgetretenen Verlusten gleichwohl abgehoben werden, ohne dass die persönliche Haftung wieder auflebt.[132] Dieses Konto hat **Fremdkapitalcharakter** (→ Rz. 93).

Alle diese Gesichtspunkte sprechen dafür, die Ansprüche der Gesellschafter auf entnehmbare, aber nicht entnommene Gewinnanteile als **Fremdkapital** der Gesellschaft zu behandeln; sei es als besonders konkretisiertes Darlehensverhältnis oder ein schuldrechtliches Verhältnis eigener Art, das jedenfalls einem Darlehensverhältnis sehr nahe kommt. Die wirtschaftliche „Nähe" zur personenbezogenen GmbH – abgesehen von der teilweise (bei der KG) oder ganz (bei der OHG) vorhandenen persönlichen Haftung der Gesellschafter – gebietet es, solche Verbindlichkeiten in Analogie zu § 42 Abs. 3 GmbHG in der Bilanz der Personengesellschaft als **Gesellschafterverbindlichkeit** auszuweisen (→ § 247 Rz. 14). Für Kap. & Co.-Gesellschaften ist dies in § 264c Abs. 1 HGB eigens vorgeschrieben (→ § 264c Rz. 4). 107

Die Dotierung dieser Konten könnte und sollte im Rahmen eines **Gewinnverwendungsbeschlusses**[133] – wie bei einer Kapitalgesellschaft – erfolgen, um zusätzliche Klarheit über die vorzunehmenden Buchungen zu erhalten.

Diese so verstandenen Ansprüche der Gesellschafter an die Gesellschaft aus gutgeschriebenen Gewinnen gefährden tendenziell den für die Geschäftstätigkeit der Gesellschaft notwendigen **Liquiditätsspielraum**. Unerwünschten Entnahmen (= Darlehensrückzahlungen) der Gesellschafter kann durch Kündigungsregeln nur unvollständig vorgebeugt werden. Hiergegen kann die gesellschaftsvertraglich vorgesehene Bildung einer **Gewinnrücklage** das erforderliche Finanzpolster liefern (siehe → Rz. 111).[134] 108

Der vorstehende Vorschlag zur Kontenführung für die Gesellschafter (→ Rz. 101 ff.) hat auch den Vorteil, eine klare **Trennungslinie** zwischen **Eigen- und Fremdkapital** zu ziehen. Das lässt sich insbesondere an der Behandlung (künftiger) Verluste ablesen. Werden diese – wie vorgeschlagen – vorgetragen und nicht mit Guthaben der Gesellschafter auf anderen Konten verrechnet, handelt es sich bei Letzteren um Fremdkapital. Umgekehrt: Die „Verlustdeckungsverpflichtung" ist ein kaum widerlegbares Indiz für den Eigenkapital-Charakter eines Kontos unabhängig von seiner Bezeichnung („Kapitalkonto II", „Verrechnungskonto", „Privatkonto"). Bei einem Kommanditisten verhindert eine solche klare Kontenführung und -bezeichnung unnötige Streitigkeiten mit der Finanzverwaltung im Anwendungsbereich von § 15a EStG. 109

---

132 Vgl. *Huber*, ZGR 1988 S. 35; *ders.*, in: Gedächtnisschrift Knobbe-Keuk, S. 206, m.w.N.
133 So BGH-Urteil vom 20.4.2009 – ZR 88/08, DStR 2009 S. 1489.
134 Vgl. *Huber*, in: Gedächtnisschrift Knobbe-Keuk, S. 206.

3.8.4 Anwendbarkeit bei Kommanditisten

110 Die vorstehend (→ Rz. 104 ff.) dargestellte Kontenführung ist auch bei einer **KG unmittelbar anwendbar**. Für die beschränkt haftenden Gesellschafter kommt es entscheidend darauf an, die einmal haftungsbefreiend geleistete Einlage während des Bestehens der Gesellschaft bis zum Ausscheiden nicht wieder zurückgewährt zu erhalten. Diese Gefahr besteht insbesondere dann, wenn Entnahmen gleich aus welchem Grund die (Haft-)Einlage angreifen oder wenn bei eingetretenen Verlusten vor Wiederauffüllung der (Haft-)Einlage durch stehengelassene Gewinne (§ 169 Abs. 1 HGB i.V. mit § 172 Abs. 4 HGB) Gewinnausschüttungen erfolgen. Dieser Gefahr kann durch die vorgeschlagene Kontenführung einwandfrei vorgebeugt werden. Ist also die Einlage durch Verluste angegriffen oder gar aufgebraucht, so verhindert das für die Gesellschaft insgesamt zu führende Verlustvortragskonto die Auszahlung von Gewinnanteilen (auch) an den Kommanditisten. Gewinnentnahmen sind andererseits nur nach Abtrag des Verlustvortrags mit der entsprechenden Ausschüttungsmöglichkeit an alle Gesellschafter möglich (→ Rz. 104). Die persönliche Haftung der Komplementäre ist durch eine Vergütung zulasten des GuV-Kontos und damit aller Gesellschafter vorab abzugelten – vergleichsweise einer persönlichen Tätigkeit für die Gesellschaft (→ Rz. 125).

111 Durch Gesellschaftsvertrag oder durch gesellschaftsvertraglich zulässigen Gesellschafterbeschluss kann auch in der Personenhandelsgesellschaft eine **Gewinnrücklage** gebildet werden. Diese hat eine betriebswirtschaftlich sinnvolle Bedeutung in der **Schonung des Liquiditätsbedarfs** der Gesellschaft, wie dies durch Gesellschafterdarlehen nur eingeschränkt möglich ist (→ Rz. 108). Die Gewinnrücklage kann durch „Stehenlassen" von Gewinnen (Umbuchung vom Jahresüberschuss auf das Rücklagenkonto im Rahmen der Ergebnisverwendung) oder durch nachträgliche „Entnahmen" aus den mit früheren Gewinngutschriften dotierten Verbindlichkeitskonten erfolgen. Allerdings ist die letztgenannte Dotierungsvariante ihrem Charakter nach eher eine **Kapitalrücklage**, weil die Ansprüche der Gesellschaft schon aus dem Vermögen der Personenhandelsgesellschaft herausgelöst worden sind. Sinnvollerweise wird ihr Inhalt im Rahmen des Gesellschaftsvertrags durch Verweisung auf die einschlägigen Vorschriften für Kapitalgesellschaften in § 272 Abs. 3 HGB (→ § 272 Rz. 34) definiert; bei unklarer Vertragslage ist zur Auslegung jedenfalls das einschlägige Recht der Kapitalgesellschaften heranzuziehen.

112 Neben der Liquiditätserhaltung dient ein solches Rücklagenkonto insbesondere der **Abdeckung von Verlusten**, eben ganz im Gegenteil zu (früheren) Gewinnen, die den Sonderkonten der Gesellschafter (auch der Kommanditisten) gutgeschrieben worden sind und aus Sicht der Gesellschaft deswegen **Verbindlichkeiten** darstellen (→ Rz. 107). Ein solcher Anspruch des Gesellschafters aus früher entstandenen und gutgeschriebenen Gewinnen kann auch dann vom Gesellschafter „abgezogen" werden, wenn inzwischen Verluste aufgetreten sind. Das wäre bei einer Gewinnrücklage nicht der Fall. Die Gewinnrücklage braucht dann nicht für **jeden einzelnen Gesellschafter getrennt** geführt zu werden, wenn die hier unter → Rz. 101 ff. vorgestellte Kontenführung auf entsprechender Vertragsgrundlage gewählt wird. Jeder Gesellschafter partizipiert mit seiner Beteiligungsquote am Gesellschaftsvermögen auch an der Rücklage (→ Rz. 105 und → Rz. 86). Dann genügt – wie bei der Kapitalgesellschaft – ein Konto „Gewinnrücklage" bei der Gesellschaft. Eine Verzinsung des Rücklagenkontos wäre unsinnig, zumindest wenn man der hier vorgeschlagenen Kontenführung folgt.

Mit der gleichen Zuständigkeit wie bei der Bildung der Gewinnrücklage kann diese später einmal wieder **aufgelöst** werden (→ § 268 Rz. 25).[135] Auch hier handelt es sich um einen im Rahmen der Gewinnverwendung darzustellenden Buchungsvorgang (siehe hierzu das Rechenschema in § 158 AktG, das sinnvollerweise nach den Regeln für Kapitalgesellschaften abgewickelt wird).

113

In Ausnahmefällen sollen auch Rücklagen (Kapital- und Gewinnrücklagen) **abweichend von der Beteiligungsquote** am Kapital der Gesellschaft zulässig sein.[136] Ein praktisches Bedürfnis hierzu dürfte allerdings ausgesprochen selten vorliegen. In diesem Fall ist eine getrennte Kontoführung für diese „Sonderrücklage" eines Gesellschafters zwingend erforderlich.

Denkbar ist bei der Personenhandelsgesellschaft auch eine (nachträgliche) **Gesellschaftereinlage außerhalb des Festkapitals**. I. d. R. wird aber eine solche Einlage im Verhältnis zu der bisherigen Beteiligungsquote von allen Gesellschaftern gleichmäßig erbracht, so dass einer förmlichen Kapitalerhöhung (Erhöhung der Festkapitalien) nichts entgegensteht. Andererseits kann eine solche Kapitalerhöhung in Form einer **Kapitalrücklage** analog zu § 272 Abs. 2 Nr. 4 HGB (→ § 272 Rz. 34) erfolgen. Der praktische Bedarf bei der Personenhandelsgesellschaft für die Bildung einer solchen Rücklage wird nicht allzu hoch sein; bei der Kapitalgesellschaft ist dies anders, weil eine solche Kapitaleinlage außerhalb der Kontrolle des Handelsregisters erfolgt und deshalb viel flexibler als eine Erhöhung des Nennkapitals handhabbar ist. Die registerliche Kontrolle besteht bei der Personenhandelsgesellschaft jedoch nur für einen Kommanditisten. Deshalb wird eine solche Kapitalrücklage bei der Personengesellschaft allenfalls dann erscheinen, wenn

114

▶ einerseits eine Kapitalerhöhung durch die Gesellschafter gewünscht wird,

▶ andererseits eine Erhöhung der Hafteinlage der Kommanditisten unerwünscht ist sowie

▶ Haft- und Pflichteinlage übereinstimmen sollen.

Die in diesem Abschnitt vorstehend erläuterte buchmäßige Darstellung einer „**kapitalistischen" Struktur der Gesellschafterbeteiligung** stellt somit nicht nur im Innenverhältnis die gewünschten Eigen- und Fremdkapitalrelationen dar, sie erlaubt auch die Darstellung der gesetzlich zwingend zu führenden Konten für den Kommanditisten (→ Rz. 110).[137] Auch für die persönlich haftenden Gesellschafter (in der OHG und der KG) ist dieselbe Konteneinteilung wie für die Kommanditisten verwendbar. Bei persönlich haftenden Gesellschaftern ist sinnvollerweise die Entnahme eines einmal festgestellten Gewinnanteils bzw. die Nichtentnahme zinsmäßig zu berücksichtigen. Entsprechend bleiben die Kapitalrelationen zwischen den Gesellschaftern unverändert. Es besteht dann kein Grund, bei den persönlich haftenden Gesellschaftern von der Kontengliederung für Kommanditisten abzuweichen.

115

---

135 Nähere Einzelheiten zur Gewinnrücklage bei Kommanditgesellschaften siehe *Huber*, in: Gedächtnisschrift Knobbe-Keuk, S. 203.
136 Vgl. *Priester*, in: Gedächtnisschrift Knobbe-Keuk, S. 293.
137 Sie entspricht in weiten Bereichen dem von *Ley*, KöSDi 1994 S. 9972, 9974, entwickelten „Vier-Konten-Modell", nur eben mit der „Verdichtung" auf die Gesellschaft selbst mit der Vermeidung von vier Konten für jeden Gesellschafter. Zum „Vier-Konten-Modell" siehe auch *Rodewald*, GmbHR 1998 S. 521, 526; sowie *Ley*, DStR 2009 S. 613; *Strahl*, KÖSDi 2009 S. 16531.

116 Danach kann das Eigenkapital einer **KG** wie folgt ausgewiesen werden:[138]

A.	Eigenkapital		
	I.	Komplementär-Kapital	
		1.	Festkapital/Pflichteinlage (oder Kapitalanteile)
		2.	Kapitalrücklage
		3.	Gewinnrücklagen
	II.	Kommandit-Kapital	
		1.	Festkapital/Pflichteinlage (oder Kapitalanteile)
		2.	Kapitalrücklage
		3.	Gewinnrücklagen
	III.	Ergebnisvortrag	
	IV.	Jahresergebnis	

Die beiden unteren Positionen „Ergebnisvortrag" und „Jahresergebnis" zeigen zunächst, dass hier die Bilanzierung **vor** Gewinnverwendung nach dem Regelstatut der Gliederung der Bilanz für Kapitalgesellschaften in § 266 HGB gewählt worden ist. Wahlweise kommt auch für Personengesellschaften in analoger Anwendung von § 268 Abs. 1 HGB (→ § 268 Rz. 4) die Übernahme des Jahresergebnisses in die Gewinnrücklage bzw. in den Gewinn- oder Verlustvortrag in Betracht (sog. Bilanzierung nach Ergebnisverwendung). Die Positionen III. und IV. werden dann entweder zum Bilanzgewinn bzw. Bilanzverlust zusammengefasst oder entfallen ganz (nach Einstellung des Jahresergebnisses in die Rücklage). In der GuV muss auf jeden Fall das (unverteilte) Jahresergebnis erscheinen.[139]

117 Diese Gliederung zeigt die durch (sinnvolle) Vertragsgestaltung mögliche nahtlose Übereinstimmung mit den gesetzlichen Vorschriften für die Kapitalgesellschaften. Die in Klammern gesetzte Bezeichnung („Kapitalanteile") übernimmt die gesetzliche Nomenklatur für Kap. & Co.-Gesellschaften in § 264c Abs. 2 HGB (→ § 264c Rz. 9).

3.8.5 Ein einziges Kapitalkonto bei Kommanditgesellschaften?

118 Für die KG verlangt die Literatur[140] und für Kap. & Co.-Gesellschaften das Gesetz in § 264c Abs. 2 Satz 6 HGB (→ § 264c Rz. 20) ausnahmslos einen getrennten Ausweis der **Kapitalanteile** der persönlich haftenden Gesellschafter einerseits und der Kommanditisten andererseits. Die Begründung wird ausdrücklich oder stillschweigend in der unterschiedlichen Haftungssituation dieser Gesellschafter gesehen. Diese Betrachtungsweise überrascht insoweit, als jede Personenhandelsgesellschaft – auch die KG – als solche rechnungslegungspflichtig ist. Auch der Jahresabschluss der KG ist „**deren**" Werk und nicht etwa dasjenige der Gesellschafter (→ § 264c Rz. 9). Dies wird jedenfalls im Falle der OHG so gesehen, bei der der – auch saldierte – Ausweis der einzelnen Eigenkapital-Konten der Gesellschafter in zusammengefasster Form

---

138 In Anlehnung an den Vorschlag von *Lanfermann*, in: FS Ludewig, S. 549, 566.
139 In IDW RS HFA 7 ist das Erfordernis der Darstellung des Jahresergebnisses in der GuV-Rechnung nicht direkt angesprochen – im Gegensatz zum Entwurf zur Vorgängerversion HFA 2/1993 (WPg 1992 S. 659, 661, rechte Spalte).
140 Siehe nur IDW RS HFA 7 Tz. 33; *Lanfermann*, in: FS Ludewig, S. 558, m.w.N.

zulässig ist (→ Rz. 83); durch diese Zusammenfassung erscheint dann in der Bilanz „das" Eigenkapital der OHG wie bei einer Kapitalgesellschaft. Es wird daher vom Bilanzausweis keine Offenlegung der Beteiligungsverhältnisse der einzelnen Gesellschafter an der OHG erwartet. Warum soll dies bei der KG anders sein?

Die Rechtfertigung für die Trennung „des" Eigenkapitals der KG kann nur in der Interessenlage und dem Informationsbedürfnis Dritter gefunden werden. Und hier wiederum richtet sich das Augenmerk zuvorderst auf den **Haftungsgedanken**, d. h. den Schutz der Gläubiger der Gesellschaft. Werden also deren Interessen beeinträchtigt, wenn auch bei der KG die Eigenkapitalien aller Gesellschafter zusammengefasst ausgewiesen werden? 119

Bei der Antwort darauf ist in rechtlicher Hinsicht zunächst auf das Rechtsinstitut der **Hafteinlage** des Kommanditisten nach § 171 Abs. 1 HGB zurück zu kommen. Diese muss nicht mit der Pflichteinlage übereinstimmen, tut dies allerdings i. d. R. (→ Rz. 94). Ist die Hafteinlage nicht oder nicht vollständig geleistet, bedarf der Leser des Jahresabschlusses tatsächlich einer entsprechenden Information. Am besten lässt sich dies durch die Einfügung eines Gliederungspostens „**ausstehende Einlagen auf das Haftkapital**" in Analogie zu § 272 Abs. 1 Satz 1 HGB bewerkstelligen. Dieses Problem ist dabei nicht nur bei zusammengefasstem Kapitalausweis aller Gesellschafter gegeben, sondern auch bei einer Trennung nach Komplementär- und Kommanditisten-Konto. Es kann deshalb auch dahingestellt bleiben, ob bei voll einbezahltem Haftkapital durch Bilanzvermerk ein Hinweis auf die abweichende Höhe der Pflichteinlage erfolgen muss oder nicht. Auch dieses Problem ist unabhängig von zusammengefasstem und getrenntem (nach Komplementär und Kommanditist) Eigenkapital-Ausweis der KG zu lösen. Die **Hafteinlage** bzw. deren Erbringung stellt somit kein zwingendes Erfordernis der Trennung der Eigenkapital-Ausweise (von Komplementären und Kommanditisten) dar.

Gibt es ein anderes Erfordernis, insbesondere vor dem Aspekt des **Gläubigerschutzes**? Ein solcher ist aus dem ökonomischen Sinngehalt des Eigenkapitalbegriffs abzuleiten. Er soll ja zuvorderst die dem Gläubiger der Gesellschaft verfügbare Haftmasse des betreffenden Unternehmens, d. h. der Gesellschaft, darstellen (Kapitalerhaltungsfunktion des Jahresabschlusses). Zumindest der Idee nach steht dieses Vermögen zur Befriedigung der Gläubiger zur Verfügung (bei allem Vorbehalt gegenüber solchen Überlegungen, die etwa ein Insolvenzverwalter am konkreten Fall durchexerzieren könnte). Anders als bei der Kapitalgesellschaft ist auch das Vermögen der persönlich haftenden Gesellschafter zusätzlich als Haftmasse verfügbar. So betrachtet stellt der **zusammengefasste Eigenkapitalausweis** der Personengesellschaft (inhaltlich vergleichbar mit demjenigen bei der Kapitalgesellschaft) eine Art „***worst case*-Szenario**" dar. Schlimmer kann es für den Gläubiger nicht kommen, er kann allenfalls besser gestellt werden durch das in der Gesellschaftsbilanz nicht ausgewiesene persönliche Vermögen der Komplementäre. Diese potenzielle Besserstellung des Gläubigers durch die Haftung der Komplementäre ist aber im Jahresabschluss der Gesellschaft unter gar keinen Umständen zu vermerken oder anderweitig kenntlich zu machen. Dem Gesellschafts-Gläubiger entsteht daher keinerlei Nachteil bzw. er erfährt keine Vereitelung seines Informationsbedürfnisses, wenn er das Eigenkapital der KG in zusammengefasster Form präsentiert bekommt. Interessiert sich der Gläubiger zusätzlich für die Bonität des persönlich haftenden Gesellschafters, muss er sich die Informationen außerhalb der Bilanz der Gesellschaft verschaffen.

3.8.6 Rechenschema zur Kontoführung der Gesellschafter im Zeitverlauf

Nach Maßgabe des Vorschlags zur Führung der Kapitalkonten unter → Rz. 101 folgendes Rechenschema:[141]

	Komplementär	Kommanditist	∑
Geleistete Pflichteinlage (Festkapital)	500	500	1.000
Jahresüberschuss in 01	+100	+100	+200
EK per 31.12.01	600	600	1.200
Einstellung in Gewinnrücklage	10	10	20
Ausschüttung bzw. Darlehensgewährung an Gesellschaft	90	90	90
EK nach Gewinnverwendung für 01 in 02	510	510	1.020
Jahresfehlbetrag in 02	-250	-250	-500
	Komplementär	**Kommanditist**	**∑**
EK per 31.12.02	260	260	520
Entnahme aus Gewinnrücklage	10	10	20
Verlustvortrag	240	240	240
EK per 31.12.02 nach „Verwendung" der Gewinnrücklage	260	260	520
	300	300	600
Jahresfehlbetrag 03 Verlustvortrag	540	540	1.080
nicht durch EK gedeckter Fehlbetrag per 31.12.03	10	40	80
Jahresüberschuss in 04	200	200	400
Verlustvortrag	340	340	680
EK per 31.12.04	160	160	320
Jahresüberschuss in 05	400	400	800
EK per 31.12.05 vor Gewinnverwendung	560	560	1.120
Tilgung Verlustvortrag	340	340	680
Einstellung in Gewinnrücklage	6	6	12
Ausschüttung bzw. Darlehensgewährung an Gesellschaft	54	54	108
EK nach Gewinnverwendung für 05 in 06	506	506	1.012
	Komplementär	**Kommanditist**	**∑**
Zusammensetzung EK nach Gewinnverwendung für 05			
- Festkapital	500	500	1.000
- Gewinnrücklage	6	6	12
	506	506	1.012

---

[141] Nach *Hoffmann/Weidenhammer*, in: Beck'sches Handbuch der Personengesellschaften, 3. Aufl., 2009, § 5 Tz. 120.

4. Einlage eines stillen Gesellschafters

Die stille Beteiligung kann aus Sicht des Inhabers (des Unternehmens) = Emittent (→ § 238 Rz. 2) Eigen- oder Fremdkapital darstellen (→ Rz. 67). In beiden Fällen sollte die Kontoführung Folgendermaßen vorgenommen werden:

▶ Die Einlage ist bei Zugang zum **Nennwert** anzusetzen.

▶ Gewinnanteile sind **nach** Feststellung des Jahresabschlusses auf ein Verbindlichkeitskonto (sonstige Verbindlichkeit) umzubuchen und bei Fälligkeit zulasten dieses Kontos auszuzahlen (→ § 255 Rz. 124).

▶ Soweit Gewinnanteile zur **Erhöhung** der Einlage verwendet werden sollen, ist die Umbuchung vom Verbindlichkeitskonto auf das Einlagekonto vorzunehmen.

120a

5. Die Beteiligung an der Personenhandelsgesellschaft, stille Beteiligung, Gewinnbezugsrecht

Die Beteiligung an einer Personenhandelsgesellschaft stellt einen Vermögensgegenstand dar und wird handelsbilanziell wie diejenigen an einer Kapitalgesellschaft abgebildet.[142] Deshalb ist zu verweisen

▶ zum **Ausweis** → § 266 Rz. 48; → § 272 Rz. 20,

▶ zur **Bewertung** beim **Zugang** → § 255 Rz. 122,

▶ zur **Folgebewertung** → § 253 Rz. 127 ff.,

▶ zum **Gewinnbezugsrecht** → § 255 Rz. 123.

121

Steuerlich gilt dies aufgrund des Systems der **Mitunternehmerschaft** (→ Rz. 316 ff.) nicht. Die Beteiligung eines Gesellschafters – natürliche Person, Kapitalgesellschaft, Personengesellschaft – an einer gewerblich tätigen oder gewerblich geprägten Personen(handels)gesellschaft (→ Rz. 317) übt in der Steuerbilanz der Mitunternehmerschaft (z. B. Personenhandelsgesellschaft) **keine Wirkung** bezüglich der dortigen Gewinnermittlung und damit der Einkünfte des Mitunternehmers aus dieser Beteiligung aus.[143] Das gilt auch für den **atypisch still** Beteiligten an einem gewerblichen Unternehmen (anders bei typisch stiller Beteiligung; → § 255 Rz. 124b). Eine **Bewertung** dieser Beteiligung für steuerliche Zwecke findet nicht statt.[144] Dies wird dem die Beteiligung innehabenden Gesellschafter durch die Gewinnfeststellung bei der Personengesellschaft, an der er beteiligt ist, abgenommen. Dort wird nach dem System der Gewinnermittlung durch Vermögensvergleich indirekt das Endvermögen der Gesellschaft zum Bilanzstichtag festgestellt und dem Gesellschafter entsprechend seiner Beteiligungsquote zugewiesen. Daraus abgeleitet wird von „**Spiegelbildmethode**" der Bilanzierung einer Personengesellschaftsbeteiligung gesprochen. Unerheblich für die Gewinnermittlung des Gesellschafters (der diese Beteiligung im Betriebsvermögen hält) ist der bei ihm gewählte Bilanzansatz. Dieser kann – überspitzt – weil funktionslos auch unterbleiben oder mit dem Handelsbilanzwert er-

---

142 IDW FN 2006 S. 626; *Bürkle/Knebel*, DB 1998 S. 1067.
143 BFH-Urteil vom 24. 3. 1999 – I R 114/97, BStBl 2000 II S. 399.
144 BFH-Urteil vom 30. 4. 2003 – I R 102/01, BStBl 2004 II S. 804.

folgen – für die Ermittlung des steuerlichen Gewinnanteils ist er jedenfalls bedeutungslos („Merkposten").[145]

Deshalb kommt auch dem Zeitpunkt einer **Gewinnvereinnahmung** in der Handelsbilanz des Gesellschafters (→ § 255 Rz. 123) für dessen steuerliche Gewinnermittlung keine Bedeutung zu. Der Gewinnanteil wird bei der Beteiligungsgesellschaft für das betreffende Geschäftsjahr festgestellt. **Teilwertabschreibungen** auf den Beteiligungsansatz sind mit steuerlicher Wirkung nicht möglich.

VI. Aufwendungen und Erträge (Abs. 1 Satz 1 1. Halbsatz)

122 Das Vollständigkeitsgebot (→ Rz. 3) umfasst auch die GuV, die im Soll und Haben mit den Begriffen „Aufwendungen und Erträge" charakterisiert wird. Deren Begriffsinhalt erschließt sich am ehesten durch den Blick auf § 252 Abs. 1 Nr. 5 HGB (→ § 252 Rz. 163) mit der kurz gefassten Aussage: Die kaufmännische Rechnungslegung ist nicht durch eine Gegenüberstellung von (**pagatorischen**) Ausgaben und Einnahmen durchzuführen, sondern durch deren **periodengerechte** Zuordnung, also dem, was international als *matching principle* bezeichnet wird. Zahlungszu- und -abflüsse mit ihrer Auswirkung auf die beim Unternehmen vorhandene Liquidität sind in einer *cashflow*-Rechnung darzustellen, die allerdings nur für den Konzernabschluss vorgesehen ist (→ § 297 Rz. 6). Der aus der allgemeinen Betriebswirtschaftslehre geläufigen Unterscheidung zwischen Ausgaben und Auszahlungen bzw. Einnahmen und Einzahlungen kommt im Rahmen der Bilanzierung unter Einbeziehung der GuV keine Bedeutung zu.

123 Insgesamt schlägt sich in der GuV die **Wertänderung** des **Vermögens** (Eigenkapitals) des Kaufmanns bzw. der Gesellschaft nieder, soweit diese nicht ihrerseits auf Entnahmen bzw. Gewinnausschüttungen oder Einlagen beruhen. Im Gegensatz zum Steuerrecht, das gem. § 4 Abs. 1 Satz 1 EStG systematisch keine GuV benötigt, verlangt die handelsrechtliche Rechnungslegung in Übereinstimmung mit der kaufmännischen Übung eine aufgegliederte (→ § 275 Rz. 2) Darstellung der Erfolgsquellen. Die steuerlich erforderliche Unterscheidung zwischen **betrieblicher** und **privater** Veranlassung (Entnahmen) kann dabei weitestgehend auch in das Handelsrecht übernommen werden – wie das seit jeher in der Praxis geschieht.

124 Die rechnerischen **Zusammenhänge** zwischen Bilanz und GuV aufgrund der **Doppik**-Systematik bewirken wechselseitige Folgewirkungen.

> **BEISPIEL** Die Finanzierungsentscheidung zwischen Miete oder kreditfinanziertem Kauf eines Lkw führt im erstgenannten Fall nur zur Berührung der GuV über die Kostenart „Fahrzeugmiete". Im zweiten Fall wird in der Bilanz Anlagevermögen aktiviert und eine Bankschuld passiviert. In der GuV folgt daraus ein Abschreibungs- und Zinsaufwand.

125 Bei **Personenhandelsgesellschaften** (→ Rz. 75 ff.) schlägt sich die (häufig mangelnde) Trennung von gesellschaftsrechtlicher und schuldrechtlicher Veranlassung (→ Rz. 76) auch in der GuV nieder. Leistungsvergütungen der Gesellschaft an die Gesellschafter können beiden Rechts-

---

145 Einzelheiten bei *Mayer*, DB 2003 S. 2034.

quellen entspringen. Beispiele sind Zinsen für Kapitaleinlagen und Darlehen oder Tätigkeitsvergütungen. Bei Erbringung auf **schuld**rechtlicher Basis ist die GuV anzusprechen. Liegt demgegenüber der Vergütung eine **gesellschafts**rechtlich zu qualifizierende Veranlassung zugrunde, ist diese als Bestandteil der Gewinnverwendung zu behandeln und kürzt somit nicht das ausgewiesene Ergebnis (Jahresüberschuss). Da die beiden Rechtsgrundlagen regelmäßig frei austauschbar sind, können GuV von Personengesellschaften schon deswegen völlig unterschiedliche Ergebnisse bei gleichem wirtschaftlichen Gehalt ausweisen.

Aus Gründen der **Klarheit** (→ § 243 Rz. 18) sollte u. E. ein entsprechender Vermerk oder eine rechnerische Darstellung unterhalb oder innerhalb der GuV erfolgen. Erst recht ist ein Vermerk erforderlich, wenn zwischenperiodisch ein Wechsel zwischen beiden Rechtsgrundlagen erfolgt.

VII. Bilanzieller Zu- und Abgang, zeitliche Dimension

Ein Vermögensgegenstand im bilanzrechtlichen Sinn kann im Zeitverlauf bei der bilanzierenden Einheit **entstehen** durch 126

- Zugang von **außerhalb** des Buchungsbereichs der betreffenden Unternehmung, beispielsweise Einkauf von Rohmaterial oder einer Maschine, Installation einer ERP-Softwareumgebung etc. sowie
- unternehmens**interne** Transformationsprozesse (Produktion).

> **BEISPIELE** für unternehmensintern begründete Zugänge:
>
> - Aus Blechen, vorgefertigten Teilen (Getriebe), Einsatz von Robotern und menschlicher Arbeit entsteht ein Vermögensgegenstand „Personenkraftwagen".
>
> - Aus dem Arbeitseinsatz eines Prüfungsteams unter Verwendung von Fachschrifttum und EDV-Systemen erstellt die Wirtschaftsprüfungsgesellschaft W den Vermögensgegenstand „Prüfungsergebnis", der sich körperlich aus dem Prüfungsbericht und dem Bestätigungsvermerk zusammensetzt.

Die beiden Vermögensgegenstände „Personenkraftwagen" und „Prüfungsergebnis" **verlassen** die Buchungssphäre des Unternehmens durch die Auslieferung an den Autohändler bzw. Auftraggeber (bilanzrechtlicher Abgang); an die Stelle dieser beiden Vermögensgegenstände tritt dann ein **anderer** in Form der „Kundenforderung". Der Abgang des Produktionsergebnisses oder (hier nicht dargestellt) der Handelsware ist regelmäßig mit einem **Realisationsvorgang** verbunden, wohingegen der Zugang und der Produktionsprozess ergebnisneutral vonstattengeht. Zur Umsatzrealisation wird auf die Kommentierung unter → § 252 Rz. 85 ff. verwiesen. Der Zu- und Abgang an den Unternehmensgrenzen vollzieht sich durch Übergang des wirtschaftlichen Eigentums (→ Rz. 147). Der rechtliche Eigentumsübergang spielt hier keine Rolle; dies erklärt sich insbesondere aus den Rechtsinstituten des Eigentumsvorbehalts bei entsprechenden Transaktionen.

Umgekehrt verhält es sich bei dem Zugang von **Schulden**: Hier ist regelmäßig (→ Rz. 138) der 127
zivilrechtliche Gehalt zu beachten, also das Entstehen der schuldrechtlichen Verpflichtung und deren Erlöschung durch Erfüllung in deren verschiedenen Ausprägungen. Ausnahmsweise kann auch eine rechtlich **noch nicht entstandene** Schuld bilanzierbar sein, wenn das Entstehen

absehbar und die Schuld bereits dem abgelaufenen Geschäftsjahr zuzuordnen ist oder umgekehrt eine am Bilanzstichtag rechtlich bestehende Schuld (noch) nicht bilanzierbar ist, z. B. eine Haftungsschuld (→ § 251 Rz. 8) oder eine Verbindlichkeit aus schwebendem Geschäft (→ Rz. 4).

128 Verbindlichkeiten im bilanzrechtlichen Sinn **erlöschen** regelmäßig durch die „Anwendung" der üblichen schuldrechtlichen Konstrukte: Erfüllung, Aufrechnung, Erlass, befreiende Schuldübernahme. In Sonderfällen kann eine Verbindlichkeit auch durch Anfechtung, Rücktritt, Kündigung oder Wandlung entfallen.[146] Auch auf öffentlich-rechtlicher Grundlage kann eine Schuld erlöschen, z. B. durch Verwaltungsakt.

VIII. Sachliche (objektive) Zurechnung

1. Problemstellung ...

129 Die Bilanzierung von Vermögensgegenständen und Schulden, Aufwendungen und Erträgen, setzt sowohl eine **personelle** als auch eine **sachliche** Zurechnung zum Bilanzierungssubjekt voraus. Zur **Unterscheidung** und zum **Zusammenwirken** beider Kriterien folgendes Beispiel:

> **BEISPIEL** ▸ Einzelkaufmann E least zwei Cabrios. Restwertrisiko und Restwertchance liegen ausschließlich bei ihm. Die Fahrzeuge werden ohne Entgelt (beinahe) ausschließlich von seinen beiden nicht im Betrieb tätigen Kindern genutzt.
>
> Unter dem personellen Aspekt kommt eine Bilanzierung der Fahrzeuge nur in Frage, wenn E als wirtschaftlicher Eigentümer der geleasten Fahrzeuge anzusehen ist. Dies ist bei vollständiger Übernahme der Restwertrisiken und -chancen der Fall.
>
> Aus sachlicher Sicht müssen die Fahrzeuge aber auch dem unternehmerischen Bereich zuzuordnen sein. Bei beinahe ausschließlich privater Nutzung ist diese Voraussetzung nicht erfüllt. Eine Bilanzierung der Fahrzeuge und der Leasingverbindlichkeit scheidet ebenso aus wie eine Erfassung der Aufwendungen (Abschreibungen, Zins etc.) in der GuV.

Die Frage der sachlichen Zurechnung stellt sich vor allem beim Einzelkaufmann (→ Rz. 130), zur **personellen** Zurechnung wird auf → Rz. 147 verwiesen.

2. ... beim Einzelkaufmann

2.1 Vermögensgegenstände

130 Der Einzelunternehmer hat nur **ein** Vermögen, das sowohl den zu bilanzierenden **unternehmerischen** als auch den bilanziell irrelevanten **privaten** Bereich umfasst. Die Abgrenzung beider Sphären ist Voraussetzung einer zutreffenden Bilanzierung und Erfolgsrechnung. Im Falle von Personenhandels- und Kapitalgesellschaften stellt sich das Problem nach h. M. und BFH-Rechtsprechung nicht (→ Rz. 143) oder nur in Sonderfällen (→ Rz. 145).

---

146 Vgl. *ADS*, 6. Aufl., § 246 Tz. 126.

Die **Abgrenzung** beider Bereiche ist bei **nicht-monetären** Vermögensgegenständen und Schulden vorrangig nach der tatsächlichen **Nutzung** vorzunehmen. Die Zuordnung ist dann unproblematisch, wenn der betreffende Vermögensgegenstand der Sache nach **ausschließlich** betrieblich genutzt werden kann (Beispiel: Abkantmaschine in einer Schlosserei) oder nur privaten Zwecken dient (Beispiel: Segeljacht). Daran ändert eine **geringfügige Mitbenutzung** im jeweils anderen Vermögensbereich des Einzelkaufmanns nichts.

> **BEISPIEL** Der Schlosser im vorgenannten Beispiel ist aktives Mitglied des örtlichen Schützenvereins. Dieser baut durch vereinseigene Leistung einen Anbau an die Schießstation in Leichtmetallbauweise. Zur Fertigung der Bauteile stellt er seine Abkantmaschine am Samstag kostenlos zur Verfügung. Die Maschine bleibt betriebliches Vermögen.
>
> **ALTERNATIVE** Der Versicherungsmakler V ist begeisterter Hochseesegler. Er hat einen Liegeplatz auf der Insel Poel. Jeweils am Feiertag Christi Himmelfahrt veranstaltet er den traditionellen „Unternehmertörn", der als Herrenparty mit örtlichen Unternehmern (darunter überwiegend Kunden) einen gewissen Bekanntheitsgrad in der Region erworben hat. Die Jacht gehört nicht zum betrieblichen Vermögen (→ Rz. 142).

In ertragsteuerlicher Terminologie handelt es sich in den beiden Beispielsfällen um notwendiges **Betriebs-** bzw. notwendiges **Privat**vermögen (→ Rz. 142a). Dieser steuerlichen Sicht mag man nicht unbedingt nach Art einer umgekehrten Maßgeblichkeit Vorreiterfunktion für die handelsrechtliche Bilanzierung zugestehen. Doch stellt sich die Frage nach einer besseren Analogiegrundlage, denn das **HGB schweigt** sich zu diesem Themenbereich aus. Das ist wegen der traditionellen steuerlich dominierten Bilanzierungspraxis in Deutschland auch verständlich. Solange kein besseres System gefunden wird, sollte man u. E. diese steuerliche Rechtsprechungstradition auch in die handelsrechtliche Bilanzierung übernehmen. Wenn also ein Kaufmann seiner Frau Gemahlin ein Collier schenkt und erst nach dem Bilanzstichtag bezahlt, ist eine Passivierung nicht möglich. Die Schuld ist nicht betrieblich (Steuer) oder kaufmännisch (HGB) veranlasst.

131

Eine Anlehnung an die steuerlichen Kriterien ist auch bei **gemischter** Nutzung oder Zweckbestimmung sinnvoll. Analog den Regelungen zum **gewillkürten** Betriebsvermögen ist hier u. E. dem **äußerlich erkennbaren Willen** des Unternehmers zu folgen, der sich in einer entsprechenden buchmäßigen Behandlung objektivieren muss (→ Rz. 134), wobei dem im Steuerrecht vertretenen Überwiegensprinzip gefolgt werden kann.

132

Dies gilt umso mehr, weil die Rechnungslegungs**praxis** den steuerlichen Vorgaben ohnehin folgt. Da als Haftungsmasse das gesamte Vermögen des Einzelunternehmers zur Verfügung steht, ist die Abgrenzung des unternehmerischen Vermögens unter handelsbilanziellen **Gläubigerschutz**aspekten von geringer Relevanz. Weil die Überführung von unternehmerischem Vermögen in die Privatsphäre durch Entnahmen überdies keinen gesetzlichen Beschränkungen unterliegt, besteht auch kein auf die Feststellung eines **ausschüttungsfähigen** Gewinns gerichteter Bilanzierungszweck. Unter Beachtung des Maßgeblichkeitsprinzips hat die Bilanzierung jedoch Bedeutung für die Besteuerung. Soweit daher die Zuordnung gemischter Vermögenswerte oder Schulden zur Unternehmens- oder Privatsphäre mit Blick auf die Steuerbilanz vorteilhaft oder nachteilig ist, prägt dies die handelsbilanzielle Entscheidung.

133 Bei **monetären** Vermögensgegenständen und Verbindlichkeiten ist zunächst auf den Grund ihrer Entstehung abzustellen. Eine aus Umsätzen entstandene Kundenforderung oder eine aus Wareneinkäufen entstandene Lieferantenverbindlichkeit ist danach notwendig dem unternehmerischen Bereich zuzuordnen. Ohne eindeutigen Veranlassungszusammenhang ist wiederum der **objektivierte Wille** des Unternehmers entscheidend. Ein Anwendungsfall hiervon ist etwa die Anlage liquider Mittel in Wertpapieren.

134 Aber auch in rechtsdogmatischer Betrachtung kann die Orientierung an einschlägiger BFH-Rechtsprechung zur Beurteilung eines konkreten Bilanzierungsfalls hilfreich sein.

> **BEISPIEL** ▶ Ein unbebautes oder fremd vermietetes Mietwohngrundstück kann betriebsförderlich sein, z. B. weil im letztgenannten Fall Arbeitnehmer darin untergebracht werden können oder weil im ersten Fall die Kreditwürdigkeit des Unternehmens steigt.[147]
>
> Bei einem unbebauten Grundstück kann je nach Betriebscharakteristik eine spätere Bebauung oder die Nutzung als Lagerplatz in Betracht kommen.
>
> Liquiditätsreserven können in Geldmarktfonds angelegt werden, auch wenn diese am Bilanzstichtag gegenüber dem Einstandspreis im Wert gesunken sein sollten.[148]

Umgekehrt hat die Willkürung ihre sinnvolle Grenze, wenn der betreffende Vermögensgegenstand dem einzelkaufmännischen Unternehmen **nicht förderlich** sein kann. Die BFH-Rechtsprechung hat dies bei sog. betriebsschädlichen Wirtschaftsgütern angenommen, insbesondere bei verlustträchtigen Wertpapieren, Optionen u. Ä. (→ Rz. 142).[149]

Gerade diese BFH-Urteile sind – wie könnte es anders sein? – **steuerlich-fiskalisch** orientiert. Zu Recht soll nach diesen Entscheidungen ein Kaufmann sich für seine privaten oder als privat erachteten Geschäfte mit Verlusten nicht teilweise auf Kosten der Allgemeinheit sanieren können. Genauso stellt sich handelsrechtlich die Frage, ob eine Heiratsvermittlungsagentur Börsentermingeschäfte tätigen muss, die dann später zu Verlusten führen.[150]

Andererseits hat der BFH auch branchenfremde Devisentermingeschäfte als betriebszugehörig anerkannt (→ Rz. 142), allerdings auf die Ersichtlichkeit der **Widmung** (ex ante) zum Betriebsvermögen besonderen Wert gelegt.[151] Damit ist ein auch für handelsrechtliche Zwecke wesentlicher Aspekt verbunden: Der Kaufmann muss die Entscheidung über die Zuordnung zum Betriebsvermögen in zweifelhaften Fällen im Zugangszeitpunkt treffen und entsprechend dokumentieren, z. B. durch **Einbuchung** in der laufenden Finanzbuchführung (→ Rz. 142). Eine spätere Einbuchung etwa im Zuge der Abschlussarbeiten kommt in diesen Fällen zu Recht steuerlich nicht in Betracht; dem ist auch handelsrechtlich zu folgen (→ § 247 Rz. 33).

---

147 BFH-Urteil vom 30. 4. 1975 – I R 111/73, BStBl II S. 582; BFH-Urteil vom 7. 4. 1992 – VIII R 86/87, BStBl 1993 II S. 21; BFH-Urteil vom 24. 7. 1996 – X R 167/95, BStBl 1997 II S. 315.
148 BFH-Urteil vom 18. 12. 1996 – XI R 52/95, BStBl 1997 II S. 351; BFH-Urteil vom 19. 2. 1997 – XI R 1/96, BStBl II S. 399.
149 BFH-Urteil vom 19. 2. 1997 – XI R 1/96, BStBl II S. 399; BFH-Urteil vom 11. 10. 1988 – VIII R 237/83, BFH/NV 1989 S. 305; BFH-Urteil vom 26. 10. 1999 – X B 40/99, BFH/NV 2000 S. 563; BFH-Urteil vom 11. 7. 1996 – IV R 67/95 BFH/NV 1997 S. 114.
150 Fall des BFH-Urteils vom 19. 2. 1997 – XI R 1/96, BStBl II S. 399.
151 BFH-Urteil vom 20. 4. 1999 – VIII R 63/96, BStBl II S. 466.

Bezüglich der Betriebsvermögenseigenschaft in steuerlicher Hinsicht gilt ein sog. **Unteilbarkeitsgrundsatz**. D. h. das betreffende Wirtschaftsgut ist entweder in vollem Umfang oder gar nicht dem Betriebsvermögen zuzuordnen. Dieser Gedanke kommt insbesondere bei dem Pkw zum Tragen, der gerade im einzelkaufmännischen Bereich regelmäßig zu betrieblichen und zu privaten Fahrten genutzt wird. Hier kommt bei einer Nutzungsquote zwischen 10 % und 50 % dem Willkürungsakt Bedeutung zu. Außerhalb dieser Grenze liegt entweder notwendiges Betriebs- oder Privatvermögen vor.[152] Auch dieser Vorgabe kann handelsrechtlich aus Praktikabilitätsgründen gefolgt werden.

135

Als „Aufteilungsobjekt" bleibt noch das betrieblich genutzte **Grundstück** mit aufstehendem Gebäude. Dies wird je nach Nutzungsart steuerlich bezüglich der Zuordnung zum Betriebs- oder Privatvermögen „zerlegt". Das für Wohnzwecke genutzte Obergeschoss des Kaufmanns stellt Privatvermögen dar, das im Erdgeschoss befindliche Ladengeschäft dagegen Betriebsvermögen. Wegen Einzelheiten wird auf → § 266 Rz. 29 verwiesen.

136

Hier stellt sich wieder – die allenfalls eher theoretische – Frage, ob handelsrechtlich dieser „Atomisierung" gefolgt werden kann. Theoretisch deswegen, weil die (handelsrechtliche) Bilanzierungspraxis dieser steuerlichen Vorgabe flächendeckend entspricht. U. E. muss man dieser Auffassung sinnvollerweise folgen, solange keine schlagkräftigen Gegenargumente gefunden werden können.

Insgesamt kommen wir bezüglich der objektiven Zuordnung eines Vermögensgegenstands zum Bilanzierungsbereich des Einzelkaufmanns zu folgendem pragmatischen **Ergebnis**: Die einschlägige und umfangreiche **BFH-Rechtsprechung** und die damit ausgebreitete Rechtslage ist in weitem Umfang auch im **handelsrechtlichen Bilanzierungsbereich** willkommen; das handelsrechtliche Bilanzrad muss nicht neu erfunden werden. Will oder muss man davon abweichen, bedarf es einer schlüssigen Gegenargumentation. Auch Analogieschlüsse für konkrete Sachverhalte aus dem Steuerbereich erscheinen uns als zulässig, wenn nicht geboten.

137

2.2 Schulden

Ebenso wie bei monetären Vermögensgegenständen (→ Rz. 133) entscheidet bei Schulden vorrangig der **Veranlassungs**- bzw. **Entstehungs**zusammenhang über die Zuordnung zur privaten oder betrieblichen Sphäre. Entsprechend sind Verbindlichkeiten aus unternehmerisch bezogenen Waren zu bilanzieren.

138

Auch für Schulden kann in weiten Zügen der steuerlichen Vorspurung gefolgt werden: Ein vom Einzelkaufmann aufgenommener Bankkredit zur Finanzierung des Einfamilienhauses ist keine passivierungsfähige Schuld. Erfolgt die Finanzierung allerdings nach dem Modell der **steuerlichen Kontenführung**, erscheint die Übernahme der dortigen Vorgaben für handelsrechtliche Zwecke eher zweifelhaft. Allerdings wird die Bilanzierungspraxis von diesen Bedenken nicht von der Weiterführung auch in der Handelsbilanz abgeschreckt werden.

Z. T. anders ist die Beurteilung, wenn objektiv die betriebliche Sphäre mit dem Vorgang verknüpft ist.

139

---

152 BFH-Urteil vom 23. 5. 1991 – IV R 58/90, BStBl II S. 798.

> **BEISPIEL** ▶ Ludwig Müller Schraubenhandel seit 1883, Inhaber Peter Meier, nimmt zur Finanzierung seines standesgemäßen Einfamilienhaus-Neubaus eine Bankschuld auf. Diese ist auf dem neu gebauten Eigenheim und zusätzlich auf der betrieblich genutzten Lagerhalle an erster Rangstelle abgesichert.

Für die **Nichtbilanzierung** spricht der private Anlass der Kreditaufnahme, zumindest aus erstragsteuerlicher Sicht. Zum gleichen Ergebnis kommt man unter Heranziehung des Kaufmannbegriffs. Das private Wohnhaus hat mit der Kaufmannseigenschaft nichts zu tun (→ Rz. 138).

Für einen **Bilanzausweis** könnte die grundbuchmäßige Absicherung auf dem betrieblichen Grundstück sprechen. In der umgekehrten Konstellation – Verwendung des Einfamilienhauses zur Absicherung eines betrieblichen Kredits – hat allerdings der BFH die Behandlung des Wohnhauses als Betriebsvermögen abgelehnt.[153] Dabei bleibt die „Verhaftung" des betrieblichen Lagergrundstücks für private Schulden unberücksichtigt. U. E. bietet sich als Lösung eine **analoge** Anwendung von § 251 HGB bezüglich „der Bestellung von Sicherheiten für fremde Verbindlichkeiten" an (→ § 251 Rz. 35), also ein Bilanzvermerk etwa in der Form: „Für Privatvermögen gegebene Sicherheiten."

140   Bei **gemischt** veranlassten Verbindlichkeiten ist u. E. **keine** rechnerische **Trennung** des einheitlichen Schuldverhältnisses vorzunehmen. Dieses ist gem. der Bilanzierungsentscheidung des Unternehmers **insgesamt** als unternehmerische oder private Schuld zu behandeln, es sei denn, die Trennung ist leicht und objektiv möglich. Die auf den jeweils anderen Teil entfallenden Einnahmen oder Ausgaben sind als Einlagen oder Entnahmen zu buchen.

„Gemischte" Schulden können auch aus der **Umsatzsteuer** entstehen.

> **BEISPIEL** ▶ Einzelunternehmer U betreibt eine Hotelkette und verfügt im umsatzsteuerlichen „Privatvermögen" über eine Gewerbeimmobilie, die steuerpflichtig vermietet ist.
>
> **BEURTEILUNG** ▶ Ist die umsatzsteuerliche Bedeutung der Vermietung der Gewerbeimmobilie im Verhältnis zum Hotel gering, die Umsatzsteuerschuld also beinahe ausschließlich Folge betrieblicher Ein- und Ausgangsleistungen, bestehen keine Bedenken gegen die Passivierung der Gesamtschuld.
>
> Fällt die Vermietung der Gewerbeimmobilie ins Gewicht, ist eine Trennung der Schuld in den privaten und betrieblichen Anteil geboten.

141   **Einkommensteuerschulden** des Einzelunternehmers sind stets privat geprägt. Eine Erfassung derselben mit dem betrieblich veranlassten Anteil in der GuV ist nach § 5 Abs. 5 Satz 2 PublG möglich.

142   Für den Fall der Personenhandelsgesellschaft wird auf das Beispiel unter → Rz. 143 und die dortige Beurteilung verwiesen. Zur Bilanzierung einer Schuld bei mehreren Schuldnern vgl. → Rz. 277.

---

153 BFH-Urteil vom 13. 8. 1964 – IV 304/63 S, BStBl III S. 502.

2.3 Einzelheiten aus der BFH-Rechtsprechung[154]

2.3.1 Die Dreiteilung der Betriebsvermögenseigenschaft

Traditionell verfolgt der BFH trotz gelegentlich intensiver Kritik die „Politik" der **Dreiteilung** der Betriebsvermögenseigenschaft nach

142a

- notwendigem Betriebsvermögen,
- gewillkürtem Betriebsvermögen und
- notwendigem Privatvermögen.

Dieser Vorgabe ist die handelsrechtliche Bilanzierungspraxis ohne weitere Reflexion gefolgt. Man kann einmal mehr von einer Art **umgekehrten Maßgeblichkeit** sprechen. Auch nach deren förmlichen Aufhebung (→ § 252 Rz. 204 ff.) sollte an dieser steuerlichen Vorgabe festgehalten werden. U. E. muss hier für die Handelsbilanz das Rad nicht neu erfunden werden. Deshalb kann auch die umfangreiche einschlägige BFH-Rechtsprechung in ihrer Kasuistik der handelsrechtlichen Bilanzierung als Maßstab gelten.

2.3.2 Notwendiges Betriebsvermögen

Zum notwendigen Betriebsvermögen gehören Wirtschaftsgüter, die dem Betrieb objektiv erkennbar zum **unmittelbaren Einsatz** bestimmt sind.[155] Dazu bedarf es einer Ausrichtung zur Verwendung im Betriebsvermögen, dabei sind – da „notwendig" – folgende Tatbestände im Sinne einer negativen Abgrenzung nicht beachtlich:

142b

- Ausweis in der **Buchführung**;
- **Entscheidung** für die Nutzung als Betriebsvermögen bei objektiver Erkennbarkeit,[156] auch wenn die Nutzung im Augenblick noch nicht effektiv vorliegt aber objektiv erkennbar geplant ist (bei noch unentschiedener Verwendungsabsicht kann nur gewillkürtes Betriebsvermögen vorliegen);[157]
- **Notwendigkeit** für den Betrieb, wozu das Finanzamt nicht befinden darf;[158]
- **wesentliche** Bedeutung;
- **Unentbehrlichkeit**.[159]

Bejaht hat der BFH die notwendige Betriebsvermögenseigenschaft u. a. in folgenden Urteilen:[160]

142c

- **Nutzungsrecht** an einem **Ladenlokal**, das unter Hingabe (Tausch) von betrieblichem Grundbesitz erworben wurde;[161]

---

154 Vgl. zum Folgenden *Hoffmann*, in: Littmann/Bitz/Pust (Hrsg.), Das Einkommensteuerrecht, §§ 4, 5 Tz. 125 ff.
155 BFH-Urteil vom 15. 7. 1960 – VI 10/60 S; BStBl III S. 484; BFH-Urteil vom 21. 7. 1987 – VIII R 302/82, BFH/NV 1989 S. 304; BFH-Urteil vom 15. 10. 1981 – IV R 77/76, BStBl 1982 II S. 340; so auch R 4.2 Abs. 1 EStG 2008.
156 BFH-Urteil vom 6. 12. 1977 – VIII R 29/75, BStBl 1978 II S. 330.
157 BFH-Urteil vom 6. 3. 1991 – X R 57/88, BStBl II S. 829.
158 BFH-Urteil vom 6. 3. 1991 – X R 57/88, BStBl II S. 829.
159 BFH-Urteil vom 6. 3. 1991 – X R 57/88, BStBl II S. 829.
160 Folgende Aufzählungen nach *Hoffmann*, in: Littmann/Bitz/Pust (Hrsg.), Das Einkommensteuerrecht, §§ 4, 5 Tz. 127 ff.
161 BFH-Urteil vom 9. 8. 1989 – X R 20/86, BStBl 1990 II S. 128.

- aus einem **Tausch**verfahren hervorgegangene **Grundstücke**;[162]
- ein zur **Rettung** einer Forderung ersteigertes **Grundstück** (→ § 255 Rz. 72b);[163]
- Darlehensgewährung zur **Rettung** einer betrieblichen Forderung;[164]
- **Arbeiter**wohnhaus;[165]
- **branchenübliche** Wertpapiergeschäfte eines Bankiers;[166]
- **Silberabfälle** eines Röntgenarztes;[167]
- **Fernsehgerät** eines Fernsehautors und Regisseurs in seiner Wohnung bei geringer privater Mitnutzung;[168]
- Darlehensgewährung eines Freiberuflers trotz **Standeswidrigkeit**;[169]
- Erwerb eines GmbH-Anteils als **Steuerberaterhonorar**;[170]
- **Pensionsverpflichtung** einer Personengesellschaft gegenüber ihrem Gesellschafter-Geschäftsführer;[171]
- Errichtung und Veräußerung eines **Baumarkts** durch einen Immobilienmakler;[172]
- Übernahme einer **Bürgschaft**, soweit betrieblich veranlasst;[173] ebenso Bürgschaft im Sonderbetriebsvermögen II (→ Rz. 323) der Besitzpersonengesellschaft (→ Rz. 287) im Rahmen einer Betriebsaufspaltung;[174]
- **Verpachtung** einer Arztpraxis im Gebäude mit Apotheke;[175]
- Beteiligung und Forderung eines **Architekten** an Schweizer Bauträger-AG;[176]
- Beteiligung eines **Statikers** an Wohnungsbau-AG;[177]
- Beteiligung eines **Malermeisters** an einer Wohnungsbau-GmbH;[178]
- eigengewerblich genutztes **Patent**;[179]

---

162 BFH-Urteil vom 29. 6. 1995 – VIII R 2/94, BStBl 1996 II S. 60.
163 BFH-Urteil vom 11. 11. 1987 – I R 7/84, BStBl 1988 II S. 424.
164 BFH-Urteil vom 22. 4. 1980 – VIII R 236/77, BStBl II S. 571.
165 BFH-Urteil vom 14. 4. 1988 – IV R 160/84, BFH/NV 1989 S. 95; BFH-Urteil vom 1. 12. 1976 – I R 73/74, BStBl 1977 II S. 315.
166 BFH-Urteil vom 21. 5. 1976 – III R 10/74, BStBl II S. 588.
167 BFH-Urteil vom 18. 9. 1986 – IV R 50/86, BStBl II S. 907.
168 BFH-Beschluss vom 19. 10. 1970 – GrS 2/70, BStBl 1971 II S. 17.
169 BFH-Urteil vom 15. 10. 1981 – IV R 77/76, BStBl 1982 II S. 340.
170 BFH-Urteil vom 1. 2. 2001 – IV R 57/99, BStBl II S. 546.
171 BMF-Schreiben vom 29. 1. 2008 – IV B 2 – S 2176/07/0001, BStBl I S. 317, m. w. N. aus der BFH-Rechtsprechung.
172 BFH-Urteil vom 7. 5. 2008 – X R 49/04, BFH/NV 2008 S. 1385.
173 BFH-Urteil vom 10. 4. 1987 – III R 274/83, BFH/NV 1988 S. 22; BFH-Urteil vom 9. 9. 1986 – VIII R 159/85, BStBl 1987 II S. 257.
174 BFH-Urteil vom 18. 12. 2001 – VIII R 27/00, BStBl 2002 II S. 735.
175 FG Düsseldorf, Urteil vom 3. 4. 2001 – 3 K 6400/94 G, EFG 2001 S. 1055 rkr.
176 BFH-Urteil vom 14. 1. 1982 – IV R 168/78, BStBl II S. 345.
177 BFH-Urteil vom 23. 11. 1978 – IV R 146/75, BStBl 1979 II S. 109.
178 BFH-Urteil vom 8. 12. 1993 – XI R 18/93, BStBl 1994 II S. 296; BFH-Urteil vom 20. 9. 1995 – X R 46/94, BFH/NV 1996 S. 393.
179 BFH-Urteil vom 11. 9. 1969 – IV R 160/67, BStBl 1970 II S. 317.

- ▶ Beteiligung eines **Apothekers** an Einkaufsgenossenschaft;[180] anders für den Fall fehlender Vorteile im Warenbezug etc. gegenüber Nichtgenossen;[181]
- ▶ Beteiligung eines **Ingenieurs** an einer Technik-Beratungs-GmbH;[182]
- ▶ Beteiligung eines **Landwirts** an einer Absatzgenossenschaft;[183]
- ▶ Beteiligung eines **Arztes** an einer GmbH, die in Lizenzen von ihm entwickehlte Medikamente vertreibt;[184]
- ▶ Beteiligung eines **Einzelunternehmens** an einer GmbH, die ihm ihre Betriebsanlagen verpachtet (eine Art „umgekehrte Betriebsaufspaltung");[185]
- ▶ **Diensterfindungen.**

Nicht zur Bestimmung der Betriebsvermögenseigenschaft sind maßgeblich: 142d

- ▶ die **Finanzierung**, also die Herkunft der zur Beschaffung des Wirtschaftsguts eingesetzten liquiden Mittel;[186]
- ▶ die **private** Verwendbarkeit;
- ▶ unangemessen hohe **Anschaffungskosten** (→ § 255 Rz. 63);
- ▶ **Beleihung** (durch Grundpfandrecht) eines Wirtschaftsguts;[187] typisches Beispiel Verpfändung des eigengenutzten Wohnhauses für betriebliche Kredite.

Die **Branchennähe** eines Wirtschaftsguts führt nicht zwingend zu notwendigem Betriebsvermögen, allerdings bedarf es dann einer fundierten Darlegung durch den Steuerpflichtigen, warum die Betriebsvermögenseigenschaft nicht gegeben sein soll. Dazu folgende Beispiele:

- ▶ Wertpapierkäufe und -verkäufe eines Bankiers;[188]
- ▶ Baugrundstücke von „grundstücksnahen" Personengruppen;[189]
- ▶ Maklerprovisionen für den Erwerb von Wertpapieren.[190]

Abgelehnt oder **bezweifelt** hat der BFH die Betriebsvermögenseigenschaft in folgenden Fällen: 142e

- ▶ Branchen**untypische Termin-** und **Optionsgeschäfte**, und zwar eines Einzelhändlers,[191] eines Ehe- und Partnervermittlers[192] und einer Textilhandels-KG;[193]
- ▶ **US-Treasury-Bonds** eines nebenberuflichen Anlageberaters;[194]

---

180 FG Köln, Urteil vom 6.11.1996 – 12 K 1448/95 rkr., EFG 1997 S. 597.
181 BFH-Urteil vom 4.2.1998 – XI R 45/97, BStBl II S. 301.
182 BFH-Urteil vom 11.3.1976 – IV R 185/71, BStBl II S. 380.
183 BFH-Urteil vom 20.3.1980 – IV R 22/77, BStBl II S. 439.
184 BFH-Urteil vom 26.4.2001 – IV R 14/00, BStBl II S. 798.
185 FG Schleswig-Holstein, Urteil vom 27.10.2005 – 3 K 50153/02 rkr., EFG 2006 S. 1352.
186 BFH-Urteil vom 28.2.1996 – II R 92/93, BStBl II S. 348.
187 BFH-Urteil vom 13.8.1964 – IV 304/63 S, BStBl III S. 502.
188 BFH-Urteil vom 19.1.1977 – I R 10/74, BStBl II S. 287.
189 BFH-Urteil vom 23.1.1991 – X R 105-107/88, BStBl II S. 519; BFH-Urteil vom 11.6.1997 – XI R 71/96, BFH/NV 1997 S. 839.
190 BFH-Urteil vom 18.3.1982 – IV R 183/78, BStBl II S. 587.
191 BFH-Urteil vom 11.7.1996 – IV R 67/95, BFH/NV 1997 S. 114.
192 BFH-Urteil vom 19.2.1997 – XI R 1/96, BStBl II S. 399.
193 BFH-Urteil vom 20.4.1999 – VIII R 63/96, BStBl II S. 466.
194 FG Baden-Württemberg, Urteil vom 25.3.1998 – 14 K 172/94, EFG 1998 S. 1047.

- **Beteiligung** eines Steuerberaters an einer **Autowaschstraßen**-GmbH;[195]
- unbebautes **Nachbargrundstück**, auch wenn dort ein Garten angelegt wird;[196]
- GmbH-**Beteiligung** eines Bildjournalisten;[197]
- verlustträchtige **Wertpapiere** (→ Rz. 134);
- **entwertete** Forderung;[198]
- **Gemälde**;[199]
- **Lotteriespiel**;[200]
- **Bürgschaft** von Freiberufler für berufsfremde Engagements[201] ist kein Betriebsvermögen;
- **Barrengold** ist kein notwendiges Betriebsvermögen eines Gartenbauers;[202]
- ein **unbebautes** Grundstück kann kein notwendiges Betriebsvermögen sein, wenn der Bebauungsplan eine betriebliche Nutzung verhindert;[203]
- **Betriebsaufspaltung** (→ Rz. 296 ff.);
- **Lebensversicherung**;
- die **Beteiligung** eines **Steuerberaters** an einer dem Steuerberatungsgewerbe fremden GmbH ist auch dann kein Betriebsvermögen, wenn der Beteiligungserwerb zur Erringung des Steuerberatungsmandats erfolgt ist;[204]
- **Wertpapiere** eines Freiberuflers;[205]
- **Beteiligung** und **Darlehen** des Gesellschafters eines **Bankhauses** an GmbH, mit der die Bank Geschäftsbeziehungen unterhält, sind kein notwendiges Sonderbetriebsvermögen.[206]

2.3.3 Notwendiges Privatvermögen

142f Einschlägige Wirtschaftsgüter dienen aus steuerlicher Sicht der Lebensführung und können unter keiner denkbaren Begründung dem Betrieb dienen oder ihn fördern (→ Rz. 131).

BEISPIELE

- Kleidung und Hausrat;
- das eigengenutzte Einfamilien- oder Wochenendhaus;

---

195 BFH-Urteil vom 23. 5. 1985 – IV R 198/83, BStBl II S. 517.
196 BFH-Urteil vom 21. 7. 1987 – VIII R 302/82, BFH/NV 1989 S. 304.
197 BFH-Urteil vom 12. 1. 2010 – VIII R 34/07, BFH/NV 2010 S. 1166.
198 BFH-Urteil vom 27. 3. 1974 – I R 44/73, BStBl II S. 488; BFH-Urteil vom 22. 5. 1975 – IV R 193/71, BStBl II S. 804.
199 BFH-Urteil vom 25. 2. 1982 – IV R 25/78, BStBl II S. 461.
200 BFH-Urteil vom 16. 9. 1970 – I R 133/68, BStBl II S. 865.
201 BFH-Urteil vom 27. 6. 1996 – IV B 101/95, BFH/NV 1997 S. 99.
202 BFH-Urteil vom 18. 12. 1996 – XI R 52/95, BStBl 1997 II S. 351, mit Anm. *Wendt*, FR 1997 S. 337.
203 FG Münster, Urteil vom 30. 1. 1998 – 11 K 2390/96 E, G, U, EW, EFG 1998 S. 997.
204 BFH-Urteil vom 22. 1. 1981 – IV R 107/77, BStBl II S. 564.
205 BFH-Urteil vom 10. 6. 1998 – IV B 54/97, BFH/NV 1998 S. 1477; BFH-Urteil vom 15. 12. 1999 – XI R 11/99, BFH/NV 2000 S. 708.
206 BFH-Urteil vom 31. 1. 1991 – IV R 2/90, BStBl II S. 786.

- das Segelboot, auch wenn es von Betriebsangehörigen genutzt werden kann (→ Rz. 130);[207]
- ein verwandtschaftsbegründetes Darlehen;[208]
- Einkommensteuer-Erstattungsansprüche, auch wenn diese zur Stärkung des Betriebsvermögens bestimmt sind;[209]
- die Rückdeckungsversicherung für die Pensionszusage an den Gesellschafter-Geschäftsführer einer Personengesellschaft.[210]

2.3.4 Gewillkürtes Betriebsvermögen

Trotz der rechtssystematischen „Anfechtungen"[211] führt der BFH diese dritte Kategorie des Betriebsvermögens in seiner Rechtsprechung weiter. Dabei geht es i. d. R. um folgende Bereiche:

142g

- Wirtschaftsgüter, die einen gewissen **objektiven** Zusammenhang mit dem Betrieb aufweisen, allerdings ohne **zwingenden** Charakter;
- vermeintlich oder wirklich **betriebsschädliche** (verlustbringende) Wirtschaftsgüter (→ Rz. 134).

Eine Willkürung von Wirtschaftsgütern als Betriebsvermögen kann also nur bei objektiv vorliegender betrieblicher **Förderung** erfolgen. Diese Voraussetzung muss der Betriebsinhaber darlegen.[212]

BEISPIELE

- Ein unbebautes oder fremd vermietetes Mietwohngrundstück kann betriebsförderlich sein, und zwar deshalb, weil mit ihm u. U. die **Kreditwürdigkeit** des Unternehmens steigt;[213] anders bei vollständiger Fremdfinanzierung.[214]
- **Liquiditätsreserven** und leicht liquidierbare Wertpapiere sind betriebsförderlich.[215]
- Andererseits soll ein fremdfinanziertes Mietwohngrundstück keine Willkürung als Betriebsvermögen erlauben, wenn es **100 km vom Betrieb** (einer Gaststätte) **entfernt** liegt.[216]
- Die **Finanzierung** mit betrieblichen Mitteln kann als Beweisanzeichen für die Willkürung des damit beschafften Wirtschaftsguts dienen.

---

207 BFH-Beschluss vom 14. 4. 2000 – X B 118/99, BFH/NV 2000 S. 1333.
208 BFH-Urteil vom 22. 12. 1955 – IV 537/54 U, BStBl 1956 III S. 65.
209 BFH-Urteil vom 22. 7. 1966 – VI 12/65, BStBl III S. 542.
210 BFH-Urteil vom 28. 6. 2001 – IV R 41/00, BStBl 2002 II S. 724.
211 Vgl. zu Einzelheiten *Hoffmann*, in: Littmann/Bitz/Pust (Hrsg.), Das Einkommensteuerrecht, §§ 4, 5 Tz. 110 ff.
212 BFH-Urteil vom 24. 2. 2000 – IV R 6/99, BStBl II S. 297.
213 BFH-Urteil vom 30. 4. 1975 – I R 111/73, BStBl II S. 582; FG Nürnberg, Urteil vom 20. 4. 1988 – V 301/82, rkr., EFG 1988 S. 508; BFH-Urteil vom 7. 4. 1992 – VIII R 86/87, BStBl 1993 II S. 21; BFH-Urteil vom 24. 7. 1996 – X R 167/95, BStBl 1997 II S. 315.
214 FG Hamburg, Urteil vom 15. 6. 2001 – 2 K 267/04, EFG 2006 S. 1652.
215 BFH-Urteil vom 18. 12. 1996 – XI R 52/95, BStBl 1997 II S. 351; BFH-Urteil vom 19. 2. 1997 – XI R 1/96, BStBl II S. 399.
216 BFH-Urteil vom 31. 5. 2001 – IV B 101/00, nv.

Die Willkürung muss als entscheidendes Indiz durch eine eindeutige und nach außen erkennbare **Willenserklärung** erfolgen. Regelmäßig geschieht dies oder sollte dies geschehen durch eine zeitnahe zum Geschäftsvorfall erfolgende Aufnahme des betreffenden Wirtschaftsguts in die Buchführung (→ Rz. 134)[217] einschließlich der zugehörigen Aufwendungen und Erträge. Eine Einbuchung im Zuge der **Abschlussarbeiten** kommt jedenfalls bei branchenuntypischen Geschäften zu spät.[218] Andererseits hat die vorläufige Buchung einer Buchstelle (**sog.** Fernbuchführung) keine präjudizielle Wirkung, wenn diese Buchung ohne Wissen des Steuerpflichtigen erfolgt ist.[219]

Auf eine solche eindeutige **Willensäußerung** ist es in folgenden Urteilen entscheidend angekommen:

- **Darlehensgewährung** bei späterem Ausfall;[220]
- ein in vollem Umfang bilanziertes **Grundstück**, bei dem die zugehörigen Einnahmen und Ausgaben teilweise nicht verbucht worden sind, kann mit diesem entsprechenden Anteil nicht gewillkürtes Betriebsvermögen werden;[221]
- die Buchung einer **Unfallversicherung** als Betriebsausgabe führt zur Betriebsvermögenseigenschaft des Versicherungsvertrags mit der Folge, dass eine Versicherungsentschädigung als Betriebseinnahme gilt;[222]
- das in die Gesamthandsbilanz einer Personengesellschaft aufgenommene Grundstück (**Vorratsgelände**) im Eigentum eines Gesellschafters (also Sonderbetriebsvermögen, → Rz. 322) kann durch den (sachlich falschen) Bilanzausweis (richtig im Sonderbetriebsvermögen) die Willkürung erfahren;[223]
- die Eintragung von **Wertpapierkäufen** in die letzte Spalte des Amerikanischen Journals reicht zur Willkürung nicht aus;[224]
- die **Verpfändung** einer privaten Forderung für betriebliche Zwecke kann als Einlagehandlung gewertet werden;[225]
- ein unbebautes und ungenutztes **Grundstück** eines Tiefbauunternehmers wird durch langjährigen Bilanzausweis gewillkürt;[226] ähnlich im Sonderfall einer Personengesellschaft;[227]
- ein an Arbeitnehmer, später an den als Arbeitnehmer tätigen Sohn vermietetes **Mietwohngrundstück** bleibt durch weitergeführte Aufnahme in der Bilanz Betriebsvermögen;[228]

---

217 BFH-Urteil vom 18.11.1971 – IV R 132/66, BStBl 1972 II S. 277; BFH-Urteil vom 19.3.1981 – IV R 39/78, BStBl II S. 731; BFH-Urteil vom 23.10.1990 – VIII R 142/85, BStBl 1991 II S. 401; BFH-Urteil vom 20.4.1999 – VIII R 63/96, BStBl II S. 466; BFH-Urteil vom 5.3.2002 – IV B 22/01, BStBl II S. 690.
218 BFH-Urteil vom 11.7.1996 – IV R 67/95, BFH/NV 1997 S. 114.
219 BFH-Urteil vom 27.3.1968 – I 154/65, BStBl II S. 522.
220 BFH-Urteil vom 10.2.1994 – IV R 37/92, BStBl II S. 564.
221 BFH-Urteil vom 17.11.1960 – IV 102/59 U, BStBl 1961 III S. 53.
222 BFH-Urteil vom 7.10.1971 – IV R 181/66, BStBl 1972 II S. 271.
223 BFH-Urteil vom 19.3.1981 – IV R 39/78, BStBl II S. 731.
224 BFH-Urteil vom 22.9.1993 – X R 37/91, BStBl 1994 II S. 172.
225 BFH-Urteil vom 10.12.1964 – IV 167/64 U, BStBl 1965 II S. 377.
226 BFH-Urteil vom 30.4.1975 – I R 111/73, BStBl II S. 582.
227 BFH-Urteil vom 21.10.1976 – IV R 71/73, BStBl 1977 II S. 150.
228 BFH-Urteil vom 11.10.1979 – IV R 125/76, BStBl 1980 II S. 40.

► strenge Anforderungen sind an die Ersichtlichkeit des Widmungsakts bei Devisentermingeschäften zu stellen;[229] hier kann „Betriebsschädlichkeit" vorliegen (→ Rz. 134);

► **Vorratsgrundstück**;[230]

► zur **Betriebserweiterung** erworbenes Grundstück kann gewillkürt werden;[231]

► in Lizenz vergebenes **Patent**.[232]

Speziell als „**widmungsfeindlich**" – also notwendiges Privatvermögen (→ Rz. 142) – hat die Finanzrechtsprechung folgende Fälle zu sog. betriebsschädlichen Wirtschaftsgütern (→ Rz. 134) entschieden: 142h

► Verlustträchtige **Wertpapiere**, Optionen u. Ä.;[233]

► **GmbH**-Anteil;[234]

► **GmbH**-Anteil eines Rechtsanwalts;[235]

► **Gemäldesammlung**;[236]

► Darlehenshingabe an **nahestehende** Unternehmung/Person;[237]

► **wertlose** Darlehensforderung;[238]

► **wesensfremde** Beteiligung an Kapitalgesellschaft;[239]

► **Bürgschaftsübernahme** bei drohender Inanspruchnahme;[240]

► 100 %ig **fremdfinanziertes** Gebäude als Vermietungsobjekt ohne Bezug zum Unternehmensgegenstand.[241]

2.3.5 Weitere Kategorien von Betriebsvermögen

Mitunter erscheint in der BFH-Rechtsprechung auch eine Sonderkategorie des Betriebsvermögens in Form eines „**geduldeten**". Der Ursprung dieser Kategorie hat nach neuer Rechtsentwicklung keine Bedeutung mehr, bleibt in der BFH-Rechtsprechung einstweilen noch erhalten.[242] Regelmäßig geht es um die **Nutzungsänderung** bei Grundstücken. 142i

---

229 BFH-Urteil vom 20. 4. 1999 – VIII R 63/96, BStBl II S. 466.
230 BFH-Urteil vom 19. 3. 1981 – IV R 39/78, BStBl II S. 731.
231 BFH-Urteil vom 15. 4. 1981 – IV R 129/78, BStBl II S. 618.
232 BFH-Urteil vom 11. 9. 1969 – IV R 160/67, BStBl 1970 II S. 317.
233 BFH-Urteil vom 19. 2. 1997 – XI R 1/96, BStBl II S. 399; BFH-Urteil vom 11. 10. 1988 – VIII R 237/83, BFH/NV 1989 S. 305; BFH-Urteil vom 12. 7. 2000 – II R 31/99, BStBl II S. 563; BFH-Urteil vom 11. 7. 1996 – IV R 67/95, BFH/NV 1997 S. 114.
234 FG Rheinland-Pfalz, Urteil vom 25. 9. 1990 – 2 K 251/88, rkr., EFG 1991 S. 306.
235 FG München, Urteil vom 29. 3. 2006 – 10 K 3073/04, rkr., EFG 2006 S. 1326.
236 BFH-Urteil vom 25. 2. 1982 – IV R 25/78, BStBl II S. 461.
237 BFH-Urteil vom 19. 7. 1984 – IV R 207/83, BStBl 1985 II S. 6; BFH-Urteil vom 7. 5. 1987 – IV R 73/85, BFH/NV 1987 S. 765.
238 BFH-Urteil vom 22. 5. 1975 – IV R 193/71, BStBl II S. 804; BFH-Urteil vom 27. 3. 1974 – I R 44/73, BStBl 1974 II S. 488.
239 BFH-Urteil vom 23. 5. 1985 – IV R 198/83, BStBl II S. 517.
240 BFH-Urteil vom 19. 12. 1969 – III R 96/67, BStBl 1970 II S. 293; BFH-Urteil vom 2. 6. 1976 – I R 136/74, BStBl II S. 668; BFH-Urteil vom 11. 10. 1988 – VIII R 237/83, BFH/NV 1989 S. 305.
241 FG Hamburg, Urteil vom 15. 6. 2001 – 2 K 267/04, EFG 2006 S. 1652.
242 Vgl. im Einzelnen *Wendt*, FR 2005 S. 686.

> **BEISPIEL²⁴³** Eine Werbeagentur hatte eine Etage in einer gemischt nutzbaren Immobilie bislang als Büroräume verwendet (notwendiges Betriebsvermögen), sie verlegt dann ihren Tätigkeitsort in eine größere Büroeinheit und vermietet die bisher genutzte Etage für fremde Wohnzwecke. Die Fremdvermietung würde an sich keine Betriebsvermögenseigenschaft begründen, doch kann diese nunmehrige Mietwohnung weiterhin als Betriebsvermögen bilanziert werden.

Dazu gibt es noch im Rahmen der Betriebsverpachtung sog. „**ruhendes**" Betriebsvermögen (→ Rz. 306).

3. ... bei Personenhandelsgesellschaften

143 Steuerlich gilt hier die unter → Rz. 131 f. dargestellte Differenzierung nach den drei Vermögensarten nur eingeschränkt: Im **Gesamthandsbereich** soll es nur **notwendiges** Betriebs- oder Privatvermögen geben (→ Rz. 320), dagegen im **Sonder**betriebsvermögen (→ Rz. 323) auch **gewillkürtes**. Ein privates Einfamilienhaus kann deshalb steuerlich kein Betriebsvermögen einer mitunternehmerischen Personengesellschaft darstellen. Umgekehrt soll sich die Rechtslage nach Auffassung des IDW für die **Handels**bilanz darstellen:²⁴⁴ Gesamthandsvermögen ist stets in die Bilanz der Personenhandelsgesellschaft aufzunehmen. U. E. ist diese Vorgabe nicht zweifelsfrei, denn dadurch wird unpassend die betriebliche Sphäre der Gesellschaft mit der privaten der Gesellschafter vermischt.

> **BEISPIEL** A und B sind Eheleute und an der Produktions-OHG zu je 50 % beteiligt. Die OHG erstellt auf einem ihr gehörenden Grundstück eine Villa als privates Wohngrundstück zur Nutzung durch A und B. Die Finanzierung erfolgt durch ein auf diesem Grundstück hypothekarisch gesichertes Darlehen der Hausbank. Entsprechend werden die Zinsen als Aufwand der OHG ausgewiesen, ebenso die Unterhaltskosten für die Villa. Aus dieser entstehen der OHG keine Erträge, die nur durch Einbuchung eines Mietwerts fingiert werden können.

Vgl. auch das Beispiel unter → § 264c Rz. 46.

144 Den Vermögensausweis der Villa im Beispiel unter → Rz. 143 in der Bilanz der OHG kann man mit einem Analogieschluss zur Kapitalgesellschaft, die zumindest nach BFH-Rechtsprechung keine Privatsphäre haben kann, als zutreffend erachten (→ Rz. 146). Auch bezüglich des **Gläubigerschutz**gedankens für die Bilanzierung bestehen keine Bedenken, denn Interessen der Gläubiger werden durch den Bilanzausweis der beiden genannten Posten nicht beeinträchtigt; bei der OHG ergeben sich ohnehin die Zugriffsmöglichkeiten auf das Vermögen der persönlich haftenden Gesellschafter.

Anders lautet die Würdigung des Sachverhalts im Hinblick auf den Einblick in die **Vermögens-** und **Ertrags**lage der Gesellschaft. Beide werden durch die Aufnahme der beiden Posten in die Bilanz mit dem Folgeeffekt für die GuV unzutreffend dargestellt, was u.U. im Einzelfall im Hinblick auf Wesentlichkeitsgesichtspunkte auch wiederum vernachlässigt werden kann. Deshalb

---

243 In Anlehnung an das BFH-Urteil vom 10. 11. 2004 – XI R 31/03, BFH/NV 2005 S. 605.
244 IDW RS HFA 7 Tz. 11, WPg 2002 S. 1259.

kann u. E. eine Behandlung der Gebäudeherstellungskosten als eine (verdeckte) Entnahme in Betracht kommen. Dann darf allerdings die Hypothekenschuld zur Vermeidung eines völlig „schiefen" Bilanzbilds nicht passiviert werden.

Aktives und passives (steuerliches) **Sonderbetriebsvermögen** ist nicht in die Handelsbilanz aufzunehmen (→ Rz. 322). 145

4. ... bei Kapitalgesellschaften

Aus handelsrechtlicher Sicht wird die Aufnahme aller Vermögensgegenstände und Schulden im rechtlichen oder wirtschaftlichen Eigentum der Gesellschaft kaum problematisiert. Auch dies ist u. E. nicht immer zwingend, wenn man den Sachverhalt im Beispiel unter → Rz. 143 für das Wohnhaus der Gesellschafter auf die Sphäre der Kapitalgesellschaft überträgt. Steuerlich wird das Problem nach der BFH-Rechtsprechung durch die Verneinung einer nicht betrieblichen Sphäre der Kapitalgesellschaft gelöst und das steuerliche Interesse durch das Rechtsinstitut der verdeckten Gewinnausschüttung gewahrt. Es gibt allerdings auch beachtliche Argumente gegen diese Rechtsprechung des BFH: Die Kapitalgesellschaft habe durchaus eine nicht betriebliche Sphäre, exemplifiziert an den beiden BFH-Urteilen zur vom Gesellschafter fast ausschließlich selbst genutzten Segeljacht im rechtlichen Eigentum einer GmbH.[245] 146

IX. Persönliche Zurechnung, wirtschaftliches Eigentum[246] (Abs. 1 Satz 2)

1. Wirtschaftliche Betrachtungsweise, *substance over form*

1.1 Definitionselemente des wirtschaftlichen Eigentums

1.1.1 Rechtliches vs. wirtschaftliches Eigentum

Der bilanzierende Kaufmann hat nach § 242 Abs. 1 HGB bei der Bilanzierung „sein" Vermögen und „**seine**" Schulden (→ § 242 Rz. 11) zu berücksichtigen. Negativ formuliert ist „Vermögen" nicht identisch mit dem **rechtlichen** Eigentum. Dieses ist weder notwendige noch hinreichende Bedingung zur Bildung eines bilanzrechtlichen „Vermögens". Zur Aufnahme in die Bilanz als Vermögensgegenstand bedarf es vielmehr einer besonderen Qualität, die gemeinhin mit „**wirtschaftlichem** Eigentum" umschrieben wird und sich auf § 39 Abs. 2 Nr. 1 AO stützen kann.[247] Das rechtliche Eigentum mag ein Indiz für die Berechtigung zur Aufnahme in das Betriebsvermögen (Bilanz) liefern, mehr aber nicht. Rechtliches und wirtschaftliches Eigentum schließen sich inhaltlich nicht aus; bei Divergenz entscheidet das wirtschaftliche Eigentum über die bilanzielle Zurechnung. 147

---

245 BFH-Urteil vom 4.12.1996 – I R 54/95, DStR 1997 S. 492, sowie BFH-Urteil vom 7.2.2007 – I R 27-29/05, DB 2007 S. 1117.
246 Vgl. hierzu *Hoffmann*, in: Littmann/Bitz/Pust (Hrsg.), EStG, §§ 4, 5 Tz. 68 ff.
247 So auch *Förschle/Kroner*, in: Beck'scher Bilanz-Kommentar, 7. Aufl., München 2010, § 246 Tz. 5. Nicht durchweg eindeutig *Tanski*, in: Petersen/Zwirner/Brösel (Hrsg.), Systematischer Praxiskommentar Bilanzrecht, Köln 2010, § 246 Tz. 54 f.

IX. Persönliche Zurechnung, wirtschaftliches Eigentum

Auf der Aktivseite der Bilanz erscheinen häufig Vermögensgegenstände, die gerade **nicht** im **rechtlichen Eigentum** der bilanzierenden Einheit stehen oder durch Pfandrechte der freien rechtlichen Verfügungsmöglichkeit des Eigentümers entzogen sind. Dieser Befund ist in der Praxis umso eher anzutreffen, je schwieriger sich das wirtschaftliche Umfeld für das betreffende Unternehmen darstellt. Daraus erklärt sich die regelmäßige Feststellung im Rahmen einer Insolvenz: Die in der letzten vorliegenden Bilanz ausgewiesenen Vermögensgegenstände stehen der Masse praktisch nicht zur Verfügung.

> **BEISPIEL** Vorratsvermögen und bewegliche Anlagegüter sind sicherungsübereignet oder unter Eigentumsvorbehalt geliefert, Forderungen zur Sicherheit abgetreten, Wertpapierbestände und Grundstücke verpfändet (→ Rz. 192).

Aber auch bei einem solide – allerdings mit Bankkrediten – wirtschaftenden Unternehmen steht wegen des Sicherheitsbedürfnisses der Banken der überwiegende Teil des Aktivvermögens gerade nicht im (rechtlichen) Eigentum des Unternehmens – abgesehen von Grundbesitz, der gleichwohl durch Grundpfandrechte der freien Verfügungsgewalt des Unternehmens entzogen ist.

148 Die der sog. *Seeliger*-Formel des Steuerrechts (→ Rz. 149) entnommene Zurechnungsregel in Abs. 1 Satz 2 ist deshalb wenig glücklich und eher missverständlich konstruiert. Dieser Befund bezieht sich zunächst auf das Zurechnungssubjekt, das hier als **Eigentümer** bezeichnet wird, obwohl die Bilanzierungspflicht nach § 242 Abs. 1 HGB (→ § 242 Rz. 4) den **Kaufmann** trifft (unter Bezugnahme auf die Buchführungspflicht nach § 238 Abs. 1 HGB als Vorstufe der Bilanzierung).

Hochgradig missverständlich ist allerdings die (sprachlich) dem (rechtlichen) Eigentümer zukommende Präferenz bei der persönlichen Zurechnung des Vermögensgegenstands. Dieser „**Regel**" in Abs. 1 Satz 2 1. Halbsatz wird im 2. Halbsatz die (scheinbare) **Ausnahme** gegenüber gestellt. Die Logik ist gerade umgekehrt: Die bilanzielle Zurechnung des Vermögensgegenstands richtet sich **ausschließlich** nach dem sog. wirtschaftlichen Eigentum (→ Rz. 149). Dabei sind beide „Varianten" des (bilanzrechtlichen) Eigentums nicht als sich ausschließendes Gegensatzpaar zu verstehen. Das (rechtliche) Eigentum kann mit dem wirtschaftlichen **übereinstimmen**. Wenn sich indes über dem (rechtlichen) Eigentum weitere schuldrechtliche Strukturen angesiedelt haben (→ Rz. 149 ff.), kommt dem sachenrechtlichen Titel bezüglich der bilanziellen Zurechnung keine Bedeutung zu.

Ähnliche Überlegungen gelten für den **Wechsel** der Zurechnung durch intersubjektive **Übertragungsgeschäfte** von Vermögensgegenständen, die sich weitgehend unabhängig vom Übergang des (rechtlichen) Eigentums vollziehen (→ Rz. 163).

Zur spiegelbildlichen Sicht für **Schuld**verhältnisse vgl. → Rz. 277 f.

149 In **vielfältigen** Konstellationen – bei Kauf unter Eigentumsvorbehalt (→ Rz. 193), noch ausstehender Grundbucheintragung eines Immobilienkaufs (→ Rz. 159), Sicherungsübereignung (→ Rz. 147), Treuhandschaft (→ Rz. 197) oder *finance lease* (→ Rz. 161) etc. – erfolgt die Zurechnung eines Vermögensgegenstands nicht zum rechtlichen, sondern zum (sog.) **wirtschaftlichen** Eigentümer. Gemeinsames Merkmal dieser Fälle ist:

Der wirtschaftliche Eigentümer hat

- entweder in Form eines Anwartschaftsrechts eine dingliche **gesicherte** Rechtsposition (Eigentumsvorbehalt, Auflassungsvormerkung) oder
- einen schuldrechtlichen **Rückübertragungsanspruch** (Sicherungsübereignung, Treuhand) oder
- schuldrechtlich auf Dauer die **Verfügungsmacht** über einen Gegenstand (*finance lease*).

Der rechtliche Eigentümer kann diese Position nicht einseitig zerstören:

- Zahlt der **wirtschaftliche Eigentümer** die Rechnung für den unter Eigentumsvorbehalt erworbenen Vermögensgegenstand,
- hat er die Auflassung im Grundbuch vormerken lassen,
- tilgt er das durch Sicherungsübereignung abgesicherte Darlehen und
- kündigt er den Treuhandvertrag,

wird er regelmäßig **rechtlicher** Eigentümer bzw. erlangt im Falle vertragswidriger Verfügung des Sicherungseigentümers oder Treuhänders einen entsprechenden Schadenersatzanspruch.

Die Zurechnung des Vermögensgegenstands zum wirtschaftlichen Eigentümer ließ bzw. lässt sich in diesen Fällen im Wesentlichen bereits aus dem Gesetzeswortlaut des § 246 Abs. 1 Satz 2 HGB a. F. sowie § 39 Abs. 2 Nr. 1 AO ableiten und ist im Schrifttum unstrittig. Die dort vereinzelt zu finden Stimmen, es gebe kein wirtschaftliches Eigentum[248] oder das Konzept sei im Handelsrecht entbehrlich,[249] negieren diese Tatsache nicht. Sie wenden sich aber u. a. gegen eine im Begriff des wirtschaftlichen Eigentums mitschwingende Analogie zum sachenrechtlichen Eigentumsbegriff. Die Kritik betrifft mithin zu einem großen Teil Fragen der **Begriffssemantik**. Solchen Fragen soll hier nicht nachgegangen, stattdessen ein pragmatischer, an der Rechtsfolge orientierter Begriff zugrunde gelegt werden: Von wirtschaftlichem Eigentum sprechen wir dann, wenn einem anderen als dem (rechtlichen) Eigentümer ein Vermögensgegenstand für Bilanz oder Besteuerungszwecke zuzurechnen ist. Möglicherweise irreführende Analogien zum sachenrechtlichen Eigentumsbegriff sind in dieser Definition nicht impliziert.

150

Ebenso sagt die auf die Rechtsfolgen orientierte Definition noch nichts über die **Tatbestandsvoraussetzungen**, die zu einer vom rechtlichen Eigentum abweichenden Zuordnung führen können. Diese Frage wird nachfolgend behandelt.

1.1.2 Tatbestandsmerkmale des wirtschaftlichen Eigentums: Verfügungsmacht, Chancen und Risiken

Zu einer von der zivilrechtlichen Eigentumslage abweichenden bilanziellen Zuordnung eines Vermögensgegenstands kommt es nach ERS HFA 13.7 handelsbilanziell dann, wenn der „Nichteigentümer" das Verwertungsrecht durch Nutzung oder Veräußerung des Gegenstands hat und somit die wesentlichen **Chancen und Risiken** aus laufender Nutzung und Wertänderungen trägt. Steuerlich definiert sich das wirtschaftliche Eigentum gem. § 39 Abs. 1 Nr. 1 AO demgegenüber durch die **dauernde Verfügungsmacht**.

151

---

248 Vgl. *Hüffer*, in: Großkommentar zum HGB, § 240 HGB Tz. 18.
249 Vgl. *Leffson/Schmid*, HdJ I/7 (1993), Tz. 39; ausführlich *Rittner*, in: Schriftenreihe der juristischen Studiengesellschaft Karlsruhe, Heft 124/1975, S. 9, zur zivilrechtlich entbehrlichen wirtschaftlichen Betrachtungsweise.

In **abstrakter** Betrachtung mag man hier **konzeptionelle Unterschiede** sehen, indem handelsrechtlich unter dem Einfluss der internationalen Rechnungslegung stärker die Chancen und Risiken, steuerlich stärker die Verfügungsmacht zählt. Im **konkreten** Fall bedingen sich aber beide Aspekte: Die Chance aus der laufenden Nutzung oder Wertsteigerung eines Vermögensgegenstands kann der Nichteigentümer etwa nur dann realisieren, wenn er die Verfügungsmacht hat. Umgekehrt ist eine physische Verfügungsmacht wirtschaftlich inhaltsleer, wenn sie nicht auch die Möglichkeit bietet, die Chancen aus einem Vermögensgegenstand zu ziehen. In der Behandlung praktisch relevanter Fälle kommen Steuerrecht und Handelsrecht daher zumeist zu **gleichen** Lösungen.

152 **Exemplarisch** lässt sich diese am Beispiel der **gemischten Wertpapierpension** (→ Rz. 231) darstellen. Bei diesen Rechtsgeschäften hat der Pensionsgeber ein Rückforderungsrecht (Kaufoption) und der Pensionsnehmer (rechtlicher Eigentümer) ein Rückgaberecht (Verkaufsoption). Bei fixiertem und für beide Parteien einheitlichem Optionsausübungspreis liegt das wirtschaftliche Eigentum handelsbilanziell beim Pensionsgeber. Begründet wird dies mit einem im Interesse der Objektivierung typisierend zu unterstellenden rationalen Handeln:

▶ Fällt der Wert des Pensionsgegenstands unter den Ausübungspreis der Option, wird der Pensionsnehmer sein Rückgaberecht ausüben, um das manifest gewordene Risiko der Wertminderung vom Pensionsgeber tragen zu lassen.

▶ Steigt der Wert hingegen, wird der Pensionsgeber sein Rückforderungsrecht geltend machen, um die manifest gewordene Wertsteigerungschance selbst zu nutzen.

▶ Der Pensionsgeber trägt mithin sowohl das Wertsteigerungsrisiko als auch die Wertsteigerungschance und hat daher das wirtschaftliche Eigentum inne.

▶ Die tatsächliche Nichtausübung der Optionen hat keinen werterhellenden, sondern wertbegründenden Charakter und ist daher, wenn die Optionsfrist erst im neuen Jahr endet, als Geschäftsvorfall erst in neuer Rechnung zu berücksichtigen.

Die sog. *Seeliger*-Formel in § 39 Abs. 2 AO (→ Rz. 148) bedarf einer Ergänzung: Richtigerweise ist Voraussetzung für den Bilanzansatz die **Möglichkeit** des bilanzierenden Kaufmanns, den betreffenden Vermögensgegenstand „für die gewöhnliche Nutzungsdauer von der Einwirkung (anderer) auszuschließen". Hinzukommen muss u.U. allerdings auch der rationales Handeln unterstellende typisierte Wille, d. h. die wirtschaftliche Interessenlage des Kaufmanns, andere von dieser Nutzung auszuschließen. Dieser typisierte Wille kommt in den **Chancen** und **Risiken** zum Ausdruck.

> **BEISPIEL** ▶ Ein Leasingvertrag über eine Maschine mit Nutzungsdauer von zehn Jahren gewährt dem Leasingnehmer zum Ende des Jahrs 6 die Option, entweder den Leasingvertrag vier Jahre weiterlaufen zu lassen oder die Maschine dem Vermieter (rechtlichen Eigentümer) zu einem für diesen ungünstigen und damit für sich vorteilhaften Wert zurück zu übertragen. Der Leasingnehmer hat zwar rechtlich die Möglichkeit, den Eigentümer während der gesamten Nutzungsperiode vom Gebrauch der Maschine auszuschließen. Das wird er aber aus ökonomischem Kalkül heraus nicht tun und ist deshalb u. E. nicht wirtschaftlicher Eigentümer. Das Risiko an dem Vermögensgegenstand ist beim Leasinggeber verblieben. Die Beurteilung muss zu Beginn des Leasingverhältnisses erfolgen (→ Rz. 172).

In anderer Hinsicht ist die *Seeliger*-Formel zutreffend, nämlich bezüglich des dort ausgedrückten **Zeitelements**: Die Ausschließung des rechtlichen Eigentümers von der Nutzungsmöglichkeit des Vermögensgegenstands muss sich auf dessen (fast) **gesamte Nutzungsdauer** beziehen; bei nicht abnutzbaren Vermögensgegenständen somit ohne zeitliche Beschränkung.[250] Bei Wegfall des Nutzungsrechts **vor** dem wirtschaftlichen Verbrauch bedarf es zur Begründung des wirtschaftlichen Eigentums eines Wertersatzanspruchs des Nutzers.[251] In diesem Zeitraum muss der Nutzungsberechtigte (der wirtschaftliche Eigentümer) Besitz, Gefahr, Nutzen und Lasten des Vermögensgegenstands inne haben.[252] Umgekehrt genügt zur Begründung wirtschaftlichen Eigentums kein zeitlich beschränktes – im Verhältnis zur gesamten Nutzungsdauer – Innehaben von Nutzen und Lasten des Vermögensgegenstands. 153

BEISPIEL[253] Ein Automobilhersteller verkauft im Flottengeschäft 1.000 Pkw an einen Autovermieter mit der Vereinbarung eines Rückerwerbs nach zwei Jahren zu einem auf der Grundlage der Laufleistung, des Zustands etc. definierten Rückkaufsbetrags.

U. E. ist das wirtschaftliche Eigentum beim Verkäufer (dem Automobilhersteller) geblieben, die Übertragung des rechtlichen Eigentums auf den Autovermieter ist bilanziell ohne Bedeutung.[254]

Die Begründung des wirtschaftlichen Eigentums bedeutet keine Ablehnung von **Rechtsstrukturen** für Zwecke der Aufnahme in die Bilanz (→ Rz. 157). Vielmehr ist eine Rechtsgrundlage notwendiges, nicht aber hinreichendes Kriterium für die Begründung einer Betriebsvermögenseigenschaft, auch durch sog. wirtschaftliches Eigentum. 154

Ein Ausschluss von der dauerhaften Nutzung eines Vermögensgegenstands i. S. der zitierten *Seeliger*-Formel (→ Rz. 148) liegt auch bei jederzeitiger **Rückübertragungsmöglichkeit** nicht vor. 155

BEISPIEL[255] Der Vater schenkt seinem Sohn einen Kommanditanteil unter Vorbehalt der jederzeitigen Rückübertragungsmöglichkeit durch einseitige Willenserklärung.

Der Sohn ist zwar „einstweilen" rechtlicher Eigentümer, er kann allerdings seinen Vater aufgrund von dessen *call*-Option nicht auf Dauer von der Nutzung des Kommanditanteils ausschließen.

1.2 Rechtliche vs. wirtschaftliche Betrachtungsweise

Begrifflich verbunden mit dem wirtschaftlichen Eigentum ist die gängige Floskel der **wirtschaftlichen** Betrachtungsweise. Sie soll allgemeiner Auffassung zufolge bei der handels- und steuerrechtlichen Bilanzierung und überhaupt im Ertragsteuerrecht zu beachten sein oder sogar dem Gegenpart, der **formalrechtlichen** Betrachtungsweise, vorangehen. Gemeint ist: Nicht 156

---

250 BFH-Urteil vom 10. 3. 1988 – IV R 226/85, BStBl II S. 832.
251 BFH-Urteil vom 14. 2. 2007 – XI R 18/06, BFH/NV 2007 S. 1239.
252 BFH-Urteil vom 3. 8. 1988 – I R 157/84, BStBl 1989 II S. 21.
253 Fall des BFH-Urteils vom 11. 10. 2007 – IV R 52/04, BFH/NV 2008 S. 437.
254 A. A. BFH-Urteil vom 11. 10. 2007 – IV R 52/04, BFH/NV 2008 S. 437; im Einzelnen *Hoffmann/Lüdenbach*, DStR 2005 S. 1331; vgl. auch → Rz. 163.
255 Nach BFH-Urteil vom 16. 5. 1989 – VIII R 196/84, BStBl II S. 877.

die äußere Form eines Rechtsgeschäfts darf der Bilanzierung bzw. Besteuerung zugrunde gelegt werden, sondern deren wirtschaftlicher Gehalt. Insbesondere auch bei der Bilanzierung stellt dies eher eine Selbstverständlichkeit dar, dient diese doch der Abbildung wirtschaftlicher Sachverhalte und nicht etwa der Wiedergabe von Rechtsstrukturen. Im IFRS-Rahmenwerk F.35 wird dies als das Erfordernis der *substance over form* tituliert und entsprechend die Abbildung der „wirtschaftlichen Wirklichkeit" als Zielsetzung jeglicher Bilanzierung gefordert. Irgendwie wirkt die Betonung des Erfordernisses einer wirtschaftlichen Betrachtungsweise bei der Bilanzierung wie eine **Tautologie**, stellt jedenfalls eine bare Selbstverständlichkeit dar. Deshalb sollte man auch mit dem Adverb „wirtschaftlich" argumentativ höchst sorgfältig umgehen. Häufig verbirgt sich dahinter eine reine Leerformel. Mit „wirtschaftlich" kann man z. B. die phasengleiche Dividendenvereinnahmung begründen (→ § 252 Rz. 75), was dann gleich die nicht beantwortbare Gegenfrage provoziert, ob die phasenverschobene „unwirtschaftlich" ist.

157 Der Gegenpart – die **formalrechtliche** Betrachtungsweise – wirkt dann bei einschlägigen Argumentationslinien als **außerhalb des Wirtschaftslebens** stehend. Scheinbar bewegt sich die Rechtssphäre in einem ökonomiefreien Raum. Genau das trifft allerdings nicht zu.[256] Gerade das Privatrecht ist überwiegend **Vermögens**recht. Vermögenspositionen werden dadurch gesichert, erworben und aufgegeben, Vermögen wiederum ist eine eindeutig ökonomisch definierte Größe; daraus folgt: Das bürgerliche Recht ist zumindest in diesen Teilbereichen auch und gerade durch die wirtschaftlichen Gegebenheiten in seiner Existenz gerechtfertigt. Ohne ein solches „Vermögen" gäbe es kein Privatrecht, insbesondere kein Schuld- oder Handelsrecht und deshalb muss die Rechtslehre und -anwendung in diesen Gefilden notwendig „wirtschaftlich betrachten".

> **BEISPIEL**[257] Die Gründerin einer Ein-Personen-GmbH & Co. KG leistet die Stammeinlage von 25 T€ in das Vermögen der Komplementär-GmbH. Diese wiederum leitet im Anschluss daran darlehensweise die erhaltene Bareinlage an die Kommanditgesellschaft, deren Komplementär sie ist, weiter.

Nach Auffassung des **OLG Hamm**[258] kommt diese Verfahrensweise einer Rückzahlung der Stammeinlage an die Gründerin (= Kommanditistin) gleich, die dann ihrerseits der KG das Darlehen zur Verfügung stellt. „**Wirtschaftlich betrachtet** wäre die Situation also wie bei einer normalen KG ohne GmbH als Komplementärin."

Das OLG Jena kommt für genau denselben Sachverhalt zum **gegenteiligen** Ergebnis.[259] Man fragt sich, ob dieses OLG die Wirtschaftsszenerie aus ihrem Betrachtungshorizont ausgeblendet hat und deshalb zu einem entgegengesetzten Ergebnis zu demjenigen der Kollegen des **OLG Hamm** gekommen ist.

Und schließlich noch zum **Gesetzgeber** selbst: Der verdeckten Sacheinlage ordnet er in § 19 Abs. 4 GmbH und § 27 Abs. 3 Satz 1 AktG tatbestandsseitig eine „wirtschaftliche Betrachtung" zu.

---

256 Vgl. zu den folgenden Ausführungen *Groh*, StuW 1989 S. 227.
257 Nach *Hoffmann*, GmbH-StB 2007 S. 189.
258 OLG Hamm, Urteil vom 31. 10. 2006 – 27 U 81/06, DB 2007 S. 793.
259 OLG Jena, Urteil vom 28. 6. 2006 – 6 U 717/05, DB 2006 S. 1484.

Zwischenfazit ist jedenfalls: Auch im Bereich des **Privat**rechts bedarf es zur Beurteilung von Sachverhalten einer **ökonomischen** Perspektive. Nochmals in Betonung: Mit ihr ist sie notwendig verbunden. Das bestätigt eine aktuelle Datenbankrecherche in der Juris-Version: Mit der Sucheingabe „wirtschaftliche Betrachtungsweise" konnten 1.025 BGH-Urteile dingfest gemacht werden, d. h.: Ökonomie und Recht gehen auch aus der zivilrechtlichen Perspektive Hand in Hand. Im Grunde genommen ist dies eine Folge der Vertreibung aus dem Paradies – der Geburtsstunde der Ökonomie –, erstmals dokumentiert durch den Bruderkrieg zwischen Kain und Abel, weil seitdem die Knappheit der Ressourcen das menschliche Leben bestimmt, was seinerseits in rechtlichen Strukturen geordnet werden muss.

158

Übertragen auf Bilanzierungssachverhalte bedeutet dies: Hier können ebenso wenig wie im übrigen Wirtschaftsleben die Rechtsstrukturen außer Acht gelassen werden (→ Rz. 154). Genau das wird durch *„substance **over** form"* und nicht *„substance **without** form"* zum Ausdruck gebracht: Die wirtschaftliche Substanz schließt die Rechtsstrukturen ein, ist diesen allerdings übergeordnet. Ohne rechtliche Basis ist ein in einigermaßen geordneten Bahnen verlaufendes Wirtschaftsleben nicht möglich. Insbesondere das Schuldrecht und das öffentliche Recht können bei der bilanziellen Abbildung von Sachverhalten nicht einfach im Hinblick auf eine irgendwie verstandene wirtschaftliche Betrachtungsweise ausgeblendet werden (→ § 252 Rz. 143). Oder formuliert nach einem Gesetzesvorschlag zur Neufassung von § 246 Abs. 1 Satz 1 HGB: „soweit sie dem Kaufmann auf der **Grundlage der Rechtsbeziehungen** wirtschaftlich zuzurechnen sind."[260]

159

BEISPIEL Zwei honorige Hamburger Kaufleute verhandeln monatelang über den Verkauf eines wertvollen Bebauungsareals an der Elbchaussee. Schließlich einigen sie sich über den Kaufpreis und weitere wichtige Details des Kaufvertrags und dokumentieren dies in einem gemeinsam unterzeichneten „Vorvertrag". Neben dem Kaufpreis ist die Regulierung von Altlasten, der Übergang von Nutzen und Lasten etc. detailliert dargestellt. Ab dem 1.1.02 00:00 Uhr steht dem Verkäufer nach dem Vorvertrag die Nutzungsmöglichkeit am Grundstück zu, andererseits hat er die Grundstückslasten ab diesem Zeitpunkt zu tragen. Die Unterzeichnung des „Vorvertrags" begießen sie mit einer Flasche Champagner am 28.12.01. Nach dem Entkorken der zweiten Flasche vereinbaren sie den Notartermin am 18.1.02 und geraten ins Schwärmen ob der alten hanseatischen Kaufmannstugenden, die rechtliche Bindungen ohne „formalen Kram" kennen.

ABWANDLUNG Die notarielle Beurkundung erfolgt am 30.12.01. Dem Verkäufer wird eine Nutzungsberechtigung mit Übernahme der entsprechenden Grundstückslasten bis zum 30.6.02 eingeräumt.

LÖSUNG In der ersten Sachverhaltsvariante könnte man aus irgendeiner ökonomischen Perspektive den Übergang des wirtschaftlichen Eigentums auf den 28.12.01 festlegen. Eine solche Bilanzierungsvorgabe scheitert jedoch an der nicht eingehaltenen zwingenden Formvorgabe des § 311b BGB, nämlich der notariellen Beurkundung. Eine wie immer verstandene wirtschaftliche Betrachtungsweise kann zwingendes Recht nicht unberücksichtigt lassen. Andererseits bedarf es nicht der Beachtung der weiteren Formalitäten des Zivilrechts – Auf-

---

260 Arbeitskreis Bilanzrecht der Hochschullehrer Rechtswissenschaft, BB 2008 S. 156.

lassung und Eintragung ins Grundbuch und damit des zivilrechtlichen Eigentumsübergangs. Das Risiko aus dem ganzen Geschäft ist mit der notariellen Beurkundung am 18.1.02 auf den Käufer übergegangen, ab diesem Zeitpunkt ist er in wirtschaftlicher Betrachtung der Eigentümer und hat ab diesem Zeitpunkt das Grundstück in seine Bilanz aufzunehmen. Ohne die zivilrechtliche Bindung durch einen formgültigen Vertrag kann der Übergang von Chancen und Risiken aus dem Grundstück und seiner Verwertung – also die wirtschaftliche Substanz des Geschäfts – nicht übertragen werden.

In der **Abwandlung** des Sachverhalts liegt zwar am 30.12.01 die Rechtsgrundlage für einen möglichen Übergang des wirtschaftlichen Eigentums vor, es fehlt indes an dem dafür erforderlichen wirtschaftlichen Gehalt, nämlich dem Übergang des Risikos.

Auf die weiteren Ausführungen zur Bilanzierung von **nichtigen** Rechtsgeschäften wird auf → Rz. 165 und auf → § 252 Rz. 139 ff. verwiesen.

160 Generell stellen **Leasing**gestaltungen (→ Rz. 166 ff.) einen Tummelplatz zur Verifizierung des wirtschaftlichen Gehalts eines Geschäftsmodells und dessen bilanzieller Abbildung dar. Dabei sind insbesondere **verdeckte** Leasingverträge,[261] bei denen der Begriff in den Verträgen nicht auftaucht – wie im Beispiel unter → Rz. 153 – relevant.

Dazu ein Beispiel zu einem **umsatzsteuerlichen** Streitfall vor dem BFH:[262]

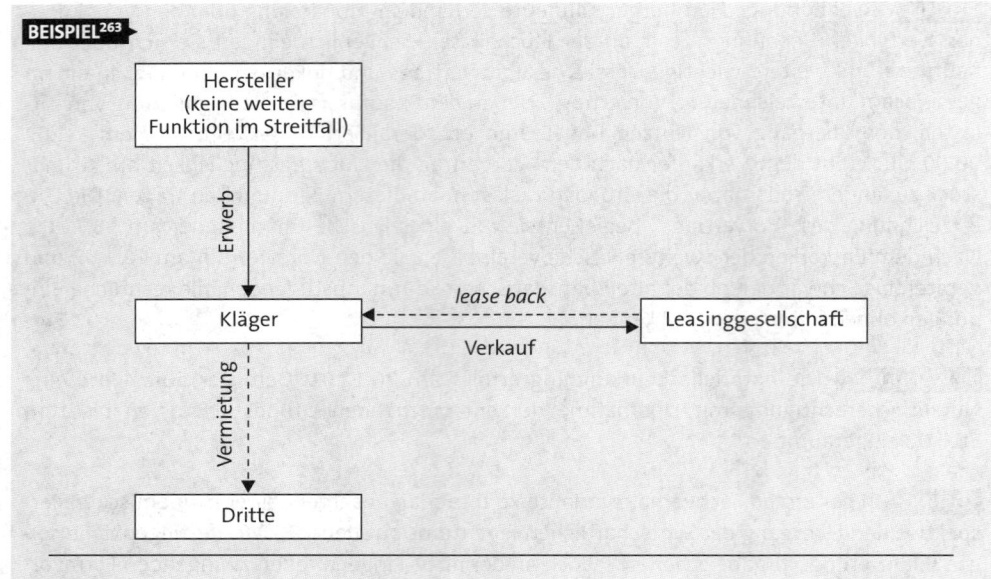

---

261 Gegenstand von IFRIC 4 der IFRS; diese Interpretation ist wegen der identischen Konzeption der Leasingbilanzierung nach HGB und IFRS auch zur Rechtsauslegung nach HGB heranzuziehen.
262 Nach dem BFH-Urteil vom 9.2.2006 – V R 22/06, DStR 2006 S. 1325; vgl. hierzu *Lüdenbach/Hoffmann*, Beihefter zu DStR 2007, Heft 50, S. 4.
263 Dargestellt in Form der nachstehenden Skizze durch *Unkelbach*, PiR 2007 S. 99.

Der Kläger ist im Verkauf, der Vermietung und Wartung von Kopiergeräten tätig. Er erwirbt in der zweiten Jahreshälfte vom Hersteller sechs Kopierer, die er an Dritte weitervermietet. Zur Finanzierung des Kaufpreises veräußert er diese (mit zivilrechtlichem Eigentumsübergang) kurz vor Jahreswechsel mit mündlichem Vertrag an eine Leasinggesellschaft, um gleichzeitig einen Mietkaufvertrag über die Dauer von 48 Monaten zu vereinbaren. Gem. den Vertragsbedingungen ist der Kläger wirtschaftlicher Eigentümer der Kopierer. Die monatliche Rate lässt eine Vollamortisation beim Leasinggeber zu, mit der letzten Rate soll das zivilrechtliche Eigentum wieder auf den Kläger übergehen. Standortveränderungen der Kopierer oder deren Überlassung an Dritte sind nur mit Genehmigung der Leasinggesellschaft möglich. Die Gefahr des zufälligen Untergangs und die Instandhaltungskosten trägt der Kläger.

Der BFH negierte die Verkaufs- und Mietverträge, weil der wirtschaftlichen Substanz nach ein **Finanzierungsgeschäft** vorlag. (Auch) in umsatzsteuerlicher Hinsicht sei der rechtliche Verkaufsvertrag nicht als solcher zu werten, sondern die gesamte Gestaltung als ein Finanzierungsgeschäft. Die umsatzsteuerliche Sicht – Verschaffung der Verfügungsmacht – stimmt dabei u. E. mit der bilanzrechtlichen Sicht – Übergang des wirtschaftlichen Eigentums – überein (→ § 252 Rz. 127).[264]

Seitens der Leasingbranche[265] wird dieses verunglückte Leasinggeschäft als Mietkauf bezeichnet. Wenn man von dem in der Regierungsbegründung des BilMoG betonten *substance over form* ausgeht, kann es aber nun einmal nicht auf die Überschrift und die Etikettierung des Vertragswerks ankommen, sondern nur auf den wirtschaftlichen Gehalt. 161

Aber auch ein scheinbar einfacher Dauerlieferungsvertrag kann sich als Leasinggeschäft herausstellen. 162

BEISPIEL ▶ U bezieht Industriegase. Der Hersteller der Gase hat laut Vertrag auf seine Kosten Speicher- und Verteilungsanlagen auf dem Betriebsgelände des U errichtet. Zwischen dem U und dem Hersteller besteht als entgeltliches zivilrechtliches Austauschverhältnis nur ein Gasliefervertrag.

Nach IFRIC 4 (→ Rz. 160) kann in dem (zivilrechtlichen) Gasliefervertrag wirtschaftlich ein **Leasingvertrag** über die Anlagen enthalten sein (*embedded lease*), etwa weil U den physischen Zugang zu den Anlagen kontrolliert oder bei Unterschreiten einer Mindestabnahme an Gas eine fixe Vergütung an den Gaslieferanten zahlen muss (*take or pay agreement*). Falls danach ein Leasingvertrag zu bejahen ist, sind die laufenden Zahlungen in einen Leasing- und Gasteil zu trennen. Für den Leasingteil ist schließlich noch zu klären, ob – etwa wegen Spezialleasing – ein *finance lease* vorliegt, d. h. das wirtschaftliche Eigentum U zuzurechnen ist.

Auch kompliziertere Sachverhalte entpuppen sich als Leasingverhältnisse.

---

264 Vgl. hierzu *Unkelbach*, PiR 2009 S. 267.
265 Vgl. *Vosseler*, DStR 2007 S. 188.

> **BEISPIEL[266]** Ein Aluminiumwerk wird von A in einer dünn besiedelten Region errichtet. Das Energieversorgungsunternehmen V errichtet zur Deckung des Strombedarfs des Aluminiumwerks ein Wasserkraftwerk. Die Energieversorgung der bereits ansässigen Bevölkerung wurde und wird durch ein sehr viel kleineres Heizkraftwerk gedeckt. Der Vertrag zwischen V und A sieht Folgendes vor:
>
> ▶ Variable Zahlungen pro kWh (unter Marktpreis) (Stückpreiskomponente 1);
>
> ▶ Zahlung einer hohen *fixed charge* pro Monat (dividiert durch kWh) (Stückpreiskomponente 2);
>
> ▶ Anpassung der *fixed charge* nach oben/unten bei Unter-/Überschreiten einer bestimmten Abnahmemenge.
>
> V kann seinen Strom auch aus anderen Quellen (eigene Kraftwerke, Fremdbezug) beziehen. Ökonomisch ist dies aber nicht sinnvoll.
>
> Im Rahmen der Beurteilung gelangt man zu folgendem Ergebnis:
>
> ▶ Die Erfüllung des Vertrags durch V hängt (ökonomisch) an dem spezifischen Vermögenswert, dem Wasserkraftwerk.
>
> ▶ A hat weder die operationelle noch die physische Verfügungsmacht über das Wasserkraftwerk, diese liegt allein bei V. Der Stückpreis (Summe der beiden Stückpreiskomponenten) ist nicht fixiert und entspricht nicht (oder nur zufällig) dem Marktpreis. Außerdem ist es unwahrscheinlich, dass Dritte mehr als einen insignifikanten Teil des *outputs* beziehen.
>
> Aufgrund der preislichen Ausgestaltung des Stromliefervertrags handelt es sich um die Übertragung eines indirekten Nutzungsrechts vom V auf den A, der den *output* des Wasserkraftwerks für sich beanspruchen kann, als hätte er das Wasserkraftwerk von V geleast. In einer anschließenden Würdigung ist dann zu klären, ob von einem *finance* oder einem *operating lease* auszugehen ist.

Nach IFRIC 4 kann in dem (zivilrechtlichen) Gasliefervertrag wirtschaftlich ein **Leasingvertrag** über die Anlagen enthalten sein (*embedded lease*), etwa weil U den physischen Zugang zu den Anlagen kontrolliert oder bei Unterschreiten einer Mindestabnahme an Gas eine fixe Vergütung an den Gaslieferanten zahlen muss (*take or pay agreement*). Falls danach ein Leasingvertrag zu bejahen ist, sind die laufenden Zahlungen in einen Leasing- und Gasteil zu trennen. Für den Leasingteil ist schließlich noch zu klären, ob – etwa wegen Specialleasings (→ Rz. 174) – ein *finance lease* vorliegt, d. h. das wirtschaftliche Eigentum U zuzurechnen ist.

1.3 Strukturierte Rechtsgeschäfte

163   Auf der anderen Seite muss durch die rechtlichen Strukturen eines Geschäfts **durchgeblickt** werden, wenn diese zur Erzielung eines wirtschaftlichen Zwecks „missbraucht" werden, wenn also nicht die vom Schuldrecht vorgegebene Typisierung eines Rechtsverhältnisses, sondern

---

266 Vgl. *Lüdenbach/Freiberg*, in: Lüdenbach/Hoffmann (Hrsg.), Haufe IFRS-Kommentar, 8. Aufl., Freiburg 2010, § 15 Rz. 7, auf der Grundlage von IFRIC 4.

ein anderer wirtschaftlicher Zweck erreicht werden soll (sog. **strukturierte** Geschäftsmodelle; → § 252 Rz. 129).

> **BEISPIEL**[267] Ein Automobilhersteller A vermietet aufgrund eines einheitlichen Vertragswerks im Flottengeschäft an einen Autovermieter 1.000 Pkw des gleichen Typs mit gleichen Ausstattungsmerkmalen und unterschiedlichen Lackierungen zu einem Monatsmietzins von 120 € für 24 Monate. Danach endet das Mietverhältnis, und der Hersteller kann die Autos im Sekundärmarkt verwerten. Je nach Laufleistung gibt es eine festgelegte Nach- oder Rückverrechnung des Mietentgelts, für Schäden werden detaillierte Sonderberechnungen festgelegt.
>
> Das Geschäft ist als Miete oder *operating lease* zu behandeln, stellt somit ein Dauerschuldverhältnis dar mit umsatzrealisierender Vereinnahmung der Mieteinnahmen im Zeitverlauf.
>
> In der **Abwandlung** des Falls ist der Automobilhersteller an der Generierung von Umsatzerlös durch Verkauf interessiert. Dem Mietwagenunternehmen ist umgekehrt gerade nicht an einem Kauf gelegen, es will nach zwei Jahren die Autos wieder an den Hersteller zurückgeben. Man einigt sich auf folgendes Modell: A verkauft durch Übergabe des Briefs das Auto mit rechtlichem Eigentumsübergang an das Mietwagenunternehmen zu 1.200 je Auto und verpflichtet sich zum Rückkauf nach zwei Jahren zu 690. In finanzmathematischer Berechnung entsprechen die vereinbarten Kaufpreise exakt der monatlichen Mietrate von 120 im Ausgangssachverhalt (nur Beispiel, keine genaue Berechnung). Die Nach- und Rückbelastungen nach Maßgabe der Laufleistung und der Schäden werden genauso festgelegt wie im Vermietungsmodell.
>
> In der Alternative ist die wirtschaftlich gewollte Vermietung (Nutzungsüberlassung für zwei Jahre) ohne Veränderung des wirtschaftlichen Gehalts in zwei Kaufverträge verwandelt worden. Nimmt man die Gesetzesvorgabe der Beachtung des wirtschaftlichen Gehalts ernst, kann dieses Geschäftsmodell nicht als Kauf und Rückkauf bilanziert werden, sondern nur als Nutzungsüberlassung (anders als die Entscheidung des BFH im zitierten Fall).

Die beiden Beispiele belegen die **Irreführung** einer **antipodischen Betrachtung** von wirtschaftlicher und formalrechtlicher Betrachtungsweise (→ Rz. 156). Beide Perspektiven schließen sich nicht aus, sondern **ergänzen** sich:

164

▶ Es **bedarf** einer (schuldrechtlichen) Vereinbarung, um daraus – allerdings nicht zwei Kaufverträge, sondern – einen Mietvertrag als wirtschaftliche Substanz mit entsprechender bilanzieller Abbildung abzuleiten. Ohne Rechtsgrundlage entsteht kein wirtschaftlicher Folgeeffekt.

---

267 In Anlehnung an den im BFH-Urteil vom 11.10.2007 – IV R 52/04, DStR 2008 S. 237, m. Anm. *Hoffmann* entschiedenen Sachverhalt. Entsprechend ist die Entscheidung des BFH auf der Grundlage zweier Kaufverträge erfolgt; Nichtanwendungserlass der Finanzverwaltung im Schreiben vom 12.8.2009, DStR 2009 S. 1757, unter Hinweis auf das anders lautende BFH-Urteil vom 15.10.1997 – I R 16/97, BStBl 1998 II S. 249; ähnlich BFH-Urteil vom 25.7.2000 – VIII R 35/97, BStBl 2001 II S. 566. Die verwendeten Rechengrößen sind nicht dem entschiedenen Sachverhalt entnommen. Vgl. hierzu auch → Rz. 153 sowie → § 252 Rz. 131.

Aber:

- ▶ Eine schuldrechtliche Verpflichtung ist möglicherweise **ohne wirtschaftlichen Gehalt**, bildet also das Gewollte nicht ab. Im Beispiel unter → Rz. 163 ist nicht eine mit der Veräußerung üblicherweise verbundene endgültige Aufgabe der wirtschaftlichen Substanz eines Gegenstands gewollt, sondern nur dessen zeitweise Überlassung zur Nutzung.

165 In extremen Ausnahmefällen kann es zu einer bilanziellen Zuordnung auch **ohne** (anfängliche) **Rechtsgrundlage** kommen. Das ist u.U. dann der Fall, wenn die Vertragspartner von der Rechtswirksamkeit eines Vertragsabschlusses ausgegangen sind, sich **später** allerdings die Nichtigkeit herausgestellt hat.

> **BEISPIEL** Eine aus zwei Mitgliedern bestehende Erbengemeinschaft verkauft ein Grundstück in notarieller Urkunde am 28.12.00 und vereinbart den Übergang von Nutzen und Lasten zu diesem Zeitpunkt. Im Laufe des Jahrs 01 stellt sich die zunächst nicht erkennbare Geschäftsunfähigkeit eines der Miterben heraus. Der notarielle Vertrag ist **rückwirkend** nichtig. Nach Bestellung eines Pflegers wird in einer weiteren notariellen Urkunde der Inhalt der ursprünglichen bestätigt. Alle Vertragsparteien haben sich an den Inhalt des ursprünglich geschlossenen Vertrags gehalten.

U. E. ist das wirtschaftliche Eigentum am 28.12.00 übergegangen, weil sich die Parteien der Nichtigkeit nicht bewusst waren – anders als die Hamburger Kaufleute im Beispiel unter → Rz. 159 – und keinerlei Interesse an einer Rückabwicklung hatten.[268] Zu weiteren Überlegungen zur bilanziellen Abbildung **nichtiger** Rechtsgeschäfte wird auf → § 252 Rz. 139 ff. verwiesen.

2. Besondere Anwendungsfälle

2.1 Leasing, Mietkauf[269]

2.1.1 Rechtliche und wirtschaftliche Grundlagen

166 Der Leasingvertrag ist seiner Rechtsnatur nach ein **atypischer Mietvertrag**, in dem der Leasinggeber („Vermieter") eine bestimmte Sache oder Sachgesamtheit dem Leasingnehmer („Mieter") für eine bestimmte Grundmietzeit gegen Entgelt überlässt. Verbunden mit diesem Vertrag sind häufig entweder Mietverlängerungsoptionen oder Kaufoptionen für den Leasingnehmer oder Andienungsrechte für den Leasinggeber. Für Zwecke der Bilanzierung ist es dabei unerheblich, welcher der zivilistisch vorgetragenen Lehrmeinung man folgt (atypischer Mietvertrag oder überhaupt Vertrag sui generis).[270]

167 Im Rahmen der Bilanzierung (und Besteuerung) interessieren vorwiegend Leasingverträge über Investitionsgüter. Daneben haben aber auch Leasingverhältnisse für Konsumgüter eine nennenswerte ökonomische Bedeutung. In beiden Fällen stellt die **Finanzierungsfunktion** den

---

268 Ähnlich die Lösung BFH-Urteil vom 29. 11. 1973 – IV R 181/71, BStBl 1974 II S. 202.
269 → Rz. 166 bis → Rz. 191 sind in Teilen entnommen der Kommentierung von *Hoffmann*, in: Littmann/Bitz/Pust (Hrsg.), EStG, §§ 4, 5 Tz. 1000 ff.
270 Vgl. *Palandt/Weidenkaff*, BGB-Kommentar, Einführung vor § 535 Tz. 38.

eigentlichen ökonomischen Gehalt des Leasingverhältnisses dar. Die Mietraten müssen über die Nutzungsdauer eines Wirtschaftsguts hinweg mindestens die Gestehungs- und Finanzierungskosten des Vermieters für dieses Wirtschaftsgut decken, wenn bei diesem ein Verlust vermieden werden soll.

Die Finanzierungsfunktion steht denn auch im Mittelpunkt der **verkaufspolitischen Argumentation** der einschlägigen Branche. Die Bilanz des Leasingnehmers soll nach deren Argumenten „entlastet" werden, d. h. das Erreichen bestimmter Bilanzrelationen eher gewährleisten als die herkömmliche Finanzierung. Als Vorteile der Leasingfinanzierung werden auch die Erhaltung von Liquidität und Kreditspielraum genannt. Außerdem sollen nach den verkaufspolitischen Argumenten der Leasingbranche durch die Leasingfinanzierung gegenüber der herkömmlichen Finanzierung Steuervorteile beim Leasingnehmer entstehen. Allgemeingültige Aussagen hierzu sind jedoch nicht möglich. Es bedarf im Einzelfall zur Bestimmung der Vorteilhaftigkeit oder Nachteiligkeit der Leasing- gegenüber der herkömmlichen Finanzierung einer detaillierten Berechnung. Das Leasinggeschäft gilt als Kreditgeschäft i. S. des Gesetzes über das Kreditwesen (§ 19 Abs. 1 Nr. 9 KWG). 168

Zu unterscheiden ist der Leasingvertrag vom **Mietkauf** (→ Rz. 186). Bei diesem erhält der Mieter zusätzlich eine Kaufoption, die ihn zum Erwerb des Vermietungsgegenstands unter **Anrechnung** von geleisteten Mietzahlungen berechtigt. Mitunter wird auch ein verdeckter Ratenkauf als Mietkauf bezeichnet. In der Praxis wird von Mietkauf dann gesprochen, wenn die bilanzielle Zurechnung – anders als beim (eigentlichen) Leasing – beim Mieter/Käufer erfolgte bzw. erfolgen soll. Diese bilanzielle Behandlung trifft zu, denn der Käufer hat regelmäßig ein wirtschaftliches Interesse an der Ausübung der für ihn günstigen Kaufoption (siehe → Rz. 174).[271] 169

2.1.2 Anzuwendende Bilanzierungsregeln

Die handelsrechtliche Zuordnung der Bilanzierungssphäre – beim Leasinggeber oder -nehmer – orientiert sich in Deutschland traditionell an den **steuerlichen** Vorgaben. Diese beruhen einerseits auf – allerdings handelsrechtliche Bilanzierung auslegender – BFH-Rechtsprechung[272] und den detaillierten Vorgaben der Finanzverwaltung, die auch durch lobbyistisch beeinflusste politische Prozesse gekennzeichnet sind. Ein spezifisch handelsrechtlich orientierter Versuch einer Bilanzierungsvorgabe durch das IDW – ebenfalls politisch motiviert – ist gescheitert[273] und seitdem nicht erneut aufgegriffen worden. 170

Eine Befreiung der handelsrechtlichen Leasing-Bilanzierung aus der babylonischen Gefangenschaft der steuerlichen Verwaltungserlasse erscheint nur unter Heranziehung der Regeln von **IAS 17** möglich. U. E. ist eine solche Vorgehensweise – d. h. Bilanzierung nach Maßgabe von IAS 17 – handelsrechtlich möglich. Allerdings muss dann das einschlägige Regelwerk der IFRS insgesamt angewandt werden, ein *cherry picking* wäre nicht statthaft. Fraglich ist dabei allerdings auch, ob dann **alle** Leasingfinanzierungen innerhalb eines Unternehmens/Konzerns entweder nach steuerlicher Vorgabe oder nach IAS 17 abgebildet werden müssen. U. E. ist bei 171

---

271 So auch BFH-Urteil vom 18. 11. 1970 – I 133/64, BStBl 1971 II S. 133, und BFH-Urteil vom 12. 9. 1991 – III R 233/90, BStBl 1992 II S. 182.
272 Grundlegend das BFH-Urteil vom 26. 1. 1970 – IV R 144/66, BStBl II S. 264.
273 IDW HFA 1/1973.

der Zuordnung der Regelwerke im **Zeitverlauf** die Stetigkeit bei Ermessensausübung zu beachten. Das Gebot der Ansatzstetigkeit nach Abs. 3 (→ Rz. 293) wäre zu beachten, d. h. kein „Schwanken" zwischen den Regelwerken im Zeitverlauf möglich. Eine Anhangerläuterung nach § 284 Abs. 2 Nr. 1 HGB ist zwingend (→ § 284 Rz. 40).

> **BEISPIEL** ▶ Das Unternehmen bildet als Leasingnehmer alle Kfz-Leasingverträge nach den steuerlichen Regeln ab, wählt dagegen für die Immobilien-Leasingverträge die Anwendung von IAS 17. U. E. unterliegt diese zulässige Ermessensentscheidung dem Stetigkeitsgebot, um willkürfrei zu sein.

Die nachfolgende Kommentierung orientiert sich an der handelsrechtlichen Bilanzierungspraxis, die fast ausnahmslos die **steuerliche Vorgabe** („erlasskonform") unbesehen übernimmt. Auf besondere Vorgaben der IFRS wird nur ergänzend eingegangen.[274] Beide Regelwerke kommen im Übrigen in der überwiegenden Zahl der Fälle zum gleichen Ergebnis. Relevanter Ausnahmefall sind das Hardwareleasing sowie allgemein das Teilamortisationsleasing mit Restwertgarantie des Leasingnehmers. In beiden Fällen führt der nach IAS 17 vorzunehmende Barwerttest auch für „erlasskonforme" Verträge regelmäßig zur Zurechnung beim Leasingnehmer.

2.1.3 Bilanzielle Zurechnung – Grundlage

172 Der Leasinggeber ist zur Beschaffung der **Finanzierungsmittel** für den Leasinggegenstand verpflichtet. Als **Sicherheit** für die Beleihung kann ihm nur das Leasingobjekt selbst dienen, weshalb er zwingend rechtlicher Eigentümer bleiben muss, um eine Besicherungsgrundlage zur Refinanzierung bieten zu können, sofern die Finanzierung nicht anderweitig gesichert wird. Damit ist über die bilanzrechtliche Zuordnung noch nichts entschieden (→ Rz. 147). Der Leasinggeber muss auch **wirtschaftlicher Eigentümer** sein, wenn er das Leasinggut als „sein Vermögen" i. S. des § 238 Abs. 1 HGB sowie § 242 Abs. 1 und 2 HGB ausweisen will. Dieser Sichtweise schließt sich das Steuerrecht systematisch über § 5 Abs. 1 Nr. 1 EStG (sog. Maßgeblichkeitsgrundsatz) an. Dies gilt speziell für die Bilanzierungssituation im Leasingbereich. Die BFH-Rechtsprechung,[275] die die Grundlage für die Leasingerlasse der Finanzverwaltung darstellt, hat die besondere Bedeutung des **wirtschaftlichen** Gehalts der betreffenden Vereinbarung betont: Leasingverträge reichen vom normalen Mietvertrag bis zum verdeckten Ratenkaufvertrag, weshalb die Frage des wirtschaftlichen Eigentums und damit des Bilanzansatzes unabhängig von zivilrechtlichen Qualifizierungen zu treffen ist. Ist der Vertrag als **Raten- oder Mietkauf** (→ Rz. 186) zu würdigen, geht das wirtschaftliche Eigentum mit Vertragsabschluss auf den Leasingnehmer über, beim Leasinggeber liegt ein Realisationstatbestand vor, beim Leasingnehmer eine Anschaffung – vorerst ohne Übergang des rechtlichen Eigentums. Verbleibt umgekehrt bei Vertragsabschluss das wirtschaftliche Eigentum beim Leasinggeber, liegt aus bilanzrechtlicher Sicht ein normales Dauerschuldverhältnis in Form eines Mietvertrags vor. Der Leasinggeber vereinnahmt die Mietraten und verwendet diese zur Bedienung seiner Finanzierungskosten. Aus ökonomischer Sicht müssen die in den kalkulierten Leasingraten enthaltenen

---

[274] Zu verweisen ist hierzu aus dem deutschen Schrifttum auf *ADS*, International Abschnitt 12, und *Lüdenbach/Freiberg*, in: Lüdenbach/Hoffmann (Hrsg.), Haufe IFRS-Kommentar, 8. Aufl., Freiburg 2010, § 17.
[275] Grundlegend das BFH-Urteil vom 26. 1. 1970 – IV R 144/66, BStBl II S. 264.

Tilgungsanteile die Anschaffungs- oder Herstellungskosten des Leasinggegenstands decken und entsprechen somit den Abschreibungen. Die Beurteilung des bilanzrechtlichen Gehalts muss zur Vermeidung eines willkürlichen Wechsels der Bilanzierungsmethoden analog zu IAS 17.4 bei **Beginn** des Leasingverhältnisses erfolgen.

Systematisch unterscheidet man entsprechend in Anlehnung an die angelsächsische Sprachregelung zwischen 173

▶ *operating lease* – Zurechnung beim Leasing**geber** und

▶ *finance lease* – Zurechnung beim Leasing**nehmer**.

Beim *operating lease* aktiviert der Leasing**geber** die Anschaffungs- oder Herstellungskosten des verleasten Wirtschaftsguts und passiviert die Finanzierungsverbindlichkeit. Als Aufwand erscheinen Abschreibung und Zins, als Ertrag Mieteinnahmen. Der Leasing**nehmer** bucht regelmäßig Mietaufwand und ggf. Nebenkosten in der GuV. Sonderzahlungen des Leasingnehmers sind als Mietvorauszahlungen aktiv abzugrenzen und zeitanteilig aufzulösen, spiegelbildlich beim Leasinggeber.

Beim in Deutschland praktisch kaum vorkommenden (→ Rz. 175) *finance lease* aktiviert der Leasingnehmer die (nicht notwendig) offen gelegten Anschaffungs- oder Herstellungskosten des Leasinggebers und passiviert die gesamten Leasingraten als Kaufpreisschuld, die unter Aufteilung in Zins- und Tilgungsanteil zu bedienen sind. Als Aktivierungsbewertung kann auch der Barwert der Leasingraten (zzgl. Nebenkosten) in Betracht kommen. Der Leasinggeber aktiviert eine mit der Kaufpreisschuld des Leasingnehmers korrespondierende Forderung (Kaufvertrag mit gestundeten Kaufpreisraten).[276]

Dem Leasing**nehmer** als wirtschaftlichem Eigentümer ist der Leasinggegenstand dann zuzuordnen,[277] wenn 174

▶ die übliche **Nutzungsdauer** und die **Grundmietzeit** sich annähernd decken,

▶ die übliche Nutzungsdauer erheblich **länger** ist als die Grundmietzeit, der Leasingnehmer bei beidseitig unkündbarer Grundmietzeit eine für den Leasingnehmer günstige **Option** zur Verlängerung der Mietzeit nach Maßgabe der Nutzungsdauer oder eine Option zur Verlängerung oder Erwerb hat,[278] sowie

▶ das Leasinggut **kein Serienprodukt** (Beispiel Kfz) darstellt, sondern nur vom Leasingnehmer während der Nutzungsdauer sinnvoll genutzt werden kann (z. B. Fußball-Großarena (→ Rz. 191), ERP-Software, speziell auf die Bedürfnisse eines Unternehmens zugeschnittene Telefonanlage[279]), sog. **Spezial**-Leasing.

Die deutsche Bilanzierungspraxis ist entscheidend durch die Interessenlage der **Leasingbranche** geprägt. Diese drängt in allen Vertragsvarianten auf die Zurechnung des Leasinggegenstands beim Leasing**geber** (Finanzinstitut), setzt also de facto das *operating lease* durch. Ein 175

---

[276] BFH-Urteil vom 13. 12. 2006 – VIII R 51/04, FR 2007 S. 607, mit Anm. *Wendt*. Wegen Einzelheiten zur Zurechnung des Leasinggegenstands und zur bilanzmäßigen Darstellung siehe *Veigel/Lentschig*, StBp 1994 S. 106. Zur Bilanzierung von Leasinggestaltungen siehe *Ammann/Wulf/Stülz/Küting u. a.*, BB 1998 S. 1463.
[277] BFH-Urteil vom 3. 8. 2004 – X R 55/01, BFH/NV 2005 S. 517.
[278] BFH-Urteil vom 9. 12. 1999 – III R 74/97, BStBl 2001 II S. 311, u. E. so nur bedingt zutreffend: Die Verlängerungs- oder Kaufoption muss bei Vertragsabschluss als günstig angesehen werden.
[279] BFH-Urteil vom 15. 2. 2001 – III R 130/95, DStRE 2001 S. 971.

entscheidendes verkaufspolitisches Argument liegt dabei im bilanzanalytischen Vorteil des Leasingnehmers: Dieser hat keine Verbindlichkeit auszuweisen, die Bilanzsumme ist kürzer und ceteris paribus die Eigenkapitalquote höher (→ Rz. 168).

2.1.4 Bilanzielle Zurechnung bei Vollamortisationsverträgen über Mobilien

176 Auf der Grundlage der BFH-Rechtsprechung[280] ist die Finanzverwaltung[281] den Anforderungen der Leasingbranche in verschiedenen Verwaltungserlassen nach „passender" Abbildung der gängigen Vertragsmuster nachgekommen. Die Erlasse sind durch das Bestreben nach Zuordnung des wirtschaftlichen Eigentums beim **Leasinggeber** geprägt. Dazu unterscheidet das BMF folgende Vertragstypen:

- ▶ Verträge ohne Kauf- oder Verlängerungsoption,
- ▶ Verträge mit Kaufoption,
- ▶ Verträge mit Mietverlängerungsoption sowie
- ▶ Verträge über Spezial-Leasing (immer dem Leasingnehmer zuzurechnen).

177 Die – branchenübliche – Zurechnung beim Leasinggeber bei fehlender Kauf- oder Verlängerungsoption setzt eine Grundmietzeit von mindestens 40 % und höchstens 90 % der gewöhnlichen Nutzungsdauer des Leasinggegenstands voraus. Dahinter steckt folgendes ökonomisches **Kalkül**: Wenn ein Leasingnehmer bereit ist, die Gestehungskosten zzgl. Zinsen innerhalb von weniger als 40 % der Nutzungsdauer dem Leasinggeber zu bezahlen, so geht er von einer Wahrscheinlichkeit der anschließenden verbilligten oder gar kostenlosen Überlassung aus. Bei einer Leasingdauer von über 90 % der Nutzungsdauer schließt dagegen der Leasingnehmer gem. § 39 Abs. 2 Satz 1 AO näherungsweise den Leasinggeber für die „gewöhnliche Nutzungsdauer von der Einwirkung auf das Wirtschaftsgut aus".

178 Beim Leasingvertrag mit **Kaufoption** ist eine Zurechnung zum Leasinggeber ebenfalls dann vorzunehmen, wenn die Grundmietzeit mindestens 40 % und höchstens 90 % der gewöhnlichen Nutzungsdauer des Leasingobjekts beträgt; zusätzlich darf der optionale Kaufpreis nicht niedriger sein als der Restbuchwert bei Anwendung der linearen AfA nach der amtlichen Tabelle. Dabei sind Buchwertkürzungen durch Investitionszuschüsse oder Rücklagenübertragung nach § 6b EStG nicht zu berücksichtigen.[282] Hinter dieser Vorgabe versteckt sich folgendes wirtschaftliche **Kalkül**: Die Optionsausübung ist für den Leasingnehmer nicht günstig, mit ihrer Ausübung bei Vertragsabschluss daher nicht zu rechnen. Deshalb verbleibt das Risiko an dem Leasingobjekt und damit das wirtschaftliche Eigentum beim Leasinggeber.

179 Entsprechendes gilt bei Verträgen mit **Mietverlängerungsoption**: Die Grundmietzeit muss ebenfalls mindestens 40 % und höchstens 90 % der gewöhnlichen Nutzungsdauer des Objekts betragen und die Anschlussmiete dem Wertverzehr auf der Basis einer linearen Abschreibung

---

[280] BFH-Urteil vom 26. 1. 1970 – IV R 144/66, BStBl II S. 264.
[281] BMF-Schreiben vom 19. 4. 1971 – IV B 2 – S 2170 – 31/71, BStBl I S. 264; BMF-Schreiben vom 21. 3. 1972 – F/IV B 2 – S 2170 – 11/72, BStBl I S. 188; BMF-Schreiben vom 22. 12. 1975 – IV B 2 – S 2170 – 161/75, BB 1976 S. 72; BMF-Schreiben vom 23. 12. 1991 – IV B 2 – S 2170 – 115/91, BStBl 1992 I S. 13; BMF-Schreiben vom 9. 1. 1996 – IV B 2 – S 2170 – 135/95, BStBl I S. 9; OFD München, Vfg. vom 12. 10. 2003 – S 2170 – 80 – St 41/42, DB 2003 S. 2358; OFD Rheinland, Vfg. vom 20. 3. 2007 – S 2257 – 1000 – St 221, DB 2007 S. 829.
[282] OFD München, Vfg. vom 12. 10. 2003 – S 2170 – 80 St 41/42, DB 2003 S. 2358.

entsprechen. Bei niedrigerer Miete wäre die Ausübung der Option durch den Leasingnehmer wahrscheinlich.[283]

2.1.5 Bilanzielle Zurechnung bei Teilamortisationsverträgen über Mobilien

Die Finanzierungsleasingverträge sind nach den Verwaltungsvorgaben an die 90 %-Grenze gebunden, d. h. vor Ende der betriebsgewöhnlichen Nutzungsdauer des Leasinggegenstands muss eine volle Amortisation der dem Leasinggeber entstandenen Kosten erfolgen. Aus diesem Grund haben die Vollamortisationsverträge im Laufe der Zeit erheblich an praktischer Bedeutung verloren.[284] Die Leasingbranche hat sich dann andere Vertragsmodelle einfallen lassen, die die 40 % bis 90 %-Grenze **einhalten** (zur gewünschten Zurechnung des verleasten Wirtschaftsguts beim Leasinggeber), ihr aber eine Garantie für die **vollständige Amortisation** des Investments geben können. Man spricht hier branchenintern von Leasingverträgen der zweiten Generation.[285]

180

Es geht dabei um drei Leasingmodelle mit jeweils einer **unkündbaren Grundlaufzeit** zwischen mindestens 40 % und höchstens 90 % der betriebsgewöhnlichen Nutzungsdauer. Zur Erreichung der **Vollamortisation** hat die Leasingbranche in diesem Fall drei Zusatzkomponenten in die Verträge eingebaut, welche mit dem Einverständnis des BMF die unveränderte Zurechnung beim Leasinggeber gewährleisten sollen:

181

1. Teilamortisationsvertrag mit **Andienungsrecht** des Leasinggebers, allerdings ohne gleichzeitiges Optionsrecht des Leasingnehmers: Dann verbleibt dem Leasinggeber die Chance einer Wertsteigerung, denn er wird von seinem Andienungsrecht nur dann Gebrauch machen, wenn er das Leasinggut nach Ablauf der Grundlaufzeit nicht günstiger durch Verkauf an Dritte verwerten kann. Diese Vertragsgestaltung mit Beibehaltung des wirtschaftlichen Eigentums beim Leasinggeber ist durch den BFH[286] bestätigt worden.

2. Teilamortisationsvertrag mit Tragung des Restwertrisikos durch den Leasingnehmer und **Aufteilung** des **Mehrerlöses**: Hier trägt zunächst der Leasingnehmer das Restwertrisiko. Der Leasinggeber ist zur Veräußerung des Leasingguts nach Ablauf des Vertrags verpflichtet; ist der Verkaufserlös niedriger als die Restamortisation, muss der Leasingnehmer dem Leasinggeber den Differenzbetrag zwischen Restamortisation und Veräußerungserlös erstatten. Übersteigt demgegenüber der Veräußerungserlös die Restamortisation, darf der Leasinggeber von diesem Betrag mindestens 25 % beanspruchen und behält so noch eine wirtschaftliche Chance der Partizipation am Mehrerlös und damit das wirtschaftliche Eigentum. Der Leasinggeber darf für seine Verpflichtung zur Beteiligung des Leasingnehmers am etwaigen Mehrerlös keine Rückstellung oder passive Abgrenzung bilden.[287]

3. Kündbarer Teilamortisationsvertrag mit **Anrechnung** des Veräußerungserlöses auf die vom Leasingnehmer zu leistende Schlusszahlung: Hier hat der Leasingnehmer frühestens nach Ablauf einer Grundvertragszeit von 40 % der betriebsgewöhnlichen Nutzungsdauer ein

---

283 Vgl. *Buhl*, BB 1992 S. 1755.
284 Vgl. *Engel*, DStR 2000 S. 1478.
285 Entsprechende Anfragen der Leasingbranche haben zu dem BMF-Schreiben vom 22.12.1975 – IV B 2 – S 2170 – 161/75, BB 1976 S. 72, geführt.
286 BFH-Urteil vom 8.11.2000 – I R 37/99, BStBl 2001 II S. 722.
287 BFH-Urteil vom 8.10.1987 – IV R 18/86, BStBl II 1988 S. 57; *Bordewin*, DB 1988 S. 413.

Kündigungsrecht. Macht er von diesem Recht Gebrauch, muss er eine Abschlusszahlung in Höhe der durch die Leasingraten nicht gedeckten Gesamtkosten des Leasinggebers entrichten. Auf diese Abschlusszahlung sind 90 % des vom Leasinggeber erzielten Veräußerungserlöses anzurechnen. Damit trägt das Restwertrisiko der Leasingnehmer. Allerdings hat der Leasinggeber auch hier die Chance einer Wertsteigerung und bleibt wirtschaftlicher Eigentümer.

182 Am Beispiel des Mehrerlösmodells lässt sich am besten die teilweise Konzeptionslosigkeit und die lobbyistisch geprägte („erlasskonforme") Leasingbilanzierung darstellen.

BEISPIEL ▸ Leasingnehmer LN und Leasinggeber LG schließen einen Teilamortisationsvertrag über einen Pkw ab. LG garantiert 100 % des kalkulierten Restwerts; ein über den kalkulierten Wert hinaus erzielter Erlös steht ihm zu 75 % zu, dem LN zu 25 %. Die Ermittlung des vom LN zu tragenden Amortisationsrisikos im sog. Barwerttest ist nach IAS 17 wie folgt:

Kalkulierter Restwert (T€)	36,00		
Restwertrisiko LN	100 %		
Restwertchance LN	75 %		
Neupreis Pkw (T€)	100,00		
Relevanter Zinssatz	10 %		
Leasingraten (T€)	29,00	29,00	29,00
von LN garantierter Restwert			36,00
	29,00	29,00	65,00
Barwerttest IAS 17: von LN getragenes Amortisationsrisiko			
Mindestleasingraten (T€)	29,00	29,00	65,00
• Abzinsungsfaktor	0,9091	0,8264	0,7513
= Diskontierter Wert (T€)	26,36	23,97	48,84
Summe = Barwert (T€)	99,17		
Zeitwert Pkw 1.1.01 in %	**99,2 %**		

Der Leasingnehmer übernimmt zu beinahe 100 % das Amortisationsrisiko. Der Leasinggeber trägt so gut wie kein Risiko und behält eine minimale (und zumeist unrealistische) Chance; er ist also, wenn die Kriterien von Chancen und Risiken (→ Rz. 151) überhaupt einen Sinn haben sollen, nicht wirtschaftlicher Eigentümer.

Nach der Begründung zum Regierungsentwurf des BilMoG können die steuerlichen Leasingerlasse auch weiterhin der handelsrechtlichen Bilanzierung zugrunde gelegt werden. Für den Leasingnehmer folgt hieraus ein faktisches Ansatzwahlrecht.

2.1.6 Bilanzielle Zurechnung bei Immobilienleasing

Der Vollamortisations-Immobilienerlass vom 21.3.1972[288] sah wie der vergleichbare Mobilienerlass die Vollamortisation der gesamten Kosten des Leasinggebers innerhalb der Grundmietzeit vor; genauer gesagt beruhte die Anwendung dieses Erlasses auf dem entsprechenden Vertragstypus. Dieser konnte sich jedoch am **Markt nicht durchsetzen**, weil kein potenzieller Kunde des Leasingunternehmens bereit ist, während der i. d. R. kurzen Grundmietzeit alle Kosten des Leasinggebers mit seinen Leasingraten abzudecken und dann auch noch bei Ausübung der Kaufoption einen erheblichen Restbuchwert als Kaufpreis zahlen zu müssen. Der Immobilien-Leasingerlass vom 21.3.1972 wurde deshalb in der **Praxis nicht angewandt**. Es kamen **Ersatzmodelle** auf den Markt, die zwar nicht gegen die Vorgaben dieses Erlasses ausgerichtet waren, aber jedenfalls keine offizielle „Genehmigung" der Finanzverwaltung genereller Art erhielten. Gleichwohl ist die bilanzsteuerliche Zurechnung beim Leasinggeber wohl kaum jemals in Frage gestellt worden.

183

Vor diesem Hintergrund ist der Regelungsgehalt des **Teilamortisations**-Leasingerlasses für unbewegliche Wirtschaftsgüter vom 23.12.1991[289] zu verstehen. Dieses Schreiben geht von einem Vertragstyp aus, bei dem innerhalb der Grundmietzeit die gesamten Kosten des Leasinggebers durch die Leasingraten nicht gedeckt werden. Die 40 %-Grenze ist in diesem Schreiben nicht mehr enthalten. Anders die 90 %-Grenze: Wenn die Grundmietzeit größer ist als 90 % der betriebsgewöhnlichen Nutzungsdauer, so erfolgt eine Zurechnung beim Leasingnehmer. Gleiches gilt bei einem niedrigeren Kaufpreis als dem Restbuchwert unter Annahme linearer Abschreibung bei Ausübung eines Kaufoptionsrechts. Als **Nutzungsdauer** gelten dabei die gesetzlichen Vorgaben des § 7 Abs. 4 Satz 1 bzw. Satz 2 EStG. Eine vergleichbare Regelung ist für Verträge mit Mietverlängerungsoptionen vorgesehen. Die Immobilien-Leasingbranche kann dabei eine ganze Reihe von Risiken (z. B. des zufälligen Untergangs) nicht mehr dem Leasingnehmer vertraglich auferlegen, wenn nicht die an sich gewünschte Zurechnung beim Leasinggeber vereitelt werden soll.[290] Die vom BMF aufgeführten sechs Kriterien sind Ausfluss der Auslegung des Begriffs „wirtschaftliches Eigentum".

184

In die langfristigen Immobilien-Leasingverträge werden häufig sog. **Mieterdarlehen** eingebaut. Dabei erfolgt die Darlehensauszahlung anders als üblicherweise, nämlich sukzessive, also zeitlich im Gleichschritt mit der eigentlichen Leasingrate. Der bis zum Ende des Vertrags aufgelaufene Betrag ist dann vom Leasinggeber an den Leasingnehmer zurückzubezahlen. Im wirtschaftlichen Ergebnis bedeutet dieses Mieterdarlehen eine Restwertgarantie für den Leasinggeber.[291]

185

2.1.7 Mietkaufverträge

Innerhalb der **begrifflichen Grauzone** von „Leasing" bewegt sich auch der Vertriebstyp „Mietkauf". Häufig wird er als Unterscheidungsmerkmal zum normalen Leasingverhältnis verwendet, um die bilanzrechtliche Zuordnung des betreffenden Objekts beim Leasingnehmer anzudeuten (→ Rz. 172).

186

---

288 BMF-Schreiben vom 21.3.1972 – F/IV B 2 – S 2170 – 11/72, BStBl I S. 188.
289 BMF-Schreiben vom 23.12.1991 – IV B 2 – S 2170 – 115/91, BStBl 1992 I S. 13.
290 Vgl. *Sobotka*, BB 1992 S. 827.
291 Im Einzelnen *Freiberg*, PiR 2006 S. 92.

Mietkaufverträge sind – in Unterscheidung zum eigentlichen Leasing – auf einen Übergang des wirtschaftlichen Eigentums auf den **Mietkäufer** bei Abschluss des Vertrags hin konstruiert. Der Verkäufer (rechtlicher Eigentümer und Vermieter) aktiviert dann eine Kaufpreisforderung, der Mietkäufer den betreffenden Gegenstand und passiviert die ratenweise zu erbringende Verbindlichkeit. Die „Mietzahlungen" sind als Kaufpreisraten in Zins- und Tilgungsbestandteile zu zerlegen.

187 In der Rechtsprechung des BFH sind zum Thema des Mietkaufs **Sonderkonstellationen** entschieden worden:

▶ Ein eingeräumtes Vorkaufsrecht und die Modalität der Restzahlung (Rente) bewirkte den Übergang des wirtschaftlichen Eigentums an einem Grundstück, das der „Mieter" auch umbauen durfte.[292]

▶ Eine unangemessen hohe Miete, die auf den Kaufpreis anzurechnen war, führte zur Zuordnung des wirtschaftlichen Eigentums zu dem Mieter.[293]

▶ Die gewöhnliche Nutzungsdauer des Vermögensgegenstands umfasste den vereinbarten Mietzeitraum mit der Folge des Übergangs des wirtschaftlichen Eigentums auf den Mieter.[294]

2.1.8 Forfaitierung

188 Zur Refinanzierung verkauft der Leasinggeber häufig seine **künftig fällig** werdenden – also (noch) nicht bilanzierbaren – Leasingraten unter Übergabe des Bonitätsrisikos (echte Forfaitierung). Diese Gestaltung erklärt sich historisch aus dem sog. Bankenprivileg des § 19 GewStDVO: Der Forfaiteur – eine Bank – braucht anders als der Leasinggeber die Refinanzierungszinsen nicht anteilig zur Ermittlung des Gewerbeertrags zuzurechnen.[295] Nach überwiegender Auffassung ist der bei dem Verkauf erzielte Erlös als **passiver** Rechnungsabgrenzungsposten bzw. als **Anzahlung** in die Bilanz des Leasinggebers einzustellen. Strittig ist dagegen die Methode der **Auflösung** (linear, degressiv, progressiv).[296] Der BFH[297] hat sich für eine lineare Auflösung bei gleichbleibenden Leasingraten ausgesprochen. Dies gilt aber nur im Falle der **echten** Forfaitierung mit Übergang des Bonitätsrisikos auf den Finanzierer (→ Rz. 203). Finanzmathematisch müsste die Auflösung progressiv erfolgen.[298]

Bei der **unechten** Forfaitierung geht nicht das gesamte Bonitätsrisiko auf den Forderungskäufer über. In diesem Fall überdeckt das unechte Geschäft ein Darlehensverhältnis, das mit dem Barwert des forfaitierten Betrags anzusetzen und jährlich aufzuzinsen ist.

---

292 BFH-Urteil vom 12.9.1991 – III R 233/90, BStBl 1992 II S. 182.
293 BFH-Urteil vom 27.1.1955 – V 198/54 U, BStBl III S. 94.
294 BFH-Urteil vom 31.10.1978 – VIII R 146/75, BStBl 1979 II S. 507.
295 Vgl. *Scheffler*, BB 2007 S. 875.
296 Laut BMF-Schreiben vom 19.2.1992 – IV B 2 – S 2170 – 17/92, BB 1992 S. 1248, ist eine lineare Auflösung vorzunehmen; a. A. *Blauberger*, DStR 1994 S. 148; *KSM*, EStG, § 5 Rz. F 361; ausführlich *Bink*, DB 1994 S. 1304; BMF-Schreiben vom 9.1.1996 – IV B 2 – S 2170 – 135/95, BStBl I S. 9.
297 BFH-Urteil vom 24.7.1996 – I R 94/95, BStBl 1997 II S. 122.
298 Vgl. *Blauberger*, DStR 2004 S. 148.

Bei Forfaitierung des **Restwerterlöses** im Falle eines Teilamortisationsvertrags mit Andienungsrecht des Leasinggebers ist die Zahlung des Forfaitierungskäufers ebenfalls als Darlehen mit dem Barwert anzusetzen und ratierlich aufzuzinsen.[299]

2.1.9 Degressive Raten, Sonderzahlungen

Bei längerfristigen Leasingverträgen über **Immobilien** mit vereinbarten **degressiven** Raten ist nach BFH[300] und BMF[301] die Summe der vertraglich bedungenen Raten in jährlich gleichbleibende Beträge umzurechnen (→ § 250 Rz. 33c). Der in den ersten Vertragsjahren über diesen fiktiven Jahresaufwand hinausgehende Mietbetrag ist als Rechnungsabgrenzungsposten oder Anschaffungskosten für ein Nutzungsrecht (Letzteres u. E. unzutreffend, vgl. → Rz. 26) zu aktivieren und in den kommenden Jahren gewinnmindernd linear aufzulösen, wenn die effektiven Leasingraten niedriger sind als derjenige Betrag bei gleichbleibender Verteilung auf die Nutzungsdauer. Nach Ansicht des BFH[302] gilt dies nicht für Mobilien-Leasingverträge mit degressiven Raten (→ § 250 Rz. 33c). Sog. **Vormieten** oder **Sonderzahlungen** (Leasingraten, die vor der Nutzung zu entrichten sind) decken insbesondere die Finanzierungskosten des Leasinggebers während der Bauzeit ab; sie stellen wirtschaftlich ein Disagio dar und sind deshalb als aktiver Rechnungsabgrenzungsposten beim Leasingnehmer zu bilanzieren. Dem BMF[303] zufolge ist bei Immobilien-Leasingverträgen mit Vertragsanpassungsklauseln zur **Zinskonversion** keine Linearisierung degressiver Raten vorzunehmen.

189

2.1.10 *Sale and lease back*

Sale and lease back-Gestaltungen sind regelmäßig bilanzpolitisch motiviert: Gewinnerhöhende Eigenkapitalgenerierung in einer wirtschaftlichen Zwangslage. Dabei steht die Finanzierungsfunktion des Leasinggebers im Vordergrund der Gestaltung bei minimiertem Risiko. Für die Umsatzsteuer hat der BFH[304] den Verkauf an den Leasinggeber und den Rückkauf nicht als Lieferung (Umsatz) gewürdigt, sondern darin nur eine Sicherungs- und Finanzierungsfunktion, d. h. eine **Darlehens**gewährung des Leasinggebers an den -nehmer gesehen (→ Rz. 160). Übertragen auf bilanzsteuerliche Kategorien käme dies dem Verbleib des wirtschaftlichen Eigentums beim Leasingnehmer gleich, dessen Umsatzrealisation entfiele dann.

190

Bilanzrechtlich sind mindestens folgende **Einschränkungen** für die Ertragsrealisation zu beachten:

191

▶ Ist der *lease back* ein *finance lease*, scheiden Ertrags- und Umsatzrealisierung in vollem Umfang aus.

▶ Ist der *lease back* ein *operating lease*, kommt wegen der Möglichkeit einer Kompensation des überhöhten Kaufpreises durch eine zu hohe Leasingrate eine Realisierung aus Objektivierungsgründen nur insoweit in Frage, wie der Verkaufspreis bzw. die Leasingraten nicht über dem verlässlich bemessenen Marktwert liegt bzw. liegen.

---

299 BFH-Urteil vom 8. 11. 2000 – I R 37/99, BStBl 2001 II S. 722.
300 BFH-Urteil vom 12. 8. 1982 – IV R 184/79, BStBl II S. 696.
301 BMF-Schreiben vom 10. 10. 1983 – IV B 2 – S 2170 – 83/83, BStBl I S. 431.
302 BFH-Urteil vom 28. 2. 2001 – I R 51/00, BStBl II S. 645.
303 BMF-Schreiben vom 28. 6. 2002 – IV A 6 – S 2170 – 16/02, DB 2002 S. 1530.
304 BFH-Urteil vom 9. 2. 2006 – V R 22/03, BStBl II S. 727.

> **BEISPIEL** Ein Fußballstadion mit einer Restnutzungsdauer von 20 Jahren und einem Buchwert von 100 wird für 150 an einen Investor veräußert und auf 15 Jahre für eine Jahresrate von 19 zurückgeleast.
>
> 1. Möglicherweise liegt Spezialleasing vor (→ Rz. 174). In diesem Fall findet keine Ertrags- und Umsatzrealisierung statt.
>
> 2. Falls *operating lease* bejaht wird, stellt sich die Frage nach der verlässlichen Bemessung des Veräußerungspreises bzw. der Leasingraten. Eine verlässliche Bemessung ist beinahe unmöglich, da nur ein Endmieter in Frage kommt, ein eigentlicher Marktpreis und ein daraus ableitbarer Ertragswert also nicht existiert. Auch die Ableitung eines Werts aus (unterstellt) bekannten Werten anderer Stadien ist angesichts der Unterschiede von Standort, Ausstattung usw. kaum verlässlich möglich. Der „Veräußerungsgewinn" von 50 sollte daher passivisch abgegrenzt und über 15 Jahre verteilt werden.

2.2 Kreditsicherungen

192 Die im Geschäftsleben gängigen **Sicherungsinstrumente** sind

- Eigentumsvorbehalt (→ Rz. 193),
- Sicherungsübereignung (→ Rz. 194),
- Forderungsabtretung (→ Rz. 196) sowie
- Pfandrecht (→ Rz. 195).

193 Der Verkäufer von Material und Waren und anderer Fahrnis hat dem Erwerber die **Verfügungsmacht** zu verschaffen. Er hat dann das ihm aus dem Geschäft Obliegende getan und ist in diesem Augenblick nicht mehr wirtschaftlicher Eigentümer (→ § 252 Rz. 85). Die Vereinbarung eines einfachen oder auch verlängerten **Eigentumsvorbehalts** ändert daran nichts, sie dient lediglich der Kaufpreissicherung. Der Zeitpunkt des **Abgangs** in Form der Übertragung des wirtschaftlichen Eigentums entspricht demjenigen des Zugangs beim Erwerber, der in diesem Augenblick – ohne rechtlicher Eigentümer zu sein – den Vermögensgegenstand in seiner Bilanz anzusetzen hat.[305]

Sollte es mangels Zahlung zu einem **Herausgabeanspruch** des Verkäufers auf der Grundlage seines rechtlichen Eigentums kommen, hat der Käufer keine Verfügungsmacht mehr. Deshalb ist der betreffende Gegenstand wieder beim Verkäufer zu bilanzieren. Gleiches gilt, wenn der Verkäufer aus irgendeinem Rechtsgrund vom Kaufvertrag zurücktritt.

194 Wie beim Eigentumsvorbehalt verhält es sich bei der **Sicherungsübereignung**, die als Kreditsicherungsinstrument für Fahrnis eingesetzt wird. Diese Technik ersetzt das Pfandrecht bei beweglichen Vermögensgegenständen, weil Letzteres in diesen Fällen nach dem deutsch-rechtlichen Grundsatz des Faustpfands strukturiert ist. Das wirtschaftliche Eigentum und damit die „Bilanzierungshoheit" verbleibt beim Sicherungsgeber.

---

305 Vgl. *ADS*, 6. Aufl., § 246 Tz. 268.

Umgekehrt verhält es sich bei Grundstücken, die als Kreditsicherheit regelmäßig das **Grund-** **pfandrecht** vorsehen. Hier gilt selbst bei Verpfändung über den Gebäudewert hinaus der Grundstückseigentümer auch als wirtschaftlicher Eigentümer. 195

Die (allein zur Kreditsicherung) dienende **Forderungsabtretung** (Factoring), z. B. an die Hausbank, ändert nichts am wirtschaftlichen Eigentum der Forderung des Zedenten, einerlei ob diese Abtretung still oder offen erfolgt (→ Rz. 201). Zu den Besonderheiten des Factoring – Forderungsabtretung in Verbindung mit bestimmten Dienstleistungsformen (genannt Forfaitierung) – vgl. → Rz. 188. 196

2.3 Treuhandverhältnisse

Bei der sog. echten oder fiduziarischen Treuhand[306] ist der Treuhänder rechtlicher Eigentümer, an der wirtschaftlichen Zuordnung zum Treugeber ändert sich dagegen nichts. Das übergebene **Treugut** ist nach Maßgabe der Gliederungsvorschrift in § 266 HGB bzw. § 247 HGB beim Treugeber auszuweisen. Der Übertragungsvorgang selbst (vom Treugeber auf den Treuhänder) löst keinen Buchungsvorgang aus. Auch hier gilt: Das wirtschaftliche Eigentum bestimmt den Ort des Bilanzansatzes (→ Rz. 147). Umgekehrt kann in der Bilanz des Treuhänders kein Ansatz erfolgen. Fraglich ist indes, ob das vom Treuhänder vereinnahmte Treugut in seiner Bilanz in irgendeiner Weise dargestellt werden soll. Diesbezüglich gibt es eine Spezialvorschrift für Kreditinstitute, die u. E. außerhalb dieser Branche nicht einschlägig ist. Nach wohl h. M.[307] hat ein entsprechender Hinweis in bewerteter Form „unter dem Strich", aber getrennt von Haftungsverhältnissen nach § 251 HGB zu erfolgen (→ § 251 Rz. 9) – bei einer Kapitalgesellschaft oder einer Kap. & Co.-Gesellschaft ersatzweise im Anhang (→ § 268 Rz. 118). U. E. ist diese Lösung unzutreffend, da die §§ 251, 268 Abs. 7 HGB eine abschließende Aufzählung angabepflichtiger Tatbestände enthalten (→ § 251 Rz. 9). Im Übrigen werden auch in anderen Fällen (z. B. Sicherungsübereignung) die im (rechtlichen) Eigentum des bilanzierenden Kaufmanns stehenden, aber nicht bilanzierbaren Vermögensgegenstände nicht gesondert vermerkt. 197

Für treuhänderisch eingegangene **Verbindlichkeiten** des Treuhänders wird eine Passivierungspflicht in dessen Bilanz gefordert mit korrespondierender Aktivierung eines Ausgleichsanspruchs. Im Ergebnis kommt es nach dieser Vorgabe zu einer Art Doppelbilanzierung einer Verbindlichkeit, die u. E. nicht zwingend zu verlangen ist. Wenigstens solange die Bonität des Treugebers ohne Zweifel besteht, kann u. E. auf den Doppelausweis verzichtet werden, d. h. die vom Treuhänder rechtlich geschuldete Verbindlichkeit ist (nur) in der Bilanz des Treugebers auszuweisen. Dem wirtschaftlichen Gehalt nachliegt hier u. E. ein **Haftungs**verhältnis i. S. des § 251 HGB vor (→ § 251 Rz. 8), das zu einer **Angabe-**, aber nicht zu einer Passivierungspflicht führt (→ Rz. 277 f.). Letztere entsteht erst dann, wenn die im Innenverhältnis zwischen Treuhänder und Treugeber bestehende Einstandspflicht des Treugebers für die vom Treuhänder übernommene Verbindlichkeit nicht mehr „werthaltig ist". Dann kommt es analog zum Bürgschaftsobligo beim Bürgen zu einem Bilanzansatz wegen seiner Einstandspflicht (→ § 251 Rz. 4). 198

---

306 Vgl. zu den verschiedenen Ausprägungen der Treuhand ADS, 6. Aufl., § 246 Tz. 274 ff.
307 Vgl. ADS, 6. Aufl., § 246 Tz. 289 ff., m. w. N. Dort sind die verschiedensten Auffassungen im Schrifttum paraphrasiert.

2.4 Kommissionsgeschäfte

199 Bei der **Verkaufs**kommission bleibt der Kommittent rechtlicher und wirtschaftlicher Eigentümer des Kommissionsguts. Die Übergabe an den Kommissionär stellt keinen buchungspflichtigen Geschäftsvorfall dar. Spiegelbildlich gilt dies auch für den Kommissionär, der über das ihm zur Verfügung gestellte Kommissionsgut nicht in der Finanzbuchführung, sondern in der Lagerbuchführung durch sog. Skontren dokumentationspflichtig ist.

200 Bei der **Einkaufs**kommission erwirbt der Kommissionär rechtliches Eigentum, das allerdings wirtschaftlich dem Kommittenten zuzurechnen ist und ausschließlich bei diesem zum Bilanzansatz führt. U. E. ist eine doppelte Bilanzierung – beim Kommissionär als Verbindlichkeit gegenüber dem Verkäufer und als Forderung gegenüber den Kommittenten – nicht erforderlich. Es genügt eine datentechnisch organisierte Information über den Erwerb des rechtlichen Eigentums durch den Kommissionär. Diese löst beim Kommittenten eine Zugangsbuchung aus, die gegenüber dem Kommissionär als Kreditor erfasst wird, zumindest sofern dieser (wie regelmäßig) die Bezahlung gegenüber dem Lieferanten vornimmt.

2.5 Factoring, Inkassozession, *asset backed securities*

201 Das Factoring beruht auf einer **Forderungsabtretung** mit Übergang des **rechtlichen** Eigentums vom (bisherigen) Forderungsinhaber an einen Factor. Mit diesem Übergang sind unterschiedliche Rechte und Pflichten je nach Ausgestaltung des Vertrags verbunden. Regelmäßig erfolgt eine Veräußerung der Forderung mit entsprechender Zahlungsverpflichtung des Factors, womit eine **Finanzierungs**funktion des Factorings verbunden ist. Es kann sich eine **Dienstleistung** anschließen: Kundenbuchhaltung, Mahnwesen, Einziehung der Forderung etc. und zusätzlich auch die Übernahme des Ausfallrisikos. Je nach Inhalt des Factoring-Vertrags wird der Kaufpreis mit einer bestimmten Spanne unterhalb des Nennwerts der Forderung und dem mutmaßlichen Eingang beim Factor vereinbart. In diesem Differenzbetrag verbergen sich dann wirtschaftlich eine Verzinsung, eine Delkredere-Provision und eine Dienstleistungsvergütung.

202 Bei Übernahme des Ausfall- bzw. Delkredererisikos durch den Factor liegt ein sog. **echtes** Factoring vor. Das wirtschaftliche Eigentum an der Forderung geht mit dem rechtlichen auf den Factor über. Hier haftet der Forderungsverkäufer lediglich für den rechtlichen **Bestand** der Forderung (Verität), nicht aber für die **Bonität** des Kunden. Beim **unechten** Factoring verbleibt das Ausfallrisiko und das wirtschaftliche Eigentum bei dem Forderungsverkäufer, das Geschäft stellt dann einen eigentlichen Kredit dar, vergleichbar der Forderungsabtretung an eine Bank (→ Rz. 196). Sobald die Forderung beim Factor eingegangen ist, reduziert sich die Kreditnahme des Zedenten.

203 Die **bilanzmäßige Abwicklung** beim Zedenten stellt sich wie folgt dar:

▶ Beim **echten** Factoring geht das wirtschaftliche Eigentum an der Forderung über, der Zedent hat kein Risiko aus dem Forderungseingang mehr. Die Differenz zwischen dem Nennwert der Forderung und dem vom Factor zu vereinnahmenden Kaufpreis stellt Aufwand (insbesondere Zins mit Risikoprämie) dar. Die Buchung lautet:

per Bank	90		
per Aufwand	10	an Forderung	100

▶ Beim **unechten** Factoring liegt beim Zedenten eine Kreditaufnahme vom Factor vor. Es ist zu buchen:

per Bank	94		
per Aufwand	6	an Kredit gegenüber Factor	100

▶ sowie beim Geldeingang vom Kunden nach Weiterleitung vom Factor an den Zedenten

per Kredit vom Factor	100	an Debitor	100

Gegen den vorstehenden Buchungsvorschlag beim unechten Factoring wird mangelnde Praktikabilität im Falle einer damit verbundenen offenen Zession eingewandt. In diesem Fall kann der Kunde mit schuldbefreiender Wirkung nur an den Factor bezahlen, was im vorstehenden Beispiel auch unterstellt ist. U. E. bestehen gegen die Praktikabilität dann keine Bedenken, wenn die Datensysteme beim Factor und beim Zedenten entsprechend organisiert sind. Ansonsten müsste wie beim echten Factoring gebucht werden. Allerdings wäre nach entsprechendem Vorschlag im Schrifttum[308] das Ausfallrisiko als Haftungsverhältnis nach § 251 HGB zu vermerken (→ § 251 Rz. 8) und bei drohendem Ausfall eine Rückstellung zu bilden. Die wirtschaftliche Substanz des Geschäftsmodells wird dabei aber nicht zutreffend abgebildet, da die Forderung wirtschaftliches Eigentum des Zedenten bleibt. 204

Der **Grenzverlauf** zwischen echtem und unechtem Factoring, d. h. der Übergang des wirtschaftlichen Eigentums der Forderung, ist nicht immer eindeutig bestimmbar. Das beginnt bereits bei der Anwendung des das wirtschaftliche Eigentum bestimmenden Kriteriums: 204a

▶ Orientiert man sich traditionell an § 39 Abs. 1 Nr. 1 AO, wird zumindest für steuerbilanzielle Zwecke eine Zurechnung des Vermögensgegenstands bei demjenigen verlangt, der die dauernde **Verfügungsmacht** innehat.

▶ Unter dem Einfluss der internationalen Rechnungslegung wird im neueren handelsrechtlichen Schrifttum (→ Rz. 151) und dem Standard zur handelsrechtlichen Rechnungslegung eher auf die **Risikotragung** abgestellt, das wirtschaftliche Eigentum also demjenigen zugerechnet, der die Mehrheit der Risiken und Chancen aus dem Vermögensgegenstand innehat.

Dazu folgendes Beispiel:

BEISPIEL[309]

▶ Die U-GmbH tätigt Lieferungen sowohl an einen breiten Kreis von Geschäfts- als auch an eine Vielzahl von Privatkunden. Die Forderungen werden aufgrund einer Rahmenvereinbarung jeweils mit Entstehung an die Bank B abgetreten.

  – **Privatkundenforderungen still** ohne Anzeige an die Schuldner.

  – **Geschäftskundenforderungen** offen, weshalb diese Kunden schuldbefreiend nur noch an die Bank zahlen können.

▶ Die Bank zahlt binnen drei Tagen nach Abtretung den für die Abtretung vereinbarten Kaufpreis.

---

308 Vgl. *ADS*, 6. Aufl., § 246 Tz. 322, m. w. N.
309 Nach *Lüdenbach*, StuB 2010 S. 508.

> ▶ Der **Wertberichtigungsbedarf** in beiden Teilportfolien ist in etwa gleich und hat sich in der Vergangenheit in einem **engen Intervall um 3 %** bewegt. Hinweise auf geänderte Verhältnisse bei den aktuell, zum Bilanzstichtag abgetretenen, noch nicht fälligen Forderungen liegen nicht vor. Die im Bilanzaufstellungszeitraum erlangten Erkenntnisse bestätigen vielmehr die Wertberichtigungsquote.
>
> ▶ Mit der Bank ist für beide Teilportfolien eine *First-Loss*-Garantie vereinbart. Danach gehen **Ausfälle** von bis zu **10 % zulasten** der **U-GmbH**, während das darüber hinausgehende Risiko von der Bank getragen wird. Für die 10 %-Grenze ist nicht die Entwicklung der einzelnen Forderungen, sondern aller in einem Quartal abgetretenen Forderungen des jeweiligen Portfolios maßgeblich. Die **Wahrscheinlichkeit** eines entsprechenden Ereignisses wird mit **weniger als 0,1 %** eingeschätzt.
>
> ▶ Die Abtretungsvereinbarungen sehen **keine Beschränkungen** der Bank hinsichtlich der Möglichkeit der **Verpfändung** oder **Weiterveräußerung** erworbener Forderungen vor. Bei den stillen Abtretungen hat die Bank das Recht, in definierten außerordentlichen Fällen, so etwa bei drohender Überschuldung oder Zahlungsunfähigkeit der U, auf eine Umwandlung in eine offene Abtretung.
>
> ▶ Die Bank zahlt **98 für jede Forderung über 100**. Die Differenz erklärt sich fast vollständig als Zins aus der Differenz zwischen Zahlungszeitpunkt der Bank und erwartetem Zahlungseingang des Kunden.

Bei Abstellung auf die Verfügungsmacht als Kriterium für die Zurechnung des wirtschaftlichen Eigentums stellt sich die Lösung des vorstehenden Falls wie folgt dar:

▶ Kann die U-GmbH die offen abgetretenen Forderungen ausbuchen und das verbliebene Risiko über eine Rückstellung abbilden? Die Bank hat das Recht auf Verpfändung oder Weiterveräußerung und im Falle der offenen Abtretung auch zum Einzug der Forderung.

▶ Bei der stillen Abtretung fehlt das Einzugsrecht der Bank, die Innehabung der Verfügungsmacht ist nicht eindeutig zu bestimmen. Deshalb ist auf die Risikobetrachtung einzugehen.

Bei formaler Betrachtung des Vertragsinhalts trägt die Bank ein 90 %iges Ausfallrisiko. Nach den tatsächlichen wirtschaftlichen Gegebenheiten ist dieses Risiko extrem gering, d. h. die *First-Loss*-Garantie belässt das Ausfallrisiko so gut wie ausschließlich bei der U-GmbH. Demnach ist unter Risikogesichtspunkten sowohl die offene als auch stille Zession als Finanzierungsgestaltung, also als unechtes Factoring, mit der Buchungsfolge unter → Rz. 203 zu würdigen.

205 Bei einer **Inkassozession** verbleibt das Ausfallrisiko beim Zedenten. Der Zessionar ist zur Abführung des eingezogenen Betrags verpflichtet. Das wirtschaftliche Eigentum an der Forderung verbleibt beim Zedenten mit der weiteren Folge des Bilanzausweises bei ihm.

206 Bei *asset backed securities* werden ganze Forderungspools an eine eigene **Zweckgesellschaft** zediert und verkauft. Diese wiederum refinanziert sich durch Ausgabe von Schuldverschreibungen (*securities*), die aus den eingegangenen Forderungen bedient werden.[310] Regelmäßig geht das rechtliche und wirtschaftliche Eigentum auf die Zweckgesellschaft über, die allerdings ihre

---

310 Vgl. hierzu *ADS*, 6. Aufl., § 246 Tz. 324.

Finanzierung nur durch eine hilfsweise **Finanzierungszusage** der initiierenden Bank sicherstellen kann. Dafür ist bei dieser ein Haftungsvermerk gem. § 251 HGB geboten (→ § 251 Rz. 23). Wegen der eventuellen Konsolidierung der Zweckgesellschaft wird auf → § 290 Rz. 39 ff. verwiesen.

2.6 Finanzprodukte

2.6.1 Finanzderivate

Finanzderivate sind **Wertpapiere**, die ihre „Werthaltigkeit" aus Basisgegenständen (*underlyings*) ableiten, die in aller Regel börsennotierte Werte aufweisen (Kurse, Indizes). Häufig dienen sie der Absicherung von **Risiken**, werden indes auch zunehmend als reine **Spekulationspapiere** gehalten. Es handelt sich im Regelfall um schwebende Geschäfte. Im deutschen Schrifttum spielen sie eine eher untergeordnete Rolle, ganz im Gegensatz zu den IFRS.[311] Nach HGB und EStG sind in aller Regel nur die Zahlungen (Prämien und *margin*) zu bilanzieren, allenfalls noch Verbindlichkeits- oder Drohverlustrückstellungen. Der Ansatz von Erträgen richtet sich nach dem Realisationsprinzip.[312] Die nach IFRS mögliche (begrenzte) Marktwertbilanzierung ist nach HGB/EStG (GoB) regelmäßig unzulässig (→ § 253 Rz. 5).

207

Bei **(unbedingten) Termingeschäften** (*futures* oder *forwards*) ist die Erfüllung innerhalb einer bestimmten Frist oder zu einem bestimmten Termin nach Vertragsabschluss vorzunehmen. Abschluss- und Erfüllungszeitpunkt divergieren. Der Vertrag richtet sich dabei auf den Kauf bzw. Verkauf bestimmter Gegenstände wie standardisierter Waren, Devisen, Wertpapiere oder Zinsen zu einem festen Preis.

208

Im Gegensatz zu den **Optionen** (→ Rz. 210) und **Zinsbegrenzungsvereinbarungen** (→ Rz. 214) werden bei unbedingten Termingeschäften **beide** Vertragsparteien gebunden. *Futures* sind standardisierte an der Börse gehandelte Terminkontrakte, bei denen die „Einstandszahlung" (*initial margin*) erfolgsneutral zu behandeln ist, während die übliche Glattstellung dann den Realisationstatbestand auslöst. Bis dahin liegt ein schwebendes Geschäft (→ Rz. 4) vor, das zu Drohverlusten führen kann (→ § 249 Rz. 130), anders allerdings bei Vorliegen eines Sicherungszusammenhangs (→ § 254 Rz. 5). *Forwards* stellen demgegenüber individuell ausgehandelte Terminkontrakte mit gleicher Buchungsstruktur wie *futures* dar.

209

Bei einem **Optionsgeschäft (bedingtes Termingeschäft)** gelten folgende ökonomische Strukturen:[313]

210

▶ Der **Käufer** einer **Kauf**option (*long call*) erwirbt gegen Zahlung einer Prämie (**Optionsprämie**) das Recht, den im Vertrag bezeichneten Gegenstand (**Basiswert**) während der Laufzeit der Option (amerikanische Variante) oder am Fälligkeitstag der Option (europäische Variante) vom **Verkäufer (Stillhalter)** der Kaufoption (*short call*) zum vereinbarten Basispreis zu kaufen.

---

311 Vgl. hierzu die Kommentierung zu IAS 39 von *Lüdenbach*, in: Lüdenbach/Hoffmann (Hrsg.), Haufe IFRS-Kommentar, 8. Aufl., Freiburg 2010, § 28.
312 BFH-Urteil vom 18.12.2002 – I R 17/02, BStBl 2004 II S. 126, mit Anm. von *Hoffmann*, StuB 2003 S. 543.
313 Vgl. *Scharpf*, in: Küting/Pfitzer/Weber (Hrsg.), Handbuch der Rechnungslegung – Einzelabschluss, 5. Aufl., Kapitel 6, Rz. 803.

IX. Persönliche Zurechnung, wirtschaftliches Eigentum

- Umgekehrtes gilt für den **Käufer** einer **Verkaufs**option (*long put*): Dieser ist berechtigt (aber nicht verpflichtet), während der Laufzeit/am Fälligkeitstag der Option den Basiswert zum Basispreis an den **Stillhalter** (*short put*) zu **verkaufen**. Auch für dieses Recht wird eine Optionsprämie gezahlt.
- An **Basiswerten** werden u. a. Aktien, Devisen, Edelmetalle, *commodities* (z. B. Schweinebäuche) und festverzinsliche Wertpapiere, aber auch Indizes verwendet.
- Sind die Vertragsbedingungen im Ausübungszeitraum oder -punkt für den Options**käufer** ungünstig, lässt er die Option verfallen, die bezahlte Prämie ist für ihn verloren, ein weiteres Risiko trägt der Optionskäufer nicht.

> **BEISPIEL** Hat der Optionskäufer das Recht, bestimmte Aktien zum Kurs 50 zu erwerben und beträgt der Börsenkurs 40, ist die Ausübung des Optionsrechts für ihn sinnlos.

- Der andere Vertragspartner, also der **Verkäufer** einer Option (*short position* bzw. Stillhalter), übernimmt die Verpflichtung, auf Verlangen des Optionskäufers mit diesem ein Geschäft mit im Voraus festgelegten Bedingungen einzugehen und durchzuführen.

> **BEISPIEL** Der Verkäufer einer Kaufoption über Aktien des Typs XY ist verpflichtet, diese zu einem Kurs von 50 in dem festgelegten Zeitraum bzw. -punkt zu übertragen. Damit ist das Risiko des Stillhalters (Optionsverkäufers) theoretisch unbegrenzt, er erhält dafür bei Vertragsabschluss eine feste Optionsprämie (Stillhaltevergütung). Bis zum Ablauf des genannten Zeitraums bzw. Erreichen des Zeitpunkts verfolgt ihn allerdings immer das Obligo der Erfüllungspflicht aus dem Vertrag. Der Aktienkurs kann sich im Beispielsfall auf 60 erhöhen mit der Folge eines Verlusts von 10 aus dem Geschäft (für den Stillhalter). Es kann aber auch umgekehrt kommen: Der Kurs kann sich auf 40 ermäßigen mit der Folge des Verfallenlassens der Option durch den Käufer; denn dieser kann sich am Markt billiger eindecken als auf der Grundlage des Optionsvertrags. I. d. R. wird die Erfüllungspflicht zwischen den Vertragsparteien durch eine sog. **Glattstellung** (Barausgleich) erfüllt, weil dadurch die Transaktionskosten für die Aktien und andere optionsgegenständliche Werte vermieden werden.

211 Strittig für Zwecke der Bilanzierung beim Stillhalter ist die Frage des Zeitpunkts der gewinnmäßigen **Vereinnahmung** der Optionsprämie. Der BFH hatte sich in einem Streitfall zu Optionsgeschäften im steuerlichen Privatvermögen[314] auf der Basis der sog. Zwei-Vertrags-Theorie für die Vereinnahmung der Optionsprämie bei Zufluss ausgesprochen. Der BFH hat die Zwei-Vertrags-Theorie[315] in Bilanzierungsfällen abgelehnt und auf **Passivierung** der im Voraus erhaltenen Stillhaltervergütung entschieden.

Nach dem BMF[316] soll das aufgrund der Kursentwicklung des Optionsgegenstands am Bilanzstichtag bestehende Risiko als **Verlust**rückstellung gem. § 5 Abs 4a EStG gewertet werden und deshalb steuerlich nicht passivierbar sein (gilt nicht für die Handelsbilanz, vgl. → § 249 Rz. 131).

---

314 BFH-Urteil vom 28. 11. 1990 – X R 197/87, BStBl 1991 II S. 300.
315 Im BFH-Urteil vom 18. 12. 2002 – I R 17/02, BStBl 2004 II S. 126.
316 BMF-Schreiben vom 12. 1. 2004 – IV A 6 – S 2133 – 17/03, DB 2004 S. 159 (u. E. unzutreffend, vgl. DStR 2004 S. 625).

Der Optionskäufer aktiviert die (vorausbezahlte) Prämie als sonstigen Vermögensgegenstand. Im Fall einer Kaufoption wird bei Ausübung der Option nicht nur der vereinbarte Kaufpreis für den Optionsgegenstand aktiviert, sondern zusätzlich die (vorausbezahlte) Optionsprämie, indem diese auf die Anschaffungskosten des optionsgegenständlichen Werts **umgebucht** wird.[317] Bei einer Verkaufsoption mindert die (vorausbezahlte) Prämie den Verkaufserlös.

Beim Stillhalter ist die erhaltene Prämie nach Ablauf der Frist bzw. des Termins erfolgswirksam aufzulösen (und zuvor als Verbindlichkeitsrückstellung zu passivieren). Zu dem sich in diesem Zusammenhang u.U. stellenden Problem der **Bewertungseinheit** wird auf → § 254 Rz. 5 verwiesen.

Als **Swaps** werden Geschäfte bezeichnet, bei denen Zahlungsforderungen und -verpflichtungen ausgetauscht werden, um Zins- und Währungsdifferenzen auf den Finanzmärkten auszugleichen (Zinsswaps, Währungsswaps).[318] Dargestellt am Beispiel eines Zinsswaps: Für einen bestimmten Betrag mit einer im Voraus festgelegten Laufzeit und festen Zinszahlungsterminen erfolgt ein Austausch der Ansprüche und Verpflichtungen aus Zinszahlungen in der gleichen Währung aber mit variablen Zinszahlungsverpflichtungen. Regelmäßig wird ein Festbetragszins gegen einen variablen Zins (z.B. Euribor für sechs Monate + X Basispunkte) getauscht. Die Kapitalbeträge selbst – d.h. die jeweiligen Forderungen und Verbindlichkeiten – werden dabei nicht getauscht, sie ändern nur ihren Charakter: Aus festverzinslichen Forderungen/Verbindlichkeiten werden variabel verzinsliche. Der **ökonomische** Sinn dieser Tauschgeschäfte liegt in den individuellen Zugangsbedingungen zum Kapitalmarkt, bei denen der eine Vertragspartner relativ günstig variable, der andere vergleichbar feste Zinsvereinbarungen treffen kann. Häufig werden Swap-Geschäfte auch zwischen zwei Währungen abgeschlossen und mit einem Zinsaustausch kombiniert. 212

Swaps sind als **schwebende** Geschäfte nicht bilanzierbar, es sei denn ein Verlust droht (→ Rz. 4). Möglicherweise liegt im Rahmen eines Mikro-*hedges* eine **Bewertungseinheit** vor (→ § 252 Rz. 36). Eine Reihe von Beispielen zur bilanziellen Abbildung von Zins-swaps – insbesondere als Bewertungseinheit – findet sich in der Kommentierung zu → § 254. 213

Einseitige (bedingte) Verpflichtungen werden auch durch **Zinsbegrenzungsvereinbarungen** begründet. Dabei verpflichtet sich der Verkäufer (Stillhalter), an den Vertragspartner (Käufer) bestimmte Zahlungen zu leisten, wenn ein festgelegter Zinssatz eine gewisse Höhe gegenüber dem Referenzzinssatz über- (*caps*) oder unterschreitet (*floors*); es werden auch Vereinbarungen mit einer Kombination von Zinsober- und -unterbegrenzung abgeschlossen (*collars*).[319] 214

Zinsbegrenzungsvereinbarungen gleichen in ihrem wirtschaftlichen Gehalt **Optionsgeschäften** (→ Rz. 210), bei Letzteren wird einmalig zu einem bestimmten Termin die Zinsdifferenz ausgeglichen, bei einem *cap* liegt demgegenüber eine Aneinanderreihung von Zinsoptionskontrakten auf bestimmte Fälligkeitstermine vor.[320] Mit der Erbringung der Stillhalterprämie erwirbt der Käufer des *caps* bzw. *floors* entgeltlich einen immateriellen Vermögensgegenstand, der über die Laufzeit hinweg abzuschreiben ist.[321] Beim Verkäufer der *caps* und *floors* (Stillhal- 215

---

317 A.A. mit beachtlichen Argumenten *Dinkelbach*, DB 2006 S. 1642. Vgl. hierzu im Einzelnen → § 255 Rz. 72.
318 Vgl. *Bieg*, StBp 2003 S. 209, 259; *Geurts*, DB 2001 S. 1163.
319 Vgl. hierzu *Rau*, DStR 2003 S. 1769.
320 Vgl. *Häuselmann*, BB 1990 S. 2150.
321 FG München, Urteil vom 25.3.2003 – 6 K 2642/01, DStRE 2003 S. 1143.

ter) ist u. E. eine Parallele zur Optionsentscheidung des BFH (I R 17/02 → Rz. 211) zu ziehen: Passivierung der erhaltenen Optionsprämie bis zum Ende des Erfüllungszeitraums. Ein am jeweiligen Bilanzstichtag ersichtlicher Verlust (Inanspruchnahme aus der Stillhalterposition) ist als Verbindlichkeitsrückstellung zu passivieren. Spiegelbildlich hat der Käufer des *caps* bzw. *floors* seinen Ausgleichsanspruch in diesem Augenblick zu aktivieren, wenn also die Vertragsbedingung eintritt, der Referenzzinssatz (z. B.) am betreffenden Zeitpunkt oberhalb (bei einem *cap*) bzw. unterhalb (bei einem *floor*) zu liegen kommt.[322]

2.6.2 Strukturierte Produkte, eingebettete Derivate

216 Strukturierte oder hybride Produkte zeichnen sich durch eine besondere Kombination von Rechten und Pflichten aus:

- Ein **Basisinstrument** (meist Anleihe oder sonstiges Fremdkapitalinstrument, ggf. aber auch ein Vertrag, der kein Finanzinstrument ist, z. B. Kaufvertrag über Waren oder Leasingvertrag)
- ist mit zusätzlichen Rechten und Pflichten versehen, die bei isolierter Betrachtung als Derivat gelten würden (**eingebettetes Derivat**).

Neben dem klassischen Instrument der Wandelschuldverschreibung (Schuldverschreibung als Basisinstrument, Option zur Umwandlung in Aktien als eingebettetes Derivat) gibt es eine Unzahl weiterer, z. T. überaus exotischer Strukturierungen.

Die Frage, ob ein strukturiertes Produkt **einheitlich** oder nach seinen **Komponenten** (*split accounting*) zu bilanzieren ist, entscheidet darüber, ob es zu einer **Saldierung** positiver und negativer Effekte aus einer unterschiedlichen Wertentwicklung von Basisinstrument und eingebettetem Derivat kommt.

217 In welchen Fällen eine solche Saldierung **angemessen**, d. h. ein strukturiertes Finanzinstrument als ein einheitlicher Vermögensgegenstand bzw. eine einheitliche Verbindlichkeit anzusehen ist, und in welchen Fällen dessen Bestandteile (Basisinstrument und eingebettetes Derivat) **getrennt** zu bilanzieren sind, behandelt RS HFA 22 unter zwei Gesichtspunkten:

Unter Berufung auf die wirtschaftliche Betrachtungsweise soll sich die Entscheidung über die Aufspaltung eines strukturierten Finanzinstruments insbesondere daran orientieren, ob das strukturierte Finanzinstrument aufgrund des eingebetteten Derivats im Vergleich zum Basisinstrument wesentlich erhöhte oder zusätzliche (andersartige) **Risiken oder Chancen** aufweist. Wenn dies verneint wird, unterbleibt eine Aufspaltung.

Im umgekehrten Fall einer wesentlichen Änderung der Risiken und Chancen soll weiter zu prüfen sein, ob eine getrennte Bilanzierung zu einer **zutreffenderen Darstellung** der Vermögens-, Finanz- und Ertragslage führt. Nur wenn auch dies bejaht wird, ist eine Aufspaltung vorzunehmen (→ Rz. 220).

---

322 Vgl. *Winter*, DB 1997 S. 1987.

Hiernach ergibt sich folgender Prüfungsablauf:

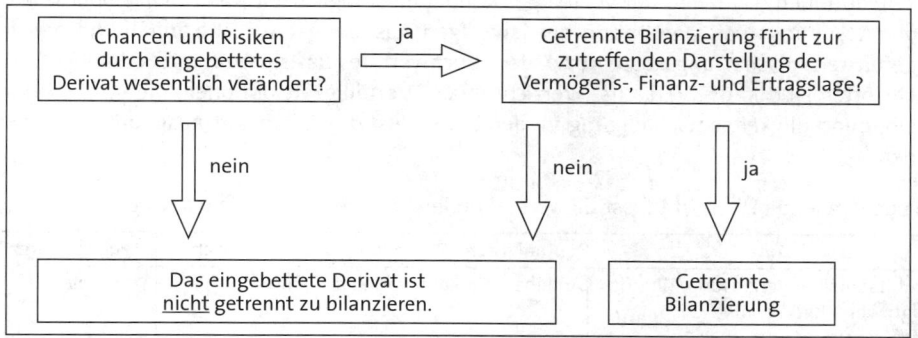

Eine wesentliche Veränderung der **Risiken oder Chancen** (→ Rz. 217) ist nach IDW RS HFA 22 u. a. in folgenden Fällen gegeben: 218

▶ Das Basisinstrument ist mit einem Derivat verbunden, das einem über das Zinsrisiko hinausgehenden **Marktpreisrisiko** unterliegt. Dies ist z. B. dann der Fall, wenn

– eine der Vertragsparteien wählen kann, ob die Rückzahlung in Euro oder nach vom Rückzahlungszeitpunkt abweichenden Kursverhältnissen in **Fremdwährung** erfolgt,

– eine der Vertragsparteien statt Rückzahlungsrecht in bar die Lieferung einer bestimmten Zahl von **Aktien** verlangen kann,

– der Rückzahlungsbetrag von der Entwicklung eines **Aktienkurses** oder **Aktienindizes** abhängig ist etc.

▶ Das Basisinstrument ist mit einem Derivat verbunden, das neben dem Bonitätsrisiko des Emittenten weiteren Risiken unterliegt. Ein Beispiel sind hier die *credit linked notes*, bei denen die Rückzahlungshöhe vom Ausfall eines Referenzkredits oder einer Referenzanleihe oder eines Referenzportfolios oder ähnlichen Ereignissen abhängt.

▶ Aufgrund des eingebetteten Derivats besteht die Möglichkeit einer **Negativverzinsung** (z. B. *reverse floater* ohne Mindestverzinsung).

▶ Das eingebettete Derivat, bei dem die Basisvariable (*underlying*) ein Zinssatz oder ein Zinsindex ist, kann die anfängliche Rendite des Basisinstruments des Erwerbers mindestens **verdoppeln** und zu einer Rendite führen, die mindestens doppelt so hoch ist wie die Marktrendite für einen Vertrag mit den gleichen Bedingungen wie das Basisinstrument (**Zinshebelprodukte**).

▶ Das eingebettete Derivat sieht bedingte oder unbedingte **Abnahmeverpflichtungen** für weitere Finanzinstrumente (z. B. Aktien) zu festgelegten – vom künftigen beizulegenden Zeitwert möglicherweise abweichenden – Konditionen vor.

▶ Das eingebettete Derivat sieht Vereinbarungen zur **Verlängerung der Laufzeit** vor, ohne dass die Verzinsung an die aktuellen Marktkonditionen im Zeitpunkt der Verlängerung angepasst wird. Findet zum Zeitpunkt der Ausübung einer Verlängerungsoption hingegen eine Anpassung an den herrschenden Marktzins statt, liegt kein trennungspflichtiges Derivat vor.

▶ Das eingebettete Derivat betrifft eingebettete Kauf-, Verkaufs-, Verzichts- oder Vorfälligkeitsoptionen (Darlehen mit vorzeitiger Kündigungsmöglichkeit und *callable bonds*), wobei der Ausübungspreis der Option am jeweiligen Ausübungstag nicht annähernd den fortgeführten Anschaffungskosten bzw. dem Buchwert des Basisinstruments entspricht. Nicht betroffen sind Kauf-, Verkaufs-, Verzichts- oder Vorfälligkeitsoptionen, die gegen Zahlung einer Vorfälligkeitsentschädigung für den Zinsverlust des Gläubigers ausgeübt werden können.

Die nachstehende Übersicht fasst die vorstehenden und weitere Fälle zusammen:

Typ	Analytische Beurteilung aus Anlegersicht	zu separieren?
Bonitätsanleihe; Verzinsung/Tilgung steigt, wenn Rating sinkt (*credit sensitive bond*)	Anleihe + Verkaufsoption auf Rating	nein
Anleihe mit Gläubigerkündigungsrecht (*puttable bond*)	Anleihe + Verkaufsoption auf Rating	i. d. R. nein
Indexanleihe mit variabler Rückzahlung (*variable principal redemption bond*)	Anleihe + Stillhalter aus Option auf einen Index (Währung, Aktien, Rohstoff etc.)	i. d. R. ja
knock in- oder *knock out*-Anleihen; Rückzahlungsoption (Art/Höhe) entsteht/verfällt, wenn Index, Währung etc. bestimmten Wert erreicht	Festzinsanleihe + Stillhalter aus *knock in-* oder *knock out*-Option	i. d. R. ja
Stufenzinsanleihe (*step up/step down bond*)	Festzinsanleihe + Zinstermingeschäft	nein
Anleihe mit Schuldnerkündigungsrecht (*callable bond*)	Anleihe + Stillhalter aus einer Kaufoption	i. d. R. nein
super floater, leveraged/ bear floater: z · Basiszins - x % (nicht negativ)	variable Anleihe + Aufnahme Festzinskredit + *floor*	nein, wegen *floor*
Umgekehrter *floater, reverse/bull floater* x % - Basiszins	Festzinsanleihe + variable Kreditaufnahme + i. d. R. *cap* (sonst Negativzins)	nein, es sei denn ohne *cap*
variabel verzinsliche Anleihe mit Mindestzins (*floored floating rate note*)	variable Anleihe + *floor* (d. h. Optionen auf Zins)	i. d. R. nein
variabel verzinsliche Anleihe mit Maximalzins (*capped floating rate note*)	variable Anleihe + *cap* (d. h. Stillhalter aus Zinsoption)	i. d. R. nein
variabel verzinsliche Anleihe mit Mindest- und Höchstzins (*collared floating rate note*)	variable Anleihe + *floor* (Optionsinhaber) + *cap* (Stillhalter)	i. d. R. nein
Wandelanleihe (*convertible bond*)	Festzinsanleihe + Wandlungsoption	ja

219 Die Beurteilung, ob ein abspaltungspflichtiges eingebettetes Derivat vorliegt, ist aus Sicht des **Vertragsbeginns** zu treffen. Eine spätere Neubeurteilung ist nur zulässig (und dann auch geboten), wenn die Vertragsbedingungen und dadurch die *cashflows* signifikant geändert wurden.

> **BEISPIEL** Am 1.1.01 gewährt A ein Darlehen an B mit folgenden für die ersten fünf Jahre vereinbarten Konditionen:
>
> ▶ Libor + 1 % für das spezifische Kreditrisiko von B (zum Ausgabezeitpunkt liegt der Libor bei 2,5 %, der anfängliche Zins beträgt somit 3,5 %),
>
> ▶ Zinsbegrenzungsvereinbarung (*collar*) mit einer Zinsuntergrenze (*floor*) von 2 % und einer Zinsobergrenze (*cap* von 5 %).
>
> Der *collar* ist ein eingebettetes Derivat, aber nicht abzutrennen, da der *floor* unter und der *cap* über dem Marktzins liegt.
>
> Am Ende des fünften Jahrs wird der Vertrag neu verhandelt. Der Libor beträgt zu diesem Zeitpunkt 2 %, das spezifische Kreditrisiko weiterhin 1 %, der angemessene Marktzins somit 3 %. Die Parteien vereinbaren für die nächsten fünf Jahre Folgendes:
>
> ▶ Libor ohne Aufschlag,
>
> ▶ Zinsuntergrenze 2 %, Zinsobergrenze weiterhin 4 %.
>
> Die Vertragsbedingungen und mit ihnen die Zinszahlungen (*cashflows*) haben sich signifikant verändert. Eine erneute Beurteilung ist daher nötig. Da der *floor* nun nicht mehr unter dem Marktzins liegt, ist die Zinsbegrenzungsvereinbarung künftig separat zu bilanzieren.

Werden die **Chancen und Risiken** durch das eingebettete Derivat (→ Rz. 217) wesentlich verändert, ist eine Trennung nach IDW RS HFA 22 Tz. 13 gleichwohl nicht notwendig, wenn die Vermögens-, Finanz- und Ertragslage auch bei einheitlicher Bilanzierung (ebenso) zutreffend dargestellt wird. Dies ist in folgenden Fällen anzunehmen: 220

1. Das strukturierte Finanzinstrument wird gem. § 253 Abs. 3 (→ § 253 Rz. 127 ff.) oder Abs. 4 HGB (→ § 253 Rz. 147 ff.) am Abschlussstichtag mit dem niedrigeren Wert aus beizulegendem Wert und fortgeführten Anschaffungskosten bewertet; die Bestimmung des beizulegenden Werts basiert dabei auf einer Notierung des strukturierten Finanzinstruments auf einem **aktiven Markt**.

2. Das strukturierte Finanzinstrument wurde von einem **Kreditinstitut zu Handelszwecken** erworben und unterliegt nach § 340e Abs. 3 HGB der Bewertung zum beizulegenden Zeitwert.

3. Es besteht eine vertraglich vereinbarte unbedingte **Kapitalgarantie** des **Emittenten**, mit der das eingesetzte Kapital zum Fälligkeitszeitpunkt garantiert wird; zudem hat der Erwerber/Gläubiger die Absicht und die Fähigkeit, das strukturierte Finanzinstrument bis zur Endfälligkeit zu halten und hat das strukturierte Finanzinstrument gem. § 247 Abs. 2 HGB (→ § 247 Rz. 19 ff.) zulässigerweise dem Anlagevermögen zugeordnet.

In den beiden ersten Fällen werden die besonderen Risiken des strukturierten Finanzinstruments durch eine objektivierte Bewertung zutreffend dargestellt. Im dritten Fall sind die besonderen Risiken des strukturierten Finanzinstruments durch die Kapitalgarantie auf das Bonitätsrisiko des Emittenten reduziert.

Liegen die Voraussetzungen für eine getrennte Bilanzierung vor, gilt für die Zugangsbewertung Folgendes: Die **Anschaffungskosten** des strukturierten Finanzinstruments sind im Ver- 221 hältnis der beizulegenden Zeitwerte der einzelnen Bestandteile (Basisinstrument und eingebettetes Derivat) zuzuordnen. Können einzelne Bestandteile des strukturierten Finanzinstruments nicht verlässlich bewertet werden, so entspricht die Differenz zwischen dem beizulegenden Zeitwert des strukturierten Finanzinstruments insgesamt und dem beizulegenden Zeitwert des verlässlich bewertbaren Teils dem Wert des anderen Teils.

BEISPIEL A erwirbt am 1.1.01 einen zweijährigen *equity linked*-Zerobond (Wertpapier mit Zinszahlung ausschließlich bei Fälligkeit und aktienkursabhängigem Rückzahlungsbetrag) des Unternehmens B mit einem Nominal- und Ausgabebetrag von 1.000. Der aktuelle Marktzins beträgt 10 %. Der am Ende der Laufzeit von B zu leistende Rückzahlungsbetrag setzt sich zusammen aus dem Nominalbetrag, den aufgelaufenen Zinsen von 210 und der Kursänderung von 50 Aktien der B zwischen Ausgabe der Anleihe und Rückzahlung. Der Rückzahlungsbetrag kann nicht negativ werden. Der Aktienkurs bei Ausgabe beträgt 30.

Der Rückzahlungsbetrag nach zwei Jahren würde somit betragen:

- 1.210 (= 1.000 + 210 + 50 · 0) bei einem Kurs von 30.
- 1.710 (= 1.000 + 210 + 50 · 10) bei einem Kurs von 40.
- 710 (= 1.000 + 210 - 50 · 10) bei einem Kurs von 20.
- 0 bei einem Kurs zwischen 0 und 5,8.

Bei dem *equity linked*-Zerobond handelt es sich um eine strukturierte Anleihe, die sich aus einer normalen Anleihe (Zerobond) und einem eingebetteten Aktientermingeschäft zusammensetzt. Da sich die Risiken des Trägerinstruments (Zerobond = Zinsrisiko) und des eingebetteten Derivats (Aktientermingeschäft = Aktienkursrisiko) wesentlich unterscheiden, ist das eingebettete Derivat abzutrennen und separat zu bilanzieren. Für das Aktientermingeschäft ist fremdüblich ein Wert von Null anzunehmen

Am 1.1.01 wird zunächst das eingebettete Derivat mit seinem *fair value* von Null „eingebucht". Der Zerobond (Basisvertrag) wird mit dem Restwert von 1.000 (= 1.000 - 0) erfasst.

In den folgenden zwei Jahren ist der Zerobond mit dem Marktzins von 10 % aufzuzinsen und das abgetrennte Aktientermingeschäft bei drohendem Verlust mit seinem Zeitwert zu bilanzieren, bei Gewinnerwartung dagegen nicht zu erfassen. Zum 31.12.02 (einen Tag vor Tilgung der Anleihe) ergeben sich somit folgende Wertansätze:

- Bei einem Kurs von 30:

  Anleihe 1.210, Derivat 0, Summe 1.210.

- Bei einem Kurs von 40:

  Anleihe 1.210, Derivat 0, Summe 1.210.

- Bei einem Kurs von 30:

  Anleihe 1.210, Derivat - 500, Summe 710.

- Bei einem Kurs von 5,8 (oder niedriger):

  Anleihe 1.210, Derivat - 1.210, Summe 0.

2.6.3 Zerobonds und ähnliche Finanzprodukte

Der **Zerobond** (Nullcoupon-Anleihe) ist ein förmlich unverzinsliches Wertpapier, dessen Zins im Unterschiedsbetrag zwischen dem Ausgabe- und dem Rückzahlungsbetrag über die Laufzeit hinweg enthalten ist. Der Zeichner der Anleihe (Gläubiger oder Käufer) aktiviert das erworbene Wertpapier mit dem Zeichnungsbetrag und schreibt die jährliche Aufzinsung gewinnerhöhend den Anschaffungskosten zu. Der Schuldner bucht korrespondierend, bilanziert also bei der Ausgabe nicht den vollen Rückzahlungsbetrag, sondern nur den erhaltenen Gegenwert und zinst zeitanteilig die Verbindlichkeit zulasten des Ergebnisses auf.[323] Diese dem **Vollständigkeitsgebot** scheinbar widersprechende Bilanzierung rechtfertigt sich aus folgender Überlegung: Bei einer normalverzinslichen Anleihe wird die über die Laufzeit hinweg zu errichtende Zinsschuld ebenfalls nicht passiviert.

222

Wie Zerobonds sind die **Bundesschatzbriefe** vom Typ B durch jährliche Aufzinsung zu bilanzieren.[324]

Zerobonds entstehen ihrem wirtschaftlichen Gehalt nach auch durch das sog. *bondstripping*. Dadurch werden bei verzinslichen Anleihen die Zinscoupons vom Mantel der Anleihe getrennt, um sie entsprechend auch separat handeln zu können. Aus finanzwirtschaftlicher Sicht stellen die dann entstehenden *strips* Zerobonds mit jeweils unterschiedlichen Restlaufzeiten dar. Die getrennten Teile (*strips*) können später wieder zu einer regulären Anleihe zusammengeführt werden.[325] Beim Anleiheinhaber führt das *stripping* nicht zu einer Ertrags- und Umsatzrealisation. Vielmehr wird der Buchwert der Anleihe auf die beiden *strips* **verteilt**, u. E. vorzugsweise nach dem Verhältnis der Barwerte auf Basis der Buchwertrendite (ursprünglicher Zins). Als zulässig gilt auch eine Verteilung nach Maßgabe der Buchwerte.[326] Im Anschluss daran werden die Aufzinsungsbeträge vergleichbar der Vorgehensweise bei „regulären" Zerobonds als zusätzliche Anschaffungskosten vereinnahmt bzw. der Erfolg aus dem abgehenden *strip* vereinnahmt.

223

BEISPIEL ▶ U erwirbt am 31.12.00 eine festverzinsliche, fünf Jahre laufende Anleihe zum Nominalwert von 100. Der jährlich fällige Zins beträgt 6 %. Nach Vereinnahmung der ersten Zinszahlung am 31.12.01 beträgt der Börsenwert der Anleihe 107,26. Er erklärt sich aus einem nachhaltigen Rückgang der Marktzinsen von 6 % auf 4 % (bei flacher Zinsstrukturkurve) wie folgt:

Zahlung	Diskontierungsfaktor 4 %	Barwert
6	0,9615	5,77
6	0,9246	5,55
6	0,8890	5,33
106	0,8548	90,61
		107,26

---

323 IDW HFA 1/1986; so BMF-Schreiben vom 5. 3. 1987 – IV B 2 – S 2133 – 1/87, BStBl I S. 394; und BMF-Schreiben vom 1. 3. 1991 – S 2252, BStBl I S. 422; *Eisele/Knobloch*, DStR 1993 S. 577.
324 BMF-Schreiben vom 15. 3. 1991 – IV B 2 – S 2134 – 32/91, DB 1991 S. 878.
325 Vgl. im Einzelnen IDW RH BFA 1001, WPg 1998 S. 1009, sowie OFD München, Vfg. vom 23. 2. 1998 – S 2221, WPg 1998 S. 479.
326 IDW RH BFA 1001, Tz. 6 f.

Am 1.1.02 veräußert U die verbleibenden vier Zinscoupons für 21,78 auf Basis der mit 4 % diskontierten Zahlungen von 6.

Vor Trennung und Veräußerung ließen sich Anschaffungskosten/Buchwert von 100 auf Basis der 6 %igen vertraglichen Verzinsung wie folgt in Tilgungs- und Zinsanteil splitten:

Tilgung	Diskontierungs-faktor 6 %	Barwert	Zins	Diskontierungs-faktor 6 %	Barwert	Summe
			6	0,9434	5,66	
			6	0,8900	5,34	
			6	0,8396	5,04	
100	0,7921	79,21	6	0,7921	4,75	
		79,21			20,79	100,00

Den vereinnahmten 21,78 steht mithin ein Buchwertabgang von 20,79, somit ein Ertrag von 0,99 gegenüber.

Buchung 1.1.02:

per Geld	21,78	an Anleihe (Zinsanteil)	20,79
		an Ertrag	0,99

In der Folge ist die nun als Zerobond zu qualifizierende Anleihe mit 6 % aufzuzinsen:

1.1.02	79,21
Zinsertrag 02	4,75
31.12.02	83,96
Zinsertrag 03	5,04
31.12.03	89,00
Zinsertrag 04	5,34
31.12.04	94,34
Zinsertrag 05	5,66
31.12.05	100,00

Beim Emittenten führt das *stripping* nicht zu einer getrennten Bilanzierung, vielmehr ist die Anleihe so weiterzuführen, als ob das *stripping* nicht stattgefunden hätte.

224 **Kombizinsanleihen** weisen eine gewisse Ähnlichkeit in ihrer ökonomischen Struktur mit den Zerobonds auf. „Kombiniert" werden bei einer solchen Anleihe förmlich zinsfreie Zeiträume zum Beginn und hochverzinsliche zum Ende der Laufzeit. Dahinter verbirgt sich ein Steuergestaltungseffekt, der im Rahmen der Überschussermittlung zum Tragen kommt, nicht aber im Falle der Bilanzierung beim Anlagegläubiger. U. E. ist die bilanzielle Erfassung wie folgt vorzunehmen:[327] Im ersten Schritt ist der über die Laufzeit hinweg entstehende Effektivzins zu

---

327 So *Wagner/Wangler*, DB 1992 S. 2405.

ermitteln. Der auf das betreffende Kalenderjahr entfallende Anteil ist beim Anlagegläubiger den Anschaffungskosten zuzuschlagen, beim -schuldner den Verbindlichkeiten, jeweils erfolgswirksam. Nach Einsetzen der eigentlichen Zinszahlungsperiode ist beim Gläubiger dann die erhaltene Zinszahlung ergebniswirksam zu vereinnahmen, gleichzeitig aber der mit der Zinszahlung einhergehende Kursverlust als Zinsaufwand zu berücksichtigen. Spiegelbildlich ist beim Anlageschuldner zu buchen.

2.6.4 Investmentanteile

Investmentanteile (Anteile an Investmentfonds, Aktien-, Renten-, Geldmarkt-, Immobilienfonds) sind Wertpapiere **eigener Art**. Zur bilanziellen Beurteilung wird auf → § 271 Rz. 15 verwiesen.

225

Ihre **Besteuerung** richtet sich nach dem sog. **Transparenzprinzip**.[328] Danach soll die Besteuerung beim Investor so erfolgen, wie wenn er die betreffenden Wirtschaftsgüter (die Aktien) direkt besäße. Der Bilanzansatz erfolgt mit dem Erwerbspreis zzgl. des Ausgabeaufschlags als Anschaffungskosten. Die Erträge sind im Zeitpunkt der Gutschrift zu vereinnahmen. Sofern keine Ausschüttung erfolgt (thesaurierende Fonds), ist u. E. der Wiederanlagebetrag als zusätzliche Anschaffungskosten zu aktivieren. Dem entgegen wird eine solche Aktivierung als Verstoß gegen das Realisationsprinzip angesehen.[329] U. E. trifft diese Auffassung nicht zu. Gerade wegen des Transparenzprinzips muss die Bilanzierung so erfolgen, als wenn die betreffende Gesellschaft eine Dividende ausschüttet und der Aktionär den Zuflussbetrag zum Erwerb weiterer Aktien an dieser Gesellschaft verwendet. Die abweichende Auffassung hat allerdings die Parallele zur Rücklagendotierung der Aktiengesellschaft für sich, die nicht zu einer Erhöhung der Anschaffungskosten beim Aktionär führt.[330]

2.6.5 Pensionsgeschäfte, Wertpapierleihe

Der durch die Transformation der EU-Bank-Bilanzrichtlinie in das HGB eingeführte **§ 340b HGB** definiert in Abs. 1 Pensionsgeschäfte als Verträge, durch die ein Kreditinstitut oder der Kunde eines Kreditinstituts (Pensionsgeber) ihm gehörende Vermögensgegenstände (z. B. Wertpapiere) einem anderen Kreditinstitut oder einem seiner Kunden (Pensionsnehmer) gegen Zahlung eines Kaufpreises überträgt. Gleichzeitig wird in diesen die spätere Rückübertragungs**pflicht** bzw. -**möglichkeit** der Vermögensgegenstände gegen Entrichtung des empfangenen oder eines im Voraus vereinbarten anderen Betrags an den Pensionsgeber vereinbart. Die letztgenannte Alternative führt zur Unterscheidung von drei Arten der Pensionsgeschäfte:

226

- ▶ **Müssen** die Vermögensgegenstände zu einem festen Zeitpunkt und zu einem festen Preis rückübertragen werden, liegt ein **echtes** Pensionsgeschäft vor (→ Rz. 228),
- ▶ **können** sie das nur nach Wahl des Pensions**nehmers**, handelt es sich um ein **unechtes** Pensionsgeschäft (→ Rz. 230),
- ▶ **können beide** Vertragspartner das Pensionsgut zurückfordern oder -geben, liegt ein **gemischtes** Pensionsgeschäft vor (→ Rz. 231).

---

328 BMF-Schreiben vom 2. 6. 2005 – IV C 1 – S 1980 – 1 – 87/05, BStBl I S. 1728.
329 Vgl. *Häuselmann*, BB 1992 S. 321.
330 Zu weiteren Einzelheiten vgl. *Fleischmann*, StuB 2002 S. 216.

227 **Zivilrechtlich** handelt es sich also um Verkäufe mit Rückkaufsvereinbarungen. **Banktechnisch** werden bestimmte Aktiva per Kasse verkauft und gleichzeitig eine Rückkaufsvereinbarung per Termin über die gleichen oder die gleichartigen Aktiva zu einem bestimmten Preis, der im Vorhinein festgelegt wird, getroffen. Es bestehen **Abgrenzungsschwierigkeiten** zu anderen ähnlichen Bank-Termingeschäften, die durch Gesetzesdefinition aber nicht zu den Pensionsgeschäften zählen (**Repo-Geschäfte**).

228 Nach **früherer** Steuerrechtslage[331] waren die Erträge der verpensionierten Wirtschaftsgüter dem Pensionsnehmer zuzurechnen. Eine gewisse Einschränkung brachte eine andere Entscheidung des BFH:[332] Sie schloss diese Behandlung des Großen Senats dann aus, wenn das Pensionsgeschäft ausschließlich zur Sicherung eines vom Pensionsnehmer gewährten Kredits abgeschlossen worden war. Ansonsten sollten nach der damals h. M. die in Pension gegebenen Wirtschaftsgüter beim Pensionsnehmer zu bilanzieren sein.[333]

An dieser Auffassung ist spätestens seit Inkrafttreten des § 340b HGB **nicht mehr festzuhalten**. Letzterer gilt zwar formal nur für die Bilanzierung von Verträgen mit Kreditinstituten, stellt aber eine handels- und steuerrechtlich richtige Interpretation des wirtschaftlichen Eigentums (→ Rz. 151) dar.[334] Der Pensionsnehmer hat beim **echten** Pensionsgeschäft nicht die Möglichkeit der dauernden Einwirkung auf das Wirtschaftsgut, das er zu einem bestimmten Zeitpunkt und zu einem festen Preis rückübertragen muss. Er hat auch kein Bonitätsrisiko im Hinblick auf das in Pension gegebene Wertpapier, z. B. in Insolvenz des Wertpapierbegebers. Die bilanzrechtliche Zuordnung muss hier beim Pensionsgeber erfolgen.[335]

229 Die gleiche Verpflichtungs- und Risikostruktur liegt bei gegenläufigen („gekreuzten") **put- und call-Optionen** vor – beide Rechte beruhen auf demselben Basispreis und gleicher Laufzeit. Hier wird die rechtliche Zwangs- durch die wirtschaftliche Interessenlage ersetzt. Der Pensionsgeber hat eine *call*-Option, der Pensionsnehmer eine *put*-Option; zur umgekehrten Situation, vgl. → Rz. 232. Diese Rechtsfigur wird auch als **gemischtes** Wertpapierpensionsgeschäft bezeichnet (→ Rz. 226). Die Chancen und Risiken verbleiben beim Verkäufer (Pensionsgeber).[336] Vgl. hierzu den Analogfall in → § 252 Rz. 148.

230 Beim **unechten** Pensionsgeschäft verhält es sich anders. Hier hat es der Pensionsnehmer als rechtlicher Eigentümer in der Hand, die pensionierten Vermögensgegenstände zu einem bestimmten Preis zurückzugeben oder zu behalten. Er ist deshalb nicht nur rechtlicher, sondern auch wirtschaftlicher Eigentümer. Dabei ist allerdings ein Rücknahmepreis unterstellt, der die Rückgabeoption des Pensionsnehmers bei Begebung „am Geld" definiert. Nur wenn sie im Rückgabezeitpunkt „im Geld" ist, wird der Pensionsnehmer die Rückgabe durchführen und umgekehrt. Wenn umgekehrt der Ausübungspreis bei Vertragsabschluss so günstig ist, dass die Option auf jeden Fall ausgeübt wird („im Geld" ist), dann verbleibt das wirtschaftliche Eigen-

---

[331] Im Gefolge des BFH-Beschlusses vom 29. 11. 1982 – GrS 1/81, BStBl 1983 II S. 272.
[332] BFH-Urteil vom 23. 11. 1983 – I R 147/78, BStBl 1984 II S. 217.
[333] BMF-Schreiben vom 12. 7. 1983 – IV B 2 – S 2170 – 21/83, BStBl I S. 392.
[334] GoB, so auch WP-HB 1992 Abschn. E Rz. 43; *Schmidt/Weber-Grellet*, EStG, 29. Aufl., München 2010, § 5 Rz. 270 „Pensionsgeschäfte".
[335] Dagegen *Häuselmann*, BB 2000 S. 1287, und *Häuselmann/Wagner*, FR 2003 S. 331, mit Hinweis auf Richtlinien des Bundesaufsichtsamts für das Kreditwesen, demzufolge Pensionsgeschäfte ohne weitere Vertragsbezüge dem Pensionsnehmer zuzuordnen seien.
[336] IDW ERS HFA 13 n. F. Tz. 30.

tum beim Pensionsgeber.[337] Zu einem entsprechenden Sachverhalt wird auf → § 252 Rz. 148d verwiesen.

Beim **gemischten** Pensionsgeschäft verbleibt das wirtschaftliche Eigentum beim Pensionsgeber.[338] Diese Lösung ist wie folgt zu begründen (→ Rz. 152): 231

▶ Zur **Objektivierung** ist typisierend ein wirtschaftlich rationales Verhalten der Parteien zu unterstellen.

▶ Sofern der Wert des Pensionsgegenstandes unter den Ausübungspreis **fällt**, wird der Pensionsnehmer das Rückgaberecht ausüben.

▶ Im umgekehrten Fall der **Wertsteigerung** übt der Pensionsgeber sein Rückforderungsrecht aus.

▶ Beim **Pensionsgeber** verbleiben also sowohl Wertminderungsrisiko als auch Wertsteigerungschance und demnach das wirtschaftliche Eigentum.

Mit der gleichen Logik, aber mit **umgekehrtem** Ergebnis gegenüber → Rz. 229, geht bei **gegenläufigen** Optionen das wirtschaftliche Eigentum am optionsgegenständlichen Wert mit dem Vertragsabschluss über die Optionen vom rechtlichen Eigentümer auf den Vertragspartner über. Der Grund: Der rechtliche Eigentümer (vergleichbar dem Pensionsgeber) hat eine *put*-Option, der Erwerber des Optionsgegenstands eine *call*-Option. 232

BEISPIEL[339] ▶ Mit notariellem Vertrag vom 24.7.02 werden über GmbH-Anteile unwiderrufliche Ankaufsrechte (*call*-Optionen) und Verkaufsrechte (*put*-Optionen) zu einem festen Basispreis vereinbart. Diese Optionen waren zwischen dem 1.7.07 und dem 30.6.09 beidseitig auszuüben.

Der BFH unterstellt typisierend aus Sicht des 24.7.02 nach der wirtschaftlichen Interessenlage der Parteien folgenden Geschehensablauf: Bei höherem Wert der GmbH-Anteile im Ausübungszeitraum wird der Vertragspartner (Nichteigentümer) seine *call*-Option ausüben und umgekehrt der Inhaber (Eigentümer) seine *put*-Option bei niedrigerem Wert.

Dem BFH zufolge und u. E. zutreffend ist das wirtschaftliche Eigentum am 24.7.02 übergegangen.

Beim echten Pensionsgeschäft löst somit die **Übertragung** des Vermögensgegenstands auf den Pensionsnehmer beim Pensionsgeber trotz des Übergangs des rechtlichen Eigentums keine Buchung aus. Den erhaltenen Gegenwert hat er als **Darlehen** zu passivieren. Ist für die Rückübertragung ein abweichender Kaufpreis gegenüber demjenigen für die Hingabe vereinbart, ist der Unterschiedsbetrag gem. § 340b Abs. 4 Satz 3 HGB über die Laufzeit des Pensionsgeschäfts zu verteilen. Weil keine bilanzrechtliche Veräußerung durch den Pensionsgeber vorliegt, bleiben die (bisherigen) Anschaffungskosten als solche während der Pensionszeit erhalten. 233

---

337 IDW ERS HFA 13 n. F. Tz. 13.
338 IDW ERS HFA 13 n. F. Tz. 30.
339 Vereinfachend nachgebildet dem Sachverhalt des BFH-Urteils vom 11.7.2006 – VIII R 32/04, GmbHR 2007 S. 49, mit Anm. *Hoffmann*. In diesem Urteil betont der BFH mehrfach die vorstehend als Tatbestandsmerkmal unterstellten „typischen Geschehensabläufe" bezüglich der Optionsausübung – gemeint ist die Folge der **wirtschaftlichen Interessenlage** der Vertragsparteien.

IX. Persönliche Zurechnung, wirtschaftliches Eigentum

234 Konsequenterweise sind in der GuV des **Pensionsgebers** die **Erträge** aus den in Pension gegebenen Gegenständen (i. d. R. Wertpapiere) zu vereinnahmen. Diese bestehen im unterschiedlichen Rücknahmekurs; der Unterschiedsbetrag gem. § 340b Abs. 4 Satz 3 HGB stellt in Höhe des Auflösungsbetrags das ertragsmäßige Pendant in der GuV dar. Umgekehrt hat der **Pensionsnehmer** die bei ihm eintreffenden Wertpapiererträge (in aller Regel handelt sich um solche) als Zinserträge aus der Forderung gegen den Pensionsgeber zu vereinnahmen.

235 Zu unterscheiden von den (Wertpapier-)Pensions- sind die **Wertpapier-Leihgeschäfte** (besser: Darlehen).[340] Rechtlich handelt es sich hierbei um ein Sachdarlehen gem. §§ 607 ff. BGB.[341] Der Darlehensgeber verpflichtet sich zur Übereignung von Wertpapieren. Der „Entleiher" erhält somit alle Rechte aus dem Papier, auch diejenigen zum Weiterverkauf oder zur Verpfändung. Das Risiko des Kursverfalls geht zulasten des Verleihers. Insofern besteht wirtschaftlich kein Unterschied zu den Wertpapierpensionsgeschäften, bei denen der Preis für die Rückübereignung bereits zu Beginn des Geschäfts vereinbart wird.

236 Im Unterschied zum Wertpapierpensionsgeschäft erhält der Verleiher ein **Nutzungsentgelt**, genannt Wertpapierleihgebühr. Daraus resultiert ein Bonitätsrisiko des Verleihers im Gegensatz zum Pensionsgeschäft, bei dem ein Kaufpreis vom Pensionsnehmer entrichtet wird. Deshalb wird im Schrifttum[342] und vom BMF[343] das wirtschaftliche Eigentum hier dem Darlehensnehmer zugeordnet, allerdings ohne Gewinnrealisation.[344] Nach Auffassung der Finanzverwaltung[345] soll durch die Bilanzierung beim Darlehensnehmer auch einer **Doppelbilanzierung** vorgebeugt werden; nämlich in Fällen, in denen der Darlehensnehmer die entliehenen Wertpapiere an einen Dritten weiterverkauft, der sie seinerseits bilanziert. Danach ist die Wertpapierleihe wie folgt zu verbuchen: Der Darlehensgeber aktiviert als Surrogat für die hingegebenen Wertpapiere mit dessen Buchwert, also ohne Gewinnrealisierung.

Ein solches Leihgeschäft erfolgt zeitlich regelmäßig um den Dividendentermin herum. Dahinter steckt bzw. steckte die steuerliche Abzugsfähigkeit der Leihgebühr und einer Ausgleichszahlung für den Dividendenverzicht an den Verleiher beim Entleiher. Der Verleiher – eine Bank – ist seinerseits sowohl mit der Dividende als auch mit der Leihgebühr steuerpflichtig (§ 8b Abs. 7 KStG). Durch § 8b Abs. 10 Satz 1 KStG i. d. F. des Unternehmenssteuerreformgesetzes 2008 wird diese Gestaltung unterbunden.

237 Sind ausnahmsweise **nicht Wertpapiere** oder **andere fungible** Güter der Gegenstand von pensionsähnlichen Geschäften, kann schon eine *call*-Option des Veräußerers die Ausbuchung bei ihm verhindern.

---

340 Vgl. *Häuselmann/Wiesenbart*, DB 1990 S. 2129.
341 Vgl. *Häuselmann*, DB 2000 S. 495.
342 Z. B. *Haarmann*, in: FS Raupach, 2006, S. 241.
343 BMF-Schreiben vom 3. 4. 1990 – IV B 2 – S 2134 – 2/90, DB 1990 S. 863; bestätigt durch das Bayerische Landesamt für Steuern, Vfg. vom 20. 7. 2010 – S 2134.1.1-5/2 St32, DB 2010 S. 1672.
344 Gegen diese bilanzmäßige Zuordnung des wirtschaftlichen Eigentums auf den Entleiher mit guten Gründen *Schmid/Mühlhäuser*, BB 2001 S. 2609.
345 OFD Frankfurt/M., Vfg. vom 15. 3. 1995 – S 2134 A – 15 – St II 20, BB 1995 S. 1081.

> **BEISPIEL** U veräußert zum einen Goldbarren bestimmter Qualität, zum anderen ein einzigartiges, künstlerisch gestaltetes Goldarmband an X, behält sich aber in beiden Fällen für zwölf Monate eine Rückkaufoption vor.
>
> Der Käufer kann über die Goldbarren frei verfügen, im Fall der Ausübung der Rückkaufoption kann er diese trotz Veräußerung der ursprünglichen Goldbarren durch Erwerb gleichartiger Goldbarren bedienen. Im Falle des einzigartigen Armbands hindert die Rückkaufoption X an effektiven Verfügungen. Bis zum Ablauf der Optionsfrist kann er das Armband nicht oder nur unter Vereinbarung einer eigenen Kaufoption gegenüber dem Dritten weiterveräußern.

Die *call*-Option auf nicht vertretbare Sachen ist unbeachtlich, wenn die Option so weit „aus dem Geld" ist, dass ihre Ausübung so gut wie ausgeschlossen ist.

2.7 Mietereinbauten, Umbauten

Durch Einbauten können (aktivierungspflichtige) Wirtschaftsgüter/Vermögensgegenstände beim Mieter entstehen, vergleichbar dem Fall der Errichtung eines Gebäudes auf einem fremden Grundstück, und zwar unbewegliche Wirtschaftsgüter des Anlagevermögens. Zentral geht es dabei um die Frage des Entstehens von **wirtschaftlichem Eigentum** beim Mieter (→ Rz. 151) – eben in Abgrenzung zum rechtlichen Eigentum des Vermieters. Sofern nach den allgemeinen Kriterien Erhaltungsaufwand vorliegt (→ § 255 Rz. 110), stellt sich das Aktivierungsproblem nicht.[346] 238

Liegen umgekehrt Erhaltungsaufwendungen nicht vor, entsteht beim Mieter nach Maßgabe der BFH-Rechtsprechung, der u. E. auch in der Handelsbilanz gefolgt werden kann, ein aktivierungspflichtiges Wirtschaftsgut in folgenden Varianten (vgl. hierzu auch die Kommentierung unter → § 266 Rz. 39): 239

- ▶ **Scheinbestandteil**: Der Einbau erfolgt nur zu vorübergehendem Zweck mit einer Verpflichtung des Mieters auf Rückbau bei Beendigung des Mietverhältnisses, auch bei einer damit verbundenen Zerstörung des Wirtschaftsguts.[347] Als Bilanzierungsgrundlage soll die sachenrechtliche Eigentümerstellung nach § 95 BGB dienen. Es handelt sich um bewegliche Wirtschaftsgüter.[348]

- ▶ **Betriebsvorrichtungen**: Hier gelten die auch sonst ertragsteuerlich gültigen Vorgaben des § 68 Abs. 2 Nr. 2 BewG, denen die handelsrechtliche Bilanzierungspraxis folgt (→ Rz. 44). Voraussetzung der Betriebsvorrichtungseigenschaft ist der unmittelbare Betrieb durch das Gewerbe, nicht die generelle Nützlich- oder Notwendigkeit.[349] Auch hier liegen bewegliche Wirtschaftsgüter vor.

- ▶ Einbauten (unbewegliche Wirtschaftsgüter) mit einem **einheitlichen Nutzungs- und Funktionszusammenhang** zum Tätigkeitsbereich des Mieters und damit „selbständig" gegenüber der Gebäudenutzung des Vermieters. Als Beispiele gelten Ladeneinbauten, Schaufensteranlagen, Schallschutzdecken. Gegenbeispiele: Baumaßnahmen, die unabhängig vom

---

346 BFH-Urteil vom 12.1.1978 – IV R 26/73, BStBl II S. 348.
347 BFH-Urteil vom 9.4.1997 – II R 95/94, BStBl II S. 452.
348 BFH-Urteil vom 11.6.1997 – XI R 77/96, BStBl II S. 774.
349 BFH-Urteil vom 28.7.1993 – I R 88/92, BStBl 1994 II S. 164.

speziellen Erfordernis des Mieters hätten durchgeführt werden müssen – z. B. Heizungs- und Fahrstuhlanlagen, Türen, Toiletten –, fallen nicht darunter.[350] Wirtschaftliches Eigentum des Mieters muss in diesen Fällen als Aktivierungsvoraussetzung nach Auffassung des BFH nicht vorliegen[351] – bestätigt im Falle gemieteter Räume einer Apotheken-OHG, die durch Entfernen von Zwischenwänden und Installationen zur Untervermietung einer Arztpraxis hergerichtet wurde.[352]

▶ Der Mieter ist **wirtschaftlicher Eigentümer** der Einbauten, weil er bei Beendigung des Mietverhältnisses einen Entschädigungsanspruch in Höhe des Restwerts der Einbauten gegenüber dem Grundstückseigentümer gem. §§ 951, 812 BGB hat,[353] weil die Einbauten bis zum Ende der Mietzeit wirtschaftlich verbraucht sind[354] oder er die Einbauten nach Beendigung des Mietvertrags entfernen muss.[355]

Grafisch stellt sich die Rechtslage wie folgt dar:[356]

240 Übersicht: Sonstige Mietereinbauten (ohne Scheinbestandteile) und Betriebsvorrichtungen

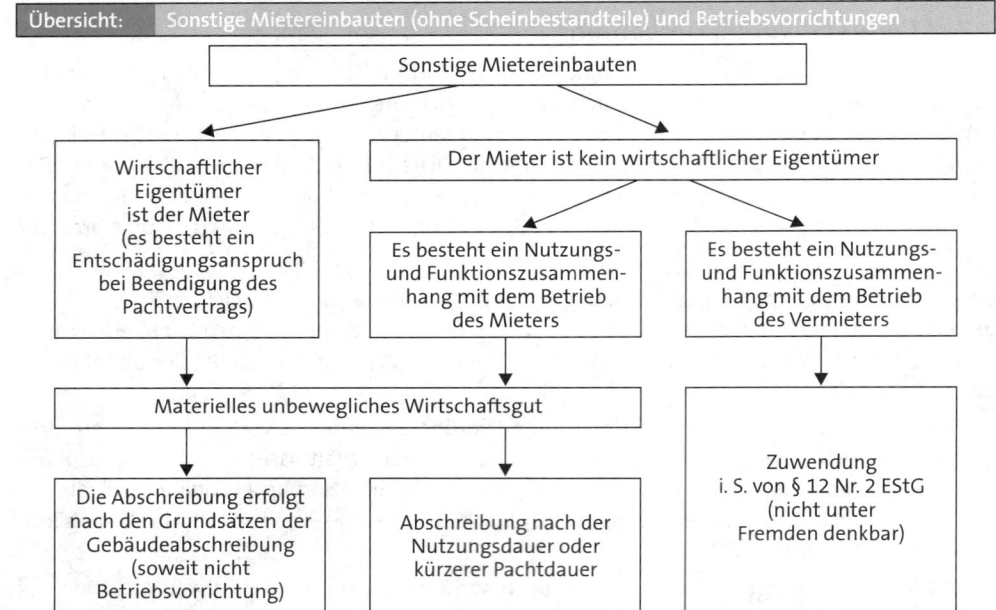

241 Auffällig ist die Aktivierungspflicht für Baumaßnahmen, deren wirtschaftlicher Eigentümer der Mieter gerade **nicht** ist. Diese bilanzielle Anomalie begründet der BFH[357] mit einer künstlich wirkenden Argumentation auf der Grundlage einer – in solchen zweifelhaften Fällen im-

---

350 BFH-Urteil vom 26. 2. 1975 – I R 32/73, BStBl II S. 443, und BFH-Urteil vom 26. 2. 1975 – I R 184/74, BStBl II S. 443.
351 BFH-Urteil vom 11. 6. 1997 – XI R 77/96, BStBl II S. 774.
352 BFH-Urteil vom 15. 10. 1996 – VIII R 44/94, BStBl 1997 II S. 533.
353 BFH-Urteil vom 11. 6. 1997 – XI R 77/96, BStBl II S. 774.
354 BFH-Urteil vom 26. 2. 1975 – I R 32/73, BStBl II S. 443, und BFH-Urteil vom 26. 2. 1975 – I R 184/74, BStBl II S. 443.
355 Möglicherweise BFH-Urteil vom 15. 10. 1996 – VIII R 44/94, BStBl 1997 II S. 533.
356 In der Aufbereitung durch *Neufang* im Gefolge des BMF-Schreibens vom 15. 1. 1976 – III B – S – 2133 – 2/75, BStBl II S. 66; INF 1998 S. 65.
357 BFH-Urteil vom 15. 10. 1996 – VIII R 44/94, BStBl 1997 II S. 533.

mer bemühten – „wirtschaftlichen Betrachtung" (→ Rz. 156): Die betreffende Baumaßnahme des Mieters soll in einem von der eigentlichen „Gebäudenutzung verschiedenen Funktionszusammenhang" stehen.

Dazu folgendes Beispiel:

BEISPIEL[358] Ein Arzt baut eine Mietwohnung durch Versetzung und Neueinrichtung von Zwischenwänden, Verlegung von Leitungen zur Strom- und Wasserversorgung etc. in eine Arztpraxis um. Der fest abgeschlossene Mietvertrag läuft auf zehn Jahre, eine Verlängerung ist nicht vorgesehen. Die Nutzungsdauer der Zwischenwände etc. beläuft sich auf 25 Jahre. Bei Beendigung des Mietvertrags erhält der Mieter einen Ersatz für seine Aufwendungen in Höhe des dann noch vorhandenen Restwerts der Einbauten:

LÖSUNG Es liegt wirtschaftliches Eigentum beim Mieter vor.[359]

ABWANDLUNG Der Mieter erhält keinen Ersatz für seine Einbauten.

LÖSUNG Es liegt kein wirtschaftliches Eigentum vor; **gleichwohl** ist dem BFH zufolge wegen des „verschiedenen Funktionszusammenhangs" dieser Einbauten zur Gebäudenutzung eine Aktivierung beim Mieter vorzunehmen.[360]

Die Lösung des BFH ist ganz offensichtlich **ergebnisorientiert**: Dem Mieter soll keine Sofortabschreibung des Aufwands ermöglicht werden. Vielmehr richtet sich die Abschreibung dem BFH zufolge nach den Regeln für die Gebäude-AfA.

Beim Vermieter führt die zweite Variante in der steuerlichen Auswirkung im Beispiel zu einer **Bereicherung**, die auf der Grundlage eines zu § 21 EStG ergangenen BFH-Urteils[361] zu Einnahmen in Gestalt des Geldwerts der Einbauten führen konnte, d. h. beim Betriebsvermögensvergleich zu einem Wirtschaftsgut mit der Buchung: per Gebäude an Ertrag.[362] Die Einbauten würden in diesem Fall sowohl beim Vermieter als auch beim Mieter aktiviert (**Doppelbilanzierung**). U. E. ist diese Folgerung für die handelsrechtliche Bilanzierung nicht zwingend.

Wirtschaftliches Eigentum für die Umbaumaßnahmen liegt nach der ersten Variante des vorigen Beispiels in folgenden Fällen vor: Der Mieter erhält bei Beendigung des Mietverhältnisses einen **Wertersatz**,[363] der unter Fremden nicht zwingend vertraglich vereinbart sein muss[364] oder die Einbaumaßnahme ist bei Beendigung des Mietverhältnisses technisch und/oder wirtschaftlich **verbraucht**.

Der Mieter kann gesetzlich oder vertraglich zum **Rückbau** einer Einbaumaßnahme verpflichtet sein, insbesondere auch durch öffentlich-rechtliche Verpflichtung. Beispiele sind die Abbruch-,

242

---

358 Nach *Hoffmann*, PiR 2006 S. 31.
359 BFH-Urteil vom 28. 7. 1993 – I R 88/92, BStBl 1994 II S. 164.
360 BFH-Urteil vom 11. 6. 1997 – XI R 77/96, BStBl II S. 774.
361 BFH-Urteil vom 26. 7. 1983 – VIII R 30/82, BStBl II S. 755.
362 So auch *Neufang*, INF 1998 S. 65.
363 BFH-Urteil vom 14. 2. 2007 – XI R 18/06, BFH/NV 2007 S. 1239; BFH-Urteil vom 14. 5. 2002 – VIII R 30/98, BStBl II S. 741.
364 Vgl. BFH-Urteil vom 10. 4. 1997 – IV R 12/96, BStBl II S. 718.

Entfernungs- oder Wiederherstellungsverpflichtungen. Für diese ist eine Verbindlichkeitsrückstellung (→ § 249 Rz. 61) ratierlich nach Maßgabe der Vertragslaufzeit mit Zinseffekten aufzubauen (→ § 253 Rz. 70 ff.).

2.8 Zuschüsse

2.8.1 Begriffliches

243 Verwendet man Zuwendungen als **Oberbegriff**, so lässt sich zwischen **Zuschüssen** und **Zulagen** unterscheiden. Zulagen werden von der **öffentlichen Hand** bei der Durchführung bestimmter Investitionen gewährt, z. B. nach Maßgabe des InvZulG. Eine solche Zulage gehört aus steuerlicher Sicht nicht zu den Einkünften i. S. des EStG und mindert auch nicht die Anschaffungs- oder Herstellungskosten der geförderten Investition (z. B. § 8 InvZulG 2005). Daneben gewähren Fiskus und Parafisci auch **Zuschüsse**. Aber auch von **privater** Seite sind „Zuschüsse" im Schrifttum (→ Rz. 9) und teilweise der BFH-Rechtsprechung als Bilanzierungsobjekt anerkannt (→ Rz. 251). Allerdings sind „Zuschüsse" von privater und öffentlicher Seite wegen des divergierenden ökonomischen Gehalts streng zu trennen. Private Zuschussgeber verfolgen die üblichen wirtschaftlichen Interessen, öffentliche dagegen regelmäßig politisch motivierte Ziele (→ § 255 Rz. 38 ff.).

2.8.2 Erhaltene Zuschüsse

244 Der rein subventionelle Charakter öffentlicher Förderungsmaßnahmen stellt in gewisser Weise einen **Fremdkörper** in der privatwirtschaftlich ausgerichteten Bilanzierung eines Kaufmanns dar. Der HFA des IDW[365] hat sich von den steuerlichen Vorgaben gelöst und verlangt den Ausweis der erhaltenen Zulage – unabhängig, ob steuerpflichtig oder steuerfrei – als **besonderen Passivposten**, der ratierlich nach der Nutzungsdauer des Investitionsobjekts aufzulösen ist. Handels- und steuerbilanzmäßiges Ergebnis sind damit zwingend unterschiedlich.

245 Für nicht rückzahlbare **Investitionszuschüsse,** nicht -zulagen aus öffentlichen oder privaten Mitteln (Kapitalzuschüsse) räumt die Finanzverwaltung[366] (betreffend Versorgungsunternehmen) dem Zuschussempfänger ein **Wahlrecht** ein; er kann den Zuschuss erfolgswirksam sofort vereinnahmen oder von den Anschaffungs- oder Herstellungskosten des bezuschussten Anlageguts abziehen (mit dem Ergebnis einer geringeren Abschreibung über die Nutzungsdauer des bezuschussten Wirtschaftsguts hinweg). Dieses Wahlrecht ist im Schrifttum und in der Rechtsprechung strittig: Es bestehe eine **Pflicht**[367] zum Abzug von den Anschaffungs- oder Herstellungskosten des bezuschussten Vermögensgegenstands.[368] Für die Handelsbilanz lehnt das IDW[369] die sofortige gewinnrealisierende Vereinnahmung als Wahlrecht ab. Stattdessen ist der Zuschuss erfolgsneutral zu behandeln – entweder durch Kürzung von den Anschaf-

---

365 In der Stellungnahme 1/1984, WPg 1984 S. 612.
366 In R 6.5 EStR 2005 i. V. mit BMF-Schreiben vom 27. 5. 2003 – IV A 6 – S 2137 – 25/03, BStBl I S. 361.
367 Nach *Groh*, BB 1973 S. 742; *Ewertowski*, BB 1984 S. 1015; *Rose*, DB 1984 S. 2317.
368 Die Entscheidungen BFH-Urteil vom 14. 7. 1988 – IV R 78/85, BStBl 1989 II S. 189, und BFH-Urteil vom 28. 4. 1989 – III R 4/87, BStBl II S. 618, haben zufolge des BFH-Urteils vom 15. 11. 1991 – VI R 36/89, BStBl 1992 II S. 492, das Wahlrecht „letztlich offen gelassen". Das Wahlrecht bestätigte das BFH-Urteil vom 17. 9. 1987 – III R 225/83, BStBl 1988 II S. 324, sowie das BMF-Schreiben vom 27. 5. 2003 – IV A 6 – S 2137 – 25/03.
369 IDW, WPg 1984 S. 612; *Tjaden*, WPg 1985 S. 33.

fungs-/Herstellungskosten (Abschreibungsbemessungsgrundlage → § 253 Rz. 94) des betreffenden Vermögensgegenstands oder Bildung eines gesonderten Passivpostens. Letzterer ist entsprechend der Nutzungsdauer des bezuschussten Anlageguts aufzulösen und in der GuV als Abschreibungskürzung oder sonstiger betrieblicher Ertrag zu zeigen. Zur steuerlichen Behandlung vgl. → § 255 Rz. 39.

Aufwands- oder Ertragszuschüsse sind erfolgswirksam zu vereinnahmen und in Ausnahmefällen passiv abzugrenzen, sofern der Zuschussempfänger für einen bestimmten Zeitraum ein bestimmtes Verhalten an den Tag legen muss.[370]

246

Falls **Voraussetzung** für die Gewährung des Zuschusses nach den vertraglichen, behördlichen oder gesetzlichen Zuschussbedingungen ein bestimmtes der Zuschussvereinnahmung folgendes **Verhalten** ist, zu dem der Zuschussempfänger sich vor Gewährung des Zuschusses verpflichtet hat (z. B. Aufrechterhaltung von X Arbeitsplätzen), gilt Folgendes: Durch Ansatz eines Passivpostens muss die Ergebnisauswirkung der Vereinnahmung des Zuschusses solange neutralisiert werden, bis der Zuschussempfänger das nach den Zuschussbedingungen seinerseits Erforderliche getan hat, um sich den Zuschuss „zu verdienen".[371] Zuschüsse sind vorausvereinnahmtes Entgelt für die Sachleistung im Rahmen des Dauerschuldverhältnisses. Vorher darf nach dem **Realisationsgrundsatz** der Empfang des Zuschusses nicht als Ertrag ausgewiesen werden (→ Rz. 246).

247

Ob es sich bei diesem Passivposten um

- einen **Rechnungsabgrenzungsposten**[372] (Abfindung nach dem Mühlenstrukturgesetz → § 250 Rz. 34;[373] Bereitstellung eines Ausbildungsplatzes für zwei aufeinander folgende Ausbildungsverhältnisse → § 250 Rz. 36),[374]
- eine **Verbindlichkeit**[375] oder
- eine **Anzahlung**

handelt, ist umstritten. Der Passivposten ist bei Erfüllung der Zuschussbedingungen durch den Zuschussempfänger erfolgswirksam und damit dem **Realisationsgrundsatz** entsprechend aufzulösen (→ § 252 Rz. 85).[376]

Ein öffentlicher Zuschuss zum Bau einer **Tiefgarage** ist von den Herstellungskosten abzuziehen, wenn keine Mietpreisbindung sowie keine Nutzung durch bestimmte Personen vereinbart sind.[377]

248

---

370 BFH-Urteil vom 22. 7. 1982 – IV R 111/79, BStBl II S. 655; BFH-Urteil vom 17. 9. 1987 – IV R 49/86, BStBl 1988 II S. 327.
371 Vgl. BFH-Urteil vom 9. 3. 1988 – I R 262/83, BStBl II S. 592.
372 So z. B. *Rose*, DB 1984 S. 2317; BFH-Urteil vom 22. 7. 1982 – IV R 111/79, BStBl II S. 655.
373 BFH-Urteil vom 5. 4. 1984 – IV R 96/82, BStBl II S. 552.
374 FG Rheinland-Pfalz, Urteil vom 13. 3. 1984 – 2 K 242/81, EFG 1984 S. 601, rkr.; offen gelassen von BFH-Urteil vom 23. 2. 1977 – I R 104/75, BStBl II S. 392, und von BFH-Urteil vom 24. 2. 1977 – VIII R 237/72, BStBl II S. 392.
375 Vgl. *Ewertowski*, BB 1984 S. 1015.
376 BFH-Urteil vom 23. 2. 1977 – I R 104/75, BStBl II S. 392, und BFH-Urteil vom 24. 2. 1977 – VIII R 237/72, BStBl II S. 392.
377 BFH-Urteil vom 23. 3. 1995 – IV R 48/94, BStBl II S. 702.

IX. Persönliche Zurechnung, wirtschaftliches Eigentum

249 Erhaltene Zuschüsse aus **Bierlieferungsverträgen** sind passiv abzugrenzen und zeitanteilig entsprechend der Vertragslaufzeit aufzulösen.[378]

250 **Fördermittel nach dem Krankenhausgesetz** sind als Sonderposten (Fördermittel) zu passivieren und stellen materiell eine Kürzung der Anschaffungs- oder Herstellungskosten der bezuschussten Wirtschaftsgüter dar.[379]

251 Das IDW[380] hat in einer grundlegenden Stellungnahme die Bilanzierung von **privaten Zuschüssen** abgehandelt. Es geht dabei von der Grundannahme eines kaufmännischen **Leistungsaustauschs** (Leistung und Gegenleistung) aus. Nur in Ausnahmefällen, bei Sanierungen, wird eine Leistung eines Gesellschafters aufgrund seiner Gesellschafterstellung erbracht; dann kann man vom Fehlen eines Austauschwillens ausgehen. Bei **Investitionszuschüssen** (z. B. Werkzeugkostenzuschuss, → Rz. 267) wird seitens des Zuschussgebers vom Investor nicht nur die Anschaffung, sondern auch die Bereitstellung eines bestimmten Vermögensgegenstands vertraglich ausbedungen. Diese Vorhaltepflichten sind eine Hauptpflicht des Vertrags, weshalb der Zuschuss beim Zuschussempfänger nicht im Investitionsjahr gewinnerhöhend vereinnahmt werden kann. Zumindest zeitanteilig ist dieser Investitionszuschuss dem HFA zufolge beim Empfänger dementsprechend als Rechnungsabgrenzungsposten zu passivieren; das Kriterium „für eine bestimmte Zeit" (→ § 250 Rz. 34) ist dabei auch erfüllt, wenn der Zeitraum nur durch Schätzung ermittelt werden kann. Im Übrigen kommt auch eine Passivierung als erhaltene Anzahlung oder sonstige Verbindlichkeit mit ratierlicher Auflösung in Betracht. Der BFH hat sich demgegenüber auf den Ausweis als Verbindlichkeitsrückstellung festgelegt.[381]

Diese Anweisungen des HFA müssen nach **Maßgeblichkeitsgesichtspunkten** auch steuerlich beachtet werden. Im Einzelfall kann es zu einem unauflösbaren Konflikt mit dem „absoluten" Wahlrecht in R 6.5 EStR 2008 kommen.

Die vergleichbaren Bilanzierungsregeln nach den **IFRS** (*government grants* nach IAS 20) entsprechen in etwa den zuvor dargestellten des HFA des IDW.[382] Allerdings bezieht sich IAS 20 nur auf Zuwendungen der öffentlichen Hand.

2.8.3 Geleistete Zuschüsse

252 Geleistete Zuschüsse kommen als Anschaffungs- oder Herstellungskosten von Vermögensgegenständen in Betracht.

Die Voraussetzungen für den **entgeltlichen** Erwerb eines **immateriellen Wirtschaftsguts** bei Gewährung von Zuschüssen hat der BFH für den Fall eines gegen den Zuschuss einer Brauerei von dem Zuschussnehmer **gewährten Bierlieferungsrechts** bejaht, weil nach den Vorstellungen beider Vertragsteile als subjektive Geschäftsgrundlage der Zuschuss sich als Gegenleistung für das Bierlieferungsrecht erwies und das Bierlieferungsrecht wegen des Zuschusses eingeräumt wurde.[383]

---

378 BMF-Schreiben vom 11. 7. 1995 – IV B 2 – S 2134a – 2/95, DB 1995 S. 1637.
379 Besprechung in HFR 1997 S. 297; BFH-Urteil vom 26. 11. 1996 – VIII R 58/93, BStBl 1997 II S. 390.
380 HFA 2/96, WPg 1996 S. 709.
381 BFH-Urteil vom 23. 2. 1977 – I R 104/75, BStBl II S. 392, und BFH-Urteil vom 24. 2. 1977 – VIII R 237/72, BStBl II S. 392.
382 Vgl. dazu *Hoffmann*, in: Lüdenbach/Hoffmann (Hrsg.), Haufe IFRS-Kommentar, 8. Aufl., Freiburg 2010, § 12 Rz. 19 ff.
383 BFH-Urteil vom 26. 2. 1975 – I R 72/73, BStBl 1976 II S. 13.

Einen als Gegenleistung für einen Zuschuss erlangten wirtschaftlichen Vorteil nahm der BFH für den Zuschuss an ein **Elektrizitätswerk** an, damit es zum Vorteil eines bestimmten Betriebs einen Trafo errichtete und damit den Strombedarf des Zuschussgebers sicherte;[384] hier war der Zuschuss das Entgelt für das immaterielle Wirtschaftsgut, das in den erworbenen Vorteilen für den Geber bestand.[385] Anders lauten die Entscheidungen in den BFH-Urteilen zur Umstellung der Stromversorgung[386] und zum Bau einer Trafostation:[387] Kein Erwerb eines Wirtschaftsguts.

Anders liegt der Fall beim **freiwilligen** Zuschuss eines in einer Fußgängerzone liegenden Gewerbetreibenden zu den Aufwendungen für die Einrichtung der **Fußgängerzone**; hier wird der Zuschuss als nicht aktivierbar angesehen.[388] 253

Können die von der Gewährung des Zuschusses erwarteten Vorteile **nicht isoliert** als Wirtschaftsgut beurteilt werden, sondern beziehen sie sich auf bereits vorhandene oder geplante Wirtschaftsgüter, kann es sich bei dem Zuschuss um **nachträgliche Anschaffungs- oder Herstellungskosten** der vorhandenen Wirtschaftsgüter handeln. In einem BFH-Urteil[389] war der Zuschuss für den Anschluss an das Hochspannungsnetz gezahlt und als Teil der Herstellungskosten eines **Fabrikgebäudes** angesehen worden; denn der mit dem Zuschuss errichtete Anschluss ermögliche die Aufnahme der Produktion in dem Fabrikgebäude. Ein Baukostenzuschuss, der bei Anschluss eines Hauses für die Erstellung oder Verstärkung von Verteilungsanlagen neben den Hausanschlusskosten an das Elektrizitätsversorgungsunternehmen zu zahlen ist, gehört zu den Gebäude-Herstellungskosten.[390] 254

Verlorene Baukostenzuschüsse, die ein Genosse aufgrund des Beschlusses der Generalversammlung an die Genossenschaft zu zahlen hat, können so eng mit dem **Genossenschaftsanteil** verknüpft sein, dass sie ebenso zu aktivieren sind wie der Anteil selbst.[391] 255

Zu „Zuschüssen" des **Gesellschafters** an „seine" GmbH vgl. → § 255 Rz. 119. 256

2.9 *Joint Venture*-Aktivitäten

Zur bilanziellen Abbildung der verschiedenen rechtlichen Ausprägungen von *Joint Venture*-Aktivitäten wird auf → § 310 Rz. 4 ff. verwiesen. 256a

---

384 BFH-Urteil vom 26.6.1969 – VI R 239/65, BStBl 1970 II S. 35.
385 A. A. *Lenz*, DB 1970 S. 1040, und *van der Velde*, FR 1969 S. 441, die kein Wirtschaftsgut annehmen.
386 BFH-Urteil vom 13.12.1984 – VIII R 249/80, BStBl 1985 II S. 289.
387 BFH-Urteil vom 22.10.1987 – IV R 4/85, BFH/NV 1988 S. 229.
388 BFH-Urteil vom 12.4.1984 – IV R 137/80, BStBl II S. 489.
389 BFH-Urteil vom 29.4.1975 – VIII R 239/71, BStBl II S. 518.
390 Nach FG Baden-Württemberg, Urteil vom 30.9.1983 – IX 147/79, EFG 1984 S. 225, rkr.
391 BFH-Urteil vom 11.8.1971 – VIII R 13/66, BStBl 1972 II S. 117.

2.10 Der Pfandkreislauf[392]

2.10.1 Tatbestand

257 Unter „Pfandkreislauf" wird die **körperliche Bewegung** von Leergut in Form von Flaschen, Fässern und anderen Warenumschließungen verstanden, die von einem Produzenten („Abfüller") an den Handel oder Gaststätten etc. und von dort an den Endverbraucher und dann wieder zurückgegeben werden. Im weiteren Sinne handelt es sich um **Verpackungsmaterial**, das allerdings im Gegensatz zu (z. B.) Faltkartons wegen seiner Werthaltigkeit nicht vom Endverbraucher vernichtet wird. Man kann zwischen **Individual**leergut – herstellerspezifisch gekennzeichnet – und **Einheits**leergut unterscheiden, welches einem bestimmten Hersteller nicht zugeordnet werden kann. Als dritte Variante ist die sog. Brunneneinheitsflasche zu nennen.

258 Wegen der Werthaltigkeit des Pfandguts wird die Weitergabe an den Handel etc. regelmäßig mit einem sog. „**Pfandgeld**" unterlegt. Der Erwerber des Verpackungsinhalts bezahlt dem Hersteller nicht nur den eigentlichen Warenwert, sondern zusätzlich das Pfandgeld. Bei Rückgabe des erhaltenen Pfandguts wird dieses erstattet, bei Nichtrückgabe kann der Hersteller das Pfandgeld behalten. Regelmäßig übersteigt das Pfandgeld den Verkehrswert des Pfandguts erheblich.[393]

2.10.2 Rechtskleid und wirtschaftlicher Gehalt

259 Dokumentarisch wird die Übergabe des Leerguts als **Verkauf** behandelt, die Rücknahme dann als **Rückkauf**, ob mit oder ohne Übergang des zivilrechtlichen Eigentums.[394] Ob tatsächlich in zivilrechtlicher Hinsicht ein Kaufvertrag vorliegt, erscheint zweifelhaft. Stattdessen wird im Schrifttum[395] das Geschäftsmodell als **Gebrauchsüberlassungsvertrag** in Form eines **Sachdarlehens** klassifiziert, das mit einer **Sicherungsvereinbarung** unterlegt wird. Zutreffend wird insoweit das so bezeichnete Kaufgeschäft nicht als bilanzrechtlicher Veräußerungsvorgang angesehen. Die Nutzungsmöglichkeit am Pfandgut und das Risiko dessen Untergangs gehen nicht auf den Erwerber (Händler) über; das wirtschaftliche Eigentum am Pfandgut verbleibt somit beim Eigentümer.

260 Gleichwohl bestehen **Zweifel** an der Würdigung des Überlassungsverhältnisses am Pfandgut als **Sachdarlehen**. Beim Darlehen schuldet der Darlehensnehmer die Rückgabe des erhaltenen Gelds oder Gegenstands und zwar regelmäßig zu einem im Voraus bestimmten oder später durch Kündigung bestimmbaren Fälligkeitstermin. Der Händler hat hingegen nur formell eine Rückgabepflicht, die vom Hersteller jedoch nicht fällig gestellt und nicht vollstreckt werden kann. Dem wirtschaftlichen Gehalt nach ist der Händler Inhaber einer **Option** zur Rückgabe, der Hersteller ist Stillhalter aus dieser Option.

---

392 Vgl. hierzu *Hoffmann*, StuB 2010 S. 245; *Rätke*, StuB 2010 S. 178; *Lüdenbach*, StuB 2009 S. 434; *Hoffmann*, PiR 2006 S. 95.
393 Bestätigend *Klein*, DStR 2010 S. 712; *Jacob/Kobor*, DStR 2004 S. 1586; *Hoffmann*, PiR 2008 S. 713; zweifelnd dagegen *Küspert*, FR 2008 S. 713. Wäre das nicht so, entstünde sofort ein reger Handel mit dem Leergut ohne Inhalt.
394 Einzelheiten zur zivilrechtlichen Eigentumszuordnung sind dem BFH-Urteil vom 6. 10. 2009 – I R 36/07, DStR 2009 S. 2474, zu entnehmen.
395 So *Jakob/Kobor*, DStR 2004 S. 1596.

2.10.3 Bilanzielle Abbildung

Zur Abbildung in der Steuerbilanz des **Abfüllers** sind folgende Positionen abzuklären: 261
- ▶ Hat er das Pfandgut auch nach Veräußerung/Abgabe noch **anzusetzen**?
- ▶ Wie ist die Verpflichtung zur **Rücknahme** des Pfandguts zu bilanzieren?
- ▶ Wie sind die **Pfandgelder** zu erfassen?

Ohne weitere Problematisierung wird im BMF-Schreiben vom 13.6.2005[396] das Leergut dem **Getränkehersteller** („Abfüller") bilanziell zugeordnet. Das gilt sowohl für neu beschafftes Leergut als auch für sog. **Mehrrücknahmen**, wenn also dieser Abfüller mehr Einheitsleergut zurücknimmt, als er seinerseits zuvor an den Handel ausgegeben hat. Letzteres soll allerdings dann nicht gelten, wenn der für die Mehrrücknahmen ausgelegte Betrag auf den Pfandkonten ausgewiesen wird, denn dann lägen dem BMF zufolge keine Anschaffungskosten vor. Ein Übergang des wirtschaftlichen Eigentums habe in diesen Fällen nicht stattgefunden. Der BFH lässt im zitierten Urteil I R 36/07 diese Frage offen. 262

Die Auffassung des BMF ist insoweit zutreffend, als der Hersteller **neu** beschafftes Leergut auch nach Weitergabe an den Handel als wirtschaftliches Eigentum im **Anlagevermögen** zu bilanzieren hat. Tatsächlich sind die Nutzungsmöglichkeiten und die Gefahren des Untergangs am Pfandgut während dessen üblicher Nutzungsdauer nicht auf den Händler übertragen worden. Daran ändert auch die Rückgabeoption des Abnehmers (Händler, Endverbraucher) nichts. Denn die Rückgabeoption ist für den Abnehmer so vorteilhaft („tief im Geld"), dass er sie immer ausüben wird.[397] Bezüglich der **Mehrrücknahmen** ist die Auslegung durch das BMF indes nicht zweifelsfrei. Jedenfalls kann die Buchungspraxis (Ausweis auf Pfandkonten, → Rz. 264) kein Präjudiz für die bilanzielle Abbildung für sich beanspruchen, sie hat allenfalls eine Indizwirkung (→ § 243 Rz. 10). 263

Nur kurz wird im zitierten BMF-Schreiben der „Kreislauf" der **Pfandgelder** angesprochen. Danach führen die vereinnahmten Pfandgelder bzw. die Forderungen hieraus zu einer erfolgswirksam zu behandelnden **Betriebseinnahme** und im Gegenzug ihre Rückerstattung zu einer -ausgabe. Vermutlich verfährt die Praxis weitgehend nach dieser Vorgabe. Allerdings regt sich aus Kreisen der Finanzverwaltung Kritik.[398] Danach sollen die vereinnahmten und verausgabten Pfandgelder als „durchlaufende Posten" erfolgsneutral auf besonderen Kontokorrentkonten erfasst werden. 264

Tatsächlich erscheint die Vereinnahmung des Pfandgelds beim Hersteller als Umsatzerlös **widersprüchlich** zur Behandlung des „Erlössubstrats" als unverändert zu bilanzierendes wirtschaftliches Eigentum. Die Vereinnahmung als Umsatzerlös bzw. Betriebseinnahme wird auch mit der damit verbundenen Liquiditätserhöhung beim Hersteller begründet.[399] Der Liquiditäts- 265

---

[396] BMF-Schreiben vom 13.6.2005 – IV B 2 – S 2137 – 30/0, BStBl I S. 715.
[397] A. A. *Buciek*, FR 2010 S. 173, mit dem Analogieschluss zur unechten Wertpapierpension (→ Rz. 230). Letztere ist anders strukturiert als die Rückgabeoption für die Getränkegebinde. Bei der Wertpapierpension wird ex ante ein Rücknahmepreis vereinbart, der die Option „am Geld" festmacht. Im Zeitverlauf kann die Option „in das Geld" gelangen mit der Folge der Ausübung oder umgekehrt. Die Rückgabeoption für das Leergut ist dagegen **immer** „im Geld" (IDW ERS 13 n. F. Tz. 25 f.).
[398] Vgl. *Köhler/Wiemers*, StBp 2005 S. 351.
[399] Vgl. *Jakob/Kobor*, DStR 2004 S. 1597.

zufluss stellt jedoch nach allgemeinen Bilanzierungsgrundsätzen in § 252 Abs. 1 Nr. 5 HGB keinen Realisationstatbestand dar (→ § 252 Rz. 163).

266 Für die Verpflichtung zur Rückzahlung der – erfolgswirksam vereinnahmten – Pfandgelder bei Rückgabe des Pfandguts hat dem BMF zufolge der betroffene Unternehmer (Abfüller) eine Rückstellung zu bilden. Deren Höhe soll sich dem zitierten BMF-Schreiben zufolge „nach den Umständen des Einzelfalls ausrichten".[400] Letzteres gilt sowohl für Individual- als auch für Einheitsleergut und unabhängig vom Eigentumsübergang des bepfandeten Leerguts auf den Händler. Ob dabei rechtliches oder wirtschaftliches Eigentum gemeint ist, bleibt offen.

266a Das BFH-Urteil I R 36/07 (→ Rz. 259) ist sachverhaltsbezogen und ergebnisorientiert im Grunde genommen auf die bilanzrechtlichen Grundlagen zur Abbildung des Pfandkreislaufs kaum eingegangen, was die Anweisungen des BMF aus praktischer Sicht teilweise unberührt lässt. Allerdings sind die Abgabe- und Rücknahmevorgänge erfolgsneutral – als Forderungen bzw. Verbindlichkeiten aus Kaution – zu behandeln. Das lässt sich ausgehend von der bislang wohl herrschenden Buchungspraxis unter Berücksichtigung der Umsatzerfassung durch Kontendefinition aus Sicht eines Getränkehändlers wie folgt darstellen:[401]

> **BEISPIEL** **Bisherige Buchungspraxis**
>
> *Per Debitor Endverbraucher an Umsatzerlös (umsatzsteuerpflichtig).*
>
> *Per Wareneinkauf (Vorsteuerabzug) an Kreditor Abfüller/Hersteller.*
>
> ▶ Diese Buchungen reflektieren nicht die Tatsache des beim Hersteller verbleibenden wirtschaftlichen Eigentums, sind allerdings aus Sicht der einfachen Handhabung der regelmäßig geringen Ergebnisauswirkung (→ § 252 Rz. 182) u. E. akzeptabel. Allerdings müssen diese Buchungen u. U. in einer Sammelbuchung z. B. am Monatsende noch in die Ergebnisneutralität nach Vorgabe des BFH-Urteils I R 36/07 (→ Rz. 259)[402] wie folgt übergeführt werden:[403]
>
> *Per Umsatzerlös (ohne Umsatzsteuer) an Kaution Endabnehmer.*
>
> *Per Kaution Hersteller an Wareneinkauf (ohne Vorsteuer).*
>
> ▶ Das Kautionskonto stellt ein Unterkonto des Debitoren-/Kreditorenkontos dar und ist bei Rückgabe dorthin umzubuchen. Möglich ist selbstverständlich auch die direkte Abwicklung auf dem jeweiligen Kunden-/Lieferantenkonto.
>
> ▶ Im BFH-Urteil wird die Rückgabeverpflichtung als Rückstellung dargestellt – wohl in Anlehnung an die Handhabung im Streitfall. Vorstehend tritt an die Stelle der Rückstellung der Kreditor.

266b Der vorstehende Lösungsvorschlag ist vollständig in die Bilanzrechtsdogmatik einzufügen. Er ist dabei nicht nur aus Praktikabilitätsgründen zu akzeptieren, sondern birgt noch eine gewisse wirtschaftliche Aussagekraft.

---

400 Vgl. hierzu auch BMF-Schreiben vom 23. 4. 2001 – IV A 6 – S 2133 – 1/01, DB 2001 S. 1224.
401 Nach *Hoffmann*, StuB 2010 S. 333.
402 Vgl. *Weber-Grellet*, BB 2010 S. 44; *Schmidt/Weber-Grellet*, EStG 29. Aufl., München 2010, § 5 Tz. 550 „Pfandgelder".
403 Ähnlich *Rätke*, StuB 2010 S. 180.

Zwar nicht innerperiodisch, aber immerhin **zwischen**periodisch ist bei dieser buchmäßigen Erfassung die Erfolgsneutralität des Pfandkreislaufs **insgesamt** gewährleistet. In der Gesamtbetrachtung des **Kreislaufs** ist die vom BFH gefundene Lösung – die Erfolgsneutralität – auch einigermaßen verständlich, wenn sogar ökonomisch begründbar. Damit kommen wir zum Ausgangspunkt der Ausführungen zurück: Das Pfandgut läuft im **Kreis**, soll also nicht verbraucht werden und keinen Gewinn generieren. Ihm kommt nur eine physische Hilfsfunktion zu. In Gegenrichtung verlaufen die Zahlungsströme.

In dieser Perspektive ist der Kreislauf der Gebinde auch bilanzrechtlich anders abzubilden als der normale Durchlauf von Vermögensgegenständen ausgehend vom Rohmaterial über das Fertigprodukt zum Endverbraucher oder zur Weiterverarbeitung. Dort bewegt sich das Gut in einer geraden Linie, um dann in der Bewegung ein Ende zu finden – also gerade umgekehrt wie beim Pfandkreislauf.

Eventuelle Schadenersatzansprüche gegen den (z. B.) Händler wegen nicht vertragsgemäßer Rückgabe von Leergut sind bei normalen Geschäftsbeziehungen **nicht rückstellbar**.[404]

266c

2.11 Kundengebundene Werkzeuge

2.11.1 Wirtschaftlicher Hintergrund[405]

Die Auslagerung von Teilbereichen der Produktion (*outsourcing*) ist in vielen Branchen der Industrie üblich geworden. Als Musterbeispiel mag die Automobilproduktion mit ihren Tausenden von direkten und indirekten Zulieferbetrieben dienen. In diesem Geschäftsmodell tauchen regelmäßig die kundengebundenen Werkzeug- oder Gussformen als Bilanzierungsproblem auf. Der rechtliche und wirtschaftliche Hintergrund dieses Geschäftsmodells lässt sich wie folgt skizzieren:

267

Der Zulieferer als **Auftragnehmer** schließt mit dem Abnehmer als **Auftraggeber** einen Rahmenvertrag ab, nach dessen Maßgabe der Auftragnehmer spezifizierte Produktionsteile (z. B eine Frontglasscheibe) für den Auftraggeber erstellt. Die Produktion dieser Teile bedarf besonderer Werkzeuge, die für andere Produktionszwecke nicht verwendbar sind oder gem. den Vereinbarungen nicht verwendet werden dürfen.

Der Zulieferer kann mit der Produktion erst nach Herstellung oder Beschaffung dieser Werkzeuge tätig werden. Sein **Risiko** besteht in der vom Auftraggeber georderten Menge – z. B. Absatz des neuen Roadsters des Automobilherstellers B. Je nach Marktmacht wird dieses Risiko vom Zulieferer ganz oder teilweise auf den Abnehmer übertragen, etwa nach Maßgabe folgender Vertragsstruktur:[406]

268

▶ Vor Beginn der Produktion leistet der Auftraggeber einen **Einmalbeitrag**, genannt „Werkzeugkostenzuschuss", der in die Kalkulation der Stückkosten und die vereinbarten Abnahmepreise einbezogen wird.

▶ Die laufenden **Amortisationsgebühren** als „normale" Rechnungsstellungen unter impliziter oder ausdrücklicher Berücksichtigung des Einmalbeitrags,

---

404 BFH-Urteil vom 25. 4. 2006 – VIII R 40/04, BStBl II S. 749; a. A. *Lüdenbach*, StuB 2009 S. 435.
405 Vgl. *Hoffmann*, PiR 2007 S. 294.
406 Vgl. *Lüdenbach*, in: Lüdenbach/Hoffmann (Hrsg.), Haufe IFRS-Kommentar, 8. Aufl., Freiburg 2010, § 18 Rz. 70.

- „Gebühren", die unabhängig von der **Stückzahl** durch den Zulieferer erhoben werden,
- u.U. eine **Einmalzahlung** des Abnehmers an den Zulieferer bei Verfehlen einer bestimmten Mindestmenge.

269 Im Rahmen des Vertrags wird auch insbesondere die **Dauer** der Vorhaltung der entsprechenden Werkzeuge für einen gewissen Zeitraum zur Ersatzteilbedienung vereinbart, z. B. zwölf Jahre nach Auslaufen der Produktion. Alternativ kann auch eine Rückgabe der Werkzeuge vom Zulieferer an den Abnehmer vereinbart werden, wenn dieser selbst die Ersatzteilversorgung übernehmen will.

2.11.2 BFH-Rechtsprechung

270 Im Überblick besagt die BFH-Rechtsprechung zu dem in den Grundzügen vorgestellten Geschäftsmodell:

- Ein Urteil[407] befasst sich mit der bilanziellen Abbildung beim **Zulieferer**: Dieser soll die „Werkzeugkostenvergütung" seitens des Bestellers als **Anzahlung** passivieren und gewinnerhöhend erst dann **auflösen**, wenn mit künftigen Lieferungen, die mit dem Werkzeug herzustellen sind, nicht mehr zu rechnen ist.

- In einem ähnlichen Sachverhalt hat der BFH[408] im Ergebnis ebenso entschieden, allerdings die gewinnmindernde Bildung einer **Verbindlichkeitsrückstellung** verlangt und eine erfolgserhöhende **Auflösung** über die mutmaßliche Dauer der Lieferverpflichtung vorgeschrieben.

- In einer weiteren Entscheidung[409] hat sich der BFH wiederum mit den Bilanzierungsverhältnissen beim **Zulieferer** befasst. Hier stand das Interesse des Abnehmers (Auftraggebers) am Erwerb des **rechtlichen** Eigentums im Vordergrund, um nach Beendigung der Serienfertigung die betreffende Form noch zur Ersatzteilproduktion verwenden zu können. Die Werkzeugkostenvergütung hat der BFH als Gegenleistung für den Verkauf des Werkzeugs und Übertragung des rechtlichen Eigentums an den **Abnehmer** gewertet, der in der Konsequenz die Form aktivieren und auf die voraussichtliche Nutzungsdauer abschreiben muss. Dabei blieb das betreffende Werkzeug (selbstverständlich) im körperlichen Verfügungsbereich des Zulieferers, da ansonsten eine Produktion nicht möglich gewesen wäre.

- Und schließlich hat der BFH auch die Bilanzierung solcher Auftragsverhältnisse beim **Abnehmer** zu beurteilen gehabt.[410] Der Zulieferer war in dem Streitfall wie üblich zur Bereithaltung der Werkzeuge bzw. Formen während des bestimmten Zeitraums und zur Durchführung der Aufträge des Abnehmers verpflichtet. Der BFH sah darin ein **immaterielles Wirtschaftsgut** „Verwendungsrecht" beim Abnehmer (→ Rz. 24), das entgeltlich erworben und damit zu aktivieren und auf die voraussichtliche Nutzungsdauer abzuschreiben war.

---

407 BFH-Urteil vom 8. 10. 1970 – IV R 125/69, BStBl 1971 II S. 51.
408 Im BFH-Urteil vom 29. 11. 2000 – I R 87/99, BStBl 2002 II S. 655.
409 BFH-Urteil vom 31. 1. 1973 – I R 205/69, BStBl II S. 305.
410 BFH-Urteil vom 1. 6. 1989 – IV R 64/88, BStBl II S. 830.

2.11.3 Beurteilung

Die „Lösung" des BFH im letztgenannten Streitfall deutet eine gewisse **Verlegenheit** an. Immer wenn eine Einmalzahlung zu würdigen ist, deren sofortige Aufwandsverbuchung irgendwie „unpassend" erscheint und der aktive Abgrenzungsposten mangels genauer Zeitbestimmung nicht verfügbar ist, wird das **immaterielle** Anlagegut als eine Art Allzweckwaffe aus dem Köcher gezogen. Die allgemein gültige Definition des Wirtschaftsguts („konkrete Möglichkeiten und Vorteile für das Unternehmen" → Rz. 10) passt dann eigentlich immer zur Rechtfertigung der Aktivierung.

271

Diese Verlegenheit beruht auf der regelmäßig vom BFH in diesen Fällen nicht weiter problematisierten Maßgeblichkeit des **rechtlichen** Eigentums für die Bilanzierung. Systematisch betrachtet ist dies gerade nicht richtig, denn ausschließlich das **wirtschaftliche** Eigentum kann die Betriebsvermögenseigenschaft = Bilanzierbarkeit begründen (→ Rz. 148). Dazu wäre bzw. ist ein Blick in das der deutschen Leasingbilanzierung in wesentlichen Zügen zugrunde liegende BFH-Urteil[411] hilfreich. Nach den dortigen Aussagen kommt es bei der Qualifikation von Leasingverträgen als *operating* oder *finance lease* **ausschließlich** auf das wirtschaftliche Eigentum an, unabhängig von irgendwelchen sachenrechtlichen Qualifizierungen (→ Rz. 172). Deshalb laufen in der Praxis unter der Überschrift „Leasing" Verträge, die vom normalen Mietvertrag bis zum verdeckten Raten-Kaufvertrag reichen. Dieser Befund schließt jedenfalls die Qualifikation von Kaufverträgen, Zuschüssen und Amortisationsverträgen und wie die Vertragsgebilde sonst zu bezeichnen sind als bilanzrechtliches **Leasingverhältnis** nicht a priori aus. Vgl. das Beispiel unter → Rz. 162.

272

2.12 Betreibermodelle (PPP)[412]

2.12.1 Sachverhalt

Im Rahmen von sog. **öffentlich-privaten Partnerschaften** (ÖPP) oder *public private partnerships* (PPP) werden zunehmend neue ökonomische „Techniken" zur Bestreitung von Infrastrukturmaßnahmen eingesetzt. Für den **Autobahnbau** mit Gebührenpflicht ist das sog. „A-Modell" aus der Taufe gehoben worden. Danach erteilt die Bundesrepublik Deutschland als Konzessionsgeber Projektbetreibern (Bauunternehmern u. Ä.) die Konzession zur Errichtung und zum Betrieb von Autobahnstreckenabschnitten. Der Bund bleibt Eigentümer des Grund und Bodens und ist allein zur Erhebung der Mautgebühren berechtigt.

273

Im Einzelnen gelten vertraglich als **Pflichtenbestandteil** des Konzessionsnehmers:
- Erbringung der Bauleistung,
- Betriebspflicht mit Verkehrsüberwachung, Verkehrssicherheitspflicht, Winterdienst etc.,
- Erhaltungspflicht (laufender Unterhalt) sowie
- Rückgabe am Ende der Vertragslaufzeit von i. d. R. 30 Jahren in einem bestimmten Mindestzustand an die Bundesrepublik.

Umgekehrt hat sich der Bund zu einer Anschubfinanzierung und zur Weiterleitung von i. d. R. 95 % der Mautgebühren an den Konzessionsnehmer zu verpflichten.

---

411 BFH-Urteil vom 26. 1. 1970 – IV R 144/66, BStBl II S. 264.
412 Nach *Hoffmann*, in: Littmann/Bitz/Pust (Hrsg.), EStG, §§ 4, 5 Tz. 1316.

2.12.2 Steuerliche Bilanzierungsvorgabe

274 Das BMF[413] macht zur bilanziellen Abbildung folgende **Vorgaben**:

Es handelt sich um ein **Dauerschuldverhältnis** mit unterschiedlichen Leistungen innerhalb des Vertragszeitraums. Als **schwebendes Geschäft** ist dieses Dauerschuldverhältnis nicht bilanzwirksam, es sei denn, ein Vertragspartner hat Vorleistungen erbracht.

Solche **Vorleistungen** stellen die Ausbaukosten abzüglich einer Anschubfinanzierung durch den Bund beim Betreiber dar. Während der Bauphase sind die Vorleistungen zusammen mit der Anschubfinanzierung **gewinnneutral** zu behandeln („wie eine Anzahlung") und nach Fertigstellung und Abnahme des Bauwerks als aktiver Rechnungsabgrenzungsposten auszuweisen. Dieser ist auf die Vertragslaufzeit hin zulasten des Ergebnisses **aufzulösen**.

Die **Rückgabeverpflichtung** nach § 6 Abs. 1 Nr. 3e EStG ist abgezinst über die Vertragslaufzeit hin **anzusammeln**. Als rückstellungsfähig gelten dabei nur Beträge, die den normalen Erhaltungsaufwand übersteigen. Ansonsten fallen beim Konzessionsnehmer laufende Aufwendungen an, denen die weitergeleiteten Mautgebühren als Umsatzerlöse gegenüber stehen.

Für das normale Bilanzverständnis überraschend ist der Ausweis einer kompletten Autobahn als **Rechnungsabgrenzungsposten** (→ § 250 Rz. 18). Diese „Lösung" des BMF ist vermutlich zwei Ausgangsüberlegungen zu verdanken:

1. Da der Bund Grundstückseigentümer bleibt, gehen die gesamten Bauwerke, die vom Betreiber errichtet werden, in dessen Eigentum über. Vermutlich wertet das BMF diese Rechtskonstellation als bilanzrechtlich zweifelhaft, d. h. befürchtet eine Nicht-Aktivierbarkeit der gesamten Baukosten.

2. Zur Vermeidung eines „unmöglichen" Bilanzbilds und natürlich auch entsprechender Steuerausfälle bemüht das BMF den Rechnungsabgrenzungsposten mit der zeitanteiligen Auflösung des aktivierten Betrags zulasten des Aufwands.

275 Dieser dient also der Realisierung des *„matching principles"* i. S. der internationalen Rechnungslegung: wirtschaftlich sinnvolle zeitliche Zusammenfügungen von Aufwendungen und Erträgen entsprechend § 252 Abs. 1 Nr. 5 HGB (→ § 252 Rz. 163).

Dieser Vorgabe kann im **Ergebnis** nicht widersprochen werden, allerdings mit einem entscheidenden Vorbehalt: Nach herkömmlicher Lehre können aktive Abgrenzungsposten nicht **bewertet** werden, insbesondere ist danach eine Teilwertabschreibung nicht möglich (→ § 250 Rz. 4). Ein Verlustgeschäft aus dem Autobahnbau kann sich für den Betreiber gesamthaft also erst am Ende der Konzessionszeit mit der Betreiberpflicht steuerlich auswirken. Im wirtschaftlichen Ergebnis entspricht diese Vorgabe dem Verbot einer Drohverlustrückstellung, exemplarisch darzustellen am Fall eines langfristig gemieteten Gebäudes ohne (passende) Nutzungsmöglichkeit.

276 Zur Übernahme der steuerlichen Abbildung der Betreibermodelle in die **handelsrechtliche** Bilanzierung wird auf → § 250 Rz. 18 verwiesen.

---

[413] BMF-Schreiben vom 4. 10. 2005 – IV B 2 – S 2134a – 37/05, BStBl I S. 916.

3. Schulden, Zurechnung bei mehreren Schuldnern

Wie bei Vermögensgegenständen (→ Rz. 130) stellt sich bei Schulden die Frage der (bilanziellen) Zurechnung. Anders ausgedrückt: Gibt es bilanzrechtlich eine Art **negativen wirtschaftlichen** Eigentums? Das wäre dann der Fall, wenn der (rechtliche) Schuldner keine daraus abzuleitende wirtschaftliche Belastung trägt. Das Thema taucht auf, wenn eine Verbindlichkeit von mehreren Personen geschuldet wird oder ein Dritter für den Primärschuldner eintreten muss. Die Frage ist dann, ob dem betreffenden bilanzierungspflichtigen Kaufmann (auch Gesellschaft) die Pflicht zur Erfüllung der Schuld zukommt. Aus Rechtsgründen kann die Verbindlichkeit von einem anderen Rechtssubjekt getilgt werden. Dann kommt der (unverändert bestehenden) Verpflichtung des bilanzierenden Kaufmanns die wirtschaftliche Eigenschaft einer **Garantie** zu. Der Bilanzansatz als Verbindlichkeit wird „ersetzt" durch einen Bilanzvermerk nach § 251 HGB (→ § 251 Rz. 23). U. E. gilt dies auch für die Schuldübernahmen.

277

Im Einzelnen sind folgende Sachverhalte zu unterscheiden:[414]

278

- ▶ **Gesamtschuld**: Hier kann der Gläubiger von jedem Schuldner nach § 421 BGB die volle Leistung verlangen. Der Bilanzansatz richtet sich nach dem Innenverhältnis der Gesamtgläubiger, diese können eine anteilige Tilgung vereinbart haben mit der Folge einer quotalen Aufnahme in das Betriebsvermögen mit Bilanzvermerk nach § 251 HGB für den nicht bilanzierten Anteil (→ § 251 Rz. 8). Vergleichbar einer Bürgschaft (→ § 249 Rz. 121) ist eine Passivierung der vollen Schuld dann erforderlich, wenn der „Partner" seiner Verpflichtung nicht mehr nachkommen kann.

- ▶ **Schuldmitübernahme**: Diese ist ebenfalls vergleichbar einer Bürgschaft gem. § 251 HGB (→ § 251 Rz. 23) zu behandeln,[415] d. h. Passivierung beim Übernehmer erst dann, wenn der originäre Schuldner seiner Verpflichtung nicht nachkommt. Der Gläubiger kann beide Schuldner in Anspruch nehmen. Allerdings kann die Schuldmitübernahme nach den Umständen des konkreten Falls auch als eigentliche Erfüllungsverpflichtung gewertet werden, dann dreht sich die Bilanzierungspflicht um: Der Schuldmitübernehmer passiviert, der nicht mehr zur Erfüllung im Innenverhältnis (der beiden Schuldner) verpflichtete Schuldner belässt es beim Bilanzvermerk.

- ▶ **Erfüllungsübernahme**: Hier besteht kein Anspruch des Gläubigers gegen den Übernehmer. Gleichwohl muss dieser die Verbindlichkeit als eigenes Betriebsvermögen passivieren, sofern im Innenverhältnis der Schuldner nicht mehr leisten muss. Nach einer Auffassung[416] soll der Schuldner weiterhin die Verbindlichkeit passivieren und einen Rückgriffsanspruch gegen den Schuldübernehmer aktivieren. U. E.[417] scheitert dieser Bilanzierungsvorschlag an der **Nichtaktivierbarkeit** der **Regressforderung** des Schuldners. Eine solche Forderung besteht am Bilanzstichtag nicht, entsteht vielmehr erst beim höchst unwahrscheinlichen Eintritt des Zahlungsausfalls beim Erfüllungsübernehmer. Aufschiebend bedingte Forderungen gelten üblicherweise als nicht ansetzbar (→ Rz. 38); die Bedingung kann nur bei Zahlungsunfähigkeit des Übernehmers eintreten. Dann aber ist die Forderung wertlos. Der Bilanzansatz beim Übernehmer hängt auch nicht vom Kenntnisstand des Gläubigers ab.

---

414 Vgl. ADS, 6. Aufl., § 246 Tz. 414 ff.
415 So zu einem entsprechenden Sachverhalt *Wassermeyer*, DB 2010 S. 355.
416 Vgl. ADS, 6. Aufl., § 246 Tz. 418; *Hennrichs*, in: Münchner Kommentar, AktG, 2. Aufl., § 246 Tz. 193.
417 Vgl. im Einzelnen *Hoffmann*, StuB 2010 S. 165.

Spiegelbildlich wird eine Forderungsabtretung nicht doppelt mit Ausgleichsverpflichtung bilanziert.

▶ **Treuhänderisch eingegangene Verpflichtungen**: Diese sind nach hier vertretener Ansicht beim Treuhänder nicht zu bilanzieren (→ Rz. 197). Eine Passivierung beim Treugeber kommt u. E. nur dann in Betracht, wenn der Treugeber seine Verpflichtungen nicht erfüllen kann.

X. Geschäfts- und Firmenwert (Abs. 1 Satz 4)

279 Der **bilanzrechtliche Charakter** des entgeltlich erworbenen (derivativen) Geschäfts- oder Firmenwerts (*goodwill*) war bis zur Verabschiedung des BilMoG umstritten. Die Auffassungen schwankten zwischen Bilanzierungshilfe, Vermögensgegenstand und Wert sui generis.[418] Diesen Streit hat der BilMoG-Gesetzgeber elegant durch eine **Fiktion** beendet: Der Geschäfts- oder Firmenwert „gilt" als Vermögensgegenstand, unterliegt deshalb auch den Bewertungsregeln des § 253 HGB, ist also planmäßig nach § 253 Abs. 3 Satz 1 HGB (→ § 253 Rz. 82) – auf fünf Jahre nach der gesetzlichen Regelvermutung in § 285 Nr. 13 HGB – und außerplanmäßig nach § 253 Abs. 3 Satz 3 HGB (→ § 253 Rz. 105) abzuschreiben.

280 Die **Fiktion** bezieht sich nur auf den derivativen Geschäfts- oder Firmenwert. Der **selbst geschaffene** „gilt" im Umkehrschluss als Nicht-Vermögensgegenstand und ist deshalb anders als die immateriellen Vermögensgegenstände (→ § 248 Rz. 9) nicht aktivierbar. Praktische Bedeutung kommt dem **derivativen** Geschäfts- oder Firmenwert eher im **Konzernabschluss** zu (→ § 301 Rz. 92). Im handelsrechtlichen **Einzelabschluss** (Jahresabschluss) kann er nur beim Erwerb eines einzelkaufmännischen Unternehmens oder bei einem sonstigen *asset deal* in Erscheinung treten. Beim *share deal* ist der Geschäfts- oder Firmenwert im Beteiligungsansatz „versteckt". Steuerlich ist wegen der transparenten Besteuerung der Erwerb des Anteils an einer mitunternehmerischen Personenhandelsgesellschaft ebenfalls als *asset deal* zu behandeln. Inhaltlich definiert der BFH den Geschäfts- oder Firmenwert als „Ausdruck der Gewinnchancen eines Unternehmens, soweit diese nicht auf einzelnen Wirtschaftsgütern oder der Person des Unternehmers beruhen, sondern auf dem Betrieb eines lebenden Unternehmens."[419]

281 Der Gesetzgeber des BilMoG hat den seit Einführung des Bilanzrichtliniengesetzes unentschiedenen Streit im Schrifttum über den Charakter des entgeltlich erworbenen Geschäfts- oder Firmenwerts salomonisch beendet, indem er den bilanzrechtlichen Charakter offen gelassen hat. Vielmehr „**gilt**" er als Vermögensgegenstand mit allen entsprechenden Folgerungen; dies sind insbesondere planmäßige und Wertminderungsabschreibungen. Es handelt sich dem Inhalt nach um eine Residualgröße, nämlich um den Betrag, der im Rahmen eines **Unternehmenserwerbs** die einzelnen Vermögensgegenstände abzgl. Schulden etc. übersteigt.[420] Dabei sind die erworbenen Vermögensgegenstände und Schulden möglicherweise neu zu bewerten und bisher nicht angesetzte erstmals zu bilanzieren. Die letztgenannten Fälle beziehen sich insbesondere auf immaterielle Vermögensgegenstände, die im Rahmen eines Unternehmenszusammenschlusses besondere Aufmerksamkeit erfahren.

---

418 Vgl. hierzu *ADS*, 6. Aufl., § 255 Tz. 271.
419 BFH-Urteil vom 26. 11. 2009 – III R 40/07, BFH/NV 2010 S. 721; vgl. *Weber-Grellet*, StuB 2010 S. 354.
420 Zum Inhalt des Geschäfts- oder Firmenwerts aus steuerlicher Sicht vgl. die Ausführungen im BFH-Urteil vom 26. 11. 2009 – III R 40/07, BFH/NV 2010 S. 721.

Die gesetzliche Definition des derivativen Firmenwerts – Unterschiedsbetrag zwischen der für die Übernahme eines **Unternehmens** entrichteten Leistung und dem Nettovermögen dieses Unternehmens – führt zur Frage, wann ein Erwerbsobjekt **Unternehmensqualität** hat. Ohne eine solche Qualität kann kein derivativer Firmenwert entstehen. Ein den Zeitwert der Erwerbsobjekte übersteigender Kaufpreis ist dann entweder auf die erworbenen Vermögensgegenstände (z. B.) nach dem Verhältnis ihrer Zeitwerte (→ § 255 Rz. 42) aufzuteilen oder als Aufwand zu behandeln. 281a

Die Schwierigkeiten bei der Würdigung der **Unternehmensqualität** einer erworbenen Sachgesamtheit beginnen schon mit der fehlenden Definition eines Unternehmens im Handels- und Gesellschaftsrecht. Pragmatische Lösungen sind daher geboten. Hierbei ist u. E. zwischen folgenden Fallkonstellationen zu unterscheiden:

- Erwerb des wesentlichen Vermögens einer **bereits am Markt operierenden Einheit** (Personengesellschaft, Kapitalgesellschaft aber auch einzelkaufmännischer Betrieb) (→ Rz. 281b).
- Erwerb des wesentlichen Vermögens einer nicht oder noch nicht am Markt operierenden Einheit, z. B. eines *start up-*„Unternehmens" (→ Rz. 281c).
- **Erwerb von Teilen** des wesentlichen Vermögens einer bereits am Markt operierenden Einheit (→ Rz. 281d).

Im **ersten** Fall ist ein Unternehmenserwerb regelmäßig zu bejahen. Kritisch ist nur die vorgelagerte Frage, ob alle für eine Operation am Markt wesentlichen Vermögensteile übertagen werden bzw. wie wesentliche von unwesentlichen Teilen abzugrenzen sind. 281b

Im Fall von *start up-*„Unternehmen" ist die **steuerliche Rechtsprechung** zurückhaltend. Der Erwerb einer erst im Aufbau befindlichen Einheit gilt i. d. R. nicht als Unternehmenserwerb,[421] weil der Firmenwert durch die erhöhten Gewinnaussichten aufgrund besonderer dem Unternehmen eigener Vorteile, z. B. Ruf, Kundenkreis, Organisation, etc. bestimmt sei. Derartige Gewinnaussichten und damit ein Geschäftswert könnten aber nur mit der Übernahme eines ganzen lebenden und eingeführten Betriebs (oder Teilbetriebs) erworben werden. 281c

Dieser Begründung kann u. E. auch **handelsrechtlich** gefolgt werden. Vertretbar erscheint aber auch, in Übereinstimmung mit der internationalen Rechnungslegung, die Unternehmensqualität des Erwerbsobjekts bereits dann zu bejahen, wenn die **Vorbereitung** von Produktions- und Vermarktungsaktivitäten bereits weit fortgeschritten ist und das Erwerbsobjekt kurz vor dem Marktauftritt steht.[422]

Beim **Teilerwerb** geht es etwa um folgende Konstellationen: Von einem Filialunternehmen mit Einzelhandelsgeschäften, Tankstellen, Hotels oder Ähnlichem an verschiedenen Standorten wird ein einzelner Standort erworben. Erwerbsobjekt ist somit nicht ein ganzes Unternehmen, sondern ein mehr oder weniger unbedeutender Teilbetrieb. Im Steuerrecht ist gleichwohl eine Gleichstellung mit der Veräußerung bzw. dem Erwerb eines ganzen Unternehmens geboten. Für die Seite des Veräußerers erfolgt diese Gleichstellung im Gesetz, etwa in § 1 Abs. 1a UStG 281d

---

[421] BFH Urteil vom 18. 2. 1993 – IV R 40/92, BStBl 1994 II S. 224 ff., m. w. N.
[422] Vgl. *Lüdenbach*, in: Lüdenbach/Hoffmann (Hrsg.), Haufe IFRS Kommentar, 8. Aufl., Freiburg 2010, § 31 Rz. 19.

und § 16 Abs. 1 Satz 1 Nr. 1 EStG, für die Seite des Erwerbers ist sie durch die Rechtsprechung bestätigt.[423]

Für das Handelsrecht ist dem u. E. zu folgen. Die Unternehmensqualität des Erwerbsobjekts ist keine subjektive Größe, die an der Integration mit anderen Aktivitäten beim Veräußerer bzw. der beabsichtigten Integration beim Erwerber hängt, sondern objektiv bzw. abstrahiert darüber zu bestimmen, ob das Erwerbsobjekt über die wesentlichen Grundlagen verfügt, um ggf. **allein** am Markt operieren zu können. Hat ein Teilbetrieb oder Unternehmensteil diese Fähigkeit, stellt sein Kauf einen Unternehmenserwerb dar.

XI. Steuerliche Sonderposten („Ausgleichsposten")

282   Die in den Steuerbilanzen vierfach anzutreffenden „Ausgleichsposten" entspringen verschiedenen **Entstehungsgründen**:[424]

- **Abweichungen** zwischen Handels- und Steuerbilanz aufgrund steuerlicher **Außenprüfung**: Die sich in der Höhe von Bilanzposten niederschlagenden Änderungen von bisher der Besteuerung zugrunde gelegten Bilanzposten schlagen sich im Saldo üblicherweise in einem „Ausgleichsposten" nieder. Die Betriebsprüfung bedient sich dabei technisch der sog. Mehr-Weniger-Rechnung, in der dopisch die Bilanzpostenunterschiede und die daraus resultierenden Ergebniswirkungen nachgehalten und abgestimmt werden. Der Saldo dieser Bilanzpostenänderungen bildet einen „Ausgleichsposten", der inhaltlich die Abweichung des Eigenkapitals zwischen der eingereichten Steuerbilanz und der durch die Betriebsprüfung erstellten wiedergibt.

- **Systembedingte** Abweichungen zwischen Handels- und Steuerbilanz: Musterbeispiel hierfür sind die Ausgleichsposten im Rahmen einer steuerlichen **Organschaft** (→ Rz. 336).

- **Bilanzierungshilfen** zur Abmilderung der Liquiditätsbelastung aus Buchgewinnen, z. B. durch sog. „Entstrickung" nach § 4g EStG.

- **Bilanzierungshilfen** (fiskalschonende) durch Verteilung von Betriebsausgaben-Abzug auf mehrere Jahre, z. B. Leistungen an einen Pensionsfonds nach § 4e Abs. 3 Satz 3 EStG.

- Die schlichte **Verlegenheit**: Für die als richtig erachtete steuerliche Gewinnermittlung wird ein Bilanzposten benötigt, der „an sich" nach HGB/EStG nicht vorgesehen ist.

> **BEISPIEL**[425] ▶ E erwirbt einen 100 %igen GmbH-Anteil, zahlt dafür aber nichts, sondern erhält noch ein „Zubrot" von X €.
>
> Dieser Fall stellt die normalen Vorstellungen des Kaufrechts auf den Kopf und findet deshalb förmlich keine Abbildungsmöglichkeit in der Bilanz. Man kann von **einem negativen Beteiligungswert** sprechen. Der BFH hat sich im zitierten Urteil diesbezüglich einer Entscheidung enthalten. Zur Ermittlung der Steuerbemessungsgrundlage ging es ihm nur darum, ob diese Zuzahlung des Verkäufers beim Käufer erfolgswirksam oder -neutral zu behandeln ist. Der

---

423 BFH-Urteil 27. 3. 1996 – I R 60/95, BStBl II S. 576 ff., m. w. N.
424 Nach *Hoffmann*, in: Littmann/Bitz/Pust (Hrsg.), EStG, §§ 4, 5 Tz. 1440.
425 BFH-Urteil vom 26. 4. 2006 – I R 49, 50/04, DStR 2006 S. 1313.

§ 246 Vollständigkeit; Verrechnungsverbot

> BFH hat sich für die erfolgsneutrale Behandlung entschieden und einen Passivposten „Ausgleichszahlungen" erfunden (→ § 252 Rz. 64).
>
> Ähnlich lautet die Argumentation des BFH-Urteils[426] bezüglich des Erwerbs eines Kommanditanteils zu einem Preis unterhalb des anteiligen Buchwerts des Eigenkapitals.

▶ **Quasi-Wirtschaftsgut** für Aufwendungen auf Wirtschaftsgüter in fremdem Eigentum: Gemeint sind Herstellungskosten, die von einem Steuerpflichtigen für die Gebäudeherstellung getragen werden, ohne in das eigene rechtliche Eigentum überzugehen, typisch bei Baumaßnahmen eines Ehegatten auf dem Grundstück des anderen (→ § 266 Rz. 26). Dieser Posten ist aus der Not geboren, um der Konfrontation mit einem BGH-Urteil[427] aus dem Weg zu gehen (→ § 266 Rz. 26), das in solchen Fällen eine wirtschaftliche Betrachtungsweise ablehnt (→ Rz. 156). In der Konsequenz müssten nach dieser Vorgabe des BGH entsprechend die Bauaufwendungen als sofort abziehbarer Aufwand behandelt werden, was entsprechend unerwünschte Steuergestaltungen hervorgerufen hätte. Deshalb bedurfte es einer Ersatzlösung in Form des Quasi-Wirtschaftsguts: „**Bilanztechnisch** wie ein materielles Wirtschaftsgut".[428] Man spricht auch von bilanztechnischem Rechnungsposten[429] oder von „steuerrechtlichem Merkposten für gespeicherten Aufwand".[430]

▶ Befolgung steuerlicher **Systemvorgaben**, hier die Beachtung des **Nettoprinzips**: Bei Einlage einer Beteiligung nach § 17 EStG aus dem Privat- in das Betriebsvermögen ist die Bewertung zu Anschaffungskosten nach § 6 Abs. 1 Nr. 5 EStG vorzunehmen. Bei im Zeitpunkt der Einlage gegenüber den Anschaffungskosten niedrigeren Teilwert kann sich folgende Datenkonstellation ergeben:[431]

Anschaffungskosten im Privatvermögen	100
Teilwert Einlage	40
Späterer Verkauf im Betriebsvermögen	200
Buchgewinn	160
Effektiver Gewinn	100

Bei Anwendung der üblichen Bewertungsregeln käme es zu einer Überbesteuerung von 60, d. h. der Wertverlust im Privatvermögen würde systemwidrig nicht berücksichtigt. Zur Vermeidung dieses unzulässigen Ergebnisses findet der BFH[432] folgende Lösung:

— Die Einlage erfolgt zum Teilwert.

— Ein „Korrekturposten" von 60 wird in die Steuerbilanz eingestellt.

— Bei der späteren Veräußerung der Beteiligung wird der Korrekturposten gewinnmindernd aufgelöst.

---

426 BFH-Urteil vom 21. 4. 1994 – IV R 70/92, BStBl II S. 745.
427 BGH-Urteil vom 6. 11. 1995 – II ZR 164/94, BB 1996 S. 155.
428 BFH-Beschluss vom 30. 1. 1995 – GrS 4/92, BStBl II S. 281; BFH-Beschluss vom 23. 8. 1999 – GrS 1/97, BStBl II S. 778.
429 Vgl. *Fischer*, FR 1999 S. 1171.
430 *Küffner/Haberstock*, DStR 2000 S. 1677.
431 Vgl. *Hoffmann*, GmbH-StB 9/2010.
432 BFH-Urteil vom 2. 9. 2008 – X R 48/02, DStR 2008 S. 2211, mit Anm. *Hoffmann*.

Im **Teileinkünfteverfahren** sind die Steuerbelastungseffekte aus dem Vorgang nur eingeschränkt gegeben.

Mit dem Segen des Großen Senats umgeht der BFH seitdem die Frage nach dem **Rechtsgrund** für den Bilanzansatz und dreht den Spieß um: Steuerlich gehe es nur um die AfA-Berechtigung dessen, der die Herstellungskosten für das Gebäude getragen hat, um das sog. Nettoprinzip der Besteuerung zu erreichen. Ob nun die AfA auf ein Wirtschaftsgut oder eine Hilfskrücke („Quasi") verrechnet wird, sei gleichgültig.[433] Andererseits vermag der BFH in solchen Fällen doch wirtschaftliches Eigentum des Bauherstellers zu erkennen,[434] wenn diesem bei Beendigung des Nutzungsverhältnisses ein Entschädigungsanspruch nach §§ 951 f. BGB zusteht.

XII. Verrechnungsverbot (Abs. 2 Satz 1)

1. Allgemeine Regeln

283   Das Verrechnungsverbot in Abs. 2 Satz 1 stellt eine Ausprägung der Vorgabe nach **Klarheit** (→ § 243 Rz. 18) bei der Präsentation von Bilanz und GuV dar. Man kann es als eine Art **Vorbeugung** gegen buchhalterische „Tricks" verstehen, weil nach dem doppischen System immer Soll und Haben in gleicher Höhe zu verbuchen sind und deshalb das gesamte Rechenwerk theoretisch auf einen Nullbestand reduziert werden kann.

Eine **Ausnahme** gilt dann, wenn sich Forderungen und Verbindlichkeiten **aufrechenbar** gegenüber stehen oder bei etwa gleichzeitiger Fälligkeit aufrechenbar werden.

284   Die Beschränkung (auch) des § 246 HGB auf die Rechnungslegung **aller** Kaufleute erlaubt nach der Gesetzessystematik gleichwohl einen Ausblick auf **andere** Bestandteile des Jahresabschlusses, d. h. von Kapitalgesellschaften und Kap. & Co.-Gesellschaften. U. E. ist der Rechtsgedanke des Verrechnungsverbots auch auf die **Kapitalflussrechnung** (→ § 297 Rz. 6) anzuwenden, da diese rechentechnisch nichts anderes darstellt als eine in Zahlungsströme transferierte Doppik. Auch der **Anhang** kann Angabepflichten enthalten, bei denen eine Verrechnung dem Grunde nach denkbar ist.

> **BEISPIEL** Die B-GmbH verbürgt sich geschäftsmäßig für bestimmte Ausfuhrforderungen. I. H. von 90 % des verbürgten Betrags erhält sie unter bestimmten weiteren Voraussetzungen eine Ausfallgarantie der Landesbank L.

U. E. ist bei der B-GmbH der **gesamte** von ihr verbürgte Betrag nach §§ 251, 268 Abs. 7 HGB anzugeben (→ § 251 Rz. 37).

285   In Einzelbestimmungen des Gesetzes ist indes eine Verrechnung in der **Bilanz erlaubt**:

▶ Erhaltene Anzahlungen auf Vorratsvermögen können nach § 268 Abs. 5 Satz 2 HGB (→ § 268 Rz. 114) von diesem Aktivposten offen abgesetzt werden.

---

[433] BFH-Urteil vom 25. 2. 2010 – IV R 2/07, BFH/NV 2010 S. 1018; dazu lesenswert die anderslautende Begründung der Vorinstanz FG Köln im Urteil vom 11. 5. 2005 – 4 K 6414/02, EFG 2007 S. 570; zum Ganzen vgl. auch *Hoffmann*, StuB 2010 S. 333.
[434] BFH-Urteil vom 14. 5. 2002 – VIII R 30/98, BStBl II S. 741.

▶ Forderungen und Verbindlichkeiten aus der Steuerabgrenzung (Steuerlatenz) nach → § 274 Rz. 62 können saldiert ausgewiesen werden.

▶ Wertpapiere, Rückdeckungsversicherungen u. Ä., die ausschließlich der Erfüllung spezifischer Schulden dienen – gemeint sind Altersversorgungsverpflichtungen gegenüber der Belegschaft – und dem Zugriff anderer Gläubiger entzogen sind, müssen nach Abs. 2 Satz 2 (→ Rz. 287) mit dieser Verpflichtung saldiert ausgewiesen werden.

Für die **GuV-Rechnung** sind folgende Beispiele zu nennen:

▶ Die Erhöhung und Verminderung des Bestands an Produkten ist im Gesamtkostenverfahren nach § 275 Abs. 2 Nr. 2 HGB saldiert darzustellen, gleich, ob die Bestandsveränderung fertige oder unfertige Produkte betrifft (→ § 277 Rz. 22).

▶ Steueraufwand und -ertrag; dies kann bei unterschiedlichen Steuerhoheiten und aperiodischen Posten vorkommen (Letzteres mit Anhangangabepflicht nach § 277 Abs. 4 Satz 3 HGB (→ § 277 Rz. 51).

Von den nicht saldierbaren Bilanz- und GuV-Posten zu unterscheiden sind solche Posten, die **buchtechnisch getrennt** nachgehalten werden. Als Beispiel mögen die als Passivposten geführten Wertberichtigungen auf Forderungen oder auch die insgesamt auf einen Vermögensgegenstand aufgelaufenen Abschreibungen auf Anlagegegenstände dienen (→ § 268 Rz. 64). Hierbei handelt es sich lediglich um eine getrennte Kontenführung, die kein Präjudiz für den Bilanzausweis darstellt. 286

2. Ausnahme: Plan- oder Deckungsvermögen zur Finanzierung von Pensions- und ähnlichen Verpflichtungen (Abs. 2 Satz 2)

Traditionell werden in deutschen Altersversorgungsmodellen die Pensionsverpflichtungen nicht durch die Ansammlung entsprechender Finanztitel abgedeckt, sie gelten aus Sicht der internationalen Bilanzierung als *unfunded pension obligations*. Teilweise werden diese Altersversorgungsverpflichtungen auch auf externe Versorgungsträger ausgelagert (Unterstützungskassen, Pensionskassen, Pensionsfonds, Lebensversicherungsunternehmen hinsichtlich Direktversicherungen); deren angelegtes Vermögen reicht regelmäßig bei Weitem nicht zur Ausfinanzierung der Verpflichtungen des Trägerunternehmens aus. 287

Bilanzrechtlich werden solche Verpflichtungen in vollem Umfang passiviert (→ § 249 Rz. 106 ff.), sie verlängern damit die Bilanzsumme in Höhe der jährlichen Zuführung; sie führen insofern ceteris paribus zur Ansammlung von Vermögenswerten auf der Aktivseite, die allerdings – zur Wiederholung – nicht direkt zur Finanzierung der Altersversorgungsverpflichtungen bestimmt sind. Diese Bilanzverlängerung führt zur **Verschlechterung** von **Bilanzkennzahlen** (insbesondere Eigenkapitalquote) im Verhältnis zur internationalen Rechnungslegung. 288

Allerdings sind zunächst global orientierte deutsche Konzerne (z. B. Siemens AG), später auch andere Unternehmen zur Deckung der Altersversorgungsverpflichtungen durch **Ansammlung von Finanzwerten** bei einer ausgesiedelten Gesellschaft übergegangen. Der entscheidende Grund liegt in der Verbesserung der bilanzanalytischen Situation. Dahinter verbergen sich sog. *pension trust*-Modelle, denen seitens des Trägerunternehmens der Altersversorgungsverpflichtung Vermögenswerte in freibleibender Höhe und zum beliebigen Zeitpunkt zugeführt 289 werden.⁴³⁵ Zur Insolvenzsicherung werden dabei sog. *contractual trust arrangements* (CTA) aufgelegt (→ Rz. 290a). Das Risiko und die Chancen aus dieser Vermögensanlage verbleiben allerdings beim Trägerunternehmen, sind somit bei ihm als wirtschaftliches Eigentum zu bilanzieren (→ Rz. 148). Das gilt auch für steuerliche Zwecke.⁴³⁶ Dem Grunde nach kommen als Vermögensanlage nicht nur Wertpapiere in Betracht, in der Praxis stellen andere Vermögensgegenstände die große Ausnahme dar.

290 Abs. 2 Satz 2 verlangt den internationalen Bilanzierungsregeln folgend einen **saldierten** Ausweis der Verpflichtungen mit den die Altersversorgungsverpflichtung (aus-)finanzierenden Vermögenswerten, dem sog. Plan- oder Deckungsvermögen (*plan assets*). Die Bewertung des Deckungsvermögens bleibt dabei unberührt (→ § 253 Rz. 51 ff.). Korrespondierend zur bilanziellen Saldierung sind die Aufwendungen aus dem Altersversorgungsmodell (Pensionszuführungen und -auszahlungen einerseits und Erträge aus dem Deckungsvermögen andererseits) in der **GuV** ebenfalls saldiert auszuweisen (→ § 275 Rz. 45).

290a Die Qualifikation als Deckungsvermögen setzt kumulativ voraus, dass das Vermögen

▶ **ausschließlich** der Finanzierung und Auszahlung von Leistungen an pensionierte Arbeitnehmer oder deren Hinterbliebene dient, d. h. u. a. nur insoweit an das Unternehmen zurückgezahlt werden kann, als das verbleibende Vermögen ausreicht, um alle Leistungsverpflichtungen aus dem Pensionsplan zu erfüllen (→ Rz. 290b), und

▶ in der **Insolvenz** des Unternehmens dessen übrigen Gläubigern nicht zur Verfügung steht (→ Rz. 290c).

290b Eine ausschließliche Bestimmung zur Erfüllung der Altersversorgungsverpflichtungen ist auch dann gegeben, wenn

▶ ein nach Erfüllung sämtlicher Versorgungsansprüche, also bei Beendigung des Pensionsplans verbleibender Vermögen**überschuss** dem Unternehmen zusteht,

▶ während der Laufzeit des Pensionsplans etwa wegen unerwartet hoher Wertsteigerungen des Deckungsvermögens oder aus Sicht des Unternehmens unerwartet günstigem Verlauf der Sterblichkeitsrate eine Vermögens**überdeckung** entsteht und das Unternehmen Rückgabe von Vermögenswerten in Höhe der dauerhaften Überdeckung, etwa in Höhe des eine Schwankungsreserve übersteigenden Teils des Überdeckungsbetrags, verlangen kann.⁴³⁷

Das Deckungsvermögen muss jederzeit zur Verwertung zwecks Erfüllung der Altersversorgungsverpflichtungen zur Verfügung stehen. Kein saldierungstaugliches Deckungsvermögen sind deshalb Anlagegegenstände, die der Bilanzierende selbst nutzt und auf die er zur Erfüllung der Unternehmensfunktionen angewiesen ist.⁴³⁸

---

435 Vgl. hierzu Einzelheiten bei *Küting/Keßler*, DB 2009 S. 1717.
436 Einzelheiten bei *Ditz/Tcherveniacki*, DB 2010 S. 632.
437 IDW ERS HFA 30 Tz. 34.
438 IDW ERS HFA 30 Tz. 28 ff.

BEISPIEL Die U-GmbH überträgt Grundstücke auf die T-GmbH, die u. a. durch Nutzungs- oder Veräußerungserträge aus diesen Grundstücken die Altersversorgungsverpflichtungen bedienen soll. Auf den Grundstücken befinden sich die Produktionsgebäude der U-GmbH. Die U-GmbH vereinbart daher zeitgleich mit der Übertragung einen langfristigen Pacht- bzw. Leasingvertrag mit der T.

BEURTEILUNG Die Immobilien stehen nicht jederzeit zur Erfüllung der Altersversorgungsverpflichtungen zur Verfügung und stellen deshalb kein taugliches Deckungsvermögen dar.

Zur Insolvenzfestigkeit im Falle eines Contractual Trust Arrangement (CTA) folgendes Beispiel: 290c

BEISPIEL Der Finanzierung von Pensionsverpflichtungen dienende Wertpapiere hat die U vor einigen Jahren treuhänderisch im Rahmen eines CTA auf die T-GmbH übertragen. Aus dem durch weitere Zuführungen vermehrten Treuhandvermögen und dessen Erträgen bedient die T die Pensionsverpflichtungen der U.

Der vertragliche Anspruch der pensionsberechtigten Arbeitnehmer richtet sich ebenso wie der der Anwärter weiterhin gegen die U.

Neben der **Verwaltungstreuhand** betreffend die Verwaltung und Verwendung der Wertpapiere ist jedoch von U und T durch echten Vertrag zugunsten Dritter eine **Sicherungstreuhand** begründet worden. Danach haben die Arbeitnehmer bei Eintritt des Sicherungsfalls (Insolvenz der U) einen unmittelbaren Zahlungsanspruch gegen die T. Das CTA bestätigt das Fortbestehen der Sicherungs- bei Erlöschen der Verwaltungstreuhand.

BEURTEILUNG U wickelt die Pensionsverpflichtungen über eine **Verwaltungstreuhand** ab. Die Vermögenswerte sind nur treuhänderisch auf die T-GmbH übertragen, die wiederum nur für Rechnung der U die Pensionsverpflichtungen erfüllt. Die Treuhandlösung bewirkt eine nach § 39 AO unveränderte steuerbilanzielle Zurechnung. Der Aufwand aus der Dotierung der Pensionsrückstellung wird weiterhin bei der U erfasst, da die T nur für Rechnung der U an die Arbeitnehmer leistet. Das **wirtschaftliche Eigentum** an den Vermögenswerten bleibt bei der U als Treugeber. Stille Reserven werden bei der rechtlichen Übertragung auf die T nicht aufgedeckt. Über die einfache Verwaltungstreuhand wird das Vermögen aber noch nicht insolvenzfest auf die T-GmbH übertragen. Der Treuhandvertrag ist i. d. R. ein **Geschäftsbesorgungsvertrag**. Mit der Eröffnung des Insolvenzverfahrens erlöschen solche Verträge nach § 116 Satz 1 InsO. Die T als Geschäftsbesorger hätte dann alles, was sie zur Ausführung der Geschäftsbesorgung erlangt hat, insbesondere also das Treuhandvermögen, herauszugeben (§§ 665, 667 BGB). Es fiele der Insolvenzmasse anheim.

Für **Insolvenzfestigkeit** sorgt aber die von U und T durch Vertrag zugunsten Dritter zwischen den Arbeitnehmern und der T begründete **Sicherungsstreuhand**. Die T ist hier Geschäftsbesorger der Arbeitnehmer und nicht der U. In der Insolvenz der U erlischt diese Geschäftsbesorgung nicht. Der im Falle der Insolvenz der U entstehende Rückübertragungsanspruch aus der Verwaltungstreuhand wird daher eingeschränkt; die T hat lediglich den nach Erfüllung aller Arbeitnehmeransprüche etwa verbleibenden Rest des Treuhandvermögens herauszugeben.

Taugliches Deckungsvermögen sind auch verpfändete Rückdeckungsversicherungen und Wertpapiere bei wertpapiergebundenen Versorgungszusagen (→ § 253 Rz. 68).[439]

291 Die Saldierungsmethode nach Abs. 2 Satz 2 ist nicht nur auf die eigentlichen Altersversorgungsverpflichtungen gemünzt, sondern auch auf **andere langfristige** Verpflichtungen im Personalbereich, nämlich:[440]

- Altersteilzeitverpflichtungen,
- Verpflichtungen aus Lebensarbeitszeitmodellen und
- Verpflichtungen aufgrund von Jubliäumszahlungen.

3. Aktivüberhang (Abs. 2 Satz 3)

292 Ein (ausnahmsweise) bestehender Aktivüberhang der zum Zeitwert bewerteten Vermögensanlagen gegenüber den Verpflichtungen aus Pensionen etc. ist als **Sonderposten** zu aktivieren. Für Kapital- und Kap. & Co.-Gesellschaften ist in § 266 Abs. 2 HGB ein Ausweis am Ende der Aktiva vorgesehen (→ § 266 Rz. 76), bei anderen Rechtsformen sollte dieser Vorgabe gefolgt werden. Der Sonderposten stellt als Saldogröße **keinen Vermögensgegenstand** dar, obwohl er sich aus Vermögensgegenständen und Schulden zusammensetzt. **Steuerlich** ist dieser saldierten Darstellung gem. § 5 Abs. 1a EStG nicht zu folgen. Bei **Anhang**erstellungspflicht ist eine unsaldierte Darstellung gem. § 285 Nr. 25 HGB geboten (→ § 285 Rz. 59).

XIII. Stetigkeitsgebot (Abs. 3)

293 Das BilMoG hat das bislang schon für die **Bewertung** nach § 252 Abs. 1 Nr. 6 HGB gültige Stetigkeitsgebot samt Ausnahmeregel (→ § 252 Rz. 178) auch auf den Bilanz**ansatz** ausgeweitet (Abs. 3 Satz 1).

Die Stetigkeit bezieht sich dabei auf die Ausübung folgender („**echter**") Ansatzwahlrechte[441] nach Gesetzesvorgabe:

- Disagio (→ § 250 Rz. 47),
- selbst hergestellte Immaterialgüter des Anlagevermögens (→ § 248 Rz. 9),
- Überhang aktiver latenter Steuern (→ § 274 Rz. 45),
- unmittelbare Verpflichtungen aus Altzusagen auf Altersversorgungsleistungen und mittelbaren Zusagen (→ § 249 Rz. 111 f.).

Daneben gibt es eine Fülle „**unechter**" Wahlrechte im Gefolge von Ermessensspielräumen und Schätzungserfordernissen. Das IDW[442] nennt:

- Abgrenzung von **Forschung** und **Entwicklung** (→ § 255 Rz. 133).
- Bestimmung der **Wahrscheinlichkeit** der Inanspruchnahme aus möglicherweise bestehenden Verpflichtungen (→ § 249 Rz. 39 ff.).
- Ansatz von Leistungsforderungen bei **Mehrkomponentenverträgen** (→ § 252 Rz. 122 ff.).

---

439 So *Rhiel/Veit*, DB 2008 S. 1511.
440 Vgl. *Höfer/Rhiel/Veit*, DB 2009 S. 1606.
441 Nach IDW ERS HFA 38 Tz. 6. Die Begriffswahl „echt" und „unecht" schließt an die entsprechende Unterscheidung bei der Bewertungsstetigkeit an (→ § 252 Rz. 173).
442 IDW ERS HFA 38 Tz. 6.

Ergänzend ist auf die Fülle zeitgemäßer **Geschäftsmodelle** zu verweisen, für die einigermaßen feste Regeln zur bilanziellen Abbildung nicht bestehen:

- Ergebnisausweis bei Personengesellschaften (→ § 264c Rz. 29 ff.),
- Pfandkreislauf (→ § 252 Rz. 115),
- Verkauf mit Rückgaberecht (→ § 252 Rz. 112),
- Verkauf mit Umsatzgarantie (→ § 252 Rz. 117),
- Verkauf mit Rückkaufverpflichtung (→ § 252 Rz. 131),
- Vereinnahmungszeitpunkt der Dividenden von Tochterunternehmen (→ § 252 Rz. 75),
- Verkauf einer Maschinenanlage mit Montageverpflichtung (→ § 252 Rz. 111).

Das Stetigkeitsgebot gilt nur für **art**- und **funktions**gleiche Bilanzposten.[443] Diese Eigenschaft liegt beim Disagio und bei Aktivüberhang der Steuerlatenz vor. Vor allem ist bei den **Immaterialgütern** des Anlagevermögens bei der Beachtung des Stetigkeitsgebots nach Art und Funktion zu unterscheiden:

> **BEISPIEL** Ein Kosmetikhersteller entwickelt stetig neue Produkte zur Hautpflege im eigenen Labor. Die IT-Abteilung befasst sich mit einer neuen Software zur Optimierung der Besuchsfrequenzen der Außendienstmitarbeiter unter Einbeziehung der Spesenabrechnung und der Kundenakzeptanz.
>
> Das Aktivierungswahlrecht kann für die beiden Kategorien der Immaterialgüter selektiv ausgeübt werden.
>
> Bei sog. Altzusagen für Pensionen und mittelbaren Verpflichtungen (→ § 249 Rz. 111) ist bezüglich der Verpflichtungsart zu differenzieren nach[444]
>
> - Rentnern, aktiven und ausgeschiedenen Anwärtern,
> - Arbeitgeber- und Arbeitnehmerfinanzierung,
> - in- und ausländischen Betriebsstätten,
> - Durchführungsweg der mittelbaren Verpflichtungen.

Hier soll dem IDW zufolge eine unterschiedliche Vorgehensweise erlaubt sein. Im dritten Beispiel unter → Rz. 294 ist deswegen im Einzelfall eine passgenaue Ergebnisbeeinflussung durch z. B. Beschränkung der (Neu-)Passivierung auf die Rentenverpflichtungen zulässig.

Bei einer einmal getroffenen Ansatzentscheidung – für **alle** Verpflichtungen oder **nur** z. B. für die Rentner – kann im Folgejahr nicht auf die erforderliche Wertanpassung im Bilanzausweis verzichtet werden. Diese Entscheidung bindet für die Folgejahre.[445] Insbesondere ist eine **Auflösung** der Rückstellungen nach § 249 Abs. 2 Satz 2 HGB unzulässig (→ § 249 Rz. 156).

Bislang zwar angesetzte, aber in folgenden Jahren nicht fortgeführte Bilanzausweise für diese Rückstellungskategorie dürfen dem IDW zufolge ganz oder teilweise nachgeholt werden.[446]

---

443 Vgl. *Küting/Tesche*, DStR 2009 S. 1493.
444 IDW ERS HFA 38 Tz. 27.
445 IDW ERS HFA 38 Tz. 15.
446 So IdW ERS HFA 38 Tz. 19.

U. E. ist dieses Wahlrecht zweifelhaft, weil nicht zwischen Ansatz und Bewertung differenziert wird: Wenn irgendwann einmal das Ansatzwahlrecht ausgeübt worden ist, kann dieser Entscheidung nicht durch ein vom Gesetz nicht vorgesehenes Bewertungswahlrecht teilweise gegengesteuert werden. Für die Rückstellungs**bewertung** gibt es insoweit kein Wahlrecht und auch keine Übergangsregelung. Eine solche besteht nur bezüglich der neu konzipierten Bewertungsmethode (→ Art. 67 Rz. 3).

294 Die Berücksichtigung der Stetigkeit im Rahmen der Bilanzierung muss notwendig das **wirtschaftliche Umfeld** und die **Entwicklung** im **Zeitverlauf** in das Kalkül einbeziehen. Das gilt sowohl für den Ansatz als auch die Bewertung; deshalb kann auf die Kommentierung in → § 252 Rz. 167 ff. verwiesen werden. Mögliche **Abweichungen** vom Stetigkeitsgebot bedürfen einer **Begründung**. Wie für die Bewertung (→ § 252 Rz. 178) wird sich eine solche auch für den Ansatz bei Bedarf finden lassen (→ § 252 Rz. 178).

> **BEISPIEL**[447] Ein Hersteller von Dämmplatten für die Außendämmung von Häusern will sein *know how* auf dem Gebiet der Dämmtechnik auch für die wärmedämmende Isolierung von Röhren mit Heißwasserdurchsatz ausweiten. Dazu werden nennenswerte zusätzliche Investitionen in die Entwicklung entsprechender Materialien und Verarbeitungstechniken benötigt.
>
> Diese „technische Umwälzung im Unternehmen" oder die bessere Vermittlung des *true and fair view* (→ § 252 Rz. 178) berechtigt zur Aktivierung von Entwicklungskosten nach § 248 Abs. 2 HGB (→ § 248 Rz. 9), die bislang nicht erfolgt ist. Dadurch wird die Vermögens- und Ertragslage besser vermittelt.

> **BEISPIEL** Der Versandhändler V gewährt für Bestellungen ein Rückgaberecht des Kunden innerhalb eines Monats nach Erhalt der Ware. Bisher hat er das mutmaßliche Rückgabevolumen als Rückstellung dargestellt. Er erfasst nunmehr die Fakturierungen an den Kunden erst nach Ablauf der Rückgabefrist (→ § 252 Rz. 114). Die sachliche Rechtfertigung für die Umstellung liegt wiederum in der besseren Vermittlung der Ertragslage oder vielleicht in geänderter oder erstmaliger höchstrichterlicher Entscheidung (→ § 252 Rz. 178).

> **BEISPIEL** Wegen des unerwartet guten Ergebnisses bildet der Textilhersteller T-GmbH erstmals Rückstellungen für sog. Altzusagen aus Pensionsverpflichtungen. Dies ist wegen des besseren Einblicks in die Vermögenslage als Ausnahme nach § 246 Abs. 3 Satz 2 HGB (→ § 252 Rz. 181) zulässig,[448] obwohl für die Ertragslage das Gegenteil gilt.

295 Die Änderungen im Bilanzierungsverhalten wie in den vorstehenden Beispielen unterliegen der Angabepflicht im **Anhang** (→ § 284 Rz. 52).

---

447 Vgl. auch Beispiele unter → § 284 Rz. 54.
448 IDW ERS HFA 38 Tz. 16.

XIV. Steuerbilanzielle Sondertatbestände der Bilanzierung

1. Betriebsaufspaltung[449]

1.1 Die Rechtsgrundlagen der Betriebsaufspaltung

1.1.1 Die Verflechtungsmerkmale

Um die Betriebsaufspaltung ist es im Fachschrifttum bemerkenswert ruhig geworden. Noch in der 70er- und 80er-Jahren des vorigen Jahrhunderts hatte dieses künstliche Konstrukt der Steuerrechtsdogmatik die Szene beherrscht. Die wirtschaftliche Grundlage lag in der Gestaltungsidee, möglichst wenig Grundbesitz und vielleicht auch andere werthaltige Gegenstände in ein steuerliches Betriebsvermögen hineinrutschen zu lassen, weil die zu erwartenden Wertsteigerungen die Entstehung und das ständige Anwachsen unversteuerter stiller Reserven befürchten ließ. Das Betriebsgrundstück, die Maschinen etc. sollten möglichst **steuerunverstrickt** im Privatvermögen gehalten und doch betrieblich via Pachtvertrag genutzt werden. Das konnten und wollten die Finanzverwaltung und die Rechtsprechung nicht akzeptieren und „erfanden" die Betriebsaufspaltung. Sie wurde als „Richterrecht" disqualifiziert, hat jedoch alle Angriffe unbeschadet überstanden. Die Verpachtung führt zu gewerblichen Einkünften.

296

In der Grundidee ist die Konstruktion einfach: Wesentliche Betriebsgrundlagen werden nicht von der aktiv tätigen Gesellschaft, regelmäßig einer GmbH, in Besitz und wirtschaftliches Eigentum genommen, sondern einer Verpachtungsgesellschaft oder einem entsprechend organisierten Einzelkaufmann/frau oder einer Personengesellschaft übertragen. Dadurch entsteht eine **sachliche** Verflechtung als eines der beiden Tatbestandsmerkmale einer Betriebsaufspaltung. Dabei genügt **eine** wesentliche Grundlage – das betrieblich genutzte Grundstück stellt immer eine solche dar –, andere wesentliche können durchaus von dritter Seite gemietet oder in einem Betriebsvermögen der GmbH selbst enthalten sein.

297

Als weiteres Tatbestandsmerkmal muss sich zur sachlichen Verflechtung eine **persönliche** gesellen, die im **einheitlichen Betätigungswillen** der Gesellschaften, der Betriebs-GmbH und des Verpachtungsunternehmens, zu orten ist.

298

1.1.2 Die Typologie

Über diese Tatbestandsmerkmale wurde in unzähligen BFH-Vorlagen gestritten. Darüber ist an dieser Stelle nicht weiter zu befinden. Eher von Interesse ist die mögliche rechtliche und tatsächliche **Ausgestaltung** einer solchen Betriebsaufspaltung anhand der beiden Tatbestandsmerkmale. Die Urform einer Betriebsaufspaltung wurde vorstehend dargestellt: Das Verpachtungsunternehmen in der Hand eines Unternehmers, vielleicht verbunden mit seinen minderjährigen Kindern auf der einen Seite, und die Betriebs-GmbH, deren Anteile ganz oder mehrheitlich in der Hand dieses Unternehmers oder einer von ihm beherrschten Personengesellschaft befindlich sind. Die Tatbestandsmerkmale können aber auch in **anderer** Konstellation vorliegen:

299

---

449 Vgl. dazu *Hoffmann*, StuB 2010 S. 249.

- Die Betriebsgesellschaft ist ihrerseits eine Mitunternehmerschaft: **mitunternehmerische** Betriebsaufspaltung.
- Das Mutter-Verpachtungsunternehmen ist eine Kapitalgesellschaft, die von ihr über Anteilsbesitz beherrschte Betriebsgesellschaft ebenfalls: **kapitalistische** Betriebsaufspaltung.
- Die Besitzgesellschaft und Mutterunternehmung ist Kapitalgesellschaft, sie ist zu 100 % oder mehrheitlich an der mitunternehmerischen Personen-Betriebsgesellschaft beteiligt: **kapitalistisch-mitunternehmerische** Betriebsaufspaltung.

Diese Typologie könnte man noch weiter treiben, doch geht es an dieser Stelle um die Bilanzierungsfragen.

1.2 Bilanzierungsfragen

1.2.1 Korrespondenzprinzip

300 Ausgangspunkt der Rechtsauslegung ist das Vorliegen zweier gewerblicher Unternehmen, die ihren Gewinn durch Vermögensvergleich ermitteln. Die dann auftauchende Frage geht nach der Behandlung **wechselseitiger** Rechtsverhältnisse:

- **Darlehens**forderungen auf der einen und -verbindlichkeiten auf der anderen Seite,
- Zeitpunkt der Vereinnahmung von **Dividenden**,
- Gewährung eines **Sachdarlehens** in Form der Überlassung von Vorratsvermögen bei Begründung der Betriebsaufspaltung mit Rückübertragungspflicht bei Beendigung.

Zur Beantwortung dieser Fragen zog der BFH zunächst das **Korrespondenz**prinzip heran: Die beiden Unternehmen wurden als eine Art **wirtschaftliche Einheit** betrachtet, weshalb sie auch nur „einheitlich" bilanzieren können. Entsprechend hat der BFH für den Fall eines Warenrückgabeanspruchs in Form des Sachwertdarlehens eine korrespondierende Bewertung des daraus resultierenden Anspruchs beim Besitz- und der Verbindlichkeit beim Betriebsunternehmen für richtig erachtet[450]. Die **eigenartige** Folge dieser Rechtsprechung besteht darin: Bei gestiegenen Wiederbeschaffungskosten für das überlassene Vorratsvermögen muss der Rückübertragungsanspruch vom Darlehensgläubiger nach oben angepasst werden.

Zur Begründung heißt es in diesem Urteil: Der einheitliche **geschäftliche** Betätigungswillen beider Unternehmen führe zu einer näheren Verbindung als zwischen Fremden; § 5 EStG – gemeint ist die Maßgeblichkeit – müsse insoweit zurücktreten.

1.2.2 Getrennte Bilanzierung

301 Später hat dann der Große BFH-Senat die beiden Unternehmen als **getrennte** Bilanzierungssubjekte mit eigenständiger Gewinnermittlung in den Mittelpunkt der Rechtsdogmatik gerückt[451]. Auf dieser Grundlage hat sich der X. Senat[452] vom zuvor zitierten Urteil des IV. Senats distanziert und mit der korrespondierenden Bilanzierung weitgehend aufgeräumt. Als Beispiel nennt er die notleidend gewordene Forderung des Besitzunternehmens gegen die Betriebs-

---

450 BFH-Urteil vom 26. 6. 1975 – IV R 59/73, BStBl II S. 700.
451 BFH-Beschluss vom 25. 6. 1986 – GrS 4/82, BStBl II S. 751.
452 BFH-Urteil vom 8. 3. 1989 – X R 9/86, BStBl II S. 714.

kapitalgesellschaft, die nicht mit dem vollen Wert, mit dem sie bei der Schuldnerin angesetzt ist, bewertet werden darf. Eine **Teilwertabschreibung** (→ § 253 Rz. 132) könne der Besitzgesellschaft als Gläubigerin in dieser Konstellation nicht verweigert werden. Ganz verlassen will der X. Senat seine Nichtkorrespondenz der Bilanzierung aber dann doch wieder nicht, und zwar wiederum mit dem Hinweis auf den einheitlichen geschäftlichen Betätigungswillen in beiden Unternehmen. Es dürfe die **Nutzungsdauer** (→ § 253 Rz. 88) eines Wirtschaftsguts in beiden Unternehmen nicht unterschiedlich geschätzt werden. Eine phasengleiche **Dividendenvereinnahmung** (→ § 252 Rz. 75) nur wegen des Bestehens einer Betriebsaufspaltung hat der X. Senat abgelehnt, was später der Große Senat für die steuerliche Bilanzierung auch außerhalb von Fällen der Betriebsaufspaltung so gesehen hat[453].

1.2.3 Teilwertabschreibung auf eigenkapitalersetzendes Darlehen

Danach kam mehrfach das Thema einer **Teilwertabschreibung** der Forderung des Besitzunternehmens gegen die notleidende Betriebs-GmbH vor die Schranken des BFH. Zunächst war zweimal der IV. BFH-Senat zu einem Urteil[454] in Fällen aufgerufen, bei denen die Verbindlichkeit **kapitalersetzenden** Charakter hatte. Eine korrespondierende Bewertung lehnte der BFH ab, genauer: Sie stellte gar kein Thema mehr dar. 302

Aber immerhin kam der **einheitliche geschäftliche Betätigungswille** wieder in das Visier und beeinflusste die tragenden Entscheidungsgründe. Dieser hat Auswirkungen auf die Teilwertbestimmung des eigenkapitalersetzenden Darlehens. Die Bonität der Schuldnerin (Betriebsunternehmen) hänge von der Kapitalausstattung durch die beherrschende Person oder Personengruppe ab. Ein gedachter Erwerber des Besitzunternehmens würde den Wert der eigenkapitalersetzenden Darlehensforderung in ähnlicher Weise ermitteln wie denjenigen der Beteiligung selbst. Der Wert des Betriebsunternehmens flösse in die Bewertung der Betriebs-GmbH im Gefolge der „Doppelkonstruktion" ein. In der Folge kommt eine Teilwertabschreibung für dieses eigenkapitalersetzende Darlehen nur dann in Betracht, wenn auch der Teilwert der Beteiligung zu einer Abschreibung nötigt. Diese Rechtsdogmatik hat jüngst der X. BFH-Senat bestätigt[455]. Kurze Begründung wiederum zu einem eigenkapitalersetzenden Darlehen der Besitzgesellschaft: Beide Unternehmen bilden „zwar formal getrennt ... in funktionaler Hinsicht eine Einheit". 303

1.3 Rechtsprechungsdivergenz bei der kapitalistischen Betriebsaufspaltung

Die drei letztgenannten Urteile sind alle zum **Grundfall** der Betriebsaufspaltung – Besitz-Personen- und Betriebs-Kapitalgesellschaft – ergangen. Wie aber wäre zu entscheiden, wenn z. B. im Rahmen einer kapitalistischen Betriebsaufspaltung (vgl. → Rz. 299) die Besitz-Gesellschaft als **GmbH** fungiert und der Tochtergesellschaft ein eigenkapitalersetzendes Darlehen gewährt? Dann käme man um die Beachtung eines anderen Stranges der BFH-Rechtsprechung[456] nicht herum. Dieser besagt: (Auch) ein kapitalersetzendes Darlehen einer Mutter- gegen die Tochter- 304

---

453 BFH-Beschluss vom 7. 8. 2000 – GrS 2/99, BStBl II S. 832 = StuB 2000 S. 1265; vgl. umfassend *Blaum/Kessler*, StuB 2000 S. 1233.
454 BFH-Urteil vom 6. 11. 2003 – IV R 10/01, BStBl 2004 II S. 416 = Kurzinfo StuB 2004 S. 417; BFH-Urteil vom 10. 11. 2005 – IV R 13/04, BStBl 2006 II S. 618 = Kurzinfo StuB 2006 S. 107.
455 BFH-Urteil vom 14. 10. 2009 – X R 45/06, BStBl 2010 II S. 274 = Kurzinfo StuB 2010 S. 116.
456 BFH-Urteil vom 14. 1. 2009 – I R 52/08, BStBl II S. 674; vgl. *Prinz*, StuB 2009 S. 350.

gesellschaft stellt ein von der Beteiligung „unbeschadet ihrer gesellschaftlichen Veranlassung" zu **unterscheidendes** Wirtschaftsgut dar. „Solche Darlehensforderungen stehen als **eigenständige** Wirtschaftsgüter neben der Beteiligung" und sind deshalb steuerwirksam (nach der Rechtslage bis 2007) einer Teilwertabschreibung zugänglich. Bei beiden Gesellschaftern fungierte im Urteilssachverhalt der gleiche Geschäftsführer; „einheitlicher" konnte der geschäftliche Betätigungswille also nicht dargestellt werden. Auf den gegebenen Tatbestand der Betriebsaufspaltung – es wurde auch ein Grundstück überlassen – ging der I. BFH-Senat bei seiner Entscheidung nicht ein.

305   In der Konsequenz stellt sich die Frage, ob der einheitliche geschäftliche Betätigungswille – je nach der **Rechtsform** der agierenden Unternehmen – **unterschiedlich** zu beurteilen ist. Dieses Thema war vermutlich Gegenstand eines nicht veröffentlichten Urteils des FG München vom 10.10.2006, dem sich der BFH in einer Nichtzulassungsbeschwerde widmen musste[457], dieser aber aus prozessualen Gründen nicht stattgeben konnte. Es gilt deshalb einstweilen der Befund: Der einheitliche geschäftliche Betätigungswille ist Tatbestandsmerkmal für eine Gesamtbetrachtung von Forderung und Beteiligung zur Bestimmung einer Teilwertabschreibung bei der „normalen" Betriebsaufspaltung, nicht dagegen bei der kapitalistischen. Bei der Letzteren hat sich das Thema durch die Einbeziehung der Darlehensforderung in die außerbilanzielle Zurechnungspflicht nach § 8b Abs. 3 Satz 4 - 7 KStG n. F. erledigt. Relevant bleibt die Frage allerdings dann, wenn im Falle einer sog. **überlagerten** Betriebsaufspaltung die Muttergesellschaft in Form der mitunternehmerischen Personengesellschaft einen eigenständigen Gewerbebetrieb unterhält, in dessen Rahmen ein Grundstück an eine Tochterkapitalgesellschaft vermietet und ein einheitlicher wirtschaftlicher Betätigungswille vorliegt.

2. Betriebsverpachtung

2.1 Grundlagen

306   Die Betriebsverpachtung[458] ist ein Kind der Steuergestaltung im Hinblick auf den altersbedingten Rückzug aus dem Erwerbsleben bei gleichzeitiger Sicherung der Altersversorgung aus den nunmehr vom Pächter zu erzielenden Unternehmenserträgen. Der steuerliche Reiz dieser Gestaltung besteht im sog. **Verpächterwahlrecht**.[459] Dieses erlaubt die Vermeidung einer Betriebsaufgabe mit gewinnrealisierender Aufdeckung von stillen Reserven im Anlagevermögen des verpachteten Betriebs. Der **Geschäfts-** oder **Firmenwert** verbleibt beim Verpachtungsunternehmen.[460] Ohne förmliche Aufgabeerklärung des Verpächters erzielt er weiterhin Einkünfte aus dem Gewerbebetrieb, die nicht der Gewerbesteuer unterliegen. Dabei muss tatbestandlich die Möglichkeit zur Wiederaufnahme des Gewerbes in sachlicher, nicht unbedingt in persönlicher Form gegeben sein (deshalb auch „Betriebsunterbrechung"). Es liegen während der Betriebsverpachtung zwei Unternehmen vor, das **ruhende** des Verpächters und das **wirtschaftende** – der Gewerbesteuer unterliegende – des Pächters.

---

457   BFH-Beschluss vom 28.8.2004 – IV B 120/06, BFH/NV 2008 S. 204.
458   BFH-Urteil vom 11.10.2007 – X R 39/04, DB 2008 S. 270.
459   BFH-Urteil vom 14.3.2006 – VIII R 80/03, DStR 2006 S. 1170.
460   BFH-Urteil vom 14.1.1998 – X R 57/93, DStR 1998 S. 887; BFH-Urteil vom 2.9.2008 – X R 32/05, BStBl 2009 II S. 634.

2.2 Bilanzsteuerrechtliche Besonderheiten

2.2.1 Anlagevermögen

Nach der BFH-Rechtsprechung sind aus Sicht der steuerlichen Gewinnermittlung folgende Sonderfälle zu beachten,[461] die aber nicht als Tatbestandsmerkmal der Betriebsverpachtung gewertet werden dürfen: 307

▶ **Substanzerhaltungspflicht** des Pächters für abnutzbares Anlagevermögen: Der Verpächter bleibt (auch) wirtschaftlicher Eigentümer der verpachteten Anlagegegenstände einschließlich der vom Pächter zu besorgenden Ersatzbeschaffung.[462]

▶ Der Pächter muss für diese Verpflichtung eine **Rückstellung** für **Ersatzbeschaffung** bilden, die nach den mutmaßlichen Wiederbeschaffungskosten und dem Zeitpunkt der Erstbeschaffung – abgeleitet aus der Nutzungsdauer der Anlagegüter – zu bewerten ist.[463]

▶ Bis zur Ersatzbeschaffung hat der Verpächter einen **Anspruch** auf **Substanzerhaltung**[464] zu aktivieren und mit den mutmaßlichen Wiederbeschaffungskosten zu bewerten; sobald die Ersatzbeschaffung erfolgt, muss das betreffende Anlagegut mit den Anschaffungs- oder Herstellungskosten des Pächters beim Verpächter als Zugang erfasst werden bei gleichzeitiger Gegenbuchung (Verrechnung) mit dem Ersatzbeschaffungsanspruch.

Diese Bilanzierungsregeln sind durch ein **Korrespondenzprinzip** gekennzeichnet, das spiegelbildliche Aufwands- und Ertragseffekte bei beiden Parteien auslösen soll. **Allgemeine** bilanzsteuerliche Regeln müssen danach u.U. zurücktreten: Die im Zeitverlauf der Nutzung anwachsende Forderung auf Ersatzbeschaffung beim Verpächter lässt sich nur mühsam aus dem – spiegelbildlich verstandenen – Gedanken des noch nicht erfolgten Erfüllungsanspruchs innerhalb eines schwebenden Vertrags in Form des Dauerschuldverhältnisses (→ § 249 Rz. 145) rechtfertigen. Dagegen verstößt der Rückstellungsansatz für eine künftige Beschaffung von Anlagegütern gegen § 5 Abs. 4b EStG (→ § 249 Rz. 159). 308

2.2.2 Vorratsvermögen

Der **Korrespondenzgedanke** (→ Rz. 308) dominiert auch die Bilanzierungsregeln des bei Beginn des Pachtverhältnisses darlehensweise vom Verpächter dem Pächter überlassenen Vorratsvermögens, das Letzterer dem Verpächter am Ende wieder zurückerstatten muss. Durch dieses **Sachwertdarlehen** wird der Pächter wirtschaftlicher Eigentümer des überlassenen Vorratsvermögens mit Bewertung zum Teilwert. In gleicher Höhe ist beim Pächter (als Gegenbuchung) eine Wertansatzverpflichtung anzusetzen.[465] Diese Verpflichtung ist vom Pächter laufend mit den Anschaffungskosten der neu bezogenen Vorräte zu bewerten. Der Verpächter aktiviert spiegelbildlich eine wertgleiche Sachwertforderung – wie im Fall der Betriebsaufspaltung (→ Rz. 300). 309

---

461 Vgl. *Schmidt/Weber-Grellet*, EStG, 29. Aufl., München 2010, § 5 Tz. 702.
462 BFH-Urteil vom 16.11.1978 – IV R 160/74, BStBl 1979 II S. 138.
463 BFH-Urteil vom 3.12.1991 – VIII R 88/87, BStBl 1993 II S. 89.
464 BFH-Urteil vom 17.2.1998 – VIII R 28/95, BStBl II S. 505.
465 BFH-Urteil vom 6.12.1984 – IV R 212/82, BStBl 1985 II S. 391.

3. Entnahmen und Einlagen

310 Steuerlich erfolgt die Gewinnermittlung durch **Vermögensvergleich** nach § 4 Abs. 1 Satz 1 EStG. Konzeptionell entspricht dies dem HGB-Bilanzierungssystem bei unterschiedlichen Begrifflichkeiten. Nach HGB wird der „Gewinn" als Jahresüberschuss bezeichnet, der in der Bilanz und der GuV-Rechnung als „Ausgleichsgröße" gezeigt wird, um die Spiegelbildlichkeit des doppischen Systems zum Ausdruck zu bringen. Das EStG benötigt **keine GuV** zur Bestimmung des Gewinns. Als Ersatz dienen Entnahmen und Einlagen, welche Vermögensbewegungen innerhalb des Abrechnungszeitraums (Wirtschaftsjahrs) erfassen sollen, die nicht durch die Geschäftstätigkeit veranlasst sind. Darstellungstechnisch wird das unterschiedliche Konzept der Gewinnermittlung nicht ersichtlich, weil in der (handelsrechtlichen) GuV-Rechnung die Entnahmen und Einlagen nicht erscheinen und umgekehrt der Vermögensvergleich (durch die Bilanzen) um die Entnahmen und Einlagen korrigiert wird.

311 Die vorstehenden Umschreibungen sind entsprechend § 4 Abs. 1 Satz 1 EStG auf den **Einzelkaufmann** ausgerichtet. Für Personenhandelsgesellschaften (→ Rz. 75) und Kapitalgesellschaften (→ § 272 Rz. 10b ff.) bedürfen sie der Modifizierung. Auf die zitierten Kommentarstellen wird verwiesen.

312 Zur **Bewertung** von Entnahmen und Einlagen in der Steuerbilanz liegt umfangreiches Gesetzes- und Rechtsprechungsmaterial vor. Das Handelsrecht gibt sich diesbezüglich sehr zurückhaltend. Die Bilanzierungspraxis folgt in weiten Zügen und häufig unreflektiert den steuerlichen Vorgaben nach einer besonderen Ausprägung der umgekehrten Maßgeblichkeit. Dabei stehen folgende steuerlichen Grundüberlegungen Pate:

- **Entnahmen** müssen stille Reserven erfassen und entsprechend zum Teilwert nach § 6 Abs. 1 Nr. 4 Satz 1 EStG bewertet werden.
- **Einlagen** sind ebenfalls regelmäßig zum Teilwert nach § 6 Abs. 1 Nr. 5 Satz 1 EStG zu bewerten, um im Privatvermögen möglicherweise entstandene („steuerfreie") stille Reserven später nicht im Betriebsvermögen erfassen zu müssen.

Von der genannten Einlagebewertung gibt es **drei Ausnahmen** für

- Wirtschaftsgüter, die in den letzten drei Jahren vor der Einlage angeschafft oder hergestellt worden sind,
- Kapitalgesellschaftsanteile im Statut des § 17 EStG,
- Wirtschaftsgüter i. S. des § 20 Abs. 2 EStG.

313 Die vorgenannten Bewertungsregeln sind ausgerichtet auf die Erfassung stiller Reserven bei Entnahmen aus dem Betriebsvermögen und umgekehrt die Vermeidung unberechtigter Erfassung von Werterhöhungen im Privatvermögen. Sofern sich die Entnahme bzw. Einlage **innerhalb** zweier einkommensteuerlicher Betriebsvermögen bewegt, gibt es umgekehrt Zwangsvorgaben zur Buchwertfortführung, z. B. in § 6 Abs. 3 und 5 EStG. Das gilt wiederum nicht für Transfers zwischen einkommen- und körperschaftsteuerlichem Betriebsvermögen, z. B. § 6 Abs. 6 Sätze 1 und 2 EStG bzw. § 8 Abs. 3 KStG: Bewertung zum gemeinen Wert. Hierzu wird erneut auf die Kommentierung zu (→ § 272 Rz. 10b ff.) verwiesen.

314 Eine besondere Ausprägung der steuerlichen Bewertungsbesonderheiten beim Transfer von Wirtschaftsgütern zwischen Betriebs- und Privatvermögen und umgekehrt stellt auch die Bemessungsgrundlage für die planmäßige Abschreibung (steuerlich Absetzung für Abnutzung =

AfA) dar. Wenn nämlich im Privatvermögen, z. B. auf ein Gebäude, AfA verrechnet wurde und dieses Wirtschaftsgut gegenüber den Anschaffungs-/Herstellungskosten zum höheren Teilwert in ein Betriebsvermögen eingelegt wird, besteht die „Gefahr" einer doppelten AfA-Verrechnung für die nur einmal angefallenen Anschaffungs- oder Herstellungskosten, dem § 7 Abs. 1 Satz 5 EStG vorbeugen will.

> **BEISPIEL**[466]
>
> ▶ Herstellungskosten des Gebäudes 420 TDM.
> ▶ AfA im Privatvermögen 230 TDM.
> ▶ Spätere Einlage in das Betriebsvermögen zum Teilwert von 820.
> ▶ Bemessungsgrundlage für die AfA lt. BFH 820 - 230 = 590.
> ▶ Bei festgelegten AfA-Sätzen (für Gebäude) nach § 7 Abs. 4 EStG verbleibt es am Ende der fiktiven Nutzungsdauer bei einem nicht mehr abzuschreibenden Restbuchwert, der erst beim Abgang des Gebäudes gewinnmindernd auszubuchen ist.[467]

Handelsrechtlich kann dieser Vorgabe, welche die Doppelverrechnung von AfA vermeiden will, nicht ohne Weiteres gefolgt werden. Die planmäßige Abschreibung muss sich auch hier am **Wertverzehr** im Rahmen der voraussichtlichen Nutzungsdauer ausrichten (→ § 253 Rz. 93).

Bezüglich der Entnahmen und Einlagen in der Handelsbilanz behilft man sich mangels eingenständiger Bewertungsvorgaben regelmäßig mit **Wahlrechten**, die eine Übernahme steuerlicher Bewertungsvorgaben erlauben, aber nicht erzwingen. Ein typisches Beispiel stellt die **Einbringung** von Sachwerten in Kapitalgesellschaften dar, die als „tauschähnlich" qualifiziert wird (→ § 255 Rz. 53). Weiter sind **Umwandlungsvorgänge** zu nennen, die steuerlich nach §§ 3, 11 UmwStG eine Bewertungsfolge zum gemeinen Wert, unter bestimmten Voraussetzungen aber auch zum Buchwert auslösen, handelsrechtlich davon unbehelligt wahlweise nach § 24 UmwG zum Verkehrswert oder zum Buchwert des übertragenden Rechtsträgers angesetzt werden können. 315

4. Die Steuerbilanz der mitunternehmerischen Personengesellschaft

4.1 Das transparente Besteuerungssystem

Die Personengesellschaft ist durch ein **transparentes** Steuersystem gekennzeichnet. Sie selbst unterliegt nicht der Besteuerung nach dem Einkommen, sondern nur ihre Gesellschafter als Einkommen- oder Körperschaftsteuersubjekte. Das gilt allerdings nicht für die Gewerbe- und Umsatzsteuer; hier trifft die Steuerschuldnerschaft die Gesellschaft selbst. Aus dieser Transparenz nährte sich die bis vor ca. 40 Jahren dominierende **Bilanzbündeltheorie**, derzufolge die Gewinnermittlung der Personengesellschaft durch eine gedankliche Addition der für jeden Ge- 316

---

[466] Nach dem Fall des BFH-Urteils vom 18. 8. 2009 – X R 40/06, DB 2010 S. 594; so auch entschieden im Urteil des BFH vom 28. 10. 2009 – VIII R 46/07, DB 2010 S. 593.
[467] Zu weiteren Einzelheiten der Folgewirkungen des BFH-Urteils vgl. *Levedag*, DStR 2010 S. 249.

sellschafter zu unterstellenden Steuerbilanz durchzuführen ist. Seit deren „Abschaffung" gilt demgegenüber die mitunternehmerische Personengesellschaft als eigenständiges **Gewinnermittlungssubjekt**, angereichert allerdings mit den **Sonder**- und **Ergänzungs**bilanzen der Gesellschafter als Ausfluss der Besteuerungstransparenz.

4.2 Die Mitunternehmerschaft

317 Die **Kaufmann**eigenschaft nach § 1 HGB bezieht sich auf eine **gewerbliche** Betätigung. Dem schließt sich formlos § 15 Abs. 1 Nr. 1 EStG bei der Bestimmung der Einkünfte aus Gewerbebetrieb an. In § 15 Abs. 1 Nr. 2 Satz 1 EStG folgt daraus für den **Gesellschafter** einer Personengesellschaft (→ Rz. 322) die Bestimmung der gewerblichen Einkünfte (Transparenz, → Rz. 316) unter der Voraussetzung der **Mitunternehmerschaft**. Deshalb ist die Gesellschafterstellung oder eine vergleichbare Funktion notwendiges, aber nicht zureichendes Tatbestandsmerkmal der Mitunternehmerschaft. Zusätzlich muss er als **Mitunternehmer** qualifiziert sein.

318 Unter diesem **Typusbegriff** lässt sich eine Vielzahl von austauschbaren Merkmalen[468] subsumieren, die zusammengefasst ein Gesamtbild ergeben.[469] Danach liegt eine Mitunternehmerschaft nur dann vor, wenn im Rahmen eines Gesellschafts- oder vergleichbaren Verhältnisses zusammen mit anderen Gesellschaftern etc. Mitunternehmer**initiative** entfaltet werden kann und Mitunternehmer**risiko** getragen wird. Diese Tatbestandsmerkmale sind kumulativ zu erfüllen, allerdings unterschiedlicher Aufprägung und sind deshalb bedingt austauschbar:[470] Geringe Initiative gegen hohes Risiko und umgekehrt:

▶ **Mitunternehmerinitiative** wird hergestellt durch unternehmerische **Entscheidungen** als Geschäftsführer in Gestalt des persönlich haftenden Gesellschafters oder durch die **Stimmrechte** und **Kontrollmöglichkeiten** z. B. eines Kommanditisten oder (atypisch) stillen Gesellschafters. Die gesellschaftsvertragliche Ausgestaltung ist dabei ebenso bedeutsam wie die teilweise abdingbaren gesetzlichen Regeln z. B. in §§ 166, 233 HGB.

▶ **Mitunternehmerrisiko** bezeichnet die Teilhabe am **Erfolg** („Chance") oder das Gegenteil des gewerblichen Wirtschaftens, d. h. regelmäßige Gewinn- und Verlustzuteilung und Beteiligung an den stillen Reserven einschließlich Firmenwert.[471]

319 Die Unterschiedlichkeit prägender Merkmale von Mitunternehmerinitiative und -risiko kann anhand zweier – von vielen – Konstellationen dargestellt werden:

▶ Die GmbH als Komplementärin in der **GmbH & Co. KG** ist regelmäßig weder am Kapital (und damit den stillen Reserven) noch am Gewinn und Verlust der KG beteiligt. Gleichwohl trägt sie Mitunternehmerrisiko wegen der nicht abdingbaren Haftung für Schulden der KG auch bei Freistellung im Innenverhältnis und übt Mitunternehmerinitiative durch die Geschäftsführungs- und Vertretungsbefugnis aus.

▶ Durch die vom nachgiebigen Recht des §§ 230 ff. HGB ermöglichte Vertragsausgestaltung der **stillen Gesellschaft** kann dem Stillen in Form der Kontrollrechte vergleichbar einem Kommanditisten und der Verlustübernahme sowie des Anspruchs auf stille Reserven an In-

---

468 Vgl. *Schmidt/Wacker*, EStG, 29. Aufl., München 2010, § 15 Tz. 261.
469 BFH-Beschluss vom 25. 6. 1984 – GrS 4/82, BStBl II S. 751.
470 Vgl. *Schmidt/Wacker*, EStG, 29. Aufl., München 2010, § 15 Tz. 262.
471 BFH-Urteil vom 28. 10. 1999 – VIII R 66-70/97, BStBl 2000 II S. 183.

haber-Vermögen ein Mitunternehmerstatut verliehen werden.[472] Man spricht hier von einer **atypisch** stillen Gesellschaft, wobei diesem Begriff nur ertragsteuerliche Bedeutung zukommt, für die handelsrechtliche Bilanzierung dagegen ohne Relevanz ist (→ Rz. 67).

4.3 Betriebsvermögensbestandteile

4.3.1 Gesellschaftsvermögen

In die steuerliche Gewinnermittlung können nur Wirtschaftsgüter und Schulden des **Betriebsvermögens** einbezogen werden. (→ Rz. 143). Im regelmäßigen Fall der Mitunternehmerschaft mit **Gesamthands**vermögen (Ausnahme: atypisch stille Gesellschaft, → Rz. 319) soll das gesamthänderisch gebundene Vermögen bzw. die Schulden zum steuerlichen Betriebsvermögen zählen und damit in die **Gewinnermittlung** eingehen (Ausnahme: Beteiligung an einer mitunternehmerischen Personengesellschaft, → Rz. 121 (neu)). Nach h. M. gibt es hier **kein gewillkürtes** Betriebsvermögen, weil die Betriebsvermögenseigenschaft durch das Maßgeblichkeitsprinzip bestimmt werde.[473] U. E. macht hierzu § 5 Abs. 1 Satz 1 EStG mit der Bezugnahme auf die Grundsätze ordnungsmäßiger Buchführung keine Aussage. Vielmehr umgekehrt: Das HGB enthält sich einer Aussage zum Inhalt des Kaufmannsvermögens, weshalb die steuerliche Handhabung nach einer besonderen Ausprägung einer umgekehrten Maßgeblichkeit in die Bresche springt (→ Rz. 131).

320

Für die steuerliche Bilanzierungspraxis genügt allerdings die Zweiteilung in notwendiges Betriebs- oder Privatvermögen: Zu **Wohnzwecken** des Gesellschafters genutztes Gesamthandsvermögen stellt abweichend vom Handelsrecht steuerlich ebenso notwendiges Privatvermögen dar (→ Rz. 143) wie das sog. **betriebsschädliche** Vermögen (→ Rz. 134), das auch im Gesamthandsvermögen kein steuerliches Betriebsvermögen darstellen kann. Zu Gesamthandsschulden zur Finanzierung notwendigen Privatvermögens vgl. das Beispiel unter → Rz. 143.

Jedenfalls kann die Zugehörigkeit eines Wirtschaftsguts bzw. einer Schuld zum Gesamthandsvermögen eine Mitunternehmerschaft die (steuerliche) Betriebsvermögenseigenschaft nicht präjudizieren. Fehlt es an einer betrieblichen **Veranlassung** – private Wohnzwecke, Betriebsschädlichkeit, Kreditaufnahme zur Finanzierung von Privatvermögen, → Rz. 143 – kann nur steuerliches Privatvermögen vorliegen.

321

> **BEISPIEL** Die Eheleute im Beispiel unter → Rz. 143 halten im Gesamthandsvermögen der OHG einen Pkw Porsche Turbo 911, den ihre Tochter regelmäßig zu Privatfahrten benötigt, für den die OHG aber keine Verwendung hat. Der Privatbedarf kann steuerlich nicht in irgendeiner Form abzugsfähig gemacht werden. Deshalb stellt der Porsche kein steuerliches Betriebsvermögen dar.

---

472 BFH-Urteil vom 6.7.1995 – IV R 79/94, BStBl 1996 II S. 269; *Behrens/Karkowski*, DB 2001 S. 1059; *Groh*, DB 2004 S. 668.
473 So *Schmidt/Wacker*, EStG, 29. Aufl., München 2010, § 15 Tz. 481; dem folgend *Kozikoswki/Staudacher*, in: Beck'scher Bilanz-Kommentar, 7. Aufl., München 2010, § 247 Tz. 738.

4.3.2 Sonderbetriebsvermögen

322 Zum Mitunternehmeranteil i. S. des § 15 Abs. 1 Nr. 2 EStG gehören neben der Beteiligung am Gesamthandsvermögen bzw. der Einlage des atypisch stillen Gesellschafters (→ Rz. 319) auch das dem Gesellschafter/Mitunternehmer zuzurechnende Sonderbetriebsvermögen. Dazu zählen positive und negative Wirtschaftsgüter im wirtschaftlichen und regelmäßig auch rechtlichen Eigentum (→ Rz. 147) des Mitunternehmers, die

- entweder dem Betrieb der **Personengesellschaft** bzw. Mitunternehmerschaft dienen (Sonderbetriebsvermögen I) oder
- der **Beteiligung** des Gesellschafters an der Mitunternehmerschaft **förderlich** sind (Sonderbetriebsvermögen II: → Rz. 323) oder
- **Schulden** eines Mitunternehmers als Sonderbetriebsvermögen darstellen.

Die Betriebsvermögenseigenschaft des Sonderbetriebsvermögens lässt sich rechtsdogmatisch als Ausfluss des Transparenzprinzips (→ Rz. 316) durch die Gleichstellung des Mitunternehmers mit dem Einzelunternehmer rechtfertigen.[474]

> **BEISPIEL** ▶ Ein Mitunternehmer M erstellt auf ihm gehörigem Grundstück eine Fabrikhalle zur Nutzung durch die Gesellschaft und finanziert dieses Engagement teilweise durch einen Bankkredit. Als Einzelunternehmer läge für M beim Grundstück mit Gebäude aktives und für den Bankkredit passives Betriebsvermögen vor. In seiner Eigenschaft als Mitunternehmer begründet M insoweit Sonderbetriebsvermögen I.

Sonderbetriebsvermögen I liegt bei Widmung zur Nutzung durch die Gesellschaft vor, also typischerweise bei Grundstücken, Maschinen, Patenten, Forderungen und Verbindlichkeiten gegenüber Dritten. Dabei ist unerheblich, ob die Nutzung als Bestandteil des Gesellschaftsvertrags oder auf anderer Schuldrechtsgrundlage durch Vertrag zwischen Gesellschaft und Gesellschafter begründet ist. Die Nutzung kann entgeltlich oder unentgeltlich erfolgen.

Sonderbetriebsvermögen darf **nicht** in die Handelsbilanz der Gesellschaft aufgenommen werden (→ Rz. 145).[475]

323 Notwendiges **Sonderbetriebsvermögen II** verlangt tatbestandlich die unmittelbare Förderung der **Beteiligung** (des Mitunternehmers) an der Personengesellschaft. Den Musterfall stellt der Anteil des Kommanditisten einer GmbH & Co. KG an der **Komplementär**-GmbH sowie die Darlehensforderung gegen die GmbH dar. Ein weiteres Beispiel liefert die **Bürgschaft**, die ein Gesellschafter einer Besitzpersonengesellschaft für die Sicherung eines Darlehens an die Betriebsgesellschaft übernommen hat (→ Rz. 142a).

323a Die Unterscheidung in zwischen Sonderbetriebsvermögens I und II kann **spezielle** Bedeutung z. B. für die Wertung als wesentliche **Betriebsgrundlage** in Fällen der **umwandlungsrechtlichen** Einbringung von Mitunternehmeranteilen in Kapitalgesellschaften haben.[476] Eine **allgemeine** Bedeutung hat die Erweiterung des Sonderbetriebsvermögens um die Kategorie II bei **mittelbarer Nutzungsüberlassung** an die Gesellschaft, z. B. durch Zwischenschaltung eines Dritten.

---

474 Vgl. *Schmidt/Wacker*, EStG, 29. Aufl., München 2010, § 15 Tz. 506.
475 IDW RS HFA 7 Tz. 13.
476 BFH-Urteil vom 16. 2. 1996 – I R 183/94, BStBl II S. 342, zu § 20 UmwStG.

Durch die Erfassung des mittelbar überlassenen Wirtschaftsguts als Sonderbetriebsvermögen II und der Nutzungsvergütungen als anderweitige/mittelbare Sonderbetriebseinnahme werden Umgehungen und Rechtsmissbräuche **typisiert** verhindert:

> **BEISPIEL** A vermietet ein Bürogebäude für 120 T€ p. a. an den gewerblichen Zwischenmieter ZM. ZM vermietet es mit einem Aufschlag von 50 % (für Hausmeisterservice und sonstige Bewirtschaftung) an diverse Endnutzer weiter, darunter zu 1/3 auch die A-KG, deren Kommanditist A ist. ZM schließt auch ansonsten nur Verträge über komplette Gebäude ab.
>
> A überlässt den betrieblich genutzten Gebäudeteil (1/3) nicht seiner Gesellschaft, sondern dem Zwischenmieter. Er erhält keine Sondervergütungen von seiner Gesellschaft, sondern eine Pacht vom Zwischenmieter. Rechtsmissbrauch und Umgehung i. S. von § 42 AO sind nicht gegeben, da beachtliche außersteuerliche Gründe für die Einschaltung des Zwischenmieters sprechen (Bewirtschaftung, Interesse von ZM nur an kompletten Gebäuden). Sonderbetriebsvermögen I bzw. Sondervergütungen i. S. von § 15 Abs. 1 Satz 1 Nr. 2 2. Halbsatz EStG liegen somit nicht vor.
>
> Der von der KG genutzte Gebäudeteil dient jedoch mittelbar der Stärkung der Beteiligung von A. Es ist deshalb typisiert und unabhängig von den Tatbestandsvoraussetzungen des § 42 AO als Sonderbetriebsvermögen II in der Sonderbilanz zu erfassen.[477]

Beim Sonderbetriebsvermögen ist anders als beim Gesamthandsvermögen (→ Rz. 320) eine **Willkürung** möglich,[478] die insoweit tatbestandlich den Verhältnissen beim Einzelkaufmann folgt (→ Rz. 131): 324

- ▶ **Objektive** Eignung zur Förderung des Betriebs der Personengesellschaft bzw. der Beteiligung an dieser,
- ▶ **subjektive** Bestimmung zum Dienen der Mitunternehmerschaft, die ex ante klar und eindeutig zum Ausdruck gebracht werden muss (→ Rz. 132), nach Auffassung der BFH durch Ausweis in der Buchführung durch die Personengesellschaft und nicht lediglich durch Ausweis in der Sonderbilanz.[479]

Sonderbetriebsvermögen kann auch vorliegen im **gemeinschaftlichen** (wirtschaftlichen, → Rz. 148) Eigentum.

> **BEISPIEL** Die Brüder Max und Moritz betreiben ein Fuhrunternehmen mit zwei Lkw in der Rechtsform der OHG. Sie beteiligen sich mit je 10 % am Kapital und den Stimmrechten der S Speditions GmbH & Co. KG und stellen ihre beiden Lkw gegen fremdüblichen Fuhrlohn zur Verfügung. Es liegt Sonderbetriebsvermögen I bei der GmbH & Co. KG vor, obwohl die Lkw „an sich" auch Betriebsvermögens der OHG darstellen.[480]

---

[477] BFH-Urteil vom 9. 9. 1993 – IV R 14/91, BStBl 1994 II S. 250.
[478] Vgl. *Bitz*, in: Littmann/Bitz/Pust (Hrsg.), Das Einkommensteuerrecht, § 15 Tz. 76; dort auch ein Katalog von einschlägigen BFH-Urteilen.
[479] BFH-Urteil vom 11. 3. 1992 – XI R 38/89, BStBl II S. 797.
[480] So die Lösung des BFH, des BMF und der h. M. zur sog. Bilanzierungskonkurrenz außerhalb der Fälle von Schwesterpersonengesellschaften mit Betriebsaufspaltung; vgl. im Einzelnen *Schmidt/Wacker*, EStG, 29. Aufl., München 2010, § 15 Tz. 534; *Bitz*, in: Littmann/Bitz/Pust (Hrsg.), Das Einkommensteuerrecht, § 15 Tz. 77.

4.3.3 Sondervergütungen

325 Nach § 15 Abs. 1 Nr. 2 Satz 1 EStG („und die") sind die **Sondervergütungen**, die der Mitunternehmer von der Gesellschaft für die verschiedensten Tätigkeiten einerlei auf welcher vertraglichen Grundlage erhält, als **Einkunftsbestandteil** der **Mitunternehmerschaft** zu behandeln und unterliegen damit der Gewerbesteuer. Diese Gewinnzurechnung innerhalb der Einkunftsermittlung der Mitunternehmerschaft **ersetzt** die Erfassung dieser Vergütungen als (z. B.) Einkunft aus nichtselbständiger Arbeit, aus Kapitalvermögen oder aus Vermietung und Verpachtung (auch Umqualifikation genannt). Diese systematische Begründung liegt in der Gleichstellung mit dem Einzelkaufmann, der keine „Tätigkeitsvergütung" für seine Arbeitsleitung als Betriebsausgabe absetzen kann.

Typische Sachverhalte sind:

- Die Geschäftsführervergütung für die Kommanditisten und gleichzeitige Geschäftsführer der Komplementär-GmbH bei der GmbH & Co. KG, einerlei ob der Dienstvertrag mit der KG oder der GmbH abgeschlossen ist.
- Beratungstätigkeit als Architekt oder Steuerberater für die Mitunternehmerschaft.
- Zinsen für Darlehensforderungen des Gesellschafters gegen die Gesellschaft (→ Rz. 333).
- Avalprovisionen für die zugunsten der Gesellschaft eingegangene Bürgschaft oder gewährte Sicherheiten.
- Nutzungsvergütung – auch gewinnabhängig – für überlassene Patente.
- Grundstücksmieten.

326 **Zeitlich** sind diese Vergütungen bei Anfall zu erfassen, d. h. wenn sie in der Gewinnermittlung der Mitunternehmerschaft als Aufwand anfallen. Eine wichtige Besonderheit gilt allerdings für **Pensionszusagen** an Mitunternehmer. Solche sind nach den üblichen Regeln (→ § 249 Rz. 106 ff.) in der Handels- und Steuerbilanz der Mitunternehmerschaft ohne gleichzeitigen Zufluss beim bedachten Mitunternehmer zu passivieren. Gleichwohl darf dadurch nach ständiger BFH-Rechtsprechung der Zuführungsbetrag den Gewinn („Gesamtgewinn") der Mitunternehmerschaft nicht mindern. Deshalb ist korrespondierend in der Sonderbilanz I des bedachten Mitunternehmers ein Aktivposten gewinnerhöhend aufzubauen und mit Leistungsbeginn im Gegenzug zum Passivansatz in der Gesamthandsbilanz wieder aufzulösen.[481]

327 Zum Ergebnis aus Sonderbilanzen gehören Sonderbetriebs**ausgaben** und **-einnahmen**.

BEISPIEL

- A zahlt Bankzinsen für den Kredit zum Erwerb der Beteiligung: Sonderbetriebsausgabe.
- B nutzt seinen im Privatvermögen befindlichen Pkw zu 40 % und legt die anteiligen Aufwendungen als Nutzungseinlage in das Sonderbetriebsvermögen ein: Sonderbetriebsausgaben.
- C erhält als Kommanditist und Gesellschafter der Komplementär-GmbH Dividenden: Sonderbetriebseinnahmen.

---

[481] BFH-Urteil vom 14. 2. 2006 – VIII R 40/03, BStBl 2008 II S. 182; BFH-Urteil vom 30. 3. 2006 – IV R 25/04, BStBl 2008 II S. 171; Übergangsregelungen für zuvor anders behandelte Fälle durch BMF vom 29. 1. 2008 – IV B 2 – S 2176/07/0001, BStBl I S. 317.

Würde der Grundsatz der **korrespondierenden Bilanzierung** (→ Rz. 326) i. S. der älteren Bilanzbündeltheorie so (miss-)verstanden, als ob die zivilrechtliche Trennung zwischen Gesellschaft und Gesellschafter steuerlich unbeachtlich sei, wären wie die in § 15 Abs. 1 Satz 1 Nr. 2 2. Halbsatz EStG genannten Leistungen und Vergütungen auch **Veräußerungsgeschäfte** zwischen Gesellschaft und Gesellschafter (mindestens in Höhe der Beteiligungsquote) nicht anzuerkennen. Dieser Auffassung erteilte der BFH bereits in 1976 eine Absage. Bei der Ermittlung dies Gewinns sei „auch steuerrechtlich zu beachten, dass die Personengesellschaft als Gemeinschaft zur gesamten Hand (§ 719 BGB) mit eigener Rechtszuständigkeit ausgestattet ist . . . . Veräußerungen zwischen der Gesellschaft und dem Gesellschafter stellen zivilrechtlich einen Wechsel der Rechtszuständigkeit dar" und sind auch steuerrechtlich zu beachten.[482] Dies gilt jedenfalls insoweit, als Veräußerungen zu **fremdüblichen** Bedingungen und gelegentlich geschehen. Eine andere Beurteilung ist nur geboten, wenn die Gesellschaft z. B. ihren Wareneinkauf hauptsächlich bei den Gesellschaftern tätigt.[483]

327a

> **BEISPIEL** An der X-KG sind A zu 25 % und B zu 25 % beteiligt. Ende Dezember 01 ereignen sich noch folgende Geschäftsvorfälle:
>
> (1) A verkauft der KG ein Grundstück aus seinem Einzelunternehmen. Die Kaufpreisforderung soll Ende März erfüllt werden.
>
> (2) Die KG kauft auf Ziel Waren beim Einzelunternehmen des B. Die KG deckt ihren Wareneinkauf zur Hauptsache bei B ein. Die KG dient wirtschaftlich als Vertriebsgesellschaft für die von B hergestellten Produkte. Mitte März 02 gerät die KG überraschend in Zahlungsschwierigkeiten.
>
> A hat die Forderung aus dem Grundstücksverkauf in seinem Einzelunternehmen auszuweisen und kann sie bei Vorliegen der allgemeinen Voraussetzungen aufwandswirksam wertberichtigen.
>
> Die Forderung des B stammt nicht aus gelegentlichen Veräußerungen. B nutzt die KG als Vertriebsgesellschaft. Die Forderung ist deshalb im Gesellschaftsverhältnis veranlasst, d. h. in der steuerlichen Gesamtbetrachtung Eigenkapital. Der Forderungsausweis erfolgt steuerlich in der Sonderbilanz des B bei der KG und ist dort nach den Grundsätzen korrespondierender Bilanzierung nicht abschreibungsfähig.

Mit der Gleichbehandlung von Veräußerungsgeschäften gegenüber dem Gesellschafter mit Drittgeschäften erkennt die Rechtsprechung auch steuerlich die Eigenständigkeit und Rechtsfähigkeit der Personengesellschaft an (Personengesellschaft als Subjekt der Gewinnermittlung und -erzielung). In den Sonderbereich fallen dann nur noch solche Vergütungen, die in § 15 Abs. 1 Satz 1 Nr. 2 2. Halbsatz EStG ausdrücklich genannt werden. Nicht ausdrücklich genannte Formen des Leistungsaustauschs mit dem Gesellschafter werden nicht anders behandelt als ein Leistungsaustausch mit Fremden.

---

482 BFH-Urteil vom 28. 1. 1976 – I R 84/74, BStBl II S. 744.
483 BFH-Urteil vom 21. 1. 1981 – IV R 160/76, BStBl II S. 427.

> **BEISPIEL** A verpachtet an die A+B OHG ein Grundstück. Die OHG errichtet auf dem Grundstück ein Bauwerk. Der Pachtvertrag sieht eine Entfernungsverpflichtung bei Beendigung vor (→ § 249 Rz. 61). Die OHG bildet in der Bilanz ratierlich eine Rückstellung für diese Verpflichtung.
>
> A hat (anders als z. B. in Fällen rückständiger Mietzahlungen) keine korrespondierende Forderung in seiner Sonderbilanz zu erfassen. Der Entfernungsanspruch ist (anders als z. B. ein Pachterneuerungsanspruch bzw. Anspruch auf Substanzerhaltung, → Rz. 307) kein Teil des Nutzungsentgelts und damit der Sondervergütung i. S. des § 15 Abs. 1 Satz 1 Nr. 2 2. Halbsatz EStG. Der Gesetzeszweck „erfordert jedoch nur für solche Ansprüche des Gesellschafters einen korrespondierenden Aktivposten in der Sonderbilanz, die zu einer Sondervergütung im Sinne dieser Vorschrift führen".[484]

Die Anerkennung der steuerlichen Eigenständigkeit der Gesellschaft und die Beschränkung des Sonderbereichs auf ausdrücklich genannte Vergütungsformen löst nicht alle Probleme. Im Einzelfall kann z. B. strittig sein, ob die vereinbarte Entlohnung Tätigkeitsvergütung ist oder Kaufpreischarakter hat:

> **BEISPIEL** Bauunternehmer A hat gegen einen Festpreis für die A GmbH & Co. KG auf deren Grundstück ein Gebäude errichtet. Zivilrechtlich liegt weder Kaufvertrag noch Werklieferungsvertrag, sondern ein Werkvertrag vor. A sieht deshalb in der Zahlung der KG eine Vergütung für eine Tätigkeit. Er erklärt daher Sonderbetriebsausgaben und -einnahmen bei der KG. Das FA erkennt einen kaufvertragsähnlichen Vorgang und keine Tätigkeitsvergütung, da A auch die Materialien geliefert hat.
>
> Die Auffassung des FA wird durch den BFH bestätigt. Eine einheitliche Vergütung (Festpreis) ist dann nicht mehr Sonderbetriebseinnahme, wenn der Wert der Materiallieferung „im Verhältnis zum Wert der Arbeit nicht mehr von untergeordneter Bedeutung ist.[485]

327b Nach dem Wortlaut des § 15 Abs. 1 Satz 1 Nr. 2 2. Halbsatz EStG sind sämtliche Tätigkeits-, Zins- und Pachtvergütungen und damit zusammenhängende Wirtschaftsgüter des Gesellschafters in dessen gewerbliche Einkünfte einzubeziehen. Die Rechtsprechung hat jedoch aus dem Gesetzeszweck als ungeschriebenes Tatbestandsmerkmal die **Veranlassung** der Leistung des Mitunternehmers durch das **Gesellschaftsverhältnis** abgeleitet.[486] Sondervergütungen und Sonderbetriebsvermögen sind demzufolge nicht gegeben, wenn „die Leistung und die Mitunternehmereigenschaft desjenigen, der leistet, nur **zufällig** und **vorübergehend** zusammentreffen und demgemäß jeglicher wirtschaftlicher Zusammenhang zwischen Leistung und Mitunternehmerverhältnis ausgeschlossen erscheint."[487] Zu denken ist etwa an einen einmaligen Auftrag zur Führung eines Prozesses, den ein Rechtsanwalt von einer Publikums-KG erhält, an der er selbst – neben zahlreichen anderen Kommanditisten – geringfügig beteiligt ist.

---

484 BFH-Urteil vom 28. 3. 2000 – VIII R 13/99, BStBl II S. 612.
485 BFH-Urteil vom 28. 10. 1999 – VIII R 41/98, BStBl 2000 II S. 339.
486 BFH Urteil vom 23. 5. 1979 – I R 163/77, BStBl II S. 763
487 BFH-Urteil vom 24. 1. 1980 – IV R 154-155/77, BStBl II S. 269.

> **BEISPIEL** An der Publikums-KG X sind u. a. Rechtsanwalt RA (mit 1 %) und Steuerberater StB (mit 10 %) beteiligt. Beide ermitteln den Gewinn ihrer eigenen freiberuflichen Praxis per Einnahmen-Ausgabenrechnung. Zum Bilanzstichtag 31.12.01 schuldet die KG beiden jeweils noch 10 T€, dem RA aus der einmaligen Führung eines Prozesses für die KG, dem StB aus der laufenden Führung der Buchhaltung.
>
> RA muss die 10 T€ erst im Folgejahr (bei Vereinnahmung) als freiberufliche Einkünfte versteuern. Zwar hat er Vergütungen i. S. von § 15 Abs. 1 Satz 1 Nr. 2 2. Halbsatz EStG erhalten. Aufgrund der geringen Höhe seiner Beteiligung und der Einmaligkeit des Auftrags fehlt jedoch jeglicher wirtschaftlicher Zusammenhang mit seiner Mitunternehmerschaft.
>
> StB ist hingegen dauerbeauftragt und überdies nicht nur geringfügig beteiligt. Seine Leistung dient der Verwirklichung des Gesellschaftszwecks. Ein Zusammenhang mit der Gesellschafterstellung kann jedenfalls nicht ausgeschlossen werden. StB muss den Honoraranspruch deshalb als gewerbliche Einkünfte versteuern, und zwar schon mit Erbringung der Leistung, d. h. vor Vereinnahmung. Aufgrund des Grundsatzes der korrespondierenden Bilanzierung (siehe oben) ist der (Sonder-)Vergütungsanspruch in der Sonderbilanz per 31.12.01 (sonder-)ergebniswirksam als Forderung zu aktivieren.

§ 15 Abs. 1 Satz 1 Nr. 2 2. Halbsatz EStG ist nicht nur **Qualifikationsnorm** mit dem Zweck der Umqualifizierung anderer Einkünfte in solche gewerblicher Art, sondern daneben z. T. auch **Zuordnungsnorm** zur Lösung von **Bilanzierungskonkurrenzen**. Derartige Konkurrenzen ergeben sich z. B. bei Verpachtungen zwischen Schwesterpersonengesellschaften. Die Frage ist dann, ob das zur Nutzung überlassene Wirtschaftsgut als Sonderbetriebsvermögen der Verpächterin bei der pachtenden Gesellschaft erfasst wird oder ob das eigene Betriebsvermögen der Verpächterin Vorrang haben soll. Die Antwort der Rechtsprechung fällt uneinheitlich aus:

327c

▶ bei Nutzungsüberlassung durch **freiberufliche Schwestergesellschaft** Vorrang des Sonderbetriebsvermögens und damit zugleich Umqualifizierung,[488]

▶ ebenso Vorrang des Sonderbetriebsvermögens bei Nutzungsüberlassung durch **Einzelunternehmer**,[489]

▶ dagegen Vorrang des Betriebsvermögens der Verpächterin bei Nutzungsüberlassung durch gewerbliche **Schwestergesellschaft**[490] oder **Besitzobergesellschaft** (mitunternehmerische Betriebsaufspaltung).[491]

Die Bedeutung der Zuordnungsfrage liegt auch in den Fällen 2 und 3 vor allem auf dem Gebiet der Gewerbesteuer. Aus der (Nicht-)Zusammenfassung von Gewerbeerträgen können sich bei Verlustsituationen beträchtliche Auswirkungen ergeben.

---

488 BFH-Urteil vom 23. 5. 1979 – I R 56/77, BStBl II S. 763.
489 BFH-Urteil vom 28. 10. 1999 – VIII R 41/98, BStBl 2000 II S. 339.
490 BFH-Urteil vom 26. 11. 1996 – VIII R 42/94, BStBl 1998 II S. 328.
491 BFH-Urteil vom 24. 3. 1999 – I R 114/97, BStBl 2000 II S. 399.

4.4 Ergänzungsbilanzen

328 Durch (Wert-)[492]Ergänzungsbilanzen werden für den einzelnen Mitunternehmer die Wertansätze aus der Gesamthandsbilanz (→ Rz. 332) korrigiert. Anlässe zur Bildung von Ergänzungsbilanzen sind insbesondere:

- Anteilserwerb (Gesellschafterwechsel) oder Eintritt in ein bisheriges Einzelunternehmen.
- Einbringung eines Betriebs-, Teilbetriebs- oder Mitunternehmeranteils in eine Personengesellschaft nach § 24 UmwStG.
- Übertragung einzelner Wirtschaftsgüter zwischen Gesellschaft und Gesellschafter nach § 6 Abs. 5 Sätze 3 bis 5 EStG.[493]
- Inanspruchnahme personenbezogener Steuerbegünstigungen, z. B. nach § 6b EStG.[494]

329 **Die Wertkorrektur** kann **positiv** oder **negativ** ausfallen. Bezugsgrößen sind einerseits das anteilige Eigenkapital der Mitunternehmerschaft und andererseits die Anschaffungskosten bzw. die Tauschwerte der in die Mitunternehmerschaft eingebrachten Wirtschaftsgüter.

> **BEISPIEL**
>
> - Der neu eintretende „OHGist" kauft aus eigenen Mitteln 50 % des Festkapitals der O-OHG im Nennwert von 100 zu 180: **Positive** Ergänzungsbilanz mit Wertkorrektur von 80.
>
> - Der neu eintretende Kommanditist K bringt sein bisheriges Einzelunternehmen im Wert von 220 in die K-KG ein und erhält hierfür eine Beteiligung von 50 % = 100 am Festkapital der KG von insgesamt 200. K will von der Buchwertfortführung nach § 24 UmwStG Gebrauch machen: **Negative** Ergänzungsbilanz mit Wertkorrektur von 120.

330 Die Wertkorrekturen in der Ergänzungsbilanz können steuersystematisch nicht auf die **Beteiligung** an der Personengesellschaft/Mitunternehmerschaft entfallen, weil es eine solche nicht gibt. An deren Stelle tritt gespiegelt das anteilige Eigenkapital der Gesellschaft (→ Rz. 121). Die „Beteiligung" fungiert nur als Rechengröße zur Ermittlung der positiven oder negativen Wertkorrektur. Dieser Korrekturbetrag ist auf die erworbenen oder eingebrachten Wirtschaftsgüter einschließlich Firmenwert nach dem Verhältnis von deren Teilwerten aufzuteilen und buchmäßig weiterzuentwickeln.[495]

> **BEISPIEL**
>
> - Im Beispiel unter → Rz. 329 zur OHG entfällt die Wertkorrektur mit
>   - 30 auf Grund und Boden: keine AfA, Aufwand erst beim Abgang,
>   - 50 auf den Firmenwert: AfA 15 % p. a.

---

492 So *Bitz*, in: Littmann/Bitz/Pust (Hrsg.), Das Einkommensteuerrecht, § 15 Tz. 64; dort auch zu den folgenden Ausführungen sowie *Schmidt/Wacker*, EStG, 29. Aufl., München 2010, § 15 Tz. 460.
493 Vgl. hierzu *Hoffmann*, in: Littmann/Bitz/Pust (Hrsg.), Das Einkommensteuerrecht, § 6 Tz. 1000 ff.
494 Vgl. hierzu *Hoffmann*, in: Littmann/Bitz/Pust (Hrsg.), Das Einkommensteuerrecht, § 6b Tz. 20 ff.
495 Einzelheiten mit vielen Beispielen bei *Bitz*, in: Littmann/Bitz/Pust (Hrsg.), Das Einkommensteuerrecht, § 15 Tz. 64.

> Im Beispiel unter → Rz. 329 zur KG entfällt die Wertkorrektur von 120 auf ein bislang im Betriebsvermögen des K nicht aktiviertes Patent mit einer Nutzungsdauer von zehn Jahren: AfA in der Gesamthandsbilanz 12 p. a., in der Ergänzungsbilanz negative AfA von ebenfalls 12; daraus Gewinneffekt für die Mitunternehmerschaft insgesamt Null.

4.5 Die Gewinnermittlung

Die Gewinnermittlung für den Gesellschafter erfolgt in der „**Gesamtbilanz der Mitunternehmerschaft**" in drei Stufen:[496]   331

- Anteil am Ergebnis der **Gesellschafts**-Steuerbilanz einschließlich des Ergebnisses nur einer Ergänzungsbilanz (→ Rz. 328 f.).
- Ergebnis aus **Sonderbilanzen**, welche Wertveränderungen der Wirtschaftsgüter im Sonderbetriebsvermögen sowie Sondervergütungen, sonstige Betriebseinnahmen und -ausgaben umfassen.
- **Sonderfall** des Gewinns oder Verlusts aus Veräußerung des Mitunternehmeranteils nach § 16 Abs. 1 Nr. 2 EStG.

Entsprechend bestimmt sich der **Anteil** an der **Mitunternehmerschaft** für den einzelnen Mitunternehmer aus dem   332

- anteiligen Betriebsvermögen der Personengesellschaft = Gesamthandsbilanz zzgl. Ergänzungsbilanzen,
- Sonderbetriebsvermögen = Sonderbilanz.

Die nach den üblichen steuerlichen Regeln zu ermittelnden Gewinne oder Verluste aus den einzelnen Bereichen der „Gesamtbilanz der Mitunternehmerschaft" sind zu **addieren** („additive Gewinnermittlung"), allerdings mit **korrespondierender** Bilanzierung zwischen den Teilgrößen der „Gesamtbilanz".[497] Die Korrespondenz verlangt gleiche Ausweise in den Teilbereichen der Gesamtbilanz   333

BEISPIEL

> Darlehensforderungen des Gesellschafters gegen die Gesellschaft in seiner Sonderbilanz stehen gleichhohe Verbindlichkeiten in der Gesellschaftsbilanz gegenüber. Deshalb kann eine Teilwertabschreibung mit steuerlicher Wirkung vom Gesellschafter nicht vorgenommen werden, wenn die Forderung notleidend wird (Ausnahme für Forderungen aus üblichem Geschäftsverkehr).[498] In der Gesamtbilanz verwandelt sich die Forderung in nicht abschreibbares Eigenkapital[499] des Gesellschafters mit Aufwandseffekt erst bei Beendigung der Gesellschaft.

---

[496] Vgl. *Gschwendtner*, DStR 1993 S. 817 und DStR 1995 S. 914; BFH-Urteil vom 13. 10. 1998 – VIII R 78/97, BStBl 1999 II S. 163.
[497] So ständige BFH-Rechtsprechung, z. B. BFH-Urteil vom 28. 3. 2000 – VIII R 13/99, BStBl II S. 612; BFH-Urteil vom 11. 12. 2003 – IV R 42/02, BStBl 2004 II S. 353.
[498] Vgl. *Schmidt/Wacker*, EStG, 29. Aufl., München 2010, § 15 Tz. 549.
[499] BFH-Urteil vom 12. 12. 1996 – IV R 77/93, BStBl 1998 II S. 180.

▶ Entsprechendes gilt für eine wertlose Regressforderung des Gesellschafters aus einer Bürgschaftsinanspruchnahme für eine Gesellschaftsschuld.[500]

▶ Zur Pensionsrückstellung für einen Mitunternehmer vgl. → Rz. 326.

334 Ein **Forderungsverzicht** des Gesellschafters gegenüber der Gesellschaft aus Veranlassung im Gesellschaftsverhältnis erhöht **erfolgsneutral** den Eigenkapitalanteil (u. E. wenn die Gesellschafter dies so vereinbaren) des verzichtenden Gesellschafters unabhängig von der Werthaltigkeit der Forderung (anders bei Kapitalgesellschaften, → Rz. 62 f.). Anderes soll gelten bei Verzicht aus eigenbetrieblichem Interesse: dann wie bei Kapitalgesellschaften.[501]

4.6 Bilanzierungsbeispiel

335 Zur Darstellung der Bilanzierungstechnik folgende Sachverhaltsvarianten:

BEISPIEL

(1) K erwirbt am 1.1.01 zum Kaufpreis von 5.000 50 % des Kommanditkapitals der G-KG mit Nennwert von 1.000, außerdem 50 % des Nennkapitals der Komplementär-GmbH von 125 zu pari zzgl. 10 für anteiligen Gewinnvortrag: Kaufpreis insgesamt 5.135.

Der Kaufpreis für den KG-Anteil entfällt (je anteilig zu 50 %) auf:

Nennkapital	1.000	
offene Reserven der KG von	800	
nicht bilanziertes Patent	1.700	Nutzungsdauer 10 Jahre
Firmenwert	1.500	Nutzungsdauer 10 Jahre
Kaufpreis = Anschaffungskosten mit Kommanditanteil	**5.000**	

(2) Der Kaufpreis wird finanziert mit:

Bankkredit von	3.000	Zins p. a. 160, wird aus eigenen Mitteln bezahlt
Eigenkapital von	2.125	
	5.125	

(3) K stellt ab 1.1.01 eine in seinem Eigentum befindliche Büroetage der KG gegen eine Jahresmiete von 60 zur Verfügung. Die unbelastete Etage befand sich bisher in einem eigenen Betriebsvermögen des K und hat einen Buchwert von 1.400, Verkehrswert 1.800 und eine AfA von 30.

(4) **Laufende Geschäftsvorfälle**

K erhält in 01 eine Dividende von der Komplementär-GmbH von 10.

---

500 BFH-Urteil vom 5. 6. 2003 – IV R 36/02, BStBl II S. 871.
501 Str., vom BFH nicht entschieden; zum Streitstand m. w. N. *Schmidt/Wacker*, EStG, 29. Aufl., München 2010, § 15 Tz. 550.

K nutzt seinen im Privatvermögen befindlichen Pkw zu 40 % für die KG und verzichtet auf die Willkürung. 40 % der Autokosten von 100 = 40 legt er als Aufwandseinlage in das Sonderbetriebsvermögen ein.

K erhält eine Tätigkeitsvergütung von 180 p. a.

Folgende Buchungen sind für steuerliche Zwecke vorzunehmen:

Lfd. Nr.	Soll	Haben	Vorgang	Ort
(1)	1.800		Erwerb Kommanditanteil	Sonderbilanz I
(1)	1.700		Erwerb Patent	Ergänzungsbilanz
(1)	1.500		Erwerb Firmenwert	Ergänzungsbilanz
(1)	135		Erwerb GmbH-Anteil	Sonderbilanz II
(2)		3.000	Bankkredit	Sonderbilanz I oder Ergänzungsbilanz
(2)		2.135	Eigene Mittel	Sonderbilanz I und Ergänzungsbilanz
(3)	1.400		Büroetage	Sonderbilanz I
		1.400	Eigene Mittel	Sonderbilanz I
Ab 4 laufende Geschäftsvorfälle, auch Folgeeffekte aus (1) bis (3) umfassend				
	170		AfA auf Patente	Ergänzungs-GuV
		170	Buchwertminderung Patent	Ergänzungsbilanz
	150		AfA auf Firmenwert	Ergänzungs-GuV
		150	Buchwertminderung Firmenwert	Ergänzungsbilanz
	160		Aufwand Zins	Sonder-GuV oder Ergänzungs-GuV
		160	Einlage Zins	Sonderbilanz I oder Ergänzungsbilanz
		60	Ertrag Büromiete	Sonder-GuV I
	60		Entnahme Büromiete	Sonderbilanz I
	30		AfA Büroetage	Sonder-GuV I
		30	Buchwertminderung Büroetage	Sonderbilanz I
	10		Entnahme Dividende	Sonderbilanz II
		10	Dividendenertrag	Sonder-GuV II
	40		Pkw-Kosten	Sonder-GuV I
		40	Einlage Pkw-Kosten	Sonderbilanz I
	180		Entnahme Tätigkeitsvergütung	Sonder-GuV I
		180	Ertrags Tätigkeitsvergütung	Sonderbilanz I

Anmerkung: Der Bankkredit von 2.000 und die Eigenkapitalfinanzierung von 2.135 sind sowohl dem Sonderbetriebsvermögen I als auch der Ergänzungsbilanz nach freiem Ermessen zuzuordnen, entsprechend auch der Zinsaufwand von 160. Gewählt wurde nachfolgend:

	Bankkredit	eigene Mittel	∑
Sonderbilanz I	∅	1.800	1.800
Ergänzungsbilanz	3.000*	200	3.200
Sonderbilanz II	∅	135	135
		2.135	5.135

* Zinsaufwand von 160 zur Vereinfachung ganz in Ergänzungsbilanz erfasst.

Die Zuordnung des Fremdkapitals zur Ergänzungsbilanz entspricht nicht deren Eigenschaft als Wertkorrekturbilanz, reflektiert dafür aber die Finanzierungssituation der erworbenen Wirtschaftsgüter/Mehrwerte.

Daraus ergeben sich folgende Bilanzen mit GuV-Rechnung für Ende 01:

Sonderbilanz I

Aktiva			Passiva
Kommanditbeteiligung	1.800	Eigenkapital	3.170
Büroetage	1.370		
	3.170		**3.170**

Sonder-GuV I

Aufwand			Ertrag
AfA Büroetage	30	Miete Büroetage	60
Einlage Autokosten	40	Tätigkeitsvergütung	180
Gewinn	170		
	240		**240**

Zur Kontrolle **Entwicklung** des Eigenkapitals der Sonderbilanz I:

Eigenfinanzierung Anteilserwerb KG	
Eigenfinanzierung Anteilserwerb KG	1.800
Einlage Büroetage	1.400
Entnahme Büromiete	-60
Einlage Pkw-Kosten	40
Entnahme Tätigkeitsvergütung	-180
Gewinn	170
	3.170

Sonderbilanz II

Aktiva		Passiva
GmbH-Anteil	135 Eigenkapital	135

Sonder-GuV II

Aufwendungen		Erträge
Ø Gewinn	10 Dividende	10

Zur Kontrolle **Entwicklung** des Eigenkapitals der Sonderbilanz II:

Eigenfinanzierung Anteilserwerb GmbH	135
+ Dividendenertrag = Gewinn	10
- Entnahme Dividende	-10
	135

Ergänzungsbilanz

Aktiva			Passiva
Patent	1.530	Bankkredit	3.000
Firmenwert	1.350	Eigenkapital	-120
	2.880		2.880

Ergänzungs-GuV

Aufwendungen			Erträge
AfA Patent	170	Verlust	480
AfA Firmenwert	150		
Zinsaufwand	160		
	480		480

Zur Kontrolle **Entwicklung** des Eigenkapitals der Ergänzungsbilanz.

Eigenfinanzierung der stillen Reserven	200
Einlage Zinsaufwand	160
Verlust	-480
	-120

5. Ausgleichsposten bei Organschaft

5.1 Inhalt

5.1.1 Der steuerökonomische Gehalt

336 Die Organschaft verdankt ihr Entstehen steuerökonomisch dem Trennungsprinzip zwischen Körperschaft- und Einkommensteuersphäre verbunden mit der Steuersubjektivität jeder Rechtseinheit. Wenn diese Einheiten hintereinander geschachtelt (mehrstufig) wirtschaften oder sonst als Interesseneinheit (Konzern oder „Gruppe") organisiert sind, drohen systematisch **zwei unsinnige** Ergebnisse und wirtschaftlich nicht berechtigte **Steuerbelastungen**:

- Die Ausschüttung von Gewinnen von unten nach oben wird auf **jeder** Stufe (rechtliche Einheit) besteuert, obwohl das Ausschüttungssubstrat bereits der Besteuerung unterlegen hat.
- Innerhalb der als Interesseneinheit fungierenden Gruppe entstehen bei einzelnen Einheiten (Steuersubjekte) **Verluste**, die **nicht** mit zu versteuernden Gewinnen anderer Einheiten **verrechnet** werden können.

Dazu gesellen sich weiter unerwünschte Besteuerungseffekte innerhalb einer Unternehmensgruppe nach Maßgabe des geltenden deutschen Konzernbesteuerungssystems, z. B. im Rahmen der **Finanzierung** durch

- **Zurechnung** von **Zinsen** beim Bewerbeertrag nach § 8 Nr. 1a GewStG,
- Zinsabzugsverbot durch die **Zinsschranke** nach § 4h EStG, § 8a KStG,
- **Ausgabenabzugsbeschränkung** nach § 3c EStG, § 8b Abs. 3 und 5 KStG.

Diese und andere Besteuerungseffekte liefern die Motivation zur Errichtung einer **körperschaft-** und **gewerbesteuerlichen** Organschaft. Das ebenfalls existierende Institut der **umsatzsteuerlichen** Organschaft interessiert hier nicht.

5.1.2 Die rechtliche Strukturierung

5.1.2.1 Anknüpfung ans Gesellschaftsrecht

337 Das ertragsteuerliche Organschaftssystem baut auf dem Gesellschaftsrecht der **verbundenen Unternehmen** in §§ 291 bis 307 AktG und der Analoganwendung auf GmbHs auf. Speziell geht es um den **Gewinnabführungsvertrag** nach § 291 Abs. 1 AktG verbunden mit der Verlustübernahmeverpflichtung nach § 302 AktG. Dabei unterstellt sich eine Kapitalgesellschaft der Leitung eines beherrschenden Unternehmens mit der Verpflichtung (Gewinnabführungsvertrag), den erzielten Gewinn an das beherrschende Unternehmen abzuführen. Letzteres ist in der umgekehrten Richtung zur Übernahme der Verluste der beherrschten Gesellschaft verpflichtet.

338 Auf dieser Grundidee baut die Organschaftsbesteuerung auf, indem sie in der Rechtsperson des herrschenden Unternehmens die von beiden Steuerrechtssubjekten erzielten **Ergebnisse** als Besteuerungsobjekt **bündelt**. Diese als Idealtyp dargestellte Duettsituation kann unterhalb des herrschenden Unternehmens (**Organträger**) in zwei Richtungen aus Sicht des Unternehmensverbundes weiter aufgegliedert werden:

- Nach **unten**: Die beherrschte Gesellschaft (**Organgesellschaft**) herrscht ihrerseits (jetzt **auch** Organträgerin) über **weitere** (Tochter-)Gesellschaften, die ebenfalls als Organgesell-

schaft fungieren. Dieses „Spiel" – mehrstufige Organschaft – kann aus (steuer)rechtlicher Sicht ad infinitum fortgesetzt werden.
- Nach der **Seite**: Das beherrschte Unternehmen kann Organträgerin von mehreren Organgesellschaften sein, die dann ihrerseits sich nach unten „ausbreiten" können.

Man spricht hier von **Organkreis**, der häufig vom (obersten) Organträger als **Holding** geleitet wird.

5.1.2.2 Tatbestandsvoraussetzungen und Rechtsfolge

- Nach § 14 Abs. 1 Satz 1 KStG kann als **Organgesellschaft** jede **Kapitalgesellschaft** mit Sitz und Geschäftsleitung im Inland fungieren. Hier ist ausschließlich der Körperschaftenbereich angesprochen. 339
- Als **Organträger** kommt nach § 14 Abs. 1 Satz 1 Nr. 2 KStG jedes gewerbliche Unternehmen bis hin zum Einzelkaufmann mit Geschäftsleitung im Inland in Betracht. Dadurch **kann** sich das Steuersubstrat in den Einkommensteuerbereich verlagern.
- Die **Beherrschung** im gesellschaftsrechtlichen Sinne wird steuerlich durch die **finanzielle Eingliederung** nach § 14 Abs. 1 Satz 1 Nr. 1 KStG verdeutlicht; erforderlich ist die Mehrheit der Stimmrechte an den Anteilen der Organgesellschaft zu Beginn des Wirtschaftsjahrs der Organgesellschaft, insofern eine gewisse Parallele zur Verbundposition in § 271 HGB (→ § 271 Rz. 25) und zum Konzerntatbestand in § 290 HGB (→ § 290 Rz. 8 ff.) darstellend.
- Der **Gewinnabführungsvertrag** als Unternehmensvertrag i.S. des § 291 Abs. 1 AktG (mit Verlustübernahmeverpflichtung nach § 302 AktG) muss bis zum Ende des jeweiligen Wirtschaftsjahrs wirksam sein, d. h. wegen des satzungsändernden Charakters ins Handelsregister der Organgesellschaft eingetragen und für fünf Jahre gültig sein.
- Die Bildung von **Gewinnrücklagen** ist außerhalb der gesetzlich gebotenen nach § 272 Abs. 3 HGB (→ § 272 Rz. 53 ff.) nur nach vernünftigem kaufmännischem Ermessen, d. h. im Einvernehmen mit dem FA, möglich (§ 14 Abs. 1 Satz 1 Nr. 4 KStG).

Bei **kumulativer** Erfüllung der vorstehend aufgeführten – und anderen hier nicht darzustellenden – Tatbestände ergeben sich die nachstehenden **Rechtsfolgen**: 340
- Die (positiven oder negativen) **Einkommen** aller Organgesellschaften werden mit dem des Organträgers **zusammengerechnet** – „technisch" ansatzweise gleich der handelsrechtlichen Gewinnabführung bzw. Verlustübernahme.
- Gewerbesteuerlich wird **ein** Gewerbeertrag ermittelt; die Organgesellschaft mutiert zur Betriebsstätte des Organträgers nach § 2 Abs. 2 Nr. 2 GewStG.
- Die Organgesellschaft bleibt zwar **Steuersubjekt**, aber ohne Einkommen. Infolge der Zurechnung an den Organträger kommt es bei ihr nur zur effektiven Versteuerung der **Ausgleichszahlungen** an **Minderheits**gesellschafter gem. § 16 KStG als Gewinnausschüttung.
- Dieses den wirtschaftlichen Gegebenheiten nicht entsprechende Bild wird häufig durch **Steuerumlage** korrigiert. Zu deren Ausweis wird auf die Kommentierung in → § 275 Rz. 116a verwiesen.
- Die unberührte Steuersubjektivität der Organgesellschaft erlaubt auch eine **eigenständige** Steuerbilanzpolitik, d. h. umgekehrt: Steuerliche **Wahlrechte** sind im Organkreis nicht einheitlich auszuüben.

▶ Durch die Zurechnung der von den Organgesellschaften ermittelten Einkommen an den Organträger können diese in den **Einkommensteuerbereich** verlagert werden, soweit an einer Personengesellschaft als Organträgerin natürliche Personen beteiligt sind oder ein Einzelkaufmann als Organträger fungiert.

5.2 Auswirkungen auf die steuerliche Bilanzierung

341 Die Gewinnabführungen und Verlustübernahmen in der Handels- und Steuerbilanz aufgrund des Gewinnabführungsvertrags (→ Rz. 337) bereitet **zusammen** mit der Zurechnung des Einkommens- und Gewerbeertrags beim Organträger die Gefahr einer **Doppel-** oder **Nichtbesteuerung** des von den Organgesellschaften erwirtschafteten Steuersubstrats. Zur Vermeidung dieses Effekts bedarf es **außerbilanzieller** Zu- und Abrechnungen bei der Gewinnermittlung des Organträgers.

Die **bilanziellen** Ergebnisabführungen stimmen überdies regelmäßig nicht mit den **Zurechnungen** des Einkommens bzw. Gewerbeertrags überein. Auch hier droht die (partielle) Doppel- oder Nichtbesteuerung. Deshalb schreibt § 14 Abs. 4 KStG die Bildung besonderer **Ausgleichsposten** in der Steuerbilanz des Organträgers aufgrund von Mehr- oder Minderabführungen vor:

▶ **Mehrabführung**: Das handelsrechtlich dem Organträger zugerechnete Ergebnis ist höher als die steuerliche Einkommenszurechnung.

▶ **Minderabführung**: Umgekehrt (Regelfall).

342 Typische Sachverhalte, die zu solchen **Mehr-** oder **Minderabführungen** durch Organgesellschaften und entsprechende Ausgleichsposten beim Organträger führen, sind:[502]

▶ Abweichungen zwischen Handels- und Steuerbilanzansätzen nach Gesetz oder durch Wahlrechtsausübung (→ § 252 Rz. 214).

▶ Korrektur von gewählten Handels- und Steuerbilanzansätzen durch (spätere) steuerliche Außenprüfungen.

▶ Bildung und Auflösung von Gewinnrücklagen durch die Organgesellschaft.

Zu den daraus entstehenden Mehr- oder Minderabführungen folgende Beispiel:

BEISPIEL ▶ Rücklagebildung mit aktivem Ausgleichsposten

Steuerbilanz Organgesellschaft				Steuerbilanz Organträger			
Aktiva		Passiva		Aktiva		Passiva	
Div. Aktiva	100	Rücklage	25	Forderung aus Gewinnabführung	75	Steuerrückstellungen	30
		Gewinnabführung	75	Ausgleichsposten	25	Ergebnis	70
		Ergebnis	0				
	100		100		100		100

---

502 Im Detail und weiterführend m.w.N. *Sedemund*, DB 2010 S. 1255.

§ 246 Vollständigkeit; Verrechnungsverbot

Einkommen		Einkommen	
Ergebnis laut Bilanz	Ø	Ergebnis laut Bilanz	70
Rücklagenzuführung	25	Steuerrückstellungen = -aufwand	30
Gewinnabführung	75	- Neutralisierung Ausgleichsposten	-25
Einkommen	100	- Neutralisierung Gewinnabführung	-75
Zurechnung zum Organträger	-100		0
Eigenes Einkommen	0	Einkommenszurechnung von der Organschaft	100
		Einkommen	100

Die Rücklagenzuführung entspricht einer Minderabführung (bilanzielle Gewinnabführung kleiner als Einkommenszurechnung).

Wenn in einem Folgejahr die Rücklage aufgelöst wird, ergibt sich eine Mehrabführung, wodurch der Ausgleichsposten wieder aufgelöst wird.

BEISPIEL Höheres Handelsbilanzergebnis mit passiven Ausgleichsposten

In der Handelsbilanz sind Entwicklungskosten i. H. von 20 aktiviert, was steuerlich unzulässig ist (→ § 248 Rz. 9). Die Gewinnabführungsverpflichtung laut Handelsbilanz beläuft sich auf 120.

Einkommensermittlung bei der Organgesellschaft	
Ergebnis laut Steuerbilanz	-20
Gewinnabführung (Mehrabführung)	120
	100
Gewinnzurechnung zum Organträger	-100
Eigenes Einkommen	0

Bilanz Organträger			
Aktiva			**Passiva**
Gewinnabführung	120	Ausgleichsposten	20
		Steuerrückstellungen	30
		Ergebnis	70
	120		120

Einkommensermittlung des Organträgers	
Ergebnis	70
Steueraufwand	30
Neutralisierung der Gewinnabführung	-120
Neutralisierung Ausgleichsposten	20
	0
Einkommenszurechnung von der Organgesellschaft	100
Einkommen	**100**

Wird im Folgejahr auf das handelsrechtliche Bilanzierungswahlrecht verzichtet, ergibt sich eine Minderabführung von 20, die den Ausgleichsposten verschwinden lässt. Das Gleiche gilt in sukzessiver Form durch die Abschreibungen auf die Entwicklungskosten in der Handelsbilanz.

343 Der Ausgleichsposten stellt seiner Natur nach **kein Wirtschaftsgut** dar, sondern nur einen **Begleitposten** zum Beteiligungsansatz der Organgesellschaft beim Organträger. Deshalb ist z. B. keine Teilwertabschreibung möglich. Wenn sich der Ausgleichsposten nicht im Zeitverlauf wie in den Beispielen unter → Rz. 342 auflöst, wird er (erst) beim Abgang der Beteiligung (durch Veräußerung) nicht bei Beendigung der Organschaft ergebniswirksam. Diese Behandlung sichert die eigentliche Funktion des Ausgleichspostens, nämlich die Vermeidung einer Doppel- oder Nichtbesteuerung (→ Rz. 341).

§ 247 Inhalt der Bilanz

(1) In der Bilanz sind das Anlage- und das Umlaufvermögen, das Eigenkapital, die Schulden sowie die Rechnungsabgrenzungsposten gesondert auszuweisen und hinreichend aufzugliedern.

(2) Beim Anlagevermögen sind nur die Gegenstände auszuweisen, die bestimmt sind, dauernd dem Geschäftsbetrieb zu dienen.

(3) (weggefallen)

Inhaltsübersicht

	Rz.
I. Zielsetzung, Regelungsinhalt, Begriffe	1 - 5
II. Gliederung der Bilanz (Abs. 1)	6 - 12
1. Anwendungsbereich	6
2. Ergänzende Gliederungsvorschriften	7
3. Gliederungstiefe	8 - 12
III. Eigenkapital vs. Schulden (Abs. 1)	13 - 15
IV. Anlage- vs. Umlaufvermögen (Abs. 2)	16 - 37
1. Bedeutung der Unterscheidung	16 - 18
2. Konstitutives Merkmal des Anlagevermögens	19 - 30a
2.1 Überblick	19 - 21
2.2 „Dauerhaftigkeit"	22 - 30
2.2.1 Die Zweckbestimmung als Ge- oder Verbrauchsgut	22 - 24
2.2.2 Grundstück mit „gemischter" Zweckbestimmung	25 - 27
2.2.3 Praxisbeispiele zu Sachanlagen	28 - 30
2.3 Finanzanlagen	30a
3. Die „Bestimmung" bzw. Widmung	31 - 36
4. ABC der Abgrenzung von Anlage- und Umlaufvermögen	37

Ausgewählte Literatur

Hoffmann, Die Zuordnung von Grundbesitz zum Anlage- oder Umlaufvermögen, StuB 2008 S. 285

Kammerl, Buchungen zwischen Anlage- und Umlaufvermögen in der Reparaturproduktion, DB 1991 S. 1688

Rogler/Jacob, Bilanzierung unfertiger Bauten bei Bauunternehmen, BB 2000 S. 2407

I. Zielsetzung, Regelungsinhalt, Begriffe

Der zwischenmenschliche Austausch von Gedanken in mündlicher oder schriftlicher Form bedarf einer **Strukturierung**, d. h. einer „Zerlegung" des gesamten Inhalts in folgerichtige Gedankenschritte. Ansonsten liegt „Kauderwelsch" vor: Die mitgeteilten Inhalte mögen stimmen, weil sie aber nicht in der logischen Abfolge dargestellt werden, sind sie für den Empfänger nicht verständlich. 1

Die Vorgabe gilt auch und erst recht für Bilanzen, bei denen latent immer im Hintergrund eine gewisse **Verschleierungsabsicht** der Ersteller gegenüber den Adressaten vermutet wird. Tat- 2 sächlich lassen sich in der Praxis Bilanzgliederungen – insbesondere bei Personenhandelsgesellschaften – finden, die auch für den fortgeschrittenen Bilanzexperten unentwirrbare Rätsel verursachen. Auf das Beispiel in → § 246 Rz. 59 sei verwiesen. Die grundlegende Unterscheidung zwischen Eigen- und Fremdkapital als Anforderung an die Gliederung der Passivseite (→ Rz. 13) lässt sich in diesem Beispiel zumindest für den Außenstehenden nicht nachvollziehen.

3 Abs. 1 legt zur ordnenden Gliederung einer Bilanz sozusagen das **Fundament**, das dann in besonderen Anwendungsbereichen weiterentwickelt wird. Auf der Aktivseite sind Anlage- und Umlaufvermögen, auf der Passivseite Eigenkapital und Schulden gliederungstechnisch und damit inhaltlich zu unterscheiden. Hinzu kommen für beide Bilanzseiten die Rechnungsabgrenzungsposten.

4 Abgesehen von den Rechnungsabgrenzungsposten handelt es sich um begriffliche **Gegensatzpaare**; u. E. ist es nicht möglich, in Zweifelsfällen „ein bisschen" Anlagevermögen und „überwiegend" Vorratsvermögen für einen bestimmten Bilanzposten (Beispiel: Vorführwagen des Automobilhändlers, → Rz. 23) zu zeigen. Ebensowenig ist es möglich, in Fällen zweifelhafter Zuordnung (Beispiel: Kernbrennstäbe im Atomkraftwerk) einen Sonderausweis – weder Anlage- noch Umlaufvermögen, d. h. weder Fisch noch Fleisch – zu wählen. Entsprechendes gilt für Passivposten, die Eigen- und Fremdkapitalbestandteile miteinander verbinden und deshalb mitunter „zwischen" Eigen- und Fremdkapital ausgewiesen werden. Auch hier gilt ein „Entweder oder" und nicht ein „Sowohl als auch" (→ § 246 Rz. 76). Diese Auffassung lässt sich aus dem bis zum Ergehen des BilMoG gültigen § 273 Satz 2 HGB ableiten, demzufolge die damaligen Sonderposten mit Rücklageanteil kraft Gesetzesvorgabe als Sonderposten zwischen Eigen- und Fremdkapital auszuweisen waren. Umkehrschluss: Wenn es an einer solchen Spezialvorschrift fehlt, kommt ein „Zwischenausweis" nicht in Betracht.

5 Wenn dann das Fundament der Gliederung mit den drei genannten Abgrenzungsbereichen klar ist, muss weiter „hinreichend" **untergliedert** werden (→ Rz. 8). Die bislang (→ Rz. 3) genannten Posten reichen daher nicht zur Gliederung einer Bilanz auch bei einfachen Verhältnissen aus. Es bedarf einer zusätzlichen Untergliederung.

Die in § 247 Abs. 1 HGB fragmentierten Begrifflichkeiten sind teilweise definiert (Anlagevermögen, → Rz. 19), teils undefiniert (Schulden, → Rz. 13 ff.). Das Gesetz überlässt das Auffinden einer vernünftigen Auslegung an dieser Stelle – wie an vielen anderen – der Wissenschaft, der Praxis und der Kommentierung. Die Finanzverwaltung wird im Rahmen des § 5b EStG eine Einreichung von Bilanz und GuV in elektronischer Form verlangen, welche dem Gliederungsmuster für große Kapitalgesellschaften (→ § 266 Rz. 18 ff.) folgt (→ § 243 Rz. 26 ff.).

II. Gliederung der Bilanz (Abs. 1)

1. Anwendungsbereich

6 Der Regelungsinhalt von § 247 HGB richtet sich an jeden **Kaufmann** i. S. des § 1 HGB (→ § 238 Rz. 1), also an eine Person, die ein Handelsgewerbe betreibt oder kraft Fiktion durch Handelsregistereintrag gem. § 2 HGB die Kaufmannseigenschaft erlangt. Für bestimmte Kaufleute gelten bezüglich des Bilanzinhalts **zusätzliche** Vorgaben:

- Kapitalgesellschaften haben die Gliederungsvorgaben in § 266 HGB zu beachten.
- Sog. Kap. & Co.-Gesellschaften unterliegen den Gliederungsvorgaben des § 266 HGB nach Maßgabe der Verweisvorschrift des § 264c HGB.
- Unternehmen, die dem Publizitätsgesetz unterliegen, werden gem. § 5 Abs. 1 PublG ebenfalls auf § 266 HGB und die dortigen Gliederungsvorschriften verwiesen.
- Kreditinstitute und Versicherungsunternehmen unterliegen unabhängig von ihrer Rechtsform speziellen Gliederungsvorschriften.
- Auch für andere Branchen und Unternehmen gelten Spezialnormen (z. B. die Krankenhausbuchführungsverordnung).

In allen Fällen bleibt jedoch die Grundstruktur des § 247 HGB als Gliederungsvorgabe erhalten.

2. Ergänzende Gliederungsvorschriften

Für die Gliederung sind generell verschiedene **abstrakte Vorgaben**, die bei der Abschlusserstellung insgesamt zu beachten sind, maßgeblich: 7

- GoB nach § 243 Abs. 1 HGB (→ § 243 Rz. 1).
- Klarheit und Übersichtlichkeit nach § 243 Abs. 2 HGB (→ § 243 Rz. 18).
- Vollständigkeit nach § 246 Abs. 1 Satz 1 HGB (→ § 246 Rz. 3).
- Saldierungsverbot nach § 246 Abs. 2 HGB (→ § 246 Rz. 283).

Diese Vorgaben sind **selbstverständlich** und deshalb ohne Aussagegehalt. An jede schriftliche Äußerung werden im zwischenmenschlichen Bereich die Anforderungen der Klarheit und Übersichtlichkeit gestellt. Bei der Bilanzierung kommt solchen Begriffen keine besondere Bedeutung zu. Entsprechendes gilt für die Vollständigkeit, denn halbe Sachen werden auch sonst als unzulässig erachtet. Das Saldierungsverbot geht implizit aus der Grundgliederungsvorgabe hervor: Danach können nicht Teilbereiche des Anlagevermögens mit Schulden verrechnet werden, weil sonst der gebotene Ausweis unmöglich ist.

3. Gliederungstiefe

Auf der Basis der in Abs. 1 vorgegebenen Gliederungsgrundstruktur (→ Rz. 3) muss der Kaufmann seine Bilanz weiter **untergliedern**. Das Gesetz überlässt dies seiner **sinnvollen Einschätzung**. Dabei wird er z. B. beachten, dass die Bilanzadressaten ausschließlich im engen Kreis der Familiengesellschafter befindlich sind, denen kraft Gesellschaftsvertrags jeder Einblick in die Buchungsunterlagen erlaubt ist, oder ob einer ganzen Reihe von Gläubigern als Kreditunterlage eine Bilanz (inkl. GuV) präsentiert werden muss.[1] 8

So oder so wird sich der Kaufmann nach einer **Orientierungshilfe** umsehen und dann sehr schnell bei der Vorgabe des § 266 HGB landen. Formal besteht zur Übernahme dieser Gliederungsvorgaben – sowie zu den Größenstaffeln – kein förmlicher Zwang, aber doch ein sehr spürbarer faktischer. Das beruht bereits auf den einschlägigen EDV-Programmen, derer sich der Kaufmann bei der FiBu-Erstellung bedient. Diese verwenden durchgehend die Gliederungssystematik des § 266 HGB, aus der ein dieser Rechtsnorm förmlich nicht unterliegender Kauf- 9

---

1 So *ADS*, 6. Aufl., § 247 Tz. 15.

mann kaum ausbrechen kann. Es ist darüber hinaus nicht einzusehen, warum er beispielsweise die ihm von Gesetzes wegen nicht verbotene Staffelform für die Bilanzierung anwenden soll, wenn sein EDV-Programm ausschließlich die Kontenform vorsieht.

10 Diskutabel ist allerdings, ob das Größenraster der **großen** Kapitalgesellschaft oder dasjenige der **kleinen** gem. § 266 Abs. 1 HGB zu verwenden ist. U. E. gilt Folgendes: Bei einem nicht den besonderen Gliederungsvorschriften unterworfenen Kaufmann (→ Rz. 1) ist die Beachtung der Größenraster des § 267 HGB im Rahmen der Gliederung zwar sinnvoll, aber gesetzlich nicht vorgeschrieben.

11 Bei Anwendung von oder Anlehnung an die Gliederungsraster der Kapitalgesellschaft können auch die ergänzenden Vorgaben in § 265 HGB Beachtung finden:

- ▶ **Zusammenfassung** mehrerer Posten gem. § 265 Abs. 7 HGB (→ § 265 Rz. 44).
- ▶ **Abweichende** Postenbezeichnungen gem. § 265 Abs. 6 HGB (z. B. spezieller Ausweis von Schiffen bei der „Chiemsee Ausflugsdampfer OHG"; → § 265 Rz. 37).
- ▶ Angaben von **Vorjahreszahlen** nach § 265 Abs. 2 HGB (→ § 265 Rz. 19).
- ▶ Beachtung der **Darstellungsstetigkeit** nach § 265 Abs. 1 HGB (→ § 265 Rz. 6).

12 Die Erstellung eines **Anhangs** ist für diesen Bereich der Kaufmannschaft weder vorgesehen noch verboten. Sofern eine Anhangerstellung erwünscht ist, muss u. E. zwingend der ganze Inhalt der einschlägigen Vorgaben für Kapitalgesellschaften etc. abgearbeitet werden, und zwar wiederum nach Maßgabe der Spezifizierungen für die Größenklassen gem. § 267 Abs. 1 HGB (→ § 267 Rz. 2 ff.). Diese Auswahl ist im Anhang anzugeben. Wenn nur bestimmte Erläuterungen gegeben werden sollen oder müssen, darf der Begriff „Anhang" nicht verwendet werden (→ § 264 Rz. 8).

III. Eigenkapital vs. Schulden (Abs. 1)

13 Als Gegensatzpaar für die Passivseite führt Abs. 1 das „Eigenkapital" und die „Schulden" auf. Dabei ist die Ortung auf der Passivseite nur bedingt richtig. Das Eigenkapital versteht jedenfalls der HGB-Gesetzgeber als eine Art **Ausgleichs**posten, d. h. denjenigen Betrag, der die Bilanz „ausgleicht" und im angelsächsischen Sprachgebrauch passenderweise als *„equity"* zum Ausdruck gebracht wird. Das so verstandene Eigenkapital als Saldo von Aktiva und Passiva kann daher durchaus auch aktivisch erscheinen, was der Gesetzgeber gliederungstechnisch förmlich für die Kapitalgesellschaften auch unter § 268 Abs. 3 HGB akzeptiert. Dabei gibt sich der Gesetzgeber keine Mühe, das Eigenkapital zu **definieren**. Er belässt es bei seinem Charakter als Differenzbetrag. Zu Mischformen von Bilanzposten „zwischen Eigenkapital und Schulden" vgl. → 246 Rz. 63 ff.

14 Die „**Schulden**" sind der Oberbegriff für die „Verbindlichkeiten" im Sinne der Gliederungsvorgaben des § 266 Abs. 3 HGB einerseits und für die dort genannten „Rückstellungen" (→ § 249 Rz. 10) andererseits. Der inhaltliche Unterschied zwischen den beiden Begriffen, die beide von Gesetzes wegen keine Definition erfahren, besteht im Merkmal der Ungewissheit, das für die Rückstellungen charakteristisch ist. Im Einzelnen wird zu den Begriffsinhalten auf die Kommentierung in → § 246 Rz. 63 ff. verwiesen.

Zur **Gliederungstiefe** bietet sich vergleichbar den Ausführungen zum Aktivermögen (→ Rz. 9 f.) eine Analogie mit den Gliederungsvorgaben für Kapitalgesellschaften nach der Größenordnung gem. § 267 HGB an (→ § 267 Rz. 2).

15

IV. Anlage- vs. Umlaufvermögen (Abs. 2)[2]

1. Bedeutung der Unterscheidung

Die Definition des Anlagevermögens in § 247 Abs. 2 HGB ist kein Thema, das im Zeitalter des BilMoG-Entwurfs und des fortdauernden Einschleichens der IFRS-Rechnungslegungsphilosophie in die deutsche Bilanzssphäre der besonderen Aufmerksamkeit des Publikums gewiss sein darf. Gleichwohl behalten auch uralte Fragestellungen der Bilanzierung ihre Reize, nicht etwa zur akademischen Beschäftigung, aber immerhin bei der Bewältigung von ganz konkreten Bilanzierungsaufgaben, die dann über kurz oder lang auch die Finanzgerichtsbarkeit beschäftigen mögen.

16

Mit der Eingruppierung eines Vermögensgegenstands/Wirtschaftsguts in das **Anlage-** und nicht in das **Umlauf**vermögen oder umgekehrt, verbinden sich nennenswerte **Folgeeffekte**:

17

- Anlagevermögen ist – sofern abnutzbar – planmäßig abzuschreiben, Umlaufvermögen nicht.
- Finanzinstrumente des Umlaufvermögens unterliegen dem strengen, Finanzanlagen dem gemilderten Niederstwertprinzip (→ § 253 Rz. 127).
- Sofern die Gliederungspunkte nach § 266 HGB beachtlich sind, bedarf es der Eingruppierung in die eine oder andere Zeile.
- Selbsterstellte immaterielle Anlagegüter sind nach HGB nur im begrenzten Umfang aktivierbar (→ § 255 Rz. 133 ff.), für originäre immaterielle Güter des Umlaufvermögens bestehen keine entsprechenden Beschränkungen.

In der Gesetzesvorgabe des Abs. 2 kommt auch ein Fall der überlieferten **Arbeitsteilung** zwischen Handels- und Steuerbilanz zum Ausdruck: Das EStG übernimmt die handelsrechtliche Definition „unkommentiert" in § 6 Abs. 1 Nr. 1 und 2 EStG.[3] Es handelt sich um eine fast schon als uralt zu bezeichnende Tradition, an der das BilMoG und nach bisherigem Erkenntnisstand auch der Steuergesetzgeber nichts ändern will. Die jetzt gültige Gesetzesformulierung entspricht derjenigen in § 131 Abs. 4 Satz 1 AktG 1937 bzw. §§ 151 Abs. 1, 152 Abs. 1 AktG 1965.

18

2. Konstitutives Merkmal des Anlagevermögens

2.1 Überblick

Der Begriff des Anlagevermögens wird über **unbestimmte Rechtsbegriffe** definiert.

19

---

[2] Vgl. hierzu *Hoffmann*, StuB 2008 S. 285.
[3] Entsprechend die BFH-Rechtsprechung z. B. BFH-Urteil vom 10. 8. 2005 – VIII R 78/02, BStBl 2006 II S. 58 = Kurzinfo StuB 2005 S. 1021.

IV. Anlage- vs. Umlaufvermögen

Es muss sich um **Gegenstände** handeln,

- die dazu **bestimmt** sind
- **dauernd**
- dem **Geschäftsbetrieb**
- zu **dienen**.

20 Unter „**Gegenstände**" i. S. von § 247 Abs. 2 HGB sind inhaltlich unproblematisch die sonst den Bilanzansatz rechtfertigenden **Vermögens**gegenstände (→ § 246 Rz. 9) zu subsumieren. Offensichtlich hat der Gesetzgeber des BiRiLiG 1985 Änderungen der Terminologie bei unverändertem Inhalt entweder nicht nachvollziehen wollen oder übersehen. Als Gegenstände kommen in Betracht:

- sachlich-körperliche (Sachanlagen),
- immaterielle und
- finanzielle (Finanzanlagen).

21 Das Erfordernis des „Dienens" ist eher als unverfänglich einzugruppieren. Wenn sie dem „**Geschäft**" nicht **dienlich** sind, wird sie der Kaufmann auch nicht in seinen Geschäftsbetrieb aufnehmen, es sei denn, er verfolgt damit ungebührliche Machenschaften beispielsweise zur Benachteiligung von Minderheitsgesellschaftern oder zur Erreichung unberechtigter Steuervorteile.

Es verbleibt dann „noch" das Erfordernis einer inhaltlichen Bestimmung von „**dauernd**" und „**bestimmt sind**".

2.2 „Dauerhaftigkeit"

2.2.1 Die Zweckbestimmung als Ge- oder Verbrauchsgut

22 Eine **negative** Begriffsumschreibung ist relativ leicht zu finden. Danach bedeutet „dauernd" nicht immerwährend, überhaupt sei dieser Begriff nicht „rein zeitlich" auszulegen.[4] Vielmehr soll der betreffende Vermögensgegenstand dem Unternehmen „im Sinne einer **Zweck**bestimmung" dauernd dienen. Angesprochen ist dabei die häufig vorkommende Differenzierung nach **Ge-** und **Verbrauchsgut**: Im ersten Fall handelt es sich um Anlage-, im zweiten um Umlaufvermögen. **Ge**braucht wird also nach dieser Vorstellung das Anlagevermögen, weil es sich bei der Nutzung nicht sofort verschleißt, bei **Ver**brauch ist das Gegenteil der Fall. Irgendwie wirkt diese Begriffsakrobatik zirkulär und jedenfalls wenig ergiebig.

23 Auch mit der betrieblichen **Zweck**bestimmung hat man seine Schwierigkeiten: Eindeutig und ohne theoretischen Hintergrund bestimmbar ist die Zweckbestimmung einer Fliesenpresse im Fliesenproduktionsbetrieb (Anlagevermögen) und von Silizium-Wafern im Produktionsbetrieb für Solarmodule (Umlaufvermögen). Hier passen auch Ge- und Verbrauch als Kriterien – im Grunde genommen benötigt man sie gar nicht. Das Ergebnis – Zuordnung zum Anlage- und Umlaufvermögen – steht von vornherein fest.

---

4 So z. B. *ADS*, 6. Aufl., § 247 Tz. 107.

Anders verhält es sich in Fällen des „Sowohl als auch":

- Vorführwagen eines Autohändlers erfüllen den **Zweck** der Präsentation von zu verkaufenden Autos (Anlagevermögen), werden aber von vornherein mit der **Absicht** des Weiterverkaufs nach vielleicht sechsmonatiger Nutzung erworben (Umlaufvermögen).[5]
- Musterhäuser eines Fertighausherstellers dienen dem gleichen Zweck wie die Vorführwagen des Autohändlers.[6]
- Das Gleiche gilt für Musterküchen und Musterelektrogeräte eines Küchenhändlers.[7]
- Das längerfristig im Betrieb genutzte Flugzeug soll vor Ablauf der technischen Nutzungsdauer wieder veräußert werden.[8]

In diesen Beispielen ist jeweils auf Anlagevermögen entschieden worden; frühere Urteile besagten mitunter das Gegenteil. Wenn man die Zweckbestimmung für den Vorführwagen als Beispiel nimmt, umfasst diese **sowohl** den Gebrauch als Präsentationsmittel **als auch** den in nicht allzu ferner Zukunft geplanten Verkauf in Form eines Verkaufsakts. Welche Zwecksetzung **überwiegt**, lässt sich in absoluten Größen sicherlich nicht verbindlich normieren. Zumindest aus der Praxis gilt dann die Feststellung: So ist entschieden worden, und so ist es eben „richtig". Die BFH-Rechtsprechung scheint in solchen Zweifelsfällen mitunter eher zu Anlagevermögen zu tendieren, wenn es sich aus betrieblicher Perspektive um Gebrauchsgüter handelt, selbst wenn diese sofort nach dem Erwerb weiterverkauft werden. Jedenfalls ist eine Änderung der Zweckbestimmung von „längerfristiger Nutzung" hin zum „plötzlichen Verkauf" per se nicht schädlich für die Wertung als Anlagevermögen.[9]

Wirtschaftsgüter, die mit **bedingter Verkaufsabsicht** erworben oder sonst dem Betriebsvermögen zugeführt werden, sind nicht zwingend als Umlaufvermögen zu qualifizieren. Das beweist allein der Blick auf den Regelungsgehalt des § 6b EStG, der einerseits nur bei Zugehörigkeit zum Anlagevermögen einschlägig ist und andererseits nur bei einem Verkauf von Grundstücken (insbesondere) seine Wirkung überhaupt entfalten kann.[10] Der zum Verkauf bestimmte Grund und Boden eines Landwirts bleibt nach Einbeziehung in einen Bebauungsplan, aus dem heraus der Landwirt später sieben von acht Grundstücken verkaufte, bis zum Verkauf Anlagevermögen und erlaubt die Bildung einer 6b-Rücklage. Dies gilt allerdings auch nicht uneingeschränkt, nämlich dann, wenn ein Bauunternehmen sein 5.000 Quadratmeter großes Bauhofgelände aufgrund der Einbeziehung in einen Bebauungsplan parzelliert und aktiv die Veräußerung dieser baureif gemachten Grundstücke betreibt.[11] Dann entsteht mit der Parzellierung und Baureifmachung ein Gut anderer Marktgängigkeit, wirtschaftlich also ein „neues" Gut, dessen Zweckbestimmung bereits vor dem eigentlichen Verkauf eine Umwidmung vom Anlage- in das Umlaufvermögen bewirkt.

24

---

5 BFH-Urteil vom 17.11.1981 – VIII R 86/78, BStBl 1982 II S. 344.
6 BFH-Urteil vom 31.3.1977 – V R 44/73, BStBl II S. 684.
7 FG München, Urteil vom 28.9.1979 – VII (V) 231/76, rkr., EFG 1980 S. 142.
8 BFH-Urteil vom 9.2.2006 – IV R 15/04, BFH/NV 2006 S. 1267.
9 BFH-Urteil vom 10.8.2005 – VIII R 78/02, BStBl 2006 II S. 58 = StuB 2005 S. 1021.
10 BFH-Urteil vom 31.5.2001 – IV R 73/00, BStBl II S. 673 = StuB 2001 S. 972.
11 BFH-Urteil vom 25.10.2001 – IV R 47, 48/00, BStBl 2002 II S. 289 = StuB 2002 S. 133.

2.2.2 Grundstück mit „gemischter" Zweckbestimmung

25 Wegen der besonderen Abgrenzungserfordernisse zwischen Anlage- und Umlaufvermögen bei **Beteiligungen** wird auf die Kommentierung in → § 271 Rz. 16 ff. verwiesen.

26 Speziell bei Grundstücken mit oder ohne Gebäudebestandteile(n) klingt mitunter auch eine Unterscheidung zwischen einerseits **Substanz**nutzung und andererseits „**Umschlagstätigkeit**" an. Diese Begriffsbildung ist inspiriert durch die Abgrenzungsmerkmale beim sog. **gewerblichen Grundstückshandel**, wo es darum geht, die (nicht gewerbliche) Vermögensverwaltung vom gewerblichen Betrieb eines Grundstücksverwerters abzutrennen. Die Frage ist, ob die durch die umfangreiche BFH-Rechtsprechung diesbezüglich herausgearbeiteten Kriterien auch auf die Unterscheidung von **Anlage-** und **Umlauf**vermögen anzuwenden sind.

27 Die Bezugnahme auf die BFH-Rechtsprechung zum gewerblichen Grundstückshandel ist wenigstens in solchen verbreiteten Fällen der Grundstücksvermarktung zweifelhaft, bei denen im Rahmen der Planungstätigkeit **sowohl** der Verkauf **als auch** die Vermietung in die Kalkulation eingebaut wird. Ökonomisch ist dies auch ohne Weiteres erklärlich, denn schließlich geht es im Rahmen einer anzustellenden Investitionsrechnung immer nur um die Bestimmung und Bewertung von *cash in-* und *cash out flows*. Bei einer solchen Investitionsrechnung werden daher Ein- und Auszahlungen zunächst „abstrakt" berücksichtigt; erst bei Ermittlung der Risikozuschläge wird gefragt, woher diese *cashflows* resultieren, aus Miet- oder aus Kaufverträgen oder gestundeten Kaufpreisraten etc. Aus dieser Perspektive sind „Substanznutzung" und „-vermarktung" gleichwertig, es muss „lediglich" der maximale Überschuss der abgezinsten und risikogewichteten *cash in* gegen den *cash out flows* erreicht werden. Eine ähnliche Motivationslage hatte der BFH in einem Fall zu entscheiden, in dem ein Vermieter das Haus verkaufen wollte, aber gleichwohl eine weitere Vermietung nicht ausschloss, um die bestmögliche „Vermarktung" zu erreichen.[12]

2.2.3 Praxisbeispiele zu Sachanlagen

28 Dazu folgende Beispiele:

> **BEISPIELE**
>
> ▶ Ein Bauträger entwickelt und erstellt Bürohochhäuser. Es gibt potenzielle Kunden für das fertige Produkt aus verschiedener Richtung: Eine große Wirtschaftsprüfungsgesellschaft interessiert sich für die langfristige Anmietung en bloc, weitere Interessenten sind an einer kurzfristigen Miete einzelner Etagen mit oder ohne Erwerbsoption interessiert, wieder andere wollen nur kaufen, aber nicht mieten. Und schließlich steht ein geschlossener Immobilienfonds vor der Tür, der das gesamte Objekt kaufen will, „wenn der Preis stimmt".
>
> ▶ Die Stadt S will ihren gesamten Wohnungsbestand zu ihrer Entschuldung verkaufen. Dazu wird eine Zweckgesellschaft gegründet, die den Grundbesitz von der Stadt erwirbt und deren Satzung auf die „Vermarktung" dieses Grundbesitzes ausgerichtet ist. Unter „Vermarktung" wird primär der Verkauf verstanden, jedoch ist die Verkaufsmöglichkeit für alle Wohnungen nach der Interessenlage der Mieter unter Berücksichtigung des kom-

---

12 BFH-Urteil vom 9.7.2003 – IX R 102/00, BStBl II S. 940 = StuB 2003 S. 1040.

> munalpolitischen Umfelds ausgeschlossen. Ein erheblicher Teil – wie viel weiß ex ante niemand – wird wohl bis auf Weiteres in der bisherigen Vermietungssituation bleiben müssen.

Der erstgenannte Sachverhalt unterscheidet sich vom zweiten hinsichtlich der favorisierten Lösung durch das Unternehmen. Im ersten Fall ist dem Unternehmer die Art der „Vermarktung" gleichgültig, im letzten Fall präferiert er zwar den Verkauf, nimmt aber von vornherein die zweitbeste Variante nicht nur in Kauf, sondern muss sie realistischerweise beachten. Die Frage ist nun, ob in diesen beiden Fällen der gesamte Grundbesitz dem Anlage- oder dem Umlaufvermögen zuzuordnen ist.

Das erste Fallbeispiel ähnelt in gewisser Weise demjenigen Fall, der einem BFH-Urteil zugrunde lag, in dem verschiedene Flugzeuge laufend vermietet, zurückgemietet und im Anschluss daran verkauft worden sind.[13] Der BFH spricht schon im Leitsatz von einem Sachverhalt, bei dem „die Vermietung mit dem An- und Verkauf aufgrund eines einheitlichen Geschäftskonzepts **verklammert** ist". Anders ausgedrückt: Das betreffende Geschäftsmodell ist auf optimale wirtschaftliche Verwertung („Vermarktung") des Vermögens ausgerichtet, einerlei ob durch Verkauf oder Vermietung oder beides.

Der BFH hat in dieser „Konstruktion" die Flugzeuge als Anlagevermögen behandelt. Die von Anfang an bestehende Absicht eines Verkaufs vor Ablauf der technischen Nutzungsdauer hindert jedenfalls nicht die Zurechnung von Flugzeugen zum Anlagevermögen.[14]

Im zweiten der oben dargestellten Beispiele (→ Rz. 28) ist die „Vermarktung" **primär** auf den **Verkauf** ausgerichtet.[15] Gleichzeitig wird von einem erheblichen oder vielleicht sogar überwiegenden Vermietungserfordernis ausgegangen und dies entsprechend in die Finanzierungskalkulation eingebaut. Das FG Düsseldorf hat in einem nicht veröffentlichten Urteil den favorisierten Verkauf gegenüber der notwendigerweise einzukalkulierenden Vermietung als bestimmend für eine Zuordnung zum **Umlauf**vermögen entschieden.[16] 29

In der Nichtzulassungsbeschwerde gegen dieses FG-Urteil hat sich der IV. BFH-Senat in seiner Entscheidungsbegründung mit dem Thema der Abgrenzung von Anlage- und Umlaufvermögen bei bislang vermieteten und zum Kauf bestimmten Grundstücken befasst. Dabei nimmt er zunächst eine Anleihe bei der Rechtsprechung zum **gewerblichen Grundstückshandel**. In diesen Fällen gehören die Grundstücke regelmäßig zum Umlaufvermögen, und zwar auch dann, wenn bestimmte Objekte – abgesehen von den verkauften – auch einige Jahre lang vermietet worden sind. Die Frage ist allerdings, ob tatsächlich die Rechtsprechung zu einem Spezialproblem analogiefähig zur Definition von Anlage- und Umlaufvermögen ist, geht es doch dabei in allererster Linie um die Abgrenzung von (steuerlichem) Privat- und Betriebsvermögen.

Der IV. BFH-Senat lehnt in dem NZB-Beschluss (→ Rz. 29) eine Anwendung der unter → Rz. 28 zitierten Rechtsprechung zu den **beweglichen** Wirtschaftsgütern ab. Diese beweglichen Wirt- 30

---

[13] BFH-Urteil vom 26.6.2007 – IV R 49/04, BFH/NV 2007 S. 2004 = StuB 2007 S. 672.
[14] BFH-Urteil vom 9.2.2006 – IV R 15/04, BFH/NV 2006 S. 1267.
[15] Dann Umlaufvermögen, vgl. z. B. BFH-Urteil vom 16.12.2009 – IV R 48/07, DB 2010 S. 314.
[16] FG Düsseldorf, Urteil vom 19.8.2005 – K 1345/02 F.

schaftsgüter verlören durch die Nutzung an Wert, während dies bei Gebäuden nicht unbedingt der Fall sein soll. Auch diese Differenzierung kann nicht überzeugen; selbstverständlich verlieren auch vermietete Grundstücke durch die Nutzung an Wert. Viele leidgeprüfte Vermieter von Wohnimmobilien werden diesen Tatbestand mehrfach unterstreichen wollen. Die Nichtanwendung der Rechtsprechung für die beweglichen Güter auf die Grundstücke ist wiederum nicht mit der allgemeinen Lösung des § 247 Abs. 2 HGB kompatibel. Die Abgrenzung von Anlage- und Umlaufvermögen ist nach der Gesetzesvorgabe nicht von der Art des Vermögensgegenstands abhängig, betrifft sie z. B. auch Finanzinstrumente oder immaterielle Vermögensgegenstände.

2.3 Finanzanlagen

30a Wie bei Sachanlagen gilt hier die **Zweckbestimmung** (→ Rz. 22). Hierzu werden für Finanzanlagen gewöhnlich folgende Qualifikationsmerkmale genannt:

- für **Anteile** (an Gesellschaften) die subjektive Halteabsicht,
- **Ausleihungen** mit Restlaufzeit unter einem Jahr: Umlaufvermögen,
- **Ausleihungen** mit Restlaufzeit über vier Jahre: Anlagevermögen,
- **Ausleihungen** mit Restlaufzeit dazwischen: individuelle Absicht.

Die letztgenannte Kategorie erscheint zweifelhaft. Die Grenze kann u. E. auch bei zwei Jahren gezogen werden. Auch bei kürzerer Laufzeit als einem Jahr kann eine Daueranlage in ein kurzlaufendes Papier unterstellt werden, wenn eine Ersatzinvestition in ein vergleichbares Produkt beabsichtigt ist. Letztlich kommt es immer auf die Absicht des Investors an.

Das Dauerkriterium ist bei **Anteilen** (Beteiligungen) auch von deren **Handelbarkeit** abhängig. börsengängige Aktien oder Genussrechtsscheine können Umlaufvermögen darstellen, dagegen kaum

- GmbH-Anteile,
- Personengesellschaftsbeteiligungen,
- stille Beteiligungen (→ § 274 Rz. 8) sowie
- Genussrechte (→ § 271 Rz. 8).

Letztere können allerdings bei **beschränkter Vertragslaufzeit** (sehr selten) zum Umlaufvermögen gehören.[17]

3. Die „Bestimmung" bzw. Widmung

31 Zu hoch darf man diese unter → Rz. 30 wiedergegeben Aussagen des IV. BFH-Senats[18] allerdings auch nicht ansiedeln, wenn man eine einigermaßen konsistente Abgrenzung von Anlage- und Umlaufvermögen gerade im Bereich der Immobilienwirtschaft finden will. Es handelt sich um die Begründung einer abgelehnten Nichtzulassungsbeschwerde. Prozessrechtlich kann hier die materielle Rechtslage nicht ausgebreitet werden. Einstweilen steht deshalb das auf „Umlaufvermögen" entschiedene Urteil des FG Düsseldorf (→ Rz. 29) rechtskräftig im

---

17 Vgl. *Blaurock*, Handbuch der Stillen Gesellschaft, 7. Aufl., Köln 2010, Tz. 13.197.
18 BFH-Beschluss vom 6. 3. 2007 – IV B 118/05, BFH/NV 2007 S. 1128 = StuB 2007 S. 707.

Raum. Es ist insbesondere nicht mit den zitierten BFH-Urteilen zu den beweglichen Wirtschaftsgütern kompatibel (→ Rz. 23).

Bis dahin lässt sich feststellen: Ein einigermaßen konsistentes Kriterium zur Abgrenzung der bedingten Veräußerungs- und ebenso bedingten Vermietungsabsicht – weil eben beide Verwendungen für den Steuerpflichtigen in Betracht kommen – hat der BFH und die übrige Rechtsprechung bislang nicht gefunden.[19]

Ob es ein solches Kriterium mit trennscharfer Wirkung überhaupt geben kann, erscheint sehr zweifelhaft. Im Hinblick auf die Definitionsmerkmale des Abs. 2 (→ Rz. 19) bietet sich deshalb ein Ausweg unter Heranziehung des „**bestimmt sind**" an. „Bestimmen" kann nur der betreffende Steuerpflichtige, den das HGB als „Kaufmann" bezeichnet. Abgesehen von Fällen von Willkür und Missbrauch kommt **seiner** Zuordnung zum Anlage- oder Umlaufvermögen entscheidende Bedeutung zu. 32

Es besteht hier eine bedeutsame Parallele zum Thema der **Willkürung** eines Wirtschaftsguts als Betriebsvermögen (→ § 246 Rz. 132). Eine solche Willkürung kommt in Betracht bzw. ist erforderlich, 33

▶ wenn ein Wirtschaftsgut einen bestimmten Zusammenhang mit dem Betrieb aufweist (**positives** Kriterium),

▶ und nicht einen betriebsschädlichen Charakter – weil verlustbringend – aufzuweisen hat (**negatives** Kriterium).[20]

Diese Widmung kann vom Steuerpflichtigen **nicht im Nachhinein**, also bei besserer Erkenntnis über die positive oder negative Entwicklung des Wirtschaftsguts getroffen werden, sondern nur durch eine eindeutige und nach außen erkennbare Willenserklärung in Form einer zeitnahen buchmäßigen Erfassung des betreffenden Wirtschaftsguts, z. B. in der Anlagebuchführung oder auf einem FiBu-Konto. Ein nachträgliches Einbuchen im Rahmen der Abschlussarbeiten scheidet aus (→ § 246 Rz. 134).

Bezieht man diese Vorgabe auf die beiden unter → Rz. 28 dargestellten Sachverhalte bezüglich der teilweise vermieteten Grundstücke, muss vom Finanzgericht bei der Sachverhaltsermittlung eine solche Widmung als Anlage- oder Umlaufvermögen **festgestellt** werden. Diese ist dann, wenn nicht gewichtige Gegenindizien zu einem Missbrauch u. ä. vorliegen, letztlich entscheidend für die Zuordnung zum Anlage- oder Umlaufvermögen. 34

Der BFH hat ebenfalls die **Widmung** des Steuerpflichtigen als wichtiges Tatbestandsmerkmal der Zuordnung zum Anlage- oder Umlaufvermögen betont: 35

▶ Im Falle von speziellen hochwertigen Stahlformen zur Durchführung von Kundenaufträgen sah der BFH Zweifel bezüglich der Zuordnung zum Anlage- oder Umlaufvermögen. Deshalb „muss ... dem **Ermessen** des Kaufmanns ein gewisser Spielraum gelassen werden, wenn seine konstante und konsequente buchmäßige Behandlung der Vorgänge auf eine längere Zeitperiode gesehen zu einer vertretbaren und betriebswirtschaftlich zutreffenden laufenden Gewinnermittlung führt".[21]

---

19 Vgl. *Hoffmann*, StuB 2008 S. 285.
20 Vgl. hierzu im Einzelnen *Hoffmann*, in: Littmann/Bitz/Pust (Hrsg.), Das Einkommensteuerrecht, §§ 4, 5 Tz. 140 ff. Vgl. auch → § 246 Rz. 134.
21 BFH-Urteil vom 8. 10. 1970 – IV R 125/69, BStBl 1971 II S. 51, 52.

- Bei der „Umwandlung" eines Mietwohngrundstücks im Anlagevermögen in zum Verkauf bestimmten Eigentumswohnungen „ergibt einerseits die Zweckbestimmung" und andererseits der „**Willen** des Unternehmers" den Ausschlag für die Zuordnung zum Anlage- oder Umlaufvermögen.[22]
- Im Fall der Musterhäuser von Fertighäuserherstellern gilt: „Die Zweckbestimmung ergibt sich zum einen aus der Natur der Sache selbst, zum anderen hängt sie vom **Willen** des Unternehmers ab."[23]

36 Nach HGB hindert die **Verkaufsabsicht** regelmäßig nicht den Ausweis als Anlagevermögen (→ Rz. 23). Anders verhält es sich nach den IFRS: Wird z. B. das Hauptverwaltungsgebäude zum Verkauf gestellt, ist es nach IFRS 5

- gesondert auszuweisen und
- nicht mehr planmäßig abzuschreiben, sondern zum *fair value* zu bewerten.

4. ABC der Abgrenzung von Anlage- und Umlaufvermögen

37
- **Ärztemuster**

    eines Arzneimittelherstellers sind Umlaufvermögen.[24]

- **Ausstellungsstücke**

    sind Anlagevermögen (→ Rz. 23).

- **Baumschulkulturen**

    gehören auch bei mehrjähriger Kulturzeit zum Umlaufvermögen,[25] siehe auch „Pflanzenanlagen" und „Wald").

- **Bausparvorratsvertrag**

    ist Umlaufvermögen.[26]

- **Beteiligung**

    ist i. d. R. Anlagevermögen (§ 271 Abs. 1 HGB), bei einem gewerblichen Beteiligungshandel liegt dagegen Umlaufvermögen vor.[27]

- **Brennstoffelemente**

    bei Kernkraftwerken sind Umlaufvermögen.[28]

- **Dienstwagen**

    sind Anlagevermögen.[29]

---

22 BFH-Urteil vom 26. 11. 1974 – VIII R 61-62/73, BStBl 1975 II S. 352.
23 BFH-Urteil vom 31. 3. 1977 – V R 44/73, BStBl II S. 584, 685.
24 BFH-Urteil vom 20. 10. 1976 – I R 112/75, BStBl 1977 II S. 278.
25 BMF-Schreiben vom 21. 3. 1997 – IV A 9 – S 2163 – 3/97, BStBl I S. 369.
26 BFH-Urteil vom 9. 7. 1986 – I R 218/82, BStBl 1987 II S. 14.
27 BFH-Urteil vom 25. 7. 2001 – X R 55/97, BStBl II S. 809, für den Fall einer Ausstattung von elf GmbHs mit Sacheinlagen und anschließendem Verkauf.
28 BMF-Schreiben vom 18. 12. 1973, DB 1976 S. 2486, gegenteilig noch BMF-Schreiben vom 9. 2. 1971, DB 1971 S. 455.
29 BFH-Urteil vom 17. 11. 1981 – VIII R 86/78, BStBl 1982 II S. 344; H 32 EStH 2003.

▶ **Druckvorlagen**[30]
▶ **Eigentumswohnungen**

sind bei gewerblichem Grundstückshandel Umlaufvermögen;[31] siehe auch „Wohnungen".

▶ **Eiserner Bestand**

(Minimalbestand) an Rohmaterialien etc. ist Umlaufvermögen.

▶ **Emissionsrecht**

siehe „Schadstoffemissionsrecht".

▶ **Ersatzteile**

für Sachanlagegüter sollen Umlaufvermögen sein.[32] Dagegen sind Erstausstattungssätze Anlagevermögen.[33]

▶ **Filme**

sind bei echter Auftragsproduktion Umlaufvermögen, bei Produktion zur zeitlichen Nutzungsüberlassung Anlagevermögen.[34]

▶ **Gerüst- und Schalungsteile**

sind Anlagevermögen.[35]

▶ **Gewerblicher Grundstückshandel**

Grundstücke stellen regelmäßig Umlaufvermögen dar (→ Rz. 29),[36] es sei denn, das betreffende Grundstück ist eindeutig für die Vermögensanlage bebaut.[37]

▶ **Hennen**

Legehennen sind Anlagevermögen, Fleischhennen Umlaufvermögen.[38]

▶ **Leergut**

Paletten, Kästen und Flaschen sind Anlagevermögen (H 6.1 EStH 2005).

▶ **Mineralvorkommen**

sind Anlagevermögen.[39]

▶ **Musterhäuser**

sind Anlagevermögen, auch wenn sie zum Verkauf anstehen (→ Rz. 23).[40]

---

30 BFH-Urteil vom 22.10.2009 – III R 14/07, BStBl 2010 II S. 361.
31 BFH-Urteil vom 26.11.1974 – VIII R 61-62/73, BStBl 1975 II S. 352.
32 BFH-Urteil vom 2.12.1987 – X R 19/81, BStBl 1988 II S. 502; u. E. unzutreffend.
33 BMF-Schreiben vom 28.8.1991 – InvZ 1010, BStBl I S. 768.
34 Einzelheiten siehe BMF-Schreiben vom 23.2.2001 – IV A 6 – S 2241 – 8/01, BStBl I S. 175.
35 BFH-Urteil vom 29.7.1966 – VI 302/65, BStBl 1967 III S. 151.
36 BFH-Urteil vom 26.11.1974 – VIII R 61-62/73, BStBl 1975 II S. 352; BFH-Urteil vom 17.3.1981 – VIII R 149/78, BStBl II S. 522.
37 BFH-Urteil vom 16.1.1969 – IV R 34/67, BStBl II S. 375.
38 BFH-Urteil vom 30.4.1985 – VIII R 268/81, BFH/NV 1985 S. 36.
39 BFH-Urteil vom 23.6.1977 – IV R 17/73, BStBl II S. 825; BFH-Beschluss vom 4.12.2006 – GrS 1/05, DStR 2007 S. 848 = StuB 2007 S. 355.
40 BFH-Urteil vom 31.3.1977 – V R 44/73, BStBl II S. 684; H 32 EStH 2004.

IV. Anlage- vs. Umlaufvermögen

▶ **Musterkollektionen**

sind Anlagevermögen.[41]

▶ **Schadstoffemissionsrecht**

Schadstoffemissionsrechte, die nach dem Treibhausgas-Emissionshandelsgesetz (TEHG) gehandelt werden, sind immaterielle Wirtschaftsgüter des Umlaufvermögens.

▶ **Vorführwagen**

im Kfz-Handel sind Anlagevermögen (→ Rz. 23).

▶ **Web-Dateien**

sind Anlagevermögen.

▶ **Werbeartikel**

(Kataloge, Prospekte etc.) sind Umlaufvermögen.

▶ **Werkzeuge**

(Formen, Modelle, auch kundengebunden) sind Anlagevermögen, wenn allerdings nur für einen Auftrag bestimmt sind sie u. U. Umlaufvermögen.

▶ **Wohnungen**

die zum Verkauf bestimmt sind, gehören zum Umlaufvermögen (→ Rz. 29).

---

41 BFH-Urteil vom 20.10.1965 – VI 62/65 U; BFH-Urteil vom 25.11.1965 – IV 299/63 U, BStBl 1966 III S. 86.

§ 248 Bilanzierungsverbote und -wahlrechte

(1) In die Bilanz dürfen nicht als Aktivposten aufgenommen werden:

1. Aufwendungen für die Gründung eines Unternehmens,
2. Aufwendungen für die Beschaffung des Eigenkapitals und
3. Aufwendungen für den Abschluss von Versicherungsverträgen.

(2) ¹Selbst geschaffene immaterielle Vermögensgegenstände des Anlagevermögens können als Aktivposten in die Bilanz aufgenommen werden. ²Nicht aufgenommen werden dürfen selbst geschaffene Marken, Drucktitel, Verlagsrechte, Kundenlisten oder vergleichbare immaterielle Vermögensgegenstände des Anlagevermögens.

Inhaltsübersicht

	Rz.
I. Regelungsinhalt und -kontext	1
II. Allgemeine Aktivierungsverbote (Abs. 1)	2 - 6
1. Gründungskosten (Abs. 1 Nr. 1)	2
2. Eigenkapitalbeschaffung (Abs. 1 Nr. 2)	3 - 4
3. Abschluss von Versicherungsverträgen (Abs. 1 Nr. 3)	5
4. Steuerliche Gewinnermittlung	6
III. Ansatzwahlrecht für selbst erstellte immaterielle Anlagegüter (Abs. 2 Satz 1)	7 - 10
1. Definitionsinhalt der immateriellen Vermögensgegenstände	7
2. Beschränkung auf das Anlagevermögen	8
3. Selbstschaffung, Herstellung	9
4. Spezielle Ansatzverbote (Abs. 2 Satz 2)	10

Ausgewählte Literatur

Hennrichs, Immaterielle Vermögensgegenstände nach dem Entwurf des BilMoG, DB 2008 S. 537

Hüttche, Bilanzierung selbst erstellter immaterieller Vermögensgegenstände des Anlagevermögens im Lichte des BilMoG, StuB 2008 S. 163

Marx, Objektivierungserfordernisse bei der Bilanzierung immaterieller Anlagewerte, BB 1994 S. 2379

Mindermann, Der Ansatz immaterieller Vermögensgegenstände des Anlagevermögens, StuB 2010 S. 658

Mindermann, Zur Aktivierung selbsterstellter immaterieller Vermögensgegenstände, WPg 2008 S. 273

Moxter, Aktivierungspflicht für selbsterstellte immaterielle Anlagewerte, DB 2008 S. 1514

Theile, Immaterielle Vermögensgegenstände nach RegE BilMoG, WPg 2008 S. 1064

I. Regelungsinhalt und -kontext

Hinsichtlich der Aktivierung von Vermögensgegenständen verfolgt das Gesetz einen zweistufigen Aufbau: 1

- Zu klären ist zunächst, ob ein ökonomischer Vorteil überhaupt **Vermögensgegenstand** ist oder als solcher gilt (**abstrakte** Bilanzierungsfähigkeit).
- Für alle Fälle, in denen dies bejaht wird, schreibt § 246 Abs. 1 Satz 1 HGB mit dem sog. Vollständigkeitsgebot (→ § 246 Rz. 3) die Bilanzierung vor, jedoch mit dem **Zusatz** „soweit gesetzlich nichts anderes bestimmt ist."
- Im Zusatz angesprochen ist die **konkrete** Bilanzierungsfähigkeit und Bilanzierungspflicht. Ein Vermögensgegenstand darf nur dann aktiviert werden, wenn kein Bilanzierungsverbot besteht, und muss nur dann angesetzt werden, wenn gesetzlich kein Wahlrecht bestimmt ist.

In diesem Kontext enthält **Abs. 2** zwei **konstitutive** Regelungen für selbst geschaffene immaterielle Vermögensgegenstände des Anlagevermögens:

- Nach Abs. 2 Satz 2 besteht für selbst erstellte Marken, Kundenlisten, Drucktitel, Verlagsrechte und ähnliche immaterielle Anlagen ein **Aktivierungsverbot** (→ Rz. 10).
- Nach Abs. 2 Satz 1 gilt für alle anderen selbst geschaffenen immateriellen Anlagen ein **Aktivierungswahlrecht** (→ Rz. 7). Sie dürfen, müssen aber nicht angesetzt werden.

Abs. 1 enthält demgegenüber überwiegend **deklaratorische** Regelungen:

- Abs. 1 Nr. 1 und 2 verbieten die Aktivierung von Aufwendungen für **Gründungs- und Eigenkapitalbeschaffung** (→ Rz. 2 ff.). In diesen Fällen fehlt es aber regelmäßig bereits an der abstrakten Bilanzierungsfähigkeit. Ein Vermögensgegenstand liegt nicht vor.
- Abs. 1 Nr. 3 verbietet die Aktivierung von Aufwendungen für den Abschluss von **Versicherungsverträgen** (→ Rz. 5). Betroffen sind u. a. Abschlussprovisionen, die als Vertriebskosten z. B. auch in § 255 Abs. 2 HGB mit einem Ansatzverbot belegt sind.

II. Allgemeine Aktivierungsverbote (Abs. 1)

1. Gründungskosten (Abs. 1 Nr. 1)

2 Die förmlichen Aktivierungsverbote für die Gründungs- und Eigenkapitalbeschaffungskosten in Abs. 1 Nr. 1 und 2 sind nur klarstellender Natur. Das kommt schon im Gesetzeswortlaut zum Ausdruck, denn „**Aufwendungen**" sind ex definitione nicht aktivierbar, sofern sie nicht nach § 255 Abs. 2 HGB (→ § 255 Rz. 82) in die Herstellungskosten einfließen. Vermögensgegenstände (→ § 246 Rz. 9) entstehen aus den Aufwendungen zur Unternehmensgründung und Eigenkapitalbeschaffung nicht.

Beispiele für **Gründungskosten** sind: Beratungsgebühren, Notariatshonorare, Gründungsprüfung, Eintragungskosten u. Ä. Das Aktivierungsverbot für die Gründungskosten hat eine Parallele in IAS 38.69(a). Der Begriff der Gründungskosten wird in Abs. 1 Nr. 1 nicht in einem weiten Sinne verwendet, der den Gesamtvorgang einer Sachgründung, z. B. durch Einlage von materiellen oder immateriellen Anlagen in ein neu gegründetes Unternehmen, umfassen würde. Der Aktivierung von Einlagen steht § 248 Abs. 1 Nr. 1 HGB daher nicht im Wege.

2. Eigenkapitalbeschaffung (Abs. 1 Nr. 2)

Zu den Kosten der **Eigenkapital**beschaffung im Sinne des Gesetzes zählen Emissionskosten, Börseneinführungsgebühren, Druckkosten für die Aktien, Kosten der Bewertung von Sacheinlagen u. Ä. Auch als Rechnungsabgrenzungsposten kann eine Aktivierung dieser Aufwendungen nicht erfolgen, sei es, dass man solche ebenfalls unter Abs. 1 Nr. 2 subsumiert, sei es wegen der fehlenden Zeitbestimmung (→ § 250 Rz. 34). 3

Aus der Nichterwähnung von **Fremdkapitalbeschaffungskosten** kann kein Umkehrschluss für deren Aktivierung gezogen werden. Diese bestimmt sich nach allgemeinen Ansatzkriterien. Die Schaffung eines Vermögensgegenstands durch Fremdkapitalfinanzierung kann man sich kaum vorstellen, wohl aber die eines aktiven Abgrenzungspostens für ein **Ausgabedisagio**. Dessen Bilanzierung folgt den Vorgaben in § 250 Abs. 3 HGB (→ § 250 Rz. 47) und wird entsprechend durch § 248 Abs. 1 HGB nicht berührt. 4

3. Abschluss von Versicherungsverträgen (Abs. 1 Nr. 3)

Das Aktivierungsverbot für die Abschlusskosten von **Versicherungsverträgen** (Abs. 1 Nr. 3) entspringt einem nationalen Wahlrecht, das durch das VersRiLiG vom 24. 6. 1994 in nationales Recht umgesetzt worden ist. Das Aktivierungsverbot betrifft die Abschlussprovisionen als direkt zurechenbare Kosten und die Gemeinkosten der Außendienstabteilung. Andere Gemeinkosten für Fremdleistungen sind ebenfalls nicht aktivierbar, z. B. Werbebroschüren, Fernsehauftritte etc. 5

Nicht vom Aktivierungsverbot betroffen ist die sog. **Zillmerung**, die der Bilanzierung von Deckungsrückstellungen bei der Bewertung von Lebensversicherungsverträgen zugrunde liegt. Dabei dienen die ersten Jahresprämien des Versicherungsnehmers ganz oder zum Teil der Finanzierung der Abschlussaufwendungen mit der Folge einer Kürzung der Deckungsrückstellung, die einen negativen (aktiven) Wert erfahren kann.

4. Steuerliche Gewinnermittlung

Die Aktivierungsverbote für die Gründung, die Eigenkapitalbeschaffung und die Abschlusskosten für Versicherungen gelten auch bei der **steuerlichen** Gewinnermittlung. 6

III. Ansatzwahlrecht für selbst erstellte immaterielle Anlagegüter (Abs. 2 Satz 1)

1. Definitionsinhalt der immateriellen Vermögensgegenstände

Auf die Kommentierung unter → § 246 Rz. 12 zum Begriffsinhalt des immateriellen Vermögensgegenstands und der Ansatzprobleme im Herstellungsprozess wird verwiesen. 7

2. Beschränkung auf das Anlagevermögen

Hinsichtlich der Unterscheidungsmerkmale von Anlage- und Umlaufvermögen ist zu verweisen auf die Kommentierung unter → § 247 Rz. 16 ff. Selbst erstelltes **Umlauf**vermögen ist vom 8

Regelbereich des Abs. 2 ausgenommen. Ein typisches Beispiel stellt die Auftragsforschung dar, deren Ergebnis dem Auftraggeber abzuliefern ist.

3. Selbstschaffung, Herstellung

9   Nur selbst geschaffene, also **hergestellte** Immaterialgüter des Anlagevermögens unterliegen dem Ansatzwahlrecht des Abs. 2 Satz 1 („können"). Steuerlich besteht dieses Ansatzwahlrecht nach § 5 Abs. 2 EStG nicht. Deshalb bedarf es der Unterscheidung von **Anschaffung** und **Herstellung** (→ § 255 Rz. 10).

> **BEISPIEL** Die Biotech AG (B) forscht u. a. intensiv auf dem Gebiet der Karzinomprophylaxe. Eine ab 2010 begonnene (Art. 66 Abs. 7 EGHGB) und bereits patentierte Neuentwicklung zur Bekämpfung des Lungenkrebses hat die erste klinische Testphase erfolgversprechend passiert. Die B sieht ihre Kapazitäten zur Weiterentwicklung als überfordert an und verkauft das Entwicklungsprodukt samt Patent und Warenzeichen an den Pharmahersteller P.
>
> Bei der B sind die (ab 2010) ausgefallenen Entwicklungskosten nicht aktivierbar, da von der Markteinführung des Präparats nicht ausgegangen werden kann (→ § 255 Rz. 134). Diese Aktivierungsrestriktion gilt für P nicht, da aus seiner Sicht ein Anschaffungsvorgang vorliegt.
>
> **ABWANDLUNG** B sieht keine sinnvolle Zukunft für seine Forschungssparte „Karzinom" mehr und verkauft den Gesamtbereich dieser Sparte mit allen Forschungsergebnissen gegen einen Einmalbetrag an P.
>
> Auch dieser Erwerb ist durch P vollumfänglich aktivierbar. Das Aktivierungsverbot in § 255 Abs. 2 Satz 4 HGB (→ § 255 Rz. 90) gilt für **angeschaffte** Forschungskosten nicht.

Zur möglichen Wertung von **gesellschaftsrechtlichen** Einbringungsvorgängen als Anschaffung vgl. → § 272 Rz. 10j.

4. Spezielle Ansatzverbote (Abs. 2 Satz 2)

10 Für selbst erstellte Marken, Kundenlisten, Drucktitel, Verlagsrechte und ähnliche immaterielle Anlagen formuliert Abs. 2 Satz 2 ein spezielles **Aktivierungsverbot**. Die Gesetzesvorgabe folgt hier exakt den Ansatzverboten in IAS 38.63. Grundlage ist eine reine **Kasuistik**, irgendeinem „Prinzip" folgt diese Ausnahmeregelung nicht.

Das Aktivierungsverbot erstreckt sich auch auf „ähnliche" immaterielle Anlagen. In der internationalen Rechnungslegung werden als markenähnlich z. B. sog. *trade dresses* (Waren- oder Verpackungsformen) angesehen, da sie nach dem Recht einiger Staaten nicht als Marken gelten. Nach § 3 Abs. 1 MarkenG ist der Begriff der Marke hingegen weitgefasst und umfasst alle Zeichen, Abbildungen, Buchstaben, dreidimensionale Gestaltungen, Waren- oder Verpackungsformen einschließlich Farben und Farbzusammenstellungen, die geeignet sind, Waren oder Dienstleistungen eines Unternehmens von denjenigen anderer Unternehmen zu unterscheiden. Die geschützte besondere Form einer Getränkeflasche unterliegt demnach bereits als Marke und nicht erst als „ähnlicher Vermögensgegenstand" einem Aktivierungsverbot.

Im Verhältnis zu den Kundenlisten kann die Ähnlichkeitsfrage hingegen relevant werden:

> **BEISPIEL** Eine Ehevermittlungsagentur bietet „Herren mit gehobenen Ansprüchen" kostenpflichtig ihre Dienste an. Voraussetzung für den Geschäftserfolg ist ein reichhaltiger Pool heiratswilliger Damen, die den „gehobenen Ansprüchen" genügen. Bei der Erstellung dieses Pools sind umfangreiche Aufwendungen angefallen.
>
> **BEURTEILUNG** Die heiratswilligen Damen sind keine Kunden. Die Erstellung des Pools ist daher keine Erstellung einer Kundenliste. Es besteht eher Ähnlichkeit zu einer Liste spezialisierter Lieferanten. Lieferantenlisten sind in Abs. 2 Satz 2 jedoch nicht genannt. Fraglich ist, ob sie und damit mittelbar auch der Pool des Ehevermittlungsinstituts als Kundenlisten „ähnlich (genug)" anzusehen sind. Dagegen spricht die Unterschiedlichkeit der Märkte (Absatz vs. Beschaffungsmarkt).

In **Anschaffungs**fällen gilt das Ansatzverbot nicht. Zur Unterscheidung von Anschaffung und Herstellung vgl. → § 255 Rz. 10.

§ 249 Rückstellungen

(1) ¹Rückstellungen sind für ungewisse Verbindlichkeiten und für drohende Verluste aus schwebenden Geschäften zu bilden. ²Ferner sind Rückstellungen zu bilden für

1. im Geschäftsjahr unterlassene Aufwendungen für Instandhaltung, die im folgenden Geschäftsjahr innerhalb von drei Monaten, oder für Abraumbeseitigung, die im folgenden Geschäftsjahr nachgeholt werden,
2. Gewährleistungen, die ohne rechtliche Verpflichtung erbracht werden.

(2) ¹Für andere als die in Absatz 1 bezeichneten Zwecke dürfen Rückstellungen nicht gebildet werden. ²Rückstellungen dürfen nur aufgelöst werden, soweit der Grund hierfür entfallen ist.

Inhaltsübersicht	Rz.
I. Begriff, Regelungsgehalt, Überblick	1 - 9
II. Ungewisse Verbindlichkeiten (Abs. 1 Satz 1 1. Alternative)	10 - 120
1. Schuldcharakter/Außenverpflichtung	10 - 49
1.1 Rechtliches Bestehen	10 - 12
1.2 Faktische Verpflichtungen (Abs. 1 Satz 2 Nr. 2)	13 - 21
1.2.1 Fehlende Gläubigeridentifizierung	13 - 16
1.2.2 Abgrenzung zur Aufwandsrückstellung	17 - 21
1.3 Wirtschaftliche Verursachung	22 - 38
1.3.1 Begriffsinhalt (negativ)	22 - 25
1.3.2 Ergänzungsfunktion zum rechtlichen Bestehen der Verpflichtung	26
1.3.3 Eigenständige Ansatzbegründung	27 - 36a
1.3.4 Gesamtbetrachtung	37
1.3.5 Kasuistik der wirtschaftlichen Verursachung (ABC)	38
1.4 Unsicherheitsmoment/Wahrscheinlichkeit der Inanspruchnahme	39 - 46
1.4.1 Erfüllung des Objektivierungsgebots?	39 - 41
1.4.2 Die 51 %-Regel	42
1.4.3 Schätzungszwang und Ermessensspielraum	43 - 46
1.5 Korrekturfunktion der Verbindlichkeitsrückstellung?	47 - 49
2. Einzelfälle der Verbindlichkeitsrückstellungen	50 - 120
2.1 Umweltschutz	50 - 72a
2.1.1 Spezielle Ansatzvoraussetzungen?	50 - 56
2.1.2 Kategorien des Umweltschutzes	57
2.1.3 Altlasten	58
2.1.4 Abfallbeseitigung aus dem Produktionsprozess	59 - 60
2.1.5 Entfernungsverpflichtungen, Rückbau	61 - 62
2.1.6 Wiederherstellungsverpflichtung nach Bodenschatzausbeute (Rekultivierung, Bohrlochverfüllung u. Ä.)	63
2.1.7 Umrüstungen, Anpassungen von Produktionsanlagen	64
2.1.8 Rücknahme- und Entsorgungsverpflichtungen für Altgeräte	65 - 72
2.1.8.1 Elektro- und Elektronikgeräte	65 - 69
2.1.8.2 Altfahrzeugverordnung	70 - 72
2.1.9 Emissionsrechte	72a
2.2 Garantie-(Gewährleistungs-)verpflichtungen, Kulanz (Abs. 1 Satz 2 Nr. 2)	73 - 79
2.3 Rechtsverfolgungskosten	80
2.4 Arbeitsverhältnisse	81 - 100
2.4.1 Ausgeglichenheitsvermutung, schwebendes Geschäft, Verlustrückstellung?	81
2.4.2 Einzelne Sachverhalte	82 - 100

	2.4.2.1 Abfindungen	82
	2.4.2.2 Altersteilzeit	83 - 88
	2.4.2.3 Arbeitszeitkonten	89
	2.4.2.4 Entgelt-Rahmenabkommen (ERA)	90
	2.4.2.5 Gratifikationen, Boni, Tantiemen u. Ä.	91
	2.4.2.6 Weihnachtsgeld	92
	2.4.2.7 Jubiläumszuwendungen	93
	2.4.2.8 Krankheit	94
	2.4.2.9 Sozialplanverpflichtung, Restrukturierung	95
	2.4.2.10 Urlaub und Gleitzeitguthaben	96
	2.4.2.11 Pensionssicherungsverein	97
	2.4.2.12 Versorgungsleistungen im Umlageverfahren	97a
	2.4.2.13 Sanierungsgelder für die Versorgungsanstalt des Bundes und der Länder (VBL)	97b
	2.4.2.14 *Stock Options*, aktienkursorientierte Vergütung	98 - 100
2.5 Verpflichtungen gegenüber dem Handelsvertreter		101 - 102
2.6 Verpflichtungen im Rahmen der Rechnungslegung, Aufbewahrungs- und Abrechnungsverpflichtungen		103 - 105
2.7 Pensionen und ähnliche Verpflichtungen		106 - 115
2.7.1 Überblick		106 - 110
2.7.2 Ansatzwahlrechte (Art. 28 EGHGB)		111 - 112
2.7.3 Wechsel des Durchführungswegs		112a - 112b
2.7.4 Abgrenzung zum Steuerrecht		113 - 114
2.7.5 Bewertung		115
2.8 Steuern		116 - 120
III. Drohende Verluste aus schwebenden Geschäften (Abs. 1 Satz 1 2. Alternative)		**121 - 150**
1. Schwebendes Geschäft		121 - 129
1.1 Begriffsdefinition, Anwendungsbereich		121 - 122
1.2 Beginn und Ende		123 - 126
1.3 Bilanzrechtliche Grundlage		127 - 129
2. Drohender Verlust		130 - 144
2.1 Keine Antizipation, Stichtagsbetrachtung, steuerliches Ansatzverbot		130 - 132
2.2 Abgrenzung des Verlusts zum nachteiligen Vertrag		133
2.3 Die Bestimmung der Saldogröße		134 - 142
2.4 Spezialfall Dauerschuldverhältnisse		143 - 144
3. Verbindlichkeitsrückstellungen im Rahmen eines schwebenden Vertrags		145 - 150
3.1 Typische Sachverhalte		145
3.2 Unmaßgeblichkeit des Erfüllungszeitpunkts		146 - 149
3.3 Unterscheidungsmerkmale		150
IV. Aufwandsrückstellungen (Abs. 1 Satz 2 Nr. 1)		**151 - 153**
V. Begrenzung der Rückstellungsarten/Auflösung (Abs. 2)		**154 - 156**
VI. Steuerliche Sonderregelungen		**157 - 161d**
1. Rückstellung für Dienstjubiläen (§ 5 Abs. 4 EStG)		157 - 158
2. Rückstellungen für künftige Anschaffungs- oder Herstellungskosten (§ 5 Abs. 4b EStG)		159 - 160
3. Verletzung fremder Patent-, Urheber- oder ähnlicher Schutzrechte (§ 5 Abs. 3 EStG)		161
4. Drohverlustrückstellungen (§ 5 Abs. 4a EStG)		161a - 161d
4.1 Systematik		161a - 161c
4.2 Gestaltungshinweise		161d
VII. ABC der Rückstellungen – Ansatz und Bewertung		**162**

Ausgewählte Literatur

Christiansen, Zur Passivierung von Verbindlichkeiten: Dem Grunde nach bestehende Verbindlichkeiten, DStR 2007 S. 127

Christiansen, Zur Passivierung von Verbindlichkeiten: (Nicht-)Passivierung im Rahmen schwebender Geschäfte, DStR 2007 S. 869

Gelhausen/Fey, Rückstellungen für ungewisse Verbindlichkeiten und Zukunftsbezogenheit von Aufwendungen, DB 1993 S. 593

Groh, Verbindlichkeitsrückstellungen und Verlustrückstellungen, BB 1988 S. 27

Hennrichs, Prognosen im Bilanzrecht, AG 2006 S. 698

Höfer/Rhiel/Veit, Die Rechnungslegung für betriebliche Altersversorgung im BilMoG, DB 2009 S. 1605

Hoffmann, Rückstellungen für die Aufbewahrung von Geschäftsunterlagen, PiR 2007 S. 145

Hoffmann, Drohverluste beim *asset deal*, StuB 2009 S. 165

Hommel/Schulte, Schätzungen von Rückstellungen in Fast-Close-Abschlüssen, BB 2004 S. 1671

Hug/Ross/Seidler, Bilanzielle Bewältigung der Rückwirkungsproblematik durch das Altfahrzeug-Gesetz (AltfahrzeugG), DB 2002 S. 1013

Kessler, Die Drohverlustrückstellung auf dem höchstrichterlichen Prüfstand, DStR 1994 S. 567

Kessler, Erneute Kehrtwendung des BFH bei der Interpretation der wirtschaftlichen Verursachung, DStR 1996 S. 1430

Küting/Kessler/Cassel/Metz, Die bilanzielle Würdigung bestandsunsicherer Schadensersatzverpflichtungen nach IFRS und HGB, WPg 2010 S. 315

Lüdenbach/Hoffmann, Faktische Verpflichtungen und (verdeckte) Aufwandsrückstellungen nach IFRS und HGB/EStG, BB 2005 S. 2344

Moxter, Die BFH-Rechtsprechung zu den Wahrscheinlichkeitsschwellen bei Schulden, BB 1998 S. 2464

Moxter, Neue Ansatzkriterien für Verbindlichkeitsrückstellungen, DStR 2004 S. 1057 und 1098

Moxter, Bilanzrechtsprechung, 6. Aufl., 2007

Osterloh-Konrad, Rückstellungen für Prozessrisiken in Handels- und Steuerbilanz, DStR 2003 S. 1631

Rhiel, Der Entwurf des IDW zur Bilanzierung von Altersversorgungsverpflichtungen nach dem BilMoG, StuB 2010 S. 131

Rhiel/Veit, Auswirkungen des BilMoG auf Pensionsverpflichtungen, DB 2008 S. 1509

Schmidt/Roth, Bilanzielle Behandlung von Umweltschutzverpflichtungen, DB 2004 S. 553

Schön, Der Bundesfinanzhof und die Rückstellungen, BB 1994, Beilage 9

Theile, Sozialplanverpflichtungen und Restrukturierungen, PiR 2007 S. 297

Weber-Grellet, Grundsatzfragen zur Bilanzierung schwebender Geschäfte, FR 1984 S. 489

Weber-Grellet, Der Apotheker-Fall – Anmerkungen und Konsequenzen zum Beschluss des Großen Senats vom 23. 6. 1997 GrS 2/93, DB 1997 S. 2233

I. Begriff, Regelungsgehalt, Überblick

1 Der allgemeine **Sprachgebrauch** bietet keinen Anhaltspunkt für den bilanzrechtlichen Inhalt von Rückstellungen. „Zurückgestellt" werden weniger wichtige Arbeiten oder die Einstellungen an einem elektronischen Gerät auf die Grundversion. Anders verhält es sich bei den sprachverwandten **Rücklagen**, die auch deswegen bei laienhaftem Sachverstand über Bilanzinhalte mit den Rückstellungen verwechselt oder in einen Topf geworfen werden. Rücklagen bedeuten in dieser Laieninterpretation Sicherheitspolster für schlechtere Zeiten, die durch „Hamstern" von Vermögenswerten gebildet werden.

2 Der Blick auf den **Gesetzeswortlaut** und ergänzend auf andere Gesetzespassagen hilft hier weiter: Rückstellungen sind als „Verbindlichkeiten" gekennzeichnet, die „ungewiss" sind. In § 242 Abs. 1 HGB (→ § 242 Rz. 11) und § 246 Abs. 1 HGB (→ § 246 Rz. 51) ist demgegenüber die Rede von „Schulden", Verbindlichkeiten erscheinen dort nicht. Das Verhältnis dieser beiden Begriffe zueinander erschließt sich dann im Blick auf § 266 Abs. 3 HGB (→ § 266 Rz. 78) und die dortige Gliederungssystematik für die Passivseite. Nach den Eigenkapitalkonten erscheinen unter B. und C. „Rückstellungen" und „Verbindlichkeiten". Zusammen mit dem „Ungewissen" in Abs. 1 erschließen sich die „Schulden" als **Oberbegriff** zu ungewissen Verbindlichkeiten einerseits und gewissen bzw. sicheren andererseits.

3 Damit ist das grundlegende Problem der Rückstellungsbilanzierung bereits klar angesprochen: die **Ungewissheit** (→ Rz. 11) von Schulden, die dem Grunde oder der Höhe nach von künftigen Ereignissen und Entwicklungen abhängen, die aber gleichwohl stichtagsbezogen (→ § 252 Rz. 26) „heute schon" das Vermögen des Kaufmanns belasten (statische Betrachtung) und deshalb tendenziell das Ergebnis mindern (dynamische Betrachtung).[1]

4 Zur Ungewissheit der Verbindlichkeit gesellt sich ein weiteres schwer zu definierendes Tatbestandsmerkmal des Rückstellungsansatzes, nämlich das „**Drohen**" von **Verlusten**. Denn auch das „Drohende" hat etwas Ungewisses an sich, die Verluste – ohnehin etwas Unerwünschtes – stehen sozusagen vor der Tür und begehren Einlass. Jedenfalls mindert diese Kategorie der Rückstellungen in Stichtagsbetrachtung ebenfalls das Vermögen des Kaufmanns und ist somit **bereits vorhanden** (→ Rz. 130).

5 **Unsicherheit** und **Ungewissheit**, insbesondere über die genannten zukünftigen Ereignisse etc., sind ein **Wesensmerkmal** der Bilanzierung bzw. der darauf beruhenden Gewinnermittlung (→ § 252 Rz. 44). Ob eine Kundenforderung eingeht oder nicht, kann genauso ungewiss sein wie die Nutzungsdauer eines Gebäudes oder einer Roboteranlage. Bei den Rückstellungen kommt aber die Ungewissheit schon im Gesetzestext zum Ausdruck und erhält deshalb besonderes Gewicht. Unsicherheit und Ungewissheit erfordern vom bilanzierenden Kaufmann notwendig eine ermessensabhängige **Schätzung**, die durch das gewisse Nichteintreten der geschätzten Annahme oder des entsprechenden Werts definiert ist (→ § 252 Rz. 46).

6 Daraus folgt unmittelbar der hohe bilanzpolitische Gehalt dieses Postens (→ Rz. 41); ja man kann sagen, die Rückstellungen stellen **die** bilanzpolitische Spielwiese des Kaufmanns

---

[1] Vgl. hierzu *Schön*, BB 1994, Beilage 9, S. 3.

schlechthin dar. Dies belegt in allererster Linie die Fülle der zu diesem Bilanzposten ergangenen BFH-Urteile, die an Häufigkeit alle anderen Bilanzposten weitaus übersteigt.[2] Die steuerliche Relevanz des handelsrechtlichen Rückstellungs**ansatzes** (und der **Bewertung** → § 253 Rz. 39) resultiert aus der Zurückhaltung des Steuergesetzgebers gegenüber einer eigenständigen Definition. Die **Steuerrechtsprechung** hatte deshalb keinerlei Probleme, das handelsrechtliche Rückstellungsgebot in seiner ganzen Abstraktheit den Entscheidungen zugrunde zu legen. Allerdings hat der Steuergesetzgeber im Laufe der Jahre durch verschiedene Ansatzverbote (→ Rz. 157 ff.) und Bewertungsvorgaben (→ § 253 Rz. 39) der Sicherung des Steueraufkommens Vorschub geleistet.

Bis zum Ergehen des BilMoG musste man systematisch zwischen den eine Ansatzpflicht begründenden **Verbindlichkeits**rückstellungen (einschließlich derer für drohende Verluste) einerseits und sog. **Aufwands**rückstellungen mit Ansatz**wahlrecht** andererseits unterscheiden. **Aufwands**rückstellungen verdanken ihre Bezeichnung der Tatsache einer am Stichtag nicht bestehenden Schuld gegenüber Dritten (sog. Außenverpflichtung). Sie betreffen mehr oder weniger offen definierte künftige Aufwendungen, z. B. zum Unterhalt von Großanlagen oder Gebäuden, waren und sind steuerlich allerdings nicht ansetzbar. Allerdings konnte sich das BilMoG nicht zu einer Eliminierung zweier **Sonderkategorien** von Aufwandsrückstellungen entschließen, die zur unverändert erwünscht erscheinenden steuerlichen Ansatzbegründung beibehalten werden sollten oder (lobbyistisch) mussten (→ Rz. 151). **Wahlrechte** sind seit dem BilMoG ansonsten nur noch verblieben bei sog. Altzusagen für Pensionsverpflichtungen und für mittelbare Altersversorgungsverbindlichkeiten (→ Rz. 111). 7

In der **Untergliederung** der Rückstellungen in § 266 Abs. 3 HGB (→ § 266 Rz. 78) lassen sich drei Kategorien ausmachen: 8

1. Rückstellungen für Pensionen und ähnliche Verpflichtungen;
2. Steuerrückstellungen;
3. Besonderheiten in der Steuerbilanz (→ Rz. 157 ff.).

In der nachstehenden Kommentierung wird nur teilweise auf diese Gliederungssystematik Rücksicht genommen. Der Grund liegt in der weiten Ausdifferenzierung des Bereichs der sonstigen Rückstellungen durch die bereits erwähnte umfangreiche BFH-Rechtsprechung. Wie immer bei dem Verzicht des Gesetzgebers auf detaillierte Regelungen entwickelt sich im Laufe der Zeit durch Rechtsprechung, Standarderläuterungen und Kommentierungen eine **Kasuistik**, die gerade bei den Rückstellungen außerordentlich reichlich dotiert ist (→ Rz. 162).

Zur Rückstellungs**bewertung** wird auf → § 253 Rz. 39 verwiesen, zur Inventarisierung (Bestandsaufnahme) auf → § 240 Rz. 7.

In Abs. 2 findet sich noch eine klarstellende **Beschränkung** des Ansatzes und ein Verbot der vorzeitigen **Auflösung** (→ Rz. 154).

Die im Mittelpunkt des Interesses und unserer Kommentierung stehenden Ansatzvoraussetzungen für die Verbindlichkeitsrückstellungen in der von der umfangreichen BFH-Rechtsprechung geprägten Rechtsdogmatik sind die folgenden:

---

2 *Schön*, BB 1994 Beilage 9, S. 2, hat 1994 für die zurückliegenden Jahre seit Inkrafttreten des BiRiLiG 1985 50 BFH-Urteile zu den Rückstellungen feststellen können, dagegen nur ein einziges BGH-Urteil.

- **Bestehen** einer Verbindlichkeit (Schuld) gegen einen Außenstehenden (→ Rz. 10 ff.).
- Wirtschaftliche **Verursachung** der Verpflichtung bis zum Bilanzstichtag (→ Rz. 22 ff.).
- Überwiegende **Wahrscheinlichkeit** der Inanspruchnahme aus der Verpflichtung, d. h. ernsthaftes Rechnen mit der Entstehung (→ Rz. 39 ff.).
- Nur für die **Steuer**bilanz nach § 5 Abs. 4b EStG: Die Aufwendungen dürfen nicht zu Anschaffungs- oder Herstellungskosten für ein Wirtschaftsgut in künftigen Geschäftsjahren führen (→ Rz. 159).

9 Der Regelungsinhalt des § 249 HGB ist von **anderen** Bilanzposten und Angabepflichten zu unterscheiden:
- **Haftungsverhältnisse** für Schulden Dritter (sog. Eventualverbindlichkeiten) gem. § 251 HGB und § 268 Abs. 7 HGB: Ausweis „unter dem Strich" bzw. im Anhang (→ § 268 Rz. 118);
- **Sonstige finanzielle Verpflichtungen** aus schwebenden Geschäften mit Zahlungsverpflichtung gem. § 285 Nr. 3a HGB (→ § 285 Rz. 14);
- **Rücklagen** (→ Rz. 1), die Bestandteil des Eigenkapitals sind, und aus Einzahlungen der Gesellschafter oder einbehaltenen Gewinnen resultieren (→ § 272 Rz. 34).

II. Ungewisse Verbindlichkeiten (Abs. 1 Satz 1 1. Alternative)

1. Schuldcharakter/Außenverpflichtung

1.1 Rechtliches Bestehen

10 Konstitutives Tatbestandsmerkmal einer sog. Verbindlichkeitsrückstellung ist das Bestehen einer Schuld gegenüber **dritten** Personen. Der Gläubiger muss vom Unternehmen ein bestimmtes Tun oder Unterlassen verlangen können. Dadurch ist eine Abgrenzung zu den regelmäßig nicht ansetzbaren (Ausnahmen siehe → Rz. 7) **Aufwandsrückstellungen** (→ Rz. 151) gegeben, die auch als „Verbindlichkeiten gegenüber sich selbst" bezeichnet werden oder worden sind. Der Schuldcharakter ist zunächst **rechtlich** zu verstehen und entspringt:
- Vertragsverhältnissen (z. B. bei Schlechterfüllung),
- gesetzlichen Schuldverhältnissen (z. B. Schadenersatz) oder
- öffentlich-rechtlichen Verpflichtungen, insbesondere im Umweltbereich (→ Rz. 57 ff.).

Dabei müssen alle Tatbestandsmerkmale erfüllt sein, die nach bürgerlichem und öffentlichem Recht dem Gläubiger die Erfüllung seines Anspruchs gewährleisten.[3] Kann sich umgekehrt das Unternehmen von seiner Verbindlichkeit durch vorzeitige Vertragskündigung lösen, hindert die am Stichtag noch nicht ausgesprochene Kündigung gleichwohl den Rückstellungsansatz.

BEISPIEL[4] Ein Reeder hatte bei einer Werft den Bau eines Tankschiffs in Auftrag gegeben. Wegen der Ölkrise in 1973 konnte der Tanker nicht mehr sinnvoll verwertet werden. Der

---

3 Vgl. *Schön*, BB 1994, Beilage 9, S. 4.
4 Nach BFH-Urteil vom 17.11.1987 – VIII R 348/82, BStBl II S. 845.

Reeder machte von seinem Kündigungsrecht nach damaligem § 649 BGB Gebrauch, so dass er am Bilanzstichtag statt des gesamten Kaufpreises nur eine Entschädigung an die Werft zu zahlen hatte. Der BFH akzeptierte den (niedrigeren) Entschädigungsbetrag als rückstellungsfähig. Da die Parteien am Stichtag in Verhandlungen über eine Vertragsänderung zur Erstellung eines anderen Schiffs standen, wollte das Finanzamt gar keine Rückstellung akzeptieren. Dem folgte der BFH nicht, weil der Reeder rechtlich insoweit vom Einvernehmen des Gläubigers abhängig war.

Die unzweifelhaft bestehende rechtliche Verpflichtung kann u. E. dann unbeachtlich sein, wenn der Anspruchsberechtigte **keinen Anreiz** zur Durchsetzung seines Anspruchs hat. 10a

BEISPIEL

▶ Der selbständige Lebensversicherungsvertreter L ist bei Abschluss eines Versicherungsvertrags dem Versicherer gegenüber zur kostenlosen Nachbetreuung verpflichtet (→ § 252 Rz. 120). Am 31.12.01 gibt er seine Versicherungsagentur auf und eröffnet am 1.1.02 ein Immobilienvermittlungsbüro. Der Versicherer übergibt den „Bestand" an zu betreuenden Verträgen an den Versicherungsvertreter V ohne besonderes Entgelt. V akzeptiert dies im Hinblick auf die Möglichkeit des Abschlusses weiter zu provisierender Versicherungen mit den übernommen Bestandskunden.

▶ Der Hörgeräteakustiker H verpflichtet sich bei Abschluss des Kaufvertrags zur Nachbetreuung des Kunden auf fünf Jahre (→ § 252 Rz. 123). Am 31.12.01 gibt H sein Geschäft wegen mangelnder Rentabilität auf und bedankt sich in der Lokalzeitung bei seinen Kunden für die langjährige erfreuliche Zusammenarbeit. Diese Kunden sehen keinen Sinn in der Rechtsverfolgung ihrer Ansprüche.

In beiden Fällen verwandelt sich die rechtliche **Verpflichtung in eine faktische Nichtverpflichtung**. Ein Rückstellungsansatz scheidet u. E. aus – im Gegenteil zur **faktischen**, d. h. rechtsgrundlosen Verpflichtung (→ Rz. 13).

Man kann den Nichtansatz einer Rückstellung in diesen Fällen mit der sanktionslosen Beendigung der unternehmerischen Tätigkeit im fraglichen Bereich nach der BFH-Rechtsprechung mit folgenden Fällen begründen:

▶ Ausstieg aus einem Garantiefonds (→ Rz. 34),

▶ Einstellung des Tankstellenbetriebs (→ Rz. 35).

Ähnlich verhält es sich bezüglich des Nichtansatzes einer Verpflichtung zur Entsorgung von Elektroschrott wegen Verzichts auf späteren Marktauftritt (→ Rz. 66).

Diese rechtliche Strukturierung reicht als ansatzbegründendes Tatbestandsmerkmal nicht aus. Hinzu kommt im Hinblick auf das der Rückstellung begrifflich immanente **Unsicherheitsmoment** (→ Rz. 3) die Ungewissheit über das Bestehen der Verpflichtung **überhaupt** oder der **Höhe** nach. Wenn die Schuld nämlich sicher besteht und der Höhe nach bezifferbar ist (z. B. Lieferantenverbindlichkeit), scheidet ein Rückstellungsansatz aus, die betreffende Schuld ist als „reine" Verbindlichkeit auszuweisen. 11

12 Wegen dieses Unsicherheitsmomentes kann im Grunde eine Verbindlichkeitsrückstellung je nach Sachverhalt als „**Eventualschuld**" bezeichnet werden: „Sie besteht oder sie besteht nicht." Der umgangssprachlich nur den Haftungsverbindlichkeiten nach § 251 HGB (→ § 251 Rz. 8) zugeordnete Begriff „Eventualschuld" ist nach allgemeinem Sprachgebrauch inhaltlich **weiter** auszulegen und betrifft auch „eigene" Verbindlichkeiten eines Unternehmens.

> **BEISPIEL** U wird wegen einer Patentverletzung von einem Konkurrenzbetrieb auf Schadenersatz verklagt. Die Rechtslage ist aus Sicht des Bilanzstichtags bzw. des Aufstellungstags sehr verworren. Hinter der Klage verbirgt sich u.U. eine Art strategische Maßnahme zur Einschüchterung des Konkurrenten mit der möglichen Rücknahme vor der gerichtlichen Entscheidung. Die entsprechende Schuld ist daher sehr „**eventuell**" im Hinblick auf ihre tatsächliche Feststellung durch ein Gericht.

Diese Auslegung der Unsicherheit entspricht jedenfalls dem Verständnis nach HGB/EStG, aber auch nach dem gültigen IAS 37. Der vorliegende Änderungsentwurf ED 37 der IFRS folgt allerdings einem anderen Konzept.[5] Danach begründet eine auch höchst unwahrscheinliche Verpflichtung den Bilanzansatz (die Verpflichtung besteht nicht mehr „eventuell"); die Ungewissheit schlägt sich dann im Bewertungskalkül nieder, so dass der anzusetzende Bilanzwert bis gegen Null tendieren kann (→ Rz. 44).

1.2 Faktische Verpflichtungen (Abs. 1 Satz 2 Nr. 2)

1.2.1 Fehlende Gläubigeridentifizierung

13 Die **Identifizierbarkeit** des Gläubigers ist nicht zwingende Tatbestandsvoraussetzung. Es gilt somit nicht: Wenn kein konkreter Gläubiger bestimmbar ist, kann auch keine Schuld bestehen. Diese Aussage gilt indes nur eingeschränkt; nach der Rechtsprechung des BFH und der Bilanzierungspraxis werden auch sog. **faktische** Verpflichtungen in bestimmten Fällen als ansatzbegründend erachtet. „Faktisch" bedeutet: Der Unternehmer kann sich aus Gründen seines eigenen wirtschaftlichen Interesses oder durch Begründung einer entsprechenden Erwartungshaltung in der Öffentlichkeit oder bei den Arbeitnehmern einer künftig bestimmbar werdenden Verpflichtung nicht entziehen.

Folgende Sachverhalte sind typisch:

14 ▶ Regulierungen von Produktschäden außerhalb der Garantiefrist im **Kulanz**weg sind häufig branchenüblich. Der Kunde kann auf eine entsprechende Großzügigkeit des Herstellers vertrauen oder umgekehrt betrachtet: Der betreffende Kaufmann kann sich – aus welchen Gründen auch immer – dieser Verpflichtung nicht entziehen.[6]

15 ▶ Restrukturierungsverpflichtungen aufgrund eines **Sozialplans** (→ Rz. 21) sind nach der Praxis der Finanzverwaltung (R 5.7 Abs. 6 EStR 2008), der die handelsrechtliche Rechnungslegung folgt, regelmäßig dann anzusetzen, wenn der Betriebsrat über die geplante Betriebsänderung nach § 111 Satz 1 BetrVerfG unterrichtet ist. Ergänzend wird der Rückstel-

---

5 Vgl. *Hoffmann*, in: Lüdenbach/Hoffmann (Hrsg.), Haufe IFRS-Kommentar, 8. Aufl., Freiburg 2010, § 21 Rz. 47.
6 BGH-Urteil vom 28.1.1991 – II ZR 20/90, BB 1991 S. 507; BFH-Urteil vom 20.11.1962 – I 242/61 U, BStBl 1963 III S. 113.

lungsansatz im betreffenden Abschluss auch dann für zulässig erachtet, wenn bis zum Bilanzstichtag die Betriebsänderung beschlossen worden ist oder schon die wirtschaftliche Notwendigkeit bestand, die Unterrichtung des Betriebsrats aber noch vor dem Erstellungszeitpunkt (→ § 252 Rz. 51) erfolgt ist. In diesen Fällen liegt am Bilanzstichtag noch keine Rechtsverbindlichkeit gegenüber irgendwelchen Personen vor.

BEISPIEL[7] Im Februar 01 setzt der Vorstand nach Heranziehung einer Unternehmensberatungsgesellschaft das Projekt „*global market*" auf. Darin wird umfassend die Möglichkeit der Durchdringung bestimmter Auslandsmärkte und der damit verbundenen Kostenentwicklung der heimischen Produktion analysiert. Schon im November 01 stellt sich das Erfordernis des Abbaus von mindestens 30 % der im Inland beschäftigten Belegschaft heraus. Aus verschiedenen nicht weiter interessierenden Gründen wird der Beschluss zur Restrukturierung erst im Juni 02 gefasst und dem Betriebsrat im Januar 03 mitgeteilt. Die Bilanzerstellung erfolgt am 15.2.03 für den 31.12.02. Der Sozialplan wird mit dem Betriebsrat im Juni 03 ausgehandelt. Alsdann beginnen die individuellen Verhandlungen mit den betroffenen Arbeitnehmern.

Die Rückstellung für die Sozialplanverpflichtung ist zum 31.12.02 als Rückstellung anzusetzen, obwohl noch keine Rechtsverbindlichkeit vorliegt. Der Grund wird in einer wirtschaftlichen Verursachung bis zu diesem Stichtag gesehen.

▶ Eine faktische Verpflichtung kommt u. E. je nach den Umständen des Einzelfalls durch eine veröffentlichte **Selbstbindung** in Betracht. Dazu folgendes Beispiel: 16

BEISPIEL[8] Die Power Car GmbH ist bei den lokalen Behörden und in der örtlichen Presse in die Kritik geraten. Moniert werden vor allem Lärmemissionen, daneben Bodenverunreinigungen. Eine gesetzliche Pflicht zur Sanierung des Bodens besteht nicht. Die Power Car GmbH geht jedoch in die Image-Offensive und erklärt in einer Presse-Konferenz ihre Absicht, im Folgejahr ein 1-Millionen-Programm zur Bodendekontaminierung durchzuführen. Die Aufsichtsbehörde nimmt dies wohlwollend zur Kenntnis, erlässt darüber hinaus eine Verfügung, wonach der Gewerbebetrieb am vorhandenen Ort in zwei Jahren einzustellen ist, sofern bis dahin nicht umfangreiche Lärmschutzvorrichtungen (Volumen von 2 Mio €) eingebaut sind.

Die Kontaminierung des Bodens hat ihre Ursache in der Vergangenheit. Mangels gesetzlicher Verpflichtung kommt nur eine **faktische** Verpflichtung in Frage. Diese könnte sich aus der öffentlich kundgemachten Absicht ergeben. Eine faktische Verpflichtung (mit der Folge der Rückstellungspflicht) bestünde dann, wenn die Power Car GmbH schon bisher veröffentlichte Zusagen auch eingehalten hat. Gibt das bisherige Geschäftsgebaren des Unternehmens zu größerem Zweifel Anlass, ob es die veröffentlichte Politik auch einhält, muss von einer Rückstellung abgesehen werden.

Der Einbau der Lärmschutzvorrichtungen ist durch die behördliche Verfügung als rechtliche Verpflichtung konkretisiert. Es besteht jedoch kein Zusammenhang mit einem **vergangenen**

---

7 Nach *Prinz*, DB 2007 S. 354.
8 Nach *Lüdenbach*, IFRS, 5. Aufl., S. 229.

II. Ungewisse Verbindlichkeiten

> **Ereignis**. Die Verpflichtung entsteht nur dann, wenn das Unternehmen seine Geschäftstätigkeit über den Stichtag der Verfügung hinaus am gegebenen Ort in der bisherigen Form fortsetzt. Eine Rückstellung ist deshalb nicht zu bilden (→ Rz. 34).

1.2.2 Abgrenzung zur Aufwandsrückstellung

17   Die letztgenannte Fallvariante einer (möglichen) faktischen Verpflichtung zeigt die Schwierigkeit bei deren Einbeziehung in die „an sich" gebotene Rechtsverbindlichkeit als Ansatzkriterium der Verbindlichkeitsrückstellung. Die Frage ist, wo die Grenze zu ziehen ist, ab der sich das Unternehmen der angekündigten Selbstverpflichtung nicht mehr entziehen kann. Nach der Vorgabe von IAS 37.17 darf das Unternehmen „**keine realistische Alternative zur Erfüllung der Verpflichtung**" haben. Das ist in solchen Fällen der Öffentlichkeitsmitteilung dann der Fall, wenn diese eine *valid expectation* zur Erfüllung der Verpflichtung hat. Insofern gleicht diese Ansatzvoraussetzung derjenigen für den **Sozialplan** (→ Rz. 15), bei dem die Mitarbeiter ebenfalls durch die Ankündigung an den Betriebsrat eine solche „belastbare Erwartung" gegenüber dem Unternehmen haben.

Die unterschiedliche Verpflichtungsstruktur von rechtlichen und faktischen Verbindlichkeiten liegt in der **Erzwingbarkeit** des „faktischen" Gläubigers zur Erfüllung der angenommenen Verbindlichkeit. Wird die in Aussicht genommene Gewährleistung (Kulanz) nicht erbracht, hat der vermeintliche Anspruchsberechtigte keine Handhabe gegen den Unternehmer. Im Fallbeispiel unter → Rz. 16 mag die interessierte Öffentlichkeit als anspruchsberechtigt (für die Dekontaminierung und die Lärmschutzvorrichtung) angesehen werden. Wenn sich die Geschäftsleitung – z. B. aufgrund Intervention der ausländischen Muttergesellschaft – anders besinnt, hat die interessierte Öffentlichkeit das Nachsehen. Die Behörde kann (im Beispiel) lediglich die Lärmschutzvorrichtung bzw. deren Installation überwachen und bei Nichterfüllung dieser Pflicht das Unternehmen schließen. Allerdings handelt es sich dabei um eine Zukunftsverpflichtung – es fehlt das Vergangenheitsereignis (→ Rz. 34) –, die auch bei rechtlicher Verbindlichkeit nicht zum Rückstellungsansatz berechtigt. Und bei den Sozialplanansprüchen, die noch nicht zu einzelvertraglichen Abfindungsvereinbarungen geführt haben, kann sich das Unternehmen nach dem Bilanzstichtag auch eines anderen besinnen, die Tätigkeit mit unverändertem Personalstamm weiterführen, dann wird kein Arbeitnehmer auf die Erfüllung der in Aussicht gestellten Abfindung klagen wollen.

18   Die Erfüllung der faktischen Verpflichtung durch das Unternehmen entspringt einem **Opportunitätskalkül**.[9] Das Unternehmen wird die Kulanzleistung und die nicht verpflichtende Dekontaminierung nur dann vornehmen, wenn es sich davon einen **wirtschaftlichen Vorteil** verspricht. Ein solcher liegt sicherlich dann nicht mehr vor, wenn das Unternehmen die betreffende **Geschäftstätigkeit einstellt** oder überhaupt die **Liquidation** beschließt. In diesem Fall ist kein Imageschaden mehr zu befürchten, es fehlt dann ein ökonomisches Interesse an der Erfüllung rechtlich nicht bestehender Verpflichtungen – eben anders als bei den letztgenannten, die auch im Liquidationsfall erfüllt werden müssen. Insofern besteht eine spürbare Schwierig-

---

9 Vgl. hierzu im Einzelnen *Theile*, PiR 2007 S. 302; *Hoffmann*, in: Lüdenbach/Hoffmann (Hrsg.), Haufe IFRS-Kommentar, 8. Aufl., Freiburg 2010, § 21 Rz. 28 ff.

keit in der trennscharfen **Abgrenzung** von **Verbindlichkeits**rückstellungen für faktische Verpflichtungen einerseits und **Aufwands**rückstellungen (→ Rz. 7) andererseits.[10]

Das unter → Rz. 18 dargestellte Opportunitätsverhältnis kann auch **investitionstheoretisch** erklärt werden. Der Automobilhersteller wird die kulante Beseitigung eines Motorschadens mit einem Kostenfaktor von 100 nur erledigen, wenn er künftig abgezinst mehr als 100 daraus erlösen kann. Ein Bilanzansatz von 100 verursacht **jetzt** den entsprechenden Aufwand, dem erst in der Zukunft Erträge gegenüberstehen. Der sonst beim Rückstellungsansatz so hoch gehaltene Grundsatz der periodengerechten Aufwandszuordnung (→ Rz. 32) wird hier gerade nicht beachtet. 19

Die vorstehenden Ausführungen beruhen primär auf der Auslegung von IAS 37.10 und der dortigen Definitionsnorm zur faktischen Verpflichtung (*constructive obligation*). In diesem Bereich entspricht jedoch die zugrunde liegende Rechtsdogmatik des HGB weitgehend derjenigen des IAS 37, so dass eine HGB-Gesetzesauslegung durchaus auf diese Regeln der IFRS zurückgreifen kann; dazu hat im Übrigen der EuGH eine positive Anregung gegeben.[11] 20

Insbesondere faktische Verpflichtungen wegen Restrukturierungsbedarf bergen hohen **bilanzpolitischen** Gehalt. Dieser erschließt sich ebenfalls aus der schwierigen Abgrenzung zur Aufwandsrückstellung. Das beginnt bereits mit dem Begriffsinhalt von „Restrukturierung". Darunter kann man ohne weitere Erläuterung Vieles und damit nichts Genaues verstehen. **Allein** der Abbau von **Arbeitsplätzen** ist damit regelmäßig nicht gemeint. Passender scheint die Definition in IAS 37.10: Ein vom Management geplantes und beherrschtes Programm zur wesentlichen Veränderung eines Geschäftsfelds. Diese Definition wird in IAS 37.70 weiter erläutert, etwa mit der Schließung eines bestimmten sachlich oder regional definierten Geschäftsbereichs. Ein solcher geht **auch** einher mit der Kündigung von Mietverhältnissen, Dauerbelieferungsrechten, Verschrottung von Maschinen, Stilllegung von Gebäuden, Geschäftsverlegungen etc. 21

In solchen Fällen geht das Bestreben des Managements häufig dahin, möglichst hohen Aufwand – für zumindest teilweise noch nicht bestehende Verpflichtungen – auszuweisen, um später nicht benötigten Rückstellungsbedarf still zugunsten des Ergebnisses **aufzulösen**. Dieses „*clean up*" oder „*big bath*" ist als bilanzpolitisches Instrument insbesondere dann angesagt, wenn ein neuer Vorstandsvorsitzender die Bühne betritt und „Altlasten" dem Vorgänger anhängt, um sich selbst später umso glänzender präsentieren zu können.[12]

1.3 Wirtschaftliche Verursachung

1.3.1 Begriffsinhalt (negativ)

Ein besonderer streitumwobener Teilaspekt des Rückstellungsansatzes bezieht sich auf das Kriterium der wirtschaftlichen Verursachung, das in der BFH-Rechtsprechung und im Schrifttum für eine Fülle von „Zweifelsfragen" ursächlich ist.[13] Der Grund dafür liegt zunächst in der be- 22

---

10 Vgl. *Theile*, PiR 2007 S. 302.
11 Im sog. BIAO-Urteil vom 7.1.2003 – C-306/99, DStRE 2003 S. 69; vgl. dazu *Scheffler*, StuB 2003 S. 298.
12 Vgl. *Theile*, PiR 2007 S. 298; *Hoffmann*, in: Lüdenbach/Hoffmann (Hrsg.), Haufe IFRS-Kommentar, 8. Aufl., Freiburg 2010, § 21 Rz. 88.
13 Vgl. *Schön*, BB 1994, Beilage 9, S. 4.

grifflichen **Umbestimmtheit**: Das gesamte menschliche Leben ist so gut wie immer „**wirtschaftlich**" definiert. Das geht hin bis zum Einsiedler, der ähnlich wie einst *Robinson Crusoe* überlegt, inwieweit er seinen kärglichen Unterhaltsbedarf ressourcenschonend decken kann. Oder noch weiter zurückblickend kann die Geburtsstunde der wirtschaftlichen Verursachung in die Vertreibung aus dem Paradies terminiert werden, als schlagartig alle Güter knapp wurden. Mit der Verwendung des Begriffs „wirtschaftliche Verursachung" ist deshalb genauso wenig inhaltlich gewonnen wie mit der „wirtschaftlichen Betrachtungsweise" (→ § 246 Rz. 156), die dem (bilanzierenden) Kaufmann noch mehr in die Wiege gelegt worden ist als den übrigen Teilnehmern des Wirtschaftslebens. Deshalb ist dem Inhalt dieser Verursachung auf anderem Weg als nur mit der **nichtssagenden Floskel** „wirtschaftlich" auf die Spur zu kommen.

23 Negativ kann die wirtschaftliche Verursachung aussagen:

▶ Das Bestehen einer rechtlichen Verbindlichkeit genügt nicht, **zusätzlich** bedarf es der wirtschaftlichen Verursachung.

Oder:

▶ Die wirtschaftliche Verursachung bestimmt **unabhängig** vom Bestehen der rechtlichen Verpflichtung am Stichtag den Bilanzansatz; anders formuliert: Die rechtliche Entstehung einer Verbindlichkeit ist für die Frage des Ausweiszeitpunkts **unerheblich**.[14]

24 Die letztgenannte Gesetzesauslegung verstieße in dieser apodiktischen Form gegen das unter → Rz. 10 dargestellte Erfordernis einer Rechtsverpflichtung, die nur in Ausnahmefällen durch eine faktische Verpflichtung ersetzt werden kann (→ Rz. 13). Der (zweitgenannten) Gesetzesauslegung kann deshalb nur Bedeutung zukommen, wenn sie im Zusammenhang mit dem **Stichtagsprinzip** verstanden wird.

BEISPIEL[15] ▶ Eine GmbH & Co. KG erhielt von der Umweltbehörde die Auflage zur Nachrüstung ihrer Tankstellen mit einem Gasrückführungssystem bis zum 31.12.07. Streitig war der Bilanzansatz zum 31.12.06.

Nach Auffassung des BFH ist ein Rückstellungsansatz frühestens zum 31.12.07 vorzunehmen, weil die rechtliche Verpflichtung zwar ein Jahr zuvor schon bestand, allerdings noch in einer Art Schwebezustand verharrte, da die Erfüllungshandlung noch nicht erzwungen werden konnte. Jedenfalls genügt nach Auffassung des BFH das rechtliche Bestehen am Stichtag nicht zur Begründung des Bilanzansatzes. Hinzukommen muss das Tatbestandsmerkmal der wirtschaftlichen Verursachung. Offen bleibt dann allerdings noch die Antwort auf die 2. Alternative unter → Rz. 23: Begründet die wirtschaftliche Verursachung allein den Rückstellungsansatz? So oder so bedarf es einer inhaltlichen Konkretisierung der wirtschaftlichen Verursachung.

25 Wenig zur Klärung des Verhältnisses von wirtschaftlicher und rechtlicher Verursachung trägt auch eine frühere Aussage des BFH bei, etwa des Inhalts: Wenn die rechtliche und die wirtschaftliche Verursachung **zeitlich auseinanderfallen**, ist für den Bilanzansatz der Zeitpunkt der

---

14 So *Schmidt/Weber-Grellet*, EStG, 29. Aufl., München 2010, § 5 Tz. 384, m.w.N. und gegenteiligen Auffassungen.
15 Nach dem BFH-Urteil vom 13.12.2007 – IV R 85/05, DB 2008 S. 1013, mit Anm. *Hoffmann* und Kommentierung in PiR 2008 S. 347 (→ Rz. 35).

früheren Verursachung maßgeblich.[16] An dieser Aussage hält die BFH-Rechtsprechung offensichtlich nicht mehr fest.

1.3.2 Ergänzungsfunktion zum rechtlichen Bestehen der Verpflichtung

Auf der Suche nach einem **positiv** bestimmbaren Inhalt der wirtschaftlichen Verursachung stößt man in eher älteren Urteilen auf eine Art **Ergänzung**statbestand zur rechtlichen Verursachung. Abgesehen vom Unsicherheitsmoment (→ Rz. 3), das bei diesen Betrachtungen system- und gesetzeswidrig unbeachtet bleibt, wird die am Stichtag förmlich fehlende Rechtsverbindlichkeit durch das Bestehen der „wesentlichen" – nicht aller – Anspruchsvoraussetzungen für den Gläubiger überlagert; es fehlt noch „der letzte **Schritt**"[17] zur Vollentstehung als unwesentliches Tatbestandsmerkmal, das das „wirtschaftliche Entstehen" der Verbindlichkeit nicht mehr verhindert. Musterfälle sind 26

- Annahme des Vertragsangebots durch den Gläubiger;[18]
- Gestaltungsrechte des Gläubigers durch Anfechtung oder Kündigung eines Vertrags;
- Verpflichtung eines Vereins zur Rückzahlung von Beiträgen an die Mitglieder;[19]
- Verpflichtung einer Bausparkasse zur Rückzahlung der Einmalprämie anlässlich des Vertragsabschlusses bei Nichtinanspruchnahme des Darlehens.[20]

Zusammengefasst kann das **rechtliche** Bestehen einer Verpflichtung in dieser Ausprägung der BFH-Rechtsprechung als **dominierend** angesehen werden. Der **wirtschaftlichen** Verursachung kommt nur eine **Ergänzung**sfunktion zu.

1.3.3 Eigenständige Ansatzbegründung

Nach den in der Aufzählung unter → Rz. 23 dargestellten Alternativen kann die wirtschaftliche Verursachung auch verstanden werden als 27

- zwar eigenständiges, aber **kumulativ** zum rechtlichen Bestehen zu erfüllendes oder
- **selbständiges**, die rechtliche Verursachung nicht benötigendes
- **Tatbestandsmerkmal** für den Rückstellungsansatz.

Um diese Kriterien kreist die BFH-Rechtsprechung und die Diskussion im Schrifttum Ende der 80er Jahre des vorigen Jahrhunderts, als die bilanzrechtliche Bewältigung der **Umweltschutzprobleme** immer mehr in den Mittelpunkt der Interessen rückte (→ Rz. 50 ff.). Insbesondere die Entsorgungsproblematik für Nuklearkraftwerke[21] (→ Rz. 61) mit den damit verbundenen gewaltigen Kosten, die erst in der fernen Zukunft zu **Auszahlungen**, aber jetzt schon – jedoch mit welcher Begründung in welcher Höhe? – zu **Aufwand** führen (→ Rz. 32), eignete sich als Exerzierfeld für die hier angesprochene Bilanzrechtsexegese.

---

16 BFH-Urteil vom 23. 9. 1969 – I R 22/66, BStBl 1970 II S. 104, so noch bestätigt im umstrittenen (→ Rz. 36) BFH-Urteil vom 27. 6. 2001 – I R 45/97, BStBl 2003 II S. 121 = Kurzinfo StuB 2001 S. 765.
17 Vgl. *Schön*, BB 1994, Beilage 5.
18 BFH-Urteil vom 16. 11. 1982 – VIII R 95/81, BStBl 1983 II S. 361.
19 BFH-Urteil vom 28. 6. 1989 – I R 86/85, BStBl 1990 II S. 550.
20 BFH-Urteil vom 12. 12. 1990 – I R 153/86, BStBl 1991 II S. 479.
21 Vgl. *Clemm*, FS Moxter, 1994, S. 180 ff.

28 Auf der Grundlage des **Vollständigkeitsgebots** (→ § 246 Rz. 1) kann man die Passivierung dieser Entsorgungsverpflichtung für das Kernkraftwerk spätestens in dem Augenblick verlangen, in dem die erste nukleare Kettenreaktion und damit die Stromerzeugung beginnt. Der entsprechende Rückstellungsbetrag würde ein Zigfaches der daraus resultierenden Umsatzerlöse des betreffenden Geschäftsjahrs ausmachen, die das Kraftwerk betreibende Gesellschaft wäre daher sofort **überschuldet** – ein als „unmöglich" betrachtetes Ergebnis, das man nach früherem HGB (§ 269 HGB a. F.) durch Aktivierung von Ingangsetzungskosten beheben wollte.[22] Diese kompensierende Buchung wurde allerdings auch deswegen verworfen, weil mit ihr nach damaligem HGB eine Ausschüttungssperre verbunden gewesen wäre. So suchte man nach anderen Lösungen zur Vermeidung des als unerträglich empfundenen Bilanzbilds. Die an sich naheliegende Lösung einer Aktivierung der künftigen Entsorgungskosten als Bestandteil der **Herstellungskosten** wurde ohne Problematisierung deswegen nicht verfolgt, weil offensichtlich die Gegenbuchung eines Rückstellungsansatzes – anders als nach IAS 16.16(c) – unter den Herstellungskosten als indiskutabel angesehen wird, obwohl dem Gesetzeswortlaut des § 249 Abs. 1 HGB eine solche Aussage nicht entnommen werden kann.[23]

29 In Ermangelung einer Kompensation auf der Aktivseite der Bilanz musste notgedrungen die **Passivseite** zur Vermeidung der Überschuldung des Kernkraftwerks in den ersten Betriebsjahren herangezogen werden. Dies gelang durch **Reduzierung** des Passivpostens für die Dekontaminierungs- und Rückbauverpflichtung, d. h. unter **Aufopferung** des **Vollständigkeitsgebots**. Dies konnte nach traditioneller deutscher Bilanzrechtsdogmatik nur unter Heranziehung oder Neuerfindung von entsprechenden **Grundsätzen** gelingen (→ § 243 Rz. 4 ff.):

▶ Das **Realisations**prinzip, dem eine rückstellungsbegrenzende Wirkung zugewiesen wurde.[24]

▶ Das **Alimentations**prinzip: Aufwendungen sind nur insoweit (über Rückstellungen) einzubuchen, als sie bis zum Bilanzstichtag entstandenen Erträgen zuzuordnen sind.[25]

▶ Das Prinzip der **Nettorealisation** bzw. das **Belastungs**prinzip:[26] Nur bis zum Stichtag „realisierter Aufwand" ist auf der Passivseite über die Verbindlichkeitsrückstellung einzubuchen.

Die genannten „Grundsätze" überschneiden sich; gemeinsam ist der Aussagegehalt: Im Ergebnisausweis kommen Aufwendungen nur insoweit zum Tragen, als ihnen Erlöse (aus der Stromproduktion des Kernkraftwerks → Rz. 28) nach irgendeiner Formel zuzuordnen sind (→ § 243 Rz. 17).

30 Diese aus der Entsorgungsverpflichtung für Kernkraftwerke entstandenen Überlegungen und Prinzipien wurden dann im Schrifttum (selbstverständlich) abstrahiert, d. h. als **allgemeingültig** hingestellt:[27]

---

22 So *Siegel*, BB 1993 S. 334; *Kupsch*, BB 1992 S. 2324; *Crezelius*, DB 1992 S. 1363.
23 Erstmals wurde eine solche Lösung im Schrifttum von *Lüdenbach*, BB 2003 S. 835, für das HGB vorgeschlagen und begründet, allerdings ohne positives Echo im Schrifttum. Im Referentenentwurf des BilMoG wurde die IFRS-Lösung zwar als informativer gelobt, aber als auf das HGB wegen der erforderlichen Neuausrichtung des Anschaffungskostenprinzips nicht für anwendbar erklärt; vgl. hierzu *Wich*, Entfernungsverpflichtungen in der kapitalmarktorientierten Rechnungslegung der IFRS, Wiesbaden 2009.
24 Vgl. *Herzig*, DB 1990 S. 1341, *ders.*, in: FS Ludwig Schmidt, 1993, S. 209.
25 Vgl. *Moxter*, Bilanzrechtsprechung, 6. Aufl., 2007, S. 118 f.
26 Vgl. *Schmidt/Weber-Grellet*, EStG, 29. Aufl., München 2010, § 5 Tz. 382 f.
27 Vgl. hierzu die Zusammenstellung von *Kessler*, DStR 1996 S. 1430.

▶ Die ungewissen zukünftigen Ausgaben sind zum Bilanzstichtag nur dann zu passivieren, wenn sie die bis dahin greifbar realisierten Erträge alimentiert haben,
▶ oder hierfür künftige Erträge nicht mehr entstehen werden.

Anders ausgedrückt:

▶ Rückstellungen für künftige Ausgaben[28] aufgrund von am Bilanzstichtag bestehenden Verpflichtungen kommen dann nicht in Betracht, wenn diese Ausgaben **künftige** Erträge generieren sollen.
▶ Umgekehrt ist ein Rückstellungsansatz geboten, wenn diese Ausgaben **vergangene** Erträge gespeist („kompensiert") haben.

Oder noch anders:

▶ „Die Verpflichtung muss nicht nur an Vergangenes anknüpfen (Frage: an was sonst?), sondern auch Vergangenes abgelten."[29]

BEISPIEL[30] ▶ Ein Pharmaunternehmen musste arzneimittelrechtlich eine Nachzulassung von Präparaten durchführen, die bereits am Markt erhältlich waren. Der BFH lehnte einen Rückstellungsansatz ab, weil die entsprechenden Registrierungskosten künftige Erträge generierten.

Weil die „wirtschaftliche Verursachung" begrifflich eine Leerformel darstellt (→ Rz. 22), kann man darunter auch **andere** abstrakte Tatbestandsmerkmale formulieren:

31

„Wirtschaftliche Verursachung setzt voraus, dass der Tatbestand, an den das Gesetz die Verpflichtung knüpft, im Wesentlichen verwirklicht ist" (es handelt sich um das unter → Rz. 26 dargestellte Kriterium).[31]

Oder anders ausgedrückt:

Die wirtschaftliche Verursachung liegt dann vor, wenn „die Bildung einer Rückstellung die konkretisierte Zugehörigkeit künftiger Ausgaben zu bereits realisierten Erträgen" voraussetzt.[32]

Eine andere Formel verlangt,

„... dass die Verbindlichkeit, die rechtlich erst in der Zukunft entsteht, so eng mit dem betrieblichen Geschehen des vergangenen Geschäftsjahrs verknüpft sein muss, dass es gerechtfertigt erscheint, sie wirtschaftlich als eine bereits am Bilanzstichtag bestehende Last anzusehen, sie wirtschaftlich diesem Wirtschaftsjahr zuzuordnen."[33]

---

28 Häufig wird hier von „**Aufwendungen**" gesprochen, z. B. in IDW RS HFA 4 Tz. 17. **Künftige** Aufwendungen gehören jedoch nicht in den aktuellen Jahresabschluss (→ Rz. 131).
29 Z. B. BFH-Urteil vom 20. 1. 1993 – I R 115/91, BStBl II S. 373.
30 Nach BFH-Urteil vom 25. 8. 1989 – III R 95/87, BStBl II S. 893.
31 Zitiert von *Weber-Grellet* unter Hinweis auf eine Reihe von BFH-Urteilen z. B. vom 25. 8. 1989 – III R 95/87, BStBl II S. 893.
32 BFH-Urteil vom 25. 8. 1989 – III R 95/87, BStBl II S. 893.
33 Nach *Weber-Grellet*, DStR 1996 S. 900, unter Zitat von u. a. BFH-Urteil vom 10. 12. 1992 – XI R 34/91, BStBl 1994 II S. 158.

Oder man findet folgende Formulierung:[34]

> „Charakteristisch für die ... Zugehörigkeit künftiger Aufwendungen (gemeint sind Ausgaben) zu bereits realisierten Erträgen ist, dass die von ihnen verkörperten Verbindlichkeiten einen künftigen Aufwendungsüberschuss bilden, eine sog. unkompensierte Last: Den betreffenden künftigen Aufwendungen fehlt die Deckung durch zuordenbare künftige Erträge."

32 Hinter allen diesen hochgradig abstrahierenden Formulierungen verbirgt sich letztlich eine **übereinstimmende** Zielsetzung: Der im Periodenergebnis zu berücksichtigende Aufwand muss mit den ausgewiesenen Erträgen zusammenpassen (*to match*). Dieses Bestreben muss man nicht mit dem *matching principle* der IFRS in F.95 identifizieren, man kann es auch aus § 252 Abs. 1 Nr. 5 HGB ableiten (→ §252 Rz. 163) oder einem dynamischen Bilanzverständnis[35] zuordnen. Diese Systematisierungen führen letztlich zum gleichen Inhalt. Die Intuition des **„passenden" Ergebnisses** bestimmt die Argumentationsstruktur. Bezeichnenderweise spricht man bei der „Umgehung" des Vollständigkeitsgebots (Entsorgung des Kernkraftwerks, → Rz. 28) auch von **„Verteilungs**rückstellungen";[36] m. a. W.: Der Aufwand soll periodisch passend zugeteilt werden. Zur **Ansammlungs**rückstellung vgl. → Rz. 63.

33 Deshalb fällt es auch nicht schwer, gegen diese Denkschule sachlogische Verstöße anzubringen:[37]

- **Forschungs**aufwendungen werden im Aufwand verrechnet, obwohl sie erst in der Zukunft Erträge (hoffentlich) generieren; sie sind i. S. der vorstehend dargestellten Sprachregelung „unkompensiert".
- Die künftig entstehenden **Entsorgungs**ausgaben für das Kernkraftwerk werden nicht von dann noch entstehenden Stromerlösen alimentiert.
- Grundwasserverunreinigungen eines **früheren** Galvanisierungsunternehmens haben nichts mit der „Bruttorealisation" (→ Rz. 29) des nunmehr auf diesem Gelände betriebenen Hotels zu tun.

34 Insgesamt betrachtet ist unter dem Rubrum „wirtschaftliche Verursachung" keine einigermaßen strikte Trennung zwischen dem bis zum Stichtag zu berücksichtigenden Aufwand (notfalls über eine Rückstellungsbildung) und dem erst künftig in die Ergebnisrechnung einzuführenden – trotz in Stichtagsperspektive bestehender rechtlicher Verpflichtung – zu gewinnen. Dies liegt neben der Unbestimmbarkeit des „Wirtschaftlichen" (→ Rz. 22) auch an der **„Verursachung"**.

BEISPIEL[38] ▶ Ein Hubschrauber muss nach einer bestimmten Anzahl von abgeleisteten Flugstunden eine Art TÜV-Kontrolle absolvieren. Das Unternehmen wollte in diesem Streitfall nach Maßgabe der bis dahin abgeleisteten Flugstunden eine Rückstellung für die Überprüfungskosten bilden. Der BFH hat dies abgelehnt mit der Begründung: Die entsprechenden

---

34 *Moxter*, Bilanzrechtsprechung, 6. Aufl., 2007, S. 119.
35 So *Schön*, BB 1994, Beilage 9, S. 7.
36 Vgl. *Kozikowski/Schubert*, in: Beck'scher Bilanz-Kommentar, 7. Aufl., München 2010, § 249 Tz. 35.
37 Zurückhaltend formuliert von *Clemm*, in: FS Moxter, 1994, S. 169.
38 Nach dem Hubschrauberurteil des BFH vom 19. 5. 1987 – VIII R 327/83, BStBl II S. 848.

Aufwendungen seien durch die **künftigen** (nach der Untersuchung) anfallenden Flugleistungen verursacht.

Mit dieser Urteilsbegründung ist eine Rückstellung für Untersuchungsverpflichtungen („Inspektionen") nicht ansetzbar.

BEISPIEL[39] Ein Laufwasserkraftwerk muss nach einigen Betriebsjahren den vor der Staumauer anfallenden Schlamm entsorgen, um einen einwandfreien Wasserfluss zu erreichen. Hierfür wollte das Kraftwerksunternehmen eine Rückstellung bilden. Der BFH lehnte dies mit der Begründung ab, die Uferschlammentsorgung diene der **künftigen** Stromerzeugung.

In beiden Fällen war die **Causa**, d.h. der Grund für die Aufwendungen zur Überprüfung des Fluggeräts bzw. der Schlammbeseitigung, durch die **bisherige** Produktionstätigkeit **verursacht**. Die Ablehnung des BFH für die Rückstellungsbildung in beiden Fällen beruht somit nicht auf der Verursachung, sondern auf der **künftigen** Produktion, auf dem **Finis** der Tätigkeit, der künftigen Stromerzeugung bzw. Flugleistung. Die Betrachtungsweise des BFH ist **nicht kausal**, sondern **final** motiviert. Nicht die wirtschaftliche **Verursachung** stellt das Ansatzkriterium für die Verbindlichkeitsrückstellung dar, sondern die wirtschaftliche **Zielsetzung**. Vgl. auch die Verpflichtungskriterien für die Entsorgung von Elektroschrott (→ Rz. 65).

BEISPIEL[40] Eine Bank wollte eine Rückstellung für künftige Beiträge an einen Garantiefonds bilden. Der BFH lehnte den Ansatz ab, da sich die Bank dieser Beitragsleistung durch Austritt aus dem Fonds hätte entziehen können.

An dieser Stelle ergibt sich eine verblüffende Ähnlichkeit, genauer eine **Übereinstimmung**, mit den Regeln des IAS 37, was durch ein weiteres bereits unter → Rz. 24 aus anderer Perspektive herangezogenes BFH-Urteil beispielhaft darzustellen ist.

35

BEISPIEL[41] Ein Tankstellenbetreiber hatte die gesetzliche Auflage, künftig ein Gasrückführungssystem an den Zapfsäulen zu installieren. Der BFH lehnte die Rückstellung mit der (weiteren) Begründung ab: Der Tankstellenbetreiber könne ja seine diesbezügliche Tätigkeit bis zum Vollzug der öffentlich-rechtlichen Auflage um- oder **einstellen**, z.B. statt einer Tankstelle eine Autoreparaturwerkstatt betreiben. Dann käme die öffentlich-rechtliche Verpflichtung nicht zum Tragen. Deshalb scheide der Rückstellungsansatz aus.

Die Übereinstimmung mit einschlägigen Vorgaben in IAS 37 ist bemerkenswert:

BEISPIEL[42] Das Unternehmen ist umweltrechtlich zum künftigen Einbau einer Rauchfilteranlage verpflichtet. Gleichwohl ist der – der wirtschaftlichen Verursachung nach der deut-

---

39 Das sog. Uferschlammurteil des BFH vom 19.12.1991 – IV R 28/91, BStBl 1992 II S. 600.
40 Nach BFH-Urteil vom 13.11.1991 – I R 78/89, BStBl 1992 II S. 177.
41 Nach BFH-Urteil vom 13.12.2007 – IV R 85/05, DB 2008 S. 1013 (→ Rz. 24).
42 Nach Appendix C zu IAS 37.19.

schen Terminologie – vergleichbare Vergangenheitsbezug[43] nicht gegeben: Das Unternehmen könne sich durch Umstellung der Produktion oder Einstellung der Geschäftstätigkeit dieser Verpflichtung entziehen.

Auch nach IAS 37 gilt bezüglich des Rückstellungsansatzes eine finale Betrachtungsweise: Die rechtliche Verpflichtung ist dann nicht für den Rückstellungsansatz ausreichend, wenn das Unternehmen sich dieser Verpflichtung – auch durch Einstellung der Geschäftstätigkeit – entziehen kann.

BEISPIEL In der Versorgungswirtschaft (Strom und Gas) dürfen Netzbetreiber Mehrerlöse eines Jahrs, die über die genehmigten Höchstpreise hinausgehen, nicht behalten.[44] Die Art der Rückvergütung ist nicht geregelt. **Für** einen Rückstellungsansatz spricht die Rechtsverpflichtung, die **andererseits** der Art nach nicht geklärt ist. Praktisch kommt allenfalls eine Preisermäßigung in Folgejahren in Betracht, wobei die Anspruchsberechtigten erst noch festzustellen wären. Dann könnte sich der Netzbetreiber auch seiner Verpflichtung durch Einstellung der Tätigkeit entziehen. U. E. ist die Rückstellungspflicht für die **Mehrerlösabschöpfung** auch wegen der nicht eindeutigen Zivilrechtslage zweifelhaft.[45]

36 Der BFH hat in dem zitierten Urteil (Az. IV R 85/05; →Rz. 24 und →Rz. 35) auch implizit gegen ein heftig umstrittenes anderes BFH-Urteil[46] argumentiert. In letzterem Urteil war der von der Umweltbehörde angeordnete Einbau einer Spänetrocknungsanlage Streitgegenstand bzw. die dafür gebildete Rückstellung. Der I. BFH-Senat hatte den Rückstellungsansatz akzeptiert, weil die rechtliche Verpflichtung bestand und es auf irgendeine wirtschaftliche Verursachung dann nicht mehr ankommen soll. Diese Rechtsprechung wirkt überholt; dies ist im Übrigen auch durch ein Nichtanwendungsschreiben des BMF[47] belegt.

36a Insgesamt ist ein **durchgängiges Konzept** zur Beurteilung der Tatbestandsmerkmale der wirtschaftlichen oder rechtlichen Verursachung in der BFH-Rechtsprechung und im kommentierenden Schrifttum nicht festzustellen. Das wird auch nicht gelingen, solange man am nichtssagenden Kriterium der wirtschaftlichen Verursachung (→Rz. 22 ff.) festhält. Mit „wirtschaftlich" kann man alles und damit nichts beweisen. Dadurch gelingt den verschiedenen BFH-Senaten, in einem „Divergenzslalom"[48] die unerwünschte Anrufung des Großen Senats zu vermeiden. Einmal mehr dominiert die **Kasuistik** die Rechtsauslegung.

1.3.4 Gesamtbetrachtung

37 Kommen wir nach diesem Durchgang durch die (handelsrechtliche) BFH-Rechtsprechung und das kommentierende Schrifttum zurück auf die Ausgangsfrage nach dem **Verhältnis** von recht-

---

43 Vgl. *Hoffmann*, in: Lüdenbach/Hoffmann (Hrsg.), Haufe IFRS-Kommentar, 8. Aufl., Freiburg 2010, § 21 Rz. 20 ff.
44 BGH-Beschluss vom 14. 8. 2008 – KVR 39/07, dargestellt von *Hruby*, DStR 2010 S. 127.
45 Dafür *Hruby*, DStR 2010 S. 128.
46 BFH-Urteil vom 27. 6. 2001 – I R 45/97, BStBl 2003 II S. 121 mit dem markanten Leitsatz: „Eine am Bilanzstichtag entstandene Verbindlichkeit ist unabhängig vom Zeitpunkt ihrer wirtschaftlichen Verursachung zu passivieren."
47 BMF-Schreiben vom 21. 1. 2003 – IV A 6 – S 2137 – 2/03, BStBl I S. 125.
48 *Buciek*, FR 2010 S. 610.

licher und **wirtschaftlicher** Verursachung (→ Rz. 23). Die dortigen negativen Feststellungen lassen sich wie folgt in **positiver** Form zusammenfassen:

- Ohne Rechtsverpflichtung kommt ein Rückstellungsansatz – abgesehen von den faktischen Verpflichtungen (→ Rz. 13 ff.) – nicht in Betracht.
- Eine bestehende Rechtsverpflichtung berechtigt dann nicht zum Rückstellungsansatz, wenn die Gläubiger kein Interesse an der Durchsetzung ihrer Ansprüche haben (→ Rz. 10a).
- Die Rechtsverpflichtung muss am Stichtag nicht zwingend vollständig vorliegen; es genügt das Entstehen danach aufgrund der Rechtsstruktur eines Vertragswerks und der Interessenlage der Parteien (→ Rz. 26).
- Die am Bilanzstichtag mit Ungewissheit (→ Rz. 11) bestehende Verpflichtung darf nur insoweit angesetzt werden, als sie nach dem Periodisierungsprinzip des § 252 Abs. 1 Nr. 5 HGB, der *accrual basis* in IFRS-Framework F. 22 oder dem *matching principle* des IFRS-Framework F. 95 zu den Erträgen des Abrechnungszeitraums „passt" (→ Rz. 32).
- Verpflichtungen, die der künftigen Produktionstätigkeit dienen, sind nicht ansetzbar (→ Rz. 34 ff.).
- Eine wirtschaftlich in irgendeinem Sinn bestehende Verpflichtung ohne „rechtlichen Grund" (Ausnahme faktische Verhältnisse, → Rz. 13 ff.) begründet keine Ansatzpflicht; es handelt sich insoweit um nicht passivierbare Aufwandsrückstellungen (→ Rz. 7). Als Beispiel mag die betriebswirtschaftlich notwendige künftige Werbekampagne dienen.

1.3.5 Kasuistik der wirtschaftlichen Verursachung (ABC)

Wie immer in solchen Fällen, in denen auf hohem Abstraktionsniveau argumentiert wird, stellt die Auflistung von **Präjudizien** – das Kommentierungs-ABC – für den Praktiker eine wichtige Beurteilungsgrundlage dar. Dazu liefert in diesen Fällen insbesondere die BFH-Rechtsprechung eine reichhaltige Fundgrube, deren Ergebnisse man im Einzelfall für richtig oder falsch ansehen, jedenfalls aber **nicht** mit dem Argument der Bedeutung nur für die Steuerbilanz abtun kann. Grund: Der BFH kann bezüglich des Rückstellungsansatzes **nur** Handelsrecht (§ 249 HGB) auslegen, da mit spezifischen Ausnahmen (→ Rz. 6) das Steuergesetz keine Vorgaben macht.

38

Übersicht:	Beispiele für die Anerkennung der wirtschaftlichen Verursachung bis zum Bilanzstichtag[49]	
Abbruchverpflichtung für Bauwerk	BFH-Urteil vom 19. 2. 1975 – I R 28/73, BStBl II S. 480; BFH-Urteil vom 28. 3. 2000 – VIII R 13/99, BStBl II S. 612	→ Rz. 61
Abrechnungskosten für bereits ausgeführte Leistungen im Baugewerbe	BFH-Urteil vom 18. 1. 1995 – I R 44/94, BStBl II S. 742	→ Rz. 105
Altautorücknahme, „Altfahrzeug-Gesetz"	kein BFH-Urteil	→ Rz. 70
Altersteilzeitgesetz: Nach dem Blockmodell die Zahlungsverpflichtung in der Freistellungsphase	BMF-Schreiben vom 28. 3. 2007 – IV B 2 – S 2175/07/0002, DB 2007 S. 769	→ Rz. 83

---

[49] Aus *Hoffmann*, in: Littmann/Bitz/Pust (Hrsg.), EStG, §§ 4,5 Tz. 877; diese Quelle gilt auch für die nachstehende Übersicht.

II. Ungewisse Verbindlichkeiten

Altlasten	BFH-Urteil vom 5. 2. 1992 – I R 158/90, BStBl II S. 660	→ Rz. 58
Batterie-Rücknahmeverpflichtung	BFH-Beschluss vom 15. 3. 1999 – I B 95/98, FR 1999 S. 801	→ Rz. 71
Bausparkassen: Rückzahlung von Einlagen und Abschlussgebühren	BFH-Urteil vom 12. 12. 1990 – I R 153/86, BStBl 1991 II S. 479; BFH-Urteil vom 12. 12. 1990 – I R 18/89, BStBl 1991 II S. 485	→ Rz. 26
Beihilfen für Ruheständler bei Krankheit etc.	BFH-Urteil vom 30. 1. 2002 – I R 71/00, BStBl 2003 II S. 279	→ Rz. 81
Buchung laufender Geschäftsvorfälle des Vorjahrs	BFH-Urteil vom 25. 3. 1992 – I R 69/91, BStBl II S. 1010	→ Rz. 103
Bürgschaftsinanspruchnahme	OFD München, Vfg. vom 12. 4. 2002 – S 2137 – 49 St 41/42, DStR 2002 S. 1303; BFH-Urteil vom 25. 11. 1999 – III R 77/97, BStBl 2002 II S. 233	→ Rz. 121
Elektroschrott	kein BFH-Urteil	→ Rz. 65
ERA-Anpassungsfonds (Entgeltrahmenentwurfverträge) der Metall- und Elektroindustrie	BMF-Schreiben vom 2. 4. 2007 – IV B 2 – S 2137/07/003, DB 2007 S. 886	→ Rz. 90
Garantieleistungen	BFH-Urteil vom 13. 12. 1972 – I R 8/70, BStBl 1973 II S. 217	→ Rz. 73
Gleitzeitguthaben von Arbeitnehmern	BMF-Schreiben vom 11. 11. 1999 – IV C 2 – S 2176 – 102/99, BStBl I S. 959	→ Rz. 89
Gratifikationen an Arbeitnehmer	BFH-Urteil vom 7. 7. 1983 – IV R 47/80, BStBl II S. 753	→ Rz. 91
Kontoauszüge, Kosten für Versand durch Bausparkassen	OFD Frankfurt/M., Vfg. vom 2. 5. 2002 – S 2137 A – 32 – St II 20, DStR 2002 S. 1267	→ Rz. 105
Künftige Jubiläumszuwendungen	BFH-Urteil vom 5. 2. 1987 – IV R 81/84, BStBl II S. 845	→ Rz. 157
Nachbetreuungsleistungen von Hörgeräteakustikern	BFH-Urteil vom 5. 6. 2002 – I R 96/00, BStBl 2005 II S. 736; BMF-Schreiben vom 12. 10. 2005 – IV B 2 – S 2137 – 38/05, BStBl I S. 953	→ Rz. 47
Nachbetreuungsleistungen von Versicherungsvertretern	BFH-Urteil vom 28. 7. 2004 – XI R 63/03, BFH/NV 2005 S. 109	→ Rz. 47
Provisionsverpflichtung gegenüber Handelsvertreter (aber nur für bereits entstandene Provision, sonst nicht rückstellungsfähig) Sonderfall zu Provisionsfortzahlungen anlässlich der Einhaltung eines Wettbewerbsverbots	BFH-Urteil vom 14. 3. 1986 – III R 179/82, BStBl II S. 669; BFH-Urteil vom 19. 10. 1972 – I R 50/70, BStBl 1973 II S. 212; BFH-Urteil vom 24. 1. 2001 – I R 39/00, BStBl 2005 II S. 465; BMF-Schreiben vom 21. 6. 2005 – IV B 2 – S 2137 – 19/05, BStBl I S. 802	→ Rz. 102

Rekultivierungsaufwendungen	BFH-Urteil vom 19. 5. 1983 – IV R 205/79, BStBl II S. 670	→ Rz. 63
Rückzahlung von Entgelten (Beiträgen)	BFH-Urteil vom 28. 6. 1989 – I R 86/85, BStBl 1990 II S. 550	→ Rz. 26
Sparprämien, die am Ende der Laufzeit eines Sparvertrags fällig werden	BFH-Urteil vom 15. 7. 1998 – I R 24/96, BStBl II S. 728	→ Rz. 148
Steuererklärungskosten	BFH-Urteil vom 2. 10. 1980 – IV R 42/79, BStBl 1981 II S. 63	→ Rz. 103
Urlaubsverpflichtung	BFH-Urteil vom 8. 7. 1992 – XI R 50/89, BStBl II S. 910; BFH-Urteil vom 6. 12. 1995 – I R 14/95, BStBl 1996 II S. 406	→ Rz. 96

Übersicht: Beispiele für die Ablehnung der wirtschaftlichen Verursachung

Abfallbeseitigung	BFH-Urteil vom 8. 11. 2000 – I R 6/96, BStBl 2001 II S. 570	→ Rz. 59
Abgasreinigungsanlage gem. „TA-Luft"	BFH-Urteil vom 27. 6. 2001 – I R 45/97, BFH/NV 2001 S. 1334	→ Rz. 64
Ärztemuster, in der Werbung zugesagte unentgeltliche Abgabe	BFH-Urteil vom 20. 10. 1976 – I R 112/75, BStBl 1977 II S. 278	
Arzneimittelregistrierung	BFH-Urteil vom 25. 8. 1989 – III R 95/87, BStBl II S. 893	→ Rz. 30
Ausgleichsschuld gegenüber Handelsvertreter nach § 89b HGB	BFH-Urteil vom 4. 12. 1980 – IV B 35/80, BStBl 1981 II S. 266; BFH-Urteil vom 20. 1. 1983 – IV R 168/81, BStBl II S. 375	→ Rz. 101
Erfolgsprämien an Arbeitnehmer für künftige Leistungen	BFH-Urteil vom 18. 6. 1980 – I R 72/76, BStBl II S. 741; BFH-Urteil vom 2. 12. 1992 – I R 46/91, BStBl 1993 II S. 109; BFH-Urteil vom 7. 7. 1983 – IV R 47/80, BStBl II S. 753	→ Rz. 91
Garantiefonds der Banken	BFH-Urteil vom 13. 11. 1991 – I R 78/89, BStBl 1992 II S. 177	→ Rz. 34
Gasrückführungssystem	BFH-Urteil vom 13. 12. 2007 – IV R 85/05, DB 2000 S. 1013	→ Rz. 35
Hubschrauber: künftiger Überholungsaufwand	BFH-Urteil vom 19. 5. 1987 – VIII R 327/83, BStBl II S. 848	→ Rz. 34
Mietfreie Periode	BFH-Urteil vom 5. 4. 2006 – I R 43/05, BStBl II S. 593	→ Rz. 147
Pensionssicherungsverein: Beiträge	BFH-Urteil vom 13. 11. 1991 – I R 102/88, BStBl 1992 II S. 336; BFH-Urteil vom 6. 12. 1995 – I R 14/95, BStBl 1996 II S. 406	→ Rz. 97
Prozesskosten in der Zukunft	BFH-Urteil vom 6. 12. 1996 – I R 14/95, BStBl II S. 406	→ Rz. 80

II. Ungewisse Verbindlichkeiten

Rückerstattung des Kaufpreises für Grundstück wegen Sachmängeln	BFH-Urteil vom 28. 3. 2000 – VIII R 77/96, BStBl 2002 II S. 227; BMF-Schreiben vom 21. 02. 2002 – S 2137, BStBl I S. 335	→ Rz. 48
„Sanierungsgelder" für die Versorgungsanstalt des Bundes und der Länder wegen fehlenden Satzungsbeschlusses	BFH-Urteil vom 27. 1. 2010 – I R 103/08, BStBl II S. 614	→ Rz. 97b
steigende Zinsen beim Zuwachssparen	BFH-Urteil vom 20. 1. 1993 – I R 115/91, BStBl II S. 373	→ Rz. 148
Uferschutz und Entschlammung eines Flusskraftwerks	BFH-Urteil vom 12. 12. 1991 – IV R 28/91, BStBl 1992 II S. 600	→ Rz. 34

Auf den ergänzenden Katalog des Rückstellungsansatzes unter → Rz. 162 wird verwiesen.

1.4 Unsicherheitsmoment/Wahrscheinlichkeit der Inanspruchnahme

1.4.1 Erfüllung des Objektivierungsgebots?

39 Ein Wesensmerkmal des Bilanzansatzes von Rückstellungen ist das Unsicherheitsmoment (→ Rz. 3), d. h. das Bestehen der Verpflichtung und der damit später einhergehenden (regelmäßigen) Zahlungsverpflichtung ist **unsicher, dazu** gesellt sich regelmäßig die weitere Unsicherheit über die **Höhe** der „an sich" schon unsicheren Verbindlichkeit, d. h. das Bewertungsproblem.

In der Diktion des BFH[50] liest sich das Ansatzerfordernis etwa wie folgt: „Der Schuldner muss mit seiner Inanspruchnahme ernsthaft rechnen; die bloße Möglichkeit des Bestehens oder Entstehens einer Verbindlichkeit reicht zu ihrer Passivierung nicht aus." Wie sich diese Vorgabe in die Praxis umsetzen lässt, zeigt folgendes Beispiel:

> **BEISPIEL** ▶ Ein Unternehmer verklagt eine Bank wegen Verstoßes gegen die Verschwiegenheitsverpflichtung, aufgrund derer dem Unternehmen irreparabler Schaden zugefügt worden ist. Die Rechtslage ist hochgradig umstritten. Die Bilanzierungsfrage der Bank geht dann dahin:
>
> ▶ Besteht überhaupt eine rechtliche Verpflichtung, die den Bilanzansatz begründet?
>
> ▶ Wenn ja, wie hoch ist der letztlich dem Kläger entstandene Schaden, für den wir eintreten müssen?

Über die **Bewertung** (→ § 253 Rz. 30) braucht erst dann befunden zu werden, wenn die Ansatzpflicht bejaht wird.

40 Versucht man sich der Lösung des Bilanzansatzproblems auf systematischer Basis zu nähern, wird man sehr schnell auf die **GoB** zurückverwiesen, weil sich das Gesetz einer näheren Beschreibung des Unsicherheitsmoments enthält. Im GoB-Bereich wird man nach tradierter handelsrechtlicher Vorstellung dann das **Vorsichtsprinzip** (→ § 252 Rz. 39 ff.) aus der Argumentationskiste herausholen mit dem gängigen Spruch: „Der vorsichtige Kaufmann rechnet sich im

---

50 Z. B. im BFH-Urteil vom 19. 11. 2003 – I R 77/01, DStR 2004 S. 134 = Kurzinfo StuB 2004 S. 83.

Zweifel eher arm als reich." Dieser beliebten Sentenz ermangelt es schon deswegen an Aussagekraft, weil in solchen Fällen immer jede Menge Zweifel bestehen. Ob überdies mit dieser Weisheit im konkreten Bilanzierungsfall viel anzufangen ist, mag bezweifelt werden. Im Beispiel unter → Rz. 39 wird der Vorstand der Bank die umfangreichen und kontroversen Schriftsätze der Parteien solange auswerten müssen, bis eine Äußerung oder gar ein Urteil des Gerichts – und das noch in letzter Instanz – vorliegt. Die Frage ist dann, ob das Vorsichtsgebot eine systematische Ausblendung der von den eigenen Anwälten vorgetragenen Argumente verlangt oder ein eigenes abgewogenes Urteil unter Berücksichtigung aller Argumente. Die erstgenannte Lösung kommt u. E. nicht in Betracht, da das Vorsichtsprinzip nicht dahingehend ausgelegt werden kann, dass praktisch jeder zu einer Ergebnisminderung führende Sachverhalt zu berücksichtigen ist.

> **BEISPIEL** Ein selbsternannter Umweltschützer mit einigem regionalen Bekanntheitsgrad verklagt das eine Fabrik betreibende Unternehmen wegen der nachhaltigen Beeinträchtigung der Erholungslandschaft und der damit verbundenen Beschränkung des Tourismusverkehrs auf Einstellung der Produktionstätigkeit. Er selbst betreibt einen Campingplatz im Abstand von 10 km von der Fabrik und will deshalb auch den ihm infolge ausbleibender Übernachtungsgäste entgehenden Schaden ersetzt haben.
>
> Der die Fabrik betreibende Kaufmann und die interessierte Öffentlichkeit, insbesondere auch die Betriebsratsmitglieder, beurteilen das Begehr des Umweltschützers als abwegig. Allerdings plagen den Kaufmann aktuell die Nöte eines exorbitant hohen Gewinnausweises, den er dem Betriebsrat und insbesondere auch dem Finanzamt nicht unbedingt in dieser Form präsentieren will. Die Klage nimmt der Fabrikant als rückstellungsbegründenden Sachverhalt dankbar entgegen.
>
> **ABWANDLUNG** Der Kaufmann steckt in finanziellen Schwierigkeiten. Die Bank verlangt für das notorisch überzogene Kontokorrent zusätzliche Sicherheiten und droht mit Kündigung der Kredite bei einem negativen Kapitalausweis im nächsten Abschluss.
>
> In dieser Konstellation wird der Kaufmann die als „aberwitzig" bezeichnete Klage des Umweltschützers auf Schadenersatz vom Tisch wischen, eine aus Ordnungsmäßigkeitsgründen eingeholte kurze Stellungnahme des Hausanwaltes bestätigt ihm: Die Gefahr einer Verurteilung des Unternehmens sei sehr gering, allerdings liege im Hinblick auf die Besetzung der Richterbank mit deren persönlicher Einstellung zumindest in der ersten Instanz die Sache nicht so ganz eindeutig.

Das Beispiel belegt das hochgradig **bilanzpolitisch** (→ Rz. 6) umrankte Bilanzierungssegment „Verbindlichkeitsrückstellung". Dem wird im Schrifttum und insbesondere auch der BFH-Rechtsprechung das Erfordernis der **Objektivierung** entgegengehalten: Nicht der persönliche Wunsch oder die Interessenlage des Kaufmanns sei ansatzentscheidend, sondern die „objektiven" Verhältnisse am Bilanzstichtag unter Beachtung des Wertaufhellungsprinzips (→ § 252 Rz. 51). Die Frage ist allerdings, wie der die Fabrik betreibende Kaufmann im Beispiel unter → Rz. 40 seiner Objektivierungspflicht nachkommen muss.

41

1.4.2 Die 51 %-Regel

42 Dazu hat sich in der BFH-Rechtsprechung die sog. **51 %-Regel** – der I. BFH-Senat spricht hier bezeichnenderweise von „Formel" – herausgebildet in der gängigen Formulierung: Es müssen mehr Gründe für als gegen das Vorliegen einer Schuld sprechen.[51] Häufig spricht der BFH auch von der **Ernsthaftigkeit**, mit der der Kaufmann bezüglich einer Inanspruchnahme rechnen muss.[52] Dazu folgender weiterer aus der Bilanzierungspraxis abgeleiteter Fall:

BEISPIEL[53] ▶ Praktischer Bilanzierungsfall einer „Krisen-GmbH"

Momentaufnahme vor Bilanzierungsentscheidung am 15. 2. 2002

	Mio €
Umsatz mit massiven Umsatzeinbrüchen in Ostasien	100
Eigenkapital	12
Überbestände an Rohmaterial	6
nicht gesicherte Forderung an China-Importeur in Zahlungsverzug	16
Schadenersatzforderung eines Kunden im Vorderen Orient wegen mangelhafter Lieferung	5
Aufforderung der Umweltbehörde zur Beseitigung der Bodenkontamination, Kosten unbekannt	?

Im effektiven Jahresabschluss der „Krisen-GmbH" haben sich diese Sachverhalte wie folgt niedergeschlagen bzw. hätten sich niederschlagen können:

	gewählte und testierte Bilanzierung Mio €	auch mögliche Bilanzierung Mio €	*worst case*-Szenario Mio €
Jahresfehlbetrag vorläufig (ohne Berücksichtigung der genannten Vorfälle)	- 5	- 5	- 5
Abschreibung Forderung	- 3	- 10	- 16
Abschreibung auf Rohmaterial	2	4	6
Rückstellung für Schadenersatz	- 1	- 3	- 5
Rückstellung für Bodenverunreinigung	- 1	- 3	- 10
Jahresfehlbetrag	- 12	- 25	- 42
Eigenkapital 1.1.	12	12	12
Eigenkapital 31.12.	0	- 13	- 30

---

51 Vgl. z. B. das BFH-Urteil vom 2. 10. 1992 – III R 54/91, BStBl 1993 II S. 153 („einige Wahrscheinlichkeit").
52 BFH-Urteil vom 9. 3. 1988 – I R 262/83, BStBl II S. 592.
53 Aus *Hoffmann*, in: Littmann/Bitz/Pust (Hrsg.), EStG, §§ 4, 5 Tz. 21. Das Beispiel enthält Sachverhalte, die nicht durch Rückstellungsansatz abzubilden sind, aber das gleiche Unsicherheitsmoment aufweisen.

> Die Frage ist nun, welche Bilanzierung ist „richtig", welche weist den „vollen Gewinn" aus, welche Lösung entspricht einer „wirtschaftlichen Betrachtungsweise"?

Eine Antwort auf die Fragen ist eindeutig: Der *worst case* wird von niemandem als „richtig" betrachtet. Aber welche Bilanzierung dann? Eine einigermaßen ökonomisch sinnvolle Antwort kann nur lauten, „jede zwischen 5 Mio € und 30 Mio € Jahresfehlbetrag" ist richtig.

Das Fallbeispiel belegt typische Unsicherheitsmomente auch in anderen Bereichen als demjenigen der Rückstellung, die aber vom gleichen Unsicherheitsmoment betroffen sind und auf die deshalb die 51 %-Formel durchaus auch angewandt werden kann. Nimmt man diese wörtlich, so müssen die Gründe **für** und **gegen** aufgelistet werden, etwa in folgender Form:

	Gründe für Inanspruchnahme	Gründe gegen Inanspruchnahme	Gewicht	
1.	Kunde kennt den Schaden.		58	
2.		Internationales Handelsgericht ist dem Vorderen Orient nicht hold.		21
3.	Technischer Mangel offensichtlich.		72	
4.		Technischer Mangel möglicherweise durch fehlerhafte Wartung entstanden		38
5.	Erfahrungsgemäß wird Vergleich angestrebt.		81	
6.		Die Richterbesetzung gilt als *„producer minded"*.		37
7.	etc?		x	
8.		etc?		y
			$\sum$ Nonsens	

In dieser Tabelle ist die 51 %-Formel insofern weiterentwickelt worden, als nicht nur einfach die Gründe für und gegen addiert werden, sondern auch noch mit einem Gewicht versehen. Schließlich gibt es gute und weniger gute Gründe. So oder so stellt sich die ganze Rechnung als logischer Nonsens dar, der Grund liegt einfach in der mangelnden **Grundgesamtheit**, die das **Gesetz der großen Zahl** nicht zur Anwendung gelangen lässt.[54] Es muss deshalb hinsichtlich des Inhalts des Wahrscheinlichkeitsbegriffs differenziert werden:

▶ Eine **mathematisch-statistische** Größe, die dem Gesetz der großen Zahl unterliegt (im Bilanzierungsbereich bei Gewährleistungsverpflichtungen aufgrund industrieller Massenfertigung oder bei Rückgabequoten im Versandhandel gegeben).

▶ Eine **subjektive Glaubensaussage**, für die man nicht mehr als „Vernunft" verlangen kann (bilanzrechtlich in **singulären** Fällen mit dem vorliegenden Beispiel gegeben).

Die 51 %-Formel weist eine verblüffende Ähnlichkeit mit der *more likely than not*-Regel der IFRS[55] und vergleichbar auch der US-GAAP aus.

---

54 Ähnlich *ADS*, 6. Aufl., § 249 Tz. 75.
55 IAS 37.10, 37.14, 37.15, wo inhaltsgleich auch von *probable* die Rede ist. So auch *Küting et al.*, WPg 2010 S. 325.

Allen einschlägigen Quantifizierungsversuchen ist das Etikett der **Scheinobjektivierung**[56] oder der **Scheinquantifizierung**[57] anzuhängen. Die Bilanzentscheidung kann jedenfalls nur auf Grundlage einer „intuitiven Wahrscheinlichkeitsermittlung" erfolgen, die man auch als „Erwartungsgefühl" interpretieren kann,[58] „da die Quantifizierung von Wahrscheinlichkeiten nur selten nachprüfbar gelingt".[59] Dem Wunsch nach Objektivierung (→ Rz. 41) sind hier enge Grenzen gesetzt.

1.4.3 Schätzungszwang und Ermessensspielraum

43   Letztlich zeigen sich an diesem Beispiel und den zugehörigen Erläuterungen die nun einmal mit der Bilanzierung und der damit verbundenen Ermittlung des ökonomischen Phänomens „Vermögen" im Hinblick auf dessen definitionsgemäße Zukunftsbezogenheit verbundenen **Schätzungserfordernisse** (→ § 252 Rz. 44 ff.);[60] diese können insbesondere auch nicht mit dem Gebot der Objektivierung behoben werden. Ein „richtiger Wert" i. S. der Lehrbuchvorstellung lässt sich hier nicht ermitteln, vergleichbar der inzwischen gängigen Vorgehensweise im Rahmen der steuerlichen **Verrechnungspreisprüfung** im internationalen Leistungsverkehr innerhalb einer Unternehmensgruppe. Bei Leistungsaustauschen zwischen Fiskalgrenzen kann man lediglich von einem Intervall „richtiger" Werte ausgehen, wobei dann immer noch das Problem der Bestimmung dieses Intervalls ungelöst bleibt.

Dabei bewegt sich die Bilanzierungsentscheidung – Ansatz ja oder nein – in solchen Fällen wie denjenigen, die dem Beispiel unter → Rz. 40 ähneln, immer um eine Alles-oder-Nichts-Entscheidung. Deshalb wird je nach bilanzpolitischer Interessenlage ohne Verstoß gegen die Sorgfaltsverpflichtung des Kaufmanns bzw. Vorstands immer eine 45 %ige Wahrscheinlichkeit **für** das Bestehen der Verpflichtung oder eine 52 %ige **dagegen** ins Feld geführt werden. Insofern kann man in diesen Fällen von einem **faktischen Ansatzwahlrecht** ausgehen. Auch das Gebot der Ansatz**stetigkeit** (→ § 246 Rz. 293) kann hier keine Abhilfe schaffen.[61] Im Folgeabschluss wird sich der Sachverhalt regelmäßig in einem anderen Licht darstellen, im Zeitverlauf wird jeder klüger. Dann stellt sich vielleicht das vorstehende Prozentverhältnis gerade umgekehrt dar.

44   Gerade dieses Alles-oder-Nichts-Kriterium des Rückstellungsansatzes nach § 249 Abs. 1 Satz 1 HGB und nach IAS 37 will der IASB durch den Änderungsentwurf ED 37 bekämpfen (→ Rz. 12). Es soll in einer **gewichteten Wahrscheinlichkeitsrechnung** ein sog. Erwartungswert der Bilanzierung zugrunde gelegt werden. Damit kommt es in jedem Fall auch bei einer unwahrscheinlich erscheinenden Verpflichtung zu einem Rückstellungsansatz, wobei die dem Kalkül zugrunde gelegten Wahrscheinlichkeitsgrößen sich dann in der Bewertung niederschlagen, die durchaus gegen Null tendieren kann. Das Unsicherheitsmoment wird dadurch allein auf die **Bewertungsebene** verlagert. Man kann diesem Vorschlag durchaus einen größeren Objektivierungs-

---

56   Vgl. *Lambrecht*, in: Kirchhof/Söhn/Mellinghoff (Hrsg.), EStG, § 5 Tz. 73.
57   Vgl. *Hartung*, BB 1988 S. 1421; *Hoffmann*, DStR 1993 S. 125; vgl. aber *Herzig/Köster*, BB 1994, Beilage 23, S. 6; *Stengel*, BB 1993 S. 1406. Abwägend und zusammenfassend *Gosch*, DStR 2002 S. 977.
58   Vgl. *Leffson*, Grundsätze ordnungsmäßiger Buchführung, 7. Aufl., S. 472.
59   *Herzig*, DB 1990 S. 1347.
60   Vgl. hierzu auch *Hennrichs*, AG 2007 S. 698.
61   A. A. *Küting/Tesche/Tesche*, StuB 2008 S. 657; die dort unterstellten „gleichen Verhältnisse" können in solchen Fällen kaum gegeben sein.

gehalt als denjenigen nach der geltenden Regel (in den IFRS und im HGB) zugestehen, allerdings bewegt sich diese positive Entwicklung in einem recht bescheidenen Rahmen. Mehr kann es aber auch nach den Gesetzen der Ökonomie (→ Rz. 43) nicht sein.

Das Unsicherheitsmoment aufgrund eines bestimmten Geschäftsvorfalls und dessen bilanzielle Abbildung kann sich auch in verschiedenen Reichweiten erstrecken und (wie im Beispiel unter → Rz. 42) eine Reihe von Bilanzposten betreffen. 45

BEISPIEL[62] Ein Automobilzulieferer stellt am Jahresende im Rahmen einer sporadischen Qualitätskontrolle Mängel bei seinen Produkten fest. Von den Mängeln ist ein nicht unbedeutender Teil der noch auf Lager liegenden Tagesproduktion betroffen. Die Produktion des Vortrags ist bereits an Kunden der Automobilindustrie ausgeliefert worden.

Eine konkretisierte Bilanzansatzverpflichtung (→ Rz. 39) liegt vor. Mit überwiegender Wahrscheinlichkeit (→ Rz. 42) wird der Zulieferer aus diesem Vergangenheitsereignis mit wirtschaftlicher Verursachung bis zum Bilanzstichtag (→ Rz. 22) in Anspruch genommen. Offen ist die Entscheidung über die verlässliche Bewertbarkeit (→ Rz. 44) und gegebenenfalls die vorzunehmende Bewertung selbst.

BEWERTUNGSPARAMETER

▶ Die mögliche Qualität der Mängel reicht von „Schönheitsfehler" über „unbrauchbar" bis „gefährlich".

▶ Die laufende Produktion muss bis zur Feststellung der Schadensursache gestoppt werden. Dadurch kann es zu Produktionsausfällen beim Kunden kommen, auf die reagiert werden muss, z. B. durch zusätzliche Schichten, ungeplanten Einkauf von Material etc.

▶ Kann ein Produktionsausfall beim Kunden nicht verhindert werden, drohen Vertragsstrafen.

▶ Wenn sich ein notorischer Fehler herausstellt, kann auch die Produktion früherer Zeiträume betroffen sein. Der Grund dieser Mängel kann in fehlerhaften Fremdbauteilen (von Unterlieferanten), Schlamperei der Mitarbeiter, fehlerhaft arbeitenden Maschinen oder einem nicht durchsichtigen Durcheinander aller möglichen Faktoren liegen.

▶ Je nach Ursache für die fehlerhafte Produktion können Produkte aus nicht definierbaren Losen in der Vergangenheit ausgeliefert worden sein. Sind die fehlerhaften Produkte beim Automobilhersteller in noch nicht ausgelieferten Fahrzeugen enthalten, müssen sie ausgebaut und ersetzt werden. Sind Autos schon ausgeliefert worden, kommt es zu einer Rückrufaktion.

▶ Möglicherweise sind aufgrund der fehlerhaften Teile bereits Unfälle von Nutzern der Autos eingetreten.

▶ Sind diese Unfälle in den USA passiert, stehen Sammelklagen ins Haus.

---

[62] Nach *Haaker*, PiR 2005 S. 53; vgl. *Hoffmann*, in: Lüdenbach/Hoffmann (Hrsg.), Haufe IFRS-Kommentar, 8. Aufl., Freiburg 2010, § 21 Rz. 114. Ein ähnlicher Sachverhalt ist im Beispiel unter → § 322 Rz. 33 dargestellt.

II. Ungewisse Verbindlichkeiten

> **AUFGABE** Lässt sich der Aufwand am 10.1.2005 (*fast close* → § 252 Rz. 80) zuverlässig schätzen, und wenn ja, in welcher Höhe?

46   Das Beispiel beweist einmal mehr die Unmöglichkeit der Ermittlung einer „objektiv richtigen" Bilanzierung. Bilanzierungsgrundlage kann in solchen Fällen nur die (bereits zitierte) Intuition des Kaufmanns (→ Rz. 42) und natürlich dessen Interessenlage (→ Rz. 40) sein. Mit solchen Fällen gewinnt man auch Verständnis für das dritte Ansatzkriterium in IAS 37.14, nämlich das Erfordernis einer **verlässlichen Schätzungsmöglichkeit** der Verpflichtung. Dieses kennt das HGB förmlich nicht, muss in solchen Fällen aber durchaus als vertretbare Bilanzierungsentscheidung gelten, allerdings mit der Verpflichtung einer aussagekräftigen **Anhangangabe**.

1.5 Korrekturfunktion der Verbindlichkeitsrückstellung?

47   In manchen Fällen neigt der BFH dazu, die Verbindlichkeitsrückstellung ansatzbegründend zur Korrektur von vorgängigen Bilanzierungsentscheidungen zu verwenden. Dies gilt insbesondere dann, wenn ein **Realisationsakt** mit entsprechendem Gewinnausweis verbucht worden ist, im Grunde genommen aber die Realisation gar nicht stattgefunden hat. Aus **steuerlicher** Sicht mag dies auch durch den dadurch hergestellten „richtigen" Gesamtgewinn motiviert sein (→ § 252 Rz. 90). Aus der Perspektive der **handelsrechtlichen** Rechnungslegung erscheint eine solche „Bilanzierungshilfe" gegen unzulässige vorgängige Bilanzansätze als illegitim.

> **BEISPIEL**[63] Ein Hörgeräteakustiker verkauft das Gerät und verpflichtet sich zur kostenlosen Nachbetreuung auf fünf Jahre. Nach Auffassung des BFH ist der fakturierte Umsatzerlös zu realisieren und für die mutmaßlichen Kosten der Nachbetreuung eine Rückstellung zu bilden.

48   Durch diese Bilanzierungsvorgabe mag der Gewinn richtig ermittelt worden sein, die Frage ist indes, ob in diesem sog. **Mehrkomponentengeschäft** (→ § 252 Rz. 122 ff.) der Teilbereich der Leistung, der auf die zeitraumbezogene Nachbetreuung entfällt, erst im Zeitverlauf hätte realisiert werden dürfen. Üblicherweise wird eine entsprechende Rückstellung als eine solche für einen **Erfüllungsrückstand** (→ Rz. 145 ff.) bezeichnet. U.E. ist diese Bilanzierungsvorgabe unzutreffend.

> **BEISPIEL** Der Hörgeräteakustiker empfängt einen Kunden, der bei der Konkurrenz bereits ein funktionsfähiges Hörgerät gekauft hat, aber mit der dortigen Betreuung und dem generellen Kundenservice nicht zufrieden ist. Unser Hörgeräteakustiker schließt deshalb mit dem Kunden einen Vertrag über die Betreuung auf fünf Jahre gegen einen Einmalbetrag von 100 ab.

In der Konsequenz des zitierten BFH-Urteils müsste in diesem Fall der Betrag von 100 als Erlös und – da die Leistung noch nicht erbracht worden ist – gleichzeitig ein Erfüllungsrückstand

---

[63] Nach BFH-Urteil vom 5.6.2002 – I R 23/01, BFH/NV 2002 S. 1434 = Kurzinfo StuB 2002 S. 1221. Ähnlich lautet die Argumentation des BFH zu den Nachbetreuungsleistungen von Versicherungsvertretern, BFH-Urteil vom 28.7.2004 – XI R 61/03, BFH/NV 2005 S. 109.

von ebenfalls 100 eingebucht werden. Das Beispiel beweist somit die **unzulässige Korrekturfunktion** eines Rückstellungsansatzes.

Dazu folgender weiterer Fall:[64]

> **BEISPIEL** Die Bauprojektentwicklungs-GmbH verkauft in 04 ein fertiggestelltes Grundstück mit aufteilbaren Eigentumswohnungen an eine Grundstücksvermarktungs-GmbH. Besitz, Nutzen, Lasten und Gefahren gehen durch notariellen Vertrag im Jahr 04 auf den Erwerber über; das Gleiche gilt für die Eigentumsumschreibung im Grundbuch.
>
> Im Kaufvertrag war ein Rücktrittsrecht des Käufers vom Vertrag unter folgenden Voraussetzungen vereinbart worden:
>
> ▶ Der Verkäufer kommt seiner Verpflichtung zur Beschaffung der Finanzierung des Grundstücks nicht nach.
>
> ▶ Dem Käufer gelingt bis Ende 06 kein Weiterverkauf des Grundstücks nach Aufteilung in Eigentumswohnungen.
>
> Tatsächlich übt der Käufer in 06 – nach Bilanzerstellung des Verkäufers für 04 – das Rücktrittsrecht aus.

Für die Entscheidung des BFH war der Übergang von Besitz, Gefahr, Lasten und Nutzungen aufgrund des notariellen Vertrags realisationsentscheidend. Hätte er den **wirtschaftlichen Gehalt** des Geschäftsmodells beachtet, wäre ihm dessen Charakter (die „Substanz") als **Verkaufskommissionsgeschäft** aufgefallen. Die hier sog. Grundstücksvermarktungs-GmbH fungierte nicht als Endabnehmer, sondern als Handelsintermediär, hier als Kommissionär. Dieser übernahm keinerlei Risiko aus dem ganzen Geschäft, das wirtschaftliche Eigentum war nicht auf ihn übergegangen (→ § 252 Rz. 132). 49

Man muss auch an die weiteren für den BFH nicht entscheidenden Bilanzierungsfolgen denken. Der BFH gab nämlich dem Finanzgericht für den zweiten Rechtszug zu bedenken, ob eine ausreichende Wahrscheinlichkeit der Rückübertragung aus Sicht des Bilanzerstellungstags für den Abschluss 04 bestanden hat, um einen Rückstellungsansatz zu bilden. Da dieser in der Gegenbuchung nur als Aufwand möglich ist (→ Rz. 28), kommt die Rückstellungsbildung hier ebenfalls wieder in ihrer Funktion als Realisationskorrektur zum Vorschein. Hier versagt dann allerdings auch der Begriff des **Erfüllungsrückstands** (→ Rz. 48).

2. Einzelfälle der Verbindlichkeitsrückstellungen

2.1 Umweltschutz

2.1.1 Spezielle Ansatzvoraussetzungen?

Der Verbindlichkeitscharakter als Sachverhaltsmerkmal zur Rückstellung verlangt einen Anspruchsberechtigten gem. § 194 Abs. 1 BGB in Form eines Gläubigerrechts, mithilfe dessen er vom Anspruchsgegner ein bestimmtes Tun oder Unterlassen verlangen kann (→ Rz. 7). Dieses 50

---

[64] BFH-Urteil vom 25. 1. 1996 – IV R 114/94, BStBl 1997 II S. 382, mit Anm. *Hoffmann*, BB 1996 S. 1821, und Darstellung in DStR 2004 S. 1761.

Tun oder Unterlassen muss rechtlich durchsetzbar und vollstreckbar sein. Diese Voraussetzungen gelten auch im öffentlichen Recht, das für den Umweltschutzbereich maßgeblich ist. Die **Gläubigerstellung** nimmt dabei die zuständige **Verwaltungsbehörde** ein.[65]

51 Bezüglich der weiteren Tatbestandsmerkmale für den Ansatz einer Verbindlichkeitsrückstellung (→ Rz. 22) steht im Umweltbereich die **ausreichende Konkretisierung** – die Wahrscheinlichkeit der Inanspruchnahme (→ Rz. 39 ff.) – im Mittelpunkt der BFH-Rechtsprechung. Die hinreichende Konkretisierung setzt danach voraus:[66]

▶ Verpflichtung auf ein bestimmtes Handeln innerhalb eines bestimmten Zeitraums,

▶ die regelmäßig bei Erlassen einer behördlichen Verfügung (Verwaltungsakt) oder bei Abschluss einer entsprechenden verwaltungsrechtlichen Vereinbarung vorliegt,

▶ **oder** (ersatzweise) eine Verpflichtung allein aufgrund gesetzlicher Bestimmungen,

▶ die einen konkreten Gesetzesbefehl voraussetzen,

▶ der bei Verletzung zu Sanktionen führt.

Der Steuerpflichtige darf sich der Erfüllung der Verpflichtung nicht entziehen können.

52 Im Schrifttum wurden insbesondere diese Ausprägungen des Konkretisierungserfordernisses im Umweltschutzbereich als **Sonderrecht** kritisiert, weil das Anforderungsprofil schärfer sei als in Fällen von privatrechtlichen Verpflichtungen (zu Bergschäden vgl. → Rz. 79).[67]

Man kann allerdings die spezifischen Ansatzvoraussetzungen aus der BFH-Rechtsprechung für den Umweltschutzbereich auch als eine Art **Branchenspezifikum** im Hinblick auf die wirtschaftlichen Besonderheiten ansehen: Die öffentliche Verwaltung ist gerade im Umweltschutzbereich mit vielfältigen Interessenlagen konfrontiert, die ein Gläubiger auf privatrechtlichem Gebiet nicht zu beachten hat. So müssen beispielsweise die Interessen der Arbeitnehmerschaft auf Erhalt von Arbeitsplätzen, die durch irgendwelche Stilllegungsmaßnahmen eines Gewerbebetriebs getroffen sein können, berücksichtigt werden. Oder die Interessenlage von Verkehrsteilnehmern verhindert zeitweise oder ganz die an sich erforderliche Schutzmaßnahme gegen Lärmbelästigung.[68]

53 Vielfach räumt das öffentliche Recht der Behörde auch einen **Entscheidungsspielraum** ein.

> **BEISPIEL**[69] Der Bewilligungsbescheid zum Betrieb eines Laufwasserkraftwerks verpflichtet den Betreiber bei Beendigung der Nutzung zur Beseitigung der gesamten Anlage und zur Wiederherstellung des früheren Zustands. Allerdings bleibt es der Behörde auch überlassen, die vorhandenen Anlagen zu erhalten und für andere Zwecke umbauen zu lassen.

Ganz abgesehen von dem Ermessen der öffentlichen Hand ist es auch fraglich, ob die Beendigung der Nutzung überhaupt in Frage kommen kann. Gerade bei einem Laufwasserkraftwerk

---

65 Vgl. hierzu BFH-Urteil vom 8. 11. 2000 – I R 6/96, BStBl 2001 II S. 570 = Kurzinfo StuB 2001 S. 347.
66 BFH-Urteil vom 25. 3. 2004 – IV R 35/02, BStBl 2006 II S. 644 = Kurzinfo StuB 2004 S. 696.
67 Z. B. bei *Herzig/Köster*, Beilage 23 zu Heft 33/1994, BB S. 5: „ ... die Gefahr einer Überobjektivierung und damit die Schaffung eines Sonderrechts für öffentlich-rechtlich begründete Verpflichtungen, die strikt abzulehnen ist."
68 „Sonstige Gründe der Opportunität" lt. BFH-Urteil vom 19. 11. 2003 – I R 77/01, DStR 2004 S. 134 = Kurzinfo StuB 2004 S. 83.
69 Nach BFH-Urteil vom 12. 12. 1991 – IV R 28/91, BStBl 1992 II S. 600 („Uferschlamm").

kann man sich einen Verzicht auf weitere Stromerzeugung nur in extremen Sonderfällen vorstellen. Die mit der Konzession verbunden Auflagen sind daher ohne wirtschaftliche Substanz.

Weiter wird der BFH kritisiert, weil er die **Kenntnis** des **Gläubigers** (hier Umweltschutzbehörde) von seinem Anspruch (z. B. auf Beseitigung von Umweltschäden) verlangt. 54

BEISPIEL[70] Bei einem Galvanikunternehmen waren durch undichte Zu- und Ableitungen Schadstoffe in das Erdreich eingesickert. Ein Fachgutachten ermittelte einen Kostenbetrag zur Bodensanierung von X DM. Das Unternehmen hatte die Bodenverunreinigung geheim gehalten, fürchtete aber die Kenntnisnahme durch die Polizei und weitere öffentliche Instanzen.

Der BFH verneinte die ausreichende Konkretisierung der Verpflichtung mangels Kenntnisnahme durch die Behörden.

Die Kritik an dieser Rechtsfindung[71] sieht hier wiederum ein **Sonderrecht** zur Rückstellungsbildung im Umweltbereich. Aber auch gegen diese Kritik lassen sich in abgewandelter Form die Besonderheiten der Rechtslage entgegenhalten, die unter → Rz. 52 angeführt sind. Das Unternehmen, das Geheimhaltung betreibt, muss nicht mit einer demnächst anstehenden Kenntnisnahme der Behörden rechnen. Man kann dann die 51 %-Regel (→ Rz. 42) bemühen und von einer nicht überwiegenden Wahrscheinlichkeit der Aufdeckung der Verunreinigung mit entsprechender Vollzugskonsequenz der Behörde argumentieren. Die Kritik gegen diese Rechtsprechung könnte dann nur auf die Effizienz der „Wahrscheinlichkeitstheorie" gestützt werden, wäre aber dann eben gerade nicht als Sonderrecht für den Umweltschutzbereich zu qualifizieren.

Die jeweilige Befindlichkeit der Verpflichtung im **rechtlichen** und **wirtschaftlichen Umfeld** muss jedenfalls gebührend berücksichtigt werden. Die einfache Feststellung des Vorliegens einer Verbindlichkeit genügt zum Rückstellungsansatz nicht, wenn ihre Erfüllung nicht hinreichend wahrscheinlich ist (→ Rz. 42). Deshalb darf z. B. auch die **Kenntnis** des Anspruchgegners nicht als Tatbestandsmerkmal absolutiert werden. 55

BEISPIEL[72] Ein Unternehmen stellt technische Gebrauchsartikel für Haushalt und Handwerk her. Für Patentverletzungen bildete es Rückstellungen zum 31.12.09, Ansprüche von Geschädigten sind bis dahin nicht geltend gemacht worden. Das Finanzamt versagte einen Rückstellungsansatz wegen fehlender Ernsthaftigkeit (Konkretisierung) der Verpflichtung.

Dem folgte der BFH nicht. Die Kenntnisnahme über die Schädigung durch den Geschädigten sei keine die ausreichende Konkretisierung der Verpflichtung belegende Tatsache. Anders als im unter → Rz. 53 zitierten BFH-Urteil (Az. VIII R 14/92) wegen Bodenverunreinigung komme es auf die Kenntnis des Gläubigers nicht an. Das Entstehen von Umweltschäden käme dem BFH zufolge den betreffenden Behörden häufig nicht zur Kenntnis; anders verhielte es sich

---

70 Nach BFH-Urteil vom 19.10.1993 – VIII R 14/92, BStBl II S. 891; ähnlich der Sachverhalt im BFH-Urteil vom 19.11.2003 – I R 77/01, DStR 2004 S. 134 = Kurzinfo StuB 2004 S. 83.
71 Vgl. *Herzig*, DB 1994 S. 20; *Schön*, BB 1994, Beilage 9, S. 8.
72 BFH-Urteil vom 9.2.2006 – IV R 33/05, BStBl II S. 517 = Kurzinfo StuB 2006 S. 395; zur steuerlichen Ansatzbeschränkung für Patentverletzungen vgl. → Rz. 161.

> bei Patentrechtsverletzungen „infolge der ständigen Überwachung des Markts", die die frühere oder spätere Kenntnisnahme des Patentinhabers garantiere (→ Rz. 161).
>
> U. E. ist dieser Argumentation zu folgen.

56 Insgesamt kann u. E. der BFH-Rechtsprechung zu den Umweltschutzverpflichtungen eine vernünftige Linie bescheinigt werden. Das letztlich nur in Einzelfallentscheidung lösbare oder jedenfalls vertretbar zu beurteilende Problem der **Ungewissheit** wird nicht einseitig zulasten der Steuerpflichtigen entschieden. Die handelsrechtliche Bilanzierung – nochmals: Der BFH entscheidet hier ausschließlich über Handelsrecht (→ Rz. 38) – kann deshalb durchaus auf der Grundlage der Rechtsprechung des BFH zum Umweltschutz erfolgen.

2.1.2 Kategorien des Umweltschutzes

57 In der Einzeldarstellung muss der große Bereich „Umweltschutz" differenziert werden, das erfolgt in den nachstehenden Abschnitten. Aus Sicht der bilanzrechtlichen Relevanz lassen sich folgende Bereiche unterscheiden:[73]

- ▶ Verpflichtungen aus Boden- oder Gewässerverunreinigungen u. Ä., die auf einer früheren oder aktuellen Produktionstätigkeit beruhen (Altlasten; → Rz. 58).
- ▶ Abfallbeseitigung (→ Rz. 59).
- ▶ Rückbauverpflichtungen für Kraftwerke, Funkmasten etc. (→ Rz. 61).
- ▶ Wiederherstellungsverpflichtung nach Bodenschatzausbeute, d. h. Rekultivierung und Bohrlochverfüllung (→ Rz. 63).
- ▶ Rücknahmeverpflichtung von Altgeräten, z. B. Elektroschrott und Altfahrzeuge, Batterien (→ Rz. 65).
- ▶ Umrüstungen und Anpassungen von Produktionsanlagen (→ Rz. 64).

2.1.3 Altlasten

58 Diese Sachverhalte stellen sozusagen den „klassischen" Fall der Umweltschutzverpflichtung dar. Ein entsprechendes Beispiel (Galvanikunternehmen) ist unter → Rz. 53 bereits zusammen mit der zutreffenden Rechtsfindung des BFH dargestellt worden. In diesen Fällen ist auch die **rechtliche** und **wirtschaftliche** Verursachung (→ Rz. 10 und → Rz. 22) zweifellos erfüllt, einerlei wie man sich zu diesen Kriterien im konkreten Einzelfall stellen mag. Die Produktionstätigkeit hat mit der Folgewirkung einer Bodenverunreinigung die Verträge in der Vergangenheit alimentiert – vorbehaltlich einer Verunreinigung durch den früheren Eigentümer – was an der vom BFH gefundenen Lösung allerdings nichts ändern würde. Entscheidend kommt es auf die **Wahrscheinlichkeit** der Inanspruchnahme (→ Rz. 39 ff.) – d. h. auf die ausreichende Konkretisierung (→ Rz. 53) – an. Beim typischen Fall der Bodenverunreinigung stellt sich die Frage nach der **Werthaltigkeit** des Grundstücks, ob also zusätzlich eine außerplanmäßige (→ § 253 Rz. 105) oder eine Teilwertabschreibung (→ § 253 Rz. 112) geboten ist. Wenn ja, käme es zu einer Doppelberücksichtigung (allerdings ohne wertmäßige Entsprechung) des bestehenden

---

[73] Nach *Hoffmann*, PiR 2008 S. 347.

Schadens. Der BFH[74] sieht dies differenziert: Es lägen zwei Wirtschaftsgüter vor, die unabhängig voneinander zu bilanzieren seien. Zumindest aus fiskalischer Sicht schien der Finanzverwaltung diese Aussage des BFH nicht zu gefallen und sie veröffentlichte im BStBl II mit mehr als sechsjähriger Verspätung und mit folgender Kommentierung:[75]

▶ Sofern ein Rückstellungsansatz für die Beseitigung der Bodenverunreinigung geboten ist, kommt eine Teilwertabschreibung nur in Betracht, wenn trotz der Sanierung eine dauernde Wertminderung des Grundstücks vorliegt.

▶ Ist eine Rückstellungsbildung unzulässig, ist eine Teilwertabschreibung dem Grunde nach zulässig, allerdings nicht für Anschaffungs- oder Herstellungskosten nach § 5 Abs. 4b EStG.

2.1.4 Abfallbeseitigung aus dem Produktionsprozess

Im Rahmen eines industriellen oder handwerklichen Herstellungsvorgangs fallen regelmäßig Abfälle an. Diese wiederum sind häufig „umweltrelevant", müssen dann in einer besonderen Form **entsorgt** oder der **Wiederverwendung** zugeführt werden. 59

BEISPIEL[76] Ein Unternehmen stellt Lacke und Lackfarben her und bildete in der Bilanz zum 31.12.09 eine Rückstellung für die ausstehende Entsorgung von Wachs, Sondermüll und nicht zu verarbeitenden Rohstoffen. Die Abfallbeseitigung sollte eine Drittfirma übernehmen, die entsprechende Container auf dem Fabrikgelände aufgestellt hatte. Zum Stichtag hatte das Unternehmen allerdings noch keinen Auftrag zum Abtransport des Abfalls erteilt. Der BFH stellte keine ansatzbegründende Verpflichtung unter spezieller Berücksichtigung der für öffentlich-rechtliche Verpflichtungen in der Rechtsprechung aufgestellten Kriterien (→ Rz. 50) fest, vielmehr liege die Entsorgung der Abfallprodukte im ureigensten betrieblichen Interesse, weil sonst im Laufe der Zeit das Unternehmen an diesem „Schrott" ersticke. Deshalb beurteilt der BFH diese Entsorgungsverpflichtung im eigenbetrieblichen Interesse stehend als eine „Verpflichtung gegen sich selbst" (Aufwandsrückstellung) und nicht als Außenverpflichtung mit Verbindlichkeitscharakter (→ Rz. 10).

Anders verhält es sich bei Unternehmen, deren **Geschäftsmodell** in der Beseitigung von Bauschutt besteht. Hier ist von einer laufenden Überwachung der Tätigkeit unter dem Blickwinkel des Umweltschutzes auszugehen. 60

BEISPIEL[77] Ein Unternehmen erhält für die Beseitigung von Bauschutt von den Anlieferern ein Entgelt. Nach Zwischenlagerung wird der Bauschutt zu Schotter aufbereitet und als Füllmaterial an Straßen- und Gartenbaubetriebe verkauft. Die verbleibenden nicht recycelbaren

---

74 BFH-Urteil vom 19.11.2003 – I R 77/01, DStR 2004 S. 134 = Kurzinfo StuB 2004 S. 83.
75 BMF-Schreiben vom 11.5.2010 – IV C 6 – S 2137/07/10004, DStR 2010 S. 1032 = Kurzinfo StuB 2010 S. 396.
76 Nach BFH-Urteil vom 8.11.2000 – I R 6/96, BStBl 2001 II S. 570 = Kurzinfo StuB 2001 S. 347.
77 Nach BFH-Urteil vom 25.3.2004 – IV R 35/02, BFH/NV 2004 S. 1157 = Kurzinfo StuB 2004 S. 696. Hier wird nur die Rückstellungsbildung aus Sicht der umweltrechtlichen Verpflichtungen dargestellt. Die Rückstellungsbildung dem Grunde nach ist aus hier nicht weiter zu erörternden Erwägungen u. E. unzutreffend, vgl. hierzu *Hoffmann*, GmbH-StB 2006 S. 87.

> Rohstoffe werden entsorgt. Zwischen der Anlieferung des Baumaterials und dem Verkauf des Schottermaterials bestehen keine rechtlichen Verbindungen.

Der IV. BFH-Senat befasst sich intensiv mit den einschlägigen öffentlich-rechtlichen Bestimmungen und kommt zum Ergebnis: Ein Betreiber einer Anlage zur Aufbereitung von Bauschutt ist regelmäßig einer hinreichend konkretisierten öffentlich-rechtlichen Verpflichtung zur Verarbeitung der angelieferten Materialien unterlegen. Und insbesondere ist der Behörde die Tätigkeit des Unternehmens bekannt und damit die Überwachungsverpflichtung.

2.1.5 Entfernungsverpflichtungen, Rückbau

61 Diese Fallgruppe wurde unter → Rz. 22 ff. im Hinblick auf das Ansatzkriterium der wirtschaftlichen Verursachung dargestellt. Im Mittelpunkt der Kommentierung standen der Schrifttumsdiskussion folgend die Rückbauverpflichtung etc. von Kernkraftwerken (→ Rz. 28). Die bilanzrechtliche Problematik stellt sich in ähnlicher Form in folgenden **Sachverhaltskonstellationen**:

- ▶ Abbruch- bzw. Rückbauverpflichtungen für betriebene Anlagen zur Energiegewinnung (Wasserkraftwerk, Ölplattform).
- ▶ Rückbauverpflichtungen für Mietereinbauten oder Bauten auf fremdem Grundbesitz.
- ▶ Entfernungsverpflichtungen für Funkmasten auf fremdem Gebäude.

Die Fälle **verbinden** folgende Charakteristika:

- ▶ Die Verpflichtung entsteht in rechtlicher Hinsicht (→ Rz. 10) ab dem Zeitpunkt des **Nutzungsbeginns**, möglicherweise aber auch schon zuvor bei Erteilung der behördlichen Genehmigung.
- ▶ **Langfristigkeit** in der Abwicklung der betreffenden Vorgänge.

62 Die IFRS bilden diese Verpflichtung als Bestandteil der Herstellungskosten ab,[78] die herrschende HGB-Interpretation lässt keinen Rückstellungsansatz für Herstellungskosten zu (→ Rz. 28). Um ein „passendes" Bilanzbild zu erreichen, muss deshalb zu einer – in systematischer Hinsicht – Hilfskrücke gegriffen werden, die in einer zeitlichen **Verteilung** des **Aufwands** für die Entsorgung etc. bis hin zur mutmaßlichen Beendigung des Produktionsvorgangs liegt (→ Rz. 32). Zur Bewertung wird verwiesen auf → § 253 Rz. 43.

2.1.6 Wiederherstellungsverpflichtung nach Bodenschatzausbeute (Rekultivierung, Bohrlochverfüllung u. Ä.)

63 Wie in den vorstehend unter → Rz. 61 behandelten Sachverhalten ist der Produktionsprozess häufig begleitet von einer zuvor ergangenen öffentlich-rechtlichen **Verpflichtung**. Diese geht im Bereich der Bodenschatzausbeute dahin, nach dem (z. B.) Kiesabbau das dadurch entstehende „Bodenloch" wieder zu **verfüllen** und durch Auftrag einer Humusschicht zu **rekultivieren**. Auch diese Verpflichtung entsteht dem Grunde nach spätestens mit Beginn des Abbauprozesses. Allerdings ist der **Umfang** der Verpflichtungsstruktur anders geartet als etwa bei einem Atomkraftwerk. Sobald bei diesen die erste nukleare Kettenreaktion und damit die Dampferzeugung begonnen hat, ist der gesamte Kostenblock für den Entsorgungsbereich dem

---

[78] Vgl. *Hoffmann*, in: Lüdenbach/Hoffmann (Hrsg.), Haufe IFRS-Kommentar, 8. Aufl., Freiburg 2010, § 21 Rz. 81.

Grunde nach schon vorhanden. Das gilt mit einem etwas anderen technischen Hintergrund auch für ein Kohlekraftwerk. Bei der Kiesausbeute und der Braunkohlegewinnung ist der Verpflichtungsumfang durch das **Mengen**gerüst der Rekultivierungsverpflichtung, nämlich das **Abbauvolumen** bis zum Bilanzstichtag, definiert.

Deshalb ist in systematischer Sicht die Rückstellung nach Maßgabe der mutmaßlichen Rekultivierungskosten u. Ä. fortlaufend entsprechend der Ausbeute und der dafür entstehenden anteiligen Kosten **anzusammeln**. Diese Ansammlung bzw. die hierfür zu bildende Rückstellung beruht somit nicht auf einer bilanzoptischen Notwendigkeit der Aufwandsverteilung (→ Rz. 32) wie beim Kernkraftwerk (→ Rz. 28), sondern auf der effektiven Verpflichtungsstruktur am jeweiligen Bilanzstichtag. Zur Bewertung vgl. → § 253 Rz. 43.

2.1.7 Umrüstungen, Anpassungen von Produktionsanlagen

An diesen Sachverhalten hat sich die Diskussion im Schrifttum insbesondere zum BFH-Urteil – I R 45/97 entzündet (Fall der Spänetrocknungsanlage), die durch das BFH-Urteil – IV R 85/05 allerdings ad acta gelegt werden sollte (Urteile zitiert in → Rz. 36). Es handelt sich um Aufwendungen zur Ermöglichung eines **künftigen** Produktionsprozesses, dem sich das Unternehmen durch Einstellung dieser Tätigkeit entziehen kann (→ Rz. 34). Insofern scheidet ein Rückstellungsansatz aus, abgesehen von der zumindest **steuerlich** bestehenden Besonderheit etwa vorliegender Anschaffungs- oder Herstellungskosten (für diese Umrüstungsvorgänge), die eine Rückstellung (ebenfalls) nicht zulassen (→ Rz. 159).

64

2.1.8 Rücknahme- und Entsorgungsverpflichtungen für Altgeräte

2.1.8.1 Elektro- und Elektronikgeräte

Für sog. Elektroschrott gilt die nachstehende Verpflichtungsstruktur:[79]

65

Verpflichtungsstruktur Elektroschrott		
#	Haushalte	Entsorgungsverpflichteter
1	alte Gebrauchtgeräte (vor 23. 11. 2005 in Verkehr gebracht)	Hersteller im Umlageverfahren nach Maßgabe des Marktanteils im Rücknahmezeitpunkt
2	neue Gebrauchtgeräte (ab 23. 11. 2005 in Verkehr gebracht)	Hersteller im Umlageverfahren (jedoch Bringschuld zur Sammelstelle)
	Nicht private Nutzer	
3	neue Gebrauchtgeräte (ab 23. 11. 2005 in Verkehr gebracht)	Hersteller
4	alte Gebrauchtgeräte (vor 23. 11. 2005 in Verkehr gebracht)	Regel: Nutzer

Zu 1: Alte Gebrauchtgeräte, private Haushalte

Die Rücknahmeverpflichtung bzw. der darauf entfallende Kostenanteil orientiert sich in diesem Sonderfall nicht am Anteil der bislang in Verkehr gebrachten Geräte, sondern am Marktanteil im Rücknahmezeitpunkt. Diese Marktteilnahme ist ein künftiges Ereignis, dem sich der Marktteilnehmer durch Einstellung seiner Tätigkeit entziehen kann. Insofern ist eine Rückstel-

66

---

[79] Vgl. *Oser/Ross*, WPg 2005 S. 1069; *Schreiber*, BB 2006 S. 1842.

lungsbildung nicht erlaubt (→ Rz. 34). Auch die Bemessungsgrundlage richtet sich nach dem künftigen Umsatz mit Elektrogeräten etc. und nicht am bisherigen Verkaufsvolumen.[80]

Zu 2: Neue Gebrauchtgeräte, private Haushalte

67   Hier muss differenziert werden. Bei Nachweis des Herstellers über seinen Anteil am Abfallstrom wird er nach Maßgabe dieses Anteils für die Rücknahme in Anspruch genommen, der Rückstellungsansatz muss zum Zeitpunkt des Inverkehrbringens festgelegt werden.

Ohne einen solchen Nachweis entspricht die Abholverpflichtung derjenigen zu 1. Dann kommt ein Rückstellungsansatz wegen der künftigen Verpflichtungsstruktur nicht in Betracht.

Zu 3: Neue Gebrauchtgeräte, gewerbliche Nutzer

68   Mit dem Inverkehrbringen entsteht die Rücknahmeverpflichtung mit der Folge eines dann vorzunehmenden Bilanzansatzes. Diese Rückstellung wächst kontinuierlich mit dem Verkauf von Geräten an.

Zu 4: Alte Gebrauchtgeräte, gewerbliche Nutzer

69   Nach deutscher Transformation des EU-Mitgliedsstaatenwahlrechts ist die Entsorgungsverpflichtung dem gewerblichen Nutzer und nicht dem Hersteller auferlegt worden. Nur wenn die beiden Parteien sich umgekehrt einigen, besteht ein Rückstellungserfordernis beim Hersteller.

2.1.8.2   Altfahrzeugverordnung[81]

70   Hersteller und gewerbliche Importeure bestimmter **Fahrzeuge** sind nach dem AltfahrzeugG zur unentgeltlichen Rücknahme und Entsorgung von Altfahrzeugen ihrer Marke verpflichtet, und zwar für

▶ nach dem 30. 6. 2002 in Verkehr gebrachte Fahrzeuge generell und

▶ vor dem 1. 7. 2002 in Verkehr gebrachte Fahrzeuge ab dem 1. 1. 2007.

Die Rechtsverpflichtung beginnt mit dem Inverkehrbringen der Fahrzeuge, die die rechtliche und wirtschaftliche Verursachung i. S. des Rückstellungsansatzes darstellt (→ Rz. 22). Dieser Verpflichtung kann sich das Unternehmen durch Einstellung der Verkaufs- oder Produktionstätigkeit nicht mehr entziehen, auch wenn es seine Marktteilnahme beendet (→ Rz. 34 f.).

Allerdings kann wegen der Wiederaufbereitung der Metallteile aus den Fahrzeugen eine Kostenbelastung des Herstellers etc. ausscheiden. Dann kommt es zu einer „Nullbewertung" der Rücknahmeverpflichtung (→ § 253 Rz. 42).

71   **Altbatterien** sind nach der Batterie-VO mit gleicher Verpflichtungsstruktur wie die Altfahrzeuge zu entsorgen bzw. zurückzunehmen, die vorstehenden Ausführungen für die Altfahrzeuge gelten entsprechend. Ein früheres entgegenstehendes FG-Urteil ist damit überholt.[82] Die Ver-

---

80   So auch *Oser/Ross*, WPg 2005 S. 1071.
81   Rechtsgrundlage ist die EU-Altautorichtlinie, das AltfahrzeugG und die Altfahrzeugverordnung vom 21. 6. 2002. Vgl. hierzu *Hug/Ross/Seidler*, DB 2002 S. 1013.
82   FG München, Urteil vom 29. 5. 1998 – 7 V 345/98, DStRE 1998 S. 786.

nichtung von **Altreifen** berechtigt zur Rückstellung nur, wenn eine Verpflichtung durch Verwaltungsakt besteht.[83]

Ein besonderes Rückstellungserfordernis nach dem Abfallentsorgungssystem „**Grüner Punkt**" entsteht wegen der monatlichen Anmeldung mit Zahlungsverpflichtung nicht. Die Verpflichtungsstruktur entspricht insoweit in etwa derjenigen der Lohnsteueranmeldung.

72

2.1.9 Emissionsrechte

Zur Bilanzierung der **Rückgabeverpflichtung** für erhaltene Emissionsrechte (Schadstoff-Emissionsrechte, Treibhausgas-Emissionsrechte) wird verwiesen auf → § 246 Rz. 31e.

72a

2.2 Garantie-(Gewährleistungs-)verpflichtungen, Kulanz (Abs. 1 Satz 2 Nr. 2)

Angesprochen sind – rückstellungstypisch (→ Rz. 3) – ungewisse Verbindlichkeiten, die sich u. a. aus Ansprüchen von **Vertragspartnern** ergeben:[84]

73

- Kaufpreis- oder Werklohnminderung,
- Schadenersatz wegen Nichterfüllung,
- Nachbesserung oder Lieferung einer mangelfreien Sache,
- Bürgschaften und Garantien (→ Rz. 121).

Die Garantieverpflichtung kann außer auf einer Rechtsgrundlage durch das Faktum der dauernden Übung – aus Kulanz – entstehen, sofern sich aus ihr für den Unternehmer eine Verpflichtung ergibt, der er sich nicht entziehen kann (→ Rz. 13 ff.).[85] Zu den Besonderheiten bei Gewährleistungen für **Drittschuldner** wird verwiesen auf → § 251 Rz. 32.

Zu unterscheiden ist zwischen

74

- **Einzel**rückstellungen für konkrete Ansprüche, sofern diese bis zur Bilanzerstellung bekannt werden und auf Auslieferungen der Produkte bis zum Bilanzstichtag beruhen und
- **Pauschal**rückstellungen entsprechend der betriebsindividuellen bzw. branchengesicherten Erfahrung aus der Vergangenheit im Falle von Serienfertigungen.[86]

Zu einem Beispiel für eine **Einzel**rückstellung wegen eines Sonderfalls (singuläres Ereignis) wird auf → Rz. 42 verwiesen.

Zur **pauschalen** Garantieverpflichtung folgender Überblick:[87]

75

- Ein Uhrmacher übernimmt für Uhrenreparaturen eine Garantie von einem halben Jahr. Die Garantiefrist läuft über den Bilanzstichtag. Der Mangel wurde vor dem Bilanzstichtag erkannt, aber erst später innerhalb der noch laufenden Garantiefrist geltend gemacht. Am Bilanzstichtag lag eine Schuld vor.
- Bei einem serienmäßig hergestellten Gegenstand sind bis zum Stichtag Fehler bei einem einzigen Erzeugnis erkannt und geltend gemacht worden. Dann ist von gleichen Mängeln

---

83 BMF-Schreiben vom 11. 2. 1992 – IV B 2 – S 2137 – 8/92, DStR 1992 S. 357.
84 Vgl. zum Folgenden *Hoffmann*, in: Littmann/Bitz/Pust (Hrsg.), EStG, §§ 4, 5 Tz. 886.
85 BFH-Urteil vom 20. 11. 1962 – I 242/61 U, BStBl 1963 III S. 113.
86 FG Baden-Württemberg, Urteil vom 27. 10. 1994 – 6 K 121/90, EFG 1995 S. 303; BFH-Urteil vom 23. 10. 1985 – I R 230/82, BFH/NV 1986 S. 490.
87 Nach RFH-Urteil vom 19. 12. 1941 – III 140/41, RStBl 1942 S. 354.

► der übrigen Gegenstände dieser Serie mit entsprechenden Garantieansprüchen auszugehen.

► Ein Unternehmen stellt serienmäßig Fahrradnaben her. Bei einem Teil der Serie von 1.000 Stück wird das Material eines bekannten Lieferanten verwendet, das jedoch schon nach kurzer Zeit Verbiegungen aufweist, die die Nabe unbrauchbar machen. Die Serie ist kurz vor dem Bilanzstichtag restlos in der Produktion verbraucht worden. Am Bilanzstichtag waren bereits eine geringe Anzahl von Garantieansprüchen wegen dieses Fehlers geltend gemacht worden. Der Unternehmer muss eine Rückstellung für die kostenlose Ersatzlieferung dieses Teils der Serie vornehmen.

► Wenn bei bestimmten Waren wegen eines Mangels, der mit einer gewissen Regelmäßigkeit wiederkehrt, mit dem Vorhandensein dieses Mangels gerechnet werden muss, muss eine Garantierückstellung ebenfalls gebildet werden.

► Ein Unternehmen stellt Nähmaschinen her. Von je 1.000 Maschinen stellt sich bei durchschnittlich 10 Stück eine Verklemmung der beweglichen Teile ein, die auf bestimmte Arbeits- und Materialfehler zurückzuführen ist. Wegen der drohenden Inanspruchnahme aus diesen Mängeln muss der Unternehmer für je 1.000 Maschinen, die bereits verkauft sind und für die die Garantiefristen noch nicht abgelaufen sind, eine Rückstellung wegen 10 fehlerhafter Maschinen einstellen. Es spielt keine Rolle, wann der Mangel von den Kunden entdeckt worden und wann er im Einzelnen angemeldet worden ist.

In diesen Fällen genügt die am Bilanzstichtag bestehende **Gefahr** der Inanspruchnahme; die Geltendmachung von Ansprüchen durch den Berechtigten ist nicht erforderlich. Das Problem muss vom Unternehmer überhaupt noch nicht erkannt worden sein, aber die Inanspruchnahme muss mit hoher Wahrscheinlichkeit drohen.[88] Es genügt als Nachweis sogar auch ohne bekannt gewordene Garantiefälle bis zur Bilanzerstellung (→ § 252 Rz. 51) ein Vergangenheitsbezug, demzufolge mit Regelmäßigkeit Garantieleistungen auftreten.[89]

76 Generell muss die hinreichende Wahrscheinlichkeit (→ Rz. 42) künftiger Garantieleistungen aus den **Vergangenheits**erfahrungen des Betriebs belegt werden.[90] Das lässt sich bei **Serienprodukten** statistisch errechnen. Der EuGH hat sich mit der pauschalen Rückstellungsbildung für Garantiefälle einverstanden erklärt.[91] Die Wahrscheinlichkeit der Inanspruchnahme muss durch entsprechende Aufzeichnungen in der Vergangenheit belegt werden.[92]

Anders als bei Pauschalrückstellungen müssen bis zum Bilanzstichtag verursachte **Einzelgewährleistungsfälle** bis zum Erstellungstag (→ § 252 Rz. 59) bekannt geworden sein.[93]

77 Für **Kulanzfälle** (→ Rz. 13) sind vergleichbare Ansatzvoraussetzungen wie für Gewährleistungsansprüche gegeben, wenn aufgrund der Vergangenheitserfahrung solche Verpflichtungen faktischer Art erfüllt werden.

---

88 BFH-Urteil vom 20. 11. 1962 – I 242/61 U, BStBl 1963 III S. 113.
89 BFH-Urteil vom 22. 11. 1962 – IV 323/59 U, BStBl 1963 III S. 234.
90 Dazu BFH-Urteil vom 30. 6. 1983 – IV R 41/81, BStBl 1984 II S. 263.
91 EuGH-Urteil vom 14. 9. 1999 – C-275/97, DStR 1999 S. 1645.
92 BFH-Urteil vom 18. 10. 1960 – I 198/60 U, BStBl III S. 495.
93 BFH-Urteil vom 30. 6. 1983 – IV R 41/81, BStBl 1984 II S. 263.

Haftpflichtverbindlichkeiten können gegenüber Dritten aufgrund gesetzlicher **Verschuldens**- 78
haftung (z. B. nach § 823 BGB) oder gesetzlicher **Gefährdungs**haftung (z. B. § 7 StVG)[94] bestehen. Der Rückstellungsansatz setzt das haftungs- und schadenersatzbegründende Ereignis als **bis** zum Bilanzstichtag ergangen voraus, auch wenn das Ereignis erst im Wertaufhellungszeitraum (→ § 252 Rz. 55) bekannt wird.[95] Eine Pauschalierungsmöglichkeit für Haftpflichtschäden besteht allerdings nicht.[96]

Zur **Produzentenhaftung** aufgrund von Folgeschäden, für die der Hersteller eines Erzeugnisses geradestehen muss, liegt keine BFH-Rechtsprechung vor. Angesprochen sind typische Fälle betreffend Gebrauchs- und Arzneimittel, Kraftfahrzeuge, Haushaltsgeräte und Lebensmittel. U. E. kommt die oben zitierte BFH-Rechtsprechung zu den Haftpflichtfällen als Anwendungsgrundlage in Betracht. Pauschalrückstellungen sind damit ausgeschlossen.

Für **Bergschäden** ergibt sich eine Schadenersatzverpflichtung für den Bergwerksinhaber aus öf- 79
fentlichem Recht. Die Ansatzbedingungen sind dabei nicht so rigoros wie für die öffentlich-rechtlichen Verpflichtungen generell (→ Rz. 50 ff.). Die erforderliche Konkretisierung der Verpflichtung besteht in der Erkennbarkeit des Bergschadens (z. B. Risse am Mauerwerk eines Hauses). Allein die Niederbringung eines Schachts genügt u. E. nicht als Tatbestandsmerkmal für die Rückstellungsbildung.[97]

2.3 Rechtsverfolgungskosten

Das Prozesskostenrisiko im Zivilprozess samt der damit verbundenen Zinsen ist mit **Beginn** 80
der Gerichtsanhängigkeit ansatzbegründend.[98] Nach Auffassung des BFH genügt diese zur Konkretisierung der Verpflichtung trotz des einem Prozess von Natur aus anhaftenden Unsicherheitsmoments.[99] Allerdings gilt eine Beschränkung auf die am Bilanzstichtag „waltende" Instanz. Auch bei einer beabsichtigten Ausnutzung des Instanzenwegs kann für die **weiteren** Prozessschritte keine Rückstellung gebildet werden.

Auch bei **Aktiv**prozessen sind die mutmaßlichen Kosten zurückzustellen.[100] Für die Prozesszinsen ist der Zinslauf bis zum Bilanzstichtag als Ansatzgröße zu berücksichtigen. Für künftig mögliche Prozesse und deren Kosten kann keine Rückstellung gebildet werden.[101]

---

94 BFH-Urteil vom 30. 6. 1983 – IV R 41/81, BStBl 1984 II S. 263.
95 BFH-Urteil vom 17. 1. 1963 – IV 165/59 S, BStBl III S. 237; BFH-Urteil vom 30. 6. 1983 – IV R 41/81, BStBl 1984 II S. 263.
96 BFH-Urteil vom 30. 6. 1983 – IV R 41/81, BStBl 1984 II S. 263.
97 A. A. beispielsweise *Bordewin*, BB 1979 S. 156.
98 Vgl. *Osterloh-Konrad*, DStR 2003 S. 1631 und S. 1675, u. a. unter Bezugnahme auf das BGH-Urteil vom 5. 6. 1989 – II ZR 172/88, DB 1989 S. 1863.
99 BFH-Urteil vom 8. 11. 2000 – I R 10/98, BStBl 2001 II S. 349, mit Anm. *Hoffmann*, StuB 2001 S. 385. A. A. *Küting et al.*, WPg 2010 S. 327: Es gilt die übliche Wahrscheinlichkeitsformel (→ Rz. 42) auch bei Rechtshängigkeit, d. h. die Erfolgsaussichten sind zu berücksichtigen.
100 BFH-Urteil vom 27. 5. 1964 – IV 352/62 U, BStBl III S. 478.
101 BFH-Urteil vom 24. 6. 1970 – I R 6/68, BStBl II S. 802.

2.4 Arbeitsverhältnisse

2.4.1 Ausgeglichenheitsvermutung, schwebendes Geschäft, Verlustrückstellung?

81 Das Arbeitsverhältnis stellt den typischen Fall eines nicht bilanzierbaren **schwebenden** Vertragsverhältnisses dar, solange daraus nicht Verluste drohen (→ Rz. 130) oder Erfüllungsrückstände bestehen (→ Rz. 145). Dabei lehnt der BFH eine Drohverlustrückstellung für Arbeitsverhältnisse auch dann ab, wenn das Unternehmen ein höheres Leistungsentgelt erbringt als der mutmaßliche Leistungsbeitrag des Arbeitnehmers ausmacht (→ Rz. 144). Das gilt für

- Berufsausbildungsverhältnisse auch bei Überbestand[102] sowie
- Verdienstsicherungsvereinbarungen durch Tarifvertrag.[103]

Zu einem Bilanzansatz kann es dann im Rahmen eines solchen schwebenden Dauerschuldverhältnisses nur durch **Vorleistungen** oder **Erfüllungsrückstände** (→ Rz. 145 ff.) der einen oder anderen Partei kommen. Angesprochen ist damit als Bilanzposten die Rechnungsabgrenzung, vor allen Dingen aber die Verbindlichkeitsrückstellung. Im letztgenannten Fall geht es um sog. Verpflichtungsüberhänge, die auch **nach** Beendigung des Arbeitsverhältnisses entstehen können.

> **BEISPIEL**[104] ▶ Ein Unternehmen verpflichtet sich, die Pensionäre nach Beendigung des Dienstverhältnisses mit Beihilfeleistungen im Krankheitsfall u. Ä. zu unterstützen. Für diese Verbindlichkeit ist eine entsprechende Rückstellung anzusetzen.

2.4.2 Einzelne Sachverhalte

2.4.2.1 Abfindungen

82 Der Bilanzansatz setzt eine rechtsverbindliche Zahlungspflicht aufgrund der vereinbarten Auflösung des Dienstverhältnisses am Stichtag voraus. Für zukünftige Abfindungen an langjährige Mitarbeiter soll keine Rückstellung gebildet werden können, auch wenn eine solche Verhaltensweise der betrieblichen Übung entspricht.[105]

Anders kann es sich u. E. verhalten, wenn die Auflösung des Vertrags schon vereinbart, die Abfindung aber noch offen ist. Im Rahmen eines Sozialplans (kollektive Entlassungen) gilt u.U. etwas anderes (→ Rz. 15).

2.4.2.2 Altersteilzeit

83 Nach dem Altersteilzeitgesetz können Mitarbeiter mit vollendetem 55. Lebensjahr auf fünf Jahre gefördert werden. Erlaubt ist dabei im Rahmen eines Tarifvertrags die Zusammenballung der Arbeitszeit auf die erste Hälfte dieser Altersteilzeitperiode mit anschließender vollständiger Freistellung von der Arbeitsleistung bei einem formal weiterbestehenden Arbeitsverhältnis (**Blockmodell**). Auch einzelvertraglich ist eine solche Blockbildung möglich. Die vom Gesetz

---

[102] BFH-Urteil vom 25. 1. 1984 – I R 7/80, BStBl II S. 344.
[103] BFH-Urteil vom 25. 2. 1986 – VIII R 377/83, BStBl II S. 465.
[104] Nach BFH-Urteil 30. 1. 2002 – I R 71/00, BStBl 2003 II S. 279 = Kurzinfo StuB 2002 S. 865.
[105] BFH-Beschluss vom 9. 5. 1995 – IV B 97/94, BFH/NV 1995 S. 1970.

ebenfalls vorgesehene gleichmäßige Reduzierung der Arbeitszeit mit verringerten Bezügen während der gesamten Laufzeit der Teilzeitvereinbarung wird praktisch kaum angewandt.

Im Blockmodell leistet der Arbeitnehmer in der ersten Hälfte der Blockungszeit seine **vollen** Dienste und wird dafür in der zweiten Hälfte vollständig von der Arbeit **freigestellt**. Für die gesamte Laufzeit des Blockmodells erhält der Arbeitnehmer den hälftigen und gegebenenfalls dynamisierten Arbeitslohn zuzüglich einer Aufstockung von mindestens 20 %, höchstens 30 % des Vollzeitentgelts und zusätzlich Sozialversicherungsbeiträge. Eindeutig liegt ein **Erfüllungsrückstand** im Zeitpunkt des Ablaufs der Beschäftigungsphase für den in der Freistellungsphase noch zu bezahlenden Arbeitslohn vor. Insoweit ist die Rückstellungsbildung **unstreitig**.

Strittig war im Schrifttum die Bildung von Verbindlichkeitsrückstellungen innerhalb der Beschäftigungsphase im Blockmodell. Dazu hatte sich sowohl das BMF[106] als auch das IDW[107] geäußert. Das IDW sieht in den Aufstockungsbeträgen während der Beschäftigungsphase eine **Abfindung**, die in abgezinster Form bereits bei Beginn der Altersteilzeitvereinbarung zurückzustellen und mit der Zahlung ratierlich aufzulösen ist. Außerdem will das IDW optionale Altersteilzeiten – mögliche Personen, die die Voraussetzungen zur Inanspruchnahme des Altersteilzeitangebots eines Unternehmens erfüllen – mit in den Rückstellungsansatz aufnehmen, und zwar aufgrund einer Wahrscheinlichkeitsschätzung über die mutmaßliche Inanspruchnahme des Altersteilzeitangebots. 84

Der BFH[108] hat zu diesem Ansichtsstreit eine u. E. zutreffende **vermittelnde** Lösung gefunden – wohlgemerkt auch hier unter ausschließlicher Auslegung von Handelsrecht (→ Rz. 38). Nach Auffassung des BFH ist die Verpflichtung zur Weiterbezahlung laufender Vergütungen in der Freistellungsphase während der Beschäftigungsphase ratierlich aufzubauen. Nur in diesem Zeitraum kann ein Erfüllungsrückstand (→ Rz. 145 ff.) vorliegen, danach nicht mehr, weil dann der Charakter des Arbeitsverhältnisses als schwebendes Geschäft beendet ist. Deshalb muss bei Beginn der Freistellungsphase die Verpflichtung in voller Höhe bilanziert sein. Wegen der Bewertung, insbesondere Abzinsung vgl. → § 253 Rz. 70 ff. 85

Eine Einbeziehung der **Anwartschaften** auf Altersteilzeit nach einem Wahrscheinlichkeitskalkül lehnt der BFH ab, allerdings ohne das IDW von seiner Auffassung abzubringen. Deshalb stehen handelsrechtlich zwei vertretbare Modelle zur Verfügung. 86

In der **Freistellungsphase** ist wiederum unstreitig die gebildete Rückstellung ratierlich in Anspruch zu nehmen. In diesem Zeitraum entsteht kein Aufwand.

Das BMF hat sich der Lösung des BFH angeschlossen,[109] allerdings ergänzend die möglichen Erstattungsansprüche gegen die Arbeitsbehörde als Gegenrechnung vorgesehen. Zur Berücksichtigung des Zinseffekts und der biometrischen Risiken vgl. → § 253 Rz. 51 ff. 87

In der Grundstruktur stellen sich die beiden Berechnungsmodelle wie folgt dar:[110] 88

---

106 BMF-Schreiben vom 11. 11. 1999 – IV C 2 – S 2176 – 102/99, BStBl I S. 959 (überholt → Rz. 114).
107 IDW RS HFA 3.
108 BFH-Urteil vom 30. 11. 2005 – I R 110/04, BStBl 2007 II S. 251, mit weitgehend zustimmender Auffassung des BMF-Schreibens vom 28. 3. 2007, BStBl I S. 297. Die Lösung des BFH entspricht derjenigen von *Oser/Doleczik*, DB 2000 S. 6.
109 BMF-Schreiben vom 28. 3. 2007 – IV B 2 – S 2175/07/0002, BStBl I S. 297.
110 Nach *Oser/Doleczik*, DB 2000 S. 6.

II. Ungewisse Verbindlichkeiten

	Beschäftigungsphase			Freistellungsphase		
Jahr	01	02	03	04	05	06
Arbeitsleistung p. a.	100 %	100 %	100 %	0 %	0 %	0 %
Arbeitsentgelt p. a.	80 %	80 %	80 %	80 %	80 %	80 %

IDW-Modell

		Beschäftigungsphase			Freistellungsphase		
Stichtag	31.12.00	31.12.01	31.12.02	31.12.03	31.12.04	31.12.05	31.12.06
Arbeitsleistung p. a.		100 %	100 %	100 %	0 %	0 %	0 %
Arbeitsentgelt p. a.		80 %	80 %	80 %	80 %	80 %	80 %
Verbindlichkeitsrückstellung infolge Abfindungsverpflichtung (Abfindung Zuführung) (Abfindung Verbrauch)	180 % (180 %)	150 % (30 %)	120 % (30 %)	90 % (30 %)	60 % (30 %)	30 % (30 %)	0 % (30 %)
Verbindlichkeitsrückstellung infolge Erfüllungsrückstand (Zuführung) (Verbrauch)		50 % (50 %)	100 % (50 %)	150 % (50 %)	100 % (50 %)	50 % (50 %)	0 % (50 %)
Rückstellung am Bilanzstichtag	180 %	200 %	220 %	240 %	160 %	80 %	0 %

BFH/BMF-Modell

		Beschäftigungsphase			Freistellungsphase		
Stichtag	31.12.00	31.12.01	31.12.02	31.12.03	31.12.04	31.12.05	31.12.06
Arbeitsleistung p. a.		100 %	100 %	100 %	0 %	0 %	0 %
Arbeitsentgelt p. a.		80 %	80 %	80 %	80 %	80 %	80 %
Verbindlichkeitsrückstellung infolge Erfüllungsrückstand (Zuführung) (Verbrauch)		80 % (80 %)	160 % (80 %)	240 % (80 %)	160 % (80 %)	80 % (80 %)	0 % (0 %)

2.4.2.3 Arbeitszeitkonten

89 Die der Flexibilisierung der Arbeitszeit dienenden Arbeitszeitkonten haben den Vorteil einer nachgelagerten Versteuerung, die nicht als steuerbarer Zufluss beim Arbeitnehmer gewertet wird. Die Arbeitnehmer können wahlweise in einer späteren Freistellungsphase ausbezahlt oder auch in einen Altersversorgungsanspruch umgewandelt werden. Es liegt hier **Erfüllungsrückstand** des Arbeitgebers im Rahmen des „schwebenden" Arbeitsvertrags vor (→ Rz. 145), der durch eine Verbindlichkeitsrückstellung abzudecken ist.[111] Zur Bewertung vgl. → § 253 Rz. 49.

---

[111] BMF-Schreiben vom 11.11.1999 – S 2176, BStBl I S. 959.

Zu unterscheiden sind[112]

▶ (**langfristig** ausgerichtete) **Wertkonten** zur längerfristigen Freistellung für Sabbaticals u. a. sowie zur Vorschaltung vor dem Eintritt in den Ruhestand.

▶ (**kurz**fristig ausgerichtete) **andere** Arbeitzeitkonten aus Gleitzeit- und Überstundenmodellen.

Die **anderen Arbeitszeitkonten** werden regelmäßig durch Anpassung der Arbeitszeit ausgeglichen. Dabei kann auch ein Saldo entstehen, also ein **Guthaben** des **Arbeitgebers** gegenüber dem Arbeitnehmer wegen geringerer Arbeitsleistung im Verhältnis zur vertragsmäßigen Vergütung. Der Ansatz eines solchen Guthabens ist aus arbeitsrechtlichen Einschränkungen zweifelhaft[113].

Die langfristig ausgerichteten **Wertkonten** – so genannt, weil in Geldeinheiten geführt – werden gespeist aus einem Auszahlungsverzicht von Weihnachtsgeld, Tantiemen, Überstundenvergütungen und Urlaubsverzicht. Dieses so dotierte Guthaben wird in einer Freistellungsphase von der Arbeitsleistung ausbezahlt und im Zeitpunkt der Freistellung nach Maßgabe der aktuellen Vergütung in Freistellungstage umgerechnet. Das Guthaben wird üblicherweise verzinst und zur Sicherstellung mit Wertpapieren u. Ä. unterlegt – vergleichbar den entsprechenden Maßnahmen zur Finanzierung von Altersversorgungsverpflichtungen (→ § 246 Rz. 287).

Zur Bewertung vgl. → § 253 Rz. 81c.

2.4.2.4 Entgelt-Rahmenabkommen (ERA)

Das Entgelt-Rahmenabkommen in der Eisen-, Metall- und Elektroindustrie Nordrhein-Westfalen sieht einen sog. **Anpassungs**fonds vor, in dem bestimmte nicht ausgezahlte Vergütungsbestandteile angesammelt werden. Es liegt insofern ein Erfüllungsrückstand (→ Rz. 145) in Form der einbehaltenen sog. Strukturkomponente vor, der am Bilanzstichtag rechtlich (→ Rz. 10) und wirtschaftlich (→ Rz. 22) verursacht und mit hoher Wahrscheinlichkeit zu erfüllen ist (→ Rz. 39). Entsprechend ist für diese Strukturkomponente eine Verbindlichkeitsrückstellung unter Abzinsung (→ § 253 Rz. 70) zu bilden.[114]

90

2.4.2.5 Gratifikationen, Boni, Tantiemen u. Ä.

Sofern eine vertragliche Verpflichtung zur Gewährung für das abgelaufene Geschäftsjahr besteht, ist der Rückstellungsansatz unproblematisch. Das gilt auch ohne förmliche Rechtspflichtung aufgrund jahrelanger Übung, die nach arbeitsrechtlichen Regeln regelmäßig eine Verbindlichkeit begründet, wenn nicht ein entsprechender Vorbehalt erfolgt.

91

Ohne eine solche Rechtsverbindlichkeit ist eine Rückstellung unzulässig, außerdem bedarf es zur Rückstellungsbildung (bei Rechtsverbindlichkeit) auch einer Abgeltung des **zurückliegenden** Verhaltens. Wenn mit der Prämie eine **künftige** Leistungssteigerung u. Ä. des Arbeitnehmers abgegolten werden soll, kommt eine Rückstellung nicht in Betracht.[115]

---

112 Vgl. hierzu *Ries*, WPg 2010 S. 811.
113 Vgl. hierzu *Ries*, WPg 2010 S. 815.
114 So BMF-Schreiben vom 2. 4. 2007 – IV B 2 – S 2137/07/0003, BStBl I S. 301; *Herzig/Bohn*, BB 2006 S. 1551, gegen *Frei*, BB 2005 S. 1045.
115 BFH-Urteil vom 7. 7. 1983 – IV R 47/80, BStBl II S. 753.

2.4.2.6 Weihnachtsgeld

92 Ein Rückstellungserfordernis ergibt sich bei abweichendem Wirtschaftsjahr. Sobald der Gratifikation eine rechtsverbindliche Zusage oder betriebliche Übung zugrunde liegt, ist durch die anzusetzende Verbindlichkeitsrückstellung eine zeitproportionale Zuteilung auf den bis zum Stichtag abgelaufenen Zeitraum vorzunehmen.[116]

2.4.2.7 Jubiläumszuwendungen

93 Vgl. für die Steuerbilanz → Rz. 157. Handelsrechtlich besteht uneingeschränkte Ansatzpflicht.

2.4.2.8 Krankheit

94 Hier gilt nach der BFH-Rechtsprechung die Ausgeglichenheitsvermutung des Arbeitsverhältnisses. Ein höherer Krankenstand bei älteren Arbeitnehmern (wenn ein solcher vorliegen sollte) ist nicht durch Rückstellungsbildung zu berücksichtigen.[117] Auch für die künftigen Verpflichtungen zur Lohnfortzahlung bei Arbeitsunfähigkeit wegen Krankheit ist ein Rückstellungsansatz nicht möglich.[118] Wohl aber sind Rückstellungen für Beihilfen an Ruheständler ansatzpflichtig (→ Rz. 81).[119]

2.4.2.9 Sozialplanverpflichtung, Restrukturierung

95 Vgl. → Rz. 15 und → Rz. 21.

2.4.2.10 Urlaub und Gleitzeitguthaben

96 Der Urlaubsanspruch ist ein integrierender Bestandteil des schwebenden Arbeitsverhältnisses und kann deswegen nur im Rahmen von bestehenden Erfüllungsrückständen (→ Rz. 145 ff.) des Arbeitgebers passiviert werden. Deshalb ist für die **Urlaubsgewährung** generell keine Rückstellung möglich, sondern nur insoweit, als der Arbeitnehmer eine Vorleistung erbracht hat und der Arbeitgeber deshalb in einen Leistungsrückstand geraten ist. Noch nicht erbrachte Urlaubsfreistellungen am Bilanzstichtag (für das abgelaufene Wirtschaftsjahr) sind deshalb als Verbindlichkeitsrückstellung anzusetzen.[120] Entsprechendes gilt für Gleitzeitguthaben der Arbeitnehmer.

Bei **abweichendem** Wirtschaftsjahr kann sich die offene Urlaubsverpflichtung des Arbeitgebers nur auf den zeitanteiligen Urlaubsanspruch bis zum Stichtag beziehen. Eine Rückstellung für den Urlaub des gesamten Kalenderjahrs kommt nicht in Betracht.[121]

2.4.2.11 Pensionssicherungsverein

97 Durch die Änderung des Gesetzes über die betriebliche Altersversorgung vom 12.12.2006 ist für die Insolvenzsicherung der Altersversorgungsbezüge das **Kapitaldeckungsverfahren** (früher

---

116 BFH-Urteil vom 26.6.1980 – IV R 35/74, BStBl II S. 506.
117 BFH-Urteil vom 25.9.1956 – I 122/56 U, BStBl III S. 333.
118 BFH-Urteil vom 7.6.1988 – VIII R 296/82, BStBl II S. 886.
119 BFH-Urteil vom 30.1.2002 – I R 71/00, BStBl 2003 II S. 279.
120 BFH-Urteil vom 8.7.1992 – XI R 50/89, BStBl II S. 910.
121 BFH-Urteil vom 26.6.1980 – IV R 35/74, BStBl II S. 506.

Umlageverfahren) eingeführt worden. Die erforderliche Nachfinanzierung führt zu Leistungsverpflichtungen der betroffenen Unternehmen, die ab 31. 3. 2007 in 15 Jahresraten, jeweils fällig zum 31.3., zu erbringen sind. Bei vorfälliger Ablösung der Schuld ist eine Diskontierung der einzelnen Jahresraten mit dem zum Zeitpunkt der Zahlung um ein Drittel erhöhten Rechnungszinsfuß nach § 65 des VersicherungsaufsichtsG vorzunehmen, im Jahr 2007 und 2008 daher mit 3 %. Erstmals in der Handelsbilanz zum 31. 12. 2006 ist der abgezinste Betrag als Verbindlichkeit zu passivieren.[122]

2.4.2.12 Versorgungsleistungen im Umlageverfahren

Eine Pensionsrückstellung scheidet aus,[123] wenn der versorgungsverpflichtete Arbeitgeber Mitglied einer **Versorgungskasse** ist und die Versorgungsleistung von dieser Versorgungskasse im sog. Umlageverfahren erbracht wird (→ Rz. 110). Die Tatbestandsmerkmale des BFH-Urteils waren die folgenden: 97a

▶ Der Arbeitgeber erteilt eine Pensionszusage nach § 6a EStG,

▶ er ist gleichzeitig Mitglied einer Versorgungskasse,

▶ er leistet Umlagezahlungen an diese Versorgungskasse,

▶ die Umlagen dienen der Finanzierung der Versorgungslasten aller in der Solidargemeinschaft zusammengeschlossenen Arbeitgeber und können weder den einzelnen Versorgungsverpflichteten noch den jeweiligen Mitgliedern zugerechnet werden,

▶ die späteren Versorgungsleistungen werden unmittelbar von der Versorgungskasse an den Versorgungsberechtigten ausgezahlt und

▶ eine Rechtsbeziehung besteht ausschließlich zwischen dem Arbeitgeber und der Versorgungskasse, d. h. die Kasse übernimmt gegenüber dem Versorgungsberechtigten keine unmittelbare eigene Verpflichtung.

Die **Erfüllung** der Altersversorgungsverpflichtung obliegt ausschließlich der Kasse, eine Inanspruchnahme des Arbeitgebers ist sehr unwahrscheinlich, was einen Bilanzansatz verhindert.

Nur bei ausschließlicher **Zahlungsfunktion** der Versorgungskasse mit entsprechender Erstattung der Zahlungen durch den Arbeitgeber ist die Rückstellung bei diesem vorzunehmen.

2.4.2.13 Sanierungsgelder für die Versorgungsanstalt des Bundes und der Länder (VBL)

Wegen **Umstellung** des Finanzierungsverfahrens auf Kapitaldeckung muss die Versorgungsanstalt des Bundes und der Länder von den betroffenen Unternehmen einen sog. **Sanierungsbeitrag** erheben, um den laufenden Renten einen Bestandsschutz zu geben. Die noch offenen Zahlungsverpflichtungen des Arbeitgebers aus diesen „Sanierungsgeldern" sind zurückzustellen.[124] 97b

---

122 HFA des IDW in der 205. Sitzung am 28./29. 11. 2006.
123 BFH-Urteil vom 5. 4. 2006 – I R 46/04, BStBl II S. 688; dazu BMF-Schreiben vom 26. 1. 2010 – IV C 6 – S 2176/07/10005, BStBl I S. 138.
124 Umkehrschluss aus dem BFH-Urteil vom 27. 1. 2010 – I R 103/08, BStBl II S. 614. So auch „kk", KöSDi 2010 S. 16909. Vgl. auch *Buciek*, FR 2010 S. 610.

2.4.2.14 *Stock Options*, aktienkursorientierte Vergütung

98 Zum Thema generell ist zu verweisen auf → § 272 Rz. 68 ff. Bilanzsystematisch ist zu unterscheiden zwischen

- realen Optionen und
- virtuellen Optionen (*stock appreciation rights*).

Primär ist die letztgenannte Vergütungsform rückstellungsrelevant, weil sie aus **eigenem** Vermögen der Gesellschaft bestritten wird (→ § 272 Rz. 74 ff.).

Bei **realen Optionen** stellt sich ein Bilanzansatzproblem für die **Stillhalter**verpflichtung des Unternehmens aus dem Optionsprogramm. Diese Verpflichtung ist allerdings auf die Ausgabe eigener Anteile gerichtet und damit als ein erfolgsunwirksamer Vorgang als schwebendes Geschäft (→ § 246 Rz. 4) zu werten, ebenso wie das Arbeitsverhältnis. Der Ansatz einer Rückstellung kommt daher u. E. weder wegen Vorliegens eines Erfüllungsrückstands (Verbindlichkeitsrückstellung) noch eines anstehenden Verlusts (Drohverlustrückstellung → Rz. 130) in Betracht. Stattdessen befürworten wir folgendes Vorgehen:

- Die Gewährung der Optionen führt zu Personalaufwand, und zwar in Höhe des Werts der Optionen im **Zusagezeitpunkt** (*grant date measurement*).
- Die Gegenbuchung erfolgt in der **Kapitalrücklage**.
- Der Aufwand ist über den Erdienungszeitraum zu **verteilen**.

Zur Begründung im Einzelnen wird auf → § 272 Rz. 76 ff. verwiesen.

99 Die wohl noch h. M.[125] befürwortet hingegen eine **Verbindlichkeits**rückstellung (auch) für reale Optionen. Es wird aber auch unter Hinweis auf die Abgeltung **künftiger** Arbeitsleistungen (→ Rz. 91) ein Bilanzansatz generell ausgeschlossen.[126]

100 Bei **virtuellen Optionen** schuldet das Unternehmen eine erfolgsabhängige Vergütung, die sich von anderen an den Unternehmenserfolg gekoppelten Vergütungen (Tantiemen) zunächst lediglich dadurch unterscheidet, dass der Erfolg nicht über eine Größe der Rechnungslegung (Jahresüberschuss etc.), sondern die **Wertentwicklung** des Unternehmens definiert ist. Für die Qualifikation des Passivpostens ist dieser Unterschied ohne Relevanz. Wie bei einer Tantieme ist eine Verbindlichkeitsrückstellung zu bilden.

Eine weitere Besonderheit der virtuellen Optionen besteht jedoch in der Verknüpfung der Ausübungsberechtigung an einen **mehrjährigen Verbleib** im Unternehmen (sog. Dienstperiode). Eine solche Mindestverbleibensbedingung ist zwar auch bei Tantiemen möglich, dort aber eher die Ausnahme. Bei virtuellen Optionen bringt die Bedingung eine Belohnung für die Dienste mehrerer Jahre zum Ausdruck. Entsprechend ist der Aufwand auf die Dienstperiode zu verteilen. Da andererseits aber die wahrscheinlich aus der virtuellen Option zu zahlende Vergütung zu jedem Stichtag neu zu ermitteln ist, greifen **ratierliche Ansammlung** und **Stichtagsanpassung** ineinander.

> **BEISPIEL** Am 1.1.01 wird 1.000 Arbeitnehmern das virtuelle Recht eingeräumt, zum 31.12.03 je 100 Aktien für einen Kurs von 10 € zu erwerben, sofern sie nicht vorher aus dem Unter-

---

125 Z. B. *Pellens/Crasselt*, DB 1998 S. 218; *Herzig*, DB 1999 S. 1.
126 Dazu *Lange*, StuW 2001 S. 137.

nehmen ausscheiden. Bei Ausübung des Rechts zahlt das Unternehmen je Aktie die positive Differenz zwischen aktuellem Kurswert und dem Ausübungspreis von 10 €.

Der Kurs entwickelt sich wie folgt:

31.12.01	19 €
31.12.02	16 €
31.12.03	17,5 €

Beschränkt auf den inneren Wert der Optionen und unter Vernachlässigung der Fluktuation (→ § 272 Rz. 75) ergeben sich folgende Rückstellungs- und Aufwandsbeträge:

Jahr	Kurs	Innerer Wert	· Zahl der Optionen	= Gesamtwert	· Zeitanteil	= Rückstellung	Zuführung (Aufwand)
31.12.01	19,0	9,0	· 100 · 1.000	900.000	· 1/3	300.000	300.000
31.12.02	16,0	6,0	· 100 · 1.000	600.000	· 2/3	400.000	100.000
31.12.03	17,5	7,5	· 100 · 1.000	750.000	· 3/3	750.000	350.000

2.5 Verpflichtungen gegenüber dem Handelsvertreter

Diese vor Jahrzehnten heiß umstrittene Thematik der Rückstellungsbilanzierung wegen des **Ausgleichsanspruchs** des Handelsvertreters ist vom BFH zumindest für die steuerliche Bilanzierung entschieden worden:[127] Danach ist ein Bilanzansatz bis zum Jahr der Vertragsbeendigung nicht möglich. Eine zeitanteilige Zuführung über die Vertragslaufzeit hinweg kommt nicht in Betracht. Es handelt sich um einen Grenzfall der Würdigung von Verbindlichkeitsrückstellungen,[128] weshalb dem Machtwort des BFH handelsrechtlich nicht zwingend zu folgen ist. Die handelsrechtliche Bilanzierungspraxis hat sich allerdings nach der üblichen „umgekehrten Maßgeblichkeit" eines handelsrechtlich orientierten BFH-Urteils dieser Vorgabe angeschlossen.

101

Der **Provisionsanspruch** des Handelsvertreters entsteht von Gesetzes wegen (§ 87a HGB) bei Geschäftsabschluss aufschiebend bedingt, d. h. mit Ausführung des Geschäfts fällt die Bedingung weg, dann ist der Bilanzansatz vorzunehmen.[129] Der Vorgabe des BFH folgt die wohl h. M.[130] Wenn man allerdings „Entstehen" mit Fälligkeit gleichsetzt, verbleibt es u. E. beim Ansatzgebot im Zeitpunkt der Ausführung des Geschäfts. § 87a HGB kann allerdings auch abbedungen werden, z. B. bezüglich des Entstehens des Provisionsanspruchs bei Geldeingang beim Geschäftsherrn. Dann ist in Konsequenz des zitierten BFH-Urteils erst zu diesem Zeitpunkt ein Rückstellungsansatz möglich. Für Provisionsverpflichtungen, die erst in der Zeit nach Beendigung des Vertragsverhältnisses fällig werden, ist eine Rückstellung zu bilden, allerdings dann wieder nicht, wenn damit ein Wettbewerbsverbot abgegolten werden soll.[131]

102

---

127 BFH-Urteil vom 20. 1. 1983 – IV R 168/81, BStBl II S. 375.
128 Vgl. *Weber-Grellet*, DStR 1996 S. 1436.
129 BFH-Urteil vom 22. 2. 1973 – IV R 168/71, BStBl II S. 481; BFH-Urteil vom 24. 1. 2001 – I R 39/00, BStBl 2005 II S. 465.
130 A. A. *Killinger*, BB 1981 S. 1925, und *Körner*, WPg 1984 S. 43.
131 BFH-Urteil vom 24. 1. 2001 – I R 39/00, BFH/NV 2001 S. 1063.

2.6 Verpflichtungen im Rahmen der Rechnungslegung, Aufbewahrungs- und Abrechnungsverpflichtungen

103 Im Zusammenhang mit der **öffentlich-rechtlichen** Verpflichtung zur kaufmännischen Rechnungslegung hat der Kaufmann verschiedene Auflagen außer der laufenden Buchführung (→ § 238 Rz. 9) zu erfüllen:

- Erstellung eines Jahresabschlusses nach § 242 Abs. 2 HGB auf der Grundlage eines Inventars nach § 240 Abs. 2 HGB.
- Buchungen für Geschäftsvorfälle des Vorjahrs.[132]
- Betriebliche Steuererklärungen (→ Rz. 120).[133]
- In Teilbereichen die Auftragserteilung zur Durchführung einer Abschlussprüfung nach § 316 Abs. 1 HGB und nach weiteren spezialgesetzlichen Regelungen.
- In Teilbereichen Erstellung eines Lageberichts gem. § 289 HGB.
- Durchführung einer Haupt- oder Gesellschafterversammlung.
- Betriebsprüfungskosten (Verwaltungskosten).[134]
- Aufbewahrung von Geschäftsunterlagen nach § 257 HGB[135] und § 147 AO (zur Bewertung vgl. → § 253 Rz. 44).
- Anpassung des betrieblichen EDV-Systems an die Grundsätze zum Datenzugriff und zur Prüfbarkeit digitaler Unterlagen (GDPdU).[136]
- Veröffentlichung des Jahresabschlusses.[137]

Diese Rechtsverpflichtungen haben ihre Ursache in der Vergangenheit (→ Rz. 30), der Kaufmann kann sich ihnen nicht durch Änderung des Geschäftsinhalts oder gänzliche Einstellung der Geschäftstätigkeit entledigen (→ Rz. 34 f.). Der BFH hat diese Rechtslage bestätigt.[138]

104 U. E. gilt eine Rückstellungspflicht auch für die Kosten einer **freiwilligen** Abschlussprüfung, erst recht wenn diese etwa von Kreditgebern gefordert wird.[139]

105 Für die privatrechtliche Verpflichtung zur **Abrechnung** von **Bauleistungen** nach der VOB ist ein Rückstellungsansatz geboten.[140] Entsprechendes gilt für die **Versendung** von **Kontoauszügen** für Bausparkassen.[141]

---

132 BFH-Urteil vom 25. 3. 1992 – I R 69/91, BStBl II S. 1010.
133 BFH-Urteil vom 23. 7. 1980 – I R 30/78, BStBl 1981 II S. 63; BFH-Urteil vom 24. 11. 1983 – IV R 22/81, BStBl 1984 II S. 301.
134 Vgl. *Kleine/Werner*, DStR 2006 S. 1954.
135 BFH-Urteil vom 19. 8. 2002 – VIII R 30/01, BStBl 2003 II S. 131.
136 Schriftwechsel BMF und BStBK In Kammerreport 04-2010 = OFD Münster vom 15. 4. 2010; erstmals für nach dem 24. 12. 2008 beginnende Geschäftsjahre.
137 U. E. analog den Aufbewahrungskosten für Geschäftsunterlagen.
138 BFH-Urteil vom 19. 8. 2002 – VIII R 30/01, DStR 2002 S. 2030.
139 Gl. A. IDW RH HFA 1009, Tz. 6.
140 BFH-Urteil vom 18. 1. 1995 – I R 44/94, BStBl II S. 742.
141 OFD Frankfurt, DStR 2002 S. 1267.

2.7 Pensionen und ähnliche Verpflichtungen

2.7.1 Überblick

Die gliederungstechnisch von großen Kapital- und Kap. & Co.-Gesellschaften getrennt auszuweisenden Pensionsverpflichtungen (→ Rz. 8) betreffen Verbindlichkeiten des Unternehmens, die versorgungshalber unter der Bezeichnung Pensionen, Ruhegelder, Renten u. Ä. an (frühere) Arbeitnehmer geleistet werden. Üblicherweise spricht man auch von Leistungen aufgrund **betrieblicher Altersversorgung**, die (regelmäßig) entsprechende Ansprüche von Arbeitnehmern aus der gesetzlichen Rentenversicherung, Versorgungszahlungen aus einem öffentlichen Dienstverhältnis oder Ansprüchen an Versicherungsgesellschaften u. Ä. ergänzt. Altersversorgungsverpflichtungen können aber auch gegenüber Organmitgliedern einer Gesellschaft, den Gesellschaftern einer Personenhandelsgesellschaft und gegen Dritte (Dienstleister) bestehen (→ § 252 Rz. 49). Die aus der Altersversorgung berechtigten Rentner und ausgeschiedenen Mitarbeiter erbringen für das Unternehmen **keine Gegenleistung** aufgrund dieser Ansprüche. 106

Wegen der **Bestandsaufnahme** generell in Form einer Vertragsinventur wird verwiesen auf → § 240 Rz. 7. Üblich ist eine Vorverlagerung der Aufnahme auf den 30.9. (bei Stichtag 31.12.), so dass die personellen Veränderungen innerhalb dieser drei Monate nicht erfasst werden. Rechtsgrundlage ist eine Analogie zu § 241 Abs. 3 HGB (→ § 241 Rz. 20), die steuerlich bei einer Personenzahl ab 21 – ausgenommen Geschäftsführer und Vorstandsmitglieder – akzeptiert wird (R 6a Abs. 18 EStR 2008). 107

Besondere Aufmerksamkeit bei der Bestandsaufnahme ist auf den **Lebensnachweis** zu richten, insbesondere bei ausländischen Rentnern.

Diese Verpflichtungen knüpfen an **biometrische** Rechnungsgrundlagen an: Lebensalter, Tod, Invalidität. Regelmäßig erfolgt die Zahlung in Form von **lebenslangen Leibrenten**, möglich sind aber auch **Zeitrenten** (Beispiel Waisenrenten) oder **Einmalabfindungen**. Ab dem Zeitpunkt der erstmaligen Auszahlung erbringt der begünstigte Arbeitnehmer meistens keine Gegenleistung mehr für das Unternehmen. Bis dahin besteht eine aufschiebend bedingte **Anwartschaft** des Arbeitnehmers auf die Versorgungsleistung, die regelmäßig (→ Rz. 111) zum Bilanzansatz verpflichtet. 108

Neben eigentlichen Pensionsverpflichtungen erwähnt das Gesetz in § 266 HGB auch „**ähnliche Verpflichtungen**", die jedoch inhaltlich kaum dingfest zu machen sind. Mitunter werden Übergangsgelder oder Gnadengehälter in diesem Zusammenhang erwähnt, doch gilt für die diese: Umfassen sie biometrische Risiken, dann gelten sie als (eigentliche) Pensionen, im umgekehrten Fall handelt es sich um sonstige Rückstellungen. Zu den Pensionsverpflichtungen zählen auch Sachzuwendungen, die mit den laufenden Zahlungen einhergehen, z. B. die Übernahme von Krankheitskosten. 109

Altersteilzeitverpflichtungen (→ Rz. 83 ff.) und **Lebensarbeitszeitkonten** (→ Rz. 89) führen zu „normalen" Verbindlichkeitsrückstellungen, da ihnen die biometrischen Risiken nicht in der erforderlichen Form tatbestandlich zugrunde liegen (→ § 253 Rz. 49).[142] Auch die Verpflichtung

---

[142] A. A. IDW ERS HFA 30 Tz. 8. Dem IDW „aus Praktikabilitätsgründen" zustimmend: Rhiel, StuB 2010 S. 132. Wie hier Bertram, in: Haufe HGB Bilanz Kommentar, Freiburg 2009, § 249 Rz. 49.

zur Übernahme der **Verwaltungskosten**, die mit der betrieblichen Altersversorgung des Unternehmens verbunden sind, stellen u. E. keine ähnlichen Verpflichtungen dar.[143] Insgesamt sind die „ähnlichen Verpflichtungen" nicht zu definieren. Dieser Befund ist nicht sonderlich gravierend, da in jedem Fall ein Ausweis unter Rückstellungen erforderlich ist. Wenn schon solche Beträge festzustellen sein sollten, handelt es sich jedenfalls um unwesentliche Größenordnungen.

110 Eine Ansatzpflicht besteht dem BFH zufolge nicht, wenn Arbeitnehmer zwar einen Altersversorgungsanspruch gegen das Unternehmen haben, dieser jedoch aller Wahrscheinlichkeit nach von **überbetrieblichen Versorgungskassen** erfüllt wird. Dies ist dann der Fall, wenn die frühere Beschäftigungslage öffentlich-rechtlicher Natur war und das Dienstverhältnis privatrechtlich fortgesetzt wird (→ Rz. 97a).[144]

2.7.2 Ansatzwahlrechte (Art. 28 EGHGB)

111 Aus bilanzrechtlicher Sicht ist zwischen **Alt**- und **Neu**zusagen (auf betriebliche Altersversorgung) zu unterscheiden. Diese Differenzierung begründet sich aus der nur für Neuzusagen gültigen Ansatz**pflicht** (→ Rz. 106), während für Altzusagen ein Ansatzwahlrecht besteht. Die Neuzusagen sind als solche definiert, die nach dem 31.12.1986 erteilt worden sind (Art. 28 Abs. 1 Satz 1 HGB). Den fehlenden Bilanzansatz müssen Kapital- und Kap. & Co.-Gesellschaften im Anhang (→ § 284 Rz. 31) angeben.

Altzusagen behalten ihre diesbezügliche Eigenschaft auch bei **Übergang** einer solchen Verpflichtung auf ein neues Schuldner-Unternehmen durch **Gesamt**rechtsnachfolge (z. B. Fusion oder Spaltung) oder **Einzel**rechtsnachfolge (z. B. Betriebsveräußerung, Realteilung) gem. § 613a BGB. Für frühere Arbeitnehmer – Rentner, unverfallbare Anwartschaften – erfolgt die Übernahme der Verpflichtung regelmäßig durch Schuldbeitritt und damit als Neuzusage. Anders verhält es sich, wenn die Altersversorgungsverpflichtung explizit in das Kaufpreiskalkül für die Übernahme von Vermögensgegenständen einfließt.[145]

Umgekehrt bleibt der Charakter „Altzusage" erhalten, wenn sich durch **Beförderungsmaßnahmen** der Ruhegeldanspruch etc. erhöht oder die bisherige Trägerschaft durch eine Unterstützungskasse von einer Direktzusage abgelöst wird. Das gilt wiederum nicht (Neuzusage), wenn die gesamte Altersversorgungsregelung auf ein neues Konzept umgestellt wird.

112 Weiter ist zu differenzieren nach **unmittelbaren** (der Bilanzierer ist Schuldner) und **mittelbaren** Pensionsverpflichtungen. Die **letztgenannte** Kategorie verdankt ihre Bezeichnung der rechtlichen Auslagerung der Verpflichtung auf eine eigenständige Rechtsperson: Unterstützungskasse, Pensionskasse, Pensionsfonds, Versorgungskasse im öffentlichen Dienst. Durch die Zwischenschaltung dieser Rechtsperson kann sich das sog. **Trägerunternehmen** seiner Verpflich-

---

143 So auch *Ellrott/Rhiel*, in: Beck'scher Bilanz-Kommentar, 7. Aufl., München 2010, § 249 Tz. 163; a.A. *Höfer*, in: Küting/Weber (Hrsg.), Handbuch der Rechnungslegung – Einzelabschluss, 5. Aufl., § 249 Tz. 357.
144 BFH-Urteil vom 8.10.2008 – I R 3/06, BB 2009 S. 321; BFH-Urteil vom 5.4.2006 – I R 46/04, BStBl II S. 688; a.A. IDW zu Händen des BMF mit Schreiben vom 3.6.2009, IDW-FN 2009 S. 335. Gegen die BFH-Entscheidungen auch *Zeis*, WPg 2007 S. 788. Den BFH bestätigend: BMF-Schreiben vom 26.1.2010 – IV C 6 – S 2176/07/10005, StuB 2010 S. 155. Zum sog. Sanierungsgeld beim Umlageverfahren vgl. → Rz. 97a.
145 Vgl. *Ellrott/Rhiel*, in: Beck'scher Bilanz-Kommentar, 7. Aufl., München 2010, § 249 Tz. 167; *ADS*, 6. Aufl., § 249 Tz. 91 f.; *Petersen/Künkele/Zwirner*, in: Petersen/Zwirner/Brösel (Hrsg.), Systematischer Praxiskommentar Bilanzrecht, Köln 2010, § 249 Tz. 185.

tung letztlich nicht entziehen, da es nach arbeitsrechtlicher Rechtsprechung für den möglichen Ausfall der zwischengeschalteten Rechtsperson haftet, d. h. die Altersversorgungsleistung dann selbst erbringen muss (Subsidiärhaftung nach § 1 Abs. 1 Satz 3 BetrAVG).

Die Ausübung des Wahlrechts der Nichtbilanzierung von Altzusagen und mittelbaren Verpflichtungen nach Art. 28 Abs. 1 EGHGB bedingt eine **Anhangangabe** nach Abs. 2 (→ § 284 Rz. 31). Diese errechnet sich als Differenzbetrag zwischen dem abgezinsten Erfüllungsbetrag und dem beizulegenden Zeitwert des beim externen Versorgungsträger angelegten Vermögens (→ § 246 Rz. 287).[146] Letzteres ist mit der für die bilanzierten Rückstellungen angewandten Methode zu bewerten. Bei mittelbaren Verpflichtungen ist die dafür z. B. bei der Unterstützungskasse bestehende Deckung abzuziehen.

Das Ansatzwahlrecht erlaubt keine Auflösung einer einmal gebildeten Rückstellung, solange der Rechtsgrund nicht entfallen ist (→ Rz. 156). Wegen des Gebots der Ansatz**stetigkeit** beim Übergang zum BilMoG vgl. → § 246 Rz. 293 ff., wegen des Bilanzansatzes bei **Schuldbeitritt** mit Erfüllungsübernahme vgl. → § 246 Rz. 278.

2.7.3 Wechsel des Durchführungswegs

Ein Wechsel des Durchführungswegs ist z. B. denkbar durch **Wechsel** von der unmittelbaren auf die mittelbare Zusage.[147] Dann erlischt die Verpflichtung als Bilanzansatz nur im Umfang der Entledigung der Schuld. Eine verbleibende **Unterdeckung** ist weiterhin zu bilanzieren. Allerdings kann bei der Folgebilanzierung bezüglich eines gestiegenen oder erstmals entstehenden Unterdeckungsbetrags **wahlweise** ein Rückstellungsbetrag zugeführt werden (→ § 246 Rz. 293). Darüber ist jedes Jahr neu zu befinden.[148] Einen typischen Fall stellt die Übertragung der Pensionslast auf einen Pensionsfonds gegen einen Einmalbetrag dar. 112a

Regelmäßig ist der für die Übertragung der Pensionslast an eine separate Einrichtung zu zahlende Betrag höher als die bisher gebildete Pensionsrückstellung. Der **Unterschiedsbetrag** stellt laufenden Aufwand dar und kann **steuerlich** nach § 4e EStG im Jahr nach der Zahlung beginnend auf zehn Jahre verteilt werden. Möglich sind auch **Kombinationen**[149] der Übertragung von Direktzusagen auf betriebliche Altersversorgung, z. B. 112b

- den Past-Service-Anteil (bereits verdienter Anspruch) auf den Pensionsfonds,
- den Future-Sevice-Anteil (noch zu erdienender Anspruch) auf eine Unterstützungskasse.

2.7.4 Abgrenzung zum Steuerrecht

Der Rückstellungsansatz und insbesondere aber auch die Bewertung von Pensionsverpflichtungen ist in der deutschen Bilanzierungslandschaft traditionell **steuerlich** durch die umfangreichen Vorschriften des § 6a EStG dominiert. Das gilt auch für Besonderheiten bezüglich des Bilanzansatzes bzw. des Ausweises einer entsprechenden Verbindlichkeit dem Grunde nach. Steuerlich wird eine solche Verpflichtung nur als Bilanzposten anerkannt, wenn diesem eine entsprechende Schriftform zugrunde liegt, die handelsrechtlich nach allgemeiner Auffassung 113

---

146 Vgl. *Fey/Ries/Lewe*, BB 2010 S. 1011.
147 IDW ERS HFA 30 Tz. 46.
148 Vgl. *Lucius/Veit*, BB 2010 S. 235.
149 Vgl. hierzu *Wellisch/Gellrich/Quiring*, BB 2010 S. 623.

nicht erforderlich ist, sondern durch eine betriebliche Übung ersetzt werden kann. Diesem Aspekt kommt in der Praxis kaum Bedeutung zu, da niemand die steuerliche Nichtanerkennung durch Verzicht auf die Schriftform gefährden will. Abgesehen davon ist das Schriftformerfordernis bei einer solch langfristig währenden Verbindlichkeit des Arbeitgebers schon aus Ordnungsmäßigkeitsgründen unverzichtbar. Und außerdem liegt solchen Versorgungszusagen regelmäßig auch ein mit dem Betriebsrat ausgehandeltes Versorgungswerk zugrunde, das als Schriftform gelten kann.

114   Sog. **Vorschaltzeiten** berechtigen einen Arbeitnehmer erst nach Ablauf einer bestimmten Mindestdienstzeit und eines Mindestalters zur Aufnahme in ein Versorgungswerk. Steuerlich gilt im letztgenannten Fall ein Mindestlebensalter von 27 Jahren, zuvor kann für den betreffenden Arbeitnehmer keine Rückstellung gebildet werden.

2.7.5 Bewertung

115   Zur **Bewertung** von Pensionsrückstellungen wird auf → § 253 Rz. 46 ff. verwiesen.

2.8 Steuern

116   Der Rückstellungsansatz bezieht sich auf die vom **Unternehmen** (Gesellschaft) geschuldete Steuer, d. h. Körperschaft-, Gewerbe- und Umsatzsteuer. Unter **Stichtagsbetrachtung** (→ § 252 Rz. 26) kommen die bis dahin entstandenen Steuerschulden nach Maßgabe der Veranlagungszeiträume zum Ansatz. Der Veranlagungszeitraum muss spätestens am Bilanzstichtag enden. Das Risiko aus **künftigen** Feststellungen einer steuerlichen Außenprüfung (sog. Betriebsprüfungsrisiko) ist steuerlich nicht ansatzfähig,[150] handelsbilanziell möglicherweise schon zuvor (→ § 274 Rz. 26 ff.), wohl aber auch steuerlich, wenn ein Betriebsprüfer bis zum Stichtag eine bestimmte Sachverhaltsbehandlung beanstandet hat.[151]

Als Rückstellungsansatz können auch **Haftungsschulden** – z. B. für Lohnsteuer – in Betracht kommen.

117   Im Hinblick auf das dem Rückstellungsausweis anhaftende **Unsicherheits**moment (→ Rz. 2) scheiden Steuerschulden als Ausweisposten unter den Rückstellungen aus, wenn sie „sicher" sind, d. h. endgültige Veranlagung erfolgt ist und deren Erfüllung am Bilanzstichtag noch aussteht. Der Ausweis ist dann unter „Sonstige Verbindlichkeiten, davon aus Steuern" (→ § 266 Rz. 91) vorzunehmen. In der Praxis unterbleibt eine entsprechende Umbuchung häufig, was hingenommen werden kann.

118   In der **Steuerbilanz** sind Schulden aus Körperschaft- und Gewerbesteuer[152] trotz deren Nichtabzugsfähigkeit bei der Gewinnermittlung ebenfalls anzusetzen. Die Korrektur erfolgt außerbilanziell durch entsprechende Zurechnung.

119   Bei **Aussetzung der Vollziehung** bis zum Stichtag aufgelaufene Zinsen sind neben der ausgesetzten Steuerschuld zurückzustellen,[153] u. E. auch in der Steuerbilanz bei Nichtabzugsfähigkeit mit außerbilanzieller Korrektur.

---

150 BFH-Urteil vom 13. 1. 1966 – IV 51/62, BStBl III S. 189.
151 BFH-Urteil vom 27. 11. 2001 – VIII R 36/00, DStR 2002 S. 625.
152 OFD Rheinland, Vfg. vom 5. 5. 2009 – S 2137 – 2009/0006 – St 141, DB 2009 S. 1046.
153 BFH-Urteil vom 8. 11. 2000 – I R 10/98, BStBl 2001 II S. 349.

Zurückzustellen sind auch die Kosten zur Erstellung der **betrieblichen Steuererklärungen**[154] (→ Rz. 103).

120

III. Drohende Verluste aus schwebenden Geschäften (Abs. 1 Satz 1 2. Alternative)

1. Schwebendes Geschäft

1.1 Begriffsdefinition, Anwendungsbereich

„Schwebend" bedeutet in bilanzrechtlicher Hinsicht: Das zugrunde liegende, auf einen Leistungsaustausch gerichtete Vertragsverhältnis („Geschäft") ist von den Parteien noch **nicht erfüllt**. Sie sind wegen der Ausgeglichenheitsvermutung – Wert der Leistung entspricht der Gegenleistung – nicht bilanzierbar (→ § 246 Rz. 4). Bei diesen Vertragsverhältnissen kann es sich um zweiseitig verpflichtende Dauerschuldverhältnisse oder um Einmalgeschäfte handeln.

121

Zu den Drohverlustrückstellungen folgende Systematik:[155]

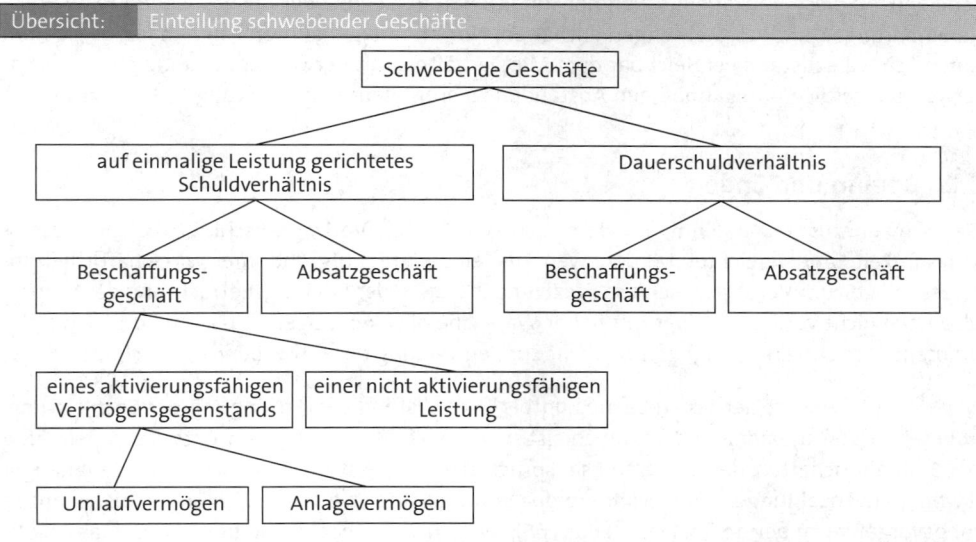

Übersicht: Einteilung schwebender Geschäfte

Der Bilanzierende tätigt ein **Beschaffungs**geschäft als Empfänger der Sach- oder Dienstleistung oder ein **Absatz**geschäft als Sachleistungsverpflichteter.[156] **Einseitig** verpflichtende Rechtsgeschäfte begründen kein schwebendes Geschäft im bilanzrechtlichen Sinn. Aus ihnen können keine Drohverlust-, sondern nur Verbindlichkeitsrückstellungen in Betracht kommen

---

154 BFH-Urteil vom 23. 7. 1980 – I R 30/78, BStBl 1981 II S. 63.
155 Nach *Kozikowski/Schubert*, in: Beck'scher Bilanz-Kommentar, 7. Aufl., München 2010, § 249 Tz. 53; ähnlich *Hoffmann*, BB 1997 S. 1195.
156 IDW RS HFA 4 Tz. 3.

(→ Rz. 38).[157] Die drohende Inanspruchnahme aus einer **Bürgschaft** oder einer **Garantie**[158] (→ § 250 Rz. 12) führt somit nicht zu einer Drohverlust-, sondern zu einer Verbindlichkeitsrückstellung, bei deren Bemessung es allerdings ähnlich der von vornherein auf eine Saldogröße gerichteten Drohverlustrückstellung im Einzelfall zu Saldierungen kommen kann.[159] Für eine Verrechnung mit dem verbürgten, voraussichtlich zu zahlenden Betrag kommen etwa verwertbare Sicherheiten und u. E. auch der werthaltige Teil des latenten Ausgleichsanspruchs gegenüber dem Schuldner in Frage.

122 Beachtlich ist die Zuordnung des schwebenden Geschäfts zu den unternehmerischen **Funktionsbereichen**.

Im Bereich der Dauerschuldverhältnisse liefert der **Mietvertrag** das typische Beispiel. Dieser kann sich auf den Beschaffungsbereich beziehen, z. B. im Falle der Leasingfinanzierung (*operating leasing*) für die Produktionshalle, oder im Absatzbereich für die Anmietung einer Verkaufsfiliale. Beschaffungs- und Absatzbereich können in diesen Fällen allerdings auch „gemischt" vorliegen, z. B. im Falle der Lagerhalle eines Großhändlers.

Auch eine **Vermischung** von Einmalgeschäften und Dauerschuldverhältnissen ist denkbar, so insbesondere im Falle von **Sukzessivlieferungsverträgen**. Hier ist allerdings danach zu unterscheiden, ob diese Verträge nur Rahmenkonditionen festlegen oder (insbesondere) feste Preisvereinbarungen und Absatzmengen enthalten. Nur im letztgenannten Fall handelt es sich um einen Schwebezustand vergleichbar dem Mietverhältnis mit der Unterscheidung einer normalerweise in zeitlich unregelmäßigen Abständen zu erbringenden Teilleistung.

1.2 Beginn und Ende

123 Der Schwebezustand **beginnt** mit dem rechtswirksamen **Vertragsabschluss**. Auf die Rechtswirksamkeit kann verzichtet werden, wenn die eine Partei aufgrund ihrer wirtschaftlichen Interessenlage zum Vertragsabschluss „gezwungen" ist, in der Stichtagsbetrachtung der Vertrag also noch nicht vorliegt, er aber mit hoher Wahrscheinlichkeit abgeschlossen wird.[160] Ein *letter of intent* (Absichtserklärung) genügt nicht zur Begründung des schwebenden Geschäfts.[161]

124 Nach h. M.[162] **dauert** der Schwebezustand bis zur vollständigen Erbringung der **Sachleistung**, abgesehen von unbedeutenden Nebenleistungen (→ § 246 Rz. 5). Dann entsteht regelmäßig bei Einmalgeschäften der Vergütungsanspruch des Sachleistungsverpflichteten. Unabhängig davon sind **Anzahlungen** oder während der Vertragslaufzeit erfolgte Zahlungen als Finanzierungsvorgänge zu beurteilen (→ § 266 Rz. 65), die den Schwebezustand unverändert lassen.[163]

---

157 OFD München, Vfg. vom 12. 4. 2002 – S 2137 – 49 St 41/42, DStR 2002 S. 1303; BFH-Urteil vom 18. 12. 2001 – VIII R 27/00, BStBl 2002 II S. 733, mit Anm. *Hoffmann*, GmbHR 2002 S. 334.
158 BFH-Beschluss vom 11. 4. 2003 – IV B 176/02, BFH/NV 2003 S. 919; FG München, Urteil vom 2. 3. 2009 – 7 K 1770/06, EFG 2009 S. 917.
159 BFH-Urteil vom 15. 10. 1998 – IV R 8/98, BStBl 1999 II S. 333, m. w. N. aus der BFH-Rechtsprechung.
160 Ähnlich IDW RS HFA 4 Tz. 9 f.
161 IDW RS HFA 4 Tz. 10.
162 IDW RS HFA 4 Tz. 11; ebenso BFH-Beschluss vom 23. 6. 1997 – GrS 2/93, BStBl II S. 735; ebenso *Kozikowski/Schubert*, in: Beck'scher Bilanz-Kommentar, 7. Aufl., München 2010, § 249 Tz. 56.
163 Vgl. *Bertram*, in: Haufe HGB Bilanz Kommentar, Freiburg 2009, § 249 Rz. 124.

Nach anderer Auffassung endet der Schwebezustand auch mit Erbringung der Gegenleistung, regelmäßig in Form einer Geldzahlung.

> **BEISPIEL**[164] Zwei Unternehmer schließen am 31.1.01 ein Optionsgeschäft über den Erwerb von Aktien ab. Als Erfüllungstag wird (amerikanische Option) der 28.2.02 vereinbart.
>
> In der Zeit dazwischen besteht „an sich" ein Schwebezustand. Nach Auffassung des BFH im zitierten Urteil ist dieser jedoch in bilanzrechtlicher Sicht mit der üblichen Zahlung der Optionsprämien an den Stillhalter bei Geschäftsabschluss am 31.1.01 beendet, d. h. nach dieser Auffassung bedarf es zur Beendigung des bilanzrechtlich interpretierten Schwebezustands nicht der Erfüllung durch beide Vertragsparteien.

Die BFH-Lösung mag mit der Besonderheit der Zahlung – Gegenleistung für die Sachleistung des „Stillhalters" – erklärbar sein. Ansonsten sollten die **Zahlungsmodalitäten** im Rahmen von schwebenden Geschäften wie sonst auch nach § 252 Abs. 1 Nr. 5 HGB (→ § 252 Rz. 163) keinen Einfluss auf den Bilanzansatz haben. Zahlungen vor (vollständiger) Erbringung der Sachleistung sind dann als **Anzahlungen** (Teilzahlung) oder **Vorauszahlung** (vollständige Bezahlung wie im Optionsfall des BFH) zu behandeln.[165]

125

Bei **Dauerschuld**verhältnissen (typischer Fall Mietvertrag) erfolgt regelmäßig in kurzen Abständen die Zahlung als Gegenleistung für die zeitraumbezogene Sachleistung (hier Raumüberlassung). Ein Periodisierungsproblem stellt sich dann praktisch nicht. Fallen allerdings Zahlungsfälligkeiten und Sachleistungserbringung zeitlich nennenswert auseinander, können sich Abgrenzungsprobleme ergeben. Dazu wird verwiesen auf → § 250 Rz. 15 f.

126

1.3 Bilanzrechtliche Grundlage

Die bilanzrechtliche Nichterfassung des schwebenden Geschäfts ist nicht zuletzt **pragmatisch** begründet.[166] Ansonsten wäre die Sachleistungsverpflichtung im Zeitpunkt des Vertragsabschlusses zu **bewerten**, d. h. der Wert der zehnjährigen Nutzungsüberlassung eines Ladengeschäfts oder der 25-jährigen einer Produktionshalle zu ermitteln. Dabei könnte sich bald einmal ein „Schnäppchen" herbeirechnen lassen, das als nicht realisierter Gewinn ausgewiesen würde. Mit dem Verzicht auf den Bilanzansatz wird diese Gefahr beseitigt.

127

Man kann in der Nichtbilanzierung des schwebenden Vertragsverhältnisses einen Verstoß gegen das **Vollständigkeitsgebot** (→ § 246 Rz. 3) erkennen. Dieser lässt sich indes gut mit der **Ausgeglichenheitsvermutung** rechtfertigen: Bei Vertragsabschluss gehen die Parteien nach „do ut des" von der Gleichwertigkeit ihrer jeweiligen Leistungsverpflichtung aus, d. h. einen Gewinn oder Verlust erwarten beide Parteien nicht, deshalb gibt es nichts zu bilanzieren.

128

Allerdings können sich die wirtschaftlichen Umweltverhältnisse im Zeitverlauf **ändern**. Der Vertrag kann sich auf einmal als glückliche Fügung erweisen – der Einkaufskontrakt garantiert noch zwei Jahre niedrigere Beschaffungskosten als der Markt – oder umgekehrt ein finanziel-

129

---

164 Nach BFH-Urteil vom 18. 12. 2002 – I R 17/02, BStBl 2004 II S. 126.
165 So IDW RS HFA 4 Tz. 12.
166 Vgl. *Schön*, BB 1994, Beilage 9, S. 9.

les Desaster bereiten – die gemietete Verkaufsfläche für hochwertige Designerware wird durch zwei neu angesiedelte Discounter schlagartig im Wert erheblich reduziert.

Dann stellt sich die Frage nach der bilanziellen Behandlung dieser Gewinne oder Verluste, letztere im Anwendungsbereich des § 249 Abs. 1 Satz 1 2. Alternative HGB (→ Rz. 130 ff.). Wegen der Bilanzierung entsprechender Gewinne (aus schwebendem Geschäft) wird auf → § 252 Rz. 135 ff. verwiesen.

2. Drohender Verlust

2.1 Keine Antizipation, Stichtagsbetrachtung, steuerliches Ansatzverbot

130 Der Bilanzansatz erfordert einen drohenden Verlust im Rahmen des schwebenden, nicht bilanzierten Vertrags (→ Rz. 127 f.). Zu entscheiden ist somit über einen Bilanzansatz, der aus einem an sich nicht ansetzbaren Vorgang wie dem schwebenden Vertrag resultiert. Vor der Subsumtion eines Rückstellungsfalls unter das steuerliche Ansatzverbot (→ Rz. 161a) ist vorgreiflich der Tatbestand des schwebenden Geschäfts zu prüfen. Liegt ein solches **nicht** vor, kann sich das Tor der **Verbindlichkeits**rückstellung öffnen (→ Rz. 121), z. B. bei einer drohenden Bürgschaftsinanspruchnahme. „Verlust" ist begrifflich eine **Saldogröße**,[167] es bedarf deshalb der Gegenüberstellung von positiven und negativen **ökonomischen** Auswirkungen aus einem schwebenden Vertragsverhältnis aus Sicht des Bilanzstichtags (→ § 252 Rz. 26). Dabei ist nach dem wirtschaftlichen Gehalt des „Geschäfts" zu differenzieren (siehe hierzu unter → Rz. 133). Am Bilanzstichtag muss ernsthaft mit einem Verpflichtungsüberschuss zu rechnen sein.[168]

131 Dieser Verlust muss „drohen". Darunter könnte man nach normaler Sprachregelung einen anstehenden, sozusagen vor der Tür wartenden Verlust verstehen, der demnächst hereinbrechen wird. Tatsächlich wird dies im Schrifttum teilweise auch so gesehen, zumindest geht dies aus der gängigen Begriffswahl hervor, der zufolge künftige Verluste durch diese Rückstellung **antizipiert** (→ § 252 Rz. 82)[169] bzw. **vorweggenommen** werden. Eine solche Gesetzesinterpretation widerspricht dem Stichtagsprinzip (→ § 252 Rz. 64), denn künftige Verhältnisse – „future economic losses" i. S. des IAS 37.63 bis .65 – dürfen nicht in der jeweiligen Bilanz berücksichtigt werden, auch nicht dann (künftig) entstehende Verluste und auch nicht durch ausufernde Bemühung des Vorsichtsprinzips (→ § 252 Rz. 40 ff.). Der Kaufmann ist am Bilanzstichtag **steuerlich** wegen des bestehenden Verlusts aus dem schwebenden Vertrag in seiner **Leistungsfähigkeit** gemindert.[170] Dagegen verstößt das steuerliche **Ansatzverbot** in § 5 Abs. 4a EStG (→ Rz. 161a). Wegen der Ausnahme vom Verbot des steuerlichen Ansatzes von Drohverlustrückstellungen bei der Bildung von **Bewertungseinheiten** nach § 254 HGB wird verwiesen auf → § 254 Rz. 88.

---

167 IDW RS HFA 4 Tz. 19.
168 IDW RS HFA 4 Tz. 15.
169 So *Herzig*, StbJb 1985/86 S. 89 ff.; *Moxter*, BB 1993 S. 2481; *Schmidt/Weber-Grellet*, EStG, 29. Aufl., München 2010, § 5 Tz. 451: „Künftige Verluste"; wie hier *Kessler*, in: Küting/Pfitzer/Weber (Hrsg.), Handbuch der Rechnungslegung – Einzelabschluss, 5. Aufl., § 249 Tz. 186; FG Köln, Urteil vom 10. 11. 2006, EFG 2006 S. 1608, der BFH konnte zu diesem Thema im Urteil vom 29. 4. 2008 – I R 67/06, DB 2008 S. 1777, aus verfahrensrechtlichen Gründen nicht Stellung nehmen.
170 A. A. *Weber-Grellet*, DStR 1999 S. 1549, weil in diesem Augenblick noch Liquidität zur Steuerzahlung vorhanden sei. Dagegen *Hoffmann*, DStR 1999 S. 1545, mit dem Hinweis auf die Vermögensrechnung (Bilanzierung) als Grundlage der steuerlichen Gewinnermittlung.

> **BEISPIEL** Der Büroimmobilienvermieter B bedient sich formularmäßig vorformulierter Mietverträge mit einer Indexklausel, aufgrund derer die Mietzinsen laufend anzupassen sind. Nach einschlägigen Marktuntersuchungen, die in der Wirtschaftspresse veröffentlicht werden, ist in der betreffenden Region wegen des Überbestands an Neubauten für Büroimmobilien in den nächsten zwei bis fünf Jahren mit einem Rückgang des Mietniveaus zu rechnen, das sich durch den vereinbarten Index auf die bestehenden Verträge auswirken würde.

In diesem Fall „droht" ein Verlust aus den bestehenden Mietverträgen in der Zukunft. Diese dürfen entgegen dem Sprachgebrauch **nicht antizipiert** werden. Umgekehrt verhält es sich in folgenden Fällen.

> **BEISPIEL** Der unter der Marke Z operierende Modefilialist hat in bester Geschäftslage von Köln ein Ladenlokal für eine Monatsmiete von 100 auf zehn Jahre angemietet. Die Kundennachfrage ist wesentlich geringer als erwartet. Nach drei Jahren wird die Filiale geschlossen, es gelingt der Abschluss eines Untermietvertrags, der allerdings für die restlichen sieben Jahre nur einen Mietzins von 80 vorsieht. Am Bilanzstichtag droht nicht ein Verlust, er ist bereits vorhanden und würde von einem potenziellen Erwerber des Unternehmens in das Kaufpreiskalkül einbezogen.[171] Durch den Unternehmenserwerb wird der Verlust auch mit steuerlicher Wirkung realisiert. Das Ansatzverbot des § 5a Abs. 4a EStG bedeutet kein Abzugsverbot, sondern schiebt „lediglich" den steuerlichen Abzug zeitlich hinaus.

> **BEISPIEL** A und B schließen am 11.11.01 ein Devisentermingeschäft mit Erfüllungszeitpunkt 30.6.02 ab. Erfüllungsbasis ist der Mittelkurs am Tage des Vertragsabschlusses. Am 31.12.01 hat sich der Kurs zuungunsten des A und zugunsten des B entwickelt. A hat eine Verlustrückstellung zu bilden, B wegen des Imparitätsprinzips keinen Gewinn (zu diesem Stichtag) auszuweisen.

In beiden Fällen „droht" der Verlust nicht als zukünftiges Ereignis, er ist vielmehr am Bilanzstichtag **effektiv vorhanden**, ist allerdings **nicht realisiert**. Nach dem Imparitätsprinzip sind solche Wertminderungen bzw. Verluste zu berücksichtigen (→ § 252 Rz. 82). Es handelt sich nicht um **zukünftige** Aufwendungen,[172] denn solche können nach dem Stichtagsprinzip nicht angesetzt werden. Außerdem sind in der GuV-Rechnung nach § 242 Abs. 2 HGB (→ § 242 Rz. 13) „Aufwendungen ... des **Geschäftsjahrs**", nicht aber **künftige** Aufwendungen auszuweisen. Niemand käme auf die Idee, die in zwei Jahren anfallenden Löhne aktuell als Aufwand zu zeigen.

Ein Verlust aus einem solchen schwebenden Vertrag kann erst im **Zeitverlauf** entstehen, bei **Abschluss** des Vertrags gilt demgegenüber aufgrund der wirtschaftlichen Interessenlage unabhängiger Vertragsparteien die Ausgeglichenheitsvermutung (→ Rz. 128). Die Bestimmung des Verlusts aus dem schwebenden Vertrag ist jeweils stichtagsbezogen zu ermitteln. Anders aus-

132

---

171 BFH-Urteil vom 17.10.2007 – I R 61/06, BFH/NV 2008 S. 1023.
172 So der IDW RS HFA 4 Tz. 17; ebenso *Petersen/Künkele/Zwirner*, in: Petersen/Zwirner/Brösel (Hrsg.), Systematischer Praxiskommentar Bilanzrecht, Köln 2010, § 249 Tz. 130; gemeint sind wohl künftige **Ausgaben**.

gedrückt: Es geht um die Feststellung eines Verlusts für die **Restlaufzeit**.[173] **Zuvor** entstandene Gewinne oder wirtschaftliche Vorteile aus diesem Vertrag sind nicht gegenzurechnen.

2.2 Abgrenzung des Verlusts zum nachteiligen Vertrag

133 Verlust i. S. des § 249 Abs. 1 Satz 1 HGB ist nicht identisch mit **wirtschaftlichem Nachteil** unter Berücksichtigung von Fremdvergleichsverhältnissen.

> **BEISPIEL** Der Modefilialist Z im 2. Beispiel unter → Rz. 131 (Abwandlung des Sachverhalts) zahlt für seine Filiale in der Fußgängerzone von Köln eine Miete von 100. Drei Jahre nach Vertragsabschluss ermäßigt sich die Vergleichsmiete in diesem Bereich auf 80. Z ist noch sieben Jahre an den Vertrag gebunden. Eine Schließung der Filiale ist ökonomisch nicht sinnvoll, weil aus ihr insgesamt ein Gewinn erzielt wird.

I. S. der internationalen Rechnungslegung handelt es sich hier um einen *unfavorable contract* und gerade nicht um einen *onerous contract* als Pendant zum Drohverlustvertrag in der deutschen Terminologie (→ Rz. 143).

2.3 Die Bestimmung der Saldogröße

134 Zur Bestimmung der Saldogröße „Verlust" (→ Rz. 130) bedarf es einer Definition der beiderseitigen **Leistungsinhalte** bzw. **Erwartungsgrößen**.

> **BEISPIEL**[174] Ein Apotheker hatte in räumlicher Nähe zu seinem Apothekenbetrieb eine Etage angemietet und diese zu einem geringeren Mietzins an einen Arzt weitervermietet. Sein ökonomisches Kalkül ging auf die vom Arzt auszustellenden Rezepte, die von den Patienten naheliegenderweise bei der betreffenden Apotheke eingelöst werden.

Die vor dem BFH lange schwebende Streitfrage ging dahin, ob **allein** das Verhältnis der beiden Mietzinse zu berücksichtigen oder **zusätzlich** der wirtschaftliche Vorteil des Apothekers aus dem Verhalten der Patienten in den Saldierungsbereich einzubeziehen ist. Der Große BFH-Senat hat sich für die letztgenannte Variante entschlossen (sog. wirtschaftliches Synallagma).

135 Ein ähnliches Kalkül kann dem Abschluss anderer schwebender **Absatzgeschäfte** zugrunde liegen.

> **BEISPIEL** Eine kleinere Wirtschaftsprüfungsgesellschaft übernimmt einen Dauer-Steuerberatungsauftrag zu kalkulierten Stundensätzen von 50 % der sonst weiterberechneten. Der Grund liegt in der möglichen Auslastung der Mitarbeiter der schwachen Saison zur Realisie-

---

[173] So auch IDW RS HFA 4 Tz. 14 (sog. Restwertbetrachtung).
[174] Nach dem sog. Apothekerfall, BFH-Vorlagebeschluss vom 26. 5. 1993 – X R 72/90, BStBl II S. 855, nachgehend BFH-Beschluss vom 26. 6. 1997 – GrS 2/93, BStBl 1993 II S. 855. Dem BFH wohl implizit zustimmend IDW RS HFA 4 Tz. 26.

rung eines Deckungsbeitrags auf die fixen Kosten. Eine Drohverlustrückstellung scheidet aus.

Streitig im Schrifttum ist die Behandlung **bewusst** eingegangener Verlustgeschäfte. Die Lösung dieses Problems liegt in der Definition von „Verlust". Im Wirtschaftsleben wird niemals – bewusst – ein Geschäft eingegangen, das einen wirklichen Verlust mit sich bringt. 136

BEISPIEL A besitzt eine Aktienerwerbsoption zu einem Ausübungspreis von 100. Am Fälligkeitstag beträgt der Kurs 80. A wird die Option verfallen lassen, einen „bewussten" Verlust von 20 also nicht realisieren.

Ebenso wenig wird der Einzelhändler E modische Jeans mit einem Einstandspreis von 100 zu 80 verkaufen, es sei denn, er will damit an anderer Stelle – bei Komplementärprodukten – einen überkompensierenden Gewinn erzielen. Der Begriff „bewusster Verlust" ist daher irreführend. Damit stellt sich einmal mehr die Definition des Saldierungsbereichs, des sog. bilanzrechtlichen Synallagmas, vergleichbar dem Apothekerfall des BFH (→ Rz. 134). U. E. sind in der Konsequenz dieser BFH-Entscheidung auch die erhofften Gewinne aus dem Verkauf der Komplementärartikel in den Saldierungsbereich einzubeziehen.

Zusätzlich stellt sich in diesem Zusammenhang die **Bewertungsfrage** der Drohverlustrückstellung, die unter → § 253 Rz. 38 behandelt wird.

Die Bestimmung der Saldogröße stellt sich in besonderer Form im Rahmen eines **Mehrkomponentengeschäfts** (→ § 252 Rz. 122). 137

BEISPIEL T stellt weltweit Rolltreppen und Laufbänder her. Er schließt für den neu erbauten Flughafen in Dubai einen Kontrakt ab, der neben der Installation die 10-jährige Wartung der gesamten Anlage umfasst. Die Installation birgt einen kalkulierten Verlust (bewertet zu Vollkosten) von 100, dem ein erwarteter Gewinn aus der Serviceleistung von 180 gegenübersteht.

In die „Verlustkalkulation" aus Sicht des schwebenden Geschäfts ist der Gesamtbereich des Auftrags einzubeziehen. Eine Verlustrückstellung kommt für den Installationsteil nicht in Betracht.

BEISPIEL[175] Ein Hersteller von Druckergeräten verkauft diese laut Liste zum Preis unterhalb der Selbstkosten. Damit fördert er den margenträchtigen Absatz von Druckerpatronen, ohne die das Druckgerät nicht funktioniert.

Diese faktische Vertragskoppelung verhindert die Bildung einer Drohverlustrückstellung für die Druckergeräte, da die dortigen Verluste bewusst zur Erreichung wirtschaftlicher Vorteile durch korrespondierende Verträge bzw. mögliche Vertragsabschlüsse eingegangen werden. Vergleichbar kommt eine Abschreibung von sog. Verlustprodukten im Einzelhandel nicht in Betracht, wenn durch sie der Absatz von gewinnträchtigen anderen Waren gefördert wird.[176]

---

175 Nach *Kessler/Scholz-Görlach*, PiR 2007 S. 306.
176 Vgl. *Hoffmann*, PiR 2007 S. 204.

III. Drohende Verluste aus schwebenden Geschäften

138 Für einmalige **Beschaffungsgeschäfte** stellt sich die Frage, inwieweit Preisveränderungen am Markt zu einem Verlust aus dem gesamten Auftrag durchschlagen.

> **BEISPIEL** Der Automobilzulieferer A stellt Zylinder für bestimmte Typen von Verbrennungsmotoren her. Dazu hat er einen einmaligen Einkaufskontrakt für Aluminium des Typs XY auf Termin abgeschlossen. Im Zeitpunkt der Ausführung des Geschäfts ist der Aluminiumpreis und damit ein vergleichbarer Beschaffungspreis um 10 % gegenüber dem Zeitpunkt des Vertragsabschlusses gesunken. Entsprechendes gilt für einen Beschaffungskontrakt über Kolbenringe.
>
> Zur Lösung des Falls bietet sich ein Vergleich mit schon beschafftem Rohmaterial (Aluminium, Kolbenringe) an; die Bestände sind somit bereits im bilanzierbaren Vermögen des Automobilzulieferers. Die Frage stellt sich dann nach einer außerplanmäßigen Abschreibung wegen gesunkener Wiederbeschaffungspreise, die nach h. M. mit Blick auf den Beschaffungsmarkt vorzunehmen ist (→ § 253 Rz. 147).

Fraglich ist, ob dieses Abschreibungserfordernis auch auf die **noch nicht gelieferten** Materialien in Form einer Drohverlustrückstellung analog anzuwenden ist.[177] Eine solche Anwendung wird unter dem Schlagwort der **Antizipation** von außerplanmäßigen Abschreibungen befürwortet. Nach diesem Gedanken stellt die Drohverlustrückstellung bei schwebenden Beschaffungsgeschäften über bilanzierungsfähige Vermögensgegenstände eine vorweggenommene (außerplanmäßige) Abschreibung dieser Vermögensgegenstände dar. Eine Drohverlustrückstellung soll daher zu passivieren sein, wenn für den Vermögensgegenstand am Abschlussstichtag bei bereits erfolgter Lieferung eine Pflicht zur (außerplanmäßigen) Abschreibung bestünde.[178]

- Bei beschaffungsmarktorientiert zu bewertenden Rohstoffen oder Waren führt danach der unter dem Kontraktpreis liegende Wiederbeschaffungspreis des Stichtags zu einer Drohverlustrückstellung,
- während im Falle von Vermögensgegenständen des Anlagevermögens bei gleichen Wertentwicklungen aufgrund des gemilderten Niederstwertprinzips (HGB a. F.) eine Drohverlustrückstellung nur dann zu bilden ist, wenn es sich um eine dauernde Wertminderung handelt.

139 Der **Antizipationsgedanke** steht u. E. aber im **Widerspruch** zur allgemeinen Definition des drohenden Verlusts. Danach impliziert ein gemessen an den aktuellen Marktverhältnissen ungünstiger Vertrag noch keinen Verlust (→ Rz. 132). Unstrittig ist dies für „Beschaffungsgeschäfte" im Dauerschuldbereich. Aus einem Anmietungsvertrag über ein Ladengeschäft mit gemessen an aktuellen Marktverhältnissen zu hoher Miete droht deshalb dann kein Verlust, wenn das Geschäft profitabel betrieben wird; vgl. das Beispiel unter → Rz. 133. Entsprechend entsteht aus einem langfristigen Festzinsdarlehen nicht schon deshalb ein Verlust, weil die Marktzinsen nach Abschluss des Vertrags unter den Vertragszins sinken. In diesen und weiteren Fällen wird der Verlust zutreffend als **Saldogröße** aus Nutzen und Aufwendungen angesehen und

---

177 Dafür *ADS*, 6. Aufl., § 249 Tz. 153, dagegen *Kozikowski/Schubert*, in: Beck'scher Bilanzkommentar, 7. Aufl., München 2010, § 249 Tz. 70, für das Umlaufvermögen.
178 IDW RS HFA 4 Tz. 30 f.

dabei der Saldierungsbereich großzügig unter Einbeziehung auch indirekter Vorteile bemessen.

Insgesamt gilt u. E. für den **Beschaffungsbereich**: 140

▶ Es gibt unabhängig von der rechtlichen Ausformung des Beschaffungsgeschäfts (Einzel- oder Dauerschuldvertrag) für Zwecke der Drohverlustrückstellung nur einen **einheitlichen Verlustbegriff**. In Anwendung dieses Begriffs auf Beschaffungsgeschäfte über Vorräte ist zu untersuchen, ob aus dem gesamten Kontrakt noch ein **Gewinn** erzielt werden kann. Dabei ist auch die Absatzseite einzubeziehen und wie folgt zu differenzieren: Soweit die Preisminderung beim Einkauf auch auf den Verkaufspreis durchschlägt, ist eine Abschreibung bzw. Verlustrückstellung vorzunehmen; das könnte im Beispiel unter → Rz. 138 für das Aluminium der Fall sein und umgekehrt für die Kolbenringe wegen des geringen Kostenanteils aus dem Gesamtprodukt „Zylinder".[179]

▶ Bei Dauerbeschaffungsverhältnissen für Rohmaterialien u. Ä. ist die vorstehende Lösung ebenfalls anzuwenden.

▶ Schlägt die Preisminderung beim Einkauf hingegen wegen hoher Wertschöpfung nicht oder nur unwesentlich auf den Verkaufspreis durch, unterbleibt eine Rückstellung.

Bei **Absatz**geschäften – einmaliger oder dauernder Natur – ist u. E. ausschließlich auf die Preisverhältnisse am Absatzmarkt abzustellen. Allerdings ist **vorgreiflich** im Verlustfall eine außerplanmäßige Abschreibung auf das unfertige oder fertige Produkt oder die Handelsware vorzunehmen.[180] Lediglich soweit der Verlust aus dem Gesamtauftrag die bisher aktivierten Kosten übersteigt, ist eine Drohverlustrückstellung zu bilden. Zur Bewertung vgl. → § 253 Rz. 38. 141

Diese Lösung kann sich auch auf den **Saldierungsbereich** im Apothekerfall (→ Rz. 134) stützen. Dort hat der BFH das wirtschaftliche Umfeld bei der Saldierungsrechnung zur Bestimmung des Verlusts berücksichtigt. Entsprechend muss auch beim Automobilzulieferer verfahren werden, d. h. ein (unterstellter) erzielbarer Gesamtgewinn aus dem Auftrag ist in das Kalkül einzubeziehen.

An dieser Stelle zeigt sich allerdings auch der betriebswirtschaftlich bedingt **geringe** Anwendungsbereich der Drohverlustrückstellung im Rahmen industrieller Produktionstätigkeit. Hier ist ein möglicher Verlust aus dem Gesamtauftrag regelmäßig nicht einem bestimmten Produktionsfaktor und damit einem (schwebenden) Vertrag zuzuordnen.[181]

Bei **Warentermingeschäften**, die nicht auf physische Erfüllung, sondern auf Barausgleich, Glattstellung durch gegenläufigen Kontrakt etc. zielen, ist der für die Drohverlustrückstellung maßgebliche Saldo die Differenz von Kontraktpreis und restlaufzeitäquivalentem Terminpreis des Stichtags. Bei gesunkenem Preis hat der Terminkäufer, bei gestiegenem der Terminverkäufer eine Rückstellung zu bilden (→ § 254 Rz. 23). 142

Zu **Devisentermingeschäften** wird auf → § 254 Rz. 61 verwiesen.

---

179 Ähnlich *Freiberg*, PiR 2005 S. 62.
180 So BFH-Urteil vom 7.9.2005 – VIII R 1/03, BStBl 2006 II S. 298 (vgl. hierzu unter → § 253 Rz. 149). So auch IDW RS HFA 4 Tz. 20.
181 Vgl. *Hoffmann*, in: Lüdenbach/Hoffmann (Hrsg.), Haufe IFRS-Kommentar, 7. Aufl., Freiburg 2009, § 21 Rz. 56.

2.4 Spezialfall Dauerschuldverhältnisse

143 Der wichtigste Anwendungsbereich der Drohverlustrückstellung bzw. des Verzichts darauf stellen die **Dauerschuldverhältnisse** (→ Rz. 121) dar, die man u.U. wiederum nach Absatz- und Beschaffungsmarkt unterteilen kann. Dazu drei Fälle aus der BFH-Rechtsprechung:[182]

In einem BFH-Urteil[183] ging es um die **Vermietung** eines Heizwerks. Unstreitig waren die dem Eigentümer aus dem Betrieb des Heizwerks entstehenden Kosten höher als die zu erzielende Miete. Der BFH erlaubte die Bildung einer Drohverlustrückstellung wegen der verlustbringenden Vermietung.[184] Die Vermietung war in diesem Fall dem **Absatz**bereich nach Maßgabe der vorstehenden Skizze (vgl. → Rz. 121) zuzuordnen. Eine Rückstellung wäre auch nach IAS 37 anzusetzen.

Ein Leasingnehmer wollte im Rahmen eines **Leasingvertrags** für ein Gebäude eine Drohverlustrückstellung bilden, weil unstreitig der in der Leasingrate enthaltene Zinsanteil gegenüber dem Marktzins überhöht war. Das hat der BFH abgelehnt, weil der Wert der Gebäudenutzung nicht ermittelbar sei.[185] Nach IAS 37 ist ohne Hinzutreten weiterer Umstände ebenfalls keine Rückstellung zulässig: Der Leasingvertrag ist zwar **ungünstig** (*unfavorable*), aber nicht **belastend** (*onerous*; → Rz. 133). Entsprechend darf nach HGB/EStG der Darlehensnehmer bei einem **Festzinsdarlehen** nicht schon deshalb eine Rückstellung bilden, weil der Marktzins nach Vertragsschluss gesunken ist (→ Rz. 133).[186]

144 **Arbeitsverhältnisse** sind generell vom BFH nicht als der Drohverlustrückstellung zugänglich beurteilt worden (→ Rz. 81); Begründung: Die menschliche Arbeit als Produktionsfaktor sei nicht bewertbar.[187] Auch nach IAS 37 kann ein Arbeitsverhältnis i.d.R. keine Drohverlustrückstellung begründen.

3. Verbindlichkeitsrückstellungen im Rahmen eines schwebenden Vertrags

3.1 Typische Sachverhalte

145 Innerhalb eines schwebenden Geschäfts (als notwendiges Tatbestandsmerkmal zur Feststellung eines Drohverlusts) können sich **Leistungsrückstände** oder **Vorleistungen** des einen oder anderen Vertragspartners ergeben. Das gilt insbesondere für Dauerschuldverhältnisse, z.B. Arbeitsverträge oder Nutzungsüberlassungsverträge (Miete, Leasing). Daraus können anzusetzende Forderungen und Verpflichtungen entstehen.[188]

---

182 Nach *Hoffmann*, in: Lüdenbach/Hoffmann (Hrsg.), Haufe IFRS-Kommentar, 7. Aufl., Freiburg 2009, § 21 Rz. 57.
183 BFH-Urteil vom 19.7.1983 – VIII R 160/79, BStBl 1984 II S. 56. Zu Drohverlusten aus Mietverhältnissen im sozialen Wohnungsbau vgl. *Ruter/Mokler/Serf*, DB 2001 S. 209.
184 Ähnlich IDW RS HFA 4 Tz. 23 mit dem Vorbehalt einer dauernden Wertminderung des betreffenden Vermögensgegenstands.
185 BFH-Urteil vom 27.7.1988 – I R 133/84, BStBl II S. 999.
186 Vgl. *Matthiak*, DStR 1990 S. 662 ff., *Kessler*, WPg 1996 S. 8 ff.; a. A. *Kozikowski/Schubert*, in: Beck'scher Bilanz-Kommentar, 7. Aufl., München 2010, § 253 Tz. 60.
187 So der BFH im „Drucker-Urteil" vom 16.12.1987 – II R 68/87, BStBl 1988 I S. 338; zur Verdienstsicherung älterer Arbeitnehmer siehe BFH-Urteil vom 25.2.1986 – VIII R 377/83, BStBl II S. 465.
188 IDW RS HFA 4 Tz. 14.

> **BEISPIELE** Dem Geschäftsführer einer GmbH wird neben den laufend ausbezahlten Bezügen eine gewinnabhängige Tantieme bezahlt, die nach Feststellung des Jahresabschlusses 01 am 31.5.02 vertragsgemäß zur Auszahlung kommt. Die GmbH ist bezüglich der Tantieme am 31.12.01 im Erfüllungsrückstand und muss dafür eine Verbindlichkeitsrückstellung bilden.
>
> Der Mieter M ist am Stichtag 31.12.01 mit drei Monatsmieten säumig (Erfüllungsrückstand), dafür hat er eine entsprechende Rückstellung – so die Praktikerregel, systematisch eine Verbindlichkeit –, einzubuchen, da der Schuldgrund und die Höhe der Verpflichtung nicht „ungewiss" (→ Rz. 2) ist.
>
> Im Rahmen eines Leasingvertrags werden degressive Raten vereinbart.[189] Gegenüber dem im Zeitverlauf gleichmäßigen Wert der Nutzungsüberlassung durch den Leasinggeber liegt seitens des Leasingnehmers eine Vorleistung vor, die aktiv abzugrenzen ist (→ § 250 Rz. 15).
>
> Ein Arbeitnehmer hat am Bilanzstichtag noch einen restlichen Urlaubsanspruch und ein Guthaben auf dem Gleitzeitkonto (→ Rz. 89).
>
> Pensionäre haben einen Anspruch auf Beihilfeleistungen im Krankheitsfall,[190] vgl. → Rz. 81.

3.2 Unmaßgeblichkeit des Erfüllungszeitpunkts

Der Erfüllungsrückstand darf nicht generell an **Fälligkeitszeitpunkten** festgemacht werden (so aber im Fall des Zahlungsverzugs des Mieters im Beispiel unter → Rz. 145). 146

> **BEISPIEL**[191] Ein Unternehmer verpflichtet sich zur Zahlung von Sondervergütungen an Arbeitnehmer anlässlich deren zehn- oder 25-jährigen **Dienstjubiläen**.
>
> Nach Auffassung des BFH sind kontinuierlich aufzubauende Rückstellungen über die Dienstzeit hinweg anzusetzen, obwohl die Fälligkeit der Zahlung erst im Zeitpunkt des Jubiläums gegeben ist. Bis dahin hat der Arbeitnehmer schon Vorleistungen auf dieses Entgelt erbracht.

Der BFH entscheidet in dieser Hinsicht – Fälligkeit als Tatbestandsmerkmal des Erfüllungsrückstands – auch anders. 147

> **BEISPIEL**[192] Ein zehnjähriger Mietvertrag sieht eine mietfreie Periode für die ersten elf Monate vor. Der Mieter wollte 109/120stel des gesamten Mietzinses i. S. einer aufwandsgerechten Periodisierung zurückstellen. Der BFH hat dies mangels Erfüllungsrückstands abgelehnt mit der weiteren Begründung der förmlich vereinbarten Unentgeltlichkeit.
>
> U. E. ist beiden Argumentationslinien nicht zu folgen:

---

189 Fall des BFH-Urteils vom 12. 8. 1982 – IV R 184/79, BStBl II S. 696.
190 BFH-Urteil vom 30. 1. 2002 – I R 71/00, BStBl 2003 II S. 279; zur Bewertung vgl. *Höfer/Pisters*, DB 2002 S. 2288.
191 Nach BFH-Urteil vom 5. 2. 1987 – IV R 81/84, BStBl II S. 845; zur Jubiläumsrückstellung vgl. auch unter → Rz. 157 ff.
192 Nach BFH-Urteil vom 5. 4. 2006 – I R 43/05, BStBl II S. 593, mit Anm. *Hoffmann*, DStR 2006 S. 1125; ähnlich im BFH-Urteil vom 26. 5. 1976 – I R 80/74, BStBl II S. 622.

- ▶ Unentgeltlichkeit ist im Wirtschaftsleben unter Fremden nur in besonderen Fällen denkbar.
- ▶ Zahlungsfälligkeiten sind nach § 252 Abs. 1 Nr. 5 HGB (→ § 252 Rz. 166) für die Bilanzierung unbeachtlich.
- ▶ Das „Geschäftsmodell" des Vermieters bestand in einem *incentive*; der tatsächliche Mietaufwand mindert sich für die gesamte Laufzeit proportional mit der Folge eines Erfüllungsrückstands des Mieters in den elf „mietfreien" Monaten.

148   Eine ähnliche Argumentation verfolgt der BFH im Falle eines **Zuwachssparens**.[193]

BEISPIEL ▶ Eine Bank hat Sparverträge mit garantierter Laufzeit ausgegeben. Die Verzinsung lag in den ersten Jahren unter den Kapitalmarktzinsen, in den späteren Jahren darüber. Die Bank wollte nach Ablauf der ersten Phase die dann gegenüber den Kapitalmarktverhältnissen entstehenden Mehrbelastungen zurückstellen. Das hat der BFH abgelehnt: Nur die jeweils in der Zinsperiode anfallenden Zinsen sind als Aufwand zu erfassen.

U. E. hätte – anders als die Bank bilanzierte – schon in der ersten Phase der Vertragslaufzeit der anteilig – aus Sicht der Gesamtperiode – fehlende Zinsaufwand zurückgestellt werden müssen (nach § 252 Abs. 1 Nr. 5 HGB).

Anders soll es sich bei einer Sparprämie verhalten, die am Ende eines Sparvertrags zusätzlich zum vereinbarten Zins fällig wird.[194]

149   Diese beiden Urteile in → Rz. 147 f. widersprechen im Ergebnis auch der BFH-Rechtsprechung[195] zur **Pachterneuerungsrückstellung** wegen Substanzerhaltungspflicht, wenn den Verpächter die Verpflichtung zur Wiederherstellung der verpachteten Wirtschaftsgüter am Ende der Pachtzeit trifft. Das Kriterium der Fälligkeit ist hier bezüglich des Rückstellungsansatzes gegenstandslos. Schuldrechtliche Verpflichtungen **allein** stellen keine Bilanzierungsgrundlage dar (→ § 246 Rz. 3).

Es ist der Bilanzierung die wirtschaftliche Substanz des zu beurteilenden Sachverhalts zugrunde zu legen. Das gelingt gerade nicht durch eine **zeitliche Atomisierung**[196] eines Dauerschuldverhältnisses.

Entsprechend ist auch bei einem Leasingvertrag der mutmaßliche Veräußerungserlös für das Leasinggut am Ende der Vertragslaufzeit in die bilanzrechtliche Würdigung des Vertrags einzubeziehen.[197] Dieser fließt in die Kalkulation der Vertragsparteien ein.

---

193 BFH-Urteil vom 20. 1. 1993 – I R 115/91, BStBl II S. 373 ff.
194 BFH-Urteil vom 15. 7. 1998 – I R 24/96, BStBl II S. 728.
195 BFH-Urteil vom 3. 12. 1991 – VIII R 88/87, BStBl 1993 II S. 89 ff.
196 So die Formulierung von *Schön*, BB 1994, Beilage 9, S. 11.
197 Anders der BFH im Urteil vom 8. 10. 1987 – IV R 18/86, BStBl 1988 II S. 57.

3.3 Unterscheidungsmerkmale

Der Erfüllungsrückstand ist vom Drohverlust streng zu **unterscheiden**:[198]

▶ Ein Drohverlust entsteht bei (wirtschaftlich negativem) Auseinanderfallen von Leistung und Gegenleistung beim jeweiligen Bilanzierenden.

▶ Der Erfüllungsrückstand kann auch bei wirtschaftlich ausgeglichenem Dauerschuldverhältnis bestehen (so die Beispiele unter → Rz. 145) und einen Bilanzansatz verlangen.

▶ Beide Bilanzansätze können kumuliert vorliegen.

Zum letztgenannten Fall Folgendes:

150

> **BEISPIEL** ▶ Der Modefilialist in Köln im Beispiel unter → Rz. 131 gerät mangels liquider Mittel in Zahlungsverzug.
>
> Dafür hat er eine Verbindlichkeitsrückstellung zu bilden und zusätzlich eine Drohverlustrückstellung wegen der inkongruenten Untervermietung.

IV. Aufwandsrückstellungen (Abs. 1 Satz 2 Nr. 1)

Von den förmlichen Aufwandsrückstellungen (zur Definition vgl. → Rz. 7) hat das BilMoG gegenüber der Gesetzesfassung des BiRiLiG unsystematisch zwei Typen übrig gelassen für

▶ unterlassene Instandhaltungskosten, die innerhalb von **drei Monaten** nach dem Bilanzstichtag nachgeholt werden, sowie

▶ Abraumbeseitigung, die innerhalb einer **Jahresfrist** nachgeholt wird.

Wegen der Übergangsvorschriften für die nicht mehr ansetzbaren Aufwandsrückstellungen wird auf → Art. 67 Rz. 16 verwiesen.

151

Die Ansatzvoraussetzung bezieht sich zunächst auf **Reparaturen**, d. h. Erhaltungsmaßnahmen aller Art an Vermögensgegenständen des (in aller Regel) Sachanlagevermögens. Dabei können die Abgrenzungskriterien zu den Herstellungskosten (→ § 255 Rz. 108 ff.) herangezogen werden.

152

Diese Aufwendungen müssen **unterlassen** worden sein, d. h. sie waren aus Sicht des Bilanzstichtags an sich notwendig, wurden aber aus innerbetrieblichen Gründen oder weil keine Handwerker zur Verfügung standen in das neue Geschäftsjahr verschoben. Umgekehrt: Noch nicht notwendige Instandhaltungsarbeiten sind nicht rückstellungsfähig.

> **BEISPIEL** ▶ Der Fassadenanstrich für die Werkswohnungen ist im Laufe der Jahre verschmutzt und erneuerungsbedürftig geworden. Ob diese Maßnahme im laufenden Geschäftsjahr oder im kommenden oder erst in drei Jahren durchgeführt wird, ist aus Sicht des Unternehmensinteresses ohne Belang. In diesem Fall ist eine Aufwandsrückstellung nicht möglich.
>
> Das Dach der Produktionshalle hat durch einen Sturm im November durch Abriss von Ziegeln eine undichte Stelle erhalten. Diese wurde notdürftig geflickt und droht sich bei

---

[198] Vgl. *Schön*, BB 1994, Beilage 9, S. 11.

> Schneefall in einen größeren Schaden auszuweiten. Wegen des hohen Auftragsbestands, der bis zum Jahresende abzuarbeiten war, wurde die Reparatur in den ruhigen Januar verlegt. In diesem Fall ist die Instandhaltung ein „Unterlassen" i. S. der Gesetzesvorgabe.

Weiter muss das Unterlassen „im **Geschäftsjahr**" erfolgt sein, um einen Bilanzansatz zu begründen. Fraglich ist dann, ob auch für in **früheren** Geschäftsjahren unterlassene Aufwendungen eine Rückstellungspflicht besteht.

> **BEISPIEL** In der Lagerhalle ist im Dezember 01 (Bilanzstichtag 31.12.) eine größere Fensterscheibe zu Bruch gegangen. Zur Vermeidung einer Wassereindringung ist das Fenster mit Holz abgedichtet worden. In 02 hat diese „Notverglasung" niemanden gestört, da durch Deckenlicht der Raum ausreichend ausgeleuchtet ist. Im Zuge anderer Reparaturen soll dann Anfang 03 ein neues Glasfenster eingesetzt werden.
>
> U. E. ist in diesem Fall eine Rückstellung zum 31.12.02 nicht ansetzbar, da ein „Unterlassen" im Hinblick auf das offensichtliche Nichterfordernis der Instandsetzung nicht vorlag.[199] Die gesetzliche Frist von drei Monaten bestätigt das dringende Erfordernis einer solchen nicht vorgenommenen Instandhaltung, die im vorliegenden Fall durch den Zeitablauf widerlegt ist.

153 Die **Abraumbeseitigung** bezieht sich auf Rückstände von bereits abgebauter Bodensubstanz, für deren Beseitigung keine öffentlich-rechtliche oder vertragliche Verpflichtung besteht. Liegt eine solche vor, ist ohnehin eine Verbindlichkeitsrückstellung erforderlich (→ Rz. 63). Es muss sich daher in diesem Fall um eine Maßnahme **freiwilliger** Art handeln, die als Ansatzvoraussetzung lediglich die Nachholung innerhalb eines Jahrs nach dem Bilanzstichtag enthält.

V. Begrenzung der Rückstellungsarten/Auflösung (Abs. 2)

154 Satz 1 von Abs. 2 kommt nur klarstellende Bedeutung zu. Die Formulierung erklärt sich aus **ausufernder Rückstellungsphantasie** in der Zeit vor dem Ergehen des Bilanzrichtliniengesetzes, als für allgemeines Unternehmensrisiko, Absatzrisiko, Betriebsprüfungsrisiko, Konjunkturrisiko und jede Menge anderer Risiken Rückstellungen als zulässig erachtet worden sind.

155 Dazu gehören auch Rückstellungen für „an sich" (aus betriebswirtschaftlicher Sicht) erforderliche Maßnahmen, wie z. B. die Bewerbung einer Marke oder der Ersatz des Maschinenparks, die dringend erforderliche Erneuerung der Elektroanlage etc. In allen diesen Fällen liegt keine Verbindlichkeit vor, allenfalls eine Verpflichtung gegen sich selbst, d. h. rückstellungstypisch eine Aufwandsrückstellung allgemeiner Art (→ Rz. 7), die mit dem BilMoG als nicht mehr zulässig erklärt worden ist.

---

[199] So h. M., beispielsweise *Kozikowski/Schubert*, in: Beck'scher Bilanz-Kommentar, 7. Auf., München 2010, § 249 Tz. 106 m. w. N.; so auch *Petersen/Künkele/Zwirner*, in: Petersen/Zwirner/Brösel (Hrsg.), Systematischer Praxiskommentar Bilanzrecht, Köln 2010, § 249 Tz. 152.

Allerdings können diese bis zum 31.12.2009 gebildeten Aufwandsrückstellungen i. S. des früheren § 249 Abs. 1 Satz 3 HGB und Abs. 2 nach der Übergangsvorschrift in Art. 67 Abs. 3 EGHGB (→ Art. 67 Rz. 16) unter Anwendung der bisherigen Ansatzvorschriften ganz oder teilweise weitergeführt oder direkt in die Gewinnrücklagen (erfolgsneutral) umgebucht werden.

Auch Satz 2 kann nur **klarstellende** Bedeutung beanspruchen. Solange ein Rückstellungsgrund besteht, muss ein Ansatz erfolgen und umgekehrt. Das gilt auch bei Ausübung von Ansatzwahlrechten nach Art. 28 Abs. 1 EGHGB (→ Rz. 111). Bei Wegfall der Ungewissheit über das Bestehen der Schuld muss erfolgsneutral auf „normale" Verbindlichkeit umgebucht werden, was in der Praxis häufig unterbleibt. Wegen des Auflösungszeitpunkts bei **Gerichtsanhängigkeit** einer Verpflichtung wird verwiesen auf → § 252 Rz. 73.

156

VI. Steuerliche Sonderregelungen

1. Rückstellung für Dienstjubiläen (§ 5 Abs. 4 EStG)

Der BFH sieht die Bedingungen für den Ansatz einer Verbindlichkeitsrückstellung dann als erfüllt an, wenn die zugesagten Jubiläumszuwendungen auf Leistungen der Arbeitnehmer in der **Vergangenheit** entfallen (dann Ansatzpflicht).[200] Auf diese Rechtsprechung hat der Gesetzgeber mit den Einschränkungen in § 5 Abs. 4 EStG reagiert. Danach sind folgende Voraussetzungen kumulativ zu erfüllen:

157

- Bestehen eines Dienstverhältnisses von mindestens **zehn Jahren**,
- ein Dienstjubiläum, welches das **Bestehen** eines Dienstverhältnisses von mindestens 15 Jahren voraussetzt,
- **schriftliche** Erteilung der Zusage (beispielsweise durch Bezugnahme auf eine Betriebsvereinbarung).

Diese Beschränkungen werden für Handelsbilanzzwecke nicht als erforderlich angesehen.[201] Von Verpflichtungen aus **Dienst**jubiläen sind diejenigen aus **Firmen**jubiläen zu unterscheiden, für die bei Erfüllung der sonstigen Voraussetzungen eine Rückstellungsbildung ohne die vorgenannten Einschränkungen in Betracht kommt.[202]

Der BFH hat das **Schriftformerfordernis** eingeschränkt interpretiert: Die allgemein gültigen Kriterien der Rückstellungsbildung würden durch die spezielle Gesetzeslage für **Dienst**jubiläumsverpflichtungen nicht ausgehebelt. Wenn nach der bisherigen Übung Dienstjubiläen mit Sonderzahlungen nach Maßgabe einer Betriebsvereinbarung erfüllt werden, ist ein Rückstellungsansatz auch dann vorzunehmen wenn diese Jubiläumsgaben auf freiwilliger Basis bzw. ohne Rechtsanspruch gewährt werden.[203]

158

---

200 BFH-Urteil vom 5.2.1987 – IV R 81/84, BStBl II S. 845.
201 Vgl. *Küting/Pfitzer/Weber*, BB 1988 S. 2280: Erfüllungsrückstand innerhalb eines schwebenden Dienstverhältnisses.
202 Dazu BFH-Urteil vom 29.11.2000 – I R 31/00, BStBl 2004 II S. 41.
203 BFH-Urteil vom 18.1.2007 – IV R 42/04, DStR 2007 S. 385.

2. Rückstellungen für künftige Anschaffungs- oder Herstellungskosten (§ 5 Abs. 4b EStG)

159 Die absolut h. M. im **handelsrechtlichen** Schrifttum verneint die Möglichkeit eines Rückstellungsansatzes für künftige Anschaffungs- oder Herstellungskosten.[204] Die Begründung sieht in der Verpflichtung zur Anschaffung oder Herstellung eines bestimmten Wirtschaftsguts/Vermögensgegenstands (zu Recht) lediglich eine Vermögensumschichtung, die in der (zeitlich) vorgreiflichen Bildung eines Aufwandspostens konterkariert würde. Das gilt auch im Hinblick auf die nach Installation dieses Wirtschaftsguts vorzunehmende Abschreibung. Als selbstverständlich wird einmal mehr die (angeblich) nicht mögliche Gegenbuchung des Rückstellungsansatzes als Aktivposten angeführt. Rückstellungen sind nach fast einhelliger Auffassung im Schrifttum ausschließlich im **Aufwand** zu verrechnen (→ Rz. 28).

160 Im zitierten BFH-Urteil (Az. XI R 8/96 unter → Rz. 159) ging es um die umweltrechtliche Auflage an einen Gastwirt zum Einbau eines Fettabscheiders, damit die in der Küche generierten Fette nicht in die Kanalisation eingespeist werden. Der Rückstellungsansatz für diesen Fettabscheider muss allerdings bereits aus anderen Kriterien abgelehnt werden, nämlich der **Zukunftsorientierung** der betreffenden Aufwendungen (→ Rz. 34). Der einkommensteuerlichen Rückstellungsbegrenzungsvorgabe kommt deswegen auch aus handelsrechtlicher Sicht lediglich klarstellende Bedeutung zu. Gestalterisch lässt sich das spezielle Bilanzierungsverbot nach § 5 Abs. 4b EStG im Ergebnis recht einfach durch eine Leasingkonstruktion (*operating leasing*) umgehen, indem – im Fall des Fettabscheiders – dieser nicht gekauft oder hergestellt, sondern eben geleast wird.

Das Rückstellungsverbot für Anschaffungs- und Herstellungskosten soll allerdings dann nicht gelten, wenn damit bereits **vorliegende** Anschaffungs- oder Herstellungskosten berücksichtigt werden, z. B. noch nicht abgerechnete Bauleistungen für ein bestehendes Gebäude.[205] Ein weiterer Ansatz ist u. E. für Investitionen geboten, wenn diese durch ein **Vergangenheitsereignis** bedingt sind, z. B. Regale oder Datenverarbeitungsanlagen zur Aufbewahrung von Geschäftsunterlagen (→ Rz. 103).[206] Auch die Rückstellung für Ersatzbeschaffung im Rahmen einer Betriebsverpachtung muss angesetzt werden (→ § 246 Rz. 308).

3. Verletzung fremder Patent-, Urheber- oder ähnlicher Schutzrechte (§ 5 Abs. 3 EStG)

161 Dieses Ansatzverbot ist typischer Ausfluss einer steueraufkommenschonenden Reaktion auf ein unliebsames BFH-Urteil.[207] Ein (steuerlicher) Rückstellungsansatz setzt die Erfüllung folgender **Tatbestandsmerkmale** alternativ voraus:

▶ Geltendmachung der Ansprüche durch den Rechtsinhaber,

▶ ernsthafte „Bedrohung" einer solchen Geltendmachung.

---

[204] So entschieden und mit entsprechenden Schrifttumsnachweisen versehen das BFH-Urteil vom 19. 8. 1998 – XI R 8/96, BStBl 1999 II S. 18.
[205] OFD München/Nürnberg, Vfg. vom 19. 7. 2000 – S 2000, WPg 2000 S. 1132.
[206] So *Schmidt/Weber-Grellet*, EStG, 29. Aufl., München 2010, § 5 Tz. 369: teleologische Reduktion des Wortlauts.
[207] BFH-Urteil vom 11. 11. 1981 – I R 157/79, BStBl 1982 II S. 748.

Im letztgenannten Fall ist die Rückstellung spätestens in der Bilanz des dritten auf die erstmalige Bildung folgenden Wirtschaftsjahrs aufzulösen, wenn Ansprüche nicht geltend gemacht worden sind.

„Geltendmachung" liegt schon bei der Abmahnung vor, nicht etwa erst bei Gerichtsanhängigkeit. Beim zweiten Sachverhaltsmerkmal „ernsthaft" liegt eine generelle Tatbestandsvoraussetzung für den Rückstellungsansatz vor (Wahrscheinlichkeitskriterium → Rz. 39). Ein höherer „Ernsthaftigkeitsgrad" wird hier nicht verlangt.[208] Dabei setzt der BFH im letztzitierten Urteil die Schwelle für die Ernsthaftigkeit recht niedrig an: Wegen der „ständigen Überwachung des Markts" soll dem Patentinhaber die Verletzungshandlung „i. d. R." bekannt sein. Man kann daraus schließen: Im Falle von Patentrechtsverletzungen wird **typisierend** das Ernsthaftigkeitskriterium als erfüllt angesehen.[209] Hier liegt die Risikostruktur anders als bei Umweltschäden, bei der von einer solchen „Marktüberwachung", d. h. einer regelmäßigen Kontrolle des Produktionsverhaltens des Unternehmens durch die Umweltbehörde, nicht ausgegangen werden kann (→ Rz. 55).

Der vom Gesetz vorgesehene Fristablauf beginnt mit der erstmaligen Patentverletzung und wird nicht durch weitere Patentverletzungen in den Folgejahren verlängert. Offen ist, ob dieser Vorgabe auch handelsrechtlich zu folgen ist.

4. Drohverlustrückstellungen (§ 5 Abs. 4a EStG)

4.1 Systematik

Das steuerliche Ansatzverbot für Drohverlustrückstellungen ab 1997 wird als Maßnahme zur Durchsetzung des **Leistungsfähigkeits**prinzips bei der Gewinnermittlung durch Vermögensvergleich gerechtfertigt:[210] **Künftige** (!) Verluste dürften in der stichtagsbezogenen Vermögensermittlung nicht „antizipiert" werden. Richtigerweise handelt es sich um am Stichtag vorhandene, also gerade nicht um „vorwegzunehmende" Verluste.

161a

> **BEISPIEL**[211] ► Ein Verbrauchermarkt ist auf der grünen Wiese errichtet worden. Er ist finanziert entweder mit herkömmlichem Bankkredit (Laufzeit 25 Jahre) oder alternativ mit einer Leasingkonstruktion, ebenfalls mit 25 Jahren Laufzeit. Nach drei Jahren muss der Markt mangels Kundennachfrage geschlossen werden. In absehbarer Zeit ist eine wirtschaftlich sinnvolle Nutzung des Gebäudes nicht möglich oder jedenfalls nicht im geplanten Umfang. Wie ist die Schließung des Markts steuerbilanziell zu berücksichtigen?
>
> **LÖSUNG** ► Bei herkömmlicher Finanzierung ist eine Teilwertabschreibung vorzunehmen, bei Leasingfinanzierung – der Verbrauchermarkt ist in der Bilanz des Leasinggebers aktiviert – kann demgegenüber (steuerlich) keine Drohverlustrückstellung gebildet werden. Der Verlust

---

208 BFH-Urteil vom 9. 2. 2006 – IV R 33/05, DStR 2006 S. 885.
209 Vgl. *Hoffmann*, DStR 2006 S. 887.
210 Insbesondere *Weber-Grellet*, DB 1997 S. 388 (BFH-Vertreter); *Thiel*, StBJb 1997/1998 S. 311 (Vertreter der Finanzverwaltung). Weitere Literaturnachweise bei *Küting/Kessler*, WPg 1999 S. 722.
211 Vgl. *Hoffmann*, DStR 1999 S. 1547.

> realisiert sich im letzten Fall erst über die Restlaufzeit des Vertrags hinweg, bei der Teilwertabschreibung ist dies sofort der Fall.

Macht man (bei Bilanzierung fälschlicherweise) die Leistungsfähigkeit an der Liquiditätslage fest (→ Rz. 161b), besteht kein Unterschied bei beiden Finanzierungsformen im vorstehenden Beispiel. Der Leasingfinanzierer hat die Monatsraten noch 22 Jahre lang zu erbringen, der Kreditfinanzierer die entsprechenden Zins- und Tilgungsraten. Bei beiden mag am Stichtag noch Liquidität zur Steuerzahlung vorhanden sein, sie löst sich aber im Zeitverlauf auf. Es kann bilanzrechtlich keinen Unterschied ausmachen, ob Zinsen und Tilgungen unter diesem Titel oder im Rechtskleid der Miete zu erbringen sind.

Vor allem aber hat vorhandene Liquidität nach § 252 Abs. 1 Nr. 5 HGB nichts mit Vermögen und Gewinn zu tun (→ § 252 Rz. 163). Wenn die Besteuerung gewerblicher Einkünfte an den Vermögensvergleich anknüpft, dann muss dies konsequent erfolgen.

> **BEISPIEL** Die mittelständische K GmbH & Co. KG erteilt dem verdienten Produktionsleiter anlässlich des zehnjährigen Dienstjubiläums eine direkte Pensionszusage ohne Rückversicherung. Die Rentenzahlungen beginnen 25 Jahre nach der Zusage. Der Teilwert der Verpflichtung ist sofort zurückzustellen. Es wird kein Aufwand „antizipiert", die steuerliche Leistungsfähigkeit der Gesellschafter ist geschmälert, obwohl noch Liquidität vorhanden ist, d. h. erst 25 Jahre später benötigt wird, um die am Stichtag vorhandene Schuld zu erfüllen.

161b Diesen Systembruch[212] bei der Ermittlung der Bemessungsgrundlage durch Nichtansatz von am Stichtag vorhandenen Schulden hat der X. BFH-Senat[213] im vergleichbaren Fall einer nicht als Rückstellung berücksichtigten Jubiläumsverpflichtung als verfassungswidrig erkannt und dem Bundesverfassungsgericht zur Entscheidung vorgelegt. Knapp zehn Jahre später wurde von dort beschieden:[214]

Der dem Leistungsfähigkeitsprinzip folgenden Steuerbilanz gebühre Vorrang vor dem den Gläubigerschutz favorisierenden handelsrechtlichen Vorsichtsprinzip. Es sei zu bezweifeln, dass „die **Antizipation** nur wahrscheinlicher **zukünftiger** Vermögensminderungen durch die Bildung gewinnmindernder Rückstellungen ... mit einer Minderung auch der **aktuellen finanziellen** Leistungsfähigkeit einhergeht".

Man sieht: Die Fehlinterpretation von Rückstellungsaufwand als „künftig" mit dem gedanklichen Hintergrund des erst später erfolgenden Liquiditätsabflusses macht auch vor den Toren des Bundesverfassungsgerichts nicht halt. Damit muss die unternehmerische Steuerwelt leben und nach Ausweichgestaltungen Ausschau halten (→ Rz. 161d).

161c Die Nichtbilanzierung schwebender Geschäfte beruht auf der Ausgeglichenheitsvermutung im Zeitpunkt des Vertragsabschlusses (→ § 246 Rz. 4). Im Zeitverlauf kann sich dies positiv oder negativ verändern.

---

212 Vgl. hierzu im Einzelnen *Hoffmann*, StuB 2010 S. 561.
213 BFH-Beschluss vom 10. 11. 1999 – X R 60/95, DStR 2000 S. 237.
214 BVerfG, Beschluss vom 12. 5. 2009 – 2 BvL 1/00, BStBl II S. 685 (Hervorhebungen im folgenden Zitat durch die Verfasser).

BEISPIEL[215] Nach dem mühsam bewältigten Bachelor-Examen in Betriebswirtschaftslehre sieht die B ihren Berufsweg in kundennahen Dienstleistungen. Sie bringt ihre persönliche Vorliebe für französischen Käse in ein Geschäftsmodell ein und mietet in der Fußgängerpassage auf zehn Jahre eine Filiale mit dem Schwerpunkt „Ziegenkäse en Détail". Die (fremdübliche) Miete beträgt 100 €/m². Das Geschäft floriert anfänglich.

ALTERNATIVE (1) Nach drei Jahren eröffnet in 120 m Abstand die Systemhandelskette „Fromage – comme il faut" eine Filiale mit vergleichbarem, aber umfangreicherem Sortiment. B muss das Abenteuer mit dem Ziegenkäse beenden und ist zur Untervermietung mit 70 €/m² gezwungen.

ALTERNATIVE (2) Die Fußgängerzone wird durch Errichtung neuer Parkmöglichkeiten und durch Neugestaltung besonders kundenfreundlich. Die vergleichbare Miete steigt auf 130 € /m². Interessenten zum Eintritt in den bestehenden Mietvertrag geben sich die Klinke in die Hand.

Bilanzielle Abbildung	
Alternative (1)	In der Handelsbilanz Drohverlustrückstellung, in der Steuerbilanz kein Ansatz
Alternative (2)	In der Handels- und Steuerbilanz **Realisations**prinzip, also kein Ansatz
Alternative (1) und (2)	In der Steuerbilanz „**Paritäts**prinzip"

4.2 Gestaltungshinweise

Das steuerliche Ansatzverbot für Drohverlustrückstellungen verbietet **nicht** die Berücksichtigung entsprechender Verluste. Vielmehr werden diese in ihrer Besteuerungswirkung auf Zeiträume **nach** dem Eintritt (nicht Realisierung) des Verlusts verschoben, z. B. durch die laufende Mietzahlung im Beispiel unter → Rz. 161c.[216] Ansatzverbot ist also nicht gleich Abzugsverbot. Die naheliegende Gestaltung zielt deshalb nur auf eine Beendigung des Mietverhältnisses gegen eine entsprechende Abfindung. Vielleicht soll das Mietverhältnis aus irgendwelchen Gründen doch aufrechterhalten werden. Dann bietet sich dessen **Übertragung** auf ein nahestehendes Unternehmen an.

161d

---

215 Nach *Hoffmann*, StuB 2010 S. 165.
216 Markant formuliert vom BFH im Urteil vom 16. 12. 2009 – I R 102/08, DB 2010 S. 309: „Steuerbilanziell wird der Verlust aus schwebenden Geschäften erst bei seiner Realisation effektiviert, nicht bereits bei seiner **Entstehung** (!)".

> **BEISPIEL 217** Der Geschäftsbetrieb – z. B. der Käseliebhaberin in → Rz. 161c – wird auf den Ehemann zu fremdüblichen Bedingungen nach folgender Datenlage im *asset deal* veräußert.
>
> | | |
> |---|---:|
> | Eigenkapital Handelsbilanz | 0 |
> | Vergütete stille Reserven | 2.000 |
> | Kaufpreis | 2.000 |
> | In der Steuerbilanz nicht angesetzter Drohverlust | 3.400 |
> | Steuerlicher Veräußerungsgewinn lt. BFH | 1.400 |

Diese Gestalt macht steuerlich nur Sinn, wenn beim Erwerber das (Nicht-)Rückstellungsszenario nicht wieder zurückgedreht wird, die Drohverlustrückstellung also auf den Erwerber übergeht. Dieser würde steuerlich einen **Erwerbsgewinn** (*day one gain*) realisieren. Dem ist der BFH in einem weiteren einschlägigen Urteil auf der dogmatischen Grundlage der Erfolgsneutralität des Anschaffungsvorgangs entgegengetreten:[218] Die vom Erwerber übernommene Mietzahlungsverpflichtung stelle kein schwebendes Geschäft (mehr) dar; vielmehr sei das Geschäft durch den Erwerbsvorgang bereits erfüllt. Die Zahlungsverpflichtung sei deshalb beim Erwerber nicht mehr als Drohverlust-, sondern als auch steuerlich abzugsfähige **Verbindlichkeitsrückstellung** anzusetzen. Diese Lösung des BFH verwandelt[219] also in der Gesamtschau der beiden (nahestehenden) Vertragspartner den Drohverlust- in eine Verbindlichkeitsrückstellung. Der BFH hatte zu einem vom Konzernunternehmen gestalteten Sachverhalt zu entscheiden und sah in der Gestaltung unproblematisiert keinen Gestaltungs**missbrauch**.

VII. ABC der Rückstellungen – Ansatz und Bewertung

162

Abbruchkosten	→ Rz. 38 und → Rz. 61
Abfallbeseitigung	→ Rz. 59
Abfindung Personal	→ Rz. 82
Abgasreinigungsanlage	→ Rz. 64
Abraumbeseitigung	→ Rz. 63
Abrechnungsverpflichtung im Baugewerbe	→ Rz. 105
Abschlussprüfung	→ Rz. 103
Abzinsung für Pensionsverpflichtungen	→ § 253 Rz. 75
Abzinsung, allgemein	→ § 253 Rz. 70
aktienkursorientierte Vergütung	→ Rz. 98

---

217 Nach BFH-Urteil vom 17. 10. 2007 – I R 61/06, BStBl 2008 II S. 555; vgl. hierzu *Bogenschütz*, Ubg 2008 S. 135; *Hoffmann*, GmbH-StB 2009 S. 144.
218 BFH-Urteil vom 16. 12. 2009 – I R 102/08, DB 2010 S. 309.
219 *M.Prinz* (FR 2010 S. 426) spricht von „Rückstellungsmetamorphose" und bezeichnet die Anschaffung von Drohverlustrückstellungen als „bilanzielle Fata Morgana", weil keine neue Verbindlichkeit durch Schuldübernahme erfolgt, sondern nur eine Erfüllungsübernahme ausgesprochen worden sei. U. E. kann es auf das Rechtskonstrukt nicht ankommen, weil in beiden Fällen das wirtschaftlich identische Ziel erreicht wird (→ § 246 Rz. 278). So wohl auch *Buciek*, FR 2010 S. 426.

Altbatterien	→ Rz. 71
Altersteilzeit	→ Rz. 38 und → Rz. 83
Altersversorgung, betriebliche	→ Rz. 106 ff. und → § 253 Rz. 46 ff.
Altfahrzeuge	→ Rz. 70
Altlastensanierung	→ Rz. 38 und → Rz. 58
Altreifen	→ Rz. 71
Anpassungsverpflichtungen aus Umweltgründen	→ Rz. 64
Ansammlung	→ § 253 Rz. 43
Arbeitsverhältnisse, Ausgeglichenheitsvermutung	→ Rz. 81
Arbeitszeitkonten	→ Rz. 89
Arzneimittelzulassung	→ Rz. 30
Ärztemuster	→ Rz. 38
Aufbewahrungspflichten für Geschäftsunterlagen	→ Rz. 103 und → § 253 Rz. 44
Auffüllverpflichtung	→ Rz. 63
Auflösung (der Rückstellung)	→ Rz. 154
Aufwandsrückstellungen, nicht ansatzfähige	→ Rz. 17
Aufwandsrückstellungen, ansatzfähige	→ Rz. 151
Ausbildungskosten bei Überbestand an Azubis	→ Rz. 81
Ausgleichsschuld gegenüber Handelsvertretern	→ Rz. 101
Batterierücknahmeverpflichtung	→ Rz. 71
Beihilfen für Krankheit im Ruhestand	→ Rz. 38 und → Rz. 81
Bergschäden	→ Rz. 79
Betriebsprüfungskosten	→ Rz. 103
Betriebsprüfungsrisiko	→ Rz. 116
Bohrlochverfüllung	→ Rz. 63
Buchführungskosten	→ Rz. 103
Bürgschaften	→ Rz. 121
Darlehen bei gesunkenem Marktzins	→ Rz. 139
Devisentermingeschäfte	→ § 254 Rz. 61
Drohverluste	→ Rz. 121 ff.
Elektroschrott	→ Rz. 65
Entfernungsverpflichtungen	→ Rz. 61
Entsorgungsverpflichtungen	→ Rz. 59 ff. und → Rz. 65 ff.
ERA-Anpassungsfonds	→ Rz. 90
Erfolgsprämien an Arbeitnehmer	→ Rz. 91
Erfüllungsbetrag	→ § 253 Rz. 30
Erfüllungsrückstand	→ Rz. 145
Ermessensspielraum	→ Rz. 43 und → § 253 Rz. 30
Erwartungswert	→ § 253 Rz. 35
Faktische Verpflichtungen	→ Rz. 13

Garantiefonds, Beiträge	→ Rz. 34
Garantieverpflichtungen	→ Rz. 73 ff. und → Rz. 121
Gasrückführungssystem bei Tankstellen	→ Rz. 35
Geschäftsverlegung	→ Rz. 21
Gewährleistungsverpflichtungen	→ Rz. 73 ff.
Gleitzeitguthaben	→ Rz. 96
Gratifikationen	→ Rz. 91
Haftungsverhältnisse für Drittschulden	→ Rz. 121
Handelsvertreter (Ausgleichsanspruch)	→ Rz. 38 und → Rz. 101
Hauptversammlung, Kosten	→ Rz. 103
Hubschrauber, Inspektionskosten	→ Rz. 34
Inspektionsverpflichtungen	→ Rz. 34
Instandhaltung, unterlassene	→ Rz. 151 f.
Jahresabschluss	→ Rz. 103
Jubiläumszuwendungen	→ Rz. 93 und → Rz. 157
Kiesgrubenausbeute	→ § 253 Rz. 42
Kontoauszüge, Kosten für Versand	→ Rz. 38 und → Rz. 105
Kulanz	→ Rz. 13 ff. und → Rz. 77
Künftige Anschaffungs- und Herstellungskosten	→ Rz. 159
Künftige Vorteile, Gegenrechnung	→ § 253 Rz. 42
Leasingverträge	→ Rz. 143
Lebensarbeitszeitkonten	→ Rz. 89
Leergut	→ § 246 Rz. 266 und → § 252 Rz. 115
Mietverträge	→ Rz. 131 ff.
Nachbetreuungsleistungen	→ Rz. 47 f.
Nachteiliger Vertrag	→ Rz. 133
Patentverletzung, Verletzung sonstiger Schutzrechte	→ Rz. 55 und → Rz. 161
Provisionsanspruch des Handelsvertreters	→ Rz. 102
Pensionssicherungsverein	→ Rz. 97
Pensionsverpflichtungen, Ansatz	→ Rz. 106 ff.
Pensionsverpflichtungen, Bewertung	→ § 253 Rz. 46 ff.
Pensionsverpflichtungen, mittelbare	→ Rz. 112
Pfandkreislauf	→ § 252 Rz. 115
Produkthaftung	→ Rz. 78
Prozesskosten	→ Rz. 80
Prüfungskosten (Jahresabschluss)	→ Rz. 104 und → Rz. 103
Rauchfilteranlage, Einbauverpflichtung	→ Rz. 35
Rechtsverfolgungskosten	→ Rz. 80
Registrierungskosten (für Arzneimittel)	→ Rz. 30
Rekultivierung	→ Rz. 57 und → Rz. 63

Restrukturierungskosten	→ Rz. 15
Rückbauverpflichtung	→ Rz. 29 und → Rz. 61
Rückerstattung des Kaufpreises	→ Rz. 48
Rücknahmeverpflichtung für Altgeräte	→ Rz. 65
Rückzahlung von Beiträgen	→ Rz. 26
Sachleistungsverpflichtungen	→ § 253 Rz. 41
Sammelbewertung	→ § 253 Rz. 40
Schätzungszwang	→ Rz. 43 und → § 253 Rz. 30
Schwebende Geschäfte	→ Rz. 121 ff.
Sicherheitsinspektionen	→ Rz. 34
Sozialplan	→ Rz. 15 ff.
Spänetrocknungsanlage, Einbauverpflichtung	→ Rz. 36
Sparprämien	→ Rz. 38 und → Rz. 148
Steuererklärungen, betriebliche	→ Rz. 103 und → Rz. 120
Stock Options	→ Rz. 98
Substanzerhaltungspflicht des Pächters	→ Rz. 149
Tantiemen	→ Rz. 91
Uferschlammentsorgung	→ Rz. 34
Umrüstungen von Produktionsanlagen	→ Rz. 64
Umweltschutzverpflichtungen	→ Rz. 50 ff.
Ungewissheitsmoment	→ Rz. 3
Urlaub	→ Rz. 96
Verlustausgleich (bei Beherrschungs- oder Ergebnisabführungsvertrag)	→ § 277 Rz. 38
Veröffentlichung des Jahresabschlusses	→ Rz. 103
Vollkostenbewertung	→ § 253 Rz. 38
Wahrscheinlichkeitskriterium	→ Rz. 39 und → § 253 Rz. 33
Warentermingeschäfte	→ Rz. 142
Weihnachtsgeld	→ Rz. 92
Wertpapierabhängige Bewertung von Pensionsverpflichtungen	→ § 253 Rz. 68
Wirtschaftliche Verursachung	→ Rz. 22
Zuwachssparen	→ Rz. 148

§ 250 Rechnungsabgrenzungsposten

(1) Als Rechnungsabgrenzungsposten sind auf der Aktivseite Ausgaben vor dem Abschlussstichtag auszuweisen, soweit sie Aufwand für eine bestimmte Zeit nach diesem Tag darstellen.

(2) Auf der Passivseite sind als Rechnungsabgrenzungsposten Einnahmen vor dem Abschlussstichtag auszuweisen, soweit sie Ertrag für eine bestimmte Zeit nach diesem Tag darstellen.

(3) ¹Ist der Erfüllungsbetrag einer Verbindlichkeit höher als der Ausgabebetrag, so darf der Unterschiedsbetrag in den Rechnungsabgrenzungsposten auf der Aktivseite aufgenommen werden. ²Der Unterschiedsbetrag ist durch planmäßige jährliche Abschreibungen zu tilgen, die auf die gesamte Laufzeit der Verbindlichkeit verteilt werden können.

Inhaltsübersicht	Rz.
I. Wesensgehalt	1 - 3
II. Unterscheidungsmerkmale zu anderen Bilanzposten	4 - 26
1. Vermögensgegenstand und Schuld	4
2. Anzahlungen	5 - 7
3. Dauerschuldverhältnisse	8 - 17
4. Nutzungsrechte, öffentlich-private Partnerschaften	18 - 26
III. Die Tatbestandsmerkmale (Abs. 1 und 2)	27 - 46
1. Ausgaben und Einnahmen	27 - 30
2. Aufwand und Ertrag	31 - 33
3. Bewertung	33a - 33c
4. Bestimmte Zeit	34 - 46
4.1 Bestimmung nach dem Kalender	34 - 36
4.2 Der Mindestzeitraum	37 - 39
4.3 Schätzungserfordernis und Objektivierung	40 - 44
4.4 Bedenken gegen die Aufgabe des Zeitbestimmtheitskriteriums	45 - 46
IV. Unterschied zwischen Rückzahlungs- und Ausgabebetrag bei Verbindlichkeiten (Abs. 3)	47 - 49
V. Tabellarischer Überblick zu Einzelfällen aus der BFH-Rechtsprechung und anderen Quellen	50 - 53
1. Aktiv abzugrenzen sind	50
2. Nicht aktiv abzugrenzen sind	51
3. Passiv abzugrenzen sind	52
4. Nicht passiv abzugrenzen sind	53

I. Wesensgehalt

Die Rechnungsabgrenzungsposten sind in § 5 Abs. 5 EStG identisch mit § 250 Abs. 1 und 2 HGB definiert. Das Handelsrecht passt sich hier spürbar den einkommensteuerlichen Vorgaben im Interesse einer steuerneutralen Umsetzung der 4. EG-Richtlinie an das nationale Recht an. Historisch stellen die Rechnungsabgrenzungsposten ein Relikt aus der dynamischen Bilanztheorie *Eugen Schmalenbachs* dar. Der zufolge können **alle** Bilanzposten als solche der Rechnungsabgrenzung (Periodenabgrenzung) definiert werden: z. B. aktive Vermögensgegenstände – Ausgabe, noch nicht Aufwand. Die gesetzlichen Definitionen (s. o.) sind demgegenüber we-

1

I. Wesensgehalt

sentlich enger, dienen aber immer noch *Schmalenbachs* Anliegen der **periodengerechten Erfolgsermittlung** (→ § 252 Rz. 163),[1] oder in der Diktion des BFH: „Die Ertragswirkung der Einnahmen soll in die Periode verlagert werden, in der die korrespondierenden Aufwendungen anfallen."[2] Im Ergebnis entspricht diese Zielsetzung dem internationalen *„matching"* oder *„accrual principle"* (→ Rz. 27).

Der übereinstimmende Wortlaut der Gesetze legt bei der handelsrechtlichen Gesetzesinterpretation noch mehr als sonst die Heranziehung der BFH-Rechtsprechung nahe.

2 Systematisch unterscheidet man traditionell **transitorische** Rechnungsabgrenzungsposten und **antizipative**. Bei der ersten Gruppe liegt zeitlich (regelmäßig → Rz. 10) ein Zahlungsvorgang **vor** der späteren erfolgswirksamen Verrechnung; bei der letzteren folgt der Zahlungsvorgang der erfolgswirksamen Verrechnung nach.

> **BEISPIEL**[3] **für antizipative aktive Abgrenzungsposten**
>
> Ein Autovermieter überlässt Autos an Selbstfahrer. Die Vergütung erfolgt abhängig vom Mietzeitraum und zusätzlich von der Fahrleistung.
>
> Nach Auffassung des BFH sind die zeitabhängigen Vergütungsbestandteile (Tagespauschale) entsprechend dem Zeitablauf realisiert (→ § 252 Rz. 119) und am Bilanzstichtag für die noch in „Umlauf" befindlichen Autos einzubuchen. Gleiches gilt für die Vergütungskomponente der Fahrleistung, die je nach Sachlage zu schätzen ist. Der BFH lehnt zutreffend den Ansatz eines Abgrenzungspostens ab und präferiert den Posten „Forderungen aus Leistungen".
>
> **BEISPIEL für antizipative passive Abgrenzungsposten**
>
> Der bilanzierende Darlehensschuldner D hat einen Bilanzstichtag 31.7. Die Zinsen werden von der Bank vierteljährlich postnumerando in Rechnung gestellt. Der Zinsaufwand für Juli ist von D als Verbindlichkeit einzubuchen, richtigerweise als solche aus Lieferungen und (Zins-)Leistungen, in der Praxis regelmäßig als sonstige Verbindlichkeit (→ § 266 Rz. 90).

In weiterer Untergliederung kann man hinsichtlich des Zeitablaufs unterscheiden zwischen **zeitlich** bestimmt und zeitlich **unbestimmt**. Der Gesetzgeber hat sich aus dieser Systematik lediglich die transitorischen Posten mit einer bestimmten Laufzeit herausgegriffen. Für die antizipativen Posten kommt gliederungsmäßig nur eine Bilanzierung als Vermögensgegenstand (Forderung) oder Verbindlichkeit in Betracht.

3 Die Bilanzierung von Rechnungsabgrenzungsposten fordert die kumulative Erfüllung folgender drei **Sachverhaltsmerkmale**:

▶ Ausgaben bzw. Einnahmen **vor** dem Abschlussstichtag (→ Rz. 27),
▶ Erfolgswirksamkeit **nach** dem Abschlussstichtag (→ Rz. 31),

---

[1] So auch *Herzig/Söffing*, BB 1993 S. 468; aus der BFH-Rechtsprechung z. B. das BFH-Urteil vom 9.12.1993 – IV R 130/91, BStBl 1995 II S. 202, als Ausformung des Realisationsprinzips: „Wenn das Unternehmen seine Leistung erbracht hat …". So bereits BFH-Urteil vom 26.5.1965 – I 84/63 U, BStBl III S. 480, sowie BFH-Urteil vom 31.5.1967 – I 208/63, BStBl III S. 607, zum Abgrenzungsposten nach dem AktG 1937.

[2] BFH-Urteil vom 24.6.2009 – IV R 26/06, BStBl II S. 781.

[3] Nach BFH-Urteil vom 20.5.1992 – X R 49/89, BStBl II S. 904.

▶ Bestimmbarkeit des **Zeitvolumens** für den Aufwand (Ertrag) (→ Rz. 34).

Daher kann der Wesentlichkeitsaspekt (→ § 252 Rz. 182 ff.) eine besondere Bedeutung erfahren. Dem BFH zufolge[4] sind Kleinbeträge (z. B. Kfz-Steuer) vom Ansatz als Abgrenzungsposten ausgenommen. Die Grenze soll dabei auf 410 € (Analogie zu § 6 Abs. 2 EStG) für jeden Einzelposten festgelegt werden.

II. Unterscheidungsmerkmale zu anderen Bilanzposten

1. Vermögensgegenstand und Schuld

Die aktiven Rechnungsabgrenzungsposten dienen der ergebniswirksamen Verlagerung von Ausgaben i. S. der periodengerechten Gewinnermittlung (→ Rz. 1) in einen späteren Gewinnermittlungszeitraum. Spiegelbildlich verhält es sich bei den passiven Abgrenzungsposten bezüglich der Einnahmen. Wenn man so will, stehen bezüglich der Aufwands- und Ertrags-Periodisierung Rechnungsabgrenzungsposten in „Konkurrenz" zu **Vermögensgegenständen** und **Schulden**. Liegen solche vor, schließt deren Bilanzierung die Bildung eines Abgrenzungspostens aus. Diesbezüglich wird im Schrifttum auch ein Verbindlichkeitsausweis von passiven Rechnungsabgrenzungsposten vorgeschlagen, und zwar für die überbordende Höhe der sog. *signing fees* (→ § 252 Rz. 120) bei den deutschen Profifußballvereinen, um deren Schuldcharakter hervorzuheben.[5] Dieses Begehr ist bilanzanalytisch sinnvoll, steht allerdings dem Grundkonzept der Nichtbilanzierung schwebender Geschäfte entgegen (→ § 246 Rz. 4).[6]

4

In der für Kapital- und Kap. & Co.-Gesellschaften gültigen Bilanz**gliederung** erscheinen die Rechnungsabgrenzungsposten als eigenständig gegenüber den Vermögensgegenständen und Schulden (→ § 266 Rz. 3). Mangels der Eigenschaft als Vermögensgegenstand und Schuld kommt für Rechnungsabgrenzungsposten eine eigentliche **Bewertung** (→ Rz. 33a ff.) nicht in Betracht – so zumindest die h. M. (→ § 255 Rz. 2).

2. Anzahlungen

Inhaltliche Abgrenzungsprobleme können sich gegenüber der Position „Anzahlungen" ergeben. Das Gliederungsschema des § 266 HGB kennt geleistete Anzahlungen für immaterielle Vermögensgegenstände des Anlagevermögens und der Sachanlagen, für Vorratsvermögen sowie – passivisch – für Bestellungen. Ein Beispiel für das Vorratsvermögen sind Abschlagszahlungen des Bauträgers an den Bauunternehmer während der Bauphase, im Bereich der Sachanlagen die erste Teilzahlungsrate bei Bestellung einer Maschine, also Vorleistungen bei Anschaffung oder Herstellung von (im)materiellen Vermögensgegenständen.[7] Da hier jeweils Vermögensgegenstände beschafft werden, besteht keine Ausweiskonkurrenz zu aktiven Rechnungsabgrenzungsposten. Vgl. aber → Rz. 6 f.

5

---

4 BFH-Beschluss vom 18. 3. 2010 – X R 20/09, Kurzinfo StuB 2010 S. 675.
5 Vgl. *Küting/Strauß*, DB 2010 S. 1189.
6 Vgl. *Hoffmann*, StuB 2010 S. 449.
7 Vgl. *Gschwendtner*, DStZ 1995 S. 422; ähnlich *Tiedchen*, BB 1997 S. 424.

II. Unterscheidungsmerkmale zu anderen Bilanzposten

6   Anzahlungen können aber z. B. für bestellte Unterhaltsaufwendungen an Gebäuden erfolgen. Sofern hier das Kriterium der zeitlichen Bestimmbarkeit nicht erfüllt ist, scheidet eine Bilanzierung als aktiver Rechnungsabgrenzungsposten aus. Eine Aktivierung kommt dann nur als „sonstiger Vermögensgegenstand" in Betracht. In materieller Hinsicht führen beide denkbaren Bilanzausweise zum gleichen Ergebnis, der Vermeidung eines zeitlich „zu frühen" Aufwands (→ Rz. 1).

> **BEISPIEL[8]** **Sachverhalt**: Das Unternehmen U betreibt den Abbau von Mineralvorkommen. Zur Ausbeute eines solchen Bodenschatzes zahlt es dem Grundstückseigentümer (Landwirt) am 15.7.01 einen Betrag von 1.000 € unter dem Rechtstitel „Kauf des Rechts auf Aneignung des Mineralvorkommens". Die Ausbeutung sollte bei Bedarf nach rechtzeitiger Ankündigung erfolgen. Bis dahin konnte der Landwirt den Boden weiter bewirtschaften.
>
> **Lösung (des BFH)**: Solange die Ausbeute noch nicht erfolgt ist (erste Periode), muss der entrichtete „Kaufpreis" als Anzahlung, nach Beginn der Ausbeute (zweite Periode) als Rechnungsabgrenzungsposten aktiviert und auf den Ausbeutungszeitraum hin abgeschrieben werden.
>
> **Beurteilung**: Die Begründung des BFH ist „ergebnisorientiert", d. h. die vom Steuerpflichtigen begehrte sofortige Aufwandsverrechnung wird als „unpassend" empfunden, sie muss „gewinnneutral" (im Zahlungsjahr) behandelt werden. Der BFH erkennt (damals) in der Ausbeuteberechtigung kein materielles[9] oder immaterielles Wirtschaftsgut (→ Rz. 43). Die künstliche zeitliche Zerlegung der Ausbeuteberechtigung dient allein der Erfüllung des Tatbestandsmerkmals „bestimmter Zeitraum" (→ Rz. 42). **Vor** Ausbeutebeginn dient die Anzahlung, **danach** der Rechnungsabgrenzungsposten der Gewinnneutralisierung des Zahlungsvorgangs.

Das sich sehr systematisch gebende BFH-Urteil belegt die **mangelnde Unterscheidbarkeit** von Anzahlungen und Rechnungsabgrenzungsposten. Geleistete Anzahlungen können u. E. als Vermögensgegenstände, erhaltene als Schuld gesehen werden.

> **BEISPIEL** Einer Mietvorauszahlung kann die Vermögensgegenstandeigenschaft allenfalls auf der Grundlage des Kriteriums der Einzelverwertbarkeit abgesprochen werden. Dann müsste folgerichtig bei möglicher Untervermietung diese Eigenschaft bejaht werden und umgekehrt. Der Vermieter erhält durch die Anzahlung eine „Nutzungsschuld", die nicht mehr durch den Anspruch auf Entgelt kompensiert wird.

7   Die wesentlichen Unterscheidungsmerkmale zwischen Anzahlungen und Rechnungsabgrenzungsposten lassen sich somit eher kasuistisch orientiert als systematisch fundiert wie folgt darstellen:

▶ **Rechnungsabgrenzungsposten** beziehen sich regelmäßig auf **Dauer**sachverhalte (z. B. Sachversicherungsverträge),

▶ **Anzahlungen** dagegen auf **Einmal**vorgänge (z. B. Rohstoffeinkauf).

---

[8] BFH-Urteil vom 25. 10. 1994 – VIII R 65/91, BStBl 1995 II S. 312.
[9] Überholt durch den BFH-Beschluss vom 4. 12. 2006 – GrS 1/05, BStBl 2007 II S. 508 (→ Rz. 43).

Typische **Beispiele** für (aktive) Rechnungsabgrenzungsposten sind Kfz-Steuern, Sachversicherungen u. Ä. Häufig handelt es sich – im Verhältnis zur Bilanzsumme – um geringfügige Beträge, die unter Wesentlichkeitsgesichtspunkten (→ § 252 Rz. 182) mit einem überschlägig ermittelten **Festwert** oder **gar nicht**[10] bilanziert werden können. Anders kann es sich bei einer Spedition mit 500 Lkws verhalten.

3. Dauerschuldverhältnisse

Die typische Ausgangssituation zur Bildung von Rechnungsabgrenzungsposten stellt das (rechtliche) **Dauerschuldverhältnis** (bilanzrechtlich schwebender Vertrag) zwischen zwei Parteien dar, das dem Grunde nach wegen der Ausgeglichenheitsvermutung nicht bilanzierbar ist und erst dann einen Bilanzansatz erfordert, wenn eine der Vertragsparteien mit der Erfüllung ihrer Leistungsverpflichtung in Rückstand geraten ist (→ § 249 Rz. 145) oder eine Vorleistung erbracht hat (→ § 246 Rz. 4). 8

Der Anwendungsbereich der Rechnungsabgrenzung bezieht sich typischerweise auf **gegenseitige Verträge** mit einem zeitraumbezogenen Leistungsaustausch oder zeitlich auseinanderfallender Leistungen und Gegenleistungen. Maßgeblich soll dabei das **Schuldrechtsverhältnis** und nicht irgendein wirtschaftlicher Konnex sein.[11] In etwas anderer Tendenz lautet die Aussage des BFH zum Abschluss eines Mobilfunkdienstleistungsvertrags gegen verbilligte Abgabe eines Mobiltelefons.[12] Dort lägen in zivilrechtlicher Betrachtung zwei **selbständige** Rechtsgeschäfte vor, die allerdings nur durch die entsprechende wirtschaftliche Interessenlage der Vertragspartner zustande gekommen und deshalb zur bilanziellen Abbildung **gesamthaft** zu betrachten sind. Auch im öffentlichen Recht begründete gegenseitige Verpflichtungen – Beispiel Zinssubventionen – können zu Abgrenzungsposten führen.[13] 9

Der Anwendungsbereich der Rechnungsabgrenzungsregeln ist allerdings nicht auf synallagmatische schuldrechtliche Leistungen beschränkt.[14] So ist z. B. auch bei der Kfz-Steuer der Vorleistungscharakter gegeben.[15]

Eine (passive) Abgrenzung kommt nicht mehr in Betracht, wenn der Zahlungsempfänger einer „Entschädigung" **danach** keine Leistung mehr erbringen muss, das Austauschverhältnis also beendet ist. „Leistung" ist dabei auch als Duldung oder Unterlassung zu verstehen.[16] 10

---

10 So FG Niedersachsen – IX 244/79, EFG 1981 S. 552; ebenfalls Thüringer FG, Urteil vom 25. 2. 2009 – I 443/06, EFG 2009 S. 1738; Rev. BFH I R 65/09. Dagegen – für die aktive Abgrenzung von Kfz-Steuern – *Tiedchen*, FR 2010 S. 160, sowie *Hoffmann*, StuB 2010 S. 81. Für Aktivierung BFH-Urteil vom 19. 5. 2010 – I R 65/09, DB 2010 S. 1731.
11 BFH-Urteil vom 22. 7. 1982 – IV R 111/79, BStBl II S. 655 – Fall der Mühlenstilllegung Tz. 32.
12 BFH-Beschluss vom 7. 4. 2010 – I R 77/08, DStR 2010 S. 1015, unter Tz. 15 f.
13 BFH-Urteil vom 24. 6. 2009 – IV R 26/06, DStR 2009 S. 1629, m. w. N.
14 BFH-Urteil vom 24. 7. 1996 – I R 94/95, BStBl 1997 II S. 122, zur Forfaitierung von Leasingraten (→ Rz. 29); BFH-Urteil vom 17. 9. 1987 – IV R 49/86, BStBl 1988 II S. 327, zu Nichtvermarktungsprämien; BFH-Beschluss vom 7. 4. 2010 – I R 77/08, DB 2010 S. 1098 (Mobilfunkgerät).
15 BFH-Urteil vom 19. 5. 2010 – I R 65/09, DB 2010 S. 1731 (Kfz-Steuer).
16 BFH-Urteil vom 22. 7. 1982 – IV R 111/79, BStBl II S. 655 – Fall der Mühlenstilllegung Tz. 32.

II. Unterscheidungsmerkmale zu anderen Bilanzposten

> **BEISPIEL**
>
> ▶ Eine Hausverwaltungsgesellschaft erhält für die vorzeitige Beendigung bestehender Verwaltungsverträge eine Entschädigung.[17]
>
> ▶ Eine Bank erhält für die Neufestsetzung von wesentlichen Darlehensbedingungen zugunsten ihrer Kunden von diesen eine „Vorfälligkeitsentschädigung".[18] Umkehrschluss: Der Zahlende kann keine aktive Abgrenzung ansetzen.
>
> ▶ In beiden Fällen war der Leistungsaustausch bereits beendet, d. h. die Zahlungsempfängerin hatte keine Leistung mehr zu erbringen. Deshalb lehnte der BFH die Passivierung eines Abgrenzungspostens ab. Anders verhält es sich z. B. bei der pränumerando erhaltenen Vergütung zur Stilllegung eines Mühlenbetriebs mit der Verpflichtung, eine solche 30 Jahre nicht zu betreiben (→ Rz. 19).

11 Umgekehrt darf eine Erlösrealisierung nicht erfolgen, solange und soweit der Geldempfänger noch zur Erbringung einer **Gegenleistung** verpflichtet ist. Insoweit stellt die passive Abgrenzung ein probates Mittel zur Erfüllung des **Realisations**grundsatzes (→ § 252 Rz. 85) dar.[19] Nach Erbringung der Gegenleistung kann eine Rechnungsabgrenzung nicht mehr erfolgen.[20] Deshalb sind Entschädigungen für die vorzeitige Beendigung eines Dauerleistungsverhältnisses nicht passiv abzugrenzen, nämlich für die

▶ Beendigung eines Hausverwaltungsvertrags,[21]

▶ Ertragswertminderung durch Einschränkung der Betriebstätigkeit.[22]

11a Auf diese Urteile stützt sich der BFH in einem weiteren „Entschädigungsfall", nämlich die Vergütung, die eine Bank für eine Vertragsänderung zu einem von ihr ausgegebenen Darlehen erhielt.[23] Der Sachverhalt lag allerdings anders als in den beiden unter → Rz. 11 aufgezählten BFH-Fällen. Jetzt wurde die Vertragsbeziehung nicht beendet, sondern zu für den Darlehensnehmer günstigeren Konditionen fortgesetzt – einerlei, ob nur der **alte** Vertrag mit neuen Zinskonditionen fortgesetzt oder ein **neuer** Vertrag mit entsprechenden Konditionen abgeschlossen wurde. Der BFH sieht die Entschädigung als Gegenwert für die Entlassung aus dem alten Vertrag, die entsprechend sofort zu Ertrag bei der Bank (korrespondierend zu Aufwand beim Schuldner) führt. „Entschädigung" ist aber nicht gleich „Entschädigung".

Betrachtet man demgegenüber den Vorgang aus der Perspektive des wirtschaftlichen **Kalküls** der Beteiligten – also nicht mit der nichtssagenden Allerweltsfloskel der „wirtschaftlichen Betrachtungsweise" (→ § 246 Rz. 156) –, dann stellt sich der Vorgang wie folgt dar: Die Bank hatte keine Rechtsverpflichtung zur Änderung der Zinskonditionen. Sie entsprach dem Wunsch ihres Kunden nur bei eigener Schadlosstellung. Dazu **kompensierte** sie finanzmathematisch

---

[17] BFH-Urteil vom 23. 2. 2005 – I R 9/04, BStBl II S. 481.
[18] BFH-Urteil vom 7. 3. 2007 – I R 18/06, BStBl II S. 687.
[19] BFH-Urteil vom 22. 7. 1982 – IV R 111/79, BStBl II S. 655; BFH-Urteil vom 29. 11. 1990 – IV R 313/89, BStBl 1992 II S. 715; BFH-Urteil vom 17. 5. 1990 – IV R 21/89, BStBl II S. 891; BFH-Urteil vom 24. 8. 1983 – I R 16/79, BStBl 1984 II S. 273; BFH-Urteil vom 20. 11. 1980 – IV R 126/78, BStBl 1981 II S. 398. Vgl. auch das Beispiel unter → § 252 Rz. 136.
[20] BFH-Urteil vom 7. 3. 2007 – I R 18/06, BStBl II S. 697.
[21] BFH-Urteil vom 23. 2. 2005 – I R 9/04, BStBl II S. 481.
[22] BFH-Urteil vom 11. 7. 1973 – I R 140/71, BStBl II S. 840.
[23] BFH-Urteil vom 7. 3. 2007 – I R 18/06, BStBl II S. 697, mit kritischer Besprechung von *Lüdenbach*, StuB 2010 S. 193.

ausgerechnet ihren Verlust aus laufenden Zinseinnahmen in der Restlaufzeit durch die Einmalzahlung ex ante. Dadurch wurde sie ertragsmäßig für die Restlaufzeit nach der ursprünglichen gleichgestellt. Die passive Abgrenzung hätte dann – entgegen der konkreten BFH-Entscheidung (I R 18/06) – genau den Zweck erfüllt, der ihr sonst in der BFH-Rechtsprechung richtigerweise zuerkannt wird, nämlich die periodengerechte Zuordnung von Aufwand und Ertrag (→ Rz. 1 mit den dortigen Zitaten). So aber – durch das BFH-Urteil – vereinnahmte die Bank unter Verstoß gegen das Realisationsprinzip (→ Rz. 11) die Zinseinnahme vorzeitig, während ihr Refinanzierungsaufwand nach ihren Einkaufskontrakten unverändert in der Restlaufzeit anfällt. Zur Begründung der sofortigen Ertragsrealisierung hatte der BFH noch angeführt, die Entschädigung stelle die Gegenleistung für eine von der Bank bereits erbrachte Leistung – den Verzicht auf die Fortführung des Vertrags zu den ursprünglich vereinbarten Bedingungen – dar. Diese Begründung überzeugt nicht. Bei gegebenem Darlehensvolumen und gegebener Differenz von alten und neuem Zins gilt: Je länger die **Restlaufzeit** (also eine zukunftsbezogene Größe) des Darlehens, umso höher muss die fair ausgehandelte Höhe der Entschädigung ausfallen. Die Höhe der Entschädigung orientiert sich also an der Dauer der **zukünftigen** Kapitalüberlassung und der Differenz der **zukünftigen** zu den ursprünglichen Zinskonditionen. Unerheblich ist demgegenüber die vergangenheitsbezogene Frage, wie lange das Darlehen zum Vertragsänderungszeitpunkt schon besteht. Abgegolten wird somit in erster Linie Zukünftiges und nicht Vergangenes. Eine andere Beurteilung kann lediglich dann in Frage kommen, wenn sich der Barwert der „neuen" Verpflichtung stark von dem der „alten" Verpflichtung (beide auf Basis der „Rest"-Laufzeit) unterscheidet. In diesem Ausnahmefall ist wirtschaftlich ein Abgang des alten Kredits anzunehmen, wobei anlässlich der Umschuldung/Vertragsänderung gezahlte Gebühren, Entschädigungen etc. in den Abgangserfolg des alten Darlehens einfließen. Liegt kein deutlicher Barwertunterschied vor, ist bilanziell eine Fortsetzung des Darlehens gegeben und eine Verteilung der anlässlich der Fortsetzung vereinbarten Gebühren oder Entschädigungen über die Restlaufzeit geboten.[24]

Schwebende Verträge, deren Forderungen und Verbindlichkeiten dem Grunde nach nicht bilanzierbar sind, bestehen unabhängig von der **Zahlungsmodalität**. Regelmäßig – typisch beim Miet- oder Leasingvertrag – erfolgen die Zahlungen **periodengleich** mit der Nutzungsüberlassung. Es gibt aber auch **Ausnahmefälle**: 12

> **BEISPIEL**
>
> ▶ (1) Ein Mineralabbauunternehmen bezahlt einen Festbetrag X an einen Landwirt, der ihm im Gegenzug das Ausbeuterecht am Bodenschatz überlässt.[25]
>
> ▶ (2) A verpflichtet sich gegenüber B gegen einen sofort fälligen Festbetrag, fünf Jahre lang in einem bestimmten Bezirk keinen Wettbewerb auszuüben.[26]
>
> ▶ (3) Der Fußball-Bundesligaclub Emma 05 AG erlaubt der Sportverwertungs-GmbH F die Nutzung der Südtribüne des von „Emma" gemieteten Stadions zur Vermarktung auf

---

24 Vgl. im Einzelnen *Lüdenbach*, StuB 2010 S. 193.
25 Fall des BFH-Urteils vom 25. 10. 1994 – VIII R 65/91, BStBl 1995 II S. 312; vgl. den näheren Sachverhalt unter → Rz. 6.
26 Nach *Lüdenbach/Völkner*, BB 2008 S. 1162; vgl. auch BFH-Urteil vom 29. 10. 1969 – IV 175/65, BStBl II 1970 S. 315, zum Handelsvertretervertrag.

> fünf Jahre. Dafür zahlt F neben der laufenden jährlichen Vergütung an „Emma" 1.000 bei Vertragsabschluss ein *signing fee*.[27]
>
> ▶ (4) Ein Garantiegeber übernimmt gegenüber Banken, die den Erwerb von Eigentumswohnungen von einem Bauträger finanzieren, eine **Ausbietungsgarantie**. Damit sollen die Banken im Fall der Zwangsversteigerung gegenüber Ausfällen aus ihren Grundpfandrechten gesichert werden. Die Wohnungserwerber zahlen die Ausbietungsgarantie für die gesamte Laufzeit im Voraus.[28]
>
> ▶ (5) Avalprovisionen für Bürgschaftsübernahmen einer Bank werden im Vorhinein für die gesamte Laufzeit entrichtet.[29]
>
> ▶ (6) Bearbeitungsgebühren für eine Bürgschaftsübernahme einer Bank werden im Vorhinein bezahlt.[30]

In allen Fällen ist die Vorauszahlung für das Dauerschuldverhältnis als beim Zahlungsleistenden (Berechtigten) aktiv, beim Zahlungsempfänger passiv abzugrenzen.

Im dritten Fall des vorstehenden Beispiels ist früher – offensichtlich branchenüblich – die vorab bezahlte Vergütung bei Vertragsabschluss („*signing*") ertragswirksam vereinnahmt worden. Dies hat zu einer Fehlerfeststellung der DPR (→ § 342b Rz. 23 ff.) geführt.[31] Der Charakter der passiven Abgrenzung als „Realisationsverhinderer" wird hier besonders deutlich (→ § 252 Rz. 120).[32] Hinter dieser passiven Abgrenzung verbirgt sich eine Schuld,[33] die u. E. nicht als Verbindlichkeit oder erhaltene Anzahlung zu qualifizieren ist, weil Forderungen und Verbindlichkeiten aus schwebendem Vertrag nicht bilanzierbar sind, solange diese sich wertmäßig ausgleichen (→ § 246 Rz. 4).[34]

Der vierte Fall befasst sich mit dem typischen Fall der Vermarktung von Immobilien als Eigentumswohnungen. Diese Ausbietungsgarantie ist vergleichbar einer Mietausfallgarantie, mit der dem Erwerber einer Wohnung das Engagement schmackhaft gemacht werden soll. Wie im Fall des „*signing fee*" wird durch die passive Abgrenzung der Vorauszahlung dem Realisationsprinzip Geltung verschafft (→ § 252 Rz. 119 f.). Der Zahlungsvorgang und -zeitpunkt ist nach § 252 Abs. 1 Nr. 5 HGB unbeachtlich (→ § 252 Rz. 163).[35]

---

27 Vgl. hierzu die Darstellung der Rechtsschritte und des wirtschaftlichen Hintergrunds bei *Küting/Strauß*, DB 2010 S. 1189.
28 Fall des BFH-Urteils vom 23. 3. 1995 – IV R 66/94, BStBl II S. 712.
29 Fallabwandlung im BFH-Urteil vom 12. 12. 1991 – IV R 28/91, BStBl 1992 II S. 600.
30 BFH-Urteil vom 19. 1. 1978 – IV R 153/72, BStBl II S. 262.
31 Fall der Borussia Dortmund GmbH & Co. KGaA, im elektronischen Bundesanzeiger nachzusehen. Gleichwohl halten *Kudert/Marquard*, WPg 2010 S. 238, diese sofortige Vereinnahmung für „vertretbar".
32 Vgl. *Hoffmann*, StuB 2010 S. 449.
33 Vgl. *Küting/Strauß*, DB 2010 S. 1191.
34 Vgl. *Hoffmann*, StuB 2010 S. 450.
35 Das KG Berlin sieht dies im Beschluss vom 11. 2. 2010, Kurzinfo StuB 2010 S. 513 anders: Die Mietgarantiegebühren können bei Erhalt gewinnerhöhend vereinnahmt werden. Dagegen *Hoffmann*, StuB 2010 S. 521. Zum KG-Entscheid im Einzelnen vgl. *Eisolt*, StuB 2010 S. 533.

Die passive Abgrenzung mit zeitanteiliger Auflösung präjudiziert nicht etwa erforderliche **Verbindlichkeitsrückstellungen** wegen einer Inanspruchnahme aus der (z. B.) Mietgarantie[36] (→ § 249 Rz. 121).

Nach dieser eindeutigen Lösung für den Zahlungsempfänger stellt sich die Frage nach der Behandlung beim Anspruchsberechtigten. Üblicherweise wird bei diesem die Schaffung eines immateriellen Vermögensgegenstands (z. B. „Wettbewerbsunterlassung") angenommen.[37] Diese Lösung überrascht schon deshalb, weil z. B. für Vorleistungen aus Mietverträgen eine korrespondierende Behandlung bei beiden Parteien als Abgrenzungsposten für selbstverständlich erachtet wird.[38] Diese spiegelbildliche Behandlung bei beiden Partnern ist schon aus dem Wesensgehalt der Abgrenzungsposten abzuleiten, deren Ansatz im Falle von Vermögensgegenständen und Schulden zurücktreten muss (→ Rz. 4); wenn die Gegenleistung für den Wettbewerbsverzicht dem BFH zufolge passiv abzugrenzen ist, also keine Schuld vorliegt, muss dies für die Aktivseite entsprechend gelten: Abgrenzung, nicht Vermögensgegenstand. 13

Die Vereinbarung eines Wettbewerbsverbots zwischen Fremden entspringt dem do ut des, hat wie sonst auch die Ausgeglichenheitsvermutung für sich. Ein Vermögensgegenstand kann insoweit nicht vorliegen, die Nichtbilanzierung von schwebenden Geschäften gilt auch hier (→ § 246 Rz. 4). Die Zahlung pränumerando (→ Rz. 12) ändert daran gem. § 252 Abs. 1 Nr. 5 HGB (→ § 252 Rz. 163) nichts. 14

Vorleistungen sind nicht zwingend als **Einmalbetrag** zu verstehen; sie können auch **wiederholt** im Laufe eines Dauerschuldverhältnisses anfallen. 15

BEISPIEL[39] In einem 30-jährigen Leasingvertrag über ein Gebäude waren in den ersten fünf Nutzungsjahren höhere Raten zu bezahlen als im Folgezeitraum. Die Leistung des Leasinggebers war dem gegenüber im gesamten Vertragszeitraum unverändert (Überlassung des Gebäudes zur Nutzung). Der Mehrbetrag in den ersten fünf Jahren war jeweils abzugrenzen.

Leistungen an eine **dritte** Person für eine einmalige Gegenleistung sind nicht (aktiv) abgrenzbar, auch wenn daraus ein künftiger Nutzen für das leistende Unternehmen resultiert. 16

BEISPIEL[40] Eine AG erhöht ihr Grundkapital zur weiteren Expansion. Die damit verbundenen Aufwendungen sind nicht im Interesse einer periodengerechten Gewinnermittlung aktivierbar.

Von den Dauerschuldverhältnissen zu unterscheiden sind **Sukzessivlieferungsverträge** und **Wiederkehrschuldverhältnisse**, z. B. Zeitschriftenabonnement. Hier liegen regelmäßig Kaufverträge vor, bei denen Vorleistungen als Anzahlungen (→ Rz. 5) zu bilanzieren sind. 17

---

36 BFH-Urteil vom 23. 3. 1995 – IV R 66/94, BStBl II S. 772.
37 Vgl. zu Folgendem *Lüdenbach/Völkner*, BB 2008 S. 1162.
38 BFH-Urteil vom 22. 7. 1982 – IV R 111/79, BStBl II S. 655 – Fall der Mühlenstilllegung Rz. 32.
39 Nach BFH-Urteil vom 12. 8. 1982 – IV R 184/79, BStBl II S. 696.
40 BFH-Urteil vom 4. 5. 1977 – I R 27/74, BStBl II S. 802.

4. Nutzungsrechte, öffentlich-private Partnerschaften

18 Fraglich ist in diesem Zusammenhang auch die bilanzielle Abbildung von **Infrastrukturmaßnahmen** (z. B. Autobahnbau) im Rahmen von öffentlich-privaten Partnerschaften (ÖPP) bzw. international *public private partnership* (PPP). Aus nicht mitgeteilten Gründen kann das BMF in der Autobahn kein beim (privaten) Bauunternehmen bilanzierbares Wirtschaftsgut bzw. Vermögensgegenstand erkennen.[41] Zur periodengerechten **Aufwandsverteilung** bleibt dem BMF dann nur – die auch fiskalisch motivierte – Heranziehung der Rechnungsabgrenzung.

> **BEISPIEL** ▸ Der mautpflichtige Lübecker Herrentunnel wird von weit weniger Autofahrern als geplant genutzt. Die dem privaten Bauunternehmen für 30 Jahre zustehenden Nutzungsgebühren decken nicht die Amortisationsaufwendungen ab. Eine sonst mögliche Teilwertabschreibung scheidet für Rechnungsabgrenzungsposten aus (→ Rz. 25).

19 Die anschließende Frage geht um die bilanzrechtliche Beurteilung der doch sehr überraschenden Qualifikation einer Autobahn oder eines Straßentunnels als Rechnungsabgrenzungsposten; anders formuliert: Ist die Vorgabe des BMF auch **handelsrechtlich akzeptabel**?

Für den Abgrenzungsposten spricht die Ausgeglichenheitsvermutung des unter Fremden abgeschlossenen schwebenden Vertrags zu dessen Beginn.[42] Ein bilanzierbarer *favorable* oder *onerous contract* kann sich erst im Zeitverlauf durch Änderung des wirtschaftlichen Umfelds ergeben.[43] Die insoweit aktiv abgrenzbare Vorleistung des Privatunternehmens (Baukonzern oder Arge) besteht in den Herstellungskosten der Autobahn, der über 30 Jahre hinweg die Berechtigung zur Mauterhebung gegenübersteht. Die Unsicherheit über die Höhe der Einnahmen steht der aktiven Abgrenzung nicht entgegen, soweit man die beiden unter → Rz. 12 dargestellten Fälle analog anwendet: Der Umfang der Sandausbeute war dem Mineralabbauunternehmen allenfalls der Größenordnung nach bekannt, der Ertrag aus dem Wettbewerbsverzicht konnte nur erhofft werden.

20 Schwieriger zu beurteilen ist das Sachverhaltsmerkmal der **Gegenseitigkeit** des Leistungsaustauschs innerhalb eines Schuldrechtsverhältnisses mit zwei Parteien (→ Rz. 8). Die öffentliche Hand erbringt förmlich über die Vertragslaufzeit hinweg keine Gegenleistung, das besorgen die Autofahrer mit ihrer Maut. Man kann dieses Problem möglicherweise durch die Annahme eines Verzichts der öffentlichen Vertragspartner auf die ihr „an sich" zustehende Mauterhebung überbrücken. Zwingend ist diese Argumentation allerdings nicht.

21 Die Aktivierung der Autobahn beim privaten Partner (Bauunternehmung) als Abgrenzungsposten kommt nur in Betracht, wenn dieses Bilanzierungsobjekt ihm nicht als **Vermögensgegenstand** bilanzrechtlich zuzuordnen ist (→ Rz. 4). Das wäre bei rechtlicher oder wirtschaftlicher Eigentümerschaft gegeben. Rechtlicher Eigentümer der Autobahn ist die BRD, wirtschaftlicher Eigentümer ebenfalls, wenn man die Zuordnungskriterien der Leasingerlasse heranzieht. Die 90 %-Grenze der Nutzungsdauer, die eine bilanzielle Zurechnung zum Nutzungsberechtigten

---

41 BMF-Schreiben vom 4. 10. 2005 – IV B 2 – S 2134 a – 37/05, BStBl I S. 916.
42 Vergleichbar dem hier mehrfach zitierten BFH-Fall zum Mineralabbaurecht (→ Rz. 23) oder der Einmalzahlung für ein Wettbewerbsverbot (→ Rz. 12).
43 Vgl. *Lüdenbach/Völkner*, BB 2008 S. 1162.

bewirkt, wird bei der 30-jährigen Vertragslaufzeit bei weitem nicht erreicht. Der Ansatz eines Vermögensgegenstands beim privaten Partner würde demnach ausscheiden.

Eine andere Lösung könnte in der Annahme eines (30-jährigen) **Nutzungsrechts** des privaten Partners an der Autobahn als **immaterieller** Vermögensgegenstand liegen – vergleichbar den Vorgaben nach den IFRS in IFRIC 12.17. Die Ansatzrestriktion für die Selbsterstellung gilt seit dem BilMoG nicht mehr (→ § 248 Rz. 9). Allerdings soll einer Rechtsauffassung zufolge ein Nutzungsrecht nur Bestandteil eines Wirtschaftsguts (Vermögensgegenstands) und deshalb abstrakt nicht bilanzierbar sein.[44] 22

Bejaht man dagegen die generelle Aktivierbarkeit von Nutzungsrechten, gelangt man in das aus deutschem Blickwinkel der Rechnungslegung gewöhnungsbedürftige Faktum der **Doppelbilanzierung** eines (einzigen) Vermögensgegenstands. Dazu muss man sich die BRD in ihrer Eigenschaft als rechtlicher und wirtschaftlicher Eigentümer als virtuelles Bilanzierungssubjekt vorstellen; sie würde dann die Autobahn als materiellen und der private Partner diese als immateriellen Vermögensgegenstand aktivieren. Eine solche Lösung entspräche dem derzeit im gemeinsamen Projekt von FASB und IASB verfolgten Ansatz für die Neuregelung der Leasing-Bilanzierung.[45] Auch im Regelungsbereich der *investment properties* i. S. von IAS 40 ist eine Doppelbilanzierung möglich.[46] So gesehen würde die Lösung des Bilanzansatzes der Autobahn als immaterieller Vermögensgegenstand die HGB-Rechnungslegung ungeahnt und möglicherweise ungewollt in das Fahrwasser der internationalen Rechnungslegung führen. 23

Auch in anderen Wirtschaftsbereichen könnte dieser Vorschlag (Nutzungsrecht als immaterieller Vermögensgegenstand) neue Bilanzierungsperspektiven eröffnen. 24

> **BEISPIEL** Die G-AG entwickelt und betreibt gewerblich genutzte Großimmobilien, z. B. eine Einkaufspassage. Sie ist rechtlicher und wirtschaftlicher Eigentümer und bilanziert sie als Grundstück. Zur Teilfinanzierung bietet die G-AG Einzelhandelsketten Teilflächen der Passage an. Aufgrund der günstigen Lage besteht hohes Interesse an den Verkaufsflächen. Die G-AG schließt deshalb mit den Einkaufsketten „Nutzungsverträge" über 15 Jahre gegen eine Einmalzahlung von X € ab. Die Ladengeschäftsbetreiber müssen in diesem Zeitraum nur die Betriebskosten bezahlen. Die Miete ist mit der Einmalzahlung abgegolten.

„An sich" liegt hier der typische Bilanzierungssachverhalt der aktiven Abgrenzung bei den Ladenbetreibern vor mit entsprechender Passivierung bei der G-AG (→ Rz. 27 und → Rz. 12). Hält man demgegenüber den Ansatz eines immateriellen Vermögenswerts „Nutzungsrecht" für zulässig, wäre die Doppelbilanzierung nur vermeidbar, wenn die G-AG einen irgendwie errechneten virtuellen Grundstücksteil im Gegenzug zur erhaltenen Einmalzahlung als Abgang verbucht und während des 15-jährigen Nutzungszeitraums ratierlich wieder als Zugang einbucht – eine höchst gewöhnungsbedürftige Bilanzierung aus deutscher (und internationaler) Sicht.

Auch in den Folgebilanzierungen führen die beiden Lösungsmöglichkeiten – aktive Abgrenzung vs. immaterieller Vermögensgegenstand – zu nennenswerten Unterschieden: 25

---

44 Vgl. *Schmidt/Weber-Grellet*, EStG, 29. Aufl., München 2010, § 5 Tz. 176.
45 Vgl. *Fülbier/Fehr*, PiR 2008 S. 181.
46 Vgl. *Hoffmann/Freiberg*, in: Lüdenbach/Hoffmann (Hrsg.), Haufe IFRS-Kommentar, 8. Aufl., Freiburg 2010, § 16 Rz. 6.

- Der aktive Abgrenzungsposten (kein Vermögensgegenstand) ist einer **außerplanmäßigen Abschreibung** nach § 253 Abs. 3 Satz 3 HGB (→ Rz. 18) nicht zugänglich. Der Betreiber des Lübecker Straßentunnels mit mäßiger Besucherfrequenz muss (unterstellt) auf 30 Jahre einen (teilweisen) Nonvaleur bilanzieren, der durch Ansatz einer Drohverlustrückstellung (→ § 249 Rz. 50, nicht steuerlich) zu kompensieren wäre.
- Der optional aktivierte selbsterstellte immaterielle Anlagegegenstand verlangt die Bildung einer **Ausschüttungsgrenze** nach § 268 Abs. 8 HGB (→ § 268 Rz. 118), der beim Ansatz eines materiellen Vermögensgegenstands oder eines aktiven Abgrenzungspostens nicht vorgesehen ist.

26 Insgesamt halten wir die Lösung des Bilanzierungsproblems für den Autobahnbau etc. beim privaten Partner eines PPP-Modells als aktive Rechnungsabgrenzung auf der Grundlage der überkommenen HGB/EStG-Dogmatik für **besser** begründet als diejenige über den immateriellen Vermögensgegenstand.

III. Die Tatbestandsmerkmale (Abs. 1 und 2)

1. Ausgaben und Einnahmen

27 Die Tatbestandsmerkmale der Ausgaben und Einnahmen umfassen

- eigentliche **Zahlungs**vorgänge (Aus- und Einzahlungen) in bar oder durch Banküberweisungen, Schecks u. Ä., aber auch Tauschvorgänge,
- betrieblich veranlasste Minderungen im Vermögensbestand.[47]
- Einbuchung von **Forderungen** und **Verbindlichkeiten**.[48]

Das letztgenannte Tatbestandsmerkmal entspricht dem üblichen Begriffsverständnis von Einnahmen und Ausgaben im Rahmen von Buchungs- und Bilanzierungsvorgängen. Zweifelhaft ist dabei die Höhe der einzubuchenden Forderung bzw. Verbindlichkeit.

> **BEISPIEL** Der bilanzierende Mieter M schuldet am Bilanzstichtag 31.12.01 die am 1.10.01 fällige Rate für die Zeit bis zum 30.9.02. Er bucht die gesamte Jahresmiete als Verbindlichkeit ein und aktiviert 9/12 als Rechnungsabgrenzung. Umgekehrt bucht der bilanzierende Vermieter bei gleichem Stichtag.
>
> Ist allerdings der Eingang der Rate aus Bonitätsgründen zweifelhaft, kommt eine Wertberichtigung beim Vermieter nur auf den ergebniserhöhenden Teilbetrag der Jahresrate von 3/12 in Betracht.

---

[47] BFH-Beschluss betreffend verbilligte Abgabe von Mobiltelefonen vom 7.4.2010 – I R 77/08, DStR 2010 S. 1015, Tz. 11, mit Hinweisen auf die unterschiedlichen Auffassungen im Schrifttum. Die Rechtfertigung dieser Gesetzesinterpretation sieht der BFH unter Tz. 12 des Beschlusses im periodengerechten Erfolgsausweis (→ Rz. 1).

[48] H. M. beispielsweise *Blümich/Schreiber*, EStG, § 5 Tz. 670; *Korn/Fuhrmann*, EStG, § 5 Tz. 633; so auch BFH-Urteil vom 31.5.1967 – I 208/63, BStBl III S. 607; BFH-Urteil vom 17.7.1974 – I R 195/72, BStBl II S. 684, vermutlich auch BFH-Urteil vom 14.10.1999 – IV R 12/99, BStBl 2000 II S. 25; BFH-Urteil vom 31.5.1967 – I 208/63, BStBl III S. 607; BFH-Urteil vom 29.11.2006 – I R 46/05, BStBl 2009 II S. 955, m.w.N.

> Dieser Aspekt legt eine andere Buchungsvariante nahe, nämlich Mieter und Vermieter passivieren bzw. aktivieren nur jeweils 3/12 der Jahresrate als antizipativen Posten (→ Rz. 2), **verzichten** also auf die Inanspruchnahme eines (transitorischen) Abgrenzungspostens.

Beide Lösungen gewährleisten den periodengerechten Erfolgsausweis (→ Rz. 1). Bei der letztgenannten Buchungsvariante entfällt die Abgrenzung, weil die Periodisierung durch den Ansatz einer Verbindlichkeit bzw. Forderung erreicht wird (→ Rz. 2). Diesem Verfahren – Teileinbuchung der rechtlich bestehenden Verbindlichkeit bzw. Forderung – kann das **Vollständigkeitsgebot** (→ § 246 Rz. 4) nicht entgegengehalten werden. Der Mietvertrag (im Beispiel) stellt den typischen Fall eines (zunächst) ausgeglichenen Dauerschuldverhältnisses dar, das nicht bilanzierbar ist (→ Rz. 8). Zum Bilanzansatz kommt es erst bei einem Erfüllungsrückstand (hier gegeben beim Mieter) bzw. einer Vorleistung (beim Vermieter). Deshalb halten wir die zweite Lösungsvariante mit Einbuchung nur des Erfüllungsrückstands für besser begründet als den Ansatz der gesamten (geschuldeten) Jahresrate. 28

Anders verhält es sich, wenn das Nutzungsverhältnis durch **Transformation** der Zahlungsströme in Vermögensgegenstände (indirekt) bilanzierbar gemacht wird. 29

> **BEISPIEL** Ein Leasingunternehmen verkauft zum jeweiligen Gegenwartswert die (gesamten) Forderungen aus den Leasingverträgen an eine Bank (sog. Forfaitierung, → § 246 Rz. 188), beispielsweise eine Forderung von 100 T€ zum Kaufpreis von 65 T€. Die Forderung von 100 ist beim Leasinggeber, da aus schwebendem Geschäft stammend (→ § 246 Rz. 4), nicht aktivierbar, wohl aber die Forderung von 65 T€ an die Bank. Zur Periodisierung (→ Rz. 1) ist eine passive Abgrenzung vorzunehmen, soweit die Forderung von 65 T€ Leasingzahlungen für Zeiträume nach dem Bilanzstichtag reflektiert. Das Leasingunternehmen schuldet auch nach dem Forderungsverkauf noch die vertragsgemäße Nutzungsüberlassung an den Leasingnehmer, hat insoweit seine Leistung noch nicht realisiert (→ Rz. 11). Vgl. hierzu das Buchungsbeispiel unter → § 246 Rz. 203.
>
> Die passive Abgrenzung für die forfaitierte Forderung ist im Zeitverlauf entsprechend der Laufzeit des Leasingvertrags aufzulösen, nach Literaturmeinung in linearer Form,[49] finanzmathematisch korrekt durch periodengerechte Aufzinsung.

Der Gesetzeswortlaut ist für den Bereich der aktiven Abgrenzung nicht exakt, nimmt den Stichtag selbst aus dem Anwendungsbereich heraus („vor"). Gemeint sind Ausgaben und Einnahmen **bis** zum Stichtag einschließlich, **nicht davor**. 30

2. Aufwand und Ertrag

Es handelt sich bei diesen beiden Tatbestandsmerkmalen um die übliche Begriffswahl für **erfolgswirksame** Buchungsvorgänge. Die Zielrichtung der Rechnungsabgrenzung – „passende" Periodisierung von Ausgaben und Einnahmen (→ Rz. 1), soweit nicht schon durch Vermögensgegenstände und Schulden erreicht (→ Rz. 4) – kommt hier zum Ausdruck. Es handelt sich um 31

---

[49] Vgl. *Groove*, DB 1984 S. 889; *Bink*, DB 1987 S. 1106; *Link*, DB 1988 S. 616; BMF-Schreiben vom 9. 1. 1996 – S 2170, BStBl I S. 9. Ebenso BFH-Urteil vom 24. 7. 1996 – I R 94/95, BStBl 1997 II S. 122.

eine spezielle Ausprägung der Periodisierungsvorgabe (→ § 252 Rz. 163), der zufolge nicht Ausgaben oder Einnahmen, sondern Aufwendungen und Erträge zum Erfolgsausweis führen sollen.

32 In aller Regel sind – nicht bilanzierbare (→ Rz. 8) – Dauerschuldverhältnisse, auch in Form von Duldungen oder Verzichten, angesprochen, z. B.

- ▶ Miet- und Leasingverhältnisse (→ Rz. 15 f.),
- ▶ Abbauberechtigungen für Mineralvorkommen (→ Rz. 12),[50]
- ▶ Genehmigung einer Überspannungsleitung[51] oder einer Ferngasleitung[52] auf dem Grundstück eines Landwirts,
- ▶ Verpflichtung zur Einstellung oder Nichtaufnahme eines Mühlenbetriebs,[53]
- ▶ Verzicht auf ein Wassernutzungsrecht,[54]
- ▶ Zuschuss für die Besetzung von Ausbildungsverhältnissen (→ Rz. 35).[55]
- ▶ Zuschuss für Zinsaufwendungen.[56]

33 In diesen Fällen richtet sich die Leistungsverpflichtung und damit der zu periodisierende Aufwand nicht nach einer Menge, sondern nach der **Zeitdauer** (zitierte BFH-Urteile IV R 111/79 sowie IV R 26/06), die auch unbestimmt (zitierte BFH-Urteile IV R 130/91 und IV R 96/78) oder immerwährend (zitiertes BFH-Urteil IV R 10/76) sein kann. Beim Mineralvorkommen ist ausnahmsweise die Aufwandsperiodisierung der **Menge** nach – dem Abbauvolumen – vorzunehmen (zitiertes BFH-Urteil VIII R 65/91, → Rz. 41).

3. Bewertung

33a Die Rechnungsabgrenzungsposten sind als **Ansatz**größen konzipiert, dagegen fehlt eine förmliche **Bewertungs**regel. Eine solche ist **implizit** im Gesetzeswortlaut enthalten. Diese folgt aus der Periodisierungsfunktion, welche die Einnahmen und Ausgaben einer bestimmten **Periode** zuordnet. Ist diese abgelaufen, kann für den bis dahin abzugrenzenden Betrag keine Ansatzberechtigung mehr bestehen.

> **BEISPIEL[57]** ▶ Ein Landwirt erhält für die Darlehensaufnahme anlässlich einer Baumaßnahme einen Zinszuschuss zeitgleich mit der Darlehensaufnahme. Deren Laufzeit beträgt als Tilgungsdarlehen 20 Jahre; darauf kalibriert wird der Zuschuss im Einvernehmen mit dem BFH

---

50 BFH-Urteil vom 25. 10. 1994 – VIII R 65/91, BStBl 1995 II S. 312.
51 BFH-Urteil vom 9. 12. 1983 – IV R 130/91, BStBl 1995 II S. 202.
52 BFH-Urteil vom 24. 3. 1982 – IV R 96/78, BStBl II S. 643.
53 BFH-Urteil vom 22. 7. 1982 – IV R 111/79, BStBl II S. 655.
54 BFH-Urteil vom 17. 7. 1980 – IV R 10/76, BStBl 1981 II S. 669.
55 BFH-Urteil vom 5. 4. 1984 – IV R 96/82, BStBl II S. 552.
56 BFH-Urteil vom 24. 6. 2009 – IV R 26/06, DStR 2009 S. 1629.
57 BFH-Urteil vom 24. 6. 2009 – IV R 26/06, BStBl II S. 781; auch zur zeitanteiligen Auflösung.

passiv abgegrenzt. Einen Teil des Darlehens zahlt der Landwirt vorzeitig zurück; entsprechend ist der Passivposten mit einem (Einmal-)Teilbetrag „außerplanmäßig" aufzulösen.

Bei Darlehen mit Annuitätentilgung hat die Auflösung während der Laufzeit „planmäßig" **degressiv** nach der Zinsstaffelmethode zu erfolgen, um periodengerecht den im Zeitverlauf abnehmenden Zinsaufwand zu kompensieren. Bei Rückzahlung mit einem Einmalbetrag und Zinsfestschreibung wäre die Auflösung in **linearer** Form vorzunehmen, um den während der Laufzeit gleichbleibenden Zinsaufwand zu spiegeln. 33b

Andererseits kann bei einem Dauernutzungsverhältnis die Gegenleistung für die erhaltene Nutzungsmöglichkeit mit dieser betragsmäßig angeglichen werden, also im Zeitverlauf nach unten angepasst werden. 33c

BEISPIEL[58] Ein Produktionsunternehmen finanziert seinen Maschinenpark im Leasingverfahren. Es werden degressive Leasingraten vereinbart. Dem BFH zufolge entsprechen die Leasingvergütungen dem abnehmenden Nutzungswert der geleasten Maschinen, so dass eine aktive Abgrenzung der Leasingraten zur Linearisierung des Aufwands im Zeitverlauf ausscheidet.

Anders soll es sich beim **Immobilienleasing** mit degressiven Raten verhalten, weil die Nutzungsabgabe im Zeitverlauf gleich bleibe[59] (→ § 246 Rz. 189).

4. Bestimmte Zeit

4.1 Bestimmung nach dem Kalender

Nach früherer Auffassung und BFH-Rechtsprechung[60] waren die bis zum Bilanzstichtag zu erbringenden Ausgaben oder erhaltenen Einnahmen nur abzugrenzen, wenn sie ergebnismäßig einem **genau** nach dem **Kalender** definierbaren Zeitraum zuzuordnen waren. Gedacht war dabei an typische Abgrenzungsfälle aus der Buchhaltungspraxis für Kfz-Steuern, Versicherungsprämien u. Ä. (→ Rz. 7). Aber auch in Sonderfällen führt der „Kalender" zu eindeutigen Ergebnissen. 34

BEISPIEL

► Das Unternehmen M unterhält einen Mühlenbetrieb. Es erhält nach dem Mühlenstrukturgesetz eine Abfindung für seine Verpflichtung zur Stilllegung der Mühle und Nichtwiederaufnahme des Mühlenbetriebs für 30 Jahre.[61]

---

58 BFH-Urteil vom 28. 2. 2001 – I R 51/00, BStBl II S. 645.
59 BFH-Urteil vom 12. 8. 1982 – IV R 184/79, BStBl II S. 696, im Schrifttum heftig kritisiert mit Nachweisen im vorstehend zitierten BFH-Urteil.
60 Überblick bei *Herzig/Söffing*, BB 1993 S. 465.
61 BFH-Urteil vom 22. 7. 1982 – IV R 111/79, BStBl II S. 655.

> ▶ Das Unternehmen erhält einen Zuschuss von der Hauptfürsorgestelle für die Anschaffung einer Bohrmaschine. Damit soll ein auf zehn Jahre mit einem Schwerbehinderten zu besetzender Arbeitsplatz geschaffen werden.[62]

35 Das Kriterium der „Kalendermäßigkeit" dient in seiner Absolutheit dem **Objektivierungs**gebot (→ Rz. 40), zeitigt aber in vielen Fällen ein „**unmögliches**" Ergebnis.

> **BEISPIEL**
> ▶ A zahlt an B am 1.1.01 1.000 € für die Unterlassung von Wettbewerb bis zum 31.12.05.
> ▶ C zahlt an D am 1.1.01 2.000 € für die immerwährende Unterlassung von Wettbewerb.
> ▶ Bei kalendermäßiger Bestimmbarkeit ist im ersten Fall eine Abgrenzung vorzunehmen, im zweiten Fall nicht.

36 Die BFH-Rechtsprechung hat sich wegen des als unbillig empfundenen – insbesondere Verstoß gegen das Realisationsprinzip bei D – Ergebnisses zunehmend vom Kalender als Tatbestandsmerkmal gelöst und stattdessen eine **rechnerische** Zeitbestimmung herangezogen. Für die Bilanzierung bei C taugt der Realisationsgedanke allerdings nicht oder nur, wenn man „Realisation" nach bestimmten Lehrmeinungen (→ § 252 Rz. 90) auch zur zeitlichen Zuordnung von Aufwand bemüht. Gleichwohl ist durchgängig an der einheitlichen Auslegung für die Aktiv- und Passivseite festgehalten worden.[63] Rechnerisch ist eine „bestimmte Zeit" im Einzelfall der Vertragsgrundlage zu entnehmen.

> **BEISPIEL**[64] ▶ Unternehmen U erhält aus einem Arbeitsförderungsprogramm einen Zuschuss und verpflichtet sich im Gegenzug zur Besetzung eines Ausbildungsplatzes für „mindestens zwei aufeinanderfolgende Ausbildungsverhältnisse".
>
> Da der Zeitraum eines Ausbildungsverhältnisses nach der Arbeitsrechtslage bestimmbar ist (z. B. drei Jahre), kann der Verteilungszeitraum für den Zuschuss auf sechs Jahre festgelegt werden. Das „mindestens" in der Vereinbarung hinterlässt ein Unsicherheitsmoment, das allerdings nach dem Theorem der Mindestlaufzeit als unbeachtlich angesehen wird.

4.2 Der Mindestzeitraum

37 Die „Lehre vom Mindestzeitraum"[65] wurde vom BFH erstmals förmlich im nachstehend dargestellten Sachverhalt als Ersatzlösung für die kalendermäßige Bestimmung herangezogen. Wie immer in solchen Fällen wird das Adverb „grundsätzlich" bemüht, wodurch die kalendermäßige Bestimmung nicht argumentativ aufgegeben wird, aber ohne an dieser festhalten zu müssen.

---

62 BFH-Urteil vom 22. 1. 1992 – X R 23/89, BStBl II S. 488.
63 Vgl. z. B. BFH-Urteil vom 9. 12. 1993 – IV R 130/91, BStBl 1995 II S. 202: „sie kann ... nicht zu unterschiedlichen Ergebnissen auf der Aktiv- und Passivseite führen." A. A. *Bordewin*, DStZ 1982 S. 463; *Hauber*, BB 1983 S. 740; *Tiedchen*, BB 1997 S. 2471 (→ Rz. 25); wie BFH *Federmann*, BB 1984 S. 246; *Gschwendtner*, DStZ 1995 S. 417.
64 Entnommen dem BFH-Urteil vom 5. 4. 1984 – IV R 96/82, BStBl II S. 552.
65 So die Überschrift des Beitrags von *Herzig/Söffing*, BB 1993 S. 465.

> **BEISPIEL⁶⁶** Ein Fabrikunternehmen F nutzte die Wasserkraft eines Flusses zur Stromerzeugung mit Verwendung im eigenen Produktionsbetrieb. Ein Energieversorger E wollte den Stauraum für die eigene Stromerzeugung erweitern, wodurch die Produktion von F beeinträchtigt wurde. Die beiden Unternehmen verhandelten darüber und einigten sich auf eine „Entschädigung" von 1 Mio DM für einen Mehraufwand des F von jährlich 96.000 DM.

Diese Datenbasis erlaubte dem BFH die Festlegung eines Mindestzeitraums unter bewusster Vernachlässigung eines Zinseffekts von zehn Jahren.

Nicht so (mathematisch) einfach stellt sich ein Sachverhalt dar, der förmlich eine **immerwährende** Verpflichtung enthält, die durch eine Einmalzahlung abgegolten wird. 38

> **BEISPIEL⁶⁷** Ein Landwirt L erhielt von einem Gasversorgungsunternehmen G Einmalbeträge für die zeitliche unbegrenzte Duldung des Einbaus und Unterhalts einer unterirdischen Ferngasleitung auf seinem Grundbesitz.

In diesem Fall wurde der BFH mit dem Theorem des Mindestzeitraums in die Enge getrieben: „… kann … ein Mindestzeitraum nicht ermittelt werden." Er behilft sich mit der „Technik" einer ewigen Rente, um die gezahlten Einmalbeträge auf einen bestimmten Zeitraum zu verteilen. Ähnlich ging der BFH in einem weiteren Streitfall vor, in dem ein Landwirt von einem Energieversorgungsunternehmen für die unbefristete Inanspruchnahme seiner Grundstücke zur Überspannung mit Stromversorgungsleitungen entschädigt wurde.[68] Letztlich belässt es der BFH bei der Zeitbezogenheit und periodischen Aufteilbarkeit der noch ausstehenden Gegenleistung, was wiederum eine zumindest qualitativ gleichbleibende Dauerverpflichtung voraussetzt.[69]

Das IDW hat sich für die handelsrechtliche Bilanzierung der Lehre vom Mindestzeitraum angeschlossen.[70] 39

4.3 Schätzungserfordernis und Objektivierung

Die „bestimmte Zeit" in § 250 HGB soll in der Gesetzesinterpretation des BFH in hohem Umfang dem Objektivierungsgebot dienen (→ Rz. 35). Dem steht ein **Schätzungs**erfordernis, das weite Bereiche der Bilanzierung durchzieht (→ § 249 Rz. 5), entgegen. In den unter → Rz. 38 dargestellten Fällen soll die mathematische Fundierung der Schätzung des „bestimmten" Zeitraums dem Objektivierungsgebot standhalten. Dabei unterscheidet der BFH **unzulässige** „individuelle Schätzungen hinsichtlich der Dauer der Gegenleistung" und **erlaubte** Schätzungen „aufgrund allgemeingültiger Maßstäbe".[71] 40

---

66 Nach BFH-Urteil vom 17.7.1980 – IV R 10/76, BStBl 1981 II S. 669.
67 Nach dem BFH-Urteil vom 24.3.1982 – IV R 96/78, BStBl II S. 643.
68 BFH-Urteil vom 9.12.1993 – IV R 130/91, BStBl 1995 II S. 202.
69 BFH-Urteil vom 7.3.2007 – I R 18/06, BStBl II S. 697, sowie BFH-Urteil vom 24.6.2009 – IV R 26/06, DStR 2009 S. 1629.
70 HFA 2/1996 Tz. 2111, WPg 1996 S. 709.
71 So BFH-Urteil vom 9.12.1993 – IV R 130/91, BStBl 1995 II S. 202. Die nachstehend als Beispiel dargestellten Präjudizien werden in diesem Zusammenhang vom BFH zitiert.

> **BEISPIEL**
>
> ▶ Eine Bausparkasse erhob für den Abschluss eines Bausparvertrags eine Abschlussgebühr von 1% der Bausparsumme. Sie wollte diese Gebühr passiv abgrenzen – auf welchen Zeitraum ist nicht ersichtlich. Der BFH lehnte dies ab, weil das Sachverhaltsmerkmal der „bestimmten Zeit" nicht erfüllt war: „Eine ,bestimmte' Zeit ... ist grundsätzlich ein ... ...mäßig festgelegter oder doch berechenbarer, nicht hingegen nur durch Schätzung bestimmbarer Zeitraum." Eine Zeitbestimmung für den einzelnen Bausparvertrag sei nicht möglich, eine Durchschnittsbetrachtung unzulässig.[72]
>
> ▶ Ein Gasversorgungsunternehmen erhob von den Abnehmern für die Einrichtung von Gasanschlüssen Baukostenzuschüsse und verpflichtete sich zur Herstellung und Unterhaltung der Anschlussleitungen. Eine Zeitbestimmung ist in dem Vertrag nicht vorgesehen. Der BFH akzeptierte die Verteilung auf 20 Jahre als „Ergebnis einer möglichen Schätzung".[73] Inwieweit hier keine individuelle, sondern eine Schätzung aufgrund „allgemeingültiger" Maßstäbe vorlag,[74] ist nicht ersichtlich.

41 Dem BFH gelingt es schließlich auch,[75] das Zeitmoment in § 250 HGB **gänzlich zurückzudrängen**, ohne das Objektivierungsgebot zu verletzen.

> **BEISPIEL** ▶ Ein Landwirt genehmigt dem Mineralabbauunternehmen M die Ausbeutung des Bimsvorkommens auf seinem Grundbesitz für eine Einmalzahlung von 1.000 €. Wie lange sich der Abbau hinzieht und wie hoch die Ausbeutemenge sein darf, wird von den Parteien nicht festgelegt. „Der Erfüllungszeitraum kann allenfalls (!) geschätzt werden."

Um gleichwohl zu einer aktiven Abgrenzung zur „gewinnneutralen" Behandlung auch ohne das Zeitbestimmtheitsmoment zu kommen, muss der BFH tief in die Entstehungsgeschichte der Rechnungsabgrenzung in der jetzt gültigen (→ Rz. 1) Fassung einsteigen mit dem teleologischen Auslegungsergebnis: Der **Zweck** des Gesetzes liegt in der Verhinderung einer „willkürlichen Beeinflussung des Gewinns". Das überrascht, denn eigentlich dienen alle gesetzlichen Bilanzierungsvorgaben diesem Zweck. Jedenfalls erlaubt diese Gesetzesauslegung „eine weitergehende inhaltliche Bestimmung des Tatbestandsmerkmals ,bestimmte Zeit', die den Besonderheiten des jeweiligen Rechtsverhältnisses Rechnung trägt". Ausbeuteverträge sind „ihrem Wesen nach" nicht kalendermäßig bestimmbar. An die Stelle der „bestimmten Zeit" tritt die **Fördermenge** (→ Rz. 33).

42 Der Rechtsfindung des BFH in diesem Urteil kommt nur noch insoweit Bedeutung zu, als es als Beleg für eine zulässige Lösung vom Tatbestandsmerkmal der „bestimmten Zeit" herangezogen werden soll. Dann kann für die Passivseite (im Sachverhalt des BFH-Urteils der Landwirt) weiterhin eine Verteilung des Gesamterlöses nach Maßgabe der jährlichen Fördermenge erfolgen. Dies gilt allerdings dann wiederum nicht, wenn der Bodenschatz als materieller Vermö-

---

72 BFH-Urteil vom 3. 11. 1982 – I B 23/82, BStBl 1983 II S. 132.
73 BFH-Urteil vom 23. 2. 1977 – I R 104/75, BStBl II S. 392. Diesem Zeitraum schließt sich die Finanzverwaltung (OFD Hannover, Vfg. vom 23. 5. 2005 – S 2741 – 222 – StO 242) für die Versorgung mit Wasser und Strom an.
74 So die bereits zitierte Vorgabe im BFH-Urteil vom 9. 12. 1993 –IV R 130/91, BStBl 1995 II S. 202.
75 Nach dem BFH-Urteil vom 25. 10. 1994 – VIII R 65/91, BStBl 1995 II S. 312, bereits unter → Rz. 12 behandelt.

gensgegenstand (→ Rz. 6) und der Vertrag über die Abbaugenehmigung als Veräußerungsgeschäft angesehen wird.

Ansonsten ist die Rechtslage bezüglich der bilanzrechtlichen Behandlung des Bodenschatzes für die Handels- und Steuerbilanz überholt. Der BFH hat dem zum Abbau verfügbaren Bodenschatz die Wirtschaftsguteigenschaft zuerkannt.[76] Dem ist u. E. auch handelsrechtlich zu folgen. Möglich erscheint auch die Qualifikation als immaterieller Vermögensgegenstand (→ § 246 Rz. 12). So oder so bedarf es der aktiven Abgrenzung nicht (mehr), da die periodengerechte Aufwandsverrechnung beim Abbauunternehmen durch die Abschreibung des Erwerbsaufwands nach Maßgabe der Fördermenge gesichert ist. Auf dieser Rechtsgrundlage kann dem **Zeit**moment der Rechnungsabgrenzung als Tatbestandsmerkmal die ihm vom Gesetzgeber zugedachte Rechtsfolge (wieder) zukommen. 43

Im Ergebnis besagt das BFH-Urteil im Beispiel unter → Rz. 41: Die Zeitbestimmung des Gesetzeswortlauts kann **unbeachtet** bleiben, wenn eine „willkürliche Beeinflussung des Gewinns" durch andere Objektivierungsmerkmale verhindert wird. Eine wortlautorientierte Auslegung hätte zur sofortigen Aufwandsverrechnung führen müssen, womit der Gewinnermittlungswillkür auch hätte Einhalt geboten werden können. Aber dann wäre – vom BFH unausgesprochen – dem Periodisierungsgedanken (*matching principle*, → § 252 Rz. 164) nicht Genüge getan und überdies – beim Vergütungsempfänger – das Realisationsprinzip verletzt worden. 44

4.4 Bedenken gegen die Aufgabe des Zeitbestimmtheitskriteriums

Sofern der Zeitraum i. S. des § 250 HGB als nur noch bestimmbar oder gar schätzbar angesehen wird, soll „eine sachgerechte Einschränkung der Bildung von Rechnungsabgrenzungsposten kaum mehr möglich" sein.[77] Es könne dann mit geeigneten Mitteln der Marktforschung die zeitliche Wirksamkeit einer Werbekampagne bestimmt oder jedenfalls geschätzt werden. Entsprechendes soll für Forschungs- und Entwicklungskosten gelten, die beide nach damaliger Rechtslage nicht aktivierbar waren. Deshalb sei für die Aktivseite an der Kalenderfrist als Tatbestandsmerkmal festzuhalten. Das soll allerdings für die Passivseite nicht gelten; hier sei bei einer Vergütung für ein immer währendes Nutzungsrecht (→ Rz. 38) nach dem Vorsichtsprinzip eine sachgerechte Schätzung vorzunehmen. 45

Dem ist entgegenzuhalten: Der Gesetzeswortlaut des § 250 HGB und die BFH-Rechtsprechung differenzieren nicht nach Aktiv- und Passivseite (→ Rz. 36). Auch das Vorsichtsprinzip gilt beidseitig. Es ist nicht einzusehen, dass Schätzungen passivisch zugelassen, aktivisch aber abgelehnt werden. 46

Die „abschreckenden" Beispiele der Aktivierung von Werbekampagnen oder Forschungskosten unter dem Titel der aktiven Rechnungsabgrenzung (→ Rz. 25) sind auch deshalb argumentativ fehl am Platz, weil hier keine gegenseitigen Austauschverhältnisse vorliegen (→ Rz. 15).

---

[76] BFH-Beschluss vom 4. 12. 2006 – GrS 1/05, BStBl 2007 II S. 508; BFH-Urteil vom 24. 1. 2008 – IV R 45/05, BStBl 2009 S. 449.
[77] *Tiedchen*, BB 1997 S. 2471.

IV. Unterschied zwischen Rückzahlungs- und Ausgabebetrag bei Verbindlichkeiten (Abs. 3)

47 Der Unterschiedsbetrag zwischen dem Rückzahlungsbetrag von Verbindlichkeiten und dem Ausgabebetrag (**Disagio**, bei hypothekarisch gesichertem Darlehen **Damnum**) stellt eine neben der laufenden Verzinsung zusätzlich geleistete Vergütung für die Kapitalnutzung dar.[78] Den systematischen Bezug zum Wesensgehalt des aktiven Abgrenzungspostens (→ Rz. 3) sieht der BFH in der Einbuchung einer Verbindlichkeit, die den Zahlungsabfluss nach dem Gesetzeswortlaut („Ausgabe") ersetzt.[79]

Das handelsrechtliche Aktivierungs**wahlrecht** ist nach § 250 Abs. 3 HGB steuerlich als Ansatzgebot zu berücksichtigen.[80] Denn als zusätzlich zu der laufenden Verzinsung zu deren Feineinstellung geleistete Vergütung für die Kapitalnutzung ist das Damnum eine **Vorleistung** für zeitraumbezogene Gegenleistungen, die für eine bestimmte Zeit nach dem Abschlussstichtag zu erbringen ist.[81] Der aktive Rechnungsabgrenzungsposten ist während der gesamten Laufzeit des Darlehens aufzulösen, und zwar entweder durch gleichmäßige Verteilung auf die Darlehenslaufzeit bei Fälligkeitsdarlehen[82] oder nach der Zinsstaffelmethode[83] in jeweils fallenden Beträgen bei Annuitätsdarlehen, die sich der sinkenden Kapitalnutzung anpassen. Das gilt u. E. uneingeschränkt nur bei Zins**festschreibung** für die gesamte Darlehenslaufzeit; anders bei kürzerer Zinsbindung als die Laufzeit, dann Verteilung auf den Bindungszeitraum.[84]

Bei **Tilgung** der Schuld ist das aktivierte Damnum als Abgang (ohne Gegenwert) zu verbuchen; das gilt auch im Fall der **Umschuldung**, soweit das Damnum nicht als zusätzliche Gegenleistung für den neuen oder veränderten Kredit anzusehen ist.[85]

Wegen der ähnlich gelagerten Bilanzierungsstruktur von Nullcoupon-Anleihen/Zerobonds vgl. → § 253 Rz. 25. Beim Darlehens**geber** kommt eine spiegelbildliche Behandlung des Disagios ebenso in Betracht wie eine Netto-Verbuchung (→ § 303 Rz. 15).

48 Allgemein verbesserte **Kreditbedingungen**, die das einzelne Darlehensverhältnis nicht beeinflussen, rechtfertigen dem BFH zufolge nicht die vorzeitige Auflösung des Damnums[86], weil der aktive Rechnungsabgrenzungsposten nach den Grundsätzen der AfA des § 7 EStG aufzulösen sei, obwohl er (der BFH) andererseits davon ausgeht, der aktive Rechnungsabgrenzungsposten sei kein Wirtschaftsgut, deshalb nicht nach § 6 EStG zu bewerten, und habe keinen Teilwert. Jedoch lehnt die Entscheidung die **außerplanmäßige Abschreibung** des Disagios wegen der allgemeinen Verbesserung der Kreditbedingungen ab, weil das Damnum nicht im eigentli-

---

78 OLG Hamm, DB 1984 S. 2398; *Prass*, BB 1981 S. 1058; *Rieger*, BB 1981 S. 2133. Der BFH spricht im Urteil vom 29.11.2006 – I R 46/05, DB 2007 S. 719 von „Feineinstellung der Zinsen".
79 BFH-Beschluss vom 7.4.2010 – I R 77/08, DStR 2010 S. 1015 Tz 11, unter Bezugnahme auf das nachstehend zitierte Urteil I R 46/05.
80 BFH-Beschluss vom 3.12.1969 – GrS 2/68, BStBl II S. 291; BFH-Urteil vom 19.1.1978 – IV R 153/72, BStBl II S. 262.
81 BFH-Urteil vom 19.1.1978 – IV R 153/72, BStBl II S. 262; BFM-Schreiben vom 29.11.2006 – I R 46/05, DB 2007 S. 719.
82 BFH-Urteil vom 19.1.1978 – IV R 153/72, BStBl II S. 262, und H 6.10 EStH 2005.
83 In BFH-Urteil vom 19.1.1978 – IV R 153/72, BStBl II S. 262, offen gelassen.
84 So auch *Bertram*, in: Haufe HGB Bilanz Kommentar, Freiburg 2009, § 250 Rz. 19.
85 BFH-Urteil vom 13.3.1974 – I R 165/72, BStBl II S. 359.
86 BFH-Urteil vom 20.11.1969 – IV R 3/69, BStBl 1970 II S. 209.

chen Sinne Anschaffungskosten für ein Darlehen darstellt, das seinerseits als Rechtsverhältnis einen Teilwert hätte. Ferner ist das Damnum wie der laufende Zins Entgelt für die Kapitalnutzung, die ihrerseits nicht aktivierbar ist und auf die deshalb die Begriffe Anschaffungskosten und Teilwert i. S. des § 6 EStG nicht passen. Die Auffassung des BFH erscheint auch handelsrechtlich vertretbar.

Nach **IAS 39.43** ist bei einem Disagio-Darlehen nur der **ausbezahlte Betrag** zu passivieren und in der Folgezeit aufzuzinsen, so dass sich am Ende der Laufzeit der Rückzahlungsbetrag ergibt.[87]

Verwaltungsgebühren, die der Darlehensnehmer im Zusammenhang mit der Aufnahme des Kredits an den Darlehensgeber zahlt, sollen bei wirtschaftlicher Betrachtung den Geldbeschaffungskosten zuzuordnen und damit als Teil des Entgelts für die Darlehensüberlassung aktiv abzugrenzen sein. Das soll auch für die **Bearbeitungsgebühren** gelten, die der Bürgschaftsschuldner für die Übernahme der Bürgschaft an die Bank voraus zu entrichten hat.[88]

V. Tabellarischer Überblick zu Einzelfällen aus der BFH-Rechtsprechung und anderen Quellen

1. Aktiv abzugrenzen sind

Einmalige Bearbeitungsgebühren, die der Schuldner an den Bürgen für die Übernahme der Bürgschaft über den Abschlussstichtag hinaus bei Übernahme der Bürgschaft zahlt	BFH-Urteil vom 19. 01. 1978 – IV R 153/72, BStBl II S. 262
Eine einmalige Verwaltungsgebühr des Darlehensnehmers an den Darlehensgeber bei Darlehensaufnahme	BFH-Urteil vom 19. 1. 1978 – IV R 153/72, BStBl II S. 262 (→ Rz. 49)
nach § 250 Abs. 3 Satz 1 HGB das Disagio bzw. Damnum	(→ Rz. 47)
Diskontspesen und Diskontzinsen bei Hingabe von Wechseln mit Laufzeit über den Abschlussstichtag hinaus	BFH-Urteil vom 31. 7. 1967 – I 234/64, BStBl 1968 II S. 7; BMF-Schreiben vom 27. 3. 1985 – II R 181/80, BStBl II S. 416
Vom Erbbauberechtigten übernommene Erschließungsbeiträge und Kanalanschlussgebühren	BFH-Urteil vom 17. 4. 1985 – I R 132/81, BStBl II S. 617; BFH-Urteil vom 8. 12. 1988 – IV R 33/87, BStBl 1989 II S. 407; BFH-Urteil vom 20. 11. 1980 – IV R 126/78, BStBl 1981 II S. 398: passive Rechnungsabgrenzung beim Erbbauverpflichteten, wenn das belastete Grundstück zu seinem Betriebsvermögen gehört (→ § 246 Rz. 7)

---

87 Vgl. *Lüdenbach*, in: Lüdenbach/Hoffmann (Hrsg.) IFRS-Kommentar, 8. Aufl., Freiburg 2010, § 28 Rz. 40; BFH-Urteil vom 4. 5. 1977 – I R 27/74, BStBl II S. 802; BFH vom 26. 6. 1979 – VIII R 145/78, BStBl II S. 623; BFH vom 12. 8. 1982 – IV R 184/79, BStBl II S. 696; BFH vom 25. 5. 1992 – X R 49/89, BStBl II S. 904.

88 BFH-Urteil vom 19. 1. 1978 – IV R 153/72, BStBl II S. 262.

V. Tabellarischer Überblick zu Einzelfällen aus der BFH-Rechtsprechung und anderen Quellen

Kfz-Haftpflichtversicherung und Kfz-Steuer	BFH-Urteil vom 10. 7. 1970 – III R 112/69, BStBl II S. 779 (→ Rz. 7); BFH-Urteil vom 19. 5. 2010 – I R 65/09, DB 2010 S. 1731
Degressive Leasingraten und Vormieten für Immobilienleasing, nicht bei Mobilienleasing	BFH-Urteil vom 12. 8. 1982 – IV R 184/79, BStBl II S. 696 (→ Rz. 15; → Rz. 33c)
Mietvorauszahlungen	BFH-Urteil vom 12. 5. 1959 – I 215/58 U, BStBl III S. 268 (→ Rz. 15 und → § 246 Rz. 30)
Gezahltes Urlaubsentgelt bei abweichendem Wirtschaftsjahr für die Zeit nach dem Abschlussstichtag, dagegen allerdings BFH für den Fall von Urlaubsgeld	BFH-Urteil vom 7. 11. 1963 – IV 396/60 S, BStBl 1964 III S. 123; BFH-Urteil vom 6. 4. 1993 – VIII R 86/91, BStBl II S. 709
Vorleistungen bei Mineralausbeuteverträgen	(→ Rz. 6 und → Rz. 43)
Neueindeckung eines Dachs durch Pächter als zusätzliches Pachtentgelt	BFH-Urteil vom 10. 11. 1994 – IV B 22/94, BFH/NV 1995 S. 591
Einbehaltene Bearbeitungsgebühren und Risikoprämien bei Darlehensgewährung	FG Baden-Württemberg, Urteil vom 13. 11. 2002 – 2 K 314/01, EFG 2003 S. 379
U.U. Betreibermodelle i. S. von öffentlich-privaten Partnerschaften	(→ Rz. 18 ff.)
Bearbeitungsgebühren an eine Bank bei der Gewährung öffentlich geförderter Darlehen	FG Köln, Urteil vom 12. 11. 2009 – 13 K 3803/06, BFH-Az.: I R 7/10, StuB 2010 S. 321
Verbilligte Abgabe von Mobilfunktelefonen gegen Abschluss eines Mobilfunkdienstleistungsvertrags	BFH-Beschluss vom 7. 4. 2010 – I R 77/08, DStR 2010 S. 1015 (→ Rz. 27)

2. Nicht aktiv abzugrenzen sind

51

Aufwendungen zur Schaffung eines Abraumvorrats, da Herstellungskosten des Abbauprodukts	BFH-Urteil vom 23. 11. 1978 – IV R 20/75, BStBl 1979 II S. 143
Abzinsungsbeträge bei zinslosen Darlehen an Arbeitnehmer oder Handelsvertreter	BFH-Urteil vom 23. 4. 1975 – I R 236/72, BStBl II S. 875
Aufwendungen des Mieters oder Pächters für Einbauten, da Herstellung eines (materiellen) Wirtschaftsguts	BFH-Urteil vom 26. 2. 1975 – I R 32/73 und I R 184/73, BStBl II S. 443 (→ Rz. 4 und → § 246 Rz. 238 ff.)
Lizenzgebühr vor dem Verkauf von Schallplatten	BFH-Urteil vom 23. 9. 1969 – I R 22/66, BStBl 1970 II S. 104
Laufende Provisionsaufwendungen eines Buch- und Schallplattenvertriebs oder eines Zeitschriftenvertriebs	BFH-Urteil vom 29. 10. 1969 – I 93/64, BStBl 1970 II S. 178; BFH-Urteil vom 19. 12. 1957 – IV 432/56 U, BStBl 1958 III S. 162
Provisionsaufwendungen des Darlehensnehmers an einen Dritten für die Darlehensvermittlung	BFH-Urteil vom 4. 3. 1976 – IV R 78/72, BStBl 1977 II S. 380 (→ § 259 Rz. 28)
Provisionsvorschüsse an Handelsvertreter vor der Entstehung des Provisionsanspruchs	BFH-Urteil vom 4. 8. 1976 – I R 145/74, BStBl II S. 675

Jährlich wiederkehrende Versicherungsprämien in etwa gleicher und geringer Höhe	FG Niedersachsen, Urteil vom 2.2.1981 – IX 244/79, EFG 1981 S. 552 (→ Rz. 7)
Urlaubsgeld bei abweichendem Geschäftsjahr	BFH-Urteil vom 6.4.1993 – VIII 86/91, BStBl II S. 709
Geleistete Vorfälligkeitsentschädigung	(→ Rz. 10)
Degressive Leasingraten für Mobilien, nicht Immobilien	BFH-Urteil vom 28.2.2001 – I R 51/00, BStBl II S. 645 (→ Rz. 33c)

3. Passiv abzugrenzen sind

Entgelt für die Übernahme von **Erschließungskosten** durch Erbbauberechtigten ist beim Erbbauverpflichteten passiv abzugrenzen	BFH-Urteil vom 8.12.1988 – IV R 33/87, BStBl 1989 II S. 407; BFH-Urteil vom 4.9.1997 – IV R 40/96, BFH/NV 1998 S. 569
Finanzierungszuschläge von Teilzahlungskunden bei Wechseldiskontierung	BFH-Urteil vom 17.4.1962 – I 180/61 U, BStBl III S. 307
Gebührenanteile für eine Bürgschaftsübernahme, die eine Teilzahlungsbank einem mit ihr zusammenhängenden Einzelhändler gutschrieb	BFH-Urteil vom 15.2.1967 – I 48/64, BStBl III S. 297; BFH-Urteil vom 17.7.1974 – I R 195/72, BStBl II S. 684
Pauschalvergütung des Ehevermittlers	BFH-Urteil vom 17.8.1967 – IV 285/65, BStBl 1968 II S. 80
Einmaliger Entschädigungsbetrag zur Abfindung einer betraglich nicht festliegenden 15 Jahre dauernden **Umsatzbeteiligung**	BFH-Urteil vom 9.10.1962 – I 167/62 U, BStBl 1963 III S. 7
Entschädigungszahlung an Handelsvertreter nach § 90a HGB für ein befristetes **Wettbewerbsverbot**	BFH-Urteil vom 29.10.1969 – IV 175/65, BStBl 1970 II S. 315
Entgelte für zeitlich **unbefristete Grunddienstbarkeiten** und persönliche Dienstbarkeiten (Ferngasleitung)	BFH-Urteil vom 17.10.1968 – IV 84/65 BStBl 1969 II S. 180; BFH-Urteil vom 24.3.1982 – IV R 96/78, BStBl II S. 643; BFH-Urteil vom 9.12.1993 – IV R 130/91, BStBl 1995 II S. 202 (→ Rz. 21)
Vom Grundstückseigentümer im Voraus vereinnahmter **Erbbauzins** (→ § 246 Rz. 7)	BFH-Urteil vom 20.11.1980 – IV R 126/78, BStBl 1981 II S. 398; BFH-Urteil vom 26.3.1991 – IV B 132/90, BFH/NV 1991 S. 736; BFH-Beschluss vom 18.3.1986 – VII S 41/85, BFH/NV 1985 S. 617
Die einmalige Entschädigung für die Übernahme einer mit erhöhtem betrieblichem Aufwand verbundenen **dauernden Unterlassungslast**	(→ Rz. 38)
Die Abfindung für die Verpflichtung, einen **Mühlenbetrieb** stillzulegen und 30 Jahre nicht wieder zu betreiben	(→ Rz. 34)

V. Tabellarischer Überblick zu Einzelfällen aus der BFH-Rechtsprechung und anderen Quellen

Die vereinnahmten **Baukostenzuschüsse** eines Gasversorgungsunternehmens der Abnehmer	(→ Rz. 40)
Der einmalige öffentliche Zuschuss zur Besetzung eines **Ausbildungsplatzes**	(→ Rz. 32)
Vorvereinnahmung von Leasingraten (Forfaitierung) mit linearer Auflösung des Passivpostens	(→ Rz. 29 und → Rz. 10)
Anspruch auf **Nichtvermarktungsprämien**	BFH-Urteil vom 17. 9. 1987 – IV R 49/86, BStBl 1988 II S. 327; BMF-Schreiben vom 15. 1. 1988 – IV B 2 – S 2132 – 14/87, BStBl 1988 I S. 46
Übernahme einer **Ausbietungsgarantie** mit Auflösung innerhalb des Garantiezeitraums	BFH-Urteil vom 23. 3. 1995 – IV R 66/94, BStBl II S. 772
Zuschuss bei **Bierlieferungsverträgen**	BMF-Schreiben vom 11. 7. 1995 – IV B 2 – S 2134 a – 2/95, DB 1995 S. 1637
Bearbeitungsleistungen eines **Assekuradeurs** (Schiffstransportversicherung)	BFH-Urteil vom 14. 10. 1999 – IV R 12/99, BStBl 2000 II S. 25
Subventionelle **Zinszuschüsse** der öffentlichen Hand	BFH-Urteil vom 24. 6. 2009 – IV R 26/06, DStR 2009 S. 1629
Vergütungen für den **Vertragsabschluss** (*„signing fee"*)	(→ Rz. 12)

4. Nicht passiv abzugrenzen sind

53

Abschlussgebühr für **Bausparvertrag**	(→ Rz. 40)
Einmalentgelt für die Überlassung einer **Baulast**, siehe aber das zitierte Urteil zur **Grunddienstbarkeit**	BFH-Urteil vom 3. 5. 1983 – VIII R 100/81, BStBl II S. 572; BFH-Urteil vom 17. 10. 1968 – IV 84/65 BStBl 1969 II S. 180;
Ertragswertentschädigung für die Beeinträchtigung des künftigen Betriebs	BFH-Urteil vom 11. 7. 1973 – I R 140/71, BStBl II S. 840
(Künftige) **Instandhaltung** als Kostenbestandteil des Mietzinses	BFH-Urteil vom 26. 5. 1976 – I R 80/74, BStBl II S. 622
(Künftige) **Instandhaltungsaufwendungen** eines Wartungsunternehmens	BFH-Urteil vom 3. 7. 1980 – IV R 138/76, BStBl II S. 648
Übernahme von **Datenspeicherungsleitungen** mit der Verpflichtung, die Daten über Jahre hinweg bereitzuhalten	BFH-Urteil vom 24. 8. 1983 – I R 16/79, BStBl 1984 II S. 273
Bauspartechnische Abgrenzung	BFH-Urteil vom 7. 3. 1973 – I R 48/69, BStBl II S. 565
Erhaltene **Werkzeugkostenbeiträge** in der Automobilindustrie, dafür Rückstellung	BFH-Urteil vom 29. 11. 2000 – I R 87/99, BStBl 2002 II S. 655
Einstandsgebühr für Nutzungsberechtigung eines Golfplatzes	BFH-Urteil vom 19. 4. 2000 – XI B 42/99, BFH/NV S. 1200
Entschädigung für die **Aufhebung** eines auf eine bestimmte Laufzeit begründeten **Schuldverhältnisses**, wenn für den Zahlungsempfänger keine weiteren Verpflichtungen mehr bestehen	(→ Rz. 10)

Sog. **Vorfälligkeitsentschädigung**, die eine Bank als Gegenleistung für die Änderung nachteiliger Vertragsverhältnisse erhält	(→ Rz. 11 f.) U. E. unzutreffend BFH-Urteil vom 7. 3. 2007 – I R 18/06, BStBl II S. 697
Stillhaltervergütung, dafür Verbindlichkeitsansatz geboten	BFH-Urteil vom 18. 12. 2002 – I R 17/02, BStBl 2004 II S. 126 (→ § 246 Rz. 5)

§ 251 Haftungsverhältnisse

¹Unter der Bilanz sind, sofern sie nicht auf der Passivseite auszuweisen sind, Verbindlichkeiten aus der Begebung und Übertragung von Wechseln, aus Bürgschaften, Wechsel- und Scheckbürgschaften und aus Gewährleistungsverträgen sowie Haftungsverhältnisse aus der Bestellung von Sicherheiten für fremde Verbindlichkeiten zu vermerken; sie dürfen in einem Betrag angegeben werden. ²Haftungsverhältnisse sind auch anzugeben, wenn ihnen gleichwertige Rückgriffsforderungen gegenüberstehen.

Inhaltsübersicht	Rz.
I. Überblick	1 - 7
II. Die Haftungsverhältnisse (Satz 1)	8 - 36
1. Begriffsinhalt	8 - 12
2. Ausweis, Aufgliederung	13 - 16
3. Bewertung	17 - 18
4. Die vermerkpflichtigen Tatbestände im Einzelnen	19 - 34
4.1 Ausgangsüberlegungen	19 - 20
4.2 Wechselobligo	21
4.3 Bürgschaften und ähnliche Rechtsverhältnisse	22 - 30
4.3.1 Bürgschaften	22
4.3.2 Schuldmitübernahme, Erfüllungsübernahme, Gesamtschulden	23 - 25
4.3.3 Patronatserklärungen	26 - 30
4.4 Gewährleistungsverträge	31 - 34
4.4.1 Der Haftungstatbestand	31 - 33
4.4.2 Die Vertragsbezeichnung	34
5. Gegebene Sicherheiten für fremde Verbindlichkeiten	35 - 36
III. Rückgriffsforderungen (Satz 2)	37
IV. Anhangerläuterungen	38

Ausgewählte Literatur

Fey, Probleme bei der Rechnungslegung von Haftungsverhältnissen, WPg 1992 S. 1

Küffner, Patronatserklärungen im Bilanzrecht, DStR 1996 S. 146

Schmittmann, Rangrücktritt, Patronatserklärungen und Steuern, StuB 2007 S. 523

Rätke, Die Passivierung von „harten" Patronatserklärungen in der Steuerbilanz, StuB 2007 S. 308

I. Überblick

§ 251 HGB verlangt vom Kaufmann eine Angabe außerhalb des doppischen Rechenwerks und damit der Bilanz („**unter**" der Bilanz, „**unter**" dem Strich). Angabepflichtig sind Risiken, die aus bestimmten Haftungsverhältnissen resultieren. Diese belasten am Bilanzstichtag den Kaufmann nicht in dem Sinne, dass aus ihnen eine Zahlungsschuld droht. Gleichwohl zwingen sie den Kaufmann, sich über einschlägige Verpflichtungen auf dem Laufenden zu halten und die externen Bilanzadressaten über den Stand solcher Verpflichtungen zu informieren. Die Erfassung solcher Verpflichtungen erfolgt in Nebenbüchern, z. B. dem Wechselkopierbuch. Bei grö- 1

I. Überblick

ßerer einschlägiger Geschäftstätigkeit – z. B. bei Banken die Bürgschaftsübernahmen – müssen detaillierte organisatorische Vorkehrungen zur vollständigen Erfassung der betreffenden Geschäftsvorfälle installiert werden.

2 Effektive (Zahlungs-)Verpflichtungen aus solchen Schuldverhältnissen sind **bedingungs**abhängig, weshalb man umgangssprachlich regelmäßig von „**Eventualschulden**" spricht (→ Rz. 8). Typische Beispiele sind die Inanspruchnahme des Bürgen durch den Gläubiger (regelmäßig eine Bank) oder die Einlösung der Schuld aus dem „geplatzten" Wechsel durch den Indossanten.

3 Der **Informationsgehalt** für externe Bilanzadressaten ist allerdings insoweit beschränkt, als nur die Angabe eines **unaufgeschlüsselten** Gesamtbetrags gefordert ist.

4 Die Vermerkpflicht des § 251 HGB stellt in der bilanzrechtlichen Systematik lediglich eine Art Hilfsgröße dar. **Vorgreiflich** muss die **generelle bilanzielle Behandlung** der entsprechenden Verpflichtung geprüft werden.

> **BEISPIEL**
>
> ▶ Das Kreditinstitut kündigt dem Kaufmann die Inanspruchnahme für einen notleidend gewordenen, von ihm verbürgten Kredit einer Tochtergesellschaft an.[1]
>
> ▶ Der Kaufmann hat sein Wertpapierdepot der Hausbank verpfändet, die den Kunden des Kaufmanns eine Gewährleistung i. H. von 10 % des abgewickelten Auftragsvolumens, z. B. eines Bauvorhabens, eingeräumt hat. Der Kunde nimmt die Bank in Anspruch, die sich ihrerseits aus dem Wertpapierportfolio schadlos halten will.

In beiden Fällen resultiert die Inanspruchnahme aus der Haftungsverbindlichkeit i. S. des § 251 HGB, gleichwohl **entfällt** die Angabepflicht „unter dem Strich", weil vorgreiflich für die drohende Inanspruchnahme aus dieser Eventualschuld nach Eintreten der Bedingung als Schuld (Rückstellung oder Verbindlichkeit) zu passivieren ist (→ § 249 Rz. 38).

5 U. E. kommt deshalb die „Inanspruchnahme" des Bilanz**vermerks** statt der Passivierung auch dann nicht in Betracht, wenn die **Bewertung** einer Verpflichtung nur innerhalb einer großen Bandbreite von möglichen Ereignissen möglich ist (→ Rz. 18).

> **BEISPIEL**
>
> ▶ Der Anlagebauer A hat eine Meerwasserentsalzungsanlage in Lanzarote installiert. Sechs Monate nach Inbetriebnahme häufen sich Klagen der örtlichen Fischer über ständig nachlassende Fangergebnisse. Vorsorglich meldet der Auftragnehmer, die Regierung der Kanaren, Ansprüche an den Anlagebauer A an.
>
> ▶ Unklar ist am Bilanzstichtag, ob der Rückgang der Fangergebnisse auf die Meerwasserentsalzungsanlage zurückzuführen ist. Sollte dies der Fall sein, wäre allerdings mit hoher Wahrscheinlichkeit ein Gewährleistungsfall gegeben. Inwieweit daraus Zahlungsverpflichtungen entstehen können, ist am Bilanzstichtag in hohem Maße unsicher.
>
> ▶ A kann sich der Bilanzierungsentscheidung in diesem schwierigen Fall nicht durch eine Einbeziehung dieses Vorgangs in den Gesamtbetrag der Angabepflicht nach § 251 HGB

---

[1] Vgl. hierzu BFH-Urteil vom 25.11.1999 – III R 77/97, BStBl 2002 II S. 233.

> entziehen. Vorgreiflich ist das Erfordernis des Bilanzansatzes zu prüfen und nach bestmöglicher Schätzung zu bewerten.
>
> ▶ Unabhängig davon ist fraglich, ob eine solche Gewährleistungsverpflichtung überhaupt in den Angabebereich nach § 251 HGB fällt (→ Rz. 20).

Dieses Auslegungsergebnis wird durch den Gesetzestext unterstrichen. Eventualschulden sind nur unter der Bilanz anzugeben, „sofern sie nicht auf der Passivseite auszuweisen sind". Das Gesetz geht somit sprachlich eindeutig von einer **alternativen** und nicht kumulativen Lösung aus: **Entweder** Bilanzansatz **oder** Angabe „unter dem Strich". Der Gesetzeswortlaut spricht also den Bilanzansatz an, nicht die **Bewertung**. Diese ist normspezifisch ausgerichtet (→ Rz. 17), erlaubt dabei keine Wahrscheinlichkeitskalküle über die effektiv irgendwann einmal erfolgte Inanspruchnahme, z. B. aus einer Bürgschaft (→ Rz. 22). Zu „bewerten" ist im Umfang des eingegangenen Obligos.

U. E. ist „sofern" im Gesetzestext nicht als „soweit" zu interpretieren. Dann wäre bei einer drohenden Bürgschaftsinanspruchnahme die nach Wahrscheinlichkeit zu bewertende Rückstellung von z. B. 30 für ein Obligo von 100 der Haftungsvermerk auf 70 zu reduzieren. U. E. ist der Rückstellungsansatz in der Bilanz vorrangig. Wie bei allen ex definitione unsicheren Rückstellungsbewertungen (→ 253 Rz. 32) bedarf es nicht der (zusätzlichen) Nennung des möglicherweise höheren Betrags der Inanspruchnahme in der Zukunft.

Die in § 251 HGB aufgeführten Tatbestände resultieren aus **einseitig verpflichtenden** Rechtsgeschäften und sind insoweit von den wechselseitig verpflichtenden in Form von schwebenden Geschäften zu unterscheiden. Deren Nichtbilanzierung (→ § 246 Rz. 4) derogiert auch die Angabepflicht nach § 251 HGB.

6

> **BEISPIEL** ▶ Unternehmer U mietet eine Ladenpassage auf fünf Jahre zu einem monatlichen Mietzins von X. Diese Verpflichtung ist solange nicht bilanzierbar, als aus ihr kein Verlust droht. Lediglich für Kapital- und Kap. & Co.-Gesellschaften besteht eine Anhangangabepflicht nach § 285 Nr. 3a HGB (→ § 285 Rz. 14 ff.).

Zu den einzelnen in § 251 HGB angesprochenen Sachverhalten vgl. → Rz. 19 ff.

Die Angabevorschrift betrifft alle Kaufleute. Sie entspricht konzeptionell den **Anhang**angaben für Kapital- und Kap. & Co.-Gesellschaften. Dieser Bereich von Unternehmen (abgesehen vom kleineren Format i. S. des § 267 Abs. 1 HGB) ist nach § 268 Abs. 7 HGB (→ § 268 Rz. 112) zu einer **Aufgliederung** und **Ergänzung** des Gesamtbetrags der Obligen nach § 251 HGB verpflichtet. Diese Gesellschaften trifft auch eine **zusätzliche** Angabepflicht für Haftungsverhältnisse zugunsten von Organmitgliedern nach § 285 Nr. 9c HGB (→ § 285 Rz. 28). Im Konzernabschluss gelten dieselben Vorschriften durch Bezugnahme in § 298 Abs. 1 HGB (→ § 298 Rz. 5).

7

II. Die Haftungsverhältnisse (Satz 1)

1. Begriffsinhalt

8 Die gesetzliche Begriffswahl ist klärungsbedürftig. Dabei taucht der umgangssprachlich übliche Ausdruck „**Eventualverbindlichkeit**" (→ Rz. 2) nicht auf. Das ist der Sache nach zutreffend, wenn man den Wortlaut des § 249 Abs. 1 Satz 1 HGB dagegenhält: Dort sind „ungewisse" Verbindlichkeiten als bilanzierungspflichtig dargestellt, also solche, die „**eventuell**" eintreten, aber im Fachjargon nicht als Eventualverbindlichkeiten bezeichnet werden. **Beide** Typen von Verbindlichkeiten – nach §§ 251 und 249 HGB – sind also u. U. **bedingt**, z. B. eine nach § 249 Abs. 1 Satz 1 HGB anzusetzende Verpflichtung aus einer Patentverletzungsklage eines Konkurrenten, die irgendwann einmal („eventuell") gerichtlich als bestehend oder nicht bestehend beurteilt wird (→ § 249 Rz. 12).

In Satz 1 spricht § 251 HGB ebenfalls von **Verbindlichkeiten**, umgekehrt in Satz 2 zu allen Tatbeständen des Satz 1 und in der Überschrift von **Haftungsverhältnissen**, ebenso § 268 Abs. 7 HGB unter Bezugnahme auf § 251 HGB. Daraus folgt: § 251 HGB beschränkt inhaltlich die „Eventualität" der Verbindlichkeit auf die **Haftungs**inanspruchnahme; die „eventuelle" Inanspruchnahme für eine **eigene** Schuld (obiges Beispiel der Patentverletzung) ist nicht unter § 251 HGB zu subsumieren.

Unter „Haftung" i. S. des § 251 HGB ist demnach die vertraglich begründete Verpflichtung zum Eintreten für die Schulden eines **Dritten** zu verstehen.

9 Sinnvollerweise **beschränkt** das Gesetz die Angabepflicht aus der Fülle von möglichen Haftungsverhältnissen – auch aus dem öffentlichen oder dem Steuerrecht – auf die vier enumerativ genannten Sachverhalte (→ Rz. 15). Im Umkehrschluss sind **andere** Haftungsfälle **nicht** anzugeben (→ § 285 Rz. 15).

> **BEISPIEL**
>
> ▶ Die A-AG begründet mit der B-GmbH ein Joint-Venture in der Rechtsform einer OHG. Damit haftet A gem. § 128 HGB für die Verbindlichkeiten der OHG.
>
> ▶ Die C-AG begründet ein steuerliches Organschaftsverhältnis mit der D-GmbH und verpflichtet sich gem. § 302 AktG zur Übernahme der Verluste der Tochter-GmbH.
>
> ▶ Die C-AG beschließt die Eingliederung der Tochter-AG nach §§ 319 ff. AktG mit der damit verbundenen Haftung nach § 322 AktG für die Verbindlichkeiten der eingegliederten Gesellschaft.

Die enumerative Darstellung der von der Angabepflicht umfassten Haftungsfälle im Gesetz schließt u. E. alle drei genannten und weitere gesetzliche Haftungsfälle, die aus Vertragsabschlüssen resultieren, von der Angabepflicht aus.[2] Diese betrifft vielmehr (nur) Verträge, die unmittelbar auf die Haftungsübernahme ausgerichtet sind.[3] In den vorstehend genannten

---

[2] A. A. beispielsweise *Kleindiek*, in: Ulmer (Hrsg.), HGB-Bilanzrecht, § 251 Tz. 15; *Schulze-Osterloh*, in: Baumbach/Hueck, GmbHG, 18. Aufl., § 42 Tz. 309; wie hier *ADS*, 6. Aufl., § 251 Tz. 10 f.

[3] Vgl. *Fey*, in: Küting/Pfitzer/Weber (Hrsg.), Handbuch der Rechnungslegung – Einzelabschluss, 5. Aufl., § 251 Tz. 17.

drei Beispielfällen ist die übernommene Haftung demgegenüber „nur" eine gesetzliche Folge des Vertragsabschlusses.

Die **Vielzahl** der gesetzlich und damit selbstverständlich bestehenden Haftungsverhältnisse lässt deren Aufnahme in den Angabebetrag als **sinnlos** erscheinen. Sie ist aber auch durch einen im Gesetzeswortlaut deutlich zum Ausdruck kommenden beschränkten Anwendungsbereich ausgeschlossen, weil nur die **zugunsten Dritter** eingegangenen Haftungsverhältnisse tatbestandlich erfasst werden (→ Rz. 20). Sofern ein gesetzlicher Haftungstatbestand – z. B. nach Umweltrecht – virulent wird, geht es ausschließlich um den Ansatz bzw. Nichtansatz einer Rückstellung (→ Rz. 5).

Nicht zu den angabepflichtigen Verbindlichkeiten zählt das Obligo des Trägerunternehmens aus einer über eine zugehörige Unterstützungskasse abgewickelte **Altersversorgungsverpflichtung**, die nach dem Wahlrecht des Art. 28 Abs. 1 EGHGB nicht bilanziert ist (→ § 249 Rz. 111). Entsprechendes gilt für die nicht bilanzierten sog. Altzusagen für Firmenpensionen nach Art. 28 Abs. 1 EGHGB. Kapital- und Kap. & Co.-Gesellschaften sind nach der Spezialvorschrift des Art. 28 Abs. 2 EGHGB zu einer Anhangangabe für diese nicht bilanzierten Versorgungsverpflichtungen gezwungen (→ § 284 Rz. 36). 10

Die Haftungsverbindlichkeit muss am Bilanzstichtag (→ § 252 Rz. 26) rechtlich bestehen. In der Zeit danach entstehende Sachverhalte sind **ansatzbegründend** (→ § 252 Rz. 55 ff.), werden also nicht durch Wertaufhellung auf den Bilanzstichtag zurückbezogen. Eine rechtliche Verpflichtung und damit die Ansatzpflicht besteht auch dann, wenn kurz vor dem Bilanzstichtag etwa die Bürgschaft förmlich aufgehoben und kurz darauf wieder neu begründet wird. In diesem Fall ist von einem konkludent vereinbarten Fortbestehen des Bürgschaftsvertrags auszugehen.[4] 11

Für die Verbindlichkeit eines Dritten kann der Unternehmer eine **doppelte** oder gar **mehrfache** Haftung übernehmen, z. B. durch Bestellung einer Grundschuld (→ Rz. 35) und zusätzlich einer persönlichen Bürgschaft. In den Vermerkposten ist nur eine dieser Verbindlichkeiten aufzunehmen, da der Haftungsfall des Kaufmanns nur einmal besteht. Die Wahl soll dabei auf den Vermerk des „stärkeren" Haftungsverhältnisses fallen.[5] Ob dies im Beispielfall die Grundschuld ist, erscheint dann zweifelhaft, wenn die Vorbelastungen auf dem Grundstück dessen Versteigerungswert übersteigen. U. E. ist der **höhere** vereinbarte Sicherungsbetrag, also der Wert der Grundschuld oder ein gegebenenfalls bestehender Höchstbetrag für die Bürgschaft für die Aufnahme in den Gesamtbetrag der Angabepflicht maßgeblich. 12

2. Ausweis, Aufgliederung

Das Gesetz verlangt einen Ausweis „**unter**" der Bilanz. Gewählt wird in der Praxis die Passivseite, was aber nicht zwingend ist. Bei **Anhang**erstellungsverpflichtung wird der entsprechende Vermerk nach § 268 Abs. 7 HGB regelmäßig dort untergebracht (→ § 268 Rz. 112) und das (dortige) Wahlrecht zum Vermerk „unter Bilanz" nicht in Anspruch genommen. § 268 Abs. 7 HGB gilt insoweit als lex specialis, das § 251 HGB vorgeht. 13

---

4 So auch *Fey*, in: Küting/Pfitzer/Weber (Hrsg.), Handbuch der Rechnungslegung – Einzelabschluss, 5. Aufl., § 251 Tz. 20.

5 So *Ellrott*, in: Beck'scher Bilanz-Kommentar, 7. Aufl., München 2010, § 251 Tz. 5.

14 Es genügt der Ausweis eines **Gesamtbetrags** mit dem gewöhnlich verwendeten Titel „Eventualverbindlichkeiten" (→ Rz. 8). Eine **Aufgliederung** kann (außer bei Kapital- und Kap. & Co.-Gesellschaften ab dem mittelgroßen Format → § 268 Rz. 112) nicht verlangt werden, es sei denn eine solche ist für den außenstehenden Adressaten des Jahresabschlusses von elementarer Wichtigkeit. Hierzu kann als Analogieschluss auf § 243 Abs. 1 HGB (→ Rz. 21) zurückgekommen werden.

> **BEISPIEL** Die B-GmbH betätigt sich als Bauträger. Zur Herstellung der Bauten bedient sie sich u. a. einer Schwester-GmbH, die vom gleichen Anteilseigner E beherrscht wird. Die Schwester-GmbH hat als Geschäftszweck die Ausführung von Dachdeckerarbeiten. Zur Förderung eines Großprojekts übernimmt die Schwester-Gesellschaft den Kaufinteressenten gegenüber eine Gewährleistungsverpflichtung zur vertragsmäßigen Erfüllung der Baubeschreibung.

U. E. ist hier eine gesonderte Angabepflicht für das das übliche Geschäftsvolumen **übersteigende** Obligo erforderlich. Anders verhält es sich, wenn die Übernahme einer solchen Gewährleistung den wesentlichen Teil der Geschäftstätigkeit ausmacht (→ Rz. 33).

15 Die Angabe sollte sinnvollerweise unter Bezugnahme auf § 251 HGB erfolgen („Eventualverbindlichkeiten nach § 251 HGB"), um Missverständnisse über den Inhalt und Umfang zu vermeiden.

Sofern eine **freiwillige Aufgliederung** erfolgt, muss eindeutig auf den Gesetzesinhalt verwiesen werden, also
- Wechselobligo,
- Bürgschaftsübernahmen,
- Gewährleistungen,
- bestellte Sicherheiten für fremde Verbindlichkeiten.

Leerposten sind entsprechend den allgemeinen Regeln (→ § 265 Rz. 29) nicht anzugeben, ebenso wenig Vorjahreszahlen.

16 Für (mittelgroße und große) Kapital- und Kap. & Co.-Gesellschaften ist eine Pflicht zur Angabe von Vorjahreszahlen im Anhang nach h. M. nicht gegeben (→ § 284 Rz. 12).

3. Bewertung

17 Die Angabepflicht muss in **bewerteter** Form vollzogen werden („Betrag"). Eine qualitative Umschreibung – „unser Wechselobligo am Bilanzstichtag übersteigt nicht den üblichen Rahmen" – ist unzulässig. Anzugeben ist der **Höchstbetrag** der Schuld, irgendwelche Wahrscheinlichkeitsüberlegungen über die mögliche Inanspruchnahme sind ausgeschlossen. Diese müssen **vorgreiflich** erfolgen, um die Bilanzierung dem Grunde und der Höhe nach zu bestimmen (→ Rz. 5). Wenn die Entscheidung zu Letzterer fällt, bedarf es der Quantifizierung des Bilanzvermerks nicht (mehr).

Häufig liegen eindeutig bestimmbare Beträge vor:
- beim Wechselobligo (→ Rz. 21),
- bei der Höchstbetragbürgschaft,

▶ beim Grundpfandrecht (bestellt für fremde Verbindlichkeiten).

In den beiden letztgenannten Fällen ist entweder der **Nominal**betrag aus der Vertragsurkunde heranzuziehen[6] oder der geringere am Stichtag **valutierende** Betrag.[7] Bei einer Verpflichtung in Fremdwährung sind die einschlägigen Bewertungsvorschriften (→ § 256a Rz. 11 ff.) analog heranzuziehen. Mögliche Folgekosten aus der Inanspruchnahme (z. B. Zinsen und Gebühren) sind u. E. nicht mit anzugeben.[8]

Schwieriger fällt die Bewertung bei Obligen für **variable** Verbindlichkeiten des Primärschuldners. 18

> **BEISPIEL** ▶ Die Muttergesellschaft M-OHG übernimmt gegenüber ihrer Tochter T-AG (adressiert an deren Vorstand) die Verpflichtung, „sie jederzeit mit ausreichender Liquidität zur Erreichung ihrer Geschäftszwecke auszustatten".
>
> Diese sog. harte Patronatserklärung (→ Rz. 26) ist einem Bürgschaftsobligo dem wirtschaftlichen Gehalt nach vergleichbar. Die Patronatserklärung ist allerdings gegenüber jedermann, also allen Gläubigern der T-AG, ausgesprochen. U. E. ist nach dem Stichtagsprinzip die Angabe in Höhe der in der letzten vorliegenden Jahresbilanz der T-AG ausgewiesenen Schulden vorzunehmen (→ Rz. 30), gegebenenfalls unter Einbeziehung der finanziellen Verpflichtungen nach § 285 Nr. 3a HGB (→ § 285 Rz. 14 ff.).

Wird diese harte Patronatserklärung ausschließlich zugunsten der oder den Hausbanken der T-AG ausgesprochen, ist der am Stichtag in Anspruch genommene Kreditrahmen als Angabegröße im Abschluss der M-OHG zu berücksichtigen.

Wie sonst auch bei der Bilanzierung (→ § 252 Rz. 44 ff.) sind in diesen Fällen **Schätzungen** mit teilweise großen Intervallen erforderlich. Das enthebt u. E. nicht von der Angabepflicht. Bei den Schätzungen sollen einer Auffassung im Schrifttum zufolge nicht die sonst anzuwendenden Regeln für den Bilanzansatz und die -bewertung gelten, sondern auch **ungünstige Umstände**, die lediglich denkbar sind, berücksichtigt werden, allerdings auch wieder nicht in Form eines *worst case*-Szenarios.[9] Diese Vorgabe mag theoretisch zutreffend sein, in der Praxis wird es selten gelingen, ein *worst case*-Szenario von demjenigen eines lediglich denkbaren und möglichen Eintretens zu unterscheiden. Jede sich einigermaßen vernünftig darstellende und von Außenstehenden nachvollziehbare Schätzung halten wir in diesen Fällen für ausreichend. U. E. ist eine Schätzung immer möglich, auch wenn die Bandbreite des möglichen Eintreffens der Tatbestände groß ist. Deshalb ist ein lediglich erläuternder Vermerk, „inwieweit wir aus unserer Bürgschaft für die Tochter-GmbH in Australien in Anspruch genommen werden können, lässt sich nicht abschätzen", nicht zulässig. Möglicherweise verbirgt sich in der Praxis hinter einer solchen Bemerkung auch der an sich gebotene Ansatz einer Schuld (meistens Rückstellung), wonach dann ein Bilanzvermerk nach § 251 i. V. mit § 268 Abs. 7 HGB als eine Art Feigenblatt bzw. Rechtfertigung bei späteren rechtlichen Belangungen dienen soll (→ Rz. 5).

---

6 So *ADS*, 6. Aufl., § 251 Tz. 51 und 56.
7 Vgl. *Ellrott*, in: Beck'scher Bilanz-Kommentar, 7. Aufl., München 2010, § 251 Tz. 10; u. E. zutreffend.
8 So auch *ADS*, 6. Aufl., § 251 Tz. 103.
9 So *ADS*, 6. Aufl., § 251 Tz. 108, m. w. N.

Weitere Hinweise zu Bewertungsfragen sind bei der nachstehenden Kommentierung der einzelnen Tatbestände, die zur Angabepflicht nach § 251 HGB führen, erläutert.

4. Die vermerkpflichtigen Tatbestände im Einzelnen

4.1 Ausgangsüberlegungen

19 In kasuistischer Form führt das Gesetz vier Tatbestände auf. Diese enumerative Darstellung bedeutet eine sinnvolle **Beschränkung** (→ Rz. 9) der Angabepflichten, die ohnehin wegen des in der Zusammenfassung zu einem Gesamtbetrag im Ausweis nicht durch übermäßig hohen Informationsgehalt gekennzeichnet ist. Die gemeinsame Klammer der vier Tatbestände ist die **einseitige** Verpflichtung (→ Rz. 6) des Unternehmens zum bedingten Einstehen für **fremde** Verbindlichkeiten (→ Rz. 8). Diese sind in Form typischer schuldrechtlicher Verhältnisse aufgeführt (→ Rz. 15).

20 Die absolut h. M.[10] will aus dieser Systematik ausscheren und für die **Gewährleistungsverträge** (→ Rz. 31) eine Angabepflicht auch für eigene (primäre) Schuldverhältnisse fordern. Der h. M. ist schon aus Gründen der bilanzrechtlichen Systematik zu widersprechen (→ Rz. 4): **Eigene Verbindlichkeiten** können kein Haftungsverhältnis i. S. des § 251 HGB begründen, sondern sind vorgreiflich entweder als **Schuld** passivierbar oder als Verpflichtung aus **schwebendem Vertrag** systematisch nicht bilanzierbar. Des Weiteren spricht der Gesetzesaufbau in § 251 HGB gegen die Auffassung der h. M.: „Haftung" i. S. der drei übrigen Tatbestände des § 251 HGB ist immer nur als eine solche für fremde Verbindlichkeiten explizit aufgeführt (→ Rz. 8). Nichts spricht für eine andere Zielrichtung des Gesetzgebers im Fall der Gewährleistungsverträge.[11] Weitere Argumente gegen die Sonderbehandlung der Gewährleistungsverträge in § 251 HGB sind unter → Rz. 31 ff. dargelegt.

4.2 Wechselobligo

21 Die Haftung aus einem Wechselgeschäft kann den **Aussteller** gem. Begebung nach § 9 WG oder bei Übertragung als **Indossant** gem. § 15 WG treffen, sofern der Schuldner den Wechsel nicht einlöst. Über die Bonität des Wechselschuldners ist nicht zu befinden, der Vermerk muss allein aufgrund des wechselrechtlichen Obligos erfolgen.

Umkehrwechsel im sog. **Scheck-Wechselverfahren** sind ebenfalls in den Vermerk einzubeziehen (→ § 266 Rz. 89). In diesen Fällen zahlt regelmäßig der Schuldner mit einem Scheck unter gleichzeitiger Übersendung eines Wechselformulars an den Gläubiger mit der Bitte um Ausstellung eines **Finanzwechsels** in gleicher Höhe, der auf den Kunden gezogen (mit der Folge der Angabepflicht) und dann bei der Bank zum Diskont eingereicht wird.

Der Bestand des Wechselobligos ist organisatorisch durch ein **Wechselkopierbuch** nachzuhalten (→ § 240 Rz. 7). Zur erforderlichen Bestandsaufnahme (Inventur) vgl. → § 240 Rz. 7. Für das **latente Risiko** aus dem Wechselobligo kann nach BFH-Rechtsprechung (→ § 252 Rz. 61) unter

---

10 Z. B. *ADS*, 6. Aufl., § 251 Tz. 61; *Ellrott*, in: Beck'scher Bilanz-Kommentar, 7. Aufl., München 2010, § 251 Tz. 26; *Fey*, in: Küting/Pfitzer/Weber (Hrsg.), Handbuch der Rechnungslegung – Einzelabschluss, 5. Aufl., § 251 Tz. 40; *Heininger*, in: Haufe HGB Bilanz Kommentar, Freiburg 2009, § 251 Rz. 47; *Heine/Zenger*, in: Petersen/Zwirner/Brösel (Hrsg.), Systematischer Praxiskommentar Bilanzrecht, Köln 2010, § 251 Tz. 51.

11 Ähnlich argumentiert gegen die h. M. *Schulze-Osterloh*, in: Baumbach/Hueck (Hrsg.), GmbHG, 18. Aufl., § 42 Tz. 309.

Wertaufhellungsgesichtspunkten eine Rückstellung für die am Bilanzstichtag noch umlaufenden Wechsel gebildet werden.

Nicht zu verwechseln mit dem Obligo ist die Verpflichtung des Akzeptanten, regelmäßig des Schuldners, der eine entsprechende Verpflichtung „innerhalb" der Bilanz auszuweisen hat.

Das wertpapierrechtlich bestehende Obligo aus **Schecks** wird regelmäßig aus Geringfügigkeitsgründen nicht erfasst und demnach nicht in den Vermerk nach § 251 HGB einbezogen.

Die **Bewertung** des anzugebenden Betrags entspricht dem Nennwert des gesamten Obligos (→ Rz. 17).

4.3 Bürgschaften und ähnliche Rechtsverhältnisse

4.3.1 Bürgschaften

Vom Kaufmann eingegangene Bürgschaften sind in allen rechtlichen Ausprägungen angabepflichtig, also auch die – nur selten vorkommende – **nicht** selbstschuldnerische Bürgschaft. Entsprechendes gilt für den **Kreditauftrag**, der nach § 778 BGB eine bürgschaftsgleiche Verpflichtung auslöst. Die vom Gesetz eigens aufgeführten Wechsel- und Scheckbürgschaften sind im normalen kaufmännischen Geschäftsverkehr kaum anzutreffen.

22

4.3.2 Schuldmitübernahme, Erfüllungsübernahme, Gesamtschulden

Auf die **Bezeichnung** „Bürgschaft" kommt es, wie auch sonst bei der Bilanzierung, nicht an. Sofern man den *substance over form*-Gedanken als generelle Regel der Bilanzierung anerkennt (→ § 246 Rz. 156), muss dies auch für die Angabe von Haftungsverhältnissen, hier von Bürgschaften, gelten. Ein typisches Beispiel stellen **Finanzierungszusagen** von Kreditinstituten an Zweckgesellschaften dar (→ Rz. 34). Die h. M. will dagegen unter „Bürgschaften" nur diejenigen Rechtsverhältnisse ausweisen, die diese Vertragsüberschrift tragen, obwohl sie als „bürgschaftsähnlich" bezeichnet werden.[12] Stattdessen wird für die übrigen Haftungsobligen eine Angabe unter „Gewährleistung" präferiert. Es kommt indes nicht auf die Bezeichnung der Vertragsgrundlage an, sondern auf den **wirtschaftlichen Gehalt**. So wie man ein Mietverhältnis (Nutzungsüberlassung eines Vermögensgegenstands) durch Ver- und Rückkauf begründen kann, also durch zwei Kaufverträge (→ § 246 Rz. 160), so können Bürgschaften dem wirtschaftlichen Gehalt nach auch durch originäre Schuldverhältnisse begründet werden. Dabei kommt es nicht entscheidend auf den förmlich (nicht) vereinbarten Forderungsübergang nach § 774 BGB an, da dieser regelmäßig wertlos, also ohne wirtschaftlichen Gehalt ist.

23

> **BEISPIEL** ▶ Die Muttergesellschaft M-OHG vereinbart mit der Hausbank der Tochter T-GmbH eine **Schuldmitübernahme** für die Verbindlichkeiten der T-GmbH. Die Bonität der T-GmbH ist zweifelsfrei vorhanden. Die Schuldmitübernahme entspricht der wirtschaftlichen Substanz nach einer Bürgschaft und ist entsprechend bei der M-OHG vermerkpflichtig nach § 251 HGB. Umgekehrt kann es sich verhalten, wenn die Tochtergesellschaft nicht mehr ausreichende Bonität zur Tilgung der Bankschuld hat. Dann kehrt sich die Bilanzierungspflicht

---

12 Z. B. *Ellrott*, in: Beck'scher Bilanz-Kommentar, 7. Aufl., München 2010, § 251 Tz. 30; Anders *Wiehn*, in: Beck'sches Handbuch der Rechnungslegung, B 40, Tz. 85, der Bürgschaften unter Gewährleistungen subsumiert.

um: Die M-OHG bilanziert die auf die T-GmbH lautende Schuld als eigene, bei der T-GmbH kommt es zum Bilanzvermerk (→ § 246 Rz. 278).

Statt der Schuldmitübernahme kann im vorstehenden Sachverhalt auch eine **Erfüllungsübernahme** vereinbart sein. Von Rechts wegen hat die Bank dann keinen Anspruch auf die Einstandspflicht der M-OHG. Nach wohl h. M.[13] muss der Schuldner (hier die T-GmbH) weiterhin die Bankverbindlichkeit passivieren und in gleichem Umfang einen Rückgriffsanspruch gegen die M-OHG aktivieren. U. E. ist diese „Doppelbilanzierung" der Schuld zumindest dann nicht geboten, wenn die Bank über die im Innenverhältnis zwischen M-OHG und T- GmbH begründete Erfüllungsübernahme informiert ist; dann Lösung wie bei der Schuldmitübernahme (→ 246 Rz. 278).

Die gleiche Lösung wie die beiden vorstehenden ergibt sich u. E. bei einer treuhänderisch eingegangenen Verpflichtung. Auch hier kommt der Treugeber als Verpflichteter für den Bilanzansatz nur in Betracht, wenn seine Einstandspflicht überwiegend wahrscheinlich ist (→ § 246 Rz. 278).

Eine Angabepflicht kann auch bei einem die Schuld nicht übernehmenden und deshalb nicht bilanzierenden, aber an der **Spaltung** teilnehmenden Rechtsträger gem. § 133 Abs. 1 UmwStG entstehen.

24 Eine **anteilige** Schuldverpflichtung mit entsprechender Angabepflicht nach § 251 HGB kann sich bei einer **Gesamtschuld** gem. § 421 BGB ergeben:[14]

> **BEISPIEL** Die C-OHG gründet mit der D-GmbH ein ohne eigenes Gesellschaftsvermögen operierendes und nicht bilanzierendes *Joint Venture* zum Bau eines Straßentunnels. Es besteht erheblicher Vorfinanzierungsbedarf für das Objekt, für den die Bank B gewonnen werden konnte. Die beiden *Joint Venture*-Partner sind nach dem Arge-Vertrag am Vermögen und am Ergebnis zur Hälfte beteiligt. Sie übernehmen im Innenverhältnis auch entsprechend die jeweils hälftige Bedienung der Bankschuld.

Im Beispiel ist u. E. bei jedem der Arge-Partner der **halbe** Kreditbetrag zu passivieren. Die bestehende Einstandspflicht für die zweite Hälfte der Bankschuld ist vergleichbar einer Bürgschaft angabepflichtig. Die Angabepflicht „verwandelt sich" in eine Rückstellung oder eine Verbindlichkeit, sobald der andere Arge-Partner für seine Einstandspflicht nicht mehr aufkommen kann.

25 Ein Schuldbeitritt kann auch für **Dauerschuldverhältnisse** erfolgen, z. B. zur Verpflichtung aus Mietverhältnissen eines Dritten als Mieter und „Hauptverpflichteter". U. E. kommt hierfür eine Angabepflicht nicht in Betracht, solange die ordnungsmäßige Abwicklung des Mietverhältnisses nicht infrage steht. Der Grund liegt in der generellen Nichtbilanzierung von schwebenden Vertragsverhältnissen (hier beim „Hauptschuldner"). Wenn eine solche Verpflichtung dem

---

13 Vgl. *ADS*, 6. Aufl., § 246 Tz. 418.
14 So auch *ADS*, 6. Aufl., § 246 Tz. 420.

Grunde nach nicht bilanzierbar ist (→ § 246 Rz. 4), kann auch das Obligo aus der Schuldübernahme nicht angabepflichtig sein.[15]

4.3.3 Patronatserklärungen

Der **Rechtsgehalt** von Patronatserklärungen ist unterschiedlich.[16] Als gemeinsamen Nenner der verschiedenen Ausprägungen kann die Zusage des Patrons (regelmäßig Muttergesellschaft) bezüglich von zu treffenden Maßnahmen oder Unterlassungen bezüglich einer Tochtergesellschaft gelten, um dadurch die Kreditwürdigkeit der Tochter herzustellen oder zu erhöhen. Eine solche Zusage kann dem oder den Gläubigern der Tochter direkt oder der Geschäftsleitung der Tochtergesellschaft gegeben werden, die ihrerseits ihren Gläubigern die Ansprüche aus dieser Zusage abtreten kann. Solange ausnahmsweise die Zusage nur der Tochtergesellschaft zugeht und nicht in irgendeiner Form deren Gläubigern weitergeleitet wird, entfällt die Angabepflicht u. E. nicht,[17] da die Geschäftsleitung jederzeit die Weitergabe an ihre Gläubiger vornehmen kann.

26

Der Zusagegehalt (zugunsten des Dritten) ist dem Vertragstext nicht immer eindeutig zu entnehmen. Durch **verklausulierte** Formulierungen soll in der Rechnungslegungspraxis der Angabepflicht ausgewichen werden. Eine differenzierte Vertragsauslegung ist dann erforderlich, da in unlösbaren Zweifelsfällen auf „Angabe" zu entscheiden ist.[18] Der Inhalt einer Patronatserklärung kommt derjenigen einer Bürgschaft nahe, weshalb sie unter diesem Titel erfasst werden sollte.[19] Das Gleiche gilt für Kredit- oder Finanzierungszusagen (→ § 285 Rz. 21)

27

Als angabepflichtig kommen vor diesem Hintergrund sog. **harte** Patronatserklärungen in Betracht:

28

BEISPIEL

▶ Die Mutter-OHG M verpflichtet sich gegenüber der Tochter-GmbH T, diese jederzeit mit der zur Unternehmensführung erforderlichen Liquidität auszustatten.

▶ Die Zusage lautet auf die Einhaltung einer absoluten Mindestgröße des Eigenkapitals oder einer relativen Größe bezogen auf die Bilanzsumme.

In diesen Fällen wird die Muttergesellschaft den Gläubigern der Tochter verpflichtet. Deshalb ist eine Vermerkpflicht nach § 251 HGB anzunehmen, die sich bei einer **drohenden Inanspruchnahme** in einen Rückstellungsansatz verwandeln kann (vergleichbar einer Bürgschaft); (→ Rz. 4).

Nicht unter die Vermerkpflicht fallen „**weiche**" Patronatserklärungen:[20]

29

---

15 A. A. *ADS*, 6. Aufl., § 251 Tz. 105.
16 Vgl. hierzu IDW RH HFA 1.013 vom 22. 2. 2008; *Scherff/Willeke*, StuB 2008 S. 740.
17 Das hat das IDW RH HFA 1.013 vom 22. 2. 2008 offen gelassen.
18 So IDW RH HFA 1.013 Tz. 6.
19 A. A. die möglicherweise h. M., die eine Subsumtion unter „Gewährleistungen" präferiert; z. B. *Ellrott*, in: Beck'scher Bilanz-Kommentar, 6. Aufl., 2006, § 251 Tz. 41; *ADS*, 6. Aufl., § 251 Tz. 78. Praktische Bedeutung kommt dieser Frage nur zu, wenn eine Grundlage oder pflichtmäßige Aufgliederung (→ Rz. 3) analog oder gem. § 268 Abs. 7 HGB erfolgt.
20 Zu den verschiedenen Formen der Patronatserklärungen vgl. *Fey*, in: Küting/Pfitzer/Weber (Hrsg.), Handbuch der Rechnungslegung – Einzelabschluss, § 251 Tz. 45.

- Die M-OHG verpflichtet sich der Bank gegenüber zur Aufrechterhaltung der Gesellschafterstellung während der Laufzeit des Bankkredits zugunsten der T-GmbH.
- Die M-OHG verpflichtet sich, den Gewinnabführungsvertrag mit der Verlustausgleichsverpflichtung analog § 302 AktG beizubehalten.
- Die M-OHG verpflichtet sich der Bank gegenüber, die Geschäftsführung der T-GmbH zur ordentlichen Kreditabwicklung anzuhalten.

30 Die **Bewertung** dieser Angabepflicht (→ Rz. 17) hat sich an der Zielrichtung der (harten) Patronatserklärung auszurichten. Es ist also zu fragen, wem diese Erklärung dient, wer sie also sozusagen erzwungen hat. Das gilt auch dann, wenn die Erklärung nicht förmlich der dritten Person (meist einem Kreditgeber) gegenüber abgegeben wird, sondern der Geschäftsführung oder dem Vorstand des begünstigten Unternehmens. Es ist regelmäßig von einer Weitergabe dieser Zusage durch die Geschäftsleitung des Kreditnehmers an die Kredit gebende Bank auszugehen (→ Rz. 26). Der vermerkpflichtige Betrag beläuft sich dann auf den aktuellen Kontostand der Bankverbindlichkeit bzw. der Verbindlichkeiten bei mehreren Adressaten der Patronatserklärung.

Vertretbar ist auch eine inhaltliche Identifizierung der (harten) Patronatserklärung mit einer **Höchstbetragsbürgschaft**. Dann ist der Betrag der eingeräumten Kreditlinie[21] oder deren Inanspruchnahme am Bilanzstichtag (→ Rz. 17) anzugeben.

Zweifelhaft ist auch das Angabevolumen, wenn sich die Erklärung nicht auf ein konkretes Schuldverhältnis bezieht, sondern allgemein das **Überleben** der Tochtergesellschaft zugesichert wird. Dann könnte die Zusage als **alle** Verbindlichkeiten der Tochter betreffend gewertet werden. Nach einer Auffassung im Schrifttum sollte der Vermerk auf **diejenigen** Gläubiger und deren Anspruch beschränkt werden, denen die Zusage der Mutter zugegangen ist.[22] Dagegen sprechen allerdings die Einstandspflicht gegenüber allen Gläubigern in der Insolvenz der Tochtergesellschaft und die vom Patron nicht abschätzbare Weiteradressierung der Erklärung durch das Management des Tochterunternehmens. U. E. sollte der Gesamtbetrag der Verbindlichkeiten am Bilanzstichtag mit entsprechender Erläuterung angegeben werden (→ Rz. 18).

4.4 Gewährleistungsverträge

4.4.1 Der Haftungstatbestand

31 Durch Gewährleistungsverträge zugunsten Dritter (→ Rz. 20) werden Haftungsverhältnisse übernommen, wenn dem Gläubiger (des Dritten) ein bestimmter wirtschaftlicher Nachteil oder Schaden entsteht oder eine Zusage nicht eintritt. Diese Vertragstypen umfassen auch eigentliche Bürgschaften („bürgschaftsähnlich"), weshalb eine eindeutige Zuordnung des jeweiligen Vertragstyps nicht immer möglich ist.[23]

32 Zur Bestimmung der Angabepflicht von Gewährleistungsverträgen bedarf es zunächst einer **Systematisierung** der Gewährleistung aus Sicht der Unternehmenspraxis.

---
21 So IDW RH HFA 1.013 Tz. 20.
22 So IDW RH HFA 1.013 Tz. 20.
23 Tendenziell a. A. IDW RH HFA 1.013 unter Tz. 5, der formal Gewährleistungsverträge von Bürgschaften abgrenzt, d. h. als Alternativen behandelt.

- **Handelsübliche** Gewährleistungen beruhen regelmäßig auf dem Gesetz, manchmal aber auch auf der Branchenübung („10-Jahre-Durchrost-Garantie"). Sie tauchen als Bilanzierungsproblem im Zusammenhang mit der Gewinnrealisierung auf (→ § 252 Rz. 122). Nach § 251 HGB sind sie schon deswegen nicht angabepflichtig, weil die Verpflichtung gegenüber dem **eigenen** Schuldner und nicht einem Dritten besteht (→ Rz. 20). Außerdem hätte die Erfüllung einer Angabe schon deswegen keinen Sinn, weil fast jede gewerbliche und unternehmerische Tätigkeit mit irgendwelchen Gewährleistungsverpflichtungen verbunden ist.
- Bei **unüblichen** Gewährleistungen fehlt ebenfalls die von § 251 HGB geforderte Haftung für Verbindlichkeiten Dritter. In Frage kommt hier die umsatzkürzende Bildung einer Rückstellung nach den Regeln für Mehrkomponentengeschäfte (→ § 252 Rz. 127).

BEISPIEL Der Lieferant einer Abfüllmaschine gibt eine Funktionsfähigkeitsgarantie für zehn Jahre ab, branchenüblich sind höchstens fünf Jahre. Der erhaltene Kaufpreis ist auf die eigentliche Anlage und auf die unübliche Garantie aufzuteilen. Der letztgenannte Teil des Erlöses ist in den Jahren 6 bis 10 zu vereinnahmen. Bei wirtschaftlich zutreffender Abbildung erfolgt die Bildung der Rückstellung in 01 und ihre Auflösung in 06 bis 10 gegen Umsatz. Nach tradierter handelsrechtlicher Auffassung werden eher die sonstigen betrieblichen Aufwendungen und Erträge angesprochen. Die „Übergarantie" ist aber in jedem Fall bilanziell abzubilden, es bleibt (schon deshalb) kein Raum für eine Angabepflicht – abgesehen von dem Fehlen einer Drittschuld (→ Rz. 20).

Ein Bilanzvermerk kann auch dann ausscheiden, wenn die Übernahme von Gewährleistungen den **Geschäftsinhalt** darstellt (→ Rz. 14).

BEISPIEL Die Bauträger B-GmbH baut und verkauft Eigentumswohnungen. Wegen des schleppenden Verkaufs muss die GmbH für zehn Jahre Mietgarantien aus den Objekten zugunsten der Käufer übernehmen. Dazu bedient sie sich der G-GmbH, die im Eigentum des Hauptgesellschafters der B GmbH steht. Für die Übernahme der Mietgarantie erhält die G-GmbH ein im Augenblick des Vertragsabschlusses angemessenes Entgelt.

Die Übernahme der Garantie für die Mieteinnahmen und das dafür erhaltene Entgelt stellt das Geschäftsmodell der G-GmbH dar. Die hierfür von der B-GmbH oder den Wohnungskäufern erhaltene „Provision" ist als Umsatzerlös periodisiert über die Laufzeit des Garantieversprechens von G zu vereinnahmen. Bezüglich des Gewährleistungsobligos gilt für die Bilanz der G-GmbH:

- Sofern sie – wie in solchen Fällen üblich – gegenüber dem Kunden der B-GmbH (Eigentumserwerber) abgegeben worden ist, besteht keine Angabepflicht, sondern stattdessen eine Bilanzierungspflicht, sobald die Inanspruchnahme aus der Garantie „droht", mit ihr also ernsthaft zu rechnen ist.
- Gibt die B-GmbH die Mietgarantie primär gegenüber dem eigenen Kunden ab und verschafft sie diesem zusätzliche Sicherheit, indem die G-GmbH einspringt, sofern die B-GmbH ihren Verpflichtungen aus der Mietgarantie nicht nachkommt, entsteht bei der B-GmbH ein bürgschaftsähnliches Haftungsverhältnis.

Beim unechten *factoring* übernimmt der Faktor nicht das Ausfallrisiko für die Forderung, dieses bleibt beim zedierenden Forderungsverkäufer. Sofern die Forderung gleichwohl ausgebucht wird (mit der h. M. etwa dann, wenn die Abtretung offen, d. h. mit Anzeige gegenüber dem Schuldner erfolgt, → § 246 Rz. 204), stellt das Delkredere-Risiko eine angabepflichtige Haftung für fremde Verbindlichkeiten dar.[24]

4.4.2 Die Vertragsbezeichnung

34 Einschlägige Verträge werden in den seltensten Fällen die Vertragsüberschrift „Gewährleistung" tragen. Wie immer bei der Bilanzierung ist nicht die Vertragsüberschrift, sondern der **wirtschaftliche** Gehalt (die „Substanz") von Bedeutung. Wenn das Unternehmen nach allen zwischengeschalteten Personen letztlich für die betreffende Schuldnerin – ob Konzernunternehmen oder nicht – einstehen muss, besteht eine Angabepflicht.

> **BEISPIEL** Die Sächsische Landesbank musste für die Kredite von in Irland ansässigen sog. *conduits*-Tochtergesellschaften aufgrund eines *valuation agreement* haften und ist daran fast zugrunde gegangen.

In gewisser Weise bildet das Gewährleistungsobligo eine Auffanggröße für alle Haftungsfälle ähnlichen Charakters wie Bürgschaften, aber immer nur für **fremde** Schulden.[25]

5. Gegebene Sicherheiten für fremde Verbindlichkeiten

35 Als Sicherheiten in diesem Sinne sind zu verstehen:

- Grundpfandrechte,
- verpfändete bewegliche Sachen und Rechte,
- Sicherungsübereignungen von beweglichen Vermögensgegenständen (Vorräte, Anlagegüter),
- Sicherungsabtretungen von Forderungen.

Solche Sicherheiten werden im Regelfall für **eigene** Verbindlichkeiten des bilanzierenden Unternehmens gewährt und sind dann **nicht** nach § 251 HGB bzw. § 268 Abs. 7 HGB angabepflichtig, wohl aber bei Anhangerstellungspflicht nach § 285 Nr. 1b HGB (→ § 285 Rz. 6). Vielmehr muss die Bestellung solcher Sicherheiten ausnahmsweise für **fremde** Verbindlichkeiten erfolgen, z. B. also für eine Tochter- oder eine Muttergesellschaft.

---

[24] Vgl. *Fey*, in: Küting/Pfitzer/Weber (Hrsg.), Handbuch der Rechnungslegung – Einzelabschluss, § 251 Tz. 44.
[25] IDW HFA 1/1998.

> **BEISPIEL** Die M-OHG gewährt der Bank B als Sicherheit ein Grundpfandrecht oder eine andere der oben genannten Sicherheiten für die gesamten Kreditbeziehungen der Tochter T-GmbH.

Einen im Schrifttum diskutierten Sonderfall[26] bildet die sog. Forfaitierung von **Leasingforderungen** in Form eines Verkaufs der zukünftig entstehenden Forderungen aus dem Leasingvertrag an eine Bank unter Übernahme des Bonitätsrisikos des Leasingnehmers (→ § 246 Rz. 188). In diesem Fall gewährt die Leasinggesellschaft der Bank eine Sicherheit für den Eingang der Forderungen durch Sicherungsübereignung bzw. Pfandbestellung betreffend die verleasten Vermögensgegenstände. In formaler Betrachtung hat die Leasinggesellschaft selbst keine Verpflichtung aus diesem Geschäft, sondern lediglich die Bank. Die Leasinggesellschaft gewährt also eine Sicherheit für fremde Verpflichtungen. Gegen die Angabepflicht spricht allerdings die bilanzielle Berücksichtigung des Forderungsverkaufs durch (regelmäßig) passive Abgrenzung des Differenzbetrags zwischen Nennwert und Kaufpreis, in dem sich auch die Bonität neben dem eigentlichen Zinseffekten des Leasingnehmers niederschlägt. Es käme bei einer Angabe nach § 251 HGB zu einer Art **Doppelerfassung** ein und desselben wirtschaftlichen Substrats, weshalb die Angabepflicht nach § 251 HGB entfällt. 36

III. Rückgriffsforderungen (Satz 2)

Nach § 250 Satz 2 HGB wird die Angabepflicht nicht durch **Rückgriffsforderungen** abbedungen, auch bei deren Gleichwertigkeit. 37

> **BEISPIEL** Die Tee-Einzelhandelskette T-OHG übernimmt zugunsten des Importeurs I in Bremen eine Kreditausfallbürgschaft mit Höchstbetrag von X € gegenüber dem indischen Teehersteller Z. Gleichzeitig sichert sich die OHG für diese Ausfallbürgschaft durch ein Grundpfandrecht auf dem Hafengelände des I in Bremen ab.

Die Kreditausfallbürgschaft ist von der OHG mit dem Betrag X anzugeben. Freiwillig kann sie diese Angabe durch die Erwähnung des Grundpfandrechts wie folgt vornehmen: „Davon durch Grundpfandrecht rückgesichert X €."

IV. Anhangerläuterungen

§ 285 Nr. 27 HGB (→ § 285 Rz. 160) verlangt von Kapital- und Kap. & Co.-Gesellschaften eine Darlegung der „Gründe der Einschätzung des Risikos der Inanspruchnahme". Die Angabepflicht reflektiert die vorgreifliche Entscheidung über einen erforderlichen **Bilanzansatz** als Rückstellung (→ Rz. 4). Letzterer entfällt (nur) dann, wenn keine Inanspruchnahme aus dem Haftungsobligo „droht". Oder anders in der Wortwahl des Rückstellungsansatzes (→ § 249 Rz. 42) formuliert: Die **Wahrscheinlichkeit** der Inanspruchnahme ist gering, es sprechen mehr Gründe dagegen als dafür. Oder noch deutlicher: „Gründe für eine Inanspruchnahme aus dem 38

---

26 Vgl. ADS, 6. Aufl., § 251 Tz. 98; *Fey*, in: Küting/Pfitzer/Weber (Hrsg.), Handbuch der Rechnungslegung – Einzelabschluss, § 251 Tz. 50.

IV. Anhangerläuterungen

Haftungsobligo sind nicht ersichtlich, wir schließen dies aus dem jahrelang bestehenden Obligo ohne Inanspruchnahme unsererseits." So könnte die Anhangformulierung im Regelfall lauten.

Dritter Titel: Bewertungsvorschriften
§ 252 Allgemeine Bewertungsgrundsätze

(1) Bei der Bewertung der im Jahresabschluss ausgewiesenen Vermögensgegenstände und Schulden gilt insbesondere Folgendes:

1. Die Wertansätze in der Eröffnungsbilanz des Geschäftsjahrs müssen mit denen der Schlussbilanz des vorhergehenden Geschäftsjahrs übereinstimmen.
2. Bei der Bewertung ist von der Fortführung der Unternehmenstätigkeit auszugehen, sofern dem nicht tatsächliche oder rechtliche Gegebenheiten entgegenstehen.
3. Die Vermögensgegenstände und Schulden sind zum Abschlussstichtag einzeln zu bewerten.
4. Es ist vorsichtig zu bewerten, namentlich sind alle vorhersehbaren Risiken und Verluste, die bis zum Abschlussstichtag entstanden sind, zu berücksichtigen, selbst wenn diese erst zwischen dem Abschlussstichtag und dem Tag der Aufstellung des Jahresabschlusses bekannt geworden sind; Gewinne sind nur zu berücksichtigen, wenn sie am Abschlussstichtag realisiert sind.
5. Aufwendungen und Erträge des Geschäftsjahrs sind unabhängig von den Zeitpunkten der entsprechenden Zahlungen im Jahresabschluss zu berücksichtigen.
6. Die auf den vorhergehenden Jahresabschluss angewandten Bewertungsmethoden sind beizubehalten.

(2) Von den Grundsätzen des Absatzes 1 darf nur in begründeten Ausnahmefällen abgewichen werden.

Inhaltsübersicht

	Rz.
I. Der GoB-Charakter	1 - 5
1. Regelungsinhalt und Ausnahmen	1 - 3
2. Hierarchie und Systematik der Regeln	4
3. Ermittlung der GoB	5
II. Die gesetzlich erwähnten GoB-Regeln (Abs. 1)	6 - 180
1. Bilanzidentität, Kongruenzprinzip (Abs. 1 Nr. 1)	6 - 15
1.1 Der Bezug zum Stichtagsprinzip	6
1.2 Sinn und Zweck	7 - 9
1.3 Einzelheiten	10 - 12
1.4 Keine Ausnahmen	13 - 15
2. Fortbestehenshypothese (Abs. 1 Nr. 2)	16 - 25
2.1 Der ökonomische Gehalt	16 - 21
2.2 Konkurrenz zum Stichtagsprinzip	22
2.3 Rechtsfolge	23 - 25
3. Stichtagsprinzip (Abs. 1 Nr. 3)	26 - 29
3.1 Stichtag und Zeitverlauf	26
3.2 Ausnahmen	27 - 29
4. Einzelbewertung (Abs. 1 Nr. 3)	30 - 38
4.1 Sinngehalt	30
4.2 Abgrenzungsprobleme beim Vermögensgegenstand	31 - 32

	4.3	Sachnotwendige Einschränkungen des Einzelbewertungsgrundsatzes	33 - 35
	4.4	Bewertungseinheiten	36 - 38
5.	Vorsichtsprinzip und Schätzungserfordernisse (Abs. 1 Nr. 4 1. Halbsatz)		39 - 50
	5.1	Rechtsvergleich	39
	5.2	Kein Vorrang vor anderen Grundregeln	40 - 41
	5.3	Keine willkürliche Auslegung	42
	5.4	Eingeschränkte spezialgesetzliche Beachtung	43
	5.5	Schätzungserfordernisse	44 - 50
		5.5.1 Die deutsche Perspektive	44 - 45
		5.5.2 Die ökonomische Perspektive	46 - 50
6.	Stichtagsprinzip und Wertaufhellung (Abs. 1 Nr. 4 2. Halbsatz)		51 - 81a
	6.1	Gesetzesinhalt	51 - 52
	6.2	Der ökonomische Gehalt	53 - 54
	6.3	Rechtsdogmatik	55 - 61
		6.3.1 Wertaufhellung und Wertbegründung	55 - 57
		6.3.2 Subjektive und objektive Wertaufhellungskonzeption	58 - 61
	6.4	Die Problembereiche in ökonomischer Sicht	62 - 68
		6.4.1 Die „Ereignisse" im Zeitverlauf	62 - 63
		6.4.2 Verhältnisse und Ereignisse bis zum Stichtag und danach	64 - 65
		6.4.3 Die Ungewissheit künftiger Entwicklungen	66 - 68
	6.5	Weitere Sachverhalte	69 - 77
		6.5.1 Zufallskurse am Bilanzstichtag	69 - 70
		6.5.2 Preisentwicklung nach dem Bilanzstichtag	71
		6.5.3 Unwirksame oder schwebend unwirksame Verträge	72
		6.5.4 Rechtsstreitigkeiten	73 - 74
		6.5.5 Dividendenvereinnahmung von Kapitalgesellschaften	75 - 76
		6.5.6 Gewinnvereinnahmung bei Personengesellschaften, stillen Gesellschaften, Genussrechten	77
	6.6	Erstellungsfrist und -vorgang	78 - 80
	6.7	Einzelfälle aus der BFH-Rechtsprechung	81
	6.8	Ausnahmen vom Stichtagsprinzip	81a
7.	Ansatz nicht realisierter Verluste und Risiken, Imparitätsprinzip (Abs. 1 Nr. 4 3. Halbsatz)		82 - 84
8.	Realisationsprinzip (Abs. 1 Nr. 4 letzter Satzteil)		85 - 162h
	8.1	Umsatzbezogene Gewinnrealisierung	85 - 92
		8.1.1 Abgang des Vermögensgegenstands	85 - 87
		8.1.2 Zeitverlauf	88
		8.1.3 Gliederungssystematik	89
		8.1.4 Vergleich HGB/EStG und IFRS	90 - 92
	8.2	Verkaufsgeschäfte	93 - 117e
		8.2.1 Angewandtes Schuldrecht	93 - 95
		8.2.2 Risikominimierung	96 - 99
		8.2.3 Sonderfälle des Übergangs der Preisgefahr	100 - 105
		8.2.4 Langfristige Auftragsfertigung	106 - 110
		8.2.5 Montageleistungen	111
		8.2.6 Bedingter Verkauf, Rücktrittsrechte, Pfandkreislauf	112 - 115
		8.2.7 „Risiko"-Geschäfte	116 - 117
		8.2.8 Unternehmensverkauf	117a - 117e
	8.3	Erbringung von Dienstleistungen	118 - 120c
		8.3.1 Zeitpunktbezogene Dienstleistungen	118
		8.3.2 Zeitraumbezogene Dienstleistungen	119 - 120
		8.3.3 Zeitpunkt- oder zeitraumbezogene Dienstleistung?	120a - 120c
	8.4	Nutzungsvergütungen	121
	8.5	Mehrkomponentengeschäfte	122 - 128

8.6	Strukturierte Geschäftsmodelle	129 - 134
8.7	Verkauf von Nutzungsrechten	135 - 138
8.8	Rechtsmängelbehaftete und nichtige Geschäfte, schwebende Unwirksamkeit	139 - 143
8.9	Ausbuchung ohne Realisationstatbestand (unsicherer Kaufpreis)	144 - 145
8.10	Bilanzpolitisch motivierte Transaktionen	146 - 152
	8.10.1 *Sale and buy back*-Geschäfte	146 - 148f
	8.10.2 Verkauf mit Nutzungsvorbehalt	149
	8.10.3 Tauschgeschäfte	150 - 152
8.11	Kaufanreize mit *channel stuffing*	153
8.12	Wiederkehrschuldverhältnisse, Sukzessivlieferungsverträge	154
8.13	Gewinnrealisierung außerhalb des Leistungserbringungsprozesses (bei Finanzwerten)	155 - 162
	8.13.1 Zuschreibungsge- und -verbote	155 - 158
	8.13.2 Risikominimierung	159
	8.13.3 Tauschgeschäfte	160
	8.13.4 Beachtung des Objektivierungsgebots	161 - 162
8.14	Vereinnahmung von Gewinnanteilen, Genussrechtsvergütungen	162a
8.15	Sachdividende	162b - 162h
	8.15.1 Gesetzesregeln	162b
	8.15.2 Anwendungsfälle	162c
	8.15.3 Bilanzielle Abbildung	162d - 162e
	8.15.4 Zeitpunkt der Abgangsverbuchung	162f
	8.15.5 Berücksichtigung stiller Reserven mit Steuerbelastung	162g
	8.15.6 Gesamtbefund	162h
9.	Periodisierungsprinzip (Abs. 1 Nr. 5)	163 - 166
10.	Bewertungsstetigkeit (Abs. 1 Nr. 6)	167 - 180
	10.1 Inhalt und Zielsetzung	167
	10.2 Begriffsinhalt der „Methode"	168 - 175
	10.3 Das Stetigkeitsgebot	175a
	10.4 Anpassung an geänderte wirtschaftliche Verhältnisse	176
	10.5 Schätzungserfordernisse	177
	10.6 Ausnahmen vom Stetigkeitsgebot	178 - 180
III.	Abweichungsmöglichkeit in Ausnahmefällen (Abs. 2)	181
IV.	Nicht gesetzlich erwähnte Rechnungslegungsgrundlagen	182 - 203
1.	Wesentlichkeit (*materiality*)	182 - 190
	1.1 Notwendiger Bestandteil der Rechnungslegung	182 - 183
	1.2 Quantitative oder qualitative Bestimmung	184 - 186
	1.3 Geringwertige Anlagegüter und Sammelabschreibung nach Steuerrecht	187 - 190
2.	Wirtschaftlichkeit (*cost benefit*)	191
3.	Bilanzänderungen, einschließlich Bilanzberichtigungen	192 - 201n
	3.1 Handelsbilanz	192 - 201
	3.1.1 Der Zeitverlauf	192
	3.1.2 Definition von „Fehler"	193
	3.1.3 Änderungsmöglichkeiten	194 - 196
	3.1.4 Nichtige Abschlüsse	197
	3.1.5 Berichtigungsmöglichkeiten: rückwirkend oder im aktuellen Abschluss	198 - 199
	3.1.6 Anpassung an Feststellungen der steuerlichen Außenprüfung	200 - 201
	3.2 Steuerbilanz	201a - 201n
	3.2.1 Grundkonzeption	201a - 201b
	3.2.2 Bestandskraft von Steuerbescheiden und Verjährung	201c - 201f
	3.2.3 Die Vornahme der Bilanzberichtigung	201g - 201j

		3.2.4 Beurteilung ungeklärter Rechtsfragen	201k
		3.2.5 Bilanzänderung	201l - 201n
	4.	Standards des DRSC	202 - 203
		4.1 Vermutungsregel für die Konzernrechnungslegung	202
		4.2 Praktische Bedeutung über die Funktion der Abschlussprüfung	203
V.	**Die GoB im Steuerrecht (Maßgeblichkeit)**		204 - 215
	1.	Bindung an die GoB (§ 5 Abs. 1 Satz 1 1. Halbsatz)	204
	2.	„Es sei denn": Steuerliches Wahlrecht (§ 5 Abs. 1 Satz 1 2. Halbsatz)	205 - 213
		2.1 Subventionsnormen	205 - 207
		2.2 Verbrauchsfolgeverfahren	208
		2.3 GoB-widrige steuerliche Wahlrechte	209 - 213
	3.	Systematik der Abweichungen von Handels- und Steuerbilanz	214 - 214h
		3.1 Verbindliche Regel in der Handelsbilanz – keine Regel in der Steuerbilanz	214
		3.2 Verbindliche Regel in der Handelsbilanz – verbindliche Regel in der Steuerbilanz	214a - 214b
		3.2.1 Übereinstimmung	214a
		3.2.2 Keine Übereinstimmung	214b
		3.3 Handelsbilanz verbindliche Regel – Steuerbilanz Wahlrecht	214c
		3.4 Handelsbilanz-Wahlrecht – Steuerbilanz verbindliche Regel	214d
		3.5 Handelsbilanz-Wahlrecht – Steuerbilanz keine Regel	214e
		3.6 Handelsbilanz-Wahlrecht – Steuerbilanz-Wahlrecht	214f
		3.7 Handelsbilanz keine Regel – Steuerbilanz eigenständige Regel	214g
		3.8 Handelsbilanz keine Regel – Steuerbilanz eigenständiges Wahlrecht	214h
	4.	Übergangsvorschriften	215

Ausgewählte Literatur

Goerdeler/Müller, Die Behandlung von nichtigen oder schwebend unwirksamen Anschaffungsgeschäften, von Forderungsverzichten und Sanierungszuschüssen im Jahresabschluss, WPg 1980 S. 313

Hennrichs, Fehlerbegriff und Fehlerbeurteilung im Enforcementverfahren, DStR 2009 S. 1446

Hoffmann, Strukturierte Geschäftsmodelle in der BFH-Rechtsprechung, StuB 2009 S. 43

Hoffmann, Umsatzrealisation von Teilleistungen, PiR 2009 S. 312

Küting/Tesche, Der Stetigkeitsgrundsatz im verabschiedeten neuen deutschen Bilanzrecht, DStR 2009 S. 1491

Lüdenbach/Hoffmann, Wirtschaftliches Eigentum und bilanzielle Ertragsrealisierung bei rechtsunwirksamen Geschäften, DB 2009 S. 861

Moxter, Bilanzrechtsprechung, 6. Aufl., 2007

I. Der GoB-Charakter

1. Regelungsinhalt und Ausnahmen

1 Der Inhalt von § 252 HGB erklärt sich zunächst **rechtshistorisch**. Vor der Transformation der 4. G-Richtlinie durch das Bilanzrichtliniengesetz (BiRiLiG) waren GoB latent vorhanden, aber im Regelungsgehalt des AktG 1965 nicht förmlich normiert. Außerhalb der Aktiengesellschaften war auch fraglich, inwieweit die dort festgehaltenen Bilanzierungsvorschriften (z. B. das Anschaffungskostenprinzip) auch auf andere Rechtsformen analog anzuwenden sind. Damit hat

das BiRiLiG zu Recht aufgeräumt und z. B. in § 252 HGB alle rechnungslegungspflichtigen Subjekte bestimmten Normen unterworfen, hier den GoB. Dabei ist die Aufzählung in § 252 HGB **keineswegs vollständig** („insbesondere"). Es handelt sich entgegen der vorstehenden Überschrift zum dritten Titel des dritten Buchs des HGB auch nicht ausschließlich um „Bewertungsvorschriften". Förmlich vom Gesetz genannt sind auch eigentliche **Ansatz**vorschriften, z. B. die Bilanzidentität nach Abs. 1 Nr. 1 (→ Rz. 6 ff.) oder das Realisationsprinzip nach Abs. 1 Nr. 4 (→ Rz. 85 ff.).

Die GoB sind über § 5 Abs. 1 Satz 1 EStG auch steuerbilanziell beachtlich, soweit kein Vorbehalt über § 5 Abs. 6 EStG eingreift. Es gibt deshalb z. B. kein steuerliches Wertaufhellungs-[1] oder Vorsichtsprinzip.[2]

Wie häufig bei Rechnungslegungsvorschriften werden hier **undefinierte Rechtsbegriffe** verwendet, die folgerichtig der Auslegung bei der Rechtsanwendung bedürfen. **Ermessensausübungen** des bilanzierenden Organs („Kaufmann") sind dabei unumgänglich, wodurch schon deswegen „**richtige**" Jahresabschlüsse in einem mathematischen Verständnis nicht möglich sind. Das verhindert die Komplexität des Wirtschaftslebens, das in einzelwirtschaftlicher Sicht durch den Jahresabschluss abgebildet werden soll. Vgl. hierzu auch → § 243 Rz. 1 ff.

2

Die scheinbare Großzügigkeit des Gesetzgebers in Abs. 2, der die **Abweichungen** von den in Abs. 1 aufgeführten Regeln **ausnahmsweise** erlaubt (→ Rz. 181), ist systembedingt erforderlich, wenn auch nicht ausufernd anwendbar. Die erforderliche **Begründung** liefert für sich betrachtet keine Auslegungsschranke. „Irgendein" Grund lässt sich immer finden. Ausnahmen müssen Ausnahmen bleiben und diese sind nicht nur formal, sondern auch inhaltlich mit triftigen Gründen zu versehen und zu **dokumentieren**.

3

Die sich anschließende Frage zielt auf den **Ort** der Dokumentation, soll es sich also nur um einen internen Vermerk im Interesse einer möglichen Nachprüfung handeln oder soll die Anwendung der Ausnahmevorschrift auch dem außenstehenden Adressaten des Jahresabschlusses kundgetan werden? Sofern eine **Anhang**erstellungspflicht besteht, ergibt sich die Offenlegungspflicht aus § 284 Abs. 2 Nr. 1 HGB für den Einzel- und nach § 313 Abs. 1 Nr. 1 HGB für den Konzernabschluss. U. E. ist ein entsprechender **Vermerk** unterhalb der Bilanz oder GuV auch bei fehlender Anhangpflicht geboten.

BEISPIEL[3] Die Maier & Müller OHG – Tunnelbau, hat einen einzigen Großauftrag zu bewältigen, der sich über einen Zeitraum von dreieinhalb Jahren hinweg erstreckt.

Dem Realisationsprinzip zufolge wäre in den Geschäftsjahren vor der Fertigstellung lediglich Aufwand auszuweisen, ein mit dem Leistungsfortschritt verbundener Gewinn wäre nicht zu zeigen, die nicht aktivierbaren Kosten wären im Aufwand zu verrechnen. Das Bilanzbild spiegelt damit ziemlich unvollständig die erbrachte Leistung der OHG wider (→ Rz. 106). Eine ausnahmsweise eingeräumte Vorrangstellung (→ Rz. 4) des Periodisierungsprinzips in Abs. 1 Nr. 5 (→ Rz. 163) vor dem Realisationsprinzip in Abs. 1 Nr. 4 (→ Rz. 85) erscheint hier als zulässig –

---

1 So aber BFH-Beschluss vom 7. 8. 2000 – GrS 2/99, BStBl II S. 632.
2 So aber *Prinz*, StuB 2009 S. 566: „...wird man handels- und steuerrechtliche Vorsichtsüberlegungen trennen müssen".
3 In Anlehnung an *Welf Müller*, in: FS Goerdeler, 1997, S. 408.

wohlgemerkt unter Berücksichtigung des Vorsichtsprinzips bei den damit verbundenen Schätzungen (→ Rz. 39). Diese Bilanzierungsweise in Anlehnung an die Vorgaben von IAS 11 (*percentage of completion*-Methode) halten wir beim gegebenen Sachverhalt mit entsprechendem Hinweis im Jahresabschluss für vertretbar. Die Gesetzesgrundlage wäre § 252 Abs. 2 HGB. Dagegen liegt keine Abweichung von den speziellen Bewertungsvorschriften in § 253 HGB vor, weil es sich insoweit um eine den allgemeinen Regeln vorgehende Bestimmung zum Bilanz**ansatz** handelt.[4]

2. Hierarchie und Systematik der Regeln

4   Entgegen mancher Vorgaben der Wissenschaft (→ § 243 Rz. 5), die Hierarchien von GoB-Bestandteilen erarbeitet haben, belässt es der Gesetzgeber bei einer unstrukturierten Aufzählung einzelner GoB. Ein **innerer Zusammenhang** ist nicht ersichtlich.[5] So geht auch nicht etwa nach dem Gesetzesaufbau das Vorsichtsprinzip (→ Rz. 39) dem Periodisierungsgedanken (→ Rz. 163) oder dem Realisationsprinzip (→ Rz. 85) vor, sondern alle erscheinen auf der **gleichen** Hierarchieebene. Generell gebricht es dem Gesetzesaufbau an **Systematik**: Die Bewertung muss vorsichtig erfolgen. Wie steht es aber mit dem **Ansatz**? „Leichtsinnig" oder „fahrlässig" darf ein solcher sicherlich nicht ausgewählt werden, aber wie dann?

> **BEISPIEL** ▶ Die X-AG ist mit einer Schadenersatzklage konfrontiert. Die Sachverhaltsermittlung ist hochgradig komplex, die Rechtslage unklar. Die Schätzungen für das Bestehen der Verpflichtung schwanken zwischen „voll" und „gar nicht". Das Anwaltsteam schätzt die Wahrscheinlichkeit des Bestehens einer Verpflichtung nach Aufforderung durch den Vorstand auf 30 % bis 65 % ein, betont aber den reinen Gefühlscharakter dieser Schätzung (→ § 249 Rz. 39 ff.).
>
> Nach den üblichen Lehrbuchvorgaben wäre die Bewertung „vorsichtig", d. h. mit 65 % vorzunehmen. Hier geht es aber – zunächst – nur um den Ansatz. Kann hier die Wahrscheinlichkeit mit dem Durchschnittswert ermittelt werden (bei allen theoretischen und praktischen Vorbehalten gegen solche Zahlenspielereien), also mit 47,5 %? Die 51 %-Formel des BFH könnte dafür sprechen (→ § 249 Rz. 42). Dann aber würde nicht vorsichtig angesetzt, wenn man eine Identität der Vorsichtsvorgabe für Ansatz und Bewertung als richtig erachtet. Bei 65 % Wahrscheinlichkeit der Inanspruchnahme müsste in der Konsequenz der Ansatz der Schuld bejaht werden. Vgl. auch → Rz. 39 ff.

3. Ermittlung der GoB

5   Auf die Kommentierung unter → § 243 Rz. 9 ff. wird verwiesen.

---

4 So auch *ADS*, 6. Aufl., § 252 Tz. 7.
5 Vgl. *Welf Müller*, in: FS Goerdeler, 1997, S. 405.

II. Die gesetzlich erwähnten GoB-Regeln (Abs. 1)
1. Bilanzidentität, Kongruenzprinzip (Abs. 1 Nr. 1)
1.1 Der Bezug zum Stichtagsprinzip

Die von Gesetzes wegen postulierte Bilanzidentität („Kongruenzprinzip") steht sachlich in nahem Kontext zum **Stichtagsprinzip** (→ Rz. 26). Die physikalische Realität der ununterbrochen dahin fließenden Zeit wird im Interesse der Information über die Resultate der kaufmännischen Rechnungslegung an einem bestimmten sog. Stichtag angehalten (→ Rz. 53). Gleichwohl läuft die Zeit und somit das Geschäftsleben des Unternehmens und die damit verbundenen buchungspflichtigen Geschäftsvorfälle weiter. Letztere können sich nicht in einer Art zeitlosen Sphäre bewegen. Deshalb verlangt der Grundsatz der Bilanzidentität die **vollständige** Erfassung dieser Geschäftsvorfälle so, als wenn das **künstliche Anhalten** am Bilanzstichtag nicht erfolgt wäre.

6

1.2 Sinn und Zweck

Daraus kann man auch die Vorgabe der richtigen Erfassung des **Totalgewinns** erklären, also des Ergebnisses der Wirtschaftstätigkeit eines Unternehmens über den gesamten Zeitraum seiner Existenz. Diese auch „Totalrechnung" genannte Idee verlangt die erfolgswirksame Erfassung **aller** Aufwendungen und Erträge, was buchungstechnisch durch die Bilanzidentität erreicht wird.

7

> **BEISPIEL[6]** Das Maschinenbauunternehmen M bildet zum 31.12.01 eine Gewährleistungsrückstellung für einen Einzelfall i. H. von 100. Nach Erstellung und Feststellung des Jahresabschlusses 01 stellt sich als Verhandlungslösung mit der Gegenpartei ein Rückstellungserfordernis von lediglich 40 heraus. Deshalb stellt M in die Eröffnungsbilanz zum 1.1.02 nur einen Betrag von 40 ein.
>
> Durch diese Vorgehensweise würde über die Gesamtperiode hinweg ein um 60 zu hoher Aufwand des Unternehmens dargestellt. Nach dem Grundsatz der Bilanzidentität muss deshalb ein Betrag von 100 in die Eröffnungsbilanz eingestellt werden, obwohl sich dieser im Nachhinein als „falsch" herausgestellt hat. Die in 02 erforderliche Auflösung der Rückstellung stellt in zwischenperiodischer Betrachtung oder aus Sicht der Totalperiode das „richtige" Ergebnis dar. Zweimal falsch ist einmal richtig.

In dem vorstehenden Beispiel ist auch ein weiterer ökonomischer Hintergrund für das Erfordernis der Bilanzidentität hineingelegt worden. Angesprochen ist das in vielen wesentlichen Bilanzposten enthaltene **Schätzungserfordernis** (→ Rz. 39 f.). Schätzungen sind ex definitione immer unrichtig; schätzungshalber ermittelte Bilanzposten erweisen sich erst im Zeitverlauf als richtig, entwickeln sich somit über die Perioden hinweg zur Richtigkeit.

8

Der vorstehend dargestellte Wertausgleich zwischen den beiden Perioden wird auch als **Zweischneidigkeit** oder Janusköpfigkeit der Bilanz bezeichnet (Janus = römischer Türgott, der mit

9

---

6 Zu einem weiteren Beispiel vgl. → Rz. 41.

zwei Gesichtern sowohl nach außen als auch nach innen blickt). Durch diese Zweischneidigkeit werden **bilanzpolitische** Gestaltungsmöglichkeiten eingeschränkt, andererseits aber auch die Bilanz**analytik** beeinträchtigt.

> **BEISPIEL** ▶ Die (im Rahmen des Schätzungsermessens) gering gehaltene Pauschalwertberichtigung auf Forderungen und die Teilwertabschreibung auf Beteiligungen und unfertige Arbeiten muss in späteren Perioden bei ansonsten gleichbleibenden Verhältnissen irgendwie nachgeholt werden. Die zurückhaltende Verlusterfassung geschieht in der Hoffnung auf eine bessere Zukunft, in der sich die so gebildeten stillen Lasten ebenso still zulasten des dann besseren Ergebnisses auflösen lassen.
>
> Umgekehrt verhält es sich beim gegenteiligen bilanzpolitischen Ansatz, wenn Wertberichtigungen auf Forderungen besonders hoch dotiert werden. Die stillen Reserven lösen sich irgendwann in der Zukunft still auf. Erfolgt dies in Krisenzeiträumen des Unternehmens, wird dadurch die Ertragslage in periodischer Betrachtung zu gut dargestellt. Bilanzanalytische Möglichkeiten zur Erkenntnis dieser Bilanzpolitik bestehen nur beschränkt.

1.3 Einzelheiten

10 **Buchungstechnisch** wird die Bilanzidentität durch die Vorträge der abgeschlossenen Bestandskonten in unveränderter Höhe in das Rechenwerk des neuen Jahres bewerkstelligt. Dabei darf nicht zwischen den einzelnen Konten „getauscht" werden. Es kommt daher nicht nur auf die identische Höhe der Aktiva und Passiva insgesamt – des Eigenkapitals – an, sondern diese muss sich auf **jeden einzelnen** Bilanzposten beziehen. Damit ist implizit auch eine Identität des Mengen- und Wertgerüsts der einzelnen Bilanzposten angesprochen.

11 Der Grundsatz der Bilanzidentität erfüllt seinen Zweck – die Darstellung des Totalgewinns – auch dann, wenn – wie nach internationalen Standards – bestimmte Eigenkapitalveränderungen innerhalb des Geschäftsjahrs **außerhalb der GuV** direkt in den Rücklagen erfasst werden (abgesehen von Transaktionen mit den Gesellschaftern durch Dividenden und Kapitaleinlagen). Der Totalerfolg umfasst dann begrifflich auch diese Ergebnisbestandteile, die im sog. *other comprehensive income* erfasst werden.

12 Keine „Durchbrechung" der Bilanzidentität liegt bei Bilanzierung **nach** Gewinnverwendung i. S. des § 268 Abs. 1 HGB vor (→ § 268 Rz. 3 ff.).

1.4 Keine Ausnahmen

13 Die vorstehend dargestellte Funktion der Bilanzidentität erlaubt u. E. **keine Ausnahme** i. S. des § 252 Abs. 2 HGB (→ Rz. 3), auch nicht bei Vermögensübergängen, abgesehen von einer Änderung des gesamten Rechnungslegungssystems. Als Beispiele für Letzteres gelten die DM-Eröffnungsbilanz oder der Übergang der HGB-Rechnungslegung auf das BiRiLiG (Art. 24 Abs. 3 und 4 EGHGB) oder das BilMoG (Art. 67 Abs. 3 und 4 EGHGB). Vgl. hierzu auch → Rz. 181.

14 Keine Ausnahmen von dem Grundsatz der Bilanzidentität liegen bei Vermögensübertragungen zum **Ende** des alten oder zu **Beginn** des neuen **Geschäftsjahrs** vor. Die kautelarjuristische Praxis bedient sich in solchen Fällen häufig der Datierung 31.12.00/1.1.01, oft auch angereichert mit 24.00 Uhr und 00.00 Uhr. Damit soll unter Bemühung der berühmten juristischen oder

logischen Sekunde eine Übertragung im Schnittpunkt oder gar Scheitelpunkt zweier Geschäftsjahre dargestellt werden.

In Wirklichkeit handelt es sich dabei um eine **Doppel-** und damit **Nicht**datierung, d. h. das eigentliche Datum der Übertragung bleibt ungeregelt und erlaubt den Vertragsparteien eine ihnen genehme Zuordnung zum alten oder zum neuen Geschäftsjahr. Einen Zeitpunkt außerhalb des Zeitflusses kann es nicht geben, ist deshalb „unlogisch" und entspringt lediglich einem juristischen Konstrukt.

Wird also beispielsweise eine Beteiligung „im Schnittpunkt der Jahre" veräußert, muss der Abgang entweder im alten oder im neuen Jahr verbucht werden. Erscheint die Beteiligung noch in der Bilanz vom 31.12.01, ist sie damit erst im neuen Jahr abgegangen, womit die Auslegung der genannten Doppeldatierung dokumentiert wird. Möglich ist allerdings auch eine andere Dokumentation für interne Zwecke, etwa im Interesse der zeitlich zutreffenden Besteuerung, die innerhalb des einen oder anderen Geschäftsjahrs erfolgen muss und nicht etwa in der juristischen Sekunde zwischen zwei Geschäftsjahren, die nicht bestehen kann, und deshalb auch keine steuerliche Folge auslöst.[7]

Auch eine **Fusion** von Unternehmen zum Bilanzstichtag muss dem einen oder anderen Geschäftsjahr zugeordnet werden. Das kann sinnvoll durch **Überleitungsrechnungen** der Öffentlichkeit dargestellt werden, wenn also zum 31.12. das „wegfusionierte" Unternehmen in Form seines Jahresabschlusses noch ohne Berücksichtigung der Verschmelzung zu diesem Stichtag dargestellt wird, um dann im neuen Geschäftsjahr beim aufnehmenden Unternehmen zu erscheinen. Durch diese Überleitungsrechnungen wird der Bilanzzusammenhang in materieller Hinsicht nicht durchbrochen, sondern lediglich in einzelnen Buchungsschritten dem Publikum dargelegt. Diese Auslegung erfährt ihre Bestätigung in diesen Fällen durch das technisch notwendige Rückwirkungsgebot; denn am 31.12.01 war rechtlich das „wegfusionierte" Unternehmen noch vorhanden und ist erst durch Eintragung der Fusion ins Handelsregister – z. B. am 15.5.02 – erloschen; mit der Folge einer rückwirkenden Zurechnung der bis dahin angefallenen Geschäftsvorfälle einschließlich des Vortrags der Bilanzzahlen aus dem abgelaufenen Geschäftsjahr in das neue. Das Erfordernis der **Zuordnung** zum einen oder anderen Geschäftsjahr wird auch steuerlich im Rahmen von § 2 UmwStG nachvollzogen.

15

2. Fortbestehenshypothese (Abs. 1 Nr. 2)

2.1 Der ökonomische Gehalt

Das Gesetz geht in Abs. 1 Nr. 2 von der **Vermutung** einer Unternehmensfortführung aus und unterwirft die Bewertungsvorschriften dieser Annahme. Die Vermutung bedarf daher einer **Widerlegung**, woran sich sofort die Frage anschließt, **wer** diese Vermutung widerlegen muss und **wie** dies geschehen soll. Die erste Frage ist schnell beantwortet: Der Kaufmann, z. B. der Vorstand einer Aktiengesellschaft in Gesamtverantwortung, muss die Vermutung widerlegen. Die Beantwortung des „Wie" hängt von den tatsächlichen Gegebenheiten am Bilanzstichtag ab: Liegt schon ein Einstellungsbeschluss, d. h. die förmliche Insolvenzanmeldung oder der Be-

16

---

7 So kann dies in der Begründung im BFH-Urteil vom 2. 5. 1974 – IV R 47/73, BStBl II S. 707, nachgelesen werden; vgl. hierzu *Hoffmann*, StuB 2010 S. 605, m. w. N.

schluss, eine solche in den nächsten Tagen durchzuführen vor, ist die Gesetzesvermutung leicht zu widerlegen. In der Realität verhält es sich indes diesbezüglich anders. Das in einer Krisensituation befindliche Unternehmen, also wiederum die Aktiengesellschaft als Beispiel, will in aller Regel ja gerade keine Insolvenz anmelden, sondern um ihr Überleben kämpfen. Dann kann dem Vorstand nach seiner Interessenlage und derjenigen der Gläubiger, Arbeitnehmer etc. kaum zugemutet werden, die Gesetzesvermutung zu **widerlegen**. Es würde sich um den Musterfall einer *self fulfilling prophecy* handeln (→ § 289 Rz. 44). Vielmehr umgekehrt: Der Vorstand wird alle Techniken der Prognose über die künftige Unternehmensentwicklung dazu verwenden, die gesetzliche Fortbestehensvermutung zu **bestätigen**.

17 Dazu muss er u.U. folgende (mögliche) **Sachverhalte** abarbeiten, die nach Schrifttumsauffassung[8] zur Widerlegung der Fortbestehenshypothese in Frage kommen:
- ▶ Unfähigkeit zur Durchführung notwendiger Investitionen zwecks Erhaltung der Konkurrenzfähigkeit,
- ▶ Ausschöpfung sämtlicher Kreditlinien bei Bestehen weiteren unabweisbaren Kreditbedarfs,
- ▶ Ausfall wesentlicher Kreditgeber, Zulieferer oder Abnehmer,
- ▶ Verschiebung des Nachfrageverhaltens, welchem angesichts der Leistungsfähigkeit des Unternehmens nicht gefolgt werden kann,
- ▶ Wegfall des Zugangs zu Rohstoffmärkten z. B. aufgrund politischer Veränderungen,
- ▶ Entstehen erdrückender Konkurrenz,
- ▶ Fehlschläge bei der Einführung neuer Produkte sowie
- ▶ ungenügende Eigenkapitalausstattung aufgrund fortwährender Verluste.

Tatsächlich können **singuläre** Ereignisse in Anlehnung an die vorstehende Aufzählung zwingend zu einer Unternehmenseinstellung führen, z. B. wenn ein Solarzellenhersteller keine Silicium-*Wafer* mehr beziehen kann oder das einzige nennenswerte Produkt des Unternehmens aufgrund rechtlicher Auflagen urplötzlich vom Markt genommen werden muss.

18 Die beiden Beispiele zeigen: Nur in extremen **Ausnahmefällen** wird ein eindeutiges Ereignis vorliegen. Kein Solarzellenhersteller wird sich ohne Einkaufskontrakte mit diversifizierten Lieferanten betätigen oder sich umgekehrt nur auf einen Abnehmer in Mittelafrika für die von ihm produzierten Stromerzeugungsanlagen verlassen wollen. Nimmt man solche Fälle aus der beispielhaften Aufzählung heraus, werden sich aus Sicht des Bilanzstichtags – nicht des späteren Eintritts der genannten möglichen Bedingungen – immer Gegenargumente finden lassen, die für die Fortführung des Unternehmens sprechen:
- ▶ Zur Überwindung des ausgeschöpften Kreditbedarfs bei den Banken ist der Vorstand bei der Landesbürgschaftsbank zur Weiterführung der Produktion und der Sicherung der Arbeitsplätze vorstellig geworden. Die Verhandlungen sind nicht abgeschlossen, aber auch nicht aussichtslos. Der Vorstand hofft nicht unberechtigt auf eine positive Entscheidung der Bürgschaftsbank.
- ▶ Der erdrückenden Konkurrenz wird durch Preisanpassungen und Entlassungen von Mitarbeitern zur Senkung der fixen Kosten sowie die kurzfristige Neuentwicklung von Produkten entgegengesteuert.

---

8 Vgl. *Selchert*, in: Küting/Pfitzer/Weber (Hrsg.), Handbuch der Rechnungslegung, 5. Aufl., § 252 Tz. 48.

Eher realistisch bezüglich der Widerlegung der Fortbestehenshypothese sind **rechtliche** Gegebenheiten, die allerdings dann auch wieder nur singuläre Fälle betreffen, wie z. B. die von der Umweltbehörde verfügte Schließung des Unternehmens wegen fortlaufender Gewässerverunreinigung.

Die vorstehenden Beispiele belegen: Die Fortbestehenshypothese ist in der Praxis nur dann widerlegt, wenn bereits **entsprechende Beschlüsse** der Unternehmensleitung gefasst worden sind. Andernfalls – d. h. in der akuten Krise des Unternehmens – wird die Fortbestehenshypothese aufrechterhalten, nicht entgegen der Interessenlage des Kaufmanns bzw. genauer: aller am Unternehmensgeschehen beteiligter Parteien widerlegt. Letzteres käme im Ergebnis einer inoffiziellen Insolvenzanmeldung gleich. Der veröffentlichte Jahresabschluss trüge dann die Überschrift: „Wir müssen schließen." Die Unternehmensleitung stünde dann sofort als Buhmann bei den Arbeitnehmern im Feuer. Aus dieser ökonomischen Zwangslage heraus kommt der in den Bilanzierungslehrbüchern breit behandelnden Fortbestehenshypothese bzw. deren Widerlegung praktische Bedeutung **erst** zu, wenn die Würfel bereits gefallen sind, die Unternehmensschließung also beschlossene Sache ist. 19

Bei der pflichtgemäßen Prüfung über die Berechtigung der Fortbestehensannahme hat der Kaufmann wie bei allen zukunftsorientierten Bilanzierungsvorgaben einen **Ermessensspielraum**. Stellt sich im vorstehenden Beispiel über die Verhandlungen mit der Landesbürgschaftsbank **nach** Erstellung und Feststellung des Jahresabschlusses, z. B. am 17.2.01, die Versagung der Bürgschaft mit der Folge einer anschließenden Insolvenzanmeldung heraus, hat der Vorstand sein Ermessen nicht zwingend missbraucht und deshalb unter Fortbestehensannahme „richtig" bilanziert. Besserwisserisches Getue aufgrund des komfortablen Kenntnisstands ex post – „das war ja schon immer klar" – darf in solchen Fällen nicht Platz greifen. 20

Die Fortbestehenshypothese muss auch nicht **zeitlich unbeschränkt** in die Zukunft reichen. Länger als zwölf Monate lassen sich u. E. nicht mit dem Jahresrhythmus der Bilanzierung vereinbaren, da dann wieder eine neue Überprüfung der Richtigkeit dieser Hypothese gefordert ist.[9] Auch ein kürzerer Zeitraum wird im Schrifttum als angemessen erachtet.[10] Umgekehrt wird im Insolvenzrecht ein Zwei-Jahres-Zeitraum prognostiziert.[11] 21

2.2 Konkurrenz zum Stichtagsprinzip

U. E. ist auch ein späterer, **nach** fristgerechter Erstellung und Feststellung des Jahresabschlusses gefasster Liquidationsbeschluss nicht auf den Jahresabschluss zum vorhergehenden Stichtag **zurückzubeziehen**.[12] § 252 Abs. 1 HGB enthält keine hierarchische Struktur der dort genannten Bilanzierungsvorgaben (→ Rz. 4). Die Fortführungshypothese ist also nicht höherwertiger einzustufen als das Stichtagsprinzip.[13] 22

---

[9] A. A. IDW HFA PS 270, Tz. 8, wo von „mindestens" einem Zeitraum von zwölf Monaten ausgegangen wird.
[10] Vgl. *ADS*, 6. Aufl., § 252 Tz. 24, unter Hinweis auf die oft nur bestehende Möglichkeit einer Prognose für wenige Monate angesichts des Auf und Ab des Wirtschaftslebens.
[11] Vgl. *Groß*, WPg 2010 S. 123; dort auch Einzelheiten zu den Anforderungen an die Fortführungsprognose.
[12] So aber IDW PS 270 Tz. 48.
[13] So *Schulze/Osterloh*, DStR 2007 S. 1006.

> **BEISPIEL** Eine partnerschaftlich organisierte Werbeagentur in der Rechtsform einer GmbH & Co. KG war jahrelang sehr erfolgreich. Sie expandierte national und international in eindrucksvollem Tempo und führte zu einer beachtlichen Ausweitung des Partner- und Mitarbeiterstamms. Damit einher ging ein stetig steigender Kreditbedarf, um die Investitionen, aber auch die Gewinnansprüche der Partner befriedigen zu können.
>
> Nach generellem Rückgang der Branchenkonjunktur und dem Wegfall wichtiger Kunden kündigten einige Partner die Beteiligung zum 31.12.01. Die verbleibende Mehrheit der Partner (rechtlich Kommanditisten) beschloss am 15.2.02 die Weiterführung der Gesellschaft mit verstärktem Engagement und verändertem Marktauftritt. Am 20.3.02 wird der Jahresabschluss für 01 unter der Fortbestehenshypothese erstellt und am 28.3.02 festgestellt.
>
> Danach kündigten weitere Partner ihre Gesellschafterstellung, und eine Bank fordert ihre Kredite zur Rückzahlung zum 30.6.02. Darauf beschloss die Gesellschafterversammlung am 17.5.02 die Liquidation der Gesellschaft.
>
> U. E. war die Bilanzierung unter Fortbestehensannahme zutreffend. Am Bilanzstichtag 31.12.01 war der Liquidationsbeschluss vom 17.05.02 nicht vorhanden; er ist wertbegründend und stellt einen Geschäftsvorfall des Jahrs 02 dar (→ Rz. 55).
>
> Die Bilanzierung unter Fortführungsannahme wäre u. E. auch bei einem Liquidationsbeschluss am 10.3.02 zutreffend (da ansatzbegründend). Allerdings müsste im Anhang – ohne Anhangerstellungspflicht an passender Stelle der Abschlussdarstellung – auf den Liquidationsbeschluss im neuen Geschäftsjahr hingewiesen werden.

2.3 Rechtsfolge

23 Das Gesetz schweigt sich über die **Rechtsfolge** einer nicht mehr möglichen Fortbestehenshypothese für die Bilanzierung mit einer Ausnahme aus. Die Ausnahme betrifft die förmliche freiwillige Liquidation, bei der nach § 270 Abs. 2 Satz 3 AktG bzw. § 71 Abs. 2 Satz 3 GmbHG Vermögensgegenstände des Anlagevermögens, deren Veräußerung in einem absehbaren Zeitraum beabsichtigt ist, wie **Umlaufvermögen**, höchstens aber zu fortgeführten Anschaffungs-, Herstellungskosten zu bewerten sind,[14] während im Übrigen die allgemeinen Bewertungsvorschriften gelten. Daraus ist generell zu folgern: Die handelsrechtlichen Rechnungslegungspflichten gelten abgesehen von der eben dargestellten Bewertungsvorgabe für das Anlagevermögen weiter (→ § 322 Rz. 99). Unabhängig davon sind die insolvenzrechtlichen Vorgaben betreffend Überschuldungsermittlung etc. zu beachten.

24 Unter den vorstehenden Hinweisen ist die eigentliche **Zerschlagung** des nach Vorabbefriedigung der gesicherten Gläubiger noch vorhandenen Vermögens bzw. dessen Versilberung zur Befriedigung der nicht oder unzureichend gesicherten Gläubiger zu verstehen. In anderen Fällen kann es durchaus auch zu einer **Teilbetriebsveräußerung** einer vom Markt als lebensfähig angesehenen Sparte oder einer betrieblichen Funktion kommen. In Ausnahmefällen ist eine geordnete Abwicklung denkbar, regelmäßig allerdings erst unter der Ägide eines Insolvenzverwalters.

---

14 IDW RH HFA 1.012 Tz. 19.

Mit dem **Wegfall** der Fortbestehenshypothese rückt die Darstellung des am Abschlussstichtag vorhandenen **Vermögens** in den Vordergrund:[15]

24a

▶ nur noch die im Zeitpunkt der Verwertung verwendbaren **Vermögensgegenstände** sind zu aktivieren,

▶ neben den bislang passivierten Schulden sind die durch die Abkehr vor der Fortbestehenshypothese begründeten **Verpflichtungen** anzusetzen.

Dadurch werden aber nicht die allgemeinen Regeln der Gewinnermittlung aufgehoben, also Vorsichts- (→ Rz. 40), Realisations- (→ Rz. 85) oder Imparitätsprinzip (→ Rz. 84). Anders soll es sich beim Stichtagsprinzip dann verhalten, wenn der Wegfall der Fortbestehenshypothese bis zur Bilanzerstellung bekannt wird. Dann müsse die Bewertung unter Wegfall der Fortbestehenshypothese erfolgen,[16] weil sonst Gewinnausschüttungs- oder Entnahmerechte geltend gemacht werden könnten. U. E. kann bei Wegfall der *going concern*-Annahme praktisch kein Ausschüttungs- oder Entnahmesubstrat mehr vorliegen, also kein Jahresüberschuss oder Bilanzgewinn und auch nicht die erforderliche Liquidität. U. E. sollte das Stichtagsprinzip in diesen extrem seltenen Fällen weiterbeachtet werden, allerdings mit entsprechendem Hinweis in Anhang und in Lagebericht.

Auf die Bilanz**ansätze** hat der Wegfall der Fortbestehenshypothese nun folgende Auswirkungen:[17]

24b

▶ Sofern der Ansatz bislang nach den Regeln des **wirtschaftlichen Eigentums** (→ § 246 Rz. 147) erfolgt ist, kann er nach den Umständen des zugrunde liegenden Vertrags beibehalten werden. Allerdings sehen diese Verträge regelmäßig außerordentliche Kündigungsgründe für den anstehenden Insolvenzfall vor, so dass wirtschaftliches Eigentum nicht mehr angenommen werden kann. Beispiel: sicherungsübereignete Maschinen.

▶ **Rechnungsabgrenzungs**posten (→ § 250 Rz. 9) für Vorleistungen sind aufzulösen, wenn die entsprechende Vertragsbeziehung nicht fortgesetzt wird.

▶ **Rückzahlungs**verpflichtungen für **öffentliche Zuschüsse** entstehen häufig bei Nichteinhaltung der Bindungsfrist. Der für die Zuwendung bislang angesetzte Sonderposten (→ 246 Rz. 244) wird dann ergebniswirksam durch den Rückzahlungsbetrag ersetzt.

▶ (Zusätzliche) Rückstellungen für **Abfindungen**, Vertragsstrafen, Rückbauverpflichtungen sind anzusetzen.

▶ Bislang zu Recht nicht gebildete **Pensionsrückstellungen** (→ § 249 Rz. 111 f.) sind nunmehr anzusetzen.

▶ Aktive **latente Steuern** auf Verlustvorträge sind auszubuchen.

▶ **Gesellschafterdarlehen** sind weiterhin zu passivieren.

Für die **Bewertung** gilt:[18]

24c

▶ Weil die Vermögensgegenstände nicht mehr zur Nutzung, sondern zur **Verwertung** bestimmt sind, richtet sich die Bewertung vorzugsweise nach dem **Absatzmarkt**.

---

15 IDW ERS HFA 17 n. F. Tz. 4.
16 IDW ERS HFA 17 n. F. Tz. 25.
17 IDW ERS HFA 17 n. F. Tz. 6 ff.
18 IDW ERS HFA 17 n. F. Tz. 18 ff.

- Bei **Schulden** ist die möglicherweise vorzeitige **Fälligstellung** zu beachten, insbesondere zur Bestimmung des Erfüllungsbetrags und des Abzinsungssatzes für Rückstellungen.
- Die allgemeinen Bewertungsvorgaben sind zu beachten (→ Rz. 24a); deshalb dürfen die **fortgeführten Anschaffungskosten** nicht überschritten werden, selbst wenn die auszubuchenden Zeitwerte höher liegen sollten.
- Die **Bilanzidentität** (→ Rz. 7) ist zu beachten, auch wenn nach § 71 Abs. 1 GmbHG, § 270 Abs. 1 AktG Sonder-Eröffnungsbilanzen zu erstellen sind.
- **Gewinne** aus der Verwertung von Vermögensgegenständen sind erst nach Realisation (→ Rz. 85 ff.) zu erfassen.
- Für das **Stetigkeitsgebot** (→ Rz. 167 ff.) gilt der Wegfall der Fortbestehenshypothese als begründete Ausnahme zur Abkehr (→ Rz. 178) mit entsprechendem Vermerk im Anhang (→ § 284 Rz. 52 ff.).
- **Bilanzmäßige Abschreibungen** (→ § 253 Rz. 85 ff.) sind nur noch bei anzunehmenden langfristigen Abwicklungszeiträumen zu verrechnen. U. U. ist der **Abschreibungsplan** wegen der geänderten Nutzungsdauer (→ § 253 Rz. 88) anzupassen. Das Erfordernis einer **außerplanmäßigen** Abschreibung (→ § 252 Rz. 105 ff.) ist zu prüfen.
- **Ansammlungsrückstellungen** (→ § 253 Rz. 43) sind zum vollständigen Schuldenausweis auf den **Erfüllungsbetrag** zu erhöhen.
- **Altersversorgungs**verpflichtungen sind wegen des Wegfalls einer Gegenleistung nach Beendigung des Arbeitsverhältnisses mit dem **Barwert** (→ § 253 Rz. 63) anzusetzen.

24d Für den **Ausweis**[19] gilt u. a.:

- **Anlagevermögen** (→ § 247 Rz. 19) ist trotz der Bewertung nach Veräußerungsgesichtspunkten als solches auszuweisen.
- **Außerplanmäßige** Abschreibungen wegen des Wegfalls der *going concern*-Hypothese sind („sachgerecht") als besondere Spalte im Anlagegitter (→ § 268 Rz. 53 ff.) darzustellen.
- Die **Laufzeitvermerke** für Verbindlichkeiten (→ § 268 Rz. 109 ff., → § 289 Rz. 4) sind wegen der in diesen Fällen regelmäßig bestehenden Sonderkündigungsrechte anzupassen.
- Die Ansatz- und Bewertungsänderungen wegen Wegfall der Fortbestehenshypothese sind im **außerordentlichen** Ergebnis (→ § 277 Rz. 43 ff.) auszuweisen.

24e Im **Anhang** ist möglicherweise zusätzlich wegen des *true and fair view*-Gebots (→ § 264 Rz. 27) ein Hinweis zu geben.[20] Im **Lagebericht** muss deutlich auf die Gründe für die Aufgabe der Fortbestehenshypothese hingewiesen werden. Außerdem ist auf den mutmaßlichen Zeitraum der Liquidation einzugehen.[21]

25 Ein **Ausnahmefall** i. S. des § 252 Abs. 2 (→ Rz. 181) ist bei der Fortbestehenshypothese nicht denkbar.[22]

---

19 IDW ERS HFA 17 n. F. Tz. 32 ff.
20 IDW ERS HFA 17 n. F. Tz. 38.
21 IDW ERS HFA 17 n. F. Tz. 40.
22 Vgl. *Selchert*, in: Küting/Pfitzer/Weber (Hrsg.), Handbuch der Rechnungslegung, 5. Aufl., § 252 Tz. 59.

3. Stichtagsprinzip (Abs. 1 Nr. 3)

3.1 Stichtag und Zeitverlauf

Der Inhalt der Gesetzesvorgabe zum Bilanzstichtag lässt sich nur im Konnex mit dem physikalischen Phänomen der **Zeit** (→ Rz. 6) und dem **Wertaufhellung**sgesichtspunkt (→ Rz. 55) verstehen. Deshalb wird vorab auf die dortigen Kommentierungen verwiesen.

26

3.2 Ausnahmen

Ausnahmen vom Stichtagsprinzip i. S. des § 252 Abs. 2 HGB (→ Rz. 181) sind nur höchst eingeschränkt zulässig, wenn man nicht der Willkür freien Lauf lassen will. Irgendwelche „in der Luft liegende" Verluste sind ebenso wenig zu berücksichtigen wie mögliche Verbesserungen des derzeit misslichen wirtschaftlichen Umfelds. Vgl. auch → Rz. 28.

27

> **BEISPIEL** Der Kaufmann bucht zum 31.12.01 eine Rückstellung für die Restrukturierung ein. Gedacht ist an eine mögliche Stilllegung des Zweitwerks in Stadt S, wofür Pläne mit Verwirklichung ab März 03 in der Schublade liegen, aber noch nicht den Arbeitnehmervertretern kommuniziert worden sind (→ § 249 Rz. 15).
>
> Die am 30.6.01 gebildete 100 %ige Wertberichtigung auf eine Kundenforderung, die wegen Falschlieferung bestritten worden ist, wird zum 31.12.01 beibehalten, obwohl am 10.12.01 ein rechtskräftiger Vergleich mit dem Kunden über 50 % des Forderungsbetrags getroffen worden ist, der vereinbarungsgemäß am 10.2.02 erfüllt werden soll. Die Bonität des Kunden ist unbestritten.
>
> In beiden Fällen ist das Stichtagsprinzip verletzt: Die Rückstellung darf noch nicht eingebucht werden, umgekehrt ist die im Vergleich festgelegte Forderung anzusetzen. In beiden Vorgängen liegt eine unzulässige Bildung von stillen Reserven.

Andererseits enthält das **Gesetz selbst** Bewertungsvorgaben, die als **Abweichung** vom Stichtagsprinzip gewertet werden können:

28

- Außerplanmäßige Abschreibungen auf Anlagegegenstände nach § 253 Abs. 3 Satz 3 HGB (→ § 253 Rz. 116) sind nur geboten, wenn die Wertminderung am Stichtag von **Dauer** ist.
- Für Finanzanlagen besteht ein Bewertungswahlrecht bezüglich der Vornahme außerplanmäßiger Abschreibungen bei voraussichtlich **nicht dauernder** Wertminderung gem. § 253 Abs. 3 Satz 4 HGB (→ § 253 Rz. 127).

Diese beiden zukunftsorientierten, das Stichtagsprinzip aushebelnden Bewertungsvorgaben sind als lobbyistische Einflussnahme interessierter Rechnungslegungsanwender zu verstehen und dürfen deshalb **nicht verallgemeinert** werden. Stichtagsbezogen wäre nur darüber zu befinden, ob zu **diesem** Zeitpunkt eine Wertminderung vorliegt oder nicht; die Dauer der Wertminderung ist in der Perspektive unerheblich.

Ausnahmen vom Stichtagsprinzip auf der Grundlage von § 252 Abs. 2 HGB sind in der Rechnungslegungspraxis im Zusammenhang mit Unternehmens**sanierungen** festzustellen. Hier kommt es regelmäßig zu Rückbeziehungen in die Bilanz des verflossenen Jahres, wenn dessen Ergebnis feststeht und die Insolvenz vermieden oder ein zu schlechtes Bilanzbild beseitigt wer-

29

den soll. Beispiele für solche **Stützungsmaßnahmen** meistens eines Mutterunternehmens oder Alleingesellschafters sind

- Einlagen à fonds perdu in die Kapitalrücklage der (z. B.) Tochtergesellschaft (→ § 272 Rz. 47),
- Werthaltigkeitsgarantien für bestimmte abschreibungsbedrohte Vermögensgegenstände, z. B. Aktien oder wesentliche Beteiligungen, deren Buchwert am Bilanzstichtag über dem Börsenkurs liegt bzw. hinsichtlich der Werthaltigkeit zweifelhaft ist,
- Gewährung von Rückdeckungsansprüchen für Gewährleistungsrisiken,
- Forderungsverzichte sowie
- befreiende Schuldübernahmen.

In allen diesen Fällen handelt es sich nicht um Bewertungs-, sondern um **Ansatz**posten, die aber auch in anderen Bereichen des § 252 HGB explizit oder latent angesprochen sind (→ Rz. 1). Die Rückbeziehungsmöglichkeit solcher Sanierungsmaßnahmen auf den Bilanzstichtag hat eine Parallele in § 234 Abs. 1 HGB und § 235 Abs. 1 Satz 1 AktG. Nach allgemeinen Regeln der Gesetzesauslegung sind Analogieschlüsse zu spezialgesetzlichen Regeln nicht zulässig. U. E. verstößt die Rückbeziehung der gesamten Rechtsgestaltungen auf den vorhergehenden Bilanzstichtag gegen das Stichtagsprinzip und lässt sich nur als begründete **Ausnahme** nach Abs. 2 (→ Rz. 181) rechtfertigen.

4. Einzelbewertung (Abs. 1 Nr. 3)

4.1 Sinngehalt

30 Das Gesetz verlangt für jeden Vermögensgegenstand und jede Schuld eine **individuelle** Bewertung. Der Grund liegt in der Verhinderung einer **Bewertungskompensation** etwa in diesem Sinn: Die erforderliche Rückstellung für einen Einzelgewährleistungsfall wird deswegen unterlassen, weil im Grund und Boden des Fabrikgrundstücks noch erhebliche stille Reserven enthalten sind. Man kann im Einzelbewertungsgrundsatz auch einen weitergehenden Aspekt erkennen: Es soll nicht der Wert des Unternehmens oder eines Unternehmensteils **insgesamt** im Zuge der Rechnungslegung (Bilanzierung) ermittelt werden, sondern nur das Vermögen zu einem bestimmten **Stichtag** (→ Rz. 64) nach Maßgabe der Ansatz- und Bewertungsgrundlagen des Gesetzes. Mit dem Gesamtwert des Unternehmens haben diese Werte so gut wie immer nichts gemeinsam.

4.2 Abgrenzungsprobleme beim Vermögensgegenstand

31 Ein praktisches Problem der **Einzel**bewertung steckt in der **Definition** des Vermögensgegenstands bzw. der Schuld, genauer bei der Abgrenzung von anderen Vermögensgegenständen und Schulden. Einer Definition dieser beiden Grundbegriffe der Rechnungslegung enthält sich das Gesetz (→ § 246 Rz. 8). Ob durch eine solche notwendig höchst abstrakte Definition viel gewonnen wäre, bleibt nicht zuletzt im Hinblick auf die Begriffsumschreibungen im IFRS-Framework zweifelhaft. Bei **Grundstücken** mit aufstehendem **Gebäude** hält sich die Praxis der handelsrechtlichen Bilanzierung an die einschlägigen Vorgaben aus der tradierten BFH-Rechtsprechung und den entsprechenden Anwendungshinweisen in den Einkommensteuerrichtlinien. Entsprechend werden **Betriebsvorrichtungen** von Gebäudebestandteilen unterschieden.

Die Heizungs- und Klimaanlagen des Gebäudes gelten als Gebäudebestandteil und nicht als getrenntes Wirtschaftsgut = Vermögensgegenstand nach HGB (→ § 266 Rz. 32).

Vergleichbare Abgrenzungsprobleme gibt es auch in **anderen Bereichen** des produzierenden Gewerbes, die sich allerdings kaum auf entsprechende BFH-Rechtsprechung und Verwaltungserlasse stützen können.

32

Angesprochen sind nicht die einfachen Fälle wie „der" Lkw – beim Sattelschlepper wieder zweifelhaft – oder „die" Maschine, sondern Erscheinungsprofile des zeitgenössischen Wirtschaftslebens.

> **BEISPIELE** Der einzelne Arbeitsplatzcomputer in einer Werbeagentur mit 50 Nutzermöglichkeiten läuft nur über die Serverkonfiguration auf der Grundlage der entsprechenden Datenleitungen. Die Frage ist, ob der einzelne Computer, der selbst nurmehr Rechenaufgaben erfüllt, als Vermögensgegenstand anzusehen ist und ob die gesamte Anlage oder die Serverkonfiguration einen von der Verkabelung separierbaren Vermögensgegenstand darstellt.
>
> In der Fabrikhalle eines Automobilherstellers ist „die" Maschine nicht zu finden, sondern eine komplette Produktionsanlage, bestehend aus Förderbändern, Robotern, Prüfgeräten etc. Stellt nun der einzelne Roboter einen Vermögensgegenstand dar oder die gesamte Roboteranlage oder sogar die gesamte Produktionsstraße?
>
> Als weiteres Beispiel sei auf die Müllverbrennungsanlage in → § 246 Rz. 47 verwiesen. Hier ist mit dem Einzelbewertungsgrundsatz schon mangels einschlägiger BFH- oder sonstiger Rechtsprechung wenig anzufangen.

Die „Definition" im konkreten Anwendungsfall bleibt dem **Ermessen** des Kaufmanns überantwortet. Orientiert er sich dabei – vor allem beim Grundstück mangels besserer Erkenntnisse – an den steuerlichen Vorgaben, ist dagegen nichts einzuwenden.

Über die Probleme der **Separierung** von Vermögensgegenständen zur Bestimmung als „eigenständig" wird verwiesen auf →§ 246 Rz. 43 ff.

4.3 Sachnotwendige Einschränkungen des Einzelbewertungsgrundsatzes

Eine weitere Schranke gegenüber der durchgängigen Anwendung des Einzelbewertungsprinzips ergibt sich auf der (eigentlichen) Bewertungsebene durch die heranzuziehenden Bewertungs**techniken**:

33

- ► Bei der Findung des Wertansatzes müssen für Produkte **Schlüsselungen** von Gemeinkosten aus der Kostenstellenrechnung verwendet werden, die systematisch nur in einem gemeinsamen Bewertungsverfahren einem bestimmten Produktionslos zugeordnet werden können.
- ► Bei der **Kuppel**produktion steht die Bewertung des einen Produkts in unauflöslichem Zusammenhang mit derjenigen des anderen.
- ► Die Bewertung eines Portfolios von **Kundenforderungen** (etwa im Versandhandel oder beim Energieverteilungsunternehmen) lässt sich auf Einzelbasis nicht sinnvoll bewerkstelligen, hier muss notgedrungen eine Sammelbewertung des latenten Ausfallrisikos erfolgen, allerdings nachgeordnet zur Erfassung einzelner erkennbarer Ausfallrisiken.

▶ Spiegelbildlich gilt dies für den Fall der latenten **Gewährleistungsrisiken** für die bis zum Bilanzstichtag verkauften Produkte aus der Provenienz der industriellen Serienfertigung, für die nur eine Pauschalbewertung nach Maßgabe der bisherigen Erfahrungen nach statistischer Ermittlung möglich ist.

Die mangelnden Ermittlungsmöglichkeiten für die genannten Wertansätze – Forderungsportfolio, Gewährleistungen etc. – sind eng verknüpft mit dem *cost benefit*-Prinzip (→ Rz. 191). Man kann wie folgt formulieren: „An sich wäre eine Einzelbegutachtung von 80.000 offenen Kundenforderungen des Versandhändlers oder 500.000 Kunden des Energieversorgers möglich, wirtschaftlich sinnvoll wäre eine solche Vorgehensweise nicht."

34 Dieser Gedanke kann aber auch bei einem umfangreichen **Grundbesitz** Platz greifen.

> **BEISPIEL** ▶ Ein Mobilfunkunternehmen unterhält weltweit ca. 80.000 Funkmasten. Im Zuge einer Unternehmensakquisition (freundliche oder feindliche Übernahme durch einen Konkurrenten) sind diese Funkmasten zu bewerten. Eine fachmännische Wertermittlung durch spezialisierte Techniker jedes einzelnen Mastens wäre nicht sinnvoll und ergäbe auch im Hinblick auf die bei der Bewertung mitspielenden Schätzungsspielräume kein „richtiges" Ergebnis, das den Aufwand rechtfertigen würde. Sinnvoller erscheint eine detaillierte Bewertung aufgrund einer **Stichprobenauswahl**, sei diese zufällig oder bewusst gestaltet, um von dieser aus eine Art Sammelbewertung auf der Grundlage von umbautem Raum, installierter Technik etc. für die jeweilige statistische Gesamtheit durchzuführen.

Entsprechende *cost benefit*-Überlegungen verbergen sich auch hinter der Möglichkeit der **Festbewertung** nach § 240 Abs. 3 HGB (→ § 240 Rz. 23) bzw. der **Gruppenbewertung** nach § 240 Abs. 4 HGB (→ § 240 Rz. 34).

35 All diese Beispiele und die gesetzlich normierten Ausnahmen vom Einzelbewertungsgrundsatz – **Verrechnung** gem. § 246 Abs. 2 Satz 2 HGB (→§ 246 Rz. 287 ff.) sowie die Bildung von **Bewertungseinheiten** (→§ 254) – belegen: Dieser darf **nicht verabsolutiert** werden, sondern bedarf einer sinnvollen Auslegung im Gesamtzusammenhang der Rechnungslegungsziele, insbesondere auch vor dem Hintergrund der jeder Bilanzierung notwendig anhaftenden Ungenauigkeiten und Unsicherheiten. An dieser Stelle tut sich ein sinnvoller Anwendungsbereich der Ausnahmeregeln des § 252 Abs. 2 HGB auf (→ Rz. 181). Die erforderliche Begründung ist in den vorstehenden Beispielen bereits mitgeliefert worden.

4.4 Bewertungseinheiten

36 Die „absolutistisch" verstandene Einzelbewertung muss auch dann auf eine sinnvolle Beschränkung zurückgeführt werden, wenn sich die Bewertungsergebnisse von zwei Vermögensgegenständen **gegenseitig bedingen**. Angesprochen ist damit das Thema der sog. Bewertungseinheit, das man als Ausnahmefall nach Abs. 2 oder aber als sinnvolle Auslegung des Einzelbewertungsgrundsatzes werten kann. Gemeint sind damit Wertabsicherungsgeschäfte, die **Sicherungszusammenhänge** (sog. *hedges*) begründen, wie diese bei Finanzinstituten üblich sind oder wenigstens i. S. der Risikokompensation sein sollten. In der einfachsten Ausprägung des sog. *micro hedge* werden einzelne Geschäfte durch ein gegenläufiges Deckungsgeschäft kompensiert.

> **BEISPIEL** Ein deutsches Unternehmen hat in Brasilien eine Produktionsanlage montiert und vereinbarungsgemäß am 10.12.01 in USD fakturiert. Die Forderung ist am 15.2.02 fällig. Auf diesen Zeitpunkt verkauft das Unternehmen USD zum Einbuchungskurs der Forderung in deren Höhe (*future*) oder sichert sich bedingt durch den Erwerb einer Verkaufsoption auf USD zum mutmaßlichen Zeitpunkt des Forderungseingangs.

Die bilanzielle Abbildung der beiden Geschäfte könnte ohne zusammenfassende Betrachtung zu einem **unsinnigen Ergebnis** führen: Wenn der Dollarkurs am Bilanzstichtag gegenüber dem Einbuchungskurs sinkt, muss eine Abschreibung vorgenommen werden. Genau gegenläufig verläuft in diesem Fall die Kursentwicklung des Derivats (*future* oder *option*); der dadurch entstehende Gewinn darf nach dem Realisationsprinzip (→ Rz. 157) herkömmlicher Betrachtung zufolge nicht ausgewiesen werden. Obwohl aus den beiden Geschäften insgesamt betrachtet kein Verlust droht, hat eine Abwertung zum Bilanzstichtag zu erfolgen, die keine ökonomische Berechtigung hat und im Folgezeitraum wieder korrigiert wird. 37

Die ursprünglich im Schrifttum gegen eine kompensatorische Bewertung vorgetragenen **Bedenken** im Hinblick auf einen absolut betrachteten Einzelbewertungsgrundsatz waren größtenteils bereits vor der Kodifizierung durch § 254 HGB **ausgeräumt**. Im Einzelnen wird auf die Kommentierung in → § 254 HGB verwiesen. 38

5. Vorsichtsprinzip und Schätzungserfordernisse (Abs. 1 Nr. 4 1. Halbsatz)

5.1 Rechtsvergleich

Das Vorsichtsprinzip umgibt die Aura der grundlegenden HGB-Bilanzierungsnorm. Der Kaufmann soll im Interesse des Gläubigerschutzes vorsichtig bilanzieren, sich lieber „zu arm" als „zu reich" rechnen und deshalb Aktivposten „im Zweifel" niedriger und Passiva höher in die Bilanz einstellen. Nach dieser Devise bestimmt sich auch der entziehbare Gewinn, der dem Kaufmann für sein erfolgreiches Wirtschaften zusteht. Da in solchen Fällen **immer „Zweifel"** bestehen, ist diese Bilanzierungsvorgabe schon deshalb inhaltslos und nichtssagend. 39

Dieser moralischen Vorgabe der Bilanzierung sollte bzw. soll sich auch der **Fiskus** beugen, was ihm der Gesetzgeber durch die Anwendung der GoB (sog. Maßgeblichkeitsprinzip) i. S. des § 5 Abs. 1 Satz 1 EStG vorgibt oder wenigstens vorgab. Diese (scheinbar) antifiskalische Bilanzierungsvorgabe wird zunehmend und nachhaltig bekämpft: Ein solches Bilanzverständnis „atmet den Geist des 19. Jahrhunderts", ist nicht mehr zeitgemäß und widerspricht dem Grundsatz der Besteuerung nach der Leistungsfähigkeit.[23] Ebenso wenig soll sich das Vorsichtsprinzip mit dem von den **internationalen Rechnungslegungsstandards** verlangten Informationsbedarf der Kapitalmärkte und überhaupt der Öffentlichkeit vertragen.

Die Frage ist deshalb, inwieweit diese hier kurz skizzierten Charakteristiken der verschiedenen Rechnungslegungssysteme tatsächlich durch die Vorsicht oder das Gegenteil – „Leichtsinn" (?)

---

23 Vgl. *Weber-Grellet*, DB 1997 S. 391.

oder „Fahrlässigkeit" (?) – des Vorsichtsprinzips geprägt sind oder nicht. Oder verhalten sich die IFRS diesbezüglich „neutral"?

Auch die Bilanzierungs**praxis** wird vom Vorsichtsgebot in der vorstehend dargestellten Diktion und dem daraus gewöhnlich abgeleiteten Inhalt wenig behelligt:

▶ Wenn die Finanzbranche – und unterstützendes Schrifttum – in der *subprime*-Krise zurück in die Obhut des guten alten HGB ruderte, dann mit der Begründung: Im Anschaffungskosten-Gehäuse brauchen wir keine Abschreibungen auf unsere unverkäuflichen „Wert"-Papiere mehr vorzunehmen, denn schließlich belegen unsere getätigten Anschaffungskosten die Werthaltigkeit, die sich in den nächsten 10 bis 20 Jahren auch wieder einstellen wird.

▶ Die Versicherungsbranche hat zur Bewältigung der immensen Wertverluste des Aktienportfolios 2001/2002 eine im Geschwindschritt durchgezogene Gesetzesänderung benötigt, wonach nicht mehr die aktuellen Kurse, sondern die Phantasie über die mutmaßliche Kursentwicklung in der Zukunft (→ § 253 Rz. 128) den Bilanzmaßstab bilden durften. Seitdem akzeptiert die Aufsichtsbehörde dem Vernehmen nach stille Lasten von 20 % des Buchwerts in den Versicherungsbilanzen im Bereich der Wertpapieranlagen.

Nochmals: „Im Zweifel" soll sich der Kaufmann lieber arm als reich rechnen. In der Wirklichkeit führen diese „Zweifel" gerade zum Gegenteil. Oder mit der alten Wirtschaftsprüferweisheit ausgedrückt: „Vorsichtig bilanziert, wer es sich leisten kann." Übrigens bleibt im Rahmen dieser Bilanzierungspraxis auch das Stichtagsprinzip (→ Rz. 26) auf der Strecke. **Gesetzeswidrig** ist sie allenfalls dann nicht, wenn in großzügiger Auslegung der Ausnahmeregel nach Abs. 2 (→ Rz. 181) auch eine begründete unvorsichtige, also **leichtsinnige** Bilanzierung als zulässig erachtet wird.

5.2 Kein Vorrang vor anderen Grundregeln

40 Kommen wir zurück auf den ehrbaren Kaufmann (→ Rz. 39), der das Charakteristikum des vorsichtigen Handelns schon mit der Muttermilch in sich aufgenommen hat – so jedenfalls kann man manche einschlägigen Beiträge im Fachschrifttum verstehen. Nun ist aber „Vorsicht" keine berufsspezifische Charaktereigenschaft von Kaufleuten, ganz abgesehen von deren personeller Ablösung durch Geschäftsführungsgremien etc. Vorsicht ist vielmehr eine **generell menschliche** und deshalb branchenübergreifende Tugend. Dem Lastwagenfahrer wird ein vorsichtiger Umgang mit seinem gefährdungsträchtigen Vehikel ebenso aufgegeben wie dem Produktionsleiter eines Pharmaherstellers. Kinder sollen sich im Straßenverkehr vorsichtig verhalten, genauso wie Geldanleger beim Aktienkauf.

41 Schon der allgemein gültige **Verhaltenskodex** widerlegt den besonderen Stellenwert des Vorsichtsprinzips im HGB gegenüber den beiden anderen Rechnungslegungsstandards. Das Leistungsfähigkeitsprinzip des Steuerrechts verlangt daher keineswegs eine Art leichtsinnige Bilanzierung und natürlich auch nicht das IFRS-System. Im Gegenteil: Im IFRS-Framework F.36 wird die *prudence* als Leitlinie der Bilanzierung im Kontext mit anderen generellen Regularien erwähnt – hierarchisch keineswegs niedriger angesiedelt als im Katalog des § 252 Abs. 1 HGB (→ Rz. 4): Das ist eher in der Schrifttumsauslegung der Fall, wenn z. B. das Vorsichtsprinzip „als zentraler Bestandteil der allgemeinen Grundsätze" angesehen wird.[24] Der EuGH formuliert

---

24 Hier zitiert nach *Kessler*, DB 1997 S. 1.

dies im berühmten Tomberger-Urteil[25] wie folgt: „Der Grundsatz der Vorsicht muss in jedem Fall beachtet werden"[26] – eine eher nichtssagende Vorgabe, die man auch negativ formulieren kann. Dem Vorsichtsprinzip gebührt **kein Vorrang** vor den anderen Grundregeln der Bilanzierung, soweit sie in § 252 Abs. 1 HGB aufgezählt sind.

BEISPIELE

▶ Dem hanseatischen Importkaufmann I kommen aufgrund internationaler Pressenotizen ab dem 2.4.01 Zweifel an der Werthaltigkeit seiner Kaffeebestände, die in der am 25.3.01 erstellten und den Hausbanken zugeleiteten Bilanz zum 31.12.00 mit 100 bewertet worden sind. Er blickt dem Gesamtergebnis des Jahres 01 mit einem gerüttelt Maß an Skepsis entgegen und will dessen Ergebnis von einer unerwünschten Abwertung der Kaffeebestände freihalten. Deshalb will er den Kaffeebestand in die Eröffnungsbilanz 01 nunmehr mit 80 übernehmen.

Diese Art der Bilanzierung mag zwar dem Vorsichtsgedanken genügen, widerspricht aber elementar dem Grundsatz der Bilanzidentität (→ Rz. 6) und ist deshalb unzulässig.

▶ Um dem Vorsichtsprinzip in 01 nach den eingeschätzten wirtschaftlichen Verhältnissen nachkommen zu können, erfasst I im letzten Quartal 01 sämtliche Einkäufe an Rohkaffee nicht mehr auf Bestandskonten, sondern bucht diese im Wareneinsatz und verzichtet entsprechend auf eine Aufnahme des noch vorhandenen Rohkaffees in das Inventar zum 31.12.01. Insoweit geht I partiell auf eine Einnahmen-Überschussrechnung über.

Diese Art der Rechnungslegung mag dem Vorsichtsprinzip genügen, verstößt indes elementar gegen die Grundregel der kaufmännischen Rechnungslegung in § 252 Abs. 1 Nr. 5 HGB (→ Rz. 163), d. h. der Anweisung zur Vermögens- und Gewinnermittlung durch Periodisierung der Vermögensbewegungen.

Die beiden Beispiele mögen banal erscheinen, belegen jedoch zumindest den **Nichtvorrang** des Vorsichtsprinzips gegenüber den anderen allgemeinen Bilanzierungsvorgaben in § 252 Abs. 1 HGB.

5.3 Keine willkürliche Auslegung

Das Vorsichtsprinzip darf aber auch nicht als eine Art **Persilschein** z. B. für freihändig entschiedene Abschreibungen oder Rückstellungsbildungen verstanden werden, insbesondere nicht nach Aufhebung der sog. Willkürabschreibung nach Maßgabe des früheren § 253 Abs. 4 HGB durch das BilMoG. So kann unser vorsichtig bilanzierende Kaufmann I im vorigen Beispiel unter → Rz. 41 nicht seine Kaffeebestände zum 31.12.01 um 40 % gegenüber den Einstandspreisen abwerten mit der Begründung: „Man weiß nie, was kommt." Ein so verstandenes Vorsichtsprinzip hat (auch) im HGB keine gesetzliche Grundlage. Vielmehr muss sich die Bilanzierung an den – durchaus vom Vorsichtsgedanken geprägten – weiteren Bilanzierungsgrundsätzen orientieren, wie

42

---

25 EuGH-Urteil vom 27. 6. 1996 – Rs. C-234/94, DB 1996 S. 1400.
26 Der EuGH bezieht sich auf Art. 31 der 4. EG-Richtlinie, der insoweit mit § 252 Abs. 1 HGB übereinstimmt.

- Imparitätsprinzip, d. h. Ansatz nur von realisierten Gewinnen, aber von bereits vorhandenen Verlusten (→ Rz. 82),
- Anschaffungskostenprinzip (→ § 253 Rz. 12) sowie
- Niederstwertprinzip (→ § 253 Rz. 141 ff.).

5.4 Eingeschränkte spezialgesetzliche Beachtung

43 Dabei folgen keineswegs alle speziellen Ansatz- und Bewertungsvorgaben dem Vorsichtsgedanken. Musterbeispiel ist das gemilderte Niederstwertprinzip für Finanzanlagen (→ § 253 Rz. 127 ff.), das der Bilanzierungspraxis ausreichend Spielraum zur Bildung **von stillen Lasten** eröffnet, die mit dem Vorsichtsprinzip – lieber Aktiva zu niedrig als zu hoch bewerten – kaum in Übereinstimmung zu bringen sind. Dieser Befund erlaubt einen Seitenblick auf die IFRS, die verbreiteter Meinung zufolge dem Vorsichtsprinzip nicht folgen: Nach IAS 39 ist im Gegensatz zum gemilderten Niederstwertprinzip für Finanzanlagen, die nach dem *fair value*-Modell bewertet werden, kein Blick in die Zukunft bzw. über die voraussichtliche Dauer der Wertminderung erlaubt. Vielmehr verträgt der börsenunterlegte *fair value* keine Prognose über die voraussichtliche Dauer einer Wertminderung, so dass die Abwertung – eine Bewertungsvorgabe, die auch die Unterstützung des BFH für die steuerliche Gewinnermittlung erfahren hat (→ § 253 Rz. 132) – vorzunehmen ist.[27]

Nach dem Gesetzeswortlaut beschränkt sich der Vorsichtsgedanke auf die **Bewertung**. Nur muss sich dieser nach dem inneren Zusammenhang der Bilanzierungssystematik im Vorfeld der Bewertung, nämlich bei der Entscheidung über den **Ansatz**, auch schon im Kalkül des Kaufmanns niederschlagen. Ansonsten könnte es eine vorsichtige Bewertung durch den Nichtansatz einer Rückstellung, z. B. für Produkthaftpflichtfälle, bequem ausgehebelt werden. Vgl. hierzu auch das Beispiel in → Rz. 4.

Insgesamt darf das Vorsichtsprinzip somit nicht als Freibrief zur Legung von stillen Reserven verstanden werden.[28] Seine Bedeutung erfährt es ausschließlich im Falle von erforderlichen **Schätzungen**, und zwar bei der Auswahl der Methode und der Berechnungsparameter im Zuge von solchen Schätzungsverfahren.[29]

5.5 Schätzungserfordernisse

5.5.1 Die deutsche Perspektive

44 Beim Stichwort „Schätzung" denkt man in der deutschen Rechnungslegungs- und Besteuerungspraxis regelmäßig zunächst an Sachverhalte, die nach Maßgabe des **§ 162 AO** abgewickelt werden, z. B. an den Pizzabäcker, der viel mehr Mehl und Tomatendosen einkauft, als er nach den aufgezeichneten Umsatzerlösen verbraucht haben dürfte. Oder es geht um die nicht mögliche – weil unwirtschaftliche – Ermittlung von exakt zurechenbaren Gemeinkosten, etwa in Form des Transports von Lebensmitteln vom Zentrallager an die einzelnen Verkaufsfilialen (→ § 255 Rz. 23). Im letztgenannten Fall kommt der *cost benefit*-Gedanke zum Tragen,

---

[27] BFH-Urteil vom 26. 9. 2007 – I R 58/06, DB 2008 S. 214, mit Anm. *Hoffmann*, DB 2008 S. 260.
[28] So aber möglicherweise *Weber-Grellet*, DB 1997 S. 391.
[29] Vgl. *Hoffmann/Lüdenbach*, in: Lüdenbach/Hoffmann (Hrsg.), Haufe IFRS-Kommentar, 8. Aufl., Freiburg 2010, § 1 Rz. 18.

möglicherweise kombiniert mit dem Wesentlichkeitsgedanken, der unter → Rz. 182 ff. weiter dargestellt wird.

In beiden Fällen – steuerliche Schätzung oder vereinfachte Wertermittlung nach HGB – geht es um **Vergangenheitsphänomene**. Das eigentliche Schätzungsproblem bei der Bilanzierung bezieht sich demgegenüber auf die **Zukunft**, d. h. auf die künftigen Entwicklungen, die der Kaufmann ohne hellseherische Begabung nicht oder nicht ausreichend vorhersehen kann (→ Rz. 66). In dieser Hinsicht ist im handels- und steuerrechtlichen Schrifttum spürbare **Zurückhaltung**, was deren Problematisierung und Analyse anbetrifft, festzustellen. Das Gesetz selbst schweigt sich hierzu aus; man könnte meinen, ein Schätzungsproblem bezüglich der zukünftigen Wertentwicklungen von ansatzpflichtigen Vermögensgegenständen und Schulden bestünde nicht. Die BFH-Rechtsprechung hält sich konsequent diesbezüglich ebenfalls zurück – auch prozessrechtlich bedingt, da er selbst solche Schätzungen als Revisionsinstanz nicht vornehmen kann. Ausnahmen bestätigen auch hier die Regel, wie z. B. bei der Bestimmung der Nutzungsdauer eines Vertreterrechts.[30]

45

5.5.2 Die ökonomische Perspektive

Ganz anders sehen die IFRS-Regeln das Schätzungserfordernis bei der Bilanzierung. Das mag mit der Verinnerlichung der **ökonomischen Grundlagen** eines Vermögenswerts zusammenhängen, der hinsichtlich seiner Existenz von **künftigen** Zahlungsüberschüssen abhängt (→ § 246 Rz. 9). Entsprechend ist im IFRS-Framework – deren Inhalt teilweise vergleichbar den allgemeinen Bewertungsvorgaben des § 252 Abs. 1 HGB ist – **sehr deutlich** vom **Schätzungsgehalt** bei der Bilanzierung die Rede (F.86 bis 88): Die Ausübung von Schätzungen stellt einen wesentlichen Bestandteil der Jahresabschlusserstellung dar. Das gilt keineswegs nur dann, wenn innerhalb der IFRS-Regeln bei fehlenden Marktpreisen der *fair value* im *discounted cashflow*-Verfahren ermittelt werden muss. Auch nach HGB und dessen Anschaffungskostenprinzip wird bei wesentlichen Bilanzposten in diesem Sinne geschätzt.[31] Man darf sich den Blick dafür nicht durch den Musterfall des Grundstücks am Münchner Marienplatz verstellen, das mit den fortgeführten Werten aus der DM-Eröffnungsbilanz vom 21. 6. 1948 zu Buche steht. Hier wird dem Bilanzersteller durch die faktischen Verhältnisse das Schätzungserfordernis abgenommen. Aber ansonsten verbirgt sich auch hinter vermeintlich eindeutigen Bilanzposten eine Fülle von Schätzungsprozessen (→ § 321 Rz. 61), die umgekehrt aber manchmal erst nach vielen Jahren zur Gewissheit über den endgültigen und damit richtigen Betrag gelangen. So gesehen **entwickeln** sich diese geschätzten Bilanzposten im Zeitverlauf hin zur **Richtigkeit**. Die früheren Schätzungen stellen sich in der **Retro**spektive als **falsch, prospektivisch** dagegen als **richtig** i. S. der Fehlerhaftigkeit einer Bilanz (→ Rz. 66) heraus (→ Rz. 193).

46

> **BEISPIEL** Der Tunnelbauer T stößt bei den Vortriebsarbeiten plötzlich auf einen unerwartet hohen Grundwasserspiegel und bedarf dazu der Hilfe eines Spezialtiefbauunternehmens. Ob und in welchem Umfang dem Auftraggeber gegenüber diese unerwartete und in den Ausschreibungen nicht enthaltene Position weiterbelastet werden kann, ist unklar. Wegen des mit hohen Pönalen belegten Zeitpunkts der Auftragsbeendigung (des Tunnelbauers)

---

30 BFH-Urteil vom 12. 7. 2007 – X R 5/05, BStBl II S. 959.
31 Vgl. hierzu IDW PS 314 n. F. (→ § 317 Rz. 46).

> bleibt keine Zeit zur detaillierten rechtlichen Abklärung. Das Spezialtiefbauunternehmen bietet seine Leistung nach Maßgabe eines bestimmten Einheitspreises für den steigenden Meter an, macht jedoch eine ganze Reihe von Vorbehalten wegen des Gesteinsmaterials, der Wasserführung etc. deutlich.
>
> Zum Bilanzstichtag rechnet der Tiefbauer seine Leistung „entsprechend Angebotskalkulation" ab, führt dabei eine ganze Reihe von Sonderposten auf, über die mit dem Tunnelbauunternehmen noch verhandelt werden muss. Entsprechend bucht der Tiefbauer seine Gesamtforderung von 100 als Umsatzerlös ein, bildet jedoch aus Vorsichtsgründen eine Wertberichtigung von 18 wegen möglicher nicht anzuerkennender Abrechnungspositionen. Umgekehrt bucht der Tunnelbauer zum gleichen Stichtag aus Vorsichtsgründen eine Lieferantenverbindlichkeit von 100 ein, wohl um die noch ausstehende Klärung der Einzelpositionen wissend, die aller Wahrscheinlichkeit nach zu einer Reduktion des berechneten Betrags führen.
>
> Ob diese Buchung des Tunnelbauers mit 100 lt. Rechnungsstellung aus Vorsichtsgründen zwingend ist, steht u. E. nicht eindeutig fest. U. E. ist auch eine Einbuchung zwischen 90 und 95 vertretbar.

Das Beispiel zeigt jedenfalls: Innerhalb der scheinbar schätzungsimmunen Positionen „Debitoren" und „Kreditoren" können sich erhebliche Schätzungsprozesse des Bilanzierenden verbergen. Wegen möglicher Anpassungen des ursprünglichen Einbuchungsbetrags innerhalb des Wertaufhellungszeitraums wird auf → Rz. 64 verwiesen.

47 Besonders „schätzungsträchtig" sind folgende Bilanzierungsbereiche:
- ▶ Nutzungsdauer von abnutzbarem Anlagevermögen,
- ▶ unfertige Produkte und Leistungen,
- ▶ Beteiligungen ohne Börsennotiz,
- ▶ Rückstellungen.

Bei der letztgenannten Position „Rückstellung" ist auch der Bilanz**ansatz** häufig einem Schätzungsermessen ausgeliefert (→ § 249 Rz. 39 ff.). Als Beispiel seien hier die **Umweltschutz**verpflichtungen genannt, die dem Grunde nach bestehen, aber vielleicht noch nicht aufgedeckt sind – ein Thema, dem sich der BFH und das Schrifttum intensiv gewidmet haben (→ § 249 Rz. 50).

48 Im Wesentlichen geht es aber im Schätzungsprozess um die **Bewertung**, was unter der „Unsicherheitsposition Nr. 1" der Bilanzierung, den Rückstellungen, dargestellt werden soll. Die Bewertung hat nach vernünftigem kaufmännischen Ermessen zu erfolgen (→ § 253 Rz. 32), was inhaltlich dem *best estimate* in IAS 37.37 näherungsweise gleich kommt. Was ist hier nun vernünftig und wie stellt sich das bestmögliche Schätzungsverfahren für Schulden dar, die ex definitione (→ § 249 Rz. 3) dem **Grunde** und – jetzt hier behandelt – der **Höhe** nach ungewiss sind?

49 Relativ einfach lässt sich die Frage auf **statistischer** Grundlage beantworten, wenn nach dem Gesetz der großen Zahl statistisch gesicherte Vergangenheitsergebnisse ermittelt werden können (→ § 253 Rz. 33), die eine Projektion auf die Zukunft erlauben. Beispiele hierfür sind:
- ▶ Pensionsverpflichtungen für eine ausreichend große Grundgesamtheit und

▶ Gewährleistungsfälle in der industriellen Massenproduktion.

Das statistische Verfahren versagt jedoch in **Einzelfällen** der Gewährleistung (→ § 253 Rz. 34), wenn z. B. ein Anlagebauer eine Fliesenfabrik in China errichtet und vom Auftraggeber mangels ausreichender Funktionalität der Anlage mit Garantieforderungen behelligt wird. Hier muss nach dem Lehrbuch der wahrscheinlichste Wert als Bemessungsgrundlage angesetzt werden. Da ein solcher praktisch nicht feststellbar ist, wird häufig mit Szenariomodellen gearbeitet.

50

> **BEISPIEL** Im vorstehend dargestellten Fall macht der chinesische Abnehmer einen Schadensersatzanspruch von 10 Mio € geltend. Der deutsche Lieferant rechnet bei gleicher Wahrscheinlichkeit mit einer Inanspruchnahme i. H. von 2 Mio €, 4 Mio € und 6 Mio €.[32]

Nach dem Lehrbuch wäre nach HGB ein Betrag von 6 Mio €, nach den IFRS von 4 Mio € zurückzustellen. Danach ließe sich die vorsichtigere HGB-Bilanzierung belegen. In der bilanzierenden Wirklichkeit läuft die Entscheidungsfindung allerdings anders. Nach IFRS wären bei entsprechender bilanzpolitischer Zielrichtung auch Argumente für einen höheren Wahrscheinlichkeitsgrad für die Inanspruchnahme von 6 Mio € zu finden, mit der Folge eines entsprechenden Bilanzansatzes. Und umgekehrt nach HGB: Argumente für eine höhere Wahrscheinlichkeit der Inanspruchnahme i. H. von 4 Mio € würden eine Bewertung zu diesem Betrag rechtfertigen.

So oder so wäre die Bilanzierung nicht unvorsichtig, d. h. **leichtsinnig**, sondern beliefe sich im Rahmen des Ermessensspielraums, der dem Kaufmann in diesen Fällen sachnotwendig zur Verfügung steht.[33]

6. Stichtagsprinzip und Wertaufhellung (Abs. 1 Nr. 4 2. Halbsatz)

6.1 Gesetzesinhalt

Nach dem Gesetzeswortlaut ist zwischen **zwei Terminen** zu unterscheiden:

51

1. Bilanz**stich**tag (→ Rz. 30) und
2. **Erstellungs**tag (→ § 245 Rz. 10).

Sofern sich bestimmte Ereignisse zwischen diesen beiden Terminen ergeben, müssen sie u. U. bei der Bilanzierung beachtet werden. „Ereignisse" sind „namentlich ... vorhersehbare Risiken und Verluste". Der Gesetzeswortlaut ist daher insofern imparitätisch ausgerichtet (→ Rz. 71); Gewinnerwartungen („Chancen") sind unbeachtlich. Inhaltlich unterscheidet das Gesetz zwischen „Ereignissen", die bis zum Bilanzstichtag „entstanden" sind, d. h. zu diesem Zeitpunkt bestehen (**objektiver** Tatbestand), aber möglicherweise erst später „bekannt geworden sind" (**subjektiver** Tatbestand).

Zu diesem Themenbereich – als „Wertaufhellung" bezeichnet – hatte bereits 1919 der Reichsfinanzhof geurteilt.[34] In der Rechtsentwicklung ist die genannte **imparitätische** Gesetzesvor-

52

---

32 Vgl. hierzu *Lüdenbach*, IFRS, 6. Aufl., Freiburg 2010, S. 238.
33 Vgl. IDW PS 314 n. F. Tz. 10.
34 RFH-Urteil vom 31. 10. 1919 – I A 216/19, RFHE I S. 272.

gabe eher unbeachtet geblieben. Diese – paritätische – Gesetzesauslegung kann sich mit einiger Mühe, allerdings nicht zwingend, auf das **„Namentlich"** im Gesetzeswortlaut stützen. Die „Risiken und Verluste" werden als Beispiele für „Ereignisse" oder „Tatbestände" oder „Verhältnisse" angesehen (→ Rz. 62).

6.2 Der ökonomische Gehalt

53 Das hier angesprochene Bilanzierungsproblem hat seinen ökonomischen Grund in dem **physikalischen** Phänomen der **Zeit** und der menschlichen Beschränktheit des Einblicks in die **Zukunft**.[35] Diese Unsicherheit über die Zukunft wird indes unentwegt durch die Gegenwart eingeholt, d. h. das unsichere Ereignis tritt ein oder der Kenntnisstand über einen bestimmten Zustand – z. B. des Schuldners, Höhe der Schadenersatzverpflichtung – wächst im Zeitverlauf.[36] Andererseits muss die buchmäßige Erfassung von Geschäftsvorfällen irgendwann einmal – täglich, vierteljährlich, jährlich – angehalten werden, wenn das Ergebnis der Geschäftstätigkeit zur Ermittlung ansteht (→ Rz. 6).

54 Das Stichtagsprinzip hat immer etwas **Willkürliches** an sich (vgl. Beispiele → Rz. 64 f.). Werden z. B. börsengängige Aktien vererbt, wird deren Wert am Todestag des Erblassers bewertet, auch wenn der Kurs später im Zahlungszeitpunkt der Erbschaftsteuerschuld höher oder niedriger ist.

Auch bei der Bilanzierung – bei der kaufmännischen Rechnungslegung gleich welcher Provenienz – kann sich diese **Stichtagsaufnahme** eines bestimmten Sachverhalts – z. B. der Wert eines Aktienportfolios – sofort wieder anders darstellen, die Zeit läuft auch „buchhalterisch" weiter. Was gestern (am Bilanzstichtag) richtig war, ist möglicherweise einige Tage später falsch.

6.3 Rechtsdogmatik

6.3.1 Wertaufhellung und Wertbegründung

55 Zur Darlegung des Inhalts dieses Gegensatzpaares dienen zwei Sachverhalte:

> **BEISPIELE**
>
> ▶ Der bis zum Bilanzstichtag zunehmend schleppend zahlende Kunde mit sich aufbauendem Forderungsbestand geht kurz nach dem Bilanzstichtag in die Insolvenz.
>
> ▶ Derselbe Kunde gewinnt kurz nach dem Bilanzstichtag im Lotto oder macht eine Erbschaft und zahlt prompt die gesamten überfälligen Forderungsbeträge.[37]

Diese beiden Sachverhaltsalternativen sind der traditionellen BFH-Rechtsprechung und der sich daran orientierenden Rechtslehre zur logischen Vereinbarung des Stichtags- mit dem Erstellungstermin entnommen, die unter dem Stichwort „Wertaufhellung" subsumiert wird: Im ersten Fall ist die Insolvenz ein wert**aufhellendes** Ereignis, sie bestätigt nur die schon am Bi-

---

[35] Vgl. hierzu *Hoffmann*, in: Littmann/Bitz/Pust (Hrsg.), EStG, §§ 4, 5 Tz. 492.
[36] Vgl. *Hoffmann*, in: Lüdenbach/Hoffmann (Hrsg.), Haufe IFRS-Kommentar, 8. Aufl., Freiburg 2010, § 4 Rz. 2.
[37] Entnommen der Begründung des BFH-Urteils vom 4. 4. 1973 – I R 130/71, BStBl II S. 485.

lanzstichtag nicht mehr vorhandene Werthaltigkeit der Forderung. Im zweiten Fall – bei gleicher Bonität des Schuldners – ist der Lottogewinn dagegen ein wert**begründendes** Ereignis: Ein solches, das am Bilanzstichtag noch nicht vorlag und deshalb – will man dem gesetzlichen Gebot („bis zum Abschlussstichtag") nicht ausweichen – nicht berücksichtigt werden darf. Dieses Ereignis ist eben erst „in neuer Rechnung" eingetreten und kann deshalb in der stichtagsbezogenen Betrachtungsweise nicht mehr berücksichtigt werden, obwohl die wieder aufgelebte Werthaltigkeit bei Bilanzerstellung bekannt war.

Das Beispiel hat allerdings einen entscheidenden Haken: In der **Realität** gewinnt der vor der Pleite stehende Kunde nie im Lotto. Einen eher die Wirklichkeit des Wirtschaftslebens wiedergebenden Sachverhalt zeigt das folgende Beispiel: 56

> **BEISPIEL**[38] Ein Maschinenbauunternehmen baut im Kundenauftrag eine Spezialmaschine. Vor Fertigstellung verschlechtert sich die wirtschaftliche Situation des Kunden erheblich. Einen anderen Kunden kann der Hersteller mit der schon weit fortgeschrittenen Arbeit nicht bedienen. Die beiden Vertragspartner treten in Verhandlungen ein, die sich über den Bilanzstichtag hinweg hinziehen. Im Ergebnis mindert der Hersteller den Kaufpreis um einen erheblichen Teilbetrag gegenüber dem ursprünglich vereinbarten. Für den daraus resultierenden Restkaufpreis erhält der Hersteller eine Bankbürgschaft am 10.1.01 beim Bilanzstichtag 31.12.00.
>
> Die Bürgschaft ist wertbegründend. Am Bilanzstichtag war die Forderung des Herstellers gegenüber dem Kunden (noch nicht) in diesem Umfang werthaltig. Zu diesem Zeitpunkt konnte nicht mit ausreichender Wahrscheinlichkeit die Erteilung der Bürgschaft vom Bilanzierenden angenommen werden. Die Unterschrift unter dieses Papier entspricht dem Lottogewinn im Lehrbuchfall (→ Rz. 55).

Mit diesen Beispielen kann eine **logisch einwandfreie** Zusammenführung der beiden vom Gesetz genannten Stichtage und deren sachlicher Inhalte gelingen. Die **Realität** des Wirtschaftslebens stellt sich allerdings häufig anders dar. Selten geht ein säumiger Kunde noch „rechtzeitig" vor der Bilanzerstellung in die Insolvenz; erst recht stirbt nicht gerade rechtzeitig der „Erbonkel" in Amerika. Vielmehr stellt sich die Bilanzierungsentscheidung des Kaufmanns in der wirklichen Welt etwa wie folgt dar: 57

> **BEISPIEL** Der Kunde zahlt seit geraumer Zeit schleppend. Der Forderungsbestand am Bilanzstichtag beträgt dabei 1.000. Der Kaufmann rechnet am Bilanzstichtag mit einem Geldeingang von 700. Vor Bilanzerstellung gehen 300 ein.
>
> Ist dieser Geldeingang wertbegründend oder -aufhellend? Wenn Letzteres gilt, welcher Wert ist für die Bilanzierung maßgebend? 300 oder vielleicht doch 700 oder nur 400?

---

38 Nach *Lüdenbach*, PiR 2007 S. 364; ähnlich der BFH im sog. Tankerurteil vom 17.11.1987 – VIII R 348/82, BStBl 1988 II S. 430.

6.3.2 Subjektive und objektive Wertaufhellungskonzeption

58 Die Rechtsprechung und das Schrifttum begegnen dieser Bilanzierungsvorgabe – zunächst unstrukturiert dargestellt – mit Begriffen wie „subjektiver Kenntnisstand, subjektiv Gewusstes, objektiv Wissbares" u. Ä. Dabei wird zwischen **zwei Wertaufhellungskonzeptionen** unterschieden,[39] gemeint ist dabei immer auch der **Ansatz**:

1. **Subjektive** Aufhellungskonzeption: Die Bilanz ist so zu erstellen, wie sie ein – fiktiver vorsichtiger und ordentlicher – Kaufmann unter verständiger Würdigung aller Umstände und Verhältnisse am Bilanz**stichtag** aufgestellt hätte. Die Bilanzierung hat so zu erfolgen, als ob sie bereits am Bilanzstichtag erstellt worden wäre.[40]

2. **Objektive** Aufhellungskonzeption: Die Bilanzierung hat so zu erfolgen, wie sich die Verhältnisse am Bilanzstichtag nach dem Kenntnisstand des sorgfältigen Kaufmanns im Zeitpunkt der Bilanz**erstellung** darstellen. Maßgeblich sind somit die am Bilanzstichtag objektiv bestehenden Verhältnisse beleuchtet mit dem Kenntnisstand am Erstellungstag.[41]

Die Vorgabe der **objektiven** Aufhellungskonzeption entspricht der menschlichen Psyche: Man kann von niemandem verlangen, sich künstlich dumm zu stellen. Andererseits wird vom Kaufmann auch keine „divinatorische Gabe" verlangt.[42] Diese beiden höchstrichterlichen Aussagen aus der „Vorzeit" belegen bereits: Ein logisch schlüssiges Konzept zur Vereinbarung des Stichtagsprinzips mit dem stetig nachwachsenden Kenntnisstand des Kaufmanns im Zeitverlauf ist schwer zu finden.

59 Jedenfalls wird die **subjektive** Wertaufhellungskonzeption in Reinkultur auch nicht vertreten: Es kommt zwar auf die am Bilanzstichtag gegebenen Verhältnisse an – ansonsten wäre das Stichtagsprinzip obsolet geworden –, aber der Kenntnisstand des Kaufmanns über diese Verhältnisse bei Bilanzerstellung ist zu berücksichtigen, und zwar auch unter Einbeziehung dessen, was der Kaufmann zu diesem Zeitpunkt (in der Silvesternacht) bei ordentlichem Verhalten wissen **musste**.[43] Dann aber ist der **Unterschied** zur **objektiven** Aufhellungskonzeption nur mehr theoretischer Art: Sie verlangt bei Bilanzerstellung die Berücksichtigung aller am Bilanzstichtag gegebenen Verhältnisse ohne Rücksicht auf den wirklichen oder den fiktiven „ordentlichen" Kenntnisstand. Der BFH formuliert:[44] „Bis zur Aufstellung der Bilanz erlangte Kenntnisse" sind bei der Bilanzierung „zu verwerten". Daraus ist kein Gegensatz zum „Wissen müsste" herauszulesen. Die „erlangten Kenntnisse" dürfen nicht durch Scheuklappentechnik oder „Vogel-Strauß-Methode" minimiert werden, also durch bewusstes Fernhalten entsprechender Informationen, etwa mit einer Anweisung der Geschäftsführung: „Ab sofort keine weiteren Erkundigungen zur wirtschaftlichen Situation des säumigen Kunden K mehr einholen."

---

[39] BFH-Urteil vom 28. 3. 2000 – VIII R 77/96, BStBl 2002 II S. 227; *Hommel/Berndt*, DStR 2000 S. 1745.
[40] So die Vorgabe des RFH im Urteil vom 31. 10. 1919 – I A 216/19, RFHE I S. 272.
[41] So auch das Reichsgericht im Jahr 1912: „Das Gesetz mutet dem Bilanzierenden nicht zu, sich künstlich unter Außerachtlassung der vorhandenen Nachrichten in einen früheren Erkenntnisstand zurückzuversetzen"; zitiert von *Hüttemann*, in: FS Priester, 2007, S. 309.
[42] RFH-Urteil vom 17. 10. 1934 – VI A 749/33, StuW 1935 II Nr. 16 Sp. 35.
[43] So auch *Buciek*, FR 2010 S. 523.
[44] BFH-Beschluss vom 7. 4. 2010 – I R 77/08, DStR 2010 S. 1015, unter Tz. 28.

> **BEISPIEL** Der Kaufmann K stellt Fischkonserven her. Er erstellt die Bilanz zum 31.12.00 am 10.3.01. Am 22.3.01 stellt sich die Verunreinigung eines im Dezember produzierten Loses heraus.

Folgende beiden Lösungen kann man sich zurechtlegen:

► Bis zum Erstellungstag war das am Stichtag bestehende schadhafte Produktionslos nicht bekannt. Deshalb ist dies nach beiden Wertaufhellungskonzeptionen nicht zu berücksichtigen.

► Eine andere Lösung könnte dahin lauten: Ein ordentlicher Kaufmann hätte die Produktion gebührend überwacht. Dann wäre schon am Bilanzstichtag die Fehlerhaftigkeit bekannt (wissbar) gewesen. Erst recht gilt dieses „Wissen müssen" am Erstellungstag.

Subjektive und objektive Konzeption kommen zum gleichen Ergebnis.

> **BEISPIEL** (Abwandlung)
>
> Der Kaufmann K erstellt die Bilanz am 28.2.01. Am 15.2.01 stellt sich die verunreinigte Produktion eines im Dezember produzierten Loses heraus.

Sowohl nach der objektiven als auch nach der subjektiven Konzeption ist der vor der Erstellung bekannt gewordene Fehler zu berücksichtigen. Auch hier stellt sich nach beiden Konzeptionen das gleiche Ergebnis heraus.

Beide Konzeptionen bedürfen eines „praktikablen Kriteriums, ob nach dem Abschlussstichtag eintretende Ereignisse die am Abschlussstichtag gegebenen Vermögensverhältnisse erhellen oder ob sie erst im neuen Geschäftsjahr erfolgende Änderungen der Abschlussstichtags-Vermögensverhältnisse betreffen".[45]

60

> **BEISPIEL** Die (damalige) Daimler-Benz AG war zum 31.12.95 (Bilanzstichtag) mit einem hohen Engagement an den Fokker-Flugzeugwerken beteiligt. Die Tochtergesellschaft war notleidend geworden. Daimler machte die Weiterführung des Unternehmens von einer Milliardenhilfe der niederländischen Regierung abhängig. Diese wurde nach dem Bilanzstichtag abgelehnt, weshalb der Beteiligungswert (für Fokker) bei der Daimler-Benz AG auf Null sank.
>
> **FRAGE** Ist die Ablehnung der Subvention im neuen Jahr vor der Bilanzerstellung ein wertaufhellendes oder wertbegründendes Ereignis?

> **BEISPIEL** Die Fritz Werner & Niles AG (Werkzeugmaschinenhersteller) in Berlin geriet 1995 zunehmend in die Krise. Der Bilanzstichtag war der 31.12.1995. Im Januar 1996 verbreitete der Vorstand Pressemitteilungen, denen zufolge die akuten Schwierigkeiten durch ein Finan-

---

45 *Moxter*, DStR 2008 S. 470.

zierungskonzept aller Beteiligten aufgefangen werden könnten. Im Februar 1996 musste der Vorstand einen Konkursantrag stellen.

FRAGE Ist das Nichtzustandekommen des Finanzierungskonzepts mit der Folge des Konkursantrags für den Stichtag 31.12.1995 wertaufhellend oder wertbegründend?

In beiden Fällen wurde die Bilanzierungsentscheidung nicht von der subjektiven oder objektiven Wertaufhellungskonzeption, sondern von der Erwartungshaltung der Öffentlichkeit bestimmt. Niemand wird Verständnis für ein **wertbegründendes** Ereignis in Gestalt einer Insolvenz etc. kurz nach dem Bilanzstichtag aufbringen. Diese „Ereignisse" müssen in die Bilanz zum 31.12.1995 einfließen.

61 Die **Unergiebigkeit** der Differenzierung nach subjektiver und objektiver Aufhellung zeigt sich nicht zuletzt auch in der BFH-Rechtsprechung.[46] Als Beispiel seien die Wechselobligo-Urteile des BFH genannt: In diesen hatte die bilanzierende Unternehmung eine Rückstellung für das Obligo aus den am Stichtag noch uneingelösten Wechseln gebildet. Alle Wechsel waren bis zur Bilanzerstellung vom Schuldner eingelöst worden. In beiden Streitfällen hat der BFH eine Rückstellung im Hinblick auf den wertaufhellenden Charakter der Wechseleinlösung abgelehnt.

▶ **Begründung im ersten Urteil**:[47] Es seien für den Bilanzansatz auch solche Umstände zu berücksichtigen, die „am Bilanzstichtag noch **nicht eingetreten** (!) oder bekannt waren".

▶ **Korrektur im zweiten Urteil**:[48] Maßgeblich sind die Verhältnisse **am** Bilanzstichtag, die durch die späteren Wechseleinlösungen der Schuldner bis zum Erstellungstermin aufgehellt werden.

▶ **Erneute Korrektur in einem weiteren Urteil**:[49] Am Stichtag noch nicht eingetretene Verhältnisse müssen unberücksichtigt bleiben. Nur am Bilanzstichtag „objektiv" vorhandene Verhältnisse sind der Wertaufhellung zugänglich, wenn sie bis zur Erstellung bekannt oder erkennbar werden.

▶ **Weiteres Urteil**:[50] Der zu beurteilende Kenntnisstand zum Zeitpunkt der Bilanzerstellung ist daher auf die am Bilanzstichtag – objektiv – bestehenden Verhältnisse zu beziehen.

Vielleicht will sich der BFH mit der Paranthese (Hervorhebung) im zuletzt zitierten Urteil als Vertreter der „**objektiven**" Aufhellungstheorie präsentieren. Allerdings können sich die Vertreter der subjektiven Lehre mit dieser Kernaussage des Urteils ebenfalls identifizieren, etwa mit dieser Begründung (→ Rz. 58): Der ordentliche Kaufmann wäre am Stichtag über die bestehenden Verhältnisse informiert gewesen, hätte die Nichtinanspruchnahme aus dem Wechselobligo bereits gekannt oder vorausgeahnt.

Insgesamt führt die **Begriffsspielerei** mit dem objektiv vorhandenen Wissen oder dem subjektiv bei ordentlicher Sorgfalt Gewussten oder objektiv Wissbaren, sei dies nun am Bilanzstich-

---

[46] Nachzulesen im Einzelnen in der Dissertation von *Ciric*, Grundsätze ordnungsmäßiger Wertaufhellung, 1995, mit Besprechung von *Hoffmann*, BB 1996 S. 1157.
[47] BFH-Urteil vom 27.4.1965 – I 324/62 S, BStBl II S. 409.
[48] BFH-Urteil vom 19.12.1972 – VIII R 18/70, BStBl 1973 II S. 218.
[49] BFH-Urteil vom 30.1.2002 – I R 68/00, BStBl II S. 688.
[50] BFH-Urteil vom 28.3.2000 – VIII R 77/96, BFH/NV 2000 S. 1156.

tag oder -erstellungstag, zu keinem logisch stringenten Ergebnis.[51] Aus **praktischer** Sicht lautet die Devise: Die Bilanz ist nach am Bilanzstichtag vorhandenen Tatsachen, die bei ordentlichem Verhalten bis zum Erstellungstag bekannt geworden sind, zu erstellen.

6.4 Die Problembereiche in ökonomischer Sicht

6.4.1 Die „Ereignisse" im Zeitverlauf

Das eigentliche – und systematisch unlösbare – Problem ist unter → Rz. 53 bereits skizziert und mit dem Beispiel unter → Rz. 57 unterlegt worden. Dazu nochmals ein Beispiel:

62

> **BEISPIEL** Bilanzstichtag ist der 31.12.00. Der Kaufmann hat eine überfällige Forderung gegen einen Kunden. Nach der über die Hausbank eingezogenen Auskunft ist der betreffende Kunde auch andernorts mit Zahlungsrückständen aufgefallen. Mitarbeiter haben mehrfach ihre Löhne erst verspätet ausgezahlt bekommen. Weitere Erkenntnisse liegen weder am 31.12.00 noch am 20.2.01 (Bilanzerstellungsdatum) vor.
>
> Die Forderung geht am 20.3.01, alternativ am 20.3.05 ein.
>
> Weitere Alternative: Die Forderung geht nach langjährigen Verhandlungen mit dem Schuldner zu 50 % am 30.3.03 ein, der Kaufmann verzichtet gegen Besserungszusage auf den Restbetrag.

Nach Maßgabe der vorstehend dargestellten Rechtsdogmatik stellt sich die Frage: Wie beeinflusst das subjektiv Gewusste, das objektiv Wissbare oder der subjektive Kenntnisstand des sorgfältigen Kaufmanns – sei es nach der subjektiven oder der objektiven Theorie – den Wertansatz für die Forderung am 31.12.00?

Mit dem theoretischen Rüstzeug aus der BFH-Rechtsprechung ist die Frage nicht zu beantworten. Allerdings: Es gibt auch keine andere rechtssystematische Basis, und zwar aus einem einfachen Grund: (Auch) dem Kaufmann ist **keine hellseherische** (→ Rz. 58) Begabung zu eigen, diese ist nur dem mit dem besseren oder eigentlichen Wissen über den Vorgang post festum gesegneten Betriebsprüfer oder Richter in retrospektiver Form möglich. Daraus erklärt sich die Lösung solcher Bilanzierungsprobleme in der Steuererhebungspraxis: Geht die Forderung bis zur Beendigung der Außenprüfung oder der mündlichen Verhandlung vor dem FG ein, wird subjektiv Gewusstes, objektiv Wissbares oder subjektiver Erkenntnisstand über diesen Eingang mit Erfolg kaum bestritten werden können und umgekehrt.

63

Das Abstellen auf das „Wissen" – sei es nun subjektiv gewusst oder objektiv wissbar etc. – hantiert mit dem falschen Begriff. Der Kaufmann **kann** gar nicht „wissen", ob und wann und in welcher Höhe die Forderung eingeht. Er kann hier nur **Vermutungen** walten lassen, und bei Vermutungen versagen endgültig die Begriffe von subjektiv und objektiv als Unterschiedsmerkmal: **Subjektive** Vermutungen sind ein Pleonasmus, und **objektive** Vermutungen ein Widerspruch in sich selbst.

---

51 Vgl. *Hoffmann*, in: Littmann/Bitz/Pust (Hrsg.), EStG, §§ 4, 5 Tz. 492.

6.4.2 Verhältnisse und Ereignisse bis zum Stichtag und danach

64 Begrifflich muss unterschieden werden nach den **am** Bilanzstichtag gegebenen **Verhältnissen** bzw. **Zuständen** (nach IAS 10.3 *conditions*) einerseits und andererseits **Ereignissen** (*events*), die diese Verhältnisse **nach** dem Stichtag bis zur Aufstellung bestätigen bzw. erhellen. Die Insolvenz des schleppend zahlenden Kunden wäre als ein solches Ereignis zu werten, das den Zustand der Kundenforderung (die Wertlosigkeit) am Bilanzstichtag bestätigt. In anderen Fällen ist die Ortung des Ereignisses mit Zeitbezug in diesem Sinn ungleich schwieriger.

> **BEISPIEL**[52] Das Unternehmen U hat eine neue Generation von Kinderwindeln entwickelt, flächendeckend in den Medien beworben und zum Weihnachtsgeschäft auf den Markt gebracht. Anfang Februar (Bilanzstichtag 31.12.) mehren sich Kundenbeschwerden infolge starker Hautinfektion bei Säuglingen. Kunden und Krankenkassen stellen Schadenersatzansprüche in Aussicht. Spezialisierte Anwälte haben bereits eine Internetplattform zur Bündelung der Gläubigerinteressen eingerichtet.

Im Gegensatz zum Insolvenzfall als **zeitpunkt**bezogenes **Einmal**ereignis können sich Zustände und Verhältnisse im **Zeitverlauf entwickeln**, z. B. die Krise an den Finanzmärkten oder die Preisentwicklung bei Computerchips oder aber der zunehmend schlechtere Geschäftsgang der Fokker-Flugzeugwerke bzw. der Werkzeugmaschinen AG (→ Rz. 60). Ähnlich verhält es sich im vorstehenden Beispielsfall der Kinderwindeln. Das Ereignis (*event*) der Hautinfektion kommt möglicherweise nicht sofort nach der Anwendung zum Vorschein, sondern beruht auf einer mehrwöchigen oder mehrmonatigen Inkubationszeit. Dann könnten durch die Nachrichten über die Infektion die am Bilanzstichtag bestehenden Umstände erhellt werden. Das Beispiel zeigt aber auch das damit verbundene weitere Problem, nämlich die Ermittlung des Inkubationszeitraums. Beträgt dieser mit Sicherheit weniger als drei Wochen, könnten sich die im Februar herausgestellten Infektionen auf eine mangelhafte Produktionscharge im neuen Jahr zurückführen lassen. Bei zweimonatiger Inkubationszeit spricht dagegen viel für die schon am Stichtag vorhandene bilanzielle Risikosituation. Möglicherweise ist aber auch die Inkubationszeit nur in Intervallen zwischen einer Woche und drei Monaten zu bestimmen, dann wird im vorliegenden Fall eine eindeutige Aussage über die Verhältnisse am Bilanzstichtag nicht möglich sein.

Möglicherweise ist aber auch nicht ein bestimmtes, noch festzustellendes Produktionslos – z. B. durch Bedienungsfehler – ursächlich, sondern das neu entwickelte Produkt insgesamt wegen des nicht ausreichend getesteten Materials.

Auch eine Ende Januar festgestellte Bodenverunreinigung durch ein Leck in der Galvanisierungsanlage wird sich möglicherweise nicht eindeutig auf ein Ereignis vor oder nach dem Bilanzstichtag zurückführen lassen. Anders verhält es sich bei der Feststellung von Hausschwamm im Januar. Ein solcher Schaden entwickelt sich im Zeitverlauf. Aller Wahrscheinlichkeit lag der Schwammbestand schon am Bilanzstichtag vor.[53]

65 Bei **Produktions**schäden kann die verursachungsgerechte Zuordnung des Vorfalls schwierig sein, die sich wiederum im Zeitlauf niederschlägt.

---

52 Ähnlich bei *Hüttemann*, in: FS Priester, 2007, S. 313: Infektion einer Schafsherde.
53 Beispiel nach *Hüttemann*, in: FS Priester, 2007, S. 312 f.

> **BEISPIEL⁵⁴** Eine Ende Dezember in Betrieb genommene Fertigungsanlage fällt im Wertaufhellungszeitraum als Totalschaden aus. Die Nachuntersuchung zeigt Konstruktionsfehler, gibt aber auch Bedienungsfehlern eine gewisse Mitschuld.
>
> Theoretisch wäre der „Umstand" (des Schadens) zu teilen: Der Konstruktionsfehler läge am Bilanzstichtag vor, die schadhafte Bedienung erst danach. Praktisch wird eine solche Aufteilung nicht gelingen.

Die Beispiele erinnern an die willkürlichen Effekte des **Stichtagsprinzips** (→ Rz. 54). Die wirtschaftliche Situation des Unternehmens wird durch die Entdeckung der Hautinfektionen etc. gleichermaßen beeinträchtigt, ob dies nun dem alten oder dem neuen Geschäftsjahr zuzuordnen ist.

Wegen eines weiteren Beispiels zur Bestimmung des niedrigeren beizulegenden Werts bei Preisänderungen im Aufstellungszeitraum vgl. → § 253 Rz. 153a.

6.4.3 Die Ungewissheit künftiger Entwicklungen

Zu einer sinnvollen Wertaufhellungskonzeption muss das Thema in einen **umfassenderen** Zusammenhang gestellt werden, nämlich in das die Bilanzierung insgesamt durchziehende Problem der **Ungewissheit** bzw. Unsicherheit über **künftige** Entwicklungen (→ § 249 Rz. 43), die notwendigerweise einen **Schätzungs**prozess bzw. eine Ermessensentscheidung vom bilanzierenden Kaufmann erfordern (→ Rz. 39 ff.). Dieses Schätzungsverhalten kann durch Ereignisse (*events*) bis zur Aufstellung des Abschlusses erleichtert oder bestätigt werden. Häufig oder meistens muss die Schätzung jedoch ohne solche unterstützende Erkenntnisse auskommen. Im Beispiel der Kinderwindeln (→ Rz. 64) konnte der Kaufmann zunächst vom normalen Gang der Dinge ausgehen, der gerade nicht im Verkauf von schadhaften Produkten liegt. Der in das Beispiel hineingelegte Ausnahmefall widerlegt seine bis dahin „richtige" Schätzung, sofern tatsächlich ein Produktionslos aus dem Dezember betroffen ist. Dies ist bei der Bilanzerstellung am 15.2.01 zu berücksichtigen. Treffen demgegenüber die Informationen über Hautinfektionen erst nach Bilanzerstellung, etwa im März 01, ein, stellt sich die bei Bilanzerstellung über die Verhältnisse am Stichtag vollzogene Schätzung als unrichtig heraus. Schätzungen sind indes notwendig immer unrichtig, weil sie durch die späteren tatsächlichen Ereignisse notwendigerweise widerlegt oder höchst selten als „richtig" bestätigt werden (→ Rz. 46). Deshalb ist in diesem Fall die Bilanz ohne Berücksichtigung der nachträglich eingegangenen Information über die Hautinfektionen nicht unrichtig. Die „Korrektur" erfolgt im nächsten Jahresabschluss. Nach IAS 8.36(f) liegen *changes in accounting estimates* vor, die von Bilanzierungsfehlern (*errors* nach IAS 8.41) zu unterscheiden sind.

66

Das die Wertaufhellungskonzeption überlagernde **Schätzungs**problem geht aus dem folgenden Beispiel hervor, das dem Sachverhalt des „BIAO-Rechtsstreits" entnommen ist.⁵⁵

67

---

54 Nach *Hoffmann*, in: Lüdenbach/Hoffmann (Hrsg.), Haufe IFRS-Kommentar, 8. Aufl., Freiburg 2010, § 4 Rz. 20.
55 BFH-Urteil vom 15.9.2004 – I R 5/04, BFH/NV 2005 S. 421; vgl. hierzu *Hoffmann*, in: Littmann/Bitz/Pust (Hrsg.), EStG, §§ 4, 5 Tz. 492g.

> **BEISPIEL** ▶ Eine Bank übernimmt Kreditausfallbürgschaften über 3 Mio USD und eine weitere über 1,5 Mio USD und erhält dafür eine Risikoprämie (Avalentgelt) von 4.375 USD bzw. 2.175,35 USD (Provisionssatz 7/8 %). Die verbürgte Forderung ging im Aufhellungszeitraum in vollem Umfang ein. Die bürgende Bank (Steuerpflichtiger) wurde aus ihrer Bürgschaft nicht in Anspruch genommen. Entsprechende Geschäftsbeziehungen gleichen Inhalts sind jahrelang reibungslos, d. h. ohne Kreditausfall, abgewickelt worden.
>
> Die steuerpflichtige Bank wollte neben einer unstreitigen Rückstellung für Bonität in offensichtlich geringer Höhe eine weitere Rückstellung für das Ausfallrisiko aufgrund einer Länderbewertung, die nach einem bestimmten Berechnungsmodus ermittelt worden ist, i. H. von 638 TDM mit steuerlicher Wirkung bilden.
>
> Der BFH hat die Rückstellungsbildung abgelehnt und dabei den Geldeingang innerhalb der Erhellungsfrist als Bestätigung für das nicht vorhandene Risiko gewertet.

68   Die Entscheidung hätte in gleichem Umfang erfolgen müssen, wenn der Geldeingang erst nach der Bilanzerstellung zu verzeichnen gewesen wäre.[56] Der Grund liegt in der **Risikostruktur** des Geschäfts. Die beiden erhaltenen Provisionen und der diesen zugrunde liegende Vergütungssatz von 7/8 % belegen ein sehr geringes Ausfallrisiko. Bürgschaften und Kreditgarantien werden unter Fremden nur eingegangen, wenn der Sicherungsgeber nicht mit einer Inanspruchnahme rechnet. Deshalb akzeptiert der BFH in ständiger Rechtsprechung auch nur Rückstellungen für Bürgschaftsobligen, wenn die Inanspruchnahme konkret aufgrund Illiquidität des Primärschuldners absehbar ist. Das zu vernachlässigende und deshalb nicht bilanzierbare Risiko im entschiedenen Fall wird einerseits durch den Blick zurück (bisher unbeanstandete Geschäftsbeziehung bei sehr geringem Risiko) und hier (ausnahmsweise) durch den bei Bilanzerstellung bekannten Wegfall des Risikos durch Erfüllung der Hauptschuld bestätigt.

6.5 Weitere Sachverhalte

6.5.1 Zufallskurse am Bilanzstichtag

69   Regelmäßig ist ein am Bilanzstichtag festzustellender Börsen- oder Marktpreis (imparitätisch) als Bilanzierungsgrundlage zu verwenden. Nicht nur nach Auffassung des BFH ist ein Börsen- oder Marktpreis „ein objektiver Wert, der nicht auf der persönlichen Auffassung des einzelnen Kaufmanns über die künftige wirtschaftliche Entwicklung, sondern auf der allgemeinen Auffassung beruht, wie sie in der Marktlage am Bilanzstichtag zum Ausdruck kommt".[57] Gesunkene Marktpreise nach dem Stichtag beruhen auf danach eingetretenen Ereignissen, sind also **wertbegründend**.

70   Anders kann es sich nach Auffassung des BFH im eben zitierten Urteil verhalten, wenn Kurse auf wenig liquiden Märkten **Zufallscharakter** aufweisen. Dann können Preisnotizen kurz vor oder nach dem Stichtag als Bewertungsgrundlage herangezogen werden, sofern sich in ihnen

---

[56] A. A. *Hüttemann*, in: FS Priester, 2007, S. 318: die Schuldnerposition hätte sich zwischen Stichtag und Zahlungstag wesentlich verändern können.
[57] BFH-Urteil vom 17. 7. 1956 – I 292/55 U, BStBl II S. 379; ähnlich BFH-Urteil vom 26. 9. 2007 – I R 58/06, DB 2008 S. 214, mit Anm. *Hoffmann* wegen der Besonderheit der vorübergehenden Wertminderung; vgl. auch *Bäuml*, StuB 2008 S. 130.

keine danach eingetretenen Tatsachen niederschlagen. Bei stark schwankenden Preisen für Importwaren sollen demzufolge nach Auffassung des BFH die Entwicklungen auf den Märkten etwa vier bis sechs Wochen vor und nach dem Stichtag berücksichtigt werden. Das gilt zur Wiederholung nur bei wenig liquiden Märkten und kann u. E. in diesem Rahmen auch handelsrechtlich angewandt werden.

6.5.2 Preisentwicklung nach dem Bilanzstichtag

Wert**aufhellend** kann auch die Preisentwicklung zwischen Bilanzstichtag und Erstellungstag sein. 71

> **BEISPIEL** Die Einzelhandelskette Outdoor-Sport bietet zur Wintersaison 01 modische Skipullover zum Verkaufspreis von 350 bei einem Einstandspreis von 180 an. Der Verkauf läuft bis zum 31.12. mehr als schleppend, das Design trifft nicht den Geschmack des Publikums. Am 7.1.02 startet die Kette eine umfangreich beworbene Rabattaktion mit einem „einmaligen Sonderpreis" von 150. Dieser Wert stellt die Grundlage für den Wertansatz in der am 18.1.02 erstellten Bilanz dar. Dies entspricht der Bewertungsvorgabe in IAS 2.28.

6.5.3 Unwirksame oder schwebend unwirksame Verträge

Auf → Rz. 139 wird verwiesen. 72

6.5.4 Rechtsstreitigkeiten

Bei **Rechtsstreitigkeiten** – gerichtlich oder außergerichtlich – über das Bestehen von Forderungen oder Verbindlichkeiten vertritt der BFH eine **typisierende** Haltung: Erst wenn ein rechtskräftiges Urteil oder ein unbedingtes Schuldanerkenntnis vorliegt, kann die betreffende Forderung ein- oder eine vorsorglich gebildete Rückstellung ausgebucht werden. Dem Gerichtsurteil oder dem Schuldanerkenntnis kommt somit auf jeden Fall ansatz- bzw. wertbegründende Eigenschaft zu. 73

> **BEISPIEL**[58] Ein die Forderung bestätigendes Urteil geht im Wertaufhellungszeitraum zu. Die Forderung wird damit als bestehend (auch am Bilanzstichtag) anerkannt. Gleichwohl ist sie in der Bilanz zum 31.12. nicht zu aktivieren.

> **BEISPIEL**[59] Ein Steuerpflichtiger hatte wegen einer gegen ihn gerichteten (zivilrechtlichen) Klage eine Rückstellung für ungewisse Verbindlichkeiten gebildet. Im Urteil der Tatsacheninstanz, das vor dem Bilanzstichtag zuging, wurde diese Klage abgewiesen und die Revision nicht zugelassen. Gleichwohl war nach Auffassung des BFH die Rückstellung noch nicht aufzulösen, weil der Kläger noch eine Nichtzulassungsbeschwerde hätte einlegen können. Tat-

---

58 BFH-Urteil vom 26. 4. 1989 – I R 147/84, BStBl 1991 II S. 213.
59 BFH-Urteil vom 30. 1. 2002 – I R 68/00, BStBl II S. 688.

> sächlich hatte er davon keinen Gebrauch gemacht, was allerdings erst nach dem Bilanzstichtag als „Ereignis" (→ Rz. 62) festgestellt werden konnte.

74 Die typisierende Lösung des BFH entspricht nicht der zivilprozessrechtlichen Betrachtung, der zufolge ein Urteil nicht Recht **schafft**, sondern nur **feststellt**, was rechtens ist. Diesem Aspekt folgen eher die Vorgaben der IFRS in IAS 10.9.[60] U. E. ist deshalb der Auslegung des BFH für handelsrechtliche Zwecke nicht notwendig zu folgen, zumindest im Interesse eines Gleichlaufs von Handels- und Steuerbilanz aber auch akzeptabel.

6.5.5 Dividendenvereinnahmung von Kapitalgesellschaften

75 Die Dividende entsteht rechtlich und damit ansatz**begründend** (→ Rz. 55) mit Fassung des **Gewinnausschüttungsbeschlusses**. Nach Auffassung des EuGH[61] und des BGH[62] – beide Urteile zum berühmt gewordenen Fall „Tomberger" – wirkt demgegenüber ein nach dem Bilanzstichtag gefasster Ausschüttungsbeschluss aufgrund einer undefinierten wirtschaftlichen Betrachtung ansatz**erhellend**, wenn folgende Tatbestandsmerkmale kumulativ erfüllt sind:

▶ Die Muttergesellschaft ist zu 100 % an einer Tochterkapitalgesellschaft beteiligt.
▶ Die Tochtergesellschaft ist ein abhängiges Konzernunternehmen.
▶ Die Feststellung des Jahresabschlusses der Tochtergesellschaft und der Gewinnausschüttungsbeschluss für das abgelaufene Geschäftsjahr müssen von der Gesellschafterversammlung der Tochter vor Beendigung der Abschlussprüfung bei der Mutter gefasst worden sein.
▶ Mutter- und Tochtergesellschaft haben ein übereinstimmendes Geschäftsjahr.

76 Diese Entscheidungen überraschen insoweit, als ein Dividendenanspruch rechtlich erst mit dem Gewinnausschüttungsbeschluss, der notwendigerweise erst nach dem Feststellungsbeschluss im neuen Geschäftsjahr erfolgen kann, vorliegt, was eher für eine ansatz**begründende** Wirkung spricht. Außerdem ist am Bilanzstichtag (der Mutter) überhaupt offen, ob und in welchem Umfang ein Gewinn der Tochtergesellschaft entstanden ist. Ungeklärt ist auch die Anwendung auf mehrheitlich, aber nicht vollständig beherrschte Tochtergesellschaften.

Jedenfalls kann auf der vorstehend dargestellten (→ Rz. 75) Sachverhaltsliste das Vereinnahmungsjahr für die Dividende durch die Muttergesellschaft bequem **gesteuert** werden, indem der Gewinnverwendungsbeschluss vor oder nach Beendigung der Abschlussprüfung gelegt wird.

Vermutlich aus diesem Grund folgt der BFH den Entscheidungen des EuGH und des BGH (→ Rz. 75) nicht und akzeptiert die Dividendenvereinnahmung in der **Steuerbilanz** erst im Veranlagungszeitraum des Dividendenbeschlusses.[63] Dies entspricht der IFRS-Rechtslage nach IAS 18.30(c).

---

60 Vgl. *Lüdenbach*, PiR 2007 S. 144.
61 EuGH-Urteil vom 27. 6. 1996 – Rs. C-234/94, BB 1996 S. 1492.
62 BGH-Urteil vom 12. 1. 1998 – II ZR 82/83, DStR 1998 S. 383.
63 BFH-Beschluss vom 7. 8. 2000 – GrS 2/99, BStBl II S. 632; vgl. *Blaum/Kessler*, StuB 2000 S. 1233.

6.5.6 Gewinnvereinnahmung bei Personengesellschaften, stillen Gesellschaften, Genussrechten

Auf die Kommentierung in → § 255 Rz 124 ff. wird verwiesen.

77

6.6 Erstellungsfrist und -vorgang

In Rechtsprechung und Schrifttum ist auch die Bedeutung des tatsächlichen **Zeitpunkts** der Bilanzerstellung offen geblieben. Mit zunehmendem Zeitabstand zum Bilanzstichtag wächst das potenzielle Wertaufhellungsvolumen über die Verhältnisse am Bilanzstichtag. Je später der Kaufmann bilanziert, desto größer ist sein Kenntnisstand und desto „richtiger" ist seine Bilanz. Aber mit der Wertaufhellung muss es irgendwann sein Ende haben, wenn nicht die stichtagsbezogene Bilanzierung überhaupt ad absurdum geführt wird.

78

Für die Steuerbilanz wird einer Schrifttumsäußerung[64] zufolge eine Wertaufhellungsfrist bis zur rechtskräftigen Veranlagung, u.U. auch bis zum Ergehen eines rechtskräftigen Urteils – vielleicht sechs bis zwölf Jahre nach dem Stichtag – im Interesse der Besteuerung nach der Leistungsfähigkeit für erforderlich erachtet.

Das FG Düsseldorf[65] hat das Ende des Wertaufhellungszeitraums auf zwölf Monate nach dem Bilanzstichtag festgelegt, so auch der BFH,[66] allerdings mit Einschränkungen. Mit den handelsrechtlichen Fristen für Kapital- und Kap. & Co.-Gesellschaften in § 264 Abs. 1 HGB hat sich der BFH bislang nicht identifiziert. Eine h. M. in im eher handelsrechtlich ausgerichteten Schrifttum ist kaum festzustellen.

Der BFH hat sich eingehender mit der Frage befasst, **wann** eigentlich eine Bilanz erstellt ist.[67] Das Bilanzierungs-Procedere stellt einen fortlaufenden Prozess dar, der zu unterschiedlichen Zeiträumen die einzelnen Bilanzpositionen abschließt. Konkrete Frage: Ist ein am 20.1. (Bilanzstichtag 31.12.) bekannt gewordener Forderungsausfall zu berücksichtigen, wenn der Posten „Debitoren" am 10.1. abschließend erstellt und vom Abschlussprüfer geprüft worden ist, oder muss bis zur Unterzeichnung des Jahresabschlusses (→ § 245 Rz. 6 ff.) durch den Kaufmann am 15.2. dieser Forderungsausfall noch berücksichtigt werden? Die Antwort des BFH lautet: Maßgeblich ist die **förmliche** Bilanzerstellung (→ § 243 Rz. 22), allerdings mit einer Ausnahme für „relativ unbedeutende Risiken". Im letztgenannten Aspekt kommt der *materiality*-Grundsatz zum Tragen, der für Zwecke der kaufmännischen Rechnungslegung allgemein und für die Abschlusserstellung speziell grundlegende Bedeutung hat (→ Rz. 182).

79

Im Übrigen reduziert sich dieses Problem durch den fortlaufenden Trend zum sog. *„fast close"*, einer Abschlusserstellung nur wenige Tage nach dem Bilanzstichtag. Dieser Aspekt schränkt die „Praxistauglichkeit" der beiden in → Rz. 58 genannten Wertaufhellungskonzeptionen weiter ein (→ Rz. 18).

80

Zur Rechtsstruktur von **Auf-** und **Feststellung** des Jahresabschlusses wird auf → § 245 Rz. 6 ff. verwiesen.

---

[64] Vgl. *Weber-Grellet*, in: FS Reiß, 2008, S. 483.
[65] FG Düsseldorf, Urteil vom 9.11.1999 – 13 K 661/96 E, G, EFG 2000 S. 304.
[66] BFH-Urteil vom 6.12.1983 – VIII R 110/79, BStBl 1984 II S. 227.
[67] BFH-Urteil vom 15.9.2004 – I R 5/04, BFH/NV 2005 S. 421.

6.7 Einzelfälle aus der BFH-Rechtsprechung

81 **Beispiele** aus der Rechtsprechung für wertbeeinflussende Tatsachen (ansatz- bzw. wertbegründend):

Vergleichsangebot der Gegenseite zu einer Schadenersatzforderung; Vergleich über einen strittigen Sachverhalt	BFH-Urteil vom 11. 10. 1973 – VIII R 1/69, BStBl 1974 II S. 90; FG Nürnberg, Urteil vom 12. 12. 2000 – I 342/99, EFG 2001 S. 278
Nicht rechtskräftiger Anspruch auf Schadenersatz wegen culpa in contrahendo u. Ä.	BFH-Urteil vom 26. 4. 1989 – I R 147/84, BStBl 1991 II S. 213; *Mathiak*, StuW 1985 S. 278
Ausgleichsanspruch für Handelsvertreter	BFH-Urteil vom 17. 5. 1978 – I R 89/76, BStBl II S. 497; BFH-Urteil vom 3. 7. 1991 – X R 163-164/87, BStBl II S. 802
Wegfall einer Verbindlichkeit, für die eine Rückstellung gebildet worden ist, - durch Vertragsänderung oder - durch rechtskräftiges Urteil	BFH-Urteil vom 17. 11. 1987 – VIII R 348/82, BStBl 1988 II S. 430; BFH-Urteil vom 30. 1. 2002 – I R 68/00, BStBl II S. 688
Vertragsänderung nach dem Bilanzstichtag berechtigt nicht zur Rückstellung	BFH-Urteil vom 25. 7. 1995 – VIII R 38/93, BStBl 1996 II S. 153
Tod nach dem Bilanzstichtag bei lebenslänglichem Wettbewerbsverbot	BFH-Urteil vom 23. 6. 1981 – VIII R 43/79, BStBl 1982 II S. 56
Überschreiten der vereinbarten Stundenhöchstmenge nach dem Bilanzstichtag	BFH-Urteil vom 13. 4. 1988 – I R 104/86, BStBl II S. 892; kritisch *Mathiak*, DStR 1989 S. 232
Rechtskräftiges Urteil zu Schadenersatzverpflichtung	BFH-Urteil vom 27. 11. 1997 – IV R 95/96, BStBl 1998 II S. 375; BFH-Urteil vom 26. 4. 1989 – I R 147/84, BStBl 1991 II S. 213
Gewinnverwendungsbeschluss nach dem Bilanzstichtag	BFH-Beschluss vom 7. 8. 2000 – GrS 2/99, BStBl II S. 632
Geldeingang auf wertberichtigte Kundenforderung	BFH-Urteil vom 20. 8. 2003 – I R 49/02, BStBl II S. 941

Beispiele aus der Rechtsprechung für Ansatz- bzw. Wertaufhellung:

Kundenkonkurs nach dem Bilanzstichtag	RFH-Urteil vom 17. 12. 1931 – III A 86/4, StuW 1932 S. 470
Zahlung von Wechselschulden sechs Monate nach Bilanzstichtag	BFH-Urteil vom 27. 4. 1965 – I 324/62 S, BStBl III S. 409
Wechseleinlösung nach dem Bilanzstichtag	BFH-Urteil vom 4. 4. 1973 – I R 130/71, BStBl II S. 485
Modische Textilartikel	BFH-Urteil vom 21. 10. 1981 – I R 170/78, BStBl 1982 II S. 121
Mängelrügen eines Kunden nach dem Bilanzstichtag	BFH-Urteil vom 28. 3. 2000 – VIII R 77/96, BStBl 2002 II S. 227

Gewinnverwendungsbeschluss nach dem Bilanzstichtag konkretisiert den Dividendenanspruch eines Mehrheitsgesellschafters	BFH-Urteil vom 8. 3. 1989 – X R 9/86, BStBl II S. 714, überholt durch BFH-Beschluss vom 7. 8. 2000 – GrS 2/99, BStBl II S. 632
Aufdeckung einer Straftat nach dem Bilanzstichtag	BFH-Urteil vom 2. 10. 1992 – III R 54/91, BStBl 1993 II S. 153; FG Münster, Urteil vom 23. 5. 2001 – 8 K 7105/98 E, G, EFG 2001 S. 1291
Prozesskosten für die nächste Instanz bei Rechtsbehelfseinlegung nach dem Bilanzstichtag	BFH-Urteil vom 6. 12. 1995 – I R 14/95, BStBl 1996 II S. 406
Verneinung einer Schadenersatzverpflichtung durch rechtskräftiges Urteil nach dem Bilanzstichtag	BFH-Urteil vom 27. 11. 1997 – IV R 95/96, BStBl 1998 S. 375
Geldeingang auf garantierten Kredit	BFH-Urteil vom 15. 9. 2004 – I R 5/04, BFH/NV 2005 S. 421

6.8 Ausnahmen vom Stichtagsprinzip

Das Gesetz macht in folgenden Fällen durch Bezugnahme auf **künftige** Verhältnisse Ausnahmen vom Stichtagsprinzip:[68]

▶ Bewertung von Verbindlichkeiten und Rückstellungen (→ § 253 Rz. 30);

▶ Pflicht oder Wahlrecht für (nicht) dauernde Wertminderungen des Anlagevermögens (→ § 253 Rz. 116).

Bei Wegfall der Fortbestehenshypothese soll ebenfalls vom Stichtagsprinzip abgewichen werden (→ Rz. 24a).[69]

81a

7. Ansatz nicht realisierter Verluste und Risiken, Imparitätsprinzip (Abs. 1 Nr. 4 3. Halbsatz)

Der Ausweis (Realisierung) von Gewinnen und Verlusten ist **imparitätisch** geregelt (Imparitätsprinzip). Die Verlustkomponente ist sprachlich in das Wertaufhellungsgebot integriert (§ 252 Abs. 1 Nr. 4 1. Halbsatz HGB), wobei Letzteres durchaus paritätisch verstanden wird (→ Rz. 52). Nicht realisierte Verluste sind **keine künftigen**, sondern am Bilanzstichtag **vorhandene**. Höchst misslich, weil unnötige Missverständnisse auslösend, ist dabei die Terminologie von der **Antizipation** (Vorwegnahme) von Verlusten (→ § 249 Rz. 131).[70] Bilanzierbar sind die am Bilanzstichtag bestehenden („entstandenen") Verluste, d. h. Vorgänge, die zu diesem Zeitpunkt das Vermögen des Kaufmanns mindern. **Zahlungsabflüsse** sind dabei unbeachtlich, es wird keine Gewinnermittlung durch Einnahmen und Ausgaben vorgenommen, sondern durch Vermögensvergleich bzw. durch Periodisierung gem. § 252 Abs. 1 Nr. 5 HGB (→ Rz. 163).

82

---

68 Vgl. *Avella/Brinkmann*, in: Haufe HGB Bilanz Kommentar, Freiburg 2009, § 252 Tz. 66.
69 IDW ERS HFA 17 n. F. Tz. 25.
70 Vgl. *Hoffmann*, in: Littmann/Bitz/Pust (Hrsg.), EStG, §§ 4, 5 Tz. 500; *Kessler*, DStR 1994 S. 1289, in Diskussion mit *Weber-Grellet*, DB 1994 S. 288. Weiter ist zu verweisen auf den BFH-Beschluss vom 23. 6. 1997 – GrS 2/93, BStBl 1997 II S. 735.

83 Musterbeispiel eines solchen vorhandenen, aber noch nicht realisierten Verlusts sind solche aus **schwebenden**, „an sich" nicht bilanzierbaren (→ § 246 Rz. 4) Geschäften. Die daraus resultierenden Forderungen und Verbindlichkeiten bleiben wegen der – zunächst gegebenen – Ausgeglichenheitsvermutung bilanziell unerfasst, solange nicht daraus ein Verlust **entstanden** ist („droht"). Dazu wird auf → § 249 Rz. 131 verwiesen. Umgekehrt sind „drohende" („winkende") Gewinne aus schwebenden Geschäften nicht ansetzbar, sondern eben erst nach Realisation, die wiederum mit Geldzuflüssen nicht identisch sind (→ Rz. 166).

84 Unklar und missverständlich ist die Vorgabe zur Berücksichtigung „aller vorhersehbarer Risiken". Gemeint sein können nur **bilanzierbare** Risiken, nicht solche der voraussichtlichen Entwicklung des Unternehmens, die im Lagebericht gem. → § 289 Rz. 30 ff. zu beurteilen und zu erläutern sind. „Risiken" i. S. des § 252 Abs. 1 Nr. 4 HGB können nur als Oberbegriff für Ansatz- und Bewertungsgebote verstanden werden, in denen sich **Verlustpotenzial** niederschlägt:

- Rückstellungen für ungewisse – der Höhe und dem Wert nach – Verbindlichkeiten (§ 249 HGB).
- Wertberichtigungen auf Forderungen des Umlaufvermögens (§ 253 Abs. 4 HGB).
- Außerplanmäßige Abschreibungen auf Anlagegegenstände (§ 253 Abs. 3 Satz 3 HGB).
- Abschreibungen auf Vorratsvermögen (§ 253 Abs. 4 HGB).

Diesbezüglich wird auf die einschlägigen Kommentierungen verwiesen.

8. Realisationsprinzip (Abs. 1 Nr. 4 letzter Satzteil)

8.1 Umsatzbezogene Gewinnrealisierung

8.1.1 Abgang des Vermögensgegenstands

85 Nach dem Realisationsprinzip dürfen Gewinne (positive Erfolgsbeiträge) **nur** und **erst** dann ausgewiesen werden, wenn sie realisiert sind (§ 252 Abs. 1 Nr. 4 HGB). Anders verhält es sich mit Verlusten, die – wenn vorhanden – auch ohne Realisation anzusetzen sind (Imparitätsprinzip → Rz. 82). Näheres gibt der Gesetzesinhalt nicht her. Er fordert den Anwender zur **Beachtung** auf, liefert selbst aber keine Lösungsvorschläge, erst recht **keine Definition**.

Die Gewinnrealisation ist üblicherweise mit einem **Umsatzakt** verbunden. Diesem Teilbereich widmet sich die nachstehende Kommentierung unter → Rz. 86 bis → Rz. 154. In Sonderfällen ist der Realisationstatbestand mit bewussten Gestaltungsmaßnahmen **außerhalb** der eigentlichen unternehmerischen Leistungserbringung verbunden. Hierauf wird unter → Rz. 155 ff. eingegangen.

86 An der internationalen Betrachtungsweise orientiert sich IDW ERS HFA 13 n. F.[71] Danach liegt ein gewinnrealisierender **Abgang** eines Vermögensgegenstands dann vor, wenn alle wesentlichen Eigentümerrechte auf eine andere Person übergegangen sind, insbesondere die Möglichkeit bzw. Berechtigung zur

- beliebigen Verwendungsmöglichkeit,
- Nutzung des Gegenstands,

---

[71] IDW FN 2007 S. 83; *Scherff/Willeke*, StuB 2007 S. 465.

- Ausschließung der Einwirkung Dritter auf den Gegenstand,
- Herausgabe des Gegenstands (von Dritten) sowie
- Beseitigung von Beeinträchtigungen (durch Dritte).

Diese wesentlichen Eigentumsrechte müssen nicht notwendig mit der Zuordnung des **zivilrechtlichen** Eigentums verbunden sein. Zu beachten sind vielmehr entscheidend die Kriterien des **wirtschaftlichen** Eigentums (→ § 246 Rz. 147 ff.). Dieses setzt das Innehaben von Besitz, Gefahr, Nutzen und Lasten (Chancen und Risiken) für die wirtschaftliche Nutzungsdauer des betreffenden Vermögensgegenstands voraus.

87

8.1.2 Zeitverlauf

Das Realisationsprinzip enthält eine **zeitliche** Komponente.[72] Insofern besteht eine wichtige Verbindung zum **Stichtagsprinzip** (→ Rz. 26). Es geht in diesem Zusammenhang um die Lösung typischer Problembereiche:

88

BEISPIELE

- Hat der Bauunternehmer seine Leistung erbracht, wenn das Gebäude selbst bezugsfertig ist, die Außenanlagen aber erst nach Ende des Winters fertig gestellt werden können?
- Hat der Lizenzgeber seine Leistung mit Abschluss des Überlassungsvertrags auf fünf Jahre erbracht oder erst im entsprechenden Zeitverlauf?

Der Realisationsgrundsatz stellt so gesehen zusammen mit dem Stichtagsprinzip das entscheidende **Fundament** der Bilanzierung schlechthin dar. Sie verleihen dem Periodisierungsprinzip (*accrual principle*) des § 252 Abs. 1 Nr. 5 HGB (→ Rz. 163 ff.) Ausdruck. Nicht Zahlungen, Zahlungszeitpunkte und Zahlungsfristen bestimmen den Inhalt der Rechnungslegung (sonst Einnahmen-Ausgabenrechnung), sondern der Zeitpunkt der Leistungserbringung und des Entstehens der Zahlungsverpflichtung. Entsprechend sind Geschäftsvorfälle bei Auftreten und nicht bei Zahlung zu erfassen.[73]

Man kann es mit dem BFH[74] auch so deuten: „Theoretisch" kommen drei Zeitpunkte für die Feststellung der Realisation beim „normalen" Veräußerungsgeschäft (→ Rz. 93) in Betracht:

1. Vertragsabschluss,
2. Erfüllung der Leistungsverpflichtung,
3. Bezahlung durch den Erwerber.

Rechtsprechung und Lehre haben sich für die „mittlere Lösung" entschieden. Nach Erfüllung der Leistungsverpflichtung verbleiben beim Veräußerer nur die „geringen und überschaubaren Risiken" des Zahlungseingangs und der Gewährleistung, die durch Rückstellungen abgedeckt werden könnten (sog. **Risikominimierung**, → Rz. 96). Anders verhält es sich, wenn trotz zweifelhafter Bonität des Kunden geliefert wird (→ Rz. 116).

---

72 Vgl. *Hoffmann*, in: Littmann/Bitz/Pust (Hrsg.), EStG, §§ 4, 5 Tz. 411.
73 BFH-Urteil vom 3. 8. 2005 – I R 94/03, BStBl 2006 II S. 20.
74 BFH-Urteil vom 29. 11. 1973 – IV R 181/71, BStBl 1974 II S. 202.

8.1.3 Gliederungssystematik

89 Auf der Grundlage des **Zeit**moments lassen sich die Realisationsvorgänge in zeit**punkt**- und zeit**raum**bezogen untergliedern. Inhaltlich bietet sich folgende Gliederungssystematik in Anlehnung an die Vorgaben von IAS 18.1 an:[75]

- **Verkaufs**geschäfte (→ Rz. 93),
- Erbringung von **Dienstleistungen** (→ Rz. 118) sowie
- **Nutzungsvergütungen** für Vermögensgegenstände (→ Rz. 121).

Dabei handelt es sich um „reguläre" Verkaufs- und Vertriebsgeschäfte. Das moderne Wirtschaftsleben „erfindet" aber zunehmend Geschäftsmodelle, die dieser Vorstellung von Erlösgenerierung nicht (mehr) entsprechen. Hier ist oft nicht sofort erkennbar, ob eine Zeitpunktleistung oder eine Nutzungsüberlassung vorliegt.[76] Diese liefern die Vorgaben für die weiteren Gliederungspunkte:

- Mehrkomponentengeschäfte (→ Rz. 122),
- strukturierte Geschäftsmodelle (→ Rz. 129),
- Verkauf von Nutzungsrechten (→ Rz. 135),
- rechtsmängelbehaftete Erlöse (→ Rz. 139) sowie
- bilanzpolitisch motivierte Transaktionen (→ Rz. 146).

8.1.4 Vergleich HGB/EStG und IFRS

90 Der Beurteilungsmaßstab bezüglich der **Umsatz**- und damit regelmäßig auch der **Gewinn**realisation ist in der internationalen Rechnungslegung ein anderer als derjenige nach HGB/EStG.[77] Das HGB bzw. dessen Auslegung ist (auch) in diesem Bilanzierungsbereich durch die steuerliche Betrachtungsweise infiziert. Es herrscht eine Art umgekehrte Maßgeblichkeit, bei der das **Ergebnis** als Saldogröße im Vordergrund der Betrachtung steht. Salopp formuliert: Ob nun ein Umsatz im betreffenden Geschäftsjahr zu Unrecht ausgewiesen ist, kann dahingestellt bleiben, sofern eine gegenläufige Buchung im Aufwand das Ergebnis wieder richtigstellt (→ Rz. 115). Dazu hat sich der u. E. systematisch bedenkliche Begriff der **Nettorealisation** im Schrifttum festgesetzt (→ Rz. 124).[78] Den kann man im Einzelfall auch so interpretieren: Der Umsatz ist „an sich" zu früh ausgewiesen, aber das Ergebnis „stimmt" (→ § 249 Rz. 47). Das Realisationsprinzip erfährt dadurch auch eine Passivkomponente. Aus dieser perspektivischen Fessel des Steuerrechts muss sich die HGB-Bilanzierung lösen, wenn sie die Vorgabe der Bil-MoG-Verfasser nach Gleichwertigkeit mit den IFRS erreichen will.

91 Die Perspektive der internationalen Rechnungslegung ist eine andere: Dort steht der erzielte Umsatz als **Analyse**faktor im Zentrum der Betrachtung. Die amerikanische Börsenaufsichtsbehörde SEC („Bilanzpolizei") ist in diesem Bilanzierungsbereich besonders fündig geworden. Mehr als die Hälfte der festgestellten Bilanzierungsfehler entfällt auf eine unzulässige Um-

---

[75] Vgl. *Lüdenbach*, in: Lüdenbach/Hoffmann (Hrsg.), Haufe IFRS-Kommentar, 8. Aufl., Freiburg 2010, § 25 Rz. 6.
[76] Vgl. *Lüdenbach*, in: Lüdenbach/Hoffmann (Hrsg.), Haufe IFRS-Kommentar, 8. Aufl., Freiburg 2010, § 25 Rz. 7.
[77] Vgl. *Hoffmann*, in: Littmann/Bitz/Pust (Hrsg.), EStG, §§ 4, 5 Tz. 412.
[78] Vgl. *Hoffmann*, GmbH-StB 2006 S. 87.

satzrealisation. Die Protokolle dieser SEC-Verfahren vermitteln einen hervorragenden Einblick in den Erfindungsreichtum der Konzerne zur Generierung von Scheinumsatz.[79]

Kein Maßstab für die Umsatzrealisation ist in beiden Rechnungslegungssystemen 92
- die **Fälligkeit** der entstandenen Forderung,[80]
- der **Geldeingang** (kein pagatorisches Realisationsprinzip),
- die Rechnungs**stellung** (auch für ausgesonderte Ware)[81] sowie
- der **Vertragsabschluss** von schwebenden Geschäften (→ § 246 Rz. 4).[82]

8.2 Verkaufsgeschäfte

8.2.1 Angewandtes Schuldrecht

Die einschlägige BFH-Rechtsprechung[83] ist insbesondere auf den **Verkauf von Gütern** konzentriert.[84] Den Realisationszeitpunkt stellt dabei die Lieferung des Wirtschaftsguts (Vermögensgegenstand) durch den Veräußerer und die Abnahme des veräußerten Wirtschaftsguts durch den Erwerber dar. Dies ist regelmäßig der Zeitpunkt, indem der zur Sachleistung Verpflichtete seinen Leistungsauftrag „wirtschaftlich erfüllt" hat.[85] Und diese – an sich nichtssagende (→ § 246 Rz. 156 ff.) – „wirtschaftliche Erfüllung" wird an schuldrechtlichen Kategorien („Preisgefahr") festgemacht, nämlich auf den Zeitpunkt, in dem auf den Erwerber Besitz, Gefahr, Nutzen und Lasten (Chancen und Risiken) aus dem erworbenen Wirtschaftsgut übergehen.[86]

Im Wesentlichen entspricht nach der BFH-Rechtsprechung der Realisationszeitpunkt demjenigen der Bewirkung einer **geschuldeten Leistung** i. S. des § 362 Abs. 1 BGB.[87] Beim Kaufvertrag ist dies der Zeitpunkt der **Übergabe** des Kaufgegenstands mit der Folge eines Übergangs der Gefahr des **zufälligen** Untergangs und der zufälligen Verschlechterung (§ 446 BGB).[88] Dann hat der Verkäufer alles nach dem Vertrag seinerseits zum Eintritt des Rechtsübergangs Erforderliche getan, so dass der Erwerber nicht mehr die Einrede des nichterfüllten Vertrags nach § 320 BGB entgegenhalten kann. Künftige Wertänderungen können dann den Verkäufer nicht mehr treffen. Auf den Übergang des **rechtlichen** Eigentums kommt es nicht an. Entgegen manchen Formulierungen in BFH-Urteilen[89] bewegt sich der Realisationsakt nicht in einem quasi rechtsfreien Raum der „reinen" Wirtschaft. Das Zivilrecht wird keineswegs ausgeblendet (→ § 246 Rz. 157 ff.), sondern nur der (**sachen**rechtliche) Eigentumsübergang.

---

79 Kompakt aufbereitet in der Freiburger Dissertation von *Unkelbach*, Wirtschaftliches Eigentum und Umsatzrealisation, Herne 2009.
80 BFH-Urteil vom 19. 2. 1991 – VIII R 106/87, BStBl II S. 569, m.w. N.; BFH-Urteil vom 20. 5. 1992 – X R 49/89, BStBl II S. 904; BFH-Urteil vom 12. 5. 1993 – XI R 1/93, BStBl II S. 786, anders möglicherweise BFH-Urteil vom 5. 4. 2006 – I R 43/05, BStBl II S. 593, mit Anm. *Hoffmann*, DStR 2006 S. 1125.
81 BFH-Urteil vom 29. 4. 1987 – I R 192/82, BStBl II S. 797; BFH-Urteil vom 12. 5. 1993 – XI R 1/93, BStBl II S. 786.
82 Z. B. BFH-Urteil vom 2. 3. 1990 – III R 70/87, BStBl II S. 733.
83 Umfassende Nachweise in BFH-Urteil vom 31. 3. 1995 – I R 74/93, BStBl II S. 683.
84 Vgl. hierzu insbesondere *Wassermeyer*, Steuerberaterkongressreport, 1986, S. 69.
85 BFH-Urteil vom 27. 2. 1986 – IV R 52/83, BStBl II S. 552; BFH-Urteil vom 3. 8. 2005 – I R 94/03, BStBl 2006 II S. 20.
86 BFH-Urteil vom 13. 10. 1972 – I R 213/69, BStBl 1973 II S. 209.
87 BFH-Urteil vom 8. 12. 1982 – I R 142/81, BStBl 1983 II S. 369.
88 BFH-Urteil vom 5. 5. 1976 – I R 121/74, BStBl II S. 541; BFH-Urteil vom 27. 2. 1986 – IV R 52/83, BStBl II S. 552.
89 Z. B. BFH-Urteil vom 13. 10. 1972 – I R 213/69, BStBl 1973 II S. 209.

Wirtschaftliche Aspekte sind am Übergang von Nutzen und Lasten – international von Risiken und Chancen – verbunden mit dem Übergang der Verfügungsmacht erkenntlich (IAS 18.14). Dieser Aspekt sollte u. E. auch nach HGB/EStG stärker beachtet werden. Sobald den Veräußerer kein wesentliches Wertänderungsrisiko (oder eine -chance) mehr trifft, ist der Realisationstatbestand erfüllt.

95   Auch **bedingte**, erst in der Zukunft ausübbare Rechte können in Verbindung mit der jeweiligen wirtschaftlichen Interessenlage beim Vertragsabschluss einen Realisationstatbestand darstellen: Beispielsweise Verkauf- bzw. Kaufoptionen, die (bei Vertragsabschluss) als günstig erscheinen (→ Rz. 131) oder sog. Doppeloptionen, deren Ausübung durch einen der beiden „Partner" gewährleistet ist (→ § 246 Rz. 231).[90]

8.2.2 Risikominimierung

96   Der Zeitpunkt des Übergangs von Nutzen und Lasten bzw. Chancen und Risiken wird vom BFH mit der damit verbundenen **Risikominimierung** (→ Rz. 88) begründet: Ab diesem Zeitpunkt verbleibt beim Veräußerer nur noch das – regelmäßig als minimal anzusehende – Risiko einer üblichen Gewährleistung und des Zahlungseingangs.[91] Diese Hypothese stimmt im Regelfall, es gibt aber auch **Ausnahmen**:

BEISPIELE[92]

- Ein Bauträger verkauft mit Übergang des rechtlichen Eigentums eine Einkaufspassage an einen Immobilienfonds und **garantiert** eine das aktuelle Mietniveau spürbar übersteigende Mindestmieteinnahme für den Zeitraum von zehn Jahren (→ Rz. 117 und → Rz. 153).
- Der Maschinenbauer M hat eine Spezialanfertigung für einen Kunden fertig gestellt. Vor Auslieferung wird dessen prekäre wirtschaftliche Situation bekannt. Trotz sehr **ungewissen Zahlungseingangs** liefert M die Maschine aus, da er sie anderweitig nicht verwerten kann (→ Rz. 116).
- Der Maschinenbauer M hat ein neues Robotersystem zur Verwendung in der Automobilindustrie entwickelt und will dieses zur Markteinführung als Anschauungsmodell installieren. Der Automobilhersteller „kauft" unter Übertragung des rechtlichen Eigentums diese Anlage mit einer fünfjährigen Stundungsvereinbarung für den Kaufpreis und umfangreichen, fünf Jahre dauernden **Gewährleistungsverpflichtungen** des M (→ Rz. 122).
- Der Unternehmer U verkauft sein Unternehmen gegen einen minimalen Festpreis mit einer **Beteiligung** am **Jahresgewinn** von 40 % für zehn Jahre (→ Rz. 144).

In allen Beispielsfällen verbleibt ein wesentliches Risiko aus dem verkauften und übergebenen Gegenstand beim Verkäufer. Unter Anwendung der **Risikominimierungs**hypothese der BFH-

---

90 Z. B. BFH-Urteil vom 11. 7. 2006 – VIII R 32/04, GmbHR 2007 S. 49, mit Anm. *Hoffmann* betreffend den Erwerb von GmbH-Anteilen.

91 Vgl. BFH-Urteil vom 29. 11. 1973 – I R 181/71, BStBl 1974 II S. 202; BFH-Urteil vom 5. 5. 1976 – I R 121/74, BStBl II S. 541; BFH-Urteil vom 14. 12. 1982 – VIII R 53/81, BStBl 1983 II S. 303; BFH-Urteil vom 12. 5. 1993 – XI R 1/93, BStBl II S. 786; BFH-Urteil vom 3. 8. 2005 – I R 94/03, BStBl 2006 II S. 20, m. w. N.

92 Nach *Hoffmann*, in: Littmann/Bitz/Pust (Hrsg.), EStG, §§ 4, 5 Tz. 416.

Rechtsprechung – die rein handelsrechtlich fundiert und aus dieser Sicht akzeptiert ist – kann in diesen Beispielsfällen eine Umsatzrealisation nicht angenommen werden.

Bei Liefergeschäften oder Werkleistungen ist die „wirtschaftliche Erfüllung" i. S. der ständigen BFH-Rechtsprechung regelmäßig (zeitlich) identisch mit dem Übergang des **wirtschaftlichen Eigentums** (→ Rz. 93) auf den Erwerber.[93] Damit ist die Gefahr (das Risiko) der zufälligen Verschlechterung oder des zufälligen Untergangs des Wirtschaftsguts auf den Erwerber übergegangen. 97

Der Übergang von Nutzen und Lasten als Realisationskriterium soll dann unbeachtlich sein, wenn **zuvor** das **rechtliche** Eigentum – bei Grundstücken Eintragung ins Grundbuch – übergegangen ist[94] bzw. vor Übergabe des Grundstücks.[95] U. E. gilt dies nicht vorbehaltlos, nämlich dann nicht, wenn der Veräußerer die wesentlichen Chancen und Risiken aus dem Geschäft zurückbehalten hat und somit wirtschaftlicher Eigentümer geblieben ist (→ § 246 Rz. 151 f.). Das lässt sich durch entsprechende Vertragskomponenten unschwer erreichen. Das rechtliche Eigentum stellt im Rahmen der Bilanzierung kein Tatbestandsmerkmal, sondern nur ein Indiz dar (→ § 246 Rz. 148). Zu Fallbeispielen vgl. → Rz. 132 und → Rz. 134. 98

Der Risikoübergang ist auch dann nicht erfolgt, wenn 99

▶ wesentliche **Nebenleistungen** noch nicht erbracht sind (z. B. Montagearbeiten) (→ Rz. 111) oder

▶ der Käufer innerhalb einer bestimmten Frist ein **Rücktrittsrecht** ausüben kann (→ Rz. 112 ff.).

8.2.3 Sonderfälle des Übergangs der Preisgefahr

Bei **Versendung** eines Gegenstands auf Verlangen des Käufers an einen **anderen** Ort als den **Erfüllungsort** richtet sich der Realisationszeitpunkt nach der Übergabe des Gegenstands an den zur Versendung beauftragten Unternehmer (Spediteur). Erfolgt die Übergabe am 30.12. und die Auslieferung beim Empfänger am 2.1., ist noch im alten Jahr der Realisationstatbestand gegeben (§ 447 BGB). Anders verhält es sich beim „normalen" Distanzverkauf, wenn die Parteien als Erfüllungsort den Sitz des Käufers vereinbart haben. Hier geht die Preisgefahr erst mit der Übergabe der Sache an den Käufer auf diesen über. Erst dann ist der Umsatz realisiert (§ 445 BGB). 100

Beim **Schiffstransport** wird regelmäßig der Gefahrübergang auf den Käufer zum Zeitpunkt der Verladung auf das Schiff vereinbart. Die Gefahr des zufälligen Untergangs der Ware während des Transports trägt der Käufer. Nach Meinung des BFH[96] soll gleichwohl das wirtschaftliche Eigentum erst dann auf den Käufer übergehen, wenn er im Besitz der Konnossemente ist. In einem anderen Fall für schwimmende Ware (Rohkaffee) hat der BFH den Übergang der Gefahr deshalb verneint, weil der Rohkaffee nicht hinreichend individualisiert, sondern lediglich gattungsmäßig bezeichnet war.[97] 101

---

93 BFH-Urteil vom 29. 11. 1973 – I R 181/71, BStBl 1974 II S. 202; BFH-Urteil vom 29. 4. 1987 – I R 192/82, BStBl II S. 797; BFH-Urteil vom 25. 1. 1996 – IV R 114/94, BStBl 1997 II S. 382.
94 BFH vom 18. 5. 2006 – III R 25/05, BFH/NV 2006 S. 1747.
95 BFH-Urteil vom 3. 5. 1979 – I R 49/78, BStBl II S. 738.
96 BFH-Urteil vom 3. 8. 1988 – I R 157/84, BStBl 1989 II S. 21.
97 BFH-Urteil vom 9. 2. 1972 – I R 23/69, BStBl II S. 563.

102 Bei **Annahmeverweigerung** des Liefergegenstands durch den Käufer geht zwar nach § 300 Abs. 2 BGB die Gefahr des zufälligen Untergangs einer Gattungsware auf den Käufer über, gleichwohl soll darin kein Realisationstatbestand gegeben sein, weil der Wille des Empfängers zur Abnahme der Leistung noch nicht objektiv erkennbar geworden ist.[98]

103 Die für die Umsatzrealisation zivilrechtlich erforderliche Übergabe kann auch durch ein **Besitzkonstitut** gem. § 930 BGB ersetzt werden.

> **BEISPIEL**[99] ▶ Ein Automobilhersteller will noch im alten Jahr Umsatz generieren. Er vereinbart mit seinen Vertragshändlern einen Verkauf „in alter Rechnung", ohne aber die Fahrzeuge den Händlern körperlich zur Verfügung zu stellen. Die Autos bleiben in gesonderter Aufstellung im Werkshof stehen. Die Händler erhalten für die Bezahlung dieser Fahrzeuge ein Zahlungsziel von 270 Tagen.

Das wirtschaftliche Eigentum ist wegen des Risikoübergangs auf die Händler diesen zuzuordnen. Ein Umsatzerlös beim Automobilhersteller ist deshalb realisiert (sog. *bill and hold*-Geschäft).

Das Gleiche gilt für **verkaufsfördernde** Maßnahmen, wiederum darzustellen anhand der Automobilindustrie.

> **BEISPIEL** ▶ Der Automobilhändler verkauft ohne „körperliche" Auslieferung der Autos diese an die Händler mit erheblichen Preisnachlässen und zusätzlichen Boni, um noch in alter Rechnung Umsatz zu generieren. Dieses sog. *channel stuffing* hindert den Umsatzausweis nach Maßgabe der US-GAAP-Regelungen nicht, es bedarf lediglich einer entsprechenden Anhangangabe (→ Rz. 153).

104 Bei **Werkverträgen** und **Werklieferungsverträgen**, z. B. über die Errichtung eines Gebäudes, bedarf es zur Herbeiführung des Übergangs von Preisgefahr und damit zur Gewinnrealisation auch der **Abnahme** des Werks durch den Besteller.[100] Bei der Herstellung eines Gebäudes mit Eigentumswohnungen kommt die Besonderheit der „Verzahnung" von **Mit-** und **Sondereigentum** ins Spiel. Hier soll es nach Maßgabe des BFH[101] nicht auf die formelle Abnahme des gesamten Werks ankommen. Diese kann vielmehr auch stillschweigend, nämlich durch eine mehrmonatige unbeanstandete Nutzung der Wohnung durch die Erwerber erfolgen. Dies gilt zunächst für das Sondereigentum (die Eigentumswohnung), färbt dann aber auch auf das Gemeinschaftseigentum ab. Die mehrmonatige Nutzung ohne Mängelrüge konkludiert die Abnahme. In typisierender Betrachtung verlangt der BFH im zitierten Urteil eine wenigstens dreimonatige vorbehaltlose Nutzung.

---

98 BFH-Urteil vom 29. 4. 1987 – I R 192/82, BStBl II S. 797; a. A. *Mengel*, StBp 1996 S. 191.
99 Nach *Hoffmann/Lüdenbach*, DStR 2004 S. 1759.
100 BFH-Urteil vom 17. 1. 1963 – IV R 335/59 S, BStBl III S. 257; BFH-Urteil vom 13. 11. 1985 – VIII R 391/83, BFH/NV 1986 S. 531.
101 BFH-Urteil vom 8. 9. 2005 – IV R 40/04, BStBl 2006 II S. 26. Kritisch dazu *Lüdenbach*, StuB 2009 S. 195.

Eine **förmliche Abnahme** erfolgt bei kleineren Vorhaben oft nicht und bei größeren unter Protokollierung einer häufig umfangreichen Mängelliste. Ob und in welcher Notwendigkeit eine solche Mängelliste die Realisation verhindert, ist vom BFH bislang nicht entschieden worden.

8.2.4 Langfristige Auftragsfertigung

Auch bei der sog. **langfristigen Auftragsfertigung** – Bauvorhaben für Gebäude, Großanlagen etc. mit einem Fertigstellungszeitraum von mehr als einem Jahr – kann es erst zu einer Gewinnrealisierung nach Abnahme des gesamten Werks kommen. Wegen der nicht aktivierungsberechtigten Kostenelemente im Rahmen des Herstellungsprozesses werden somit bis zur Abnahme auf diesen langfristigen Auftrag Verluste ausgewiesen, obwohl insgesamt ein Gewinn zu erwarten ist (→ Rz. 3). Diese Art der bilanzmäßigen Abbildung wird vielfach als unbefriedigend empfunden. Mit verschiedenen bilanzrechtlichen Ansätzen versucht das Schrifttum hierfür „Abhilfe" zu schaffen.[102] Von Gesetzes wegen können sich solche „Ausweichlösungen" zur Umsetzung des strengen Realisationsprinzips auf § 252 Abs. 2 HGB stützen. Dazu bedarf es einer „Begründung" (→ Rz. 3).

Ein **Gestaltungs**ansatz geht dahin, den Gesamtauftrag in technisch und wirtschaftlich abgrenzbare **Teilleistungen** aufzusplitten und diesem jeweils das zur Realisationsannahme wichtige Kriterium der Abnahme zuzuordnen. Da allerdings der Gefahrenübergang erst mit Vollendung des Werks (§ 646 BGB) erfolgt, bedarf es zur Herbeischaffung des Realisationstatbestands noch eines zusätzlichen Kunstgriffs, der im Schrifttum mit der „**wirtschaftlichen Abnahmegleichheit**" dargestellt wird. Weitere Kriterien für die Möglichkeit einer solchen Teilgewinnrealisierung sind die[103]

▶ Abgrenzbarkeit der Teilleistung,

▶ getrennte Abrechnungsfähigkeit,

▶ positive Ertragsfähigkeit des Gesamtauftrags sowie

▶ erfolgte Zahlung des Auftraggebers entsprechend dem Leistungsfortschritt (nach dem Zahlungsplan).

Dieser Art der Teilgewinnrealisierung ist mit einer gewissen **Zurückhaltung** zu begegnen. Unproblematisch mag diese Art der bilanzmäßigen Erfassung dann sein, wenn z. B. im Rahmen eines Gesamtauftrags zur Erstellung einer Anzahl von Einfamilienhäusern das Erste vollständig erstellt ist. Hier kann dann auch tatsächlich von einer effektiven Abnahme durch den Auftraggeber ausgegangen werden. Anders dagegen, wenn der Auftrag auf die Errichtung eines kompletten Einkaufszentrums durch einen Generalübernehmer geht. Hier scheidet regelmäßig das Vorliegen einer in sich abgrenzbaren Teilleistung mit einer entsprechenden („wirtschaftlichen") Abnahme aus.

Im Gefolge der Anlehnung an die **internationalen** Rechnungslegungsstandards wird als weitere Ausnahme nach Maßgabe des § 252 Abs. 2 HGB der Anwendung der sog. *percentage of completion*-Methode (im Gegensatz zu der dem strengen Realisationsgedanken folgenden *completed contract*-Methode) das Wort geredet. Vereinfacht ausgedrückt erfolgt die Bilanzie-

---

102 Siehe im Einzelnen *Marx/Löffler*, in: Beck'sches Handbuch der Rechnungslegung, Bd. II, Abschn. B 799; *Krawitz*, DStR 1997 S. 888; *Kahle*, StuB 2001 S. 1201; *Schmid/Walter*, DB 1994 S. 2353.
103 BFH-Urteil vom 13. 12. 1979 – IV R 69/74, BStBl 1980 II S. 239.

rung hierbei auf der Grundlage des geschätzten Gesamtgewinns, der unter Berücksichtigung der noch anstehenden Fertigstellungszeit anteilig auf den Bilanzstichtag zurückgerechnet wird. Voraussetzung ist nach US-GAAP (ARB 45.15) und IAS 11 in jedem Fall die Möglichkeit

- einer zuverlässigen Schätzung des Gesamtgewinns aus dem Auftrag und
- der Bestimmung des Fertigstellungsgrads am Bilanzstichtag.

110 Die BFH-Rechtsprechung akzeptiert bei einer endgültigen **Teilabrechnung** über eine abgrenzbare und fertige Teilleistung, die vom Auftraggeber abgenommen worden ist, die hierauf entfallende Teilgewinnrealisierung.[104] Zur anteiligen Gewinnvereinnahmung nach Maßgabe der PoC-Methode hat sich der BFH dagegen noch nicht definitiv äußern müssen; er hat aber „gegen diese vom strengen Realisationsprinzip abweichende Auffassung erhebliche Bedenken" geäußert.[105]

Bei hohen vor Baubeginn anfallenden Vertriebskosten ist u. E. deren Aktivierung zu befürworten (→ § 255 Rz. 91).

8.2.5 Montageleistungen

111 In bestimmten Branchen ist die Montage einer zu liefernden **Sachgesamtheit** (z. B. eine Maschinenanlage) wesentlicher Bestandteil des Kaufvertrags:

> **BEISPIEL** Die T-GmbH produziert Großpressen mit einem Gewicht von etwa 80 Tonnen zur Herstellung von keramischen Fliesen. Die Pressen werden überwiegend exportiert, insbesondere nach Ostasien. Die in Deutschland produzierte Presse wird in der Fabrikhalle in vollem Umfang aufgebaut und mehrtätigen Probeläufen unterzogen. Anschließend erfolgt eine sog. Werksabnahme durch den asiatischen Auftraggeber. Danach wird die Maschine wieder zerlegt und durch den Spediteur an den Bestimmungsort überbracht. Die Aufstellung (Montage) der Presse erfolgt durch den deutschen Hersteller mit seinen Arbeitnehmern. Dabei werden auch asiatische Arbeitnehmer in die Bedienung der Maschine eingewiesen.
>
> Einen solchen Fall hat der BFH noch nie entschieden. Branchenüblich soll eine **Zweiteilung** der Fakturierung sein: Bei Übergabe an den Spediteur wird die bis dahin erbrachte Leistung umsatzmäßig realisiert, z. B. 80 % der Gesamtleistung. Die restlichen 20 % für die Montage und die Durchführung des Probelaufs mit Einweisung der fremden Arbeitnehmer wird im Anschluss daran in Rechnung gestellt.

Diese Zweiteilung der Fakturierung ist u. E. nur zulässig, wenn aus Sicht des Kunden **trennbare Teilleistungen** vorliegen. U. E. ist dies zweifelhaft.[106] Der asiatische Abnehmer will nicht eine in Deutschland besichtigte Maschine haben, sondern eine in seinem Werk funktionierende. Bis dahin ist ein wesentliches Risiko aus dem Geschäft noch nicht vom deutschen Hersteller abgegangen.

---

104 BFH-Urteil vom 5. 12. 1956 – II 71/56 U, BStBl 1957 III S. 28; BFH-Urteil vom 8. 12. 1982 – I R 142/81, BStBl 1983 II S. 369.
105 BFH-Urteil vom 5. 5. 1976 – I R 121/74, BStBl II S. 541.
106 Vgl. *Hoffmann*, in: Littmann/Bitz/Pust (Hrsg.), EStG, §§ 4, 5 Tz. 428.

Einen vergleichbaren Vorgang stellt die „Bestellung" einer Einbauküche dar. Regelmäßig wird der Küchenhersteller auch mit der Montage beauftragt, und erst nach deren Durchführung ist die Leistung erbracht. Anders verhält es sich, wenn der Auftragnehmer nur die Teile bestellt und die Montage unter Zuhilfenahme befreundeter Handwerker oder in Eigenarbeit selbst übernimmt.

8.2.6 Bedingter Verkauf, Rücktrittsrechte, Pfandkreislauf

Im Versandhandel ist der Kauf auf **Probe** und insbesondere auch der Kauf mit **Rückgaberecht** (aufschiebende Bedingung) oder **Rücktrittsrecht** (auflösende Bedingung) ein weit verbreitetes Geschäftsmodell. Beide Rechtstechniken sind austauschbar und können nicht zu einer unterschiedlichen bilanziellen Abbildung führen. Hier ist eine Umsatzrealisation u. E. erst dann möglich, wenn der Rückgabezeitraum oder die Billigungsfrist abgelaufen ist.[107] In der Praxis wird wohl regelmäßig bei Übergabe der Sache eine Umsatzrealisation schon wegen der sonst nur schwierig möglichen zutreffenden umsatzsteuerlichen Erfassung vorgenommen. Die Rückgabequote wird dann durch eine Rückstellung berücksichtigt. Die Bewertungsgrundlage stellen statistisch ermittelte Erfahrungssätze aus den Vorjahren dar. Die Gegenbuchung für diese Rückstellung müsste im Interesse der „an sich" nicht zulässigen Umsatzrealisation zulasten der Umsatzerlöse erfolgen, möglicherweise aber auch zulasten eines besonderen Aufwandskontos, wiederum zur Vermeidung von Abstimmungsproblemen bei der Umsatzsteuer. Nach IAS 18.17 ist in solchen Fällen **erlösmindernd** ein Schuldposten zu passivieren. Die hier angewandte **Portfolio**-Betrachtung stellt im Hinblick auf die objektivierende Statistik zur Rücklaufquote eine sinnvolle Lösung dar.

112

Anders verhält es sich bei **Einmal**geschäften. Dann ist zu differenzieren nach dem **Rechtsgrund** des Rücktritts vom Vertrag. Dieser kann auf einer **Vertrags**klausel oder einer **Gesetzesregel** beruhen.

113

> **BEISPIEL[108]** Verkauft wurden zwei Gebäude, eines davon war noch nicht fertig gestellt. Mängel sollten den Besitzübergang nicht hindern. Bei Abnahme im gleichen Geschäftsjahr wurden erhebliche Mängel festgestellt mit der Folge eines Kaufpreiseinbehalts durch den Erwerber. Nach weiteren Kaufpreisreduzierungen infolge von Mängelrügen erfolgte zwei Jahre später eine komplette Rückabwicklung des Kaufvertrags mit Erstattung des Kaufpreises.

Der BFH bestätigte die Realisation infolge des Übergangs von Nutzen und Lasten (→ Rz. 94). Dem ist zu folgen, soweit tatsächlich im konkreten Fall die „übliche" Risikominimierung eingetreten ist. Daran können Zweifel im Hinblick auf das noch nicht fertig gestellte Gebäude mit erheblichen Mängeln bestehen. Unzutreffend ist jedenfalls die Aussage des BFH: „Eine spätere Vertragsauflösung steht, unabhängig (!) davon, auf welchen Gründen sie beruht, der Gewinnrealisation grundsätzlich nicht entgegen."

Diese Aussage ist überschießend, soweit man „grundsätzlich" nicht als möglichen Rückzieher aus dem Inhalt versteht. Ein ex ante (vertraglich) vereinbartes Rücktrittsrecht hat einen ande-

---

107 OFD Münster, Vfg. vom 12. 6. 1989 – S 2132 – 156 – St 11 – 31, DStR 1989 S. 402.
108 Nach BFH-Urteil vom 28. 3. 2000 – VIII R 77/96, DB 2000 S. 1442, mit Anm. *Kanzler*, NWB F. 17a S. 1502; *Stoschek/Peter*, DB 2003 S. 954; *Hoffmann*, DB 2000 S. 1444.

ren substanziellen Hintergrund als ein gesetzliches (damals Wandlung, heute Rücktritt nach erfolgloser Nacherfüllung). Beim „normalen" Kauf- oder Werkliefervertrag kann tatsächlich die **Risikominimierung** (→ Rz. 96) erfolgt sein, d. h. die Mängel und das Risiko der Rückabwicklung des Vertrags waren nicht ersichtlich. Bei einem vertraglichen Rücktrittsrecht über einen solitären Vermögensgegenstand ist dies anders. Vgl. die Beispiele unter → Rz. 96 und → Rz. 132.

114 Rückgabe und Rücktrittsrechte sind in ihrer bilanziellen Abbildung auch danach zu differenzieren, ob der berechtigte Abnehmer ein **Endverbraucher** oder ein **Handelsintermediär** ist. Beim Endverbraucher liegt regelmäßig kein erhebliches Rückgabeinteresse vor, die Rückgabequote lässt sich nach Vergangenheitserfahrungen schätzen (→ Rz. 112). Ausnahmsweise kann es sich anders verhalten im Falle der Markteinführung neuer Produkte oder überhaupt eines neuen Marktauftritts.

> **BEISPIEL** Die Vino Pavese SpA will einen neuen Vertriebshandel im deutschsprachigen Markt eröffnen und kauft Kundenlisten, die einen hohen Interessengehalt an höherwertigen Rotweinen belegen. Die Aktion unter „Geld-zurück-Garantie" erlaubt eine Rückgabe innerhalb einer Frist von 30 Tagen „bei Nichtgefallen".
>
> Eine Gewinnrealisierung ist erst nach Ablauf der Frist möglich.

Beim Handelsintermediär liegt regelmäßig ein **Kommissionsgeschäft** vor – unabhängig von der Übertragung des rechtlichen Eigentums (→ Rz. 132).

115 Rückgabemöglichkeiten bei Verkaufsgeschäften können auch nur einen Teilbereich der Lieferung umfassen, wie beispielsweise die Warenumschließungen beim sog. **Pfandkreislauf** in der Getränkeindustrie (→ § 246 Rz. 257 ff.).[109] Der Hersteller (oder Großhändler) stellt dem Abnehmer der Getränke (z. B. einem Gastwirt) nicht nur das eigentliche Produkt (Getränk) in Rechnung, sondern auch das sog. Pfandgeld. Beides zusammen wird in der Praxis als Umsatzerlös verbucht, obwohl das Leergut im wirtschaftlichen Eigentum des Herstellers verbleibt und dort als Anlagevermögen angesetzt wird.[110] Dazu ist die Umsatzvereinnahmung (beim Hersteller) nicht kompatibel,[111] es liegt kein Realisationsakt vor. Einmal mehr wird – zumindest in der Praxis – die unzulässige Umsatzrealisation im Ergebnis durch eine Rückstellung kompensiert (→ Rz. 90 und → Rz. 112).

8.2.7 „Risiko"-Geschäfte

116 Mitunter werden Lieferungen auch bewusst an Kunden vorgenommen, deren **Zahlungsfähigkeit** als **zweifelhaft** anzusehen ist (zweites Beispiel unter → Rz. 96). Der Grund mag im Abbau von Überbeständen liegen oder in der Aufrechterhaltung der umfangreichen Geschäftsbeziehungen. Denkbar ist auch im Falle einer Spezialanfertigung die Nichtverwendbarkeit für andere potenzielle Auftraggeber. In diesen Fällen wird üblicherweise zusammen mit der Umsatzfakturierung eine Einzelwertberichtigung gebildet, um den mutmaßlichen Zahlungsausfall zu berücksichtigen. In systematischer Sicht dürfte hier eine Umsatzrealisation bzw. eine Umsatzverbuchung nicht erfolgen, da anders als im Regelfall das **Risiko** aus dem Geschäft wegen des

---

109 Vgl. hierzu *Hoffmann*, PiR 2006 S. 95.
110 So auch das BMF-Schreiben vom 13. 6. 2005 – IV B 2 – S 2137 – 30/05, BStBl I S. 715.
111 Vgl. *Köhler/Wiemers*, StBp 2005 S. 351.

drohenden Zahlungsausfalls **nicht minimiert** worden ist (→ Rz. 96); so die Lösung in IAS 18.18. Die betreffende Ware oder das Produkt ist dann weiterhin im Bestand zu führen, u.U. unter Abschreibung auf den noch zu erwartenden Geldeingang. Die anders geartete Buchungspraxis in Deutschland beruht vermutlich wiederum auf der sonst nur erschwert möglichen Abstimmung mit Umsatzsteuerschulden.

Die Risikominimierung tritt u.U. auch dann nicht ein, wenn mit dem Verkauf des betreffenden Wirtschaftsguts eine **Renditegarantie** ausgesprochen wird (→ Rz. 96, dort das erste Beispiel sowie → Rz. 153). Das ist insbesondere dann der Fall, wenn das wirtschaftliche Umfeld das Erreichen des vom Verkäufer garantierten Renditeniveaus als zweifelhaft erscheinen lässt. 117

> **BEISPIEL** Der Profi-Fußballclub S verkauft sein Stadion an einen Investment-Fonds und garantiert eine Einnahme aus dem Kartenverkauf von X Mio €. Dieses Erlösvolumen orientiert sich am Verbleiben in der 1. Bundesliga. Bei Abstieg in die 2. Bundesliga ist nur noch mit der Hälfte des Erlöses zu rechnen, weshalb der Verein in diesem Fall in den Garantiefall „hineinwächst". Das Verbleiben in der 1. Bundesliga ist auf längere Sicht nicht gesichert.
>
> In diesem Fall ist u. E. eine Umsatzrealisation nicht zulässig. Anders kann es sich verhalten, wenn auch in der 2. Bundesliga eine ausreichende Besucherfrequenz zu erwarten ist.

8.2.8 Unternehmensverkauf

Der Übergang des wirtschaftlichen Eigentums stellt sich als zu lösendes Problem insbesondere auch beim Unternehmensverkauf, sei es im *asset* oder im *share deal* dar. **Negativ** ist die Unbeachtlichkeit des rechtlichen Eigentums wie auch sonst bei der Bilanzierung festzustellen (→ § 246 Rz. 148). Positiv verlangt der BFH[112] zur Feststellung des wirtschaftlichen Eigentums die Erfüllung – nicht immer vollständig – folgender Kriterien:[113] 117a

- **Rechtlich** geschützte Positionen zum Erwerb des Rechts, die gegen den Willen des Erwerbers nicht mehr entzogen werden kann;
- Innehaben der mit dem Anteil verbundenen wesentlichen **Rechte**, insbesondere Stimmrecht und Dividendenanspruch;
- Tragen der Chancen der **Wertsteigerung** und der Risiken einer **Wertminderung**.

Eine **unentziehbare Rechtsposition** zum Erwerb des Unternehmens bzw. der Anteile daran liegt vor, wenn der schuldrechtliche Anspruch des Erwerbers unbedingt ist oder von Handlungen abhängt, die der Erwerber kontrolliert, und der rechtliche Eigentümer nicht mehr wirksam über das Unternehmen/die Anteile verfügen kann. 117b

Das **Wertänderungsrisiko** und dessen Übergang auf den Käufer richtet sich nach den Kaufpreisbestimmungen. Wenn die Höhe des Kaufpreises z.B. von der Höhe des **Eigenkapitals** des zu erwerbenden Unternehmens an einem bestimmten Stichtag (z.B. zum *„closing"*) abhängt, verbleibt das Wertänderungsrisiko i.d.R. beim Verkäufer. Umgekehrt verhält es sich bei einer 117c

---

[112] Vgl. z.B. BFH-Urteil vom 10.3.1988 – IV R 226/85, BStBl II S. 832; BFH-Urteil vom 9.10.2008 – IX R 73/06, BStBl 2009 II S. 140.
[113] Vgl. hierzu im Einzelnen *Kleinheisterkamp/Schell*, DStR 2010 S. 833; zu Personengesellschaftsanteilen vgl. BFH-Urteil vom 15.6.2009 – IV R 3/07, BStBl 2010 II S. 182, zum Kartellamtsvorbehalt (→ Rz. 143).

Festpreisvereinbarung bzw. der Preisfixierung aufgrund von Vergangenheitsdaten. Wird der Kaufpreis überwiegend aufgrund des **Ertragswerts** festgelegt und lediglich als Nebenbedingung bzw. zur Verhinderung missbräuchlichen Verhaltens des Veräußerers zwischen Vertragsschluss und dinglichem Vollzug eine bestimmte Höhe des Eigenkapitals, *working capitals* o. ä. festgelegt, bei deren Unterschreiten der Kaufpreis anzupassen ist, liegt u. E. das relevante Wertänderungsrisiko gleichwohl schon beim Erwerber. Dies gilt jedenfalls dann, wenn die Bestimmungen zum Eigenkapital usw. in erster Linie den Charakter einer Schutzklausel gegen Missbrauch haben.

117d **Beschränkungen** der Rechtsposition des Verkäufers können im Verbot einer nachhaltigen Einwirkung (des Verkäufers) auf die Zielgesellschaft, der Untersagung einer Umstrukturierung oder dem Gebot einer bestimmten Stimmrechtsausübung oder Gewinnausschüttung liegen.

117e In der Realität fallen Vertragsabschluss (*signing*) und -vollzug (*closing*) regelmäßig **zeitlich** auseinander. Entweder entspricht dies dem Wunsch der Parteien oder aber – wie regelmäßig – sind noch **Genehmigungen** Dritter – Behörden, Gremien, etc. (→ Rz. 140) ausstehend. Dann liegt bis dahin keine unentziehbare Rechtsposition des Erwerbers vor, das wirtschaftliche Eigentum bleibt beim Verkäufer. Anders wäre es, wenn das zuständige Gremium, z. B. der Aufsichtsrat, schon zuvor sein Einverständnis ausgedrückt hat oder die Kartellamtsgenehmigung einen schlichten Formakt bedeutet (→ Rz. 143).

8.3 Erbringung von Dienstleistungen

8.3.1 Zeitpunktbezogene Dienstleistungen

118 **Zeitpunkt**bezogene Dienstleistungen sind nach vollständiger Erbringung der bedungenen Leistung zu realisieren.[114]

> **BEISPIEL** Bei Gutachtertätigkeit ist dies die Ablieferung des Schriftstücks.

Bei **Inkasso**tätigkeit ist die Provision auch dann (gewinnrealisierend) zu vereinnahmen, wenn der Geldeingang nur einen Teilbetrag der ausstehenden Forderung umfasst. Voraussetzung ist die Unentziehbarkeit dieses Teil-Provisionsanspruchs, auch wenn noch Forderungsbeträge offen sind, bei deren Eingang weitere Provisionsansprüche entstehen.[115]

Beim **Makler**vertrag (**zeitpunkt**bezogen) ist der Realisationszeitpunkt für die Vermittlungsleistung derjenige des Vertragsabschlusses.[116]

Für die Vermittlung eines **Versicherungs**vertrags soll nach BMF[117] die Zahlung der Erstprämie den Realisationszeitpunkt ausmachen. U. E. ist dies insofern nicht zutreffend, als dem Versicherten eine Stornofrist zusteht. Den Vertragsabschluss als Aktivierungszeitpunkt bestätigt auch der BFH.[118]

---

114 So auch *Blümich/Schreiber*, EStG, § 5 Tz. 944.
115 BFH-Urteil vom 29. 11. 2007 – IV R 62/05, BStBl 2008 II S. 557.
116 BFH-Urteil vom 27. 11. 1968 – I 104/65, BStBl 1969 II S. 296; BFH-Urteil vom 15. 4. 1970 – I R 107/68, BStBl II S. 517; BFH-Urteil vom 20. 6. 2001 – I B 182/00, StuB 2001 S. 972.
117 BMF-Schreiben vom 28. 5. 2002 – IV A 6 – S 2132 – 10/02, DB 2002 S. 1348 = StuB 2002 S. 712.
118 BFH-Urteil vom 14. 10. 1999 – IV R 12/99, BStBl 2000 II S. 25.

Die Vermittlungsleistung eines **Möbelverbunds**, für die eine „Verbandsabgabe" vom Möbelhersteller zu entrichten ist, wird mit dem Vertragsabschluss zwischen Hersteller und Möbelhersteller erbracht.[119]

8.3.2 Zeitraumbezogene Dienstleistungen

Zeit**raum**bezogene Dienstleistungen sind im Zeitablauf zu realisieren: 119

> **BEISPIEL**[120] Eine Steuerfachschule bietet einen Kurs zur Vorbereitung auf die Steuerberaterprüfung an, beginnend am 1.9. und endend am 30.6. des Folgejahrs. Nach Auffassung des BFH ist der Umsatz pro rata temporis zu realisieren, nicht erst am Ende der Lehrveranstaltung.

U. E. ist diese Lösung dann zweifelhaft, wenn die Unterrichtstätigkeit nicht gleichmäßig über den vereinbarten Zeitraum hin zu erbringen ist.

Allerdings sollen die erforderlichen **Schätzungen** die zeitanteilige Realisation nicht verhindern.

> **BEISPIEL**[121] Ein Autovermieter vermietet Autos an Selbstfahrer (nicht Taxi). Die bis zum Stichtag nach der Laufleistung anfallende (Teil-)Vergütung für noch nicht zurückgegebene Fahrzeuge ist zu realisieren. Eine (scheinbare) Grenze durch den Kenntnisstand am Erstellungstag (→ Rz. 55) ist u. E. nicht gegeben. Auch nach der Bilanzerstellung noch nicht zurück gegebene Fahrzeuge sind im Schätzweg zu erfassen.

Erhält ein Versicherungsvermittler eine jährliche **Bestands**pflegeprovision, wird diese ratierlich realisiert. Ist umgekehrt die Bestandspflege in der Einmalprovision bei Vertragsabschluss enthalten, darf keine volle Realisierung der Vermittlungsprovision erfolgen. Der entsprechende Teilbetrag ist durch passive Abgrenzung erlösmäßig zu neutralisieren. Für die Betreuung bereits abgeschlossener Lebensversicherungsverträge, die durch die erhaltene Prämie abgegolten ist, kann nach einem BFH-Urteil[122] eine Rückstellung für Erfüllungsrückstand (→ Rz. 123) gebildet werden; u. E. stellt ein passiver Abgrenzungsposten den vorzugswürdigen Ausweisposten dar (→ § 250 Rz. 12). Entsprechendes gilt für das *„signing fee"* (→ § 250 Rz. 12), das z. B. Fußballprofiсlubs bei Vertragsabschluss mit einer Sportrechteverwertungsgesellschaft erhalten, wenn die dabei vereinbarte Nutzungsüberlassung des Stadions für Werbung, Bewirtung etc. für fünf Jahre ex ante in einem Einmalbetrag vergütet wird. Als weiteres Beispiel für die erforderliche passive Abgrenzung dient die im Voraus bezahlte Miet- oder Ausbietungsgarantie, die der Vermarkter von Bauherrenmodellen den Erwerbern von Eigentumswohnungen erbringt (→ § 250 Rz. 12). 120

---

119 BFH-Urteil vom 3. 8. 2005 – I R 94/03, BStBl 2006 II S. 20.
120 Fall des BFH-Urteils vom 10. 9. 1998 – IV R 80/96, BStBl 1999 II S. 21.
121 Nach dem BFH-Urteil vom 20. 5. 1992 – X R 49/89, BStBl II S. 904.
122 BFH-Urteil vom 28. 7. 2004 – XI 63/03, BStBl 2006 II S. 866. Dem tritt das BMF im Schreiben vom 28. 11. 2006 – IV B 2 – S 2137 – 73/06, BStBl I S. 765, entgegen. Wesentliche Betreuungsleistungen seien hier nicht mehr zu erwarten, weshalb eine Rückstellung nicht in Betracht komme. Wegen der Behandlung von Stornoreserven vgl. → Rz. 120a.

8.3.3 Zeitpunkt- oder zeitraumbezogene Dienstleistung?

120a In Sonderfällen kann die Definition nach zeit**punkt**- oder zeit**raum**bezogen fraglich sein.

> **BEISPIEL[123]** Die V-GmbH vermittelt als Versicherungsmakler Lebensversicherungsverträge. Der Anspruch auf die **Abschlussprovision** entsteht mit erfolgreicher Vertragsvermittlung. Die Bestandspflege (→ Rz. 120) wird separat vergütet. Für die Provisionierung besteht ein Provisions**haftungszeitraum** von fünf Jahren. Die Fälligkeit der Provision richtet sich zeitgestaffelt danach, ob der Versicherungsnehmer seine Prämie bezahlt. Danach verfällt der Provisionsanspruch zu 100 % bei Beendigung des Versicherungsvertrags im ersten Jahr, zu 80 % im zweiten Jahr etc. Nach Ablauf von fünf Jahren erlischt die Rückvergütungspflicht.
>
> Die Versicherer sichern ihren Anspruch durch Einbehalt von 10 % der Abschlussprovision auf einem **Stornoreservekonto**. Aus diesem heraus werden die im Zeitablauf der Versicherungsverträge entfallenden Rückvergütungsansprüche der Versicherer ausbezahlt:
>
> | | |
> |---|---:|
> | Gesamte Abschlussprovision in 01 | 1.150 |
> | Storno in 01 | 150 |
> | Bereinigte Abschlussprovision | 1.000 |
> | Verteilung auf 02 etc. | 1.000 |

120b Unter Realisationsgesichtspunkten stellt sich die Frage nach der Leistungsverpflichtung der V-GmbH. Sie könnte bestehen in der

- **schlichten** Vermittlung eines Versicherungsvertrags nach § 92 Abs. 4 HGB (Zeit**punkt**betrachtung),
- Vermittlung eines mindestens **fünf Jahre** durchgeführten Versicherungsvertrags (Zeit**raum**betrachtung).

Wertet man den **Einzel**vertrag als mit Verpflichtung im Zeitraum, wäre die Realisation anteilig im Provisionierungshaftungszeitraum vorzunehmen, also jährlich mit 20 %. U. E. ist allerdings eine **Portfolio**betrachtung vorzuziehen, die ihre Grundlage in der vom Versicherer statistisch zu ermittelnden **Stornoquote** hat. Vergleichbar der Vorgehensweise beim Versandhandel (→ Rz. 112) ist dann der zu erwartende Ausfall der Vermittlungsprämie bei der V-GmbH als Wertberichtigung der Forderung aus dem Stornoreservekonto umsatzmindernd oder aufwandswirksam zu verbuchen. Der Wertberichtigungsbetrag kann dann unter Heranziehung der statistisch ermittelten Stornoquote und gewichtet mit der im Zeitverlauf abweichenden Provisionshaftung ermittelt werden.[124]

120c In einem dem BFH zur Entscheidung vorliegenden Urteil[125] begnügt sich das FG mit einer Einzelfallbetrachtung, derzufolge der Makler lediglich den Vertragsabschluss schuldet, die Laufzeitbetrachtung für das Stornorisiko insoweit ausblendet. Dies deshalb, weil der Versicherungsnehmer von der Vertragsverpflichtung „nicht ohne Weiteres" loskomme. Was mit dieser Floskel gemeint ist, bleibt offen.

---
123 Nach *Lüdenbach*, StuB 2010 S. 670, dort auch die Zahlenbeispiele.
124 Berechnungsbeispiel bei *Lüdenbach*, StuB 2010 S. 670.
125 FG Sachsen-Anhalt, Urteil vom 24. 4. 2008 – 1 K 1242/04, StuB 2009 S. 73 ff., BFH-Az.: X R 28/08.

8.4 Nutzungsvergütungen

Zinserträge sind mit dem Zeitablauf zu realisieren, **Dividenden** bei Fälligwerden des Auszahlungsanspruchs (→ Rz. 75).[126] Umgekehrt sind nach Auffassung des BFH sichere Ansprüche auf **Genussrechts**vergütungen phasengleich zu vereinnahmen,[127] u. E. nur bedingt zutreffend (→ § 255 Rz. 124c). 121

Die Umsatzrealisation für **Lizenz**entgelte richtet sich nach der wirtschaftlichen Substanz des Vertrags:

- Bei Lizenzeinräumung **ohne zeitliche Begrenzung** bzw. bis zum mutmaßlichen Ende der lizenzierten Produktion (bei der forschenden Pharmaindustrie identisch mit dem Ende des Patenschutzes) zu einem **Festpreis** ist ein Umsatzerlös mit Vertragsabschluss anzunehmen.
- Bei Vereinbarung einer Lizenzgebühr nach Maßgabe des zugehörigen Umsatzes oder der produzierten Stückzahl ist der Umsatzerlös zeitanteilig nach Anfall zu realisieren. Vgl. aber auch die Sonderfälle unter → Rz. 137 und → Rz. 145.
- Entsprechendes gilt für Lizenzerlöse in der Software- und Filmindustrie. Dazu können die US-amerikanischen Vorgaben in SOP 00-2 als Auslegungshilfe herangezogen werden.[128]

8.5 Mehrkomponentengeschäfte

In **einem** förmlichen Vertragswerk können **mehrere** sich **ergänzende**, aber **unterscheidbare** Teilleistungen verknüpft sein. Dies entspricht aktuellen Geschäftsmodellen, in denen der Kunde eine integrierte Problemlösung (*bundled sales arrangements*) nachfragt. Dazu nennt der nicht mehr weiter verfolgte Entwurf E-DRS 17.7 des DRSC folgende Beispiele: 122

- Mit dem Kaufpreis eines Kfz wird ein kostenfreier Service für eine Fahrleistung bis 100.000 km vereinbart.
- Der Verkauf von EDV-Software wird mit Installations- und Wartungsleistungen und der Lieferung von Upgrades kombiniert.
- Der Verkauf von Gegenständen geht mit Kreditierung des Kaufpreises einher.
- Der Verkauf eines Vermögensgegenstands wird mit Nutzungskontingenten verbunden (Verkauf eines Mobiltelefons mit Mobilfunkvertrag).
- Der Verkauf einer Ware oder Dienstleistung wird im Interesse der Kundenbindung[129] mit Vorteilen bei künftigen Käufen oder Leistungen verbunden („*Miles and More*"; → § 277 Rz. 11 ff.).

Die Kombination von Leistungselementen hat allerdings nur dann bilanzrechtliche Relevanz, wenn die Teilleistungen unterschiedlichen Realisationsregeln folgen.[130] Das ist z. B. der Fall, wenn der Verkauf eines Gegenstands (**Zeitpunkt**betrachtung) mit längerer Serviceleistung (**Zeitraum**betrachtung) verbunden wird (→ Rz. 89), wie im obigen Beispiel der Autoverkauf mit 123

---

126 BFH-Beschluss vom 7. 8. 2000 – GrS 2/99, BStBl II S. 632, wegen des Sonderfalls einer Ausschüttung aus einer voll beherrschten Tochtergesellschaft.
127 BFH-Urteil vom 18. 12. 2002 – I R 11/02, BStBl 2003 II S. 400.
128 Vgl. *Lüdenbach*, in: Lüdenbach/Hoffmann (Hrsg.), Haufe IFRS-Kommentar, 8. Aufl., Freiburg 2010, § 25 Rz. 87.
129 Vgl. auch *Lühn*, PiR 2010 S. 97.
130 Vgl. *Lüdenbach*, in: Lüdenbach/Hoffmann (Hrsg.), Haufe IFRS-Kommentar, 8. Aufl., Freiburg 2010, § 25 Rz. 70; *Lüdenbach/Hoffmann*, DStR 2006 S. 153 ff.

Serviceleistungen. Ein typischer vom BFH entschiedener Sachverhalt einer gebündelten Leistung mit unterschiedlicher Zeitkomponente bezieht sich auf die **Nachbetreuungsleistungen** nach Verkauf eines Hörgeräts.[131] Nach BFH-Rechtsprechung und h. M. im Schrifttum ist die im vereinbarten „Kaufpreis" enthaltene Nachbetreuungsleistung durch Rückstellungsbildung „abzudecken"; dabei ist das Vorliegen eines Rückstellungsgrunds fraglich (→ § 249 Rz. 10a). Umgekehrt sind nach IAS 18.13 die Erlösbestandteile zu separieren: Der Verkauf des Hörgeräts ist als Realisationstatbestand zeitpunktbezogen zu sehen, die – **wenn wesentlich** – Nachbetreuungsleistungen sind im Zeitverlauf zu realisieren.

124   Im Vergleich zur geradezu überbordenden und deshalb entsprechend unübersichtlichen Standardisierung der Mehrkomponentengeschäfte (*multiple deliverables*) nach US-GAAP[132] wirkt die Behandlung des Themas durch den BFH und das ihm folgende Schrifttum geradezu bieder. Das zweifache Leistungselement wird systematisch nicht als Realisationsproblem erkannt, genauer gesagt: Eine Gesamtrealisation wird im ersten Schritt akzeptiert, um alsdann nach **Erfüllungsrückständen** mit einem Rückstellungserfordernis Ausschau zu halten (→ § 249 Rz. 47). Dabei bleibt schon der verbale **Widerspruch** in sich selbst unbeachtet: Wenn ein „Rückstand" der Erfüllung vorliegt, ist gerade nicht „erfüllt", die Leistung somit noch nicht erbracht worden. Entsprechend dient die Rückstellung der „Nettorealisation" (→ Rz. 90), gemeint ist damit die „eigentliche" Realisation der bislang erhaltenen Leistung. Aus steuerlicher Sicht mag diese Betrachtungsweise angehen – genauer aus **ertrag**steuerlicher Sicht, denn hier kommt es letztlich auf das Ergebnis (die Besteuerungsgrundlage) an; der ausgewiesene Umsatz als wichtige betriebswirtschaftliche Kennziffer (→ Rz. 91) spielt hier keine Rolle.

125   Die HGB-Perspektive sollte sich in diesem Teilbereich der Realisationsproblematik eher an den internationalen Regelungsvorgaben orientieren, denn schließlich soll das HGB nach den Vorstellungen der BilMoG-Verfasser die Qualität der IFRS erreichen. Die verschachtelten Regeln nach den US-GAAP stellen dazu kein Vorbild dar. Eher bietet sich eine Anlehnung und Weiterführung des Konzepts von E-DRS 17.41 an. Danach bedarf es zur komponentenweisen Erlöserfassung der Erfüllung zweier Kriterien:[133]

1. **Wert**mäßige Trennbarkeit,

2. **sachliche** Trennbarkeit.

Bei Nichterfüllung beider Kriterien darf die Erlöserfassung erst nach Erbringung beider Teilleistungen erfolgen.

126   Zur **sachlichen** Trennbarkeit folgende Fälle:

> **BEISPIEL**[134] Ein Pay-TV-Anbieter veräußert Satellitenreceiver, mit denen seine codierten Programme (und nur diese) für die nächsten zwölf Monate empfangen werden können. Eine darüber hinausgehende Nutzung des Receivers ist nur möglich, wenn der Kunde das Programmabonnement verlängert und einen ihm dabei zugeteilten Freischaltungscode im Ge-

---

131 BFH-Urteil vom 5. 6. 2002 – I R 23/01, BFH/NV 2002 S. 1434.
132 Im Überblick dargestellt von *Unkelbach*, Wirtschaftliches Eigentum und Umsatzrealisation, Herne 2009.
133 Vgl. hierzu die umfangreiche Darstellung der US-amerikanischen Standards durch *Pilhofer/Bösser/Düngen*, WPg 2010 S. 78.
134 Nach *Lüdenbach*, in: Lüdenbach/Hoffmann (Hrsg.), Haufe IFRS-Kommentar, 8. Aufl., Freiburg 2010, § 25 Rz. 73.

rät eingibt. Der Gesamtpreis für Receiver und das Abonnement der ersten zwölf Monate beträgt 240 €, der Preis einer Verlängerung des Abonnements um weitere zwölf Monate 180 €.

BEURTEILUNG Der Receiver hat *stand alone*, d. h. ohne das Abonnement, keinen Wert für den Käufer/Abonnenten. Kauf- und Abonnementvertrag stellen daher eine sachliche Einheit dar. Es ist nicht zulässig, bei Auslieferung des Receivers 240 - 180 = 60 € als Umsatz zu realisieren und nur die verbleibenden 180 € auf zwölf Monate zu verteilen. Der Gesamtbetrag von 240 € ist vielmehr über zwölf Monate verteilt mit je 20 € zu vereinnahmen.

FALLVARIANTE Abschluss eines 24-monatigen Mobilfunkvertrags mit gleichzeitiger Lieferung eines vertragsunabhängig nutzbaren Mobiltelefons.

Wenn das Handy unabhängig vom Dauervertrag (*stand alone*) nutzbar ist und umgekehrt im Rahmen des Dauervertrags auch mit anderen Geräten telefoniert werden kann, sind die Leistungen sachlich trennbar.

Die separate **Bezugsmöglichkeit** reicht nach E-DRS 17 aus. So kann eine Nachbetreuungsleistung (→ Rz. 123) auch separat von der Anschaffung des Geräts eingekauft werden. Die sachliche Trennung ist deshalb möglich.

Zur **wertmäßigen** Trennung verlangt E-DRS 17.41 die **verlässliche Bestimmbarkeit** der jeweiligen Zeitwerte der Leistungskomponenten. Dazu können jeweilige Preislisten als Hilfsmittel zur Bestimmung des *fair value* herangezogen werden. Die US-GAAP-Regeln sind diesbezüglich wesentlich differenzierter,[135] ohne zu einem grundlegend anderen Ergebnis zu gelangen.

Zur Ausfüllung dieser notwendig abstrakten Kriterien kann sich die Rechtsanwendung – eher überraschend – auch an der **umsatzsteuerlichen** BFH-Rechtsprechung orientieren. Dagegen spricht nicht das unterschiedliche Regelungsziel von Umsatzsteuer- und Bilanzrecht. Die steuerbegründende Lieferung ist definiert als Verschaffung der Verfügungsmacht, nicht des rechtlichen Eigentums. Die Erlösdefinition des BFH für bilanzrechtliche Zwecke verwendet zwar andere Begriffe, inhaltlich ergeben sich regelmäßig keine (entscheidenden) Unterschiede.[136]

127

BEISPIEL[137] Ein Dienstleistungsunternehmen stellte für eine Saison oder ein Rennen einen vollständigen Rennsportservice mit Rennorganisation, Transport von Rennwagen, Wartung und Pflege, Fahrerbetreuung etc. zur Verfügung. Der BFH sah darin eine einheitliche (zeit-

---

135 EITF 00-21 § 12, detailliert dargestellt bei *Lüdenbach*, in: Lüdenbach/Hoffmann (Hrsg.), Haufe IFRS-Kommentar, 8. Aufl., Freiburg 2010, § 25 Rz. 72 ff.
136 Vgl. *Unkelbach*, PiR 2007 S. 97; *Hoffmann*, GmbH-StB 2008 S. 25; zur methodologischen Zulässigkeit *Weber-Grellet*, DStR 1991 S. 438.
137 Nach BFH-Urteil vom 26. 3. 1992 – V R 16/88, BStBl II S. 929.

raumbezogene) Leistung mangels Trennbarkeit der Leistungselemente – vergleichbar den Vorgaben von E-DRS 17.41.

BEISPIEL[138] Ein Autohändler verkaufte Gebrauchtwagen mit gleichzeitiger Vereinbarung einer Car-Garantie, die kostenlose Reparaturen innerhalb eines bestimmten Zeitraums umfasste.

Der BFH sah im Abschluss des Garantievertrags eine selbständige zeitraumbezogene Leistung, die getrennt vom zeitpunktbezogenen Verkauf zu beurteilen ist. Nach E-DRS 17.41 ist der Garantievertrag bzw. dessen Erlös verlässlich ermittelbar, mit der Folge einer getrennten Umsatzrealisation – wie nach der BFH-Lösung.

BEISPIEL[139] Eine einheitliche zeitbezogene Leistung liegt nach Auffassung des BFH bei Lieferung eines Standardsoftwarepakets bestehend aus Datenträger und Benutzerhandbuch vor. Letzteres stellt ein unwesentliches Leistungselement dar und kann nach *materiality*-Grundsätzen (→ Rz. 182) vernachlässigt werden.

BEISPIEL[140] Der EDV-Softwareanbieter liefert eine Software mit umfangreichem Anpassungsbedarf (*customizing*) an den Kunden. Die Anpassung ist als wesentliches Leistungselement anzusehen. Die Umsatzrealisation kann insgesamt erst nach der zeitraumbestimmten Anpassung erfolgen.

128 Generell kann dem **Wesentlichkeitsaspekt** (→ Rz. 182) hier genügend Raum gegeben werden, und zwar aus Sicht des Kunden/Leistungsempfängers. Wenn dieser bestimmte Leistungselemente nur als Mittel zum Zweck wahrnimmt, kommt diesem Leistungselement keine wesentliche Bedeutung zu.

BEISPIEL[141] Ein Sportparkbetreiber bot neben Gebäuden zum Betrieb verschiedener Ballsportarten auch die Benutzung von zugehörigen Räumlichkeiten (Umkleidekabinen, Sauna, Ruheraum, Gymnastikraum) an. Die Ballsportplätze konnten im Abonnement oder einzeln gebucht werden, enthielten indes immer die Möglichkeit zur Benutzung der gesamten Räumlichkeiten.

Nach Auffassung des BFH wollte der Kunde keine Räume mieten, sondern den Ballsport betreiben. Die Raumnutzung stellte nur das Mittel zu diesem Zweck dar. Man kann die Raumnutzung als untergeordnetes Leistungselement ansehen. Insgesamt liegt hier kein Mehrkomponentengeschäft vor, sondern eine einheitliche zeitraumbezogene (beim Abonnement) oder zeitpunktbezogene (bei Einzelnutzung).

---

138 Nach dem BFH-Urteil vom 16. 1. 2003 – V R 16/02, BB 2003 S. 831, und dem BFH-Urteil vom 9. 10. 2002 – V R 67/01, BStBl 2003 II S. 378. Vgl. auch das Beispiel unter → § 251 Rz. 32.
139 Nach BFH-Urteil vom 13. 3. 1997 – V R 13/96, BB 1997 S. 108.
140 Nach EuGH-Urteil vom 27. 10. 2005 – Rs. C-41/04 (*Levob*), UR 2006 S. 20.
141 Nach BFH-Urteil vom 31. 5. 2001 – V R 97/98, BStBl II S. 658.

8.6 Strukturierte Geschäftsmodelle

Die entscheidend durch die BFH-Rechtsprechung bestimmte Rechtsdogmatik zum Realisationszeitpunkt – insbesondere auch bei zeitpunktbezogenen Geschäften – ist durch eine **schuldrechtliche** Betrachtungsweise dominiert (→ Rz. 93). Übergabe der Sache, Abnahme des hergestellten Werks, Übergang von Besitz, Gefahr und Nutzen und Lasten und die typischen Fälle einer Leistungsstörung sind auf **einfache** Geschäftsvorfälle des täglichen Lebens ausgerichtet. Man kann diesbezüglich von traditionellen oder „geordneten" Verhältnissen ausgehen, die indes in der Realität des Wirtschaftslebens durch komplexe Vertragsgestaltungen überlagert werden. Durch gezielte **Kombination** von z. B. herkömmlichen Kaufgeschäften können der wirtschaftlichen Substanz nach ganz andere Geschäfte in verschleierter Form getätigt werden, beispielsweise Finanzierungen oder Nutzungsüberlassungen. Solche „Strukturierungen" bedienen sich also herkömmlicher schuldrechtlicher Kategorien, um ganz andere Geschäftsinhalte zu realisieren, als die Vertragsüberschrift andeutet.

129

Typische Fälle sind bestimmte Leasingkonstruktionen (→ § 246 Rz. 163).

130

BEISPIEL[142] Ein Lastwagenhersteller überlässt dem Spediteur Fahrzeuge gegen monatliche Nutzungsvergütung über eine Mindestlaufzeit. Der Spediteur erhält gleichzeitig die Option zum Erwerb der Fahrzeuge nach dieser Grundmietzeit zu einem Betrag X. Bei Vertragsabschluss ist die Ausübung der Kaufoption für den Spediteur günstig. Die (rechtliche) Nutzungsüberlassung stellt in Wirklichkeit unter Beachtung der wirtschaftlichen Strukturen einen Verkauf dar (Finanzierungsleasing). Die zivilrechtliche **Nutzungsüberlassung** ist bilanzrechtlich in eine **Veräußerung** („Mietkauf", → § 246 Rz. 186) umzudeuten.

Der Sachverhalt kann aber auch umgekehrt liegen: Eine rechtliche Veräußerung kann im Zusammenhang mit weiteren Vertragskonstellationen in wirtschaftlicher Sicht eine **Nutzungsüberlassung** darstellen.

131

BEISPIEL[143] Ein Neuwagenhändler verkauft an einen Großabnehmer (Autovermieter) im Flottengeschäft eine Anzahl Neuwagen zum Preis 100. Er verpflichtet sich zum Rückkauf nach Maßgabe bestimmter Berechnungsschlüssel (z. B. Fahrleistung) zum Preis von 60 nach Ablauf von 18 Monaten. Nach Kenntnisstand beim Vertragsabschluss kann das betreffende Fahrzeug höchstens zu 50 auf dem Sekundärmarkt vom Hersteller weiterverkauft werden.

Förmlich setzt sich das Geschäft zwischen dem Autohändler und dem Autovermieter aus **zwei Kaufverträgen** zusammen. Nutzungsmöglichkeit und rechtliches Eigentum werden im (ersten) Kaufvertrag auf den Autovermieter übertragen. Dem wirtschaftlichen Gehalt nach stellt das Geschäft eine **Nutzungsüberlassung** dar. Die Nutzungsvergütung besteht in der Differenz zwischen Ver- und Rückkaufspreis zzgl. des darin enthaltenen Zinseffekts. Der BFH hat demgegenüber das Schuldrecht dominieren lassen und zwei Kaufverträge der Entscheidung zugrunde gelegt. Die aus den sicheren Verpflichtungen resultierenden Zahlungsströme

---

142 Ähnlich *Lüdenbach*, in: Lüdenbach/Hoffmann (Hrsg.), Haufe IFRS-Kommentar, 8. Aufl., Freiburg 2010, § 25 Rz. 81.
143 Nach dem Sachverhalt des BFH-Urteils vom 11. 10. 2007 – IV R 52/04, DStR 2008 S. 237, mit Kommentar von *Hoffmann*, DStR 2008 S. 240, und *Hoffmann/Lüdenbach*, DStR 2004 S. 1763. Nichtanwendungserlass des BMF vom 12. 8. 2009, BStBl II S. 890. Der Sachverhalt ist unter Az I R 83/09 erneut beim BFH anhängig. Vgl. hierzu auch → § 246 Rz. 163. Dieses Geschäftsmodell lässt sich auch als *sale and buy back*-Transaktion charakterisieren (→ Rz. 146).

> am Anfang und Ende der Vertragsbeziehung lassen sich in **Monatsraten** umrechnen.[144] Bei einem Verkaufspreis von 1.000, einem Rückkaufspreis von 700 und einem Zinssatz von 7,5 % p. a. ergibt eine Monatsrate von ca. 17,6 den gleichen Bar- oder Endwert wie die Summe aus Bar- und Endwert von Kauf- und Rückkaufspreis (→ § 246 Rz. 163).

Bei der Bilanzierung soll der **wirtschaftliche Gehalt** eines Geschäftsmodells und nicht die **schuldrechtliche Ausgestaltung** abgebildet werden. Erst recht ist die Zuordnung des (rechtlichen) Eigentums für den Bilanzansatz unbeachtlich (→ § 246 Rz. 148). Zu letzterem wird unter → Rz. 148c weiter ausgeführt. Die **Zahlungsmodalität** – hier Kauf- und Rückkaufspreisstaffel Monatsrate – ist nach Abs. 1 Nr. 5 (→ Rz. 163) für den Bilanzansatz unbeachtlich.

131a Der BFH[145] sieht demgegenüber im Verkauf mit einer Rückverkaufs**option** ein Mehrkomponentengeschäft[146] mit der Stillhaltervergütung als Komponente, die durch eine Verbindlichkeit bis zur Ausübung bzw. Verfall der Option zu passivieren ist.

131b **Gegen** diese Auffassung ist vorzutragen:
- ▶ Das Geschäftsmodell „Verkauf mit Rückkaufverpflichtung" hat mit der Vorstellung des Gesetzgebers vom **Inhalt** eines Kaufvertrags absolut nichts gemein. Das Modell verdankt seine Geburt der notorisch nach **Umsatzgenerierung** hechelnden Automobilindustrie, die den Verlust beim Weiterverkauf im Interesse der Umsatzgenerierung in Kauf nimmt.
- ▶ Die ungewöhnliche Kombination von Ver- und Rückkauf wird nicht in Gänze erfasst, wenn die bilanzielle Würdigung des Gehaltsmodells beim Verkauf endet und lediglich den absehbaren Verlust aus dem Verkauf am Sekundärmarkt als Rückstellungsposten in Betracht zieht. Ver- und Rückkauf sind **insgesamt** bilanziell zu würdigen.
- ▶ Im Sinne einer steuerlichen Beurteilung stellt der Rückkauf den Teil eines **Gesamtplans** dar.
- ▶ Es ist dabei **unerheblich**, ob der Käufer eine **Verpflichtung** oder eine **Option** zum Rückverkauf eingeht, wenn die Option beim Vertragsabschluss – wie in der Realität fast immer – tief „im Geld ist", d. h. von der Optionsausübung mit hoher Wahrscheinlichkeit auszugehen ist. Darum wird in bilanzrechtlicher Sicht die Verpflichtung durch die wirtschaftlichen Interessenlage ersetzt (→ Rz. 148d).
- ▶ Der Charakter der **Nutzungsüberlassung** wird auch beim Vergleich mit dem *operating lease* (→ § 246 Rz. 173) deutlich. Bei letzterem verbleibt wenigstens in der Ausgestaltung im deutschen Leasinggeschäft das rechtliche Eigentum beim Leasinggeber, hier – im Autoflottengeschäft – geht es auf den Käufer bis zum Rückverkauf über. Das hat Auswirkungen auf die Besicherung der Refinanzierung, nicht aber auf die bilanzielle Abbildung, die auf das **wirtschaftliche** Eigentum ausgerichtet ist (→ Rz. 131). Deshalb lässt sich das Geschäftsmodell – Verkauf mit Rückkauf – auch als Sonderform des *operating lease* qualifizieren.
- ▶ Die Komponenten des Kaufvertrags – wenn man den Rückkauf nicht in die bilanzielle Abbildung einbezieht – sollen bestehen aus
  - Lieferung des Autos
  - Zeitlich begrenzte Übernahme von Risiken des Käufers.

---

144 Vgl. hierzu *Hoffmann*, StuB 2009 S. 747.
145 BFH-Urteil vom 11. 10. 2007 – IV R 52/04, BStBl 2009 II S. 705.
146 So *Herzig/Joisten*, Ubg 2010 S. 472.

Die zweite Komponente ist in der Realität nicht vorhanden. Der Käufer trägt kein nennenswertes Risiko (→ Rz. 148c).

Der **einheitlichen** Würdigung dieses Geschäftsmodells steht nicht der Grundsatz der Einzelbewertung in § 252 Abs. 1 Nr. 3 HGB entgegen (→ Rz. 30 ff.).[147] Es geht hier nicht um irgendein Bewertungsproblem, sondern um den **Bilanzansatz**, d. h. um die Abbildung eines wirtschaftlichen Sachverhalts dem Grunde nach (nicht der Höhe nach).

In der älteren BFH-Rechtsprechung[148] wird der Erstverkauf als Realisationstatbestand gewürdigt und mit einer möglichen Drohverlustrückstellung (→ § 249 Rz. 121 ff.) angereichert. Die entschiedenen Sachverhalte spielten allerdings in der Zeit vor dem Ansatzverbot in der Steuerbilanz (→ § 249 Rz. 131). Darin besteht möglicherweise eine Divergenz zum BFH-Urteil IV R 52/04 – so jedenfalls das BMF im zitierten Nichtanwendungserlass.

Hinter einem Kauf mit Rückkaufverpflichtung (*put option* des Käufers) kann sich auch ein anderes Geschäftsmodell verbergen, nämlich ein **Kommissionsgeschäft** (→ Rz. 114).[149]

132

> **BEISPIEL**[150] Eine Bauträgergesellschaft verkauft ein fertig gestelltes Gebäude mit aufteilbaren Eigentumswohnungen an eine Vermarktungsgesellschaft. Letztere ist zum Rückkauf bei unverändertem Preis innerhalb von zwei Jahren berechtigt, wenn ihr bis dahin der Weiterverkauf oder die Finanzierung des Projektobjekts nicht gelungen ist. Im Kaufvertrag ist der Übergang von Nutzen und Lasten an die Vermarktungsgesellschaft vereinbart.
>
> Entgegen der Lösung des BFH ist eine Umsatzrealisation bei der Bauträgergesellschaft nicht erfolgt,[151] da sie trotz des Übergangs von Nutzen und Lasten und dem rechtlichen Eigentum bis zum Ablauf der zweijährigen Rücknahmeverpflichtung das Risiko an diesem Geschäft nicht losgeworden ist. Die Risikominimierung als entscheidendes Tatbestandsmerkmal der Umsatzrealisation (→ Rz. 96) hat nicht stattgefunden. Der Verkäufer hat entgegen dem normalen Gehalt eines Kaufvertrags nicht über das betreffende Gut verfügt. Dem wirtschaftlichen Gehalt nach liegt ein Kommissionsgeschäft vor, bei dem eine Umsatzrealisation durch den Kommittenten erst nach Verkauf durch den Kommissionär in Betracht kommt (→ § 249 Rz. 48).

(Verdeckte) Kommissionsgeschäfte können sich auch aus den Marktzwängen und wirtschaftlichen Interessenlagen der agierenden Personen ergeben, wenn dabei eine Partei ihre **Marktmacht** gegenüber der anderen ausspielt.

133

> **BEISPIEL**[152] Der Einzelhandelsriese A bietet wöchentlich umfangreich beworbene Sonderverkaufsaktionen. Dazu erhält der Elektrowerkzeughersteller F den Auftrag zur Anlieferung von

---

[147] So aber *Rätke*, StuB 2005 S. 220.
[148] BFH-Urteil vom 15.10.1997 – I R 16/97, BStBl 1998 II S. 249, und BFH-Urteil vom 25.7.2000 – VIII R 35/97, BStBl 2001 II S. 566.
[149] Vgl. auch IDW ERS HFA 13 n. F., Tz. 34.
[150] Nach dem BFH-Urteil vom 25.1.1996 – IV R 114/94, BStBl 1997 II S. 382, mit Anm. *Hoffmann*, BB 1996 S. 1821.
[151] A. A. *Haarmann*, in: FS Raupach, 2006, S. 237 f.
[152] Nach *Lüdenbach*, in: Lüdenbach/Hoffmann (Hrsg.), Haufe IFRS-Kommentar, 8. Aufl., Freiburg 2010, § 25 Rz. 85.

20.000 Geräten, verteilt auf 1.500 Filialen in Deutschland am Tag X zwischen 14.00 Uhr und 16.00 Uhr.

Nach Beendigung der Aktion bleiben 5.000 Geräte bei A unverkauft. Eine Rücknahmepflicht des F war nicht vereinbart. Gleichwohl nimmt F die unverkauften Geräte zurück.

Nach lehrbuchmäßiger Betrachtung ist der Realisationszeitpunkt bei Anlieferung an die Filialen gegeben (→ Rz. 94). Das Geschäftsmodell spielt sich allerdings nicht in herkömmlichen Bahnen ab, die der Ausgestaltung des Schuldrechts zugrunde liegen. A ist zwar rechtlich zur Bezahlung der Gesamtlieferung verpflichtet, doch wird F diesen Anspruch nach seiner Interessenlage nicht durchsetzen. Er ist zur Rücknahme der unverkauften Geräte faktisch verpflichtet, denn sonst wird er von A „ausgelistet", wird also nie mehr einen Auftrag erlangen.

Eine Erlösrealisierung bei F muss deshalb den Regeln des Kommissionsgeschäfts folgen, d. h. der Verkauf an den Endkunden des A ist maßgeblich.

134 Ein weiteres Beispiel für strukturierte Geschäftsmodelle stellt der Verkauf mit Werthaltigkeits- bzw. Renditegarantie dar (vgl. auch das erste Beispiel unter → Rz. 96).

BEISPIEL[153] Die Bauträger AG verkauft zu einem selbst ermittelten Verkehrswert Vorratsgrundstücke an die Unterstützungskasse GmbH, über die Altersversorgungsverpflichtungen der AG abgewickelt werden. Der Verkauf wird vom Vorstand wie folgt begründet: „Die Grundstücke müssen einstweilen bei der Unterstützungskasse ‚geparkt werden', da eine Realisierung des Verkehrswerts am Markt wegen der schlechten Nachfragesituation derzeit nicht möglich ist." Der „Verkehrswert" wird also vom Vorstand festgelegt.

Aus sozialrechtlichen Gründen muss die AG der Unterstützungskasse eine Verwertungsgarantie geben, um Letztere aus dem ganzen Geschäft schadlos zu halten. U. E. ist eine Umsatzrealisation gegeben, da das Risiko aus den Grundstücken trotz des Übergangs von Nutzen und Lasten und rechtlichem Eigentum bei der Bauträger AG verblieben ist, also die Risikominimierung nach Maßgabe der BFH-Rechtsprechung (→ Rz. 96) nicht vorliegt.

8.7 Verkauf von Nutzungsrechten

135 Auch **Nutzungsrechte** können Gegenstand eines Veräußerungsgeschäfts sein.

BEISPIEL E erwirbt von V das Erbbaurecht an einem Grundstück. Ein Entgelt zahlt E nicht, oder – in der Alternative – er zahlt für den Eintritt in den Erbbaurechtsvertrag einen Einmalbetrag von 100 und übernimmt (natürlich) die Verpflichtung zur Zahlung des Erbbauzinses.

In den beiden Sachverhaltsvarianten schlagen sich unterschiedliche Marktverhältnisse nieder. Im ersten Fall reflektiert der Erbbauzins das augenblickliche Preisniveau für die betreffenden Baugrundstücke. In der Alternative ist der Erbbauzins im Verhältnis zu den Marktverhältnissen zu niedrig. In bilanzrechtlichen Kategorien kann man diesen Tatbestand wie folgt umschreiben: Der Erbbaurechtsvertrag stellt ein schwebendes Geschäft dar, das dem Grunde nach nicht

---

153 Fall der Walter Bau AG, FAZ vom 3. 11. 2003, S. 16.

bilanzierbar ist (→ § 246 Rz. 7). Durch die Übertragung des Nutzungsrechts am Grundstück (hier Bauberechtigung) ist die Hypothese der **Ausgeglichenheit** des schwebenden Geschäfts mit der Folge einer Nichtbilanzierung **widerlegt**. Der Veräußerer des Erbbaurechts hat im Gefolge der günstigen Preisentwicklung einen Gewinn erzielt, der Erwerber ist in einen im Verhältnis zur Marktsituation günstigen Vertrag eingetreten, hat dabei Anschaffungskosten auf einen immateriellen Vermögensgegenstand getragen.

Anders verhält es sich, wenn der rechtliche und wirtschaftliche **Eigentümer** ein Nutzungsrecht „verkauft". 136

> **BEISPIEL[154]** Die Erbengemeinschaft E ist Eigentümer eines auf einem Grundstück in bester Innenstadtlage betriebenen Warenhauses, möchte jedoch das Geschäft einstweilen nicht weiter betreiben. Zur Bestreitung der Erbschaftsteuer und anderer Schulden werden kurzfristig erhebliche liquide Mittel benötigt. Andererseits sollen die minderjährigen Kinder später die Chance zur Neuaufnahme des wirtschaftlichen Betätigungsfelds eines Kaufhauses behalten.
>
> Die Erbengemeinschaft „verkauft" deshalb das Nutzungsrecht am Gebäude an eine Modehandelskette für 20 Jahre zum Preis X. Das Gebäude hat eine Restnutzungsdauer von 40 Jahren.

Bei dem „Verkauf" des Nutzungsrechts handelt es sich der wirtschaftlichen Substanz nach nicht um ein Veräußerungsgeschäft, sondern um einen **Nutzungsüberlassungs**vertrag (Mietvertrag) mit einer Einmalzahlung pränumerando. In diesem Betrag schlägt sich ein Abzinsungseffekt nieder. Dem bilanzrechtlichen Charakter nach handelt es sich um ein **schwebendes** Geschäft, das durch die Zahlungsmodalität nicht beeinflusst wird (→ Rz. 88). Der Einmalbetrag ist unter Berücksichtigung des Zinseffekts auf die vereinbarte Vertragslaufzeit von 20 Jahren passiv abzugrenzen (→ § 250 Rz. 11), d. h. umsatzmäßig zu verteilen.

Anders verhält es sich bei Nutzungsüberlassung eines Vermögensgegenstands für die **gesamte** mutmaßliche **Nutzungsdauer**. 137

> **BEISPIEL[155]** Die Biotec AG hat einen erfolgversprechenden Wirkstoff zur Bekämpfung des Blutkrebses entwickelt und patentrechtlich schützen lassen. Das Patent verfällt in 18 Jahren. Zur Durchführung der noch erforderlichen Kliniktests und des Zulassungsverfahrens sowie der späteren Vermarktung des Wirkstoffs „Antihämin" fehlen der Biotec die finanziellen Ressourcen. Sie lizenziert daher das Patent exklusiv sowie sachlich und räumlich unbeschränkt auf 18 Jahre gegen eine jährliche Mindestgebühr und eine Umsatzbeteiligung an den Pharmariesen P.
>
> **LÖSUNG** Die bilanzrechtliche Beurteilung kann sich nicht am Rechtstitel orientieren. Die Biotec bleibt zwar Eigentümerin des Patents, doch kommt dieser Rechtsstellung keine wirtschaftliche Substanz mehr zu. Nach Ablauf des Patents ist dieses wertlos bzw. nicht mehr vorhanden. Der Vertrag ist als Verkaufsgeschäft zu würdigen, die Umsatzrealisation aller-

---

154 Nach *Lüdenbach/Hoffmann*, DStR 2006 S. 1384.
155 Nach *Lüdenbach*, in: Lüdenbach/Hoffmann (Hrsg.), Haufe IFRS-Kommentar, 8. Aufl., Freiburg 2010, § 25 Rz. 66 f.

dings u. U. wegen der Unsicherheit des Geldeingangs nur zeitraumbezogen vorzunehmen (→ Rz. 145).

138 Der Verkauf von Nutzungsrechten muss unter Berücksichtigung der **weiter bestehenden Verpflichtung** bilanziell abgebildet werden.

BEISPIEL[156] A ist Nutzungsberechtigter eines Bootsliegeplatzes. Die Restdauer des auf 20 Jahre geschlossenen Mietvertrags beträgt zehn Jahre. Angesichts zwischenzeitlich stark gestiegener Nachfrage nach Liegeplätzen hat der Mietvertrag einen Marktwert und ist abstrakt bilanzierungsfähig. A veräußert dieses Recht.

1. Alternative: Der neue Mieter übernimmt die Rechte und Pflichten gegenüber dem Eigentümer auch im Außenverhältnis

2. Alternative: Im Außenverhältnis bleibt A gegenüber dem Eigentümer berechtigt und verpflichtet.

In der 1. Alternative steht dem „Verkauf" der Liegeplatzberechtigung keine Verpflichtung mehr gegenüber. Der Veräußerungserlös ist in vollem Umfang zeitgleich realisiert.

In der 2. Alternative tritt neben das Hauptmietverhältnis (*head lease*) ein Untermietverhältnis (*sub lease*). Eine sofortige Erlösrealisierung ist nur möglich, wenn A das vom Untermieter vereinnahmte Entgelt endgültig behalten darf, unabhängig davon, ob ihm etwa wegen Leistungsstörungen im Hauptmietverhältnis die Untervermietung unmöglich wird.

BEISPIEL Der Profifußballclub H AG mietet auf 15 Jahre die Großarena von einer Sportstadion-Betreiber B-GmbH gegen eine Umsatzbeteiligung an den Ticketeinnahmen. Nach der Vertragsgestaltung steht dem Club in diesem Zeitraum das Vermarktungsrecht an der gesamten Anlage zur Verfügung.

Aufgrund dieses ihm zustehenden „Nutzungsrechts" verkauft der Club die „Bewirtungsrechte" für die Tribünen an das Cateringunternehmen A und die „Vermarktungsrechte" an den *business seats* und den VIP-Lounges an die Sportrechteverwertungs-GmbH S auf jeweils zehn Jahre (alternativ 15 Jahre) zu einem Einmalbetrag. Die Verträge sehen jedoch u. a. Konventionalstrafen für den Fall des Abstiegs in die 2. Bundesliga vor. Die Strafen sind umso höher, je früher ein Abstieg erfolgt. Sie ermäßigen sich nachträglich umso mehr, je früher ein Wiederaufstieg gelingt.

LÖSUNG Bei einer Veräußerung der Rechte auf zehn Jahre scheitert eine sofortige Umsatzrealisierung schon an der fehlenden Übertragung **aller** Rechte (nur zehn statt 15 Jahre) durch H (Abweichung zum Beispiel unter → Rz. 137).

Bei einer Veräußerung der Rechte auf 15 Jahre würde eine sofortige Realisation des Einmalbetrags das schwebende Geschäft „zerlegen". Nur die Aktivkomponente – das Einmalentgelt für die Nutzungsüberlassung – würde betrachtet, die „Passivseite" – die Überlassungsverpflichtung – hingegen ignoriert. Dieses Vorgehen wäre nicht sachgerecht. Die für den Fall

---

156 Nach *Lüdenbach/Hoffmann*, DStR 2006 S. 1386. Vgl. hierzu auch → § 246 Rz. 25 ff.

> des Abstiegs in die 2. Bundesliga vorgesehene Konventionalstrafe belegt: Der Fußballclub kann den Einmalbetrag nur dann ungeschmälert behalten, wenn er seinerseits eine Dauervertragsleistung erbringt. Es liegt ein Dauerrechtsverhältnis vor. Die Realisation des „Verkaufs" der Vermarktungsrechte muss also über die Vertragslaufzeit hinweg erfolgen.

8.8 Rechtsmängelbehaftete und nichtige Geschäfte, schwebende Unwirksamkeit

Ein Realisationsvorgang beruht regelmäßig auf einer schuldrechtlichen Grundlage ($\to$ Rz. 94). Eine solche kann (schwebend) **unwirksam** sein.

139

> **BEISPIEL[157]** V verkauft und überträgt an K alle Aktien der A-AG. Der Vertrag ist aufgrund kartellrechtlichen Genehmigungsvorgehalts schwebend unwirksam. Die Parteien gehen von einer problemlosen Genehmigung aus und halten sich an die Vertragsbedingungen trotz der noch bestehenden rechtlichen Unwirksamkeit.
>
> Nach dem BGH-Urteil ist die Realisation mit Abschluss des noch unwirksamen Rechtsgeschäfts erfolgt. Anders muss u. E. die Beurteilung ausfallen, wenn die kartellrechtliche Genehmigung höchst unsicher ist.
>
> U. E. lässt sich dieses Ergebnis auch durch den Gedanken der subjektiven und objektiven **Richtigkeit** der Bilanz ($\to$ Rz. 58) finden.[158] Die Vertragsparteien sind von der Rechtswirksamkeit des Vertragsabschlusses ausgegangen. Irgendeine Bösgläubigkeit (§ 872 BGB im Umkehrfall) ist nicht feststellbar, auch nicht beim Veräußerer als bilanzierendem Kaufmann.

Der Verkauf von Aktien, Unternehmen u. Ä. kann auch unter Gremienvorbehalt – Zustimmung des Aufsichtsrats oder der Gesellschafterversammlung – von Käufer und Verkäufer stehen. Durch solche Vorbehalte soll die Wirksamkeit des Geschäfts offen gehalten werden. Sofern eine oder beide Parteien eines Vertragsabschlusses einem solchen Vorbehalt unterliegen, ist das Eintreten der Vertragswirkung in der Schwebe. Ein bilanzrechtlich wirksamer Realisationsvorgang ist bis zur Genehmigung nicht vorhanden.

140

Die rechtliche Unwirksamkeit kann den Vertragspartnern auch möglicherweise gar **nicht bewusst** sein.

141

> **BEISPIEL[159]** Ein Bauträger verkauft und überträgt den Besitz von Kaufeigenheimen an eine Vielzahl privater Erwerber, nachdem diese den Kaufpreis entrichtet hatten. Nachträglich stellte sich die Formnichtigkeit des Kaufvertrags nach dem damaligen § 313 BGB heraus. Der

---

[157] Nach BGH-Urteil vom 31. 10. 1978 – KZR 5/77, BB 1979 S. 543; vgl. auch das BFH-Urteil vom 25. 6. 2009 – IV R 3/07, BStBl 2010 II S. 182.
[158] Vgl. *Goerdeler/Müller*, WPg 1980 S. 315.
[159] Nach BFH-Urteil vom 29. 11. 1973 – IV R 181/71, BStBl 1974 II S. 202.

> BFH bejaht die Gewinnrealisation, weil der Vertrag von allen Parteien trotz der Nichtigkeit durchgeführt worden ist, eine Rückabwicklung weder möglich noch erwünscht war.

142 Der Übergang des wirtschaftlichen Eigentums (→ § 246 Rz. 147 ff.) stellt einen wichtigen Bilanzierungsfall bei **Fusionen** und **Spaltungen** von Kapitalgesellschaften dar. **Rechtlich** geht das Eigentum erst mit der Eintragung ins Handelsregister über, für den Wechsel des wirtschaftlichen Eigentums und damit den Bilanzansatz der Vermögensgegenstände und Schulden beim übernehmenden Rechtsträger sind folgende **Voraussetzungen** bis zum **Abschlussstichtag**, der dem Verschmelzungs- bzw. Spaltungsgeschehen zugrunde liegt, **kumulativ** zu erfüllen:[160]

▶ **Formwirksamer** Abschluss des Verschmelzungs- bzw. Spaltungsvertrags;

▶ Vorliegen der entsprechenden **Beschlüsse** und **Zustimmung**serklärungen der Gesellschafter.

Werden diese Voraussetzungen erst im neuen Geschäftsjahr beschlossen, liegt ein „in alter Rechnung" nicht mehr berücksichtigungsfähiges **wertbegründendes** Ereignis (→ Rz. 55) vor. Die fehlende Handelsregistereintragung am Bilanzstichtag ist dagegen unmaßgeblich, wenn damit mit hoher Wahrscheinlichkeit am Bilanzstichtag gerechnet werden kann und diese im Wertaufhellungszeitraum als „erhellend" erfolgt.

143 **Zusammenfassend** lässt sich die Rechtslage bezüglich des Realisationsvorgangs bei **rechtsmängelbehafteten** Geschäften wie folgt darstellen:[161]

▶ Die Parteien müssen sich **realisationsbegründend** am Stichtag aus ihrer Sicht (subjektiv) **rechtswirksam gebunden** haben. Vgl. hierzu auch das Beispiel unter → § 284 Rz. 8. Bis zur Rechtswirksamkeit kann jede Partei die Option zum Ausstieg aus dem Geschäft in Anspruch nehmen. Vgl. hierzu das Beispiel unter → § 246 Rz. 159. Gremienvorbehalte muss sich jede Partei zurechnen lassen. Eine „freischwebende" wirtschaftliche Betrachtungsweise kann hier keine bilanzansatzbegründende Wirkung beim (scheinbaren) Erwerber entfalten (→ § 246 Rz. 159).

▶ Anders sind die Fälle zu beurteilen, in denen die Rechtswirksamkeit von der Zustimmung bzw. dem Handeln **Dritter** (z. B. Kartellamt, Handelsregister) abhängt. Hier ist die (hohe) Wahrscheinlichkeit bezüglich der Zustimmung aus Sicht des Stichtags für die bilanzielle Zurechnung und deren Übergang maßgeblich[162] (→ Rz. 117c).

▶ Wenn die Parteien die Rechtsunwirksamkeit bei Vertragsabschluss **nicht erkannt**, aber in der Folgezeit das Gewollte auch vollzogen und kein Interesse an einer Rückabwicklung haben, ist die Realisation aufgrund des formunwirksamen Vertrags nicht wieder rückgängig zu machen.

8.9 Ausbuchung ohne Realisationstatbestand (unsicherer Kaufpreis)

144 Mit der Umsatz- und Ertragsrealisation ist in aller Regel eine **Abgangsbuchung** für das betreffende Wirtschaftsgut verbunden. In Ausnahmefällen können diese beiden Buchungsvorgänge aber auch zeitlich auseinanderfallen, nämlich dann, wenn zwar das wirtschaftliche Eigentum

---

160 IDW HFA 2/1997 Rz. 21.
161 Vgl. *Lüdenbach/Hoffmann*, DB 2009 S. 861.
162 Vgl. hierzu das BFH-Urteil vom 25. 6. 2009 – IV R 3/07, BStBl 2010 II S. 182.

auf den Erwerber übergegangen ist, Zeitpunkt und Höhe des Kaufpreises jedoch zu **unsicher** sind, um dem Gesichtspunkt der Risikominimierung (→ Rz. 96) als Tatbestandsvoraussetzung der Umsatzrealisation nachzukommen. In solchen (seltenen) Fällen geht zwar das wirtschaftliche Eigentum über, gleichwohl kommt es nicht zur Gewinnrealisation.[163]

> **BEISPIEL**
>
> ▶ Der Verkaufspreis beruht der Höhe nach auf einer Indexierung bezogen auf einen Sachwert, im BFH-Fall „Normal-Steine".[164]
>
> ▶ Ein Mitunternehmeranteil ist gegen eine Mindestvergütung zuzüglich einer auf Lebenszeit des Veräußernden zu gewährenden Quote auf den Gewinnanteil verkauft worden.[165]

Beide Fälle betrafen den Verkauf von Unternehmens**anteilen**. Die Verkäufer waren nicht mehr (Mit-)Unternehmer, ihre Beteiligung ist somit in buchhalterischer Sprache „abgegangen". Gleichwohl trat bei ihnen mit dem Verkauf keine Gewinnrealisation ein, da nach Auffassung des BFH der Eingang und die Höhe des Kaufpreises zu ungewiss, also zu risikoträchtig, war. Im Mitunternehmerfall führt die Mindestvergütung nur dann zu einem sofortigen Gewinn, wenn sie das Kapitalkonto (den „Buchwert" des Mitunternehmeranteils) überschreitet.

Auch bei dem Verkauf eines **einzelnen** Wirtschaftsguts kann das Risikoprofil (→ Rz. 96) des Veräußerungspreises zu hoch für die Umsatzrealisation sein.

> **BEISPIEL**[166] ▶ Die Biotec AG (B) überlässt ein Patent mit Buchwert Null zeitlich unbefristet an einem erfolgversprechenden neuen Präparat an R. Das Präparat hat noch nicht die Zulassung zum Verkauf als Arzneimittel erhalten, mit ihr wird indes fest gerechnet (alternativ: die Zulassung ist bereits erfolgt). Der Kaufpreis errechnet sich nach Maßgabe der aus dem Präparat in der Zukunft zu erzielenden Umsatzerlöse während der restlichen Patentlaufzeit.

Der Verkauf des Patents mit der entsprechenden exklusiven Lizenzierung führt zum Übergang des rechtlichen und wirtschaftlichen Eigentums auf den Lizenznehmer (→ Rz. 137) und ist bei diesem (mit welchem Wert?) einzubuchen. Entsprechend ist beim Verkäufer eine Abgangsbuchung vorzunehmen, in diesem Falle mangels bisheriger Aktivierung mit Null. Der Umsatzerlös beim Verkäufer des Patents ist nach Eingang des aus dem Verkauf des lizenzierten Präparats beim Erwerber entstehenden Umsatzes zu realisieren (sog. *cash accounting*).

145

> **BEISPIEL** (Abwandlung)
>
> Gegenüber dem Sachverhalt in der vorstehend dargestellten Variante hat das Patent beim Verkäufer einen Buchwert, da er selbst es vor zwei Jahren käuflich erworben und danach weiterentwickelt hat.

---

163 Vgl. *Haarmann*, FS Raupach, 2006, S. 244.
164 Nach BFH-Urteil vom 16. 7. 1964 – IV 377/62 U, BStBl III S. 622.
165 Nach BFH-Urteil vom 14. 5. 2002 – VIII R 8/01, BStBl II S. 532.
166 Nach *Hoffmann*, PiR 2006 S. 210.

> Hier kommt es zu einer Abgangsbuchung ohne gleichzeitigen Umsatzerlös. Grund auch hier: Die Höhe und der zeitliche Anfall des Kaufpreises sind zu unbestimmt, die Risikominimierung (→ Rz. 96) somit nicht eingetreten. In der Praxis will man sich gegen das ungewohnte Bilanzbild – Abgang eines werthaltigen Wirtschaftsguts ohne Gegenleistung – mit einem geschätzten Umsatz i. H. des Restbuchwerts behelfen. Diese Lösung mag pragmatisch sein, entspricht aber nicht dem Gedanken der Unsicherheit und damit Nichtrealisierbarkeit des Umsatzerlöses.[167]

Neben der konzeptionell nicht überzeugenden hilfsweisen Schätzung des (Mindest-)Umsatzes in Höhe des Restbuchwertabgangs kann aber eine Lösung nach **Tauschgrundsätzen** in Frage kommen. Sie kann sich auf folgende Analogie stützen:[168]

▶ Bei Erwerb eines Optionsrechts gegen Prämienzahlungen oder bei einem entgeltlich erworbenen Gewinnbezugsrecht wird zwischen der Zugangsbewertung zu Anschaffungskosten für dieses Recht und der Folgebewertung unterschieden. Die Unsicherheit, ob aus dem Options- oder Gewinnbezugsrecht zukünftig Vorteile zufließen werden, hindert die erfolgsneutrale Zugangsbuchung (per Options- bzw. Bezugsrecht an Geld) nicht, sondern ist „nur" bei der Folgebewertung zu berücksichtigen.

▶ Wird das Zugangsobjekt nicht durch Hingabe von Geld, sondern eines anderen Vermögensgegenstands erworben, fallen Anschaffungskosten i. H. von dessen Zeitwert an. Die Zugangsbuchung ist wiederum erfolgsneutral, zur Erfolgsrealisation kann es lediglich beim abgehenden Vermögensgegenstand kommen. Würde also in den o. g. Beispielen das Recht auf eine Gewinnquote (Mitunternehmerfall) oder auf eine Umsatzbeteiligung durch Hingabe eines Grundstücks erworben, bestünden keine Bedenken gegen die Aktivierung des Rechts auf die Gewinnquote etc. in Höhe des Zeitwerts des hingegebenen Grundstücks.

▶ Im hier interessierenden Fall – Verkauf gegen Umsatzbeteiligung – kommt eine Besonderheit gegenüber dem Vergleichsobjekt – Erwerb einer Option oder Gewinnbeteiligung gegen Prämienzahlung – hinzu: Die Erträge (Verkaufserlös) beziehen sich auf den hingegebenen Gegenstand (Patent) selbst. Ist die Umsatz- bzw. Ertragsbeteiligung umfassend, bleibt der Verkäufer wirtschaftlicher Eigentümer, scheidet eine Abgangsbuchung und damit korrespondierend eine Zugangsbuchung aus. Bei einer weniger umfassenden Ertragsbeteiligung kommt es zum Abgang des Patents. Dann liegt ein Tauschgeschäft vor (→ Rz. 150). Ein solches erlaubt die Aktivierung beim nunmehrigen rechtlichen und wirtschaftlichen Eigentümer.

BEISPIEL[169] ▶ **(Weiterführung des vorstehenden Beispiels)**

Die Biotec AG (B) verkauft am 31.12.01 das Patent an R gegen eine Beteiligung von 10 % des aus dem Präparat in der Restlaufzeit des Patentschutzes von zehn Jahren erwarteten Ertrags von 10 Mio €, d. h. 1 Mio € p. a. Risikogerecht abgezinst mit 15 % ergibt sich ein Barwert von 5 Mio €, der dem Zeitwert entsprechen soll. Die Abgangsbuchung bei B kann nur erfolgen,

---

167 Vgl. hierzu *Neu/Stamm*, DStR 2005 S. 145; ähnlich *Mellwig/Hastedt*, DB 1992 S. 1589, mit Ergänzung für den Erwerber, der Anschaffungskosten mit der jeweiligen Zahlung aktivieren soll.
168 Vgl. hierzu *Lüdenbach*, StuB 2009 S. 541.
169 Nach *Lüdenbach*, StuB 2009 S. 541.

wenn neben dem rechtlichen auch das wirtschaftliche Eigentum an R übergegangen ist. Das wäre bei einer weiterbestehenden mehrheitlichen Beteiligung des B an den Chancen und Risiken aus dem Patent nicht der Fall. Vergleichbar einem Optionsinhaber ist die Position des B durch eine Asymmetrie von Chancen und Risiken (→ § 246 Rz. 210) gekennzeichnet: B hat nur eine Chance in seiner Beteiligung an positiven Erträgen, jedoch kein Risiko (mehr). Die Chance ist dabei auf 10 % der Erträge beschränkt. Alle Risiken und fast alle Chancen sind auf R übergegangen, er ist wirtschaftlicher Eigentümer.

B hat demnach eine Abgangsbuchung vorzunehmen und gleichzeitig einen Zugang für das Gewinnbezugsrecht zu erfassen. B tauscht das Patent gegen das Gewinnbezugsrecht. Das Patent ist von B mit seinem Buchwert von 3 Mio € auszubuchen. Das Gewinnbezugsrecht – vergleichbar einem Optionsrecht – ist (als Wahlrecht → Rz. 160) mit dem Zeitwert des hingegebenen Patents von 5 Mio € zu aktivieren, was zu einem Abgangserfolg für das Patent von 2 Mio € führt.

In den Folgejahren ist das Gewinnbezugsrecht jeweils neu nach Maßgabe der Restlaufzeit und der stichtagsbezogen jeweils zu ermittelnden Gewinnchancen zu bewerten. Die abnehmende Restlaufzeit vermindert den Wert, ebenso sinkende Ertragserwartungen. Umgekehrt reduziert sich die Abschreibung bei steigenden Gewinnerwartungen.

Vgl. zum Ganzen auch die Kommentierung unter → § 255 Rz. 59 ff.

8.10 Bilanzpolitisch motivierte Transaktionen

8.10.1 *Sale and buy back*-Geschäfte

Rein oder doch entscheidend bilanzpolitisch motivierte Transaktionen dürfen nicht zu Umsatzrealisation führen.[170] Als Beispiel sind *sale and buy back*-Geschäfte zu nennen.[171] Sie sind unter → Rz. 131 aus Sicht des Geschäftsinhalts als **Nutzungsüberlassung** (Miete) dargestellt worden. Eine andere Beurteilungsmöglichkeit eröffnet sich aus Sicht der **bilanziellen Zurechnung** (→ § 246 Rz. 147 ff.) des mit Rückkaufsverpflichtung oder -möglichkeit verkauften Vermögensgegenstands.

146

Das Problem bei diesen Transaktionen ist die **Ortung** des bei dem ersten Verkauf bereits **beabsichtigten** Rückerwerbs. Bei der bilanziellen Beurteilung darf man sich – wie immer – nicht an den Rechtsstrukturen festhalten. Auch der Übergang des rechtlichen Eigentums besagt bezüglich des Realisationstatbestands nichts. Entscheidend ist die **Risikominimierung** (→ Rz. 96) oder – international – der Übergang der wesentlichen Chancen und Risiken. Der Verkäufer kann zwar das rechtliche Eigentum an einem Wirtschaftsgut übertragen, aber immer noch die mit der Eigentümerstellung verbundenen wesentlichen Rechtselemente zurückbehalten (vgl. das Beispiel unter → Rz. 132). Die Beurteilung muss sich an dem Kriterium des **wirtschaftlichen Eigentums** (→ § 246 Rz. 147 ff.) ausrichten, d.h. am Recht der Verwertung des Gegenstands durch Nutzung oder Veräußerung und Innehaben der Chancen und Risiken durch Wertsteigerung oder Wertverlust während der voraussichtlichen Nutzungszeit.

---

170 Vgl. im Einzelnen IDW ERS HFA 13 n. F.
171 Hierzu IDW ERS HFA 13 n. F., Tz. 1.

147 Eindeutig ist die Beurteilung, wenn Verkauf und Rückkauf in einem einzigen Vertragswerk oder durch entsprechende Bezugnahme miteinander **verknüpft** sind. Dabei kommt es nicht auf die Nämlichkeit des betreffenden Wirtschaftsguts an, es genügen gattungsgleiche Wirtschaftsgüter. Bei einem engen **zeitlichen** und **sachlichen Zusammenhang** von Verkauf und Rückkauf kommt eine Realisation und eine Abgangsverbuchung beim Verkäufer nicht in Betracht. Je **länger** die Zeitspanne zwischen Kauf und Rückkauf bemessen ist, desto eher ist von einem „normalen" Verkaufsgeschäft auszugehen. Eine feste Zeitdefinition ist dabei nicht möglich, der betreffende Zeitraum („Schamfrist") ist jedenfalls nach **Art** des Vermögensgegenstands zu bemessen: Bei volatilen Werten (z. B. Aktien) genügt eine relativ kurze Frist, bei wertbeständigen Wirtschaftsgütern (z. B. Grundstücken) muss eine sehr viel längere Frist in Betracht gezogen werden. Die **Nutzungs**möglichkeit des Erwerbers für einen **erheblichen** Anteil an der Gesamtnutzungsdauer spricht entscheidend für den Übergang des wirtschaftlichen Eigentums, weil dann das Restwertrisiko – Differenz zwischen vereinbartem Kaufpreis und Restbuchwert – gering ist.

148 Ein starkes Indiz für einen von vornherein beabsichtigten Rückerwerb stellt eine **Kaufpreisstundung** und anschließende **Verrechnung** mit dem Rückkaufspreis dar. Insbesondere spricht die Vereinbarung **gegenläufiger** *put and call*-**Optionen** gegen eine Veräußerung, sofern die Optionsrechte auf demselben Basispreis, denselben Ausübungsmodalitäten und übereinstimmenden Laufzeiten beruhen. Hält in diesem Fall der rechtliche Verkäufer eine *call*-Option und der Erwerber eine *put*-Option, wird es nach der beidseitigen Interessenlage mit Sicherheit zu einem Rückerwerb kommen (→ § 246 Rz. 229). Eine der beiden Parteien hat je nach Wertentwicklung des Optionsgegenstands immer einen Vorteil aus der Optionsausübung.[172]

148a Die **Automobilindustrie**, die notorisch mit Überkapazitäten zu kämpfen hat, liefert reichlichen Anschauungsunterricht für *sale and buy back*-Gestaltungen.[173] Von den **Wertpapierpensionsgeschäften** (→ § 246 Rz. 226) unterscheiden sich Kauf und Rückkauf von Autos, weil sie sich nicht auf identische (Wertpapiere), sondern auf verschiedene Vermögensgegenstände – neues Auto, gebrauchtes Auto – beziehen.[174]

Alle großen europäischen Automobilhersteller betreiben dieses Geschäftsmodell und berichten darüber im IFRS- und HGB-Anhang abgekürzt wie folgt:

> **BMW NACH HGB** Umsätze mit Autovermietern, bei denen eine Rücknahmeverpflichtung vorliegt, werden auf der Grundlage von IDW ERS 13 n. F. im Umlaufvermögen zu fortgeführten Herstellungskosten ausgewiesen, da das wirtschaftliche Eigentum nicht an den Autovermieter übergegangen ist.

> **AUDI NACH IFRS** Erlöse aus dem Verkauf von Fahrzeugen, für die Rückkaufverpflichtungen bestehen, werden nicht sofort realisiert, sondern in Höhe der Differenz zwischen Veräußerungspreis und voraussichtlichem Rücknahmepreis linear über den Zeitraum zwischen Ver-

---

[172] Vgl. zum umgekehrten Fall das BFH-Urteil vom 11. 7. 2006 – VIII R 32/04, GmbHR 2007 S. 49, mit Anm. *Hoffmann*.
[173] Empirisch dargestellt durch *Wenk/Jagosch*, KoR 2010 S. 33 und 40.
[174] *Wenk/Jagosch*, KoR 2010 S. 35, identifizieren dagegen beide Gestaltungen. Gleichwohl können u. E. die Vorgaben von IDW HFA 13 n. F. mit Einschränkungen berücksichtigt werden, bedingt aber nur § 340b HGB.

äußerung und Rücknahme vereinnahmt. Die Fahrzeuge werden im Vorratsvermögen bilanziert.

Für den IFRS-Konzernabschluss berichten andere Automobilhersteller vergleichbar. Die Formulierung bei BMW ist dabei misslungen („Umsatz- ... als Herstellungskosten ausgewiesen"). Gleichwohl bleibt das Gemeinte verständlich: Es wird kein Kauf mit einer Rückkaufverpflichtung und auch kein Mehrkomponentengeschäft (→ Rz. 122)[175], sondern der wirtschaftliche Gehalt in Form eines Nutzungsüberlassungsverhältnisses (Miete) bilanziell abgebildet → Rz. 148c).

Die vier großen deutschen Automobilhersteller gehen für die Bilanzierung dieses Geschäftsmodells nach IFRS und HGB **einheitlich** vor.[176] In Form von Buchungssätzen stellt sich das wie folgt dar: 148b

BEISPIEL[177]

► Verkauf Ende 01 gegen bar zu 100

► Herstellungskosten 80

► Rücknahme Ende 03 zu 60

Buchungen des Verkäufers:

Jahr	Soll	Haben	Betrag
01	Bank	Verbindlichkeit	60
01	Bank	Passive Abgrenzung	40
02	Passive Abgrenzung	Umsatz (Miete)	20
02	Abschreibung	Vorräte	10
03	Passive Abgrenzung	Umsatz (Miete)	20
03	Abschreibung	Vorräte	10
03	Verbindlichkeit	Bank	60

Der Käufer und bis zum Rückkauf Nutzungsberechtigte des Automobils bucht wie folgt:

Jahr	Soll	Haben	Betrag
01	Forderung	Bank	60
01	Aktive Abgrenzung	Bank	40
02	Mietaufwand	Aktive Abgrenzung	20
02	Mietaufwand	Aktive Abgrenzung	20
03	Bank	Forderung	60

---

175 So aber *Herzig/Joisten*, Ubg 2010 S. 472.
176 So *Wenk/Jagosch*, KoR 2010 S. 35.
177 Dieses und andere nachfolgende Beispiele in Anlehnung mit Abänderungen an *Wenk/Jagosch*, KoR 2010 S. 34.

> 60 stellen im Beispiel den Darlehenscharakter der beiden Transaktionen dar, 40 die Nutzungsvergütung. Die in das Geschäftsmodell eingebauten Zinskalküle sind hier nicht berücksichtigt.
>
> Nach den Zitaten aus den Geschäftsberichten (→ Rz. 148a) erfolgt im Zuge des (rechtlichen) Verkaufs keine Umgliederung des Autos vom Vorrats- in das Anlagevermögen, was im Hinblick auf das unbestimmte Dauerhaftigkeitskriterium des § 247 Abs. 2 HGB (→ § 247 Rz. 22) vertretbar erscheint. Die erforderliche und vorgenommene Abschreibung deutet eher auf Anlagevermögen hin. M. a. W.: Die Planmäßigkeit der Abschreibung (→ § 253 Rz. 85 ff.) wird in das Umlaufvermögen inkorporiert. Oder umgekehrt: Die Abschreibung auf den niedrigeren beizulegenden Wert (→ § 253 Rz. 141) wegen des nutzungsbedingten Wertverlusts erfolgt ratierlich.

148c Diese bilanzielle Abbildung geht vom **Verbleib** des wirtschaftlichen Eigentums beim Hersteller/Verkäufer aus. Dem **rechtlichen** Eigentum kommt wie immer bei der Bilanzierung nur Indizfunktion zu (→ § 246 Rz. 147). Das wirtschaftliche Eigentum aus Sicht eines Transaktionsvorgangs kann anhand folgender **Kriterien** beurteil werden:[178]

▶ (1) Chancen und Risiken einer Wertänderung.

▶ (2) Chancen und Risiken aus der laufenden Nutzung.

▶ (3) Verfügungsmöglichkeit durch Nutzung oder Veräußerung.

▶ **Zu (1)**: Durch den fest vereinbarten Rücknahmepreis trifft den (rechtlichen) Käufer kein Risiko, im Gegenteil den Verkäufer, wie dies branchenüblich durch Verluste beim Weiterverkauf auf dem Sekundärmarkt zum Ausdruck kommt (→ Rz. 131). Das Risiko des zufälligen Untergangs beim Käufer und vorübergehenden rechtlichen Eigentümer wird durch Kaskoversicherungen minimiert und kann vernachlässigt werden.

▶ **Zu (2)**: Die laufende Nutzung in der Zeitspanne zwischen Kauf und Rückkauf liegt beim Käufer. Der Verkauf mit fest vereinbarter Rücknahmeverpflichtung stellt im wirtschaftlichen Gehalt einen **Mietvertrag** dar (→ Rz. 131), der sich lediglich durch die **Zahlungsmodalität** in Form der Differenz zwischen Verkaufs- und Rückkaufpreis von der üblichen periodisch zu erbringenden Vergütung unterschiedet. Die Zahlungsmodalität ist indes nach § 252 Abs. 1 Nr. 5 HGB (→ § 252 Rz. 163) für die bilanzielle Abbildung unerheblich. Die Chance und das Risiko des Verkäufers aus der Vermietung beschränkt sich auf die Bonität des Käufers.

▶ **Zu (3)**: Das Nutzungs- und Verwertungsrecht nach dem Rückkauf verbleibt beim Verkäufer (Automobilhersteller). In Betracht kommt praktisch nur die Verwertung (Verkauf) am **Sekundärmarkt**, wo branchentypisch nur Risiken und kaum Chancen lauern (→ Rz. 131).

148d Die vorstehenden Überlegungen zur bilanziellen Zurechnung gelten auch, wenn dem Käufer (Autovermieter) statt eines festen Rücknahmepreises ein **Andienungsrecht** gewährt wird. Dieses liegt regelmäßig beim Vertragsabschluss durch die Marktgegebenheit für den Autovermieter „tief **im** Geld", d. h. von der Optionsausübung ist bei Vertragsabschluss mit hoher Wahrscheinlichkeit auszugehen. Es mag dann in formaler Betrachtung ein **unechtes** Pensions-

---

[178] IDW ERS 13 n. F. Tz 7.

geschäft vorliegen, das allerdings nach der wirtschaftlichen Interessenlage des Autovermieters als „echt" zu behandeln ist (→ § 246 Rz. 230).[179]

Der im Rahmen des unechten Pensionsgeschäfts typisch vereinbarte Rücknahmepreis liegt optionstheoretisch „am Geld". Wegen der Marktgegebenheiten im Automobilsektor (→ Rz. 148a) befindet sich demgegenüber der Rücknahmepreis für den Automobilhersteller weit „aus dem Geld", weshalb man allenfalls von einem „atypisch unechten Pensionsgeschäft" sprechen kann. In der bilanziellen Abbildung sind die einem Geschäft zugrunde liegenden **Rechtsstrukturen** in Verbindung mit der wirtschaftlichen **Interessenlage** der Vertragsparteien zu berücksichtigen (→ § 246 Rz. 148). Es kann deshalb für den Bilanzansatz keinen Unterschied ausmachen, ob dem Käufer (Autovermieter) das Recht und die **Pflicht** zum Rückverkauf zukommt oder nur die **Option**, wenn diese bei Vertragsabschluss angesichts der gegebenen Marktverhältnisse mit hoher Wahrscheinlichkeit ausgeübt wird. Das wirtschaftliche Ergebnis ist das gleiche. Der Verkäufer (Hersteller) kann den Rückverkauf zwar nicht fordern, aber dieses fehlende Recht wird gleichwertig durch die Interessenlage des Käufers (Autovermieter) ersetzt. Der Rückkauf steht deshalb im Zeitpunkt des Vertragsabschlusses auch bei (nur) Option zum Rückverkauf fest.[180] Das wirtschaftliche Eigentum verbleibt u. E. entgegen der h. M. beim Verkäufer als „ultimativem Risikoträger".

Die vorstehenden Lösungshinweise decken den wohl allein praktizierten Sachverhalt einer Zeitspanne zwischen Kauf und Rückkauf zwischen 6 bis 24 Monaten ab. Bei einer Mietdauer, die **nahe** an der **Nutzungsmöglichkeit** liegt, bleibt das dargestellte Chancen- und Risikoprofil (→ Rz. 148c) in Analogie zum echten Pensionsgeschäft (→ § 246 Rz. 228) erhalten. Aus Wesentlichkeitsgesichtspunkten soll dem IDW[181] zufolge eine Gewinnrealisierung beim Verkäufer zulässig sein, weil der Unterschied zwischen Rücknahmepreis und dem Verkehrswert vernachlässigbar ist. Der Käufer (Autovermieter) führt dann das Auto im abnutzbaren Anlagevermögen. Der Automobilhersteller muss u. U. eine Drohverlustrückstellung im Umfang des Unterschiedsbetrags zwischen Rücknahme und Weiterveräußerungspreis vornehmen. 148e

Eine weitere, **wenig praxisnahe** Vorgehensweise der beiden Marktparteien mag in der Vereinbarung eines Rücknahmepreises zum **Verkehrswert** im **Rückgabezeitpunkt** sein. Dann trägt der Verkäufer kein Verwertungsrisiko mehr. Deshalb ist ein Übergang des wirtschaftlich zusammen mit dem rechtlichen anzunehmen. 148f

8.10.2 Verkauf mit Nutzungsvorbehalt

Ein weiterer Hinderungsgrund für die Realisation kann im **Vorbehalt** von **Nutzung** liegen, wenn also zwar das rechtliche Eigentum übergeht, der Verkäufer sich jedoch für eine gewisse Zeit die Nutzungsmöglichkeit am verkauften Wirtschaftsgut zurückbehält. Eindeutig ist die Lösung dann, wenn diese Periode die gewöhnliche Nutzungsdauer des verkauften Wirtschaftsguts umfasst: Dann hat das rechtliche Eigentum keine wirtschaftliche Substanz und das wirtschaftliche Eigentum ist beim Veräußerer verblieben; entsprechend kann ein Abgang und ein 149

---

179 So auch *Wenk/Jagosch*, KoR 2010 S. 37.
180 *Förschle/Kroner*, in: Beck'scher Bilanz-Kommentar, 7. Aufl., München 2010, § 246 Tz. 26; A. A. möglicherweise *Zülch/Hoffmann/Siggelkow*, KoR 2010 S. 41; *Wenk/Jagosch*, KoR 2010 S. 36. Wegen der buchmäßigen Abbildung im Gefolge der h. M. wird auf die Beiträge der letztzitierten Autoren verwiesen.
181 IDW ERS HFA n. F. 13 Tz 17.

Gewinnrealisationstatbestand nicht vorliegen. Auch bei einem Verkauf unter **Nießbrauchsvorbehalt** gelten ähnliche Überlegungen: Im Normalfall steht einer Umsatzrealisation nichts im Wege, in Sonderfällen kann aber der Nießbrauch so bemessen sein, dass sich während der Laufzeit der Wert des betreffenden Wirtschaftsguts erschöpft, der Erwerber des Wirtschaftsguts (Nießbrauchsverpflichtete) keinen Nutzen aus dem Wirtschaftsgut ziehen kann. In diesem Fall bleibt das wirtschaftliche Eigentum beim Veräußerer (Nießbraucher).

8.10.3 Tauschgeschäfte

150 Bei Tauschgeschäften sind **zwei** bilanzielle Aspekte beachtlich:[182]

1. **Erlös**realisierung: Ist überhaupt ein Umsatzgeschäft gegeben?
2. **Gewinn**realisierung: Wenn ja, wie hat die Bewertung – Buchwert oder Zeitwert des hingegebenen Vermögensgegenstands – zu erfolgen (→ § 255 Rz. 49)?

Hier geht es um die **Erlös**komponente. Dazu folgendes Beispiel:

> **BEISPIEL** Das Elektrizitätsversorgungsunternehmen E1 liefert an E2 in der Region 1 Strom und erhält in der Region 2 Strom von E2. Transportkosten in unterschiedlicher Höhe liegen nicht vor. Umsatz wird von E1 bzw. E2 nur in der überschießenden Höhe erzielt.

Sofern die Tauschgeschäfte von ökonomischer Substanz sind, bestehen gegen die Umsatzrealisation keine Bedenken. In Abwandlung des vorstehenden Beispiels wäre das dann der Fall, wenn E1 Spitzenstrom aus Speicherkraftwerken und E2 im Gegenzug Grundlast aus Kernkraftwerken liefert. Anderes gilt bei einer bilanzpolitischen Motivation.

> **BEISPIEL** Die Telefonprovider A und B sind börsennotiert. Die Analystenbewertungen fußen zu einem großen Teil auf Umsatzmultiplikatoren. A und B kommen daher auf die Idee, Leitungskapazitätsrechte in der gleichen Region in der Weise zu tauschen, dass B für die Nutzung der Kapazität von A zahlt und umgekehrt. Die vereinbarten Entgelte sollen zusätzlich zum Endkundenumsatz in der GuV als Umsatz ausgewiesen werden.

151 Die beiden Beispiele unter → Rz. 150 beziehen sich auf gleichartige Leistungen. Bei **ungleichartigen** Leistungsinhalten enthalten Tauschgeschäfte regelmäßig wirtschaftliche Substanz.

> **BEISPIEL** Die Raffineriekapazitäten von Kraftstoffanbietern sind ungleich mit Benzin- und Dieselproduktion ausgelastet. Deshalb tauschen die Anbieter je nach Nachfrage ihre Produktionsmengen zu einem im Vorhinein festgelegten Preisverhältnis aus. Die beiden Produkte sind nicht gleichartig, das Tauschgeschäft ist auch nicht auf eine bilanzpolitische Motivation – jedenfalls nicht primär – ausgerichtet. Die Umsatzrealisation ist zulässig.

Die bilanzrechtliche Beurteilung ist unabhängig davon, ob die Tauschgeschäfte durch Verrechnung beglichen werden oder effektiv „Geld fließt".

---

[182] Nach *Lüdenbach*, in: Lüdenbach/Hoffmann (Hrsg.), Haufe IFRS-Kommentar, 8. Aufl., Freiburg 2010, § 25 Rz. 39; dieser Fundstelle sind auch die nachstehenden Beispiele entnommen.

Zur Verschleierung der rein bilanzpolitischen Motivation können auch **dritte Personen** in einen 152
Tauschvorgang von Leistungen einbezogen werden:[183]

▶ A betreibt eine Onlineplattform und bestellt EDV-Leistungen bei B zu überhöhten Preisen.

▶ B bezahlt mit diesem Preisvorteil eine Marketingkampagne bei der Werbeagentur C.

▶ C schaltet aus diesem Auftrag Onlinewerbung bei A.

Durch diesen sog. *round drip deal* generiert A eigenen Umsatz durch den überhöhten Aufwand für EDV-Leistungen von B. Eine wirtschaftliche Substanz kam dem Geschäft nicht zu. Die Fallgestaltung erinnert an die umsatzsteuerlichen Karussellgeschäfte, die einen unzulässigen Steuervorteil gewähren sollen – vergleichbar dem künstlichen Umsatzausweis des A.

8.11 Kaufanreize mit *channel stuffing*

Verkaufsanreize sind an sich bezüglich der Umsatzrealisation unverfänglich, insbesondere bei 153
Lieferungen an Endkunden (→ Rz. 114). Bei Einschaltung von Handelsintermediären kann es sich auch anders verhalten. Als einschlägige Mittel kommen u. a. in Betracht:

▶ Besonders langfristige Zahlungsziele,

▶ Rabatte,

▶ Rücknahmegarantien,

▶ Renditegarantien sowie

▶ Kombinationen dieser Methoden.

Wenn kein entsprechender zusätzlicher Kaufbedarf beim Endkunden entsteht, kommt es notgedrungen beim Händler zu einem Lageraufbau oder ceteris paribus zu einem Umsatzrückgang beim Hersteller in der Folgeperiode. In vergleichsweise einfachen Fällen soll diese Vorgehensweise der SEC zufolge[184] lediglich eine **Anhang**erläuterungspflicht begründen. Anders kann die Umsatzrealisation bei zusätzlichen Förderungsmaßnahmen des Herstellers zu beurteilen sein, wenn z. B. dieser dem Händler für seinen zusätzlichen Lagerbestand eine **Renditegarantie** erteilt.[185] Hier ist u. U. das wirtschaftliche Eigentum am Produkt nicht übergegangen, nach den Beurteilungskriterien des BFH (→ Rz. 96) fehlt es an der Risikominimierung.

8.12 Wiederkehrschuldverhältnisse, Sukzessivlieferungsverträge

Sog. **Wiederkehr**schuldverhältnisse, die für die weiteren Zeitabschnitte oder Bezugsmengen 154
stets neu entstehen – insbesondere Kleinabnahmeverträge über Wasser, Strom, Gas, Wärme –, müssen für die zurückliegende Zeit als abgewickelt (realisiert) und können nur für die gerade laufende Bezugsperiode als schwebend angesehen werden. Im Gegensatz dazu muss der Teillieferungs- oder Sukzessivlieferungsvertrag als einheitlicher Vertrag angesehen werden, dessen

---

183 SEC-Fall der Homestore Inc. (dargestellt in Kurzform bei *Lüdenbach*, in: Lüdenbach/Hoffmann (Hrsg.), Haufe IFRS-Kommentar, 8. Aufl., Freiburg 2010, § 25 Rz. 40, und ausführlich bei *Unkelbach*, Wirtschaftliches Eigentum und Umsatzrealisation, Herne 2009, unter G IV). Hinzuweisen ist auf einen vergleichbaren Fall im Urteil des FG Hamburg vom 8. 8. 1996 – VI 192/93 n.v., NZB des BFH mit Beschluss vom 20. 8. 1997 – V B 14/96, BFH/NV 1999 S. 229, zu einem substanzlosen Ringgeschäft zur Generierung eines Wechselkredits.

184 Einzelheiten bei *Unkelbach*, Wirtschaftliches Eigentum und Umsatzrealisation, Herne 2009, unter G III.

185 Besonders informativ ist der Fall des Pharmariesen Bristol-Myers-Squibb, dargstellt von *Hoffmann/Lüdenbach*, DStR 2004 S. 1764.

gesamte Warenlieferung nur ratenweise vollzogen wird; solche Rechtsgeschäfte sind schwebende Geschäfte, solange nicht die letzte Rate geliefert ist.

8.13 Gewinnrealisierung außerhalb des Leistungserbringungsprozesses (bei Finanzwerten)

8.13.1 Zuschreibungsge- und -verbote

155 Der auf einer unternehmerischen Leistungserbringung beruhende Realisationsakt wird bei Verkaufsgeschäften oder Werklieferungsverträgen an der sog. wirtschaftlichen Leistungserfüllung festgemacht (→ Rz. 93 f.). Auch der Übergang des wirtschaftlichen Eigentums entsprechend dem geänderten Chancen-/Risikoprofil lässt sich damit in der logischen Strukturierung in Einklang bringen (→ Rz. 96). Das dem Lieferanten oder Hersteller verbleibende **Risiko** des Geldeingangs und der Gewährleistung wird als zu **gering** erachtet, um den Realisationsakt hinauszuschieben. Dieses Risiko kann im Vergleich zu anderen potenziellen Realisationstatbeständen spürbar höher sein (vgl. das Beispiel unter → Rz. 111), gleichwohl wird diesen die Realisationsmöglichkeit abgesprochen.

> **BEISPIEL** Der Altersversorgung dienendes Zweckvermögen i. S. des § 246 Abs. 2 Satz 2 HGB (→ § 246 Rz. 287) ist nach § 253 Abs. 1 Satz 4 HGB i.V. mit Satz 3 (→ § 255 Rz. 146 ff.) zum Zeitwert auch oberhalb der Anschaffungskosten anzusetzen. Diese Bilanzierung soll dem Schrifttum zufolge gegen das Realisationsprinzip verstoßen[186] und dem Gläubigerschutz abträglich sein.

156 Vor dem Theorem der **Risikominimierung** kann dieser Sichtweise nicht uneingeschränkt gefolgt werden. Wenn die verbleibenden Risikokategorien „Zahlungsausfall" und „Gewährleistung" die Umsatz- und dort Gewinnrealisation nicht hemmen, sollte dies **erst recht** bei Sachverhalten gelten, die dem Unternehmen ohne jedes Risiko einen buchmäßigen Gewinn bescheren.

> **BEISPIEL** U hält Aktien eines DAX-Emittenten im Buchwert von 1.000 und einem Kurswert von 1.300. Eine ergebniswirksame (Realisation) Zuschreibung von 300 ist dem U
> 1. **geboten**, wenn er die Aktien irgendwann einmal zu 1.500 gekauft, später aber wegen vorübergehender (oder dauernder) Wertminderung abgeschrieben hätte;
> 2. **verboten**, wenn die Anschaffungskosten 1.000 betrügen.

157 Die Zuschreibung ist für U – und damit indirekt für die Unternehmensgläubiger – völlig risikolos, ganz anders als etwa die gewinnrealisierende Forderungseinbuchung im Beispiel unter → Rz. 111. Das Zuschreibungsverbot in der 2. Alternative kann auf das Anschaffungskostenprinzip gestützt werden, das indes allgemein als Ausformung des Realisationsprinzips angesehen wird. Prinzipien sollten indes nicht verabsolutiert werden, weil sich sonst schnell einmal ein unsinniges Ergebnis herausstellt, wie die Diskussion um den Einzelbewertungsgrundsatz

---

[186] *Arbeitskreis Bilanzrecht der Hochschullehrer der Rechtswissenschaft*, BB 2008 S. 212; *Küting/Kessler/Kessler*, WPg 2008 S. 752.

bei Bewertungseinheiten gezeigt hat (→ Rz. 36 ff.). Auch das IDW setzt sich zur Findung eines ihm sinnvoll erscheinenden Ergebnisses über das Anschaffungskostenprinzip hinweg.[187]

Auch der **Liquiditäts**gesichtspunkt spricht nicht dagegen, denn die Aktien können jederzeit in bares Geld umgetauscht werden. Auch das Argument, nach dem **Stichtag** könnte ein Kursverfall eintreten, spricht nicht dagegen. Denn schließlich ist dem Stichtag immer ein Willkürelement eigen (→ Rz. 54). Kurz danach kann eine Forderung wegen drohender Insolvenz des Schuldners in die „Ramsch"-Kategorie fallen – um nur ein Beispiel zu nennen.

Und um nochmals auf den **Gläubigerschutz** zurückzukommen: Wieso sollen diese in der 2. Alternative im Beispiel unter → Rz. 156 weniger geschützt sein als in der 1. Alternative? Wen interessiert in diesem Zusammenhang, ob U 20 Jahre zuvor einen Preis von 1.500 bezahlt hat?

Und schließlich das **Objektivierungsgebot**: Gibt es einen objektiveren Bilanzausweis als denjenigen, der der Börsenbewertung entspricht? Dem – unterstellt von bilanzrechtlichen Prinzipien wenig behelligten – U im Beispiel unter → Rz. 156 wird dies alles nicht so recht einleuchten. Er will in seiner Vermögensübersicht (Bilanz) sein wirkliches Vermögen ausweisen und dadurch – beabsichtigt oder nicht – den getreuen und fairen Einblick in dieses verschaffen. Das gelingt ihm auch bei prospektiver bilanzpolitischer Strategie durch Verkauf der Aktien am 30.12.01 zu 1.300 (Beispiel unter → Rz. 156) und Rückkauf am 2.1.02 zu 1.302 oder 1.299.

158

Das hier hinterfragte Zuschreibungs**verbot** entpuppt sich in seinem wirtschaftlichen Gehalt als Zuschreibungs**wahlrecht**[188] und fördert somit gerade nicht das Objektivierungsgebot.

8.13.2 Risikominimierung

Auch bei Finanzwerten steht in der Rechnungslegungspraxis ein spürbarer Risikogehalt einer Gewinnrealisierung nicht zwingend entgegen.

159

> **BEISPIEL**
>
> ▶ U kauft mit dem (abgezinsten) Börsenkurs in 01 einen Zerobond zu 650. Alljährlich erhöht er im Einvernehmen mit dem IDW (→ § 253 Rz. 25) gewinnrealisierend den Buchwert. Das Risiko an dem Papier stellt keine Hinderungsschwelle gegen die Realisation dar. Im Jahr 10 wird der Bond infolge Insolvenz der Emittentin wertlos.
>
> ▶ U kauft eine Schrottanleihe (*junk bond*) zum Nennwert von 55 mit einem Jahrescoupon von 7 % und einer Restlaufzeit von sechs Jahren. Er freut sich jedes Jahr über den eingelösten Coupon und die enorme Effektivverzinsung, die nichts anderes darstellt als eine Gewinnrealisation, soweit diese den vergleichbaren risikofreien Zins übersteigt.

Auch in diesem Bilanzierungsbereich stört der hohe Risikogehalt des Geschäftsvorgangs die Gewinnrealisation nicht. Mit der Vorgabe des BFH in ständiger Rechtsprechung (→ Rz. 96 f.) und der dieser folgenden handelsrechtlichen Kommentierung lässt sich dieses Ergebnis kaum in Einklang bringen.

---

[187] Bei der Zugangsverbuchung von Treibhausgasemissionsrechten, IDW RS HFA 15 Tz. 11.
[188] Vgl. *Schmidt*, KoR 2008 S. 2.

8.13.3 Tauschgeschäfte

160 Tauschgeschäfte sind ertragsteuerlich gewinnrealisierend zum Verkehrswert des hingegebenen Wirtschaftsguts, handelsrechtlich (nach Kommentarmeinung) wahlweise wie nach Steuerrecht oder zum Buch- oder einem Zwischenwert anzusetzen (→ § 255 Rz. 49). Unter Risikominimierungsaspekten (→ Rz. 96 f.) kann sich der Tauschvorgang im Bereich von **Finanzwerten** als „risikoneutral" bei gleichzeitiger Gewinnrealisierung darstellen (zum Tausch von Sachwerten vgl. → Rz. 150).

> **BEISPIEL** Sachverhalt im Ausgang wie im Beispiel unter → Rz. 156, 2. Alternative. U will den günstigen Kurs seines DAX-Papiers zur Umschichtung in einen anderen DAX-Wert nutzen, der ihm derzeit unterbewertet erscheint. Dieser Umstieg soll „liquiditätsneutral" erfolgen. U verkauft also über die Börse den DAX-Wert 1 und erwirbt vom Erlös den DAX-Wert 2. Vernachlässigt man Transaktionskosten und -zeitraum, stellt sich die Umschichtung dem wirtschaftlichen Gehalt als reines Tauschgeschäft dar, wie es der Entscheidung des BFH im berühmten Tauschgutachten[189] zugrunde lag. Die der Transaktion zugrunde liegenden Kaufverträge sind bilanzrechtlich ohne Substanz, sie dienen nur der technischen Abwicklung der Transaktion.

Die handelsrechtlich als zulässig erachtete und steuerlich gebotene Gewinnrealisierung wird durch das unveränderte Risikoprofil – DAX-Wert vs. DAX-Wert – nicht verhindert. U befindet sich in der gleichen Risikoposition vor und nach der Umschichtung. Die fehlende Risikominimierung bleibt bei der Gewinnrealisation unbeachtet.

8.13.4 Beachtung des Objektivierungsgebots

161 Die vielfach im Schrifttum und der BFH-Rechtsprechung (zutreffend) verlangte Objektivierung der Rechnungslegung kann im Bereich von börsengängigen Finanztiteln (und bestimmten *commodities*, z. B. Schweinebäuchen oder Rohkakao) besonders lupenrein erreicht werden. Eine solche Überordnung lässt sich dem § 252 HGB jedenfalls nicht entnehmen (→ Rz. 4). Dieser Befund muss auch für eine förmlich nicht im Gesetz enthaltene Grundregel (→ Rz. 182 ff.) gelten. So muss der *cost benefit*-Gedanke (→ Rz. 191) dem Einzelbewertungsgrundsatz vorgehen, wenn Letzterer nur mit wirtschaftlich unsinnigem Aufwand verwirklicht werden kann (→ Rz. 34).

162 Wohin die **Überordnung** eines Bilanzierungsgrundsatzes über andere führen kann, hat die mühsame Debatte zu den **Bewertungseinheiten** bei *micro hedges* belegt (→ Rz. 36 ff.). Der von manchen Autoren hochgehaltene Einzelbewertungsgrundsatz hat zu wirtschaftlich unsinnigen bilanziellen Abbildungen von Geschäftsvorfällen geführt, die nur durch Relativierung des Prinzips behoben werden konnte. Ähnlich verhält es sich in diesen Fällen, wenn ein an Höchstmaß objektivierter Wert (→ Rz. 69) und einwandfrei – nicht durch *discounted cashflow*-Fantasien – ermittelter *fair value* verfügbar sind und gleichwohl nicht in die Vermögensübersicht wegen eines als vorrangig angesehenen „Prinzips" übernommen werden dürfen.

---

[189] BFH-Urteil vom 16. 12. 1958 – I D 1/57 S, BStBl 1959 II S. 30.

8.14 Vereinnahmung von Gewinnanteilen, Genussrechtsvergütungen

Auf die Kommentierung zu

162a

- Dividenden von Kapitalgesellschaften (→ Rz. 75),
- Gewinnanteilen von Personenhandelsgesellschaften (→ § 264c Rz. 32 sowie → § 255 Rz. 123 f.),
- stillen Gesellschaftsanteilen (→ § 255 Rz. 124a),
- Genussrechten (→ § 255 Rz. 124b)

wird verwiesen.

8.15 Sachdividende[190]

8.15.1 Gesetzesregeln

In aller Regel werden Gewinnausschüttungen in **bar** vorgenommen, das lässt sich zumindest bei börsennotierten Aktiengesellschaften auch gar nicht anders bewerkstelligen, da kaum Grundstücke, Baumaterialien und Autos in der erforderlichen Stückelung an die Aktionäre verteilt werden können.

162b

Gleichwohl ist durch das Transparenz- und Publizitätsgesetz vom 17.5.2002 mit einem neu eingefügten § 58 Abs. 5 AktG unter der Voraussetzung einer entsprechenden Satzungsklausel die Ausschüttung von **Sachwerten** (auch Naturaldividende genannt) förmlich in das Gesetz eingefügt worden. Zuvor wurden solche Dividenden auch schon für zulässig erachtet. Das Gleiche gilt nach gültiger Rechtslage auch für die **GmbH** ohne förmliche Gesetzesregelung.[191] Im Gewinnverwendungsabschluss des § 174 AktG (→ § 268 Rz. 520) wird der Sachwert eigens erwähnt.

Im Rahmen eines Unternehmens**verbundes** lässt sich diese Rechtsgestaltung auch zur Bereinigung von **Beteiligungsstrukturen** heranziehen, also etwa zum „Umhängen" von Enkelgesellschaften von der Tochter direkt an die Mutter (vgl. nachstehendes Schaubild 2). Eine der Sachdividende in Form einer Beteiligung sehr ähnliche Gestaltung stellt die **Abspaltung** i. S. des § 123 Abs. 2 UmwG dar.

8.15.2 Anwendungsfälle

Zwei Grundfälle einschlägiger Rechtsgestaltungen sind in den beiden nachstehenden Übersichten dargestellt.

162c

---

190 Vgl. hierzu die Darstellung von *Hoffmann*, PiR 2008 S. 35; aus dem Schrifttum sodann *Orth*, WPg 2004 S. 777 und 841; *Siegel/Schulze-Osterloh/Bareis*, WPg 2008 S. 553; *Heine/Lechner*, AG 2005 S. 270.
191 Vgl. *Rowedder/Schmidt-Leithoff*, GmbHG, 4. Aufl., München 2002, § 29 Tz. 123.

II. Die gesetzlich erwähnten GoB-Regeln

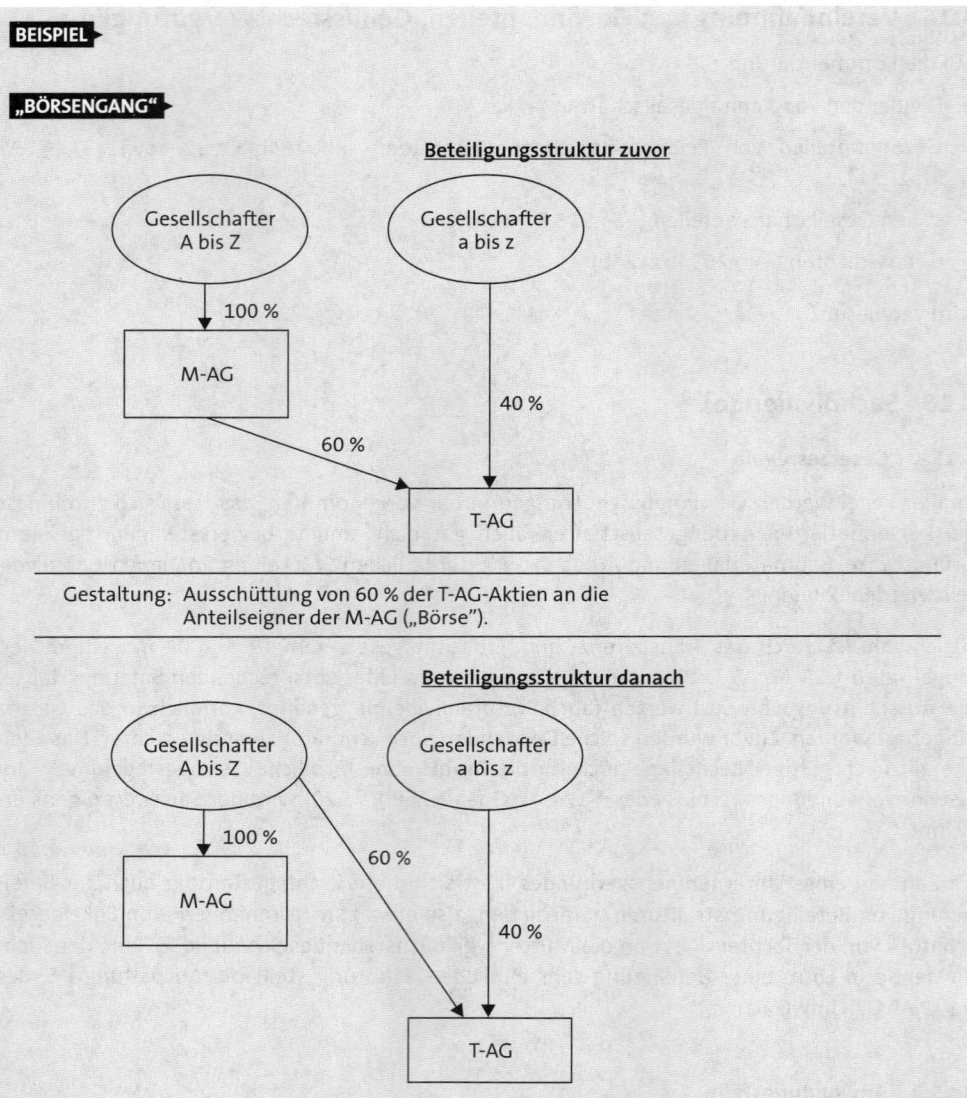

Die M AG bedient ihre Aktionäre im Rahmen einer außerordentlichen Ausschüttung nicht mit förmlicher Liquidität, sondern mit Aktien an ihrer Tochtergesellschaft T AG. Die Aktionäre der M AG erhalten also den Aktienbesitz an der T AG und können diesen über die Börse liquidieren. In diesem Fall wird also die ansonsten unabdingbare Bedienung der Ausschüttungsverpflichtung mit Bargeld durch Aktien ersetzt, die ihrerseits aber einen hochliquiden Markt erfordern – also Aktien als Liquidität zweiter Klasse.

§ 252 Allgemeine Bewertungsgrundsätze

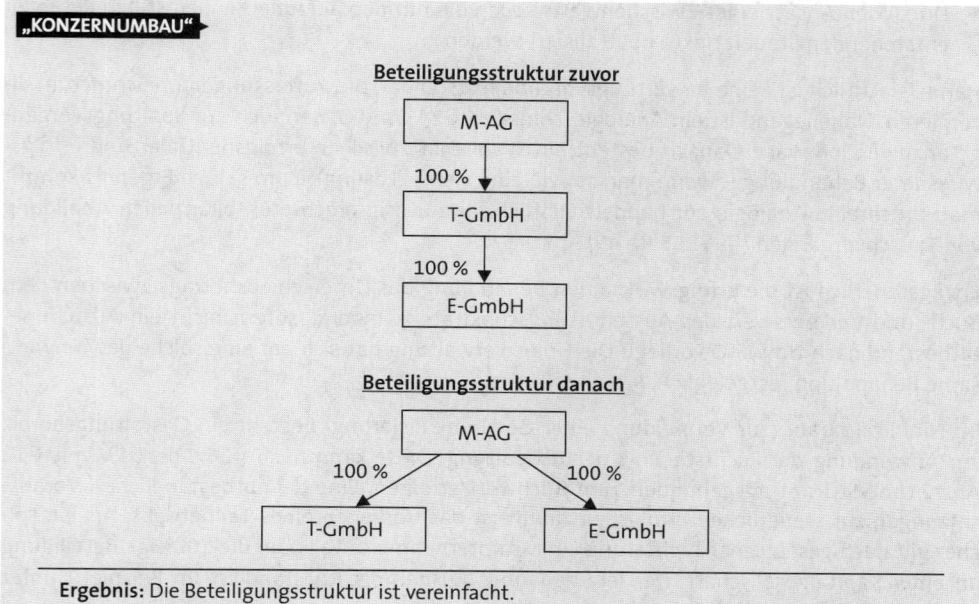

„KONZERNUMBAU"

Ergebnis: Die Beteiligungsstruktur ist vereinfacht.

Der Gestaltungshintergrund besteht in einer Bereinigung und Verkürzung der Beteiligungsstruktur. Die T-GmbH schüttet ihre Beteiligung an der E-GmbH an die Mutter M-AG aus. Folge: Die bisherige E-GmbH als Tochter der T-GmbH mutiert zur Tochter der MAG und Schwester der T-GmbH.

Gesellschaftsrechtlich kann die Umstrukturierung im Falle des Schaubildes 2 nicht nur durch Sachdividende, sondern auch durch Abspaltung nach § 123 Abs. 3 UmwG vollzogen werden. Der rechtstechnische Unterschied besteht in der partiellen Gesamtrechtsnachfolge nach UmwG, was allerdings bei einer ausschließlichen GmbH-Beteiligung als Abspaltungssubstrat kaum zu den materiell-rechtlichen Unterschieden gegenüber der Sachdividende führen dürfte.

8.15.3 Bilanzielle Abbildung

Die Aufgabe besteht in der Transformation eines **Sachwerts** in den **Geldbetrag**, die sich bei einer Barausschüttung nicht stellen kann. Zwischen dem Buch- und dem Zeitwert der auszuschüttenden Sache bestehen regelmäßig **Wertunterschiede**. 162d

Bei der üblichen Bardividende kann es kein Bewertungsproblem (bei der ausschüttenden Gesellschaft) geben. Anders bei der Sachdividende: Hier besteht regelmäßig ein Unterschied zwischen Buchwert und Zeitwert des Ausschüttungssubstrats. Die Frage geht nach der buchmäßigen Behandlung dieses Unterschiedsbetrags. Denkbar sind drei Lösungen:

▶ Die Abgangsbuchung des Sachwerts erfolgt mit dessen **Buchwert**, ein Gewinn- oder Verlust wird bei der Gesellschaft nicht realisiert (erfolgs**neutrale** Behandlung).

▶ Es erfolgt eine **Aufdeckung** der stillen Reserven im auszuschüttenden Sachwert (erfolgs**wirksame** Behandlung).

▶ Durch den Ansatz eines **Zwischenwerts** sollen die mit den aufzudeckenden stillen Reserven entstehenden Steuereffekte neutralisiert werden.

Handelsrechtlich ist keine Bewertungsvorgabe feststellbar, die Auffassungen im Schrifttum divergieren. Naheliegend ist ein Analogieschluss zu § 24 UmwG, der auch auf Spaltungsvorgänge anzuwenden wäre. Danach besteht ein **Wahlrecht** zwischen erfolgsneutraler und erfolgswirksamer Behandlung – wenn man so will eine vierte „Lösung". Zum selben Ergebnis kommt man durch eine Analogie zur handelsrechtlich für zulässig erachteten bilanziellen Abbildung von **Tausch**vorgängen (→ § 255 Rz. 49).

162e **Ertragsteuerlich** ist die **erfolgswirksamen** Behandlung des Unterschiedsbetrags zwischen dem Buch- und Verkehrswert des Ausschüttungssubstrats zwingend, sofern nicht ein Ausnahmetatbestand nach UmwStG vorliegt. Die Finanzverwaltung hat sich auf eine solche gewinnwirksame Behandlung festgelegt.[192]

Im Hinblick darauf (zur Vermeidung einer Gewinnrealisierung) besteht ein Gestaltungsanreiz zur Anwendung der Rechtstechnik der **Abspaltung**. Diese kann nach § 15 Abs. 1 i. V. mit § 11 Abs. 2 UmwStG antragsgebunden zum **Buchwert** erfolgen. Eine der tatbestandlichen Voraussetzungen zur steuerlichen Erfolgsneutralität ist das Vorliegen eines **Teilbetriebs**. Als ein solcher gilt nach gesetzlicher Typisierung ein Mitunternehmeranteil oder die 100%ige Beteiligung an einer Kapitalgesellschaft. Der letztgenannte Ausnahmetatbestand ist im Beispiel 2 unter → Rz. 162c angenommen.

8.15.4 Zeitpunkt der Abgangsverbuchung

162f Fraglich ist, ob die **Abgangsverbuchung** für den zur Ausschüttung bestimmten Sachwert – mit oder ohne stille Reserven – noch im alten Jahr (für das die Ausschüttung beschlossen wird) oder erst in neuer Rechnung, also im Zeitpunkt des Ausschüttungsbeschlusses, vorzunehmen ist. U. E. stellt der Ausschüttungsbeschluss (im neuen Geschäftsjahr) ein wertbegründendes Ereignis (→ Rz. 75) dar, so dass eine Berücksichtigung in alter Rechnung ausscheidet. Auf diesen Zeitpunkt ist u. E. die Bewertung vorzunehmen.[193] Bei vorhandenen stillen Reserven ist dann erst der Realisationsvorgang gegeben, u. E. auch für steuerliche Zwecke.[194]

8.15.5 Berücksichtigung stiller Reserven mit Steuerbelastung

162g Systematisch stellt sich dann weiterhin die Frage, ob die Sachdividende nach Abzug der aus dem Realisationsvorgang resultierenden Steuerlast zu beziffern ist. Allerdings kann keine Beteiligung oder ein Grundstück „nach Abzug der Steuerlast" an den oder die Gesellschafter ausgekehrt werden. Falls keine ausreichenden Gewinnrücklagen oder Gewinnvorträge vorhanden sind, kann bei einer GmbH dann die Gefahr einer Einlagerückgewähr nach §§ 30 ff. GmbHG entstehen, bei einer Aktiengesellschaft wird u. U. mehrmals der ausgewiesene Bilanzgewinn entgegen § 57 Abs. 3 AktG ausgeschüttet, und das teilweise an den Fiskus.[195] Dieses Problem

---

[192] BMF-Schreiben vom 28. 4. 2003 – IV A 2 – S 2750n – 7/03, BStBl I S. 292.
[193] Vgl. *W. Müller*, NZG 2002 S. 759; *Prinz/Schürner*, DStR 2003 S. 183; *Bareis*, BB 2008 S. 479.
[194] A. A. möglicherweise *Förschle/Büssow*, in: Beck'scher Bilanz-Kommentar, 7. Aufl., München 2010, § 278 Tz. 139.
[195] Ähnliche Gedanken bei *Siegel*, WPg 2008 S. 556. Allerdings vermeidet *Siegel* das Problem der Ausschüttung eines unteilbaren Grundstücks, indem er Aktienbestände als Ausschüttungssubstrat seinen Berechnungen zugrunde legt.

stellt sich auch bei einer handelsrechtlich als zulässig erachteten Buchwertausschüttung, da steuerlich stille Reserven aufzudecken sind.

8.15.6 Gesamtbefund

U. E. ist die Rechtslage insbesondere wegen des Steuereffekts höchst unklar.[196] Deshalb sollten Umweggestaltungen mit steuerlicher Buchwertfortführung favorisiert werden, also insbesondere die Abspaltung (→ Rz. 162e), was allerdings durch das Teilbetriebserfordernis häufig verhindert wird.

162h

9. Periodisierungsprinzip (Abs. 1 Nr. 5)

In § 252 Abs. 1 Nr. 5 HGB kommt ziemlich versteckt und unter der falschen Paragraphenüberschrift (es handelt sich nicht um eine Bewertungsnorm) eine grundlegende Aufforderung an den Kaufmann zum Ausdruck: Die Gewinnermittlung ist nicht etwa durch Gegenüberstellung von Zahlungsströmen (Einnahmen-Ausgabenrechnung), sondern durch **Periodisierung** von Aufwendungen und Erträgen und damit durch Gegenüberstellung von „Vermögen" (Eigenkapital, → § 246 Rz. 63 ff.) zu ermitteln, d. h. durch **Bilanzierung** entsprechend dem üblichen Sprachgebrauch. I. S. *Eugen Schmalenbachs* kann man von periodengerechter Erfolgsermittlung sprechen (→ § 250 Rz. 1). Von dieser Vorgabe kann es entsprechend auch keine Ausnahme i. S. von § 252 Abs. 2 HGB geben (→ Rz. 181), denn dadurch würde das ganze Rechnungslegungskonzept des 3. HGB-Buchs gerade wieder aufgehoben (abgesehen von den bewussten Ausnahmen für Einzelkaufleute in § 241a HGB).[197] Die im Schrifttum angegebenen **Ausnahmen** vom Periodisierungsprinzip[198] betreffen nur den Zeitpunkt der Berücksichtigung von Aufwendungen und Erträgen, nicht allerdings die reine Grundnorm, die lediglich eine Anweisung zur Bilanzierung generell enthält.

163

Die Periodisierung bedarf zwingender Bestimmung **zweier Zeitpunkte** („Stichtag"). Insofern können Stichtags- und Periodisierungsprinzip als zwei Seiten einer Medaille angesehen werden (→ Rz. 26).

Die **Art** der Periodisierung mit zeitlicher Zuordnung wird in § 252 Abs. 1 Nr. 5 HGB nicht geregelt, das geschieht teilweise an anderer Stelle des Gesetzes. Auf der Aktivseite der Bilanz mit den korrespondierenden Erträgen in der GuV erfolgt dies durch das **Realisations**prinzip (→ Rz. 75), für die Passivseite und die Aufwendungen fehlt eine explizite gesetzliche Vorgabe. Diese wird im Schrifttum im sog. **Verursachungsprinzip** gefunden.[199] Danach sollen Aufwendungen in der Periode berücksichtigt werden, in denen die entsprechenden Werteverzehr erfolgen. Obwohl mit anderer Begrifflichkeit und deshalb auch im Schrifttum bestritten, handelt es sich in etwa um die Bilanzierungsvorgabe des *matching principle* i. S. der internationalen Rechnungslegung (IFRS Framework F.95).

164

---

196 Siehe den abschließenden Befund der Diskussion von *Siegel/Schulze-Osterloh/Bareis*, WPg 2008 S. 567.
197 Vgl. dazu das zweite Beispiel unter → Rz. 41, das für einen Teilbereich der Rechnung und für einen beschränkten Zeitraum das Ergebnis einer Abweichung von der generellen Bilanzierungsvorgabe darstellt.
198 Vgl. *ADS*, 6. Aufl., § 252 Tz. 102.
199 Vgl. *Selchert*, in: Küting/Pfitzer/Weber (Hrsg.), Handbuch der Rechnungslegung – Einzelabschluss, 5. Aufl., § 252 Tz. 124; *ADS*, 6. Aufl., § 252 Tz. 97.

II. Die gesetzlich erwähnten GoB-Regeln

165 Der Tatbestand der Verursachung, auch wenn er mit „wirtschaftlich" (tautologisch) umschrieben wird, lässt sich allerdings nicht immer eindeutig zuordnen.[200] Dies gilt insbesondere für den Ansatz von **Verbindlichkeitsrückstellungen** (→ § 249 Rz. 22 ff.). An dieser Stelle sei nur an das Beispiel des sog. Hubschrauberurteils des BFH[201] verwiesen, bei dem es um den Ansatz einer Rückstellung für die luftfahrtrechtliche Überprüfung (z. B. TÜV für Autos) ging. Der BFH sah die wirtschaftliche Verursachung in der Zukunft im Hinblick auf die danach ermöglichte weitere Nutzung und lehnte einen Bilanzansatz für die Kosten in früheren Perioden ab. Das Gegenargument könnte sich auf die abgelaufene Flugleistung als Verursachungsgrund stützten, weil die entsprechende Inspektion nach der Anzahl der geleisteten Flugstunden durchzuführen ist (→ § 249 Rz. 34).

166 Eindeutig lässt sich das Periodisierungsprinzip nur **negativ** umschreiben: **Zahlungs**vorgänge, -zeitpunkte und -fälligkeiten sind für den Bilanzansatz **unerheblich**. Vgl. dazu das Beispiel unter → § 249 Rz. 147.

10. Bewertungsstetigkeit (Abs. 1 Nr. 6)

10.1 Inhalt und Zielsetzung

167 Der Gesetzeswortlaut beschränkt sich an dieser Stelle auf **Bewertungs**fragen, der **Ansatz** ist identisch in § 246 Abs. 3 HGB (→ § 246 Rz. 293) geregelt. Das Stetigkeitsgebot gilt als **sachliche** Komponente nur für Vermögensgegenstände und Schulden (Einleitungssatz von Abs. 1), nicht dagegen für Rechnungsabgrenzungsposten und latente Steuern (§ 246 Abs. 1 HGB). Stetig bilanziell abzubilden sind gleichartige Sachverhalte aus Sicht der bilanziellen Beurteilung (z. B. über die Risikostruktur und die Nutzungsart).[202] Die Gesetzesvorgabe enthält außerdem eine **zeitliche** Komponente („Beibehaltung"), was auch in dem umgangssprachlichen Begriff „**Stetigkeit**" zum Ausdruck kommt. Es geht daher um den Jahresabschluss im **Zeitvergleich** und die diesbezüglichen Analysemöglichkeiten für den Abschlussadressaten. Dazu sollen die einmal getroffenen Entscheidungen über die Methode einer Bewertung beibehalten werden. Diese Entscheidung grenzt also die folgenden Entscheidungsspielräume ein.[203]

10.2 Begriffsinhalt der „Methode"

168 Nach der griechischen Ursprungsbedeutung wird mit der Methode ein „**Weg**" zu etwas hin" verstanden. Es handelt sich also um „technische" Verfahren zur Wertermittlung für den einzelnen Vermögensgegenstand bzw. die jeweilige Schuld. Man kann unter Bewertungsmethoden als „in ihrem Ablauf **definierte Verfahren** der Wertfindung"[204] verstehen. Diese Verfahren sind auf das Ziel der Bewertungsfindung in wiederholter Anwendung ausgerichtet. „Beibehalten" umfasst inhaltlich nicht nur einen Zeitbezug, sondern auch einen sachlichen Anwendungs-

---

200 Vgl. *Selchert*, in: Küting/Pfitzer/Weber (Hrsg.), Handbuch der Rechnungslegung – Einzelabschluss, 5. Aufl. § 252 Tz. 125.
201 BFH-Urteil vom 19. 5. 1987 – VIII R 327/83, BStBl II S. 848.
202 IDW ERS HFA 38 Tz. 4.
203 Vgl. *Selchert*, in: Küting/Pfitzer/Weber (Hrsg.), Handbuch der Rechnungslegung – Einzelabschluss, 5. Aufl., § 252 Tz. 131.
204 IDW ERS HFA 38 Tz. 7.

bereich bezogen auf das jeweilige **Bewertungsobjekt**. Danach kann man zwischen **zeitlicher** und **sachlicher** Stetigkeit unterscheiden (→ Rz. 167).[205]

Ohne diesen objektiven (sachlichen) Bezug könnte beispielsweise bei **Umlaufvermögen**, das mehrfach im Jahr umgeschlagen wird, jedes Mal eine andere Bewertungsmethode angewandt werden. Die Begründung dafür würde lauten: Das (z. B.) verwendete Rohmaterial Stahlplatten in V4A-Ausfertigung Größe XY – was in der aktuellen Inventarliste zur Bilanz zum 31.12.2001 erscheint – war im Vorjahr noch nicht vorhanden, entsprechend braucht das Stetigkeitsgebot hier nicht beachtet zu werden. Nach dieser – u. E. unzulässigen – Gesetzesauslegung würde das Stetigkeitsgebot in weiten Bereichen der Bilanz schlichtweg leerlaufen. 169

Andererseits stellt sich die Frage nach der **Identität** der nach der gleichen Methode zu bewertenden Vermögensgegenstände (im Zeitverlauf). So kann nach dem vorigen Beispiel unter → Rz. 169 die Stahlplatte eine andere Größe oder eine andere Qualität (V2A) aufweisen. U. E. sollte auch in diesem Fall dem Stetigkeitsgebot Rechnung getragen werden. Deshalb müssen alle Stahlplatten entweder einheitlich nach der Durchschnittsmethode oder nach einem anderen Verbrauchsfolgeverfahren → § 256 Rz. 18 bewertet werden. 170

Man kann weiter differenzieren nach[206] 171

▶ Wert**ermittlung**

▶ Wert**verteilung** im Zeitablauf (vgl. das Beispiel zur Abschreibungsermittlung für Reiseomnibusse unter → Rz. 176).

Die erstgenannte Kategorie ist gekennzeichnet durch die im Bereich des **Vorrats**vermögens angewandten Methoden zur Bestimmung der Anschaffungs- oder Herstellungskosten, z. B. das Verfahren des gewogenen Durchschnitts (→ § 240 Rz. 36) oder der Verbrauchsfolgeverfahren (→ § 256), aber auch langfristige Bilanzposten. Die zweite Kategorie ist eher dem abnutzbaren **Anlage**vermögen zuzuordnen (vgl. das Beispiel für die Linienomnibusse unter → Rz. 176).

BEISPIELE

▶ Die Beteiligung an einem Tochterunternehmen wird jährlich einem Werthaltigkeitstest auf der Grundlage einer Unternehmensbewertung nach dem *discounted cashflow*-Verfahren unterworfen. Dazu stellt die Lehre der Unternehmensbewertung verschiedene Ausprägungen des *discounted cashflow*-Modells zur Verfügung (→ § 253 Rz. 127). Diese Methoden sind im Zeitverlauf beizubehalten. Anders verhält es sich mit dem Kapitalisierungszinsfuß, der wegen der notwendigen Schwankung des Kapitalmarktzinses sinnvollerweise keinem Stetigkeitsgebot unterworfen werden kann.

▶ Pensionsrückstellungen können nach dem international üblichen Anwartschaftsbarwertverfahren (*projected unit credit method*) oder nach dem modifizierten Teilwertverfahren bewertet werden (→ § 253 Rz. 55). Zwischen diesen beiden Methoden ist im Zeitverlauf ein Abweichen nur nach Maßgabe von Abs. 2 erlaubt. Anders verhält es sich beim Zins: Hier muss auch nach dem Teilwertverfahren eine jährliche Anpassung an die Kapitalmarktverhältnisse erfolgen (→ § 253 Rz. 75).

---

205 Vgl. *ADS*, 6. Aufl., § 252 Tz. 107.
206 Vgl. *Selchert*, in: Küting/Pfitzer/Weber (Hrsg.), Handbuch der Rechnungslegung – Einzelabschluss, 5. Aufl., § 252 Tz. 136.

▶ Vgl. auch das Beispiel unter → Rz. 200.

172 Die Methoden können ihre **Grundlagen** beziehen aus[207]
- ▶ gesetzlichen Vorgaben, z. B. Umfang der Anschaffungskosten (→ § 255 Rz. 17);
- ▶ GoB-indizierten Regeln, z. B. Zeitpunkt der Gewinnrealisation (→ Rz. 85 ff.);
- ▶ steuerlichen Regeln, z. B. sofortige Aufwandsverrechnung von geringwertigen Anlagegütern (→ Rz. 187);
- ▶ unternehmens- und konzerninternen Vorgaben („*manuals*"), „Hausmeinungen" von Wirtschaftsprüfungsgesellschaften, z. B. zur Bestimmung der Nutzungsdauer von Marken;
- ▶ bisheriger Vorgehensweise, z. B. Verwendung des *discounted cashflow*-Verfahrens XY (→ Rz. 171).

173 Der „methodischen" Vorgehensweise sind in der Praxis des Wirtschaftslebens allgemein und der Rechnungslegung speziell häufig unüberwindliche **Grenzen** gesetzt. Diese beziehen sich insbesondere auf zukunftsbezogene Bilanzansätze und -bewertungen, bei denen regelmäßig **Schätzungen** mit **Ermessensentscheidungen**[208] erforderlich sind (→ Rz. 46). Hier kann man z. B. für den Ansatz und die Bewertung eines Rückstellungserfordernisses für Produkthaftpflichtfälle eine bestimmte Szenariotechnik als Methode begreifen. Der Verfahrensablauf ist dagegen nicht mehr „methodisch" bestimmbar, sondern hängt von den individuellen Einschätzungen ab.

174 Gewöhnlich wird in diesen Fällen mit gewichteten **Wahrscheinlichkeiten** argumentiert: „Mehr Gründe dafür als dagegen" oder 51 zu 49-Kriterium (→ § 249 Rz. 42). Man bewegt sich dabei in einer Modellwelt, die mit der wirtschaftlichen Realität nichts gemein hat. Die Bilanzierungsentscheidung ist in solchen Fällen notwendig höchst subjektiv und wird es immer bleiben. Mehr als **Plausibilität** („einleuchtend") kann der Abschlussadressat hier nicht erwarten, d. h. logische Konsistenz und Widerspruchsfreiheit.

175 Vor dem Hintergrund des Stetigkeitsgebots genügt allerdings nicht der Bezug auf den Erwartungswert oder eine andere Bewertungskategorie. Es muss eine **Modellbasis** geschaffen werden,[209] in die dann die Berechnungsparameter eingebracht werden. Damit ist das Stetigkeitsgebot erfüllt. Die Rechengrößen variieren dem gegenüber aufgrund geänderter Erkenntnisse des Bilanzierenden im Zeitverlauf (→ Rz. 176).

10.3 Das Stetigkeitsgebot

175a ▶ „Die Ansatz- und Bewertungsmethoden sind **grundsätzlich** stetig anzuwenden."[210]

---

207 Vgl. hierzu *Selchert*, in: Küting/Pfitzer/Weber (Hrsg.), Handbuch der Rechnungslegung – Einzelabschluss, 5. Aufl., § 252 Tz. 138.
208 Nach IDW ERS HFA 38 Tz. 8 „unechte Wahlrechte", im Gegensatz zu den „echten", die vom Gesetz eingeräumt werden.
209 Vgl. hierzu *Lüdenbach/Freiberg*, PiR 2007 S. 336 f.
210 IDW ERS HFA 38 Tz. 13.

▶ „Die Bilanzierungsgrundsätze [auch die Bewertung] sind ... **grundsätzlich** beizubehalten."[211]

M.a.W. lautet die Aussage: Von der Regel gibt es Ausnahmen; welche oder wenigstens welcher Art wird nicht gesagt, bleibt also der Interpretation des Bilanzierers anvertraut. Dabei ist unerheblich, ob die Ausnahme im „grundsätzlichen" Stetigkeitsgebot selbst oder im Vorbehalt des Abs. 2 (→ Rz. 181) begründet ist.

10.4 Anpassung an geänderte wirtschaftliche Verhältnisse

Das Stetigkeitsgebot der Bewertung rechtfertigt nicht den Verzicht auf eine **Anpassung** an wirtschaftliche Verhältnisse, die sich gegenüber der erstmaligen Festlegung der Methode geändert haben.[212] Stetigkeit kann nur im Rahmen einer **ceteris paribus**-Betrachtung sinnvoll interpretiert werden. Dazu folgendes Beispiel: 176

> **BEISPIEL** ▶ Ein Reisebusunternehmen hat sich bislang auf Erlebnistouren für Jugendliche konzentriert und deshalb nur Busse der Drei-Sterne-Kategorie eingesetzt. Nun will man sich in Ausweitung des Geschäfts auf das zahlungskräftige Seniorenpublikum mit Bildungsreisen konzentrieren und schafft deshalb Reisebusse der höchsten Komfortstufe an.
>
> Die einfachen Busse unterliegen keinem schnellen modischen Änderungsgeschmack und sind technisch weniger aufwendig ausgestattet. Ihre Nutzungsdauer ist bei der üblichen Fahrleistung von X km auf acht Jahre veranschlagt worden. Bei den neuen Luxusbussen ist die technische Ausstattung eher fehleranfällig. Das Design und die Inneneinrichtung unterliegen einem schnelleren Geschmackswandel. Eine Abschreibungsdauer von sechs Jahren erscheint deshalb als zutreffend. Die Bewertungs**methode** wird nicht geändert. Diese ist auf die Ermittlung der mutmaßlichen Nutzungsdauer ausgerichtet.

Das Beispiel zeigt: Unter Methode darf nicht allein die Festlegung einer Abschreibungsdauer für einen bestimmten Anlagegegenstand verstanden werden. „Methode" im vorigen Beispiel ist die Berücksichtigung des technischen Inhalts und des modischen Geschmacks des Publikums. Allerdings kommt man auch dann zum gleichen Ergebnis, wenn man die Nutzungsdauer von Reiseomnibussen generell zunächst einmal auf acht Jahre festlegt, um dann aus den genannten Gründen eine sechsjährige Nutzungsdauer unter Hinweis auf die **Ausnahme**regel in § 252 Abs. 2 HGB (→ Rz. 181) festzulegen.

Weitere Fälle mit dem Erfordernis einer Anpassung an geänderte **wirtschaftliche** Verhältnisse – und eben **keine** Methodenänderung – sind:

▶ Anpassung der Nutzungsdauer von abnutzbarem Anlagevermögen, wenn sich eine entsprechende Änderung gegenüber dem ursprünglichen Plan herausstellt (z. B. eine verkürzte Nutzungsdauer eines Kernkraftwerks wegen politischer Einflussnahme).

▶ Generell die Vornahme außerplanmäßiger Abschreibungen bei entsprechendem Wertverfall von Anlage- oder Umlaufvermögen.

---

211 DRS 17 Tz. 7.
212 IDW ERS HFA 38 Tz. 8: Änderung der Bewertung, nicht der Bewertungsmethode.

▶ Änderung des Prozentsatzes für die pauschale Forderungsabschreibung (Wertberichtigung) bei wesentlich geändertem Zahlungsverhalten des Kundenstamms.

10.5 Schätzungserfordernisse

177 Fraglich ist, wie insbesondere für **Schätzungs**verfahren (→ Rz. 44 ff.) bei singulären Sachverhalten eine **Methode** festgelegt werden kann. Beispiele hierfür sind u. a.:

▶ Der offene Restbetrag einer Forderung gegen einen Kunden in Weißrussland für die Installation einer chemischen Produktionsanlage.

▶ Abwertungserfordernis für den Bestand an modischer Damenoberbekleidung nach plötzlichem Geschmackswandel im Publikum.

▶ Eine Tochtergesellschaft in Norditalien verliert spürbar an Rentabilität wegen der Einflussnahme des neu gewählten Betriebsrats.

▶ Das in Vorjahren aufgetretene Tankleck führt zu Gewässerverunreinigungen in immer neuen Gesteinsschichten.

Die Beispiele zeigen: Singuläre Ereignisse können mit Stetigkeitsmethoden kaum bewertungstechnisch „gefasst" werden. Es fehlt hier an der **Beständigkeit** im **Zeitverlauf**. Jeder Sachverhalt verlangt hier seine eigene Vorgehensweise zur Ermittlung des Wertansatzes. Diese kann mit „Methode" nicht sinnvoll gekennzeichnet werden.[213] Die Bewertung erfolgt insoweit „methodenfrei", was wiederum nicht mit willkürlich zu identifizieren ist, jedenfalls aber zu nicht einschränkbaren Ermessensspielräumen des bilanzierenden Kaufmanns führt. Auf das Beispiel unter → § 284 Rz. 55 wird verwiesen.

10.6 Ausnahmen vom Stetigkeitsgebot

178 Das Stetigkeitsgebot stellt „den" Anwendungsbereich der **Ausnahme**vorschrift von § 252 Abs. 2 HGB dar (→ Rz. 181) – wenigstens nach den Vorgaben des kommentierenden Schrifttums. Als „Begründung" i. S. dieser Vorschrift werden z. B. genannt:[214]

▶ Gesetzesänderungen, insbesondere Steuergesetze,

▶ Anpassung an die Ergebnisse einer steuerlichen Außenprüfung,

▶ Einleitung von Sanierungsmaßnahmen,

▶ Einbeziehung in oder Entlassung aus einem Konzernverbund,

▶ wesentliche Veränderungen in der Gesellschafterstruktur,

▶ Wechsel des Managements mit geänderter Unternehmensstrategie,

▶ grundlegend andere Einschätzung der Unternehmensentwicklung,

▶ Kapazitäts- und Bestandsveränderungen,

▶ Übergang hin zu oder weg von Bewertungsvereinfachungsverfahren nach § 256 HGB,

▶ technische Umwälzungen im Unternehmen,

---

[213] Vgl. *Lüdenbach*, in: Lüdenbach/Hoffmann (Hrsg.), Haufe IFRS-Kommentar, 8. Aufl., Freiburg 2010, § 24 Rz. 13.
[214] Nach *ADS*, 6. Aufl., § 252 Tz. 113; so auch *Winkeljohann/Büssow*, in: Beck'scher Bilanz-Kommentar, 7. Aufl., München 2010, § 252 Tz. 61. Einschränkend dagegen *Avella/Brinkmann*, in: Haufe HGB Bilanz Kommentar, Freiburg 2009, § 252 Tz. 154.

- Produktions- und Sortimentumstellungen,
- Veränderungen des Beschäftigungsgrads sowie
- Änderung der Finanz- und Kapitalstruktur.

Die Standardsetter[215] schränken diesen Ausnahmekatalog zumindest numerisch spürbar ein. Die Inanspruchnahme der Abweichung müsse „sachlich gerechtfertigt" (wie sonst?) sein, was „grundsätzlich nur der Fall" sei,[216] bei

- (1) Änderungen der **rechtlichen** Gegebenheiten,
- (2) einer besseren Vermittlung des *true and fair view* (→ § 254 Rz. 14) durch die Methodenänderung,
- (3) Inanspruchnahme von Ansatz- und Bewertungs**vereinfachungen**,
- (4) Anpassung an **konzerneinheitliche** Richtlinien,
- (5) Verfolgung **steuerlicher** Ziele.

DAZU FOLGENDE BEISPIELE:[217]

- Zu (1): Der BFH bejaht die aktive Rechnungsabgrenzung des Kostenüberhangs bei verbilligter Abgabe von Mobilfunktelefonen (→ § 250 Rz. 9). Wegen des unerwünscht niedrigen Ergebnisausweises folgt der Mobilfunkdienstleister im aktuellen Abschluss erstmals – auch handelsrechtlich – dieser Bilanzierungsvorgabe des BFH.

- Zu (1): Die Maschinenfabrik B erfreut sich eines Konjunkturhochs aufgrund erfolgreicher Unternehmensakquisitionen in den letzten Jahren. Die dort entstandenen Firmenwert werden nunmehr statt wie bisher auf 12 Jahre einheitlich auf fünf Jahre (→ § 285 Rz. 97) abgeschrieben, um der Gesetzesanregung zu folgen.

- Zu (2): Die Maschinenfabrik A befindet sich in der Krise. Die bisher praktizierte degressive Abschreibung auf bewegliche Anlagegegenstände wird auf linear umgestellt, weil so der Abnutzungsverlauf besser dargestellt werden könne.

- Zu (2): Die Holding-GmbH hat bisher die Werthaltigkeit nach dem DCF-Verfahren auf Werthaltigkeit getestet. Sie geht zu einem Multiplikatorverfahren unter Berücksichtigung der Börsenkapitalisierung von Vergleichsunternehmen über. Dadurch gelingt der Holding-GmbH die Vermeidung einer Abschreibung auf eine Reihe von Tochtergesellschaften. Diese neue Bewertungsmethode spiegele die wirtschaftliche Situation der Holding besser wider.

- Zu (2): Die Tunnelbau AG geht angesichts eines drohenden Verlustausweises zur Aktivierung der Fremdkapitalkosten (→ § 255 Rz. 92 ff.) über, weil angesichts des erhöhten Zinsaufwands die Ertragslage bei beibehaltener Aufwandsverrechnung der Zinsen verzerrt dargestellt würde.

- Zu (2): Die Handwerkermarktbetreiber AG befürchtet aktuell einen Verlustausweis und geht vom Lifo- auf das Fifo-Bewertungsverfahren über (→ § 256 Rz. 28), weil so der tat-

---

215 IDW ERS HFA 38 Tz. 14; DRS 13 Tz. 8 (zwar nur zum Konzernabschluss, aber als generell gültige Ausnahme von dem Stetigkeitsgebot formuliert).
216 So IDW ERS HFA 38 Tz. 14.
217 Wegen weiterer Beispiele vgl. → § 284 Rz. 54.

> sächliche Materialverbrauch dem tatsächlichen Durchlauf entspreche. Die aktuell sinkenden Einkaufspreise führen zu einem verbesserten Ergebnisausweis.

▶ Zu (3): Die Handwerkermarktbetreiberin B GmbH geht vom Lifo- auf das Durchschnittsverfahren (→ § 256 Rz. 18) über, weil anhand des vorliegenden Bestandsführungsprogrammes die Umrechnung auf die Bilanzwerte vereinfacht werde. Die damit verbundene Gewinnminderung führt zur erwünschten Glättung des Ergebnisausweises im Zeitverlauf.

▶ Zu (4) Die Wirtschaftsprüfungskanzlei W GmbH hat bisher die Bewertung der produktiven Stunden zu durchschnittlichen Kosten der Arbeitsstunden der Prüfer vorgenommen. Sie fusioniert mit der größeren Z AG. Nunmehr erfolgt nach der Konzernbilanzrichtlinie der Z AG die Bewertung zum individuellen Kostensatz des jeweiligen Prüfers.

▶ Zu (5): Die Tunnelbau BC GmbH erwartet einen hohen Verlustausweise im anstehenden Jahresabschluss. Deshalb bewertet sie die unfertigen Aufträge erstmals unter Einbeziehung der darauf entfallenden Fremdkapitalzinsen (→ § 255 Rz. 92 ff.), um den Verlust in der Steuerbilanz möglichst klein zu halten[218] (→ Rz. 214).

179 Nach Maßgabe auch des verkürzten[219] Katalogs benötigt der Kaufmann keine allzu große Phantasie, um seinen Methodenwechsel bei der Bewertung zu **begründen**. Das sollte aus Sachverhalten im vorstehenden Beispiel ersichtlich geworden sein. Insbesondere der Tatbestand (2), der meistens die erforderliche Begründung liefern kann. Manchmal bedarf es auch lediglich einer Widerlegung der ceteris paribus-Bedingung (→ Rz. 176). Wenn aus bilanzpolitischen Erwägungen von der Bewertungsstetigkeit abgewichen werden soll, werden sich immer Gründe dafür finden. Das Stetigkeitsgebot wirkt im Hinblick auf die Zielrichtung einer Einschränkung bilanzpolitischer Gestaltungen wie ein **Papiertiger oder** als ein „**Lippenbekenntnis**"[220].

180 Die Änderung ist im Gegensatz zu den IFRS-Regeln in IAS 8 **nicht retrospektiv**, sondern nur im **laufenden** Geschäftsjahr, ggf. unter **Anhangangabe** nach § 284 Abs. 2 Nr. 3 HGB (→ § 284 Rz. 52) vorzunehmen.[221] Eine Anpassung der Vorjahreszahlen nach § 265 Abs. 2 Satz 1 HGB (→ § 265 Rz. 27) ist nicht vorzuziehen, sondern im Anhang darzustellen.[222]

III. Abweichungsmöglichkeit in Ausnahmefällen (Abs. 2)

181 Zu dem vorstehend kommentierten Katalog von allgemeinen Bilanzierungsgrundsätzen in § 252 Abs. 1 HGB sieht Abs. 2 Ausnahmen in begründeten Fällen vor. Diese sind in den dortigen Kommentierungen jeweils mit behandelt worden. Im Ergebnis zeigt sich ein **divergierender** Anwendungsbereich:

---

218 So das BMF-Schreiben vom 12. 3. 2010, BStBl I S. 239, Tz. 6; u. E. unzutreffend, vgl. → Rz. 214 .
219 IDW ERS HFA 38 Tz. 14.
220 So *Kessler*, in: Kessler/Leinen/Strickmann, BilMoG, Freiburg 2009, S. 226.
221 IDW ERS 38 Tz. 20 und 23.
222 IDW ERS 38 Tz. 21.

- Von den Grundsätzen der **Bilanzidentität** (→ Rz. 6), der **Periodisierung** (→ Rz. 163) und der **Fortbestehenshypothese** (→ Rz. 16) kann es keine begründete Ausnahme geben.
- Für die **Bilanzidentität** kennt das Gesetz Ausnahmen beim **Übergang** auf ein neues Rechnungslegungsrecht, z. B. Art. 24 Abs. 3 und 5 sowie Art. 67 Abs. 3 und 4 EGHGB (→ Rz. 13). Auf die Kommentierung in → Art. 67 Rz. 9 ff. wird verwiesen.
- Das **Vorsichts**prinzip (→ Rz. 33) verträgt ebenfalls keine Ausnahme, denn sonst würde leichtsinnig bilanziert (→ Rz. 39).
- Im Rahmen des **Realisations**prinzips kann man sich eine begründete Ausnahme bei der langfristigen Auftragsfertigung durch Anwendung der *percentage of completion*-Bewertungsmethode (→ Rz. 106) oder börsengängiger Wertpapiere (→ Rz. 155 ff.) vorstellen.
- Die **Bewertungsstetigkeit** ist zumindest nach Schrifttumsauffassung mit möglichen Ausnahmetatbeständen reichlich garniert (→ Rz. 178 f.).

IV. Nicht gesetzlich erwähnte Rechnungslegungsgrundlagen

1. Wesentlichkeit (*materiality*)

1.1 Notwendiger Bestandteil der Rechnungslegung

Die Rechnungslegungsgrundlage der Wesentlichkeit teilt eine Gemeinsamkeit mit dem **Schätz**zungserfordernis (→ Rz. 38), beide werden im HGB nicht erwähnt, dafür erfahren sie im IFRS-Framework einen erheblichen Stellenwert (F.29). IAS 8.8 zur Wesentlichkeit: Die Rechnungslegungsregeln sind nicht anzuwenden, *„when the effect of applying them is immaterial"*. Aus der **Nichterwähnung** als Bilanzierungsgrundsatz im HGB darf keineswegs die Unbeachtlichkeit oder gar Ungültigkeit des Wesentlichkeitsgrundsatzes gefolgert werden. Das folgt schon aus den Bedürfnissen der Praxis, die sich nicht zuletzt auch im Zeitalter des *fast close* (→ Rz. 80) nicht mit Kleinbeträgen herumschlagen kann. Der Verzicht auf das Klein-Klein kann auch soziologisch typisiert werden: Das Pendant ist nicht mit dem ehrbaren Kaufmann zu vereinbaren, der im Tagesgeschäft den Blick auf die strategische Entwicklung richten muss, in der Formulierung *Friedrich Hölderlins*: „Der weithin blickende Kaufmann". So soll sich auch der Richter nicht mit Peanuts beschäftigen, das war schon die Devise des römischen Rechts: „Minima non curat praetor". Anders formuliert: Der Wesentlichkeitsgrundsatz stellt einen **generellen Vorbehalt** der **Rechtsanwendung** dar. 182

Der Wesentlichkeitsgedanke allerdings erfährt auch im HGB in manchen Gesetzespassagen seine Anerkennung. Dabei dominieren die Vorschriften zur **Konzern**rechnungslegung, als Beispiel ist auf die 183

- Schuldenkonsolidierung in § 303 Abs. 2 HGB (→ § 303 Rz. 20),
- Zwischenergebniseliminierung in § 304 Abs. 2 HGB (→ § 304 Rz. 25),
- Aufwands- und Ertragskonsolidierung in § 305 Abs. 2 HGB (→ § 305 Rz. 12)

zu verweisen. Auch für den **Einzel**abschluss sind entsprechende Vorgaben ersichtlich. Musterbeispiel ist die Festbewertung nach § 240 Abs. 3 HGB (→ § 240 Rz. 23) sowie einige Anhangangabevorschriften, z. B. § 277 Abs. 4 Satz 2 HGB (→ § 277 Rz. 50) oder § 284 Abs. 2 Nr. 4 HGB (→ § 284 Rz. 61).

1.2 Quantitative oder qualitative Bestimmung

184 Die nächste Frage betrifft dann die **Bestimmung** der Wesentlichkeit, und zwar nach allgemeiner Auffassung zufolge in **quantitativer** Form. Dazu werden im Schrifttum immer wieder Relativwerte ins Feld geführt,[223] d. h. die **Abweichungsgröße** bezogen auf den Jahresüberschuss oder die Bilanzsumme oder den Bilanzposten oder das Eigenkapital. Keine dieser Relationen hat im Schrifttum oder gar im Standardsetting oder sonstigen Verlautbarungen letztlich allgemeine Anerkennung gefunden. Das Ergebnis bleibt einstweilen: **Feste Größen** zur Quantifizierung der Wesentlichkeitsgrenze **gibt es nicht**, kann es nicht geben, weil die vielfältigen Sachverhalte des Wirtschaftslebens nicht über einen Kamm geschoren werden können. Anders formuliert: Es kommt auf die Umstände des **Einzelfalls** an.

185 Auch die deutsche **zivilrechtliche** Rechtsprechung befasst sich bei der Beurteilung von Bilanzrechtsstreitigkeiten mit dem *materiality*-Grundsatz.

> **BEISPIEL**[224] Eine Holdinggesellschaft mit einer Bilanzsumme von ca. 1.726 Mio DM hatte bei einem ausgewiesenen Bilanzgewinn von 711 Mio DM einen Veräußerungsgewinn von 157 Mio DM nicht erfasst (= rund 22 % des ausgewiesenen Bilanzgewinns). Das Landgericht wertete diesen Verstoß gegen die Rechnungslegungsvorschriften als unwesentlich.

186 Aus dem US-amerikanischen Rechnungslegungsfundus ist eine andere, nämlich **qualitative** Sicht der *materiality* festzustellen. Dort hatten sich vor den amerikanischen Gerichten Beschuldigte mit quantitativen Größen verteidigt, also mit dem Hinweis auf die Nichtüberschreitung einer mehr oder weniger üblichen 3 %-Grenze der Umsatzerlöse oder 5 % der Bilanzsumme. Dem folgten die Gerichte unter Hinweis auf die in SAB 99 aufgeführten qualitativen Kriterien nicht.[225] Soweit eine Abweichung von den Regeln bzw. Nichterfassung von Umsatzerlösen (oder im Gegenteil) dazu führt oder bewusst ausgenützt wird, um

- einen Verlust in einen Gewinn umzukehren,
- die Änderung eines Trends zu verschleiern,
- Analysten- oder Bankvorgaben einzuhalten sowie
- Zielvorgaben zur Gewährung eines Bonus für das Management zu erreichen,

ist die Berufung auf fehlende *materiality* nach quantitativen Maßstäben unzulässig. Die Quantität ist unbeachtlich, wenn es um „Sein oder nicht Sein" geht, d. h. um das Erreichen der Zielvorgabe oder nicht, die Umkehrung eines Trends oder nicht (→ § 264 Rz. 29).

> **BEISPIEL** Die Citizens Utilities Co. hat mehr als 50 Jahre lang hintereinander immer einen Zuwachs an Umsatz ausgewiesen. Zur Beibehaltung dieses Trends hat die Gesellschaft die

---

223 Vgl. *Ossadnik*, WPg 1993 S. 617.
224 Urteil des LG Frankfurt/M. vom 3. 5. 2001 – 3/6 O 135/00, DB 2001 S. 1483.
225 Vgl. hierzu *Lüdenbach/Hoffmann*, in: Lüdenbach/Hoffmann (Hrsg.), Haufe IFRS-Kommentar, 8. Aufl., Freiburg 2010, § 1 Rz. 65, wo auch das folgende Beispiel aufzufinden ist.

Erfassung von Umsatz in das Folgejahr verschoben, und zwar nur im Umfang von 1,7% der Umsatzerlöse. Dadurch sollte aber der Bruch der über 50-jährigen Erfolgsgeschichte verheimlicht werden, auf die die Analysten weiterhin pochten. Gerichte und die SEC haben diesen Verstoß als wesentlich betrachtet.

1.3 Geringwertige Anlagegüter und Sammelabschreibung nach Steuerrecht

Einen speziellen Anwendungsbereich liefert die steuerlich vorgegebene Behandlung der sog. **geringwertigen Wirtschaftsgüter** (GWG) des Anlagevermögens. Bis zum Jahr 2007 konnten solche selbständig nutzbare Wirtschaftsgüter mit Anschaffungswerten bis zu 410 € sofort in vollem Umfang abgeschrieben werden. Dem folgte die handelsrechtliche Bilanzierungspraxis uneingeschränkt, schon um nicht hier eine Abweichung zwischen beiden Rechenwerken zu begründen. In der Lehre hat man diese Verfahrensweise mit unterschiedlichen Begründungen akzeptiert, zum Teil als **GoB**-Bestandteil gewertet oder aber auf die **Geringfügigkeit** der einschlägigen Beträge verwiesen. Auch die deutsche IFRS-Rechnungslegungspraxis dürfte diesen Vorgaben uneingeschränkt gefolgt sein.[226]

187

Die gültige steuerliche Neuregelung der Behandlung von geringwertigen Wirtschaftsgütern in § 6 Abs. 2 EStG – **Sofortabschreibung** bei Zugangsbeträgen bis 410 €, sog. **Poolabschreibung** (keine Inventarisierung) mit gesetzlich vorgegebener Nutzungsdauer von fünf Jahren für den jeweiligen Jahreszugang bei Anschaffungs- oder Herstellungskosten über 150 € bis 1.000 € (→ § 253 Rz. 104a ff.) – hat im Schrifttum erneut die Frage nach der Wesentlichkeit provoziert: Kann die Poolabschreibung auch in den HGB-Abschluss übernommen werden? (Zur Behandlung im Anlagegitter → § 268 Rz. 85 f.). Die bejahende Antwort könnte man sich leicht machen, denn die Praxis wird nicht anders verfahren und nach der Begründung des RegE zum BilMoG dadurch einen GoB in die Welt setzen. An einer rechtsdogmatischen Grundlage soll es demgegenüber fehlen – so verschiedene Äußerungen im Schrifttum.[227] Dazu folgende zwei Beispiele aus diesen Meinungsäußerungen:

188

BEISPIEL[228] Ein mittelständisches IT-Unternehmen entwickelt und verkauft Software. Es stattet die gesamte Belegschaft von 100 Mitarbeitern zum 1.1.01 mit neuen Arbeitsplatz-PCs, Computertischen und Tischkopierern aus. Die Anschaffungskosten betragen:

PC	1.000 €
Computertisch	900 €
Tischkopierer	600 €
Gesamtanschaffungskosten	**2.500 €**

Drei Jahre später werden die PCs und die Tischkopierer mangels Leistungsfähigkeit ausgetauscht. In den Sammelposten werden die Ersatzbeschaffungen eingebucht, der Abgang

---

226 Nach *ADS International*, Abschn. 9 Tz. 97, soll die Sofortabschreibung der GWG nach dem IFRS-System „grundsätzlich unzulässig, jedoch ausnahmsweise zulässig sein".
227 Vgl. dazu auch das Pro und Contra von *Haaker/Brösel*, PiR 2009 S. 272.
228 Nach *Rade/Kropp*, WPg 2008 S. 13.

der alten Geräte wird indes nicht berücksichtigt, vielmehr laufen die auf fünf Jahre festgelegten Abschreibungen weiter, obwohl die Geräte nicht mehr vorhanden sind.

BEISPIEL[229] Ein Steuerpflichtiger handelt mit Paletten, er kauft ein:

50.000 Paletten á 200 €	10.000.000
Poolabschreibung 01	-2.000.000
Restbuchwert 31.12.01	8.000.000
Verkauf in 2009	7.500.000
Poolabschreibung 02	-2.000.000
Buchwert 31.12.02 (trotz Abgang)	6.000.000
Buchgewinn aus dem Palettenverkauf unter Gegenüberstellung zur Abschreibung des betreffenden Jahrs	5.500.000

Die Steuerbemessungsgrundlage ist demgemäß in 02 um 5.500.000 € zu hoch (Veräußerungserlös 7.500.000 € - Jahresabschreibung 2.000.000 €). Der Ausgleich erfolgt in den folgenden drei Jahren der Abschreibungsdauer.

189 Beide Beispiele führen zu einem vorzeitig realisierten Gewinn mangels regulärer Abgangsbuchung. Allerdings sind die gewünschten Ergebnisse spürbar in die Fälle **hineingelegt**: Im Computerfall erfolgt der Verkauf zum „regulären Buchwert" nach drei Jahren. Verkaufsgrund ist die mangelnde Leistungsfähigkeit. Es wird deshalb kaum möglich sein, am Sekundärmarkt einen entsprechenden Preis zu erzielen. Erst recht gilt dieser Vorbehalt zum Palettenfall. Bei Realitätsnähe würde der Kauf und Verkauf von Paletten ein grandioses Geschäftsmodell darstellen, dessen Lebensdauer Nachahmer sehr schnell auf Null reduzieren würden.

Nicht berücksichtigt ist im Computermodell auch die nach der Poolabschreibung angesetzte Nutzungsdauer für die Computertische von fünf Jahren gegenüber effektiv vielleicht 13, welche die unterstellte kürzere Nutzungsdauer der PCs und der Tischkopierer (drei statt fünf Jahre) zu einem erheblichen Teil im Ergebnis kompensiert. Man darf auch die Frage stellen, ob die Arbeitsplatz-PCs mit 1.000 € pro Stück nicht stark überbezahlt sind, denn deren Rechenleistung kann sich auf ein Minimum reduzieren, weil diese im Wesentlichen in der Serverumgebung abgewickelt wird.

So oder so, in **extremen** Sachverhaltskonstellationen kann sich tatsächlich eine **Überbewertung** durch Anwendung der Poolabschreibung gegenüber der regulären Ermittlung der Abschreibungsbeträge ergeben. In der weitaus überwiegenden Anzahl der Fälle dürfte sich durch die fünfjährige Typisierung der Nutzungsdauer ein **Ausgleich** innerhalb des Sachanlagevermögens ergeben.[230]

190 Zur Berücksichtigung des *materiality*-Grundsatzes darf die „falsche" Abschreibungsbemessung durch die Poolabschreibung **nicht isoliert** betrachtet werden, sondern bedarf der Einbettung in

---

[229] Nach *Conrad*, DStR 2008 S. 711.
[230] Vgl. die von *Rade/Kropp*, WPg 2008 S. 13, aufgeführten Vergleiche zu den Nutzungsdauern nach den amtlichen Abschreibungstabellen (für Büromöbel z. B. 13 Jahre).

die gesamte bilanzielle Unternehmensstruktur. So kann man das Beispiel mit den Arbeitsplatz-PCs bei dem mittelständischen IT-Unternehmen mit 100 Mitarbeitern wie folgt ergänzen:

> **BEISPIEL** (in Weiterentwicklung der ersten Beispiele unter → Rz. 188)
>
> ▶ Die Jahresleistung des Unternehmens bewertet zu den Personalkosten beträgt 10 Mio €. Die exakte Kostenzuordnung auf die einzelnen Projekte (Software-Entwicklung) gelingt nicht in allen Fällen. Es wird mit pauschalen Zurechnungen gearbeitet, hinter denen sich ein Schätzungsintervall in der Größenordnung von 5 % der gesamten Personalkosten = 500 T€ verbirgt, bei einer Aktivierungsquote von 30 % für am Bilanzstichtag noch nicht abgearbeitete Aufträge, also 150 T€.
>
> ▶ Bei einer Softwareentwicklung im Kundenauftrag ist die zugesagte Leistungsfähigkeit zweifelhaft. Außerdem besteht ein erheblicher Zeitverzug. Die Bewertung zu den regulären Herstellungskosten erscheint überhöht und verlangt eine Abschreibung zwischen 50 T€ und 150 T€ je nach Einschätzung der Wahrscheinlichkeiten über die Projektrealisierung.
>
> ▶ Ein Kunde hat wegen mangelnder Leistungsfähigkeit des abgelieferten Programms eine Reklamation angekündigt und mit gerichtlicher Durchsetzung gedroht. Die Größenordnung des Risikos beläuft sich zwischen 100 T€ und 300 T€.

Die Erweiterung des Beispiels zeigt die im Jahresabschluss jedes Unternehmens enthaltenen **Unsicherheitsmomente**. Von daher gesehen erscheint es wenig sinnvoll, bei der Festlegung von Abschreibungsgrößen „genau" zu rechnen, etwa nach Maßgabe der AfA-Tabelle (die ihrerseits nicht „genau" ist), wenn an **anderen** Stellen des Jahresabschlusses Bewertungsunsicherheiten in einem Vielfachen der durch die Poolabschreibung bestimmten Größenordnung bestehen. Es ist beispielsweise auch wenig sinnvoll, einen Weltrekord im 100 m-Lauf mit einer Stoppuhr auf 100stel Sekunden genau zu ermitteln, wenn die Länge der Bahn sich irgendwo im Näherungsbereich der 100 m-Grenze zwischen 87 m und 109 m bewegt.

Insgesamt sollte also auch die neue steuerliche Poolabschreibung in aller Regel handelsrechtlich **akzeptabel** sein. Der GoB-Charakter ist dabei nicht induktiv (die Praxis macht es sowieso nicht anders), sondern deduktiv (abgeleitet aus Rechnungslegungsregeln) herausgearbeitet worden (→ § 243 Rz. 9 ff.).

2. Wirtschaftlichkeit (*cost benefit*)

Die handelsrechtliche Anerkennung der Poolabschreibung kann auch mit dem *cost benefit*-Aspekt begründet werden, der in naher Beziehung zum Wesentlichkeitsgesichtspunkt steht.[231] Die Wirtschaftlichkeit kommt im IFRS-Framework unter F.44 zum Ausdruck (*balance between benefit and cost*). Angesprochen ist damit ein dominierender Sachzwang des Wirtschaftslebens. Die Rechnungslegung dient **keinem Selbstzweck**, ist also den übrigen Unternehmensbereichen nicht übergeordnet – im Gegenteil: Sie hat **dienende** Funktion.

191

---

231 So IDW, Berichterstattung über die 208. Sitzung des HFA, IDW FN 2007 S. 506.

Einen typischen Anwendungsbereich stellen die sog. unechten Gemeinkosten dar (→ § 255 Rz. 22), wenn auf die direkte Zurechnung von Gemeinkosten auf die Kostenträger aus Wirtschaftlichkeitsgründen verzichtet wird. Im Einzelhandel könnten z. B. bei entsprechendem Ressourcenumsatz die Kosten der Logistik bis hinunter zum einzelnen Lebensmittelprodukt aufgeteilt werden. Ein solches Vorgehen wäre indes sinnlos, es brächte kein vernünftiges Ergebnis im Verhältnis zu den damit verbundenen Kosten. Die stattdessen gewählte pauschale Schlüsselung der Zuordnung dieser Gemeinkosten auf bestimmte Warengruppen bringt ein gegenüber der „genauen" Zurechnung durch Einzelkalkulation höchst unwesentlich verändertes Ergebnis (*materiality*).

3. Bilanzänderungen, einschließlich Bilanzberichtigungen

3.1 Handelsbilanz

3.1.1 Der Zeitverlauf

192 Die Bilanzänderung ist **inhaltlich erweiternd** auch aus der Perspektive der GuV zu verstehen, d. h. Änderungen von Aufwands- oder Ertragsposten mit entsprechend notwendigen Folgeänderungen für die damit verbundenen Bilanzansätze, bei Anhangerstellungspflicht auch eine Änderung des Anhangs. Formal richtig ist von Änderungen des Jahres- oder Konzernabschlusses zu sprechen, doch wird hier der übliche Terminus „Bilanzänderung" gebraucht.

In der **Erstellungsphase** (→ § 243 Rz. 22) kann von einer Bilanzänderung förmlich nicht gesprochen werden, denn bis dahin liegt noch keine Bilanz bzw. Jahresabschluss im Rechtssinne vor. Zweifelhaft kann sein, ob Änderungen in der Phase zwischen Erstellung und Feststellung (→ § 245 Rz. 10) eine Änderung im Rechtssinne darstellen. Fasst man die **Feststellung** als **rechtsbegründenden** Akt auf – ohne sie liegt ein Jahresabschluss im Rechtssinne nicht vor –, dann ist eine Änderung in diesem Zeitabschnitt vorbehaltlos möglich, macht aber im Falle einer Pflichtprüfung gem. § 316 Abs. 3 HGB eine entsprechende Nachtragsprüfung erforderlich (→ § 316 Rz. 15).

3.1.2 Definition von „Fehler"

193 Nach Vorlage eines rechtsgültigen Abschlusses ist bezüglich der Änderungsmöglichkeiten nach **fehlerhaften** und **fehlerfreien** Abschlüssen zu differenzieren.[232] Was unter „Fehler" in diesem Zusammenhang zu verstehen ist, bleibt regelmäßig in der Kommentierung und auch in der Standardsetzung in Deutschland unbeantwortet. Die Formulierung: „Ein Jahresabschluss ist fehlerhaft, wenn er gegen die gesetzlichen Vorschriften verstößt", ist zirkulär und deshalb ohne Inhalt. Hier erscheint eine **negative** Abgrenzung unter Anlehnung an die einschlägigen Definitionen der IFRS sinnvoll, nämlich **Neueinschätzungen** von Sachverhalten nach IAS 8.36(f) – *changes in accounting estimates* – und eigentlichen **Fehler**korrekturen (*correction of errors*) in IAS 8.41. Nach diesen Unterscheidungsmerkmalen liegt in der Revision von Schätzungen kein „Fehleranerkenntnis" (→ § 277 Rz. 53), im Gegenteil: Die frühere Einschätzung über die künftige Entwicklung, die mit Bewertungsfolgen für einen Bilanzposten verbunden ist, macht den damaligen Wertansatz nicht falsch. Das folgt aus dem notwendigen Inhalt einer Schätzung,

---

[232] IDW RS HFA 6 vom 12. 4. 2007.

die aus Sicht des endgültigen Ergebnisses immer „unrichtig" ist (→ Rz. 46); anders ausgedrückt: Es kann nicht „**den**" richtigen Wert geben, sondern nur eine „richtige" – oft sehr weite – Bandbreite richtiger Werte.[233] Fehlerhaftigkeit liegt im Übrigen auch nur bei **Wesentlichkeit** vor – wie immer man diese definieren mag (→ Rz. 184).

3.1.3 Änderungsmöglichkeiten

Gleichwohl soll nach Auffassung des IDW[234] eine „Neueinschätzung" und damit Änderung der Abbildung eines **fehlerfreien** Sachverhalts in Betracht kommen, „wenn gewichtige rechtliche, wirtschaftliche oder steuerrechtliche Gründe vorliegen". Welchen Charakter solche „gewichtigen Gründe" aufweisen müssen, bleibt ungenannt. Sie werden deshalb bei Bedarf immer festgestellt werden können. Ergebnisabhängige Ansprüche aus schuldrechtlichen Vereinbarungen – Musterbeispiel sind gewinnabhängige Tantiemen – sollen diese Änderung nicht verhindern, sofern dies vertraglich nicht gegenläufig geregelt ist.

194

U. E. ist diese Aussage in apodiktischer Form ohne Vorbehalt missverständlich. Im Ergebnis würden u. U. die als unverändert angenommenen Dividendenansprüche günstiger gestellt als die schuldrechtlichen Ansprüche von Gläubigern, z. B. aufgrund von Tantiemen, Genussrechten etc. Die Gesellschaft hätte dann je nach Sachverhalt praktisch freie Hand, durch die Änderung eines fehlerfreien Abschlusses rückwirkend in die entstandenen schuldrechtlichen Ansprüche einzugreifen. U. E. müssten Letztere korrespondierend zur Bilanzerstellung mit berücksichtigt werden, also unter Analogie zum Sinn und Zweck des Bilanzenzusammenhangs. Wenn diese schuldrechtlichen Ansprüche im korrigierten Abschluss nicht ebenfalls berichtigt werden, bedarf es einer Nachholung im Folgeabschluss.

195

Nach IDW sollen in diesen Fällen einer Änderung eines fehler**freien** Jahresabschlusses auch **wertaufhellende** Erkenntnisse berücksichtigt werden (→ Rz. 55). Im Ergebnis würde dadurch der Wertaufhellungszeitraum praktisch unbegrenzt hinausgezögert werden. U. E. ist dies mit dem Sinn des Wertaufhellungsgedankens und der Periodenabgrenzung nicht vereinbar. Der Bilanzerstellungsvorgang muss einmal ein **Ende** haben, denn seine Funktion wird im Zeitverlauf aufgehoben. Spätestens am nächsten Bilanzstichtag kommt dem früheren (fehlerfreien) Jahresabschluss keine ökonomische Bedeutung mehr zu und die Stunde des neuen Abschlusses ist gekommen. Die Möglichkeit der Änderung eines fehlerfreien Jahresabschlusses muss u. E. innerhalb der gesetzlichen Fristen nach § 264 Abs. 1 HGB (→ § 264 Rz. 11), § 290 Abs. 1 HGB (→ § 290 Rz. 7) oder § 5 PublG beschränkt sein. Bei fehlender gesetzlicher Aufstellungsfrist (→ § 243 Rz. 22) bestünde die Grenze des ordnungsmäßigen Geschäftsgangs, die u. E. über zwölf Monate hinaus nicht ausgedehnt werden kann.

Fehlerhafte Jahresabschlüsse – immer noch ohne Definition des Fehlers (→ Rz. 193) – dürfen dem IDW zufolge aufgrund der Fehlerhaftigkeit allein ohne Rücksicht auf sonstige Gründe geändert werden. Voraussetzung ist die Einhaltung des *materiality*-Grundsatzes (→ Rz. 182). Dabei erfährt der **Wertaufhellungsgedanke** für fehlerhafte Abschlüsse einen anderen Stellwert als bei fehlerfreien. Fehlerhaftigkeit soll vorliegen, wenn der Fehler bis zum Wertaufhellungszeitpunkt vom bilanzierenden Kaufmann hätte erkannt werden müssen. Ist dies bis zu diesem

196

---

233 Ähnlich *Hennrichs*, DStR 2009 S. 1447.
234 IDW RS HFA 6 vom 12. 4. 2007, Tz. 9.

Zeitpunkt nicht der Fall, wird nach der Theorie der subjektiven Richtigkeit (→ Rz. 58) vom IDW ein fehlerfreier Abschluss unterstellt. Nach dem Inhalt der zuvor zitierten Tz. 10 kann der objektiv fehlerhafte, aber subjektiv richtig „gewordene" Abschluss ohne Beschränkung auf den Wertaufhellungszeitpunkt geändert werden, sofern die übrigen Voraussetzungen in Form der zitierten, aber nicht beschriebenen gewichtigen Gründe vorliegen.

Ob diese beiden Änderungsgrundlagen des IDW (Tz. 10 und Tz. 15) in sich konsistent sind, kann im Hinblick auf die unter → Rz. 195 genannten Aufstellungsfristen aus praktischer Sicht weitgehend dahingestellt bleiben.

3.1.4 Nichtige Abschlüsse

197 Jahresabschlüsse können so „massiv" fehlerhaft sein, dass sie als **nichtig** angesehen werden. Dabei gelten imparitätisch als **Nichtigkeitsgründe** die Überbewertung generell und die vorsätzliche Unterbewertung. Wann diese Fakten gegeben sind, kann der Kommentarliteratur – auch der vorliegenden – nicht entnommen werden. Logisch elegant wird diese Undefinierbarkeit mit „Nichtigkeitsschwelle" umschrieben.[235] Dann sind Abschlüsse von Gesetzes wegen nicht vorhanden und können insoweit unbeschränkt richtig gestellt werden. Allerdings wird die Nichtigkeit in Teilbereichen durch **Zeitablauf** gem. § 256 Abs. 6 AktG geheilt. Dabei werden diese Spezialvorschriften des Aktiengesetzes von der h. M. auch für GmbH und wohl für GmbH & Co. KG als analog anwendbar angesehen. Aus praktischer Sicht kommt dieser Nichtigkeit eines Jahresabschlusses geringe Bedeutung „mangels Masse" zu. Jedenfalls sind seit Einführung des Bilanzrichtliniengesetzes solche Fälle sehr selten feststellbar gewesen, vor allen Dingen wohl deswegen, weil kein entsprechendes wirtschaftliches Interesse bei potenziellen Klägern vorlag.

3.1.5 Berichtigungsmöglichkeiten: rückwirkend oder im aktuellen Abschluss

198 Die sich an die Korrektur eines fehlerhaften oder eines nichtigen, aber bezüglich der Nichtigkeit geheilten Jahresabschlusses anschließende Frage geht auf die **Art** der Berichtigung, nämlich

▶ **rückwirkende** Berichtigung an der Fehlerquelle mit entsprechender Richtigstellung des Jahresabschlusses, in dem der Fehler (erstmals) aufgetreten ist und Folgeänderungen in den Jahren danach, sowie

▶ Berichtigung in **laufender Rechnung**, z. B. auch in einem nach Börsenrecht gebotenen Halbjahresabschluss (→ § 277 Rz. 52).

Die Praxis bevorzugt in den wenigen aufgetretenen Fällen der Fehlerberichtigung die letztgenannte Variante. Diese Berichtigungsmöglichkeit ist auch zu **favorisieren**, weil sie im Zeitablauf regelmäßig schneller wirkt, d. h. das Informationsbedürfnis der Rechnungslegungsadressaten eher befriedigt als die Korrektur von Jahresabschlüssen für frühere Zeiträume, die zumindest bei Aktiengesellschaften die Einhaltung umständlicher Formalitäten – neben der Neuerstellung auch eine ergänzende Prüfung mit bedingtem Bestätigungsvermerk[236] (→ § 322

---

[235] Vgl. *Henrichs/Müller*, ZHR 2004 S. 168, 384 und 414.
[236] Instruktion im eBAnz nachzulesen bei der Rückwärtsberichtigung mehrerer Konzernabschlüsse der Borussia Dortmund GmbH & Co. KGaA aufgrund einer Fehlerfeststellung der DPR (→ § 342b Rz. 24).

Rz. 82) und erneute Feststellung – erforderlich machen. Entsprechende retrograde Korrekturen erfolgen deswegen in der Praxis eigentlich nur dann, wenn die Öffentlichkeit über die Fehler bereits informiert ist (z. B. IKB-Fall), so dass der Zeitbedarf zur Berichtigung der Jahresabschlüsse keinen Informationsverlust der Öffentlichkeit mit sich bringt.

Auch Feststellungen der *enforcement*-Instanzen über fehlerhafte Abschlüsse (→ § 342b Rz. 24) machen eine rückwirkende Korrektur nicht erforderlich. Durch die Beachtung des Bilanzenzusammenhangs nach dem Grundsatz der Bilanzidentität wird jedenfalls dem Gebot der Erzielung des Totalgewinns (→ Rz. 7) durch die Berücksichtigung früher entstandener Bilanzfehler in laufender Rechnung Genüge getan. 199

3.1.6 Anpassung an Feststellungen der steuerlichen Außenprüfung

Einen Sonderfall nehmen die im Zuge von **steuerlichen Außenprüfungen** vorgenommenen Anpassungen der handelsrechtlichen Bilanzausweise an die Prüfungsfeststellungen ein. 200

Bei nicht ganz kleinen Unternehmen weichen regelmäßig die einen oder anderen Bilanzposten in der sog. Prüferbilanz von der der Steuererklärung zugrunde gelegten Handels- und Steuerbilanz ab. Dann besteht ein sehr praktisches Bedürfnis – kein Zwang, solange kein handelsrechtlicher Bilanzierungsfehler vorliegt –, die beiden Rechenwerke wieder **zusammenzuführen**. Damit ist kein Anerkenntnis einer fehlerhaften handelsrechtlichen Bilanzierung verbunden.

> **BEISPIEL** Das Unternehmen U hat eine Rückstellung für Altersteilzeit nach dem Blockmodell gebildet und ist bei der Bewertung den Vorgaben des IDW[237] gefolgt (→ § 249 Rz. 83 ff.). Im Rahmen der steuerlichen Außenprüfung wurde seitens des Finanzamts das entsprechende BFH-Urteil[238] als „richtig" erachtet. Diese Einstellung wurde vom Unternehmen akzeptiert mit entsprechender Korrektur des Bilanzansatzes in der Prüferbilanz. In der handelsrechtlichen Folgebilanz will U diesem Bewertungsverfahren seinerseits nachkommen, um Abweichungen zwischen beiden Bilanzansätzen zu vermeiden.

U. E. ist diese Verfahrensweise dem Grunde nach zulässig, denn der BFH hat in diesem Urteil – wie häufig – allein Handelsrecht ausgelegt. Darauf kann sich U berufen, auch wenn das IDW an seiner anderweitigen Auffassung festhält. Es handelt sich um eine Änderung der Bewertungsmethode i. S. des § 252 Abs. 1 Nr. 6 HGB (→ Rz. 167 ff.), die als begründeter Ausnahmefall i. S. des Abs. 2 anzusehen ist (→ Rz. 178) und ggf. eine Anhangangabepflicht nach § 284 Abs. 2 Nr. 3 HGB (→ § 284 Rz. 52) auslöst.

Die entsprechenden Änderungen der HGB-Bilanzposten sollen – wie in der Praxis fast ausnahmslos – in „laufender Rechnung", d. h. im Geschäftsjahr, in dem die Prüfungsfeststellungen vorliegen – erfolgen. Dabei dürfen die geänderten Bilanzposten der Außenprüfung, an die die Handelsbilanz angeglichen werden soll, nicht etwa in die Eröffnungsbilanz unter „Bilanzdurchbrechung" (Jargon der steuerlichen Betriebsprüfer) zur Vermeidung einer Überleitungsrechnung eingebucht werden. Dies würde dem ehernen Grundsatz der Bilanzidentität widersprechen (→ Rz. 6). Entsprechend zeigt der aktuelle Jahresabschluss mit den erfolgswirksamen An- 201

---

237 IDW RS HFA 3.
238 BMF-Schreiben vom 30. 11. 2005 – I R 110/04, BStBl II S. 251.

IV. Nicht gesetzlich erwähnte Rechnungslegungsgrundlagen

passungsbuchungen ein Ergebnis, das der Besteuerung nicht zugrunde gelegt werden kann, sondern einer entsprechenden Korrektur bedarf. Rechentechnisch bietet sich dabei die Anwendung der von den steuerlichen Betriebsprüfern verwendeten sog. „**Mehr-Weniger-Rechnung**" an.

BEISPIEL Die Betriebsprüfung erkennt im Einvernehmen mit dem Unternehmen die gebildete Wertberichtigung aus Forderungen zum 31.12.03 i. H. von 25 nicht mehr an und erhöht den betreffenden Aktivwert um 25 unter Gegenrechnung des unterstellten Steuereffekts von 10. Das steuerliche Ergebnis in 03 erhöht sich dann vor Zurechnung der Steuern um 15. Diese Erhöhung des Eigenkapitals laut Prüferbilanz wird dann in die Handelsbilanz 04 durch Anpassung der Wertberichtigungsberechnung an die Vorgaben der Betriebsprüfung erfolgswirksam eingebucht. In der nachfolgenden Übersicht sind die entsprechenden Bilanzabweichungen und die daraus resultierenden Buchungen bzw. die Korrektur des steuerlichen Ergebnisses um die Anpassungsbuchungen dargestellt.

	Handelsbilanz 31.12.01	Steuerbilanz 31.12.01	VU 31.12.01	Handelsbilanz 31.12.02	Steuerbilanz 31.12.02	VU 31.12.02	Gewinnunterschied
	€	€	€	€	€	€	€
Aktiva							
Forderungen aus LL	1.950	1.975	25	1.975	1.975	0	-25
Sonstige Aktiva	4.506	4.506	0	5.092	5.092	0	0
	6.456	6.481	25	7.067	7.067	0	-25

Passiva							
Eigenkapital							
Gezeichnetes Kapital	25	25	0	25	25	0	0
Gewinnvortrag	1.631	1.631	0	2.231	2.246	15	15
Jahresüber-schuss	600	615	15	500	485	-15	-30
Eigenkapital gesamt	2.256	2.271		2.756	2.756		
Steuerrück-stellungen	200	210	10	310	310	0	-10
Sonstige Passiva	4.000	4.000	0	4.000	4.000	0	0
	6.456	6.481	25	0	7.067	7.066	0	-25

Anmerkung:

In 02 werden die Betriebsprüfungs-Feststellungen in der Handelsbilanz berücksichtigt:

1. Die Pauschalwertberichtigung wird nach den Betriebsprüfungs-Feststellungen berechnet.

2. Die geänderte Steuer für das Vorjahr wird nunmehr in der Handelsbilanz eingebucht.

Da diese beiden Posten bereits in der Steuerbilanz im Vorjahr berücksichtigt worden sind, müssen sie im Jahr der Berücksichtigung in der Handelsbilanz für steuerliche Zwecke wieder eliminiert werden.

In der GuV ist der Steuereffekt aus diesen Anpassungen unter dem Steueraufwand (→ § 275 Rz. 113) auszuweisen. Im Übrigen kann als Sammelgröße die Position „Sonstige betriebliche Erträge" (→ § 275 Rz. 75) in Betracht kommen. Wegen des aperiodischen Charakters ist die Anhangangabepflicht nach § 277 Abs. 4 Satz 3 HGB (→ § 277 Rz. 51) zu beachten.[239]

3.2 Steuerbilanz

3.2.1 Grundkonzeption

Vergleichbar der handelsrechtlichen (zirkulären) Definition (→ Rz. 193) liegt steuerbilanziell bei einem Verstoß gegen ein Bilanzierungsgebot oder -verbot ein Fehler vor. Ein solcher ist not-

201a

---

239 IDW RS HFA 6 vom 12. 4. 2007, IDW/FN 2007, Tz. 36.

falls **periodenübergreifend** im Interesse der Besteuerung nach der Leistungsfähigkeit zu korrigieren. Diese Bilanz**berichtigung** nach § 4 Abs. 2 Satz 1 EStG ist von der Bilanzänderung i. S. des § 4 Abs. 2 Satz 2 EStG zu unterscheiden; bei der Letzteren wird ein richtiger gegen einen anderen richtigen Bilanzansatz ausgetauscht, z. B. durch geänderte Ausübung eines **Wahlrechts** (→ Rz. 201l).

201b   Zur periodenübergreifenden Richtigstellung bedient sich die BFH-Rechtsprechung und ihr folgend die Finanzverwaltung in weitgehender Übereinstimmung mit dem Schrifttum des **Bilanzenzusammenhangs** (→ Rz. 6), der auf gar keinen Fall „durchbrochen" werden darf. Richtig erfasst werden muss der „**Totalgewinn**". Ein Bilanzierungsfehler darf sich nicht **endgültig** zugunsten des Fiskus oder des Steuerpflichtigen auswirken.

Der Bilanzenzusammenhang ist auch von hohem steuerlichen Wert im Hinblick auf die der Bilanzierung jedweder Couleur immanenten **Schätzungs**erfordernisse (→ Rz. 44). Eine **objektiv richtige** Bewertung – aus der Perspektive ex post und das auch Jahre nach dem Stichtag – gibt es nicht. Auch steuerlich muss in der Vermögensübersicht eine im Nachhinein sich als falsch herausstellende Schätzung an den neuen Kenntnisstand angepasst werden.

Ein solch falsch geschätzter Bilanzansatz ist **subjektiv richtig**, wenn der Bilanzierer alle ihm verfügbaren Erkenntnismöglichkeiten über die Verhältnisse am Stichtag bei der Bilanzerstellung berücksichtigt hat (sog. subjektiver Fehlerbegriff).[240] Es handel sich dabei um eine Parallelwertung des **Wertaufhellungskonzepts** (→ Rz. 58). Anders zu beurteilen sind vom Steuerpflichtigen **bewusst** falsch gewählte Ansätze zur Erreichung eines unberechtigten steuerlichen Vorteils, was als Verstoß gegen Treu und Glauben gewertet wird (→ Rz. 201h).

3.2.2 Bestandskraft von Steuerbescheiden und Verjährung

201c   Die Rechtsdogmatik vom **Vorrang** des richtigen Totalgewinns (→ Rz. 201b) gerät in Konflikt mit **steuerverfahrensrechtlichen** Instituten.[241] Fehler im Besteuerungsverfahren können bei Bestandskraft der zugehörigen Veranlagung und bei Verjährung regelmäßig nicht mehr zu(un)gunsten des Steuerpflichtigen geändert werden.

BEISPIEL[242] Ein bilanzierender Steuerpflichtiger hatte jahrelang fälschlicherweise die Umsatzboni von einem Lieferanten für das Vorjahr erst im Folgejahr bei der Auszahlung als Einnahme erfasst. Im Jahr der Richtigstellung (unterstellt 05) wurden zwei Bonusabrechnungen erfasst: die Vereinnahmung für das Vorjahr und die Aktivierung für das laufende Jahr. Die Veranlagungen für die Jahre vor der Richtigstellung waren bestandskräftig.

BEISPIEL Ein bilanzierender Steuerpflichtiger wird im Jahr 01 mit Gewährleistungsansprüchen konfrontiert. Fälschlicherweise bucht er die Verpflichtung nicht ein. Die Veranlagung für 01 wird rechtskräftig. In 05 muss er die Verpflichtung in bar erfüllen. Die Zahlung ist

---

240 BFH-Beschluss vom 7. 4. 2000 – I R 77/08, DStR 2010 S. 1015, Tz. 29; vgl. *Rätke*, StuB 2010 S. 528.
241 Vgl. zum Folgenden *Hoffmann*; in: Littmann/Bitz/Pust, EStG, §§ 4, 4 Tz. 518 ff.
242 Nach BFH vom 14. 1. 1960 – IV 108/58 U, BStBl III S. 137.

> steuerlich abzugsfähig, und zwar in 03, weil – unterstellt – dieses Veranlagungsjahr noch nicht bestandskräftig war.

Die ständige BFH-Rechtsprechung löst beide Fälle in den Beispielen unter → Rz. 201c nach dem Theorem des **formellen Bilanzenzusammenhangs** (sog. Zweischneidigkeit der Bilanz). Dieser besagt: Die Richtigstellung des Bilanzierungsfehlers, der in einem bestandskräftigen Veranlagungszeitraum erfolgt ist, muss in der **Schlussbilanz** des ersten verfahrensmäßig noch offenen Veranlagungszeitraum erfolgen. Durch diese Technik wird der Bilanzierungsfehler im Entstehungsjahr durch einen **weiteren Fehler** im Berichtigungsjahr korrigiert: „Zweimal falsch ist einmal richtig" – richtig i. S. der Erreichung des zutreffenden **Totalgewinns** (→ Rz. 201b). 201d

Gegen diese vom BFH präferierte Lösung wird die **Nichtbeachtung** der **verfahrensrechtlichen** Vorgaben der Bestandskraft und der Verjährung vorgebracht. Diese würden durch die Anwendung des formellen Bilanzenzusammenhangs beiseite geschoben. Um diesen Geltung zu verschaffen, müsse die Richtigstellung des Bilanzierungsfehlers im Entstehungsjahr korrigiert werden. Die entsprechende Lehre vom **materiellen** Bilanzenzusammenhang verlangt demnach eine virtuelle Fehlerkorrektur im bestandskräftigen Entstehungsjahr, buchungstechnisch zu vollziehen durch Einbuchung des richtigen Bilanzansatzes in der **Eröffnungsbilanz** des ersten noch bestandsoffenen Wirtschaftsjahrs mit folgenden Effekten bei den Beispielen unter → Rz. 201c: 201e

▶ Der in die Eröffnungsbilanz für 05 erfolgsneutral eingebuchte **Bonusanspruch** für 04 führt bei Vereinnahmung in 05 nicht zu einer Gewinnerhöhung. Diese erfolgt nur „einfach" durch Einbuchung des Anspruchs für 05 in der Schlussbilanz für 05.

▶ Die Einbuchung der **Gewährleistungsrückstellung** in das bestandskräftige Jahr 01 – buchungstechnisch in die Eröffnungsbilanz für 03 – macht die Erfüllung der Verpflichtung in 05 erfolgsneutral.

Der **Ergebnisvergleich** zwischen dem formellen und materiellen Bilanzenzusammenhang zeigt: 201f

▶ Die **formelle** „Theorie" bedient sich des Rechtsinstituts des Bilanzenzusammenhangs (→ Rz. 201b), um den richtigen **Totalgewinn** zu erfassen.

▶ Die **materielle** Theorie misst dem verfahrensrechtlichen Aspekt der Bestandskraft und der Verjährung Vorrang zu, opfert dabei durch Durchbrechung des Bilanzenzusammenhangs (Fehlerkorrektur in der Eröffnungsbilanz) die zutreffende Erfassung des Totalgewinns. Die beiden fraglichen Bilanzen sind richtig, das Gesamtergebnis aber falsch: Zweimal richtig ist einmal falsch.

U. E. ist der vom BFH vertretenen[243] Theorie des formellen Bilanzenzusammenhang, die auch die Finanzverwaltung akzeptiert,[244] aus zwingenden ökonomischen Fakten (→ Rz. 44, → Rz. 201b) zu folgen: Bilanzen können nie objektiv richtig sein, sondern nur eine vernünftige Beurteilung des Kaufmanns zum Inhalt haben. Diese Einschätzung zu einem Sachverhalt ist

---

[243] Z. B. BFH-Urteil vom 10. 11. 1997 – GrS 1/96, BStBl 1998 II S. 83; BFH-Urteil vom 11. 2. 1998 – I R 150/94, BStBl II S. 503; BFH-Urteil vom 16. 5. 1990 – X R 72/87, BStBl II S. 1044; BFH-Beschluss vom 29. 11. 1965 – GrS 1/65 S, BStBl 1966 II S. 142.
[244] R 4.4 EStR 2008.

immer subjektiv und nähert sich im Zeitverlauf der objektiven Richtigkeit an. Dieser Zeitintervall kann sehr kurz sein – die Forderung am Stichtag geht kurz darauf ein –, der Sachverhalt kann aber auch erst Jahrzehnte später endgültig abgewickelt sein – die Pensionsverpflichtung ist durch den Tod des Berechtigten erfüllt, das Gebäude abgebrochen –, so dass keine Wertanpassung mehr erforderlich ist.

3.2.3 Die Vornahme der Bilanzberichtigung

201g Einfach verhält sich das Berichtigungsverfahren in den vorstehend angesprochenen Sachverhalten, bei denen zu jedem folgenden Bilanzstichtag eine Wertanpassung aufgrund neuer Erkenntnisse erforderlich ist, z. B. bei der Rückstellungsbewertung für einen Produkthaftungsfall. Da die betreffenden Bilanzansätze – unterstellt – subjektiv richtig sind (→ Rz. 201b), passt die übliche Terminologie „Bilanz**berichtigung**" eigentlich nicht. Es handelt sich um Bilanz**anpassungen** wegen besserer Erkenntnisse im Zeitverlauf.

In diesen Fällen ist die Korrektur regelmäßig erfolgswirksam vorzunehmen. Wenn sich der bisherige falsche Bilanzansatz allerdings im **Ergebnis** nicht ausgewirkt hat, muss die Korrektur erfolgsneutral erfolgen.[245]

> **BEISPIEL** Die Beteiligungen an der Komplementär GmbH ist vom Kommanditisten nicht in das Sonder-Betriebsvermögen II eingebucht worden (→ § 246 Rz. 322).

Anders verhält es sich, wenn ein abnutzbares Wirtschaftsgut des notwendigen Betriebsvermögens versehentlich nicht bilanziert worden ist. Dann ist in einer „Schattenrechnung" der Einbuchungswert so zu ermitteln, als ob schon immer richtig bilanziert worden wäre. Die AfA im Zeitraum ohne Bilanzansatz ist dann verloren[246]. In diesem Fall fehlt es an einem **fortführbaren** Bilanzenzusammenhang.[247]

201h Ein solcher liegt wiederum vor, wenn eine Teilwertabschreibung unzulässig erfolgt oder die AfA falsch berechnet worden ist. Hier ist die AfA ab dem Berichtigungsjahr so anzupassen, dass sich der Fehler im restlichen Nutzungszeitraum „selbst korrigiert".[248] Die Schranke für eine solche AfA-Korrektur liegt beim Verstoß gegen Treu und Glauben, wenn also der Steuerpflichtige eine AfA bewusst unterlässt, um sich einen steuerlichen Vorteil zu verschaffen.[249]

Bei **zu niedriger AfA** wegen unrichtiger Bemessungsgrundlage ist die AfA vom berichtigten Wert unter Berücksichtigung der bisher verrechneten AfA neu zu bestimmen. Bei festen AfA-Prozentsätzen (z. B. Gebäude) verlängert sich dadurch der Nutzungszeitraum.

---

245 Sog. Stornierungstheorie: BFH-Urteil vom 25. 1. 1985 – III R 130/80, BStBl II S. 309.
246 H 7.4 EStH 2008 „unterlassene oder überhöhte AfA. BFH-Urteil vom 15. 12. 1993 – X R 102/92, BFH/NV 1994 S. 543; BFH-Urteil vom 26. 11. 2008 – X R 23/05, BFH/NV 2009 S. 814; BFH-Urteil vom 24. 10. 2001 – X R 153/97, BStBl 2002 II S. 75.
247 BFH-Urteil vom 28. 1. 1992 – VIII R 28/90, BStBl II S. 881; BFH-Urteil vom 24. 10. 2001 – X R 153/97, BStBl 2002 II S. 75.
248 BFH-Urteil vom 4. 5. 1993 – VIII R 14/90, BStBl II S. 661.
249 BFH-Urteil vom 5. 3. 1980 – II R 19/75, BStBl II S. 255; BFH-Urteil vom 3. 7. 1980 – IV R 31/77, BStBl 1981 II S. 255.

§ 252 Allgemeine Bewertungsgrundsätze

Ein **fortführbarer** Bilanzenzusammenhang fehlt auch in folgenden Fällen:[250] 201i
▶ Nichtberücksichtigung eines Entnahmegewinns.
▶ Nichtberücksichtigung der privaten Pkw-Nutzung.
▶ Nichteinlage der Kosten für die betriebliche Nutzung des Pkw im Privatvermögen.

Hier ist die Fehlerkorrektur nur im betreffenden Zeitraum möglich, dessen Veranlagung u. U. bestandskräftig ist.

Trotz einfach strukturierter Rechtsdogmatik hat sich im Zeitverlauf in der BFH-Rechtsprechung eine reichhaltige Kasuistik herausgebildet, die in der nachstehenden Tabelle zusammengestellt ist:[251] 201j

Bilanzierungsfehler mit Gewinnauswirkung

Verjährte Schuld	BFH vom 3. 6. 1992 – X R 50/91, BFH/NV 1992 S. 741
Früher entstandene Forderungen	BFH vom 10. 3. 1989 – III R 190/85; BFH/NV 1990 S. 358
Fehlende Kreditorenverbuchung	FG Baden-Württemberg vom 10. 9. 1987 – XII V 4/86, EFG 1988 S. 405
Haftungsinanspruchnahme für Steuerschuldner des Übergebers bei Betriebsübernahme	BFH vom 2. 5. 1984 – VIII R 239/82, BStBl II S. 695
Nicht belegbare Darlehenverbindlichkeit gegenüber ausländischen Geschäftspartnern	BFH vom 22. 1. 1985 – VIII R 29/82, BStBl II S. 308
Unzulässigerweise bilanzierte Pensionszusage an mitarbeitenden Ehegatten	BFH vom 16. 5. 1990 – X R 72/87, BStBl II S. 1044; BFH vom 10. 12. 1992 – IV R 118/90, BStBl 1994 II S. 381
Pensionszusage an Gesellschafter-Geschäftsführer	BFH vom 13. 1. 1977 – IV R 9/73, BStBl II S. 472
Passive Abgrenzung für Erschließungskosten bei Erbbauverpflichteten, wenn der Erbbauberechtigte diese Kosten übernimmt	BFH vom 8. 12. 1988 – IV R 33/87, BStBl 1989 II S. 407
Aus- und Einbuchung bei Tauschgeschäften	BFH vom 14. 12. 1982 – VIII R 53/81, BStBl 1983 II S. 303
„Nachholung" einer 6b-Rücklage	BFH vom 14. 12. 1982 – VIII R 53/81, BStBl 1983 II S. 303

---

250 Ähnlich *Schmidt/Heinicke*, EStG, 29. Aufl., München 2010, § 4 Tz. 710.
251 Nach *Hoffmann*, in: Littmann/Bitz/Pust, EStG, §§ 4, 5 Tz. 546 ff.; siehe auch die Übersicht bei *Schmidt/Heinicke*, EStG, 29. Aufl., München 2010, § 4 Tz. 715 ff.

Erfolgswirksame Berichtigung einer Verbindlichkeitsrückstellung bei nicht mehr drohender Inanspruchnahme, auch wenn die Rückstellung in einer früheren Eröffnungsbilanz erfolgsneutral eingebucht worden ist	BFH vom 17. 1. 1973 – I R 204/70, BStBl II S. 320
In Vorjahren zu Unrecht aktivierte Aufwendungen sind erfolgswirksam abzuschreiben	BFH vom 12. 11. 1992 – IV R 59/91, BStBl 1993 II S. 392
Änderung der Rechtsprechung des BFH kann fehlerhaften Bilanzansatz bewirken, der im ersten möglichen Veranlagungsjahr zu berichtigen ist	BFH vom 12. 11. 1992 – IV R 59/91, BStBl 1993 II S. 392
Wegfall einer zunächst nicht passivierten Rentenverpflichtung	BFH vom 26. 6. 1996 – XI R 41/95, BStBl 1996 II S. 601
Die Grundsätze des Bilanzenzusammenhangs gelten generell interpersonell, z. B. ▶ bei Schenkungen ▶ nach Einbringung eines Einzelunternehmens in eine Kapitalgesellschaft ▶ nach Einringung eines Einzelunternehmens in eine Personengesellschaft ▶ nach Einbringung einer Personengesellschaft in eine Kapitalgesellschaft	BFH vom 9. 6. 1964 – I 287/63 U, BStBl 1965 III S. 48 BFH vom 8. 12. 1988 – IV R 33/87, BStBl 1989 II S. 407 BFH vom 7. 6. 1988 – VIII R 296/82, BStBl II S. 886 BFH vom 17. 10. 2001 – I R 111/00, BFH/NV 2002 S. 628

Sonderprobleme der Nachholung von Abschreibungen

Bei bisher zu niedriger Gebäude-AfA ist der überhöhte Restbuchwert (mit neuem AfA-Satz) auf die Restnutzungsdauer zu verteilen	BFH vom 3. 7. 1980 – IV R 31/77, BStBl 1981 II S. 255
Eine in früherem Veranlagungszeitraum versehentlich unterlassene Teilwert-AfA ist nachholbar	BFH vom 13. 10. 1976 – I R 261/70, BStBl 1977 II S. 76
Nachholung von AfA auf Erschließungsbeiträge ist beim Erbbauberechtigten erfolgswirksam möglich	BFH vom 17. 4. 1985 – I R 132/81, BStBl II S. 617
Nachholung von versehentlich nicht vorgenommener AfA für unbilanziertes Wirtschaftsjahr	BFH vom 15. 12. 1993 – X R 102/92, BFH/NV 1994 S. 543

Bilanzberichtigung ohne Gewinnauswirkung

Fälschlicherweise bilanzierte private Bank-Kontokorrentschuld ist gewinnneutral auszubuchen, auch soweit der Schuldsaldo auf gewinnmindernde Buchungen in den Vorjahren beruht (keine Entnahme)	BFH vom 9. 9. 1980 – VIII R 64/79, BStBl 1981 II S. 125
Gewinneutral eingeführte Verbindlichkeit des Privatvermögens	BFH vom 26. 2. 1976 – I R 150/74, BStBl II S. 378
Fälschlicherweise bilanzierte Wirtschaftsgüter des notwendigen Betriebsvermögens sind erfolgsneutral auszubuchen (keine Entnahme)	BFH vom 21. 1. 1972 – III R 57/71, BStBl II S. 374
Die Einbuchung (nicht Einlage) eines fälschlicherweise nicht bilanzierten Wirtschaftsguts ist mit dem Wert vorzunehmen, mit dem es bei von Anfang an richtiger Bilanzierung zu Buche stünde	BFH vom 12. 10. 1977 – I R 248/74, BStBl 1978 II S. 191 BFH vom 24. 10. 2001 – X R 153/97, BStBl 2002 II S. 75
Früher bereist entnommene, aber noch bilanzierte Wertpapiere sind erfolgsneutral auszubuchen (keine „erneute" Entnahme)	BFH vom 21. 10. 1976 – IV R 222/72, BStBl 1977 II S. 148
Bei Nichterstellung von Bilanzen ist eine Schattenrechnung vorzunehmen mit der Folge einer Eröffnungsbilanz, „als ob" von Anfang an richtig bilanziert worden wäre	BFH vom 30. 10. 1997 – IV R 76/96, BFH/NV 1998 S. 578

Durchbrechung des Bilanzenzusammenhangs nach dem Grundsatz von **Treu und Glauben**

Für den Fall einer Realteilung einer Personengesellschaft Korrektur in der Eröffnungsbilanz des ersten noch nicht bestandskräftigen Veranlagungsjahrs	BFH vom 19. 1. 1982 – VIII R 21/77, BStBl II S. 456

Durchbrechung des Bilanzenzusammenhangs bei **Schätzungen** und **Nicht-Veranlagung**

Bei Gewinnschätzungen ist Durchbrechung geboten	RFH vom 10. 10. 1933 – I A 259/32, RStBl 1934 S. 141 RFH vom 26. 2. 1936 – VI A 130/36, RStBl S. 695
Bei Nicht-Veranlagung wegen nicht vorliegender Erklärungen ist Durchbrechung geboten	BFH vom 28. 1. 1992 – VIII R 28/90, BStBl II S. 881

Bei Betriebsaufgabe einer KG durch Konkurs ist nur noch eine Entwicklung der Kapitalkonten im Schätzwege erforderlich. Dabei soll der Bilanzenzusammenhang gewahrt sein.	BFH vom 12. 10. 1993 – VIII R 86/90, BStBl 1994 II S. 174

3.2.4 Beurteilung ungeklärter Rechtsfragen

201k Der BFH hatte in seiner bisherigen Rechtsprechung den subjektiven Fehlerbegriff (→ Rz. 201b) auch auf **Rechtsfragen** angewandt. Bei einer im Bilanzerstellungszeitpunkt ungeklärten Rechtslage soll jede der kaufmännischen Sorgfalt entsprechende Bilanzierung als „richtig" angesehen werden.

BEISPIEL[252] ▸ Kaufmann A hat zum 31. 12. 1001 keine Rückstellung für die Kosten der Aufbewahrung von Geschäftsunterlagen gebildet. Nach Ergehen des zitierten BFH-Urteils, das eine solche Pflicht bejaht, will A seine Bilanz zum 31. 12. 2001 berichtigen. Das war bislang nicht möglich, da mangels einer (früheren) BFH-Entscheidung die Bilanz subjektiv richtig war.

Von dieser Rechtsauffassung will der I. BFH-Senat abweichen; nur die **objektiv** (rechtlich) **richtige**, d. h. vom BFH präjudiziell so entschiedene Bilanzierungsweise sei der Besteuerung im verfahrensrechtlichen Rahmen zugrunde zu legen.

BEISPIEL[253] ▸ Ein Mobilfunkanbieter liefert einem Kunden ein verbilligtes Mobiltelefon gegen Abschluss eines Mobilfunkdienstleistungsvertrags auf zwei Jahre. Die durch die verbilligte Abgabe des Mobiltelefons entstehende Vermögensminderung ist nach Auffassung des BFH aktiv abzugrenzen. Die Mobilfunkgesellschaft hatte einen solchen Abgrenzungsposten nicht gebildet – eine dem BFH zufolge der kaufmännischen Sorgfalt entsprechende Bilanzierungsweise, denn bei Bilanzerstellung habe eine diese Rechtsfrage entscheidende Aussage des BFH nicht vorgelegen.

Wollte man diesen subjektiven Fehlerbegriff auf diesen Fall anwenden, müsste dem Mobilfunkbetreiber für seine Nichtaktivierung Recht gegeben werden, obwohl der entscheidende Senat die Rechtslage anders beurteilt – eine schwer verständliche Rechtsauslegung. Man kann dem im Vorlagebeschluss zum Ausdruck kommenden Begehr des I. BFH-Senats zur Nichtanwendung des subjektiven Fehlerbegriffs viel Verständnis entgegenbringen; die Entscheidung des Großen Senats bleibt abzuwarten.

3.2.5 Bilanzänderung

201l Die Terminologie des Gesetzes in § 4 Abs. 2 EStG ist missverständlich. In Satz 1 wird von „Änderung" gesprochen, wobei in der üblichen – auch hier verwendeten – Begrifflichkeit „Berichti-

---

[252] Nach BFH-Urteil vom 19. 8. 2002 – VIII R 30/01, BStBl 2003 II S. 131.
[253] Nach dem Vorlagebeschluss des BFH vom 7. 4. 2010 – I R 77/08, DStR 2010 S. 1015, unter Tz. 42 ff.; vgl. dazu *Rätke*, StuB 2010 S. 528.

gung" gemeint ist. Die „Änderung" in Satz 2 spricht den **Austausch** von zwei aufgrund gesetzlicher Wahlrechte zulässigen Bilanzansätzen an. Zu den möglichen Wahlrechten wird auf die Darstellung unter → Rz. 214 verwiesen.

> **BEISPIEL** Die G GmbH hat im Wirtschaftsjahr 01 mit der Ertragslage zu kämpfen. Um den Verlust nicht noch höher zu treiben, verzichtet sie im Einvernehmen mit der Finanzverwaltung (→ Rz. 210) auf die Teilwertabschreibung einer Forderung gegen einen zahlungsunfähig gewordenen Kunden. Eine steuerliche Außenprüfung in 03 für 01 führt zu erheblichen Nachaktivierungen für bislang als Reparaturaufwand verbuchte Ausgaben. Den dadurch entstandenen Gewinnausweis (statt des bisherigen Verlustes) will die G vermeiden, indem sie die wahlweise mögliche Nichtabschreibung auf die Forderung durch eine Teilwertabschreibung ersetzt.

Der im Beispiel aufgeführte Sachverhalt ist der typische Fall, den § 4 Abs. 2 Satz 2 EStG regeln will: Neuausübung eines steuerbilanziellen Wahlrechts. **Tatsächliche Vorgänge** — Veräußerungen, Entnahmen, Einlage, verdeckte Gewinnausschüttungen — können **nicht** über die Bilanzänderung rückgängig gemacht werden.

Die Änderungsmöglichkeit durch Neuausübung des Bilanzierungswahlrechts ist **betragsmäßig beschränkt** auf den Berichtigungsbetrag = Gewinnänderung nach § 4 Abs. 1 Satz 1 EStG.[254] Das gilt auch für fehlerhafte Entnahme- und Einlage-Buchungen oder Nichtbuchungen[255] sowie für außerbilanzielle Zurechnungen.[256] Die Änderung muss unverzüglich nach der Berichtigung erfolgen, wobei die „Technik" offenbleibt.[257]

201m

Die Änderung muss sich **sachlich** nicht auf das berichtigte Wirtschaftsgut beziehen:[258]

201n

▶ Bildung einer 6b-Rücklage nach Veräußerungsgewinnerhöhung durch die steuerliche Außenprüfung.[259]
▶ Ansatz einer Rückstellung nach geänderter BFH-Rechtsprechung.[260]

4. Standards des DRSC

4.1 Vermutungsregel für die Konzernrechnungslegung

Nach § 342 Abs. 1 Nr. 1 kommt dem Deutschen Rechnungslegungs Standards Committee (DRSC) durch Vertrag mit dem Bundesministerium der Justiz (BMJ) u. a. die Aufgabe zu, Empfehlungen zur Anwendung der Grundsätze über die **Konzernrechnungslegung** zu entwickeln (→ § 342 Rz. 4). Nach Prüfung[261] einer solchen „Empfehlung" kann das BMJ diese bekannt-

202

---

254 BFH-Urteil vom 27. 9. 2006 – IV R 7/06, BStBl 2008 II S. 600 (obiter dictum).
255 BFH-Urteil vom 31. 5. 2007 – IV R 54/05, BStBl 2008 II S. 665.
256 BMF vom 13. 8. 2008 – IV C 6 – S 2141/07/10004, BStBl I S. 845; ebenso BFH vom 23. 1. 2008 - I R 40/07, BStBl II S. 669.
257 R 4.4 Abs. 2 Nr. 5 EStR 2008; nicht so eng BFH-Urteil vom 17. 7. 2008 – I R 85/07, BStBl II S. 924.
258 *Schmidt/Heinicke*, EStG, 29. Aufl., München 2010, § 4 Tz. 751, mit den nachfolgenden Beispielen aus der BFH-Rechtsprechung.
259 BFH-Urteil vom 18. 8. 2005 – IV R 37/04, BStBl 2006 II S. 165.
260 BFH vom 17. 7. 2008 – I R 85/07, BStBl II S. 924.
261 So zu Recht *Förschle*, in: Beck'scher Bilanz-Kommentar, 6. Aufl., München 2006, § 342 Tz. 7.

machen. Dann gilt zugunsten des Rechnungslegers, der diese Empfehlung beachtet, eine **Vermutungsregel**, der zufolge die **Grundsätze ordnungsmäßiger Konzernrechnungslegung** beachtet worden sind.

Rechtssystematisch ist diese Vermutungsregel und deren Folgerungen umstritten.[262] Jedenfalls steht dem Rechtsanwender der Gegenbeweis offen, allerdings ohne gerichtliche Klärungsmöglichkeit.[263] Auf → § 342 Rz. 11 ff. wird verwiesen

4.2 Praktische Bedeutung über die Funktion der Abschlussprüfung

203 Über **Prüfungsstandards** des IDW (PS) kommen den Empfehlungen des DRSC dem Wirtschaftsprüferstand gewisse Bindungswirkungen zu, die nach dem Inhalt der DRSC-Empfehlung ausdifferenziert sind (→ § 243 Rz. 13).

- ▶ Soweit der DRSC **Regelungslücken** schließt, liegt bei Nichtbeachtung durch den Rechnungsleger regelmäßig ein wesentlicher Verstoß i. S. des § 322 Abs. 4 HGB mit entsprechenden Folgerungen für den Bestätigungsvermerk vor (→ § 322 Rz. 41 ff.).
- ▶ Sofern der DRSC gesetzliche **Wahlrechte** förmlich einschränkt (Beispiel in DRS 4 Tz. 31 für früheres Recht), ist im Prüfungsbericht (→ § 321 Rz. 53) auf die Nichtbeachtung hinzuweisen (IDW PS 450).
- ▶ Sofern der DRSC **über das Gesetz hinausgehende** Anforderungen an die Rechnungslegung stellt (z. B. Nennung des Gewinns je Aktie im Anhang), hat die Nichtbeachtung keinerlei Konsequenz.

In der praktischen Anwendung der diesbezüglichen Gesetzesvorgaben kommt dem Inhalt des ersten Aufzählungspunkts Bedeutung zu. Diese ergibt sich aus der im Verhältnis zur internationalen Konzernrechnungslegung besonders prinzipienorientierten Gesetzesvorgabe des HGB. Der Gesetzesanwender verspürt das Bedürfnis nach detaillierten Handlungsanweisungen, vergleichbar den Besteuerungsrichtlinien der Finanzverwaltung oder der IFRS-Standards samt Interpretationen.

V. Die GoB im Steuerrecht (Maßgeblichkeit)[264]

1. Bindung an die GoB (§ 5 Abs. 1 Satz 1 1. Halbsatz)

204 Die steuerliche Gewinnermittlung resultiert aus einem Betriebsvermögenvergleich gem. § 4 Abs. 1 Satz 1 EStG. Materiell entscheidende Größe zur Definition der Besteuerungsgrundlage ist also das Betriebsvermögen und dieses ist wiederum nach § 5 Abs. 1 Satz 1 EStG „nach den handelsrechtlichen Grundsätzen ordnungsmäßiger Buchführung auszuweisen". Mehr an allgemeinen Vorschriften zur steuerlichen Gewinnermittlung gibt das EStG nicht her. Der **Gesetzeswortlaut** kennt keine Maßgeblichkeit. Jedenfalls kann eine fehlerhafte – weil (auch handelsrechtlich gebotene) Bilanzansätze nicht berücksichtigende – Handelsbilanz insoweit nicht

---

262 Vgl. *Hommelhoff/Schwab*, BFuP 1998 S. 42.
263 OLG Köln, Urteil vom 17. 2. 1998 – 22 U 163/97, DB 1998 S. 1855.
264 Vgl. zum Folgenden auch *Hoffmann*, in: Littmann/Bitz/Pust, EStG, §§ 4, 5 Tz. 325 ff.

der Besteuerung unterliegen[265]. Eine sog „**konkrete**" Maßgeblichkeit gilt nur im Sonderfall des § 5 Abs. 1a EStG (→ § 254 Rz. 88).

Das Schlagwort „Maßgeblichkeit" wird häufig implizit als Begründungsmuster für die gewünschte **Einheitsbilanz** verstanden. Demgegenüber kommt dem „Maßgeblichkeitsprinzip" nach dem Gesetzeswortlaut lediglich die Funktion eines **Auffangtatbestands** zu: Wenn die steuerlichen Gewinnermittlungsvorschriften sich nicht gegenteilig äußern, bleibt es bei der Anwendung von handelsrechtlichen Normen: Ein aus dem Handelsrecht abgeleiteter verbindlicher Ansatz oder eine entsprechende Bewertung ist dann, aber auch nur dann, steuerlich „maßgeblich", wenn nicht in irgendeiner Hinsicht im Steuergesetz oder nach dem 2. Halbsatz des § 5 Abs. 1 Satz 1 HGB („es sei denn") eine andere Vorgehensweise zwingend ist oder als Wahlrecht ausgeübt werden kann. In Sonderfällen stellt sich weiter die Frage, ob handelsrechtlich ein Wahlrecht besteht und ob daraus für die Steuerbilanz Muss- oder Kann-Vorschriften erwachsen. Daraus ergeben sich die unter → Rz. 214 dargestellten Varianten der Bezugskonstellation Handelsbilanz versus Steuerbilanz. Der steuerliche Wahlrechtskatalog umfasst dabei nicht nur gesetzlich geregelte, sondern auch verwaltungsseitig zugelassene, nämlich Investitionszuschüsse nach R 6.5 Abs. 2 EStR 2008 und Ersatzbeschaffungsrücklage nach R 6.6 EStR 2008.

2. „Es sei denn": Steuerliches Wahlrecht (§ 5 Abs. 1 Satz 1 2. Halbsatz)

2.1 Subventionsnormen

Mit diesem 2. Halbsatz sollte ein Ersatz für die **vor** dem BilMoG gültigen Öffnungsnormen im HGB-Abschluss zugunsten der steuerlichen Subventions- und Lenkungsmaßnahmen gefunden werden. Es geht dabei konkret um

205

- ▶ Rücklagen und Sonderabschreibungen nach § 6b EStG.
- ▶ Rücklagen und Sonderabschreibungen für Ersatzbeschaffung gem. R 6 EStR 2008.
- ▶ Erhöhte Absetzungen für Gebäude in Sanierungsgebieten gem. § 7h EStG.
- ▶ Erhöhte Absetzungen für Baudenkmale gem. § 7i EStG.
- ▶ Erhöhte Absetzungen für Anlagegegenstände des Kohle- und Erzbergbaus nach § 81 EStDV.
- ▶ Erhöhte Absetzungen auf Herstellungskosten für bestimmte Anlagen in Gebäuden nach § 82a EStDV.

Es wird also typischerweise das Anlagevermögen angesprochen, woraus sich dann die in § 5 Abs. 1 Satz 2 HGB formulierte **Dokumentationspflicht** erklärt. In dieses Verzeichnis sind aufzunehmen:

- ▶ Tag der Anschaffung oder Herstellung,
- ▶ Anschaffungs- bzw. Herstellungskosten,
- ▶ die Rechtsvorschrift des steuerlichen Wahlrechts,
- ▶ die vorgenommene Abschreibung.

---

265 BFH-Urteil vom 13. 6. 2006 – I R 58/05, Kurzinfo StuB 2006 S. 596 = GmbHR 2006 S. 943, mit Anm. *Hoffmann*, bestätigt durch BFH-Urteil vom 13. 2. 2008 – I R 44/07, BStBl II S. 673 = Kurzinfo StuB S. 194.

206 Nicht vom Gesetz angesprochen ist die **Einstellung** in eine Rücklage nach § 6b Abs. 3 EStG **vor** der Übertragung auf ein Ersatzwirtschaftsgut (nur in der Steuerbilanz). Da diese – wenn man so will: zeitlich vorgezogene Sonderabschreibung – in der üblichen Anlagebuchhaltung dargestellt wird, bedarf es keiner zusätzlichen Teilorganisation für diese **Dokumentation**. Das BMF[266] erlaubt die Verwendung der **Anlagebuchhaltung** als Dokumentation i. S. der genannten Rechtsnorm. Die Finanzverwaltung gibt sich bzgl. der Dokumentationspflicht eher großzügig als formalistisch, deshalb kann dieses Verzeichnis auch in einer separaten Excel-Datei oder handschriftlich geführt werden. Eine Einreichungspflicht beim Finanzamt ist nicht vorgeschrieben, stellt dafür auf jeden Fall aus rechtlicher Sicht ein Tatbestandsmerkmal für die Anerkennung der steuerlichen Sonderabschreibung dar.

207 Eindeutig auf diese steuerliche Beibehaltung der **Subventionsnormen** (→ Rz. 205) unabhängig von der bislang (vor dem BilMoG) damit verbundenen Verunstaltung der Handelsbilanz ist die Ausnahme von der Beachtung der GoB in § 5 Abs. 1 Satz 1 letzter Teilsatz EStG als **Wahlrecht** ausgerichtet. „Wahlrecht" deshalb, weil diese Bewertungsmaßnahmen in die Entscheidungskompetenz des Steuerpflichtigen gelegt sind („kann"). Es handelt sich dabei um **GoB-widrige** Bewertungen, die als steuerliche **Lenkungsnormen** der GoB-Maßgeblichkeit nicht unterliegen sollen.

2.2 Verbrauchsfolgeverfahren

208 Zweifel an der Gesetzesauslegung des „es sei denn" bestehen allerdings dann, wenn steuerlich **GoB-konforme** Wahlrechte bestehen. Typisches Beispiel stellt das **Verbrauchsfolgeverfahren** nach § 256 HGB und § 6 Abs. 1 Nr. 2a EStG dar. Hier kann der Stpfl. zwischen dem Durchschnitts- und dem Lifo-Verfahren wählen, was im Hinblick auf das noch weitergehende Wahlrecht in § 256 HGB für das Fifo-Verfahren (→ § 256 Rz. 34) allgemein als GoB-gerecht angesehen wird. Nach dem Gesamtaussagehalt des 1. und 2. Halbsatzes von § 5 Abs. 1 Nr. 1 EStG muss der „andere Ansatz" ein **GoB-widriger** sein; daraus folgt in logischen Kategorien ausgedrückt: Ein GoB-gerechter Ansatz kann deshalb nicht ein „anderer" i. S. des Gesetzeswortlautes sein. In der Folge muss bzw. müsste der in der Handelsbilanz gewählte Bilanzansatz – im Beispiel etwa die Lifo-Bewertung – auch in die Steuerbilanz übernommen werden. Nach Auffassung des BMF[267] ist dies indes nicht der Fall: Handels- und steuerrechtliche Wahlrechte können in der Handels- und der Steuerbilanz unterschiedlich ausgeübt werden, also z. B.: In der Handelsbilanz Durchschnittsbewertung, in der Steuerbilanz Lifo oder umgekehrt[268]. Diese Gesetzesauslegung durch die Finanzverwaltung steht nicht in Übereinstimmung mit dem Willen des Gesetzgebers, der das bisherige Verständnis der Maßgeblichkeit (nicht der abgeschafften umgekehrten) unverändert aufrechterhalten wollte.

2.3 GoB-widrige steuerliche Wahlrechte

209 Besonders umstritten sind im Schrifttum die nach dem Gesetzeswortlaut gegebenen steuerlichen Bilanzierungswahlrechte in § 6 Abs. 1 Nr. 2 Satz 2 (**Teilwertabschreibung**) und § 6a EStG (**Pensionsrückstellungen**). In beiden Fällen eröffnet der **Wortlaut** dem Steuerpflichtigen ein

---

266 BMF-Schreiben vom 12. 3. 2010 – IV C 6 – S 2133/09/10001, BStBl I S. 239 = StuB 2010 S. 238, Tz. 20.
267 BMF-Schreiben vom 12. 3. 2010 – IV C 6 – S 2133/09/10001, BStBl I S. 239 = StuB 2010 S. 238.
268 Vgl. *Hennrichs*, Ubg 2009 S. 537; *Anzinger/Schleiter*, DStR 2010 S. 397.

Wahlrecht („kann" bzw. „darf"). Insofern besteht bzgl. des Gesetzeswortlauts **Übereinstimmung** mit den genannten Subventionsnormen (→ Rz. 207), die lediglich eine Option (Wahlrecht) eröffnen. Nach einer bestimmten Gesetzeslesart im Schrifttum, die ausschließlich am Wortlaut ausgerichtet ist, soll durch die BilMoG-Gesetzesauffassung auch bzgl. der Teilwertabschreibung und der Pensionsrückstellungen eine von den GoB losgelöste Bilanzierung in der Steuerbilanz möglich sein. Anders ausgedrückt: Eine zwingende außerplanmäßige Abschreibung auf einen Vermögensgegenstand/Wirtschaftsgut in der Handelsbilanz muss nicht in der Steuerbilanz steuerlich nachvollzogen werden; Pensionsrückstellungen, die handelsrechtlich zu bilden sind, brauchen keine Berücksichtigung in der Steuerbilanz zu finden.

Eine solche Gesetzesinterpretation widerspricht in aller Eindeutigkeit dem **Willen** des **Gesetzgebers**, der nach anerkannten Auslegungsgrundsätzen neben dem möglicherweise missglückten Wortlaut des Gesetzes zu berücksichtigen ist[269]. Gerade zur Teilwertabschreibung wurde die Bundesregierung zu ihrem Gesetzentwurf vom Bundesrat um Nachprüfung gebeten, ob auf eine solche trotz des handelsrechtlichen Abschreibungsgebots verzichtet werden könne. Dem hat die Bundesregierung widersprochen: An dem Abschreibungserfordernis auch in der Steuerbilanz ändere die Gesetzesneufassung nichts. Dieser Meinungsaustausch zwischen Bundesregierung und Bundesrat ist im Gesetzgebungsverfahren vor dem Bundestag bekannt gewesen und in dessen Überlegungen eingeflossen. Außerdem ist die Gesetzesauslegung **teleologisch** auszurichten: Durch die Gewinnermittlung soll eine Besteuerungsgrundlage nach Maßgabe der **Leistungsfähigkeit** unter möglichst objektiver Wertbestimmung erfolgen können. Eine freie Bestimmung der Besteuerungsgrundlage durch den Stpfl. widerspricht dieser Vorgabe elementar. Lediglich bewusste Lenkungsmaßnahmen des Steuergesetzgebers erlauben ein solches Wahlrecht[270].

Hinzu kommt noch ein weiteres Argument: Nach § 4 Abs. 1 Satz 1 EStG soll die Gewinnermittlung durch **Vermögens**vergleich erfolgen. Nicht gebildete Pensionsrückstellungen und nicht gebotene Abschreibungen auf einen niedrigeren Teilwert stellen insoweit demgegenüber „**Un**"-Vermögen dar.

Nach der Rechtslage **vor** dem BilMoG waren Teilwertabschreibungen trotz des förmlichen Wahlrechts im Wortlaut („kann") und Pensionsrückstellungen („darf") als vorrangige GoB-Bestimmung zwingend vorzunehmen. Daran wollte der Gesetzgeber nichts ändern. Vielmehr sollte die Durchbrechung der Maßgeblichkeitsvorgabe durch Anwendung GoB-widriger steuerlicher Normen nur im Interesse des verfolgten Lenkungszwecks durch Subventionsnormen (→ Rz. 207) möglich sein.

Die Finanzverwaltung hat sich dieser Vorgabe teilweise angeschlossen, teilweise nicht. Bzgl. der **Pensionsrückstellungen** sollen die handelsrechtlichen Passivierungsgebote auch steuerlich übernommen (§ 6a EStG), also in unverändertem Umfang verstanden werden[271]. Umgekehrt sieht es das BMF bzgl. der **Teilwertabschreibungen** (Tz. 15 des Schreibens), hier wird dem Steuerpflichtigen ein Wahlrecht eingeräumt, eine gebotene Teilwertabschreibung vorzunehmen oder nicht. Es ist nicht recht ersichtlich, warum der Grund für diese differenzierte Betrach-

---

269 Vgl. Hennrichs, Ubg 2009 S. 538; BR-Drs. 16/10.067 S. 124.
270 Vgl. Anzinger/Schleiter, DStR 2010 S. 397.
271 BMF-Schreiben vom 12. 3. 2010 – IV C 6 – S 2133/09/10001, BStBl I S. 239 = StuB 2010 S. 238, Tz. 9.

tungsweise der Wahlrechte im jeweiligen Gesetzeswortlaut liegen soll[272]: „Kann" in § 6 Abs. 1 Nr. 1 Satz 1 EStG sei als Wahlrecht zu verstehen, „darf" in § 6a EStG dagegen nicht. Mit normalem Sprachverständnis dürfte diese Gesetzesauslegung wenig zu tun haben. Die Gesetzeslesart des BMF ist überdies nicht durch die **Dokumentationspflicht** als notwendiges Tatbestandsmerkmal der möglichen Vornahme einer „Abschreibung" gedeckt (→ Rz. 206). In das Verzeichnis sind „**Abschreibungen**" aufzunehmen, wenn eine Teilwertabschreibung **unterlassen** wird, ist diese Pflicht nicht erfüllbar.

Die Gesetzesauslegung des BMF im Einvernehmen mit einem Teil des Schrifttums[273] führt zu steuerlichen **Gestaltungsmöglichkeiten**, wie anhand der folgenden Beispiele darzustellen ist[274].

> **BEISPIELE**
>
> ▶ Die Ingenieurbau-GmbH hat den Auftrag zur Errichtung einer Brücke im Zeitraum von drei Jahren zum Festpreis. Schon am Bilanzstichtag 01 ist die Fehlkalkulation des Festpreises wegen der ungünstigen Bodenverhältnisse zum Einbau der Widerlager offensichtlich und führt zur außerplanmäßigen Abschreibung von Y €. Steuerlich werden die Herstellungskosten ohne Teilwertabschreibung bilanziert.
>
> ▶ Die Maschinenbau M-AG hat eine Großanlage zur Abfüllung von Flaschenbier nach Thailand gebaut und dort montiert. Kunde ist die staatlich beherrschte T-Corp. Sie verweigert die Abnahme der Anlage und Bezahlung der restlichen Forderung der M i. H. von 22 % der Auftragssumme. Handelsrechtlich ist eine Wertberichtigung (Abschreibung) der Forderung zwingend, steuerlich unterbleibt sie.
>
> ▶ Die Solar-AG hat in 2007 Siliziumzellen an die K-Corp. in Kalifornien geliefert. Diese hatte damals eine Vorauszahlung von 30 % des Lieferwerts geleistet, geriet dann aber in Liquiditätsprobleme, die in 2008 zur Flucht vor dem Gläubigerschutz nach Chapter XI des US-Insolvenzrechts führte. Die Forderung wurde per 31. 12. 2008 in der Handelsbilanz und Steuerbilanz auf 10 % des Restbetrags abgeschrieben. Bei Bilanzerstellung zum 31. 12. 2010 ist unverändert mit einem Fast-Totalausfall der Forderung zu rechnen. Für die Steuerbilanz erinnert sich der Bilanzbuchhalter der AG an das steuerliche Wahlrecht zur Teilwertabschreibung, das er nun nicht mehr anwenden will und nimmt eine erfolgswirksame Zuschreibung auf den noch offenen Nennbetrag der Forderung vor, in der Handelsbilanz allerdings nicht.

211 Der letztgenannte Fall, genauer: die damit verbundene Gestaltung, könnte durch das **Stetigkeitsgebot** (→ Rz. 167 ff.) unterbunden werden. Das Stetigkeitsgebot als GoB-Norm kann für die vom BMF eröffnete Wahlrechtsausübung jedoch schon deswegen nicht vereinnahmt werden, weil dieses Bewertungswahlrecht gerade GoB-widersprechend ist[275]. Tatsächlich nimmt das BMF-Schreiben vom 12. 3. 2010[276] auf den Stetigkeitsgrundsatz keinen Bezug. Stattdessen

---

272 Vgl. *Mitschke*, FR 2010 S. 219.
273 Für viele *Herzig/Briesemeister*, WPg 2010 S. 63.
274 Entnommen aus *Hoffmann*, in: Littmann/Bitz/Pust, EStG, §§ 4, 5 Tz. 332.
275 *Hoffmann*, StuB 2010 S. 789.
276 BMF-Schreiben vom 12. 3. 2010 – IV C 6 – S 2133/09/10001, BStBl I S. 239 = StuB 2010 S. 238, Tz. 15.

soll eine **willkürliche** Gestaltung zu prüfen sein. Für steuerliche Zwecke stellt das Willkürverbot eine eher unbekannte Norm dar, deren Konkurrenz zur Missbräuchlichkeit i. S. des § 42 AO einer näheren Interpretation bedarf. Bis dahin muss die vom BMF gebotene „Prüfung" der Willkür im Sande verlaufen. Außerdem ist die von der Finanzverwaltung erlaubte Nichtabschreibung einer Kundenforderung, für die im Insolvenzverfahren nach fünf Jahren mit einer Quote von höchstens 1 % zu rechnen ist, ihrerseits in hohem Grade willkürlich. Warum soll dann innerhalb dieses willkürlichen Szenarios weitere Willkür unzulässig sein? Jedenfalls darf der (erstmalige) Verzicht auf die Teilwertabschreibung im Jahr 01 bei – unterstellt – unverändert dauernder Wertminderung nicht „maßgeblich" sein für die Wahlrechtsausübung im Jahr 02 oder 04, d. h. in den Jahren nach 01 lebt das zugestandene Wahlrecht immer wieder neu auf.

Ungeklärt ist weiter, ob das Nichtabschreibungswahlrecht i. S. des BMF und Teilen des Schrifttums auch in umgekehrter Richtung, beim **Wertaufholungsfall** (§ 6 Abs. 1 Nr. 1 Satz 4 EStG, handelsrechtlich → § 253 Rz. 159), zum Tragen kommt, anders ausgedrückt: Muss eine in früheren Jahren zulässige Teilwertabschreibung wieder rückgängig gemacht werden, wenn der Abschreibungsgrund weggefallen ist oder kann dann in umgekehrter Richtung das angebliche Wahlrecht ausgeübt, also auf die Wertaufholung verzichtet werden? 212

Diese systematischen Bedenken gegen die Gesetzesauslegung des BMF bzgl. der Teilwertabschreibung dürfen bei der **Steuergestaltung** nicht als Hemmschuh fungieren. Deshalb kommt aus Steueroptimierungsgründen möglicherweise ein Verzicht auf eine Teilwertabschreibung in folgenden Fällen in Betracht: 213

▶ Nichtabschreibung auf Beteiligung an Kapitalgesellschaften (100 % steuerunwirksam) zur Vermeidung einer späteren Zuschreibung (nur zu 95 % steuerunwirksam, vgl. hierzu § 8b Abs. 2 und 3 KStG).

▶ Nichtabschreibung auf andere Wirtschaftsgüter, wenn ein Verlustvortrag nach § 8c KStG unterzugehen droht.

3. Systematik der Abweichungen von Handels- und Steuerbilanz[277]

3.1 Verbindliche Regel in der Handelsbilanz – keine Regel in der Steuerbilanz

In diesen Fällen gilt der GoB-Verweis. Das Maßgeblichkeitsprinzip übt seine **idealtypische** Wirkung aus. Dazu folgende Sachverhalte/Bilanzposten: 214

▶ Zugangsbewertung von Sachanlagen und Vorräten, Forderungen und Verbindlichkeiten

▶ Ansatz von Verbindlichkeitsrückstellungen und bestimmten Aufwandsrückstellungen

▶ Bewertung von kurzfristigen Rückstellungen.

---

[277] Nach *Scheffler*, StuB 2009 S. 836; *Herzig/Briesemeister*, WPg 2010 S. 63.

3.2 Verbindliche Regel in der Handelsbilanz – verbindliche Regel in der Steuerbilanz

3.2.1 Übereinstimmung

214a Hier liefert die Maßgeblichkeit eine **deklatorische** Aussage. Die Übereinstimmung beider Bilanzen ist so oder so gewährleistet. Dazu folgende Fälle:

- ▶ Aktivierungsverbot für selbstgeschaffenen Geschäfts- oder Firmenwert,
- ▶ keine Abschreibung für vorübergehende Wertminderungen im Anlagevermögen ohne Finanzanlagen,
- ▶ Wertaufholungsgebot für alle Wirtschaftsgüter mit Ausnahme des Geschäftswerts,
- ▶ Ansatz von Pensionsrückstellungen[278],
- ▶ Rückstellungen für Aufwendungen, die in künftigen Wirtschaftsjahren zu Anschaffungs- oder Herstellungskosten führen, sind nicht passivierbar,
- ▶ transitorische Rechnungsabgrenzungsposten.

3.2.2 Keine Übereinstimmung

214b Bestehen in beiden Rechnungskreisen verbindliche Vorschriften, die sich unterscheiden, dann liegt der typische Fall der **Durchbrechung** der Maßgeblichkeit vor. Dazu folgende Fälle:

- ▶ Abzinsungssätze für langfristige Rückstellungen nach durchschnittlichem Marktzinssatz (→ § 253 Rz. 4) in der Handelsbilanz und pauschaliert mit 5,5 % in der Steuerbilanz.
- ▶ Abzinsung von Pensionsrückstellungen mit einem Durchschnittszinssatz in der Handelsbilanz (→ § 253 Rz. 75) und mit 6 % der Steuerbilanz.
- ▶ Rückstellungen für drohende Verluste aus schwebenden Geschäften: in der Handelsbilanz Ansatzpflicht (→ § 249 Rz. 12), in der Steuerbilanz Ansatzverbot.
- ▶ Rückstellungsbewertung in der Handelsbilanz zum Erfüllungsbetrag unter Berücksichtigung der künftigen Kosten, steuerlich zum Stichtagswert (→ § 253 Rz. 30).
- ▶ Langfristige Verbindlichkeiten: Abzinsung in der Steuerbilanz, keine Abzinsung in der Handelsbilanz (→ § 253 Rz. 13).

3.3 Handelsbilanz verbindliche Regel – Steuerbilanz Wahlrecht

214c Hier wird die Maßgeblichkeit erneut **durchbrochen**, sofern bei der Steuerbilanz das steuerliche Wahlrecht nicht in Übereinstimmung mit dem handelsrechtlichen Wahlrecht ausgeübt wird oder ausgeübt werden kann. Folgende Fälle:

- ▶ Dauernde Wertminderung im Anlage- und Umlaufvermögen führt handelsrechtlich zur Abschreibungspflicht (→ § 253 Rz. 105 ff.), steuerlich soll dem BMF-Schreiben zufolge ein Wahlrecht bestehen → Rz. 210.
- ▶ Rückstellung wegen Verletzung von Patentrechten (→ § 249 Rz. 162), Rückstellungen für die Jubiläumszuwendungen (→ § 249 Rz. 157).

---

278 BMF-Schreiben vom 12. 3. 2010 – IV C 6 – S 2133/09/10001, BStBl I S. 239 = StuB 2010 S. 238, Tz. 4.

▶ Investitionszuschüsse können in der Steuerbilanz nach R 6.5 Abs. 2 EStR entweder erfolgswirksam vereinnahmt werden oder sind von den Anschaffungskosten/Herstellungskosten zu kürzen, handelsrechtlich ist nur die letztgenannte Variante oder die Bildung eines passiven Sonderpostens zulässig (→ § 255 Rz. 39; → § 246 Rz. 245).

Bei Erfüllung der steuerlichen Ansatz- und Bewertungsvorschriften **kann** der Handelsbilanzansatz in der Steuerbilanz nachvollzogen werden, **muss** dies allerdings wegen des dortigen Wahlrechts **nicht**.

3.4 Handelsbilanz-Wahlrecht – Steuerbilanz verbindliche Regel

Eine Maßgeblichkeit kann hier nicht bestehen, sondern nur eine Art **umgekehrte**, wenn nämlich der Bilanzierer eine Übereinstimmung der betreffenden Wertansätze wünscht; dazu folgende Sachverhalte: 214d

▶ Selbst geschaffene Immaterialgüter des Anlagevermögens: Nach § 248 Abs. 2 Satz 1 HGB (→ § 248 Rz. 9) Ansatzwahlrecht, nach § 5 Abs. 2 EStG Ansatzverbot.

▶ Das Disagio ist handelsrechtlich nach § 250 Abs. 3 HGB ansetzbar (→ § 250 Rz. 47), steuerlich besteht eine Pflicht.

▶ Bei vorübergehenden Wertminderungen von Finanzanlagen besteht in der Handelsbilanz ein Abwertungswahlrecht (→ § 253 Rz. 127), steuerlich ein Abschreibungsverbot.

▶ Lineare AfA für Gebäude nach § 7 Abs. 4 EStG, handelsrechtlich Wahlrecht nach Maßgabe des Wertverzehrs (→ § 253 Rz. 100 ff.).

▶ Lineare AfA für immaterielles Anlagevermögen in der Steuerbilanz, handelsrechtlich Wahlrecht nach Maßgabe des Wertverzehrs (→ § 253 Rz. 100).

▶ Einbeziehung von Verwaltungsgemeinkosten und Kosten des Sozialbereichs in die steuerlichen Herstellungskosten, handelsrechtlich (→ § 255 Rz. 89) Wahlrecht[279].

▶ Abschreibungsdauer für Geschäfts- und Firmenwert: handelsrechtlich gilt eine individuelle Nutzungsdauer, steuerlich eine fiktive von 15 Jahren (→ § 285 Rz. 97).

3.5 Handelsbilanz-Wahlrecht – Steuerbilanz keine Regel

Hier sind die in der Handelsbilanz auszuübenden Wahlrechte auch steuerlich zu übernehmen; dazu folgende Sachverhalte: 214e

▶ Die Bewertungsvereinfachungsverfahren nach § 240 Abs. 3 und Abs. 4 HGB (→ § 240 Rz. 23 und Rz. 34) können in der Handelsbilanz wahlweise angewandt werden, steuerlich besteht keine Regelung. Nach Maßgeblichkeitsgesichtspunkten sind die Handelsbilanz-Werte in die Steuerbilanz zu übernehmen[280].

---

279 BMF-Schreiben vom 12. 3. 2010 – IV C 6 – S 2133/09/10001, BStBl I S. 239 = StuB 2010 S. 238, Tz. 8; a. A. die h. M. im Schrifttum, für Wahlrecht plädierend *Herzig/Briesemeister*, DB 2010 S. 921, die als Argument den Vereinfachungszweck und das Gewohnheitsrecht anführen, u. E. aber die Vorgabe „handelsrechtliches Wahlrecht aktivisch, steuerlich Pflicht" nach BFH-Beschluss vom 3. 2. 1969 – GrS 2/68, BStBl II 1969 S. 291, nicht aushebeln können. Vgl. aber Übergangsvorschrift → § 255 Rz. 89. Zur Kritik an dieser Verwaltungsauffassung vgl. *Herzig/Briesemeister*, DB 2010 S. 592; *Zwirner*, DStR 2010 S. 592; *Kaminski*, DStR 2010 S. 1396.

280 BMF-Schreiben vom 12. 3. 2010 – IV C 6 – S 2133/09/10001, BStBl I S. 239, Tz. 7.

▶ Mittelbare Pensionsverpflichtungen und sog. Altzusagen (→ § 249 Rz. 111): In der Handelsbilanz Passivierungswahlrecht nach Art 28 Abs. 2 EGHGB; steuerlich ebenso Ansatzwahlrecht[281].

3.6 Handelsbilanz-Wahlrecht – Steuerbilanz-Wahlrecht

214f In diesem Fall können die Bilanzwerte übereinstimmen, müssen es aber nicht. Das Wahlrecht kann in beiden Bilanzen unterschiedlich ausgeübt werden; dazu folgende Sachverhalte:

- ▶ Zinsen für Fremdkapital gem. § 255 Abs. 3 Satz 2 HGB (→ § 255 Rz. 92 ff.) einerseits und R 6 Abs. 4 EStR 2009 andererseits: in beiden Bilanzen Wahlrecht, das unterschiedlich ausgeübt werden kann[282].
- ▶ Verbrauchsfolgeverfahren nach § 256 HGB (→ § 256 Rz. 5 ff.), § 6 Abs. 1 Nr. 2 EStG: unterschiedliche Wahlrechtsausübung möglich (→ Rz. 208).
- ▶ Planmäßige Abschreibung bzw. AfA in linearer oder degressiver Form: Wenn steuerlich eine degressive AfA (für bewegliche Sachanlagen) möglich ist, ist in der Handelsbilanz auch die lineare zulässig[283]. Die Nutzungsdauer muss dabei übereinstimmend geschätzt werden.
- ▶ Unterschiedliche Wahlrechtsausübung im Umwandlungsrecht nach § 24 UmwG einerseits und § 3 Abs. 1 und 2 bzw. § 11 Abs. 1 und 2 UmwStG.

3.7 Handelsbilanz keine Regel – Steuerbilanz eigenständige Regel

214g Angesprochen sind hier **steuerkonzeptionell** besondere Bilanzierungsvorschriften, die für die Handelsbilanz keine Bedeutung haben; dazu folgende Beispiele:

- ▶ Beteiligungen an mitunternehmerischen Personengesellschaften stellen in der Handelsbilanz einen Vermögensgegenstand dar, steuerlich dagegen wegen des mitunternehmerischen Besteuerungskonzepts kein Wirtschaftsgut.
- ▶ Investitionszulagen: In der Steuerbilanz als (steuerfreier) Ertrag zu erfassen, in der Handelsbilanz mit den Anschaffungs- oder Herstellungskosten zu verrechnen.

3.8 Handelsbilanz keine Regel – Steuerbilanz eigenständiges Wahlrecht

214h Hier sind die **Subventions**wahlrechte zu subsumieren (→ Rz. 205), die in der Steuerbilanz angesetzt werden können, in der Handelsbilanz dagegen nicht. Die steuerliche Bilanzierung verläuft unabhängig von der Handelsbilanz.

4. Übergangsvorschriften

215 Die umgekehrte Maßgeblichkeit ist mit Inkrafttreten des BilMoG am 29. 5. 2009 entfallen. Demgegenüber galten die §§ 247 Abs. 3 273 HGB a. F. bis zum 31. 12. 2009. Das Verhältnis von Handelsbilanz zur Steuerbilanz ist insoweit nicht abgestimmt. Kapital- und Kap. & Co.-Gesellschaften können deshalb **im Jahr 2009** keinen Sonderposten nach § 273 HGB a. F. mehr bilden,

---

[281] BMF-Schreiben vom 12. 3. 2010 – IV C 6 – S 2133/09/10001, BStBl I S. 239 = StuB 2010 S. 238, Tz. 11.
[282] A. A. BMF-Schreiben vom 12. 3. 2010 – IV C 6 – S 2133/09/10001, BStBl I S. 239 = StuB 2010 S. 238, Tz. 6: Bei Ansatz in der Handelsbilanz Pflichtübernahme in die Steuerbilanz.
[283] BMF-Schreiben vom 12. 3. 2010 – IV C 6 – S 2133/09/10001, BStBl I S. 239 = StuB 2010 S. 238, Tz. 18.

da dies für die steuerliche Anerkennung nicht mehr verlangt wird[284]. Umgekehrt bei „normalen" Personenunternehmen: Diese können z. B. 6b-Rücklagen in der Handelsbilanz mit einem Sonderposten nach § 247 Abs. 3 HGB a. F. unterlegen, da diese Vorschrift die (abgeschaffte) umgekehrte Maßgeblichkeit nicht voraussetzt.

Ein **vor** dem VZ 2009 gebildeter Sonderposten mit Rücklagenanteil nach § 273 HGB a. F. kann in der Handelsbilanz fortgeführt und nach Übertragung (§ 6b EStG) nach dem 31. 12. 2009 aufgelöst werden (→ Art. 67 EGHGB Rz. 14). Bei späterer Nichtübertragung ist der Sonderposten in der Handelsbilanz ebenfalls aufzulösen.

---

284 Vgl. *Theile*, StuB 2009 S. 789.

§ 253 Zugangs- und Folgebewertung

(1) [1]Vermögensgegenstände sind höchstens mit den Anschaffungs- oder Herstellungskosten, vermindert um die Abschreibungen nach den Absätzen 3 bis 5, anzusetzen. [2]Verbindlichkeiten sind zu ihrem Erfüllungsbetrag und Rückstellungen in Höhe des nach vernünftiger kaufmännischer Beurteilung notwendigen Erfüllungsbetrages anzusetzen. [3]Soweit sich die Höhe von Altersversorgungsverpflichtungen ausschließlich nach dem beizulegenden Zeitwert von Wertpapieren im Sinn des § 266 Abs. 2 A.III.5 bestimmt, sind Rückstellungen hierfür zum beizulegenden Zeitwert dieser Wertpapiere anzusetzen, soweit er einen garantierten Mindestbetrag übersteigt. [4]Nach § 246 Abs. 2 Satz 2 zu verrechnende Vermögensgegenstände sind mit ihrem beizulegenden Zeitwert zu bewerten.

(2) [1]Rückstellungen mit einer Restlaufzeit von mehr als einem Jahr sind mit dem ihrer Restlaufzeit entsprechenden durchschnittlichen Marktzinssatz der vergangenen sieben Geschäftsjahre abzuzinsen. [2]Abweichend von Satz 1 dürfen Rückstellungen für Altersversorgungsverpflichtungen oder vergleichbare langfristig fällige Verpflichtungen pauschal mit dem durchschnittlichen Marktzinssatz abgezinst werden, der sich bei einer angenommenen Restlaufzeit von 15 Jahren ergibt. [3]Die Sätze 1 und 2 gelten entsprechend für auf Rentenverpflichtungen beruhende Verbindlichkeiten, für die eine Gegenleistung nicht mehr zu erwarten ist. [4]Der nach den Sätzen 1 und 2 anzuwendende Abzinsungszinssatz wird von der Deutschen Bundesbank nach Maßgabe einer Rechtsverordnung ermittelt und monatlich bekannt gegeben. [5]In der Rechtsverordnung nach Satz 4, die nicht der Zustimmung des Bundesrates bedarf, bestimmt das Bundesministerium der Justiz im Benehmen mit der Deutschen Bundesbank das Nähere zur Ermittlung der Abzinsungszinssätze, insbesondere die Ermittlungsmethodik und deren Grundlagen, sowie die Form der Bekanntgabe.

(3) [1]Bei Vermögensgegenständen des Anlagevermögens, deren Nutzung zeitlich begrenzt ist, sind die Anschaffungs- oder die Herstellungskosten um planmäßige Abschreibungen zu vermindern. [2]Der Plan muss die Anschaffungs- oder Herstellungskosten auf die Geschäftsjahre verteilen, in denen der Vermögensgegenstand voraussichtlich genutzt werden kann. [3]Ohne Rücksicht darauf, ob ihre Nutzung zeitlich begrenzt ist, sind bei Vermögensgegenständen des Anlagevermögens bei voraussichtlich dauernder Wertminderung außerplanmäßige Abschreibungen vorzunehmen, um diese mit dem niedrigeren Wert anzusetzen, der ihnen am Abschlussstichtag beizulegen ist. [4]Bei Finanzanlagen können außerplanmäßige Abschreibungen auch bei voraussichtlich nicht dauernder Wertminderung vorgenommen werden.

(4) [1]Bei Vermögensgegenständen des Umlaufvermögens sind Abschreibungen vorzunehmen, um diese mit einem niedrigeren Wert anzusetzen, der sich aus einem Börsen- oder Marktpreis am Abschlussstichtag ergibt. [2]Ist ein Börsen- oder Marktpreis nicht festzustellen und übersteigen die Anschaffungs- oder Herstellungskosten den Wert, der den Vermögensgegenständen am Abschlussstichtag beizulegen ist, so ist auf diesen Wert abzuschreiben.

(5) [1]Ein niedrigerer Wertansatz nach Absatz 3 Satz 3 oder 4 und Absatz 4 darf nicht beibehalten werden, wenn die Gründe dafür nicht mehr bestehen. [2]Ein niedrigerer Wertansatz eines entgeltlich erworbenen Geschäfts- oder Firmenwerts ist beizubehalten.

Inhaltsübersicht

	Rz.
I. Überblick	1 - 9
II. Bewertung der Vermögensgegenstände (Abs. 1 Satz 1)	10 - 16
1. Zugangsbewertung	10 - 15
2. Abschreibungen, Zuschreibungen, Zeitbewertung	16
III. Bewertung von Verbindlichkeiten (Abs. 1 Satz 2)	17 - 29g
1. Der Erfüllungsbetrag	17 - 21
2. Zinseffekte	22 - 28
3. Wertsicherungsklauseln	29
4. Verlustzurechnungen an Gläubiger	29a - 29g
IV. Bewertung von Rückstellungen	30 - 81e
1. Rückstellungen allgemein (Abs. 1 Satz 2)	30 - 45
1.1 Der Erfüllungsbetrag	30 - 31
1.2 Das Schätzungserfordernis	32 - 37
1.3 Die einzubeziehenden Kosten	38
1.4 Einzelne Rückstellungskategorien	39 - 45
2. Rückstellungen für Altersversorgung und vergleichbare Verpflichtungen (Abs. 1 Sätze 2 bis 4)	45a - 69a
2.1 Begriff der vergleichbaren Verpflichtung	45a - 45b
2.2 Versorgungsformen und Finanzierungsarten	46 - 50
2.3 Bewertungsparameter	51 - 54
2.4 Wahlrecht zwischen Anwartschaftsbarwert- und Teilwertverfahren	55 - 62
2.5 Teilwert/Barwert nach Beendigung des Dienstverhältnisses	63
2.6 Der Rechnungszinsfuß	64
2.7 Anwendungsprobleme	65
2.8 Mittelbare Pensionsverpflichtungen	66
2.9 Übergangsregelung	67
2.10 Wertpapierabhängige Rückstellungsbewertung, Zeitbewertung von Deckungsvermögen (Abs. 1 Sätze 3 und 4)	68 - 69
2.11 Anhangangaben	69a
3. Abzinsung von Rückstellungen (Abs. 2)	70 - 81e
3.1 Systematik	70 - 71a
3.2 Rückstellungen allgemein	72 - 74
3.3 Wahlrecht für Pensionsrückstellungen	75
3.4 Rentenverpflichtungen	76
3.5 Ausweis in der GuV-Rechnung	77
3.6 Festlegung der Abzinsungssätze	78 - 79
3.7 Buchungstechnisches Vorgehen am Beispiel von Ansammlungsrückstellungen	80 - 81
3.8 Abzinsungsfälle in der Steuerbilanz	81a
3.9 Berechnungsschemata	81b - 81e
3.9.1 Urlaubsrückstellung, Gleitzeitguthaben	81b
3.9.2 Lebensarbeitszeitkonten (Wertkonten)	81c
3.9.3 Gewährleistungsrückstellungen	81d - 81e
V. Abschreibungen auf das Anlagevermögen (Abs. 3)	82 - 140a
1. Konzeption	82 - 84
2. Planmäßige Abschreibung bei zeitlich begrenzter Nutzungsdauer (Abs. 3 Sätze 1 und 2)	85 - 104e
2.1 Der betriebswirtschaftliche Gehalt	85
2.2 Der Abschreibungsplan	86 - 104
2.2.1 Der Planinhalt	86 - 87
2.2.2 Die Nutzungsdauer bzw. -intensität	88 - 93
2.2.3 Das Abschreibungsvolumen	94 - 96

	2.2.4 Der Abschreibungsbeginn	97 - 98
	2.2.5 Das Abschreibungsende	99
	2.2.6 Die Abschreibungsmethode	100 - 102
	2.2.7 Planänderung	103 - 104
2.3	Geringwertige Anlagegüter und Poolabschreibung	104a - 104e
3. Außerplanmäßige Abschreibung (Abs. 3 Satz 3)		105 - 126a
3.1	Der betriebswirtschaftliche Gehalt	105 - 106
3.2	Der beizulegende Wert	107 - 114
	3.2.1 Identität mit dem steuerlichen Teilwert	107
	3.2.2 Wertmaßstäbe	108
	3.2.3 Gesamt- statt Einzelbewertung	109 - 111
	3.2.4 Der Teilwert in der BFH-Rechtsprechung	112 - 114
3.3	Dauer der Wertminderung	115 - 126a
	3.3.1 Zukunftsperspektive, Aufhebung des Stichtagsprinzips	115 - 116
	3.3.2 Definition der dauernden Wertminderung	117 - 118
	3.3.3 Axiomatische Lösungsvorschläge	119 - 121
	3.3.4 Ökonomisch begründbare Lösung	122 - 126
	3.3.5 Komponentenansatz	126a
4. Sonderfall der Finanzanlagen (Abs. 3 Satz 4)		127 - 140a
4.1	Doppeltes Bilanzierungswahlrecht	127
4.2	Lösungsvorschlag des IDW	128 - 131
4.3	Finanzrechtsprechung zur ...	132 - 138
	4.3.1 ... steuerlichen Bilanzierung	132 - 137a
	4.3.2 ... handelsrechtlichen Bilanzierung	138
4.4	Beurteilung	139 - 140
4.5	Sonderfall der stillen Beteiligung und des Genussrechts	140a
VI. Abschreibungen auf Umlaufvermögen (Abs. 4)		141 - 158
1. Regelungsbereich		141 - 143
2. Der Börsen- oder Marktpreis (Abs. 4 Satz 1)		144 - 146
3. Der niedrigere beizulegende Wert (Abs. 4 Satz 2)		147 - 158
3.1	Der Niederstwert in der Produktion und im Handel	147 - 153a
3.2	Wertpapiere	154 - 156
3.3	Forderungen, Eigenkapitalersatz	157 - 158
VII. Wertaufholung (Abs. 5)		159 - 167
1. Allgemeine Regeln (Abs. 5 Satz 1)		159 - 166c
1.1	Anwendungsbereich	159 - 165
1.2	Wegfall der Gründe	166 - 166a
1.3	Wertaufholungsrücklage	166b
1.4	Steuerliche Sonderfälle für Kapitalgesellschaftsanteile	166c
2. Ausnahme für den Geschäfts- oder Firmenwert (Abs. 5 Satz 2)		167

Ausgewählte Literatur

Herzig/Briesemeister/Joisten/Vossel, Component approach im Handels- und Steuerbilanzrecht, WPg 2010 S. 561

Höfer/Rhiel/Veit, Die Rechnungslegung für betriebliche Altersversorgung im BilMoG, DB 2009 S. 1605

Hoffmann, Voraussichtlich dauernde und/oder wesentliche Wertminderungen von börsengängigen Aktien im Portfoliobesitz, PiR 2008 S. 177

Hoffmann, Voraussichtlich dauernde Wertminderung bei börsennotierten Aktien, DB 2008 S. 26

Hoffmann, Wertminderungen – vorübergehend oder doch *other than temporary*, StuB 2009 S. 32

Hoffmann, Wertminderungsabschreibungen auf bewegliches Anlagevermögen, PiR 2009 S. 118

Hoffmann/Lüdenbach, Neues zur voraussichtlich dauernden Wertminderung des abnutzbaren Anlagevermögens, DB 2009 S. 577

Husemann, Abschreibungen eines Vermögensgegenstandes entsprechend der Nutzungsdauer wesentlicher Komponenten, WPg 2010 S. 507

Jeske, Bilanzierung von Pensionsverpflichtungen nach BilMoG, NWB 2009 S. 1404

Lüdenbach/Hoffmann, Die wichtigsten Änderungen der HGB-Rechnungslegung durch das BilMoG, StuB 2009 S. 294

Rhiel/Veit, Auswirkungen des BilMoG bei der Bilanzierung von Pensionsrückstellungen, PiR 2009 S. 167

Rhiel/Veit, Auswirkungen des BilMoG auf Pensionsverpflichtungen, DB 2008 S. 1509

Volkmann, Rückstellungen für die Rücknahme und Verwertung von Altfahrzeugen, StuB 2009 S. 263

Wolz/Oldewurtel, Pensionsrückstellungen nach BilMoG, StuB 2009 S. 424

Wüstemann/Koch, Zinseffekte und Kostensteigerungen in der Rückstellungsbewertung nach BilMoG, BB 2010 S. 1075

Zülch/Hoffmann, Die Bilanzierung sonstiger Rückstellungen nach BilMoG, StuB 2009 S. 369

I. Überblick

1 Nach der Abhandlung der allgemeinen Bewertungsprinzipien in § 252 HGB folgt in § 253 HGB die Systematik der Bewertungs**vorgänge** im Rahmen der Bilanzierung, die in der durch das BilMoG geschaffenen Überschrift „Zugangs- und Folgebewertung" zutreffend zum Ausdruck kommt. Dies erfolgt besonders prägnant bei den Vermögensgegenständen (auf der Aktivseite) in Abs. 1 Satz 1:

▶ Die Anschaffungs- oder Herstellungskosten betreffen den **Zugang**,

▶ die Abschreibungen die anschließend erforderlichen Bewertungsvorgänge (**Folgebewertung**) in Abs. 3 bis 5 bis zum **Abgang** eines Vermögensgegenstands, also dem Zeitpunkt, in dem dieser die Bilanzierungssphäre des betreffenden Unternehmens verlässt.

Der **Abgang** ist dabei mathematisch zwingend nicht mit einer eigenen Bewertungsvorgabe versehen, da er mit dem zuletzt nach Zugangsbewertung und Abschreibung vorliegenden Wert zu erfassen ist.

2 In den Absätzen 3 bis 5 werden dann – teilweise spezifiziert nach Anlage- und Umlaufvermögen – die Abschreibungen weiter **aufgeschlüsselt**, nämlich in planmäßige und außerplanmäßige, bei Umlaufvermögen einfach „Abschreibungen" genannt. Die in Abs. 5 behandelten **Zuschreibungen** können systematisch als negative Abschreibungen bezeichnet werden.

Der Gesetzesaufbau stellt sich für die Bewertungsfolge auf der **Aktivseite**, also für Vermögensgegenstände, ausgesprochen elegant dar. Er zieht wesentliche Bewertungselemente vor die Klammer, z. B. Anschaffungs- und Herstellungskosten für alle Vermögensgegenstände, die er einheitlich anspricht, und Abschreibungen, die er teilweise ebenfalls bilanzpostenübergreifend regelt. Der **Gegensatz** zu der Vorgehensweise der **IFRS** ist bemerkenswert: Dort werden Zugangs- und Folgebewertungsfragen der Aktiva in den verschiedensten Standards behandelt, mit der notwendigen Folge von Wiederholungen z. B. bei der Definition von Anschaffungs- oder Herstellungskosten, und manchmal auch inneren Widersprüchlichkeiten.

Viel eher **kasuistisch** ist das Regelwerk des § 253 HGB für die **Passivseite** – also die Schulden in Form von Verbindlichkeiten und Rückstellungen – aufgezogen (Abs. 1 Satz 2). Der Sache nach lassen sich allerdings Zugangs- und Folgebewertung in diesem Bereich systematisch nicht getrennt darstellen. Der Erfüllungsbetrag und die Abzinsung gelten sowohl im Zeitpunkt des Zugangs und auch an jedem folgenden Bilanzstichtag als Bewertungsgrundlage.

Schließlich ist in Abs. 1 Satz 3 und 4 noch eine Ausnahmebewertung für bestimmte Wertpapiere und wertpapiergedeckte Pensionsverpflichtungen vorgesehen (→ Rz. 68). In Abweichung von dem sog. Anschaffungskostenprinzip des Abs. 1 Satz 1 (→ Rz. 12) bzw. dem „Erfüllungswertprinzip" des Abs. 1 Satz 2 ist hiernach der **Zeitwert** auch dann anzusetzen, wenn er über den Anschaffungskosten bzw. unter dem Erfüllungsbetrag liegt (→ § 255 Rz. 4 ff.).

Nicht nach § 253 HGB bewertet werden (→ § 255 Rz. 2):

- ▶ **Rechnungsabgrenzungsposten** i. S. des § 250 HGB;
- ▶ Posten aus der **Steuerlatenzrechnung** gem. § 274 HGB, die eigenen Bewertungsvorgaben folgen (→ § 274 Rz. 51 ff.).

Die **steuerlichen** Bewertungsvorgaben für die Aktivseite (dort Wirtschaftsgüter genannt) entsprechen in der strukturellen Aufbereitung derjenigen des § 253 HGB. Hier kommt noch eine wohltuende rechtsdogmatische Übereinstimmung in den beiden Rechenwerken über die Bewertungsschritte zum Ausdruck, mögen diese auch im Laufe der Zeit in Einzelpunkten fiskalisch verunstaltet worden sein. Dabei ergänzt § 6 Abs. 1 Nr. 1 Satz 1 EStG die Zugangsbewertungsvarianten der Anschaffungs- oder Herstellungskosten noch um den **„an deren Stelle tretenden Wert"** (→ § 255 Rz. 6). Angesprochen sind damit besondere steuerliche Bewertungsprozesse, z. B. die Folgebewertung durch planmäßige Abschreibungen nach Übertragung einer Rücklage nach § 6b EStG, aber auch Vorgänge, die einer spezifischen steuerlichen Bewertung unterliegen, im Handelsbilanzrecht indes nicht angesprochen worden sind. Insbesondere geht es um die **Einlagen** von Vermögensgegenständen z. B. aus dem Privatvermögen eines Kaufmanns oder eines GmbH-Gesellschafters in das zu bilanzierende Gesellschaftsvermögen. In diesen Fällen kann sich die handelsrechtliche Bilanzierung weitgehend auf die spezifischen steuerlichen Vorgaben stützen (→ § 246 Rz. 130 ff.). Gerade der Einlagevorgang erscheint dann als Ersatztatbestand für die Anschaffung oder Herstellung.

Die strukturelle Verbindung der Bewertungsprozesse für die Vermögensgegenstände bzw. Wirtschaftsgüter kann der folgenden Tabelle entnommen werden:

I. Überblick

	Buchungs-vorgang	EStG	HGB nach BilMoG	Buchungen im Anlagegitter[1]
	Ausgangsgrößen			
-	Anschaffungskosten	§ 6 Abs. 2 Nr. 1 EStG	§ 253 Abs. 1 Satz 1 HGB	
-	Herstellungskosten	§ 6 Abs. 2 Nr. 1 EStG	§ 253 Abs. 1 Satz 1 HGB	+
-	„der an deren Stelle tretende Wert"	§ 6 Abs. 2 Nr. 1 EStG		
	Abzugsposten			
-	Absetzung für Abnutzung	§ 7 EStG		
	planmäßige Abschreibung		§ 253 Abs. 3 Satz 1 und 2 HGB	
-	erhöhte Absetzungen	§ 7d EStG	§§ 254, 273 Abs. 2 HGB a. F.	-
-	Sonderabschreibungen	§ 7g EStG	§§ 254, 273 Abs. 2 HGB a. F.	
-	Abzüge	§ 6b EStG	§§ 254, 273 Abs. 2 HGB a. F.	
-	ähnliche Abzüge	Ersatzbeschaffungsrücklage		
	Zwischensumme	= „fortgeführte AK/HK" Wertaufholungshöchstbetrag	= „fortgeführte AK/HK" Wertaufholungshöchstbetrag	=
-	außerordentliche Abschreibungen	Absetzung für außergewöhnliche Abnutzung gem. § 7 Abs. 1 Satz 6 EStG Teilwertabschreibung gem. § 6 Abs. 1 Nr. 1 Satz 2, Abs. 1 Nr. 2 Satz 2 EStG	außerplanmäßige Abschreibung gem. § 253 Abs. 3 Satz 3, Abs. 3 Satz 4 und 2 HGB	-
+	Wertaufholungszuschreibungen	§ 6 Abs. 1 Nr. 1 Satz 4 EStG, § 6 Abs. 1 Nr. 2 Satz 3 EStG	§ 253 Abs. 5 HGB	+
	Buchwert			=

Für die Bewertung der **Schulden** ergeben sich im Vergleich zwischen HGB und EStG durchaus Berührungspunkte, dann aber auch wieder spezifische Abweichungen.

9 Die gesamten Bewertungsvorgaben des § 253 HGB sind **rechtsformübergreifend** und **größenunabhängig** ausgestaltet.

---

1 → § 268 Rz. 50.

II. Bewertung der Vermögensgegenstände (Abs. 1 Satz 1)

1. Zugangsbewertung

Das Gesetz bemüht hier zunächst den Begriffsinhalt der auf der Aktivseite mehrheitlich erscheinenden Posten („Vermögensgegenstände"). Bevor über die Bewertung eines Bilanzzugangs zu befinden ist, muss also zunächst die **Eigenschaft** eines Vermögensgegenstands festgestellt werden. Diesbezüglich wird auf die Kommentierung in → § 246 Rz. 10 ff. verwiesen. 10

Ist die Vermögensgegenstandseigenschaft bestätigt (abstrakte Bilanzierungsfähigkeit) und besteht kein Bilanzierungsverbot (konkrete Bilanzierungsfähigkeit), kann das Bewertungsverfahren seinen Lauf nehmen. Die beiden Bewertungsgrößen der Anschaffung und der Herstellung sind legal in § 255 HGB definiert und dort auch kommentiert. Die steuerliche Ersatzgröße des „an deren Stelle tretenden Werts" ist sinnvollerweise nach Maßgabe der einschlägigen steuerrechtlichen Vorschriften in Sonderfällen anwendbar (→ Rz. 7). 11

Erläuterungsbedürftig ist das Adverb „**höchstens**" im Zusammenhang mit der Bewertungsvorgabe des Abs. 1 Satz 1. „Höchstens" bezieht sich **nicht** auf die **Zugangs**bewertung. Vielmehr sind die Anschaffungs- oder Herstellungskosten und nicht ein niedrigerer Wert im Zugangszeitpunkt als Bewertungsmaßstab heranzuziehen. In der **Folgebewertung** – also nach Abschreibungen (→ Rz. 82 ff.) und gegebenenfalls Zuschreibungen (→ Rz. 159 ff.) – darf die Bewertungsobergrenze der (fortgeführten) Anschaffungs- oder Herstellungskosten nicht überschritten werden – vorbehaltlich der Sonderregeln für Finanzinstrumente, die der Altersversorgung dienen gem. Abs. 1 Satz 3 und 4 (→ § 255 Rz. 146) und für Kreditinstitute. 12

Die Zugangsbewertung soll also **erfolgsneutral** vonstattengehen, ein Zugangsgewinn oder -verlust (*day one gain or loss*) ist systematisch nicht vorgesehen (→ Rz. 80),[2] steuerlich in Sonderfällen bei Verbindlichkeiten möglich (→ Rz. 24). Nicht zweifelsfrei ist diese Maxime in Sonderfällen, die allerdings auch nicht außerhalb der Realität des Wirtschaftslebens liegen, bei **negativen Kaufpreisen**. Hierzu zählt, wenn beispielsweise der Erwerber eines Unternehmens oder einer nicht mehr benötigten Produktionsanlage vom Verkäufer für den Erwerb einen „Zuschuss" erhält. In diesen Fällen könnte man durchaus über einen **Erwerbsgewinn** nachdenken. Der BFH hat diese Frage durch die Bildung eines „Ausgleichspostens"[3] gelöst, d.h. eigentlich gar nicht gelöst, denn dieser Ausgleichsposten ist eine Geburt der Verlegenheit (→ § 255 Rz. 66). Dies erklärt sich auch prozessrechtlich, weil der BFH über diesen Bilanzierungspunkt, da nicht streitgegenständlich, nicht zu befinden hatte. Zu derlei „Ausgleichsposten" wird verwiesen auf → § 246 Rz. 282. 13

Aber auch einen „**Zugangsverlust**" kann man sich im Einzelfall vorstellen. 14

---

[2] Vgl. z.B. BFH-Urteil vom 26.4.2006 – I R 49, 50/04, DStR 2006 S. 1313, wo die Erfolgsneutralität des Anschaffungsvorgangs im Fall eines negativen Kaufpreises (→ § 255 Rz. 64) festgestellt worden ist.

[3] Im eben zitierten BFH-Urteil vom 26.4.2006 – I R 49, 50/04 und zuvor schon im BFH-Urteil vom 12.12.1996 – VI R 77/93, BStBl 1998 II S. 180; vgl. hierzu *Hoffmann*, in: Littmann/Bitz/Pust (Hrsg.), Das Einkommensteuerrecht, § 6 Rz. 221, m.w.N.

II. Bewertung der Vermögensgegenstände

> **BEISPIEL[4]** Ein Ehevermittlungsunternehmen in einzelkaufmännischer Form tätigte An- und Verkäufe von Wertpapieren, die sich im Nachhinein als verlustträchtig herausstellten. Der BFH verneinte die Betriebsvermögenseigenschaft, stellte notwendiges Privatvermögen für diese Wertpapiere fest, so dass sich der Verlust nicht in die Besteuerungssphäre des Gewerbebetriebs einnisten konnte.

Fraglich ist, inwieweit dieser Vorgabe auch **handelsrechtlich** gefolgt werden kann. Möglich erscheint dabei die vorbehaltlose Übernahme der BFH-Rechtsprechung zur Abgrenzung von notwendigem Betriebs- und Privatvermögen mit der Zwischenstufe des gewillkürten Betriebsvermögens (→ § 246 Rz. 130 ff.).

Will man für die **Handelsbilanz** dieser steuerlichen Vorgabe nicht folgen, stellt sich tatsächlich die Frage, ob der Verlust bereits im Zugangszeitpunkt zu verbuchen ist. Für den BFH waren diese Verluste bereits bei Einbuchung (also im Zugangszeitpunkt) „erkennbar". Ob dies mit der Realität des Wirtschaftslebens übereinstimmt, darf man getrost bezweifeln, dieser Satz ist sicherlich entscheidend vom gewünschten Ergebnis des Urteils zu verstehen. Niemand wird ein Wertpapier erwerben, wenn er von einem späteren Verlust überzeugt ist oder jedenfalls ausgehen muss. So gesehen ist tatsächlich ein Erwerbsvorgang als erfolgsneutrale Vermögensumschichtung zu charakterisieren. Man kann auch so formulieren: Im Erwerbszeitpunkt ist der Erwerber von der Angemessenheit des Kaufpreises überzeugt, für ihn stellt er den *fair value* dar. Das gilt auch, wenn sich der Erwerbspreis im Nachhinein als überhöht herausstellt, weil der betreffende (z. B.) Fondsanteil konstruierte Risikostrukturen enthielt, die auch dem Fachmann nicht ersichtlich waren. Oder anderes Beispiel: Der Anteil an einem geschlossenen Immobilienfonds mit gewerblichen Einheiten wird im Hinblick auf die hohen steuerlichen Förderungen durch Sonderabschreibungen etc. gekauft. Im Kaufpreis war allerdings ein hoher Anteil an Gebühren, Honoraren etc. „versteckt", der die Steuervorteile überkompensierte. Entsprechend hatte der Erwerber in der ex post-Perspektive insoweit einen Verlust „gekauft".

15 Diese Überlegungen über die effektive **Erfolgsneutralität** des Anschaffungsvorgangs mögen regelmäßig durch folgende Abschreibungen – nicht aber Zuschreibungen – „bereinigt" werden, nicht allerdings in jedem Fall. So kann der bei der Folgebewertung vorliegende niedrigere Börsenpreis (eines Wertpapiers oder die Wertminderung des Anteils am geschlossenen Immobilienfonds) zwar festgestellt werden, allerdings verbunden mit der weiteren Annahme einer nur **vorübergehenden** Wertminderung (→ Rz. 116). Diese Bewertungskomponente stünde bei einer Zugangsbewertung unter Abzug der Verlustkomponente in den vorhergehenden Beispielen nicht zur Verfügung. Nach uneingeschränkt dominierender Meinung ist für Handels- und Steuerbilanzzwecke von der **Erfolgsneutralität** des Anschaffungs- bzw. Herstellungsvorgangs auszugehen.

2. Abschreibungen, Zuschreibungen, Zeitbewertung

16 Nach der Bewertung mit dem Zugangswert ist im Rahmen der erstmaligen und der folgenden Bilanzierungen das Erfordernis von **Abschreibungen** zu prüfen, dazu möglicherweise auch das **Rückgängigmachen** von solchen Abschreibungen gem. Abs. 5 (→ Rz. 159). Die Abschreibungen

---

[4] Nach BFH-Urteil vom 19. 2. 1997 – XI R 1/96, BStBl II S. 399.

werden dann in Abs. 3 für das Anlagevermögen (→ Rz. 82) und in Abs. 4 für das Umlaufvermögen (→ Rz. 141) weiter spezifiziert.

Für bestimmte der Alterversorgung dienende Vermögensgegenstände (regelmäßig Wertpapiere) ist eine Zeitwertbilanzierung nach Abs. 1 Satz 3 und 4 vorgesehen. Auf die Kommentierung in → § 255 Rz. 147 ff. wird verwiesen.

III. Bewertung von Verbindlichkeiten (Abs. 1 Satz 2)
1. Der Erfüllungsbetrag

Als Bewertungsmaßstab gilt der mit vernünftiger kaufmännischer Beurteilung zu bestimmende **Erfüllungsbetrag**. Die vor dem BilMoG gültige Gesetzesfassung beschränkte sich auf die Erwähnung des Rückzahlungsbetrags. Bezüglich der in aller Regel auf „Geld" lautenden Zahlungsverpflichtung ergibt sich hieraus kein Unterschied. Auch der vernünftig denkende Kaufmann wird keinen anderen Schuldbetrag bilanzieren wollen als den in Geld ausgedrückten. Sofern dieses „Geld" in Fremdwährung ausgedrückt ist, bestehen besondere Bewertungsvorschriften in § 256a HGB; auf die dortige Kommentierung wird verwiesen.

17

Die vom BilMoG eingeführte Bewertungsgröße „Erfüllungsbetrag" für die Verbindlichkeiten verdankt ihre Geburt einer Parallelisierung zur Bewertung der Rückstellungen (→ Rz. 30). Bei Erfüllungspflicht in **Sachwerten** soll nach der Regierungsbegründung (S. 114) „der im Erfüllungszeitpunkt voraussichtlich aufzuwendende Geldbetrag" anzusetzen sein. Hierbei werden allerdings die Begrifflichkeiten verwischt. Wenn eine „voraussichtlich" anzusetzende Größe zu bilanzieren ist, handelt es sich um einen **unsicheren** Betrag, der bei den Schulden als **Rückstellung** auszuweisen ist (→ § 249 Rz. 10).

18

Eine **Sachbewertung** für (sichere) Verbindlichkeiten wird in der Rechnungslegungspraxis selten anzutreffen sein.

19

> **BEISPIEL** Das Stahlbiegeunternehmen S hat einem Bauunternehmen den Auftrag zur Errichtung einer neuen Montagehalle erteilt. In den vom Bauunternehmer akzeptierten Ausschreibebedingungen stellt S den Baustahl „kostenlos" bei. Diese Beistellung hat das Bauunternehmen in seiner Angebotskalkulation berücksichtigt und den Gesamtpreis entsprechend um 1.000 € gekürzt. Im Zeitpunkt des Vertragsabschlusses musste das Stahlbiegeunternehmen für die berechnete Stahlmenge 800 € an Einstands- und Bearbeitungskosten kalkulieren.
>
> Bis zur Lieferung des Baustahls an die Baustelle liegt ein nicht bilanzierbares schwebendes Geschäft vor (→ § 246 Rz. 4). S beschafft den Baustahl vom Hersteller zum Einstandspreis von 900 €. Die Bearbeitungskosten sind zu vernachlässigen. Nach Anlieferung an die Baustelle bucht S: „Per Anlagen im Bau an Materialbestand 900 €".

Die vertraglich ausbedungene Sachleistungsverpflichtung hat keinen Eingang in die buchmäßige Abwicklung des Geschäfts gefunden.

III. Bewertung von Verbindlichkeiten

> **BEISPIEL** Die Unternehmensberatungs AG U verpflichtet sich gegenüber der Konzernholding AG K zur Durchführung einer Strategieberatung mit einem Festhonorar von 1.000 € zzgl. 100 Aktien der K. K hat keine eigenen Aktien im Bestand. Am 31.12.01 ist die Beratungsleistung erbracht und wird von U in Rechnung gestellt „1.000 € zzgl. 100 Aktien, fällig am 31.1.02".
>
> K passiviert als Verbindlichkeiten neben 1.000 € die Beschaffungskosten für die Aktien. Fraglich ist, ob der Kurs am Bilanzstichtag oder am Erstellungstag, z. B. 20.1.02 oder 25.2.02, oder am Erfüllungstag 31.1.02 maßgeblich ist. U. E. gilt hier das Stichtagsprinzip (→ § 252 Rz. 51), also der Kurs am Bilanzstichtag. Die Kursveränderung nach dem Bilanzstichtag ist wertbegründend und deshalb nicht zu berücksichtigen (→ § 252 Rz. 55). Unser Lösungsvorschlag könnte deswegen zweifelhaft sein, weil die Gesetzesbegründung von einer „Einschränkung des Stichtagsprinzips" ausgeht, dabei allerdings immer nur von Preis- und Kostensteigerungen spricht, also Aktienkursentwicklungen aus diesen Überlegungen ausschließt. Dabei ist wiederum interpretationsbedürftig, was unter „Einschränkung" zu verstehen ist. Jedenfalls bewegen sich solche Bewertungsüberlegungen jenseits des Anwendungsbereichs von (sicheren) Verbindlichkeiten und berühren den langfristigen Bereich, wo säkulare Trends der Kosten- und Preisentwicklung regelmäßig anzunehmen sind, also Rückstellungen z. B. für Rückbau- und Entsorgungsverpflichtungen (→ Rz. 81).

20 Eine Sachleistungsverpflichtung kann sich auch als **Tauschgeschäft** darstellen.

> **BEISPIEL** Autohändler A benötigt ein Privatflugzeug, um schnell bei Kunden in Osteuropa vorsprechen zu können. Flugzeughändler F benötigt eine standesgemäße Limousine.
>
> A liefert an F einen Mercedes S-Klasse mit Buchwert 900 € und Verkehrswert 1.000 €. F liefert an A eine gebrauchte Cessna mit Buchwert 800 € und Verkehrswert 1.000 €.
>
> A und F wollen handelsrechtlich das Geschäft erfolgsneutral (→ § 255 Rz. 49) abwickeln. Wie ist zu buchen?

Bei A		Bei F	
per Debitor F an Erlös	900	per Debitor A an Erlös	800
per Abgang an Vorräte	900	per Abgang an Vorräte	800
per Anlagevermögen an Kreditor F	(900) 800	per Anlagevermögen an Kreditor A	(800) 900
per Kreditor F an Debitor F	(900) 800	per Kreditor A an Debitor A	(800) 900
Saldo Debitor F	100 (0)	Saldo Kreditor A	100 (0)

> **Frage**: Wie gleichen sich hier Debitor und Kreditor aus?
>
> **Antwort**: Es gibt keine korrespondierenden Buchungen zwischen den Parteien. Jede ist an ihre Buchwerte gebunden (Zahlen in Klammern) und berücksichtigt nicht die Buchwerte der Gegenseite.

Sachwertdarlehen kommen in der Praxis in Fällen der **Betriebsverpachtung** (→ § 246 Rz. 309) vor, wenn der Pächter die Verpflichtung eingeht, gepachtete Vermögensgegenstände in gleicher Art, Menge und Güte zurückzugeben. Diese Verpflichtung trifft den Pächter als wirtschaftlichen Eigentümer der betreffenden Vermögensgegenstände. Die Bewertung der Rückgabeverpflichtung (Sachwertdarlehen) ist zu den am jeweiligen Bilanzstichtag gültigen Wiederbeschaffungskosten vorzunehmen.[5] Bei einer Preiserhöhung ist also zu buchen: „Per Bestand an Darlehen", bei einer Preissenkung gegenüber dem Vorjahresausweis umgekehrt. Der Verpächter hat seinerseits eine entsprechende Sachwertforderung zu aktivieren.[6]

Die **steuerliche** Bewertung von Verbindlichkeiten bemüht eine **spiegelbildliche** Betrachtung zur Bewertung von nicht abnutzbaren Vermögensgegenständen des Aktivvermögens (§ 6 Abs. 1 Nr. 3 i.V. mit Nr. 2 EStG). Danach soll die Bewertung der Verbindlichkeit mit den Anschaffungskosten erfolgen, die in aller Regel im Zugangsfall mit dem Rückzahlungsbetrag und damit dem Erfüllungsbetrag des HGB identisch ist. Eine wenigstens systematische Abweichung gegenüber der handelsrechtlichen Vorgabe ergibt sich bei der **Folgebewertung**. Diese ist in der Handelsbilanz imparitätisch orientiert, d. h. Werterhöhungen sind zu berücksichtigen, Wertminderungen gegenüber dem Zugangswert mangels Realisierung außer Acht zu lassen. Für die spiegelbildliche Bezugnahme auf die Aktivwerte zum Auslegungsproblem der „**dauernden Wertminderung**" (→ Rz. 115) stellt sich also die Frage: Muss eine Sachleistungsverpflichtung mit einer Werterhöhung aufgrund gestiegener Preise berücksichtigt werden oder – da nur vorübergehender Natur – unberücksichtigt bleiben? Ähnlich gelagerte Anwendungsfälle können sich insbesondere bei **Währungsverbindlichkeiten** ergeben (→ § 256a Rz. 32). 21

2. Zinseffekte

Man kann unterscheiden zwischen **un-, nieder- und hoch**verzinslichen Verbindlichkeiten. Ausgedrückt ist dabei immer ein Bezug zum aktuellen Marktzinssatz für vergleichbare Schulden. Für **Rückstellungen** und **Renten**verpflichtungen ist der Zinseffekt in Abs. 2 geregelt (→ Rz. 70). Für die **Verbindlichkeiten** bestehen handelsrechtlich keine zinsspezifischen Bewertungsvorschriften. Sie sind aus den allgemeinen Grundsätzen der Rechnungslegung zu bestimmen. 22

Unverzinsliche Verbindlichkeiten gibt es – abgesehen von Sonderfällen der Unternehmens**sanierung** – in substanzieller Betrachtung nur zwischen **nahestehenden** Personen oder Unternehmen. **Steuerlich** gilt hier eine Abzinsungspflicht gem. § 6 Abs. 1 Nr. 3 EStG mit einem Zinssatz von 5,5 % p. a. für Verbindlichkeiten mit einer Laufzeit von einem Jahr und länger vom Bilanzstichtag aus gerechnet. Das Ergebnis ist bei Hingabe unverzinslicher Darlehen frappierend: Im Zeitpunkt des Zugangs ist ein unrealisierter Gewinn auszuweisen (international *day one gain*), der erst in der Folgezeit durch Aufzinsung zurückgedreht wird. Die Rechtfertigung für diese Vorgehensweise lautet aus dem Bereich des BFH[7] wie folgt: Der Schuldner erhöhe seine wirtschaftliche Leistungsfähigkeit durch den Unterschied von „Geld heute" und „Rückzahlung später"; per Saldo sei dieser Gewinn an „Wirtschaftskraft" steuerwürdig. 23

Im Einzelnen stellt sich die Steuerrechtslage wie folgt dar:

▶ Auch eine ausgesprochen niedrigere Verzinsung verhindert das Abzinsungserfordernis.[8]

---

5 BFH-Urteil vom 5. 5. 1976 – I R 166/74, BStBl II S. 717.
6 BFH-Urteil vom 6. 12. 1984 – IV R 212/82, BStBl II 1985 S. 391.
7 Vgl. *Buciek*, DB 2010 S. 1031.
8 BMF-Schreiben vom 26. 5. 2005 – IV B 2 – S 2175 – 7/05, BStBl I S. 699, Tz. 13: „Mehr als 0 %." Um wie viel mehr wird nicht gesagt, „aber 1 % sollte jedenfalls genügen" (*Buciek*, DB 2010 S. 1032).

III. Bewertung von Verbindlichkeiten

- Das Abzinsungsverbot gilt auch für Gesellschafter- und kapitalersetzende Darlehen. [9]
- Die Abzinsungspflicht besteht nicht für Anzahlungen oder Vorausleistungen.
- Bei fehlender Laufzeitvereinbarung muss nach Auffassung des BFH (in den beiden zitierten Urteilen) die tatsächliche Handhabung und nicht etwa die gesetzliche Kündigungsfrist von drei Monaten zur Beurteilung der effektiven Laufzeit herangezogen werden. Dem BFH zufolge kommt es nicht auf die formalen Kündigungsmöglichkeiten an, sondern darauf, ob der Schuldner tatsächlich mit einer langfristigen Kapitalüberlassung rechnen kann.[10]

Wegen vergleichbarer Probleme bei der Erfüllung der Laufzeitvermerke wird verwiesen auf → § 285 Rz. 4; → § 268 Rz. 111; sowie → § 256a Rz. 14a ff.[11]

Handelsrechtlich wird eine solche Abzinsung nach absolut herrschender Meinung wegen des Verstoßes gegen das **Realisationsprinzip** für unzulässig erachtet. Zu bilanzieren ist demnach zum Rückzahlungsbetrag bzw. Erfüllungsbetrag.[12] Wegen der weithin dominierenden steuerrechtlich geprägten Betrachtungsweise wird in der Praxis häufig die herrschende handelsrechtliche Meinung unbeachtet gelassen.

Zur (nicht) korrespondierenden Bilanzierung beim **Gläubiger** vgl. → § 255 Rz. 125b. Das Ergebnis in der **Zusammenschau** beider bilanzierenden Subjekte ist frappierend: Im Zeitpunkt des Darlehenszugangs weist der Schuldner einen unrealisierten Gewinn aus, der während der Darlehenslaufzeit zurückgedreht wird. Im Zugangszeitpunkt kann der Gläubiger keine Abzinsung vornehmen, was in der Gesamtschau beider Parteien zu einer Art **umgekehrten Imparitätsprinzip** als Gewinnermittlungsgrundlage führt.

24 Anders verhält es sich bei (**scheinbar**) unverzinslichen Verbindlichkeiten zwischen **fremden** Personen, z. B. im Falle eines Unternehmensverkaufs, bei dem der — unverzinslich vereinbarte — Restkaufpreis erst in drei Jahren zu erfüllen ist. Eine solche Verbindlichkeit kann, in Analogie zum **Disagio** (→ § 250 Rz. 47), zum Rückzahlungsbetrag mit einer Gegenbuchung für den Zinsverlust als aktive Abgrenzung und zeitanteiliger Auflösung dieses Abgrenzungspostens eingebucht werden.[13] Wegen einer entsprechenden steuerlichen Vorgabe[14] wird in der Praxis eher der **abgezinste** Verbindlichkeitsbetrag als Zugangsbetrag eingebucht und laufzeitgerecht aufgezinst — entsprechend der Bewertungsvorgabe in § 6 Abs. 1 Nr. 3 EStG. Es handelt sich dabei um Fälle von Leistungsverpflichtungen (wie z. B. im zuvor erwähnten Fall des Unternehmenskaufs), die in eine Darlehensverbindlichkeit umgewandelt werden. Bei Darlehensgewährung in **Geld** muss steuerlich der Abzinsungsbetrag im Zugangszeitpunkt als Ertrag verbucht werden (*day one gain*, → Rz. 13).

25 Einen versteckten Zinsanteil enthält auch die **Nullcoupon**-Anleihe (Zerobond). Eine solche Verbindlichkeit ist beim Emittenten mit dem **Ausgabebetrag**, also der baren Gegenleistung des Zeichners, zu passivieren und nach Maßgabe einer Effektivzinsberechnung laufzeitgerecht

---

9 BFH-Beschluss vom 6. 10. 2009 – I R 4/08, BStBl 2010 II S. 177, mit Anm. *Hoffmann*, DB 2009 S. 2757; BFH-Urteil vom 27. 1. 2010 – I R 35/09, DStR 2010 S. 531.
10 Vgl. *Buciek*, DB 2010 S. 1031.
11 Vgl. *Hoffmann*, StuB 2010 S. 41.
12 So z. B. ADS, 6. Aufl., § 253 Tz. 81; *Karrenbauer/Döring/Buchholz*, in: Küting/Weber (Hrsg.), Handbuch der Rechnungslegung, 5. Aufl., § 253 Tz. 77.
13 So der Vorschlag von ADS, 6. Aufl., § 253 Tz. 82.
14 BFH-Urteil vom 25. 2. 1975 – VIII R 19/70, BStBl II S. 647.

(passiv) **zuzuschreiben**, bis beim Einlösungstag der dann zu vergütende Rückzahlungsbetrag erreicht wird.[15] Gegen die Bruttobilanzierung – Passivierung des Rückzahlungsbetrags und Aktivierung des Unterschiedsbetrags als aktive Abgrenzung vergleichbar dem Disagio (Bruttomethode) – wird der Gedanke des schwebenden Geschäfts vorgebracht: Die versteckten Zinsen würden bei einem normalen Darlehen ebenfalls nicht passiviert. Allerdings gilt dieses Argument genauso für das Disagio, so dass hier in den beiden Darstellungsformen konzeptionelle Brüche festzustellen sind, mit denen die Praxis allerdings gut zu leben scheint. Die laufende Aufzinsung kann als jährlich zunehmende Kapitalüberlassung des Zeichners der Nullcoupon-Anleihe verstanden werden, die jeweils eine Zugangsbuchung zur Verbindlichkeit veranlasst.

In Fällen der **Unter-** oder **Über**verzinslichkeit muss zunächst die Bezugsgröße definiert werden, und zwar im Zeitpunkt der Ausgabe und zum jeweiligen Bilanzstichtag. Im **Ausgabezeitpunkt** kann unter Fremden in einer Effektivzinsbetrachtung (d. h. unter Einbeziehung von Disagien etc.) keine Unter- oder Überverzinslichkeit vorliegen, da hier die Zinskonditionen als marktgerecht ausgehandelt gelten. Anders verhält es sich bei der **Folge**bilanzierung, wenn sich der fest vereinbarte Zinssatz bezogen auf geänderte Marktbedingungen und/oder Bonität des Schuldners nicht als günstig oder ungünstig darstellt.   26

Die Zinskondition ist als wesentlicher Bestandteil eines (schwebenden) Dauerschuldverhältnisses anzusehen, das regelmäßig nicht bilanzierbar ist (→ § 246 Rz. 4). Erst bei einem damit verbundenen („drohenden") Verlust (*onerous contract*) kommt handelsrechtlich ein Rückstellungsansatz in Betracht (→ § 249 Rz. 130 ff.). Umgekehrt ist wegen des Realisationsprinzips (→ § 252 Rz. 85 ff.) keine Aktivierung für einen im Zeitverlauf entstandenen günstigeren Zins gegenüber der Marktentwicklung zulässig.

Allerdings ist der drohende Verlust als Tatbestandsmerkmal vom **ungünstigen** Vertrag (*unfavorable contract*) zu unterscheiden (→ § 249 Rz. 133). Ungünstig ist ein Vertrag bereits dann, wenn seine Konditionen schlechter sind, als es den aktuellen, bonitätsgerechten Marktbedingungen entspricht. Wenn aber mit der in diesem Sinne ungünstigen, weil überverzinslichen Darlehensverbindlichkeit im Ergebnis positiv gewirtschaftet wird, liegt kein Drohverlust vor. Vielfach ist die Zurechnung eines Drohverlusts zu einer bestimmten Kreditfinanzierung kaum möglich, so dass die Hochverzinslichkeit nicht zu einer Rückstellung oder Umbewertung der Verbindlichkeit berechtigt. Steuerlich wird in solchen Fällen einer ungünstig gewordenen Finanzierung auch eine Teilwertzuschreibung für die Verbindlichkeit diskutiert,[16] allerdings bisher nicht mit dem Segen des BFH oder der Finanzverwaltung.

Im Interesse einer längerfristigen Bindung des Gläubigers werden Verbindlichkeiten häufig mit **akzelerierender** Verzinsung begründet (z. B. bestimmte Sparbriefe). Die zu Beginn der Laufzeit niedrigeren Zinsen werden durch später entsprechend erhöhte kompensiert, so dass sich über die Gesamtlaufzeit hinweg der Marktzinssatz im Ausgabezeitpunkt errechnet (sog. „Zuwachssparen"). In den Anfangsjahren „fehlen" also Zinsaufwendungen, die dann später nachgeholt werden. U. E. muss hier eine Gesamtbetrachtung über die Laufzeit hinweg erfolgen, die zu einer entsprechenden Periodisierung des gesamten Zinsaufwands führt (§ 252 Abs. 1 Nr. 5 HGB). In den Anfangsjahren ist also eine entsprechende (zusätzliche) Zinsschuld als Rückstel-   27

---

15 So IDW HFA 1/1986.
16 Vgl. *Groh*, DB 2007 S. 2275.

lung zu passivieren, die dann in den späteren Jahren bei der höheren Zinszahlungsschuld in Anspruch genommen wird. Der BFH ist hier allerdings für steuerliche Zwecke u. E. anderer Ansicht: Eine Rückstellung für die Zinsdifferenz wird abgelehnt (→ § 249 Rz. 148).[17]

Auch bei einem geplanten zeitweiligen **Zinsverzicht** (außerhalb von Sanierungsfällen) ist der Zinsaufwand über die Laufzeit hinweg zu periodisieren. In einem vergleichbaren Fall hat für die Steuerbilanz allerdings der BFH einen „mietfreien" Zeitraum von elf Monaten zu Beginn eines zehnjährigen Mietvertrags nicht als periodisierbar angesehen, also den mietfreien Zeitraum im Ergebnis nicht mit Mietaufwand der restlichen Periode belastet (→ § 249 Rz. 147).[18]

28 Bei längerfristigen Bankschulden, z. B. Hypothekenkredit, wird häufig ein **Disagio** bzw. **Damnum** vereinbart, d. h. der dem Schuldner seitens der Bank darlehensweise überlassene Betrag ist **niedriger** als der **Rückzahlungsbetrag**, also z. B. Rückzahlung 100, Ausgabe 98. Dieser Differenzbetrag kann (Wahlrecht) nach § 250 Abs. 3 Satz 1 HGB als Rechnungsabgrenzungsposten aktiviert werden und ist dann nach Satz 2 laufzeitgerecht dem Aufwand zu belasten (→ § 250 Rz. 47). Steuerlich besteht hier eine Ansatzpflicht.

Wie das Disagio sind die von der Bank erhobenen **Gebühren, Provisionen** etc. zu behandeln, da es auf die **Bezeichnung** dieses Zusatzentgelts für den Gläubiger nicht ankommen kann. Anderes gilt u. E. für Einmalleistungen im Zusammenhang mit der Kreditgewährung an **Dritte**, z. B. Vermittlungsprovisionen. Diese sind bei Fälligkeit als Aufwand zu verbuchen.[19]

Anders ist die Regelung nach den IFRS: Hier ist der Vereinnahmungsbetrag beim Erstansatz eines Darlehens mit dem Auszahlungsabschlag zu passivieren und über die Laufzeit nach Maßgabe der Effektivzinsmethode aufzuzinsen. Am Ende der Laufzeit muss dann der Rückzahlungsbetrag passiviert sein.

3. Wertsicherungsklauseln

29 Bei langfristigen Verbindlichkeiten wird mitunter eine **Indexierung** vereinbart. Nach Rechtslage vor Ergehen des BilMoG wurde in eher stichtagsbezogener Betrachtung der nach Maßgabe der Indexklausel aktuell gültige Rückzahlungsbetrag passiviert. Regelmäßig bewegt sich eine Indexklausel innerhalb einer **Mindestspanne**: Änderung des Rückzahlungsbetrags bei Erhöhung des Index XY um 10 %. Die Frage ist dann, ob das bis zum Laufzeitende der Verbindlichkeit zu erwartende Erreichen der Indexschwelle vorweggenommen werden kann oder gar der mutmaßliche Rückzahlungsbetrag insgesamt aufgrund einer vermuteten Indexänderung zu berücksichtigen ist. Letzteres zeigt schon die Unsicherheit der Bewertung: Wenn schon eine Passivierung als Schuld in Betracht kommt, dann nur als Rückstellung (→ § 249 Rz. 2). Eine solche zukunftsorientierte Bewertung könnte durch die Ersetzung des Rückzahlungs- durch den Erfüllungsbetrag im Rahmen des BilMoG (→ Rz. 18) Auftrieb erhalten.[20] Dies gilt allerdings nur für die handelsrechtliche Bilanzierung, da der BFH in solchen Fällen eine streng stichtagsbezogene Bewertung für richtig erachtet.

---

17 BFH-Urteil vom 20. 1. 1993 – I R 115/91, BStBl II S. 373.
18 BFH-Urteil vom 5. 4. 2006 – I R 43/05, BStBl II S. 593; so auch *Rätke*, StuB 2006 S. 789; a.A. *Hoffmann*, DStR 2006 S. 1125.
19 So auch die steuerliche Regelung in BFH-Urteil vom 4. 5. 1977 – I R 27/74, BStBl II S. 802, sowie im BFH-Urteil vom 4. 3. 1976 – IV R 78/72, BStBl II 1977 S. 380.
20 Vgl. im Einzelnen *ADS*, 6. Aufl., § 253 Tz. 126 ff.

4. Verlustzurechnungen an Gläubiger

Verbindlichkeiten sind mitunter auch durch eine **Verlusttragungsverpflichtung** des Gläubigers gekennzeichnet (zur Gewinnbeteiligung des Gläubigers vgl. → § 255 Rz. 124a): 29a

▶ Die **stille Beteiligung** sieht nach dem gesetzlichen Regelstatut des § 232 Abs. 2 HGB die Verlusttragung bis zur Höhe der Einlage vor.

▶ Beim **Genussrechtskapital** setzt u. U. vertraglich die garantierte Verzinsung im Verlustfall des Schuldners/Emittenten aus (→ § 255 Rz. 124c).

Unabhängig davon ist die Frage nach dem **Bilanzausweis** der Einlage = Forderung des Stillen bzw. Genussrechtsinhabers in der Bilanz des Emittenten und der daraus folgenden Verlustzurechnung unter Eigen- oder Fremdkapital zu beantworten (→ § 246 Rz. 66f).

Im Verlustfall mindert sich die Rückzahlungsverpflichtung gegenüber dem Stillen = Gläubiger um dessen Verlustanteil mit der Buchung: Per Einlage Stiller an Ertrag aus Verlustübernahme (→ § 277 Rz. 32 ff.) mit Sonderausweis. „Davon aus Herabsetzung der stillen Einlage."[21] Damit wäre eine spiegelbildliche Betrachtung mit der für zulässig erachteten Bilanzierung beim Inhaber/Emittenten erreicht (→ Rz. 140a). Eine rein technische Abweichung bestünde in der Erfassung des Verlustanteils auf einem Unterkonto „Verlustanteil Stiller"[22] – analog der Buchungsweise für Kommanditisten (→ § 246 Rz. 110). 29b

Eine Besonderheit ergibt sich, wenn vertraglich der Stille seinen Verlustanteil nur aus **künftigen Gewinnen** decken muss.[23] Dann trägt der Inhaber/Emittent in diesem Jahr der Verlustentstehung den gesamten Verlust. In der späteren Gewinnsituation setzt die Gewinnbeteiligung des Stillen demgegenüber aus bis zur Abtragung der aufgelaufenen Verlustanteile. Daraus ergeben sich keine aktivierbaren Ansprüche des Inhabers als Verlustdeckungsanspruch und ebenso keine passivierbare Verpflichtung des Stillen zur Verlustdeckung. 29c

Fraglich ist der Bilanzausweis, wenn der Verlustanteil die Einlageverbindlichkeit übersteigt. Nach einhelliger Auffassung kommt eine Forderungsaktivierung gegen den Stillen nur im Betracht, wenn diesen vertraglich eine Ausgleichsverpflichtung entgegen § 232 Abs. 2 HGB trifft. Nach dem gesetzlichen Regelstatut bedeutet der Verlustvortrag eine **Gewinnausschüttungssperre**: Bis zur Beseitigung der Verlustzurechnung darf der Stille keinen Gewinn beziehen. 29d

Eine Ausweismöglichkeit wird in der Analogie zum **negativen Kapitalkonto** der Kommanditisten (→ § 264c Rz. 40) gesehen mit der Bezeichnung: „Nicht durch Vermögenseinlage gedeckter Verlustanteil des stillen Gesellschafters." Gegen diese Lösung spricht die Zuteilung eines Verlusts an den Stillen, den er im Insolvenzfall des Inhabers nicht tragen müsste. In Wirklichkeit kann ein negatives Kapitalkonto des Stillen nicht bestehen, denn es gibt keine Bilanz der stillen Gesellschaft (→ § 246 Rz. 67). Bilanziert wird nur das Vermögen des Geschäftsinhabers. Deshalb kann es allenfalls ein negatives Kapital des Inhabers geben.[24]

Die **andere** Möglichkeit des Ausweises bestünde in einer Verlustdotierung bis zur Höhe des Einlagekontos und Nachhaltung des überschießenden Betrags in einer außerbilanziellen Ne-

---

21 So analog zum Genussrecht HFA 1/1994 unter 2.2.1b.
22 So *Blaurock*, Stille Gesellschaft, 7. Aufl., Köln 2010, Tz. 13.134.
23 Vgl. hierzu *Groh*, DB 2004 S. 669.
24 Vgl. *Groh*, DB 2004 S. 669; so auch BFH-Urteil vom 23. 7. 2002 – VIII R 36/01, BStBl II S. 858.

III. Bewertung von Verbindlichkeiten

benrechnung. Dabei bleibt der Jahresfehlbetrag im Ausweis vom überschießenden Verlustanteil des Stillen unberührt.

> **BEISPIEL**
>
> | | |
> |---|---:|
> | **Einlage 01** | 100 |
> | Verlustanteil in 01 | 20 |
> | Verlustanteil in 02 | 110 |
> | | |
> | **Ausweis für 02** | |
> | Einlage stiller Gesellschafter | 100 |
> | Verlustzurechnung | -100 |
> | | ∅ |
> | (nachzuhalten | 30) |

U. E. ist die zweite Ausweisvariante, wie im vorigen Beispiel dargestellt, vorzugswürdig.

29e Die Verwendung von Gewinnanteilen des Stillen in Folgejahren zur Abdeckung des Verlustvortrags ist in der GuV-Rechnung auszuweisen: „Aufwand aus der Wiederauffüllung der stillen Einlage."[25] Damit wird beim Inhaber/Emittenten eine periodengerechte Ergebniserfassung erreicht.

29f Im Falle eines Genussrechts mit **Eigenkapitalcharakter** (→ § 246 Rz. 66 f.) soll dem IDW zufolge[26] der an den Genussrechtsinhaber vergütete Zins aufwandswirksam verbucht und unter dem Titel „Vergütung an Genussrechtskapital" ausgewiesen werden – dies weil eine schuldrechtliche Verpflichtung erfüllt werde, die keine Gewinnverwendung darstelle. U. E. ist diese Behandlung in der GuV-Rechnung nicht kompatibel mit dem unterstellten Eigenkapitalcharakter der Einlage. Im **Verlustfall** lautet die Vorgabe des IDW anders: Hier dominiert wieder der Eigenkapitalcharakter, es liege eine Ergebnisverwendung vor, die bei der Abschlusserstellung **nach** dem Jahresüberschuss (gemeint ist Jahresergebnis) als „Entnahme aus Genussrechtskapital" und „Wiederauffüllung des Genussrechtskapitals" zu berücksichtigen ist. Die gebotene Analogie zur stillen Beteiligung würde zur entsprechenden Rücklagenbewegung (→ § 268 Rz. 7) unter der Bezeichnung „Entnahme aus der stillen Einlage" und „Wiederauffüllung der stillen Einlage" führen.

Beim **Genussrecht** wäre danach vom Inhaber/Emittenten zu buchen:

▶ **Nicht Verlustfall**: Per Zinsaufwand an Verbindlichkeit
▶ **Verlustfall**: Per „Entnahme aus Genussrechtskapital" an Bilanzgewinn
▶ **Bei späterem Gewinnanteil**: Per Bilanzgewinn an „Wiederauffüllung des Genussrechtskapitals".

In der Folge ist **unterhalb** des **Jahresergebnisses** wie folgt auf den Bilanzgewinn überzuleiten:

---

[25] Analog zu IDW HFA 1/1994 unter 2.2.1b).
[26] IDW HFA 1/1994 unter 2.2.2a) und b).

Jahresfehlbetrag	100
Verlustanteil Genussrechtsinhaber	-20
Gewinnvortrag	170
Bilanzgewinn	90

In der **Bilanz** stellt sich die Eigenkapitalentwicklung wie folgt dar:

Gezeichnetes Kapital (AG oder GmbH als Inhaber)		5.000
Genussrechtskapital (Nennwert)	150	
Entnahme aus Genussrechtskapital	20	130
Restlicher Fehlbetrag	80	
Gewinnvortrag	170	
Bilanzgewinn	90	90
		5.220

Kontrolle:

Eigenkapital am Anfang		
– Gezeichnetes Kapital	5.000	
– Genussrechtskapital	150	
– Gewinnvortrag	170	5.320
Eigenkapital am Ende		5.220
Jahresfehlbetrag		100

Die Darstellung der Eigenkapitalentwickler wirkt systemfremd. Das Dilemma rührt aus der künstlichen Zweiteilung des Eigenkapitals: in das „normal", d. h. **gesellschafts**rechtlich orientierte einerseits und das **schuld**rechtlich strukturierte andererseits. Entsprechend ist die Ergebnisverwendungsrechnung (→ § 268 Rz. 4 ff.) zweigeteilt aufzuziehen. Üblicherweise kann es nur **ein** Eigenkapital geben, das u. a. Verluste als Jahresfehlbetrag erfasst und als Verlustvortrag in neuer Rechnung zeigt und dann ggf. nach einem späteren Jahresüberschuss den Verlustvortrag wieder verschwinden lässt. In Wirklichkeit ist der Genussrechtsinhaber aber kein „Inhaber" des Unternehmens, sondern Gläubiger, was einen Eigenkapitalausweis gerade nicht zulässt.

Im Falle der **stillen Beteiligung** mit Eigenkapitalcharakter gelten die vorstehenden Erläuterungen (→ Rz. 29d) zum Genussrechtskapital entsprechend. 29g

IV. Bewertung von Rückstellungen

1. Rückstellungen allgemein (Abs. 1 Satz 2)

1.1 Der Erfüllungsbetrag

30 In sprachlicher „Tateinheit" werden die Rückstellungen zusammen mit den Verbindlichkeiten der Bewertungsgröße **„Erfüllungsbetrag"** auf der Grundlage von Vollkosten[27] zugeordnet (→ Rz. 18), allerdings angereichert mit der vernünftigen kaufmännischen Beurteilung. Letztere stellte bereits den Wertmaßstab des HGB vor Ergehen des BilMoG dar. Der Erfüllungsbetrag ist durch dieses Gesetz eingefügt worden. Nach der Gesetzesbegründung[28] sollen „unter **Einschränkung** des **Stichtagsprinzips**[29] (→ § 252 Rz. 81a) künftige Preis- und Kostensteigerungen" berücksichtigt werden. Dazu sind objektive Hinweise zu hinreichend sicheren Erwartungen über künftige Kosten- und Preissteigerungen erforderlich.[30] **Erwartete, aber noch nicht eingetretene** externe Ereignisse – Technologiewandel, Umweltauflagen, Gesetzesänderungen – sind als **wertbegründend** (→ § 252 Rz. 55) nicht zu beachten,[31] wohl aber zu erwartende Kostensenkungen. Die stillschweigende Anlehnung an die entsprechenden Bewertungsvorgaben in IAS 37.36 wird in der Begründung – auch im Gegensatz zur steuerlichen Bilanzierung nach der BFH-Rechtsprechung – als Fortentwicklung der GoB bezeichnet, eine zweifelhafte induktive Ermittlung der GoB durch die exekutive Gewalt (→ § 243 Rz. 8). Dem bilanzierenden Kaufmann ist damit ein, insbesondere bei langfristigen Verpflichtungen, erheblicher **Ermessensspielraum** anvertraut, der durch die vorgegebene „vernünftige kaufmännische Beurteilung" nicht wirklich eingeschränkt werden kann. Vergleichbar verhält es sich nach IAS 37.38, wo die erforderliche Schätzung (*best estimate*) dem Management auferlegt ist. Die damit verbundenen Ermessensentscheidungen und bilanzpolitischen Spielräume mag man beklagen. Sie sind indes der Gewinnermittlung durch Vermögensvergleich (Bilanzierung) **wesensimmanent**.

Dabei dürfen diese **Schätzungen** nicht „frei bleiben". Sie müssen einer logischen Strukturierung folgen und dürfen nicht im Zeitverlauf willkürlich verändert werden. Diese Stetigkeit gebietet indes nicht das Festhalten an einzelnen Bewertungsparametern, wenn sich die entsprechenden wirtschaftlichen Umweltbedingungen verändert haben. Auf die Beispiele unter → § 252 Rz. 176 wird verwiesen.

31 Die von der Regierungsbegründung als „normal" angesehene Kosten- und Preissteigerung kann in **gesamt**wirtschaftlicher oder **branchen**spezifischer Ausrichtung dem Kalkül zugrunde gelegt werden, sofern nicht eindeutige gegenläufige Tendenzen, etwa infolge kostengünstigerer Technologie für Entsorgungsmaßnahmen im Kernkraftbereich, eine anders geartete Vorgehensweise verlangen. Die regelmäßig zu unterstellende **Preissteigerung** wird vom Gesetz in-

---

[27] Vgl. *Bertram/Kessler*, in: Haufe HGB Bilanz Kommentar, Freiburg 2009, § 253 Rz. 48.
[28] Regierungsbegründung zum BilMoG S. 112.
[29] Nach *Kessler* besteht bei der Bewertung mit dem Erfüllungsbetrag kein Gegensatz zum Stichtagsprinzip. Vielmehr müsse aus der Stichtagsperspektive unter *going concern*-Annahme die künftige Mengen- und Preisentwicklung berücksichtigt werden (in: Kessler/Leinen/Strickmann (Hrsg.), Handbuch BilMoG, Freiburg 2009, S. 276).
[30] Regierungsbegründung des BilMoG S. 112. *Theile/Stanke* fordern eine „fundierte" Trendfortschreibung (DB 2008 S. 1758).
[31] Vgl. *Kozikowski/Schubert*, in: Beck'scher Bilanz-Kommentar, 7. Aufl., München 2010, § 253 Tz. 158; *Küting/Cassel/Metz*, DB 2008 S. 2318.

soweit konsequent mit einer **Abzinsungsvorgabe** bei mutmaßlicher Laufzeit der Rückstellung von über zwölf Monaten begleitet (→ Rz. 72). Dementsprechend wäre die **Nominalrendite** risikoloser Staatsanleihen mit vergleichbarer Laufzeit als Bewertungsmaßstab zu verwenden, um eine Kaufkraftäquivalenz zu erreichen. Dieses Ziel wird im Hinblick auf die **pauschalierte** Vorgabe eines bestimmten Zinssatzes (→ Rz. 74) nur annähernd erreicht. Zur bilanzmäßigen Abbildung im Zeitverlauf unter Berücksichtigung des Aufzinsungseffekts wird auf das Beispiel unter → Rz. 81 verwiesen.

1.2 Das Schätzungserfordernis

Das **Unsicherheits**moment im Gefolge der Schätzungserfordernisse im Rahmen vernünftiger kaufmännischer Beurteilung ist der Rückstellungsbilanzierung sowohl beim Ansatz (→ § 249 Rz. 10 ff.) als auch bei der Bewertung immanent (→ § 249 Rz. 3). Dies lässt sich im Vergleich zur steuerlichen Bilanzierung in folgender Skizze darstellen. Die Sonderbewertungsnormen in § 6 Abs. 1 Nr. 3a EStG sind dabei nicht berücksichtigt.

32

BEISPIEL

	Ebene	HB	StB
1	Ansatz Nein = Ende	ausreichend konkretisiert „51 zu 49" ja ↓	ausreichend konkretisiert „51 zu 49" ja ↓
2	Bewertung 1. Ebene	Erfüllungsbetrag nach vernünftiger kaufmännischer Beurteilung ↓	Stichtagswert, kaufmännisch vernünftig(?) ↓
3	Bewertung 2. Ebene	Laufzeit kaufmännisch vernünftig ↓	Laufzeit kaufmännisch vernünftig ↓
4	Bewertung 3. Ebene	Abzinsung bei Laufzeit von über einem Jahr nach spezifischer Vorgabe	Abzinsung bei Laufzeit von über einem Jahr mit 5,5 % p. a.

Das größte Unsicherheitsmoment in der **Bewertung** ergibt sich auf der ersten Stufe, also bei der Ermittlung des Erfüllungsbetrags (HB) bzw. Stichtagswerts (StB). Vergleichbar der Vorgehensweise beim Bilanz**ansatz** (→ § 249 Rz. 42) werden hier im Schrifttum **Wahrscheinlichkeitskalküle** in unterschiedlicher Ausprägung vorgestellt. Solche Berechnungen haben einen objektiv nachprüfbaren Charakter, wenn es sich um Sachverhalte **großer Häufigkeit** handelt, bei denen statistisch das Gesetz der großen Zahl anwendbar ist (→ § 252 Rz. 49):

33

▶ Garantie- und Kulanzleistungen,

- Wechselobligo,
- (teilweise) Schadensregulierungen in der Versicherungswirtschaft.

> **BEISPIEL** Die Aufzeichnungen eines Herstellers von Motorkettensägen belegen: 95 % der produzierten Güter werden ohne Defekt ausgeliefert, 3 % mit geringen Schäden und 2 % mit größeren Defekten. Entsprechend lässt sich eine gewichtete Wahrscheinlichkeit der Inanspruchnahme feststellen, für die dann aber immer noch nicht die Art der Schäden und die damit verbundenen Kosten festgestellt sind. Hierzu bedarf es einer zusätzlichen statistischen Ermittlungsebene, die dann möglicherweise zu einer Durchschnittsbetrachtung führt.

34 Solche Wahrscheinlichkeitsrechnungen auf statistischer Grundlage sind dagegen nicht möglich bei **singulären Sachverhalten** (→ § 252 Rz. 50):

- Produkthaftungsverpflichtungen,
- Schadenersatzfälle,
- Produktrücknahmen,
- Kartellverstöße,
- etc.

In diesen Fällen nähert sich das Hantieren mit Wahrscheinlichkeiten einer **Alibifunktion**, um eine mathematisch „ermittelte" Größe dem Buchungsbeleg zugrunde zu legen.

> **BEISPIEL**[32] Im Rahmen einer Feststellungsklage ist das Unternehmen U zum Schadenersatz dem Grunde nach verpflichtet worden. Die Höhe der Inanspruchnahme bleibt einem weiteren Verfahren oder der vorgängigen Einigung der Streitparteien anvertraut.
>
> Der Anwalt hält eine Inanspruchnahme i. H. von 2 Mio €, 4 Mio € und 6 Mio € für gleich wahrscheinlich.

Üblicherweise wird im handelsrechtlichen Schrifttum der Ansatz von 6 Mio € favorisiert. Allerdings handelt es sich dabei um den typischen Fall einer Lehrbuchlösung. Im konkreten Fall werden sich auch unterschiedliche Wahrscheinlichkeiten den genannten Beträgen zuordnen lassen, also z. B. 4 Mio € mit einer höheren Quote. Dann wäre je nach Gesetzesauslegung auch ein Rückstellungsansatz von 4 Mio € gut vertretbar.

Man kann auch die unterschiedlichen Wahrscheinlichkeiten auf der Grundlage einer Gauß'schen Normalverteilung zuordnen und dann den Mittelwert wählen. Dieser soll aber dem Vorsichtsprinzip widersprechen.[33] Deshalb müsste ein höherer Wert mit geringerer Wahrscheinlichkeitsquote angesetzt werden. Aber auch hier zeigt sich der Spielcharakter entsprechender Quantifizierungsversuche. In der Bilanzierungspraxis werden in solchen Fällen von einigem Gewicht die Werte nach den **bilanzpolitischen Vorgaben** gewählt, soweit sie sich nicht außerhalb jeglicher Realität bewegen.

---

32 In Anlehnung an *Lüdenbach*, IFRS, 6. Aufl., Freiburg 2010, S. 250.
33 So *Kozikowski/Schubert*, in: Beck'scher Bilanz-Kommentar, 7. Aufl., München 2010, § 253 Tz. 155.

Lässt man sich gleichwohl von diesen lehrbuchmäßigen Spielereien auf arithmetischer Basis 35
leiten, dann erscheint die Errechnung eines **Erwartungswerts** als sinnvolle Größe, weil so die
Ermessensspielräume am ehesten reduziert werden. Dazu folgendes Beispiel:[34]

> **BEISPIEL** Der Kunde eines Maschinenbauherstellers M macht vor dem Bilanzstichtag einen
> Anspruch auf Nachbesserung innerhalb der Garantiefrist geltend. Die entstehenden Kosten
> werden auf 4.500 € taxiert. M hält das Begehr für sachlich unberechtigt und gewichtet seine
> Verpflichtung wie folgt:
>
> | | |
> |---|---|
> | 40 % Wahrscheinlichkeit der Inanspruchnahme von 0 | 0 € |
> | 25 % Wahrscheinlichkeit der vollen Inanspruchnahme aus Kulanzgründen | 1.125 € |
> | 35 % Wahrscheinlichkeit einer gütlichen Einigung mit Kostenübernahme des M von 1.000 € | 350 € |
> | Erwartungswert | 1.475 € |
>
> Bei Maßgabe des wahrscheinlichsten Werts beliefe sich der Bilanzansatz auf Null.

Bei allen Unsicherheiten der Rückstellungsbewertung für singuläre Verpflichtungen erscheint 36
eine Art **Praktikerlösung** am ehesten in Betracht zu kommen. Diese besteht in der Bestimmung eines Intervalls von zwei gerade noch in Betracht kommenden Größen, deren Mitte
dann den Bilanzansatz bildet. Diese Lösung hat einen Vorteil gegenüber allen anderen: Die Abweichung des effektiven in der Zukunft zu entrichtenden Betrags von dem einstweilen bilanzierten ist der geringstmögliche Betrag, nämlich 50 %. Die „Verschätzung" kann sich also
höchstens in diesem Prozentbereich bewegen. Dieser Lösung mag man das Vorsichtsprinzip
entgegenhalten. Doch dieses ist noch weniger quantifizierbar als andere Berechnungsgrößen.
Bei einer späteren Rechtfertigung des im Nachhinein als falsch ermittelten Betrags kann man
erfolgreich kaum das Vorsichtsprinzip als Rechtfertigung für den „Fehler" ins Feld führen.

Im **Zeitverlauf** wird auch jeder bilanzierende Kaufmann klüger. Die entsprechenden Berech- 37
nungsgrundlagen der Schätzung sind an den gewachsenen Kenntnisstand anzupassen. Wenn
sich z. B. bei Verhandlungen mit einer schadenersatzfordernden Gegenpartei ein Einigungskorridor herausgestellt hat, ist innerhalb dieses Korridors zu bewerten. Zum Wertaufhellungsproblem wird verwiesen auf die Kommentierung in → § 252 Rz. 51.

1.3 Die einzubeziehenden Kosten

Der Kostenumfang für Sachleistungsverpflichtungen ist von Gesetzes wegen förmlich nicht 38
festgelegt. Allgemein wird ein **Vollkosten**ansatz unter Berücksichtigung von (angemessenen)
Gemeinkosten für zutreffend erachtet. Dafür kann man eine Analogie zur Ermittlung der Herstellungskosten nach § 255 Abs. 2 HGB zurate ziehen (→ § 255 Rz. 85), aber auch die steuerliche Vorgabe in § 6 Abs. 1 Nr. 3a b) EStG. Unbeantwortet bleibt die Frage nach der Einbeziehung
von **verwaltungs**bezogenen Gemeinkosten, für die das handelsrechtliche Bewertungswahl-

---

34 Ähnlich *Hoffmann*, in: Lüdenbach/Hoffmann (Hrsg.), Haufe IFRS-Kommentar, 8. Aufl., Freiburg 2010, § 21 Rz. 138.

recht gilt.³⁵ Nicht in Betracht kommt ein Ansatz von Grenzkosten. Der Vollkostenansatz gilt auch für Drohverlustrückstellungen im Rahmen von Absatzgeschäften (→ § 249 Rz. 141).³⁶

1.4 Einzelne Rückstellungskategorien

39 Die besonderen **steuerlichen** Bewertungsvorschriften lassen sich auch teilweise gut zur Strukturierung der handelsrechtlichen Bewertungsvorgaben für die Verbindlichkeitsrückstellungen verwenden. Dies besagt in der Reihenfolge des § 6 Abs. 1 Nr. 3a EStG:

40 ▶ Für **gleichartige** Verpflichtungen gilt eine Art Sammelbewertungsgrundsatz (sinnvoller Verstoß gegen die Einzelbewertung), um daraus auf der Grundlage des Gesetzes der großen Zahl (→ Rz. 33) einen mathematisch fixierbaren Rückstellungsbetrag zu ermitteln. Die darin einfließende Vergangenheitserfahrung stellt eine wichtige Objektivierungsgrundlage dar.

41 ▶ **Sachleistungsverpflichtungen** sind unter Gemeinkostenzuschlag zu bewerten (→ Rz. 38) und entfallen auf folgende Sachverhalte:³⁷

– Einzelgarantiefälle,³⁸

– Jahresabschlusserstellung und -prüfung, Erstellung der betrieblichen Steuererklärungen,³⁹

– Abrechnungsverpflichtungen im Baugewerbe,⁴⁰

– Kosten der Schadensermittlung bei Versicherern,⁴¹

– Aufbewahrung von Geschäftsunterlagen,⁴²

– Vorteilsverrechnung (Berücksichtigung künftiger Vorteile, → Rz. 42).

42 ▶ Kürzung um **künftige Vorteile**; dabei geht es um folgende typische vom BFH entschiedene Sachverhalte:⁴³

– Rückgriffsrechte gegen Versicherer,⁴⁴

– Rückgriffsforderung für sog. Sprungrückstellungen bei Abonnentenverträgen,⁴⁵

– Rückgriffsforderung eines Bauunternehmers gegen Subunternehmer bei Garantieverpflichtungen,⁴⁶

– Einnahmen aus Kippgebühren bei Verpflichtungen zur Wiederauffüllung ausgeschachteter Kiesvorkommen,⁴⁷

---

35 So *Kessler*, in: Küting/Pfitzer/Weber (Hrsg.), Handbuch der Rechnungslegung, 5. Aufl., § 249 Tz. 310, m. w. N.
36 IDW RS HFA 4, Tz. 35.
37 Vgl. *Hoffmann*, in: Littmann/Bitz/Pust (Hrsg.), Das Einkommensteuerrecht, § 6 Tz. 665.
38 BFH-Urteil vom 13. 11. 1991 – I R 129/90, BStBl 1992 II S. 519, zur Kfz-Industrie.
39 BFH-Urteil vom 24. 11. 1983 – IV R 22/81, BStBl 1984 II S. 301; dieser Fall soll dem BFH zufolge ausnahmsweise ohne Gemeinkosten zu bewerten sein, u. E. überholt.
40 BFH-Urteil vom 25. 2. 1986 – VIII R 134/80, BStBl II S. 788, und BFH-Urteil vom 18. 1. 1995 – I R 44/94, BStBl II S. 742.
41 BFH-Urteil vom 19. 1. 1972 – I 114/65, BStBl II S. 392.
42 BFH-Urteil vom 19. 8. 2002 – VIII R 30/01, BStBl 2003 II S. 131.
43 Vgl. *Hoffmann*, in: Littmann/Bitz/Pust (Hrsg.), Das Einkommensteuerrecht, § 6 Tz. 667.
44 BFH-Urteil vom 14. 11. 1957 – IV 67/57, BB 1958 S. 225.
45 BFH-Urteil vom 3. 8. 1993 – VIII R 37/92, BStBl 1994 II S. 444.
46 BFH-Urteil vom 17. 2. 1993 – X R 60/89, BStBl II S. 437.
47 BFH-Urteil vom 16. 9. 1970 – I R 184/67, BStBl 1971 II S. 85.

- Forderungsübergang kraft Gesetzes im Falle der Inanspruchnahme durch Dritte (Bürgschaften, Gesamtschuldnerschaft),[48]
- Ausgleichsansprüche gegen Urlaubskasse,[49]
- Erstattungsanspruch gegen die Arbeitsbehörde nach § 4 Altersteilzeitgesetz.[50]

Fraglich ist die Begriffsauslegung der **künftigen Vorteile**. Im oben zitierten BFH-Urteil zum Fall des Bauunternehmers mit Rückgriffsrechten gegen Subunternehmer hat der BFH formuliert: „Eine in der Entstehung begriffene Rückgriffsforderung darf nur dann zur Kompensation verwandt werden, wenn sie bei vernünftiger kaufmännischer Beurteilung die Inanspruchnahme ausschließen oder mindern würde". Es genügt also m. a.W. kein Hoffnungswert, es bedarf vielmehr einer eindeutigen Rechtsgrundlage für diesen Rückgriffsanspruch. Entsprechendes gilt für den Fall der Kippgebühren, wenn also ein Kiesgrubenausbeuter mit der Anlieferung von Bauschutt zur Auffüllung der ausgebeuteten Kiesgrube rechnen kann: Die mutmaßlich anfallenden Kippgebühren berechtigen nicht zur kompensatorischen Bewertung, wohl aber ein am Bilanzstichtag fest vereinbartes Kippvolumen mit entsprechenden Preisen. So wohl auch die Finanzverwaltung[51]: Die bloße Möglichkeit des Eintritts genügt nicht.

BEISPIEL[52] Der Automobilhersteller P ist nach der Altfahrzeugverordnung (→ § 249 Rz. 70) zur Rücknahme und Entsorgung von in Verkehr gebrachten Fahrzeugen verpflichtet. Die Altfahrzeuge enthalten in zunehmendem Umfang wiederverwertbare Metalle. Deren Wert erlaubt die Wiederaufbereitung. Dazu hat sich ein Netz von spezialisierten Unternehmen etabliert, welche sich dem Hersteller gegenüber zur kostenlosen Abnahme der Altfahrzeuge verpflichteten. Der Hersteller rechnet deshalb nicht mit nennenswerten Kosten aus der Rücknahmeverpflichtung.

U. E. scheidet eine Rückstellungsbildung unter Heranziehung der BFH-Entscheidung zu den Kippgebühren des Kiesgrubenausbeuters[53] aus.

Das Argument des Verstoßes gegen den Einzelbewertungsgrundsatz ist u. E. nicht berechtigt, da die Gegenrechnung **Bestandteil** der Bewertung der Verpflichtung ist.

▶ Zur **Ansammlung im Zeitverlauf** folgende Beispiele aus der BFH-Rechtsprechung:[54]
- Verpflichtung zur Rekultivierung, Einplanierung und Hohlraumverfüllung;[55]
- Abbruch- und Entfernungsverpflichtungen, Rückbau;[56]
- Jubiläumsgelder;[57]
- Entsorgung von Kernkraftwerken;

---

48 BFH-Urteil vom 19. 3. 1975 – I R 173/73, BStBl II S. 614; BFH-Urteil vom 26. 1. 1989 – IV R 86/87, BStBl II S. 456.
49 BFH-Urteil vom 8. 2. 1995 – I R 72/94, BStBl II S. 412.
50 BMF-Schreiben vom 11. 11. 1999 – S 2176, BStBl I S. 959.
51 R 6.11 EStR 2008.
52 Auf der Grundlage des Beitrags von *Volkmann*, StuB 2009 S. 263.
53 BFH-Urteil vom 16. 9. 1970 – I R 184/67, BStBl 1971 II S. 85.
54 Vgl. *Hoffmann*, in: Littmann/Bitz/Pust (Hrsg.), Das Einkommensteuerrecht, § 6 Tz. 669.
55 BFH-Urteil vom 19. 2. 1975 – I R 28/73, BStBl II S. 480.
56 BFH-Urteil vom 29. 10. 1974 – I R 104/73, BStBl 1975 II S. 114; BFH-Urteil vom 27. 11. 1968 – I 162/64, BStBl 1969 II S. 247.
57 BFH-Urteil vom 5. 2. 1987 – IV R 81/84, BStBl II S. 845, nunmehr allerdings gesondert geregelt in § 5 Abs. 4 EStG.

- Stilllegungskosten;
- Pachterneuerung;[58]
- Rücknahme und Verwertung von Erzeugnissen, z. B. Altautos, Batterien etc.

In diesen Fällen ist nach der BFH-Rechtsprechung, der handelsrechtlich gefolgt werden kann, der Rückstellungsbetrag anzusammeln (bewertet mit dem Erfüllungsbetrag → Rz. 18). Dabei sind zwei Arten der Ansammlung zu beachten:
- rein **zeitanteilige** Ansammlung in ratierlicher Form,
- Ansammlung nach **Schlüsselgrößen** gem. tatsächlicher Inanspruchnahme.

Der erstgenannte Fall betrifft die oben genannte Abbruch- und Entfernungs- sowie die Pachterneuerungsverpflichtung, für die das Mengengerüst am Bilanzstichtag schon bekannt ist, dem Grunde nach auch die Entsorgung von Kernkraftwerken, die steuerlich mit einer besonderen Laufzeit wegen der Abzinsungshöhe „versehen sind".

Die Verfüllungsverpflichtung – z. B. Auffüllung einer ausgebeuteten Kiesgrube – ist umgekehrt nach dem Umfang der bis zum Bilanzstichtag getätigten Ausbeute zu bemessen.

Zur buchmäßigen Erfassung im Zeitverlauf wird auf das Beispiel in → Rz. 81 verwiesen.

44 Zum Sonderfall der Bewertung der Rückstellung für **Aufbewahrungspflichten** haben sich sowohl das IDW[59] als auch die Finanzverwaltung[60] geäußert. Das IDW verlangt eine Bewertung der Rückstellung auf der Grundlage der zur Erfüllung der Aufbewahrungsverpflichtung notwendigen Aufwendungen. Dazu gehören (interne) Personalkosten oder Aufwendungen für die Inanspruchnahme von Dienstleistungen Dritter, aber auch Sachkosten für die Raumnutzung und für bewegliche Anlagegüter, z. B. Regale. Dabei differenziert das IDW nach Aufwendungen für die erstmalige Archivierung und den Folgekosten, z. B. für die Heizung und Klimatisierung von Räumen. Kurz gefasst: Das IDW geht von einer Vollkostenbewertung für die Rückstellung aus. Der Wertansatz bestimmt sich nach den im **Erfüllungszeitpunkt** voraussichtlich geltenden Kostenverhältnissen (→ Rz. 30). Außerdem ist eine **Abzinsung** (→ Rz. 70) vorzunehmen.

Die **Finanzverwaltung** drückt sich hier auf der Grundlage von § 6 Abs. 1 Nr. 3a Buchst. b EStG etwas konkreter aus, ohne im Ergebnis von den Vorgaben des IDW wesentlich abzuweichen. Danach sollen als **Kostenelemente** in die Bewertung einfließen:
- die (einmaligen) Sach- und Personalkosten für die eigentliche Archivierung (z. B. Mikroverfilmung und Digitalisierung, Brennen von CD u. Ä.);
- laufende Kosten für die Nutzung der Räume (Miete oder AfA, Heizung und Strom) und der Einrichtungen (z. B. AfA auf Regale, Personalkosten für Reinigung u. Ä.).

Die Finanzverwaltung bietet zwei Berechnungsmethoden an:
- Die jährlichen Kosten werden für die Unterlagen eines jeden aufzubewahrenden Jahrs gesondert ermittelt, dann jeweils mit der Anzahl der Jahre bis zum Ablauf der Aufbewahrungsfrist multipliziert.

---

[58] BFH-Urteil vom 3. 12. 1991 – VIII R 88/87, BStBl 1993 II S. 89; BFH-Urteil vom 17. 2. 1998 – VIII R 28/95, BStBl II S. 505.
[59] IDW RH HFA 1.009, S. 139 (Stand 23. 6. 2010).
[60] SenVerw Berlin, Erlass vom 13. 9. 2006 – III A – S 2175 – 1/06, DStR 2007 S. 156; OFD Magdeburg, Vfg. vom 21. 9. 2006 – S 2137 – 41 – St 211, DB 2006 S. 2491.

▶ Die jährlich anfallenden Aufwendungen – soweit dem Grunde nach rückstellungsfähig – für die Aufbewahrung (Lagerung) werden mit dem Faktor 5,5 multipliziert (gewichtete Restaufbewahrungsdauer der Unterlagen des Geschäftsjahrs und der neun vorhergehenden Jahre). Multipliziert werden dürfen aber nicht die Einmalkosten der Einlagerung bis zum Bilanzstichtag.

BEISPIEL ▶ Einzelunternehmer A bewahrt seine Geschäftsunterlagen in einem Nebenraum seines Betriebsgebäudes auf. Nach dem Bilanzstichtag ist mit folgenden Kosten für die Aufbewahrung der (entstandenen) Geschäftsunterlagen zu rechnen:

Anteilige AfA und Unterhaltskosten für den Nebenraum (jährlich)	900 €
AfA für Einrichtungsgegenstände (jährlich)	200 €
Kosten für Hard- und Software zur Lesbarmachung der Daten (jährlich)	100 €
jährlich anfallende rückstellungsfähige Kosten	1.200 €
• 5,5	6.600 €
Kosten der Datensicherung (einmalig)	200 €
Rückstellungsbetrag	6.800 €

Eine Abzinsung dieser Beträge erfolgt nach § 6 Abs. 1 Nr. 3a Buchst. e Satz 2 EStG nicht. Die Begründung nach EStG lautet dem Gesetzeswortlaut entsprechend: Beginnend mit dem Zeitpunkt der Leistungserfüllung – hier die Aufbewahrungspflicht – endet der Verzinsungszeitraum.

Systematisch bestehen nach Handels- und Steuerrecht zwei **Unterschiede**:

▶ Stichtagskosten nach EStG, Erfüllungsbetrag nach HGB (→ Rz. 32),
▶ Abzinsung nach HGB (→ Rz. 70), nicht nach EStG.

Diese Abweichungen wirken gegenläufig und erlauben wegen Geringfügigkeit bei der praktischen Anwendung u.U. einen übereinstimmenden Ansatz.

Auf die **Ansatz**probleme der Rückstellungsbilanzierung ist die Kommentierung zu § 249 HGB ausgerichtet, zu den **Übergangsproblemen** auf die neue Rechtslage nach dem BilMoG die Kommentierung zu → Art. 67 Rz. 9 ff. 45

2. Rückstellungen für Altersversorgung und vergleichbare Verpflichtungen (Abs. 1 Sätze 2 bis 4)

2.1 Begriff der vergleichbaren Verpflichtung

Bezüglich der **Abzinsung** (→ Rz. 70 ff.) sowie der Reichweite des **Saldierungsverbots** bei Rückdeckungsvermögen (→ § 246 Rz. 287) behandelt das Gesetz Altersversorgungsverpflichtungen und „vergleichbare langfristig fällige Verpflichtungen" ausdrücklich gleich. Zur Ermittlung des **unabgezinsten** Betrags nach Abs. 1 Sätze 2 bis 4 fehlt zwar ein entsprechender Hinweis im Ge- 45a setz, aber auch hier und damit für die **Bewertung** insgesamt gilt eine **Gleichstellung** als geboten.[61]

Fraglich ist dann, welche langfristigen Verpflichtungen **„vergleichbar"** sind. Unter Bezugnahmen auf die Begründung des Regierungsentwurfs des BilMoG nennt das IDW hier:

- **Altersteilzeit**verpflichtungen,
- Verpflichtungen aus **Lebensarbeitszeitkonten,**
- **Jubiläum**sleistungen,
- **Sterbegelder.**

Vergleichbarkeit bedeutet dabei nicht eine Übereinstimmung der Bewertung in allen Aspekten mit denjenigen von Pensionsrückstellungen. Vielmehr ist auf **Spezifika** Rücksicht zu nehmen, bei Lebensarbeitszeitkonten etwa im Gegensatz zu Pensionen das biometrische Risiko nicht zu berücksichtigen.

45b Zum **Bilanzausweis** von Kapitalgesellschaften spricht das Gesetz in § 266 HGB (→ § 266 Rz. 78) nicht von Altersversorgungs- und vergleichbaren Verpflichtungen, sondern von „Pensionen und ähnlichen Verpflichtungen". Hierbei gelten die Begriffe „Pensionsverpflichtung" und „Altersversorgungsverpflichtung" als **deckungsgleich**, **nicht** hingegen die Begriffe „pensionsähnliche Verpflichtung" und „der Altersversorgung vergleichbare langfristig fällige Verpflichtung"[62]. Eine Praktische Konsequenz hieraus ist etwa: Die keinen biometrischen Risiken unterliegende Verpflichtungen aus **Lebensarbeitszeitkonten** sind

- zwar (mit eben der Ausnahme des biometrischen Risikos) wie eine Pensionsverpflichtung zu **bewerten** (→ Rz. 81e),
- jedoch nicht mit Pensionen, sondern als „normale" sonstige Rückstellung **auszuweisen** (→ § 249 Rz. 109).

2.2 Versorgungsformen und Finanzierungsarten

46 Mit Altersversorgungszusagen sollen Arbeitnehmer für ihre Betriebstreue entgolten werden. Das geschieht durch einen – ökonomisch betrachteten – **Einbehalt** von Leistungsvergütungen während der aktiven Zeit, um die so angesparten Beträge in einen Rentenanspruch ab dem Erreichen einer bestimmten Altersgrenze oder der Invalidität umzuwandeln. In arbeitsrechtlicher Perspektive können diese Vergütungsbestandteile vom **Arbeitgeber** zusätzlich zum laufenden Verdienst (arbeitgeberfinanziert) oder durch den **Arbeitnehmer** selbst im Wege einer sog. Gehaltsumwandlung (arbeitnehmerfinanziert) erbracht werden.

47 Ein wichtiges Unterscheidungsmerkmal der **arbeitgeber**finanzierten Altersversorgungsleistungen und deren bilanzielle Abbildung stellt die **Art** der Finanzierung dar:

- **Eigen**finanzierung: Das Unternehmen erspart sich die Aufnahme von Eigen- oder Fremdkapital (von dritter Seite) und benutzt die Arbeitnehmer als Kreditgeber. Die Altersversorgungsbezüge müssen dabei aus der im laufenden Geschäft erarbeiteten Liquidität bedient werden.

---

61 So wohl auch IDW ERS HFA 30 Tz. 6 ff.
62 So auch IDW ERS HFA 30 Tz. 7 ff.

▶ **"Fremd"-Finanzierung**: Das Unternehmen legt bewusst entsprechend dem mutmaßlichen Finanzierungsbedarf liquide Mittel beiseite, kauft daraus Wertpapiere, um aus deren Erträgen die laufenden Pensionsverpflichtungen bedienen zu können.

▶ **Mischform**: Die beiden Grundformen werden gerade in deutscher Rechnungslegungspraxis häufig vermischt.

Die erstgenannte Finanzierungsform ohne förmliche Bereitstellung von Finanzierungsmitteln (*„unfunded"*) stellte lange Zeit die Regel in der deutschen Unternehmenslandschaft dar. Im Zuge der Internationalisierung der Unternehmenstätigkeit fand die Finanzierung durch laufende Bereitstellung von liquiden Mitteln zum Wertpapiererwerb (*„funding"*) immer mehr Verbreitung. Diese Finanzierungsform, die sich aus Gründen der Insolvenzsicherung neuerdings in sog. *contractual trust arrangements* (CTA) niederschlagen, hat das BilMoG als besonderen Ansatzposten in § 246 Abs. 2 Satz 2 HGB (→ § 246 Rz. 292) berücksichtigt.

Nach der Verpflichtungsstruktur können zwei Arten der Leistungszusage unterschieden werden: 48

▶ Garantierte Leistung (*defined benefit*),

▶ garantierter Beitrag (*defined contribution*) an einen solche Wertpapiere u. Ä. verwaltenden Fonds.

Im erstgenannten Fall trägt der **Arbeitgeber** allein das **Risiko** möglicher künftiger Anpassungen für die im Regelfall dynamisierten Zusagen, abgesehen von den biometrischen Risiken (Rentenlaufzeit, Hinterbliebenenversorgung u. Ä.). Bei der rein beitragsverpflichteten Altersversorgung wird dieses Risiko auf den **Arbeitnehmer** abgewälzt, allerdings bleibt nach deutschem Arbeitsrecht das Unternehmen letztlich immer dann in der Leistungsverpflichtung, wenn der Versorgungsträger (unwahrscheinlicherweise) ausfällt. Deshalb haben sich in Deutschland rein beitragsorientierte Altersversorgungspläne bisher kaum durchgesetzt.

Altersversorgungsverpflichtungen werden regelmäßig in Form von lebtäglichen **Renten**, in 49 Sonderfällen in abgekürzter Form (z. B. bei Waisen- und Invaliditätsrenten), gewährt, seltener als **Einmalabfindung** (Kapitalleistung). In aller Regel werden Altersversorgungsleistungen an **Arbeitnehmer** erbracht, nur in Ausnahmefällen an Berater, Vertreter etc. (→ § 249 Rz. 106), was für den Rückstellungsansatz und die -bewertung unerheblich ist.

Die Altersversorgungsleistungen in Form von garantierten Beiträgen können unmittelbar vom 50 Unternehmen **selbst** oder unter Zwischenschaltung eines externen Versorgungsträgers in Form einer Unterstützungs- oder Pensionskasse erbracht werden (**mittelbare** Verpflichtung; vgl. hierzu → § 249 Rz. 110).

2.3 Bewertungsparameter

Zur Ermittlung des Bilanzwerts im Falle der beitragsorientierten Zusage bedarf es der Heranziehung verschiedener **Berechnungsparameter**: 51

▶ die Höhe der Rente, z. B. 250 € pro Monat oder 15 % des zuletzt erreichten Brutto-Monatsverdienstes,

▶ Zinsfuß (→ Rz. 75),

▶ Renteneintrittsalter,

- biometrische Annahmen (Sterbealter, Invalidität, Witwen- oder Witweransprüche, Waisenversorgung),
- Arbeitnehmerfluktuation.

Diese Parameter sind nach einem versicherungsmathematischen Verfahren zur „Ansammlung" der Rückstellung über die Dienstjahre zu verarbeiten (→ Rz. 53).

52 Nach dem Typus des **Anspruchsberechtigten** sind zu unterscheiden:
- Anwärter in bestehendem Beschäftigungsverhältnis,
- Rentner, d. h. frühere Arbeitnehmer nach Eintritt des Verrentungstatbestands,
- frühere Arbeitnehmer vor Erfüllung des Rentnertatbestands mit arbeitsrechtlich unverfallbaren Ansprüchen,
- ersatzweise eintretende Anspruchsberechtigte (Witwer, Witwen und Waisen).

53 Die **biometrischen** Berechnungsgrundlagen sind nach den Regeln der Versicherungsmathematik unter Berücksichtigung von Wahrscheinlichkeitsaspekten zu ermitteln.[63] Diese dem statistischen Gesetz der großen Zahl unterliegenden Daten treffen die Verhältnisse eines bestimmten Unternehmens umso eher, je größer die betreffende Mitarbeiterzahl sich darstellt. Umgekehrt sagen diese nichts über die „richtige" Bewertung einer Einzelzusage, z. B. für einen Gesellschafter-Geschäftsführer, aus. Allerdings gibt es keine anderen „richtigen" Berechnungsgrundlagen, so dass auch im Falle einer Einzelzusage die tabellarisch verfügbaren biometrischen Berechnungsgrundlagen in der statistisch ermittelten Größe heranzuziehen sind.

Regelmäßig werden in Deutschland die **Richttafeln** von K. Heubeck mit laufender Aktualisierung im Hinblick auf die steigenden Lebenserwartungen etc. angewandt.

54 Der durch das BilMoG in Abs. 1 Satz 2 eingeführte „**Erfüllungsbetrag**" als Bewertungsgröße für (insbesondere) langfristige Rückstellungen (→ Rz. 30) gilt insbesondere auch für Pensionsverpflichtungen. Diese Bewertungsgröße richtet sich speziell gegen die **steuerlich** maßgebliche, die dem **Stichtagsprinzip** unterliegt. Es soll damit handelsrechtlich unter Einschränkung des Stichtagsprinzips eine „zukunftsgerichtete Rückstellungsbewertung"[64] erreicht werden. Als Bewertungsgrundlage gelten also nicht die am Bilanzstichtag rechtsverbindlich gültigen Zusagen, sondern der mutmaßliche Erfüllungsbetrag in der Zukunft. Bei Pensionsverpflichtungen sind damit insbesondere **Gehalts-** und **Karrieretrends** für die Anwartschaften und die Rentenentwicklung für die nicht mehr aktiv tätigen Anspruchsberechtigten zu berücksichtigen.[65] Dazu kommen die bereits erwähnten biometrischen Entwicklungen im Hinblick auf die verlängerten Lebenserwartungen, und zusätzlich aus unternehmensindividueller Sicht die Fluktuation der Mitarbeiter, die allerdings wegen der schon nach fünf Arbeitsjahren seit der Pensionszusage entstehenden unverfallbaren Anwartschaft in ihrer Bedeutung gegenüber früher deutlich zurückgeführt worden ist. Der Gesetzgeber rechnet mit spürbaren Erhöhungen des Rückstellungsbetrags und sieht hierfür eine großzügige Übergangsregelung vor (→ Art. 67 Rz. 3).

---

[63] Vgl. *Ellrott/Rhiel*, in: Beck'scher Bilanz-Kommentar, 7. Aufl., München 2010, § 249 Tz. 202.
[64] So die Regierungsbegründung zum BilMoG auf S. 114.
[65] Vgl. *Rhiel/Veit*, DB 2008 S. 1509.

§ 253 Zugangs- und Folgebewertung

Mit dem **Erfüllungsbetrag** will sich das BilMoG den international üblichen Berechnungsmethoden annähern und verlässt bewusst das Bewertungskonzept des Steuerrechts mit der Folge eines (weiteren) Auseinanderfallens von Handels- und Steuerbilanzwerten.

Das damit dem Kaufmann bzw. dem Management und dessen „vernünftiger ... Beurteilung" überantwortete Schätzverfahren muss sich auf möglichst umfangreiche **objektivierbare** Größen stützen. Es bedarf regelmäßig einer längerfristig angelegten Rückschau über Lohn- und Gehaltsentwicklungen in Bezug auf die Inflation, Karrieretrends, das unternehmensindividuelle Renteneintrittsalter etc. Das IDW konkretisiert diese Anforderung wie folgt:[66]

- Lohn-, Gehalts- und Rententrends dürfen nur insoweit berücksichtigt werden, als sie auf hinreichend objektiven Hinweisen beruhen (z. B. aufgrund von Erfahrungswerten aus der Vergangenheit).
- Änderungen aufgrund externer, singulärer Ereignisse (z. B. durch nach dem Abschlussstichtag verabschiedete gesetzliche Vorschriften) sind nicht zu berücksichtigen.
- Bei der Bestimmung des Erfüllungsbetrags sind sämtliche Trendannahmen einzubeziehen, die seine Höhe beeinflussen können (z. B. Anwartschaftstrends und die Wahrscheinlichkeit der Inanspruchnahme einer Rentenoption).

Die Erhebung der Berechnungsgrundlagen und die Festlegung der Bewertungsparameter kann unter Wesentlichkeitsvorbehalt bis zu **drei Monate** vor dem Bilanzstichtag erfolgen.[67]

2.4 Wahlrecht zwischen Anwartschaftsbarwert- und Teilwertverfahren

Der Bilanzierende hat bezüglich des versicherungsmathematischen Verfahrens zur Verteilung des Pensionsaufwands bzw. zur „Ansammlung" der Rückstellung über die Dienstjahre innerhalb der Grenzen kaufmännischer Vernunft die **Wahl**. Dabei ist er nicht an das in Deutschland aufgrund der steuerlichen „Maßgeblichkeit" des § 6a EStG – auch nicht in modifizierter Form (→ Rz. 58) – präferierte **Teilwertverfahren** gebunden. Das gilt insbesondere bei der gewöhnlich leistungsorientierten Zusage (→ Rz. 48), die in Übereinstimmung mit den IFRS (IAS 19) auch mit dem **Anwartschaftsbarwertverfahren** (*projected unit credit method*) bewertet werden kann.

55

Das angewandte Bewertungsverfahren muss folgenden **Anforderungen** genügen:[68]

- Anwendung anerkannter **versicherungsmathematischer** Verfahren.
- Laufende Renten und Anwartschaften ausgeschiedener Arbeitnehmer sind mit dem **Barwert** anzusetzen.
- Die **Mittelansammlung** muss verursachungsgerecht auf die mutmaßliche Lebensarbeitszeit des Mitarbeiters verteilt werden.

Das **Anwartschaftsbarwertverfahren** „funktioniert" wie folgt: Aus dem zugesagten Altersversorgungsbetrag – gewöhnlich eine lebtägliche Rente – ist der Barwert der am Bilanzstichtag erdienten und vernünftig bewerteten Pensionsansprüche (unter Berücksichtigung der mutmaßlichen Gehaltsentwicklung → Rz. 54) zu ermitteln. Maßstab der Bewertung ist ein hypo-

---

[66] IDW ERS HFA 30 Tz. 51 ff.
[67] IDW ERS HFA 30 Tz. 66.
[68] IDW ERS HFA 30 Tz. 60.

thetischer Beitrag an eine Versicherungsgesellschaft, die diesen Anspruch erfüllen müsste. Dieser Verpflichtungsumfang (*defined benefit obligation*, DBO) erhöht sich für einen aktiven Mitarbeiter jährlich um den Aufzinsungsbetrag und um den Barwert des im Wirtschaftsjahr neu erdienten Pensionsanspruchs (*current service cost*).

> **BEISPIEL**[69] Wird eine Pension von 0,5 % des Gehalts pro Dienstjahr zugesagt und hat ein Arbeitnehmer 20 Dienstjahre abgeleistet, so hat er einen Pensionsanspruch von 10 % seines Gehalts p. a. (z. B. 30.000 €) erdient. Die DBO ist der Anwartschaftsbarwert einer Jahresrente von 3.000 €. Die *current service cost* für das Folgejahr (Aufwand, der auf die im Geschäftsjahr erdienten Ansprüche entfällt) ist der Anwartschaftsbarwert eines jährlichen Rentenanspruchs von 150 – also 1/20 der DBO.

56 Das **Teilwertverfahren** verdankt seine Bezeichnung der Bewertungsvorgabe in § 6a Abs. 3 Satz 1 EStG. Mit dem normalen Teilwert der steuerlichen Gewinnermittlung hat dieser Begriff wenig gemein. Er wird dann in der Folge auch weiter gesetzlich definiert und lässt sich nach dem Zeitverlauf wie folgt differenzieren als Teilwert

- ▶ **vor** Beendigung des Dienstverhältnisses (→ Rz. 59),
- ▶ **nach** Beendigung des Dienstverhältnisses (→ Rz. 63).

57 Systematisch **nicht** als Bestandteil des Teilwertverfahrens ist der **Zinsfuß** anzusehen, d. h. der üblicherweise mit dem Teilwertverfahren verbundene Rechnungszinsfuß von 6 % stellt ein Spezifikum der steuerlichen Bewertung dar. Das Teilwertverfahren kann auch mit anderen Rechnungszinsfüßen angewandt werden. Zur Höhe des anzuwendenden Zinsfußes vgl. → Rz. 75.

58 Auch das Teilwertverfahren will – wie das Anwartschaftsbarwertverfahren (→ Rz. 55) – die bis zum Bilanzstichtag erdiente Anwartschaft bzw. den danach bestehenden Barwert der Versorgungsverpflichtung ermitteln. Allgemeiner Auffassung zufolge ist jedenfalls das Teilwertverfahren auch handelsrechtlich in seiner versicherungstechnischen Ausgestaltung zulässig, muss allerdings Gehalts- und Rententrends berücksichtigen, was nach § 6a EStG unzulässig ist (**modifiziertes** Teilwertverfahren).

59 Nach § 6a Abs. 3 Satz 2 Nr. 1 Satz 1 EStG gilt als Teilwert einer Pensionsverpflichtung

„*vor Beendigung des Dienstverhältnisses des Pensionsberechtigten der Barwert der künftigen Pensionsleistungen am Schluss des Wirtschaftsjahrs* **abzgl.** *des sich auf denselben Zeitpunkt ergebenden Barwerts betragsmäßig gleichbleibender Jahresbeträge*".

Hinter dieser Vorgabe verbirgt sich der arbeitsrechtliche Anspruch des **Erdienens** der Pensionsleistung während des Dienstverhältnisses. Vor Eintritt des Rentenalters darf deshalb das Unternehmen nicht den gesamten Barwert der künftigen Pensionsverpflichtung zurückstellen. Vielmehr muss von diesem Wert der Barwert **gleichbleibender** Jahresbeträge bis zum Eintreten des Versorgungsfalls abgezogen werden. Dieser letztgenannte Betrag entspricht in etwa demjenigen Wert, den sich der betreffende Arbeitnehmer durch seine Betriebstreue (Verblei-

---

69 Nach *Rhiel*, in: Lüdenbach/Hoffmann (Hrsg.), Haufe IFRS-Kommentar, 8. Aufl., Freiburg 2010, § 22 Rz. 27. Dort sind auch Hinweise zu den hier nicht weiter kommentierten komplizierten Pensionsformeln entsprechend den getroffenen Vereinbarungen dargestellt.

ben im Dienstverhältnis) noch erdienen muss.[70] Das Teilwertverfahren unterstellt somit einen virtuellen Lebensversicherungsvertrag (regelmäßig in Form einer Rentenversicherung), der mit einer **konstanten** fiktiven Prämie zu finanzieren ist. Deren Laufzeit beginnt mit dem Wirtschaftsjahr, in das der Diensteintritt fällt (→ Rz. 60). Die daraus errechnete Pensionsrückstellung stellt dann im Ergebnis das Deckungskapital für diese virtuelle Versicherung dar.[71] Das arbeitgebende Unternehmen fungiert in dieser Funktion als Versicherungsgesellschaft, vereinnahmt also die fiktive Prämie sozusagen selbst. Die fiktive Prämie entspricht dem zusätzlichen Entgelt, das der Arbeitgeber für die Beibehaltung des Dienstverhältnisses entrichtet – sog. Arbeitgeberfinanzierung (→ Rz. 46). Der Prämienbarwert stellt den Gegenwert für die noch zu erdienenden künftigen Ansprüche des Arbeitnehmers (*„future service"*) dar. Erst wenn diese Dienste erbracht sind – im Zeitpunkt des Rentenbeginns –, entspricht der Prämienbarwert dem Anwartschaftsbarwert (→ Rz. 63). Ohne Berücksichtigung biometrischer Berechnungsparameter lässt sich das fiktive Deckungskapital der Anwartschaft durch laufende Aufzinsung der fiktiven Prämien mit dem festgelegten Rechnungszinsfuß ermitteln.

Im **Zeitverlauf** bestimmt sich der Teilwert nicht nach dem Zusagezeitpunkt, sondern nach dem **Diensteintritt**. Erfolgt die Zusage nach Diensteintritt – wie regelmäßig außerhalb des Bereichs von Gesellschafter-Geschäftsführern der Fall –, muss für diesen *„past service"* am Bilanzstichtag des Wirtschaftsjahrs, in das die Zusage fällt, die fiktive Prämienzuführung **nachgeholt** werden, was regelmäßig zu einem hohen Einmal-Zuführungsbetrag führt. Das Gleiche gilt für das Wirtschaftsjahr, in dem eine Erhöhung der Altersversorgungsleistung zugesagt wird oder ein Übergang auf neue biometrische Rechnungsgrundlagen erfolgt. In diesem Fall kann, mit bestimmten Einschränkungen nach § 6 Abs. 4 EStG, der außerordentliche Zuführungsbetrag auf die beiden folgenden Wirtschaftsjahre verteilt, also im Ergebnis gedrittelt werden. Diese Möglichkeit wird mit Gegenstimmen im Schrifttum auch handelsrechtlich als zulässig erachtet.[72]

60

Die Berücksichtigung des Diensteintrittszeitraums zur Bestimmung des Teilwerts (vor Erteilung der Zusage) ist allerdings steuerlich auf das 27. Lebensjahr **beschränkt** (§ 6a Abs. 3 Satz 8 EStG). Auch hier ist die Übernahme in die handelsrechtliche Bewertung fraglich. Abgesehen von Fällen einer überdurchschnittlich jungen Belegschaft kann dieser Vorgabe unter Wesentlichkeitsgesichtspunkten u. E. auch handelsrechtlich gefolgt werden.

61

Der Verteilungszeitraum für die Teilwertprämie (→ Rz. 59) richtet sich nach dem vertraglich vereinbarten Versorgungsfall, regelmäßig also die Vollendung des 65. Lebensjahrs. In arbeitsrechtlichen Sonderfällen eines früheren Eintretens ist dieser maßgeblich, auch bei einem einzelvertraglich abweichenden früheren Zeitpunkt. Dem folgt das Steuerrecht allerdings nur bis zum Alter von 60 Jahren.[73]

62

---

70 Ähnlich *Höfer*, in: Littmann/Bitz/Pust (Hrsg.), Das Einkommensteuerrecht, § 6a Tz. 120.
71 So *HHR – Dommermuth*, § 6a Tz. 100.
72 Vgl. z. B. *ADS*, 6. Aufl., § 253 Tz. 329, mit der Begründung einer „betriebswirtschaftlich sinnvollen Verteilung". Diese Begründung ist eher apodiktisch zu werten und im Interesse einer Angleichung an die steuerlichen Gewinnermittlungsvorschriften zu verstehen. Tendenziell gegen die Übernahme des steuerlichen Wahlrechts in die handelsrechtliche Bilanzierung *Ellrott/Rhiel*, in: Beck'scher Bilanz-Kommentar, 7. Aufl., München 2010, § 249 Tz. 199; nach IDW HFA 2, 1988 sind steuerliche Regelungen auch bei Neuzusagen handelsrechtlich zulässig, jedoch in Einzelfällen auch wiederum nicht – letztlich also keine Entscheidung für oder wider.
73 BMF-Schreiben vom 29. 12. 1997 – S 2176, BStBl I S. 1023.

2.5 Teilwert/Barwert nach Beendigung des Dienstverhältnisses

63 Nach Beendigung des Dienstverhältnisses ist **keine Gegenleistung** des Arbeitnehmers zugunsten des Unternehmers mehr zu erwarten. Dies ist die tatbestandliche Voraussetzung für die Bewertung einer **Renten**verpflichtung nach Maßgabe einer Versorgungszusage.

Der (Anwartschafts-)Barwert der künftigen Pensionsleistungen (→ Rz. 59) stellt auch steuerlich den Bewertungsmaßstab (vgl. § 6a Abs. 3 Satz 2 Nr. 2 EStG) dar für:

- unverfallbare Anwartschaften eines ausgeschiedenen Mitarbeiters vor Eintritt des Rentenfalls,
- Arbeitnehmer oder dessen Angehörige (→ Rz. 52) mit Eintritt des Versorgungsfalls,
- sog. „technische" Rentner, also Arbeitnehmer, die über das vertragliche Pensionsalter hinaus tätig sind und deren Pensionsansprüche deshalb ruhen.

Von diesem Bewertungsmaßstab darf der Barwert künftiger Teilwertprämien nicht mehr abgezogen werden, da die Anwartschaft voll erdient ist (→ Rz. 59).[74]

2.6 Der Rechnungszinsfuß

64 Wegen des zur Ab- und Aufzinsung zu verwendenden Rechnungs**zins**fußes wird verwiesen auf → Rz. 75.

2.7 Anwendungsprobleme

65 Das dem deutschen Rechnungslegungsrecht unterliegende Unternehmen kann bei den Pensionsverpflichtungen **drei** Bewertungsmodellen unterworfen sein:

- nach IFRS (IAS 19),
- nach HGB,
- nach Steuerrecht (§ 6a EStG).

Dazu müssten konsequenterweise drei Bewertungsgutachten des Aktuars vorgelegt werden – eine **kostentreibende** Veranstaltung, die auch die Verfasser des Regierungsentwurfs zum BilMoG ausweislich ihrer Begründung (S. 122) beschäftigt hat. Eine Abhilfe sieht die Bundesregierung in der teilweisen Verwendung der für einen Rechnungslegungsstandard ermittelten Daten unter spezifischer Abweichung eines Teilbereichs des Berechnungserfordernisses für den anderen Standard.

Das kann je nach Ausgangslage des betreffenden Unternehmens wie folgt ausgestaltet werden:

- Auf jeden Fall wird eine **steuerliche** Bewertung nach § 6a EStG benötigt, d. h. das Teilwertverfahren ist heranzuziehen.
- Ein nur dem **HGB**-Bilanzrecht unterworfenes Unternehmen wird dann für Zwecke der handelsrechtlichen Rechnungslegung ebenfalls das Teilwertverfahren verwenden, allerdings mit einem gegenüber dem standardisierten steuerlichen Zinsfuß von 6 % angepassten Zinsfuß gem. Abs. 2 Satz 2 (→ Rz. 75) und den sonstigen Modifikationen (→ Rz. 58).

---

74 Vgl. *Höfer*, in: Littmann/Bitz/Pust (Hrsg.), Das Einkommensteuerrecht, § 6a Tz. 164.

▶ Wer ohnehin die Rechnungslegung nach **IFRS** erfüllt – z. B. Tochtergesellschaften einer der IFRS-Rechnungslegung unterliegenden Muttergesellschaft für Konsolidierungszwecke („HB II") –, muss die Bewertung nach IAS 19 durchführen und kann das dortige Verfahren mit geändertem Zinsfuß und möglicherweise einigen kleineren Anpassungen auch für die HGB-Rechnungslegung verwenden. Gesondert davon ist dann ein Steuergutachten zu erstellen.

Insgesamt ist die von der Bundesregierung vorgeschlagene **Vereinfachungsmöglichkeit** nur in engen Grenzen möglich. Insbesondere die gezwungenen oder auch freiwilligen IFRS-Anwender sind mit „zweieinhalb Gutachten" schlechter gestellt als die reinen HGB/EStG-Anwender mit „eineinhalb Gutachten".

2.8 Mittelbare Pensionsverpflichtungen

Die Bewertung **mittelbarer** Pensionsverpflichtungen (→ Rz. 50) muss das Vermögen des zwischengeschalteten Versorgungsträgers (z. B. einer Unterstützungskasse) berücksichtigen, die Verpflichtung also nur saldiert ausweisen. Dabei ist dessen Vermögen (regelmäßig Wertpapiere) zu Veräußerungswerten zu bewerten.[75] Der Bilanzansatz beruht dem Grunde nach für solche mittelbaren Pensionsverpflichtungen – Schuldner im Rechtssinne ist der zwischengeschaltete Versorgungsträger – auf der Subsidiärhaftung des Trägerunternehmens nach der Rechtsprechung des Bundesarbeitsgerichts.

66

Für den vorstehend definierten Bilanzansatz und die damit einhergehende Bewertung ist das Wahlrecht in Art. 28 Abs. 1 Satz 2 EGHGB zu beachten. Danach kann optional der Ansatz entfallen (→ § 249 Rz. 110). Bei Anhangerstellungspflicht muss dieser so definierte Fehlbetrag angegeben werden (→ § 284 Rz. 36).

2.9 Übergangsregelung

Zum Übergang auf das neue Bewertungsverfahren für Pensionsrückstellungen nach BilMoG ist ein spezielles Wahlrecht in Art. 67 Abs. 1 EGHGB vorgesehen. Auf die dortige Kommentierung wird verwiesen (→ Art. 67 Rz. 3).

67

2.10 Wertpapierabhängige Rückstellungsbewertung, Zeitbewertung von Deckungsvermögen (Abs. 1 Sätze 3 und 4)

Soweit sich die Höhe von Altersversorgungsverpflichtungen ausschließlich nach dem beizulegenden Zeitwert von Wertpapieren i. S. des § 266 Abs. 2 A.III.5 HGB bestimmt, sind Rückstellungen hierfür nicht mit dem Erfüllungsbetrag, sondern nach Abs. 1 Satz 3 ausnahmsweise zum beizulegenden **Zeitwert** der Wertpapiere zu bewerten. Angesprochen ist damit die in Deutschland eher noch die Ausnahme darstellende Finanzierungsform der betrieblichen Altersversorgung in Form der sog. „defined contribution" (→ Rz. 48). Diese sog. wertpapiergebundenen Pensionszusagen, die inhaltlich auch andere langfristige Verbindlichkeiten gegenüber

68

---

[75] H. M. z. B. *ADS*, 6. Aufl., § 253 Tz. 333; *Ellrot/Rhiel*, in: Beck'scher Bilanz-Kommentar, 7. Aufl., München 2010, § 249 Tz. 206.

Arbeitnehmern z. B. in Form von **Lebensarbeitszeitkonten** oder **Vorruhestands-** und **Jubiläumsverpflichtungen** umfassen (→ Rz. 45a),[76] müssen zwar nach deutscher Regelungspraxis eine Mindestleistung (*defined benefit*) vorsehen. Darüber hinaus verändert sich der Verpflichtungsbetrag mit der Wertentwicklung des regelmäßig in einem besonderen Fonds hinterlegten Wertpapierportfolios. Entsprechend ist zwischen diesem Fonds und der Altersversorgungsverpflichtung eine **Bewertungseinheit** gegeben.

Die Bezugnahme auf einen **bereits vorhandenen**, also vom Unternehmen schon finanzierten Fonds ist aber nicht zwingend.[77] Es genügt als Bewertungsgrundlage z. B. der Kurs des DAX oder eines anderen Indexes.

Bei fallenden Kursen kann der Wert der Mindestgarantie unterschritten werden. Dann ist die Pensionsrückstellung mit diesem Wert anzusetzen.

Die Zeitbewertung der Pensionsrückstellung gilt auch für Altersversorgungszusagen mit **kongruenter Rückdeckungsversicherung**.[78] Bei nur teilweiser Rückdeckung ist die Pensionsverpflichtung für den nicht gedeckten Teil mit dem „normal" ermittelten Wert – Teilwert- oder Anwartschaftsbarwertverfahren (→ Rz. 55) –, für den gedeckten mit dem Wert der Rückdeckungsversicherung anzusetzen. Als **beizulegender Zeitwert** einer Rückdeckungsversicherung gilt dabei der Anspruch aus dem sog. geschäftsplanmäßigen Deckungskapital des Versicherungsunternehmens zzgl. eines etwa vorhandenen Guthabens aus Beitragsrückerstattungen (sog. Überschussbeteiligung).[79]

Wegen der Verfahren zur Bestimmung des beizulegenden Zeitwerts wird auf → § 255 Rz. 146 verwiesen.

Wegen des **Wertpapierbegriffs** verweist das Gesetz auf die Gliederungsvorgabe für die Bilanz in § 266 HGB. Die Kommentierung ist unter → § 266 Rz. 71 und → § 266 Rz. 45 erfolgt.

69 In Abs. 1 Satz 4 ist eine **weitere Zeitbewertung** für die insolvenzfest zur Sicherung von Altersversorgungsansprüchen angelegten Vermögensgegenstände – regelmäßig ebenfalls Wertpapiere – vorgesehen (→ § 246 Rz. 292).

Im Falle einer **Entwidmung** von bislang zum Deckungsvermögen gehörenden Vermögensgegenständen, z. B. aufgrund einer Rückübertragung im Falle einer Überdotierung von Treuhandvermögen, sind diese mit dem von Zeitpunkt der ursprünglichen Widmung auf den der jetzigen Entwidmung „**fortgeführten**" **Buchwert** auszuweisen. Fortführung bedeutet

▶ bei abnutzbaren Vermögensgegenständen des Anlagevermögens die Berücksichtigung der zwischenzeitlichen (wegen Zeitbewertung bilanziell nicht berücksichtigten) planmäßigen Abschreibung,

▶ bei allen Anlagen die Korrektur des ursprünglichen Buchwerts um ggf. erforderliche außerplanmäßiger Abschreibung nach § 253 Abs. 3 Satz 3 HGB oder Zuschreibungen nach § 253 Abs. 5 Satz 1 HGB.[80]

---

76 So wohl auch der BT-Rechtsausschuss, bestätigt durch *Wellisch/Machill*, BB 2009 S. 1353; vgl. auch *Höfer/Rhiel/Veit*, DB 2009 S. 1606.
77 Vgl. hierzu *Rhiel/Veit*, PiR 2009 S. 167.
78 Vgl. *Rhiel/Veit*, PiR 2009 S. 167; *Wellisch/Machill*, BB 2009 S. 1351, IDW ERS HFA 30 Tz. 75.
79 IDW ERS HFA 30 Tz. 69.
80 IDW ERS HFA 30 Tz. 71.

Als Folge der Entwidmung ist ein etwaiger aktivierter Unterschiedsbetrag aus der Vermögensverrechnung i. S. des § 246 Abs. 2 Satz 3 HGB ebenso aufzulösen wie eine aufgrund von Zeitwertbewertung oberhalb Anschaffungskosten gebildete passiven latente Steuer. Eine eventuell vorhandene Ausschüttungssperre entfällt oder mindert sich.

2.11 Anhangangaben

Wegen der Anhangangaben wird verwiesen auf → § 285 Rz. 152.

69a

3. Abzinsung von Rückstellungen (Abs. 2)

3.1 Systematik

Rückstellungen mit einer **Restlaufzeit** von mehr als **einem** Jahr sind nach Abs. 2 abzuzinsen. Das gilt auch für Drohverlustrückstellungen.[81] In der Abzinsungspflicht dem Grunde nach folgt das BilMoG einmal mehr stillschweigend den entsprechenden Bewertungsvorgaben der IFRS in IAS 37.45 und IAS 37.46. Die dortige Begründung lautet im Hinblick auf den *time value of money*-Effekt: Zukünftige Auszahlungen belasten das Unternehmen weniger als aktuell fällige. Der Regierungsentwurf zum BilMoG wandelt diese Begründung unter Hinweis auf den *true and fair view*-Gedanken ab, die als „realitätsgerechte Information – über die wahre Belastung" formuliert wird. Die in den Rückstellungen gebundenen Finanzmittel könnten – so die Regierungsbegründung auf S. 118 – ertragbringend angelegt werden. Gegen dieses Argument wird der **Bruch** mit dem **Realisationsprinzip** ins Feld geführt und damit ein „gravierender Eingriff in das System der handelsrechtlichen GoB" festgestellt.[82] Der Gläubigerschutz soll dadurch nachhaltig beeinträchtigt werden.

70

U. E. trifft dieser Einwand nicht zu, da tatsächlich in der ertragbringenden Anlage der gebundenen Liquidität bzw. Ersparnis von Finanzierungsaufwendungen ein **Realisationsvorgang** enthalten ist. Ein Verstoß gegen das Realisationsprinzip ist also nur dann anzunehmen, wenn der Abzinsungszinssatz höher ist als der entsprechende ertragbringende oder aufwandsvermeidende Zinssatz. Abgesehen davon sind gegen die Abzinsung von Pensionsrückstellungen noch nie Vorbehalte wegen des Verstoßes gegen das Realisations- oder andere Prinzipien geltend gemacht worden.

Bei der Bestimmung des **Abzinsungssatzes** folgt demgegenüber das BilMoG den Vorgaben der IFRS nicht, indem es dessen **Normierung** vorschreibt (→ Rz. 74). Dies wird mit dem Objektivierungsgebot und dem Vereinfachungseffekt begründet. Der dabei anzuwendende Durchschnittszinssatz aus vergangenen Perioden dient der **Glättung** des Ergebnisses bzw. der Vermeidung von kapitalmarktinduzierten Ergebnisschwankungen.

71

Die beiden Bewertungskomponenten – Kostensteigerungen (→ Rz. 31) und Nominalzins – werden gleichermaßen von der **Inflationserwartung** beeinflusst.[83] Dabei setzt sich der Nominalzins nach der Fisher-Gleichung aus dem Realzins und den Inflationserwartungen zusammen.

71a

---

[81] IDW RS HFA 4 Tz. 28 und Tz. 41.
[82] Vgl. *Kessler/Leinen/Strickmann* (Hrsg.), BilMoG Regierungsentwurf, Haufe Aktuell 2008 S. 145; ähnlich Arbeitskreis Bilanzrecht der Hochschullehrer der Rechtswissenschaft, BB 2009 S. 209.
[83] Vgl. *Wüstemann/Koch*, BB 2010 S. 1076.

Dieser Zusammenhang wird vom Gesetz nicht berücksichtigt. Für den Zähler des Quotienten – die Kosten- und Preissteigerung – fehlt eine Normierung, anders als für den Abzinsungssatz im Nenner. Bei zunehmender Höhe der angenommenen Kostensteigerung folgt daraus eine entsprechend steigende Volatilität des Rückstellungsausweises. Der Grund liegt in der zu geringen Kompensation der relativ hoch angenommenen Kostensteigerung durch den Durchschnittszinssatz. Bei Anwendung des Stichtagszinses käme der Kompensationseffekt stärker zum Tragen. Diese zusätzliche Volatilität entspricht nicht der gesetzgeberischen Intention.

Der **Glättungseffekt** des vorgegebenen Durchschnittszinses führt auch je nach individueller Annahme über den Preis- und Kostentrend zu einer systematischen Unter- oder Überdotierung des Rückstellungsausweises. Die **Zielsetzung** des Glättungseffekts einerseits und der realitätsgerechten Rückstellungsbewertung andererseits ist **nicht konsistent**.

3.2 Rückstellungen allgemein

72 Von der Abzinsungspflicht **ausgenommen** sind Rückstellungen mit einer Restlaufzeit von nicht mehr als einem Jahr. Eine solche (quantitativ) feste Laufzeit-„Verordnung" verträgt sich schlecht mit dem Rückstellungsbegriff „immanentes Unsicherheitsmerkmal" (→ § 249 Rz. 30). Da Rückstellungen ex definitione dem Grunde und/oder der Höhe nach ungewiss sind, lässt sich eine zeitliche Quantifizierung für die restliche Laufzeit häufig nicht festmachen; eine Ausnahme ist z. B. die Rückbauverpflichtung nach Ende des Mietvertrags. Der Bilanzersteller ist dann auch (→ Rz. 30) in dieser Hinsicht auf ein Schätzungsverfahren angewiesen.

73 Die „**Laufzeit**" beginnt mit dem **erstmaligen** buchmäßigen Ansatz, aus Vereinfachungsgründen meistens mit dem erstmaligen Bilanzansatz.

74 Das Gesetz gibt aus Praktikabilitätsgründen und zur Vermeidung übermäßiger zinsinduzierter Erfolgsschwankungen (Glättungseffekt) die Anwendung eines **Durchschnittszinssatzes** vor, der als „**Markt**zinssatz" bezeichnet wird. Negativ ausgedrückt: In die Bestimmung des Zinssatzes soll nicht die Bonität des bilanzierenden Unternehmens einfließen.[84] Zur Bestimmung des Marktzinssatzes wird im Übrigen die Hilfe des Bundesjustizministeriums und der Deutschen Bundesbank in Anspruch genommen (→ Rz. 78). Die von der Bundesbank bekannt zu gebenden Zinssätze haben in zeitlicher Hinsicht zwei Dimensionen:

- ► Unter dem Gesichtspunkt der **Laufzeitkongruenz** sind Zinsen für unterschiedliche (Rest-)Laufzeiten bekannt zu geben.
- ► Im Interesse des **Glättungseffekts** wird für das jeweilige Laufzeitfenster nicht der aktuelle Zins angegeben, sondern der Zins, der sich im Durchschnitt der letzten sieben Geschäftsjahre bei der jeweiligen Laufzeit ergeben hat.

3.3 Wahlrecht für Pensionsrückstellungen

75 Unter (sinnvoller) Abkehrung vom Einzelbewertungsgrundsatz **erlaubt** (Option) Abs. 2 Satz 2 die Bewertung von Anwartschaften auf Altersversorgungen und laufenden Renten mit einem **durchschnittlichen Marktzinssatz** bei einer angenommenen Restlaufzeit von 15 Jahren

---

84 Begründung des RegE zum BilMoG, S. 120.

(→ Rz. 78). Die sog. Duration muss deshalb nicht ermittelt werden.[85] Diese Option unterliegt dem Stetigkeitsgebot des § 252 Abs. 1 Nr. 6 HGB (→ § 252 Rz. 167). In der Praxis wird durchgängig von dieser Option Gebrauch gemacht werden. Die Gesetzesbegründung stellt sie allerdings unter den Vorbehalt der Einhaltung des *true and fair view* gem. § 264 Abs. 2 Satz 2 (→ § 264 Rz. 14). Ein Verstoß dagegen soll dann vorliegen, wenn Pensionsverpflichtungen eine weitaus kürzere Restlaufzeit als 15 Jahre aufweisen. Dieser Fall erscheint allenfalls in Fällen der Kollektivversorgung für reine Rentnerbestände bei schon länger geschlossener Altersversorgungsordnung denkbar. Eher wäre ein solcher Vorbehalt bei weitaus überwiegenden jungen Aktivbeständen denkbar, bei denen die Laufzeit der Verpflichtung bis zu 50 Jahre betragen kann. Das IDW empfiehlt zwar bei deutlich über oder unter 15 Jahren liegenden durchschnittlichen Restlaufzeiten ein Abstellen auf die tatsächliche Restlaufzeit, hält aber hier an dem Wahlrecht, den 15-Jahres-Zins zu verwenden, fest.[86]

3.4 Rentenverpflichtungen

Die Abzinsungspflicht für langfristige Rückstellungen sowie das Wahlrecht, bei Rückstellungen für Pensionsverpflichtungen statt des laufzeitkongruenten Zinssatzes pauschal den Zinssatz für 15 Jahre zu nutzen, gilt nach Abs. 2 Satz 3 entsprechend für auf Rentenverpflichtungen beruhende Verbindlichkeiten, für die eine Gegenleistung nicht mehr zu erwarten ist. Die Bewertungsgrundlage stellt der **Barwert** dar.

76

Die Regelung betrifft eine Art „Mischposten". Er umfasst Verbindlichkeiten für **früher** erhaltene Gegenleistungen in der Form von:

▶ Rentenverpflichtungen gegenüber früheren **Arbeitnehmern** (unverfallbare Anwartschaften) und laufende Renten nach Eintritt des **Versorgungsfalls** (→ Rz. 63),

▶ Verpflichtungen gegenüber **Dritten**, insbesondere aus Kaufpreisverrentungen.

Der pauschale Zinssatz für 15-jährige Laufzeiten nach Abs. 2 Satz 2 kann u. E. nur im ersten Fall herangezogen werden, im zweiten Fall fehlt es regelmäßig an dem einer Pauschalisierungsregelung zugänglichen Verpflichtungsportfolio. Zu bewerten sind wenige Einzelverpflichtungen und dies nach der Vorgabe von Abs. 2 Satz 1 mit dem laufzeitkongruenten Marktzins (→ Rz. 74).

3.5 Ausweis in der GuV-Rechnung

Die Auf- und Abzinsungseffekte von Kapital- und Kap. & Co.-Gesellschaften sind in der GuV im Bereich des Zinsaufwands und -ertrags gesondert auszuweisen (→ § 277 Rz. 57 ff.). Zur Buchungstechnik vgl. → Rz. 81.

77

3.6 Festlegung der Abzinsungssätze

Der bilanzierenden Einheit wird aus Objektivierungs- und Vereinfachungsgründen die Ermittlung der Durchschnittszinssätze nach Satz 1 und 2 durch **externe Vorgaben** abgenommen. Danach gibt die Deutsche Bundesbank auf der Grundlage der Rückstellungsabzinsungsverord-

78

---

85 Vgl. *Rhiel/Veit*, DB 2008 S. 1510.
86 IDW ERS HFA 30 Tz. 57.

nung (RückAbzinsVO) die anzuwendenden Abzinsungssätze für jedes Laufzeitfenster monatlich bekannt. In dieser Rechtsverordnung wird auch zwischen dem Bundesjustizministerium und der Deutschen Bundesbank die Ermittlungsmethodik für die Abzinsungssätze, deren Grundlagen sowie die Form der Bekanntgabe festgelegt. Die Diskontierungssätze sind auf der Internetseite der Bundesbank abrufbar.[87]

79 Das Gesetz verzichtet auf eine differenzierende Berücksichtigung **ausländischer Währungen**, erklärt also die Eurozinsstruktur und das Niveau auch für ausländische Währungen als anwendbar. Nach der Regierungsbegründung (S. 119 f.) muss indes im Interesse der Vermittlung des *true and fair view* (Vorbehalt → Rz. 75) bei wesentlicher Abweichung in der Datenlage der Abzinsungssatz für die ausländische Währung individuell ermittelt werden. Dabei sind die Vorgaben der Rechtsverordnung entsprechend anzuwenden, also die Ermittlung einer Zinsstrukturkurve für ganzjährige Restlaufzeiten zwischen einem und 50 Jahren. Nach der Regierungsbegründung soll die Zinsstrukturkurve auf Basis einer Nullcoupon-Zinsswapkurve bestimmt werden.

3.7 Buchungstechnisches Vorgehen am Beispiel von Ansammlungsrückstellungen

80 Dem Gesetz ist nicht zu entnehmen, ob der abgezinste Betrag als Zugangswert oder umgekehrt erst der nicht abgezinste Betrag, mit der Folge eines sofortigen Gewinnausweises in Höhe der Abzinsung (international: *day one gain*), einzubuchen ist. U. E. ist die erstgenannte Version zutreffend (→ Rz. 13). Dies ist schon deswegen begründet, weil ein mit einer Gewinnrealisierung verbundener Schuldausweis ebenso befremdlich wirkt wie umgekehrt eine Zugangsbewertung auf der Aktivseite mit sofortiger Aufwandsverrechnung. Eine Parallele lässt sich auch zu den Pensionsverpflichtungen ziehen, die bislang noch nie erst mit dem unverzinsten Betrag eingestellt und dann mit dem Abzinsungsbetrag gekürzt – und dadurch gewinnerhöhend – verbucht worden sind. Zugangsbuchungen sind aktivisch und passivisch erfolgsneutral vorzunehmen (→ Rz. 13). Zur steuerlichen Besonderheiten bei unverzinslichen Gelddarlehen vgl. → Rz. 23.

81 Die Bewertung **langfristiger** Rückstellungen setzt die Ausfüllung folgender Berechnungsparameter voraus:

▶ Erfüllungsbetrag,

▶ Laufzeit und

▶ Zinssatz.

Der **Erfüllungsbetrag** muss ausgehend von den mutmaßlichen Kosten der Verpflichtungserledigung am Bilanzstichtag die zu erwartenden Kostensteigerungen bis zur Fälligkeit kalkulieren (→ Rz. 31). Regelmäßig wird dabei von einer festen jährlichen Preissteigerungsrate über die Laufzeit hinweg ausgegangen. Der anzuwendende **Abzinsungssatz** ist extern vorgegeben (→ Rz. 78). Hierzu folgendes Beispiel:

---

[87] Vgl. www.bundesbank.de, Rubrik Sachgebiete: Statistik; Zinsen, Renditen; Abzinsungszinssätze gem. § 253 Abs. 2 HGB.

BEISPIEL Der zehnjährige zum 1.1.01 beginnende Mietvertrag für ein Ladenlokal sieht eine Rückbauverpflichtung für die Umbaukosten von 10.000 € vor. Nach den unterstellten Zinssätzen (→ Rz. 78) ergeben sich bei einer ebenfalls unterstellten Preissteigerungsrate von 2 % die Bilanzansätze und der GuV-Ausweis durch folgende Berechnungsschritte:

1. Ermittlung des Erfüllungsbetrags (ErfB)

ErfB nach Preisverhältnissen am 1.1.01	10.000,00 €
• Inflationierung mit 2 % = 1,21899	
ErfB nach Preisverhältnissen am 31.12.10	12.189,90 €

2. Ermittlung der Rückstellung (Bilanzausweis)

Jährlich wäre undiskontiert unter Einbeziehung des Inflationierungsfaktors ein anteiliger Erfüllungsbetrag von 1.219,00 € zuzuführen (Spalte 3).

Der darauf anzuwendende Abzinsungssatz (Spalte 4) beruht (hier unterstellt) auf der externen Vorgabe (→ Rz. 78) und ist zur praktischen Vereinfachung (die wir empfehlen) auf 0,5 %-Schritte gerundet.[88] Der daraus errechnete Diskontierungsfaktor (Spalte 5) ist auf den Betrag in Spalte (3) anzuwenden, um daraus den jeweiligen Bilanzausweis (Spalte 6) zu ermitteln. Der fest vorgegebene Abzinsungssatz von 5,5 % gem. § 6 Abs. 1 Nr. 3e EStG führt zu abweichenden Werten in der Steuerbilanz, die wiederum eine Steuerlatenzrechnung erforderlich macht. Dieser Effekt ist ggf. als Zusatzmodul in die nachstehende Tabelle einzubauen.

(1) Jahr	(2) Prozent	(3) Entwicklung undiskontiert	(4) Zinssatz für Restlaufzeit	(5) Diskontierungsfaktor	(6) Bilanzwert
2001	10 %	1.219,00	4,0 %	0,7026	856,40
2002	20 %	2.438,00	4,5 %	0,7032	1.714,40
2003	30 %	3.657,00	4,5 %	0,7348	2.687,30
2004	40 %	4.876,00	4,5 %	0,7679	3.744,20
2005	50 %	6.095,00	4,5 %	0,8025	4.890,90
2006	60 %	7.314,00	4,0 %	0,8548	6.252,00
2007	70 %	8.533,00	4,0 %	0,8890	7.585,80
2008	80 %	9.752,00	3,5 %	0,9335	9.103,60
2009	90 %	10.970,90	3,5 %	0,9662	10.600,00
2010	100 %	12.189,90		1,0000	12.189,90

---

[88] A.A. *Brösel/Schmitz*, in: Petersen/Zwirner/Brösel (Hrsg.), Systematischer Praxiskommentar Bilanzrecht, Köln 2010, § 253 Tz. 145.

3. GuV-Ausweis und Rückstellungsspiegel

Für den GuV-Ausweis (→ § 277 Rz. 59) und ggf. einen Rückstellungsspiegel (→ § 285 Rz. 95) ist der Zuführungsbetrag in eine primäre Aufwandskomponente (sonstiger betrieblicher Aufwand, s. b. A.) und einen Zinseffekt aufzuteilen. Dazu dient die folgende Tabelle:

(1) Jahr	(2) Bilanzwert 1.1.	(3) s. b. A.	(4) Aufwand Aufzinsung	(5) - Ertrag/+ Aufwand aus Änderung Zinssatz	(6) Bilanzwert 31.12.
2001	0,00	856,40			856,40
2002	856,40	857,20	34,3*	-33,5**	1.714,40
2003	1.714,40	895,80	77,1	0,00	2.687,30
2004	2.687,30	936,10	120,9	0,00	3.744,20
2005	3.744,20	978,20	168,5	0,00	4.890,90
2006	4.890,90	1.042,00	220,1	99,00	6.252,00
2007	6.252,00	1.083,70	250,1	0,00	7.585,80
2008	7.585,80	1.137,90	303,4	76,40	9.103,60
2009	9.103,60	1.177,80	318,6	0,00	10.600,00
2010	10.600,00	1.219,00	371,0	0,00	12.189,90

Anmerkung:

* 34,3 = 856,4 · 0,04 = Aufzinsung EB-Wert mit Zins EB-Zeitpunkt

** -33,5 = 1.219 · (($1{,}045^{-8}$) - ($1{,}04^{-8}$)) = Wirkung Zinsänderung auf EB-Wert

In Spalte (3) ist der Aufwand aus der Zuführung in diskontierter Form dargestellt. Diese entspricht der Vorgehensweise bei der Ermittlung von Pensionsrückstellungen und wird deshalb von uns favorisiert. Bei einer jährlich gleichbleibenden Zuführung (im Beispiel 1.219,00) müsste kompensatorisch ein abnehmender Ertrag aus der Abzinsung zusätzlich in das Rechenwerk eingeführt werden.[89] Wir befürworten nicht diese Verkomplizierung der ohnehin schon nicht einfachen Berechnungen.

Wir folgen auch bezüglich der Pensionsrückstellungen der Vorgehensweise der Aktuare, die den Ertrag/Aufwand in Spalte (5) aus der Änderung des Diskontierungssatzes im primären Bereich (dort Personalaufwand, hier sonstiger betrieblicher Aufwand) erfassen. Vertretbar erscheint uns allerdings auch eine Zusammenfassung des Ergebnisses aus Spalte (5) mit demjenigen aus Spalte (4). Letztere ist (mit bestimmten Ausnahmen bei Pensionen → § 275 Rz. 43) auf alle Fälle als Zinsaufwand in der GuV zu zeigen (→ § 277 Rz. 59). Die zeitweilige nicht benötigte Erfassung von Zinsänderungen in der Spalte (5) ist der Vereinfachung durch Rundung des Zinssatzes auf die 0,5 %-Schritte (s. o.) zu verdanken.

---

[89] So *Kessler/Leinen/Strickmann*, BilMoG 2008, S. 154.

> Die Entwicklung der Rückstellungen mit den entsprechenden GuV-Effekten **kann** in einem „**Rückstellungsspiegel**" dargestellt werden, wodurch auch die Angabepflicht nach § 285 Nr. 12 HGB erfüllt wird (→ § 285 Rz. 95).

3.8 Abzinsungsfälle in der Steuerbilanz

Folgende Sachverhalte kommen für eine steuerbilanzielle Abzinsung in Betracht:[90] 81a

- Arbeitsfreistellung bei Altersteilzeitvereinbarungen;[91]
- Einzelgarantiefälle;
- Schadensrückstellung der Versicherungsunternehmen;[92]
- Entfernung von Anlagen;[93]
- Pachterneuerung;[94]
- Produkthaftpflichtfälle;
- Rekultivierung;[95]
- bergrechtliche Verpflichtungen;[96]
- Schadenersatzverpflichtungen;[97]
- Stilllegung von Kernkraftwerken;
- Umweltverpflichtungen;[98]
- Entsorgung von Altfahrzeugen.

3.9 Berechnungsschemata

3.9.1 Urlaubsrückstellung, Gleitzeitguthaben

Die Urlaubsrückstellung ist abstrakt das Produkt aus noch nicht genommenen Urlaubstagen 81b
(Resturlaub) und Arbeitskosten je Tag. In der Konkretisierung der **Arbeitskosten je Tag** unterscheiden sich Steuer-[99] und Handelsrecht.[100] Im **Handelsrecht** ergibt sich vor allem aus folgenden Gründen ein höherer Tageskostensatz:

- **aperiodische Leistungen** (z. B. Weihnachtsgeld) und Zuführungen zu Pensionsrückstellungen werden in die Jahresarbeitskosten einbezogen;

---

[90] Nach der Auflistung bei *Hoffmann*, in: Littmann/Bitz/Pust (Hrsg.), Das Einkommensteuerrecht, § 6 Tz. 671.
[91] BMF-Schreiben vom 11.11.1999 – S 2176, BStBl I S. 959, sowie BMF-Schreiben vom 28.3.2007 – IV B 2 – S 2175/07/0002, DB 2007 S. 769.
[92] BMF-Schreiben vom 16.8.2000 – S 2175, DB 2000 S. 1789, und BMF-Schreiben vom 12.7.2005 – IV B 2 – S 2175 – 9/05, DB 2005 S. 1544.
[93] BFH-Urteil vom 29.10.1974 – I R 103/73, BStBl II 1975 S. 114.
[94] BFH-Urteil vom 3.12.1991 – VIII R 88/87, BStBl II 1993 S. 89.
[95] BFH-Urteil vom 19.2.1975 – I R 28/73, BStBl II S. 480.
[96] BMF-Schreiben vom 9.12.1999 – IV C 2 – S 2175 – 30/99, BStBl I S. 1127.
[97] BFH-Urteil vom 30.6.1983 – IV R 41/81, BStBl II 1984 S. 263.
[98] Niedersächsisches FG, Urteil vom 18.4.2007 – 3 K 11463/05, EFG 2007 S. 1856.
[99] BFH-Urteile vom 8.7.1992 – XI R 50/89, BStBl I S. 910, und BFH-Urteil vom 10.3.1993 – I R 70/91, BStBl II S. 446.
[100] IDW-Schreiben vom 16.4.1992, WPg 1992 S. 330.

IV. Bewertung von Rückstellungen

▶ in der Umrechnung auf Tageskosten werden die Jahresarbeitskosten nur durch die **produktiven Tage** dividiert, also z. B. die tariflichen Urlaubstage selbst und die sonstigen Ausfallzeiten (vor allem Krankheit) nicht berücksichtigt.

BEISPIEL

	BFH	IDW
Gesamtanzahl Tage	365	365
– arbeitsfreie Tage	-115	-115
– Urlaubs-, Krankheitstage		-25
– sonstige Ausfalltage		-5
	250	220
Resturlaub in Tagen	10	10
Zu berücksichtigende Kostenbestandteile	€	€
Bruttogehalt jährlich	20.000	20.000
Tarifliches Weihnachtsgeld u. a. aperiodische Bestandteile	–	1.000
Urlaubsgeld (soweit nicht im Ganzen bereits ausbezahlt)	500	500
Zuführung Pensionsrückstellung	–	100
Arbeitgeberanteil zur Sozialversicherung	2.000	2.000
Berufsgenossenschaftsbeitrag jährlich	500	500
Feststehende Gehaltssteigerung (Folgejahr) bzw. erwartete (BilMoG) Gehaltssteigerung		1.000
Kostenbasis	23.000	25.100
Kosten pro Tag	92	114
Rückstellungsansatz für 10 Tage Resturlaub	920	1.141

Für (kurzfristige) Gleitzeitguthaben (→ § 249 Rz. 81c) gilt das vorstehende Berechnungsschema ebenfalls.

3.9.2 Lebensarbeitszeitkonten (Wertkonten)

81c Lebensarbeitszeitkonten werden **wertmäßig** vom Arbeitgeber geführt (→ § 249 Rz. 89). Der bestehende Erfüllungsrückstand des Arbeitgebers ist als Sachleistungsverpflichtung mit dem mutmaßlichen Erfüllungsbetrag (→ Rz. 30) – Lohn- und Gehaltsbestandteile, Arbeitgeberanteile zur Sozialversicherung, aufgelaufenes Zinsguthaben – zu bewerten. Die Bewertungsparameter im Einzelnen entsprechen denjenigen für die Urlaubsrückstellung (→ Rz. 81b). Wegen der Langfristigkeit ist eine Abzinsung (→ Rz. 70 ff.) vorzunehmen.

3.9.3 Gewährleistungsrückstellungen

In Teilbereichen der Finanzverwaltung wird ein Berechnungstool angewandt,[101] das am Beispiel dargestellt auf folgenden Annahmen beruht:

81d

> **BEISPIEL**
>
> ▶ Die Garantiefrist beträgt zwölf Monate.
>
> ▶ Garantiearbeiten fallen – vereinfacht – in allen Monaten dieses Zeitraums gleichmäßig an.

Danach beziehen sich die Leistungen des Monats Januar 02 voll (12/12) auf Lieferungen des abgelaufenen Wirtschaftsjahrs 01. Die Garantieleistungen im Februar 02 betreffen zu 1/12 Lieferungen des Januars des gleichen Jahrs und zu 11/12 Lieferungen des abgelaufenen Wirtschaftsjahrs 01. Die Zahlenreihe setzt sich gleichmäßig fort. Die Leistungen im Dezember 02 entfallen nur noch zu 1/12 auf das vergangene Wirtschaftsjahr 01 und sind auch nur insoweit zum 31.12.01 rückstellbar.

Legt man einen erwarteten Gesamtjahresaufwand für Garantiearbeiten von 144.000 € zugrunde, der sich gleichmäßig auf jeden Monat mit 12.000 € verteilt, so lässt sich bei einer **Garantiedauer** von einem Jahr folgende tabellarische Übersicht bilden:

		Zähler	Nenner		
Januar	12.000	12	12	=	12.000
Februar	12.000	11	12	=	11.000
März	12.000	10	12	=	10.000
April	12.000	9	12	=	9.000
Mai	12.000	8	12	=	8.000
Juni	12.000	7	12	=	7.000
Juli	12.000	6	12	=	6.000
August	12.000	5	12	=	5.000
September	12.000	4	12	=	4.000
Oktober	12.000	3	12	=	3.000
November	12.000	2	12	=	2.000
Dezember	12.000	1	12	=	1.000
	144.000				78.000

Von einer erwarteten Gesamtaufwendung von 144.000 € sind also 78.000 € oder 54,1 % rückstellbar.

Bei einer Garantiedauer von 24 Monaten und gleichen erwarteten monatlichen Ausgaben stellt sich die Tabelle wie folgt dar:

---

[101] Vgl. „k", StBp 1965 S. 187.

IV. Bewertung von Rückstellungen

		Zähler	Nenner		
Januar 01	12.000	24	24	=	12.000
Februar 01	12.000	23	24	=	11.500
März 01	12.000	22	24	=	11.000
April 01	12.000	21	24	=	10.500
Mai 01	12.000	20	24	=	10.000
Juni 01	12.000	19	24	=	9.500
Juli 01	12.000	18	24	=	9.000
August 01	12.000	17	24	=	8.500
September 01	12.000	16	24	=	8.000
Oktober 01	12.000	15	24	=	7.500
November 01	12.000	14	24	=	7.000
Dezember 01	12.000	13	24	=	6.500
Januar 02	12.000	12	24	=	6.000
Februar 02	12.000	11	24	=	5.500
März 02	12.000	10	24	=	5.000
April 02	12.000	9	24	=	4.500
Mai 02	12.000	8	24	=	4.000
Juni 02	12.000	7	24	=	3.500
Juli 02	12.000	6	24	=	3.000
August 02	12.000	5	24	=	2.500
September 02	12.000	4	24	=	2.000
Oktober 02	12.000	3	24	=	1.500
November 02	12.000	2	24	=	1.000
Dezember 02	12.000	1	24	=	500
	288.000				150.000

Bei erwarteten Gesamtaufwendungen von 288.000 € (= 144.000 € p. a.) sind 150.000 € oder 104,1 % rückstellbar.

81e Diese Systematik wird von Teilen der Finanzverwaltung auf andere Garantiefristen, allerdings fälschlicherweise als „Garantieverlauf"[102] bezeichnet, fortentwickelt. Zur Vereinfachung werden Prozentsätze aufgerundet.

---

[102] Nach „k", StBp 1965 S. 187; als logisch fehlerhaft aufgegriffen durch *Meyer*, StBp 1965 S. 328 f., und *Christiansen*, StBp 1985 S. 167 f.

Danach ergibt sich folgende Tabelle:

Bei		statt	aufgerundet	
1-monatigem	„Garantieverlauf"	8,3 %	10,0 %	
2-monatigem	„Garantieverlauf"	16,6 %	20,0 %	
3-monatigem	„Garantieverlauf"	29,1 %	35,0 %	
1-jährigem	„Garantieverlauf"	54,1 %	60,0 %	vgl. Beispiel oben
2-jährigem	„Garantieverlauf"	104,1 %	120,0 %	vgl. Beispiel oben
3-jährigem	„Garantieverlauf"	154,1 %	175,0 %	
4-jährigem	„Garantieverlauf"	204,1 %	230,0 %	
5-jährigem	„Garantieverlauf"	254,1 %	285,0 %	

Dabei soll unter „Garantieverlauf" nicht die gesetzlich oder vertraglich festgelegte Gewährleistungspflicht, sondern die tatsächliche durchschnittliche Zeitspanne zwischen Lieferung und Garantieleistung zu verstehen sein. Der Fehler liegt im „Sprung" von der Garantie**frist** bzw. Garantie**dauer** zum Garantie**verlauf**. Gemeint sein kann nur die Gewährleistungs**frist**, da während der gesamten Gewährleistungsdauer Arbeiten anfallen. Wie diese letztendlich verteilt sind, muss unberücksichtigt bleiben, da eine gleichmäßige Verteilung im Beispiel unterstellt wird.

Der durchschnittliche Garantieverlauf kann nur das arithmetische Mittel ansprechen (also die Hälfte der Garantiefrist). Zur Erreichung zutreffender Werte, die auch dem herleitenden Beispiel unter → Rz. 81c entsprechen, muss „Garantieverlauf" durch „Garantiefrist" ersetzt werden.

V. Abschreibungen auf das Anlagevermögen (Abs. 3)

1. Konzeption

Abs. 3 (nach früherer Rechtslage Abs. 2) regelt die **Folgebewertung „nach unten"** des Anlagevermögens. Dabei wird differenziert nach

▶ abnutzbarem und

▶ nicht abnutzbarem

Anlagevermögen. In der letztgenannten Kategorie erscheinen zusätzlich die Finanzanlagen als Sonderbewertungstatbestand.

Die abnutzbaren Anlagegegenstände müssen „zunächst" **planmäßig** abgeschrieben werden, um dann zusätzlich noch einem **Wertminderung**stest bezüglich der Vornahme einer außerplanmäßigen Abschreibung zu unterliegen. Der letztgenannte Bewertungsschritt gilt auch für die zeitlich unbegrenzt nutzbaren Anlagegegenstände. Den **Finanzanlagen** gebührt das Privileg eines **Wahlrechts**: Bei nur vorübergehender Wertminderung **kann** eine außerplanmäßige Abschreibung vorgenommen werden. Bei voraussichtlich dauernder Wertminderung (→ Rz. 127) ist in allen Fällen eine Abschreibung zwingend.

Die in Abs. 3 genannten Vorgaben zur Bewertung des Anlagevermögens „nach unten" werden in Abs. 5 (→ Rz. 159) durch eine **Wertaufholungszuschreibung** ergänzt, die bei späterem Wegfall der zuvor bestehenden Gründe für den niedrigeren Wertansatz aufgrund außerplanmäßiger Abschreibung erfolgt. Dies gilt als **Rückausnahme** allerdings nicht für den entgeltlich erworbenen Geschäfts- oder Firmenwert.

Die vorstehenden Bewertungsregeln gelten **rechtsformübergreifend**.

83 Zu den **abnutzbaren** Anlagegegenständen (zeitlich begrenzte Nutzung) gehören im Wesentlichen:

- **Sach**anlagen ohne Grund und Boden und ohne Anlagen im Bau einschließlich Anzahlungen darauf (vgl. das Gliederungsschema des § 266 HGB) sowie
- **immaterielle** Anlagegüter einschließlich Geschäfts- und Firmenwert mit einigen kasuistischen Ausnahmen in der BFH-Rechtsprechung (→ § 246 Rz. 32).

Zu den **nicht abnutzbaren** Anlagegütern gehören im Wesentlichen:

- Grund und Boden,
- Finanzanlagen (vgl. § 266 Abs. 2 HGB),
- geleistete Anzahlungen und im Bau befindliche Anlagen und
- einige immaterielle Vermögensgegenstände (→ § 246 Rz. 32).

84 Die Bezugsgröße der Abschreibungsverrechnung stellt den jeweiligen Vermögensgegenstand mit seinen Anschaffungs- oder Herstellungskosten dar. Dabei ist die Bestimmung des Vermögensgegenstands nicht immer eindeutig. Vielfach sind Anlagegüter nur in „Zusammenarbeit" (→ § 246 Rz. 43 ff.) nutzbar. Es ist dann eine Frage der Konvention, ob z. B. die Innenausstattung eines Flugzeuges als eigenständiger Vermögensgegenstand zu werten ist oder nicht (→ § 246 Rz. 46). In IAS 16 löst sich die Abschreibungsgrundlage vom einzelnen Vermögenswert (→ Rz. 92) und identifiziert diese mit dem *„part"* eines *„items"* (sog. Komponentenansatz). Wegen der Abstraktheit der Vermögensgegenstand-Definition – ist eine Einbauküche ein einheitlicher Vermögensgegenstand[103] oder sind die Elektrogeräte separat zu beurteilen? – besteht handelsrechtlich kein grundlegender Unterschied zum Komponentenansatz.

2. Planmäßige Abschreibung bei zeitlich begrenzter Nutzungsdauer (Abs. 3 Sätze 1 und 2)

2.1 Der betriebswirtschaftliche Gehalt

85 Die **zeitlich begrenzte** Nutzungsdauer ist der vom Gesetz verwendete Begriff für die eher umgangssprachliche Ausdrucksweise „abnutzbar", wie sie auch zuvor gebraucht worden ist.

Das **Erfordernis** der Abschreibungsverrechnung für abnutzbare Anlagegüter kann man aus zwei Blickwinkeln betrachten:

---

[103] So das FG Köln, Urteil vom 16. 1. 2008 – 14 K 4709 – 4709/04, DStRE 2009 S. 131, rkr. Offengelassen von IDW RH HFA 1016 (→ Rz. 92).

▶ Der **Ertragslage**: Die Abnutzung im Zeitverlauf soll **periodengerecht** im Aufwand verrechnet werden oder anders ausgedrückt: Die Anschaffungs- oder Herstellungskosten sind auf den Zeitraum der Nutzung zu verteilen (dynamische Interpretation).

▶ Der **Vermögenslage**: Die **Wertminderung** der Anlagegegenstände durch Nutzung im Zeitverlauf ist zu berücksichtigen (statische Interpretation).

Buchungstechnisch kann die Abschreibung **direkt** oder **indirekt** verrechnet werden:

▶ Bei direkter Erfassung ist der betreffende Aktivwert um die Abschreibung zu vermindern.

▶ Bei indirekter Erfassung ist ein (weiteres) passivisches Konto mit dem Abschreibungsbetrag zu erkennen.

Die indirekte Form der Abschreibungsverrechnung korrespondiert buchungstechnisch mit der Bruttodarstellung des Anlagevermögens gem. § 268 Abs. 2 HGB (→ § 268 Rz. 56).

2.2 Der Abschreibungsplan

2.2.1 Der Planinhalt

Der Abschreibungsplan wird durch vier **Tatbestände** bestimmt,[104] sobald der betreffende Vermögensgegenstand als abnutzbares Anlagevermögen identifiziert worden ist (→ Rz. 83): 86

▶ Anschaffungs- oder Herstellungskosten (→ Rz. 94),

▶ voraussichtliche Nutzungsdauer (→ Rz. 88) bzw. Nutzungsintensität (→ Rz. 93),

▶ (bei Wahl der zeitlichen Verteilung) die Abschreibungsmethode (→ Rz. 100) und

▶ Höhe eines etwaigen Restwerts (→ Rz. 94).

Zu einer etwaigen Planänderung vgl. → Rz. 103.

Der **Verzicht** auf **detaillierte** Regelungen überrascht auf den ersten Blick, weil in der Rechnungslegungspraxis und in den Buchhalterschulen gerade diese Aspekte der Abschreibungsverrechnung im Vordergrund stehen. Der Grund für diese Enthaltsamkeit des Gesetzgebers im HGB besteht in der detaillierten Regelungssystematik des Steuerrechts, das in einer **besonderen Form** der **umgekehrten Maßgeblichkeit** die Szene beherrscht (hat) und durch das BilMoG **nicht zwingend** abgeschafft worden ist. Das HGB bietet hier einen großen, weil unbestimmten Rahmen für die Ausfüllung des Abschreibungsplans, die in den überwiegenden Praxisanwendungsfällen durch die steuerlichen Vorgaben ihre Erfüllung erhält. Dabei wird in systematischer Sicht das Abschreibungsverfahren dem Steuerrecht entnommen, aber in der Handelsbilanz ausgeübt, um dem Ziel einer einheitlichen Abschreibungsverrechnung nachzukommen. Bei besonderer bilanzpolitischer Vorgabe kann es sich auch anders verhalten, nachdem durch Abschaffung der umgekehrten Maßgeblichkeit die Abschreibungsmethode in der Handels- und Steuerbilanz austauschbar geworden ist (→ Rz. 101). Zur Anwendbarkeit der steuerlichen **Abschreibungsvereinfachungen** – GWG, Poolabschreibungen – in der Handelsbilanz vgl. (→ § 252 Rz. 187 ff.) 87

---

104 Vgl. *ADS*, 6. Aufl. § 253 Tz. 364.

2.2.2 Die Nutzungsdauer bzw. -intensität

88 Diese Vorgehensweise der Rechnungslegungspraxis hat ihren guten Grund: Bei der Bestimmung der **Nutzungsdauer** ist jeder Buchhalter auf Konventionen, externe oder interne Vorgaben angewiesen, wenn er sich nicht auf eigene hellseherische Begabungen stützen will. Deshalb greift er gern zu den einkommensteuergesetzlichen Abschreibungsbestimmungen des § 7 EStG für Gebäude. In Bezug auf die Nutzungsdauer und die Bestimmung der Abschreibungssätze schwanken diese jedoch im Zeitverlauf, ohne dass der Sache nach eine physische oder wirtschaftliche Verschiebung von Nutzungsdauern und Abnutzungsgraden etc. feststellbar ist. Ähnliches gilt für das abnutzbare Sachanlagevermögen. Dazu werden regelmäßig die einschlägigen Abschreibungstabellen der Finanzverwaltung konsultiert. Auch die Sofortabschreibung für geringwertige Anlagegüter nach § 6 Abs. 2 EStG bzw. die Poolabschreibung gem. § 6 Abs. 2a EStG können u. E. in der handelsrechtlichen Rechnungslegungspraxis angewandt werden (→ Rz. 104a).

89 Gegen die Bezugnahme auf die steuerlichen Vorgaben mag man wegen deren (auch) fiskalpolitischer Motivation systematisch orientierte **Bedenken** erheben. Deshalb wird ihrer Übernahme in die handelsrechtliche Bilanzierung auch nur unter Vorbehalt zugestimmt.[105] Andererseits kann niemand ex ante – also bei der Ausfüllung des Abschreibungsplans durch die Nutzungsdauer – den Beweis für eine kürzere Nutzungsdauer als 13 Jahre für Büromöbel antreten. Das wird allenfalls dann gelingen, wenn in dem betreffenden Unternehmen Büromöbel „grundsätzlich" alle zehn Jahre ausgetauscht werden – eine etwas verquere Vorstellung. Vergleichbares gilt für die Nutzungsdauer von Gebäuden, bei denen die steuerlichen AfA-Sätze nur dann anzuwenden sind, „wenn sie den wirtschaftlichen Gegebenheiten entsprechen".[106] Nur: Wann ent- oder widersprechen die undefinierbaren „wirtschaftlichen Gegebenheiten" den steuerlichen Vorgaben der Nutzungsdauer? Wer will die „Richtigkeit" einer Gebäudenutzung von 38 statt 50 Jahren „beweisen"? Und wenn tatsächlich die „wirtschaftlichen Gegebenheiten" eindeutig für eine kürzere Nutzungsdauer sprechen, dann müssten diese auch steuerlich anzuerkennen sein, z. B. die Gebäudeabschreibung im Einzelhandel.[107]

Gegen die Anwendung der **steuerlichen** Nutzungsdauern bei der handelsrechtlichen Abschreibungsverrechnung bestehen somit keine konzeptionellen Vorbehalte.

90 Andererseits besteht nach Aufhebung der umgekehrten Maßgeblichkeit kein förmlicher **Zwang** mehr zur Übernahme der steuerlichen Nutzungsdauern in die Handelsbilanz. Im Rahmen des Ermessens können hier Büromöbel auch auf zehn Jahre und Gebäude auf 40 statt 50 Jahre und umgekehrt Pkws auf acht statt auf fünf Jahre abgeschrieben werden.

Die Entscheidungssituation für die Abschreibungsmethode (→ Rz. 101) und die Bestimmung der Nutzungsdauer stellt sich für **IFRS-Bilanzierer** nach Abschaffung der umgekehrten Maßgeblichkeit durch das BilMoG in geänderter Form dar. Angesprochen sind einerseits die Jahresabschlüsse und andererseits die sog. „*packages*" (HB II) für die Konzernrechnungslegung einer Muttergesellschaft im In- und Ausland. In diesen Fällen werden regelmäßig in sog. „*manuals*" Nutzungsdauern für die abnutzbaren Anlagegüter festgelegt (abgesehen von der Abschrei-

---

[105] Vgl. ADS, 6. Aufl. § 253 Tz. 379.
[106] Vgl. ADS, 6. Aufl., § 253 Tz. 379.
[107] OFD Hannover, Vfg. vom 8. 10. 2008 – S 2741 – 162 – StO 233/234, DB 2008 S. 2567.

bungsmethode). Diese mussten insbesondere bei ausländischen Muttergesellschaften nicht mit der steuerlich vorgegebenen Nutzungsdauer übereinstimmen. Bis zur Abschaffung der umgekehrten Maßgeblichkeit durch das BilMoG konnte man die Übernahme steuerlicher Vorgabe in die Einzel-Handelsbilanz mit dem Erfordernis der steuerlichen Anerkennung rechtfertigen. Nun befindet sich die Steuerbilanz insoweit in einer *stand alone-Basis*, d. h. die steuerliche AfA ist unabhängig vom handelsrechtlichen Abschreibungsplan zu verrechnen, und umgekehrt braucht die Handelsbilanz steuerliche Vorgaben nicht (mehr) zu beachten. Eine Abweichung bezüglich der Schätzung der Nutzungsdauer zwischen Handels- und IFRS-Bilanz ist deshalb nicht (mehr) möglich, sie wäre schizophren. Eine Steuerlatenzrechnung in der Handelsbilanz dem Grunde nach (→ § 274 Rz. 13 ff.) ist dann die notwendige Folge.

Als Beispiel für eine nicht (umgekehrt) maßgebliche Bestimmung der Nutzungsdauer ist die steuerliche Abschreibungsvorgabe für den Geschäfts- oder Firmenwert von 15 Jahren gem. § 7 Abs. 1 Satz 3 EStG. Vielmehr im Gegenteil: Bei Wahl einer Abschreibungsdauer von mehr als fünf Jahren bedarf es einer Begründung im Anhang nach § 285 Nr. 13 HGB (→ § 285 Rz. 97).

Zur Bestimmung der Nutzungsdauer eines Anlageguts bedarf es zweier vorab zu klärender Tatbestandsmerkmale: 91

▶ Liegt **ein** oder liegen **mehrere** Vermögensgegenstände vor?

▶ Wenn es sich tatsächlich um **einen** Vermögensgegenstand handelt, können **Teile** davon einer unterschiedlichen Nutzungsdauer unterliegen?

Die erstgenannte Frage wird in der Rechnungslegungspraxis und auch in der Kommentierung meistens am Beispiel des Gebäudes „geregelt"; und das wiederum anhand der vorliegenden BFH-Rechtsprechung und der ergänzenden Stellungnahmen der Finanzverwaltung (→ § 266 Rz. 28 ff.).

BEISPIELE

▶ Das Bürogebäude stellt zusammen mit der Heizungs-, Klima- und Elektrikanlage sowie der Sanitärinstallation **ein** Gebäude dar. Vor 1970 sah man dies noch anders.

▶ Im Warenkaufhaus stellt die Rolltreppe einen Gebäudebestandteil dar. Nicht dagegen der Lastenaufzug (gilt als Betriebsvorrichtung im bewertungsrechtlichen Sinn; → § 266 Rz. 35).

Außerhalb des Wirtschaftsguts „Gebäude" fehlen regelmäßig vergleichbare steuerliche Abgrenzungskriterien.

BEISPIELE

▶ Für ein **Flugzeug** ist nicht geklärt, ob der Rahmen einen von den Triebwerken getrennten Vermögensgegenstand darstellt.

▶ Für den **Lastzug** ist unklar, ob die Zugmaschine zusammen mit dem Auflieger einen Vermögensgegenstand repräsentiert oder zwei vorliegen.

▶ Beim **Flughafen** stellt sich die Frage, ob das Terminalgebäude zusammen mit den Flugpisten einen einzigen oder mehrere Vermögensgegenstände darstellt.

V. Abschreibungen auf das Anlagevermögen

> ▶ Im letztgenannten Fall ist dann die Frage, ob die **Flugpisten** insgesamt einen Vermögensgegenstand darstellen oder aber drei; nämlich die eigentlichen Start- und Landebahnen (*runways*), die Rollwege (*taxiways*) und die Stellflächen (*ramps*).[108]

Die Beispiele belegen: Der Inhalt und insbesondere auch der Umfang eines Vermögensgegenstands kann mithilfe von dessen **abstrakten Definitionsmerkmalen** (→ § 246 Rz. 43 ff.) in vielen Fällen nicht eindeutig bestimmt werden. Man kann dann für Zwecke der Abschreibungsbemessung und Festlegung der Nutzungsdauer auch **zirkulär** argumentieren, nämlich: Die Nutzungsdauer der Start- und Landebahnen ist kürzer als diejenige der Stellflächen, also liegt ein eigenständiger Vermögensgegenstand vor. Diese Vorgehensweise würde allerdings wieder gegen den Definitionsbestandteil des Vermögensgegenstands verstoßen, nämlich die gesonderte Verwertbarkeit. Ein Flughafengelände kann nur zusammen mit allen drei Typen der Betriebsflächen genutzt und verkauft werden.

92　Dieses Dilemma haben die IFRS in IAS 16.13 elegant gelöst (→ § 246 Rz. 46).[109] Sie bestimmen die Abschreibung unabhängig von der Definition eines Vermögenswerts – diese ist genauso abstrakt wie diejenige des Vermögensgegenstands – anhand der wesentlichen Bestandteile eines undefiniert bleibenden „*items*" (sog. **components approach**). Danach bleibt die Frage offen, ob das Flugzeug in zwei Bestandteile – Rahmen und Triebwerke – „zerfällt" oder nicht. Die Abschreibung kann nach der jeweiligen mutmaßlichen und mit Sicherheit unterschiedlichen Nutzungsdauer bestimmt werden, also z. B. 30 Jahre für den Rahmen und 15 Jahre für die Triebwerke (→ Rz. 84).

92a　Das IDW[110] will als handelsrechtliches Bilanzierungs**wahlrecht** dem Komponentenansatz folgen und sieht darin keinen Verstoß gegen den Einzelbewertungsgrundsatz (→ § 252 Rz. 31; → § 246 Rz 43 ff.). Die dahinter stehende Intention besteht in der Ergebnisglättung als **Ersatz** für die weitgehend seit BilMoG nicht mehr zulässige **Aufwandsrückstellung** (→ § 249 Rz. 151). Auch das Kriterium des einheitlichen Nutzungs- und Funktionszusammenhangs (→ § 246 Rz. 43a) soll dem IDW zufolge durch die Separierung der Abschreibungsverläufe nicht berührt sein.

92b　Folgt man der rechtlichen Möglichkeit der Anwendung unterschiedlicher Abschreibungsverläufe gemäß technischer und wirtschaftlicher Abnutzung, stellt sich die Frage nach der **Bestimmung** dieser „*parts*" (→ § 246 Rz. 46) als Ausgangsgröße der Abschreibungsbemessung.[111]

Das **Gebäude** als bislang einheitlich abzuschreibender Vermögensgegenstand wäre aufzuteilen[112] in

---

108　Vgl. *Aschendorf*, StBp 1996 S. 188.
109　Vgl. *Hoffmann*, in: Lüdenbach/Hoffmann (Hrsg.), Haufe IFRS-Kommentar, 8. Aufl., Freiburg 2010, § 10 Rz. 7 ff.; nach IDW RH HFA 1016 ist der Komponentenansatz auch handelsrechtlich optional anwendbar. Allerdings gilt anders als nach IAS 16.14 die künftige Großreparatur bzw. Inspektion nicht als Komponente.
110　IDW HFA RH 1016 Tz. 8. **Dagegen** *Herzig et al.*, WPg 2010 S. 564: „keine atomistische Bewertung"; **dafür** *Husemann*, WPg 2010 S. 507.
111　Vgl. hierzu im Einzelnen *Husemann*, WPg 2010 S. 507.
112　Vgl. *Hoffmann*, in: Lüdenbach/Hoffmann (Hrsg.), Haufe IFRS-Kommentar, 8. Aufl., Freiburg 2010, § 10 Rz. 10; darauf aufbauend *Husemann*, WPg 2010 S. 507.

- **Tragwerk**: Fundamente, Decken, Mauern, Stützen.
- **Gebäudehülle**: Dach, Fassade, Fenster, Eingänge.
- **Technische Ausrüstung**: Heizung, Kühlung, Lüftung, Sanitär, Elektro, Aufzüge etc.
- **Innenausbau („Dekoration")**: Trockenbau, Fußböden.

Für das **Flugzeug** kommt folgende Aufteilung in Betracht:
- Rahmen,
- Triebwerk,
- Inneneinrichtung.

Für die **Müllverbrennungsanlage**
- Entladehalle,
- Abfallbunker,
- Rostfeuerung,
- Schlackenaustragung,
- Dampferzeugung,
- Elektrofilter,
- Energienutzung,
- Speisewassererwärmer,
- Katalysator,
- Rückstromwirbler/Gewerbefilter,
- Kamin,
- Emissionsmessstation.

Die Müllverbrennungsanlage provoziert dann wieder die Frage, ob aus handelsrechtlicher Sicht die (z. B.) Dampferzeugung einen **Vermögensgegenstand** darstellt oder nicht (→ § 246 Rz. 43 ff.). Dieses nicht lösbare Problem umgeht zum Vergleich IAS 16.13 elegant: Ob ein Vermögensgegenstand („*item*") vorliegt oder nicht, spielt keine Rolle; zu identifizieren sind „*part*", die eine eigenständige Nutzungsdauer aufweisen. Pragmatisch wird man in der HGB-Bilanzierung möglicherweise wegen besonderer Nutzungsdauern (also retrograd) im Flugzeugtriebwerk einen eigenständigen Vermögensgegenstand erkennen.

Allzu weit kann und muss man bei der **wahlweisen** Komponentenabschreibung nach dem IDW RH 1016 nicht gehen. Der *cost-benefit*-Gesichtspunkt (→ § 252 Rz. 191) und die Wesentlichkeit (→ § 252 Rz. 182 ff.) sind gebührend zu beachten, gerade und weil die Schätzung der Nutzungsdauer nur in weiten Ermessensspielräumen erfolgen kann. 92c

Steuerlich wird einer entsprechende Vorgehensweise von der Finanzverwaltung und vom BFH nicht gefolgt werden, da sie gegen eine ganze Phalanx von gegenteiligen Präjudizien verstieße. Dabei ist allerdings die BFH-Rechtsprechung im Ergebnis auch schon unter anderer Überschrift dem Komponentenansatz in **retrograder** Form gefolgt, beispielsweise bei der Bestimmung der Abschreibungsdauer von z. B. Ladeneinbauten und Betriebsvorrichtungen in Gebäuden (→ § 246 Rz. 44). 92d

Ein weiteres Problem der Bestimmung der Nutzungsdauer resultiert aus **nachträglichen** Herstellungskosten (→ § 255 Rz. 108 ff.). Damit kann eine Verlängerung der ursprünglich fest- 92e gelegten Nutzungsdauer verbunden sein, insbesondere wenn diese nach Aktivierung auf einer wesentlichen Verbesserung des betreffenden Vermögensgegenstands, regelmäßig eines Gebäudes, beruht. Der Abschreibungsplan bedarf dann einer Änderung (→ Rz. 103).

93 Die „Nutzungs**dauer**" lässt sich inhaltlich in zwei Ausprägungen übersetzen:
- Die **effektive** Nutzung durch die Arbeit einer Maschine, eines Flugzeugtriebwerks etc. („Intensität");
- der „reine" **Zeitverlauf**.

Die erstgenannte Verteilungsmethode kann man mit den Begriffen des EStG (§ 7 Abs. 1 Satz 6 EStG) auch als **leistungsabhängiges** Abschreibungsverfahren bezeichnen. Sie ist z. B. bei Lkw auf der Grundlage der mutmaßlichen Laufleistung oder beim Flugzeugmotor entsprechend der kalibrierten Betriebszeit anwendbar. Diese auch handelsrechtlich zulässige Bestimmung der Nutzungsdauer kommt in der Praxis allerdings eher selten zur Anwendung. Hier dominiert die Aufwandsverteilung der Anschaffungs- oder Herstellungskosten nach dem reinen Zeitverlauf. Dieser ist andererseits nach der der Investition zugrunde liegenden Produktionsplanung auch eng mit der effektiven Nutzung verbunden, so dass sich in vielen Fällen keine nennenswerten Abweichungen zwischen den beiden Verfahren zur Bestimmung der Nutzungsdauer ergeben.

Zur Bemessung der Nutzungsdauer ist nicht die **technische**, sondern die **wirtschaftlich** sinnvolle Verwendungsmöglichkeit maßgeblich.[113] Dabei kann die wirtschaftliche Nutzungsdauer nie länger sein als die technische, wohl aber umgekehrt.

> **BEISPIEL** Der Ladenumbau eines modisch orientierten Kleidungsfilialisten hält physisch 30 Jahre. Der Geschmackswandel der Kundschaft verlangt einen Ersatz nach spätestens sieben Jahren.

In der industriellen Fertigung sind häufig **Produktlebenszyklen** festzustellen, z. B. bei den Modellen der Automobilindustrie. Die zur Fertigung benötigten Maschinen werden bezüglich ihrer wirtschaftlichen Nutzungsdauer von diesem Zyklus beeinflusst, d. h. gegenüber der technischen Verwendungsmöglichkeit verkürzt.

Eine planmäßige Abschreibung ist andererseits vorzunehmen, wenn ein Vermögensgegenstand trotz **technischer** Abnutzung keine Wertminderung erfährt.[114]

Der Gesetzesinhalt bestimmt von den vier Tatbestandsmerkmalen der Abschreibungsverrechnung (→ Rz. 86) lediglich die Anschaffungs- oder Herstellungskosten und überlässt die inhaltliche Ausfüllung der restlichen drei dem Anwender.

2.2.3 Das Abschreibungsvolumen

94 Die Bestimmung der ersten von **zwei** erforderlichen Größen zur Bestimmung des gesamten Abschreibungsbetrags stellen die **Anschaffungs-** oder **Herstellungs**kosten des abzuschreibenden Vermögensgegenstands (→ Rz. 84) dar, die in § 255 HGB definiert und dort kommentiert

---

113 BFH-Urteil vom 23. 9. 2008 – I R 47/07, BFH/NV 2009 S. 443 Nr. 3.
114 BFH-Urteil vom 9. 2. 2006 – IV R 15/04, DB 2007 S. 9, zu einem zur Vermietung bestimmten Flugzeug.

sind. Steuerlich stellt die **Einlage** einen Ersatztatbestand für die Anschaffung („anschaffungsähnlich") dar.[115] Die zweite Rechengröße wird durch den mutmaßlichen **Restwert** am Ende der planmäßigen Nutzung bestimmt. Dieser wird in der Praxis allerdings nur dann bei der Abschreibungsbemessung berücksichtigt, wenn der Vermögensgegenstand am Ende der geplanten Nutzung noch wesentliche wirtschaftliche Werte enthält, also Wiederverkaufswert oder Schrottwerte. Hierzu zählen z. B. Chemieanlagen mit hochwertigen Metallen oder das Ausschlachtungspotenzial wie bei Flugzeugtriebwerken. Die Bestimmung des Restwerts ist regelmäßig mit der Nutzungsdauer korreliert.

> **BEISPIEL**[116] Die Lufthansa AG schreibt den Flugzeugrahmen in zwölf Jahren auf einen Restwert von 15 % des Ausgangsbetrags ab.
>
> Die Iberia S. A. schreibt den Flugzeugrahmen ohne Restwert ab.
>
> Die Singapur Airlines schreibt das gesamte Flugzeug (mit Triebwerken) auf 15 Jahre und 10 % Restwert ab.

Der Restwert ist zwingend zu berücksichtigen, wenn man nach dem Nutzungsplan einen Verkauf des Anlagegegenstands **vor** Ende der **möglichen** Nutzungsdauer vorsieht. 95

> **BEISPIEL** Der Automobilhersteller A vermietet im Flottengeschäft (*operating lease*) Neuwagen mit einer Standardlaufzeit von 36 Monaten. Nach der Rücknahme erfolgt ein Verkauf auf dem Sekundärmarkt. Auch in diesem Fall ist die Abschreibung nach Maßgabe des Nutzungsplans für drei Jahre unter Berücksichtigung des mutmaßlichen Verkaufspreises auf dem Sekundärmarkt zu bestimmen.[117]

Auch **immaterielle** Vermögensgegenstände bei der Abschreibungsbesserung müssen Restwerte berücksichtigen, was allerdings in der Praxis eher selten der Fall sein dürfte. Ein mögliches Beispiel für einen Restwert stellt der Vertrag mit einem Dritten dar, der das pharmazeutische Patent nach zehn Jahren, also drei Jahre vor Ablauf des Patentschutzes, kaufen soll. 96

2.2.4 Der Abschreibungsbeginn

Die Abschreibung beginnt mit der **Vollendung** des Anschaffungs- oder Herstellungsvorgangs, also **nicht** erst mit der **effektiven Nutzung**. Dies gilt auch für selbst hergestellte Immaterialgüter des Anlagevermögens, wenn für diese die Entwicklungsphase **abgeschlossen** ist (→ § 255 Rz. 136). Es genügt die Nutzungs**möglichkeit**, ggf. aufgrund spezifischer Vereinbarungen. 97

> **BEISPIEL**
>
> ▶ Spediteur S erhält im Dezember 01 einen neuen Lkw ausgeliefert. Benötigt wird er erst im März 02. S betreibt die Zulassung erst Ende Februar 02. Der Abschreibungsbeginn ist auf Dezember 01 festzulegen.

---

[115] BFH-Urteil vom 18. 5. 2010 – X R 7/08, DB 2010 S. 1913.
[116] Vgl. *Hoffmann*, in: Lüdenbach/Hoffmann (Hrsg.), Haufe IFRS-Kommentar, 8. Aufl., Freiburg 2010, § 10 Rz. 20.
[117] Ähnlich BFH-Urteil vom 19. 11. 1997 – X R 78/94, BStBl 1998 II S. 59.

> ▶ U schafft eine neue Computeranlage an und lässt sie vom Serviceunternehmen anschließen. Zur effektiven Nutzung kommt es vorerst nicht, weil im Zuge einer unvorhergesehenen Unternehmensakquisition das gesamte IT-Umfeld neu konfiguriert werden soll.
>
> ▶ Die Abschreibung beginnt in beiden Fällen bereits mit der Nutzungsmöglichkeit.

Die Nutzungsmöglichkeit bestimmt sich u.U. nach der vom Lieferanten **zugesagten** technischen Leistung. Wenn in diesen Fällen eine (z. B.) Maschinenanlage den vereinbarten Output erst nach monatelangen Probeläufen erreicht,[118] ist bis dahin keine Abschreibung zu verrechnen. Entsprechendes gilt u. E., wenn eine Maschine mit komplexer Technologie – z. B. eine CNC-Fräsmaschine – angeschafft wird. Zur Bedienung und Programmierung der Steuerungseinheit ist mit dem Lieferanten ein Schulungspaket für die eigenen Mitarbeiter vereinbart. Erst nach dieser Schulung ist die **Betriebsbereitschaft** der Maschine hergestellt (→ § 255 Rz. 28). Ab diesem Zeitpunkt beginnt die Abschreibungsverrechnung.

98 Bei **unterjähriger** Anschaffung wird in der praktischen Handhabung einmal mehr die steuerliche Vorgabe in die handelsrechtliche Abschreibungsverrechnung eingeführt: Als steuerlich noch die Halbjahresregelung für bewegliche Anlagegegenstände galt – Zugang im ersten Halbjahr volle Abschreibung, Zugang im zweiten Halbjahr hälftige – hat man dies auch in die Handelsbilanz übernommen. Seitdem steuerlich nur noch die Zwölftelregelung gültig ist, folgt die Rechnungslegungspraxis generell dieser Vorgabe.

2.2.5 Das Abschreibungsende

99 Die Abschreibung endet mit Einstellung der effektiven Nutzung, also auch unterjährig während des Wirtschaftsjahrs. Die Abschreibung sollte dann pro rata bis zum effektiven Nutzungsende weitergerechnet werden. Als zulässig erachtet wird allerdings auch eine Beendigung der Abschreibung am Ende des vorhergehenden Wirtschaftsjahrs, weil die Aufwandsbelastung insgesamt gleich ist und sich lediglich innerhalb des Abgangs einerseits und des Abschreibungsbetrags andererseits verschiebt. Zur Verbuchungstechnik im Anlagegitter vgl. → § 268 Rz. 58 ff.

2.2.6 Die Abschreibungsmethode

100 Bei der Abschreibungsmethode im engeren Sinne ist zunächst zwischen der unter → Rz. 93 dargestellten nutzungsabhängigen einerseits und der zeitraumbezogenen andererseits zu unterscheiden. Für die in der Praxis dominierende letztgenannte präsentieren die Lehrbücher verschiedene Verfahren:

- ▶ lineare,
- ▶ geometrisch-degressive,
- ▶ arithmetisch-degressive,
- ▶ progressive Abschreibung
- ▶ und einige mehr.[119]

---

118 Vgl. dazu das Beispiel von *Lüdenbach*, StuB 2009 S. 273.
119 Vgl. die Übersicht bei *Ballwieser*, Münchner Kommentar zum HGB, 2. Aufl., 2008, § 253 Tz. 35.

In der Praxis führte hier wenigstens bis zum Ergehen des BilMoG wieder die steuerliche Betrachtungsweise das Zepter. Sie lässt immer die lineare Abschreibung zu. Die geometrisch-degressive liefert eine fiskalische Stellschraube; mal wird sie aufgehoben, mal mit den Anfangsverrechnungssätzen variiert (ab 2009 mit 25 % Höchstsatz). Diese steuerliche Vorgabe gilt allerdings immer nur für abnutzbare **Sach**anlagegegenstände, nicht für die **immateriellen**, denen ausschließlich die lineare Methode vorgegeben ist. Für Gebäude gilt ebenfalls die lineare Abschreibung als Regelsatz, wird ergänzt durch unterschiedliche Regeln des Steuergesetzgebers in Form einer speziellen Abschreibungsdegression, was eindrücklich durch § 7 Abs. 5 EStG dokumentiert ist. Gerade auch bei den Gebäuden werden die steuerlichen Abschreibungsvorgaben im handelsrechtlichen Abschluss weitgehend übernommen (→ Rz. 87).

101

Allerdings kann sich hier durch das BilMoG eine geänderte Vorgehensweise in der Praxis ergeben. Die **nicht mehr vorgegebene umgekehrte Maßgeblichkeit** erlaubt die Vornahme einer degressiven Abschreibung in der Steuerbilanz, auch wenn handelsrechtlich die lineare gewählt wird und umgekehrt (→ § 252 Rz. 214). Vor dem Hintergrund des Stetigkeitsgebotes gilt dabei:[120]

▶ Wurde bisher handelsrechtlich wegen des entsprechenden Werteverzehrs degressiv abgeschrieben, kann auf die lineare Methode nur zur besseren Vermittlung der Vermögens-, Finanz- und Ertragslage übergegangen werden (u. E. kein realistischer Fall).

▶ War die degressive Methode bislang nur steuerlich motiviert, ist ein Wechsel unter Durchbrechung des Stetigkeitsgebots erforderlich.

Das Lehrbuchbeispiel zur Unterscheidung von linearer und degressiver Abschreibung (in praktischer Anwendung nur bei beweglichen Sachanlagegegenständen) stellt sich wie folgt dar:

102

▶ Die **lineare** Methode wendet auf die Ausgangsbasis der Anschaffungs- oder Herstellungskosten (→ Rz. 94), ggf. unter Berücksichtigung eines Restwerts (→ Rz. 95), einen **festen** Prozentsatz über die Gesamtnutzungsdauer hinweg an.

▶ Die geometrisch degressive Abschreibung geht auch von einem **festen** Prozentsatz aus, wendet diesen aber immer nur auf den restlichen Buchwert an. Dadurch ergibt sich systematisch eine unendliche geometrische Reihe, die durch den Übergang auf die lineare Methode dann abgewürgt wird, wenn der restliche Abschreibungsbetrag bezogen auf die Nutzungsdauer nach Maßgabe der linearen Berechnung höher ist als der degressiv ermittelte.

---

120   IDW RH HFA 1015; *Hennrichs*, Ubg 2009 S. 540.

V. Abschreibungen auf das Anlagevermögen

BEISPIEL Eine Maschine hat eine Nutzungsdauer von fünf Jahren. Die beiden Abschreibungsverläufe stellen sich wie folgt dar:

		Abschreibung linear	Abschreibung geom.-degressiv 25%	Übergang auf lineare Abschreibung	Hinweis
(1)	Zugang	10.000	10.000,00		
	Abschreibung	2.000	2.500,00		
(2)	Buchwert	8.000	7.500,00	7.500	gleichwertig
	Abschreibung	2.000	1.875,00	1.875	
(3)	Buchwert	6.000	5.625,00	5.625	Übergang
	Abschreibung	2.000	1.687,50	1.875	auf linear
(4)	Buchwert	4.000	3.937,50	3.750	
	Abschreibung	2.000	–	1.875	
(5)	Buchwert	2.000	–	1.875	
	Abschreibung	2.000	–	1.875	
	Buchwert	0		0	

2.2.7 Planänderung

103 Der ursprüngliche Plan muss u. E. im Zeitverlauf geändert werden wegen

► Änderung der Nutzungsdauerschätzung,

► Änderung der Abschreibungsmethode,

► Änderung der Bezugsgröße (z. B. nach außerplanmäßigen Abschreibungen (→ Rz. 105) oder nachträglichen Anschaffungs- oder Herstellungskosten (→ § 255 Rz. 108 ff.),

► Zuschreibungen (→ Rz. 159).

Dabei dürfen solche Änderungen **nicht „ergebnisorientiert"** erfolgen, also z. B. **Aussetzung** der Abschreibung in einem Wirtschaftsjahr mit mäßiger Ertragslage. Umgekehrt sind Planänderungen bei sich herausstellender Änderung der tatsächlichen Nutzungsdauer erforderlich. Gerade diese ist jährlich zu überprüfen. Bei einer bislang zu **lang** geschätzten Nutzungsdauer ist dann der Restbuchwert auf die neugeschätzte Nutzungszeit zu verteilen.

Bei zu **kurz** geschätzter Nutzungsdauer soll ein Wahlrecht zur **Verlängerung** ab dem Erkenntniszeitpunkt und Beibehaltung bestehen.[121] Eine **Zuschreibung** wegen bislang zu kurz geschätzter Nutzungsdauer sei dann zulässig, wenn deren Schätzung von Anfang an (ex tunc) fehlerhaft war. Da eine Schätzung, die nicht statistisch auf das Gesetz der großen Zahl zurückgreifen kann, in der ex post-Sicht, also aktuell, immer fehlerhaft ist (→ § 252 Rz. 46), wird dem Bilanzierer ein Freibrief zur **Teilnahme** der früheren Abschreibung erteilt.

---

121 IDW HFA Stellungnahme vom 11. 6. 2010, IDW FN 2010 S. 355.

Die **Methode** der Abschreibung – linear oder geometrisch degressiv – darf nicht willkürlich **geändert** werden. Dabei gilt nach der Lehrbuchvorgabe: Der Abschreibungsplan darf nur in begründeten Ausnahmefällen geändert werden, ebenso die gewählte Abschreibungsmethode. Allerdings gilt für die Praxis: Eine Begründung für eine solche Ausnahme lässt sich regelmäßig ohne besondere Anstrengung ermitteln (→ § 252 Rz. 177).

104

2.3 Geringwertige Anlagegüter und Poolabschreibung

Seit jeher kennt die steuerliche Gewinnermittlung eine **Vereinfachungsvorschrift** zur Erfassung und Bewertung geringwertiger Anlagegüter (GWG genannt, obwohl auf Anlagevermögen beschränkt). Ab 2008 hat sich daneben eine sog. Sammel- oder Poolabschreibung etabliert. Diese Gemengelage ist für den Veranlagungszeitraum 2010 neu konzipiert worden.

104a

Danach gilt dem Gesetzteswortlaut zufolge:[122]

104b

- Nach § 6 Abs. 2 EStG **Wahlrecht** bei Zugangswert bis 410 € zwischen sofortigem Betriebsausgabenabzug oder Verteilung auf die Nutzungsdauer (→ Rz. 104c).
- Im Wertbereich zwischen 150 € und 410 €: Führung eines **Verzeichnisses** über Zugangszeitpunkt der einzelnen Posten.
- Nach § 6 Abs. 2a EStG (weiteres) **Wahlrecht** für Zugangswerte zwischen 150 € und 1.000 €: Einstellung in einen **Sammelposten** mit fünfjähriger Auflösung.
- Zugangswerte bis 150 €: Sofortabschreibung oder Verteilung auf die Nutzungsdauer (→ Rz. 104c).

Dazu folgender Entscheidungsbaum:[123]

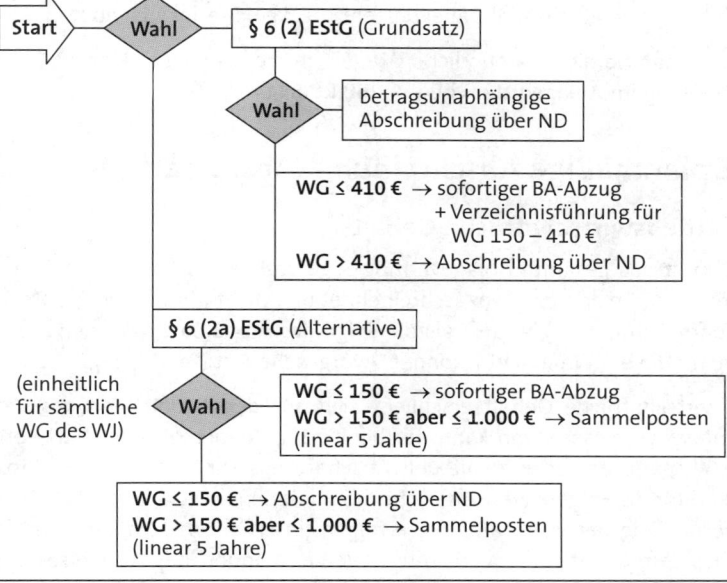

---

122 Vgl. hierzu *Ortmann-Babel/Bolik*, StuB 2010 S. 56.
123 Noch *Ortmann-Babel/Bolik*, StuB 2010 S. 57.

Die Wahlrechtsausübung in § 6 Abs. 2 EStG muss innerhalb eines Wirtschaftsjahrs nicht **einheitlich** erfolgen, wohl aber diejenige nach § 6 Abs. 2a Satz 5 EStG (Sammelpostenalternative).

104c Eine **andere** Gesetzeslesart[124] auf der Grundlage des gesetzgeberischen Willens lautet wie folgt:
- Nach § 6 Abs. 2 EStG Wahlrecht zum Sofortabzug als Betriebsausgaben für Zugangswerte bis 410 €, ohne Verzeichnispflicht bei Zugangswerten bis 150 €.
- Nach § 6 Abs. 2a EStG Wahlrecht zur Einbuchung in einen Sammelposten für Zugangswerte zwischen 150 € und 1.000 €.
- Kein (weiteres) Wahlrecht (anders die Auffassung unter → Rz. 104b) zur Einzelaktivierung mit Abschreibung auf die Nutzungsdauer.

Nach dieser Gesetzesauslegung existieren **drei** Arten geringwertiger Anlagegüter:
- Zugangswerte bis 150 € mit Sofortabschreibung (nach anderer Auffassung in → Rz. 104b Wahlrecht zur Aktivierung mit Verteilung auf die Nutzungsdauer);
- Zugangswerte zwischen 150 € bis 410 € mit Sofortabschreibung (nach anderer Auffassung in → Rz. 104b Wahlrecht zur Aktivierung mit Verteilung auf die Nutzungsdauer) und Führung eines Verzeichnisses;
- Zugangswert von über 150 € bis 1.000 € Einstellung in Sammelposten.

104d Der in → Rz. 104b dargelegte Gesetzeswortlaut ermöglicht **steuerbilanzpolitische** Gestaltungen im Hinblick auf die regulären Nutzungsdauern und zusätzlich im Zugangsbereich zwischen 150 € und 410 € (→ § 252 Rz. 188). Die Belastungswirkungen reduzieren sich allerdings meist nur auf Zinseffekte; daneben kann im Einzelfall der Progressionstarif und die Verlustabzugsbeschränkung beachtlich sein. Dabei besteht u. E. kein Stetigkeitsgebot im Zeitverlauf.

104e Wegen der **Übernahme** dieser steuerlichen Regeln in die Handelsbilanz → § 252 Rz. 187. Wegen der Behandlung im **Anlagegitter** vgl. → § 268 Rz. 85 f.

3. Außerplanmäßige Abschreibung (Abs. 3 Satz 3)

3.1 Der betriebswirtschaftliche Gehalt

105 Abs. 3 Satz 3 fasst das gesamte Anlagevermögen bezüglich des Regelungsinhalts zusammen, also abnutzbare (und planmäßig abzuschreibende) und nicht abnutzbare (→ Rz. 83). Die Regelung ist **obligatorisch** („sind"), anders als diejenige des Abs. 3 Satz 4 für den Sonderfall der Finanzanlagen, für die ein **Wahlrecht** („können") vorgesehen ist (→ Rz. 127).

106 Der betriebswirtschaftliche Gehalt erschließt sich aus den Grundlagen des Vermögensvergleichs. Vermögen in diesem Sinn kann nur bei einem entsprechenden Wert vorliegen. Bezogen auf die Ausgangsbewertung mit den Anschaffungs- und Herstellungskosten bedeutet dies: Diese sind für die Folgebewertung nicht mehr (ausschließlich) maßstäblich, es muss jährlich eine Überprüfung der **Werthaltigkeit** erfolgen (international: *impairment*-Test). Liegt der Buchwert **über** dem „richtigen" Wert, muss zur Vermeidung des Ausweises von Nicht-Vermögen (Nonvaleur) eine Abschreibung erfolgen (vgl. aber → Rz. 116). Die Notwendigkeit einer

---

[124] Vgl. *Kanzler*, NWB 2010 S. 746.

solchen Überprüfung der Werthaltigkeit stellt sich dabei **vermehrt** für die nicht abnutzbaren und deshalb nicht planmäßig abzuschreibenden Vermögensgegenstände, bei den abnutz- und abschreibbaren umso **weniger**, je kürzer die Restnutzungsdauer ist.

Den **Buchwert** erwähnt der Gesetzestext in Abs. 3 Satz 3 nicht, seine latente Existenz verdankt er der Vorgabe einer gegebenenfalls vorzunehmenden außerplanmäßigen Abschreibung, weil eine solche immer nur von einem Buchwert aus definierbar ist. „**Außerplanmäßig**" bezeichnet den Gegenpart zu den regulären (planmäßigen) Abschreibungen (→ Rz. 86), umfasst aber begrifflich auch solche Abschreibungen, die auf die nicht abnutzbaren Vermögensgegenstände vorzunehmen sind. Man kann die Logik des Regelungsinhalts anhand dieser Begrifflichkeiten auch so definieren: Der nicht vorzunehmenden laufenden Abschreibung für nicht abnutzbare Anlagegegenstände liegt kein Plan zugrunde.

Die außerplanmäßige Abschreibung in diesem Sinne stellt dann den Differenzbetrag zwischen dem so definierten Buchwert und einem anderen Wertmaßstab dar, der den erstgenannten unterschreitet und vom Gesetz undefiniert als **niedrigerer beizulegender** Wert bezeichnet wird und so einen Bezug zu dem Vergleichsmaßstab „Buchwert" herstellt.

3.2 Der beizulegende Wert

3.2.1 Identität mit dem steuerlichen Teilwert

In der Tradition der deutschen Rechnungslegung verzichtet der Gesetzgeber auch im BilMoG auf eine **Definition** des beizulegenden Werts, was dem Anwender jede vertretbare Interpretation erlaubt. Ebenso traditionsreich ist der steuerliche Gegenpart des niedrigeren beizulegenden Werts, nämlich der **Teilwert**. Dieser allerdings ist ebenso wenig legal definiert als derjenige Wert, den der fiktive Erwerber des gesamten Betriebs im Rahmen des Gesamtkaufpreises für das einzelne Wirtschaftsgut ansetzen würde (§ 6 Abs. 1 Nr. 1 Satz 3 EStG).

107

Die Frage ist nun, inwieweit der beizulegende Wert des HGB dem steuerlichen Teilwert **entspricht**. Die übliche Antwort darauf lautet ungefähr wie folgt:[125] „Der Teilwertbegriff ist im Schrifttum umstritten, weil das Zurechnungsproblem eines Gesamtkaufpreises auf das einzelne Wirtschaftsgut nicht eindeutig lösbar ist." Das trifft sicherlich zu. Nur kann die undefinierte Größe „beizulegender Wert" zwar abstrakt eindeutig bestimmt werden, im konkreten Bewertungsverfahren stellen sich mindestens die gleichen Probleme wie bei der Teilwertbestimmung. Von daher gesehen besteht inhaltlich kein Unterschied zwischen den beiden Größen. Jenseits dieser eher akademischen Denksportübungen orientiert sich die Rechnungslegungspraxis traditionell ohnehin an der letztlich kasuistisch ausgerichteten BFH-Rechtsprechung auch für die Zwecke der handelsrechtlichen Bilanzierung. Einmal mehr ist hier eine gesetzlich ungeschriebene umgekehrte Maßgeblichkeit festzustellen.

3.2.2 Wertmaßstäbe

In der handelsrechtlichen Kommentierung werden zur näheren Beschreibung des beizulegenden Werts mehrere Wertmaßstäbe diskutiert:

108

- ▶ **Wiederbeschaffungswert**: Dieser begrenzt den beizulegenden Wert **nach oben**, womit zu seiner Bestimmung wenig ausgesagt ist. Dies gilt insbesondere für abnutzbare Anlagegü-

---

[125] Vgl. *ADS*, 6. Aufl. § 253 Tz. 471.

ter, weil in diesem Fall nicht der Wiederbeschaffungs-**Neuwert** als Vergleichsmaßstab herangezogen werden kann, sondern ein entsprechend **abgeschriebener** Wert. Der Wiederbeschaffungswert ist auch insoweit zur Bestimmung eines „beizulegenden" Werts wenig geeignet, als technisch bedingt regelmäßig nennenswerte Preissenkungen für die betreffenden Anlagegüter nicht zu erwarten sind, also z. B. für Gebäude oder maschinelle Großanlagen, aber auch für Büromöbel oder Autos. Anders kann es sich bei Computeranlagen und allen stark digitalisierten Vermögensgegenständen verhalten. Klare Verhältnisse kann der Wiederbeschaffungspreis zur Bestimmung des beizulegenden Werts nur dann schaffen, wenn Börsen- oder Marktpreise vorliegen. Aber dann bedarf es eines speziell ermittelten Wiederbeschaffungspreises nicht mehr.

Der Wiederbeschaffungswert kann nicht allein nach der aktuellen Befindlichkeit – dem technischen Umfeld – einer Anlage bestimmt werden. Mit zu beachten sind die **wirtschaftlichen Erfordernisse** des Unternehmens. Wird eine vorhandene Maschine nur zur Hälfte ausgelastet – nicht nur vorübergehender Zustand –, dann sind die Wiederbeschaffungskosten zur Bestimmung des beizulegenden Werts auf den geringeren Kapazitätsbedarf hin zu kalibrieren.

Der wirtschaftlich sinnvolle Ausnutzungszustand einer (technischen) Anlage kann sich durch **technischen Fortschritt** verändern und die Wiederbeschaffungskosten mit entsprechender Anpassung des beizulegenden Werts bei gleicher oder verbesserter Produktionskapazität spürbar nach unten verändern.

> **BEISPIEL**
>
> Ein Mobilfunkunternehmen hat vor zehn Jahren ein Glasfaserkabel mit 26 Leitungen verlegt, um für die zu erwartende Nachfrageausweitung nach Telefongesprächen gerüstet zu sein. Inzwischen ist die Datentransportkapazität durch Komprimierung um ein Vielfaches beschleunigt worden. Auf Jahre hinaus ist das Gesprächsvolumen mit einer Leitung (statt 26) zu bewältigen. Der Wiederbeschaffungswert für das Kabel ist trotz planmäßiger Abschreibung wesentlich niedriger als der Buchwert.

▶ **Einzelveräußerungspreis**: Dieser ist als Wertmaßstab schon deswegen wenig geeignet, weil Anlagevermögen ex definitione gerade **nicht** zur (baldigen) **Veräußerung** bestimmt ist. In vielen Fällen der gewerblichen Nutzung von Sachanlagevermögen – Fabrik- und Lagergebäude, dort eingebaute Maschinenanlagen – kann dieses regelmäßig nur mit starkem Wertverlust gegenüber dem fortgeführten Buchwert veräußert werden. Anders kann es sich bei Bürogebäuden und Warenhäusern verhalten oder bei der Lizenz für ein Arzneimittel. Vor allem aber kommt hier der Gedanke der erforderlichen Gesamtbewertung zum Tragen. Internet-Recherchen erlauben bei gängigen Anlagegütern eine recht genaue Taxierung. Bei nicht mehr verwendeten Sachanlagen entspricht der beizulegende Wert dem Schrottwert. Immaterielle Anlagegüter ohne Verwendungsmöglichkeit sind wertlos.

▶ **Ertragswert**: Dieser eignet sich insbesondere zur Wertermittlung von **Beteiligungen** an nicht börsennotierten Unternehmen, von Warenzeichen und Patenten. Die Ermittlungstechnik benutzt die erwarteten und mit Zinseffekten versehenen Einnahmeüberschüsse. Diese können häufig nur im Verbund mit anderen Vermögensgegenständen erzeugt werden, was sich mit dem Einzelbewertungsgrundsatz (→ § 252 Rz. 30) schlecht verträgt.

> **BEISPIEL**
>
> Der Generikahersteller G hat zu 1.000 € ein rezeptfreies Heilmittel erworben. Dieses umfasst das Patent, das Warenzeichen, die Produktionsanlage und die IT-Infrastruktur. Der Kaufpreis wurde aus Sicht des Erwerbers durch eine Ertragswertermittlung auf *discounted cashflow*-Basis belegt. Am nächsten Bilanzstichtag kann ein beizulegender Wert isoliert für die Produktionsanlage (z. B.) sinnvoll nicht ermittelt werden.

3.2.3 Gesamt- statt Einzelbewertung

Der Einzelbewertung kommt auch im Bereich von industriellen Anlagen mit Gebäuden, Vorrichtungen etc. keine Bedeutung zu, wenn es den beizulegenden Wert zu bestimmen gilt. 109

> **BEISPIEL[126]** Die Lackieranlage einer Automobilfabrik muss zusammen mit anderen Produktionsbereichen dieser Fabrik mangels Nachfrage nach den entsprechenden Fahrzeugen einstweilen stillgelegt werden. Eine Wiederaufnahme der Produktion ist am Bilanzstich- und -erstellungstag nicht ersichtlich. Die Anlage ist zwar voll betriebsbereit, funktionstüchtig und steht auf dem neuesten technischen Stand, es fehlt allerdings an der Rentabilität, da sie nicht genutzt werden kann.
>
> Die Lackieranlage allein ist dem Grunde nach nur anhand einer Reihe von Fiktionen bewertbar, erst recht die darin installierten Roboter, Waschstraßen, Arbeitsbühnen etc.

Das Problem der Bestimmung des beizulegenden Werts umfasst also schnell einmal einen ganzen Unternehmensbereich (die gesamte Anlage) und nähert sich dem Thema einer **Unternehmensbewertung**. Dieser Gedanke liegt dem Bewertungssystem der IFRS in IAS 36 zugrunde, wo es letztlich abgesehen von eindeutigen Sonderfällen – das Gebäude steht zum Abbruch bereit, die Maschine muss verschrottet werden – primär und entscheidend um die **Gesamtrentabilität** einer zahlungsmittelgenerierenden Einheit (*cash generating unit*) geht. 110

Hat man sich dann auf den beizulegenden Wert der gesamten Anlage geeinigt, stellt sich – genau wie beim Teilwert – die Frage nach der Aufteilung der Wertminderung auf die einzelnen in der Lackieranlage (im vorigen Beispiel) befindlichen Vermögensgegenstände, also die Gebäude, die Maschinen in Form von Robotern, Förderbändern etc., Treppen und Zugangswege, die Abfallentsorgungsanlage und dergleichen mehr.

Aber auch bei Aufrechterhaltung der Produktion, allerdings mangels Nachfrage mit verminderter Kapazitätsauslastung, stellt sich das Problem der Aufteilung einer Wertminderung auf die einzelnen Vermögensgegenstände. 111

> **BEISPIEL[127]** Der Autozulieferer Z muss seinen Ausstoß um 50 % zurückfahren, weil ein entsprechender Großabnehmer als Kunde ausgefallen ist. Die aktuelle Kapazitätsplanung muss entsprechend auf 50 % der bisherigen Größe reduziert werden.

---

126 Nach *Lüdenbach/Hoffmann*, StuB 2009 S. 8.
127 Nach *Lüdenbach/Hoffmann*, StuB 2009 S. 9.

> Die angezeigte außerplanmäßige Abschreibung provoziert dann die Frage, ob es einen Unterschied ausmacht, wenn jede zweite Maschine stillgelegt oder jede Maschine nur noch zur Hälfte betrieben wird. Eine eindeutige Antwort gibt es nicht.

3.2.4 Der Teilwert in der BFH-Rechtsprechung

112 Der Ausgangspunkt in der ständigen BFH-Rechtsprechung zur Teilwertbestimmung ist eine – schwer widerlegbare – **Vermutung**: Der Buchwert entspricht dem Teilwert. Begründung: Der Kaufmann hat sich diese Investition den Betrag X kosten lassen, also liegt ein entsprechender Wert vor. Über die Angemessenheit oder wirtschaftliche Sinnhaftigkeit hat die Besteuerung nicht zu befinden. Im Einzelfall ist diese Argumentation u. E. nicht tragfähig wegen:

113 ▶ überhöhter Kosten

> **BEISPIEL** ▶ Ein erfolgreiches großhandwerkliches Unternehmen benötigt ein neues Verwaltungsgebäude. Zur äußeren Darstellung des Unternehmenserfolgs wird dieses in besonders teurer Ausstattung gebaut, und zwar mit einem Kostenpunkt von 5 Mio €. Die gleiche Funktionalität hätte mit einem Kostenfaktor von 2 Mio € erreicht werden können.
>
> Bei unbesehener Heranziehung des Teilwertbegriffs müsste eine Teilwertabschreibung erfolgen, denn der gedachte Erwerber des Betriebs wird diesen Kostenfaktor für das Verwaltungsgebäude nicht im Kaufpreis vergüten, sondern einen entsprechenden Abschlag vornehmen. Auch handelsrechtlich müsste u. E. eine solche Wertminderung zur Vermeidung eines Nonvaleurs in der Bilanz berücksichtigt werden.

Einen gewissen Analogieschluss zum überteuerten Bauwerk liefert ein BFH-Urteil, in dem eine Teilwertabschreibung auf ein übergroßes Betriebsgebäude abgelehnt worden ist. Diese Übergröße war im Hinblick auf eine künftige Geschäftsausweitung bautechnisch geplant worden, die Geschäftsausweitung hat sich dann allerdings nicht realisieren lassen.[128]

114 ▶ fehlender Rentabilität

> **BEISPIEL** ▶ Eine Maschinenanlage in Form eines Turmdrehkrans eines Bauunternehmens war wegen der Branchenrezession überdimensioniert, wofür der BFH eine Teilwertabschreibung für angezeigt erachtete.[129]
>
> Ein Reeder hatte einen Tanker bestellt, der im Gefolge der später auftretenden Ölkrise wegen der Übergröße nicht mehr rentabel genutzt werden konnte und eine Teilwertabschreibung erforderte.[130]

---

128 BFH-Urteil vom 17. 1. 1978 – VIII R 31/75, BStBl II S. 335.
129 BFH-Urteil vom 17. 9. 1987 – III R 201/84, 202/84, BStBl 1988 II S. 488.
130 BFH-Urteil vom 17. 11. 1987 – VIII R 348/82, BStBl 1988 II S. 430.

BEISPIEL Unstreitige Mehrkosten für eine Fabrikationsanlage berechtigten nicht zur Teilwertabschreibung, weil der Gesamtbetrieb ausreichende Rentierlichkeit aufwies.[131]

Der BFH nimmt in diesem Urteil bewusst oder unbewusst Bezug auf die Gesamtunternehmensbewertung, zumindest jedoch auf den dem Bewertungskonzept des IAS 36 zugrunde liegenden Gedanken: Wenn der Gesamtbetrieb oder die irgendwie definierte zahlungsmittelgenerierende Einheit – also ein Gesamtkomplex von Vermögensgegenständen – positive Ergebnisse erzielt, scheidet eine außerplanmäßige Abschreibung auf einzelne Vermögensgegenstände aus, wenn nicht offensichtlich ein nicht behebbarer Schaden festzustellen ist.

▶ gesunkener Wiederbeschaffungskosten

BEISPIEL Das bestehende Gebäude wurde mit überhöhten Kosten erstellt, weil aus Sicht des Bilanzstichtags der Baukostenindex nachhaltig und erheblich gesunken ist. Dieser Tatbestand verlangt eine Teilwertabschreibung.[132]

In zwei Urteilen zum Bewertungsrecht hat sich der BFH gegen eine Teilwertabschreibung auf die einzelnen Wirtschaftsgüter mit der Begründung mangelnder Rentabilität des Gesamtunternehmens ausgesprochen.[133] Weitere notwendige Voraussetzung für eine solche Teilwertabschreibung sei die konkrete Einleitung von Stilllegungsmaßnahmen für diesen Betrieb bzw. Betriebsteil.

Auch für Grund und Boden kann der Wiederbeschaffungspreis nach Maßgabe des **Bodenrichtwerts**[134] gesunken sein. Einen solchen Sachverhalt stellt der verseuchte Grund und Boden dar (→ § 249 Rz. 58).

3.3 Dauer der Wertminderung

3.3.1 Zukunftsperspektive, Aufhebung des Stichtagsprinzips

Die vorstehenden Ausführungen belegen: **Außerhalb** von Börsen- und Marktpreisen – und dieser Sachverhalt ist abgesehen von Finanzanlagen (→ Rz. 127) die Regel – können eindeutige, also „richtige", Werte nie festgestellt werden. Es handelt sich immer um **Schätzgrößen** mit häufig recht großen Schätzungsintervallen. Innerhalb dieser Bandbreite von Werten sind alle Bilanzansätze richtig, d.h. plausibel und vertretbar. Dem Objektivierungsziel der Rechnungslegung sind hier recht enge Grenzen gesetzt. 115

Aber selbst wenn einmal tatsächlich ein gegenüber dem Buchwert niedrigerer beizulegender Wert bzw. Teilwert festzustellen sein sollte, ist damit noch keineswegs das Erfordernis einer Abschreibung belegt. Das Gesetz – das HGB in § 253 Abs. 3 Satz 3 und das EStG in § 6 Abs. 1 Nr. 1 Satz 2 – verlangt in einem zweiten Bewertungsschritt als **zusätzliches** Tatbestandsmerkmal für die Abschreibungspflicht in Abweichung (→ Rz. 120) vom **Stichtagsprinzip** (→ § 252 116

---

131 BFH-Urteil vom 13.7.1967 – IV 138/63, BStBl 1968 II S. 11.
132 BFH-Urteil vom 14.2.1956 – I 239/54 U, BStBl III S. 102.
133 BFH-Urteil vom 2.3.1973 – III R 88/69, BStBl II S. 475, und vom 20.9.1989 – II R 96/86, BStBl 1990 II S. 206.
134 BFH-Urteil vom 7.2.2002 – IV R 87/99, BStBl II S. 294: Die Teilwertabschreibung bestätigend.

Rz. 81a) eine „voraussichtlich **dauernde** Wertminderung". Dem bilanzierenden Kaufmann wird vom Gesetzgeber traditionell nach deutschem Rechnungslegungsverständnis eine besondere Form der **Zukunfts**perspektive in die Hand gegeben. Er kann seinen Prognoseschatz über die Entwicklung seines Unternehmens im Allgemeinen und einer speziellen Produktionsanlage oder eines Gebäudes walten lassen. Nicht die Verhältnisse am Bilanzstichtag bestimmen den beizulegenden Wert; dieser stellt nur bei dauerhafter Wertminderung das Abschreibungserfordernis dar. Das Gesetz **verlangt** (!) also den Ausweis eines aktuellen „Un"-Werts (→ Rz. 107), vorausgesetzt er ist nicht dauernder Natur. Der Kaufmann muss also z. B. feststellen:

- Das nicht mehr verwendete Fabrikgebäude kann in vielleicht 14 Jahren als Fitness-Center genützt werden.
- Die Stilllegung der Lackieranlage in der Automobilproduktion (→ Rz. 109) ist nur vorübergehender Natur. Mit Einführung des neuen Modells XY in zwei Jahren werden die betreffenden Anlagen wieder benötigt.
- Das derzeit nur zur Hälfte ausgenutzte Lagergebäude wird in seiner vollen Kapazität genutzt, wenn im nächsten Jahr als neues Geschäftsfeld der Handel mit Rohkaffee aufgenommen wird. Die Kapazitätsauslastung erfolgt in drei Jahren dann erst recht bei der geplanten Ausweitung des Handels im osteuropäischen Raum.
- Die Politik der öffentlichen Hand will den Konjunktureinbruch durch Infrastrukturbauten ausgleichen. Dann wird in ein bis zwei Jahren der im Augenblick eingemottete Turmdrehkran (→ Rz. 114) wieder benötigt.

Bei aller **Unbestimmtheit** der Dauer einer unterstellt vorliegenden Wertminderung muss zum Vergleich die künftige Buchwertentwicklung eines abnutzbaren Anlageguts herangezogen werden.

3.3.2 Definition der dauernden Wertminderung

117 Mit der Vorgabe einer Bestimmung der voraussichtlichen Dauer einer Wertminderung durchbricht das Gesetz das Stichtagsprinzip ohne dem Anwender eine einigermaßen handhabbare Definition zu liefern. Eine solche ist allerdings auch den Standardsettern nicht gelungen, dazu soll zunächst die HGB-Kommentierung bemüht werden.[135]

„Eine dauernde Wertminderung bedeutet ein nachhaltiges Absinken des den Anlagen zum Abschlussstichtag beizulegenden Werts unter den Buchwert. Im Zweifel wird aus Gründen der Vorsicht von einer dauernden Wertminderung auszugehen sein, es sei denn, dass für eine nur vorübergehende Wertminderung konkrete Anhaltspunkte vorliegen".

Die Formulierung stellt einen geradezu klassischen Fall einer **Tautologie** dar. Es werden zwei Worte („dauernde Wertminderung") durch zwei andere gleichbedeutende („nachhaltiges Absinken") ersetzt. Also: „Eine dauernde Wertminderung ist eine dauernde Wertminderung." Im Anschluss wird die gängige Floskel „im Zweifel" verwendet. Da in solchen Fällen immer Zweifel bestehen, müsste die Aussage also lauten: Eine Abschreibung auf den niedrigeren Stichtagswert ist zwingend. Diese Logik wird allerdings gleich wieder auf den Kopf gestellt, mit der wiederum nichtssagenden Aussage: Die dauernde Wertminderung darf nicht von vorübergehender Natur sein. Ergebnis also: **Die dauernde Wertminderung ist nicht definierbar.**

---

135 Vgl. *ADS*, 6. Aufl. § 253 Tz. 456.

Eine weitere Definition liefert das Bundesministerium der Finanzen:[136]

118

„Eine **voraussichtlich dauernde** Wertminderung bedeutet ein **voraussichtlich nachhaltiges** Absinken des Werts des Wirtschaftsguts unter den maßgeblichen Buchwert (...) Die Wertminderung ist voraussichtlich nachhaltig, wenn der Steuerpflichtige hiermit aus der Sicht am Bilanzstichtag aufgrund objektiver Anzeichen ernsthaft zu rechnen hat. Aus der Sicht eines sorgfältigen und gewissenhaften Kaufmanns müssen mehr Gründe für als gegen eine Nachhaltigkeit sprechen. Grundsätzlich ist von einer voraussichtlich dauernden Wertminderung auszugehen, wenn der Wert des Wirtschaftsguts die Bewertungsobergrenze während eines erheblichen Teils der voraussichtlichen Verweildauer im Unternehmen nicht erreichen wird."

Auch hier wird die **Tautologie** auf die Spitze getrieben: Voraussichtlich dauernd ist soviel wie voraussichtlich nachhaltig, wenn entsprechende Anzeichen vorliegen. Es folgt dann eine Anleihe aus ständiger BFH-Rechtsprechung zum **ordentlichen Kaufmann** (verdeckte Gewinnausschüttung) und der **Gründegewichtung** (Rückstellungsansatz). Der Gehalt des letztgenannten Kriteriums zeigt sich am Beispiel der Wertentwicklung einer börsengängigen Aktie: Wenn das Überwiegen der Gründe für eine Werterhöhung sprechen sollte, müsste eigentlich der sorgfältige Kaufmann sofort zugreifen, also 100.000 Stück Daimler etc. erwerben. Am Schluss schließt sich erneut ein Musterfall für einen Satz tautologischen Inhalts an.

3.3.3 Axiomatische Lösungsvorschläge[137]

Mit den Definitionsversuchen zur dauernden Wertminderung kommt man also bei der praktischen Anwendung nicht weiter.

119

Das handelsrechtliche Schrifttum hat sich unisono aus diesem logischen Knäuel axiomatisch gelöst. Ein Abschreibungszwang sei dann gegeben, wenn der

▶ beizulegende Stichtagswert erheblich **unter** dem Buchwert und

▶ dieser Stichtagswert voraussichtlich in einem erheblichen *Zeitraum* der Restnutzungsdauer unter dem planmäßig weiter abgeschriebenen (Buch-)Wert

liegt.

Als zeitliche Grenzmarke hat sich im Schrifttum[138] die **hälftige** Restnutzungsdauer herauskristallisiert, teilweise beschränkt auf eine Höchstgrenze von **fünf** Jahren. Wenn also der Stichtagswert länger als die genannten Fristen unter den jeweiligen Buchwerten liegt, ist auf diesen außerplanmäßig abzuschreiben.

---

136 BMF-Schreiben, vom 25. 2. 2000 – IV C 2 – S 2171 b – 14/00, BStBl I S. 372 (wurde aufgehoben/teilweise aufgehoben durch BMF-Schreiben vom 29. 3. 2007 – IV C 6 – O 1000/07/0018, BStBl 2007 I S. 369); → Rz. 23.
137 Vgl. hierzu *Hoffmann/Lüdenbach*, DB 2009 S. 577.
138 Zum Schrifttumsnachweis – auch für das Handelsrecht – wird auf das einschlägige BFH-Urteil vom 14. 3. 2006 – I R 22/05, BStBl II S. 680, verwiesen, das das BMF-Schreiben vom 25. 2. 2000 – IV C 2 – S 2171 b – 14/00, BStBl I S. 372, bestätigt. Ebenso BFH-Urteil vom 29. 4. 2009 – I R 74/08, DStR 2009 S. 1687. Diese Zeitvorgabe ist dem Gesetz nicht zu entnehmen (*Weber-Grellet*, BB 2010 S. 45).

V. Abschreibungen auf das Anlagevermögen

> **BEISPIEL**
>
> | | |
> |---|---|
> | Buchwert Gebäude am 31.12.01 | 600 T€ |
> | Abschreibung linear p. a. | 20 T€ |
> | Restnutzungsdauer | 30 Jahre |
> | Beizulegender Wert/Teilwert/Stichtagswert am 31.12.01 | 310 T€ |
> | Buchwert am Ende der halben Restnutzungsdauer | 300 T€ |
> | Stichtagswert 51,7 % des (letzgenannten) Buchwerts | |
>
> Der Stichtagswert liegt nicht für mindestens die halbe Restnutzungsdauer unter dem beizulegenden Wert, also ist eine außerplanmäßige Abschreibung unzulässig. Entsprechendes gilt auch steuerrechtlich.[139]

120 Die Auswertung des Beispiels zeigt die Gesetzesvorgabe vor dem Hintergrund sonst hochgehaltener und immer wiederholter **Bilanzierungsgrundsätze** in einem bemerkenswerten Zwielicht:

- ▶ Es wird an 14 Bilanzstichtagen eine **stille Last** ausgewiesen.
- ▶ Die Bilanzierung erfolgt unter Verstoß gegen das **Vorsichts**prinzip, wonach die Bewertung auf der Aktivseite eher zu niedrig als zu hoch vorgenommen werden soll.
- ▶ Die vom **Imparitäts**prinzip verlangte Berücksichtigung eines unrealisierten Verlusts unterbleibt.
- ▶ Das **Objektivierungs**ziel bleibt unbeachtet.
- ▶ Das **Stichtags**prinzip wird außer Kraft gesetzt.[140]
- ▶ Der **Besteuerung** wird für 14 Wirtschaftsjahre eine Gewinnermittlung durch teilweisen Nicht-Vermögensvergleich zugrunde gelegt mit entsprechendem Verstoß gegen das Leistungsfähigkeitsprinzip.[141]

Die Gesetzesvorgabe „voraussichtlich dauernde Wertminderung" verstößt also gegen fast alle – häufig pleonastisch bezeichneten – „Fundamentalprinzipien" der HGB-Rechnungslegung und der Besteuerung.

121 Die unter → Rz. 119 dargelegten Lösungsparameter zur Operationalisierung der Dauerhaftigkeit einer Wertminderung setzen den **Stichtags**wert (für die aktuelle Bilanzierung) in Beziehung zu einem **künftigen** Buchwert. Dadurch liegen zwei eindeutig bestimmte Rechengrößen vor, was den Bilanzausweis elegant mit dem Taschenrechner ermitteln lässt. Mit diesem **Vereinfachungsgedanken** begründet der BFH das Nichtvorliegen einer dauernden Wertminderung bei einem Gebäude.[142] Die **Realität** des Wirtschaftslebens folgt allerdings anderen Gesetz-

---

[139] Nach BMF und BFH (Fn. 137). Die handelsrechtlich auch vertretene Fünf-Jahres-Frist wird vom BFH und BMF nicht bestätigt.
[140] So auch *Weber-Grellet*, BB 2010 S. 45.
[141] Demgegenüber soll nach den Gesetzesmaterialien (im BFH-Urteil a. a. O. zitiert) die Besteuerung nach der Leistungsfähigkeit durch die Nichtabschreibung auf einen Wertverlust gefördert werden. Diese Aussage ist nur vor dem ideologischen Hintergrund des damaligen Gesetzesverfahrens erklärlich, das ursprünglich die Teilwertabschreibung überhaupt als unzulässig regeln wollte.
[142] BFH-Urteil vom 29. 4. 2009 – I R 74/08, DStR 2009 S. 1687.

mäßigkeiten. Der Wert (Teilwert oder beizulegender Wert) eines Gebäudes, einer Maschine, eines Firmenwerts etc. bleibt im Zeitverlauf nicht unverändert – ganz im Gegenteil. Sofern der Bilanzierung **effektive** und **nicht fiktive** Werte zugrunde liegen sollen, kann der künstlichen Nichtberücksichtigung von Wertänderungen nicht gefolgt werden. Oder anders ausgedrückt: Der Vergleich eines Stichtagswerts vom 31.12.01 mit planmäßig fortgeführten Werten zum 31.12.02 bis zum 31.12.15 (Beispiel unter → Rz. 119) ist nicht sinnvoll, weil sich auch der Stichtagswert im Zeitablauf verändert.

> BEISPIEL[143] Am 1.7.2008 schließt Finanzvermittler F für die von ihm beherrschte U-GmbH ein aussichtsreiches Geschäft ab. Der Vertragsschluss bestärkt ihn in seinem Lebensmotto: „Es gibt keine schlechten Zeiten, sondern nur Leute, die damit nicht zurechtkommen." Euphorisiert begibt sich F sofort nach dem Vertragsschluss zu einem Luxuswagenhändler und entscheidet sich spontan für den Kauf eines panzerartigen Luxusgeländewagens, dessen Imagewert nur noch von seinem unglaublichen Benzinverbrauch übertroffen wird. Ohne weitere Verhandlung akzeptiert F den Listenpreis von 180 T€. Das Fahrzeug wird noch am gleichen Tag auf die U-GmbH zugelassen. Es wird fast ausschließlich für Geschäftsfahrten genutzt und planmäßig wegen der hohen Laufleistung über fünf Jahre abgeschrieben. Die fortgeführten Anschaffungskosten zum 31.12.2008 betragen mithin 162 T€.
>
> Der Buchhalter der U-GmbH trifft bei Abschlusserstellung folgende Feststellung:
>
> ▶ Nach Mittelung der Werte aus Schwacke-Liste, DAT-Liste und Internet ergibt sich für das gebrauchte Fahrzeug per 31.12.2008 ein **Wiederbeschaffungswert** von 94,5 T€. Die Diskrepanz zu den planmäßig fortgeführten Anschaffungskosten erklärt sich nach durch weitere Internetrecherchen belegten Untersuchungen des Buchhalters wie folgt:
>
> ▶ F hätte einen **Rabatt** aushandeln können. Im Internet recherchierte Marktberichte belegen bereits im Juli 2008 durchsetzbare Rabatte von 20 %.
>
> ▶ Im dritten Quartal 2008 hat die **Finanzmarktkrise** zu scharfen Umsatzeinbrüchen im Luxussegment geführt. Schon im **September 2008** wären Rabatte von 30 % und mehr realisierbar gewesen.
>
> ▶ Schließlich erleiden Fahrzeuge der extremen Luxusklasse mit Zulassung und **Ingebrauchnahme** einen hohen Wertverlust.
>
> Der Buchhalter erwägt zum 31.12.2008 die Vornahme einer Teilwertabschreibung/außerplanmäßige Abschreibung von 162 T€ - 94,5 T€ = 67,5 T€.

Der beizulegende Wert/Teilwert kann im Beispiel durch den eindeutig feststellbaren **Wiederbeschaffungspreis**[144] (→ Rz. 108) von 94,5 T€ belegt werden. Dieser stellt die Obergrenze der Bewertung dar.

Die weitere Frage geht nach der **Dauerhaftigkeit** der Wertminderung. Nach der unter → Rz. 119 dargelegten herrschenden Gesetzesauslegung ist wie folgt zu rechnen:

---

143 Nach *Hoffmann/Lüdenbach*, DB 2009 S. 577.
144 Vgl. *ADS*, 6. Aufl., § 253 Tz. 458; BFH-Urteil vom 17.1.1978 – VIII R 31/75, BStBl II S. 335.

V. Abschreibungen auf das Anlagevermögen

BEISPIEL

Beizulegender Wert/Teilwert/Stichtagswert	94,5 T€
Restnutzungsdauer	4½ Jahre
halbe Restnutzungsdauer	2¼ Jahre
Abschreibung p. a. linear	36 T€
Buchwert nach 2¼ Jahren	83 T€

Ergebnis: Der Stichtagswert liegt nur ca. 1 Jahr und 11 Monate statt 2¼ Jahren unter dem planmäßigen Buchwert. Eine außerplanmäßige bzw. Teilwert-Abschreibung kommt nach den zitierten Auffassungen im Schrifttum, dem BFH-Urteil und dem BMF-Schreiben nicht in Betracht.

Nur mit der **Unterstellung**, der zum Bilanzstichtag festgestellte beizulegende Wert/Teilwert bleibe mindestens so lange **konstant**, bis ihn die planmäßig fortgeführten Anschaffungskosten erreichen, machen die Ausführungen von BMF/BFH und der herrschenden Literaturmeinung Sinn.

3.3.4 Ökonomisch begründbare Lösung

122 Den in diesem Beitrag analysierten Lösungsvorschlägen zur Bestimmung der unbestimmbaren Bewertungsgrundlage „voraussichtliche Dauer" ist insoweit zu folgen, als bei einschlägigen Bewertungsverfahren immer mit **Schätzungen** vorzugehen ist. Das Schätzungserfordernis erlaubt nicht das axiomatische Vernachlässigen zwingender ökonomischer Gesetzmäßigkeiten durch modelltheoretische Fixierung („Einfrieren") eines Werts, um diesen („einfach" → Rz. 121) reibungslos mit einfach mittelbaren anderen Werten in Beziehung zu setzen. Das der Bilanzierung immanente Schätzungsverfahren darf die Realität des Wirtschaftslebens nicht durch mathematische Fiktionen außer Kraft setzen. Denn schließlich soll die Bilanz das Ergebnis der Wirtschaftstätigkeit eines Unternehmens im Zeitverlauf darstellen. Die gewollte Außerkraftsetzung wirtschaftlicher Zwangsläufigkeiten wirkt auch konträr zum **Objektivierungsziel** der kaufmännischen Rechnungslegung.

123 Der **beizulegende** Wert der HGB kann u. E. nicht als ein solcher verstanden werden, der jahrelang – im Beispiel des Gebäudes unter → Rz. 119 14 Jahre – per Annahme/Fiktion unverändert bleibt. Die Bilanzierung als **Bewertungsprozess** würde dadurch ad absurdum geführt. Gleiches gilt für den **Teilwertbegriff**. Im Beispiel mit dem Auto unter → Rz. 121 wird kein Käufer des ganzen Unternehmens 2¼ Jahre *nach* dem angenommenen Stichtag mit 94,5 T€ dem Verkäufer vergüten, nur weil damals dieser Wert festzustellen war. Der gedachte Unternehmenserwerber wird seinerseits die aktuelle Schwacke-Liste etc. konsultieren und für einen nunmehr 33 Monate alten statt sechs Monate jungen Wagen mit einer Laufleistung von vielleicht 100 Tkm statt 20 Tkm einen Wert von z. B. 30 T€ dingfest machen.

124 Der Teilwert/beizulegende Wert eines abnutzbaren Anlagegegenstands lässt sich **nicht einfrieren**. Soweit nicht die Gründe für eine Wertminderung später entfallen, was als **Wertaufholung** abzubilden wäre und nicht durch Versagen der außerplanmäßigen/Teilwertabschreibung, gilt

vielmehr: Wie die Vergleichsgröße – der planmäßig linear entwickelte Buchwert – unterliegt auch der beizulegende Wert/Teilwert einer **Fortschreibung**.

Gerade auf der Basis der Teilwertvermutung des BFH, die bei Fehlen besonderer Umstände den linearen Buchwert als Schätzung für den Teilwert verwendet, ist deshalb folgende Betrachtung **plausibel**: Der zum 31.12.2008 belegte Teilwert im Beispiel → Rz. 121 betrifft ein sechs Monate junges Fahrzeug. Dieses Fahrzeug wird durch die weitere Nutzung noch mehr an Wert verlieren, in welchem Umfang bzw. Tempo ist ungewiss. Auf Basis der Teilwertvermutungen wird der Teilwert grobgerechnet nach der Hälfte der Restnutzungsdauer nur noch $^1/_2$ der 94,5 T€, also ca. 47 T€ betragen. Er liegt also auch dann noch unter den planmäßig fortgeschriebenen Anschaffungskosten von 90 T€. Inhaltlich steht er für zwei Annahmen:

▶ Wenn beim Kauf wegen gestiegener Rabatte für Neufahrzeuge zu viel gezahlt wurde, wird dies nicht ohne Auswirkungen auf die Wertentwicklung eines entsprechenden Gebrauchtfahrzeugs bleiben.

▶ Ein 33 Monate altes hat einen anderen Teilwert als ein sechs Monate junges Fahrzeug.

Eine sinnvolle – weil die wirtschaftliche Realität abbildende – Bewertung kann nur auf der Grundlage von **Marktdaten** erfolgen, mögen diese wie das menschliche Dasein überhaupt unvollkommen sein. Die laufend feststellbaren **Wiederbeschaffungskosten** für Geländefahrzeuge liefern jedenfalls eine ausreichende Bewertungsgrundlage. Dabei können die einschlägigen Preise auch wieder ansteigen. Ob dies der Fall ist, weiß niemand. Da Zukünftiges nicht bewiesen werden kann, ist auch der **Beweis** der **Dauerhaftigkeit** einer Wertminderung nicht möglich.

In einem börsennotierte **Wertpapiere** betreffenden Fall hat der BFH jedoch entschieden (→ Rz. 132):[145] Der **niedrigere Marktpreis** des Bilanzstichtags ist als **dauerhafte** Wertminderung anzusehen, da im Marktpreis **alle Erwartungen der Marktteilnehmer** über die Zukunft enthalten sind und weder der Steuerpflichtige noch das Finanzamt eine bessere Erkenntnis haben können.

Übertragen auf das **Fahrzeug der U** bedeutet dies:[146] Die Recherchen des Buchhalters beruhen auf einer Ermittlung des **Marktpreises**. In ihm sind **alle Erwartungen der Marktteilnehmer** über die Zukunft enthalten. Von einer Dauerhaftigkeit der Wertminderung ist daher auszugehen. Der Verstoß gegen die unter → Rz. 120 aufgeführten Bilanzierungsprinzipien entfällt, insbesondere dem Stichtagsprinzip wird Genüge getan. Dass es später auch anders kommen kann, liegt in der Natur der ungewissen Sache „Zukunft" und ist im Fall des Falls durch eine Wertaufholung abzubilden, nicht aber durch eine Versagung der Teilwertabschreibung bzw. außerplanmäßige Abschreibung von Anfang an.

---

145 BFH-Urteil vom 26.9.2007 – I R 58/06, BFH/NV 2008 S. 432.
146 Für eine solche Übertragung und damit eine Rechtsänderung gegenüber dem zitierten BFH-Urteil vom 5.6.2007 – I R 22/06, BStBl II S. 812; *Weber-Grellet*, BB 2009 S. 38 ff. Diese Auslegung der Dauerhaftigkeit einer Wertminderung soll dem BFH zufolge handelsrechtlich nicht gelten. Zur Kritik vgl. *Lüdenbach/Hoffmann*, StuB 2009 S. 6.

3.3.5 Komponentenansatz

126a Der optionale **Komponenten**ansatz (→ Rz. 92 ff.) zur Bestimmung der planmäßigen Abschreibung (→ § 246 Rz. 46) findet dem IDW zufolge auf die außerplanmäßige keine Anwendung.[147] Der sog. Niederstwerttest ist auf den Vermögensgegenstand **insgesamt** vorzunehmen.

4. Sonderfall der Finanzanlagen (Abs. 3 Satz 4)

4.1 Doppeltes Bilanzierungswahlrecht

127 Das BilMoG hat dem bilanzierenden Kaufmann – genauer insbesondere den Finanzinstituten und großen Industriekonzernen – das überkommene Sonderbewertungsrecht für Finanzanlagen belassen. Dieses liefert **zwei** Bilanzierungswahlrechte:

▶ Ein **förmliches** zur **gewünschten** Abschreibung bei vorübergehender Wertminderung,

▶ ein **faktisches** zur **Vermeidung** von Abschreibungen mangels dauernder Wertminderung.

Dieses – auch sog. – **gemilderte Niederstwert**prinzip liefert in den genannten Wirtschaftskreisen einen bedeutenden bilanzpolitischen Spielraum, der allenfalls durch in der Praxis dürftige Anhangangaben gem. § 285 Nr. 18 HGB bezüglich des Informationsgehalts eines Abschlusses kompensiert wird. Dazu einige Sachverhalte:

▶ Bei **festverzinslichen Wertpapieren** mit einem Kursverlust gegenüber dem Einstandspreis lässt sich bei unveränderter Bonität des Emittenten immer die Dauer des Wertverlusts bestreiten, da nach fünf oder 15 Jahren ja die Einlösung des Papiers aus heutiger Sicht gesichert ist. Eine Abschreibung **muss nicht** vorgenommen werden, **kann** aber, da ja eine vorübergehende Wertminderung besteht.

▶ **Aktien** und entsprechende **Fondsanteile**: Der Kurs am Bilanzstichtag ist zwar nennenswert niedriger als der auf dem Einstandspreis beruhende Buchwert; also wahlweise mögliche Abschreibung wegen nur vorübergehender Wertminderung. Allerdings ist der Börsenkurs einem dauernden Auf und Ab unterworfen. Deshalb liegt bei entsprechender Bonität der emittierenden Gesellschaft keine dauernde Wertminderung vor. Börsenanalysten haben einen fundamentalen Wert von mehr als dem Einstandswert festgestellt, also keine Abschreibung zwingend erforderlich.

▶ **Nicht** an einem **aktiven Markt** gehandelte Papiere, z. B. verbriefte Forderungen von Kreditkartenkunden japanischer und koreanischer Banken: Mangels eines aktiven Markts muss auf *discounted cashflow*-Verfahren gestützte Werte zurückgegriffen werden. Diese ermitteln je nach Parametereinsatz eine große Schwankungsbreite von „richtigen" Werten, die schon aus aktueller Sicht eine Abschreibung nicht notwendig machen und aus der Perspektive des Dauerns einer möglichen Wertminderung einen zusätzlichen Ermessensspielraum gewähren.

▶ Der Investor I hat sich nach dem Regelstatut des § 232 HGB **still** an einem Newcomer auf dem Gebiet der Neukonstruktion von Autobatterien beteiligt.

▶ Die B-Bank investiert in **nicht börsengängige** Genussrechte mit hoher Verzinsung, die allerdings im Verlustfall des Emittenten zur Zahlung ausgesetzt wird.

---

147 IDW HFA RH 1016 Tz. 10.

4.2 Lösungsvorschlag des IDW

Das nicht definierbare Kriterium der Dauer der Wertminderung bzw. der nur vorübergehenden ist unter → Rz. 117 dargestellt worden. Daraus erklärt sich das vergebliche Bemühen der dort zitierten Kommentare und Standardsetter zur Herstellung einer einigermaßen praxistauglichen Gesetzesanwendungstechnik. Dabei steht für Finanzanlagen, anders als beim abnutzbaren Anlagevermögen, die **Restnutzungsdauer** nicht als Berechnungsparameter zur Verfügung. In diese Lücke springt wenigstens für Versicherungsunternehmen das IDW mit der Stellungnahme VFA 2 mit einer ergänzenden Verlautbarung aus 2002.[148]

128

IDW VFA 2 liefert einen Sieben-Punkte-Katalog von **Indizien**, mithilfe derer im konkreten Bilanzierungsfall die Bewertungsentscheidung getroffen werden soll:

129

- Höhe der **Differenz** zwischen dem Buchwert und dem Zeitwert,
- **Dauer** des Bestehens dieser Differenz,
- **stark abweichender Kursverlauf** des betreffenden Wertpapiers von der allgemeinen Kursentwicklung,
- **Substanzverluste** aus betrieblichem Anlass etc.,
- Verschlechterung der **branchenspezifischen Zukunftsaussichten**,
- erhebliche **finanzielle Schwierigkeiten**,
- hohe Wahrscheinlichkeit von **Insolvenz** oder **Sanierungsbedarf**.

Wie diese sieben Kriterien zu berücksichtigen sind und wann tatsächlich die Schwelle zur Dauerhaftigkeit der Wertminderung überschritten wird, bleibt der **Auslegung** des Anwenders überlassen. Es wird also nicht gesagt, wann die Qualität in Quantität umschlägt. Vielmehr enthält sich der VFA 2 bewusst jeglicher Regelung in der Form fester Quantifizierung (*„bright lines"*). Umgekehrt kann sich das bilanzierende Unternehmen dieser qualitativen Kriterien bemächtigen und aufgrund von plausiblen – also vertretbaren, aber nicht beweisbaren – Annahmen darlegen, weshalb der „wahre" Wert des betreffenden Wertpapierbestands höher ist als der Börsenkurs.

Die ergänzende Verlautbarung des IDW VFA aus 2002 geht wie folgt vor:

130

- Sie formuliert **Aufgreifkriterien** für Dauerhaftigkeit und
- knüpft daran eine **Beweislastregel**.

Nach den **Aufgreifkriterien** besteht eine Vermutung für Dauerhaftigkeit in folgenden Fällen:

- Der Zeitwert des Wertpapiers liegt in den dem Bilanzstichtag vorangehenden **sechs Monaten** permanent um mehr als **20 % unter dem Buchwert**.
- Der **Durchschnittswert** der täglichen Börsenkurse des Wertpapiers liegt in den letzten **zwölf Monaten** um **mehr als 10 %** unter dem Buchwert.

Ist mindestens eine der beiden Voraussetzungen gegeben, kommt es zur **Beweislastumkehr**. Eine außerplanmäßige Abschreibung darf in diesem Fall nur dann unterlassen werden, wenn das Unternehmen aufgrund nachweisbarer Umstände eine nur vorübergehende Wertminderung darlegen kann. Als Belege können herangezogen werden:

---

[148] VFA, 149. Sitzung, FN-IDW 2002 S. 667; im Folgenden dargestellt nach *Lüdenbach/Hoffmann*, StuB 2009 S. 5.

- ▶ Fundierte Aussagen unabhängiger **Analysten** zu von dem Unternehmen gehaltenen Wertpapieren.
- ▶ Analyseverfahren des Unternehmens selbst, die beispielsweise auf **Kursgewinnverhältnissen (KGV)**, *net asset values* **(NAV)** oder sonstigen Analysen der Kursverläufe von Wertpapieren beruhen.
- ▶ Falls diese externen oder internen Analyseverfahren nicht zur Verfügung stehen bzw. mangels aussagefähiger Daten nicht durchgeführt werden können, kann eine **verantwortliche Schätzung** des nachhaltigen Werts per *discounted cashflow*-Verfahren durch das (Versicherungs-)Unternehmen erforderlich werden.

In diese Beweislastumkehr ist gerade durch den letzten Punkt der Wind aus den Segeln genommen worden. Im Grunde genommen kann das Unternehmen die übliche *discounted cashflow*-Methodik mit plausiblen Inputs anwenden, um den geforderten Gegenbeweis zu führen. Der **Ermessensspielraum** des Vorstands bleibt weitgehend ungeschmälert.

131 Die Stellungnahme des VFA richtet sich nur an **Versicherungs**unternehmen. Offen bleibt der Anwendungsbereich auf andere Branchen. U. E. können diesbezüglich keine Unterschiede im Anwendungsbereich bestehen. Deshalb kommen die Kriterien des VFA in seiner offiziösen Stellungnahme auch branchenübergreifend zur Anwendung in Betracht.

4.3 Finanzrechtsprechung zur ...

4.3.1 ... steuerlichen Bilanzierung

132 Für die **steuerliche** Bilanzierung löst sich der BFH elegant aus der Fessel der undefinierbaren Dauer einer Wertminderung von **börsengängigen** Aktien – zu Forderungen vgl. → Rz. 158 – anhand des folgenden Sachverhalts:

> **BEISPIEL[149]**
>
> ▶ Die Klägerin und Revisionsklägerin (Klägerin), eine GmbH, erwarb am 23. 5. 2001, dem Streitjahr, Infineon-Aktien zu 44,50 € je Stück und ordnete sie dem Anlagevermögen zu.
>
> ▶ Der Kurs sank bis zum 31. 12. 2001 auf 22,70 €, bis zur Aufstellung des Jahresabschlusses für 2001 stieg er auf 26 € an.
>
> ▶ In ihrer Bilanz zum 31. 12. 2001 nahm die Klägerin eine Teilwertabschreibung auf 26 € pro Aktie vor, die Finanzamt und Finanzgericht unter Verweis auf die fehlende Dauerhaftigkeit ablehnten.

133 Der BFH entschied zugunsten der Klägerin mit folgender Begründung:

▶ „Ob der Wertverlust einer börsennotierten Aktie voraussichtlich dauerhaft ist, ist nach vernünftiger kaufmännischer Beurteilung nach den prognostischen Möglichkeiten aus der Sicht des Bilanzstichtags zu beurteilen. (...). Der Börsenwert spiegelt (...) die Auffassungen der Marktteilnehmer über den Wert einer Aktie als Kapitalanlage wider. Die Preise beinhal-

---

[149] BFH-Urteil vom 26. 9. 2007 – I R 58/06, BStBl 2009 II S. 294, mit Besprechung von *Hoffmann*, DB 2008 S. 260, und *Lüdenbach/Hoffmann*, StuB 2009 S. 6, der auch die folgende Passage der Kommentierung entnommen ist.

ten die Einschätzung der künftigen Risiken und Erfolgsaussichten des Unternehmens und geben daher zu einem gegebenen Stichtag die Erwartungen einer großen Zahl von Marktteilnehmern über die zukünftige Entwicklung des Kurses sowie die Einschätzung wieder, dass der jetzt gefundene Kurs voraussichtlich dauerhaften Charakter besitzt. Es kann vom Steuerpflichtigen nicht erwartet werden, dass er über bessere prognostische Fähigkeiten verfügt als der Markt."

▶ „Dem steht nicht entgegen, dass börsennotierte Aktien ständigen Kursschwankungen unterliegen. Diese Veränderungen beruhen darauf, dass nach dem Stichtag weitere Ereignisse eintreten – sei es im betroffenen Unternehmen selbst oder in seinem ökonomischen Umfeld –, die zu einer abweichenden Werteinschätzung führen. In Übereinstimmung mit der Einschätzung des Markts ist in diesen Fällen – jedenfalls bei informationseffizienten Märkten – davon auszugehen, dass der aktuelle Börsenwert eine höhere Wahrscheinlichkeit aufweist, die künftige Kursentwicklung zu prognostizieren, als dies bei den historischen Anschaffungskosten der Wertpapiere der Fall ist. Da eine Prognose über die künftigen Kurse, soweit diese möglich ist, bereits in den Börsenkurswert eingeflossen ist, bedarf es im Streitfall einer Bestimmung des zugrunde zu legenden Prognosezeitraums nicht."

Das sind klare Worte, die nicht jedem Börsentheoretiker, Analysten und Spezialisten der Unternehmensbewertungsmaterie gefallen werden. Der aus diesem Bereich propagierte oder ermittelte „wahre", „richtige" oder „fundamentale" Wert hat keine Chance in der Steuerbilanz. Andererseits hat die Rechtsfindung des BFH den großen Vorteil – für manche möglicherweise aber auch den Nachteil – einer kolossalen Vereinfachung des Bewertungsverfahrens. Es genügt zur Ermittlung des „richtigen" Werts der Blick auf den Kurszettel.

134

Das Finanzgericht in der Vorentscheidung ist ganz anders an die Sache herangegangen. Es hat die voraussichtliche Dauer der Wertminderung in gründlicher retrospektiver Prognose anhand der effektiven Kursentwicklung der Infineon-Aktien analysiert, dessen Auf und Ab im Einzelnen verfolgt, um letztendlich festzustellen: „Im Zweifel" liegen Kursschwankungen vor, Aktienkurse gehen immer nach oben und nach unten, mit der Folge: Der Kursverlust der Infineon-Aktien von praktisch 50 % (!) gegenüber den Anschaffungskosten ist **vorübergehender** Natur.

135

Um nochmal die „Zweifel" aufzugreifen: Das Finanzgericht sieht im Zweifel Kursschwankungen, also nur vorübergehende Wertminderungen. Das IDW erkennt „im Zweifel" nachhaltige Wertminderungen. „Zweifel" bestehen hier immer, sind problemimmanent. Aussage also des Finanzgerichts: „Wir sind **gegen** Abschreibung", des IDW „Wir sind **für** Abschreibungen".

Mit ihren Entscheidungen haben sich beide Steuergerichtsinstanzen auch der Beantwortung der spannenden **Folge**frage entzogen, die lautet: Wenn schon eine dauernde Wertminderung vorliegt, wie hoch ist dieselbe eigentlich? M. a. W.: Wo liegt eigentlich der „richtige" Kurs der Aktie, der gerade noch eine vorübergehende Wertminderung reflektiert?

136

Die Finanzverwaltung[150] folgt dem unter → Rz. 133 dargestellten BFH-Urteil „prinzipiell", d. h. im Ergebnis **nicht**.[151] Stattdessen sollen kasuistische Schwellenwerte die Dauerhaftigkeit der Wertminderung belegen. Eine solche sei gegeben, wenn

137

▶ der Börsenkurs zum aktuellen Stichtag um mehr als 40 % (!)

---

150 BMF-Schreiben vom 26. 3. 2009 – IV C 6 – S 2171 b/0, BStBl I S. 514.
151 Im Einzelnen *Hoffmann*, StuB 2009 S. 328.

V. Abschreibungen auf das Anlagevermögen

▶ oder zum aktuellen und zum vorhergehenden Stichtag um mehr als 25 %

unter die Anschaffungskosten gesunken ist.

137a   In der weiteren Rechtsentwicklung hat sich durch die Aufhebung der umgekehrten Maßgeblichkeit (→ § 252 Rz. 204) durch das BilMoG eine neue Situation zur **Teilwertabschreibung**, insbesondere auch auf Finanzanlagen, ergeben. Der Finanzverwaltung zufolge soll dem Steuerpflichtigen trotz dauernder Wertminderung des Wirtschaftsguts ein **Wahlrecht** zum Verzicht auf die Abschreibung zukommen (→ § 252 Rz. 210). Für Finanzanlagen ergeben sich im Zusammenspiel mit der handelsrechtlichen Bilanzierung folgende Konstellationen:

- ▶ Nur **vorübergehende** Wertminderung (→ Rz. 127): Handelsrechtlich Abschreibungswahlrecht, steuerlich keine Abschreibungsmöglichkeit.
- ▶ **Dauernde** Wertminderung (→ Rz. 117): Handelsrechtlich Abschreibungsgebot, steuerlich Wahlrecht.
- ▶ **Beurteilung** der Dauerhaftigkeit: In beiden Bilanzwelten sind die **gleichen** Maßstäbe zur Vermeidung einer Schizophrenie anzuwenden. **Nicht** möglich ist also die Konstellation: Für die Handelsbilanz vorübergehende, für die Steuerbilanz dauernde Wertminderung.

4.3.2 ... handelsrechtlichen Bilanzierung

138   Für die steuerliche Bilanzierung stellen sich also die kniffligen Themen der Bilanzierung von **börsengängigen** Wertpapieren nicht mehr – sofern man dem BFH folgt und nicht der Finanzverwaltung (→ Rz. 137). Ein Blick auf den Kurszettel genügt. Anderes gilt für den **handelsrechtlichen** Abschluss, zumindest aus Sicht des BFH. Überraschend äußert sich dazu der BFH in einem typischen obiter dictum, also in einer die Urteilsbegründung nicht tragenden Aussage. Die Auslegung des § 6 Abs. 1 Nr. 2 Satz 2 EStG – also die voraussichtlich dauernde Wertminderung – sei eine **rein steuerrechtliche** Regelung, „die losgelöst (!) vom Handelsrecht" zu erfolgen hat. Also: Die voraussichtliche Dauer der Wertminderung ist handelsrechtlich ein anderes Thema als steuerrechtlich. Dieser Befund ist gelinde gesagt schwer verdaulich. Offensichtlich wollte sich der I. BFH-Senat nicht mit einer Phalanx von anderen Auffassungen im Schrifttum und auch der handelsrechtlichen Standardsetzer anlegen. Auch die Begründung für diese steuerliche Besonderheit ist eher fadenscheinig: Bei der Besteuerung soll es sich um ein **Massen**verfahren handeln, das die Ressourcen der Finanzverwaltung und der steuerlichen Berater überfordern würde, wenn etwa die Kriterien des IDW VFA 2 (→ Rz. 129 f.) abzuarbeiten wären. Diese Aussage provoziert einige Fragen:

- ▶ Die Steuerbilanz folgt systematisch und in jedem konkreten Fall der handelsrechtlichen Bilanzierung. Erst muss die Handelsbilanz erstellt werden, daran schließt sich die steuerliche an, auch wenn dies wie häufig in einem einzigen Arbeitsgang erfolgt. Die handelsrechtliche Bilanzierung ist damit **genauso** eine **Massen**veranstaltung.
- ▶ Der handelsrechtlichen Bilanzierung bleibt dem BFH zufolge die mühsame Abarbeitung der Kriterien des IDW und anderer in der Literatur zur Ermittlung der Dauerhaftigkeit nicht erspart. Wenn diese dann erfolgt ist, schließt sich die steuerliche Bilanzierung an, die dann einfach nach dem Kurswert greifen darf. Wo liegt der **Vereinfachungs**effekt? Oder anders herum gefragt: Warum soll diese „fundamentale" Wertermittlung dann nicht auch steuerlich übernommen werden können?

▶ Weiter der BFH: Die Besteuerung soll die **periodengerechte** Gewinn- oder Verlustermittlung bewirken, um die Besteuerung nach der **Leistungsfähigkeit** sicherzustellen. Auch hier die Gegenfrage: Soll nicht auch der handelsrechtliche Abschluss periodengerecht den Gewinn und Verlust ermitteln, um z. B. daraus Gewinnausschüttungen oder Sanierungsmaßnahmen ableiten zu können?

4.4 Beurteilung

Insgesamt hinterlässt das BFH-Urteil (→ Rz. 132) zusammen mit dem zugehörigen BMF-Schreiben (→ Rz. 137) einen ausgesprochen zwiespältigen Eindruck, wenn man es mit den bilanzpolitischen **Interessenlagen** konfrontiert: 139

▶ Lautet die Vorgabe auf **Abschreibung**, braucht man handelsrechtlich die voraussichtliche Dauer nicht nachzuweisen. Es genügt als Abschreibungs**wahlrecht** die vorübergehende Wertminderung auf den Börsenkurs, die dann steuerlich Anerkennung finden muss.

▶ Umgekehrt bei bilanzpolitischer Vorgabe „Nichtabschreibung". Hier ist durch **interne Berechnungen** die vorübergehende Wertminderung des Aktienkurses darzulegen, was regelmäßig gelingen wird. Steuerlich ist dagegen, wenn man dem BFH folgt, auf den niedrigeren Börsenkurs abzuschreiben. Die Bilanzierungssituation eines höheren Handelsbilanz- als Steuerbilanzwerts mit der Folge einer **passiven Steuerlatenz** (→ § 274 Rz. 14) ist für das traditionelle deutsche Bilanzverständnis gewöhnungsbedürftig. Folgt man dagegen dem BMF, muss man die zitierten Schwellenwerte beachten.

Steuerrechtsdogmatisch stellen sich zwei Folgefragen:

▶ Ist diese Art der Bilanzierung durch die **unterschiedlichen Inhalte** von außerplanmäßiger Abschreibung und Teilwertabschreibung (→ Rz. 107) gerechtfertigt?

▶ Oder handelt es sich um einen bisher nicht bekannten **Bewertungsvorbehalt** nach § 5 Abs. 6 EStG?

Beide Fragen hat der BFH im seinem obiter dictum provoziert, aber nicht beantwortet.

Die vom BFH für die steuerliche Bilanzierung als richtig erachtete Bezugnahme auf den Kurswert am Bilanzstichtag verhindert auch eine unzulässige Inanspruchnahme des Wertaufhellungsprinzips (→ § 252 Rz. 55). Kursentwicklungen **nach** dem Bilanzstichtag sind zur Bewertung genauso unerheblich wie der Lehrbuchfall des Lottogewinns eines konkursbedrohten Schuldners am 2.1. – ganz abgesehen von dem unerträglichen Gedanken der Wertbestimmung in der Bilanz je nach Zeitpunkt der Erstellung mit einem „ordnungsmäßigen" Intervall von wenigstens zwölf Monaten (→ § 243 Rz. 24). Insgesamt ergibt die **handelsrechtliche** Rechtslage eine – durch das BilMoG unveränderte – enorme **Ermessenshaftigkeit** (Schätzungsintervall) für die Bilanzierung, die in anderen Bilanzbereichen nur noch bei den Rückstellungen anzutreffen ist. Die marktgestützte *fair value*-Bewertung, der das Stichtagsprinzip immanent ist, liefert hier bei weitem objektivere Bilanzierungsvorgaben als das HGB mit seinem das Stichtagsprinzip durchbrechenden (→ Rz. 116) Dauerhaftigkeitskriterium. 140

4.5 Sonderfall der stillen Beteiligung und des Genussrechts

Genussrechte und stille Beteiligungen stellen in aller Regel beim Investor **Finanzanlagen** dar (→ § 247 Rz. 30a), die nach vertraglicher Ausgestaltung auch als **Beteiligungen** qualifiziert wer- 140a den können (→ § 271 Rz. 8), obwohl sie nur einen schuldrechtlichen Forderungscharakter aufweisen (→ § 246 Rz. 67). Es gilt das **Wahlrecht** der Abschreibung bei vorübergehender und die **Pflicht** bei dauernder Wertminderung (→ Rz. 127). Nach h. M.[152] führt ein – vorübergehender oder dauernder – Verlust zu einer Minderung des Einlagekontos = Buchwert der Einlage. Diese Vorgabe ist nicht mit den allgemeinen Regeln der Bewertung von Finanzanlagen kompatibel, sofern der Verlust **keine Wertminderung** bedeutet (typischer Fall: Anlaufverluste[153]) oder nur als vorübergehend gilt, ohne dass die Abschreibungsoption ausgeübt werden soll. M. a. W. würde durch die Minderung des Einlagekontos in der Stichtagsperspektive das generell gültige Wahlrecht aufgehoben bzw. bei fehlender Wertminderung überhaupt eine unzulässige Abschreibung verlangt. U. E. werden vom Gesetz **alle** Finanzanlagen **gleich** behandelt, ein Sonderrecht für stille Beteiligungen und Genussrechte kommt nicht in Betracht.[154]

VI. Abschreibungen auf Umlaufvermögen (Abs. 4)

1. Regelungsbereich

141 Zur Vermeidung der Überbewertung sind auch im Umlaufvermögen Abschreibungen gegenüber dem Ausgangswert der Anschaffungs- oder Herstellungskosten vorzunehmen. Da in diesem Bilanzbereich **keine planmäßigen** Abschreibungen vorzunehmen sind, spricht das Gesetz lediglich von „Abschreibungen"; im Gegensatz zum Anlagevermögen, wo der gleiche Vorgang als „außerplanmäßig" bezeichnet wird (→ Rz. 105). Die hier vorzunehmende Abschreibung muss pflichtgemäß erfolgen („sind", sog. strenges Niederstwertprinzip). Die Durchbrechung des Stichtagsprinzips durch das Erfordernis der dauernden Wertminderung wie beim Anlagevermögen (→ Rz. 117) gilt hier nicht, anders allerdings im Steuerrecht (§ 6 Abs. 1 Nr. 2 Satz 2 EStG, → Rz. 156).

142 Die Abschreibungspflicht kann auf die allgemeinen Bewertungsregeln in § 252 Abs. 1 Nr. 4 HGB (Vorsichts- und Imparitätsprinzip) gestützt werden (→ § 252 Rz. 82). Eher umgangssprachlich wird die hier geforderte Abschreibung auch im Interesse der Freihaltung künftiger Perioden von Verlusten ausgedrückt („**verlustfreie Bewertung**"), wozu – ebenfalls umgangssprachlich – bei der Bewertung des Umlaufvermögens regelmäßig ein **Niederstwerttest** vorzunehmen ist.

143 Als Bewertungsmaßstab, der den Anschaffungs- oder Herstellungskosten oder einem (bereits schon teilweise abgeschriebenen) Buchwert gegenüberzustellen ist, nennt das Gesetz „den niedrigeren beizulegenden Zeitwert". Diese Begrifflichkeit soll der Begründung des RegE zum BilMoG (S. 113) zufolge eine redaktionelle Anpassung mit unverändertem Inhalt gegenüber der Vorgängerversion darstellen. Diese unterschied

▶ Börsen- oder Marktpreis und

▶ „Wert, der den Vermögensgegenständen (...) beizulegen ist".

---

152 *Vgl. Blaurock*, Stille Gesellschaft, 7. Aufl., Köln 2010, Tz. 13.159, m. w. N.
153 Vgl. hierzu aus steuerlicher Perspektive *Behrens/Karkowski*, DB 2001 S. 1059.
154 So auch *Lüdenbach* aus Sicht des GuV-Ausweises in StuB 2010 S. 152.

Der letztgenannte Wertmaßstab entspricht demjenigen für das Anlagevermögen. Dieser undefinierte Begriff kann entweder bilanz**statisch** als Verhinderer eines überhöhten Vermögensausweises oder bilanz**dynamisch** als zeitliches Zuordnungsprinzip der bis zum Bilanzstichtag aufgelaufenen Verluste verstanden werden.

Unsere Kommentierung folgt gliederungstechnisch der früher (vor dem BilMoG) gültigen Begrifflichkeit.

2. Der Börsen- oder Marktpreis (Abs. 4 Satz 1)

Das HGB bedient sich bei der Heranziehung des dominierenden Bewertungsmaßstabs (Börsen- oder Marktpreis) unausgesprochen des *fair value*-Gedankens, der die internationale Rechnungslegung dominiert: Einen **besseren** Wertmaßstab als denjenigen an einer Börse oder an einem – aktiv agierenden – Markt kann es nicht geben. Das Bewertungsverfahren ist damit auch denkbar einfach, der Kurszettel am Bilanzstichtag genügt als Buchungsgrundlage. Dabei braucht man sich auch nicht zu sehr mit den verschiedenen Ausprägungen einer Börsennotiz zu beschäftigen, denn auch eine etwa im Freiverkehr zustande gekommene Preisnotiz gilt jedenfalls als Marktpreis. Ein „Markt" besteht nicht nur für Wertpapiere, sondern auch für „*commodities*", z. B. Rohkakao oder Schweinebäuche.

144

Offener ist die **Definition** eines Markts, die jedenfalls nicht zu eng ausfallen darf. Das **Internet** bietet hier eine ausgiebige Informationsbasis, die für viele Produkte durchaus als „marktähnlich" bezeichnet werden kann und jedenfalls in das Bewertungskalkül zur Bestimmung des beizulegenden Werts einfließen muss. So gesehen besteht zwischen dem Marktpreis und dem beizulegenden Wert ein fließender Übergang. Der beizulegende Wert darf keineswegs ohne Berücksichtigung von entsprechenden Preisinformationen über das Internet festgelegt werden.

145

Nach allgemeiner Auffassung sind **Zufallskurse** an der Börse oder am „Markt" differenziert zu betrachten:[155] Bei einem solchen Zufallskurs **über** dem Kursniveau muss ein Abschlag zur Ermittlung eines Durchschnittskurses erfolgen. Liegt dieser Zufallskurs **unter** dem „allgemeinen Kursniveau", muss er – nach dieser Auffassung – berücksichtigt werden. U. E. ist dieser Argumentation mit Vorbehalt zu begegnen:

146

▶ Materiell bedarf es erst der Bestimmung eines **Zufalls**, der dem allgemeinen Börsen- und Marktgeschehen sozusagen entflohen ist, was nur in extremen Sonderfällen (z. B. Unterbrechung der Marktnotizen mangels Angebot oder Nachfrage) der Fall sein kann.

▶ Wenn der Zufalls**kurs** nicht der „richtige" ist, dann kann er auch keine Bewertungsgrundlage „nach unten" darstellen.

---

155 Z. B. *Ellrott/St. Ring*, in: Beck'scher Bilanz-Kommentar, 7. Aufl., München 2010, § 252 Tz. 514; *Karrenbauer/Döring/Buchholz*, in: Küting/Pfitzer/Weber (Hrsg.), Handbuch der Rechnungslegung, 5. Aufl., § 253 Tz. 178; *ADS*, 6. Aufl., § 253 Tz. 512.

3. Der niedrigere beizulegende Wert (Abs. 4 Satz 2)
3.1 Der Niederstwert in der Produktion und im Handel

147 Dem Abschreibungserfordernis kann man sich sowohl von der **Beschaffungs-** oder von der **Absatz**seite her nähern, einerlei ob man diesen Umweltpunkten des Unternehmens den Charakter des Markts zusprechen will oder nicht. Dabei hat sich für den Bereich des Vorratsvermögens im Schrifttum folgende Systematik herauskristallisiert:[156]

- ▶ **beschaffungs**orientierte Bewertung für
  - Rohmaterial und
  - unfertige und fertige Erzeugnisse, soweit auch Fremdbezug möglich wäre;
- ▶ **absatz**marktorientierte Bewertung für
  - unfertige und fertige Erzeugnisse und
  - Überbestände an Rohmaterial;
- ▶ **beschaffungs- und** absatzmarktorientierte Bewertung (sog. doppelte Maßgeblichkeit) für
  - Handelswaren und
  - Überbestände an fertigen und unfertigen Erzeugnissen.

148 Im Vergleich der beiden Bezugspunkte „Beschaffungs- oder Absatzmarkt" kommt für die Bestimmung des (niedrigeren) beizulegenden Werts dem **Absatz**markt besondere Bedeutung zu. Allgemein wird ein niedriger Beschaffungspreis z. B. für Rohmaterial eine Maßgeblichkeit für die Bestimmung des beizulegenden Werts beigemessen.[157] U. E. ist diese Aussage nicht zwingend richtig, z. B. dann nicht, wenn trotz gesunkener Wiederbeschaffungspreise etwa eine Handelsware noch gewinnbringend verkauft werden kann. Diese Ware ist dann „verlustfrei" bewertet, und künftige Geschäftsjahre sind nicht von einem Verlust freizustellen (→ Rz. 143). Ein entgangener Gewinn stellt analog zum nachteiligen Vertrag (→ § 249 Rz. 133) keinen Abschreibungsgrund dar. Bei gefallenen Wiederbeschaffungspreisen für Rohmaterial ist zusätzlich die Frage zu stellen, inwieweit dieses Vorprodukt in den Endpreis als Kalkulationsgröße eingeht. Je geringer dieser Anteil ist, desto weniger kann er Einfluss auf den am Markt durchzusetzenden Endverbrauchspreis haben. Und schließlich: Nachhaltig gesunkene Wiederbeschaffungspreise indizieren wenigstens bei Produkten mit geringem Wertschöpfungsanteil auch niedrigere Verkaufserlöse, die dann ausreichend zur Bestimmung des beizulegenden Werts sind.

149 Viel wichtiger zur Bestimmung dieses Werts sind also generell die zu erzielenden **Verkaufserlöse** (nochmals: „verlustfreie Bewertung"). Dabei bedient man sich einer retrograden Bewertungsmethode, die nach folgendem Schema aufgebaut ist:

---

[156] Vgl. *Karrenbauer/Döring/Buchholz*, in: Küting/Pfitzer/Weber (Hrsg.), Handbuch der Rechnungslegung, 5. Aufl., § 253 Tz. 179.
[157] Das hat auch der BFH in früheren Urteilen zum Bewertungsrecht so bestätigt, vgl. z. B. BFH-Urteil vom 20. 7. 1973 – III R 100 - 101/72, BStBl II S. 794.

Mutmaßlicher Verkaufserlös	+
Erlösschmälerungen	-
Versand- und andere Vertriebskosten	-
noch anfallende Verwaltungskosten	-
beizulegender Wert	=

Der BFH[158] verlangt bei der entsprechenden Berechnung noch einen Abzug für den Unternehmergewinn, was u. E. weder handels- noch steuerrechtlich in Frage kommt, da nur ein Verlust zu berücksichtigen ist und nicht ein entgehender Gewinn (→ Rz. 148).

Für industriell erstellte unfertige **Erzeugnisse** kann folgendes Rechenschema herangezogen werden:[159]

BEISPIEL

		T€
(1)	Voraussichtlicher Erlös	778
(2)	Aufgelaufene Herstellungskosten zum Stichtag	504
(3)	Enthaltene kalkulatorische Kosten	5
(4)	Verbleibende Herstellungskosten (2) - (3)	499
(5)	Nach Stichtag anfallende HK ohne kalkulatorische Kosten	368
(6)	Sonstige noch anfallende Kosten	60
(7)	Teilwertabschreibung, wenn (4) + (5) + (6) > (1), sonst Null	149
(8)	Bilanzansatz (4) - (7)	350

Eine für die Bewertung entscheidende Frage ist dabei die Einbeziehung von **Gemeinkosten** des Vertriebs und vielleicht auch der Verwaltung in die vorstehende Kalkulation. Für die Fertigungs**gemein**kosten stellt sich die weitere Frage, nach welcher **Kapazitätsauslastung** diese auf das produzierte Stück zu verrechnen sind.

150

Mehrheitlich wird wohl im Schrifttum eine **Vollkosten**bewertung bei **normaler** Kapazitätsauslastung gefordert.[160]

Die Einbeziehung von (insbesondere) **Vertriebsgemeinkosten** in die Berechnung des beizulegenden Werts hat sich insbesondere beim Thema der sog. **Verlustprodukte** im Einzelhandel erhitzt. Dazu folgendes Beispiel:

---

158 BFH-Urteil vom 24. 2. 1994 – IV R 18/92, BStBl II S. 514; BFH-Urteil vom 9. 11. 1994 – I R 68/92, BStBl 1995 II S. 336. Vgl. hierzu auch die Rechenformel in R 8 Abs. 2 EStR 2008 betreffend Handelswaren.
159 *Hoffmann*, in: Littmann/Bitz/Pust (Hrsg.), Das Einkommensteuerrecht, § 6 Tz. 447.
160 So z. B. *Karrenbauer/Döring/Buchholz*, in: Küting/Pfitzer/Weber (Hrsg.), Handbuch der Rechnungslegung, 5. Aufl., § 253 Tz. 183; *Ellrott/Ring*, in: Beck'scher Bilanz-Kommentar, 7. Aufl., München 2010, § 252 Tz. 522; für steuerliche Zwecke *Christiansen*, StBJb 1991/92 S. 129. A. A. für die handelsrechtliche Bewertung *ADS*, 6. Aufl., § 253 Tz. 528: Beschränkung auf variable Gemeinkosten ist zulässig.

VI. Abschreibungen auf Umlaufvermögen

> **BEISPIEL**[161] P bietet als Lebensmittel-Vollsortimenter regelmäßig Aktionsware und dauernd bestimmte Artikel an, die als **Verlustprodukte** bezeichnet werden. Der Verkaufspreis liegt zwar jeweils über dem Einstandswert, die Spanne reicht indes nicht zur Deckung der anteiligen Gemeinkosten aus. Diese „fehlende" Gemeinkostendeckung wird durch andere Produkte mit höheren Margen eingeholt.
>
> Nach Auffassung des BFH kommt eine Abschreibung auf einen gegenüber dem Einstandspreis überhöhten beizulegenden Wert nicht in Betracht, da ein gedachter Unternehmenserwerber diese Produktkalkulation insoweit akzeptiert hätte, als das Unternehmen insgesamt mit Gewinn kalkuliert.

151 Bezeichnenderweise liefert das BFH-Urteil keine eindeutige Lösung bezüglich der Einbeziehung von Gemeinkosten in die Kalkulation, da dieses Thema dem Grunde nach gar nicht angesprochen worden ist. Es ging immer nur um undefinierte „Verlustprodukte". U. E. hilft die Formulierung in IAS 2.6 eher weiter: „*cost necessary to make the sale*". Und zu diesen notwendigen Verkaufskosten gehören u. E. zwingend die Mieten und sonstigen Raumkosten für die Verkaufsfilialen, die Ladentheken etc. Deshalb darf man zur Durchführung des Niederstwerttests nicht mit der Handels-, sondern mit der Kostenspanne rechnen.[162]

152 Der Niederstwert nach Maßgabe der unter → Rz. 149 dargestellten Berechnungsmethode gilt auch im Bereich der **langfristigen** Auftragsfertigung (z. B. Schiffsbau). Zwar handelt es sich bis zur Auftragsabwicklung um ein schwebendes Geschäft (→ § 249 Rz. 4), doch ist ein enthaltener Verlust als Abschreibung zu berücksichtigen.[163]

153 Generell darf die **physische Beschaffenheit** von Rohmaterialien und Waren und die Verkäuflichkeit von Produkten bei der Bewertung nicht unberücksichtigt bleiben. Angesprochen sind dabei die Fragen der **Gängigkeit**, des (nicht getroffenen) **modischen Geschmacks**, der **Beschädigung** etc.

Rohmaterialien mit geringer **Gängigkeit**, aber zur Aufrechterhaltung des Produktionsbetriebs notwendig, werden gewöhnlich nach einem bestimmten Bewertungssystem (**Lagerreichweite** oder reziprok **Umschlagshäufigkeit**) bewertet. Dabei wird der aktuelle Bestand in Bezug auf den Verbrauch der vergangenen Periode (regelmäßig ein Jahr) gesetzt, um darauf den Quotienten „Reichweite" zu ermitteln, der dann entsprechend den errechneten Monaten oder Jahren mit bestimmten Abschlägen versehen wird. Steuerlich wird diese Vorgehensweise förmlich von der Finanzverwaltung nicht akzeptiert,[164] ist indes u. E. zumindest aus handelsrechtlicher Sicht eine notwendige Bewertungsmaßnahme zur Berücksichtigung von Lager- und Zinsverlusten. Die sog. Reichweitenabschreibung ist insbesondere auch bei Kfz-Ersatzteilen erforderlich.

---

161 In Anlehnung an BFH-Urteil vom 29. 4. 1999 – IV R 14/98, BStBl II S. 81; vgl. hierzu *Hoffmann*, PiR 2007 S. 204.
162 Vgl. *Hoffmann*, in: Lüdenbach/Hoffmann (Hrsg.), Haufe IFRS-Kommentar, 8. Aufl., Freiburg 2010, § 17 Rz. 22.
163 Allgemeine Auffassung im handelsrechtlichen Schrifttum, bestätigt durch das BFH-Urteil vom 7. 9. 2005 – VIII R 1/03, BStBl 2006 II S. 299.
164 OFD Frankfurt/M., Vfg. vom 17. 7. 1997 – S 2173 A – 7 – St II 20, DB 1997 S. 1795; BMF-Schreiben vom 7. 5. 2001 – S 2171 b, BB 2001 S. 1405.

Dem **modischen Geschmack** kommt eine besonders große Bedeutung bei Einzelhandelsprodukten zu. Musterfall ist der Textileinzelhandel: Hier türmen sich sehr schnell Ladenhüter auf, die in der Folge unter dem Einstandswert angeboten werden. Entsprechende Abschreibungen werden auch von der Steuerverwaltung und vom BFH akzeptiert, wenn sie durch sog. „Minuslisten" belegt sind.[165]

Ein besonderes Problem stellt ein **Preisrückgang** im **Aufstellungszeitraum** dar, weil dann die Abgrenzung von Wert**erhellung** und **-begründung** (→ § 252 Rz. 35 ff.) bedeutsam ist. 153a

BEISPIEL[166]

▶ Die **Bauträger** B-GmbH verspürt Ende 01 einen massiven Rückgang der Nachfrage nach Eigentumswohnungen. Unfertige Wohnungen mit Verkaufspreisen von 50 Mio € lt. Prospekt am Bilanzstichtag 31.12.01 werden im neu aufgelegten Prospekt am 20.1.02 zu 45 Mio € angeboten, was die vorher brach liegende Nachfrage spürbar belebt.

▶ Die **Stahlhändler** S-GmbH hat am Bilanzstichtag Vorräte von 100 Mio €, die überwiegend im ersten Halbjahr 01 eingekauft wurden. Die Preisnotizen für den Baustahl am Stichtag 01 hätten einen Verkaufserlös von 105 Mio € erwarten lassen. Bis zum Erstellungstag hat sich der Marktpreis nach unten bewegt, was einen Verkaufserlös von 95 Mio € erwarten lässt.

▶ Die Bilanzerstellung zum 31.12.01 erfolgt in beiden Fällen am 15.2.02.

Die Bewertung folgt im Erstellungszeitraum mit dem Ziel, die Verhältnisse am Bilanzstichtag wiederzugeben. Deshalb sind nur wert**erhellende**, nicht -bestimmende Faktoren zu berücksichtigen (→ § 252 Rz. 55 ff.). In Anlehnung an die Falllösungen in IAS 10.9(b)(ii) und IAS 10.11 lassen sich die beiden Sachverhalte nach HGB wie folgt beurteilen:[167]

▶ Sofern die Vorräte auf einem **liquiden** Markt gehandelt werden (hier Stahl), stellt der leicht feststellbare Stichtagswert die Bewertungsgrundlage dar. Spätere Preisentwicklungen sind, auch wenn sie bis zur Erstellung bekannt werden, nicht zu berücksichtigen. Der Marktpreis stellt den „objektivsten" Wert dar, der aus den Erwartungen der Marktteilnehmern gespeist wird (→ Rz. 133). Eine Abschreibung auf die Stahlvorräte scheidet aus.

▶ Bei inhomogenen Gütern, die nicht auf liquiden Märkten gehandelt werden (hier Eigentumswohnungen), können Preisherabsetzungen **kurz nach** dem Bilanzstichtag die fehlende Marktkonformität der noch zum Bilanzstichtag verlangten Preise belegen. Deshalb sind im vorliegenden Fall die Eigentumswohnungen auf der Basis eines Verkaufspreises von 45 Mio € (abzgl. der noch anfallenden Kosten) zu bewerten. Dagegen wären schlechtere Marktbedingungen, die sich erst geraume Zeit nach dem Bilanzstichtag einstellen, nicht zu berücksichtigen (hier tatbestandlich nicht gegeben).

---

165 Für ein Juweliergeschäft vgl. BFH-Urteil vom 22.8.1968 – IV R 234/67, BStBl 1968 II S. 801; für den Textileinzelhandel vgl. BFH-Urteil vom 6.11.1975 – IV R 205/71, BStBl 1977 II S. 377; für den Einzelhandel mit Herrenoberbekleidung vgl. BFH-Urteil vom 5.6.1985 – I R 65/82, BFH/NV 1986 S. 204.
166 Nach *Lüdenbach*, PiR 2010 S. 268.
167 Nach *Lüdenbach*, PiR 2010 S. 268. Der Bezug auf die IFRS erscheint uns i. S. der Rechtsauslegung passend, da HGB und IFRS bezüglich der Niederstbewertung und der Wertaufhellung auf dem gleichen Konzept beruhen.

3.2 Wertpapiere

154 Bei Wertpieren mit börsengängigem Handel fallen die Wertverhältnisse des Beschaffungs- und Absatzmarkts abgesehen von geringfügigen Transaktionskosten zusammen. Der beizulegende Wert ist auf der Grundlage der **Börsennotiz** am Bilanzstichtag zu bestimmen, Verkaufsspesen u. Ä. können u. E. aus Geringfügigkeitsgesichtspunkten außer Betracht bleiben oder bei größeren Beständen in pauschaler Form als Abzugsposten berücksichtigt werden.

Steuerlich gilt diese Vorgabe nicht uneingeschränkt, da hier auch beim Umlaufvermögen (→ Rz. 141) die Zukunftsperspektive der **Dauer** einer Wertminderung zu berücksichtigen ist (§ 6 Abs. 1 Nr. 2 Satz 2 EStG). Nach Auffassung der Finanzverwaltung[168] sind Kursschwankungen bis zum Bilanzerstellungstag zur Bestimmung der Dauer mit heranzuziehen, d. h. die Stichtagsbetrachtung wird aufgelöst.

> **BEISPIEL** ▸ Das Unternehmen hat Aktien zum Preis von 100 € je Stück erworben. Börsenkurs am Bilanzstichtag 80 €. Wertschwankungen zwischen Stichtag und Erstellungstag von 70 bis 90 €.
>
> Der Finanzverwaltung zufolge ist die Wertminderung von 20 € am Bilanzstichtag nicht von Dauer, sondern nur diejenige auf 90 €.

155 U. E. ist diese Lösung, die sich auf den Gesetzeswortlaut stützen könnte, höchst unbefriedigend, schon deswegen weil sie vom **Zeitpunkt** der **Bilanzerstellung** abhängt. Dieser könnte viel früher oder später liegen und dann ganz andere Bilanzwerte indizieren. Wenn, wie in der Alternative des Beispiels im BMF-Schreiben, der Kurs innerhalb der undefinierten Erstellungsfrist einmal auf 110 € gestiegen ist, kommt eine Teilwertabschreibung – insofern konsequent – nicht in Betracht. U. E. verträgt sich diese Lösung im BMF-Schreiben nicht mit dem unter → Rz. 132 dargestellten BFH-Urteil zu Aktien im **Anlage**vermögen. Handelsrechtlich gilt das strenge Stichtagsprinzip, allenfalls durch höchst einschränkend auszulegende Zufallskurse (→ Rz. 146) modifiziert.

156 Das das Stichtagsprinzip durchbrechende Tatbestandsmerkmal der **dauerhaften** Wertminderung ist unter → Rz. 117 für das **Anlage**vermögen kritisiert worden. Die Ausweitung auf das **Umlauf**vermögen in der Steuerbilanz provoziert noch einen weiteren begriffslogischen Einwand: Umlaufvermögen ist nach § 247 Abs. 2 HGB (negativ) als dem Unternehmen **nicht** dauernd dienend definiert (→ § 247 Rz. 22). Dieser Definition folgt auch das Steuerrecht. Dann aber stellt sich die Frage, wie eigentlich ein **nicht** dauernd dem Geschäftsbetrieb dienendes Wirtschaftsgut **dauernd** wertgemindert sein kann. Der BFH hat sich mit diesem Widerspruch noch nicht befassen müssen.

3.3 Forderungen, Eigenkapitalersatz

157 Für Forderungen an Kunden (Debitoren) stellt sich die Frage der Wertminderung gegenüber den Anschaffungskosten (bei originär geschaffenen Forderungen gleich dem Nennwert) bezüglich der **Bonität** des Kunden und eines **Zinsverlusts**. Wegen des Geldeingangs risikobehafteter Einzelforderungen wird in der deutschen Rechnungslegungspraxis traditionell den Vor-

---

168 BMF-Schreiben vom 25. 2. 2000 – IV C 2 – S 2171 b – 14/00, BStBl I S. 372 Tz. 23 ff.

gaben der Finanzverwaltung gefolgt, früher z. B. eine Anerkennung von **pauschal** 3 % Abschlag vom Nennwert der Inlandsforderungen ohne Umsatzsteuer, später – obwohl offiziell nicht verlautbart – von 1 % dieses Werts als Nichtaufgriffsgrenze. Speziell für **Zinsverluste** (und das Einziehungsrisiko) schränkt die Finanzverwaltung inzwischen[169] deren Berücksichtigung auf solche Forderungen ein, die erst nach dem Erstellungstag der Bilanz eingehen. Dahinter verbirgt sich die Interpretation der **dauernden Wertminderung**, die nicht vorliegen soll, wenn bis zu diesem Zeitpunkt die Forderung eingegangen ist (→ Rz. 156). Auch hier ist der Tatbestand der möglichen früheren oder späteren Bilanzerstellung und die damit einhergehende Vernachlässigung des Stichtagsprinzips (→ Rz. 155) als unbefriedigend zu würdigen. Dem *„fast closer"* – Bilanzerstellung am 15.1. – steht dann ein höheres Wertberichtigungsvolumen zur Verfügung als dem *„slow closer"* – Abschlusserstellung am 30.6.

Im Einzelnen sind folgende wertbestimmende Faktoren zu berücksichtigen: 157a

▶ Gewährte **Sicherheiten** sind risikominimierend zu berücksichtigen, aber nur bis zur Höhe des zu erwartenden Verwertungserlöses.[170]

▶ Entsprechendes gilt bei bestehenden **Kundenausfallversicherungen**.

▶ Die **Weiterbelieferung** eines zweifelhaften Kunden schließt eine Abschreibung nicht aus.[171]

▶ Entsprechendes gilt, wenn der Kunde neue Lieferungen immer nur gegen Bezahlung der offenen **alten** Forderungen erhält.[172]

▶ **Länderrisiken** sind bei Transaktionsbeschränkungen durch **Devisen**bewirtschaftung, aber auch wegen mangelnder Bonität (Argentinien) zu berücksichtigen.

▶ **Aufrechenbare Verbindlichkeiten** vermindern entsprechend das Ausfallrisiko.

▶ Erfolgte Einzelwertberichtigungen sind von der Bemessungsgrundlage der **Pauschalwertberichtigung** abzuziehen.

▶ Bei **Un-** oder **Unterverzinslichkeit** sind kompensierende Vorteile zu berücksichtigen, z. B. bei Arbeitnehmerdarlehen,[173] Wohnungsbaudarlehen.

Steuerlich stellt sich in diesen Fällen immer zusätzlich (anders als nach HGB) die Frage des Vorliegens einer **dauernden** Wertminderung nach § 6 Abs. 1 Nr. 2 Satz 2 EStG. Dabei ist **begrifflich** ein Hindernis zu überwinden. Denn Posten des Umlaufvermögens dienen **nicht** dauernd dem Unternehmen (→ § 247 Rz. 22), weshalb bei ihnen eine dauernde Wertminderung eigentlich nicht vorstellbar ist. Die Beispiele unter → Rz. 157a sind teilweise BFH-Urteilen entnommen, die sämtliche die Gesetzesformulierung der „Dauer" noch nicht berücksichtigen mussten. Die Durchsetzung einer Wertberichtigung = Teilwertabschreibung in diesem Bereich wird durch das Erfordernis der Dauer jedenfalls nicht erleichtert. Wegen der Teilwertabschreibung infolge **Unverzinslichkeit** vgl. → § 255 Rz. 125b. 157b

Im **Körperschaftsteuerbereich** wird nach § 8b Abs. 3 Sätze 4 bis 6 KStG eine Teilwertabschreibung eines Gesellschafterdarlehens (z. B. wegen Unverzinslichkeit) außerhalb der Bilanz durch 157c

---

[169] OFD Rheinland, Vfg. vom 6.11.2008 – S 2174 – St 141, DB 2008 S. 2623.
[170] BFH-Urteil vom 25.2.1986 – VIII R 180/85, BFH/NV 1986 S. 458.
[171] BFH-Urteil vom 20.8.2003 – I R 49/02, BStBl II S. 941.
[172] So auch *Ellrott/Roscher*, in: Beck'scher Bilanz-Kommentar, 7. Aufl., München 2010, § 253 Tz. 571.
[173] BFH-Urteil vom 24.1.1990 – I R 145/86, I R 157/85, BStBl II S. 639.

Zurechnung neutralisiert, es sei denn, es kann (unwahrscheinlicherweise) die Fremdüblichkeit bewiesen werden.

158 Abschreibungen (Wertberichtigungen) auf **Bankguthaben** und ähnliche Posten werden generell für unzulässig erachtet. Daran sind spätestens seit dem vehementen Ausbruch der Finanzkrise im Jahr 2008 Zweifel angebracht.

Ein Abschreibungsbedarf kann sich auch bei einem sog. **eigenkapitalersetzenden** Darlehen eines Gesellschafters gegen die Gesellschaft ergeben, insbesondere bei Ausspruch eines **Rangrücktritts** (→ § 246 Rz. 41). Auch aus steuerlicher Sicht verhindert die Gesellschafterstellung des Gläubigers nicht das Abschreibungserfordernis.[174] Die von der Finanzverwaltung propagierte „Einheit" der Darlehensforderung mit der Beteiligung ist unzutreffend. Es handelt sich um zwei **verschiedene** Wirtschaftsgüter. Das gilt wiederum nicht bei der **Betriebsaufspaltung**, wenn das Besitzunternehmen der Betriebsgesellschaft ein Darlehen gewährt hat (→ § 246 Rz. 303).

VII. Wertaufholung (Abs. 5)

1. Allgemeine Regeln (Abs. 5 Satz 1)

1.1 Anwendungsbereich

159 Für sämtliche Vermögensgegenstände des Anlage- und Umlaufvermögens gilt das sog. Wertaufholungsgebot mit einer Ausnahme für den Geschäfts- und Firmenwert in Satz 2 (→ Rz. 167). Wertaufholung bedeutet **einfach** Rückgängigmachung einer **außerplanmäßigen** oder überhöhten **planmäßigen** Abschreibung, also **Zuschreibung**. Bezüglich der betroffenen Bilanzbereiche lässt sich das Gebot wie folgt strukturieren:[175]

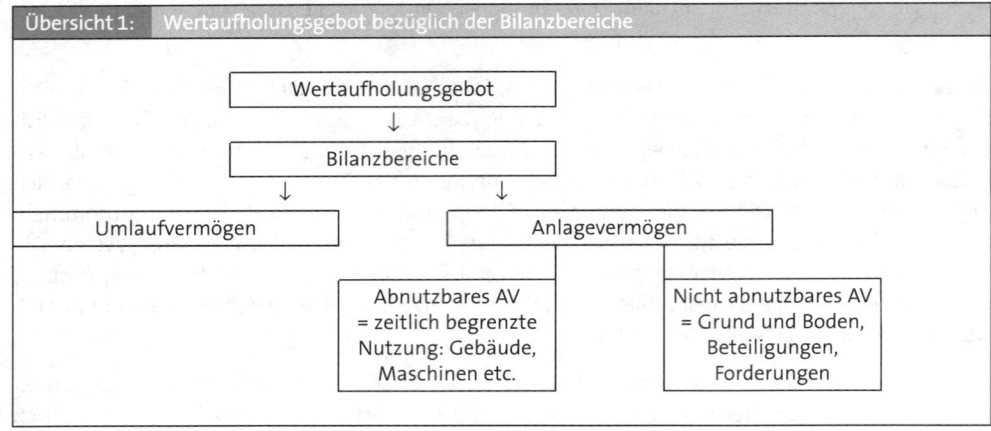

Übersicht 1: Wertaufholungsgebot bezüglich der Bilanzbereiche

---

174 BFH-Urteil vom 14.1.2008 – I R 52/08, DStR 2008 S. 631, mit Besprechung von *Ott*, StuB 2009 S. 317, und *Hoffmann*, GmbHR 2009 S. 491.
175 In Anlehnung an *Hoffmann*, GmbHR 1999 S. 383.

Die Rechtslage ist nach Handels- und Steuerrecht durch das BilMoG vereinheitlicht worden. Zuvor galt das Wertaufholungsgebot nur für Kapital- und Kap & Co.-Gesellschaften nach § 280 HGB a. F. Dabei ist die Formulierung in beiden Gesetzen unterschiedlich ausgestaltet, aber bei gleichem „Wirkungsgrad" (vgl. § 6 Abs. 1 Nr. 1 Satz 4 EStG).

160

Die Bezugnahme der Wertaufholung auf vorgängige außerplanmäßige Abschreibungen schränkt den Anwendungsbereich auf bewegliche Anlagegüter mit relativ kurzer Nutzungsdauer erheblich ein. Die Wertaufholung ist „gedeckelt" auf den **Buchwert**; bei einem Buchwert von Null stellt sich das Problem einer Wertaufholungszuschreibung nicht (mehr). Zum Nachweis des Wertaufholungshöchstbetrags bedarf es nach vorgenommener außerplanmäßiger Abschreibung zumindest im Falle der abnutzbaren Anlagegüter einer Art **Schattenanlagebuchführung**, welche die Buchwertentwicklung nachhält, als ob eine außerplanmäßige Abschreibung nicht stattgefunden hätte.

161

Zur buchtechnischen Behandlung im Anlagespiegel (→ § 268 Rz. 63) folgendes Beispiel:

> **BEISPIEL**
>
> | | |
> |---|---|
> | Anschaffungskosten am 1.1.01 | 10.000 € |
> | planmäßige Abschreibung p. a. | 2.000 € |
> | beizulegender Wert am 31.12.02 | 3.000 € |
> | Wegfall des Abschreibungsgrundes am 31.12.04 | |
>
> Ab 1.1.03 reduziert sich die planmäßige Abschreibung auf 1.000 €.
>
> Die Zuschreibung am 31.12.04 ist „gedeckelt" auf den in einer Schattenrechnung zu ermittelnden Buchwert bei unverändert planmäßiger Abschreibung.
>
> | Jahr | Abschreibung regulär | Abschreibung außerplanmäßig | Zuschreibung | Buchwert „Schatten" | Buchwert effektiv |
> |---|---|---|---|---|---|
> | 2001 | 2.000 | | | | 8.000 |
> | 2002 | 2.000 | 3.000 | | 6.000 | 3.000 |
> | 2003 | 1.000 | | | 4.000 | 2.000 |
> | 2004 | 1.000 | | 1.000 | 2.000 | 2.000 |
> | 2005 | 2.000 | | | 0 | 0 |
>
> Ab 2003 reduziert sich die planmäßige Abschreibung zur Verteilung des Restbuchwerts auf die Nutzungsdauer. In 2004 wird die Zuschreibung mit den aufgelaufenen Abschreibungen saldiert (Nettomethode). In 2005 kommt wieder die reguläre Abschreibung zum Tragen.

Das Wertaufholungsgebot umfasst auch das **Umlaufvermögen**, allerdings wiederum mit eingeschränktem Anwendungsbereich. Bei den Vorräten lässt sich die wieder aufgelegte Werthaltigkeit meistens nur durch den erfolgten Verkauf belegen. Nach dem dadurch erfolgten Abgang des betreffenden Vorratspostens stellt sich die Wertaufholungsproblematik nicht mehr. Anders kann es sich verhalten bei **Kundenforderungen** oder **Ausleihungen**, wenn tatsächlich die Bonität des Schuldners wieder gestiegen ist.

162

VII. Wertaufholung

163 Von den nicht abnutzbaren Anlagegütern ist der **Grund** und **Boden** schon deswegen wenig „zuschreibungsbedroht", weil auf ihn sehr selten außerplanmäßige Abschreibungen vorgenommen werden müssen. Nochmals: Ohne vorgängige außerplanmäßige Abschreibung kommt eine Wertaufholungszuschreibung nicht in Betracht. Eher ist das bei **Gebäuden** der Fall, dann allerdings auch wiederum nur gekürzt auf die fortgeführten Anschaffungs- oder Herstellungskosten (= Buchwert).

> **BEISPIEL** Ein Fabrikgebäude musste mangels Weiterführung der Produktion geräumt und stillgelegt werden. Eine außerplanmäßige Abschreibung war vorzunehmen. Sieben Jahre später gelingt dem Unternehmen nach Änderung des Bebauungsplans und einer besseren straßenmäßigen Erschließung die Einrichtung eines Outlet-Centers.

164 Den „klassischen" Anwendungsfall für die Wertaufholung stellen **Finanzanlagen** dar, insbesondere auch nicht börsennotierte Beteiligungen an Kapital- und Personenhandelsgesellschaften. Hier besteht mangels planmäßiger Abschreibung kein (zusätzlicher) „Deckel" für die Zuschreibung. Die erforderliche (zeitliche) Rückwärtsbetrachtung kennt in der Handels- und Steuerbilanz keine Grenzen. Irgendwann einmal erfolgte außerplanmäßige bzw. Teilwertabschreibungen – gerade auf Finanzanlagen – sind „zuschreibungsbedroht", steuerlich im Ergebnis die „Altfälle" nach § 8b Abs. 2 Satz 4 KStG bzw. § 3 Nr. 70 Satz 2 Buchst. c) EStG. Die Grenze „nach oben" stellen nur die Anschaffungskosten dar.

165 Auch in diesem Bereich folgt die Bilanzierungspraxis einer Art umgekehrter Maßgeblichkeit. Bei steuerlichen Außenprüfungen kommt es regelmäßig zu „**Nachaktivierungen**" (→ § 268 Rz. 81). Dahinter verbergen sich buchtechnisch zwei verschiedene Vorgänge, die sich **äußerlich** als Wertaufholungen präsentieren, in Wirklichkeit aber eine **Bilanzberichtigung** zum Inhalt haben, ohne dass ein eigentlicher Fehler vorliegt (→ § 252 Rz. 200).

> **BEISPIEL 1** Das Softwareunternehmen S baut im Interesse einer „kreativitätsfördernden Durchdringung des Raumerlebnisses" den Bürobereich „Design" vom Einzelzimmer in einen Großraum um. Kostenpunkt im Jahr 01 1.000. Die Betriebsprüfung nimmt eine Aktivierungspflicht mit Abschreibung auf 20 Jahre an. S folgt dieser Vorgabe in der Handelsbilanz 03 und bucht per 31.12.03 die Betriebsprüfungsfeststellung (Anlagespiegel → § 268 Rz. 82) wie folgt ein:
>
> | | |
> |---|---:|
> | Zugang | 1.000 |
> | Abschreibung des Geschäftsjahres | -100 |
> | Buchwert 31.12.03 = Einbuchungswert | 900 |
>
> Der Buchwert wird als sonstiger betrieblicher Ertrag gegengebucht.

BEISPIEL 2 Sachverhalt wie Beispiel 1. Allerdings aktiviert S die Umbaukosten in 2001 (31.12.) in der Handels- und Steuerbilanz mit 1.000, nimmt aber eine Nutzungsdauer von zehn Jahren an. Die Betriebsprüfung geht von 20 Jahren aus und schreibt steuerlich ab 2001 50 p. a. ab. S folgt dann in der HB 03 und bucht entsprechend per 31.12.03.

	Abschreibung HB	AfA lt. Betriebsprüfung
2002	100	50
2003	100	50
Buchwert bisher 31.12.03	800	900
Zuschreibung 31.12.03	100	
Buchwert neu 31.12.03	900	900

Im Anlagespiegel (→ § 268 Rz. 83) kann diese Buchung entweder „brutto" gezeigt werden – Zuschreibung 100, Abschreibung 100 – oder „netto", d. h. keine Abschreibung in 2003.

Die Betriebsprüfungsanpassung erfolgt in den Beispielen – wie fast immer – in laufender Rechnung, d. h. die im Ergebnis als „falsch" akzeptierte Handelsbilanz in 01 wird nicht berichtigt (→ § 252 Rz. 201). Die beiden Sachverhalte unterscheiden sich allerdings in der bilanzrechtlichen Systematik:

▶ Im **Beispiel 1** wird nachträglich der Zugang aufgrund nachträglicher Herstellungskosten (→ § 255 Rz. 108 ff.) unter Abzug der bislang nicht vorgenommenen Abschreibungen eingebucht.

▶ Im **Beispiel 2** wird die bislang zu hoch angesetzte planmäßige Abschreibung zurückgedreht. Ein Zugang eines Vermögensgegenstands ist hier nicht buchmäßig nachzuholen.

1.2 Wegfall der Gründe

Tatbestandsmerkmal für die Zuschreibung ist der Wegfall der „Gründe" für die frühere außerplanmäßige Abschreibung. Diese „Gründe" sind **umfassend** zu verstehen, d. h. beziehen sich auf die frühere und die aktuelle Wertermittlung **insgesamt**.[176] Es geht also nicht an, die Wertaufholungszuschreibung nur deswegen zu unterlassen, weil der frühere konkrete Grund immer noch besteht, der aber durch andere Wertbestimmungsgründe überkompensiert wird. Als Beispiel mag der unter → Rz. 163 dargestellte Fall des stillgelegten Fabrikgrundstücks dienen, das Jahre später als Outlet-Center wieder genutzt werden kann. Würde man nur die Stilllegung der Fabrik als Grund i. S. des Gesetzes ansehen, käme die Zuschreibung nicht in Betracht. Umgekehrt heißt dies aber auch: Die Zuschreibungspflicht besteht nicht, wenn an die Stelle des früheren Wertminderungsgrunds ein **neuer** tritt.[177] So kann ursprünglich die Ausleihung in Fremdwährung wegen des Kursverlusts durch Abwertung wertgemindert worden sein. In der Folgezeit hat die Fremdwährung zwar ihr altes Kursniveau wieder erreicht, indes ist der Schuldner in Zahlungsschwierigkeiten geraten.

166

---

[176] So auch die h. M., z. B. *Winkeljohann/Taetzner*, in: Beck'scher Bilanz-Kommentar, 7. Aufl., München 2010, § 253 Tz. 637.
[177] Vgl. *Bertram/Kessler*, in: Haufe HGB Bilanz Kommentar, Freiburg 2009, § 253 Rz. 303; dort auch das nachfolgende Beispiel.

VII. Wertaufholung

Bei der Zuschreibungspflicht geht es nicht um ganz oder gar nicht. Auch ein erholter „Zwischenwert" führt zur Zuschreibungspflicht. Der Zuschreibungsgrund wird in § 6 Abs. 1 Nr. 1 Satz 4 EStG steuerlich anders umschrieben als in Abs. 5. Einen materiellen Unterschied können wir darin nicht erkennen.[178] Es geht in beiden Rechtskreisen um den Wegfall der früheren Abschreibungsgründe.

166a Der Zuschreibungsbetrag ist **ergebniswirksam** zu verbuchen und auszuweisen je nach Art des Vermögensgegenstands (→ § 275 Rz. 17).

1.3 Wertaufholungsrücklage

166b Eine Sonderbehandlung der Wertaufholungszuschreibung erfahren Aktiengesellschaften nach § 58 Abs. 2a AktG und GmbHs nach § 29 Abs. 4 GmbHG bezüglich eines **Wahlrechts** zur Einstellung in eine **Wertaufholungsrücklage**. Es handelt sich um ein durch das BilMoG nicht bereinigtes Relikt aus der Zeit der umgekehrten Maßgeblichkeit (→ § 252 Rz. 204). Den in § 58 Abs. 2a AktG und § 29 Abs. 4 GmbHG genannten Sonderposten mit Rücklagenanteil gibt es unter dem BilMoG nicht mehr. Man kann nur interpretieren: Die Rücklagendotierung ist **nach** Steuern, also z. B. mit 70 % des Zuschreibungsbetrags möglich. Auffällig ist das geforderte Einvernehmen des Aufstellungs- und Feststellungsorgans (→ § 268 Rz. 8) für die Ausübung dieses Bilanzierungswahlrechts. Deshalb bleibt unklar, ob die Rücklagendotierung einen Bestandteil der Ergebnis**ermittlung** durch Vorstand/Geschäftsführer oder erst der **Feststellung** des Abschlusses durch Aufsichtsrat oder Gesellschafterversammlung darstellt. Nach wohl h. M.[179] soll eine (direkte) Buchung: per Vermögensgegenstand an Rücklage unzulässig sein. Stattdessen wird eine erfolgswirksame Verbuchung vorgeschlagen, allerdings erst „nach dem Jahresergebnis". U. E. liegt hier ein Widerspruch in sich selbst vor, denn „nach dem Jahresergebnis" können keine erfolgswirksamen Buchungen mehr erfolgen. U. E. sollte die Dotierung der Rücklage im Rahmen der Ergebnisverwendungsrechnung (→ § 268 Rz. 7) erfolgen, und zwar als Zusatzposten „Einstellung in die Gewinnaufholungsrücklage". Auf die entsprechenden Buchungen innerhalb der Rücklagenbewegung in → § 268 Rz. 16 ff. wird verwiesen.

1.4 Steuerliche Sonderfälle für Kapitalgesellschaftsanteile

166c Anteilen an Kapitalgesellschaften kommt u. a. bei der **Bewertung** mitunter eine Sonderstellung zu:

- Vor dem Übergang zum **Halbeinkünfteverfahren** ab 2001 waren Teilwertabschreibungen auf solche Beteiligungen steuerwirksam, **jetzt** werden sie nach § 8b Abs. 2 Satz 4 KStG ganz, nach § 3c Abs. 2 Satz 1 EStG zu 40 % bei der Einkommensermittlung zugerechnet.

- **Ausschüttungsbedingte** Teilwertabschreibungen im Anwendungsbereich des Anrechnungsverfahrens waren bei Erwerb einer Beteiligung von einem Nichtanrechnungsberechtigten nach § 50c Abs. 1 Satz 1 EStG ebenfalls bei der Einkommensermittlung zuzurechnen.

Dazu hat der BFH Folgendes entschieden:

---

178 Anders *Winkeljohann/Taetzner*, in: Beck'scher Bilanz-Kommentar, 7. Aufl., München 2010, § 253 Tz. 654.
179 Vgl. *Winkeljohann/Taetzner*, in: Beck'scher Bilanz-Kommentar, 7. Aufl., München 2010, § 253 Tz. 663; ADS, 6. Aufl., § 58 AktG Tz. 107.

▶ Umfasst eine gebotene Teilwertzuschreibung (Wertaufholung) sowohl steuerwirksame als auch steuerunwirksame Bestandteile, dann ist die Zuschreibung **zunächst** mit den steuerunwirksamen, und **dann** erst mit den steuerwirksamen früheren Teilwertabschreibungen zu verrechnen.[180]

▶ Die Teilwertzuschreibung von Beteiligungen, die ausschüttungsbedingt im Anrechnungsverfahren abgeschrieben worden sind, muss trotz der damaligen Korrektur „außerhalb der Bilanz" im Halbeinkünfteverfahren steuerwirksam erfolgen.[181]

2. Ausnahme für den Geschäfts- oder Firmenwert (Abs. 5 Satz 2)

Der (derivative) Geschäfts- oder Firmenwert (*goodwill*) erfährt eine **Ausnahme** vom Zuschreibungsgebot. Der RegE des BilMoG (S. 126) begründet dies mit dem Verbot des Ansatzes eines selbst geschaffenen Geschäfts- oder Firmenwerts (→ § 246 Rz. 280). Die Wertaufholungszuschreibung käme einem solchen Ansatz gleich. Ob diese Begründung haltbar ist, kann dahingestellt bleiben. Jedenfalls darf man hinter der Gesetzesregel eine stillschweigende Übernahme des entsprechenden Verbotes in IAS 36.124 vermuten, der in IAS 36.125 mit gleichem Inhalt wie der RegE begründet wird.

167

---

180 BFH-Urteil vom 19. 8. 2009 – I R 2/09, GmbHR 2010 S. 49, mit Anm. *Hoffmann.*
181 BFH-Urteil vom 19. 8. 2009 – I R 1/09, GmbHR 2009 S. 1336, mit Anm. *Hoffmann.*

§ 254 Bildung von Bewertungseinheiten

¹Werden Vermögensgegenstände, Schulden, schwebende Geschäfte oder mit hoher Wahrscheinlichkeit erwartete Transaktionen zum Ausgleich gegenläufiger Wertänderungen oder Zahlungsströme aus dem Eintritt vergleichbarer Risiken mit Finanzinstrumenten zusammengefasst (Bewertungseinheit), sind § 249 Abs. 1, § 252 Abs. 1 Nr. 3 und 4, § 253 Abs. 1 Satz 1 und § 256a in dem Umfang und für den Zeitraum nicht anzuwenden, in dem die gegenläufigen Wertänderungen oder Zahlungsströme sich ausgleichen. ²Als Finanzinstrumente im Sinn des Satzes 1 gelten auch Termingeschäfte über den Erwerb oder die Veräußerung von Waren.

Inhaltsübersicht

	Rz.
I. Regelungsinhalt	1 - 3
II. Zweck des *hedge accounting*	4 - 7
III. Tatbestandsvoraussetzungen	8 - 44a
1. Überblick	8
2. Anforderungen an das Grundgeschäft	9 - 16
2.1 Taugliche Grundgeschäfte	9 - 13
2.2 Sachliche, prozentuale und zeitliche Komponenten des Grundgeschäfts	14 - 16
3. Anforderungen an Sicherungsinstrumente	17 - 24a
3.1 Finanzinstrumente	17 - 21
3.2 Warentermingeschäfte	22 - 23
3.3 Umfang der Designation des Sicherungsinstruments	24 - 24a
4. Anforderungen an den Sicherungszusammenhang	25 - 44a
4.1 Überblick	25
4.2 Wertänderungs- vs. Zahlungsstromrisiko	26 - 27
4.3 Mikro-, Portfolio- und Makro-*hedge*	28 - 29
4.4 Prospektive Effektivität – Qualitative oder Quantitative Bestimmung	30 - 39
4.5 Dokumentation	40 - 44a
IV. Rechtsfolgen	45 - 67
1. Nichtanwendung bestimmter Vorschriften	45 - 46a
2. Brutto- vs. Nettomethode (Durchbuchungs- vs. Einfrierungsmethode)	47 - 49
3. Umfang und Zeitraum des Risikoausgleichs	50 - 63
3.1 Effektiver und ineffektiver Teil	50 - 50c
3.2 Methoden zu Bestimmung des (in-)effektiven Teils	51 - 59
3.2.1 Einfache Dollar-Offset-Methode (*change in fair value*-Methode)	51
3.2.2 Hypothetische Derivate-Methode nach IFRS	52 - 55
3.2.3 Qualitative Beurteilung statt Scheinquantifizierung	56 - 59
3.3 Die Bemessung potenzieller Verluste oder Wertminderungen	60 - 62
3.4 Effektivität bei der Zahlungsstromsicherung von Fremdwährungsgeschäften	63
4. Nachträglicher Wegfall, nachträgliches Entstehen einer Sicherungsbeziehung	64 - 67
V. Einzelfälle der Sicherung im Mikro-*hedge*	68 - 87
1. Sicherung von Fremdwährungsforderungen und Verbindlichkeiten	68 - 75
2. Schwebende oder geplante Beschaffungs- oder Absatzgeschäfte in Fremdwährung	76 - 81
3. Variabel verzinsliche Darlehen	82 - 87
VI. Steuerliche Folgen der Bildung einer Bewertungseinheit (§ 5 Abs. 1a Satz 2 EStG)	88 - 89

Ausgewählte Literatur

Arbeitskreis Externe Rechnungslegung, Bilanzierung von Finanzinstrumenten im Währungs- und Zinsbereich auf der Grundlage des HGB, DB 1997 S. 637

Küting/Cassel, Bilanzierung von Bewertungseinheiten nach dem Entwurf des BilMoG – Eine Fallstudie zur Anwendung von § 254 HGB-E, KoR 2008 S. 769

Lüdenbach, Zeitgleicher Abschluss von Kredit- und Swapvertrag mit gleichem Vertragspartner, StuB 2009 S. 254

Miksch/Mattern, Anwendung von § 8b KStG bei der Währungskurssicherung von Auslandsbeteiligungen im Rahmen von Bewertungseinheiten, DB 2010 S. 579

Petersen/Zwirner/Froschhammer, Die Bilanzierung von Bewertungseinheiten nach § 254 HGB, StuB 2009 S. 449

Schmidt, Bewertungseinheiten nach dem BilMoG, BB 2009 S. 882

Schmitz, Steuerliche Auswirkungen handelsrechtlicher Bewertungseinheiten, DB 2009 S. 1621

Wiechens/Helke, Die Bilanzierung von Finanzinstrumenten nach dem Regierungsentwurf des BilMoG, DB 2008 S. 1333

I. Regelungsinhalt

1 **Vorsichts- und Imparitätsprinzip** können bei Sicherungszusammenhängen zu Bilanzierungsergebnissen führen, die der tatsächlichen Lage des Unternehmens nicht entsprechen. Droht etwa aus dem Sicherungsgeschäft ein Verlust, dem in gleicher Höhe ein unrealisierter Gewinn aus dem Grundgeschäft gegenübersteht, so ist der ökonomische Saldo Null. Nach Maßgabe des Imparitätsprinzips wäre aber bilanziell ein Verlust auszuweisen.

Zur Vermeidung derartiger **Verzerrungen** erlaubt § 254 HGB unter bestimmten Tatbestandsvoraussetzungen die Bildung einer Bewertungseinheit und befreit in den Rechtsfolgen vom Vorsichtsprinzip und dessen Ausformungen.

2 Auf der **Tatbestandseite** werden Anforderungen an
- ▶ Grundgeschäft (→ Rz. 9),
- ▶ Sicherungsgeschäft (→ Rz. 17) und
- ▶ den Zusammenhang beider Geschäfte (→ Rz. 25).

formuliert.

Rechtsfolge einer anzuerkennenden Bewertungseinheit ist die Aussetzung allgemeiner Regeln. Sonst anzusetzende Wertberichtigungen oder Rückstellungen müssen etwa im Umfang des Sicherungszusammenhangs nicht angesetzt werden (→ Rz. 45).

3 Das buchungstechnische Vorgehen bei wichtigen **praktischen Anwendungsfällen** des § 254 HGB ist unter → Rz. 68 ff. dargestellt.

II. Zweck des *hedge accounting*

4 Nach Maßgabe des **Imparitätsprinzips** sind am Bilanzstichtag bestehende Wertminderungen und drohende Verluste aufwandswirksam zu berücksichtigen. Hingegen sind Wertsteigerun-

gen und erwartete Gewinne solange nicht anzusetzen, bis sie durch Veräußerung etc. realisiert sind.

Zwischen zwei Geschäften kann nun ein **Sicherungszusammenhang** bestehen, weil die Wertminderung oder der drohende Verlust bei dem einen Geschäft durch Wertsteigerungen oder erwartete Gewinne bei dem anderen wirtschaftlich ausgeglichen wird. Eine **tatsachengetreue Darstellung** ist unter diesen Umständen nur möglich, wenn die beiden Geschäfte nicht **einzeln** bewertet werden (→ § 252 Rz. 30), sondern im Hinblick auf den Sicherungszusammenhang als **Bewertungseinheit** betrachtet werden.

5

Ein solches Vorgehen lässt § 254 HGB zu, indem er

▶ im Umfang des **effektiven Sicherungszusammenhangs**

▶ die **Nichtanwendung** von § 252 Abs. 1 Nr. 3 und 4 HGB sowie

  – der sie konkretisierenden Vorschriften des § 253 Abs. 1 HGB (Anschaffungskosten oder niedrigerer Stichtagswert),

  – § 249 Abs. 1 HGB (Drohverlustrückstellung)

  – § 256a HGB (Währungsumrechnung)

bestimmt (→ Rz. 45).

An die Stelle der allgemeinen Regeln treten damit **Sonderbestimmungen** für die Bilanzierung bei Sicherungszusammenhängen (*hedge accounting*).

> **BEISPIEL** ▶ Am 15.12.01 bucht U eine Darlehensforderung über 100.000 USD, fällig in zwei Jahren. Der Kurs beträgt 1 €/1 USD. Eingebucht werden daher 100.000 €. Zur Sicherung schließt U einen Dollarterminverkauf über 100.000 USD mit gleicher Fälligkeit und – vereinfacht angenommen – gleichem Kurs ab.
>
> Am Bilanzstichtag ist der Dollar auf 1,1 €/1 USD gestiegen:
>
> ▶ Aus dem Terminverkauf droht daher ein Verlust von 10.000 €.
>
> ▶ Spiegelbildlich hat sich der Wert der Forderung um 10.000 € auf 110.000 € erhöht.
>
> **NORMALREGELN** ▶ Auf die Forderung kann wegen des Anschaffungskostenprinzips gem. § 253 Abs. 1 Satz 1 HGB, des Imparitätsprinzips gem. § 252 Abs. 1 Nr. 4 HGB und Umkehrschluss aus § 256a Satz 2 HGB (→ § 256a Rz. 12) keine Zuschreibung vorgenommen werden; der gegenläufige Verlust aus dem Sicherungsgeschäft wäre hingegen als Drohverlustrückstellung gem. § 249 Abs. 1 HGB zu berücksichtigen.
>
> Das Ergebnis – ein Aufwand von 10.000 € – entspräche nicht der wirtschaftlichen Situation des Unternehmens. Dieses hat sich durch das Sicherungsgeschäft gerade von der Wertentwicklung des Dollars unabhängig gemacht.
>
> **HEDGE ACCOUNTING** ▶ Indem das Einzelbewertungsprinzip für diesen Fall aufgegeben und durch die Sonderregelungen des § 254 HGB verdrängt wird, kann ein dem wirtschaftlichen

II. Zweck des *hedge accounting*

Gehalt entsprechendes Ergebnis erreicht und auf den Ansatz der Rückstellung verzichtet werden.

Alternativ ist auch eine Bruttodarstellung möglich, bei der die Forderung über die Anschaffungskosten hinaus, nämlich mit 110.000 €, und die Drohverlustrückstellung mit 10.000 € angesetzt werden (→ Rz. 47).

Der Ergebnissaldo ist in beiden Fällen Null.

VARIANTE ▶ Der Dollar fällt bis zum Bilanzstichtag auf 0,9 €/1 USD.

In Anwendung der Normalregeln wäre die Forderung auf 90.000 € abzuschreiben, der erwartete Gewinn von 10.000 € aus dem Termingeschäft hingegen nicht zu bilanzieren.

Die Sonderregeln von § 254 HGB sorgen hier für folgende Korrekturmöglichkeiten:

Nettomethode: Die Forderung wird entgegen § 256a HGB weiter mit dem Sicherungskurs von 1/1 und damit zu 100.000 € bilanziert.

Bruttomethode: Die Forderung wird mit 90.000 € bilanziert, im Gegenzug aber das Termingeschäft mit seinem unrealisierten Ertrag aktiviert.

In beiden Fällen ergibt sich ein Ergebnissaldo von Null.

6 § 254 HGB ermöglicht mithin eine „Verrechnung" von unrealisierten Aufwendungen mit unrealisierten Erträgen und zwar im Fall der Absicherung zukünftiger Transaktionen **auch periodenübergreifend**:

BEISPIEL ▶ Mitte Dezember 01 sind die Umsatzplanungen für 02 abgeschlossen. Sie sehen aus US-Exporten einen Umsatz von 10 Mio USD für 02 vor. Die geplanten Umsätze bzw. die damit verbundenen Geldeingänge werden beim Kurs von 1 €/1 USD (Kassakurs = Terminkurs) über einen Devisenterminverkauf abgesichert. Bis zum Bilanzstichtag steigt der Dollarkurs auf 1,1 €/1 USD. Das Devisengeschäft weist einen negativen Wert von 1 Mio € aus.

NORMALREGELN ▶ Eine Drohverlustrückstellung ist i. H. von 1 Mio € aufwandswirksam zu bilden.

HEDGE ACCOUNTING ▶ Bei effektiver Sicherungsbeziehung zwischen den geplanten Liquiditätszuflüssen aus Umsatzerlösen und abgeschlossenem Termingeschäft wird der Drohverlust nicht passiviert.

7 Die Sonderregeln des § 254 HGB ermöglichen eine sog. **kompensatorische Bewertung**: Unrealisierte Erträge können zur Kompensation unrealisierter Verluste und Wertminderungen verwandt werden. Nicht zulässig ist hingegen der Ausweis unrealisierter Erträge **über** den Kompensationsbedarf **hinaus**.

BEISPIEL ▶ In Abwandlung des Beispiels unter → Rz. 5 entwickeln sich Terminkurs und Kassakurs unterschiedlich, da sich nach Abschluss der Geschäfte die Zinsen der beiden Währungsräume auseinander entwickeln. Der Kassakurs des Dollars fällt daher bis zum Bilanzstichtag auf 0,9 €/1 USD, der Devisenterminkurs hingegen auf 0,85 €/USD.

In Anwendung der Normalregeln würde gelten:

▶ Die Forderung ist auf 90.000 € abzuschreiben.

▶ Der erwartete Gewinn von 15.000 € aus dem Termingeschäft ist nicht zu bilanzieren.

Die Sonderregeln von § 254 HGB sorgen hier für folgende Korrekturmöglichkeit: Die Forderung wird entgegen § 256a HGB weiter mit dem Sicherungskurs von 1/1 und damit zu 100.000 € bilanziert. Der erwartete Gewinn von 15.000 € aus dem Termingeschäft wird damit i. H. von 10.000 € zur Kompensation des Verlusts aus der Forderung verwendet. Der darüber hinaus gehende Teil von 5.000 € bleibt unberücksichtigt.

III. Tatbestandsvoraussetzungen

1. Überblick

Für die Bildung einer Bewertungseinheit formuliert § 254 HGB **Anforderungen** an

▶ das Grundgeschäft (→ Rz. 9),

▶ das Sicherungsgeschäft (→ Rz. 17) und

▶ den Zusammenhang beider Geschäfte (→ Rz. 25).

2. Anforderungen an das Grundgeschäft

2.1 Taugliche Grundgeschäfte

Als zu sicherndes Grundgeschäft einer Bewertungseinheit lässt § 254 HGB zu:

▶ **Vermögensgegenstände** (z. B. Debitoren, Ausleihungen, Aktien, Vorräte),

▶ **Schulden** (z. B. Bankdarlehen und Kreditoren),

▶ **schwebende Geschäfte** (z. B. Liefer- bzw. Kaufverpflichtungen zu einem festgelegten Preis) und

▶ mit hoher Wahrscheinlichkeit **erwartete Transaktionen**, für die das Unternehmen – anders als bei schwebenden Geschäften – noch keine rechtliche Bindung eingegangen ist (z. B. erwarteter Verkauf von Produkten oder Kauf von Rohstoffen).

Auch derivative Finanzinstrumente können sich (im Gegensatz zu den IFRS) als Grundgeschäft einer Bewertungseinheit qualifizieren. Insoweit besteht die Möglichkeit zur Designation einer Bewertungseinheit zwischen zwei oder mehr derivativen Finanzinstrumenten. Von den Vorgaben betroffen sind neben freistehenden Derivaten auch abspaltungspflichtige eingebettete Derivate (→ § 246 Rz. 216).

III. Tatbestandsvoraussetzungen

Grundgeschäfte mit Forderungscharakter taugen nur dann für einen Sicherungszusammenhang, wenn sie nicht **akut ausfallgefährdet** sind.[1] Entsprechendes gilt auch für Sicherungsgeschäfte,

10 Eine vertraglich noch nicht fixierte, lediglich erwartete Transaktion ist nur dann ein zulässiges Grundgeschäft im Rahmen eines sog. **antizipativen** *hedge* (→ Rz. 26), wenn eine **hohe Wahrscheinlichkeit** für den tatsächlichen Eintritt dieser Transaktion nachgewiesen wird. Dieser Nachweis ist nicht nur bei Beginn, sondern über die gesamte Laufzeit des Sicherungszusammenhangs zu erbringen. Gefordert ist nicht nur eine überwiegende (51 %), sondern eine hohe Wahrscheinlichkeit. Das IDW fordert, dass der tatsächliche Abschluss der gesicherten Geschäfte „so gut wie sicher ist" und dem Zustandekommen allenfalls noch außergewöhnliche Umstände entgegenstehen.[2] In den IFRS wird allgemein eine Eintrittswahrscheinlichkeit von mehr als 90 % gefordert.[3] Wichtiger als solche ohnehin meist subjektiven Zahlenspiele (→ § 249 Rz. 42) sind aber qualitative Anforderungen. Hier kann Folgendes festgehalten werden:

Für den **Nachweis** der hohen Wahrscheinlichkeit sind bloße Absichtserklärungen des Unternehmens nicht ausreichend. Vielmehr sind diese durch nachprüfbare Fakten und die Rahmenbedingungen des Unternehmens im Einzelnen zu unterlegen. Von besonderer Bedeutung sind:

- ▶ **Erfahrungswerte der Vergangenheit** für entsprechende Transaktionen,
- ▶ Untermauerung der geplanten Transaktion durch aktuelle ***Business*-Pläne** des Unternehmens unter Beachtung der Güte vergleichbarer früherer Pläne (Soll-Ist-Abgleich),
- ▶ wirtschaftliches **Umfeld** des Unternehmens (gesamtwirtschaftliche Rahmenbedingungen, Konkurrenzsituation etc.).

11 Der Nachweis einer hohen Wahrscheinlichkeit ist dabei leichter für eine **Vielzahl gleichartiger** künftiger Transaktionen zu erbringen (z. B. erwartete Fremdwährungserlöse aus Warenverkäufen im Ausland) als für eine **einzelne** Transaktion (z. B. Teilnahme an einem Bieterwettbewerb für einen Großauftrag im Ausland).

Insbesondere bei gleichartigen Transaktionen lässt sich die Wahrscheinlichkeit dadurch erhöhen, dass lediglich ein **Prozentsatz** der künftig erwarteten Transaktionen als Grundgeschäft in einer Sicherungsbeziehung designiert wird.

> **BEISPIEL** ▶ Das Unternehmen hat in den vergangenen drei Geschäftsjahren im Monatsdurchschnitt für 10 Mio USD Waren in die USA exportiert. In einzelnen Monaten betrug der Umsatz allerdings nur 5 Mio USD, dafür in anderen 15 Mio USD.
>
> Für Januar 02 erwartet es laut im September 01 erstelltem *Business*-Plan Umsätze von 10 Mio USD. Die Umfeldbedingungen widersprechen diesem Ziel nicht. Im September 01 wird ein Devisenterminverkauf mit Erfüllung im Januar 02 abgeschlossen
>
> **Alternative 1**: Volumen des Termingeschäfts 10 Mio USD.

---

1 Vgl. *Scharpf*, in: Küting/Pfitzer/Weber (Hrsg.), Handbuch der Rechnungslegung, Einzelabschluss, 5. Aufl., § 254 Tz. 63; sich anschließend: IDW ERS HFA 35 Tz. 29.
2 IDW ERS HFA 35 Tz. 31.
3 Vgl. *Lüdenbach*, in: Lüdenbach/Hoffmann, Haufe IFRS-Kommentar, 8. Aufl., Freiburg 2010, § 28.

Alternative 2: Volumen des Termingeschäfts 5 Mio USD, Designation einer Sicherungsbeziehung i. H. von 50 % der erwarteten Umsätze.

In der zweiten Alternative ist die hohe Wahrscheinlichkeit gegeben, in der ersten ist diese hingegen zweifelhaft.

Als gesicherte Grundgeschäfte kommen für den Konzernabschluss regelmäßig nur Geschäfte mit **konzernexternen Vertragspartnern** in Frage, da interne Geschäfte im Rahmen der Konsolidierung eliminiert werden. Geschäfte, die der (**Währungs-**)Sicherung erwarteter konzerninterner Umsätze dienen, können aber indirekt dem *hedge accounting* unterworfen werden, indem der konzernexterne Anschlussumsatz als **Grundgeschäft** designiert wird. 12

BEISPIEL Ein inländisches Mutterunternehmen MU hat zwei Tochterunternehmen:

▶ Die inländische Produktionstochter P-D,

▶ die amerikanische Vertriebstochter V-US.

P-D fakturiert Lieferungen an V-US (Innenumsätze) in Dollar. V-US tätigt hieraus zeitnah Außenumsätze in Dollar, wobei der Aufschlag gegenüber dem konzerninternen Einkaufspreis 20 % beträgt. Die wichtigsten Aufwendungen des Konzerns, insbesondere die inländischen Produktionskosten, fallen in Euro an.

Zur einzelbilanziellen Absicherung des Währungsrisikos auf die voraussichtlichen Lieferungen 02 von P-D an V-US (Volumen: 100) schließt P-D in 01 einen Dollarterminverkauf (Volumen: 100) mit Fälligkeit 02 ab.

EINZELBILANZ Für Zwecke der Einzelbilanz der P-D ist der Sicherungszusammenhang anzuerkennen.

KONZERNBILANZ Nach Maßgabe des Einheitsgrundsatzes (→ § 297 Rz. 115) kann ein konzerninterner Vorgang kein gesichertes Grundgeschäft im Rahmen einer Bewertungseinheit sein. Es besteht aber folgende Möglichkeit:

▶ Es wird dokumentiert, dass das Termingeschäft aus Konzernsicht der Absicherung von 5/6 des erwarteten externen Umsatzes (120) dient.

▶ Ein eventueller Drohverlust aus dem Dollarterminverkauf muss dann per 31.12.01 auch konzernbilanziell nicht passiviert werden.

Eigene Anteile des Berichtsunternehmens sowie kontrahierte oder erwartete Transaktionen, die sich auf diese beziehen (z. B. Aktienrückkaufsangebot), sind nicht *hedge*-tauglich, da An- und Verkauf eigener Anteile erfolgsneutral abzubilden sind, hier also kein Risiko vorliegt, welches sich in der GuV niederschlagen kann (→ § 272 Rz. 29). 13

2.2 Sachliche, prozentuale und zeitliche Komponenten des Grundgeschäfts

14 § 254 HGB verlangt nicht die Absicherung des Grundgeschäfts insgesamt. Möglich ist auch die Absicherung von sachlichen, prozentualen oder zeitlichen **Teilen** eines Grundgeschäfts (*partial hedge*). Hierzu folgende Beispiele:

- **Sachliche Komponenten**: Ein verzinsliches Finanzinstrument unterliegt z. B. Zins-, Währungs- und Ausfallrisiken, die jeweils einzeln abgesichert werden können. Ein Unternehmen kann dann etwa das Zinsänderungsrisiko aus einem festverzinslichen Wertpapier durch einen Zinsswap absichern, das Bonitätsrisiko aber unabgesichert lassen.
- **Prozentualer Anteil** des Grundgeschäfts: Die Absicherung geplanter Fremdwährungsumsätze bezieht sich z. B. nur auf 50 % des Planumsatzes (→ Rz. 11).
- **Zeitlicher Anteil**: Die variablen Zinsen aus einem zehn Jahre laufenden Darlehen werden z. B. nur für die ersten fünf Jahre durch einen Swap abgesichert. Bei zeitlicher Inkongruenz von Grund- und Sicherungsgeschäft können sich u. U. Effektivitätsprobleme ergeben, die aber ggf. durch Anschlussgeschäfte beherrscht werden können (→ Rz. 24a).

15 Die Risikokomponente muss allerdings **separat identifizierbar** sein, da sonst die tatbestandsseitig prospektiv und rechtsfolgenseitig retrospektiv geforderte Feststellung des Umfangs der Sicherung (→ Rz. 32) nicht möglich ist. Bei einem festverzinslichen Finanzinstrument erfüllt etwa der risikofreie oder ein *benchmark*-Zins im Allgemeinen diese Voraussetzung, hingegen das Inflationsrisiko (Nominal- vs. Realzins) regelmäßig nicht. Bei Absicherung nichtfinanzieller Grundgeschäfte (z. B. Vorräte) bestehen besondere Schwierigkeiten, separate Risiken zu identifizieren und zuverlässig zu bewerten. Hiervon ausgenommen ist das Währungsrisiko.

16 Unabhängig davon, ob das gesicherte Grundgeschäft finanzieller oder nicht-finanzieller Natur ist, kann es gegen **einseitige Risiken** (d. h. die Änderungen der Zahlungsströme oder der Zeitwerte des Grundgeschäfts über oder unter eine bestimmte Schwelle) abgesichert werden. So kann beispielsweise der erwartete Kauf von Rohstoffen (Grundgeschäft) lediglich gegen das Risiko eines Anstiegs des Rohstoffpreises abgesichert werden. Zur Absicherung eines solchen *one sided risk* werden insbesondere Optionen als Sicherungsinstrumente eingesetzt.

3. Anforderungen an Sicherungsinstrumente

3.1 Finanzinstrumente

17 Als *hedge accounting*-taugliche Sicherungsinstrumente kommen gem. § 254 Satz 1 HGB ausschließlich Finanzinstrumente in Frage (→ Rz. 18). Ihnen werden in Abs. 2 Warentermingeschäfte (→ Rz. 22) gleichgestellt.

18 Der Begriff der **Finanzinstrumente** ist im Gesetz nicht definiert. Im Referentenentwurf des BilMoG fand sich (im Hinblick auf eine vorgesehene Zeitbewertung bestimmter Finanzinstrumente) der Hinweis, der Begriff der Finanzinstrumente sei im Interesse der Vergleichbarkeit und Gleichwertigkeit zu IFRS-Abschlüssen in Anlehnung an die IFRS zu interpretieren. Demnach wäre der Begriff sehr weit, eben i. S. von IAS 39 zu fassen. Er würde etwa aktivisch alle Bilanzposten betreffen, die nicht immaterielles oder sachliches Anlagevermögen, Vorratsvermögen, Sachleistungsforderung oder Abgrenzungsposten sind.

Dem Verweis auf die IFRS folgt in der Begründung des Referentenentwurfs aber sogleich eine Rückverweisung auf das deutsche Recht: Es spreche nichts dagegen, auch § 1 Abs. 11 KWG heranzuziehen. Der dort verwandte Begriff ist aber gegenüber dem Begriffsinhalt von IAS 39 deutlich eingeschränkt. Er umfasst im Wesentlichen Geldmarkttitel, Wertpapiere, Devisen und Finanzderivate. Der fehlende Verweis auf die weitergehende Definition in § 1a Abs. 3 KWG könnte für eine derart einschränkende, IAS 39 entgegenstehende Interpretation sprechen. Diese Lesart ist aber wiederum nicht mit der Definition von Finanzderivaten in dem Referentenentwurf kompatibel. Diese ist „Eins zu Eins" IAS 39.9 entnommen.

In diesem verwirrenden Begriffs-Pingpong kann nur der Blick auf die mit § 254 HGB verfolgte **Zielsetzung** weiterhelfen. Diese besteht im Wesentlichen in der Kodifizierung bereits als GoB anerkannter Fälle der Bewertungseinheiten. In der Pate stehenden bisherigen **GoB-Praxis** wurden aber vor BilMoG gerade keine engen Anforderungen an das Sicherungsinstrument formuliert. So war etwa die Möglichkeit der Absicherung einer Fremdwährungsforderung durch eine fristenkongruente Fremdwährungsverbindlichkeit allgemein anerkannt, ohne dass besondere Anforderungen an die Posten (etwa wertpapiermäßige Verbriefung) gestellt wurden. Dem Gesetzesziel entspricht daher eine **weite Interpretation** des Begriffs des Finanzinstruments, die alle monetären Posten (Forderungen, Verbindlichkeiten usw.) sowie alle Eigenkapitalinstrumente (Aktien, GmbH-Anteile etc.) umfasst.[4]

Abgrenzungsprobleme zu nicht finanziellen Vermögensgegenständen oder Schulden ergeben sich insbesondere bei derivativen Finanzinstrumenten: 19

- Soweit durch einen Kontrakt allgemeine Schadensrisiken abgedeckt werden, etwa durch **Versicherungen, Wetterderivate** etc., liegt u. E. kein Finanzinstrument vor.
- Bei **Garantien** (Bürgschaften, Akkreditiv, Kreditderivat etc.) ist zu unterscheiden, ob sie versicherungsähnlich nur den Eintritt eines Schadensfalls (z. B. Ausfall des Schuldners) abdecken oder Zahlungsverpflichtungen und Ansprüche auch ohne Schadensereignis entstehen. Nur im zweiten Fall ist u. E. ein Finanzinstrument gegeben.

> **BEISPIEL** X hält 10 Mio € Anleihen des Unternehmens Y. Y wird von den Rating-Agenturen mit B bewertet. X befürchtet eine Verschlechterung des Ratings und in der Folge einen Kursverlust bei den Anleihen. X schließt deshalb mit der Bank Z einen Vertrag ab, der eine Zahlung garantiert, wenn es innerhalb einer spezifizierten Zeitspanne zu einer Verschlechterung des Ratings kommt.
>
> Nach der ökonomischen Substanz handelt es sich nicht um eine Bürgschaft, die wie eine Versicherung bei Zahlungsunvermögen von Y greift, sondern um eine Kursabsicherung der Anleihe. Diese Absicherung ist wie andere Absicherungen (z. B. über Verkaufsoptionen) als Finanzderivat zu behandeln.

Ob eine Sicherung durch ein derivatives oder originäres Finanzinstrument erfolgt, ist für § 254 HGB (im Gegensatz zu IAS 39) **unerheblich**. In vielen Fällen ergibt sich auch ökonomisch eine gleichwertige Absicherung. 20

---

4 Ähnlich IDW ERS HFA 35 Tz. 33.

III. Tatbestandsvoraussetzungen

> **BEISPIEL** Unternehmen A erwirbt ein festverzinsliches Wertpapier mit einem Nominalbetrag von 1 Mio € und einer (Rest-)Laufzeit von fünf Jahren. A möchte sich gegen das Risiko eines – durch eine Zinserhöhung hervorgerufenen – Marktwertrückgangs des Wertpapiers absichern und erwägt hierzu zwei Alternativen:
>
> 1. **Finanzderivat**: Abschluss eines Zinsswaps über 1 Mio €, bei dem die festen Zinsen gegen variable Zinsen getauscht werden. Marktwertänderungen des Wertpapiers werden durch gegenläufige Änderungen des Zinsswaps kompensiert.
>
> 2. **Originäres Finanzinstrument**: Refinanzierung des Wertpapiers mit einer fristenkongruenten, festverzinslichen Verbindlichkeit über 1 Mio €. Auch hier gleichen sich die Wertänderungen des Wertpapiers und der Verbindlichkeit aus.
>
> Die Alternativen 1 und 2 sind aus ökonomischer Sicht (weitgehend) identisch und daher beide für Zwecke eines Sicherungszusammenhangs nach § 254 HGB anzuerkennen.

> **BEISPIEL** Unternehmen B bestellt Anfang Dezember 01 eine Maschine für 10 Mio USD, Lieferung und Bezahlung in drei Monaten (schwebendes Geschäft). Um das Risiko einer Abwertung des Euro gegenüber dem US-Dollar (und damit eines höheren Kaufpreises in Euro in drei Monaten) abzusichern, erwägt B zwei Alternativen:
>
> 1. Abschluss eines Termingeschäfts zum Kauf von 10 Mio USD in drei Monaten zu einem festen Kurs in Euro (Devisenterminkauf). Im Falle einer Abwertung des Euro wird der gestiegene Kaufpreis der Maschine in Euro durch einen gegenläufigen Gewinn aus dem Termingeschäft ausgeglichen.
>
> 2. Einsatz einer Forderung über 10 Mio USD mit einer (Rest-)Laufzeit von drei Monaten. Im Falle einer Abwertung des Euro wird der gestiegene Kaufpreis der Maschine in Euro durch einen gegenläufigen Gewinn aus der Rückzahlung der Forderung ausgeglichen.
>
> Beide Alternativen sind ökonomisch gleichwertig. Sowohl das Termingeschäft (derivatives Finanzinstrument) als auch die Forderung (originäres Finanzinstrument) können als Sicherungsgeschäft anerkannt werden.

21 Nicht *hedge*-tauglich sind **interne Sicherungsgeschäfte**, die zwischen „Vertragspartnern" innerhalb eines Unternehmens bzw. Konzerns abgeschlossen werden. Solche internen Geschäfte werden – insbesondere bei Banken und anderen sehr großen Unternehmen – verwendet, um die Risiken in einer zentralen Organisationseinheit (z. B. dem *treasury center*) zu sammeln, die dann verantwortlich für das Management dieser Risiken und den damit verbundenen Abschluss von unternehmens- bzw. konzernexternen Sicherungsgeschäften ist.

> **BEISPIEL** Unternehmen C ist Tochterunternehmen von D und möchte das Zinsrisiko aus einem festverzinslichen Wertpapier mit einem Zinsswap absichern. Gem. Konzernvorgabe von

> D darf C hierzu nicht selbständig den Swap am Markt abschließen, sondern muss diesen mit der zentralen *group treasury* von D kontrahieren.
>
> **EINZELBILANZ** ▶ C kann in seinem Einzelabschluss für den Zinsswap und das Wertpapier die Regeln des § 254 HGB anwenden, wenn alle Voraussetzungen hierzu erfüllt sind.
>
> **KONZERNBILANZ** ▶ Bei Erstellung des Konzernabschlusses ist der interne Swap zu eliminieren und damit entfallen auch – auf Konzernebene – die Voraussetzungen für die Anwendung von § 254 HGB.

Zur Anwendung des *hedge accounting* auf Konzernebene muss der Konzern ein Sicherungsinstrument mit einem konzernexternen Vertragspartner abschließen. Für Banken bedeutet dies beispielsweise: Es ist auf Konzernebene eine (unternehmensübergreifende) Sicherungsbeziehung zwischen dem Grundgeschäft des Tochterunternehmens und einem konzernexternen Sicherungsderivat des *treasury centers* herzustellen. Dies kann auch in der Weise geschehen, dass das *treasury center* Risikopositionen aus internen Geschäften zunächst gegeneinander aufrechnet und nur die verbleibende Nettorisikoposition mit Derivaten extern am Markt schließt (Makro-*hedge*, → Rz. 28).

3.2 Warentermingeschäfte

Als Finanzinstrumente gelten gem. § 254 Satz 2 HGB auch Termingeschäfte über den Erwerb oder die Veräußerung von Waren. 22

Der Begriff der **Ware** ist losgelöst von der Funktion des Vertragsobjekts im Unternehmen zu sehen. Ein Termingeschäft über Erdöl ist etwa unabhängig davon als Termingeschäft zu qualifizieren, ob das Unternehmen mit Erdöl handelt (Ware in der Bilanz des Unternehmens) oder dieses verarbeitet (Rohstoff in der Bilanz des Unternehmens).

Der Begriff **Termingeschäft** ist nach der Begründung des Rechtsausschusses i. S. von § 1 Abs. 11 Satz 4 Nr. 1 KWG zu verstehen und umfasst daher neben Termingeschäften i. e. S. (unbedingte Termingeschäfte bzw. Festgeschäfte) auch **Optionsgeschäfte**.

Nach der **Erfüllungsart** können Warentermingeschäfte wie folgt unterschieden werden: 23

▶ Geschäfte, die auf die **physische Lieferung** des Vertragsgegenstands in der Zukunft und die anschließende Verwendung des Vertragsobjekts beim oder dessen Weiterveräußerung durch den Erwerber gerichtet sind.

▶ Geschäfte, die für mindestens eine der beiden Parteien eine Option zum **Barausgleich** von vereinbartem Terminkurs und Kassakurs am Erfüllungstag (*net settlement*) vorsehen.

Im einfachsten Fall dient ein Geschäfte mit Option zum Barausgleich der Sicherung des auf physische Lieferung zielenden Grundgeschäfts.

Sicherungszusammenhänge können sich jedoch auch in anderer Weise ergeben:

> **BEISPIEL** ▶ U plant für das nächste Jahr die Produktion von 10 Mio Fahrzeugen und benötigt dafür 3 Mio Tonnen Stahl. 40 % des Stahls kauft U auf Termin. Der Terminkontrakt sieht keine Möglichkeit zum Barausgleich vor. 60 % der voraussichtlich benötigten Stahlmenge si-

chert U durch eine Kaufoption ab. Der Optionsvertrag sieht keine physische Lieferung vor. Je nach Entwicklung des Stahlpreises wird U diese Option ausüben (und den Barausgleich kassieren) oder verfallen lassen.

BEURTEILUNG Der Terminkontrakt dient nicht der Sicherung einer erwarteten Transaktion, sondern ist selbst ein schwebendes (Grund-)Geschäft. Ein Sicherungszusammenhang mit dem Optionskontrakt besteht jedoch nicht, da dieses nicht auf den Verkauf, sondern ebenfalls auf den Kauf gerichtet ist, also eine gleichgerichtete und keine gegenläufige Position vorliegt. Der Wert beider Kontrakte steigt, wenn der Stahlpreis sich erhöht, und sinkt, wenn der Stahlpreis fällt.

Der Optionskontrakt kann jedoch als Sicherung des erwarteten 60 %-Bedarfs dienen. Steigt der Stahlpreis, muss U für den Einkauf der 60 % einen höheren Preis zahlen (zusätzlicher Zahlungsausgang), kann dann aber aus der Kaufoption i. H. der Differenz von Kassapreis und vertraglichem Terminpreis einen Gewinn erzielen (zusätzlicher Zahlungseingang). Zwischen der erwarteten Transaktion (Stahleinkauf) und dem Termingeschäft (Option) kann ein Sicherungszusammenhang begründet werden.

3.3 Umfang der Designation des Sicherungsinstruments

24 Ein Finanzinstrument (oder Warentermingeschäft) darf **sachlich, zeitlich oder prozentual** auch in Teilen designiert werden (→ Rz. 14). Vorauszusetzen ist aber – wie beim Grundgeschäft (→ Rz. 15) – die verlässliche Bestimmbarkeit des Werts beider Teile. Nur so ist die Abgrenzung zwischen dem Anwendungsbereich von § 254 HGB (nach Sonderregeln zu bilanzierender Teil) und dem Nichtanwendungsbereich (nach allgemeinen Bilanzierungsregeln zu bilanzierender Teil) möglich.

Keine Probleme bereitet die Abgrenzung beider Teile bei **prozentualer** Designation. Bei **zeitlicher** oder **sachlicher** Abgrenzung kommt es hingegen auf die Umstände des Einzelfalls an. Bei Optionen ist etwa eine Beschränkung des Sicherungszusammenhangs auf den **inneren Wert** möglich (Ausklammerung der sog. Zeitwertkomponente), bei Termingeschäften eine Beschränkung auf die **Kassakomponente** (Ausklammerung der sog. Zinskomponente).

24a Eine Sicherungsbeziehung kann von vornherein auch nur für einen bestimmten **Teil der Laufzeit** von Grund- oder Sicherungsgeschäft begründet werden. Soweit als Folge davon der Wert bzw. Zahlungsstromausgleich nicht zeitkongruent erwartet wird, ist zur Wahrung der Sicherungseffektivität der Abschluss entsprechender **Anschlussgeschäfte** ggf. erforderlich. Der Abschluss solcher Geschäfte muss aber möglich und im Rahmen der Dokumentation von Sicherungsstrategie bzw. Sicherungszusammenhang auch von Anfang an vorgesehen sein.

Insbesondere bei der Absicherung erwarteter Transaktionen können Anschlussgeschäfte auch deshalb erforderlich werden, weil das **Grundgeschäft später als erwartet** eintritt. Auch hier gilt: Ist im Rahmen der Dokumentation von Sicherungsstrategie bzw. Sicherungszusammenhang von Anfang an für einen solchen Eventualfall ein Anschlussgeschäft vorgesehen, führt das Anschlussgeschäft nicht zur (erfolgswirksamen) Auflösung der ursprünglichen Bewertungseinheit und Begründung einer neuen, sondern stellt die Fortsetzung der ursprünglichen dar.

4. Anforderungen an den Sicherungszusammenhang

4.1 Überblick

Voraussetzung für die Anwendung von § 254 HGB ist, dass zwei (oder mehr) Geschäfte 25
- zum **Ausgleich** gegenläufiger Wertänderungen oder Zahlungsströme aus dem Eintritt vergleichbarer Risiken
- **zusammengefasst** werden.

Angesprochen sind damit objektive und subjektive Tatbestandselemente:[5]

- Aus **objektiver Sicht** müssen beide Geschäfte voraussichtlich im Wesentlichen gegenläufig auf den Eintritt vergleichbarer Risiken reagieren. Wo diese sog. **prospektive Effektivität** nicht gegeben ist, kann von vornherein kein Sicherungszusammenhang bestehen (→ Rz. 30).

- Aus **subjektiver Sicht** ist eine Zuordnung von Sicherungs- und Grundgeschäft erforderlich. Die beiden Geschäfte müssen „zusammengefasst werden." Diese **Zuordnungsentscheidung** kann nur das Bilanzierungssubjekt leisten. Dieses muss etwa entscheiden, ob ein Devisenterminkontrakt spekulativen Zwecken oder der Absicherung eines anderen Geschäfts dienen soll. Fraglich ist dann, wie weit diese Entscheidung zu **dokumentieren**, die Dokumentation also Voraussetzung für das *hedge accounting* ist (→ Rz. 40).

Die konkrete Ausformung beider Elemente ist abhängig von

- der **Art** des abzusichernden Risikos (Wertänderungs- oder Zahlungsstromrisiko; → Rz. 26) und
- dem **Aggregationsniveau** der Sicherungsbeziehung (Mikro-, Portfolio oder Makro-*hedge*; → Rz. 28).

4.2 Wertänderungs- vs. Zahlungsstromrisiko

Sicherungsfähig sind nach § 254 HGB **Wertänderungsrisiken** oder **Zahlungsstromrisiken**. Ohne 26
die Regeln der internationalen Rechnungslegung materiell übernehmen zu wollen, kann man in deren Begrifflichkeit auch von *fair value hedge* oder *cashflow hedge* reden. Im handelsrechtlichen Schrifttum wird daneben noch der Begriff der **antizipativen Bewertungseinheit** verwendet.[6] Er kann als **Unterform** des *cash flow hedge* verstanden werden, dessen Besonderheit darin besteht, dass das abgesicherte zukünftige Geschäft **noch nicht kontrahiert** (also kein schwebendes Geschäft) ist, sondern lediglich (mit hoher Wahrscheinlichkeit) **erwartet** wird. **Tatbestandseitig** bedarf es dann besonderer Anforderungen an die Begründung eines Sicherungszusammenhangs (Nachweis der hohen Wahrscheinlichkeit), **rechtsfolgenseitig** ergeben sich mit einer unter → Rz. 49 dargestellten Ausnahme keine Besonderheiten gegenüber anderen *cash flow hedges*.

Die Unterscheidung von *fair value hedge* und *cash flow hedge* lässt sich an dem folgenden Beispiel der Absicherung von Zinsrisiken erläutern:

---

5 Sich dieser Differenzierung anschließend: IDW ERS HFA 35 Tz. 3.
6 Stellvertrtend IDW ERS HFA 35 Tz. 23 und 85.

> **BEISPIEL** **1. Absicherung Festzinsanleihe durch Swap**
>
> Unternehmen A erwirbt eine dreijährige Anleihe über 100 Mio € mit einem festen Zinscoupon von 6 %. Aufgrund der fixen Zinsen unterliegt die Anleihe dem Risiko einer Wertänderung: Im Falle steigender Zinsen nimmt der Marktwert ceteris paribus ab, bei sinkenden Zinsen zu.
>
> Zur Absicherung des Risikos einer Marktwertänderung (Bonitätsänderungen ausgeklammert) tritt A in einen *payer swap* (zahle fix, empfange variabel) ein, der die fixen Zinsen aus der Anleihe gegen variable Zinsen (z. B. den Drei-Monats-EURIBOR) austauscht. Der Zinsswap führt in der Gesamtbetrachtung zu einer variabel verzinslichen Aktivposition, die keinem Wertänderungsrisiko mehr unterliegt.
>
> **Beurteilung**: Die Sicherungsbeziehung ist ein *fair value hedge*.
>
> **2. Absicherung variabel verzinslicher Anleihe**
>
> Unternehmen B erwirbt eine dreijährige Anleihe über 100 Mio € mit einem variablen Zinscoupon (Drei-Monats-EURIBOR + x). Aufgrund der variablen Zinsen unterliegt die Anleihe dem Risiko einer Änderung der Zinszahlungsströme: Im Falle sinkender EURIBOR-Zinsen nehmen die künftigen Zinszahlungen ab und umgekehrt.
>
> Zur Absicherung dieses Risikos einer Änderung der künftigen Zinszahlungen tritt A in einen *receiver swap* (empfange fix, zahle variabel) ein, der die variablen Zinsen aus der Anleihe gegen feste Zinsen austauscht. Der Zinsswap führt in der Gesamtbetrachtung zu einer festverzinslichen Aktivposition, die keinem *cashflow*-Risiko mehr unterliegt.
>
> **Beurteilung**: Die Sicherungsbeziehung ist ein *cashflow hedge*.

27 Aus der Perspektive der gesicherten Grundgeschäfte ergeben sich damit die folgenden beispielhaften Zuordnungen zu den Sicherungsformen:

1. Absicherung Vermögensgegenstände und Schulden

- ▶ Absicherung eines Festzinsdarlehens gegen Änderungen des Marktwerts mit einem Zinsswap: *fair value hedge*.
- ▶ Absicherung eines **Aktien**bestands gegen Änderungen des Aktienkurses mit einem Aktienterminverkauf oder einer Aktienverkaufsoption: *fair value hedge*.
- ▶ Absicherung einer begebenen **Anleihe** mit variabler Verzinsung gegen das Risiko steigender Zinsaufwendungen mit einem Zinsswap: *cashflow hedge*.
- ▶ Absicherung der Rückzahlung eines **Fremdwährungsdarlehens** durch einen Devisenterminkauf: Abgesichert wird einerseits das Zahlungsstromrisiko der Tilgung (*cashflow hedge*), andererseits aber auch der währungsbedingte Marktwert der Schuld am Stichtag (*fair value hedge*).

2. Absicherung schwebender Geschäfte

- ▶ Absicherung eines schwebenden **Vorratskaufs** in Fremdwährung gegen das Wechselkursrisiko mit einem Devisenterminkauf: Abgesichert wird einerseits das Zahlungsstromrisiko bei Fälligkeit (*cashflow hedge*), andererseits aber auch der währungsbedingte Marktwert des schwebenden Geschäfts am Stichtag (*fair value hedge*).

▶ Absicherung eines schwebenden **Rohstoffkaufs** in Euro gegen das Preisrisiko mit einem Terminverkaufsgeschäft auf den Rohstoff oder einen Rohstoffindex. Abgesichert wird einerseits das Zahlungsstromrisiko bei Fälligkeit (*cashflow hedge*), andererseits aber auch der preisbedingte Marktwert des schwebenden Geschäfts am Stichtag (*fair value hedge*).

3. Absicherung erwarteter Transaktionen

▶ Absicherung eines erwarteten **Kaufs** von **Rohstoffen** oder Anlagen in **Fremdwährung** gegen das Wechselkursrisiko mit einem Devisenterminkauf oder einer Devisenkaufoption: *cashflow hedge*.

▶ Absicherung eines erwarteten **Verkaufs** von **Produkten** in **Fremdwährung** gegen das Wechselkursrisiko mit einem Devisenterminverkauf oder einer Devisenverkaufsoption: *cashflow hedge*.

▶ Absicherung eines erwarteten **Kaufs** von Öl in **Berichtswährung** gegen das Preisrisiko mit einem Terminverkaufsgeschäft oder einer Verkaufsoption auf das Öl: *cashflow hedge*.

▶ Absicherung einer erwarteten **Emission** einer **Anleihe** gegen einen Zinsanstieg mit einem *forward*-Zinsswap: *cashflow hedge*.

4.3 Mikro-, Portfolio- und Makro-*hedge*

Nach der Art bzw. dem Aggregationsniveau der Sicherungsbeziehung lassen sich unterscheiden:

28

▶ **Mikro**-*hedge*: Ein **einzelnes** Grundgeschäft wird durch ein Sicherungsgeschäft abgesichert.

▶ **Portfolio**-*hedge*: Eine **Gruppe** von Grundgeschäften, die gleichartig auf Risiken reagieren, wird durch ein oder mehrere Sicherungsgeschäfte abgesichert.

▶ **Makro**-*hedge*: Eine **Nettoposition** wird durch eine oder mehrere Sicherungsgeschäfte abgesichert.[7]

Hierzu folgende Beispiele:

▶ **Mikro**-*hedge*: Ein **einzelnes Darlehen**, das variabel verzinslich ist, wird durch einen laufzeit- und volumenkongruenten Swap (zahle fix, empfange variabel) abgesichert (→ Rz. 26).

▶ **Portfolio**-*hedge*: Die zinsabhängige Wertentwicklung eines **Portfolios von Rentenpapieren** mit identischen Währungen und ähnlichen Laufzeiten wird durch einen laufzeitähnlichen Swap (zahle variabel, empfange fix) abgesichert (→ Rz. 26), dessen Gesamtvolumen dem Portfolio entspricht.

▶ **Makro**-*hedge*: Eine **Bank** hat im Volumen von 100 Mrd € Darlehen mit einer Restlaufzeit von fünf Jahren ausgereicht und refinanziert diese im Umfang von 80 Mrd € durch Anleihen mit im Wesentlichen gleicher Laufzeit. Hinsichtlich der 80 Mrd € gleichen sich die Effekte von Marktzinsänderungen auf Aktiva und Passiva aus. Zu sichern bleibt die Nettoposition von 20 Mrd €. Hierfür werden Swaps (zahle variabel, empfange fix) mit entsprechendem Volumen abgeschlossen.

---

7 Der Begriff des Makro-*hedge* wird allerdings uneinheitlich verwendet, z. T. ohne spezielle Bezugnahme auf eine Nettoposition, vgl. *Arbeitskreis Externe Unternehmensrechnung*, DB 1997 S. 637 ff. Auf die uneinheitliche Begriffsverwendung in der Praxis verweist nunmehr auch IDW ERS HFA 35 Tz. 19.

III. Tatbestandsvoraussetzungen

29 Voraussetzung für die Anerkennung eines **Portfolios** als Grundgeschäft im Rahmen des *hedge accounting* ist die **Risikohomogenität** der in der Gruppe zusammengefassten Geschäfte. Die Sensitivität jedes einzelnen Geschäfts im Hinblick auf Parameteränderungen des abgesicherten Risikos muss sich annähernd proportional zur Sensitivität der gesamten Gruppe verhalten. Hiervon kann etwa ausgegangen werden, wenn sich das Verhältnis der Sensitivitäten in einer Spanne zwischen 90 % bis 110 % bewegt. Die Gleichartigkeit der zusammengefassten Geschäfte kann nach IDW ggf. aber auch **qualitativ** über die Ausstattungsmerkmale (gleiche Währung, ähnliche Restlaufzeiten und Nominalzinssätze, im Wesentlichen gleiche Referenzzinssätze, ähnliche Bonität des Emittenten) beurteilt werden.[8]

Der **Makro-***hedge* ist die Anforderung der Risikohomogenität nicht nur auf die zusammengefassten Aktiv- und Passivgeschäfte je für sich anzuwenden, sondern mit umgekehrtem Vorzeichen auch für das Verhältnis beider Positionen zueinander. Nur so ergibt sich eine **risikohomogene Nettoposition**.

4.4 Prospektive Effektivität – Qualitative oder Quantitative Bestimmung

30 Effektivität bezeichnet allgemein die **Güte der Sicherungsbeziehung**. Spezifizierungen sind nach der Art des abgesicherten Risikos und nach dem Zeitbezug notwendig.

31 Nach der Art des abgesicherten Risikos gilt:
- Bei Sicherung gegen **Wertänderungsrisiken** (*fair value hedge*; → Rz. 26) ist die Effektivität der Grad, zu dem die Zeitwertänderungen des gesicherten Grundgeschäfts, soweit sie aus dem gesicherten Risiko resultieren, durch Zeitwertänderungen des Sicherungsinstruments ausgeglichen werden.
- Bei Sicherung gegen **Zahlungsstromrisiken** (*cashflow hedge*; → Rz. 26) ist die Effektivität der Grad, zu dem die Zahlungsstromänderungen der gesicherten Transaktion – soweit sie aus dem gesicherten Risiko resultieren – durch Zahlungsstromänderungen aus dem Sicherungsinstrument ausgeglichen werden.

32 In **zeitlicher** Hinsicht ist zu unterscheiden zwischen prospektiver und retrospektiver Effektivität:[9]
- **Prospektive Effektivität** ist auf die Zukunft gerichtet und in dem Maße gegeben, wie für die gesamte (verbleibende) Laufzeit der Sicherungsbeziehung ein Ausgleich der Zeitwert- oder Zahlungsstromänderungen erwartet wird (→ Rz. 33).
- **Retrospektive Effektivität** ist auf die Vergangenheit (seit Begründung der Sicherungsbeziehung oder seit Periodenbeginn) bezogen und in dem Maße gegeben, wie für den Vergangenheitszeitraum ein Ausgleich der Zeitwert- oder Zahlungsstromänderungen stattfand (→ Rz. 50).

33 Nach der **Begründung des Rechtsausschusses** hat ein Unternehmen „zu jedem Bilanzstichtag positiv festzustellen, ob und in welchem Umfang sich die gegenläufigen Wertänderungen oder Zahlungsströme ... am Bilanzstichtag und voraussichtlich in Zukunft ausgleichen." Gefordert ist damit **tatbestandseitig** zunächst nur eine **prospektive Beurteilung** der Effektivität. Eine

---
[8] IDW ERS HFA 35 Tz. 17.
[9] So nun auch IDW ERS HFA 35 Tz. 46 ff.

retrospektive ist insoweit entbehrlich, als der nicht effektive Teil einer Sicherungsbeziehung ohnehin nicht den Vorschriften von § 254 HGB unterliegt (→ Rz. 50).

Die Begründung des Rechtsauschusses hält weiter fest, dass „sich **zufällig** ausgleichende Wertänderungen oder Zahlungsströme, die aus unterschiedlichen Risiken resultieren, die Annahme einer wirksamen Bewertungseinheit" nicht rechtfertigen.

> **BEISPIEL** U sichert erwartete Zahlungseingänge in Kanadischen Dollar (CAD) durch einen Devisenterminverkauf in USD ab. Historisch weist die Kursentwicklung von USD und CAD eine hohe positive Korrelation auf.
>
> Die Annahme der prospektiven Effektivität, eines nicht nur zufälligen Ausgleichs der Geschäfte, ist gerechtfertigt.
>
> **VARIANTE** U hat aus im Einzelnen nicht dokumentierten Gründen Mitte 01 Australische Dollar (AUD) auf Mitte 02 verkauft. Für Mitte 02 erwartet U Zahlungseingänge in USD.
>
> Am Bilanzstichtag stellt U fest: USD und AUD haben sich seit Mitte 01 in hoher positiver Korrelation untereinander und in hoher negativer Korrelation zum Euro entwickelt. Historisch lässt sich allerdings keine hohe Korrelation von AUD und USD nachweisen. Am Bilanzstichtag droht aus dem Termingeschäft ein Verlust.
>
> **BEURTEILUNG** Der Ausgleich aus erwartetem Zahlungseingang in USD und erwartetem Zahlungsausgang in AUD ist **nur zufällig**. Der Ansatz einer Drohverlustrückstellung (→ Rz. 60) für das Devisentermingeschäft kann nicht unter Hinweis auf § 254 HGB vermieden werden. Ein prospektiv effektiver Sicherungszusammenhang liegt nicht vor.

Prospektive Effektivität wird damit in der Gesetzesbegründung gefordert, aber weder im Gesetz noch in der Begründung definiert. Die Begründung des Rechtsausschusses hält nur Folgendes fest:

▶ Welche Methoden zu Feststellung der Wirksamkeit einer Sicherungsbeziehung angewandt werden, bleibe dem **Ermessen** des Unternehmens überlassen.

▶ Etwaige **Effektivitätsspannen**, wie sie die **IFRS** für die Annahme einer wirksamen Bewertungseinheit vorsehen, hätten handelsrechtlich **keine Bedeutung**.

Im letzten Punkt sind die „bright lines" der IFRS angesprochen. Nach IAS 39.88(b) und IAS 39.AG105a ist eine Sicherungsbeziehung nur dann anzuerkennen, wenn die Effektivität innerhalb der Spanne von 80 % bis 125 % liegt.

34

> **BEISPIEL** Auf Basis von Modellen oder historischen Daten wird Folgendes erwartet:
>
> Bei einer Zeitwertänderung für das Grundgeschäft von -50 ändert sich der Zeitwert des Grundgeschäfts um +55.
>
> Die Effektivität liegt dann bei 110 % (= 55/50) bzw. 91 % (= 50/55) und damit in dem geforderten Intervall.

> **VARIANTE** Bei einer Zeitwertänderung für das Grundgeschäft von -50 ändert sich der Zeitwert des Sicherungsgeschäfts um +70. Mit einer Effektivität von 140 % (= 70/50) bzw. 71 % (= 50/70) ist die Beziehung nicht hinreichend effektiv.

Die Gesetzesbegründung erteilt solchen **starren Grenzen** (*bright lines*) eine **Absage**. Der Bilanzierende hat nach pflichtgemäßem Ermessen und sachlich und zeitlich konsistent zu entscheiden, welche Anforderungen er an die prospektive Effektivität stellt.

Dieses Ermessen kann er aber nicht beliebig ausdehnen. Die Grenze zu **schädlichen zufälligen Sicherungen** ist jedenfalls überschritten, wenn nicht einmal mehr eine Spanne von 50 % bis 200 % gewahrt wird.

> **BEISPIEL** Bei einer Zeitwertänderung für das Grundgeschäft von -100 ändert sich der Zeitwert des Sicherungsgeschäfts um +49. Mit einer Effektivität von 49 % (= 49/100) bzw. 204 % (= 100/49) ist die Beziehung nicht mehr hinreichend effektiv. Zu weniger als der Hälfte werden die Wertänderungen des Grundgeschäfts noch durch das Sicherungsgeschäft abgesichert. Die Grenze zur schädlichen Zufallssicherung ist überschritten.

35 Eine bestimmte **Methode zur Effektivitätsmessung** wird im Gesetz nicht vorgeschrieben.

Die gewählte Methode muss sich zunächst an der **Risikomanagementstrategie** orientieren. So wird die Effektivitätsmessung z. B. allein auf der Grundlage der verbleibenden Bestandteile vorgenommen, wenn einzelne Komponenten des Sicherungsgeschäfts nicht designiert wurden.

> **BEISPIEL** Ein erwarteter USD-Zahlungseingang wird durch einen Devisenterminverkauf abgesichert. Als Sicherungsinstrument wird nur die Kassakomponente designiert, die Zinskomponente hingegen ausgeklammert (→ Rz. 61).
>
> Die Effektivitätsüberlegungen können sich auf die Kassakomponente beschränken und führen bei Fristen- und Volumenkongruenz dann regelmäßig zu einer 100 %igen Effektivität.
>
> Die Wertänderung der ausgeklammerten Komponente ist unmittelbar in der GuV zu erfassen.

36 Auf eine **quantitative** Ermittlung der prospektiven Effektivität kann **verzichtet** werden, wenn die wesentlichen Ausgestaltungsmerkmale des Grund- und des Sicherungsgeschäfts (also insbesondere Betrag, Laufzeit, Zinstermine etc.) identisch sind (sog. *critical terms match*). Im Falle solcher perfekter Sicherungsbeziehungen kann eine hohe **Effektivität qualitativ** unterstellt werden (analog IAS 39.AG108).[10]

> **BEISPIELE**
>
> 1. Absicherung des Zinszahlungsrisikos einer variabel verzinslichen Verbindlichkeit mit einem marktgerecht abgeschlossenen Zinsswap.

---

10 So nun auch IDW ERS HFA 35 Tz. 56.

> Wenn die Nominalbeträge, Laufzeiten, Zinsanpassungstermine, Termine für Zinszahlungen sowie der Referenzins für die Bemessung der Zinszahlungen (z. B. EURIBOR) für die Verbindlichkeit und den Zinsswap identisch sind, ist die prospektive Effektivität gegeben.
>
> 2. Absicherung des Wechselkursrisikos aus erwarteten Verkaufserlösen in Fremdwährung mit einem marktgerecht abgeschlossenen Devisentermingeschäft.
>
> Sofern die Währung, das Volumen und die Laufzeit der Geschäfte identisch sind, ist die prospektive Effektivität gegeben.
>
> 3. Absicherung des Zeitwerts eines Wertpapiers mit einem marktgerecht abgeschlossenen Termingeschäft auf das gleiche Wertpapier.
>
> Falls die Nominalbeträge, Laufzeiten und Währungen des Wertpapiers und des Termingeschäfts identisch sind, ist die prospektive Effektivität gegeben.

Liegen die Bedingungen für die Anwendung des *critical terms match* hingegen nicht vor, ist die prospektive Effektivität **rechnerisch** zu ermitteln. Hierzu eignen sich im Fall des Mikro-*hedge* etwa folgende Ansätze: 37

- **Historische Dollar-Offset-Methode**: Dabei werden Wert- bzw. Zahlungsstromänderungen des Grund- und Sicherungsgeschäfts aus einem Vergleichszeitraum verglichen (→ Rz. 51).

- **Statistische Verfahren**: Dabei werden ebenfalls Änderungen von Wert bzw. Zahlungsstrom des Grund- und Sicherungsgeschäfts in der Vergangenheit herangezogen, um dann mithilfe einer Regressionsanalyse statistisch untersucht zu werden. Im Vergleich zur Dollar-Offset-Methode führt die Regressionsmethode häufig zu besseren Ergebnissen bei der Effektivitätsmessung, weil sich einzelne Ausreißer weniger auswirken. Sie kann allerdings erst angewandt werden, wenn eine hinreichende Anzahl an Messwerten vorliegt; so wird häufig eine Mindestzahl von 25 Werten verlangt. Daher wird am Beginn einer Sicherungsbeziehung häufig zunächst die Dollar-Offset-Methode angewandt, um beim Erreichen der Mindestanzahl von Datenpunkten auf die Regressionsmethode umzustellen. Die Regressionsmethode ist komplexer und daher nur bei einer höheren Anzahl (komplexer) Sicherungen sinnvoll anwendbar.

- **Sensitivitätsanalysen**: Anders als bei den vorgenannten – auf historischen Daten basierenden – Methoden wird bei der Sensitivitätsmethode eine fiktive Änderung eines Risikofaktors unterstellt und ermittelt, welche Änderungen von Wert oder Zahlungsstrom des Grund- und Sicherungsgeschäft sich modellmäßig ergeben. So wird beispielsweise im Falle der Absicherung von Zinsrisiken eine Änderung der Zinskurve (z. B. um 100 Basispunkte) und im Falle der Absicherung von Wechselkursrisiken eine fiktive Änderung der Wechselkurse (z. B. um 20 %) unterstellt.

Obgleich es sich um Finanzderivate handelt, sind **geschriebene Optionen** (*written options*), also Stillhalterpositionen, meist kein taugliches Sicherungsinstrument. Da ein möglicher Verlust erheblich höher ausfallen kann als ein möglicher Wertzuwachs aus dem damit „gesicherten" Grundgeschäft, ist die prospektive Effektivität regelmäßig bereits qualitativ zu vernei- 38 nen.[11] Ausnahmen bestehen dort, wo die geschriebene Option der Absicherung einer gekauften Option dient.

39 **Zusammengesetzte Optionen** (Kombinationsoptionen), bei denen sich das Unternehmen teils in der Stillhalter-, teils in der Optionsinhaberposition befindet, können unter dem Aspekt der prospektiven Effektivität sicherungstauglich sein. Solche Produkte bietet der Finanzsektor etwa im Bereich der Währungs- oder Zinssicherung an, indem eine Währungs- bzw. Zinsobergrenze mit einer Untergrenze verknüpft wird.

> **BEISPIEL** Zur Absicherung eines variabel verzinslichen Darlehens (Zinssatz LIBOR) schließt U bei einem aktuellen LIBOR von 4,5 % eine Zinsbegrenzungsvereinbarung (Collar) mit einer Bank. Die Vereinbarung sieht vor:
>
> ▶ eine Zahlung der Bank i. H. von LIBOR - 6 %, wenn der LIBOR über 6 % steigt. Hierdurch wird die effektive Zinsbelastung des Unternehmens nach oben auf 6 % begrenzt (Cap). Beispiel: Bei einem LIBOR von 6,5 % zahlt die Bank 0,5 % an das Unternehmen und reduziert dessen Nettobelastung auf 6,5 % - 0,5 % = 6 %;
>
> ▶ eine Zahlung des Unternehmens i. H. von 3 % - LIBOR, wenn der LIBOR unter 3 % fällt. Hierdurch wird die effektive Zinsbelastung des Unternehmens nach unten auf 3 % begrenzt (Floor). Bei einem LIBOR von 2,5 % zahlt das Unternehmen beispielsweise an die Bank 0,5 % und erhöht seine Belastung auf 2,5 % + 0,5 % = 3 %.
>
> Hinsichtlich der Zinsobergrenze ist das Unternehmen Optionsinhaber, hinsichtlich der Zinsuntergrenze Stillhalter.

Derartige Kombinationsoptionen sind dann *hedge*-tauglich, wenn in einer **Nettobetrachtung** die eigene Risikotragung nicht die Risikoübernahme durch den Kontraktpartner überwiegt. Ein Indiz für das Überwiegen ist die Vereinnahmung einer Optionsprämie, denn rational handelnde Parteien werden für die Übernahme eines (größeren) Risikos eine **Prämie** verlangen. Aus dieser Sicht soll das vorstehende Beispiel variiert werden:

> **BEISPIEL** Zur Absicherung eines variabel verzinslichen Darlehens (Zinssatz LIBOR aktuell 4,5 %) schließt U eine Zinsbegrenzungsvereinbarung (Collar) mit einer Bank. Die Vereinbarung sieht vor:
>
> ▶ eine Zahlung der Bank i. H. von LIBOR - 5 %, wenn der LIBOR über 5 % steigt (Cap 5 %);
>
> ▶ eine Zahlung des Unternehmens i. H. von 5 % - LIBOR, wenn der LIBOR unter 3 % fällt (Floor 3 %).
>
> In dieser Variante ist die sich aus dem Cap ergebende Stillhalterposition digital gestaltet. Das Unternehmen profitiert wie im Ausgangsbeispiel von einem Rückgang des LIBOR auf 3 % durch einen entsprechenden Rückgang seiner Darlehenszinsen. Ein weiterer Rückgang bringt ihm aber im Unterschied zum Ausgangsbeispiel nicht nur keinen Vorteil mehr, sondern verschlechtert seine Situation. Sinkt der LIBOR etwa von 3,0 auf 2,9 %, muss das Unter-

---

11 Gl. A. *Cassel*, in: Kessler/Leinen/Strickmann (Hrsg.), Bilanzrechtsmodernisierungsgesetz (BilMoG-RegE), 2008, S. 193.

nehmen 5 % - 2,9 % = 2,1 % an die Bank zahlen, mit den Zahlungen an die Darlehensgläubiger also in Summe 2,1 % + 2,9 % = 5 %.

Für diese Verschlechterung gegenüber dem Ausgangsbeispiel (einfacher Floor von 3 %) wird das Unternehmen indirekt entschädigt:

- Bei einem aktuellen LIBOR von 4,5 % betrug im Ausgangsbeispiel die Zinsobergrenze 6 % (4,5 % + 1,5 %) und die Zinsuntergrenze 3 % (4,5 % - 1,5 %);

- nunmehr beträgt die Zinsobergrenze nur 5 % (4,5 % + 0,5 %), als Entschädigung für die zwar nach wie vor bei 3 % (4,5 % - 1,5 %) liegende, aber jetzt digital und somit risikoreicher ausgestaltete Zinsuntergrenze.

Im vorstehenden Beispiel kann u. E. das Vorliegen einer Nettostillhalterposition nicht mehr verneint werden kann. Zwar erhält das Unternehmen keine offene Optionsprämie, die Bank hat dem Unternehmen aber durch die Herabsetzung des Cap einen Vorteil eingeräumt. Dieser indirekte Vorteil ist als **verdeckte Prämie** zu würdigen. Aus Sicht des Unternehmens ist die Kombinationsoption daher netto als geschriebene Option anzusehen. Ein *hedge accounting* scheidet daher aus.

4.5 Dokumentation

In der **internationalen Rechnungslegung** ist die Dokumentation des Sicherungszusammenhangs **materiell-rechtliche Voraussetzung** für das *hedge accounting* (IAS 39.88(a)). Erst ab Vorliegen der Dokumentation besteht ein *hedge accounting* tauglicher Sicherungszusammenhang. Die Dokumentation kann demzufolge nicht nachgeholt werden (z. B. im Zuge der Erstellung des Abschlusses, in dem für die Sicherungsbeziehung erstmals *hedge accounting* angewandt werden soll oder infolge der Feststellung des Abschlussprüfers).

40

Das Dokumentationserfordernis verhindert **Ergebnismanipulationen**, die sich im Zusammenhang mit dem *fair value accounting* ergeben. Der Bilanzierende könnte ohne das Dokumentationserfordernis zunächst einmal abwarten, wie sich das „Sicherungsgeschäft" entwickelt, um bei günstiger Entwicklung den *fair value* unter Hinweis auf die Handelsabsicht ertragswirksam werden zu lassen, bei negativer Entwicklung hingegen einen Aufwand unter Hinweis auf den Sicherungszusammenhang vermeiden.

Handelsrechtlich stellt sich das Manipulationsproblem in ähnlicher Weise:

41

> **BEISPIEL** U schließt ohne dokumentierte Absicht am 1.7.01 einen Devisenterminkauf von 1 Mio USD, Erfüllung 30.6.03 (alternativ 30.6.02) ab. U hat außerdem am 1.7.01 ein Fälligkeitsdarlehen über 1 Mio USD mit gleicher Laufzeit (bzw. Alternativlaufzeit) aufgenommen.
>
> Der Dollarkurs entwickelt sich wie folgt:
>
> | | |
> |---|---|
> | 1.7.01: | 1 €/USD |
> | 31.12.01: | 1,2 €/USD oder alternativ 0,8 €/USD |

III. Tatbestandsvoraussetzungen

Nachfolgend die Bilanzierung mit und ohne Berufung auf einen Sicherungszusammenhang:

Bilanzierung 31.12.01	Stichtagskurs 1,2 €/USD		Stichtagskurs 0,8 €/USD	
	Restlaufzeit ≤ 1 Jahr	Restlaufzeit > 1 Jahr	Restlaufzeit ≤ 1 Jahr	Restlaufzeit > 1 Jahr
ohne Sicherungszusammenhang				
Darlehen	-1,2	-1,2	-0,8	-1,0
Termingeschäft	0,0	0,0	-0,2	-0,2
Saldo	-1,2	-1,2	-1,0	-1,2
mit Sicherungszusammenhang				
Darlehen	-1,2	-1,2	-0,8	-0,8
Termingeschäft	0,2	0,2	-0,2	-0,2
Saldo	-1,0	-1,0	-1,0	-1,0
Vorteil aus nachträglicher Berufung auf Sicherung	0,2	0,2	0,0	0,2

In drei der vier Fälle sorgt die nachträgliche Berufung für ein um 0,2 besseres Ergebnis.

42 Dem Ziel einer objektivierten Rechnungslegung würde widersprochen, wenn wie im Beispiel unter → Rz. 41 der Bilanzierende abhängig von der tatsächlichen Entwicklung die Entscheidung für oder gegen eine Anwendung von § 254 HGB erst im Nachhinein treffen könnte. Der RegE sah in diesem Sinne noch den Nachweis des Sicherungszusammenhangs als Tatbestandsvoraussetzung vor, in der endgültigen Fassung von § 254 HGB ist dies hingegen nicht mehr vorgesehen. Die Begründung des **Rechtsausschusses** hält hierzu lapidar fest: „Die Dokumentation von Bewertungseinheiten wird **nicht** zum **Tatbestandsmerkmal** erhoben. Deshalb enthält § 285 Nr. 23 HGB umfangreiche Angabepflichten".

43 Der Hinweis des Rechtsausschusses auf den Fortfall der Dokumentation als Tatbestandsmerkmal enthält allerdings nur die **halbe Wahrheit**. Auch die verabschiedete Fassung des Gesetzes sieht die Anwendung der spezifischen Rechnungslegungsregeln für Sicherungszusammenhänge (Nichtanwendung von § 249 Abs. 1 HGB etc.) nur in folgendem Fall vor: Vermögensgegenstände usw. werden „zum Ausgleich gegenläufiger Wertänderungen oder Zahlungsströme aus dem Eintritt vergleichbarer Risiken mit Finanzinstrumenten zusammengefasst (Bewertungseinheit)." Bewertungseinheiten ergeben sich danach nicht allein aufgrund des objektiven Ausgleichs von gegenläufigen Entwicklungen, sondern erst dadurch, dass Grundgeschäft und Sicherungsgeschäft (Finanzinstrument)

▶ „**zusammengefasst** werden" und zwar
▶ „**zum Ausgleich**" gegenläufiger Entwicklungen.

Gefordert wird also
▶ eine **Handlung** – die „Zusammenfassung" durch das Rechnungslegungssubjekt,
▶ die dieses mit bestimmter **Zielrichtung** – „zum Ausgleich" – vornimmt.

Die Bewertungseinheit liegt mit anderen Worten nicht objektiv vor, sondern entsteht (bei Erfüllung objektiver Zusatzbedingungen) erst durch den **zielgerichteten Akt der Zusammenfassung**.[12] Kommt es zu diesem Akt erst nach dem Bilanzstichtag (in Kenntnis der tatsächlichen Entwicklungen), so entsteht die Bewertungseinheit u. E. ebenfalls erst nach dem Bilanzstichtag und nicht schon mit Wirkung für die Vergangenheit.[13] Das IDW ist hier aber aus nicht erkennbaren Gründen großzügiger und lässt eine Dokumentation bis zur Abschusserstellung genügen.[14]

Entgegen der pauschalen Gesetzesbegründung kann jedenfalls über das Tatbestandsmerkmal der zielgerichteten Zusammenfassung indirekt auch die Dokumentation zu einem Tatbestandsmerkmal werden.[15] In dieser Hinsicht ist nach der Art der Sicherung zu differenzieren:

44

Beim **Mikro-*hedge*** (→ Rz. 28) ergibt sich die Absicht der Zusammenfassung häufig bereits aus zeitlichen und inhaltlichen Übereinstimmungen von Grund- und Sicherungsgeschäften. Eine **formale** Dokumentation des Sicherungszusammenhangs ist dann u.U. entbehrlich.

BEISPIEL U schließt am 1.7.01 mit der Bank B einen Vertrag über ein variabel verzinsliches Darlehen über 1 Mio € mit quartalsmäßigen Zinsterminen und Endfälligkeit am 31.12.03 ab. Am gleichen Tag schließt U mit B einen bis zum 31.12.03 laufenden Swap-Vertrag über ein Nominalvolumen von 1 Mio € ab, wonach U quartalsmäßig variable Zinsen auf den Betrag von 1 Mio € von der Bank erhält und fixe Zinsen auf den gleichen Betrag an die Bank zahlt (*receiver swap*).

BEURTEILUNG Der Swap-Vertrag ist **objektiv** zur Sicherung des Zinsrisikos aus dem Darlehen geeignet.

Die Umstände sprechen eindeutig dafür, dass der Vertrag auch in dieser **Absicht** geschlossen wurde: Beide Verträge wurden am gleichen Tag, mit gleicher Laufzeit, gleichem Volumen und gleichen Zinsterminen abgeschlossen. Die Sicherungsabsicht ist durch diese Umstände hinreichend objektiviert. Weiterer (formaler) Dokumentation bedarf es nicht.

Ggf. kommt auch eine Synthetisierung der beiden Geschäfte in Frage (→ Rz. 87).

FALLVARIANTE Der Swap-Vertrag wird erst zwölf Monate später als das Darlehen und mit einer anderen Bank C abgeschlossen. Er weicht außerdem im Volumen (2 Mio € statt 1 Mio €) und in den Zinsterminen (Monat statt Quartal) ab. Der Swap **kann** zu 50 % als Sicherungsinstrument für die Restlaufzeit des Darlehens designiert werden. Eine minimale Dokumentation ist zur Anerkennung eines solchen Sicherungszusammenhangs aber erforderlich. Ausreichend ist etwa eine Zweckbeschreibung im Vertrag oder ein Hinweis in der

---

12 So nun auch IDW ERS HFA 35 Tz. 39 ff.
13 Gl. A. *Scharpf*, in: Küting/Pfitzer/Weber (Hrsg.), Handbuch der Rechnungslegung, Einzelabschluss, 5. Aufl., § 254 Tz. 23 ff.
14 IDW ERS HFA 35 Tz. 13.
15 Ähnlich *Schmidt*, BB 2009 S. 887 ff.

> Buchhaltung, etwa indem bei Verbuchung der ersten Swap-Zahlung im Buchungstext ein Hinweis auf das Grundgeschäft enthalten ist.

Nach Auffassung des IDW hat das Unternehmen allerdings ein **Wahlrecht**, ob es ökonomisch im Rahmen des Risikomanagementprozesses vorgenommene Sicherungen auch bilanziell als Bewertungseinheit behandeln will.[16] Folgt man dieser Auffassung, ist auch im Falle eines perfekten, auf 100 % Absicherung zielenden Mikro-*hedge* eine Dokumentation der bilanziellen Absicht erforderlich.

Im Falle der Absicherung einer **künftig erwarteten Transaktion** (→ Rz. 10) ist der Umfang der erforderlichen Dokumentation regelmäßig größer. Das Grundgeschäft und damit der Sicherungszusammenhang ist nur objektivierbar, wenn Art und Gegenstand der erwarteten Transaktion, erwartete Menge bzw. Währungsbeträge sowie Zeitpunkt bzw. Zeitraum des Eintritts der erwarteten Transaktion dokumentiert werden.

Beim **Portfolio-*hegde*** (→ Rz. 28) muss als Vorstufe der Begründung des Sicherungszusammenhangs zunächst das Grundgeschäft festgelegt, d. h. der Kreis der risikohomogenen Einzelgeschäfte definiert werden. Diese Festlegungen erfolgen regelmäßig bereits im Hinblick auf ein schon kontrahiertes oder kurz vor dem Abschluss stehendes Sicherungsgeschäft. Ein bei der Definition des Portfolios vorgenommener Hinweis auf das Sicherungsgeschäft kann als Dokumentation dann ausreichen.

Die größten Dokumentationsanforderungen ergeben sich beim **Makro-*hedge*** (→ Rz. 28), sind dort aber i. d. R. integraler Bestandteil des Risikomanagementprozesses.

44a Die ggf. (→ Rz. 44) erforderliche **formale Dokumentation** umfasst nach IDW neben der **Willensbekundung** des Bilanzierenden (→ Rz. 44) folgende Elemente:[17]

- ▶ **Art des abzusichernden Risikos** (z. B. Fremdwährungsrisiko) sowie **Sicherungsziel und Sicherungsstrategie** (z. B. Voll- oder Teilabsicherung in sachlicher und zeitlicher Hinsicht, z. B. revolvierende Sicherungen durch Anschlussgeschäfte; → Rz. 24a),
- ▶ Identifikation und Beschreibung des **Grundgeschäfts**,
- ▶ Identifikation und Beschreibung des **Sicherungsgeschäfts**,
- ▶ Angaben zur prospektiven und retrospektiven **Effektivität** (Methode und Ergebnis der Beurteilung),
- ▶ beim **Portfolio-*hedge*** außerdem Nachweis der Homogenität der Grundgeschäfte.

IV. Rechtsfolgen

1. Nichtanwendung bestimmter Vorschriften

45 Bei Erfüllung der Tatbestandsvoraussetzungen sind im Umfang und für den Zeitraum des Sicherungszusammenhangs bestimmte Vorschriften nicht anzuwenden. Betroffen sind

- ▶ **Einzelbewertungsprinzip** gem. § 252 Abs. 1 Nr. 3 HGB (→ § 252 Rz. 30),

---

[16] IDW ERS HFA 35 Tz. 12.
[17] IDW ERS HFA 35 Tz. 41 ff.

- **Imparitätsprinzip** gem. § 252 Abs. 1 Nr. 4 HGB (→ § 252 Rz. 82),
- Ansatz von **Drohverlustrückstellungen** gem. § 249 Abs. 1 HGB (→ § 249 Rz. 121),
- Bewertung zu **Anschaffungskosten** oder zum niedrigeren Stichtagswert gem. § 253 Abs. 1 HGB,
- Bewertung von **Fremdwährungsposten** gem. § 256a HGB i.V. mit § 253 HGB (→ § 256 Rz. 7).

Die Nichtanwendung ist von unterschiedlicher Motivation und Wirkung: 46

- Die Aussetzung des **Einzelbewertungsprinzips** ist vor allem als **abstrakte Voraussetzung** für die Anerkennung der Bewertungseinheiten relevant.
- Die Aussetzung des **Imparitätsprinzips** erscheint auf den ersten Blick entbehrlich, da die **konkreten Folgen** sich bereits aus der Aussetzung der Regelungen des § 249 Abs. 1 HGB, § 253 Abs. 1 HGB und § 256a HGB ergeben (→ Rz. 46).
- Bei zweiter Betrachtung ermöglicht die ausdrückliche Aussetzung des Imparitätsprinzips aber auch die Wahl zwischen einer **Netto- und Bruttobetrachtung**. Nach der Bruttobetrachtung wird etwa wegen Nichtanwendung des Imparitätsprinzips der unrealisierte Gewinn aus einem Sicherungsgeschäft ertragswirksam ausgewiesen, im Gegenzug die Wertminderung des Grundgeschäfts nach Normalregeln aufwandswirksam behandelt. Spiegelbildlich dazu bleibt bei der Nettobetrachtung die Wertminderung des Grundgeschäfts wegen Nichtanwendung von § 249 Abs. 1 HGB, § 253 Abs. 1 HGB und § 256a HGB unberücksichtigt, während der unrealisierte Gewinn aus dem Sicherungsgeschäft nach Normalregeln bilanzunwirksam bleibt (→ Rz. 47).

Die spezifischen Rechtsfolgen aus § 254 HGB reichen nur soweit, wie die Wertänderungen beim Grund- oder Sicherungsgeschäft auf die **gesicherte Risikovariable** und nicht auf andere Umstände zurückzuführen sind. 46a

> **BEISPIEL** ▶ U sichert das Währungsrisiko aus einer im Umlaufvermögen gehaltenen USD-Festzinsanleihe durch eine USD-Verbindlichkeit ab. Nach Begründung der Sicherungsbeziehung treten folgende Effekte auf:
>
> 1. Der Wert der Anleihe (in USD) mindert sich wegen einer Bonitätsherabstufung des Emittenten und steigender Kapitalmarktzinsen.
> 2. Der Wert der Anleihe (in €) sinkt noch stärker, weil der Kurs des USD sich gegenüber dem des € verschlechtert.
>
> **BEURTEILUNG** ▶ Zins- und Bonitätsrisiken sind nicht Teil des Sicherungszusammenhangs und damit von § 254 HGB nicht betroffen. Die Wertänderung der Anleihe ist daher aufzuspalten:
>
> 1. Der zins- und bonitätsbedingte Verlust ist bilanziell und in der GuV zu erfassen.
> 2. Der währungsbedingte Verlust ist wegen § 254 HGB in der GuV nicht und in der Bilanz nur bei Anwendung der Nettomethode (→ Rz. 47) zu berücksichtigen.

Entsprechende Überlegungen gelten auch für das Sicherungsgeschäft, soweit auch dieses nicht mit den gesicherten Variablen zusammenhängenden anderen Risiken (insbesondere Bonitätsrisiken) unterliegt. Das IDW spricht in diesem Zusammenhang von einer „zweistufigen Bewertungstechnik"[18], bei der

- die gesamte Wertänderung des Grund- und Sicherungsgeschäfts jeweils in die **Wertänderung aufgrund des abgesicherten Risikos** und eine **sonstige Wertänderung** aufgespalten wird
- die Wertänderung aufgrund des abgesicherten Risikos weiter in einen **effektiven und ineffektiven Teil** (→ Rz. 51) unterschieden wird.

Nur der effektive Teil der Wertänderung aufgrund des abgesicherten Risikos unterliegt den speziellen Vorschriften von § 254 HGB.

2. Brutto- vs. Nettomethode (Durchbuchungs- vs. Einfrierungsmethode)

47 Für den nicht kodifizierten Rechtszustand **vor BilMoG** waren zur kompensatorischen Bewertung bei Sicherungszusammenhängen allgemein die Gleichwertigkeit von Brutto- und Nettodarstellungen anerkannt. Die Begrifflichkeit war dabei allerdings uneinheitlich:

- Als **Einfrierungsmethode**[19] oder **Festbewertungsmethode**[20] wurde eine **Nettomethode** bezeichnet, bei der das Grundgeschäft zum Sicherungskurs bilanziert und ein drohender Verlust/erwarteter Gewinn oder eine Wertminderung/Wertsteigerung beim Sicherungsinstrument nicht erfasst wird.
- Als **Durchbuchungsmethode** oder **Marktbewertungsmethode** wurde eine **Bruttomethode** bezeichnet, bei der (im Umfang der effektiven Sicherung) unrealisierte Gewinne oder Verluste des Grundgeschäfts erfasst werden, im Gegenzug aber auch unrealisierte Verluste oder Gewinne beim Sicherungsinstrument.

48 Unabhängig von der Terminologie geht es damit inhaltlich um den unter → Rz. 46 dargelegten Unterschied zwischen einer **Netto- und Bruttodarstellung**. Unstrittig besteht ein solches **Wahlrecht** auch nach BilMoG.[21]

> **BEISPIEL** Aus einem Devisentermingeschäft ergibt sich ein unrealisierter Ertrag von 20. Das Geschäft dient der perfekten Absicherung eines lang laufenden Fremdwährungsdarlehens, auf das im Hinblick auf § 256a HGB nach Maßgabe des Höchstwertprinzips eine aufwandswirksame Zuschreibung von 100 auf 120 notwendig wäre. Bei Existenz eines Sicherungszusammenhangs ergeben sich zwei Darstellungsalternativen:
>
> **1. ALTERNATIVE** Bruttodarstellung
>
> Der unrealisierte Ertrag von 20 aus dem Sicherungsgeschäft wird wegen **Nichtanwendung** von § 252 Abs. 1 Nr. 4 HGB aktivisch ausgewiesen, das Darlehen in **Anwendung** von § 256a HGB und § 253 Abs. 1 HGB mit 120 bewertet. Der Saldo beider Positionen ist -100.

---

18 IDW ERS HFA 35 Tz. 63 ff.
19 So die Begrifflichkeit in der Begründung des RegE des BilMoG.
20 So *Arbeitskreis Externe Rechnungslegung*, DB 1997 S. 637 ff.
21 Vgl. *Schmidt*, BB 2009 S. 882 ff.; *Wiechens/Helke*, DB 2009 S. 1333 ff.; nun auch IDW ERS HFA 35 Tz. 72 ff.

> **2. ALTERNATIVE** Nettodarstellung
>
> Der unrealisierte Ertrag aus dem Sicherungsgeschäft wird in **Anwendung** von § 252 Abs. 1 Nr. 4 HGB nicht aktiviert, das Darlehen wegen **Nichtanwendung** von § 256a HGB und § 253 Abs. 1 HGB mit 100 passiviert. Der Saldo beider Positionen ist -100.

Die Entscheidung für die Bruttodarstellung tangiert nicht die **GuV**. Hier **können** Ertrag und Aufwand u. E. im Umfang der Effektivität saldiert werden,[22] eine unsaldierte Darstellung ist bei Einsatz der Bruttomethode aber ebenfalls zulässig.

Strittig ist, ob das Methodenwahlrecht auch für den *cash flow hedge* schwebender oder erwarteter Transaktionen gilt (→ Rz. 9 f.). Berechtigte Bedenken gegen eine Bruttodarstellung[23] bestehen hier jedenfalls bei Absicherung von Anschaffungsgeschäften.

49

> **BEISPIEL** Zur Absicherung einer für den Erfüllungszeitpunkt 30.6.03 kontrahierten Beschaffung von Flugzeugen in US-Dollar kauft U am 1.7.01 mit gleicher Fälligkeit 100 Mio USD auf Termin. Kassakurse und Terminkurse werden vereinfachend als identisch unterstellt und entwickeln sich wie folgt:
>
> | | 1.7.01 | 31.12.01 | 31.12.02 | 30.06.03 |
> | --- | --- | --- | --- | --- |
> | Kassakurs = Terminkurs | 1,00 | 0,90 | 0,80 | 0,70 |
> | Drohender Verlust (Mio €) | | 10 | 20 | |
>
> Am 31.12.01 und 31.12.02 droht aus dem Devisentermingeschäft ein Verlust, der nach der Nettomethode nicht zu passivieren wäre. Nach der Bruttomethode müsste im Gegenzug ein erwarteter Gewinn (aus dem Sinken der Beschaffungspreise in Euro) aktiviert werden. Den Ansatz eines solchen Gewinns verhindert nicht das Imparitätsprinzip – dies wäre durch § 254 HGB ausgesetzt –, sondern ein anderer Umstand: Der erwartete Vorteil besteht in der Minderung von Anschaffungskosten gegenüber dem ursprünglich kalkulierten Wert. Wie die Anschaffung selbst ist aber auch die (erhoffte) Minderung von Anschaffungskosten ein erfolgsneutraler Vorgang. Ein bei Aussetzung des Imparitätsprinzips ansätzfähiger, unrealisierter Gewinn liegt überhaupt nicht vor.

Wird anders als im Beispiel nicht ein schon kontrahiertes schwebendes, sondern ein lediglich (mit hoher Wahrscheinlichkeit) **erwartetes Geschäft** abgesichert (antizipativer *hedge*; → Rz. 26), ist der erwartete Vorteil aus dem Grundgeschäft weder Vermögensgegenstand noch Rechungsabgrenzungsposten und damit gem. § 246 Abs. 1 Satz 1 HGB nicht aktivierungsfähig (→ § 246 Rz. 8 ff.).[24] Nur die Nettomethode kann in diesem Fall zur Anwendung gelangen.

---

22 So nun auch IDW ERS HFA 35 Tz. 77.
23 Vgl. *Schmidt*, BB 2009 S. 882 ff.
24 IDW ERS HFA 35 Tz. 74.

3. Umfang und Zeitraum des Risikoausgleichs

3.1 Effektiver und ineffektiver Teil

50 Bei Bildung einer Bewertungseinheit sind „§ 249 Abs. 1 HGB, § 252 Abs. 1 Nr. 3 und 4 HGB, § 253 Abs. 1 Satz 1 HGB sowie § 256a HGB in dem **Umfang** und für den **Zeitraum** nicht anzuwenden, in dem die gegenläufigen Wertänderungen oder Zahlungsströme sich **ausgleichen**" (→ Rz. 45). Angesprochen ist damit erneut die **Effektivitätsfrage**, nun aber nicht (nur) aus prospektiver Sicht als Tatbestandsvoraussetzung für die Bildung einer Bewertungseinheit (→ Rz. 33), sondern rechtsfolgenseitig und damit (vorrangig) **retrospektiv**.

Nur „im Umfang des Ausgleichs" kann auf den sonst gebotenen Ansatz einer Drohverlustrückstellung, die sonst gebotene Niederstwertabschreibung etc. verzichtet werden. Zum Bilanzstichtag ist demzufolge festzustellen, im welchem Maße der Sicherungszusammenhang

- (noch) effektiv ist und daher Drohverluste etc. nicht anzusetzen sind,
- nicht (mehr) effektiv ist und daher Drohverluste etc. zu bilanzieren sind.

BEISPIEL Am 1.7.01 nimmt U ein USD-Darlehen über 10 Mio €, fällig in zwei Jahren, auf und kauft zur Sicherung gleichzeitig 11 Mio USD auf Termin mit gleicher Fälligkeit. Vereinfachend wird die Identität von Termin und Kassakurs angenommen. Die Kurse sind wie folgt:

| 1.7.01 | 1 €/1 USD |
| 31.12.01 | 0,9 €/USD |

Aus dem Darlehen ergibt sich per 31.12.01 ein unrealisierter Ertrag von 1 Mio €, da nach Stichtagsverhältnissen nicht mehr 10 Mio €, sondern 0,9 · 10 Mio = 9 Mio € als Tilgungsbetrag erwartet werden.

Aus dem Devisentermingeschäft droht per 31.12.01 ein Verlust, der sich wie folgt errechnet:

Nach dem kontrahierten Kurs für 11 Mio USD aufzuwenden:	11 Mio €
Nach Stichtagskurs aufzuwenden (= 0,9 · 11 Mio €)	9,9 Mio €
Drohender Verlust	1,1 Mio €

BEURTEILUNG Mit einem Anteil von 10 Mio € (= 10/11) ist der Terminkontrakt sicherungseffektiv und gleicht die gegenläufige Wertentwicklung des Darlehens aus, mit einem Anteil von 1 Mio € (1/11) ist er nicht effektiv.

Der drohende Verlust von 1,1 Mio € ist demzufolge aufzuspalten in

- einen effektiven Teil von 10/11 · 1,1 Mio € = 1 Mio € und
- einen ineffektiven Teil von 1/11 · 1,1, Mio € = 0,1 Mio €.

U erfasst einen Aufwand von 0,1 Mio € und hat dabei gem. → Rz. 47 folgende Ausweisalternativen:

BRUTTODARSTELLUNG

per Darlehen	1,0 Mio €	an Ertrag	1,0 Mio €
per Aufwand	1,1 Mio €	an Drohverlustrückstellung	1,1 Mio €

mit der Möglichkeit der Saldierung von Aufwand und Ertrag in der GuV.

NETTODARSTELLUNG:

per Aufwand	0,1 Mio €	an Drohverlustrückstellung	0,1 Mio €

Das IDW sieht die bilanzielle Erfassung des Aufwands aus dem ineffektiven Teil als „**Rückstellung für Bewertungseinheiten**" unter dem Posten „sonstige Rückstellungen" vor.[25] Jedenfalls wenn das Sicherungsinstrument – wie im vorstehenden Beispiel – ein schwebendes Geschäft ist, haben u. E. aber die **allgemeinen Regeln Vorrang**, die zu einer „**Rückstellung für drohende Verluste**" und nicht zu einer Sonderform der sonstigen Rückstellung führen.[26]

50a

Einen Vorrang der allgemeinen Vorschriften sehen wir auch, wenn sich aus dem Sicherungsgeschäft ein unrealisierter Ertrag, aus dem Grundgeschäft hingegen eine **Abwertung** (bei Aktiva) oder **Höherbewertung** (bei Passiva) ergibt. Hierzu kann das Beispiel aus → Rz. 50a wie folgt variiert werden:

BEISPIEL Am 1.7.01 nimmt U ein USD-Darlehen über 11 Mio €, fällig in zwei Jahren, auf und kauft zur Sicherung gleichzeitig 10 Mio USD auf Termin mit gleicher Fälligkeit. Vereinfachend wird die Identität von Termin- und Kassakurs angenommen. Die Kurse sind wie folgt:

1.7.01	1 €/1 USD
31.12.01	1,1 €/USD

Aus dem Darlehen ergibt sich per 31.12.01 ein unrealisierter Verlust von 1,1 Mio €, da nach Stichtagsverhältnissen nicht mehr 11 Mio €, sondern 1,1 · 11 Mio = 12,1 Mio € als Tilgungsbetrag erwartet werden.

Aus dem Devisentermingeschäft wird per 31.12.01 ein Gewinn erwartet, der sich wie folgt errechnet:

Nach dem kontrahierten Kurs für 11 Mio USD aufzuwenden	11 Mio €
Nach Stichtagskurs aufzuwenden (= 11 Mio USD/1,1)	10 Mio €
Erwarteter Gewinn	1 Mio €

---

25 IDW ERS HFA 35 Tz. 78.
26 So wohl auch *Scharpf*, in: Küting/Pfitzer/Weber (Hrsg.), Handbuch der Rechnungslegung, Einzelabschluss, 5. Aufl., § 254 Tz. 355.

> **BEURTEILUNG** Mit einem Anteil von 10 Mio € (= 10/11) ist das Darlehen effektiv abgesichert, mit einem Anteil von 1 Mio € (1/11) nicht.
>
> Die nach Imparitätsprinzip notwendige Höherbewertung um 1,1 Mio € ist demzufolge aufzuspalten in:
>
> ► einen effektiven abgesicherten Teil von 10/11 · 1,1 Mio € = 1 Mio € und
>
> ► einen ineffektiven Teil von 1/11 · 1,1 Mio € = 0,1 Mio €.
>
> U erfasst einen Aufwand von 0,1 Mio € und hat dabei gem. → Rz. 47 folgende Ausweisalternativen:
>
> **BRUTTODARSTELLUNG**
>
> | per Termingeschäft | 1,0 Mio € | an Ertrag | 1,0 Mio € |
> |---|---|---|---|
> | per Aufwand | 1,1 Mio € | an Darlehen | 1,1 Mio € |
>
> mit der Möglichkeit der Saldierung von Aufwand und Ertrag in der GuV.
>
> **NETTODARSTELLUNG**
>
> | per Aufwand | 0,1 Mio € | an Darlehen | 0,1 Mio € |
> |---|---|---|---|

Die vom IDW angeführte „Rückstellung für Bewertungseinheiten" wird auch in diesem Fall nicht benötigt.

50b Der aus der Ineffektivität der Sicherungsbeziehung resultierende **Aufwand** kann in der **GuV** statt unter dem sonst gebotenen Posten (sonstige betriebliche Aufwendungen, Abschreibungen auf Finanzanlagen etc.) wahlweise auch unter dem Posten erfasst werden, in dem die Wertänderung des Grundgeschäfts erfasst wird.[27]

50c Hinsichtlich der Häufigkeit des Effektivitätsnachweises bleibt die Gesetzesvorgabe unbestimmt. Nach großzügiger Auffassung des IDW ist (als Mindestanforderung) ein Effektivitätsnachweis lediglich zu jedem Bilanzstichtag erforderlich.[28] Unbedenklich erscheint dies allerdings nur für den Fall einer Identität aller wesentlichen Ausgestaltungsmerkmale des Grund- und des Sicherungsgeschäfts (→ Rz. 26) zu sein, da hier ein quantitativer Nachweis sowieso entfällt. In allen anderen Fällen halten wir eine quartalsweise (alle drei Monate) Überprüfung der prospektiven und retrospektiven Effektivität für angezeigt, bei Erstellung von Zwischenabschlüssen jedenfalls für verpflichtend.

3.2 Methoden zu Bestimmung des (in-)effektiven Teils

3.2.1 Einfache Dollar-Offset-Methode (*change in fair value*-Methode)

51 Zur Bestimmung der Effektivität bzw. der effektiven und ineffektiven Teile kommen die gleichen Methoden in Frage, die auch bei der prospektiven Effektivitätsbeurteilung Anwendung

---

[27] IDW ERS HFA 35 Tz. 80.
[28] IDW ERS HFA 35 Tz. 48.

§ 254 Bildung von Bewertungseinheiten

finden (→ Rz. 37). Bei ausschließlich auf **Wertänderungen** zielenden Sicherungen (*fair value hedge*) kann vorrangig die einfache Dollar-Offset-Methode angewandt werden. Im Beispiel unter → Rz. 50 ist dies implizit geschehen. Explizit würde die Rechnung dort wie folgt aussehen:

BEISPIEL

$$\frac{\text{Wertänderung Darlehen}}{\text{Wertänderung Termingeschäft}} = \frac{-1}{1,1} = 90,91\,\%$$

somit effektiv (kein Aufwand)	90,91 %	1,1 Mio	=	1,0
somit ineffektiv (Aufwand)	9,09 %	1,1 Mio	=	0,1

3.2.2 Hypothetische Derivate-Methode nach IFRS

Die Anwendung der einfachen Dollar-Offset-Methode (→ Rz. 37) kann jedoch Probleme bei der Beurteilung von Bewertungseinheiten bereiten, die vorrangig der **Zahlungsstromsicherung** dienen. 52

So wird sich im Falle der Absicherung der variablen Zinsrisiken eines Darlehens mittels eines Zinsswaps (mit dem die variablen Zinsen aus dem Grundgeschäft gegen feste Zinsen getauscht werden) u.U. auch bei perfekten Sicherungsbeziehungen mathematisch eine nicht hinreichende retrospektive Effektivität ergeben:

▶ Die Ursache hierfür liegt in der Logik der **Dollar-Offset-Methode**. Sie sieht den **Vergleich** der **Zeitwertänderungen** aus dem Grund- und dem Sicherungsgeschäft vor,

▶ obwohl das **Ziel** eines *cashflow hedge* nicht in der Absicherung von Zeitwertänderungen, sondern von **Zahlungsstromänderungen** besteht.

Bei genauerer Betrachtung des Effektivitätstests nach der Dollar-Offset-Methode ergibt sich für die Absicherung eines variabel verzinslichen Darlehens durch einen Zinsswap dann folgendes Bild: 53

1. Das **Grundgeschäft** weist lediglich **eine einzige Zahlungsstruktur** auf, die künftigen variablen Zins-*cashflows*. Für diese wäre nach der Dollar-Offset-Methode der Zeitwert zu berechnen. Die (kumulierten) Änderungen des Zeitwerts würden in den Effektivitätstest einfließen.

2. Der **Zinsswap** weist hingegen **zwei Zahlungsstrukturen** auf:
   ▶ die künftigen variablen Zins-*cashflows* (das sog. *floating leg*) des Zinsswap, der die variablen Zins-*cashflows* des Grundgeschäfts kompensiert und
   ▶ die fixen Zins-*cashflows* (der sog. *fixed leg*) des Zinsswap.
   ▶ Der Zeitwert des Swap ergibt sich aus der Kombination beider Zahlungsströme.
   ▶ Die (kumulierten) Änderungen beider Zeitwertkomponenten würden in den Effektivitätstest einfließen.

3. Bei perfekter Absicherung entsprechen sich nur die Zeitwerteffekte aus dem variablen *leg* des Zinsswaps und aus dem Grundgeschäft. Bei ausschließlicher Einbeziehung dieser bei-

den Effekte in die Effektivitätsmessung ergäbe sich eine Effektivität von 100 %. Probleme ergeben sich aber daraus, dass auf Seiten des Zinsswaps die Änderung des *fixed leg* hinzukommt. Hieraus kann sich bei Anwendung der Dollar-Offset-Methode für den perfekten *cashflow hedge* eine rechnerische Ineffektivität ergeben. Ein **scheinbar drohender Verlust** aus dem Swap wäre mit diesem ineffektiven Teil zu passivieren.

54 Vergleichbare Probleme wie beim Zinsswap bereitet die einfache Dollar-Offset-Methode bei der Absicherung von Fremdwährungsposten oder erwarteten Zahlungen in Fremdwährung durch **Devisentermingeschäfte**. Der Terminkurs ergibt sich nicht einfach aus dem Kassakurs, sondern enthält eine sog. **Zinskomponente**, die sich aus der Zinsdifferenz zwischen den beiden beteiligten Währungen ergibt. Je höher die Zinsdifferenz und je länger die (Rest-)Laufzeit des Termingeschäfts, umso stärker weichen Termin- und Kassakurs daher voneinander ab.

> **BEISPIEL** Zur Absicherung der Rückzahlung eines am 1.7.01 aufgenommenen, in zwei Jahren fälligen USD-Darlehens über 100 TUSD kauft U am gleichen Tag und mit gleicher Fälligkeit 100 TUSD auf Termin. Der Kassakurs am 1.7.01 beträgt 1 €/1 USD. Der Dollar sinkt bis zum 31.12.01 auf 0,9 €/1 USD. Nachfolgend wird unter der Annahme einer Zinsdifferenz von 3 % zwischen beiden Währungen die Entwicklung des Terminkurses sowie der Zeitwert von Darlehen und Termingeschäft dargestellt:
>
> | | | 1.7.01 | 31.12.01 |
> |---|---|---:|---:|
> | | Zinsdifferenz (€ - USD) | 0,03 | 0,03 |
> | • | Kassakurs | 1,00 | 0,90 |
> | • | Vertragslaufzeit | 2,0 | 1,5 |
> | = | Swapsatz | 0,06 | 0,0405 |
> | + | Kassakurs | 1,00 | 0,90 |
> | = | Terminkurs | 1,0600 | 0,9405 |
> | | Veränderung zu 1.7.01 | | -0,1195 |
> | • | 100 | | 100 |
> | = | Marktwert Derivat | 0,00 | -11,95 |
> | | | | |
> | | Marktwert Verbindlichkeit | -100,00 | -90,00 |
> | | Veränderung zu 1.7.01 | | 10,00 |
>
> Zeitwertänderung des Terminkontrakts (bei anfänglicher Ausgeglichenheit zugleich drohender Verlust) und des Darlehens gleichen sich nicht 100 %ig aus.

55 Zur Vermeidung derartiger Effekte erlauben die entsprechenden IFRS-Vorschriften die Durchführung der Dollar-Offset-Methode in anderer Form. Statt der oben beschriebenen sog. *change in fair value*-Methode (einfache Dollar-Offset-Methode) kann die **hypothetische Derivate-Methode** verwendet werden (vgl. IAS 39.IG.F.5.5). Dabei wird die Berechnung der in den Effektivitätstest eingehenden Zeitwertänderung des gesicherten Zahlungsstroms mithilfe eines hypothetischen Derivats ermittelt, das als Stellvertreter für die gesicherten Zahlungsströme fungiert:

▶ Bei einem ausgereichten variabel verzinslichen Darlehen ist das hypothetische Derivat etwa ein *payer swap* (zahle fix, erhalte variabel) mit gleichem *critical terms* wie das Grundgeschäft (Volumen, Laufzeit, Referenzzins, Zinsanpassungstermine etc.).

▶ Bei Absicherung einer geplanten Rückzahlung eines Fremdwährungsdarlehens dient als hypothetisches Derivat ein Verkauf der Fremdwährung auf Termin mit gleichen *critical terms* (Volumen, Fälligkeit, Währung).

Da dieses hypothetische Derivat wie das tatsächliche Sicherungsderivat ebenfalls einen *fixed leg* aufweist (Zinsswap) bzw. eine Zinskomponente enthält (Devisentermingeschäft), werden die unter → Rz. 53 f. beschriebenen Störeffekte ausgeglichen.

BEISPIEL ▶ U hat am 1.1.01 ein variabel verzinsliches Darlehen über 1 Mio € mit Fälligkeit zum 31.12.03 ausgereicht, für das der Darlehensnehmer den Sechs-Monats-EURIBOR zahlt. Da U mit einem Rückgang der Zinsen und dadurch mit einem Rückgang des Zinsertrags aus dem Darlehen rechnet, schließt er mit seiner Bank gleichzeitig einen marktgerechten *receiver*-Zinsswap über nominal 10 Mio € mit Laufzeit ebenfalls bis zum 31.12.03 ab, aus dem er einen Festzinssatz von 3 % erhält und den Sechs-Monats-EURIBOR zahlt. Bei Abschluss der Geschäfte beträgt der Sechs-Monats-EURIBOR 3 %; die nächste Zinsanpassung erfolgt am 1.1.02.

Das für die Messung der retrospektiven Effektivität erforderliche, an Stelle des Grundgeschäfts (ausgereichtes variabel verzinsliches Darlehen) tretende hypothetische Derivat ist ein *payer swap* über 10 Mio € mit einer Laufzeit vom 1.1.01 bis 31.12.03, aus dem (hypothetisch) ein fester Zins von 3 % zu zahlen und (hypothetisch) der Sechs-Monats-EURIBOR empfangen wird.

Im Weiteren werden die Zinsentwicklung, die tatsächlichen Zahlungen und der Zeitwert (Barwert) dargestellt:

1. Einnahmen aus dem ausgereichten Darlehen

Stichtag	1.1.01	31.12.01	31.12.02	31.12.03
Zinssatz	3,0 %	4,0 %	3,5 %	
Einnahme		30.000	40.000	35.000

2. *receiver swap* (tatsächliches Sicherungsderivat)

Stichtag	1.1.01	31.12.01	31.12.02	31.12.03
Zinssatz	3,0 %	4,0 %	3,5 %	
tatsächliche Zahlung		0	-10.000	-5.000
Erwartete Zahlungsreihe	1.1.01	0	0	0
Barwert	0			
Erwartete Zahlungsreihe		31.12.01	-10.000	-10.000
Barwert		-18.861		
Erwartete Zahlungsreihe			31.12.01	-5.000
Barwert			-4.831	

IV. Rechtsfolgen

3. Zahlungssaldo

Stichtag	1.1.01	31.12.01	31.12.02	31.12.03
Zinssatz	3,0 %	4,0 %	3,5 %	
Einnahmen Darlehn		30.000	40.000	35.000
Ausgaben Swap		0	-10.000	-5.000
Saldo		30.000	30.000	30.000

4. *payer swap* (hypothetisches Derivat)

Stichtag	1.1.01	31.12.01	31.12.02	31.12.03
Zinssatz	3,0 %	4,0 %	3,5 %	
Barwert	0	+18.861	+4831	0

Die **retrospektive Effektivität** bestimmt sich auf Basis der kumulierten Wertänderungen (also der Barwerte) wie folgt:

31.12.01:	18.861/18.861	= 100 %
31.12.02 (kumuliert):	4.831/4.831	= 100 %
31.12.03 (kumuliert):	0/0	= 100 %

Über den Umweg des hypothetischen Derivats wird zu jedem Zeitpunkt eine 100 %ige Effektivität dargestellt. Der drohende Verlust aus dem tatsächlichen Derivat wird daher zu keinem Zeitpunkt bilanziert.

3.2.3 Qualitative Beurteilung statt Scheinquantifizierung

56 Die hypothetische Derivate-Methode (→ Rz. 55) **kann** auch nach HGB angewandt werden, da das Gesetz keine Vorschriften über die Methode zu Ermittlung der Effektivität enthält, die Auswahl der Methode vielmehr dem Ermessen des Unternehmens überlässt. Die Auswahl einer international anerkannten Methode liegt im Rahmen dieses Ermessens.

57 Fraglich ist aber, ob die Methode angewandt werden **muss**, ob insbesondere bei nach *critical terms match* (→ Rz. 36) perfekten Sicherungsbeziehungen der Umweg über die Mathematik der Hypothetischen-Derivate-Methode zwingend ist. Zur Beantwortung muss noch einmal auf die IFRS Bezug genommen werden. Diese erkennen zwar für die Bestimmung der prospektiven Effektivität einen *critical terms match* als ausreichend an, verlangen aber bei der Bestimmung der retrospektiven Effektivität nach h. M. zwingend einen quantitativen Test. Da dieser Test im Falle des Zinsswaps oder der Sicherung von Fremdwährungszahlungsströmen aus den vorgenannten Gründen in direkter Gegenüberstellung von Grundgeschäft und Sicherungsgeschäft nicht aufgeht, wird an die Stelle des Grundgeschäfts ein hypothetisches Derivat gesetzt. Dieses hypothetische Derivat steht aber wiederum in keiner mathematischen „Eins zu Eins"-Beziehung zum Grundgeschäft, sondern in einer qualitativen nach Maßgabe der *critical terms*.

Die logische Struktur der hypothetischen Derivate-Methode ist bei perfekten Sicherungsbeziehungen dann nur bei **oberflächlicher** Betrachtung wie folgt:

I. Das hypothetische Derivat entspricht dem Grundgeschäft.

II. Der Zusammenhang von hypothetischem Derivat und Sicherungsgeschäft ist (vollständig) effektiv.

Folgerung aus (I.) und (II.):

III. Der Zusammenhang von Grundgeschäft und Sicherungsgeschäft ist (vollständig) effektiv.

Bei **näherer** Betrachtung sind die in den einzelnen Sätzen angenommenen Relationen aber zu spezifizieren. Die unter Punkt I angenommene Entsprechung von hypothetischem Derivat und Grundgeschäft ist **qualitativ**, auf Basis von *critical terms*, die in Punkt II ermittelte Effektivität hingegen **quantitativ**. Aus der Verknüpfung einer qualitativen und einer quantitativen Aussage folgt aber keine quantitative Aussage. Es gilt nach den Regeln der **Aussagen- und Messlogik** vielmehr: Das niedrigste Skalenniveau im Prämissenzusammenhang determiniert das Skalenniveau des Gesamtergebnisses. Insoweit ist die logische Struktur wie folgt anzupassen

58

I. Das hypothetische Derivat entspricht in **qualitativer** Betrachtung dem Grundgeschäft.

II. Der Zusammenhang von hypothetischem Derivat und Sicherungsgeschäft ist in **quantitativer** Betrachtung vollständig effektiv.

Folgerung aus (I.) und (II.):

III. Der Zusammenhang von Grundgeschäft und Sicherungsgeschäft ist in **qualitativer** Betrachtung **vollständig** effektiv.

Die hypothetische Derivate-Methode ist im Falle qualitativ perfekter Sicherungen daher gewissermaßen ein **Griff in die Trickkiste**. Mit erheblichem Dokumentations- und Rechenaufwand wird der Eindruck erweckt, die von den IFRS (u. E. überflüssigerweise auch für perfekte Sicherungen) geforderte quantitative Bestimmung der retrospektiven Effektivität zu erbringen. Das Ergebnis der quantitativen Analyse kann dann nicht mehr verwundern:

▶ Tritt an die Stelle des durch einen *receiver swap* gesicherten ausgereichten variabel verzinslichen Darlehens ein *payer swap* als hypothetisches Derivat, so vergleicht der quantitative Effektivitätstest in der Gegenüberstellung von Sicherungsderivat (*receiver swap*) und hypothetischem Derivat (*payer swap*) zwei perfekt spiegelbildliche Geschäfte und muss notwendig zu einer Effektivität von 100 % führen.

▶ Tritt an die Stelle der durch einen Devisenterminkauf gesicherten Rückzahlung eines Fremdwährungsdarlehens als hypothetisches Derivat ein Devisenterminverkauf, so ist es nicht verwunderlich, wenn die anschließende mathematische Analyse zu dem Ergebnis gelangt, dass sich Sicherungsderivat (Devisenterminkauf) und hypothetisches Derivat (Devisenterminverkauf) zu 100 % ausgleichen.

Da im **Handelsrecht** eine explizite Vorgabe zur Bestimmung der retrospektiven Effektivität fehlt, mithin **kein Zwang zur Scheinquantifizierung** gegeben ist, muss die hypothetische Derivate-Methode auf schon nach qualitativer Beurteilung perfekte Sicherungsbeziehungen u. E. nicht angewandt werden. Das qualitative Urteil reicht aus.

59

Als möglicherweise **sinnvoller Anwendungsbereich** der Hypothetischen-Derivate-Methode bleiben dann die Fälle **nicht perfekter Sicherung**, also etwa die Sicherung eines variabel verzinslichen Darlehens mit monatlicher Zinsanpassung durch einen Swap mit jährlicher Zinsanpassung, oder die Sicherung einer für den 1.8.02 erwarteten Beschaffung in Fremdwährung durch einen auf den 1.7.02 abgeschlossen Devisenterminkauf. Hier liefert die Hypothetische-Derivate-Methode ein (qualitativ überformtes) mathematisches Modell für die Abgrenzung von effektivem und ineffektivem Teil.

3.3 Die Bemessung potenzieller Verluste oder Wertminderungen

60 Die Vorschriften des § 254 HGB ermöglichen es, einen drohenden Verlust oder eine Wertminderung im Umfang der Sicherung nicht zu erfassen. Der Trennung in effektiven und ineffektiven Teil **logisch vorgeschaltet** ist damit die Frage, in welcher Höhe **überhaupt** ein Verlust oder eine Wertminderung droht. Diese Frage ist nicht trivial, wie das Beispiel der Währungssicherung zeigt:

> **BEISPIEL** Zur Absicherung der Rückzahlung eines am 1.7.01 aufgenommenen, in zwei Jahren fälligen USD-Darlehens von 100 TUSD kauft U am gleichen Tag und mit gleicher Fälligkeit 100 TUSD auf Termin. Der Kassakurs am 1.7.01 beträgt 1 €/1 USD. Der Dollar sinkt bis zum 31.12.01 auf 0,9 €/1 USD. Nachfolgend unter der Annahme einer Zinsdifferenz von 3 % zwischen beiden Währungen die Entwicklung des Terminkurses sowie der Zeitwert von Darlehen und Termingeschäft:
>
> | | 1.7.01 | 31.12.01 |
> |---|---:|---:|
> | Zinsdifferenz (€ - USD) | 0,03 | 0,03 |
> | · Kassakurs | 1,00 | 0,90 |
> | · Vertragslaufzeit | 2,0 | 1,5 |
> | = Swapsatz | 0,06 | 0,0405 |
> | + Kassakurs | 1,00 | 0,90 |
> | = Terminkurs | 1,0600 | 0,9405 |
> | Veränderung zu 1.7.01 | | -0,1195 |
> | · 100 | | 100 |
> | = Marktwert Derivat | 0,00 | -11,95 |
> | Marktwert Verbindlichkeit | -100,00 | -90,00 |
> | Veränderung zu 1.7.01 | | 10,00 |
>
> Der Marktwert des Derivats am 31.12.01 beträgt -11,95. Fraglich ist aber, ob in dieser Höhe auch ein Verlust droht.

61 Zu Ermittlung des drohenden Verlusts kommen folgende Ansätze in Frage:
▶ Der **Terminkurs** des **Bilanzstichtags** wird mit dem **Kontraktkurs** (ursprünglicher Terminkurs) verglichen. Bei zwischen Fremden anzunehmender anfänglicher Ausgeglichenheit des Ge-

schäfts entspricht dies dem **negativen Marktwert** (von 11,95 im Beispiel unter → Rz. 60). Dieser kann wie folgt interpretiert werden: Wenn das Unternehmen das alte Termingeschäft am Stichtag ablösen würde, müsste er hierfür den negativen Marktwert an den Kontraktpartner zahlen.

▶ Der **Kassakurs des Bilanzstichtags** wird mit dem **Kontraktkurs** (ursprünglicher Terminkurs) verglichen. Der sich danach ergebende Verlust (im Beispiel von 16) kann wie folgt interpretiert werden: Wenn der Devisenterminkauf bereits am Stichtag fällig wäre, müsste U an den Kontraktpartner den Kontraktkurs zahlen (im Beispiel 106), obwohl er die Devisen auf dem Kassamarkt für einen niedrigeren Preis beschaffen könnte (im Beispiel 90).

▶ Der **Kassakurs** des **Bilanzstichtags** wird mit dem **Kassakurs** bei **Abschluss** des Kontrakts verglichen. Hiernach ergäbe sich ein Verlust in Höhe der Änderung des Kassakurses (im Beispiel von 10). Er kann wie folgt interpretiert werden: Die Zinskomponente des Devisentermingeschäfts ist ein Ausgleich für die bei den Vertragsparteien entstehenden Vor- und Nachteile, die sich unter Beachtung der Zinsdifferenz zwischen beiden Währungsgebieten im Vergleich zwischen sofortiger und späterer Devisenübertragung ergeben. Diese Zinsdifferenz (im Beispiel 6) ist daher kein Drohverlust der einen oder unrealisierter Gewinn der anderen Seite, sondern Zinsertrag oder Zinsaufwand, der über die Laufzeit zu verteilen ist. Nach Bereinigung um die Zinsdifferenz bleibt nur noch die Kassakomponente des Termingeschäfts (gleich Kassakurs bei Abschluss) zum Vergleich mit dem Kassakurs des Stichtags.

U. E. ist die dritte Methode aus folgenden Gründen vorzuziehen:

▶ Gegen die **erste Methode** spricht, dass – anders als nach IAS 39 – (Sicherungs-)Derivate handelsrechtlich **nicht** zum *fair value* zu erfassen sind. Entscheidend ist handelsrechtlich nicht der Zeitwert (*fair value*), sondern die Höhe eines drohenden Verlusts. Nach allgemeinen Grundsätzen droht aus einem schwebenden Beschaffungsgeschäft (hier Beschaffung von Devisen) ein Verlust, wenn der Kontraktpreis höher als der Stichtagspreis ist. Dies entspricht nicht dem ersten, sondern dem zweiten Ansatz.

▶ Die **zweite Methode** ignoriert aber die im Kontraktpreis enthaltene **Zinskomponente** (→ Rz. 54). Sie würde daher bereits zum Zeitpunkt des Kontraktschlusses wegen der zinsbedingten Differenz von Kassa- und Terminkurs zu einem Verlust oder Gewinn (*day one loss or gain*) führen und damit im Gegensatz zu einem weiteren Grundsatz der Drohverlustrückstellungen stehen: Bei zwischen Fremden im Zeitpunkt des Vertragsschlusses anzunehmender Ausgeglichenheit des Geschäfts droht zu diesem Zeitpunkt noch kein Verlust.

BEISPIEL ▶ Bei ansonsten gleichen Daten (wie im Beispiel → Rz. 60) ist der Bilanzstichtag des U nicht der 31.12., sondern der 1.7. Am 1.7.01 hat U bei einem Kassakurs von 1,0 €/1 USD für einen in zwei Jahren fälligen Devisenterminkauf einen fremdüblichen Preis von 1,06 €/USD akzeptiert, der sich eben aus dem Zinsdifferential der Währungen erklärt. Das schwebende Geschäft ist mithin marktüblich, d. h. im Zeitpunkt des Abschlusses ausgeglichen. Die Gegenüberstellung von Kassakurs 1.7.01 und Terminkurs 1.7.01 würde demgegenüber zu einem *day one loss* von 6 TUSD führen.

▶ Die Schwierigkeiten des zweiten Ansatzes werden vermieden, wenn im Sinne der **dritten Methode** die **anfängliche Differenz** (im Beispiel 6) zwischen Terminkurs und Kassakurs als

Zins interpretiert und über die **Laufzeit verteilt** wird.[29] Als Bezugsgröße für den Kassakurs des Stichtags bleibt dann die Kassakomponente des Termingeschäfts, d. h. der ursprüngliche Kassakurs.

62 Unsere Präferenz für die dritte Lösung entspricht bei *cashflow hedges* auch dem **Sicherungsziel**. Ein Verlust in Höhe des negativen Marktwerts oder der Differenz von Kontrakt- und Kassakurs würde am Stichtag nur drohen, wenn die Ablösung des Terminkontrakts beabsichtigt wäre. Tatsächlich ist der Terminkontrakt in dem vorgenannten Beispiel (→ Rz. 60) aber nicht mit vorzeitiger Ablösungs- oder Veräußerungsabsicht abgeschlossen worden. Er dient nicht der Absicherung eines Zahlungsstroms oder eines Zeitwerts am Bilanzstichtag, sondern der eines erwarteten oder bereits feststehenden Zahlungsstroms zum späteren Fälligkeitstermin. Wenn für diese Absicherung wegen der Zinsdifferenz eine Prämie zu zahlen ist (oder bei umgekehrter Richtung der Zinsdifferenz vereinnahmt wird), ist deren Aufteilung auf die Laufzeit sachgerecht.

3.4 Effektivität bei der Zahlungsstromsicherung von Fremdwährungsgeschäften

63 Für die Zahlungsstromsicherung (*cashflow hedge*; → Rz. 26) enthält § 254 HGB folgende Vorgabe: Werden Vermögensgegenstände, Schulden, schwebende Geschäfte oder mit hoher Wahrscheinlichkeit erwartete Transaktionen zum Ausgleich **gegenläufiger Zahlungsströme** mit Finanzinstrumenten zusammengefasst, sind § 249 Abs. 1 HGB etc. (→ Rz. 45) in dem Umfang und für den Zeitraum nicht anzuwenden, in dem die gegenläufigen Zahlungsströme sich ausgleichen. Bei Absicherung einer für künftige Perioden erwarteten Rückzahlung eines Fremdwährungsdarlehens oder einer Beschaffung von Rohstoffen in Fremdwährung ergibt sich hier folgende Schwierigkeit:

- **Sicherungszweck** ist der Ausgleich von Zahlungsströmen in **zukünftigen Perioden**.
- In der **Anfangsperiode** kommt es aber noch zu **keinen Zahlungsströmen** und demzufolge auch zu keinen **gegenläufigen** Zahlungsströmen.
- Wäre der Zahlungsstromausgleich nur stichtags- bzw. periodenbezogen zu beurteilen, wäre daher ein zum Bilanzstichtag der **Anfangsperiode** drohender Verlust aus dem Sicherungsgeschäft in vollem Umfang anzusetzen.

Nach dem **Regelungszweck** von § 254 HGB wird das Imparitätsprinzip etc. für den Sicherungszusammenhang ausgesetzt, um den ökonomisch unzutreffenden Ausweis endgültig nicht entstehender Verluste und Aufwendungen in Zwischenperioden zu verhindern. Dem entspräche ein solches Vorgehen nicht. Zwei Lösungen des Problems bieten sich an:

- Bei Zahlungsstromsicherung rechtfertigt schon der **erwartete** zukünftige Ausgleich der Zahlungsströme die Aussetzung des Imparitätsprinzips etc.
- Die Zahlungsstromsicherung wird **zugleich** auch als Wertänderungssicherung (*fair value hedge*; → Rz. 26) interpretiert, dabei aber als Wertänderung nur die der Kassakomponente betrachtet.

---

29 Dies befürwortend bzw. zulassend: *Prahl/Naumann*, in: v. Wysocki/Schulze-Osterloh/Hennrichs/Kuhner (Hrsg.), Handbuch des Jahresabschlusses, Abt. II/10 Tz. 77; *Hoyos/Ring*, in: Beck'scher Bilanz-Kommentar, 7. Aufl., München 2010, § 249 Tz. 199.

§ 254 Bildung von Bewertungseinheiten

Zur zweiten Lösung das folgende Beispiel

BEISPIEL Zur Absicherung einer für den 30.6.03 erwarteten Beschaffung von Flugzeugen in USD kauft U am 1.7.01 mit gleicher Fälligkeit 100 Mio USD auf Termin. Kassakurse und Terminkurse entwickeln sich wie folgt:

	1.7.01	31.12.01	31.12.02	30.6.03
Zinsdifferenz (€ - USD)	0,03	0,03	0,03	0,03
• Kassakurs	1,00	0,90	0,80	0,70
• Vertragslaufzeit	2,0	1,5	0,5	0,0
= Swapsatz	0,06	0,0405	0,012	0
+ Kassakurs	1,00	0,90	0,80	0,70
= Terminkurs	1,06	0,94	0,81	0,70
Veränderung gegenüber 1.7.01		-0,1195	-0,2480	-0,3600
• 100		100	100	100
= Marktwert Derivat	0,00	-11,95	-24,80	-36,00
Wert Kassakomponente Derivat	0,00	-10,00	-20,00	-30,00
AK Flugzeuge in Euro	100,00	90,00	80,00	70,00
Vorteil gegenüber 1.7.01		10,00	20,00	30,00

Bei Berücksichtigung nur der Kassakomponente gilt:

▶ Der Wert der Kassakomponente des Derivats entspricht zu allen Stichtagen bei umgekehrtem Vorzeichen dem Anschaffungskostenvorteil, der sich aus dem Rückgang des USD ergibt. Die Wertänderungen gleichen sich vollständig aus. Eine Rückstellung ist per 31.12.01 und 31.12.02 nicht zu bilden.

▶ Die Zinskomponente von 6 Mio € ist über die Laufzeit zu verteilen.

Es ergeben sich insgesamt folgende Buchungen:

31.12.01:

| per Zinsaufwand | 1,5 Mio € | an Derivat | 1,5 Mio € |

31.12.02:

| per Zinsaufwand | 3,0 Mio € | an Derivat | 3,0 Mio € |

30.6.03:

per Zinsaufwand	1,5 Mio €	an Derivat	1,5 Mio €
per USD-Konto	70 Mio €	an €-Konto	106 Mio €
per Derivat	6 Mio €		
per Aufwand	30 Mio €		
per Flugzeuge	100 Mio €	an USD-Konto	70 Mio €
		an Aufwand	30 Mio €

4. Nachträglicher Wegfall, nachträgliches Entstehen einer Sicherungsbeziehung

64 Grund- und Sicherungsgeschäft müssen nicht gleichzeitig begründet werden, bei gleichzeitiger Begründung muss außerdem nicht von Anfang an eine Sicherungsbeziehung gewollt und dokumentiert (Designation) sein.

Bei **zeitlichem Versatz** werden die Regeln des *hedge accounting* erst ab Vorliegen beider Geschäfte und Designation des Sicherungszusammenhangs angewandt.

BEISPIEL Am 1.1.01 nimmt U eine Fremdwährungsanleihe i. H. von 10 Mio USD, fällig am 31.12.05 auf.

Am 1.1.02 vergibt U seinerseits ein Fremdwährungsdarlehen i. H. von 10 Mio €, fällig am 31.12.05. Die Kurse und Buchwerte und GuV entwickeln sich wie folgt:

	€/USD	Anleihe	Darlehen	Saldo	GuV	Anmerkung
	Buchwerte ohne *hedge*					
1.1.01	1,0	-100		-100		
31.12.01	1,1	-110		-110	-10	
31.12.02	1,2	-120	110	-10	-10	
31.12.03	1,3	-130	110	-20	-10	
31.12.04	1,4	-140	140	0	20	Restlaufzeit
31.12.05	1,5	-150	150	0	0	≤ 1 Jahr
					-10	

	€/USD	Anleihe	Darlehen	Saldo	GuV
	Buchwert mit *hedge* (Bruttomethode)				
1.1.01	1,0	-100		-100	
31.12.01	1,1	-110		-110	-10
31.12.02	1,2	-120	120	0	0
31.12.03	1,3	-130	130	0	0
31.12.04	1,4	-140	140	0	0
31.12.05	1,5	-150	150	0	0
					-10

Der Sicherungszusammenhang besteht erst ab 02. Der bis 01 entstandene Aufwand ist vom Sicherungszusammenhang nicht betroffen. Dieser sorgt aber in 02 bis 05 jeweils für ausgeglichene Ergebnisse gegenüber einer volatilen Ergebnisentwicklung ohne *hedge*.

64a Auch die Designation eines Sicherungsinstruments erst lange nach Vertragsabschluss ist handelsrechtlich zulässig. Bereits kontrahierte derivative Finanzinstrumente können somit nachträglich als Sicherungsinstrumente einer Bewertungseinheit designiert werden. Die Gesetzesvorgabe lässt allerdings offen, wie mit Abweichungen zwischen dem Zugangswert und dem *fair value* im Zeitpunkt der Designation als Sicherungsinstrument umzugehen ist. Insbesondere für den Effektivitätsnachweis ergeben sich Auswirkungen bei nachträglichem Einsatz **unbedingter** Termingeschäfte als Sicherungsinstrumente. Überdies ist ein Ausgleich künftiger Zahlungsströme bei unterschiedlichen Abschlusszeitpunkten von Grund- und Sicherungsgeschäft u.U. nicht gewährleistet.

Bereits kontrahierte Finanzinstrumente, die nachträglich als Sicherungsinstrument einer Bewertungseinheit designiert werden, sind unmittelbar vor Begründung eines (ausnahmsweise möglichen) Sicherungszusammenhangs marktgerecht zu bewerten.

Die Anwendung der Regeln von § 254 HGB ist unter den folgenden Bedingungen zu beenden: 65

▶ Das **Grundgeschäft oder Sicherungsgeschäft fällt weg** (Veräußerung, Tilgung, Glattstellung etc.).

▶ Die Sicherungsbeziehung erfüllt die Voraussetzungen für die Anwendung von § 254 HGB nicht mehr, beim antizipativen *hedge* (→ Rz. 26) insbesondere, weil die **Erwartung** einer künftigen Transaktion **nicht mehr hinreichend sicher** ist, in allen Fällen, weil von einer prospektiven Effektivität nicht mehr ausgegangen werden kann oder sich retrospektiv das Maß von Effektivität und Ineffektivität nicht mehr verlässlich bestimmen lässt.[30]

▶ Das Unternehmen **beendet** die **Designation** des Sicherungsgeschäfts und damit die Sicherungsbeziehung, setzt etwa das Sicherungsgeschäft nunmehr zu Absicherung einer anderen Position ein (Dedesignation).

Die **ab** Fortfall der Sicherungsbeziehung eintretenden Wertänderungen sind den allgemeinen Regeln zu unterwerfen. Fraglich ist die Behandlung **bis dahin** eingetretener, bisher im Hinblick auf den Sicherungszusammenhang nicht oder netto nicht erfasster Wertänderungen. Folgende **Fallkonstellationen** sind am Beispiel der Währungssicherung von besonderer Bedeutung: 66

1. Ein Devisentermingeschäft dient der **Absicherung zukünftiger Zahlungsströme** und befindet sich in einer Drohverlustsituation. Ein Eintritt der zukünftigen **Zahlungsströme** wird **nicht mehr erwartet**: U.E. sind zwischen Fortfall der Sicherungsbeziehung und Fälligkeit des Sicherungsgeschäfts entstehende weitere Verlust aufwandswirksam einzubuchen, während der bis zum Fortfall der Sicherungsbeziehung aufgelaufene Verlust hingegen **erst bei Fälligkeit** aufwandswirksam werden muss. Das IDW hält hingegen die sofortige Erfassung des aufgelaufenen Verlusts für geboten[31].

2. Ein Devisentermingeschäft dient der **Absicherung einer Verbindlichkeit** und weist zum Zeitpunkt seiner vorzeitigen Glattstellung einen unrealisierten Ertrag aus. Nach der **Nettomethode** wurde dieser Ertrag nicht gebucht, aber im Gegenzug eine aufwandswirksame Zuschreibung zur gesicherten Verbindlichkeit unterlassen. Mit der vorzeitigen Glattstellung wird der positive Wert des Termingeschäfts ertragswirksam. Im Gegenzug ist u.E. die bisher unterbliebene **Zuschreibung** auf die Verbindlichkeit aufwandswirksam **nachzuholen**.

---

30 IDW ERS HFA 35 Tz. 48 ff.
31 IDW ERS HFA 35 Tz. 62.

3. Wie Fall 2, jedoch wurde **brutto** gebucht, d. h. der unrealisierte Ertrag wurde aktiviert und der Verbindlichkeit aufwandswirksam zugeschrieben. Mit Glattstellung entsteht kein Ertrag mehr, ebenso keine Anpassungsnotwendigkeit bei der Verbindlichkeit.

4. Eine Fremdwährungsforderung wird vom Schuldner vorzeitig getilgt. Sie diente der Absicherung einer **Fremdwährungsverbindlichkeit**. Der Kurs der Fremdwährung ist seit Begründung der Schuldverhältnisse gestiegen. Nach der **Netto**methode ist die Zuschreibung bei der Verbindlichkeit unter Hinweis auf den unrealisierten Ertrag bei der Forderung unterblieben. Mit dem Eingang der Forderung wird der Ertrag realisiert. U. E. ist dann auch der aufgelaufene, bisher nicht erfasste Aufwand aus der Verbindlichkeit per **Zuschreibung** zu berücksichtigen.

5. Wie Fall 4 jedoch wurde **brutto** gebucht, d. h. der unrealisierte Gewinn der Forderung dem unrealisierten Verlust der Verbindlichkeit zugeschrieben. Mit dem Eingang der Forderung wird kein Ertrag realisiert. Eine Anpassung der Verbindlichkeit ist nicht erforderlich.

67 Entsprechende Überlegungen gelten für **Zinssicherungen**:

> **BEISPIEL** ▶ Unternehmen A hat ein mit 3 % festverzinsliches Wertpapier im Rahmen durch einen Zinsswap gegen Zinsänderungsrisiken abgesichert. Nach Abschluss der Sicherung steigt der Marktzins stark und sinkt dementsprechend der Kurswert des Wertpapiers. Ohne Absicherung wäre eine Abschreibung auf das Wertpapier erforderlich. Sie unterbleibt im Hinblick auf den Zinsswap (Nettomethode) oder wird durch eine Aktivierung des Zinsswap ausgeglichen (Bruttomethode). Nach einem Jahr wird der Zinsswap vorzeitig glatt gestellt, hierbei ein hoher Betrag vereinnahmt:
>
> ▶ Nach der Nettomethode entsteht aus der Glattstellung ein Ertrag. Er ist u. E. durch eine Nachholung der Abschreibung auf das Wertpapier zu kompensieren.
>
> ▶ Nach der Bruttomethode entsteht kein Ertrag, aber auch keine Notwendigkeit zur Nachholung von Abschreibungen, da diese bereits vorgenommen wurden.

V. Einzelfälle der Sicherung im Mikro-*hedge*

1. Sicherung von Fremdwährungsforderungen und Verbindlichkeiten

68 Die Sicherung von Fremdwährungsforderungen und -verbindlichkeiten kann sowohl auf deren **Wertänderungen** als auch auf die **Zahlungsströme** zielen, mithin sowohl *fair value hedge* als auch *cashflow hedge* sein (→ Rz. 26).

> **BEISPIEL** ▶ Ein USD-Darlehen mit einer Laufzeit von zwei Jahren wird am 1.7.01 bei einem Kurs von 1 €/1 USD über 10 Mio USD aufgenommen. Es ergeben sich folgende Risiken/Chancen:
>
> ▶ Bei steigendem Dollarkurs ist nach § 253 Abs. 1 HGB i.V. mit § 256a HGB unter Beachtung des Höchstwertprinzips per 31.12.01 eine Zuschreibung auf das Darlehen vorzunehmen.

▶ Bei steigendem oder sinkendem Dollarkurs ist das Darlehen per 31.12.02 wegen einer Restlaufzeit von dann weniger als einem Jahr ohne Rücksicht auf seine Anschaffungskosten mit dem Stichtagskurs anzusetzen (→ § 256a Rz. 12).

▶ Bei steigendem oder sinkendem Dollarkurs steigt oder sinkt der bei Fälligkeit (30.6.02) in Euro aufzuwendende Tilgungsbetrag.

Die beiden ersten Aspekte betreffen das Wertänderungsrisiko, der dritte kann auch als Zahlungsstromrisiko gedeutet werden.

Zur Absicherung der Währungsrisiken kommt sowohl ein gegenläufiges **originäres Finanzinstrument** (bei einer USD-Forderung also u.U. eine USD-Verbindlichkeit) als auch ein **Finanzderivat**, z. B. ein Termingeschäft (bei einer Forderung ein Devisenterminverkauf, bei einer Verbindlichkeit ein Devisenterminkauf) in Frage. 69

Die Zusammenfassung gegenläufiger Positionen zu einer Bewertungseinheit setzt zunächst **prospektive Effektivität** voraus (→ Rz. 34). Diese kann beim Mikro-*hedge* i. d. R. **qualitativ** beurteilt werden (→ Rz. 36): 70

BEISPIEL ▶ Das Unternehmen hat per 1.7.01 einerseits eine Verbindlichkeit von 10 Mio USD andererseits eine Forderung von 15 Mio USD. Der Unterschied in den Fälligkeitsterminen ist vernachlässigbar (Forderung 30.5.03, Verbindlichkeit 30.6.03) und hindert die qualitative Annahme einer ausreichenden prospektiven Effektivität nicht. Der Volumenunterschied lässt sich einfach dadurch erledigen, dass nur 2/3 der Forderung als Sicherungsgeschäft designiert werden (→ Rz. 24).

Die buchmäßige Behandlung in den einzelnen Perioden setzt eine **retrospektive Beurteilung** der Effektivität voraus. Sie ergibt sich bei gegenseitiger Sicherung von Forderungen und Verbindlichkeiten ebenfalls aus **qualitativen** Überlegungen. Es bedarf dann auch hier keiner mathematischer Analysen (→ Rz. 36). 71

Im Vergleich zwischen der Bilanzierung mit und ohne Sicherungszusammenhang ist **§ 256a HGB** zu beachten: Danach gelten Imparitätsprinzip, Niederstwert- und Höchstwertprinzip nur, solange die Restlaufzeit noch mehr als ein Jahr beträgt (→ § 256a Rz. 12). 72

▶ Während es also bei Restlaufzeiten von **mehr als einem Jahr** darauf ankommt, ob die vorgenannten Prinzipien gelten (ohne Sicherungszusammenhang) oder im Hinblick auf § 254 HGB ausgesetzt sind (mit Sicherungszusammenhang),

▶ ist mit Erreichen der Restlaufzeit von **nicht mehr als einem Jahr** ein Gleichklang gegeben.

Praktisch bedeutet dies: Bei **kurzfristigen Forderungen** und **Verbindlichkeiten** macht es **keinen Unterschied**, ob ein Sicherungszusammenhang zwischen beiden Posten gebildet wird oder nicht.

V. Einzelfälle der Sicherung im Mikro-*hedge*

> **BEISPIEL** Am 1.12.01 werden eine USD-Forderung und eine USD-Verbindlichkeit über jeweils 1 Mio USD beim Kurs 1 €/1 USD begründet. Forderung und Verbindlichkeit sind jeweils am 31.1.02 fällig. Am Bilanzstichtag beträgt der Kurs 1,1 €/USD (alternativ 0,9 €/USD).
>
> Forderung und Verbindlichkeit sind mit jeweils 1,1 Mio € (alternativ jeweils 0,9 Mio €) anzusetzen. Ertrag (alternativ Aufwand) aus der Anpassung der Forderung und Aufwand (alternativ Ertrag) aus der Verbindlichkeit gleichen sich aus.
>
> **VARIANTE** Die Posten sind am 31.1.03 fällig.
>
> Ohne Sicherungszusammenhang gilt nun zum 31.12.01:
>
> Bei steigendem Dollar steht der Forderung von 1,0 Mio € eine Verbindlichkeit von 1,1 Mio € (Höchstwertprinzip) gegenüber (bei fallendem Dollar der Forderung von 0,9 Mio € eine Verbindlichkeit von 1 Mio €). Es entsteht ein Aufwand von 0,1 Mio €. Er lässt sich nur über die Bildung einer Bewertungseinheit vermeiden.

73 Die gegenseitige Sicherung von ursprünglich langfristigen Forderungen und Verbindlichkeiten kann nach der **Brutto-** oder **Nettomethode** verbucht werden (→ Rz. 47):

▶ Bei steigendem Kurs der Fremdwährung erfolgt nach der Bruttomethode eine Zuschreibung zur Forderung zur Kompensation der **Zuschreibung** der Verbindlichkeit,

▶ nach der Nettomethode werden hingegen beide Werte **eingefroren**.

74 Zur gegenseitigen Sicherung von ursprünglich langfristigen Forderungen unter Beachtung der nach Restlaufzeit differenzierenden Vorschriften des § 256a HGB folgende Fortsetzung des Beispiels aus → Rz. 70.

> **BEISPIEL** Der Dollarkurs entwickelt sich wie folgt:
>
> | | |
> |---|---:|
> | 1.7.01: | 1,0 €/USD |
> | 31.12.01: | 1,1 €/USD |
> | 31.12.02: | 1,2 €/USD |
> | 30.5.03: | 1,3 €/USD |
> | 30.6.03: | 1,35 €/USD |

§ 254 Bildung von Bewertungseinheiten

	USD-Forderung		USD-Verbindlichkeit
	davon nicht im *hedge* 33 %	davon im *hedge* 67 %	
USD	5,0	10,0	-10,0
Bewertung in Euro 1.7.01	5,0	10,0	-10,0
Bewertung in Euro 31.12.01 (Restlaufzeit > 1 Jahr)	5,0	11,0	-11,0
Bewertung in Euro 31.12.02 (Restlaufzeit < 1 Jahr)	6,0	12,0	-12,0
Erfüllungsbetrag in Euro	6,5	13,0	-13,5

Buchungen					GuV		zum Vergleich ohne *hedge*	
per Geld	10,0	an Verbindlichkeit	10,0					
per Forderung	15,0	an Geld	15,0					
31.12.01								
per Aufwand	1,0	an Verbindlichkeit	1,0	-1,0			-1,0	
per Forderung 67 %	1,0	an Ertrag	1,0	1,0	0,0		0,0	-1,0
31.12.02								
per Aufwand	1,0	an Verbindlichkeit	1,0	-1,0			-1,0	
per Forderung 67 %	1,0	an Ertrag	1,0	1,0			2,0	
per Forderung 33 %	1,0	an Ertrag	1,0	1,0	1,0	1,0	2,0	
30.5.03								
per Geld	19,5	an Forderung	18,0					
		an Ertrag	1,5	1,5			1,5	
30.6.03								
per Verbindlichkeit	12,0	an Geld	13,5					
per Aufwand	1,5			-1,5	0,0		-1,5	
		an Verbindlichkeit		Total	1,0		Total	1,0

Über alle Perioden ist der Erfolg unabhängig davon, ob ein Sicherungszusammenhang hergestellt wird oder nicht. § 254 HGB beeinflusst nur die Verteilung des Ergebnisses auf die Perioden. Im Vergleich gilt:

V. Einzelfälle der Sicherung im Mikro-*hedge*

▶ Ohne Sicherungszusammenhang ist in Periode 1 zwar bei der Verbindlichkeit eine Zuschreibung vorzunehmen, wegen des Anschaffungskostenprinzips aber nicht bei der Forderung. Mit Sicherungszusammenhang kann auch auf die Forderung zugeschrieben werden.

▶ Am Ende der Periode 2 ist wegen § 256a HGB bei einer Restlaufzeit von weniger als einem Jahr die Umrechnung mit dem Stichtagskurs unabhängig vom Imparitätsprinzip vorzunehmen. Die Variante mit und ohne Sicherungszusammenhang führt per 31.12.02 zu gleichen Bilanzwerten und damit in der Kumulation von Periode 1 und 2 zwingend zum gleichen Erfolg.

▶ Der Mehrerfolg der Periode 1 bei Sicherungszusammenhang entspricht dem Mehrerfolg der Periode 2 in der Variante ohne Sicherungszusammenhang, Letzterer erklärt sich daraus, dass in 01 noch keine Zuschreibung auf die Forderung vorgenommen wurde und daher der insgesamt erforderliche Zuschreibungsbetrag voll in Periode 2 ertragswirksam wird.

75 Der Absicherung von Fremdwährungsforderungen oder -verbindlichkeiten können auch Derivate, insbesondere **Termingeschäfte** dienen. Hierbei ergeben sich die unter → Rz. 54 diskutierten Probleme:

▶ Der wirtschaftliche Zweck der Sicherung richtet sich auf den **Zahlungsstrom**. Kompensationen der Wertänderungen an dem Bilanzstichtag sind nur Nebenzweck.

▶ Bei einem retrospektiven Effektivitätstest nach der einfachen Dollar-Offset-Methode gelingt die rechnerische Kompensation der Wertänderungen nur unvollständig (scheinbare Effektivität), wenn die **Zinskomponente** des Termingeschäfts in die Sicherung einbezogen wird.

Nach der hier vertretenen Ansicht kann das Problem wie folgt gelöst werden (→ Rz. 61):

▶ Die **Zinskomponente** des Termingeschäfts wird separat betrachtet und **über die Laufzeit** verteilt.

▶ Für die Kassakomponente ergibt sich dann bei Übereinstimmung der Volumina, Währung usw. während der einzelnen Perioden eine **perfekte Sicherung** der Wertänderung, über die gesamte Laufzeit eine perfekte Sicherung des Zahlungsstroms.

BEISPIEL ▶ Am 1.7.01 wird ein in zwei Jahren fälliges Darlehen über 100 Mio USD aufgenommen. Der Dollarkurs steigt während der Laufzeit:

Bei einem Zinsdifferential von 3 % zwischen US-Dollar und Euro ergeben sich zunächst folgende Terminkurse und daraus resultierend die Marktwerte des Termingeschäfts sowie ihre Änderung in Gegenüberstellung zur Wertänderung des Grundgeschäfts:

	1.7.01	31.12.01	31.12.02	30.6.03
Zinsdifferenz (€ - USD)	0,03	0,03	0,03	0,03
· Kassakurs	1,00	1,10	1,20	1,35
· Vertragslaufzeit	2,0	1,5	0,5	0,0
= Swapsatz	0,06	0,0495	0,018	0
+ Kassakurs	1,00	1,10	1,20	1,35
= Terminkurs	1,06	1,15	1,22	1,35
Veränderung gegenüber 1.7.01		0,0895	0,1580	0,2900
· 100		100	100	100
= Marktwert Derivat	0,00	8,95	15,80	29,00
Marktwert Verbindlichkeit	100,00	110,00	120,00	135,00
Veränderung gegenüber 1.7.01		10,00	20,00	35,00

Bei Betrachtung des gesamten Termingeschäfts inkl. seiner Zinskomponente erscheint die Sicherung nicht völlig effektiv, da die Wertänderungen von Verbindlichkeit und Termingeschäft sich nicht zu 100 % ausgleichen. Betrachtet man jedoch nur die Kassakomponente des Termingeschäfts, so entwickelt sich deren Wert bei umgekehrtem Vorzeichen genau wie der Wert der Verbindlichkeit. Die Beschränkung auf die Kassakomponente bedingt eine aufwandswirksame Erfassung der Zinskomponente. Entsprechend des Zinscharakters ist u. E. eine lineare Verteilung über die Laufzeit von zwei Jahren zulässig.

Hieraus ergeben sich folgende Buchungen nach Brutto- und Nettomethode (wobei die Erfüllung des Termingeschäfts in beiden Fällen vereinfacht nur hinsichtlich des Differenzbetrags von Vertrags- und Kassakurs gebucht wird):

V. Einzelfälle der Sicherung im Mikro-*hedge*

Buchungen Bruttomethode						GuV	
1.7.01	per Geld	100,00	an Verbindlichkeit	100,00			
31.12.01	per Aufwand	1,50	an Derivat (Zinskomponente)	1,50		-1,50	
	per Aufwand	10,00	an Verbindlichkeit	10,00		-10,00	
	per Derivat (Kassakomponente)	10,00	an Ertrag	10,00		10,00	-1,50
31.12.02	per Aufwand	3,00	an Derivat (Zinskomponente)	3,00		-3,00	
	per Aufwand	10,00	an Verbindlichkeit	10,00		-20,00	
	per Derivat (Kassakomponente)	10,00	an Ertrag	10,00		20,00	-3,00
30.6.03	per Aufwand	1,50	an Derivat (Zinskomponente)	1,50		-1,50	
	per Verbindlichkeit	120,00	an Geld	135,00			
	per Aufwand	15,00				-15,00	
	per Derivat (Kassakomponente)	15,00	an Ertrag	15,00		15,00	
	per Geld (netto)	29,00	an Derivat	35,00			
	per Derivat (Zinskomponente)	6,00					-1,50
							-6,00

Buchungen Nettomethode					GuV
1.7.01	per Geld	100,00	an Verbindlichkeit	100,00	
31.12.01	per Aufwand	1,50	an Derivat (Zinskomponente)	1,50	-1,50
31.12.02	per Aufwand	3,00	an Derivat (Zinskomponente)	3,00	-3,00
30.6.03	per Aufwand	1,50	an Derivat (Zinskomponente)	1,50	-1,50
	per Verbindlichkeit per Aufwand	100,00 35,00	an Geld	135,00	-35,00
	per Geld (netto) per Derivat (Zinskomponente)	29,00 6,00	an Ertrag	35,00	35,00 -1,50
					-6,00

2. Schwebende oder geplante Beschaffungs- oder Absatzgeschäfte in Fremdwährung

Die Absicherung geplanter oder bereits kontrahierter Fremdwährungstransaktionen durch ein Devisentermingeschäft dient der **Zahlungsstromsicherung**, ist also ein *cashflow hedge* (→ Rz. 26). Die Beurteilung der Effektivität richtet sich daher nicht auf Wert-, sondern Zahlungsstromänderungen. 76

Die **prospektive Effektivität** kann regelmäßig **qualitativ** beurteilt werden (→ Rz. 36). **Retrospektive Ineffektivitäten** ergeben sich nur bei zeitlicher Differenz von Grund- und Sicherungsgeschäft, sind dort aber ohne besondere mathematische Methoden leicht zu bestimmen: 77

BEISPIEL Zur Absicherung einer für den 1.7.02 geplanten Anlagenbeschaffung mit Zahlung in Fremdwährung (100 USD) werden am 1.12.01 Devisen auf Termin 1.7.02 gekauft. Die Beschaffung verzögert sich um einen Monat.

Unter Vernachlässigung des Unterschieds von Kassa- und Terminkurs entwickeln sich die Kurse wie folgt:

1.12.01:	1 €/1 USD
31.12.01:	1,1 €/USD
1.7.02:	1,2 €/USD
1.8.02:	1,3 €/USD

V. Einzelfälle der Sicherung im Mikro-*hedge*

Hieraus ergeben sich folgende Buchungen:

1.12. und 31.12.01 keine Buchung.

1.7.02:

per USD-Konto	120 €	an €-Konto	100 €
		an Abgrenzungsposten Sicherung	20 €

1.8.02:

per Anlage	130 €	an USD-Konto	130 €
per Abgrenzungsposten Sicherung	20 €	an Anlage	20 €

Der Kursanstieg bis zum 1.7.02 (20 Mio €) ist Teil der effektiven Sicherung, hinsichtlich des weiteren Kursanstiegs bis zum 1.8.02 besteht keine effektive Sicherung.

78 Bei der Sicherung geplanter oder schwebender Beschaffungs- und Absatzgeschäfte bestehen folgende Besonderheiten gegenüber der Absicherung von Fremdwährungsforderungen oder -verbindlichkeiten:

▶ Aus den unter → Rz. 49 dargelegten Gründen ist nur **die Nettomethode** anwendbar.

▶ Die Behandlung der **Zinskomponente** des Devisentermingeschäfts ist weniger klar als bei der Sicherung von Forderungen oder Verbindlichkeiten (→ Rz. 61).

Zum zweiten Punkt Folgendes: Bei Sicherung von **Forderungen** und **Verbindlichkeit** kann die Zinskomponente ohne Weiteres als Ergänzung der (impliziten oder expliziten) Verzinsung der Grundposition interpretiert werden, bei schwebendem oder geplantem **Absatz-** oder **Beschaffungsgeschäft** fehlt die **Verzinsung der Grundposition**. Gleichwohl bestünde auch hier etwa die Alternative, die später benötigten Devisen (Devisenterminkauf) sofort zu beschaffen und bis zum späteren Termin aus dem so gebildeten Fremdwährungskonto an der Zinsdifferenz zwischen Euro- und Fremdwährungsgebiet zu partizipieren bzw. diese bei anderem Vorzeichen in Kauf zu nehmen. Der durch die Nichtvornahme dieser Alternative entstehende Vorteil oder Nachteil wird durch die Zinskomponente des Termingeschäfts ausgeglichen. Insoweit ist auch bei der Absicherung von Absatz- oder Beschaffungsgeschäften die Verteilung der Zinskomponente auf die Laufzeit u. E. noch **vertretbar**. Bei Absicherung der Beschaffung von Sachanlagen hat diese Variante zudem folgenden Vorteil: Ein (zinsbedingter) Sicherungsaufwand würde sonst in den Anschaffungskosten berücksichtigt und erst langfristig über die Abschreibung erfolgswirksam werden.

79 Mit Eintritt der Transaktion und Fälligkeit des Sicherungsgeschäfts werden die **Umsatzerlöse** (Absatzgeschäft) bzw. **Anschaffungskosten** (Beschaffungsgeschäft) zum **Sicherungskurs** eingebucht, bei separater Behandlung der Zinskomponente zum **Kassaanteil** des Sicherungsgeschäfts. Ist die Sicherung durch ein Optionsgeschäft erfolgt, für das eine **Optionsprämie** zu zahlen war, geht auch der Buchwert des Optionsrechts in die Anschaffungskosten ein.[32]

80 Zunächst ein Beispiel zur Umsatzsicherung:

---

32 IDW ERS HFA 35 Tz. 86.

§ 254 Bildung von Bewertungseinheiten

BEISPIEL U plant für den 30.6.02 Umsätze von 100 USD und sichert sie durch einen Devisenterminverkauf.

Kurse und Marktwerte entwickeln sich wie folgt:

	1.7.01	31.12.01	30.6.02
Zinsdifferenz (€ - USD)	0,03	0,03	0,03
· Kassakurs	1,00	0,80	0,75
· Vertragslaufzeit	1,0	0,5	0,0
= Swapsatz	0,03	0,012	0
+ Kassakurs	1,00	0,80	0,75
= Terminkurs	1,030	0,812	0,750
Veränderung gegenüber 1.7.01		-0,2180	-0,2800
· 100		-100	-100
= Marktwert Derivat	0,00	21,80	28,00
Wert Kassakomponente Derivat	0,00	20,00	25,00
(Plan-)Umsatz in €	100,00	80,00	75,00
Nachteil gegenüber 1.7.01		-20,00	-25,00

Es ergeben sich folgende Buchungen:

Buchungen bei separater Behandlung Zinskomponente

1.1.01 und 1.7.01 keine Buchung.

31.12.01:

per Derivat (Zinskomponente)	1,5	an Ertrag	1,5

30.6.02:

per Derivat (Zinskomponente)	1,5	an Ertrag	1,5
per USD-Konto	75,0	an Umsatz	75,0
per €-Konto	103,0	an USD-Konto	75,0
		an Umsatz (Alternative: an sonstige betriebliche Erträge)	25,0
		an Derivat	3,0

Buchungen bei einheitlicher Behandlung Termingeschäft

30.6.02:

V. Einzelfälle der Sicherung im Mikro-*hedge*

per USD-Konto	75,0	an Umsatz	75,0
per €-Konto	103,0	an USD-Konto	75,0
		an Umsatz (Alternative: an sonstige betriebliche Erträge)	28,0
		an Derivat	3,0

81 Falls die Zinsdifferenz ein umgekehrtes Vorzeichen hätte oder das Unternehmen nicht Verkäufer, sondern Käufer der Devisen wäre, entstünde bei separater Betrachtung ein Zinsaufwand. Zur zweiten Variante das nachfolgende Beispiel der Sicherung eines **Beschaffungsgeschäfts**:

BEISPIEL ▶ U plant, für den 30.6.01 eine Sachanlage für 100 USD zu beschaffen und sichert sich durch einen Devisenterminkauf.

Kurse und Marktwerte entwickeln sich wie folgt:

	1.7.01	31.12.01	30.6.01
Zinsdifferenz (€ - USD)	0,03	0,03	0,03
• Kassakurs	1,00	0,80	0,75
• Vertragslaufzeit	1,0	0,5	0,0
= Swapsatz	0,03	0,012	0
+ Kassakurs	1,00	0,80	0,75
= Terminkurs	1,030	0,812	0,750
Veränderung gegenüber 1.7.01		-0,2180	-0,2800
• 100		100	100
= Marktwert Derivat	0,00	-21,80	-28,00
Wert Kasskomponente Derivat	0,00	-20,00	-25,00
(Plan-)AK in €	100,00	80,00	75,00
Vorteil gegenüber 1.7.01		20,00	25,00

Es ergeben sich folgende Buchungen:

Buchungen bei separater Behandlung Zinskomponente

1.1.01 und 1.7.01 keine Buchung.

31.12.01:

per Aufwand	1,5	an Derivat (Zinskomponente)	1,5

30.6.02:

per Aufwand	1,5	an Derivat (Zinskomponente)	1,5
per USD-Konto	75,0	an an €-Konto	103,0
per Derivat	3,0		
per Abgrenzungsposten	25,0		
per Sachanlage	100,0	an USD-Konto	75,0
		an Umsatz (Alternative: an sonstige betriebliche Erträge)	25,0

Buchungen bei einheitlicher Behandlung Termingeschäft

1.1.01, 1.7.01 und 31.12.01 keine Buchung.

30.6.02:

per USD-Konto	75,0	an an €-Konto	103,0
per Abgrenzungsposten	28,0		
per Sachanlage	103,0	an USD-Konto	75,0
		an Abgrenzungsposten	28,0

3. Variabel verzinsliche Darlehen

Die Absicherung variabel verzinslicher Darlehen durch einen *payer swap* (zahle fix, empfange variabel) dient der **Zahlungsstromsicherung**, ist also *cashflow hedge* (→ Rz. 26). Die Beurteilung der Effektivität richtet sich daher nicht auf Wert-, sondern Zahlungsstromänderungen. 82

Ein Swap kann auch zur Absicherung des Zeitwerts festverzinslicher Finanzanlagen oder Verbindlichkeiten eingesetzt werden (→ Rz. 55) oder zur Zahlungsstromsicherung variabler Finanzanlagen.

Die **prospektive Effektivität** kann bei Absicherung eines variabel verzinslichen Darlehens durch einen *payer swap* regelmäßig **qualitativ** beurteilt werden (→ Rz. 36). 83

Die **retrospektive Effektivität** ist bei identischen *critical terms* (Volumen, Laufzeit, Referenzzins, Zins- und Zinsanpassungstermine) ohne Weiteres durch Gegenüberstellung der Zahlungsströme der Periode gegeben. 84

In der bilanziellen und buchmäßigen Behandlung kann dann die Bar- bzw. **Marktwertentwicklung** des Swap regelmäßig **ignoriert** werden. Droht aus Sicht des Marktwerts ein Verlust, so ist dieser nicht anzusetzen, da sich die Zahlungsströme in der jeweiligen Periode ausgleichen. Bei umgekehrter Wertentwicklung ist die dem aus dem Swap erwarteten Gewinn gegenüber stehende Verschlechterung der Darlehensbedingungen ohnehin nicht bilanzierungsfähig. Auch in diesem Fall findet weder beim Swap noch beim Grundgeschäft eine bilanzielle Anpassung statt. Die gesamte Buchung richtet sich mithin auf den Ausgleich der Zinsen. 85

Dem Sicherungszusammenhang beider Geschäfte entspricht dabei u. E. am besten eine **Saldierung** eventueller Erträge aus dem Swap mit den Zinsaufwendungen aus dem Darlehen.

V. Einzelfälle der Sicherung im Mikro-*hedge*

86 Zum Ganzen folgendes Beispiel:

BEISPIEL ▸ U nimmt am 1.1.01 ein Darlehen über 1 Mio € auf, das zum EURIBOR jährlich nachschüssig verzinst wird. Maßgeblich ist jeweils der Zinssatz des Jahresanfangs. Das Darlehen ist am 31.12.03 fällig. Das Zinsrisiko sichert U durch einen *payer swap* (zahle 3 %, empfange EURIBOR) mit gleichem Volumen, gleichen Zinsterminen, gleichen Zinsanpassungsterminen und gleicher Fälligkeit.

Zunächst die Entwicklung und die Buchungen für den Fall eines Zinsrückgangs und damit einer negativen Marktwertentwicklung des Swaps. Unterstellt wird eine flache Zinsstrukturkurve:

Stichtag	1.1.01	31.12.01	31.12.02	31.12.03
Zinssatz	3,0 %	2,0 %	2,5 %	
tatsächliche Zahlung Swap		0	-10.000	-5.000
Erwartete Zahlungsreihe Barwert	1.1.01 **0**	0	0	0
Erwartete Zahlungsreihe Barwert		31.12.01 **-19.416**	-10.000	-10.000
Erwartete Zahlungsreihe Barwert			31.12.01 **-4.878**	-5.000

Hieraus ergeben sich folgende Buchungen, die in jedem Jahr zu einem Zinsaufwand von 3 % bzw. 30.000 € führen.

1.1.01:

per Geld	1.000.000	an Darlehen	1.000.000

31.12.01:

per Zinsaufwand (Darlehen)	30.000	an Geld	30.000

31.12.02:

per Zinsaufwand (Darlehen)	20.000	an Geld	20.000
per Zinsaufwand (Swap)	10.000	an Geld	10.000

31.12.03:

per Zinsaufwand (Darlehen)	25.000	an Geld	25.000
per Zinsaufwand (Swap)	5.000	an Geld	5.000
per Darlehen	1.000.000	an Geld	1.000.000

§ 254 Bildung von Bewertungseinheiten

VARIANTE Der Zins steigt nach Abschluss der Geschäfte.

Stichtag	1.1.01	31.12.01	31.12.02	31.12.03
Zinssatz	3,0 %	4,0 %	3,5 %	
tatsächliche Zahlung Swap		0	10.000	5.000
Erwartete Zahlungsreihe	1.1.01	0	0	0
Barwert	0			
Erwartete Zahlungsreihe		31.12.01	10.000	10.000
Barwert		18.861		
Erwartete Zahlungsreihe			31.12.01	5.000
Barwert			4.831	

Hieraus ergeben sich folgende Buchungen, die wiederum in jedem Jahr zu einem Zinsaufwand von 3 % bzw. 30.000 € führen.

1.1.01:

per Geld	1.000.000	an Darlehen	1.000.000

31.12.01:

per Zinsaufwand (Darlehen)	30.000	an Geld	30.000

31.12.02:

per Zinsaufwand (Darlehen)	40.000	an Geld	40.000
per Geld	10.000	an Zinsaufwand (Swap)	10.000

31.12.03:

per Zinsaufwand (Darlehen)	35.000	an Geld	35.000
per Geld	5.000	an an Zinsaufwand (Swap)	5.000
per Darlehen	1.000.000	an Geld	1.000.000

Bei **zeitgleichem** Abschluss von Kredit- und Swap-Vertrag mit dem **gleichen Vertragspartner** kommt auch zusammengefasste Betrachtung von Darlehen und Swap mit der Folge der Bilanzierung eines **synthetischen Festzinskredits** in Frage: Der Gesamtwirkung beider Verträge entsprechend würde U im Beispiel unter → Rz. 86 danach ein Festzinsdarlehen von 1 Mio € bilanzieren und (wie bei Anwendung von § 254 HGB) jährlich einen Zinsaufwand von 30.000 € ausweisen.

87

Die zusammengefasste Betrachtung macht vor allem dann Sinn, wenn beide Verträge **als Paket** ausgehandelt wurden, für jeden Vertrag in isolierter Betrachtung also nicht ohne Weiteres von Marktkonformität ausgegangen werden kann. In einer solchen Konstellation kann etwa der Swap von Anfang an nachteilig sein, weil der Kreditvertrag von Anfang an vorteilhaft ist. Die üblicherweise für ein schwebendes Geschäft zwischen Fremden geltende Annahme der anfänglichen Ausgeglichenheit trifft dann nicht zu. In isolierter Betrachtung droht aus dem Swap schon bei Vertragsschluss ein Verlust, der noch nicht unter Hinweis auf gegenläufige Zahlungsströme bilanzunwirksam bleiben darf. In zusammengefasster Betrachtung stellt sich das Verlustproblem hingegen nicht.[33]

VI. Steuerliche Folgen der Bildung einer Bewertungseinheit (§ 5 Abs. 1a Satz 2 EStG)

88 § 5 Abs. 1a Satz 2 EStG bestimmt im Wege der sog. **konkreten Maßgeblichkeit**: „Die Ergebnisse der in der handelsrechtlichen Rechnungslegung zur Absicherung finanzwirtschaftlicher Risiken gebildeten Bewertungseinheiten sind auch für die steuerliche Gewinnermittlung maßgeblich." Danach ist für Zwecke der steuerlichen Gewinnermittlung bei Bewertungseinheiten unmittelbar an die **tatsächliche handelsrechtliche Bilanzierung** anzuknüpfen. Die Vorschrift wird flankiert durch § 5 Abs. 3a Satz 2 EStG, wonach ein als Verlustrückstellung zu erfassendes negatives Ergebnis einer Bewertungseinheit nicht dem allgemeinen steuerbilanziellen Ansatzverbot für Drohverlustrückstellungen (→ § 249 Rz. 161a ff.) unterliegt. Auf diese Weise gelingt es u. a. das steuerliche Ergebnis unabhängig von der Anwendung der Brutto- oder Nettmethode zu gestalten (→ Rz. 47).

> **BEISPIEL** ▸ Zur Währungsabsicherung eines aufgenommenen langfristigen US-Fälligkeitsdarlehen kauft U USD auf Termin. Bis zum Bilanzstichtag steigt der Kurs des Euro gegenüber dem USD. Aus dem Devisentermingeschäft droht ein Verlust, aus dem USD-Darlehen ergibt sich ein unrealisierter Gewinn. Zur Vereinfachung sei unterstellt, dass Verlust und unrealisierter Gewinn den gleichen Betrag ausweisen (→ Rz. 61). U dokumentiert eine Bewertungseinheit zwischen beiden Geschäften.
>
> **BILANZIERUNG NACH DER BRUTTOMETHODE** ▸ Das Darlehen wird handelsrechtlich mit dem niedrigeren Stichtagskurs angesetzt, das Devisentermingeschäft als Drohverlustrückstellung passiviert. Beiden Werten bzw. Ansätzen ist wegen § 5 Abs. 1a Satz 2 EStG i.V. mit § 5 Abs. 4a Satz 2 EStG auch steuerlich zu folgen. Handels- und steuerrechtlich resultiert aus der Bewertungseinheit ein Ergebnis von Null.
>
> **BILANZIERUNG NACH DER NETTOMETHODE** ▸ Das Darlehen wird handelsrechtlich unverändert mit dem Einstandskurs bilanziert, ein Drohverlust nicht passiviert. Dem ist gem. § 5 Abs. 1a Satz 2 EStG auch steuerlich zu folgen.

89 Umstritten ist im Schrifttum das Verhältnis von § 5 Abs. 1a Satz 2 EStG zu Regelungen, die die Aufwendungen als steuerlich **nicht abziehbar** oder Erträge als **steuerfrei** bestimmen (sog. **zweite Gewinnermittlungsstufe**). Von besonderer praktischer Relevanz sind in diesem Zusammenhang die Bestimmungen des § 8b KStG zur Nichtberücksichtigung der Veräußerungsgewinne und -verluste aus **Beteiligungen an Kapitalgesellschaften** (§ 8b Abs. 2 KStG), Teilwertabschreibungen auf entsprechende Beteiligungen (§ 8b Abs. 3 Satz 3 KStG) bzw. Teilwert-

---

33 Zum Ganzen *Lüdenbach*, StuB 2009 S. 354 ff.

abschreibungen und sonstigen Verlusten aus bestimmten Gesellschafterdarlehen (§ 8b Abs. 3 Sätze 4 bis 8 KStG):

▶ Nach einer ersten Auffassung gehen die entsprechenden Regelungen § 5 Abs. 1a Satz 2 EStG vor. Die Bildung einer Bewertungseinheit für zwei oder mehr Wirtschaftsgüter ändere nichts daran, dass für Bilanzierungszwecke weiterhin getrennte Wirtschaftsgüter vorlägen, auf welche die jeweils geltenden steuerspezifischen Vorschriften anzuwenden seien. § 8b KStG verdränge daher als **spezialgesetzliche Regelung** die formelle Maßgeblichkeit aus § 5 Abs. 1a EStG.[34]

▶ Nach zweiter Auffassung lasse § 8b KStG die Gewinnermittlung in Handels- und Steuerbilanz (erste Gewinnermittlungsstufe) unberührt und sei erst auf der **zweiten Gewinnermittlungsstufe** anzuwenden. Soweit Wertänderungen auf der ersten Gewinnermittlungsstufe aber wegen Bildung einer Bewertungseinheit überhaupt nicht erfasst würden, bestünde für eine Hinzurechnung auf der Stufe 2 kein Ansatzpunkt mehr.[35]

U. E. liegt die zweite Position näher am Wortlaut des Gesetzes, § 8b Abs. 2 Satz 3 und Satz 4 KStG sprechen etwa von „**Gewinnminderungen**", die ... bei der Ermittlung des Einkommens nicht zu berücksichtigen" sind. Vorausgesetzt wird dabei das Vorliegen einer Gewinnminderung überhaupt auf der ersten Gewinnermittlungsstufe, andernfalls kommt die Hinzurechnungsvorschrift nicht zum Tragen.

> **BEISPIEL** ▶ Die U-AG erwirbt eine Beteiligung an einer amerikanischen Kapitalgesellschaft für 10 Mio USD (= 10 Mio €) und finanziert dies durch ein zeitgleich aufgenommenes, langfristiges Fälligkeitsdarlehen von 10 Mio USD. Die U bildet eine Bewertungseinheit zwischen beiden Posten. Bis zum Bilanzstichtag sinkt der Wert des USD gegenüber dem Euro von 1/1 auf 0,9/1.
>
> Nach der Nettomethode (→ Rz. 47) ist handelsrechtlich wie folgt vorzugehen:
>
> Weder wird ein Aufwand wegen währungsbedingter Teilwertabschreibung auf die Beteiligung (1 Mio €) noch ein Ertrag wegen währungsbedingter Minderung des Erfüllungsbetrags des Darlehens (1 Mio €) gebucht.
>
> Dem ist wegen § 5 Abs. 1a Satz 2 EStG auch steuerlich zu folgen. § 8b Abs. 2 Satz 3 KStG gelangt nicht zur Anwendung, weil eine Teilwertabschreibung auf die Beteiligung gar nicht vorgenommen wird, damit ist auch kein Raum für eine außerbilanzielle Hinzurechnung eines solchen Betrags.
>
> Verfährt die U handelsbilanziell nach der Bruttomethode (→ Rz. 47), kann sie gleichwohl in der handelsrechtlichen GuV Ertrag aus Abwertung des Darlehens und Aufwand aus Abschreibung der Beteiligung saldieren. Im Ergebnis entsteht wiederum kein Aufwand aus Teilwertabschreibung, der eine Hinzurechnung nach § 8b Abs. 2 Satz 3 KStG auslösen würde.

---

34 Vgl. *Schmitz*, DB 2009 S. 1620 ff.
35 Vgl. *Micksch/Mattern*, DB 2010 S. 579 ff.

VI. Steuerliche Folgen der Bildung einer Bewertungseinheit

Das steuerliche Ergebnis kann, wie im Beispiel dargelegt, nicht davon abhängen, ob handelsrechtlich nach der Brutto- oder Nettomethode bilanziert wird. Dem entspricht auch – bei allem übrigen Dissens – die einheitliche Auffassung von Schrifttum und BMF.[36]

Im Übrigen vertritt das BMF aber folgende Auffassung: Sobald Grundgeschäft und Sicherungsgeschäft realisiert werden, sei der Regelungsbereich von § 254 HGB und § 5 Abs. 1a Satz 2 EStG nicht mehr betroffen und steuerlich eine Ergebnisrealisierung nach sonst geltenden Grundsätzen geboten, mit der Folge, dass etwa unter § 8b KStG fallende Veräußerungsverluste oder -gewinne steuerlich unberücksichtigt bleiben.

BEISPIEL (FORTSETZUNG) Die U-AG beendet ihre Engagements vorzeitig am 1.1.02. Sie veräußert die Beteiligung für 9 Mio € und tilgt das Darlehen mit gleichem Betrag (Vorfälligkeitsentschädigungen zur Vereinfachung vernachlässigt).

Nach der Nettomethode (→ Rz. 47) entsteht handelsrechtlich ein Gewinn aus der Tilgung des Darlehens sowie ein Verlust aus dem Abgang der Beteiligung, wobei letzterer nach Ansicht des BMF unter den Voraussetzungen von § 8b KStG steuerlich nicht zu berücksichtigen ist, so dass per Saldo ein steuerpflichtiger Gewinn von 1 Mio € entsteht.

Nach der Bruttomethode (→ Rz. 47) entsteht handelsrechtlich weder ein Gewinn (aus dem Darlehen) noch ein Verlust (aus der Beteiligung). Das steuerliche Ergebnis muss gleichwohl dem nach der Nettomethode entsprechen, nach Ansicht des BMF also per Saldo ein steuerpflichtiger Gewinn von 1 Mio € sein.

---

[36] BMF-Schreiben vom 25. 8. 2010 – IV C 6 – S 2133/07/1001, StuB 2010 S. 715.

§ 255 Bewertungsmaßstäbe

(1) ¹Anschaffungskosten sind die Aufwendungen, die geleistet werden, um einen Vermögensgegenstand zu erwerben und ihn in einen betriebsbereiten Zustand zu versetzen, soweit sie dem Vermögensgegenstand einzeln zugeordnet werden können. ²Zu den Anschaffungskosten gehören auch die Nebenkosten sowie die nachträglichen Anschaffungskosten. ³Anschaffungspreisminderungen sind abzusetzen.

(2) ¹Herstellungskosten sind die Aufwendungen, die durch den Verbrauch von Gütern und die Inanspruchnahme von Diensten für die Herstellung eines Vermögensgegenstands, seine Erweiterung oder für eine über seinen ursprünglichen Zustand hinausgehende wesentliche Verbesserung entstehen. ²Dazu gehören die Materialkosten, die Fertigungskosten und die Sonderkosten der Fertigung sowie angemessene Teile der Materialgemeinkosten, der Fertigungsgemeinkosten und des Werteverzehrs des Anlagevermögens, soweit dieser durch die Fertigung veranlasst ist. ³Bei der Berechnung der Herstellungskosten dürfen angemessene Teile der Kosten der allgemeinen Verwaltung sowie angemessene Aufwendungen für soziale Einrichtungen des Betriebs, für freiwillige soziale Leistungen und für die betriebliche Altersversorgung einbezogen werden, soweit diese auf den Zeitraum der Herstellung entfallen. ⁴Forschungs- und Vertriebskosten dürfen nicht einbezogen werden.

(2a) ¹Herstellungskosten eines selbst geschaffenen immateriellen Vermögensgegenstands des Anlagevermögens sind die bei dessen Entwicklung anfallenden Aufwendungen nach Absatz 2. ²Entwicklung ist die Anwendung von Forschungsergebnissen oder von anderem Wissen für die Neuentwicklung von Gütern oder Verfahren oder die Weiterentwicklung von Gütern oder Verfahren mittels wesentlicher Änderungen. ³Forschung ist die eigenständige und planmäßige Suche nach neuen wissenschaftlichen oder technischen Erkenntnissen oder Erfahrungen allgemeiner Art, über deren technische Verwertbarkeit und wirtschaftliche Erfolgsaussichten grundsätzlich keine Aussagen gemacht werden können. ⁴Können Forschung und Entwicklung nicht verlässlich voneinander unterschieden werden, ist eine Aktivierung ausgeschlossen.

(3) ¹Zinsen für Fremdkapital gehören nicht zu den Herstellungskosten. ²Zinsen für Fremdkapital, das zur Finanzierung der Herstellung eines Vermögensgegenstands verwendet wird, dürfen angesetzt werden, soweit sie auf den Zeitraum der Herstellung entfallen; in diesem Falle gelten sie als Herstellungskosten des Vermögensgegenstands.

(4) ¹Der beizulegende Zeitwert entspricht dem Marktpreis. ²Soweit kein aktiver Markt besteht, anhand dessen sich der Marktpreis ermitteln lässt, ist der beizulegende Zeitwert mithilfe allgemein anerkannter Bewertungsmethoden zu bestimmen. ³Lässt sich der beizulegende Zeitwert weder nach Satz 1 noch nach Satz 2 ermitteln, sind die Anschaffungs- oder Herstellungskosten gemäß § 253 Abs. 4 fortzuführen. ⁴Der zuletzt nach Satz 1 oder 2 ermittelte beizulegende Zeitwert gilt als Anschaffungs- oder Herstellungskosten im Sinn des Satzes 3.

Inhaltsübersicht	Rz.
I. Überblick	1 - 9
1. Handelsbilanz	1 - 4
2. Steuerbilanz	5 - 9
II. Anschaffungsvorgänge (Abs. 1)	10 - 72g
1. Definition, Abgrenzung zur Herstellung	10 - 12

2. Einzelne Sachverhalte	13
3. Anschaffungszeitpunkt	14 - 16
4. Anschaffungskosten	17 - 72g
4.1 Überblick	17
4.2 Anschaffungspreis	18 - 20
4.2.1 Grundfall: Kaufpreis	18
4.2.2 Finanzierungsleasing	19
4.2.3 Fremdwährung	20
4.3 Externe Nebenkosten des Erwerbs	21 - 27
4.4 Interne Nebenkosten des Erwerbs – Herstellung der Betriebsbereitschaft …	28 - 31
4.4.1 … bei Sachanlagen	28
4.4.2 … bei Softwareinstallationen	29 - 31
4.5 Nachträgliche Anschaffungskosten	32 - 34
4.6 Anschaffungspreisminderungen	35 - 36
4.7 Sonderfälle	37 - 72g
4.7.1 Rückbaukosten und Entfernungsverpflichtungen	37
4.7.2 Erhaltene Zuschüsse und Zulagen	38 - 41
4.7.3 Kaufpreisaufteilung bei Sachgesamtheiten	42 - 48
4.7.4 Tausch	49 - 52a
4.7.5 Gesellschaftsrechtliche Einbringungsvorgänge	53
4.7.6 Übernahme von Verbindlichkeiten, Renten, Kaufpreisraten	54 - 56
4.7.7 Kostenlose Anschaffungen	57 - 58
4.7.8 Gewinn- oder umsatzabhängige Gegenleistung	59 - 62
4.7.9 Überhöhte Anschaffungskosten	63 - 63d
4.7.9.1 Verträge zwischen Nahestehenden	63
4.7.9.2 Verträge zwischen Fremden	63a - 63d
4.7.10 „Negativer" Kaufpreis	64 - 68
4.7.11 Unternehmensumstrukturierungen	69 - 71a
4.7.12 Kaufoptionen	72
4.7.13 Finanzierungskosten	72a
4.7.14 Zwangsversteigerung	72b
4.7.15 Abfindungen an Gesellschafter aus dem Gesellschaftsvermögen	72c - 72g
4.7.15.1 GmbH	72c
4.7.15.2 Personenhandelsgesellschaft	72d - 72g
III. Herstellungsvorgänge (Abs. 2)	73 - 97
1. Definition, Anwendungsbereiche, Abgrenzung zur Anschaffung	73 - 76
2. Herstellungszeitraum	77 - 80
3. Anwendungsbereiche	81
4. Herstellungskosten	82 - 97
4.1 Pflichtbestandteile (Abs. 2 Sätze 1 und 2)	82 - 86
4.2 Einbeziehungswahlrechte (Abs. 2 Satz 3)	87 - 89
4.3 Einbeziehungsverbote (Abs. 2 Satz 4)	90 - 91
4.4 Finanzierungskosten (Abs. 3)	92 - 95
4.5 Tabellarischer Überblick	96 - 97
IV. Zugangsbewertung bei einzelnen Bilanzposten	98 - 126
1. Grund und Boden	98 - 106
1.1 Derivativer Erwerb	98 - 100
1.2 „Nachträgliche Anschaffungskosten" (Erschließungsbeiträge u. Ä.)	101 - 106
2. Gebäude	107 - 117a
2.1 Gebäudeabbruch zur Neubauerstellung	107
2.2 Abgrenzung von Erhaltungs- und Herstellungsaufwand	108 - 117a
2.2.1 Abgrenzungskriterien	108 - 109
2.2.2 Erhaltungsaufwand	110

2.2.3 Erweiterung	111 - 113
2.2.4 Wesentliche Verbesserung	114 - 116
2.2.5 Anschaffungsnahe Herstellungskosten	117
2.2.6 Komponentenansatz	117a
3. Beteiligungen an Tochtergesellschaften	118 - 124
3.1 Anschaffungskosten ohne Anschaffung?	118
3.2 Sanierungsmaßnahmen bei Kapitalgesellschaften	119 - 121
3.3 Kapitalrückzahlung (negative Anschaffungskosten)	121a - 121d
3.4 Besonderheiten bei Personenhandelsgesellschaften	122 - 124
3.4.1 Zugangsbewertung	122
3.4.2 Gewinnbezugsrecht	123 - 124
4. Stille Beteiligung, Genussrechtskapital	124a - 124d
4.1 Zugangsbewertung	124a
4.2 Gewinnbezugsrechte ...	124b - 124d
4.2.1 ... des Stillen	124b
4.2.2 ... des Genussrechtsinhabers	124c
4.2.3 Die Verlustdeckungspflicht von Gewinnanteilen	124d
5. Forderungen	125 - 125c
6. Geschäfts- oder Firmenwert	126
V. Forschungs- und Entwicklungskosten (Abs. 2a)	**127 - 145**
1. Regelungsgehalt, IFRS-Bezug	127 - 130
2. Herstellungskosten als Bewertungsgrundlage (Satz 1)	131
3. Definition von Forschung und Entwicklung	132 - 145
3.1 Forschung (Satz 3)	132
3.2 Entwicklung (Satz 2)	133 - 145
3.2.1 Beispielhafte Aufzählung	133
3.2.2 Ansatzkriterien nach IFRS	134 - 135
3.2.3 Prognose und Dokumentationspflicht	136 - 138
3.2.4 Bilanzierungspraxis	139
3.2.5 Unterscheidung von Forschung und Entwicklung (Satz 4)	140 - 145
VI. Der beizulegende Zeitwert (Abs. 4)	**146 - 152**
1. Anwendungsbereiche in Bilanz und Anhang	146
2. Ermittlung des beizulegenden Zeitwerts	147 - 149
3. Nicht (mehr) ermittelbarer beizulegender Zeitwert	150 - 152

Ausgewählte Literatur

Christiansen, Herstellungskosten bei nicht ausgenützter Produktionskapazität, StBp 1986 S. 173

Christiansen, Der Umfang der steuerlich aktivierungspflichtigen Herstellungskosten, StBp 1991 S. 201

Hartung, Herstellungskosten bei Kuppelproduktion, BB 1997 S. 1627

Hoffmann, Datierung von Bilanzen und Steuern, StuB 2010 S. 605

Hoffmann, Abfindungen von Gesellschaftern aus dem Gesellschaftsvermögen, PiR 2010 S. 270

Hoffmann, Überhöhte Anschaffungskosten, PiR 2010 S. 213

Hoffmann, Begriffsakrobatik rund um die Anschaffungskosten, StuB 2009 S. 207

Köhler, Ausgewählte Einzelprobleme bei der Aktivierung von Fremdkapitalzinsen, StBp 1992 S. 220

Küting, Aktuelle Probleme bei der Ermittlung der handelsrechtlichen Herstellungskosten, BB 1989 S. 587

Küting/Ellmann, Herstellungskosten von selbst geschaffenen immateriellen Vermögensgegenständen des Anlagevermögens, DStR 2010 S. 1300

Küting/Lorson, Kritische Anmerkungen zum Umfang der Herstellungskosten in der Steuerbilanz, DStR 1994 S. 729

Lüdenbach, Aktivierung von Werbelackierungen und -beschriftungen auf Fahrzeugen, StuB 2010 S. 317

Pyszka, Steuerliche Aspekte des handelsbilanziellen Aktivierungswahlrechtes für Fremdkapitalzinsen als Teil der Herstellungskosten, DStR 1996 S. 809

Spindler, Zur Abgrenzung von Herstellungs- und Erhaltungsaufwand bei Instandsetzungs- und Modernisierungsmaßnahmen an Gebäuden, DStR 1996 S. 765

Scharfenberg/Marquardt, Die Bilanzierung des Customizing von ERP-Software, DStR 2004 S. 195

Schneeloch, Herstellungskosten in Handels- und Steuerbilanz, DB 1989 S. 285

Witteler/Lewe, Abbruch- und Entsorgungskosten als Herstellungskosten von ortsgebundenen Folgeinvestionen, DB 2009 S. 2445

I. Überblick

1. Handelsbilanz

1   Bei § 255 HGB handelt es sich im Wesentlichen um **Definitions**normen, betreffend
   - ▶ die Anschaffungskosten (Abs. 1),
   - ▶ die Herstellungskosten (Abs. 2, 2a und 3) sowie
   - ▶ den beizulegenden Zeitwert = *fair value* (Abs. 4).

2   Die beiden erstgenannten Bewertungsmaßstäbe regeln die Zugangsbewertung, d. h. den Wertmaßstab für in das Rechenwerk eingehende **Vermögensgegenstände** (→ § 253 Rz. 1). Deshalb findet § 255 HGB **keine** Anwendung auf
   - ▶ Rechnungsabgrenzungsposten (§ 250 HGB; → § 250 Rz. 4),
   - ▶ latente Steuern (§ 274 HGB; → § 274 Rz. 51 ff.),

   wohl aber auf den entgeltlich erworbenen Geschäfts- oder Firmenwert (§ 246 Abs. 1 Satz 4 HGB; → § 246 Rz. 279).

3   Die drei genannten Bewertungsmaßstäbe sind im Zuge des Eintretens eines Vermögensgegenstands in die Welt des bilanzierenden Kaufmanns anzuwenden (sog. **Zugangsbewertung**). Das gilt auch für den beizulegenden Zeitwert nach Abs. 4. Dieser ist im Zugangszeitpunkt – abgesehen von Transaktionskosten – mit den Anschaffungskosten identisch. Allerdings bleibt der beizulegende Zeitwert auch in der **Folge** als Bewertungsmaßstab erhalten. Das gilt für die Anschaffungs- oder Herstellungskosten nur eingeschränkt: Sie liefern in der Folgezeit nach dem Zugang die Wertobergrenze (→ § 253 Rz. 12), können aber durch Folgebewertungsmaßnah-

men wie planmäßige oder außerplanmäßige Abschreibungen nach unten „korrigiert" werden. Man kann insoweit für die Anschaffungs- oder Herstellungskosten von einer „historischen" Bewertungsgrundlage sprechen, die u.U. viele Jahre im Rechenwerk des Unternehmens verbleibt. Im Anlagegitter gem. § 268 Abs. 2 HGB (→ § 268 Rz. 59) bleibt diese Ausgangsgröße der Bewertung auch in der äußeren Darstellung erhalten.

Diese vergangenheitsorientierte Bewertungssystematik gilt im Gegensatz zur *fair value*-Bewertung (→ Rz. 146) als besonders **objektivierend**. Das mag dann zutreffen, wenn der *fair value* mangels feststellbarer Börsen- und Marktpreise auf Bewertungsmodellen gründet. 4

2. Steuerbilanz

Die Anschaffungs- und Herstellungskosten nach Abs. 1 und 2 bilden traditionell auch den Bewertungsmaßstab für die **steuerliche Bilanzierung**. In ständiger Rechtsprechung wendet der BFH insbesondere den Anschaffungskostenbegriff des Abs. 1 nicht nur für Bilanzierungszwecke, sondern auch für die **Überschusseinkünfte**, z. B. nach §§ 21[1] und 23[2] EStG, an. 5

Für die steuerliche Bilanzierung gilt nach § 6 EStG zusätzlich noch ein **anderer** Bewertungsmaßstab für die Zugangsbewertung, nämlich der „an **deren Stelle** (gemeint sind Anschaffungs- und Herstellungskosten) **tretende Wert**" (→ § 253 Rz. 7). Angesprochen sind damit insbesondere Sondertatbestände der Zugangsbewertung, denen förmlich kein Anschaffungs- oder Herstellungsvorgang zugrunde liegt. Das ist dann der Fall, wenn ein bereits vorhandener Vermögensgegenstand, der nicht (mehr) angeschafft oder hergestellt werden kann, aus dem Privatvermögen des Steuerpflichtigen in sein Betriebsvermögen **eingelegt** oder von einem (steuerlichen) Betriebsvermögen in ein anderes **überführt** wird. Ein vergleichbarer Vorgang liegt bei der Neueröffnung eines Gewerbebetriebs mit Sacheinlagen vor („Totaleinlage"). 6

Diese Begrifflichkeiten (Einlage, Überführung) sind an sich rein steuerlich orientiert. Das **HGB** kennt zu diesen Vorgängen **keine eigenständigen** Regeln. Sie werden in der Praxis durch die steuerlichen Vorgaben ausgefüllt. Diese Vorgehensweise ist zumindest aus Praktikabilitätsgründen sinnvoll, auch wenn die steuerlich in diesen Fällen regelmäßig anzuwendenden Bewertungsmaßstäbe (bei Einlagen der Teilwert, bei Überführungen der bisherige Buchwert) für die handelsrechtliche Gewinnermittlung nicht präjudiziell wirken. Andererseits kann man sich für die handelsrechtliche Bilanzierung, z. B. auch von den Wertobergrenzen des § 6 Abs. 1 Nr. 5 EStG in den genannten beiden Sonderfällen – Zuführung innerhalb von drei Jahren nach der Anschaffung oder Herstellung, Kapitalgesellschaftsanteile nach § 17 EStG –, leiten lassen. 7

Die traditionellen Bewertungsmaßstäbe der Anschaffungs- und Herstellungskosten dienen in der bilanzrechtlichen Systematik der **Erfolgsneutralität** des Zugangsvorgangs in die Bilanz (→ § 253 Rz. 13). Erst durch die weitere Verwendung der zugegangenen Vermögensgegenstände sollen ggf. Aufwendungen und Erträge entstehen. 8

Konzeptionell findet die Anschaffungskostenbewertung (*historical cost*) auch Anwendung in den einschlägigen **IFRS-Standards** zum Sachanlagevermögen (IAS 16), zu den immateriellen Anlagewerten (IAS 38) und zum Vorratsvermögen (IAS 2). Die nach IAS 16 und 38 dem Grunde 9

---

[1] BFH-Urteil vom 12. 9. 2001 – IX R 39/97, BStBl 2003 II S. 569 = Kurzinfo StuB 2002 S. 618.
[2] BFH-Urteil vom 19. 12. 2000 – IX R 100/97, BStBl 2001 II S. 345 = Kurzinfo StuB 2001 S. 354.

nach ermöglichte Neubewertung – die fortgeführten Anschaffungs- und Herstellungskosten stellen nicht den „Deckel für die Folgebewertung" dar (→ § 253 Rz. 12) – bricht aus diesem Konzept aus, wird in der deutschen IFRS-Praxis aber kaum angewandt.

II. Anschaffungsvorgänge (Abs. 1)
1. Definition, Abgrenzung zur Herstellung

10 Abs. 1 definiert zwar die Anschaffungs**kosten**, nicht aber den Anschaffungs**vorgang** selbst. Entsprechendes gilt für die Herstellungskosten nach Abs. 2 (→ Rz. 73 ff.). Lediglich aus dem „zu erwerben" lässt sich ein rudimentärer Definitionsbestandteil ableiten. „Erwerben" kann man nur **Vorhandenes**, d. h. ein Anschaffungsvorgang kann sich nur auf einen **bereits bestehenden Vermögensgegenstand** beziehen, der von einer anderen Person als derjenigen des bilanzierenden Kaufmanns stammt[3] und dort seinerseits angeschafft oder hergestellt worden ist. Im Gegensatz dazu meint „Herstellung" die **Neuschaffung** eines bisher **noch nicht bestehenden** Vermögensgegenstands. Der Anschaffungsvorgang ist **zeitpunkt**-, die Herstellung **zeitraum**bezogen (→ Rz. 78).

11 In die an sich begrifflich trennscharfe Abgrenzung des Anschaffungs- vom Herstellungsvorgang schleichen sich aber im Gesetzestext systematische „**Unsauberkeiten**" ein:

▶ Der **Anschaffungs**vorgang wird um die Versetzung „in einen betriebsbereiten Zustand" **erweitert** (→ Rz. 29).

▶ Der **Herstellungs**vorgang bezieht sich nicht nur auf einen neugeschaffenen Vermögensgegenstand, sondern auch auf dessen **Erweiterung** und wesentliche **Verbesserung** in Abs. 2 Satz 1 (→ Rz. 111 ff.).

12 In einer erweiterten Definition bezeichnet der BFH[4] den Anschaffungsvorgang als die Überführung eines Vermögensgegenstands von einer **fremden** in die **eigene** wirtschaftliche Verfügungsmacht. Diese Definition passt sehr gut auf sächliches Anlage- und Umlaufvermögen, ebenso auf Beteiligungen und Forderungen bei derivativem Erwerb (letzteres z. B. durch *factoring*). Bei der **Neubegründung** von Forderungen (durch Erbringung der bedungenen Leistung, → Rz. 125) oder der **Gründung** einer Tochtergesellschaft (→ Rz. 118) versagt diese Begrifflichkeit.[5] Hier ist im Schrifttum offen, ob es sich um einen Anschaffungs- und Herstellungsvorgang handelt. Beschränkt man den Anschaffungstatbestand auf einen bereits vorhandenen Vermögensgegenstand, scheidet in den letztgenannten Fällen die Anschaffungskostenbewertung aus. Es kann sich dann nur um einen Herstellungsvorgang handeln (→ Rz. 118).

Die Unterscheidung zwischen Anschaffung und Herstellung bekommt insbesondere Bedeutung bei Ausübung des **Ansatzwahlrechts** (→ § 248 Rz. 7 ff.) für **immaterielle** Anlagegegenstände (→ Rz. 75). Im Falle der Herstellung ist als Gegenposten eine Gewinnausschüttungssperre nach § 268 Abs. 8 HGB (→ § 268 Rz. 124) zu beachten. Betroffen ist insbesondere der Bereich

---

3 BFH-Urteil vom 2. 9. 1988 – III R 53/84, BStBl II S. 1009.
4 BFH-Urteil vom 22. 8. 1966 – GrS 2/66, BStBl III S. 672.
5 Vgl. *Hoffmann*, in: Littmann/Bitz/Pust (Hrsg.), EStG, § 6 Tz. 154.

der **Filmwirtschaft**. Die Filmrechte machen in dieser Branche einen Großteil des Aktivvermögens aus. Regelmäßig gilt dabei folgende Unterscheidung:

▶ **Echte** Auftragsproduktion: Der Auftraggeber – z. B. eine Fernsehanstalt – erwirbt vom Hersteller die Urheberrechte am Film. Der Auftragnehmer ist Hersteller, der Auftraggeber Anschaffer und Träger des Risikos aus der Filmproduktion.

▶ **Unechte** Auftragsproduktion: Der Auftraggeber trägt das Risiko der Filmherstellung und erteilt dem Produzenten umfassende Weisungen;[6] er ist Hersteller.

Ein weiterer schwieriger Abgrenzungsfall betrifft die Installation eines **unternehmensindividuell zugeschnittenen EDV-Programms**, z. B. das sog. ERP-System (→ Rz. 29). Das Abgrenzungsproblem zwischen Anschaffung und Herstellung beruht in diesem Fall insbesondere auf der „Versetzung in einen betriebsbereiten Zustand", das genau genommen einen Herstellungsvorgang beschreibt (→ Rz. 28).

Herstellungsprozesse sind regelmäßig mit Anschaffungen **verknüpft**. Die Erstellung eines Gebäudes beispielsweise erfordert nicht nur den Einsatz von Arbeitskraft und von gemieteten Gerüsten oder Kranen, sondern auch die Anschaffung von Baustahl und Beton.

2. Einzelne Sachverhalte

Regelmäßig erfolgen Anschaffungsvorgänge auf der Rechtsgrundlage eines **Kauf**- oder **Werklieferungs**vertrags. Diese Fälle stellen das **Leitbild** des Gesetzgebers für den Anschaffungsvorgang dar und sind in der Rechnungslegungspraxis in den allermeisten Fällen auch gegeben.   13

Daneben sind als **Sonderfälle** der Anschaffung zu erwähnen:

▶ Tauschgeschäfte (→ Rz. 49),

▶ gesellschaftsrechtliche Einbringungsvorgänge (→ Rz. 53),

▶ Sachgesamtheiten (→ Rz. 42),

▶ Unternehmensumstrukturierung (→ Rz. 69),

▶ Einlagen, Überführungen (→ Rz. 6 f.).

Infrage kommen auch Erwerbe durch Hoheitsakte (z. B. durch den Zuschlag im Zwangsversteigerungsverfahren).[7]

Als Tauschvorgänge werden steuerlich auch die **Einbringung** von Vermögensgegenständen in Personen- oder Kapitalgesellschaft angesehen, obwohl es sich nicht um einen Tausch i. S. des Schuldrechts handelt („**tauschähnlich**").[8]

3. Anschaffungszeitpunkt

Der Anschaffungszeitpunkt ist identisch mit dem Übergang des **wirtschaftlichen Eigentums**, regelmäßig definiert als Übergang von Besitz, Nutzungen, Gefahr und Lasten (→ § 252 Rz. 87).   14

---

[6] Vgl. *Ellrott/Brendt*, in: Beck'scher Bilanz-Kommentar, 7. Aufl., München 2010, § 255 Tz. 37; BMF-Schreiben vom 23. 2. 2001 – IV A 6 – S 2241 – 8/01, BStBl I S. 175; BMF-Schreiben vom 5. 8. 2003 – IV A 6 – S 2241 – 81/03, BStBl I S. 406.

[7] Vgl. *Korn/Strahl*, in: Korn (Hrsg.), EStG, § 6 Tz. 59.

[8] Vgl. *Hoffmann*, StuB 2009 S. 127.

Dabei ist nicht der vertraglich vorgesehene, sondern der **tatsächliche** Übergang[9] beachtlich. (→ § 252 Rz. 87). Das rechtliche Eigentum ist wie auch sonst für Bilanzierungszwecke unerheblich, dem üblichen Eigentumsvorbehalt beim Verkauf auf Ziel kommt beispielsweise keine bilanzrechtliche Bedeutung zu. Beim abnutzbaren Anlagevermögen stellt der Anschaffungszeitpunkt regelmäßig auch den Beginn der planmäßigen Abschreibungsverrechnung dar (→ § 253 Rz. 97).

15 Praktische Schwierigkeiten bezüglich der Bestimmung des Zugangszeitpunkts können sich bei Beschaffungsvorgängen **um** den Bilanzstichtag **herum** ergeben.

> **BEISPIEL** ▶ Der Kaufmann U erwirbt in notarieller Urkunde alle Anteile an der GmbH „mit Wirkung zum 31.12.00 24.00 Uhr/1.1.01 0.00 Uhr".
>
> Der Erwerbszeitpunkt ist nicht definiert, auch nicht durch die physisch nicht mögliche juristische Sekunde. Effektiv handelt es sich um eine „Doppeldatierung", d. h. im Ergebnis um ein Nicht-Datum. Das gewollte oder beabsichtigte Datum kann dann nur durch Vertragsauslegung oder letztlich durch die Interessenlage der handelnden Personen bestimmt werden.

Wenn anders als im vorstehenden Beispiel eine klare Datierung vorliegt – 31.12.00 24.00 Uhr bzw. 1.1.01 0.00 Uhr –, kann dieses Datum nicht umgedeutet werden. Beim Bilanzstichtag 31.12. ist im ersten Fall der Zugang im alten Jahr, im zweiten Fall im neuen Jahr anzunehmen.[10]

16 Anschaffungskosten können auch **vor** oder **nach** dem eigentlichen Anschaffungsvorgang anfallen:[11]

- ▶ **Vor** dem Anschaffungszeitpunkt: Besichtigungskosten (→ Rz. 24), Notargebühren und andere Nebenkosten der Anschaffung (→ Rz. 21).

- ▶ **Nach** dem Anschaffungszeitpunkt: Grundbuchgebühren oder geänderte Grunderwerbsteuern (→ Rz. 32).

4. Anschaffungskosten

4.1 Überblick

17 Der Definitionsgehalt der Anschaffungskosten in Abs. 1 lässt sich in tabellarischer Aufbereitung wie folgt darstellen:

---

9 BFH-Urteil vom 17. 12. 2009 – III R 92/08, DB 2010 S. 541 = Kurzinfo StuB 2010 S. 289.
10 BFH-Urteil vom 7. 11. 1991 – IV R 43/90, BStBl 1992 II S. 398; BFH-Urteil vom 23. 1. 1992 – IV R 88/90, BStBl II S. 525; BFH-Urteil vom 26. 11. 1992 – X R 187/87, BStBl 1993 II S. 298; BFH-Urteil vom 29. 4. 1993 – IV R 107/92, BStBl II S. 666; BFH-Urteil vom 6. 5. 2010 – IV R 52/08, DStR 2010 S. 1374 = Kurzinfo StuB 2010 S. 555: „mit Wirkung zum 31.12.". Vgl. hierzu auch *Hoffmann*, StuB 2010 S. 605.
11 Vgl. *Ellrott/Brendt*, in: Beck'scher Bilanz-Kommentar, 7. Aufl., München 2010, § 255 Tz. 33.

Anschaffungspreis	+
Anschaffungsnebenkosten (z. B. Transport-, Makler- und Notargebühren)	+
Nachträgliche Anschaffungskosten (z. B. nacherhobene Grunderwerbsteuer oder Kaufpreisveränderungen aufgrund von Gleitklauseln im Erwerbsvertrag)	+
Anschaffungspreisminderungen (wiederum aufgrund von Anpassungsklauseln oder mängelbedingten Gutschriften und Zuschüssen)	-
Aufwendungen zur Versetzung in einen betriebsbereiten Zustand	+
Anschaffungskosten	=

Dieser Anschaffungskosteninhalt des Abs. 1 unterscheidet sich spürbar von der Vorgabe der 4. EG-Richtlinie, die nur den **Erwerbspreis** und die **Nebenkosten** erwähnt (Art. 35 Abs. 2 4. EG-Richtlinie). Die Ausweitung verdankt ihren Inhalt einschlägiger BFH-Rechtsprechungen vor Erlass des Bilanzrichtliniengesetzes im Interesse der damals hochgehaltenen steuerneutralen Transformation der europarechtlichen Bilanzierungsvorgabe. Das bezieht sich insbesondere auf den Inhalt der **nachträglichen** Anschaffungskosten (→ Rz. 32) und auf die Versetzung in den **betriebsbereiten Zustand** (→ Rz. 28).

4.2 Anschaffungspreis

4.2.1 Grundfall: Kaufpreis

Der Grundsachverhalt zur Bestimmung des Anschaffungspreises beruht auf einem **Kaufvertrag**, der einen entsprechenden Wert ausweist („Aufwendungen"). Die abzugsfähige Vorsteuer stellt dabei einen eigenständigen Forderungsbetrag gegenüber dem Fiskus dar; umgekehrt ist die nicht abzugsfähige Vorsteuer als Bestandteil des Kaufpreises zu werten. Unerheblich ist, ob der Kaufpreis **angemessen** oder nicht oder der Kaufmann den identischen Vermögensgegenstand anderweitig hätte **billiger** besorgen können. Eine solche Überhöhung eines Kaufpreises wird sich in der Praxis regelmäßig bei Bezug einer nahestehenden Person feststellen lassen – ein Sachverhalt, der im Körperschaftsteuerbereich eine verdeckte Gewinnausschüttung darstellt (→ Rz. 63). Zu überhöhten Anschaffungskosten bei Transaktionen mit Fremden wird auf → Rz. 63a ff. verwiesen.

18

4.2.2 Finanzierungsleasing

Ein Sonderfall des Anschaffungsvorgangs liegt dann vor, wenn – ausnahmsweise (→ § 246 Rz. 173) – im Rahmen eines Leasingvertrags die Zurechnung des Leasingobjekts beim Leasing**nehmer** vorzunehmen ist. Nach Maßgabe der Leasingerlasse für bewegliche[12] und unbewegliche Wirtschaftsgüter[13] sind in diesen Fällen dem Leasingnehmer als Anschaffungs- (oder Herstellungs-)kosten diejenigen des Leasinggebers heranzuziehen. Häufig werden diese dem Leasingnehmer nicht bekannt sein. Dann kann u. E. nach den Regeln von IAS 17.20 vorgegangen werden: Der Barwert der Mindestleasingraten stellt den Anschaffungskosten-Hilfswert dar,

19

---

[12] BMF-Schreiben vom 19. 4. 1971 – S 2170, BStBl I S. 264.
[13] BMF-Schreiben vom 21. 3. 1972 – S 2170, BStBl I S. 188.

nach oben begrenzt allerdings auf den beizulegenden Zeitwert. Als Mindestleasingraten gelten dabei nicht nur die Raten der unkündbaren Grundmietzeit, sondern auch eventuelle Restwertgarantien oder – bei Zurechnung des wirtschaftlichen Eigentums wegen günstiger Kauf- oder Verlängerungsoption – auch die mit Ausübung dieser Optionen verbundenen Zahlungen. Als Diskontierungssatz können die Grenzfremdkapitalkosten herangezogen werden. Sie entsprechen dem Zinssatz, der bei fremdfinanziertem Kauf zu zahlen wäre.

4.2.3 Fremdwährung

20 Bei einem Anschaffungspreis in Fremdwährung ist der Umrechnungskurs (Mittelkassakurs, → § 256a Rz. 6) zum Zeitpunkt der Verschaffung der **Verfügungsmacht** (Anschaffungszeitpunkt) zugrunde zu legen. **Zahlungsvorgänge** zur Begleichung des Rechnungspreises vor oder nach dem bilanziellen Zugang berühren nicht die Anschaffungskosten, sondern sind ergebniswirksam als Kursgewinne oder -verluste zu verbuchen (→ § 256a Rz. 9).[14] Liegt der Bezahlung des Fremdwährungspostens ein **Kurssicherungsgeschäft** zugrunde, kann der zur Zahlung verwendete Sicherungskurs als Anschaffungskosten herangezogen werden. Die Begleichung der Fremdwährungsverbindlichkeiten erfolgt möglicherweise auch durch eigene Bestände in dieser Währung. In diesem Fall ist die Umrechnung zum Mittelkurs im Zugangszeitpunkt (des Vermögensgegenstands) vorzunehmen. Dann kann sich ein Währungsgewinn für den verwendeten Devisenbestand ergeben, der erfolgswirksam zu verbuchen ist.

4.3 Externe Nebenkosten des Erwerbs

21 Die Anschaffungsnebenkosten umfassen alle Aufwendungen, die anschaffungsbezogen und **neben** dem eigentlichen Kaufpreis bzw. Tauschwert anfallen. Erfolgt dieser Anfall aus externer Quelle, dient er der Erlangung der wirtschaftlichen Verfügungsmacht, d. h. dem eigentlichen Anschaffungsvorgang. Die **innerbetrieblichen** Nebenkosten der Anschaffung dienen demgegenüber der Herstellung der Betriebsbereitschaft (→ Rz. 28).

22 Aktivierbar sind dabei nur **Einzelkosten**, oder umgekehrt: **Gemeinkosten** sind vom Aktivierungsvolumen ausgeschlossen. Deshalb bedarf es einer Abgrenzung der Gemein- von den Einzelkosten. Damit sind die sog. **unechten** Gemeinkosten aus Sicht der Kostenrechnungspraxis angesprochen (→ Rz. 85). Als solche gelten Kosten, die eigentlich ihrer Natur nach den angeschafften (oder hergestellten) Vermögensgegenständen unmittelbar zurechenbar wären, was aber mangels der zugehörigen kostenrechnerischen Organisation unterbleibt. Dieses Unterlassen kann auf reinem Schlendrian beruhen („Kosten interessieren uns nicht, wir sind umsatzorientiert") oder unterbleiben aus Wirtschaftlichkeitsgesichtspunkten.

> **BEISPIEL**[15] Der inländische Porzellanhersteller P bestellt nach ausführlichen Machbarkeitsstudien (*feasibility studies*) in Korea eine neue Produktionsanlage. Zur Überwachung des Herstellungsverfahrens reist ein bei P beschäftigter **Ingenieur** wiederholt nach Korea. Nach den Zeitaufzeichnungen hat er die Hälfte der Jahresarbeitszeit mit dieser Überwachung ver-

---

14 A. A. *Ellrott/Brendt*, in: Beck'scher Bilanz-Kommentar, 7. Aufl., München 2010, § 255 Tz. 53: Vorauszahlungen sind in Höhe des Auszahlungsbetrags erfolgsneutral auf den Zugangswert des Vermögensgegenstands umzubuchen.

15 Nach *Hoffmann*, in: Lüdenbach/Hoffmann (Hrsg.), Haufe IFRS-Kommentar, 8. Aufl., Freiburg 2010, § 8 Rz. 13. Die Erkenntnisse aus der IFRS-Rechnungslegung, die auf dem gleichen Konzept wie das HGB beruhen, können u. E. (nicht nur) hier als Auslegungshilfe herangezogen werden.

bracht. Daneben hat sich auch die **Einkaufsabteilung** mit diesem beschäftigt, u. a. mit der Ausschreibung, der erforderlichen Logistik, der Finanzierung (Leasing oder Kauf), der Frage der Währungssicherung etc.

> **LÖSUNG** Die Kosten der **Machbarkeitsstudie** sind mit der Produktionsanlage nicht unmittelbar verbunden – die Entscheidung hätte aufgrund der Studie auch anders ausfallen können – und deshalb nicht **aktivierbar**.[16] Die Reisekosten des **Ingenieurs** sowie die Hälfte seines Jahresgehalts sind der Maschinenanlage einzeln ohne Rückgriff auf Schlüsselungsgrößen zuzuordnen und deshalb aktivierungspflichtig nach § 255 Abs. 1 HGB bzw. IAS 16.16(b). Gehaltsaufwendungen des Ingenieurs wären zwar auch ohne die Arbeiten in Korea angefallen, was aber die Einbeziehung in die Anschaffungskosten der Anlage nicht hindert.[17]
>
> Die Kosten der **Einkaufsabteilung** können nach irgendwelchen Annahmen auch dem Korea-Projekt zugeordnet werden. Soweit es sich um **Sachkosten** – z. B. für die Abschreibung und Beheizung der Räume, in denen der Einkauf tätig ist – handelt, liegen „echte" Gemeinkosten vor, die nicht „einzeln" der Beschaffung der koreanischen Anlage zuzuordnen bzw. nicht *directly attributable* sind. Eine anteilige Aktivierung auf die Produktionsanlage kommt nicht in Betracht.
>
> Die **Lohnkosten** sind dem Grunde nach durch Zeitaufschreibungen dem jeweiligen Anschaffungsvorgang zuzuordnen. Dies würde aber eine Detaillierung voraussetzen, und zwar nicht nur nach den Projekten (koreanische Anlage vs. sonstige Einkäufe), sondern ebenso nach der Art der Tätigkeit – Suchkosten für die Ausschreibung einerseits, Organisation der Logistik des Transports andererseits – unterscheiden. Entsprechende Zeitaufschreibungen sind im Unternehmen nach der internen Organisation nicht vorgesehen. Insoweit liegen „an sich" aktivierungspflichtige (unechte) Gemeinkosten vor.

Eine besondere Bedeutung kommt der Gemeinkostendefinition im Bereich der **Warenlogistik** des Einzelhandels zu. Das dortige Beschaffungsverfahren verursacht in nennenswertem Umfang Gemeinkosten,[18] weil hier aus *cost benefit*-Gesichtspunkten eine produktbezogene Schlüsselung unterbleibt. Dort muss mit groben Pauschalzuschlägen gearbeitet werden, wenn diese Gemeinkosten als **unecht** angesehen werden.[19]

23

Die externen Nebenkosten lassen sich unterteilen in solche, die

24

- **vor** dem eigentlichen Erwerb
- im **Zusammenhang** mit der Verschaffung der Verfügungsmacht

entstehen.[20]

Aufwendungen, die vor der Erwerb**sentscheidung** fallen, sind u. E. nicht aktivierbar, z. B. Marktstudien, Machbarkeitsuntersuchungen (*feasibility studies*), Besichtigungsreisen etc. (vgl. Bei-

---

16 Vgl. *KPMG*, Insights into IFRS 2008/2009, 3.2.30.60.
17 Vgl. *KPMG*, Insights into IFRS 2008/2009, 3.2.30.50.
18 Vgl. *von Keitz*, KoR 2006 S. 101.
19 So aus Sicht der Finanzverwaltung *Saure*, StBp 2002 S. 285.
20 Vgl. *HHR*, EStG, § 6 Tz. 293.

II. Anschaffungsvorgänge

spiel → Rz. 22).[21] Die hier vertretene Auffassung wird von der BFH-Rechtsprechung insofern gestützt, als sog. **vergebliche Ausgaben** nicht aktivierbar sind, z. B. eine Reise im Interesse des Erwerbs eines Vermögensgegenstands, wozu es dann aber aus irgendwelchen Gründen nicht kommt.[22] Im Falle von Beratungskosten zur fehlgeschlagenen Gründung einer Aktiengesellschaft sieht der BFH[23] dies anders: Es lägen bei **Beteiligungen** im Anwendungsbereich von § 20 EStG – da nicht abnutzbare Wirtschaftsgüter – Anschaffungskosten vor, die nicht zu Werbungskosten bei den Einkünften aus Kapitalvermögen führen. U. E. gilt dies nicht für Beteiligungen im Betriebsvermögen: hier sofort abzugsfähige Betriebsausgaben.

Anschaffungskosten können demnach nur **nach** Treffen der Erwerbsentscheidung vorliegen.[24] Insbesondere *due diligence*-Aufwendungen stellen deshalb keine Anschaffungskosten dar, selbst wenn es im Anschluss daran zu einem Erwerb kommt.[25]

Die anschließende Frage geht dann dahin, **wann** diese Erwerbsentscheidung gefallen ist. Im Falle der fehlgeschlagenen Gründung einer Aktiengesellschaft hat der BFH[26] die damit verbundenen Beratungskosten als Anschaffungskosten gewertet, da **zuvor** ein „**endgültiger** Entschluss" zur Gründung – wenn auch ohne Erfolg – gefasst worden sei. Im Falle einer *due diligence*-Prüfung **vor** dem Erwerb einer Unternehmensgruppe hat der BFH[27] ebenfalls Anschaffungskosten für das entsprechende Honorar festgestellt, weil die Erwerbsentscheidung zuvor schon „**grundsätzlich**" gefallen gewesen sei. Die Formulierung „endgültig" im zitierten BFH-Urteil VIII R 4/02 bedeute nicht, dass die Entscheidung „gänzlich unumstößlich gefasst sein muss". Seitdem hantiert der VIII. BFH-Senat in diesen Fällen ausufernd mit der nichtssagenden und deshalb argumentativ beliebten Floskel „grundsätzlich", so im Falle des Entgelts für die Auswahl einer Kapitalanlagestrategie.[28] Der Rechtsanwender darf sich dann über den Wesensgehalt der Grundsätzlichkeit einer Erwerbsentscheidung seine Gedanken machen. U. E. ist die Beauftragung einer *due diligence*-Prüfung gerade ein Musterfall für eine noch offene Erwerbsentscheidung – einerlei ob „grundsätzlich" oder „ungrundsätzlich". Der Auftrag wird ja gerade deswegen erteilt, um zu einer Entscheidung zu kommen. Diese ist insbesondere auch vom zu vereinbarenden Kaufpreis abhängig, denn „grundsätzlich" kann jedermann zum Kauf eines (z. B.) hochwertigen Perserteppichs entschieden sein, wenn indes die Preisvorstellungen der Parteien nicht konvergieren, kommt das Geschäft nicht zustande, d. h. der Erwerbs-„Grundsatz" ist nur als aufschiebend bedingt gefasst.

---

21 So z. B. *ADS*, 6. Aufl., § 255 Tz. 22; a. A. *HHR*, EStG, § 6 Tz. 293.
22 BFH-Urteil vom 15. 4. 1992 – III R 96/88, BStBl II S. 819.
23 BFH-Urteil vom 20. 4. 2004 – VIII R 4/02, BStBl II S. 597 = Kurzinfo StuB 2004 S. 566.
24 BFH-Urteil vom 20. 4. 2004 – VIII R 4/02, BStBl II S. 597 = Kurzinfo StuB 2004 S. 566.
25 Vgl. *Peter/Graser*, DStR 2009 S. 2032.
26 BFH-Urteil vom 20. 4. 2004 – VIII R 4/02, BStBl II S. 597 = Kurzinfo StuB 2004 S. 566.
27 BFH-Urteil vom 27. 3. 2007 – VIII R 62/05, BStBl 2010 II S. 159 = Kurzinfo StuB 2007 S. 474.
28 BFH-Urteil vom 28. 10. 2009 – VIII R 22/07, BStBl 2010 II S. 469 = Kurzinfo StuB 2010 S. 236.

Nebenkosten, die im Zusammenhang mit **nicht bilanzierbaren** Nutzungsverhältnissen (schwebende Geschäfte → § 246 Rz. 4) anfallen, sind nicht aktivierbar, z. B. 25

- **Maklerprovisionen** für den Abschluss von Mietverträgen[29] oder
- **Vermittlungsprovisionen** zum Abschluss von Buch- und Zeitschriftenabonnements.[30]

Nicht aktivierbar als Anschaffungsnebenkosten sind **Finanzierungskosten** für Anschaffungsvorgänge,[31] anders als bei Herstellungen (→ Rz. 92). Diese Differenzierung der Aktivierbarkeit von Finanzierungszinsen nach Anschaffungs- und Herstellungsvorgängen ist wenig befriedigend. Die einheitliche Lösung nach IAS 23 ist in betriebswirtschaftlicher Sicht vorzugswürdig. Allerdings bleibt auch hier das Problem der Nichterfassung von Eigenkapitalkosten erhalten. 26

Aktivierbar sollen dagegen die **Bauzeitzinsen** sein, die ein Grundstückserwerber dem Veräußerer bis zur Anschaffung erstattet.[32] Zinsen für einen **gestundeten** Kaufpreis stellen keine Anschaffungskosten des Erwerbers dar.[33] Zu den in den **Lager**kosten enthaltenen Zinsanteilen vgl. → Rz. 30.

Beispiele für Nebenkosten der Anschaffung: 27

- **Beratungskosten**, sofern sie nach Erwerbsentscheid anfallen (→ Rz. 24),
- **Besichtigungs-** und **Reisekosten**, ebenfalls nach Erwerbsentscheidung (→ Rz. 24),[34]
- **Notargebühren**, die auf den Erwerb eines Vermögensgegenstands entfallen, nicht dagegen diejenigen, die die Finanzierung des Erwerbs betreffen,[35]
- **Gebühren**, z. B. für die Grundbucheintragung des Eigentumswechsel, nicht hingegen für die Eintragung von Grundschulden,
- **Einkaufsprovisionen** u. Ä.,
- **Steuern und Abgaben**, die mit dem Erwerbsvorgang zusammenhängen, z. B. Zölle, Grunderwerbsteuer, nicht unbedingt Grunderwerbsteuer aufgrund von Fusionen und Anteilsvereinigungen,[36]

---

29 BFH-Urteil vom 19. 6. 1997 – IV R 16/95, BStBl II S. 808.
30 BFH-Urteil vom 3. 8. 1993 – VIII R 37/92, BStBl 1994 II S. 444.
31 So auch *Ellrott/Brendt*, in Beck'scher Bilanz-Kommentar, 7. Aufl., München 2010, § 255 Tz. 501; a. A. *ADS*, 6. Aufl., § 255 Tz. 35, mit der Begründung: Wenn die Finanzierungskosten beim Lieferanten anfallen, werden sie dem Erwerber (auch) in Rechnung gestellt. Gegen die Auffassung von *ADS* lässt sich auch die Nichterfassung von Eigenkapital-Finanzierungskosten anführen: Der besagte Lieferant kalkuliert diese in seine Leistung ein und stellt sie verdeckt dem Empfänger in Rechnung. Der Leistungsempfänger kann auch nicht unterscheiden, ob ihm der Lieferant Eigen- oder Fremdkapitalzinsen in Rechnung stellt. Gl. A. *Knop/Küting*, in: Küting/Pfitzer/Weber (Hrsg.), Handbuch der Rechnungslegung – Einzelabschluss, 5. Aufl., § 255 Tz. 40, allerdings noch weitergehend: Aktivierungspflicht.
32 BFH-Urteil vom 19. 4. 1977 – VIII R 44/74, BStBl II S. 600; BFH-Urteil vom 18. 2. 1993 – IV R 40/92, BStBl 1994 II S. 224.
33 BFH-Urteil vom 27. 7. 2004 – IX R 32/01, BStBl II S. 1002 = Kurzinfo StuB 2004 S. 937.
34 BFH-Urteil vom 10. 6. 1981 – VIII R 195/77, BStBl II S. 470.
35 BFH-Urteil vom 28. 9. 1993 – X B 96/93, BFH/NV 1994 S. 237.
36 Diese Sonderfälle der Entstehung von Grunderwerbsteuer sind bezüglich der Aktivierungspflicht vom BFH noch nicht entschieden worden; die Aktivierung bejahend FG Düsseldorf vom 8. 12. 2009 – 6 K 4720/07 K, F, EFG 2010 S. 666, mit Revision BFH unter I R 2/10. Die Begründung für die Nichtaktivierung (Literaturnachweis im zitierten FG-Urteil) lautet: Es werden **fiktive** Grundstückserwerbe besteuert und nicht der Anteilserwerb. Dem steht folgendes Argument gegenüber: Der Anteilserwerb ist durch diese Fiktion mit Grunderwerbsteuer belastet. Danach richtet sich auch die Steuerschuldnerschaft. Anders bei Änderung des Gesellschafterbestands bei Personengesellschaften: Hier ist die Gesellschaft Steuerschuldner.

II. Anschaffungsvorgänge

- **Transportkosten** einschließlich Be- und Entladung,[37]
- **Verbrauchssteuern**,[38]
- **Strategieentgelt** an einen Vermögensberater zur Anlage auf dem Kapitalmarkt, wenn der Berater bei der Anlage zwischen verschiedenen Anlagestrategien auswählen darf (→ Rz. 24).[39]

4.4 Interne Nebenkosten des Erwerbs – Herstellung der Betriebsbereitschaft ...

4.4.1 ... bei Sachanlagen

28 Dieser Teilbereich des Anschaffungskostenbegriffs geht ebenfalls über die Vorgabe der 4. EG-Richtlinie hinaus (→ Rz. 17) und verdankt sein „Entstehen" einem recht alten BFH-Urteil,[40] das die nach einem Grundstückerwerb anfallenden Erschließungskosten als aktivierungspflichtig ansah, bei den Herstellungskosten allerdings nicht fündig wurde und deshalb die Anschaffungskosten bemühte, den Anschaffungskostenbegriff daher recht weit ausdehnte (→ Rz. 101). Rein begrifflich hat die „Versetzung in einen betriebsbereiten Zustand" mit einer Anschaffung nichts gemein (→ Rz. 10), sie ist eher einem **Herstellungsvorgang** zuzuordnen.[41]

> **BEISPIEL** ► Ein Wohnwagenhersteller K erwirbt von einem Lastwagenproduzenten die Plattform und verschiedene Aufbauteile. Im Anschluss daran baut er Motor, Getriebe, Sitze etc. ein, um schlussendlich einen Wohnwagen „in Betriebsbereitschaft zu versetzen".

4.4.2 ... bei Softwareinstallationen

29 Besondere Bedeutung hat die Abgrenzung von Anschaffungs- und Herstellungskosten im Gefolge der „Versetzung in einen betriebsbereiten Zustand" durch die zugehörigen Aktivitäten des BMF zur Installation umfangreicher **Individualsoftware** (genannt ERP) erfahren.[42] Das BMF scheut aus fiskalischen Motiven nicht davor zurück, die umfangreichen Aufwendungen zum sog. *customizing*, also der Anpassung des Quellcodes auf die individuellen Belange des Unternehmens, unter die „Herstellung der Betriebsbereitschaft" zu subsumieren (→ Rz. 28). Die Unterscheidung von Anschaffungs- und Herstellungskosten bei der Installation der ERP-Software hat seine Bedeutung auch nach dem BilMoG und der damit verbundenen Aktivierbarkeit von **immateriellen Anlagegegenständen** (→ § 248 Rz. 9) insoweit behalten, als im Herstellungsfall

---

37 BFH-Urteil vom 14.11.1985 – IV R 170/83, BStBl 1986 II S. 60, zum Fall der Verbringung eines Seeleichters in das Inland.
38 BFH-Urteil vom 5.5.1983 – IV R 18/80, BStBl II S. 559, zur Branntweinsteuer; BFH-Urteil vom 30.1.1976 – III R 60/74, BStBl 1976 II S. 426, zur Biersteuer.
39 BFH-Urteil vom 28.10.2009 – VIII R 22/07, BStBl 2010 II S. 469 = Kurzinfo StuB 2010 S. 236.
40 BFH-Urteil vom 18.9.1964 – VI 100/63 S, BStBl 1965 II S. 85. Die in der Folge ergangene einschlägige BFH-Rechtsprechung wird bestätigt durch den BFH-Beschluss vom 12.6.1978 – GrS 1/77, BStBl II S. 620.
41 So auch *Knop/Küting*, in: Küting/Pfitzer/Weber (Hrsg.), Handbuch der Rechnungslegung – Einzelabschluss, 5. Aufl., § 255 Tz. 38.
42 BMF-Schreiben vom 18.11.2005 – IV B 2 – S 2172 – 37/05, BStBl I S. 1025; dazu IDW RS HFA 11, WPg 2005 S. 682; *Hoffmann*, StuB 2006 S. 56; IDW RS HFA 11.

nur ein (steuerlich irrelevantes) Wahlrecht zur Aktivierung besteht, das zudem mit einer Ausschüttungssperre nach § 268 Abs. 8 HGB (→ § 268 Rz. 124 ff.) verbunden ist.

Demgegenüber hatte man bis dahin unter den „Kosten zur Herstellung der Betriebsbereitschaft" eher geringfügige Nebenarbeiten verstanden:[43]

- Fundamentierungs- und Abstützungsarbeiten bei der Installation größerer Maschinen,
- Einholung der Betriebsgenehmigung, Montagekosten, Renovierungs- und Sanierungsarbeiten nach Gebäudeanschaffung (→ Rz. 117) sowie
- Umlackierung und Beschriftung von Fahrzeugen.[44]

Sofern[45] die Schaffung der Individualsoftware durch die eigene „Mannschaft" des Unternehmens erfolgt, liegt Herstellung vor, ebenso beim Bezug von Fremdleistungen im Rahmen eines **Dienst**vertrags mit einem Softwareanbieter, weil hier das Herstellungsrisiko beim Unternehmen verbleibt. Umgekehrt liegt Anschaffung bei Heranziehung eines Softwareunternehmens im Rahmen eines **Werk**vertrags vor, weil hier Letzterer der Risikonehmer für das Gelingen des Projekts ist.

29a

Üblicherweise wird vom Unternehmen bei Installation von Individualsoftware vorab der Quellcode zu einem relativ niedrigen Preis angeschafft, der dann zu umfangreichen **Anpassungsarbeiten** an die Bedürfnisse des Auftraggebers führt („*customizing*"), was die Finanzverwaltung als Anschaffungstatbestand wertet (→ Rz. 29). Das IDW wertet demgegenüber allenfalls einen eigenständigen Anschaffungsvorgang für die Programmteile, die weiterhin **selbständig** nutzbar sind (wohl eher die große Ausnahme). Ansonsten gehen diese Teile im Gesamtprojekt unter, das je nach Vertragslage (→ Rz. 29a) als Anschaffungs- oder Herstellungsvorgang zu werten ist.

29b

Auch der Erwerb von Standardsoftware kann zu Herstellungskosten führen, nämlich dann, wenn diese Software durch wesensverändernde Anpassungen zu einem **neuen** Vermögensgegenstand „Individualsoftware" mutiert. Auch hier hängt die Aktivierungspflicht von der rechtlichen Qualität der Inanspruchnahme eines Softwareanbieters ab mit der Folge der Risikotragung (→ Rz. 29a).

29c

Für die spätere **Erweiterung** oder **Verbesserung** von Software kommt eine Aktivierungspflicht analog zur Neuerstellung bzw. -anschaffung ebenfalls nur bei einem Werkvertrag mit Risikotragung des Softwareanbieters in Betracht. Im Herstellungsfall ist das Aktivierungswahlrecht **stetig** auszuüben (→ § 246 Rz. 293).

29d

Bis dahin bewegt sich das IDW in RS HFA 11 weitgehend in den Bahnen des BMF-Schreibens (→ Rz. 29). Zum Schwure kommt es bei den Maßnahmen zur Verknüpfung der ERP-Software mit dem betrieblichen Umfeld durch das *customizing*. Das BMF[46] sieht hierin trotz der vielfachen Kosten gegenüber der Anschaffung des Quellcodes generell Aufwendungen zur Herstellung der Betriebsbereitschaft mit Aktivierungspflicht, während das IDW[47] differenziert in sol-

29e

---

43 Vgl. *Hoffmann*, in: Littmann/Bitz/Pust (Hrsg.), EStG, § 6 Tz. 170.
44 Vgl. hierzu die Fallstudie von *Lüdenbach*, StuB 2010 S. 317, auf der Grundlage des Urteils FG München vom 10. 5. 2006 – 1 K 5521/04, EFG 2006 S. 1238.
45 Zu Folgendem vgl. IDW RS HFA 11 Tz. 9 ff.
46 BMF-Schreiben vom 18. 11. 2005 – IV B 2 – S 2172 – 37/05, BStBl I S. 1025, Tz. 6.
47 IDW RS HFA 11 Tz. 17.

che, die „nur" der Herstellung der Betriebsbereitschaft dienen – Aktivierungspflicht –, und solche, die eine umfangreiche Bearbeitung und Ergänzung der ausgelieferten Standardsoftware mit sich bringen (Aktivierungswahlrecht). Letzteres gilt dann nicht (Aktivierungspflicht), wenn die Leistungen eingekauft oder durch Werkvertrag bezogen werden, umgekehrt bei Erstellung mit der eigenen „Mannschaft" und bei Bezug durch Dienstvertrag.

29f Aus Sicht der Bilanzierungspraxis folgt aus der zitierten Stellungnahme des BMF und des IDW Folgendes:
- Wer die Einheitsbilanzierung anstrebt, muss auf das Ansatzwahlrecht für originäre Immaterialgüter des Anlagevermögens (→ § 248 Rz. 9) verzichten.
- Dann stellt sich ihm die undankbare Aufgabe, die Herstellung der Betriebsbereitschaft und die dort zuzuordnenden Kosten zu definieren.
- Diese sind durch beide Standardsetter höchst „weich" umschrieben, was angesichts der Materie nicht verwundert.
- Der Umfang der Kosten für die Herstellung der Betriebsbereitschaft wird vom BMF tendenziell spürbar höher angesetzt als vom IDW.
- Bei den nicht eindeutigen Abgrenzungsmerkmalen wird der „Einheitsbilanzierer" die BMF-Variante anwenden, ohne wegen der unklaren Abgrenzungsvorgaben eindeutig gegen die IDW-Regeln zu verstoßen – eine Art umgekehrter Maßgeblichkeit.
- Ermessensspielräume bleiben dem Bilanzierer reichlich anvertraut.

30 Zu den unternehmensintern anfallenden **Nebenkosten** der Anschaffung werden nach einer Literaturauffassung auch die **Lagerkosten** (insbesondere Zinsen) für langfristig reifende Produkte (Wein, Whisky u. Ä.) angesehen.[48] Begründung: Die Reifezeit kann als Produktionsprozess i.w. S. angesehen werden. Dann aber handelt es sich um Herstellungsvorgänge, die tatsächlich – soweit es sich um Finanzierungsaufwendungen handelt – das Wahlrecht zur Aktivierung nach Abs. 3 eröffnen (→ Rz. 92).[49]

31 **Gemeinkosten** (→ Rz. 22) sind in die innerbetrieblichen Anschaffungsnebenkosten nicht einzubeziehen.

4.5 Nachträgliche Anschaffungskosten

32 Dem Anschaffungs**vorgang** ist eine **Zeitpunkt**betrachtung eigen (→ Rz. 10) und den Anschaffungs**kosten** ein **finales** Element. Das bedeutet: Ein Anschaffungsvorgang muss einmal sein Ende haben, und entsprechend müssen sich die zugehörigen Kosten auf **diesen** Vorgang beziehen. Deshalb können irgendwann einmal entstehende Aufwendungen „**auf**" einen früher einmal angeschafften Vermögensgegenstand nicht mehr Anschaffungskosten darstellen, auch nicht unter der Überschrift „nachträglich". Solche „nachträgliche Aufwendungen" stellen entweder Herstellungskosten oder Erhaltungsaufwand dar (→ Rz. 110). Ohne Bezug zum Anschaffungs**vorgang** (nicht: …**gegenstand**) können keine Anschaffungskosten mehr vorliegen; sonst entstünden Anschaffungskosten ohne Anschaffung.

---

48 Vgl. *ADS*, 6. Aufl., § 255 Tz. 29.
49 So auch *Knop/Küting*, in: Küting/Pfitzer/Weber (Hrsg.), Handbuch der Rechnungslegung – Einzelabschluss, 5. Aufl., § 255 Tz. 42.

§ 255 Bewertungsmaßstäbe

> **BEISPIEL**
>
> ▶ Ein Erdölbevorratungsbeitrag steht nicht im Zusammenhang mit der Beschaffung von Erdöl,[50] daher keine (nachträglichen) Anschaffungskosten.
>
> ▶ Wasserversorgungs- und Abwasserbeiträge nach Kommunalrecht für bereits erschlossene Grundstücke: Ein kausaler Zusammenhang von Aufwendungen mit einem Grundstück begründet keine (nachträglichen) Anschaffungskosten.[51]

Umgekehrt können nachträgliche Anschaffungskosten aufgrund ihres **finalen** Zusammenhangs mit dem Erwerb von Vermögensgegenständen vorliegen bei 33

▶ Belastung mit Branntweinsteuer für z. B. aus dem Ausland erworbenen Branntwein, weil die Steuerschuld erst nach Verbringung in den freien Verkehr entsteht;[52]

▶ Kosten für Rechtsstreitigkeiten, die geraume Zeit nach einem Anschaffungsvorgang entstehen, z. B. bezüglich der Grunderwerbsteuer;

▶ Abstandszahlungen für die Aufgabe von Grundpfandrechten können final mit dem Erwerbsvorgang verbunden sein.[53]

Besondere Bedeutung erfährt das Thema der nachträglichen Anschaffungskosten im Zusammenhang mit **Sanierungsaufwendungen** für Beteiligungen an Kapitalgesellschaften (→ Rz. 119 ff.). 34

4.6 Anschaffungspreisminderungen

Bei Anschaffungsvorgängen kann wegen dessen **Erfolgsneutralität** (→ Rz. 8) kein „Erwerbsgewinn" (*day one profit*) entstehen. Deshalb sind entsprechende Preisminderungen – typischerweise Skonti, Boni, Umsatzrückvergütungen etc. – vom Anschaffungspreis zu kürzen. Das gilt auch für **verdeckte Preisnachlässe**, z. B. bei der Inzahlungnahme von Gebrauchtfahrzeugen. Ebenso mindern Provisionszahlungen der Eigenkapitalvermittler bei geschlossenen Immobilienfonds die Anschaffungskosten.[54] Das Gleiche gilt für eine „Provision", der keine Leistungserbringung zugrunde lag, z. B. beim Vermittler eines Kaufvertrags.[55] 35

Fraglich kann die Behandlung eines **Zinseffekts** sein:[56] 36

▶ Bei einem sich über einen längeren Zeitraum erstreckenden Herstellungsprozess (Gebäude, industrielle Großanlage) zahlt der Auftraggeber und Abnehmer der Anlage zeitlich früher als üblich, vielleicht sogar zu Beginn der Arbeiten (weil ein Budgetposten „abzuräumen ist"). Diese vorzeitige Zahlung wird mit ihrem Zinseffekt offen oder verdeckt als Kaufpreis-

---

50 BFH-Urteil vom 17. 10. 2001 – I R 32/00, BStBl 2002 II S. 349 = Kurzinfo StuB 2002 S. 345.
51 BFH-Urteil vom 3. 8. 2005 – I R 36/04, BStBl 2006 II S. 369 = Kurzinfo StuB 2006 S. 29.
52 BFH-Urteil vom 5. 5. 1983 – IV R 18/80, BStBl II S. 559.
53 BFH-Urteil vom 15. 12. 1992 – IX R 323/87, BStBl 1993 II S. 488; dazu *Spindler*, DB 1993 S. 297; anders beim Grundstückserwerb mit anschließender Abfindung an den Grundstückspächter, hier soll der Erwerb eines immateriellen Vermögensgegenstands vorliegen (BFH-Urteil vom 2. 3. 1970 – GrS 1/69, BStBl 1970 II S. 382).
54 BFH-Urteil vom 26. 2. 2002 – IX R 20/98, BStBl II S. 796 = Kurzinfo StuB 2002 S. 619.
55 BFH-Urteil vom 16. 3. 2004 – IX R 46/03, BStBl II S. 1579 = Kurzinfo StuB 2004 S. 887.
56 Vgl. *Hoffmann*, in: Littmann/Bitz/Pust (Hrsg.), EStG, § 6 Tz. 175.

minderung vom Hersteller anerkannt. Fraglich ist, ob insoweit ein Zinsertrag oder eine Anschaffungspreisminderung vorliegt (vom BFH bisher nicht entschieden).

▶ Umgekehrt kann ein Kaufpreis vom Lieferanten deswegen förmlich erhöht werden, weil im Vertrag die Entrichtung unüblich lang gestundet wird. Nach Auffassung des BFH ist hier eine Abzinsung des Kaufpreises und damit eine Minderung der Anschaffungskosten vorzunehmen.[57] Dies gilt mindestens ab einer Fälligkeit später als zwölf Monate nach Entstehung der Schuld. Der Zinsanteil stellt nicht aktivierbaren Finanzierungsaufwand dar.

Fraglich ist auch die Behandlung eines **Bonus**, der sich an der **Menge** von beschafften Waren, Rohmaterialien etc. orientiert. Ein solcher kann den Warenbezügen nicht „einzeln" zugerechnet werden und mindert deshalb nicht die Anschaffungskosten für die der Bonusgewährung zuzuordnenden Beschaffungsvorgänge (Umkehrschluss zu den Einzelkosten, → Rz. 22).[58] Die praktische Bedeutung des Vorgangs ist allerdings minimal. Regelmäßig sind davon Vermögensgegenstände des Umlaufvermögens betroffen, die durch den laufenden Umschlag die alsbaldige Ergebniserhöhung bewirken. Nur in Ausnahmefällen kann dieser Aspekt im Sachanlagevermögen wirksam werden.

4.7 Sonderfälle

4.7.1 Rückbaukosten und Entfernungsverpflichtungen

37 Auf → § 249 Rz. 28 wird verwiesen.

4.7.2 Erhaltene Zuschüsse und Zulagen

38 Beschaffungsvorgänge für Sachanlagevermögen stehen häufig im Zusammenhang mit **Finanzierungshilfen** i.w.S. Diese können aus **öffentlichen** Mitteln im Interesse wirtschaftspolitischer Förderungsmaßnahmen oder auch von **privaten** Auftraggebern (→ Rz. 41) erfolgen (→ § 246 Rz. 243). Ihrem wirtschaftlichen Gehalt nach sind diese beiden Zuschussquellen streng zu **trennen**. Private Auftraggeber mögen in diesem Zusammenhang ebenfalls von „Zuschuss" sprechen, inhaltlich sind damit aber keine selbstlosen Beihilfen zu verstehen, sondern Bestandteile eines Leistungsaustauschs. Wegen **Aufwands**- oder **Ertrags**zuschüssen vgl. → § 246 Rz. 246.

39 Im Rahmen von wirtschaftspolitischen Förderungsmaßnahmen werden **Investitionszuschüsse** und **-zulagen** gewährt. Letztere sind „**steuerfrei**" gem. Investitionszulagengesetz, gehören also nicht zu den steuerbaren Einkünften und sollen deshalb konsequenterweise nicht die steuerbilanziellen Anschaffungs- bzw. Herstellungskosten des begünstigten Wirtschaftsguts kürzen, weil ansonsten die niedrigere Abschreibungsbemessungsgrundlage den Förderungseffekt wieder konterkarieren würde. **Umgekehrt** verhält es sich bei Zuschüssen. Diese sind „steuerpflichtig", dabei gewähren die Einkommensteuerrichtlinien[59] ein Wahlrecht zur sofortigen steuerpflichtigen Vereinnahmung oder zur Kürzung von den Anschaffungs- und Herstellungskosten

---

57 BFH-Urteil vom 10.4.1991 – XI R 7, 8/84, BStBl II S. 791; BFH-Urteil vom 11.12.1986 – IV R 222/84, BStBl 1987 II S. 553; ADS, 6. Aufl., § 253 Tz. 82.
58 So Knop/Küting, in: Küting/Pfitzer/Weber (Hrsg.), Handbuch der Rechnungslegung – Einzelabschluss, 5. Aufl., Tz. 62; Waschbusch, in: Haufe HGB Bilanz Kommentar, Freiburg 2009, § 255 Rz. 62; a. A. ADS, 6. Aufl., § 255 Tz. 50.
59 R 6.5 EStR 2008 i.V. mit BMF-Schreiben vom 27.5.2003 – IV A 6 – S 2137 – 25/03, BStBl I S. 361, betreffend Versorgungsunternehmen.

mit der Folge einer ratierlichen Verteilung der steuerpflichtigen Einnahme auf die Nutzungsdauer des bezuschussten Wirtschaftsguts. Nach Auffassung der Finanzverwaltung musste im Rahmen der vor BilMoG geltenden umgekehrten Maßgeblichkeit der Steuerpflichtige das Wahlrecht in der Handelsbilanz ausüben. Unter der BilMoG-Regelung ist die Bilanzierung von derlei Zuschüssen nicht mehr einheitlich in Handels- und Steuerbilanz vorzunehmen (→ § 252 Rz. 214).

Bei der **handelsrechtlichen** Bilanzierung kann diesen steuerlichen Vorgaben nicht (ohne Weiteres) gefolgt werden. Vielmehr ist nach IDW[60] sowohl ein Investitionszuschuss als auch eine -zulage entweder von den Anschaffungs- oder Herstellungskosten zu kürzen oder in einem besonderen **Passivposten** zu erfassen und über die Nutzungsdauer des bezuschussten Vermögensgegenstands gewinnerhöhend aufzulösen. Dabei ist der bilanzrechtliche Charakter dieses Passivpostens streitig, d. h. die Meinungen schwanken zwischen passiver Abgrenzung, Verbindlichkeit und Anzahlung. Am ehesten „passt" u. E. der Charakter der passiven Rechnungsabgrenzung (→ § 250 Rz. 40 mit Hinweis auf den BFH-Fall des Baukostenzuschusses für Gasanschlüsse). 40

IAS 20 folgend ist u. E. aber auch gegen einen Abzug von den Anschaffungs- oder Herstellungskosten nichts einzuwenden. Sie entspricht der wirtschaftlichen Sichtweise, die Investitionskalkülen von Unternehmen zugrunde liegt. In ihnen werden Erwerbs- oder Herstellungsaufwendungen die erwarteten Erträge gegenübergestellt, um so Amortisationsdauern, Barwerte etc. auszurechnen. In derartigen Kalkülen werden die staatlichen Zuwendungen eher als Minderung des Erwerbs- oder Herstellungsaufwands denn als Ertrag berücksichtigt.

Bei sog. Zuschüssen **privater** Auftraggeber (z. B. Werkzeugkostenzuschüsse, Druckkostenbeihilfen) kommt u. E. eine Kürzung der Anschaffungs- oder Herstellungskosten von irgendwelchen damit verbundenen Anlagegütern nicht in Betracht. Regelmäßig handelt es sich um Sonderformen von Umsatzerlösen, die im Interesse der Finanzierungsbeihilfe ex ante geleistet werden und deshalb ratierlich im Zeitverlauf zu vereinnahmen sind. U. E. bietet sich hier wiederum am ehesten der passive Rechnungsabgrenzungsposten als Bilanzierungsgrundlage an (→ § 246 Rz. 243 ff.).[61] 41

4.7.3 Kaufpreisaufteilung bei Sachgesamtheiten

Bei Erwerb mehrerer Vermögensgegenstände im bilanzrechtlichen Sinne durch einen **einzigen** (regelmäßig) Kaufakt stellt sich das Problem der Aufteilung dieses „Einheitspreises" auf die erworbenen Vermögensgegenstände.[62] Beispiele für solche Vorgänge sind: 42

▶ Erwerb eines Grundstücks mit aufstehendem Gebäude,
▶ Erwerb eines einzelkaufmännischen Unternehmens,

---

60 WPg 1984 S. 612; *Tjaden*, WPg 1985 S. 33. Differenzierend und nicht dem IDW folgend *Ellrodt/Brendt*, in: Beck'scher Bilanz-Kommentar, 7. Aufl., München 2010, § 255 Tz. 115 ff.
61 A. A. BFH-Urteil vom 29. 11. 2000 – I R 87/99, BStBl 2002 II S. 655 = Kurzinfo StuB 2001 S. 605, für Werkzeugkostenbeiträge: Verbindlichkeitsrückstellung mit ratierlicher Auflösung. Allerdings ist das Vorliegen einer Verbindlichkeit in diesem Fall höchst fragwürdig, weil keine Rückzahlungsverpflichtung besteht (*Buciek*, DStZ 2001 S. 287).
62 Vgl. hierzu *Richter/Künkele/Zwirner*, in: Petersen/Zwirner/Brösel (Hrsg.), Systematischer Praxiskommentar Bilanzrecht, Köln 2010, § 255 Tz. 49.

- ▶ (steuerlicher) Erwerb von Mitunternehmeranteilen wegen der transparenten Besteuerung (→ § 246 Rz. 316),
- ▶ (im Konzernabschluss) auch der Unternehmenserwerb im *share deal* (→ § 301 Rz. 7).

43 Der **Einzelbewertungsgrundsatz** (→ § 252 Rz. 30) macht diese Aufteilung erforderlich. Sie wirkt sich auch bei der Folgebewertung aus: Grund und Boden sind nicht planmäßig abschreibbar, wohl aber das Gebäude. Aus steuerlicher Sicht stellt sich beim Grundstück zusätzlich das Aufteilungsproblem, wenn dieses aus steuersystematischen Gründen je nach Nutzung und Funktion in vier Bestandteile „zerfällt" (→ § 266 Rz. 29).[63]

44 Hierzu kommen die Gebäudeteile, die als **selbständige Wirtschaftsgüter**[64] gelten (→ § 266 Rz. 33):
- ▶ Betriebsvorrichtungen,
- ▶ Ladeneinbauten u. Ä.,
- ▶ Mietereinbauten.

U. E. kann der steuerlichen Vorgabe auch in der Handelsbilanz gefolgt werden, wie dies in der Praxis durchgehend geschieht.

Handelsrechtlich muss eine entsprechende Bilanzierungsentscheidung dann getroffen werden, wenn ein Kaufmann ein Grundstück mit aufstehendem Gebäude erwirbt, das teils für sein Unternehmen und teils zu privaten Wohnzwecken genutzt wird (→ § 246 Rz. 131).

45 Das Aufteilungsproblem stellt sich regelmäßig nur beim **Erwerber**, für den **Verkäufer** spielt es kaum eine Rolle, auf welchen Teil des Gesamtpakets sein Verkaufspreis entfällt (Ausnahme für die Steuerbilanz: Der Grundstücksanteil für Zwecke einer 6b-Rücklage oder -Abschreibung). Aus diesem fehlenden Interessengegensatz zwischen den Parteien stellt sich das Problem der Aufteilung des Kaufpreises vor dem Hintergrund des aus steuerlicher Sicht damit verbundenen Gestaltungspotenzials für den Erwerber.

> **BEISPIEL**[65] ▶ Der Erwerber einer orthopädischen Werkstätte ordnete den gesamten Kaufpreis den Schuhleisten mit Einzelkosten von unter 800 DM (damals Bewertungsgrenze für geringwertige Anlagegüter) zu. Das Finanzamt sah in dem Kaufpreis die Vergütung für einen nach damaliger Rechtslage nicht abschreibbaren Kundenstamm.
>
> Der BFH akzeptiert zwar die Kaufpreisaufteilung der Vertragsparteien „im Allgemeinen",[66] allerdings mit dem Vorbehalt: Entspricht diese Aufteilung „nicht den wirtschaftlichen Gegebenheiten, ist der Gesamtkaufpreis im Verhältnis der Teilwerte aufzuteilen".[67]

46 Diesen Vorgaben des BFH kann u. E. auch handelsrechtlich mit abgeänderten Begrifflichkeiten gefolgt werden. Das an dieser Stelle einmal mehr auftauchende **Schätzungsproblem** mit seiner Ermessensentscheidung des Kaufmanns kann nicht auf rein willkürlicher Basis erfolgen, sondern bedarf einer gewissen Objektivierung. Die **Verhältnis**methode – die Aufteilung des Kauf-

---

63 R 4.2 (4) EStR 2008.
64 R 4.2 (3) EStR 2008.
65 BFH-Urteil vom 17. 9. 1987 – III R 272/83, BStBl 1988 II S. 441.
66 BFH-Urteil vom 31. 1. 1973 – I R 197/70, BStBl II S. 391.
67 BFH-Urteil vom 23. 2. 1984 – IV R 128/81, BStBl II S. 516.

preises nach dem Verhältnis der Teilwerte/beizulegenden Zeitwerte der Erwerbsstücke – ist der sog. Restwertmethode auch handelsrechtlich i. d. R. vorzuziehen. Bei der **Restwert**methode wird etwa der Wert des Grund und Bodens ermittelt, um denjenigen des Gebäudes durch Subtraktion vom Gesamtkaufpreis anzusetzen. Ein überhöhter oder zu niedriger Gesamtkaufpreis wird auf diese Weise nur der Restgröße, im Beispiel also dem Gebäude, zugeordnet. Systematisch zutreffender erfolgt nach der Verhältnismethode die Zuordnung zu beiden Objekten. Allerdings laufen im praktischen Bewertungsprozess beide Methoden ineinander über, was angesichts der damit verbundenen Schätzungsspielräume nicht verwundert. Überdies ist die Restwertmethode dann vorzuziehen, wenn der Wert **eines** Objekts deutlich verlässlicher zu ermitteln ist als der des **anderen**.

Das vom BFH in diesem Zusammenhang regelmäßig ins Spiel gebrachte Erfordernis des Ansatzes **objektiver** Werte[68] kann nicht viel mehr bedeuten als eine Absage an willkürliche Wertfeststellungen. Da in solchen Fällen „objektive" Marktpreise nie vorliegen, bleibt dem subjektiven Ermessen des Kaufmanns weiter Raum.

Im Kontext der Konzernrechnungslegung taucht dieses Problem in großem Stil bei der sog. **Kaufpreisallokation** im Zusammenhang mit Unternehmenszusammenschlüssen auf (→ § 301 Rz. 7). Dabei geht es insbesondere um die Abgrenzung der erworbenen immateriellen Vermögensgegenstände vom Firmenwert. 47

Aus der steuerlichen Rechtsprechung und Literatur sind folgende Fälle der Kaufpreisaufteilung festzustellen:[69] 48

Sachverhalt	BFH-Entscheidung	Fundstelle
Beteiligung und Forderung	Erwerb eines Geschäftsanteils an einer GmbH zusammen mit Forderungen gegen die GmbH ist im Verhältnis der Teilwerte aufzuteilen.	BFH-Urteil vom 31. 1. 1973 – I R 197/70, BStBl II S. 391
Bodenschatz	Vom Grundstück abteilbar, sobald mit Verwertung zu rechnen ist.	BFH-Urteil vom 27. 3. 1991 – I B 187/90, BStBl II S. 643; BMF-Schreiben vom 9. 8. 1993 – S 2134, BStBl I S. 678
Computer-Hard- und Software	Erwerb einer Großrechenanlage mit Systemsoftware.	BFH-Urteil vom 28. 7. 1994 – III R 47/92, BStBl II S. 873
Firmenwertähnliche Wirtschaftsgüter	Immaterielle Wirtschaftsgüter sind generell vom Firmenwert zu trennen.	BFH-Urteil vom 28. 5. 1998 – IV R 48/97, BStBl II S. 775

---

68 BFH-Urteil vom 19. 12. 1972 – VIII 124/69, BStBl 1973 II S. 295.
69 Vgl. *Hoffmann*, in: Littmann/Bitz/Pust (Hrsg.), EStG, § 6 Tz. 192.

II. Anschaffungsvorgänge

Gebäudeabbruch	Bei Wertlosigkeit des erworbenen Gebäudes und bei Abbruchverpflichtung des Verkäufers entfällt der gesamte Kaufpreis auf den Grund und Boden.	BFH-Urteil vom 12.6.1978 – GrS 1/77, BStBl II S. 620; BFH-Urteil vom 15.2.1989 – X R 97/87, BStBl II S. 604; BFH-Urteil vom 22.8.1984 – I R 198/80, BStBl 1985 II S. 126
	Bei noch bestehender Werthaltigkeit des Gebäudes ist die übliche Aufteilung auch dann vorzunehmen, wenn der Erwerber in Abbruchabsicht handelt.	BFH-Urteil vom 12.6.1978 – GrS 1/77, BStBl II S. 620; BFH-Urteil 15.11.1978 – I R 2/76, BStBl 1979 II S. 299; BFH-Urteil vom 15.12.1981 – VIII R 116/79, BStBl 1982 II S. 385; BFH-Urteil vom 9.2.1983 – I R 29/79, BStBl II S. 451
Geschäftswert	Stellt Residualwert beim entgeltlichen Unternehmenserwerb (auch Mitunternehmeranteil) dar, nachdem der Kaufpreis auf die Teilwerte der einzelnen Wirtschaftsgüter verteilt worden ist. Vergleichbar der Kapitalkonsolidierung im Konzernabschluss gem. § 301 Abs. 3 HGB.	BFH-Urteil vom 12.8.1982 – I V R 43/79, BStBl II S. 652; BFH-Urteil vom 28.3.1990 – II R 30/89, BStBl II S. 569; BFH-Urteil vom 7.11.1985 – IV R 7/83, BStBl 1986 II S. 176
Grundstückserwerb mit Gebäude	Anwendung der Teilwertmethode bzw. Verkehrswertmethode.	BFH-Urteil vom 15.1.1985 – IX R 81/83, BStBl II S. 252; BFH-Urteil vom 21.1.1971 – IV 123/65, BStBl II S. 682; BFH-Urteil vom 29.8.1996 – VIII R 15/93, BStBl 1997 II S. 317
Immaterielle Wirtschaftsgüter	Warenzeichen, Vertreterstamm, Firmennamen: Aufteilung nach „wirtschaftlichen" Gesichtspunkten.	BFH-Urteil vom 28.3.1966 – VI 320/64, BStBl III S. 456
Mitunternehmeranteil/Personengesellschafts-Anteil	Ist steuerlich kein Wirtschaftsgut. Er verkörpert Anteile an den zum Gesellschaftsvermögen gehörenden Wirtschaftsgütern.	BFH-Beschluss vom 25.2.1991 – GrS 7/89, BStBl 1991 II S. 691; BFH-Urteil vom 18.2.1993 – IV R 40/92, BStBl 1994 II S. 224; BFH-Urteil vom 24.5.1984 – I R 166/78, BStBl II S. 747
Optionsanleihen	Der (offene oder verdeckte) Mehrwert des Erwerbspreises ist als Bezugsrecht auf Aktien, der Rest als Anschaffungskosten auf die eigentlichen Anteile zu aktivieren.	OFD Düsseldorf, Vfg. vom 23.3.2001 – S 2136 A – St 11, DB 2001 S. 1337; *Groh*, DB 2002 S. 860
Wertpapier mit Gewinnbezugsrecht	Das mit dem Wertpapier/Beteiligung gem. § 101 Nr. 2 BGB erworbene Gewinnbezugsrecht ist separat bewertbar.	BFH-Urteil vom 21.5.1986 – I R 199/84, BStBl II S. 794; BFH-Urteil vom 21.5.1986 – I R 190/81, BStBl II S. 815; BFH-Urteil vom 21.1.1999 – IV R 27/97, BStBl II S. 638

4.7.4 Tausch

Das Tauschgeschäft wird in § 561 BGB mit dem Kaufrecht abgehandelt. Man kann im Tausch eine Art **doppeltes Kaufgeschäft** sehen, in dem der Kaufpreis wechselseitig durch Aufrechnung mit dem Sachwert ausgeglichen wird. Bilanzrechtlich folgt daraus notwendig ein Anschaffungsgeschäft beider Tauschpartner. Aus **steuerlicher** Sicht ist diese Bilanzierungsvorgabe im Hinblick auf die damit verbundene **Gewinnrealisierung** von besonderem Interesse. Die Lösung in ständiger Rechtsprechung des BFH besteht im Ansatz des gemeinen Werts[70] für den hingegebenen Vermögensgegenstand als Anschaffungskosten des erworbenen Gegenstands. Vergleichbar bestimmt IAS 16.24 die Anschaffungskosten durch den *fair value* des hingegebenen Gegenstands, wenn das Geschäft durch ökonomische Substanz ausgezeichnet ist.[71]

49

Das HGB **enthält** sich der Vorgabe eines expliziten Bewertungsmaßstabs (→ § 252 Rz. 150). In diese Bresche ist das Schrifttum gesprungen, das **drei** Verfahrensweisen für zulässig erachtet,[72] damit im Grunde genommen keinen Lösungsvorschlag bietet:[73]

50

▶ Strenge Buchwertführung,

▶ Gewinnrealisierung (steuerlich geboten),

▶ ergebnisneutrale Behandlung.

Das letztgenannte Wahlrecht ist so zu verstehen: Die Gewinnrealisierung ist insoweit vorzunehmen, wie sie zur Neutralisierung der Ertragsteuerbelastung aus dem Vorgang notwendig ist. Diese „Lösung" stellt eine Art Notgeburt des erstgenannten Wahlrechts dar, weil mit diesem bei Aufdeckung stiller Reserven in der Steuerbilanz ein schwer begründbarer Steueraufwand im handelsrechtlichen Abschluss aus dem Tauschvorgang entsteht, sofern nicht aus dem gleichen Vorgang latente Steuern aktiviert werden (→ § 274 Rz. 15).

In der wirtschaftlichen Wirklichkeit sind die Tauschwerte regelmäßig nicht identisch, es kommt deshalb zu **Zuzahlungen** einer der Parteien zum Gesamtgeschäft. Geleistete Zuzahlungen erhöhen die Anschaffungskosten des Erwerbers, erhaltene mindern sie.[74]

51

Tauschvorgänge können auch zwischen einem **materiellen** und einem **immateriellen** Anlagegegenstand erfolgen. In diesem Fall wird (auch) der immaterielle Vermögensgegenstand entgeltlich, d. h. durch Anschaffung, erworben.

Die handelsrechtliche Bilanzierungspraxis folgt in aller Regel den steuerlichen Vorgaben, nimmt somit einen Realisationsvorgang an. Dies erscheint solange sinnvoll, als nicht mit solchen Tauschgeschäften **willkürliche bilanzpolitische Gestaltungen** verbunden sind. Diesbezüglich birgt die Realisationsvorgabe beim Tauschgeschäft erhebliche Gefahren. Die beiden Tauschparteien können im Grunde genommen nach oben unbeschränkt ihrem Geschäft jeden Wert zuordnen, da die „natürliche" Hürde des Liquiditätsabflusses nicht damit einhergeht.

52

---

70 BFH-Urteil vom 25. 1. 1984 – I R 183/81, BStBl II S. 422.
71 Einzelheiten bei *Hoffmann*, in: Lüdenbach/Hoffmann (Hrsg.), Haufe IFRS-Kommentar, 8. Aufl., Freiburg 2010, § 8 Rz. 48 ff.
72 Vgl. ADS, 6. Aufl., § 255 Tz. 89 ff.
73 Zu einem Buchungsbeispiel vgl. *Richter/Künkele/Zwirner*, in: Petersen/Zwirner/Brösel (Hrsg.), Systematischer Praxiskommentar Bilanzrecht, Köln 2010, § 255 Tz. 56.
74 BFH-Urteil vom 13. 9. 1955 – I 246/54 U, BStBl III S. 320.

> **BEISPIEL** Zwei Fußballprofivereine unterhalten sich über die Abgabe bzw. den Erwerb je eines ihrer Spieler. „Gibst du mir Donatello für 3 Mio €, gebe ich dir Georgio für 5 Mio €".
>
> Handelseinig können sich die beiden Partner dann genauso gut bei 15 Mio € bzw. 17 Mio € oder 53 Mio € und 55 Mio € werden. Im italienischen Fußballprofigeschäft sind solche eigenkapitalgenerierenden und verlustmindernden Geschäfte in großem Stil an der Tagesordnung gewesen. Auch andere Regionen des Fußballprofigeschäfts und auch andere Branchen sind möglicherweise von entsprechenden „Bilanzierungsklimmzügen" zur Gewinn- und Eigenkapitalkreation nicht verschont geblieben.

52a Das **Umlegungsverfahren** zur Baulanderschließung stellt einen gesetzlich geregelten Tauschvorgang dar. Dabei ist allerdings der eingebrachte und der daraus im Zuteilungsweg erlangte Grundbesitz in der wirtschaftlichen Substanz identisch. Die Betriebsvermögenseigenschaft (→ § 246 Rz. 142a) setzt sich fort, ein Realisations- und Anschaffungsvorgang ist insoweit nicht anzunehmen.[75] Gleiches gilt, wenn im Zuge einer Baulandumlegung durch Hoheitsakt ein Grundstück entzogen und dafür Ersatzland zugewiesen wird.[76]

4.7.5 Gesellschaftsrechtliche Einbringungsvorgänge

53 Kein Tauschgeschäft stellen **gesellschaftsrechtliche Einbringungsvorgänge** dar, wenn ein Vermögensgegenstand (z. B. eine Beteiligung an einer Kapitalgesellschaft) in eine Kapital- oder Personengesellschaft gegen Gewährung von Gesellschaftsrechten (Sacheinlage) oder auch nur in die Kapitalrücklage eingebracht wird. Die aufnehmende Gesellschaft gibt ihrerseits keinen Vermögensgegenstand her. Steuerlich ist damit häufig ein Realisationsvorgang verbunden bzw. fiskalisch erwünscht, weshalb sich als eine Art Rechtfertigung – man kann auch von einem logischen Feigenblatt sprechen – der Begriff „**tauschähnlich**" in die ständige Sprachregelung eingeschlichen hat.[77] Dieser Vorgabe folgt die handelsrechtliche Bilanzierungspraxis im Gefolge einer besonderen Ausprägung der (nicht gesetzlich gebotenen) umgekehrten Maßgeblichkeit.

4.7.6 Übernahme von Verbindlichkeiten, Renten, Kaufpreisraten

54 Als Bestandteil des Kaufpreises gelten auch übernommene Verbindlichkeiten des Verkäufers unter **Anrechnung** auf den Kaufpreis.

> **BEISPIEL** Der Erwerber eines Grundstücks übernimmt mit schuldbefreiender Wirkung (im Einvernehmen mit der Gläubigerin) die Valuta der zulasten des bisherigen Eigentümers bestehenden Verbindlichkeit.

55 Dagegen führt die Übernahme **dinglicher** Grundstückslasten (z. B. Pfandrechte) nicht zu Anschaffungskosten, sofern die (wie im vorstehenden Beispiel) die Valuta nicht mit übernommen

---

75 BFH-Urteil vom 23. 9. 2009 – IV R 70/06, BStBl 2010 II S. 270 = Kurzinfo StuB 2010 S. 32.
76 BFH-Urteil vom 29. 3. 1995 – X R 3/92, BB 1995 S. 2096; BFH-Urteil vom 13. 4. 2010 – IX R 36/09, DB 2010 S. 1566.
77 Vgl. *Hoffmann*, StuB 2009 S. 127.

wird. Als Beispiel dient der Erwerb eines mit einem Erbbaurecht belasteten Grundstücks.[78] Erst die entgeltliche **Ablösung** einer solchen dinglichen Last führt zu (nachträglichen) Anschaffungskosten.[79] Die Kosten der Grundschuldbestellung im Rahmen einer Kaufpreis**finanzierung** für ein Grundstück gehören nicht zu den Anschaffungskosten.

Ein Kaufpreis kann auch in **langfristigen Raten** zu erbringen sein. Dann ist der Barwert (Kapitalwert) der Zahlungsverpflichtungen als Anschaffungskosten anzusetzen. Soweit die jährlichen Zahlungen die entsprechende Barwertminderung übersteigen, liegt Zinsaufwand vor. Steuerlich ist ein Zinsfuß von 5,5 % anzusetzen.[80] Handelsrechtlich ist u. E. der Zins bei Begründung der Zahlungsverpflichtung in Anlehnung an die Vorgabe des § 253 Abs. 2 Satz 1 bzw. Satz 2 HGB (→ § 253 Rz. 74) zu bestimmen. Danach darf der Zins nicht mehr verändert werden. Anpassungen der Ratenhöhe aufgrund von Wertsicherungsklauseln sind als Einmalbetrag ergebniswirksam zu verbuchen.

Als Kaufpreis kann auch eine **Rentenzahlung** (insbesondere Leibrente) vereinbart werden. Der Wert dieser Gegenleistung ist auf der Basis des nach § 253 Abs. 2 Satz 3 HGB gültigen Zinsfußes (→ § 253 Rz. 76) vorzunehmen. Dem kann auch steuerlich gefolgt werden, da insoweit seitens der Finanzverwaltung kein fester Zinsfuß vorgegeben ist, vielmehr nur ein Vorgehen „nach versicherungsmathematischen Grundsätzen",[81] also neben dem Zinseffekt die Berücksichtigung biometrischer Daten.

4.7.7 Kostenlose Anschaffungen

Ein Anschaffungsvorgang kann auch durch eine im praktischen Wirtschaftsleben allerdings kaum außerhalb familiärer Bindungen denkbare Schenkung, durch Erbgang oder durch unentgeltliche Übertragung aufgrund hoheitsrechtlicher Lenkungsmaßnahmen vorliegen. Da in diesen Fällen allerdings keine Anschaffungs**kosten** vorliegen, kommt diesen Vorgängen keine Bedeutung im Hinblick auf die Bewertbarkeit zu.

BEISPIEL ▶ Das Energieversorgungsunternehmen E erhält von der Bundesrepublik Deutschland unentgeltlich Emissionsberechtigungen im Rahmen des Treibhausgas-Emissionshandelsgesetzes. Diese Emissionsrechte werden aufgrund der in das System eingebauten Knappheitsgrenze an der Börse gehandelt, haben somit trotz der unentgeltlichen Zuteilung einen Marktwert. Die Zuteilung durch die öffentliche Hand stellt zwar einen Anschaffungsvorgang des E dar, eine Bewertung kann mangels zugehöriger Kosten allerdings nicht erfolgen.[82]

---

78 BFH-Urteil vom 17. 11. 2004 – I R 96/02, BFH/NV 2005 S. 440 = Kurzinfo StuB 2005 S. 176.
79 Vgl. *Gosch*, StBp 2005 S. 149.
80 BFH-Urteil vom 18. 3. 2009 – I R 9/08, DStR 2009 S. 1473 = Kurzinfo StuB 2009 S. 549.
81 R 6.2 Satz 1 EStR 2008.
82 So BMF im Schreiben vom 29. 9. 2005 – IV B 2 – S 2134a – 33/05, DB 2005 S. 2214; a. A. IDW RS HFA 15 Tz. 11, wonach wahlweise „ein vorsichtig geschätzter Zeitwert" als Zugangswert unter Gegenbuchung eines „gesonderten Passivpostens" als zulässig erachtet wird. Begründung: „Nach den Grundsätzen ordnungsmäßiger Buchführung". Kritisch hierzu *Hoffmann/Lüdenbach*, DB 2006 S. 57.

58 Keine unentgeltliche Lieferung liegt regelmäßig bei Vereinbarung eines **symbolischen** Preises von 1 € vor. In Wirklichkeit wird dabei ein von beiden Parteien als wertlos erachteter Vermögensgegenstand übertragen.

4.7.8 Gewinn- oder umsatzabhängige Gegenleistung

59 Für bestimmte Vermögensgegenstände kann der Erwerbspreis auch durch umsatz- oder gewinnabhängige Vergütungen sowie Vergütungsbestandteile bestimmt werden. Aus Sicht des Veräußerers stellt sich hier insbesondere die Frage, ob die zur Begründung des Realisationsakts erforderliche **Risikominimierung** (→ § 252 Rz. 96) erfolgt ist, um ein eigentliches Veräußerungsgeschäft annehmen zu können. Aus Sicht des Erwerbers stellt sich ein solches Geschäft als besonders „schätzungsträchtig" dar, wenn er daraus einen bestimmten Wert als Anschaffungskosten bestimmen will. Der BFH hat in Sonderfällen ein zu hohes Risikoprofil feststellen können, um daraus einen Realisationsakt ableiten zu können (→ § 252 Rz. 144).[83]

60 Bei Einzelwirtschaftsgütern stellt sich insbesondere die Frage, wie der **Erwerber** den Anschaffungsvorgang zu behandeln hat, wenn beim **Veräußerer** ein Realisationsvorgang mangels Risikominimierung nicht anzunehmen ist.

> **BEISPIEL**[84] Die Biotec AG B überlässt durch einen zeitlich und örtlich unbefristeten Lizenzvertrag das Patent an einem neuen erfolgversprechenden Präparat exklusiv an den Pharmakonzern R. Das patentierte Präparat hat die dritte klinische Testphase mit Bravour überstanden, die behördliche Zulassung zum Verkauf als Arzneimittel steht vor der Tür (alternativ: ist bereits erfolgt). Der Kaufpreis berechnet sich nach einem festen Prozentsatz des Umsatzes, den der Pharmahersteller während der Patentrestlaufzeit von zwölf Jahren aus diesem Präparat erzielen wird.

61 Diese sog. „Auslizenzierung" gilt zwar als Veräußerung, allerdings ist eine Risikominimierung beim Veräußerer i. S. der BFH-Rechtsprechung, der u. E. auch handelsrechtlich zu folgen ist (→ § 252 Rz. 96), nicht erfolgt. Die Frage ist dann, ob gleichwohl beim Erwerber eine Aktivierung und beim Verkäufer eine Ausbuchung erfolgen muss. Bei Letzterem stellt sich insbesondere dann dieses Problem, wenn das Patent einen Buchwert aufweist. Eine Ausbuchung würde einen Aufwand verursachen, dem kein Erlös gegenübersteht. Dieses unbefriedigende Ergebnis wird zur Vermeidung des Verlustausweises aus dem Verkauf durch die Einbuchung eines Veräußerungserlöses in Höhe des Buchwerts „bekämpft".[85] Konsequent ist dieser Lösungsvorschlag insoweit nicht, als damit eine zuverlässige Schätzung in Höhe der Gegenleistung (Verkaufserlös) in Höhe des Buchwerts als möglich unterstellt wird. U. E. käme lediglich eine Abgangsbuchung beim Veräußerer und eine Zugangsbuchung (als Anschaffungskosten) beim Erwerber in Höhe der jährlichen Lizenzvergütung in Betracht („*cash accounting*"). Zu einer Alternativlösung vgl. → § 252 Rz. 145.

---

83 BFH-Urteil vom 14. 5. 2002 – VIII R 8/01, BStBl II S. 532 = Kurzinfo StuB 2002 S. 720, zum Verkauf eines Mitunternehmeranteils gegen eine Mindestvergütung zzgl. eines auf Lebenszeit des Veräußerers zu gewährenden Gewinnanteils; außerdem BFH-Urteil vom 16. 7. 1964 – IV 377/62 U, BStBl III S. 622, zu einer besonderen Form der Indexierung eines Sachwerts.
84 Nach *Hoffmann*, PiR 2006 S. 209.
85 Vgl. *Neu/Stamm*, DStR 2005 S. 145, sowie das Fallbeispiel von *Mellwig/Hastedt*, DB 1992 S. 1589.

Einen spezifischen Sonderfall stellt die nachträgliche Kaufpreisanpassung bei **Nichterreichen** eines bestimmten **Umsatzvolumens** oder einer anderen betriebswirtschaftlichen Schlüsselgröße dar.

62

> **BEISPIEL** Der Steuerberater verkauft seine Praxis mit der „Garantie" des Erreichens einer bestimmten Umsatzgröße. Da die Größe nicht eingehalten wird, ist der Kaufpreis drei Jahre später nach unten zu korrigieren.
>
> Die Anschaffungskosten für den Praxiswert sind ab diesem Zeitpunkt mit entsprechender Anpassung der Abschreibung zu reduzieren.[86]

4.7.9 Überhöhte Anschaffungskosten[87]

4.7.9.1 Verträge zwischen Nahestehenden

Bei „überhöht" denkt man aus Sicht der **steuerlichen** Beratungspraxis zunächst unreflektiert an das Zauberwort der verdeckten Gewinnausschüttung.

63

> **BEISPIEL** Der Allein-Gesellschafter-Geschäftsführer A verkauft sein Grundstück mit einem Verkehrswert von 80 zu 100 an seine GmbH.
>
> **LÖSUNG** Durch den überhöhten Anschaffungspreis ändert sich das Einkommen der GmbH nicht, da dadurch keine Gewinnminderung eingetreten ist. Der überhöhte Kaufpreis von 20 gilt als verdeckte Gewinnausschüttung, die Anschaffungskosten für das Grundstück ermäßigen sich in der Steuerbilanz auf 80.[88]
>
> **ABWANDLUNG** A verkauft dasselbe Grundstück zum selben Preis an seine Ehefrau, die dieses im Rahmen ihres einzelkaufmännischen Gewerbebetriebs nutzt.
>
> **LÖSUNG (BEI DER ERWERBERIN)** Wie zuvor bei der GmbH, nur wird die dortige verdeckte Gewinnausschüttung durch eine Entnahme ersetzt.

Folgt man der überlieferten einheitlichen Beurteilung solcher Transaktionen in der Handels- und Steuerbilanz (als „Einheitsbilanz"), stellt sich die Frage nach der Behandlung des Überpreises in der **Handelsbilanz**. In der Fallabwandlung im obigen Beispiel liegt die Lösung auf der Hand: Obwohl das Handelsbilanzrecht eine **Entnahme** aus dem einzelkaufmännischen Gewerbebetrieb als Rechtsinstitut vergleichbar § 4 Abs. 1 Satz 2 EStG nicht kennt, kann der steuerlichen Vorgabe unproblematisch gefolgt werden. Schwieriger fällt die Beurteilung zum ersten Sachverhalt des Beispiels. Steuerlich wird der Überbetrag von 20 fiktiv als **Aufwand** behandelt, um dann daraus eine verdeckte Gewinnausschüttung abzuleiten. Folgte man dem handelsrechtlich, entstünde ein **Zugangsverlust** (international: *day one loss*), was mit der gebotenen

---

86 FG Düsseldorf, Urteil vom 17. 4. 2003 – 16 K 5643/02 F, EFG 2003 S. 1296.
87 Vgl. hierzu *Hoffmann*, PiR 2010 S. 213.
88 BFH-Urteil vom 13. 03. 1985 – I R 9/81, BFH/NV 1986 S. 116; BMF-Schreiben vom 28. 5. 2002 – IV A 2 – S 2742 – 32/02 Tz. 42, DStR 2002 S. 910.

Erfolgsneutralität des Anschaffungsvorgangs nicht vereinbar wäre (→ § 253 Rz. 13).[89] Die sofortige Aufwandsverrechnung von 20 erscheint auch nicht ganz geheuer, weshalb im Schrifttum zwei **Hilfskonstrukte** angeboten werden:

▶ Aktivierung mit den förmlichen Anschaffungskosten und alsbaldiger Vornahme einer außerplanmäßigen **Abschreibung** von 20.[90]

▶ Aktivierung eines **Rückforderungsanspruchs** der GmbH gegen den Gesellschafter i. H. von 20.[91]

▶ Die erstgenannte Lösung würde nur formal die Erfolgsneutralität des Anschaffungsvorgangs reflektieren, in Wirklichkeit aber den Zugangsverlust absegnen.

▶ Der zweite Lösungsvorschlag scheitert an dem Fehlen einer Forderung, zumindest nicht in durchsetzbarer Form, solange der Schuldner seine Verbindlichkeit nicht anerkannt hat.[92]

Insgesamt wirkt der Folgeeffekt der angenommenen verdeckten Gewinnausschüttung auf die bilanzielle Bewertung wegen der überhöhten Anschaffungskosten eher verwirrend. Dominierend ist die fiskalische Sichtweise in der Technik der verdeckten Gewinnausschüttung.

4.7.9.2 Verträge zwischen Fremden

63a Deshalb wenden wir uns jetzt demselben Thema für Transaktionen zwischen Fremden zu. Das „Nahestehen" wird dabei nach IAS 24 und § 285 Nr. 21 HGB (→ § 285 Rz. 136 ff.) nur als **Anhangangabe** thematisiert. Zwischen Fremden ist bilanzrechtlich die „Überhöhung" aus einer **anderen Perspektive** als bei Verträgen zwischen „Nahestehenden" zu betrachten. Geschäften unter Fremden liegt ex definitione ein Fremdvergleichspreis zugrunde. Es geht also um die Bestimmung des **„richtigen"** Werts, denn ohne diesen kann es keine „Überhöhung" geben. Dann aber stellt sich die Frage nach dem **Grund**, also dem **Motiv** des Erwerbs für die Entrichtung eines Kaufpreises, der den „an sich" zu zahlenden Betrag übersteigt. Aus Sicht des **Verkäufers** ist bei (beiderseits) unterstelltem rationalen Verhalten das Motiv zum Einverständnis mit einem überhöhten Preis nicht weiter zu hinterfragen.

63b Anders verhält es sich für den **Erwerber**, was anhand folgender Sachverhalte zu verschiedenen Bilanzposten diskutiert werden soll. Die Beurteilung der Fälle erfolgt unter → Rz. 63d.

> **BEISPIELE**
>
> (1) Der Maschinenbauer M kauft ein neben seinem Gelände liegendes unbebautes Grundstück zur Erweiterung der Produktionsstätte. Diese könnte er nur durch Betriebsverlagerung „auf die grüne Wiese" realisieren. Seine den *fair value* übersteigende Offerte – belegt durch effektiv erfolgte Käufe anderer Grundstücke in vergleichbarer Lage – kommt M billiger zu stehen als die Kosten der Betriebsverlagerung.
>
> (2a) Der Softwareentwickler S verhandelt mit einem Parallelanbieter P bezüglich der Übernahme des „Geschäfts", das P altershalber abgeben will. Man einigt sich auf die Übernahme der IT-Ausrüstung, einiger Schreibtische und Schränke mit einem Verkehrswert

---

89 Vgl. z. B. BFH-Urteil vom 26. 4. 2006 – I R 49, 50/04, DStR 2006 S. 1313 = Kurzinfo StuB 2006 S. 596.
90 Wohl h. M., z. B. *Wohlgemuth/Radde*, in: Beck'sches Handbuch der Rechnungslegung, B 162 Tz. 37.
91 Vgl. *ADS*, 6. Aufl., § 255 Tz. 71.
92 BFH-Urteil vom 26. 4. 1989 – I R 147/84, BStBl 1991 II S. 213.

von 10 für einen Preis von 120 sowie auf die Weiterbeschäftigung von 10 Projektentwicklern.

(2b) Das Fernsehunternehmen F erwirbt vom Parallelanbieter P langfristige Lizenzen für die Übertragung von Sportereignissen. Er zahlt hierfür den Verkehrswert. Man einigt sich zudem auf die Übernahme von Büro- und Geschäftsausstattung zu einem Preis weit über Verkehrswert sowie auf die Weiterbeschäftigung von 10 für die Nutzung der Lizenzen nicht wesentlichen Mitarbeitern.

(3) Der Hedge-Fonds H kauft systematisch Lieferantenforderungen und Bankkredite der in finanziellen Schwierigkeiten steckenden Herren- und Damenmode-Herstellers M-AG und anderer in vergleichbaren Situationen befindlichen Unternehmen. Dazu überbietet er die Preisofferte von Factoringunternehmer U regelmäßig um 20 %, im Geschäftsjahr 01 insgesamt um 120 GE. Diese Forderungen will H alsdann durch einen *debt for equity swap*[93] in Eigenkapital umwandeln. Mit der dann erworbenen Mehrheit an Aktienkapital der M-AG kann H diese strategisch neu ausrichten und mittelfristig an der Börse platzieren.

(4) Die Hotel GmbH BH hält einen Anteil von 49 % an der Reiseveranstaltungs AG R. Der Börsenkurs beträgt aktuell 70 je Aktie, im *free float* bewegen sich 10 % der Aktien. Die Hauptversammlungspräsenz bewegt sich regelmäßig gegen 100 % der Stimmrechte. Von einem Minderheitsaktionär erwirbt H außerbörslich 2 % des Aktienkapitals der R AG zum Preis von 83 je Aktie. BH beabsichtigt eine strategische Neuausrichtung des Geschäftsmodells der R AG, um die eigenen Hotels in internationalen Fremdenverkehrszentren besser auszulasten.

In allen Fällen ist der Kaufgegenstand nach dem Vertragstext leicht zu bestimmen: Grundstück, IT-Ausrüstung mit Schreibtischen, Kundenforderungen, Bankguthaben und Aktien. Da in der Bilanz aber nicht förmliche Vertragsinhalte, sondern wirtschaftliche Inhalte entsprechend der Interessenlage der Beteiligten – hier der Erwerber – abgebildet werden sollen, muss nach den Motiven für die Berappung des „Überpreises" gefragt werden. Diese sind in den Fallbeispielen genannt. Dann liegt die weitere Frage in der Luft, ob die Erwerber den Überpreis nicht für das Erwerbsobjekt, sondern wenigstens teilweise für ein anderes „Gut" bezahlen (wollen). Man könnte dann von einem **Mehrkomponentengeschäft** (→ § 252 Rz. 122) aus Sicht des Erwerbers sprechen mit der Folge einer Kaufpreisaufteilung (→ Rz. 42 ff.), dem Grunde nach aus Sicht der deutschen und internationalen Bilanzwelt kein neues Problem. Typische Fälle des Einzelabschlusses sind der Erwerb eines bebauten Grundstücks oder eines Unternehmens im *asset deal*. Idealiter löst der BFH das Aufteilungsproblem für die Mehrzahl der erworbenen Wirtschaftsgüter durch Anwendung der relativen Teilwerte (→ Rz. 46). 63c

Eigentlich kann es zu überhöhten Anschaffungskosten bei Transaktionen unter Fremden gar nicht kommen (→ Rz. 63a). Die entstandenen Anschaffungskosten können sich zwar im **Nachhinein** aus verschiedenen Gründen als überhöht herausstellen. Das ist dann aber nicht das Thema der Bestimmung von Anschaffungskosten, sondern von außerplanmäßigen Abschreibungen. Dieser Befund soll nun mit den Fallbeispielen unter → Rz. 63a konfrontiert werden: 63d

---

93 Vgl. *Hoffmann*, PiR 2010 S. 117.

II. Anschaffungsvorgänge

(1) Es handelt sich um den Standardfall, mit dem sich bereits der Reichsfinanzhof in **ähnlichen Konstellationen** befassen musste, allerdings nur im Hinblick auf eine Teilwertabschreibung für den „überhöhten" Anschaffungspreis, was er aber ablehnte.[94] Den eigentlichen „Klassiker" des Themas – den **Arrondierungskauf** – behandelt der BFH[95] im Falle eines Landwirts, der Ackerland mit einem Verkehrswert von 8,75 DM zu 10,80 DM kaufte mit der Begründung:

1. Nähe zum eigenen Hof (Arrondierung),
2. andere Bewerber mussten überboten werden („Verkehrswert" niedriger als der gemeine Wert).

In unserem Fallbeispiel ist der Arrondierungsgedanke mit enthalten, allerdings angereichert mit einem Investitionskalkül. M bezahlt den Mehrwert gegenüber dem gemeinen Wert, weil der durch andere Interessenten belegte Verkehrswert für ihn eine untergeordnete Bedeutung hat. Er ist nicht an **einem** Grundstück in dem betreffenden Erschließungsgebiet interessiert, sondern nur an **dem** neben seinem liegenden. Der Verkehrswert ergibt sich aus einer Marktpreisperspektive mit **mehreren** Anbietern und Nachfragern. Aus Sicht des M liegt eine **monopolistische** Struktur vor, die einen höheren Preis zur Folge hat als denjenigen für Vergleichsobjekte. Man kann von überhöhten Anschaffungskosten sprechen, wenn man die Vergleichspreise als „richtig" ansieht. Würde der Erwerb des Grundstücks durch M von einer nahestehenden Person erfolgen, dürfte u. E. der bezahlte Mehrwert nicht als Einnahme bzw. verdeckte Gewinnausschüttung gewertet werden. Der Fremdvergleich müsste über den „Monopolpreis" erfolgen.

Ob man nun hier von „Überpreis" sprechen will oder nicht, u. E. liegen insoweit **Anschaffungskosten** auf das **Grundstück** vor.

(2a) Die Interessenlage des S ist eine ganz andere als die des M im vorliegenden Beispiel. S kauft die IT-Ausrüstung und die Schreibtische nur „bei Gelegenheit", er könnte sie jederzeit bei einem Dritten zu vergleichbarem Preis erwerben. Den Mehrpreis von 110 zahlt S im Rahmen eines Unternehmenserwerbs für das eingespielte Team. Die Frage ist dann, ob sich hinter dem Team ein (immaterielles) Wirtschaftsgut/Vermögenswert verbirgt.

In der internationalen Rechnungslegung wird der Charakter eines solchen Vermögenswerts als *„assembled workforce"* diskutiert und regelmäßig mangels Erfüllung des Kontrollkriteriums die abstrakte Bilanzierbarkeit verneint, weil die Arbeitnehmer jederzeit kündigen können. Dem wird man auch für das HGB folgen müssen. Der Mehrpreis ist somit ausschließlich als *goodwill* zu erfassen.

(2b) Das Erwerbsinteresse des S ist nur auf die Lizenzen gerichtet. Ein Unternehmen wird nicht erworben, da die Büroausstattung und das übernommene Personal in keinem funktional wesentlichen Zusammenhang zu den Lizenzen stehen. Mangels des Unternehmenserwerbs kann auch kein *goodwill* entstehen (→ § 246 Rz. 281a). Der Überpreis ist daher den erworbenen Einzelwirtschaftsgütern zuzuordnen. In Frage kommt eine Verteilung auf Lizenzen einerseits und Büroausstattung andererseits nach dem Verhältnis der Verkehrs-

---

[94] RFH-Urteil vom 16. 12. 1936 – VI A 587/35, RStBl 1937 S. 106.
[95] BFH-Urteil vom 7. 2. 2002 – IV R 87/99, BStBl II S. 294 = Kurzinfo StuB 2002 S. 450.

werte (*relative fair values*) oder entsprechend dem primären Erwerbsmotiv eine ausschließliche Zuordnung zu den Lizenzen. Eine dritte Möglichkeit wäre, Aufwand für den **eigenen Geschäftswert** anzunehmen, der nicht aktivierbar ist – in etwa vergleichbar mit dem Erwerb eines Konkurrenzunternehmens zur Stilllegung.[96]

(3) Die Mehrpreise für die aufgekauften Forderungen erklären sich aus der strategischen Entscheidung des H. Eine Aktivierung des bezahlten Aufpreises als Vermögenswert/Wirtschaftsgut „Strategiewert" – wie „Spielerwert des Profifußballs" – kommt u. E. mangels Erfüllung der abstrakten Ansatzkriterien nicht in Betracht. Andererseits sträubt man sich gegen die Vorstellung von Anschaffungskosten auf **Forderungen** für den Mehrpreis. Dieser wird im Hinblick auf die künftige Unternehmensentwicklung bezahlt, stellt also so etwas wie nicht aktivierbare *start up*-Kosten dar. Dann wäre eine Aktivierung als Aufwand auf den **eigenen Firmenwert** nicht möglich. Diese Lösung ist u. E. vorzugswürdig. Eine Prognose betreffend die BFH-Entscheidung in einem ähnlich gelagerten Fall wäre allerdings gewagt.

(4) In diesem Fall neigt man zur Identifizierung des Mehrpreises von 13 je Aktie als **Paketzuschlag**, obwohl bei einem Erwerbsvolumen von 2 % des Nennkapitals von „Paket" begrifflich nicht die Rede sein kann. „Paket" passt hier eher zu „Paketlösung", also dem Mehrkomponentengeschäft. Die BH kauft (auch) Aktien des Reiseveranstalters R, aber eigentlich schon das Potenzial zur künftigen Entwicklung der Hotelkette. Insoweit liegt wieder der Gedanke des Aufwands auf den eigenen Geschäftswert oder die *start up*-Kosten nahe, vielleicht zu bezeichnen als „Kosten der Erweiterung des Geschäftsbetriebs".

Der BFH würde eher traditionell argumentieren mit der Floskel: „Die **Werthaltigkeit** ist insoweit belegt, als sich der Kaufmann hat etwas kosten lassen." Daraus wäre allerdings die Aktivierbarkeit dem Grunde nach nicht belegt, denn **zuvor** muss noch die Frage nach dem erworbenen Wirtschaftsgut beantwortet werden. Dann könnte die Antwort des BFH undifferenziert nur lauten: „Aktien". U. E. ist die andere Lösung – Aufwand auf den eigenen Firmenwert – vorzugswürdig.

4.7.10 „Negativer" Kaufpreis

Nicht so sehr bei einzelnen Vermögensgegenständen als vielmehr bei ganzen **Unternehmen** oder **-teilen** wird häufig ein negativer Kaufpreis vereinbart, d. h. der Erwerber erhält vom Verkäufer nicht nur den Vermögensgegenstand, sondern auch einen baren „Zuschuss" anlässlich des Erwerbs. Diese scheinbar nicht den ökonomischen Gesetzmäßigkeiten entsprechenden Handlungsweisen sind letztlich durch die zukünftigen Erwartungen bzw. Befürchtungen des Veräußerers und die Hoffnungen des Erwerbers begründet. Der Veräußerer – z. B. ein Konzern – sieht keine sinnvolle Möglichkeit mehr, ein kriselndes Tochterunternehmen nachhaltig in die Gewinnzone zu führen. Umgekehrt erkennen die Erwerber – z. B. leitende Mitarbeiter im Rahmen eines MBO – die realistische Chance einer nachhaltigen Sanierung, sofern sie nicht mehr in die Fesseln des Konzernverbunds eingebunden sind. Aus Sicht des veräußernden Konzerns ist dann ein Zuschuss zu diesem Geschäft bis zum Betrag der sonst erforderlichen Sanierungen – eine Insolvenz wird aus Prestigegründen ausgeschlossen – eine wirtschaftlich sinnvolle Maß-

64

---

[96] Vgl. die Darstellung der BFH-Rechtsprechung zum Wettbewerbsverbot bei *Hoffmann*, PiR 2009 S. 59.

nahme. Zum sog. negativen Unterschiedsbetrag im Konzernabschluss vgl. die Kommentierung in → § 301 Rz. 101 ff.

Der BFH hat dieses Problem im Fall der Veräußerung eines Mitunternehmeranteils (steuerlich einzelne Wirtschaftsgüter) durch eine **Abstockung** der übertragenen Wirtschaftsgüter abgesehen von den liquiden Mitteln bis zu einem Restwert von 1 € für richtig erachtet. Buchungssatz also: „per Geld an Wirtschaftsgüter". Nun hatte aber im Urteilsfall das Abstockungsvolumen nicht ausgereicht, um die erhaltene negative Kaufpreiszahlung gegenzubuchen. Deshalb „erfand" der BFH als (zusätzliches) Gegenkonto einen „**Ausgleichsposten**" (→ § 246 Rz. 282), ohne den bilanzrechtlichen Charakter dieses Postens insbesondere im Hinblick auf die Folgebewertung zu charakterisieren.[97]

65 In einem anderen BFH-Fall[98] wurde zum Verkauf einer Beteiligung an einer Kapitalgesellschaft entschieden. In diesem Fall stellte sich grundlegend die Frage nach der wirtschaftlichen **Begründung** für die Zuzahlung des Verkäufers zum Erwerb des GmbH-Anteils. Eine Möglichkeit kann in einem **verdeckten Leistungselement** gefunden werden, wie im BFH-Fall die Befreiung von der selbstschuldnerischen Bürgschaft des Veräußerers zugunsten einer Bank. Eine **andere Begründung** besteht in den angesichts der Krisensituation des Unternehmens erforderlichen Restrukturierungsaufwendungen, die der Veräußerer nicht mehr tragen will oder aber in der Vermeidung des Prestigeverlusts durch eine Insolvenz.

66 Der BFH lehnt in seiner Entscheidung die Verbuchung eines **Erwerbsgewinns** („*day one gain*") ab (Buchungssatz: per Geld an Ertrag). Weiter erörtert der BFH das Vorliegen bzw. Entstehen eines negativen „**Geschäftswerts**", lehnt diesen allerdings, wie schon der BFH im vorstehend zitierten Urteil ab, da das Gliederungsschema des § 266 HGB einen entsprechenden Posten nicht vorsieht (→ § 253 Rz. 13). Wiederum – wie im Vorgängerurteil – bemühte er als Gegenbuchung einen „**Ausgleichsposten**", dessen bilanzrechtlichen Gehalt er allerdings offen lässt. U. E. kann es sich tatsächlich nur um einen negativen Geschäftswert handeln, vergleichbar dem **negativen** Unterschiedsbetrag aus der erstmaligen Kapitalkonsolidierung bei einem Unternehmenserwerb nach IFRS 3.34 ff. (sog. *bargain purchase*).[99]

67 Der BFH musste aus verfahrensrechtlichen Gründen (mangelnde Streitbefangenheit) die **Folgebewertung** dieses Ausgleichspostens – man kann plastischer von „Verlegenheitsposten" sprechen → § 265 Rz. 36 – nicht klären. Verschiedene Lösungsmöglichkeiten sind diskutabel:[100]

▶ Der naheliegende Charakter eines negativen Firmenwerts legt die ratierliche Auflösung während der „Nutzungsdauer" nahe, d. h. den Zeitraum bis zum Erreichen der geplanten Gewinnzone:

▶ Analog zu § 309 Abs. 2 HGB (→ § 309 Rz. 15) wird eine Auflösung dann vorgenommen, wenn ein entsprechender **Verlust** eingetreten ist.

▶ Anwendung der *equity*-Technik zur Bilanzierung von Beteiligungen in einem Konzernabschluss (→ § 312 Rz. 40 ff.), wenn und soweit sich das Eigenkapital des Tochterunternehmens wieder in den positiven Bereich bewegt, wird der Passivposten aufgelöst.

---

97 BFH-Urteil vom 12. 12. 1996 – IV R 77/93, BStBl 1998 II S. 180.
98 BFH-Urteil vom 26. 4. 2006 – I R 49, 50/04, BStBl II S. 656.
99 Vgl. hierzu *Lüdenbach*, in: Lüdenbach/Hoffmann (Hrsg.), Haufe IFRS-Kommentar, 8. Aufl., Freiburg 2010, § 31 Rz. 130.
100 Vgl. *Schulze-Osterloh*, BB 2006 S. 1955; *Hoffmann*, DStR 2006 S. 1315.

▶ Der negative Ausgleichsposten wird als eine Art **Wertberichtigung** zum Beteiligungsansatz gewertet mit der Folge einer Auflösung erst bei einem Realisationsvorgang (Veräußerung oder Ähnliches) der Beteiligung.

U. E. ist keine dieser Lösungen eindeutig vorzugswürdig.

Die vorstehenden Fälle behandeln die Vergütung des (negativen) Kaufpreises durch den Verkäufer an den **Erwerber**. Anders verhält es sich bei dem in der Wirtschaftspraxis häufig anzutreffenden Verkauf eines Unternehmens (regelmäßig im *share deal*) unter Einzahlung eines Betrags X oder einer ungesicherten Darlehensgewährung durch den Verkäufer mit möglichem späterem Schuldenerlass in bzw. an das **Kaufobjekt**. D. h. der Erwerber erhält den (negativen) „Kaufpreis" nur indirekt im Unternehmensvermögen des Zielobjekts (*target*), muss regelmäßig allerdings selbst ebenfalls einen „Obolus" in Höhe einer Einlage in das Kaufobjekt (z. B. GmbH) leisten.

68

BEISPIEL[101] Ein Konzern will eine bestimmte Sparte, von der er sich keinen ausreichenden *value added* für den Konzern mehr verspricht, abstoßen. Es finden sich leitende Angestellte zu einem sog. Management Buy Out (MBO) zusammen. Der Veräußerer hat insbesondere auch ein Interesse an der Aufrechterhaltung der abzustoßenden Sparte wegen der dort gebundenen Arbeitsplätze. Deshalb verkauft er die betreffende Kapitalgesellschaft zum symbolischen Preis von 1 € (→ Rz. 58), und beide Vertragspartner verpflichten sich zu einer – wie auch immer zu bezeichnenden – „Einlage" in das Vermögen der Kapitalgesellschaft. U. E. sind beide (unterstellten) Bareinzahlungen in das Vermögen der Kapitalgesellschaft handelsrechtlich und steuerlich als **Einlage** zu werten, auch wenn der Veräußerer im Zeitpunkt der Gewährung der Einlage nicht mehr Gesellschafter sein sollte und auch wenn die Einlage zunächst förmlich als Darlehen tituliert wird, das aber zum späteren Zeitpunkt bei Erfüllung weiterer Voraussetzungen der neuen MBO-Gesellschafter bzw. der Kapitalgesellschaft erlassen werden soll. Dabei ist auch zusätzlich unerheblich, ob dieser Erlass eines Darlehens, in Wirklichkeit ein Zuschuss des veräußernden Konzerns, handelsrechtlich als außerordentlicher Ertrag erfasst oder direkt in die Kapitalrücklage eingestellt wird (→ § 272 Rz. 49 f.).

Die Annahme einer Einlage durch den Veräußerer und bisherigen Anteilseigner scheitert auch nicht an der Weitergabe der Gesellschafterstellung durch den Kaufvertrag über die Anteile an der Kapitalgesellschaft. Eine (verdeckte) Einlage ist nämlich auch bei einer förmlichen **Nichtgesellschafterstellung** möglich. So hat der BFH[102] im Falle des Ausgabeaufgelds aus einer Optionsanleihe das entsprechende Aufgeld der Anleihezeichner als Einlage behandelt (obwohl die meisten Optionen gar nicht ausgeübt worden sind). Was in diesem Fall für den Noch-Nicht-Anteilseigner gilt, muss erst recht im Beispielsfall für den Nicht-Mehr-Anteilseigner gelten.

---

101 Nach *Hoffmann*, in: Littmann/Bitz/Pust (Hrsg.), EStG, § 6 Tz. 622.
102 BFH-Urteil vom 30. 11. 2005 – I R 3/04, BFH/NV 2006 S. 426 = Kurzinfo StuB 2006 S. 111.

4.7.11 Unternehmensumstrukturierungen

69 Spezifische Probleme der Bestimmung von Anschaffungskosten ergeben sich bei Unternehmensumstrukturierungen im Rahmen des **Umwandlungsrechts**, aber auch außerhalb desselben, etwa im Fall der **Anwachsung** bei Personengesellschaftsanteilen.

Am einfachsten stellt sich **handelsrechtlich** die Rechtslage beim sog. **Formwechsel** dar. Hier wird lediglich der „Rechtsmantel" des betreffenden Unternehmens – genannt Rechtsträger – gewechselt, das darin enthaltene Vermögen bleibt unberührt, d. h. es findet keine Vermögensübertragung und deshalb keine Veräußerung und Anschaffung statt. Die Buchwerte sind fortzuführen. **Steuerlich** gilt dies allerdings dann nicht, wenn sich der Formwechsel in einer Veränderung des Steuerstatuts niederschlägt, somit bei einem Wechsel von der Kapital- in die Personenhandelsgesellschaft und umgekehrt. Hier müssen für steuerliche Zwecke Veräußerungsvorgänge und damit Anschaffungskosten unterstellt werden (§§ 3 ff. UmwStG).

70 Anders verhält es sich (handelsrechtlich) bei **Verschmelzungen** und **Spaltungen** (letzteres der Umkehrvorgang zur Verschmelzung) und bei der **Ausgliederung**. Hier finden Vermögensübertragungen[103] statt, d. h. es liegen Anschaffungen beim aufnehmenden Unternehmen und damit Anschaffungskosten vor. Diesbezüglich gewährt § 24 UmwG ein **Wahlrecht**: Bewertung mit den Anschaffungskosten des erwerbenden Unternehmens, die durch die Art der Gegenleistung bestimmt werden, oder Buchwertfortführung, durch die der übernehmende Rechtsträger nach einer Art Gesamtrechtsnachfolge in die Bilanzierungssituation der Überträgerin eintritt (→ Rz. 71). Als Gegenleistung kommt bei einer Verschmelzung durch **Neugründung** die Ausgabe neuer Anteile am aufnehmenden Unternehmen, bei einer Verschmelzung durch **Aufnahme** auch im Untergang der bestehenden Anteile am übertragenden Rechtsträger in Betracht. Dabei ist weiterhin nach einer Verschmelzung mit oder ohne Kapitalerhöhung zu differenzieren.[104] Die so ermittelten Anschaffungskosten sind den erworbenen Vermögensgegenständen nach der „Technik" der Verteilung eines Gesamtkaufpreises zuzuordnen (→ Rz. 42).

71 Möglich ist nach § 24 UmwG auch die **Fortführung** der Buchwerte des übertragenden Rechtsträgers. Anschaffungskosten entstehen dabei nicht, es gilt der Grundsatz der Wertverknüpfung, z. B. bezüglich der Wahl der Abschreibungsmethode. Steuerlich ist die Bewertung nicht an die Ausübung des Wahlrechts nach § 24 UmwG gebunden (§ 11 Abs. 1 und 2 UmwStG).

71a Auch bei Einbringungen von (Teil-)Betrieben oder Mitunternehmeranteilen in Personenhandelsgesellschaften nach § 24 UmwStG und in Kapitalgesellschaften nach § 20 UmwStG besteht handelsrechtlich das Wahlrecht nach § 24 UmwG und steuerlich ein vergleichbares Wahlrecht (→ Rz. 70), das unabhängig vom handelsrechtlichen ausgeübt werden kann.[105]

4.7.12 Kaufoptionen

72 Beim Erwerb von Kaufoptionen ist regelmäßig (im Wertpapiergeschäft) bei Abschluss des Vertrags die sog. Stillhaltervergütung an den Partner zu bezahlen. Im Falle der Ausübung der Option wird der so als sonstiger Vermögensgegenstand aktivierte Buchwert auf die Anschaffungs-

---

103 Vgl. hierzu IDW HFA 2/1997.
104 Vgl. hierzu *Ellrott/Brendt*, in: Beck'scher Bilanz-Kommentar, 7. Aufl., München 2010, § 255 Tz. 44.
105 Zum damit verbundenen steuerlichen Gestaltungspotenzial vgl. *Demuth*, KöSDi 2010 S. 16997.

kosten des optionsgegenständlichen Werts (z. B. einer Aktie) umgebucht, bei Nichtausübung erfolgt die Ausbuchung der Anschaffungskosten im Aufwand.

Fraglich ist, mit welchem Betrag die Option bei Ausübung in den Anschaffungskosten zu berücksichtigen ist, wenn ihr (innerer) Wert unter den Anschaffungskosten liegt, die Ausübung aber gleichwohl vorteilhaft ist. U. E. sollten die Anschaffungskosten des Optionsgegenstands den Betrag nicht überschreiten, der sich ohne Option ergeben hätte. Die Option ist deshalb bei unter den Anschaffungskosten liegendem inneren Wert z. T. aufwandswirksam auszubuchen.

BEISPIEL Für eine Optionsprämie von 10 erwirbt U am 1.4.01 das Recht, am 31.3.02 eine Aktie der X für einen Preis von 100 zu erwerben. Am 31.12.01 notiert die Aktie mit 110. Der innere Wert der Option (110 - 100 = 10) entspricht den Anschaffungskosten. Am 31.3.02 ist der Kurs der Aktien auf 104 gesunken. Der Wert der Option beträgt nur noch 104 - 100 = 4.

U übt die Option aus, da die Ausübung um 4 vorteilhafter als die Nichtausübung ist. U. E. ist wie folgt zu buchen

| per Aktie | 104 | an Geld | 100 |
| per Aufwand | 6 | an sonstige Vermögensgegenstände | 10 |

Die Option wird mit einem Teilbetrag von 6 aufwandswirksam, nur mit dem inneren Wert von 4 Teil der Anschaffungskosten der Aktie.

4.7.13 Finanzierungskosten

Für Anschaffungsvorgänge entstandene Finanzierungskosten sind nicht aktivierbar (→ Rz. 26) – anders als bei Bestimmung der Herstellungskosten (→ Rz. 92).

72a

BEISPIEL[106] Der Kaufmann K erwirbt ein bebautes Grundstück und übernimmt die darauf lastende Bankverbindlichkeit des Verkäufers V wegen des günstigen Nominalzinses. Dabei vergütet K dem V in gesonderter Vereinbarung dessen Disagio. Letzteres ist als Finanzierungskosten anzusehen. Anders verhält es sich, wenn V in die Kaufpreisfestlegung das Disagio einkalkuliert. Dann ist diese Kalkulation im Anschaffungspreis enthalten.

Wegen der in den Kaufpreis u. U. einfließenden Zinskalküle vgl. → Rz. 36.

4.7.14 Zwangsversteigerung

Beim ersteigerten Grundstück zählen zu den Anschaffungskosten[107]

72b

▶ das Bargebot,

▶ das Bargebot des (mit-)steigernden Gläubigers einschließlich der darin enthaltenen Zinsen auf seine Forderung,

---

[106] In Anlehnung an das BFH-Urteil vom 12. 5. 2009 – IX R 40/08, BFH/NV 2009 S. 1629; BFH-Urteil vom 27. 7. 2004 – IX R 32/01, BStBl II S. 2002 = Kurzinfo StuB 2004 S. 937.
[107] Vgl. *Kolbinger*, BB 1993 S. 2119.

- die bestehen bleibenden Rechte,[108]
- die Versteigerungskosten,
- die Grunderwerbsteuer,
- die nicht ausgebotenen eigenen Grundpfandrechte des Ersteigerers, soweit ihr Wert durch den Verkehrswert des ersteigerten Grundstücks gedeckt ist.[109]

Gegen den Inhalt des letzten Aufzählungspunkts bestehen insoweit Bedenken, als die dem nicht ausgebotenen Grundpfandrecht zugrunde liegende Forderung mit ihrem Buchwert ausfällt. Darin kann eine Saldierung des Forderungsverlusts mit dem höheren Grundstückswert gesehen werden.[110] Rechtfertigen lässt sich diese Lösung des BFH, wenn man die Forderung als eine Art Anzahlung (→ § 266 Rz. 65) betrachtet. Erfahrungsgemäß wird im Zwangsversteigerungsverfahren der Verkehrswert des Grundstücks nicht erreicht.

4.7.15 Abfindungen an Gesellschafter aus dem Gesellschaftsvermögen[111]

4.7.15.1 GmbH

72c Nach § 34 GmbH können unter eingeschränkten Voraussetzungen Geschäftsanteile gegen Abfindung an den ausscheidenden Gesellschafter **eingezogen** werden. Dies muss nicht (sogleich) mit einer Kapitalherabsetzung oder Aufstockung des Nominalbetrags der verbleibenden Anteile verbunden sein. Der oder die eingezogenen Anteile bleiben dann einstweilen bestehen.[112] Die Einziehung stellt sich als Erwerb eigener Anteil dar. Das eröffnet den Anwendungsbereich des § 272 Abs. 1a HGB (→ § 272 Rz. 26 ff.):

- Die Anschaffungskosten der eingezogenen Anteil (= Abfindungsbetrag) sind als **Kapitalrückzahlung** mit entsprechender Kürzung des gesamten Eigenkapitalausweises zu verbuchen.
- **Innerhalb** des Eigenkapitals ist als erster Buchungschritt der Nennbetrag der eingezogenen Anteile vom **gezeichneten Kapital** abzusetzen.
- Der darüber **hinausgehende** Betrag ist von den freien **Rücklagen** abzusetzen.
- **Ungelöst** bleibt die Frage des Ausweises eines die freien Rücklagen **übersteigenden** Abfindungsbetrags.

4.7.15.2 Personenhandelsgesellschaft

72d Wegen der Rechnungslegungssubjektivität der Personenhandelsgesellschaft können bei der Abfindung eines Gesellschafters aus dem Gesellschaftsvermögen Anschaffungskosten **mangels Anschaffungsvorgang** (→ Rz. 10) nicht vorliegen; die Vermögensgegenstände und Schulden verbleiben unverändert im bilanziellen Eigentum der Gesellschaft, der bei einer Anschaffung vorausgesetzte Übergang des (wirtschaftlichen) Eigentums von einem Subjekt auf ein anders findet nicht statt. Ein systematischer **Unterschied** zur Abfindung aus der GmbH ist **nicht**

---

108 FG Rheinland-Pfalz, EFG 1992 S. 252, rkr.
109 BFH-Urteil vom 11. 11. 1987 – I R 7/84, BStBl 1988 II S. 424.
110 Vgl. *Knop/Küting*, in Küting/Pfitzer/Weber (Hrsg.), Handbuch der Rechnungslegung, Einzelabschluss, § 255 Tz. 119.
111 Vgl. *Hoffmann*, PiR 2010 S. 270.
112 Vgl. *Baumbach/Hueck*, GmbHG, 19. Aufl., München 2010, § 33 Tz. 17a und b; § 34 Tz. 20.

zu erkennen. Gleichwohl wertet das IDW offensichtlich ohne Widerspruch im Schrifttum den Abfindungsbetrag als Anschaffungskosten der Gesellschaft, die anteilig neben den vorhandenen stillen Reserven auch bislang nicht bilanzierte immaterielle Anlagegüter und den Firmenwert (→ Rz. 72f) umfassen sollen.[113] Zur Rechtfertigung dieser bilanziellen Abbildung wird das **Realisationsprinzip** bemüht, das einen Gewinnausweis beim Veräußerer in diesen Fällen erlaube, um korrespondierend beim Erwerber – der Gesellschaft – zu Anschaffungskosten führen müssen; es habe durch den Umsatzakt eine „Werterhöhung am Markt" stattgefunden.

U. E. ist die Vorgabe des IDW auch dem Wunsch nach Vermeidung unerwünschter Ergebnisse – eine Art retrograde Begründung – zu verdanken: 72e

▶ In vielen Fällen der Abfindung übersteigen die zu vergütenden Beträge den Eigenkapitalausweis der Gesellschaft; die Verbuchung gegen Eigenkapital würde zu dessen **Negativausweis** auf der Aktivseite führen.

▶ Das EStG verlangt eine Besteuerung des **Veräußerungsgewinns**[114] beim Ausscheidenden mit korrespondierenden Anschaffungskosten bei den verbleibenden Gesellschaftern wegen des Transparenzprinzips der Besteuerung von Mitunternehmerschaften (→ § 246 Rz. 316).

Gegen die Auffassung des IDW (→ Rz. 72d) und **für** die – mit dem GmbH-Fall identische – Buchung gegen das Eigenkapital sprechen folgende **konzeptionelle** Überlegungen: 72f

▶ Die Übereinstimmung mit der Kapitalgesellschaft bezüglich der Rechnungslegungssubjektivität bleibt unbeachtet.

▶ Anschaffungskosten **ohne** Anschaffung stellen ein gespenstisches Phänomen – und sonst nichts – dar (→ Rz. 72d).

▶ Eine als zulässig erachtete **disquotale Gewinnausschüttung** – ein entfernt verwandter Vorgang – kann einem Gesellschafter praktisch den ganzen Gewinn, den anderen nur einen Miniateil zukommen lassen. Ein Anschaffungsvorgang beim Empfänger wird hier nicht angenommen.

▶ Ein originärer **Firmenwert** kann in diesen Fällen nach § 246 Abs. 1 Satz 4 HGB nicht entstehen, da von der Gesellschaft oder den verbleibenden Gesellschaftern kein Unternehmen erworben wird (→ § 246 Rz. 280).

▶ Es ist nicht verständlich, weshalb für die stillen Reserven in nicht bilanzierten immateriellen Vermögensgegenständen und im Firmenwert ein Aktivierungs**wahlrecht** bestehen soll, für die übrigen stillen Reserven dagegen eine Aktivierungs**pflicht**.

Im Falle des Ausscheidens eines Gesellschafters aus einer zweigliedrigen Gesellschaft entstehen bei der damit verbundenen **Anwachsung** Anschaffungskosten beim verbleibenden Gesellschafter für ein Unternehmen. In diesem Fall bestehen keine Bedenken gegen die IDW-Lösung (→ Rz. 72d), da die Identität des Rechungslegungssubjekts nicht erhalten bleibt. 72g

---

113 IDW RS HFA Tz. 48. Die Aussage des HFA ist apodiktisch, entbehrt jeder Begründung. Dazu ist auf den grundlegenden Beitrag von *Clemm*, BB 1992 S. 1959, zu verweisen, auf den sich das IDW stützen kann.

114 Vgl. *Schmidt/Wacker*, in: Schmidt (Hrsg.), EStG, 29. Aufl., § 16 Tz. 480 mit der Besonderheit für den lästigen Gesellschafter unter Tz. 491.

III. Herstellungsvorgänge (Abs. 2)

1. Definition, Anwendungsbereiche, Abgrenzung zur Anschaffung

73 Neben den Anschaffungs- stellen die Herstellungskosten den zweiten wesentlichen Teilbereich der Zugangsbewertung dar (→ Rz. 3). Funktional beziehen sie sich auf einen **bisher nicht vorhandenen** Vermögensgegenstand, der bilanzierende Kaufmann schafft ihn erst in seinem eigenen Betätigungsfeld, anders als bei den Anschaffungskosten, die für den Erwerb eines **bereits vorhandenen** Vermögensgegenstands anfallen. So wie die Anschaffung definiert das Gesetz den Herstellungsvorgang selbst nicht, sondern lediglich die damit zusammenhängenden **Kosten** (→ Rz. 10).

74 Im Interesse einer sinnvollen Angleichung an die einschlägige BFH-Rechtsprechung (zu Gebäuden → Rz. 108 ff.) nennt Abs. 2 Satz 1 drei **Anwendungsbereiche** der Herstellungskosten:

- ▶ die (eigentliche) Herstellung (**Neuerstellung**),
- ▶ die **Erweiterung** gegenüber dem bisherigen Zustand (→ Rz. 111 ff.) sowie
- ▶ die wesentliche **Verbesserung** (→ Rz. 114 ff.).

Den beiden ergänzenden Kriterien zu Neuschaffung kommt dabei insbesondere Bedeutung bei Aufwendungen im Zusammenhang mit **Gebäuden** zu (→ Rz. 107 ff.).

Anschaffungs- und Herstellungsvorgänge sind im produktiven Bereich sachlich miteinander **verwoben** (→ Rz. 12), d. h. in einem Herstellungsvorgang – z. B. Erstellung eines Gebäudes oder einer Maschine – werden Materialien, Rohlinge etc. zur anschließenden Verarbeitung (Herstellung) eingekauft (angeschafft).

75 Die **Unterscheidung** zwischen Anschaffung und Herstellung ist häufig bilanzrechtlich bedeutungslos, aber nicht immer. Bis zum Ergehen des BilMoG kam der Entscheidung auf Anschaffung oder Herstellung im Bereich der **immateriellen** Anlagegüter besondere Bedeutung zu, weil Letztere einem **Ansatzverbot bei Herstellung** unterlagen. Typische Anwendungs- bzw. Streitbereiche bezogen sich auf die Herstellungsvorgänge bei Filmen (→ Rz. 12; wer ist Hersteller, wer schafft an?), bei Individualsoftware mit kundenspezifischer Anpassung (→ Rz. 29) und bei Bauherrenmodellen. Die Unterscheidung zwischen Anschaffung und Herstellung bei immateriellen Anlagegütern hat allerdings auch nach dem BilMoG seine Bedeutung insoweit behalten, als dass im Herstellungsfall keine Ansatzpflicht, sondern nur ein Wahlrecht besteht (→ § 248 Rz. 9), bei dem zudem eine Ausschüttungssperre nach § 268 Abs. 8 HGB (→ § 268 Rz. 124 ff.) und ein gesonderter Bilanzausweis nach § 266 HGB (→ § 266 Rz. 19) zu beachten sind.

76 Weitere Abgrenzungsprobleme zwischen Anschaffung und Herstellung können sich im Bereich von **Beteiligungen** ergeben, z. B. bei **Sanierungs**aufwendungen (→ Rz. 119).

2. Herstellungszeitraum

77 Der Herstellungsprozess beginnt regelmäßig mit dem eigentlichen Produktionsprozess, **zuvor** sind Rüstarbeiten in der industriellen Fertigung, aber auch im Baugewerbe notwendig und deshalb der Herstellung zuzuordnen. Mitunter sind der eigentlichen „Arbeit" häufig umfang-

reiche Planungsarbeiten (insbesondere bei Gebäuden) vorgeschaltet. Deren Aufnahme ist mit dem Beginn des Herstellungsprozesses identisch.[115] Bei der **Auftragsfertigung** gesellen sich dazu Sondereinzelkosten des Vertriebs – nämlich die Kosten der Auftragserlangung – die Angebotskalkulation u. Ä. Fraglich ist, ob diese Sondereinzelkosten des Vertriebs nach Auftragserlangung den Herstellungskosten zuzuordnen sind (→ Rz. 91). Die während der **Unterbrechung** des Herstellungsvorgangs anfallenden Kosten für Lagerung, Energie u. Ä. sind nicht als Herstellungskosten anzusetzen.[116]

Der Herstellungsvorgang unterscheidet sich von der Anschaffung durch die **Zeitraumbezogenheit**, die Anschaffung erfolgt demgegenüber zu einem bestimmten **Zeitpunkt** (→ Rz. 10), allerdings mit der Besonderheit der Versetzung in einen betriebsbereiten Zustand, der eher als ein Herstellungsvorgang zu werten ist (→ Rz. 28 f.). 78

Der **Herstellungs**vorgang ist zu seinem Ende gekommen, wenn der betreffende Vermögensgegenstand **betriebsbereit** ist, nicht erst wenn er betrieblich **genutzt** wird. Aufwendungen **danach** können nur dem Erhalt dieses Vermögensgegenstands, z. B. eine Maschine oder deren Erweiterung oder wesentlicher Verbesserung dienen. Entsprechendes gilt auch für die **Anschaffung**, deren Ende bei Betriebsbereitschaft vorliegt. 79

Vergleichbar den Anschaffungskosten soll die Aktivierung der Herstellungskosten den Bilanzzugang **erfolgsneutral** gestalten (→ Rz. 8). Das gelingt von Gesetzes wegen insoweit nicht vollständig, als dass die Einbeziehungswahlrechte für Verwaltungskosten (→ Rz. 87) und das Aktivierungsverbot für Vertriebskosten (→ Rz. 90 f.) eine entsprechende sofortige Aufwandsverrechnung erlaubt bzw. erforderlich machen. 80

3. Anwendungsbereiche

Der wesentliche Anwendungsbereich des Abs. 2 bezieht sich auf die fertigen und unfertigen Erzeugnisse im Bereich des **Vorrats**vermögens, daneben noch für das sächliche und immaterielle **Anlage**vermögen. Letzteres erfährt bezüglich der Aktivierbarkeit ergänzende Hinweise in Abs. 2a (→ Rz. 127 ff.). 81

> **BEISPIEL** Zum Vorratsvermögen im Bereich der unfertigen Leistungen gehört bei der Anwalts-GmbH der laufende Prozess und das noch nicht fertig gestellte Rechtsgutachten. Zu bewerten ist auf der Grundlage der bis dahin aufgelaufenen Arbeitsstunden der individuelle Stundensatz für den mit dem betreffenden Auftrag befassten Mitarbeiter (Einzelkosten → Rz. 84) sowie die unechten (z. B. Sekretariat) und echten (z. B. Mieten) Gemeinkosten (→ Rz. 85).
>
> Die Individual-Software-GmbH entwickelt im Auftrag des Einzelhandelsfilialisten A ein EDV-Programm zur Optimierung der Logistik im Lebensmittelbereich. Auch hier sind die Einzel- und Gemeinkosten nach der Grundstruktur des vorherigen Beispiels in die am Bilanzstichtag noch nicht fertiggestellte Leistung zu aktivieren. Die Sondervorschriften des Abs. 2a

---

115 So auch *Kulosa*, in: Schmidt (Hrsg.), EStG, 29. Aufl., § 6 Tz. 155, unter Bezugnahme auf das BFH-Urteil vom 9. 2. 1983 – I R 29/79, BStBl II S. 451, das allerdings unscharf vom „Datum der Baupläne spricht". Wie hier auch *Ellrott/Brendt*, in: Beck'scher Bilanz-Kommentar, 7. Aufl., München 2010, § 255 Tz. 364; umfassend *Witteler/Lewe*, DB 2009 S. 2445 f.; *Müller/Kreipl*, in: Haufe HGB Bilanz Kommentar, Freiburg 2009, § 255 Tz. 86.
116 IDW RS HFA 31 Tz. 10.

(→ Rz. 127 ff.) sind unbeachtlich, da es sich um einen immateriellen Vermögensgegenstand des **Umlauf**vermögens handelt.

4. Herstellungskosten

4.1 Pflichtbestandteile (Abs. 2 Sätze 1 und 2)

82 Der bilanzrechtliche Herstellungsbegriff umfasst nur **pagatorische** Kosten, nicht aber bestimmte Elemente aus der betrieblichen Kostenrechnung („Herstellkosten"), wie z. B. **kalkulatorische** Zinsen, Unternehmerlöhne etc. Überhaupt muss der Aufbau der Kostenrechnung im Produktionsunternehmen nach Inhalten durchforstet werden, die bilanzrechtlich nicht zu Herstellungskosten führen.

83 Das Vorliegen einer **Kostenrechnung** i. S. des betrieblichen Rechnungswesens ist eine höchst wünschenswerte, aber nicht unabdingbare Grundlage zur Ermittlung der anzusetzenden Herstellungskosten. Sofern eine solche im Ausnahmefall fehlt, muss auf Daten der Finanzbuchführung zurückgegriffen werden, also z. B. durch Rückrechnung von den Verkaufserlösen unter Einbeziehung der Rohmaterialmarge und der zugehörigen Fertigungslöhne auf die Herstellungskosten (sog. **retrograde** Ermittlung).

84 Das HGB schreibt ebenso wenig wie die IFRS ein bestimmtes **Kostenrechnungsmodell** vor. Deshalb kann und muss sich das bilanzielle Bewertungsverfahren, abgesehen von den eben genannten Vorbehalten, an der vorliegenden Struktur der Kostenrechnung ausrichten. Dabei sind nach dem Gesetzeswortlaut zunächst eindeutig die sog. **Einzel**kosten in die Herstellungskosten einzubeziehen. Einzelkosten sind solche, die unter Umgehung der Schlüsselung im Betriebsabrechnungsbogen dem einzelnen Produkt (dem **Kostenträger**) direkt zuordenbar sind. Es geht dabei insbesondere um Fertigungslöhne und um das zugehörige Material.

85 Neben den einem Produkt ohne Schlüsselung zurechenbaren Einzelkosten (Abs. 2 Satz 1) sind nach Abs. 2 Satz 2 auch Material- und Fertigungs**gemeinkosten** in die Herstellungskosten einzubeziehen. Vor dem BilMoG bestand diesbezüglich ein Wahlrecht, weshalb immer die Frage auftauchte, ob die sog. **unechten** Gemeinkosten (→ Rz. 22) einbeziehungspflichtig sind oder nicht. Unter unechten Gemeinkosten versteht man solche, die an sich dem einzelnen Kostenträger zugeordnet werden könnten, wovon aber wegen mangelnder Qualität der Kostenrechnung oder aus Wirtschaftlichkeitsgründen verzichtet wird. Durch die Einbeziehungspflicht in die Herstellungskosten seit BilMoG hat sich dieses Problem weitgehend erübrigt; auch die unechten Gemeinkosten gehören zu den Herstellungskosten. [117]

86 Beachtlich ist in diesem Zusammenhang die Beschränkung der Einbeziehung von solchen Gemeinkosten auf „**angemessene**" Teile". „Angemessen" setzt eine Schranke für die Aktivierung von sog. **Leerkosten**,[118] d. h. Kosten der Unterauslastung einer Fertigungskapazität in nennenswertem Umfang. „Angemessen" lässt sich allerdings auch als betriebswirtschaftlich „vernünftig" übersetzen, wäre dann z. B. auf die Gemeinkostenerfassung bei einer **Kuppelproduktion** anzuwenden. Ganz generell kann das Gesetz hier nur auf betriebswirtschaftlich angemessene

---

117 IDW RS HFA 31 Tz. 26.
118 IDW RS HFA 31 Tz. 21: Einzubeziehen sind nur die Gemeinkosten bei „Normalbeschäftigung".

Kalkulationsverfahren abstellen, muss daher die vorhandene Kostenrechnungsstruktur mit ihrer Divisions- oder Äquivalenzziffernkalkulation solange akzeptieren, wie nicht der schiere Schlendrian oder die reine Willkür herrscht.

Abschreibungen auf das Anlagevermögen sind nicht auf Grundlage kalkulatorischer Wiederbeschaffungskosten nach Maßgabe der Kostenrechnung, sondern nach den tatsächlichen Anschaffungs-/Herstellungskosten mit dem auf den Anstellungszeitraum entfallenden Wertverzehr zu ermitteln, nicht notwendig aber mit der gleichen Abschreibungsmethode, die bilanzmäßig verwendet wird. Außerplanmäßige Abschreibungen sind nicht zu berücksichtigen.[119]

Als aktivierungspflichtige Gemeinkostenbestandteile sind im Bereich des **Materials** angesprochen die Kosten der Lagerung und Logistik, die Prüfung des Fertigungsmaterials, die Einkaufsabteilung und die Warenannahme.

Zu den **Fertigungs**gemeinkosten zählen Energie, Versicherungsprämien für die Produktionsstätten, der laufende Unterhalt der Maschinen, das Lohnbüro etc.

Unter die **Sondereinzelkosten** der Fertigung werden gewöhnlich Versuchs- und Konstruktionskosten, z. B. Erstellung von Modellen, besonderen Werkzeugen und Ähnliches verstanden.[120]

Wegen der Übergangsvorschriften für die bisher als Wahlrecht gestaltete Einbeziehung von Fertigungsgemeinkosten in die Vorrätebewertung siehe auch → Art. 66 Rz. 13.

4.2 Einbeziehungswahlrechte (Abs. 2 Satz 3)

Satz 3 enthält ein Wahlrecht zur Einbeziehung von **Verwaltungs**gemeinkosten und bestimmten Bereichen der **Personal**kosten. Dabei differenziert der Gesetzeswortlaut etwas verdeckt: 87

▶ Bei den Verwaltungskosten sind „Teile" einbeziehbar,

▶ für den Personalbereich gilt dies **generell**.

Die „Teile" der Verwaltungskosten sind u. E. wie folgt zu verstehen: Sie können einerseits im **administrativen** Bereich anfallen (dann Wahlrecht), sie können aber auch funktional verstanden werden,[121] d. h. die Material- oder Produktionsverwaltung betreffen. Im letztgenannten Fall sind sie den Fertigungsgemeinkosten zuzuordnen.

Umgekehrt verhält es sich bei den in Satz 3 angeführten Sonderposten im **Personalbereich**: 88
Hier ist nicht nach Funktionen zu unterscheiden, d. h. beispielsweise nicht nach Altersversorgungsleistungen für frühere produktive Mitarbeiter einerseits und Verwaltungsangestellte andererseits zu differenzieren, so dass das Wahlrecht hier generell gilt. Sollte umgekehrt aus Gründen der kostenrechnerischen Organisation eine Trennung zwischen produktivem und Verwaltungsbereich erfolgen, bestehen u. E. keine durchgreifenden Bedenken, diese Verfahrensweise in die bilanzielle Bewertung einfließen zu lassen.

Generell ist bei diesen einschlägigen Abgrenzungen der Kostenelemente **nicht kleinlich** zu verfahren. Insbesondere können auch die Zuordnungskriterien in R 6.3 EStR 2008 herangezogen werden. Dabei wertet die Finanzverwaltung diese Kostenelemente als einbeziehungspflichtig 89

---

119 IDW RS HFA 31 Tz. 22.
120 So *Ellrott/Brendt*, in: Beck'scher Bilanz-Kommentar, 7. Aufl., München 2010, § 255 Tz. 424; *Müller/Kreipl*, in: Haufe HGB Bilanz Kommentar, Freiburg 2009, § 255 Rz. 110.
121 Vgl. *Küting*, StuB 2008 S. 425.

bei der steuerlichen Gewinnermittlung (→ § 252 Rz. 214).[122] Diese Anweisung steht im Widerspruch zu dem in R 6.3 Abs. 4 EStR 2008 gewährten Einbeziehungswahlrecht. Bis zur Änderung dieser Richtlinienpassage bleibt es beim Wahlrecht, ist also das zitierte BMF-Schreiben vom 12.3.2010 bis dahin nicht anzuwenden.[123] Gleichwohl verbleiben systematische Probleme:[124] R 6.3 Abs. 4 S. 1 EStR 2008 bezieht sich implizit auf die umgekehrte Maßgeblichkeit, die durch das BilMoG abgeschafft wurde (→ § 252 Rz. 204): „Voraussetzung ist, dass in der Handelsbilanz entsprechend verfahren wird." Deshalb ist die genannte Richtlinienbestimmung von Gesetzes wegen überholt und u. E. nicht anwendbar, weshalb nach der Anweisung im BMF-Schreiben vom 12.3.2010 (→ § 252 Rz. 214) zu verfahren wäre.[125] Gleichwohl sollte sich der Steuerpflichtige auf die Aussetzung der Tz. 8 durch die neue Tz. 25 im BMF-Schreiben vom 22.6.2010 berufen können.[126]

4.3 Einbeziehungsverbote (Abs. 2 Satz 4)

90 Ein generelles Aktivierungsverbot im Rahmen der Herstellung gilt für **Vertriebs-** und **Forschungs**kosten (zu letzteren vgl. →Rz. 132). Die Anschaffung von Forschungsergebnissen ist dem Grunde nach aktivierbar (vgl. Beispiel → § 248 Rz. 9).

91 Zu den Vertriebskosten gehören folgende regelmäßig zu schlüsselnde Gemeinkosten:[127]

- ▶ Werbung, gedruckt oder durch Telekommunikation,
- ▶ generell Reklamefeldzüge,
- ▶ Marktstudien,
- ▶ Ausstellungen und Messen,
- ▶ Reisekosten des Vertriebsapparats sowie
- ▶ Tagungen und Schulungen zur Verkaufsförderung.

Dazu gehören aber auch **Sondereinzelkosten** des Vertriebs, wie

- ▶ Verpackungen, Ausgangsfrachten, Verkaufsprovisionen intern und extern,
- ▶ Ausfallrisikoversicherungen und
- ▶ Lizenzgebühren.

Abgrenzungsprobleme ergeben sich in manchen Fällen gegenüber den Sondereinzelkosten der **Fertigung**. Beispiele hierfür sind die Kosten der Angebotskalkulation, z. B. Konstruktionszeichnungen und überhaupt Planungen. Die „nützlichen Abgaben", die regelmäßig vor Auftragserteilung zu bezahlen sind, gelten nach h. M. als nicht aktivierbar.[128] Unmaßgeblich für die Qualifizierung als Vertriebskosten ist der **zeitliche** Anfall.

Besonderheiten bestehen hier in bestimmten Fällen der langfristigen Fertigung.

---

122 BMF vom 12.3.2010 – IV C 6 – S 2133/09/10001, BStBl I S. 239 = Kurzinfo StuB 2010 S. 238, Tz. 8; dagegen im Schrifttum u. a. *Scheffler*, StuB 2010 S. 295.
123 BMF-Schreiben vom 22.6.2010 – IV C 6 – S 2133/09/10001, StuB 2010 S. 514; vgl. *Velte/Sepetauz*, StuB 2010 S. 523.
124 Vgl. *Kaminski*, DStR 2010 S. 1396.
125 BMF-Schreiben vom 12.3.2010, BStBl I S. 239, Tz. 8.
126 BMF-Schreiben vom 22.6.2010, BStBl I S. 597.
127 Vgl. *Ellrott/Brendt*, in: Beck'scher Bilanz-Kommentar, 7. Aufl., München 2010, § 255 Tz. 443; ebenso *Müller/Kreipl*, in: Haufe HGB Bilanz Kommentar, Freiburg 2009, § 255 Rz. 142.
128 Vgl. *ADS*, 6. Aufl., § 255 Tz. 213; IDW RS HFA 31 Tz. 12.

§ 255 Bewertungsmaßstäbe

> **BEISPIEL** Bauträger B erstellt steuerbegünstigte Wohnungen (Denkmalschutz). Käufer für die überteuerten Wohnungen werden von einer Strukturvertriebsgesellschaft beschafft. Diese erhält von der B eine sog. Innenprovision von 20 % auf den Kaufpreis des Endkunden. Der Provisionsanspruch entsteht mit Abschluss des notariellen Kaufvertrags mit dem jeweiligen Kunden. Die Wohnungen befinden sich zu diesem Zeitpunkt noch im Bau.
>
> **BEURTEILUNG** Bei langfristiger Fertigung – wie etwa hier im Hochbau – gilt (mindestens) die Aktivierung vorlaufender Einzelkosten des Vertriebs als zulässig, weniger aber unter dem Gesichtspunkt der Herstellungskosten als demjenigen der Teilgewinnrealisierung (→ § 252 Rz. 106 ff.).

4.4 Finanzierungskosten (Abs. 3)

In Abs. 3 wird den Bilanzierenden ein mit der steuerlichen Bilanzierung übereinstimmendes (R 6.3 Abs. 4 EStR 2008) **Wahlrecht** zur Aktivierung bestimmter Finanzierungskosten für den Herstellungsprozess eingeräumt. Das Wahlrecht ist auf **Fremdkapitalzinsen** und ähnliche Vergütungen für die Kapitalüberlassung (z. B. auch Disagio) beschränkt, umfasst somit nicht Opportunitätskosten des Eigenkapitals. Zwei Voraussetzungen zur Ausübung des Wahlrechts werden im Schrifttum genannt:[129] 92

▶ **Sachlich** muss das Fremdkapital der Finanzierung der Herstellung dienen (→ Rz. 93).

▶ **Zeitlich** müssen die Zinsen auf den Herstellungszeitraum entfallen (→ Rz. 94).

Der geforderte sachliche Zusammenhang zur Herstellung ist selbst dann nicht nachzuweisen, wenn ein Kredit speziell zur Finanzierung eines Herstellungsvorgangs (z. B. eines Fabrikneubaus) aufgenommen wird und eine rechtliche Zweckbindung besteht: 93

> **BEISPIEL**[130] Die U betreibt in Köln auf einigen tausend Quadratmetern ein Kaufhaus und einen Verleih für Karnevalsutensilien. Für den Neubau eines Lagers erhält sie aus Fördermitteln ein Darlehen von 1 Mio €, das nur zweckgebunden verwendet werden darf. Der Darlehensbetrag wird in Teilbeträgen von je 500 T€ am 1.3.und 1.10.01 ausgezahlt. Das mit dem Bau beauftragte Unternehmen B erhält Abschlagszahlungen von je 600 T€ am 1.1.01 und 1.12.01.
>
> Die Zahlung vom 1.1.01 wird unter Nutzung eines Kontokorrentkredits geleistet. Bei Geldeingang des Darlehens am 1.3.01 ist das Kontokorrent aus laufenden Einnahmen bereits wieder im Haben.
>
> In den Folgemonaten laufen die Geschäfte saisonbedingt schlecht, gleichwohl zu tätigende Investitionen in Bestände und Geschäftsausstattung werden aus dem Kontokorrentkredit getätigt. Der Geldeingang aus dem Darlehen am 1.10.01 wird zur Rückführung des Kontokorrents verwendet. Aus dem Überschuss des saisonbedingt im Oktober und November wieder gut laufenden Geschäfts wird am 1.12.01 die zweite Rate an den Bauunternehmer gezahlt.

---

129 Vgl. *ADS*, 6. Aufl., § 255 Tz. 202.
130 Nach *Lüdenbach*, StuB 2009 S. 503.

> In 02 hat der Steuerberater für Zwecke der Förderstelle die ordnungsgemäße Verwendung der Mittel zu bescheinigen. Er stellt fest, dass der Investitionssaldo (1,2 Mio €) den Saldo der erhaltenen Fördermittel (1,0 Mio €) übersteigt und erteilt die Bescheinigung.

Wie das Beispiel zeigt, lässt sich Geld kaum ansehen, wofür es verwendet wird. Den einem Unternehmen von Eigen- oder Fremdkapitalgebern oder aus dem laufenden *cashflow* zugeflossenen Mitteln stehen vielmehr allgemein die Ausgaben gegenüber, ohne dass für den einzelnen Euro ein „sachlicher Zusammenhang" zwischen Einzahlungs- und Auszahlungsseite entsteht. Ein solcher Zusammenhang zwischen Fremdkapital und Herstellung entsteht – wie das vorstehende Beispiel belegt – auch nicht dadurch, dass ein Kreditvertrag unter Bezugnahme auf den herzustellenden Gegenstand neu abgeschlossen oder sogar eine entsprechende rechtliche Zweckbindung enthält.[131]

Überdies werden selbst bei Aufnahme sog. **Objektdarlehen**[132] teilweise allgemein eingeräumte Kreditlinien beansprucht (sog. Mischfinanzierung). Allgemeine Kreditlinien haben besondere Bedeutung beim **Vorratsvermögen**, das von der Einbeziehung der Finanzierungskosten nicht ausgeschlossen ist (insoweit anders als in weiten, nicht in allen Bereichen des Vorratsvermögens nach IAS 23.5).

In allen Fällen ist ein zwingender sachlicher Zusammenhang zwischen einer einzelnen Finanzierung und für einzelne Objekte angefallene Herstellungskosten kaum feststellbar. Ein Kausal- oder Finalzusammenhang kann lediglich fingiert werden. Eine **geltungserhaltende Interpretation** von Abs. 3 muss solche Fiktionen genügen lassen. Im Interesse der Willkürfreiheit ist nur eine **Konsistenz** der jeweiligen Fiktion zu fordern. Konsistent ist u. E. ein Vorgehen nach den beiden folgenden Hauptvarianten:

► Nur Zinsen aus **zweckgebundenen Objektdarlehen** werden in die Herstellungskosten einbezogen. Um die Fiktion jeder Zuordnung wissend, wird dabei die vertragliche Zweckbindung als objektvierter Ersatzmaßstab für einen sachlich nicht zu belegenden Zusammenhang verwendet.

► Zinsen aus sämtlichen Verbindlichkeiten werden einbezogen. Als Begründung dient das in IAS 23 verwendete **Vermeidungskonzept** (*if avoided approach*). Danach hätten sich andere Fremdfinanzierungen – insbesondere aus Kontokorrenten – in entsprechendem Umfang zurückführen, die diesbezüglichen Zinsen vermeiden lassen, wenn die Herstellungsausgaben nicht angefallen wären.

Bei der zweiten Variante sind **Unterformen** denkbar. Eine anteilige Finanzierung der einzelnen Vermögensgegenstände mit **Eigen- und Fremdkapital** entsprechend der Kapitalstruktur kann unterstellt werden. Die gesamten Fremdkapitalzinsen werden dann nur quotal den einzelnen Vermögensgegenständen zugerechnet und insoweit auch anteilig in die Herstellungskosten einbezogen. Eine andere Unterstellung wäre die vorrangige Finanzierung des Anlagevermögens mit Eigenkapital: Fremdkapitalzinsen würden dann je nach Verhältnis zwischen Anlagevermögen und Eigenkapital bei der Herstellung von Anlagen nicht oder in geringerem Maße als bei der Herstellung von Vorräten berücksichtigt.

---

131 A. A. *ADS*, 6. Aufl., § 255 Tz. 203.
132 Nach IDW RS HFA 31 Tz. 25 am ehesten in die Herstellungskosten einzubeziehen.

§ 255 Bewertungsmaßstäbe

Wichtig ist die **konsistente** Anwendung der jeweiligen Unterstellung auch im Zeitablauf.

Aus bilanzpolitischer Sicht ist dem Vermeidungskonzept i. A. der Vorzug zu geben: Wenn schon Bilanzpolitik mit der Aktivierung von Zinsen betrieben werden soll, dann i. d. R. im maximalen Umfang.

BEISPIEL ▶ Die X-AG baut im Verlauf des Geschäftsjahrs 01 eine Fertigungsstraße mit Herstellungskosten/Finanzierungsvolumen von 10.000.000 €.

Folgende Kredite/Darlehen stehen hierfür zur Verfügung:

	Zinssatz		Zinsaufwand p. a.
Ein speziell für die Fertigungsstraße aufgenommenes Darlehen wird zum 1.1. voll ausbezahlt.	7 %	7.000.000	490.000
Kontokorrentkredit (Durchschnitt)	12 %	2.000.000	240.000
allgemeines Betriebsmitteldarlehen (Durchschnitt)	10 %	4.000.000	400.000
Durchschnittszins/Summen	87 %	13.000.000	1.130.000
Die Auszahlungen an den Hersteller erfolgen am:			
1.1.		4.000.000	
1.7.		3.000.000	
31.12. (Schlusszahlung)		3.000.000	
		10.000.000	

Die gesamten Zinsaufwendungen im Jahr 01 übersteigen annahmegemäß 478.000 €.

LÖSUNG ▶ Die Bauzeitzinsen ermitteln sich wie folgt:

1.1 bis 31.12.	8,7 %	4.000.000	348.000
Restfinanzierung ab 1.7.	8,7 %	3.000.000	130.000
Aktivierungsfähige Bauzeitzinsen gesamt			478.000

Die Schlusszahlung am 31.12. hat auf die Bauzeitzinsen keinen Einfluss mehr.

Der durchschnittliche Finanzierungskostensatz beläuft sich auf 10,67 %.

Die Aktivierung muss sich auf jeden Fall auf die Höhe der insgesamt im **Geschäftsjahr** entstandenen Fremdkapitalkosten beschränken.[133]

94

---

[133] Vgl. *Hoffmann*, in: Lüdenbach/Hoffmann (Hrsg.), Haufe IFRS-Kommentar, 8. Aufl., Freiburg 2010, § 9 Rz. 25 ff.

Aktivierungsfähig sind nur die **während des Herstellungszeitraums** anfallenden Fremdkapitalkosten. Von Bedeutung sind daher dessen Beginn und Ende. Der Beginn ist auf den Zeitpunkt der Vorbereitungen zur Herstellung/Anschaffung des Vermögensgegenstands festzulegen, z. B. durch Einholung behördlicher Genehmigungen oder bei Grundstücken die Einrichtung der Baustelle, der Abbruch von Bauhindernissen und Auszahlungen, beispielsweise für Planungskosten (→ Rz. 77).

> **BEISPIEL** A beginnt am 1.7. mit den Vorbereitungen zum Bau eines Gebäudes. Das Baudarlehen hat er im Hinblick auf einen erwarteten Anstieg der Zinsen bereits zum 1.6. aufgenommen. Erste Auszahlungen erfolgen am 1.8.
>
> Die Zinsaufwendungen für Juni sind nicht aktivierbar, weil mit der Herstellung noch nicht begonnen wurde.
>
> Die Zinsaufwendungen für Juli betreffen zwar schon den Zeitraum nach Herstellungsbeginn. Da aber noch keine Auszahlungen für den Bau angefallen sind, können die Zinsen für Juli der Herstellung nicht zugerechnet werden.

Die Möglichkeit zur Aktivierung von Fremdkapitalkosten endet mit Erreichung der Nutzungsmöglichkeit (Anlagen) oder der Absatzreife (Vorräte). Geringfügige Anpassungen oder Ausschmückungen hindern die Beendigung des Herstellungsprozesses und damit die Möglichkeit zur Aktivierung von Zinsen nicht.

Im Fall einer Fertigungsstraße mit aufeinander abgestimmten Maschinen, Transportbändern und Robotern endet der Aktivierungszeitraum erst mit der Funktionsfähigkeit der Gesamtanlage. Dann beginnt auch die Abschreibungsfrist (→ § 253 Rz. 99).

95 Kapital- und Kap. & Co.-Gesellschaften müssen die Einbeziehung der Fremdkapitalkosten in die Herstellungskosten nach → § 284 Abs. 2 Nr. 5 im **Anhang** offen legen (→ § 284 Rz. 62).

4.5 Tabellarischer Überblick

96 In der Abfolge von Einbeziehungspflicht bis zum -verbot lässt sich der Regelungsgehalt von Abs. 2 wie folgt darstellen:

Pflichtbestandteile der Bewertung (Wertuntergrenze, → Rz. 82 ff.):

- ▶ Fertigungseinzelkosten (Löhne, Fremdarbeiten),
- ▶ Materialeinzelkosten (Rohstoffe, fremd erstellte Teile),
- ▶ Sondereinzelkosten der Fertigung (Modelle, Spezialwerkzeuge),
- ▶ Materialgemeinkosten (Raumkosten des Rohmateriallagers),
- ▶ Fertigungsgemeinkosten (Raumkosten für die Fabrik),
- ▶ Verwaltungskosten für den Material- und Fertigungsbereich (Lohnbüro) sowie
- ▶ Werteverzehr des Anlagevermögens (Produktionshalle, Roboter).

Wahlrechte der Einbeziehung (→ Rz. 87 ff.):

- ▶ allgemeine Verwaltung (Controlling, Kostenrechnung),
- ▶ freiwillige soziale Leistungen (Beihilfen im Krankheitsfall),
- ▶ soziale Einrichtungen (Kinderbetreuung),

- betriebliche Altersversorgung sowie
- Finanzierungskosten (→ Rz. 92 ff.).

Einbeziehungsverbote:
- Vertriebs- (→ Rz. 91) und
- Forschungskosten (→ Rz. 132).

Die aktivierungspflichtigen Kostenelemente sind identisch mit R 6.3 EStR 2008; vgl. aber → Rz. 89. Gegenüber den vergleichbaren Vorgaben in IAS 2 ergeben sich keine wesentlichen Unterschiede. 97

IV. Zugangsbewertung bei einzelnen Bilanzposten

1. Grund und Boden

1.1 Derivativer Erwerb

Für den Grund und Boden gelten abgesehen von Einlagevorgängen u. Ä. (→ Rz. 6) fast ausschließlich **Anschaffungs**kosten als Wertmaßstab der Zugangsbewertung. Nur ausnahmsweise können hier Herstellungskosten vorliegen (→ Rz. 106). 98

Als Bewertungsmaßstab dient regelmäßig der **Kaufpreis** (→ Rz. 17). Übliche **Neben**kosten sind (→ Rz. 27) 99

- Notar- und Grundbuchgebühren (nicht soweit sie der Grundstücksfinanzierung dienen, z. B. für die Grundschuldbestellung),
- Grunderwerbsteuer,
- Maklergebühren,
- Besichtigungskosten (nach dem Kaufentscheid → Rz. 24).

Bei bebauten Grundstücken ist eine **Aufteilung** (→ Rz. 42) des Erwerbspreises zumindest auf Grund und Boden einerseits und Gebäude andererseits, möglicherweise aber auch auf einen oder mehrere der unter → Rz. 44 genannten **Bestandteile** (→ § 266 Rz. 33), insbesondere Betriebsvorrichtungen, erforderlich. Für die **Finanzierungs**kosten der Anschaffung besteht das Bewertungswahlrecht nach § 255 Abs. 3 HGB (→ Rz. 26) anders als nach IAS 23.8 nicht. 100

1.2 „Nachträgliche Anschaffungskosten" (Erschließungsbeiträge u. Ä.)

Ein ständiges Thema der BFH-Rechtsprechung im Zusammenhang mit dem Vermögensgegenstand „Grund und Boden" stellt die bilanzielle Abbildung von **Erschließungsmaßnahmen**, also die Ver- und Entsorgung des Grundstücks mit Strom, Wasser, Zugangswegen etc. dar. Der BFH hatte in einem Urteil aus dem Jahr 1957 derlei Erschließungsmaßnahmen durch die öffentliche Hand als Bestandteil der Gebäude**herstellungskosten** gewertet. Von dieser Rechtsprechung ist er dann 1964 abgewichen:[134] Erschließungsmaßnahmen gehören zu den Aufwendungen auf den Grund und Boden, denn die Voraussetzung zur Errichtung eines Gebäudes sei 101

---

134 BFH-Urteil vom 18. 9. 1964 – VI 100/63 S, BStBl 1965 III S. 85.

das Vorhandensein von Grund und Boden. An dieser Rechtsprechung hat sich dem Grunde nach bis heute nichts geändert, die handelsrechtliche Bilanzierung folgt dieser steuerlichen Vorgabe. Begrifflich kann bezüglich der Erschließungsmaßnahmen von einem Anschaffungsvorgang schwerlich gesprochen werden. Der „Wurmfortsatz" in § 255 Abs. 1 Satz 1 HGB von der Versetzung in einen betriebsbereiten Zustand ist dieser Rechtsprechung zu verdanken. Begrifflich liegen eher Herstellungskosten vor (→ Rz. 29), denn angeschafft i. S. des üblichen Verständnisses (→ Rz. 10) wird hier gar nichts.

102 Allerdings sind **nicht alle** Erschließungsmaßnahmen und vergleichbaren Vorgänge im Zusammenhang mit Grundstücken als Anschaffungskosten auf den Grund und Boden zu werten. Die Aktivierungspflicht auf Grund und Boden soll nur für die **erstmalige** Erschließung gelten, nicht dagegen für **Zweit**erschließungen bzw. Ersatz- oder Modernisierung der Ersterschließung. So sollen z. B. Veränderungen des Straßenbelags und die Errichtung von Fußgängerwegen als eine Art **Erhaltungsaufwand** gelten.[135]

Danach ist bezüglich einschlägiger Erschließungsmaßnahmen zu unterscheiden zwischen

- ▶ Aktivierungspflicht beim Grund und Boden,
- ▶ Aktivierungspflicht beim Gebäude,
- ▶ sofort abzugsfähiger Betriebsausgabe.

103 Aus der reichhaltigen Kasuistik der BFH-Rechtsprechung sind folgende Einzelentscheidungen zu erwähnen,[136] die Anschaffungskosten auf den **Grund und Boden** für die jeweiligen Vorgänge bejahen:

- ▶ Straßenerstanlage,[137]
- ▶ entsprechender Aufwand beim Erbbauberechtigten,[138] beim Erbbauverpflichteten passiver Abgrenzungsposten,[139]
- ▶ Erschließungskosten einer Privatstraße einschließlich Entgelt für ein Wegerecht,[140]
- ▶ Flächenbeitrag nach BauGB,[141]
- ▶ Fußgängerzone, soweit vom Eigentümer erhoben[142] (anders bei Erhebung vom Gewerbetreibenden: Erhaltungsaufwand),[143]
- ▶ Gebühren, Beiträge und Zuschüsse zur Energie- und Wasserversorgung,[144]
- ▶ Wasserver- und -entsorgung,[145]

---

[135] Vgl. hier BFH-Urteil vom 22. 3. 1994 – IX R 52/90, BStBl II S. 842, mit ausführlicher Kommentierung von *Spindler*, DB 1996 S. 444.
[136] Vgl. *Hoffmann*, in: Littmann/Bitz/Pust (Hrsg.), EStG, § 6 Tz. 514.
[137] BFH-Urteil vom 18. 9. 1964 – VI 100/63 S, BStBl 1965 III S. 85 (Anliegerbeitrag); BFH-Urteil vom 15. 10. 1997 – II R 68/95, BStBl II S. 820; BFH-Urteil 13. 4. 2000 – XI B 2/99, BFH/NV 2000 S. 1094 = Kurzinfo StuB 2000 S. 1105.
[138] BFH-Urteil vom 22. 2. 1967 – VI 295/65, BStBl III S. 417.
[139] BFH-Urteil vom 8. 12. 1988 – IV R 33/87, BStBl 1989 II S. 407.
[140] BFH-Urteil vom 7. 10. 1960 – VI 120/60 U, BStBl III S. 491; siehe auch BFH-Urteil vom 19. 10. 1999 – IX R 34/96, BStBl 2000 II S. 257 = Kurzinfo StuB 2000 S. 321 (Privatstraße ist eigenes Wirtschaftsgut).
[141] BFH-Urteil vom 6. 7. 1989 – IV R 27/87, BStBl 1990 II S. 126.
[142] BFH-Urteil vom 16. 11. 1982 – VIII R 167/78, BStBl 1983 II S. 111.
[143] BFH-Urteil vom 12. 4. 1984 – IV R 137/80, BStBl II S. 489.
[144] BFH-Urteil vom 3. 7. 1997 – III R 114/95, BStBl II S. 811; BFH-Urteil vom 15. 2. 1989 – X R 6/86, BFH/NV 1989 S. 494; BFH-Urteil vom 14. 3. 1989 – IX R 138/88, BFH/NV 1989 S. 633.
[145] BFH-Urteil vom 12. 11. 1986 – I R 192/85, BStBl 1987 II S. 383.

- Anschluss an Versorgungsnetze (Strom, Gas, Fernwärme),[146]
- Kanalbaubeitrag (Kanalanschlussgebühr),[147]
- Zuschüsse für Baukosten an Versorgungsunternehmen[148] (anders, wenn es sich um Aufwendungen für Anlagen **auf** dem Grundstück des Steuerpflichtigen handelt, dann Herstellungskosten des Gebäudes),[149]
- Zweiterschließung, wenn diese zur Erweiterung der baulichen Nutzbarkeit oder einer günstigeren Zugangsmöglichkeit führt,[150]
- Anschluss an die Kanalisation auch bei vorhandener Sickergrube, wenn dadurch angrenzendes Weideland bebaubar wird.[151]

Zu den Herstellungskosten des **Gebäudes** (in Abgrenzung zum Grund und Boden, → Rz. 101) zählen: 104

- Hausanschlusskosten einschließlich Kanalanstichgebühr,[152]
- Sielanschlusskosten,[153]
- Ansiedlungsbeiträge als „Ersatz" der Baugenehmigung,[154]
- Garageplatzablösebeitrag,[155]
- Nachfolgelastenbeiträge,
- Kinderspielplatz (entweder Herstellungskosten des Gebäudes oder selbständiges Wirtschaftsgut; vgl. R 6.4 Abs. 2 EStR 2005).

In **Sonderfällen** wird vom BFH ein **immaterielles Wirtschaftsgut** angenommen oder abgelehnt: 105

- Gebühren für besondere betriebliche Nutzbarmachung betreffend die Energieversorgung eines Handels mit keramischen Rohstoffen kann immaterielles Wirtschaftsgut sein.[156]
- Zuschuss zur Umgehungsstraße für ein Steinbruch- und Kieswerk stellt kein immaterielles Wirtschaftsgut dar, sondern Erhaltungsaufwand.[157]
- Anliegerbeitrag zulasten eines Grundstückspächters ist immaterielles Wirtschaftsgut.[158]

Zu Fällen eines Erhaltungsaufwands vgl. → Rz. 110.

---

146 BFH-Urteil vom 21.1.1965 – IV 33/63 U, BStBl III S. 227, bestätigt durch die Finanzverwaltung in H 6.4 EStR 2005, die das gegenläufige Urteil des BFH-Urteil vom 14.3.1989 – IX R 138/88, BFH/NV 1989 S. 633, nicht anwendet.
147 BFH-Urteil vom 24.11.1967 – VI R 302/66, BStBl 1968 II S. 178; BFH-Urteil vom 3.7.1997 – III R 114/95, BStBl II S. 811.
148 BFH-Urteil vom 14.3.1989 – IX R 138/88, BFH/NV 1989 S. 633; BFH-Urteil vom 27.9.1991 – III R 76/89, BFH/NV 1992 S. 488.
149 BFH-Urteil vom 24.11.1967 – VI R 302/66, BStBl 1968 II S. 178; BFH-Urteil vom 27.9.1991 – III R 76/89, BFH/NV 1992 S. 488.
150 BFH-Urteil vom 12.1.1995 – IV R 3/93, BStBl II S. 632; BFH-Urteil vom 7.11.1995 – IX R 54/94, BStBl 1996 II S. 190, für Zugang erstmaliger Anschluss an öffentliche Straße.
151 BFH-Urteil vom 11.12.2003 – IV R 40/02, BStBl 2004 II S. 282 = Kurzinfo StuB 2004 S. 275.
152 BFH-Urteil vom 24.11.1967 – VI R 302/66, BStBl 1968 II S. 178 (anders Kanalbaubeitrag).
153 FG Hamburg, Urteil vom 19.10.1995 – III 344/94, EFG 1996 S. 135.
154 BFH-Urteil vom 11.3.1976 – VIII R 212/73, BStBl II S. 449.
155 BFH-Urteil vom 8.3.1984 – IX R 45/80, BStBl II S. 702.
156 BFH-Urteil vom 15.2.1989 – X R 6/86, BFH/NV 1989 S. 494.
157 BFH-Urteil vom 28.3.1990 – II R 30/89, BStBl II S. 569; ähnlich BFH-Urteil vom 26.2.1980 – VIII R 80/77, BStBl II S. 687.
158 BFH-Urteil vom 29.4.1965 – IV 403/62 U, BStBl III S. 414.

106 In **Ausnahmefällen** hat der BFH eine Zugangsbewertung beim Grund und Boden über die **Herstellungskosten** für richtig erachtet:

- ▶ Landgewinnung, Urbarmachung von Unland,[159]
- ▶ Rekultivierung von früheren Straßen oder Industriegeländen.[160]

2. Gebäude

2.1 Gebäudeabbruch zur Neubauerstellung

107 Zum Gebäudeabbruch im Zusammenhang mit einem Neubau liegt eine detaillierte BFH-Rechtsprechung[161] vor, die u. E. auch handelsrechtlich übernommen werden kann:[162]

- ▶ Entschluss **nach** dem Erwerb führt zur Abschreibung des restlichen Buchwerts des erworbenen Gebäudes.
- ▶ Bei Erwerb in **Absicht** des Abbruchs zur Neuerstellung ist der Restbuchwert des abgebrochenen Gebäudes den Herstellungskosten des Neubaus zuzurechnen, soweit das erworbene Gebäude noch werthaltig war.[163] Das gilt auch bei Abbruch anderer Vermögensgegenstände, die zusammen mit dem Gebäude erworben worden sind, z. B. eine Energieerzeugungsanlage.[164]
- ▶ Ist der Abbruch beim Erwerb wegen **Wertlosigkeit** des Gebäudes bereits geplant gewesen oder hatte der Erwerber ausschließlich Interesse am **Grund und Boden**, dann ist der Restbuchwert des erworbenen Gebäudes beim Erwerber als Anschaffungskosten auf den Grund und Boden zu aktivieren.

Die **Abbruchkosten** selbst folgen der Behandlung des Gebäude-Restbuchwerts.

Zur **handelsrechtlichen** Bilanzierung der Abbruchs- und Entsorgungskosten als Herstellungskosten von ortsgebundenen Folgeinvestitionen werden teilweise andere Auffassungen vertreten:[165]

- ▶ Die Rückbaukosten am Ort der Neuherstellung gehören bei sachlichem, zeitlichem und räumlichem Zusammenhang mit der Neuerstellung zu den Herstellungskosten.
- ▶ Gleiches gilt bei rechtlicher Rückbauverpflichtung im Rahmen der Baugenehmigung.
- ▶ Der Restbuchwert der abgebrochenen Anlage ist stets als Verlust aus Anlageabgang zu werden.

Die (teilweise) Abweichung dieses Vorschlags von der Lösung des BFH ist für die Handelsbilanz nicht zwingend, da der BFH hier ausschließlich handelsrechtlich argumentiert.

---

[159] BFH-Urteil vom 26. 6. 1975 – IV R 66/72, BStBl 1976 II S. 8.
[160] BFH-Urteil vom 27. 1. 1994 – IV R 104/92, BStBl II S. 512.
[161] BFH-Beschluss vom 12. 6. 1978 – GrS 1/77, BStBl II S. 620.
[162] Vgl. *Hoffmann*, in: Littmann/Bitz/Pust (Hrsg.), EStG, § 6 Tz. 270.
[163] BFH-Beschluss vom 4. 7. 1990 – GrS 1/89, BStBl II S. 830.
[164] BFH-Urteil vom 25. 1. 2006 – I R 58/04, BStBl II S. 707 = Kurzinfo StuB 2006 S. 681.
[165] Vgl. *Witteler/Lewe*, DB 2009 S. 2445.

2.2 Abgrenzung von Erhaltungs- und Herstellungsaufwand

2.2.1 Abgrenzungskriterien

Ein „uraltes" Bilanzierungsproblem – abgehandelt bei den Vermietungseinkünften, doch uneingeschränkt auf Gewinnermittlungsfälle anwendbar – im Zusammenhang mit Gebäuden stellt die Abgrenzung von Erhaltungs- und Herstellungsaufwand dar. Der BFH hat sich vielfach um eine prinzipienorientierte Systematisierung bemüht, landete indes bei der Entscheidung der Einzelfälle notgedrungen – wegen der Vielfalt der möglichen Erscheinungsform – in einer fast unübersehbaren Kasuistik. Dabei ist die Feststellung von Erhaltungsaufwand den drei **Herstellungs**tatbeständen gegenüberzustellen (→ Rz. 111 ff.): 108

▶ Neuherstellung (hier nicht weiter verfolgt),
▶ Erweiterung,
▶ wesentliche Verbesserung.

Sofern Erhaltungsaufwand (→ Rz. 110) vorliegt, braucht nach den drei Herstellungstatbeständen nicht weiter geforscht zu werden. Dabei sind Erhaltungsaufwendungen im Verhältnis zur Neuerstellung nicht mehr denkbar, wenn ein **Vollverschleiß** des Gebäudes vorliegt, da es nicht mehr zeitgemäßen Wohn- oder generell Nutzungsverhältnissen entspricht. Es muss sich also um eine Art **Ruine** handeln.[166] Aber auch bei einer **Funktionsänderung** können Herstellungsaufwendungen vorliegen, wenn also eine Mühle in ein Wohnhaus umgebaut wird.[167] Kein Präjudiz für die Beurteilung schafft der übliche Begriff „**Generalüberholung**". Der BFH wertet dies als Schlagwort, hinter dem sich sowohl Erhaltungs- als auch Herstellungsaufwand verbergen kann. Ebenso wenig stellt die **Zusammenballung** von Erhaltungsaufwendungen mit recht hohen Beträgen innerhalb eines Geschäftsjahrs ein Beurteilungskriterium dar. Und schließlich sind Herstellungskosten auch dann nicht anzunehmen, wenn Instandsetzungs- und Modernisierungsarbeiten in Form einer **zeitgemäßen** Technik und Ausstattung des Gebäudes erfolgen. 109

2.2.2 Erhaltungsaufwand

Aus der BFH-Rechtsprechung und den Verlautbarungen der Finanzverwaltung sind folgende Beispiele für den Sachverhalt eines **Erhaltungsaufwands** feststellbar.[168] 110

▶ Anbringung einer zusätzlichen Fassadenverkleidung zum Wärme- oder Schallschutz,[169]
▶ Umstellung der Gebäudeheizung von Einzelöfen auf Zentralheizung,[170]
▶ Anbringung einer Betonvorsatzschale zur Trockenlegung der durchfeuchteten Fundamente,[171]
▶ Vergrößern eines bereits vorhandenen Fensters,[172]
▶ Versetzen von Wänden,[173]

---

166 Vgl. *Spindler*, BB 2002 S. 2041.
167 BFH-Urteil vom 31. 3. 1992 – IX R 175/87, BStBl II S. 808.
168 Vgl. *Hoffmann*, in: Littmann/Bitz/Pust (Hrsg.), EStG, § 6 Tz. 293.
169 BFH-Urteil vom 13. 3. 1979 – VIII R 83/77, BStBl II S. 435.
170 BFH-Urteil vom 24. 7. 1979 – VIII R 162/78, BStBl 1980 II S. 7.
171 Entgegen BFH-Urteil vom 10. 5. 1995 – IX R 62/94, BStBl 1996 II S. 639.
172 BMF-Schreiben vom 18. 7. 2003 – IV C 3 – S 2211 – 94/03, BStBl I S. 386.
173 BFH-Urteil vom 3. 12. 2002 – IX R 64/99, BStBl 2003 II S. 590 = Kurzinfo StuB 2003 S. 225.

- Ersatz eines Flachdachs durch ein Satteldach – sofern die damit verbundene Fläche und Nutzungsmöglichkeit nicht erweitert wird –,[174]
- Ersatz vorhandener Türschlösser durch eine Türschließanlage,[175]
- Anbringung eines Wasser- und Gasanschlusses, wenn bislang Brunnen oder Kohleofen vorhanden,[176]
- Umbau eines Großraumbüros in vier Einzelbüros.[177]

2.2.3 Erweiterung

111 Das zweite Tatbestandsmerkmal für das Vorliegen von Herstellungskosten nach Abs. 2 Satz 1 – die **Erweiterung** – ist in folgenden Fällen vom BFH bestätigt worden:[178]
- Das Dach eines Einfamilienhauses wurde vollständig erneuert und dabei der Dachüberstand von 10 cm auf 40 cm vergrößert. Die alten Dachgauben wurden durch größere ersetzt mit der Folge einer größeren Wohnfläche im Dachgeschoss. Außerdem wurde die Terrasse erweitert und unter der Terrasse ein Kelleranbau mit 3 m² einschließlich eines Kellerausganges etc. geschaffen.[179]
- Das Dachgeschoss wurde neu eingedeckt und an der Stelle von Kammern wurde Wohnraum geschaffen und dabei durch zwei zuvor nicht vorhandene Dachgauben vergrößert.[180]
- In drei Wohnungen eines Miethauses wurde ein Schlafzimmer um den Bereich des vormals vorhandenen Lichthofs vergrößert.[181]
- Aufgrund eines Dachausbaus wurde der Wohnraum um 12 m² vergrößert.[182]
- Aufstockung und Umbau.[183]
- Umgestaltung der Dachterrasse in Wohnraum.[184]
- Substanzvermehrung durch Anbringung von Natursteinplatten, nicht dagegen Verkleidung zum Wärme- und Schallschutz.[185]

112 Unter die Erweiterung fasst der BFH begrifflich auch die **Hinzufügung** von bisher nicht vorhandenen Gebäudeteilen:[186]
- Alarmanlage,[187]
- Außentreppe,[188]

---

174 BMF-Schreiben vom 18. 7. 2003 – IV C 3 – S 2211 – 94/03, BStBl I S. 386.
175 BFH-Urteil vom 2. 2. 1990 – III R 188/85, BFH/NV 1990 S. 732.
176 BFH-Urteil vom 3. 12. 2002 – IX R 64/99, BStBl 2003 II S. 590 = Kurzinfo StuB 2003 S. 225.
177 BFH-Urteil vom 16. 1. 2007 – IX R 39/05, BStBl II S. 922 = Kurzinfo StuB 2007 S. 909.
178 Vgl. *Hoffmann*, in: Littmann/Bitz/Pust (Hrsg.), EStG, § 6 Tz. 294.
179 BFH-Urteil vom 9. 5. 1995 – IX R 88/90, BStBl 1996 II S. 628.
180 BFH-Urteil vom 9. 5. 1995 – IX R 69/92, BStBl 1996 II S. 630.
181 BFH-Urteil vom 9. 5. 1995 – IX R 2/94, BStBl 1996 II S. 637.
182 BFH-Urteil vom 10. 5. 1995 – IX R 62/94, BStBl 1996 II S. 639.
183 BFH-Urteil vom 27. 1. 1993 – IX R 97/88, BStBl II S. 601.
184 BFH-Urteil vom 13. 10. 1998 – IX R 80/95, BFH/NV 1999 S. 605.
185 BFH-Urteil vom 27. 9. 2001 – X R 55/98, BFH/NV 2002 S. 627 = Kurzinfo StuB 2002 S. 502.
186 Vgl. *Hoffmann*, in: Littmann/Bitz/Pust (Hrsg.), EStG § 6 Tz. 295.
187 BFH-Urteil vom 16. 2. 1993 – IX R 85/88, BStBl II S. 544.
188 BFH-Urteil vom 9. 5. 1995 – IX R 2/94, BStBl 1996 II S. 637.

- Jalousien,[189]
- Kachelofen,[190]
- Kamin,[191]
- Rollläden,[192]
- Satteldach als Ersatz für undichtes Flachdach mit Schaffung von Wohnraum,[193]
- Sonnenmarkise,[194]
- Treppenhausauslagerung,[195]
- Ersteinrichtung von WC oder Bad.[196]

Sofern mit aktivierungspflichtigen Erweiterungen oder Hinzufügungen eigentliche Erhaltungsaufwendungen verbunden sind, kommt eine Aktivierung Letzterer nur dann in Betracht, wenn die betreffenden Baumaßnahmen „bautechnisch" **ineinandergreifen**.[197]

113

> **BEISPIEL[198]** Durch Aufsetzen einer Dachgaube entsteht wegen Raumvergrößerung Herstellungsaufwand. Im Zuge dieses Ausbaus wird die schadhafte Dacheindeckung insgesamt erneuert. Dann sind die Ziegel, die Arbeitsleistung, das Architektenhonorar etc. auf Herstellungs- und Erhaltungsaufwand aufzuteilen.

2.2.4 Wesentliche Verbesserung

Am schwersten ist nach der BFH-Rechtsprechung das dritte Tatbestandsmerkmal für das Vorliegen von Herstellungskosten – die **wesentliche Verbesserung** – auszulegen.[199] Der BFH hat zur Systematisierung eine Dreiklasseneinteilung des Gebäudezustands „erfunden":

114

- sehr einfach,
- mittel,
- Luxus.

Dabei soll „Luxus" bei Verwendung besonders hochwertiger Materialien vorliegen, umgekehrt „sehr einfach" bei folgenden Sachverhalten:

- Unbeheiztes Bad ohne Waschbecken und ohne Fliesen.
- Einfachverglaste Fenster.
- Kohleöfen.

---

189 BFH-Urteil vom 10. 6. 1988 – III R 152/85, BFH/NV 1989 S. 456.
190 FG Schleswig Holstein, Urteil vom 9. 8. 1984 – II 284/82, EFG 1985 S. 18; BFH-Urteil vom 27. 7. 2000 – X R 26/97, BFH/NV 2001 S. 306.
191 BFH-Urteil vom 9. 5. 1995 – IX R 17/93, BFH/NV 1996 S. 114.
192 BFH-Urteil vom 1. 2. 1983 – VIII R 193/82, DB 1983 S. 1959.
193 BFH-Urteil vom 19. 6. 1991 – IX R 1/87, BStBl 1992 II S. 73.
194 BFH-Urteil vom 29. 8. 1989 – IX R 176/84, BStBl 1990 II S. 430.
195 BFH-Urteil vom 8. 5. 2001 – IX B 153/00 n.v., StuB 2001 S. 1177.
196 BFH-Urteil vom 22. 1. 2003 – X R 9/99, BStBl II S. 596.
197 BFH-Urteil vom 9. 5. 1995 – IX R 2/94, BStBl 1996 II S. 637.
198 Nach BMF-Schreiben vom 18. 7. 2003 – IV C 3 – S 2211 – 94/03, BStBl I S. 386, unter Tz. 33 ff.; Bayerisches Landesamt für Steuern, Vfg. vom 6. 8. 2010 – S 2211.1.1-4/2 St32, DB 2010 S. 1729.
199 Vgl. *Pezzer*, DB 1996 S. 852.

115   „Mittel" bleibt dabei als negatives Definitionsmerkmal übrig, wird daher nicht weiter beschrieben. Die BFH-Urteile und die Finanzamtsanweisungen betreffen praktisch nur Wohngebäude. Im Falle von Betriebsgebäuden, die für die HGB-Rechnungslegung in erster Linie interessant sind, dürfte sich das Problem ähnlich stellen: Die meisten Fälle liegen innerhalb des Bereichs „mittel". Die Dreiteilung hilft somit bei der Rechtsauslegung wenig. Zur Ergänzung hat der BFH noch eine Vermutungsregel aufgestellt, der zufolge eine Modernisierung dann zur Erhöhung des Standards führt, wenn drei von vier Einrichtungsbereichen eine deutliche Verbesserung erfahren haben, und zwar:

- ▶ Heizung,
- ▶ Sanitär,
- ▶ Elektro und
- ▶ Fenster.

116   Aus der Kasuistik der BFH-Rechtsprechung ist für die Fälle einer betrieblichen Nutzung eines Gebäudes zu Produktions- oder Handelszwecken beachtlich: Die Entfernung und Setzung von Zwischenwänden erhöht nicht für sich allein den Gebrauchswert des Hauses und bedeutet deshalb keine „wesentliche Verbesserung".[200]

2.2.5 Anschaffungsnahe Herstellungskosten

117   Dieses Thema bewegt den BFH seit langem. Das dahinterstehende ökonomische Kalkül ist einfach: Im vereinbarten Kaufpreis zwischen zwei unabhängigen Parteien schlägt sich der Zustand eines Gebäudes nieder und damit der Renovierungsbedarf; je mehr Renovierungsarbeiten erforderlich sind, desto niedriger der Kaufpreis. Deshalb sind Erhaltungsaufwendungen in nahem zeitlichen Zusammenhang mit dem Erwerb „steuerlich verdächtig". Aus **handelsrechtlicher** Perspektive passt der Begriff „verdächtig" nicht unbedingt, allerdings bleibt der ökonomische Hintergrund eines solchen Vorgangs erhalten. Von daher gesehen können die steuerlichen Vorgaben einschließlich der gesetzlichen Fiktion von § 6 Abs. 1 Nr. 1a EStG zur Auslegung mit herangezogen werden. Herstellungskosten sind anzunehmen, wenn innerhalb von drei (Kalender-)Jahren seit der Anschaffung Reparaturaufwendungen von mehr als 15 % der Gebäudeanschaffungskosten anfallen. Dabei müssen diese Reparaturen in dieser Frist nicht beendet sein. Danach anfallende Aufwendungen sind nicht in die 15 %-Grenze einzurechnen. Generell erscheint handelsrechtlich ein zwingendes Abweichen von dieser Vorgabe nicht geboten, ganz abgesehen von der zugehörigen BFH-Rechtsprechung, auf deren Kommentierung an dieser Stelle verwiesen wird.[201]

2.2.6 Komponentenansatz

117a   Der Komponentenansatz zur Festlegung der Abschreibungsdauer (→ § 246 Rz. 46) zeitigt Folgeeffekte auf die Abgrenzung von Erhaltungs- und Herstellungsaufwand (→ § 246 Rz 47). Beim Ersatz einer Komponente (Abgang) durch eine neue ist Herstellungsaufwand anzunehmen, der nach herkömmlicher Betrachtung Erhaltungsaufwand wäre.

---

200 BFH-Urteil vom 3.12.2002 – IX R 64/99, BStBl 2003 II S. 590 = Kurzinfo StuB 2003 S. 225.
201 Vgl. *Korn/Strahl*, in: Korn (Hrsg.), EStG, § 6 Tz. 183.1 ff.; *Hoffmann*, in: Littmann/Bitz/Pust (Hrsg.), EStG, § 6 Tz. 308 ff.

> **BEISPIEL** Wird nach dem Beispiel des IDW[202] eine grundlegende Dachsanierung (→ § 246 Rz. 43c) durchgeführt, ist diese nach dem Komponentenansatz mit dem Dach als „Komponente" Herstellungskosten zu aktivieren; anders bei Behandlung des gesamten Gebäudes als einheitlich abzuschreibender Vermögensgegenstand: Dann Erhaltungsaufwand.

Die Kriterien für das Vorliegen von Herstellungskosten gegenüber Erhaltungsaufwand (→ Rz. 108) wären im Rahmen des Komponentenansatzes neu zu bestimmen, was kaum möglich erscheint.[203] Widersprüchlich wirkt auch der Hinweis des IDW auf die nicht mögliche separate Abschreibung und damit Aktivierung von **Großreparaturen** im Vergleich zum Gebäude als eigenständiges Abschreibungsobjekt, denn beim Ersatz eines Dachs handelt es sich eo ipso um eine Großreparatur.

3. Beteiligungen an Tochtergesellschaften

3.1 Anschaffungskosten ohne Anschaffung?

Folgt man den Abgrenzungsmerkmalen für Anschaffung und Herstellung (→ Rz. 10 und → Rz. 78), liegt zweifellos ein Anschaffungsvorgang beim **derivativen** Erwerb einer bestehenden Beteiligung vor. Als Anschaffungskosten gelten dabei der Kaufpreis einschließlich ggf. Erwerbskosten, u. E. auch Beratungskosten, soweit sie den Vertragsabschluss selbst betreffen, nicht aber die Beratung im Vorfeld der Erwerbsentscheidung (→ Rz. 24). Anders verhält es sich bei der **Neugründung** einer Tochtergesellschaft (→ Rz. 12). Eine Anschaffung kann hier nicht vorliegen, denn es besteht ja ein solcher Vermögensgegenstand noch gar nicht (→ Rz. 12). Als Zugangsbewertungsmaßstab verbleiben dann nur die **Herstellungskosten**.[204] Die h. M. ist dieser begrifflich zwingenden Gesetzesauslegung nicht gefolgt, auch nicht die BFH-Rechtsprechung.[205] Allerdings sind auch gegenteilige Auffassungen im Schrifttum festzustellen.[206]

118

3.2 Sanierungsmaßnahmen bei Kapitalgesellschaften

Bei der **Zugangsbewertung** mag diese unterschiedliche Auffassung ohne Belang sein. Anders verhält es sich in der Folge, insbesondere wenn sog. verdeckte Einlagen in **Sanierungsabsicht** bei der Tochtergesellschaft getätigt werden. Hier liegen Anschaffungskosten nicht vor, da nichts angeschafft wird; das gilt auch für die sog. nachträglichen Anschaffungskosten, weil diese final auf den Erwerbsvorgang gerichtet sein müssen (→ Rz. 32). Gleichwohl spricht der BFH in solchen Fällen regelmäßig von nachträglichen Anschaffungskosten, wobei der Maßgeblichkeitsgrundsatz bei verdeckten Einlagen nicht gelten soll.[207] Deshalb muss sich die handelsrechtliche Bilanzierung von den Vorgaben des BFH lösen. Ergänzend gilt: Häufig wird zur Rechtfertigung des Anschaffungskostenbegriffs in diesem Zusammenhang auf die BFH-Recht-

119

---

202 IDW HFA RH 1016 Tz. 5 bis 7.
203 Vgl. *Herzig et al.*, WPg 2010 S. 567. Dafür *Husemann*, WPg 2010 S. 510.
204 So der Denkanstoß von *Goerdeler/Müller*, WPg 1980 S. 320.
205 BFH-Beschluss vom 9. 6. 1997 – GrS 1/94, BStBl 1998 II S. 307.
206 Vgl. *Ellrott/Brendt*, in: Beck'scher Bilanz-Kommentar, 7. Aufl., München 2010, § 255 Tz. 143, unter Bezugnahme auf *Hoffmann*, in: FS Welf Müller, S. 631 ff.
207 BFH-Beschluss vom 9. 6. 1997 – GrS 1/94, BStBl 1998 II S. 307.

sprechung zu § 17 EStG Bezug genommen. Diese Einvernahme ist aber auch „innersteuerlich" unzutreffend, da der BFH im Rahmen des § 17 EStG ganz bewusst einen extensiven Anschaffungskostenbegriff verwendet, der nicht auf Bilanzierungsfälle ausgedehnt werden kann.[208]

120 Handelsrechtlich bietet sich bei einschlägigen Sanierungsmaßnahmen – Barzuschuss, Forderungsverzicht – eine **Analogie** zur BFH-Rechtsprechung zu den Sanierungsmaßnahmen bei **Gebäuden** an (→ Rz. 110 ff.). Nur bei wesentlicher Verbesserung (→ Rz. 114) kann von einer (Zusatz-)Herstellung ausgegangen werden. Demgegenüber sind werterhaltende Maßnahmen bei Tochtergesellschaften – d. h. regelmäßig die Beseitigung einer Überschuldung – als Erhaltungsaufwand zu verbuchen.[209]

Die darstellungstechnische Folgerung für die Annahme von Erhaltungsaufwand bei Sanierungsmaßnahmen für Tochtergesellschaften besteht in der **direkten Aufwandsverrechnung**. Eine Einbuchung in das Anlagegitter (§ 268 Abs. 2 HGB) als Zugang mit gleichzeitiger Abschreibung kommt daher nicht in Betracht (→ § 268 Rz. 60).

Die vorstehend kurz skizzierte Rechtslage nach Steuerrecht gilt nicht für die **Personenhandelsgesellschaft** wegen deren besonderen Steuerstatuts. Handelsrechtlich ist nicht zwischen Kapital- und Personenhandelsgesellschaften zu differenzieren.

121 Aus der **BFH-Rechtsprechung** zu einschlägigen Bilanzierungsfällen (nicht zu den Fällen nach § 17 EStG) lässt sich folgende Übersicht zusammenstellen:[210]

▶ „Anlaufverluste einer GmbH rechtfertigen bei dem Alleingesellschafter eine Teilwertabschreibung auf die GmbH-Beteiligung u. a. dann nicht, wenn der Gesellschafter zur Beseitigung dieser Verluste und zur Erreichung einer künftigen Rentabilität der GmbH erhebliche neue Mittel (Forderungsverzichte und Kapitalerhöhung) zuführt. Der Teilwert ist anders zu beurteilen, wenn Maßnahmen zur Gewährleistung einer künftigen Rentabilität ergriffen worden sind. Der BFH entscheidet auf ‚zusätzliche Anschaffungskosten'."[211]

▶ „Erlässt der Alleingesellschafter einer GmbH aus gesellschaftsrechtlichen Gründen dieser eine Schuld, so ist der Verzicht auf die Forderung einer gesellschaftsrechtlichen Einlage gleich zu achten." „... wirkte sich der Erlass nicht vermögensmindernd aus, da er den Wert der Beteiligung erhöhte." „Der Verzicht auf die Forderung stellt bei der Steuerpflichtigen einen Aufwand auf die Beteiligung dar und ist bei dieser zu aktivieren."[212]

▶ Der BFH betont entscheidungserheblich, dass Beteiligungen an der und Forderungen an die Gesellschaft zwei verschiedene Wirtschaftsgüter darstellen. Daraus wird man ein gewichtiges Gegenargument gegen eine schlichte „Umbuchung" von Forderung auf Beteiligung im Falle eines Forderungsverzichts ableiten können.[213]

---

208 Z. B. BFH-Urteil vom 18. 12. 2001 – VIII R 27/00, BStBl 2002 II S. 733 = Kurzinfo StuB 2002 S. 344.
209 Ähnlich *Keller*, WPg 1994 S. 617; *Kraft/Kraft*, BB 1992 S. 2465; *Ellrott/Brendt*, in: Beck'scher Bilanz-Kommentar, 7. Aufl., München 2010, § 255 Tz. 164; ADS, 6. Aufl., § 255 Tz. 45; vgl. auch hierzu das Buchungsbeispiel von *Neu*, GmbH-StB 2000 S. 43.
210 Nach *Hoffmann*, in: Littmann/Bitz/Pust (Hrsg.), EStG, § 6 Tz. 565, dort sind auch weiterführende Hinweise zur Steuerrechtslage zu finden.
211 BFH-Urteil vom 29. 5. 1965 – IV 49/65 U, BStBl III S. 503.
212 BFH-Urteil vom 29. 5. 1968 – I 187/65, BStBl II S. 722.
213 BFH-Urteil vom 31. 1. 1973 – I R 197/70, BStBl II S. 391.

- Es geht um die Verlustübernahme im Rahmen einer körperschaftsteuerlichen Organschaft. „Die sonst gebotene Aktivierung der verdeckten Einlage auf das Beteiligungskonto scheitert hier daran, dass der Wert der Beteiligung durch die Verlustübernahme nicht erhöht wird."[214]
- „Die Vermutung, dass sich der Teilwert eines Wirtschaftsguts im Zeitpunkt seiner Anschaffung oder Herstellung mit den Anschaffungs- oder Herstellungskosten deckt, gilt nicht ohne Weiteres für zusätzliche Anschaffungskosten in Gestalt verdeckter Einlagen bei Kapitalgesellschaften" (Leitsatz). Zum Sachverhalt führt der BFH aus: „Der Wert der Geschäftsanteile der GmbH war durch die Verluste der GmbH gesunken. Eine Besserung der Geschäftslage der GmbH war nicht zu erwarten. Nach den Feststellungen des Finanzgerichts verzichtete die Klägerin auf die Pachtzinsforderungen nicht, um die Rentabilität der GmbH wieder herzustellen, sondern lediglich, um den Konkurs abzuwenden."[215]
- „Verwendet der Gesellschafter einer Kapitalgesellschaft eine Forderung gegen diese als Sacheinlage, erhöht sich der Buchwert der ihm zustehenden Beteiligung um den gemeinen Wert der Forderung." Begründung: Es liegt ein Tausch von Wirtschaftsgütern vor, „bei dem der gemeine Wert der hingegebenen Wirtschaftsgüter maßgebend ist." Der gemeine Wert der Forderung lag im Streitfall unter dem Nennwert.[216]
- „Verdeckte Einlagen bei Kapitalgesellschaften führen nicht zwingend zu einer Erhöhung des Werts der Beteiligung ... Liegen Anhaltspunkte für eine drohende Konkursgefahr der Kapitalgesellschaft vor, so liegt die Notwendigkeit einer Teilwertabschreibung auf die Beteiligung im Bereich des Möglichen."[217]
- Die Verlustübernahmen bei missglückter Organschaft sind „in der Regel als nachträgliche Anschaffungskosten für die Beteiligung ... zu aktivieren". Die Verluste „können Gegenstand einer Teilwertabschreibung ... sein".[218]
- Es geht um den Sanierungszuschuss an eine Tochtergesellschaft und um die Bilanzierung desselben bei der Muttergesellschaft. Nach Auffassung des BFH „führen verdeckte Einlagen zu nachträglichen Anschaffungskosten für die Beteiligung, die auf dem Beteiligungskonto zu aktivieren sind". Der VIII. BFH-Senat setzt sich mit dem Urteil[219] auseinander, wonach gleichzeitige Abschreibungen auf den niedrigeren Teilwert nicht ausgeschlossen sind.[220]
- Die Bürgschafts-Inanspruchnahme des Verpächter-Gesellschafters für seine Betriebs-Kapitalgesellschaft im Rahmen einer Betriebsaufspaltung führt zu nachträglichen Anschaffungskosten auf die Beteiligung. Eine Teilwertabschreibung kommt in Betracht.[221]
- Der Verzicht des Gesellschafters auf eine Forderung gegen die GmbH führt zu nachträglichen Anschaffungskosten auf die Beteiligung in Höhe des Forderungswerts.[222]

---

214 BFH-Urteil vom 26. 1. 1977 – I R 101/75, BStBl II S. 441.
215 BFH-Urteil vom 9. 3. 1977 – I R 203/74, BStBl II S. 515.
216 BFH-Urteil vom 25. 1. 1984 – I R 183/81, BStBl II S. 422.
217 BFH-Urteil vom 24. 10. 1986 – VIII S 11/86, BFH/NV 1987 S. 298; zur Begründung bezieht sich der VIII. Senat auf das BFH-Urteil vom 9. 3. 1977 – I R 203/74, BStBl II S. 515.
218 BFH-Urteil vom 16. 5. 1990 – I R 96/88, BStBl II S. 797.
219 BFH-Urteil vom 9. 3. 1977 – I R 203/74, BStBl II S. 515.
220 BFH-Urteil vom 18. 12. 1990 – VIII R 158/86, BFH/NV 1992 S. 15 = BB 1992 S. 401.
221 BFH-Urteil vom 9. 1. 1986 – VIII R 159/85, BStBl 1987 II S. 257.
222 BFH-Urteil vom 29. 7. 1997 – VIII R 57/94, BB 1997 S. 2638.

▶ Der Forderungsverlust des Verpächter-Gesellschafters bei einer Betriebsaufspaltung führt nicht zu Anschaffungskosten auf die Beteiligung.[223]

Zur bilanziellen Abbildung bei der (Kapital-)**Gesellschaft** wird verwiesen auf → § 246 Rz. 62a ff.

3.3 Kapitalrückzahlung (negative Anschaffungskosten)

121a Eine Kapitalrückzahlung von der Gesellschaft an die Gesellschafter ist zu **unterscheiden** von Dividenden, die aus von der Gesellschaft erwirtschafteten Gewinnen gespeist werden. Kapitalrückzahlungen können auf folgenden Vorgängen bei der Tochtergesellschaft beruhen:

▶ Liquidation (→ Rz. 121b),

▶ Kapitalherabsetzung (→ Rz. 121c),

▶ Rückzahlung aus der Kapitalrücklage (→ Rz. 121d).

121b Bei der **Liquidation** handelt es sich bilanzrechtlich um einen **Abgang** des Bilanzpostens, sobald der Liquidationserlös ausgekehrt wird. Häufig – bei Auflösung der Gesellschaft durch Insolvenz – gibt es keinen oder nur einen minimalen Erlös. So oder so ist dieser (Null-)Erlös dem Restbuchwert der Beteiligung gegenüberzustellen, um daraus den **Abgangserfolg** zu ermitteln. Dem ist in der Grundstruktur auch **steuerlich** zu folgen, allerdings mit den aus dem Teileinkünfteverfahren resultierenden Besonderheiten, insbesondere aus § 8b EStG bzw. § 3 Nr. 40 und § 3c Abs. 2 EStG sowie § 20 Abs. 1 Nr. 2 EStG.

121c Die **Kapitalherabsetzung** führt in der Bilanz der Anteilseigner zu einem **Teilabgang**. Der Gewinn/Verlust daraus ergibt sich durch Saldierung des anteiligen Buchwerts der Beteiligung mit dem ausgekehrten Betrag. Dem ist auch steuerlich zu folgen[224] unter Beachtung der in → Rz. 121b genannten Besonderheiten.

121d Die Rückzahlung aus der **Kapitalrücklage** kann bei einer Kapitalgesellschaft rechtstechnisch nur durch eine Dividende/Gewinnausschüttung erfolgen. Wirtschaftlich vermischt sich dabei der in der Dividende regelmäßig erzielte Gewinn der Gesellschaft (→ Rz. 121) mit früheren Einlagen der Gesellschafter. Der Dividende ist ihr diesbezüglicher Inhalt bei nicht ganz einfachen Verhältnissen nicht anzusehen. Deshalb wird im Schrifttum die Behandlung der Kapitalrücklage, die sich in der Dividende verbirgt, als Kapitalrückzahlung abgelehnt.[225] Zu prüfen ist dabei allerdings das Erfordernis einer außerplanmäßigen Abschreibung auf den Beteiligungsbuchwert wegen eines gesunkenen Wiederbeschaffungswerts (→ § 253 Rz. 108).

Steuerlich besteht eine Besonderheit, wenn in dieser Dividende eine Entnahme aus dem **Einlagekonto** nach § 27 KStG enthalten ist. Dann ist in Abweichung vom Handelsbilanzrecht erfolgsneutral der auf den Anschaffungskosten beruhende Beteiligungsansatz zu kürzen; wenn die Verwendung des Einlagekontos betragsmäßig den Buchwert den Beteiligung übersteigt,

---

223 BFH-Urteil vom 18. 12. 2001 – VIII R 27/00, BFH/NV 2002 S. 581 = Kurzinfo StuB 2002 S. 344; entgegen dem vorstehend zitierten BFH-Urteil vom 9. 1. 1986 – VIII R 159/85, BStBl 1987 II S. 257.
224 BFH-Urteil vom 14. 10. 1992 – I R 1/91, BStBl 1993 II S. 189.
225 So ausführlich begründet durch *Müller*, DB 2000 S. 533; bestätigt durch *Ellrott/Brendt*, in: Beck'scher Bilanz-Kommentar, 7. Aufl., München 2010, § 255 Tz. 171; a. A. *ADS*, 6. Aufl., § 253 Tz. 48.

ist der überschießende Betrag als Betriebseinnahme zu verwenden.[226] Sie unterliegen nicht der Steuerfreistellung nach § 8b Abs. 1 KStG.[227]

3.4 Besonderheiten bei Personenhandelsgesellschaften

3.4.1 Zugangsbewertung

Für Beteiligungen an Personenhandelsgesellschaften wertet das IDW[228] die **Anschaffungskosten** als Maßstab für die Zugangsbewertung. Im Falle von Sacheinlagen wird das Wahlrecht für Tauschgeschäfte (→ Rz. 50) als richtig erachtet. Die Haftsumme des Kommanditisten (Handelsregistereintrag) ist auch aus der Sicht der Beteiligung ohne bilanzielle Bedeutung (→ § 246 Rz. 94). Bei einer Inanspruchnahme aus der Haftsumme wächst dem Kommanditisten eine Forderung gegen die Gesellschaft zu, die u. E. in der Bilanz des Kommanditisten regelmäßig immer als Sanierungsbeitrag zu werten (→ Rz. 119) und als Aufwand zu behandeln ist.[229] Für Beteiligungen als **Stiller Gesellschafter** (→ § 266 Rz. 50) gelten ebenfalls die Anschaffungskosten als Maßstab für die Zugangsbewertung.

122

3.4.2 Gewinnbezugsrecht

Differenzierend zu betrachten ist das Problem, ob ein Gewinnanspruch des Gesellschafters – insbesondere des (bilanzierenden) **Kommanditisten** bei übereinstimmendem Geschäftsjahr – noch in alter Rechnung zu vereinnahmen ist oder nicht. Das IDW[230] bejaht dies, obwohl der Anspruch des Gesellschafters auf den Gewinnanteil rechtlich erst mit der Feststellung des Jahresabschlusses entsteht. Dazu genügt nach dem „Otto"-Urteil des BGH ein Mehrheitsbeschluss; es bedarf somit entgegen früherer BGH-Rechtsprechung nicht einer Zustimmung aller Gesellschafter wegen des angenommenen Grundlagengeschäfts.[231] Das IDW stützt seine Auffassung für eine phasengleiche Vereinnahmung des rechtlich noch nicht entstandenen Anspruchs auf eine „**gebotene wirtschaftliche Betrachtungsweise**".[232] Was hier unter „wirtschaftlich" zu verstehen ist, wird nicht erläutert. Bemerkenswerterweise hatte das IDW auch für die Dividendenvereinnahmung in phasengleicher Form nach IAS 18 sich auf eine von der Standardvorgabe abweichende **wirtschaftliche** Betrachtungsweise gestützt und musste im Nachhinein davon **abrücken**.[233] Dabei ist der *substance over form*-Gedanke („wirtschaftliche Betrachtungsweise") nach IFRS allgemeiner Auffassung zufolge weitaus stärker ausgeprägt als nach HGB. Wieso die Gewinnvereinnahmung des von der Tochter-Personenhandelsgesellschaft im alten Jahr erzielten Gewinnanteils noch im alten Jahr „wirtschaftlich" geboten und umgekehrt im neuen Jahr als „unwirtschaftlich" zu unterbleiben hat, bleibt ungeklärt.

123

---

226 BFH-Urteil vom 14.10.1992 – I R 1/91, BStBl 1993 II S. 189; BFH-Urteil vom 16.3.1994 – I R 70/92, BStBl II S. 522.
227 So wohl h. M. z. B *Gosch*, in: Gosch (Hrsg.), § 8b KStG, Tz. 106; bestätigt durch BFH-Urteil vom 28.10.2009 – I R 116/08, BFH/NV 2010 S. 549, mit kritischer Anmerkung von *M.Prinz*, FR 2010 S. 580.
228 IDW RS HFA 18 Tz. 7 und 11.
229 Ähnlich IDW RS HFA 16 Tz. 12, der allerdings eine Aktivierung als Einlage dann für zutreffend erachtet, wenn die Leistung nach dem Gesellschaftsvertrag zu erbringen ist.
230 IDW RS HFA 18 Tz. 12.
231 So noch BGH-Urteil vom 29.3.1996 – II ZR 263/94, BB 1996 S. 1105; anders nun BGH-Urteil vom 15.1.2007 – II ZR 245/05, DStR 2007 S. 494 („Otto").
232 So wohl auch *von Kanitz*, WPg 2007 S. 58.
233 Vorbemerkung zu RS HFA 2 n. F.; vgl. dazu *Lüdenbach*, PiR 2007 S. 233.

124 Gegen die Auffassung des IDW – generell zwingende periodengleiche Vereinnahmung des Gewinnanteils – spricht der Rechtscharakter der **Feststellung** (→ § 245 Rz. 123) eines Jahresabschlusses. Der **aufgestellte** Jahresabschluss ist nicht rechtsverbindlich, er kommt einem Entwurf gleich. Bis zur Feststellung ist der Jahresabschluss im Rechtssinne nicht vorhanden – das ist allgemeine Auffassung im Schrifttum zum Recht der Kapitalgesellschaften.[234] Für Personenhandelsgesellschaften kann nichts anderes gelten (→ § 264c Rz. 32).[235] Der BGH hat im zitierten (→ Rz. 123) „Otto"-Urteil diese Frage gar nicht problematisiert, d. h. implizit – „gesetzlich vorgeschrieben" – die inhaltliche Identität der Feststellung bei Kapital- und Personenhandelsgesellschaften bestätigt. Dort wird auch die Feststellung explizit als ein Gesellschafterbeschluss dargestellt, und zwar unabhängig von einer entsprechenden Passage im Gesellschaftsvertrag. Wie bei einer Kapitalgesellschaft ist das Feststellungserfordernis bei der Personenhandelsgesellschaft Ausfluss zwingenden Rechts. Die Rechtslage ist insoweit auch ohne entsprechende gesellschaftsvertragliche Regelung identisch mit derjenigen vom IDW für die Kompetenz der Gesellschafterversammlung dargelegten.[236]

Unabhängig von der gesellschaftsrechtlichen Ausgestaltung der Gewinnverwendung ist die zeitliche Abfolge wie bei einer Kapitalgesellschaft (→ § 252 Rz. 75) konzipiert: Wenn sich die Datenkonstellation wie im Fall „Tomberger" (einer GmbH) darstellt,

- kommt es zur phasen**gleichen**,
- ansonsten zur phasen**verschobenen**

Gewinnvereinnahmung beim Gesellschafter/Komplementär oder Kommanditisten.

Zur Führung der **Gesellschafterkonten** bei Personenhandelsgesellschaften wird verwiesen auf die Kommentierung in → § 246 Rz. 101 ff., für den Sonderfall der Kap. & Co.-Gesellschaften auf → § 264c Rz. 7 ff.

4. Stille Beteiligung, Genussrechtskapital

4.1 Zugangsbewertung

124a Eine besondere Bilanzrechtsstruktur weisen die stille Beteiligung und das Genussrechtskapital auf. In beiden Fällen liegen lediglich **schuldrechtliche** Beziehungen zwischen dem Investor (der Stille) und dem Unternehmensinhaber (Emittent) vor (→ § 246 Rz. 66 ff.). Gleichwohl besteht im Regelstatut des § 232 HGB ein Gewinnbezugsrecht und eine Verlusttragungspflicht des Stillen, beim Genussrechtskapital kann eine ähnliche Regelung getroffen werden, regelmäßig allerdings eine Festverzinsung mit Verlusttragungspflicht.

In beiden Fällen begründet der Investor mit seiner Einlage eine **Forderung**,[237] da das Einlagegut in das Vermögen des Emittenten übergeht, die gleichwohl im Falle der stillen Einlage unter bestimmten Voraussetzungen als Beteiligung gewertet wird (→ § 271 Rz. 8).[238]

---

234 Z. B. *ADS*, 6. Aufl., § 42a GmbHG.
235 RIC 3 Tz. 21.
236 IDW RS HFA 18 Tz. 21.
237 Vgl. *Groh*, DB 2004 S. 668.
238 Kritisch und differenzierend *Groh*, DB 2004 S. 668, m. w. N.

4.2 Gewinnbezugsrechte ...

4.2.1 ... des Stillen

Die Überlegungen unter → Rz. 123 f. für den Gewinnanspruch aus Beteiligungen an Personenhandelsgesellschaften können möglicherweise auch auf die Gewinnansprüche des (bilanzierenden) Stillen angewandt werden. Solange eine Feststellung des Jahresabschlusses des Emittenten nicht erfolgt ist, hat der Stille keinen Rechtsanspruch auf einen Gewinnanteil; er weiß bis dahin nicht einmal, ob überhaupt ein seinen Anspruch begründender Jahresüberschuss oder Bilanzgewinn vorliegt. Andererseits befürwortet die h. M.[239] einen Ausweis des Gewinnanteils unter „Erträge aus Teilgewinnabführungsverträgen" (→ § 277 Rz. 35), was eine phasengleiche Vereinnahmung impliziert. Eine eindeutige Lösung erscheint deshalb nicht möglich.

124b

Der **BFH** befürwortet eine phasengleiche Vereinnahmung des Gewinnanteils durch den (**typisch**) Stillen bei Personalunion mit dem Inhaber/Emittenten.[240] Bei (steuerlich) **atypisch** stiller Beteiligung gilt für die Steuerbilanz die sog. Spiegelbildmethode (→ § 264c Rz. 32 sowie → § 246 Rz. 121), d. h. der Gewinnanteil des Stillen ist diesem durch die Gewinnfeststellung für das jeweilige Wirtschaftsjahr beim Geschäftsherrn zuzuordnen.

4.2.2 ... des Genussrechtsinhabers

Der Anspruch auf **Genussrechtsverzinsung** soll dem BFH[241] zufolge auch dann phasengleich zu vereinnahmen sein, wenn der Schuldner die Ansprüche **nicht** bedienen muss, sofern bei ihm durch die Vergütung ein Jahresfehlbetrag entsteht oder sich erhöht. Der BFH wertet diese Vertragsklausel als **Fälligkeits**abrede. Dem können wir nicht uneingeschränkt folgen, sofern beim Schuldner/Emittenten gleichzeitig ein Jahresfehlbetrag entsteht.

124c

> **BEISPIEL** Ein Genussrechtsinhaber hat eine Zinsforderung von 8 % auf seine Einlage = 8.000 für das Geschäftsjahr 01, die er phasengleich aktiviert. Der Jahresfehlbetrag (der Bilanzverlust) erhöht sich beim Emittenten entsprechend. In 02 bis 05 verhält es sich ebenso. In 06 wird der Emittent insolvent. Bis dahin ist eine Auszahlung mangels Fälligkeit nach Vertragsbedingung nicht erfolgt. Der Genussrechtsinhaber muss in 06 die aktivierten Zinsansprüche von insgesamt 5 · 8.000 = 40.000 gewinnmindernd ausbuchen (und die Genussrechtsforderung abschreiben).

Der BFH mildert im zitierten Urteil I R 11/02 seine Lösung insoweit ab, als die Verzinsung trotz der Verlusterhöhung „hinreichend sicher" sein muss. Im vorstehenden Beispiel stellt er sich ex post als „höchst unsicher" heraus. In der Praxisperspektive ist dann zu fragen, ob schon für das Geschäftsjahr 01 die „hinreichende Sicherheit" bestand und ob sie z. B. schon in 03 entfallen ist. Vermutlich lag im Streitfall die Verlustentstehung außer Reichweite.

Das IDW befürwortet ohne Vorbehalt unter Anwendung der Regeln für die Dividendenvereinnahmung nach dem „Tomberger-Fall" (→ § 252 Rz. 75) eine **phasengleiche** Realisierung. Eine

---

[239] Vgl. *Blaurock*, Handbuch der Stillen Gesellschaft, 7. Aufl., Tz. 13.162.
[240] BFH-Urteil vom 19. 2. 1991 – VIII R 106/87, BStBl II S. 569.
[241] BFH-Urteil vom 18. 12. 2002 – I R 11/02, BStBl 2003 II S. 400 = Kurzinfo StuB 2003 S. 272.

phasengleiche Vereinnahmung kommt u. E. jedenfalls insoweit in Betracht, als der Genussrechtsvertrag eine bestimmte Verzinsung **garantiert**.

4.2.3 Die Verlustdeckungspflicht von Gewinnanteilen

124d Hinzu kommt der Vergleich zum Gewinnanspruch des **Kommanditisten** in einer Verlustsituation (→ § 246 Rz. 96), und zwar einheitlich mit der stillen Gesellschaft und dem Genussrecht. Nach §§ 169 Abs. 2 und 232 Abs. 2 Satz 2 2. Halbsatz HGB muss der Gewinnanteil zur Abdeckung von Verlustvorträgen verwendet werden. Beim bilanzierenden Kommanditisten wird ein Gewinnanspruch in dieser Konstellation zweifelsfrei nicht aktiviert. U. E. kann es sich beim stillen Gesellschafter und beim Genussrechtsinhaber nicht anders verhalten. Die Verlustsituation – auch im Beispiel unter → Rz. 124b – zeigt den Charakter des fehlenden Verlusts als Entstehungsgrundlage (Bedingung) für den Gewinn- bzw. Zinsanspruch und nicht als Fälligkeitsabrede gemäß dem BFH-Urteil I R 11/02 (→ Rz. 124b).

5. Forderungen

125 Unabhängig von der Zugehörigkeit zum Anlage- oder Umlaufvermögen (Anleihen einerseits, Kundenforderungen andererseits) stellen bei derivativem Erwerb die **Anschaffungskosten** den Bewertungsmaßstab von Forderungen dar, z. B. in Fällen des echten Factorings (→ § 246 Rz. 202). Anders verhält es sich bei der **originären** Begründung von Forderungen, regelmäßig durch Geldeinlage; hier kann eigentlich nur von Herstellungskosten die Rede sein, da kein bereits vorhandener Vermögensgegenstand erworben wird (→ Rz. 10). Materielle Bedeutung kommt dieser Rechtsfrage allerdings nicht zu. Der BFH hat sie deswegen offen gelassen.[242] Vereinfachend kann man im Regelfall für die Zugangsbewertung den **Nennwert** (der Geldeinlage) als Wertmaßstab heranziehen.

125a Ausnahmen gelten für niedrig- oder unverzinsliche Forderungen, z. B. Zero-Bonds (→ § 246 Rz. 222). Hier gilt der abgezinste Betrag als Zugangswert, nicht etwa der Nennwert mit einer zugleich erfolgenden außerplanmäßigen Abschreibung. Die jährliche Aufzinsung wird – obwohl ergebniswirksam – als nachträgliche Anschaffungskosten gewertet.[243]

Dieser Verbuchungsvorschlag (für un- oder niedrigverzinsliche Forderungen) gilt einhellig für den **derivativen** Forderungserwerb, also den Ankauf einer bestehenden Forderung. Bei **Begründung** einer Forderung durch Lieferung oder Leistung oder durch Darlehensvergabe wird demgegenüber überwiegend eine Einbuchung zum Nennwert mit anschließender **Abschreibung** auf den Gegenwartswert für zutreffend erachtet. Auch bei Einbuchung mit dem abgezinsten Nennwert (= Gegenwartswert) kommt es zu einem Aufwand beim bilanzrechtlichen Zugang (international *„day one loss"*). Dieser Zugangsaufwand wird im Zeitverlauf also beim bilanzrechtlichen Zugang durch einen Aufzinsungsertrag kompensiert.[244]

---

242 BFH-Urteil vom 23. 4. 1975 – I R 236/72, BStBl II S. 875; BFH-Urteil vom 4. 3. 1976 – IV R 78/72, BStBl 1977 II S. 380.
243 So *ADS*, 6. Aufl., § 253 Tz. 54.
244 So wohl *Ellrott/Brendt*, in: Beck'scher Bilanz-Kommentar, 7. Aufl., München 2010, § 255 Tz. 257.

BEISPIEL

Darlehensgewährung	am 1.1.01	auf 5 Jahre
Gegenwartswert	am 1.1.01	90
jährliche Aufzinsung (vereinfacht)		2
Buchungen		
am 1.1.01	Forderung 90	an Bank 100
	Aufwand 10	
am 31.12.01	Forderung 2	an Ertrag 2
am 31.12.02	Forderung 2	an Ertrag 2

Steuerlich wird dem nicht gefolgt: Die Zugangsbewertung muss mit dem Nennwert erfolgen, eine Teilwertabschreibung entfällt mangels **dauernder** Wertminderung (→ § 253 Rz. 157b).[245] Beim Schuldner des unverzinslichen Darlehens mit einer Laufzeit von über einem Jahr ist demgegenüber eine Abzinsung vorzunehmen (→ § 253 Rz. 23). In der Gesamtbetrachtung von Gläubiger und Schuldner stellt sich (in der Steuerbilanz) eine Art **umgekehrte Imparität** heraus,[246] die sich erst im Zeitverlauf ausgleicht.

125b

Bei einer Rückdeckungsversicherung für eine Altersversorgungszusage ist zur Berechnung der Anschaffungskosten (dieser Versicherung) der Rechnungszinssatz zu verwenden, den der Versicherer zur Ermittlung des Deckungskapitals verwendet hat.[247]

125c

6. Geschäfts- oder Firmenwert

Als Zugangsbewertung kommen nur Anschaffungskosten in Betracht (Verbot des Ansatzes eines originären Geschäftswerts). Seine Definition als Differenzbetrag zu den übrigen erworbenen Vermögensgegenständen (→ § 246 Rz. 281) macht vorgreiflich die Ermittlung und Bewertung dieser (sonstigen) erworbenen Vermögensgegenstände erforderlich. Im Rahmen der Konzernbesteuerung hat sich in diesem Zusammenhang der Begriff „Kaufpreisallokation" durchgesetzt, insbesondere auch nach Maßgabe von IFRS 3. U. E. können einschlägige Probleme auf dieser Standardgrundlage auch beim Erwerb eines einzelkaufmännischen Unternehmens im Einzelabschluss beurteilt werden, soweit nicht spezifische handelsrechtliche Regeln dem entgegenstehen (→ § 301 Rz. 44 ff.).

126

---

245 BFH-Urteil vom 23. 4. 2009 – IV R 62/06, DB 2009 S. 1439, mit Anm. *Hoffmann*.
246 So *Hoffmann*, DB 2009 S. 2758.
247 BFH-Urteil vom 10. 6. 2009 – I R 67/08, BStBl 2010 II S. 32 = Kurzinfo StuB 2009 S. 740; so auch H 6a Abs. 23 EStH 2008.

V. Forschungs- und Entwicklungskosten (Abs. 2a)

1. Regelungsgehalt, IFRS-Bezug

127 Der durch das BilMoG neu eingeführte Abs. 2a verdankt seine Existenz dem umstrittenen Problem der Aktivierung selbst erstellter immaterieller Anlagegüter (→ § 248 Rz. 7). Im 1. und im 4. Satz sind **Rechtsfolgeverweise** enthalten, die Sätze 2 und 3 dazwischen stellen **Definitionsnormen** dar. Ergänzend heranzuziehen ist aus der Bewertungsperspektive Abs. 2 Satz 4 mit dem Verbot der Einbeziehung von Forschungskosten in die Bewertung von Vermögensgegenständen generell.

128 Inhaltlich liefern die Sätze 1 und 2 des Abs. 2a die Grundlage für die **konkrete** Bilanzierbarkeit von Entwicklungskosten als immaterielle Vermögensgegenstände. Spezielle Bewertungsvorgaben werden in Abs. 2a nicht geliefert. Dieser stellt eine Art Annex zu § 246 HGB dar. Dort (→ § 246 Rz. 12 ff.) sind auch die konzeptionellen Grundlagen des Ansatzes der immateriellen Vermögensgegenstände behandelt.

129 Der Regelungsgehalt von Abs. 2a stellt eine besonders markante **Änderung** der tradierten handels- und steuerrechtlichen Bilanzierungsvorgabe durch das BilMoG dar. Hier manifestiert sich spürbar die Zielsetzung dieses Gesetzes, der zufolge das HGB die Qualität der IFRS-Rechnungslegung erreichen soll, ohne deren überbordende Kompliziertheit und entsprechende Kostenträchtigkeit in Kauf nehmen zu müssen.

130 Im Vorfeld der Gesetzesverabschiedung war im Schrifttum intensiv vor der uneingeschränkten Übernahme der Regelungsvorgaben des einschlägigen IAS 38 gewarnt worden: Es müsse eine Auslegung des **HGB aus sich heraus** möglich sein, da die IFRS keine Rechtsquelle, sondern allenfalls eine Auslegungshilfe darstellten. Der (erste) Referentenentwurf hatte sich noch ziemlich ungeniert bis in die Wortwahl IAS 38 angeglichen. In der Begründung und der Fassung des Regierungsentwurfs war davon kaum mehr etwas festzustellen. Als Ausnahme gilt die kasuistische Sonderregel in § 248 Abs. Satz 2 HGB, die identisch mit dem Inhalt von IAS 38.63 (→ § 248 Rz. 10) ist. Eine weitere unmittelbare Bezugnahme zu den IFRS (hier IAS 38.53) enthält Satz 4 des Abs. 2a betreffend die Unmöglichkeit der verlässlichen Unterscheidung der Forschung von der Entwicklung. Die beiden Definitionsnormen in Sätzen 2 und 3 zur Entwicklung und zur Forschung lesen sich wie frei übersetzte Kurzfassungen ihrer Pendants in IAS 38.8. Die Gesetzesinterpretation auf der Grundlage der Vorgaben von IAS 38 bietet sich deshalb an (→ Rz. 132 ff.). Dies entspricht auch einer Anregung des EuGH.[248]

2. Herstellungskosten als Bewertungsgrundlage (Satz 1)

131 Für immaterielle Anlagegüter gelten **keine besonderen** Bewertungsvorschriften. Maßgeblich ist der Herstellungskostenbegriff (→ Rz. 82 ff.). Die den Vermögensgegenstand darstellenden Entwicklungskosten (→ Rz. 133) sind der Kostenrechnung in der üblichen Form zu entnehmen. Entgegen mancher Auffassungen im Schrifttum und in der Regierungsbegründung bestehen keine ungewöhnlichen Schwierigkeiten für die Erfassung.[249]

---

[248] In der sog. BIAO-Entscheidung vom 7.1.2003 – Rs. C-306/99, DStRE 2003 S. 67.
[249] Vgl. *Hoffmann/Lüdenbach*, DStR 2008, Beihefter zu Heft 30, Tz. 51.

3. Definition von Forschung und Entwicklung

3.1 Forschung (Satz 3)

In der weiteren Gesetzesbegründung zum Inhalt von Forschungs- und Entwicklungsphase erscheinen wieder in gekürzter Fassung die IFRS-Vorgaben zur **Unterscheidung** der Forschungs- von der Entwicklungsphase (→ Rz. 143) und insbesondere nach dem Grenzpunkt des Übergangs (IAS 38.54 bis 59). Danach kann auch für Zwecke des HGB die **Forschungsphase** anhand der Beispiele für **Forschungs**aktivitäten nach IAS 38.56 umschrieben werden:[250]

132

- Tätigkeiten zur Eroberung neuen Wissens;
- Untersuchungen, Bewertungen und Endauswahl von neuen Forschungsergebnissen und zugehörigem *know how*;
- Untersuchungen betreffend Alternativen für Produktionsmaterial, Produktionsverfahren, Systeme und Dienstleistungen;
- Anwendung verbesserter Materialien, Produkte etc.

3.2 Entwicklung (Satz 2)

3.2.1 Beispielhafte Aufzählung

Zur näheren Bestimmung des **Entwicklungs**begriffs werden in der Gesetzesbegründung des RegE die Vorgaben von IAS 38.59 aufgeführt:

133

- Entwurf, Fertigung und Test von Vorprodukten, Prototypen etc.;
- Entwurf von Schablonen, Formen, Werkzeugen u. Ä. für neue Technologien;
- Pilotprojekt für eine neue Produktionsanlage;
- Entwurf, Fertigung und Test neuer Materialien, Produktionsprozesse etc.

Viel mehr kann dem Rechtsanwender an Hinweisen im Rahmen einer Gesetzesbegründung oder eines Bilanzierungsstandards nicht geliefert werden. Der Rest muss durch sinnvolle Auslegung dieser Vorgaben im konkreten Bilanzierungsfall beschlossen und entschieden werden.

3.2.2 Ansatzkriterien nach IFRS

Vermutlich zur Vermeidung einer zu nahen Anlehnung an den Vermögenswertbegriff des IAS 38 werden in der Begründung zum RegE des BilMoG – anders als im Referentenentwurf – die Ansatzkriterien des IAS 38.57 nicht (mehr) aufgezählt. Sie kommen allenfalls verdeckt in Satz 3 in negativer Form bei der Definition der Forschungstätigkeit zum Ausdruck, wonach zu dieser „grundsätzlich" keine Aussage über die technische Verwertbarkeit und den wirtschaftlichen Erfolg gemacht werden kann – offensichtlich in Unterscheidung zur Entwicklung. Dazu listet IAS 38.57 folgende Kriterien auf:[251]

134

- Technische **Machbarkeit** zur Fertigstellung des Projekts, die wiederum durch die kommerzielle Verwertung in Form der Eigennutzung oder des Verkaufs gekennzeichnet ist.
- Beabsichtigte **Vollendung** des Projekts mit Verwertung durch Verkauf oder Eigennutzung.

---

250 Vgl. *Hoffmann*, in: Lüdenbach/Hoffmann (Hrsg.), Haufe IFRS-Kommentar, 8. Aufl., Freiburg 2010, § 13 Rz. 27.
251 Vgl. hierzu *Hoffmann*, in: Lüdenbach/Hoffmann (Hrsg.), Haufe IFRS-Kommentar, 8. Aufl., Freiburg 2010, § 13 Rz. 28 ff.

- **Fähigkeit** zur Eigennutzung oder zum Verkauf des fertigen Produkts oder Verfahrens.
- Darlegung des **ökonomischen Vorteils**.
- **Verfügbarkeit** über die erforderlichen **Ressourcen** zur Vollendung des Projekts.
- Zuverlässige **Ermittlung** der der Entwicklungsphase zugehörigen Kosten – was in IAS 38 als regelmäßig gegeben unterstellt werden kann, anders als die gegenteilige Annahme in der Begründung zum RegE des BilMoG.[252]

135 Diese kumulativ zu erfüllenden Ansatzkriterien teilen die **Entwicklungs**phase nach IAS 38 in zwei Teile:

1. In einen noch nicht aktivierbaren und
2. der Aktivierbarkeit (als Wahlrecht → § 248 Rz. 7 ff.)

unterliegenden Prozess. Hierzu folgendes Schaubild:[253]

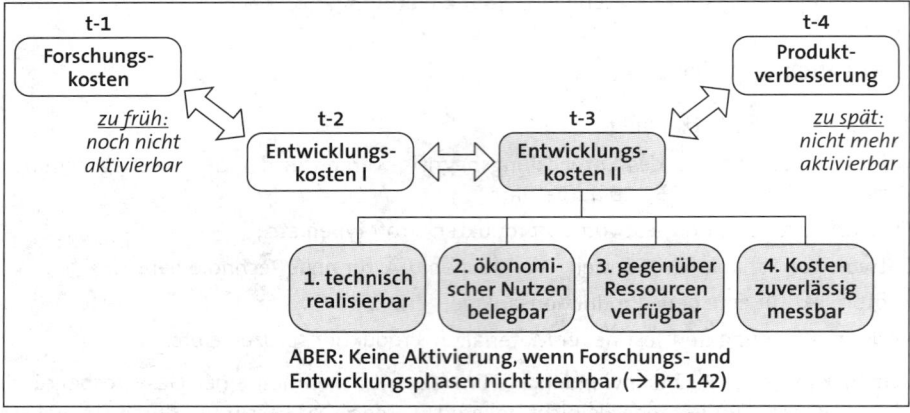

3.2.3 Prognose und Dokumentationspflicht

136 In der (frühen) Entwicklungsphase I sind die Aktivierungskriterien noch nicht erfüllt, der Wahrscheinlichkeitsgrad der letztlich zu erreichenden kommerziellen Verwertbarkeit ist noch zu niedrig. Erst in Phase II der Entwicklung ist die Wahrscheinlichkeitsschwelle überschritten, die sich je nach Gesetzesauslegung zwischen 51 % und 90 % bewegen dürfte. Man muss sich dabei aber realistischerweise die Aussagelosigkeit solcher Scheinquantifizierungen (→ § 249 Rz. 42) vor Auge halten, die in Einzelfällen – Entwicklung eines pharmazeutischen Präparats oder einer neuen Generation von Baggern in Ermangelung des Gesetzes der Großen Zahl – nie auf irgendeiner statistisch begründeten Größe beruhen können. Eine allgemein gültige Regel, aus welcher der **Aktivierungsbeginn** abgeleitet werden kann, ist nicht denkbar. Mehr als intern vorgegebene Regeln mit konsistenter Anwendung und entsprechender Dokumentation kann nicht verlangt werden.

---

252 BT-Drucks. 16/10067 S. 118.
253 Nach *Lüdenbach*, in: IFRS-Ratgeber, 5. Aufl., Freiburg 2008, S. 91.

Mit der Festlegung des Aktivierungsbeginns entsteht ein **Vermögensgegenstand**, für den das Aktivierungswahlrecht nach § 248 Abs. 2 HGB (→ § 248 Rz. 9) ausgeübt werden kann. Es handelt sich also nicht um einen Vermögensgegenstand **in spe** – wie noch in der Regierungsbegründung zum BilMoG dargelegt. Einen solchen noch nicht vorhandenen und gleichwohl zu aktivierenden Vermögensgegenstand kennt das Gesetz nicht. Die Situation ist vergleichbar derjenigen bei den (sächlichen) Anlagen im Bau (→ § 268 Rz. 89), die mit Aktivierungsbeginn als Vermögensgegenstände gelten. Insofern ist dem Vorschlag beizupflichten, die aktivierten immateriellen Anlagegüter im Bilanzausweis zu trennen nach solchen „in Entwicklung befindlichen" und „Fertige selbst erstellte" (→ § 246 Rz. 18).[254]

Der Zeitpunkt der Aktivierung ist u. E. unterjährig und nicht stichtagsbezogen festzulegen. Sonst könnte im Extremfall bei Festlegung zum 31.12.01 der **ganze** Jahresaufwand und zum 1.1.02 gar nichts aktiviert werden. Auch für Wertaufhellungsüberlegungen ist hier kein Raum.

Dem damit verbundenen **Ermessenspotenzial** soll nach der Begründung des RegE durch „eine hinreichende Dokumentation" begegnet werden, um die Gründe eines positiven Ergebnisses der Prognose „für Zwecke der Abschlussprüfung" darzulegen. Gemeint ist damit ein Beleg für die eigene Bilanzierungsentscheidung des Kaufmanns, den er im eigenen Interesse auch ohne eine gesetzliche oder freiwillige Abschlussprüfung erstellen sollte. 137

Diese Dokumentationspflicht ist offensichtlich der Einleitung von IAS 38.57 entsprungen, in der dem Bilanzierenden die Darlegung (*„demonstrate"*) der Ansatzvoraussetzungen für die Entwicklungskosten (→ Rz. 134) auferlegt worden ist. Diese haben sich in der internationalen Rechnungslegungspraxis als ein **faktisches Wahlrecht** entpuppt. Das Interpretationserfordernis, das dem effektiven Wahlrecht (→ § 248 Rz. 9 ff.) vorangeht, ist immens. Das gilt umso mehr angesichts der prinzipienorientierten Zurückhaltung des Gesetzgebers. 138

3.2.4 Bilanzierungspraxis

Die Erfahrung einer **branchenspezifischen** Ausfüllung[255] der Interpretationsspielräume, die im IFRS-Bereich feststellbar ist, wird sich auch bei den HGB-Anwendern erhärten: 139

▶ In der **Pharma**-Industrie werden Entwicklungskosten nur für die EDV-Software aktiviert, nicht aber für die neuen pharmazeutischen Präparate mit der durchaus zutreffenden Begründung: Vor der aufsichtsrechtlichen Zulassung des Arzneimittels kann man die ökonomische Verwertbarkeit nicht ausreichend zuverlässig („mit hoher „Wahrscheinlichkeit") prognostizieren. Wenn aber die Zulassung erfolgt ist, liegt keine Entwicklungstätigkeit mehr vor.

▶ Die **Software**-Industrie aktiviert deswegen keine Entwicklungsprojekte, weil sie die Forschungs- nicht von der Entwicklungsphase trennen kann (vgl. → Rz. 141).

▶ Im **Flugzeug-, Auto- und Maschinenbau** verhält es sich anders: Hier wird die neue Entwicklung eines Flugzeugs oder eine Automobil-Modellreihe als kommerziell erfolgträchtig prognostiziert – sonst würde man dieses Entwicklungsprojekt auch gar nicht erst betreiben. Tatsächlich ist in diesen Fällen die behördliche Zulassung sehr viel sicherer vorherzusa-

---

254 Vgl. *Küting/Ellmann*, DStR 2010 S. 1303; so auch dargestellt im Geschäftsbericht hier der VW AG für 2008 auf S. 223.
255 Vgl. dazu die statistische Erhebung von *Hitz*, IRZ 2007 S. 319, und *Küting*, PiR 2008 S. 315.

gen als bei einem pharmazeutischen Präparat und deshalb die Aktivierbarkeit besser begründet.

3.2.5 Unterscheidung von Forschung und Entwicklung (Satz 4)

140 Eine Aktivierung von Entwicklungskosten scheidet vergleichbar der Vorgabe von IAS 38.53 bei nicht verlässlicher Unterscheidbarkeit der Forschungs- von der Entwicklungsphase aus. Dazu ist erneut auf die **Branchenspezifika** zurückzukommen. Die **Pharma-Industrie** dient geradezu als Musterbeispiel für den **sequenziellen** Ablauf von Forschungs- und Entwicklungstätigkeit, wie sie auch den beiden Definitionssätzen (Sätze 2 und 3) des Abs. 2a zugrunde liegt. Eine verlässliche Trennung von Forschung und Entwicklung ist hier gegeben. Spätestens nach Abschluss der Tierversuche, wenn also die klinischen Tests anlaufen, beginnt die Produktentwicklung – aber eben nicht mit dem erforderlichen Wahrscheinlichkeitsgrad des kommerziellen Erfolgs (→ Rz. 139). In allgemeiner Formulierung: Die Entwicklungsphase beginnt dann, wenn sich das Unternehmen zur Nutzung der in der Forschungsphase ermittelten Erkenntnisse in neue Produktionsverfahren entschließt.[256] Die Abgrenzung sollte dem **Stetigkeitsgebot** folgend (→ § 246 Rz. 293) nach festen Kriterien erfolgen. Das kann aber nur für gleichartige Entwicklungsprozesse gelten. Solche werden selten vorliegen, so dass sich das Stetigkeitsgebot einmal mehr als Papiertiger erweist (→ § 252 Rz. 178).

141 In der **Software-Industrie** scheitert umgekehrt häufig die Aktivierung von Entwicklungskosten an der fehlenden Unterscheidbarkeit des Forschungs- vom Entwicklungsprozess.

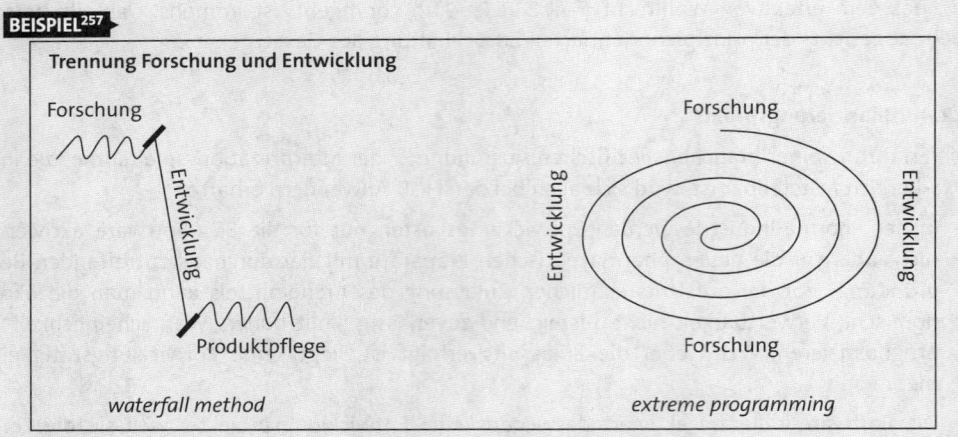

BEISPIEL[257]

Trennung Forschung und Entwicklung

waterfall method — extreme programming

Nach früherem, inzwischen als überholt geltendem Modell lässt sich der Prozess der Herstellung und Pflege von Software in drei Phasen einteilen:

1. Eine eher ruhige, konzeptionelle Phase, in der die Kreativität, die Gewinnung grundlegender Ideen und Lösungsvorstellungen im Vordergrund stehen;

---

256 Vgl. *Küting/Ellmann*, DStR 2010 S. 1300.
257 Nach *Lüdenbach*, IFRS-Ratgeber, 6. Aufl., Freiburg 2010, S. 93.

2. eine sich daran anschließende, stark strukturierte und temporeiche Phase der programmtechnischen Umsetzung dieser Grundlagen;

3. eine wiederum ruhigere Phase der Weiterentwicklung und Produktpflege.

Die Aufwendungen der mittleren Phase sind als Entwicklungskosten gut von den anderen Phasen trennbar und daher aktivierungspflichtig.

Die neuere Praxis verwirft dieses „Wasserfall-Modell" als überholt und betont inzwischen den Charakter der Prozesse. Ideen**gewinnung** (Forschung) und Ideen**umsetzung** (Entwicklung) sind im Modell des *extreme programming* nicht mehr **sequenziell** (IAS 38.52 unterstellt), sondern zyklisch bzw. iterativ angeordnet. Die Umsetzung der Idee in ein Produkt verläuft zyklisch. Die Trennbarkeit von Forschungs- und Entwicklungsphase ist nicht gegeben. Alle Aufwendungen sind als Aufwand zu verbuchen.

In **anderen Branchen** muss zur Trennung von Forschung und Entwicklung weiter differenziert werden. Als Beispiel mag die **Gebrauchsgüterindustrie** gelten.

142

BEISPIEL[258] Die Less is More-GmbH produziert und vertreibt über den Handel minimalistisch designte, dafür aber hochpreisige Haushaltsutensilien, wie Korkenzieher, Saftpressen etc. Angesichts des jungen und fortschrittlichen Kundenkreises hat man bereits früh auch eine Website erstellt, die einerseits Direktbestellungen ermöglicht, andererseits die *less is more*-Philosophie verbreitet. Die Erstellung der Website verlief in folgenden Phasen:

1. Machbarkeitsstudie, Formulierung Hard- und Softwareanforderungen,

2. Applikation: Entwicklung und Test der Software,

3. Grafikdesign.

4. a) Content-Entwicklung für Direktbestellsystem.

   b) Dito für philosophischen Teil.

5. Im Übrigen wird die Seite laufend gewartet und mit Updates versehen.

BEURTEILUNG

1. Die Machbarkeitsstudie verursacht nichtaktivierungsfähige Forschungsaufwendungen.

2./3. Applikationen und Grafikdesign sind unter der Voraussetzung nachgewiesener Machbarkeit und nachgewiesenen Nutzens als Entwicklungsaufwendungen zu aktivieren.

4. a) Für die Content-Entwicklung gilt in Bezug auf die Direktbestellungen das Gleiche.

   b) Nicht aktivierungsfähig sind hingegen die Aufwendungen für den philosophischen Teil. Sie sind Werbeaufwand und daher gem. IAS 38.57 mit einem generellen Aktivierungsverbot belegt.

5. Laufende Wartung und Updates sind Instandhaltungsaufwand und daher nicht zu aktivieren.

---

258 Nach *Lüdenbach*, IFRS-Ratgeber, 6. Aufl., Freiburg 2010, S. 93 f.

V. Forschungs- und Entwicklungskosten

143 In diesem Zusammenhang ist auch auf den Begriffsinhalt von „Forschung" und „Entwicklung" (→ Rz. 132) einzugehen, wie er den **IFRS**-Regeln zugrunde liegt. Diese verstehen die Begrifflichkeiten in einem weiteren Sinn (*broader meaning*, IAS 38.52). Ausfluss dieser begrifflichen Vorgabe ist die in SIC 32 enthaltene Regelung zur Erstellung einer **Webseite**.

BEISPIEL[259]

Planung	▶ Forschung, daher Aufwand
Machbarkeitsstudie,	
Definition Hard-/Softwareanforderungen	
Applikation, Infrastruktur-Entwicklung	
a) Hardwarekauf	▶ a) Hardware = Sachanlage IAS 16
b) Entwicklung und Test der Software	▶ b) Software: ggf. als Entwicklung aktivieren
Grafikdesign	
Layout, Farben etc.	▶ ggf. als Entwicklung aktivieren
Content-Entwicklung	
a) Werbung (Produkte, Fotos)	▶ a) Vertriebskosten, daher Aufwand
b) Informationen über das Unternehmen	▶ b) kein identifizierbarer Nutzen, daher Aufwand
c) Direktbestellungen	▶ c) ggf. als Entwicklung aktivieren
Operating/Updates etc.	▶ Erhaltungsaufwand

144 Daraus folgt das Erfordernis einer Überprüfung der Aktivierbarkeit von Entwicklungskosten im gesamten Anwendungsbereich der immateriellen Anlagegüter außerhalb der kasuistisch untersagten Anwendungsbereiche in § 248 Abs. 2 Satz 2 HGB (→ § 248 Rz. 10).[260] Dazu gehört auch **Humankapital**. **Profisportler** werden ge- und verkauft, d. h. die Spielberechtigung an einem (z. B.) Fußballer wird erworben und möglicherweise an einen anderen Verein später wieder abgegeben. Die betreffenden Anschaffungskosten werden international und national nach HGB übereinstimmend aktiviert und über die Vertragslaufzeit abgeschrieben. Die Profisportler bzw. deren „Werte" gelten als immaterielle Vermögensgegenstände. Deshalb spricht dem Grunde nach nichts gegen eine Aktivierung entsprechender Entwicklungskosten.

BEISPIEL[261] ▶ Der 18-jährige Fußballprofi P gilt als besonders talentiert. Der Profiverein K entschließt sich nach Abschluss eines sechsjährigen Dienstvertrags für eine besondere Förderkampagne: Abstellung eines Physiotherapeuten, Spezialtrainer für die muskuläre Entwick-

---

259 Vgl. *Hoffmann*, in: Lüdenbach/Hoffmann (Hrsg.), Haufe IFRS-Kommentar, 8. Aufl., Freiburg 2010, § 13 Rz. 39.
260 Vgl. *Homberg/Elter/Rothenburger*, KoR 2004 S. 249; *Hoffmann/Lüdenbach*, DB 2004 S. 1442.
261 Nach *Hoffmann*, in: Lüdenbach/Hoffmann (Hrsg.), Haufe IFRS-Kommentar, 8. Aufl., Freiburg 2010, § 13 Rz. 40.

lung, Wintertraining in Florida etc. Dadurch soll die Bundesligatauglichkeit spätestens mit Vollendung des 21. Lebensjahrs erreicht werden.

Die Ansatzkriterien für die Entwicklungskosten sind erfüllt.

Aktivierbares Humankapital kann außer im Fall von Profisportlern auch bei **Künstlern** in Betracht kommen. 145

BEISPIEL[262] Der Musicalproduzent X entdeckt in der Chorbesetzung eine besonders begabte Nachwuchssängerin mit attraktivem Äußeren. Sie wird auf acht Jahre in die Exklusivdienste des Produzenten genommen und erhält auf dessen Kosten Gesangs- und Schauspielunterricht. Diese Kosten können bei Erfüllung der Ansatzkriterien aktiviert werden.

VI. Der beizulegende Zeitwert (Abs. 4)

1. Anwendungsbereiche in Bilanz und Anhang

Abs. 4 ist in Satz 1 und 2 eine **Definitionsvorschrift**. Es ergibt sich dabei folgende Arbeitsteilung zu anderen Regelungen: 146

▶ Abs. 4 bestimmt, wie der beizulegende Zeitwert zu ermitteln ist,

▶ dessen Anwendung in anderen Paragraphen für Bilanz- oder Anhangszwecke vorgeschrieben wird.

Betroffen von dieser Arbeitsteilung ist **bilanziell** die Bewertung folgender Posten:

▶ **Planvermögen** bei Pensionen (§ 253 Abs. 1 Satz 4 HGB i.V. mit § 246 Abs. 2 Satz 2 HGB; → § 253 Rz. 69),

▶ **Rückstellungen** für **Altersversorgungsverpflichtungen**, deren Höhe sich aus ausschließlich nach dem beizulegenden Zeitwert von Wertpapieren bestimmen (§ 253 Abs. 1 Satz 4 HGB; → § 253 Rz. 68),

▶ Vermögen und Schulden von **Tochterunternehmen** bei der Erstkonsolidierung (§ 301 Abs. 1 Satz 2 HGB; → § 301 Rz. 44),

▶ Vermögen und Schulden assoziierter Unternehmen bei der Erstkonsolidierung nach der **equity-Methode** (§ 312 Abs. 2 Satz 1 HGB; → § 312 Rz. 15),

▶ Bewertung von Finanzinstrumenten des Handelsbestandes bei **Banken** (§ 340e Abs. 3 Satz 1 HGB) sowie

▶ Bewertung von Rückdeckungsversicherungen bei **Pensionsfonds** (§ 341b Abs. 4 HGB).

Anhangangabepflichten betreffend den beizulegenden Zeitwert, seine Höhe und/oder Ermittlung bestehen für

▶ **Planvermögen** bei Pensionen (§ 285 Nr. 25 und 28 HGB, § 314 Abs. 1 Nr. 17 und 20 HGB; → § 285 Rz. 153),

---

262 Nach *Hoffmann*, in Lüdenbach/Hoffmann (Hrsg.), Haufe IFRS-Kommentar, 8. Aufl., Freiburg 2010, § 13 Rz. 30.

- **Finanzanlagen**, die wegen voraussichtlich nur vorübergehender Wertminderung nicht abgeschrieben wurden (§ 285 Nr. 18 HGB, § 314 Abs. 1 Nr. 10 HGB; → § 285 Rz. 115),
- nicht zum beizulegenden Zeitwert bilanzierte **derivative Finanzinstrumente** (§ 285 Nr. 19 HGB, § 314 Abs. 1 Nr. 11 HGB; → § 285 Rz. 120),
- Finanzinstrumente des Handelsbestands bei **Banken** (§ 285 Nr. 20 HGB, § 314 Abs. 1 Nr. 12 HGB; → § 285 Rz. 134).

2. Ermittlung des beizulegenden Zeitwerts

147 Der beizulegende Zeitwert entspricht nach Abs. 4 Sätze 1 und 2 dem **Marktpreis**, soweit ein **aktiver Markt** für den Vermögensgegenstand oder die Schuld besteht. Nach der Begründung des RegE ist diese Voraussetzung für Preise erfüllt, die an einer Börse, von einem Händler, einem Broker, einer Branchengruppe, einem Preisberechnungsservice oder einer Aufsichtsbehörde leicht und regelmäßig erhältlich sind und auf aktuellen und regelmäßig auftretenden Markttransaktionen zwischen unabhängigen Dritten beruhen. Sog. indikative Preisangaben erfüllen diese Voraussetzung nicht.

Vom Vorliegen eines aktiven Markts kann nach der Begründung RegE z. B. nicht ausgegangen werden, wenn wegen einer geringen Anzahl umlaufender Aktien im Verhältnis zum Gesamtvolumen der emittierten Aktien nur kleine Volumina gehandelt werden oder in einem engen Markt keine aktuellen Marktpreise verfügbar sind.

148 Die Begründung des RegE ist in ihrem Inhalt und Wortlaut erkennbar den Vorgaben der internationalen Rechnungslegung nachempfunden (IAS 39.AG71). Auf die etablierte Auslegung dieser Vorschriften kann deshalb zurückgegriffen werden. Hiernach ist das Vorliegen eines **aktiven Markts** aus quantitativer und qualitativer Sicht zu prüfen.

Aus **quantitativer Sicht** gilt: Ein im Verhältnis zum Marktvolumen und zu früheren Transaktionsmengen stark herabgesetztes Transaktionsvolumen impliziert ein geringeres Aktivitätsniveau als zuvor, aber noch nicht notwendigerweise die Inaktivität des Markts.

> **BEISPIEL** ▸ Ein offener Fonds ist in *collaterized debt obligations* (CDO) investiert. Das Investitionsvolumen beträgt 10 Mrd €. Vor der Hypothekenkrise wurden börsentäglich Fondsanteilsscheine im Wert von 300 Mio € bis 500 Mio € (= 3 % bis 5 % des Gesamtvolumens) gehandelt. Mit Eintritt der Krise verringert sich dieses Volumen auf 50 Mio € bis 100 Mio € (= 0,5 % bis 1 %).
>
> Der Markt ist weiterhin als aktiv anzusehen, da auch ein absolut zwischen 50 Mio € und 100 Mio € und relativ zwischen 0,5 % und 1 % liegendes Volumen noch tatsächliche und sich regelmäßig ereignende Transaktionen repräsentiert.

Aus **qualitativer Sicht** ist für die Abgrenzung von aktiven zu inaktiven Märkten zwischen Schwankungen der Angebots- und Nachfragekurve und Notverkäufen (*forced transactions*) zu unterscheiden:

- Der Notverkauf unterstellt durch singuläre Umstände erzwungene Transaktionen, die nicht repräsentativ für den Betrag sind, zu dem regulär ein Finanzinstrument gehandelt werden könnte. Repräsentieren die notierten Preise überwiegend Notverkäufe, kommt ihnen kein besonderer Aussagewert zu.

▶ Wenn im Falle einer Kredit- und Liquiditätskrise jedoch der gesamte Markt für einen Vermögensgegenstand betroffen ist und auch die Parteien, die ohne Not einen Käufer suchen, diesen nur zu niedrigen Preisen finden, stellen diese Preise kein singuläres Ereignis dar, sondern reflektieren eine für den Gesamtmarkt von unabhängigen Marktteilnehmern zugrunde gelegte Einschätzung. Derartige Preise repräsentieren den *fair value* und keine Notverkäufe.

Hinweise darauf, wann ausnahmsweise von **Notverkäufen** ausgegangen werden kann, liefert das im November 2008 als *Educational Guidance* vom IASB veröffentlichte Papier „*Expert Advisory Panel: Measuring and disclosing the fair value of financial instruments in markets that are no longer active*". Nach Tz. 24 f. und 41 des Papiers kann ein Notverkauf im Allgemeinen dann nicht mehr angenommen werden, wenn Verkäufer genügend Zeit (*reasonable amount of time*) zur Veräußerung des Vermögenswerts hatten und/oder mehr als ein Subjekt als potenzieller Käufer in Frage kam.

Letztlich kommt es bei der Prüfung der quantitativen und qualitativen Kriterien für das Vorliegen eines aktiven Markts auf die individuellen Verhältnisse im Einzelfall (Produkt, Markt etc.) an. So stellt auch das *Expert Advisory Panel* in § 17 seiner im November 2008 veröffentlichten *Educational Guidance* (→ Rz. 107) fest: „*There is no bright line between active and inactive markets.*"

Liegt nach den vorgenannten Kriterien ein aktiver Marktpreis vor, ist die Wertentwicklung nach dem Bilanzstichtag irrelevant, da der beizulegender Zeitwert als **strenge Anwendungsform des Stichtagsprinzips** gerade der (fiktive) Preis ist, zu dem ein Finanzinstrument am Stichtag (und nicht einige Wochen danach) erworben oder veräußert werden könnte (IAS 39.AG75).

Nur wenn ein Marktpreis nach Abs. 4 Satz 1 nicht ermittelt werden kann, kommen nach Abs. 4 Satz 2 andere **„allgemein anerkannte" Bewertungsmethoden** zum Einsatz. Ihr Ziel muss in der Ermittlung eines hypothetischen Marktpreises liegen, der sich bei Vorliegen eines aktiven Markts ergäbe.

149

Anerkannte, z. B. bisher schon bei der Erstkonsolidierung etablierte Bewertungsmethoden sind:

▶ Der Vergleich mit aktuellen Transaktionspreisen von identischen oder im Wesentlichen identischen Finanzinstrumenten (**marktpreisorientierte Bewertung**),

▶ die Analyse von diskontierten *cashflows* (*discounted cashflow*-Bewertung; **einkommens- oder kapitalwertorientierte Bewertung**) sowie

▶ bei nicht-monetären Bewertungsobjekten auch die Bestimmung der Reproduktionskosten (**kostenorientierte Bewertung**).

Wegen Einzelheiten wird auf → § 301 Rz. 72 ff. verwiesen.

Stehen mehrere anerkannte Modelle zur Bewertung zur Verfügung, sollte deshalb das Modell genutzt werden, das maximalen Gebrauch von extern beobachtbaren Parametern macht.

Eine „freihändige", auf **Fundamentalwertüberlegungen** beruhende Bewertung ist jedenfalls unzulässig. Entsprechend dem zeitlichen Bezug der Zeitwertermittlung (strenges Stichtagsprinzip) und der sachlichen Zielsetzung (Bestimmung des Werts, zu dem das Finanzinstrument am Markt gehandelt werden könnte,) ist auch in Zeiten einer Finanzkrise gerade nicht von der „Irrationalität" aktueller Marktentwicklungen zu abstrahieren. Zur Plausibilisierung einer *discounted cashflow*-Bewertung sind daher etwa zeitnahe Transaktionspreise in gleichen oder ähnlichen Instrumenten heranzuziehen, wenn diese nicht ganz ausnahmsweise als Notverkaufspreise (→ Rz. 148) qualifiziert werden könnten.

3. Nicht (mehr) ermittelbarer beizulegender Zeitwert

150 Lässt sich der beizulegende Zeitwert **nicht mehr verlässlich ermitteln**, sind gem. Abs. 4 Sätze 3 und 4 die Anschaffungs- oder Herstellungskosten gem. § 253 Abs. 4 HGB fortzuführen (**strenges Niederstwertprinzip**), wobei der zuletzt nach Sätzen 1 oder 2 ermittelte beizulegende Zeitwert als Anschaffungs- oder Herstellungskosten gilt.

Von fehlender verlässlicher Ermittelbarkeit ist schon dann nicht auszugehen, wenn die angewandte Bewertungsmethode eine **Bandbreite** möglicher Werte zulässt. Bandbreiten stellen bei Fehlen aktiver Marktpreise den Normalfall einer Bewertung dar. Würden sie schon als schädlich für eine Zeitbewertung angesehen, verbliebe für Abs. 4 Satz 2 kein Anwendungsfeld mehr. In geltungserhaltender Interpretation sind Bandbreiten gemäß der Begründung RegE daher nur dann schädlich, wenn

▶ die Abweichung der Werte voneinander sehr **signifikant** und

▶ eine **Gewichtung** der Werte nach Eintrittswahrscheinlichkeiten **nicht möglich**

ist.

151 Wenn in Anwendung dieser Kriterien der beizulegende Zeitwert ausnahmsweise nicht mehr verlässlich ermittelbar ist, mutiert der letzte zuverlässig ermittelte beizulegende Zeitwert zur Grundlage für eine dann nach § 253 Abs. 4 HGB (**strenges Niederstwertprinzip**) vorzunehmende Bewertung, und zwar auch dann, wenn das Bewertungsobjekt in üblicher Wertung zum Anlagevermögen gehören würde. Betroffen hiervon kann etwa das Rückdeckungsvermögen bei Pensionsplänen sein.

152 Das Gesetz regelt nicht den Fall einer von vornherein nicht verlässlichen Ermittlung des beizulegenden Zeitwerts. Im Anwendungsbereich von § 340e Abs. 3 Satz 1 HGB (Bewertung von Finanzinstrumente des Handelsbestands bei Banken) ist dann von Anfang an keine Zeitbewertung zulässig.

Ein derartiger Ausweg steht hingegen bei der Kaufpreisallokation im Rahmen der **Erstkonsolidierung** (→ § 301 Rz. 44) nicht zur Verfügung. Der Kaufpreis muss zwingend nach Maßgabe der beizulegenden Zeitwerte auf das erworbene Vermögen verteilt werden. An die Verlässlichkeit der Zeitwertermittlung sind deshalb hier keine kleinlichen Anforderungen zu stellen.

Entsprechendes gilt, wenn die Zeitbewertung nur für Anhangangabezwecke gefordert ist. Im **Anhang** ist eine einwertige Darstellung nicht zwingend. Bei einer hohen Bandbreite von Werten kann daher auch diese **Bandbreite** angegeben werden.

§ 256 Bewertungsvereinfachungsverfahren

¹Soweit es den Grundsätzen ordnungsmäßiger Buchführung entspricht, kann für den Wertansatz gleichartiger Vermögensgegenstände des Vorratsvermögens unterstellt werden, dass die zuerst oder dass die zuletzt angeschafften oder hergestellten Vermögensgegenstände zuerst verbraucht oder veräußert worden sind. ²§ 240 Abs. 3 und 4 ist auch auf den Jahresabschluss anwendbar.

Inhaltsübersicht	Rz.
I. Betriebswirtschaftliche Grundlagen	1 - 4
1. Bewertungsvereinfachung und Verbrauchsfolge	1
2. Zielsetzung des Gesetzes	2 - 3
3. Anwendungsbereiche (Satz 1 1. Halbsatz)	4
II. Tatbestandsvoraussetzungen	5 - 16
1. GoB-Entsprechung (Satz 1 1. Halbsatz)	5 - 10
2. Gleichartige Vermögensgegenstände, Gruppenbildung (Satz 1 2. Halbsatz)	11 - 15
3. Fiktion (Satz 1 2. Halbsatz)	16
III. Verbrauchsfolge (Satz 1 2. Halbsatz)	17 - 36
1. Zulässige und unzulässige Verfahren	17
2. LiFo-Verfahren	18 - 33
2.1 Konzeption	18
2.2 Permanentes LiFo	19
2.3 Perioden-LiFo	20 - 25
2.4 Niederstwertprinzip	26 - 27
2.5 Bilanzeffekte	28 - 33
3. FiFo-Verfahren	34 - 36
IV. Fest- und Gruppenbewertung (Satz 2)	37
V. Steuerbilanz (§ 6 Abs. 1 Nr. 2a EStG)	38 - 40
VI. ABC des LiFo-Verfahrens	41

Ausgewählte Literatur

Ammelung, Lifo-Verfahren, BB 1998 S. 2357

Mayer-Wegelin, Die praktische Anwendung des Lifo-Verfahrens nach § 256 HGB, BB 1991 S. 2256

I. Betriebswirtschaftliche Grundlagen

1. Bewertungsvereinfachung und Verbrauchsfolge

Die amtliche Überschrift des Paragraphen („Vereinfachung") passt nur bedingt zum eigentlichen Inhalt in seinem wesentlichen Teil. Letzterer bezieht sich auf die Verbrauchsfolgeverfahren als fiktiver Bewertungsmaßstab im Bereich des Vorratsvermögens. Der Vereinfachungsgehalt erschließt sich aus Satz 2 mit der dortigen Bezugnahme auf die **Inventar**erstellung. Einmal mehr belegt dieser Verweis das praktisch notwendige Ineinandergreifen von Inventarerstellung und Bewertung (→ § 240 Rz. 3). Zu Satz 1 führt die Überschrift indirekt deswegen, weil

1

ohne eine **Gruppenbildung** die Anwendung – zumindest des LiFo-Verfahrens – nicht sinnvoll durchgeführt werden kann.

2. Zielsetzung des Gesetzes

2   Der Vereinfachungsgedanke mag dem Gesetzgeber möglicherweise schon vor Augen geschwebt haben, als er die Verbrauchsfolgebewertung zugelassen hat. Ob in der praktischen Anwendung – insbesondere beim LiFo-Verfahren – damit tatsächlich ein Vereinfachungseffekt verbunden ist, darf eher bezweifelt werden. Die Ermittlung effektiver Anschaffungs- und Herstellungskosten insbesondere im Bereich des Vorratsvermögens bei homogenen Produkten und Massenfertigung mag tatsächlich schwierig oder gar unmöglich sein, wenn identische Vermögensgegenstände in umfangreicher Menge zu verschiedenen Preisen erworben oder gar wegen der physischen Beschaffenheit (Flüssigkeiten) mit schon vorhandenen Beständen vermischt werden. Die – auch vom Gesetzgeber in diesen Fällen unterstellte (→ § 240 Rz. 34) – Bewertung mit gleitenden Durchschnittspreisen muss dieses Problem ebenfalls bekämpfen und bedarf dazu keiner **komplizierteren** Technik als diejenige des LiFo-Verfahrens.

3   Größere praktische Bedeutung in der deutschen Rechnungslegung gewann das Verbrauchsfolgeverfahren in Form des LiFo allerdings erst mit der **steuerlichen** Zulässigkeit im Jahre 1990. Das damit verbundene Wahlrecht eröffnete oder sollte doch nach verbreiteter Vorstellung im Schrifttum steuerbilanzpolitische Gestaltungsspielräume öffnen.[1] Dabei ging es insbesondere auch um das altbekannte Thema der **Scheingewinnbesteuerung** bei steigenden Preisen für die Ersatzbeschaffung, die nach der überwiegenden Meinung im Schrifttum nach dem gesetzgeberischen Willen ebenfalls bekämpft werden sollte. Dem hat das bisher einzige grundlegende BFH-Urteil allerdings zehn Jahre nach der Gesetzeseinführung einen Riegel vorgeschoben (→ Rz. 6).[2] Insbesondere hat der BFH dem GoB-Gehalt der Vorsorge gegen eine Scheingewinnbesteuerung entschieden widersprochen.

3. Anwendungsbereiche (Satz 1 1. Halbsatz)

4   Die Zulässigkeit von Verbrauchsfolgeverfahren erstreckt sich auf gleichartige (→ Rz. 11) Vermögensgegenstände des Vorratsvermögens, die nach der Gliederungssystematik des § 266 HGB zu bestimmen sind. Diskutiert wird deshalb, ob damit andere Bereiche des Umlaufvermögens von der Anwendung der Verbrauchsfolgeregelung ausgeschlossen sind. Die Frage zielt insbesondere auf Wertpapiere des Umlaufvermögens. Hierbei konkurrieren zwei Gesetzeslesarten:[3]

▶ Die Erwähnung des Vorratsvermögens schließt die Anwendung auf **andere** Posten des Umlaufvermögens aus.

▶ Die Vermögensgegenstände des Vorratsvermögens sind nur deswegen explizit erwähnt, weil die Anwendung nicht auf gleiche Gegenstände beschränkt, sondern auch für **gleichartige** erlaubt sein soll.

---

1 Auf die damalige intensive Diskussion sei stellvertretend verwiesen auf *Herzig/Gasper*, DB 1991 S. 557, und die harsche Kritik daran – beide „Parteien" im wissenschaftlichen Bereich argumentierend – *Bareis/Elschen/Siegel/Sigloch/Streim*, DB 1993 S. 1249, mit Replik von *Herzig*.
2 BFH-Urteil vom 20. 6. 2000 – VIII R 32/98, BStBl 2001 II S. 636, mit Anm. von *Wacker*, BB 2000 S. 2355.
3 Vgl. *ADS*, 6. Aufl., § 256 HGB Tz. 24.

Die letztgenannte Lesart kann sich eher auf die Rechtsentwicklung stützen, die erste auf den der Auslegung wesentlich näher liegenden Wortlaut und ist daher u. E. zutreffend.[4]

II. Tatbestandsvoraussetzungen

1. GoB-Entsprechung (Satz 1 1. Halbsatz)

Bewertungsvereinfachungen sind nach Satz 1 1. Halbsatz nur zulässig, soweit dies den GoB entspricht. Im Verhältnis zwischen Gesetz und geforderter GoB-Konformität ergeben sich theoretisch drei Möglichkeiten: 5

- Verbrauchsfolgeverfahren sind nie GoB-konform: → Das Gesetz hätte keinen Anwendungsbereich.
- Verbrauchsfolgeverfahren sind immer GoB-konform: → „Nur" die gesetzliche Einschränkung auf GoB-konforme Fälle wäre ohne Anwendungsbereich.
- Verbrauchsfolgeverfahren sind je nach Einzelfall GoB-konform oder nicht: → Das Gesetz und die in ihm getroffene Einschränkung haben einen Anwendungsbereich.

Nur die dritte Variante interpretiert das Gesetz **geltungserhaltend** und ist daher u. E. zutreffend.

Offen ist dann, wie sich die GoB-konformen Fälle von den nicht GoB-konformen unterscheiden. Am ehesten könnte eine fehlende Konformität im „Missbrauch" der Verbrauchsfolge**fiktion** gesehen werden. Diesen Gedanken greift die Hypothese auf, wonach die fingierte Verbrauchsfolge nicht mit der Realität gänzlich **unvereinbar** sein darf (→ Rz. 16). Damit konform geht die These, der zufolge die Anwendung eines Verbrauchsfolgeverfahrens nicht gegen den *true and fair view* (→ § 264 Rz. 14) verstoßen darf. Diese Gesetzesauslegung wirkt allerdings zirkulär, da der *true and fair view* gerade wiederum im Rahmen der GoB zu bestimmen ist.

Wie in der tradierten deutschen Rechnungsszenerie üblich, ist an dieser Stelle einmal mehr der **BFH** zur Entscheidung aufgerufen worden.[5] Dessen Befund mag man die steuerliche Perspektive entgegenhalten, was der Sache nach allerdings unzutreffend ist, denn der einschlägige § 6 Abs. 1 Nr. 2a EStG ist in seinen hier entscheidenden Grundlagen inhaltlich identisch mit § 256 Satz 1 HGB. Der BFH hat im genannten Urteil demnach ausschließlich Handelsrecht ausgelegt und das **GoB**-Verständnis des Gesetzes wie folgt begründet: 6

Durch die Verbrauchsfolgefiktion unter Heranziehung „gleichartiger Vermögensgegenstände" wird möglicherweise gegen verschiedene sog. **obere** Grundsätze ordnungsmäßiger Buchführung verstoßen und zwar 7

- **Einzelbewertungs**grundsatz gem. § 252 Abs. 1 Nr. 3 (→ § 252 Rz. 30),
- **periodengerechte** Zuordnung von Aufwendungen des Geschäftsjahrs gem. § 252 Abs. 1 Nr. 5 HGB (→ § 252 Rz. 163),

---

4 So insbesondere *Mayer-Wegelin*, in: Küting/Pfitzer/Weber (Hrsg.), Handbuch der Rechnungslegung – Einzelabschluss, 5. Aufl., § 256 Tz. 35; a. A. *ADS*, 6. Aufl., § 256 Tz. 25.
5 BFH-Urteil vom 20. 6. 2000 – VIII R 32/98, BStBl 2001 II S. 636.

II. Tatbestandsvoraussetzungen

▶ die Bilanz**wahrheit** und **-richtigkeit**, wohl identisch mit dem *true and fair view*-Gebot gem. § 264 Abs. 2 Satz 2 HGB (→ § 264 Rz. 14).

8   Klammert man die beiden letztgenannten Kriterien wegen ihres fehlenden Aussagegehalts aus der weiteren Diskussion aus, verbleibt also insbesondere der Verstoß gegen den **Einzelbewertungsgrundsatz**. Dieser Verstoß bedarf einer Rechtfertigung, die der BFH im **Vereinfachungs**gedanken für die Bewertung findet. Er betont dabei die praktische Unmöglichkeit der Bewertung von vermischten Flüssigkeiten und von Massenartikeln mit dem individuellen Einstandspreis.

9   Umgekehrt verbietet sich dann in der logischen Konsequenz eine Anwendung der LiFo-Methode (und eines anderen im Verfahren nicht streitigen Verbrauchsfolgeverfahrens), wenn die Anschaffungskosten für den einzelnen Vorratsgegenstand leicht und einwandfrei zu ermitteln sind. Im BFH-Verfahren ging es um Pkws mit verschiedenen Ausstattungsmerkmalen. Hier sah der BFH zutreffenderweise keine Probleme mit der individuellen Zurechnung der Anschaffungskosten beim Autohändler.

10 Ebenso verneint der BFH die Vermeidung der **Scheingewinnbesteuerung** als Zielsetzung eines Steuergesetzgebers, zu der die nahezu grenzenlose Anwendung des LiFo-Verfahrens in Zeiten nachhaltiger Preissteigerungen führen würde. Schließlich wendet sich der BFH insbesondere auch gegen die These einer vom Gesetzgeber beabsichtigten Fortentwicklung der **GoB** hin zum generellen Bilanzierungsgebot der **Substanzerhaltung**.[6] Tatsächlich ist dem BFH insoweit zu folgen, als der gesamten HGB-Konzeption ein Kapitalerhaltungskonzept, wie es in den Zwischenkriegsjahren in der deutschen Betriebswirtschaftlehre intensiv diskutiert wurde, nicht zugrunde liegt. Im Ergebnis ist die Gesetzesauslegung des BFH zutreffend: Nur soweit es einer **Bewertungsvereinfachung** im praktischen Anwendungsbereich überhaupt bedarf, ist das GoB-Erfordernis des Satz 1 tatbestandlich erfüllt.

2. Gleichartige Vermögensgegenstände, Gruppenbildung (Satz 1 2. Halbsatz)

11 Die zweite Tatbestandsvoraussetzung zur Anwendung des Verbrauchsfolgeverfahrens ist eine **Gleichartigkeit** der Vermögensgegenstände, die in die Berechnung einfließen. Dieses Erfordernis schließt zunächst **gleiche** (also identische) Vermögensgegenstände ein. In der Anwendung auf gleich**artige** wird der Austausch von Vorratsgegenständen – Abgang des einen und Zugang des anderen – auch bei nicht identischen, sondern in gewissem Umfang gleichartigen Gegenständen, als zulässig erachtet. Im Ergebnis werden die Anschaffungs- und Herstellungskosten von abgehenden Vermögensgegenständen, die nicht mit gleichem Inhalt ersetzt werden, bei ähnlichen weitergeführt. Das ist von großer praktischer Bedeutung im Hinblick auf die im Wirtschaftsleben ständig praktizierten Produkterneuerungen, technischen Weiterentwicklungen, modischen Anpassungen etc.[7] Regelmäßig wird das LiFo-Verfahren unter Heranziehung der **Gruppenbildung** nach Satz 2 (→ § 240 Rz. 34) durchgeführt. Diese Gruppierung bleibt wegen der tatbestandlichen Voraussetzung der Gleichartigkeit unberührt, wenn die Funktions-

---

6 So vertreten durch *Herzig/Gasper*, DB 1991 S. 257; *Treptow/Weismüller*, WPg 1991 S. 571.
7 Vgl. hierzu *Mayer-Wegelin*, in: Küting/Pfitzer/Weber (Hrsg.), Handbuch der Rechnungslegung – Einzelabschluss, 5. Aufl., § 256 Tz. 27.

gleichheit des betreffenden Artikels auch mit technischer oder modischer Anpassung gewährleistet ist.

Über „Gleichartigkeit" ist inhaltlich damit noch nichts ausgesagt. Mitunter wird die Zugehörigkeit zur gleichen **Warengattung** oder die Erfüllung der gleichen **Funktion** gefordert.[8] Diese Vorgabe passt z. B. auf Baustahl, der seiner Funktion nach unabhängig von der Stärke, Biegung etc. der Armierung von Betonbauwerken dient. In anderen Sachverhalten versagen allerdings diese beiden Kriterien:

BEISPIEL Hosen, Jacken, Mäntel und Hemden gehören zur gleichen **Waren**gattung „Herrenoberbekleidung" und erfüllen die gleiche **Funktion**, nämlich die Vollausstattung eines Gentlemans mit angemessener Kleidung.

Die Frage ist, ob nach dieser Auslegung der Begriffe „Gattung" und „Funktion" der ganze Vorratsbestand eines Herrenausstatters als „gleichartig" angesehen werden kann. U. E. lässt sich einem Oberhemd unschwer eine andere Funktion zuordnen als einem Beinkleid oder einem Mantel. Deshalb muss die Gleichartigkeit beim Herrenvollausstatter nach den genannten (und noch weiteren) Artikeln zur Definition der Gleichartigkeit differenziert werden. Umgekehrt bedarf es keiner weiteren Unterscheidung etwa nach kurz- und langärmeligen Hemden oder gar nach den Farben.

Die Lösung im Einzelfall kann deshalb nicht treffergenau aufgrund allgemeiner Prinzipien abgeleitet werden, sondern bedarf **kasuistischer** Fallentscheidungen. Nach der Gesetzesbegründung (BT-Drucks. 11/2356 S. 47) soll nicht kleinlich verfahren werden. Diese Anweisung ist gemünzt auf die steuerliche Anerkennung; ihr kommt auch Bedeutung für die handelsrechtliche Bilanzierung zu.

Allerdings hat der Steuergesetzgeber in der zitierten Begründung auch auf den jeweiligen **Preis** als Anzeichen unterschiedlicher **Qualitätsmerkmale** hingewiesen. Dieser Vorgabe hat sich verständlicherweise die Finanzverwaltung in R 6.9 Abs. 3 EStR 2008 angenommen: Erhebliche Preisunterschiede deuten Qualitätsunterschiede an, und Wirtschaftsgüter mit erheblichen Qualitätsunterschieden sind nicht gleichartig. Diese Auslegung erfordert weiterhin eine Bestimmung von „erheblich".

BEISPIEL[9] Das BMF schlägt sieben qualitäts- und preisindizierte Gruppen von Tafelwein über Spätlese bis zu hochwertigem Schaumwein vor.

Vergleichbar äußert sich das BMF in einem Schreiben an die Zigarettenindustrie (ebenfalls sieben Gruppen).

Noch instruktiver ist die vom BMF mit der Entsorgungswirtschaft ausgehandelte Gruppeneinteilung.[10] Danach werden folgende zwölf Gruppen vorgeschlagen:

▶ Eisen-Schrotte,

▶ legierte Stahl-Schrotte,

---

8 Vgl. *Knop*, in: Küting/Pfitzer/Weber (Hrsg.), Handbuch der Rechnungslegung – Einzelabschluss, 5. Aufl., § 240 Tz. 75.
9 Nach BMF-Schreiben vom 28. 3. 1990 – IV B 2 – S 2174 – 18/90, BStBl I S. 148.
10 OFD München, Vfg. vom 15. 6. 1992 – S 2174 – 26/2 – St 41, DB 1992 S. 1602.

- Aluminium-Schrotte,
- Blei-Schrotte,
- Kupfer-Schrotte,
- Messing-Schrotte,
- Zink- und Zinn-Schrotte,
- Altglas,
- Altholz,
- Altkunststoff,
- Altpapier.

Die Gleichartigkeit wird in diesen Fällen also durch das Merkmal von „Alt" bzw. „Schrott" hergestellt. Der Preisunterschied – etwa bezogen auf eine Tonne – spielt keine Rolle.

Das Beispiel belegt aber auch negativ: Preis- und damit Qualitätsunterschiede können nicht ausgeblendet werden. Gleichartig sind ein Smart und Ferrari nicht deshalb, weil sie beide als Personenkraftfahrzeuge gelten.[11] Einer solchen Gruppenbildung steht auch die **GoB-Widrigkeit** aus Sicht des BFH entgegen, weil zumindest der Ferrari, wohl aber auch der Smart, als höherwertig anzusehen und ihnen „einfach" die individuellen Anschaffungskosten zuzurechnen sind (→ Rz. 9).[12]

15 Regelmäßig befasst sich das Schrifttum mit fertigen Erzeugnissen bzw. Waren. Bei **unfertigen** Erzeugnissen wird die Bestimmung der Gleichwertigkeit noch wesentlich schwieriger, was in der Praxis die Anwendung nur in Ausnahmefällen erlauben dürfte. Bei individueller Auftragsfertigung scheidet ein Verbrauchsfolgeverfahren aus. Die Finanzverwaltung lässt in diesen Bereich eine LiFo-Bewertung für die Materialbestandteile zu, sofern diese im Rahmen der Buchführung (gemeint ist vermutlich Kostenrechnung) getrennt erfasst werden (R 6.9 Abs. 2 Satz 4 EStR 2008).

3. Fiktion (Satz 1 2. Halbsatz)

16 Die Gesetzesfiktion besagt: Die **wirkliche** Verbrauchsfolge braucht mit der **unterstellten** nicht übereinzustimmen. Allerdings muss die Unterstellung einmal mehr (→ Rz. 5) den GoB entsprechen. Was diese dazu aussagen, bleibt der Interpretation des Schrifttums überlassen. „Klassisch" ist die Aussage: Die Verbrauchsfolgefiktion muss „im Großen und Ganzen" dem tatsächlichen Geschehensablauf entsprechen.[13] Daraus leitet die Finanzverwaltung eine Ablehnung des LiFo-Verfahrens bei völliger **Unvereinbarkeit** der fiktiven mit der tatsächlichen Verbrauchsfolge ab (R 6.9 Abs. 2 Satz 2 2. Halbsatz). Das soll bei leicht verderbbaren Waren der Fall sein.[14] Das Gleiche wird auch branchen- und produktunabhängig für den Fall der Einlagerung in rech-

---

11 Zur Vernachlässigung der Preis- und Qualitätsunterschiede tendieren allerdings *Herzig/Gasper*, DB 1991 S. 557.
12 Ähnlich FG Münster, Urteil vom 20. 3. 1998 – 11 K 5125/96 F, EW, G, EFG 1998 S. 999.
13 Vgl. *Döllerer*, BB 1965 S. 1412.
14 Ablehnend *Mayer/Wegelin*, in: Küting/Pfitzer/Weber (Hrsg.), Handbuch der Rechnungslegung – Einzelabschluss, 5. Aufl., § 256 Tz. 20.

nergesteuerte Hochregallager vertreten, weil diese systemimmanent dem (gegenteiligen) FiFo-Verfahren (→ Rz. 34) folgen sollen.[15] Eine Fiktion greift auch bei hoher **Umschlagshäufigkeit**, z. B. im Tabakwarenhandel, wenn am Jahresende garantiert keine Bestände vom Jahresanfang vorhanden sein können.[16]

III. Verbrauchsfolge (Satz 1 2. Halbsatz)

1. Zulässige und unzulässige Verfahren

Satz 1 2. Halbsatz lässt (bei Erfüllung der übrigen Voraussetzungen) zwei Verbrauchsfolgefiktionen zu. Das Unternehmen kann nach

▶ LiFo-Verfahren die zuletzt zugegangenen Vorräte
▶ FiFo-Verfahren die zuerst zugegangenen

als zuerst verbraucht behandeln.

17

Nach HGB a. F. war darüber hinaus noch die Unterstellung einer „sonstigen bestimmten Verbrauchsfolge" zulässig, etwa HiFo (*highest in – first out*) oder KiFo (Konzern *in – first out*). Mit dem BilMoG ist der Hinweis auf sonstigen Verfahren entfallen. Zulässig sind nur noch LiFo und FiFo.

2. LiFo-Verfahren

2.1 Konzeption

Die LiFo-Bewertung beginnt mit dem Anfangsbestand und dessen Wertansatz als Ausgangsbasis. Die Zugänge werden mit den tatsächlichen Anschaffungs- und Herstellungskosten erfasst, die Lagerabgänge dagegen zunächst nur mit der Menge, der nach der unterstellten Verbrauchsfolge die Werte zugeordnet werden.

18

Diese Berechnungsmethode kann im Rahmen einer IT-gesteuerten Bestandsführung kontinuierlich (**„permanent"**) erfolgen oder aber nur **periodisch**, also z. B. zu einem Quartalsabschluss oder zu einem regulären Jahresabschluss (Perioden-LiFo). Auch die Finanzverwaltung akzeptiert diese beiden Methoden in R 6.9 Abs. 3 EStR 2008.

2.2 Permanentes LiFo

Diese technisch anspruchsvolle Vorgehensweise entspricht der gleitenden Durchschnittsbewertung (→ § 240 Rz. 36) und bedarf einer sauberen, datentechnischen Grundlage. Der Buchwert des Bestands wird ständig fortgeschrieben und kann deshalb täglich oder „zeitgleich" festgestellt werden. Die – für das Verfahren entscheidende – Bewertung der Abgänge erfolgt mit den Werten der letzten Zugänge. Sind im Einzelfall die Abgänge höher als die Zugänge, muss letztlich auf den Anfangsbestand zurückgegriffen werden.

19

---

15 Vgl. *Müller-Gatermann*, in: Herzig (Hrsg.), Vorratsbewertung nach der Lifo-Methode, 1990, S. 41; dagegen *Bäuerle*, BB 1990 S. 1732; a. A. *Herzig/Gasper*, DB 1992 S. 1302; *Weber/Standke*, BB 1993 S. 399.
16 So das Bayerische Landsamt für Steuern, Erlass vom 23. 10. 2009, DStR 2009 S. 2318, gegen das Urteil des FG Baden-Württemberg vom 19. 2. 2004 – 6 K 19/01.

BEISPIEL[17]

Anfangsbestand	1.000 kg/Stück	à 10,00 =	10.000
Zukauf 1	+ 1.000 kg/Stück	à 12,00 =	12.000
neuer Bestand	2.000 kg/Stück	=	22.000
Abgang 1	./. 500 kg/Stück	à 12,00 =	6.000
neuer Bestand	1.500 kg/Stück	=	16.000
Zukauf 2	+ 500 kg/Stück	à 13,00 =	6.500
neuer Bestand	2.000 kg/Stück	=	22.500
Abgang 2	./. 1.000 kg/Stück	à 12,50 =	12.500
etc.	500 kg/Stück	à 13,00	
	500 kg/Stück	à 12,00	
Endbestand	1.000 kg/Stück	à 10,00 =	10.000

2.3 Perioden-LiFo

20 Technisch einfacher ist das nur zum Ende einer Rechnungsperiode realisierte LiFo-Verfahren. Innerhalb dieser Zeiteinheit besteht kein Unterschied zur Durchschnittsbewertung. Erst bei der Bewertung des Bestands am Ende der gewählten Periode werden die in das Verfahren einbezogenen Vermögensgegenstände mit den Wertansätzen der vorgängigen Bilanz bewertet. Eine Einzelerfassung und Bewertung der unterperiodischen Abgänge sind deshalb nicht erforderlich.

BEISPIEL

Anfangsbestand	1.000 kg/Stück	à 10,00 =	10.000
Zukäufe	+ 1.500 kg/Stück		
Abgänge	./. 1.500 kg/Stück		
Endbestand	1.000 kg/Stück	à 10,00 =	10.000

Der Anfangsbestand ist dabei als erster Zugang zu behandeln, bei einem Übergang von der bisherigen Durchschnitts- auf die LiFo-Bewertung mit dem zugehörigen Buchwert.

21 Im vorigen Beispiel ist unrealistisch ein unveränderter Anfangs- und Endbestand unterstellt. Bei einer **Bestandserhöhung** ist zwischen dem Bestand zu Beginn der Periode und dem Mehrbestand zu unterscheiden. Der erstgenannte Teil des Endbestands wird mit dem Wert aus der Eröffnungsbilanz bewertet; die Bewertung des Mehrbestands muss nach Maßgabe der Anschaffungs- bzw. Herstellungskosten der Zukäufe, die zum Mehrbestand geführt haben, bewertet werden. Diese sind aber systematisch nicht zuordenbar, so dass verschiedene **Vereinfachungsmöglichkeiten** vorgeschlagen werden:[18]

---

17 Nach *Mayer-Wegelin*, in: Küting/Pfitzer/Weber (Hrsg.), Handbuch der Rechnungslegung – Einzelabschluss, 5. Aufl., § 256 Tz. 44. Dieser Kommentierung sind auch die folgenden Fallbeispiele entnommen.
18 Vgl. *ADS*, 6. Aufl., § 256 Tz. 40.

▶ Ansatz mit dem Wert des ersten Zukaufs in der Periode bzw. mit den effektiven Kosten in der zeitlichen Abfolge der Anschaffung oder Herstellung.
▶ Ansatz mit dem Wert des letzten Zukaufs in der Periode.
▶ Ansatz mit den durchschnittlichen Anschaffungskosten in der Periode.

Die erste Variante entspricht konzeptionell dem LiFo-Verfahren, die zweite dem FiFo- und die dritte dem Durchschnittsverfahren. Alle Verfahren sind in sich schlüssig, die konzeptionelle Übereinstimmung mit dem LiFo-Verfahren präferiert die erste.

Diese **Mehrmengen** werden als **gesonderte Rechengröße** fortgeführt. Sie werden gegenüber der „Grundgesamtheit" unterschiedlich bewertet. Man spricht hier umgangssprachlich von einem *Layer* (Ableger oder Schicht). Diese *Layer* werden unter Fortführung des LiFo-Prinzips bei **Bestandsminderungen** in den Folgeperioden abgebucht. 22

BEISPIEL

Anfangsbestand	1.000 kg/Stück		10.000
Zukäufe	+ 1.500 kg/Stück	à 10,00 =	
Abgänge	./. 1.000 kg/Stück	à 15,00 =	
Endbestand	1.500 kg/Stück		
Layer I	1.000 kg/Stück	à 10,00 =	10.000
Layer II	500 kg/Stück	à 15,00 =	7.500
			17.500

Bei fortgesetzter Mengensteigerung entstehen notgedrungen mehrere *Layer*, die das System zunehmend **unhandlich** machen. Deshalb kann dem jeweiligen Anfangsbestand einer Periode der oder die *Layer* zugerechnet werden, um einen einheitlichen Anfangsbestand zu schaffen, der mit dem gewogenen Durchschnitt beider oder mehrerer Teilbereiche bewertet wird. Je nach Bestandsveränderung in dem der Gruppenbildung zugrunde liegenden *Layer* können sich unterschiedliche Werte entwickeln, je nachdem, ob von der Vereinfachungslösung der Zusammenfassung oder der Weiterführung der gebildeten *Layer* Gebrauch gemacht wird. 23

Bei **Rückgang** der Bestandsmengen müssen die Abgänge, die die Zugänge übersteigen, beim Anfangsbestand abgezogen werden. Liegt nur ein einheitlicher Anfangsbestand vor, ergibt sich in diesen Fällen folgende Rechnung:

BEISPIEL

Anfangsbestand	1.000 kg/Stück	à 10,00 =	10.000
Zugänge	+ 500 kg/Stück		
Abgänge	./. 700 kg/Stück		
Endbestand	750 kg/Stück	à 10,00 =	7.500
Bestandsminderung	250 kg/Stück	à 10,00 =	2.500

Liegen demgegenüber **mehrere** *Layer* beim Anfangsbestand vor, muss die Mengenverringerung am zuletzt gebildeten *Layer* abgesetzt werden. Reicht dieser zur Deckung der Mengenreduzierung nicht aus, wird beim vorletzten *Layer* weitergerechnet. 24

> **BEISPIEL**

Anfangsbestand	1.750 kg/Stück		
Layer I	1.000 kg/Stück	à 10,00 =	10.000
Layer II	500 kg/Stück	à 15,00 =	7.500
Layer III	250 kg/Stück	à 10,00 =	5.000
			22.500
Endbestand	1.250 kg/Stück		
Layer I	1.000 kg/Stück	à 10,00 =	10.000
Layer II	250 kg/Stück	à 15,00 =	3.750
			13.750

25 Insgesamt erscheint die Methode des periodischen LiFo nicht unbedingt einfacher als diejenige des permanenten. Man kann es vielleicht so ausdrücken: Das periodische LiFo erfordert jeweils zur Bilanzerstellung eher umfangreiche und komplizierte Nacharbeiten; das permanente LiFo setzt eine einwandfreie, datentechnische Grundlage mit entsprechender Erfassung voraus, macht dann die bilanzielle Erfassung jedoch recht einfach.

2.4 Niederstwertprinzip

26 Bei all diesen rechentechnischen Ergebnissen darf das Niederstwertprinzip in → § 253 Rz. 147 nicht unbeachtet bleiben. Der sog. niedrigere beizulegende Wert muss dann mit den LiFo-Ansätzen verglichen werden. Bei unterstellter einheitlicher Bewertung des Gesamtbestands gilt Folgendes:

> **BEISPIEL**

Anfangsbestand	1.000 kg/Stück	à 10,00 =	10.000
Endbestand	1.000 kg/Stück	à 8,00 =	8.000
Abschreibung			2.000

Bei Bewertung mit verschiedenen *Layern* ist der niedrigere beizulegende Wert mit dem jeweiligen Wertansatz des *Layers* zu vergleichen.

BEISPIEL

Anfangsbestand	1.000 kg/Stück		
Layer I	300 kg/Stück	à 5,00 =	1.500
Layer II	400 kg/Stück	à 10,00 =	4.000
Layer III	300 kg/Stück	à 15,00 =	4.000
			10.000
Endbestand	1.000 kg/Stück		
Layer I	300 kg/Stück	à 5,00 =	1.500
Layer II (+ III)	700 kg/Stück	à 8,00 =	5.600
			7.100
Abschreibung			2.900

Bei der regelmäßig der LiFo-Bewertung zugrunde liegenden Gruppenbewertung liegt konzeptionell eine **Bewertungseinheit** (→ § 252 Rz. 36) vor. Beim Niederstwerttest darf u. E. die Gruppe nicht in einzelne Vermögensgegenstände aufgelöst werden, da die Bewertungsfiktion als lex specialis dem Einzelbewertungsgrundsatz vorgeht.[19] Das gilt unabhängig davon, ob die Abschreibung auf den Niederstwert aufgrund externer Preisentwicklungen, (interner) mangelnder Gängigkeit oder Produktmängel zurückzuführen ist.

27

2.5 Bilanzeffekte

Die Auswirkungen des LiFo-Verfahrens auf die Bilanz und den Ergebnisausweis ist am ehesten durch Referenz zur **Durchschnittsbewertung** (→ § 240 Rz. 36) darzustellen. Der aus steuerlicher Sicht gewünschte Effekt einer Gewinnminderung durch das LiFo-Verfahren gegenüber dem Durchschnittsverfahren kommt bei steigenden Preisen zum Ausdruck. Die dann zwangsweise niedrigere Bewertung nach dem LiFo-Verfahren führt zu **einem höheren Materialeinsatz** und zu einem **niederen Bilanzausweis**.

28

---

19 So auch *Mayer-Wegelin*, in: Küting/Pfitzer/Weber (Hrsg.), Handbuch der Rechnungslegung – Einzelabschluss, 5. Aufl., § 256 Tz. 57.

III. Verbrauchsfolge

BEISPIEL[20]

Durchschnittsbewertung				LiFo-Bewertung			
Bilanz				Bilanz			
Vorräte	1.000	Gewinn	500	Vorräte	1.000	Gewinn	0
	+ 500	Passiva	1.000		+ 0	Passiva	1.000
	1.500		1.500		1.000		1.000
Gewinn- und Verlustrechnung				Gewinn- und Verlustrechnung			
Umsatzerlöse			5.000	Umsatzerlöse			5.000
Bestandserhöhung			+ 200	Bestandserhöhung			0
./. Materialaufwand (Rohstoffe)			./. 4.200	./. Materialaufwand (Rohstoffe)			./. 4.500
Ergebnis			1.000	Ergebnis			500

29 In besonderen Datenkonstellationen kann das LiFo-Verfahren auch zu einem höheren Ergebnisausweis als das Durchschnittsverfahren führen, was aber an der generellen steuerlichen Vorteilhaftigkeit bei (langfristig) steigenden Preisen durch Vermeidung der Scheingewinnbesteuerung (→ Rz. 10) nichts ändert. Ohnehin kann eine bilanzpolitische Entscheidung zu Gunsten des LiFo-Verfahrens nur aus langfristiger Perspektive getroffen werden, die eine nachhaltige Veränderung der Preise für die eingesetzten Rohstoffe und Materialien unterstellen muss.

Die Bildung der **stillen Reserven** bei angenommenen **Preissteigerungen** stellt folgendes Beispiel dar:

BEISPIEL

		Durchschnittsbewertung			LiFo-Bewertung		
Anfangsbestand		1.000 kg/Stück	à 10,00 =	10.000	1.000 kg/Stück	à 10,00 =	10.000
Endbestand	Jahr 1	1.000 kg/Stück	à 11,00 =	11.000	1.000 kg/Stück	à 10,00 =	10.000
	Jahr 2	1.000 kg/Stück	à 12,00 =	12.000	1.000 kg/Stück	à 10,00 =	10.000
Auswirkung		Bildung einer stillen Reserve von 1.000 (Jahr 1) und 2.000 (Jahr 2); entsprechend höhere Aufwands-Verrechnung.					

Bei im Anschluss daran **stagnierenden** Preisen bleibt die in der Vorperiode gebildete stille Reserve unverändert.

---

[20] Auch die folgenden Beispiele sind entnommen aus *Mayer-Wegelin*, in: Küting/Pfitzer/Weber (Hrsg.), Handbuch der Rechnungslegung – Einzelabschluss, 5. Aufl., § 256 Tz. 63 ff.

> **BEISPIEL**
>
> | | | Durchschnittsbewertung | | | LiFo-Bewertung | | |
> |---|---|---|---|---|---|---|---|
> | Anfangsbestand | | 1.000 kg/Stück | à 10,00 = | 10.000 | 1.000 kg/Stück | à 10,00 = | 10.000 |
> | Endbestand | Jahr 1 | 1.000 kg/Stück | à 11,00 = | 11.000 | 1.000 kg/Stück | à 10,00 = | 10.000 |
> | | Jahr 2 | 1.000 kg/Stück | à 11,00 = | 11.000 | 1.000 kg/Stück | à 10,00 = | 10.000 |
> | Auswirkung | | Bildung einer stillen Reserve von 1.000 (Jahr 1), die unverändert bleibt (Jahr 2). | | | | | |

Bei **fallenden** Preisen reduziert sich die stille Reserve aus dem LiFo-Verfahren (bezogen auf das Durchschnittsverfahren), wie folgendes Beispiel zeigt: 30

> **BEISPIEL**
>
> | | | Durchschnittsbewertung | | | LiFo-Bewertung | | |
> |---|---|---|---|---|---|---|---|
> | Anfangsbestand | | 1.000 kg/Stück | à 10,00 = | 10.000 | 1.000 kg/Stück | à 10,00 = | 10.000 |
> | Endbestand | Jahr 1 | 1.000 kg/Stück | à 12,00 = | 12.000 | 1.000 kg/Stück | à 10,00 = | 10.000 |
> | | Jahr 2 | 1.000 kg/Stück | à 11,00 = | 11.000 | 1.000 kg/Stück | à 10,00 = | 10.000 |
> | Auswirkung | | Nach Bildung einer stillen Reserve von 2.000 (Jahr 1) Reduzierung auf 1.000 (Jahr 2). | | | | | |

Liegt der **niedrigere beizulegende Wert** i. S. des § 253 HGB noch unter dem letzten Einstandspreis, muss nach beiden Methoden eine Abschreibung erfolgen, die wegen des niedrigeren Ausgangswerts beim LiFo-Verfahren dort geringer ausfällt als beim Durchschnittsverfahren. 31

> **BEISPIEL**
>
> | | | Durchschnittsbewertung | | | LiFo-Bewertung | | |
> |---|---|---|---|---|---|---|---|
> | Anfangsbestand | | 1.000 kg/Stück | à 10,00 = | 10.000 | 1.000 kg/Stück | à 10,00 = | 10.000 |
> | Endbestand | Jahr 1 | 1.000 kg/Stück | à 12,00 = | 12.000 | 1.000 kg/Stück | à 10,00 = | 10.000 |
> | | Jahr 2 | 1.000 kg/Stück | à 9,00 = | 9.000 | 1.000 kg/Stück | à 9,00 = | 9.000 |
> | Auswirkung | | Nach Bildung einer stillen Reserve von 2.000 (Jahr 1) deren Wegfall (Jahr 2). | | | | | |

Stille Reserven im LiFo-Verfahren werden auch durch Abbau der zugrunde liegenden Menge bewirkt. Umgekehrt ausgedrückt: Der **Bilanzenzusammenhang** (→ § 252 Rz. 6) bewirkt auch im LiFo-Verfahren im Zeitverlauf einen Ergebnisausgleich. 32

In den – bei steigenden Preisen – gebildeten stillen Reserven nach dem LiFo-Verfahren kann man eine Beeinträchtigung des Einblicks in die Vermögenslage nach § 264 Abs. 2 HGB sehen. Diese hat aber der Gesetzgeber bewusst gewollt und sie im Bereich von Kapital- und Kap. & 33

Co.-Gesellschaften durch eine **Anhangangabe** nach § 284 Abs. 2 Nr. 4 (→ § 284 Rz. 60) kompensiert.

3. FiFo-Verfahren

34 Das FiFo-Verfahren – *first in, first out* – unterstellt eine Verbrauchsfolge, nach der die zuerst angeschafften oder hergestellten Gegenstände auch zuerst wieder abgehen. Diese Unterstellung entspricht eher der **Realität** als die umgekehrte Fiktion des LiFo-Verfahrens. Der Bestand am Periodenende setzt sich fiktiv aus den zuletzt getätigten Zugängen zusammen. Mit deren Einstandswert erfolgt die Bewertung dieses Bestands. Ist dieser höher als der letzte Zukauf, wird der darüber hinausgehende Teil mit dem vorletzten Zukauf bewertet etc.

35 Wie bei der LiFo-Methode kann diese Rechentechnik **permanent** (→ Rz. 18) oder **periodisch** durchgeführt werden.

BEISPIEL

	Menge	Anschaffungskosten je kg	Betrag
Anfangsbestand 1.1.	100	6	600
Zugang 15.1.	50	8	400
Zugang 11.8.	50	9	450

Daraus ergibt sich:

▶ Endbestand 80 kg, bewertet mit (50 kg · 9 = 450) + (30 kg · 8 = 240), zusammen 690.

▶ Endbestand 30 kg, bewertet mit 9 = 270.

Ohne getätigte Einkäufe gilt der Preis des Anfangsbestands. Dann stellt sich allerdings die Frage einer Gängigkeitsabschreibung.

36 Bei steigenden Preisen dreht sich der Bilanzeffekt gegenüber der LiFo-Methode gerade um: Es werden auch im Verhältnis zur Durchschnittsbewertung Scheingewinne ausgewiesen. Umgekehrt verhält es sich bei fallenden Preisen, dann werden Scheingewinne gebildet. Auch diese Effekte hat der Gesetzgeber in Kauf genommen und dafür die Anhangangabe in § 284 Abs. 2 Nr. 4 HGB (→ § 284 Rz. 60) als „Ersatz" vorgesehen.

IV. Fest- und Gruppenbewertung (Satz 2)

37 Die für das **Inventar** erlaubte Fest- (→ § 240 Rz. 23) und Gruppenbewertung (→ § 240 Rz. 34) wird in Satz 2 auch auf die eigentliche **Bilanzbewertung** übertragen – eigentlich eine Selbstverständlichkeit. Nur bei sehr formalistischer Gesetzesauslegung käme man ohne diese gesetzliche Klarstellung zur einem erneuten Bewertungserfordernis oder gar einer zweifachen unterschiedlichen Bewertung.

V. Steuerbilanz (§ 6 Abs. 1 Nr. 2a EStG)

Steuerlich ist nach § 6 Abs. 1 Nr. 2a EStG ein **fiktives** Verbrauchsfolgeverfahren nur für die LiFo-Methode zulässig. Die tatbestandlichen Voraussetzungen sind dieselben wie nach § 256 Satz 1 HGB. Eine entsprechende Bewertung in der Handelsbilanz ist nach Aufhebung der Umkehrmaßgeblichkeit durch das BilMoG nicht erforderlich (→ § 252 Rz. 208). Die vorstehenden Ausführungen zum LiFo-Verfahren sind also auch für die steuerliche Bilanzierung beachtlich. Es bestehen keine steuerlichen Besonderheiten. Das gilt auch für die Rechtsauslegung des BFH (→ Rz. 6), die sich allein auf handelsrechtliche Grundlagen bezieht und kein steuerliches Sonderrecht schafft – einerlei, ob man mit den Ausführungen des BFH übereinstimmt oder nicht. Satz 2 des § 6 Abs. 1 Nr. 2a EStG enthält eine klarstellende Vorgabe, der zufolge bei **Übergang** vom bisherigen Bewertungsverfahren auf die LiFo-Methode der Anfangsbestand in dem betreffenden Geschäftsjahr als erster Zugang gilt. Diese Vorgabe ist auch handelsrechtlich zu übernehmen. Der Übergang zum LiFo-Verfahren bedarf keiner Zustimmung des Finanzamts, wohl aber das Abgehen davon (Satz 3).

38

Die Anerkennung des LiFo-Verfahrens für steuerliche Zwecke berücksichtigt nur **fiktive** Verbrauchsfolgen. Wenn die **effektive** Verbrauchsfolge (→ Rz. 34) z. B. dem FiFo-Verfahren entspricht – so bei den rechnergestützten Hochregallagern – ist diese Bewertungsmethode auch steuerlich anzuerkennen.

39

Nach den Regeln der IFRS (IAS 2) ist eine Bewertungsvereinfachung neben der Anwendung des gewogenen Durchschnitts auch die **FiFo**-Methode zulässig, nicht dagegen das LiFo-Verfahren ab 1. 1. 2005.

40

VI. ABC des LiFo-Verfahrens[21]

Automobilhändler[22]

41

Chemische Industrie[23]

Hausgeräteindustrie[24]

Hochregallager (vgl. → Rz. 16)

Layer-**Bildung** (→ Rz. 22)

Mehrbestände
können beim Perioden-LiFo mit dem Anfangsbestand zusammengefasst oder einem besonderen *Layer* (→ Rz. 23) ausgewiesen werden.

Minderbestände
müssen bei de *Layer*-Bildung gekürzt werden, und zwar beim letzten *Layer* beginnend (→ Rz. 24).

---

21 Nach *Hoffmann*, in: Littmann/Bitz/Pust (Hrsg.), EStG § 6 Tz. 139.
22 Zur technischen Ausgestaltung vgl. *Weber/Standke*, BB 1993 S. 399, sowie *Hörtig/Uhlich*, DB 1994 S. 145.
23 Zur technischen Ausgestaltung und Gruppenbildung vgl. *Hörtig/Puderbach*, DB 1991 S. 977.
24 Zur technischen Ausgestaltung vgl. *Schultz/Fischer*, WPg 1989 S. 526.

Mineralölwirtschaft[25]

Preisunterschiede
Sofern erheblich, stellen sie ein Anzeichen für Qualitätsunterschiede dar, die eine Zusammenfassung zu einer LiFo-Gruppe unmöglich machen (→ Rz. 14).

Qualitätsunterschiede
sofern erheblich, verhindern sie die Gruppenbildung (→ Rz. 14).

Sekundärrohstoff- und Entsorgungswirtschaft[26]

Tabakvorräte
In der Zigarettenindustrie: Einteilung in sieben Gruppen (→ Rz. 14).

Textilindustrie[27]

Verderbliche Ware
soll zumindest nach Verwaltungsauffassung die Anwendung der LiFo-Bewertung nicht erlauben (→ Rz. 16).

Weinwirtschaft
Zur Gruppenbildung vgl. → Rz. 14.

Zuckerindustrie
Rohmaterial wird in der Zuckerindustrie in jeder Saison vollständig geräumt. Deshalb scheidet hier das LiFo-Verfahren aus.[28]

---

25 Zur Gruppenbildung vgl. *Utermark*, in: Herzig (Hrsg.), Vorratsbewertung nach der Lifo-Methode, 1990, S. 43.
26 Zur Gruppeneinteilung vgl. OFD München, DB 1992 S. 1602.
27 Zur Gruppenbildung vgl. *Jungkunz/Köbrich*, DB 1989 S. 2285.
28 So *ADS*, 6. Aufl., § 256 Tz. 18.

§ 256a Währungsumrechnung

¹Auf fremde Währung lautende Vermögensgegenstände und Verbindlichkeiten sind zum Devisenkassamittelkurs am Abschlussstichtag umzurechnen. ²Bei einer Restlaufzeit von einem Jahr oder weniger sind § 253 Abs. 1 Satz 1 und § 252 Abs. 1 Nr. 4 Halbsatz 2 nicht anzuwenden.

Inhaltsübersicht

	Rz.
I. Grundlagen	1 - 6
1. Rechtliches Umfeld	1
2. Anknüpfungspunkte im Rechenwerk	2
3. Anwendung im Zeitverlauf	3 - 4
4. Wechselkurse	5 - 6
II. Zugangsbewertung (Erstverbuchung)	7 - 10
III. Folgebewertung	11 - 14c
1. Realisations- und Niederstwertprinzip in Abhängigkeit von der Restlaufzeit	11 - 14
2. Die Bestimmung der Restlaufzeit in Sonderfällen	14a - 14c
IV. Stichtagsprinzip und Wertaufhellung	15
V. Folgebewertung bei verschiedenen Abschlussposten	16 - 21
1. Anlagevermögen	16 - 17
2. Vorräte	18
3. Forderungen und Verbindlichkeiten aus Lieferungen und Leistungen	19 - 20
4. Bankguthaben und Verbindlichkeiten; langfristige Darlehensforderungen und -verbindlichkeiten	21
VI. GuV-Ausweis	22
VII. Währungssicherung	23
VIII. Steuerbilanz	24

Ausgewählte Literatur

Hoffmann, Anmerkung zum BFH-Urteil vom 23. 04. 2009 IV R 62/06, DB 2009 S. 1441

Hommel/Laas, Währungsumrechnung im Einzelabschluss, BB 2008 S. 1666

Küting/Pfirmann/Mojadadr, Einzelfragen der Umrechnung und Bewertung von Fremdwährungsgeschäften im Einzelabschluss nach § 256a HGB – Währungsumrechnung nach BilMoG, StuB 2010 S. 411

Langebucher/Blaum, Umrechnung von Fremdwährungsgeschäften, in: Küting/Pfitzer/Weber (Hrsg.), Handbuch der Rechnungslegung – Einzelabschluss, 5. Aufl., Kap. 6E

Lüdenbach, „Breach of Covenants" – Auswirkung auf Ausweis, Anhang und Bewertung, StuB 2009 S. 621

Zwirner/Künkele, Währungsumrechnung nach HGB: Erstmalige Kodifikation durch das BilMoG, StuB 2009 S. 517

I. Grundlagen

1. Rechtliches Umfeld

1   Das Problem der bilanziellen Abbildung von Fremdwährungsgeschäften beruht auf folgenden rechtlichen Strukturmerkmalen:

- „Geschäfte" im weitest vorhandenen (ökonomischen) Sinn bedürfen zur Festlegung und Abwicklung eines **Wert**maßstabs.
- Die Rechtsordnungen verlangen zur Abwicklung dieser Geschäfte im Regelfall nicht die Verwendung einer bestimmten Währung, sondern überlassen dies der **Privatautonomie**.
- Wenn dann ein der deutschen Rechnungslegungshoheit unterliegendes Unternehmen ein solches Geschäft in (Fremd-)Währung abschließt, „stößt" sich dies mit der Vorgabe in § 244 HGB: Erstellung des Jahresabschlusses in **Euro** (→ § 244 Rz. 2).
- Aber auch ohne eine solche nationale Vorgabe – in der Schweiz kann der Jahresabschluss in einer gängigen Währung, z. B. USD, abgebildet werden – bedarf es zur Erstellung eines Jahresabschlusses einer **einzigen** Währung, da sonst die Posten nicht gleichnamig dargestellt werden können.

2. Anknüpfungspunkte im Rechenwerk

2   Das Umrechnungsproblem für Geschäftsvorfälle, die in anderen Währungen abgewickelt werden als in Euro, ergibt sich in folgenden Bereichen des Jahresabschlusses:[1]

- Operationales Geschäft, z. B. bei Im- und Export,
- Finanzierungsbereich, z. B. Aufnahme von Fremdwährungsdarlehen,
- Absicherung von Währungsrisiken, z. B. durch Termin- oder Optionsgeschäfte.

3. Anwendung im Zeitverlauf

3   Der Umrechnungsvorgang für einen Geschäftsvorfall ist bei bilanzrechtlicher Begründung nicht unbedingt **endgültig**, er bedarf u. U. in der Folgezeit einer Korrektur:[2]

- Die ursprüngliche Umrechnung bei der **Zugangs**bewertung nach Maßgabe des damals aktuellen Kurses (→ Rz. 7)
- kann wegen der an folgenden Bilanzstichtagen **geänderten Kurssituation** eine erneute Umrechnung bedingen (→ Rz. 12 f.),
- wegen Umtausch in eine andere (Fremd-)Währung eine **neue Zugangs**bewertung erforderlich machen oder
- die bestehende Währungsposition durch Erfüllung des Leistungsgebots **beenden** (→ Rz. 9).

4   Im **Zugangs**zeitpunkt einer Währungsposition stellt die Umrechnung in Euro einen **Teilbereich** der Bestimmung von Anschaffungs- und Herstellungskosten dar (→ Rz. 7), danach hat die Umrechnung Einfluss auf die **Folge**bewertung (→ Rz. 11).

---

[1] Vgl. *Langenbucher/Blaum*, in: Küting/Pfitzer/Weber (Hrsg.), Handbuch der Rechnungslegung, 5. Aufl., Tz. 502.
[2] Vgl. *Langenbucher/Blaum*, in: Küting/Pfitzer/Weber (Hrsg.), Handbuch der Rechnungslegung, 5. Aufl., Tz. 503.

4. Wechselkurse

Abgesehen von Kreditinstituten und Einzelhandelsgeschäften im Grenzbereich etwa zur Schweiz, bei denen „**Sorten**" (Bargeld) in ausländischer Währung eine gewisse Bedeutung zukommt, sind im Rahmen der Rechnungslegung lediglich **Devisen** (Buchgeld) angesprochen.[3] Dabei wird zwischen **Geld**- und **Brief**kurs – die Handelsspanne der Bank – unterschieden, zwischen denen sich ein arithmetisch bestimmter **Mittel**kurs bewegt.

5

Nach der traditionellen Buchhaltungsschule war je nach Art des Bewertungsobjekts (Aktivum oder Passivum) mit Brief- oder Geldkurs umzurechnen. Mit § 256a HGB ist diese (Lehrbuch-)Praxis obsolet geworden. Umrechnungen auf den Bilanzstichtag erfolgen einheitlich zum **Mittelkurs**. Zwar ist von Gesetzes wegen formell nur die Folge-, nicht die Zugangsbewertung angesprochen (→ Rz. 7). Unter dem Gesichtspunkt der Bewertungskonsistenz kann für die Zugangsbewertung aber nichts anderes gelten, da sich sonst Scheinerträge oder -aufwendungen ergeben könnten.

6

> **BEISPIEL** Am 30.12. und 31.12.01 beträgt der Kassamittelkurs der Fremdwährung (FW) 1 €/1 FW. Der Briefkurs beträgt an beiden Tagen 0,97 €/FW.
>
> Eine kurzfristige Forderung über 1 Mio FW wird am 30.12.01 eingebucht. Bei Einbuchung mit dem Briefkurs, d. h. mit 970.000 €, wäre am 31.12.01 trotz unveränderter Wechselkurse eine erfolgswirksame Zuschreibung auf 1.000.000 € vorzunehmen.

In der Rechnungslegungs**praxis** wird für konventionelle Währungen insbesondere bei der **Zugangsbewertung** häufig ein monatlicher oder vierteljährlicher **Durchschnittskurs** verwendet (so z. B. die Regelung in IAS 21.22). Dies entspricht auch der Vorgehensweise in einem grenzüberschreitend organisierten *cashpool*-System. Der Gesetzgeber des BilMoG hat diese Handhabung förmlich nicht angesprochen. Bei nicht zu volatilen Währungen ist sie u. E. aber unbedenklich.

II. Zugangsbewertung (Erstverbuchung)

§ 256a Satz 1 HGB bestimmt den Umrechnungskurs nur für die Stichtags-(Folge-)Bewertung (→ Rz. 11). Die Verwendung eines anderen Kurses – also die Lehrbuchmaxime Geld- oder Briefkurs im Rahmen der Zugangsbewertung – ist schon aus Praktikabilitätsgründen nicht sinnvoll. Aber auch wegen der Bewertungskonsistenz bietet sich der Mittelkurs als Bewertungsgrundlage an.[4] Eine am 30.12. zugegangene Währungsforderung müsste sonst noch bei unverändertem Kurs auf den 31.12. erfolgswirksam umbewertet werden (→ Rz. 6).

7

Das Gesetz schweigt sich auch zum **Zeitpunkt** der Umrechnung für die Zugangsbewertung aus.[5] Es verlässt sich auf die den GoB entsprechenden Usancen der Rechnungslegungspraxis.

8

---

[3] Ähnlich die Regierungsbegründung zum BilMoG, S. 137.
[4] Gl. A. *Küting/Pfirmann/Mojadadr*, StuB 2010 S. 411 ff.; restriktiver: *Kozikowski/Leitner*, in: Beck'scher Bilanz-Kommentar, 7. Aufl., München 2010, § 256a Tz. 35.
[5] Anders DRS 14 Tz. 11: Transaktionsbewertung zum Devisenkassakurs.

II. Zugangsbewertung (Erstverbuchung)

Danach muss die Zugangsbewertung mit dem Umrechnungskurs im Zeitpunkt bzw. Zeitraum der **Leistungserbringung** erfolgen, also

- bei **Lieferung** von Waren, Material, Anlagegegenständen, Häusern u. Ä. mit Übergang des wirtschaftlichen Eigentums (→ § 252 Rz. 85, gilt aktivisch und passivisch),
- bei **Einmal-Dienstleistungen** mit vollständiger Erfüllung des Auftrags (z. B. bei Erstellung eines Gutachtens dessen Auslieferung, bei Vermittlungstätigkeit der Vertragsabschluss ohne Rücktrittsklausel) sowie
- bei **Dauerleistungen** (z. B. Vermietung) ein bestimmter, sinnvoll zu definierender Zeitraum (ein Monat bis ein Jahr), dann unter Ansatz eines Durchschnittskurses.

9   Bei Einmalvorgängen (auch Lieferungen) scheiden **andere** Zeitpunkte zur Bestimmung des Umrechnungskurses als diejenige der **Leistungserbringung** aus, nämlich z. B. für eine erhaltene Lieferung

- Rechnungsstellung oder -erhalt,
- Voraus- und Abschlagszahlung sowie
- (Schluss-)Zahlung.

BEISPIEL ▶ Ein chinesischer Fliesenhersteller bestellt zum Preis von 1.600 USD beim deutschen Fabrikanten P eine Fliesenpresse mit folgenden Vereinbarungen bzw. effektiv eingetretenen Daten:

Währung USD	Betrag	Termin
Anzahlung bei Auftragserteilung	400	1.3.01
Montagebeendigung	1.000	30.10.01
Restzahlung	600	15.12.01

P bucht wie folgt:

Vorgang	Valuta	Kurs USD	Konto Debitor	Tag
Anzahlung	400	1,26	H 317,46	1.3.01
Lieferung	1.000	1,20	S 833,33	30.10.01
Schlusszahlung	600	1,28	H 468,75	15.12.01
		Saldo	S 47,12	
Währungsverlust			H 47,12	15.12.01
		Kontostand	0	

10 Die Forderung und der Umsatzerlös sind mit dem Kurs bei Leistungserbringung am 30.10.01 zu verbuchen (→ Rz. 9). Die Zahlungsvorgänge sind gem. § 252 Abs. 1 Nr. 5 HGB davon unabhängig zu behandeln (→ § 252 Rz. 163), sie berühren nur das Umrechnungsergebnis. A. A. ist die h. M.,[6] die für **Anzahlungen** den einmal umgerechneten Betrag **festgeschrieben** wissen will.

---

6   Vgl. *ADS*, 6. Aufl., § 255 Tz. 63; *Ellrott/Brendt*, in: Beck'scher Bilanz-Kommentar, 7. Aufl., München 2010, § 255 Tz. 53, und *Kozikowski/Leistner*, in: Beck'scher Bilanz-Kommentar, 7. Aufl., München 2010, § 256a Tz. 71; *Langenbucher/Blaum*, in: Küting/Pfitzer/Weber (Hrsg.), Handbuch der Rechnungslegung – Einzelabschluss, 5. Aufl., § 255 Tz. 562.

Diese Auffassung kollidiert mit der allgemein vertretenen Maßgeblichkeit des Umrechnungskurses zum Zeitpunkt der **Leistungserbringung**[7] (→ Rz. 9). Nur eine dieser Auffassungen kann richtig sein. Außerdem: Wenn der Umrechnungskurs im **Zahlungszeitpunkt** die Anschaffungskosten bestimmen soll, muss dies nicht nur für Anzahlungen (Vorauszahlungen), sondern auch für „Nachzahlungen" oder für den (einzigen) Zahlungsvorgang gelten. Insgesamt ist die Frage zu beantworten: Gilt der Kurs des Zahlungsvorgangs oder derjenige am Tag der Leistungserbringung zur Bestimmung der Anschaffungskosten? Lediglich unter dem Gesichtspunkt eines mit Anzahlungen einhergehenden natürlichen *hedge* ist die h. M. in Analogie zu → § 254 Rz. 26 noch vertretbar.

III. Folgebewertung

1. Realisations- und Niederstwertprinzip in Abhängigkeit von der Restlaufzeit

§ 256a HGB verlangt eine Bewertung zum Devisenkassamittelkurs am **Bilanzstichtag** (→ Rz. 6). Diese Regelbewertung gilt aber nicht für

▶ Rückstellungen (keine Verbindlichkeit, → § 249 Rz. 2),

▶ latente Steuern (weder Vermögensgegenstand noch Verbindlichkeit, → § 274 Rz. 1).

Nach der Begründung des BilMoG-RegE soll sich eine Stichtagsbewertung für Rückstellungen und latente Steuern durch die dortigen Bewertungsregeln (§ 253 Abs. 1 Satz 2 HGB und § 274 HGB) ergeben.

Die Regelbewertung gilt nur **eingeschränkt** für Vermögensgegenstände und Verbindlichkeiten mit einer Restlaufzeit von **mehr** als einem Jahr (ab Bilanzstichtag gerechnet), und zwar in den Schranken des **Realisations-** (§ 252 Abs. 1 Nr. 4 HGB) und des **Niederstwert**prinzips (§ 253 Abs. 1 Satz 1 HGB),[8] vgl. → § 252 Rz. 155 und → § 253 Rz. 105 ff. D. h. der Stichtagskurs (als Regelbewertung nach § 256a HGB) gilt nicht für **längerfristige Forderungen**, wenn die Zugangsbewertung überschritten würde, und für **längerfristige Verbindlichkeiten** im umgekehrten Fall. Wegen der Laufzeitbestimmung wird auf → § 285 Rz. 4 sowie auf → § 268 Rz. 111 verwiesen.

Der Anwendungsfall des Devisenkassakurses als Bewertungsmaßstab gilt deshalb **uneingeschränkt** für Vermögensgegenstände und Verbindlichkeiten mit einer Restlaufzeit bis zu einem Jahr,[9] d. h. auch für Bankguthaben und Verbindlichkeiten.

Der von Gesetzes wegen beim erstgenannten Bereich tolerierte Verstoß des traditionell verstandenen **Realisations**prinzips ist u. E. insoweit **gut begründet**, als beispielsweise Bankguthaben in Fremdwährung jederzeit mit geringen Transaktionskosten in Euro umgetauscht werden können, insoweit also ein faktisches Realisationswahlrecht in eine -pflicht umgemünzt wird (→ § 252 Rz. 158).

---

7 So auch die in der vorhergehenden Fußnote zitierten Autoren (h. M).
8 Diese Einschränkung gilt generell für monetäre Posten nach DRS 14 Tz. 15.
9 Was allerdings nur aus der Begründung zum RegE (S. 136) abzuleiten ist.

14 Die in → Rz. 13 genannten Finanzinstrumente erfahren diesbezüglich zwar einen Vorbehalt in § 256a HGB, doch kommt es zur Berücksichtigung des Stichtagskurses nach dem Wertmaßstab des Zeitwerts. Zum Ganzen folgendes Beispiel:

BEISPIEL

	Betrag USD	bei Entstehung €/USD	€	Stichtagsumrechnung €/USD	€	anzusetzen €
Ausleihung > 1 Jahr	10 Mio	1,0/1,0	10 Mio	0,7/1,0	7 Mio	7 Mio
Ausleihverbindlichkeit > 1 Jahr	10 Mio	1,0/1,0	10 Mio	0,7/1,0	7 Mio	10 Mio
Bankguthaben ≤ 1 Jahr	10 Mio	1,0/1,0	10 Mio	0,7/1,0	7 Mio	7 Mio
Bankverbindlichkeit ≤ 1 Jahr	10 Mio	1,0/1,0	10 Mio	0,7/1,0	7 Mio	7 Mio

2. Die Bestimmung der Restlaufzeit in Sonderfällen

14a Ungeklärt ist, wie die Restlaufzeit bei planmäßiger Tilgung unterliegenden Forderungen und Verbindlichkeiten (etwa **Annuitätendarlehen**) zu würdigen ist. Für Ausweis- und Anhangangabezwecke (§ 268 Abs. 4 und 5 HGB, § 285 Nr. 1a HGB) wird eine Aufteilung des Gesamtbetrags nach den Restlaufzeiten der einzelnen Raten verlangt (→ § 268 Rz. 111). Eine Übertragung auf § 256a HGB würde das Bilanzierungsobjekt „Verbindlichkeit" in unterschiedliche Bewertungskomponenten zerlegen. Die einheitliche Auslegung des Restlaufzeitenbegriffs spricht **für**, die Einheitlichkeit des Bilanzierungsobjekts **gegen** eine solche Lösung. Ein zwingender Vorrang eines dieser beiden Argumente ist nicht zu erkennen. U. E. sind daher beide Vorgehensweisen zulässig.[10]

14b Häufig werden bei größeren Fremdkapitalzuführungen sog. *covenants* vereinbart, deren Verletzung (**breach of covenants**) die Gläubiger zur **vorzeitigen Kündigung** eines im Übrigen langfristigen Vertrags berechtigt. Die vorzeitige Kündigungsmöglichkeit kann z. B. an die Nichteinhaltung einer Mindesteigenkapitalquote, eines Mindest-EBITDA etc. anknüpfen. Soweit die *covenants* verletzt werden, ist u. E. auch dann eine Umqualifizierung in kurzfristige Verbindlichkeiten notwendig, wenn die Gläubiger während des Bilanzaufstellungszeitraums verbindlich auf die Nutzung ihrer Kündigungsmöglichkeit verzichten, da die Nichtnutzung frist**ändernden** und nicht frist**erhellenden** Charakter hat (→ § 252 Rz. 55 ff.).

BEISPIEL[11] Die U-GmbH nimmt am 1.1.01 ein Darlehen über 10 Mio USD auf. Das Darlehen ist am 31.12.10 fällig.

Bei Aufnahme des Darlehens beträgt der Devisenkurs 1 €/1 USD. Zum 31.12.01 beträgt der Kurs 0,8 €/1 USD.

Der Darlehensvertrag enthält sog. *financial covenants*, nach denen U die Einhaltung bestimmter Finanzkennzahlen, z. B. einer Mindesteigenkapitalquote, während der Vertrags-

---

10 Gl. A. *Küting/Pfirmann/Mojadadr*, StuB 2010 S. 411 ff.
11 Nach *Lüdenbach*, StuB 2009 S. 621 ff.

laufzeit zusichert. Bei Verletzung der Bedingungen (*breach of covenants*) hat der Gläubiger ein außerordentliches Kündigungsrecht.

Das Geschäftsjahr 01 bringt einen unerwartet starken Konjunktureinbruch. Bereits Ende Dezember ist das Unterschreiten der zugesicherten Eigenkapitalquote offensichtlich. Der proaktive Vorstand geht daher mit ausgereiften und plausiblen Plänen für eine Erholung im Folgejahr unverzüglich auf den Gläubiger zu. Dieser ist von dem Vortrag so überzeugt, dass der Gläubiger schon im Januar 02 und damit noch vor Aufstellung und Prüfung des Jahresabschlusses 01 einen Verzicht auf sein Kündigungsrecht erklärt.

Bei **Dauerschuldverhältnissen** bestehen (bedingte) Kündigungsmöglichkeiten selbst dann, wenn sie nicht explizit vereinbart sind. Wäre die außerordentliche Kündigungsmöglichkeit also wie die ordentliche unabhängig von ihrer Wahrscheinlichkeit zu beurteilen, müssten entgegen der gesetzlich unterstellten Differenzierung von Restlaufzeiten sämtliche Verbindlichkeiten als kurzfristig qualifiziert werden. Die außerordentliche Kündigung verknüpft aber typischerweise die Möglichkeit einer wirksamen einseitigen Willenserklärung des Gläubigers (Kündigung) an ein von diesem nicht kontrolliertes ungewisses Ereignis (Bedingung). Nur wenn bestimmte Umstände und Entwicklungen eintreten, entsteht das Recht zur außerordentlichen Kündigung. Die **Eintrittswahrscheinlichkeit** der Bedingungen ist aus Sicht des Stichtags und die **Fälligkeit** (Restlaufzeit) der Verbindlichkeit nach Maßgabe der wahrscheinlichsten Entwicklung zu beurteilen. Das Wahrscheinlichkeitsurteil richtet sich dabei

▶ nur auf den **Eintritt** der Bedingung und das damit entstehende Kündigungsrecht,

▶ wie im Fall der ordentlichen Kündigung hingegen nicht auf die **Ausübung** dieses Rechts.

Angewandt auf das obige Beispiel gilt hier Folgendes:

▶ Die Vereinbarung von *covenants*, also die explizite vertragliche Regelung außerordentlicher Kündigungsrechte, hat noch keinen Einfluss auf die Bestimmung der Restlaufzeit. Solange der Eintritt der zu einer **außerordentlichen Kündigung** berechtigenden Bedingungen nicht überwiegend wahrscheinlich ist, erfolgt die Beurteilung der Restlaufzeit auf Basis der **ordentlichen Kündigung**sregeln.

▶ Sobald der *breach of covenants* überwiegend wahrscheinlich wird oder sogar gewiss ist, entscheidet hingegen die **außerordentliche Kündigung**smöglichkeit über die Restlaufzeit.

▶ Am 31.12.01 ist eine Verletzung der *covenants* gewiss und damit die **ordentliche Fälligkeit** für die Beurteilung der Restlaufzeit nicht mehr maßgeblich.

▶ Der vom Gläubiger **nach** dem Stichtag ausgesprochene **Verzicht** auf Ausübung der Kündigungsmöglichkeit ändert hieran nichts. Wie bei Prolongation eines kurzfristigen Kredits oder der mehr als zwölfmonatigen Verlängerung einer Kontokorrentlinie (→ § 268 Rz. 111) gilt: Nur wenn die entsprechenden Vereinbarungen vor dem Stichtag getroffen wurden, sind sie im Jahresabschluss bereits zu berücksichtigen. Eine Vereinbarung nach dem Stichtag ist auch dann nicht zu berücksichtigen, wenn sie noch in den Aufstellungszeitraum fällt. Die Ausübung eines einseitigen Rechts oder der Verzicht auf dessen Ausübung ist keine den Wert, Ansatz oder Ausweis **erhellende** Tatsache, sondern eine **ändernde** und damit im Jahresabschluss nicht zu berücksichtigen (→ § 252 Rz. 55).

Das Darlehen von der U-GmbH ist daher per 31.12.01 mit 8 Mio € (statt 10 Mio €) zu bewerten.

14c Außerordentliche Fälle ausgeklammert (→ Rz. 14b), richtet sich die Restlaufzeit von Verbindlichkeiten nach vertraglichen Fälligkeiten unter Berücksichtigung ordentlicher Kündigungsrechte des Gläubigers.

Bei sog. **roll over-Krediten** mit wechselnden Konditionen ergibt sich die anzunehmende Restlaufzeit aus der frühesten Beendigungsmöglichkeit des Gläubigers.[12] Entsprechendes gilt für **Kontokorrentverbindlichkeiten**. Kann die Bank trotz einer sog. eingeräumten Kontokorrentlinie den Kontokorrent spätestens zwölf Monate nach Bilanzstichtag „ordentlich" fällig stellen, ist die Kontokorrentverbindlichkeit als kurzfristig zu qualifizieren. Unerheblich ist insofern auch die empirische Erfahrung. Selbst dann, wenn die Bank in den letzten zehn oder noch mehr Jahren bestehende Kontokorrentlinien nie gekürzt hat, ändert dies nichts an der Kurzfristigkeit der Kontokorrentverbindlichkeit.

IV. Stichtagsprinzip und Wertaufhellung

15 Die Bewertung hat **zum** Abschluss**sticht**ag und nicht etwa zum Erstellungstag zu erfolgen (→ § 252 Rz. 58). Kursveränderungen zum Vor- **und** Nachteil des Unternehmens im dazwischenliegenden Zeitraum sind nicht zu berücksichtigen, auch nicht etwa unter Beachtung des Vorsichts- (→ § 252 Rz. 39) oder Imparitätsprinzips (→ § 252 Rz. 82). Solche Veränderungen der Vermögenslage **nach** dem Stichtag sind in der **Folge**periode zu erfassen. Sie sind nicht werterhellend, sondern -**begründend** (→ § 252 Rz. 55).[13]

Eine **antizipierende** Verlustberücksichtigung im Umlaufvermögen nach § 253 Abs. 3 Satz 3 HGB a. F. ist nach der BilMoG-Gesetzesfassung nicht mehr vorgesehen. U. E. ist auch der Sonderfall eines BFH-Urteils[14] mit stark schwankenden Importpreisen hier nicht einschlägig, wenn nicht ohnehin überholt. Jedenfalls dient in diesem Urteil die Berücksichtigung von Preisfeststellungen für vier bis sechs Wochen **vor** und **nach** dem Bilanzstichtag der Ermittlung des „richtigen" Stichtagskurses, wenn man so will, eine Wertaufhellungsmethode **eigener** Art.

Bei der Bewertung langfristiger Forderungen kann jedoch ggf. unter Berufung auf das gemilderte Niederstwertprinzip (→ § 253 Rz. 127) auf eine Abschreibung auf den Stichtagswert verzichtet werden, bei langfristigen Verbindlichkeiten wegen des gemilderten Höchstwertprinzips entsprechend auf eine Zuschreibung. Jedenfalls hat der BFH die Frage, ob eine währungsbedingte Wertänderung nur vorübergehend ist, großzügig beantwortet (→ Rz. 24).

V. Folgebewertung bei verschiedenen Abschlussposten

1. Anlagevermögen

16 Hier kann der Umrechnungskurs und seine Entwicklung seit der Anschaffung oder Herstellung eines Anlageguts für die Überprüfung eines **außerplanmäßigen** Abschreibungserfordernisses eine Rolle spielen (→ § 253 Rz. 105). Dabei darf z. B. ein gestiegener Umrechnungskurs für die

---

12 Vgl. *Oser/Holzwarth*, in: Küting/Pfitzer/Weber (Hrsg.), Handbuch der Rechnungslegung, 5. Aufl., §§ 284 bis 288 Tz. 152.
13 Gl. A. *Küting/Pfirmann/Mojadadr*, StuB 2010 S. 411 ff.
14 BFH-Urteil vom 17. 7. 1956 – I 292/55 U, BStBl III S. 379.

ausländische Währung **nicht isoliert** betrachtet werden, um etwa wegen gesunkenen Wiederbeschaffungspreises eine außerplanmäßige Abschreibung zu rechtfertigen. Der höhere Umrechnungskurs kann durch Kostensteigerungen (Wiederbeschaffungswert in Währung) kompensiert werden. Unabhängig von der Kurs- und Preisentwicklung im Ausland außerhalb der Euro-Zone für dort bezogene Anlagegüter oder belegene Grundstücke ist das gesamte **wirtschaftliche Umfeld** zu würdigen, um eine außerplanmäßige Abschreibung zu begründen.

> **BEISPIEL**
>
> ▶ Das Fabrikgebäude im Ausland wird gewinnbringend genutzt.
> ▶ Die nur im Nicht-Euro-Ausland beschaffbare Maschine arbeitet einwandfrei.
> ▶ Die nicht börsennotierte Tochtergesellschaft im Ausland liefert regelmäßig ansehnliche Dividenden.

U. E. kommt in solchen Fällen eine außerplanmäßige Abschreibung wegen günstigerer Wiederbeschaffungsmöglichkeit gegenüber der Anschaffung infolge der Entwicklung des Umrechnungskurses nicht in Betracht.[15] Dieser Befund gilt auch dann, wenn die fragliche Entwicklung des Wechselkurses von Dauer ist.

17

Für Wertpapiere und Beteiligungen mit Zugangsbewertung in Fremdwährung stellt der Umrechnungskurs am Bilanzstichtag zur Folgebewertung nur **eine** Bewertungsgröße unter anderen dar (→ § 253 Rz. 127 ff.).

2. Vorräte

Wie beim Anlagevermögen (→ Rz. 16) liefert der Umrechnungskurs nur **einen** Bestandteil zur Bestimmung eines etwa vorliegenden niedrigeren beizulegenden Werts. Sofern eine ceteris paribus-Betrachtung im konkreten Sachverhalt zulässig sein sollte, ist damit nach Meinungen im Schrifttum bei gestiegenem Umrechnungskurs eine Abschreibung erforderlich.

18

> **BEISPIEL** F kauft Rohmaterial in der Schweiz. Am Bilanzstichtag hat er noch Bestände (10.000 Stück), die zum Einstandskurs von 1,48 CHF je 1 € erworben worden sind. Der Stichtagskurs beträgt 1,53 CHF je 1 €.
>
> | Bewertung bei Anschaffung | 6.756,70 € |
> |---|---|
> | Bewertung am Stichtag | 6.535,90 € |
> | Abwertung (?) | 220,80 € |

U. E. ist eine Abschreibung des Bestands dann nicht zwingend, wenn das Produkt, für das die Bestände verwendet werden, weiterhin mit Gewinn verkauft werden kann (→ § 253 Rz. 148).

---

15 Ähnlich BFH-Urteil vom 13. 7. 1967 – IV 138/63, BStBl 1968 II S. 11.

3. Forderungen und Verbindlichkeiten aus Lieferungen und Leistungen

19 Im Lehrbuchfall führt ein gegenüber dem Einbuchungskurs gesunkener Kurs der ausländischen Währung zu einer Wertminderungsabschreibung auf Forderungen, nicht dagegen ein gestiegener Kurs zu einer Zuschreibung. Spiegelbildlich ist bei Verbindlichkeiten der Anstieg des Kurses der ausländischen Währung durch eine Zuschreibung zu berücksichtigen, der Rückgang des Kurses hingegen irrelevant. Von dieser auf dem Realisations- und Niederst-/Höchstwertprinzip beruhenden Vorgabe (→ Rz. 12) löst sich das Gesetz bei Forderungen und Verbindlichkeiten mit einer **Restlaufzeit bis zu einem Jahr** (→ Rz. 13). U. E. ist diese Vorgabe (auch) aus praktischer Sicht zu begrüßen, soweit es sich um eine konvertible Währung mit nicht allzu großen Schwankungen im Zeitverlauf handelt. Bei umfangreichem Liefer- und Leistungsverkehr werden häufig die Kontokorrente in der ausländischen Währung zu einem Durchschnittskurs (→ Rz. 6) geführt und nur periodisch, z. B. am Stichtag für einen Zwischen- oder Jahresabschluss, umgerechnet.

20 Für Forderungen und Verbindlichkeiten aus Lieferungen und Leistungen mit einer (ausnahmsweise) **Restlaufzeit** von **mehr** als einem Jahr gelten die Vorbehalte des Imparitäts- und Realisationsprinzips (→ Rz. 12), d. h. Abschreibung auf Forderungen bei gestiegenem Umrechnungskurs am Bilanzstichtag gegenüber dem Einbuchungskurs und umgekehrt für Verbindlichkeiten.

4. Bankguthaben und Verbindlichkeiten; langfristige Darlehensforderungen und -verbindlichkeiten

21 Hier gelten die vorstehenden Erläuterungen (→ Rz. 19) entsprechend. In Kontokorrentform geführte Bankkonten sind als kurzfristig zu werten, so dass der Devisenkassakurs am Bilanzstichtag der Umrechnung zugrunde zu legen ist.

Umgekehrt gilt für Ausleihungen, Darlehensverbindlichkeiten u. Ä. mit einer Restlaufzeit am Bilanzstichtag von mehr als einem Jahr der Devisenkassamittelkurs nur unter den Einschränkungen des Realisations- und Niederstwertprinzips (→ Rz. 12).

Wegen der Bestimmung der Restlaufzeit wird auf → Rz. 14a verwiesen.

VI. GuV-Ausweis

22 Kapital- und Kap. & Co.-Gesellschaften haben die Ergebniseffekte aus der Umrechnung von auf fremde Währung lautenden Vermögensgegenständen und Verbindlichkeiten in der GuV unter den **sonstigen** Aufwendungen bzw. Erträgen gesondert auszuweisen (→ § 277 Rz. 57 f.).

Nicht betroffen von dieser Regelung sind insbesondere währungsbedingte Abschreibungen auf

- sachliche oder immaterielle Anlagen,
- Vorräte,
- Beteiligungen etc.

Im Gesamtkostenverfahren sind sie etwa unter

- Abschreibungen auf immaterielle Vermögensgegenstände und Sachanlagen (→ § 275 Rz. 49),
- Materialaufwendungen (→ § 275 Rz. 21) und
- Abschreibungen auf Finanzanlagen (→ § 275 Rz. 49 und → § 275 Rz. 101)

zu erfassen.[16]

VII. Währungssicherung

Zur Bilanzierung von Fremdwährungsgeschäften bei effektiver Absicherung des Währungsrisikos wird auf die Kommentierung von → § 254 verwiesen.

23

VIII. Steuerbilanz

Für die Steuerbilanz gilt sowohl im langfristigen Bereich als auch bei kurzfristigen Forderungen und Verbindlichkeiten die Besonderheit der „dauernden Wertminderung" (→ § 253 Rz. 115), für die Verbindlichkeiten gem. § 6 Abs. 1 Nr. 3 EStG i.V. mit Nr. 2 Satz 2 EStG. Das **Imparitätsprinzip** kommt deshalb nur eingeschränkt zum Tragen, also dann nicht, wenn eine Verschlechterung des Umrechnungskurses „voraussichtlich nicht von Dauer" ist. Der BFH konnte in einem Streitfall[17] einen massiven Verlust durch Änderung des YEN-Umrechnungskurses als nicht dauerhaft feststellen. Begründung: Die Restlaufzeit der Darlehensverbindlichkeit beträgt zehn Jahre, in diesem Zeitraum gleichen sich die „Kursschwankungen" regelmäßig aus. Mit der vergleichbaren Situation bei Aktien und der einschlägigen BFH-Rechtsprechung (→ § 253 Rz. 132) kollidiert dieses Urteil.

24

---

16 Gl. A. *Kozikowski/Leistner*, in: Beck'scher Bilanz-Kommentar, 7. Auf., München 2010, § 256a Tz. 234 ff.
17 BFH vom 23. 4. 2009 – IV R 62/06, DB 2009 S. 1439, mit Anm. *Hoffmann*.

Dritter Unterabschnitt: Aufbewahrung und Vorlage

§ 257 Aufbewahrung von Unterlagen; Aufbewahrungsfristen

(1) Jeder Kaufmann ist verpflichtet, die folgenden Unterlagen geordnet aufzubewahren:

1. Handelsbücher, Inventare, Eröffnungsbilanzen, Jahresabschlüsse, Einzelabschlüsse nach § 325 Abs. 2a, Lageberichte, Konzernabschlüsse, Konzernlageberichte sowie die zu ihrem Verständnis erforderlichen Arbeitsanweisungen und sonstigen Organisationsunterlagen,
2. die empfangenen Handelsbriefe,
3. Wiedergaben der abgesandten Handelsbriefe,
4. Belege für Buchungen in den von ihm nach § 238 Abs. 1 zu führenden Büchern (Buchungsbelege).

(2) Handelsbriefe sind nur Schriftstücke, die ein Handelsgeschäft betreffen.

(3) ¹Mit Ausnahme der Eröffnungsbilanzen und Abschlüsse können die in Absatz 1 aufgeführten Unterlagen auch als Wiedergabe auf einem Bildträger oder auf anderen Datenträgern aufbewahrt werden, wenn dies den Grundsätzen ordnungsmäßiger Buchführung entspricht und sichergestellt ist, dass die Wiedergabe oder die Daten

1. mit den empfangenen Handelsbriefen und den Buchungsbelegen bildlich und mit den anderen Unterlagen inhaltlich übereinstimmen, wenn sie lesbar gemacht werden,
2. während der Dauer der Aufbewahrungsfrist verfügbar sind und jederzeit innerhalb angemessener Frist lesbar gemacht werden können.

²Sind Unterlagen aufgrund des § 239 Abs. 4 Satz 1 auf Datenträgern hergestellt worden, können statt des Datenträgers die Daten auch ausgedruckt aufbewahrt werden; die ausgedruckten Unterlagen können auch nach Satz 1 aufbewahrt werden.

(4) Die in Absatz 1 Nr. 1 und 4 aufgeführten Unterlagen sind zehn Jahre, die sonstigen in Absatz 1 aufgeführten Unterlagen sechs Jahre aufzubewahren.

(5) Die Aufbewahrungsfrist beginnt mit dem Schluss des Kalenderjahrs, in dem die letzte Eintragung in das Handelsbuch gemacht, das Inventar aufgestellt, die Eröffnungsbilanz oder der Jahresabschluss festgestellt, der Einzelabschluss nach § 325 Abs. 2a oder der Konzernabschluss aufgestellt, der Handelsbrief empfangen oder abgesandt worden oder der Buchungsbeleg entstanden ist.

Inhaltsübersicht Rz.

I. Regelungszweck und -inhalt	1 - 3
II. Subjekt der Aufbewahrungspflicht (Abs. 1 Satz 1)	4 - 8
III. Objekte der Aufbewahrungspflicht (Abs. 1 Satz 2 und Abs. 2)	9 - 13
IV. Aufbewahrung auf Datenträgern (Abs. 3)	14
V. Aufbewahrungsfristen (Abs. 4)	15
VI. Fristenberechnung (Abs. 5)	16 - 18

Ausgewählte Literatur

Isele, in: Küting/Pfitzer/Weber (Hrsg.), Handbuch der Rechnungslegung – Einzelabschluss, 5. Aufl., § 257

I. Regelungszweck und -inhalt

1 § 257 HGB verlangt die Aufbewahrung von bestimmten für Buchhaltung und Abschluss relevanten Unterlagen für maximal zehn Jahre. Die geforderte Dokumentation soll spätere **Nachprüfungen** ermöglichen. Die Aufbewahrungsvorschriften ergänzen die öffentlich-rechtlichen Vorschriften zur Buchführung (→ § 238 Rz. 9) und Bilanzierung (→ § 242 Rz. 1 ff.). Sie dienen der **Beweissicherung** in Gerichtsverfahren verschiedener Ausrichtungen (Zivil-, Straf- und Steuerrecht). Besonders **Insolvenz**straftaten sind ein wichtiger Berührungspunkt der Aufbewahrungspflicht.

2 Die Vorgaben in § 257 HGB überschneiden sich einerseits und werden andererseits ergänzt durch die **steuerliche** Parallelvorschrift in § 147 AO. Die Rechtsprechung und Kommentierung zu diesem Steuerparagraphen kann durchaus auch auf § 257 HGB Anwendung finden.[1]

3 Aus dem Bereich des deutschen **Standardsetting** sind folgende Stellungnahmen mit Bezug zu Aufbewahrungsvorschriften zu erwähnen:

▶ IDW RS FAIT 1 „Grundsätze ordnungsmäßiger Buchführung bei Einsatz von Informationstechnologie".

▶ IDW RS FAIT 2 „Grundsätze ordnungsmäßiger Buchführung bei Einsatz von *Electronic Commerce*".

Daneben existiert noch eine Fülle **weiterer** Aufbewahrungsvorschriften zu verschiedenen Rechtsgebieten. Zu erwähnen ist in diesem Zusammenhang insbesondere das BMF-Schreiben vom 16. 7. 2001[2] zu den „Grundsätzen zum Datenzugriff und zur Prüfbarkeit digitaler Unterlagen" mit einer Ergänzung in Frage- und Antwortform im BMF-Schreiben vom 1. 2. 2005.

II. Subjekt der Aufbewahrungspflicht (Abs. 1 Satz 1)

4 Die Aufbewahrungspflicht trifft den „**Kaufmann**" i. S. des § 238 HGB (→ § 238 Rz. 1). Die Aufbewahrungspflicht beginnt mit dem Erwerb der Kaufmannseigenschaft und endet mit dieser.

5 Im Falle einer **Gesellschaft** ist zwischen der Abwicklungsphase und dem Zeitpunkt nach deren Beendigung zu differenzieren. In der Abwicklungsphase besteht die Gesellschaft mit geändertem Zweck weiter, die dann agierenden Liquidatoren (→ § 238 Rz. 8) sind in diesem Zeitraum der Aufbewahrungspflicht unterworfen, danach besteht eine Gesellschaft nicht mehr. Allerdings sind die bis zum Ende der Gesellschaftseigenschaft angefallenen Unterlagen aufzubewahren:

---

[1] Vgl. *ADS*, 6. Aufl., § 257 Tz. 7.
[2] BMF-Schreiben vom 16. 7. 2001 – S 0316, BStBl I S. 415.

- Bei der **OHG** und **KG** trifft die Aufbewahrungspflicht die bisherigen Gesellschafter, ersatzweise die vom Gericht bestimmten oder dritten Verwahrungspflichtigen nach § 157 Abs. 2 HGB.
- Ähnliches gilt nach § 74 Abs. 2 GmbHG für die Dauer von zehn Jahren für eine erloschene **GmbH**.
- Für die **AG** gilt das Gleiche nach § 273 Abs. 2 AktG.
- Und schließlich finden die vorstehenden Aufbewahrungspflichten auch für eine **Genossenschaft** gem. § 93 GenG Anwendung.

Im **Erbfall** eines Handelsgeschäfts gehen die bis dahin entstandenen Aufbewahrungspflichten auf die Erben über, auch wenn sie das Geschäft nicht fortführen.[3] Nach dem Erbfall haben die Erben als nunmehr agierende Kaufleute die ab diesem Zeitpunkt anfallenden Unterlagen aufzubewahren.

In der **Insolvenz** geht die Aufbewahrungspflicht vor Eröffnung des Insolvenzverfahrens auf den vorläufigen Verwalter über, danach auf den endgültigen.

Bei der **Unternehmensveräußerung** ist zu unterscheiden zwischen

- einem einzelkaufmännischen Unternehmen (*asset deal*)
- und Veräußerung einer Gesellschaft (*share deal*).

Im letztgenannten Fall bleibt die Rechtsperson erhalten und deshalb auch deren Aufbewahrungspflicht. Bei **Umwandlung** entsteht möglicherweise ein neues Rechtssubjekt, das dann die Aufbewahrungspflichten durch die (regelmäßig) bestehende Gesamtrechtsnachfolge übernimmt.

Für den Verkauf eines **einzelkaufmännischen** Unternehmens ist handelsrechtlich streitig, ob die Aufbewahrungspflicht den bisherigen Einzelkaufmann trifft oder den Rechtsnachfolger.[4] Wir präferieren die Beibehaltung der Aufbewahrungspflicht beim abgebenden (bisherigen) Kaufmann, weil dieser auch steuerlich verpflichtet bleibt.[5]

III. Objekte der Aufbewahrungspflicht (Abs. 1 Satz 2 und Abs. 2)

Die Aufbewahrungsobjekte sind mit unterschiedlichen **Techniken** (→ Rz. 14) und **Fristen** (→ Rz. 15) belegt.

Der **zehnjährigen** Aufbewahrungspflicht nach Abs. 4 (→ Rz. 15) unterliegen die Handelsbücher, Inventare, Eröffnungsbilanz und Einzel- und Konzernabschlüsse. Auf die zugehörigen Kommentierungen in (→ § 238 Rz. 9, → § 240 Rz. 2 und → § 297 Rz. 2) wird verwiesen. Die in Abs. 1 Nr. 1 erwähnten **Arbeitsanweisungen** und sonstigen Organisationsunterlagen beziehen sich insbesondere auf einschlägige „*manuals*", also Konzernbuchungs- und -bilanzierungsrichtlinien oder die vergleichbaren Vorgaben von EDV-Rechenzentren.

---

3 Vgl. *Isele*, in: Küting/Pfitzer/Weber (Hrsg.), Handbuch der Rechnungslegung – Einzelabschluss, 5. Aufl., § 257 Tz. 22; *ADS*, 6. Aufl., § 257 Tz. 11.
4 Für die letztgenannte Lösung plädieren *ADS*, 6. Aufl., § 257 Tz. 14.
5 Vgl. *Drüen*, in: Tipke/Kruse, Abgabenordnung – Finanzgerichtsordnung, § 147 Tz. 32.

11 Der **zehnjährigen** Aufbewahrungspflicht unterliegen auch die **Buchungsbelege**, da durchaus in elektronischer Form (z. B. durch E-Mail) oder durch Telefax dargestellt werden kann. Buchungsbelege werden auch durch das EDV-Abrechnungssystem generiert (keineswegs notwendig ausgedruckt), z. B. die Lohnerfassung in der Finanzbuchführung als „Abfallprodukt" der entsprechenden Buchungsvorgänge aus der Personalabteilung. Ein anderes Beispiel für einen Buchungsbeleg stellt die Datenübermittlung aus dem Rechenzentrum für die dort gespeicherten Bankbewegungen dar.

12 Die Aufbewahrungspflicht reduziert sich auf **sechs** Jahre für Handelsbriefe (→ § 238 Rz. 14 ff.). Abs. 2 des § 238 HGB enthält bereits eine vorgängige Aufbewahrungspflicht, die hinsichtlich der Frist in § 257 Abs. 4 HGB auf sechs Jahre festgelegt wird.

13 **Steuerlich** wird die Aufbewahrungspflicht auf andere steuerlich relevante Unterlagen erweitert. Darunter kann man Prüfungsberichte, Handelsregister- und Grundbuchauszüge, Preislisten, Reisespesenabrechnungen u. ä. subsumieren.[6]

IV. Aufbewahrung auf Datenträgern (Abs. 3)

14 Die Eröffnungsbilanzen und die Abschlüsse müssen in **Papierform** aufbewahrt werden. Für die übrigen aufzubewahrenden Unterlagen ist die Papierform zulässig, kann aber durch eine **datentechnische** Archivierung ersetzt werden. Das Gesetz formuliert dieses Wahlrecht als „Wiedergabe auf einem Bildträger oder auf einem anderen Datenträger". Diese Vorlage ist anwendungsoffen, erlaubt also jegliche ordnungsmäßige Archivierung nach den aktuellen technischen Möglichkeiten der Datenverarbeitung. Auf die unter → Rz. 3 aufgelisteten Detailregeln der deutschen Standardsetter wird verwiesen. Sinnvollerweise enthält sich der Gesetzgeber hier einer Detailregelung und verweist auf die offene Rechtsnorm der GoB (Abs. 3 Satz 1). Dabei muss sichergestellt sein, dass die Wiedergabe der Daten

▶ mit den empfangenen Handelsbriefen und Buchungsbelegen und mit den anderen Unterlagen übereinstimmt, sobald sie lesbar gemacht werden;

▶ während der Dauer der Aufbewahrungsfrist verfügbar sind und jederzeit lesbar gemacht werden können.

V. Aufbewahrungsfristen (Abs. 4)

15 Das Gesetz differenziert bei den verschiedenen Aufbewahrungsobjekten nach einer **zehn**jährigen Frist einerseits und **sechs** Jahren andererseits (→ Rz. 10 ff.). Steuerlich mögliche kürzere Aufbewahrungsfristen und Erleichterungen gelten handelsrechtlich nicht.

VI. Fristenberechnung (Abs. 5)

16 Der Fristenlauf beginnt einheitlich mit dem **Schluss** eines Kalenderjahrs – auch bei abweichendem Wirtschaftsjahr. Deshalb wird der 31.12. dieses Jahrs nach § 187 Abs. 1 BGB nicht mitgerechnet. Der Fristenlauf beginnt dann jeweils am 1.1. um 0:00 Uhr.

---

6 Vgl. *Isele*, in: Küting/Pfitzer/Weber (Hrsg.), Handbuch der Rechnungslegung – Einzelabschluss, 5. Aufl., § 257 Tz. 59.

Maßgebend ist das **Kalenderjahr**, in dem[7]
- die letzte Eintragung in das Handelsbuch gemacht wurde: Ist das Geschäftsjahr das Kalenderjahr, werden die Abschlussarbeiten i. d. R. erst im darauf folgenden Kalenderjahr vorgenommen, so dass dessen Schluss maßgeblich ist;[8]
- das Inventar aufgestellt wird;
- die Eröffnungsbilanz oder der Jahresabschluss festgestellt wird (vgl. §§ 172 f. AktG; § 42a Abs. 2 Satz 1 GmbHG): Wird ein festgestellter Jahresabschluss geändert, ist für die Aufbewahrung das Jahr der Feststellung der Änderung maßgeblich. Der abgeänderte Jahresabschluss braucht nicht mehr weiter aufbewahrt zu werden;
- der Einzelabschluss nach § 325 Abs. 2a HGB aufgestellt wird;
- der Konzernabschluss aufgestellt oder festgestellt wird: Bei Konzernabschlüssen, die nach Inkrafttreten des TransPuG vom 19. 7. 2002[9] festgestellt werden **müssen**, kommt es auf die Feststellung an. Bei Konzernabschlüssen, die nicht festgestellt werden, beginnt die Frist mit Ablauf des Kalenderjahrs der Aufstellung.
- der Lagebericht oder Konzernlagebericht aufgestellt wird: Auch für die wohl versehentlich in § 257 Abs. 5 HGB vergessenen (Konzern-)Lageberichte dürfte das Jahr der Aufstellung maßgeblich sein;[10]
- der Handelsbrief empfangen oder abgesandt worden ist;
- der Buchungsbeleg entstanden ist.

Für **Abschlussbuchungen** ist fraglich, wann der betreffende Buchungsbeleg i. S. der Aufbewahrungsfrist „entstanden" ist. Im Interesse der Vereinheitlichung der Aufbewahrungsfristen wird in solchen Fällen eine Art Rückdatierung für zulässig erachtet, der betreffende Buchungsbeleg – z. B. über die Erfassung der Jahresabschreibungen, der am 3.3.01 für das Geschäftsjahresende 31.12.00 erstellt wird, wird dann noch dem Jahr 00 zugeordnet.[11]

17

Nach § 188 Abs. 2 1. Alternative i. V. mit § 187 Abs. 1 BGB **endet** der Fristenlauf am 31.12. um 24:00 Uhr. Dazu folgende Berechnungsbeispiele.[12]

18

Aufbewahrungsfrist bis:	für Unterlagen aus	
	(Zehn-Jahres-Frist)	(Sechs-Jahres-Frist)
31. 12. 2005, 24:00 Uhr	1995	1999
31. 12. 2006, 24:00 Uhr	1996	2000
31. 12. 2007, 24:00 Uhr	1997	2001
etc.	etc.	etc.

---

7 Vgl. hierzu *Isele*, in: Küting/Pfitzer/Weber (Hrsg.), Handbuch der Rechnungslegung Einzelabschluss, 5. Aufl., § 257 Tz. 96, entsprechend dem Gesetzeswortlaut.
8 Vgl. *ADS*, 1995, § 257 Tz. 70.
9 Gesetz zur weiteren Reform des Aktien- und Bilanzrechts, zu Transparenz und Publizität (TransPuG) vom 19. 7. 2002, BGBl 2002 I S. 2681.
10 Vgl. auch *ADS*, 1995, § 257 Tz. 70.
11 Vgl. *ADS*, 6. Aufl., § 257 Tz. 70; *Isele*, in: Küting/Pfitzer/Weber (Hrsg.), Handbuch der Rechnungslegung – Einzelabschluss, 5. Aufl., § 257 Tz. 96.
12 Vgl. *Isele*, in: Küting/Pfitzer/Weber (Hrsg.), Handbuch der Rechnungslegung – Einzelabschluss, 5. Aufl., § 257 Tz. 97.

VI. Fristenberechnung

Eine **Fristenhemmung** ist handelsrechtlich nicht vorgesehen, anders steuerrechtlich nach § 147 Abs. 3 Satz 3 AO. Danach endet die Aufbewahrungsfrist nicht, solange die Unterlagen für diejenige Steuer noch von Bedeutung sind, deren Festsetzungsfrist noch nicht abgelaufen ist.[13]

---

13 Wegen Einzelheiten wird auf die Kommentierung von *Drüen*, in: Tipke/Kruse, Abgabenordnung – Finanzgerichtsordnung, § 147 Tz. 55, verwiesen.

§ 258 Vorlegung im Rechtsstreit

(1) Im Laufe eines Rechtsstreits kann das Gericht auf Antrag oder von Amts wegen die Vorlegung der Handelsbücher einer Partei anordnen.

(2) Die Vorschriften der Zivilprozessordnung über die Verpflichtung des Prozessgegners zur Vorlegung von Urkunden bleiben unberührt.

Inhaltsübersicht   Rz.

I. Regelungsgehalt	1
II. Gerichtliche Anordnung (Abs. 1)	2 - 4
III. Verhältnis zur Zivilprozessordnung (Abs. 2)	4a
IV. Steuerliche Vorlagepflichten	5

I. Regelungsgehalt

§ 258 HGB trifft Regelungen zur Vorlage von Handelsbüchern in einem **Rechtsstreit**:   1

▶ Nach Abs. 1 kann das Gericht auf Antrag oder von Amts wegen die Vorlage anordnen.
▶ Abs. 2 der Norm stellt den Regelungszusammenhang zur Zivilprozessordnung dar. Deren Vorlagevorschriften bleiben unberührt.

Die Möglichkeiten in Abs. 1 **ergänzen** also die Zivilprozessordnung. Diese bietet keine ausreichende Handhabe zur Verwendung von Handelsbüchern als Beweismittel.

II. Gerichtliche Anordnung (Abs. 1)

Der Anwendungsbereich von § 258 HGB betrifft Zivilrechtsstreitigkeiten ohne Beschränkung   2
auf Handelssachen, ebenso Schiedsgerichtsverfahren und Spruchstellenverfahren gem. § 306 AktG a. F., jetzt Spruchverfahrensgesetz.[1] Die Anordnung des Gerichts zur Vorlage der Handelsbücher kann sich nur auf die Handelsbücher einer Partei des Verfahrens beziehen. Wegen des Inhalts und Umfangs der Handelsbücher wird auf → § 257 Rz. 10 verwiesen.

Das Gericht ist bezüglich seiner Anordnung nicht an **Beweisanträge** gebunden. Es kann „von   3
Amts wegen" tätig werden. Es genügt die Überzeugung über die Sachdienlichkeit der Vorlage.

Wegen der Form der Einsichtnahme vgl. → § 259.   4

III. Verhältnis zur Zivilprozessordnung (Abs. 2)

Die Vorschriften der Zivilprozessordnung zur Vorlage von Urkunden bleiben unberührt. Abs. 1   4a
ergänzt also lediglich diese Vorschriften. Einschlägige Vorschriften der Zivilprozessordnung sind u. a.

---

[1] Bayrisches OLG, Beschluss vom 1. 4. 1993 – BReg. 3 Z 17/90, DB 1993 S. 1027.

- § 422 ZPO mit der Pflicht des Gegners, solche Urkunden vorzulegen, deren Herausgabe oder Vorlage der Beweisführer nach den Vorschriften des bürgerlichen Rechts verlangen kann.
- § 423 ZPO mit der Pflicht des Gegners, solche in seinen Händen befindlichen Urkunden vorzulegen, auf die er selbst im Prozess oder vorbereitenden Schriftsätzen Bezug genommen hat.

IV. Steuerliche Vorlagepflichten

5   Gegenüber den Finanzbehörden bestehen ähnliche Vorlagepflichten nach § 297 AO und § 60 EStDV. Entsprechendes gilt gegenüber dem Finanzgericht gem. § 76 Abs. 1 Satz 3 FGO.

§ 259 Auszug bei Vorlegung im Rechtsstreit

¹Werden in einem Rechtsstreit Handelsbücher vorgelegt, so ist von ihrem Inhalt, soweit er den Streitpunkt betrifft, unter Zuziehung der Parteien Einsicht zu nehmen und geeignetenfalls ein Auszug zu fertigen. ²Der übrige Inhalt der Bücher ist dem Gericht insoweit offen zu legen, als es zur Prüfung ihrer ordnungsmäßigen Führung notwendig ist.

Inhaltsübersicht

	Rz.
I. Regelungsinhalt	1
II. Sachlicher Regelungsumfang (Satz 1 1. Halbsatz)	2
III. Die Einsichtnahme durch Gericht und Parteien (Satz 1 2. Halbsatz)	3 - 4
IV. Erweiterte Einsichtnahme durch das Gericht (Satz 2)	5

I. Regelungsinhalt

§ 259 HGB regelt Art und Umfang der Vorlage von Handelsbüchern in einem Rechtsstreit. Unerheblich ist dabei, ob die Vorlage freiwillig oder auf gerichtliche Anordnung (→ § 258 Rz. 2) erfolgt. 1

II. Sachlicher Regelungsumfang (Satz 1 1. Halbsatz)

Der Vorlagevorgang bezieht sich auf **alle** im Zivilrechtsstreit (→ § 258 Rz. 2) vorgelegten Handelsbücher (→ § 257 Rz. 10), nicht nur auf die nach § 258 HGB.[1] 2

III. Die Einsichtnahme durch Gericht und Parteien (Satz 1 2. Halbsatz)

Satz 1 2. Halbsatz **beschränkt** die Einsichtnahme in vorgelegte Handelsbücher auf den jeweiligen Streitpunkt („soweit"). Die Beschränkung ist primär auf das **Geheimhaltungs**interesse des Kaufmanns ausgerichtet. Er soll nicht neben dem Streitstoff von der gegnerischen Partei „ausgeschnüffelt" werden. Außerdem entspricht die Beschränkung einem praktischen Bedürfnis: Bei einem nicht ganz kleinen Unternehmen würde das Gericht in dem vorhandenen Datenvolumen der „Handelsbücher" schlichtweg ertrinken. 3

Diese sachliche Begrenzung wird „technisch" ergänzt durch die Zuziehung **beider** Parteien anlässlich der Einsichtnahme und die Möglichkeit, einen Auszug aus dem prozessrelevanten Teilbereich der „Handelsbücher" zu fertigen. 4

---

1 *ADS*, 6. Aufl., § 259 Tz. 2.

IV. Erweiterte Einsichtnahme durch das Gericht (Satz 2)

5   Der **nicht streitrelevante** Inhalt der Handelsbücher ist dem Gericht insoweit „offenzulegen", als dies zur Prüfung ihrer ordnungsgemäßen Führung notwendig ist. Diese Offenlegung" bezieht sich **nur** auf das Gericht oder einen von diesem bestellten Sachverständigen, nicht auf die Parteien oder gar die Öffentlichkeit.

§ 260 Vorlegung bei Auseinandersetzungen

Bei Vermögensauseinandersetzungen, insbesondere in Erbschafts-, Gütergemeinschafts- und Gesellschaftsteilungssachen, kann das Gericht die Vorlegung der Handelsbücher zur Kenntnisnahme von ihrem ganzen Inhalt anordnen.

Inhaltsübersicht	Rz.
I. Regelungsinhalt	1
II. Der Anwendungsbereich (1. Halbsatz)	2
III. Der Umfang der Vorlagepflicht (2. Halbsatz)	3

I. Regelungsinhalt

§ 260 HGB enthält Ausnahmebestimmungen für die Vorlage von Handelsbüchern bei Vermögensauseinandersetzungen. Der Ausnahmecharakter ergibt sich wie folgt: 1

▶ Im Unterschied zu § 258 HGB ist nicht nur die Vorlage bei Rechtsstreitigkeiten, sondern auch die Vorlage im Rahmen der **freiwilligen Gerichtsbarkeit** geboten.

▶ Abweichend von § 259 HGB umfasst die Vorlagepflicht die Handelsbücher **insgesamt** und nicht nur deren streitrelevanten Teile.

II. Der Anwendungsbereich (1. Halbsatz)

Der Regelungsbereich umfasst nicht nur Rechtsstreitigkeiten, sondern auch **Vermögensauseinandersetzungen** im Wege der freiwilligen Gerichtsbarkeit. Relevant sind hier etwa §§ 86 ff. FGG bei Nachlassauseinandersetzung oder § 99 FGG bei Auseinandersetzung einer Gütergemeinschaft. Die Kompetenz zur Anordnung der Vorlage steht dem jeweils zuständigen Gericht zu. 2

Im Gesetz genannt werden „Auseinandersetzungen" in Erbschafts-, Gütergemeinschafts- und Gesellschaftsteilungssachen. Diese Aufzählung ist jedoch nur beispielhaft („insbesondere").

Involviert in das Verfahren muss das Vermögen eines **Kaufmanns** sein, damit inbegriffen möglicherweise auch Beteiligungen an Personenhandelsgesellschaften, wenn die Auseinandersetzung alle Anteile umfasst.[1] Ansonsten kommen die Einblicksrechte nach §§ 118, 166, 233 HGB und nach § 51a GmbHG in Betracht.

III. Der Umfang der Vorlagepflicht (2. Halbsatz)

Die Vorlagepflicht bezieht sich auf Handelsbücher (→ 257 Rz. 10), ist aber entgegen den Vorgaben in § 259 HGB (→ § 259 Rz. 2) nicht auf Teilbereiche beschränkt, sondern umfasst den **ganzen** Bestand. Aus praktischer Sicht drängen sich allerdings bei einem umfangreichen Datenbestand sinnvolle **Einschränkungen** auf. 3

---

[1] So jedenfalls ADS, 6. Aufl., § 260 Tz. 2.

§ 261 Vorlegung von Unterlagen auf Bild- oder Datenträgern

Wer aufzubewahrende Unterlagen nur in der Form einer Wiedergabe auf einem Bildträger oder auf anderen Datenträgern vorlegen kann, ist verpflichtet, auf seine Kosten diejenigen Hilfsmittel zur Verfügung zu stellen, die erforderlich sind, um die Unterlagen lesbar zu machen; soweit erforderlich, hat er die Unterlagen auf seine Kosten auszudrucken oder ohne Hilfsmittel lesbare Reproduktionen beizubringen.

Inhaltsübersicht	Rz.
I. Regulärer Vorlagemodus (1. Halbsatz)	1
II. Papierform (2. Halbsatz)	2
III. Steuerliche Parallelvorschriften	3

I. Regulärer Vorlagemodus (1. Halbsatz)

Der Kaufmann kann seinen **Buchführungs**pflichten nach § 239 Abs. 4 HGB (→ § 239 Rz. 10) mit einem elektronischen Verfahren (auf „Datenträger") und den **Aufbewahrungs**pflichten nach § 257 HGB (→ § 257 Rz. 10) in der gleichen Technik nachkommen. In der Folge kann er die **Vorlage**pflichten nur in dieser Form erfüllen. Deshalb muss er die Hilfsmittel zur Anwendung dieser Technik auf **eigene Kosten** zur Verfügung stellen, d. h. die auf Datenträgern gespeicherten Inhalte lesbar machen. Das geschieht auf dem Bildschirm eines Arbeitsplatzcomputers oder auf einem Notebook. 1

II. Papierform (2. Halbsatz)

Ausnahmsweise kommt auch – wieder auf eigene Kosten des Kaufmanns – ein Ausdruck auf Papier oder eine ähnliche Reproduktion in Betracht. Von dieser Verpflichtung ist sparsam Gebrauch zu machen („soweit erforderlich"). 2

III. Steuerliche Parallelvorschriften

Eine inhaltliche vergleichbare Anordnung enthält § 147 Abs. 5 AO mit möglichen Erleichterungen nach § 148 AO. 3

§ 263 Vorbehalt landesrechtlicher Vorschriften

Unberührt bleiben bei Unternehmen ohne eigene Rechtspersönlichkeit einer Gemeinde, eines Gemeindeverbands oder eines Zweckverbands landesrechtliche Vorschriften, die von den Vorschriften dieses Abschnitts abweichen.

Inhaltsübersicht	Rz.
I. Regelungsinhalt	1
II. Anwendungsbereich (1. Teilsatz)	2
III. Abweichende Vorschriften (2. Teilsatz)	3

I. Regelungsinhalt

§ 263 HGB gewährt für „Unternehmen ohne eigene Rechtspersönlichkeit", d. h. vor allem die kommunalen Eigenbetriebe, etwaigen landesrechtlichen Vorschriften Vorrang vor den §§ 238 ff. HGB. 1

II. Anwendungsbereich (1. Teilsatz)

Angesprochen sind in erster Linie **Regie**- und Eigenbetriebe einer Gemeinde oder eines Gemeinde- oder Zweckverbands ohne eigene Rechtspersönlichkeit, die allerdings die Kaufmannseigenschaft nach §§ 1 und 2 HGB erfüllen. Das Eigenbetriebsrecht unterliegt nach Art. 30 GG der Gesetzgebungskompetenz der Länder. 2

Unternehmen des Bundes und der Länder sind von § 263 HGB ebenso wenig betroffen wie privatrechtlich organisierte Unternehmen, an denen Gemeinden (oder Bund oder Länder) beteiligt sind. Letztere haben eine eigene Rechtspersönlichkeit und müssen die nach Handels- und Gesellschaftsrecht einschlägigen Rechnungslegungsvorschriften beachten.

III. Abweichende Vorschriften (2. Teilsatz)

Zur Vermeidung, Ergänzung oder Modifikation der im Hinblick auf die Kaufmannseigenschaft bestehenden Rechnungslegungspflicht nach §§ 238 ff. HGB haben die Länder im Rahmen von Eigenbetriebsverordnungen auch Regelungen zur Rechnungslegung auf der Grundlage der kaufmännischen Buchführung erlassen. Diesen gewährt § 263 HGB den Vorrang. 3

Zweiter Abschnitt: Ergänzende Vorschriften für Kapitalgesellschaften (Aktiengesellschaften, Kommanditgesellschaften auf Aktien und Gesellschaften mit beschränkter Haftung) sowie bestimmte Personenhandelsgesellschaften

Erster Unterabschnitt: Jahresabschluss der Kapitalgesellschaft und Lagebericht

Erster Titel: Allgemeine Vorschriften

§ 264 Pflicht zur Aufstellung

(1) [1]Die gesetzlichen Vertreter einer Kapitalgesellschaft haben den Jahresabschluss (§ 242) um einen Anhang zu erweitern, der mit der Bilanz und der Gewinn- und Verlustrechnung eine Einheit bildet, sowie einen Lagebericht aufzustellen. [2]Die gesetzlichen Vertreter einer kapitalmarktorientierten Kapitalgesellschaft, die nicht zur Aufstellung eines Konzernabschlusses verpflichtet ist, haben den Jahresabschluss um eine Kapitalflussrechnung und einen Eigenkapitalspiegel zu erweitern, die mit der Bilanz, Gewinn- und Verlustrechnung und dem Anhang eine Einheit bilden; sie können den Jahresabschluss um eine Segmentberichterstattung erweitern. [3]Der Jahresabschluss und der Lagebericht sind von den gesetzlichen Vertretern in den ersten drei Monaten des Geschäftsjahrs für das vergangene Geschäftsjahr aufzustellen. [4]Kleine Kapitalgesellschaften (§ 267 Abs. 1) brauchen den Lagebericht nicht aufzustellen; sie dürfen den Jahresabschluss auch später aufstellen, wenn dies einem ordnungsgemäßen Geschäftsgang entspricht, jedoch innerhalb der ersten sechs Monate des Geschäftsjahrs.

(2) [1]Der Jahresabschluss der Kapitalgesellschaft hat unter Beachtung der Grundsätze ordnungsmäßiger Buchführung ein den tatsächlichen Verhältnissen entsprechendes Bild der Vermögens-, Finanz- und Ertragslage der Kapitalgesellschaft zu vermitteln. [2]Führen besondere Umstände dazu, dass der Jahresabschluss ein den tatsächlichen Verhältnissen entsprechendes Bild im Sinne des Satzes 1 nicht vermittelt, so sind im Anhang zusätzliche Angaben zu machen. [3]Die gesetzlichen Vertreter einer Kapitalgesellschaft, die Inlandsemittent im Sinne des § 2 Abs. 7 des Wertpapierhandelsgesetzes und keine Kapitalgesellschaft im Sinne des § 327a ist, haben bei der Unterzeichnung schriftlich zu versichern, dass nach besten Wissen der Jahresabschluss ein den tatsächlichen Verhältnissen entsprechendes Bild im Sinne des Satzes 1 vermittelt oder der Anhang Angaben nach Satz 2 enthält.

(3) Eine Kapitalgesellschaft, die Tochterunternehmen eines nach § 290 zur Aufstellung eines Konzernabschlusses verpflichteten Mutterunternehmens ist, braucht die Vorschriften dieses Unterabschnitts und des Dritten und Vierten Unterabschnitts dieses Abschnitts nicht anzuwenden, wenn

1. alle Gesellschafter des Tochterunternehmens der Befreiung für das jeweilige Geschäftsjahr zugestimmt haben und der Beschluss nach § 325 offen gelegt worden ist,

2. das Mutterunternehmen zur Verlustübernahme nach § 302 des Aktiengesetzes verpflichtet ist oder eine solche Verpflichtung freiwillig übernommen hat und diese Erklärung nach § 325 offen gelegt worden ist,
3. das Tochterunternehmen in den Konzernabschluss nach den Vorschriften dieses Abschnitts einbezogen worden ist und
4. die Befreiung des Tochterunternehmens
   a. im Anhang des von dem Mutterunternehmen aufgestellten und nach § 325 durch Einreichung beim Betreiber des elektronischen Bundesanzeigers offen gelegten Konzernabschlusses angegeben und
   b. zusätzlich im elektronischen Bundesanzeiger für das Tochterunternehmen unter Bezugnahme auf diese Vorschrift und unter Angabe des Mutterunternehmens mitgeteilt worden ist.

(4) Absatz 3 ist auf Kapitalgesellschaften, die Tochterunternehmen eines nach § 11 des Publizitätsgesetzes zur Aufstellung eines Konzernabschlusses verpflichteten Mutterunternehmens sind, entsprechend anzuwenden, soweit in diesem Konzernabschluss von dem Wahlrecht des § 13 Abs. 3 Satz 1 des Publizitätsgesetzes nicht Gebrauch gemacht worden ist.

Inhaltsübersicht

	Rz.
I. Bestandteile des Jahresabschlusses (Abs. 1 Sätze 1 und 2)	1 - 8
1. Der Jahresabschluss als Einheit von Bilanz, GuV und Anhang	1 - 3
2. Der Lagebericht	4
3. Kapitalflussrechung und Eigenkapitalspiegel bei kapitalmarktorientierten Gesellschaften	5
4. Freiwillige Erweiterungen des Jahresabschlusses	6 - 7
5. Freiwilliger Anhang bei Personenunternehmen	8
II. Aufstellung von Jahresabschluss und Lagebericht (Abs. 1 Sätze 3 und 4)	9 - 13
1. Aufstellung durch die gesetzlichen Vertreter	9 - 10
2. Aufstellungsfristen	11 - 12
3. Rechtsfolgen einer nicht rechtzeitigen Aufstellung	13
III. Das den tatsächlichen Verhältnissen entsprechende Bild (Abs. 2)	14 - 36
1. Der *true and fair view* im Verhältnis zu den Einzelvorschriften	14 - 18
2. Divergenz von tatsächlicher und dargestellter Lage – Anwendungsfälle	19 - 26
2.1 Imparitäts- und Realisationsprinzip	19
2.2 Ausübung von Wahlrechten	20 - 21
2.3 Sachverhaltsgestaltungen	22 - 26
3. Erläuterungen im Anhang	27
4. Rechtsfolgen eines Verstoßes gegen die Generalnorm	28 - 29
5. Der Bilanzeid (Abs. 2 Satz 3)	30 - 36
5.1 Sachlicher Anwendungsbereich	30 - 31
5.2 Persönlicher Anwendungsbereich	32
5.3 Form und Inhalt der Versicherung	33 - 35
5.4 Rechtsfolgen eines unterlassenen oder falschen Bilanzeids	36
IV. Erleichterungen für bestimmte Tochterkapitalgesellschaften (Abs. 3 und 4)	37 - 53
1. Art der Erleichterungen	37 - 38
2. Allgemeine Voraussetzungen für die Inanspruchnahme der Erleichterungen	39 - 50
2.1 Tochter-Verhältnis zu einer inländischen Kapital- oder einer europäischen Kap. & Co.-Gesellschaft?	39
2.2 Einbeziehung des Tochterunternehmens in den Konzernabschluss	40 - 42

2.3 Zustimmung der Gesellschafter des Tochterunternehmens	43 - 44
2.4 Verlustübernahme durch Mutterunternehmen	45 - 48
2.5 Angaben im Konzernabschluss	49
2.6 Bekanntmachung im elektronischen Bundesanzeiger für das Tochterunternehmen	50
3. Besondere Voraussetzungen bei Mutterpersonenunternehmen	51 - 52
4. Rechtsfolgen fehlender Erleichterungsvoraussetzungen	53

Ausgewählte Literatur

Clemm, Bilanzpolitik und Ehrlichkeits- („true and fair view-")Gebot, WPg 1989 S. 357

Giese/Rabenhorst/Schindler, Erleichterungen bei Rechnungslegung, Prüfung und Offenlegung von Konzerngesellschaften, BB 2001 S. 511

Hahn, Der Bilanzeid – Neue Rechtsfigur im deutschen Kapitalmarktrecht, IRZ 2007 S. 375

Hoffmann, Jahresabschlusspolitik und die Generalnorm des § 264 Abs. 2 HGB, DB 1996 S. 1821

Küting/Gattung, Der Principle Override nach IFRS – vom Mythos einer fairen Rechnungslegung, PiR 2006 S. 33 und S. 49

Lüdenbach, Tatsachengetreue Darstellung des Rückstellungsbedarfs – Einschränkungen von Ermessensspielräumen durch die Generalnorm?, StuB 2009 S. 735

I. Bestandteile des Jahresabschlusses (Abs. 1 Sätze 1 und 2)

1. Der Jahresabschluss als Einheit von Bilanz, GuV und Anhang

Während der Jahresabschluss der Personenunternehmen aus Bilanz und GuV besteht (§ 242 Abs. 3 HGB), ist er für Kapitalgesellschaften und unter § 264a HGB fallende Kap. & Co.-Gesellschaften um einen Anhang zu erweitern. Die drei Bestandteile des Jahresabschlusses bilden nach Abs. 1 Satz 1 eine **Einheit**. Dies hat formale und inhaltliche Folgen.

Aus der Einheit folgt **formal**:

▶ Der Jahresabschluss ist erst **aufgestellt**, wenn alle drei Bestandteile vorliegen.

▶ Sie sind gemeinsames Prüfungsobjekt; der Abschlussprüfer kann sein **Testat** nur zum Jahresabschluss als Ganzes geben.

▶ Die Bestandteile sind gemeinsam **offen zu legen**.

Inhaltlich bedingt die Einheit von Bilanz, GuV und Anhang, dass die einzelnen Bestandteile nicht je für sich ein den **tatsächlichen Verhältnissen** entsprechendes Bild vermitteln müssen (Abs. 2 Satz 1), sondern dies nur **insgesamt** gefordert ist.

Dies bedeutet jedoch nicht, dass eine falsche Darstellung in Bilanz oder GuV durch den Anhang „geheilt" wird:

▶ Nur soweit Bilanz und GuV nach GoB und gesetzlichen Vorschriften erstellt sind **und**

▶ gleichwohl kein den tatsächlichen Verhältnissen entsprechendes Bild vermittelt wird,

▶ kann diese Divergenz von tatsächlicher und dargestellter Lage durch den Anhang „geheilt" werden.

Die Praxis beachtet diese Einschränkung nicht immer und sieht eine im Anhang offen gelegte Fehlbilanzierung zum Teil als eine lässliche Sünde an. Ein solches Vorgehen ist nicht gesetzeskonform.

2. Der Lagebericht

4 Der Lagebericht ist kein Bestandteil des Jahresabschlusses, sondern ein **eigenständiger** Teil des Jahresberichts. Wegen Einzelheiten wird auf → § 289 verwiesen.

Kleine Kapital- und **Kap. & Co.-Gesellschaften** müssen keinen Lagebericht aufstellen (Abs. 1 Satz 4).

3. Kapitalflussrechung und Eigenkapitalspiegel bei kapitalmarktorientierten Gesellschaften

5 Kapitalmarktorientierte Kapitalgesellschaften, die nicht zur Aufstellung eines Konzernabschlusses verpflichtet sind, haben den Jahresabschluss um eine Kapitalflussrechnung und einen Eigenkapitalspiegel zu erweitern (Abs. 1 Satz 2).

Die Vorschrift ist von **geringerer praktischer Bedeutung**, da sie nur kapitalmarktorientierte Kapitalgesellschaften i. S. von § 264d HGB (→ Rz. 5) betrifft und auch diese nur dann, wenn kein Konzernabschluss aufgestellt wird.

Wegen der inhaltlichen Vorgaben für eine **Kapitalflussrechnung** und einen **Eigenkapitalspiegel** wird auf → § 297 Rz. 6 und → § 297 Rz. 91 verwiesen.

4. Freiwillige Erweiterungen des Jahresabschlusses

6 Freiwillige Erweiterungen des Jahresabschlusses, etwa die Kapitalflussrechnung einer nicht kapitalmarktorientierten Gesellschaft, dürfen nach herrschender Auffassung in den **Anhang** integriert werden, soweit dadurch die Klarheit und Übersichtlichkeit der Darstellung nicht beeinträchtigt wird.[1]

7 Die Aufnahme freiwilliger Angaben in den Anhang hat Rechtsfolgen. Die freiwilligen Angaben

▶ werden **prüfungspflichtig** und

▶ nehmen Teil an der Gesamtwürdigung, ob der Jahresabschluss ein den tatsächlichen **Verhältnissen** entsprechendes Bild vermittelt (Abs. 2 Satz 1).

Zur Vermeidung dieser Konsequenzen können die Angaben in einem Geschäftsbericht in besonderen Abschnitten **außerhalb** des Anhangs platziert werden. Der Prüfer hat sie dann nur noch einem *review* auf Widersprüchlichkeit zu den Angaben im Jahresabschluss zu unterziehen (IDW PS 202).

---

1 Vgl. auch *Winkeljohann/Schellhorn*, in: Beck'scher Bilanz-Kommentar, 7. Aufl., München 2010, § 264 Tz. 7.

5. Freiwilliger Anhang bei Personenunternehmen

Soweit Personenunternehmen ihrem Jahresabschluss freiwillig einen als „**Anhang**" bezeichneten Teil beifügen, hat dieser u. E. zur Vermeidung einer Irreführung den für Kapitalgesellschaften geltenden **gesetzlichen Vorschriften** an den Anhang zu genügen (→ § 247 Rz. 12).

8

Wenn dies nicht erwünscht ist, empfiehlt sich die Wahl einer **anderen** Bezeichnung, etwa „**Erläuterungen** zur Bilanz und GuV".

II. Aufstellung von Jahresabschluss und Lagebericht (Abs. 1 Sätze 3 und 4)

1. Aufstellung durch die gesetzlichen Vertreter

Die **gesetzlichen Vertreter** der Kapitalgesellschaft haben den Jahresabschluss und den Lagebericht aufzustellen (Abs. 1 Satz 3). Sie sind zugleich (wichtigste) Normadressaten der Straf-, Bußgeld und Ordnungsgeldvorschriften der §§ 331 ff. HGB (→ § 331 Rz. 5, → § 334 Rz. 4, → § 335 Rz. 6). Wer gesetzlicher Vertreter ist, ergibt sich aus dem Gesellschaftsrecht. Aufstellungspflichtig sind danach:

9

- bei der GmbH die Geschäftsführer (§§ 35, 41 GmbHG) einschließlich der stellvertretenden Geschäftsführer (§ 44 GmbHG), in der Liquidation die Liquidatoren (§ 70 GmbHG),
- bei der AG die Mitglieder des Vorstands, soweit sie Vorstandsgeschäfte wahrnehmen auch deren Stellvertreter (§§ 78, 91, 94 AktG),
- bei der Kommanditgesellschaft auf Aktien die Komplementäre (§ 278 Abs. 2 AktG, §§ 114 ff., 161 Abs. 2 HGB),
- bei der SE die Mitglieder des Vorstands oder die Geschäftsführenden Direktoren (Art. 9 Abs. 1b SE-VO, §§ 41 Abs. 7 und 47 Abs. 1 SEAG).

Wegen der Besonderheiten bei Kap. & Co.-Gesellschaften wird verwiesen auf → § 238 Rz. 2.

Die **interne Geschäftsverteilung** im Vorstands- oder Geschäftsführungsgremium, etwa mit Verantwortlichkeit des Finanzvorstands für den Jahresabschluss und dem Lagebericht, befreit die anderen Gremiumsmitglieder nicht von ihrer gesetzlichen Verantwortung[2] (→ § 238 Rz. 3). Sie können

10

- durch nicht sachgerechte Auswahl des zuständigen Vorstandsmitglieds
- oder fehlende kontinuierliche Überwachung

eine schuldhafte Pflichtverletzung begehen.[3]

2. Aufstellungsfristen

Große und **mittelgroße Kapitalgesellschaften** haben den Jahresabschluss und den Lagebericht innerhalb von **drei Monaten** von dem Abschlussstichtag aufzustellen (Abs. 1 Satz 3).

11

---

2 Vgl. *Winkeljohann/Schellhorn*, in: Beck'scher Bilanz-Kommentar, 7. Aufl., München 2010, § 264 Tz. 11.
3 BGH-Urteil vom 26. 6. 1995 – II ZR 109/94, ZIP 1995 S. 1334 ff.

Für **kleine Kapitalgesellschaften** wird die Frist auf **maximal sechs Monate** verlängert (Abs. 1 Satz 4), jedoch nur insofern, als die spätere Aufstellung einem ordnungsgemäßen Geschäftsgang entspricht (→ Rz. 12).

12 **Gesellschaftsvertraglich** können die genannten Fristen verkürzt, aber nicht verlängert werden.

In **Krisensituationen** kann sich wegen §§ 283 Abs. 1 Nr. 7b und 283b Abs. 1 Nr. 3b StGB eine Verpflichtung zur Abschlusserstellung vor Ablauf der gesetzlichen Fristen ergeben, wenn dies bei entsprechender Konzentration der Ressourcen ohne Schwierigkeiten möglich ist.

3. Rechtsfolgen einer nicht rechtzeitigen Aufstellung

13 Die nicht fristgemäße Aufstellung ist mit keinen speziellen Sanktionen belegt. Die Aufstellung ist jedoch Voraussetzung für die Offenlegung des Jahresabschlusses und des Lageberichts. Bei **nicht rechtzeitiger Offenlegung** ist vom Bundesamt für Justiz ein **Ordnungsgeldverfahren** durchzuführen (→ § 335 Rz. 1 ff.). Nach § 335 Abs. 1 Satz 3 HGB steht diesem Verfahren „nicht entgegen, dass eine der Offenlegung vorausgehende Pflicht, insbesondere die Aufstellung des Jahres- oder Konzernabschlusses ... noch nicht erfüllt ist".

Darüber hinaus kann die schuldhafte Fristüberschreitung **Schadenersatzpflichten** gegenüber der Gesellschaft auslösen (bei der GmbH etwa nach § 43 Abs. 2 GmbHG).

III. Das den tatsächlichen Verhältnissen entsprechende Bild (Abs. 2)

1. Der *true and fair view* im Verhältnis zu den Einzelvorschriften

14 Alle Kaufleute haben den Jahresabschluss nach den GoB aufzustellen (→ § 243 Rz. 1). Kapital- und Kap. & Co.-Gesellschaften müssen unter Beachtung der GoB ein den tatsächlichen Verhältnissen entsprechendes Bild der Vermögens-, Finanz- und Ertragslage vermitteln (Abs. 2 Satz 1).

Nach Abs. 2 Satz 2 sind im **Anhang** zusätzliche Angaben zu machen, sofern **besondere Umstände** dazu führen, dass der Jahresabschluss (gemeint: Bilanz und GuV) dieses Bild nicht vermittelt (→ Rz. 3).

15 Strittig ist, ob die in Satz 1 enthaltene sog. **General**norm den **Einzel**normen vorgeht oder umgekehrt die Einzelnormen Vorrang vor der Generalnorm haben.

Eng mit dieser Problemstellung verbunden ist einerseits die Frage nach dem **Verhältnis** der Generalnorm zu Bilanz und GuV und andererseits zum Anhang.

16 Abs. 2 Satz 2 setzt voraus, dass Bilanz und GuV in besonderen Umständen kein den tatsächlichen Verhältnissen entsprechendes Bild vermitteln, und verlangt für diesen Fall Anhangangaben, um im Jahresabschluss insgesamt eine tatsachengetreue Darstellung zu erreichen. Nach der sog. **Abkopplungsthese** soll daher Abs. 2 Satz 1 eine Generalnorm für den Anhang sein, während Bilanz und GuV ohne Rücksicht auf die Generalnorm erstellt werden können.[4]

---

[4] Vgl. *ADS*, 6. Aufl., § 264 Tz. 59 und 88.

Die Abkopplungsthese steht im **Widerspruch** zu den Vorgaben von Art. 2 Abs. 2 bis 5 der **4. EG-Richtlinie**. Hiernach hat der Jahresabschluss (insgesamt) ein den tatsächlichen Verhältnissen entsprechendes Bild zu vermitteln (Art. 2 Abs. 3) mit der Folge, dass in Ausnahmefällen von den Einzelvorschriften abzuweichen ist, um eine tatsachengetreue Darstellung sicherzustellen (Art. 2 Abs. 5).

Der Gesetzgeber hat den in Art. 2 Abs. 5 der 4. EG-Richtlinie enthaltenen Vorrang der Generalnorm vor den Einzelregeln (*principle override*) nicht in das HGB transformiert. Die Abkopplungsthese wird hierdurch aber nicht gestützt. Der Gesetzgeber führt zur Begründung vielmehr an, dass es sich beim Vorrang der Generalnorm um einen allgemeinen Grundsatz handele, Gesetze stets so anzuwenden, wie es ihrem **Sinn und Zweck** entspricht. „Nach diesem Grundsatz kann auch die Nichtanwendung der Vorschrift gerechtfertigt sein, wenn trotz sachgerechter Auslegung der gesetzliche Zweck der Vorschrift mit deren Anwendung nicht zu erreichen ist."[5]

17

Der Gesetzgeber geht somit gerade nicht von einem unbedingten Vorrang der GoB und der gesetzlichen Einzelvorschriften vor der Generalklausel aus, hält vielmehr im Ausnahmefall eine Abweichung von den Einzelnormen für geboten.

Ähnlich wie in den IFRS (IAS 1.15 ff.) gilt damit u. E.:

18

- Im **Normalfall** sind die **Einzelvorschriften** zu befolgen.
- Soweit die daraus resultierende Darstellung in **Ausnahmefällen** der tatsächlichen Lage widerspricht, ist von den **Einzelregeln abzuweichen, wenn** die **Divergenz** von tatsächlicher und dargestellter Lage **groß** ist.[6]
- Soweit **kein Ausnahmefall**, sondern eine vom Gesetz systematisch gewollte Divergenz vorliegt (→ Rz. 19) und/oder die Divergenz **weniger bedeutsam** ist, reicht die Erläuterung im Anhang als das mildere Mittel aus.

2. Divergenz von tatsächlicher und dargestellter Lage – Anwendungsfälle

2.1 Imparitäts- und Realisationsprinzip

Soweit die GoB **systematisch** und vom Gesetzgeber **gewollt** zu einer Divergenz von tatsächlicher und dargestellter Lage führen, ist ein *principal override* (→ Rz. 17) nicht gerechtfertigt. Von besonderer Bedeutung sind hier das **Imparitäts-** und das **Realisationsprinzip** (→ § 252 Rz. 82 ff.). Hierzu folgende Beispiele:

19

- Mit dem Imparitäts- und Anschaffungskostenprinzip notwendig verbunden ist die Legung **stiller Reserven** bei langfristigen Wertsteigerungen, etwa im Grund und Boden.
- Als Folge des Realisationsprinzips bzw. seiner herrschenden Auslegung sind **Teilgewinne** bei **langfristiger Fertigung** nicht ansatzfähig.

---

5 Begründung: Regierungsentwurf zum Bilanzrichtliniengesetz, BT-Drucks. 10/317, S. 77.
6 Ähnlich *Hüttemann*, in: Ulmer (Hrsg.), HGB-Bilanzrecht, 2002, § 264 Tz. 13 ff., sowie *Müller*, in: Haufe HGB Bilanz Kommentar, Freiburg 2009, § 264 Tz. 52 und 83.

In derartigen Fällen ist ein *principal override* **nicht zulässig**, jedenfalls nicht geboten, und eine Anhangangabe nur dann erforderlich, wenn „besondere Umstände" vorliegen, etwa die stillen Reserven eine ganz ungewöhnliche Höhe haben oder das Unternehmen hauptsächlich in langfristiger Fertigung tätig ist, wobei das Auftrags- und Fertigungsvolumen stärkeren Schwankungen unterliegt (→ § 252 Rz. 106).

2.2 Ausübung von Wahlrechten

20 Nach der Abkopplungsthese (→ Rz. 16) schränkt die Generalklausel die Ausübung von **Wahlrechten** nicht ein. Nach der Gegenauffassung gilt dies nur für ausdrücklich vom Gesetzgeber als gleichwertig zur Auswahl gestellte Wahlrechte (etwa Aktivierung oder Aufwandsverrechnung eines Disagio nach § 250 HGB) und Billigkeitswahlrechte (etwa der bis zum BilMoG zulässigen Übernahme steuerrechtlicher Werte).[7]

21 Der Gegenauffassung ist zuzustimmen. Soweit die Generalklausel überhaupt einen Sinn behalten soll, dürfen insbesondere unechte Wahlrechte (Ausübung von Ermessen) nicht dazu benutzt werden, die Entwicklung der tatsächlichen Lage zu verschleiern.

> **BEISPIEL**[8] U hat über ein Jahrzehnt von Jahr zu Jahr wachsende Gewinne erzielt. Im Jahr 11 bricht dieser Trend objektiv ab.
>
> In den Jahren 1 bis 10 hat sich U bei der Bemessung von unterschiedlichen Rückstellungen stets am oberen Teil des Intervalls vertretbarer Werte orientiert, in 11 wird gerade umgekehrt verfahren und nur dadurch die tatsächliche Trendumkehr verschleiert.
>
> **BEURTEILUNG** Die Wahlrechtsausübung verschleiert die tatsächliche Entwicklung und zwar in einer wesentlichen (digitalen) Frage, ob der Trend des Ergebniswachstums ungebrochen ist oder nicht.
>
> Ein unzulässiger Verstoß gegen die Generalnorm liegt vor.

Im Falle der Verschleierung der tatsächlichen Lage durch **gezielte Ausübung** unechter Wahlrechte reicht eine Anhangerläuterung nach Abs. 2 Satz 2 nicht aus. Diese ist nur vorgesehen, wenn „besondere Umstände" dazu führen, dass der Jahresabschluss kein den tatsächlichen Verhältnissen entsprechendes Bild vermittelt. Ein „Umstand" ist jedoch eine Einzelheit, Tatsache oder Situation, mithin eine objektive Gegebenheit, und **keine willentliche Handlung**. Wenn daher willentlich die tatsächliche Lage der Gesellschaft verschleiert wird, führen nicht die Umstände zu einer Fehldarstellung, sondern die Verschleierungsabsichten. In diesem Fall ist Abs. 2 Satz 1 uneingeschränkt zu beachten und für die Anwendung des milderen Mittels des Abs. 2 Satz 2 bleibt kein Raum.

2.3 Sachverhaltsgestaltungen

22 Zu den bilanzpolitischen Maßnahmen im weiteren Sinne gehören auch die sog. Sachverhaltsgestaltungen. Von den eigentlichen Wahlrechten unterscheiden sie sich durch den Zeithori-

---

7 Vgl. *Hüttemann*, in: Ulmer (Hrsg.), HGB-Bilanzrecht, 2002, § 264 Tz. 42.
8 Ausführlich *Lüdenbach*, StuB 2009 S. 735 ff.

zont: Sie müssen vor und nicht **nach dem Stichtag** durchgeführt werden. Damit einher geht ein **sachlicher** Unterschied:

▶ Die stichtagsnachverlagerte Bilanzpolitik im engeren Sinne spielt sich allein auf der **Abbildungsebene** ab, also bei der Frage, wie zum Stichtag realisierte Sachverhalte in der Bilanz darzustellen sind.

▶ Die stichtagsvorverlagerte Sachverhaltsgestaltung hat zwar ein angestrebtes bilanzielles Bild als Zielgröße, ihr Aktionsparameter ist jedoch der **Sachverhalt selbst**. Dieser wird vor dem Bilanzstichtag im Hinblick auf das gewünschte bilanzielle Bild verändert.

Wichtige Sachverhaltsgestaltungen sind: 23

▶ **Forderungsverkäufe** zur Verbesserung der Liquiditätslage (→ § 246 Rz. 201),

▶ **Wertpapierpensionsgeschäfte** zur Transformation unrealisierter in ausweisfähige Gewinne (→ § 246 Rz. 226),

▶ **Sale and lease back**-Transaktionen zur Verkürzung der Bilanzsumme und Verbesserung der Eigenkapitalquote (→ § 246 Rz. 190),

▶ **Veräußerung von Forschungsergebnissen** an verbundene oder nahestehende Unternehmen zur Realisierung von Gewinnen etc.

Da das externe Rechnungswesen anders als Teile des internen Rechnungswesens **keinem** Soll-Prinzip folgt, also nicht kalkulatorische oder typisierte Größen verwendet, sind die gestalteten Vorgänge zunächst in der Bilanz so abzubilden, wie sie sich tatsächlich ereignet haben. Sofern daher etwa der *lease back* die Qualität eines *operating lease* hat, ist aus dem *sale* ggf. ein Gewinn zu realisieren und bei Verwendung des Veräußerungserlöses zur Tilgung von Verbindlichkeiten die Bilanzsumme zu kürzen, mithin die Eigenkapitalquote zu erhöhen. 24

▶ In **statischer** Sicht ist dann eine Verletzung der Generalnorm von vornherein auszuscheiden.

▶ In **dynamischer** Sicht, also in der Ableitung eines Trends aus dem Vergleich zur Vorperiode, vermittelt die sachverhaltsgestaltende Maßnahme jedoch einen falschen Eindruck. Die Entwicklung von Eigenkapitalquote, Gewinn etc. wird besser dargestellt, als es der tatsächlichen Veränderung gegenüber der Vorperiode entspricht. Soweit die Divergenz von größerem Gewicht ist, sind daher mindestens erläuternde Angaben im Anhang vorzunehmen.

Eine explizite **gesetzliche** Regelung zur – bezüglich des Adressatenkreises eingeschränkten – Offenlegung sachverhaltsgestaltender Maßnahmen findet sich nur in § 321 Abs. 1 Satz 3 HGB. Hiernach muss der Abschlussprüfer im Hauptteil des **Prüfungsberichts** darauf eingehen, ob der Abschluss ein den tatsächlichen Verhältnissen entsprechendes Bild vermittelt und dabei auch den Einfluss der Ausübung von Bilanzierungswahlrechten und sachverhaltsgestaltenden Maßnahmen auf die Darstellung erläutert. Nach IDW PS 450 Tz. 91 ist eine entsprechende Berichterstattung insbesondere dann erforderlich, wenn Wahlrechtsausübungen insgesamt zusammen mit sachverhaltsgestaltenden Maßnahmen tatsächliche Entwicklungen und Trends in der Vermögens-, Finanz- oder Ertragslage des Unternehmens verdecken oder überzeichnen oder üblicherweise betrachtete bilanzanalytische Kennzahlen wesentlich beeinflussen. Nach IDW PS 470 Tz. 20 kann es dabei z. B. sinnvoll sein, von dem im Jahresabschluss ausgewiesenen Ergebnis auf ein um die Einflüsse sachverhaltsgestaltender Maßnahmen **bereinigtes Ergebnis** überzuleiten. 25

§ 321 Abs. 1 Satz 3 HGB ist im Rahmen des „Gesetzes zur weiteren Reform des Aktien- und Bilanzrechts, zu Transparenz und Publizität" (TransPuG) in das HGB eingefügt worden. Durch das Gesetz sollte u. a. die Prüfungs- und Überwachungsfunktion des Aufsichtsrats (der Publikums-AG) gestärkt werden, deshalb ist auch der Aufsichtsrat dieser Gesellschaft der (§ 321 Abs. 5 Satz 2 HGB) **Adressat** des Prüfungsberichts.

Der **Gesellschafter (Aktionär)** geht hingegen trotz seiner Eigenschaft als Erstadressat der Rechnungslegung leer aus. Als allgemeine Begründung für die fehlende Publizität des Prüfungsberichts führt die Bundesregierung Folgendes an:[9]

- „Der Bericht über die Prüfung des Jahresabschlusses ist, anders als der Bestätigungsvermerk, nicht zu veröffentlichen. Dadurch ist gewährleistet, dass zum einen der Prüfungsbericht hinreichend informativ und kritisch gestaltet wird ..."

- Dessen ungeachtet erkennen Regierung und Regierungskommission an, dass die tatsächliche Publizität des Prüfungsberichts über den gesetzlichen Adressatenkreis (Aufsichtsrat, Vorstand) hinausreicht. In einem von § 321 Abs. 2 Satz 4 HGB losgelösten Kontext führt die Regierungsbegründung zur faktischen Publizität Folgendes aus: „Nicht gefolgt werden soll im Übrigen dem Vorschlag der Regierungskommission, die Berichterstattung über nicht rechnungslegungsbezogene Gesetzes- und Satzungsverstöße künftig in eine vom Prüfungsbericht gesonderte Erklärung aufzunehmen. Die Regierungskommission hat dies damit begründet, dass Prüfungsberichte unter Umständen auch Aufsichtsbehörden, Finanzämtern oder Kreditinstituten vorgelegt werden und – wenn stattdessen künftig eine gesonderte Erklärung erforderlich sei – es dem Abschlussprüfer künftig erleichtert werde, positive Feststellungen zu machen. Jedoch dürfte nicht davon auszugehen sein, dass eine entsprechende gesonderte Erklärung mit einem höheren Vertraulichkeitsgrad behandelt werden kann. Vielmehr wird davon auszugehen sein, dass diejenigen Institutionen, die bisher die Vorlage des Prüfungsberichts verlangt haben, dann auch die Vorlage der entsprechenden gesonderten Erklärung des Abschlussprüfers verlangen werden. Zumindest bei privaten Institutionen, wie z. B. Banken, wird sich die Ausübung einer entsprechenden Nachfragemacht auch nicht ausschließen lassen."

In der Zusammenfassung beider Zitate ergibt sich folgende **Argumentationslinie**:

- Den Eigenkapitalgebern (Aktionäre) – also die Primäradressaten der Rechnungslegung – gehen über den Bestätigungsvermerk hinaus die Ergebnisse der Abschlussprüfung nichts an.
- Wenn umgekehrt der Abschlussprüfer auch die Unternehmenseigentümer (Aktionäre) informieren müsste, fiele der Bericht nicht mehr informativ und kritisch, sondern nichtssagend aus.
- Die faktische Publizität des Prüfungsberichts erstreckt sich aber auf bestimmte Fremdkapitalgeber (Banken).
- Die damit einhergehende informationelle Privilegierung gegenüber den Eigenkapitalgebern ist eine Folge wirtschaftlicher Machtverhältnisse.

26 Eine **neomarxistische** Kritik zum Verhältnis zwischen ideologischem Überbau – „Transparenz, Publizität, Stärkung der (Klein-)Aktionärsinteressen" – und tatsächlichen Machtverhältnissen hätte kaum prägnanter ausfallen können. Eine politische Deutung dieses Befunds sowie ein

---

9 BMJ – Regierungsentwurf TransPuG vom 6. 2. 2002.

Vorschlag zur Reform des geltenden Rechts könnte ein reizvolles Sujet sein. Uns interessiert indes an dieser Stelle mehr, wie weit eine **Lösung** des **Problems** im gegebenen Rechtsrahmen möglich ist. Hier ist zunächst festzustellen:

- Die im Prüfungsbericht gebotene Darstellung der Ausnutzung von Ermessensspielräumen sowie sachverhaltsgestaltender Maßnahmen betrifft nach dem Verständnis des Gesetzgebers und der daraus resultierenden Formulierung nicht die (echten) Bilanzierungs- und Bewertungswahlrechte und ist daher nicht nach § 284 Abs. 2 Nr. 1 und 3 HGB berichtspflichtig.

- In Frage kommt somit nur eine Berichtspflicht nach § 264 Abs. 2 Satz 1 HGB. Der Jahresabschluss hat in seiner Gesamtheit die tatsächliche Lage darzustellen. Sofern Bilanz und GuV dies wegen des Ist-Prinzips bei sachverhaltsgestaltenden Maßnahmen in dynamischer Sicht nicht leisten, muss daher (unabhängig von Abs. 2 Satz 2) dem falschen Gesamteindruck durch eine Anhangangabe entgegengewirkt werden.

Hierzu folgendes Beispiel:

> **BEISPIEL** In den Jahren 01 bis 05 hat U im Wesentlichen nur Umsätze mit fremden Dritten getätigt. Saisonschwerpunkt ist jeweils das erste Quartal. Der Umsatz ist hierbei von Jahr zu Jahr gestiegen. In 06 sind die Umsätze mit Dritten erstmals rückläufig. Im Hinblick auf anstehende Verhandlungen über die Prolongation von Krediten soll dies jedoch nicht offenbart werden. Kurz vor dem 31. 12. 2006 veräußert U daher in größerem Umfang Waren und Erzeugnisse an nahestehende Unternehmen. Rücknahme- oder Weiterveräußerungsgarantien leistet U nicht. Die nahestehenden Unternehmen erhalten jedoch die faktische Möglichkeit, die Güter im ersten Quartal 07 an Kunden des U weiter zu liefern.
>
> - Nach dem Ist-Prinzip ist der Umsatz mit den nahestehenden Personen zu verbuchen.
> - Die GuV zeigt daher erneut ein Umsatzwachstum gegenüber dem Vorjahr.
> - Dies ist jedoch nur die Folge einer sachverhaltsgestaltenden, zudem auf Kosten der Umsatzerwartung 07 gehenden Maßnahme.
> - In dynamischer Sicht vermittelt die GuV 06 daher kein den tatsächlichen Verhältnissen entsprechendes Bild.
> - Um dieses insgesamt im Jahresabschluss zu gewährleisten, ist im Anhang die Entwicklung des Umsatzes mit externen Kunden offen zu legen und auf die Vorbelastung des Jahres 07 hinzuweisen.

3. Erläuterungen im Anhang

Unabhängig davon, ob sich hier eine Anhangangabepflicht nach Abs. 2 Satz 1 (→ Rz. 26) oder nach Abs. 2 Satz 2 (→ Rz. 14) ergibt, gilt für deren Inhalt:

- Der **abstrakte** Hinweis, dass Bilanz und GuV an den Punkten A und B kein den tatsächlichen Verhältnissen entsprechendes Bild vermittelt, reicht nicht.
- Vielmehr sind die **Informationen** zu geben, die zur Vermittlung eines tatsachengetreuen Bildes notwendig sind.

27

Hierzu gehört i. d. R. eine „**Schattenbilanzierung**", die darstellt, wie sich die Vermögens-, Finanz- oder Ertragslage bzw. deren Entwicklung ohne den verzerrenden Umstand oder verzerrende Wahlrechtsausübung ergeben bzw. entwickelt hätte.

Die Anhangangabe ist subsidiär. Insbesondere im Bereich der Ausübung unechter Wahlrechte ist zuvor zu prüfen, ob eine entsprechende Darstellung in Bilanz und GuV überhaupt zulässig ist (→ Rz. 21).

4. Rechtsfolgen eines Verstoßes gegen die Generalnorm

28 Führt die Verletzung der Generalnorm zu einer Überbewertung oder zu einer vorsätzlichen Unterbewertung, hat dies nach § 265 Abs. 5 AktG die **Nichtigkeit** des Jahresabschlusses einer AG zur Folge. Die Vorschrift gilt analog für die GmbH.

29 Die Nichtigkeitsfolge tritt nur dann ein, wenn der Verstoß **wesentlich** ist (→ § 252 Rz. 182).

In der Beurteilung der Wesentlichkeit ist dann auf **prozentuale Größen** abzustellen (10 % des Jahresergebnisses, 5 % der Bilanzsumme etc.), wenn dem Bilanzadressaten durch die falsche Darstellung „lediglich" ein Mehr an Vermögen, Erfolg etc. suggeriert wird, als es den tatsächlichen Verhältnissen entspricht.

Die Irreführung kann aber auch eine **„digitale" Fragestellung** betreffen, etwa ob der Umsatz gestiegen oder gefallen ist, ein für die Tantieme der Geschäftsführung maßgeblicher Schwellenwert erreicht oder nicht erreicht ist, ein Größenkriterium nach § 267 HGB überschritten worden ist oder nicht. Wird durch die Fehldarstellung gerade aus einem Nein ein Ja oder aus einem Ja ein Nein, so sind **prozentuale Betrachtungen nicht adäquat**. Die Fehldarstellung ist hier selbst dann wesentlich, wenn sie prozentual eine Nachkommastelle betrifft.

5. Der Bilanzeid (Abs. 2 Satz 3)

5.1 Sachlicher Anwendungsbereich

30 Die gesetzlichen Vertreter bestimmter Kapitalgesellschaften (→ Rz. 32) haben gem. Abs. 2 Satz 3 schriftlich zu versichern, dass

- der **Jahresabschluss** nach bestem Wissen ein den tatsächlichen Verhältnissen entsprechendes Bild vermittelt (Abs. 2 Satz 1) oder der Anhang die Angaben nach Abs. 2 Satz 2 enthält und

- im **Lagebericht** nach bestem Wissen der Geschäftsverlauf einschließlich des Geschäftsergebnisses und die Lage der Kapitalgesellschaft so dargestellt ist, dass ein den tatsächlichen Verhältnissen entsprechendes Bild vermittelt wird und die wesentlichen Chancen und Risiken beschrieben sind (→ § 289 Rz. 47).

Für den **Konzernabschluss und -lagebericht** gilt Entsprechendes (§ 297 Abs. 2 Satz 4 und § 315 Abs. 1 Satz 6 HGB).

31 Jahresabschluss, Lagebericht und die gemeinhin als „Bilanzeid" bezeichnete Versicherung bilden zusammen den Mindestinhalt des **Jahresfinanzberichts** (§ 37v Abs. 2 WpHG). Bei Konzernrechnungslegungspflicht hat der Jahresfinanzbericht auch den Konzernabschluss und -lagebericht sowie den darauf gerichteten Bilanzeid zu enthalten (§ 37y Nr. 1 WpHG).

5.2 Persönlicher Anwendungsbereich

Ein Bilanzeid ist zu leisten von den gesetzlichen Vertretern von 32

- **Kapital-** oder **Kap. & Co.-Gesellschaften** ,
- die einen **organisierten Markt** (→ § 264d Rz. 2)
- als **Inlandsemittent** i. S. des § 2 Abs. 7 WpHG (Deutschland als Herkunftsstaat oder europäischer Herkunftsstaat, aber Zulassung zum organisierten Markt nur im Inland)

in Anspruch nehmen.

Die Versicherung ist nicht zu leisten bei Kapitalanlagegesellschaften i. S. des § 327a HGB, die am organisierten Markt ausschließlich Schuldtitel mit einer Stückelung von mindestens 50.000 € begeben.

5.3 Form und Inhalt der Versicherung

Die als „Versicherung der gesetzlichen Vertreter" zu kennzeichnende Erklärung kann in Anlehnung an **DRS 16 Tz. 56** wie folgt lauten: 33

„*Nach bestem Wissen versichern wir, dass gemäß den anzuwendenden Rechnungslegungsgrundsätzen der (Konzern-)Jahresabschluss ein den tatsächlichen Verhältnissen entsprechendes Bild der Vermögens-, Finanz- und Ertragslage des Konzerns vermittelt und im (Konzern-)Lagebericht der Geschäftsverlauf einschließlich des Geschäftsergebnisses und die Lage der Gesellschaft (des Konzerns) so dargestellt sind, dass ein den tatsächlichen Verhältnissen entsprechendes Bild vermittelt wird, sowie die wesentlichen Chancen und Risiken der voraussichtlichen Entwicklung des Konzerns im verbleibenden Geschäftsjahr beschrieben sind."*

Die Versicherung bezieht sich auf die **Einheit von Jahresabschluss und Lagebericht** und ist daher nur einmal, nicht separat in zwei Teilen abzugeben. Sie ist schriftlich, daher nach § 126 Abs. 1 BGB durch eigenhändige Unterschrift abzugeben. Bei Platzierung im Jahresabschluss ist die Unterschrift unter den Jahresabschluss zugleich als Unterschrift unter den Bilanzeid anzusehen. 34

Der Bilanzeid ist von **allen Mitgliedern des Vorstands** oder sonstigen Geschäftsführungsorgans zu leisten, unabhängig von der internen Geschäftsverteilung. 35

5.4 Rechtsfolgen eines unterlassenen oder falschen Bilanzeids

Ein **Unterlassen** des Bilanzeids macht den Jahresfinanzbericht unvollständig und ist daher durch § 39 Abs. 2 Nr. 19 und Nr. 20 WpHG als **Ordnungswidrigkeit** sanktioniert. 36

Mit **Freiheitsstrafe** bis zu drei Jahren ist die falsche Abgabe eines Bilanzeids bedroht (→ § 331 Rz. 19). Die strafrechtliche Sanktionierung setzt **Vorsatz** oder bedingten Vorsatz voraus. Bedingter Vorsatz kann z. B. vorliegen, wenn sich der Vorstand nicht um vollständiges Wissen bemüht.[10]

Die aus einer Falschbilanzierung möglicherweise resultierende **zivilrechtliche Haftung** wird durch den Bilanzeid nicht verschärft oder erweitert, da er **kein selbständiges Garantieverspre-**

---

10 Beschlussempfehlung und Bericht des Finanzausschusses zum Transparenzrichtlinie-Umsetzungsgesetz , BT-Drucks. 16/3644 S. 80.

chen bildet und die Pflicht zur Abgabe des Bilanzeids **kein Schutzgesetz** i. S. von § 823 Abs. 2 BGB ist.[11]

IV. Erleichterungen für bestimmte Tochterkapitalgesellschaften (Abs. 3 und 4)

1. Art der Erleichterungen

37 **Tochterkapitalgesellschaften konzernabschlusspflichtiger Mutterunternehmen** können bei Vorliegen der unter → Rz. 39 ff. genannten Voraussetzungen folgende Erleichterungen in Anspruch nehmen:

- Verzicht auf Aufstellung eines Anhangs (→ Rz. 1), d. h. Beschränkung des Jahresabschlusses auf Bilanz und GuV,
- Verzicht auf Aufstellung eines Lageberichts,
- Verzicht auf die besonderen Ansatz-, Bewertungs-, Gliederungs- und Ausweisvorschriften für Kapitalgesellschaften, d. h. Aufstellung nach den für alle Kaufleute geltenden Regelungen der §§ 238 bis 257 HGB,
- Verzicht auf Prüfung (→ § 316 Rz. 2) und Offenlegung (→ § 325 Rz. 4) von Jahresabschluss und Lagebericht.

Die Erleichterungen können **fallweise** in Anspruch genommen werden.

> **BEISPIEL** Die Abs. 3 unterliegende TU-GmbH beschließt am 15.8.02 eine Kapitalerhöhung aus Gesellschaftsmitteln (§§ 57c bis o GmbHG) auf Grundlage der Bilanz auf den 31.12.01.
>
> Die dem Kapitalerhöhungsbeschluss zugrunde gelegte Bilanz muss nach § 57e Abs. 1 GmbHG geprüft und mit dem uneingeschränkten Bestätigungsvermerk des Abschlussprüfers versehen sein.
>
> Der nach § 264 Abs. 3 HGB mögliche Verzicht auf eine Prüfung ist wegen der/den spezifischen Prüfungspflicht/en nach § 57e Abs. 1 GmbHG im konkreten Fall nicht zulässig.
>
> Die TU-GmbH kann aber die sonstigen Erleichterungen in Anspruch nehmen, also etwa auf Anhang und Lagebericht verzichten.

Eine trotz Befreiung beauftragte Abschlussprüfung – wie im Fall des vorstehenden Beispiels – stellt eine **Pflichtprüfung** (→ § 317 Rz. 2) dar,[12] vorausgesetzt eine entsprechende Wahl mit Auftragserteilung (→ § 318 Rz. 6 und → § 318 Rz. 21) liegt vor. Wegen der Besonderheiten für die Erteilung des Bestätigungsvermerks wird verwiesen auf → § 322 Rz. 82.

38 **Branchenspezifische** Vorschriften können die Inanspruchnahme von Erleichterungen ganz oder in Teilen einschränken, etwa:

- bei Kreditinstituten und Versicherungsunternehmen, die nach § 340a Abs. 2 Satz 4 HGB und § 341a Abs. 2 Satz 4 HGB lediglich auf die Offenlegung verzichten dürfen, oder

---

11 Zu den straf- und zivilrechtlichen Konsequenzen detailliert: *Hahn*, IRZ 2007 S. 375 ff.
12 IDW PH 9.200.1 Tz. 4.

▶ Energieversorgungsunternehmen, denen nach § 10 Abs. 1 EnWG keine der Erleichterungen zusteht.

Außerdem kann es Einschränkungen durch **Satzung** bzw. **Gesellschaftsvertrag** geben.

2. Allgemeine Voraussetzungen für die Inanspruchnahme der Erleichterungen

2.1 Tochter-Verhältnis zu einer inländischen Kapital- oder einer europäischen Kap. & Co.-Gesellschaft?

Erste der kumulativ zu erfüllenden Voraussetzung für die Inanspruchnahme der in → Rz. 37 genannten Erleichterungen ist das Bestehen eines Mutter-Tochter-Verhältnisses, wobei die Mutter entweder

▶ gem. Abs. 1 nach § 290 HGB zur Aufstellung eines Konzernabschlusses **verpflichtet** sein muss, was voraussetzt, dass sie

– eine **Kapitalgesellschaft** mit Sitz im **Inland** oder

– eine **Kap. & Co.-Gesellschaft** mit Sitz im **Inland oder** einem **EU-/EWR**-Vertragsstaates (§ 264b Nr. 1 HGB) oder

▶ gem. Abs. 4 ein nach § 11 PublG konzernabschlusspflichtiges Personenunternehmen ist (→ Rz. 51).

39

Der Inanspruchnahme der Erleichterung steht nicht entgegen, dass die Muttergesellschaft ihren Konzernabschluss freiwillig oder verpflichtend nach **internationalen Rechnungslegungsstandards** erstellt (§ 315a HGB).

Strittig ist, ob ein wegen Nichterreichen der Schwellenwerte des § 293 HGB (→ § 293 Rz. 5) nur **freiwillig** erstellter (und offen gelegter) Konzernabschluss Befreiungswirkung hat. U. E. ist dies der Fall, da § 293 HGB nur als Wahlrecht formuliert ist, es also nicht an der in § 290 HGB dem Grunde nach normierten Verpflichtung zur Erstellung eines Konzernabschlusses fehlt, sondern im Hinblick auf die geringe Größe lediglich die Möglichkeit, von der Erstellung abzusehen, eröffnet wird.[13]

2.2 Einbeziehung des Tochterunternehmens in den Konzernabschluss

Es reicht nicht aus, wenn die Kapitalgesellschaft Tochterunternehmen eines konzernrechnungslegungspflichtigen Mutterunternehmens ist. Sie muss nach Abs. 3 Nr. 3 auch **tatsächlich** in den Konzernabschluss **einbezogen** werden. Bei Verzicht auf Einbeziehung wegen Unwesentlichkeit (→ § 296 Rz. 1 ff.) können die Erleichterungen von Abs. 3 oder 4 z. B. nicht in Anspruch genommen werden.

40

Unerheblich ist die **Dauer der Konzernzugehörigkeit**. Ein Erwerb durch das Mutterunternehmen kurz vor dem Bilanzstichtag genügt bei Vorliegen der übrigen Voraussetzungen für die Inanspruchnahme der Erleichterungen.

41

---

13 Gl. A. *Müller*, in: Haufe HGB Bilanz Kommentar, Freiburg 2009, § 264 Tz. 101; a. A. *Reiner*, in: Münchener Kommentar zum Handelsgesetzbuch: HGB, 2. Aufl., München 2009, § 264 Tz. 113.

IV. Erleichterungen für bestimmte Tochterkapitalgesellschaften

42 Zu den bei Abweichungen zwischen den **Bilanzstichtagen** des Konzerns und der Tochterkapitalgesellschaft notwendigen Unterscheidungen folgendes Beispiel:

> **BEISPIEL** Die Tochterkapitalgesellschaft bilanziert auf den 30.9.02 und wird auf Grundlage dieses nicht mehr als drei Monate zurückliegenden Stichtags in den Konzernabschluss 31.12.02 einbezogen:
>
> Die Erleichterungen gelten für den Einzelabschluss per 30.9.02.
>
> ▶ Die Tochtergesellschaft bilanziert auf den 30.6.02 und wird auf der Basis eines Zwischenabschlusses in den Konzerabschluss per 31.12.02 einbezogen.
>
> ▶ Die Befreiung für den Abschluss 30.6.02 tritt nur ein, wenn die Tochterkapitalgesellschaft bereits in den Konzernabschluss 31.12.01 einbezogen wurde.

2.3 Zustimmung der Gesellschafter des Tochterunternehmens

43 Nach Abs. 3 Nr. 1 müssen alle Gesellschafter der Kapitalgesellschaft der Befreiung für das jeweilige Geschäftsjahr zugestimmt haben. Diese erfordert einen **einstimmigen Beschluss** der vollständig anwesenden Gesellschafter,[14] der aus Gründen der Eindeutigkeit förmlich gefasst werden sollte und jedenfalls im elektronischen Bundesanzeiger offen gelegt werden muss (→ § 325 Rz. 5).

Aus dem Erfordernis der Zustimmung „**für das jeweilige Geschäftsjahr**" ergeben sich für einen befreiungstauglichen Beschluss folgende Anforderungen:[15] **Ungeeignet** sind

▶ **Vorratsbeschlüsse** für mehre Geschäftsjahre und

▶ Beschlüsse **vor Beginn** des Geschäftsjahrs.

Geeignet sind hingegen Beschlüsse **während** des Geschäftsjahrs.

Bei Beschlussfassung **nach** Ablauf des Geschäftsjahrs ist zu differenzieren:

▶ Beschlüsse **nach Ablauf der Offenlegungsfrist** von regelmäßig zwölf Monaten (→ § 325 Rz. 15 f.) sind unzureichend.

▶ Beschlüsse **nach Feststellung** des Jahresabschlusses aber vor Ablauf der Offenlegungsfrist reichen aus, wenn nur Offenlegungserleichterungen (§§ 326 und 327 HGB) in Anspruch genommen werden sollen.[16]

▶ Ein Beschluss **vor Feststellung** des Jahresabschlusses ist erforderlich, wenn auch Aufstellungserleichterungen (§§ 274, 276, 288 HGB) genutzt werden sollen.

44 Bei **Veränderungen** im Gesellschafterkreis (Wechsel oder Hinzutreten von Gesellschaftern) ist wie folgt zu unterscheiden:

---

14 Vgl. *Müller*, in: Haufe HGB Bilanz Kommentar, Freiburg 2009, § 264 Tz. 102.
15 Vgl. *Förschle/Deubert*, in: Beck'scher Bilanz-Kommentar, 7. Aufl., München 2010, § 264 Tz. 125.
16 Vgl. *Giese/Rabenhorst/Schindler*, BB 2001 S. 512 ff.

- Bei Veränderungen **während** des Geschäftsjahrs kommt es auf die Zustimmung aller Personen an, die zum Bilanzstichtag oder zum späteren Zeitpunkt der erstmaligen Beschlussfassung Gesellschafter sind.[17]
- Bei Veränderungen **nach Ende** des Geschäftsjahrs ist der Anteilserwerber hingegen an eine geleistete Zustimmung des Veräußerers gebunden.[18]
- Hat der veräußernde Gesellschafter seine Zustimmung nicht erteilt, ist der erwerbende unabhängig vom Veräußerungszeitpunkt an dieses Votum nicht gebunden.[19]

2.4 Verlustübernahme durch Mutterunternehmen

Nach Abs. 3 Nr. 2 muss das Mutterunternehmen zur Verlustübernahme nach § 302 AktG **verpflichtet** sein oder eine solche Verpflichtung **freiwillig** übernommen (→ Rz. 47) und im Falle der freiwilligen Übernahme nach § 325 HGB offen gelegt haben (→ § 325 Rz. 5).

45

In **zeitlicher** Hinsicht gilt Folgendes: Dem Schutz potenzieller Gläubiger dient bei Nichtvorliegen der Erleichterungsvoraussetzungen die Offenlegung des vollständigen und geprüften Jahresabschlusses der Tochtergesellschaft bis zum Ablauf der Offenlegungsfrist. Hieraus ist mit der h. M.[20] zu folgern, dass die an die Stelle des Informationsinteresses der Gläubiger tretende Verlustübernahmeverpflichtung

46

- **nicht** das **Geschäftsjahr** der Inanspruchnahme der Erleichterung,
- **sondern** das **Folgejahr** betreffen muss[21]
- und spätestens bis zum Ablauf der **Offenlegungsfrist** (→ § 325 Rz. 14) **wirksam** ist (etwa durch Eintragung des Unternehmensvertrags in das Handelregister; → Rz. 47).

> **BEISPIEL** TU-AG möchte für das Geschäftsjahr 01 von den Erleichterungen des § 264 Abs. 3 HGB Gebrauch machen. Der Jahresabschluss soll der für den 30.5.02 einberufenen Gesellschafterversammlung vorgelegt werden. Er wäre nach diesem Datum unverzüglich offen zu legen (§ 325 Abs. 1 HGB).
>
> Im Februar 02 wird ein Ergebnisabführungsvertrag mit Rückwirkung auf den 1.1.02 abgeschlossen. Er bedarf zu seiner Wirksamkeit der Eintragung ins Handelsregister. Die Eintragung erfolgt am 15.5.
>
> Bei Vorliegen der übrigen Voraussetzungen muss der Jahresabschluss 01 der TU-AG nicht offen gelegt werden.
>
> Ist die Eintragung bis zum 30.5.02 noch nicht erfolgt und soll an der Nichtoffenlegung festgehalten werden, kann das Mutterunternehmen bis zum 30.5.02 eine (einmalige) freiwillige Verlustübernahme erklären.

---

[17] Gleicher Auffassung *Kraft*, in: Festschrift *Welf Müller*, 2001, S. 474; a. A. *Förschle/Deubert*, in: Beck'scher Bilanz-Kommentar, 7. Aufl., München 2010, § 264 Tz. 123.
[18] Gleicher Auffassung *Förschle/Deubert*, in: Beck'scher Bilanz-Kommentar, 7. Aufl., München 2010, § 264 Tz. 123.
[19] *Kraft*, in: Festschrift *Welf Müller*, 2001, S. 477; *Förschle/Deubert*, in: Beck'scher Bilanz-Kommentar, 7. Aufl., München 2010, § 264 Tz. 123.
[20] Vgl. z. B. *Förschle/Deubert*, in: Beck'scher Bilanz-Kommentar, 7. Aufl., München 2010, § 264 Tz. 87, und *ADS*, 6. Aufl., § 264 Tz. 58; *Müller*, in: Haufe HGB Bilanz Kommentar, Freiburg 2009, § 264 Tz. 105.
[21] Vgl. *Schlotter*, BB 2007 S. 4; *Deichmann*, BB 2006 S. 2350.

47 Die in Abs. 3 Nr. 2 vorausgesetzte Verpflichtung zur Verlustübernahme nach § 302 AktG entsteht durch Abschluss eines **Beherrschungs- oder Gewinnabführungsvertrags** (§ 291 Abs. 1 Satz 1 AktG).

Eine **freiwillige Verlustübernahmeverpflichtung** erfüllt gem. Abs. 3 Nr. 2 ebenfalls den Befreiungstatbestand, wenn sie inhaltlich den Ausgleich eines ohne die Verpflichtung entstehenden Jahresfehlbetrags regelt und der Tochter-Kapitalgesellschaft einen § 302 AktG entsprechenden Ausgleichsanspruch einräumt.

Hierzu folgender Formulierungsvorschlag:

Protokoll

der Gesellschafterversammlung

der XXX XXX

abgehalten am 30.5.02 in den Geschäftsräumen der XXX in XXX.

Die Mutter-GmbH ist die alleinige Gesellschafterin der Tochter-GmbH. Unter Verzicht auf alle durch Gesetz oder Gesellschaftsvertrag vorgeschriebenen Formen und Fristen hält die Mutter-GmbH eine Gesellschafterversammlung der Tochter-GmbH ab und wird dabei vertreten durch die Herren

► XXX, Geschäftsführer

► XXX, Geschäftsführer

welche gemeinsam zur Vertretung befugt sind. Es werden folgende Beschlüsse gefasst:

1. Für das Geschäftsjahr 01 wird die Befreiungsvorschrift nach § 264 Abs. 3 Handelsgesetzbuch hinsichtlich Aufstellung des Anhangs und des Lageberichts sowie der Offenlegung des Jahresabschlusses in Anspruch genommen.
2. Der Jahresabschluss der Gesellschaft wird in den Konzernabschluss der Mutter-GmbH einbezogen, welcher im elektronischen Bundesanzeiger veröffentlich wird.
3. Die Mutter-GmbH übernimmt für das Geschäftsjahr 02 die gesamtschuldnerische Haftung für alle Verbindlichkeiten der Tochter-GmbH.

XXX, den 30. Mai 02

---

48 Im Falle der **Eingliederung** einer Aktiengesellschaft in eine andere Aktiengesellschaft haftet die Hauptgesellschaft den Gläubigern der eingegliederten Gesellschaft gesamtschuldnerisch, unabhängig davon, ob die Verbindlichkeiten vor oder nach dem Eingliederungszeitpunkt begründet wurden (§ 322 Abs. 1 AktG). Diese Haftung ist weitergehender als die nach § 302 AktG, da sie als Außenhaftung ausgestaltet ist. Sie erfüllt daher die Voraussetzungen des Abs. 4 Nr. 2.[22]

Die **freiwillige** Übernahme einer der gesetzlichen Eingliederungshaftung entsprechenden **gesamtschuldnerischen Haftung** ist demzufolge ebenfalls ausreichend.

2.5 Angaben im Konzernabschluss

49 Die Inanspruchnahme der Befreiungen muss im **Anhang des Konzernabschlusses** des Mutterunternehmens angegeben werden (Abs. 3 Nr. 4a). Anzugeben ist nur die **Tatsache**, nicht der **Umfang** der Inanspruchnahme der Befreiung.

---

[22] Vgl. *ADS*, 6. Aufl., § 264 Tz. 51; *Müller*, in: Haufe HGB Bilanz Kommentar, Freiburg 2009, § 264 Tz. 104.

2.6 Bekanntmachung im elektronischen Bundesanzeiger für das Tochterunternehmen

Die Befreiung des Tochterunternehmens muss außerdem nach Abs. 3 Nr. 4b im elektronischen Bundesanzeiger für das Tochterunternehmen bekannt gemacht werden (→ § 325 Rz. 4). Hierbei ist

- auf § 264 Abs. 3 HGB Bezug zu nehmen und
- das Mutterunternehmen anzugeben.

50

3. Besondere Voraussetzungen bei Mutterpersonenunternehmen

Die Erleichterungsvorschriften des Abs. 3 sind entsprechend anzuwenden, wenn das Mutterunternehmen statt einer konzernrechnungslegungspflichtigen Kapital- oder Kap. & Co.-Gesellschaft nach § 11 PublG zur Aufstellung eines Konzernabschlusses verpflichtet ist (Abs. 4).

51

Das Mutterunternehmen darf in diesem Fall von § 13 Abs. 3 Satz 1 PublG keinen Gebrauch machen, d. h. es muss je Personengruppe für Geschäftsführung, Aufsichtsrat und Beirat sowie unterschieden nach aktiven und ehemaligen Mitgliedern die Bezüge der Organmitglieder angeben (§ 314 Abs. 1 Nr. 6 HGB).

52

4. Rechtsfolgen fehlender Erleichterungsvoraussetzungen

Bei Berufung auf eine tatsächlich nicht gegebene Befreiung ergeben sich die Rechtsfolgen für Kapitalgesellschaften aus den §§ 334 ff. HGB. Danach ist etwa

53

- ein **Ordnungsgeld** festzulegen, weil die Pflicht zur Offenlegung des Jahresabschlusses und des Lageberichts nicht erfüllt wurde (→ § 335 Rz. 1 ff.) oder
- ein Bußgeld festzusetzen, weil der Jahresabschluss ohne Anhang und Lagebericht offen gelegt wurde (→ § 334 Rz. 1 ff.).

§ 264a Anwendung auf bestimmte offene Handelsgesellschaften und Kommanditgesellschaften

(1) Die Vorschriften des Ersten bis Fünften Unterabschnitts des Zweiten Abschnitts sind auch anzuwenden auf offene Handelsgesellschaften und Kommanditgesellschaften, bei denen nicht wenigstens ein persönlich haftender Gesellschafter

1. eine natürliche Person oder

2. eine offene Handelsgesellschaft, Kommanditgesellschaft oder andere Personengesellschaft mit einer natürlichen Person als persönlich haftendem Gesellschafter

ist oder sich die Verbindung von Gesellschaften in dieser Art fortsetzt.

(2) In den Vorschriften dieses Abschnitts gelten als gesetzliche Vertreter einer offenen Handelsgesellschaft und Kommanditgesellschaft nach Absatz 1 die Mitglieder des vertretungsberechtigten Organs der vertretungsberechtigten Gesellschaften.

Inhaltsübersicht

	Rz.
I. Gesetzeszweck	1 - 3
II. Rechtsfolge (Abs. 1 Satz 1 1. Halbsatz)	4
III. Tatbestandliche Voraussetzungen (Abs. 1)	5 - 10
1. Personenhandelsgesellschaften und persönliche Haftung (Abs. 1 2. Halbsatz)	5
2. Der Haftungstatbestand (Abs. 1 2. Halbsatz)	6
3. Natürliche Person (Abs. 1 Nr. 1)	7 - 8
4. Mittelbare Haftung bei mehrstöckigen Konstellationen (Abs. 1 Nr. 2)	9 - 10
IV. Gesetzliche Vertreter (Abs. 2)	11
V. Übergangsvorschriften (Art. 48 EGHGB)	12

Ausgewählte Literatur

Bundessteuerberaterkammer, Hinweise zum Ausweis des Eigenkapitals bei Personenhandelsgesellschaften im Handelsrecht, DStR 2006 S. 668

Bitter/Grashoff, Anwendungsprobleme des Kapitalgesellschaften- und Co.-Richtlinien-Gesetzes, DB 2000 S. 833

Hermann, Zur Rechnungslegung der GmbH & Co. KG im Rahmen des KapCoRiLiG, WPg 2001 S. 271

Hoffmann, Eigenkapitalausweis und Ergebnisverteilung bei Personenhandelsgesellschaften nach Maßgabe des KapCoRiLiG, DStR 2000 S. 837

von Kanitz, Rechnungslegung bei Personenhandelsgesellschaften, WPg 2003 S. 324

I. Gesetzeszweck

„Normale" Personenhandelsgesellschaften deutschen Rechts – OHG und KG – wurden durch das BiRiLiG von 1985 nur den Regelungen der §§ 238 bis 263 HGB unterworfen. Eine Ausnah-   1 me gilt seit 1969 nur für (sehr) große Gesellschaften und Einzelkaufleute nach dem PublG. Der konzeptionelle Hintergrund für diese Zweigleisigkeit lässt sich wie folgt darstellen:

► Die spezielle Rechnungslegungs- und Veröffentlichungspflicht nach dem PublG rechtfertigt sich aus der schieren Unternehmens**größe**, also der gesamtwirtschaftlichen Bedeutung.

► Die entsprechenden Vorgaben für Kapitalgesellschaften entsprungen einer europarechtlichen Vorgabe der **Haftungs**beschränkung: Wer ohne persönliche Haftung ins Wirtschaftsleben eintritt, muss spezifiziert Rechnung legen und diese publizieren.

2 Die dem BiRiLiG von 1985 zugrunde liegende Vorgabe der 4. EG-Richtlinie hatte sich auf die **Kapitalgesellschaft** als haftungsbeschränkende Rechtsform bezogen. Die ebenso „funktionierende" Sonderform der **GmbH & Co. KG** nach deutschem Recht ist zunächst durch das Regelungsnetz gefallen, weil sie in anderen EU-Staaten nicht oder kaum bekannt war. Die EU-Instanzen haben dies auf Dauer nicht akzeptieren wollen und bereits 1990 eine GmbH & Co. KG-Richtlinie verabschiedet, welche die Bundesrepublik Deutschland zögerlich im Jahr 2000 durch das KapCoRiLiG in nationales Recht transformiert hat.

3 Der Regelungsansatz entspricht der grundlegenden Philosophie der 4. EG-Richtlinie (→ Rz. 1): Eine im Wirtschaftsleben im Unternehmensbereich einzeln oder in Gemeinschaft agierende **natürliche** Person wird von den spezifischen Rechnungslegungsregeln nicht erfasst und muss keine Abschlüsse publizieren, weil insoweit eine persönliche Haftung für die Schulden aus der unternehmerischen Tätigkeit vorliegt. Fehlt es bei einer Personengesellschaft an einer solchen Person mit persönlicher Haftung, muss dieses „Unternehmen" Rechnung legen und wie eine Kapitalgesellschaft publizieren.

Diese Pflichten treffen die angesprochenen Personenhandelsgesellschaften „mbH" in allen Größenbereichen. Als spezielleres Gesetz geht das KapCoRiLiG dem **PublG** (→ Rz. 1) vor. Dessen Anwendungsbereich beschränkt sich deshalb – abgesehen von anderen Rechtsformen – seit 2000 auf Personenhandelsgesellschaften mit persönlich haftenden natürlichen Personen.

Umgekehrt trifft die Rechtsfolge der GmbH & Co. KG-Richtlinie **alle** Personenhandelsgesellschaften, bei denen die persönliche Haftung nur von Kapitalgesellschaften, Stiftungen, Vereinen und ähnlichen Rechtsfiguren ausländischen Rechts („Limited") übernommen wird. Das gilt auch in mehrstufigen Konstellationen (→ Rz. 9). Die übliche Gestaltung verwendet die GmbH (GmbH & Co. KG).

II. Rechtsfolge (Abs. 1 Satz 1 1. Halbsatz)

4 Die wesentliche Rechtsfolge besteht in der **lückenlosen Anwendungspflicht** der für Kapitalgesellschaften vorgegebenen Regelungen zur Rechnungslegung im Einzel- und Konzernabschluss nebst Lagebericht, Abschlussprüfung und Offenlegung. Deshalb gelten unsere einschlägigen Kommentierungen auch für Kap. & Co.-Gesellschaften. **Ergänzend** sind in § 264b HGB (Befreiungstatbestand) und § 264c HGB (Gliederungsvorgaben) Sondervorschriften normiert. Auf die dortige Kommentierung (→ § 264b; → § 264c) wird verwiesen.

III. Tatbestandliche Voraussetzungen (Abs. 1)

1. Personenhandelsgesellschaften und persönliche Haftung (Abs. 1 2. Halbsatz)

Angesprochen sind die OHG (§ 105 HGB) und die KG (§ 161 HGB). Sie müssen möglicherweise 5
ihren Verwaltungssitz nicht unbedingt in Deutschland haben.[1]

Dazu zählen auch Gesellschafter mit ausschließlich **vermögensverwaltender** Tätigkeit, die steuerlich keine Einkünfte aus Gewerbebetrieb erzielen. Umgekehrt werden bürgerlich-rechtliche Gesellschaften, die Bruchteilsgemeinschaft und die stille Gesellschaft nicht erfasst.

Die persönliche Haftung ergibt sich aus den Rechtsstrukturen der beiden Personenhandelsgesellschaften deutschen Rechts:

- **OHG**: Alle Gesellschafter haften persönlich, unbeschränkt, mit dem gesamten Vermögen aufs Ganze der Gesellschafterverbindlichkeiten;
- **KG**: Nur die **Komplementäre** haben die Haftungsverpflichtung der OHG-Gesellschafter; die Kommanditisten haften nur für die Erfüllung der vertraglichen **Einlage**verpflichtung oder der registerlich kundgemachten Ziffer.

Die persönliche Haftung i. S. des Abs. 1 beruht auf zwingendem Recht; sie besteht deshalb auch dann, wenn sie im Innenverhältnis durch Gesellschaftsvertrag abbedungen wird, weil eine solche den Gesellschaftsgläubigern gegenüber nicht wirksam ist.

2. Der Haftungstatbestand (Abs. 1 2. Halbsatz)

Die Haftungsübernahme stellt technisch einen **deklaratorischen** Akt[2] dar. Sie **beginnt** mit dem 6
Eintritt in die Gesellschaft und der

- Eintragung in das Handelsregister (§ 123 Abs. 1 HGB) oder
- Aufnahme bzw. Weiterführung der Geschäftstätigkeit (§ 123 Abs. 2 und 3 HGB).

Die Haftungsübernahme durch Begründung der unbeschränkten Haftung in Form der Gesellschafterstellung muss bis zum jeweiligen **Bilanzstichtag** erfolgt sein, also an diesem Zeitpunkt vorliegen.[3] Ein Ausscheiden am Tag danach ist wegen der Nachhaftungsvorschriften über fünf Jahre nach §§ 130, 160 HGB unerheblich.

Eine schuldrechtliche Haftungsübernahme genügt nicht.[4]

3. Natürliche Person (Abs. 1 Nr. 1)

Die tatbestandliche Anknüpfung an eine natürliche Person (bzw. deren Fehlen) erklärt sich aus 7
der in den 20er Jahren des vorigen Jahrhunderts entwickelten Rechtsdogmatik, derzufolge die

---

1 Diese Bedenken nähren sich aus EuGH-Urteilen (Centros, Überseering); vgl. dazu *Baumbach/Hopt*, HGB-Kommentar, 33. Aufl., Einleitung vor § 105 Tz. 29.
2 IDW RS HFA 7 Tz. 6; *von Kanitz*, WPg 2003 S. 326.
3 IDW RS HFA 7 Tz. 6 i. d. F. vom 12. 5. 2005; so auch *von Kanitz*, WPg 2003 S. 326, m. w. N.
4 So auch bedingt („dürfte") *Förschle/Usinger*, in: Beck'scher Bilanz-Kommentar, 7. Aufl., München 2010, § 264a Tz. 25; ADS, 6. Aufl., § 264a ErgBd. Tz. 33.

III. Tatbestandliche Voraussetzungen

unbeschränkte Haftung in der OHG und KG auch von ihrerseits **haftungsbeschränkenden** Gesellschaften – also Kapitalgesellschaften, aber auch Kap. & Co.-Gesellschaften (vgl. → Rz. 9) – eingenommen werden kann. Dem Leitbild des Gesetzgebers des Handelsgesetzbuchs aus dem Jahr 1890 mag diese Konstellation nicht entsprochen haben; sie wird heute indes nicht mehr angezweifelt.

Haftet mindestens eine **natürliche Person** gesellschaftsrechtlich unbeschränkt, gelangen §§ 264a ff. HGB nicht zur Anwendung. Bezüglich der **Eigenschaften** der natürlichen Person macht § 264a HGB keine Vorgaben. Einschränkungen können sich allenfalls aus anderen Rechtsvorschriften ergeben, z. B. Geschäftsunfähigkeit. Diese bezieht sich u. E. nur auf die Geschäftsführungstätigkeit, die in § 264a Abs. 1 HGB nicht angesprochen ist (→ Rz. 11). Bei Minderjährigen setzt andererseits die Beteiligung an einer Personengesellschaft die Genehmigung des Gesellschaftsvertrags durch das Vormundschaftsgericht voraus.[5] Bei ausländischen Staatsbürgern gilt das in dieser Hinsicht anzuwendende Recht.

8   Ansonsten sind **keine Einschränkungen** bezüglich der Eigenschaften der natürlichen Person festgelegt, also z. B. betreffend

▶ Nationalität,

▶ Grundkenntnisse der deutschen Sprache,

▶ Bonität,

▶ wirtschaftliche Verhältnisse,

▶ Erwerbsfähigkeit sowie

▶ Gesundheitszustand.[6]

Deshalb kommt auch ein Asylbewerber, ein Nepalese mit Wohnsitz in Kathmandu oder ein hochgradig seniler Bewohner eines Pflegeheims in Steglitz als – man möchte fast sagen – „Gallionsfigur" zur Vermeidung von Rechnungslegungs- und Publizitätsverpflichtungen in Betracht. Eine Art **Missbrauchs**vorbehalt ist im Schrifttum bislang nicht mit nachhaltigem Echo zu vernehmen gewesen.[7] Die mangelnde Geschäftsführungsbefähigung stellt jedenfalls keinen Hinderungsgrund für das Innehaben der persönlichen Haftung dar.

Auch eher **seriös** wirkende Gestaltungen zur Vermeidung der besonderen Rechnungslegungs- und Publizitätspflichten sind nicht ausgeschlossen. Das gängige Modell besteht in der Übertragung sämtlicher Vermögenswerte auf einen verlässlichen Ehepartner oder Vermögensübertragung auf die Kinder gegen Übernahme von Unterhaltsverpflichtungen. Die Kautelarjurisprudenz kann hier meistens erfolgreich zielführend eingreifen.

---

5   Vgl. *Baumbach/Hopt*, HGB-Kommentar, 33. Aufl., § 105, Tz. 26.
6   Weitgehender Konsens im Schrifttum, vgl. *Förschle/Usinger*, in: Beck'scher Bilanz-Kommentar, 7. Aufl., München 2010, § 264a Tz. 27, m.w. N.
7   Vgl. *von Kanitz*, WPg 2003 S. 326, der Fälle der Vermögenslosigkeit und der mangelnden Geschäftsführungsbefugnis unter Hinweis auf BGH-Urteile erwähnt.

4. Mittelbare Haftung bei mehrstöckigen Konstellationen (Abs. 1 Nr. 2)

Die Rechnungslegungs-, Prüfungs- und Publizitätspflichten für Kapitalgesellschaften kommen auch dann nicht zur Anwendung, wenn die persönliche Haftung einer natürlichen Person auf einer mittelbaren Beteiligung beruht, d. h. **indirekt** über die Beteiligung an einer oder mehreren zwischengeschalteten Gesellschaften gegeben ist. Dabei muss es sich sachnotwendig wiederum um eine Personenhandelsgesellschaft oder (nach dem Gesetzeswortlaut) um eine Personengesellschaft handeln. Eine solche Zwischengesellschaft muss

▶ entweder eine natürliche Person oder
▶ eine weitere Zwischengesellschaft

als persönlich haftende Gesellschafterin aufweisen, wobei im zweiten Fall die persönliche Haftung von einer natürlichen Person ausgeübt werden muss. Rechtstechnisch kann sich diese „Figur" unbeschränkt nach oben weiterentwickeln. Zur Darstellung der zweistufigen Konstellation folgendes Schaubild.

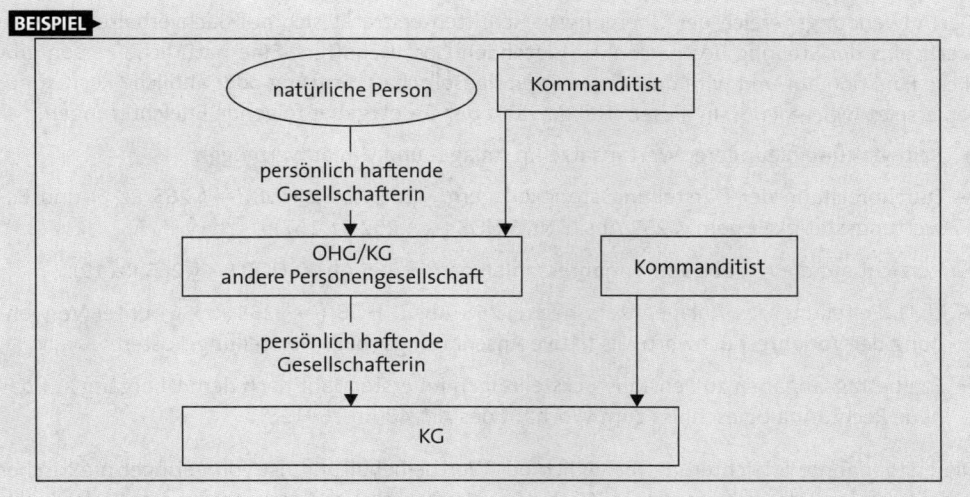

Als Zwischengesellschaft werden **Personengesellschaften** zugelassen, nach deutschem Recht also die BGB-Gesellschaft und die Partnergesellschaft. Auch ausländische Rechtsformen mit dem deutschen Recht vergleichbaren Statut kommen in Betracht.

Inwieweit diesen Personengesellschaften das Recht zur Übernahme der persönlichen Haftung zukommt, ist individuell zu klären. Nach Auffassung des BGH ist jedenfalls eine BGB-Gesellschaft die Einnahme der Kommanditistenstellung erlaubt.[8]

---

[8] BGH-Beschluss vom 16.7.2001 – II ZB 23/00, BB 2001 S. 2338; vgl. *Baumbach/Hopt*, HGB-Kommentar, 33. Aufl., § 105 Tz. 14 und § 162 Tz. 2.

Kapitalgesellschaften taugen wegen der Verhinderung des haftungsrechtlichen Durchgriffs nicht als Zwischengesellschaft i. S. dieser Rechtsnorm.

IV. Gesetzliche Vertreter (Abs. 2)

11 Die gesetzlichen Vertreter sind die nach dem Gesellschaftsvertrag zur **Geschäftsführung** (nicht persönlich haftend) berufenen und verpflichteten Gesellschafter. Handelt es sich bei den letztgenannten um Kapitalgesellschaften, liegt deren Vertretungsbefugnis beim Vorstand (AG, KGaA) bzw. der Geschäftsführung (GmbH). Bei anderen juristischen Personen (Stiftung, rechtsfähiger Verein) sind die vergleichbaren Organe angesprochen. Bei Führung der Kap. & Co.-Gesellschaft durch mehrere Kapitalgesellschaften – Beispiel *Joint Venture*-OHG – stellen alle Gesellschafterinnen mit ihren Organen „gesetzliche Vertreter" i. S. des Abs. 2 dar.

V. Übergangsvorschriften (Art. 48 EGHGB)

12 Der Anwendungsbereich der Übergangsvorschriften erstreckt sich auf Sachverhalte des **Auswechselns** der Stellung des persönlich haftenden Gesellschafters. Eine natürliche Person gibt diese Funktion auf und wird durch eine Kapitalgesellschaft, Stiftung oder ähnliche Rechtsfiguren ersetzt (vgl. → Rz. 3). In diesem Fall gewährt der Gesetzgeber folgende Erleichterungen:

- ▶ Beibehaltung niedrigerer Wertansätze im Anlage- und Umlaufvermögen.
- ▶ Durchbrechung der Darstellungsstetigkeit gem. § 265 Abs. 1 HGB (→ § 265 Rz. 6) und Bewertungsstetigkeit gem. § 252 Abs. 1 Nr. 6 HGB (→ § 252 Rz. 167).
- ▶ Verzicht auf die Angabe von Vorjahreszahlen gem. § 265 Abs. 2 HGB (→ § 265 Rz. 19).
- ▶ U. U. Erstellung des Anlagegitters nach § 268 Abs. 2 HGB (→ § 268 Rz. 50) unter Verwendung der Vorjahresbuchwerte als fiktive Anschaffungs- oder Herstellungskosten.
- ▶ Fehlbetragsangaben zu Pensionsrückstellungen im ersten Jahr nach dem Übergang auf das neue Recht (Analogieschluss zum Wortlaut des Art. 48 Abs. 6 HGB).

Die erstgenannte Erleichterung (bezüglich der Wertbeibehaltung) ist von geringer praktischer Bedeutung, weil der dort genannte Wert mangels steuerlicher Anerkennung nicht oder kaum gewählt worden ist. Der Teilverzicht auf den vollständigen Brutto-Anlagespiegel nach § 268 Abs. 2 HGB sollte ohne Anwendungsbereich sein, weil seine Erstellung auch ohne rechtliche Verpflichtung die gängige Rechnungslegungspraxis in Deutschland darstellt (→ § 274a Rz. 2).

§ 264b Befreiung von der Pflicht zur Aufstellung eines Jahresabschlusses nach den für Kapitalgesellschaften geltenden Vorschriften

Eine Personenhandelsgesellschaft im Sinne des § 264a Abs. 1 ist von der Verpflichtung befreit, einen Jahresabschluss und einen Lagebericht nach den Vorschriften dieses Abschnitts aufzustellen, prüfen zu lassen und offen zu legen, wenn

1. sie in den Konzernabschluss eines Mutterunternehmens mit Sitz in einem Mitgliedstaat der Europäischen Union oder einem anderen Vertragsstaat des Abkommens über den Europäischen Wirtschaftsraum oder in den Konzernabschluss eines anderen Unternehmens, das persönlich haftender Gesellschafter dieser Personenhandelsgesellschaft ist, einbezogen ist;

2. der Konzernabschluss sowie der Konzernlagebericht im Einklang mit der Richtlinie 83/349/EWG des Rates vom 13. Juni 1983 aufgrund von Artikel 54 Absatz 3 Buchstabe g des Vertrages über den konsolidierten Abschluss (ABl EG Nr. L 193 S. 1) und der Richtlinie 84/253/EWG des Rates vom 10. April 1984 über die Zulassung der mit der Pflichtprüfung der Rechnungslegungsunterlagen beauftragten Personen (ABl EG Nr. L 126 S. 20) in ihren jeweils geltenden Fassungen nach dem für das den Konzernabschluss aufstellende Unternehmen maßgeblichen Recht aufgestellt, von einem zugelassenen Abschlussprüfer geprüft und offen gelegt worden ist, und

3. die Befreiung der Personenhandelsgesellschaft

    a. im Anhang des von dem Mutterunternehmen aufgestellten und nach § 325 durch Einreichung beim Betreiber des elektronischen Bundesanzeigers offen gelegten Konzernabschlusses angegeben und

    b. zusätzlich im elektronischen Bundesanzeiger für die Personenhandelsgesellschaft unter Bezugnahme auf diese Vorschrift und unter Angabe des Mutterunternehmens mitgeteilt worden ist.

Inhaltsübersicht

	Rz.
I. Regelungsgehalt	1 - 3
II. Anwendungsbereich (1. Halbsatz)	4 - 7
1. Betroffene Unternehmen	4
2. Umfang der Befreiung	5 - 7
III. Tatbestandsvoraussetzungen (2. Halbsatz)	8 - 23
1. Einbeziehung in einen befreienden Konzernabschluss (1. Aufzählungspunkt)	8 - 19
1.1 Konzernabschluss eines Mutterunternehmens (1. Alternative)	8 - 15
1.2 Konzernabschluss eines persönlich haftenden Gesellschafters (2. Alternative)	16 - 19
2. Qualität des befreienden Konzernabschlusses (2. Aufzählungspunkt)	20
3. Offenlegung der Befreiung (3. Aufzählungspunkt)	21
4. Vergleich mit § 264 Abs. 3 HGB	22 - 23

Ausgewählte Literatur

Bundessteuerberaterkammer, Hinweise zum Ausweis des Eigenkapitals bei Personenhandelsgesellschaften im Handelsrecht, DStR 2006 S. 668

Bitter/Grashoff, Anwendungsprobleme des Kapitalgesellschaften- und Co.-Richtlinien-Gesetzes, DB 2000 S. 833

Hermann, Zur Rechnungslegung der GmbH & Co. KG im Rahmen des KapCoRiLiG, WPg 2001 S. 271

Hoffmann, Eigenkapitalausweis und Ergebnisverteilung bei Personenhandelsgesellschaften nach Maßgabe des KapCoRiLiG, DStR 2000 S. 837

von Kanitz, Rechnungslegung bei Personenhandelsgesellschaften, WPg 2003 S. 324

I. Regelungsgehalt

1   § 264b HGB stellt die Parallelvorschrift zu § 264 Abs. 3 HGB dar. Kap. & Co.-Gesellschaften, die in den Konzernabschluss eines persönlich haftenden Gesellschafters einbezogen werden, sollen im gleichen Umfang (vgl. → Rz. 14) und unter ähnlichen Tatbestandsvoraussetzungen (→ Rz. 22) von den spezifischen Vorschriften der §§ 264 ff. HGB befreit werden wie Kapitalgesellschaften, die in den Konzernabschluss eines zur Verlustübernahme verpflichteten Mutterunternehmens einbezogen sind. Beide müssen dann nur die §§ 238 bis 263 HGB befolgen und erstellen ihren Jahresabschluss auf der Grundlage von §§ 242 bis 256 HGB.

2   Dabei kann die Befreiung auch für **Teilbereiche** in Anspruch genommen werden.

> **BEISPIEL** Der Gesellschaftsvertrag einer mittelgroßen (§ 267 Abs. 2 HGB) GmbH & Co. KG zieht die Rechnungslegung nach Maßgabe der §§ 238 bis 288 HGB vor. Weitere Hinweise enthält der Gesellschaftsvertrag nicht.
>
> Die GmbH & Co. KG muss keinen Lagebericht erstellen und keine Abschlussprüfung (für den Einzelabschluss) durchführen lassen.

3   Steht der Inhalt des Gesellschaftsvertrags der Inanspruchnahme der Befreiungsmöglichkeit vollständig entgegen, bedarf es einer auf die Anwendung des § 264b HGB zielenden Vertragsänderung.

II. Anwendungsbereich (1. Halbsatz)

1. Betroffene Unternehmen

4   In Satz 1 1. Halbsatz sind nicht nur die **Rechtsfolgen** dargelegt, sondern auch der persönliche Anwendungsbereich. Angesprochen von den Befreiungen sind die Kap. & Co.-Gesellschaften i. S. des § 264a HGB. Auf die dortige Kommentierung zu den tatbestandlichen Voraussetzungen wird verwiesen (→ § 264a Rz. 5 ff.).

2. Umfang der Befreiung

Bei Erfüllung der Tatbestandsvoraussetzungen (→ Rz. 8 ff.) ist die Kap. & Co.-Gesellschaft von bestimmten Vorschriften „befreit". Im Vergleich zum Wortlaut der Parallelvorschrift für Kapitalgesellschaften in § 264 Abs. 3 HGB („braucht nicht") stellt sich die Frage nach einem anderen Inhalt von „befreit" i. S. eines Befreiungs-„Zwangs", der die **freiwillige** Anwendung der kompletten Regeln nach § 264a Abs. 1 HGB ausschließt. U. E. ist dies nicht der Fall.[1] Zwingend ist eine solche Auslegung von „befreit" jedenfalls nach dem gewöhnlichen Wortverständnis nicht. Einer „Befreiung" kann sich jedermann „freiwillig" entledigen und mehr leisten als ihm von Gesetzes wegen auferlegt wird. Diese Gesetzespassage ist daher als **Wahlrecht** auszulegen.

5

Der **Umfang** der Befreiung bezieht sich auf die

6

▶ Anwendung der §§ 264 bis 288 HGB betreffend den Jahresabschluss (mit Anhang),
▶ Erstellung eines Lageberichts (mittelgroße und große Kap. & Co.-Gesellschaften),
▶ Durchführung einer Abschlussprüfung (mittelgroße und große Kap. & Co.-Gesellschaften) sowie
▶ Offenlegung des Jahresabschlusses.

Diese Erleichterungen werden nicht kostenlos gewährt. In einer sog. „HB II" (→ § 300 Rz. 10) müssen die Abschlussposten so aufbereitet werden, dass sie in den befreienden Konzernabschluss (→ Rz. 8) einbezogen werden können. Dieser wiederum muss das Einklangerfordernis nach Abs. 1 Nr. 2 erfüllen (→ Rz. 20), das seinerseits die Beachtung der §§ 264 bis 288 HGB im Wesentlichen erfordert. Weiterhin sind die unternehmensindividuellen Daten für den Konzernanhang und -lagebericht bereitzustellen. Statt der förmlichen Jahresabschlussprüfung erfolgt nach § 317 Abs. 3 HGB eine sog. „HB II"-Prüfung, allerdings ohne Erstellung eines Prüfungsberichts und Erteilung eines Bestätigungsvermerks.

7

III. Tatbestandsvoraussetzungen (2. Halbsatz)

1. Einbeziehung in einen befreienden Konzernabschluss (1. Aufzählungspunkt)

1.1 Konzernabschluss eines Mutterunternehmens (1. Alternative)

Anders als in der Parallelvorschrift des § 264 Abs. 3 HGB (→ § 264 Rz. 39) muss das Mutterunternehmen (dort in Form einer Kapitalgesellschaft) **keinen** inländischen Konzernabschluss erstellen. Es genügt die Einbeziehung in den Konzernabschluss eines Mutterunternehmens mit Sitz in einem **EU-** oder **EWR**-Staat. Wegen der „Qualität" des Mutterunternehmens wird auf → § 264 Rz. 39 verwiesen. Der von einem Mutterunternehmen mit Sitz in **Drittstaaten** (→ § 292 Rz. 1 ff.) erstellte Konzernabschluss entfaltet keine Befreiungswirkung i. S. des § 264b HGB. Voraussetzung ist aber in jedem Fall das Vorliegen eines Mutter-Tochter-Verhältnisses i. S. des § 290 HGB (→ § 290 Rz. 3). Wegen der diesbezüglichen Problematik im Spezialfall der

8

---

[1] So auch *ADS*, 6. Aufl., ErgBd, § 264b Tz. 17; *Förschle/Deubert*, in: Beck'scher Bilanz-Kommentar, 7. Aufl., München 2010, § 264b Tz. 24.

III. Tatbestandsvoraussetzungen

GmbH & Co. KG betreffend die Funktion der Komplementär-GmbH wird auf → § 290 Rz. 14 verwiesen.

9 Die Konzern**hierarchiestufe** ist dabei unerheblich; d. h. die Konzernrechnungslegung kann unmittelbar das Mutterunternehmen der zu befreienden Kap. & Co.-Gesellschaft oder eine Gesellschaft auf höherer Konzernstufe sein. Das sog. Tannenbaumprinzip (→ § 290 Rz. 6) ist also beachtlich.

10 Der (befreiende) Konzernabschluss kann auf **freiwilliger** Basis erstellt werden.[2]

11 Erforderlich (zur Gewährung der Befreiung) ist die **effektive Einbeziehung** in den Konzernabschluss. Ein Verzicht nach § 296 HGB wegen Unwesentlichkeit etc. (→ § 296 Rz. 18) verhindert die Inanspruchnahme der Befreiung wie vergleichbar nach § 264 Abs. 3 HGB (→ § 264 Rz. 40).

12 Wegen der **Dauer** der Konzernzugehörigkeit sowie der Behandlung **abweichender Bilanzstichtage** wird auf → § 264 Rz. 41 f. verwiesen.

13 Die Einbeziehung muss durch **Vollkonsolidierung** (→ § 300 Rz. 13) erfolgen. Die Quotenkonsolidierung (→ § 310) und die *equity*-Methode (→ § 312) genügen nicht.[3]

14 Bei gleicher Zielrichtung unterscheidet sich zumindest der Wortlaut der Parallelvorschrift für Kapitalgesellschaften in § 264 Abs. 3 Satz 1 HGB von dem Pendant in § 264b HGB, 1. Aufzählungspunkt: Dort ist ein **Tochter**unternehmen als befreites Subjekt erwähnt – hier eine Kap. & Co.-Gesellschaft –, die in den Konzernabschluss „einbezogen ist". Die Frage geht dann dahin, ob die Befreiung auch für den **Jahresabschluss** einer Mutter-Kap. & Co.-Gesellschaft gilt, die den befreienden Konzernabschluss erstellt. Nach der Regierungsbegründung[4] soll dies nicht der Fall sein; die h. M. ist gegenteiliger Auffassung[5] mit der Begründung „Sinn und Zweck". U. E. kann sich diese Auffassung eher auf eine Analogie zu § 294 Abs. 1 HGB (→ § 284 Rz. 1) stützen: Danach umfasst der Konzernabschluss Mutter- und Tochterunternehmen, d. h. inhaltlich deren (modifizierte) Jahresabschlüsse, auch denjenigen der Muttergesellschaft. Auch dieser wird in einen (von ihr erstellten) Konzernabschluss „einbezogen".

15 Die (bislang) h. M. wird durch die im BilMoG neugefassten Offenlegungsverpflichtungen (→ § 325 Rz. 4) über den elektronischen Bundesanzeiger widerlegt (→ Rz. 21). Dort ist die befreite Personenhandelsgesellschaft (**indirekt**) als Tochtergesellschaft bezeichnet, weil die Befreiung im Anhang der **Mutter**gesellschaft offen gelegt werden muss. Für die Muttergesellschaft selbst bleibt kein Platz zur Mitteilung eines Befreiungstatbestands nach Nr. 3a. Auch die befreite Tochtergesellschaft muss im elektronischen Bundesanzeiger nach Nr. 3b die Muttergesellschaft nennen, also nicht sich selbst. Die gegenteilige Rechtsprechung[6] ist u. E. unzutreffend.

---

2 So auch *Ischebeck*, in: Küting/Pfitzer/Weber (Hrsg.), Handbuch der Rechnungslegung – Einzelabschluss, § 264b Tz. 10; *Förschle/Deubert*, in: Beck'scher Bilanz-Kommentar, 7. Aufl., München 2010, § 264b Tz. 23.

3 So h. M. beispielsweise IDW RS HFA 7 Tz. 9; *von Kanitz*, WPg 2003 S. 327; *Ischebeck*, in: Küting/Pfitzer/Weber (Hrsg.), Handbuch der Rechnungslegung – Einzelabschluss, § 264b Tz. 12.

4 Zitiert bei *von Kanitz*, WPg 2003 S. 327.

5 Z. B. IDW RS HFA 7 Tz. 7.

6 LG Bonn, Beschluss vom 30. 9. 2009 – 30 T 848/09, Kurzinfo StuB 2010 S. 114.

1.2 Konzernabschluss eines persönlich haftenden Gesellschafters (2. Alternative)

In der 2. Alternative des 1. Aufzählungspunkts (2. „oder") wird die Befreiungsmöglichkeit auf eine Einbeziehung in den Konzernabschluss eines persönlich haftenden Gesellschafters ausgedehnt. Zur persönlichen Haftung wird auf → § 264a Rz. 5 verwiesen. 16

Ein **Mutter-Tochter-Verhältnis** als sonst die Konzernrechnungslegung begründend wird nicht explizit verlangt, wohl aber implizit durch das Erfordernis der Einbeziehung in Form der **Vollkonsolidierung**; Quoten- und *equity*-Konsolidierung reichen nicht aus (→ Rz. 13).[7]

Voraussetzung ist die **unmittelbare** Beteiligung eines persönlich haftenden Gesellschafters an der zu befreienden Kap. & Co.-Gesellschaft, nicht notwendig begründet durch eine Kapitaleinlage. In der 1. Befreiungsalternative (→ Rz. 8) kommt auch die indirekte Beteiligungsstruktur zum Tragen. 17

Nicht erforderlich sind 18

- die **Pflicht** zur Aufstellung eines konsolidierten Abschlusses,
- das Vorliegen einer bestimmten **Rechtsform** des persönlich haftenden Gesellschafters sowie
- ein **Sitzstaat** innerhalb der EU bzw. EWR.[8]

Ob und unter welchen Voraussetzungen im Rahmen der „typisch" oder abweichend gesellschaftsrechtlich strukturierten GmbH & Co. KG ein Mutter-Tochter-Verhältnis vorliegt[9] (→ § 290 Rz. 14) und welche der beiden Gesellschaften als Mutterunternehmen den befreienden Konzernabschluss zu erstellen hat, kann im Hinblick auf die 2. Alternative des 1. Aufzählungspunkts unentschieden bleiben. 19

2. Qualität des befreienden Konzernabschlusses (2. Aufzählungspunkt)

Vorausgesetzt wird der **Einklang** des Konzernabschlusses und -lageberichts, der auch in § 291 Abs. 2 Nr. 2 HGB gefordert wird, und eine Pflichtprüfung, die dort ebenfalls umschrieben ist. Auf die Kommentierung unter → § 291 Rz. 16 wird verwiesen. 20

3. Offenlegung der Befreiung (3. Aufzählungspunkt)

Die Veröffentlichungsvorgaben entsprechen denjenigen des § 264 Abs. 3 HGB. Auf die dortige Kommentierung unter → § 264 Rz. 49 f. wird verwiesen. 21

4. Vergleich mit § 264 Abs. 3 HGB

In der Parallelvorschrift für Kapitalgesellschaften werden **weitere** Tatbestandsvoraussetzungen für die Befreiung genannt (→ § 264 Rz. 43 ff.): 22

---

[7] Vgl. *Ischebeck*, in: Küting/Pfitzer/Weber, Handbuch der Rechnungslegung – Einzelabschluss, § 264b Tz. 15.
[8] Vgl. *Theile*, GmbHR 2000 S. 200; *ADS*, 6. Aufl., ErgBd, § 264b Tz. 18.
[9] Dagegen z. B. *Förschle/Deubert*, in: Beck'scher Bilanz-Kommentar, 7. Aufl., München 2010, § 264b Tz. 32.

III. Tatbestandsvoraussetzungen

- Zustimmung sämtlicher **Gesellschafter** zur Inanspruchnahme der Befreiung;
- **Verlustübernahme**verpflichtung des Mutterunternehmens.

Diese Voraussetzungen brauchen im Anwendungsbereich des § 264b HGB **nicht** erfüllt zu werden.

Auf die Zustimmung der **Gesellschafter** wurde wegen der umfangreichen Gesellschafterrechte einer Personengesellschaft in Bezug auf den Jahresabschluss verzichtet.[10] Insbesondere wird dabei auf die BGH-Rechtsprechung verwiesen, derzufolge die Feststellung des Jahresabschlusses (→ § 245 Rz. 10) als Grundlagengeschäft den Gesellschaftern in toto obliegt.[11] Diese Rechtsprechung ist indes überholt:[12] Die Feststellung des Jahresabschlusses erfolgt mit der Stimmrechtsmehrheit (→ § 264c Rz. 32).

23 An die Stelle der Verlustübernahmeverpflichtung in § 264 Abs. 3 HGB (→ § 264 Rz. 45) tritt in § 264b Nr. 1 HGB die **persönliche Haftung** des Gesellschafters. Sie muss sich gesellschaftsrechtlich ergeben, während nach § 264 Abs. 3 Nr. 2 HGB eine gesellschaftsrechtlich fundierte Verlustübernahmepflicht (§ 302 AktG) nicht zwingend ist, vielmehr auch eine äquivalente freiwillig begründete Pflicht ausreicht.

> **BEISPIEL** In den Konzernabschluss der X ist die Y-GmbH einbezogen.
>
> Die X verpflichtet sich schuldrechtlich gegenüber der Y, in den Geschäftsjahren 01 bis 05 entstehende Verluste auszugleichen. Die besonderen Voraussetzungen an einen Unternehmensvertrag (Handelsregistereintragung etc.) werden nicht erfüllt. Gleichwohl ist die Befreiungsvoraussetzung des § 264 Abs. 3 Nr. 2 HGB erfüllt.
>
> **VARIANTE** Die Y ist eine KG, X ihr Komplementär. X verpflichtet sich schuldrechtlich gegenüber der Y, in den Geschäftsjahren 01 bis 05 entstehende Verluste auszugleichen. Die Befreiungsvoraussetzung des § 264b Nr. 1 HGB ist nicht erfüllt.

---

10 So *Förschle/Deubert*, in: Beck'scher Bilanz-Kommentar, 7. Aufl., München 2010, § 264b Tz. 3.
11 BGH-Urteil vom 29. 3. 1996 – II ZR 263/94, DB 1996 S. 926 ff.
12 Sog. „Otto"-Urteil des BGH vom 15. 1. 2007 – II ZR 245/05, DB 2007 S. 564.

§ 264c Besondere Bestimmungen für offene Handelsgesellschaften und Kommanditgesellschaften im Sinne des § 264a

(1) ¹Ausleihungen, Forderungen und Verbindlichkeiten gegenüber Gesellschaftern sind in der Regel als solche jeweils gesondert auszuweisen oder im Anhang anzugeben. ²Werden sie unter anderen Posten ausgewiesen, so muss diese Eigenschaft vermerkt werden.

(2) ¹§ 266 Abs. 3 Buchstabe A ist mit der Maßgabe anzuwenden, dass als Eigenkapital die folgenden Posten gesondert auszuweisen sind:

I. Kapitalanteile

II. Rücklagen

III. Gewinnvortrag/Verlustvortrag

IV. Jahresüberschuss/Jahresfehlbetrag.

²Anstelle des Postens „Gezeichnetes Kapital" sind die Kapitalanteile der persönlich haftenden Gesellschafter auszuweisen; sie dürfen auch zusammengefasst ausgewiesen werden. ³Der auf den Kapitalanteil eines persönlich haftenden Gesellschafters für das Geschäftsjahr entfallende Verlust ist von dem Kapitalanteil abzuschreiben. ⁴Soweit der Verlust den Kapitalanteil übersteigt, ist er auf der Aktivseite unter der Bezeichnung „Einzahlungsverpflichtungen persönlich haftender Gesellschafter" unter den Forderungen gesondert auszuweisen, soweit eine Zahlungsverpflichtung besteht. ⁵Besteht keine Zahlungsverpflichtung, so ist der Betrag als „Nicht durch Vermögenseinlagen gedeckter Verlustanteil persönlich haftender Gesellschafter" zu bezeichnen und gemäß § 268 Abs. 3 auszuweisen. ⁶Die Sätze 2 bis 5 sind auf die Einlagen von Kommanditisten entsprechend anzuwenden, wobei diese insgesamt gesondert gegenüber den Kapitalanteilen der persönlich haftenden Gesellschafter auszuweisen sind. ⁷Eine Forderung darf jedoch nur ausgewiesen werden, soweit eine Einzahlungsverpflichtung besteht; dasselbe gilt, wenn ein Kommanditist Gewinnanteile entnimmt, während sein Kapitalanteil durch Verlust unter den Betrag der geleisteten Einlage herabgemindert ist, oder soweit durch die Entnahme der Kapitalanteil unter den bezeichneten Betrag herabgemindert wird. ⁸Als Rücklagen sind nur solche Beträge auszuweisen, die aufgrund einer gesellschaftsrechtlichen Vereinbarung gebildet worden sind. ⁹Im Anhang ist der Betrag der im Handelsregister gemäß § 172 Abs. 1 eingetragenen Einlagen anzugeben, soweit diese nicht geleistet sind.

(3) ¹Das sonstige Vermögen der Gesellschafter (Privatvermögen) darf nicht in die Bilanz und die auf das Privatvermögen entfallenden Aufwendungen und Erträge dürfen nicht in die Gewinn- und Verlustrechnung aufgenommen werden. ²In der Gewinn- und Verlustrechnung darf jedoch nach dem Posten „Jahresüberschuss/Jahresfehlbetrag" ein dem Steuersatz der Komplementärgesellschaft entsprechender Steueraufwand der Gesellschafter offen abgesetzt oder hinzugerechnet werden.

(4) ¹Anteile an Komplementärgesellschaften sind in der Bilanz auf der Aktivseite unter den Posten A.III.1 oder A.III.3 auszuweisen. ²§ 272 Abs. 4 ist mit der Maßgabe anzuwenden, dass für diese Anteile in Höhe des aktivierten Betrags nach dem Posten „Eigenkapital" ein Sonderposten unter der Bezeichnung „Ausgleichsposten für aktivierte eigene Anteile" zu bilden ist.

Inhaltsübersicht

	Rz.
I. Regelungsgehalt, Anwendungsbereich	1 - 3
II. Forderungen und Verbindlichkeiten gegenüber Gesellschaftern (Abs. 1)	4 - 8
1. Inhalt	4 - 5
2. Ausweistechnik	6 - 8
III. Eigenkapitalausweis (Abs. 2)	9 - 36
1. Überblick über den Norminhalt	9 - 17
1.1 Kapital der Gesellschaft oder Beteiligung der Gesellschafter?	9 - 12
1.2 Vervielfachung der Kapitalkonten?	13 - 16
1.3 Unstreitige Fakten (Zusammenfassung)	17
2. Ausweis der Gesellschafterverhältnisse im Eigenkapital der Gesellschaft	18 - 36
2.1 Grundgliederung (Abs. 2 Satz 1)	18 - 19
2.2 Trennung der Gesellschaftergruppen (Abs. 2 Sätze 2 und 6)	20 - 24
2.3 Abschreibung von Verlusten (Abs. 2 Satz 3)	25 - 28
2.4 Zuschreibung von Gewinnen	29 - 34
2.5 Ausweis von Negativkapital des Komplementärs (Abs. 2 Sätze 4 und 5)	35 - 36
IV. Besonderheiten für Kommanditisten (Abs. 2 Satz 6)	37 - 40
1. Forderungsausweis, Behandlung von Verlusten (Satz 7 1. Halbsatz)	37 - 39
2. Ausweis von Negativkapital (Abs. 2 Satz 6 i.V. mit Satz 5)	40
V. Rücklagen (Abs. 2 Satz 8)	41 - 42
VI. Anhangangabe für ausstehende Hafteinlagen (Abs. 2 Satz 9)	43
VII. Gesellschaftervermögen (Abs. 3 Satz 1)	44 - 48
VIII. Fiktiver Steueraufwand (Abs. 3 Satz 2)	49
IX. Sonderprobleme im Zusammenhang mit der Komplementär-Gesellschaft (Abs. 4)	50 - 59
1. Ausweis der Anteile an der Komplementär-Gesellschaft (Abs. 4 Satz 1)	50 - 53
2. Bildung eines Sonderpostens (Abs. 4 Satz 2)	54 - 59

Ausgewählte Literatur

Hoffmann, Gesellschafterkonten oder Eigenkapital bei der Personenhandelsgesellschaft nach § 264c HGB, StuB 2009 S. 407

Hoffmann, Eigenkapitalausweis und Ergebnisverteilung bei Personenhandelsgesellschaften nach Maßgabe des KapCoRiLiG, DStR 2000 S. 837

Kempermann, Nicht eingezahlte Einlage, zurückgezahlte Aufgelder und falsch bezeichnete Kapitalkonten, DStR 2008 S. 1917

Alterndorf, Aktuelle Tendenzen zur steuerlichen Behandlung von Gesellschafterkonten bei Personengesellschaften, GmbH-StB 2009 S. 101

Ley, Gesellschafterkonten im Lichte der grundlegenden BFH-Entscheidung vom 16.10.2008 – IV R 98/06, DStR 2009 S. 613

Bundessteuerberaterkammer, Hinweise der BStBK zum Ausweis des Eigenkapitals bei Personenhandelsgesellschaften im Handelsrecht, DStR 2006 S. 668

Vgl. hierzu auch die Hinweise zu → § 264a

I. Regelungsgehalt, Anwendungsbereich

§ 264c HGB bestimmt **spezielle** Rechtsfolgen für die in § 264a HGB definierten Gesellschaftsformen. **Generell** gelten die §§ 264 bis 330 HGB auch für diese Gesellschaften (→ § 264a Rz. 4). § 264c HGB enthält **besondere** Ansatz- und Ausweisvorschriften, die der im Verhältnis zu Kapitalgesellschaften abweichenden Rechtsstruktur der Kap. & Co.-Gesellschaften Rechnung tragen sollen. Diesen Vorschriften kommt lex specialis-Charakter zu; sie haben also Vorrang vor den Regeln in §§ 264 ff. HGB Insbesondere wird in Abs. 2 in bestimmten Ausweisfragen nach Komplementär- und Kommanditistenstellung unterschieden.

Zu **verweisen** ist wegen der

- **Befreiungsmöglichkeit** von der Anwendung der §§ 264 ff. HGB allgemein und des § 264c HGB speziell auf → § 264b Rz. 4.
- **Verantwortlichkeit** zur Rechnungslegung auf → § 238 Rz. 2.
- **Unterzeichnungspflicht** des Jahresabschlusses auf → § 245 Rz. 2.

Den Kap. & Co.-Gesellschaften stehen die gleichen Erleichterungsvorschriften zu, die den Kapitalgesellschaften gewährt werden, z. B.

- zusammengefasste **Bilanzgliederung** nach § 267 Abs. 1 Satz 3 HGB für kleine Gesellschaften,
- verkürzte **GuV**-Rechnung für mittelgroßes Format nach § 276 Satz 1 HGB,
- **Anhangangaben** nach § 288 HGB,
- **Lageberichterstattung** nach § 264 Abs. 1 Satz 3 HGB,
- **Publizität** nach § 326 HGB.

Auf die dortigen Kommentierungen wird verwiesen.

II. Forderungen und Verbindlichkeiten gegenüber Gesellschaftern (Abs. 1)

1. Inhalt

Inhaltlich identisch mit § 42 Abs. 3 GmbH verlangt Abs. 1 die Angabe von Gesellschafterbeziehungen, soweit diese sich in Forderungen (einschließlich Ausleihungen) oder Verbindlichkeiten niedergeschlagen haben (→ § 266 Rz. 13). Regelmäßig handelt es sich um Posten aus „Lieferungen und Leistungen" oder um Darlehen. Wegen des Inhalts der Posten im Übrigen wird auf die Kommentierung von → § 266 Rz. 14 ff. verwiesen.

In anderen Bereichen der Bilanz angesiedelte Gesellschafterbeziehungen im Unternehmensverbund (→ § 266 Rz. 69 und → § 266 Rz. 83) sind gesetzesförmlich nicht anzugeben.

> **BEISPIEL** Die XY GmbH & Co. KG hat als *Joint Venture* die X-AG und die Y GmbH als gleich beteiligte Gesellschafter (Kommanditisten). Ihr Geschäftsgegenstand ist die Herstellung von

Klimaanlagen für Lastwagen, die X und Y zusammen mit der Heizungsanlage als Auftragnehmer vom Lastwagenhersteller in die Lkws einbauen.

Im Gesellschaftsvertrag der XY GmbH & Co. KG ist für die Herstellung eine Gewährleistungspflicht in handelsüblicher Form enthalten. Die dafür zu bildende Rückstellung (→ § 249 Rz. 73 ff.) „entfällt" auf die beiden Gesellschafter, ein entsprechender Ausweis nach Abs. 1 kommt allenfalls freiwillig in Betracht, weil Rückstellungen zwar Schuldcharakter aufweisen, aber nach der Gliederungssystematik des § 266 HGB nicht als „Verbindlichkeiten" gelten.

BEISPIEL An der Z GmbH & Co. KG ist die Z Bau AG zu 100 % als Kommanditistin und Komplementärin beteiligt. Der einzige Geschäftsinhalt der GmbH & Co. KG ist die Lieferung von Beton an die Z AG. Die Umsatzerlöse sind – abgesehen von der möglichen Erleichterung nach § 276 Satz 1 HGB (→ § 276 Rz. 2) – nach Abs. 1 nicht als solche gegenüber den Gesellschaftern auszuweisen. U. E. ist ein solcher Sonderausweis nach § 243 Abs. 2 HGB geboten. Wegen eines ähnlich gelagerten Falls wird verwiesen auf → § 243 Rz. 21.

2. Ausweistechnik

6   Das Gesetz bietet drei Ausweismöglichkeiten an:

- ▶ **eigener** Gliederungsposten, z. B.: „Verbindlichkeiten gegenüber Gesellschaftern" (Gesellschafterin).
- ▶ **Anhangangabe**, z. B.: „Von den Forderungen aus Lieferungen und Leistungen entfallen XX T€ auf eine Gesellschafterin."
- ▶ **Mitzugehörigkeitsvermerk** (in der Bilanz), z. B.: Forderungen aus Lieferungen und Leistungen YY T€ – davon gegen eine Gesellschafterin ZZ T€.

Zu möglichen Darstellungs**techniken** wird auf → § 266 Rz. 69 verwiesen.

7   Der Informationsgehalt der drei Ausweisvarianten ist nicht identisch: In der ersten Version ist nicht ersichtlich, ob es sich um eine Liefer- oder Darlehensverbindlichkeit handelt. Bei der Variante „Davon-Vermerk" müsste es heißen:

„Verbindlichkeiten aus Lieferungen und Leistungen XY T€

– davon gegenüber einer Gesellschafterin YY T€",

oder bei der Anhangversion für ein Gesellschafterdarlehen:

„Von den sonstigen Verbindlichkeiten entfallen ZZ T€ auf eine Gesellschafterin."

Die Charakteristik der Verbindlichkeit als Darlehen geht aus keiner Ausweisversion (zwingend) hervor, da Darlehensverbindlichkeiten (und -forderungen) keinen eigenständigen Gliederungsposten in § 266 darstellen (→ § 266 Rz. 90).

8   In Einzelfällen kann es sich um **dreifach** angabepflichtige Posten handeln.

> **BEISPIEL** Im ersten Teil-Sachverhalt unter → Rz. 5 hat die XY GmbH & Co. KG eine Lieferforderung gegen die X AG von ZZ T€. Im Anhang (z. B. → Rz. 6) ist dies etwa wie folgt darzustellen:
>
> „Von den Forderungen aus Lieferungen und Leistungen (1) im Gesamtbetrag von XX T€ entfallen auf eine Gesellschafterin (2) als Unternehmen, mit dem ein Beteiligungsverhältnis besteht (3) (→ § 271 Rz. 3 ff.), XY T€."

Besteht ein Mutter-Tochter-Verhältnis – die X AG ist alleinige Gesellschafterin (oder Mehrheitsgesellschafterin) der X GmbH & Co. KG – kann eine Zusammenfassung der Ausweise etwa in folgender Form präsentiert werden:

▶ „Gegen unsere Muttergesellschaft bestehen Verbindlichkeiten aus Lieferungen und Leistungen in Höhe von ZZ T€."

▶ „Von den Verbindlichkeiten entfallen ZZ T€ auf unsere Muttergesellschaft" (bei Darlehensverbindlichkeiten → Rz. 7).

Der Charakter des verbundenen Unternehmens geht aus der Bezeichnung „Muttergesellschaft" bzw. umgekehrt „Tochtergesellschaft" hervor (→ § 271 Rz. 26 ff.).

III. Eigenkapitalausweis (Abs. 2)

1. Überblick über den Norminhalt

1.1 Kapital der Gesellschaft oder Beteiligung der Gesellschafter?

Das Eigenkapital ist definiert als Unterschiedsbetrag zwischen den jeweiligen Bilanzansätzen für Aktiva und Passiva. Es gleicht diesen Unterschied in der Summe beider Bilanzseiten aus. Auf die Darstellung in → § 246 Rz. 63 wird verwiesen. Das Eigenkapital weist die Höhe des nach den Grundsätzen ordnungsmäßiger Buchführung und den weiteren gesetzlichen Vorgaben am Bilanzstichtag ermittelten Nettovermögens des **Kaufmanns** aus. Als Kaufmann im Sinne der Rechnungslegungsvorschriften des HGB (→ § 238 Rz. 1) gelten verschiedene Gesellschaftsformen. Das geschieht nach § 1 Abs. 1 HGB über den Betrieb eines Handelsgewerbes für die OHG gem. § 105 Abs. 1 HGB, für die KG gem. § 161 Abs. 1 HGB, für die AG gem. § 3 Abs. 1 AktG und für die GmbH gem. § 13 Abs. 3 GmbHG. Das Eigenkapital im Sinne der Rechnungslegungsvorschriften des HGB steht im Falle von Gesellschaften als handelsgewerbetreibende Instanz also **der Gesellschaft** zu. **Diese** ist rechnungslegungspflichtig, in **deren** Bilanz erscheint ein Eigenkapital. Deshalb können die Gesellschafter – Aktionäre oder Kommanditisten – **keine Kapitalanteile** an der jeweiligen Gesellschaft halten, sondern nur **Beteiligungen**. Bei Personengesellschaften lautet die einschlägige Sprachregelung durchweg anders und verführt deshalb zu weitreichenden **Missverständnissen** (→ Rz. 16). Im Interesse der verständlichen Darstellung muss im Rahmen dieser Kommentierung häufig gleichwohl vom Kapitalanteil des Kommanditisten oder des persönlich haftenden Gesellschafters gesprochen werden; gemeint ist damit aber immer nur eine Beteiligung dieses jeweiligen Gesellschafters an der KG bzw. OHG.

9

III. Eigenkapitalausweis

10   An diesem Kapitalkonto, das die Vermögenslage des Kaufmanns und damit einer **Gesellschaft** widerspiegelt (→ Rz. 9), können viele Gesellschafter einen Anteil haben – z. B. 500 Kommanditisten einer Publikums-KG oder 10.000 Aktionäre einer Publikums-AG. Umgekehrt kann an einer KG nur ein einziger Gesellschafter eine Beteiligung halten, ebenso wie alle Aktien von einer einzigen Person gehalten werden können. So oder so – das Eigenkapital einer Gesellschaft wird durch die Anzahl der Gesellschafter nicht „zerlegt" oder „atomisiert" – es bleibt immer bei dem **einen** Eigenkapital der Gesellschaft. „Eigenkapitalien" bestehen nicht.

11   Diese Aussage ist für **Kapital**gesellschaften absolut unbestritten. Bei **Personen**handelsgesellschaften schleichen sich zumindest terminologisch laufend Verstöße gegen diese Ausgangsüberlegungen zur Bilanzierung und zum Eigenkapitalausweis ein. Das setzt sich bis in den Gesetzeswortlaut hinein fort (Abs. 2 Satz 3), wo von „Kapitalanteil" und „Kapitalanteilen" die Rede ist. Zu verstehen sind derlei Formulierungen, die auch ähnlich klingen mögen, immer als Anteile der Gesellschafter an dem der Gesellschaft zukommenden Eigenkapital, was gewöhnlich als **Beteiligung** bezeichnet wird.

12   Für die Rechnungslegung der Gesellschaft ist es unerheblich, **wer** und **wie viele Personen** an ihrem Eigenkapital beteiligt sind. Die ganze Gewinnermittlung verläuft davon unabhängig. Das gilt systematisch notwendig sowohl für Kapital- als auch für Personenhandelsgesellschaften, denn diese sind in ihrer Kaufmannseigenschaft (→ Rz. 9) gleichermaßen **Subjekt** der Rechnungslegung. Man kann auch so formulieren: Genauso wie die Kapital- ist die Personenhandelsgesellschaft für Zwecke der Rechnungslegung **rechtsfähig** (wie sie im Übrigen auch grundbuch- oder prozessfähig ist).

1.2 Vervielfachung der Kapitalkonten?

13   Trotz dieser eindeutigen und im Grunde unbestrittenen Ausgangsfakten werden in der Rechnungslegungs-, der Besteuerungs- und der kautelarjuristischen Vertragspraxis den Kommanditisten und persönlich haftenden **Gesellschaftern** Kapitalanteile oder -konten „zugeteilt". Sie erscheinen als Damen und Herren der Rechnungslegung einer OHG oder KG, obwohl es sich gerade nicht um „ihren" Jahresabschluss handelt. In dieser Perspektive wirkt der Jahresabschluss der Personenhandelsgesellschaft als eine Art **gebündelte** Bilanz der einzelnen Gesellschafter – vergleichbar der vor 30 Jahren für die steuerliche Bilanzierung abgeschafften Bilanzbündeltheorie. Wäre diese Darstellung zutreffend, müsste bei der Publikums-KG für 500 Gesellschafter jeweils ein eigenes Kommanditistenkonto geführt werden, was indes ebenso wenig praktiziert wird wie eine individuelle Kapitalkontenführung für 50.000 Aktionäre.

Die Bündelung der Bilanzen war wohl auch die Grundüberlegung des HGB-Gesetzgebers Ende des vorletzten Jahrhunderts, die sich in den §§ 120 Abs. 2 und 167 HGB gehalten hat (→ § 246 Rz. 87 ff.). Im Hinblick auf die (unbestrittene) Kaufmanns- und damit Bilanzsubjekt-Eigenschaft der OHG bzw. KG bedarf es einer sinnvollen Interpretation dieser altüberlieferten Gesetzesvorgaben.

14   Das **Verhältnis** zwischen dem Gesellschafts-Eigenkapital einer Personenhandelsgesellschaft und der daran bestehenden Beteiligungen der Gesellschafter kann man auch wie folgt formulieren:

„Alle Kapitalanteile (der Gesellschafter) zusammen bilden das Eigenkapital der Gesellschaft".[1]

Dieser Satz lässt sich auf die vergleichbaren Begriffe einer GmbH umformulieren:

„Alle Geschäftsanteile bilden das Eigenkapital der Gesellschaft."

Die Übereinstimmung in der Aussage zwischen den beiden Gesellschaftsformen beruht auf einer lapidaren Grundlage: Wenn mehr als eine Person an einem beliebigen Objekt Anteilsrechte haben, muss sich deren Gesamtbetrag immer auf 100 aufaddieren.

Zur „Zerlegung" des Eigenkapitals einer Personenhandelsgesellschaft in die Anteile der Gesellschafter gesellt sich eine weitere Aufgliederung von deren Anteilen nach der Vertragskautelarpraxis in **mehrere Konten**, die bei Kommanditgesellschaften regelmäßig vier betragen (sog. **Vier-Konten-Modell**):[2] 15

▶ **Kapitalkonto I** als Festkapital mit der vertraglich bedungenen Einlage.

▶ **Kapitalkonto II** als variables Konto mit der Verbuchung von Entnahmen, Verlusten und Gewinnen von persönlich haftenden Gesellschaftern.

▶ **Darlehenskonto** für Kommanditisten zur Trennung der in Vorjahren erzielten und noch nicht ausgeschütteten Gewinne von späteren Verlusten, um die gleichwohl bestehende Bezugsberechtigung für diese Gewinne zu dokumentieren.

▶ **Verlustverrechnungskonto** für Kommanditisten, auf dem spätere Gewinnanteile gem. § 169 Abs. 1 2. Halbsatz HGB zu verrechnen sind.[3]

Diese Kontenführung hat ihre **gesellschaftsrechtliche** Berechtigung, insbesondere im Fall der Kommanditgesellschaft, darf aber – zur Wiederholung – nicht den obigen Befunden (→ Rz. 13) widersprechen: 16

▶ Es wird buchungstechnisch über das Eigenkapital der **Gesellschaft** verfügt,

▶ und dies in Aufgliederung für die **einzelnen** Gesellschafter, die ihrerseits kein Eigenkapital, sondern eine Beteiligung an diesem haben können.

Im Falle der Kap. & Co.-Gesellschaften i. S. des § 264a HGB kommt nach der gesetzlichen Vorgabe noch eine weitere Untergliederung zum Tragen, die ihre Struktur der Gliederung in § 266 Abs. 3a HGB für Kapitalgesellschaften entnimmt (→ Rz. 18).

1.3 Unstreitige Fakten (Zusammenfassung)

Zu den weiteren Überlegungen können folgende unstreitige Fakten zusammenfassend festgehalten werden:[4] 17

▶ Rechnungslegungspflichtig nach dem HGB ist der **Kaufmann** (§§ 238, 242 HGB).

▶ Kaufmann im Sinne dieser Vorschriften ist die **Gesellschaft**, sei es eine AG oder ein Kap. & Co.-Gesellschaft, und nicht etwa die Gesellschafter.

---

[1] So *Huber* (ZGR 1988 S. 1) in einem grundlegenden Beitrag zum Kapitalkonto einer Personenhandelsgesellschaft und den daran bestehenden Beteiligungen.
[2] Einzelheiten hierzu bei *Ley*, DStR 2009 S. 660; BFH-Urteil vom 16. 10. 2008 – IV R 98/06, DStR 2009 S. 212.
[3] Einzelheiten zu diesen Kontoführungsvorgaben bei *Huber*, ZGR 1988 S. 86; *Ley*, KöSDi 1994 S. 9976.
[4] Vgl. *Hoffmann/Weidenhammer*, in: Beck'sches Handbuch der Personengesellschaft, 3. Aufl., München 2009, § 5 Tz. 271.

- In der Bilanz dieses Kaufmanns wird „**sein**" Vermögen ausgewiesen (bei einer Gesellschaft im Femininum „ihr" Vermögen).
- Das Vermögen im Sinne einer Bilanz ist definiert als der Überschuss der Aktivposten über die Passivposten; man bezeichnet die Differenz als Kapital oder **Eigenkapital** (der Gesellschaft).
- An diesem Gesellschaftskapital sind die Gesellschafter **beteiligt**.
- Die Gesellschafter (Aktionäre, Kommanditisten etc.) haben also in der Folge dieser Definitionen kein Eigenkapital und keinen Kapitalanteil, sondern eine **Beteiligung**. Wenn man gewöhnlich von „Kapitalanteil" spricht, meint man also die Beteiligung des Gesellschafters.
- Bezogen auf die Gesellschafter „zerfällt" das Eigenkapital der Gesellschaft in die einzelnen Beteiligungen („**Kapitalanteile**"); anders ausgedrückt: Die „Kapitalanteile" der Gesellschafter addieren sich zum Eigenkapital der Gesellschaft.
- Der Gesellschafter kann nur **eine** Beteiligung (Kapitalanteil) an der Gesellschaft haben; die Aufteilung in mehrere Kapitalkonten hat deshalb nur buchungstechnische Bedeutung (abgesehen von der Identifizierung als Darlehen).

2. Ausweis der Gesellschafterverhältnisse im Eigenkapital der Gesellschaft

2.1 Grundgliederung (Abs. 2 Satz 1)

18 Die Gliederungsvorgabe für die Kap. & Co.-Gesellschaften stellt sich im Vergleich zu den Kapitalgesellschaften wie folgt dar:

Kap. & Co.-Gesellschaften	Kapitalgesellschaften
Kapitalanteile	gezeichnetes Kapital
Rücklagen	Kapitalrücklage/ Gewinnrücklagen
Gewinnvortrag/ Verlustvortrag	Gewinnvortrag/ Verlustvortrag
Jahresüberschuss/ Jahresfehlbetrag	Jahresüberschuss/ Jahresfehlbetrag

19 Die **Anlehnung** der Gliederung für Kap. & Co.-Gesellschaften an diejenige für Kapitalgesellschaften ist offensichtlich. Die **Abweichung** zwischen „gezeichnetem Kapital" und „Kapitalanteilen" ist offensichtlich rechtsformspezifisch motiviert, verursacht allerdings bereits insofern Missverständnisse, weil selbstverständlich die anderen Posten im Gliederungsschema (Rücklagen etc.) ebenfalls zu den „Kapitalanteilen" der **Gesellschafter** gehören (→ Rz. 11). Das gilt insbesondere auch für die Rücklagen. Die regelmäßig so bezeichnete „gesamthänderisch gebundene Rücklage" schwebt nicht im freien Rechtsraum, sondern stellt einen Eigenkapitalbestandteil der Gesellschaft dar und ist den Gesellschaftern anteilig nach ihrer Beteiligungsquote zuzurechnen (→ § 246 Rz. 105). Das gleiche gilt für den Gewinn- und Verlustvortrag sowie den Jahresüberschuss bzw. -fehlbetrag.

Eine freiwillige weitere Aufgliederung nach Kapital- und Gewinnrücklage erscheint unbedenklich.

2.2 Trennung der Gesellschaftergruppen (Abs. 2 Sätze 2 und 6)

Tatsächlich will der Gesetzgeber das Eigenkapital der Gesellschaft zumindest nach den beiden Gesellschaftergruppen aufteilen. Sätze 2 und 6 verlangen getrennte Ausweise der „Kapitalanteile" für die persönlich haftenden Gesellschafter und die Kommanditisten. Insoweit besteht ein Trennungszwang im Ausweis. Die Kapitalanteile der persönlich haftenden Gesellschafter dürfen einzeln unterteilt ausgewiesen werden, was aber nur bei einem beschränkten Gesellschafterkreis sinnvoll ist. Für die Kommanditisten besteht diese Erlaubnis der Aufgliederung ihrer Kapitalanteile nicht („insgesamt" in Satz 6).[5]

20

Die gesetzliche Vorgabe der Trennung der Gesellschaftergruppen bezieht sich indes nur auf den Gliederungsposten **„Kapitalanteile"** (→ Rz. 18). Für die übrigen Eigenkapital-Ausweisposten gilt diese Aufgliederungsvorgabe nicht, also z. B. für die Rücklagen. Das mag für die Gläubiger und andere außenstehende Interessenten am Jahresabschluss ohne Belang sein, umgekehrt verhält es sich für die Gesellschafter selbst. Denen ist zwingend – entsprechend ihrer Beteiligungsquote – auch das Übrige nicht unter „Kapitalanteile" ausgewiesene Eigenkapital vermögensmäßig zuzurechnen. Zur Erinnerung: Jeder Gesellschafter einer Personengesellschaft hat nur **eine** Kapitalbeteiligung, die dann notwendigerweise alle im Gliederungsschema genannten Eigenkapitalposten umfassen muss (→ Rz. 14).

21

Diese Trennung der Kapitalanteile nach Gesellschaftergruppen einer KG ist für weite Anwendungsbereiche der Vorschrift bedeutungslos, weil regelmäßig die Komplementär-GmbH am Kapital der Kommanditgesellschaft nicht beteiligt ist.

Insgesamt ist also der Eigenkapitalausweis teils getrennt nach Gesellschaftergruppen – für „Kapitalanteile" – und teils zusammengefasst – für z. B. Rücklagen – vorzunehmen. Diese **Unsystematik** muss notwendig in Einzelfällen zu Verwirrungen führen.

22

BEISPIEL[6]

Rücklagen Komplementäre	50
Rücklagen Kommanditisten	50
Rücklagen nach gesetzlicher Gliederungsvorgabe	100
(Übriges) Eigenkapital der Komplementäre	10
(Übriges) Eigenkapital der Kommanditisten	-20

---

5 *ADS*, 6. Aufl. § 264c Tz. 16, sehen keine Bedenken gegen eine weitere Aufgliederung bei beschränktem Umfang des Kommanditistenkreises.
6 Vgl. *Hoffmann*, DStR 2000 S. 839.

III. Eigenkapitalausweis

Wie sind die Eigenkapitalien auszuweisen?

1. LÖSUNG

Aktiva		Passiva	
Kapitalanteile Kommanditisten	20	Kapitalanteile Komplementäre	10
		Rücklagen	100

23 Gegen diese Darstellung spricht, dass der Aktivausweis des Kommanditistenkapitals nicht durch eine gesetzliche Vorschrift abgedeckt erscheint. Die beiden Aktivausweise des Kapitals nach Abs. 2 Satz 4 und 5 enthalten eine andere Regelung, nämlich den Ausweis eines **insgesamt** negativen Kapitalanteils (→ Rz. 40). Dem lässt sich in der Bilanzdarstellung ohne Provokation von Missverständnissen nur folgen, wenn die Rücklagen auf die beiden Gesellschafter-Typen aufgeteilt werden, was de lege lata zwar nicht vorgesehen ist, aber zulässig erscheint.

2. LÖSUNG

Aktiva			Passiva	
	Kapitalanteile Komplementäre	10		
	Rücklagenanteil Komplementäre	50	60	
	Kapitalanteile Kommanditisten	-20		
	Rücklagenanteil Kommanditisten	50	30	
			90	

Betrügen die Kapitalanteile der Kommanditisten abweichend von Beispiel 1 statt -20 Einheiten -70 Einheiten, müssten diese aktivisch ausgewiesen werden („nicht durch Vermögenseinlagen gedeckten Verlustanteil der Kommanditisten" 20 Einheiten). Ein Rücklageanteil des Kommanditisten dürfte dann nicht unter den Passiva erscheinen.

24 Maßgeblich für den Eigenkapitalausweis eines Kommanditisten ist seine **Pflicht**einlage gemäß Gesellschaftsvertrag in die Gesellschaft, nicht etwa die im Handelsregister vermerkte **Haft**einlage. Allerdings stimmen beide Beträge regelmäßig überein (→ § 246 Rz. 94).

2.3 Abschreibung von Verlusten (Abs. 2 Satz 3)

25 Der Satz ist terminologisch unglücklich formuliert. Es ist die Rede von „**Verlust**", womit vermutlich ein Anteil am **Jahresfehlbetrag** gemeint ist. Umgangssprachlich wird hier häufig von „Verlust" gesprochen, mit der sonstigen Gesetzesterminologie stimmt dieser Begriff nicht überein.

Auch der Aussagegehalt der „**Abschreibung**" ist interpretationsbedürftig. Ein im Sinne eines Fehlbetrags verstandener Verlust mindert nach den ehernen Regeln der Doppik immer das Eigenkapital der Gesellschaft und damit den Anteil des Gesellschafters daran. Das GuV-Konto ist systematisch ein Unterkonto des Kapitalkontos. Deshalb bewirkt ein solcher Verlust eo ipso eine „Abschreibung", also eine Minderung, des Eigenkapitals.

Offen lässt der Gesetzeswortlaut demgegenüber die Frage, auf welchem der **Unter**-Kapitalkonten ein so als Jahresfehlbetrag verstandener „Verlust" zu verbuchen ist. U. E. kommt nach der gesetzlichen Gliederungsvorgabe nur der Posten „**Jahresfehlbetrag**" in Betracht. Das gilt auch, wenn der Gesellschaftsvertrag eine andere Verbuchung vorsieht, z. B. durch Belastung eines Kapitalkontos II.[7] Gegen diese Lösung spricht **nicht** eine entgegenstehende gesellschaftsrechtliche Vorgabe. Zwingendes öffentliches Recht der Rechnungslegung kann nicht privatautonom durch Gesellschaftsvertrag abbedungen werden. Vielmehr bietet sich eine entsprechende **Interpretation** einer abweichenden gesellschaftsvertraglichen Vorgabe an.

26

BEISPIEL Der Gesellschaftsvertrag der KG sieht für den Komplementär die Belastung eines Fehlbetrags auf dem Kapitalkonto II und für die Kommanditisten auf einem Verlustvortragskonto vor.

Sachverhalt

		%
Verlustanteile Komplementäre	50	21,7
Verlustanteile Komplementäre	180	78,3
Jahresfehlbetrag	230	100,0

Verbuchung nach Gesellschaftsvertrag

Einlage Komplementär, Stand 1.1.	500
Verlust-Abschreibung	50
Stand „Kapitalanteil" Komplementär 31.12.	450
Einlage Kommanditist, Stand 1.1.	1.800
Verlustkonto	180
Stand „Kapitalanteil" Kommanditisten 31.12.	1.620
Eigenkapital	2.070

Der eindeutige Gesetzeswortlaut verweist auf die Gliederungsvorgaben in § 266 zum Eigenkapital (→ § 266) und wiederholt ihn in Abs. 2 Satz 1 nochmals. Diesem Gesetzesgebot wird in der folgenden Darstellung nachgekommen:

---

7 A. A. IDW RS HFA 7 Tz. 40, wo nur eine Verrechnung mit der gesamthänderisch gebundenen Rücklage erfolgen soll und nur der darüber gehende Betrag dem „Kapitalanteil" zu belasten ist. Dem steht entgegen (→ Rz. 13): Alle diese genannten Konten sind Bestandteil des **einen** Beteiligungsanteils (genannt: Kapitalanteil) eines Gesellschafters.

III. Eigenkapitalausweis

Bilanzierung nach Gesetzeswortlaut	
Kapitalanteil Komplementär	500
Kapitalanteil Kommanditisten	1.800
„Kapitalanteile"	2.300
Jahresfehlbetrag	-230
	2.070

27 Die vorstehende Abbildung des Jahresergebnisses entspricht systematisch der Bilanzierung **vor** Gewinnverwendung im Umkehrschluss zu § 268 Abs. 1 HGB (→ § 268 Rz. 3). Diese Vorschrift ist durch § 264c HGB nicht aufgehoben, sondern bleibt auch der Anwendung von Kap. & Co.-Gesellschaften anvertraut. Nach Feststellung des Jahresabschlusses (→ Rz. 32) kann dann die entsprechende Belastung der beiden im Gesellschaftsvertrag vorgesehenen Unterkonten der jeweiligen „Kapitalanteile" erfolgen.

28 Eine andere Lösung kann in der Bilanzierung **nach** Gewinnverwendung gem. § 268 Abs. 1 HGB gefunden werden (→ § 268 Rz. 4). Diese besteht in der **Überleitung** vom Jahresergebnis (gemäß GuV) auf die einzelnen Eigenkapitalkonten laut Bilanzausweis.[8]

BEISPIEL

Jahresfehlbetrag	-230
Belastung Verlustkonto Kommanditisten	+180
Belastung Kapitalanteil Komplementär	+50
	0

In allen Beispielsfällen wird die „Abschreibung" auf den Kapitalanteil als Gesetzesvorgabe des Abs. 2 Satz 3 nachvollzogen, ohne die übrigen Gesetzesvorgaben (hier Abs. 2 Satz 1) zu verletzen (→ Rz. 19).

2.4 Zuschreibung von Gewinnen

29 Die buchhalterische Selbstverständlichkeit der „Abschreibung" von Verlusten beim Kapitalkonto wird im Gesetzestext spiegelbildlich für den Umkehrfall des Jahresüberschusses („Gewinn") nicht wiederholt. So gesehen steht einer Bilanzierung **vor** Gewinnverwendung nichts entgegen, d.h. der erzielte Jahresüberschuss ist nach dem Gliederungsschema der Bilanz (→ Rz. 18) auszuweisen, wie es der zwingenden Gesetzesvorgabe des Abs. 2 Satz 1 entspricht (→ Rz. 26). Damit wird nicht etwa gegen § 120 Abs. 2 HGB verstoßen, denn in dem ausgewiesenen Jahresüberschuss verbirgt sich anteilig der Betrag, der dem Kapitalanteil des Komplementärs bzw. Kommanditisten (§ 167 Abs. 1 HGB) von Gesetzes und Vertrags wegen zusteht. Anders ausgedrückt: Durch den Ausweis des Jahresüberschusses ist diese „Zuschreibung" bereits bewerkstelligt. Vergleichbar der Vorgehensweise bei einer Kapitalgesellschaft kann dann die

---

8 Ähnlich der Vorschlag des IDW RS HFA 7, Tz. 45.

persönlich haftende Gesellschafterin der Gesellschafterversammlung einen **Gewinnverwendungsvorschlag**[9] unterbreiten (→ § 255 Rz. 123 f.), z. B. in folgender Aufgliederung:

▶ Ausschüttung an die Gesellschafter,

▶ Einstellung in die Rücklage,

▶ Überlassung als Darlehen (Schütt-aus-hol-zurück),

▶ Kapitalerhöhung.

Die letztgenannte Verwendung soll auf Folgendes hinweisen: Regelmäßig ist in den Gesellschaftsverträgen ein **Festkapital** vorgesehen, dessen relative Höhe bezogen auf die Gesellschafter auch die Gewinnverteilungsquote bestimmt. Eine eigentliche Kapitalerhöhung kann dann sinnvollerweise nur erfolgen, wenn alle Gesellschafter mit ihrem Festkapital mitziehen. Ist dies nicht der Fall, erfolgt regelmäßig eine Gutschrift auf dem „Kapitalkonto II". Diese ist aber ökonomisch nur sinnvoll, wenn sie mit einer **Verzinsungs**regelung einhergeht. Diesem Kapitalkonto II kommt dann dem Gehalt nach Darlehenscharakter zu. Bei den dort ebenfalls regelmäßig verbuchten Entnahmen handelt es sich in dieser Perspektive um Darlehensrückzahlungen. Wenn man dieses Konto gleichwohl als Eigenkapitalbestandteil ansieht, wird dadurch zwingend die Vereinbarung von Festkapitalien (→ Rz. 15) konterkariert. Die Kapitalkonten der Gesellschafter variieren dann im Verhältnis untereinander (→ Rz. 15). Der BFH[10] wertet im Rahmen der Rechtsprechung zu § 15a EStG das Kapitalkonto II dann als Eigenkapitalbestandteil, wenn darauf nach dem Gesellschaftsvertrag auch Verluste zu verbuchen sind. In der Verzinsung sieht der BFH kein Unterscheidungsmerkmal zwischen Darlehen und Eigenkapital.

30

U. E. ist eine solche Bilanzierung **vor** Gewinnverwendung – Ausweis des Jahresüberschusses im Eigenkapital – auch dann zumindest zulässig, wenn nicht sogar geboten, wenn der Gesellschaftsvertrag gegenteilige Vorgaben macht.[11] Jedenfalls lässt sich aus dem Gebot der „Zuschreibung" des Gewinnanteils eine Bilanzierung **nach** Gewinnverwendung (hier nicht verstanden nach § 268 Abs. 1 HGB → Rz. 28) auch für persönlich haftende Gesellschafter nicht ableiten. Nochmals zur Erinnerung: Nach den Gesetzen der Doppik wird die Zuschreibung eines Jahresüberschusses (Gewinnanteil) zum Kapitalkonto zwingend vorgenommen (→ Rz. 29). Dieser Bilanzierungsvorschlag ist auch kompatibel mit der erforderlichen **Feststellung** des Jahresabschlusses. Diese kann z. B. zu einer Rücklagendotierung des gesamten Jahresüberschusses oder eines Teilbetrags davon führen. Dann müsste die als Gewinnverwendung zu bezeichnende Zuweisung des Jahresüberschusses zu einem Kapitalkonto II wieder korrigiert werden. Entsprechend wäre eine im Rahmen der Feststellung zu beschließende Gewinnausschüttung dann nicht wieder vom Kapitalkonto II als Entnahme abzubuchen, sondern wie bei der GmbH dem Jahresüberschusskonto zu belasten.

31

Der **Feststellung** des Jahresabschlusses kommt allgemeiner Auffassung zufolge **rechtsbegründende** Wirkung zu; ohne Feststellung liegt ein Jahresabschluss im Rechtssinne nicht vor (→ § 245 Rz. 10). Die Feststellung des Jahresabschlusses durch Mehrheitsbeschluss der Gesellschafter oder abweichenden Kompetenzen nach dem Gesellschaftsvertrag ist auch bei Per-

32

---

9 BGH-Urteil vom 20. 4. 2009 – II Z R 88/08, DStR 2009 S. 1489.
10 Markant und ausführlich im BFH-Urteil vom 16. 10. 2008 – IV R 98/06, DStR 2009 S. 212.
11 A. A. IDW RS HFA 7, Tz. 36, soweit persönlich haftende Gesellschafter betroffen sind. Ebenso *Hennrichs*, WPg 2009 S. 1070.

sonenhandelsgesellschaften erforderlich (→ § 255 Rz. 123 f.).¹² Zuvor kann ein Gewinnbezugsrecht des Gesellschafters nicht bestehen, wenn die Feststellung überhaupt einen Sinngehalt haben soll (→ § 252 Rz. 76; → § 255 Rz. 124). U. E. liegt (auch) insoweit keine gegenüber der Kapitalgesellschaft abweichende Rechtslage vor. Dem der Beteiligung immanente Gewinnanspruch kommt keine bilanzrechtliche Bedeutung zu, solange er nicht durch Feststellung und folgenden Gewinnausschüttungsbeschluss in eine **Anspruchs**grundlage verwandelt worden ist.

33 Der Gesellschaftsvertrag kann – vergleichbar mit demjenigen einer GmbH – auch eine bestimmte **Rücklagendotierung** aus dem Jahresüberschuss vorsehen (→ Rz. 41). In diesem Fall muss die Bilanzerstellung **nach** Gewinnverwendung i. S. des § 268 Abs. 1 HGB (→ § 268 Rz. 4) erfolgen. In der Konsequenz ist dann der den Gesellschaftern im Rahmen der Feststellung zur Disposition gestellte restliche Jahresüberschuss als Bilanzgewinn auszuweisen.¹³

34 Für **Kommanditisten** ergeben sich Besonderheiten bei der Ergebnisverwendung. Dazu wird auf die Kommentierung in → § 246 Rz. 110 ff. verwiesen.

2.5 Ausweis von Negativkapital des Komplementärs (Abs. 2 Sätze 4 und 5)

35 Durch Entnahmen und Verluste kann der Kapitalanteil eines Komplementärs (oder des OHG-Gesellschafters) negativ werden, mit der Folge eines Ausweises unter den Aktiva, vergleichbar der Vorgabe für Kapitalgesellschaften in § 268 Abs. 3 HGB (→ § 268 Rz. 93). Dabei spricht das Gesetz den Verlust (gemeint Fehlbetrag, → Rz. 25) an. Dieser ist indes in Bezug zum Kapitalanteil zu setzen, der c. p. durch Entnahmen gemindert wird.

36 Ein persönlich haftender Gesellschafter (Komplementär) muss während des Bestehens der Gesellschaft einen solchen Fehlbetrag nicht in das Gesellschaftsvermögen einbezahlen, er kann nur von den Gläubigern für deren von der Gesellschaft nicht erfüllte Forderungen in Anspruch genommen werden. Deshalb ist regelmäßig die Rechtsfolge des Satzes 5 – keine Nachzahlungspflicht – gegeben und als Sonderposten mit der im Gesetz genannten Bezeichnung auszuweisen. Satz 4 spricht den gesellschaftsvertraglich bestimmten Sonderfall an, in dem der Komplementär für seinen negativen Kapitalanteil durch Einzahlung geradestehen muss, z. B. wenn seine (überhöhten) Entnahmen zu einem solchen Ausweis geführt haben.

IV. Besonderheiten für Kommanditisten (Abs. 2 Satz 6)

1. Forderungsausweis, Behandlung von Verlusten (Satz 7 1. Halbsatz)

37 Der Ausweis einer Forderung gegenüber dem Kommanditisten kommt nur in Betracht, sofern eine Einzahlungsverpflichtung besteht. Auf gesellschaftsvertraglicher Basis kann man sich eine solche praktisch nicht vorstellen, denn durch sie würde die Haftungsbeschränkung des Kommanditisten, die nach Erbringung seiner Einlage besteht, gerade konterkariert. Es kann

---

12 BGH-Urteil vom 15. 1. 2007 – II ZR 245/05, DB 2007 S. 564 („Otto"); bestätigt durch RIC 3 Tz. 21; vgl. hierzu auch Hennrichs, WPg 2009 S. 1070.
13 Ähnlich IDW RS HFA 7, Tz. 37.

sich hier also nur um den Fall einer **unberechtigten** Gewinnausschüttung oder Entnahme handeln. Eine unberechtigte Gewinnausschüttung liegt dann vor, wenn durch frühere Verluste der Kapitalanteil gemindert worden ist.

> **BEISPIEL**
>
> | | |
> |---|---|
> | Pflichteinlage = Hafteinlage (einbezahlt) | +100 |
> | anteilige Verluste aus Vorjahren | -30 |
> | Gewinnanteile laufendes Jahr | +20 |
> | Kapitalanteil | +90 |
>
> Der Gewinnanteil für das laufende Jahr darf gem. § 169 Abs. 1 Satz 2 HGB nicht ausbezahlt werden. Erst wenn in weiteren Folgejahren die Hafteinlage wieder voll durch Gewinnanteile gedeckt ist, steht der überschießende Betrag zur Gewinnentnahme zur Verfügung. Eine gleichwohl getätigte Gewinnentnahme führt zu einem entsprechenden Wiederaufleben der persönlichen Haftung.

Zur buchhalterisch einwandfreien Nachhaltung dieser Gewinnausschüttungssperre wird in der Vertragspraxis ein Kapitalkonto IV geführt, in dem der Verlustanteil vom Kapitalanteil getrennt dargestellt wird. Das Beispiel unter → Rz. 37 ist dann wie folgt abzuwandeln: **38**

> **BEISPIEL**
>
> | | | |
> |---|---|---|
> | Pflichteinlage = Hafteinlage (einbezahlt) | | 100 |
> | Verlustkonto | | |
> | - Vortrag | 30 | |
> | - anteiliger Gewinn laufendes Jahr | -20 | |
> | - Stand am Ende der Periode | 10 | 90 |

Die vorstehend dargestellte getrennte Kontenführung für die Verlustanteile von Kommanditisten verträgt sich gut mit der gesetzlichen Vorgabe mit dem vergleichbaren Ausweis für Komplementäre (→ Rz. 25), der über die Verbindungsschiene von Abs. 2 Satz 6 auch für Kommanditisten gilt. Der Sache nach handelt es sich um eine Bilanzierung **nach** Gewinnverwendung i. S. des § 268 Abs. 1 HGB (→ § 268 Rz. 4).

Unabhängig davon kann ein Kommanditist ihm in **früheren** Perioden gutgeschriebene Gewinnanteile – sinnvollerweise auszuweisen als Darlehensverbindlichkeiten (→ Rz. 15) – in Folgejahren auch dann entnehmen, wenn ihm in diesen Verluste zugerechnet worden sind. **39**

2. Ausweis von Negativkapital (Abs. 2 Satz 6 i. V. mit Satz 5)

Das vergleichbar der Vorgabe von § 268 Abs. 3 HGB (→ § 268 Rz. 93) aktivisch auszuweisende Negativkapital des Kommanditisten lässt sich technisch gut in der getrennten Kontoführung für (anteilige) Verluste (→ Rz. 38) darstellen. In Weiterführung des Beispiels unter → Rz. 38 ist die bilanzielle Darstellung wie folgt vorzunehmen: **40**

> **BEISPIEL**
>
> | | | |
> |---|---:|---:|
> | Pflichteinlage = Hafteinlage | | 100 |
> | Verlustkonto | | |
> | - Vortrag 1.1. | 30 | |
> | - anteiliger Fehlbetrag | 80 | |
> | Stand 31.12. | **110** | |
> | Ausweis als „Nicht durch Vermögenseinlagen gedeckter Verlustanteil Kommanditisten" | 10 | 100 |
> | Ausweis des Kapitalanteils (Passiva) | | 0 |

V. Rücklagen (Abs. 2 Satz 8)

41 Bei den Rücklagen kann es sich systematisch um Kapital- und Gewinnrücklagen i. S. von § 272 Abs. 2 und 3 HGB handeln. Ein beide Rücklagenformen unterscheidender Ausweis ist nicht erforderlich (→ Rz. 18), wohl aber freiwillig möglich. Für beide Kategorien bedarf es zur Bildung nach Satz 8 eines **Gesellschafterbeschlusses** oder einer **Vertragsgrundlage**. Für die Gewinnrücklage kann ein Beschluss im Rahmen der **Feststellung** des Jahresabschlusses gefasst werden (vgl. → Rz. 33).

42 Auch im **Gesellschaftsvertrag** kann eine Rücklagendotierung vergleichbar einer Satzungsbestimmung bei der GmbH vorgesehen sein, dann ist sie bereits bei Bilanzerstellung vorzunehmen (→ § 268 Rz. 22). Einzahlungen der Gesellschafter in die Kapitalrücklage sind nach entsprechendem Gesellschafterbeschluss möglich und dann unter „Rücklagen" auszuweisen.[14] Die Rücklageneinstellung führt zu einer Erhöhung der Gesellschafteranteile am Eigenkapital der Gesellschaft nach Maßgabe der regelmäßig vereinbarten Festkapitalbeteiligung (mit entsprechenden Anteilen am Jahresergebnis). Bei ausnahmsweise vereinbarten variablen Kapitalkonten, deren Höhe sich durch unterschiedliche Entnahmen der Gesellschafter im Verhältnis zueinander verändert, kann eine Rücklagenbildung nicht sinnvoll sein. Zumindest müsste der jeweilige Anteil des Gesellschafters im Zeitpunkt der Bildung fest- und nachgehalten werden.

VI. Anhangangabe für ausstehende Hafteinlagen (Abs. 2 Satz 9)

43 Die Angabepflicht (→ § 284 Rz. 36) geht von der im Handelsregister eingetragenen Hafteinlage (nicht Pflichteinlage, → Rz. 24) aus. Dieser Betrag wird verglichen mit der vom Kommanditisten **tatsächlich erbrachten** Einlage. Eine angabepflichtige Differenz kann dann entstehen, wenn

---

14 A. A. *ADS*, 6. Aufl., ErgBd, § 264c Tz. 26, die eine Einzahlung nur auf die Kapitalkonten für möglich erachten.

- (ausnahmsweise) die Pflichteinlage niedriger vereinbart wird als die Hafteinlage;
- die Haft- mit der Pflichteinlage identisch ist, aber die bedungene Einlageverpflichtung gemäß Gesellschaftsvertrag noch nicht erfüllt ist;
- ein Kommanditist unberechtigt Entnahmen tätigt (→ Rz. 37), wodurch die geleistete Hafteinlage gemindert wird und damit die persönliche Haftung wieder auflebt.

Als Hafteinlage gilt der Handelsregistereintrag, der am Bilanzstichtag vorliegt.[15] Diesem kommt im Rahmen des § 15a Abs. 1 Satz 2 EStG rechtsbegründende Bedeutung zu (sog. „überschießende Außenhaftung").

VII. Gesellschaftervermögen (Abs. 3 Satz 1)

Das Verbot des Ausweises von „Privatvermögen" der Gesellschafter und der zugehörigen GuV-Posten ist in verschiedener Hinsicht **selbst-** oder **miss**verständlich: 44

- „Privates" Vermögen eines Kaufmanns hat in einer Bilanz nichts zu suchen, **die Privats**phäre des Kaufmanns ist von seiner **unternehmerischen** auch rechnungslegungstechnisch zu trennen. Die einschlägigen steuerlichen Vorgaben zur Abgrenzung von notwendigem Betriebs- und Privatvermögen können u. E. hier Anwendung finden (→ § 246 Rz. 130 ff.).
- Rechnungslegungssubjekt im Rahmen des § 264c HGB ist eine Personenhandels**gesellschaft**, also gerade nicht der oder die **Gesellschafter** (vergleichbar der Kapitalgesellschaft). Gesellschaftervermögen – sei es nun betrieblich oder privat – kann schon deswegen in der Bilanz der Personenhandelsgesellschaft nicht erscheinen.

BEISPIEL Der Bauunternehmer B betreibt Hoch-, Tief- und Straßenbau in der Rechtsform der Ein-Person-GmbH & Co. KG. Daneben unterhält er das einzelkaufmännische Unternehmen E mit dem Geschäftsgegenstand „schlüsselfertiges Bauen". Und schließlich ist er mit 10 % am Nennkapital einer T Transportbeton GmbH beteiligt.

Das einzelkaufmännisch betriebene Unternehmen und die Beteiligung an der GmbH stellen steuerliches Betriebsvermögen dar; gleichwohl kommt eine Einbeziehung dieser Vermögenswerte in die Bilanz der GmbH & Co. KG nicht in Betracht.

Der insoweit interpretationsbedürftige Wortlaut von Abs. 3 Satz 1 zielt auf die in der Praxis nicht selten anzutreffende Aufnahme von für den Geschäftsbetrieb der Gesellschaft unentbehrlichen Vermögensgegenständen – insbesondere Grundstücke –, die im rechtlichen und wirtschaftlichen Eigentum des oder der Gesellschafter stehen, in die Bilanz der KG. 45

BEISPIEL Der Bauunternehmer im Beispiel unter → Rz. 44 ist alleiniger Kommanditist. Der Bauhof samt der dort befindlichen technischen Anlagen steht in seinem rechtlichen und wirtschaftlichen Eigentum. Eine Nutzungsüberlassungsvereinbarung in Form eines Mietvertrags liegt vor. Die Bank drängt auf eine angemessene Eigenkapitalausstattung zur Unterle-

---

15 So *Förschle/Hoffmann*, in: Beck'scher Bilanz-Kommentar, 7. Aufl., München 2010, § 264c Tz. 61.

gung der eingeräumten Kontokorrent- und Avalkredite zugunsten der Gesellschaft. Ohne das Grundstück weist die KG eine bilanzmäßige Überschuldung aus.

Steuerlich liegt bei dem Grundstück notwendiges **Sonderbetriebsvermögen** I vor. Gleichwohl darf das Grundstück nicht in die Bilanz der KG aufgenommen werden.[16] Zur Beruhigung der Kreditabteilung der Bank bietet sich eine ergänzende „Vermögensübersicht" an, in die mit den entsprechenden Erläuterungen das Grundstück aufgenommen werden kann.

46 Die Unterscheidung zwischen notwendigem **Betriebs**- und **Privat**vermögen in **steuerlicher** Hinsicht kommt nicht zum Tragen, wenn der betreffende Vermögensteil im Gesamthandsvermögen der Gesellschaft befindlich ist (→ § 246 Rz. 143).[17]

BEISPIEL ▶ Der Bauunternehmer B im Beispiel unter → Rz. 45 hat sein privates Wohnhaus auf dem im Eigentum der KG stehenden Bauhof (umgekehrte Eigentumsverhältnisse als in diesem Beispiel) errichtet. Steuerlich liegt notwendiges Privatvermögen vor. Gleichwohl ist dieses Gebäude in die Bilanz der KG aufzunehmen. Wegen diesbezüglicher Bedenken vgl. → § 246 Rz. 144.

47 Die vorstehend dargestellten Ansatzbeschränkungen und -verpflichtungen gelten entsprechend für die zugehörigen Aufwendungen und Erträge innerhalb der GuV-Rechnung.

BEISPIEL ▶ Das private Wohnhaus im Beispiel unter → Rz. 46 des Bauunternehmers B im Eigentum der KG belastet dessen Ergebnis mit Abschreibungen, Zinsen (bei Fremdfinanzierung durch die KG) und Unterhaltsaufwendungen. Diese sind zwar steuerlich nicht abzugsfähig, gleichwohl als Aufwand der KG zu verbuchen. Ein korrespondierender Mietertrag liegt wenigstens dann vor, wenn der B eine entsprechende Miete an die KG bezahlt. Bei unentgeltlicher Nutzung sollte u. E. zur Darstellung der effektiven Ertragslage über eine Gesellschafterentnahme ein angemessener Mietertrag bei der Gesellschaft ausgewiesen werden.

48 Der Gesetzeswortlaut spricht nur von Vermögen. Vergleichbares gilt aber auch für die **Schulden**.

BEISPIEL ▶ Der Bauunternehmer B im vorigen Beispiel unter → Rz. 45 hat die Ein-Person-Beteiligungsstruktur durch Erwerb von 50 % der Kommanditanteile von einem früheren Gesellschafter realisiert. Dazu hat er einen Bankkredit aufgenommen. Steuerlich handelt es sich um notwendiges passives Sonderbetriebsvermögen. In der Handelsbilanz ist dieser Kredit nicht bilanzierbar.

---

16 IDW RS HFA 7 Tz. 11.
17 IDW RS HFA 7 Tz. 11.

VIII. Fiktiver Steueraufwand (Abs. 3 Satz 2)

Eine Kap. & Co.-Gesellschaft unterliegt im Inland nur der Gewerbesteuer (etwa 14 % des ausgewiesenen Ergebnisses, abgesehen von einer Steuerlatenzrechnung gem. § 274 HGB), allerdings mit Variationen je nach Gewerbesteuerhebesatz und gewerbesteuerlichen Zu- und Abrechnungen. Bei der Kapitalgesellschaft erhöht sich der Steueraufwand um 15,825 % des Einkommens (nicht des Jahresüberschusses). Grosso modo beläuft sich also die ertragsteuerliche Belastung der Kapitalgesellschaft auf den **doppelten** Betrag einer Kap. & Co.-Gesellschaft. Dieser Unterschied **kann** („darf") bei der Darstellung der GuV durch Angabe eines fiktiven Körperschaftsteueraufwands überbrückt werden. Der genannte Steuersatz ist auf das ausgewiesene Ergebnis ohne Berücksichtigung der Steuerlatenzrechnung anzuwenden. Dabei sind auch (fiktive) körperschaftsteuerlich nicht abzugsfähige Betriebsausgaben einerseits und steuerfreie Betriebseinnahmen andererseits (letzteres z. B. Dividenden von Kapitalgesellschaften) einzubeziehen. Bei unwesentlichen Beträgen ist sinnvollerweise auf eine genauere Berechnung zu verzichten. Bei **ausländischen** Freistellungsbetriebsstätten (auf deren Ergebnis entfällt keine deutsche Ertragsbesteuerung) ist die dort erhobene Körperschaftsteuer zu berücksichtigen, d. h. es darf keine Doppelerfassung erfolgen. 49

IX. Sonderprobleme im Zusammenhang mit der Komplementär-Gesellschaft (Abs. 4)

1. Ausweis der Anteile an der Komplementär-Gesellschaft (Abs. 4 Satz 1)

Abs. 4 Satz 1 unterstellt das Vorliegen einer sog. **Einheitsgesellschaft**, bei der Anteile an der Komplementär-GmbH nicht von den Kommanditisten, sondern von der KG selbst gehalten werden. 50

Die unterschiedliche Beteiligungsstruktur stellt sich wie folgt dar:

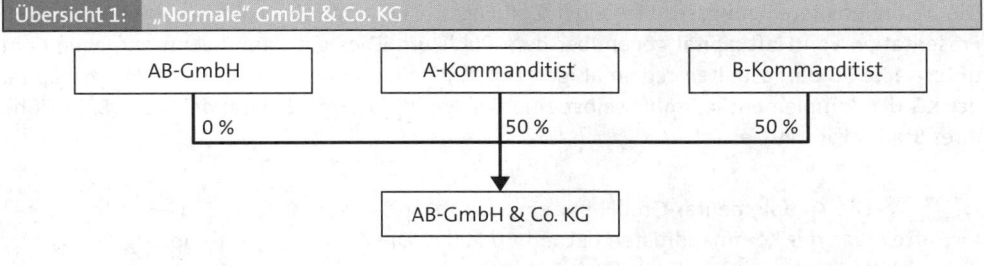

Übersicht 1: „Normale" GmbH & Co. KG

IX. Sonderprobleme im Zusammenhang mit der Komplementär-Gesellschaft

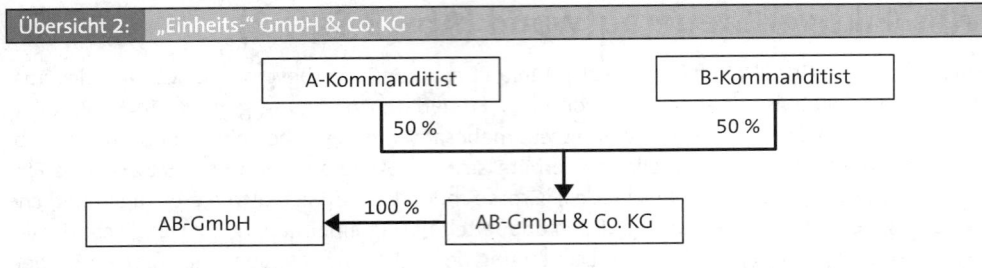

Übersicht 2: „Einheits-" GmbH & Co. KG

51 Diese Einheitsgesellschaft bietet eine ganze Reihe von gesellschaftsrechtlichen **Vorteilen**:[18]
- ▶ Nicht erforderliche gegenseitige Abstimmung der beiden Gesellschaftsverträge.
- ▶ Übertragung von Gesellschaftsanteilen ohne notarielle Beurkundung für die GmbH-Anteile.
- ▶ Einfacher gestrickter GmbH-Gesellschaftsvertrag, weil Strukturänderungen durch Ausscheiden von Gesellschaftern ausschließlich im KG-Vertrag berücksichtigt werden müssen.
- ▶ Systematische Wahrung der Beteiligungsidentität im Erbgang.

52 Bei der „normalen" GmbH & Co. KG stellt sich das Ausweisproblem des Satz 1 nicht, da die Anteile der Komplementär GmbH nicht im wirtschaftlichen Eigentum der KG stehen (→ Rz. 50). Bei der Einheitsgesellschaft ist demgegenüber der Ausweis vorzunehmen, und zwar unter **Trennung** gegenüber anderen Anteilen an verbundenen Unternehmen bzw. Beteiligungen.[19]

53 Das Gesetz stellt **alternativ** den Ausweis unter „Anteile an verbundenen Unternehmen" und „Beteiligung" zur Auswahl. Die Wahl ist danach zu entscheiden, ob ein Mutter-Tochter-Verhältnis i. S. des § 290 HGB vorliegt (→ § 290 Rz. 43).

2. Bildung eines Sonderpostens (Abs. 4 Satz 2)

54 Die besondere Beteiligungsstruktur einer GmbH & Co. KG birgt die Gefahr einer **verdoppelten** Präsentation von **Haftkapital** gegenüber dem Publikum. Dies gilt dann, wenn entgegen dem unter → Rz. 50 dargestellten regelmäßigen Fall einer Nichtbeteiligung der GmbH am Kapital der KG die Komplementär-GmbH selbst eine Einlage in das Eigenkapital der KG, z. B. in Höhe ihres Stammkapitals, leistet.

> **BEISPIEL** ▶ Die Komplementär-GmbH hat ein Stammkapital von 100.000 €, die Pflichteinlage = Hafteinlage des Kommanditisten beträgt 50.000 €. Die Komplementär-Kapitalgesellschaft ist in Höhe ihres eigenen Stammkapitals am Festkapital der Kommanditgesellschaft beteiligt.

---

18 Vgl. z. B. *Zeyer*, BB 2008 S. 1442.
19 So die Regierungsbegründung; der Wortlaut des Gesetzes gibt dies nicht her (*ADS*, 6. Aufl., ErgBd, § 264c Tz. 29).

Das Festkapital der Kommanditgesellschaft beträgt also:

Komplementäreinlage	100.000
Kommanditeinlage	50.000
= Festkapital	150.000

Würden dem Publikum sowohl das Nennkapital der Komplementär-Kapitalgesellschaft (100.000 €) als auch das Festkapital der Kommanditgesellschaft (150.000 €) – insgesamt also 250.000 € – als haftendes Kapital der Kommanditgesellschaft gezeigt, so erfolgte eine Täuschung. Denn in Wirklichkeit haftet den Gläubigern der Kommanditgesellschaft und damit auch der Komplementär-GmbH nur ein EK von 150.000 €.

Auf den vorstehend dargestellten Sachverhalt ist der Anwendungsbereich von Abs. 4 Satz 2 nicht ausgerichtet. Die dargestellte Doppelzählung von Haftkapital – allerdings unter Heranziehung der Bilanzen der beiden Gesellschaften – ist bilanzrechtlich nicht weiter beachtlich, solange keine **Konsolidierung** der beiden Rechenwerke vorgeschrieben ist.

Anders verhält es sich im Fall der **Einheitsgesellschaft** (→ Rz. 50).

BEISPIEL[20] A beteiligt sich an der KG als Kommanditist mit einer Hafteinlage = Pflichteinlage von 100.000 €. Komplementär wird eine X-GmbH mit einem Nennkapital von 50.000 €; nach Gründung von KG und GmbH erwirbt die KG von A dessen Anteil an der Komplementär-GmbH, Kaufpreis 50.000 €. Die Komplementär-GmbH ist am Festkapital der KG nicht oder mit XY € beteiligt. Das effektiv den Gläubigern haftende Kapital beträgt in diesem Fall 100.000 €.

Der Kommanditist erhält durch den Verkauf des GmbH-Anteils an die KG die in das Vermögen der Komplementär-GmbH geleistete Einlage wieder zurück. Darin sieht der Gesetzgeber eine „Aufblähung" des Haftkapitals gegenüber den Gläubigern.

Diese „Aufblähung" des Eigenkapitals soll nach der Gesetzesvorgabe durch einen Sonderposten „nach dem Eigenkapital" auszuweisen sein. Bezugsgröße ist die Gliederungsvorgabe in Abs. 2 Satz 1 (→ Rz. 18), in der die ausweispflichtigen Eigenkapitalposten aufgeführt sind.

Der Bezug auf § 272 Abs. 4 HGB deutet die Zielrichtung des Gesetzgebers auf Installation einer **Ausschüttungssperre** an. Diese auf die Verhältnisse von Kapitalgesellschaften zugeschnittene Beschränkung passt nicht unbedingt auf die gesellschaftsrechtliche Struktur einer Personenhandelsgesellschaft, bei der systematisch die Ausschüttung durch eine Entnahme ersetzt wird. Eine solche Entnahme ist dem Grunde nach unbeschränkt möglich, hat aber für Kommanditisten u.U. die Folge des Wiederauflebens der persönlichen Haftung gem. § 171 Abs. 1 HGB (→ Rz. 37).

Der Sonderposten ist in Bezugnahme auf § 272 Abs. 4 Satz 3 HGB bereits bei Erstellung der Bilanz erfolgsneutral vorzunehmen, d.h. die Bilanzierung ist nach § 268 Abs. 1 HGB **nach** Ge-

---

20 Vgl. zu diesem Fall und zum vorhergehenden Beispiel *Hoffmann/Weidenhammer*, in: Beck'sches Handbuch der Personengesellschaften, 3. Aufl., München 2009, § 5 Tz. 232.

winnverwendung durchzuführen (→ § 268 Rz. 4). In der Gewinnverwendungsrechnung kann über diesen Betrag nicht mehr verfügt werden. Für Kommanditisten besteht dann die Gefahr eines Wiederauflebens der persönlichen Haftung bei nicht angepassten Gewinnentnahmen.

58   Die gesetzlich vorgeschriebene Ausweistrennung der Anteile an einer GmbH & Co. KG zwischen den einzelnen Gesellschaftern bzw. Gesellschaftergruppen (→ Rz. 20) wirft die Frage auf, welcher dieser Gruppe die Ausschüttungssperre **zuzuordnen** ist. U. E. ist es konsequent, diese nur den persönlich haftenden Gesellschaftern (regelmäßig also der Komplementär-GmbH mit Einlagen in das Eigenkapital der KG) zu belasten.[21]

59   Als **Gegenbuchung** im Soll stehen die Rücklagen und der Gewinnvortrag, bei deren zu geringem oder nicht vorhandenen Ausweis analog zu § 272 Abs. 4 HGB der Verlustvortrag (→ § 272 Rz. 63), zur Verfügung. Bei Differenzierung nach Gesellschafterstrukturen bietet sich eine Herabminderung der Kapitalanteile der persönlich haftenden Gesellschafter als Gegenbuchung an.

---

21 So *Förschle/Hoffmann*, in: Beck'scher Bilanz-Kommentar, 7. Aufl., München 2010, § 264c Tz. 84; *Ischebeck*, in: Küting/Pfitzer/Weber (Hrsg.), Handbuch der Rechnungslegung – Einzelabschluss, 5. Aufl., § 264c Tz. 34; *ADS*, 6. Aufl., ErgBd, § 264c Tz. 30; ohne diese Differenzierung Tz. 17.

§ 264d Kapitalmarktorientierte Kapitalgesellschaft

Eine Kapitalgesellschaft ist kapitalmarktorientiert, wenn sie einen organisierten Markt im Sinn des § 2 Abs. 5 des Wertpapierhandelsgesetzes durch von ihr ausgegebene Wertpapiere im Sinn des § 2 Abs. 1 Satz 1 des Wertpapierhandelsgesetzes in Anspruch nimmt oder die Zulassung solcher Wertpapiere zum Handel an einem organisierten Markt beantragt hat.

Inhaltsübersicht	Rz.
I. Der Tatbestand	1 - 6
1. Die kapitalmarktorientierte Kapitalgesellschaft	1 - 4
2. Das kapitalmarktorientierte Personenunternehmen	5 - 6
II. Rechtsfolgen der Kapitalmarktorientierung von Kapitalgesellschaften	7 - 13
1. Alle kapitalmarktorientierten Kapitalgesellschaften	7 - 11
2. Börsennotierte bzw. kapitalmarktorientierte Aktiengesellschaften	12 - 13
III. Kapitalmarktorientierung und der IFRS-Konzernabschluss	14 - 15

Ausgewählte Literatur

Zwirner, Kapitalmarktorientierung versus Börsennotierung, PiR 2010 S. 93

I. Der Tatbestand

1. Die kapitalmarktorientierte Kapitalgesellschaft

Eine Kapitalgesellschaft ist kapitalmarktorientiert, wenn von ihr emittierte **Eigenkapital**titel (Aktien sowie Zertifikate, die Aktien vertreten) oder **Schuldtitel** (Anleihen, Genussscheine sowie Zertifikate, die Schuldtitel vertreten) oder auf vorgenannte Titel lautende Derivate an einem **organisierten Markt** zugelassen sind oder die Zulassung beantragt wurde. 1

Für im Inland notierte Aktien umfasst der organisierte Markt den regulierten Markt mit den Segmenten 2

▶ *prime standard* (DAX, MDAX, SDAX und TecDAX) sowie

▶ *general standard*.

Nicht zum organisierten Markt gehören hingegen die Segmente 3

▶ *entry standard*

▶ *open market* (Freiverkehr).

Ein von der Europäischen Kommission geführtes Verzeichnis erläutert, welche Märkte anderer Mitgliedstaaten als geregelt i. S. der EU-Wertpapierdienstleistungsrichtlinie und damit in der Terminologie von § 2 Abs. 5 WpHG als organisiert gelten.[1] 3a

§ 264d HGB definiert nur den Begriff der kapitalmarktorientierten Kapitalgesellschaft, betrifft somit nur die **Tatbestandsseite**. Die **Rechtsfolgen** werden in anderen Vorschriften geregelt (→ Rz. 7 ff.). 4

---

[1] Vgl. http://eur-lex.europa.eu/LexUriServ/LexUriServ.do?uri=OJ:C:2008:280:0005:0011:de:PDF.

2. Das kapitalmarktorientierte Personenunternehmen

5 § 264d HGB **definiert** den Begriff der kapitalmarktorientierten Kapitalgesellschaft und spricht daher Personenunternehmen, die über Schuldtitel einen organisierten Markt in Anspruch nehmen, nicht unmittelbar an. Nach § 5 Abs. 2a PublG müssen allerdings „Unternehmen i. S. des § 264d HGB unabhängig von ihrer Rechtsform" den Jahresabschluss um einen Anhang ergänzen. Dieser Gesetzesverweis ist logisch **misslungen**, da § 264d HGB eben nach Überschrift und Inhalt nur kapitalmarktorientierte Kapitalgesellschaften betrifft, mithin ein „Unternehmen i. S. des § 264d HGB" gar keine Personengesellschaft sein kann. Eine geltungserhaltende Interpretation muss unterstellen, dass abweichend vom Wortlaut § 5 Abs. 2a PublG nicht für kapitalmarktorientierte Kapitalgesellschaften (§ 264d HGB), sondern für kapitalmarktorientierte **Unternehmen** gilt (→ Rz. 6).

6 Im HGB selbst wird der Begriff der Kapitalmarktorientierung nur für Kapitalgesellschaften und Kap. & Co.-Gesellschaften verwendet. Der RefE des BilMoG sah noch eine (praktisch kaum relevante) Ausnahme betreffend als Personenunternehmen geführte Kleinstbetriebe vor. Ihnen sollte ein Verzicht auf Bilanz und GuV bei Kapitalmarktorientierung nicht erlaubt sein. In der endgültigen Fassung des BilMoG ist diese Vorschrift nicht mehr enthalten. Gleichwohl kann sie noch zur Erläuterung der Definitionstechnik von § 264d HGB herangezogen werden: Definiert wird nicht das Begriffselement „Kapitalgesellschaft", sondern nur deren Attribut „kapitalmarktorientiert". Dieses Attribut kann auch Personenunternehmen, beispielsweise solchen, die dem PublG unterliegen (→ Rz. 5), zukommen. Die Definition über die Inanspruchnahme eines organisierten Markts bzw. die beantragte Zulassung gilt dann unabhängig von der Rechtsform.

II. Rechtsfolgen der Kapitalmarktorientierung von Kapitalgesellschaften

1. Alle kapitalmarktorientierten Kapitalgesellschaften

7 Wenn derjenige, der sich nicht mehr an einen überschaubaren Kreis von (potenziellen) Eigen- oder Fremdkapitalgebern, sondern an Jedermann wendet, **verschärften Publizitätsanforderungen** unterliegt, macht dies mehrfach Sinn:

▶ Wo im überschaubaren Kreis zusätzliche Informationsanliegen noch **individuell** verhandelt werden können, ist dies bei unüberschaubarer Zahl von Kapitalgebern nicht oder nur noch zu hohen Transaktionskosten möglich.

▶ Überdies steigt mit der Zahl und Vielfalt der Kapitalgeber die Gefahr einer informationellen **Diskriminierung** der Kleineren zugunsten der Größeren. Gesetzliche Regelungen liegen hier im Interesse des Schutzes kleiner Anleger.

▶ Sie stärken zugleich das **Vertrauen** in den öffentlichen Kapitalmarkt und schützen somit dessen Funktionsfähigkeit.

Diese Argumente gelten allerdings nicht nur für Unternehmen, die einen **organisierten** Markt in Anspruch nehmen. Freiverkehrsunternehmen oder Publikums-GmbHs und Publikums-Kommanditgesellschaften, deren Anteile quasi-öffentlich vertrieben werden, sind ebenso betroffen. Hinsichtlich der Fremdkapitalgeber setzen das Transaktionskosten- und Diskriminierungsargument nicht einmal eine Publikumsstruktur der Anteile voraus.

Sonderregelungen für kapitalmarktorientierte Gesellschaften werfen damit immer zugleich die Frage auf, ob die für **andere** Gesellschaften geltenden Grundregeln **ausreichend** sind. Oft genug wird dies in dynamischer Sicht verneint, indem zunächst nur für kapitalmarktorientierte Gesellschaften geltende Sonderregelungen im Zeitablauf zu Allgemeinregeln werden. Ein Beispiel hierfür ist die Aufschlüsselung der Abschlussprüferhonorare gem. § 285 Nr. 17 HGB (→ § 285 Rz. 106) nach

- Abschlussprüfung,
- andere Bestätigungsleistungen,
- Steuerberatungsleistungen,
- Steuerberatungsleistungen und sonstige Leistungen.

Eine derartige Anhangangabe

- war zunächst gar nicht vorgesehen,
- wurde mit dem BilReG nur kapitalmarktorientierten Gesellschaften auferlegt und
- mit dem BilMoG zu einer Pflicht für alle Kapitalgesellschaften.

Die erhöhten Anforderungen werden an **verschiedenen** Stellen des HGB, teils durch explizite Bezugnahme auf § 264d HGB, teils durch Verwendung des Begriffs „kapitalmarktorientiert" formuliert. Technisch geschieht dies auf zwei Arten: 8

- **negativ**, indem kapitalmarktorientierten Unternehmen **Erleichterungen verwehrt** werden, die ansonsten gleichartige nicht kapitalmarktorientierte Unternehmen unter bestimmten Umständen (z. B. wegen geringer Größe) in Anspruch nehmen können,
- **positiv**, indem die allen Kapitalgesellschaften obliegenden **Pflichten** für kapitalmarktorientierte an einzelnen Punkten **erweitert** werden.

Folgende **Negativregelungen** bestehen: 9

- **§ 267 Abs. 3 Satz 2 HGB** i.V. mit §§ 266 Abs. 1 Satz 3, 274a, 276 HGB etc.: Eine Kapitalgesellschaft i. S. des § 264d HGB gilt stets als große, muss daher auch bei geringer Höhe von Umsätzen, Bilanzsumme und Arbeitnehmerzahl etwa die Gliederungsvorschriften für große Kapitalgesellschaften beachten (→ § 267 Rz. 19).
- **§ 286 Abs. 3 Satz 3 HGB**: Angaben zum Beteiligungsbesitz (§ 285 Nr. 11 und 11a HGB) dürfen auch dann nicht unterbleiben, wenn sie geeignet sind, einen erheblichen Nachteil herbeizuführen. Dies gilt nicht nur bei einer Kapitalmarktorientierung der Berichtsgesellschaft, sondern ebenso bei der eines Tochterunternehmens (→ § 286 Rz. 7).
- **§ 313 Abs. 3 Satz 3 HGB**: Entsprechende Regelungen bestehen für den Konzernanhang (→ § 323 Rz. 33).
- **§ 291 Abs. 3 Nr. 1 HGB**: Der Gesamtkonzernabschluss befreit nicht von der Aufstellung eines Teilkonzernabschlusses, wenn das Mutterunternehmen des Teilkonzerns kapitalmarktorientiert ist (→ § 291 Rz. 26).
- **§ 293 Abs. 5 HGB**: Die größenabhängige Befreiung von der Konzernabschlusspflicht tritt nicht ein, wenn das Mutterunternehmen oder ein in deren Konzernabschluss einbezogenes Tochterunternehmen am Abschlussstichtag kapitalmarktorientiert i. S. des § 264d HGB ist.

Nach Sinn und Zweck der Vorschrift kann es nicht darauf ankommen, ob das Tochterunternehmen eine Kapitalgesellschaft ist (→ § 293 Rz. 21).

▶ **§ 325 Abs. 4 HGB**: Bei einer Kapitalgesellschaft i. S. des § 264d HGB beträgt die Frist zur Offenlegung von Jahresabschluss und Lagebericht maximal vier, statt sonst maximal zwölf Monate (→ § 325 Rz. 14). Die Verschärfung gilt nicht, wenn ausschließlich Schuldtitel mit einer Mindeststückelung von 50.000 € notiert sind (→ § 327a).

▶ **§ 324 Abs. 1 HGB**: Kapitalgesellschaften i. S. von § 264d HGB, die keinen Aufsichts- oder Verwaltungsrat haben, dem mindestens ein unabhängiges Mitglied mit Sachverstand in Rechungslegung und Abschlussprüfung angehört, sind verpflichtet, einen Prüfungsausschuss (*audit committee*) einzurichten (→ § 324 Rz. 1). Rückausnahmen gelten für Kapitalgesellschaften, die einen organisierten Markt ausschließlich durch die Ausgabe von Wertpapieren in Anspruch nehmen, die durch Vermögensgegenstände besichert sind, sowie für Kreditinstitute, die einen organisierten Markt nur durch die Ausgabe von Schuldtiteln in Anspruch nehmen, deren Nominalwert 100 Mio € nicht übersteigt (→ § 324 Rz. 7).

10 **Positivregelungen**, die erweiterte Berichtspflichten schaffen, sind:

▶ **§ 264 Abs. 1 Satz 2 HGB**: Bilanz, GuV und Anhang nicht konzernierter kapitalmarktorientierter Gesellschaften sind um einen Eigenkapitalspiegel und eine Kapitalflussrechnung zu erweitern (→ § 264 Rz. 5).

▶ **§ 289 Abs. 5 HGB**: Kapitalmarktorientierte Kapitalgesellschaften haben im Lagebericht die wesentlichen Merkmale des internen Risikomanagementsystems im Hinblick auf den Rechnungslegungsprozess zu beschreiben (→ § 289 Rz. 74 ff.).

▶ **§ 315 Abs. 2 Nr. 5 HGB**: Entsprechendes gilt für den Konzernlagebericht (→ § 315 Rz. 5).

11 Neben Form und Inhalt von (Konzern-)Jahresabschluss und (Konzern-)Lagebericht ist auch deren **Prüfung** betroffen. Die allgemeinen Ausschlussgründe für eine Tätigkeit als Abschlussprüfer werden bei kapitalmarktorientierten Unternehmen durch § 319a Abs. 1 HGB erweitert (→ § 319a Rz. 1).

2. Börsennotierte bzw. kapitalmarktorientierte Aktiengesellschaften

12 Besondere Vorschriften bestehen für bestimmte Aktiengesellschaften. Hierbei verlangt das Gesetz überwiegend keine Kapitalmarktorientierung, sondern eine „Börsennotierung". Der Begriff der Börsennotierung ist in § 3 Abs. 2 AktG definiert. Er umfasst die Zulassung der Aktien der Gesellschaft zu einem organisierten Markt (→ Rz. 2). Die Börsennotierung einer AG ist somit eine Unterform ihrer Kapitalmarktorientierung.

▶ Eine Aktiengesellschaft, die nur **Schuldtitel** an einem organisierten Markt notiert hat, ist zwar kapitalmarktorientiert, aber nicht börsennotiert.

▶ Eine Aktiengesellschaft, deren **Aktien** an einem organisierten Markt gehandelt werden, ist sowohl kapitalmarktorientiert als auch börsennotiert.

▶ Eine Aktiengesellschaft, die die Zulassung ihrer **Aktien** zum Handel an einem organisierten Markt beantragt hat, ist zwar kapitalmarktorientiert (→ Rz. 1), aber nicht börsennotiert.

13 Folgende **Sonderbestimmungen** bestehen für **börsennotierte** (und damit in spezifischer Weise kapitalmarktorientierte) Aktiengesellschaften:

- § 285 Nr. 9a Satz 5 i.V. mit § 286 Abs. 4 HGB: Die Bezüge jedes einzelnen Vorstandsmitglieds sind gesondert anzugeben (→ § 285 Rz. 71).
- § 314 Abs. 1 Nr. 6a Satz 5 HGB: Entsprechendes gilt für den Konzernanhang (→ § 314 Rz. 9).
- § 285 Nr. 10 Satz 1 HGB: Für die Mitglieder des Vorstands und des Aufsichtsrats ist auch die Mitgliedschaft in Aufsichtsräten anderer Gesellschaften anzugeben (→ § 285 Rz. 73).
- § 285 Nr. 11 HGB: Alle Beteiligungen an großen Kapitalgesellschaften sind anzugeben, die fünf vom Hundert der Stimmrechte überschreiten (→ § 285 Rz. 80).
- § 313 Abs. 2 Nr. 4 Satz 2 HGB: Entsprechendes gilt für den Konzernabschluss (→ § 313 Rz. 19).
- § 285 Nr. 16 HGB: Angaben zur Erklärung zum Corporate Governance Kodex (→ § 285 Rz. 105).
- § 314 Abs. 1 Nr. 8 HGB: Entsprechendes gilt für den Konzernabschluss (→ § 314 Rz. 11).
- § 289 Abs. 2 Nr. 5 HGB: Erläuterung der Grundzüge des Vergütungssystems (→ § 289 Rz. 69).
- § 315 Abs. 2 Nr. 4 HGB: Entsprechendes gilt für den Konzernabschluss (→ § 315 Rz. 4).
- § 289 Abs. 4 HGB: Aktiengesellschaften und Kommanditgesellschaften auf Aktien, die einen organisierten Markt durch stimmberechtigte Aktien in Anspruch nehmen, haben im Lagebericht *change of control*-Klauseln in wichtigen Verträgen offen zu legen sowie weitere, vor allem übernahmerechtlich relevante, Angaben zu machen (→ § 289 Rz. 73).
- § 315 Abs. 4 HGB: Entsprechendes gilt für den Konzernlagebericht (→ § 315 Rz. 4).
- § 289a Abs. 1 HGB: Börsennotierte Aktiengesellschaften haben eine Erklärung zur Unternehmensführung entweder in ihren Lagebericht aufzunehmen, oder unter Hinweis im Lagebericht auf der Internetseite der Gesellschaft öffentlich zugänglich zu machen. Soweit ein organisierter Markt nur über Schuldtitel in Anspruch genommen wird, ist zusätzliche Voraussetzung, dass die Aktien der Gesellschaft mit deren Wissen über ein multilaterales Handelssystem i. S. des § 2 Abs. 3 Satz 1 Nr. 8 HGB gehandelt werden (→ § 289a Rz. 2).
- § 317 Abs. 4 HGB: Bei einer börsennotierten Aktiengesellschaft umfasst die Abschlussprüfung auch die Angemessenheit und Funktionsfähigkeit des nach § 91 Abs. 2 AktG einzurichtenden Risikofrühwarnsystems (→ § 317 Rz. 70).

III. Kapitalmarktorientierung und der IFRS-Konzernabschluss

Nach § 315a Abs. 2 HGB (→ § 315a Rz. 13) zieht (in Ausübung eines Mitgliedstaatenwahlrechts) bereits der Antrag auf Zulassung von Eigenkapital- oder Schuldtiteln zu einem organisierten Markt die Verpflichtung zur Erstellung des Konzernabschlusses nach IFRS statt nach HGB nach sich. Bei erfolgter Zulassung ergibt sich die **IFRS**-Rechungslegungspflicht unmittelbar aus EU-Recht, das in Art. 4 der IAS-VO aber ebenfalls auf den organisierten Markt abstellt. Somit gilt materiell: Der Kapitalmarktorientierung eines Mutterunternehmens folgt die Konzernrechnungslegungspflicht gem. IFRS.

14

15 Sofern verpflichtend oder freiwillig (§ 315a Abs. 3 HGB) ein IFRS-Konzernabschluss erstellt wird, gelten **ergänzend** die Regelungen über den Lagebericht und einige Anhangangaben. Betroffen sind unter den kapitalmarktorientierten Berichtspflichten vor allem:

- § 313 Abs. 2 Nr. 4 Satz 2 HGB (→ Rz. 13),
- § 313 Abs. 3 Satz 3 HGB (→ Rz. 9),
- § 314 Abs. 1 Nr. 6a Satz 5 HGB (→ Rz. 13),
- § 315 Abs. 2 Nr. 5 HGB (→ Rz. 10),
- § 315 Abs. 4 HGB (→ Rz. 13).

§ 265 Allgemeine Grundsätze für die Gliederung

(1) ¹Die Form der Darstellung, insbesondere die Gliederung der aufeinander folgenden Bilanzen und Gewinn- und Verlustrechnungen, ist beizubehalten, soweit nicht in Ausnahmefällen wegen besonderer Umstände Abweichungen erforderlich sind. ²Die Abweichungen sind im Anhang anzugeben und zu begründen.

(2) ¹In der Bilanz sowie in der Gewinn- und Verlustrechnung ist zu jedem Posten der entsprechende Betrag des vorhergehenden Geschäftsjahrs anzugeben. ²Sind die Beträge nicht vergleichbar, so ist dies im Anhang anzugeben und zu erläutern. ³Wird der Vorjahresbetrag angepasst, so ist auch dies im Anhang anzugeben und zu erläutern.

(3) Fällt ein Vermögensgegenstand oder eine Schuld unter mehrere Posten der Bilanz, so ist die Mitzugehörigkeit zu anderen Posten bei dem Posten, unter dem der Ausweis erfolgt ist, zu vermerken oder im Anhang anzugeben, wenn dies zur Aufstellung eines klaren und übersichtlichen Jahresabschlusses erforderlich ist.

(4) ¹Sind mehrere Geschäftszweige vorhanden und bedingt dies die Gliederung des Jahresabschlusses nach verschiedenen Gliederungsvorschriften, so ist der Jahresabschluss nach der für einen Geschäftszweig vorgeschriebenen Gliederung aufzustellen und nach der für die anderen Geschäftszweige vorgeschriebenen Gliederung zu ergänzen. ²Die Ergänzung ist im Anhang anzugeben und zu begründen.

(5) ¹Eine weitere Untergliederung der Posten ist zulässig; dabei ist jedoch die vorgeschriebene Gliederung zu beachten. ²Neue Posten dürfen hinzugefügt werden, wenn ihr Inhalt nicht von einem vorgeschriebenen Posten gedeckt wird.

(6) Gliederung und Bezeichnung der mit arabischen Zahlen versehenen Posten der Bilanz und der Gewinn- und Verlustrechnung sind zu ändern, wenn dies wegen Besonderheiten der Kapitalgesellschaft zur Aufstellung eines klaren und übersichtlichen Jahresabschlusses erforderlich ist.

(7) Die mit arabischen Zahlen versehenen Posten der Bilanz und der Gewinn- und Verlustrechnung können, wenn nicht besondere Formblätter vorgeschrieben sind, zusammengefasst ausgewiesen werden, wenn

1. sie einen Betrag enthalten, der für die Vermittlung eines den tatsächlichen Verhältnissen entsprechenden Bildes im Sinne des § 264 Abs. 2 nicht erheblich ist, oder
2. dadurch die Klarheit der Darstellung vergrößert wird; in diesem Falle müssen die zusammengefassten Posten jedoch im Anhang gesondert ausgewiesen werden.

(8) Ein Posten der Bilanz oder der Gewinn- und Verlustrechnung, der keinen Betrag ausweist, braucht nicht aufgeführt zu werden, es sei denn, dass im vorhergehenden Geschäftsjahr unter diesem Posten ein Betrag ausgewiesen wurde.

Inhaltsübersicht

	Rz.
I. Überblick	1 - 5
1. Zweck und Inhalt der Regelungen	1
2. Sachlicher Anwendungsbereich	2 - 4
3. Persönlicher Anwendungsbereich	5

II. Die interperiodische Vergleichbarkeit (Abs. 1, 2 und 8)	6 - 30
1. Das Gebot der Darstellungsstetigkeit (Abs. 1)	6 - 18
1.1 Sachlicher Anwendungsbereich	6
1.2 Betroffene Darstellungswahlrechte	7 - 9
1.3 Durchbrechungen des Stetigkeitsgebots	10 - 15
1.3.1 Geändertes Bilanzrecht	10
1.3.2 „Freiwillige" Änderungen der Darstellung	11 - 15
1.4 Erläuterungspflicht im Anhang	16 - 18
2. Vorjahresbeträge (Abs. 2 und 8)	19 - 30
2.1 Sachlicher Anwendungsbereich	19 - 20
2.2 Angabepflichten bei fehlender Vergleichbarkeit	21 - 26
2.3 Anpassung von Vorjahresbeträgen zur Herstellung der Vergleichbarkeit	27 - 28
2.4 Leerposten	29 - 30
III. Individualisierung der gesetzlichen Gliederungsschemata (Abs. 5 bis 7)	31 - 47
1. Sachlicher Anwendungsbereich	31 - 32
2. Weitere Untergliederung und Hinzufügung neuer Posten (Abs. 5)	33 - 36
3. Änderung von Gliederung und Postenbezeichnungen (Abs. 6)	37 - 43
4. Zusammenfassung von Posten (Abs. 7)	44 - 47
IV. Zugehörigkeit zu mehreren Bilanzposten (Abs. 3)	48 - 51
V. Vorliegen mehrerer Geschäftszweige (Abs. 4)	52 - 55
VI. Rechtsfolgen von Verstößen gegen § 265 HGB	56

Ausgewählte Literatur

Küting/Tesche/Tesche, Der Stetigkeitsgrundsatz nach dem Bilanzrechtsmodernisierungsgesetz im Einzel- und Konzernabschluss, StuB 2008 S. 655

DRSC, DRS 13, Grundsatz der Stetigkeit und Berichtigung von Fehlern

IDW HFA 5/1988 i. d. F. 1998, Vergleichszahlen im Jahresabschluss und im Konzernabschluss sowie ihre Prüfung

IDW PS HFA 318, Prüfung von Vergleichsangaben über Vorjahre

Meyer/Jahn, Formale Gestaltung von Bilanz und GuV nach HGB, StuB 2003 S. 1005

Küting/Busch, Bilanz und Gewinn- und Verlustrechnung in deutschen Jahresabschlüssen, StuB 2002 S. 885

I. Überblick

1. Zweck und Inhalt der Regelungen

1 § 265 HGB verfolgt zwei hauptsächliche Regelungszwecke:

▶ im Interesse der **interperiodischen Vergleichbarkeit** werden Regelungen zur Darstellungsstetigkeit (Abs. 1) sowie zur Angabe von Vorjahresbeträgen (Abs. 2 und 8) getroffen,

▶ zur Anpassung an die jeweiligen Unternehmensverhältnisse wird eine **Individualisierung** der gesetzlichen **Gliederungsschemata** für Bilanz (§ 266 HGB) und GuV (§ 275 HGB) zugelassen, gleichzeitig zur Wahrung der zwischenbetrieblichen Vergleichbarkeit aber an Bedingungen geknüpft (Abs. 5 bis 7).

Daneben trifft § 265 HGB noch Regelungen zu zwei Sonderfragen:

- **Mehrfachzugehörigkeit**: Bilanzieller Ausweis gleichzeitig unter mehrere Posten fallender Vermögensgegenstände oder Schulden (Abs. 3).
- **Mehrere Geschäftszweige**: Reichweite branchenspezifischer Gliederungsvorschriften bei gleichzeitiger Tätigkeit in mehreren Geschäftszweigen (Abs. 4).

2. Sachlicher Anwendungsbereich

§ 265 HGB spricht **explizit nur Bilanz und GuV** an.

Mittelbar sind auch die **Kapitalflussrechnung** und der **Eigenkapitalspiegel** des Konzerns (§ 297 Abs. 1 Satz 1 HGB) sowie bestimmter kapitalmarktorientierter Unternehmen (§ 264 Abs. 1 Satz 2 HGB) betroffen.[1]

- Im Interesse der interperiodischen Vergleichbarkeit (→ Rz. 1) ist auch hier die **Stetigkeit** der Darstellung und die Angabe von **Vorjahr**eszahlen geboten,
- zur Anpassung an die jeweiligen Unternehmensverhältnisse kommt ebenfalls eine bedingte **Individualisierung** quasi-gesetzlicher Gliederungsschemata (DRS 2 und DRS 7) in Betracht.

Für den **Anhang** hat § 265 HGB hingegen **keine unmittelbare Bedeutung**. Soweit Teile des Schrifttums aus der Formulierung „Form der Darstellung im Jahresabschluss" sowie „insbesondere" in Abs. 1 den Schluss ziehen, das Gebot der Darstellungsstetigkeit gelte auch für den Anhang,[2] ist dem u. E. nicht zuzustimmen: Ein aussagefähiger Anhang sollte vor allem die besonderen, sich nicht aus Bilanz und GuV ergebenden Verhältnisse des Geschäftsjahrs darstellen (→ § 284 Rz. 23), ein eng begriffenes Gebot der Darstellungsstetigkeit verträgt sich hiermit nicht, ein weiches, inhaltsleeres Gebot bliebe aber andererseits ohne Konsequenz.

Der Anhang ist jedoch **mittelbar betroffen**, wenn in ihm Angaben geleistet werden, die wahlweise auch in Bilanz oder GuV gemacht werden könnten. Ein Beispiel ist der **Anlagenspiegel**:

> **BEISPIEL** Die Entwicklung des Anlagevermögens kann nach § 268 Abs. 2 HGB wahlweise in Bilanz oder Anhang dargestellt werden. Bei Ausweis in der Bilanz gilt das Gebot der Darstellungsstetigkeit. Es wäre sachlich nicht zu rechtfertigen, wenn bei Ausweis im Anhang anders verfahren würde.

3. Persönlicher Anwendungsbereich

§ 265 HGB betrifft aufgrund seiner Stellung im Zweiten Abschnitt des Dritten Buchs Kapital- und Kap. & Co.-Gesellschaften, jedoch keine Personenunternehmen.

Für Personenunternehmen bzw. alle Kaufleute schreibt § 243 Abs. 2 HGB allerdings die Klarheit und Übersichtlichkeit des Jahresabschlusses vor. Zur notwendigen Konkretisierung dieser Anforderungen gehört der Grundsatz der **Darstellungsstetigkeit** (Abs. 1), der deshalb auch als nicht gesetzlich fixierter GoB für alle Kaufleute gilt.[3] Ebenso folgt die **Angabe von Vorjahres-**

---

[1] So auch DRS 13, Tz. 24.
[2] Vgl. *ADS*, 6. Aufl., § 265 Tz. 7; *Hüttemann*, in: Ulmer (Hrsg.), HGB-Bilanzrecht, 2002, § 265 Tz. 6.
[3] Vgl. *Winkeljohann/Büssow*, in: Beck'scher Bilanz-Kommentar, 7. Aufl., München 2010, § 265 Tz. 19.

beträgen (§ 265 Abs. 2 HGB) aus dem Gebot der Klarheit, da aus dem Jahresabschluss nur so Entwicklungstendenzen ablesbar sind.

II. Die interperiodische Vergleichbarkeit (Abs. 1, 2 und 8)

1. Das Gebot der Darstellungsstetigkeit (Abs. 1)

1.1 Sachlicher Anwendungsbereich

6   Das Gebot der Darstellungsstetigkeit betrifft neben Bilanz und GuV auch Kapitalflussrechnung und Eigenkapitalspiegel (→ Rz. 3) sowie daneben Angaben, die statt in den Rechenwerken wahlweise im Anhang gemacht werden (→ Rz. 4).

1.2 Betroffene Darstellungswahlrechte

7   Wo ohnehin nur eine Darstellung zulässig ist, bedarf es keines Stetigkeitsgebots. Insoweit setzt das Gebot Darstellungs**wahlrechte** voraus.

Wichtige **explizite** Darstellungswahlrechte bestehen hinsichtlich

- des Formats der GuV (Umsatz- oder Gesamtkostenverfahren, § 275 Abs. 1 HGB),
- des bilanziellen Ausweises erhaltener Anzahlungen auf Vorräte (§ 268 Abs. 5 Satz 2 HGB).

8   Eine Reihe von Angaben kann wahlweise in Bilanz/GuV oder im **Anhang** gemacht werden. Das Gebot der Darstellungsstetigkeit gilt auch bei Entscheidung für die Anhangalternative (→ Rz. 4).

Fraglich ist, ob Stetigkeit auch für den **Ort der Darstellung** geboten ist, also etwa von einer einmal getroffenen Entscheidung für den Ausweis im Anhang ohne besondere Gründe nicht mehr abgewichen werden darf. Teile des Schrifttums bejahen dies.[4] Dem Wortlaut von § 265 HGB lässt sich eine solche extensive Anwendung des Stetigkeitsgebots jedoch nicht entnehmen. Auch die Zwecksetzung der interperiodischen Vergleichbarkeit (→ Rz. 1) fordert u. E. keine derartige Stetigkeit. Der Zweck kann auf mildere Art erreicht werden, indem die Vorjahresbeträge an derselben Stelle wie im aktuellen Jahresabschluss aufgeführt werden.

> **BEISPIEL** ▶ Haftungsverhältnisse aus Bürgschaften etc. können unter der Bilanz oder im Anhang aufgegliedert werden (§ 268 Abs. 7 HGB).
>
> Im Jahr 01 nimmt U einen Ausweis im Anhang vor.
>
> Dem Wunsch einzelner Gesellschafter folgend geht U im Jahr 02 zu einem Ausweis unter der Bilanz über und vermerkt dabei in Klammern die Vorjahreszahlen.
>
> Es ist nicht erkennbar, gegen welche berechtigten Informationsinteressen der Bilanzadressaten mit diesem Wechsel verstoßen könnte. U. E. ist er daher ohne besondere Begründung zulässig.

---

4   Vgl. *ADS*, 6. Aufl., § 265 Tz. 10.

Implizite Wahlrechte gründen sich auf Ermessensspielräume bei der Abgrenzung von Einzelposten also 9

- in Bezug auf die Bilanz etwa von (Finanz-)Anlagen und (finanziellem) Umlaufvermögen,
- in Bezug auf die GuV z. B. von Umsatzerlösen und sonstigen betrieblichen Erträgen.

Auch die Ausübung der impliziten Wahlrechte unterliegt dem Stetigkeitsgebot, das hier aber praktisch schwerer zu fassen ist. Nur selten wird der im aktuellen Jahr zu beurteilende Sachverhalt in sämtlichen Aspekten mit dem des Vorjahrs übereinstimmen. Soweit sich aber Unterschiede bereits auf der Sachverhaltsebene ergeben, ist regelmäßig auch keine völlig identische Ermessensentscheidung gefordert.

1.3 Durchbrechungen des Stetigkeitsgebots

1.3.1 Geändertes Bilanzrecht

Abweichungen von der vorjährigen Gliederung können aufgrund eines **geänderten Bilanz-** 10
rechts notwendig sein:

> **BEISPIEL** ▶ U hat ohne Einziehungsabsicht erworbene Anteile bisher im Umlaufvermögen ausgewiesen (§ 266 Abs. 2 Position B.III.2 HGB a. F.).
>
> Mit Inkrafttreten des BilMoG ist hingegen eine Verrechnung mit dem Eigenkapital geboten (§ 272 Abs. 1a HGB).

Derartige Abweichungen von der bisherigen Gliederung sind rechtlich geboten und damit erforderlich (Abs. 1 Satz 1). Gleichwohl ist die Abweichung im Anhang anzugeben und zu begründen (Abs. 1 Satz 2). Als Begründung reicht der Verweis auf die Gesetzesänderung.

1.3.2 „Freiwillige" Änderungen der Darstellung

Nicht durch Gesetz gebotene Änderungen der Darstellung sind zulässig, wenn sie 11

- „wegen **besonderer Umstände** ...
- **erforderlich** sind" (Abs. 1 Satz 1).

Als besondere Umstände kommen in Betracht: 12

- Veränderungen im **Leistungsprogramm** des Unternehmens,
- gestiegene Bedeutung einzelner Positionen mit der Folge der **Hinzufügung** neuer Posten,
- gesunkene Bedeutung einzelner Positionen mit der Folge der **Zusammenfassung** mit anderen Positionen.

Maßstab der Erforderlichkeit ist, wie in der internationalen Rechungslegung (IAS 1.45 i.V. mit 13
IAS 8.14), eine Verbesserung der Aussagekraft, insbesondere der Klarheit und Übersichtlichkeit der Darstellung. Ist diese ausnahmsweise ganz eindeutig gegeben, wird aus der freiwilligen Änderung der Gliederung ein **Gebot**:

II. Die interperiodische Vergleichbarkeit

> **BEISPIEL[5]** Die Stadtwerke AG hat ihren Bereich Personenbeförderung mit Beschluss vom 1.12.02 und Wirkung ab 30.12.02 abgespalten. In den Vorjahren wurde in der Bilanz bei den Sachanlagen zwischen Fahrzeugen, Gebäuden und sonstigen Sachanlagen unterschieden, in der GuV zwischen Erlösen aus Energieversorgung, Transporterlösen und sonstigen Erlösen.
>
> Mit der Abspaltung des Personenbeförderungsbereichs sinkt das Volumen der Positionen Fahrzeuge bzw. Transporterlöse unter das anderer in den sonstigen Sachanlagen bzw. Erlösen subsumierten Gruppen. Ein separater Ausweis wäre daher irreführend. Die Posten „Fahrzeuge" bzw. „Transporterlöse" sind in die sonstigen Sachanlagen bzw. Erlöse einzubeziehen.

14 Bei Erwerb durch ein (neues) Mutterunternehmen kann eine Anpassung an dessen **konzerneinheitliche Ausweismethoden** bereits auf Ebene der HB I sinnvoll sein. Sie führt aus der maßgeblichen Sicht des Einzelabschlusses nicht oder nur zufällig zu einer Verbesserung des Ausweises. Sie ist daher i. e. S. nicht erforderlich und wäre damit unzulässig. Das Schrifttum vertritt z.T. eine großzügigere Auffassung.[6] Pragmatisch kommt es auf den Unterschied der Auffassungen aber kaum an. Angesichts der **Unbestimmtheit** der Begriffe „Aussagekraft", „Klarheit" und „Übersichtlichkeit" wird die Praxis in derartigen Fällen ohnehin Gründe finden und benennen können, die unabhängig von der Anpassung an den Konzern eine Erforderlichkeit der Änderungen indizieren.

15 Entsprechende praktische Überlegungen erlauben regelmäßig einen Wechsel zwischen Gesamtkosten- und Umsatzkostenverfahren (§ 275 Abs. 2 und 3 HGB).

> **BEISPIEL** Die U hat bisher nach Gesamtkostenverfahren bilanziert und wechselt jetzt zum Umsatzkostenverfahren.
>
> Als Begründung reicht z. B. der Hinweis auf die zunehmende Verbreitung des Umsatzkostenverfahrens in der Branche und die daher mit einem Wechsel verbundene bessere zwischenbetriebliche Vergleichbarkeit aus.

1.4 Erläuterungspflicht im Anhang

16 Bei Änderungen der Darstellung sind die Abweichungen im Anhang anzugeben und zu begründen (Abs. 1 Satz 2). Hiernach ist

- die vorgenommene Änderung zu **benennen** (z. B. Hinzufügung des neuen Postens X) und
- die Erforderlichkeit der Änderungen zu **begründen**.

17 Im Falle einer **gesetzlich gebotenen Änderung** reicht zur Begründung der Hinweis auf die Rechtsänderung (→ Rz. 10).

18 Bei **freiwilligen Änderungen** (→ Rz. 11) muss in irgendeiner plausiblen Weise, z. B. durch Bezugnahme auf Branchenentwicklung (→ Rz. 15) oder eine geänderte Bedeutung der Position dargetan werden, dass die Änderung der Klarheit und Übersichtlichkeit dient. Da die Begriffe „Klarheit" und „Übersichtlichkeit" notorisch unbestimmt sind, eine auf sie bezogene positive

---

5 Aus *Lüdenbach*, in: Lüdenbach/Hoffmann (Hrsg.), Haufe IFRS-Kommentar, 8. Aufl., Freiburg 2010, § 2.
6 Vgl. *ADS*, § 265 Tz. 21; *Hüttemann*, in: Ulmer (Hrsg.), HGB-Bilanzrecht, 2002, § 265 Tz. 8.

Wirkung deshalb im strengen Sinne weder beweis- noch widerlegbar ist, muss diese Wirkung eher behauptet als tatsächlich begründet werden. Das Gebot der Darstellungsstetigkeit ist insofern ein eher stumpfes Schwert. Es verhindert ein willkürliches Hin und Her (Periode 1 Gesamtkostenverfahren, Periode 2 und 3 Umsatzkostenverfahren, Periode 4 Gesamtkostenverfahren etc.). Mehr kann es aber kaum leisten.

2. Vorjahresbeträge (Abs. 2 und 8)

2.1 Sachlicher Anwendungsbereich

Für Bilanz und GuV wird in Abs. 2 explizit die Angabe von Vorjahresbeträgen gefordert. Für die Kapitalflussrechnung und den Eigenkapitalspiegel ergibt sich eine entsprechende Anforderung u. a. aus DRS 2 und DRS 7 (→ Rz. 3). 19

Für den Anhang gilt Abs. 2 nicht. Mittelbar ist eine Angabe von Vorjahreszahlen aber geboten, wenn von einem Ausweiswahlrecht zwischen Anhang und Bilanz oder GuV Gebrauch gemacht wird (→ Rz. 4). 20

2.2 Angabepflichten bei fehlender Vergleichbarkeit

Bei erheblicher Änderung rechtlicher oder tatsächlicher Verhältnisse besteht ein **Spannungsverhältnis** zwischen 21

▶ dem Ziel der interperiodischen Vergleichbarkeit (→ Rz. 1) und
▶ dem Gebot, Vorjahresbeträge so anzugeben, wie sie den tatsächlichen Vorjahresverhältnissen entsprechen (Abs. 2 Satz 1).

Hierbei gibt das Gesetz dem zweiten Aspekt den Vorrang. Vorjahresverhältnisse sind so darzustellen, wie sie tatsächlich vorlagen.

> **BEISPIEL** Anfang 02 erwirbt die bisher nur an TU-1 beteiligte MU die TU-2. Durch den Erwerb verdoppeln sich Umsatz, Bilanzsumme etc. gegenüber dem Vorjahr.
>
> Nach § 294 Abs. 2 Satz 2 HGB a. F. konnte im Interesse der Herstellung der Vergleichbarkeit
>
> ▶ wahlweise eine Erläuterung in den Anhang aufgenommen (Vorjahreszahlen in Bilanz und GuV nach Vorjahresverhältnissen) oder
> ▶ die Vorjahreswerte angepasst werden (Vorjahreszahlen in Bilanz und GuV so, als ob der Erwerb schon Anfang 01 stattgefunden hätte).
>
> In Anpassung an die internationale Rechungslegung ist dieses Wahlrecht gestrichen worden. Zulässig ist nur noch die Erläuterung im Anhang (→ § 294 Rz. 3).

In folgenden Fällen kommt somit **keine Anpassung** der Vorjahreszahlen in Frage: 22
▶ Vermögenszugänge durch **Verschmelzung**,
▶ Vermögenszugänge von größeren Unternehmen oder Unternehmensteilen durch Sacheinlage oder **Unternehmenskauf**,
▶ Vermögenszu- oder -abgänge durch **Spaltung**,

II. Die interperiodische Vergleichbarkeit

▶ Vermögenszu- oder -abgänge durch Änderungen des **Konsolidierungskreises** (→ § 294 Rz. 3).

23 In diesen und ähnlichen Fällen liegen **strukturändernde Geschäftsvorfälle** des laufenden Jahrs vor, die nicht, auch nicht durch Fiktion, zu einer Änderung der Vergleichszahlen führen dürfen. Vielmehr sind **Erläuterungen im Anhang** geboten. Hierbei reichen häufig qualitative Angaben aus. Bei großen und leicht quantifizierbaren Änderungen (etwa im obigen Beispiel: Verdopplung des Umsatzes ganz oder ganz überwiegend eine Folge des Unternehmenserwerbs) ist im Interesse der Klarheit eine **quantitative** Angabe geboten.

24 Eine mit der Änderung des Geschäftsjahrs einhergehende unterschiedliche Länge der Berichtsperioden (**Rumpfgeschäftsjahr**) löst ebenfalls Berichtspflichten aus. Regelmäßig reicht hier der Hinweis auf die mangelnde Vergleichbarkeit wegen unterschiedlicher Dauer der Geschäftsjahre.

25 Auch mit der **Durchbrechung des Stetigkeitsgebots**, etwa bei einem Wechsel zwischen Umsatz- und Gesamtkostenverfahren (→ Rz. 7), geht eine Beeinträchtigung der Vergleichbarkeit einher. Sie beruht aber nicht auf einer Änderung objektiver Umstände, sondern ist Folge einer bewussten Entscheidung für eine neue Darstellung. Wer diese Entscheidung trifft, muss u. E. den daraus resultierenden Schaden für die Vergleichbarkeit begrenzen, indem er eine Anpassung des Vorjahrs vornimmt (→ Rz. 27).

26 Unterschiedliche Ausweismöglichkeiten sind mit den Größenklassen i. S. von § 267 verbunden (→ § 267 Rz. 1).

Bei Übergang in eine höhere Klasse stellt sich die Frage, ob die im Vorjahr in Anspruch genommenen, nun wegfallenden Erleichterungen (etwa Zusammenfassung diverser GuV-Posten zu einem Rohergebnis, § 276 HGB) in der Vorjahresspalte des aktuellen Abschlusses beibehalten dürfen werden. U. E. ist dies nicht der Fall. Die Privilegierung der kleinern Gesellschaft entfällt ohnehin erst, wenn in zwei aufeinander folgenden Jahren die Schwellenwerte der größeren Gesellschaft überschritten werden. Insoweit ist die Privilegierung im hier interessierenden Zwischenjahr schon nicht mehr durch die aktuelle Größe, sondern nur noch als Nachwirkung der Vor-Vorjahre gerechtfertigt. Eine noch weitergehende Nachwirkung mit der Folge der Beeinträchtigung der Vergleichbarkeit auch im aktuellen Jahr ist u. E. nicht gerechtfertigt.[7]

2.3 Anpassung von Vorjahresbeträgen zur Herstellung der Vergleichbarkeit

27 Wichtige Anwendungsfälle der Anpassung von Vorjahresbeträgen sind:

▶ der Wechsel vom **Gesamtkosten- zum Umsatzkostenformat** u. U. (→ Rz. 7),

▶ die Änderung des Aggregationsniveaus von Bilanz- und GuV-Posten wegen **geänderter Größenklassen** (→ Rz. 26).

28 Im Anhang sind in derartigen Fällen keine quantitativen Erläuterungen gefordert. Es reichen allgemeine **qualitative** Hinweise:

> **BEISPIEL** ▶ Wegen Übergangs zum Umsatzkostenverfahren sind auch die ursprünglich nach Gesamtkostenverfahren gegliederten GuV-Zahlen des Vorjahrs neu, entsprechend dem Um-

---

[7] A. A. *ADS*, 6. Aufl., § 265 Tz. 35.

satzkostenformat, gegliedert worden. Damit entfallen bestimmte operative Posten (Bestandsänderung Erzeugnisse, aktivierte Eigenleistungen) bzw. gehen in andern Posten auf (Abschreibungen, Materialaufwand, Personalaufwand). Überdies ist der Inhalt der sonstigen betrieblichen Erträge und Aufwendungen nach Umsatzkostenverfahren enger als nach Gesamtkostenverfahren.

2.4 Leerposten

Posten der Bilanz und GuV sowie ggf. der Kapitalflussrechnung und des Eigenkapitalspiegels (→ Rz. 3), die weder im aktuellen noch im Vorjahr einen Betrag aufweisen (sog. Leerposten), brauchen nicht ausgewiesen zu werden (Abs. 8). 29

Formal handelt es sich um ein **Wahlrecht**. In Verbindung mit dem Grundsatz der Klarheit und Übersichtlichkeit (§ 243 HGB) ist aber ein **Verzicht** auf Leerposten geboten.

Weggelassen werden können bzw. müssen auch Davon-Vermerke, die weder für das aktuelle noch für das Vorjahr einen Betrag aufweisen. 30

III. Individualisierung der gesetzlichen Gliederungsschemata (Abs. 5 bis 7)

1. Sachlicher Anwendungsbereich

Abs. 5 bis 7 sehen Möglichkeiten der **Individualisierung** der gesetzlichen Gliederungsschemata für **Bilanz und GuV** vor, knüpfen sie aber im Interesse der Vergleichbarkeit an Bedingungen. 31

Die Regelungen in 32

▶ Abs. 5 „**Weitere** Untergliederung und Hinzufügung neuer Posten" (→ Rz. 33) sowie

▶ Abs. 6 „**Änderung** der Postenbezeichnung" (→ Rz. 37)

können analog auf die **Kapitalflussrechnung** und den **Eigenkapitalspiegel** übertragen werden (→ Rz. 3).

Für die Regeln von Abs. 7 (**Zusammenfassung**, → Rz. 44) gilt dies ebenfalls. Zwar wird in Abs. 7 speziell auf die mit arabischen Zahlen versehenen Posten der GuV und Bilanz Bezug genommen, die dabei zum Ausdruck kommenden Zielsetzungen – Zusammenfassung bei Unwesentlichkeit und/oder Erhöhung der Übersichtlichkeit – gelten aber für andere Teile des Jahresabschlusses entsprechend.

2. Weitere Untergliederung und Hinzufügung neuer Posten (Abs. 5)

Zulässige Untergliederungen i. S. von Abs. 5 Satz 1 sind: 33

▶ **Auf**gliederung eines Postens in einzelne Komponenten und

▶ **Aus**gliederung einer Komponente aus einem Sammelposten.

III. Individualisierung der gesetzlichen Gliederungsschemata

In beiden Fällen ist der Inhalt des „neuen" Postens durch einen Posten des gesetzlichen Gliederungsschemas gedeckt. Der besondere Anteil einer unternehmens- oder branchenspezifischen Komponente wird aber im gesetzlichen Posten nicht erkennbar.

BEISPIELE ▸ Bei Speditionsunternehmen S stellt der Fuhrpark den wesentlichen Teil der Betriebs- und Geschäftsausstattung dar.

ALTERNATIVE 1 ▸ Aufgliederung des Postens

Fuhrpark	€........
Andere Betriebsausstattung	€........
Geschäftsausstattung	€........
Betriebs- und Geschäftsausstattung	€........

ALTERNATIVE 2 ▸ Ausgliederung aus einer Position

Fuhrpark	€........
(sonstige) Betriebs- und Geschäftsausstattung	€........

34 Die Untergliederung kann auch in einer **Vorspalte** oder als **Davon-Vermerk** vorgenommen werden.

35 Neben branchenspezifischen Erweiterungen des gesetzlichen Gliederungsschemas beim Sachanlagevermögen (→ Rz. 33) kommen auch solche bei den **Rückstellungen** in Frage, etwa „Rückstellungen für Bergschäden" bei Bergbauunternehmen.

Beim **Leasingnehmer** kann eine Differenzierung zwischen im rechtlichen Eigentum stehenden Sachanlagen und solchen, die Gegenstand eines *finance lease* sind, Sinn machen, korrespondierend dazu eine Ausgliederung der Leasingverbindlichkeiten aus den anderen Verbindlichkeiten.

In der GuV kommen für eine Untergliederung der Posten Umsatzerlöse in Frage, wenn die Gesellschaft in ganz unterschiedlichen Wertschöpfungsarten jeweils nennenswert tätig ist (z. B. Umsätze aus hergestellten Gütern vs. Umsätze aus Dienstleistungen) oder ganz unterschiedliche Geschäftszweige jeweils nennenswert zum Umsatz beitragen.

Zur Wahrung der Übersichtlichkeit ist die Untergliederung auf **wesentliche** Positionen zu beschränken.

36 Die **Hinzufügung neuer Posten** nach Abs. 5 Satz 2 setzt voraus, dass die fraglichen Vermögensgegenstände, Schulden, Aufwendungen und Erträge nicht durch einen Posten des gesetzlichen Gliederungsschemas gedeckt sind.

BEISPIEL ▸ U hält eine typisch stille Beteiligung an B und hat selbst atypisch stille Beteiligungen ausgegeben, die als Eigenkapital zu qualifizieren sind.

Die typisch stille Beteiligung stellt keine „sonstige Ausleihung" i. S. von § 266 Abs. 2 A.III.6 HGB dar und passt auch unter keinen anderen Posten des Finanzanlagevermögens. Unter Wesentlichkeitsvorbehalt ist sie daher in einem neuen Posten darzustellen.

> Die ausgegebene atypisch stille Beteiligung mit Eigenkapitalqualität ist weder gezeichnetes Kapital noch Rücklage und passt daher nicht in die Gliederungsvorgaben von § 266 Abs. 3 A HGB.
>
> Unter Wesentlichkeitsvorbehalt ist sie daher in einem neuen Posten darzustellen.

Als weitere Beispiele der Hinzufügung werden im Schrifttum branchenspezifische Hinzufügungen beim Sachanlagevermögen genannt (z. B. Schiffe, Flugzeuge, Tankstellenanlagen).[8] Der Sache nach handelt es sich tatsächlich um **Untergliederungen**, da der Inhalt der Position von den gesetzlichen Posten gedeckt wird (→ Rz. 33). Da das Gesetz aber keine spezifischen Rechtsfolgen an den Unterschied zwischen Untergliederung und Hinzufügung knüpft, kommt es darauf nicht an, zumal auch die Grenzen der Erweiterung des gesetzlichen Gliederungsschemas in beiden Fällen gleichermaßen durch den Grundsatz der Klarheit und Übersichtlichkeit gegeben sind.

Die Hinzufügung betrifft ausschließlich Fragen des **Ausweises** bzw. der **Gliederung**. Es können also unter Bezugnahme auf Abs. 6 keine Nicht-Vermögensgegenstände oder Nicht-Schulden (**Ansatzebene**) in die Bilanz aufgenommen werden.

> **BEISPIEL**[9] Die K-GmbH erwirbt von der V-GmbH alle Geschäftsanteile der T-GmbH. K zahlt dafür keinen Kaufpreis, sondern erhält umgekehrt einen „Zuschuss" von X, den man auch als „negativen Kaufpreis" bezeichnen kann. Weitere vertragliche Spezifikationen für dieses Geschäft sind (im möglichen Unterschied zum BFH-Fall) nicht vorhanden.

Nach Auffassung des BFH kann bei negativem Kaufpreis wegen des Realisationsprinzips kein „Anschaffungsgewinn" realisiert werden. Ein negativer Ansatz für den Beteiligungswert komme ebenfalls nicht in Betracht. Deshalb sei ein „Ausgleichsposten" zu passivieren (→ § 246 Rz. 282). Der BFH stützt sich u. E. fälschlicherweise zur Rechtfertigung dieses Postens auf § 265 Abs. 5 Satz 2 HGB.[10]

Das Bilanzierungsproblem ist auch im Hinblick auf die **Folgebewertung** auf der Ansatzebene zu klären: Handelt es sich um eine Art Wertberichtigung auf die Beteiligung mit negativem Saldierungsergebnis oder um eine Art negativen Geschäftswert? Beide Lösungsmöglichkeiten sind jedenfalls auf der Grundlage der Gliederungsvorgabe des § 266 HGB nicht ausgeschlossen, da (zur Wiederholung) ausschließlich die Ansatzebene angesprochen ist. U. E. sind beide Lösungsmöglichkeiten vertretbar. Wegen Einzelheiten wird verwiesen auf → § 255 Rz. 64 ff.

3. Änderung von Gliederung und Postenbezeichnungen (Abs. 6)

Gliederung und Bezeichnungen von Bilanz- oder GuV-Posten sind zu ändern, wenn (kumulativ) 37
- es sich um **arabisch** bezifferte Posten handelt (→ Rz. 38),
- **Besonderheiten** der Kapitalgesellschaft bestehen (→ Rz. 39),

---

8 Vgl. *Winkeljohann/Büssow*, in: Beck'scher Bilanz-Kommentar, 7. Aufl., München 2010, § 265 Tz. 15.
9 In Anlehnung an das BFH-Urteil vom 26. 4. 2006 – I R 49-50/04, DStR 2006 S. 1313 = StuB 2006 S. 638.
10 Wie der BFH auch *Schulze-Osterloh*, BB 2006 S. 1955; anders *Hoffmann*, DStR 2006 S. 1315.

III. Individualisierung der gesetzlichen Gliederungsschemata

▶ die im Interesse der **Klarheit und Übersichtlichkeit** eine Änderung erforderlich machen (→ Rz. 40).

38 Nach der ersten Bedingung ist es etwa nicht zulässig, die Hauptposten „Anlagevermögen" oder „Umlaufvermögen" sowie die Posten zweiter Ebene, wie etwa „Finanzanlagen" oder „Vorräte", umzubenennen oder in mehrere Posten aufzulösen.

39 Nach der zweiten Bedingung müssen **Besonderheiten** vorliegen. Diese ergeben sich insbesondere aus der **Branche**, z. B. im Baubereich, bei Leasingunternehmen, in der Transportbranche oder bei einer Finanzholding.

40 Nach der dritten Bedingung muss die Umgliederung oder Umbenennung der **Klarheit und Übersichtlichkeit** dienen. Soweit nicht ganz willkürlich gehandelt wird, ist dies angesichts der Unbestimmtheit der Begriffe selten zu widerlegen.

41 In der Praxis spielt die Anpassung von **Postenbezeichnungen** eine größere Rolle als Änderungen der Gliederung (→ Rz. 33). Neubezeichnungen treten in drei Varianten auf:

▶ **Kürzung** der Postenbezeichnung,

▶ **Erweiterung** der Postenbezeichnung,

▶ **Änderung** der Postenbezeichnung.

> **BEISPIELE**
>
> 1. Kürzung: Die gesetzliche Postenbezeichnung „Grundstücke, grundstücksgleiche Rechte und Bauten einschließlich der Bauten auf fremden Grundstücken" wird auf „Grundstücke und Bauten" gekürzt, da weder grundstücksgleiche Rechte noch Bauten auf fremden Grundstücken vorliegen.
>
> 2. Erweiterung: Unter den „Roh-, Hilfs- und Betriebsstoffen" werden in ganz wesentlichem Umfang auch Ersatzteile für eigene Produktionsanlagen ausgewiesen. Die Bezeichnung wird deshalb geändert in „Roh-, Hilfs- und Betriebsstoffe einschl. Ersatzteile".
>
> 3. Änderung der Postenbezeichnung: Die „Ausleihungen an verbundene Unternehmen" betreffen ausschließlich Ausleihungen an Tochterunternehmen. Die Bezeichnung wird in „Ausleihungen an Tochterunternehmen" geändert.

42 Angesichts der Unschärfe der Begriffe „Klarheit" und „Übersichtlichkeit" liegt regelmäßig ein **faktisches Wahlrecht** zu Anpassung der Bezeichnungen vor. In **Ausnahmefällen** kann die gesetzliche Bezeichnung so irreführend sein, dass eine Anpassung tatsächlich zum Gebot wird.

> **BEISPIEL** Handelsunternehmen H stellt seine GuV nach Umsatzkostenverfahren auf. In der Überleitung von den Umsatzerlösen zum Bruttoergebnis vom Umsatz sieht § 275 Abs. 3 HGB die Bezeichnung „Herstellungskosten der zur Erzielung der Umsatzerlöse erbrachten Leistungen" vor. Da H überhaupt nicht als Hersteller tätig wird, ist dies irreführend. Eine geänderte Bezeichnung könnte etwa lauten: „Kosten der verkauften Waren".

43 Von Kürzungen aufgrund im konkreten Fall nicht vorliegender Sachverhalte (→ Rz. 41) ist die rein sprachlich motivierte **Verwendung geraffter Bezeichnungen** zu unterscheiden, unter Finanzanlagen etwa die Kürzung der Postenbezeichnung „Wertpapiere des Anlagevermögens"

auf „Wertpapiere". Hier ist jeweils abzuwägen, ob lediglich eine sprachliche Redundanz beseitigt wird (wie im vorstehenden Beispiel) oder die Gefahr der Irreführung besteht.

4. Zusammenfassung von Posten (Abs. 7)

Nach Abs. 7 können die mit **arabischen Ziffern** versehenen Posten von Bilanz und GuV unter den Voraussetzungen der

- **Unwesentlichkeit** und/oder
- der höheren **Klarheit** der Darstellung

zusammengefasst werden.

44

Eine Zusammenfassung wegen **Unwesentlichkeit** kommt nur in Frage, wenn ein Posten sowohl im aktuellen als auch im **Vorjahr** unwesentlich ist.

45

Die Wesentlichkeit ist nicht immer quantitativ zu beurteilen. Die „Rücklage für Anteile an einem herrschenden oder mehrheitlich beteiligten Unternehmen" gem. → § 272 Rz. 59 ist etwa u. U. auch dann gesondert auszuweisen, wenn der Betrag gering ist.

Unter Berufung auf Wesentlichkeitsgründe kommt selten eine Zusammenfassung zu einem „übergeordneten Posten" in Betracht, eher die Zusammenfassung zu einem sonstigen neu geschaffenen Posten

> **BEISPIEL** ▶ Die unfertigen Erzeugnisse und die geleisteten Anzahlungen auf Vorräte haben bei U einen geringen, die Roh-, Hilfs- und Betriebsstoffe sowie die fertigen Erzeugnisse und Waren einen hohen Betrag.
>
> Nur wenn der Posten Vorräte insgesamt gering ausfiele, wäre unter Berufung auf die Unwesentlichkeit eine Zusammenfassung aller Unterpositionen in diesem Posten möglich. Diese Voraussetzung ist hier nicht gegeben.
>
> In Frage käme daher nur eine Zusammenfassung der unfertigen Erzeugnisse und geleisteten Anzahlungen in einem neuen Posten „sonstige Vorräte". Diese würde aber eher Irritationen und Rückfragen auslösen. Eine Zusammenfassung unter Berufung auf Unwesentlichkeit ist daher insgesamt unpraktikabel.

In der **GuV**, die ohnehin nur arabische Ziffern (Gliederungsebene 1) sowie Buchstaben (Gliederungsebene 2) vorsieht (→ Rz. 44), kommt in erster Linie ein Verzicht auf die Buchstabenuntergliederung in Frage, etwa beim Materialaufwand, wenn Aufwendungen für bezogene Leistungen nicht in nennenswerter Größe vorliegen.

46

Wichtiger als die Zusammenfassung wegen Unwesentlichkeit ist in der Praxis die Zusammenfassung zur Vergrößerung der **Klarheit** der Darstellung. In diesem Fall sind die disaggregierten Informationen im **Anhang** zu liefern (→ § 284 Rz. 12).

47

Vor allem in der Praxis größerer Unternehmen wird unter Berufung auf die Klarheit die Aufgliederung der

- **Sachanlagen** oder
- **Vorräte**

in den Anhang verlagert.

Gegen eine solche Praxis wird nicht zu Unrecht angeführt, dass dadurch zwar die Bilanz übersichtlicher, aber der Anhang unübersichtlicher wird. Abzuwägen wäre dann, ob Bilanz, GuV und Anhang als Einheit (§ 264 Abs. 1 Satz 1 HGB) insgesamt klarer würden. Eine unwiderlegbare Antwort lässt sich nicht geben. Zu viel hängt hier von den subjektiven Erwartungen der Bilanzleser ab, die sich wiederum im Zeitlauf, „geschult" etwa an einer entsprechenden Arbeitsteilung von Bilanz und Anhang in der internationalen Rechnungslegung, ändern können.

Erneut (→ Rz. 14 ff.) zeigt sich, dass die hehren Grundsätze der Klarheit und Übersichtlichkeit zwar völlig willkürlichen Darstellungen einen Riegel vorschieben können, in weniger extremen Fällen aber kaum geeignet sind, bilanzpolitisch motivierten Darstellungsformen Grenzen zu setzen.

IV. Zugehörigkeit zu mehreren Bilanzposten (Abs. 3)

48   Fällt ein Vermögenswert oder eine Schuld unter mehr als einen Posten, so ist er unter einem Posten auszuweisen und die **Mitzugehörigkeit** zu anderen Posten anzugeben, alternativ durch

- einen **Davon-Vermerk** oder
- eine **Anhangangabe**.

49   Die Mitzugehörigkeit ist nur dann zwingend anzugeben, wenn Klarheit und Übersichtlichkeit des Jahresabschlusses dies erfordern. Hiernach kommt es auf das Irreführungspotenzial einer fehlenden Angabe an. Dies hängt u. a. von der Höhe des Betrags, aber auch von qualitativen Aspekten ab:

> **BEISPIEL** In einer angespannten Liquiditätslage reduziert die Gesellschaft die Zahlungsziele für Außenstehende, gewährt verbundenen Unternehmen aber weiterhin großzügige Zahlungsziele. Im Vergleich zum Vorjahr hat daher der Anteil der gesamten Debitoren an der Bilanzsumme von 25 % auf 10 % abgenommen, während der der verbundenen Unternehmen mit 2 % (bezogen auf die Bilanzsumme) konstant geblieben ist.
>
> Mindestens aus qualitativer Sicht ist ein die verbundenen Unternehmen betreffender Davon-Vermerk bei den Debitoren geboten.

50   Bei Mehrfachzugehörigkeit ist zu entscheiden, wo der **primäre Ausweis** erfolgt. Hierbei soll es u. a. auf die qualitative Vorrangigkeit ankommen.[11] Dieses Kriterium ist jedoch kaum operationalisierbar. In der Praxis unterliegt die Entscheidung daher – abgesehen von Stetigkeitsaspekten – regelmäßig einem faktischen **Wahlrecht**.

51   Wichtigster Anwendungsfall der Mehrfachzugehörigkeit sind **Debitoren und Kreditoren** gegenüber **verbundenen Unternehmen** bzw. **Gesellschaftern**. Nach § 266 HGB sind Forderungen und Verbindlichkeiten gegenüber verbundenen Unternehmen gesondert auszuweisen, ebenso sind nach § 42 Abs. 3 GmbHG Forderungen und Verbindlichkeiten gegenüber Gesellschaftern

---

11 Vgl. *ADS*, 6. Aufl., § 265 Tz. 44.

gesondert auszuweisen oder im Anhang anzugeben. Bei Ausweis unter einem anderen Posten reicht ein Davon-Vermerk (→ § 266 Rz. 69).

> **BEISPIEL** Die U-GmbH hat Debitoren von 100 Mio €, die sich wie folgt zusammensetzen:
>
> | | |
> |---|---|
> | Gesellschafter, die zugleich verbundene Unternehmen sind | 6 |
> | sonstige Gesellschafter | 5 |
> | verbundene Unternehmen, die nicht Gesellschafter sind | 3 |
> | Dritte | 86 |
>
> In Frage kommen u. a. folgende Ausweisalternativen:
>
> 1. Die Debitoren werden mit 100 ausgewiesen, dabei folgende Davon-Vemerke (oder Anhangsangaben) gemacht:
>
> | | |
> |---|---|
> | davon verbundene Unternehmen (ohne Gesellschafter) | 3 |
> | davon Gesellschafter | 11 |
>
> 2. Die Debitoren werden mit 86 ausgewiesen. In jeweils einer separaten Position werden Forderungen gegen verbundene Unternehmen (ohne Gesellschafter) (3) und Forderungen gegen Gesellschafter (11) gezeigt. Bei den Forderungen gegen Gesellschafter werden zwei Davon-Vermerke aufgenommen:
>
> | | |
> |---|---|
> | davon Debitoren | 11 |
> | davon verbundene Unternehmen | 6 |

Vgl. hierzu auch das Beispiel unter → § 266 Rz. 69.

V. Vorliegen mehrerer Geschäftszweige (Abs. 4)

Ist eine Kapitalgesellschaft in mehr als einem Geschäftszweig tätig und bedingt dies die Berücksichtigung **unterschiedlicher Gliederungs**vorschriften, weil für mindestens einen der Geschäftszweige eine spezielle Gliederungsvorgabe (durch Formblattverordnung) besteht, gilt: 52

▶ Als **Grundgliederung** ist die eines Geschäftszweigs zugrunde zu legen.
▶ Diese Grundgliederung ist wegen des anderen Geschäftszweigs zu **ergänzen**.
▶ Die Ergänzung ist im **Anhang** anzugeben und zu begründen.

Betroffen sind vor allem 53

▶ Krankenhäuser,
▶ Kreditinstitute und Versicherungen,
▶ Verkehrsunternehmen,
▶ Wohnungsunternehmen.

Für die Grundgliederung sollte unter Beachtung der Bedeutung der Geschäftszweige diejenige ausgewählt werden, die möglichst wenige bzw. möglichst wenig bedeutsame Ergänzungen erforderlich macht. 54

55 Im Anhang ist die Grundgliederung zu benennen und deren Auswahl zu begründen. Darüber hinaus sind die wesentlichen Ergänzungen qualitativ darzustellen.

VI. Rechtsfolgen von Verstößen gegen § 265 HGB

56 **Gravierende Verstöße** gegen § 265 HGB, die die Klarheit und Übersichtlichkeit des Jahresabschlusses beeinträchtigen,

- können die **Nichtigkeit** des Jahresabschlusses nach § 256 Abs. 4 AktG nach sich ziehen (analoge Anwendung für GmbH) sowie
- bei Vorsatz von Vorstand/Geschäftsführung oder Aufsichtsrat zu einer **Geldstrafe** führen (§ 331 Abs. 1 Nr. 1 HGB).

In weniger schweren Fällen kann ein Verstoß gegen Abs. 2 bis 4 und Abs. 6 als **Ordnungswidrigkeit** sanktioniert werden (§ 334 Abs. 1 Nr. 1c HGB und § 335b HGB).

Zweiter Titel: Bilanz

§ 266 Gliederung der Bilanz

(1) ¹Die Bilanz ist in Kontoform aufzustellen. ²Dabei haben große und mittelgroße Kapitalgesellschaften (§ 267 Abs. 3, 2) auf der Aktivseite die in Absatz 2 und auf der Passivseite die in Absatz 3 bezeichneten Posten gesondert und in der vorgeschriebenen Reihenfolge auszuweisen. ³Kleine Kapitalgesellschaften (§ 267 Abs. 1) brauchen nur eine verkürzte Bilanz aufzustellen, in die nur die in den Absätzen 2 und 3 mit Buchstaben und römischen Zahlen bezeichneten Posten gesondert und in der vorgeschriebenen Reihenfolge aufgenommen werden.

(2) Aktivseite

A. Anlagevermögen:
- I. Immaterielle Vermögensgegenstände:
    1. Selbst geschaffene gewerbliche Schutzrechte und ähnliche Rechte und Werte;
    2. entgeltlich erworbene Konzessionen, gewerbliche Schutzrechte und ähnliche Rechte und Werte sowie Lizenzen an solchen Rechten und Werten;
    3. Geschäfts- oder Firmenwert;
    4. geleistete Anzahlungen;
- II. Sachanlagen:
    1. Grundstücke, grundstücksgleiche Rechte und Bauten einschließlich der Bauten auf fremden Grundstücken;
    2. technische Anlagen und Maschinen;
    3. andere Anlagen, Betriebs- und Geschäftsausstattung;
    4. geleistete Anzahlungen und Anlagen im Bau;
- III. Finanzanlagen:
    1. Anteile an verbundenen Unternehmen;
    2. Ausleihungen an verbundene Unternehmen;
    3. Beteiligungen;
    4. Ausleihungen an Unternehmen, mit denen ein Beteiligungsverhältnis besteht;
    5. Wertpapiere des Anlagevermögens;
    6. sonstige Ausleihungen.

B. Umlaufvermögen:
- I. Vorräte:
    1. Roh-, Hilfs- und Betriebsstoffe;
    2. unfertige Erzeugnisse, unfertige Leistungen;
    3. fertige Erzeugnisse und Waren;

4. geleistete Anzahlungen;

II. Forderungen und sonstige Vermögensgegenstände:
1. Forderungen aus Lieferungen und Leistungen;
2. Forderungen gegen verbundene Unternehmen;
3. Forderungen gegen Unternehmen, mit denen ein Beteiligungsverhältnis besteht;
4. sonstige Vermögensgegenstände;

III. Wertpapiere:
1. Anteile an verbundenen Unternehmen;
2. sonstige Wertpapiere;

IV. Kassenbestand, Bundesbankguthaben, Guthaben bei Kreditinstituten und Schecks.

C. Rechnungsabgrenzungsposten.

D. Aktive latente Steuern.

E. Aktiver Unterschiedsbetrag aus der Vermögensverrechnung.

(3) Passivseite

A. Eigenkapital:

I. Gezeichnetes Kapital;

II. Kapitalrücklage;

III. Gewinnrücklagen:
1. gesetzliche Rücklage;
2. Rücklage für Anteile an einem herrschenden oder mehrheitlich beteiligten Unternehmen;
3. satzungsmäßige Rücklagen;
4. andere Gewinnrücklagen;

IV. Gewinnvortrag/Verlustvortrag;

V. Jahresüberschuss/Jahresfehlbetrag.

B. Rückstellungen:
1. Rückstellungen für Pensionen und ähnliche Verpflichtungen;
2. Steuerrückstellungen;
3. sonstige Rückstellungen.

C. Verbindlichkeiten:
1. Anleihen, davon konvertibel;
2. Verbindlichkeiten gegenüber Kreditinstituten;
3. erhaltene Anzahlungen auf Bestellungen;
4. Verbindlichkeiten aus Lieferungen und Leistungen;

5. Verbindlichkeiten aus der Annahme gezogener Wechsel und der Ausstellung eigener Wechsel;
6. Verbindlichkeiten gegenüber verbundenen Unternehmen;
7. Verbindlichkeiten gegenüber Unternehmen, mit denen ein Beteiligungsverhältnis besteht;
8. sonstige Verbindlichkeiten, davon aus Steuern, davon im Rahmen der sozialen Sicherheit.

D. Rechnungsabgrenzungsposten.
E. Passive latente Steuern.

Inhaltsübersicht

	Rz.
I. Überblick, Grundlagen	1 - 18
1. Betriebswirtschaftliche Orientierung	1 - 5
2. Subjektive Anwendungsbereiche (Abs. 1 Sätze 2 und 3)	6 - 9
3. Formelle Anforderungen (Abs. 1 Satz 1)	10 - 12
4. Ergänzende Vorschriften	13
5. Bilanzvermerke, Zusammenspiel mit Anhangangaben	14 - 18
II. Aktivseite (Abs. 2)	19 - 76
1. Anlagevermögen	19 - 52
1.1 Immaterielle Anlagegüter	19 - 23
1.2 Sachanlagen	24 - 44
1.2.1 Grundstücke etc.	24 - 27
1.2.2 Gebäude: Abgrenzung zu ähnlichen Vermögensgegenständen	28 - 40
1.2.3 Technische Anlagen und Maschinen	41
1.2.4 Andere Anlagen, Betriebs- und Geschäftsausstattung	42
1.2.5 Geleistete Anzahlungen und Anlagen im Bau	43 - 44
1.3 Finanzanlagen	45 - 52
1.3.1 Gliederungskonzept	45 - 47
1.3.2 Einzelfälle	48 - 52
2. Umlaufvermögen	53 - 71
2.1 Vorräte	53 - 66
2.1.1 Gliederungsstruktur	53 - 54
2.1.2 Rohmaterialien etc.	55
2.1.3 Unfertige Produkte	56 - 60
2.1.4 Fertige Produkte, Abgrenzung zu unfertigen	61 - 64
2.1.5 Geleistete und erhaltene Anzahlungen	65 - 66
2.2 Forderungen und sonstige Vermögensgegenstände	67 - 70
2.2.1 Gliederungssystematik	67 - 68
2.2.2 Darstellung der Mitzugehörigkeit	69
2.2.3 Sachbezogene Gliederungssystematik	70
2.3 Wertpapiere (des Umlaufvermögens)	71
3. Liquide Mittel	72 - 75
4. Sonderposten	76
III. Passivseite (Abs. 3)	77 - 93
1. Eigenkapital	77
2. Rückstellungen	78 - 82
3. Verbindlichkeiten	83 - 91
3.1 Gliederungsstruktur mit Anhangangaben	83 - 84
3.2 Anleihen	85

3.3 Erhaltene Anzahlungen auf Bestellungen	86 - 87
3.4 Verbindlichkeiten aus Lieferungen und Leistungen	88
3.5 Wechselverbindlichkeiten	89
3.6 Sonstige Verbindlichkeiten	90 - 91
4. Sonderposten	92 - 93

Ausgewählte Literatur

Knapp, Mietereinbauten und -umbauten sowie Gebäude auf fremdem Grund und Boden in der Handelsbilanz, BB 1975 S. 1103

Knop, Die Gliederungskonzeption des BiRiLiG, DB 1984 S. 569

Köhler, Buchung und Bilanzierung von Anzahlungen, StBp 1998 S. 320 und StBp 1999 S. 8

Kropf, „Verbundene Unternehmen" im AktG und im BiRiLiG, DB 1986 S. 364

I. Überblick, Grundlagen

1. Betriebswirtschaftliche Orientierung

1   Jedem menschlichen Kommunikationsinstrument muss ab einem gewissen Umfang eine **Strukturierung** zugrunde liegen. Ohne eine solche ist sie für den Adressaten nicht verständlich. Für die kaufmännische Rechnungslegung gilt nichts anderes (→ § 243 Rz. 18). Rudimentär sind Gliederungsvorgaben für **alle** Kaufleute in § 247 HGB (→ Rz. 3) niedergelegt. Für den **speziellen** Anwendungsbereich der Kapital- und Kap. & Co.-Gesellschaften (→ Rz. 6) setzt § 266 HGB i.V. mit anderen Vorschriften (→ Rz. 13) diese allgemeinen Vorgaben für die Gliederung in detaillierter Form um.

2   Aus betriebswirtschaftlicher Sicht bieten sich verschiedene Gliederungsvarianten für die Bilanz an,[1] und zwar nach

▶ dem Produktionsablauf,

▶ der Liquiditätsnähe,

▶ den Fristigkeiten des Verbleibs im Unternehmen der einzelnen Posten,

▶ dem Unternehmensverbund sowie

▶ der Herkunft bzw. Rechtsgrundlage der Finanzierungsmittel.

3   Eine **durchgehende** Orientierung der Gliederungsvorgaben für die Bilanz ist in § 266 HGB nicht ersichtlich, aber auch nicht sinnvoll. Auch in dieser Konstellation muss nicht unbedingt puristisch auf ein Pferd gesetzt werden. Die Entscheidung des Gesetzgebers orientiert sich auf der Aktivseite primär an dem **Produktions**ablauf, der nahe mit der **Fristigkeit** und dem **Liquiditätsgrad** korreliert ist. Anlagevermögen ist das langfristige, mit Ausnahmen bei den Finanzanlagen zugleich von der „Geldnähe" am weitesten entfernte Vermögen; das Umlaufvermögen ist das kurzfristige, geldnähere, bei den liquiden Mitteln schließlich geldidentische Vermögen. Als Störenfriede der Gliederungssystematik erscheinen am Schluss noch Rechnungsabgrenzungspos-

---

1   Vgl. *ADS*, 6. Aufl., § 266 Tz. 7.

ten (→ § 250 Rz. 4), die latenten Steuern (→ § 274 Rz. 62 ff.) und der Unterschiedsbetrag aus der Vermögensverrechnung (→ § 246 Rz. 287 ff.) als eigenständige Bilanzposten (→ Rz. 76).

In diese Struktur schleichen sich markante Posten ein, die **Unternehmensverbindungen** aufzeigen sollen, sei es gegenüber Unternehmen, mit denen ein Beteiligungsverhältnis besteht, oder gegenüber verbundenen Unternehmen (→ § 271 Rz. 1 ff.).

Die insoweit dominierende Gliederungsgrundlage „Produktionsablauf" i.V. mit Fristigkeit und „Liquiditätsnähe" auf der Aktivseite entspricht strukturell mit den genannten Ausnahmen der nach den IFRS dominierenden **Fristigkeit** als Gliederungsgrundlage (IAS 1.60). *Non current assets* sind z. B. regelmäßig mit dem Anlagevermögen identisch. 4

Auf der **Passivseite** wird im HGB zunächst nach den **Finanzierungsquellen** – Eigen- und Fremdkapital – differenziert. Innerhalb des Fremdkapitals ergibt sich die nächste Untergliederung nach dem Sicherheitsgrad der Verpflichtung (Rückstellungen vs. Verbindlichkeiten). Eine weitere Ebene tiefer gerät die **inhaltliche** Art der Schuld bzw. der Gläubigerbeziehung ins Blickfeld, indem etwa bei Verbindlichkeiten zwischen solchen gegenüber Banken, Lieferanten etc. unterschieden wird. Nur unter Einbeziehung der anhanggestützten Laufzeitvermerke (→ Rz. 69) sowie indirekt bei den Pensionsverpflichtungen lässt sich die Fristigkeit erkennen. Vergleichbar der Aktivseite wird in diesem Bereich der **Unternehmensverbund** als Ausweisposten besonders berücksichtigt. Die passiven Steuerlatenzen nehmen wie auf der Aktivseite am Schluss der Passiva ihre unstrukturierte Sonderstellung ein. 5

2. Subjektive Anwendungsbereiche (Abs. 1 Sätze 2 und 3)

Die Gliederungsvorgaben des § 266 HGB gelten 6

▶ unmittelbar für Kapitalgesellschaften,
▶ durch Verweis für
  – Kap. & Co.-Gesellschaften (§§ 264a, 264c Abs. 1 HGB),
  – dem PublG unterliegende Unternehmen (§ 5 Abs. 1 Satz 2 PublG) sowie
  – den Konzernabschluss (§ 298 Abs. 1 HGB).

Kreditinstitute und Versicherungsunternehmen unterliegen unabhängig von ihrer Rechtsform **speziellen** Gliederungsvorschriften. Entsprechendes gilt für bestimmte **Branchen**, wie z. B. Krankenhäuser und Pflegeeinrichtungen. Faktisch orientieren sich auch andere, oben nicht aufgeführte Rechtsformen an den Gliederungsvorgaben des § 266 HGB (→ § 247 Rz. 9). Auch in Sonderfällen der Bilanzierung – Umwandlungsvorgänge, Liquidationen, Insolvenzen – bietet sich die Gliederung nach dem Raster des § 266 HGB an, muss im Einzelfall allerdings nicht sklavisch beachtet werden. 7

Abs. 1 Satz 2 stellt den spezifischen Anwendungsbereich der Gliederungsvorschriften dar: Die **mittelgroßen** und **großen** Kapital- und damit Kap. & Co.-Gesellschaften (→ § 267 Rz. 2). Für mittelgroße gibt es bezüglich der Publizität nach § 327 HGB bestimmte Vereinfachungen bzw. Abkürzungen der Veröffentlichung, allerdings unter spürbarem redaktionellen Aufwand bezüglich der Identifizierung der nicht veröffentlichungspflichtigen Posten. 8

Kleine (→ § 267 Rz. 12) Gesellschaften haben nach Abs. 1 Satz 3 die Möglichkeit einer verkürzten Darstellung im Bereich der Erstellung, indem sie die dort definierten Zusammenfassungen vornehmen können. Verpflichtet sind sie dazu nicht, d. h. sie können das gesamte Gliederungsraster des § 266 HGB bei der **Erstellung** verwenden. U. E. sind sie bei der **Veröffentlichung** nicht daran gebunden und können dann die Verkürzung nach Abs. 1 Satz 3 anwenden (→ § 326 Rz. 6). Unberührt bleiben Auskunftsrechte von Aktionären, Gesellschaftern oder Arbeitnehmervertretern (→ § 274a Rz. 7).

Durch die **finanzamtlichen** Vorgaben zur Einreichung einer elektronischen Bilanz werden künftig die Gliederungsparameter für Bilanz und GuV-Rechnung in §§ 266 und 275 HGB auf alle Gewerbetreibende – also auch auf kleine und mittelgroße Kapitalgesellschaften für Besteuerungszwecke anzuwenden sein (→ § 243 Rz. 26 ff.).

8a Andererseits sind bei Erstellung und Offenlegung kleiner Gesellschaften folgende **Sonderausweise** zu beachten:[2]

Rechtsformübergreifend

- § 268 Abs. 1 HGB: Vermerk von Gewinn- und Verlustbetrag (→ § 268 Rz. 27)
- § 268 Abs. 3 HGB: Nicht durch Eigenkapital gedeckter Fehlbetrag (→ 268 Rz. 97)
- § 268 Abs. 4 Satz 1 HGB: Restlaufzeitvermerk für Forderungen (→ § 268 Rz. 98)
- § 268 Abs. 5 Satz 1 HGB: Restlaufzeitvermerk für Verbindlichkeiten (→ § 268 Rz. 109)
- § 268 Abs. 7 HGB: Haftungsverhältnisse (→ § 268 Rz. 118)
- § 272 Abs. 1a Satz 1 HGB: Eigene Anteile (→ § 272 Rz. 26)

Kleine AG und KGaA

- § 152 Abs. 1 AktG: Angaben zu Aktiengattungen
- § 152 Abs. 2 AktG: Einstellung und Entnahme der Kapitalrücklage (→ § 272 Rz. 36)
- § 152 Abs. 3 AktG: Bewegung der Gewinnrücklage (→ § 272 Rz. 63)

Kleine GmbH

- § 42 Abs. 2 Sätze 2 und 3 GmbHG: Eingeforderte Nachschüsse und zugehörige Rücklage
- § 42 Abs. 3 GmbHG: Forderungen und Verbindlichkeiten gegenüber Gesellschaftern (→ § 268 Rz. 104)

Kleine Kap. & Co.-Gesellschaften

- § 264c Abs. 1 HGB: Forderungen und Verbindlichkeiten gegenüber Gesellschaftern (→ § 264c Rz. 4)
- § 264c Abs. 2 HGB: Aufgliederung des Eigenkapitals (→ § 264c Rz. 9)
- § 264c Abs. 4 Satz 2 HGB: Ausgleichsposten für Anteile an der Komplementärgesellschaft (→ § 264c Rz. 54)

Kleine Unternehmensgesellschaft (haftungsbeschränkt)

- § 5a Abs. 3 GmbHG: Gesetzliche Rücklage (→ § 270 Rz. 8)

---

2 Entnommen aus *Ellrott/Krämer*, in: Beck'scher Bilanz-Kommentar, 7. Aufl., München 2010, § 266 Tz. 20.

Übergang auf das BilMoG[3] (rechtsübergreifend)
- Aufwendungen für die Ingangsetzung und Erweiterung des Geschäftsbetriebs (→ Art. 67 Rz. 25).
- Sonderposten mit Rücklageanteil (→ Art. 67 EGHGB Rz. 9)

Nach einer Auffassung im Schrifttum[4] sind die bei Anwendung des verkürzten Gliederungsschemas kleiner Gesellschaften „herausfallenden" Posten zu den **Beteiligungs**unternehmen und zu den **verbundenen Unternehmen** gleichwohl offen zu legen. Begründung: „Wegen der Bedeutung eines Beteiligungsverhältnisses oder sogar einer Konzernverbundenheit für den externen Bilanzleser." Dies ist wenigstens bei Holdinggesellschaften eine sinnvolle Lösung, weil deren Bilanzen durch entsprechende Posteninhalte wesentlich gekennzeichnet sind.

Auch für **steuerliche** Zwecke kann die Gliederung in Anlehnung an die Vorgaben des § 266 HGB erfolgen, was in der Praxis durchgehend geschieht. Die steuerlichen Bilanzierungsvorschriften kennen förmlich keine Gliederung, machen nur substanziell Anleihe davon, wenn z. B. zwischen Anlage- und Umlaufvermögen unterschieden wird (vgl. § 6 Abs. 1 Nr. 1 und 2 EStG).

3. Formelle Anforderungen (Abs. 1 Satz 1)

Zur darstellungstechnischen Grundlage ist die **Konten**form vorgeschrieben, also gerade umgekehrt zur **GuV**-Rechnung, bei der die **Staffel**form anzuwenden ist. Die im angelsächsischen Rechnungslegungsbereich auch übliche Staffelform für die Bilanz ist nicht zulässig. Der Vorstellung „Kontenform" liegt das (in der Buchhaltersprache ausgedrückt) „T-Konto" zugrunde, auf der linken Seite Soll und auf der rechten Seite Haben. In dieser optischen **Gegenüberstellung** werden die HGB-Bilanzen regelmäßig erstellt. Zulässig ist es aber auch, die Aktiv- und Passivseite **untereinander** zu gruppieren, z. B. zur Vermeidung eines A3-Papierformats. Man kann von einer „gebrochenen" Kontenform sprechen.

„Allgemeine Grundsätze" für die Gliederung der Bilanz (und der GuV-Rechnung) enthält § 265 HGB. Auf die dortige Kommentierung wird verwiesen. Insbesondere sind für die Bilanz angesprochen:
- Angabe von Vorjahreszahlen gem. § 265 Abs. 2 HGB (→ § 265 Rz. 19 ff.),
- Mitzugehörigkeitsvermerk nach § 265 Abs. 3 HGB (→ § 265 Rz. 48 ff.),
- weitere Untergliederung der Posten nach § 265 Abs. 5 HGB (→ § 265 Rz. 33 ff.),
- Änderung der Gliederung und der Postenbezeichnung nach § 265 Abs. 6 HGB (→ § 265 Rz. 37 ff.),
- Zusammenfassung von Posten nach § 265 Abs. 7 HGB (→ § 265 Rz. 44 ff.) sowie
- Obsolenz von Fehlanzeigen nach § 265 Abs. 8 HGB (→ § 265 Rz. 29 f.).

Die in Abs. 2 und 3 für die Aktiv- und Passivseite vorgesehenen **Gliederungsbuchstaben** und -zahlen müssen nicht in das konkrete Gliederungsschema übernommen werden. Vielmehr empfiehlt sich ein Verzicht darauf, da ansonsten logisch unschöne Darstellungsbrüche entstehen.

---

3 In Anlehnung an *Wulf/Sackbrook*, Haufe HGB Bilanz Kommentar, Freiburg 2009, § 266 Rz. 164 ff.
4 Vgl. *Ellrott/Krämer*, in: Beck'scher Bilanz-Kommentar, 7. Aufl., München 2010, § 266 Tz. 22, unter Hinweis auf die Anteilsliste nach § 285 Nr. 11 und 11a HGB (→ § 285 Rz. 77 ff.), von deren Erstellung kleine Gesellschaften nicht befreit sind.

> **BEISPIEL** Der Ausweis des Vorratsvermögens eines Handelsunternehmens kann unter Anwendung der gesetzlichen Gliederungspunkte Folgendermaßen aussehen:
>
> | B. | Umlaufvermögen | B. | Umlaufvermögen |
> |---|---|---|---|
> | I. | Vorräte | I. | Vorräte |
> | 3. | Waren | 1. | Waren |
> | II. | Forderungen und sonstige Vermögensgegenstände | II. | Forderungen und sonstige Vermögensgegenstände |
>
> Bei einem in gemieteten Räumen betriebenen Produktionsunternehmen ohne immaterielle Anlagegüter und Finanzanlagen kann das Anlagevermögen unter diesen Voraussetzungen wie folgt dargestellt sein:
>
> | A. | Anlagevermögen | A. | Anlagevermögen |
> |---|---|---|---|
> | II. | Sachanlagen | I. | Sachanlagen |
> | 2. | technische Anlage und Maschine | 1. | technische Anlage und Maschine |
> | 3. | andere Anlagen, Betriebs- und Geschäftsausstattung | 2. | andere Anlagen, Betriebs- und Geschäftsausstattung |
> | B. | Umlaufvermögen | B. | Umlaufvermögen |
>
> **Beide** Darstellungsformen enthalten Bruchstellen:
>
> ▶ Die **rechte** in logischer Hinsicht, denn wenn beim Handelsunternehmen „1. Waren" als Position erscheinen, erwartet man zwingend mindestens ein „2.". Vergleichbar verhält es sich bei Produktionsunternehmen für Sachanlagen unter „I.", wo kein „II." folgt.
>
> ▶ Dieser Befund gilt im Fall des Handelsunternehmens auch in der Variante auf der **linken** Seite; hinzu kommt die unerklärliche Ziffer „3.", die dem gesetzlichen Gliederungsschema entnommen ist. Entsprechend fehlt bei Produktionsunternehmen ohne Grundbesitz die Ziffer „1." unter den Sachanlagen.

Da bei den kleineren Unternehmen selten sämtliche Gliederungsposten des § 266 HGB belegt sind, muss zur Vermeidung dieser Darstellungsbrüche schon fast zwingend auf die Voranstellung der Gliederungsbuchstaben und -zahlen verzichtet werden. Das sollte umso leichter fallen, als eine Beeinträchtigung der Aussagekraft der Gliederung damit nicht verbunden ist.

4. Ergänzende Vorschriften

13 Verstreut über das HGB und die Nebengesetze sind (rechtsformspezifische) Gliederungs**ergänzungen** festzustellen:

▶ Bei Bilanzierung **nach Gewinnverwendung** gem. § 268 Abs. 1 HGB der **Bilanzgewinn** (→ § 268 Rz. 47).

▶ Nicht durch Eigenkapital gedeckter **Fehlbetrag** gem. § 268 Abs. 3 HGB (→ § 268 Rz. 93).

▶ **Disagio** (Damnum) bei Verbindlichkeiten nach § 268 Abs. 6 HGB (→ § 268 Rz. 117).

▶ Verschiedene Posten bei **ausstehenden Einlagen** gem. § 272 Abs. 1 Satz 3 HGB (→ § 272 Rz. 22 ff.).

- Eingeforderte **Nachschüsse** von GmbH-Gesellschaftern gem. § 42 Abs. 2 GmbHG (→ Rz. 68).
- Forderungen und Verbindlichkeiten betreffend **Gesellschafter** gem. § 42 Abs. 3 GmbHG (→ Rz. 69).
- **Wertaufholungsrücklagen** gem. § 58 Abs. 2a AktG und § 29 Abs. 4 GmbHG.
- **Gesetzliche Rücklage** nach § 150 Abs. 1 AktG (→ § 268 Rz. 22).
- **Restlaufzeitvermerke** nach § 268 Abs. 4 Satz 1 HGB (→ § 268 Rz. 100) und § 268 Abs. 5 Satz 1 HGB (→ § 268 Rz. 110).
- **Ausgleichsposten** für Anteile an Komplementärgesellschaften nach § 264c Abs. 4 Satz 4 HGB (→ § 264c Rz. 56).
- Forderungen und Verbindlichkeiten gegenüber **Gesellschaftern** einer Kap. & Co.-Gesellschaft nach § 264c Abs. 1 HGB (→ § 264c Rz. 4 ff.).
- **Einzahlungsverpflichtungen** von Gesellschaftern bei Kap. & Co.-Gesellschaften (→ Rz. 68),
- **Eigenkapitalanteile** bei Kap. & Co.-Gesellschaften gem. § 264c Abs. 1 HGB (→ § 264c Rz. 9).
- **Kapitalanteile persönlich haftender Gesellschafter** einer KGaA nach § 286 Abs. 2 AktG.

Kleine (→ Rz. 8a) und mittelgroße Gesellschaften sind von diesen Angabe- oder Ausweispflichten **nicht** befreit.

5. Bilanzvermerke, Zusammenspiel mit Anhangangaben

Die förmliche Einbeziehung des Anhangs in den Jahresabschluss der Kapital- und Kap. & Co.-Gesellschaften als dritter Bestandteil nach § 264 Abs. 1 Satz 1 HGB (→ § 264 Rz. 1) legt die Verwendung des Anhangs als Vehikel zur gefälligeren und übersichtlicheren Darstellung der Bilanz (und der GuV) nahe. Musterbeispiel ist die durch § 265 Abs. 7 Nr. 2 HGB (→ § 265 Rz. 47) ermöglichte Zusammenfassung bestimmter Posten, von denen im Bereich größerer Unternehmen ausgiebig Gebrauch gemacht wird, auch wenn die tatbestandliche Voraussetzung der **vergrößerten Klarheit** nicht unbedingt gegeben sein mag. 14

Das Gesetz macht von der Einbeziehung des **Anhangs** in dreierlei Hinsicht Gebrauch, allerdings nicht unbedingt systematisiert: 15

1. Bestimmte Bilanzposten betreffende Angaben – Laufzeitvermerke, Besicherungen gem. § 285 Nr. 1 HGB – **sind** im Anhang anzugeben (→ Rz. 69).

2. Andere Erläuterungen können **wahlweise** in der Bilanz oder im Anhang erfolgen (Beispiel: Ein Gewinn- oder Verlustvortrag bei Ausweis eines Bilanzgewinns gem. § 268 Abs. 1 HGB; → § 268 Rz. 47).

3. Angaben, die **nur in der Bilanz** gemacht werden dürfen (Beispiel: Davon-Vermerk „konvertibel" für Anleihen; → Rz. 79).

Die Tendenz der Praxis geht in Richtung einer Verlagerung der **Angaben** in den Anhang, auch derjenigen, für die nach dem Gesetzeswortlaut nur ein Vermerk in der Bilanzgliederung nach § 266 HGB vorgesehen ist. Dagegen bestehen keine Bedenken, weil dadurch regelmäßig die Klarheit der Darstellung nicht vermindert wird, sondern eher im Gegenteil. Auch optisch können dadurch die unschönen sog. „Davon-Vermerke" unter einzelnen Bilanzposten vermieden werden. Letzteres ist allerdings auch durch eine **vorspaltige** Darstellung möglich. 16

> **BEISPIEL**
>
> | Sonstige Verbindlichkeiten | |
> |---|---:|
> | - aus Steuern | 20 |
> | - im Rahmen der sozialen Sicherheit | 33 |
> | - andere | 47 |
> | | 100 |

17 Sinnvoll und die Klarstellung fördernd ist auch die Verwendung von sog. „**Spiegeln**", d. h. zweidimensional in Tabellenform dargestellte Angaben. Zum Anlagespiegel – von Gesetz wegen als **Anlagegitter** bezeichnet – wird auf die Erläuterung in → § 268 Rz. 53 ff. verwiesen.

Zu dem weitverbreiteten „**Verbindlichkeitenspiegel**" (→ § 268 Rz. 113) folgendes Beispiel:

> **BEISPIEL**
>
> | | Verbindlichkeitenspiegel (Teilbereich) | | | | | |
> |---|---|---|---|---|---|---|
> | | Laufzeiten | | | | besichert | |
> | | bis 1 Jahr | 1 bis 5 Jahre | über 5 Jahre | gesamt | Art | Betrag |
> | Verbindlichkeiten gegenüber Kreditinstituten | 100 | 70 | 230 | 400 | Forderungsabtretung | 230 |
> | Verbindlichkeiten gegenüber verbundenen Unternehmen | 500 | 90 | – | 590 | Sicherungsübereignung | 90 |

18 Folgende Bilanzvermerke bzw. Anhangangabepflichten zu **einzelnen Gliederungsposten** sind gesetzlich vorgegeben:[5]

- ▶ § 266 Abs. 3 HGB: Anleihen, „davon konvertibel" (→ Rz. 85).
- ▶ § 266 Abs. 3C HGB: Sonstige Verbindlichkeiten (→ Rz. 16),
  - – davon aus Steuern,
  - – davon im Rahmen der sozialen Sicherheit.
- ▶ § 268 Abs. 2 Satz 2 HGB: Vermerk der Abschreibungen (→ § 268 Rz. 65).
- ▶ § 268 Abs. 4 Satz 1 HGB: Vermerk der Forderungen mit einer Restlaufzeit von mehr als einem Jahr (→ § 268 Rz. 98).
- ▶ § 268 Abs. 5 Satz 1 HGB: Vermerk der Verbindlichkeiten mit einer Restlaufzeit bis zu einem Jahr (→ § 268 Rz. 109).

---

5 In Anlehnung an *Dusemond/Heusinger/Knop*, in: Küting/Pfitzer/Weber (Hrsg.), Handbuch der Rechnungslegung – Einzelabschluss, 5. Aufl., § 266 Tz. 8.

- § 268 Abs. 7 HGB: Vermerk der Haftungsverhältnisse mit gesonderter Angabe der gewährten Sicherheiten und der Verpflichtungen gegenüber verbundenen Unternehmen (→ § 268 Rz. 118).
- § 152 Abs. 1 Satz 2 AktG: Vermerk der Gesamtnennbeträge der Aktien je Gattung.
- § 152 Abs. 1 Satz 3 AktG: Vermerk eines bedingten Kapitals mit dem Nennwert.
- § 152 Abs. 1 Satz 4 AktG: Vermerk der Gesamtstimmenzahl von Mehrstimmrechtsaktien.
- § 152 Abs. 2 AktG: Einstellung und Entnahme der Kapitalrücklage.
- § 152 Abs. 3 AktG: Vermerk zu den Gewinnrücklagen.
- § 240 AktG: Vermerkpflichten zu den Rücklagen bei Kapitalherabsetzung.
- § 286 Abs. 2 Satz 4 AktG: Angabe von Krediten an persönlich haftende Gesellschafter oder nahestehende Personen.

Vgl. hierzu auch die Auflistung in → § 284 Rz. 36 sowie in → Rz. 13.

II. Aktivseite (Abs. 2)

1. Anlagevermögen

1.1 Immaterielle Anlagegüter

Das Anlagevermögen (→ § 247 Rz. 19 ff.) wird eingeleitet durch die **immateriellen** Gegenstände. Diese wiederum werden angeführt von **selbsthergestellten** Wirtschaftsgütern. Diese „Führungsposition" ist mit der skeptischen Grundhaltung des Gesetzgebers gegenüber der Aktivierbarkeit von solchen Vermögensgegenständen begründet (→ § 246 Rz. 12 ff.).

19

Die angesprochenen immateriellen Vermögensgegenstände entsprechen inhaltlich denjenigen, die auch **entgeltlich** erworben werden können – zweiter Untergliederungspunkt –, abgesehen von solchen, die keiner Eigenherstellung zugänglich sind (Beispiel: Konzessionen).

Die Trennung zwischen Selbsterstellung und Anschaffung in der Gliederung hat kein Pendant bei den Sachanlagen (→ Rz. 44), sie entspringt den bereits erwähnten Vorbehalten gegen die Qualität des Vermögensgegenstands eines selbst erstellten immateriellen Anlageguts, aber auch den Abstimmöglichkeiten mit der **Ausschüttungssperre** in § 268 Abs. 8 HGB (→ § 268 Rz. 124 ff.) i.V. mit der Anhangangabe in § 285 Nr. 28 HGB (→ § 285 Rz. 161 ff.). Für **entgeltlich** erworbene Vermögensgegenstände gilt diese Ausschüttungssperre nicht.

Als **gewerbliche Schutzrechte** können beispielhaft angeführt werden:

20

- Patente,
- Lizenzen,
- Marken-, Urheber- und Verlagsrechte,[6]
- Geschmacks- und Gebrauchsmuster oder
- Warenzeichen.

Als ähnliche **Rechte** sind zu nennen (→ § 246 Rz. 32):

---

[6] BFH-Urteil vom 14.3.1979 – I R 37/75, BStBl II S. 470.

- Belieferungsrechte (→ § 246 Rz. 21),
- Wettbewerbsverbote,[7]
- Nutzungsrechte (→ § 246 Rz. 24),
- Wege- und Durchleitungsrechte,
- Profisportler (die Berechtigung zum Einsatz),
- EDV-Programme (→ § 246 Rz. 19),
- Zeitschriftentitel,
- Alleinvertriebsrecht,[8]
- Arzneimittelzulassung,[9]
- Brennrecht,[10]
- Domain-Name[11] sowie
- Thermalwasserbezugsrecht.[12]

Als ähnliche **Werte** kommen in Betracht:
- ungeschützte Erfindungen,
- Prototyp,[13]
- *know how*,[14]
- Kundenlisten/Kundenkarteien/Kundenstamm,[15]
- Adressensammlung,[16]
- Geschmacksmuster,[17]
- Güterfernverkehrsgenehmigung,[18]
- Gewinnchance aus schwebenden Absatzgeschäften[19] sowie
- Werbefilm.[20]

Ein ABC der immateriellen Vermögensgegenstände (Wirtschaftsgüter) enthält → § 246 Rz. 32.

21 Der Ausweis des **Geschäfts- oder Firmenwerts** (*goodwill*) kann nur auf entgeltlichem Erwerb beruhen. Das erschließt sich aus dem Umkehrschluss zu § 246 Abs. 1 Satz 4 HGB: Der entgeltlich erworbene gilt als (fiktiver) Vermögensgegenstand, deshalb stellt der selbst geschaffene einen Nicht-Vermögensgegenstand dar (→ § 246 Rz. 280).

---

[7] BFH-Urteil vom 14. 2. 1973 – I R 89/71, BStBl II S. 580; BFH-Urteil vom 25. 1. 1979 – IV R 21/75, BStBl II S. 369.
[8] BFH-Urteil vom 27. 7. 1988 – I R 130/84, BStBl 1989 II S. 101.
[9] BMF-Schreiben vom 12. 7. 1999 – S 2172, BStBl I S. 686.
[10] BFH-Urteil vom 9. 12. 1983 – III R 40/79, BStBl 1984 II S. 193, zum Bewertungsrecht.
[11] BFH-Urteil vom 19. 10. 2006 – III R 6/05, BStBl 2007 II S. 301.
[12] BFH-Urteil vom 24. 8. 1989 – IV R 38/88, BStBl II S. 1016.
[13] BFH-Urteil vom 22. 5. 1979 – III R 129/74, BStBl II S. 634.
[14] BFH-Urteil vom 22. 5. 1979 – III R 129/74, BStBl II S. 634; BFH-Urteil vom 15. 7. 1987 – II R 249/83, BStBl II S. 809; BFH-Urteil vom 29. 9. 1987 – X R 17/82, BStBl 1988 II S. 49.
[15] BFH-Urteil vom 14. 2. 1973 – I R 89/71, BStBl II S. 580; BFH-Urteil vom 26. 7. 1989 – I R 49/85, BFH/NV 1990 S. 442.
[16] BFH-Urteil vom 2. 9. 1988 – III R 38/84, BStBl 1989 II S. 160.
[17] BFH-Urteil vom 1. 8. 1990 – II R 17/87, BStBl II S. 879.
[18] BFH-Urteil vom 22. 1. 1992 – I R 43/91, BStBl II S. 529.
[19] BFH-Urteil vom 15. 12. 1993 – X R 102/92, BFH/NV 1994 S. 543.
[20] FG Hamburg, Urteil vom 4. 12. 1989 – II 207/87, EFG 1990 S. 463.

Geleistete **Anzahlungen** gehen dem entgeltlichen Erwerb eines Immaterialguts des Anlagevermögens voraus. Bei Zugang des Vermögensgegenstands selbst sind sie mit dem Kaufpreis zu verrechnen und entfallen als eigener Gliederungspunkt. Auch im Bereich der selbst erstellten immateriellen Anlagegegenstände kann eine **Anzahlung** vorliegen (→ § 268 Rz. 62). 22

> **BEISPIEL** Die H-AG ist auf dem Gebiet der Hochseefischerei tätig. Sie will strategisch in dem osteuropäischen Markt im Groß- und Einzelhandelsbereich in Form einer Systemgastronomie neue Kundenkreise entwickeln. Die Softwareabteilung hat ein Logistik-Programm für den bisher schon bedienten mittel- und westeuropäischen Bereich auf die neuen geografischen Anforderungen angepasst, bedarf aber zusätzlicher Inputs bezüglich der örtlichen Kauf- und Essgewohnheiten, um die konsumentenspezifischen Teile des Programms anzupassen. Ein ukrainisches Softwarehaus kann ein spezielles *know how* anbieten, verlangt aber eine Vorauszahlung i. H. eines „Sockelbetrags" von 300.000 €.

Es handelt sich um eine aktivierbare Anzahlung auf einen hergestellten immateriellen Vermögensgegenstand. Dieser Betrag ist u. E. in die Bemessung der Ausschüttungsbegrenzung nach § 268 Abs. 8 HGB einzubeziehen (→ § 268 Rz. 124 ff.).

Anders als bei den Sachanlagen (→ Rz. 44) ist für immaterielle Anlagegüter kein Ausweis für „Anlagen im Bau" vorgesehen. Im Immaterialbereich wäre ein vergleichbarer Vorgang die Erstellung eines Softwareprogramms wie im vorhergehenden Beispiel. Darunter zu erfassen wären z. B. die Kosten für die eigene Softwareabteilung, sofern sie der betreffenden Programmerstellung als Einzelkosten zuzurechnen sind. Der Grund für den Verzicht auf den Ausweis eines vergleichbaren Postens zu „Anlagen im Bau" für immaterielle Vermögensgegenstände ist nicht ersichtlich. U. E. ist gem. § 265 Abs. 5 Satz 2 HGB (→ § 265 Rz. 33) ein Sonderausweis für das Baustadium empfehlenswert (→ § 255 Rz. 136). 23

1.2 Sachanlagen

1.2.1 Grundstücke etc.

Dieser Gliederungsbereich ist typisch auf das **produzierende** Gewerbe ausgerichtet, das in eigenen Fabrikräumen Maschinen und technische Anlagen zur Produktion installiert und im Verwaltungsbereich eine Geschäftsausstattung benötigt. 24

Die gesetzliche Gliederungsvorgabe unterscheidet beim **Grund**vermögen zwischen 25
- Grundstücken (Grund und Boden),
- grundstücksgleichen Rechten,
- Bauten auf eigenen und
- Bauten auf fremden Grundstücken.

Eine **weitere** Aufgliederung dieser drei Posten ist nicht vorgesehen. Eine Kürzung der gesetzlichen Gliederungsbezeichnung auf die tatsächlich im Unternehmen vorkommenden Fälle ist sachgerecht. Kommen etwa weder grundstücksgleiche Rechte noch Bauten auf fremden Grundstücken vor, ergibt sich die Postenbezeichnung „Grundstücke und Bauten".

Grundstücksgleiche Rechte sind die sachenrechtlich wie Grundstücke zu behandelnden Rechte, z. B. das

- Erbbaurecht (→ § 246 Rz. 7),
- Wohnungseigentum/Teileigentum und
- Dauerwohn- und Dauernutzungsrecht.

Grunddienstbarkeiten (§ 1018 BGB) und der **Nießbrauch** an einem Grundstück (§§ 1030 ff. BGB) fallen nicht unter die grundstücksgleichen Rechte. Bei entgeltlichem Erwerb sind sie unter den immateriellen Vermögensgegenständen auszuweisen.

Vom Grund und Boden zu trennen sind **Bodenschätze**, die nach Aufschließung und Erhalt der Abbaugenehmigung als sonstiges materielles Anlagegut gelten.[21] Bei bedeutendem Umfang sind sie gem. § 265 Abs. 5 Satz 2 HGB in einem gesonderten Posten zu erfassen (→ § 265 Rz. 33), bei geringerer Relevanz kann die Bezeichnung des Postens „II.1." erweitert werden durch den Zusatz „und Bodenschätze".

26 Für Bauten (Gebäude) ist nicht danach zu differenzieren, ob diese – wie regelmäßig – auf **eigenem** Grund und Boden des Kaufmanns oder auf **fremdem** Grund und Boden belegen sind. Die sachenrechtliche Besonderheit des rechtlichen Eigentums an einem Bauwerk nach § 90 BGB wird gliederungstechnisch nicht nachvollzogen. Regelmäßig entsteht in diesen Fällen – Bauten auf fremdem Grund und Boden – für den Gebäudehersteller ein Anspruch auf Besitzüberlassung oder Aufwandsersatz, d. h. eine Forderung. Gleichwohl ist u. E. in diesen Fällen keine Forderung, sondern ein Gebäude auszuweisen.[22]

Das Thema der Bauten auf fremdem Grund und Boden hat die BFH-Rechtsprechung umfassend „behelligt" in der Konstellation von Eheleuten ohne wirtschaftlichen Interessengegensatz. Es geht um Baumaßnahmen eines Ehegatten – z. B. eines Versicherungsvertreters zur Einrichtung eines Büros – innerhalb des privaten Wohnhauses, das entweder im Eigentum beider Ehegatten steht oder im alleinigen des anderen. Wirtschaftliches Eigentum des Ehegatten, der die Baukosten getragen hat, kann der BFH nicht feststellen,[23] wäre damit auch in Konflikt zu einem Urteil des BGH geraten.[24]

Andererseits konnte der BFH mangels Wirtschaftsguteigenschaft diese Baumaßnahme – soweit sie in das Eigentum des Unternehmer-Ehegattens entfiel – nicht einfach zum sofortigen Betriebsausgabenabzug zulassen. Aus Notwehr erfand er eine Art **Quasi-Wirtschaftsgut**, das „wie ein materielles **Wirtschaftsgut**" zu behandeln sein soll, daher zu aktivieren und über die Nutzungsdauer abzuschreiben ist (→ § 246 Rz. 282).

Ob dieser steuerlichen Konstruktion **handelsrechtlich** gefolgt werden kann, erscheint eher zweifelhaft. Eine sofortige Aufwandsverrechnung von einschlägigen Baukosten scheidet jedenfalls aus. U. U. kommt die Qualifikation als immaterieller Vermögensgegenstand „Nutzungsrecht" in Betracht mit entsprechendem Ausweis an der dortigen Stelle. Eher favorisieren wir die Begründung **wirtschaftlichen Eigentums** vergleichbar dem Gebäude des **Erbbauberechtigten**. Wenn schuldrechtlich eine vergleichbare Situation wie beim Erbbaurecht geschaffen wird, sollten dagegen keine Bedenken bestehen. Ob die Berechtigung zur Gebäudeerstellung schuld-

---

21 BFH-Beschluss vom 14. 12. 2006 – GrS 1/05, BStBl 2007 II S. 508.
22 A. A. *Dusemond/Heusinger/Knop*, in: Küting/Pfitzer/Weber (Hrsg.), Handbuch der Rechnungslegung – Einzelabschluss, 5. Aufl., § 266 Tz. 27.
23 BFH-Beschluss vom 23. 8. 1999 – GrS 5/97, BStBl II S. 774.
24 BGH-Urteil vom 6. 11. 1995 – II ZR 164/94, DB 1996 S. 268, mit Kommentierung von *Groh*, BB 1996 S. 1487.

oder sachenrechtlich begründet wird, kann bilanzrechtlich dahinstehen (→ § 246 Rz. 6). Vgl. hierzu auch die Analogie zu den Mietereinbauten (→ § 246 Rz. 238 ff.).

Bei Bauten, die nur zu **vorübergehendem Zweck** mit dem Grundstück verbunden sind, ist ebenfalls ein Fall der „Bauten auf fremden Grundstücken" gegeben. Ein weiterer Anwendungsfall des Gliederungspostens „Bauten auf fremdem Grundstück" ist das Gebäude auf einem **Erbbaurechts**grundstück. Beim Erbbauverpflichteten liegt umgekehrt der Fall des „Grundstücks" als Bilanzposten vor. 27

1.2.2 Gebäude: Abgrenzung zu ähnlichen Vermögensgegenständen

Im Bilanzausweis – nicht aber buchungstechnisch – werden Grund und Boden sowie Gebäude (es handelt sich um selbständige Vermögensgegenstände) zusammengefasst. Dabei ist das Gebäude von einer ganzen Reihe von Sonderposten abzugrenzen. Dahinter verbirgt sich auch in der HGB-Bilanzierungspraxis der markante Einfluss jahrzehntelanger BFH-Rechtsprechung und entsprechender Verwaltungsauffassung (→ § 246 Rz. 43 ff.). Das typische Beispiel stellt die Abgrenzung der **Betriebsvorrichtungen** vom eigentlichen Gebäude dar, die aus Steuergestaltungssicht vom Kaufmann als Steuerpflichtigem wegen der vom Finanzamt akzeptierten kürzeren Nutzungsdauer gegenüber dem Gebäude präferiert wird. Trotz dieses steuergestalterischen Hintergrunds ist die Übernahme der reichhaltigen Kasuistik auch in die Handelsbilanz u. E. nicht nur vertretbar, sondern im Interesse einer einheitlichen Bilanzierung auch sinnvoll – zumindest so lange, wie sich handelsrechtlich keine Alternative und eindeutige Lösung etabliert hat. Unsere Kommentierung folgt dieser Vorgabe. 28

Teilweise kann auch der steuerlichen „**Vierteilung**" des Gebäudes und dem folgend des zugehörigen Grund und Bodens als 29

▶ eigengewerblich genutzter Gebäudeteil,
▶ zu fremden gewerblichen Zwecken überlassener Gebäudeteil,
▶ zu fremden Wohnzwecken vermieteter Nutzungsteil und
▶ eigengenutzte Wohnung

handelsrechtlich gefolgt werden (→ § 246 Rz. 136). Es liegen dann buchungstechnisch jeweils gesonderte Vermögensgegenstände vor, die allerdings im Ausweis zusammengefasst werden.

Der den eigengenutzten Wohnzwecken dienende Gebäude- und Grundstücksteil darf handelsrechtlich nicht aktiviert werden. Umgekehrt muss dies für den eigenbetrieblichen Nutzungsanteil erfolgen. Die zwei dazwischen liegenden Teile unterliegen steuerlich einer Willkürung zur Aufnahme in das Betriebsvermögen, die u. E. in der Handelsbilanz übernommen werden kann.

Aus Sicht der Gebäudebestandteile und des Gebäudebegriffs kann mangels eigenständiger Definition im Handels- und Einkommensteuerrecht auf die **bewertungsrechtlichen** Vorgaben zurückgekommen werden. Danach gilt folgende Definition:[25] 30

„Ein Bauwerk ist ... als Gebäude anzusehen, wenn es nicht nur fest mit dem Grund und Boden verbunden, von einiger Beständigkeit und ausreichend standfest ist, sondern auch

---

25 BFH-Beschluss vom 26. 11. 1973 – GrS 5/71, BStBl 1974 II S. 132; zuletzt bestätigt durch BFH-Urteil vom 23. 9. 2008 – I R 47/07, BFH/NV 2009 S. 443.

Menschen oder Sachen durch räumliche Umschließung Schutz gegen Witterungseinflüsse gewährt und den Aufenthalt von Menschen gestattet."

Dazu folgende Beispiele:

> **BEISPIELE**
>
> ► Ein Transformatorenhaus ist zwar von einiger Beständigkeit und ausreichend standfest, gestattet dem Menschen aber keinen dauernden Aufenthalt, ist daher kein Gebäude i. S. des Bilanzsteuerrechts und somit u. E. auch nicht des Handelsbilanzrechts, sondern eine sog. Betriebsvorrichtung (→ Rz. 34).
>
> ► Ein vollautomatisches Hochregallager ist zum dauernden Aufenthalt von Menschen nicht geeignet, stellt deshalb kein Gebäude, sondern Betriebsvorrichtung i. S. des (steuerlichen) Bilanzrechts dar, was auch für die handelsrechtliche Bilanzierung akzeptabel erscheint (→ Rz. 28).[26]

31 Eine reichhaltige Kasuistik hat sich bezüglich der Abgrenzung des Gebäudes von anderen Wirtschaftsgütern im Zeitverlauf herausgestellt (→ Rz. 36). Eher aus ertragsteuerlicher Sicht argumentierend verneint der BFH[27] einen **sachenrechtlichen** Ansatz zur Differenzierung zwischen dem eigentlichen Gebäude und den damit verbundenen „Installationen". Abstraktes Kriterium ist der **Nutzungs**- und **Funktions**zusammenhang. Besteht dieser **einheitlich** mit dem Gebäude, handelt es sich um einen Gebäudebestandteil, umgekehrt, wenn die betreffende „Installation" den **spezifischen** Anforderungen des darin betriebenen Gewerbes oder der dort unterhaltenen Produktionstätigkeit einschließlich Lagerung dient.

32 Zu einem Gebäude i. S. der Definition unter → Rz. 30 gehören zu dessen „ordnungsgemäßer" Nutzung und Funktion:

► Heizungsanlage einer Fabrikhalle,[28]
► Blockheizkraftwerk in einem Wohngebäude,[29]
► Be- und Entlüftungsanlagen in einem Kaufhaus im Interesse des Luftaustauschs,[30]
► Wasserzufuhr und Entwässerung,
► Elektroinstallation,
► Sprinkleranlage in einem Warenhaus[31] (vgl. Beispiel unter → Rz. 34),
► Verfliesung eines milchverarbeitenden Betriebs, auch wenn diese gesetzlich vorgeschrieben ist,[32]
► Rolltreppen in Kaufhäusern[33] sowie

---

26 BFH-Urteil vom 18. 3. 1987 – II R 222/84, BStBl II S. 551, zum Bewertungsrecht.
27 BFH-Beschluss vom 26. 11. 1973 – GrS 5/71, BStBl 1974 II S. 132.
28 BFH-Urteil vom 20. 3. 1975 – IV R 16/72, BStBl II S. 689; BFH-Urteil vom 6. 6. 1974 – IV R 170/72, BStBl II S. 710.
29 FG Niedersachsen, Urteil vom 10. 7. 2008 – 15 K 370/07, BB 2009 S. 155.
30 FG Baden-Württemberg, Urteil vom 16. 9. 1988 – IX K 23/84, BB 1989 S. 184.
31 BFH-Urteil vom 7. 10. 1983 – III R 138/80, BStBl 1984 II S. 262.
32 FG Düsseldorf, Urteil vom 17. 5. 1983 – XI 684/78 BG, EFG 1984 S. 166.
33 BFH-Urteil vom 12. 1. 1983 – I R 70/79, BStBl II S. 223.

▶ Sauna-[34] und Schwimmbadanlage[35] in einem Hotel (vgl. Beispiel unter → Rz. 34).

Andere Gebäudebestandteile werden in der BFH-Rechtsprechung wegen des nicht oder nur untergeordneten Nutzungs- und Funktionszusammenhangs mit dem Gebäude als **selbständige** Wirtschaftsgüter (Vermögensgegenstände) angesehen: 33

▶ Betriebsvorrichtungen (→ Rz. 34 ff.),

▶ Bauten zu vorübergehendem Zweck (→ Rz. 27),

▶ Ladeneinbauten (→ Rz. 38),

▶ Mietereinbauten (→ Rz. 39),

▶ gemischt genutzte Gebäude (→ Rz. 29) sowie

▶ Außenanlagen (Beispiel → Rz. 34).

Der vom BFH betonte **Nutzungs-** und **Funktions**zusammenhang lässt sich etwa wie folgt präzisieren: 34

Eine mit dem Gebäude oder mit dem Grund und Boden verbundene „Installation" (genannt „**Betriebsvorrichtung**", → Rz. 36) stellt dann einen gegenüber dem Gebäude selbständigen Vermögensgegenstand und damit keinen Gliederungsbestandteil des Postens „Grundstücke" dar, wenn diese Installation für das Produktionsgeschehen des Unternehmens eine **spezifische Bedeutung** hat (→ § 246 Rz. 44), also nicht nur dem Aufenthalt von Menschen und der gewöhnlichen Nutzung des Grund und Bodens dient. Der Bilanzausweis sollte dann unter „technische Anlagen und Maschinen" erfolgen (→ Rz. 41).

BEISPIELE

▶ Eine Sprinkleranlage normaler Kapazität stellt einen üblichen Ausstattungsbestandteil eines gewerblich genutzten Gebäudes dar.[36] Anders verhält es sich in einer Lagerhalle zur Aufbewahrung von Feuerwerkskörpern und anderer explosiver Stoffe. Nach behördlicher Auflage muss eine solche Anlage eine vielleicht zehnfache Kapazität gegenüber einer normalen Sprinkleranlage ausmachen. Es liegt eine Betriebsvorrichtung vor.[37]

▶ Im mitteleuropäischen Raum gehört zur Ausstattung eines Hotelgebäudes eine Klimaanlage wenigstens ab dem Vier-Sterne-Bereich und ein Schwimmbad ab der Kategorie Fünf-Sterne. Es handelt sich insoweit um übliche Ausstattungsmerkmale für die Gebäudenutzung in diesem gewerblichen Bereich. Anders verhält es sich bei Bäderanlagen in Kur- und Krankenhäusern sowie in Badeanstalten.[38]

▶ Ein Tresor gehört zur üblichen Ausstattung eines Bürogebäudes und stellt einen Gebäudebestandteil dar. Anders verhält es sich bei der Tresoranlage einer Bank mit damit verbundener Einbruchmeldeanlage: Betriebsvorrichtung.[39]

---

34 BFH-Urteil vom 27. 11. 1962 –VI 240/61 S, BStBl 1963 III S. 115.
35 BFH-Urteil vom 2. 10. 1991 – II R 1/89, BStBl 1992 II S. 228.
36 BFH-Urteil vom 15. 2. 1980 – III R 105/78, BStBl 1981 II S. 409.
37 BFH-Urteil vom 11. 12. 1987 – III R 191/85, BStBl 1988 II S. 300.
38 Gleich lautende Ländererlasse vom 31. 3. 1992 – S 3190, BStBl I S. 342.
39 BFH-Urteil vom 21. 7. 1998 – III B 32/98, BFH/NV 1999 S. 366.

> ▶ Eine Elektroanlage wird in jedem Gebäude zur zeitgemäßen Nutzung benötigt und ist Gebäudebestandteil, anders die Kraftstromanlage, die für den Produktionsprozess benötigt wird.[40]
>
> ▶ Außenanlagen in Form von Umzäunungen oder Wegebefestigungen sind entweder Bestandteile des Grund und Bodens oder des Gebäudes.[41]
>
> ▶ Anders verhält es sich bei der Rollbahn eines Flughafens, der ohne diese nicht betrieben werden kann und einer besonderen Befestigung bedarf (Betriebsvorrichtung).[42]

35 Wie immer in solchen Fällen gibt es **zweifelhafte** Entscheidungen:

> **BEISPIEL** ▶ Die Rolltreppe im Kaufhaus stellt einen Gebäudebestandteil dar,[43] umgekehrt ist der Lastenaufzug in einem Fabrikgebäude eine Betriebsvorrichtung, abgesehen vom Aufzugsschacht, wenn dieser konstruktive Erfordernisse erfüllt.[44]
>
> Dachintegrierte Fotovoltaikanlagen, welche die Dachhaut ersetzen, stellen gleichwohl selbständige bewegliche Wirtschaftsgüter dar. Gleiches gilt für Blockheizkraftwerke.[45]

Mag hier auch losgelöst von der steuerlichen Kasuistik eine andere Auffassung vertretbar sein, sollte im Interesse einer **einheitlichen** Bilanzierung auch handelsrechtlich diesen Vorgaben der BFH-Rechtsprechung und den Verlautbarungen der Finanzverwaltung gefolgt werden.

36 U. a. sind folgende Sachverhalte als **Betriebsvorrichtungen** gewertet worden.[46]

- ▶ Abladevorrichtungen,
- ▶ Bäder in Badeanstalten und für Heilzwecke,
- ▶ Abwasseranlage einer Brauerei,[47]
- ▶ Bedienungsvorrichtungen,
- ▶ Befeuchtungsanlagen,[48]
- ▶ Flachsilo,[49]
- ▶ Förderbänder,
- ▶ Hofbefestigung, ausgelegt auf die Belastungsanforderungen des Betreibers,[50]
- ▶ Klimaanlagen in Chemiefaserbetrieben und Tabakfabriken,

---

40 Gleich lautende Ländererlasse vom 31. 3. 1992 – S 3190, BStBl I S. 342.
41 BFH-Urteil vom 1. 7. 1983 – III R 161/81, BStBl II S. 686; BFH-Urteil vom 15. 12. 1977 – VIII R 121/73, BStBl 1978 II S. 210.
42 Vgl. *Aschendorf*, StBp 1996 S. 188.
43 BFH-Urteil vom 12. 1. 1983 – I R 70/79, BStBl II S. 223.
44 BFH-Urteil vom 7. 10. 1977 – III R 48/76, BStBl 1978 II S. 186.
45 Bayerisches Landesamt für Steuern, Erlass vom 6. 8. 2010 – S 2211.1.1-4/2 St32, DB 2010 S. 1729.
46 Vgl. die Zusammenstellung bei *Hoffmann*, in: Littmann/Bitz/Pust (Hrsg.), EStG, §§ 4, 5 Tz. 162.
47 FG Niedersachsen, Urteil vom 31. 5. 1994 – I 82/89, EFG 1995 S. 3.
48 BFH-Urteil vom 7. 3. 1974 – VIII R 30/71, BStBl II S. 429, betreffend Möbellagerung.
49 BFH-Urteil vom 25. 8. 1989 – III R 17/84, BStBl 1990 II S. 79.
50 BFH-Urteil vom 19. 2. 1974 – VIII R 20/73, BStBl 1975 II S. 20; BFH-Urteil vom 30. 4. 1976 – III R 132/74, BStBl II S. 527.

- Kühleinrichtungen,
- Lastenaufzüge,[51]
- Datenkabel zur EDV-Vernetzung,[52]
- Lüftungsanlage,[53]
- Schaukästen,[54]
- Schutz- und Sicherungseinrichtungen.

Wenn die Entscheidung nach Maßgabe der steuerlichen Vorgaben zugunsten „Betriebsvorrichtungen" gefallen ist, sollte der **Ausweis** nicht unter „Grundstücke" etc., sondern unter „technische Anlagen und Maschinen" erfolgen (→ Rz. 41). 37

Eine andere wirtschaftlich sinnvolle Differenzierung ist der BFH-Rechtsprechung bezüglich der **Ladeneinbauten** zuzuerkennen. Es geht um Schaufensteranlagen, Gaststätteneinbauten, Schalterhallen bei Kreditinstituten und ähnlichen Vorrichtungen, die in besonderem Umfang dem modischen Geschmackswandel unterworfen sind und denen gegenüber einem Gebäude eine wesentlich kürzere Nutzungsdauer zukommt. Auch hier wird ein unterschiedlicher Nutzungs- und Funktionszusammenhang gesehen und damit ein **eigenständiger** Vermögensgegenstand. Als Ausweisposten kommen gleichwohl die „Grundstücke" etc. im jetzt besprochenen Gliederungsteil in Betracht. 38

Ähnliches gilt für **Mietereinbauten**, die auf Kosten des Mieters in ein in fremdem Eigentum stehendes Gebäude installiert worden sind. U. E. sollte hier ein Ausweis innerhalb des Postens „Grundstücke ..." erfolgen. 39

Nicht durch steuerliche Vorentscheidungen „inspiriert" ist die gliederungsrechtliche Eingruppierung von besonderen Baumaßnahmen: 40

- Brücken,
- Dämme,
- Schachtanlagen,
- Kanalbauten sowie
- Wasserbauten.

Es handelt sich nicht um Gebäude nach Maßgabe der einschlägigen Definition (→ Rz. 30), wohl aber um „Bauten" nach der gesetzlichen Terminologie. Deshalb sollte der Ausweis unter dem Posten „Grundstücke" erfolgen;[55] bei besonderer Bedeutung für das betreffende Unternehmen kommt auch ein Sonderausweis gem. § 265 Abs. 5 HGB (→ § 265 Rz. 33) in Betracht, z. B. bei einem Unternehmen, das eine Hafenanlage betreibt.

---

51 BFH-Urteil vom 7. 10. 1977 – III R 48/76, BStBl 1978 II S. 186.
52 BFH-Urteil vom 25. 11. 1999 – III R 77/97, BFH/NV 2000 S. 656.
53 BFH-Urteil vom 7. 3. 1974 – VIII R 30/71, BStBl II S. 429, betreffend Möbellagerung.
54 BFH-Urteil vom 17. 3. 1955 – V 181/53 U, BStBl III S. 141.
55 So auch *ADS*, 6. Aufl., § 266 Tz. 43.

1.2.3 Technische Anlagen und Maschinen

41 Dieser Ausweis ist speziell gemünzt auf den **industriellen Produktionsprozess** und erfasst alle darin „arbeitenden" Maschinen und ähnlichen Anlagen, z. B. Roboter in der Automobilindustrie, Pressen in der Fliesenfabrik, CNC-gesteuerte Werkzeugmaschinen etc.

Der Ausweis ist allerdings nicht auf die industrielle Produktion beschränkt. Beim Kraftwerk können z. B. die Umspannstation und das Rohrleitungsnetz unter diesem Posten ausgewiesen werden, beim Bauunternehmen die Bagger und die Krane, bei der Raffinerie die Tanks und die Gasbehälter etc.

Dazu gehören auch die unter → Rz. 36 dargestellten Betriebsvorrichtungen, z. B. die Klimatisierungsanlage in der Tabakindustrie.

Unter dieser Position sind außerdem auszuweisen: Spezialreserveteile und Erstausstattungen von Ersatzteilen für Maschinen, aber auch typengebundene Werkzeuge für spezielle Kundenaufträge.[56]

Gegenüber dem folgenden Posten „andere Anlagen ..." gibt es verschiedene Abgrenzungsprobleme. Dabei kann u. E. großzügig verfahren werden, wenn die Eingruppierung im Zeitverlauf nach dem Gebot der Darstellungsstetigkeit gem. § 265 Abs. 1 HGB (→ § 265 Rz. 6) erfolgt.

1.2.4 Andere Anlagen, Betriebs- und Geschäftsausstattung

42 „Andere" bedeutet eine Art Sammelposten für diejenigen sächlichen Anlagegegenstände außerhalb des Grundstücksbereichs, die nicht in den vorstehenden Posten einzugruppieren sind. Dazu zählen Computeranlagen, Büro- und Werkstatteinrichtungen, z. B. Möbel, Telefone, Fahrzeuge aller Art, Gabelstapler etc.

Speziell bei Fahrzeugen kann eine Umbenennung oder weitere Untergliederung in Betracht kommen, weil sonst der Abschlussadressat den wirklichen Gehalt des Ausweises nicht erkennen kann. Das ist z. B. bei Speditionsunternehmen bezüglich der Lastwagen oder beim Autovermieter für Personenkraftfahrzeuge der Fall, bei der Reederei bezüglich der Schiffe.

1.2.5 Geleistete Anzahlungen und Anlagen im Bau

43 Bei den geleisteten Anzahlungen handelt es sich um **Vorleistungen** auf bestellte Anlagegüter. Bilanzrechtlich liegt der Zahlung ein nicht bilanzierbares schwebendes Geschäft zugrunde (→ § 249 Rz. 4). Bei Nichterbringung der Leistung kann die Anzahlung vom Auftraggeber zurückgefordert werden.[57]

Aktiviert wird in diesem Fall also der Zahlungsvorgang, nicht dagegen der dahinterstehende Sachwert. Es kommt erst zu einer Umbuchung, wenn der der Anzahlung zugrunde liegende Vermögensgegenstand in den Bilanzbereich des Unternehmens eintritt, z. B. als „Anlage im Bau" (→ Rz. 44) oder aber als „fertiger" Vermögensgegenstand.

44 Der Unterposten „**Anlagen im Bau**" umfasst alle für das sächliche Anlagevermögen anstehenden Anschaffungs- oder insbesondere Herstellungs**prozesse**. Diese können sich häufig über

---

[56] So auch *Dusemond/Heusinger/Knop*, in: Küting/Pfitzer/Weber (Hrsg.), Handbuch der Rechnungslegung – Einzelabschluss, 5. Aufl., § 266 Tz. 30 f.
[57] BFH-Urteil vom 1. 6. 1989 – IV R 64/88, BStBl II S. 830; BFH-Urteil vom 16. 5. 1973 – I R 186/71, BStBl 1974 II S. 25.

Jahre hinweg erstrecken (Beispiel: Bau eines Kraftwerks). Der Ausweis erhöht den Einblick in die wirtschaftlichen Verhältnisse durch Offenlegung der **Investitionstätigkeit**. Er hat auch einen indirekten Einblickseffekt insoweit, als auf diesen Posten planmäßige Abschreibungen (noch) nicht vorgenommen werden können (→ § 253 Rz. 97). Erst nach Fertigstellung und Betriebsbereitschaft der entsprechenden Anlage erfolgt eine Umbuchung in eine der drei anderen Posten des Sachanlagevermögens. Eine Umbuchung kann allerdings auch in umgekehrter Richtung von geleisteten Anzahlungen auf die Anlagen im Bau – also **innerhalb** dieses Ausweispostens – erfolgen, wenn z. B. bei einem Gebäudeneubau die Fenster von einem Handwerker eingebaut sind und dieser seine Leistung abgerechnet hat, das Gebäude aber noch lange nicht fertig gestellt ist.

1.3 Finanzanlagen

1.3.1 Gliederungskonzept

Der Ausweis als Finanzanlagen setzt die Zugehörigkeit zum **Anlagevermögen** voraus. Hierzu wird auf → § 247 Rz. 16 ff. verwiesen. 45

Die **Untergliederung** der Finanzanlagen erfolgt nach zwei Gesichtspunkten:

1. Unternehmensanteile (in der Terminologie der IFRS „Eigenkapitalinstrumente") werden von **Gläubiger**rechten („Fremdkapitalinstrumenten") unterschieden.

2. In beiden Fallgruppen werden weiter Beziehungen im Unternehmens**verbund** gegenüber Beziehungen zu dritten Unternehmen abgegrenzt.

Es wird verwiesen auf die Kommentierung der Begriffsinhalte von

▶ „Anlagevermögen" unter → § 247 Rz. 16 ff.,
▶ „verbundenen Unternehmen" und „Beteiligungsunternehmen" (die hier verwendete Kurzfassung) unter → § 271 Rz. 4 ff. sowie
▶ dort auch zur Abgrenzung zu den „einfachen" Wertpapieren (→ § 271 Rz. 3).

Die Gliederungsstruktur der Finanzanlagen differenziert bezüglich der Eigenkapitalinstrumente nach der **Intensität** der Mitgliedschaftsrechte: 46

▶ Anteile an verbundenen Unternehmen, d. h. im Mehrheitsbesitz befindliche und damit kontrollierte Tochtergesellschaft.
▶ Anteile an „Beteiligungsunternehmen", d. h. bei wesentlicher Einflussnahme.
▶ Sonstige, verbriefte Anteile nach der Definition des Wertpapiergesetzes.

Im letzten Gliederungsposten „Wertpapiere" wird die „Gliederungslogik" teilweise durchbrochen, weil nicht nur beteiligungsvermittelnde Wertpapiere, sondern auch übrige (z. B. Anleihen, Fondsanteile) unter dem Posten auszuweisen sind.

Bei den Ausleihungen wird dagegen die abgestufte Beteiligungsintensität durchgehend von verbundenen Unternehmen über Beteiligungen bis hin zu den sonstigen Ausleihungen an Unternehmen, die nicht unter die beiden vorgenannten Kriterien fallen, eingehalten.

Dominierend bei der Gliederungsvorgabe für die einzelnen Ausweisposten ist die **Verbund-position** (Mehrheitsbeteiligung oder wesentlicher Einfluss). Bezüglich der Mitgliedschaftsrechte und der daraus folgenden Beteiligungen kommt es nicht darauf an, ob diese in **verbriefter** 47

Form vorliegen (dann Aktien) oder nicht (dann GmbH-Anteile oder Personengesellschaftsbeteiligungen). Nicht nur die **Rechtsform** ist bezüglich der Subsumption unter die einzelnen Gliederungsposten unerheblich, sondern auch der **Sitz** des Unternehmens im In- und Ausland. Bei den Anteilen an verbundenen Unternehmen handelt es sich begrifflich ebenfalls um Beteiligungen, die in der besonderen Form des Unternehmensverbunds angesiedelt sind (→ § 271 Rz. 26).

1.3.2 Einzelfälle

48 **GmbH-Anteile** und **Beteiligungen** an **Personenhandelsgesellschaften** werden regelmäßig in einer dauernden Halteabsicht erworben und gelten deshalb unabhängig von der Vermutungsregel in § 271 Abs. 1 Satz 2 HGB als Beteiligung (→ § 271 Rz. 20).

Sollte diese Hypothese ausnahmsweise nicht zutreffen, wird im Schrifttum[58] mangels Wertpapiercharakters („Verbriefung") die Einbeziehung unter die „sonstigen Ausleihungen" oder innerhalb eines Sonderpostens nach § 265 Abs. 5 Satz 2 HGB (→ § 265 Rz. 33) vorgeschlagen. Die letztgenannte Version ergibt sich aus einem fehlenden **Auffangposten** unter den Finanzanlagen, vergleichbar den sonstigen Vermögensgegenständen im Umlaufvermögen (→ Rz. 67).

49 **Ausleihungen** an GmbHs als Tochter- oder Beteiligungsgesellschaften sind zusätzlich nach § 42 Abs. 3 GmbHG entsprechend zu kennzeichnen. Gleiches gilt nach § 264c Abs. 1 Satz 1 HGB (→ § 264c Rz. 4) bei Kap. & Co.-Gesellschaften.

50 Zweifelhaft ist die Eingruppierung von Anteilen an einer **stillen** Gesellschaft oder am **Genussscheinkapital**. Meistens liegt hier ein Dauerzustand vor (→ § 247 Rz. 19), der den Ausweis unter dem Anlagevermögen rechtfertigt (→ § 247 Rz. 30a). Sofern diese Anteile an einem verbundenen Unternehmen bestehen, das nach § 290 HGB durch Vollkonsolidierung in einen Konzernabschluss einzubeziehen ist, müssen sie als solche an verbundenen Unternehmen ausgewiesen werden. In anderen Fällen – z. B. stille Beteiligung an einem nicht zum Konzernverbund gehörenden Unternehmen – ist u. E. zu differenzieren nach

- reiner Finanzbeteiligung und
- strategischer Beteiligung mit maßgeblichem Einfluss auf die Geschäftspolitik des Beteiligungsunternehmens.

Im Fall von **Genussrechtskapital** liegt regelmäßig der erstgenannte Fall vor. Bei Verbriefung ist der Ausweis unter „Wertpapiere" vorzunehmen, sonst u. E. unter „Ausleihungen" oder – insbesondere bei Wesentlichkeit – in einem Sonderposten gem. § 265 Abs. 5 Satz 2 HGB (→ § 265 Rz. 33). Umgekehrt bei der **stillen** Beteiligung: Diese kann nach der vertraglichen Ausgestaltung dem wirtschaftlichen Gehalt nach einer z. B. Sperrminorität gleichkommen. In diesem Fall sollte u. E. der Ausweis unter „Beteiligung" erfolgen.

51 Anteile an **nicht kaufmännischen** Gesamthands- oder Bruchteilsgemeinschaften (BGB-Gesellschaft oder -Gemeinschaft) werden sich regelmäßig im unwesentlichen Bereich bewegen, weshalb ein Ausweis unter sonstige Ausleihungen am ehesten in Betracht kommt. Anders kann es sich bei einer **Arge** des Baugewerbes und anderen *Joint Venture*-Gestaltungen verhal-

---

[58] Z. B. *Kozikowski/Gutike*, in: Beck'scher Bilanz-Kommentar, 7. Aufl., München 2010, § 266 Tz. 80; *ADS*, 6. Aufl., § 266 Tz. 84.

ten, denen je nach Dauer der Verbindung eher ein Beteiligungscharakter zuzuordnen ist (→ § 271 Rz. 16).

Zu den **Ausleihungen** gehören (langfristige) nicht verbriefte Forderungen, üblicherweise Darlehen sowie u. E. auch Rückdeckungsversicherungen für Einzelzusagen der betrieblichen Altersversorgung. 52

Verbriefte Titel, z. B. Aktien, Obligationen, Pfandbriefe, Investmentanteile, sind unter den Wertpapieren auszuweisen (Kapitalmarktpapiere nach § 2 Abs. 1 WpHG). Sofern ein solches Wertpapier von einem verbundenen Unternehmen emittiert worden ist, wird der Ausweis als „Verbundposten" damit unterdrückt, obwohl der ökonomische Gehalt gegenüber der Ausleihung, die als solche gegenüber verbundenen Unternehmen auszuweisen ist, sich recht ähnlich darstellt.

Zum Inhalt der Anteile an Investmentfonds und Spezialfonds wird auf → § 271 Rz. 15 verwiesen.

2. Umlaufvermögen

2.1 Vorräte

2.1.1 Gliederungsstruktur

Die Gliederungsstruktur ist primär auf die Liquiditätsnähe ausgerichtet (→ Rz. 4), allerdings „gestört" durch die 4. Position „geleistete Anzahlungen". Diese wiederum kann sich auf alle drei vorstehenden Vorrätegruppen beziehen und wird – vergleichbar dem Vorgehen beim Sachanlagevermögen (→ Rz. 43) – bei Eingang des der Vorauszahlung zugrunde liegenden Vermögensgegenstands gegen die dann entstehende Lieferantenverbindlichkeit verrechnet. 53

Als weiterer Gliederungsgesichtspunkt orientieren sich die ersten drei Posten inhaltlich primär am **industriellen Fertigungsprozess**, beziehen allerdings durch „Leistung" auch Dienstleistungsunternehmen in diesen Ausweisbereich ein. Handelsunternehmen werden durch den Posten „Waren" ebenfalls berücksichtigt. 54

2.1.2 Rohmaterialien etc.

Die „Rohstoffe" sind nicht entsprechend dem üblichen gesamtwirtschaftlich orientierten Sprachgebrauch als Substrate der **Urproduktion** zu verstehen. Der Ausweisposten umfasst daher nicht nur Kohle, Eisenerz und Rohkakao, sondern alle im Unternehmen eintreffenden physischen Teile, die zur Weiterverwendung im Produktionsprozess bestimmt sind. 55

> **BEISPIEL** Im Automobilzulieferbereich agiert die Z-GmbH als Hersteller von Zylinderköpfen, die an einen Motorenhersteller verkauft werden. Selbst bezieht die Z-GmbH die Kolbenringe von einem Unterlieferanten. Für Z stellen diese Kolbenringe Rohstoffe dar, für den Motorenhersteller wiederum die Zylinderköpfe.

Die daneben aufgeführten **Hilfs- und Betriebsstoffe** brauchen definitorisch nicht akribisch von den Rohstoffen unterschieden zu werden, da sie ohnehin zusammengefasst auszuweisen sind. Die Abgrenzung innerhalb dieser Posten entspricht den betrieblichen Usancen und den Anforderungen der Kostenrechnung. Wegen des mangelnden Unterscheidungserfordernisses kommt u. E. auch eine Postenbezeichnung „Rohmaterialien" u. Ä. in Betracht.

2.1.3 Unfertige Produkte

56 Die nächste Position „**unfertige Erzeugnisse, unfertige Leistungen**" ist in ihrer Teilung ausgerichtet einerseits auf Produktions- und Handwerksbetriebe, andererseits auf Dienstleistungsunternehmen. Die Übergänge können **fließend** sein, weil man in einer Dienstleistung der ökonomischen Funktion nach auch eine Produktionstätigkeit erkennen kann. Als Beispiel seien der Generalunternehmer in der Bauwirtschaft oder die Autoreparaturwerkstatt aufgeführt. Auf die Unterscheidung nach „Erzeugnis" und „Leistung" kommt es im Hinblick auf den zusammengefassten Ausweis nicht an. Die Postenbezeichnung sollte bei eindeutiger Produktions- bzw. Dienstleistungstätigkeit (letzteres z. B. Steuer- und Rechtsberatung, Werbeagentur, Versicherungsmakler) am Inhalt ausgerichtet werden.

57 Im **industriellen Produktionsprozess** „entsteht" der Bilanzposten „unfertige Leistung" mit Aufnahme der Produktionstätigkeit. Dieser Termin kann sich im Allgemeinen an der Organisation der Kostenrechnung orientieren. Maßgebend ist dann der Zeitpunkt, in dem erstmals Löhne und Rohstoffe (z. B. das vom Automobilzulieferer montagefertig bereitgestellte Getriebe in der Automobilfabrik) dem Kostenträger zugerechnet und Gemeinkosten geschlüsselt werden. Auf die Erläuterungen unter → § 255 Rz. 85 wird verwiesen. Mit Beginn der Produktionstätigkeit geht daher das bislang als „Rohstoff" ausgewiesene Material in den Posten „unfertige Erzeugnisse" ein.

58 Bei **Dienstleistungen** entsteht rechtlich keine Sache, sondern eine Forderung. Diese ist aus bilanzieller Sicht bis zur kompletten Leistungserbringung „unfertig" und entsprechend unter diesem Posten als Leistung auszuweisen. Es darf dann nicht die gesetzliche Postenbezeichnung insgesamt verwendet werden, sondern nur unter Beschränkung auf den Teilbereich der Leistung, d. h. „unfertige Leistung".

59 Bei **Bauleistungen** auf dem Grundstück des Auftraggebers wächst dem Bauunternehmer mit Leistungsfortschritt im rechtlichen Sinne eine **Forderung** zu. Diese ist ebenfalls als „unfertige Leistung" bis zur Vollendung des Werks auszuweisen. U. E. ist eine solche **Leistung** auch beim Bauträger gegeben, der auf eigenem Grundstück Bauleistungen erbringt. Nach anderer Auffassung[59] liegt in diesem Fall ein „unfertiges Erzeugnis" vor. Diese Bezeichnung wird aus der unterschiedlichen Rechtsstruktur gegenüber der Bauleistung auf fremdem Grund und Boden abgeleitet, weil beim Bauträger eine „Sache" im bürgerlich-rechtlichen Sinne entsteht. U. E. ist diese Unterscheidung aus bilanzrechtlicher Sicht nicht zwingend. Dem wirtschaftlichen Gehalt nach kann in beiden Rechtsstrukturen der Bautätigkeit auch eine „Produktion" gesehen werden. Insgesamt halten wir beide Bezeichnungen für die Bautätigkeit für vertretbar.

60 Eine diesbezügliche Aufgliederung im **Anhang** (bei Anhangerstellungspflicht → § 264 Rz. 1) mit entsprechender Erläuterung ist zulässig, aber im Normalfall nicht notwendig. Anders kann es sich verhalten, wenn das Geschäftsmodell des Bauunternehmers sich grundlegend ändert, bei-

---

[59] Vgl. *Dusemond/Heusinger/Knop*, in: Küting/Pfitzer/Weber (Hrsg.), Handbuch der Rechnungslegung – Einzelabschluss, 5. Aufl., § 266 Tz. 72; *ADS*, 6. Aufl., § 266 Tz. 109.

spielsweise vom Bauträgerobjekt Abstand genommen und nur noch Bauten im Kundenauftrag vorgenommen werden.

Bei **Lohnveredelung** geht regelmäßig das wirtschaftliche Eigentum nicht auf den Auftragnehmer über. Beim Auftraggeber ist während des Bearbeitungsprozesses unverändert der Ausweis unter „unfertige Erzeugnisse" vorzunehmen.

> **BEISPIEL** ▶ Der Fensterbauer F „liefert" dem Lackierungsunternehmen L für zwei Wochen fertige Fensterrahmen in Aluminium zur Beschichtung mit dem Farbton 4711. Bei L ist die eigentliche Veredelungstätigkeit als unfertige bzw. fertige Leistung zu erfassen, als Rohstoff geht in den Fertigungsprozess das Beschichtungsmaterial in Form von Pulver, Farbpigmenten und sonstigen Chemikalien ein.

2.1.4 Fertige Produkte, Abgrenzung zu unfertigen

Die Abgrenzung von „unfertig" zu „fertig" ist letztlich aus Sicht des unternehmensspezifischen **Geschäftsmodells** zu bestimmen. Ein fertiges Erzeugnis i. S. des Ausweispostens ist somit nicht als konsumbereites Produkt auf dem Endverbrauchermarkt zu verstehen. Je nach Geschäftsmodell kann ein Produktionsprozess für ein bestimmtes Produkt im Unternehmen in verschiedenen Entwicklungsstadien enden. 61

> **BEISPIELE** ▶
>
> ▶ Das forschende Pharmaunternehmen R produziert den Wirkstoff für das Breitbandantibiotikum B. Dieser Wirkstoff wird in verschiedene Länder zur Weiterverarbeitung in Form von Tabletten, Ampullen etc. ausgeliefert. Für den Inlandsvertrieb wird diese Produktionsstufe im eigenen Hause erledigt.
>
> ▶ Der Winzer W lagert seinen Wein zwei Jahre im Barrique. Für bestimmte Kunden wird im Anschluss daran das komplette Fass zur Abfüllung ausgeliefert, in anderen Fällen erfolgt der Flaschenabzug im Hause.

In beiden Beispielen liegen in ein und derselben Verarbeitungsstufe (fertiger Wirkstoff, trinkbarer Wein) einerseits fertige, andererseits unfertige Erzeugnisse vor. Eine Unterscheidung lässt sich im Rahmen der körperlichen Bestandsaufnahme am 18.6. bei Bilanzstichtag 31.12. (→ § 241 Rz. 16 „permanente Inventur") nicht feststellen. Dann kommt nur ein zusammengefasster Ausweis unter „Erzeugnisse" in Betracht. Eine Einschränkung der Aussagekraft des Jahresabschlusses ist damit nicht verbunden.

Begriffliche Abgrenzungsprobleme bestehen auch zwischen fertigen Erzeugnissen und **Waren**: 62

> **BEISPIEL** ▶ Der Weinimporteur W bezieht den Wein sowohl verkaufsfertig abgefüllt in Flaschen als auch in Tankwagen, aus denen dann selbst die Flaschenabfüllung erfolgt.

Der Abfüllprozess kann als Produktionstätigkeit angesehen werden mit der Folge einer „fertigen Leistung" im bilanzrechtlichen Sinn. Andererseits passt der Begriff „(Handels-)Waren" in diesem Fall besser, weil unter Produktion beim Wein eher die Tätigkeit des Winzers zu verstehen ist. Der Ausweis sollte deshalb als „Waren" erfolgen.

II. Aktivseite

63 Umgekehrt muss ein Industrieunternehmen, das **keinerlei Handelstätigkeit** ausübt, auf die Einbeziehung von Waren in den Ausweisposten verzichten.

64 Fraglich ist, wie im Rahmen von **Auftragsfertigungen**, z. B. in der Baubranche, „fertig" von „unfertig" zu unterscheiden ist.

> **BEISPIEL** ▶ I betreibt einen Ingenieurbüro. Er hat eine Brücke für die Deutsche Bahn AG erstellt. Sie ist am Bilanzstichtag fertig und nutzbar, die Abnahme durch die Ingenieurabteilung des Auftraggebers ist allerdings noch nicht erfolgt, weil der zuständige Bearbeiter nach längerem Krankenstand in Kur befindlich ist.
>
> Wenn man die Abnahme durch den Auftraggeber als letzten Akt der Herstellung der Brücke ansieht, ist diese als unfertig zu bezeichnen.

Eindeutig ist die Entscheidung zwischen „unfertig" und „fertig" dann, wenn seitens des Auftraggebers keine Rechtshandlung mehr vorzunehmen ist.

> **BEISPIEL** ▶ Die Wirtschaftsprüfungsgesellschaft W-GmbH hat am 17.2. die Prüfung vor Ort abgeschlossen und am 28.2. den Prüfungsbericht ausgeliefert. Die sog. Testatsbilanzen werden nach Übermittlung der Druckstücke für den Jahresabschluss am 17.3. versandt.
>
> Die bedungene Leistung ist mit Auslieferung des Prüfungsberichts erbracht. Die spätere Übermittlung der Testatsbilanzen ist eine sehr nebensächliche Tätigkeit, die nicht mehr dem Fertigstellungsprozess zuzuordnen ist.

Der vorstehende Sachverhalt ist allerdings nicht mehr ein Problem der Unterscheidung des Fertigstellungsgrads, sondern der **Umsatzrealisation**. Mit Auslieferung des Prüfungsberichts ist der Realisationstatbestand gegeben (→ § 252 Rz. 85 ff.). Die bis dahin unfertige Leistung „Abschlussprüfung" verwandelt sich **unmittelbar** in eine Forderung. Ein „fertiges" Erzeugnis kann in diesem Fall bilanzrechtlich nicht entstehen.

2.1.5 Geleistete und erhaltene Anzahlungen

65 Der wirtschaftliche Gehalt der „**geleisteten** Anzahlungen" im **Vorrats**vermögen entspricht demjenigen für die Sachanlagen (→ Rz. 44). Es muss ein Zahlungsvorgang oder ein Surrogat (Verrechnung, Tausch) vorliegen, nicht nur – wie bei Kundenforderungen – eine Rechnungsstellung. Die **Anforderung** einer Anzahlung („Abschlag", à conto-Zahlung) durch ein entsprechendes (elektronisches) Schriftstück stellt keinen Buchungsbeleg dar, erst der Geldeingang ist einzubuchen.

Die Anzahlung muss sich auf die Beschaffung von **Vorratsvermögen** beziehen, nicht auf nicht aktivierbare Dienstleistungen.

> **BEISPIEL** ▶ Die Wirtschaftsprüfungsgesellschaft erteilt dem Mandanten nach Abschluss der Vorprüfung am 5.12. eine „Abschlagsrechnung", die am 20.12. bezahlt wird.
>
> Der Mandant beschafft sich mit der Prüfungsleistung kein Vorratsvermögen. Der Ausweis muss unter „Sonstige Vermögensgegenstände" (vgl. → Rz. 70) erfolgen.

Auch laufende Abschlagszahlungen z. B. auf Mietnebenkosten sind unter „Sonstige Vermögensgegenstände" auszuweisen.

Den Gegenpart zu den geleisteten Anzahlungen stellen die **erhaltenen** Anzahlungen auf der Passivseite dar (→ Rz. 86), die nach § 268 Abs. 5 Satz 2 HGB (→ § 268 Rz. 108) auch im Vorrätebereich mit negativem Vorzeichen ausgewiesen werden können. Im Beispiel unter → Rz. 65 betrifft dies die Wirtschaftsprüfungsgesellschaft (am 20.12.). In der Bilanz zum 31.12. erscheint dann im Vorratsvermögen einerseits die unfertige Leistung „Prüfungsauftrag Nr. 4711", bewertet mit den aufgelaufenen Stunden und dem entsprechenden Verrechnungssatz, und andererseits die für diesen Auftrag erhaltene Abschlagszahlung. 66

2.2 Forderungen und sonstige Vermögensgegenstände

2.2.1 Gliederungssystematik

Die Gliederungsfolge orientiert sich an dieser Stelle wiederum an der **Liquiditätsnähe** (→ Rz. 4). Aus dem Fertigungs- oder Dienstleistungsprozess erwachsen dem Unternehmen Forderungen, die bei normalem Geschäftsgang in kurzer Zeit zu einem Liquiditätszufluss führen. 67

Die Untergliederung dieses Ausweisbereichs ist an zwei unterschiedlichen Kriterien ausgerichtet:

▶ **sach**bezogen,

▶ **personen**bezogen.

Der **Sach**bezug schlägt sich im ersten Posten „Forderungen aus Lieferungen und Leistungen" (buchhalterisch: „Debitoren") und in dem Posten „Sonstige Vermögensgegenstände" nieder, der auch als **Auffangposition** für verschiedene nicht eindeutig zuordenbare Posten dient (→ Rz. 70).

Der **Personenbezug** zeigt sich in den Posten „2." und „3." der Gliederungsvorgabe, wo einmal mehr die Verbundbeziehungen mit anderen Unternehmen (→ Rz. 47) dargestellt werden sollen.

Dieses zweidimensionale Gliederungssystem führt zwangsläufig zu **Überschneidungen** („Ausweisüberlagerungen"). Eine Forderung aus Lieferungen und Leistungen kann gegen ein Beteiligungsunternehmen gerichtet sein, und unter den sonstigen Vermögensgegenständen kann sich eine Darlehensforderung gegen ein Tochterunternehmen verbergen. Dies stellt einen typischen Anwendungsbereich des § 265 Abs. 3 HGB dar (→ § 265 Rz. 48 ff.). 68

Als **weitere** nicht im Gliederungsschema des § 266 HGB aufgeführte Ausweisposten in diesem Bereich kommen in Betracht (→ Rz. 13):

▶ Eingeforderte Nachschüsse einer GmbH gem. § 42 Abs. 2 Satz 2 GmbHG.

▶ Einzahlungsverpflichtungen persönlich haftender Gesellschafter gem. § 264c Abs. 2 Satz 4 HGB (→ § 264c Rz. 36) oder eines Kommanditisten gem. § 264c Abs. 2 Satz 6 HGB (→ § 264c Rz. 40).

Diese Posten sind **gesondert** auszuweisen. Bei den nachstehenden Sondertatbeständen kommt auch ein **Davon**-Vermerk oder eine **Anhang**angabe in Betracht (→ Rz. 13).

- Forderungen gegenüber Gesellschaftern gem. § 42 Abs. 3 GmbHG bzw. § 264c Abs. 1 HGB (→ § 264c Rz. 4).
- Forderungen gegenüber Komplementären oder Kommanditisten gem. § 264c Abs. 1 HGB (→ § 264c Rz. 4).
- Forderungen gegen einen persönlich haftenden Gesellschafter oder eine ihm nahestehende Person gem. § 286 Abs. 2 Satz 4 AktG.

2.2.2 Darstellung der Mitzugehörigkeit

69   Im Einzelfall kann sich daraus ein **dreidimensionales** Aufgliederungserfordernis ergeben.

> **BEISPIEL** Die Tochtergesellschaft T-GmbH liefert an ihre Muttergesellschaft M-AG Tonerde zur Weiterverarbeitung als Dachziegel. Am Bilanzstichtag resultiert daraus eine noch nicht beglichene Forderung gegen die Muttergesellschaft von 1.000.

Der Tatbestand erfüllt drei Ausweisverpflichtungen:

1. Forderungen aus Lieferungen und Leistungen,
2. Forderungen gegen verbundene Unternehmen,
3. Forderungen gegenüber der Gesellschafterin (§ 42 Abs. 3 GmbHG).

Die Mitzugehörigkeit kann in der Bilanz durch einen sog. „**Davon-Vermerk**" erfolgen. Dieser wirkt regelmäßig optisch wenig ansprechend (→ § 265 Rz. 51); das gilt erst recht bei einem Doppelvermerk, wie er im vorstehenden Beispiel erforderlich wäre. Eine optisch elegantere Darstellung kann im Anhang (→ § 268 Rz. 104) gestützt auf § 265 Abs. 7 Nr. 2 HGB (→ § 265 Rz. 47) in Form einer zweidimensionalen Darstellung („Spiegel") unter Einbeziehung der Forderungen mit einer Restlaufzeit von mehr als einem Jahr nach § 268 Abs. 4 Satz 1 HGB (→ § 268 Rz. 98) erfolgen. Diese kann allerdings eine etwaige dritte und vierte Dimension auch nur in Form von Davon-Vermerken bewältigen.

BEISPIEL

Forderungsspiegel der T-GmbH („horizontal")

	Forderungen gegen					
	verbundene Unternehmen	Beteiligungs-unternehmen	andere	Bilanz-aus-weis	davon ge-gen Gesell-schafter	mit einer Laufzeit über 1 Jahr
Forderungen aus Lieferungen und Leistungen	90	30	520	640	90	30*)
sonstige Vermögens-gegenstände	380	10	120	510	200	200**)
	470	40	640	1.150	290	230

*) gegen Beteiligungsunternehmen
**) gegen Muttergesellschaft/verbundene Unternehmen

Forderungsspiegel der T-GmbH („vertikal")

	Forderungen aus Lieferungen und Leistungen	sonstige Vermögens-gegenstände	gesamt
Forderungen gegen			
- verbundene Unternehmen	90	380	
- Beteiligungsunternehmen	30	10	
andere	520	120	640
Bilanzausweis	640	510	1.150
davon gegen Gesellschafter	90	200	290
davon mit einer Laufzeit über 1 Jahr	30*)	200**)	230

*) gegen Beteiligungsunternehmen
**) gegen Muttergesellschaft/verbundenes Unternehmen

Dem Beispiel ist die spürbare Inanspruchnahme der Tochtergesellschaft in der Rechtsform der GmbH zur Finanzierung des Mutterunternehmens (verbundenes Unternehmen) zu entnehmen. Beim Betrag von 200 kann es sich nur um eine längerfristige Darlehensforderung handeln, bei der es sich eher um eine Ausleihung bzw. Anlagevermögen i. S. des § 247 Abs. 2 HGB (→ § 247 Rz. 19) handelt.

Zu weiteren Darstellungsformen vgl. → § 268 Rz. 101 ff.

Ein ähnliches Abgrenzungsproblem – Anlage- oder Umlaufvermögen – besteht bei den Krediten an Organmitglieder gem. §§ 89 bzw. 115 AktG. Unabhängig davon besteht die Anhangangabepflicht gem. § 285 Nr. 9c HGB (→ § 285 Rz. 65 ff.).

2.2.3 Sachbezogene Gliederungssystematik

70 **Forderungen aus Lieferungen und Leistungen** müssen aus dem **Umsatzgeschäft** (Leistungserbringung) abgeleitet werden. Sie entstehen durch den Realisationsakt (→ § 252 Rz. 85). In diesem Augenblick verwandelt sich ein fertiges Erzeugnis oder Leistung in eine Forderung im bilanzrechtlichen Sinn (mitunter als „Gewinnsprung" bezeichnet).

Typische – weil „Auffangposition" (→ Rz. 67) – unter „**sonstige Vermögensgegenstände**" auszuweisende Sachverhalte sind:

▶ Gehaltsvorschüsse,
▶ Steuererstattungsansprüche,
▶ Schadenersatzansprüche sowie
▶ Anzahlungen außerhalb des Vorrätebereichs (→ Rz. 65).

2.3 Wertpapiere (des Umlaufvermögens)

71 Im Ausweis ist zwischen Anteilen an **verbundenen** Unternehmen und **sonstigen** Wertpapieren zu unterscheiden. Der Posten Wertpapiere setzt begrifflich eine **Verbriefung** voraus, weshalb GmbH-Geschäftsanteile und Beteiligungen an Personenhandelsgesellschaften hierunter nicht ausgewiesen werden dürfen (→ Rz. 48). Diesem Negativbefund kommt insoweit keine übermäßige praktische Bedeutung zu, als diese Gesellschaftsbeteiligungen ohnehin meist als Daueranlage bestimmt und deshalb dem **Anlage**vermögen zuzuordnen sind (→ § 247 Rz. 16 ff.).

Dieses Gliederungskriterium gilt dem Grunde nach auch für (verbriefte) Beteiligungsrechte (Aktien) an verbundenen Unternehmen. Im Umlaufvermögen kann ein Ausweis von Aktienbesitz an verbundenen Unternehmen eigentlich nur bei bestehender **Weiterveräußerungsabsicht** (→ § 296 Rz. 12) vorliegen, weil in anderen Fällen ebenfalls auf „Anlagevermögen" zu entscheiden ist. Eine solche Weiterveräußerungsabsicht kann auch beim Erwerb von GmbH-Anteilen und Anteilen an Personenhandelsgesellschaften am Bilanzstichtag vorliegen, dann käme wegen der fehlenden Wertpapiereigenschaft ein Ausweis unter dem Posten „Wertpapiere" nicht in Betracht. In diesem Ausnahmefall wird von der h. M. ausnahmsweise eine Einbeziehung in diesen Posten für zulässig erachtet.[60] U. E. ist diese Auffassung zutreffend, muss allerdings auch in Sonderfällen für Nicht-Wertpapiere im Anlagevermögen gelten (→ Rz. 48).

3. Liquide Mittel

72 Unter dieser Bezeichnung oder unter „flüssige Mittel" erfolgt häufig eine **zusammengefasste Bezeichnung** für die einzelnen Sachverhalte unter dem Posten „IV." des Umlaufvermögens. Dadurch wird elegant das Problem einer überschießenden Bezeichnung vermieden, wenn – wie fast immer – „Schecks" nicht im Bestand enthalten sind und deshalb auch nicht als Postenbezeichnung erwähnt werden dürfen. Vergleichbares gilt für das „Bundesbankguthaben".

---

60 Vgl. *ADS*, 6. Aufl., § 266 Tz. 138.

Liquide oder flüssige Mittel enthalten begrifflich das Element der jederzeitigen oder wenigs- 73
tens sehr kurzfristigen **Verfügbarkeit**. Deshalb ergeben sich Abgrenzungsprobleme für Termingeldeinlagen bei Kreditinstituten oder bei durch Verpfändung begründeten Verfügungsbeschränkungen. Zum Letzteren folgendes Beispiel:

> **BEISPIEL** Der Fußballprofiсlub B hat seine Großarena an einen geschlossenen Immobilienfonds vermietet und zurückgeleast. Zusätzlich zu den Leasingraten hat er eine Einmalzahlung auf ein Depotkonto geleistet und muss in dieses Depot innerhalb der 17-jährigen Laufzeit monatlich weitere Beträge einbezahlen. Mit dem anwachsenden Wert – einschließlich der Zinsgutschrift – soll das Stadion nach Ablauf des Leasingvertrags wieder zurückgekauft werden.
>
> Ein Ausweis des Depots unter „liquide Mittel" kommt nicht in Betracht. Es handelt sich um einen typischen Fall von „Anlagevermögen" mit einem Ausweis unter Ausleihungen, ggf. mit Anhangerläuterung oder Sonderausweis im Anlagevermögen.

Bei **Termingeldeinlagen** mit einer bestimmten Restlaufzeit nach dem Bilanzstichtag kommt 74
ein Ausweis unter diesem Posten nur in Betracht, wenn die Inanspruchnahme (unter Zinsverzicht) auch vorzeitig möglich ist. Sonst muss ein Ausweis unter „sonstige Vermögensgegenstände" (wenn Umlaufvermögen) oder unter „Ausleihungen" (wenn Anlagevermögen) erfolgen.[61]

Auf solche Termingeldanlagen „aufgelaufene", aber am Bilanzstichtag noch nicht fällige **Zinsen** sind unter „sonstige Vermögensgegenstände" auszuweisen, ggf. mit einem Anhangvermerk gem. § 268 Abs. 4 Satz 2 HGB (→ § 268 Rz. 105).

Stellt ein Kreditinstitut aus Sicht des bilanzierenden Unternehmens ein **verbundenes** Unter- 75
nehmen dar, muss ein Mitzugehörigkeitsvermerk gem. § 265 Abs. 3 Satz 1 HGB (→ § 265 Rz. 48) erfolgen.[62]

4. Sonderposten

Am Schluss der Aktivseite sind vergleichbar der Passivseite (→ Rz. 92) **Nicht**-Vermögensgegen- 76
stände auszuweisen:

▶ Rechnungsabgrenzungsposten (→ § 250 Rz. 4 ff.),

▶ aktive latente Steuern (→ § 274 Rz. 62 ff.) und

▶ aktiver Unterschiedsbetrag aus der Vermögensverrechnung (→ § 246 Rz. 292).

Diesen Sonderposten folgt als weiterer, von diesen abzuhebender Posten der „Nicht durch Eigenkapital gedeckte Fehlbetrag" (→ § 268 Rz. 97).

---

61 So auch *Ellrott/Krämer*, in: Beck'scher Bilanz-Kommentar, 7. Aufl., München 2010, § 266 Tz. 156; *Dusemond/Heusinger/Knop*, in: Küting/Pfitzer/Weber (Hrsg.), Handbuch der Rechnungslegung – Einzelabschluss, 5. Aufl., § 266 Tz. 100.
62 Vgl. *Dusemond/Heusinger/Knop*, in: Küting/Pfitzer/Weber (Hrsg.), Handbuch der Rechnungslegung – Einzelabschluss, 5. Aufl., § 266 Tz. 102.

III. Passivseite (Abs. 3)

1. Eigenkapital

77 Es wird auf folgende Kommentierungen verwiesen:
- Funktion des Eigenkapitals im Rahmen des doppischen Systems → § 247 Rz. 13 ff.
- Inhaltliche Abgrenzung gegenüber dem Fremdkapital → § 246 Rz. 63 ff. (Beispiele: Genussrechtskapital, stille Gesellschaft).
- Inhalt der einzelnen Untergliederungsposten in § 266 Abs. 3A HGB → § 272 Rz. 1 ff.
- Änderung der Ausweisposten nach (teilweiser) Gewinnverwendung gem. § 268 Abs. 1 HGB → § 268 Rz. 47 f.
- Eigenkapitalausweis bei Kap. & Co.-Gesellschaften → § 264c Rz. 9 ff.
- Erweiterte Angabepflichten in § 152 AktG → § 268 Rz. 23.

2. Rückstellungen

78 Es wird verwiesen auf folgende Kommentierungen:
- Rückstellungen für Pensionen und ähnliche Verpflichtungen → § 249 Rz. 106 ff. (Ansatz) und → § 253 Rz. 46 ff. (Bewertung).
- Sonstige Rückstellungen → § 249 Rz. 1 ff. (zum Ansatz) und → § 253 Rz. 30 ff. (zur Bewertung).

79 Unter den **Steuerrück**stellungen sind solche (ungewisse) Verpflichtungen auszuweisen, für die das Unternehmen Steuerschuldnerin ist, daher regelmäßig die Gewerbesteuer und bei Kapitalgesellschaften zusätzlich die Körperschaftsteuer. Es handelt sich um einen **saldierten** Betrag, d. h. die mutmaßliche Steuerschuld ist um geleistete Vorauszahlungen gekürzt. Zur Umsatzsteuer vgl. → Rz. 91.

Droht dem Unternehmen eine steuerliche Inanspruchnahme als **Haftender** für Steuerschulden, kommt u. E. ein Ausweis unter diesem Posten, aber auch unter den sonstigen Rückstellungen in Betracht.[63] Dazu gehören Inanspruchnahmen durch Haftungsbescheid, z. B. für Lohnsteuern und für Kapitalertragsteuer. Auch **aperiodisch** erhobene Steuern, wie z. B. die Grunderwerbsteuer, sind unter „Steuerrückstellungen" auszuweisen.

80 Bei den Rückstellungen handelt es sich um „**unsichere**" Schulden, bei den Verbindlichkeiten um „**sichere**" (→ § 249 Rz. 2). Auf die Besonderheiten der Steuerschulden übertragen stellt sich die Frage, wann diese vom Unsicherheitsmoment in die „Sicherheitssphäre" wechseln. Eindeutig ist das Unsicherheitsmoment dann nicht beseitigt, wenn die Steuerschulden – wie regelmäßig für den aktuellen Abschluss – auf Selbsterrechnung beruhen. Die Abgrenzungsfrage taucht deshalb erst dann auf, wenn ein Steuerbescheid vorliegt, dessen Leistungsgebot (nach Abzug der Vorauszahlungen) am Bilanzstichtag noch nicht erfüllt ist. U. E. ist dann weiterhin der Ausweis unter „Rückstellungen" vorzunehmen, wenn die betreffende Veranlagung unter Nachprüfungsvorbehalt nach § 164 AO oder unter Vorläufigkeitsvermerk nach § 165 AO erfolgt

---

[63] Für Ausweis unter Steuerrückstellungen *Kozikowski/Schubert*, in: Beck'scher Bilanz-Kommentar, 7. Aufl., München 2010, § 266 Tz. 201; für Ausweis unter sonstige Rückstellungen *ADS*, 6. Aufl., § 266 Tz. 206.

ist. Entsprechendes muss aber auch bei kleineren Unternehmen, die nicht der lückenlosen Prüfung unterliegen, gelten.

Wegen der **Bewertung** von Steuerschulden (inkl. latenten) bei Unsicherheit wird auf → § 274 Rz. 51 ff. verwiesen.

Nach Ergehen endgültiger Steuerveranlagungen aufgrund einer steuerlichen Außenprüfung sind entsprechende Nachzahlungen demgegenüber unter „sonstige Verbindlichkeiten – davon aus Steuern" auszuweisen (→ Rz. 91). 81

Für die Passivposten aus der **Steuerlatenzrechnung** ist ein Sonderausweis am Schluss der Passivseite vorgesehen (→ Rz. 92). 82

3. Verbindlichkeiten

3.1 Gliederungsstruktur mit Anhangangaben

Vergleichbar den Finanzanlagen (→ Rz. 45) und den Forderungen im Umlaufvermögen (→ Rz. 67) orientiert sich die Gliederungsstruktur an zwei Gesichtspunkten: 83

1. **Sach**bezogen,

2. **personen**bezogen.

Im letztgenannten Gliederungsbereich wird einmal mehr (→ Rz. 47) der **Unternehmens**verbund zum Ausdruck gebracht. Zu den Begriffsinhalten vgl. die Kommentierung in → § 271. Diese zweidimensionale Darstellung führt notwendig zu **Überschneidungen** im Ausweis (→ Rz. 68), die nach § 265 Abs. 3 HGB durch einen Bilanzvermerk oder eine Anhangangabe berücksichtigt werden müssen (→ § 265 Rz. 48 ff.). Bei GmbHs und GmbH & Co. KGs (→ § 264 Rz. 4) kann der Personenbezug seinerseits zweidimensional gegeben sein, wenn das verbundene Unternehmen gleichzeitig **Gesellschafterin** ist (→ Rz. 69).

Nicht bei der Gliederungssystematik berücksichtigt ist die jeweilige **Restlaufzeit** der Verbindlichkeit und die **Besicherung**. Diese Angaben haben im **Anhang** nach § 285 Nr. 1 HGB zu erfolgen (→ § 285 Rz. 2 ff.), werden sinnvollerweise aber in einen **Verbindlichkeitenspiegel** integriert, der in der zweidimensionalen Darstellung die beiden Gliederungsebenen enthält und die beiden weiteren Anhangangaben als Davon-Vermerke zuordnet. Dazu folgendes Beispiel, das allerdings nur einen Ausschnitt aus dem Gesamtbereich der Verbindlichkeiten enthält: 84

III. Passivseite

BEISPIEL

	Verbindlichkeitenspiegel								
	Verbindlichkeiten gegenüber			Restlaufzeit				Sicherungen	
	verbundenen Unternehmen	Beteiligungsunternehmen	sonstigen	bis 1 Jahr	1 bis 5 Jahre	über 5 Jahre	gesamt	Betrag	Art
Verbindlichkeiten gegenüber Kreditinstituten			900	650	80	170	900	900	Grundpfandrecht
Verbindlichkeiten aus Lieferung und Leistung		420	530	530	200	220	950	350	Forderungsabtretung
sonstige Verbindlichkeiten	500		140	140	100	400	640*)		

*) davon aus Steuern 43
*) davon im Rahmen der sozialen Sicherheit 65

Dem Beispiel lässt sich ein erheblicher Verbindlichkeitenblock gegenüber einem Beteiligungsunternehmen entnehmen, der längerfristig ausgerichtet ist und offensichtlich weitgehend durch eine Forderungsabtretung gesichert ist. Außerdem ist die ohne Sicherheitsgestellung und langfristig ausgerichtete Konzernfinanzierung aus den Verbindlichkeiten gegenüber verbundenen Unternehmen ersichtlich.

3.2 Anleihen

85 Am Kapitalmarkt aufgenommene Anleihen lassen sich wie folgt **aufgliedern**:[64]

- ▶ Schuldverschreibungen (= Obligationen),
- ▶ Wandelschuldverschreibungen (mit Umtauschrecht in Aktien der Schuldnerin),
- ▶ Optionsschuldverschreibungen – mit Bezugsrecht für Aktien ohne Wandlung,
- ▶ Gewinnschuldverschreibungen – mit Gewinnbeteiligung zzgl. zum fest vereinbarten Zins sowie
- ▶ Genussscheine – ebenfalls mit Gewinnbeteiligung, allerdings nur soweit Fremdkapital darstellend (→ § 246 Rz. 66).

---

[64] Nach *Kozikowski/Schubert*, in: Beck'scher Bilanz-Kommentar, 7. Aufl., München 2010, § 266 Tz. 212.

Von der Schuldnerin **zurückgekaufte** Anleihestücke sind als Kürzung des Schuldpostens zu behandeln. Nach anderer Auffassung ist so lange keine Kürzung der Schuld zu buchen, bis sie endgültig vernichtet oder ihre Wiederbegebung ausgeschlossen ist. Vor Erfüllung dieser Voraussetzungen sollen die zurückerworbenen Anleihen unter den entsprechenden Posten im Anlage- bzw. Umlaufvermögen auszuweisen sein.[65] Diese Differenzierung konnte sich nach dem Rechtsstand vor BilMoG noch auf die **Analogie** zur Behandlung **eigener Anteile** berufen, die bei Erwerb mit Einziehungsabsicht vom Eigenkapital abzusetzen, ohne eine solche Absicht als Vermögensgegenstand auszuweisen waren (→ § 272 Rz. 28). Diese Analogiemöglichkeit ist entfallen, da mit dem BilMoG eigene Anteile ausnahmslos vom Eigenkapital abzusetzen sind. Für einen Abzug erworbener Anleihen vom passivierten Betrag sprechen auch systematische Gründe. Die Anleihe begründet ein (verbrieftes) Gläubigerrecht. Mit Erwerb durch den Emittenten vereinigen sich Gläubigerrecht und Schuldnerpflicht in einer Person (**Konfusion**). Eine Verbindlichkeit besteht insoweit nicht mehr. Die eventuelle Wiederausgabe der Anleihe ist als Aufnahme einer neuen Verbindlichkeit zu würdigen.

Anleihen bedürfen der **Verbriefung**, ohne die eine Börsengängigkeit nicht gegeben ist. Anleihen müssen allerdings nicht zwingend an einer Börse gehandelt werden.

Normale Schuldscheindarlehen (ohne Verbriefung) sind nicht unter diesem Posten, sondern unter sonstigen Verbindlichkeiten oder Verbindlichkeiten gegenüber Kreditinstituten auszuweisen.

3.3 Erhaltene Anzahlungen auf Bestellungen

Wegen der bilanzrechtlichen Grundlage wird auf → Rz. 65 verwiesen. Erhaltene Anzahlungen auf Bestellungen können als Vorstufe später auszuweisender Umsatzerlöse angesehen werden. Die Zahlung kann schon vor Vertragswirksamkeit erfolgen, wenn etwa die Ausführung der Lieferung oder der sonstigen Leistung von einer Vorauskasse abhängig gemacht wird. I. d. R. werden diese Anzahlungen nach § 268 Abs. 5 Satz 2 HGB (→ § 268 Rz. 114) von dem Posten Vorräte zur Verbesserung der Finanzierungsstruktur (Kürzung der Bilanzsumme) **abgesetzt**, was nicht einen konkreten Ausweis der Bestellung unter den Vorräten verlangt,[66] anders als beim Gegenpart geleistete Anzahlungen (→ Rz. 66).

Die Verbuchung erfolgt unter Berücksichtigung der mit dem Erhalt der Anzahlung verbundenen **Umsatzsteuerschuld** regelmäßig nach der sog. **Netto**methode.

---

65 Vgl. *ADS*, 6. Aufl., § 266 Tz. 219.
66 So *ADS*, 6. Aufl., § 266 Tz. 99; *Kozikowski/Schubert*, in: Beck'scher Bilanz-Kommentar, 7. Aufl., München 2010, § 266 Tz. 225.

> **BEISPIEL**
>
> | Verbuchung Nettomethode der Anzahlung | | | | |
> |---|---|---|---|---|
> | Vorgang | Soll | Betrag | Haben | Betrag |
> | Erhaltene Anzahlung | Bank | 100 | Anzahlung | 100 |
> | | Bank | 19 | Umsatzsteuer | 19 |
> | Rechnungsstellung | Debitor | 300 | Umsatz | 300 |
> | | Debitor | 57 | Umsatzsteuer | 57 |
> | Verrechnung der Anzahlung | Anzahlung | 100 | Debitor | 100 |
> | | Umsatzsteuer | 19 | Debitor | 19 |
> | Zahlung des Kunden | Bank | 238 | Debitor | 238 |

3.4 Verbindlichkeiten aus Lieferungen und Leistungen

88 Verbindlichkeiten aus Lieferungen und Leistungen stellen das Pendant zu den entsprechend bezeichneten Forderungen im Umlaufvermögen dar. Dem Ausweis liegt ein vom „Kreditor" erfülltes **Leistungsversprechen** zugrunde.

Ebenfalls korrespondierend zu den entsprechenden Forderungen sind auch **längerfristig** gestundete Verbindlichkeiten unter diesem Posten auszuweisen. Erfolgt dagegen eine **Novation** in ein Darlehensverhältnis, muss eine Umgliederung in die sonstigen Verbindlichkeiten (→ Rz. 90) erfolgen.

3.5 Wechselverbindlichkeiten

89 Als Wechselverbindlichkeiten sind die auf das Unternehmen als Schuldner **gezogenen** Wechsel (Tratten) nach Erteilung des Akzepts und **eigene** Wechsel (Solawechsel) auszuweisen. Sobald das Unternehmen den Wechsel akzeptiert hat, ist eine Umbuchung von (regelmäßigen) Verbindlichkeiten aus Lieferungen und Leistungen unter die Position „Schuldwechsel" vorzunehmen.

Bei sog. **Finanzwechseln** („Gefälligkeitswechsel") verschafft der Akzeptant der Gegenpartei (dem Debitor) eine Finanzierungsmöglichkeit. Nach h. M.[67] muss der förmliche Wechselschuldner das Akzept passivieren und eine Forderung in gleicher Höhe, ggf. wertberichtigt, aktivieren. U. E. kommt i. S. einer praktischen Vereinfachung entsprechend dem wirtschaftlichen Gehalt auch die Erfassung im **Bilanzvermerk** nach § 251 HGB als Obligo in Betracht (→ § 251 Rz. 21).

3.6 Sonstige Verbindlichkeiten

90 Bei den sonstigen Verbindlichkeiten handelt es sich – vergleichbar den sonstigen Vermögensgegenständen (→ Rz. 70) – um einen **Auffangposten** für Tatbestände, die nicht unter die übrigen Posten der Verbindlichkeiten subsumiert werden können:

---

67 Vgl. *Kozikowski/Schubert*, in: Beck'scher Bilanz-Kommentar, 7. Aufl., München 2010, § 266 Tz. 241; *ADS*, 6. Aufl., § 266 Tz. 229.

- ▶ Darlehen,
- ▶ laufende Personalkosten, abzugrenzende Zinsen,
- ▶ laufende Steuerschulden,
- ▶ Sozialversicherungsabgaben u. Ä.

Die beiden letztgenannten Positionen sind als Bilanzvermerk gesondert („davon") auszuweisen, etwa nach folgendem Schema (→ Rz. 16): **91**

Sonstige Verbindlichkeiten	
- aus Steuern	20
- im Rahmen der sozialen Sicherheit	35
- übrige	289
Bilanzausweise	344

Unter Steuern sind dabei nicht nur **eigene** Steuerschulden (vor allem Umsatzsteuer), sondern auch die für **fremde** Schuldner einzubehaltende und zu entrichtende Steuer auszuweisen, insbesondere die Lohnsteuer. Bei den sozialen Abgaben umfasst der Zusatzausweis die Arbeitgeber- und Arbeitnehmeranteile zur Sozialversicherung, Berufsgenossenschaftsbeiträge, Schwerbehindertenausgleichsabgabe u. Ä.

4. Sonderposten

Vergleichbar der Aktivseite (→ Rz. 70) sind auf der Passivseite für **Nicht-Schulden** Sonderausweise vorgesehen für **92**

- ▶ Rechnungsabgrenzungsposten (→ § 250 Rz. 1) und
- ▶ Steuerlatenzposten (→ § 274 Rz. 1).

Zu den Ausweisposten „**unter dem Strich**" für Haftungsverhältnisse wird auf die Kommentierung zu → § 251 Rz. 1 ff. verwiesen. **93**

§ 267 Umschreibung der Größenklassen

(1) Kleine Kapitalgesellschaften sind solche, die mindestens zwei der drei nachstehenden Merkmale nicht überschreiten:

1. 4 840 000 Euro Bilanzsumme nach Abzug eines auf der Aktivseite ausgewiesenen Fehlbetrags (§ 268 Abs. 3).
2. 9 680 000 Euro Umsatzerlöse in den zwölf Monaten vor dem Abschlussstichtag.
3. Im Jahresdurchschnitt fünfzig Arbeitnehmer.

(2) Mittelgroße Kapitalgesellschaften sind solche, die mindestens zwei der drei in Absatz 1 bezeichneten Merkmale überschreiten und jeweils mindestens zwei der drei nachstehenden Merkmale nicht überschreiten:

1. 19 250 000 Euro Bilanzsumme nach Abzug eines auf der Aktivseite ausgewiesenen Fehlbetrags (§ 268 Abs. 3).
2. 38 500 000 Euro Umsatzerlöse in den zwölf Monaten vor dem Abschlussstichtag.

Im Jahresdurchschnitt zweihundertfünfzig Arbeitnehmer.

(3) [1]Große Kapitalgesellschaften sind solche, die mindestens zwei der drei in Absatz 2 bezeichneten Merkmale überschreiten. [2]Eine Kapitalgesellschaft im Sinn des § 264d gilt stets als große.

(4) [1]Die Rechtsfolgen der Merkmale nach den Absätzen 1 bis 3 Satz 1 treten nur ein, wenn sie an den Abschlussstichtagen von zwei aufeinander folgenden Geschäftsjahren über- oder unterschritten werden. [2]Im Falle der Umwandlung oder Neugründung treten die Rechtsfolgen schon ein, wenn die Voraussetzungen des Absatzes 1, 2 oder 3 am ersten Abschlussstichtag nach der Umwandlung oder Neugründung vorliegen.

(5) Als durchschnittliche Zahl der Arbeitnehmer gilt der vierte Teil der Summe aus den Zahlen der jeweils am 31. März, 30. Juni, 30. September und 31. Dezember beschäftigten Arbeitnehmer einschließlich der im Ausland beschäftigten Arbeitnehmer, jedoch ohne die zu ihrer Berufsausbildung Beschäftigten.

(6) Informations- und Auskunftsrechte der Arbeitnehmervertretungen nach anderen Gesetzen bleiben unberührt.

Inhaltsübersicht	Rz.
I. Überblick	1
II. Größenmerkmale	2 - 11a
1. Bilanzsumme vor Eigenkapitalfehlbetrag	2 - 3
2. Umsatzerlöse	4
3. Durchschnittliche Arbeitnehmerzahl (Abs. 5)	5 - 8
4. Besonderheiten bei Rumpfgeschäftsjahren	9 - 11a
III. Größenklassen	12 - 20
1. Schwellenwerte (Abs. 1 bis 3)	12 - 13
2. Zeitliche Anforderungen an die Über-/Unterschreitung der Schwellenwerte (Abs. 4 Satz 1)	14 - 15
3. Neugründung und Umwandlung von Unternehmen (Abs. 4 Satz 2)	15a - 18b

4. Kapitalmarktorientierte Unternehmen (Abs. 3 Satz 2)	19
5. Anwendungszeitpunkt der durch das BilMoG erhöhten Schwellenwerte (Art. 66 Abs. 1 EGHGB)	20
IV. Informationsrechte der Arbeitnehmer (Abs. 6)	21

Ausgewählte Literatur

Lehwald, Die Zahl der Beschäftigten als Abgrenzungsmerkmal, BB 1981 S. 2107

Veit, Zur Bedeutung formeller Bilanzpolitik, DB 1994 S. 2509

Petersen/Zwirner, Die Unternehmensberichterstattung im Lichte des BilMoG – Veränderte Publizitätsregelungen, StuB 2007 S. 889

I. Überblick

1   Abhängig von der Größe einer Kapitalgesellschaft kann diese

- Bilanz, GuV und Anhang in **verkürzter Form** aufstellen (§§ 266 Abs. 1 Satz 3, 276 und 288 HGB),
- auf einen **Lagebericht** verzichten (§ 264 Abs. 1 Satz 4 HGB),
- **latente Steuern** nicht ansetzen (§ 274a Nr. 5 HGB) sowie
- weitere Erleichterungen bei der **Prüfung und Offenlegung** in Anspruch nehmen.

§ 267 HGB definiert die Größenklassen und damit die **tatbestandlichen Voraussetzungen** einer Erleichterung, während der Inhalt der Erleichterung (die **Rechtsfolge**) in den o. g. und weiteren Einzelparagraphen geregelt ist.

II. Größenmerkmale

1. Bilanzsumme vor Eigenkapitalfehlbetrag

2   Die Größe einer Kapitalgesellschaft wird festgemacht an den Kriterien:

- Bilanzsumme (→ Rz. 3)
- Umsatzerlöse (→ Rz. 4)
- Arbeitnehmerzahl (→ Rz. 5).

3   Die **Bilanzsumme** ist nach Abs. 1 Nr. 1 und Abs. 2 Nr. 2 um einen auf der Aktivseite ausgewiesenen Fehlbetrag (§ 268 Abs. 3 HGB) zu kürzen. Bei der KGaA ist entsprechend mit einem auf der Aktivseite ausgewiesenen „Nicht durch Vermögenseinlagen gedeckten Verlustanteil der persönlich haftenden Gesellschafter" zu verfahren.

Bei der **Kap. & Co.-Gesellschaft** ist der auf den Kapitalanteil eines persönlich haftenden Gesellschafters entfallende Verlustanteil gem. § 268 Abs. 3 HGB auszuweisen, soweit keine Zahlungsverpflichtung besteht (§ 264c Abs. 2 Satz 5 HGB; → § 264c Rz. 35), und bei der Ermittlung der Bilanzsumme ebenfalls kürzend zu berücksichtigen.

2. Umsatzerlöse

Die Umsatzerlöse ergeben sich aus der Erbringung von für die gewöhnliche Geschäftstätigkeit der Gesellschaft typischen Leistungen. Entscheidend ist die Qualifizierung nach § 275 Abs. 1 bzw. § 277 Abs. 1 HGB (→ § 277 Rz. 1). Alle Abgrenzungsfragen, die sich danach stellen, also etwa die Zuordnung von Beteiligungs- und Verwaltungserträgen bei einer Holding, gelten in gleicher Weise für § 267 HGB.

4

Maßgeblich sind die tatsächlichen Umsatzerlöse der in die Bestimmung der Größenklasse einfließenden Geschäftsjahre. Wegen insoweit bestehender Besonderheiten bei Rumpfgeschäftsjahren, Umwandlungs- und Neugründungsfällen wird auf → Rz. 11 verwiesen.

3. Durchschnittliche Arbeitnehmerzahl (Abs. 5)

Als durchschnittliche Zahl der Arbeitnehmer gilt gem. Abs. 5 der vierte Teil der Summe aus den Zahlen der jeweils am 31.3., 30.6., 30.9. und 31.12. **beschäftigten** Arbeitnehmer. Bei abweichendem Geschäftsjahr kann auf dessen Quartale, statt auf diejenigen des Kalenderjahres abgestellt werden. Wegen des **Rumpf**geschäftsjahres wird auf → Rz. 11 verwiesen.

5

Ein auf den Ablauf des Quartals **gekündigtes** Beschäftigungsverhältnis ist noch zu berücksichtigen.

Auf die wöchentliche Arbeitszeit kommt es nicht an. **Teilzeitbeschäftigte** sind in voller Höhe anzusetzen.

6

Auch wer etwa im Rahmen einer **Altersteilzeit**regelung nur noch zu 50 % tätig ist, wird voll berücksichtigt. Hingegen ist bei einer Altersteilzeitregelung im **Block**modell (100 % Tätigkeit in der ersten Hälfte, 0 % in der zweiten) der Arbeitnehmer mit Eintritt in die zweite Phase nicht mehr im Unternehmen **beschäftigt** und daher nicht mehr zu berücksichtigen.

7

Zu den zu berücksichtigenden Personen gilt im Übrigen Folgendes:

8

- ▶ Keine Arbeitnehmer sind **Vorstandsmitglieder** oder beherrschende **Gesellschafter-Geschäftsführer**. Es gelten die Grundsätze des Arbeits- und Sozialrechts.
- ▶ Nicht zu berücksichtigen sind Arbeitnehmer, deren Arbeitsverhältnis wegen **Wehrdienst**, **Ersatzdienst** oder **Erziehungsurlaub** ruht.
- ▶ Zwar Arbeitnehmer, aber kraft ausdrücklicher Bestimmung in Abs. 5 nicht zu berücksichtigen sind zu ihrer **Berufsausbildung** Beschäftigte, d. h. Auszubildende, (echte) Praktikanten etc.
- ▶ Zwar Arbeitnehmer, aber nicht bei der Gesellschaft beschäftigt sind **Leiharbeitnehmer**, wenn sie arbeitsrechtlich als Arbeitnehmer des Verleihers gelten. Werden im Konzern Arbeitnehmer unter Weiterbelastung aller Kosten von der Konzerngesellschaft A an die Konzerngesellschaft B überlassen, sind diese Arbeitnehmer gleichwohl dem überlassenden Unternehmen zuzurechnen.[1]

---

1 Vgl. *Wulf*, in: Haufe HGB Bilanz Kommentar, Freiburg 2009, § 267 Rz. 19, und *Geitzhaus/Depl*, BB 1987 S. 367 ff.

4. Besonderheiten bei Rumpfgeschäftsjahren

9 Hinsichtlich des Größenmerkmals Umsatzerlöse ist nach Abs. 1 Nr. 2 und Abs. 2 Nr. 2 auf die Umsätze der **letzten zwölf Monate** abzustellen.

Bei einem durch **Umstellung des Geschäftsjahres** entstehenden Rumpfgeschäftsjahr führt dies zu folgendem Vorgehen:

> **BEISPIEL** ▶ Das bisher kalendergleiche Geschäftsjahr wird in 11 auf ein vom 1.4. bis 31.3. laufendes Geschäftsjahr umgestellt. Für den Zeitraum vom 1.1. bis 31.3.11 wird ein Rumpfgeschäftsjahr gebildet. Für die Größenbeurteilung sind zu berücksichtigen:
>
> ▶ Am 31.12.10 die Umsätze Januar bis Dezember 10.
>
> ▶ Am 31.3.11 die Umsätze April bis Dezember 10 sowie Januar bis März 11.

10 Ist im Fall der Neugründung das **erste Geschäftsjahr ein Rumpfgeschäftsjahr**, so zählen für die Umsatzerlöse u. E. nur die tatsächlichen Monate. Eine Hochrechnung auf zwölf Monate kann unterbleiben.[2]

> **BEISPIEL** ▶ Die Gesellschaft wird am 1.10.01 gegründet. Für das am 31.12.01 endende erste Geschäftsjahr zählen nur diese drei Monate.

11 Die durchschnittliche **Arbeitnehmerzahl** wird gem. Abs. 5 aus den Quartalsultimi errechnet (→ Rz. 5), wobei u. E. auf die Quartale des Geschäftsjahres abgestellt werden kann. Bei einem **Rumpfgeschäftsjahr** ist zu differenzieren:

▶ Bei Entstehung durch **Änderung des Geschäftsjahres** sind in Analogie zu den Umsatzerlösen zur Auffüllung auf vier Quartale die Werte des vorangegangenen Geschäftsjahres mit heranzuziehen.

▶ Im Falle der **Neugründung** ist bei einem unter drei Monate liegenden Geschäftsjahr der Wert des Bilanzstichtags anzusetzen.

11a Wegen Besonderheiten bei **Umwandlungen** wird auf → Rz. 15a verwiesen.

III. Größenklassen

1. Schwellenwerte (Abs. 1 bis 3)

12 Als **kleine** Kapitalgesellschaft gilt, wer **höchstens eines** der drei nachstehenden Merkmale überschreitet (Abs. 1):

▶ 4.840.000 € Bilanzsumme,

▶ 9.860.000 € Umsatzerlöse,

▶ 50 Arbeitnehmer.

---

2 Gl. A. *Maerx/Dallman*, in: Baetge/Kirsch/Thiele (Hrsg.), Bilanzrecht, Kommentar, Stand 2009, § 267 HGB Tz. 68, a. A. *Wulf*, in: Haufe HGB Bilanz Kommentar, Freiburg 2009, § 267 Rz. 26.

Eine **große** Kapitalgesellschaft liegt vor, wenn **mindestens zwei** der nachfolgenden Merkmale überschritten werden (Abs. 3):

- 19.250.000 € Bilanzsumme,
- 38.500.000 € Umsatzerlöse,
- 250 Arbeitnehmer.

Mittelgroß ist die Kapitalgesellschaft, die mindestens zwei der Schwellenwerte für kleine Kapitalgesellschaften überschreitet, jedoch höchstens einen der Schwellenwerte für große.

Hiernach ergeben sich folgende Konstellationen: 13

Übersicht 1:	Größenklassen		
	Bilanzsumme	Umsatzerlöse	Arbeitnehmer
kleine	≤ 4,84 Mio €	≤ 9,86 Mio €	≤ 50
	> 4,84 Mio €	≤ 9,86 Mio €	≤ 50
	≤ 4,84 Mio €	≤ 9,86 Mio €	> 50
	≤ 4,84 Mio €	> 9,86 Mio €	≤ 50
mittelgroße	> 4,84 Mio, aber ≤ 19,25 Mio €	> 9,86 Mio, aber ≤ 38,50 Mio €	> 50, aber ≤ 250
	≤ 4,84 Mio €	> 9,86 Mio, aber ≤ 38,50 Mio €	> 50, aber ≤ 250
	> 4,84 Mio, aber ≤ 19,25 Mio €	> 9,86 Mio, aber ≤ 38,50 Mio €	≤ 50
	> 4,84 Mio, aber ≤ 19,25 Mio €	≤ 9,86 Mio €	> 50, aber ≤ 250
große	> 19,25 Mio €	> 38,50 Mio €	> 250
	≤ 19,25 Mio €	> 38,50 Mio €	> 250
	> 19,25 Mio €	> 38,50 Mio €	≤ 250
	> 19,25 Mio €	≤ 38,50 Mio €	> 250

2. Zeitliche Anforderungen an die Über-/Unterschreitung der Schwellenwerte (Abs. 4 Satz 1)

Ein dauernder Wechsel der Größenordnung soll vermieden werden. Eine kleine Kapitalgesellschaft wird deshalb gem. Abs. 4 Satz 1 erst dann zur mittelgroßen, wenn sie in **zwei aufeinander folgenden Geschäftsjahren** die Schwellenwerte für kleine Kapitalgesellschaften überschreitet, eine mittelgroße erst dann zur kleinen, wenn eine Unterschreitung in zwei aufeinander folgenden Geschäftsjahren vorliegt (Abs. 4 Satz 1). Entsprechend ist auch bei den anderen Übergängen ein einmaliges Über- oder Unterschreiten unerheblich. 14

Folgende besondere Konstellationen können sich in der Größenentwicklung noch ergeben: 15

- **Alternierende Größe** (z. B. klein in 01, mittelgroß oder groß in 02, klein in 03, mittelgroß oder groß in 04, klein in 05 etc.): Die ursprüngliche, z. B. im Gründungsjahr vorgenommene Qualifizierung (hier als klein), bleibt so lange erhalten, bis die Schwellenwerte in mindestens zwei aufeinander folgenden Zwischenjahren über- oder unterschritten werden.
- **Stufenwachstum oder -verkleinerung** (z. B. klein in 01, mittelgroß in 02, groß in 03 oder umgekehrt: groß in 01, mittelgroß in 02, klein in 03): Die Gesellschaft ist im Jahr 03 als mittelgroß zu qualifizieren.

▶ **Sprungwachstum/-verkleinerung** der zunächst mittelgroßen Gesellschaft (z. B. mittelgroß in 01, klein in 02, groß in 03 oder mittelgroß in 01, groß in 02, klein in 03): Die Gesellschaft ist im Jahr 03 als mittelgroß zu qualifizieren.

Diese und weitere wichtige Konstellationen sind in Übersicht 2 dargestellt

Übersicht 2: Größenentwicklung im Zeitablauf

Bilanzierung aktuelles Jahr	Größenkriterien im jeweiligen Jahr		
	Aktuelles Jahr	Vorjahr	Vor-Vorjahr
klein	klein	klein	klein
klein	klein	klein	mittel
klein	klein	klein	groß
klein	klein	mittel	klein
mittel	klein	mittel	mittel
mittel	klein	mittel	groß
klein	klein	groß	klein
mittel	klein	groß	mittel
groß	klein	groß	groß
klein	mittel	klein	klein
mittel	mittel	klein	mittel
mittel	mittel	klein	groß
mittel	mittel	mittel	klein
mittel	mittel	mittel	mittel
mittel	mittel	mittel	groß
mittel	mittel	groß	klein
mittel	mittel	groß	mittel
groß	mittel	groß	groß
klein	groß	klein	klein
mittel	groß	klein	mittel
groß	groß	klein	groß
mittel	groß	mittel	klein
mittel	groß	mittel	mittel
groß	groß	mittel	groß
groß	groß	groß	klein
groß	groß	groß	mittel
groß	groß	groß	groß

3. Neugründung und Umwandlung von Unternehmen (Abs. 4 Satz 2)

15a Bei Neugründung und in Umwandlungsfällen ergeben sich zwei Fragen:

- Wie sind die nicht stichtags-, sondern periodenbezogenen Größenmerkmale **Umsatz** und **Arbeitnehmerzahl** zu berechnen, wenn das Gründungsjahr bzw. das erste Jahr nach Umwandlung ein Rumpfgeschäftsjahr darstellt (→ Rz. 9)?
- Soll – unabhängig davon, ob ein Rumpf- oder ein volles Geschäftsjahr vorliegt – den allgemeinen Regeln folgend eine **einmalige** Überschreitung der Schwellenwerte noch nicht zur Einstufung in die entsprechende Größenklasse führen (→ Rz. 16 f.)?

Zur zweiten Frage gibt das Gesetz für **Neugründungen** eine eindeutige Antwort: Danach entfällt zum ersten Abschlussstichtag die Möglichkeit, der allgemeinen Regelung von Abs. 4 Satz 1 folgend zwei Jahre für die Größeneinordnung in Betracht zu ziehen. Nach der Sonderbestimmung des Abs. 4 Satz 2 ist dann allein auf die Verhältnisse am **ersten Abschlussstichtag** nach Neugründung abzustellen. Eine solche Regelung macht Sinn, da der Regelungszweck von Abs. 4 Satz 1 darin besteht, einen dauernden Wechsel der Größenordnung zu verhindern. Bei einer neu gegründeten Kapitalgesellschaft, die sogleich die Schwellenwerte für eine große Kapitalgesellschaft überschreitet, ist dieser Zweck nicht tangiert. Sie soll sich daher auch nicht ein Jahr als kleine Kapitalgesellschaft darstellen dürfen.

16

Wie bei der Neugründung ist nach Abs. 4 Satz 2 auch bei **Umwandlung einer Personengesellschaft**, die nicht § 267 HGB unterliegt, in eine Kapitalgesellschaft für die Größeneinstufung allein darauf abzustellen, ob die Schwellenwerte einmalig am **ersten Abschlussstichtag** überschritten werden.

17

Strittig ist, ob die in Abs. 4 Satz 2 vorgesehene Gleichbehandlung von Neugründungen und Umwandlungen auch für die **formwechselnde Umwandlung** einer AG in eine GmbH oder umgekehrt bzw. einer Kap. & Co.-Gesellschaft in eine AG bzw. GmbH und umgekehrt gilt. U. E. ist dies nicht der Fall, da sich weder die rechtliche Identität der Gesellschaft ändern, noch der Regelungszweck von Abs. 4 Satz 1 verfehlt würde.[3]

Nach h. M. gelten die Sonderregelungen für Umwandlungen auch beim **übertragenden Rechtsträger**.

18

Dem Gesetzestext ist nicht zu entnehmen, wie die periodenbezogenen Größen **Umsatz und Arbeitnehmerzahl** zu berechnen sind, wenn das erste Geschäftsjahr nach Gründung oder Umwandlung ein **Rumpfgeschäftsjahr** darstellt.

18a

Für **Neugründungsfälle außerhalb des Umwandlungsrechts** ist hier u. E. keine Hochrechnung auf zwölf Monate bzw. vier Quartale vorzunehmen (→ Rz. 10).

Bei einer **Umwandlung zur Neugründung** kommt hingegen entsprechend der Konzeption der Umwandlung als **(Teil-)Gesamtrechtsnachfolge** eine Einbeziehung der **Zahlen des Rechtsvorgängers** zur Auffüllung auf zwölf Monate (Umsatzerlöse) bzw. vier Quartale (Arbeitnehmerzahl) in Frage.[4] Für zwingend halten wir ein solches Vorgehen aber nicht. Das Gesetz sieht jedenfalls explizit keine Einbeziehung von Rechtsvorgängerzahlen vor. Auch Abs. 4 Satz 2 spricht gegen ein solches Vorgehen. Die Sonderregelung, nach der bereits ein einmaliges Überschreiten der Schwellenwerte die entsprechende Größeneinstufung nach sich zieht, wäre nämlich entbehrlich, wenn **Rechtsvorgängerzahlen** mit zu berücksichtigen wären.

---

3 Gl. A. *ADS*, 6. Aufl., § 267 Tz. 24; *Wulf*, in: Haufe HGB Bilanz Kommentar, Freiburg 2009, § 267 Rz. 30; a. A. *Winkeljohann/Lavall*, in: Beck'scher Bilanz-Kommentar, 7. Aufl., München 2010, § 267 Tz. 26.
4 Vgl. *Winkeljohann/Lavall*, in: Beck'scher Bilanz-Kommentar, 7. Aufl., München 2010, § 267 Tz. 28.

III. Größenklassen

18b Wenn man gleichwohl die Rechtsvorgängerzahlen zur Auffüllung in Rumpfgeschäftsjahren heranziehen wollte, wäre u. E. ein analoges Vorgehen bei **Umwandlung zur Aufnahme** konsequent: Neben den Umsatzerlösen bzw. Arbeitnehmerzahlen des aufnehmenden Rechtsträgers, wären dann im Rahmen des Zwölf-Monats- bzw. Vier-Quartale-Betrachtungszeitraums die entsprechenden Größen des übertragenden Unternehmens(-teils) mit zu berücksichtigen.

> **BEISPIEL** Die A-GmbH wird mit wirtschaftlicher Wirkung zum 1.7.01 auf die B-GmbH verschmolzen. Die Umsatzerlöse ergeben sich wie folgt:
>
> Erstes Halbjahr: A-GmbH 1 Mio €, B-GmbH 4 Mio €.
>
> Zweites Halbjahr: A-GmbH (inkl. des durch Verschmelzung der B-GmbH erworbenen Geschäfts) 5 Mio €.
>
> **BEURTEILUNG** Hält man unter dem Gesichtspunkt der Gesamtrechtsnachfolge die Einbeziehung von Zahlen des Rechtsvorgängers für notwendig, ergibt sich folgende Lösung: Der für die Größeneinordnung maßgebliche Umsatz für das Geschäftsjahr 01 beträgt nicht 4 + 5 = 9 Mio €, sondern 10 Mio €. Bezogen auf das Größenmerkmal Umsatz ist daher der Schwellwert für kleine Kapitalgesellschaften (9,86 Mio €) überschritten.
>
> U. E. ist eine Einbeziehung des Rechtsvorgängers aber aus den unter → Rz. 18a genannten Gründen nicht zwingend.

4. Kapitalmarktorientierte Unternehmen (Abs. 3 Satz 2)

19 Unabhängig von den Größen Umsatz, Bilanzsumme und Arbeitnehmerzahl gelten **kapitalmarktorientierte** Gesellschaften stets als große. Wegen des Merkmals „kapitalmarktorientiert" wird auf § 264d HGB (→ Rz. 1) verwiesen.

5. Anwendungszeitpunkt der durch das BilMoG erhöhten Schwellenwerte (Art. 66 Abs. 1 EGHGB)

20 Nach Art. 66 Abs. 1 EGHGB (→ Art. 66 Rz. 6) sind abweichend von dem allgemeinen Anwendungszeitpunkt des BilMoG (Geschäftsjahre, die nach dem 31.12.2009 beginnen) einige Erleichterungsregeln bereits auf Geschäftsjahre, die nach dem 31.12.2007 beginnen, bei kalendergleichem Geschäftsjahr also **ab 2008** anzuwenden (Art. 66 Abs. 3 EGHGB). Betroffen hiervon ist auch die Heraufsetzung der Schwellenwerte für Umsatz und Bilanzsumme in Abs. 1 und 2.

Als kleine Kapitalgesellschaft gilt bzw. galt nach Abs. 1, wer höchstens eines der drei nachstehenden Merkmale überschreitet (→ Rz. 12):

▶ 4.840.000 € (4.015.000 €) Bilanzsumme,

▶ 9.860.000 € (8.030.000 €) Umsatzerlöse,

▶ 50 Arbeitnehmer (unverändert).

Eine große Kapitalgesellschaft liegt vor, wenn mindestens zwei der nachfolgenden Merkmale überschritten werden (Abs. 2 und 3):

- 19.250.000 € (16.060.000 €) Bilanzsumme,
- 38.500.000 € (32.120.000 €) Umsatzerlöse,
- 250 Arbeitnehmer (unverändert).

Wegen der **rückwirkenden Geltung** der Schwellenwerte für 2008 (und das Vorjahr 2007) kann u. a. ein bislang als mittelgroß zu qualifizierendes Unternehmen nunmehr als klein zu klassifizieren sein.

BEISPIEL Hinsichtlich der Größenmerkmale entwickelt sich die X wie folgt:

	2006	2007	2008
Bilanzsumme (T€)	3.900	4.000	4.100
Umsatz (T€)	8.400	8.500	8.600
Arbeitnehmer	100	100	100

Bei Veröffentlichung des BilMoG im BGBl (Mai 2009) war der Abschluss 2008 noch nicht geprüft und veröffentlicht.

BEURTEILUNG 2007 und 2006 überschritt die X die maßgeblichen alten Schwellenwerte für kleine Kapitalgesellschaften bei Arbeitnehmerzahl und Umsatz.

Zur Bestimmung der Größenklasse im Jahr 2008 sind die erhöhten Schwellenwerte des BilMoG sowohl für das Jahr 2008 als auch für das wegen Abs. 4 Satz 1 (→ Rz. 14) ebenfalls zu würdigende Vorjahr 2007 heranzuziehen. In 2007 und 2008 wird nur ein Größenmerkmal (Arbeitnehmerzahl) überschritten. Die X ist in 2008 nicht prüfungspflichtig, kann Bilanz, GuV und Anhang in verkürzter Form aufstellen (§ 266 Abs. 1 Satz 3, § 276, § 288 HGB) und auf einen Lagebericht verzichten (§ 264 Abs. 1 Satz 3 HGB; → Rz. 1).

Hinsichtlich der **Prüfungspflicht** bzw. des **Prüfungsvertrags** (Auflösungs-/Kündigungsmöglichkeiten, Honoraranspruch des Abschlussprüfers) ist bei „rückwirkender" Statusänderung von mittelgroßer zu kleiner Kapitalgesellschaft danach zu differenzieren, ob die Prüfung bereits begonnen und, falls ja, wie weit sie fortgeschritten ist. Wegen Einzelheiten hierzu wird auf die 1. Aufl. verwiesen.

IV. Informationsrechte der Arbeitnehmer (Abs. 6)

Die **Privilegierung** der kleinen und mittelgroßen Gesellschaft bezüglich Offenlegungen (§§ 325 ff. HGB) soll die Rechte der Arbeitnehmervertretungen nach Betriebsverfassungsrecht nicht berühren. Unter Berufung auf das allgemeine Recht, die GuV 21

- nicht offen zu legen (kleine Kapitalgesellschaft nach § 326 HGB) bzw.
- verkürzt offen zu legen (mittelgroße Kapitalgesellschaft nach § 327 HGB),

darf daher etwa den Arbeitnehmervertretern die Einsicht in die (unverkürzte) GuV nicht verweigert werden.

§ 268 Vorschriften zu einzelnen Posten der Bilanz; Bilanzvermerke

(1) ¹Die Bilanz darf auch unter Berücksichtigung der vollständigen oder teilweisen Verwendung des Jahresergebnisses aufgestellt werden. ²Wird die Bilanz unter Berücksichtigung der teilweisen Verwendung des Jahresergebnisses aufgestellt, so tritt an die Stelle der Posten „Jahresüberschuss/Jahresfehlbetrag" und „Gewinnvortrag/Verlustvortrag" der Posten „Bilanzgewinn/Bilanzverlust"; ein vorhandener Gewinn- oder Verlustvortrag ist in den Posten „Bilanzgewinn/Bilanzverlust" einzubeziehen und in der Bilanz oder im Anhang gesondert anzugeben.

(2) ¹In der Bilanz oder im Anhang ist die Entwicklung der einzelnen Posten des Anlagevermögens darzustellen. ²Dabei sind, ausgehend von den gesamten Anschaffungs- und Herstellungskosten, die Zugänge, Abgänge, Umbuchungen und Zuschreibungen des Geschäftsjahrs sowie die Abschreibungen in ihrer gesamten Höhe gesondert aufzuführen. ³Die Abschreibungen des Geschäftsjahrs sind entweder in der Bilanz bei dem betreffenden Posten zu vermerken oder im Anhang in einer der Gliederung des Anlagevermögens entsprechenden Aufgliederung anzugeben.

(3) Ist das Eigenkapital durch Verluste aufgebraucht und ergibt sich ein Überschuss der Passivposten über die Aktivposten, so ist dieser Betrag am Schluss der Bilanz auf der Aktivseite gesondert unter der Bezeichnung „Nicht durch Eigenkapital gedeckter Fehlbetrag" auszuweisen.

(4) ¹Der Betrag der Forderungen mit einer Restlaufzeit von mehr als einem Jahr ist bei jedem gesondert ausgewiesenen Posten zu vermerken. ²Werden unter dem Posten „sonstige Vermögensgegenstände" Beträge für Vermögensgegenstände ausgewiesen, die erst nach dem Abschlussstichtag rechtlich entstehen, so müssen Beträge, die einen größeren Umfang haben, im Anhang erläutert werden.

(5) ¹Der Betrag der Verbindlichkeiten mit einer Restlaufzeit bis zu einem Jahr ist bei jedem gesondert ausgewiesenen Posten zu vermerken. ²Erhaltene Anzahlungen auf Bestellungen sind, soweit Anzahlungen auf Vorräte nicht von dem Posten „Vorräte" offen abgesetzt werden, unter den Verbindlichkeiten gesondert auszuweisen. ³Sind unter dem Posten „Verbindlichkeiten" Beträge für Verbindlichkeiten ausgewiesen, die erst nach dem Abschlussstichtag rechtlich entstehen, so müssen Beträge, die einen größeren Umfang haben, im Anhang erläutert werden.

(6) Ein nach § 250 Abs. 3 in den Rechnungsabgrenzungsposten auf der Aktivseite aufgenommener Unterschiedsbetrag ist in der Bilanz gesondert auszuweisen oder im Anhang anzugeben.

(7) Die in § 251 bezeichneten Haftungsverhältnisse sind jeweils gesondert unter der Bilanz oder im Anhang unter Angabe der gewährten Pfandrechte und sonstigen Sicherheiten anzugeben; bestehen solche Verpflichtungen gegenüber verbundenen Unternehmen, so sind sie gesondert anzugeben.

(8) ¹Werden selbst geschaffene immaterielle Vermögensgegenstände des Anlagevermögens in der Bilanz ausgewiesen, so dürfen Gewinne nur ausgeschüttet werden, wenn die nach der Ausschüttung verbleibenden frei verfügbaren Rücklagen zuzüglich eines Gewinnvortrags und

abzüglich eines Verlustvortrags mindestens den insgesamt angesetzten Beträgen abzüglich der hierfür gebildeten passiven latenten Steuern entsprechen. ²Werden aktive latente Steuern in der Bilanz ausgewiesen, ist Satz 1 auf den Betrag anzuwenden, um den die aktiven latenten Steuern die passiven latenten Steuern übersteigen. ³Bei Vermögensgegenständen im Sinn des § 246 Abs. 2 Satz 2 ist Satz 1 auf den Betrag abzüglich der hierfür gebildeten passiven latenten Steuern anzuwenden, der die Anschaffungskosten übersteigt.

Inhaltsübersicht

	Rz.
I. Überblick	1 - 2
II. Bilanzerstellung unter Ergebnisverwendung (Abs. 1)	3 - 52z
1. Begriffsinhalte (Abs. 1 Satz 1)	3 - 13f
1.1 Jahresergebnis	3
1.2 Verwendung des Ergebnisses (allgemein)	4 - 11
1.2.1 Bei der Abschlusserstellung	4 - 8
1.2.2 Durch Gewinnausschüttung	9 - 11
1.3 Abgrenzung zwischen Ergebnisermittlung und -verwendung	12 - 13
1.4 Die Gewinnverwendung nach Aktienrecht (§ 58 AktG)	13a - 13f
2. Vollständige und teilweise Ergebnisverwendung (Abs. 1 Satz 2)	14 - 29
2.1 Mögliche Übereinstimmung in den Folgeeffekten	14 - 17
2.2 Teilbereich der erfolgsneutralen Eigenkapitalveränderungsrechnung	18 - 29
2.2.1 Die rechtsformübergreifende Regelung im HGB	18 - 19
2.2.2 Die Sonderregeln für die GmbH	20 - 21
2.2.3 Die Regeln für die AG (mit Rückwirkung auf die GmbH)	22 - 29
3. Verbindlichkeitsausweis bei vollständiger Gewinnverwendung?	30 - 38
4. Vorab-Dividende und Publizität der kleinen GmbH	39 - 44
5. Ausweistechnik, Vorjahresvergleich	45 - 46
6. Rechtsfolge (Abs. 1 Satz 2)	47 - 48
7. Sonderfälle	49 - 52
7.1 Steuerlatenz aus Zugangsbuchungen	49
7.2 Wertaufholungszuschreibungen	50
7.3 Übergang auf das BilMoG (Art. 67 EGHGB)	51 - 52
8. Gesellschaftsrechtliche Anknüpfungspunkte zur Abschlussfeststellung, -billigung und Gewinnverwendung	52a - 52z
8.1 AG, KGaA, SE	52a - 52o
8.1.1 Prüfung des Aufsichtsrats	52a - 52h
8.1.1.1 Vorlage an den Aufsichtsrat (§ 170 AktG)	52a
8.1.1.2 Inhalt der Prüfungspflicht (§ 171 Abs. 1 AktG)	52b - 52e
8.1.1.3 Berichterstattung (§ 171 Abs. 2 AktG)	52f
8.1.1.4 Fristenvorgaben mit Rechtsfolgen (Abs. 3)	52g
8.1.1.5 Einzelabschluss nach § 325 Abs. 2a HGB (Abs. 4)	52h
8.1.2 Feststellung des Jahresabschlusses, Gewinnermittlung	52i - 52m
8.1.2.1 Feststellung durch den Aufsichtsrat (§ 172 AktG)	52i - 52j
8.1.2.2 Feststellung durch die Hauptversammlung (§ 173 AktG)	52k - 52m
8.1.3 Gewinnverwendung (§ 174 AktG)	52n - 52o
8.2 GmbH	52p - 52x
8.2.1 Kompetenz des Aufsichtsrats	52p
8.2.2 Kompetenz der Gesellschafterversammlung	52q - 52t
8.2.2.1 Feststellung des Abschlusses (§ 42a GmbHG)	52q
8.2.2.2 Fristenregelung, auch für die Ergebnisverwendung	52r
8.2.2.3 Teilnahme des Abschlussprüfers (Abs. 3)	52s
8.2.2.4 Anwendung auf Konzern- und Einzelabschluss (Abs. 4)	52t
8.2.3 Ergebnisverwendung (§ 29 GmbHG)	52u - 52x

8.2.3.1 Anspruch der Gesellschafter (Abs. 1)	52u
8.2.3.2 Rücklagendotierung (Abs. 2)	52v
8.2.3.3 Gewinnverteilungsmaßstab (Abs. 3)	52w
8.2.3.4 Wertaufholungsrücklage (Abs. 4)	52x
8.3 Unternehmen des Publizitätsgesetzes	52y
8.4 Personenhandelsgesellschaften	52z
III. Entwicklung des Anlagevermögens („Anlagegitter")	**53 - 92**
1. Überblick (Abs. 2 Satz 1)	53 - 57
2. Die Rechengrößen im Einzelnen (Abs. 2 Sätze 2 und 3)	58 - 92
2.1 Die Inhalte mit Überleitung auf die tabellarische Darstellung	58 - 71
2.2 Einzelprobleme	72 - 92
2.2.1 Die gesamten Anschaffungs- und Herstellungskosten, Abgrenzung zu den Zugängen	72 - 76
2.2.2 Abgänge	77 - 80
2.2.3 Nachaktivierungen aufgrund steuerlicher Außenprüfung	81 - 84
2.2.4 Geringfügige Zugangswerte	85 - 86
2.2.5 Festwerte	87 - 88
2.2.6 Geleistete Anzahlungen und Anlagen im Bau	89
2.2.7 Immaterielle Anlagewerte	90 - 92
IV. Nicht durch Eigenkapital gedeckter Fehlbetrag (Abs. 3)	**93 - 97**
1. Der bilanzielle Gehalt	93 - 96
2. Ausweistechnik	97
V. Bilanzvermerke für Forderungen und Vermögensgegenstände (Abs. 4)	**98 - 108**
1. Laufzeitvermerk für Forderungen (Abs. 4 Satz 1)	98 - 104
1.1 Anwendungsbereich	98 - 100
1.2 Restlaufzeit	101 - 103
1.3 Ausweistechnik	104
2. Rechtlich noch nicht entstandene sonstige Vermögensgegenstände (Abs. 4 Satz 2)	105 - 108
VI. Bilanzvermerke für Verbindlichkeiten (Abs. 5)	**109 - 116**
1. Laufzeitvermerk (Abs. 5 Satz 1)	109 - 113
1.1 Anwendungsbereich	109 - 110
1.2 Die Restlaufzeit	111
1.3 Ausweistechnik	112 - 113
2. Ausweiswahlrecht für erhaltene Anzahlungen (Abs. 5 Satz 2)	114 - 115
3. Erläuterung antizipativer Posten (Abs. 5 Satz 3)	116
VII. Ausweis des Disagios (Abs. 6)	**117**
VIII. Aufgliederung der Haftungsverhältnisse (Abs. 7)	**118 - 123**
1. Inhalt der Angabepflicht	118 - 122
2. Darstellungsform	123
IX. Ausschüttungssperre (Abs. 8)	**124 - 141**
1. Gläubigerschutzaspekt	124 - 125
2. Betroffene Bilanzposten	126 - 127
3. Berechnungsschema – Grundstruktur	128
4. Befreiung von der Steuerlatenzierung	129 - 130
5. Ermittlung der Ausschüttungssperre	131 - 132b
6. Das Ausschüttungspotenzial	133 - 135
7. Folgeanwendungen	136 - 141

Ausgewählte Literatur

Fünnemann/Kerssenbrock, Ausschüttungssperren im BilMoG-RegE, BB 2008 S. 2674

Gelhausen/Althoff, Die Bilanzierung ausschüttungs- und abführungsgesperrter Beträge im handelsrechtlichen Jahresabschluss nach dem BilMoG, WPg 2009 S. 584 und 629

Hoffmann, Praxisorientierte Einführung in die Rechnungslegungsvorschriften des Regierungsentwurfs zum Bilanzrichtlinien-Gesetz, BB 1983, Beilage 1

Knop, Die Bilanzaufstellung nach teilweiser oder vollständiger Ergebnisverwendung, DB 1986 S. 549

Küting/Haeger/Zündorf, Die Erstellung des Anlagegitters nach künftigem Bilanzrecht, BB 1985 S. 1948

Küting/Weber, Die Darstellung des Eigenkapitals bei der GmbH nach dem BiRiLiG, GmbHR 1984 S. 165

Lanfermann/Röhricht, § 268 Abs. 8 HGB als neue Generalnorm für außerbilanzielle Ausschüttungssperren, DStR 2009 S. 1216

I. Überblick

1 § 268 HGB **ergänzt** die **Gliederungs**vorschriften für die Bilanz nach § 266 HGB um
- ▶ eine konzeptionelle Erstellungsvariante (Abs. 1),
- ▶ eine Erweiterung der Darstellung des Anlagevermögens (Abs. 2),
- ▶ eine Einfügung eines weiteren Gliederungspostens (Abs. 3),
- ▶ eine Darstellungsvariante für „erhaltene Anzahlungen" (Abs. 5 Satz 2),
- ▶ Zusatzangaben, die Anhangerläuterungen gleichkommen (Abs. 4 Satz 1, Abs. 5 Satz 1),
- ▶ gesonderte Darstellung des Ausgabedisagios für aufgenommene Darlehen mit Anhangangabewahlrecht (Abs. 6).

Außerdem werden behandelt:
- ▶ Erweiterung der Angabepflichten für Haftungsverhältnisse (Abs. 7),
- ▶ Ausschüttungssperren bei Aktivierung bestimmter Bilanzposten (Abs. 8).

2 Der Anwendungsbereich erstreckt sich ausnahmslos auf die mittelgroßen und großen Kapital- und Kap. & Co.-Gesellschaften. Die kleinformatigen Gesellschaften sind in § 274a HGB von einigen Anwendungsbereichen befreit. Auf die dortige Kommentierung wird verwiesen.

II. Bilanzerstellung unter Ergebnisverwendung (Abs. 1)

1. Begriffsinhalte (Abs. 1 Satz 1)

1.1 Jahresergebnis

3 Das Jahresergebnis – oder allgemein das Ergebnis der Rechnungslegungsperiode – manifestiert den Sinngehalt der kaufmännischen Rechnungslegung, die seit ihrer Begründung danach fragt: Was ist herausgekommen, ist etwas hängengeblieben oder haben wir draufgelegt? Das „Ergebnis" ist gleichbedeutend mit den Begriffen „Jahresüberschuss" bzw. „Jahresfehlbetrag" in § 275 HGB (für die GuV) und § 266 HGB (für die Bilanz).

Hinter dieser inhaltlichen Identität der Begriffswahl verbirgt sich ein Grundelement der Doppik. Das erzielte **Ergebnis** verändert „von innen", durch die Tätigkeit des Unternehmens selbst, das **Eigenkapital**, d. h. das Unternehmensvermögen, oder buchhalterisch formuliert: Das GuV-Konto ist ein Unterkonto des Eigenkapitals. Deshalb muss in der Bilanz und der GuV das gleiche „Ergebnis" ausgewiesen werden. Dieser Vorgabe folgen die Gliederungsschemata in §§ 266, 275 HGB.

1.2 Verwendung des Ergebnisses (allgemein)

1.2.1 Bei der Abschlusserstellung

Diese Übereinstimmung des Ergebnisses in beiden Abschlussbestandteilen ist nicht mehr möglich, wenn das Ergebnis „verwendet" bzw. seines ursprünglichen Erscheinungsbilds beraubt ist. Entsprechend erschließt sich der gesetzlich nicht definierte Begriff „Verwendung" (des Ergebnisses) als **Gegenstück** zur „Ermittlung". Die Verwendung **folgt** logisch der Ermittlung nach und ist notwendig **ergebnisneutral**, verändert somit das Ergebnis nicht. 4

Dies gilt auch, wenn die entsprechenden Buchungsschritte in der GuV (→ § 275 Rz. 123) dargestellt werden. Diese schließen sich an das ausgewiesene Ergebnis an: „**nach**" dem Jahresüberschuss/-fehlbetrag (→ Rz. 29). Diese sog. **Ergebnisverwendungsrechnung** oder „**Verlängerungsrechnung**"[1] (weil die GuV nach dem Jahresergebnis insoweit verlängert wird) bewegt sich **innerhalb** der verschiedenen Eigenkapitalkategorien des Bilanzgliederungsschemas und kann auch Ergebnisse **früherer** Geschäftsjahre umfassen, z. B. durch Auflösung einer Gewinnrücklage zugunsten eines Bilanzgewinns (→ Rz. 21). 5

Transaktionen zwischen Gesellschaft und Gesellschafter stellen keine Bestandteile der Ergebnisverwendungsrechnung dar, weil diese nur die **Aufstellung** des Jahresabschlusses umfasst.[2] Im Einzelfall sind diese Transaktionen – Dividenden und Gesellschaftereinlagen in die Kapitalrücklage – allerdings aus Gründen der rechnerischen Abstimmung sinnvollerweise als Ergänzung in die Ergebnisverwendungsrechnung aufzunehmen (→ Rz. 18). So auch die Vorgabe in § 152 Abs. 2 und 3 AktG. 6

Insbesondere umfasst diese Rechnung **außerhalb** der **Ergebnisermittlung** folgende Posten: 7

- ▶ Einstellung in Gewinnrücklagen,
- ▶ Einstellung in Wertaufholungsrücklage (→ § 253 Rz. 166b),
- ▶ Entnahmen aus Kapital- und Gewinnrücklagen,
- ▶ Vortrag von (Teil-)Jahresüberschüssen auf neue Rechnung sowie
- ▶ Verrechnung von Jahresüberschüssen mit Verlustvorträgen.

Speziell für **Aktiengesellschaften** sieht § 158 Abs. 1 AktG eine detaillierte Ergebnisverwendungsrechnung vor, die für **GmbHs** unter Beachtung der rechtsformspezifischen Besonderheiten nach § 275 Abs. 4 HGB – allerdings ohne Rechtsverbindlichkeit (→ Rz. 25) – Beachtung finden kann (→ § 275 Rz. 122). Die Bilanzerstellung **vor** und **nach** (teilweiser) Ergebnisverwen-

---

[1] Begriff nach *Gelhausen/Althoff*, WPg 2009 S. 587.
[2] So auch *ADS*, 6. Aufl., § 268 Tz. 15; ähnlich *Ellrott/Krämer*, in: Beck'scher Bilanz-Kommentar, 7. Aufl., München 2010, § 268 Tz. 2; a. A. *Knop*, in: Küting/Pfitzer/Weber (Hrsg.), Handbuch der Rechnungslegung – Einzelabschluss, 5. Aufl., § 268 Tz. 3, der den Zufluss von Vorteilen bei den Gesellschaftern als Ergebnisverwendung ansieht.

dung ist optional, allerdings eingeschränkt durch gesetzliche und/oder satzungsmäßige Vorgaben (→ § 270 Rz. 7). Zum Sonderfall der ordentlichen Kapitalherabsetzung vgl. → § 272 Rz. 14b, zum weiteren Sonderfall des Erwerbs eigener Anteile vgl. → § 272 Rz. 33e.

Einem besonderen Regelungsgehalt unterliegen die einzelnen Posten der **Kapitalrücklage** (→ § 272 Rz. 34). Sie sind bei der Einstellung und Auflösung im Rahmen der Bilanz**erstellung** zu erfassen (→ Rz. 22). Dabei ist die Einstellung nicht in der Ergebnisverwendung zu zeigen (Buchungssatz: „per Geld an Kapitalrücklage"), wohl aber erscheinen sie dort bei der Auflösung (Entnahme). Die Kategorien Nr. 1 bis 3 des § 272 Abs. 2 HGB sind für Aktiengesellschaften in der Verwendung gem. § 150 Abs. 3 und 5 AktG beschränkt (→ § 270 Rz. 4), nicht dagegen die Kategorie Nr. 4, die insoweit den Gewinnrücklagen (bei Aktiengesellschaften) gleichgestellt ist. Für **GmbHs** gelten diese Beschränkungen bei der Verwendung von Kapitalrücklagen nicht.

8   Alle vorstehend genannten Ergebnisverwendungstatbestände sind **innerhalb** der **Abschlusserstellung** zu berücksichtigen (zu verbuchen). Die Vorgabe des § 268 Abs. 1 HGB ist deshalb als **Teilmenge** der gesamten so definierten Ergebnisverwendungsrechnung zu verstehen, wie sie am ausführlichsten rechtsformspezifisch in § 158 AktG (→ Rz. 23) dargestellt ist. Da die Ergebnisverwendung bereits bei **Erstellung** des Abschlusses erfolgen muss, fällt sie in den **Kompetenzbereich** des zuständigen Gesellschaftsorgans, d. h. des Vorstands der AG bzw. Geschäftsführung der GmbH oder Komplementär-GmbH einer Kap. & Co.-Gesellschaft i. S. des § 264a HGB (→ § 245 Rz. 2).

1.2.2 Durch Gewinnausschüttung

9   Rein begrifflich kann ein positives „Ergebnis" ebenfalls zur Gewinnausschüttung an die Gesellschafter „verwendet" werden. Dabei handelt es sich allerdings um einen inhaltlich von der vorstehend dargestellten Ergebnisverwendung strikt zu **trennenden** Vorgang. Der Ausschüttungsbeschluss und die diesem vorausgehende Feststellung fallen in die ausschließliche Kompetenz der **Gesellschafter**, denen wiederum regelmäßig keine unmittelbare Erstellungskompetenz (für den Jahresabschluss) zukommt (Ausnahme etwa nach § 173 Abs. 1 AktG; → Rz. 52k).

10 Die einschlägigen Gesetzesformulierungen nehmen teilweise auf diesen fundamentalen inhaltlichen **Unterschied** von „Ergebnisverwendung" Rücksicht, z. T. aber auch wieder nicht und fördern dadurch missverständliche und fehlerhafte Gesetzesinterpretationen (→ Rz. 30):

▶ § 29 GmbHG spricht in der Überschrift sowie in Abs. 1 Satz 1 von „Gewinn**verteilung**" und stellt dem folgerichtig den (nicht von den Gesellschaftern) unter Berücksichtigung der Gewinnverwendung erstellten Jahresabschluss gegenüber.

▶ In § 29 Abs. 2 GmbHG wird die **Verteilung** des Ergebnisses unzutreffend als „**Verwendung**" bezeichnet.

▶ In § 29 Abs. 3 und 4 GmbHG ist dann wieder zutreffend von „**Verteilung**" die Rede.

▶ § 174 Abs. 1 AktG (→ Rz. 52n) spricht von „**Verwendung** des Bilanzgewinns", der durchaus nach Dotierung von Gewinnrücklagen gem. § 58 Abs. 2 AktG i.V. mit § 270 HGB ermittelt worden sein kann und deshalb Ausfluss einer Bilanzierung nach Gewinnverwendung i. S. des § 268 Abs. 1 HGB (durch den Vorstand) ist. Die **Verwendung** nach § 174 Abs. 1 AktG entspricht deshalb der „**Verteilung**" nach § 29 Abs. 1 GmbHG. Dabei muss die Hauptversammlung keineswegs den Bilanzgewinn (insgesamt) ausschütten; genauso gut ist eine vollständige oder teilweise Rücklagendotierung möglich, aber eben jetzt in der Kompetenz der

Hauptversammlung und nicht mehr des Vorstands. Auch die Gesellschafterversammlung der GmbH hat nach § 29 Abs. 1 GmbHG (nur) einen Anspruch auf den Jahresüberschuss bzw. Bilanzgewinn, kann aber ebenfalls eine zusätzliche Rücklagendotierung beschließen.

- § 42a Abs. 2 GmbH (→ Rz. 52r) spricht von Ergebnisverwendung, **meint** aber inhaltlich die Vorgabe des § 174 Abs. 1 AktG (→ Rz. 52n).
- § 58 Abs. 4 HGB spricht von Gewinn**verwendungs**beschluss, der in den Kompetenzbereich der Hauptversammlung fällt.
- Nach § 170 Abs. 2 AktG kann die Hauptversammlung die ihr zukommende Kompetenz zur Verwendung des aus der Bilanzierung nach Gewinnverwendung durch den Vorstand mit Billigung durch den Aufsichtsrat resultierenden Bilanzgewinns zur „**Verteilung** an die Aktionäre" ausüben.
- § 325 Abs. 1 HGB spricht bezüglich der **Offenlegungspflichten** wiederum von „Ergebnisverwendung" (→ § 325 Rz. 9).

Insgesamt ist bezüglich der „Gewinnverwendung" bilanzrechtlich streng nach dem Begriffsinhalt zu differenzieren, was auf der Grundlage der **Organkompetenzen** (→ Rz. 8) erfolgen muss. 11

1.3 Abgrenzung zwischen Ergebnisermittlung und -verwendung

Bestimmte Aufwands- und Ertragsposten sind **ergebnisabhängig**, d.h. durch sie wird das Ergebnis negativ oder positiv verändert; im Falle von bestimmten **Aufwendungen** kann man **begrifflich** eine Verwendung des Ergebnisses erkennen. Beispiele für solche Aufwendungen sind (gewinnabhängige) Tantiemen, Vergütungen an stille Gesellschafter sowie Ertragsteuern. Das Gleiche gilt für Aufwendungen aus Gewinnabführungsverträgen (→ § 277 Rz. 32). 12

Diese ergebnisabhängigen Posten beruhen auf **schuldrechtlichen** Verträgen, die häufig auch mit Gesellschaftern abgeschlossen werden (können). Sie sind nach einhelliger Meinung[3] der Ergebnisermittlung und nicht der -verwendung zuzuordnen, d.h. sie werden buchungstechnisch als Aufwand und Ertrag (im Jahresergebnis) erfasst und stellen am Bilanzstichtag bei Nichterfüllung bis dahin eine Verbindlichkeit dar.[4] 13

1.4 Die Gewinnverwendung nach Aktienrecht (§ 58 AktG)

§ 58 AktG spricht von „Verwendung des Jahresüberschusses", regelt also **Aufstellungs**vorgänge des Jahresabschlusses, nach deren Durchführung dieser „unter Berücksichtigung" („nach") der Verwendung des Jahresergebnisses erstellt ist (→ Rz. 4). 13a

Abs. 1 befasst sich mit der Rücklagendotierung aus dem Jahresüberschuss, wenn – ausnahmsweise – die **Hauptversammlung** den Jahresabschluss feststellt (→ Rz. 52k). Die pflichtmäßige Einstellung in die andere Gewinnrücklage ist dabei durch Satzungsermächtigung auf die Hälfte des Jahresüberschusses, korrigiert um Verlustvortrag und Einstellungspflicht, in die gesetzliche Rücklage nach § 150 AktG beschränkt. 13b

---

3 Z.B. *ADS*, 6.Aufl., § 268 Tz. 16; *Ellrott/Krämer*, in: Beck'scher Bilanz-Kommentar, 7.Aufl., München 2010, § 268 Tz. 2; anders formuliert allerdings durch *Förschle* im gleichen Kommentar zu § 270 Tz. 3.
4 Vgl. BFH-Urteil vom 21. 7. 1972 – III R 147/71, BStBl II S. 872, sowie BFH-Urteil vom 26. 6. 1970 – III R 98/69, BStBl II S. 735.

II. Bilanzerstellung unter Ergebnisverwendung

13c Im Normalfall der Jahresabschlussfeststellung (Abs. 2) durch Vorstand und Aufsichtsrat (→ Rz. 52i) kann bei Erstellung des Abschlusses höchstens die Hälfte des Jahresüberschusses in die andere Gewinnrücklage eingestellt werden, bei entsprechender Satzungsermächtigung auch mehr oder weniger. Allerdings darf die andere Gewinnrücklage nicht mehr als die Hälfte des Grundkapitals ausmachen.

13d Zur zusätzlich möglichen Dotierung einer Wertaufholungsrücklage nach Abs. 2a vgl. → § 253 Rz. 166b.

13e Über diese dem Vorstand und Aufsichtsrat mögliche Rücklagendotierung bei der Abschlusserstellung kann nach Abs. 3 die Hauptversammlung nach Abs. 3 i.V. mit § 174 AktG weitere Einstellungen in die Gewinnrücklage oder den Gewinnvortrag beschließen (→ Rz. 52n). Im Übrigen verbleibt es nach Abs. 4 beim Anspruch der Aktionäre auf Ausschüttung des Bilanzgewinns, soweit dem nicht durch Gesetz oder Satzung oder durch Hauptversammlungsbeschluss Grenzen gesetzt sind.

13f Bei entsprechender Satzungsermächtigung kann die Ausschüttung in **Sachwerten** erfolgen (→ § 252 Rz. 162a ff.).

2. Vollständige und teilweise Ergebnisverwendung (Abs. 1 Satz 2)

2.1 Mögliche Übereinstimmung in den Folgeeffekten

14 Abs. 1 Satz 1 unterscheidet zwischen vollständiger und teilweiser Ergebnisverwendung, ohne den **Unterschied** näher zu spezifizieren. Stattdessen stellt er die **Folgeeffekte** bezüglich der Postenbezeichnung innerhalb des Eigenkapitals im Falle der **teilweisen** Ergebnisverwendung dar, schweigt sich indes diesbezüglich zur **vollständigen** Verwendung aus. Die Frage ist dann zu beantworten, ob die gesetzliche Vorgabe bezüglich der Postenbezeichnung bei **teilweiser** Ergebnisverwendung auch für die **vollständige** Gültigkeit finden muss.

15 **Dafür** sprechen folgende Argumente:
- Das „Erst recht": Was für den kleineren Teil der Veranstaltung gilt, muss umso mehr für den größeren – hier den ganzen – gelten (→ Rz. 19 und → Rz. 26).
- Eine Rückkehr zu den Eigenkapitalposten des regulären Gliederungsschemas in § 266 HGB ist rein technisch nicht möglich, da die Inhalte sonst vermischt würden.
- Hätte der Gesetzgeber andere Postenbezeichnungen für richtig erachtet, wäre deren explizite Darlegung erforderlich gewesen.
- § 270 Abs. 2 HGB unterscheidet bei der Rücklagenbildung/-auflösung nicht zwischen vollständiger und teilweiser Gewinnverwendung (→ § 270 Rz. 6).
- Die umfassende Eigenkapitalveränderungsrechnung nach § 297 Abs. 1 Satz 1 HGB umfasst die gesamte Ergebnisverwendung (→ Rz. 23).

Dazu folgendes Beispiel: 16

BEISPIEL Eigenkapitalausweis einer GmbH nach § 266 Abs. 3 HGB:

Gezeichnetes Kapital	1.000
Verlustvortrag	-200
Jahresüberschuss	500
Eigenkapital	1.300

Die Geschäftsführung will das Jahresergebnis von 500 wie folgt verwenden:

1. **teilweise** zur Beseitigung des Verlustvortrags oder
2. **insgesamt** zur Beseitigung des Verlustvortrags oder
3. **insgesamt** zur Beseitigung des Verlustvortrags und Dotierung der Gewinnrücklagen.

In der 1. und 2. Alternative kommt es jeweils zum Ausweis eines Bilanzgewinns von 300. Die 1. Alternative kann nicht bei einer Gewinnverwendung von 200 zur Beseitigung des Verlustvortrags stehen bleiben und (in der Bilanz) einen restlichen Jahresüberschuss von 300 ausweisen. Der Jahresüberschuss von 500 lt. GuV muss mit dem Bilanzausweis übereinstimmen (→ Rz. 3). Teilweise und vollständige Ergebnisverwendung stimmen inhaltlich und im Ausweis der Eigenkapitalposten – hier Bilanzgewinn von 300 – überein.

Buchungssatz:

per Jahresüberschuss	500	an Verlustvortrag	200
(1. und 2. Alternative)		an Bilanzgewinn	300

In der 3. Alternative kommt es bei vollständiger Ergebnisverwendung zum Ausweis einer Gewinnrücklage von 300 – wie vom Gesetz für die teilweise Gewinnverwendung vorgesehen – mit folgendem Buchungssatz:

per Jahresüberschuss	500	an Verlustvortrag	200
		an Gewinnrücklage	300

Auch in der 3. Alternative ergibt sich eine übereinstimmende Folge der teilweisen und vollständigen Gewinnverwendung.

Ein weiteres Beispiel zur einfachen Rücklagendotierung beweist die mögliche **Übereinstimmung** in der Ausweisfolge der teilweisen und vollständigen Ergebnisverwendung: 17

BEISPIEL Eigenkapitalausweis einer GmbH nach § 266 Abs. 3 HGB:

Gezeichnetes Kapital	1.000
Jahresüberschuss	400
Eigenkapital	1.400

II. Bilanzerstellung unter Ergebnisverwendung

Die Geschäftsführung will das Jahresergebnis von 400 Folgendermaßen verwenden:

1. **teilweise** – hier hälftig – durch die Einstellung in die Gewinnrücklage oder
2. **insgesamt** durch hälftige Einstellung in die Gewinnrücklage und Vortrag des Restbetrags „auf neue Rechnung".

In beiden Alternativen kommt es zum Ausweis einer Gewinnrücklage und eines Bilanzgewinns (nicht eines Gewinnvortrags, → Rz. 27) von je 200. Durch die Ausweisvorgaben des § 268 Abs. 1 Satz 2 HGB mutiert die teilweise Ergebnisverwendung in eine vollständige. Der Buchungssatz lautet in beiden Fällen

per Jahresüberschuss	400	an Gewinnrücklage	200
		an Bilanzgewinn	200

Auf zwei weitere Beispiele gleichen Aussagegehalts unter → Rz. 26 wird verwiesen.

2.2 Teilbereich der erfolgsneutralen Eigenkapitalveränderungsrechnung

2.2.1 Die rechtsformübergreifende Regelung im HGB

18 In einem **Teilbereich** der möglichen Gewinnverwendungsfälle ist die förmliche Bezugnahme des Gesetzgebers auf die teilweise Gewinnverwendung zur Überleitung auf die gegenüber § 266 HGB geänderte Postenbezeichnung sinnvoll.

BEISPIEL ▸ Eigenkapitalausweis einer GmbH nach § 266 HGB:

Gezeichnetes Kapital	1.000
Jahresüberschuss	400
Eigenkapital	1.400

Die Geschäftsführung will den gesamten Jahresüberschuss in die Gewinnrücklage einstellen. Anders als im Beispiel unter → Rz. 17 kommt es nicht zum Ausweis eines Bilanzgewinns. Der Buchungssatz lautet:

per Jahresüberschuss	400	an Gewinnrücklage	400

(Nur) diesen Sachverhalt – als Alternative zum Sachverhalt unter → Rz. 17 – hat der Gesetzgeber vermutlich bedacht, als er zwischen teilweiser und vollständiger Gewinnverwendung in der Folgewirkung nach Abs. 1 Satz 2 differenzieren wollte (→ Rz. 26).

19 Die Beispiele unter → Rz. 16 f. belegen den **beschränkten** Regelungsbereich des § 268 Abs. 1 HGB als **Teilmenge** der gesamten Ergebnisverwendungsrechnung innerhalb der Abschlusserstellung in der Kompetenz des Vorstands bzw. der Geschäftsführung (→ Rz. 9). Die **weiteren** Teile sind den rechtsformspezifischen Sonderregeln zu entnehmen: § 29 Abs. 1 Satz 2 GmbHG ergänzt die teilweise Ergebnisverwendung i. S. des § 268 Abs. 1 HGB um die Rücklagenauflösung. Diese führt – ebenfalls – zu einem Bilanzgewinn (→ Rz. 21).

2.2.2 Die Sonderregeln für die GmbH

BEISPIEL Eigenkapitalausweis nach § 266 Abs. 3 HGB einer GmbH: 20

Gezeichnetes Kapital	1.000
Gewinnrücklage	1.300
Verlustvortrag	-100
Jahresfehlbetrag	-200
Eigenkapital	2.000

Die Geschäftsführung schlägt eine Dividende von 400 vor. Ein Anspruch darauf kann den Gesellschaftern nach § 29 Abs. 1 Satz 1 GmbHG in dieser Datenkonstellation bei Bilanzerstellung **vor** Gewinnverwendung (nach § 266 HGB) nicht vermittelt werden, da kein Jahresüberschuss ausgewiesen wird. Deshalb muss im Rahmen einer den Regelungsbereich des Abs. 1 übersteigenden Ergebnisverwendungsrechnung die Gewinn- oder Kapitalrücklage mindestens um 700 aufgelöst werden, um einen Bilanzgewinn von 400 darzustellen.

Buchungssatz:

per Gewinnrücklage	700	an Verlustvortrag	100
		an Jahresfehlbetrag	200
		an Bilanzgewinn	400

Daraus ergibt sich folgende **Überleitungsrechnung** vom Jahresfehlbetrag zum Bilanzgewinn:

Jahresfehlbetrag	-200
Verlustvortrag	-100
Auflösung Gewinnrücklage	700
Bilanzgewinn	400

Die Geschäftsführung könnte auch (als Alternative) die gesamte Gewinnrücklage auflösen und dann einen Bilanzgewinn von 1.000 ausweisen. Der Gewinnverwendungsvorschlag würde in beiden Fällen auf 400 lauten. In der Alternative (Bilanzgewinn 1.000) käme es zu einem Gewinnvortrag von 600, der als solcher in der Folgebilanz (nicht in der aktuellen Bilanz) auszuweisen wäre.

Die **Gesellschafterversammlung** ist an den Gewinnverwendungsvorschlag der Geschäftsführung **nicht gebunden** (→ Rz. 10). Sie kann im vorstehenden Beispiel auf die vorgesehene Ausschüttung von 400 verzichten und eine Rückübertragung des Bilanzgewinns in die Gewinnrücklage nach § 29 Abs. 2 GmbHG beschließen.

Dazu stehen drei Rechtstechniken zur Verfügung:

1. Die Gesellschafterversammlung **verweigert** die Feststellung des Jahresabschlusses in der von der Geschäftsführung vorgeschlagenen Form und weist diese zur geänderten Bilanzierung an (→ § 270 Rz. 11), um Letztere schließlich in der gewünschten Form festzustellen.

II. Bilanzerstellung unter Ergebnisverwendung

2. Die Gesellschafterversammlung **stellt** (unmittelbar) den Abschluss in der geänderten Form **fest**, umgeht also die Rückverweisung an die Geschäftsführung mit gleichem Ergebnis (sog. Änderungsfeststellung, analog § 173 Abs. 3 AktG).[5]

3. Die Gesellschafterversammlung stellt den Jahresabschluss in der von der Geschäftsführung präsentierten Form fest, weicht aber in der **Ergebnisverwendung** vom Geschäftsführungsvorschlag ab (§ 29 Abs. 2 GmbHG); beschließt z. B. eine Dividende über 400 hinausgehend bis maximal 1.000. Im Unterschied zu den beiden vorstehenden Varianten sind korrigierende Buchungen erst in neuer Rechnung vorzunehmen. Entsprechendes gilt, wenn die Hauptversammlung der AG nach § 170 Abs. 2 AktG einen Teil des oder den gesamten Bilanzgewinn in die Gewinnrücklage einstellt.

21 § 29 Abs. 1 Satz 2 GmbHG unterscheidet („oder") zwischen **Ergebnisverwendung** und **Rücklagenauflösung**. Für die Gewinnrücklage könnte man gleichwohl noch eine Ergebnisverwendung erkennen, wenn man die Einstellung aus dem Ergebnis **früherer** Geschäftsjahre als Spiegelbild ansieht. Die gesetzliche Begriffswahl der Ergebnisverwendung beschränkt sich allerdings auf das jeweilige Geschäftsjahr und steht insoweit in Übereinstimmung mit § 268 Abs. 1 HGB.

§ 29 Abs. 1 Satz 2 GmbHG nennt „Rücklagen" **allgemein**, umfasst daher auch Kapitalrücklagen i. S. des § 272 Abs. 2 HGB (→ § 272 Rz. 34 ff.). Diese erfahren im AktG eine detaillierte Behandlung, die unter Beachtung der Rechtsformspezifika auch für GmbH Geltung beanspruchen kann.

2.2.3 Die Regeln für die AG (mit Rückwirkung auf die GmbH)

22 An den Regelungsgehalt des § 272 Abs. 2 HGB zur **Kapitalrücklage** (→ § 272 Rz. 34 ff.) knüpfen die spezifischen Vorgaben zur Verwendung dieses Rücklagentyps bei Aktiengesellschaften in § 150 Abs. 2 und 3 AktG an (→ Rz. 7). Dies erfolgt im Zusammenspiel mit der **gesetzlichen** Rücklage gem. § 150 Abs. 1 AktG. Eine solche Rücklage kennt das GmbHG für die „reguläre" GmbH nicht, erlaubt aber eine vergleichbare durch **Satzungs**bestimmung. Entsprechendes gilt für bestimmte Personenhandelsgesellschaften (→ § 264c Rz. 42). Insbesondere geht es hier um – erfolgsneutrale – Buchungsschritte zum Ausgleich von Jahresfehlbeträgen und Verlustvorträgen.

Als weitere von **Gesetzes** wegen im Rahmen der **Bilanzerstellung** zu bildende Rücklagen sind zu nennen die Rücklage

▶ für Anteile an **herrschenden** oder mit **Mehrheit beteiligten** Unternehmen gem. § 272 Abs. 4 HGB (→ § 272 Rz. 59) sowie

▶ für die **Unternehmergesellschaft** (haftungsbeschränkt) gem. § 5a GmbHG (→ § 270 Rz. 8).

Diesen Zwangsrücklagen kommt die Funktion einer **Ausschüttungssperre** zu; vgl. insoweit die förmliche Ausschüttungssperre nach Abs. 8 (→ Rz. 124 ff.).

23 In Ergänzung hierzu wird in §§ 152 und 158 AktG die **Gewinn**rücklage in diesen Rechnungslegungsbereich integriert. Dadurch kommt es in der Gesamtschau dieser drei Paragraphen des

---

[5] Vgl. hierzu BFH-Urteil vom 22. 8. 2006 – I R 40/05, BStBl 2007 II S. 728, mit Kommentierung von *Hoffmann*, GmbHR 2007 S. 206.

Aktiengesetzes zu einer umfassenden **Rücklagenveränderungsrechnung** („Rücklagenbewegung"), die zu einer **Eigenkapitalveränderungsrechnung** in tabellarischer Form („Eigenkapitalspiegel") als Anhangangabe ausgebaut werden kann. Ein solcher „Spiegel" ist für den Konzernabschluss vorgeschrieben (→ § 297 Rz. 93). Die Rücklagenveränderungsrechnung mündet wie diejenige in Abs. 1 Satz 2 in den **Bilanzgewinn** bzw. **-verlust**. Ein weiteres Mal zeigt sich die Ergebnisverwendungsrechnung des § 268 Abs. 1 Satz 2 HGB als Teilmenge der (bei der AG) vom Vorstand zu liefernden Ergebnisverwendungsrechnung (→ Rz. 16 f. und → Rz. 27).

Die umfassende Darstellung für Aktiengesellschaften ist den auf **Publikumsgesellschaften** ausgerichteten Gewinnverwendungsregeln in § 58 AktG zu verdanken (→ Rz. 48). Die Verwaltung – Vorstand und Aufsichtsrat – kann den Dividendenbezug der Aktionäre auf die Hälfte des Jahresüberschusses beschneiden. Diese sollen über die entsprechenden Gestaltungsschritte der Verwaltung im rechnerischen Detail aufgeklärt werden. 24

Das bei der **GmbH** weit höher ausgeprägte Machtpotenzial der Gesellschafterversammlung macht eine detaillierte Ergebnisverwendungsrechnung dort überflüssig. Gleichwohl empfiehlt sich auch für die GmbH im Falle der Bilanzierung **nach** Gewinnverwendung oder Rücklagenauflösung (→ Rz. 20) eine Überleitungsrechnung vom Jahresüberschuss zum Bilanzgewinn, um auch nach außen hin die **Übereinstimmung** der Ergebnisse von Bilanz und GuV zu dokumentieren (vgl. auch das Beispiel unter → Rz. 46). 25

BEISPIEL Weiterführung des Beispiels unter → Rz. 17.

Eigenkapitalausweis nach § 266 Abs. 3 HGB:

Gezeichnetes Kapital	1.000
Jahresüberschuss	400
Eigenkapital	1.400

Im Rahmen der Bilanzerstellung sollen vom Jahresüberschuss 200 in die Gewinnrücklage eingestellt werden.

Eigenkapitalausweis nach teilweiser Gewinnverwendung:

Gezeichnetes Kapital	1.000
Gewinnrücklage	200
Bilanzgewinn	200
Eigenkapital	1.400

GuV:

Jahresüberschuss	400
Einstellung in Gewinnrücklage	200
Bilanzgewinn	200

II. Bilanzerstellung unter Ergebnisverwendung

ABWANDLUNG DES BEISPIELS Der gesamte Jahresüberschuss soll in die Gewinnrücklage eingestellt werden.

Eigenkapitalausweis nach vollständiger Gewinnverwendung:

Gezeichnetes Kapital	1.000
Gewinnrücklage	400
Eigenkapital	1.400
GuV:	
Jahresüberschuss	400
Einstellung in Gewinnrücklage	-400
Bilanzgewinn	0

26 Die Abwandlung belegt einmal mehr die – zu kurz gedachten – Gründe für die Ausklammerung der vollständigen Gewinnverwendung aus der Überleitungsrechnung auf den Bilanzgewinn nach Abs. 1 Satz 2 (→ Rz. 18). Der Inhalt der Rechnung ist in beiden Fällen der gleiche. Das belegt auch folgendes Beispiel in der weiteren Abwandlung zum vorherigen Fall.

BEISPIEL Eigenkapitalausweis einer GmbH nach § 266 HGB:

Gezeichnetes Kapital	1.000
Gewinnvortrag	100
Jahresüberschuss	400
Eigenkapital	1.500

Der Jahresüberschuss soll vollständig in die Gewinnrücklage eingestellt werden.

Eigenkapitalausweis nach vollständiger Gewinnverwendung:

Gezeichnetes Kapital	1.000
Gewinnrücklage	400
Bilanzgewinn	100
Eigenkapital	1.500
GuV-Ausweis (nach § 158 AktG):	
Jahresüberschuss	400
Gewinnvortrag	100
Einstellung in Gewinnrücklage	-400
Bilanzgewinn	100

27 Es kommt also nicht zu einer Weiterführung des Gewinnvortrags aus dem Vorjahr (vgl. hierzu auch das Rechenschema des § 158 AktG). Vielmehr ist der Gewinnvortrag in den Bilanzgewinn nach Abs. 1 Satz 2 2. Halbsatz **„einzubeziehen"** und gesondert anzugeben (→ § 284 Rz. 37). Im

vorstehenden Beispiel – welches das Entstehen eines **Bilanzgewinns** auch bei **vollständiger** Gewinnverwendung belegen soll – ist die Einbeziehung in eine Nullgröße erfolgt, was logisch zwingend den Gewinnvortrag in einen Bilanzgewinn verwandelt.[6] Die identische Strukturierung der Überleitungsrechnung des § 158 AktG mit derjenigen der teilweisen oder vollständigen Gewinnverwendungsrechnung des Abs. 1 wird dadurch eindrucksvoll belegt (→ Rz. 23).

Zur Vervollständigung folgende Abwandlung zum vorherigen Beispiel unter → Rz. 26: 28

> **BEISPIEL** Die Rücklagendotierung soll nur mit 200 erfolgen, also teilweise Gewinnverwendung.
>
> Eigenkapitalausweis nach teilweiser Gewinnverwendung:
>
> | | |
> |---|---:|
> | Gezeichnetes Kapital | 1.000 |
> | Gewinnrücklage | 200 |
> | Bilanzgewinn (davon Gewinnvortrag 100) | 300 |
> | Eigenkapital | 1.500 |
>
> GuV-Ausweis (nach § 158 AktG):
>
> | | |
> |---|---:|
> | Jahresüberschuss | 400 |
> | Gewinnvortrag | 100 |
> | Einstellung in Gewinnrücklage | 200 |
> | Bilanzgewinn | 300 |

Die Überleitung vom Jahresüberschuss zum Bilanzgewinn nach § 158 AktG oder dem daraus 29 abgeleiteten Pendant für die GmbH wird mitunter als „**ergebniswirksam**" bezeichnet.[7] Diese Bezeichnung ist wohl der Überschrift des § 158 AktG „Vorschriften zur Gewinn- und Verlustrechnung" zu verdanken, ist allerdings hochgradig missverständlich. Wenn unter „Ergebnis" der ausgewiesene Jahresüberschuss bzw. -fehlbetrag definiert ist, sind die Rechenschritte des § 158 AktG ergebnis**un**wirksam (wie in dieser Kommentierung mehrfach dargestellt). Es handelt sich (vgl. → Rz. 4) ausschließlich um Buchungen innerhalb des Eigenkapitals **nach** Ermittlung des Jahresergebnisses. Entsprechend kann die Rücklagenbewegungsrechnung nach § 158 AktG auch im **Anhang** erfolgen, wie dies in der Praxis regelmäßig geschieht. Eher passt hierzu der Begriff „Verlängerungsrechnung" → Rz. 5.

3. Verbindlichkeitsausweis bei vollständiger Gewinnverwendung?

Die teilweise Ergebnisverwendung stellt sich in der bilanziellen Darstellung als **Teilmenge** der 30 gesamten Ergebnisverwendung dar (→ Rz. 19), um diese wiederum als Bestandteil der Rücklagenveränderungsrechnung ohne Berücksichtigung des GuV-Ergebnisses (→ Rz. 8) zu erfas-

---

6 A. A. *Ellrott/Krämer*, in: Beck'scher Bilanz-Kommentar, 7. Aufl., München 2010, § 268 Tz. 8: Bei vollständiger Ergebnisverwendung verbleibt weder ein Bilanzgewinn noch -verlust. Umgekehrt *ADS*, 6. Aufl., § 268 Tz. 33.
7 Z. B. bei *Förschle*, in: Beck'scher Bilanz-Kommentar, 7. Aufl., München 2010, § 270 Tz. 3.

II. Bilanzerstellung unter Ergebnisverwendung

sen. Das gilt aber auch inhaltlich: In beiden Fällen kann es nicht um die Ergebnisermittlung gehen; die vollständige Ergebnisverwendung ist nicht als Anwendungsfall einer Ergebnisermittlung in Sondertatbeständen zu verstehen.[8] Ebenso wenig stellt (bei der GmbH) ein während des Geschäftsjahrs gefasster **Gesellschafterbeschluss** gem. § 29 Abs. 2 GmbHG über die Ausschüttung des gesamten Jahresüberschusses eine Ergebnisverwendung i. S. des Abs. 1 Satz 1 dar, weil diese die Aufstellung des Jahresabschlusses umfasst und somit in den Kompetenzbereich der **Geschäftsführung** nach § 42a Abs. 1 Satz 1 GmbHG fällt (→ Rz. 8), während die Gewinnausschüttung nur von den Gesellschaftern nach § 46 Nr. 1 GmbHG bzw. § 174 AktG beschlossen werden kann. Die dortige „Verwendung des Ergebnisses" ist eine **inhaltlich andere** als diejenige des Abs. 1 Satz 1[9] (→ Rz. 10).[10]

31 Schon deswegen kommt die Begründung einer Verbindlichkeit gegenüber Gesellschaftern nach § 42 Abs. 3 GmbHG im Rahmen der Ergebnisverwendungsrechnung **nicht** in Betracht. Eine solche kann nur innerhalb der Ergebnis**ermittlung** entstehen (→ Rz. 8). Die Ausweisfolgen in § 268 Abs. 1 Satz 2 HGB sehen einen solchen Posten nicht vor. Außerdem ist die Ergebnisverwendungsrechnung des § 268 Abs. 1 HGB innerhalb des **Eigenkapitals** – nicht der Verbindlichkeiten – vorzunehmen (→ Rz. 5). Das ergibt sich eindeutig durch die gesetzliche Bezugnahme auf die wegfallenden Eigenkapitalposten des § 266 HGB nach Abs. 1 und indirekt aus der Gliederungsvorgabe des § 158 AktG (→ Rz. 7).

32 **BEISPIEL** Eigenkapitalausweis einer GmbH nach § 266 Abs. 3 HGB:

Gezeichnetes Kapital	1.000
Jahresüberschuss	400
Eigenkapital	1.400

Die Geschäftsführung schlägt die vollständige Ausschüttung des „Ergebnisses" vor. Dazu stehen ihr folgende Bilanzierungsalternativen zur Verfügung:

▶ Bilanzierung vor Gewinnverwendung (wie oben) und

▶ Bilanzierung nach Gewinnverwendung (wie folgt):

Gezeichnetes Kapital	1.000
Bilanzgewinn	400
Eigenkapital	1.400

---

8 So allerdings *Ellrott/Krämer*, in: Beck'scher Bilanz-Kommentar, 7. Aufl., München 2010, § 268 Tz. 8, zu Gewinnabführungen und Erträgen aus Verlustausgleich im Widerspruch zu § 277 Abs. 3 HGB.
9 Beide Ergebnisverwendungen vermischend dagegen *Ellrott/Krämer*, in: Beck'scher Bilanz-Kommentar, 7. Aufl., München 2010, § 268 Tz. 8, in Widerspruch zu Tz. 2: Dort ist zutreffend die Ergebnisverwendung i. S. des § 268 HGB als Maßnahme zur Entwicklung vom Jahresüberschuss zum Bilanzgewinn – und eben nicht zu einer Gesellschafterverbindlichkeit (so aber Tz. 8) – bezeichnet. Ebenso beide Ergebnisverwendungen unzutreffend identifizierend *Knop*, in: Küting/Pfitzer/Weber (Hrsg.), Handbuch der Rechnungslegung – Einzelabschluss, 5. Aufl., § 268 Tz. 33.
10 A. A. *ADS*, 6. Aufl., § 268 Tz. 32: Die Aufstellung der Bilanz unter vollständiger Ergebnisverwendung setzt „stets" einen Gesellschafterbeschluss voraus.

BEISPIEL GuV-Ausweis nach § 158 AktG:

Jahresüberschuss	400
Einstellung in den Bilanzgewinn	400
verbleiben	0

Eigenkapitalausweis einer AG nach § 266 HGB:

Gezeichnetes Kapital	1.000
Gesetzliche Rücklage	100
Jahresüberschuss	400
Eigenkapital	1.500

Der Vorstand schlägt die vollständige Ausschüttung des „Ergebnisses" vor, was der Aufsichtsrat gem. § 172 AktG „billigt". Allerdings muss zuvor in der GuV oder im Anhang vom Jahresüberschuss auf den Bilanzgewinn übergeleitet werden (Bilanzierung nach Gewinnverwendung i. S. des § 268 Abs. 1 HGB), da die Hauptversammlung nur über diesen nach § 174 Abs. 1 AktG beschließen kann.

Die Überleitung beschränkt sich nach dem Rechenschema des § 158 Abs. 1 AktG auf die Feststellung einer Identität von Jahresüberschuss und Bilanzgewinn. Es genügt der klarstellende Ausweis in der Bilanz „Jahresüberschuss/Bilanzgewinn".

In beiden Beispielsfällen umfasst die vorgeschlagene und von den Gesellschaftern (unterstellt) akzeptierte Gewinnausschüttung das **vollständige** Ergebnis i. S. des Abs. 1, unabhängig davon, ob die Bilanzierung vor oder nach Gewinnverwendung erfolgt. 33

Im Falle der GmbH wäre – sollte man den **Verbindlichkeits**ausweis bei vollständiger Gewinnverwendung als geboten erachten – ohne inhaltliche Veränderung bei Bilanzierung **vor** Gewinnverwendung ein Jahresüberschuss, **nach** Gewinnverwendung eine Verbindlichkeit auszuweisen (!), obwohl sich die Ergebnisverwendungsrechnung allgemein innerhalb des Eigenkapitals bewegt (→ Rz. 31). Der Buchungssatz „per Eigenkapital an Verbindlichkeit" – eine erfolgsneutrale Eigenkapitalveränderung – ist vom Gesetz für den Einzelabschluss (→ Rz. 37) nicht vorgesehen; außerdem hätten die GmbH-Gesellschafter nach § 29 Abs. 1 GmbHG keinen Anspruch auf eine „Verbindlichkeit".

Die **Rechtsfolge** wäre geradezu skurril. Bei Bilanzierung **vor** Gewinnverwendung bekämen die Gesellschafter die ihnen zugedachte Anspruchsgrundlage auf die Dividende, bei Bilanzierung nach Gewinnverwendung (mit dem Ausweis einer Verbindlichkeit) aber gerade nicht. Die Gesellschaft bliebe auf der freischwebenden „Verbindlichkeit" sitzen. 34

Im Falle der AG wäre bei Richtigkeit des Verbindlichkeitsausweises vom Jahresüberschuss auf eine gesetzlich in § 158 AktG nicht vorhandene Anspruchsgrundlage „Verbindlichkeit" der Aktionäre überzuleiten, was sicherlich noch nie in der Praxis versucht worden ist. Nach § 174 AktG gingen die Aktionäre ebenfalls leer aus.

Gegen einen Verbindlichkeitsausweis der vorgeschriebenen Dividende spricht außerdem die **gesellschaftsrechtliche** Grundlage für das (mögliche) Bestehen eines Dividendenanspruchs am 35

Bilanz**stichtag** (→ § 252 Rz. 51). Dieser entsteht frühestens **nach Feststellung** des Jahresabschlusses und eines darauf beruhenden Gewinnausschüttungsbeschlusses, d. h. **nach** dem Bilanzstichtag.[11] Der bereits, z. B. noch vor dem Bilanzstichtag, gefasste Ausschüttungsbeschluss kann somit immer nur aufschiebend bedingt unter dem Vorbehalt einer entsprechenden Feststellung des Jahresabschlusses erfolgen und ist am Bilanzstichtag daher rechtlich noch nicht vorhanden. Die Feststellung ist damit auch ansatz**begründend** und nicht -**aufhellend** (→ § 252 Rz. 55).

36 Den gesetzlichen Rechnungslegungsregeln ist an keiner Stelle eine Ausweisvorgabe der **Dividende** als **Verbindlichkeit** der Gesellschaft oder **Forderung** der Gesellschafter zu entnehmen. Im Gegenteil haben die Aktionäre nach §§ 58 Abs. 4 bzw. 174 AktG und die Gesellschafter nach § 29 Abs. 1 GmbHG lediglich einen Anspruch auf den Bilanzgewinn bzw. Jahresüberschuss, wie er in der Gesellschaftsbilanz ausgewiesen (und bezeichnet) ist. Eine Verbindlichkeit der Gesellschaft stellt entsprechend keine ausschüttbare Größe dar.

37 Die Verbindlichkeiten gegenüber GmbH-Gesellschaftern sind gem. § 42 Abs. 3 GmbHG als auf **schuldrechtlichen** Vorgängen beruhend anzusehen (→ Rz. 13), was aus der gemeinsamen Erwähnung mit Forderungen und Ausleihungen (gegen die Gesellschafter) abzuleiten ist (→ Rz. 31). Diese können nur aus erfolgsneutralen oder -wirksamen Buchungen außerhalb des Eigenkapitals entstehen, nicht dagegen aus erfolgsneutralen Eigenkapitalveränderungen (→ Rz. 33).

Schließlich ist nochmals an die unter → Rz. 26 dargestellten **übereinstimmenden Folgen** der vollständigen und teilweisen Gewinnverwendung zu erinnern, die zum Ausweis eines Bilanzgewinns und nicht einer Gesellschafterverbindlichkeit führen.[12]

38 Die Beschränkung des Dividendenanspruchs der GmbH-Gesellschafter auf den Bilanzgewinn bei teilweiser Gewinnverwendung gem. § 29 Abs. 1 Satz 2 GmbHG erklärt sich aus der beschränkten Perspektive des Gesetzgebers auf den ihm vorschwebenden Normalfall der – teilweisen – Rücklagendotierung (→ Rz. 18), die andere vorstehend mehrfach dargestellte Fälle der vollständigen Gewinnverwendung mit zwingendem Ausweis eines Bilanzgewinns ausblendet.

4. Vorab-Dividende und Publizität der kleinen GmbH

39 Nach einhelliger Auffassung im Schrifttum und in der Rechtsprechung[13] kann die **Gesellschafterversammlung** bereits vor Ablauf des Geschäftsjahrs auf einen zu **erwartenden** – nicht auf „den" (→ Rz. 37) – Gewinn eine Ausschüttung beschließen und durchführen. Sollte der endgül-

---

11 Ausführlich mit gesellschaftsrechtlicher Begründung dargestellt im BFH-Urteil vom 23. 4. 1992 – II R 40/88, BStBl II S. 790.
12 Für einen Ausweis als Verbindlichkeit plädieren *Ellrott/Krämer*, in: Beck'scher Bilanz-Kommentar, 7. Aufl., München 2010, § 268 Tz. 8; so auch *Wulf/Bosse*, in: Haufe HGB Bilanz Kommentar, Freiburg 2009, § 268 Rz. 11; ADS in der 6. Aufl. unentschieden (§ 268 Tz. 31). Begründung: Vor Bilanzerstellung kann die Gesellschafterversammlung bereits über die Gewinnverwendung beschließen. U. E. kann sinnvoll über nicht Vorhandenes nichts beschlossen werden. Nach § 29 Abs. 1 GmbHG haben die Gesellschafter Anspruch auf „den" Jahresüberschuss bzw. „den" Bilanzgewinn und nicht auf irgendeinen noch in den Sternen stehenden. Zum gleichen Ergebnis gelangt *Schießl*, StuB 2010 S. 585, für steuerliche Zwecke im Rahmen des § 7g Abs. 1 Nr. 1 EStG zur dortigen Begrenzung auf die Höhe des Betriebsvermögens.
13 Für viele *Baumbach-Hueck*, GmbHG, 18. Aufl., Tz. 60.

tige und festgestellte Jahresabschluss kein entsprechend ausreichendes Ausschüttungspotenzial ergeben, entstünde ein Rückforderungsanspruch der Gesellschaft gegenüber den Gesellschaftern. Der Bezug der **Vorab-Dividende** steht unter diesem Vorbehalt (→ Rz. 42).

Bei der Vorab-Dividende handelt es sich **nicht** um einen Ergebnisverwendungstatbestand i. S. des § 268 Abs. 1 HGB, weil Letzterer in die Kompetenz der **Geschäftsführung** fällt (→ Rz. 8), die Vorabausschüttung dagegen wie jeder Gewinnverwendungsbeschluss in diejenige der **Gesellschafterversammlung**. Daraus wird von der h. M. auf eine **Aufhebung** des **Wahlrechts** nach § 268 Abs. 1 HGB geschlossen, da die Ergebnisverwendung bereits vollzogen sei.[14] Diese Auffassung ist insofern nicht zwingend, als die Erstellungs- und Ausschüttungs**kompetenzen** der GmbH-Organe u. E. unzulässig vermischt werden. Sie erscheint umgekehrt insoweit als zutreffend, weil im Ausschüttungsbeschluss konkludent eine (rechtlich mögliche) Anweisung der Gesellschafterversammlung an die Geschäftsführung zur entsprechenden Bilanzierung gesehen werden kann. Die bilanzielle Darstellung ist dann nach dieser Auffassung wie folgt vorzunehmen:

40

BEISPIEL Eigenkapitalausweis nach § 266 HGB (ohne Vorab-Dividende):

Gezeichnetes Kapital	1.000
Jahresüberschuss	400
Eigenkapital	1.400

Noch während des Geschäftsjahrs ist eine Vorab-Dividende von 250 beschlossen und ausbezahlt worden. Danach stellt sich der Eigenkapitalausweis wie folgt dar:

Gezeichnetes Kapital	1.000
Bilanzgewinn	150
Eigenkapital	1.150

Der Eigenkapitalausweis **reduziert** sich in Höhe der Vorabausschüttung, was aus buchhalterischer Sicht selbstverständlich ist.

41

Daraus nähren sich aber **Zweifel** an der unbesehenen Anwendung der Rechnungslegungsregeln für die teilweise Ergebnisverwendung nach Abs. 1 Satz 2 auf die Vorabausschüttung: Diese Regeln gehen von einem quantitativ unveränderten Eigenkapitalbestand – bestimmt durch die Ergebnisermittlung (→ Rz. 3) – aus. Nur die einzelnen Eigenkapitalkategorien dürfen nach Abs. 1 (durch das Bilanzerstellungsorgan) ohne Veränderung des Gesamtbetrags angebucht werden. In diese Systematik greift die Einbuchung der Vorab-Dividende u. E. unzulässig ein. Im Beispiel verändert sich der Eigenkapitalausweis von 1.400 auf 1.150.

Dem **gesellschaftsrechtlichen** Charakter nach stellt die im laufenden Geschäftsjahr ausgeschüttete Vorab-Dividende lediglich eine **Vorauszahlung** auf den nach Feststellung des Jahresabschlusses durch die Gesellschafter oder den Aufsichtsrat möglichen Gewinnverwendungsbeschluss dar. Zuvor besteht keine (unbedingte) Verpflichtung der Gesellschaft zur Aus-

42

---

14 So z. B. *ADS*, 6. Aufl., § 268 Tz. 25; *Knop*, in: Küting/Pfitzer/Weber (Hrsg.), Handbuch der Rechnungslegung – Einzelabschluss, 5. Aufl., § 268 Tz. 12; *Ellrott/Krämer*, in: Beck'scher Bilanz-Kommentar, 7. Aufl., München 2010, § 268 Tz. 7.

zahlung einer Dividende. Die tatsächlich erfolgte Auszahlung steht unter dem Vorbehalt des nach dem Stichtag zu ermittelnden Jahresergebnisses und der Erfüllung gesellschaftsrechtlich erforderlicher Akte (→ Rz. 39).[15] Eine Verbindlichkeit im bilanzrechtlichen Sinn liegt am Stichtag nicht vor (→ Rz. 35). Der Auszahlung der Vorab-Dividende kommt bilanzrechtlich der Charakter einer Anzahlung mit entsprechender Bezeichnung gem. § 265 Abs. 5 Satz 2 HGB zu (→ § 265 Rz. 36). Der Ausweis ist innerhalb des Umlaufvermögens vorzunehmen.

43 Die absolut h. M. gibt demgegenüber der Verbuchung innerhalb des **Eigenkapitals** den Vorrang. Auf das Beispiel unter → Rz. 40 wird verwiesen. Durch den Folgeausweis in der Bilanz erscheint dort **kein Jahresüberschuss** und nur ein um den Auszahlungsbetrag gekürzter Bilanzgewinn. Daraus wird ein publizitätspolitisches **Gestaltungsinstrument** für **kleinformatige GmbHs** abgeleitet:[16] Kleine Kapitalgesellschaften müssen keine GuV (mit Jahresüberschuss) und keinen Gewinnverwendungsvorschlag sowie -beschluss veröffentlichen (§ 326 HGB). Mit der durch die Vorabausschüttung umgestalteten Bilanz kann der Adressat der Publizität den Jahresüberschuss nicht mehr erkennen. Es verbleibt ihm als Einsichtsobjekt eine verkürzte Bilanz (ohne Jahresüberschuss) und ein reduzierter Anhang. Die Frage sei erlaubt, was dann die hunderttausendfache Veröffentlichung von verstümmelten Abschlussdaten kleiner GmbHs überhaupt noch an sinnvollem wirtschaftlichen Gehalt bieten kann. Dem Gläubigerschutz dient sie jedenfalls nicht.

44 Die vorstehenden Ausführungen zur im alten Jahr ausbezahlten Vorabdividende gelten „erst recht" für den Fall einer vor dem Bilanzstichtag beschlossenen und erst im neuen Jahr – vor Feststellung des Abschlusses – ausbezahlten Dividende.

5. Ausweistechnik, Vorjahresvergleich

45 Die beiden Erstellungsmöglichkeiten der Bilanz nach Abs. 1 „vor" und „nach" provozieren die Frage nach Beachtung des **Stetigkeits**gebots – § 246 Abs. 3 HGB für den Ansatz (→ § 246 Rz. 293), § 252 Abs. 2 HGB für die Bewertung (→ § 252 Rz. 167). Die Ausweisalternative bewegt sich u. E. **innerhalb** des Eigenkapitals (→ Rz. 41). Das Eigenkapital stellt keinen Vermögensgegenstand/Schuld dar, sondern ist lediglich eine **Residualgröße**, die sich nach Gegenüberstellung aller Vermögensgegenstände und Schulden und anderer Bilanzposten ergibt. Deshalb ist das Stetigkeitsgebot des § 246 Abs. 3 HGB nicht einschlägig. Erst recht gilt dies für die Bewertung (§ 252 Abs. 2 HGB), Eigenkapital kann nicht bewertet werden. Das Stetigkeitsgebot für den Ansatz kann sich allerdings dann stellen, wenn man mit der h. M. die Dividende unter bestimmten Voraussetzungen als Verbindlichkeit ausweisen will (→ Rz. 30 ff.).

46 Beachtlich ist dagegen das **Beibehaltungsgebot** nach § 265 Abs. 1 HGB für die Darstellung (→ § 265 Rz. 6). Dort ist indes eine Ausnahme „wegen besonderer Umstände" vorgesehen. U. E. ist beim Wahlrecht oder der Pflicht (→ § 270 Rz. 2) zur Bilanzierung vor oder nach (teilweiser) Gewinnverwendung ein solcher „besonderer" Umstand gegeben. Die Frage ist dann, wie die **Vorjahresausweise** nach § 265 Abs. 2 HGB (→ § 265 Rz. 19) darzustellen sind.

---

15 OLG Hamm, Urteil vom 5. 2. 1992 – 8 U 159/91, GmbHR 1992 S. 456.
16 Vgl. *Sattler/Meeh*, DStR 2007 S. 1595, 1643; *Werner/Müller*, NWB F. 18 S. 925.

BEISPIEL Bilanzen einer GmbH nach §266 Abs. 3 HGB:

	31.12.01	31.12.02
Gezeichnetes Kapital	1.000	1.000
Verlustvortrag		200
Jahresfehlbetrag	200	
Jahresüberschuss		400
Eigenkapital	800	1.200

Verbleibt es bei der Bilanzierung vor Gewinnverwendung, bedarf es keiner Änderung der Postenbezeichnung. Das Ergebnis wird zum 31.12.02 in einer Zeile „Jahresüberschuss" (im Vorjahr mit -fehlbetrag) ausgewiesen.

Will die Geschäftsführung für 02 eine Dividende von 100 und Einstellung des „Rests" in die Gewinnrücklage vorschlagen, ist der Gewinnverwendungsvorschlag wie folgt zu formulieren:

Wir schlagen folgende Verwendung des Jahresüberschusses vor:

Tilgung des Verlustvortrags	200
Einstellung in Gewinnrücklage	100
Dividende	100
Jahresüberschuss	400

Der Bilanzausweis kann für 02 nach Gewinnverwendung mit Vorjahresvergleich wie folgt dargestellt werden:

	31.12.01	31.12.02
Gezeichnetes Kapital	1.000	1.000
Gewinnrücklage		100
Jahresfehlbetrag	200	
Bilanzgewinn (darin enthaltener Verlustvortrag 200)		100
Eigenkapital	800	1.200

Sinnvollerweise – für GmbHs aber nicht zwingend (→ Rz. 25) – wird in der GuV für 02 vom Jahresüberschuss auf den Bilanzgewinn übergeleitet:

	01	02
Jahresfehlbetrag/-überschuss	200	400
Tilgung des Verlustvortrags		200
Einstellung in Gewinnrücklage		100
Bilanzgewinn		**100**

Regelmäßig, nicht zwingend, werden die Werte für den aktuellen Abschluss in der linken Spalte dargestellt.

Auf ein weiteres Beispiel unter → § 270 Rz. 10 wird verwiesen.

6. Rechtsfolge (Abs. 1 Satz 2)

47 All die vorstehend dargestellten Arten der Ergebnisverwendungsrechnung führen zu einem **Überleitungserfordernis** vom Jahresüberschuss zum Bilanzgewinn. Die vorstehenden Kommentierungen liefern verschiedene Beispiele. Der Buchungssatz muss immer im Soll den gesamten **Jahresüberschuss** erfassen, um dann im Haben zumindest den Bilanzgewinn oder zusätzlich noch z. B. die Gewinnrücklagen anzubuchen.

Sofern ein Jahresfehlbetrag „verwendet" wird (genauer: als unschön in der Bilanz wirkend beseitigt werden soll), ist beispielsweise zu buchen: „per Gewinnrücklage an Jahresfehlbetrag" (bei „Verwendung" des Jahresfehlbetrags gesamthaft) oder „per Gewinnrücklage an Teil-Jahresfehlbetrag", worauf sich der verbleibende Jahresfehlbetrag in einen Bilanzgewinn oder -verlust verwandelt. Ein Gewinn- oder Verlustvortrag ist dann nach Abs. 1 Satz 2 2. Halbsatz in den Bilanzgewinn einzubeziehen.

> **BEISPIEL**
>
> | | |
> |---|---:|
> | Gewinnvortrag | 100 |
> | Jahresüberschuss | 800 |
> | Einstellung in Gewinnrücklage | 300 |
> | Bilanzgewinn (davon Gewinnvortrag 100) | 600 |
>
> | | |
> |---|---:|
> | Gewinnvortrag | 100 |
> | Jahresfehlbetrag | -800 |
> | Entnahme aus Gewinnrücklage | 300 |
> | Bilanzverlust (davon Gewinnvortrag 100) | -400 |

Auf die weiteren Beispiele unter → Rz. 15 ff. wird verwiesen.

48 Bei Aktiengesellschaften wird in der Praxis fast ausschließlich vom Jahresüberschuss auf den Bilanzgewinn übergeleitet. Dies ist vermutlich der Vorgabe des § 58 Abs. 4 AktG i.V. mit Abs. 2 AktG zu verdanken, der wiederum dem **Interessenausgleich** zwischen Gesellschaft und Gesellschafter einer Publikumsgesellschaft dient. Die Verwaltungsorgane dürfen höchstens die Hälfte des Jahresüberschusses den Aktionären vorenthalten (→ Rz. 24). Bei Familien- oder gar Ein-Personen-Aktiengesellschaften kommt diesem Gedanken kaum oder keine Bedeutung zu. **Ausschüttbar** ist bei schon erfolgter Dotierung der gesetzlichen Rücklagen auch der **Jahresüberschuss** einer AG. Für die GmbH gilt dies ebenso. Der Überleitung auf den Bilanzgewinn bedarf es nicht, andererseits ist sie zulässig bei gleicher Anspruchsfolge für die Aktionäre (Gesellschafter).

7. Sonderfälle

7.1 Steuerlatenz aus Zugangsbuchungen

In bestimmten Fällen können Zugangsbuchungen mit Unterschiedsbeträgen zwischen Handels- und Steuerbilanz zu Steuerlatenzen führen, die **nicht ergebniswirksam** ausfallen (sollen). Dann bleibt u. U. nur eine Gegenbuchung im Eigenkapital, die nicht in das Schema der Gewinnverwendungsrechnung „passt". 49

Beispiele für solche Zugangsbuchungen sind

- Tauschgeschäfte (→ § 255 Rz. 49),
- gesellschaftsrechtliche Einbringungsvorgänge (→ § 255 Rz. 53) sowie
- Einlagen (→ § 246 Rz. 130).

Die Kommentierung ist unter → § 274 Rz. 15 erfolgt.

7.2 Wertaufholungszuschreibungen

Nach § 58 Abs. 2a Satz 2 AktG und § 29 Abs. 4 GmbHG können als Sonderausweis oder unter Anhangangabe (→ § 284 Rz. 37) Wertaufholungen mit ihrem Eigenkapitalanteil – nach Kürzung um latente Steuern – direkt (ohne Berührung der GuV) in die Gewinnrücklage eingestellt werden (→ § 253 Rz. 166b). 50

7.3 Übergang auf das BilMoG (Art. 67 EGHGB)

Im Übergangsverfahren nach Art. 67 EGHGB **kann** eine ganze Reihe von Bilanzposten alten Rechts erfolgsneutral zugunsten der Gewinnrücklagen (außerhalb der GuV) aufgelöst werden: 51

- Art. 67 Abs. 1 Satz 3 EGHGB: Überdotierte Rückstellungen (→ Art. 67 Rz. 7).
- Art. 67 Abs. 3 Satz 2 EGHGB: Aufwandsrückstellungen nach § 249 Abs. 1 Satz 3 und Abs. 2 HGB a. F. sowie (steuerliche) Sonderposten gem. §§ 247, 273 HGB a. F. (→ Art. 67 Rz. 10).
- Art. 67 Abs. 4 Satz 2 EGHGB: Rückgängigmachung (Zuschreibung) nicht mehr (nach BilMoG) zulässiger außerplanmäßiger Abschreibungen gem. § 253 Abs. 3 Satz 3 und Abs. 4 HGB sowie steuerlicher Abschreibungen gem. §§ 254, 279 Abs. 2 HGB a. F. (→ Art. 67 Rz. 20).
- Art. 67 Abs. 6 Satz 2 EGHGB: Aus den vorstehenden Überleitungsvorschriften u. U. resultierende Steuerlatenzen (→ Art. 67 Rz. 29).

Die aus den aufgelösten Posten alten Rechts gebildeten Gewinnrücklagen stehen zur **Ausschüttung** zur Verfügung.[17] Die Bilanzierung ist dann zwingend nach Gewinnverwendung vorzunehmen. In Sonderfällen einer Rücklagendotierung von „außen" kann nicht in der üblichen Form von Jahresüberschuss/-fehlbetrag auf den Bilanzgewinn übergeleitet werden (→ Rz. 20 ff.). U. E. sollte in diesen Fällen in Analogie zu § 265 Abs. 5 Satz 2 HGB (→ § 265 Rz. 36) ein eigenständiger Posten die Veränderung der Gewinnrücklagen darstellen. 52

---

17 IDW ERS HFA 28 Tz. 15.

> **BEISPIEL** (in Weiterführung des Beispiels unter → Rz. 20)

Gezeichnetes Kapital	1.000
Gewinnrücklage	1.600
Verlustvortrag	-100
Jahresfehlbetrag	-200
Eigenkapital	2.300

Die Überleitung vom Jahresfehlbetrag zum Bilanzgewinn ist identisch mit derjenigen unter → Rz. 20. Allerdings kann der außenstehende Bilanzleser die Entwicklung der Gewinnrücklage nicht nachvollziehen. Es bietet sich eine Nebenrechnung hierzu an, die sich auf den Satz reduzieren kann: „Aus der Ausübung von Wahlrechten nach Art. 67 EGHGB haben sich die Gewinnrücklagen ergebnisneutral um 300 erhöht."

8. Gesellschaftsrechtliche Anknüpfungspunkte zur Abschlussfeststellung, -billigung und Gewinnverwendung

8.1 AG, KGaA, SE

8.1.1 Prüfung des Aufsichtsrats

8.1.1.1 Vorlage an den Aufsichtsrat (§ 170 AktG)

52a Der Vorstand hat nach § 170 Abs. 1 AktG den Jahresabschluss und Lagebericht, ggf. den Einzelabschluss nach § 325 Abs. 2a HGB (→ § 325 Rz. 22) sowie als Mutterunternehmen den Konzernabschluss dem **Aufsichtsrat** vorzulegen. Entsprechendes gilt nach § 170 Abs. 2 AktG für einen Gewinnverwendungsvorschlag des Vorstands zu Händen der Hauptversammlung in folgender Gliederung:

- Verteilung an die Aktionäre nach § 58 Abs. 4 AktG (+)
- Einstellung in Gewinnrücklage (+)
- Gewinnvortrag (+)
- Bilanzgewinn =

Seitens des Abschlussprüfers sind dem Aufsichtsrat als Organ der Erteilung des Prüfungsauftrags (→ § 318 Rz. 21) die Prüfungsberichte vorzulegen (→ § 321 Rz. 86). Jedes Aufsichtsratsmitglied kann von diesen Unterlagen **Kenntnis nehmen** (§ 170 Abs. 3 Satz 1 AktG). Diese Kenntnisnahme ist von minderer Intensität geprägt als eine solche nach **Übermittlung** dieser Unterlagen an jedes Aufsichtsratsmitglied oder nach entsprechendem Aufsichtsratsbeschluss an die Mitglieder eines Prüfungsausschusses i. S. des § 107 Abs. 3 Satz 2 AktG (→ Rz. 52d).

8.1.1.2 Inhalt der Prüfungspflicht (§ 171 Abs. 1 AktG)

52b Der Sinn dieser Vorlagen an den Aufsichtsrat besteht in der Verschaffung der **Prüfungs**möglichkeit des Jahres- und Konzernabschlusses entsprechend der Verpflichtung nach § 171 Abs. 1 Satz 1 AktG. Dies Prüfung ergänzt bei sog. Pflichtprüfungen (→ § 316 Rz. 1) diejenige des Abschlussprüfers bzw. Konzernabschlussprüfers. Beide Prüfungsorgane sollen nach den Vorstellungen des Gesetzgebers in der Prüfungstätigkeit **zusammenarbeiten**. Deshalb muss nach § 171 Abs. 1 Satz 2 AktG der Abschlussprüfer an der sog. Bilanzsitzung des Aufsichtsrats oder des Prüfungsausschusses i. S. des § 107 Abs. 3 Satz 2 AktG (→ Rz. 52d) teilnehmen und über den Prüfungsbericht hinaus über die wesentlichen Prüfungsergebnisse berichten. **Zusätzlich** hat der Abschlussprüfer nach § 171 Abs. 1 Satz 3 AktG über mögliche Befangenheitsumstände und über Leistungen jenseits der Abschlussprüfung zu informieren (→ § 275 Rz. 106 ff.).

Die Abschlussprüfung durch den Aufsichtsrat muss notwendig von anderer Art und Intensität gegenüber derjenigen des gesetzlichen **Abschlussprüfers** (→ § 318 Rz. 6 ff.) sein. In einer „Sitzung" kann nicht durch vielfach wenig fachkundige Aufsichtsratsmitglieder das Prüfungsvolumen einer WP-Gesellschaft mit 1.000 und mehr Arbeitsstunden des Prüfungsteams i. S. einer Doppelprüfung abgearbeitet werden. Zu den handelnden Personen der Gesellschaft jenseits des Vorstands hat der Aufsichtsrat praktisch keinen Zugang.   52c

Der Prüfungsinhalt des Aufsichtsrats muss sich an seiner Zielsetzung orientieren. Diese besteht in der Feststellung (→ Rz. 52i) bzw. Billigung (→ Rz. 52f) des Abschlusses. Gefragt ist also zuvörderst die Kompetenz des Abschlussprüfers,[18] derer sich der Aufsichtsrat in der nötigen Intensität – d. h. außerhalb von Sitzungen mit halbstündiger Behandlung des Abschlusses – widmen sollte. Sinnvoll kann dies nur durch einen **Prüfungsausschuss** des Aufsichtsrats (→ Rz. 52d) erfolgen. Dazu muss sich der Aufsichtsrat mit den **bilanzpolitischen** Einflussnahmen des Vorstands auf den Jahresabschluss befassen und – anders als der Abschlussprüfer (→ § 321 Rz. 62) – die **Zweckmäßigkeit** der Bilanzierung prüfen.[19] Dazu bedarf es auch entsprechender Informationen durch den Abschlussprüfer, die sich u. E. insbesondere auf die Ausübung von Ermessensentscheidungen konzentrieren sollten.

Außerdem ist der Aufsichtsrat zur Prüfung des **Gewinnverwendungsvorschlags** des Vorstands prädestiniert, da dieser nicht der Abschlussprüfung unterliegt.

Der Prüfungsinhalt des Aufsichtsrats zum Jahres- und Konzernabschluss mit Lagebericht wird auch von der **Fachkenntnis** der Mitglieder bestimmt. Eine gesetzliche Konkretisierung der erforderlichen Fachkenntnis gibt es nicht. Der Gesetzgeber begnügt sich – muss sich begnügen (?) – mit dem Hinweis auf die Sorgfalt eines ordentlichen und gewissenhaften Aufsichtsrats in § 116 i. V. mit § 93 AktG. Inwieweit die Fachkunde auf dem Gebiet der Rechnungslegung ausgeprägt sein muss, um diesem Sorgfaltsgebot Genüge zu tun, entzieht sich einer näheren Konkretisierung.   52d

Allzu hoch dürften u. E. die Maßstäbe nicht angesetzt werden. Das lässt sich aus der möglichen Einrichtung eines **Prüfungsausschusses** nach § 107 Abs. 3 Satz 1 AktG ableiten, für den nur **ein** Mitglied nach § 107 Abs. 4 AktG über „Sachverstand auf den Gebieten der Rechnungslegung und Abschlussprüfung" verfügen muss, an den nicht zu hohe Anforderungen gestellt werden dürfen.[20] Wenn dies bei den übrigen Mitgliedern des Prüfungsausschusses nicht verlangt wird, darf bei den restlichen Aufsichtsratsmitgliedern keine höhere Messlatte angesetzt werden. An diese sieht das Gesetz in § 170 Abs. 3 AktG keine pflichtmäßige Übermittlung der zur Prüfung

---

18 Vgl. *Strenger*, WPg 2010 Heft 4 S I.
19 Vgl. *Velte*, StuB 2010 S. 451; IDW PS 450 Tz. 88.
20 OLG München, Beschluss vom 28. 4. 2010 – 23 U 5517/09, DB 2010 S. 1281; kritisch hierzu *Freidank/Velte* (DB 2010 Heft 32, Gastkommentar), die höhere Anforderungen an den „Sachverstand" des unabhängigen Mitglieds stellen.

des Abschlusses erforderlichen Unterlagen vor, sofern der Aufsichtsrat die Übergabe an die Ausschussmitglieder beschlossen hat (→ Rz. 52a). Insofern bleibt es bei der Ironie: Die Prüfung des Jahresabschlusses durch den Aufsichtsrat besteht in der Kunst, „die Ordnungs- und Zweckmäßigkeit des Jahres- und Konzernabschlusses innerhalb von 30 Minuten zu beurteilen".[21]

Im Übrigen haben sich die Aufsichtsratsmitglieder bei ihrer Überwachungstätigkeit mit einer Vielzahl anderer und wichtigerer Unternehmensbereichen als der Rechnungslegung zu befassen. Die **Hauptaufgabe** der Unternehmung und dessen Führung besteht nicht in der Rechnungslegung.[22]

52e Sofern die AG keiner Pflichtprüfung unterliegt (→ § 316 Rz. 2) – typische Beispiele sind die Holding AG mit wenigen Mitarbeitern und keinen Umsatzerlösen (→ § 318 Rz. 30) sowie die Tochtergesellschaft im Regelungsbereich des § 264 Abs. 3 HGB (→ § 264 Rz. 37 ff.) –, muss der Aufsichtsrat gleichwohl in die Prüfung des Abschlusses etc. eintreten, ohne die Lücke des gesetzlichen Abschlussprüfers auszufüllen. Deshalb ist vom Aufsichtsrat in diesen Fällen keine intensivere Prüfung zu erwarten als bei bestehender Pflichtprüfung.[23]

8.1.1.3 Berichterstattung (§ 171 Abs. 2 AktG)

52f Über das **Ergebnis** seiner Prüfung muss der Aufsichtsrat an die Hauptversammlung **schriftlich** berichten. Dazu bedarf es eines förmlichen **Beschlusses** des Aufsichtsrats mit eigenhändiger **Unterzeichnung** durch den **amtierenden** Aufsichtsratsvorsitzenden.[24] Die äußere Gestaltung des Berichts schreibt das Gesetz nicht vor, wohl aber die Inhalte:

- **Ergebnis** der Prüfung des Abschlusses, des Lageberichts und des Gewinnverwendungsvorschlags (Abs. 2 Satz 1);

- Mitteilung über **Art** und **Umfang** der Geschäftsführungsprüfung während des Geschäftsjahrs (Abs. 2 Satz 2 1. Halbsatz);

- bei börsennotierten Gesellschaften (→ § 264d Rz. 1) eine Information über die gebildeten **Ausschüsse**, die Anzahl von deren **Sitzungen** und die Anzahl der **Sitzungen** des Aufsichtsrats selbst (Abs. 2 Satz 2 2. Halbsatz);

- Stellungnahme zum (ggf.) vorliegenden Prüfungsergebnis des **Abschlussprüfers** (Abs. 2 Satz 3);

- am Schluss des Berichts sind etwaige **Einwendungen** zum Prüfungsgegenstand zu erklären und ggf. die **Billigung** des vom Vorstand vorgelegten Jahresabschlusses auszusprechen (Abs. 2 Satz 4).

Für den **Konzernabschluss** eines Mutterunternehmens (→ § 290 Rz. 3) ist der vorstehend dargestellte Berichtsinhalt entsprechend zu gestalten (Abs. 2 Satz 5).

---

21 Hakelmachers ABC der Finanzen und Bilanzen, 4. Aufl., 2005, S. 170.
22 Zu höheren Anforderungen an die Prüfungstätigkeit der Aufsichtsratsmitglieder tendierend *Buhlein/Krowas*, DB 2010 S. 1165.
23 Möglicherweise a. A. *Ellrott/Hoffmann*, in: Beck'scher Bilanz-Kommentar, 7. Aufl., München 2010, § 325 Tz. 22: höhere Intensität.
24 BGH-Urteil vom 21. 6. 2010 – II Z R 24/09, DB 2010 S. 1697.

Die Berichterstattung des Aufsichtsrats sollte nicht durch Ausführlichkeit zu Selbstverständlichkeiten glänzen.[25] Wenn allerdings Einwendungen erhoben werden und die Billigung des Jahresabschlusses nicht erfolgt, ist **Gründlichkeit** in der Berichterstattung angezeigt.

8.1.1.4 Fristenvorgaben mit Rechtsfolgen (Abs. 3)

Der Prüfungsbericht ist innerhalb eines **Monats** nach Zugang der Unterlagen (→ Rz. 52a) dem Vorstand zuzuleiten (Abs. 3 Satz 1). Wird diese Frist nicht eingehalten, hat der Vorstand dem Aufsichtsrat unverzüglich eine **weitere** Monatsfrist zu setzen (Abs. 3 Satz 2). Ohne Zuleitung des Berichts innerhalb dieser Nachfrist gilt der Jahres- und Konzernabschluss als **nicht** gebilligt (Abs. 3 Satz 3). 52g

8.1.1.5 Einzelabschluss nach § 325 Abs. 2a HGB (Abs. 4)

Auf den IFRS-Einzelabschluss (→ § 325 Rz. 22) gelten die Vorgaben des § 171 Abs. 1 bis 3 AktG entsprechend (Abs. 4 Satz 1). Eine Offenlegung i. S. des § 325 HGB (→ § 325 Rz. 4 ff.) des Einzelabschlusses ist erst nach Billigung durch den Aufsichtsrat zulässig (Abs. 4 Satz 2). 52h

Die Vorschriften zum IFRS-Einzelabschluss sind ohne praktischen Anwendungsbereich, da diesen niemand erstellt (→ § 324a Rz. 3).

8.1.2 Feststellung des Jahresabschlusses, Gewinnermittlung

8.1.2.1 Feststellung durch den Aufsichtsrat (§ 172 AktG)

Kaum jemals wird durch Vorstand **und** Aufsichtsrat die Feststellung des Jahresabschlusses der Hauptversammlung überantwortet. In aller Regel genügt zur Feststellung die Billigung durch den **Aufsichtsrat** (→ Rz. 52f). Dabei ist der Aufsichtsrat an den erstellten Abschluss **gebunden**. Er kann billigen oder nicht, aber – anders als die Hauptversammlung (→ Rz. 52e) – nicht anders erstellen. 52i

Durch die Feststellung entsteht ein Jahresabschluss im **Rechtssinne** (→ § 245 Rz. 11), zuvor handelt es sich nur um eine Art Entwurf. Die Feststellung des Jahresabschlusses ermöglicht der Hauptversammlung eine Verwendung des Bilanzgewinns nach § 174 Abs. 1 AktG (→ Rz. 52n).

Die Billigung des **Konzern**abschlusses bzw. des **Einzel**abschlusses nach § 325 Abs. 2a HGB führt **nicht** zu einer **Feststellung**, da eine solche gesellschaftsrechtlich nicht benötigt wird, insbesondere nicht zur Ermöglichung einer Gewinnausschüttung. 52j

8.1.2.2 Feststellung durch die Hauptversammlung (§ 173 AktG)

Die seltenen Fälle der Abschlussfeststellung bei der AG durch die Hauptversammlung werden verursacht (Abs. 1) durch 52k

▶ gemeinsamen Beschluss von Vorstand und Aufsichtsrat;

---

25 Tendenziell a. A. die Rechtsprechung LG München I, Urteil vom 10. 3. 2005 – 5HK O 18110/04, DB 2005 S. 878; OLG München vom 25. 7. 2005, AG 2006 S. 592; OLG Stuttgart vom 15. 3. 2006, WM 2006 S. 863.

II. Bilanzerstellung unter Ergebnisverwendung

- Nichtbilligung des Jahresabschlusses durch den Aufsichtsrat, auch bei nicht rechtzeitiger Vorlage (→ Rz. 52g), oder
- Nichtbilligung des Konzernabschlusses durch den Aufsichtsrat des Mutterunternehmens.

52l Die Hauptversammlung kann den Jahresabschluss neu erstellen, muss dabei (selbstverständlich) die Rechnungslegungsregeln beachten (Abs. 2 Satz 2) und kann die Gewinnrücklagen nur nach den Vorgaben des Gesetzes (→ § 272 Rz. 53 ff.) oder der Satzung nach § 158 Abs. 1 Satz 1 Nr. 4c AktG dotieren, eine höhere Rücklagenzuführung allerdings im Gewinnverwendungsbeschluss nachholen.

52m Bei Änderung des Jahresabschlusses durch die Hauptversammlung muss durch den gewählten (nicht neu zu bestimmenden) Abschlussprüfer eine Nachtragsprüfung (→ § 316 Rz. 12 ff.) erfolgen (Abs. 3). Diese steht unter **Zeitdruck**, weil die entsprechenden Hauptversammlungsbeschlüsse nur bei Erteilung des uneingeschränkten Bestätigungsvermerks bezüglich der Änderung binnen zwei Wochen seit Beschlussfassung ihre Rechtsgültigkeit erfahren. Wird diese Frist versäumt, liegt kein festgestellter Jahresabschluss vor; entsprechend kann keine Gewinnausschüttung rechtswirksam erfolgen.

Bei der **KGaA** stellt stets die Hauptversammlung im Einvernehmen mit dem persönlich haftenden Gesellschafter den Jahresabschluss fest (§ 286 Abs. 1 AktG).

8.1.3 Gewinnverwendung (§ 174 AktG)

52n (Nur) auf der Grundlage des festgestellten Jahresabschlusses und dem dort ausgewiesenen Bilanzgewinn kann die Hauptversammlung – und nur sie – den Gewinnverwendungsbeschluss fassen (Abs. 1).

Zur Verwendung des Bilanzgewinns (→ Rz. 10) eröffnet das Gesetz in § 174 Abs. 2 AktG folgende Posten, die regelmäßig wie folgt darzustellen sind:

▶ Ausschüttung an die Aktionäre	600
▶ Einstellung in die Gewinnrücklage	400
▶ Vortrag auf neue Rechnung	10
▶ Bilanzgewinn	1.010

52o Zwei **Besonderheiten** sind beachtlich:

- der „auszuschüttende ... **Sachwert**": gemeint ist die Sachdividende (→ § 252 Rz. 162 ff.) sowie
- „der **zusätzliche Aufwand** aufgrund des Beschlusses".

Angesprochen ist mit dem letzten Punkt der mögliche zusätzliche Steueraufwand (oder -ertrag) aufgrund des Beschlusses, wie dies nach dem **früheren** Anrechnungsverfahren der Fall sein konnte. Aktuell kann es allenfalls bei dividendenabhängigen Vergütungen zu zusätzlichem Aufwand oder Ertrag kommen.

Der Jahresabschluss wird mit dem Gewinnverwendungsbeschluss nicht geändert.

8.2 GmbH

8.2.1 Kompetenz des Aufsichtsrats

Bei pflichtmäßiger Aufsichtsratsbestellung – z. B. nach § 77 BetrVG 1952, § 25 MitbestG 1976 – gelten die Rechte und Pflichten nach §§ 170 bis 172 AktG sinngemäß (→ Rz. 52a ff.). Insbesondere durch die Abschlusserstellung kann der Aufsichtsrat in die Gewinnverteilungskompetenz der Gesellschafter (→ Rz. 52u) eingreifen. Entsprechendes schreibt § 52 Abs. 1 GmbHG für den **fakultativen** Aufsichtsrat vor, sofern nicht im Gesellschaftsvertrag anderes bestimmt ist.

52p

8.2.2 Kompetenz der Gesellschafterversammlung

8.2.2.1 Feststellung des Abschlusses (§ 42a GmbHG)

Das Gesetz orientiert sich als Regelfall an der **aufsichtsratsfreien** GmbH. Die Geschäftsführer haben den Jahresabschluss mit Lagebericht den Gesellschaftern zur Feststellung des Jahresabschlusses vorzulegen (Abs. 1 Satz 1). Bei Prüfungspflicht („ist") betrifft die Vorlagepflicht auch den **Prüfungsbericht**, der nach Eingang zusammen mit Jahresabschluss und Lagebericht unverzüglich vorzulegen ist (Abs. 1 Satz 2). Gesetzlich nicht geregelt ist die Vorlagepflicht eines Berichts über die **freiwillige** Abschlussprüfung, u. E. zu bejahen. Bei Aufsichtsratsbestellung ist auch dessen Prüfungsbericht (→ Rz. 52f) den Gesellschaftern auszuhändigen (Abs. 1 Satz 3).

52q

8.2.2.2 Fristenregelung, auch für die Ergebnisverwendung

In Abs. 2 setzt das Gesetz eine nicht abdingbare Frist zur **Feststellung**

52r

- für kleine Gesellschaften (→ § 267 Rz. 12): elf Monate,
- für die übrigen Gesellschaften: acht Monate.

Diese Fristenvorgabe gilt auch für die **Ergebnisverwendung** (→ Rz. 10). Diese umfasst den Inhalt von § 174 AktG (→ Rz. 52n), kann also auch eine Rücklagendotierung vorsehen. Explizit sieht dies § 29 Abs. 2 GmbHG vor (→ Rz. 52v).

8.2.2.3 Teilnahme des Abschlussprüfers (Abs. 3)

Der Feststellungsvorgang durch die Gesellschafter soll wie nach § 171 Abs. 1 AktG (→ Rz. 52b) von der Teilnahme des **Abschlussprüfers** begleitet werden. Eine eigenständige Prüfungspflicht trifft die Gesellschafter allerdings nicht. Diese Teilnahme macht nur Sinn, wenn den Abschlussprüfer auch eine **Auskunftspflicht** trifft. Diese beschränkt sich auf den Inhalt der Prüfungstätigkeit.

52s

8.2.2.4 Anwendung auf Konzern- und Einzelabschluss (Abs. 4)

Die Vorlage und andere Pflichten nach Abs. 1 bis 3 gelten auch für Zwecke der Billigung eines **Konzernabschlusses** durch eine Mutter-GmbH (→ § 290 Rz. 1) sowie für den Einzelabschluss nach § 325 Abs. 2a HGB (→ § 325 Rz. 22).

52t

II. Bilanzerstellung unter Ergebnisverwendung

8.2.3 Ergebnisverwendung (§ 29 GmbHG)

8.2.3.1 Anspruch der Gesellschafter (Abs. 1)

52u Wegen der inkonsistenten Begrifflichkeiten wird auf → Rz. 10 verwiesen, wegen der ggf. vorliegenden Aufsichtsratskompetenz auf → Rz. 52p. Ohne Aufsichtsrat differenziert Abs. 1 zwischen Aufstellung des Jahresabschlusses

- ▶ **vor** Gewinnverwendung (Satz 1),
- ▶ **nach** teilweiser Gewinnverwendung oder Auflösung von Rücklagen (Satz 2).

Dabei nimmt das Gesetz Bezug auf die beiden Abschlusserstellungsformate in § 268 Abs. 1 HGB (→ Rz. 4 ff.):

- ▶ **Vor** Gewinnverwendung steht der **Jahresüberschuss**,
- ▶ **nach** teilweiser Gewinnverwendung der Bilanzgewinn

mit Korrekturen zur Disposition der Gesellschafter.

Wegen der Rechte der **Gesellschafterversammlung** wird auf → Rz. 20 verwiesen. Bei Aufsichtsratsbestellung sind diese Rechte eingeschränkt wie bei einer Aktiengesellschaft (→ Rz. 52p). Wegen des „zusätzlichen Aufwands" wird verwiesen auf → Rz. 52o.

8.2.3.2 Rücklagendotierung (Abs. 2)

52v Den Gesellschaftern steht wie der Geschäftsführer – vor Gewinnverwendung – die Kompetenz zur Rücklagendotierung oder zum Gewinnvortrag – nach Gewinnverwendung – zu. **Vor** und **nach** bezieht sich auf § 268 Abs. 1 HGB (→ Rz. 4 ff.). Im Gewinnausschüttungsbeschluss können sich die Gesellschafter also von der Erstellungsvorgabe bezüglich der Rücklagendotierung lösen, d. h. zusätzliche bilden oder zur zusätzlichen Gewinnausschüttung auflösen. Letzteres gilt allerdings nicht bei Abschlussfeststellung durch einen Aufsichtsrat (→ Rz. 52n) wegen der dann gültigen Regelungen des Aktiengesetzes (→ Rz. 52p).

Wegen **gesetzlicher** Rücklagen für die GmbH vgl. → Rz. 22. Eine ggf. vorliegende Rücklagendotierungspflicht nach dem **Gesellschaftsvertrag** ist zusätzlich zu beachten.

Zur **Vorabdividende** vgl. → Rz. 39.

8.2.3.3 Gewinnverteilungsmaßstab (Abs. 3)

52w Die Gewinnverteilung unter den Gesellschaftern erfolgt nach dem Verhältnis der Gesellschaftsanteile, wenn der Gesellschaftsvertrag nichts anderes vorsieht.

8.2.3.4 Wertaufholungsrücklage (Abs. 4)

52x Auf → § 253 Rz. 166b wird verwiesen.

8.3 Unternehmen des Publizitätsgesetzes

52y Für Unternehmen des PublG ist zu differenzieren nach solchen mit oder ohne Aufsichtsrat. Sofern ein Aufsichtsrat bestellt ist, gelten nach §§ 7 und 14 PublG für die Vorlage des Prüfungsberichts und die Prüfung (durch den Aufsichtsrat) in wesentlichen Zügen die Vorschriften der §§ 170 f. AktG (→ Rz. 52 ff.).

Das **Feststellungs**verfahren nach § 8 PublG differenziert ebenfalls nach der gesetzlichen oder gesellschaftsvertraglichen Kompetenz und leitet daraus die erforderlichen Rechtsschritte ab.

8.4 Personenhandelsgesellschaften

Auf die Kommentierungen unter → § 246 Rz. 63 ff., → § 264c Rz. 29 ff. sowie → § 325 Rz. 22 wird verwiesen. 52z

III. Entwicklung des Anlagevermögens („Anlagegitter")

1. Überblick (Abs. 2 Satz 1)

Als **Besonderheit** gegenüber den übrigen Bilanzposten wird für das gesamte Anlagevermögen eine Darstellung der (wertmäßigen) Entwicklung der einzelnen Gliederungsposten im Geschäftsjahr verlangt, und zwar in Bezug auf 53

▶ den Buchwert,

▶ die Anschaffungs- oder Herstellungskosten,

▶ die auf Letztere verrechneten Abschreibungen insgesamt sowie

▶ die Abschreibungen im Geschäftsjahr.

Die **Darstellungsform** lässt die Gesetzesvorgabe offen (→ Rz. 71). Die Praxis verwendet ausschließlich und sinnvoll die **tabellarische** Darstellung, woraus sich die gesetzliche Begriffswahl „**Anlagegitter**" (§ 274a Nr. 1 HGB) oder die umgangssprachliche Bezeichnung „**Anlagespiegel**" entwickelt hat. In dieser Tabelle werden üblicherweise in den **Zeilen** die Bilanzposten der Gliederungsvorgabe in § 266 HGB und in den **Spalten** die Ausweisvorgaben des Abs. 2 dargestellt (**horizontale** Entwicklung, → Rz. 69). Zulässig und in einfacheren Fällen – bei wenigen Anlageposten – sinnvoll ist auch eine **vertikale** Entwicklung mit Austausch der Inhalte von Zeilen und Spalten (→ Rz. 70). Leerzeilen brauchen nach § 265 Abs. 8 HGB (→ § 265 Rz. 29) nicht aufgeführt zu werden. 54

Das Gesetz sieht ein **Ausweiswahlrecht** in der Bilanz oder im Anhang vor. Regelmäßig wird in der Praxis die letztgenannte Variante gewählt.

Die jetzt gesetzlich gültige Vorgabe zur Entwicklung des Anlagevermögens in § 268 Abs. 2 HGB hat in der deutschen Rechnungslegungspraxis zwei Vorläufer: 55

1. die **direkte Netto**methode, bei der „direkt", d. h. auf der Aktivseite, die Zu- und Abgänge sowie die Abschreibungen ausgehend von den Buchwerten („netto") zum Anfang des Geschäftsjahrs entwickelt werden sowie

2. die **indirekte Brutto**methode, bei der auf der Passivseite („indirekt") die Abschreibung für die einzelnen Bilanzposten und auf der Aktivseite die Anschaffungs- und Herstellungskosten („brutto") vermindert um die Abgänge des Geschäftsjahrs entwickelt werden; durch Saldierung der Anfangs- und Endbeträge auf der Aktiv- und Passivseite ergeben sich die jeweiligen Buchwerte.

56 Das in Abs. 2 vorgeschriebene Verfahren wird als **direkte Brutto**methode bezeichnet, weil
- die Anschaffungs- und Herstellungskosten ohne Kürzung um die Abschreibungen („brutto")
- in einem Rechengang („direkt") unter den Aktiva oder – fast immer – im Anhang

entwickelt werden. Vgl. zu Einzelheiten → Rz. 58 ff.

Kleine Kapital- und Kap. & Co.-Gesellschaften sind nach § 274a Nr. 1 HGB von der Erstellung eines Anlagegitters befreit, nicht dagegen die dem PublG unterliegenden Unternehmen (§ 5 Abs. 1 PublG). Auf die übrigen Kaufleute ist § 268 HGB **nicht anzuwenden**, gleichwohl ist auch in diesem Bereich die Erstellung des Anlagegitters fast schon flächendeckend üblich (erst recht bei den kleinen Kapital- und Kap. & Co.-Gesellschaften).

57 Die nachfolgend dargestellten Inhalte des Anlagegitters entsprechen inhaltlich den Vorgaben von IAS 16.23 für sächliches und von IAS 38.107 für immaterielles Anlagevermögen mit weiteren konzernspezifischen Angabepflichten. Für Finanzanlagen ist nach den IFRS keine Darstellung der Entwicklung vorgesehen. Zum Anlagegitter im Konzernabschluss nach HGB vgl. → § 298 Rz. 22.

2. Die Rechengrößen im Einzelnen (Abs. 2 Sätze 2 und 3)

2.1 Die Inhalte mit Überleitung auf die tabellarische Darstellung

58 In § 268 Abs. 2 und 3 HGB sind die darzustellenden (bewerteten) Rechengrößen aufgeführt, die in die Spalten oder üblicherweise darstellungstechnisch verwendeten Tabellen („Gitter") einfließen. Die nachstehende Aufzählung verwendet die Nummernfolge, die in die tabellarischen Darstellungen unter → Rz. 69 einfließt. Zu Abgrenzungsproblemen innerhalb der Ausweisposten vgl. → Rz. 72 ff.

59 ▶ (1) „Ausgehend von den gesamten Anschaffungs- und Herstellungskosten": „Ausgehend" meint dabei den Bilanzvortrag, also den Wert in der Eröffnungsbilanz. Dieser umfasst die „**gesamten** Anschaffungs- und Herstellungskosten", d. h. diejenigen, die zuvor („historisch") für die jeweiligen Vermögensgegenstände angefallen sind – ungekürzt um die bis dahin verrechneten Abschreibungen planmäßiger und außerplanmäßiger Art. Wie üblich werden dabei die Endzahlen aus der Vorjahresdarstellung nach der allgemein gültigen Bilanzidentität (→ § 252 Rz. 6) übernommen.

60 ▶ (2) „Die **Zugänge**": Es handelt sich um die im aktuellen Geschäftsjahr aktivierten Anschaffungs- und Herstellungskosten, auch wenn das zugehörige „Mengengerüst" keine Ausweitung erfahren hat.[26] Als Beispiel für die letztgenannten Zugangsfälle gelten nachträgliche Kaufpreiserhöhungen für in Vorjahren bereits als Zugang erfasste Vermögensgegenstände. Zu einschlägigen Abgrenzungsproblemen wird auf → Rz. 72 ff. verwiesen.

61 ▶ (3) Die „**Abgänge**" umfassen die („gesamten", → Rz. 59) Anschaffungs- oder Herstellungskosten von Vermögensgegenständen, die im aktuellen Geschäftsjahr den Bilanzierungsbereich des Unternehmens verlassen haben, z. B. durch Verkauf oder Verschrottung (bei körperlichen Gegenständen) oder durch Ende der Nutzungsmöglichkeit (z. B. bei Auslaufen

---

26 Teilweise a. A. Dörner et al., in: Küting/Pfitzer/Weber (Hrsg.), Handbuch der Rechnungslegung – Einzelabschluss, 5. Aufl., § 268 Tz. 72; ebenso ADS, 6. Aufl., § 268 Tz. 50; anders allerdings in Tz. 53.

eines Patentrechts, → Rz. 90). Dazu gehören auch (wertmäßige) Kürzungen früherer Anlagezugänge, z. B. durch Kaufpreisminderungen im Spiegelbild zu diesem Fall unter → Rz. 60.[27]

▶ (4) **Umbuchungen** innerhalb des Anlagevermögens (→ Rz. 89) erfolgen fast immer von dem Gliederungsausweis „geleistete Anzahlungen und Anlagen im Bau" im Zeitpunkt der Fertigstellung und Nutzungsbereitschaft eines Sachanlageguts, manchmal auch bei Vorauszahlungen zum Erwerb eines immateriellen Anlageguts, z. B. zur Installation eines umfangreichen Softwarepakets (→ § 266 Rz. 22). Hier ist der „Brutto"-Bezug („gesamte" Kosten) unmittelbar gewahrt, da auf Anzahlungen für unfertige Anlagen nur in seltenen Ausnahmefällen (außerplanmäßige) Abschreibungen anfallen können. 62

▶ (9) **Zuschreibungen** machen außerplanmäßige Abschreibungen (→ § 253 Rz. 105) infolge von Wertaufholungen oder überhöhten planmäßigen Abschreibungen (→ § 253 Rz. 159) in früheren Jahren rückgängig. Dadurch wird nicht gegen ein Saldierungsverbot verstoßen.[28] Sie sind deshalb u. E. in die Abschreibungen in Spalte 9 (→ Rz. 64) als Negativposten einzubeziehen. Dadurch stellt sich das Problem der Darstellung von Zuschreibungen in **früheren** Geschäftsjahren auf noch vorhandene Anlagegüter nicht (→ Rz. 83). Die Zuschreibungen sind folglich in den Abschreibungsbereich des Anlagegitters einzufügen und (mit negativem Vorzeichen wie die dortigen Abgänge, Spalte 8) zu verrechnen. Zu einem Buchungsbeispiel wird auf → § 253 Rz. 161 verwiesen. 63

▶ (10) Die „**Abschreibungen in ihrer gesamten Höhe**" umfassen periodenübergreifend die bis zum Ende des Geschäftsjahrs verrechneten Beträge für die bis dahin noch vorhandenen Anlagegüter abzgl. der bis dahin verrechneten Zuschreibungen (→ Rz. 63). 64

▶ (7) Von den gesamten Abschreibungen (→ Rz. 64) sind nach Abs. 2 Satz 3 die auf das betreffende **Geschäftsjahr entfallenden Abschreibungen** separat aufzuführen. Sie müssen mit den in der GuV ausgewiesenen Abschreibungen übereinstimmen.[29] 65

▶ (6) Anders als für die Anschaffungs- und Herstellungskosten sieht die Gliederungsvorgabe des Abs. 2 für die **Abschreibungen** keinen Ausweis der Werte aus der **Vorjahresdarstellung** („ausgehend") vor. Die Einfügung einer entsprechenden zusätzlichen Spalte 6 in das Anlagegitter erhöht die Klarheit der Darstellung und erlaubt eine rechnerische Abstimmung der einzelnen Spalten (→ Rz. 69). Im Schrifttum spricht man auch von „**Abschreibungsspiegel**"[30] für diesen Teilbereich des Anlagegitters. 66

▶ (8) Ebenfalls nicht von der Gesetzesvorgabe erfasst sind die auf die **Abgänge** des Geschäftsjahrs entfallenden **Abschreibungen** in Spalte 8. Diese werden zur Ermittlung der Buchwerte der abgegangenen Anlagegegenstände benötigt und werden deshalb zur Eröffnung einer weiteren **Abstimmungs**möglichkeit sinnvollerweise in das Anlagegitter eingebaut. 67

---

27 So auch *Dörner et al.*, in: Küting/Pfitzer/Weber (Hrsg.), Handbuch der Rechnungslegung – Einzelabschluss, 5. Aufl., § 268 Tz. 86; *ADS*, 6. Aufl., § 268 Tz. 86.
28 A. A. *Wulf/Bosse*, in: Haufe HGB Bilanz Kommentar, Freiburg 2009, § 268 Rz. 25: hinzunehmender Verstoß.
29 So h. M., beispielsweise *Kozikowski/Huber*, in: Beck'scher Bilanz-Kommentar, 7. Aufl., München 2010, § 268 Tz. 16, m. w. N.
30 Vgl. *Dörner et al.*, in: Küting/Pfitzer/Weber (Hrsg.), Handbuch der Rechnungslegung – Einzelabschluss, 5. Aufl., § 268 Tz. 128 ff.

III. Entwicklung des Anlagevermögens

68 ▶ Ebenso dienen einer rechnerischen **Abstimmung** innerhalb des Anlagegitters und einer solchen mit den in der Bilanz ausgewiesenen Buchwerten die Spalten (5) und (10) bzw. (11) und (12).

69 Die einzelnen Rechengrößen (Spalten) des Anlagegitters in → Rz. 58 bis → Rz. 68 stellen sich in der praktischen Ausprägung als Bestandteil des Anhangs (→ Rz. 56) wie folgt dar:

§ 268 Vorschriften zu einzelnen Posten der Bilanz; Bilanzvermerke

Muster GmbH
Entwicklung des Anlagevermögens (erweiterte Bruttodarstellung)

	Anschaffungs- und Herstellungskosten					Abschreibungen					Buchwert	
	Vortrag zum 1.1.2002 T€	Zugänge T€	Abgänge T€	Umbuchungen T€	Stand am 31.12.2002 T€	Vortrag zum 1.1.2002 T€	Abschreibungen des Geschäftsjahres T€	Abgänge T€	Zuschreibungen des Geschäftsjahres T€	Stand am 31.12.2002 T€	Stand am 31.12.2002 T€	Stand am 31.12.2001 T€
Immaterielle Vermögensgegenstände												
Software	2	1	1	0	2	1	1	1	0	1	1	1
Sachanlagen												
Bauten auf fremden Grundstücken	8	0	0	0	8	1	1	0	0	2	6	7
Betriebs- und Geschäftsausstattung	201	63	73	0	191	140	35	55	7	113	78	61
	209	63	73	0	199	141	36	55	7	115	84	68
	211	64	74	0	201	142	37	56	7	116	85	69
Spalten	(1)	(2)	(3)	(4)	(5)	(6)	(7)	(8)	(9)	(10)	(11)	(12)
Rechnerische Vorzeichen	+	+	-	-/+	=	+	+	-	+	=	=	=

Abstimmungsmöglichkeiten (=)
∑ 1 - 4 = 5
∑ 6 - 9 = 10
1 - 6 = 12
5 - 10 = 11
Der Vollständigkeit halber aufgenommen, Nullspalten brauchen nicht angegeben zu werden.

III. Entwicklung des Anlagevermögens

70   Zur Vermeidung einer querformatigen Darstellung bzw. Verwendung eines DIN A3-Blatts kann bei nicht allzu umfangreichen Anlageposten auch eine **vertikale** Entwicklung nach folgendem Muster (mit anderen Zahleninhalten als unter → Rz. 69) gewählt werden.

	Muster GmbH Entwicklung des Anlagevermögens (erweiterte Bruttodarstellung)				
	Immaterielle Vermögensgegenstände und Sachanlagen				
	Immaterielle Vermögensgegenstände	Bauten auf fremden Grundstücken	Technische Anlagen und Maschinen	Andere Anlagen, Betriebs- und Geschäftsausstattung	Summen
	T€	T€	T€	T€	T€
Anschaffungs- und Herstellungskosten					
Vortrag zum 1.1.2007	51	277	1.918	245	2.342
Zugänge	0	0	52	7	59
Abgänge	0	0	0	0	0
Stand am 31.12.2007	51	277	1.970	252	2.401
Abschreibungen					
Vortrag zum 1.1.2007	43	207	1.878	204	2.188
Abschreibungen des Geschäftsjahrs	8	6	15	14	43
Abgänge	0	0	0	0	0
Stand am 31.12.2007	51	213	1.893	218	2.231
Buchwert					
Stand am 31.12.2007	0	64	77	34	175
Stand am 31.12.2006	8	70	40	41	159

71   Die tabellarische Darstellung als „Gitter" ist von Gesetzes wegen nicht zwingend (→ Rz. 54). In einfachen Fällen genügt eine verbale Erläuterung im Anhang.

BEISPIEL ▶ Eine Holding-AG residiert in gemieteten Räumen und hat ihre Büroausstattung geleast. Das Anlagevermögen ist in der Bilanz wie folgt ausgewiesen:

	31.12.02	31.12.01
Anteile an verbundenen Unternehmen	800	650
Ausleihungen an verbundene Unternehmen	2.600	2.350
Wertpapiere	400	300
	3.800	3.300

> Mögliche den Anlagespiegel ersetzende Anhangerläuterung: „Auf das Anlagevermögen sind keine außerplanmäßigen Abschreibungen erfolgt." Oder noch einfacher: „Das Anlagevermögen ist zu Anschaffungskosten ausgewiesen."

2.2 Einzelprobleme

2.2.1 Die gesamten Anschaffungs- und Herstellungskosten, Abgrenzung zu den Zugängen

In Spalte 1 (→ Rz. 69) sind die bis zum Ende der Vorperiode angefallenen Anschaffungs- oder Herstellungskosten für die zu diesem Zeitpunkt vorhandenen Anlagegüter enthalten. In der Folge – also im aktuellen Geschäftsjahr – können diese Vermögensgegenstände – aktivierungspflichtig – verbessert oder erweitert werden (→ § 255 Rz. 114). Möglich ist – als Aktivierungsvorgang – eine wertmäßige Veränderung an bereits vorhandenen Anlagegütern. In **beiden** Fällen (wegen nachträglicher Anschaffungs- oder Herstellungskosten) liegen aus bilanzieller Sicht erfolgsneutrale Vermögensumschichtungen vor. Buchungssatz: per Anlagevermögen in Spalte 2 (→ Rz. 69) an Kreditor/Geld.

72

Als Beispiele seien genannt:

▶ Erhöhung eines Kaufpreises infolge Eintritt einer Bedingung (z. B. *earn out*-Klausel bei Unternehmenserwerb mit Folgeänderung beim Geschäfts- oder Firmenwert).

▶ Erhöhung der Grunderwerbsteuer aus einer Grundstücksanschaffung nach rechtlicher Auseinandersetzung mit dem Finanzamt.

Zweifelhaft kann die Behandlung von bislang **nicht aktivierten** Zugängen in **früheren** Geschäftsjahren – regelmäßig aufgrund steuerlicher Betriebsprüfung – sein. Vgl. hierzu → Rz. 81 ff.

Sofern auf die vorgeschriebene Brutto-Darstellung des Anlagevermögens **umgestellt** werden muss, bedarf es der Ermittlung der in der Vergangenheit angefallenen Anschaffungs- und Herstellungskosten. Der Gesetzgeber erlaubt bei entsprechenden Schwierigkeiten nach Art. 24 Abs. 6 EGHGB eine **Erleichterung** durch Übernahme der in der Eröffnungsbilanz des Geschäftsjahrs mit erstmaliger Anwendungspflicht des Abs. 2 vorliegenden **Buchwerte** als **fiktive** Anschaffungs- oder Herstellungskosten. Diese Erleichterung hatte ihre Berechtigung bei Einführung des BiRiLiG zum 1. 1. 1986. Inzwischen wird in Deutschland flächendeckend der Bruttoanlagespiegel auch auf freiwilliger Basis erstellt, so dass in Fällen einer neu eintretenden Erstellungspflicht – kleine Kapitalgesellschaft wird zu mittelgroßer, eine OHG wird formwechselnd in eine Kapitalgesellschaft umgewandelt – eine solche Erleichterung entbehrlich erscheint. Umgekehrt geben sich auch die IFRS sehr großzügig bei erstmaliger Anwendung von deren Rechnungslegungsregeln in IFRS 1.[31]

73

Bei Anlagezugängen in Form von **Sachgesamtheiten**, insbesondere bei Unternehmenserwerben als *asset deals* oder bei Fusionen und Spaltungen, sind für das aufnehmende oder neugegründete Unternehmen die bisherigen Anschaffungs- und Herstellungskosten des **Rechtsvorgängers** sowie die darauf verrechneten Abschreibungen ohne Interesse, und zwar auch

74

---

31 Vgl. hierzu *Hoffmann/Zeimes*, in: Lüdenbach/Hoffmann (Hrsg.), Haufe IFRS-Kommentar, 8. Aufl., Freiburg 2010, § 6.

III. Entwicklung des Anlagevermögens

dann, wenn bei diesen Anlässen eine Buchwertfortführung zwingend oder gewünscht ist. Buchtechnisch werden deshalb vom aufnehmenden Rechtsträger (auch bei Buchwertfortführung) die Saldogrößen aus den Spalten 5 und 10 im Anlagegitter (→ Rz. 69) nicht übernommen und weitergeführt, sondern als Neuzugang in Spalte 2 erfasst. Wegen der Bestimmung der Anschaffungskosten in diesen Fällen wird auf → § 255 Rz. 42 verwiesen, zum Zugangs**zeitpunkt** auf → § 252 Rz. 85 (regelmäßig Realisationszeitpunkt beim abgebenden Unternehmen).

75 Zugänge (in das Anlagevermögen) liegen auch bei **Umgliederungen** aus dem **Umlauf-** in das **Anlage**vermögen vor.

> **BEISPIEL** ▶ Das Bauträgerunternehmen B erstellt in begehrter Geschäftslage einen „Einkaufserlebnispark" zum Verkauf in vielen Teileinheiten an vorgemerkte Interessenten. Kurz vor Fertigstellung meldet sich eine finanzkräftige „Facility Management SA" und bietet einen 25-jährigen Mietvertrag zu günstigen Konditionen an. Der B nimmt dieses Angebot an. Entsprechend ist eine Umgliederung als „Umwidmung" aus dem Umlauf- in das Anlagevermögen vorzunehmen.

Ausweistechnisch stellt sich die Frage, ob diese Umgliederung in der Umbuchungsspalte 4 (→ Rz. 69) oder in der Zugangsspalte 2 zu zeigen ist. U. E. ist die zweite Variante **vorzugswürdig**:[32]

▶ Das Anlagegitter ist **beschränkt** auf das Anlagevermögen und weist nur dortige Zugänge und Umbuchungen innerhalb dieses Bilanzbereichs aus.

▶ Aus diesem Grund wird vom Bilanzadressaten ein **Nullsaldo** in der Umbuchungsspalte 4 in → Rz. 69 erwartet. Liegt ein solcher nicht vor, entsteht Erläuterungsbedarf.

76 Die **Bewertung** des umgegliederten Betrags ist dann unproblematisch, wenn – wie im Beispiel unter → Rz. 69 unterstellt – im Umlaufvermögen keine Abschreibung erfolgt ist. Im umgekehrten Fall stellt sich die Frage nach der Fortführung der Abschreibungen im Anlagegitter.

> **BEISPIEL** ▶ In Abwandlung des Sachverhalts im Beispiel unter → Rz. 75 hat B Probleme mit der Vermarktung des Projekts. Die Marktlage macht eine Niederstwertabschreibung nach § 253 Abs. 4 Satz 2 HGB (→ § 253 Rz. 147) erforderlich. Im Anschluss daran erfolgt die Vermietung en bloc an die SA zu einem Mietzins, welcher der Abschreibungsberechnung zugrunde lag.

U. E. ist der Zugang im Anlagevermögen unter Spalte 2 (→ Rz. 69) in der Konsequenz der unter → Rz. 75 aufgeführten Gründe mit dem (abgeschriebenen) Buchwert aus dem Umlaufvermögen vorzunehmen.[33] Will man demgegenüber die außerplanmäßige Abschreibung vom Umlauf- in das Anlagevermögen transferieren, müsste diese in Spalte 7 eingebucht und der Zugangswert in Spalte 2 entsprechend erhöht werden.

---

[32] So auch Dörner et al., in: Küting/Pfitzer/Weber (Hrsg.), Handbuch der Rechnungslegung – Einzelabschluss, 5. Aufl., § 268 Tz. 90.

[33] So auch Dörner et al., in: Küting/Pfitzer/Weber (Hrsg.), Handbuch der Rechnungslegung – Einzelabschluss, 5. Aufl., § 268 Tz. 91.

2.2.2 Abgänge

Sofern für im Geschäftsjahr abgegangene Anlagegüter (planmäßige oder außerplanmäßige) Abschreibungen verrechnet worden waren, sind im Anlagegitter die entsprechenden Inhalte der Spalten 3 und 8 (→ Rz. 69) auszubuchen. Deren Saldo weist den Buchwert des abgehenden Vermögensgegenstands aus, der mit dem erhaltenen Gegenwert den „Ertrag oder Aufwand aus dem Abgang von Gegenständen des Anlagevermögens" ergibt, oder als solcher innerhalb der GuV auszuweisen ist (→ § 277 Rz. 55). Ohne vorgängige Abschreibungen – bei Beteiligungen, Wertpapieren oder Grund und Boden denkbar – ist nur die Spalte 3 (→ Rz. 69) anzubuchen. 77

Es gilt folgendes Rechenschema:

Erlös für Abgang aus Finanzbuchführung		+
Beträge aus Spalte 2	} Saldo = Buchwert	-
Beträge aus Spalte 8		+
Abgangsgewinn oder -verlust		+/-

Bei **Umgliederung** aus dem Anlage- in das Umlaufvermögen gelten die unter → Rz. 75 dargestellten Buchungsschritte spiegelbildlich. Es sind entsprechend die Werte aus den Spalten 3 und 8 in das Umlaufvermögen umzugliedern. 78

Die unter → Rz. 77 dargestellten Buchungen im Anlagegitter für **Abgänge** sind auch vorzunehmen, wenn ausnahmsweise dem Zugang **im gleichen Geschäftsjahr** ein Abgang folgt. Dadurch gelingt unmittelbar der in Abs. 2 Satz 3 gebotene Ausweis der im Geschäftsjahr vorgenommenen Abschreibungen. Eine Nichtabschreibung in solchen Fällen kann nur aus Vereinfachungsgründen gerechtfertigt werden, die hier allerdings selten vorliegen dürften. Zu- und Abgänge innerhalb eines Geschäftsjahrs sind u. E. nicht fiktiv auf dessen Ende zu verlegen. 79

Spiegelbildlich zu den in → Rz. 72 dargestellten nur wertmäßigen Erhöhungen bereits **vorhandener** Anlagegüter kann es auch zu Wertminderungen (in späteren Geschäftsjahren) kommen. Als Beispiele (mit umgekehrtem Vorzeichen) seien genannt: 80

▶ Verminderung der Herstellungskosten eines Gebäudes nach stattgegebener Klage auf Herabsetzung des Werklohns.

▶ Verminderung der Grunderwerbsteuer durch erfolgreichen Finanzgerichtsprozess.

Es handelt sich wie in → Rz. 72 um **erfolgsneutrale** Vorgänge; **Buchungssatz**: per Geld an Anlagevermögen, Spalte 3 (→ Rz. 69).

2.2.3 Nachaktivierungen aufgrund steuerlicher Außenprüfung

Regelmäßig erfolgen – abgesehen von Krisenunternehmen – im Rahmen von steuerlichen Außenprüfungen sog. „Nachaktivierungen". Bilanzsystematisch verbergen sich dahinter drei mögliche Tatbestände (→ § 253 Rz. 165): 81

1. Ein bislang als **Aufwand** verbuchter Betrag wird (zunächst steuerlich) als Anlagegut identifiziert (Beispiel: der Umbau der Büroetage vom Großraum in Einzelzimmer).

2. Die bislang vorgenommene planmäßige **Abschreibung** auf einen abnutzbaren Anlagegegenstand wird von der Betriebsprüfung als zu hoch angesehen (Beispiel: das erworbene Warenzeichen wird statt auf zehn durch die Betriebsprüfung auf 15 Jahre abgeschrieben).

3. Die **außerplanmäßige Abschreibung** (= Teilwertabschreibung; → § 253 Rz. 107) auf ein Gebäude wird steuerlich nicht anerkannt.

Regelmäßig besteht zur buchhalterischen Vereinfachung ein Interesse des betroffenen Unternehmens zur (erneuten) **Zusammenführung** der Werte in beiden Rechenwerken. Implizit ist damit ein Eingeständnis der Geschäftsleitung einer bislang unzutreffenden Behandlung der von der Betriebsprüfung aufgegriffenen Sachverhalte verbunden. Die Frage geht dann nach der Abbildung der sog. „Betriebsprüfungs-Anpassung" im Anlagegitter.

82 U. E. ist nach den drei Fallvarianten unter → Rz. 81 zu **differenzieren** (→ § 253 Rz. 165), d. h. die „Betriebsprüfungs-Nachaktivierung" darf nicht über einen Kamm geschoren werden:[34]

▶ Beim 1. Sachverhalt (→ Rz. 81) wird – verspätet – ein bislang unterbliebener Zugang erfasst. Diese Verbuchung kann nicht mehr erfolgsneutral erfolgen, weil die Gegenleistung in Vorjahren schon als Aufwand „verbraucht" worden ist. Anders formuliert: Die als unzutreffend erkannte Aufwandsverbuchung (des Büroumbaus im Beispiel) wird spiegelbildlich als Ertrag verbucht. **Buchungssatz**: per Zugang in Spalte 2 (→ Rz. 69) an sonstigen betrieblichen Ertrag (oder an sonstigen betrieblichen Aufwand als periodenübergreifende Stornierung der früheren Aufwandsverbuchung).

Wenn auf den (früheren) Zugang durch die Betriebsprüfung bereits Abschreibungen verrechnet worden sind (immer noch Sachverhalt unter → Rz. 81), ist die vorstehend dargestellte Buchung zu ergänzen. **Buchungssatz**: per Zugang Spalte 2 (→ Rz. 69) an Zugang Abschreibungen Spalte 7 (Saldo aus Spalten 2 und 7) an Ertrag/Aufwand (wie zuvor).

83 ▶ Beim 2. Sachverhalt (→ Rz. 81) sind in Vorjahren (aus jetziger Sicht) **überhöhte Abschreibungen** zu korrigieren. **Buchungssatz**: per Spalte 9 (→ Rz. 69) an Erträge aus Zuschreibungen.

Anders als beim 1. Sachverhalt (→ Rz. 81) ist hier die Zuschreibung möglich und geboten, weil sie sich unterhalb des „Deckels" der Anschaffungs- und Herstellungskosten für die Wertaufholung (→ § 253 Rz. 159) bewegt. Diese Vorgabe würde im Fall 1 (→ Rz. 82) bei Erfassung in der Zuschreibungsspalte durchbrochen.

84 ▶ Im 3. Sachverhalt (→ Rz. 81) ist die Lösung die gleiche wie in → Rz. 83 dargestellt.

2.2.4 Geringfügige Zugangswerte

85 Selbständig nutzbare Anlagegüter mit Zugangswerten **bis 410 €** sind nach § 6 Abs. 2 EStG wahlweise (→ § 253 Rz. 104a ff.) in voller Höhe als Betriebsausgaben abzugsfähig.[35] Dem kann – und sollte aus Vereinfachungsgründen – auch handelsrechtlich durch sofortige Aufwandsverrechnung gefolgt werden (→ § 252 Rz. 187). Denkbar ist auch – z. B. im Interesse einer Inventarisierung – eine Erfassung im Anlagegitter durch Verbuchung in folgenden Spalten der Tabelle (→ Rz. 69): Spalte 2 - Spalte 7 = Null in Spalte 11.

86 Selbständig nutzbare Anlagegüter mit Zugangswerten über 150 € bis 1.000 € sind nach § 6 Abs. 2a EStG nach einem weiteren Wahlrecht (→ § 253 Rz. 104a ff.) als **Sammelposten** – keine

---

[34] Ähnlich wie hier *Dörner et al.*, in: Küting/Pfitzer/Weber (Hrsg.), Handbuch der Rechnungslegung – Einzelabschluss, 5. Aufl., § 268 Tz. 81; teilweise a. A. *ADS*, 6. Aufl., § 268 Tz. 55; *Kozikowski/Huber*, in: Beck'scher Bilanz-Kommentar, 7. Aufl., München 2010, § 268 Tz. 19.
[35] Im Einzelnen *Siegle*, DStR 2010 S. 1068.

Einzelbewertung – pro Zugangsjahr zu erfassen und in diesem Jahr und den folgenden vier Jahren mit jeweils 20% abzuschreiben (sog. Poolabschreibung). U. E. kann dieser Vorgabe in aller Regel im Hinblick auf *materiality-* und *cost benefit*-Gesichtspunkte auch handelsrechtlich gefolgt werden (→ § 252 Rz. 188). Damit ist nicht zwingend auf eine Inventarisierung der Einzelzugänge – z. B. Arbeitsplatzcomputer – aus Kontrollgründen zu verzichten. Durch Vergabe einer Inventar-Nr. kann das physische Vorhandensein nachgehalten werden. Ein vorzeitiger Abgang ist bei Anwendung der Poolabschreibung allerdings in den Abgangsspalten 3 und 8 in der Tabelle (→ Rz. 69) nicht zu erfassen. Vielmehr sind die Spalten in → Rz. 69 wie folgt anzubuchen bzw. in die Finanzbuchführung zu transferieren:

Buchungssätze:

im Zugangsjahr:

per Spalte 2	an Kreditor/Bank
per Abschreibung	an Spalte 7

in den vier Folgejahren:

per Abschreibung	an Spalte 7

im vierten Folgejahr zusätzlich:

per Spalte 8	an Spalte 3 i. H. des Zugangs im Erstjahr

Die letztgenannte Buchung fingiert einen Abgang am Ende der steuerlich vorgegebenen Abschreibungsperiode. Die Lösung erscheint dann sinnvoll, wenn auf eine Inventarisierung verzichtet wird. Bei Einzelerfassung auch der „*pool*"-Anlagegüter kann die Abgangsverbuchung in den Spalten 3 und 8 (→ Rz. 69) auch in das effektive Abgangsjahr nach Ende der Fünf-Jahres-Frist des § 6 Abs. 2a EStG verlagert werden. Umgekehrt muss im Fall des vorzeitigen Abgangs die Verbuchung bis zum Ende des steuerlich vorgegebenen Zeitraums der Abschreibungsverrechnung aufgeschoben werden.

2.2.5 Festwerte

Für das Sachanlagevermögen können bei nachrangiger Bedeutung Festwerte nach § 240 Abs. 3 HGB gebildet werden (→ § 240 Rz. 23). Dabei werden von Gesetzes wegen eine etwa **gleichbleibende Menge** und entsprechende **Werte** unterstellt, was allerdings regelmäßig alle drei Jahre zu überprüfen ist. Zu- und Abgänge sollen sich nach der Vereinfachungsidee der Festbewertung im Zeitverlauf in etwa ausgleichen.

87

Daraus wird allgemein[36] u. E. zutreffend auf eine buchmäßige Erfassung der Zugangswerte außerhalb des Anlagegitters als sonstige betriebliche Aufwendungen geschlossen.

88

Erhöhungen oder Minderungen des Festwerts aufgrund einer **Bestandsaufnahme** sind unabhängig von Mengen- oder Preisveränderungen als Zugang oder Abgang zu zeigen; d. h. erfolgswirksam in den Spalten 2 und 3 in der Tabelle (→ Rz. 69). Die Vornahme von Abschreibungen

---

36 Vgl. *Dörner et al.*, in: Küting/Pfitzer/Weber (Hrsg.), Handbuch der Rechnungslegung – Einzelabschluss, 5. Aufl., § 268 Tz. 148; *ADS*, 6. Aufl., § 268 Tz. 78.

erscheint der Festbewertung wesensfremd. Deshalb ist der Bereich der Spalten 7 bis 9 (→ Rz. 69) hier nicht einschlägig.

Die **erstmalige Einführung** eines Festwerts in das Anlagegitter ist in der Spalte 2 (→ Rz. 69) zugunsten eines Ertragskontos (→ § 275 Rz. 23) zu verbuchen. Letzterem ist ggf. der Wegfall eines an anderer Stelle bilanzierten Werts zu belasten.

2.2.6 Geleistete Anzahlungen und Anlagen im Bau

89 Der Ausweis betrifft nicht abgeschlossene Investitionen in immaterielle und sächliche Anlageobjekte. Die darauf gebuchten Werte harren der **endgültigen Zuordnung** zu den betreffenden Posten innerhalb des Anlagevermögens, z. B. Patente oder Gebäude. Sobald diese der Nutzung durch das Unternehmen zur **Verfügung** stehen, muss die Umbuchung in Spalte 4 (→ Rz. 69) erfolgen. U. E. ist diese Umbuchung zu **diesem** Zeitpunkt vorzunehmen, d. h. als Zugang erscheinen unter „geleistete Anzahlungen und Anlagen im Bau" auch die bis zur Verfügungsbereitschaft anfallenden Ausgaben etc. Nach a. A.[37] sollen im Jahr der Inbetriebnahme hier nur noch Zugänge für die am **Abschluss**stichtag noch unfertigen Anlagen gezeigt werden. Aus Sicht des externen Abschlussadressaten kommt den beiden Ausweisvarianten keine nennenswerte unterschiedliche Bedeutung zu.

2.2.7 Immaterielle Anlagewerte

90 Bei immateriellen Anlagewerten kann insbesondere der **Abgangszeitpunkt** problematisch sein. Bei sächlichem Anlagevermögen kommt es am Ende der Nutzungsperiode zum Abbruch, zur Verschrottung oder zur Entsorgung. Immaterielle Werte entbehren ex definitione solcher „Endlösungen":

▶ Das Ende einer wirtschaftlich sinnvollen Nutzungsmöglichkeit liegt im Zeitpunkt des Ablaufs eines pharmazeutischen **Patents**, da dann die Generika-Industrie den Markt erobert.

▶ **Marken** werden zwar u. U. aktuell nicht genutzt bzw. nicht beworben, können indes bei Bedarf reaktiviert werden (z. B. „Maybach").

▶ Das (ungeschützte) *know how* erschöpft sich im Zeitverlauf, weil die Konkurrenz das Verfahren im Zeitverlauf zunehmend durchschaut.

▶ Der **Geschäfts-** oder **Firmenwert** verflüchtigt sich gänzlich, weil die erworbene Supermarktkette ihre Geschäfte einstellen muss.

91 In diesen Fällen unklarer **Abgangs**situation entsprechen sich regelmäßig die zugehörigen Werte in den Spalten 5 und 10 in der Tabelle (→ Rz. 69), der Buchwert ist also jeweils Null. So gesehen kommt dem unter → Rz. 90 dargelegten Problemkreis keine überragende materielle Bedeutung zu. Andererseits können diese Beträge nicht sinnvoll auf Dauer weitergeführt werden, wenn ihnen keine wirtschaftliche Substanz mehr zuzuordnen ist. U. E. müssen hier unternehmensindividuelle **typisierende** Lösungen herangezogen werden.

---

[37] Vgl. ADS, 6. Aufl., § 268 Tz. 79. Unentschieden *Dörner et al.*, in: Küting/Pfitzer/Weber (Hrsg.), Handbuch der Rechnungslegung – Einzelabschluss, 5. Aufl., § 268 Tz. 159, und *Kozikowski/Huber*, in: Beck'scher Bilanz-Kommentar, 7. Aufl., München 2010, § 268 Tz. 50.

Eine Abgangsverbuchung ist danach vorzunehmen bei

▶ Ablauf des Patentschutzes,

▶ Beendigung der planmäßigen oder außerplanmäßigen Abschreibung (Buchwert Null) von ungeschützten immateriellen Gütern, Geschäfts- oder Firmenwert[38] sowie

▶ Beendigung der Bewerbung einer Marke.

Buchungssatz dann in → Rz. 69: per Spalte 8 an Spalte 3.

Der in diesen Fällen, aber auch bei Sachanlagen häufig anzutreffende Ausweis eines **Erinnerungswerts** von 1 € ist zumindest bei Vorliegen einer ordnungsmäßigen Anlagebuchführung ohne Sinngehalt. Denn die Aufnahme in das Rechenwerk durch entsprechende Inventarisierung „**erinnert**" den Buchungsverantwortlichen institutionell und permanent an das Vorhandensein des betreffenden Vermögensgegenstands und provoziert die laufende diesbezügliche Überprüfung. Einer zusätzlichen „Erinnerung" in der Finanzbuchführung bedarf es nicht.

92

IV. Nicht durch Eigenkapital gedeckter Fehlbetrag (Abs. 3)

1. Der bilanzielle Gehalt

Das Eigenkapital **gleicht** in der Bilanz die Aktiva und Passiva **aus** („*equity*" → § 247 Rz. 13). Dieser Ausgleich kann auf der Passivseite – regelmäßig – oder auf der Aktivseite erfolgen (so ausnahmsweise und in Abs. 3 behandelt). Dies gilt **rechtsformübergreifend**. Optisch am deutlichsten wird das negative Eigenkapital – der Ausweis auf der Aktivseite – beim Einzelkaufmann dargestellt, weil dort das Eigenkapital ungegliedert als Gesamtposten erscheint. Bei Personengesellschaften (→ § 246 Rz. 85 ff.) und bei Kap. & Co.-Gesellschaften (→ § 264c Rz. 9) gelten besondere Gliederungsvorgaben. Die Gliederungsvorgaben für Kap. & Co.-Gesellschaften sind weitgehend identisch mit denen für die KGaA und für die Personengesellschaften des PublG.[39]

93

Der in Abs. 3 genannte Bilanzposten stellt also einen reinen **Folgeeffekt** aus den Wertveränderungen von Vermögensgegenständen und Schulden dar und ist deshalb **kein Vermögensgegenstand**, so wenig wie das positive Eigenkapital eine Schuld darstellt. Solche (negativen) Wertänderungen in der Bilanz schlagen sich im Ergebnis als „**Verlust**" nieder (so der Gesetzeswortlaut unter missverständlicher Heranziehung umgangssprachlicher Terminologie). Übersteigen diese „Verluste" im Zeitverlauf das eingesetzte Kapital abzüglich zuvor vorgenommener Entnahmen oder Gewinnausschüttungen, kommt es zum Ausweis der fraglichen Posten, da das GuV-Konto nach den Gesetzmäßigkeiten der Doppik ein Unterkonto des Kapitalkontos ist.

94

Der Inhalt des Bilanzausweises nach Abs. 3 ist **keineswegs identisch** mit demjenigen des Jahresfehlbetrags, des Verlustvortrags und des Bilanzverlusts. Diese stellen **Unter**gliederungen des Eigenkapitals dar, der Aktivausweis ist dagegen als reine **Saldogröße** des **gesamten** Eigenkapitals zu verstehen.

95

---

38 Ähnlich *ADS*, 6. Aufl., § 268 Tz. 75.
39 Vgl. *Wulf/Bosse*, in: Haufe HGB Bilanz-Kommentar, Freiburg 2009, § 268 Rz. 49.

96 Der Ausweis eines negativen Eigenkapitals (bei einer Kapitalgesellschaft) proviziert Nachforschungen darüber, ob ein **Insolvenzantrag** wegen Überschuldung erforderlich ist oder ob ausreichend stille Reserven vorhanden sind oder eine positive Fortbestehenshypothese das negative Eigenkapital in dieser Hinsicht überkompensiert.

2. Ausweistechnik

97 Die Negativposition des Eigenkapitals könnte theoretisch auch durch einen (negativen) Passivausweis dargestellt werden. Durch den Entscheid des Gesetzgebers für die Positionierung am Schluss der Aktivseite (→ § 266 Rz. 76) „verschwindet" das Eigenkapital mit seinen Untergliederungen (→ § 272 Rz. 1 ff.) aus dem Bilanzbild, d. h. weder Nennkapital noch Rücklage etc. sind dann ersichtlich.

Nach h. M. soll die Darstellung der **Eigenkapitalstruktur** unberührt bleiben, d. h. unter den Passiva sind die gesamten (und anderen) Posten unverändert zu zeigen,[40] was den Ausweis eines Null-Betrags erforderlich macht.

BEISPIEL

	Bilanz 31.12.01	Bilanz 31.12.02
Gezeichnetes Kapital	1.000	1.000
Kapital- und Gewinnrücklage	200	00
Gewinnvortrag/Verlustvortrag	50	-270
Jahresfehlbetrag/-überschuss	-1.320	110
Ausweis unter den Aktiva	70	–
Eigenkapital	0	840

An dem Negativausweis zum 31.12.01 hätte sich auch durch Auflösung der Rücklage zugunsten des Bilanzverlusts (→ § 270 Rz. 4) nichts geändert.

V. Bilanzvermerke für Forderungen und Vermögensgegenstände (Abs. 4)

1. Laufzeitvermerk für Forderungen (Abs. 4 Satz 1)

1.1 Anwendungsbereich

98 Abs. 4 spricht von „Forderungen", die eine Restlaufzeit von **mehr als einem Jahr** haben. Damit ist implizit eine Anwendung auf Forderungen des Anlagevermögens (z. B. Ausleihungen) ausgeschlossen, da hier (→ § 247 Rz. 22) regelmäßig eine längerfristige Bindung an das Unternehmen vorliegt. Bei Umlaufvermögen erwartet der Abschlussadressat ein baldiges Eingehen des

---

40 Z. B. *Ellrott/Krämer*, in: Beck'scher Bilanz-Kommentar, 7. Aufl., München 2010, § 268 Tz. 75; *ADS*, 6. Aufl., § 268 Tz. 90.

Forderungsbetrags. Da dies in Ausnahmefällen nicht gewährleistet ist, kann durch die Angabe die tatsächliche **Liquiditätslage** der Gesellschaft besser dargestellt werden.

Im Gliederungsschema des § 266 HGB (→ § 266 Rz. 67) sind angesprochen die Forderungen 99

► aus Lieferungen und Leistungen,
► gegen verbundene Unternehmen,
► gegen Unternehmen, mit denen ein Beteiligungsverhältnis besteht, sowie
► die Forderungen, die in den „sonstigen Vermögensgegenständen" enthalten sind.

Zum spiegelbildlichen Ausweisproblem für **Verbindlichkeiten** vgl. → Rz. 109. Dazu gesellen sich Sonderausweise (→ § 266 Rz. 67 ff.).

Kleine Kapitalgesellschaften können gem. § 266 Abs. 1 Satz 3 HGB (→ § 266 Rz. 8) die in 100
→ Rz. 99 genannten Posten zusammengefasst ausweisen. Der Restlaufzeitvermerk ist dann entsprechend zu komprimieren.

Mittelgroße Kapitalgesellschaften können bei der **Veröffentlichung** (→ § 327 Rz. 7) diese Posten ebenfalls zusammengefasst ausweisen, müssen allerdings die Forderungen gegen verbundene und Beteiligungsunternehmen gesondert zeigen. Der Bilanzvermerk ist entsprechend anzupassen.

1.2 Restlaufzeit

Die Restlaufzeit **beginnt** mit dem **jeweiligen** Bilanzstichtag und **endet** mit dem (mutmaß- 101
lichen) Eingang der Forderung.

> **BEISPIEL** ► Die Forderung wird am 15.12.01 begründet und ist am 15.12.03 zu erfüllen.
> In der Bilanz zum 31.12.01 beträgt die Restlaufzeit mehr als ein Jahr (mit Vermerk), am 31.12.02 weniger als ein Jahr (ohne Vermerk).

Das mutmaßliche Laufzeitende ergibt sich bei **vertraglicher** Laufzeitfixierung und normaler Bo- 102
nität des Schuldners aus den Vertragsbedingungen. Sehen diese eine Zahlung in gleichmäßigen Tilgungsraten vor, ist zwischen den Raten der nächsten zwölf Monate und den danach zu leistenden zu unterscheiden. Im Falle gleichmäßiger Raten auf verzinsliche Forderungen ist zuvor der Tilgungsanteil in den Raten zu bestimmen.

Eine **Schätzung** der Restlaufzeit ist in Fällen der **Zahlungsschwierigkeit** des Schuldners erforderlich. Dabei darf der Restlaufzeitvermerk nicht die notwendige Abschreibung (Wertberichtigung) ersetzen. Vielmehr muss in diesen Fällen die Schätzung der Werthaltigkeit mit derjenigen der Restlaufzeit Hand in Hand gehen.

Bei Anpassung der Fälligkeit wegen Zahlungsschwierigkeiten des Kunden in Form von Stundungsabreden oder Umwandlung in einen Abzahlungskredit kann der Gehalt der Änderungsvereinbarung regelmäßig erst in der der Vereinbarung folgenden Bilanz berücksichtigt werden. Die Vereinbarung ist vermerkbegründend, nicht -aufhellend (→ Rz. 111).[41] Ist die im Bilanzauf-

---

41 Es handelt sich um eine Anwendung des Werterhellungstheorems, vgl. → § 252 Rz. 55, eindrucksvoll bestätigt durch FG Köln, Urteil vom 12.2.2009 – 13 K 1572/06, rkr., EFG 2009 S. 973. Zur konzeptionell übereinstimmenden Regelung nach IFRS vgl. *Freiberg*, PiR 2010 S. 142. Zur steuerbilanziellen Sicht vgl. *Buciek*, FR 2010 S. 523.

stellungszeitraum getroffene Änderungsvereinbarung jedoch Reaktion auf bereits am Bilanzstichtag bestehende Zahlungsschwierigkeiten, ergibt sich u. E. ein Gleichklang zwischen dem geschätzten Laufzeitende am vorhergehenden Bilanzstichtag und dem vertraglichen am nachfolgenden Bilanzstichtag.

BEISPIEL

Warenlieferung	18.11.01
Ursprüngliche Fälligkeit am	18.2.02
Bilanzstichtag	31.12.01
Bilanzerstellung	10.2.02
Umwandlung der Lieferungsforderung in einen am 10.1.04 fälligen Kredit am 1.2.02	
Bilanzvermerk am	31.12.01 Abhängig davon, ob Zahlungsschwierigkeiten des Kunden schon am 31.12.01 gegeben und daher mit Erfüllung in 02 nicht mehr zu rechnen ist (Schätzung der Laufzeit)
Bilanzvermerk am	31.12.02 Ja (vertragliche Laufzeit)

103 Der Laufzeitvermerk kann höchstens mit dem Bilanzausweis der jeweiligen Forderung erfolgen.

BEISPIEL

Zinslose Forderung am	1.000
Laufzeit	3 Jahre
Bilanzausweis abgezinst	850
Laufzeitvermerk	850

1.3 Ausweistechnik

104 Nach dem Gesetzeswortlaut ist ein Ausweis in der **Bilanz** vorgesehen. Dafür stehen zwei Techniken zur Verfügung:

▶ Sog. „**Davon**"-Vermerk:

Forderungen gegen verbundene Unternehmen		1.000
- davon mit einer Restlaufzeit von mehr als einem Jahr		650

▶ **Vorspaltige** Darstellung

Forderungen gegen verbundene Unternehmen		
- mit einer Restlaufzeit von mehr als einem Jahr	650	
- Andere	350	1.000

Beide Darstellungsformen bereiten u.U. optisch gewisse Unzulänglichkeiten. Nach h. M.[42] kann der Angabepflicht auch im **Anhang** nachgekommen werden. Das ergibt sich implizit aus der Aufgliederungstechnik im Anhang gem. § 265 Abs. 7 Nr. 2 HGB (→ § 265 Rz. 47). Dabei kann in einfachen Fällen ein kurzer Satz genügen.

> **BEISPIEL** Beim Sachverhalt im vorhergehenden Beispiel kann die Anhangangabe lauten: „Von den Forderungen gegen verbundene Unternehmen haben eine Restlaufzeit von mehr als einem Jahr 650."

In umfangreicheren Fällen kann ein „**Forderungsspiegel**" (→ § 266 Rz. 69) sinnvoll sein.

> **BEISPIEL**
>
> | | Restlaufzeit | |
> | --- | --- | --- |
> | | bis 1 Jahr | mehr als 1 Jahr |
> | Forderungen aus Lieferungen und Leistungen | | |
> | Forderungen gegenüber Muttergesellschaft (verbundenes Unternehmen)* | | |
> | Forderungen gegenüber Unternehmen, mit denen ein Beteiligungsverhältnis besteht | | |
> | | Bilanzausweis | |
>
> * Kombinierter Ausweis nach § 266 Abs. 2 B.II.2 HGB i.V. mit § 42 Abs. 3 GmbHG.

Vorjahreszahlen sind nicht zwingend, nur freiwillig anzugeben. **Ebenso wenig** ist – wie sonst auch bei Angabepflichten (→ § 284 Rz. 12) – eine **Fehlanzeige** zu erstatten. Als **Beispiel** für eine überflüssige Angabe: „Unsere Forderungen des Umlaufvermögens sind sämtlich innerhalb eines Jahres fällig."

2. Rechtlich noch nicht entstandene sonstige Vermögensgegenstände (Abs. 4 Satz 2)

Für diesen Anwendungsbereich – sog. antizipative Posten – Beispiele zu finden, erscheint schwierig. Im Schrifttum[43] werden gewöhnlich folgende Sachverhalte aufgeführt:

▶ Mietzahlungsansprüche,

▶ Zinserträge,

▶ Jahresboni und

▶ Versorgungsverträge für Strom, Gas, Wasser.

---

42 Z. B. *ADS*, 6. Aufl., § 268 Tz. 103.
43 Vgl. *ADS*, 6. Aufl., § 268 Tz. 96; *Ellrott/Krämer*, in: Beck'scher Bilanz-Kommentar, 7. Aufl., München 2010, § 268 Tz. 94 f.; *Knop*, in: Küting/Pfitzer/Weber (Hrsg.), Handbuch der Rechnungslegung – Einzelabschluss, 5. Aufl., § 268 Tz. 20.

Für die vier Fälle ist die Subsumtion unter die Angabepflicht schon deswegen zweifelhaft, weil es sich nach der Gliederungstechnik von § 266 HGB nicht um „Sonstige Vermögensgegenstände", sondern um „Forderungen aus Lieferungen und Leistungen" handelt. Diese Posten mögen in der Praxis häufig in den „Sonstigen Vermögensgegenständen" enthalten sein, weil sie nicht im Debitoren-Kontokorrent geführt werden. Indes sollte der falsche Ausweis nicht die Anhangangabe provozieren.

106 Mitunter wird auch die **fehlende** Fälligkeit am Bilanzstichtag als Tatbestandsmerkmal für diese „antizipativen" Posten genannt.[44] Die Fälligkeit einer Forderung kann indes deren Bilanzansatz nicht begründen (§ 252 Abs. 1 Nr. 5 HGB), im Gegenteil (→ § 252 Rz. 163). Die vier unter → Rz. 105 aufgelisteten Fälle deuten allerdings auf diese Bilanzierungsvorgabe hin, nämlich das **Periodisierungsprinzip**.

> **BEISPIEL**[45] Die A-GmbH betreibt die Autovermietung an Selbstfahrer. Diese schulden eine Tagespauschale zzgl. einer Vergütung für die Fahrleistung. Abgerechnet wird nach Rückgabe des Fahrzeugs.
>
> Der Vergütungsanspruch insgesamt entsteht möglicherweise rechtlich erst bei Rückgabe des Fahrzeugs und Erstellung der Abrechnung. Gleichwohl ist am Bilanzstichtag die Forderung auf die Tagespauschale und die geschätzte Vergütung für die Fahrleistung zu aktivieren – allerdings gliederungstechnisch nicht unter „Sonstige Vermögensgegenstände" (→ Rz. 105).
>
> **BEISPIEL** Unternehmen U bilanziert zum 28.2. Es hat eine Festgeldanlage bei der Bank B, über die vierteljährlich abgerechnet wird.
>
> Die Zinsforderung des U entsteht rechtlich am 31.3. Er grenzt im Abschluss zum 28.2. die bis dahin „aufgelaufene Zinsforderung" als „Sonstiger Vermögensgegenstand" ab. Dadurch wird das Periodisierungsprinzip sinnvoll erfüllt.

107 Als Anwendungsbereich der Angabepflicht verbleibt dann nur der Fall von Steuererstattungsansprüchen bei abweichendem Wirtschaftsjahr. Allerdings erscheint zweifelhaft, ob der Gesetzgeber diesen Fall in dieser Form hat regeln wollen.

108 Der Praxis kommt bei dieser wirren Rechtslage die *materiality*-Vorgabe zur Hilfe. I. d. R. haben diese Sachverhalte keinen „größeren Umfang" i. S. der Gesetzesvorgabe, so dass schon deswegen über Angabepflichten nicht weiter nachgedacht werden muss.

---

44 Vgl. *Ellrott/Krämer*, in: Beck'scher Bilanz-Kommentar, 7. Aufl., München 2010, § 268 Tz. 93.
45 Nach BFH-Urteil vom 20. 5. 1992 – X R 49/89, BStBl II S. 904.

VI. Bilanzvermerke für Verbindlichkeiten (Abs. 5)

1. Laufzeitvermerk (Abs. 5 Satz 1)

1.1 Anwendungsbereich

Vergleichbar zu den Forderungen des Umlaufvermögens (→ Rz. 98 f.) ist im Interesse der **Liquidität**sdarlegung der Gesellschaft auch für Verbindlichkeiten ein Laufzeitvermerk vorgesehen, allerdings umgekehrt: „**bis** zu einem Jahr". Die praktische Bedeutung ist für Verbindlichkeiten weitaus größer als für die Forderungen, weil Letztere nur das Umlaufvermögen betreffen. Für Verbindlichkeiten gibt es keine spiegelbildliche Aufgliederung wie für das Anlage- und Umlaufvermögen mit der Trennung nach „dauernd" und „nicht dauernd" (→ § 247 Rz. 22).

109

Im Bilanzgliederungsschema sind angesprochen die unter § 266 Abs. 3.C HGB (→ § 266 Rz. 83) aufgeführten Posten, ergänzt mit dem Sonderausweis nach § 42 Abs. 3 GmbHG bzw. § 264c Abs. 1 HGB. Die erhaltenen **Anzahlungen** stellen regelmäßig keine Zahlungsverpflichtung dar und scheiden für den Restlaufzeitvermerk deshalb aus.

110

Kleine Kapitalgesellschaften und Kap. & Co.-Gesellschaften können die genannten Gliederungsposten (abgesehen von demjenigen nach § 42 Abs. 3 GmbHG) nach § 266 Abs. 1 Satz 3 HGB zusammengefasst ausweisen mit entsprechender Folge für den Laufzeitvermerk (→ § 266 Rz. 8). Dies sieht § 327 HGB auch für **mittel**große Gesellschaften bezüglich der **veröffentlichten** Bilanz vor; allerdings sind dann ergänzende Posten anzugeben, die im Wesentlichen der Gliederungsvorgabe des § 266 Abs. 3.C HGB entsprechen, so dass die Inanspruchnahme dieser Erleichterung (bei der Veröffentlichung) regelmäßig keinen Sinn ergibt.

1.2 Die Restlaufzeit

Die Restlaufzeit beginnt wie bei den Forderungen (→ Rz. 99) mit dem Bilanzstichtag. Der Zwölf-Monats-Zeitraum endet ein Jahr später, also am nächsten Bilanzstichtag. Das gilt auch für Verbindlichkeiten mit vorgesehener Teil-Tilgung, z. B. für **Annuitäten**-Darlehen.

111

Bei Annuitätendarlehen ist die Restlaufzeit auf Basis des Tilgungsanteils der gleichbleibenden Raten zu bestimmen.

> **BEISPIEL** Am 31.12.01 nimmt U ein Darlehen über 346,5 auf, das bei einem Zinssatz von 6 % in vier gleichbleibenden Jahresraten (Annuitäten) von 100, fällig jeweils am 31.12. zu bedienen ist.
>
> Aus Übersicht 1 ergibt sich die Entwicklung des Darlehens, aus Übersicht 2 der Tilgungsanteil des jeweiligen Jahrs und daraus abgeleitet die Restlaufzeit.
>
> | Jahr | 1.1. | + Zins | - Zahlung | = 31.12. |
> |------|------|--------|-----------|----------|
> | 01 | | | | 346,50 |
> | 02 | 346,50 | 20,79 | -100,00 | 267,29 |
> | 03 | 267,29 | 16,04 | -100,00 | 183,33 |
> | 04 | 183,33 | 11,00 | -100,00 | 94,33 |
> | 05 | 94,33 | 5,67 | -100,00 | 0,00 |

				Restlaufzeit	
Jahr	Zahlung	- Zins	= Tilgung	≤ 1 Jahr	> 1 Jahr
01				79,21	267,29
02	100,00	-20,79	79,21	83,96	267,29
03	100,00	-16,04	83,96	89,00	183,33
04	100,00	-11,00	89,00	94,33	0,00
05	100,00	-5,67	94,33		
			346,50		

Maßgeblich für die Laufzeit ist der **vertraglich fixierte** Termin und nicht etwa eine beabsichtigte frühere Rückzahlung oder umgekehrt eine vorgesehene Stundung.[46] Revolvierende (kurzfristige) Bankkredite sind nach der vertraglichen Fälligkeitsabrede in den Vermerk aufzunehmen, auch wenn beide Vertragspartner von einer regelmäßigen Verlängerung der Kreditbeziehung ausgehen. Eine Ausnahme kommt dann in Betracht, wenn bis zum Bilanzstichtag eine **Prolongations**abrede rechtsverbindlich vorliegt.[47] Eine Prolongation bis zur Bilanzerstellung (→ § 252 Rz. 55) ist u. E. erst im Folgejahr zu berücksichtigen, da der Abschluss von Verträgen bzw. die vertragliche Änderung von Rechten und Pflichten ansatz-/wertbegründenden und nicht erhellenden Charakter hat (→ Rz. 102).

Entsprechendes gilt, wenn das Unternehmen im abgelaufenen Jahr Vertragsbedingungen (*covenants*) nicht eingehalten hat, weshalb der Gläubiger zur kurzfristigen vorzeitigen Kündigung berechtigt ist, nach dem Bilanzstichtag und vor der Bilanzaufstellung aber diese Kündigungsmöglichkeit durch Erklärung oder Zeitablauf hinfällig wird: Zum Bilanzstichtag ist die Verbindlichkeit als kurzfristig zu qualifizieren. Wegen Einzelheiten hierzu wird auf → § 285 Rz. 4 sowie → § 256a Rz. 14a ff. verwiesen.

1.3 Ausweistechnik

112 Der Gesetzeswortlaut sieht einen Vermerk in der Bilanz vor. Die zwei in Betracht kommenden Techniken („Davon"-Vermerk und vorspaltige Darstellung) sind in → Rz. 104 mit Hinweis auf die optisch weniger ansprechende Form wiedergegeben. Regelmäßig wird deshalb die allgemein als zulässig erachtete Verlagerung der Darstellung in den **Anhang** gewählt. In einfachen Fällen genügt der Satz: „Sämtliche Verbindlichkeiten haben eine Restlaufzeit von einem Jahr."

113 In umfangreicheren Datenkonstellationen bietet sich die Erstellung eines **Verbindlichkeitenspiegels** unter Einbeziehung der auf die Verbindlichkeiten entfallenden Anhangangaben gem. § 285 Nr. 1a und b und Nr. 2 HGB (→ § 285 Rz. 4) an – mit **Erleichterungen** für kleine Kapital- und Kap. & Co.-Gesellschaften gem. § 288 Satz 1 HGB (→ § 288 Rz. 1) bei der **Erstellung** und für mittelgroße Gesellschaften bei der **Veröffentlichung** gem. § 227 Nr. 2 HGB.

---

46 H. M. beispielsweise *ADS*, 6. Aufl., § 268 Tz. 111; *Knop*, in: Küting/Pfitzer/Weber (Hrsg.), Handbuch der Rechnungslegung – Einzelabschluss, 5. Aufl., § 268 Tz. 209; *Kozikowski/Schubert*, in: Beck'scher Bilanz-Kommentar, 7. Aufl., München 2010, § 268 Tz. 103.

47 Zu vergleichbaren steuerlichen Situation *Buciek*, FR 2010 S. 523.

Ein solcher Verbindlichkeitenspiegel könnte wie folgt tabellarisch dargestellt werden (→ § 266 Rz. 17 und → § 266 Rz. 84):

Art der Verbindlichkeit	Restlaufzeit			Summe	Sicherheiten	
	bis 1 Jahr	1 - 5 Jahre	über 5 Jahre		Art	Betrag

2. Ausweiswahlrecht für erhaltene Anzahlungen (Abs. 5 Satz 2)

Zum Inhalt dieses Postens wird auf → § 266 Rz. 86 verwiesen. Statt des Ausweises unter den Verbindlichkeiten stellt Abs. 5 Satz 2 optional einen **Saldierungs**ausweis bei den „Vorräten" zur Verfügung, in offener Form auch für kleine Kapital- und Kap. & Co.-Gesellschaften.[48] Die Verrechnungsmöglichkeit bezieht sich auf alle Arten von Vorräten (→ § 266 Rz. 53). Der **bilanzanalytische** Effekt liegt in der Verkürzung der Bilanzsumme mit entsprechender Veränderung einschlägiger Kennziffern.

114

Bezüglich der bei Erhalt der Anzahlungen geschuldeten **Umsatzsteuer** sollte die Netto-Darstellung (Ausweis der Umsatzsteuer als Schuldposten gegenüber dem Finanzamt) gewählt werden (Beispiel unter → § 266 Rz. 87), weil dadurch eine systematische Übereinstimmung mit dem Ausweis der Vorräte, die regelmäßig keine Umsatzsteuerbeträge enthalten, hergestellt wird.

115

3. Erläuterung antizipativer Posten (Abs. 5 Satz 3)

Diese Erläuterungspflicht gilt allgemein als legislatorische Missgeburt.[49] Nur mit Mühe und dann kaum stringent begründbar können Sachverhalte, die unter die Vorgabe zu subsumieren wären, gefunden werden. Ob ein Bilanzansatz für rechtlich noch nicht bestehende („unsichere") Verbindlichkeiten erfolgen muss, richtet sich nach den Ansatzkriterien des § 249 Abs. 1 Satz 1 HGB (→ § 249 Rz. 10).

116

Kleine Kapital- und Kap. & Co.-Gesellschaften sind von der Angabepflicht nach § 274a Nr. 3 HGB förmlich befreit.

VII. Ausweis des Disagios (Abs. 6)

Abs. 6 regelt den **Ausweis** eines in Ausübung des Wahlrechts nach § 250 Abs. 3 HGB vorgenommenen Bilanzansatzes. Der Posteninhalt (→ § 250 Rz. 47) ist hier nicht angesprochen. Die Ausweistechnik kann **bilanziell** vorspaltig oder als „Davon"-Vermerk erfolgen (→ Rz. 104). Bei Anhangerläuterung genügt regelmäßig ein Satz: „Unter den Rechnungsabgrenzungsposten sind Disagien oder Damnen in Höhe von … ausgewiesen."

117

Kleine Kapital- und Kap & Co.-Gesellschaften sind nach § 274a Nr. 4 HGB von dieser Angabepflicht befreit.

---

[48] So auch *ADS*, 6. Aufl., § 268 Tz. 115.
[49] Vgl. *Kozikowski/Schubert*, in: Beck'scher Bilanz-Kommentar, 7. Aufl., München 2010, § 268 Tz. 108; *ADS*, 6. Aufl., § 268 Tz. 118.

VIII. Aufgliederung der Haftungsverhältnisse (Abs. 7)

1. Inhalt der Angabepflicht

118 Die **Aufgliederungspflicht** nach Abs. 7 trifft nicht alle Kaufleute (→ § 251 Rz. 3), sondern nur Kapital- und Kap. & Co.-Gesellschaften sowie die dem PublG unterliegenden Unternehmen (§ 5 Abs. 1 PublG). **Kleinformatige** Kapital- und Kap. & Co.-Gesellschaften sind förmlich nicht von der Aufgliederungspflicht ausgenommen. Mit der h. M.[50] ist darin ein redaktionelles Versehen des Gesetzgebers zu orten, da diese die Verbindlichkeiten nach § 266 Abs. 1 Satz 3 HGB in der Bilanz zusammengefasst ausweisen können, u. a. also auch Verbindlichkeiten gegenüber verbundenen Unternehmen nicht getrennt darstellen müssen. Eine solche Sonderangabe für Haftungsschulden nach Abs. 7 erscheint dann als widersprüchlich.

119 **Vorjahres**beträge sind im Umkehrschluss zu § 265 Abs. 2 HGB (→ § 265 Rz. 19) nicht angabepflichtig.[51]

120 Die angabepflichtigen **Haftungs**verhältnisse sind unter → § 251 Rz. 19 ff. dargestellt und kommentiert, ebenso die anzugebenden **Pfandrechte** und sonstige **Sicherheiten** (→ § 251 Rz. 35). Zusätzlich sind die gegenüber **(zugunsten) verbundenen** Unternehmen (→ § 271 Rz. 26) eingegangenen Verpflichtungen jeweils gesondert mit aufzuführen.

121 Die letztgenannte Verpflichtung kommt insbesondere in den Einzelabschlüssen von **Konzern**unternehmen zum Tragen. Dabei ist aus der Perspektive des „Gebens" und „Nehmens" zu unterscheiden (z. B.) bei Bürgschaften oder Patronatserklärungen der Muttergesellschaft **zugunsten** der Tochtergesellschaft:

- Bei der Muttergesellschaft („Geberin") Anhangangabe nach Abs. 7.
- Bei der Tochtergesellschaft („Nehmerin") keine Angabe (wohl aber eine Darstellung im Prüfungsbericht über den Abschluss der Tochter).

122 Zum **Inhalt** der Angabepflichten wird auf die Kommentierung unter → § 251 verwiesen. Vgl. auch das Beispiel unter → § 285 Rz. 7.

2. Darstellungsform

123 Eine Darstellung in **tabellarischer** Form („Spiegel") erscheint optisch am ansprechendsten (statt „Davon"-Vermerke), z. B. wie folgt:

Haftungsverhältnis		gewährte Sicherheiten		gegenüber verbundenen Unternehmen	Begründung
Art	Betrag	Art	Betrag		

Fehlanzeigen sind nicht notwendig, bei Wahl der tabellarischen Darstellung aber erforderlich und zulässig. In einfacheren Fällen kann eine **verbale** Darstellung etwa wie folgt gegeben werden (hier durch die Konzern-Muttergesellschaft): „Wir haben gegenüber Tochtergesellschaften

---

50 Vgl. *ADS*, 6. Aufl., § 268 Tz. 125; *Dörner/Würth*, in: Küting/Pfitzer/Weber (Hrsg.), Handbuch der Rechnungslegung – Einzelabschluss, 5. Aufl., § 268 Tz. 249.

51 So auch *ADS*, 6. Aufl., § 268 Tz. 128; *Dörner/Würth*, in: Küting/Pfitzer/Weber (Hrsg.), Handbuch der Rechnungslegung – Einzelabschluss, 5. Aufl., § 268 Tz. 229.

(verbundenen Unternehmen) Bürgschaften von insgesamt X Mio € übernommen und dafür Grundpfandrechte über Y Mio € gewährt."

Die Spalte „Begründung" dient der Erfüllung der Angabepflicht nach § 285 Nr. 27 HGB (→ § 285 Rz. 160).

IX. Ausschüttungssperre (Abs. 8)

1. Gläubigerschutzaspekt

„Kerngedanke einer Ausschüttungssperre ist, dass Unternehmen Vermögen, das einer Ausschüttungssperre unterliegt, nicht an die Anteilseigner ausschütten dürfen." Diese amüsante Aussage in der Begründung des BilMoG-RegE (S. 109) soll einen „hinreichenden Gläubigerschutz" bewirken. Die generelle Frage geht in diesem Zusammenhang dahin, ob Gläubiger durch **Nichtausschüttung** überhaupt geschützt werden können.[52] Uneingeschränkt bejahen wird man diese Frage dann, wenn **jede** Gewinnausschüttung als Gläubigergefährdung anzusehen ist. Löst man sich von diesem Denkansatz und sieht sich ein wenig in der Praxis notleidender und konkursiter Unternehmen um – bei denen das Thema „Gläubigerschutz" überhaupt erst virulent wird –, stellt sich dieser Schutz in einer etwas anderen Perspektive dar. Große Insolvenzfälle der jüngeren BRD-Wirtschaftsgeschichte mit Millionenverlusten der Gläubiger sind nicht durch **Ausschüttungen** ausgelöst worden.

124

Angesprochen sind hier Holzmann und Walter-Bau – beide nach HGB bilanzierend. Diese hatten jahrelang vor der Insolvenz keine Ausschüttung mehr vorgenommen. Wenn die Gläubiger durch die Rechnungslegung überhaupt geschädigt worden sein sollten, dann durch – erlaubte oder als erlaubt erachtete – extreme **Sachverhaltsgestaltungen** – z. B. *sale and lease back* (→ § 246 Rz. 190) oder ständige Umstellungen des Geschäftsjahrs – zur Verschleierung der nachhaltig prekären Ertragslage und dem schleichenden Verzehr des Eigenkapitals. Dem Gläubigerschutz hätte in diesen Fällen das Verbot von sattsam bekannten bilanzpolitischen Verschleierungsgestaltungen gedient, nicht aber eine Ausschüttungssperre. Im mittelständischen Bereich bieten sich andere („stille") Möglichkeiten als Dividenden an, wenn tatsächlich Unternehmensvermögen zu Lasten der Gläubiger geplündert werden soll.

125

2. Betroffene Bilanzposten

Drei Bilanzposten sind im – vermeintlichen (→ Rz. 124) oder wirklichen – Gläubigerschutzinteresse mit einer Ausschüttungssperre belegt:

126

1. Überhang der Zeitwerte über die Anschaffungskosten[53] des Deckungs- oder Planvermögens eines insolvenzfest gestalteten Pensionsplans (→ § 246 Rz. 292).

2. Selbst erstellte Immaterialgüter des Anlagevermögens (→ § 248 Rz. 9).

3. Ein optional bilanzierter Aktivüberhang aus der Steuerlatenzrechnung (→ § 274 Rz. 45).

---

52 Vgl. *Hoffmann/Lüdenbach*, Beihefter zu DStR 2008, Heft 30, S. 61.
53 Vgl. *Petersen/Zwirner/Froschhammer*, KoR 2010 S. 336.

127 Aus den vorstehend aufgeführten drei Bilanzposten wird die Ausschüttungssperre **positiv** gespeist. Dabei ist eine **Gesamt**betrachtung anzustellen, d. h. negativ: Nicht jeder der drei Posten **für sich** ist als Bemessungsgrundlage heranzuziehen, sondern der Gesamtbetrag[54] (wie im Beispiel unter → Rz. 128). **Abzuziehen** sind bei den beiden ersten Posten die „gebildeten passiven latenten Steuern". Der so errechnete Betrag ist zu vergleichen mit dem gesellschaftsrechtlich definierten **Ausschüttungspotenzial** (→ Rz. 133). Wegen des zu vermeidenden „**Verdoppelungseffekts**" der passiven Steuerlatenz vgl. → Rz. 132.

3. Berechnungsschema – Grundstruktur

128 Hiernach ergibt sich folgende Berechnung, die auch als interne Ergänzung zur Anhangangabe nach § 285 Nr. 28 HGB Verwendung finden kann (→ § 285 Rz. 161):

Originäre immaterielle Anlagegüter (1)	+
Aktive latente Steuern (2)	+
Überhang der Zeitwerte beim Planvermögen	+
Zwischensumme	+
Passive latente Steuern auf (1) und (3)	-
Summe A	+/-
Wenn Summe ≤ 0, keine Ausschüttungssperre, Rechnung beenden.	
Freie Rücklagen	+
Verlustvortrag	-
Gewinnvortrag	+
Jahresüberschuss	+
Summe B	-/+
Wenn Summe B ≤ 0, keine Ausschüttung möglich.	
Wenn Summe A und B > 0, Vergleichsrechnung erforderlich:	
Wenn A > B, keine Gewinnausschüttung möglich.	
Wenn B > A, maximale Ausschüttung i. H. von B - A.	
Bei Bilanzierung **nach** Gewinnverwendung gem. Abs. 1 (→ Rz. 3 ff.) ist die Summe B mit folgenden Bilanzposten zu errechnen:	
Freie Rücklagen	-
Bilanzgewinn	-
Summe B	-/+

Die Ausschüttung wird im Ergebnis auf den Betrag beschränkt, der ohne die Aktivierung der drei Bilanzposten (→ Rz. 126) ausgeschüttet werden könnte. In der vorstehenden Berechnung sind zwangsweise zu bildende Rücklagen nicht berücksichtigt (→ Rz. 133). Diese sind ggf. als **weitere Minusposten** in die Berechnung einzuführen. Die vorstehende Tabelle berücksichtigt noch **nicht** die verschiedenen **Interdependenzen** zwischen den Berechnungsparametern. Darauf wird unter → Rz. 131 eingegangen.

---

54 Vgl. hierzu die mit Berechnungsbeispielen unterlegte Darstellung bei *Zülch/Hoffmann*, DB 2010 S. 910.

4. Befreiung von der Steuerlatenzierung

Die Einbeziehung der passiven Latenz in die Errechnung des Sperrbetrags wirft die Frage auf, ob bei förmlicher Befreiung gem. § 274a Nr. 5 HGB (→ § 274a Rz. 6) zur Ermittlung des Ausschüttungssperrbetrags eine Art „**Latenzschattenrechnung**" durchgeführt werden muss. Die gleiche Frage stellt sich für die Abführungssperre und für die Haftungserweiterung der Kommanditisten (→ Rz. 136):

129

▶ **Für** eine solche fiktive Einbeziehung von Latenzen bei nicht vorhandener Steuerlatenzrechnung spricht die **Gleichstellung** mit den Fällen der optionalen oder pflichtmäßigen Steuerlatenzierung. Ohne eine solche unterläge der Nichtlatenzierer bei stichtagsbezogener Betrachtung einer höheren Ausschüttungssperre etc. als der Gegenpart (→ Rz. 130).[55]

▶ **Gegen** eine fiktive Steuerlatenzierung spricht der **Gesetzeswortlaut** („hierfür gebildet"): Wo keine Steuerlatenzrechnung erfolgt, kann sie auch nicht hilfsweise in eine spezielle Bilanzposition (hier: Ausschüttungssperre) einfließen.

Eine Entscheidung zwischen diesen beiden scheinbar widersprüchlichen Lösungen muss sich auch am **Regelungszweck** der Ausschüttungssperre etc. orientieren, d. h. dem Gläubigerschutz durch Kapitalerhaltung (→ Rz. 124). Dazu werden die beiden denkbaren Lösungen aus → Rz. 129 tabellarisch gegenübergestellt.

130

BEISPIEL

	„Für"	„Gegen"
Aktivierung Entwicklungskosten	100	100
- Passive Steuerlatenz	-30	–
Ausschüttungssperre	70	100

Die Stichtagsbetrachtung weist unter Gläubigerschutzaspekten eine Präferenz zugunsten „Gegen" aus. Allerdings relativiert sich diese Sicht im Zeitverlauf:

	Entwicklungskosten	Steuerlatenz	Sperre	Entwicklungskosten/Sperre	Differenz
Zugang 31.12.01	100	30	70	100	30
Abschreibung/Auflösung	20	6		20	
Stand 31.12.02	80	24	56	80	24
Abschreibung/Auflösung	20	6		20	
Stand 31.12.03	60	18	42	60	18

Die Variante „Gegen" nähert sich im Zeitverlauf der Alternative „Für" an.

Insgesamt befürworten wir vor diesem Hintergrund einer nur zeitlichen Verschiebung des Sperrbetrags zwischen den beiden Varianten die Auslegung nach dem **Gesetzeswortlaut** („Gegen" eine fiktive Steuerlatenzierung).

---

55 So die Begründung des BilMoG-RegE, BT-Drucks. 16/12407, S. 113.

5. Ermittlung der Ausschüttungssperre

131 Die drei für die Bestimmung des Sperrbetrags maßgeblichen Bilanzposten führen nicht durch einfach Addition zu einer **sinnvollen** Größe, weil

- zwischen ihnen **Interdependenzen** bestehen,
- der Posten „Aktivüberhang aus der Steuerlatenzrechnung" durch ein **Ansatzwahlrecht** gekennzeichnet ist (→ § 274 Rz. 45).

Dazu folgendes Beispiel[56]

BEISPIEL Der Steuersatz der U GmbH beträgt 30%. Hieraus ergeben sich bei temporären Differenzen in immateriellen Anlagen, Sachanlagen und Rückstellungen folgende Latenzen:

	Buchwert HB	Buchwert StB	aktive Latenz	passive Latenz
Hergestellte immaterielle Anlagen	50	0		15
Sachanlagen nach 6b-Abschreibung	90	70		6
Drohverlustrückstellung (→ § 249 Rz. 131)	-100	0	30	
			30	21
Saldierung			-21	
Aktivüberhang			9	

Das bilanzielle Ausschüttungspotenzial wird vor Berücksichtigung der Ausschüttungssperre mit 60 angenommen. Daraus errechnet sich nach dem Gesetzeswortlaut und dem daraus entwickelten Berechnungsschema (→ Rz. 128) der ausschüttbare Betrag wie folgt:

	HB Aktiva	HB Passiva	Σ
Hergestellte immaterielle Anlagen	50	15	35
Aktivüberhang der Latenzierung	9		9
Ausschüttungssperre	59	15	44
Rücklagen etc.			60
ausschüttbarer Betrag (→ Rz. 133)			16

132 Die latenten Steuern üben bei der Errechnung der Ausschüttungssperre eine **zweifache** Funktion aus:

- Der wahlweise (→ § 274 Rz. 45) bilanzierte Aktivüberhang der Latenz **erhöht** den Sperrbetrag, einerlei ob der saldierte oder der Bruttoausweis (→ § 274 Rz. 62) gewählt wird.
- Die passiven Latenzen auf hergestellte immaterielle Anlagen etc. **mindern** den Sperrbetrag.

---

[56] Nach *Lüdenbach*, StuB 2010 S. 588; vgl. hierzu auch *Küting/Seel*, DB 2009 S. 925; *Zülch/Hoffmann*, DB 2010 S. 909; *Petersen/Zwirner/Froschhammer*, KoR 2010 S. 334.

Die passiven Steuerlatenzen auf hergestellte Immaterialgüter des Anlagevermögens etc. führen danach zu einem **Doppelungs**-Effekt:

▶ Sie **mindern** als Abzugsposten vom Aktivausweis den Sperrbetrag.

▶ Sie **kürzen** den Aktivüberhang der Steuerlatenzen und **mindern** dadurch ein weiteres Mal den Sperrbetrag.

Anders ausgedrückt: Der ausschüttbare Betrag wird doppelt **erhöht**, was nicht im Sinne des Gesetzgebers gelegen hat (→ Rz. 125). Deshalb müssen die passiven Latenzen aus den beiden in Abs. 8 angesprochenen Bilanzposten – im Beispiel selbst erstellte Immaterialgüter, äquivalent der Zeitwertüberhang beim Deckungsvermögen – im Rechenschema im Beispiel unter → Rz. 131 eliminiert werden.

BEISPIEL

	HB	StB	aktive Latenz	passive Latenz
Hergestellte immaterielle Anlagen etc.	0	0	0	0
Sachanlagen	90	70		6
Drohverlustrückstellung	-100	0	30	
			30	6
Saldierung			-6	
Modifizierter Aktivüberhang (statt 9, da 15 aus Immaterialgütern nicht berücksichtigt)			24	

Die Latenzen aus den nicht in Abs. 8 genannten beiden Bilanzposten – im Beispiel Sachanlage, Drohverlustrückstellung – gehen demgegenüber unverändert in die Berechnung des Sperrbetrags ein und berühren deshalb nicht den Aktivüberhang aus der Steuerlatenzierung.

	HB Aktiva	HB Passiva	∑
Hergestellte immaterielle Anlagen	50	15	35
Aktivüberhang der Latenzierung (modifiziert)	24		24
Ausschüttungssperre	74	15	59
Rücklage etc.			60
ausschüttbarer Betrag			1

Zweifel an dieser Lösung ergeben sich aus dem **Ansatzwahlrecht** für den Aktivüberhang aus der Latenzierung (→ § 274 Rz. 45). Bei Verzicht auf den Ansatz von 9 im Ausgangsfall nach → Rz. 131 hätte sich folgende Berechnung ergeben:

132a

IX. Ausschüttungssperre

> **BEISPIEL**
>
> | | |
> |---|---:|
> | Ausschüttbarer Betrag (vor Sperre) zuvor (→ Rz. 131) | 60 |
> | Nichtansatz Aktivüberhang | -9 |
> | Korrigiertes Ausschüttungsvolumen (vor Sperre) | 51 |
> | Nettobetrag aus hergestelltem Immaterialvermögen | -35 |
> | Ausschüttbarer Betrag | 16 |

Zum Vergleich zum im Beispiel unter → Rz. 132 ermittelten Ausschüttungsvolumen erhöht sich dieses bei Verzicht auf den Ansatz des Aktivüberhangs aus der Steuerlatenzierung um 15, also um die Latenz aus den hergestellten Anlagen. Letztere kann mangels Aktivlatenz ihren Effekt auf die Erhöhung des Sperrbetrags (Beispiel unter → Rz. 132) nicht ausüben. Das Unternehmen nimmt weniger ausschüttungssperrende Wahlrechte in Kauf, hält dadurch den ausschüttungsfreien Betrag aber nicht konstant, sondern erhöht ihn sogar. Sachgerecht erscheint ein solches Ergebnis nicht.

132b Daraus folgt als Lösungs**alternative** im Interesse der Konsistenz:

- Auf Schattenrechnungen zur Ermittlung eines modifizierten Aktivüberhangs (wie im Beispiel unter → Rz. 132) wird unabhängig davon verzichtet, ob aktive latente Steuern angesetzt werden oder nicht, eine Doppelberücksichtigung der passiven latenten Steuern auf originäre Immaterialgüter und Zeitwertüberhänge bei Deckungsvermögen also in Kauf genommen.

- Eine Schattenrechnung wird in beiden Fällen durchgeführt, also auch dann, wenn tatsächlich keine aktiven latenten Steuern angesetzt werden.

- Wir bevorzugen die erste Alternative, weil sie näher am Gesetzeswortlaut liegt. Nach der zweiten wäre das Beispiel unter → Rz. 132a wie folgt zu modifizieren:

Ausschüttungsvolumen (vor Sperre)	51
Nettobetrag aus hergestelltem Immaterialvermögen	-35
Passive Latenz auf hergestellte Immaterialgüter	+15
Ausschüttungssperre	50
Ausschüttbarer Betrag	1

6. Das Ausschüttungspotenzial

133 Die Vergleichsrechnung zur Bestimmung der Ausschüttungssperre bzw. der möglichen Ausschüttung (→ Rz. 128) ist wie folgt legal definiert:

- Frei verfügbare Rücklagen (+)
- Gewinnvortrag (+)
- Verlustvortrag (-)

Der Jahresüberschuss wird dabei als bereits verwendet unterstellt und muss deshalb zur Ermittlung des maximalen Ausschüttungsbetrags hinzugerechnet werden (→ Rz. 128).[57]

Zu bestimmen ist das Volumen der **freien** Rücklagen. Dazu zählen **nicht**:

- Bei **GmbHs** und **GmbH & Co. KGs** (→ § 264c Rz. 9): Satzungsmäßige Rücklage vergleichbar der gesetzlichen Rücklage der AG; bei vereinfachter Kapitalherabsetzung eingestellte Beträge gem. § 58b Abs. 3 GmbHG.
- Bei **AGs**: Die gesetzliche Rücklage gem. § 150 Abs. 2 AktG sowie die Kapitalrücklagen gem. § 272 Abs. 2 Nr. 1 bis 3 HGB, die nach § 150 Abs. 3 und 4 AktG nur in Sonderfällen aufgelöst werden dürfen (→ § 270 Rz. 4).
- In allen **zwei** Rechtsformen nach § 272 Abs. 4 HGB die Rücklage für Anteile an herrschenden oder mit Mehrheit beteiligten Unternehmen (→ § 272 Rz. 59) sowie die im Übergangsverfahren weiterzuführende Rücklage für aktivierte Ingangsetzungskosten nach § 269 HGB a. F. (→ Art. 67 Rz. 25).
- Bei der **GmbH & Co. KG** i. S. des § 264a HGB in Form der sog. **Einheitsgesellschaft**: Der „Ausgleichsposten für aktivierte eigene Anteile" nach § 264c Abs. 4 Satz 2 HGB (→ § 264c Rz. 56).
- Bei der **Unternehmergesellschaft** (haftungsbeschränkt): Die Zwangsdotierung der Gewinnrücklage nach § 5a GmbHG (→ Rz. 22).

Zur Bestimmung des Ausschüttungspotenzials ist es unerheblich, **aus welchem Geschäftsjahr** dieses stammt. Auch bei Ausweis eines Fehlbetrags im aktuellen Jahresabschluss kann nach Rücklagenauflösung zugunsten des Bilanzgewinns (→ Rz. 20) ein Ausschüttungspotenzial (nach Abzug der Sperre) vorhanden sein (→ Rz. 128). Wenn umgekehrt kein „normales" Ausschüttungspotenzial verfügbar ist, geht die Ausschüttungssperre ins Leere. In Folgejahren – nach Erzielung von Jahresüberschüssen – lebt sie wieder auf. Es genügt deshalb in jedem Jahr der Bilanzvergleich nach dem Rechenschema in → Rz. 128.

134

Im Verhältnis zur (anderen) Technik der Ausschüttungssperre durch Dotierungspflicht von Rücklagen – Aufzählung unter → Rz. 133 – führt die Sperrlösung nach Abs. 8 eine Art bilanzielles **„Schattendasein"**. Sie muss immer in einer Nebenrechnung ermittelt werden und erscheint förmlich nicht als Bilanzposten. Daraus entsteht für **Aktien**gesellschaften im Hinblick auf die Thesaurierungskompetenz der Verwaltung nach § 58 Abs. 1 und 2 AktG das Problem der Anrechnung auf die (höchstmögliche) Thesaurierungsquote von 50 % des Jahresüberschusses (→ § 270 Rz. 7).

135

---

[57] So auch *Gelhausen/Althoff*, WPg 2009 S. 586.

IX. Ausschüttungssperre

BEISPIEL[58]

	Fall 1	Fall 2/1	Fall 2/2
Verwendbarer Jahresüberschuss	100	100	100
Sperrbetrag	30	70	70
andere verwendbare Eigenkapitalien	0	0	0
Einstellungskompetenz der Verwaltung in die Gewinnrücklagen	50	50	70
Bilanzgewinn	50	50	30
Ausschüttungspotenzial der Hauptversammlung	50	30	30

Im Fall 1 belegt die Rücklagendotierung die Ausschüttungssperre vollumfänglich, so dass die Hauptversammlung uneingeschränkt über den Bilanzgewinn verfügen kann.

Die Fälle 2/1 und 2/2 erreichen dasselbe Ergebnis in anderer Auslegung von § 58 Abs. 1 und 2 AktG: Im Fall 2/1 wird der Hauptversammlung zwar der hälftige Bilanzgewinn „vorgeführt", der aber mit dem Makel der Ausschüttungssperre von 20 behaftet ist. Im Fall 2/2 nimmt die Verwaltung entgegen dem Wortlaut von § 58 Abs. 1 und 2 AktG die Ausschüttungssperre schon vorweg. Im aktuellen Jahr ist das Ergebnis das gleiche.

Für die Folgejahre ändert sich das Bild, wenn sich die Ausschüttungssperre mindert oder ganz wegfällt. Im Fall 2/2 ist das Ausschüttungspotenzial von 30 der Hauptversammlungskompetenz entzogen. Diese kann keine Auflösung der Rücklagen beschließen, jedenfalls in dem praktisch relevanten Fall der Bilanzfeststellung durch den Aufsichtsrat nach § 58 Abs. 2 AktG. Im Falle 2/1 wird diese Schmälerung der Hauptversammlungskompetenz vermieden und der Regelungsgehalt des § 58 Abs. 2 AktG vollumfänglich erfüllt. Diese Lösung ist u. E. vorzugswürdig.

Bei GmbHs und GmbH & Co. KGs gelten diese Überlegungen nicht. Die Gesellschaften sind bei der Feststellung des Jahresabschlusses zur Auflösung von Rücklagen zugunsten des Bilanzgewinns (→ § 270 Rz. 5) berechtigt und können so eine Ausschüttungssperre aus früheren Jahren rückgängig machen.

7. Folgeanwendungen

136 Die in Abs. 8 förmlich auf Kapital- und Kap. & Co.-Gesellschaften ausgerichtete Gewinnausschüttungssperre wird speziell für **Kommanditisten** in § 172 Abs. 4 HGB ergänzt. Danach lebt die persönliche Haftung eines Kommanditisten auch insoweit auf, als sein Kapitalanteil durch die Ausschüttung von „Beträgen" i. S. des Abs. 8 unter den Betrag der geleisteten Einlage sinkt. Hierbei ergibt sich eine Ungleichbehandlung zu Kapitalgesellschaften: Eine Steuerlatenzrechnung nach § 274 HGB n. F. ist für „normale" KGs – anders als für die Kap. & Co.-Gesellschaften (→ § 264c Rz. 1) – nicht vorgesehen. Eine freiwillige Anwendung soll indes in Frage kommen.[59]

---

58 Nach *Gelhausen/Althoff*, WPg 2009 S. 589.
59 IDW ERS HFA 27 Tz. 19.

Die Folge für die Ermittlung der Einlageminderung entspricht derjenigen für die Ausschüttungssperre (→ Rz. 129).

Und schließlich ist in § 301 Abs. 1 AktG n. F. eine **Gewinnabführungs**sperre im Falle eines entsprechenden Unternehmensvertrags (regelmäßig steuerliche Organschaft → § 246 Rz. 336 ff.) vorgesehen. Hier stellt sich einmal mehr (→ Rz. 129) die Frage nach der Einbeziehung einer fiktiven (passiven) Steuerlatenz für aktivierte Entwicklungskosten und des Aktivsaldos aus der Vermögensverrechnung (→ Rz. 126) in die Berechnung (hier) der Abführungssperre, da bei der Organgesellschaft während des Organschaftszeitraums abgesehen von Ausgleichszahlungen an außenstehende Gesellschafter keine Steuerschuld entsteht. Regelmäßig werden bei den deutschen IFRS-Anwendern die Buchwertunterschiede (→ § 274 Rz. 10) der Organgesellschaft in die Steuerlatenzrechnung des (obersten) Organträgers eingebaut. So lautet auch der Vorschlag des *IDW* (→ § 274 Rz. 72).[60] Andererseits erwägt der IASB im Rahmen der Neufassung der Regelungen zur Steuerlatenzrechnung ein anderes Konzept, das die Buchwertunterschiede am Ort des Entstehens, d. h. auch bei der Organgesellschaft latenzieren will.[61] U. E. sind beide Steuerlatenzkonzepte für Gruppenbesteuerungssysteme nach HGB vertretbar. Allerdings spricht der u. E. zu befolgende Gesetzeswortlaut – wie bei der Ausschüttungssperre (→ Rz. 130) – für den Verzicht auf eine Latenzierung bei der Organgesellschaft mit entsprechender Kürzung der Abführungssperre. Zu vermeiden ist ein doppelter Abzug:[62] bei der Organgesellschaft durch Fiktion einer Steuerlatenz und beim Organträger (bezüglich der Ausschüttungssperre) im Falle der Kapitalgesellschaft. 137

Der Sperrbetrag für die Gewinnabführung errechnet sich bei Aktiengesellschaften in Analogie zu demjenigen für die Ausschüttung (→ Rz. 128) wie folgt: 138

Jahresüberschuss vor Gewinnabführung	+
Verlustvortrag	-
Gewinnvortrag/Rücklagen, die während des Vertragszeitraums gebildet werden (§ 301 Satz 2 AktG)	+
Einstellung in die gesetzliche Rücklage (§ 300 AktG)	-
Gewinnabführung	=

Soweit ausreichend frei verfügbare Eigenkapitalbestandteile vorhanden sind (→ Rz. 133), wird die Abführungssperre nicht „aktiviert". Es ergibt sich ein sinnvoller Gleichlauf mit der Ausschüttungssperre (→ Rz. 128). Der Gesetzgeber unterscheidet dabei nicht zwischen **vorvertraglicher** (i. S. des Unternehmensvertrags) Rücklage etc. und Gewinnvorträgen sowie solchen aus der **vertraglichen** Zeit im Falle von Minderheitsaktionären. Die freien vorvertraglichen Rücklagen stehen den Aktionären zu und können deshalb an diese während der Vertragslaufzeit ausgeschüttet werden. Das reimt sich mit der Bestimmung des Deckungskapitals für die Abführung an den Vertragspartner nicht zusammen. Die (Minderheits-)Aktionäre erlauben mit den ihnen zustehenden Eigenkapitalanteilen eine höhere Gewinnabführung, als sie ohne ihren „Beitrag" möglich wäre. Aus Sicht des **Gläubigerschutzes** ist diese Regelung passend, nicht da- 139

---

60 IDW ERS HFA 27 Tz. 21.
61 IFRS ED 2009/2 BC 100.
62 Vgl. *Dahlke*, BB 2009 S. 880.

IX. Ausschüttungssperre

gegen aus der Perspektive des gesellschaftsrechtlichen **Minderheitenschutzes**. Gleichwohl ist u. E. die (möglicherweise unbewusste) Entscheidung des Gesetzgebers zu akzeptieren.[63]

140 Die Abführungssperre ist gleichbedeutend mit einer **Minderung** der **Abführungsschuld der Organgesellschaft** und mindert damit auch den Aufwand in der GuV-Rechnung nach § 277 Abs. 3 HGB (→ § 277 Rz. 36). Es verbleibt dann ein auszuweisender Jahresüberschuss. Dieser kann vorgetragen oder schon bei Bilanzerstellung in die Gewinnrücklage überführt werden (→ Rz. 4). In Folgejahren ist dann u.U. genügend „Deckungskapital" (→ Rz. 128) vorhanden, so dass dann der gesamte Jahresüberschuss abgeführt werden kann.

In den Folgejahren können sich auch die gesperrten Beträge (→ Rz. 122) mindern, so dass zuvor gebildete Rücklagen nach § 301 Satz 2 AktG zur Abführung verfügbar sind.

141 **Steuerlich** ist die Abführungssperre zu beachten, auch wenn die Vertragsformulierung die gesetzliche Neuregelung nicht beachtet.

---

[63] So auch *Gelhausen/Althoff*, WPg 2009 S. 631.

§ 270 Bildung bestimmter Posten

(1) Einstellungen in die Kapitalrücklage und deren Auflösung sind bereits bei der Aufstellung der Bilanz vorzunehmen.

(2) Wird die Bilanz unter Berücksichtigung der vollständigen oder teilweisen Verwendung des Jahresergebnisses aufgestellt, so sind Entnahmen aus Gewinnrücklagen sowie Einstellungen in Gewinnrücklagen, die nach Gesetz, Gesellschaftsvertrag oder Satzung vorzunehmen sind oder aufgrund solcher Vorschriften beschlossen worden sind, bereits bei der Aufstellung der Bilanz zu berücksichtigen.

Inhaltsübersicht

	Rz.
I. Überblick	1
II. Kapitalrücklage (Abs. 1)	2 - 5
1. Einstellung	2 - 3
2. Auflösung	4 - 5
III. Gewinnrücklagen (Abs. 2)	6 - 12
1. Voraussetzung	6
2. Gesetzliche Pflichten ...	7 - 9
2.1 ... zur Einstellung	7 - 8
2.2 ... zur Auflösung	9
3. Vertragliche Pflichten	10 - 12

I. Überblick

§ 270 HGB ergänzt die Regelungen zur Bildung und Auflösung von Rücklagen (sog. „Rücklagenbewegung") rechtsformübergreifend. Es handelt sich notwendig um **erfolgsneutrale** Buchungsvorgänge (→ § 268 Rz. 3) im **Kompetenzbereich** des Vorstands der AG und der Geschäftsführung der GmbH bzw. der Komplementär-GmbH einer Kap. & Co.-Gesellschaft (→ § 268 Rz. 8). Diese Buchungen sind noch **in alter Rechnung** („bereits bei Aufstellung der Bilanz") vorzunehmen. 1

II. Kapitalrücklage (Abs. 1)

1. Einstellung

Rechtsformübergreifend sind vier Tatbestände in § 272 Abs. 2 HGB (→ § 272 Rz. 34) genannt, die zur Bildung einer Kapitalrücklage führen. Der dort unter 4. aufgelistete Sachverhalt umfasst regelmäßig Vorgänge, die bei der **steuerlichen** Gewinnermittlung als **verdeckte Einlagen** bezeichnet werden und häufig **Sanierungszuschüsse** an notleidende Tochtergesellschaften enthalten. Der Begriff „verdeckt" ist dabei insofern missverständlich, als dass diese Gesellschaftereinlage **„offen"** in der Kapitalrücklage gezeigt wird (→ § 246 Rz. 62d) – anders als regelmäßig das steuerliche Pendant der verdeckten Gewinnausschüttung. Häufig werden solche Zuschüsse der Gesellschafter aber auch förmlich zur „Verlustdeckung" geleistet und sind dann nach h. M. erfolgswirksam zu erfassen (→ § 272 Rz. 50). Auf die steuerliche Gewinnermittlung haben 2 die beiden (handelsrechtlichen) Ausweisalternativen keinen Einfluss, da diese förmlich nicht durch eine GuV, sondern nach § 4 Abs. 1 Satz 1 EStG durch Vermögensvergleich mit Zu- und Abrechnungen – letztere für Einlagen – erfolgt (→ § 246 Rz. 62c).

3 Daneben kann die Einstellung in die Kapitalrücklage auch **rechtsformspezifisch** vorgegeben sein:

- Einstellung aus der vereinfachten (§§ 231 f. AktG) und der qualifizierten (§ 237 Abs. 5 AktG) **Kapitalherabsetzung** einer Aktiengesellschaft (→ § 272 Rz. 19).
- Einstellung aus der vereinfachten **Kapitalherabsetzung** gem. § 58b GmbHG einer GmbH (→ § 272 Rz. 19).
- Eingeforderter **Nachschuss** gem. § 42 Abs. 2 Satz 3 GmbHG einer GmbH, sofern mit der Zahlung gerechnet werden kann (→ § 272 Rz. 52).

2. Auflösung

4 Die Auflösung (bzw. die Entnahme aus) der Kapitalrücklage ist teils rechtsform**spezifisch**, teils -**übergreifend** geregelt. Sie ist vorzunehmen bzw. zulässig bei

- Aktiengesellschaften gem. § 150 Abs. 4 Nr. 3 AktG und GmbH gem. § 57d Abs. 1 GmbHG zur Kapitalerhöhung aus **Gesellschaftsmitteln** nach § 207 AktG bzw. § 57c GmbHG (→ § 272 Rz. 12).
- Auflösung der nach § 272 Abs. 2 Nr. 1 bis 3 HGB gebildeten Mindest-Kapitalrücklage einer Aktiengesellschaft zum **Ausgleich** eines Fehlbetrags oder Verlustvortrags nach § 150 Abs. 3 AktG, soweit keine Gewinnrücklagen hierzu verfügbar sind.
- **Auflösung** der den Mindestbetrag übersteigenden, nach § 272 Abs. 2 Nr. 1 bis 3 HGB gebildeten Kapitalrücklage einer Aktiengesellschaft, soweit keine Gewinnrücklagen hierzu verfügbar sind.
- **Auflösung** der nach § 272 Abs. 2 Nr. 4 HGB geleisteten Einlage bei AG und GmbH.

5 Für die „reguläre" **GmbH** gibt es keine **gesetzliche** Einschränkung bezüglich der Auflösung einer Kapitalrücklage. Satzungsgemäß kann dies der Fall sein, etwa bei einer Klausel: „Es ist nach Maßgabe des AktG eine Kapitalrücklage zu bilden." In der Folge könnten die aktienrechtlichen Auflösungsgründe (→ Rz. 4) analog angewandt werden.

III. Gewinnrücklagen (Abs. 2)

1. Voraussetzung

6 Die Gesetzesvorgabe ist missverständlich formuliert,[1] genauer gesagt werden Tatbestand und Rechtsfolge verdreht:

- Voraussetzung für die **Pflichtdotierung** (→ Rz. 7) bzw. -auflösung der Gewinnrücklage ist nicht die Bilanzierung **vor** Gewinnverwendung gem. § 268 Abs. 1 HGB,

---

1 So *Knop*, in: Küting/Pfitzer/Weber (Hrsg.), Handbuch der Rechnungslegung – Einzelabschluss, 5. Aufl., § 270 Tz. 12.

▶ sondern umgekehrt: Wenn die pflichtmäßige Dotierung erfolgen muss oder eine Auflösung erfolgen soll, ist die Bilanzaufstellung (notwendig) **nach** Gewinnverwendung (→ § 268 Rz. 4) vorzunehmen.

2. Gesetzliche Pflichten ...

2.1 ... zur Einstellung

Gesetzliche Pflichten zur Einstellung von Beträgen in die Rücklagen bestehen in folgenden Fällen: 7

- Nach § 272 Abs. 4 HGB sind Gewinn- (oder Kapital-)Rücklagen bei wechselseitiger Beteiligung (→ § 272 Rz. 59 ff.) in Höhe des entsprechenden Aktivwerts „bereits bei Aufstellung der Bilanz" zu bilden. Diese Vorgabe hat der Vorstand bzw. die Geschäftsführung aufgrund ihrer Aufstellungskompetenz (→ § 268 Rz. 9) zu beachten. Ein getrennter Ausweis innerhalb des Eigenkapitals ist im Gliederungsschema des § 266 HGB vorgesehen (→ § 272 Rz. 59).
- Bei der GmbH & Co. KG i.S. des § 264a HGB in Form der sog. Einheitsgesellschaft ist ein „Ausgleichsposten für aktivierte eigene Anteile" nach § 264c Abs. 4 Satz 2 HGB zu bilden (→ § 264c Rz. 56).
- Bildung der gesetzlichen Rücklage nach § 150 Abs. 1 und 2 AktG.

BEISPIEL Die neugegründete AG, deren Satzung keine besonderen Regeln zur Rechnungslegung enthält, weist im ersten Geschäftsjahr nach der Gründung folgende Eigenkapitalposten gem. § 266 HGB aus:

Gezeichnetes Kapital	1.000
Jahresüberschuss	100
	1.100

Die Bilanz muss gem. § 150 Abs. 2 AktG nach teilweiser Ergebnisverwendung (→ § 268 Rz. 4) wie folgt erstellt werden:

Gezeichnetes Kapital	1.000
Gesetzliche Rücklage	5
Bilanzgewinn (§ 268 Abs. 1 Satz 2 HGB)	95
	1.100

Daneben hat der Vorstand nachfolgende Bilanzierungsalternativen:

- Volle Dotierung der gesetzlichen Rücklage mit 5 auf 10 (§ 150 Abs. 2 AktG).
- Weitere Dotierung der Gewinnrücklage mit 45 auf 50 (§ 58 Abs. 2 AktG).

Im letztgenannten Fall ist nach § 268 Abs. 1 Satz 2 HGB ein Bilanzgewinn von 50 auszuweisen, über den die Hauptversammlung gem. § 174 Abs. 2 AktG zu befinden hat (→ § 268 Rz. 8).

Eine **Unternehmergesellschaft** (haftungsbeschränkt) nach § 5a GmbHG hat eine gesetzliche 8 Rücklage i. H. von 25 % des um einen Verlustvortrag aus dem Vorjahr gekürzten Jahresüberschusses zu bilden. Auch hier liegt eine pflichtmäßige Bilanzierung **nach** teilweiser Gewinnverwendung i. S. des § 268 Abs. 1 Satz 1 HGB vor (→ § 268 Rz. 22). Ein „Deckel" vergleichbar der gesetzlichen Rücklage bei der Aktiengesellschaft nach § 150 Abs. 2 AktG besteht nicht. Nur indirekt ergibt sich eine „Deckelungsmöglichkeit": Wenn die Summe aus angesammelter Rücklage und Stammkapital den Betrag von 25.000 € (Mindestkapital gem. § 5 Abs. 1 GmbHG) übersteigt, können die Gesellschafter gem. § 57c GmbHG einen Kapitalerhöhungsbeschluss fassen. Dies ermöglicht den künftigen Verzicht auf die Einstellung von 25 % des Jahresüberschusses in die Rücklagen. Ohne entsprechenden Kapitalerhöhungsbeschluss bleibt es bei der Rücklagendotierung.

Offensichtlich soll diese Rücklage nach der Vorstellung des Gesetzgebers letztlich zur Erbringung der „regulären" Stammeinlage von 25.000 € verwendet werden. Jedenfalls wird durch den Rücklagenzwang eine Ausschüttungssperre bewirkt.

2.2 ... zur Auflösung

9   Es gibt rechtsformübergreifend und -spezifisch keine Pflichtvorgaben zur Auflösung von Gewinnrücklagen. Als Teil-Ausnahme ist die Verwendung im Rahmen einer Kapitalerhöhung aus **Gesellschaftsmitteln** zu nennen (§ 57d Abs. 1 GmbHG bzw. § 208 AktG; → Rz. 4), soweit dafür nicht Kapitalrücklagen verwendet werden.

Die gesetzliche Rücklage für die **Unternehmergesellschaft** (haftungsbeschränkt) → Rz. 8 darf nur verwendet werden

▶ zur Kapitalerhöhung aus Gesellschaftsmitteln,

▶ zum Ausgleich eines Jahresfehlbetrags abzüglich eines Gewinnvortrags aus dem Vorjahr,

▶ zum Ausgleich eines Verlustvortrags aus dem Vorjahr abzüglich eines Jahresüberschusses.

Die letztgenannte Variante ist interpretationsbedürftig.

BEISPIEL

Jahresüberschuss	1.000
Verlustvortrag	-150
Auflösung Rücklage	150
Einstellung in Rücklagen	-250
Bilanzgewinn (ausschüttbar) gem. § 268 Abs. 1 Satz 1 HGB	750

3. Vertragliche Pflichten

10 Der Gesellschaftsvertrag bzw. die Satzung können auf die Rücklagenbildung und -auflösung in zweierlei Hinsicht einwirken:

▶ Als **Muss**-Vorschrift für das Bilanz-Aufstellungsorgan (Vorstand oder Geschäftsführung) (→ § 268 Rz. 8).

BEISPIEL Der Gesellschaftsvertrag einer GmbH verlangt die Bildung einer aus Gewinnen zu dotierenden Rücklage i. H. von 20 % des Jahresüberschusses, bis 100 % des Nennkapitals erreicht sind. Dieser Vorgabe ist von der Geschäftsführung ohne weiteres Zutun der Gesellschafterversammlung im Zuge der Bilanzerstellung (nach teilweiser Ergebnisverwendung nach § 268 Abs. 1 HGB) nachzukommen.

▶ Als **Ermächtigung** zur entsprechenden Beschlussfassung durch die Gesellschafter; die Ermächtigung kann auf gesetzlicher oder satzungsmäßiger Grundlage erfolgen.

11

BEISPIEL Das Eigenkapital einer GmbH zeigt zum 31.12.01 folgendes Bild (vgl. → § 268 Rz. 20):

Gezeichnetes Kapital	1.000
Gewinnrücklage	1.300
Verlustvortrag	-100
Jahresfehlbetrag	-200
Eigenkapital	2.000

Der Quartalsabschluss zum 30.9.02 lässt einen Jahresüberschuss von 300 erwarten. Die **Geschäftsführung** will diesen zur Beseitigung des Verlustvortrags zum 31.12.02 verwenden. Die **Gesellschafter** wollen eine Dividende von 400 (für 02) ausschütten. Deshalb weisen sie die Geschäftsführung am 11.11.02 zu einer entsprechenden Bilanzierung für den Abschluss 02 an.

Anders als bei der AG kann die Gesellschafterversammlung der Geschäftsführung Einzelanweisungen erteilen, d. h. auch zur Bilanzerstellung (→ § 268 Rz. 19). Die Rechtsfolge für die Bilanzierung ergibt sich aus § 270 Abs. 2 HGB. Deshalb muss die Geschäftsführung in der Bilanz zum 31.12.02 das Eigenkapital wie folgt darstellen:

	31.12.02	31.12.01
Gezeichnetes Kapital	1.000	1.000
Gewinnrücklage	900	1.300
Verlustvortrag	–	-100
Jahresfehlbetrag	–	-200
Bilanzgewinn (darin enthalten Verlustvortrag 300)	400	–
	2.300	2.000

Unterstellt ist das tatsächliche Eintreffen eines Jahresüberschusses für 02 in der prognostizierten Höhe von 300.

Die sinnvolle Überleitung vom Jahresüberschuss auf den Bilanzgewinn in der GuV (→ § 268 Rz. 25) stellt sich wie folgt dar (vgl. § 158 Abs. 1 AktG):

III. Gewinnrücklagen

	02	01
Jahresüberschuss (i.V. mit -fehlbetrag)	300	200
Verlustvortrag	-300	
Entnahme aus der Gewinnrücklage	400	
Bilanzgewinn	400	

12   Wegen der Buchungstechnik im Rahmen der Gewinnverwendungsrechnung wird auf → § 268 Rz. 14 ff. verwiesen.

§ 271 Beteiligungen, Verbundene Unternehmen

(1) ¹Beteiligungen sind Anteile an anderen Unternehmen, die bestimmt sind, dem eigenen Geschäftsbetrieb durch Herstellung einer dauernden Verbindung zu jenen Unternehmen zu dienen. ²Dabei ist es unerheblich, ob die Anteile in Wertpapieren verbrieft sind oder nicht. ³Als Beteiligung gelten im Zweifel Anteile an einer Kapitalgesellschaft, die insgesamt den fünften Teil des Nennkapitals dieser Gesellschaft überschreiten. ⁴Auf die Berechnung ist § 16 Abs. 2 und 4 des Aktiengesetzes entsprechend anzuwenden. ⁵Die Mitgliedschaft in einer eingetragenen Genossenschaft gilt nicht als Beteiligung im Sinne dieses Buches.

(2) Verbundene Unternehmen im Sinne dieses Buches sind solche Unternehmen, die als Mutter- oder Tochterunternehmen (§ 290) in den Konzernabschluss eines Mutterunternehmens nach den Vorschriften über die Vollkonsolidierung einzubeziehen sind, das als oberstes Mutterunternehmen den am weitestgehenden Konzernabschluss nach dem Zweiten Unterabschnitt aufzustellen hat, auch wenn die Aufstellung unterbleibt, oder das einen befreienden Konzernabschluss nach § 291 oder nach einer nach § 292 erlassenen Rechtsverordnung aufstellt oder aufstellen könnte; Tochterunternehmen, die nach § 296 nicht einbezogen werden, sind ebenfalls verbundene Unternehmen.

Inhaltsübersicht	Rz.
I. Überblick	1 - 2
II. Beteiligungen (Abs. 1)	3 - 24b
1. Relevanz der Abgrenzung von einfachen Anteilen für Ausweis und Anhang	3 - 3a
2. Beteiligungsbegriff (Abs. 1 Sätze 1 und 2)	4 - 21
2.1 Anteile an einem anderen Unternehmen	4 - 15
2.2 Herstellung einer dauernden Verbindung	16 - 21
3. Beteiligungsvermutung (Abs. 1 Sätze 3 und 4)	22 - 23
4. Ausnahme für Genossenschaftsanteile (Abs. 1 Satz 5)	24 - 24a
III. Verbundene Unternehmen (Abs. 2)	25 - 30
1. Relevanz der Abgrenzung von nicht verbundenen Unternehmen	25 - 25a
2. Begriff des verbundenen Unternehmens	26 - 30
2.1 Enge, am Wortlaut orientierte Auslegung	26 - 27
2.2 Weite Auslegung der Praxis	28 - 30

Ausgewählte Literatur

Berger/Kolb, Bilanzierung von Anteilen an Personenhandelsgesellschaften nach IDW ERS HFA 18 unter Berücksichtigung der wesentlichen Unterschiede zu IFRS, StuB 2006 S. 289

Kropff, „Verbundene Unternehmen" im Aktiengesetz und im Bilanzrichtlinien-Gesetz, DB 1986 S. 364

Küting, Verbundene Unternehmen nach HGB und AktG – zugleich eine kritische Analyse des § 271 Abs. 2 HGB, DStR 1987 S. 347

Lüders/Meyer-Kessel, Der Begriff der Beteiligung nach § 271 Abs. 1 HGB, DB 1991 S. 1585

Petersen/Zwirner, Unternehmensbegriff, Unternehmenseigenschaft und Unternehmensformen, DB 2008 S. 481

Schulze-Osterloh, Ausweis und Bewertung von Beteiligungen an Kapitalgesellschaften im Jahresabschluss des Gesellschafters, FS Kropff 1997, S. 695

I. Überblick

1 § 271 HGB definiert die Begriffe „Beteiligung" und „verbundenes Unternehmen" und unterscheidet damit
- ▶ **einfache Beziehungen** zu anderen Unternehmen
- ▶ von **Beteiligungs- und Verbundverhältnissen**.

2 Die Bedeutung dieser Unterscheidung ist vielfältig:
- ▶ Im **Bilanzgliederungs**schema nach → § 266 sind Beteiligungen sowie Anteile an verbundenen Unternehmen, aber auch Ausleihungen an Beteiligungs- und verbundene Unternehmen jeweils gesondert auszuweisen. Entsprechendes gilt im Umlaufvermögen für Forderungen und auf der Passivseite für Verbindlichkeiten. Der Sonderausweis von Ausleihungen, Forderungen und Verbindlichkeiten gegenüber verbundenen Unternehmen bzw. Unternehmen, mit denen ein Beteiligungsverhältnis besteht, betrifft sowohl das beteiligte Unternehmen als auch das Beteiligungsunternehmen.
- ▶ In der **GuV-Gliederung** nach → § 275 ist für Erträge aus Beteiligungen ein besonderer Posten sowie bei diesem und anderen Posten des Finanzergebnisses jeweils ein Davon-Vermerk für verbundene Unternehmen vorgesehen.
- ▶ → § 311 definiert den **Anteil an einem assoziierten Unternehmen** als eine Beteiligung i. S. von § 271 Abs. 1 HGB, die maßgeblichen Einfluss vermittelt.
- ▶ Nach § 313 Abs. 2 Nr. 4 Satz 2 HGB sowie § 285 Abs. 1 Nr. 11 Satz 4 HGB haben börsennotierte Kapitalgesellschaften bestimmte Angaben zu Beteiligungen im **Anhang** zu leisten.

II. Beteiligungen (Abs. 1)

1. Relevanz der Abgrenzung von einfachen Anteilen für Ausweis und Anhang

3 Die Beteiligung ist eine qualifizierte Form der Anteilsinhaberschaft. Die Frage, ob einfache Anteile oder eine Beteiligung vorliegen, hat Bedeutung für **Ausweis** in Bilanz und GuV sowie für bestimmte **Anhang**angaben (→ Rz. 2).

3a Liegt neben einem Beteiligungsverhältnis **zugleich ein Verbundverhältnis** (→ Rz. 25) vor, stellt sich beim **Bilanzausweis** von Ausleihungen (§ 266 Abs. 2 A.III.2 und A.III.4 HGB), Forderungen (§ 266 Abs. 2 B.II.2 und B.III.2 HGB) und Verbindlichkeiten (§ 266 Abs. 3 C.6 und C.7 HGB) jeweils die Frage, ob eine **Mehrfachzugehörigkeit** gem. § 265 Abs. 3 HGB (→ § 265 Rz. 48 ff.) zu vermerken ist.

Nach dem **HGB a. F.** war die Antwort einfach: Da Verbundenheit ein Beteiligungsverhältnis voraussetzte, stellte sie eine spezielle Form der Beteiligung dar. Dem Vorrang des Speziellen vor dem Allgemeinen folgend war daher der Ausweis entsprechender Forderungen oder Verbindlichkeiten als solcher gegenüber verbundenen Unternehmen erforderlich und implizierte notwendig, ohne einen besonderen Hinweis oder Davon-Vermerk, die gleichzeitige Qualifikation als Forderung oder Verbindlichkeiten gegenüber Unternehmen, mit denen ein Beteiligungsverhältnis besteht.

Mit dem **BilMoG** bestehen entsprechende Beziehungen zwischen den beiden Begriffen nicht mehr. Nach Wegfall des Beteiligungserfordernisses in § 290 HGB kann etwa zwischen den Berichtsunternehmen und einer Zweckgesellschaft (SPE) ein Mutter-Tochter-Verhältnis und damit Verbundenheit auch dann bestehen, wenn keine Anteile an der SPE gehalten werden und somit auch keine Beteiligung besteht. Da der Qualifizierung als Ausleihung/Forderung/Verbindlichkeit gegenüber verbundenen Unternehmen nun nicht mehr zwingend die Qualifizierung als Ausleihung/Forderung/Verbindlichkeit gegenüber Unternehmen, mit denen ein Beteiligungsverhältnis besteht, zu entnehmen ist, bedarf es u. E. Angaben oder Vermerken zur Mitzugehörigkeit:[1]

> **BEISPIEL** Tochterunternehmen der MU-AG sind TU-1 bis TU-5, an denen die MU jeweils zu 100 % beteiligt ist, sowie die Zweckgesellschaft SPE, an der sie nicht beteiligt ist. Gegenüber den Tochterunternehmen bestehen Ausleihungen i. H. von insgesamt 10 Mio €, davon 1 Mio € gegenüber der SPE. Diskussionswürdig sind u. a. folgende Ausweismöglichkeiten:
>
> 1. Ausleihungen an verbundene Unternehmen 10 Mio €,
>
> 2. Ausleihungen an verbundene Unternehmen 10 Mio €, davon an Unternehmen, mit denen ein Beteiligungsverhältnis besteht, 9 Mio €,
>
> 3. a) Ausleihungen an Unternehmen, mit denen ein Beteiligungsverhältnis besteht, 9 Mio €, davon an verbundene Unternehmen 9 Mio €,
>
>   b) Ausleihungen an verbundene Unternehmen 1 Mio €.
>
> Die erste Möglichkeit ist u. E. unzulässig: Sie lässt nicht erkennen, welcher Anteil auf Ausleihungen an Unternehmen, mit denen ein Beteiligungsverhältnis besteht, entfällt.
>
> Den Forderungen von § 265 Abs. 3 HGB betreffend Mitzugehörigkeit entsprechen hingegen die zweite und dritte Möglichkeit. Bei ihnen ist es auch zulässig, anstelle des Davon-Vermerks eine entsprechende Erläuterung im Anhang zu leisten.

Wenn im nicht so seltenen Einzelfall **alle verbundenen** Unternehmen **zugleich** solche sind, mit denen ein **Beteiligungsverhältnis** besteht, ist u. E. folgendes Vorgehen zweckmäßig:

▶ Der Ausweis der Ausleihungen/Forderungen/Verbindlichkeiten erfolgt nur unter den die Verbundbeziehung angebenden Posten.

▶ Im Anhang wird lediglich offen gelegt, dass alle verbundenen Unternehmen zugleich solche sind, mit denen ein Beteiligungsverhältnis besteht.

---

1 Gl. A: *Weller*, in: Haufe HGB Bilanz Kommentar, Freiburg 2009, § 271 Rz. 27.

2. Beteiligungsbegriff (Abs. 1 Sätze 1 und 2)

2.1 Anteile an einem anderen Unternehmen

4 Anteile sind **Mitgliedschaftsrechte**. Im einfachsten Fall umfassen sie sowohl Vermögens- als auch Verwaltungsrechte.

5 In der klassischen **GmbH & Co. KG** ist die Komplementär-GmbH nicht am Vermögen der KG beteiligt. Neben den Verwaltungsrechten bestehen aber auf das Vermögen bezogene Pflichten (Haftung). Bei Vorliegen der übrigen Voraussetzungen (insbesondere dauernde Verbindung → Rz. 16 ff.) ist diese mitgliedschaftsrechtliche Stellung daher als Beteiligungsverhältnis zu werten.[2]

Für die nicht am Vermögen der KG beteiligte Komplementär-GmbH entfällt mangels Anschaffungskosten zwar ein Beteiligungsansatz. Gleichwohl bleibt die Qualifizierung der Beziehung zur KG als Beteiligungsverhältnis wichtig für den Ausweis von Ausleihungen, Forderungen und Verbindlichkeiten (→ Rz. 2).

6 Eine vergleichbare Situation besteht bei insgesamt noch **nicht eingeforderten ausstehenden Einlagen**. Auch hier fehlt es an Anschaffungskosten. Eine Beteiligung ist nicht zu aktivieren, ein Beteiligungsverhältnis besteht aber schon. Forderungen und Verbindlichkeiten zwischen Gesellschafter und Gesellschaft sind daher als solche gegenüber Unternehmen, mit denen ein Beteiligungsverhältnis besteht, auszuweisen (→ Rz. 2). Ausstehende Einlagen, die bereits eingefordert sind, führen hingegen zum Ansatz einer Beteiligung unter gleichzeitiger Passivierung des eingeforderten Betrags.

7 Die **Rechtsform** des Unternehmens, an dem Anteile bestehen, ist unerheblich. Neben inländischen Kapital- und Personengesellschaften kommen daher ausländische Rechtsformen in Betracht. An **Stiftungen** können jedoch keine Anteile gehalten werden, da diese nicht mitgliedschaftsrechtlich organisiert sind.[3]

Irrelevant ist auch, ob die Mitgliedschaftsrechte als Wertpapier **verbrieft** sind (Abs. 1 Satz 2).

8 **Stille Beteiligungen** und **Genussrechte** und ähnliche mezzanine Finanzierungen sind dann als Anteile zu werten, wenn sie Verwaltungsrechte (Kontrolle und Mitsprache) gewähren, die denen eines Kommanditisten näherungsweise entsprechen. Die Qualifikation der empfangenen Mittel beim Empfänger als Eigen- oder Fremdkapital stellt nicht vorrangig auf die Verwaltungsrechte, sondern auf die Haftungsfunktion des überlassenen Kapitals (Verlustteilhabe, Nachrangigkeit etc.) ab (→ § 246 Rz. 66 f.). U. E. ist daher die Eigenkapitalqualifikation beim Empfänger weder notwendige noch hinreichende Voraussetzung für eine Beteiligungsqualifikation beim Kapitalgeber.[4]

9 Die Einheit, an der Mitgliedschaftsrechte bestehen, muss ein **Unternehmen** sein. Nach einer Auffassung ist die zu beurteilende Einheit unabhängig von der konkreten Tätigkeit stets ein Unternehmen, wenn die Eintragung ins Handelsregister erfolgt ist.[5] Betroffen hiervon sind vor

---

[2] Gl. A. *Kozikowski/Gutike*, in: Beck'scher Bilanz-Kommentar, 7. Aufl., München 2010, § 271 Tz. 14.
[3] Gl. A. *Hüttemann*, in: Ulmer (Hrsg.), HGB-Bilanzrecht, 2002, § 271 Tz. 6.
[4] A. A. *Weller*, in: Haufe HGB Bilanz Kommentar, Freiburg 2009, § 271 Rz. 9.
[5] Vgl. *Kozikowski/Gutike*, in: Beck'scher Bilanz-Kommentar, 7. Aufl., München 2010, § 271 Tz. 11.

allem Personenhandels- und Kapitalgesellschaften. In anderen Fällen, also etwa bei Vereinen, Stiftungen, Genossenschaften etc. soll es darauf ankommen, ob eine Kaufmannseigenschaft i. S. von §§ 1 und 2 HGB vorliegt, also ein Handelsgewerbe mit einem in kaufmännischer Weise eingerichteten Geschäftsbetrieb. Die darin implizit oder explizit vorgenommene Anknüpfung an die Buchführungspflicht nach § 238 BGB[6] versagt als Kriterium u. a. dann, wenn es um Anteile an einer ausländischen Gesellschaft geht. Ersatzweise wäre dann zu fragen, ob nach dem statt § 238 ff. HGB anwendbaren (ausländischen) Recht „vergleichbare" Rechnungslegungsvorschriften bestehen.

Im Vergleich zu einer solchen formalen, auf Handelsregistereintragung, gesetzlichen Rechungslegungspflicht etc., abstellenden Ansatz erscheint die sog. **funktionale** Betrachtung,[7] die nach der **Substanz** der zu beurteilenden Einheit, ihrer Zielsetzung, Autonomie, Organisation und Außenauftritt fragt, angemessener. Sie hat den Vorteil, in- und ausländische Sachverhalte, gewerbliche und landwirtschaftliche Betätigungen, Vereine und Kapitalgesellschaften, juristische Personen des Privatrechts und solche des öffentlichen Rechts etc. nach einheitlichen Maßstäben zu würdigen.

Der funktionalen Definition folgt auch HFA 1/1993. Danach ist (bei Beteiligung an einem *Joint Venture*) die untergeordnete Einheit dann Unternehmen, wenn   10

1. das **Vermögen** ganz oder teilweise gesamthänderisch gebunden ist (→ Rz. 11),

2. **erwerbswirtschaftliche Interessen** verfolgt werden (→ Rz. 12),

3. eine **nach außen in Erscheinung tretende Organisation** vorliegt (→ Rz. 13) und

4. **Rechtsbeziehungen** zu beteiligten Unternehmen oder Dritten unterhalten werden (→ Rz. 14).

Nach dem ersten der in → Rz. 10 genannten Kriterien sind **Bruchteilsgemeinschaften** nicht als Unternehmen anzusehen.[8]   11

Nach dem zweiten Kriterium müssen über eine Vermögensverwaltung hinausgehende Interessen verfolgt werden.[9] Dieses Kriterium ist nicht eng zu fassen. Die erwerbswirtschaftliche Betätigung muss nicht auf die Verfolgung eigener Gewinnziele gerichtet sein. Es reicht aus, wenn die **erwerbswirtschaftlichen Interessen** der Tätigkeit der Untergesellschaft **mittelbar** bei den Gesellschaftern zum Tragen kommen.   12

BEISPIEL Die Energieversorger A, B und C gründen eine gemeinsame Abrechnungsgesellschaft, in der das Debitorenmanagement der drei Gründer gebündelt werden soll. Nach Zwecksetzung und Gesellschaftsvertrag soll die Abrechnungsgesellschaft keine Gewinne erzielen, sondern Ersatz der ihr entstehenden Kosten erhalten.

Die Abrechnungsgesellschaft ist mittelbar für die Gründer erwerbswirtschaftlich tätig. Sie ist als Unternehmen zu qualifizieren.

---

6 Vgl. *ADS*, 6. Aufl., § 271 Tz. 11.
7 Vgl. *Weller*, in: Haufe HGB Bilanz Kommentar, Freiburg 2009, § 271 Rz. 5.
8 Vgl. *Weller*, in: Haufe HGB Bilanz Kommentar, Freiburg 2009, § 271 Rz. 8; *Petersen/Zwirner*, DB 2008 S. 481 ff.
9 Vgl. *Petersen/Zwirner*, DB 2008 S. 481 ff.

Dieser großzügigen Wertung entsprechend ist bei als Kapitalgesellschaft oder Personengesellschaft betriebenen *Joint Ventures* nach Auffassung des Schrifttums stets eine Unternehmenseigenschaft gegeben.[10] U. E. ist nach der funktionalen Perspektive (→ Rz. 9) auch hier auf den Inhalt der Tätigkeit abzustellen.

13 Auch an das dritte in → Rz. 10 genannte Kriterium, die nach außen in Erscheinung tretende Organisation, sind keine hohen Anforderungen zu stellen. Eine **konzernleitende GbR** gilt daher als Unternehmen.[11]

14 Mit dem vierten Kriterium wird das Unternehmen als Außengesellschaft von dem Nichtunternehmen als reine **Innengesellschaft** abgegrenzt.

15 Fraglich ist, ob Anteile an einem **Spezialfonds** als Beteiligungen qualifiziert werden können.

Entscheidend ist, ob das in Investmentfonds gehaltene Sondervermögen ein Unternehmen darstellt. Hier ist zu bedenken, dass das in § 6 KAGG geregelte Rechtsinstitut des Sondervermögens zivilrechtlich kein Rechtssubjekt ist. Das Sondervermögen ist keine eigene Rechtspersönlichkeit, die Rechte und Pflichten trägt, sondern ein rechtlich unselbständiger Inbegriff von Vermögensgegenständen i. S. von § 260 Abs. 1 BGB. Ein solcher Inbegriff von Vermögensgegenständen stellt u. E. kein Unternehmen dar. Das Sondervermögen ist daher regelmäßig kein Konsolidierungsobjekt.[12]

Typischerweise stellt sich die Konsolidierungsfrage aber ohnehin nur bei Spezialfonds (Spezial-Sondervermögen), d. h. solchen Fonds, die maximal 30 Anleger (§ 2 Abs. 3 InvG), häufig nur einen (Ein-Mann-Spezialfonds) haben. Eine Konsolidierung käme dann nach § 290 Abs. 2 Nr. 4 HGB (Zweckgesellschaften) in Frage, der abweichend von den sonstigen Regelungen keine Unternehmenseigenschaft verlangt. Von der ausnahmsweisen Konsolidierung nichtunternehmerischer Gesellschaften nimmt § 290 Abs. 4 Satz 2 HGB aber Spezial-Sondervermögen i. S. des § 2 Abs. 2 InvG per Rückausnahme ausdrücklich aus (→ § 290 Rz. 54). Es bleibt also bei der Nichtkonsolidierung.

Unter dem Gesichtspunkt der wirtschaftlichen Betrachtungsweise kann jedoch die unmittelbare volle (Ein-Mann-Spezialfonds) oder quotale Zurechnung der vom Fonds gehaltenen Vermögensgegenstände beim Anleger in Frage kommen. Die gegenteilige Ansicht beruft sich darauf, dass Investment-Anteilsscheine nach § 1 Abs. 11 Nr. 2 KWG und § 2 WpHG Wertpapiere sind. Die daraus gezogene Rechtsfolge, die Anteile seien als Wertpapiere zu bilanzieren, verträgt sich bei von einem oder wenigen Zeichnern beherrschten Spezialfonds aber nicht mit der wirtschaftlichen Betrachtungsweise:

▶ Die Spezialfonds-Anleger tragen die mit dem Sondervermögen verbundenen Chancen und Risiken.

▶ Sie nehmen auf die Zusammensetzung des Sondervermögens und damit auf die Chancen und Risiken i. d. R. aktiv Einfluss. Basis hierfür ist einerseits die vertragliche Abstimmung zwischen Kapitalanlagegesellschaft und Anlegern darüber, wie das Sondervermögen gemanagt werden muss, in welchen sachlichen und quantitativen Grenzen angelegt werden

---

10 Vgl. *Kozikowski/Gutike*, in: Beck'scher Bilanz-Kommentar, 7. Aufl., München 2010, § 271 Tz. 12.; *Petersen/Zwirner*, DB 2008 S. 481 ff.
11 Vgl. *Kozikowski/Gutike*, in: Beck'scher Bilanz-Kommentar, 7. Aufl., München 2010, § 271 Tz. 12.
12 Gl. A. *Weller*, in: Haufe HGB Bilanz Kommentar, Freiburg 2009, § 271 Rz. 5; *Petersen/Zwirner*, DB 2008 S. 481 ff.

darf, andererseits der von den Anlegern dominierte Anlageausschuss, der die Anlagepolitik gestaltet.

▶ Die Anleger tragen daher bei typischer Gestaltung nicht nur die Risiken und Chancen des Spezial-Sondervermögens, sondern entscheiden auch über dessen Management. Sie sind daher in wirtschaftlicher Betrachtung (quotaler) Eigentümer der einzelnen, das Sondervermögen bildenden Anlagen.[13]

2.2 Herstellung einer dauernden Verbindung

Anteile an anderen Unternehmen sind nur dann als Beteiligung zu qualifizieren, wenn sie „bestimmt sind, dem eigenen Geschäftsbetrieb durch **Herstellung einer dauernden Verbindung** zu jenem Unternehmen zu dienen" (Abs. 1 Satz 1). 16

Beteiligungen sind Teil des **Anlage**vermögens. Die in Abs. 1 Satz 1 genannte Voraussetzung der **Dauerhaftigkeit** entspricht der allgemeinen Anforderung des § 247 Abs. 2 HGB für eine Qualifizierung als Anlagevermögen (→ § 247 Rz. 22). 17

In der **Abgrenzung** zwischen Anlage- und **Umlaufvermögen** sind zunächst folgende Fälle beachtlich:

▶ Die Anteile wurden mit **kurzfristiger Veräußerungsabsicht** erworben, und diese Absicht besteht am Bilanzstichtag fort: Die Anteile sind **Umlaufvermögen** und damit keine Beteiligung.

▶ Die Anteile wurden zwar **mit Veräußerungsabsicht erworben**, diese Absicht besteht **am Bilanzstichtag aber nicht mehr**: Die Anteile sind vom Umlauf- in das Anlagevermögen umzugliedern und stellen bei Erfüllung der übrigen Voraussetzungen eine **Beteiligung** dar.

▶ Die Anteile wurden mit **bedingter Veräußerungsabsicht** erworben, je nach Kurs- und Dividendenentwicklung sollen sie gehalten oder weiterveräußert werden: Hier ist zunächst ein Ausweis im Umlaufvermögen vorzuziehen, je länger die Anteile aber tatsächlich gehalten werden, umso eher ist eine Umgliederung in das Anlagevermögen geboten.

Unklar ist, wie **mit Halteabsicht erworbene** und am vorangegangenen Bilanzstichtag als Anlagevermögen qualifizierte Anteile zu werten sind, wenn zum aktuellen **Bilanzstichtag** eine **Veräußerungsabsicht** besteht: 18

▶ Die beabsichtigte Veräußerung kann einerseits als eine **Änderung der Zweckbestimmung** interpretiert werden und würde dann zu Umlaufvermögen führen.

▶ Die Veräußerung kann andererseits als **letzter Akt im Lebenszyklus** der Beteiligung aufgefasst werden. An der Qualifikation als Beteiligung würde dann bis zum Vollzug der Veräußerung festgehalten.

Für den Fall, dass die Veräußerung (z. B. aus kartellrechtlichen Gründen) **erzwungen** ist, folgt das Schrifttum der zweiten Auffassung und lehnt die Umqualifizierung einer Beteiligung in das Umlaufvermögen ab.[14]

---

[13] Gl. A. wohl *Kuhn/Schaber*, DB 2001 S. 2661 ff.; a. A. *Weber/Böttcher/Griesemann*, WPg 2002 S. 907 ff.
[14] Vgl. *ADS*, 6. Aufl., § 247 Tz. 118.

II. Beteiligungen

In anderen, **nicht erzwungenen** Fällen soll aber zur Beurteilung der Daueranlageabsicht nicht auf die bisherigen Verhältnisse, sondern auf die **zukunftsbezogene** Besitzabsicht abzustellen sein[15], so dass bei erstmals am Bilanzstichtag gegebener Veräußerungsabsicht Umlaufvermögen vorläge. U. E. ist dem aus den folgenden Gründen nicht zu folgen:

- Anders als etwa die IFRS kennt das **HGB** neben dem Anlage- und Umlaufvermögen keine dritte Kategorie des nicht mehr zur Weiternutzung, sondern jetzt zur Veräußerung bestimmten ursprünglichen Anlagevermögens (IFRS 5). Das HGB verfolgt vielmehr ein **dichotomes System**, in dem ein Vermögensgegenstand nur Anlage- oder Umlaufvermögen, aber nicht Drittes sein kann.
- Jeder nicht durch „Verschrottung" abgehende Anlagegegenstand wird aber früher oder später veräußert werden. In der Dichotomie des HGB führen unterjährige Veräußerungsabsicht und Vollzug nicht dazu, dass Erträge aus dem Abgang von Anlagevermögen zu Erträgen aus dem Abgang von Umlaufvermögen umqualifiziert würden. Die Veräußerung gilt vielmehr als **letzter Akt der Verwertung des Anlagevermögens**. Es sei denn, durch besondere Maßnahmen (etwa die Erschließung eines Anlagegrundstücks vor parzellierter Veräußerung) werde ein Gut ganz anderer Marktgängigkeit geschaffen.
- Es wäre daher nicht sachgerecht, Fälle, in denen zwischen Veräußerungsabsicht und Vollzug zufällig der Bilanzstichtag liegt, anders zu behandeln.
- U. E. bleiben die langjährig als Beteiligung geführten Anteile daher auch mit Übergang zur Veräußerungsabsicht **Beteiligung**.

19 Neben der Daueranlageabsicht fordert Abs. 1 Satz 1, dass die Anteile dem eigenen **Geschäftsbetrieb durch Herstellung einer Verbindung dienen**. Im Schrifttum ist **umstritten**, ob

- hierdurch **zusätzliche** Anforderungen erhoben werden oder
- der auf Herstellung einer Verbindung gerichtete Zweck **in der Daueranlageabsicht bereits enthalten** ist, letztere somit als Kriterium für eine Qualifizierung von Anteilen als Beteiligung ausreicht.[16]

20 Praktische Bedeutung hat dieser Dissens u. E. nur bei marktgängigen Anteilen (börsennotierten Aktien), hingegen nicht bei anderen Anteilen. Die Gründe sind wie folgt:

- Die in Abs. 1 Satz 1 geforderte Verwendungsabsicht ist eine **innere Tatsache**, die der **Objektivierung** durch äußere Umstände bedarf.
- Bei **nicht marktgängigen Anteilen** (insbesondere solchen an GmbHs und Personenhandelsgesellschaften) ist eine kurzfristige Veräußerungsabsicht im Allgemeinen aber nicht oder nur unter Inkaufnahme besonderer **Verwertungsrisiken** zu verwirklichen.
- Aus objektivierter Sicht begründet der Erwerb nicht marktgängiger Anteile daher die **Vermutung**, dass die Anteile dazu bestimmt sind, dem eigenen Geschäftsbetrieb durch Herstellung einer dauernden Verbindung zu dienen.[17]
- Diese Vermutung kann **ausnahmsweise** widerlegt werden:

---

15 Vgl. ADS, 6. Aufl., § 271 Tz. 15.
16 Zum Meinungsstand: ADS, 6. Aufl., § 271 Tz. 17.
17 Gl. A. Weller, in: Haufe HGB Bilanz Kommentar, Freiburg 2009, § 271 Rz. 13.

> **BEISPIEL** Die Bank B hat vom säumigen Darlehensnehmer X dessen zuvor als Sicherheit verpfändete Y-GmbH erworben. Der erzwungene Erwerb dient nicht zur Herstellung einer dauernden Verbindung zwischen der Bank und Y, sondern der Begrenzung des Schadens aus der Darlehensbeziehung. Die Anteile sind nicht als Beteiligung zu qualifizieren.

Bei **börsengängigen Anteilen** kann die objektivierte Betrachtung darauf abstellen, ob zwischen Beteiligtem und Beteiligungsunternehmen **sonstige Leistungsbeziehungen** operativer oder auch finanzieller Art (z. B. Darlehen oder Patronatserklärungen) bestehen. Derartige Umstände indizieren ebenso wie besondere Rechte (Sperrminoritäten, Vertretung im Aufsichtsrat etc.) ein Beteiligungsverhältnis.[18] Im Übrigen dient bei börsennotierten Anteilen aber vor allem die Beteiligungsvermutung des Abs. 1 Satz 3 der Objektivierung.

3. Beteiligungsvermutung (Abs. 1 Sätze 3 und 4)

Im Zweifel gelten Anteile an einer Kapitalgesellschaft als Beteiligung, wenn sie **20 %** des **Nennkapitals** dieser Gesellschaft **überschreiten** (Abs. 1 Satz 3). Da nicht börsengängige Anteile in objektivierter Betrachtung ohnehin regelmäßig als Beteiligung anzusehen sind (→ Rz. 20), liegt die praktische Bedeutung der widerlegbaren Vermutung auf dem Gebiet der börsennotierten Anteile. Zur Widerlegung muss hier dargetan werden, dass

▶ eine kurzfristige Veräußerungsabsicht besteht und realisierbar ist und/oder

▶ die Anteile ein reines Finanzinvestment darstellen, relevante sachliche Leistungsbeziehungen zwischen den beiden Unternehmen also nicht bestehen.

Zur **Berechnung der 20 %-Schwelle** verweist Abs. 1 Satz 4 auf § 16 Abs. 2 und 4 AktG. Hiernach gilt:

▶ Eigene Anteile des untergeordneten Unternehmens sind von dessen Nennkapital bzw. bei Gesellschaften mit Stückaktien von dessen Zahl der Aktien abzusetzen (§ 16 Abs. 2 Satz 2 AktG).

▶ Als Anteile des übergeordneten Unternehmens gelten auch die Anteile eines von ihm abhängigen Unternehmens (§ 16 Abs. 4 Satz 1 AktG).

▶ In Verbindung mit § 17 Abs. 2 AktG hat daher der Anteilsinhaber dem eigenen Anteil i. d. R. solche hinzuzurechnen, die ein in seinem Mehrbesitz stehendes Unternehmen hält.

> **BEISPIEL** Die A-AG hat 1 Mio Stückaktien ausgegeben. 10 % hiervon hält sie als eigene Anteile.
>
> B hält 120.000 Aktien an der A-AG, 65.000 werden von C gehalten, an der B mit Mehrheit beteiligt ist.
>
> Die Berechnung ist wie folgt:
>
> ▶ B sind die Anteile von C hinzuzurechnen. Der für die Schwellenprüfung nach Abs. 1 Satz 3 maßgebliche Anteil der A-AG beträgt daher 185.000 Aktien (Zähler der Verhältnisrechnung).

---

18 Gl. A. Weller, in: Haufe HGB Bilanz Kommentar, Freiburg 2009, § 271 Rz. 14.

> ► Im Nenner der Verhältnisrechnung sind nicht 1 Mio, sondern 900.000 Aktien zu berücksichtigen.
> ► Resultat ist ein Anteilsverhältnis von 185.000/900.000 = 20,6 %.
> ► Es besteht die (widerlegbare) Vermutung eines Beteiligungsverhältnisses.

Treuhänderisch, d. h. von einem anderen für Rechnung des Unternehmens oder von diesem abhängigen Unternehmen gehaltene Anteile sind nach § 16 Abs. 4 AktG ebenfalls in die Verhältnisrechnung einzubeziehen.

4. Ausnahme für Genossenschaftsanteile (Abs. 1 Satz 5)

24 Die Mitgliedschaft in einer eingetragenen Genossenschaft gilt nach Abs. 1 Satz 5 nicht als Beteiligung. Da Genossenschaftsanteile nicht marktgängig sind, würden sie ohne diese Ausnahmevorschriften im Allgemeinen ein Beteiligungsverhältnis begründen (→ Rz. 20). Damit wären etwa bei genossenschaftlichen Banken, Forderungen und Verbindlichkeiten gegenüber Genossen nicht mehr unter den allgemeinen Positionen, sondern als solche gegenüber verbundenen Unternehmen bzw. Unternehmen, mit denen ein Beteiligungsverhältnis besteht, zu kennzeichnen. Zweck der Ausnahmevorschrift ist die Verhinderung eines solchen Sonderausweises.[19]

24a Für den Ausweis von Anteilen an Genossenschaften gelten folgende Varianten als zulässig:[20]
- ► Erweiterung der Postenbezeichnung gem. § 266 Abs. 2 A.III.6 HGB in „**Sonstige Ausleihungen und Genossenschaftsanteile**".
- ► Änderung der Postenbezeichnung gem. § 266 Abs. 2 A.III.5 HGB in „**Wertpapiere des Anlagevermögens und Genossenschaftsanteile**".
- ► Einfügung eines zusätzlichen Postens „**Genossenschaftsanteile**" unter den Finanzanlagen.

III. Verbundene Unternehmen (Abs. 2)

1. Relevanz der Abgrenzung von nicht verbundenen Unternehmen

25 Von besonderen Ausnahmen abgesehen (→ Rz. 29) ist die Verbundenheit eine spezielle Form der Beteiligung. Wie die Qualifizierung als Beteiligung selbst hat auch die Qualifizierung als verbundenes Unternehmen Bedeutung für den Ausweis in Bilanz (→ § 266) und GuV (→ § 275) sowie für Anhangangaben (→ Rz. 2). Darüber hinaus hat der Begriff des verbundenen Unternehmens Bedeutung für die Abschlussprüfung (§ 319 Abs. 3 Nr. 1 und 2 sowie Abs. 4 HGB und § 323 Abs. 1 HGB).

25a Wegen der Schnittmengen zwischen Beteiligungs- und Verbundenheitsverhältnis und der sich daraus ergebenden Folgen für den Bilanzausweis von Ausleihungen, Forderungen und Verbindlichkeiten unter der Gesichtspunkt der **Mehrfachzugehörigkeit** wird auf → Rz. 3a verwiesen.

---

19 Vgl. *Hüttemann*, in: Ulmer (Hrsg.), HGB-Bilanzrecht, 2002, § 271 Tz. 12, m. w. N.
20 Vgl. *Weller*, in: Haufe HGB Bilanz Kommentar, Freiburg 2009, § 271 Rz. 29 f.

2. Begriff des verbundenen Unternehmens

2.1 Enge, am Wortlaut orientierte Auslegung

Nach dem Wortlaut von Abs. 2 sind verbundene Unternehmen nur solche Unternehmen, die als 26

- ▶ **Mutter-** oder **Tochter**unternehmen
- ▶ im vom obersten Mutterunternehmen nach dem Zweiten Unterabschnitt oder als ausländisches Mutterunternehmen befreiend nach §§ 291 f. HGB aufzustellenden **Konzernabschluss**
- ▶ über die **Vollkonsolidierung** einzubeziehen sind.

Gefordert ist damit vor allem eine **Konzernrechnungslegungspflicht** nach **HGB**. Dem Wortlaut folgend läge daher in folgenden Fällen keine Verbundenheit vor: 27

- ▶ Die Konzernspitze ist keine Kapital- und keine Kap. & Co.-Gesellschaft (→ § 264a). Das Mutterunternehmen ist „nur" nach Publizitätsgesetz zur Aufstellung eines Konzernabschlusses verpflichtet.
- ▶ Das Mutterunternehmen ist zwar eine Kapitalgesellschaft, hat aber wegen **Unterschreitens der Größenmerkmale** nach § 293 HGB keinen Konzernabschluss aufzustellen.
- ▶ Für den Konzern, an dessen Spitze eine **ausländische Mutter** steht, besteht Konzernrechnungslegungspflicht nach ausländischem Recht. Die an der Spitze des inländischen Teilkonzerns stehende Kapitalgesellschaft unterläge, weil **im Inland die Größenkriterien nicht überschritten** werden, hingegen auch dann nicht der Konzernrechnungslegungspflicht, wenn ein Gesamtkonzernabschluss nach ausländischem Recht nicht gefordert wäre.
- ▶ Die **ausländische Mutter** hält ihre Beteiligung am inländischen Teilkonzern über zwei **gleich geordnete inländische Holdinggesellschaften**, die den inländischen Konzernteil zu einem bloßen Gleichordnungskonzern machen.

Nach der wörtlichen Auslegung wären etwa im Falle eines Gesamtkonzernabschlusses nach Publizitätsgesetz folgende Differenzierungen notwendig:

- ▶ Das Personenunternehmen ist als Spitze eines **zweistöckigen** Konzerns an diversen Kapitalgesellschaften mehrheitlich und direkt beteiligt – keine Verbundenheit.
- ▶ Das Personenunternehmen ist als Spitze eines **dreistöckigen** Konzerns mehrheitlich an einem weiteren Personenunternehmen beteiligt, das wiederum Mehrheitsgesellschafter diverser Kapitalgesellschaften ist – keine Verbundenheit.
- ▶ Das Personenunternehmen ist als Spitze eines **dreistöckigen** Konzerns mehrheitlich an einer Kapitalgesellschaft beteiligt, die wiederum Mehrheitsgesellschafter diverser Kapitalgesellschaften ist. Der von der Kapitalgesellschaft beherrschte **Teilkonzern** erfüllt die Größenkriterien nicht – keine Verbundenheit.
- ▶ Das Personenunternehmen ist als Spitze eines **dreistöckigen** Konzerns mehrheitlich an einer Kapitalgesellschaft beteiligt, die wiederum Mehrheitsgesellschafter diverser Kapitalgesellschaften ist. Der von der Kapitalgesellschaft beherrschte **Teilkonzern** erfüllt die Größenkriterien – Verbundenheit.

2.2 Weite Auslegung der Praxis

28 Gestützt auf weite Teile des Schrifttums, das mit unterschiedlichen Begründungen, vorrangig aber unter Rückgriff auf Art. 41 der 7. EG-Richtlinie, eine weite Auslegung von Abs. 2 befürwortet, folgt auch die Praxis ganz überwiegend nicht einer eng am Wortlaut orientierten Auslegung des Begriffs der Verbundenheit.

In dieser **weiten** Auslegung kommt es nicht auf Rechtsform und Sitz des über- und der untergeordneten Unternehmens an. Es ist also nicht danach zu unterscheiden, ob die Konzernspitze nach Publizitätsgesetz oder nach HGB, nach ausländischem oder inländischem Recht konzernrechnungslegungspflichtig ist. In einer zweistufigen Konzernstruktur gelten dann etwa zwei Unternehmen als verbunden, wenn

▶ zwischen ihnen ein Beherrschungsverhältnis (nach oder analog § 290 HGB) besteht, oder

▶ sie (als Schwesterunternehmen) mit demselben übergeordneten Unternehmen verbunden sind.[21]

Die Verbundbeziehung besteht danach zwischen allen Mitgliedern des (potenziellen) Vollkonsolidierungskreises, wobei nach Abs. 2 i.V. mit § 296 HGB unerheblich ist, ob ein Tochterunternehmen aufgrund eines Einbeziehungswahlrechts im konkreten Fall nicht vollkonsolidiert wird.

Keine Verbundbeziehung besteht hingegen zwischen den Mitgliedern des (potenziellen) Vollkonsolidierungskreises und den (lediglich quotal oder *at equity* einbezogenen) Gemeinschafts- oder assoziierten Unternehmen.

29 Regelmäßig setzt die Verbundenheit zugleich das Bestehen eines **Beteiligungsverhältnisses** voraus. Im Bereich der Anwendung oder analogen Anwendung von § 290 Abs. 2 Nr. 4 HGB, also bei einem Mutter-Tochter-Verhältnis qua Zweckgesellschaft, ist dies aber z. B. nicht zwingend der Fall. Zu den Folgerungen, die sich daraus für den Bilanzausweis ergeben, wird auf → Rz. 3a verwiesen.

30 Die vorstehend erläuterte weite Auslegung entspricht dem Normzweck von Abs. 2, wirtschaftliche Verflechtungen zwischen Unternehmen im Jahresabschluss transparent zu machen.[22] Wo dieser Normzweck nicht berührt ist, insbesondere bei der Verbundenheit als Bedingung der Abschlussprüfung (§ 319 Abs. 3 Nr. 1 und 2 sowie Abs. 4 HGB und § 323 Abs. 1 HGB), ist eine weite Auslegung demzufolge nicht geboten.[23]

---

21 Vgl. *Kropff*, in: Münchener Kommentar Aktiengesetz, 2. Aufl., § 271 Anm. 55.
22 Vgl. *Hüttemann*, in: Ulmer (Hrsg.), HGB-Bilanzrecht, 2002, § 271 Tz. 22, zum Normzweck, wobei *Hüttemann* allerdings keine Anknüpfungspunkte in der 7. EG-Richtlinie für eine dem Normzweck entsprechende weite Auslegung sieht.
23 Gl. A. *Kozikowski/Gutike*, in: Beck'scher Bilanz-Kommentar, 7. Aufl., München 2010, § 271 Tz. 35; *Weller*, in: Haufe HGB Bilanz Kommentar, Freiburg 2009, § 271 Tz. 44.

§ 272 Eigenkapital

(1) ¹Gezeichnetes Kapital ist das Kapital, auf das die Haftung der Gesellschafter für die Verbindlichkeiten der Kapitalgesellschaft gegenüber den Gläubigern beschränkt ist. ²Es ist mit dem Nennbetrag anzusetzen. ³Die nicht eingeforderten ausstehenden Einlagen auf das gezeichnete Kapital sind von dem Posten „Gezeichnetes Kapital" offen abzusetzen; der verbleibende Betrag ist als Posten „Eingefordertes Kapital" in der Hauptspalte der Passivseite auszuweisen; der eingeforderte, aber noch nicht eingezahlte Betrag ist unter den Forderungen gesondert auszuweisen und entsprechend zu bezeichnen.

(1a) ¹Der Nennbetrag oder, falls ein solcher nicht vorhanden ist, der rechnerische Wert von erworbenen eigenen Anteilen ist in der Vorspalte offen von dem Posten „Gezeichnetes Kapital" abzusetzen. ²Der Unterschiedsbetrag zwischen dem Nennbetrag oder dem rechnerischen Wert und den Anschaffungskosten der eigenen Anteile ist mit den frei verfügbaren Rücklagen zu verrechnen. ³Aufwendungen, die Anschaffungsnebenkosten sind, sind Aufwand des Geschäftsjahres.

(1b) ¹Nach der Veräußerung der eigenen Anteile entfällt der Ausweis nach Absatz 1a Satz 1. ²Ein den Nennbetrag oder den rechnerischen Wert übersteigender Differenzbetrag aus dem Veräußerungserlös ist bis zur Höhe des mit den frei verfügbaren Rücklagen verrechneten Betrages in die jeweiligen Rücklagen einzustellen. ³Ein darüber hinausgehender Differenzbetrag ist in die Kapitalrücklage gemäß Absatz 2 Nr. 1 einzustellen. ⁴Die Nebenkosten der Veräußerung sind Aufwand des Geschäftsjahres.

(2) Als Kapitalrücklage sind auszuweisen

1. der Betrag, der bei der Ausgabe von Anteilen einschließlich von Bezugsanteilen über den Nennbetrag oder, falls ein Nennbetrag nicht vorhanden ist, über den rechnerischen Wert hinaus erzielt wird;
2. der Betrag, der bei der Ausgabe von Schuldverschreibungen für Wandlungsrechte und Optionsrechte zum Erwerb von Anteilen erzielt wird;
3. der Betrag von Zuzahlungen, die Gesellschafter gegen Gewährung eines Vorzugs für ihre Anteile leisten;
4. der Betrag von anderen Zuzahlungen, die Gesellschafter in das Eigenkapital leisten.

(3) ¹Als Gewinnrücklagen dürfen nur Beträge ausgewiesen werden, die im Geschäftsjahr oder in einem früheren Geschäftsjahr aus dem Ergebnis gebildet worden sind. ²Dazu gehören aus dem Ergebnis zu bildende gesetzliche oder auf Gesellschaftsvertrag oder Satzung beruhende Rücklagen und andere Gewinnrücklagen.

(4) ¹Für Anteile an einem herrschenden oder mit Mehrheit beteiligten Unternehmen ist eine Rücklage zu bilden. ²In die Rücklage ist ein Betrag einzustellen, der dem auf der Aktivseite der Bilanz für die Anteile an dem herrschenden oder mit Mehrheit beteiligten Unternehmen angesetzten Betrag entspricht. ³Die Rücklage, die bereits bei der Aufstellung der Bilanz zu bilden ist, darf aus vorhandenen frei verfügbaren Rücklagen gebildet werden. ⁴Die Rücklage ist aufzulösen, soweit die Anteile an dem herrschenden oder mit Mehrheit beteiligten Unternehmen veräußert, ausgegeben oder eingezogen werden oder auf der Aktivseite ein niedrigerer Betrag angesetzt wird.

Inhaltsübersicht

	Rz.
I. Überblick	1 - 2
II. Gezeichnetes Kapital (Abs. 1 Sätze 1 und 2)	3 - 21
1. Begriff und Betrag	3 - 5
2. Maßnahmen der Kapitalaufbringung und -herabsetzung	6 - 21
2.1 Überblick	6 - 8
2.2 Kapitalaufbringung durch Bar- oder Sacheinlage	9 - 10a
2.3 Sacheinlagen	10b - 10m
2.3.1 Einlage- und Bilanzierungsfähigkeit	10b - 10d
2.3.2 Bewertung	10e - 10m
2.4 Bedingte Kapitalerhöhung einer AG	11
2.5 Kapitalerhöhung aus Gesellschaftsmitteln	12 - 14b
2.6 Ordentliche Kapitalherabsetzung	15 - 17
2.7 Vereinfachte Kapitalherabsetzung	18 - 21
III. Ausstehende Einlagen (Abs. 1 Satz 3)	22 - 25
IV. Eigene Anteile (Abs. 1a)	26 - 33g
1. Fehlende Vermögensgegenstandseigenschaft	26 - 30
2. Voraussetzungen eines wirksamen Erwerbs eigener Anteile	31
3. Verbuchung von Erwerb und Wiederausgabe eigener Anteile	32 - 33a
4. Ausschüttungssperrwirkung	33b
5. Darstellung in Anhang und Ergebnisverwendungsrechnung	33d - 33e
6. Steuerliche Behandlung eigener Anteile	33f
7. Einziehung von Anteilen gegen Abfindung	33g
V. Kapitalrücklage (Abs. 2)	34 - 52
1. Inhalt, Ausweis der Veränderungen	34 - 36
2. Agio aus der Ausgabe von Anteilen (Abs. 2 Nr. 1)	37
3. Zinsvorteil bei Wandel- und Optionsanleihen (Abs. 2 Nr. 2)	38 - 45
4. Zuzahlung zur Begründung von Vorzugsrechten (Abs. 2 Nr. 3)	46
5. Andere Zuzahlungen, verdeckte Einlagen (Abs. 2 Nr. 4)	47 - 51b
6. Gesellschaftsrechtliche Fälle der Zuführung zur Kapitalrücklage	52
VI. Gewinnrücklagen (Abs. 3 und 4)	53 - 67
1. Inhalt und Ausweis	53 - 55
2. Gesetzliche Rücklage bei Aktiengesellschaften	56 - 58
3. Rücklage für Anteile an herrschenden oder mehrheitlich beteiligten Unternehmen	59 - 63
4. Satzungsmäßige Rücklagen	64
5. Andere Gewinnrücklagen	65 - 67
VII. Anteilsbasierte Vergütungen von Arbeitnehmern (Aktienoptionsprogramme)	68 - 81
1. Vergütungsformen und ökonomische Grundlagen	68 - 71
2. Behandlung nach IFRS 2	72 - 73
3. Übertragbarkeit der IFRS-Regeln auf das Handelsrecht	74 - 81
3.1 Virtuelle Optionen	74 - 75
3.2 Reale Optionen	76 - 81

Ausgewählte Literatur

Bruckmeier/Zwirner/Künkele, Die Behandlung eigener Anteile, DStR 2010 S. 1640

Budde, Aktienrückkaufprogramme im Spannungsfeld von Aktien-, Bilanz- und Steuerrecht, in: Kirchhof u. a. (Hrsg.), Steuerrechtsprechung, Steuergesetz, Steuerreform, Festschrift zum 65. Geburtstag von Klaus Offerhaus, Köln 1999, S. 659

Busse von Colbe, Handelsrechtliche Bilanzierung von Optionsanleihe und Optionsentgelten aus betriebswirtschaftlicher Sicht, in: Busse von Colbe/Großfeld/Kley/Martens/Schlede, Bilanzierung von Optionsanleihen im Handelsrecht, Heidelberg 1987, S. 47

Döllerer, Die Kapitalrücklage der Aktiengesellschaft bei Ausgabe von Optionsanleihen nach Handelsrecht und Steuerrecht, AG 1986 S. 237

Freiberg/Lüdenbach, Anteilsbasierte Vergütungsformen, in: Lüdenbach/Hoffmann (Hrsg.), Haufe IFRS-Kommentar, 8. Aufl., Freiburg 2010, § 23

Goerdeler, Rücklagenbildung nach § 58 Abs. 2 AktG 1965 im Konzern, WPg 1986 S. 229

Häuselmann, Wandelanleigen in der Handels- und Steuerbilanz des Emittenten, BB 2000 S. 139

Karollus, Voreinzahlungen auf künftige Kapitalerhöhungen, DStR 1995 S. 1065

Kerssenbrock, Zur zivil- und steuerrechtlichen Behandlung der Kapitalherabsetzung bei einer GmbH, GmbHR 1984 S. 306

Küting/Kessler, Die Problematik der anderen Zuzahlungen gem. § 272 Abs. 2 Nr. 4 HGB, BB 1989 S. 25

Küting/Reuter, Abbildung von eigenen Anteilen nach dem Entwurf des BilMoG, BB 2008 S. 658

Küting/Reuter, Anwendungsbeispiele zum Eigenkapitalausweis nach dem BilMoG-RegE, StuB 2008 S. 575

Küting/Reuter, Der Bilanzausweis des Eigenkapitals nach dem BilMoG-RegE, StuB 2008 S. 535

Küting/Reuter, Bilanzierung eigener Anteile nach dem BilMoG-RegE, StuB 2008 S. 495

Loos, Steuerliche und handelsrechtliche Einstufung von Aufgeld und Unterverzinslichkeit bei Optionsanleihen, BB 1988 S. 369

Lüdenbach, Ausschüttungsfähige Rücklagen nach Erwerb eigener Anteile, StuB 2010 S. 232

Lüdenbach, Anteile an herrschenden Unternehmen, StuB 2009 S. 29

Lüdenbach, Geleistete, im Handelsregister noch nicht als Kapitalerhöhung eingetragene Einlage, StuB 2009 S. 153

Nowotny, Zur aktienrechtlichen Bilanzierung noch nicht geleisteten Aufgeldes sowie noch nicht registrierter Kapitalerhöhung, DB 1979 S. 557

I. Überblick

§ 272 HGB enthält Vorschriften zur **Untergliederung** des Eigenkapitals bei Kapitalgesellschaften. Nicht in § 272 HGB behandelt werden 1

- die **Abgrenzung** zwischen Eigenkapital und Schulden, etwa bei mezzaninen Finanzierungen (→ § 246 Rz. 65),
- die Eigenkapitalgliederung bei **Kap. & Co.-Gesellschaften** (§ 264c HGB),
- die Gliederung des **Eigenkapitalspiegels**, der Bestandteil des Konzernabschlusses bzw. bei nicht konzernrechungslegungspflichtigen kapitalmarktorientierten Unternehmen des Einzelabschlusses ist (→ § 297 Rz. 91, → § 264 Rz. 5),

- der Ausweis eines Eigenkapital**fehlbetrags** (→ § 268 Rz. 87),
- die Erstellung der Bilanz vor oder nach **Ergebnisverwendung** (→ § 268 Rz. 5).

2 § 272 HGB ist vornehmlich Gliederungsvorschrift, hat jedoch in enger wechselseitiger Verbindung zum **Gesellschaftsrecht** eine über die „bloße" Ausweisfrage hinausgehende Bedeutung:

- Die handelsbilanzielle Gliederung entfaltet gesellschaftsrechtliche Wirkung, indem etwa § 150 Abs. 3 AktG die „Kapitalrücklagen nach § 272 Abs. 2 Nr. 1 bis 3 des Handelsgesetzbuchs" bestimmten Verwendungsbeschränkungen unterwirft.
- Umgekehrt entscheidet das Gesellschaftsrecht, welche erwirtschafteten Beträge von welchen Organen in welche Unterposition des Eigenkapitals eingestellt werden dürfen (§ 58 AktG).
- Schließlich ergänzt das Gesellschaftsrecht die handelsrechtlichen Gliederungsvorschriften, indem etwa § 152 Abs. 1 AktG eine bilanzielle Aufgliederung des gezeichneten Kapitals nach Aktiengattungen verlangt oder § 152 Abs. 2 und 3 AktG ergänzende Bilanz- oder Anhangangaben zur Kapitalrücklage (→ Rz. 34) und den Gewinnrücklagen vorsieht (→ Rz. 53).

II. Gezeichnetes Kapital (Abs. 1 Sätze 1 und 2)

1. Begriff und Betrag

3 Das **Grundkapital** der **AG** (§ 152 Abs. 1 Satz 1 AktG) bzw. das **Stammkapital** der **GmbH** (§ 42 Abs. 1 GmbHG) sind bilanziell als **gezeichnetes** Kapital auszuweisen. Im Falle der **SE** mit Sitzstaat Deutschland gelten gem. Art. 61 SE-VO die Vorschriften für die AG entsprechend.

Anzusetzen ist der Nennbetrag des Stamm- bzw. Grundkapitals (Abs. 1 Satz 2), sofern nicht Besonderheiten wegen

- **ausstehender** Einlagen (→ Rz. 22) oder
- **eigener** Anteile (→ Rz. 26)

bestehen.

4 Die Vorschrift des § 272 Abs. 1 HGB wird für Aktiengesellschaften durch § 152 AktG ergänzt. Hiernach gilt:

- Hat eine AG **mehrere Aktiengattungen**, etwa neben Stammaktien stimmrechtslose Vorzugsaktien, so ist der auf jede Aktiengattung entfallene Nennbetrag gesondert anzugeben (§ 152 Abs. 1 Satz 2 AktG).
- Soweit nach Übergangsrecht (§ 5 EGAktG) noch **Mehrstimmrechtsaktien** bestehen, ist die Gesamtstimmenzahl der Mehrstimmrechtsaktien und der übrigen Aktien zu vermerken (§ 152 Abs. 1 Satz 4 AktG).
- **Bedingtes** Kapital (→ Rz. 7) ist mit dem Nennbetrag zu vermerken (§ 152 Abs. 1 Satz 3 AktG).

Unter Vernachlässig der Mehrstimmrechte ergibt sich folgendes Anwendungsbeispiel für den von HGB und AktG geforderten Ausweis:

Übersicht 1:	A. Eigenkapital			
		31.12.02		31.12.01
		€		€
A. Eigenkapital				
I. Gezeichnetes Kapital				
1.	Stammaktien	1.100		1.000
2.	stimmrechtlose Vorzugsaktien	500		500
		1.600		1.500
bedingtes Kapital: 300.000 (Vorjahr: 200.000)				

Im Anhang ist über das **genehmigte Kapital** zu berichten (§ 160 Abs. 1 Nr. 4 AktG). 5

2. Maßnahmen der Kapitalaufbringung und -herabsetzung

2.1 Überblick

Kapitalaufbringungen bei Gründung oder Kapitalerhöhung sind ebenso wie Kapitalherabsetzungen ins **Handelsregister** einzutragen. Die Eintragung ist **i. d. R. konstitutiv**. Der am Stichtag gegebene Handelsregistereintrag entscheidet dann über die Höhe des bilanziell auszuweisenden gezeichneten Kapitals. 6

Wichtige **Ausnahmen** sind: 7

▶ bedingte Kapitalerhöhung bei der AG (→ Rz. 11),

▶ vereinfachte Kapitalherabsetzung bei AG und GmbH (→ Rz. 18) und

▶ die Kapitalherabsetzung durch Einziehung bei der AG.

Bei der **bedingten Kapitalerhöhung** zur Gewährung von Wandlungs- und Bezugsrechten führt der eingetragene Beschluss zunächst nur zu einer Angabepflicht (→ Rz. 4). **Gezeichnetes** Kapital entsteht dabei bilanziell erst mit tatsächlicher **Wandlung** (Wandelanleihen) oder Bezug (Aktienoptionen). Die der Wandlung oder dem Bezug nachfolgende Eintragung der tatsächlichen Kapitalerhöhung hat insoweit **nur klarstellenden Charakter** (→ Rz. 11).

Die vereinfachte Kapitalherabsetzung kann wahlweise auf den vorangegangenen Bilanzstichtag **zurückbezogen** werden (→ Rz. 21).

Die Kapitalherabsetzung durch **Einziehung** wird bilanziell erst wirksam, wenn Handelsregistereintragung und Einziehung erfolgt sind.

Die nachfolgende Übersicht gibt einen Überblick über 8

▶ die kapitaländernden Maßnahmen,

▶ deren Bilanzierungszeitpunkt und

▶ die dem zugrunde liegenden Gesetzesbestimmungen.

II. Gezeichnetes Kapital

Unter den angeführten Randziffern finden sich detailliertere Hinweise.

Maßnahmen	AG	GmbH	Zeitpunkt der bilanziellen Berücksichtigung	
Bar- oder Sacheilage bei Gründung	u. a. § 39 AktG	u. a. § 10 GmbHG	1.	Eintragung der Gründung ins Handelsregister.
			2.	Bei (Eröffnungs-)Bilanzierung vor Eintragung Ausweis bereits erbrachter Einlage im Eigenkapital strittig (→ Rz. 10).
Kapitalerhöhung durch Bar- oder Sacheinlage	§ 189 AktG	§ 54 Abs. 3 GmbHG	1.	Eintragung der Durchführung der Kapitalerhöhung ins Handelsregister
			2.	Bei Empfang der Leistung vor und Eintragung nach Bilanzstichtag bilanzielle Erfassung im Eigenkapital strittig (→ Rz. 10)
Bedingte Kapitalerhöhung (Untausch-/Bezugsrecht auf neue Aktien)	§ 200 AktG	entfällt		Ausgabe der Bezugsaktien (die Ausgabe darf erst erfolgen, nachdem der Beschluss ins Handelsregister eingetragen ist) (→ Rz. 11)
Kapitalerhöhung aus Gesellschaftsmitteln (Unwandlung Kapital- oder Gewinnrücklagen in Grund-/Stammkapital)	§ 211 Abs. 1 AktG	§ 57i Abs. 4 GmbHG		Eintragung Beschluss ins Handelsregister (zu den Voraussetzungen einer Kapitalerhöhung aus Gesellschaftsmitteln → Rz. 13)
Ordentliche Kapitalherabsetzung	§ 224 AktG	§ 54 Abs. 3 GmbHG und § 58 Abs. 1 GmbHG		Eintragung Beschluss in Handelregister (zur Durchführung → Rz. 17)
Vereinfachte Kapitalherabsetzung zur Deckung von Verlusten oder Dotierung der Kapitalrücklage	§ 229 Abs. 3 AktG i.V. mit § 224 AktG	§ 58a Abs. 3 GmbHG i.V. mit § 54 Abs. 3 GmbHG	1.	Eintragung Beschluss ins Handelsregister
			2.	Wahlweise Rückwirkung auf Bilanzstichtag vor Beschluss (→ Rz. 21)
Einziehung von Anteilen	§ 238 AktG	§ 34 GmbHG	AG:	Eintragung Beschluss und erfolgte Einziehung
			GmbH:	Einziehung ändert Stammkapital nicht. Ordentliche oder vereinfachte Kapitalherabsetzung erfordert gesonderten Beschluss

2.2 Kapitalaufbringung durch Bar- oder Sacheinlage

Die bar oder durch Geld (oder andere einlagetaugliche Vermögensgegenstände; → Rz. 10b) bewirkte Kapitalaufbringung wird erst mit Eintragung der **Durchführung** ins Handelsregister rechtswirksam (§ 39 AktG, § 189 AktG, § 10 GmbHG, § 54 Abs. 3 GmbHG).

Für eine **vor** dem Bilanzstichtag durchgeführte, aber erst **danach** ins Handelsregister eingetragene Kapitalerhöhung bedeutet dies:

- Sie ist wegen der konstitutiven Wirkung der Eintragung zum Bilanzstichtag noch **nicht** im gezeichneten Kapital zu erfassen.
- Nach herrschender Meinung scheidet aber auch ein sonstiger Ausweis im Eigenkapital aus und zwar selbst dann, wenn die Eintragung noch im Aufstellungszeitraum der Bilanz erfolgt.[1] Zum Stichtag soll vielmehr unmittelbar nach dem Eigenkapital eine **Schuld** auszuweisen sein, die unter der Bezeichnung „Zur Durchführung der beschlossenen Kapitalerhöhung geleistete Einlagen" direkt nach dem Eigenkapital zu zeigen sei.
- Nach einer Mindermeinung ist hingegen bei Eintragung im Aufstellungszeitraum ein Ausweis im **Eigenkapital**, etwa zwischen gezeichnetem Kapital und Rücklagen, zulässig.[2]

Die h. M. kann nicht auf die die konstitutive Wirkung der Handelsregistereintragung gestützt werden. Diese Wirkung bezieht sich nur auf das Stamm- bzw. Grundkapital und damit auf den Ausweis als gezeichnetes Kapital. Die am Bilanzstichtag fehlende Handelsregistereintragung sagt hingegen noch nichts darüber aus, ob bilanzrechtlich eine sonstige Form von Eigenkapital oder aber eine **Schuld** vorliegt. Der bilanzrechtliche **Schuldbegriff** (→ § 246 Rz. 51) umfasst:

a) nach Art und Höhe sicher rechtlich bestehende Verpflichtungen (Verbindlichkeiten),

b) ungewisse, wahrscheinlich aber zur Inanspruchnahme führende Verpflichtungen (Rückstellungen) sowie

c) erhaltene Anzahlungen.

Ad a) Die geleistete, aber noch nicht eingetragene Einlage begründet keine sichere Verbindlichkeit, da die Gesellschaft nur unter der ungewissen Voraussetzung der endgültigen Nichteintragung der Kapitalerhöhung zur Rückzahlung verpflichtet ist.

Ad b) Die Bedingung der endgültigen Nichteintragung ist aus Sicht des Stichtags zumeist nicht wahrscheinlich. Der Ansatz einer Rückstellung scheidet daher regelmäßig ebenfalls aus (→ § 249 Rz. 42).

Ad c) Erhaltene Anzahlungen sind Vorleistungen des Bestellers im Rahmen eines schwebenden Geschäfts (→ § 250 Rz. 5).[3] Eine solches schwebendes Geschäft ist ein zweiseitig verpflichtender und auf Leistungsaustausch gerichteter Vertrag. Ein derartiger Vertrag wird durch den Kapitalerhöhungsbeschluss nicht begründet. Die Gesellschaft schuldet keine Leistungen. Die Passivierung der erhaltenen Anzahlung dient der Vermeidung eines vorzeitigen Umsatz- und Ertragsausweises und hat daher den Charakter einer Erfolgsabgrenzung.[4] Ein Ertrag kann der Ge-

---

[1] U. a. *Förschle/Hoffmann*, in: Beck'scher Bilanz-Kommentar, 7. Aufl., München 2010, § 272 Tz. 51; *Kropff*, Münchener Kommentar AktG, § 272 Tz. 11; *Knorr/Seidler*, in: Haufe HGB Bilanz Kommentar, Freiburg 2009, § 272 Rz. 26 und 40.

[2] Vgl. *ADS*, 6. Aufl., § 272 Tz. 19; *Lüdenbach*, StuB 2009 S. 153.

[3] Vgl. *Kozikowski/Schubert*, in: Beck'scher Bilanz-Kommentar, 7. Aufl., München 2010, § 266 Tz. 223.

[4] BFH-Urteil vom 14. 10. 1999 – IV R 12/99, BStBl 2000 II S. 25 = Kurzinfo StuB 2000 S. 256.

sellschaft aus der Kapitalerhöhung aber ohnehin nicht entstehen. Einer Erfolgsabgrenzung fehlt daher die Grundlage. Die von der h. M. angeführte Analogie der geleisteten noch nicht eingetragenen Einlage zur erhaltenen Anzahlung[5] trägt daher nicht.

Eine Schuld (Oberbegriff) liegt demnach nicht vor. Die geleistete Einlage ist vielmehr, sofern eine Nichteintragung nicht ausnahmsweise wahrscheinlich ist, als besonderer Posten **innerhalb** des Eigenkapitals auszuweisen. Der von der h. M. für einen solchen Ausweis geforderten **Erklärung** der Anteilszeichner, auch im Fall der endgültigen Nichteintragung auf eine Rückzahlung der geleisteten Zahlung zu verzichten, bedarf es nicht.

Der im Eigenkapital auszuweisende Posten „Zur Durchführung der beschlossenen Kapitalerhöhung geleistete Einlagen" umfasst die **gesamten** Einlageleistungen, also auch ein bezahltes Agio.

Die vorstehenden Überlegungen gelten entsprechend in **Gründungsfällen**, wenn die Eröffnungsbilanz wegen größerer zeitlicher Differenz von Gründung, Einlageerbringung und Geschäftsaufnahme einerseits zur Handelsregistereintragung andererseits bereits auf den ersten dieser beiden Zeitpunkte erstellt wird.

10a Wird eine als Kapitalerhöhung intendierte Leistung **vor Beschluss** über die Kapitalerhöhung bewirkt, kommt ihr nur ausnahmsweise (bei erkennbarer Sanierungsabsicht und engem, zeitlichen Zusammenhang von Leistung und Beschluss) Erfüllungswirkung zu.[6]

2.3 Sacheinlagen

2.3.1 Einlage- und Bilanzierungsfähigkeit

10b Statt in Geld kann das Kapital auch in anderen einlagetauglichen Vermögensgegenständen aufgebracht werden (§ 27 Abs. 1 und 2 AktG, § 183 Abs. 1 AktG bzw. § 9 GmbHG, § 56 GmbHG). Hierbei gilt:

- gesellschaftsrechtliche **Einlagefähigkeit** und
- handelsrechtliche **Bilanzierungsfähigkeit**

stimmen nicht zwingend überein. Die Bilanzierungsfähigkeit ist nur Indiz und keine notwendige Bedingung der Anerkennung als Sacheinlage.[7]

10c Eine praktisch bedeutsame Divergenz von Bilanz- und Gesellschaftsrecht ergibt sich hieraus bei Einlage **obligatorischer Nutzungsrechte** der Gesellschaft **gegen den Gesellschafter**. Handelsrechtlich (und steuerlich) ist keine Aktivierungsfähigkeit gegeben,[8] gesellschaftsrechtlich wird die Einlagefähigkeit (unter bestimmten Bedingungen) bejaht.[9]

---

5 Vgl. *Förschle/Hoffmann*, in: Beck'scher Bilanz-Kommentar, 7. Aufl., München 2010, § 272 Tz. 51.
6 Vgl. BGH-Urteil vom 6.4.1995 – II ZR 135/94, DStR 1995 S. 894 ff.
7 U. a. *Hüffer*, Aktiengesetz: AktG, 7. Aufl., § 27 Tz. 22; *Röhricht*, in: Hopt/Wiedemann (Hrsg.), AktG Großkommentar, 4. Aufl., § 27 Rz. 21 ff.; *Meilicke*, BB 1991 S. 580 ff.; *Winter/Westermann*, in: Scholz (Hrsg.), GmbHG, 10. Aufl., § 5 Rz. 43; a. A. *Knobbe-Keuck*, ZGR 1980 S. 214 ff.
8 Vgl. *Förschle/Taetzner*, in: Beck'scher Bilanz-Kommentar, 7. Aufl., München 2010, § 272 Tz. 402; BFH-Urteil vom 26.10.1987 – GrS 2/86, BStBl 1988 II S. 348 ff.
9 Vgl. *Hüffer*, Aktiengesetz: AktG, 7. Aufl., § 27 Tz. 26.

In den meisten anderen Fällen impliziert die Einlagefähigkeit aber zugleich die handelsrechtliche Bilanzierungsfähigkeit. Eine separate Würdigung erübrigt sich. Dies gilt nicht nur für die Einlage von Sachen i. e. S., sondern ebenso für die von **Nutzungsrechten** oder sonstigen Rechten **gegenüber Dritten**.

> **BEISPIEL** X, Gesellschafter der A-AG, hat vor einigen Jahren einen jetzt noch 20 Jahre laufenden langfristigen Pachtvertrag mit Verpächter V über ein innerstädtisches Geschäftsgebäude abgeschlossen und betrieb hierin bisher ein eigenes Geschäft. Er erwägt nun die Aufgabe des Geschäfts. Die AG betreibt ein Bekleidungsgeschäft im Nachbargebäude. Mit geringem Aufwand ließen sich beide Gebäude verbinden. Die A plant die Ausweitung ihres Geschäfts und hat daher ein hohes Interesse an dem Pachtgebäude. Die Konditionen des Pachtvertrags zwischen X und V sind gemessen an Marktverhältnissen (Vergleichsmiete) günstig. Der Barwert der über die 20 Jahre erwarteten Einsparung gegenüber der Vergleichsmiete beträgt 1 Mio €. X möchte den Pachtvertrag in die A-AG einlegen.
>
> 1. **Gesellschaftsrechtliche Würdigung:**
>
>   Nach der Rechtsprechung des BGH[10] und Schrifttum[11] liegt i. H. des Barwerts der Ersparnis gegenüber der Vergleichsmiete ein einlagefähiger Vorteil vor.
>
> 2. **Bilanzrechtliche Würdigung:**
>
>   Auch steuerrechtlich[12] und handelsbilanziell[13] sind Nutzungsrechte gegenüber Dritten jedenfalls insoweit einlagefähig, als das zu übernehmende Nutzungsentgelt gemessen am Markt günstig ist.

Neben **Nutzungsrechten** an Grundstücken oder beweglichen Sachen sind auch solche an **Immaterialgütern** (Lizenzen) einlagefähig, etwa Rechte aus Sponsorenverträgen zur Verwertung von Namen oder Logos eines Sportvereins,[14] Namen von Internetdomains etc.

10d

Die speziellen Fälle des immateriellen Anlagevermögens betreffend **Aktivierungsverbote** des § 248 Abs. 2 Satz 2 HGB bzw. das allgemeine steuerliche Aktivierungsverbot des § 5 Abs. 2 EStG gelten nicht, da die Einlage als ein tausch- bzw. anschaffungsähnlicher Vorgang gewertet wird und damit jedenfalls für Zwecke des Bilanzansatzes dem entgeltlichen Erwerb gleichgestellt wird[15] (→ Rz. 10j und → § 255 Rz. 49).

---

10 BGH-Urteil vom 14. 6. 2004 – II ZR 121/01, BB 2004 S. 1926 ff.
11 Vgl. *Hüffer*, Aktiengesetz: AktG, 7. Aufl., § 27 Rz. 23; *Steinbeck*, ZGR 1996 S. 116 ff.; *Meilicke*, BB 1991 S. 580 ff.; *Bork*, ZHR 154/1990 S. 205 ff.; *Röhricht*, in: Hopt/Wiedemann (Hrsg.), AktG Großkommentar, 4. Aufl., § 27 Rz. 5; *Pentz*, in: Kropf/Semler (Hrsg.), Münchener Kommentar zum AktG, 3. Aufl., § 27 Rz. 31; speziell zu Lizenzen: *Götting*, AG 1999 S. 1 ff., m. w. N.
12 Vgl. BFH-Urteil vom 16. 11. 1977 – I R 83/75, BStBl 1978 II S. 386.
13 Vgl. *Ellrodt/Brendt*, in: Beck'scher Bilanz-Kommentar, 7. Aufl., München 2010, § 255 Tz. 154 ff.
14 Vgl. BGH-Urteil vom 15. 5. 2000 – II ZR 359/98, DStR 2000 S. 1615 ff.
15 BFH-Urteil vom 5. 6. 2002 – I R 6/01, BFH/NV 2003 S. 88 ff.; *Förschle/Uinger*, in: Beck'scher Billanz-Kommentar, 7. Aufl., München 2010, § 248 Tz. 40 und 13.

2.3.2 Bewertung

10e Bei der Bewertung von Sacheinlagen besteht ein deutlich geringeres Maß der Übereinstimmung zwischen Gesellschafts-, Handels- und Steuerrecht als in der Frage der Einlage-/Bilanzierungsfähigkeit (→ Rz. 10c).

10f **Gesellschaftsrechtlich** unterliegt die Sacheinlage in die **Aktiengesellschaft** nach §§ 33 Abs. 3 bis 5, 34 Abs. 2 und 3 AktG (bei der Kapitalerhöhung i.V. mit § 183 Abs. 3 AktG) einer externen Prüfung. Diese Prüfung ist jedoch „nur" darauf gerichtet, ob der Wert der Sacheinlage den **geringsten Ausgabebetrag** (bei fehlender Festsetzung eines Agios zugleich der tatsächliche Ausgabebetrag) der gewährten Aktien i. S. von § 9 Abs. 1 AktG erreicht.

Bei der **GmbH** erfolgt auf Grundlage des Sachgründungsberichts der Gesellschafter nur eine Prüfung durch das Registergericht (§ 9c Satz 2 GmbHG, bei der Kapitalerhöhung § 57a GmbHG); diese richtet sich darauf, ob der Wert des Einlagegegenstandes den Wert der übernommenen **Stammeinlagen** erreicht. Ein Agio ist nicht Gegenstand der Prüfung.

10g Für eine Zugangsbewertung der Sacheinlage mit einem über den geringsten Ausgabebetrag der Aktien bzw. den Wert der Stammeinlagen hinausgehenden Betrag sind daher vorrangig die bilanziellen Vorschriften maßgeblich. Am deutlichsten stellt sich der **Vorrang des Bilanz- vor dem Gesellschaftsrecht** dann dar, wenn die Einlage gegen eine – gemessen am Wert des Einlagegegenstands – nur unbedeutende Ausgabe von Anteilen erbracht wird.

> **BEISPIEL** Zur Ausweitung der Produktion, Optimierung der innerbetrieblichen Transportwege etc. möchte die A-AG ihr Betriebsareal arrondieren. Das Arrondierungsgrundstück gehört dem Alleingesellschafter G. Es hat einen objektivierten Wert (beizulegender Zeitwert, Verkehrswert, Marktwert, gemeiner Wert) von 10 Mio €, für die Gesellschaft wegen der mit der Arrondierung verbundenen Wachstums- und Effizienzpotenziale einen subjektiven (unternehmensspezifischen) Wert von 15 Mio €. Grundlage für die Bestimmung des unternehmensspezifischen Werts ist ein Vergleich des Ertragswerts des Unternehmens vor und nach Einbringung (85 Mio € vs. 100 Mio €).
>
> Die A-AG hat bisher ein Grundkapital von 8 Mio €. Das Grundkapital soll um 2 Mio € erhöht werden.
>
> Bringt G das Grundstück im Wege der Sachkapitalerhöhung ohne (förmliche) Festsetzung eines Agios gegen Ausgabe von Aktien i. H. von 2 Mio € ein, unterliegt nur der geringste Ausgabebetrag von 2 Mio € der gesellschaftsrechtlichen Sachgründungsprüfung, während ein darüber hinausgehender Bilanzwert allein handelsrechtlich zu beurteilen ist.

10h Verallgemeinert stellt sich in diesem Zusammenhang die Frage, wie der **(maximale) bilanzielle Zugangswert** eines Sacheinlagegegenstands bestimmt werden kann, dessen objektivierter und/oder subjektiver Wert weit über dem Ausgabebetrag der Anteile liegt.

Die Antwort hängt von der Interpretation des Einlagevorgangs ab. Dieser kann bilanzrechtlich als

- **Anschaffungs**vorgang oder
- lediglich als anschaffungs- bzw. tausch**ähnlicher** Vorgang

aufgefasst werden.

▶ Bei Interpretation als **Anschaffung** gilt: Der Wert der hingegebenen Leistung, also der Wert der **gewährten Anteile**, bestimmt als Anschaffungskosten den Zugangswert des Erwerbsgegenstands (Sacheinlage).

▶ Bei Interpretation als lediglich anschaffungs**ähnlich** folgt hingegen: Der Wert der zugehenden **Sacheinlage** bestimmt dessen (maximalen) Zugangsbewertungsbetrag und damit auch die eintretende Eigenkapitalerhöhung (insbesondere die Dotierung der Kapitalrücklage).[16]

Nach in **DRS 4.13** für Unternehmenserwerbe im Konzernabschluss vertretener Auffassung ist der Erwerb bzw. die **Einlage** eines **Unternehmens** gegen Gewährung von Gesellschaftsrechten ein **Anschaffungsvorgang**, bei dem der beizulegende **Zeitwert der gewährten Anteile** die Höhe der Anschaffungskosten des im Wege der Einlage erworbenen Unternehmens (Einlagegegenstands) bestimmt. Wie bei anderen Anschaffungsvorgängen, ob in bar oder durch Hingabe von Sachen, ist die Zugangsbewertung danach durch die **tatsächliche Höhe** der Anschaffungskosten, nicht durch deren objektivierte Rechtfertigung determiniert. Eine Prüfung, ob die Anschaffungskosten durch den (objektivierten oder subjektiven) Wert des Erwerbsobjekts gedeckt sind, ist mithin entbehrlich.[17] Strittig bleibt allenfalls, ob bei durch das Gesellschaftsverhältnis veranlassten überhöhten „Kaufpreisen" eine Zugangsbewertung nur in Höhe des angemessenen Anschaffungspreises zulässig ist.[18]

10i

BEISPIEL▶ (Fortsetzung von → Rz. 10g) Nach Maßgabe des Unternehmensgesamtwerts haben die gewährten Anteile (2 Mio € von 10 Mio €) einen Wert von 20 % von 100 Mio € = 20 Mio €.

Bei Interpretation als Anschaffungsvorgang wäre in erster Betrachtung dieser Wert für den Zugang des Grundstücks anzusetzen.

Gegen einen Ansatz des Grundstücks in dieser Höhe bestehen allerdings Bedenken, wenn sich der Unternehmenswert durch die Einlage nur um 15 Mio € erhöht hat. I. H. von 5 Mio € tritt dann eine Wertminderung der bereits vor Kapitalerhöhung bestehenden Anteile ein, denn diese ergeben vor Kapitalerhöhung 100 % von 85 Mio € = 85 Mio €, nach Kapitalerhöhung nur noch 80 % von 100 Mio € = 80 Mio €. Jedenfalls bei einem Alleingesellschafter ist hier eine Nettobetrachtung geboten, bei der vom Wert der neu gewährten Anteile die Wertminderung in den Altanteilen abgesetzt und nur der Saldo als Leistung der Gesellschaft (Anschaffungskosten) gewertet wird. Die Anschaffungskosten des Grundstücks betragen demnach 15 Mio €.

---

16 In einer dogmatisch zwar der ersten Variante, im Ergebnis aber der zweiten Variante entsprechenden Sichtweise begründet die Sacheinlagevereinbarung eine Forderung in Höhe des Zeitwerts des versprochenen Einlagegegenstands. Die Anschaffung des Gegenstands und damit die Zugangsbewertung vollzieht sich dann zum Wert der Forderung und damit zum (nicht näher definierten) Zeitwert des Einlagegegenstands; vgl. hierzu *Budde/Förschle/Winkeljohann*, Sonderbilanzen, 4. Aufl., München 2008, Rz. 193 ff.
17 So bereits im RFH-Urteil vom 14. 3. 1928 – IV A 54/28, StuW 1928 S. 430; ähnlich BFH Urteil vom 7. 2. 2002 – IV R 87/99, BStBl II S. 294; gl. A. *Kleindiek*, in: Ulmer (Hrsg.), HGB Bilanzrecht Großkommentar, 2002, § 255 Rz. 14; *Ballwieser*, in: Münchener Kommentar zum HGB, 2008, § 255 Rz. 29.
18 Dafür *Kleindiek*, in: Ulmer (Hrsg.), HGB Bilanzrecht Großkommentar, 2002, § 255 Rz. 14 und *Ballwieser*, in: Münchener Kommentar zum HGB, 2008, § 255 Rz. 29; a. A. *Förschle/Büssow*, in: Beck'scher Bilanz-Kommentar, 7. Aufl., München 2010, § 278 Tz. 111.

DRS 4 betrifft jedoch ausdrücklich nur **Unternehmenserwerbe**. Beim Unternehmenserwerb sind die erworbenen Einzelvermögensgegenstände mit ihren objektivierten Werten („beizulegenden Zeitwerten") anzusetzen (DRS 4.23) (→ § 301 Rz. 44), während Synergien, unabhängig davon, ob sie bereits im Erwerbsobjekt vorhanden sind oder erwerberspezifischen Charakter haben, in der Residualgröße *goodwill* Berücksichtigung finden. Bei Anschaffung nicht unternehmerischer Einzelgegenstände oder Sachgesamtheiten besteht eine solche der Abbildung von Synergieerwartungen dienende Residualgröße hingegen nicht, umgekehrt aber auch keine Bindung der Zugangswerte der einzelnen Vermögensgegenstände an deren objektivierten Wert. Angesichts dieser konzeptionellen Unterschiede, die das bilanzrechtliche Schrifttum zutreffend als „divergierende Bilanzierung" und „andersartige Normierung" des Unternehmenserwerbs einerseits und des Erwerbs nichtunternehmerischer Sachen oder Sachgesamtheiten andererseits charakterisiert,[19] spricht nichts dafür, die Regelungen von DRS 4 auf die **Sacheinlage von kein Unternehmen bildenden Gegenständen** oder Sachgesamtheiten zu übertragen.

10j Handelsrechtlich ist nicht unumstritten, ob Einlagen überhaupt einen entgeltlichen **Erwerbsvorgang** darstellen.[20] Die ganz herrschende Auffassung bejaht dies zwar, sieht aber andererseits Unterschiede zur Anschaffung gegen Geld oder Tausch von Sachen und spricht daher lediglich von einem „tauschähnlichen Vorgang"[21], einem „dem Tausch vergleichbaren Vorgang"[22] oder „Parallelen zur Anschaffung"[23]. Die Interpretation der Sacheinlage als ein der Anschaffung lediglich **ähnlicher** Vorgang (→ § 255 Rz. 53) erlaubt und erfordert **Analogwertungen**. In deren Wesen liegt es, dass sie je nach Regelungskontext und -zweck unterschiedlich ausfallen können. Im Kontext der Aktivierungsverbote des § 248 Abs. 2 Satz 2 HGB bzw. § 5 Abs. 2 EStG, also für Zwecke des Bilanzansatzes, wird dann etwa eine Qualifizierung der Sacheinlage als entgeltlicher Erwerb für vertretbar gehalten,[24] für Zwecke der Zugangsbewertung hingegen in den gleichen Kommentierungen[25] nicht auf die Anschaffungskosten i. e. S., also den Wert der gewährten Anteile, sondern auf den Zeitwert des Zugangsobjekts abgestellt. Für diese differenzierte Behandlung von Ansatz und Bewertung eines Einlagevorgangs sprechen teleologische und gesetzeshistorische Gründe.

Ratio legis des § 248 Abs. 2 Satz 2 HGB bzw. § 5 Abs. 2 EStG ist, die Aktivierung von Vermögen zu verhindern, dessen Wert in keiner Weise objektiviert ist. Bei der Sacheinlage immaterieller Vermögensgegenstände besteht diese Gefahr aber insofern nicht, als die Einlage einer pflichtigen Gründungsprüfung und/oder Handelsregisterkontrolle unterliegt:

▶ Für Zwecke des **Bilanzansatzes** und der **Mindestbewertung** (geringster Ausgabebetrag der Aktien, übernommen Stammeinlage) ist daher eine Gleichstellung der Sacheinlage mit einem entgeltlichen Erwerb vertretbar.[26]

---

19 Vgl. *Franke*, Synergien in Rechtsprechung und Rechnungslegung, Frankfurt/Main 2009, S. 86 ff.
20 Für Unentgeltlichkeit z. B. *Kamlah*, BB 2001 S. 2106 ff.; *Schulze zur Wiesche*, GmbHR 1988 S. 33 ff.
21 Z. B. *Groh*, DB 1997 S. 1684 ff.; *Röhricht*, in: Hopt/Wiedemann (Hrsg.), AktG Großkommentar, 4. Aufl., § 27 Tz. 24.
22 Vgl. *Kupsch*, in: von Wysocki et al. (Hrsg.), Handbuch des Jahresabschlusses (HdJ), Abt. II/3 (Januar 1987), Tz. 119.
23 Vgl. *Reiner*, in: Münchener Kommentar zum HGB, 2008, § 272 Rz. 40.
24 Vgl. *ADS*, § 248 Tz. 21; *Förschle/Usinger*, in: Beck'scher Bilanz-Kommentar, 7. Aufl., München 2010, § 248 Tz. 13 und 45; *Kleindiek*, in: Ulmer (Hrsg.), HGB Bilanzrecht Großkommentar, 2002, § 248 Rz. 15.
25 Vgl. *ADS*, § 272 Tz. 95; *Förschle/Hoffmann*, in: Beck'scher Bilanz-Kommentar, 7. Aufl., München 2010, § 272 Tz. 190; *Hüttemann*, in: Ulmer (Hrsg.), HGB Bilanzrecht Großkommentar, 2002, § 272 Rz. 30.
26 Vgl. *Bork*, ZHR 154/1990 S. 205 ff.; *Röhricht*, in Hopt/Wiedemann (Hrsg.), AktG Großkommentar, 4. Aufl., § 27 Rz. 25; *Penné*, WPg 1988 S. 35 ff.

▶ Angesprochen ist damit nur der dem geringsten Ausgabebetrag bzw. der übernommenen Stammeinlage entsprechende Mindestwert, nicht ein evtl. gegen Kapitalrücklage zu buchender höherer Wert und damit die **Bewertung im Ganzen**. Für sie gilt nicht „der vernünftige Vorrang gesellschaftsrechtlicher Regeln",[27] sondern umgekehrt der Vorrang bilanzrechtlicher Regelungen. Eine unterschiedliche Behandlung der Sacheinlage in Ansatz- und Bewertungsfragen ist daher konsequent.

Dieses Ergebnis wird aus Sicht der **historischen Auslegung** bestätigt. Bei der Verabschiedung des **Bilanzrichtlinien-Gesetzes** wurde, entgegen mancher Vorschläge im Schrifttum,[28] kein eigenständiger Bewertungsmaßstab für Einlagen ins Gesetz aufgenommen. Der Bericht des Rechtsauschusses führt aber aus: „Aus Sicht des Unternehmens entspricht den Anschaffungskosten der Wert, der den Gegenständen im Zeitpunkt der Einlage zukommt".[29] Anders als bei Annahme eines Tauschs, bei dem der Wert des hingegebenen Eigenkapitals den Zugangswert des erworbenen Sacheinlagegegenstands bestimmen würde, gilt damit auch nach dem Willen des Gesetzgebers: Der **Wert des Einlagegegenstands determiniert die Zugangsbewertung** und damit die Höhe des Eigenkapitals.

Als konkrete **Bewertungsobergrenze** gilt nach ganz einheitlicher Auffassung der **Zeitwert**.[30] Eine Legaldefinition des Zeitwerts fehlt im HGB. Allerdings ist in § 285 Satz 3 ff. HGB a. F. und § 255 Abs. 4 HGB i. d. F. BilMoG der **beizulegende Zeitwert** definiert. Er entspricht dem Marktwert bzw. bei Verwendung anderer nicht marktpreisorientierter Verfahren einem dem Marktpreis angenäherten Wert. Dies ist mithin der Wert, der sich ohne Berücksichtigung erwerber- oder veräußererspezifischer Umstände (z. B. Erwerbs- oder Veräußerungszwänge) ergibt, in anderer Terminologie also der Verkehrswert, der *fair value*, der objektivierte Wert.

10k

Soweit das bilanzrechtliche Schrifttum zu Sacheinlagen überhaupt eine Konkretisierung des Zeitwertbegriffs vornimmt, stellt es ebenfalls auf den „Verkehrswert" ab[31] und stimmt insoweit mit **gesellschaftsrechtlichem** Schrifttum und Rechtsprechung zu Nutzungseinlagen überein. Abzustellen ist hier auf den „aus dem für die Dauer des Nutzungsrechts kapitalisierten Nutzungswert", also den Betrag „den die Gesellschaft für eine solche Nutzung auf dem freien Markt zu zahlen hätte",[32] also die „abgezinste Vergleichsmiete oder -pacht für den Nutzungszeitraum".[33] Dieser ganz herrschenden Schrifttumsmeinung entspricht eine BGH-Entscheidung.[34] Im Urteilsfall wurde ein Pachtverhältnis gegenüber einem Dritten eingelegt, dabei die Zahlungsverpflichtung des ursprünglichen Pächters von der Gesellschaft übernommen. Der BGH hält fest: „Gleichwohl verblieb für die Gesellschaft ein wirtschaftlicher Vorteil in dem

---

[27] Vgl. *Röhricht*, in: Hopt/Wiedemann (Hrsg.) AktG Großkommentar, 4. Aufl., § 27 Rz. 25.
[28] Vgl. *Döllerer*, BB 1986 S. 1857 ff.
[29] Vgl. Bericht des Rechtsausschusses des Bundestags, BT-Drucks. 10/4268 S. 101.
[30] Vgl. *Förschle/Hoffmann*, in: Beck'scher Bilanz-Kommentar, 7. Aufl., München 2010, § 247 Tz. 190; IDW HFA 2/1997, Absch. 32211; *ADS*, § 272 Tz. 95; *Hüttemann*, in: Ulmer (Hrsg.), HGB Bilanzrecht Großkommentar, 2002, § 272 Rz. 61; *Reiner*, in: Münchener Kommentar zum Handelsgesetzbuch: HGB, 2008, § 272 Rz. 40; *Budde/Förschle/Winkeljohann*, Sonderbilanzen, 4. Aufl., München 2008, Rz. 197.
[31] Vgl. *Förschle/Taetzner*, in: Beck'scher Bilanz-Kommentar, 7. Aufl., München 2010, § 272 Tz. 405; *Budde/Förschle/Winkeljohann*, Sonderbilanzen, 4. Aufl., München 2008, Rz. 196 ff.
[32] Vgl. *Bork*, ZHR 154/1990 S. 205 ff.
[33] Vgl. *Hüffer*, Aktiengesetz: AktG, 7. Aufl., § 27 Rz. 27. Ähnlich *Pentz*, in: Kropff/Semler (Hrsg.), Münchener Kommentar zum AktG, 3. Aufl., § 27 Rz. 37; *Steinbeck*, ZGR 1996 S. 116 ff.; *Meilicke*, BB 1991 S. 580 ff.
[34] BGH-Urteil vom 14. 6. 2004 – II ZR 121/01, BB 2004 S. 1926 ff.

Umfang, in dem der kapitalisierte marktübliche Nutzungswert den auf Basis des vereinbarten Pachtzinses ermittelten konkreten Pachtwert überstieg. Dieser [...] wirtschaftliche Mehrwert war sacheinlagefähig."

Auch für den **maximalen bilanzrechtlichen Ansatz** ist u. E. der objektivierte Wert entscheidend. Er entspricht den konzeptionellen Bewertungsvorgaben des § 252 HGB bzw. den gesetzlich kodifizierten GoB:

- Von Relevanz ist hier zum einen das **Einzelbewertungsprinzip** (→ § 252 Rz. 30 ff.). Da echte Synergien einem einzelnen Vermögensgegenstand nicht willkürfrei zurechenbar sind, können sie nach Maßgabe des Einzelbewertungsprinzips bei der bilanziellen Zugangsbewertung nur dann Berücksichtigung finden, wenn sie durch Anschaffungskosten objektiviert sind, dem einzelnen, zu bewertenden Vermögensgegenstand somit unmittelbar zuzurechnen sind.[35] Außerhalb eines Anschaffungsvorgangs verhindert das Einzelbewertungsprinzip hingegen – mangels willkürfreier Zurechenbarkeit – die Berücksichtigung echter Synergien bei der Zugangsbewertung.[36]
- Von Bedeutung ist weiterhin das **Vorsichtsprinzip**. (→ § 252 Rz. 39 ff.). Diesem entspricht am ehesten eine Beschränkung der maximalen Zugangsbewertung einer Sacheinlage auf den objektivierten Zeitwert; damit werden erwerbsspezifische Synergien unberücksichtigt gelassen.

> **BEISPIEL** (Fortsetzung von → Rz. 10g und → Rz. 10i) Handelsrechtlich ist u. E. nur ein Ansatz von maximal 10 Mio € (entsprechend einer Dotierung der Kapitalrücklage i. H. von 8 Mio €) angemessen, nicht hingegen ein Ansatz von 15 Mio € unter Berücksichtigung des höheren erwerberspezifischen Nutzens.

10l Fraglich bleibt, ob der **beizulegende Zeitwert** nur eine Obergrenze für die Zugangsbewertung darstellt, mithin bei geringerem Ausgabebetrag der Aktien bzw. geringerer übernommener Stammeinlage auch eine entsprechend **niedrigere Bewertung zulässig** ist. Die h. M. bejaht ein solches **Wahlrecht**. Eine niedrigere Bewertung von Sacheinlagen soll im Rahmen vernünftiger kaufmännischer Beurteilung zulässig sein, zumal es im Handelsrecht an Vorschriften zur Bewertung von Einlagen fehle.[37]

U. E. ist eine solche Unterbewertung nicht nur deshalb abzulehnen, weil sie dem Willen des **Gesetzgebers** widerspricht (→ Rz. 10j). Hinzu kommt die mit einer zu niedrigen Zugangsbewertung verbundene **Verfälschung** der **Ertragslage**, indem etwa bei Anlagevermögensgegenständen begrenzter Nutzungsdauer die Abschreibung zu niedrig ausgewiesen, bei allen Vermögensgegenständen ein evtl. Abgangserfolg zu günstig dargestellt wird.

---

[35] Dies anerkennend IDW RS HFA 10.6. Echte Synergien dürfen „nur insoweit erfasst werden, als sie durch die bilanzierende Gesellschaft, die zu bewertende Beteiligungsgesellschaft oder Tochterunternehmen dieser beiden Gesellschaften realisierbar sind."
[36] Vgl. *Franke*, Synergien in Rechtsprechung und Rechnungslegung, Frankfurt/Main 2009, S. 61 ff.
[37] Vgl. *Förschle/Hoffmann*, in Beck'scher Bilanz-Kommentar, 7. Aufl., München 2010, § 247 Tz. 190.

> **BEISPIEL** (Fortsetzung von → Rz. 10k) Das gegen eine Kapitalerhöhung von 2 Mio € eingelegte Grundstück mit dem Verkehrswert von 10 Mio € wird in der nächste Periode im *sale and lease back* (→ § 246 Rz. 190) an einen Dritten zum Verkehrswert veräußert.
>
> Durch Erfassung bei der Gesellschaft im Zugangszeitpunkt mit 2 Mio € entstünde bei der Weiterveräußerung ein Gewinn von 8 Mio €. Dieser „Scheingewinn" wäre tatsächlich aber nur die Folge einer willkürlichen Unterbewertung im Zugangszeitpunkt, hingegen kein vom Unternehmen erwirtschafteter Ertrag.

Wegen weiterer Einwendungen gegen die Annahme eines Wahlrechts wird auf → Rz. 49 ff. verwiesen. Die dort für die verdeckte Einlage dargestellten Bedenken gegen eine gewillkürte Bewertung gelten für die offene Einlage entsprechend.

Steuerrechtlich ist die Bewertung der Einlage in § 6 Abs. 1 Nr. 6 EStG geregelt. Maßgeblich ist danach i. d. R. der **Teilwert**. 10m

In **Sonderfällen**, nämlich

▶ Anschaffung/Herstellung oder Entnahme des eingelegten Wirtschaftsguts aus anderem Betriebsvermögen innerhalb der letzten **drei Jahre** bzw.

▶ Einlage **wesentlicher Beteiligungen**

ist auf die fortgeführten Anschaffungs-/Herstellungskosten bzw. den gemeinen Wert abzustellen.

Im Regelfall der Erfassung zum **Teilwert** stellt sich wie im Handelsrecht die Frage, wie weit unternehmensspezifische **Synergieerwartungen** in die Bewertung einfließen, im Beispiel unter → Rz. 10g also der Teilwert 10 Mio € oder 15 Mio € beträgt. Die Definition des Teilwerts als Betrag, den der Erwerber eines ganzen Betriebs im Rahmen des Gesamtkaufpreises für das einzelne Wirtschaftsgut ansetzen würde (§ 6 Abs. 1 Nr. 1 Satz 3 EStG), spricht nur vordergründig für die Berücksichtigung von Synergien. Nach der Legaldefinition ist lediglich von der Fortführung des Betriebs auszugehen und die Sicht des Betriebsinhabers zu objektiveren. Hingegen gilt eine Aufteilung des Unternehmensertragswerts auf die einzelnen Wirtschaftsgüter als unzulässig, maßgeblich ist vielmehr der „Substanzwert" der einzelnen Wirtschaftsgüter, also ein synergiefreier Wert.[38] Auch steuerrechtlich ist daher im Beispiel unter → Rz. 10g der Ansatz auf 10 Mio € begrenzt.

2.4 Bedingte Kapitalerhöhung einer AG

Die Hauptversammlung einer AG kann einen Beschluss zur Erhöhung des Grundkapitals insoweit fassen, wie von einem **Umtausch-** oder **Bezugsrecht** Gebrauch gemacht wird (§ 192 Abs. 1 AktG). In den bilanziellen Folgen eines solchen Beschlusses ist zwischen drei Schritten zu unterscheiden: 11

▶ **Schritt 1: Beschlussfassung**: Ab diesem Zeitpunkt (→ Rz. 4) ist der Betrag des bedingten Kapitals beim gezeichneten Kapital zu **vermerken** (§ 152 Abs. 1 Satz 3 AktG).

---

38 Vgl. *Glannegger*, in: Schmidt, EStG, § 6 Tz. 215.

- ▶ **Schritt 2: Handelsregistereintragung des Beschlusses**: Die Eintragung hat **keine bilanziellen Wirkungen**, ist aber Voraussetzung für die Begebung von neuen Aktien (Bezugsaktien).
- ▶ **Schritt 3: Wandlungs-** oder **Optionsrechte** werden **ausgeübt,** und Bezugsaktien ausgegeben: Mit der Ausgabe der Bezugsaktien tritt die **Erhöhung** des gezeichneten Kapitals ein. Das vermerkte bedingte Kapital **sinkt** in gleichem Maße.
- ▶ **Schritt 4: Handelsregistereintragung**: Der Vorstand hat innerhalb eines Monats nach Ablauf des Geschäftsjahrs anzumelden, in welchem Umfang im Geschäftsjahr Bezugsaktien ausgegeben wurden (§ 201 Abs. 1 AktG). Die Eintragung ist **nur deklaratorisch**.

2.5 Kapitalerhöhung aus Gesellschaftsmitteln

12 Bei einer Kapitalerhöhung aus Gesellschaftsmitteln fließen der Gesellschaft **keine neuen Mittel** zu. Es werden vielmehr Rücklagen in Grund- bzw. Stammkapital umgewandelt (§ 207 Abs. 1 AktG, § 57c Abs. 1 GmbHG).

13 Dem Kapitalerhöhungsbeschluss ist eine festgestellte und geprüfte Bilanz – sog. **Kapitalerhöhungsbilanz** – zugrunde zu legen, deren Stichtag **höchstens acht Monate** vor der Anmeldung des Beschlusses zur Eintragung ins Handelsregister liegen darf (§§ 207 Abs. 3, 209 Abs. 1 und 2 AktG, §§ 57d-57f GmbHG). Bei kalendergleichem Geschäftsjahr bedeutet dies:

- ▶ Beschlüssen **bis zum 31.8.** kann die **letzte Jahresbilanz** zugrunde gelegt werden.
- ▶ **Später** gefasste Beschlüsse erfordern die Feststellung und Prüfung einer **Zwischenbilanz**.

Auch bei kleinen, sonst nicht prüfungspflichtigen Kapitalgesellschaften muss die Kapitalerhöhungsbilanz geprüft und mit einem uneingeschränkten Bestätigungsvermerk versehen sein; ein Lagebericht ist aber nicht erforderlich. Eine unterjährige Zwischenbilanz bedarf – unabhängig von der Größe der Gesellschaft – nicht der Erweiterung um GuV, Anhang und Lagebericht.

14 **Umwandlungsfähig** sind:
- ▶ Kapital- und Gewinn**rücklagen**, die in der Bilanz selbst ausgewiesen werden,
- ▶ im Gewinnverwendungsbeschluss als **Zuführungen** zu diesen Rücklagen ausgewiesene Beträge (§ 208 Abs. 1 Satz 1 AktG, § 57d Abs. 1 GmbHG),
- ▶ bei der **AG** Kapitalrücklagen gem. § 272 Abs. 2 Nr. 1 bis 3 HGB und die gesetzliche Rücklage jedoch nur insoweit, als sie zusammen den zehnten oder den in der Satzung bestimmten höheren Teil des bisherigen Grundkapitals übersteigen (§ 150 Abs. 4 Nr. 3 AktG),
- ▶ bei AG und GmbH alle Rücklagen nur insoweit, als sie einen **Verlust** bzw. **Verlustvortrag** übersteigen (§ 208 Abs. 2 Satz 1 AktG, § 57d Abs. 2 GmbHG).

14a Mit der **Handelsregistereintragung** des Beschlusses wird die Kapitalerhöhung rechtswirksam. Die Änderungen am gezeichneten Kapital und an den Rücklagen treten zu diesem Zeitpunkt ein.

14b Die zur Umwandlung in gezeichnetes Kapital erfolgte Entnahme aus den Rücklagen ist nicht im Rahmen der Gewinnverwendungsrechnung darzustellen (→ § 268 Rz. 7).[39] Erforderlich ist jedoch eine **Angabe** im Anhang oder in der Bilanz (§ 152 Abs. 2 Nr. 2 AktG).

---

[39] Gl. A. *Knorr/Seidler*, in: Haufe HGB Bilanz Kommentar, Freiburg 2009, § 272 Rz. 56; *Hüffer*, Aktiengesetz: AktG, 7. Aufl., § 158 Rz. 4.

2.6 Ordentliche Kapitalherabsetzung

Durch Beschluss der Gesellschafter kann das Grundkapital der AG bzw. das Stammkapital der GmbH herabgesetzt werden (§ 222 AktG, § 58 GmbHG). Der Beschluss muss die **Zwecke** der Kapitalherabsetzung benennen. Mehrere Zwecke können miteinander **verknüpft** werden. In der Praxis besonders wichtig sind: 15

▶ Rückzahlungen an die Gesellschafter und
▶ Beseitigung einer Unterbilanz bzw. eines Bilanzverlustes.

Mit der **Handelsregistereintragung** des Beschlusses ist das Grundkapital der AG herabgesetzt (§ 224 AktG) und in Höhe des verminderten Betrags bilanziell auszuweisen. Zu diesem Zeitpunkt ist bei 16

▶ **Rückzahlungszweck** eine **Verbindlichkeit** zu passivieren (per gezeichnetes Kapital an Verbindlichkeit),
▶ einer auf die Beseitigung eines **Bilanzverlustes** zielenden Kapitalherabsetzung ein „Ertrag aus der Kapitalherabsetzung" im **Gewinnverwendungsteil** der GuV (ergebnisneutral) gesondert auszuweisen (§ 240 Satz 1 AktG). Buchung: per gezeichnetes Kapital an „Ertrag" aus der Kapitalherabsetzung (→ Rz. 19).

Der insbesondere bei einer Kapitalherabsetzung zu Rückzahlung notwendige **Gläubigerschutz** ist bei AG und GmbH unterschiedlich geregelt: 17

▶ Bei der **AG** erfolgt erst die Anmeldung und Eintragung des Beschlusses. In einer mit Bekanntmachung der Eintragung beginnenden Sechs-Monats-Frist können die Gläubiger Sicherheitsleistung verlangen (§ 225 Abs. 1 AktG).
▶ Bei der **GmbH** muss zunächst ein dreimaliger Aufruf der Gläubiger in den Gesellschaftsblättern erfolgen. Nach Ablauf eines Jahres seit der dritten Aufforderung der Gläubiger ist die Kapitalherabsetzung zur Handelsregistereintragung anzumelden (§ 58 Abs. 1 Nr. 3 GmbHG). Erst mit der mehr als ein Jahr nach dem Beschluss liegenden Eintragung ins Handelsregister ist in der Bilanz das gezeichnete Kapital anzupassen, also eine Verbindlichkeit oder ein eventueller Ertrag (→ Rz. 16) auszuweisen. Führt die Kapitalherabsetzung und -rückzahlung bei der Gesellschaft zu einem Buchgewinn, ist auch dieser erst mit Eintragung nach Ablauf des Sperrjahrs realisiert.

2.7 Vereinfachte Kapitalherabsetzung

Eine Kapitalherabsetzung zum Ausgleich von **Verlusten** (§ 229 Abs. 1 AktG, § 58a GmbHG) oder zur (begrenzten) Einstellung in die **Kapitalrücklage** (§ 231 AktG, § 58b Abs. 2 GmbHG) kann unter bestimmten Voraussetzungen in vereinfachter Form, insbesondere mit nur **abgeschwächtem Gläubigerschutz**, erfolgen. Zahlungen an die Gesellschafter dürfen dabei nicht bzw. nicht vor Ablauf von fünf Jahren vorgenommen werden (§ 230 AktG, § 58b GmbHG). 18

In der **Gewinnverwendungsrechnung**, d. h. in der Fortentwicklung der GuV vom Jahresüberschuss zum Bilanzgewinn gem. § 158 Abs. 1 AktG, ist nach dem Posten „Entnahmen aus Gewinnrücklagen" ein „**Ertrag aus Kapitalherabsetzung**" auszuweisen (§ 240 Satz 1 AktG). Ihm korrespondierend, aber mit umgekehrtem Vorzeichen, ist ein Posten „Einstellung in die Kapitalrücklage nach § 229 Abs. 1 AktG" (oder § 232 AktG bzw. § 237 Abs. 5 AktG) in der Gewinnverwendungsrechnung zu berücksichtigen (§ 240 Abs. 1 Satz 2 AktG). 19

> **BEISPIEL** Die AG hat aus dem Vorjahr einen Verlustvortrag von 50 sowie im laufenden Jahr einen Jahresfehlbetrag von 10. Der Verlust soll durch eine vereinfachte Kapitalherabsetzung ausgeglichen werden. Die Bilanz vor vereinfachter Kapitalherabsetzung ist wie folgt:

Aktiva		Passiva	
div. Vermögen	100	gez. Kapital	160
		Verlustvortrag aus Vorjahr	- 50
		Jahresfehlbetrag	- 10
	100		100

Das Grundkapital wird zum Ausgleich der Verluste um 60 herabgesetzt. Die Bilanz nach Kapitalherabsetzung stellt sich wie folgt dar:

Aktiva		Passiva	
div. Vermögen	100	gez. Kapital	100
		Bilanzgewinn	0
	100		100

Der Bilanzgewinn ist aus dem Jahresfehlbetrag wie folgt zu entwickeln:

Jahresfehlbetrag	-10
Verlustvortrag aus dem Vorjahr	- 50
Ertrag aus Kapitalherabsetzung	60
Bilanzgewinn	0

20 Die vereinfachte Kapitalherabsetzung wird mit der **Handelsregistereintragung** des Beschlusses wirksam (§ 224 AktG, § 54 Abs. 3 GmbHG). Entsprechendes gilt für den Ertrag aus der Kapitalherabsetzung.

21 Nach §§ 234ff. AktG, § 58e Abs. 1 GmbHG ist jedoch **wahlweise** eine **bilanzielle Rückbeziehung** der vereinfachten Kapitalherabsetzung möglich, wenn

▶ die Gesellschafter den Jahresabschluss feststellen,

▶ der Feststellungsbeschluss zeitgleich mit dem Herabsetzungsbeschluss gefasst wird,

▶ der Herabsetzungsbeschluss binnen drei Monaten ins Handelsregister eingetragen wird.

III. Ausstehende Einlagen (Abs. 1 Satz 3)

22 **Sacheinlagen** müssen nach § 36a Abs. 2 Satz 1 AktG und § 7 Abs. 2 GmbHG sofort **vollständig**, Bareinlagen dagegen (unter bestimmten Voraussetzungen) nur zum **Teil** sofort erbracht werden (§ 36a Abs. 1 AktG, § 7 Abs. 2 Satz 1 GmbHG).

Der noch nicht erbrachte Teil der Bareinlage bildet die **ausstehende Einlage**. Sie kann bei der AG kein Agio umfassen, da dieses stets voll einzuzahlen ist. Die ausstehende Einlage wird bilanzrechtlich zur Forderung, sobald sie vom Vorstand (§ 63 Abs. 1 AktG) bzw. den Gesellschaftern (§ 46 Nr. 2 GmbHG) eingefordert wird.

In der Behandlung ausstehender Einlagen differenziert Abs. 1 Satz 3 wie folgt: 23

▶ Der **nicht eingeforderte** Betrag ist vom „Gezeichneten Kapital" **offen abzusetzen**, der nach Absetzung verbleibende Betrag als Posten „**Eingefordertes Kapital**" in der Hauptspalte der Passivseite auszuweisen.

▶ Der **eingeforderte**, aber noch nicht eingezahlte Betrag ist unter den **Forderungen** gesondert auszuweisen und entsprechend zu bezeichnen.

BEISPIEL Die X-GmbH hat ein Stammkapital von 100. Hiervon sind zum 31.12.01 70 eingezahlt, 30 ausstehend und noch nicht eingefordert. Zum 31.12.02 ist der ausstehende Betrag eingefordert, zum 31.12.03 erbracht.

	31.12.03	31.12.02	31.12.01
Passiva			
gez. Kapital	100	100	100
ausstehende, nicht eingeforderte Einlagen			- 30
eingefordertes Kapital			70
Aktiva			
eingeforderte ausstehende Einlagen	0	30	0

Eingeforderte Einlagen sind im **Umlauf**vermögen als **Forderungen** auszuweisen, zweckmäßigerweise vor oder nach den „Sonstigen Vermögensgegenständen". Soweit die Forderung ein verbundenes Unternehmen oder ein solches, mit dem ein Beteiligungsverhältnis besteht, betrifft, ist ein Davon-Vermerk oder eine Anhangangabe geboten (→ § 265 Rz. 48). 24

Die eingeforderten Einlagen unterliegen den allgemeinen Bewertungsregeln für Umlaufvermögen. Erforderlichenfalls sind **Wertberichtigungen** zu bilden.

Fraglich ist, ob auch **nicht eingeforderte Einlagen** bei Bedarf einer **Wertberichtigung** unterliegen: 25

▶ Zur **Rechtslage** vor dem **BilMoG**, die statt der Saldierung mit dem gezeichneten Kapital wahlweise auch einen Bruttoausweis (Aktivierung der nicht eingeforderten ausstehenden Einlage, Verzicht auf Kürzung des gezeichneten Kapitals) zuließ, waren die Auffassungen **uneinheitlich**.[40] Als Argument für eine Wertberichtigung wurde u. a. angeführt, die Nichtberücksichtigung eines bereits vor Einforderung gegebenen Zweifels an der Werthaltigkeit erwecke den unrichtigen Eindruck, dass das gezeichnet Kapital voll gedeckt sei.[41]

---

40 **Gegen** eine Bewertung z. B. *Hüttemann*, in: Ulmer (Hrsg.), HGB-Bilanzrecht 2002, § 272 Anm. 18; **dafür** *Förschle/Hoffmann*, in: Beck'scher Bilanz-Kommentar, 6. Aufl., München 2006, § 272 Tz. 15.
41 Vgl. *Kropff*, Münchener Kommentar AktG, § 272 Tz. 22.

▶ U. E. ist jedenfalls **nach BilMoG** eine **Wertberichtigung** der nicht eingeforderten Einlagen **unzulässig**. Eine solche Wertberichtigung widerspräche dem Charakter der eingeforderten Einlagen als Korrekturposten zum Eigenkapital. Zudem würde bei einer „Wertberichtigung" des Korrekturpostens das bilanziell „eingeforderte Kapital" in der Summe nicht mehr zutreffend dargestellt.

> **BEISPIEL** (Fortsetzung aus → Rz. 23)
>
> Bereits zum 31.12.01 bestehen Zweifel an der Zahlungsfähigkeit einiger Gesellschafter.
>
> Die Gesellschaft erwägt daher, eine Wertberichtigung der ausstehenden, noch nicht eingeforderten Einlagen von 30 auf 15.
>
> Da das gezeichnete Kapital unverändert ist, würde das eingeforderte Kapital mit 85 ausgewiesen werden, obwohl tatsächlich nur 70 eingefordert wurden.
>
> Ein derartiger Ausweis wäre irreführend.
>
> Zweifel an der Werthaltigkeit sollten im Anhang offen gelegt werden.[42]

IV. Eigene Anteile (Abs. 1a)
1. Fehlende Vermögensgegenstandseigenschaft

26 Insbesondere an den angelsächsischen Kapitalmärkten haben Aktienrückkaufprogramme eine lange Tradition. Eine solche Maßnahme ist eine flexible Alternative zur Kapitalherabsetzung, nicht nur weil es weniger Formalien bedarf, sondern auch die Entscheidung offen hält, ob die Herabsetzung von Dauer sein oder über eine nachfolgende Wiederausgabe der erworbenen Aktien das Kapital wieder erhöht werden soll.

Der **Parallelität zur formalen Kapitalherabsetzung und -erhöhung** folgend behandelt die angelsächsische Rechnungslegung

▶ den **Erwerb** eigener Aktien nicht als die Anschaffung eines Vermögenswerts, sondern als die **Rückzahlung von Eigenkapital** (IAS 32.33, ARB 43), bei der das Eigenkapital in Höhe der Anschaffungskosten der eigenen Anteile gekürzt wird,

▶ die **Wiederausgabe** eigener Aktien wie eine **Kapitalerhöhung**, bei der der erlöste Betrag erfolgsneutral gegen das Eigenkapital zu buchen ist.

27 Diesem Gedanken zunächst folgend führte schon die Gesetzesbegründung zum Referentenentwurf des BilMoG zu Abs. 1a an: **Wirtschaftlich** betrachtet sei,

▶ jeder **Rückkauf** eigener Anteile eine **Kapitalherabsetzung**,

▶ jede **Wiederausgabe** eine **Kapitalerhöhung**.[43]

---

42 Gl. A. *Knorr/Seidler*, in: Haufe HGB Bilanz Kommentar, Freiburg 2009, § 272 Tz. 154 ff.
43 Referentenentwurf zum BilMoG, S. 136.

§ 272 Eigenkapital

▶ Im Unterschied zur angelsächsischen Rechtslage sei aber „ein den früheren Rückkaufsbetrag übersteigender **Wiederveräußerungserlös erfolgswirksam** als sonstiger betrieblicher Ertrag" bzw. ein ihn unterschreitender Erlös als Aufwand zu erfassen.[44]

Im dritten Punkt führte die Begründung des Referentenentwurfs in die Irre. Ein Veräußerungserfolg kann nur aus dem Abgang von Vermögensgegenständen entstehen, würde also die **Vermögensgegenstandseigenschaft** der eigenen Anteile voraussetzen. Im Schrifttum wird diese (für die Rechtslage **vor** BilMoG) bejaht. Im Hinblick auf die Möglichkeit der Veräußerung eigener Anteile müsse „ihnen die Eigenschaft **echter Vermögenswerte** zuerkannt werden."[45] Auf die Wortwahl, die impliziert, es gäbe auch „unechtes" Vermögen, außerdem vom Vermögenswert spricht, wo ansonsten das Schrifttum den Unterschied zwischen handelsrechtlichem Vermögensgegenstand und *asset* (Vermögenswert) so hoch hält, soll es hier nicht ankommen. Wichtiger ist die **inhaltliche** Auseinandersetzung:

28

▶ Hier ist zunächst auf den **Unterschied** zwischen **eigenen** Anteilen und Anteilen an **anderen** Kapitalgesellschaften hinzuweisen. Eigene Anteile sind weder stimm- noch dividendenoder liquidationserlösberechtigt (§ 71b AktG mit analoger Geltung für die GmbH[46]). Dies bedeutet: Der **Ertragswert** gehaltener **eigener Anteile** ist **Null**.

▶ Einen Zufluss an Mitteln kann die Gesellschaft nur in einem Wiederausgabeszenario realisieren. Diese **Wiederausgabe** ist zwar zivilrechtlich eine Veräußerung, wie der Referentenentwurf zu Recht betont, stellt aber der wirtschaftlichen Substanz nach nichts anderes als eine Kapitalerhöhung dar. Auch aus der Ausgabe **neuer** Aktien werden Mittelzuflüsse erzielt. Der Unterschied besteht nur darin, dass diese zivilrechtlich Emissions- und nicht Veräußerungserlös sind. Auf derartige semantische und formalrechtliche Unterscheidungen kann es in einer bilanzrechtlichen Betrachtung aber nicht ankommen. Es zählt der **wirtschaftliche Gehalt**, hinsichtlich dessen der Veräußerungserlös einem **Emissionserlös** entspricht.

> **BEISPIEL** ▶ **Emissionserlös**: Die X-AG erwirbt 100 Aktien zu einem Preis von 1.000 € zur Einziehung und begibt zeitnah zum Einziehungszeitpunkt 1.000 neue Aktien zu einem Preis von 1.100 €.
>
> **Veräußerungserlös**: Die Y-AG erwirbt hingegen 100 Aktien zu einem Preis von 1.000 € und veräußert sie zeitnah zu einem Preis von 1.100 €.
>
> ▶ In beiden Fällen ist das Vermögen um 100 € gemehrt.
>
> ▶ In beiden Fällen ist die gleiche Zahl der Aktien nach der Transaktion im Umlauf.
>
> ▶ In beiden Fällen wird also wirtschaftlich das Gleiche bewirkt. Es wäre daher nicht sachgerecht, die beiden Fälle erfolgsmäßig unterschiedlich zu behandeln.

Gegen die Vermögensgegenstandseigenschaft spricht schließlich noch die **Bewertungsfrage**. Als Vermögensgegenstand unterlägen eigene Anteile den Niederstwertvorschriften. Wertmin-

29

---

[44] Referentenentwurf zum BilMoG, S. 137.
[45] *ADS*, 6. Aufl., § 266 Tz. 133.
[46] VGH, NJW 95 S. 1027.

IV. Eigene Anteile

derungen wären als Aufwand zu berücksichtigen, ein bilanzieller Vermögensgegenstand stünde als Gegenkonto aber nicht zur Verfügung.

> **BEISPIEL** Die börsennotierte AG erwirbt 100 Anteile mit einem Nennwert von je 1 € zu „Anschaffungskosten" von 500 €. Am Bilanzstichtag notieren die Anteile nur noch mit 300 €.
>
> Der Erwerb ist wie folgt zu buchen:
>
> | per Nennkapital | 100 | an Geld | 500 |
> |---|---|---|---|
> | per Gewinnrücklagen (→ Rz. 32) | 400 | | |
>
> Die Abschreibung müsste mangels eines als Gegenkonto zur Verfügung stehenden Vermögensgegenstands wie folgt gebucht werden:
>
> | per Wertminderungsaufwand | 200 | an Gewinnrücklagen | 200 |
> |---|---|---|---|

Die – eine Vermögensgegenstandseigenschaft unterstellt – eingetretene Minderung des Vermögens lässt sich auf diese Weise bilanziell nicht abbilden, da das Aufwandskonto ein Unterkonto der GuV und somit des bilanziellen Eigenkapitals ist. Die Buchung aggregiert somit nur „per Eigenkapital an Eigenkapital", also wird das bilanzielle Eigenkapital gerade nicht vermindert.

30 Aus den genannten Gründen stellen eigene Anteile u. E. daher **keinen Vermögensgegenstand** dar[47] mit der Folge, dass ihre

▶ Wertminderung und
▶ Wiederausgabe

die GuV nicht berühren.

Die endgültige Fassung des BilMoG folgt dem durch Einfügung eines Abs. 1b. Dieser beseitigt die Widersprüchlichkeit des Referentenentwurfs (→ Rz. 28) und hält fest, dass die Veräußerung (Wiederausgabe) eigener Anteile bis auf evt. Nebenkosten der Veräußerung erfolgsneutral zu behandeln ist. Im Einzelnen gilt:

▶ Die beim Erwerb vorgenommene Minderung des gezeichneten Kapitals ist mit der Wiederausgabe rückgängig zu machen.
▶ Der Unterschiedsbetrag zwischen dem Nennbetrag (oder bei nennwertlosen Aktien dem rechnerischen Wert) und den ursprünglichen Anschaffungskosten der eigenen Anteile ist mit den frei verfügbaren Rücklagen zu verrechnen.
▶ Ein die ursprünglichen Anschaffungskosten übersteigender Differenzbetrag aus dem „Verkaufserlös" ist in die Kapitalrücklage gem. Abs. 2 Nr. 1 einzustellen.
▶ Die Nebenkosten der Veräußerung sind Aufwand des Geschäftsjahrs.

2. Voraussetzungen eines wirksamen Erwerbs eigener Anteile

31 Die gesellschaftsrechtlichen Voraussetzungen zum Erwerb eigener Anteile sind in § 71 AktG und § 33 GmbHG geregelt. Insbesondere ist danach ein Erwerb nur zulässig, wenn die Gesell-

---

47 Gl. A. *Knorr/Seidler*, in: Haufe HGB Bilanz Kommentar, Freiburg 2009, § 272 Rz. 162 f.

schaft zum Zeitpunkt des Erwerbs eine Rücklage in Höhe der Aufwendungen für den Erwerb bilden könnte, ohne das Grundkapital/Stammkapital oder eine gesetzliche oder satzungsmäßige Rücklage zu mindern, die nicht zur Auszahlung an die Gesellschafter verwandt werden darf:

- Diese Voraussetzungen müssen im **Erwerbszeitpunkt**, also dem Zeitpunkt des schuldrechtlichen Vertrags, vorliegen.
- Sind zwar zum Erwerbszeitpunkt entsprechende freie Mittel nicht vorhanden, kann aber spätestens bis zum folgenden Jahresabschlussstichtag mit der Entstehung **gerechnet** werden, so galt der Erwerb nach der h. M. zur alten Rechtslage (vor dem BilMoG) als zulässig. Aufgrund des geänderten Wortlauts des § 71 Abs. 2 Satz 2 AktG ist dem für die neue Rechtslage nicht zu folgen.[48] Auch bei der GmbH ist auf den Erwerbszeitpunkt abzustellen.
- Im umgekehrten Fall, bei Vorhandensein der erforderlichen Mittel am Erwerbsstichtag, aber nicht mehr am nachfolgenden Bilanzstichtag, konnte die nach der Rechtslage vor BilMoG notwendig zu bildende Rücklage für eigene Anteile zum Ausweis oder zur Erhöhung eines **Bilanzverlustes** führen. Ein solcher Ausweis ist auch nach BilMoG gem. § 71 Abs. 2 Satz 2 AktG und § 33 Abs. 2 Satz 1 GmbHG sachgerecht.[49]

3. Verbuchung von Erwerb und Wiederausgabe eigener Anteile

Der Erwerb eigener Anteile ist nach Abs. 1a wie folgt zu verbuchen:

- Der **Nennbetrag** der erworbenen Anteile, bei Stückaktien der rechnerische Wert, ist gegen einen offen von diesem abzusetzenden **Korrekturposten** zum gezeichneten Kapital zu buchen.
- Der darüber hinausgehende Teil des Kaufpreises ist mit den **frei verfügbaren Rücklagen** (also insbesondere den anderen Gewinnrücklagen) zu verrechnen.

Weitergehende Aufwendungen, „Anschaffungsnebenkosten" bzw. **Transaktionskosten** sind abweichend von der internationalen Rechungslegung nicht gegen das Eigenkapital, sondern erfolgswirksam zu buchen.

> **BEISPIEL** 1 Mio Aktien mit einem Nennbetrag von 1 Mio € werden für 10 Mio € gekauft. Transaktionskosten fallen i. H. von 0,1 Mio € an. Frei verwendbare Gewinnrücklagen stehen in ausreichendem Maße zur Verfügung.
>
> Buchung:

per Nennkapital	1,0 Mio	an Geld	10,1 Mio
per Gewinnrücklagen	9,0 Mio		
per Aufwand	0,1 Mio		

Frei verfügbare Rücklagen i. S. von Abs. 1a und Abs. 1b sind in jedem Fall:
- Andere Gewinnrücklagen nach § 266 Abs. 3 A. III.4 HGB sowie

---

48 Gl. A. *Knorr/Seidler*, in: Haufe HGB Bilanz Kommentar, Freiburg 2009, § 272 Rz. 165 ff.
49 Gl. A. *Knorr/Seidler*, in: Haufe HGB Bilanz Kommentar, Freiburg 2009, § 272 Rz. 178 ff.

- der auf Abs. 2 Nr. 4 (→ Rz. 47) entfallende Teil der Kapitalrücklage.

Als für den Erwerb eigener Anteile verwendungsfähig gelten weiterhin

- **satzungsmäßige Rücklagen**, soweit keine anderweitige Zweckbindung besteht,
- der Teil des **Jahresergebnisses**, der nach § 58 Abs. 2 AktG durch Vorstand oder Aufsichtsrat in andere Gewinnrücklagen eingestellt werden kann, wobei zuvor eine Kürzung um einen Verlustvortrag oder einen in die gesetzliche Rücklage einzustellenden Betrag vorzunehmen ist (→ Rz. 50)[50], u. E. auch andere vom Gesetz geforderte „Zwangsrücklagen (→ § 268 Rz. 22).

Zwei **Besonderheiten** sind förmlich nicht geregelt:[51]

- Die Verrechnung mit den frei verfügbaren Rücklagen endet mit deren Höhe: Ein **überschießender** Betrag führt entweder zu negativen Rücklagen oder ist dem Bilanzgewinn oder -verlust zu belasten. U. E. die die zweite Variante vorzugswürdig.
- Die Anschaffungskosten für die eigenen Anteile sind **niedriger** als der Nennbetrag: Verlangt wird die Absetzung des Nennbetrags vom gezeichneten Kapital (Abs. 1a Satz 1). Der (negative) Unterschiedsbetrag – das Mehr der Absetzung gegenüber den Anschaffungskosten – ist mit den frei verfügbaren Rücklagen zu verrechnen (Abs. 1a Satz 2), u. E. vorzugsweise mit den anderen Gewinnrücklagen.

Buchungen:

Per Gezeichnetes Kapital	50
an Bank	35
an freie Rücklage	15

33 Bei der **Wiederausgabe eigener Anteile** ist **korrespondierend** zum Erwerb zu verfahren, wobei ein den Nennbetrag übersteigender Veräußerungserlös bis zur Höhe des bei Anschaffung mit den frei verfügbaren **Rücklagen** verrechneten Betrags dort **wieder einzustellen**, ein über die ursprünglichen Anschaffungskosten hinausgehender Betrag der **Kapitalrücklage** zuzuführen ist (→ Rz. 28).

BEISPIEL▸ Fortsetzung

Die Aktien werden zu 12 Mio € wieder in Umlauf gebracht:

per Geld	12 Mio	an Nennkapital	1 Mio
		an Gewinnrücklagen	9 Mio
		an Kapitalrücklage	2 Mio

33a Zwei **Sonderfälle** sind zu beachten:

- Der Veräußerungserlös liegt **unter** dem **Nennbetrag**: In Höhe der Differenz kommt (1) eine Beibehaltung der offenen Absetzung vom Eigenkapital oder (2) die erfolgswirksame Aus-

---

50 Vgl. *Knorr/Seidler*, in: Haufe HGB Bilanz Kommentar, Freiburg 2009, § 272 Rz. 177.
51 Vgl. *Bruckmeier/Zwirner/Künkele*, DStR 2010 S. 1641.

buchung in Frage. U. E. trägt die erste Variante der fehlenden Vermögensgegenstandseigenschaft eigener Anteile am besten Rechnung.[52]

▶ Der **Veräußerungserlös** liegt über dem Nennbetrag, aber **unter** den ursprünglichen „Anschaffungskosten". Der Differenzbetrag ist nach den Verhältnissen der beim Erwerb in Anspruch genommenen Rücklagen bei diesen zu berücksichtigen.[53]

4. Ausschüttungssperrwirkung

Soweit die Anschaffungskosten der eigenen Anteile den Nennbetrag übersteigen, ergibt sich ein „Verbrauch" der frei verfügbaren Rücklagen und damit eine Minderung des ausschüttungsfähigen Betrags.

33b

Offen ist die Behandlung des **Nennbetrags** der erworbenen Anteile, also des vom gezeichneten Kapital abgesetzten Teilbetrags der Anschaffungskosten. Stehen diesem Abzugsbetrag noch andere Gewinnrücklagen mindestens gleicher Höhe gegenüber, ist fraglich, ob die Gewinnrücklagen insoweit noch zur Ausschüttung zur Verfügung stehen oder als Ausgleich des Abzugsbetrags vom gezeichneten Kapital für Ausschüttungen gesperrt sind:

33c

BEISPIEL[54] ▶ Die A-AG hat bei ihrer Gründung vor einigen Jahren 1 Mio Stückaktien zu je 1 € begeben. Per 31.12.01 stellt sich ihr Eigenkapital wie folgt dar:

▶ Gezeichnetes Kapital: 1.000 T€

▶ Gesetzliche Rücklage: 100 T€

▶ Andere Gewinnrücklagen: 180 T€

Am 30.12.02 erwirbt die A-AG eigene Aktien im Nominalwert von 100 T€ für einen Kaufpreis von 180 T€. Anschaffungsnebenkosten fallen i. H. von 10 T€ an. Die A erzielt vor Berücksichtigung dieses Vorgangs in 02 einen Jahresüberschuss von 10 T€.

Die A plant eine Ausschüttung von 100 T€ für das Jahr 02, die erforderlichenfalls aus der Entnahme von Gewinnrücklagen dotiert werden soll.

Die Buchungen sind zunächst wie folgt:

per Nennbetrag eigene Anteile	100 T€	an	Geld	190 T€
per andere GRL	80 T€			
per Aufwand	10 T€			

Der Jahresüberschuss beträgt nach Berücksichtigung der Transaktionskosten nur noch 0 T€. Die anderen Gewinnrücklagen reduzieren sich von 180 T€ auf 100 T€. Fraglich ist, ob diese 100 T€ zur Ausschüttung zur Verfügung stehen oder wegen des entsprechend hohen Abzugsbetrags vom gezeichneten Kapitel gesperrt sind.

---

52 A. A. *Knorr/Seidler*, in: Haufe HGB Bilanz Kommentar, Freiburg 2009, § 272 Rz. 186.
53 Gl. A *Knorr/Seidler*, in Haufe HGB Bilanz Kommentar, Freiburg 2009, § 272 Rz. 188 f. Für vorrangige Verrechnung mit einer beim Erwerb in Anspruch genommenen Kapitalrücklage hingegen *Förschle/Hoffmann*, in Beck'scher Bilanz-Kommentar, 7. Aufl., München 2010, § 272 Tz. 147.
54 Beispiel und nachfolgende Ausführungen entnommen aus *Lüdenbach*, StuB 2010 S. 232 ff.

Für eine Ausschüttungssperre könnte die Regelung des § 71 Abs. 2 Satz 2 AktG sprechen. Danach ist der Erwerb eigener Aktien nur zulässig, wenn er voll aus frei verfügbaren Rücklagen dotiert werden kann. Sieht man als **Zweck** dieser Regelung den Kapitalschutz durch Sperrung eines entsprechenden Betrags gegen Ausschüttungen an, erscheint es wenig sachgerecht, sogleich nach Erwerb diesen Schutz nur noch für den Nominalbetrag der erworbenen Anteile übersteigenden Teil der Anschaffungskosten gelten zu lassen. Ein Teil des Schrifttums hält daher in Höhe des Nominalbetrags der erworbenen eigenen Anteile eine **Sperrung** der anderen Gewinnrücklagen für Ausschüttungen für geboten.[55] Dieser Ansicht folgend könnte die A-AG im vorstehenden Beispiel für 02 keine Ausschüttung vornehmen.

Nach **anderer Auffassung**[56] ist die Aufweichung des Kapitalschutzes gegenüber der Rechtslage vor BilMoG hinzunehmen, da der Gesetzgeber hinsichtlich des Nominalbetrags eigener Anteile auf ausschüttungsbegrenzende Regelungen verzichtet hat. Dieser Auffassung folgend könnte die A-AG im vorstehenden Beispiel durch Entnahmen aus Gewinnrücklagen einen Gewinn von maximal 100 T€ für 02 ausschütten.

Für eine **GmbH** stellt sich ein entsprechendes Problem von vornherein nicht, da nach § 30 Abs. 1 Satz 1 GmbHG das ungekürzte Stammkapital (im vorstehenden Beispiel also der Betrag von 1.000 T€ und nicht nur 900 T€) gegenüber Auszahlungen an die Gesellschafter geschützt ist.

5. Darstellung in Anhang und Ergebnisverwendungsrechnung

33d Über den Bestand an eigenen Aktien sowie im Geschäftsjahr vorgenommenen Erwerbe und Veräußerungen eigener Aktien ist gem. § 160 Abs. 1 Nr. 2 AktG im **Anhang** zu berichten (→ § 284 Rz. 36). Dabei sind u. a. die Zahl der Aktien, der auf sie entfallende Betrag des Grundkapitals, der prozentuale Anteil am Grundkapital sowie die Erwerbs- und Veräußerungspreise anzugeben.

Eine mittelbare Angabepflicht besteht insoweit, als der Erwerb oder die Veräußerung eigener Anteile die Kapitalrücklagen verändert bzw. die Gewinnrücklagen vermindert und darüber nach § 152 Abs. 2 und 3 AktG im Anhang (oder wahlweise in der Bilanz) zu berichten ist (→ § 284 Rz. 36).

33e Im Anhang oder in Fortführung des Jahresüberschusses um eine **Gewinnverwendungsrechnung** sind nach § 158 Abs. 1 AktG u. a. die Entnahmen aus der Kapitalrücklage sowie die Entnahmen und Einstellungen in Gewinnrücklagen darzustellen (→ § 284 Rz. 36).

Anders als die „üblichen" Entnahmen führen die durch Erwerb eigener Anteile bedingten jedoch nicht zur Erhöhung des Bilanzgewinns. U. E. liegt daher **keine Gewinnverwendung** i. S. von § 158 Abs. 1 AktG vor. Wie bei der Kapitalerhöhung aus Gesellschaftsmitteln (→ Rz. 12) ist daher die Rücklagenbewegung nicht in der Verwendungsrechnung zu zeigen (→ § 268 Rz. 7).

---

55 Z. B. *Förschle/Hoffmann*, in Beck'scher Bilanz-Kommentar, 7. Aufl., München 2010, § 272 Tz. 133.
56 Z. B. *Knopff*, ZIP 2009 S. 1141 ff.

Vertretbar erscheint jedoch auch eine andere Lösung, die den positiven Effekt von Rücklagenentnahmen auf den Bilanzgewinn durch einen (nicht ergebniswirksamen) Aufwandsposten ausgleicht:[57]

BEISPIEL 1 Mio Aktien mit einem Nennbetrag von 1 Mio € werden in 01 für 10 Mio € gekauft und in 02 für 12 Mio € verkauft. Das Jahresergebnis beträgt in beiden Perioden 5 Mio €. Bei Kauf stehen genügend frei verfügbare andere Gewinnrücklagen zu Verfügung. Ergebnisvorträge bestehen nicht. Rücklagenzuführungen sind nicht vorgesehen.

Jahresüberschuss		5,0
Entnahmen aus anderen GRL	+9,0	
„Aufwand" aus Erwerb eigener Anteile	-9,0*	0,0
„Erlös" aus Veräußerung eigener Anteile	11,0*	
Einstellungen in andere GRL	-9,0	
Einstellungen in KapRL	-2,0	0,0
Bilanzgewinn		5,0
*) soweit nicht gegen gezeichnetes Kapital zu verrechnen		

6. Steuerliche Behandlung eigener Anteile

Die fehlende Vermögensgegenstandseigenschaft eigener Anteile (→ Rz. 26) gilt u. E. entsprechend für das Steuerrecht. Eigene Anteile stellen **kein Wirtschaftsgut** dar. Sie können daher weder über Teilwertabschreibungen noch (Nebenkosten vernachlässigt) über Veräußerungsvorgänge zu Aufwand bzw. Ertrag führen.[58]

33f

Das z.T. entgegenstehenden Regelungen enthaltene BMF-Schreiben aus 1998[59] ist im August 2010 aufgehoben worden[60], ohne dass schon explizite neue Vorschriften erlassen wurden.

7. Einziehung von Anteilen gegen Abfindung

Sofern Anteile von Gesellschaftern **gegen Abfindung** eingezogen werden und dabei auf eine förmliche Anpassung des gezeichneten Kapitals durch Kapitalherabsetzung oder Aufstockung des Nominalbetrags der verbleibenden Anteile **verzichtet** wird, ergeben sich die Rechtsfolgen für das Eigenkapital u. E. aus Abs. 1a. Die Begründung hierfür ist:

33g

Der eingezogene Anteil bleibt ohne förmliche Kapitalherabsetzung oder Aufstockung des Nominalbetrags der verbleibenden Anteile zunächst bestehen.

---

57 So die Lösung von *Förschle/Hoffmann*, in Beck'scher Bilanz-Kommentar, 7.Aufl., München 2010, § 272 Tz. 135 und 144. Bestätigt durch das BMF-Schreiben vom 10. 8. 2010 – IV C 2 – S 2742/07/10009 [2010/0573786] (DB 2010 S. 1794), wodurch das BMF-Schreiben vom 2. 12. 1998 – IV C 6 – S 2741 – 12/98 zum alten Handelsrecht aufgehoben wurde.
58 Vgl. *Ortmann-Babel/Bolik/Gageur*, DStR 2009 S. 937 ff., sowie *Dörfler/Adrian*, DB 2009, Beilage 5, S. 63 ff.
59 BMF-Schreiben vom 2. 12. 1998 – IV C 6 – S 2741 –12/98, BStBl I S. 1509 ff.
60 BMF-Schreiben vom 10. 8. 2010 – IV C 2 – S 2742/07/10009, StuB 2010 S. 636.

Die Einziehung stellt damit einen Erwerb eigener Anteile dar.[61]

Wegen der Einziehung gegen Abfindung wird im Übrigen auf → § 255 Rz. 72c ff. verwiesen.

V. Kapitalrücklage (Abs. 2)

1. Inhalt, Ausweis der Veränderungen

34 Nicht im gezeichneten Kapital zu erfassende Zahlungen oder Sachleistungen von Gesellschaftern sind in eine Kapitalrücklage einzustellen. Der **informatorische Zweck** der Differenzierung von Kapital- und Gewinnrücklage liegt in der Unterscheidung zwischen Eigenkapitalmehrungen,

- ▶ die **von außen**, von den **Gesellschaftern** bewirkt sind, gegenüber solchen,
- ▶ die **innen**, in der **Gesellschaft** selbst erwirtschaftet wurden.

Für Kap. & Co.-Gesellschaften ist nach § 264c Abs. 2 Satz 1 HGB (→ § 264c Rz. 17) keine Unterscheidung zwischen Kapital- und Gewinnrücklagen vorgeschrieben. Eingezahlte Beträge werden regelmäßig den Kapitalkonten gutgeschrieben und auf den Rücklagenkonten nur erwirtschaftete Gewinne erfasst. Aber auch eine Trennung des Rücklagenausweises ist bei entsprechender Vertragsgrundlage möglich.

Bei der Kapitalgesellschaft sind als **Kapitalrücklage** nach Abs. 2 Beträge auszuweisen,

1. die bei der Ausgabe von Anteilen einschließlich von Bezugsanteilen über den Nennbetrag oder – bei Stückaktien – über den rechnerischen Wert hinaus erzielt werden (**Agien**),

2. die bei der Ausgabe von Schuldverschreibungen für **Wandlungs-** und **Optionsrechte** zum Erwerb von Anteilen erzielt werden,

3. die Gesellschafter gegen **Gewährung eines Vorzugs** für ihre Anteile leisten,

4. **anderer Zuzahlungen**, die Gesellschafter in das Eigenkapital leisten.

35 Das Gesetz benutzt den Singular, erlaubt also bilanziell einen **zusammenfassenden Ausweis** der einzelnen Komponenten.

Gesellschaftsrechtlich unterliegen die Komponenten aber unterschiedlichen Verwendungsbeschränkungen bzw. -möglichkeiten, etwa bei einer Kapitalerhöhung aus Gesellschaftsmitteln (→ Rz. 14). Wahlweise im **Anhang** oder in der **Bilanz** ist daher über die Zusammensetzung der Kapitalrücklage zu informieren.

36 **Einstellungen** in die Kapitalrücklage und deren **Auflösung** sind bereits bei der Aufstellung der Bilanz vorzunehmen (§ 270 Abs. 1 Satz 1 HGB) und bei der AG in der Bilanz oder im Anhang anzugeben (§ 152 Abs. 2 AktG).

Die Angabe der **Entnahmen** wird ein zweites Mal in § 158 Abs. 1 AktG, dort mit dem Wahlrecht zwischen Ergebnisverwendungsteil der **GuV** und Anhang, verlangt. Erfolgen diese Angaben in der GuV, die nach § 152 Abs. 2 AktG geforderten Angaben hingegen im Anhang, sind in diesem redundant auch die Entnahmen darzustellen.

---

61 Vgl. *Baumbach/Hueck*, GmbHG, 19. Aufl., München 2010, § 33 Tz. 17a/b und § 34 Tz. 20.

Die **GmbH** kann die vorgenanten Regeln **analog** anwenden.

2. Agio aus der Ausgabe von Anteilen (Abs. 2 Nr. 1)

Ein bei der Ausgabe von Anteilen vereinbartes **Agio** ist nach Abs. 2 Nr. 1 der Kapitalrücklage zuzuführen. Verpflichten sich die Aktionäre bei der Übernahme von neuen Aktien im Wege einer **schuldrechtlichen** Vereinbarung zur Leistung von Zuzahlungen, sind die dadurch erlangten Beträge ebenso zu behandeln, soweit sie zur Herstellung eines angemessenen Ausgabeverhältnisses erforderlich sind.[62]

37

Ausgabekosten dürfen nicht von dem Agio abgesetzt werden; sie sind als Aufwand zu behandeln.

3. Zinsvorteil bei Wandel- und Optionsanleihen (Abs. 2 Nr. 2)

Eine Wandel- oder Optionsanleihe ist regelmäßig im Vergleich zu einer einfachen Anleihe gleicher Laufzeit mit einem niedrigeren Effektivzins ausgestattet. Der sich so aus Sicht der Gesellschaft ergebende **Zinsvorteil** ist nach Abs. 2 Nr. 2 HGB in die Kapitalrücklage einzustellen. Wird das Wandlungs- bzw. Bezugsrecht ausgeübt und entsteht dabei ein Aufgeld – entweder aus Zuzahlung oder rechnerisch in Höhe der Differenz von auszubuchender Verbindlichkeit und Nennwert der zu gewährenden Anteile –, ist dieser Betrag in die Kapitalrücklage nach Abs. 2 Nr. 1 einzustellen.

38

Die **Berechnung des Zinsvorteils** kann auf zwei Arten erfolgen:

39

- Nach der Restwert- oder **Residualmethode**:
  - Ist in einem ersten Schritt der bei Nichtausübung des Options- oder Wandlungsrechts resultierende Zahlungsstrom mit dem fristen- und risikokongruenten Zins einer einfachen Anleihe zu diskontieren. Der Barwert entspricht der wirtschaftlichen Fremdkapitalkomponente der Anleihe.
  - In einem zweiten Schritt wird der Barwert vom Ausgabebetrag abgezogen.
  - Die Differenz (der Restwert) ergibt die Eigenkapitalkomponente, d. h. den in die Kapitalrücklage einzustellenden Betrag.
- Nach der Methode der relativen *fair values* (**Verhältnismethode**) wird der Ausgabebetrag im Verhältnis des Zeitwerts einer einfachen Anleihenverbindlichkeit einerseits zu einem Wandlungs- oder Optionsrecht andererseits auf die beiden Komponenten aufgeteilt.

Ausgabekosten dürfen auch nach Abs. 2 Nr. 2 nicht von der Kapitalrücklage abgesetzt werden.

Die **wirtschaftliche Fremdkapitalkomponente** entspricht nicht der zu passivierenden **Verbindlichkeit**. Die Verbindlichkeit ist nach § 253 Abs. 1 HGB mit dem Erfüllungsbetrag anzusetzen.

40

- Die Differenz zwischen wirtschaftlicher Fremdkapitalkomponente und
- der zu passivierenden Verbindlichkeit
- hat Zinscharakter und kann daher nach § 250 Abs. 3 Satz 1 HGB wahlweise als Abgrenzungsposten (Disagio) aktiviert oder sofort als Aufwand behandelt werden.

---

62 BayOLG, Beschluss vom 27. 2. 2002 – 3Z BR 35/02, ZIP 2002 S. 1484.

V. Kapitalrücklage

▶ Das aktivierte Disagio ist planmäßig über die Laufzeit aufzulösen, bei vorzeitiger Wandlung zum Wandlungszeitpunkt.

41 Zur Aufteilung des Emissionserlöses auf Eigenkapital, Verbindlichkeit und Disagio sowie zur Fortführung dieser Posten bei

▶ Nichtwandlung (→ Rz. 42),

▶ Wandlung am Laufzeitende (→ Rz. 42),

▶ vorzeitiger Wandlung (→ Rz. 42),

▶ Rückkauf der Anleihe an Markt (→ Rz. 43),

▶ Verbesserung der Wandlungsbedingungen (→ Rz. 44),

die nachfolgenden Beispiele.

42 **BEISPIEL** ▶ Am 1.1.01 begibt A eine Wandelschuldverschreibung zum Ausgabe- und Nominalbetrag von 1.000 €. Die Laufzeit beträgt fünf Jahre, der Zins 3,625 %. Der laufzeit- und risikoäquivalente Zins beläuft sich auf 6 %. Die Anleihen kann jeweils zum Jahresende, erstmals per 31.12.03 in 100 Aktien mit einem Nominalbetrag von je zwei ungewandelt werden.

Zunächst die Aufteilung in Fremd- und Eigenkapital nach der Restwertmethode, verbunden damit die Berechnung des Disagios und die Darstellung seiner planmäßigen Entwicklung:

Zins/Tilgung	Diskontierungsfaktor	Barwert
36,25	0,9434	- 34
36,25	0,8900	- 32
36,25	0,8396	- 30
36,25	0,7921	- 29
1036,25	0,7473	- 774
	Fremdkapital	900
	Verbindlichkeit	1000
	Disagio 1.1.01	100,0
	Auflösung 01	17,8
	Disagio 31.12.01	82,2
	Auflösung 02	18,8
	Disagio 31.12.02	63,4
	Auflösung 03	19,9
	Disagio 31.12.03	43,5
	Auflösung 04	21,1
	Disagio 31.12.04	22,4
	Auflösung 05	22,4
	Disagio 31.12.05	0,0

Die Zugangsbuchung am 1.1.01 ist wie folgt:

per Geld	1.000	an Verbindlichkeit	1.000
per aRAP	100	an Kapitalrücklage	100

VARIANTE 1 Kein Zeichner übt sein Wandlungsrecht aus:

Buchung am 31.12.05 wie folgt:

per Verbindlichkeit	1.000	an Geld	1.000

VARIANTE 2 Alle Zeichner üben ihr Wandlungsrecht am Laufzeitende aus:

Buchung am 31.12.05 wie folgt:

per Verbindlichkeit	1.000	an gez. Kapital	200
		an Kapitalrücklage	800

VARIANTE 3 Alle Zeichner üben ihr Wandlungsrecht per 31.12.03 aus:

per Verbindlichkeit	1.000	an gez. Kapital	200
		an Kapitalrücklage	800
per Kapitalrücklage	43,5	an aRAP	43,5

Wird die Anleihe **vorzeitig zurückgekauft**, entsteht in Höhe der Differenz zwischen Fremdkapitalkomponente (Verbindlichkeit abzüglich des fortgeführten Abgrenzungspostens) und Rückkaufspreises ein Erfolg. 43

BEISPIEL (Fortsetzung)

VARIANTE 4 Die Anleihe wird per 1.1.04 vom Markt zurückgekauft:

Der Börsenkurs zum Rückkaufszeitpunkt beträgt 900 €.

per Verbindlichkeit	1.000	an Geld	900
		an aRAP	43,5
		an Ertrag	56,5

Durch **Verbesserung des Umtauschverhältnisses** kann eine (liquiditätsschwache) Gesellschaft versuchen, die Zeichner zur vorzeitigen Umwandlung zu bewegen. Das Handelsrecht enthält keine spezifischen Regeln für diesen Fall. Nach der internationalen Rechungslegung (IAS 32.AG35 und IAS 32.IE47 ff.) ist wie folgt zu verfahren: 44

▶ Der **Vorteil** des **Anleiheninhabers** aufgrund der Änderung des Wandlungsverhältnisses stellt **Aufwand der Gesellschaft** dar.
▶ Der Vorteil **berechnet** sich als Produkt von
  – Zeitwert (Börsenkurs) der Aktien bei Umwandlung und

- Zahl der Mehraktien, die aufgrund der Verbesserung des Umtauschverhältnisses bei der Wandlung gewährt werden.

U. E. ist eine entsprechende Anwendung dieser Regeln in der Handelsbilanz sachgerecht.

> **BEISPIEL** (Fortsetzung)
>
> **VARIANTE 5** Verbesserung des Umtauschverhältnisses:
>
> Um die Zeichner zu einer vorzeitigen Wandlung zu bewegen, verbessert A das Umtauschverhältnis von 100 auf 120 Aktien. Alle Zeichner üben ihr Wandlungsrecht per 1.1.04 aus. Der Börsenkurs der Aktien zum Unwandlungszeitpunkt beträgt 9 €.
>
> Der Aufwand der Gesellschaft beträgt 120 - 100 Aktien · 9 € = 20 Aktien · 9 € = 180 €. Zu buchen ist wie folgt:
>
> | per Verbindlichkeit | 1.000 | an gez. Kapital | 240 |
> |---|---|---|---|
> | | | an Kapitalrücklage | 760 |
> | per Kapitalrücklage | 43,5 | an aRAP | 43,5 |
> | per Aufwand | 180 | an Kapitalrücklage | 180 |
>
> Nur auf den ersten Blick fällt das Eigenkapital um 180 € höher aus als bei Wandlung auf den gleichen Zeitpunkt zu den ursprünglichen Bedingungen. Dieser Betrag ist zugleich Aufwand in der GuV. Da die GuV ein Unterkonto des Eigenkapitals darstellt, wird die im ersten Buchungssatz gegebene Verbesserung des Eigenkapitals neutralisiert.

45 Wenn bei der Ausübung des Bezugsrechts aus einer Optionsanleihe ein weiteres **Aufgeld** anfällt, ist dieses in die Kapitalrücklage gem. Abs. 2 Nr. 1 einzustellen.

4. Zuzahlung zur Begründung von Vorzugsrechten (Abs. 2 Nr. 3)

46 Abs. 2 Nr. 3 erfasst Zuzahlungen, die zur Begründung von Vorzugsrechten geleistet werden, bei einer GmbH etwa die Zuzahlung eines Gesellschafters, der eine gegenüber seinem Kapitalanteil erhöhte Beteiligung an den Gewinnen erhält (§ 29 Abs. 3 GmbHG).

5. Andere Zuzahlungen, verdeckte Einlagen (Abs. 2 Nr. 4)

47 Andere Zuzahlungen nach Abs. 2 Nr. 4 liegen vor, wenn der zuzahlende Gesellschafter keine **Gegenleistung** erhält. Zwei Formen sind zu unterscheiden:
- bare Zuzahlungen, die auch als sog. **Zuschüsse** bezeichnet werden,
- „verdeckte" Einlagen von Sachen, also die (ganz oder teilweise) unentgeltliche Übertragung von Vermögensgegenständen auf die Gesellschaft; hierbei kann es sich um bewegliche und unbewegliche Sachen (Grundstücke, Maschinen, Waren etc.), Rechte (Patente, Lizenzrechte, günstige Dauerschuldverträge) einschließlich der Forderungen gegenüber der Gesellschaft handeln.

47a Der **Begriff der verdeckten Einlage** wird gesellschafts- und bilanzrechtlich in unterschiedlicher Weise angewandt.

Gesellschaftsrechtlich ist die verdeckte Sacheinlage nach der Legaldefinition des § 19 Abs. 4 Satz 1 GmbHG eine Geldeinlage, die „bei wirtschaftlicher Betrachtung und aufgrund einer im Zusammenhang mit der Übernahme der Geldeinlage getroffenen Abrede vollständig oder teilweise als Sacheinlage zu bewerten ist." Angesprochen sind damit Fälle, in denen der Gesellschafter eine Geldeinlage nur scheinbar zur freien Verfügung der Gesellschaft leistet, tatsächlich aber die Gesellschaft die Mittel alsbald verwendet, um dem Gesellschafter etwa Sachanlagen abzukaufen oder gegenüber ihm bestehende Verbindlichkeiten zu tilgen. Fraglich ist in solchen Fällen der untauglichen Umgehung der Sondervorschriften für Sachgründung oder Sachkapitalerhöhung dann, ob die Einlage gänzlich unwirksam ist (so Rechtsstand vor MoMiG) oder der Wert des Vermögensgegenstands im Zeitpunkt der Handelsregisteranmeldung auf die fortbestehende Geldeinlagepflicht angerechnet werden kann (so § 19 Abs. 4 GmbHG i. d. F. MoMiG). Mit dem Gesetz zur Umsetzung der Aktionärsrichtlinie (ARUG) wurde § 27 AktG an § 19 Abs. 4 und 5 GmbHG angepasst.

Steuer- und bilanzrechtlich ist mit der verdeckten Einlage etwas anders gemeint. Es geht um die durch das Gesellschaftsverhältnis veranlasste Einräumung von Vorteilen durch einen Gesellschafter (ggf. auch einer ihm nahestehenden Person) zugunsten der Gesellschaft. Einschlägig sind etwa folgende Fälle:

▶ Der Gesellschafter überträgt Vermögensgegenstände (i. d. R. Sachen oder Rechte, daneben z. B. auch *know how*) unentgeltlich oder unter fremdüblichem Preis an die Gesellschaft.

▶ Der Gesellschafter erwirbt Vermögensgegenstände über fremdüblichem Preis von der Gesellschaft.

Als bilanziell weder offen (→ Rz. 47) noch verdeckt einlagefähig gelten[63] obligatorische Nutzungsrechte gegenüber dem Gesellschafter.

Die Erfassung von Zuzahlungen und verdeckt eingelegten Vermögensgegenständen (**Bilanzierung dem Grunde nach**) ergibt sich aus dem **Vollständigkeitsgebot** des § 246 Abs. 1 HGB.

48

Hinsichtlich der **Gegenbuchung** sowie der **Bewertung** wird im Schrifttum zwischen anderen Zuzahlungen (Zuschüssen) und verdeckten Einlagen unterschieden: Bei **anderen Zuzahlungen** ist nach der h. M.[64] auf den **Willen** des **Gesellschafters** abzustellen:

▶ **Einstellung in die Kapitalrücklage** nach Abs. 2 Nr. 4 HGB, wenn ein entsprechender Wille des leistenden Gesellschafters erkennbar ist,

▶ ansonsten **ertragswirksame Vereinnahmung**.

Die h. M. könnte insoweit durch den Wortlaut von Abs. 2 Nr. 4 gedeckt sein, als dort von Leistungen in das Eigenkapital die Rede ist, Leistungen, die nicht willentlich in das Eigenkapital erfolgen, also in einem anderen Topf erfolgen müssen. Eine derartige Interpretation würde den Wortlaut des Gesetzes angesichts des Systemgehalts der Doppik allerdings **überstrapazieren**. Man müsste ihr entgegenhalten, dass der Gesellschafter eine Zuzahlung zwar in die Kasse oder auf ein Bankkonto der Gesellschaft, keinesfalls aber in das Eigenkapital leisten kann. Der Begriff „Leistung in das Eigenkapital" ist somit weit i. S. einer Erhöhung des Eigenkapitals zu interpretieren. Eine solche Erhöhung tritt aber unabhängig davon ein, ob die Einlage über das

---

[63] BFH-Beschluss vom 26. 10. 1987 – GrS 2/86, BStBl 1988 II S. 348 ff.
[64] IDW HFA 2/1996, Abschn. 22; *ADS*, § 272 Tz. 137; *Förschle/Hoffmann*, in: Beckscher Bilanz-Kommentar, 7. Aufl., München 2010, § 272 Tz. 195; *Knorr/Seidler*, in: Haufe HGB Bilanz Kommentar, Freiburg 2009, § 272 Rz. 245 ff.

V. Kapitalrücklage

Eigenkapitalunterkonto „Kapitalrücklage" oder das Eigenkapitalunterkonto „GuV" gebucht wird. Der Wortlaut ist somit unergiebig.

49 Wichtiger für die Frage, ob eine Alternative zwischen erfolg**neutraler** und erfolgs**wirksamer** Behandlung besteht, sind systematische Überlegungen:

- ▶ Hierhin gehört zunächst der Hinweis auf den bilanzrechtlichen **Zweck** der Unterscheidung der Kapitalrücklage gegenüber Gewinnrücklagen, Gewinnvorträgen etc. Dieser liegt darin, die von den **Eigenkapitalgebern** zufließenden Eigenkapitalmehrungen von denen zu unterscheiden, die die **Gesellschaft selbst erwirtschaftet** hat (→ Rz. 34). Diesem Zweck entspricht aus Sicht der Erfolgsrechnung die Differenzierung zwischen Vermögensmehrungen, die Teil des Jahresüberschusses sind, und solchen, die es nicht sind. Das Gesellschaftsrecht folgt dieser Differenzierung, indem es etwa verlangt, „Erträge" aus einer Kapitalherabsetzung in der Gewinnverwendungsrechnung, also **nach** dem Jahresüberschuss zu berücksichtigen (→ Rz. 19). Es ist kein Grund ersichtlich, warum dies für die unentgeltliche Einziehung von Anteilen, aber nicht für (ganz oder teilweise) unentgeltliche andere Leistungen des Gesellschafters gelten soll.

- ▶ Die Annahme eines Gestaltungswahlrechts des Gesellschafters, eine Vermögensmehrung je nach seinen erklärten Absichten über die Erfolgsrechnung der Gesellschaft oder gegen Kapitalrücklagen verbuchen zu lassen, schüfe eine Kategorie **gewillkürter Erträge**. Je nach Absichtserklärung entstünde aus dem gleichen Vorgang ein Erfolg oder kein Erfolg der Gesellschaft. Eine solche Kategorie gewillkürter Erträge ist ansonsten im Bilanzrecht der Kapitalgesellschaften nirgends vorgegeben, würde mithin einen **Fremdkörper** im System darstellen.

- ▶ Die **Willkürung** würde überdies **nicht** die **Gesellschaft als Bilanzierungssubjekt**, sondern dem leistenden Gesellschafter (nicht etwa der für die Gesellschaft handelnden Mehrheit der Gesellschaft) überlassen. Bewährte Prinzipien der **Trennung von Gesellschafts- und Gesellschaftersphäre** würden damit aufgegeben.

50 In allen drei Aspekten erweist sich die Annahme eines Wahlrechts als eine **extreme Form** der von Schrifttum und Standardsettern geschaffenen **Kasuistik**, die sich mit einer prinzipienbasierten Auslegung des HGB nicht verträgt. Die h. M. halten wir daher für nicht sachgerecht. Nach unserer Auffassung hat die GuV i.V. mit der Generalnorm (→ § 264 Rz. 15) den Zweck, über die Ertragsentwicklung des Unternehmens zu informieren. Zu diesem Ertrag gehören zwar auch unregelmäßig anfallende, außerordentliche Erträge (etwa auch aus der Schenkung eines Nichtgesellschafters), jedoch nur insoweit, als es sich um notwendige und nicht um gewillkürte, überdies nicht einmal vom Bilanzierungssubjekt selbst gewillkürte Vermögensmehrungen handelt. U. E. besteht daher kein Wahlrecht. Andere Zuzahlungen bzw. verdeckte Einlagen des Gesellschafters sind vielmehr **zwingend gegen die Kapitalrücklage** zu buchen.

51 Soweit die Zuwendung in Form einer **verdeckten Einlage** erfolgt, indem der Gesellschafter einen Vermögensgegenstand unentgeltlich oder jedenfalls (deutlich) unter dem beizulegenden Zeitwert der Gesellschaft überlässt, nimmt das Schrifttum anders als bei erhaltenen Zuzahlungen keine Option zur erfolgswirksamen Vereinnahmung vor. Stattdessen soll aber folgendes **Bewertungswahlrecht** für die un- oder teilentgeltlich überlassene Sache bestehen:

- ▶ Erfassung zu „effektiven Anschaffungskosten", bei Unentgeltlichkeit also zu Null, bei Teilentgeltlichkeit zum vereinbarten Preis.

▶ Erfassung zum beizulegenden **Zeitwert** (Verkehrswert) und Dotierung der Kapitalrücklage in Höhe der Differenz zum niedrigeren vereinbarten Preis.[65]

Ein derartiges Wahlrecht halten wir wiederum für nicht sachgerecht:

▶ Es würde eine **Willkür**bewertung einführen,
▶ wobei die Bewertungsentscheidung **nicht** einmal autonom vom **Bilanzierungssubjekt** zur treffen wäre, sondern vorgelagert der Gesellschafter durch die Festsetzung eines Betrags die Bewertungsgrenze festlegen würde.

Die **steuerrechtliche Behandlung** verdeckter Einlagen ist hier konsequenter: Erfolgsneutrale Erfassung der verdeckten Einlage bei der Gesellschaft, Bewertung der (offenen oder verdeckten) Einlage mit dem Teilwert (§ 6 Abs. 5 Abs. 1 Nr. 5 EStG i.V. mit § 8 Abs. 1 KStG). 51a

Zur Behandlung anderer Zuzahlungen und verdeckter Einlage beim Gesellschafter, insbesondere der Frage, ob und auf welcher Basis der Beteiligungsansatz zu erhöhen ist, wird auf → § 255 Rz. 118 ff. verwiesen. 51b

6. Gesellschaftsrechtliche Fälle der Zuführung zur Kapitalrücklage

Nicht in § 272 HGB, sondern im Gesellschaftsrecht sind besondere Fälle der Zuführungen zur Kapitalrücklage geregelt: 52

▶ Beträge aus einer **Kapitalherabsetzung** (§ 231 Satz 1 AktG und § 232 AktG, § 58b Abs. 2 Satz 1 GmbHG und § 58c GmbHG),
▶ Beträge aus **Einziehung von Aktien** (§ 237 Abs. 5 AktG),
▶ **Nachschüsse** von Gesellschaftern einer GmbH (§ 42 Abs. 2 Satz 3 GmbHG).

VI. Gewinnrücklagen (Abs. 3 und 4)

1. Inhalt und Ausweis

Gewinnrücklagen i. S. von § 266 Abs. 3 A.III HGB enthalten 53

▶ neben Beträgen, die im Geschäftsjahr oder einem früheren Jahr **aus Ergebnisüberschüssen** gebildet worden sind (gesetzliche, satzungsmäßige und andere Gewinnrücklagen nach Abs. 3),
▶ die unabhängig vom Vorliegen eines Gewinns zu bildende Rücklage für **Anteile an übergeordneten Unternehmen** (Abs. 4).

Soweit die Bilanz unter Berücksichtigung der vollständigen oder teilweisen Verwendung des Jahresergebnisses aufgestellt wird (§ 268 Abs. 1 Satz 1 HGB), sind Entnahmen aus und Einstellungen in Gewinnrücklagen bereits **bei Aufstellung der Bilanz** zu berücksichtigen (§ 270 Abs. 2 HGB; → § 268 Rz. 14). 54

Bei der Aktiengesellschaft gelten ergänzende Bestimmungen für den Ausweis: 55

---

65 U. a. *ADS*, § 272 Tz. 132 ff.

VI. Gewinnrücklagen

▶ Nach § 152 Abs. 3 AktG sind in **Bilanz oder Anhang** die Beträge zu den einzelnen Posten der Gewinnrücklagen jeweils gesondert anzugeben, die:
  – die Hauptversammlung aus dem Bilanzgewinn des Vorjahrs eingestellt hat,
  – aus dem Jahresüberschuss des Geschäftsjahrs eingestellt werden,
  – für das Geschäftsjahr entnommen werden.

▶ Daneben ist nach § 158 Abs. 1 AktG **in GuV oder Anhang** eine Überleitung vom Jahresüberschuss zum Bilanzgewinn vorzunehmen, in der die Entnahmen und Einstellungen in die Gewinnrücklagen gesondert aufzuführen sind (→ § 275 Rz. 122).

2. Gesetzliche Rücklage bei Aktiengesellschaften

56 Aktiengesellschaften haben solange **5 %** des um einen Verlustvortrag aus dem Vorjahr geminderten Jahresüberschusses in eine gesetzliche Rücklage einzustellen, bis diese und die Kapitalrücklagen nach Abs. 2 Nr. 1 bis 3 zusammen 10 % (oder den in der Satzung bestimmten höheren Teil) des Grundkapitals erreichen (§ 150 Abs. 2 AktG).

57 Bei der Berechnung der **Bemessungsgrundlage der Zuführung** ist Folgendes zu beachten:
▶ Maßgeblich ist der um einen Verlustvortrag geminderte Jahresüberschuss,
▶ unbeachtlich demzufolge ein Gewinnvortrag.
▶ Gewinnabhängige Aufwendungen, etwa für Besserungsscheine oder Aufsichtsratstantiemen, sind dem Jahresüberschuss nicht hinzuzurechnen.
▶ § 300 AktG enthält jedoch Sonderregelungen für (Teil-)Gewinnabführungsverträge und Beherrschungsverträge.

58 Entnahmen aus der gesetzlichen Rücklage unterliegen nach § 150 Abs. 3 und 4 AktG hinsichtlich Höhe und Verwendung Beschränkungen. Die gesetzliche Rücklage und die Kapitalrücklagen nach § 272 Abs. 2 Nr. 1 bis 3 HGB bilden hinsichtlich dieser Beschränkungen eine Einheit.

3. Rücklage für Anteile an herrschenden oder mehrheitlich beteiligten Unternehmen

59 Werden Anteile an einem herrschenden oder mehrheitlich beteiligten Unternehmen aktiviert, ist nach Abs. 4 in gleicher Höhe eine **Rücklage** zu bilden und nach § 266 Abs. 3 A.III HGB als zweiter Posten unter den Gewinnrücklagen auszuweisen. Was herrschende oder mit Mehrheit beteiligte Unternehmen sind, bestimmt sich nach §§ 16, 17 AktG.

60 Die Anteile an übergeordneten Unternehmen stellen Vermögensgegenstände dar. Fraglich ist, ob die untergeordnete Gesellschaft das **wirtschaftliche Eigentum** (→ § 246 Rz. 147) an ihnen hat. Bezüglich des zivilrechtlichen Eigentums können drei Konstellationen unterschieden werden:[66]
▶ Erwerb der Anteile **vor Begründung** des Beherrschungs- oder Mehrheitsverhältnisses: Hier ist nicht nur der **dingliche** Erwerb, sondern auch das **obligatorische** Geschäft wirksam. Das

---
[66] Vgl. *Lüdenbach*, StuB 2009 S. 29.

- übergeordnete Unternehmen kann aber nach § 71d Satz 5 AktG jederzeit die Verschaffung des zivilrechtlichen Eigentums an den Anteilen **verlangen**.
- ▶ Erwerb, der nach § 71 Abs. 1 Nr. 1 bis 5, 7 und 8 AktG dem übergeordneten Unternehmen **selbst** gestattet wäre (§ 71d Satz 2 AktG): Auch hier sind **dingliches** und **obligatorisches** Geschäft wirksam, wobei das übergeordnete Unternehmen die Eigentumsverschaffung auch hier **verlangen** kann.
- ▶ Nach § 71d AktG **unzulässiger** Erwerb: Dieser bleibt gleichwohl **dinglich wirksam** (§ 71d AktG i.V. mit § 71 Abs. 4 AktG). Nach Bereicherungsrecht wird dem Veräußerer aber die Herausgabe gegen Erstattung des Kaufpreises geschuldet.

In allen drei Fällen gilt: 61
- ▶ Das rechtliche Eigentum des bilanzierenden untergeordneten Unternehmens ist durch die **Herausgabepflicht** an das übergeordnete Unternehmen eingeschränkt.
- ▶ Überdies dürfen nach § 71d Satz 4 AktG i.V. mit § 71b AktG die **Mitgliedschaftsrechte** aus den Aktien **nicht ausgeübt**, also insbesondere Dividenden nicht bezogen werden.
- ▶ Mit dem Eigentum an den Anteil ist daher
  – weder die dauernde Herrschaft
  – noch ein Recht auf laufende Nutzungen verbunden.

Lediglich **Risiko und Chance der Wertentwicklung** kann bei zulässigem Erwerb bis zur Verschaffung des Eigentums an die Obergesellschaft noch bei der Untergesellschaft bleiben. Ob dies der Fall ist, hängt davon ab, welchen Wert die Obergesellschaft bei Übertragungsverlangen zu ersetzen hat. Nach h. M. ist dies der Verkehrswert im Übertragungszeitpunkt[67], nach Mindermeinung sind es die Anschaffungskosten.[68] 62

- ▶ Bei **unzulässigem** Erwerb liegt das Wertänderungsrisiko beim Veräußerer der Anteile, nicht beim bilanzierenden Unternehmen. Da dieses auch keine Herrschaft über die Anteile und kein Nutzungsrecht an ihnen hat, liegt **kein wirtschaftliches Eigentum** vor. Die Bestimmung des Abs. 4 sowie die Bilanzposten nach § 266 Abs. 2 B.II.3 HGB und Abs. 3 A.III.2 HGB laufen dann ins Leere.
- ▶ Bei **zulässigem** Erwerb gilt:
  – Soweit man der aktienrechtlichen **Mindermeinung** folgt, fehlt neben Kontrolle und Nutungsrecht auch das Wertänderungsrisiko. Es liegt **kein wirtschaftliches Eigentum** an den Anteilen vor.
  – Bei Zugrundelegung der aktienrechtlich **herrschenden Meinung** wäre abzuwägen, ob der Verbleib von Wertänderungsrisiko- und -chance trotz Fehlens von Kontrolle und Nutzungsrecht zur Begründung wirtschaftlichen Eigentums ausreicht. Es scheint **vertretbar**, dies zu verneinen, so dass auch dann kein Ansatz der Anteile und keine Bildung einer Gewinnrücklage erfolgen würde.

Bejaht man hingegen wirtschaftliches Eigentum bei **zulässigem** Erwerb, sind folgende Regelungen zur **Bildung der Rücklage** zu beachten: 63

Die Bildung erfolgt bereits bei der Aufstellung der Bilanz und zwar zulasten

---

67 So u. a. *Hüffer*, AktG, 7. Aufl., § 71d Tz. 22.
68 So *Zilias/Lanfermann*, WPg 1980 S. 61 ff.

- des Ergebnisses oder
- eines vorhandenen Gewinnvortrags oder
- frei verfügbarer Gewinnrücklagen
- sowie des nach Abs. 2 Nr. 4 HGB dotieren Teils der Kapitalrücklage.
- Reichen die so verfügbaren Beträge nicht aus, so ist der fehlende Betrag gleichwohl unter Ausweis eines **Bilanzverlusts** zu dotieren.

Die – nur bei Annahme wirtschaftlichen Eigentums zu bildende – Rücklage ist **aufzulösen**,

- soweit die Anteile veräußert oder eingezogen werden oder
- auf der Aktivseite in Folge einer Abschreibung auf den beizulegenden Wert ein niedrigerer Betrag angesetzt wird.
- Wertaufholungen führen zur erneuten Dotierung der Rücklage.
- Die Auflösung der Rücklage sollte spiegelbildlich zu ihrer Bildung vorgenommen werden, d. h. im Normalfall zugunsten jener Rücklagen, aus denen sie dotiert wurden, also bei Bildung über die Ergebnisverwendungsrechnung (Ausweis eines Bilanzverlusts) durch Auflösung ebenfalls über die Ergebnisverwendungsrechnung (Erhöhung eines Bilanzgewinns, Minderung eines Bilanzverlusts).

4. Satzungsmäßige Rücklagen

64 Sehen Gesellschaftsvertrag oder Satzung die zwingende Bildung, in ihrer Verwendung ggf. beschränkter, Rücklagen vor, sind die so thesaurierten Beträge als satzungsmäßige Rücklagen auszuweisen. Die Auflösung richtet sich ebenfalls nach Gesellschaftsvertrag oder Satzung. Sind hier keine Beschränkungen vorgesehen, liegt die Auflösung im Ermessen des den Jahresabschluss feststellenden Organs.

Nicht in den satzungsmäßigen Rücklagen, sondern als „Andere Gewinnrücklagen" sind bei der AG Einstellungen nach § 58 Abs. 2 Satz 2 AktG zu berücksichtigen, zu denen die Satzung Vorstand und Aufsichtsrat ermächtigt, aber nicht verpflichtet.

5. Andere Gewinnrücklagen

65 Die anderen Gewinnrücklagen sind eine **Restkategorie**, die alle bei Aufstellung der Bilanz oder der Gewinnverteilung gebildeten Gewinnrücklagen berücksichtigt, die zu keiner anderen Gewinnrücklage gehören. In die anderen Gewinnrücklagen ist auch der (nach Abzug eventueller Ertragsteuerbelastungen verbleibende) Eigenkapitalanteil von Wertaufholungen bei Anlage- und Umlaufvermögen nach § 58 Abs. 2a AktG oder § 29 Abs. 4 GmbHG einzustellen.

66 Die **Einstellungen** in andere Gewinnrücklagen sind bereits bei Aufstellung der Bilanz vorzunehmen (→ § 268 Rz. 8). **Rechtsform**abhängig bestehen folgende Besonderheiten:

- Bei einer **GmbH** entscheiden die Gesellschafter durch den Gewinnverwendungsbeschluss (§ 29 Abs. 2 GmbHG) darüber, ob Beträge aus dem Jahresüberschuss in die Gewinnrücklage eingestellt werden (→ § 268 Rz. 52u).
- Bei der **AG**, deren Jahresabschluss nicht ausnahmsweise von der Hauptversammlung festgestellt wird, können Vorstand und Aufsichtsrat bei Feststellung der Bilanz einen Teil des um die Zuführungen zur gesetzlichen Rücklage und einen Verlustvortrag gekürzten Jahres-

überschusses, ohne satzungsmäßige Ermächtigung jedoch höchstens die Hälfte nach § 58 Abs. 2 AktG, in andere Gewinnrücklagen einstellen (→ § 268 Rz. 48). Im Beschluss über die Verwendung des Bilanzgewinns gem. § 58 Abs. 3 AktG kann die Hauptversammlung weitere Beträge einstellen (→ § 268 Rz. 52l). Dieser Beschluss führt nicht zur Änderung des festgestellten Jahresabschlusses (§ 174 Abs. 3 AktG), ist aber in der Bilanz des folgenden Jahrs anzugeben (§ 152 Abs. 3 Nr. 1 AktG).

Über die **Auflösung** anderer Gewinnrücklagen entscheidet das für die Bilanzfeststellung zuständige Organ.

Bei **Unternehmensverträgen** ist die Abführung andere Gewinnrücklagen nur insoweit zulässig, als diese während der Dauer des Vertrags gebildet wurden (§ 301 Satz 2 AktG). 67

VII. Anteilsbasierte Vergütungen von Arbeitnehmern (Aktienoptionsprogramme)

1. Vergütungsformen und ökonomische Grundlagen

Eine Gesellschaft kann ihren Arbeitnehmern, insbesondere der oberen Managementebene, neben konventionellen Vergütungselementen (Gehalt, Pension, Tantieme) auch **anteilsbasierte** Vergütungen gewähren. Diese treten in drei Grundtypen auf: 68

- als **reale Aktienoptionen** (*stock* oder *share options*), die den begünstigten Arbeitnehmern das Recht gewähren, zu einem bestimmten Zeitpunkt oder innerhalb eines bestimmten Zeitraums zu einem vorab bestimmten oder bestimmbaren Preis (Basis- oder Ausübungspreis bzw. Bezugskurs) Anteile am arbeitgebenden Unternehmen zu zeichnen bzw. zu erwerben (→ Rz. 69),

- als anteilsbezogene Wertsteigerungsrechte (**virtuelle Optionen** bzw. *stock appreciation rights*), die den begünstigten Arbeitnehmern einen Barvergütungsanspruch in Höhe der positiven Differenz aus dem Kurs der unterliegenden Aktie zum vereinbarten Ausübungszeitpunkt einerseits und vorab vereinbartem Basispreis der Aktien andererseits gewähren (→ Rz. 70),

- als **Mischform**, bei der der Arbeitgeber oder der Arbeitnehmer die Wahl der Erfüllung in Anteilen oder Geld hat.

Im Fall von **realen Aktienoptionen** hat die Gesellschaft die Beschaffung der Aktien zu besorgen, um diese später an die Optionsberechtigten weiterleiten zu können. Dies kann durch 69

- die **Ausgabe neuer Aktien** (Kapitalerhöhung) (→ Rz. 6) oder
- den **Rückkauf eigener Aktien** am Kapitalmarkt erfolgen (→ Rz. 26).

Im ersten Fall erfahren die Altaktionäre infolge ihres Bezugsrechtsverzichts eine **Verwässerung** ihres Aktienwerts, im zweiten Fall wird bei der Gesellschaft in Höhe der Differenz zwischen Bezugskurs und dem zum Bezugszeitpunkt am Markt erzielbaren Preis eine **Vermögensmehrung verhindert**.

Bei anteilsbasierter Vergütung in Form einer virtuellen Aktienoption hat die Gesellschaft eine bare **Zahlungsverpflichtung** gegenüber dem Optionsinhaber. Die Wertentwicklung der Aktien 70 der Gesellschaft ist nur Bewertungsmaßstab der Barvergütung. Zur Ausgabe von Aktien kommt es nicht.

71 Die Gewährung von Aktienoptionen und anteilsorientierten Wertsteigerungsrechten an Mitarbeitern wird als probates Mittel zur Abschwächung des *principal agent*-Konflikts angesehen, weil durch die Einbeziehung des Anteilswerts bzw. etwaiger Wertsteigerungen in die Bemessungsgrundlage der Entlohnung des Managements (Agenten) deren Motivationslage und Risikopräferenzen zumindest teilweise an diejenige der Aktionäre (Prinzipale) angeglichen werden können. Deshalb richten sich entsprechende Vergütungsformen fast ausschließlich an das Management, differenziert nach Hierarchiestufen (*executive stock options*).

2. Behandlung nach IFRS 2

72 Unabhängig von ihrer Form führt die anteilsbasierte Vergütung an Arbeitnehmer in einem IFRS-Abschluss zu **Personalaufwand** der Gesellschaft.[69] Unterschiede bestehen jedoch im bilanziellen Gegenkonto und in der Bemessung des Aufwands:

- ▶ Bei **realen Aktienoptionen** (→ Rz. 68)
  - erfolgt über die Jahre der bis zur Ausübung der Option vereinbarten Wartezeit jeweils eine Buchung „**per Personalaufwand an Eigenkapital**".
  - Die Höhe des insgesamt erfassten Aufwands bemisst sich im Wesentlichen nach dem **Wert** der Option im **Zusagezeitpunkt** (*grant date measurement approach*).
  - Die tatsächliche spätere Wertentwicklung der Aktie (und damit der Option) ist irrelevant, da als zugewendeter „**geldwerter Vorteil**" **die Option** und nicht der aus Ausübung/Nichtausübung dieser Option tatsächlich dem Arbeitnehmer zufließende Erfolg gilt.

- ▶ Bei **virtuellen Optionen** (→ Rz. 68)
  - erfolgt über die Jahre der bis zur Ausübung der Option vereinbarten Wartezeit jeweils eine Buchung „**per Personalaufwand an Rückstellung**".
  - Die Höhe des insgesamt erfassten Aufwands und der Rückstellung bemisst sich nach der **tatsächlichen Wertentwicklung** der Aktie.
  - An sie ist die Rückstellung während der Wartezeit jeweils anzupassen. Zuwendungsobjekt ist der tatsächlich dem Arbeitnehmer zufließende **Geldbetrag**.

73 Anteilsbasierte Vergütungen an Mitarbeiter können zwar auch für **bereits erbrachte** Leistungen erfolgen, in der Praxis werden sie indes zumeist für **künftige** Leistungen gewährt. Demzufolge sind sie an Bedingungen geknüpft: Regelmäßig muss das Dienstverhältnis mindestens während einer Sperr- oder Behaltefrist, dem sog. Erdienungszeitraum, aufrecht erhalten werden. Der Personalaufwand wird dann mithilfe von Fluktuationsannahmen über den **Erdienungszeitraum** verteilt.

---

[69] Vgl. im Einzelnen *Freiberg/Lüdenbach*, in: Lüdenbach/Hoffmann (Hrsg.), Haufe IFRS-Kommentar, 8. Aufl., Freiburg 2010, § 23.

§ 272 Eigenkapital

3. Übertragbarkeit der IFRS-Regeln auf das Handelsrecht

3.1 Virtuelle Optionen

Seit längerem wird die Übertragbarkeit der internationalen Regeln zur Abbildung von Optionsprogrammen auf die Handelsbilanz diskutiert. Bei den virtuellen Optionsprogrammen (→ Rz. 68) besteht weitgehend Einigkeit über die Adäquanz der IFRS-Regeln (→ Rz. 72) auch für die Handelsbilanz. 74

Die virtuellen Optionen stellen eine besondere, nicht an das Jahresergebnis, sondern an die Kursentwicklung geknüpfte Form der erfolgsabhängigen Vergütung (Tantieme) dar. Wie bei allen Tantiemen ist daher die letztendlich bewirkte Zahlung an die Mitarbeiter als Aufwand zu berücksichtigen, dies selbstverständlich nicht erst im Zahlungszeitpunkt, sondern verteilt über den Erdienungszeitraum, indem in diesem Zeitraum eine Rückstellung aufwandswirksam **angesammelt** wird. 75

BEISPIEL[70] Ein Unternehmen gewährt seinen Mitarbeitern zum 1.1.01 „virtuelle" Aktienoptionen. Nach einem Zeitraum von drei Jahren wird den Mitarbeitern die Differenz zwischen dem Aktienkurs 31.12.03 und dem bei Gewährung gegebenen Aktienkurs von 100 € auf Abruf ausbezahlt. Es werden insgesamt 550.000 virtuelle Aktienoptionen gewährt und angenommen, dass unter Berücksichtigung von Fluktuations- und Sterbewahrscheinlichkeiten 500.000 zur Ausübungsberechtigung gelangen. Aufgrund der Aktienkursentwicklung entwickelt sich der Stichtagswert der Optionen wie folgt:

Zeitpunkt	31.12.01	31.12.02	31.12.03
Wert pro virtueller Option	30	33	40
Gesamtwert	15 Mio	16,5 Mio	20 Mio

Der Geschäftsvorfall ist wie folgt zu buchen:

31.12.01: Ein Drittel der Sperrfrist ist verstrichen. Dementsprechend ist ein Drittel des aktuellen Gesamtwerts, also 5 Mio €, zurückzustellen:

per Aufwand	5 Mio €	an Rückstellung	5 Mio €

31.12.02: Nach dem zweiten Jahr ist die Rückstellung auf zwei Drittel von 16,5 Mio €, also auf 11 Mio €, zu erhöhen. Die Zuführung von 6 Mio € umfasst eine anteilige Zuführung für das aktuelle Jahr von 5,5 Mio € und eine durch die Wertentwicklung der virtuellen Optionen bedingte „Korrektur" des Vorjahresaufwands von 0,5 Mio

per Aufwand	6 Mio €	an Rückstellung	6 Mio €

Entsprechende Korrekturen können auch unter Fluktuationsgesichtspunkten erforderlich sein. Wenn etwa per 31.12.02 die Fluktuationsannahmen reduziert werden, daher nicht mehr mit einer Ausübung von 500.000, sondern 520.000 Option gerechnet wird, sind zusätzlich zwei Drittel · 20.000 · 33 € als Aufwand zu buchen.

---

[70] Aus E-DRS 11.

31.12.03: Im dritten Jahr ist entsprechend zu verfahren. Die Rückstellung entspricht nun (bei unveränderten Fluktuationsannahmen) dem vollen Gesamtwert von 20 Mio €

| per Aufwand | 9 Mio € | an Rückstellung | 9 Mio € |

In den Folgejahren ist die Rückstellung entsprechend der Inanspruchnahme aufzulösen.

| per Rückstellung | | an Geld | |

3.2 Reale Optionen

76 Der DRSC hat in 2001 mit dem – derzeit nicht weiter verfolgten – Entwurf E-DRS 11 eine Übertragung der internationalen Regelungen (→ Rz. 72) auch auf reale Optionsprogramme z.T. für zulässig erachtet, Einschränkungen aber bei aus eigenen Aktien bedienten realen Optionsprogrammen vorgenommen. Der Entwurf diskutiert ausführlich die bilanz- und gesellschaftsrechtlichen Bedenken gegen eine solche Übernahme. In Verbindung mit den vor Verabschiedung von IFRS 2 geäußerten ähnlichen Einwendungen sind die nachstehend behandelten Punkte von besonderer Bedeutung.

77 Zentraler **bilanzrechtlicher** Diskussionspunkt ist die gewöhnungsbedürftige Buchung von nicht zu Ausgaben führenden **(nichtpagatorischen) Aufwendungen** mit der Gegenbuchung im Eigenkapital (per Personalaufwand an Eigenkapital), also eine das Eigenkapital nicht verändernde Buchung. Darauf basierenden Bedenken ist entgegenzuhalten:

- ▶ Auch wenn die Gesellschaft keine Ausgaben hat, erhält sie über die Arbeitsleistung gleichwohl wirtschaftliche Ressourcen und **verbraucht** diese im Produktionszyklus.
- ▶ Vorräte, Sachanlagen und ähnliche Vermögenswerte, die das Unternehmen im Wege der **Sacheinlage** erwirbt, veranlassen ebenfalls zu keinem Zeitpunkt Ausgaben. Gleichwohl führt ihre Inanspruchnahme als Materialaufwand oder Abschreibung zu Aufwand. Über die Totalperiode betrachtet führt auch die Sacheinlage zur nichtpagatorisch fundierten Buchung „per Aufwand an Eigenkapital".

Aus bilanzrechtlicher Sicht bestehen daher keine Gründe, die Mitarbeitervergütung durch reale Optionen anders zu behandeln als sonstige Vergütungsformen.

78 **Gesellschaftsrechtliche** Bedenken sind weniger leicht auszuräumen. Vor ihrer Würdigung ist zunächst auf die unterschiedlichen Modi der Bedienung realer Aktienoptionsprogramme einzugehen. Der Gesellschaft stehen nach deutschem Aktienrecht insbesondere zwei Wege zur Verfügung (→ Rz. 69):

- ▶ Die **bedingte Kapitalerhöhung**, also die Schaffung junger Aktien. Hierzu ist ein Hauptversammlungsbeschluss nach §§ 192 Abs. 2 Nr. 3 AktG, 193 Abs. 2 Nr. 4 AktG herbeizuführen.
- ▶ Der **Aktienrückkauf**, also die Verwendung bereits umlaufender Stücke, der nach § 71 Abs. 1 Nr. 8 AktG ebenfalls eines Hauptversammlungsbeschlusses bedarf.

Beide Beschlüsse erfordern die Definition von **Erfolgszielen**.

79 Bei der Bedienung durch eine **bedingte Kapitalerhöhung** stellt sich die Frage, ob im Vorgriff auf die Gewährung der Aktien eine Einlage der Arbeitsleistung angenommen werden kann. Kritisch wird hier auf die **mangelnde Einlagefähigkeit von Dienstleistungen** gem. § 27 Abs. 2

AktG hingewiesen. Diese Kritik lässt E-DRS 11 nicht gelten. Die Ausgabe von Aktienoptionen sei in **Analogie** zur Bilanzierung von **Optionsanleihen** zu beurteilen (→ Rz. 38). Wie dort nach § 272 Abs. 2 Nr. 2 HGB der Verzicht der Zeichner auf einen bei einfachen Anleihen erzielbaren höheren Zins das Vermögen der Gesellschaft vermehre und daher gegen die Kapitalrücklage zu buchen sei, so vermehrten auch die Arbeitsleistungen, die als Gegenleistung für die Gewährung der Optionen erbracht werden, das Vermögen und seien daher entsprechend zu behandeln.

Dieser Argumentation mag man gesellschaftsrechtlich folgen oder nicht, unzweifelhaft besteht aber **bilanzrechtlich** die vom DRSC angeführte **Analogie**. Wenn der Verzicht des Zeichners einer Optionsanleihe auf die hypothetische Möglichkeit, höhere Zinsen durch eine einfache Anleihe zu erzielen, über die Laufzeit der Optionsanleihe als Aufwand zu buchen ist, sollte der Verzicht des optionsberechtigten Arbeitnehmers, über den Erdienungszeitraum des Optionsplans in entsprechender Höhe bare Mehrvergütungen zu erzielen, ebenfalls als Aufwand berücksichtigungsfähig sein. Fraglich bleibt nur, ob dieser Aufwand gegen die Kapitalrücklage zu buchen ist.

Die **Kapitalrücklage** hat gesellschaftsrechtliche Bedeutung, unterliegt bestimmten Verwendungsbeschränkungen, limitiert die Zuführung zur gesetzlichen Rücklage etc. Weil der bilanzielle Begriff der Kapitalrücklage also zugleich ein gesellschaftsrechtlicher ist, haben die **gesellschaftsrechtlichen Bedenken** auch für die **Bilanzierung** Relevanz. Fraglich ist dann aber die Frage nach dem Vorrang. Die Buchung „per Personalaufwand an Kapitalrücklage" dient der zutreffenden Darstellung der Ertragslage. Soll auf die zutreffende Darstellung verzichtet werden, um gesellschaftsrechtlichen Bedenken genüge zu tun, oder müssen umgekehrt die gesellschaftsrechtlichen Bedenken hinter dem Gebot der zutreffenden Darstellung der Ertragslage zurücktreten? Eine zwingende Antwort hierauf gibt es u. E. nicht. Gegen einen absoluten Vorrang des Gesellschaftsrechts spricht auch: Das Bilanzrecht definiert in erster Linie, was als (Personal-)Aufwand und damit als Gewinn gilt und damit gesellschaftsrechtlich verwendungsfähig ist. Die Auffassung von E-DRS 11 ist damit jedenfalls vertretbar.

Folgt man dieser Auffassung, bleibt noch die Frage, ob aus eigenen Aktien bediente Optionen entsprechend behandelt werden können. E-DRS 11 verneint dies (für die Rechtslage vor BilMoG). Zur Begründung wird in E-DRS 11 B.19 angeführt: Die Bilanzierung von Aktienoptionen, die durch einen Rückkauf eigener Aktien nach § 71 Abs. 1 Nr. 2 oder 8 AktG bedient werden sollen, hängt entscheidend davon ab, wie der Rückkauf der eigenen Anteile bilanziell erfasst wird. Zwar sei der Rückkauf eigener Anteile wirtschaftlich **gleichbedeutend** mit einer Kapitalrückzahlung an die Aktionäre, die spätere Wiederausgabe mit einer Kapitalerhöhung (→ Rz. 32), das (vor BilMoG) geltende Recht lasse seine Gleichbehandlung jedoch nicht zu, da eigene Aktien als **Vermögensgegenstände** zu werten und deshalb zwingend die Differenz zwischen Anschaffungskosten und Ausgabepreis (Bezugskurs bei Mitarbeiteroptionen) **erfolgswirksam** zu behandeln seien. De lege ferenda schlägt der DRS jedoch vor, den Rückkauf von eigenen Anteilen zum Zweck der Mitarbeiterbeteiligung als Kapitalherabsetzung zu buchen, um so die bilanziellen Konsequenzen der Gewährung von Aktienoptionen unabhängig davon zu machen, ob sie durch junge oder zurück erworbene Aktien des Unternehmens bedient werden sollen.

VII. Anteilsbasierte Vergütungen von Arbeitnehmern (Aktienoptionsprogramme)

Durch das BilMoG ist diese Rechtslage u. E. eingetreten (→ Rz. 30). Die eigenen Anteile stellen keine Vermögensgegenstände mehr dar, sondern ihr Erwerb ist als Kapitalherabsetzung, ihre Ausgabe als Kapitalerhöhung zu buchen.

81 Über die Behandlung der Optionsgewährung als Personalaufwand ist dann unabhängig vom Modus der Erfüllung des Optionsprogramms zu entscheiden. U. E. ist dann folgendes Vorgehen sachgerecht:

- Die Gewährung der Optionen führt zu Aufwand, und zwar in Höhe des Werts der Optionen im **Zusagezeitpunkt** (*grant date measurement*).
- Der Aufwand ist über den Erdienungszeitraum zu **verteilen**.
- Der Modus der Erfüllung beeinflusst zwar die Vermögenslage des Unternehmens, in dem sich nur bei der Bedienung durch eigene Aktien in Höhe der Differenz zwischen „Anschaffungskosten" und Bezugskursen das Geldvermögen ändert. Der Modus bleibt jedoch ohne Einfluss auf die Ertragslage, also den zu buchenden Aufwand.

BEISPIEL ▶ Die A-AG gewährt am 1.1.01 550.000 Optionen zu einem Aktienbezugskurs von 100, ausübbar nach drei Jahren. Der Wert je Option beträgt 30 €. Die Gesellschaft rechnet damit, dass 500.000 Arbeitnehmer das Ausübungsrecht erlangen werden.

Soweit die Fluktuationsannahmen eintreffen, bucht die Gesellschaft in analoger Anwendung von IFRS 2 je Periode per Personalaufwand 5 Mio € an Eigenkapital 5 Mio €. Die tatsächliche Wertentwicklung der Aktie ist unerheblich (*grant date measurement approach*).

Soweit sich die Fluktionannahmen ändern, ist der in den Vorperioden zu hoch oder zu niedrig angesetzte Aufwand „nachzuholen". Nach E-DRS 11 wäre das Ausscheiden eines Arbeitnehmers hingegen immer erst ab Ausscheiden erheblich. Ein bis dahin zeitanteilig gebuchter Aufwand bliebe unkorrigiert.

1. ALTERNATIVE ▶ **bedingte Kapitalerhöhung:**

Die Gesellschaft erfüllt am 1.1.04 500.000 Optionen aus einer bedingten Kapitalerhöhung. Der Nennwert je Aktie beträgt 1 €:

Buchung 1.1.04:

per Geld	50 Mio €	an gez. Kapital	0,5 Mio €
		an Kapitalrücklage	49,5 Mio €

2. ALTERNATIVE ▶ **Eigene Aktien:**

Die Gesellschaft erfüllt aus eigenen Aktien, die sie am 31.12.03 bei einem Kurs von 120 für 60 Mio € beschafft hat:

Buchung 31.12.03:

per gez. Kapital	0,5 Mio €	an Geld	60 Mio €
		an Gewinnrücklagen	59,5 Mio €

Buchung 1.1.04:

per Geld	50 Mio €	an gez. Kapital	0,5 Mio €
		an Gewinnrücklagen	49,5 Mio €

Vergleich der Alternativen:

In Alternative 2 ist das Geldvermögen um 10 Mio € niedriger. Dies entspricht dem niedrigeren Wert der Gewinnrücklage. Dafür ist in Alternative 2 ein Verwässerungseffekt für die Altaktien eingetreten. Bei (theoretisch) gleichbleibender Börsenkapitalisierung vermindert sich der Wert der Altaktien.

§ 274 Latente Steuern

(1) ¹Bestehen zwischen den handelsrechtlichen Wertansätzen von Vermögensgegenständen, Schulden und Rechnungsabgrenzungsposten und ihren steuerlichen Wertansätzen Differenzen, die sich in späteren Geschäftsjahren voraussichtlich abbauen, so ist eine sich daraus insgesamt ergebende Steuerbelastung als passive latente Steuern (§ 266 Abs. 3 E.) in der Bilanz anzusetzen. ²Eine sich daraus insgesamt ergebende Steuerentlastung kann als aktive latente Steuern (§ 266 Abs. 2 D.) in der Bilanz angesetzt werden. ³Die sich ergebende Steuerbe- und die sich ergebende Steuerentlastung können auch unverrechnet angesetzt werden. ⁴Steuerliche Verlustvorträge sind bei der Berechnung aktiver latenter Steuern in Höhe der innerhalb der nächsten fünf Jahre zu erwartenden Verlustverrechnung zu berücksichtigen.

(2) ¹Die Beträge der sich ergebenden Steuerbe- und -entlastung sind mit den unternehmensindividuellen Steuersätzen im Zeitpunkt des Abbaus der Differenzen zu bewerten und nicht abzuzinsen. ²Die ausgewiesenen Posten sind aufzulösen, sobald die Steuerbe- oder -entlastung eintritt oder mit ihr nicht mehr zu rechnen ist. ³Der Aufwand oder Ertrag aus der Veränderung bilanzierter latenter Steuern ist in der Gewinn- und Verlustrechnung gesondert unter dem Posten „Steuern vom Einkommen und vom Ertrag" auszuweisen.

Inhaltsübersicht

	Rz.
I. Regelungsinhalt	1 - 1b
II. Konzeptionelle Grundlagen	2 - 9
1. Der ökonomische Gehalt der Steuerlatenzierung	2 - 4
2. Bilanzorientierte Methode der Steuerabgrenzung	5 - 6a
3. IFRS als Auslegungshilfe	7 - 9
III. Bilanzansatz	
1. Latenzen auf Buchwertunterschiede (Abs. 1 Sätze 1 und 2)	10 - 50
1.1 Zeitlich begrenzte vs. dauerhafte Unterschiede	10 - 13
1.2 Anwendungsfälle temporärer Differenzen mit Buchungstechnik	14
1.3 Latente Steuern aus Zugangsbuchungen	15 - 19
1.4 Änderungen temporärer Differenzen durch Umstrukturierungen etc.	20 - 24
1.4.1 Gesellschafterwechsel bei Personenhandelsgesellschaften	20 - 21
1.4.2 Verschmelzungen, Spaltungen	22 - 24
1.5 Steuerbuchwert	25 - 28
1.5.1 Ergänzungs- und Sonderbilanzen	25
1.5.2 Unsichere Steuerbuchwerte (Betriebsprüfungsrisiko)	26 - 28
1.6 Besonderheiten bei aktiven Latenzen aus Buchwertunterschieden	29 - 31
2. Aktive Latenzen auf Verlust- und Zinsvorträge (Abs. 1 Satz 4)	32 - 40
3. Ansatzpflicht für Passivüberhänge (Abs. 1 Satz 1)	41
4. Ansatzwahlrecht für Aktivüberhänge (Abs. 1 Satz 2)	42 - 50
4.1 Faktisches (praktiziertes) Ansatzwahlrecht	42 - 44
4.2 Förmliches Ansatzwahlrecht	45 - 50
IV. Bewertung (Abs. 2 Satz 1)	51 - 58
1. Allgemeine Bewertungsregeln	51 - 52
2. Anzuwendende Steuersätze	53 - 55
3. Verlustvorträge, Zinsvorträge	56
4. Änderungen im Steuerstatut (Rechtsformwechsel)	57 - 58
V. Auflösung von Steuerlatenzposten (Abs. 2 Satz 2)	59 - 61
VI. Ausweis	62 - 63
1. Ausweiswahlrecht in der Bilanz (Abs. 1 Satz 3)	62

2. Separater GuV-Ausweis (Abs. 2 Satz 3)	63
VII. **Unternehmensverbund im Einzelabschluss**	64 - 81
1. Anwendungsbereich	64 - 67
1.1 Steuerrechtliche Grundlagen	64
1.2 Anteilsbesteuerung: *inside and outside basis differences*	65 - 67
2. Speziell deutsche Organschaft	68 - 74
3. Personenhandelsgesellschaft als untergeordnete Einheit	75 - 81
3.1 Auswirkung bei der Personenhandelsgesellschaft	75
3.2 Auswirkung bei der Mutter-Kapitalgesellschaft	76 - 81
VIII. **Anhangerläuterungen**	82 - 83a
IX. **Bilanzpolitische Entscheidungslinien**	84 - 100
1. Ausgangslage	84
2. Kleine Gesellschaften	85 - 88
3. Orientierungsüberlegungen mittelgroßer und großer Gesellschaften	89 - 90
4. Die Sondersituation der großen Gesellschaften	91 - 100
4.1 Anhangangabepflicht	91 - 96
4.2 Folgerungen für die Bilanzgestaltung	97 - 100

Ausgewählte Literatur

Dahlke, Bilanzierung latenter Steuern bei Organschaften nach dem BilMoG, BB 2009 S. 878

Ellerbusch/Schlüter/Hofherr, Die Abgrenzung latenter Steuern im Organkreis nach BilMoG, DStR 2009 S. 2443

Freiberg, Tarifeffekte bei der Steuerlatenzrechnung nach IFRS, PiR 2006 S. 178

Herzig/Liekenbrock/Vossel, Grundkonzept zur Bilanzierung von latenten Steuern im Organkreis nach dem BilMoG, Ubg 2010 S. 85

Hoffmann, Weichgespülte Steuerlatenz, StuB 2009 S. 555

Hoffmann/Lüdenbach, Irrungen und Wirrungen in der Steuerlatenzrechnung, NWB 2009 S. 1476

Kastrup/Middendorf, Latente Steuern bei Personengesellschaften im handelsrechtlichen Jahresabschluss nach BilMoG, BB 2010 S. 815

Kessler/Leinen, Latente Steuern: Abbau temporärer Auffassungsdifferenzen, StuB 2010 S. 275

Kessler/Leinen/Paulus, Das BilMoG und die latenten Steuern, KoR 2009 S. 716 (Teil 1) und KoR 2010 S. 46 (Teil 2)

Kühne/Melcher/Wesemann, Latente Steuern nach BilMoG, Grundlagen und Zweifelsfragen WPg 2009 S. 1005 (Teil 1) und 1057 (Teil 2)

Küting/Seel, Die Ungereimtheiten der Regelungen zu latenten Steuern im neuen Bilanzrecht, DB 2009 S. 922

Loitz, Latente Steuern nach dem Bilanzrechtsmodernisierungsgesetz (BilMoG) – ein Wahlrecht als Mogelpackung?, DB 2009 S. 913

Lüdenbach/Freiberg, Beitrag von DRS 18 zur Klärung strittiger Fragen der Steuerlatenzierung BB 2010 S. 1971

Maier/Weil, Latente Steuern im Einzel- und Konzernabschluss, Auswirkungen des BilMoG auf die Praxis, DB 2009 S. 2729

Ott, Bilanzrechtsmodernisierungsgesetz – Ausgewählte Problembereiche der Berücksichtigung latenter Steuern, StuB 2009 S. 623

Petersen/Zwirner, Latente Steuern nach dem BilMoG – Darstellung und Würdigung der Neukonzeption, StuB 2009 S. 416

Zwirner, Latente Steuern (DRS 18), StuB 2010 S. 570

Zwirner, Latente Steuern – Neue Regelungen, neuer Standard, neue Probleme, StuB 2010 S. 3

I. Regelungsinhalt

§ 274 HGB ist Ansatz-, Bewertungs- und Ausweisvorschrift für einen Nicht-Vermögensgegenstand (→ § 266 Rz. 76) und eine Nicht-Schuld (→ § 266 Rz. 92). 1

Regelungen zum **Bilanzansatz** sind in Abs. 1 enthalten:

▶ Abs. 1 Satz 1 fordert einen Ansatz der insgesamt (→ Rz. 45) in der Zukunft entstehenden Steuer**belastungen** aus Buchwertunterschieden (→ Rz. 10).

▶ Abs. 1 Satz 2 eröffnet ein Wahlrecht (→ Rz. 45) zur Aktivierung der möglichen Steuer**entlastungen** aufgrund von sich insgesamt ergebenden Aktivüberhängen.

▶ Abs. 1 Satz 4 befasst sich mit der Aktivierung des Sondertatbestands von Steuerentlastungen in der Zukunft aufgrund von **Verlustvorträgen** (→ Rz. 32).

In Abs. 2 Satz 1 ist die **Bewertung** geregelt (→ Rz. 51), in Abs. 2 Satz 2 als Schnittstelle zwischen Ansatz- (Ausbuchung) und Folgebewertungsfragen die **Auflösung** der Steuerlatenzposten (→ Rz. 59).

Regelungen zum **Ausweis** sind in Abs. 1 und Abs. 2 enthalten:

▶ Abs. 1 Satz 3 eröffnet für die **Bilanz** ein Wahlrecht zwischen saldiertem und unsaldiertem Ausweis von aktiven und passiven Latenzen (→ Rz. 62).

▶ Im **Gliederungs**schema des § 266 HGB ist jeweils am Ende der Aktiva (→ § 266 Rz. 76) und der Passiva (→ § 266 Rz. 92) ein Sonderausweis vorgesehen.

▶ Den gesonderten Ausweis des Ertrags oder Aufwands aus Steuerlatenzen in der GuV innerhalb des Steueraufwands verlangt Abs. 2 Satz 3 (→ Rz. 63).

▶ Eine spezielle **Anhangangabe** sieht § 285 Nr. 29 HGB vor (→ Rz. 82).

Übergangsregelungen enthält Art. 67 Abs. 6 EGHGB (→ Art. 67 Rz. 29).

§ 274 HGB gilt pflichtweise nur für Kapital- und Kap. & Co.-Gesellschaften, wobei kleine Gesellschaften von der Steuerlatenzrechnung und den darauf bezogenen Angaben gem. § 274a Nr. 5 HGB **befreit sind**, diese aber optional anwenden können. Ein solches **Wahlrecht** besteht auch für Personenunternehmen. Strittig ist, ob latente Steuerbelastungen (Überhang passiver Latenzen) bei **kleinen Kapitalgesellschaften und Personenunternehmen** über den Umweg von § 249 HGB passivierungspflichtig sind (→ Rz. 49). 1a

1b Wirtschaftliche **Sondertatbestände** können eine Steuerlatenzrechnung überflüssig machen. Typische Fälle sind Versorgungsunternehmen im öffentlichen Besitz, die immer nur Verluste erzielen, welche durch die Gesellschafter oder Träger laufend ausgeglichen werden.[1]

II. Konzeptionelle Grundlagen

1. Der ökonomische Gehalt der Steuerlatenzierung

2 Die Steuerlatenzrechnung stellt bilanziell die zukünftigen Steuerbe- oder -entlastungen aus **Buchwertunterschieden** zwischen Aktiv- und Passivposten der Handels- und Steuerbilanz dar. Diese können auf unterschiedlichen Ansätzen oder Bewertungen beruhen. Aus der Veränderung der bilanzierten Latenzen zwischen zwei Stichtagen ergibt sich korrespondierend ein Steuerertrag und -aufwand in der GuV-Rechnung (→ Rz. 63). Dem Zukunftsbezug der bilanziellen Latenzrechnung entsprechend spricht man im angelsächsischen Sprachbereich passenderweise von *deferred tax assets* oder *deferred tax liabilities*, also wörtlich aufgeschobenen bzw. noch nicht geschuldeten Steuern. Die Steuerlatenzrechnung führt dadurch die **zeitlichen Unterschiede** beider Rechenwerke – Handels- und Steuerbilanz – zusammen. Die Steuerfolgen aus bestehenden Bilanzansätzen werden **antizipiert**. Die möglichen Buchwertunterschiede zwischen Handels- und Steuerbilanz sind umfassend und systematisiert dargestellt in → § 252 Rz. 214.

Der Entstehungs**grund** für die Steuerlatenz beruht neben den genannten

- **Buchwertunterschieden** zwischen Handels- und Steuerbilanz
- auch auf Steuerfolgen aus **Verlust-** und **Zinsschranken**-Vorträgen (→ Rz. 32).

3 Die Steuerlatenzrechnung **ergänzt** die Regeln über die Erfassung des sog. **laufenden** Steueraufwands im handelsrechtlichen Abschluss, d. h. die Erfassung der bis zum Bilanzstichtag entstandenen Steuern vom Einkommen und Ertrag (in deutscher Terminologie). Dazu gehören aus deutscher Sicht die Körperschaft- und die Gewerbesteuer, vergleichbare ausländische Steuern (im Einzelabschluss aufgrund von ausländischen Betriebsstätten) sowie ausländische Quellensteuern, egal ob diese auf die deutsche Steuerschuld angerechnet werden können oder nicht. Zu den in diesem Sinne bis zum Bilanzstichtag entstandenen Steuern gehören auch Erstattungsansprüche aus **Verlustrückträgen**.

4 Ein weiterer (indirekter) Anwendungsbereich der Steuerlatenzrechnung liegt in der Darstellung eines zum ausgewiesenen Ergebnis **vor** Steuern „**passenden**" Steueraufwands. Damit eng verbunden ist die Entwicklung des ausgewiesenen Steueraufwands (einschließlich solchen aus der Steuerlatenzrechnung) vom **vermuteten Steueraufwand** aus Anwendung der bestehenden Steuersätze auf das Ergebnis vor Steuern zum **effektiv** ausgewiesenen Betrag. Durch Einbeziehung des Aufwands bzw. Ertrags aus der Steuerlatenzrechnung „passt" der ausgewiesene Steueraufwand tendenziell zum Ergebnis vor Steuern, d. h. die tatsächliche **Steuerquote** zur nach den nominellen Steuersätzen zu erwartenden, allerdings in der Praxis und auch im Schrifttum regelmäßig bezogen auf den Konzernabschluss („Konzernsteuerquote"). Im Einzelabschluss nach HGB hat diese Größe bislang kaum Bedeutung gehabt, das kann sich im Hin-

---

1 IDW ERS HFA 27.8.

blick auf die zunehmenden Abweichungen zwischen Handels- und Steuerbilanzposten jedoch ändern. Allerdings liefert die Steuerlatenzrechnung bei einigen Sachverhalten keine ausreichende Grundlage zur Erklärung der Steuerquote (das prozentuale Verhältnis von Steueraufwand zum Ergebnis vor Steuern), weshalb nach der Gesetzesbegründung im Regierungsentwurf des BilMoG eine **Überleitungsrechnung** gefordert wurde. DRS 18.67 schreibt sie für den Konzernabschluss vor (→ Rz. 83a).

Wegen Beispielen für das Vorliegen von Buchwertunterschieden (zwischen Handels- und Steuerbilanz) sowie zur Buchungstechnik wird auf → Rz. 14 verwiesen.

2. Bilanzorientierte Methode der Steuerabgrenzung

Konzeptionell kann die Steuerlatenzrechnung an den beiden Bestandteilen des Jahresabschlusses anknüpfen: 5

▶ An der **GuV**-Rechnung, indem die jeweiligen Bilanzansatzunterschiede aufgelistet und saldiert werden, um mit dem anzuwendenden Steuersatz einen aktiven oder passiven Überhang zu ermitteln. Beim aktiven Überhang entsteht in Form der Gegenbuchung ein Ertrag und umgekehrt beim passiven Überhang ein Aufwand. Dieses Verfahren ist „GuV-orientiert", wird international als *timing*-Konzept bezeichnet und gilt deshalb als „**dynamisch**".

▶ Die andere Methode knüpft ebenfalls an den Buchwertunterschieden zwischen Handels- und Steuerbilanz an (→ Rz. 2) und errechnet daraus aufgrund des anzuwendenden Steuersatzes ein latentes Steuerguthaben oder umgekehrt eine entsprechende Schuld. Dieses Verfahren gilt als **bilanzorientiert** und wird deshalb als „**statisch**" dargestellt. International spricht man hier vom *temporary*-Konzept.

Dieser konzeptionelle Unterschied im Ansatz verwischt sich allerdings letztlich durch die Gesetze der **Doppik**. Unterschiedliche Bilanzansätze müssen sich notwendig im Ergebnis niederschlagen oder umgekehrt: Die Ergebnisunterschiede führen zu entsprechenden Bilanzposten. Deshalb bezeichnen die beiden (scheinbar) unterschiedlichen Konzepte der Steuerabgrenzungsrechnung allenfalls die Ermittlungstechnik (→ Rz. 14). Materiell gibt es allerdings dann einen Unterschied, wenn (handelsrechtlich) Ansatz- oder Bewertungsunterschiede am Stichtag gegenüber dem Vorjahresausweis **erfolgsneutral** zu behandeln sind, d. h. in der Buchhaltersprache nicht über die GuV gezogen, sondern direkt im Eigenkapital gebucht werden. Dies ist im **Einzelabschluss** nach HGB nur ausnahmsweise bei **Zugangsbuchungen** (→ Rz. 15) und im **Übergang** zum neuen Recht nach Art. 67 EGHGB möglich (→ Art. 67 Rz. 29 ff.). Vgl. hierzu das vorletzte Beispiel unter → Rz. 14. 6

Fraglich ist, ob das in § 274 HGB verfolgte *temporary*-Konzept die Latenzierung auf **Buchwertunterschiede** beschränkt oder auch zur steuerlichen Gewinnermittlung vorzunehmende außerbilanzielle **Hinzurechnungen** oder **Abzüge** einen Einfluss auf die Höhe der latenten Steuern haben. Für die Berücksichtigung solcher Korrekturen sprechen sich Standardsetter[2] und Teile des Schrifttums aus.[3] Als (allerdings in der Praxis wenig relevantes, weil nur kleine, von den Latenzierungsvorschriften befreite Gesellschaften betreffendes) Beispiel wird der Investitions- 6a

---

2 DRS 18.37, ähnlich IDW ERS HFA 27 Tz. 10.
3 Z. B. *Kühne/Melcher/Wesemann*, WPg 2009. S. 1057 ff.; *Zimmert*, DStR 2010 S. 826, dagegen: *Lüdenbach/Freiberg*, BB 2010 S. 1971 ff.

abzugsbetrag nach § 7g EStG angeführt. Hiernach kann der steuerliche Gewinn um 40 % der Anschaffungs-/Herstellungskosten bestimmter, voraussichtlich in den folgenden drei Jahren zugehender Anlagegüter gemindert werden, wobei im Jahr des tatsächlichen Zugangs umgekehrt eine Hinzurechnung zum Gewinn in gleicher Höhe stattfindet. Der Investitionsabzugsbetrag bewirkt also zweierlei:

▶ Er **senkt** die laufende Steuer im Jahr der Vornahme des Abzugs,

▶ er **erhöht** die voraussichtliche Steuerbelastung im Jahr der Anschaffung/Herstellung.

Als Vorsorge für die voraussichtliche zukünftige Steuermehrbelastung und damit auch zur Herstellung einer zutreffenden Steuerquote soll

▶ im Jahr der Vornahme des Investitionsabzugs eine passive latente Steuer aufwandswirksam gebildet und

▶ diese im Jahr des Zugangs des Anlageguts ertragswirksam aufgelöst werden.

Zur Begründung eines solchen Vorgehens wird im Wesentlichen auf das **Ziel** des *temporary*-Konzepts verwiesen, wonach zukünftige Steuerbe- und -entlastungen vollständig darzustellen sind. U. E. findet diese Zielsetzung im Gesetz aber gerade keinen Niederschlag. Abs. 1 Satz 1 hält vielmehr fest:

▶ „Bestehen zwischen den handelsrechtlichen **Wertansätzen** von Vermögensgegenständen, Schulden und Rechnungsabgrenzungsposten und ihren steuerlichen Wertansätzen Differenzen, die sich in späteren Geschäftsjahren voraussichtlich abbauen,

▶ so ist eine sich **daraus** insgesamt ergebende Steuerbelastung als passive latente Steuern ... in der Bilanz anzusetzen."

Das Gesetz verlangt demnach nicht die Passivierung **sämtlicher** zukünftiger Steuerbelastungen, sondern ausdrücklich nur solcher, die sich **aus** Differenzen in Ansatz und Bewertung von Bilanzposten ergeben. Eine solche Differenz in Bilanzposten liegt bei außerbilanziellen Hinzurechnungen oder Abzügen aber definitionsgemäß nicht vor. Die von Standardsettern und Teilen des Schrifttums vertretene Auffassung ist daher u. E. durch den Gesetzeswortlaut nicht gedeckt.

3. IFRS als Auslegungshilfe

7   Konzeptionell entspricht die in § 274 HGB vorgesehene Steuerlatenzrechnung den Vorgaben des IAS 12 bzw. des im Entwurfsstadium befindlichen Nachfolgestandards. Im Gegensatz zu dem Standardinhalt der IFRS wirkt der vorstehend beschriebene Regelungsgehalt des § 274 HGB allerdings ausgesprochen **schlank**. Das mag mit der Prinzipienorientierung zusammenhängen, die dem handelsrechtlichen Gesetzgeber vorschwebt und die nach verbreiteter Meinung eine Gesetzesauslegung aus sich (dem HGB) heraus erlauben soll und einen Rückgriff auf den Regelungsinhalt des IFRS-Standards erübrigt.

8   U. E. liegt diesbezüglich ein **Wunschdenken** vor, das im Übrigen auch prozessökonomisch nicht sinnvoll ist. Wenn schon – wenn auch nicht explizit, doch sehr deutlich – das HGB sich den Regelungsgehalt eines internationalen Standards weitgehend einverleibt, dann sollte die Gesetzesauslegung nicht noch einmal das Rad neu erfinden, sondern sich getrost in die umfangreicheren Details der Standardregeln einarbeiten und diese dann heranziehen. Auch die Gesetzesbegründung zum Regierungsentwurf des BilMoG nimmt spürbar Bezug auf die Regelungen

im IFRS-Standard. Als Beispiel mag die **Überleitungsrechnung** vom ausgewiesenen auf den erwarteten Steueraufwand/-ertrag gelten, die einen wichtigen Bestandteil der IFRS-Anhangerläuterungen darstellt, im Gesetzestext allerdings förmlich nicht erwähnt wird. Im Rahmen dieser Kommentierung wird folgerichtig auf eindeutig formulierte Standardregeln der IFRS zurückgegriffen, selbstverständlich unter Vorbehalt, wenn diese irgendwie zweifelhaft sein sollten oder gar der expliziten HGB-Regel widersprechen. Eine bewusste Ignorierung dieser Standardregeln ausschließlich im Interesse einer HGB-spezifischen Rechtsauslegung erscheint uns jedenfalls nicht sinnvoll. Die IFRS stellen zwar keine Rechtsgrundlage, aber immerhin eine beachtliche **Auslegungshilfe** dar.

Gegen diese Einvernahme der „ausländischen" Standardregeln spricht das Argument der **laufenden Änderungen** deren Inhalts, die sich tatsächlich schneller „verbrauchen", als sich dies nach den Regeln der handelsbilanziellen Gesetzesänderungen verhält. Als **Beispiel** dient die Erfassung von Steuerlatenzen bei der **Zugangsbuchung** (→ Rz. 15), deren Latenzierung nach der Begründung des Rechtsausschusses zum BilMoG[4] durch § 274 HGB nicht verboten wird. 9

Die Frage geht dann dahin, ob die Gesetzesbegründung im BilMoG-RegE mit ihrem eindeutigen IFRS-Bezug eine Art **dynamischen Verweises** enthält, also bei Auslegungsproblemen den jeweils gültigen IFRS-Standard als Richtschnur heranzieht. U. E. ist eine laufende Anpassung an den Regelungsinhalt des internationalen Standards auch handelsrechtlich nicht nur erlaubt,[5] sondern auch sinnvoll. Dafür spricht nicht nur der konzeptionelle Ausgangspunkt der Regelungen des BilMoG, die nach der Regierungsbegründung die Qualität der IFRS erreichen wollen. Nicht vergessen werden sollten in diesem Zusammenhang Tochtergesellschaften ausländischer Konzerne, die ohnehin die internationalen Standards in ihrer HB II beachten müssen. Diese werden durch drei Bilanzierungssysteme behelligt (HGB, IFRS II, Steuerbilanz) und sollten wenigstens in Einzelbereichen eine Übereinstimmung zwischen den beiden erstgenannten Bilanzwelten vorfinden.

III. Bilanzansatz

1. Latenzen auf Buchwertunterschiede (Abs. 1 Sätze 1 und 2)

1.1 Zeitlich begrenzte vs. dauerhafte Unterschiede

Die Steuerlatenzrechnung nach § 274 HGB i. d. F. des BilMoG orientiert sich im Gegensatz zur Vorgängerversion am international üblichen *temporary*-Konzept (→ Rz. 5 und → Rz. 6a). 10

Bezüglich der **Buchwertunterschiede** ist dabei zu differenzieren zwischen

- ▶ **zeitlich begrenzten** Unterschieden (*temporary differences*), d. h. solchen Unterschieden zwischen Handels- und Steuerbilanz mit entsprechender Ergebnisfolge, die sich im Zeitverlauf umkehren,

- ▶ **dauerhaften** Unterschieden (*permanent differences*), die in späteren Zeiten keine Umkehr erfahren, sowie

---

4 BT-Drucks. 16/10067, S. 11.
5 Vgl. den Hinweis des EuGH im sog. BIAO-Urteil vom 7. 1. 2003 – Rs. C-306/99, DStRE 2003 S. 69 (→ § 249 Rz. 20).

III. Bilanzansatz

▶ **quasi-permanenten** Unterschieden, womit Fälle angesprochen sind, die zwar dem Grunde nach später einmal aufgelöst werden könnten, deren Auflösung aber nicht geplant und höchst unwahrscheinlich ist (z. B. beim Fabrikgrundstück, ohne das der Betrieb nicht existieren kann).

11 Die letztgenannte Kategorie galt nach § 274 HGB a. F. als nicht latenzierungspflichtig, in der Neufassung des BilMoG ist das „Quasi"-Tatbestandsmerkmal nicht mehr gegeben, d. h. auch wenn sich ein Buchwertunterschied nach jetzigem Kenntnisstand „nie" auflösen kann – weil das Fabrikgrundstück zur Produktion einfach benötigt wird –, muss gleichwohl eine Latenzierung erfolgen.

12 **Permanente** Differenzen sind im Gesetzeswortlaut förmlich nicht angesprochen, ergeben sich jedoch indirekt aus dem Konzept der Latenzrechnung auf der Grundlage von Buchwertunterschieden. Solche permanenten Differenzen lösen keine Unterschiede in den **Buchwerten** von Handels- und Steuerbilanz aus, sondern resultieren auf steuerlichen **Besonderheiten**:

▶ **Nicht abzugsfähige Betriebsausgaben**, beispielsweise i. S. des § 4 Abs. 5 EStG oder Gewinnminderungen nach § 8b Abs. 3 Satz 3 KStG mit den Anwendungsbeispielen von Geschenken und Bewirtungskosten, Abschreibungen auf Beteiligungen an Kapitalgesellschaften oder die Zurechnungen bei der Gewerbesteuer (§ 8 GewStG).

▶ **Steuerfreie Betriebseinnahmen**, z. B. Dividenden von Tochter-Kapitalgesellschaften, Investitionszulagen und Kürzungen bei der Gewerbesteuer (§ 9 GewStG).

13 Die **zeitlich begrenzten** Unterschiede ergeben sich aus Abweichungen zwischen dem HGB-Bilanzausweis eines Bilanzpostens und dem entsprechenden steuerlichen Wert (→ Rz. 2). Dabei gilt folgende Gleichung:

Buchwert nach HGB - Steuerbilanzwert = zeitlicher Unterschiedsbetrag *(temporary difference)*.

Dieser Buchwertunterschied kann beim späteren Ausgleich (Umkehr der Differenz) zu einer Steuerbelastung (passive latente Steuer) oder einer Steuerentlastung (aktive latente Steuer) führen.

Folgendes Schema strukturiert die einschlägigen Begriffe:

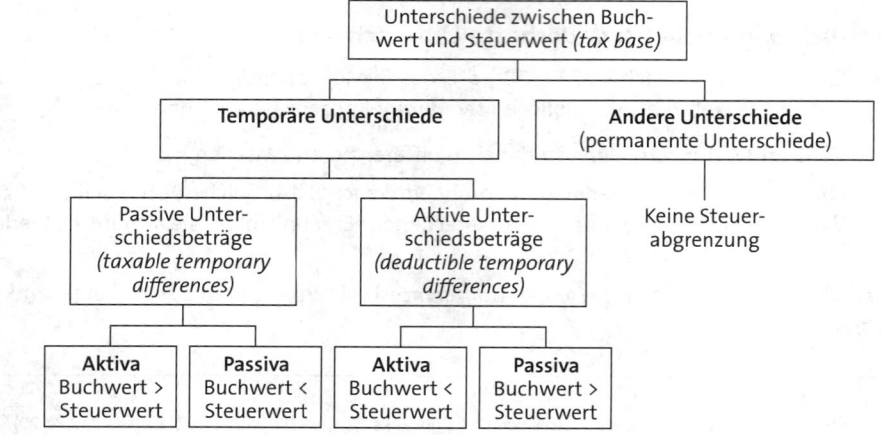

Zu den Vorgängen, die zu einer Realisierung (Auflösung) der Buchwertdifferenzen führen, wird auf → § 306 Rz. 7 verwiesen.

1.2 Anwendungsfälle temporärer Differenzen mit Buchungstechnik

Die vorstehenden abstrakten Begriffsdefinitionen mit ihren Auswirkungen lassen sich auf folgende „Faustformel" zurückführen:

- **Minder**vermögen in der HGB-Bilanz gegenüber Steuerbilanz: **aktive** Latenz.
- **Mehr**vermögen in der HGB-Bilanz gegenüber Steuerbilanz: **passive** Latenz.

Dazu folgende Beispielsfälle mit einem unterstellten Steuersatz von jeweils 30 % (→ Rz. 53):

> **BEISPIEL** Die G-GmbH verkauft unter dem Regelungsbereich des § 6b EStG ein unbebautes Grundstück und stellt den Veräußerungsgewinn von 60 in der Steuerbilanz in eine Rücklage nach § 6b EStG ein. In der Handelsbilanz beträgt der Buchwert dieser Rücklage Null. Es besteht ein Mehrvermögen in der Handelsbilanz von 60, der Steueraufwand ist zu niedrig ausgewiesen, d. h. es ist ein latenter Steueraufwand von 18 passiv abzugrenzen.
>
> Im nächsten Jahr erwirbt G ein Ersatzgrundstück mit Anschaffungskosten von 100 und überträgt auf dieses in der Steuerbilanz die Rücklage nach § 6b EStG. Der steuerliche Buchwert beträgt dann 40, der handelsrechtliche 100. Es verbleibt bei der passiven Latenz von 18.

> **BEISPIEL** Die G-GmbH hat zum 1.1.00 von einem Konkurrenten eine Zweigniederlassung mit Anschaffungskosten von 1.000 erworben. Darin ist ein Firmenwert von 1.000 enthalten. Über die Höhe des Firmenwerts besteht Einvernehmen mit dem Finanzamt. Die G schreibt handelsrechtlich den Firmenwert über zehn Jahre ab, Buchwert somit zum 31.12.01 900. Steuerlich gilt die Nutzungsfiktion von 15 Jahren, Abschreibung daher 67. Im Buchwertunterschied von 33 ist eine aktive Steuerlatenz von 10 enthalten. Im Verhältnis zum ausgewiesenen handelsrechtlichen Ergebnis ist insoweit der laufende Steueraufwand zu hoch. Im Zeitverlauf wird sich dieser Unterschied umdrehen, und zwar beginnend nach dem 10. Nutzungsjahr, weil dann handelsrechtlich nichts mehr abzuschreiben ist, wohl aber noch fünf Jahre steuerlich.

14

	Firmenwert		Buchwert-	aktive Latenz
Jahr	HB	StB	unterschied	HB
Zugang 1.1.01	1.000	1.000		
Abschreibung Jahr 01	100	67		
Buchwert 31.12.01	900	933	33	10
Abschreibung Jahr 02 bis 10	900	603		
Buchwert 31.12.10	0	330	330	100
Abschreibung Jahr 11	0	67		
Buchwert 31.12.11	0	263	263	79
Abschreibung Jahr 12 bis 15	0	263	263	79
Buchwert 31.12.15	0	0		

Das Berechnungsbeispiel zeigt: In den ersten zehn Jahren erhöht sich gleichbleibend die aktive Latenz um 10 bis zum Erreichen des handelsrechtlichen Buchwerts von Null mit der Folge einer Latenz von 100, die dann bis zum Ende des steuerlichen Abschreibungszeitraums ihrerseits auf Null reduziert wird.

Aus anderem Blickwinkel zeigt die Auswertung: Zum 31.12.01 bzw. im Geschäftsjahr 01 „passt" der Steueraufwand nicht zum handelsrechtlichen Ergebnis vor Steuern (→ Rz. 4). Dieses ist ceteris paribus um 33 niedriger als das Steuerergebnis, woraus sich folgende Berechnung ableiten lässt:

HB-Ergebnis 01	900
StB-Ergebnis	933
Erwartete Steuer	270
StB-Ergebnis 01	933
tatsächliche Steuer	280
aktive Latenz (Ertrag) 30 % von 33 %	10
Steuerausweis in der HB-GuV (= 30 % von 900)	270

BEISPIEL Die G-GmbH zahlt jährlich 250 an Miete auf restlich vier Jahre für eine nicht mehr genutzte Verkaufsfiliale und muss deshalb eine steuerlich nicht anzuerkennende (§ 5 Abs. 4a EStG) Drohverlustrückstellung (→ § 249 Rz. 130) bilden. Das handelsbilanzielle Vermögen ist im Zugangsjahr 01 um 1.000 niedriger als in der Steuerbilanz ausgewiesen mit der Folge einer aktiven Latenz. Diese mindert sich in den vier Jahren bis zum Ablauf des Mietvertrags entsprechend. Dazu folgende Übersicht:

Jahr	Buchwertentwicklung Drohverlustrückstellung		Steuern aus aktiver Latenz	
	HB	StB	absolut	Differenz
Zugang 31.12.01	1.000	0	300	+300
Verbrauch Jahr 01	250	0		
Stand 31.12.02	750	0	225	-75
Verbrauch Jahr 03 bis 05	750	0	225	-225
Stand 31.12.05	0	0	0	0

HB-Ergebnis 01	0
StB-Ergebnis 01	1.000
erwartete Steuer HB	0
laufende Steuer	300
Steuerertrag aus aktiver Latenz	-300
Steuerausweis in der HB-GuV 01	0

BEISPIEL Wegen abweichenden Rechnungszinsfußes für Pensionsrückstellungen einer neu installierten betrieblichen Altersversorgung ergeben sich folgende Abweichungen zwischen Handels- und Steuerbilanz:

	Buchwertentwicklung Pensionsrückstellung			Latenz	
	HB	StB	Buchwert-unterschied	aktiv	passiv
31.12.01	1.000	900	100	30	
31.12.02	1.200	1.260	-60		18
31.12.03	1.300	1.340	-40		12
31.12.04	1.400	1.380	+20	6	
				36	30
Latente Steuer/Aufwand - /Ertrag +					
01	+30				
02	-48				
03	+6				
04	+18				
Ergebnisauswirkung im Zeitverlauf	+6				

III. Bilanzansatz

BEISPIEL ▶ Nach HGB wird eine Maschine linear mit 10 %, nach EStG mit 20 % degressiv abgeschrieben.

Die Steuerlatenz zeigt sich wie folgt:

▶ Zunächst passive Latenz, da HGB-Vermögen höher und daher Steueraufwand zu niedrig war,

▶ nach „Umschlag" des jährlichen Abschreibungsbetrags wird die passive Latenz sukzessive aufgelöst.

Fälle einer passiven Steuerlatenz sind zunehmend im Gefolge überraschender BFH-Urteile (nach Rechtslage vor dem BilMoG) festzustellen.

BEISPIEL[6] ▶ Die G-GmbH nimmt in 01 eine Sonderabschreibung auf Herstellungskosten eines Gebäudes nach § 4 FördG in Anspruch. Dazu muss diese Abschreibung in der Handelsbilanz nach der Rechtslage vor Einführung des BilMoG vorgreiflich nach § 5 Abs. 1 Satz 2 EStG diese Abschreibung angesetzt werden. In 02 nimmt die G in der HB eine Zuschreibung auf die regulär fortgeführten Herstellungskosten vor, vollzieht diese aber in der StB nicht nach. Der BFH hat diese Bilanzierung bestätigt, die sich buchmäßig wie folgt darstellt:

	Gebäude		passive Latenz
	StB	HB	HB
Zugang in 01	1.000	1.000	0
Reguläre Abschreibung	20	20	0
Sonderabschreibung	500	500	0
Stand 31.12.01	480	480	0
reguläre Abschreibung	20	20	
Zuschreibung	0	500	150
Stand 31.12.02	460	960	150
Abschreibung 03	20	20	
Auflösung passive Latenz			0
Stand 31.12.03	440	940	150

Die passive Latenz ist erst ratierlich mit 6 (Steuersatz 30 %) aufzulösen, wenn der Buchwert in der Handelsbilanz Null erreicht hat.

Der Rechtsstreit im vorstehend dargestellten BFH-Fall hat sich konzeptionell auch durch den Wegfall der umgekehrten Maßgeblichkeit nach dem BilMoG erledigt. Die Abschreibungen in der Handels- und Steuerbilanz sind jeweils autonom zu bestimmen (→ § 253 Rz. 139).

---

6 Nach BFH-Urteil vom 4. 6. 2008 – I R 84/07, StuB 2008 S. 721, DStR 2008 S. 1870, mit Anm. *Hoffmann*.

§ 274 Latente Steuern

BEISPIEL⁷

	Stückpreis
Erwerb Infineon-Aktien am 23.5.01 zu	44,50
Kurs am 31.12.01	22,70
Kurs bei Erstellung des Abschlusses 01 (u. E. maßgeblich)	26,00

Streitig war die Dauerhaftigkeit der Wertminderung am 31.12.01 bzw. am Erstellungstag (→ § 253 Rz. 115).

Der BFH entschied: Die Dauerhaftigkeit der Wertminderung schlägt sich im Stichtagskurs nieder. Diese ist für die Steuerbilanz maßgeblich, nicht aber für die Handelsbilanz, für die ein anderes Nachhaltigkeitskriterium gelten soll (u. E. unzutreffend). Folge für den Sachverhalt:

	HB	StB	passive Steuerlatenz
Kurse	44,50	22,70	6,54

BEISPIEL Für Investitions**zuschüsse** (nicht -zulagen), z. B. zur Errichtung eines Lagergebäudes, gewährt R 6.5 EStR 2008 ein Wahlrecht zur sofortigen ergebniswirksamen Vereinnahmung, das handelsrechtlich nach IDW HFA 1/84 nicht gilt. Daraus ergibt sich folgende Datenkonstellation:

	Aktiva		Passiva	
	HB	StB	HB	StB
Zugang Grundstück	1.000	1.000		
Investitionszuschuss			400	0
aktive Latenz	120			

Die sofortige Vereinnahmung des Zuschusses führt zu einer effektiven Steuerschuld von 120, die durch die Aktivierung der Steuerlatenz an das HB-Ergebnis angepasst wird. Im Zeitverlauf wird die Aktivlatenz im Gefolge der ratierlichen Auflösung des Passivpostens nach Maßgabe der Gebäudenutzungsdauer abgebaut.

Im **Übergangsprozess** auf die Bilanzierungsregeln nach dem BilMoG (Art. 67 Abs. 5 EGHGB) kann sich ausnahmsweise eine **ergebnisneutrale** Steuerlatenzbuchung ergeben (→ Art. 67 Rz. 35).

---

7 Nach BFH-Urteil vom 26.9.2007 – I R 58/06, BStBl 2009 II S. 294 = StuB 2008 S. 109 („Infineon-Aktien"), mit Anm. von *Hoffmann*, DB 2008 S. 260. Dazu BMF-Schreiben vom 26.3.2009 – IV C 6 – S 2171 b/0, BStBl I S. 514, mit Anm. *Hoffmann*, StuB 2009 S. 327.

III. Bilanzansatz

> **BEISPIEL** Die G-GmbH hat in früherer Zeit ein Gebäude nach § 254 HGB a. F. i.V. mit § 6b EStG abgeschrieben. Am 31.12.2009 stellt sich die Datenkonstellation wie folgt dar:
>
> | Jahr | effektiver Buchwert HB/StB | fiktiver Buchwert HB | fiktive passive Latenz |
> |---|---|---|---|
> | Stand 31.12.09 | 800 | 1.000 | 60 |
>
> Am 1.1.2010 Einstellung des Buchwertunterschieds in die Gewinnrücklage nach Art. 67 Abs. 4 Satz 1 EGHGB (Wahlrecht) mit folgenden Buchungen:
>
> | Jahr | Soll | Haben | Betrag |
> |---|---|---|---|
> | 1.1.10 | Gebäude | Gewinnrücklage | 200 |
> | 31.12.10 | Gewinnrücklage | passive Latenz | 60 |
> | 31.12.11 | Abschreibung | Gebäude | 20 |
> | 31.12.11 | passive Latenz | Ertrag | 6 |
>
> Der handelsrechtliche Wertansatz kann nach Art. 67 Abs. 4 Satz 1 EGHGB (→ Art. 67 Rz. 20) auch beibehalten werden. Dann ergibt sich kein Buchwertunterschied, eine Steuerlatenzrechnung entfällt insoweit. Wegen eines weiteren Beispiels wird auf → Art. 67 Rz. 36 verwiesen.

Die Ermittlung der aktiven und passiven Steuerlatenzen sollte **tabellarisch** – auch wegen des Aktivierungswahlrechts (→ Rz. 42) – erfolgen. Dazu folgendes Muster, das verschiedene in den vorherigen Beispielen angeführte Fälle aufgreift:

Bilanzposten	HB	StB	positive Differenz passive Latenz*)	negative Differenz aktive Latenz*)
Investitionszuschuss	400	0		400
Aktien	45	23	22	
Pensionsrückstellungen	1.000	900		100
Drohverlustrückstellungen	1.000	0		1.000
Firmenwert	900	933		33
			22	1.533
		Tarif 30 % Bilanzausweis	7	460
		Bilanzausweis Vorjahr **)	170	220
		Steuerertrag	163	
		Steueraufwand		240

*) positiv: Mehrvermögen → passive Latenz
   negativ: Mindervermögen → aktive Latenz
**) unterstellt

1.3 Latente Steuern aus Zugangsbuchungen

In bestimmten Fällen können Zugangsbuchungen mit unterschiedlichen Beträgen in der Handels- und Steuerbilanz erfolgen, und zwar bei   15

- **Tausch**geschäften (→ Rz. 18),
- **Einlagen** einzelner Vermögensgegenstände in Gesellschaften gegen oder ohne Gewährung von Gesellschaftsrechten,
- **gesellschaftsrechtlichen** Einbringungsvorgängen für Sachgesamtheiten (→ Rz. 22),
- **Unternehmenserwerben** im *asset deal* (→ § 246 Rz. 280).

Der letztgenannte Fall kann eher selten eintreten, dann aber, wenn die Kaufpreisallokation handelsrechtlich anders vonstatten geht als steuerlich.   16

> **BEISPIEL** Handelsrechtlich wird ein Vermögensgegenstand „**Kundenstamm**" identifiziert (→ § 301 Rz. 52), der steuerlich im Geschäfts- und Firmenwert aufgeht. Der Geschäfts- oder Firmenwert ist deshalb in der Steuerbilanz höher als in der Handelsbilanz mit der Folge einer aktiven Steuerlatenz. Die Berechnung ist in einem Beispiel unter → § 306 Rz. 11 wiedergegeben.

Nach der Begründung des Rechtsausschusses zum BilMoG und der mehrheitlichen Auffassung des Schrifttums[8] **müssen** passive Steuerlatenzen und **dürfen** aktive aus Zugangsvorgängen angesetzt werden, denn anders als IAS 12 enthält das HGB für bereits im Zugangszeitpunkt entstehende temporäre Differenzen keine Ausnahme von den allgemeinen Latenzierungsregeln. Betroffen ist auch der bereits einzelbilanziell entstehende Firmenwert. Einen **Vorbehalt** bezüglich des Geschäfts- und Firmenwerts, wie für den Konzernabschluss gem. § 306 Satz 3 HGB, enthält § 274 HGB für den Einzelabschluss nicht (→ § 306 Rz. 11).   17

Eine gesetzliche Regel für die Gegenbuchung der Steuerlatenz aus der Zugangsbuchung besteht nicht. Das Schrifttum schlägt unterschiedliche Lösungen vor:

> **BEISPIEL** Die U-GmbH erhält eine steuerfreie Investitionszulage von 100, die sie handelsbilanziell von den Anschaffungskosten des Anlageguts abzieht, während sie steuerbilanziell die unverminderten Anschaffungskosten zeigt. Die so bereits im Zugangszeitpunkt der Anlage entstehende temporäre Differenz führt zu einer passiven latenten Steuer.

Nach einer Auffassung ist die im Falle der Investitionszulage anzusetzende passive latente Steuer erfolgswirksam zu bilden (per aktive latente Steuer an Steuerertrag),[9] nach anderer Auffassung zur Wahrung der Erfolgsneutralität des Anschaffungsvorgangs erfolgsneutral (per aktive latente Steuer an Rücklagen).[10]

---

[8] Vgl. z. B. IDW ERS HFA 27 Tz. 18; *Kühne/Melcher/Wesemann*, WPg 2009 S. 1005 ff.
[9] Vgl. *Kühne/Melcher/Wesemann*, WPg 2009 S. 1005 ff.; *Kessler/Leinen/Paulus*, KoR 2009 S. 716 ff.; *Loitz*, DB 2009 S. 913 ff.
[10] Vgl. *Küting/Seel*, DB 2009 S. 922 ff.

III. Bilanzansatz

U. E. ist eine erfolgs**neutrale** Erfassung aus zwei Gründen vorzuziehen[11]:

▶ Die erfolgsmäßige Behandlung der latenten Steuern sollte der Behandlung des **Grundsachverhalts** (Vorsteuersachverhalts) folgen. Da Letzterer bei Anschaffungen (Tausch) und anschaffungsähnlichen Tatbeständen (Einlagen) erfolgsneutral ist, sind auch die durch den Vorgang verursachten Latenzen erfolgsneutral zu behandeln.

▶ Ein entsprechendes Vorgehen kann sich überdies auf die Analogie zur **Erstkonsolidierung** nach § 301 HGB berufen. Der dort im Rahmen der Einzelerwerbsfiktion unterstellte erfolgsneutrale Anschaffungsvorgang führt ebenfalls regelmäßig zu temporären Differenzen, die als Nebeneffekt des Anschaffungsvorgangs wie dieser erfolgsneutral eingebucht werden.

Als Eigenkapitalkategorie kommen für die erfolgsneutrale Buchung die anderen Gewinnrücklage oder die **Kapitalrücklage** i. S. des § 272 Abs. 2 Nr. 4 HGB (→ § 272 Rz. 47) in Frage.

18 Bei Einbringung durch **Tauschgeschäfte** für einzelne Vermögensgegenstände besteht handelsrechtlich nach h. M. ein dreifaches Bewertungswahlrecht: Buchwert, Zwischenwert, Verkehrswert (→ § 255 Rz. 50). Steuerlich ist immer der gemeine oder der Teilwert anzusetzen. Tendenziell kommt es dadurch zu einer Aktivlatenz.

> **BEISPIELE**
>
> ▶ K bringt aus seinem einzelkaufmännischen Betriebsvermögen ein Wirtschaftsgut in die GmbH & Co. KG gegen Gewährung von Gesellschaftsrechten oder in die Kapitalrücklage steuerlich zu Buchwerten (§ 6 Abs. 5 EStG), handelsrechtlich zu Verkehrswerten ein. I. H. des Buchwertunterschieds kommt es zu einer Passivlatenz.
>
> ▶ L bringt aus seinem einzelkaufmännischen Unternehmen ein Wirtschaftsgut in das Nennkapital (§ 6 Abs. 6 Satz 1 EStG) oder in die Kapitalrücklage (§ 6 Abs. 6 Satz 2 EStG) der Y-GmbH ein, steuerlich zum gemeinen Wert, handelsrechtlich zum bisherigen Buchwert. In der Folge entsteht eine aktive Steuerlatenz.

19 Der Buchungssatz „per aktive Latenz an Kapitalrücklage" erscheint dabei unproblematisch, solange nicht gesellschaftsrechtliche Probleme oder Interessen von Mitgesellschaftern ins Spiel kommen.

> **BEISPIEL**
>
> ▶ A bringt aus seinem Betriebsvermögen ein Gebäude in die ihm allein gehörende C-GmbH ein, steuerlich zum Teilwert von 1.000, handelsbilanziell zum bisherigen Buchwert von 500. A erhält dafür Gesellschaftsrechte (neue GmbH-Anteile) von 500.
>
> Der ökonomische Wert der Einbringung ist um die künftigen Erträge aus der Steuerlatenz infolge der höheren Gebäude-AfA höher, die Zuführung zur Kapitalrücklage somit gerechtfertigt.
>
> ▶ In der Abwandlung des Beispiels sind B und A zu je 50 % an der C-GmbH beteiligt. Der gleiche Einbringungsvorgang wie vorstehend muss die Beteiligungsquote nicht nur entsprechend dem Verkehrswert des Gebäudes, sondern zusätzlich um den Vorteil aus der

---

11 Vgl. *Lüdenbach/Freiberg*, BB 2010 S. 1971 ff.

aktiven Steuerlatenz erhöhen. Diese ist als Einlagesubstrat gesellschaftsrechtlich sehr zweifelhaft. Sinnvollerweise wird das Problem durch Einlage des Gebäudes auch handelsrechtlich zum Verkehrswert gelöst, was eine Steuerlatenzierung des Einbringungsvorgangs erübrigt.

▶ A und B gründen eine GmbH & Co. KG mit je hälftiger Beteiligung am Kapital und Gewinn. B bringt 1.000 an Wert in bar ein, A ein Gebäude aus seinem Betriebsvermögen zum Verkehrswert von ebenfalls 1.000, allerdings steuerlich durch Bildung einer negativen Ergänzungsbilanz zum bisherigen Buchwert von 500. Die passive Steuerlatenz von ca. 70 (14 % von 500) wäre bei erfolgsneutraler Behandlung der Kapitalrücklage zu belasten. Hier stellt sich zunächst bilanziell ein schwer lösbares Problem ein, wenn es dadurch zu einem Aktivausweis der Kapitalrücklage käme. Gesellschaftsrechtlich ist (Diskontierungen vernachlässigt) die Ungleichwertigkeit der Einlagen beider Gesellschafter zu bedenken. Für die von A erbrachte Bareinlage von 1.000 könnte die KG ein auch steuerlich mit einer Bemessungsgrundlage von 1.000 abschreibbares Gebäude erwerben. Das von B eingelegte Gebäude erlaubt über die Nutzungsdauer hingegen nur eine steuerwirksame Abschreibung von 500. Der sich hieraus (undiskontiert) ergebende Nachteil von 70 müsste kompensiert werden, entweder indem B zusätzlich eine Bareinlage von 70 erbringt oder die Steuerlasten der Zukunft nicht hälftig, sondern unter Berücksichtigung der negativen Ergänzungsbilanz aufgeteilt werden.

1.4 Änderungen temporärer Differenzen durch Umstrukturierungen etc.

1.4.1 Gesellschafterwechsel bei Personenhandelsgesellschaften

Nach dem bilanzorientierten Konzept der temporären Differenzen entstehen Latenzen aus der Differenz von Handels- zu Steuerbilanzwert (→ Rz. 2). Zu temporären Differenzen kommt es nicht nur dann, wenn handelsbilanziell Ansätze oder Werte gebucht werden, die steuerbilanziell nicht anzuerkennen sind (etwa bei der Bildung einer Drohverlustrückstellung, → § 249 Rz. 130). Umgekehrt können Differenzen auch durch Veränderung der Steuerbuchwerte ohne Berührung des HGB-Rechenwerks entstehen. 20

Ein typischer Fall betrifft den Ein- oder Austritt von Gesellschaftern einer **Personenhandelsgesellschaft**. In diesem Fall oder bei der Übertragung sämtlicher Anteile an neue Gesellschafter sind regelmäßig steuerliche Ergänzungsbilanzen zu bilden, die eine Wertkorrektur gegenüber den Bilanzausweisen in der steuerlichen Gesamthandsbilanz mit sich bringen. Durch solche Transaktionen wird die **Gesellschaft** in ihrem Rechenwerk nicht berührt und damit auch nicht der HGB-Abschluss. Regelmäßig erhöhen sich aber die **steuerlichen Buchwerte** der durch den Erwerb der Beteiligung (indirekt) angeschafften Wirtschaftsgüter entsprechend der Quote des erworbenen Kapitalanteils. Dadurch werden stille Reserven und möglicherweise auch ein Firmenwert aufgedeckt. Die dann entstehende höhere Abschreibungsbasis wirkt auf den Gewerbesteueraufwand der Gesellschaft und damit indirekt auch auf die dortige Steuerlatenzrechnung. Es handelt sich dabei nicht um einen Fall der (Nicht-)Latenzrechnung auf Zugangswert (→ Rz. 15), sondern umgekehrt: Der Gesellschaft gehen keine Vermögenswerte zu, lediglich die steuerlichen Buchwerte ändern sich. Hierzu folgendes Beispiel: 21

III. Bilanzansatz

> **BEISPIEL[12]**
>
> Beteiligt an der XYZ OHG sind
>
> | | Kapital | Teilwert |
> |---|---|---|
> | X mit | 500 | 700 |
> | Y mit | 250 | 350 |
> | Z mit | 250 | 350 |
> | | 1.000 | 1.400 |
>
> ▶ X erwirbt den Anteil von Y zu 500.
>
> ▶ Die Buchwerte der HGB-Gesamthandsbilanz werden durch den Beteiligungserwerb nicht berührt.
>
> ▶ Der von X bezahlte Mehrwert von 250 gegenüber dem erworbenen Kapitalanteil von 250 entfällt auf
>
> | | |
> |---|---|
> | stille Reserven (25 % von 400) | = 100 |
> | Firmenwert | = 150 |
> | | 250 |
>
> ▶ Die Erhöhung der Steuerbuchwerte in der Ergänzungsbilanz gegenüber den unveränderten HB-Werten in der Gesamthandsbilanz führt bei einem Steuersatz von 14 % zu einer Aktivlatenz von 35.
>
> ▶ Der Steuersatz berücksichtigt nur die Gewerbesteuer, für die die OHG Steuerschuldner ist.
>
> ▶ Die Aktivlatenz ist erfolgswirksam in die OHG-Handelsbilanz einzustellen.

1.4.2 Verschmelzungen, Spaltungen

22 In der steuerlichen Schlussbilanz gem. § 11 Abs. 1 UmwStG gilt für Fusionen und Spaltungen im Körperschaftsteuerbereich der gemeine Wert als Regelbewertungsgrundlage; allerdings kann antragsabhängig unter bestimmten Bedingungen nach § 11 Abs. 2 UmwStG die bisherige steuerliche Buchwertbasis weitergeführt werden. Es besteht **keine Bindung** an die Handelsbilanz nach Maßgeblichkeitsgrundsätzen. Diese Handelsbilanz hat die **übertragende** Gesellschaft als „übliche" Jahresbilanz unter Buchwertfortführung zu erstellen. Für die **übernehmende** Gesellschaft (z. B. im Falle der Verschmelzung durch Aufnahme) besteht nach § 24 UmwG ein Wahlrecht zur Fortsetzung des Rechenwerks mit den Buchwerten der übertragenden Gesellschaft. Bei Ausübung dieses Wahlrechts durch die übertragende Gesellschaft ergeben sich zwingend abweichende Rechenwerke (zwischen Handels- und Steuerbilanz), wenn die übertragende Gesellschaft in die steuerliche Schlussbilanz den gemeinen Wert einstellt und dann die übernehmende Gesellschaft nach § 12 Abs. 1 UmwStG an diese Buchwerte i. S. einer strengen

---

12 In Anlehnung an *Freiberg*, PiR 2006 S. 205.

Wertverknüpfung gebunden ist. Regelmäßig sind dann bestimmte steuerliche Buchwerte höher als die handelsrechtlichen mit der Folge einer passiven Steuerlatenz.

Die gleiche Rechtsfolge kann sich bei dem **Formwechsel** von einer Kapital- in eine Personenhandelsgesellschaft nach § 9 UmwStG ergeben. Der Formwechsel berührt die handelsrechtliche Rechnungslegung nicht, wohl aber muss die (zuvor bestehende) Kapitalgesellschaft eine Steuerbilanz mit der Bewertungsvorgabe des gemeinen Werts nach § 3 UmwStG erstellen, wenn nicht der Ansatz des Buchwerts beantragt wird. Auch hier kommt es regelmäßig zu einer passiven Latenzierung.

23

Bei solchen gesellschaftsrechtlichen **Einbringungsvorgängen** können Steuerlatenzen aktivisch und passivisch entstehen.

> **BEISPIEL**
>
> ▶ Die A-OHG wird formwechselnd gem. § 190 UmwG in eine GmbH umgewandelt. In der Steuerbilanz werden die stillen Reserven aufgedeckt, in der Handelsbilanz ist dies nicht möglich. Die Buchwertunterschiede führen zu einer aktiven Steuerlatenz.
>
> ▶ Die A-OHG wird gem. § 20 UmwStG zum Buchwert in die Neu-GmbH eingebracht. Handelsrechtlich wird gem. § 24 UmwG die Einbringung zum (höheren) Verkehrswert gewählt. Es kommt zu einer Passivlatenz.
>
> ▶ Die A-GmbH wird auf die B-AG verschmolzen. Steuerlich erfolgt die Einbringung des Gesellschaftsvermögens der A-GmbH zu Buchwerten gem. § 11 Abs. 2 UmwStG, in der Handelsbilanz zu Verkehrswerten gem. § 24 UmwG. I. H. der Buchwertunterschiede kommt es zu einer passiven Steuerlatenz.
>
> ▶ Die C-GmbH spaltet einen Teilbetrieb auf die D-AG zur Aufnahme ab (§ 123 Abs. 2 UmwG). Steuerlich erfolgt die Einbringung bei der D-AG zum gemeinen Wert gem. § 15 Abs. 1 UmwStG i.V. mit § 11 Abs. 2 UmwStG, handelsrechtlich zu den Schlussbilanzwerten der C-GmbH gem. § 24 UmwG. I. H. der Buchwertunterschiede entsteht eine aktive Steuerlatenz.

In der Folge stellt sich die Frage nach der **Gegenbuchung** der Steuerlatenz aus diesen Umstrukturierungsvorgängen, d. h. im Aufwand oder direkt im Eigenkapital. Fraglich ist dabei, ob die einschlägigen Regeln in IAS 12.15 bzw. IAS 12.24 einerseits oder IAS 12.65 anwendbar sind.[13] Konzeptionell kann in diesem Zusammenhang nicht auf die genannten Paragraphen in IAS 12 zurückgegriffen werden, da zumindest im handelsrechtlichen Einzelabschluss eine eigenkapitalveränderte Buchung außerhalb von Gesellschafterbeziehungen – abgesehen von den Übergangsvorschriften in Art. 67 Abs. 6 EGHGB (→ Art. 67 Rz. 35) – nicht möglich ist, also die Buchung „per Eigenkapital an Steuerlatenz" ausscheidet. So gesehen kommt nur eine ergebniswirksame Aufwandsbuchung in Betracht. Andererseits kann in den Fällen, in denen aufgrund des Umwandlungsvorgangs – Verschmelzung oder Spaltung – ein tauschähnliches Geschäft angenommen wird, die u.U. daraus entstehende Kapitalrücklage um die passive Latenz ge-

24

---

13 Vgl. hierzu *Hoffmann*, in: Lüdenbach/Hoffmann (Hrsg.), Haufe IFRS-Kommentar, 8. Aufl., Freiburg 2010, § 26 Rz. 26. Auf mögliche Änderungen der IFRS-Regeln durch den zur Änderung anstehenden Standard wird hier nicht eingegangen; vgl. *Jehle*, PiR 2009 S. 153 ff.

kürzt ausgewiesen werden, mit dem Buchungssatz „per Kapitalrücklage an latente Steuer". U. E. sind beide Auffassungen vertretbar.[14]

Die genannten rechtlichen Unternehmensumstrukturierungen können auch zur Änderung des Steuertarifs und damit der **Bewertung** führen (→ Rz. 58).

1.5 Steuerbuchwert

1.5.1 Ergänzungs- und Sonderbilanzen

25 **Ergänzungsbilanzen** bei Personenhandelsgesellschaften sind gem. DRS 18.39 in die Differenzberechnung einzubeziehen (→ Rz. 21), nicht dagegen die **Sonderbilanzen**, da diese sich außerhalb des handelsbilanziellen Rechenwerks der Gesellschaft bewegen (→ Rz. 81).[15]

1.5.2 Unsichere Steuerbuchwerte (Betriebsprüfungsrisiko)

26 Die konzeptionelle Anknüpfung der Steuerlatenzrechnung an den Buchwertunterschied (abgesehen von der Latenzierung von Verlustvorträgen, → Rz. 32) provoziert die Frage nach der „Richtigkeit" des bei der Differenzrechnung zugrunde gelegten Steuerbilanzbuchwerts (*tax base*). Die Frage stellt sich aus folgendem Grund: Die Steuerlatenzrechnung ist gem. § 274a Nr. 5 HGB verpflichtend auf Kapitalgesellschaften und Kap. & Co.-Gesellschaften ab dem mittleren Größenraster anzuwenden. In diesem Unternehmensbereich erfolgt die Steuerveranlagung regelmäßig unter dem **Vorbehalt der Nachprüfung** nach § 164 AO, weil hier turnusgemäß eine steuerliche Außenprüfung (umgangssprachlich Betriebsprüfung) stattfindet, also der Fall einer sog. Anschlussprüfung vorliegt. Der Steuerbilanzbuchwert des Jahrs 01 wird deshalb materiell erst beispielsweise im Jahre 04 geprüft mit einem abschließenden Ergebnis in 05. Bis dahin ist die Steuerbilanz insgesamt und damit auch im Grunde genommen jeder einzelne Posten „unsicher". In manchen Fällen kann die Unsicherheit über einzelne Posten sich auf 15 Jahre erstrecken, bis nämlich eine endgültige finanzgerichtliche Klärung vorliegt. So gesehen kommt den Steuerbilanzwerten des Jahrs 01 (im Beispiel) – aber auch allen anderen Werten bis zur endgültigen Veranlagung – eher der Charakter einer Diskussionsgrundlage zu, über die dann mit der Außenprüfung zu verhandeln ist.

Die Unsicherheit über den „richtigen" Steuerbuchwert kann sich noch weiter ausbreiten, wenn sich eine solche Außenprüfung über Jahre hinweg hinzieht, vielleicht ein Zwischenergebnis über den größeren **Teil** des Prüfungsstoffs erzielt worden ist, aber der eine oder andere Posten noch im Streit steht. Die Frage ist dann, ob die formlos in der Einigung mit der Betriebsprüfung stehenden Posten schon als *tax base* statt der erklärten Werte einzufügen ist.

27 Die Unsicherheit über die zu verwendenden Steuer**bilanz**werte wird ergänzt durch **andere unsichere Posten** der steuerlichen Ergebnisrechnung:[16]

- ▶ Steuerfreie Erträge,
- ▶ steuerliche Zurechnungen „außerhalb der Bilanz", speziell auch für die Gewerbesteuer,
- ▶ verdeckte Gewinnausschüttungen, Zurechnungen nach § 1 AStG sowie

---

14 Nach IDW ERS HFA 27.33 ist die erfolgsneutrale Einbuchung „sachgerecht". Eine Begründung wird nicht geliefert.
15 So auch DRS 18.39; IDW ERS HFA 27.10.
16 Vgl. *Dahlke*, KoR 2006 S. 582.

► Wertbestimmung bei Transfers von Wirtschaftsgütern in eine ausländische Betriebsstätte oder umgekehrt.

Diese unsicheren Besteuerungsmerkmale bis zum Abschluss einer Betriebsprüfung außerhalb des Buchwertunterschieds berühren als mögliche **permanente** Differenzen (→ Rz. 7) die Steuerlatenzrechnung nicht. Vielmehr handelt es sich um ein Ansatz- und Bewertungsproblem für Rückstellungen (unsichere Verbindlichkeiten) i. S. des § 249 HGB (→ § 249 Rz. 10).

Anders verhält es sich bei der möglichen Nichtanerkennung eines Postens bzw. einer Bewertung in der Steuerbilanz durch die Betriebsprüfung, z. B. für einen Rückstellungsansatz oder eine Abschreibung auf eine Forderung etc. Muss sich das Unternehmen einige Jahre nach dem fraglichen Bilanzstichtag den Argumenten der Betriebsprüfung beugen, erhöht sich in der Folge die Steuerschuld oder mindert sich die Steuererstattung für das betreffende Geschäftsjahr. Diese ändert das Bilanzbild der Gesellschaft außerhalb der Steuerlatenzrechnung. Korrespondierend zu der zusätzlichen Steuerschuld bzw. niedrigeren Steuerforderung entsteht dadurch eine aktive Steuerlatenz. Diese ist spätestens im Einigungsjahr mit der Betriebsprüfung zusammen mit der geänderte Rückstellung bzw. Forderung aus laufender Besteuerung einzubuchen. Anders ausgedrückt: Die **effektiven** Mehrsteuern aus den Betriebsprüfungsfeststellungen werden durch gegenläufige **Steuerlatenzposten kompensiert**, soweit gleiche Steuersätze anzunehmen sind.

28

BEISPIEL[17] ► Durch eine Betriebsprüfung in 02 wird für das letzte geprüfte Wirtschaftsjahr 01 eine Abschreibung auf ein an einen notleidenden Kunden vergebenes Darlehen aufgegriffen (Darlehensbetrag 100, Abschreibung/Wertberichtigung 50). Die Betriebsprüfung erkennt die Abschreibung nicht an. Die Steuerabteilung akzeptiert die Prüfungsfeststellung. Zwei Fallvarianten sind zu unterscheiden:

VARIANTE 1 ► Die Forderung ist auch per 31.12.02 noch offen und wird in der Handelsbilanz weiter mit 50 geführt.

VARIANTE 2 ► Die Forderung ist bereits erledigt. Sie ist in 02 zu 100 in voller Höhe eingegangen.

LÖSUNG ► In beiden Fällen gilt: Für das Jahr der „Aufdeckung" des – aus Sicht der steuerlichen Bilanzierung – Fehlers entsteht tatsächlicher zusätzlicher Steueraufwand mit folgender Buchung in der Handelsbilanz (die zeitliche Abfolge vernachlässigt):

| per laufender Steueraufwand | an Steuerschuld | 15 (30 % von 50) |

Variante 1: Am Bilanzstichtag des Aufdeckungsjahrs beträgt die *tax base* 100 und der HB-Buchwert 50. Folge ist eine aktive Steuerlatenz. Buchung:

| per aktive Steuerlatenz | an Steueraufwand/-ertrag | 15 |

Tatsächlicher Steueraufwand und latenter Steuerertrag saldieren sich zu Null.

---

17 Nach *Hoffmann*, in: Lüdenbach/Hoffmann (Hrsg.), Haufe IFRS-Kommentar, 8. Aufl., Freiburg 2010, § 26 Rz. 28 ff.

> **Variante 2:** Die Forderung ist erledigt. Es besteht keine temporäre Differenz, damit auch kein latenter Steuerertrag, der den tatsächlichen Steueraufwand ausgleichen würde. Die Erledigung der Forderung ist in der Steuerbilanz 02 erfolgsneutral (per Geld 100 an Forderung 100), da in der Prüferbilanz zum 31.12.01 bereits gebucht wurde „per Forderung an Ertrag". In der Handelsbilanz 02 führt sie zu einem Ertrag (per Geld 100 an Forderung 50 und Ertrag 50). Diesem Ertrag entspricht der tatsächliche Steueraufwand quantitativ, lediglich die zeitliche Zuordnung ist im Anhang zu erläutern (Steueraufwand aus Nachforderung für 01, korrespondierender Steuerertrag in Handelsbilanz in 02).

1.6 Besonderheiten bei aktiven Latenzen aus Buchwertunterschieden

29 Die Steuerlatenzrechnung reflektiert auf künftig entstehende Besteuerungseffekte aufgrund von aktuell erfolgten und in der Handelsbilanz berücksichtigten Transaktionen. Bei zukunftsorientierten Bilanzposten stellt sich immer die Frage nach der **Wahrscheinlichkeit** des Eintretens und der dann zu berücksichtigenden Werte. Das gilt entsprechend für die anzusetzenden Bilanzposten aus der Steuerlatenzrechnung.

30 Die Unsicherheit der Zukunft wird nach HGB häufig **imparitätisch** berücksichtigt, d. h. allgemein formuliert: Auf der Passivseite ist die Wahrscheinlichkeit eher anzunehmen als auf der Aktivseite. Dem Gesetzeswortlaut in Abs. 1 Satz 1 ist eine solche Differenzierung nicht zu entnehmen. Gleichwohl stellt sich die Frage nach der Wahrscheinlichkeits**gewichtung**. Dazu können die Vorgaben in IAS 12.27 bis 12.30 gute Dienste leisten,[18] wobei die Anforderungen im Entwurf eines Nachfolgestandards (→ Rz. 7) noch prägnanter formuliert sind.

31 Die **Ansatz**kriterien für die aktive Latenz lassen sich nach dieser Vorgabe wie folgt zusammenfassen:

▶ Im Zeitpunkt der Umkehrung des Buchwertunterschieds müssen mit überwiegender Wahrscheinlichkeit **Gewinne** zum Wirksamwerden des Abzugsbetrags vorliegen.

▶ Solche Gewinne sind zu unterstellen, soweit im aktuellen Abschluss **passive** Latenzen vorliegen, die sich auf den gleichen Steuergläubiger beziehen und zeitkongruent mit den Beträgen aus den aktiven Latenzen anfallen.

▶ Für den nicht durch passive Latenzen gedeckten Teil der aktiven Latenzen (Aktivüberhang) müssen realistische **Steuerplanungsüberlegungen** vorliegen, um zu diesem Zeitpunkt entsprechende steuerliche Gewinne darzustellen.[19] In die Planung gem. DRS 18.23b können auch substanziiert dokumentierte Steuergestaltungsoptionen einbezogen werden, z. B. Hebung stiller Reserven durch Einbringung von Grundbesitz in eine gewerblich geprägte GmbH & Co. KG zum Teilwert mit der daraus resultierenden höheren Gebäudeabschreibung. Wegen der regelmäßig mit Steuergestaltungsoptionen verbunden Risiken und Kosten der Durchführung reicht ein abstrakter Hinweis auf mögliche Gestaltungspotenziale nicht aus. Erforderlich ist eine ernsthafte Risiko- bzw. Vorteils-/Nachteilsanalyse, die spätestens bei Entscheidung für die Aktivierung (also bei Bilanzaufstellung) vorliegen muss.

---

18 Vgl. *Hoffmann*, in: Lüdenbach/Hoffmann (Hrsg.), Haufe IFRS-Kommentar, 8. Aufl., Freiburg 2010, § 26 Rz. 50.
19 Das IDW in ERS HFA 27.6 spricht von „hohen Anforderungen" für die Realisierung aktiver Latenzen, nachdem es unmittelbar zuvor noch eher paritätisch (→ Rz. 30) argumentiert hat.

2. Aktive Latenzen auf Verlust- und Zinsvorträge (Abs. 1 Satz 4)

Die Einbeziehung des Verlustvortrags (nach der Regierungsbegründung auch des Zinsvortrags) in die Bemessungsgrundlage der aktiven Steuerlatenz atmet eindeutig den Hauch der internationalen Rechnungslegung. Der DSR befürwortet diese schon für das HGB a. F. ohne förmliche Gesetzesgrundlage als Grundsatz ordnungsmäßiger **Konzern**rechnungslegung.[20] Im Schrifttum mehrten sich auch vor dem BilMoG-Entwurf Stimmen zur Ansatzberechtigung auch im Einzelabschluss.[21]

32

Der Gesetzeswortlaut nennt zwei Tatbestandsvoraussetzungen zur Einbeziehung des Verlustvortrags in die Steuerlatenzrechnung:

33

- ▶ Zu **erwartende** Verlustverrechnung,
- ▶ innerhalb der nächsten **fünf Jahre**.

Entscheidend ist die Interpretation des „zu Erwartenden", wozu das Gesetz selbst keine näheren Hinweise gibt. Die Regierungsbegründung des Gesetzentwurfs macht nur kurze und vage weitere Erläuterungen zu den **„hohen Anforderungen"**, die zur Aktivierung der latenten Steuern aus Verlustvorträgen erfüllt sein müssen. Das soll insbesondere dann der Fall sein, wenn in der Vergangenheit schon keine ausreichenden nachhaltigen Gewinne erzielt worden sind. Damit spricht die Gesetzesbegründung die **„Verlusthistorie"** an, die ein entscheidendes Tatbestandsmerkmal zur Beurteilung der Ansatzfähigkeit einer solchen Steuerlatenz aufgrund von Verlustvorträgen nach IAS 12.35 darstellt. Speziell deshalb, aber auch wegen unserer allgemeinen Empfehlung zur **Anlehnung** an den Standardinhalt bei der HGB-Auslegung zur Rechnungslegung (→ Rz. 8 f.), halten wir die detaillierten Ansatzvorgaben in IAS 12.34 bis IAS 12.35 und erst recht die vorgeschlagenen Standardänderungen (→ Rz. 30) für empfehlenswert, wenn nicht zwingend.

In diese Auslegung fügt sich der in den IFRS-Regeln nicht förmlich enthaltene fünfjährige Zeithorizont des HGB nahtlos ein (→ Rz. 30). Danach gilt bezüglich der Ansatzberechtigung einer aktiven Steuerlatenz aus Verlustvorträgen Folgendes (vgl. auch → Rz. 90):

- ▶ Es müssen künftig (im Fünfjahreszeitraum) ausreichende steuerliche positive Bemessungsgrundlagen (Einkommen oder Ertrag) vorliegen, um die bestehenden Verlustvorträge steuermindernd ausnutzen zu können.
- ▶ Das Vorliegen von Verlustvorträgen („Verlusthistorie") schlechthin belegt mit großer **Deutlichkeit** (*strong evidence*) die Nichtverfügbarkeit dieser künftigen Gewinne.
- ▶ Wenn eine solche Verlusthistorie der aktuellen Unternehmensentwicklung („*history of recent and losses*") vorliegt, muss das Unternehmen das Entstehen der erforderlichen künftigen Gewinne mit **überzeugenden Gegenargumenten** widerlegen („*convincing other evidence*").

Diese **Gegenbeweise** können unter Berücksichtigung von DRS 18.18 ff. u. a. geführt werden durch:

34

- ▶ Ausreichend vorhandene passive Latenzen (innerhalb des Fünfjahreszeitraums (→ Rz. 38);

---

[20] DRS 10 Tz. 11.
[21] Umfassend nachgewiesen durch *Marten/Weiser/Köhler*, BB 2003 S. 2335.

- bisherige Verlustträger sind eliminiert, z. B. ist eine verlustträchtige Sparte aufgegeben worden;
- **substanziiert** dokumentierte Steuergestaltungsplanungen innerhalb des Fünfjahreszeitraums zur Verlustnutzung liegen bei Bilanzaufstellung vor (→ Rz. 31).

35 Die **Auswertung** dieser Kriterien besagt:
- Es bedarf einer ausreichend fundierten **Unternehmensplanung**, aus der die erforderlichen steuerpflichtigen Gewinne in den nächsten fünf Jahren hervorgehen.
- Eine solche Planung ist der Natur nach ein unsicheres **Schätzverfahren**. Auch bei höchstmöglichem Einsatz guten Gewissens ist das Eintreffen der geplanten steuerlichen Gewinne **unsicher**.

Sicher ist dagegen die Verlusthistorie in den letzten Jahren. Zu deren Widerlegung bedarf es unter Beachtung des Vorsichtsprinzips (DRS 18.24) eines wesentlich **höheren Wahrscheinlichkeitsgrads** als des Überwiegens (wenn man sich in diese Wahrscheinlichkeitsrechnung hineingegeben will oder muss). Die *„convincing evidence"* des IAS 12.35, die wir auch für die HGB-Auslegung als mustergültiges Kriterium betrachten, bedarf einer Wahrscheinlichkeitsquote von wenigstens 75 %, eher noch von 90 %. Bei aller Spielerei mit solchen Prozentsätzen (→ § 249 Rz. 42) besagt diese Vorgabe: **Überzeugend** kann nach einer Verlusthistorie nur ein gänzlich **geändertes Unternehmenskonzept** sein, das die bisherigen Verlustträger eliminiert, wenn sie nicht schon durch Stilllegungen etc. beseitigt sind. Oder anders ausgedrückt: Die verlustbringenden Ereignisse der Vergangenheit dürfen sich so gut wie sicher nicht mehr wiederholen, z. B. ein einmaliger Verlustausweis infolge der Fehlkalkulation bei einem Brückenbau, der unerwartete Ausfall einer großen Kundenforderung, die Beendigung von Restrukturierungsmaßnahmen oder die Aufgabe eines defizitären Geschäftsbereichs.[22]

36 Dagegen berechtigen bei unverändertem Geschäftsmodell (mit seiner **Verlusthistorie**) angestellte **Planungen** über branchenspezifische Entwicklungen aufgrund von gesamtwirtschaftlichen Statistiken oder Prognosen u. E. nicht zur Aktivierung der Verlustvorträge:
- **Budgets** über die nächsten fünf Jahre müssen notgedrungen Gewinne enthalten, weil sonst die Unternehmensleitung das Unternehmen dem Grunde nach aufgibt. Auch dieses Faktum spricht tendenziell für das Nichterreichen der „überzeugenden Klarheit" bezüglich des Eintretens der künftigen Gewinne.
- Die **Fünfjahresgrenze** der Planung nach der Gesetzesvorgabe, die förmlich in IAS 12 bzw. dem Nachfolgestandard nicht enthalten ist, korreliert mit diesen Anforderungen zur eindeutigen Gegenbeweisführung im Falle der bestehenden Verlusthistorie (→ Rz. 33). Denn mit zunehmendem Zeithorizont nimmt der Sicherheitsgrad einer Unternehmensplanungsrechnung ab. In Zeitregionen von fünf Jahren post festum bewegt sich dann das Kalkül strategischer Visionen und neuer unternehmerischer Horizonte, die als Beweismittel zur Widerlegung von aktuellen Verlustserien keineswegs ausreichen. Eine aktuelle Verlustsituation erfordert Umstrukturierungen, insbesondere die Zuführung von *fresh money*. Dazu werden häufig neue Gesellschafter und deren Beiträge in Form von Einlagen in das Unternehmensvermögen benötigt; dann stellt sich bald einmal die Frage einer Anwendung des § 8c KStG und § 10a GewStG mit deren Verlustvernichtungspotenzial.

---

22 Ähnlich IDW ERS HFA 27.7.

▶ In diesen Fällen **genügt nicht** die ohnehin erforderliche **Budgetierung**, die immer in absehbarer Zeit – längstens drei Jahre – guten Gewissens einen positiven Ergebnisbeitrag abliefert. Vielmehr bedarf es einer Planungsrechnung mit **überzeugender Ermittlung** (*convincing evidence*) der zur Verlustverrechnung erforderlichen künftigen Gewinnsituation, um die negative Beweiskraft der bestehenden Verlustvorträge zu überspielen. Der Wahrscheinlichkeitsgrad des Eintretens dieser Gewinne muss in diesen Fällen also erheblich höher sein als derjenige für die reguläre Budgetierung.[23] Das Kriterium der überwiegenden Gründe (51 %-Regel) bzw. des *more likely than not* genügt zum Nachweis der Aktivierbarkeit nicht. Dieser Befund beruht auf der Auslegung von IAS 12.36. Das angeblich das Vorsichtsprinzip mehr als die IFRS beachtende HGB kann hier keine großzügigere Aktivierungsmöglichkeit vorsehen.

Insgesamt kommen wir gestützt auf die Vorgaben in der IFRS-Rechnungslegung und auf DRS 18 zum Ergebnis: Bei einer am Bilanzstichtag vorliegenden nachhaltigen Verlustsituation kommt eine Aktivierung von Verlustvorträgen **allein** aufgrund der budgetierten Gewinne in den nächsten fünf Jahren nicht in Betracht. Dieser Befund bezieht sich auch auf *Start up*-Unternehmen. Ohne diese einschränkende Gesetzesauslegung mutiert die Aktivierbarkeit von Steuerlatenzen aus Verlustvorträgen zum faktischen Wahlrecht mit entsprechendem bilanzpolitischen Gestaltungspotenzial und entsprechender Deobjektivierung der Rechnungslegung. Diese Feststellung gilt erst recht für den **Zinsvortrag** (→ Rz. 56), dessen Realisierung ohne strukturelle Änderungen in der Gesellschafterfinanzierung geringeren Wahrscheinlichkeitsquoten zu bedenken ist. 37

Bei den erforderlichen Wahrscheinlichkeitskalkülen ist der Begründung des Bundestags-Rechtsausschusses zum BilMoG zufolge das **Vorsichts**prinzip zu beachten. Dies betonen auch das IDW[24] und DRS 18.24, um sich dann in der Folge bei der Aktivlatenzierung aus Verlustvorträgen eher gegenteilig zu äußern. So soll bei nicht vorhandenen „Detailplanungen" für fünf Jahre „eine sachgerechte und plausible (wie sonst?) Schätzung" z. B. durch Extrapolation eines dreijährigen Planungszeitraums ausreichen.[25] 38

Die Fünf-Jahres-Begrenzung des Gesetzes wird vom IDW und DSR[26] und Teilen des Schrifttums[27] großzügig ausgelegt. Folgendes Vorgehen wird empfohlen:[28]

▶ Stufe 1: **Verrechnung** passiver Latenzen zunächst mit aktiven aus temporären Differenzen.

▶ Stufe 2: Soweit nach Stufe 1 noch ein **Passivüberhang** besteht: Verrechnung des Passivüberhangs mit Verlustvorträgen unabhängig davon, ob die temporären Differenzen sich erst nach **mehr** als fünf Jahren **auflösen**.

▶ Stufe 3: Soweit nach der Verrechnung gem. Stufe 2 noch aktive Latenzen aus Verlustvorträgen übrig bleiben, Ansatz dieser Latenzen nur, wenn Realisierung **binnen** fünf Jahren wahrscheinlich ist.

---

23 Ähnlich *Berger*, DB 2006 S. 2474; im Einzelnen siehe *Hoffmann*, in: Lüdenbach/Hoffmann (Hrsg.), Haufe IFRS-Kommentar, 8. Aufl., Freiburg 2010, § 26 Rz. 52 ff.
24 IDW ERS HFA 27 Tz. 6.
25 IDW ERS HFA 27 Tz. 13, DRS 18.19.
26 IDW ERS HFA 27 Tz. 14, DRS 18.18 und 21.
27 Vgl. z. B. *Kessler/Leinen/Paulus*, KoR 2009 S. 716 ff., sowie *Kühne/Melcher/Wesemann*, WPg 2009 S. 1005 ff.
28 Zu einem anderen Ansatz vgl. *Petersen/Zwirner/Brösel*, Systematischer Praxiskommentar Bilanzrecht, Köln 2010, § 274 Tz. 27.

III. Bilanzansatz

> **BEISPIEL[29]** Die U-GmbH hat passive Latenzen aus der Bewertung von betriebsnotwendigem, auf unabsehbare Zeit nicht zur Veräußerung bestimmten Grund und Bodens i. H. von 100, außerdem aktive Latenzen aus Drohverlustrückstellungen i. H. von 70. Der Verlustvortrag beträgt 120, der Steuersatz 30 %.
>
> ▶ Stufe 1: Verrechnung passiver Latenz von 100 mit aktiver von 70 aus temporären Differenzen. Verbleibender Passivüberhang aus temporären Differenzen: 30.
>
> ▶ Stufe 2: Verrechnung des Passivüberhangs von 30 mit dem Verlustvortrag i. H. von 30 % von 100, unabhängig vom Fünf-Jahres-Horizont.
>
> ▶ Stufe 3: Die verbleibende aktive Latenz aus Verlustvortrag (30 % von 20 = 6) kann nur angesetzt werden, wenn eine Realisierung binnen fünf Jahren wahrscheinlich ist. Erst in diesem Zusammenhang spielt z. B. eine Rolle, dass die passiven Latenzen sich mit hoher Wahrscheinlichkeit nicht binnen fünf Jahren auflösen werden.

Die Verrechnung eines verbleibenden Passivüberhangs (aus Buchwertunterschieden) in Stufe 2 durch Verlustvorträge, die evtl. erst **nach** dem Ende des Fünfjahreszeitraums zur Verrechnung anstehen, widerspricht der Beschlussempfehlung des Bundestags-Rechtsausschusses, soll dem IDW zufolge aber aus dem „eindeutigen Gesetzeswortlaut" und dem „Sinn und Zweck der Vorschrift" ableitbar sein.[30]

39 U. E. ist diese Interpretation nicht unproblematisch. Über fünf Jahre hinaus sind regelmäßig einschlägige **Planungen** zu **unsicher**, um die Vorgabe einer **vorsichtigen** Schätzung (→ Rz. 38) erfüllen zu können (→ Rz. 33). An das Erfordernis entsprechender Planungsüberlegungen – bei **Verlusthistorie** mit hohem Wahrscheinlichkeitsgrad (→ Rz. 33) – darf in diesem Zusammenhang nochmals erinnert werden.[31]

40 Wegen des **Wahlrechts** zum Ansatz eines Aktivüberhangs aus der Steuerlatenzrechnung insgesamt wird auf → Rz. 45 verwiesen. Vgl. hierzu die weiteren Erläuterungen in → § 285 Rz. 162 ff.

3. Ansatzpflicht für Passivüberhänge (Abs. 1 Satz 1)

41 Ergibt die vorstehend dargestellte Steuerlatenzrechnung unter Beachtung der Bewertungsvorgabe (→ Rz. 51) „insgesamt" einen **Passivüberhang** („Steuerbelastung"), muss dieser angesetzt werden (Abs. 1 Satz 1). Wegen des Ausweises vgl. → Rz. 62.

4. Ansatzwahlrecht für Aktivüberhänge (Abs. 1 Satz 2)

4.1 Faktisches (praktiziertes) Ansatzwahlrecht

42 Nach der Regierungsbegründung zum BilMoG soll das **Maßgeblichkeitsprinzip** unangetastet bleiben. Von der vielbeschworenen Maßgeblichkeit ist im EStG allerdings nichts zu lesen. § 5

---

29 In Anlehnung an *Lüdenbach/Freiberg*, BB 2010 S. 1971 ff.
30 IDW ERS HFA 27 Tz. 14; bestätigend *Kessler/Leinen/Paulus*, KoR 2009 S. 723.
31 Demgegenüber ohne zeitliche Einschränkung eine Verlustplanung befürwortend *Bertram/Meyering*, Haufe HGB Bilanz Kommentar, Freiburg 2009, § 274 Rz. 50.

Abs. 1 Satz 1 EStG n. F. verlangt die Beachtung der handelsrechtlichen GoB bei der steuerlichen Gewinnermittlung – sonst nichts, insbesondere auch nicht übereinstimmende Ansätze in Handels- und Steuerbilanz.[32] Es geht dem Wortlaut nach insbesondere um den vom BilMoG nicht angetasteten § 252 HGB, also um die Bilanzidentität, die Wertaufhellung, das Realisationsprinzip etc. (→ § 252 Rz. 1).

Diese Bezugnahme auf das HGB zur steuerlichen Gewinnermittlung erscheint auch zur Vermeidung einer Doppelarbeit sinnvoll; handels- und steuerrechtliche Gewinnermittlung gehen insoweit Hand in Hand. Die Bilanzierungspraxis hat mehr oder weniger unproblematisiert die daraus entstandene **Einheitlichkeit** auch auf wichtige Bilanzierungsbereiche **ausgeweitet**, in denen sich das EStG in den §§ 4 bis 7 EStG einer speziellen Regelung enthält. Musterbeispiel ist der **Ansatz** von Verbindlichkeitsrückstellungen, zu denen sich das EStG gar nicht und das HGB sehr zurückhaltend äußert.

Diese extreme Prinzipienorientierung des handels- und steuerrechtlichen Gesetzgebers hat dominierend die BFH-Rechtsprechung in die Kasuistik überführt. Seitdem regiert eine **besondere Ausprägung** der **umgekehrten** Maßgeblichkeit die deutsche Bilanzwelt. Was der BFH in Auslegung der HGB-Rechnungslegung entscheidet, wird in der Bilanzierungspraxis auch für den HGB-Abschluss beachtet, mag dabei das „Bilanzrecht" auch ungebührlich „hingebogen" werden. Selbst das IDW in seiner Eigenschaft als Handelsbilanz-Standardsetter ist letztlich dagegen machtlos – darzulegen am Beispiel der „Genehmigung" eines Abzinsungssatzes von 6 % gem. § 6a EStG für die Pensionsrückstellungen, wenn der Kapitalmarktzins 4 % beträgt.[33]

43

Vor diesem Hintergrund konnte die Bilanzierungspraxis weit in den größeren Mittelstand hinein die erstrebte und u. E. auch erstrebenswerte **Einheitsbilanz** erstellen. Dahin zielt aus der Perspektive dieses Unternehmensbereichs das Schlagwort der Maßgeblichkeit. Gelingt die Weiterführung der Einheitsbilanz auch unter dem Regelungsgehalt des BilMoG, verliert das Gebot der Steuerlatenzrechnung an Gewicht und umgekehrt. Oder prägnanter: Die erstrebte und erreichte Einheitsbilanz entzieht der Steuerlatenzrechnung ihre Grundlage.

44

4.2 Förmliches Ansatzwahlrecht

Der Gesetzgeber des BilMoG ist der interessengetriebenen Abwehrhaltung gegen die Steuerlatenzierung durch ein förmliches Wahlrecht weiter entgegengekommen. Wenn sich aufgrund einer **Gesamtbetrachtung** der Latenzposten ein Aktivüberhang ergibt, so muss dieser nach Abs. 1 Satz 2 **nicht angesetzt** werden. Besteht die bilanzpolitische Vorgabe in der Ausübung dieses Wahlrechts – d. h. Verzicht auf die Steuerlatenzrechnung –, bedarf es einer Feststellung, wohin die **Richtung** geht: Zeichnet sich ein Passivüberhang mit der Pflicht zur Steuerlatenzierung ab, oder besteht die realistische Chance zum Verzicht darauf aufgrund eines Aktivüberhangs?

45

Diese Ausgangsüberlegung hat sich dem Grunde nach auch schon nach der Rechtslage vor dem BilMoG gestellt, das auf anderer systematischer Grundlage (*timing*-Konzept statt dem jetzt gültigen *temporary*-Konzept → Rz. 5) den Ansatzverzicht für den Aktivüberhang im Einzelabschluss erlaubte. Die Praxis ging in diesem Bereich ohne weitere Überlegungen von einem

46

---

32 BFH-Urteil vom 23. 1. 2008 – I R 40/07, DStR 2008 S. 1180 = StuB 2008 S. 482.
33 IDW HFA 2/88, WPg 1988 S. 403 ff.

III. Bilanzansatz

Aktivüberhang aus, denn schließlich sorgten der Steuergesetzgeber und das Finanzamt schon für einen tendenziell höheren Eigenkapitalausweis in der Steuerbilanz gegenüber der Handelsbilanz.

47 Das BilMoG fordert diesbezüglich mehr Aufmerksamkeit, es verlangt eine **überschlägige Bestandsaufnahme** über das Vorliegen von Aktiv- bzw. Passivüberhängen bei den einzelnen Bilanzposten, sofern nicht ohnehin die Einheitsbilanz (→ Rz. 44) ihre steuerlatenzvernichtende Wirkung ausübt. Dazu sollten die im konkreten Fall einschlägigen Bilanzposten einem **überschlägigen** Check unterzogen werden, der im Ergebnis etwa wie folgt aussehen könnte:

Bilanzposten	Mehrvermögen		Steuerlatenz		Anmerkung
	HB	StB	aktiv	passiv	
Originäre immaterielle Anlagen	X			X	Wahlrecht
Finanzanlage (dauernde Wertminderung)	X			x	BFH-Rechtsprechung[34]
Sachanlagen-Regel	neutral				
Sachanlagen-Abschreibung außerplanmäßig	X			x	BFH-Rechtsprechung,[35] handelsrechtliche Zuschreibung ohne Steuereffekt
Umlaufvermögen	neutral				
Pensionsrückstellungen			x	x	
Sonstige Rückstellungen			x	x	z. B. Drohverlust
Verbindlichkeiten	neutral				Ausnahme u. U. Währungsumrechnung[36]
Steuerliche Sonderposten und -abschreibungen nach den Übergangsvorschriften	neutral				
Steuerliche Sonderabschreibungen etc. nach § 6b EStG, Ersatzbeschaffung, FördG	X			x	Aufhebung der Umkehrmaßgeblichkeit (→ Rz. 90)

48 Die vorstehende Übersicht belegt: Es **dominiert** – immer noch – die **aktive** Latenz.[37] Einzelne **Sonderfälle** stechen allerdings heraus: z. B. umfangreiche 6b-Abschreibungen oder Ersatzbeschaffungsrücklagen, die nach Einführung des BilMoG stattfinden oder aus früherer Zeit fortgeführt werden (→ Art. 67 Rz. 23). Aber insgesamt gilt: Wie bisher und guten Gewissens kann die Rechnungslegungspraxis daher – sofern erwünscht – in weiten Bereichen das Thema der Steuerlatenzrechnung im Einzelabschluss nach HGB **ad acta** legen, sofern sie nicht im konkreten Fall nennenswertes Bilanzgestaltungspotenzial erkennt (→ Rz. 84). Auf den Vorbehalt

---

34 BFH-Urteil vom 26. 9. 2007 – I R 58/06, StuB 2008 S. 109 = DB 2008 S. 214, mit Kommentierung von *Hoffmann*, DB 2008 S. 260, bezüglich Aktien.

35 BFH-Urteil vom 4. 6. 2008 – I R 84/07, BStBl 2009 II S. 187 = StuB 2008 S. 721; BMF-Schreiben vom 11. 2. 2009 – IV C 6 – S 2170/0, BStBl I S. 397 = StuB 2009 S. 199. Nach Aufhebung der Umkehrmaßgeblichkeit generell gültig.

36 FG Hamburg, Urteil vom 27. 6. 2006 – 7 K 296/04, EFG 2007 S. 111; FG Rheinland-Pfalz, Urteil vom 12. 12. 2005 – 5 K 1460/03, EFG 2006 S. 562; anhängiges BFH-Verfahren vom 23. 4. 2009 – IV R 62/06, DStR 2009 S. 1256 = Kurzinfo StuB 2009 S. 471.

37 So auch *Zülch/Hoffmann*, DB 2009 S. 745 f.; differenzierter *Herzig/Briesemeister*, DB 2009 S. 926 und S. 976.

wegen der **Anhangangabe** nach § 285 Nr. 29 HGB wird verwiesen (→ Rz. 82), derzufolge für große Kapital- und Kap. & Co.-Gesellschaften die Steuerlatenzrechnungs**pflicht** von der Bilanz in den **Anhang verlagert** wird. Dieser Befund könnte auch dämpfend auf die Verlockung der Aktivierung von Steuerlatenzen aus **Verlustvorträgen** wirken. Diesem – gesondert auszuweisenden (→ Rz. 62) – Posten für die optional angesetzte Aktivlatenz haftet für jedermann ersichtlich der unschöne Odeur eines bilanzpolitisch notwendigen Manövers an. Bei Ausübung des Wahlrechts **zum** Ansatz des Aktivüberhangs muss der **gesamte Inhalt** der in → Rz. 10 ff. dargestellten Materie (→ Rz. 86) abgearbeitet werden. Eine Beschränkung auf Teilbereiche kommt nicht in Betracht, also z. B. nur die Aktivierung der Latenz aus Verlustvorträgen. Auch dieser Vorgabe kommt eine abschreckende Wirkung zu.

Das **Stetigkeitsgebot** des § 246 Abs. 3 HGB (→ § 246 Rz. 293) kann auch bezüglich dieses Wahlrechts in begründeten Ausnahmefällen unbeachtet bleiben. Solche werden sich bei (bilanzpolitischem) Bedarf immer finden lassen (→ § 252 Rz. 178).

Kleine Kapital- und Kap. & Co.-Gesellschaften (→ § 267 Rz. 12) sind (auch ohne Aktivüberhang) nach § 274a Nr. 5 HGB (→ § 274a Rz. 6) von der Steuerlatenzrechnung befreit. Andererseits bleibt ihnen von Gesetzes wegen das Tor zur **freiwilligen** Anwendung geöffnet, und den Nichtkapitalgesellschaften wird außerhalb des PublG diese offiziös mit der Möglichkeit des *cherry picking* versüßt.[38] U. E. kann das Wahlrecht nur auf der Basis des gültigen Gesetzes und unter Beachtung des **gesamten** Regelungsbereichs von § 274 HGB ausgeübt werden (→ Rz. 86). Sonst könnte beispielsweise eine kleine Kapitalgesellschaft mit einem Passivüberhang aus den Buchwertdifferenzen lediglich die Verlustvorträge mit einer Aktivlatenz ermitteln.

49

Für von der Latenzierung befreite **kleine** Kapitalgesellschaften und Personenunternehmen soll laut vorläufiger Auffassung des IDW und Teilen des Schrifttums gleichwohl eine passive Latenzierung geboten sein,[39] „soweit die Tatbestandsvoraussetzungen für den Ansatz einer **Rückstellung** gem. § 249 Abs. 1 Satz 1 HGB vorliegen." Beispielhaft werden aufgeführt:

▶ Zeitlich begrenzte Differenzen (*timing differences*) aufgrund der Aktivierung selbst geschaffener **immaterieller** Vermögensgegenstände des Anlagevermögens,

▶ **Zeitwertbewertung** bestimmter Vermögensgegenstände (Deckungsvermögen i. S. des § 246 Abs. 2 Satz 2 HGB) sowie

▶ Wegfall der umgekehrten **Maßgeblichkeit** (Sonderabschreibungen, steuerfreie Rücklagen).

U. E. liegt hier aus Stichtagssicht keine **Schuld** vor (→ § 249 Rz. 10). Auch sonst ist die Bezugnahme auf § 249 HGB u. E. **irreführend**.[40] Im Unterschied zu § 274 HGB a. F., der eine **Rückstellung** für passive latente Steuern verlangt hatte, wertet § 274 HGB i. d. F. des BilMoG (aktive und) passive latente Steuern als Posten **eigener Art**. In der Fassung des Regierungsentwurfs verlangte § 246 Abs. 1 Satz 1 HGB-E demzufolge, „sämtliche Vermögensgegenstände, Schulden, Rechnungsabgrenzungsposten und latente Steuern" zu erfassen. Nach der Begründung des Rechtsausschusses wurde die Bezugnahme auf latente Steuern in § 246 Abs. 1 HGB in der endgültigen Fassung nur deshalb gestrichen, um nicht haftungsbeschränkte Personenunternehmen aus der Anwendungspflicht des § 274 HGB eindeutig herauszunehmen. Eine Ände-

---

38 IDW ERS HFA 27.19, a. A. möglicherweise IDW ERS HFA 27.20.
39 IDW ERS HFA 27.20; *Ellrott*, in: Beck'scher Bilanz-Kommentar, 7. Aufl., München 2010, § 274a Tz. 6.
40 Nachfolgende Überlegungen entnommen aus *Lüdenbach/Freiberg*, BB 2010 S. 1971 ff.

rung der Qualifikation der latenten Steuern als **Sonderposten** war nicht vorgesehen. Dementsprechend ist in § 274 HGB abweichend von dem Gesetzesstand vor BilMoG auch kein Hinweis auf Rückstellungen, Schulden etc. mehr enthalten.

Die Gegenansicht beruft sich auf die GoB[41] oder nur auf § 249 HGB.[42] Diese Berufung halten wir schon deshalb nicht für zutreffend, weil die ganz herrschende Meinung zum Rechtsstand HGB a. F. bzw. den diesbezüglichen GoB für Personenunternehmen lediglich ein Wahlrecht zur Passivierung latenter Steuern annahm.[43] Es ist nicht erkennbar, wo gesetzlich (BilMoG) oder außergesetzlich hier eine Änderung der GoB stattgefunden haben sollte.

Im Übrigen würde die Qualifikation einer Passivlatenz als Rückstellung auch zu Inkonsistenzen führen:

- ▶ Bei der **Bewertung** müssten kleine Kapitalgesellschaften und Personenunternehmen nach § 253 Abs. 2 Satz 1 HGB eine Abzinsung vornehmen (→ § 253 Rz. 70 ff.), (mittel-)große Kapital- und Kap. & Co.-Gesellschaften dagegen nicht (→ Rz. 51).
- ▶ Der **Ausweis** müsste bei kleinen Kapitalgesellschaften etc. als Steuerrückstellung, bei großen unter dem Sonderposten (→ Rz. 62) erfolgen.

50 Zu **Bilanzgestaltungsaspekten** der von der Steuerlatenzrechnung befreiten Gesellschaften durch Verzicht auf die Befreiung vgl. → Rz. 85 ff.

IV. Bewertung (Abs. 2 Satz 1)

1. Allgemeine Bewertungsregeln

51 Steuerlatenzen betreffen erst in der Zukunft zur Zahlung gelangende Steuern und wären nach allgemeinen Regeln daher abzuzinsen. Eine solche Abzinsung sieht § 274 HGB aber nicht vor. Der **Ausschluss** der **Abzinsung** von Steuerlatenzposten wird in der Regierungsbegründung mit dem eigenständigen Bilanzcharakter der Steuerlatenzposten begründet („Sonderposten eigener Art"). Diese Begründung ist eher fadenscheinig, denn Bilanzposten ohne Bewertung kann man sich eigentlich nicht vorstellen, mögen sie auch eigener Art sein. Vor allen Dingen aber werden die Steuerlatenzposten doch bewertet, nämlich mit dem jeweils anzuwendenden Steuersatz (→ Rz. 53). Das Abzinsungsverbot ist offensichtlich der vergleichbaren Vorgabe in IAS 12.53 entnommen, die der IASB anders, allerdings auch nicht überzeugend, mit der unmöglichen detaillierten Berechnung des Zeitpunkts für die Umkehrung begründet. Der mit dem Abzinsungsverbot eingehende **Vereinfachungseffekt** darf allerdings auch nicht unterschätzt werden. Diese Wirkung wird auch auf den Konzernabschluss nach § 301 Abs. 1 Satz 3 HGB übertragen (→ § 301 Rz. 120).

52 Ein einmal angesetzter Steuerlatenzposten ist in der **Folgebilanzierung** jeweils auf seine **Werthaltigkeit** zu überprüfen, auf der Aktivseite insbesondere im Hinblick auf die neuen Erkenntnisse über die Wahrscheinlichkeit einer Verlustnutzungsmöglichkeit in der Zukunft (→ Rz. 36)

---

41 U. a. *Kühne/Melcher/Wesemann*, WPg 2009 S. 1057 ff.
42 *Vgl. Petersen/Zwirner*, in: Petersen/Zwirner/Brösel (Hrsg.), Systematischer Praxiskommentar Bilanzrecht, Köln 2010, § 274 Tz. 47.
43 Vgl. z. B. IDW SABI 3/1988 Tz. 2, oder *Hoyos/Fischer*, in: Beck'scher Bilanz-Kommentar, 6. Aufl., München 2006, § 274 Tz. 78.

oder des Wegfalls der überzeugenden Darlegung für die effektive Verlustnutzung (→ Rz. 33). Durch mögliche Umstrukturierungen kann die verlässlich budgetierte Verlustnutzungsmöglichkeit nach § 8c KStG und § 10a GewStG mit dem Erfordernis einer entsprechenden Abwertung oder gar Ausbuchung der bislang gebildeten Steuerlatenz entfallen. Umgekehrt kann die Werthaltigkeit aufgrund der Verlustnutzung dann wieder aufleben, wenn unter die verlusttragende Kapitalgesellschaft gewinnträchtige Tochter-Kapitalgesellschaften angesiedelt werden und die Mutter-Kapital- oder Personenhandelsgesellschaft als Organträgerin fungiert (→ Rz. 69).

2. Anzuwendende Steuersätze

Der Gesetzeswortlaut und die zugehörige Begründung der Bundesregierung berufen sich implizit bei der **Bewertung** auf die Vorgaben der IFRS: 53

▶ **Individuelle Steuersätze** im Zeitpunkt der Umkehrung der Differenzen,

▶ **keine Abzinsung** (→ Rz. 51).

Die erstgenannte Bewertungsregel ist zwar konzeptionell zutreffend, da der effektive Steuereffekt aus der Latenzrechnung erst im Zeitpunkt der Umkehrung – wenn sich die latente in die effektive Steuerschuld bzw. das Gegenteil verwandelt – zum Tragen kommt. Allerdings ist in vielen Fällen der Umkehrungszeitpunkt nicht zu definieren, insbesondere bei den quasi-permanenten Differenzen (→ Rz. 10). Außerdem sind die künftig gesetzlich geltenden Steuersätze, z. B. in fünf Jahren, nicht unbedingt sicher zu prognostizieren, abgesehen von unternehmensindividuellen Veränderungen mit Auswirkung auf den effektiven Steuersatz, z. B. Wegfall oder Begründung der Zinsschranke und gewerbesteuerliche Zurechnungen. Praktisch kommt es deshalb notgedrungen zur Anwendung des **am Bilanzstichtag gültigen Steuersatzes** bzw. eines für das kommende Jahr bis dahin schon legislatorisch beschlossenen Tarifs. Von der Gesetzgebungstechnik her ist eine solche gesetzliche Steuersatzänderung dann als maßgebend anzusehen, wenn bis zum Bilanzstichtag der Bundesrat oder der Vermittlungsausschuss seine Zustimmung erteilt hat und ein „Einspruch" des Bundespräsidenten nicht zu erwarten ist. Der Abdruck im Bundesgesetzblatt und damit das effektive Wirksamwerden des Gesetzes erst nach dem Bilanzstichtag sind unerheblich. Diese von der Gesetzesbegründung des BilMoG-RegE und von DRS 18.46 ff. bestätigte Lösung entspricht den Vorgaben in IAS 12.48.

Nach derzeit gültiger Rechtslage kann deshalb der kombinierte Ertragsteuersatz von rund 30 % häufig unbedenklich angewandt werden, in besonderen Fällen – etwa bei besonders hohen Gewerbesteuerhebesätzen oder umgekehrt – kann eine Anpassung von bis zu zwei Prozentpunkten nach oben oder unten sinnvoll sein. Erst recht gilt dies, wenn etwa in besonderem Umfang gewerbesteuerliche Zurechnungen oder Kürzungen zu berücksichtigen sind.

Für die nur gewerbesteuerpflichtigen **Personenhandelsgesellschaften** ist regelmäßig ein Steuersatz von 14 % anzuwenden.

Zu beachten kann auch **ausländisches** Steuerrecht sein, wenn beispielsweise das Unternehmen eine oder mehrere Betriebsstätten im Ausland unterhält. Dann ist systematisch wie folgt zu differenzieren: 54

IV. Bewertung

▶ **Freistellungs**betriebsstätte: Berücksichtigung des ausländischen Steuersatzes.

▶ **Anrechnungs**betriebsstätte: Deutscher Körperschaftsteuersatz, wenn der ausländische niedriger ist; umgekehrt der ausländische, wenn dieser höher ist.

Systematisch gesehen müsste die Latenzrechnung die Unterschiedsbeträge zwischen HGB- und Steuerbilanzwert nach nationalen Steuerhoheiten aufgeschlüsselt werden. U. E. kann auf diese sehr anspruchsvolle und aufwendige Rechnung zumindest dann verzichtet werden, wenn sich die anzuwendenden Steuertarife nicht allzu sehr unterscheiden. Ein nach dem jeweiligen Ergebnisbeitrag der Betriebsstätten gewichteter **Mischsteuersatz** kommt dann zur Anwendung.[44]

55 Eine **Neubewertung** wegen geänderter Steuertarife ist auf die am Bilanzstichtag gültigen Unterschiedsbeträge in den Bilanzwerten anzusetzen und **erfolgswirksam** zu erfassen (DRS 18.54). Deshalb können z. B. unveränderte Buchwertunterschiede aus der vorhergehenden Bilanz entsprechend umzubewerten sein. Dabei genügt allerdings eine Insgesamt-Erfassung der am Bilanzstichtag vorhandenen Posten.

BEISPIEL

Aktive Latenz		Steuersatz	Bilanzansatz
31.12.01	1.000	40 %	400
31.12.02	1.200	30 %	360

Die Unterschiedsbeträge haben sich zwar erhöht, gleichwohl ist der Bilanzansatz für die aktive Steuerlatenz wegen der Steuersatzänderung gesunken.

3. Verlustvorträge, Zinsvorträge

56 Die vorstehenden Hinweise zur Bewertung der Steuerlatenzposten gelten auch für die aktive Steuerabgrenzung aufgrund eines Verlust- oder Zinsvortrags (→ Rz. 32). Dabei ist allerdings nach der Höhe der **jeweiligen** Vorträge zu differenzieren:

▶ **Körperschaft**steuerlicher und **gewerbe**steuerlicher Verlustvortrag stimmen regelmäßig in der Höhe nicht überein. In der Steuerplanungsrechnung (→ Rz. 31 und → Rz. 33) als Rechtfertigung für den Ansatz einer Latenz aus den Verlustvorträgen muss dies berücksichtigt werden. U. U. kommt dann nur eine separate Beurteilung der Ansatzfähigkeit für die Körperschaft- oder die Gewerbesteuer in Betracht. Entsprechendes gilt für Verlustvorträge **ausländischer** Betriebsstätten (→ Rz. 54).

▶ Ist noch ein **Zinsvortrag** (→ Rz. 32) mit in die Latenzrechnung einzubeziehen, ist die Wechselwirkung zum Verlustvortrag beachtlich.[45] Die Regel ist dabei: Der Zinsvortrag führt zu einer vorrangigen Inanspruchnahme eines Verlustvortrags. Die Wahrscheinlichkeit eines

---

44 Nach Auffassung des IDW ERS HFA 27.16 soll die Unterlassung einer Steuerlatenzierung in diesen Fällen „zumindest zulässig und auch sachgerecht" sein. U. E. ist eine Nichtlatenzierung ausländischer Betriebsstätten nur bei Unwesentlichkeit zulässig. Die Bezugnahme des IDW auf die Ausnahmeregel von § 306 Satz 4 HGB (→ § 306 Rz. 17) erscheint uns unzulässig, da kasuistische Ausnahmeregelungen nicht analogiefähig sind.

45 Vgl. *Hoffmann*, Zinsschranke, 2008, Tz. 685.

Abbaus des Zinsvortrags ist gegenüber dem Verlustvortrag regelmäßig geringer. Bei unveränderter Finanzierungsstruktur kann der Zinsvortrag regelmäßig nicht genutzt werden.[46]

▶ Die nach nationalem Recht gültige **Mindest**besteuerung ändert an den Berechnungsgrundlagen nichts. Allerdings ist die zeitliche Streckung der Verrechnungsmöglichkeit mit einem weiterreichenden Planungshorizont verbunden, der die zum Ansatz erforderliche Wahrscheinlichkeitsschwelle nicht erreicht und erst recht nicht die „überzeugende Evidenz" (→ Rz. 33).

4. Änderungen im Steuerstatut (Rechtsformwechsel)

Nach dem deutschen Umwandlungsgesetz können Unternehmen in einem weitgefächerten gesetzlichen Angebot die gesellschaftsrechtlichen Strukturen ändern, d. h. fusionieren, spalten oder formwechseln. Dabei ist gesellschaftsrechtlich der Übergang von einer Kapital- in eine Personengesellschaft und umgekehrt unproblematisch möglich. Steuerlich steht zwischen diesen Übertritten im Rechtskleid das **getrennte Steuererhebungssystem**: Körperschaftsteuer für Kapitalgesellschaften, für Personengesellschaften mit natürlichen Personen als Gesellschafter die Einkommensteuer und wieder umgekehrt die Körperschaftsteuer bei Beteiligung einer Kapitalgesellschaft an der Personengesellschaft. Die Gewerbesteuer ihrerseits ist in allen Rechtsformen gleich vertreten. Bei der Personengesellschaft ist die Gewerbesteuer die einzige Bezugsgröße für die Steuerlatenzrechnung, da die Gesellschafter selbst nach ihrem jeweiligen Steuerstatut – Körperschaft- oder Einkommensteuer – besteuert werden. Die Körperschaftsteuerbelastung aus der Latenzierung erfolgt bei der Gesellschafterin, z. B. Muttergesellschaft, aber auch bei einer nur mit geringer Quote am Kapital der Personengesellschaft beteiligten Kapitalgesellschaft.

57

Der Rechtsformwechsel mit Übergang des Steuerstatuts stellt sich am klarsten im Falle der **formwechselnden** Umwandlung dar, z. B. von der OHG, KG einerseits auf eine AG, GmbH andererseits oder umgekehrt. Diese formwechselnde Umwandlung gem. § 190 UmwG ist für die handelsrechtliche Bilanzierung ohne Bedeutung, doch kann sich der Steuerbuchwert ändern mit der Folge einer **geänderten Buchwertdifferenz**, die sich später umkehren soll (→ Rz. 23), aber auch der **Steuertarif**. Dies führt zu einer Bewertungsänderung in der ceteris paribus-Betrachtung wie folgt:

58

Der Wechsel von

▶ einer Personenhandels- in eine Kapitalgesellschaft **erhöht**,

▶ einer Kapital- in eine Personenhandelsgesellschaft **vermindert**

die Steuerlatenzposten. Dazu folgendes Beispiel:

BEISPIEL[47] ▶ Die A-OHG wird zum 31.12.01 formwechselnd in eine AG umgewandelt. Bisher betrug der Steuersatz für die gewerbesteuerliche Latenzierung 14 %, nunmehr erhöht er sich um 16 Prozentpunkte für Körperschaftsteuer auf insgesamt 30 %. A hat zum 31.12. Buchwertdifferenzen, die sich später umkehren werden, i. H. von 1.000. Die Umwandlung beein-

---

46 Vgl. *Hoffmann/Rüsch*, DStR 2007 S. 2079.
47 In Anlehnung an *Freiberg*, PiR 2006 S. 178.

> flusst die Bewertung dieser Bemessungsgrundlage von 140 auf 300. Buchung: per aktive Latenz an Steuerertrag oder per Steueraufwand an passive Latenzen.

V. Auflösung von Steuerlatenzposten (Abs. 2 Satz 2)

59 Das Gesetz nennt zwei Auflösungs**gründe**:

1. **Eintreten** der Steuerbe- und Entlastung (→ Rz. 2) aus der Umkehrung der Buchwertdifferenzen (→ Rz. 60).
2. **Wegfall** der Latenzposten, weil mit einer Be- und Entlastung „nicht mehr zu rechnen ist" (→ Rz. 61).

60 Der erstgenannte Auflösungsgrund ist der Steuerlatenzrechnung **systemimmanent**. Die Kommentierung unter → Rz. 14 und die dortigen Beispiele stellen den Auflösungseffekt (im Zeitverlauf) dar. Spätestens bei Abgang eines Vermögensgegenstands oder einer Schuld mit Buchwertunterschieden ist der betreffende Latenzposten aufzulösen. Bei unterschiedlichen Abschreibungsverläufen im Anlagevermögen erfolgt die Auflösung kontinuierlich.

61 „Nicht mehr zu rechnen" ist insbesondere mit einer Steuer**entlastung** dann, wenn der Verlust- oder Zinsvortrag nicht mehr die **Ansatzkriterien** erfüllt (→ Rz. 33).

VI. Ausweis

1. Ausweiswahlrecht in der Bilanz (Abs. 1 Satz 3)

62 Wegen der Trennung der Ergebnisse aus der Steuerlatenzrechnung in einen Aktivüberhang mit Ansatz**wahlrecht** (→ Rz. 42) einerseits und einem Passivüberhang mit Ansatz**pflicht** (→ Rz. 41) verlangt das Gesetz eine **Gesamtbetrachtung** („insgesamt") der Steuerlatenzposten. In der Folge kommt es zu einem **saldierten** Ausweis des Aktiv- oder Passivüberhangs am Schluss der Aktiv- oder Passivseite der Bilanz nach der Gliederungsvorgabe des § 266 HGB (→ § 266 Rz. 76 bzw. → § 266 Rz. 92). Nach Abs. 1 Satz 3 kann aber auch ein **unsaldierter** Ausweis mit entsprechender Verlängerung der Bilanzsumme gewählt werden.

Im Konzernabschluss vervielfacht sich das Ausweiswahlrecht auf sechs verschiedene Varianten (→ § 306 Rz. 43).

DRS 18.56 und .62 schränkt (anders als der Vorgängerstandard DRS 10) die gesetzlichen Wahlrechte nicht ein. Die in DRS 18.40 enthaltenen ergänzenden Bestimmungen zur „**Aufrechnung**" latenter Steuern bei Identität von Steuersubjekt, Steuerart und Steuergläubiger laufen u. E. **ins Leere**.[48] Die Vorschrift ist aus DRS 10 übernommen, der (in Anlehnung an IAS 12) vom Gebot des unsaldierten Ausweises ausging (DRS 10.36 Satz 1) und hiervon bei Identität von Steuersubjekt, Steuerart und Steuergläubiger eine Ausnahme zuließ und vorschrieb (DRS 10.36 Satz 2). Mit der Bestätigung der freien Ausübung des gesetzlichen Wahlrechts zwischen sal-

---

[48] Vgl. *Lüdenbach/Freiberg*, BB 2010 S. 1971 ff.

diertem und unsaldiertem Ausweis (DRS 18.56 ff.) sind besondere Regeln für fiktive Aufrechnungslagen ohne Anwendungsbereich. Wenn ohnehin unabhängig von Steuerart und (im Konzern) Steuersubjekt eine Saldierung vorgenommen oder von ihr abgesehen werden darf, kommt es auf die Identität dieser Größen nicht mehr an.

2. Separater GuV-Ausweis (Abs. 2 Satz 3)

Die laufende Weiterentwicklung der Bilanzpostenunterschiede – vergleichbar der Mehr-Weniger-Rechnung in der steuerlichen Außenprüfung – ist nach dem doppischen System mit einem **Ergebnis**effekt verbunden (→ Rz. 14 mit den dortigen Beispielen). Im Einzelabschluss, der keine erfolgsneutrale Eigenkapitalveränderung kennt (→ Rz. 6), ist der Aufwand oder Ertrag aus der Latenzierung im Steueraufwand nach § 275 HGB als Saldogröße im Posten „Steuern vom Einkommen und Ertrag" gesondert auszuweisen (→ § 275 Rz. 114). Der gesonderte Ausweis kann nach DRS 18.60 entweder durch einen Unterposten, eine Vorspalte oder durch einen Davon-Vermerk erfolgen. 63

VII. Unternehmensverbund im Einzelabschluss

1. Anwendungsbereich

1.1 Steuerrechtliche Grundlagen

Regelmäßig knüpft die Unternehmensbesteuerung am jeweiligen handelsrechtlichen Rechnungslegungssubjekt an, z. B. beim Einzelunternehmen oder bei der Kapitalgesellschaft. Besonderheiten liegen vor, wenn das **Subjekt** der Besteuerung nicht mit demjenigen der Rechnungslegung übereinstimmt, nämlich bei der 64

▶ ertragsteuerlichen **Organschaft** (→ Rz. 68) und

▶ Beteiligung an einer mitunternehmerischen **Personenhandelsgesellschaft** als untergeordnete Einheit (z. B. Tochtergesellschaft, → Rz. 75).

Konzeptionell liegt diesbezüglich für die Steuerlatenzrechnung die gleiche Konstellation vor wie im **Konzern**abschluss. Dieser umfasst auch die vorstehend dargestellte Beteiligungskonstellationen, berücksichtigt zusätzlich aber aufgrund der unterstellten wirtschaftlichen Einheit auch Mutter-Tochterbeziehungen ohne förmliche **steuerliche Verbundkonstellation** (mangels einer förmlichen Konzernbesteuerung in Deutschland).

1.2 Anteilsbesteuerung: *inside and outside basis differences*

Sich später umkehrende **Differenzen** zwischen Handelsbilanz- und Steuerbilanz-Buchwerten einzelner Vermögenswerte oder Schulden, sog. *inside basis differences*, stellen die Grundlage der Steuerlatenzrechnung dar (→ Rz. 10). In der vorstehend (→ Rz. 64) dargestellten Verbundsituation können z. B. diese Unterschiede (teilweise) steuersystematisch nicht bei der Einheit, in der sie entstanden sind, sondern regelmäßig nur bei der **übergeordneten** Einheit (häufig Muttergesellschaft) steuerwirksam werden. 65

Zusätzlich können Steuerlatenzeffekte aufgrund temporärer Differenzen aus dem Buchwert der **Beteiligung** bei der übergeordneten Einheit und dem **Eigenkapital** der untergeordneten 66

Gesellschaft (häufig Tochterunternehmen) entstehen (*outside basis differences*). Die deutsche Übersetzung liefert § 306 Satz 4 HGB (→ § 306 Rz. 38).

Dabei sind **permanente** Differenzen (→ Rz. 10) unberücksichtigt zu lassen, z. B.:

▶ Körperschaft- und gewerbesteuerlich können regelmäßig (Ausnahme bei der Gewerbesteuer bei Beteiligungsquote bis zu 15 % an einer Kapitalgesellschaft) Steuereffekte bei der übergeordneten Einheit durch Verkäufe oder Gewinnausschüttungen von Tochter-Kapitalgesellschaften nicht eintreten; die entstehenden Differenzen zwischen Buchwert der Beteiligung und (anteiligem) Eigenkapital der untergeordneten Einheit sind nicht steuerwirksam (abgesehen von der 5 %igen Bemessungsgrundlage mit 1,5 % effektivem Steuersatz gem. § 8b Abs. 3 Satz 1 KStG, soweit Buchwert > (anteiliges) Eigenkapital).

▶ Gewerbesteuereffekte aus einer untergeordneten **Personen**handelsgesellschaft können bei der Obergesellschaft gleich welcher Rechtsform wegen § 9 Nr. 2 GewStG in aller Regel nicht entstehen, wohl aber Körperschaftsteuereffekte (→ Rz. 77).

67 Die *outside basis differences* sind unter → Rz. 76 ff. kommentiert.

2. Speziell deutsche Organschaft[49]

68 Die Steuerlatenzrechnung im Falle einer ertragsteuerlichen Organschaft nach §§ 14 ff. KStG und § 2 Abs. 2 Satz 2 GewStG wirft bezüglich der Steuerlatenzrechnung insbesondere folgende Fragen auf:

▶ Sind die Steuerlatenzen beim Organ**träger** oder der Organ**gesellschaft** anzusetzen?

▶ Wie hat die **Bewertung** der Latenzen zu erfolgen?

▶ Wie ist beim **Ein-** in und **Austritt** aus und bei **Beginn** und **Beendigung** der Organschaft zu verfahren?

▶ Wie sind Konzernsteuer**umlagen** zu behandeln?

69 Die wesentlichen **Strukturmerkmale** einer ertragsteuerlichen Organschaft sind:

▶ Der Organ**träger** muss unbeschränkt steuerpflichtig im Inland sein; die Rechtsform ist nicht auf die Körperschaften beschränkt, auch eine Personenhandelsgesellschaft kommt als Organträgerin in Frage.

▶ Umgekehrt muss das **Organ** eine Kapitalgesellschaft mit unbeschränkter Steuerpflicht im Inland sein.

▶ Die Organschaft kann **mehrstufig** ausgerichtet sein, d. h. ein Organträger ist dann gleichzeitig Organgesellschaft.

▶ Gesellschaftsrechtlich ist die **finanzielle** Eingliederung mit der Stimmrechtsmehrheit der Tochter- in die Muttergesellschaft erforderlich, zusätzlich der Abschluss eines **Gewinnabführungs**vertrags mit einer Mindestlaufzeit von fünf Jahren.

70 Die steuerlichen Folgen für die laufende Besteuerung sind:

---

[49] Aus *Hoffmann*, in: Lüdenbach/Hoffmann (Hrsg.), Haufe IFRS-Kommentar, 8. Aufl., Freiburg 2010, § 26 Rz. 101 ff.; vgl. hierzu auch *Dahlke*, BB 2009 S. 878; *Loitz*, DB 2009 S. 913; *Herzig/Liekenbrock/Vessel*, Ubg 2010 S. 85 ff. (umfassende Darstellung).

- Gewerbeertrag und Einkommen der Organgesellschaft werden dem (obersten) Organträger unbeschadet der dem Grunde nach weiterbestehenden Steuerpflicht der Organgesellschaft zur Versteuerung **zugerechnet**.
- Effektiver **Steuerschuldner** ist im Wesentlichen (Ausnahme Garantiedividende) der Organträger.
- Beim Organträger erfolgt eine Ergebnis**verrechnung** von positiven und negativen Ergebnissen der Organgesellschaften.
- **Vororganschaftliche** Verluste der **Organ**gesellschaft werden während des Bestehens der Organschaft „eingefroren".
- Umgekehrt beim Organ**träger**: Hier bleiben die **vororganschaftlichen** Verluste in der üblichen Form fungibel.

In der **Zeitschiene** sind folgende Stadien zu unterscheiden: 71

- Vororganschaftlicher Zeitraum,
- Organschaftszeitraum sowie
- Nachorganschaftszeitraum.

Auf die Steuerlatenzrechnung hat diese Rechtskonstruktion folgende Auswirkungen: 72

- Mangels effektiver Steuerschuldnerschaft der Organgesellschaft sind aktive und passive Bilanzansätze auf temporäre **Differenzen** nicht bei der Organgesellschaft, sondern beim Organ**träger** anzusetzen (sog. formelle oder rechtliche im Gegensatz zur wirtschaftlichen Betrachtungsweise).[50] Bei Umlageverträgen kann hiervon ggf. abgewichen werden (→ Rz. 73). Nach dem Wortlaut von § 274 HGB wäre auch vertretbar, auf eine Latenzrechnung ganz zu verzichten, da die in Abs. 1 vorausgesetzte Identität des Unternehmens, bei dem die temporären Differenzen bestehen, mit dem, bei dem die daraus folgende Be- oder Entlastung in zukünftigen Perioden erwartet wird, nicht gegeben ist. Die ganz h. M. lehnt eine solche Auslegung aber ab.[51]
- **Verluste** in organschaftlicher Zeit wirken sich bei der Organgesellschaft nicht aus, sie werden im Ergebnis des Organträgers **verrechnet** und können bei einem Gesamtverlust aus dem Organbereich beim Organträger unter den weiteren Voraussetzungen latenziert werden.
- Die **Bewertung** der Latenzposten muss mit dem Steuersatz des Organträgers erfolgen, im Falle von Personenhandelsgesellschaften also mit dem Gewerbesteuersatz.

Im Übergang vom Vororganschafts- zum Organschafts**zeitraum** ergeben sich folgende Auswirkungen:

- Die Organgesellschaft verliert ihren effektiven Status als Steuerschuldnerin mit der Folge einer **Auflösung** der Bilanzansätze für temporäre Differenzen und **Übertragung** dieser auf den Organträger.
- Dabei ist eine **Neubewertung** erforderlich, z. B. wegen nicht mehr bestehender oder neu eintretender Wahrscheinlichkeit des Ausgleichs aktiver Latenzen in der Zukunft.

---

50 Vertreten durch IDW ERS HFA 27.21.und DRS 18.32.
51 Vgl. *Herzig/Liekenbrock/Vossel*, Ubg 2010 S. 85 ff.

▶ (Fast) zwingende Auflösung einer aktivierten Steuerlatenz aus **Verlustvorträgen** bei der Organgesellschaft wegen des mindestens fünfjährigen Zeitraums der fehlenden steuerlichen Nutzungsmöglichkeit; beim Organträger ist dieser Verlustvortrag nicht verwendbar, deshalb keine Übertragung von der Organgesellschaft auf den Organträger.

Die voraussichtliche **Beendigung** der Organschaft führt zu folgenden Effekten:

▶ Ist ein Ende der Organschaft abzusehen, sind Latenzen wieder bei der **Organ**gesellschaft als „eigene" zu bilden, sofern die Umkehr der temporären Differenzen im nachorganschaftlichen Zeitraum zu erwarten ist.

▶ Deren **Bewertung** richtet sich nach dem künftigen Steuersatz der Organgesellschaft.

▶ Wird eine **Verlustverrechnungsmöglichkeit** der Organgesellschaft im nachorganschaftlichen Zeitraum (wieder) wahrscheinlich, ist eine entsprechende Latenzierung vorzunehmen.

73   Die aus betriebswirtschaftlichen Erwägungen bezüglich des Einblicks in die Ertragslage der Organgesellschaften für sinnvoll erachtete und häufig praktizierten **Steuerumlagen** (für Körperschaft- und Gewerbesteuer) mindern den ausgewiesenen Abführungsbetrag. Bei Erhebung von Umlagen ist daher wie folgt vorzugehen:

▶ Bei der Organgesellschaft erscheint der Aufwand aus der Umlage in der **GuV**-Rechnung entweder als „Steuern vom Einkommen und Ertrag" oder als Bestandteil (Kürzung) des Postens „aufgrund von Gewinnabführungsverträgen abgeführte Gewinne"[52].

▶ Latente Steuern auf temporäre Differenzen der **Organ**gesellschaft sind bei dieser im Steueraufwand auszuweisen. Nach DRS 18.35 ist bei voller Umlage der steuerlichen Be- oder Entlastung auf die Organgesellschaft auch bilanziell ein Ausweis der latenten Steuern bei Letzterer zulässig.[53] Diese Möglichkeit ist als Wahlrecht formuliert. Da jedes Bilanzierungssubjekt das Wahlrecht eigenständig ausüben darf, kann dies zur doppelten Bilanzierung latenter Steuern führen, beim Organträger, weil dieser wahlweise der formalen Betrachtungsweise folgt, bei der Organgesellschaft, weil diese wahlweise die wirtschaftliche Betrachtungsweise anwendet.[54]

▶ In den Bilanzen sind die aus den Umlagen entstandenen **Schulden** oder **Forderungen** gegen(-über) verbundenen Unternehmen (→ § 266 Rz. 67) auszuweisen.

▶ Beim Organträger erscheint die Steuerumlage in Interpretation als „**Vorweg-Gewinnabführung**" als Teil des Postens „Ertrag aufgrund von Gewinnabführungsverträgen" bzw. „Aufwendungen aus Verlustübernahmen"[55] (→ § 275 Rz. 116a).

74   Aus **Praktikabilitätsgründen** werden im Einzelabschluss der Organgesellschaft häufig auch ohne das Vorliegen von Steuerumlageverträgen latente Steuern auf temporäre Differenzen gezeigt, auch wenn eine Umkehr im nachorganschaftlichen Zeitraum nicht zu erwarten ist (sog. **wirtschaftliche** Betrachtungsweise, → Rz. 72). Die Bewertung erfolgt dabei mit dem Steuersatz des Organträgers. Diese Handhabung ist zunächst arbeitsökonomisch bedingt, weil bei der Organgesellschaft die erforderlichen Daten vorliegen und nicht eigens in das Rechenwerk des Or-

---

52 *Dahlke*, BB 2009 S. 878 ff., m. w. N.
53 Restriktiver IDW ERS HFA 27 Tz. 24.
54 Vgl. *Lüdenbach/Freiberg*, BB 2010 S. 1971 ff.
55 *Dahlke*, BB 2009 S. 878 ff., m. w. N.

ganträgers transferiert werden müssen. Ob sie auch rechtlich vertretbar ist, erscheint zweifelhaft.[56]

Bei der (gegenteiligen) Methode der Latenzierung nur beim Organträger (→ Rz. 72) könnte in den Einzelabschlüssen des Organkreises die Steuerlatenzrechnung **insgesamt** unterbleiben, wenn die als Holding konstruierte (oberste) Organträgerin als kleine Gesellschaft (→ § 267 Rz. 3) gilt oder eine Personenhandelsgesellschaft außerhalb des § 264a HGB ist. Bei einem Passivüberhang der Steuerlatenz bei der Organgesellschaft, der nicht dort erfasst wurde, fiele die Gewinnabführungssperre höher aus als bei Erfassung am Entstehungsort (→ § 268 Rz. 137).

3. Personenhandelsgesellschaft als untergeordnete Einheit

3.1 Auswirkung bei der Personenhandelsgesellschaft

Steuerlatenzen – sämtliche sog. *inside basis differences* (→ Rz. 66) – bei der untergeordneten Personengesellschaft können entstehen aus

▶ „normalen" Buchwertunterschieden (→ Rz. 7), z. B. Drohverlustrückstellung,

▶ Gesellschafterwechsel (Anteilserwerb) und

▶ Folgebewertung.

Dazu folgender Sachverhalt:

> **BEISPIEL** Die K-AG erwirbt am 1.1.01 100 % der Anteile an der V-GmbH & Co. KG. Der Erwerbspreis beträgt 1.000, das Eigenkapital der KG 600. Der Differenzbetrag wird als *goodwill* identifiziert und bei der KG in einer steuerlichen Ergänzungsbilanz für die K-AG aktiviert sowie über 15 Jahre mit 27 abgeschrieben. Die KG bildet per 31.12.01 eine Drohverlustrückstellung von 200. Die nachstehend genannten Sachverhalte führen als ceteris paribus-Betrachtung ebenfalls zu einer Veränderung des steuerlichen Eigenkapitals der KG. Unterstellt bleibt der Bilanzansatz der KG in der HB der K-AG unverändert zu Anschaffungskosten. Betrachtet wird (zunächst) nur die **Besteuerungsebene der KG**:
>
> ▶ Zum Anschaffungszeitpunkt besteht durch Erhöhung des Steuerbuchwerts in der Ergänzungsbilanz eine Differenz von 400 zwischen handelsrechtlicher Gesamthandelsbilanz und Steuerbilanz. Folge ist die Aktivierung einer Steuerlatenz von 56 (14 % von 400); wegen der Gegenbuchung vgl. → Rz. 24.
>
> ▶ Abschreibungen auf *goodwill* oder andere aufgedeckte stille Reserven erfolgen nur in der StB, nicht in der HB und führen per 31.12.01 zu folgendem Effekt: Abbau der Aktivlatenz um 14 % von 27 = 4.
>
> ▶ Ein vorläufig thesaurierter Gewinn der KG hat keine Auswirkung auf die Steuerlatenz (bei der KG). Entsprechendes gilt für einen laufenden Verlust der KG.
>
> ▶ Die Drohverlustrückstellung von 200 (→ § 249 Rz. 131) bedingt eine Zuführung zur Aktivlatenz um 14 % = 28; Gegenbuchung erfolgswirksam.

75

---

56 Abgelehnt durch *Herzig/Liekenbrock/Vossel*, Ubg 2010 S. 85 ff.

Zum Sachverhalt unter → Rz. 75 folgendes Buchungsbeispiel (aufgrund der vorhergehend dargestellten Daten bei 100 %iger Beteiligung an der Personengesellschaft):

BEISPIEL

Drohverlustrückstellung	200
darauf 14 % Gewerbesteuer	28
Eigenkapital der Personengesellschaft in der StB (nach Gewerbesteuer)	3.000

Daraus errechnet sich folgende HB:

Latente Steuern	28	EK	3028
sonstiges Vermögen	3.000		

zum Vergleich StB:

sonstiges Vermögen	3.200	EK HB	3.000
		Drohverlustrückstellung	200
		EK StB	3.200

Hinweis: Die im Beispiel bereits berücksichtigte laufende Gewerbesteuer wegen der Drohverlustrückstellung wird in der HB exakt kompensiert durch die aktive Latenz. Bei der Tochter-Personenhandelsgesellschaft kann es nur zu *inside basis differences* (→ Rz. 65) kommen.

3.2 Auswirkung bei der Mutter-Kapitalgesellschaft

76   Aus der Besteuerungs**perspektive** der Mutter-Kapitalgesellschaft können sich aus der Beteiligungssituation an der Tochter-Personengesellschaft weitere Steuerlatenzierungen ergeben, die als *outside basis differences* (→ Rz. 66) zu titulieren sind. Letztere werden im internationalen Rechnungslegungsbereich vor allem als Differenzen im **Konzernabschluss** zwischen dem Nettovermögen einer einbezogenen Tochtergesellschaft und dem Beteiligungsansatz für diese Tochter bei der Muttergesellschaft verstanden. Im Verhältnis zwischen Mutter-Kapital- und Tochter-Personengesellschaft kann es im Einzelabschluss der Mutter zu einer **vergleichbaren** Situation, z. B. in folgenden Fällen kommen:

▶ Gewinnthesaurierung bei der Tochter,

▶ Jahresfehlbetrag bei der Tochter sowie

▶ außerplanmäßige Abschreibung der Beteiligung an der Tochter bei der Mutter.

Vgl. hierzu die Beispiele unter → Rz. 77.

76a   Während § 306 Satz 4 HGB auf Konsolidierungsvorgängen im Konzernabschluss beruhende *outside basis differences* explizit von der Latenzierungsrechnung ausnimmt (→ § 306 Rz. 38), enthält § 274 HGB keine entsprechende Ausnahme. Gleichwohl wird in Sonderfällen, so etwa bei ausländischen Betriebsstätten, ein Verzicht auf die Latenzierung z.T. für zulässig erachtet.[57]

In den unter → Rz. 76 genannten Konstellationen fallen das steuerliche Eigenkapital der Tochter-Personenhandelsgesellschaft und der Beteiligungsansatz bei der Mutter-Kapitalgesellschaft auseinander, d.h. die steuerliche **Spiegelbildbetrachtung** zwischen Beteiligungsansatz und Eigenkapital gilt hier nicht. 77

BEISPIEL ▶ Die Tochter thesauriert den erzielten Jahresüberschuss in 01 von 100. Da sich dadurch der Beteiligungsansatz bei der Mutter nicht erhöht (→ § 264c Rz. 32), ist per Ende des Jahrs das steuerliche Eigenkapital um 100 höher als der Beteiligungsansatz in der HB. In 02 wird dieser Gewinn ausgeschüttet.

▶ Zu buchen ist in 01 bei der Mutter:

per aktive Latenz an Steuerertrag	-16
laufender Steueraufwand	16
Ausweis Steueraufwand insgesamt (allerdings unsaldiert → Rz. 63)	0

▶ Buchungen in 02:

per Kasse an Beteiligungsertrag	100
per Steueraufwand an aktive Latenz	16
Ertrag	84

Laufender Steueraufwand entsteht in 02 aus der Ausschüttung nicht.

In beiden Jahren führt die Steuerlatenzrechnung zum richtigen Ausweis der Steuerquote (→ Rz. 4).

BEISPIEL ▶ Die Tochter erzielt in 01 einen Jahresfehlbetrag von 100, in 02 einen -überschuss von 100. Hier verläuft die Entwicklung des Unterschiedsbetrags zwischen Beteiligungsansatz und steuerlichem Eigenkapital gerade umgekehrt wie bei der Gewinnthesaurierung im vorhergehenden Beispiel.

▶ Zu buchen ist in 01:

per Steueraufwand an passive Latenz	-16
laufende Steuer (Minderung)	16
Ausweis Steueraufwand/-ertrag (allerdings unsaldiert → Rz. 63)	0

▶ Buchungen in 02:

per passive Latenz an Steuerertrag	16
laufende Steuer (Erhöhung)	-16
Ausweis Steueraufwand/-ertrag (allerdings unsaldiert → Rz. 63)	0

---

[57] IDW ERS HFA 27 Tz. 16; Beschränkung der Ausnahme auf konsolidierungsbedingte *outside basis differences* hingegen in DRS 18.28.

> In beiden Jahren führt die Steuerlatenzrechnung zum richtigen Ausweis der Steuerquote (→ Rz. 4). Das Ergebnis der Tochter berührt nicht das HB-Ergebnis der Mutter.

> **BEISPIEL** Die Mutter nimmt eine außerplanmäßige Abschreibung auf die Beteiligung an der Tochter von 100 vor. Steuersystematisch kann eine (vergleichbare) Teilwertabschreibung nicht erfolgen. Deshalb ist das steuerliche Eigenkapital per Ende des Jahrs um 100 höher als der Beteiligungsansatz in der HB (vergleichbar dem obigen Beispielsfall mit der Gewinnthesaurierung).
>
> Folge: Aktive Latenzierung.

78 In den drei Beispielsfällen unter → Rz. 77 beschränkt sich die Steuerlatenzierung gem. § 9 Nr. 2 GewStG auf die Besteuerungsebene der **Mutter-Kapitalgesellschaft** und damit auf die **Körperschaftsteuer**. Die Veränderung zwischen Beteiligungsbuchwert und steuerlichem Eigenkapital beruht in diesen Fällen nicht auf dem Inhalt der steuerlichen Gewinnermittlung bei der Tochter-Personenhandelsgesellschaft. Anders verhält es sich bei Buchwertdifferenzen **innerhalb** der **beiden** Rechenwerke der Tochtergesellschaft. In diesen Fällen werden diese Differenzen auf die Besteuerungsebene der Muttergesellschaft durchgereicht.

> **BEISPIEL** Im Jahr 01 bildet die Tochter-Personenhandelsgesellschaft eine steuerlich nicht ansetzbare Drohverlustrückstellung (→ § 249 Rz. 131) von 100. Das steuerliche Eigenkapital der Tochter ist dadurch um 100 höher als das HB-Kapital, also aktive Latenz von 14 (für Gewerbesteuer) im Einzelabschluss der Tochter.
>
> Aus der Perspektive der Mutter-Kapitalgesellschaft bleibt der Beteiligungsansatz in der HB unverändert, das steuerliche Eigenkapital der Tochter ist aber um 100 höher. Entsprechend sind für die Körperschaftsteuer 16 aktiv zu latenzieren.

79 > **BEISPIEL** Die K-AG erwirbt am 1.1.01 100 % der Anteile an der V-GmbH & Co. KG. Einziger Vermögensgegenstand der schuldenfreien KG ist ein Gebäude (auf fremdem Grundstück) mit einem Buchwert von 600. Der Erwerbspreis beträgt 1.000 wegen stiller Reserven im Gebäude. Der Differenzbetrag wird bei der KG in einer steuerlichen Ergänzungsbilanz für die K-AG aktiviert und über 10 Jahre mit 40 abgeschrieben. Das Ergebnis 01 vor Abschreibung in der Gesamthandsbilanz (60) und Ergänzungsbilanz (40) beträgt 100. Zum 2.1.02 wird das Gebäude für 900 veräußert. Anschließend liquidiert die V die KG und überführt den aus der Gebäudeveräußerung entstandenen Erlös in ihr Vermögen:
>
> **1. EBENE DER KG**
>
> Bilanz 1.1.01
>
> | | |
> |---|---|
> | aktive Latenz 14 % von 400 | = 56 (erfolgsneutral, → Rz. 17) |
> | EK | = 600 + 56 = 656 |

Bilanz 31.12.01

aktive Latenz von 14 % von 360	= 50,4 (Aufwand = 5,6)
EK	= 656 (Vortrag) + 34,4 Jahresüberschuss (siehe unten) = 690,4

GuV 01

Gesamthandsergebnis vor Abschreibung	100
Abschreibung Gesamthand	60
Ergebnis vor Steuern	40 (100 %)
latenter Steueraufwand (56 - 50,4)	5,6 (14 %)
Ergebnis nach Steuern	34,4 (86 %)

Tatsächliche Steuer entsteht nicht, da das Gesamthandsergebnis von 40 noch um die Abschreibung von 40 aus der Ergänzungsbilanz gemindert wird.

Die Auflösung der aktiven Latenz sorgt für die zutreffende Steuerquote (Prozentangaben in Klammern).

Bilanz 2.1.02

aktive Latenz	= 0 (Aufwand aus Auflösung 50,4)
EK	= 690,4 (Vortrag) + 309,6 Jahresüberschuss (siehe unten) = 900 (entsprechend dem Kassenbestand von 900)

GuV 1.1. bis 2.1.02

Erlös Grundstück	900
Buchwertabgang Gesamthandsbilanz	540
Ergebnis vor Steuern	360 (100 %)
latenter Steueraufwand (50,4)	50,4 (14 %)
Ergebnis nach Steuern	309,6 (86 %)

Tatsächliche Steuer entsteht nicht, da das Gesamthandsergebnis von 360 noch um den Buchwertabgang von 360 aus der Ergänzungsbilanz gemindert wird.

Die Auflösung der aktiven Latenz sorgt für die zutreffende Steuerquote.

2. EBENE DER MUTTER-AG – 31.12.01

Keine laufende Steuer, das KG Ergebnis nach Ergänzungsbilanz	= 0
Passive Latenz: 16 % von 1.000 (Beteiligungsbuchwert IFRS)	= 16 (erfolgsneutral, → Rz. 17)
- 900 (Tochter Spiegelbildmethode)	

2.1.02	
Auflösung der passiven Latenz (Ertrag 16)	
GuV	
Liquidationserlös	900
Abgang Beteiligung	-1.000
Verlust	100 (100 %)
Ertrag aus Auflösung passiver Latenz	16 (16 %)
Ergebnis nach Steuern	84 (84 %)
Die Auflösung der passiven Latenz sorgt für die zutreffende Steuerquote.	

80 Das Beispiel unter → Rz. 79 ist in gewisser Weise als **janusköpfig** zu charakterisieren: Es berührt die Besteuerungsebene beider Gesellschaften „gleichzeitig", aber nach Steuerarten getrennt. Kommt es zu einer späteren Veräußerung oder Liquidation der Tochter-Personenhandelsgesellschaft – sozusagen der Lackmus-Test der Latenzierung von zwei Besteuerungsebenen –, wirkt der Restbuchwert in der Ergänzungsbilanz auf den Ergebnisausweis beider Steuersubjekte:

▶ Bei der Personengesellschaft: Auflösung der Aktivlatenz zulasten des Ergebnisses,

▶ bei der Kapitalgesellschaft: Auflösung der Passivlatenz zugunsten des Ergebnisses.

Damit wird auch in beiden Fällen die zutreffende Steuerquote ausgewiesen.

Anders verhält es sich bei den Beispielsfällen unter → Rz. 77, die mit unterschiedlichen Beträgen nachstehend zusammengefasst dargestellt werden:

BEISPIEL

	HB	StB	Latenz 30 %	
Stand 31.1.01	1.000	1.000		
Gewinnthesaurierung für 01	-	50	15	aktiv
Stand 31.12.01	1.000	1.050		
außerplanmäßige Abschreibung 02	300	-	90	aktiv
Stand 31.12.02		1.050	105	
laufender Verlust 03		100	-30	passiv
Stand 31.12.03	700	950	75	**Saldo aktiv**

Der hier gewählte Steuersatz von 30 % beruht auf § 7 Satz 2 GewStG, also der Gewerbesteuer unterliegender Verkauf einer Beteiligung an einer Tochter-Personenhandels- durch eine Kapitalgesellschaft. Vergleichbar einer (ausländischen) *capital gains tax* ist der Auflösungsgrund für die Steuerlatenzposten bestimmend für den Steuersatz. Eine Gegenrechnung von steuerlichen Buchwerten, wie im Beispiel unter → Rz. 79 dargestellt, ist hier nicht möglich.

Die Besteuerungseffekte des **Sonderbetriebsvermögens** sind u. E. nicht in die Latenzierung einzubeziehen. Dieses führt in der Steuerbilanz zu Buchwerten, nicht dagegen in der Gesellschaftsbilanz. Deshalb kann kein Unterschiedsbetrag ermittelt werden; entsprechend fehlt die systematische Grundlage für die Steuerlatenzrechnung (→ Rz. 25). 81

VIII. Anhangerläuterungen

Der RegE des BilMoG enthielt in der Begründung noch die Anweisung einer Anhangerläuterung für die ausgewiesenen Latenzposten. Insbesondere wurde die Erstellung einer **Überleitungsrechnung** entsprechend IAS 12.81(c) angesprochen (→ Rz. 83a). Nachdem die endgültige Gesetzesfassung einer gegenüber dem BilMoG-RegE geänderten Konzeption der Steuerlatenzrechnung folgt, sind u. E. die Hinweise des BilMoG-RegE obsolet (→ Rz. 92). Stattdessen ist nach § 285 Nr. 29 HGB eine Angabe zu den Buchwertdifferenzen und zu den Verlustvorträgen, die der Steuerlatenzrechnung zugrunde liegen, erforderlich. Auf die Kommentierung unter → Rz. 91 ff. wird verwiesen. 82

Weitergehende (freiwillige) Angaben außerhalb derjenigen nach § 285 Nr. 29 HGB (→ § 285 Rz. 167) sind zwar zulässig, aber nicht zwingend und u. E. i. S. der Vermeidung einer unnötigen Opulenz der Anhangberichterstattung (→ § 284 Rz. 16 ff.) nicht wünschenswert. 83

Eine **Überleitungsrechnung** von den nach den gesetzlichen Steuersätzen zu erwartenden auf den tatsächliche Steueraufwand schreibt DRS 18.67 für den Konzernabschluss vor bzw. empfiehlt sie für den Einzelabschluss. Wegen eines Beispiels einer solchen Rechung wird auf → § 285 Rz. 170 verwiesen. 83a

IX. Bilanzpolitische Entscheidungslinien

1. Ausgangslage

Wie haben nun die betroffenen Gesellschaften mit der neuen, ab 2010 pflichtmäßig, ab 2009 optional (vgl. Art. 66 Abs. 3 Satz 6 EGHGB) gültigen Rechtslage umzugehen? Die Bilanzgestaltung bewegt sich zwischen **zwei** Polen: 84

1. Der mit Durchführung der Steuerlatenzrechnung wegen deren Komplexität verbundene **Verwaltungsaufwand**, der letztlich den Regelungsgehalt von IAS 12 bzw. dessen Nachfolgestandard abarbeiten muss.
2. Die steuerfreie Generierung eines **höheren Eigenkapitals** und eines **zusätzlichen Ertrags** durch Aktivierung eines Aktivüberhangs aus der Latenzrechnung unter Einbeziehung von Verlustverrechnungsmöglichkeiten.

2. Kleine Gesellschaften

Im Bereich des kleinen Gesellschaftsformates i. S. des § 267 Abs. 1 HGB (→ § 267 Rz. 12) wäre das Thema der Steuerlatenzrechnung schnell beendet: Sie sind ohnehin **befreit** (→ Rz. 49), scheuen den (vermeintlichen) Aufwand einer Latenzrechnung und sehen daher von der Bilanzierung i. d. R. ab. 85

IX. Bilanzpolitische Entscheidungslinien

Die **bilanzpolitische** Situation kann sich allerdings im Bereich der kleinen Gesellschaften auch anders verhalten.[58]

> **BEISPIEL** Die Tiefbau-Klein GmbH hat im Geschäftsjahr = Kalenderjahr 2009 einen gewinnträchtigen langfristigen Auftrag abgerechnet. Sie ist deshalb nach Art. 66 Abs. 3 Satz 6 EGHGB vorzeitig auf die BilMoG-Regeln übergegangen (→ Art. 66 Rz. 10), um die außerordentliche Zuführung zur Pensionsrückstellung für den Gesellschafter-Geschäftsführer im Ergebnis zu kompensieren und hat somit von der Übergangsregelung des Art. 67 Abs. 1 Satz 1 EGHGB keinen Gebrauch gemacht (→ Art. 67 Rz. 4).
>
> Aufgrund einer Fehlkalkulation für einen größeren Kanalbauauftrag hat die GmbH 2010 einen unerwarteten Verlust mit einer einmaligen Delle in der ansonsten nachhaltig befriedigenden Ertragslage erlitten. Aufgrund dieses Verlusts droht ein unerwünscht niedriger Eigenkapitalausweis, der nicht unbedingt der Konkurrenz gezeigt werden soll. Die Aktivierung der Steuerentlastung durch Verrechnung dieses Einmalverlusts in künftigen Perioden erscheint hochwünscht. Der körperschaftsteuerliche Verlustrücktrag kann den Vorjahresgewinn nicht kompensieren.

86 Die weitere Frage geht dann dahin, ob der mit der Steuerlatenzrechnung befürchtete **höhere Verwaltungsaufwand** zur Erreichung dieser bilanzpolitischen Vorgabe in Kauf genommen werden soll. Unzulässig wäre es nämlich, in Form des *cherry picking* die Steuerlatenzrechnung auf die Aktivierung der steuerlichen Verlustverrechnungsmöglichkeit zu **beschränken** (§ 274 Abs. 1 Satz 4 HGB: „sind zu berücksichtigen"). Wenn schon, dann muss der gesamte Inhalt des § 274 HGB abgearbeitet werden (→ Rz. 48). Der Blick des Bilanzgestalters richtet sich demnach auf **Buchwertdifferenzen** zwischen Handels- und Steuerbilanz. Solche stellten bislang meistens kein Thema dar, denn es gelang mehr oder weniger unproblematisiert die Erstellung einer Einheitsbilanz, es gab also keine Buchwertunterschiede (→ Rz. 44).

> **BEISPIEL** (Weiterführung)
>
> Nach neuem Recht besteht bei der Tiefbau-Klein GmbH ein Buchwertunterschied für die Pensionsrückstellung. Der vom Versicherungsmathematiker errechnete HGB-Wert übersteigt den steuerlichen zulässigen erheblich. Ein weiterer Unterschied ergibt sich aus einer Rückstellung für einen umstrittenen Gewährleistungsfall aus früheren Perioden wegen der unterschiedlichen Abzinsungs-Prozentsätze. Dieser Posten wird sich in spätestens zwei Jahren erledigen. Der Buchwertunterschied ist allerdings geringfügig und kann deshalb vernachlässigt werden (→ § 252 Rz. 182); es kommt also zum Ansatz des Steuerbilanzwerts in der Handelsbilanz.

87 Die Tiefbau-Klein GmbH wird deshalb im Verlustjahr 2010 das Wahlrecht des § 274 Abs. 1 Satz 2 HGB in Anspruch nehmen und auf die **Befreiung** von der Steuerlatenzrechnung überhaupt nach § 274a Nr. 5 HGB **verzichten**. Fraglich ist dann auch, ob die **Angabepflicht** nach § 285 Nr. 29 HGB (→ Rz. 82) zu erfüllen ist, von der an sich § 288 Abs. 1 HGB entbindet. Nach dem Wortlaut besteht die Angabepflicht nicht. Diese Gesetzesauslegung wird auch durch

---

58 Vgl. *Hoffmann/Lüdenbach*, NWB 2009 S. 1476 ff.

§ 288 Abs. 2 Satz 2 HGB unterstützt, derzufolge die den mittelgroßen Gesellschaften gebotene Steuerlatenzrechnung nach § 274 HGB nicht mit der Angabepflicht des § 285 Nr. 29 HGB (→ Rz. 91) verbunden ist.

Erster Befund demnach: Selbst für kleine Kapital- und Kap. & Co.-Gesellschaften kann das Ansatzwahlrecht nach § 274 Abs. 1 HGB für die aktive Steuerlatenz eine interessante bilanzpolitische Möglichkeit auftun. Das **Stetigkeitsgebot** kann gem. § 246 Abs. 3 HGB die erstmalige Ausübung eines förmlichen Wahlrechts mit Angabepflicht nach § 284 Abs. 2 Nr. 3 HGB nicht unterbinden. Das Stetigkeitsgebot umfasst die Behandlung **gleichartiger** Sachverhalte im Zeitablauf. Ein erstmaliger größerer Verlust ist jedoch ein neuer Sachverhalt. Die Gleichartigkeitsbedingung ist nicht erfüllt. Dies bedeutet umgekehrt auch: Nach Verbrauch der Verluste kann wegen wiederum neuer Sachlage zur Nichtlatenzierung eventueller temporärer Differenzen zurückgekehrt werden.

3. Orientierungsüberlegungen mittelgroßer und großer Gesellschaften

Mittelgroße und große Gesellschaften unterliegen dem Anwendungsbereich des § 274 HGB und sind daher zur Steuerlatenzrechnung dem Grunde nach **verpflichtet**. Sie bewegen sich aber auch in den beiden unter → Rz. 84 genannten Polen der Entscheidungsfindung und werden sich deshalb erst einmal Klarheit darüber verschaffen wollen, ob sie mutmaßlich der Bilanzierungs**pflicht** des Passivüberhangs oder dem **Wahlrecht** für den Aktivüberhang unterliegen. Dazu kann die Übersicht unter → Rz. 47 mit den dortigen Erläuterungen herangezogen werden.

Die Entscheidungsfindung ist dann für die mittelgroßen Gesellschaften genauso strukturiert wie unter → Rz. 86 ff. für die kleinformatigen dargestellt. Allerdings wird sich mit zunehmender Größe auch die Anzahl der **Buchwertunterschiede** vergrößern, die technisch das buchmäßige Nachhalten der Differenzen und ihrer Entwicklung im Zeitverlauf, z. B. auf der Basis einer Excel-Tabelle, erforderlich macht.

Dabei muss auch intensiv über die Möglichkeit der Aktivierung der steuerlichen **Verlustverrechnungen** im Rahmen eines Aktivüberhangs nachgedacht werden. Das Vorliegen von Verlustvorträgen berechtigt zum Ansatz nicht ohne Weiteres (→ Rz. 33 ff.). Insbesondere gilt dies bei einer in der Vergangenheit nachhaltigen negativen Ertragslage ("*history of recent losses*"). Im Beispiel unter → Rz. 85 war dies kein Problem: Es handelte sich um einen **Einmalverlust**, von dessen Wiederholung in der Zukunft nicht auszugehen ist. Anders bei **anhaltend negativer Ertragslage**: Hier muss die Berechtigung zum Bilanzansatz der Verlustverrechnungsmöglichkeit durch Wegfall der Verlustbringer – Schließung einer Filiale, Abbau des Personalüberhangs, Einführung eines effektiven Kostenmanagements etc. – dargelegt werden (→ Rz. 35 f.).

4. Die Sondersituation der großen Gesellschaften

4.1 Anhangangabepflicht

Sofern die Entscheidung zur **Nichtausübung** des Ansatzwahlrechts für die Aktivlatenz getroffen wird, hat sich das Thema der Steuerlatenzrechnung erledigt; man bewegt sich wieder in den gewohnten Bahnen des HGB in der bisher gültigen Fassung. Doch dieser Befund ist nur für das **mittlere** Größenformat der Kapital- und Kap & Co.-Gesellschaften richtig, weil diese nach § 288 Abs. 2 Satz 2 HGB (→ § 288 Rz. 2) von der Anwendung des neuen § 285 Nr. 29 HGB (→ Rz. 82) befreit sind, anders als **große** Gesellschaften. Letztere haben anzugeben

> „auf welchen Differenzen oder steuerlichen Verlustvorträgen die latenten Steuern beruhen und mit welchen Steuersätzen die Bewertung erfolgt ist."

92   Nach dem Regierungsentwurf des BilMoG war die Anhangerläuterung noch in § 274 Abs. 2 HGB enthalten, sie ist offensichtlich bewusst von dort in die Anhangvorschriften aufgenommen worden (→ Rz. 82); das geht jedenfalls aus der Gesetzesbegründung des Bundestags-Rechtsausschusses hervor:[59]

> „Die Angabe (gemeint ist § 285 Nr. 29 HGB) ist unabhängig davon vorzunehmen, ob in der Bilanz latente Steuern ausgewiesen werden. Gerade wenn dies – aufgrund der Gesamtdifferenzbetrachtung – nicht der Fall ist (weil wegen des Aktivüberhangs auf die Latenzrechnung verzichtet worden ist), ist anzugeben, aufgrund welcher (→ Rz. 94) Differenzen oder steuerlicher Verlustvorträge per Saldo ein Ausweis unterbleibt."

Diese Gesetzesvorgabe beruht u. a. auf Art. 43 Nr. 11 der 4. EG-Richtlinie, die bislang in Deutschland fälschlicherweise nicht umgesetzt worden war. Anders verhält es sich in Österreich, wo ebenfalls das Ansatzwahlrecht der Aktivlatenz in saldierter Betrachtung nach § 198 Abs. 10 öUGB besteht, seit jeher aber unter Berufung auf die 4. EG-Richtlinie mit Anhangangabeverpflichtung nach § 237 Nr. 6c öUGB versehen ist. Das österreichische Schrifttum hat daher rechtsvergleichend die mangelnde Richtlinienkonformität des bisherigen deutschen Rechts festgestellt.[60]

93   Die nunmehr in Deutschland umgesetzte Angabepflicht bezieht sich auf die Differenzen und die Verlustvorträge, die zu latenten Steuern führen (ob ausgewiesen oder nicht), und auf die zur Bewertung herangezogenen Steuersätze. Mit den „**Differenzen**" sind die Buchwertunterschiede zwischen Handels- und Steuerbilanz gemeint; auch die Begriffsinhalte der „steuerlichen **Verlustvorträge**" und der „**Steuersätze**" bedürfen keiner weiteren Erläuterung. Anders verhält es sich mit der Auslegung des Interrogativpronomens „**welchen**".

94   Bei „**welchen Steuersätzen**" ist dies noch einigermaßen einfach zu bewerkstelligen? Bei Kapitalgesellschaften ist der kombinierte Steuersatz von regemäßig 30 % zugrunde zu legen, bei hohen gewerbesteuerlichen Zurechnungen vielleicht auch 32 % und bei niedrigen Gewerbesteuerhebesätzen nur 28 %. Kommen **ausländische Steuersätze** hinzu, z. B. bei ausländischen Betriebsstätten mit Freistellungsmethode, ist der ausländische Tarif zu berücksichtigen, und die Steuerlatenz muss dann getrennt für in- und ausländische Betriebsstätten ermittelt werden. Im Anhang ist also etwa anzugeben, mit welchem kombinierten Steuersatz oder mit welchen unterschiedlichen Steuersätzen gerechnet wurde.

95   Bezüglich der **Verlustvorträge** ist der Angabeumfang ebenfalls klar. Körperschaftsteuerliche und gewerbesteuerliche Verlustvorträge sind regelmäßig nicht identisch. Möglicherweise besteht aufgrund einer früheren nur gewerbesteuerlichen Organschaft überhaupt kein gewerbesteuerlicher Verlustvortrag einer (damaligen) Organgesellschaft. Bei ausländischen Betriebs-

---

[59] BT-Drucks. 16/12407, S. 13.
[60] Vgl. zur fehlenden bisherigen Umsetzung im deutschen Recht auch einen entsprechenden Hinweis im österreichischen Schrifttum (Zeitschrift für Recht und Rechnungswesen) von *Barborka*, RWZ 1999 S. 42.

stätten kann ein mit der deutschen Steuerrechtslage unverknüpfter Verlustvortrag vorliegen oder umgekehrt. Im Anhang ist dementsprechend eine Aufschlüsselung der Verlustvorträge nach Steuerart und In- und Ausland vorzunehmen.

Vor allem aber ist das „**welchen**" bei den Differenzen bzw. bei den Buchwertunterschieden auslegungsbedürftig. Bei wörtlichem Verständnis (vgl. aber → § 285 Rz. 165) sind (unter Wesentlichkeitsvorbehalt) die Buchwertunterschiede u. E. mindestens auf Ebene der Bilanzposten aufzulisten, sinnvollerweise wie im nachfolgenden Beispiel in tabellarischer Form („Steuerlatenzspiegel"), während nach anderer Auffassung (→ § 285 Rz. 167) „qualitative Angaben" reichen.

96

BEISPIEL **1. Inländische Betriebsstätten**

	Buchwerte			Steuersatz (%)
	HB	StB	Differenz (€)	
Aktivlatenzen				
Pensionsrückstellungen (wegen Abzinsung und Trendannahmen)	-1.200	-930	-270	30
Sonstige Rückstellungen (wegen Abzinsung)	-820	-790	-30	30
Vorräte (wegen Abschreibung)	+300	+400	-100	30
Forderungen (wegen Wertberichtigung)	+120	+140	-20	30
	-1.600	-1.180	-420	
Passivlatenzen				
selbst erstellte Immaterialgüter	+100	0	+100	30
Sachanlagen	+150	0	+150	30
	+250	0	+250	
Aktivüberhang aus Differenzen			170	

2. Ausländische Betriebsstätte

	Betrag (€)	Jahr	Steuersatz (%)
Verlustvortrag	1.570	01	20
Verlustvortrag	320	02	20
Verlustvortrag	80	03	20
	1.970		

Die Differenzrechnung im Anhang kann sich i. d. R. mit Hauptposten (wie im Beispiel) begnügen. Sie muss nicht jeden noch so kleinen Unterschiedsbetrag ausweisen. Kleinere Differenzen können unter einem Sammelposten „Sonstige" erscheinen.⁶¹ Das erforderliche interne Arbeitspapier muss andererseits alle Einzelposten erfassen.

4.2 Folgerungen für die Bilanzgestaltung

97 Das Ergebnis der neuen Anhangangabepflichten für **große** Kapitalgesellschaften ist frappierend:

- Bei Ausübung des Nichtansatzwahlrechts wird die (angeblich) so aufwendige Steuerlatenzrechnung von der Bilanz in den **Anhang verlagert**.
- Wenn umgekehrt zur Ausübung des Ansatzwahlrechts optiert worden ist, **genügt nicht** der Ausweise eines **Gesamtbetrags** in der **Bilanz**. Zusätzlich ist dann auch hier eine Aufgliederung nach Maßgabe der vorstehenden Tabelle erforderlich.

98 Wie wird die **Praxis** großer Kapitalgesellschaften mit dieser gewöhnungsbedürftigen Rechtslage umgehen? U. E. fällt die Antwort nicht schwer: Wenn schon das gesamte Rechenwerk der Steuerlatenzrechnung abgewickelt werden muss, um der Angabepflicht im Anhang nachzukommen, dann kann auf das Nichtaktivierungswahlrecht verzichtet werden; denn aus der Anhangberechnung geht der Aktivierungsbetrag und damit indirekt auch der GuV-Ausweis unmittelbar hervor. Die Bilanzierung bereitet keinen **zusätzlichen** Verwaltungsaufwand. Die Arbeitserleichterung als bisher tragendes Argument eines Nichtansatzes ist hier hinfällig.

99 Aus **politischer** Sicht ist dieses Ergebnis ebenfalls bemerkenswert: Die vielseits geforderte Befreiung des **Mittelstands** von der Steuerlatenzrechnung bei dem regelmäßig gegebenen Aktivüberhang ist nur bis zum mittelgroßen Format der Gesellschaften gegeben. Die durchaus noch im Mittelstand anzusiedelnden großen Kapital- und Kap. & Co.-Gesellschaften nach dem Raster des § 267 HGB entbehren des Schutzschirms, der ihnen eigentlich auch zugedacht war.

100 Der Angabeumfang in § 285 Nr. 29 HGB **überzieht** die entsprechende Vorgabe des Art. 43 Nr. 11 der 4. EG-Richtlinie (→ § 285 Rz. 166) und ist offensichtlich von IAS 12.81(g) inspiriert. Das rechtfertigende Argument für diese die EG-Richtlinie überholende Angabepflicht ist dem zweiten Satz der unter → Rz. 92 zitierten Begründung des Bundestags zu entnehmen: Es sollen Gestaltungspraktiken unterbunden werden, durch die – regelmäßig unter Zuhilfenahme von Latenzen aus Verlustvorträgen – ein an sich auszuweisender Passivüberhang in einen Aktivsaldo und damit in ein Wahlrecht umgemünzt wird.

---

61 Unklar ist die Auffassung des IDW ERS HFA 27.36, wonach qualitative Angaben genügen sollen. U. E. kann die mathematisch definierte „Differenz" nicht „qualitativ" dargestellt werden.

§ 274a Größenabhängige Erleichterungen

Kleine Kapitalgesellschaften sind von der Anwendung der folgenden Vorschriften befreit:

1. § 268 Abs. 2 über die Aufstellung eines Anlagengitters,
2. § 268 Abs. 4 Satz 2 über die Pflicht zur Erläuterung bestimmter Forderungen im Anhang,
3. § 268 Abs. 5 Satz 3 über die Erläuterung bestimmter Verbindlichkeiten im Anhang,
4. § 268 Abs. 6 über den Rechnungsabgrenzungsposten nach § 250 Abs. 3,
5. § 274 über die Abgrenzung latenter Steuern.

Inhaltsübersicht	Rz.
I. Anwendungsbereich	1
II. Die Einzelvorschriften	2-6
III. Andere Einblicksrechte	7

I. Anwendungsbereich

Die Erleichterungen betreffen **kleine** Kapital- und Kap. & Co.-Gesellschaften nach Maßgabe des Größenrasters in § 267 HGB (→ § 267 Rz. 12). Dieses Wahlrecht ist **stetig** (→ § 265 Rz. 6) auszuüben. 1

II. Die Einzelvorschriften

Auf die Erstellung eines **Anlagegitters** nach § 268 Abs. 2 HGB (→ § 268 Rz. 53 ff.) kann verzichtet werden. Wenn durch Überschreiten der Größenklasse die Erstellung zur Pflicht wird, sollen nach h. M.[1] die bis dahin aufgelaufenen Buchwerte des Anlagevermögens als fiktive Anschaffungs-/Herstellungskosten in das Rechenwerk eingeführt werden dürfen. Dies wird aus einer Analogie zu Art. 24 Abs. 6 EGHGB bzw. Art. 48 Abs. 5 EGHGB abgeleitet. 2

U. E. ist dieser Analogieschluss nicht zwingend: Art. 24 Abs. 6 EGHGB geht von der Situation beim Übergang auf das neue Rechnungslegungssystem durch das BiRiLiG Ende 1985 aus. Damals war der sog. Brutto-Anlagespiegel in Deutschland unüblich. Der damals gebräuchliche Netto-Anlagespiegel enthielt systematisch die Anschaffungs-/Herstellungskosten nicht, weshalb nach dem Gesetzeswortlaut diese Rechengröße u. U. nur schwer zu beschaffen waren. Dieses Faktum hat sich seitdem völlig verändert. Nun liegen bei ordnungsmäßiger Anlagebuchführung die Anschaffungs-/Herstellungskosten für Anlagegegenstände auch bei kleinen Unternehmen jeder Rechtsform vor, weshalb für diese Übergangserleichterung kein Bedarf mehr besteht.

Die sog. **antizipativen** Posten (Aktivseite) nach § 268 Abs. 4 Satz 2 HGB – rechtliches Entstehen erst nach dem Bilanzstichtag – sind in → § 268 Rz. 105 erläutert. 3

---

1 Z. B. *Ellrott*, in: Beck'scher Bilanz-Kommentar, 7. Aufl., München 2010, § 274a Tz. 2; *ADS*, 6. Aufl., § 274 Tz. 7; *Dömer/Wirth*, in: Küting/Pfitzer/Weber (Hrsg.), Handbuch der Rechnungslegung – Einzelabschluss, § 274a Tz. 2.

4   Die Erläuterungspflichten zu den **passiven antizipativen** Posten nach § 268 Abs. 5 Satz 3 HGB sind in → § 268 Rz. 116 kommentiert.

5   Das **Damnum** (Disagio) aus aufgenommenen Darlehen gem. § 268 Abs. 6 HGB braucht nicht angegeben zu werden (→ § 268 Rz. 117).

6   Eine Steuerlatenzrechnung nach § 274 HGB kann unterbleiben, muss aber nicht, wenn **bilanzpolitische** Überlegungen zu einem anderen Ergebnis als das Unterlassen führen (→ § 274 Rz. 85 ff.). Allerdings soll bei Verzicht auf die Anwendung von § 274 HGB die passive Latenz durch die **Verbindlichkeits**rückstellung (→ § 249 Rz. 10) ersetzt werden – eine Auffassung, die wir nicht teilen (→ § 274 Rz. 49).

III. Andere Einblicksrechte

7   Unberührt bleiben **spezialgesetzliche** Einblicks- und Auskunftsrechte, etwa nach

- § 131 AktG die Informationsrechte des Aktionärs,
- § 51a GmbHG das Einsichtsrecht der Gesellschafter in die Bücher (→ § 238 Rz. 9) der Gesellschaft sowie das Auskunftsrecht über die Angelegenheiten der Gesellschaft,
- § 166 Abs. 1 HGB die Einsichtsberechtigung des Kommanditisten in die „Bücher" (→ § 238 Rz. 9) und „Papiere",
- Betriebsverfassungsrecht bestehende Einsichtsrechte der Arbeitnehmervertreter (→ § 267 Rz. 21).

Dritter Titel: Gewinn- und Verlustrechnung

§ 275 Gliederung

(1) ¹Die Gewinn- und Verlustrechnung ist in Staffelform nach dem Gesamtkostenverfahren oder dem Umsatzkostenverfahren aufzustellen. ²Dabei sind die in Absatz 2 oder 3 bezeichneten Posten in der angegebenen Reihenfolge gesondert auszuweisen.

(2) Bei Anwendung des Gesamtkostenverfahrens sind auszuweisen:

1. Umsatzerlöse
2. Erhöhung oder Verminderung des Bestands an fertigen und unfertigen Erzeugnissen
3. andere aktivierte Eigenleistungen
4. sonstige betriebliche Erträge
5. Materialaufwand:
    a. Aufwendungen für Roh-, Hilfs- und Betriebsstoffe und für bezogene Waren
    b. Aufwendungen für bezogene Leistungen
6. Personalaufwand:
    a. Löhne und Gehälter
    b. soziale Abgaben und Aufwendungen für Altersversorgung und für Unterstützung, davon für Altersversorgung
7. Abschreibungen:
    a. auf immaterielle Vermögensgegenstände des Anlagevermögens und Sachanlagen
    b. auf Vermögensgegenstände des Umlaufvermögens, soweit diese die in der Kapitalgesellschaft üblichen Abschreibungen überschreiten
8. sonstige betriebliche Aufwendungen
9. Erträge aus Beteiligungen, davon aus verbundenen Unternehmen
10. Erträge aus anderen Wertpapieren und Ausleihungen des Finanzanlagevermögens, davon aus verbundenen Unternehmen
11. sonstige Zinsen und ähnliche Erträge, davon aus verbundenen Unternehmen
12. Abschreibungen auf Finanzanlagen und auf Wertpapiere des Umlaufvermögens
13. Zinsen und ähnliche Aufwendungen, davon an verbundene Unternehmen
14. Ergebnis der gewöhnlichen Geschäftstätigkeit
15. außerordentliche Erträge
16. außerordentliche Aufwendungen
17. außerordentliches Ergebnis
18. Steuern vom Einkommen und vom Ertrag

19. sonstige Steuern

20. Jahresüberschuss/Jahresfehlbetrag.

(3) Bei Anwendung des Umsatzkostenverfahrens sind auszuweisen:

1. Umsatzerlöse
2. Herstellungskosten der zur Erzielung der Umsatzerlöse erbrachten Leistungen
3. Bruttoergebnis vom Umsatz
4. Vertriebskosten
5. allgemeine Verwaltungskosten
6. sonstige betriebliche Erträge
7. sonstige betriebliche Aufwendungen
8. Erträge aus Beteiligungen, davon aus verbundenen Unternehmen
9. Erträge aus anderen Wertpapieren und Ausleihungen des Finanzanlagevermögens, davon aus verbundenen Unternehmen
10. sonstige Zinsen und ähnliche Erträge, davon aus verbundenen Unternehmen
11. Abschreibungen auf Finanzanlagen und auf Wertpapiere des Umlaufvermögens
12. Zinsen und ähnliche Aufwendungen, davon an verbundene Unternehmen
13. Ergebnis der gewöhnlichen Geschäftstätigkeit
14. außerordentliche Erträge
15. außerordentliche Aufwendungen
16. außerordentliches Ergebnis
17. Steuern vom Einkommen und vom Ertrag
18. sonstige Steuern
19. Jahresüberschuss/Jahresfehlbetrag.

(4) Veränderungen der Kapital- und Gewinnrücklagen dürfen in der Gewinn- und Verlustrechnung erst nach dem Posten „Jahresüberschuss/Jahresfehlbetrag" ausgewiesen werden.

Inhaltsübersicht	Rz.
I. Persönlicher Anwendungsbereich	1
II. Allgemeine Vorschriften für die Gliederung der GuV	2 - 7
1. Das Saldierungsverbot (§ 246 Abs. 2 HGB)	2 - 3
2. Möglichkeiten und Grenzen der Individualisierung der GuV-Gliederung (§ 265 HGB)	4 - 7
III. Umsatz- und Gesamtkostenverfahren	8 - 9
IV. Der Inhalt der operativen Posten nach Gesamtkostenverfahren	10 - 58
1. Umsatzerlöse	10
2. Erhöhung oder Verminderung des Bestands an fertigen und unfertigen Erzeugnissen	11
3. Andere aktivierte Eigenleistungen	12 - 15

3.1 Gegenposten zu Aufwendungen der Periode	12
3.2 Zeitliche Abgrenzung	13
3.3 Sachliche Abgrenzung	14
3.4 Aktivierte Zinsen	15
4. Sonstige betriebliche Erträge	16 - 20
4.1 Restkategorie	16
4.2 Anwendungsbeispiele	17 - 17a
4.3 Erträge aus dem Abgang von abnutzbaren Vermögensgegenständen	18
4.4 Erträge aus der Auflösung von Rückstellungen	19 - 20
5. Materialaufwand	21 - 28a
5.1 Aufwendungen für Roh-, Hilfs- und Betriebsstoffe und für bezogene Waren	21 - 24
5.2 Aufwendungen für bezogene Leistungen	25 - 28a
6. Personalaufwand	29 - 48
6.1 Ausweisalternativen	29
6.2 Löhne und Gehälter	30 - 38
6.3 Soziale Abgaben	39 - 40
6.4 Aufwendungen für Altersversorgung	41 - 47
6.4.1 Komponenten des Versorgungsaufwands	41 - 42
6.4.2 Erfassung des Zinsanteils wahlweise im Finanzergebnis?	43 - 44
6.4.3 Personal- und Zinsaufwand bei Deckung durch Planvermögen	45 - 47
6.5 Aufwendungen für Unterstützung	48
7. Abschreibungen	49 - 56
7.1 Abschreibungen auf immaterielle Vermögensgegenstände des Anlagevermögens und Sachanlagen	49 - 50
7.2 Unüblich hohe Abschreibungen auf Vermögensgegenstände des Umlaufvermögens	51 - 56
8. Sonstige betriebliche Aufwendungen	57 - 58
8.1 Restkategorie	57
8.2 Anwendungsbeispiele	58
V. Der Inhalt der operativen Posten nach Umsatzkostenverfahren (UKV)	**59 - 82**
1. Umsatzerlöse	59
2. Herstellungskosten der zur Erzielung der Umsatzerlöse erbrachten Leistungen	60 - 67
2.1 Anpassung der Bezeichnung	60
2.2 Sachliche und zeitliche Abgrenzung der Herstellungskosten	61 - 67
2.2.1 Konzeption	61
2.2.2 Herstellungskostenbegriff der GuV im Vergleich zu dem der Bilanz	62 - 66
2.2.3 Zeitliche Zuordnung der Herstellungskosten in der GuV	67
3. Bruttoergebnis vom Umsatz	68
4. Vertriebskosten	69 - 70a
5. Allgemeine Verwaltungskosten	71 - 74
6. Sonstige betriebliche Erträge	75
7. Sonstige betriebliche Aufwendungen	76 - 78
8. Zuordnung von Forschungs- und Entwicklungskosten	79 - 82
VI. Die Posten des Finanzergebnisses	**83 - 110**
1. Erträge aus Beteiligungen (Nr. 9 GKV/Nr. 8 UKV)	83 - 86a
2. Erträge aus anderen Wertpapieren und Ausleihungen des Finanzanlagevermögens (Nr. 10 GKV/Nr. 9 UKV)	87 - 91
2.1 Inhalt des Postens	87 - 89
2.2 Abgrenzung Kapitalüberlassung gegenüber Dienstleistung	90 - 91
3. Sonstige Zinsen und ähnliche Erträge (Nr. 11 GKV/Nr. 10 UKV)	92 - 100
3.1 Komponenten des Zinsertrags	92 - 97
3.2 Zinserträge aus Planvermögen	98

3.3 Sonstige Saldierungsmöglichkeiten mit Zinsaufwendungen	99 - 100
4. Abschreibungen auf Finanzanlagen und auf Wertpapiere des Umlaufvermögens (Nr. 12 GKV/Nr. 11 UKV)	101
5. Zinsen und ähnliche Aufwendungen (Nr. 12 GKV/Nr. 11 UKV)	102 - 110
5.1 Komponenten des Zinsaufwands	102 - 108
5.2 Zinsderivate	109 - 110
VII. Ergebnis der gewöhnlichen Geschäftstätigkeit (Nr. 14 GKV/Nr. 13 UKV)	111
VIII. Außerordentliches Ergebnis (Nr. 15 bis 17 GKV/Nr. 14 bis 16 UKV)	112
IX. Steuern	113 - 120
1. Steuern vom Einkommen und vom Ertrag (Nr. 18 GKV/Nr. 17 UKV)	113 - 116a
2. Sonstige Steuern (Nr. 19 GKV/Nr. 18 UKV)	117 - 120
X. Jahresüberschuss/Jahresfehlbetrag (Nr. 20 GKV/Nr. 19 UKV)	121
XI. Überleitung vom Jahresergebnis zum Bilanzgewinn/-verlust (Abs. 4)	122 - 125

Ausgewählte Literatur

Doberenz, Der Inhalt des GuV-Postens Aufwendungen für bezogene Leistungen, BB 1987 S. 2190

Dörner, Wann und für wen empfiehlt sich das Umsatzkostenverfahren? WPg 1987 S. 154

Ehl, Behandlung der Umsatzsteuer im Jahresabschluß, BB 1987 S. 1146

Federmann, Außerordentliche Erträge und Aufwendungen in der GuV-Rechnung. Kriterien, Fälle und Fallgruppen, BB 1987 S. 1071

Groh, Verluste in der stillen Gesellschaft, DB 2004 S. 668

Hoffmann, Ergebnisausweis in der Bilanz der GmbH & Co. KG, StuB 2009 S. 595

Horn, Der Ausweis der nicht ertragsabhängigen Steuern im Gliederungsschema des § 275 Abs. 2 und 3 HGB, BB 1988 S. 2346

Kirsch, Inhalt ausgewählter GuV-Positionen nach HGB und IFRS, StuB 2006 S. 857

Kirsch, Konzeption der Gewinn- und Verlustrechnung nach HGB und IFRS, StuB 2006 S. 651

Küting/Reuter, Der Bilanzausweis des Eigenkapitals nach dem BilMoG-RegE, StuB 2008 S. 535

Küting/Reuter, Aufbau und Bestandteile des Jahres- und Konzernabschlusses nach dem BilMoG-RegE, StuB 2008 S. 735

Leffson, Der Ausweis des Außerordentlichen nach dem HGB, WPg 1986 S. 433

Lüdenbach, Aktivierte Eigenleistungen in der GuV, StuB 2010 S. 435

Lüdenbach, Avalzinsen in der GuV – Zinsaufwand oder sonstiger betrieblicher Aufwand?, StuB 2009 S. 69

Marx, Außerordentliche Erträge und außerordentliche Aufwendungen i. S. der §§ 275 Abs. 2 Nr. 15 und 16, 277 Abs. 4 HGB, WPg 1995 S. 476

Pertersen/Zwirner, Erfolgsdarstellung in deutschen Konzernabschlüssen: Die „Erfolgsgeschichte" der UKV, StuB 2007 S. 719

Rogler, Herstellungskosten beim Umsatzkostenverfahren, BB 1992 S. 1459

Wimmer, Theoretische Konzeption und praktische Umsetzungsprobleme des Umsatzkostenverfahrens nach HGB, WPg 1993 S. 161

I. Persönlicher Anwendungsbereich

§ 275 HGB enthält Gliederungsvorgaben für die GuV von Kapital- und Kap. & Co.-Gesellschaften (→ § 264a). Durch Verweis in § 5 Abs. 1 PublG gelten diese Vorschriften auch für dem PublG unterliegende Personenunternehmen.

Durch (Formblatt-)Verordnung erlassene branchenspezifische Vorschriften gehen § 275 HGB vor. Betroffen hiervon sind u. a. Kreditinstitute, Versicherungen, Krankenhäuser, Pflegeeinrichtungen etc.

Personenunternehmen, die weder dem PublG noch branchenspezifischen Verordnungen unterliegen, können § 275 HGB freiwillig anwenden. Tun sie dies nicht, so sind für die nach § 242 Abs. 2 HGB verlangte Gegenüberstellung von Aufwendungen und Erträgen nur allgemeine Grundsätze zu beachten, etwa das Gebot der Klarheit und Übersichtlichkeit gem. § 243 Abs. 2 HGB und das Verrechnungsverbot gem. § 246 Abs. 2 HGB.

II. Allgemeine Vorschriften für die Gliederung der GuV

1. Das Saldierungsverbot (§ 246 Abs. 2 HGB)

Aufwendungen dürfen gem. § 246 Abs. 2 HGB (→ § 246 Rz. 283) nicht mit Erträgen verrechnet werden.

Die Reichweite dieses Saldierungsverbots ist insbesondere bei (sonstigen betrieblichen) Erträgen/Aufwendungen aus der Auflösung/Dotierung von Wertberichtigungen und Rückstellungen nicht völlig klar. Wegen Einzelheiten wird auf → Rz. 19 verwiesen.

Durch Gesetz und GoB ist das Saldierungsverbot an verschiedenen Stellen eingeschränkt:

- ▶ **Kleine und mittelgroße Kapitalgesellschaften** dürfen die Posten Abs. 2 Nr. 1 bis 5 oder Abs. 3 Nr. 1 bis 3 und Nr. 6 unter der Bezeichnung „**Rohergebnis**" zusammenfassen (§ 276 Satz 1 HGB).

- ▶ Während der Ertrag bei den **Kernleistungen** eines Unternehmens, also den Umsatzerlösen **brutto**, d. h. **vor** notwendig aus dem gleichen Bereich resultierenden Aufwendungen, definiert ist und mit dem Umsatz verbundene Wareneinsätze oder Bestandsminderungen von Erzeugnissen daher separat zu zeigen sind, dominiert bei den **sonstigen Leistungen** des Unternehmens die **Nettobetrachtung**. Als Ertrag oder Aufwand aus dem Abgang von Anlagevermögen gilt daher etwa der Saldo aus Verkaufserlös und Buchwertabgang (→ Rz. 18).

- ▶ Nach § 277 Abs. 1 HGB sind **Erlösschmälerungen** (gewährte Rabatte, Skonti etc.) und die **USt** von den Umsatzerlösen abzuziehen. Die Vorschrift hat deklaratorischen Charakter. Entsprechend ist daher bei sonstigen betrieblichen und außerordentlichen Erträgen zu verfahren. Vertretbar ist auch die Interpretation mengen- oder preisabhängiger Verbrauch- und Verkehr**steuern** auf Umsätze als Erlösschmälerung (→ § 277 Rz. 21).

- ▶ Geboten ist ebenfalls der Abzug **erhaltener Preisnachlässe** (Rabatte, Skonti etc.) sowie abzugsfähiger Vorsteuern beim Material- oder sonstigen Aufwand.
- ▶ **Bestandsminderungen/-erhöhungen** sind der Saldo aus der Veränderung der Erzeugnisse. Bestandserhöhungen unfertiger Erzeugnisse sind daher etwa mit Bestandsminderungen fertiger Erzeugnisse zu saldieren und umgekehrt. Der anzusetzende Saldo umfasst auch Abschreibungen auf die Erzeugnisse, die die in der Kapitalgesellschaft sonst üblichen nicht überschreiten (§ 277 Abs. 2 HGB; → § 277 Rz. 22).
- ▶ Von dem Ertrag aus einem (Teil-)Gewinnabführungsvertrag ist der Ausgleich für **außenstehende Gesellschafter** abzusetzen (§ 158 Abs. 2 AktG; → § 277 Rz. 37).
- ▶ Aufwendungen und Erträge aus tatsächlichen Steuern können saldiert werden, ebenso Aufwendungen und Erträge aus **latenten Steuern**. Nur bedingt zulässig ist hingegen die Saldierung von Aufwendungen (Erträgen) aus tatsächlichen Steuern mit Erträgen (Aufwendungen) aus latenten Steuern (→ Rz. 114).

2. Möglichkeiten und Grenzen der Individualisierung der GuV-Gliederung (§ 265 HGB)

4 § 265 HGB enthält allgemeine Grundsätze für die Gliederung (von Bilanz und GuV) und deren Individualisierung. Von besonderem Interesse für die Individualisierung der GuV sind die Vorschriften zu

- ▶ **Untergliederung** und **Neueinfügung** von Posten (→ § 265 Rz. 33),
- ▶ **Anpassung** von Gliederung und Postenbezeichnungen (→ § 265 Rz. 37),
- ▶ **Zusammenfassung** von Posten (→ § 265 Rz. 44).

5 **Individualisierungen** des durch § 275 Abs. 2 und 3 HGB vorgegebenen Formats können sich vor allem aus Branchennotwendigkeiten ergeben. Die gesetzliche Gliederung ist vorrangig auf Industrieunternehmen zugeschnitten. Schon bei **Handelsunternehmen** ergibt etwa die Postenbezeichnung nach Abs. 3 Nr. 2 („Herstellungskosten der zur Erzielung der Umsatzerlöse erbrachten Leistungen") keinen Sinn und sollte in „Kosten der verkauften Waren" geändert werden (→ Rz. 60).

Noch weniger passen die Bezeichnungen und Gliederungsvorgaben von § 275 HGB auf **Dienstleistungsunternehmen**:

- ▶ Statt „Bestandsänderung fertige u. unfertige Erzeugnisse" (Abs. 2 Nr. 2) ist hier regelmäßig die Bezeichnung „Bestandsänderung fertige und unfertige Leistungen" aussagekräftiger,
- ▶ statt der gemeinsamen Erfassung unbedeutender Aufwendungen für Roh-, Hilfs- und Betriebsstoffe mit bedeutenden bezogenen Leistungen unter der Hautposition „Materialaufwand" (Abs. 2 Nr. 5) kann eine Änderung der Hautpostenbezeichnung in „Bezogene Leistungen" sinnvoll sein, ggf. verbunden mit einer Auslagerung der unbedeutenden Aufwendungen für Roh-, Hilfs- und Betriebsstoffe (Abs. 2 Nr. 5a) in die sonstigen betrieblichen Aufwendungen.

Die vorgenannten Überlegungen lassen sich wie folgt verallgemeinern:

- ▶ Die gesetzlichen Gliederungsvorgaben sind im operativen Bereich der GuV (Abs. 2 Nr. 1 bis 8 und Abs. 3 Nr. 1 bis 7) in erster Linie auf **Industrie-** und in wesentlichen Teilen auch auf

Handelsunternehmen zugeschnitten. Unternehmen dieser Bereiche unterliegen einer **verstärkten Begründungspflicht**, wenn sie im operativen Bereich vom gesetzlichen Gliederungsschema abweichen wollen.[1]

- Bei Unternehmen **anderer Branchen** fällt es hingegen im Allgemeinen nicht schwer, unter Berufung auf Klarheit und Übersichtlichkeit im operativen Bereich **Bezeichnungen zu ändern** und **neue Posten einzuführen**.

Die gesetzliche Reihenfolge der GuV-Posten (erst operative Posten, dann Posten des Finanzergebnisses) unterstellt als Normalfall, dass der operative Bereich kennzeichnender für das Unternehmen als der Finanzbereich ist. Bei **Holdinggesellschaften** verhält es sich aber gerade umgekehrt. Eine Änderung der Reihenfolge entspricht dann der Forderung nach Klarheit.

BEISPIEL

GuV der Holding AG (Gesamtkostenverfahren)	
Erträge aus Gewinnabführungen	3.000
sonstige Beteiligungserträge	5.000
Aufwendungen aus Verlustübernahmen	- 1.500
Abschreibungen auf Beteiligungen	- 500
Beteiligungsergebnis	6.000
Erträge aus anderen Finanzanlagen	150
sonstige Zinsen und ähnliche Erträge	400
Abschreibungen auf Wertpapiere des Umlaufvermögens	- 50
Finanzergebnis	6.500
Umsatzerlöse (aus Konzernumlagen)	250
sonstige betriebliche Erträge	125
Personalaufwendungen	- 350
sonstige betriebliche Aufwendungen	- 25
Ergebnis der gewöhnlichen Geschäftstätigkeit	6.500

Unabhängig von der Branche kann eine **Zusammenfassung von Posten**, also eine stärker aggregierende Darstellung, der Klarheit und Übersichtlichkeit dienen. In Frage kommt etwa, in folgenden Fällen eine Aufgliederung nur im Anhang, hingegen nicht in der GuV vorzunehmen:

- **Materialaufwand** (Abs. 2 Nr. 5) nach Roh-, Hilfs- und Betriebsstoffen (Abs. 2 Nr. 5a) und bezogenen Leistungen (Abs. 2 Nr. 5b) (→ Rz. 21 ff.),

- **Personalaufwand** (Abs. 2 Nr. 6) nach Löhnen und Gehältern (Abs. 2 Nr. 6a) und sozialen Abgaben und Altersversorgung (Abs. 2 Nr. 6b) (→ Rz. 29 ff.),

6

---

[1] Vgl. *Förschle*, in: Beck'scher Bilanz-Kommentar, 7. Aufl., München 2010, § 275 Tz. 19.

▶ **Finanzergebnis** (Abs. 2 Nr. 9 bis 13, Abs. 3 Nr. 8 bis 12) nach den gesetzlich vorgesehenen Einzelpositionen (→ Rz. 83 ff.).[2]

Bei unerheblichen **aktivierten Eigenleistungen** oder **Bestandsveränderungen** gilt auch eine Zusammenfassung dieser Posten mit den sonstigen betrieblichen Erträgen als zulässig.[3]

7 **Gesetzlich** vorgesehene Teil- bzw. **Zwischensummen** sind nur:
▶ Bruttoergebnis vom Umsatz (Abs. 3 Nr. 3),
▶ Ergebnis der gewöhnlichen Geschäftstätigkeit (Abs. 2 Nr. 14, Abs. 3 Nr. 13) und
▶ außerordentliches Ergebnis (Abs. 2 Nr. 17, Abs. 3 Nr. 16).

Keine Bedenken bestehen dagegen, **freiwillig** weitere Teil- bzw. **Zwischensummen** einzufügen für:
▶ **operatives Ergebnis/EBIT** (Summe der Positionen Abs. 2 Nr. 1 bis 8 bzw. Abs. 3 Nr. 1 bis 7),
▶ **Finanzergebnis** (Summe der Positionen Abs. 2 Nr. 9 bis 13 bzw. Abs. 3 Nr. 8 bis 12) und
▶ **Ergebnis vor Steuern**.

Fraglich ist, ob internationaler Übung folgend ein Ergebnis vor Zinsen, Steuern und Abschreibungen – **EBITDA** – in der GuV gebildet werden darf. Ein solches Vorgehen muss der Klarheit und Übersichtlichkeit dienen. Angesichts der Unbestimmtheit dieser Vorgabe lässt sich dies nur dann nicht begründen, wenn die Gliederungslogik von § 275 HGB durch ein EBITDA missachtet würde:

▶ Zur Gliederungslogik des **Umsatzkostenverfahrens** gehört die **Allozierung der Abschreibungen** auf die **Funktionsbereiche** Herstellung, Vertrieb, Verwaltung. Es wäre **nicht systemkonform**, als EBITDA die Summe der Ergebnisse von Herstellung, Vertrieb und Verwaltung vor Abschreibung auszuweisen, um sodann die Abschreibungen (nach Funktionen oder in Summe) zu zeigen.

▶ Im **Gesamtkostenformat** bestehen die vorgenannten Bedenken nicht, da die Abschreibungen als eigener Posten und nicht als unselbständiger Teil der Funktionsaufwendungen zu zeigen sind. Der Vorgabe von Abs. 1 Satz 2, die einzelnen Posten in der im **Gesetz angegebenen Reihenfolge** auszuweisen, ist aber Folge zu leisten. Hiernach sind im Gesamtkostenformat die sonstigen betrieblichen Aufwendungen (Abs. 2 Nr. 8) nach den Abschreibungen (Abs. 2 Nr. 7) und vor Finanzergebnis und Steuern zu zeigen. Die Positionierung der EBITDA-Zwischensumme vor den Abschreibungen scheidet danach aus, da dieses Ergebnis zugleich ein Ergebnis vor sonstigen betrieblichen Aufwendungen wäre. Eine EBIDTA-Zwischensumme kann daher nur gebildet werden, wenn die **Reihenfolge** der **Abschreibungen** und der **sonstigen betrieblichen Aufwendungen getauscht** wird. Nach § 265 Abs. 6 HGB ist dies zulässig, wenn es wegen Besonderheiten der Kapitalgesellschaft zur Aufstellung eines klaren und übersichtlichen Jahresabschlusses erforderlich ist. In der Interpretation dieser Voraussetzung ist das Schrifttum überwiegend großzügig (→ 265 Rz. 40) und hält daher auch die Bildung einer Zwischensumme EBITDA für zulässig.[4]

---

2 Gl. A. *Förschle*, in: Beck'scher Bilanz-Kommentar, 7. Aufl., München 2010, § 275 Tz. 18; undeutlich *ADS*, 6. Aufl., § 275 Tz. 48, m. w. N.
3 Vgl. *Wobbe*, in: Haufe HGB Bilanz Kommentar, Freiburg 2009, § 275 Rz. 37.
4 So etwa *Förschle*, in: Beck'scher Bilanz-Kommentar, 7. Aufl., München 2010, § 275 Tz. 43.

► Zur Gliederungslogik sowohl des Gesamt- als auch des Umsatzkostenverfahrens gehört schließlich die Unterscheidung zwischen einem Ergebnis aus **gewöhnlicher** Geschäftstätigkeit und einem **außerordentlichen** Ergebnis. Eine Gesellschaft, die ein nennenswertes außerordentliches Ergebnis hat, kann daher systemkonform bestenfalls ein „**ordentliches**" **EBITDA** ausweisen.

III. Umsatz- und Gesamtkostenverfahren

Primäres Gliederungsprinzip von § 275 HGB ist die Unterscheidung zwischen 8
► operativem Ergebnis,
► Finanzergebnis,
► außerordentlichem Ergebnis und
► Steuern.

In dieser Reihenfolge sind die Posten der GuV i. d. R. zu präsentieren (→ Rz. 5).

Der 4. EG-Richtlinie folgend gewährt das Gesetz in der Gliederung des operativen **Bereichs** ein **Wahlrecht** zwischen Gesamtkostenverfahren und Umsatzkostenverfahren:

► Das **Gesamtkostenverfahren** (*nature of expense*-Methode) präsentiert die **Aufwendungen nach Aufwandsarten** (Material, Personal, Abschreibungen, sonstige). Die betreffenden Aufwendungen werden auch dann in voller Höhe gezeigt, wenn sie ganz oder in Teilen noch nicht zu Verbrauch i. S. der Kostenrechnung geführt haben, sondern als Herstellungskosten von Erzeugnissen oder Anlagen aktiviert wurden. Ein Ausgleich wird durch die Positionen **Bestandsänderungen** und **andere aktivierte Eigenleistungen** erreicht.

► Beim **Umsatzkostenverfahren** (*cost of sales*-Methode) werden die Aufwendungen nach den **Funktionsbereichen Herstellung, Vertrieb und allgemeine Verwaltung** gegliedert (→ Rz. 61). Im Bereich Herstellung werden nur die Herstellungskosten der im Geschäftsjahr verkauften Produkte berücksichtigt. Die auf die Bestandserhöhung von Erzeugnissen oder aktivierte Eigenleistungen entfallenden Teile der Aufwendungen (Material, Personal etc.) werden ohne Berührung der GuV unmittelbar aktiviert (→ Rz. 12).

BEISPIEL A eröffnet sein Unternehmen am 1.10.01. Bis zum 31.12.01 werden noch keine Umsätze getätigt.

Die Aufwendungen sind wie folgt:

	Produktion	Vertrieb	Verwaltung	Summe nach Aufwandsarten
Material	120			120
Personal	100	25	25	150
Abschreibung	40	10	10	60
Summe nach Funktionen	260	35	35	330

Hieraus ergibt sich die GuV 01 wie folgt:

	GKV		UKV
Umsatz	0	0	Umsatz
Bestandserhöhung Erzeugnisse	260	0	HK der zur Erzielung der Umsatzerlöse erbrachten Leistungen
Materialaufwand	- 120	0	Bruttoergebnis vom Umsatz
Personalaufwand	- 150	- 35	Vertrieb
Abschreibungen	- 60	- 35	Verwaltung
Ergebnis	- 70	- 70	

Bei Anwendung des Umsatzkostenverfahrens sind im Anhang der Material- und der Personalaufwand anzugeben (§ 285 Nr. 8 HGB).

9 Die GuV-Gliederung unterliegt dem **Stetigkeitsgebot**. Von der einmal gewählten Form der Darstellung kann nur in Ausnahmefällen wegen besonderer Umstände zum anderen Verfahren gewechselt werden (§ 265 Abs. 1 Satz 1 HGB). Als Umstände, die einen Wechsel **rechtfertigen**, kommen in Betracht: Die Anpassung an

▶ die in der **Branche** dominierende Darstellungsform,

▶ eine abweichende Gliederung des **Konzerns**,

▶ ein geändertes Verfahren der **internen Kostenrechnung** etc.

Mit einem Wechsel zwischen Umsatz- und Gesamtkostenverfahren – oder umgekehrt – geht eine Beeinträchtigung der Vergleichbarkeit einher. Diese beruht nicht auf einer Änderung objektiver Umstände, sondern ist Folge einer bewussten Entscheidung für eine neue Darstellung. Wer diese Entscheidung trifft, muss u. E. den daraus resultierenden „Schaden" für die Vergleichbarkeit begrenzen, in dem er nach § 265 Abs. 2 Satz 3 HGB eine Anpassung des Vorjahrs vornimmt (→ § 265 Rz. 25).[5]

IV. Der Inhalt der operativen Posten nach Gesamtkostenverfahren

1. Umsatzerlöse

10 Auf → § 277 Rz. 1 ff. wird verwiesen.

---

[5] Im Wesentlichen gl. A. *Wobbe*, in: Haufe HGB Bilanz Kommentar, Freiburg 2009, § 275 Rz. 14, großzügiger *ADS*, 6. Aufl., § 275 Tz. 37.

2. Erhöhung oder Verminderung des Bestands an fertigen und unfertigen Erzeugnissen

Wegen des Inhalts wird auf → § 277 Rz. 22 verwiesen, wegen der Anpassung der Bezeichnung bei Dienstleistungsunternehmen auf → Rz. 5.

11

3. Andere aktivierte Eigenleistungen

3.1 Gegenposten zu Aufwendungen der Periode

Im Gesamtkostenverfahren werden die **Aufwendungen** des Geschäftsjahrs nach ihrer Art **vollständig** erfasst, unabhängig davon, ob sie bereits zu Umsätzen oder nur zur Herstellung von Erzeugnissen und Anlagen geführt haben (→ Rz. 8). Im Falle aktivierter Aufwendungen muss daher als **Gegenposten** ein Ertrag angesetzt werden:

12

- Bei hergestellten Vorräten ist dies der Posten „Bestandsänderung Erzeugnisse" (→ Rz. 11),
- bei hergestellten Anlagen der Posten „andere aktivierte Eigenleistungen" (→ Rz. 13).

3.2 Zeitliche Abgrenzung

Die technische Funktion der aktivierten Eigenleistungen als Gegenposten zu Aufwand der **Periode** bedingt: Nicht als aktivierte Eigenleistungen, sondern als **Ertrag aus Zuschreibungen** sind zu erfassen:

13

- **Reparaturaufwendungen**, die in der ursprünglich Periode nicht aktiviert wurden, wegen Ausweitung zu einer Generalüberholung in der Folgeperiode aber nachträglich zu aktivieren sind;[6]
- Aktivierungen, die zulasten von in Vorjahren gebildeten **Rückstellungen** gebucht werden, etwa eine zunächst passivierte unterlassene Instandhaltung, die sich in der Folgeperiode zu einer aktivierungspflichtigen Generalüberholung ausweitet.

3.3 Sachliche Abgrenzung

Zu aktivieren sind nur „Eigenleistungen". Bei der Erstellung von Anlagen kann neben der eigenen Arbeitsleistung aber zusätzlich **Fremdleistung** in Anspruch genommen werden, sei es als Werk- oder Dienstleistung oder als speziell für den Auftrag bezogenes Material. In diesen Fällen ist zu differenzieren:[7]

14

- Sofern die Eigenleistung den Fremdanteil (deutlich) überwiegt, bestehen keine Bedenken, den gesamten aktivierten Betrag als aktivierte Eigenleistung und den Fremdanteil als Aufwand für Roh-, Hilfs- und Betriebsstoffe (Posten Nr. 5a) bzw. für bezogene Leistungen (Posten Nr. 5b) zu erfassen (sog. **Brutto**methode).
- Sofern die Fremdleistung den Eigenanteil überwiegt, liegt eine aktivierte Eigenleistung im Umfang der Fremdleistung nicht mehr vor. Der Fremdanteil ist daher ohne Berücksichtigung des Aufwands in der GuV unmittelbar zu aktivieren (sog. **Netto**methode).

---

6 So auch *ADS*, 6. Aufl., § 275 Tz. 60 ff.
7 Vgl. *Wobbe*, in: Haufe HGB Bilanz Kommentar, Freiburg 2009, § 275 Rz. 79; *Förschle*, in: Beck'scher Bilanz-Kommentar, 7. Aufl., München 2010, § 275 Tz. 81.

> **BEISPIEL** Tiefbauunternehmen T errichtet ein neues Verwaltungsgebäude. Planung, Bodenaushub, Fundament und wesentliche Teile des Rohbaus werden mit eigenen Arbeitskräften erledigt. Der Innenausbau wird überwiegend an Fremdunternehmen vergeben.
>
> Die Kalkulation ist wie folgt:
>
> | Kalkulation | |
> |---|---|
> | Eigenes Personal | 250 |
> | Abschreibung eigene Maschinen | 50 |
> | für Rohbau bezogenes Material | 200 |
> | Material Innenausbau | 150 |
> | Werklohn Innenausbau | 100 |
> | Summe | 750 |
>
> Die Fremdleistungen überwiegen. Angemessen ist daher die Anwendung der Nettomethode, die im Vergleich zur Bruttomethode bezogen auf das Projekt zu folgender GuV führt:
>
> | GuV | Nettomethode (sachgerecht) | Bruttomethode (unangemessen) |
> |---|---|---|
> | aktivierte Eigenleistungen | 300 | 750 |
> | Aufwand RHB | 0 | -350 |
> | Aufwand bezogene Leistungen | 0 | -100 |
> | Personalaufwand | -250 | -250 |
> | Abschreibungen | -50 | -50 |
> | Summe | 0 | 0 |

3.4 Aktivierte Zinsen

15 Nach § 255 Abs. 3 HGB dürfen Zinsen auf Herstellungskosten aktiviert werden. Für die buchungstechnische Behandlung im Gesamtkostenformat kommen zwei Methoden in Frage:

▶ Nach der **Nettomethode** werden die aktivierten Zinsen nicht in der GuV erfasst. In Höhe des zu aktivierenden Teils der entstandenen Zinsen ist kein Zinsaufwand zu buchen (per Anlagevermögen an Geld) oder ein insoweit bereits gebuchter Zinsaufwand (per Zinsaufwand an Geld) ist zu stornieren (per Anlagevermögen an Zinsaufwand).

▶ Nach der **Bruttomethode** wird der Zinsaufwand ungekürzt im Finanzergebnis ausgewiesen. In Höhe des aktivierten Teils steht ihm jedoch ein Ertrag aus aktivierten Eigenleistungen gegenüber (per Anlagevermögen an aktivierte Eigenleistungen).

Die Nettomethode ist dann allgemein und damit auch bezüglich der Zinsen anzuwenden, wenn die **Fremdleistungen** in der Gesamtbetrachtung überwiegen (→ Rz. 14). Beschränkt auf die Zinsen ist aber auch bei in Gesamtbetrachtung überwiegenden Eigenleistungen die **Netto-**

methode vorzuziehen. Zu ihren Gunsten kann der **Vergleich** zwischen Gesamt- und Umsatzkostenverfahren angeführt werden:

- Beide Methoden gliedern den **operativen** Teil der GuV unterschiedlich, während im **Finanzergebnis** und **außerordentlichen** Ergebnis nicht nur gleiche Postenbezeichnungen gewählt werden, sondern im Interesse einer vergleichenden Erfolgsanalyse auch der gleiche Inhalt präsentiert werden sollte.
- Dem **Umsatzkostenverfahren** ist aber die **Nettomethode immanent**. Als Umsatzkosten oder sonstige operative Kosten werden nur die Aufwendungen in der GuV erfasst, die in der Periode zu Verbrauch geführt haben. Die Neutralisierung der aktivierten Zinsaufwendungen durch einen Gegenposten für aktivierte Eigenleistungen scheidet im Umsatzkostenverfahren daher aus. Hilfsweise könnte zwar ein entsprechender technischer Ertrag unter den sonstigen betrieblichen Erträgen ausgewiesen werden, ein solcher technischer Posten wäre aber dem Umsatzkostenverfahren systemfremd (→ Rz. 65). Somit bleibt im Umsatzkostenverfahren nur der Nettoausweis.
- Um nun im Gesamtkostenverfahren zu keinem anderen Inhalt des Postens Zinsaufwand zu gelangen, wäre auch hier die Nettomethode anzuwenden.

Das Schrifttum kann in dieser Frage zu keiner einheitlichen Vorgabe finden.[8] U. E. ist dem analytischen Interesse des Bilanzadressaten an einer Erfolgsspaltung am meisten gedient, wenn in beiden GuV-Varianten aktivierte Zinsen nach der Nettomethode behandelt werden.

Das Problem stellt sich in ähnlicher Weise bei aktivierten Zinsen auf Erzeugnisse. Auf → § 277 Rz. 27 ff. wird deshalb verwiesen.

4. Sonstige betriebliche Erträge

4.1 Restkategorie

Die sonstigen betrieblichen Erträge sind eine **Restkategorie**. Der Posten umfasst alle operativen (d. h. weder dem Finanzergebnis noch dem außerordentlichen Ergebnis zuzurechnenden) Erträge, die nicht unter einem anderen im Gliederungsschema aufgeführten operativen Ertragsposten auszuweisen sind.

16

Verwiesen wird

- wegen der Abgrenzung zu den **Umsatzerlösen** auf → § 277 Rz. 1 ff.,
- wegen der zu den **außerordentlichen Erträgen** auf → § 277 Rz. 39 ff.

4.2 Anwendungsbeispiele

Für den Ausweis als sonstige betriebliche Erträge kommen in Frage:

17

- Erlöse aus Mieten, Pachten, Lizenzen, sofern sie nicht zur typischen Geschäftstätigkeit des Unternehmens zählen (→ § 277 Rz. 1),
- Erträge aus „Hilfsbetrieben", etwa Kantinen oder Beförderung der Arbeitnehmer zwischen Wohnort und Betrieb (→ § 277 Rz. 39 ff.),

---

8 Vgl. u. a. *Förschle*, in: Beck'scher Bilanz-Kommentar, 7. Aufl., München 2010, § 275 Tz. 274 und 300; ADS, 6. Aufl., § 275 Tz. 231 f.

- Wertaufholungen auf Sach- und immaterielle Anlagen, hingegen weder die Wertaufholungen auf Roh-, Hilfs- und Betriebsstoffe und Waren, die als Minderung des Materialaufwands zu erfassen sind (→ Rz. 24), noch die als Bestanderhöhung geltende Zuschreibung auf Erzeugnisse (→ § 277 Rz. 23),
- Erträge aus dem Abgang von Sachanlagenvermögen (→ Rz. 18), soweit sie nicht, wie etwa bei Autovermietern, den Umsatzerlösen zuzurechnen sind (→ § 277 Rz. 3),
- Erträge aus dem Abgang von oder der Zuschreibung zu Finanzanlagen, Wertpapieren des Umlaufvermögens und Bezugsrechten darauf, sofern nicht im Finanzergebnis erfasst (→ Rz. 17a),
- Erträge aus Finanzderivaten,
- Zahlungseingänge auf ausgebuchte oder wertberichtigte Forderungen, Erträge aus der Auflösung von Wertberichtigungen,
- Erträge aus Schuldnachlässen, soweit sie nicht wegen des Zusammenhangs mit einer Sanierung außerordentlich sind (→ § 277 Rz. 42 ff.),
- Erträge aus der Währungsumrechnung (→ § 277 Rz. 61),
- Erträge aus öffentlichen Zuwendungen,
- Erträge aus (Versicherungs-)Entschädigungen, soweit sie nicht außerordentlich sind (→ § 277 Rz. 42 ff.), und
- Erträge aus der Auflösung von Rückstellungen (→ Rz. 19).

Erträge aus der Währungsumrechnung sind bei Wesentlichkeit gesondert, z. B. durch einen Davon-Vermerk, auszuweisen (→ § 277 Rz. 61).

17a Da Erträge aus dem Abgang von oder der Zuschreibung zu Finanzanlagen sachlich dem Finanzbereich zuzurechnen sind, kommt auch ein Ausweis im Finanzergebnis, als eigener Posten oder in Anpassung der Postenbezeichnung für Beteiligungserträge in Frage.[9]

4.3 Erträge aus dem Abgang von abnutzbaren Vermögensgegenständen

18 Ertrag (Aufwand) aus dem Abgang von Anlagegegenständen entsteht in Höhe des **Saldos** aus
- Verkaufserlös oder der an seine Stelle tretenden Entschädigung und
- Buchwert der abgehenden Anlage zum Abgangszeitpunkt.

Abschreibungen bis zum Abgangszeitpunkt sind daher (unter Wesentlichkeitsvorbehalt) vorab zu verrechnen, um erst den so resultierenden Buchwert dem Veräußerungserlös gegenüberzustellen.

4.4 Erträge aus der Auflösung von Rückstellungen

19 Bei Rückstellungen ist zu unterscheiden zwischen
- Inanspruchnahme/Verbrauch bei Eintritt des Risikos und
- Auflösung bei Nichteintritt des Risikos.

---

9 Vgl. *Förschle*, in: Beck'scher Bilanz-Kommentar, 7. Auf., München 2010, § 275 Tz. 98.

Rückstellungen sind aufzulösen, soweit sie nicht mehr benötigt werden (§ 249 Abs. 2 Satz 2 HGB). Die Auflösung führt zu einem sonstigen betrieblichen Ertrag.

BEISPIEL In 01 ist U in zwei Fällen verklagt worden. Für jeden der beiden Fälle bildet er eine Rückstellung von 50.

In 02 wird in Verfahren A zur Zahlung von 50 verurteilt, während Verfahren B zugunsten von U entschieden wird.

Buchungen in 02:

Für Verfahren A (Inanspruchnahme):

| per Rückstellung | 50 | an Verbindlichkeit oder Geld | 50 |

Für Verfahren B (Auflösung):

| per Rückstellung | 50 | an sonstiger betrieblicher Ertrag | 50 |

Bei Auflösung der nicht mehr benötigten Rückstellung ist eine Verrechnung mit den Aufwandsposten, zu deren Lasten die Rückstellung gebildet wurde, nicht zulässig.

BEISPIEL In 01 wird für einen gerichtsanhängigen Einzelfall eine Garantierückstellung von 100 gebildet. Die erwartete Erfüllung der Garantieleistung wird beinahe ausschließlich Personalkosten verursachen. Materialeinsatz wesentlichen Umfangs wird nicht erwartet.

In 02 wird die wegen der Garantie geltend gemachte Klage zurückgewiesen.

Buchung in 01:

| per Personalaufwand | 100 | an Rückstellung | 100 |

Buchung in 02:

| per Rückstellung | 100 | an sonstige betriebliche Erträge | 100 |

Eine Verrechnung mit dem Personalaufwand des Jahres 02 (per Rückstellung an Personalaufwand) verstieße gegen das Saldierungsverbot (→ Rz. 2).

Bei Garantien im Rahmen von **Großserienproduktion** und in ähnlichen Fällen werden Rückstellungen überwiegend nicht einzelfallorientiert, sondern statistisch auf **Portfoliobasis**, z. B. als Prozentsatz der Umsätze, gebildet. Die Dotierung der Rückstellung erfolgt i. d. R. gegen sonstige betriebliche Aufwendungen, da die Verteilung der entstehenden Kosten (Personal, Material, sonstige) nicht von vornherein feststeht.

20

In diesen Fällen kommt es zu einer Abweichung von der theoretisch (bei vollkommenen Wissen) richtigen Fortentwicklung der **Garantierückstellung**:
▶ **Theoretisch** wären folgende unsaldierte Größen maßgeblich:
  – Inanspruchnahme aus bereits erledigten Garantiefällen (Buchung gegen Kürzung der primären Aufwandsarten „Material" und „Personal"),
  – Auflösung wegen ausgelaufener Garantiefristen (sonstiger betrieblicher Ertrag),

- Zuführung wegen neuer Umsätze (Buchung gegen die primären Aufwandsarten).
▶ **Praktisch** liegt das Augenmerk auf der Gesamtveränderung der Rückstellung zum Vorjahressaldo.

In dieser praktischen Handhabung wird die Inanspruchnahme mangels entsprechender Einzeldaten überhaupt nicht gebucht. Betrachtet wird nur die Rückstellungs**veränderung**. Diese kann saldiert oder unsaldiert gebucht werden:

▶ Bei **unsaldierter Betrachtung** wird ein sonstiger betrieblicher Ertrag für die in Vorjahren gebildeten, durch Zeitablauf erledigten Garantierückstellungen gebucht, ein sonstiger betrieblicher Aufwand für die Garantiezusagen aus Neuumsätzen.

▶ Bei **saldierter Betrachtung** wird die Gesamtänderung der Garantierückstellung als sonstiger betrieblicher Ertrag (bei Verminderung) oder Aufwand (bei Erhöhung) gebucht.

Beide Methoden sind im Vergleich zu theoretisch zutreffenden Lösung **unvollkommen**:

▶ Sie führen nicht zu einer zutreffenden Ausweis der primären Aufwandsarten.

▶ Sie unterscheiden nicht, wie theoretisch geboten, zwischen **Inanspruchnahme** und **Auflösung** von Rückstellungen.

▶ Sie stellen den sonstigen betrieblichen Ertrag oder Aufwand in einer Größe dar, die vom theoretisch angemessenen Wert **abweicht**, der sich in der Unterscheidung von Inanspruchnahme und Auflösung bei Verbuchung von Dotierung und Inanspruchnahme gegen die primären Aufwandsarten ergäbe.

Der **Fehler** ist aber **bei saldierter Betrachtung i. d. R. kleiner**, da sich die Effekte aus der theoretisch unzutreffenden Dotierung und der theoretisch unzutreffenden Auflösung kompensieren. Somit ist u. E. die **saldierte** Betrachtung und nicht – wie im Schrifttum z. T. vertreten – die unsaldierte Betrachtung **vorzuziehen**:

> **BEISPIEL** ▶ U tätigt (vereinfacht jeweils zum Periodenende) Umsätze von 11.000 in 01 und 10.000 in 02. Die Garantierückstellung beträgt 1 % der Umsätze.
>
> **1. Theoretische Variante**
>
> Bekannt ist, dass 1/2 der Garantieleistungen auf Material, 1/2 auf Personal entfallen.
>
> Die Abweichung der erwarteten Gesamtaufwendungen bezogen auf die Umsätze 01 (110) von den tatsächlichen (108) ist minimal.
>
> Behandlung in 02:
>
> ▶ Inanspruchnahme der Rückstellung 108 gegen Kürzung der zunächst gebuchten Personal- und Materialaufwendungen (jeweils 54),
>
> ▶ Sonstiger betrieblicher Ertrag aus Auflösung der Rückstellung 2,
>
> ▶ Neudotierung der Rückstellung 100 gegen Personal- und Materialaufwand (jeweils 50).
>
> **2. Praktische Varianten**
>
> Die genaue Aufteilung auf Personal- und Materialkosten und die exakte Höhe der Garantieaufwendungen sind nicht bekannt.

> a) **Unsaldierte Darstellung**
>
> Hier ergeben sich in 02 folgende Werte
>
> ▶ sonstiger betrieblicher Ertrag 110,
>
> ▶ sonstiger betrieblicher Aufwand 100.
>
> b) **Saldierte Darstellung**
>
> In saldierter Darstellung entsteht nur ein sonstiger betrieblicher Ertrag von 10.
>
> c) **Vergleich zur theoretisch zutreffenden Lösung:**
>
> Die saldierte Darstellung ist näher an der theoretisch richtigen.
>
> Beim sonstigen betrieblichen Ertrag weist sie einen „Fehler" von 10 - 2 = 8 aus (Fehler der unsaldierten Darstellung demgegenüber 110 - 2 = 108), bei dem sonstigen betrieblichen Aufwand einen Fehler von 0 (Fehler der unsaldierten Darstellung hingegen 100).

5. Materialaufwand

5.1 Aufwendungen für Roh-, Hilfs- und Betriebsstoffe und für bezogene Waren

Unter Posten Nr. 5a sind im Gesamtkostenverfahren die Materialaufwendungen zu erfassen, die auf bezogene Waren sowie Roh-, Hilfs- und Betriebsstoffe entfallen. Damit stellt sich zunächst die Frage, welche Güter zu den beiden genannten Gruppen gehören: 21

▶ Als **Waren** gelten Sachen, die zur **Weiterveräußerung ohne Be- oder Verarbeitung** bestimmt sind. Auf → § 266 Rz. 61 wird verwiesen.

▶ **Roh-, Hilfs- und Betriebsstoffe** sind in **enger Definition** die zum Verbrauch im Fertigungsbereich bestimmten Sachen, also etwa neben dem in die Produkte eingehenden Material, die beim Betrieb der Produktionsmaschinen verbrauchten Stoffe (etwa Schmierstoffe), die im Fertigungsbereich verbrauchten Reinigungsmaterialien, Heiz- und Brennstoffe (Heizöl, Gas, Fernwärme) etc. Die **Praxis** interpretiert den Begriff weiter und differenziert bei Produktionsunternehmen z. B. nicht danach, ob **Brenn- und Heizstoffe** im Fertigungsbereich oder in der Verwaltung verbraucht werden. Aus Wesentlichkeitsgründen ist überdies gegen die Einbeziehung von **Büromaterial** etc. in Position Nr. 5a im Allgemeinen nichts einzuwenden.

Aufwendungen für **Strom** werden tradiert (vgl. bereits FG/IDW 12/1933) nicht unter dem Posten Nr. 5a, sondern unter Posten Nr. 5b, d. h. als bezogene Leistungen ausgewiesen. Die Ungleichbehandlung gegenüber Heizöl, Benzin und Kohle ist auch mit Verweis auf die mangelnde Lagerbarkeit des Stroms sachlich nicht gerechtfertigt. Die Frage der Lagerbarkeit betrifft die Bilanzierungsfähigkeit, aber nicht den in der GuV darzustellenden Verbrauch. Hier sollten unterschiedliche Energien bzw. Energieträger u. E. gleichbehandelt werden. Überdies würde das Argument der mangelnden Lagerbarkeit auch für Fernwärme und in öffentlicher Leitung bezogenes Erdgas gelten, deren Verbrauch aber unstrittig als Aufwand aus Roh-, Hilfs- und Betriebsstoffen auszuweisen ist. Was bleibt, sind Unterschiede in den physikalischen Eigenschaften, die für eine ökonomische Veranstaltung wie die GuV unerheblich sind. 22

23 **Aufwendungen** entstehen

▶ für bezogene **Waren** in erster Linie durch die **Veräußerung**,

▶ für **Roh-, Hilfs- und Betriebsstoffe** in erster Linie durch **Verbrauch**, im Bereich der Fertigungsmaterialien also z. B. bei Übergang zum unfertigen Erzeugnis.

▶ In beiden Fällen sind **Abschreibungen** – z. B. wegen Ungängigkeit, Schwund, Preisverfall u. Ä. – in den Materialaufwand einzubeziehen, soweit sie die in der Kapitalgesellschaft üblichen Abschreibungen nicht überschreiten. Wegen dieses Kriteriums wird auf → § 277 Rz. 23 verwiesen.

Bei Zugängen an Sachanlagen in Form von **Festwerten** (→ § 268 Rz. 88) kann alternativ zum Ausweis eines sonstigen betrieblichen Aufwands auch die Erfassung als Materialaufwand in Betracht kommen.[10]

24 **Wertaufholungen** mindern den Materialaufwand der Periode.

5.2 Aufwendungen für bezogene Leistungen

25 **Bezogene Leistungen** sind in **enger Definition** die in die Fertigung eingehenden Fremdleistungen, wobei eventuelle Materialkomponenten im Wesentlichen nicht von dem Fremden, sondern vom bilanzierenden Unternehmen gestellt werden. Klassischer Anwendungsfall ist die **Lohnbearbeitung** bzw. -verarbeitung.

> **BEISPIEL** ▶ A fertigt kundenspezifische Metallteile, teils mit galvanisierten Oberflächen, teils ohne eine solche Behandlung. Die Galvanisation erledigt Subunternehmer X.
>
> B fertigt Feuerwerkskörper. Das lohnintensive Verleimen der Knallkörper mit den Trägerhölzern wird von Y erledigt.
>
> Galvanisieren und Verleimen stellen aus Sicht von A und B bezogene Leistungen dar.

26 Ob auch **Fremdreparaturen** an **Produktionsanlagen** als bezogene Leistungen qualifiziert werden können, ist umstritten. Z. T. wird darauf abgestellt, ob der Material- den Lohnanteil überwiegt.[11] U. E. ist unabhängig davon ein Ausweis unter den sonstigen betrieblichen Aufwendungen geboten. Wie die Anschaffung einer Maschine der Herstellung der Produktionsbereitschaft dient, dient die Reparatur nur der Wiedererlangung dieser Produktionsbereitschaft. In beiden Fällen ist der Bezug zur Fertigung nur mittelbar, eine Erfassung unter dem Hautposten „Materialaufwand" daher nicht sachgerecht.

27 Aufwendungen für **Strom**, Gas oder Fernwärme werden tradiert als Fremdleistungen erfasst. U. E. ist dies nicht (mehr) sachgerecht (→ Rz. 22).

28 Aufwendungen für von **Zeitarbeitsfirmen** entliehene Arbeitnehmer (Leiharbeitnehmer bzw. Zeitarbeitnehmer) sind u. E. unter Personalaufwand oder sonstigen betrieblichen Aufwendungen auszuweisen (→ Rz. 31). Sie gehören i. d. R. nicht zu den Fremdleistungen.[12]

---

10 Vgl. *Wobbe*, in: Haufe HGB Bilanz Kommentar, Freiburg 2009, § 275 Rz. 102, m. w. N.
11 Vgl. *ADS*, 6. Aufl., § 275 Tz. 96.
12 A. A. *Wobbe*, in: Haufe HGB Bilanz Kommentar, Freiburg 2009, § 275 Rz. 105.

Gehört die **Weitervermietung** von Gegenständen zu den typischen Geschäften des Unternehmens, sind die korrespondierenden Mietaufwendungen nicht als sonstiger betrieblicher Aufwand, sondern als bezogene Leistung auszuweisen.[13]

28a

6. Personalaufwand

6.1 Ausweisalternativen

Das gesetzliche Gliederungsschema sieht eine **Unterteilung** der Personalaufwendungen in

29

▶ Löhne und Gehälter (Posten Nr. 6a) und

▶ soziale Abgaben und Aufwendungen für Altersversorgung und Unterstützung (Posten Nr. 6b)

vor.

Zusätzlich ist der **Anteil der Alterversorgung** am zweiten Unterposten durch einen Davon-Vermerk gesondert darzustellen. Statt des Davon-Vermerks ist es auch zulässig, den Posten Nr. 6b zu untergliedern in soziale Abgaben und Aufwendungen für Unterstützung einerseits und Aufwendungen für Altersversorgung andererseits.

Unter Berufung auf die Klarheit der Darstellung (→ § 265 Rz. 47) wird in der Praxis großer Unternehmen aber zunehmend überhaupt auf eine Aufgliederung der Personalaufwendungen in der GuV verzichtet. Der Aufwand wird in einer Summe ausgewiesen, seine Zusammensetzung nur im Anhang erläutert.

6.2 Löhne und Gehälter

Als Löhne und Gehälter (Posten Nr. 6a) sind die dem Geschäftsjahr zugeordneten Bruttobezüge der Arbeitnehmer auszuweisen. Der **Arbeitnehmerbegriff** entspricht im Wesentlichen dem des **Steuerrechts** (§ 1 LStDV). Abweichend vom Sozialversicherungsrecht gelten daher etwa **auch Vorstände von AGs** oder auf dienstvertragliche Grundlage tätige, beherrschende Gesellschaftergeschäftsführer von GmbHs als Arbeitnehmer.

30

Aufwendungen für **Leiharbeitskräfte** werden üblicherweise unter sonstigen betrieblichen Aufwendungen, in einzelnen Branchen aber auch als Löhne und Gehälter erfasst.[14] U. E. gilt der Grundsatz der wirtschaftlichen Betrachtungsweise nicht nur für Bilanzansatz und Bewertung, sondern auch für Ausweisfragen. **Sofern** von Zeitarbeitsfirmen gestellte Arbeitskräfte in das bilanzierende Unternehmen **organisatorisch eingegliedert** sind und hinsichtlich Arbeitszeit, Arbeitsinhalt etc. dessen Weisungen unterliegen, ist daher ein Ausweis unter **Personalaufwendungen** zu bevorzugen.

31

Bei **Handelsvertretern** ist darauf abzustellen, ob sie eine unselbständige Tätigkeit ausüben. Vereinbaren die Parteien zwar formell eine selbständige Tätigkeit, liegt aber im steuerrechtlichen (und sozialversicherungsrechtlichen) Sinne tatsächlich eine Arbeitnehmerstellung vor (**Scheinselbständigkeit**), führt dies zu Personalaufwendungen.

32

---

13 Vgl. *Wobbe*, in: Haufe HGB Bilanz Kommentar, Freiburg 2009, § 275 Rz. 107.
14 Vgl. *ADS*, 6. Aufl., § 275 Tz. 100.

33 Anzusetzen ist bei allen Löhnen und Gehältern der **Bruttobezug**. Die Arbeitgeberanteile zur Sozialversicherung fallen hingegen unter Nr. 6b.

34 Zu den als Personalaufwand zu berücksichtigenden Bezügen gehören auch die **Sachleistungen**, etwa der geldwerte Vorteil aus der privaten Nutzungsmöglichkeit eines Dienstwagens. Für die Bewertung kann auf die steuerrechtlichen Ansätze zurückgegriffen werden.

Nicht unter Löhnen und Gehältern, sondern als sonstige betriebliche Aufwendungen sind hingegen erstattete **Barauslagen, Reisespesen** etc. auszuweisen.

35 Uneinheitlich und in Teilen **kasuistisch** ist die Behandlung **sozialen Zwecken** dienender Bezüge, etwa der Lohnfortzahlung im Krankheitsfall oder der Zahlung an persönliche Verhältnisse (Familienstand, Kinderzahl) anknüpfender Beihilfen. Trennungsentschädigungen bei Verheirateten und vom Unternehmen getragenes Kindergeld sollen **Löhne und Gehälter** (Posten Nr. 6a), **Heirats- und Geburtsbeihilfen** hingegen Unterstützungsleistungen (Posten Nr. 6b) sein.

Zur Unterscheidung wird darauf verwiesen, ob der Empfänger einen **Rechtsanspruch** hat (dann Lohn und Gehalt) oder nicht (dann Unterstützung).[15] Im Falle der Heirat wäre danach wie folgt zu unterscheiden:

▶ Bezüge für den durch Tarifvertrag oder betriebliche Übung begründeten zweitägigen Sonderurlaub: Lohn und Gehalt,

▶ Heiratsbeihilfe: Unterstützung, wenn auch durch betriebliche Übung kein Rechtsanspruch begründet wurde, ansonsten Lohn und Gehalt.

Sachgerechter als die alleinige Anknüpfung an die Frage des Rechtsanspruchs ist es u. E., **auch auf Anlass und Motiv** der Leistung abzustellen. Soweit eine weder gesetzlich noch tarifvertraglich vorgeschriebene Leistung dazu bestimmt ist, besondere, nur bei **einzelnen** Arbeitnehmern auftretende Belastungen zu mildern, hat sie den Charakter einer Unterstützung, ansonsten ist sie Lohn und Gehalt:

> **BEISPIEL** ▶ In der Feuerwerks AG kommt es nach Jahren ohne größere Unfälle zu einer Explosion, bei der Arbeitnehmer X schwere Brandverletzungen erleidet.
>
> Lohnfortzahlung, Krankenbehandlung etc. sind auf berufsgenossenschaftlicher Basis gesichert. X hatte aber einige Monate vor dem Betriebsunfall mit dem Bau eines Hauses begonnen, zu dem er erhebliche Eigenleistungen beisteuerte und weiter beisteuern wollte. Diese Eigenleistungsmöglichkeit entfällt unfallbedingt. Die Feuerwerks AG gleicht die erforderliche Mehrinanspruchnahme von Fremdleistungen durch einen Zuschuss aus.
>
> ▶ Die Leistung ist weder gesetzlich noch tarifvertraglich vorgeschrieben.
>
> ▶ Sie dient dem Ausgleich einer besonderen, durch den Arbeitsunfall bedingten Mehrbelastung.
>
> ▶ Sie ist daher als Unterstützung zu qualifizieren.

36 Wegen erwarteter Belastungen gebildete **Rückstellungen** sind dann zu Lasten des Personalaufwands zu dotieren, wenn die Erfüllung der Rückstellung (fast) ausschließlich zu Personalausga-

---

15 Vgl. *Förschle*, in: Beck'scher Bilanz-Kommentar, 7. Aufl., München 2010, § 275 Tz. 127 und 136.

ben führen wird. Die spätere Inanspruchnahme der Rückstellung führt dann entsprechend zu einer Kürzung des Personalaufwands. Bei Garantierückstellungen sind die vorgenannten Voraussetzungen regelmäßig nicht erfüllt, Dotierung und Inanspruchnahme der Rückstellung werden dann gegen die sonstigen betriebliche Erträge und Aufwendungen gebucht (→ Rz. 20).

Abfindungen und **Sozialplanleistungen** sind im Dienstverhältnis begründet und damit im Allgemeinen den Löhnen und Gehältern zuzurechnen. Ausnahmsweise kann bei Stilllegung größerer Betriebsteile ein Ausweis als außerordentliche Aufwendungen in Frage kommen (→ § 277 Rz. 39 ff.). 37

Werden erhebliche Beträge für die **Abfindung eines lästigen Arbeitnehmers** gezahlt, soll auch ein Ausweis unter den sonstigen betrieblichen Aufwendungen zulässig sein.[16]

> **BEISPIEL** Der FC Schmiere gewinnt in der Saison 01/02 den DFB-Pokal. Der auslaufende Vertrag des Trainers wird darauf hin um drei Jahre verlängert.
>
> Nach einem Drittel der Saison 02/03 liegt der FC Schmiere in der Liga auf einem Abstiegsplatz. Verein und Trainer trennen sich „in beiderseitigen Einvernehmen". Bei der Vertragsaufhebung wird eine „Abfindung" von einigen Millionen Euro vereinbart.

Öffentliche Zuschüsse von Arbeitsagenturen oder anderen Stellen für die Eingliederung von Arbeitskräften oder die Schaffung neuer Arbeitsplätze sind wegen des **Saldierungsverbots** (→ Rz. 2) nicht von den Löhnen und Gehältern abzusetzen.[17] 38

6.3 Soziale Abgaben

▶ Unter **sozialen Abgaben** sind nur die Arbeitgeberanteile zur **Sozialversicherung** (einschließlich der Beiträge zur **Berufsgenossenschaft**) zu erfassen. 39

▶ Als **Löhne und Gehälter** sind hingegen Leistungen aufgrund eines **Tarifvertrags** oder einer **Betriebsvereinbarung** auszuweisen.[18]

Kein Personalaufwand, sondern sonstige betriebliche Aufwendungen sind: 40

▶ Abgaben für die Nichtbeschäftigung von Arbeitnehmern (etwa an die **Ausgleichskasse** für eine zu geringe Zahl beschäftigter Schwerbeschädigte),

▶ Aufwendungen für **Betriebsfeiern** u. Ä.

6.4 Aufwendungen für Altersversorgung

6.4.1 Komponenten des Versorgungsaufwands

Aufwendungen für Altersversorgung umfassen: 41

▶ Zuführungen zu **Pensionsrückstellungen** (ggf. ohne den Zinsanteil; → Rz. 43),

▶ Zahlungen an **Direktversicherungen**, wenn der Arbeitnehmer einen unmittelbaren Anspruch gegenüber der Versicherung hat,

---

16 Vgl. *Förschle*, in: Beck'scher Bilanz-Kommentar, 7. Aufl., München 2010, § 275 Tz. 131.
17 Vgl. *ADS*, 6. Aufl., § 275 Tz. 112a.
18 Vgl. *ADS*, 6. Aufl., § 275 Tz. 115; *Wobbe*, in: Haufe HGB Bilanz Kommentar, Freiburg 2009, § 275 Rz. 118.

- Zuweisungen zu und Beiträge an Unterstützungs-, Pensions- und Zusatzversorgungskassen,
- Beiträge an den **Pensionssicherungsverein**,
- nicht zulasten der Pensionsrückstellung geleistete **Pensionszahlungen**.

42 Bei Aufwendungen aufgrund Altersteilzeitregelung im sog. Blockmodell (volle Arbeitsleistung in Phase 1, keine Arbeitsleistung in Phase 2, gleich bleibende Bezüge über beide Phasen) ist sowohl die in Phase 1 wegen Erfüllungsrückstands anzusammelnde Rückstellung über Löhne und Gehälter zu erfassen als auch der rückgestellte Betrag der Aufstockungszahlungen des Arbeitgebers (→ § 249 Rz. 83).[19]

6.4.2 Erfassung des Zinsanteils wahlweise im Finanzergebnis?

43 Nach § 277 Abs. 5 Satz 1 HGB sind Erträge und Aufwendungen aus der **Abzinsung** von Rückstellungen im Finanzergebnis als Zinsertrag bzw. **Zinsaufwand** zu erfassen. Die Vorschrift betrifft ihrem Wortlaut nach nur die Abzinsung, nicht die Aufzinsung, und kommt daher bei Pensionsrückstellungen nur zum Tragen, wenn nach der sog. Bruttomethode der undiskontierte Zuführungsbetrag als Personalaufwand gebucht und durch eine korrespondierende Zinsertragsbuchung in Summe der tatsächliche Zuführungsbetrag dargestellt wird. Nach der Nettomethode wird hingegen von vornherein nur der diskontierte Betrag gebucht und als Personalaufwand qualifiziert. Aus den unter → § 277 Rz. 58 dargelegten Gründen halten wir die Bruttomethode nicht für sachgerecht. Ein Ertrag aus Abzinsung entsteht daher u. E. nur bei Erhöhung des Rechnungszinses. Dieser Ertrag kann (wie die Änderung aller anderen versicherungsmathematischen Parameter) u. E. aber bei entsprechender Erläuterung im Anhang wahlweise auch als Personal- bzw. Altersversorgungsaufwand erfasst werden.[20]

Zinsaufwand entsteht bei (Pensions-)Rückstellungen aus der **Aufzinsung**. Die Aufzinsung fällt u. E. nicht in den Anwendungsbereich von § 277 Abs. 5 Satz 1 HGB. Mangels expliziter Regelungen halten wir daher entsprechend der internationalen Rechnungslegung (IAS 19.119) einen Ausweis des Aufwands aus der Aufzinsung unter Zinsaufwand ebenso für vertretbar wie eine Behandlung als unselbständiger Teil des Altersversorgungsaufwands. Nach anderer Auffassung ist über den Wortlaut von § 277 Abs. 5 Satz 1 HGB hinausgehend auch der Aufwand aus Aufzinsung zwingend im Finanzergebnis zu zeigen.[21]

Bei (freiwilliger oder pflichtweiser) Behandlung als Zinsaufwand ergibt sich für nicht durch Planvermögen gedeckte Altersversorgungsverpflichtungen Folgendes:

- Aus dem insgesamt entstehenden Aufwand
- wird die **Zinskomponente** separiert und gesondert im Finanzergebnis ausgewiesen,
- nur der verbleibende Teil stellt Personalaufwand dar.

---

19 Vgl. Förschle, in: Beck'scher Bilanz-Kommentar, 7. Aufl., München 2010, § 275 Tz. 132.
20 Für ein Wahlrecht beim Ausweis des Ergebnisses aus Zinssatzänderungen auch IDW ERS HFA 30 Tz. 89.
21 IDW ERS HFA 30 Tz. 89; *Gelhausen/Fey/Kämpfer*, Rechnungslegung und Prüfung nach dem Bilanzrechtsmodernisierungsgesetz, Düsseldorf 2009, Abschn. I, Tz. 90 f.

BEISPIEL[22] Die Pensionsrückstellung für Aktive (Anwartschaften) beträgt:

120 zum Jahresende,

100 zum Jahresanfang.

Der Diskontierungszins zu beiden Stichtagen ist 4,5 %.

Beurteilung

Insgesamt sind 20 als Aufwand zu erfassen. Hiervon sind

- 4,5 % · 100 = 4,5 Zinsaufwand und
- 15,5 Personalaufwand.

Die Buchungen lauten wie folgt

| per Personalaufwand | 15,5 | an Pensionsrückstellung | 20,0 |
| per Zinsaufwand | 4,5 | | |

In die Personalaufwandskomponente fließt nicht nur der Aufwand aus der Erdienung zusätzlicher Ansprüche (Dienstzeitaufwand) ein. Auch **Änderungen versicherungsmathematischer Annahmen** sind hier zu erfassen. Dies betrifft

- Annahmen zur Lohn- und Gehaltsentwicklung und
- zur Lebenserwartung sowie
- eventuelle Änderungen des Diskontierungszinses.

Hinsichtlich des Zinses ist somit zu unterscheiden zwischen:

- durch **Änderung des Zinssatzes** bedingten Zuführungen zur Rückstellung und
- der **Aufzinsung des Anfangsbestands** (*unwinding of discount*).

In beiden Fällen besteht u. E. ein faktisches Wahlrecht zum Ausweis als Personalaufwand oder Zinsaufwand.

6.4.3 Personal- und Zinsaufwand bei Deckung durch Planvermögen

Nach § 246 Abs. 2 Satz 2 HGB ist bei der insolvenzfesten Deckung von Altersversorgungsverpflichtungen durch Planvermögen nicht nur bilanziell eine **Saldierung** geboten, sondern auch hinsichtlich der „zugehörigen Aufwendungen und Erträge". U. E. ist auch in diesem Fall eine Separierung der Zinskomponente (→ Rz. 43) zulässig. Die vorgenannte Saldierungsvorschrift ist dann nicht auf den insgesamt aus der Altersversorgung entstehenden Aufwand zu beziehen, sondern wie folgt zu interpretieren:

- Die **Erträge** aus dem **Planvermögen** sind mit dem **Zinsaufwand** aus der **Pensionsverpflichtung** zu verrechnen, um den Saldo je nach Vorzeichen als Zinsertrag oder Zinsaufwand auszuweisen.

---

22 Vgl. hierzu *Hoffmann/Lüdenbach*, Beihefter zu DStR 2008 Heft 30.

IV. Der Inhalt der operativen Posten nach Gesamtkostenverfahren

▶ Der nicht Zinsaufwand darstellende **übrige Aufwand** aus der **Pensionsverpflichtung** fließt nicht in die Saldierung ein.[23]

46 Hinsichtlich des Planvermögens, das nach § 253 Abs. 1 Satz 4 HGB mit dem Zeitwert angesetzt wird, ist u. E. eine Trennung zwischen **Zeitwertänderungen und Zinserträgen** nicht erforderlich. Aus Sicht des Unternehmens interessiert nur die Rendite auf das Planvermögen, unabhängig davon, ob diese Kurs- oder Dividenden- bzw. Zinsrendite ist.[24]

47 Zum Ganzen nachfolgendes Beispiel, das im oberen, konzeptionellen Teil aus GuV-relevanten Größen die Bilanzansätze fortschreibt, im unteren, dem Vorgehen der Praxis entsprechenden Teil aus den Bilanzansätzen die Aufwandskomponenten ableitet:

BEISPIEL

System: Komponenten der Fortschreibung der Bilanzansätze

		Personal-aufwand	Zins-aufwand	Zins-ertrag	Saldo
Pensionsverpflichtung Jahresanfang	200				
Aufzinsung 4,5 %	9		9		
lfd. Dienstzeitaufwand aus neu erdienten Ansprüchen	18	18			
Rentenzahlungen	-16				
Änderung versicherungsmathematischer Annahmen	4	4			
Pensionsverpflichtung Jahresende	215				
Planvermögen Jahresanfang	100				
Rendite darauf 8 %	8			8	
Rentenzahlungen	-16				
Zuführungen zum Planvermögen	17				
Planvermögen Jahresende	109				
		-22	-9	8	-23

---

23 Gl. A. *Wobbe*, in: Haufe HGB Bilanz Kommentar, Freiburg 2009, § 275 Rz. 121.
24 Gl. A. wohl IDW ERS HFA 30 Tz. 89.

Praxis: Ermittlung der Aufwandskomponenten auf Basis der Bilanzansätze				
Pensionsverpflichtung Jahresende	215			
- Pensionsverpflichtung Jahresanfang	- 200			
= Erhöhung der Pensionsverpflichtung	15			
+ Rentenzahlungen	16			
- Zinsaufwand	- 9		9	
Personalaufwand	22	22		
Planvermögen Jahresende	109			
- Planvermögen Jahresanfang	- 100			
= Erhöhung des Planvermögens	9			
+ Rentenzahlungen	16			
- Zuführung ins Planvermögen	- 17			
= Zinsertrag aus Planvermögen	8			8
		- 22	- 9	8	- 23

Sowohl auf der Ebene der Pensionsverpflichtungen als auch auf der des Planvermögens ist zwischen Zahlungs- und Ertrags-/Aufwandsgrößen zu unterscheiden. Bei Ermittlung der Bilanz- und GuV-Größen auf Basis einer Fortschreibung (oberer Teil der Übersicht) bedeutet dies:

▶ Die Rentenzahlungen sind Inanspruchnahme/Verbrauch der Rückstellung kein Personalaufwand.

▶ Die Erhöhung des Planvermögens aus Zuführungen (Dotierungen) des Trägerunternehmens ist zahlungs- und bilanzwirksam, aber kein Ertrag.

Wird umgekehrt aus der Veränderung der Bilanzsalden Aufwand und Ertrag abgeleitet, gilt:

▶ Die Erhöhung der Pensionsrückstellung wäre stärker, der Aufwand höher ausgefallen, wenn Teile der Pensionsverpflichtung nicht durch Rentenzahlungen getilgt worden wären. Bei der Ableitung des Pensionsaufwands aus der Rückstellungsveränderung sind daher die Rentenzahlungen hinzuzurechnen.

▶ Entsprechend sind bei der Ableitung des Planvermögensertrags aus der Veränderung des Planvermögens die Zuführungen zum Planvermögen abzusetzen.

Entsteht in Baissejahren aus dem Planvermögen Aufwand statt Ertrag, ist dieser in den Personalaufwand einzubeziehen.

6.5 Aufwendungen für Unterstützung

48 Aufwendungen für Unterstützung umfassen nach der hier vertretenen Auffassung Leistungen an den Arbeitnehmer, die weder gesetzlich noch tarifvertraglich vorgeschrieben sind und deren Zweck es ist, **besondere**, nur bei einzelnen Arbeitnehmern auftretende Belastungen zu mildern (→ Rz. 35).

Daneben kommen entsprechende Aufwendungen an **Hinterbliebene** in Frage sowie entsprechende Zuweisungen an Unterstützungseinrichtungen.

> **BEISPIEL** Die X-AG hat eine Stiftung mit dem Zweck gegründet, besonders befähigte Kinder von Arbeitnehmern bei kostenintensiven Ausbildungsmaßnahmen (Studium etc.) zu unterstützen, soweit sie bedürftig sind. Die Mittelvergabe erfolgt autonom durch die Stiftung. Die X-AG spendet jährlich einen Betrag von 100 T€ an die Stiftung.
>
> Die Stiftung dient ausschließlich der Förderung der Kinder von Arbeitnehmern der X-AG. Ein Bezug zum Personalaufwand ist damit gegeben, anders als bei sonstigen Spenden daher kein Ausweis als sonstige betriebliche Aufwendungen, sondern als Unterstützungsleistung innerhalb des Personalaufwands sachgerecht.

7. Abschreibungen

7.1 Abschreibungen auf immaterielle Vermögensgegenstände des Anlagevermögens und Sachanlagen

49 Posten Nr. 7a umfasst neben den **planmäßigen** i. d. R. auch alle **außerplanmäßigen** Abschreibungen. Der ausgewiesene Betrag ist nach § 268 Abs. 2 Satz 3 HGB zugleich im Anlagegitter (= Anlagenspiegel) anzugeben. Werden außerplanmäßige Abschreibungen ausnahmsweise als außerordentlich qualifiziert (etwa nach einem für die Region untypischen Hochwasserschaden), kann der Ausweis als außerordentlicher Aufwand erfolgen.

50 Unabhängig von der Ursache sind die außerplanmäßigen Abschreibungen gem. § 277 Abs. 3 Satz 1 HGB im Anhang gesondert anzugeben (→ § 277 Rz. 29).

7.2 Unüblich hohe Abschreibungen auf Vermögensgegenstände des Umlaufvermögens

51 Abschreibungen auf das Umlaufvermögen werden i. d. R. nicht unter Posten Nr. 7b ausgewiesen, sondern je nach **betroffenem Gegenstand** unter:
- Bestandsveränderungen (Erzeugnisse; → § 277 Rz. 23),
- Materialaufwand (Waren sowie Roh-, Hilfs- und Betriebsstoffe; → Rz. 23),
- sonstige betriebliche Aufwendungen (Forderungen, sonstige Vermögensgegenstände und liquide Mittel; → Rz. 58) oder
- im Finanzergebnis (Wertpapiere des Umlaufvermögens; → Rz. 101).

52 Die über die in der Kapitalgesellschaft „**sonst übliche**" hinausgehende Abschreibung (Mehrbetrag) ist jedoch bei den drei erstgenannten Fällen unter Posten Nr. 7b zu erfassen. Ob dies auch für Wertpapiere des Umlaufvermögens gilt, ist strittig (→ Rz. 101).

Mit dem Fortfall der Willkürabschreibung sowie steuerrechtlicher Abschreibungen durch das BilMoG kommt als Abschreibung auf das Umlaufvermögen nur noch die Niederstwertabschreibung nach § 253 Abs. 4 HGB in Betracht. Die Unüblichkeit kann sich daher nicht mehr auf die Art der Abschreibungen, sondern nur noch auf Anlass und Höhe beziehen. U. E. ist dabei der quantitative Aspekt entscheidend, da das Gesetz den gesonderten Ausweis nicht konditional („wenn unüblich"), sondern **quantitativ** („soweit unüblich") formuliert. Ob Abschreibungen durch außergewöhnliche Maßnahmen (z. B. Stilllegung von Betrieben) oder Umstände (z. B. Zerstörung durch Brand) verursacht sind, ist danach nicht entscheidend.[25] Es kommt allein darauf an, ob die Höhe der Abschreibungen im betriebsinternen Zeitvergleich unüblich ist, wobei aber in der Praxis eine besondere Höhe der Abschreibungen regelmäßig auch mit besonderen Umständen einhergeht (→ § 277 Rz. 24).[26]

53

Die sich aus dem **unternehmensinternen Zeitvergleich** (über i. d. R. drei bis fünf Jahre)[27] ergebenden **Durchschnittswerte** müssen **deutlich überschritten** werden. Als deutlich kann jedenfalls eine Überschreitung von 25 % und mehr gelten, bei geringen Schwankungen in der Vergangenheit ggf. auch ein niedrigerer Wert.

54

In der quantitativen Beurteilung ist vorrangig nicht auf den absoluten Betrag der Abschreibungen abzustellen, sondern auf die **relative Höhe**, die sich aus dem Verhältnis zum Buchwert vor Niederstwertabschreibung ergibt.

55

Nur der sich dabei im internen Zeitvergleich ergebende **Spitzenbetrag** ist unüblich. Auf ein Beispiel unter → § 277 Rz. 25 wird verwiesen.

Da der Ausweis unter Posten Nr. 7b in Abhängigkeit von der Art des Vermögensgegenstands unterschiedlicher GuV-Posten substituiert, ist auch die Üblichkeitsprüfung für jede **Gruppe** artgleicher Vermögensgegenstände gesondert vorzunehmen:

56

> **BEISPIEL** Zu beurteilen ist das Jahr 04. Zur Ermittlung der Üblichkeit sind die Vorjahreswerte angegeben. In der Summe aller Posten ergibt sich danach in 04 überhaupt keine unüblich hohe Abschreibung. Maßgeblich sind aber die einzelnen Gruppen. Hiernach ist bei den Erzeugnissen eine unüblich hohe Abschreibung gegeben.
>
> | | Jahr 1 | Jahr 2 | Jahr 3 | Gewichteter Durchschnitt | • 1,25 = Schwellenwert (gerundet) | Jahr 4 |
> |---|---|---|---|---|---|---|
> | Erzeugnisse | | | | | | |
> | Buchwert vor Abschr. | 50.000 | 55.000 | 60.000 | | | 65.000 |
> | Abschreibung | 2.200 | 2.250 | 3.500 | | | 6.000 |
> | in % Buchwert | 4,4% | 4,1% | 5,8% | 4,8% | 6,0% | |
> | davon üblich | | | | | | - 3.900 |
> | somit unüblich | | | | | | 2.100 |

---

25 A. A. *Borchert/Budde*, in: Küting/Weber (Hrsg.), Handbuch der Rechnungslegung – Einzelabschluss, § 275 Tz. 68.
26 Vgl. auch *Förschle*, in: Beck'scher Bilanz-Kommentar, 7. Aufl., München 2010, § 275 Tz. 77; stärker auf die Ursachen und Umstände der Abschreibung abstellend hingegen *ADS*, 6. Aufl., § 277 Tz. 44.
27 Vgl. *Förschle*, in: Beck'scher Bilanz-Kommentar, 7. Aufl., München 2010, § 275 Tz. 145 f.

	Jahr 1	Jahr 2	Jahr 3	Gewichteter Durch-schnitt	• 1,25 = Schwellenwert (gerundet)	Jahr 4
Waren/RHB						
Buchwert vor Abschr.	60.000	66.000	72.000			75.000
Abschreibung	5.000	4.500	5.700			4.000
in % Buchwert	8,3 %	6,8 %	7,9 %	7,7 %	9,0 %	
davon üblich						- 4.000
somit unüblich						0
Forderung u. sonst. VG						
Buchwert vor Abschr.	40.000	45.000	50.000			60.000
Abschreibung	1.300	1.100	1.250			1.200
in % Buchwert	3,3 %	2,4 %	2,5 %	2,7 %	3,5 %	
davon üblich						- 1.200
somit unüblich						0
Summenbetrachtung (u. E. unzulässig)						
Buchwert vor Abschr.	150.000	166.000	182.000			200.000
Abschreibung	8.500	7.850	10.450			11.200
in % Buchwert				5,4 %	7,0 %	
davon üblich						- 11.200
somit unüblich						0

8. Sonstige betriebliche Aufwendungen

8.1 Restkategorie

57 Die sonstigen betrieblichen Aufwendungen sind eine **Restkategorie**. Der Posten umfasst alle **operativen** (d. h. weder dem Finanzergebnis noch dem außerordentlichen Ergebnis zuzurechnenden) Aufwendungen, die nicht unter einem anderen im Gliederungsschema aufgeführten operativen Aufwandsposten auszuweisen sind.

Wegen der Abgrenzung zu den **außerordentlichen** Aufwendungen wird auf → § 277 Rz. 42 verwiesen.

8.2 Anwendungsbeispiele

Für den Ausweis als sonstige betriebliche Aufwendungen kommen in Frage: 58

- **Abgangsverluste** bei Sachanlagen und immateriellen Anlagen (→ Rz. 18),
- Abgangsverluste bei **Finanzanlagen**,
- **Abschreibungen auf Forderungen** des Umlaufvermögens, soweit sie nicht die üblichen Abschreibungen überschreiten (→ Rz. 52),
- **Aufsichtsratsvergütungen**,
- **Ausgangsfrachten**,
- **Avalprovisionen** (→ Rz. 96),
- **Bankgebühren**, soweit sie nicht Teil des Zinsaufwands sind (→ Rz. 104),
- **Beiträge** an Berufsverbände, Kammern etc.,
- **Beratungshonorare** in rechtlichen, steuerlichen und wirtschaftlichen Angelegenheiten,
- **Betriebliche Steuern**, die nicht vom Ertrag abhängen (Kfz-Steuer etc.) (→ Rz. 118),
- **Bewirtungskosten**,
- **Erbbauzinsen**,
- Aufwendungen aus **Finanzderivaten**,
- **Gerichtskosten**, soweit nicht Anschaffungsnebenkosten,
- **Gründungskosten** (→ § 248 Rz. 2),
- **Hauptversammlungskosten**,
- **Kommunikationskosten** (Telefon etc.),
- **Kraftfahrzeugkosten** (ohne Abschreibung),
- **Leasingaufwendungen**,
- **Mieten**, Pachten,
- **Notarkosten**, soweit nicht Anschaffungsnebenkosten,
- Verluste aus **Schadensfällen**,
- **Provisionen**, soweit nicht an Arbeitnehmer (→ Rz. 32) und nicht Anschaffungsnebenkosten,
- **Reparaturkosten** (→ Rz. 26),
- Zuführungen zu **Rückstellungen**,
- **Schwerbeschädigten**ausgleichsabgaben (→ Rz. 40),
- **Spenden**,
- **Versicherungsprämien**,
- **Währungsverluste** (→ § 277 Rz. 61),
- **Werbeaufwendungen**.

Aufwendungen aus der Währungsumrechnung sind bei Wesentlichkeit gesondert, z. B. durch einen Davon-Vermerk, auszuweisen (→ § 277 Rz. 61).

V. Der Inhalt der operativen Posten nach Umsatzkostenverfahren (UKV)

1. Umsatzerlöse

59 Auf → § 277 Rz. 1 ff. wird verwiesen.

2. Herstellungskosten der zur Erzielung der Umsatzerlöse erbrachten Leistungen

2.1 Anpassung der Bezeichnung

60 Die Begrifflichkeit des Umsatzkostenverfahrens ist primär auf das **produzierende Gewerbe** zugeschnitten. Das gesetzliche Gliederungsschema spricht daher von Herstellungskosten der zur Erzielung der Umsatzerlöse erbrachten Leistungen.

Werden hingegen nur oder im wesentlichen Umfang **Waren** veräußert, so treten an die Stelle der Herstellungskosten die Anschaffungskosten. Die Postenbezeichnung ist anzupassen, z. B.

- in „Anschaffungskosten (oder Einstandskosten) der verkauften Waren" bei reinen Handelsunternehmen,
- in „Herstellungs- und Einstandskosten der zur Erzielung der Umsatzerlöse erbrachten Leistungen" bei gemischter Tätigkeit.

Auch gegen eine **Kurzbezeichnung** als Umsatzkosten (in Anlehnung an den international üblichen Begriff der *„costs of goods sold"*) ist nichts einzuwenden.

2.2 Sachliche und zeitliche Abgrenzung der Herstellungskosten

2.2.1 Konzeption

61 Das Umsatzkostenverfahren gliedert die operativen Aufwendungen nicht nach Aufwandsarten, sondern nach **Funktionsbereichen** (→ Rz. 8) in:

- **Herstellungskosten** der zur Erzielung der Umsatzerlöse erbrachten Leistungen,
- **Vertriebskosten** (→ Rz. 69),
- allgemeine **Verwaltungskosten** (→ Rz. 71).

Hierbei müssen die Herstellungskosten **umsatzbezogen** sein. Die Herstellungskosten für in der Periode nicht abgesetzte Erzeugnisse, Waren und Leistungen werden daher ohne Berührung der GuV aktiviert.

Aus dieser Konzeption stellen sich der Praxis zwei Aufgaben:

- **Sachliche** Bestimmung der Herstellungskosten unter Beachtung der Abgrenzung der Funktionsbereiche sowie eventueller Unterschiede zum bilanziellen Herstellungskostenbegriff aus § 255 HGB (→ Rz. 62).
- **Zeitliche** Bestimmung der umsatzbezogenen Herstellungskosten (→ Rz. 67).

2.2.2 Herstellungskostenbegriff der GuV im Vergleich zu dem der Bilanz

Der **bilanzielle** Herstellungskostensbegriff nach → § 255 Rz. 82 umfasst:

▶ **Fertigungs- und Materialeinzelkosten**,

▶ den angemessenen Teil der **Fertigungs- und Materialgemeinkosten** einschließlich des durch die Fertigung veranlassten Werteverzehrs der Anlagen,

▶ **wahlweise** angemessene Teile der Kosten für allgemeine **Verwaltung**,

▶ **wahlweise** angemessene Teile der Aufwendungen für **soziale Einrichtungen** des Betriebs, freiwillige soziale Leistungen und betriebliche Altersversorgung,

▶ **wahlweise** die durch die Herstellung veranlassten **Zinsen**.

Einigkeit besteht im Schrifttum darüber, dass der Herstellungskostenbegriff der GuV mindestens die bilanziellen Pflichtbestandteile der Herstellungskosten umfasst.

Uneinheitlich wird beurteilt, wie

▶ mit **nicht aktivierungsfähigen Kosten des Herstellungsbereichs** sowie

▶ **wahlweise** zu aktivierenden Herstellungskosten umzugehen ist.

Betroffen sind:

▶ unangemessene Material- und Fertigungsgemeinkosten,

▶ nicht durch die Fertigung veranlasste (außer-)planmäßige Abschreibungen,

▶ aktivierbare Kosten der allgemeinen Verwaltung, sozialer Einrichtungen etc.,

▶ aktivierbare Zinsen.

Zwei Meinungen konkurrieren:

▶ **Erste Auffassung**: Der **Herstellungskostenbegriff** der GuV ist **weiter** als der der Bilanz. Er umfasst alles, was im Fertigungsbereich anfällt, daher auch unangemessene Material- und Fertigungsgemeinkosten sowie **außerplanmäßige Abschreibungen** auf Anlagen und die aktivierbaren **Kosten der allgemeinen Verwaltung**. Im Interesse eines zutreffenden Ausweises des Finanzergebnisses sind hingegen Zinsen nicht in die Umsatzkosten einzubeziehen. Soweit sie bilanziell aber aktiviert werden, ist die Einbeziehung vertretbar.[28]

▶ **Zweite Auffassung**: Der Umfang der Herstellungskosten in GuV und Bilanz sollte **übereinstimmen**. Außerplanmäßige Abschreibungen auf Anlagen sind daher unter sonstige betriebliche Aufwendungen zu zeigen, Kosten der allgemeinen **Verwaltung und Zinsen** sind dann Umsatzkosten, wenn sie **aktiviert** wurden, dann hingegen Verwaltungs- bzw. Zinsaufwendungen, wenn sie **nicht** aktiviert wurden.[29]

Übersicht 1 zeigt die Konsequenzen der Auffassungsunterschiede für die wichtigsten Kostenpositionen:

---

28 IDW, SABI 1/1987; *Hüttemann*, in: Ulmer (Hrsg.), Bilanzrecht, 2002, § 275 Tz. 50.
29 Vgl. *Förschle*, in: Beck'scher Bilanz-Kommentar, 7. Aufl., München 2010, § 275 Tz. 269.

V. Der Inhalt der operativen Posten nach Umsatzkostenverfahren (UKV)

Übersicht 1: Herstellungskostenbegriff Bilanz und GuV

	Bilanz	GuV		Anmerkung
		Alt. 1	Alt. 2	
außerplanmäßige Abschreibungen Fertigungsanlagen	keine Aktivierung	Umsatzkosten im Jahr der Entstehung	gesonderter Posten nach Bruttoumsatzergebnis oder Teil der sonstige betriebliche Aufwendungen im Jahr der Entstehung	gesonderter Posten bzw. Aufnahme in sonstige betriebliche Erträge. In Gliederung nach Funktionsbereichen systemfremd, in (IFRS-)Praxis aber vorzufinden
aktivierbare Verwaltungskosten	Aktivierung (Wahlrecht)	Umsatzkosten im Jahr des Verkaufs	Umsatzkosten im Jahr des Verkaufs	dritte Alt.: Neutralisierung der Verwaltungskosten im Jahr der Entstehung durch technischen Gegenposten im sonstigen betrieblichen Ertrag, systemfremd
	keine Aktivierung (Wahlrecht)	Umsatzkosten im Jahr der Entstehung	Verwaltungskosten im Jahr der Entstehung	
aktivierbare Zinsen	Aktivierung (Wahlrecht)	kein Aufwand im Jahr der Entstehung, Zinsaufwand im Jahr des Verkaufs	kein Aufwand im Jahr der Entstehung, Umsatzkosten im Jahr des Verkaufs	aus Wesentlichkeits- und Vereinfachungsgründen neigt Praxis zu Alt. 2. Dritte Alt., Neutralisierung Zinsaufwand im Jahr der Entstehung durch technischen Gegenposten in sonstige betriebliche Erträge, systemfremd
	keine Aktivierung (Wahlrecht)	Zinsaufwand im Jahr der Entstehung		sorgt für Gleichklang Finanzergebnis mit Gesamtkostenverfahren

64 Die **Praxis** verfährt angesichts so unterschiedlicher Ansichten **uneinheitlich**, wobei aus den vorgenannten Auffassungen z.T. auch eine fallweise Auswahl getroffen wird. Dieser Befund gilt entsprechend für die Praxis des Umsatzkostenverfahrens nach IFRS bzw. US-GAAP.

65 Zu Recht keine große Rolle spielt in der Praxis die Neutralisierung von aktivierten Verwaltungskosten oder Zinsen im Jahr der Entstehung durch einen technischen Gegenposten innerhalb der sonstigen betrieblichen Erträge. Ein solcher Posten entspräche inhaltlich einem Bestandserhöhungsposten, also einer zwar mit dem Gesamtkostenverfahren, aber nicht mit dem Umsatzkostenverfahren kompatiblen Größe (→ Rz. 15).[30] Hierzu wird auf → § 277 Rz. 28 verwiesen.

66 Als unstrittige **Anforderung an die Praxis** kann lediglich festgehalten werden:
- Die gewählte Ausweismethode sollte **stetig** angewandt und im Anhang erläutert werden.

---

30 Wie *hier Borchert/Budde*, in: Küting/Weber (Hrsg.), Handbuch der Rechnungslegung – Einzelabschluss, 5. Aufl., § 275 Tz. 118.

▶ Die **Umsatzkosten** im Geschäftsjahr der Herstellung **sofort veräußerter Produkte** sollten nach den **gleichen Grundsätzen** bestimmt werden, wie die der bereits in **Vorperioden** gefertigten.

Wegen der Zuordnung von Forschungs- und Entwicklungskosten wird auf → Rz. 79 verwiesen.

2.2.3 Zeitliche Zuordnung der Herstellungskosten in der GuV

Die bereits im **Vorjahr** fertig gestellten Erzeugnisse werden mit Absatz im laufenden Jahr zu Umsatzkosten. U. E. können die Herstellungskosten der veräußerten Produkte mit den in der Vorjahresbilanz aktivierten Beträgen bewertet werden. Ein anderes Vorgehen ist aber zulässig (→ Rz. 64). 67

Waren die Erzeugnisse im Vorjahr noch **unfertig**, so fließen in die Herstellungskosten des Absatzjahrs neben den bilanzierten Werten des Vorjahrs noch die Fertigstellungskosten des aktuellen Jahrs ein.

3. Bruttoergebnis vom Umsatz

Der Posten Nr. 3 stellt eine Zwischensumme dar. Er ergibt sich als Saldo aus Umsatzerlösen (Posten Nr. 1) und Umsatzkosten (Posten Nr. 2). 68

4. Vertriebskosten

Unter dem Posten Nr. 4 sind alle während des Geschäftsjahrs **entstandenen** Vertriebskosten auszuweisen, auch dann, wenn sie als vorlaufende Einzelkosten des Vertriebs (Auftragserlangung, Vertragsabschluss) erst in zukünftigen Perioden zu Umsatz führen. 69

Neben den **Einzelkosten** (Vertreterprovisionen, Verpackungskosten, Transportkosten, umsatz- oder absatzabhängige Lizenzgebühren) sind auch die **Gemeinkosten** des Vertriebsbereichs, also etwa die in den Abteilungen Verkauf, Werbung, Marketing, Ausgangslager anfallenden Gehälter, Abschreibungen, Versicherungen, Energiekosten etc., hier auszuweisen, ebenso Aufwendungen für Messen, Ausstellungen, Reklame.

Außerplanmäßige Abschreibungen auf Vertriebszwecken dienende sachliche oder immaterielle Anlagen (z. B. Marken) zählen zu den Vertriebskosten. Wie bei den außerplanmäßigen Abschreibungen auf Produktionsanlagen (→ Rz. 63) ist auch hier ein Ausweis unter den sonstigen betrieblichen Aufwendungen oder in einem besonderen Posten in der Praxis allerdings nicht unüblich. 70

Für **Abschreibungen auf Kundenforderungen** sowie Zuführungen zu Pauschalwertberichtigungen gilt ein Ausweis unter den Vertriebskosten als Alternative zu einem solchen unter den sonstigen betrieblichen Aufwendungen ebenfalls als zulässig.[31] 70a

---

31 Vgl. *Wobbe*, in: Haufe HGB Bilanz Kommentar, Freiburg 2009, § 275 Rz. 254; *Förschle*, in: Beck'scher Billanz-Kommentar, 7. Aufl., München 2010, § 275 Tz. 285.

5. Allgemeine Verwaltungskosten

71 Unter dem Posten Nr. 5 sind die Kosten der allgemeinen Verwaltung auszuweisen. Hierzu zählen die **internen und externen** Kosten der (kaufmännischen) Geschäftsführung, des Aufsichtsrats, der Abschlussprüfung, der Stabsabteilungen etc. Neben den **Einzelkosten** sind auch **Gemeinkosten** zu berücksichtigen.

72 Kosten der **Sozialeinrichtungen** des Unternehmens (Kantinen etc.) können hier einbezogen werden. Vertretbar ist auch eine Aufschlüsselung nach Inanspruchnahme durch die Mitarbeiter der Funktionsbereiche.

73 In der Praxis bestehen zahlreiche **Ermessensspielräume** zur Abgrenzung gegenüber den sonstigen Funktionsbereichen, die bilanzpolitisch genutzt werden können:

> **BEISPIEL** ▶ Das mittelständische Softwareunternehmen X plant einen Börsengang und wegen der jedenfalls in Bezug auf diese Branche gegebenen Präferenz des Kapitalmarkts für das Umsatzkostenverfahren eine Umstellung vom bisherigen Gesamtkostenformat.
>
> Eine vorläufige Analyse ergibt im Vergleich zu den bereits börsennotierten Wettbewerbern im Verhältnis zum Umsatz, d. h. als Prozentzahl die Ergebnisse in den beiden ersten Zahlenspalten, folgende Übersicht:
>
> | | peer group | X ursprünglich | Umklassifizierung | X revidiert |
> |---|---|---|---|---|
> | Umsatz | 100 % | 100 % | | 100 % |
> | Umsatzkosten | -35 % | -30 % | -5 % | -35 % |
> | Bruttoergebnis vom Umsatz | 65 % | 70 % | | 65 % |
> | Vertriebskosten | -20 % | -15 % | -5 % | -20 % |
> | Verwaltungskosten | -10 % | -20 % | 10 % | -10 % |
> | sonstiges Ergebnis | -5 % | -5 % | | -5 % |
> | Ergebnis vor Steuern | 30 % | 30 % | | 30 % |
>
> Erste Gespräche mit für den Börsengang in Frage kommenden Banken zeigen:
>
> ▶ Zufriedenheit mit dem Gesamtergebnis,
>
> ▶ Unzufriedenheit mit zu hohen „*overheads*" (Verwaltungskosten) und zu wenig Vertriebsbemühungen.
>
> Eine nähere Analyse ergibt folgende Erklärungen für die Abweichung zur *peer group*:
>
> Das Unternehmen bietet eine Vielzahl individualisierter Leistungen in einer Vielzahl individualisierter Vertragsformate an. Zur Gestaltung und Überwachung der Verträge wird eine im Verhältnis zur Gesamtgröße des Unternehmens bedeutsame Rechtsabteilung unterhalten. Sie beschäftigt sich nur sporadisch mit anderen Aufgaben. Die Kosten der Rechtsabteilung wurden bisher als Verwaltungskosten erfasst. Eine Zuordnung zum Vertriebsbereich ist sachgerechter.
>
> Das Unternehmen unterhält diverse Vorstandsressorts. Am größten ist das Ressort für Produktentwicklung. Die Kosten dieses Ressort wurden bisher als Verwaltungskosten erfasst. Eine Zuordnung zum Herstellungsbereich ist vertretbar. Die Kosten verschiedener Sozialein-

richtungen und -leistungen (Fitnessclub, Massage etc.) wurden bisher dem Verwaltungsbereich belastet. Die Inanspruchnahme erfolgt bei entsprechend ungewöhnlichen Arbeitszeiten hauptsächlich durch die Entwickler, während die kaufmännischen Kräfte bei geregelter Arbeitszeit entsprechende Leistungen nicht in Anspruch nehmen. Eine Umklassifizierung in Herstellungskosten ist vertretbar.

Als Ergebnis entsprechender Überlegungen ergibt sich revidiert eine der *peer group* entsprechende GuV.

Außerplanmäßige Abschreibungen auf Verwaltungszwecken dienenden Anlagen (z. B. Verwaltungsgebäude) zählen zu den Verwaltungskosten. Wie bei den außerplanmäßigen Abschreibungen auf Produktionsanlagen ist auch hier ein Ausweis unter den sonstigen betrieblichen Aufwendungen oder in einem besonderen Posten in der Praxis nicht unüblich. 74

6. Sonstige betriebliche Erträge

Die unter Posten Nr. 6 auszuweisenden Erträge entsprechen weitgehend denen des namensgleichen Postens des **Gesamtkostenverfahrens**. Auf → Rz. 16 ff. wird deshalb verwiesen. 75

Die Aufnahme eines technischen **Ausgleichspostens für aktivierte Eigenleistungen** in die sonstigen betrieblichen Erträge halten wir aus den unter → Rz. 65 sowie → § 277 Rz. 28 dargelegten Gründen nicht für sachgerecht.

7. Sonstige betriebliche Aufwendungen

Posten Nr. 8 stellt eine **Restkategorie** dar. Hier sind alle Kosten zu erfassen, die keinem der Funktionsbereiche zuzuordnen sind. Da etwa Mieten oder Kommunikationskosten des Vertriebs- und Verwaltungsbereichs nicht hier, sondern unter den entsprechenden Funktionsposten zu erfassen sind, ist der Inhalt des Posten deutlich **enger als** der des gleichnamigen Postens **im Gesamtkostenverfahren**. 76

In der 4. Richtlinie ist der Posten nicht berücksichtigt. Bei Verabschiedung des BiRiLiG ist er mit der **gesetzgeberischen Absicht** eingefügt worden, in Ausübung von Wahlrechten bilanziell nicht erfasste Herstellungskosten in der GuV zu berücksichtigen, während weitere Aufwendungen unter den Funktionskosten erfasst werden sollten.[32] Die **Praxis** wird eher **umgekehrt** verfahren: Sie erfasst 77

▶ nicht aktivierte Herstellungskosten als Umsatzkosten (nach HGB a. F. beispielsweise nicht aktivierte Material- und Fertigungsgemeinkosten) oder als Verwaltungskosten (→ Rz. 63),

▶ in den sonstigen betrieblichen Aufwendungen hingegen nur die nicht eindeutig einem Funktionsbereich zurechenbaren besonderen Aufwendungen.

Zu den nicht eindeutig einem Funktionsbereich zurechenbaren besonderen Aufwendungen zählen: 78

▶ Abschreibungen auf den Geschäfts- oder Firmenwert (→ § 285 Rz. 97),[33]

---

[32] Ber. Rechtsausschuss, BT-Drucks. 10/4268, S. 108 ff.
[33] Vgl. *Borchert/Budde*, in: Küting/Weber (Hrsg.), Handbuch der Rechnungslegung, § 275 Tz. 142.

- Nicht aktivierte **Forschungs- und Entwicklungskosten** (vgl. aber → Rz. 79),
- **Aufwendungen für soziale Einrichtungen** (Werkswohnungen, Kantinen etc.), die unter Wesentlichkeitsgesichtspunkten nicht nach der Inanspruchnahme den einzelnen Funktionsbereichen zugeordnet werden,
- Aufwendungen für **Re- und Umstrukturierungen**,
- **Spenden**,
- **Verluste aus Anlagenabgängen**,
- **Zuführungen zu Rückstellungen**, soweit das bilanzierte Risiko keinem Funktionsbereich eindeutig zuzuordnen ist (etwa Kosten betreffend die Klage eines nicht eingestellten Bewerbers wegen Diskriminierung),
- **Währungsverluste** (→ Rz. 58 sowie → § 277 Rz. 61),
- **Wertberichtigungen** auf Forderungen (vgl. aber → Rz. 70a).

8. Zuordnung von Forschungs- und Entwicklungskosten

79 Nach § 265 Abs. 5 HGB dürfen neue Posten hinzugefügt werden, wenn ihr Inhalt nicht von einem vorgeschriebenen Posten gedeckt wird, Untergliederungen vorgenommen werden, wenn die vorgeschriebene Gliederung beachtet wird.

Forschungs- und entwicklungskostenintensive Unternehmen nehmen unter Berufung auf diese Vorschriften z. T. einen **Sonderausweis** der Forschungs- und Entwicklungskosten in der GuV vor. In der Beurteilung der Zulässigkeit eines solchen Vorgehens ist zu unterscheiden, ob die Forschungs- und Entwicklungskosten

a) ganz überwiegend aktiviert werden (→ Rz. 80),

b) ganz überwiegend sofort aufwandswirksam werden (→ Rz. 81),

c) teils zu aktivieren sind, teils sofort aufwandswirksam werden (→ Rz. 82).

80 **Ad a) Forschungs- und Entwicklungskosten ganz überwiegend aktiviert**

Vorrangige Aufwandsposition des Umsatzkostenverfahrens sind die Umsatzkosten (Posten Nr. 2). Sie enthalten die Herstellungskosten aller in der jeweiligen Periode erbrachten Leistungen. Da zu den Herstellungskosten auch die **Gemeinkosten** rechnen, fließen die planmäßigen Abschreibungen auf in der Produktion eingesetzte Anlagegüter in die Umsatzkosten ein. Betroffen hiervon sind nicht nur Maschinen, Produktionsgebäude etc., sondern ebenso die Produktionszwecken dienenden immateriellen Anlagen. Die planmäßigen Abschreibungen auf die in den Vorjahren aktivierten Entwicklungsaufwendungen stellen demnach einen Teil der Umsatzkosten dar. Die Auslagerung der Forschungs- und Entwicklungskosten in einen neuen Posten würde den Inhalt des Postens Umsatzkosten **verfälschen**. Er würde nicht mehr sämtliche Herstellungskosten der zur Erzielung der Umsatzerlöse erbrachten Leistungen enthalten, sondern nur noch einen Teil. In Frage kommt daher bestenfalls – bei ungewöhnlicher Höhe der Forschungs- und Entwicklungsaufwendungen – eine Untergliederung der Umsatzkosten einerseits in Forschung und Entwicklung sowie andererseits in sonstige Herstellungskosten.

Ad b) Forschungs- und Entwicklungskosten ganz überwiegend nicht aktiviert 81

Nicht aktivierte Forschungs- und Entwicklungskosten können wegen des Herstellungsbezugs als Teil der **Umsatzkosten, wahlweise** aber auch als Teil der **sonstigen betrieblichen Aufwendungen** (→ Rz. 76) interpretiert werden. Im zweiten Fall ist gegen eine Untergliederung der sonstigen betrieblichen Aufwendungen in Forschungs- und Entwicklungskosten sowie übrige Kosten, ggf. auch gegen die Bildung eines neuen Postens, nichts einzuwenden.

Ad c) Forschungs- und Entwicklungskosten teilweise aktiviert, teilweise nicht aktiviert 82

Im gesetzlichen Gliederungsschema sind die Abschreibung auf die aktivierten Forschungs- und Entwicklungskosten als Umsatzkosten (Posten Nr. 2) zu erfassen. Werden die nicht aktivierten Aufwendungen ebenfalls hier zugeordnet, spricht nichts gegen eine Untergliederung der **Umsatzkosten** in Forschung und Entwicklung sowie sonstige. Die Bildung eines neuen Hauptpostens ist hingegen aus den unter a) (→ Rz. 80) genannten Gründen nicht sachgerecht.

VI. Die Posten des Finanzergebnisses

1. Erträge aus Beteiligungen (Nr. 9 GKV/Nr. 8 UKV)

Die Zuordnung von Erträgen zu Posten Nr. 9 (GKV) bzw. Posten Nr. 8 (UKV) setzt voraus: 83
- in **positiver** Bestimmung: Die Erträge stammen aus **Beteiligungen**;
- in **negativer** Abgrenzung: Sie sind **nicht** aufgrund **Gewinngemeinschafts- oder (Teil-)Gewinnabführungsvertrags** entstanden.

Wegen des **Beteiligungsbegriffs** wird auf → § 271 Rz. 3, wegen des Sonderausweises von Erträgen aus Gewinngemeinschaften und Gewinnabführungen auf → § 277 Rz. 32 ff. verwiesen. Maßgeblich für die Beurteilung der Verbundenheit ist der Beteiligungsstatus zum Zeitpunkt der Ertragsrealisierung.[34]

Besteht die Beteiligung an einem **verbundenen** Unternehmen, ist für diesen Teil der Erträge ein Davon-Vermerk geboten. Wegen des Begriffs der verbundenen Unternehmen wird auf → § 271 Rz. 26 verwiesen.

Auszuweisen sind die **Bruttoerträge**. Einbehaltene **Abzugssteuern** (Kapitalertragsteuer etc.) sind: 84
- bei Anrechnung auf die Steuerschuld erfolgsneutral,
- bei Nichtanrechnung als Steueraufwand unter Posten Nr. 18 bzw. Nr. 17 auszuweisen.

Als **Beteiligungserträge** kommen in Frage: 85
- **Gewinnausschüttungen**,
- Zahlungen aufgrund von **Dividendengarantien**,
- **Abschlagszahlungen** auf den Bilanzgewinn (§ 59 AktG; § 30 GmbHG).

Nicht als Beteiligungs-, sondern als **sonstige betriebliche Erträge** sind hingegen auszuweisen:
- Gewinne aus der **Veräußerung** von Beteiligungen,
- Erträge aus **Wertaufholungen**.

---

34 Gl. A *Wobbe*, in: Haufe HGB Bilanz Kommentar, Freiburg 2009, § 275 Rz. 154.

Wegen der sachlichen Zugehörigkeit zum Finanzergebnis kommt in diesen beiden Fällen aber auch ein Ausweis in diesem Bereich in Frage (→ Rz. 17a).

86 Gewinnanteile aus stillen Beteiligungen sind i. d. R. als Erträge aus einem Teilgewinnabführungsvertrag zu qualifizieren und daher unter einem gesonderten Posten auszuweisen (→ § 277 Rz. 35).

86a Genossenschaftsanteile stellen keine Beteiligung dar (→ § 271 Rz. 24). Die Erträge können als sonstiger betrieblicher Ertrag oder als Zinsertrag ausgewiesen werden.[35]

2. Erträge aus anderen Wertpapieren und Ausleihungen des Finanzanlagevermögens (Nr. 10 GKV/Nr. 9 UKV)

2.1 Inhalt des Postens

87 Die unter dem Posten Nr. 10 (GKV) bzw. Nr. 9 (UKV) zu erfassenden Erträge sind wie folgt abzugrenzen:

- **positive** Bestimmung: Sie stammen aus **Finanzanlagen**;
- **negative** Abgrenzung: Sie stellen weder Erträge aus Beteiligungen (→ Rz. 83) noch solche aus Gewinngemeinschaften oder (Teil-)Gewinnabführungsverträgen dar (→ § 277 Rz. 32 ff.).

Hat der Anteil an einer GmbH oder Personengesellschaft ausnahmsweise **keinen** Beteiligungscharakter (→ § 271 Rz. 22), sind auch damit verbundene Erträge in den Posten Nr. 10 bzw. Nr. 9 einzubeziehen. Die Postenbezeichnung ist in diesem Fall unter Wesentlichkeitsvorbehalt anzupassen.[36]

Für Erträge von einem verbundenen Unternehmen ist ein Davon-Vermerk vorgeschrieben. Wegen des Begriffs der verbundenen Unternehmen wird auf → § 271 Rz. 26 verwiesen.

88 Auszuweisen sind die **Bruttoerträge**. Einbehaltene **Abzugssteuern** (Kapitalertragsteuer etc.) sind

- bei Anrechnung auf die Steuerschuld erfolgsneutral,
- bei Nichtanrechnung als Steueraufwand unter Posten Nr. 18 bzw. Nr. 17 auszuweisen.

89 Für den Posten Nr. 10 (GKV) bzw. Nr. 9 (UKV) kommen in Betracht:

- **Gewinnausschüttungen**,
- **Zinsen** auf langfristige Darlehen (Ausleihungen),
- Erträge aus **Vorfälligkeitsentschädigungen**,
- Zahlungen aufgrund von **Dividendengarantien**,
- **Abschlagszahlungen** auf den Bilanzgewinn (§ 59 AktG; § 30 GmbHG),
- **Aufzinsungen** von Zerobonds oder ähnlichen Produkten,
- Erträge aus **Genussrechten**.

Als **sonstige betriebliche Erträge** sind hingegen auszuweisen:

- Gewinne aus der **Veräußerung** von Beteiligungen,

---

[35] Vgl. *Wobbe*, in: Haufe HGB Bilanz Kommentar, Freiburg 2009, § 275 Rz. 155.
[36] Vgl. *ADS*, 6. Aufl., § 275 Rz. 154.

▶ Erträge aus **Wertaufholungen**.

2.2 Abgrenzung Kapitalüberlassung gegenüber Dienstleistung

Unter Posten Nr. 10 (GKV) bzw. Nr. 11 (UKV) sind nur die Erträge zu erfassen, die für eine **Kapitalüberlassung** entstehen. Dienstleistungen im Umfeld der Kapitalüberlassung sind hingegen sonstige betriebliche Erträge oder, je nach Geschäftstätigkeit des Unternehmens, Umsatzerlöse. Die **Abgrenzung** beider Fälle ist nur dann einfach, wenn Kapitalüberlassung und Dienstleistungen von unterschiedlichen Personen erbracht werden.

90

> **BEISPIEL** ▶ Grundfall:
>
> Auf Vermittlung des Maklers M gewährt Darlehensgeber D an Unternehmen U ein durch Grundschuld auf ein Betriebsgrundstück besichertes Darlehen. Auszahlungsvoraussetzung ist ein Bewertungsgutachten des Sachverständigen S zum Wert des Betriebsgrundstücks:
>
> ▶ M erzielt aus der Maklerprovision Umsatzerlöse. Entsprechendes gilt für das Honorar des Gutachters.
>
> ▶ D erzielt hingegen Finanzerträge.
>
> **Fallvariante:**
>
> Das Bewertungsgutachten wird vom eigenen Personal des D mit oder ohne gegen gesonderte Berechnung durchgeführt.
>
> Nach den Regeln des Mehrkomponentengeschäfts (→ § 252 Rz. 122) kann es nicht darauf ankommen, ob die Begutachtung separat abgerechnet wurde oder in der Zinskalkulation enthalten ist.
>
> Entweder ist in beiden Fällen insgesamt der Zinsertrag auszuweisen oder in beiden Fällen eine Separierung in Zins- und sonstigen betrieblichen Ertrag geboten.

Mangels expliziter Regelungen können für mit der Vergabe oder laufenden Führung von Krediten verbundene, **vom Kreditgeber erbrachte Serviceleistungen** u. E. die Regelungen von IAS 18 Appendix Tz. 14 analog herangezogen werden.[37] Danach ist wie folgt zu unterscheiden:

91

▶ Gebühren für die **Kreditbearbeitung, Bonitätsprüfung** etc. können als Bestandteil des (effektiven) Zinsertrags angesehen werden und sind dann ebenso wie Disagien über die Laufzeit zu realisieren. Bei Leistungen, die auch von Externen erbracht werden können (Bewertungsgutachten), ist auch eine Separierung vertretbar.

▶ Gebühren, die bereits mit **Kreditbereitstellung** bzw. -zusage anfallen (*committment fees*) stellen dann sonstigen Ertrag dar, wenn der potenzielle Kreditnehmer den Kredit (wahrscheinlich) nicht in Anspruch nimmt. Bei wahrscheinlicher Inanspruchnahme entsteht hingegen ein Zinsertrag.

▶ Entgelte für Leistungen, die über den Zeitraum der Kapitalüberlassung periodisch erbracht werden (z. B. **Kontoführung**), sind sonstiger Ertrag.

---

37 Vgl. *Lüdenbach*, in: Lüdenbach/Hoffmann (Hrsg.), Haufe IFRS-Kommentar, 8. Aufl., Freiburg 2010, § 25.

▶ Entgelte für das Ausführen einer bestimmten übergeordneten Tätigkeit, etwa für die **Konsortialführerschaft** bei syndizierten Krediten, stellen dann keinen Zinsertrag dar, wenn der Konsortialführer im Übrigen die gleiche Verzinsung erhält wie die übrigen Konsortialmitglieder.

3. Sonstige Zinsen und ähnliche Erträge (Nr. 11 GKV/Nr. 10 UKV)

3.1 Komponenten des Zinsertrags

92 Der Posten Nr. 11 (GKV) bzw. Nr. 10 (UKV) ist wie folgt abzugrenzen:

▶ in **positiver** Bestimmung: Erträge aus Umlaufvermögen;

▶ in **negativer** Abgrenzung: kein Ertrag aus Gewinngemeinschaften oder (Teil-)Gewinnabführungsverträgen (→ § 277 Rz. 32 ff.).

Für Erträge von einem verbundenen Unternehmen ist ein Davon-Vermerk vorgeschrieben. Wegen des Begriffs der verbundenen Unternehmen wird auf → § 271 Rz. 26 verwiesen.

93 Anzusetzen sind bei Abzug anrechenbarer Steuern die Bruttoerträge (→ Rz. 84).

94 Für den Posten Nr. 11 bzw. Nr. 10 kommen in Betracht:

▶ **Zinsen** aus **Forderungen des Umlaufvermögens**,

▶ einschließlich der **Aufzinsungsbeträge** für unterverzinsliche Forderungen,

▶ **Zinsen und Dividenden** aus **Wertpapieren des Umlaufvermögens**,

▶ Erträge aus der **Stundung** von kurzfristigen Forderungen,

▶ **Verzugszinsen**.

95 Wegen der Abgrenzung zwischen Kapitalerträgen und Erträgen aus Finanzdienstleistungen wird auf → Rz. 91 verwiesen.

96 **Avalprovisionen** sind u. E. als sonstige betriebliche Erträge auszuweisen. Der in der Praxis auch verwendete Begriff des Avalzinses bringt zwar zum Ausdruck, dass die Entgelte wie Zinserträge üblicherweise periodisch als Prozentsatz der verbürgten Summe berechnet werden, die Avalprovision ist jedoch kein Entgelt für eine Kapitalüberlassung. Eine solche findet nicht statt. Das Entgelt wird vielmehr für die Abgabe eines versicherungsähnlichen Versprechens vereinnahmt.

97 Erträge aus der Abzinsung von Rückstellungen entstehen nur nach der hier abgelehnten Bruttomethode oder aus der Änderung des Rechungszinssatzes. Auf → Rz. 43 wird verwiesen.

3.2 Zinserträge aus Planvermögen

98 Nach § 246 Abs. 2 HGB ist bei der insolvenzfesten Deckung von Altersversorgungsverpflichtungen durch Planvermögen nicht nur bilanziell eine Saldierung geboten, sondern auch hinsichtlich der „zugehörigen Aufwendungen und Erträge". Wegen der Einzelheiten der sich so ergebenden Verrechnung mit den Zinsaufwendungen aus der Pensionsverpflichtung wird auf → Rz. 45 verwiesen.

3.3 Sonstige Saldierungsmöglichkeiten mit Zinsaufwendungen

Bei als **Kontokorrent** geführten (Bank-)Konten können **während des Geschäftsjahrs** sowohl Soll- als auch Habenzinsen entstehen. Die mit der Rechtsnatur der Kontokorrentabrede einhergehende Verselbständigung der Salden zu den unterjährigen Stichtagen ist ein Argument gegen die Saldierung von Zinsaufwendungen und -erträgen.[38] Unter Berücksichtigung der wirtschaftlichen Identität der gesamten Vertragsbeziehungen halten wir eine **Saldierung** aber für **vertretbar**.

99

Soll- und Habenzinsen auf **verschiedenen**, mit dem gleichen Vertragspartner geführten **Kontokorrentkonten** sind dann saldierungsfähig, wenn **Zinskompensationsvereinbarungen** eine Zusammenfassung für Zwecke der Zinsabrechnung vorsehen. In den Kreis derartiger Vereinbarungen können neben dem bilanzierenden Unternehmen auch weitere, zum gleichen Konzern gehörende Unternehmen einbezogen sein. Zinsaufwand und Zinsertrag entstehen hier beim jeweiligen Unternehmen durch Weiterbelastung/Gutschrift des Mutterunternehmens. Verzichtet das Mutterunternehmen auf eine Weiterbelastung von Zinsen, entstehen bei ihm in Höhe des Verzichts keine Erträge, beim Tochterunternehmen keine Aufwendungen.

100

Werden im Konzern Kredite vom Mutterunternehmen aufgenommen und an ein Tochterunternehmen durchgereicht, kann das Mutterunternehmen Ertrag und Aufwand saldieren.[39]

4. Abschreibungen auf Finanzanlagen und auf Wertpapiere des Umlaufvermögens (Nr. 12 GKV/Nr. 11 UKV)

Unter Posten Nr. 12 (GKV) bzw. Nr. 11 (UKV) sind zusammenzufassen:

101

▶ **Abschreibungen auf Finanzanlagen**, d. h. auf

- Anteile an verbundenen Unternehmen,
- Beteiligungen,
- Ausleihungen und
- Wertpapiere des Anlagevermögens,

▶ **(übliche) Abschreibungen auf Wertpapiere des Umlaufvermögens**.

Uneinheitlich beurteilt das Schrifttum die Frage, ob das Übliche überschreitende Abschreibungen auf Wertpapiere des Umlaufvermögens im Gesamtkostenverfahren unter dem Posten Nr. 7 b) oder dem Posten Nr. 12 auszuweisen sind. Für den Ausweis unter Posten Nr. 12 spricht bei einer entsprechenden Behandlung im Umsatzkostenverfahren, dass die Trennlinie zwischen operativem und Finanzergebnis unabhängig von der Entscheidung für Gesamt- oder Umsatzkostenverfahren bestimmt werden sollte.[40]

---

38 Vgl. *Wobbe*, in: Haufe HGB Bilanz Kommentar, Freiburg 2009, § 275 Rz. 169.
39 Vgl. *Wobbe*, in: Haufe HGB Bilanz Kommentar, Freiburg 2009, § 275 Rz. 170.
40 Vgl. *ADS*, 6. Aufl., § 275 Tz. 169, mit ausführlichen Schrifttumsnachweisen.

5. Zinsen und ähnliche Aufwendungen (Nr. 12 GKV/Nr. 11 UKV)

5.1 Komponenten des Zinsaufwands

102 Anders als bei den Zinserträgen, die je nach Zugehörigkeit des Stammrechts zum Anlage- oder Umlaufvermögen unterschiedlich auszuweisen sind, umfasst der Posten Nr. 12 (GKV) bzw. Nr. 11 (UKV) **sämtliche** Zinsaufwendungen.

Für Aufwendungen gegenüber verbundenen Unternehmen ist ein Davon-Vermerk vorgeschrieben. Wegen des Begriffs der verbundenen Unternehmen wird auf → § 271 Rz. 26 verwiesen.

103 Als Zinsaufwendungen kommen in Betracht:
- **Kreditzinsen**,
- **Stundungszinsen**,
- **Verzugszinsen**,
- **Kreditbereitstellungsgebühren**,
- **Zinsen auf Steuerschulden**,
- **Zinsanteil aus Leasingverträgen**, bei denen das Unternehmen wirtschaftlicher Eigentümer ist.

Ein **Disagio** wird bei Aktivierung über die Laufzeit zu Zinsaufwand, bei Nichtaktivierung in der Periode der Auszahlung des Darlehens.

104 An die Verwaltung eines Kredits geknüpfte Entgelte (Kontoführungsgebühren, Mahngebühren etc.) stellen sonstige betriebliche Aufwendungen dar.

105 **Bürgschafts- und Avalprovisionen** sollten aus den unter → Rz. 96 genannten Gründen nicht als Zinsaufwand, sondern als sonstiger betrieblicher Aufwand erfasst werden.[41] Vertretbar ist aber auch eine Einbeziehung in den Zinsaufwand, da sie aus Sicht des Kreditnehmers einen Bestandteil der insgesamt durch die Finanzierung veranlassten Kosten darstellen.

Entsprechend können auch **Vermittlungsprovisionen** für die Beschaffung von Krediten in die Zinsaufwendungen einbezogen werden.

106 **Öffentliche Zinszuschüsse** können gem. IDW HFA 1/1984 mit den betroffenen Zinsaufwendungen saldiert werden.

107 Gem. § 255 Abs. 3 Satz 2 HGB aktivierte Zinsen sind nach der hier vertretenen Auffassung sowohl beim Gesamt- als auch beim Umsatzkostenverfahren als Minderung des Zinsaufwands zu buchen (→ Rz. 15, → § 277 Rz. 27).

108 Wegen Aufwendungen aus der Aufzinsung von Rückstellungen wird auf → Rz. 43 verwiesen.

5.2 Zinsderivate

109 **Nicht in spekulativer Absicht** eingegangene derivative Zinskontrakte (*swaps*, Zinsbegrenzungsvereinbarungen etc.) können als **Modifikation der Finanzierungskosten** mit den primären Zinsaufwendungen **saldiert** werden, wenn sie der Absicherung eines bestimmten Darlehens oder Darlehensportfolios dienen. Dies ist bei Übereinstimmung von Laufzeit und Nominalbetrag

---

[41] A. A. *ADS*, 6. Aufl., § 275 Tz. 174: Zinsaufwand.

mit dem des zugrunde liegenden Darlehens i.d.R. ohne größere Nachweise anzunehmen (→ § 254 Rz. 40).

Bei **spekulativer Absicht** entsteht sonstiger betrieblicher Aufwand oder Ertrag. Der Saldo ergibt sich wie folgt: 110

-/+ In der Periode geleistete/empfangene Ausgleichszahlungen,

-/+ Zuführung/Auflösung Drohverlustrückstellung,

-/+ Abschreibung/Zuschreibung Aktivposten.

VII. Ergebnis der gewöhnlichen Geschäftstätigkeit (Nr. 14 GKV/Nr. 13 UKV)

Der Posten stellt formal eine Zwischensumme und inhaltlich die Abgrenzung gegenüber dem außerordentlichen Ergebnis dar. Wegen der Abgrenzung wird auf → § 277 Rz. 42 verwiesen. 111

VIII. Außerordentliches Ergebnis (Nr. 15 bis 17 GKV/Nr. 14 bis 16 UKV)

Auf → § 277 Rz. 42 wird verwiesen. 112

IX. Steuern

1. Steuern vom Einkommen und vom Ertrag (Nr. 18 GKV/Nr. 17 UKV)

Unter dem Posten Nr. 18 (GKV)/19 (UKV) sind auszuweisen: 113

▶ **Gewerbeertragsteuer**,

▶ bei Kapitalgesellschaften außerdem die **Körperschaftsteuer** (einschließlich Solidaritätszuschlag),

▶ **ausländische Steuern**, die einer der beiden Steuern entsprechen (vgl. u.a. EStH 34 c) (1-2) Anhang 12).

Neben den tatsächlichen sind gem. § 274 Abs. 2 Satz 3 HGB auch die **latenten Steuern** unter gleicher (Haupt-)Position zu berücksichtigen. Sie sind jedoch gesondert auszuweisen. In Frage kommt: 114

▶ ein **Davon-Vermerk** für die latenten Steuern oder

▶ eine **Untergliederung** des Steueraufwands in

– tatsächlichem Steueraufwand und

– Aufwand/Ertrag aus latenten Steuern.

An der den Rechtszustand vor BilMoG betreffenden Ansicht, die aus der Auflösung latenter Steuern resultierenden Beträge seien unter bestimmten Umständen in den sonstigen betrieblichen Aufwendungen oder Erträgen auszuweisen (IDW SABI 3/1988), kann angesichts des Wortlauts von § 274 Abs. 2 Satz 3 HGB für das BilMoG nicht festgehalten werden.

115 Die gesetzliche Vorgabe, **tatsächliche und latente** Steuern **unabhängig vom Vorzeichen** in einem Hauptposten zusammenzufassen, zeigt: Der zutreffende Ausweis des Steueraufwands geht dem **Saldierungsverbot** des § 246 Abs. 2 HGB vor (→ Rz. 3).

Nicht als Forderung berücksichtigte **Erstattungen für Vorjahre** sind daher ebenfalls nicht als sonstiger Ertrag, sondern in Saldierung gegen den tatsächlichen Steueraufwand zu berücksichtigen.

116 Ergibt sich z. B. in Folge des **Verlustrücktrags** insgesamt ein Steuerertrag, ist die Bezeichnung des Postens bzw. Unterpostens anzupassen.

116a Bei **Organschaftverhältnissen** ist der Organträger Schuldner der Ertragsteuern. Bei verursachungsgerechter **Umlage** der Ertragsteuern an die Organgesellschaften ist folgender Ausweis geboten:[42]

- **Organträger**: Eine Kürzung des geschuldeten Steueraufwands um den Ertrag aus der Umlage würde zu einer unzutreffenden Steuerquote führen, da der ursächliche Ertrag aus der Gewinnabführung im Finanzergebnis und damit im Ergebnis **vor** Steuern berücksichtigt ist. Sachgerecht ist daher ein Ausweis **des Umlageertrags im Finanzergebnis**, entweder als eigener Posten („Erträge aus Steuerumlagen im Organkreis") oder als Unterposten (Davon-Vermerk des Grundpostens „Ertrag aufgrund Gewinnabführungen").

- **Organgesellschaft**: Der Aufwand aus der Umlage kann unter Anpassung der Postenbezeichnung als Steueraufwand ausgewiesen werden. Wie beim Organträger kommt aber auch eine Einbeziehung in den Grundposten, hier den Posten „aufgrund von Gewinnabführungsverträgen abgeführte Gewinne" in Frage.

Eine **verursachungsgerechte** Umlage führt **zu äquivalenten** Ergebnissen wie der **Verzicht** auf die Umlage: Bei Fehlen vororganschaftlicher Rücklagen ist dies besonders evident: Die Organgesellschaft kann nicht mehr abführen als sie erwirtschaftet. Wird ihr die Steuerumlage belastet, mindert dies ihr abführungsfähiges und -pflichtiges Ergebnis. Der **Nettoeffekt** ist bei Organgesellschaft und Organträger der gleiche wie bei Verzicht auf die Umlage. Eine Steuerumlage ändert den abführungspflichtigen Gesamtbetrag bei verursachungsgerechter Aufteilung also nicht, sie teilt ihn nur auf Vorsteuereffekte und Steuereffekte auf.

> **BEISPIEL** ▶ Vor Ergebnisabführung erzielt die Organgesellschaft OG ein Ergebnis von 100, der Organträger OT ein Ergebnis von Null. Vororganschaftliche Rücklagen bestehen nicht. Der Steuersatz beträgt 30 %.
>
> Behandlung bei der Organgesellschaft
>
> a) Ohne Umlage:
>
> | Per Aufwand aus EAV | 100 | an Verbindlichkeiten gegen OT | 100 |
> |---|---|---|---|

---

[42] Vgl. *Förschle*, in: Beck'scher Bilanz-Kommentar, 7. Aufl., München 2010, § 275 Tz. 257 ff.; *Wobbe*, in: Haufe HGB Bilanz Kommentar, Freiburg 2009, § 275 Rz. 204 f.

b) Mit Umlage

| Per Aufwand aus EAV | 70 | an | Verbindlichkeiten gegen OT | 70 |
| Per Steueraufwand (oder Aufwand aus EAV) | 30 | an | Verbindlichkeiten gegen OT | 30 |

Der abführungsfähige Gesamtbetrag ist auf 100 begrenzt. Mehr steht an Abführungspotenzial nicht zur Verfügung. Der umlagebedingte Aufwand von 30 entsteht daher nicht zusätzlich zu dem Abführungsaufwand von 100, sondern ist dessen Bestandteil.

c) Vergleich der GuV in beiden Varianten:

	ohne Umlage	mit Umlage
Ergebnis vor EAV und Umlage	100	100
Steueraufwand aus Umlage		-30
Ergebnis vor EAV	100	70
Aufwand aus EAV	-100	-70
Jahresüberschuss	0	0

Behandlung beim Organträger

a) Ohne Umlage

| Per Forderung gegen OG | 100 | an | Ertrag aus EAV | 100 |

b) Mit Umlage

| Per Forderung gegen OG | 70 | an | Ertrag aus EAV | 70 |
| Per Forderung gegen OG | 30 | An | Ertrag aus EAV | 30 |

c) Vergleich der GuV in beiden Varianten:

	ohne Umlage		mit Umlage	
operatives Ergebnis		0		
Ertrag aus EAV				
Vor Steuern	100		70	
Steuerumlage	0	100	30	100
Ergebnis vor Steuern		100		100
Steuern		-30		-30
Jahresüberschuss		70		70

Hinsichtlich der konkreten Gestaltung des Umlagesystems bestehen zwei Möglichkeiten:

▶ Nach der *stand alone*-Methode wird jede Organgesellschaft mit der Steuer belastet, die sie zahlen müsste, wenn sie selbständig steuerpflichtig wäre. Bei vollständig durch Verluste des Organträgers kompensierten Gewinnen der Organgesellschaft wird diese danach mit einer Steuer belastet, die tatsächlich nicht entsteht.

> ▶ Nach der **Verteilungsmethode** wird nur die tatsächlich gezahlte Steuer umgelegt. Als Schlüssel wird etwa für Zwecke der Gewerbesteuer das Lohnsummenverhältnis oder der Zerlegungsanteil gewählt.
>
> Steuerlich sind beide Methoden anerkannt.[43] Gesellschaftsrechtlich kann die *stand alone*-Methode unzulässig sein.[44]
>
> Hinsichtlich der Behandlung **latenter Steuern** bei der Organschaft wird auf → § 274 Rz. 68 ff. verwiesen.

2. Sonstige Steuern (Nr. 19 GKV/Nr. 18 UKV)

117 Unter diesen Posten fallen vom Unternehmen geschuldete

- ▶ **Verbrauchsteuern** (Mineralölsteuer, Stromsteuer etc.),
- ▶ **Ausfuhrzölle**,
- ▶ **sonstige Steuern** (Kraftfahrzeugsteuer, Vergnügungsteuer) sowie
- ▶ entsprechende **ausländische** Steuern.

118 Im **Umsatzkostenverfahren** werden die vorgenannten Steuern teilweise den **Funktionsbereichen** zugeordnet und somit unter den operativen Aufwendungen berücksichtigt: Dieses Vorgehen wird allgemein für zulässig gehalten und entspricht dem international üblichen Vorgehen, als Ergebnis vor Steuern (*earnings before taxes* = EBT) das Ergebnis vor Ertragsteuern auszuweisen.

Da der Posten „Steuern" nicht abhängig von der Gliederung des operativen Ergebnisses sein sollte, impliziert die Einbeziehungsmöglichkeit der sonstigen Steuern in den operativen Bereich des Umsatzkostenverfahrens, dass Entsprechendes auch für das **Gesamtkostenverfahren** zulässig ist, dort etwa ein Ausweis unter den **sonstigen betrieblichen Aufwendungen** erfolgen kann.

119 Soweit das Unternehmen eine vom **Wert** oder der **Menge der bezogenen Leistungen** abhängige Steuer an den Leistungsempfänger (z. B. Versicherungssteuer) oder den Fiskus zu zahlen hat, ist eine Erfassung als Steueraufwand ohnehin nicht sachgerecht. Entsprechende Steuern sind Bestandteil der **Bezugsaufwendungen**. Wie **nicht abzugsfähige Vorsteuern** auf nicht aktivierte Aufwendungen sollten solche Steuern daher in die primäre Aufwandsart einbezogen werden.

120 Beim **Leistungserbringer** ist Art. 28 der 4. EG-Richtlinie zu beachten (→ § 277 Rz. 21). Danach sind die Erlöse nach „der Mehrwertsteuer und anderer unmittelbar auf den Umsatz bezogener Steuern" auszuweisen. Der internationalen Übung folgend ist dieser Zusatz weit zu interpretieren, d. h. auf den Umsatz bezogen neben **absatzpreis-** auch absatzmengenabhängige **Verbrauchsteuern** (einschließlich Monopolabgaben) sind vom Umsatz abzuziehen (z. B. Tabaksteuer, Biersteuer, Mineralölsteuer, Stromsteuer etc.).

---

[43] BMF-Schreiben vom 12. 9. 2002 – IV A 2 – S 2742 – 58/02, DB 2002 S. 2571 ff.
[44] BGH-Urteil vom 1. 12. 2003 – II ZR 202/01, DB 2004 S. 241 ff.

Nach § 1 Abs. 2 Satz 3 PublG sind demgegenüber in den Umsatzerlösen „enthaltene Verbrauchsteuern oder Monopolabgaben" bei der Ermittlung der Umsatzgrenzen abzusetzen. Damit wird unterstellt, dass die Verbrauchsteuern in den Umsatzerlösen enthalten sind oder sein dürfen, wobei eine Separierung durch Vorspalten- oder Davon-Vermerk geboten ist.

Vertretbar ist die eine wie die andere Darstellung. Dabei ist jedoch auf **Konsistenz** zu den Aufwandspositionen zu achten:

▶ Der **Rohertrag** (im Gesamtkostenformat) bzw. das **Bruttoergebnis** vom Umsatz (im Umsatzkostenformat) würden unzutreffend ausgewiesen, wenn die Verbrauchsteuer in die Umsatzerlöse einbezogen, andererseits aber nicht im Material- bzw. Herstellungsaufwand, sondern in den sonstigen Steuern berücksichtigt wird.

▶ Umgekehrt wäre die Nichtberücksichtigung in den Umsatzerlösen mit einer Erfassung im Material- bzw. Herstellungsaufwand nicht verträglich.

Belastet bei **umsatzsteuerlicher Organschaft** der Organträger die von der Organgesellschaft verursachten Umsatzsteuern nicht weiter, ist bezüglich dieses Umsatzsteuerteils wie folgt zu verfahren:

▶ Beim **Organträger**: Ausweis als sonstige Steuer.

▶ Bei der Organgesellschaft: Ausweis als sonstiger betrieblicher Ertrag.[45]

X. Jahresüberschuss/Jahresfehlbetrag (Nr. 20 GKV/Nr. 19 UKV)

Der Posten ergibt sich als Saldo aller Aufwendungen und Erträge.

XI. Überleitung vom Jahresergebnis zum Bilanzgewinn/-verlust (Abs. 4)

Wird die **Verwendung des Jahresergebnisses** gem. § 268 Abs. 1 HGB in der **Bilanz** ganz oder teilweise berücksichtigt (→ § 268 Rz. 4), kann das Jahresergebnis innerhalb der **GuV** zum **Bilanzgewinn/-verlust** übergeleitet werden.

▶ Für **Aktiengesellschaften** besteht insoweit eine **bedingte Pflicht**: Entsprechende Angaben sind wahlweise in der GuV oder im Anhang zu leisten (§ 158 Abs. 1 Sätze 1 und 2 AktG).

▶ Für GmbHs ist eine derartige Darstellung nicht vorgeschrieben. Freiwillig können die GuV- oder Anhangangaben nach § 152 AktG übernommen werden. Auch andere Darstellungsformate sind zulässig, haben aber nach Abs. 4 zu beachten, dass Veränderungen der Kapital- und Gewinnrücklagen in der GuV erst nach dem Posten Jahresüberschuss/Jahresfehlbetrag ausgewiesen werden dürfen.

Das Schema aus **§ 158 Abs. 1 AktG** sieht folgende Posten vor:

▶ 20/19 + **Jahresüberschuss**/- Jahresfehlbetrag

▶ 21/20 + **Gewinnvortrag**/- Verlustvortrag aus dem Vorjahr

---

45 Vgl. *Wobbe*, in: Haufe HGB Bilanz Kommentar, Freiburg 2009, § 275 Rz. 208, m.w. N.

XI. Überleitung vom Jahresergebnis zum Bilanzgewinn/-verlust

- ▶ 22/21 + **Entnahmen aus der Kapitalrücklage**
- ▶ 23/24 + **Entnahmen aus Gewinnrücklagen**
  - a) aus der gesetzlichen Rücklage
  - b) aus der Rücklage für Anteile an einem herrschenden oder mehrheitlich beteiligten Unternehmen
  - c) aus satzungsmäßigen Rücklagen
  - d) aus anderen Gewinnrücklagen
- ▶ 24/25 - **Einstellungen in Gewinnrücklagen**
  - a) in die gesetzliche Rücklage
  - b) in die Rücklage für Anteile an einem herrschenden oder mehrheitlich beteiligten Unternehmen
  - c) in satzungsmäßige Rücklagen
  - d) in andere Gewinnrücklagen
- ▶ 25/26 = **Bilanzgewinn**/Bilanzverlust.

Zu den Posten folgende Erläuterungen:

- ▶ **Gewinnvortrag** aus dem Vorjahr ist der Bilanzgewinn der Vorjahresbilanz vermindert um die Ausschüttungen sowie einen evtl. im Gewinnverwendungsbeschluss zusätzlich in die Gewinnrücklagen eingestellten Betrag.
- ▶ **Verlustvortrag** aus dem Vorjahr ist der vorjährige Bilanzverlust.
- ▶ Wegen der Begriffe „Kapitalrücklage" und „Gewinnrücklagen" sowie deren Dotierung und Verwendung wird auf → § 272 verwiesen.

124 Eine **Ergänzung** des vorstehenden aktienrechtlichen Gliederungsschemas kommt in Frage bei

- ▶ Ertrag aus der Kapitalherabsetzung gem. § 240 Satz 1 AktG (→ § 272 Rz. 16) oder
- ▶ Einstellungen in die Kapitalrücklage nach den Vorschriften über die vereinfachte Kapitalherabsetzung gem. § 229 Abs. 1, § 232 AktG (→ § 272 Rz. 18),
- ▶ nicht hingegen bei den ohne Berührung der GuV zu erfassenden Einstellung in die Kapitalrücklage gem. § 272 Abs. 2 HGB (→ § 272 Rz. 36).

125 Werden **mezzanine Finanzierungen** im **Eigenkapital** ausgewiesen, etwa bestimmte Genussrechte, sind Inanspruchnahmen zur Verlustdeckung als Entnahmen und Wiederauffüllungen aus dem Ergebnis als Einstellung gesondert aufzuführen (IDW HFA 1/1994).

§ 276 Größenabhängige Erleichterungen

¹Kleine und mittelgroße Kapitalgesellschaften (§ 267 Abs. 1, 2) dürfen die Posten § 275 Abs. 2 Nr. 1 bis 5 oder Abs. 3 Nr. 1 bis 3 und 6 zu einem Posten unter der Bezeichnung „Rohergebnis" zusammenfassen. ²Kleine Kapitalgesellschaften brauchen außerdem die in § 277 Abs. 4 Satz 2 und 3 verlangten Erläuterungen zu den Posten „außerordentliche Erträge" und „außerordentliche Aufwendungen" nicht zu machen.

Inhaltsübersicht

	Rz.
I. Zusammenfassung zum „Rohergebnis" (Satz 1)	1 - 4
II. Verzicht auf Anhangangaben (Satz 2)	5

I. Zusammenfassung zum „Rohergebnis" (Satz 1)

Satz 1 betrifft persönlich kleine und mittelgroße Kapital- und Kap. & Co.-Gesellschaften (→ § 267 Rz. 12) und sachlich die einleitenden Posten der GuV-Rechnung in den beiden Darstellungsformaten: **1**

Gesamtkostenverfahren (→ § 275 Rz. 10)	Umsatzkostenverfahren (→ § 275 Rz. 59)
+ Umsatzerlöse	+ Umsatzerlöse
+/- Bestandsveränderung Erzeugnisse	- Herstellungskosten ...
+ andere aktivierte Eigenleistungen	= Bruttoergebnis
+ sonstige betriebliche Erträge	+ sonstige betriebliche Erträge
- Materialeinsatz	
= Rohergebnis	= Rohergebnis

Das Wahlrecht zielt primär auf die **Nichtoffenlegung** der **Umsatzerlöse**, wird indes bereits für den **Erstellungsprozess** erlaubt. Dieses „Verheimlichungspotenzial" steht allerdings u. E. unter dem Vorbehalt spezialgesetzlicher weiterer Informations- und Auskunftsrechte von Gesellschaftern (→ § 274a Rz. 7). Streitig ist, ob sich der **Betriebsrat** mit der Vorlage einer verkürzten GuV zufrieden geben muss (→ § 267 Rz. 21).[1] U. E. muss dies der Betriebsrat nicht, da er Auskunftsrechte über die wirtschaftlichen Angelegenheiten des Unternehmens hat; dazu gehört insbesondere auch eine Information über die Umsatzerlöse des abgelaufenen Geschäftsjahrs, weil die Hilfsgröße „Rohergebnis" praktisch ohne Aussagegehalt ist (→ Rz. 4). **2**

Für **steuerliche** Zwecke müssen künftig alle Kaufleute ihre GuV in ungekürzter Form einreichen (→ § 243 Rz. 26 ff.). **2a**

Die **Aufstellung** der GuV in ungekürzter Form, also unter Verzicht auf die Erleichterung des Satzes 1, präjudiziert **nicht** die **Veröffentlichung** für mittelgroße Kapital- und Kap. & Co.-Gesellschaften unter Inanspruchnahme des Wahlrechts; d. h. die ungekürzt erstellte GuV kann im Veröffentlichungsverfahren nach § 327 HGB „gestaucht" werden (→ § 327 Rz. 2).[2] Das folgt **3**

---

[1] Dafür *ADS*, 6. Aufl., § 276 Tz. 6; a. A. *Castan*, in: Beck'sches Handbuch der Rechnungslegung, B 300 Tz. 59.
[2] So auch *ADS*, 6. Aufl., § 276 Tz. 7.

aus der Überlegung: Wer schon freiwillig die GuV komplett erstellt, darf dafür nicht durch eine vom Gesetz nicht geforderte Offenlegung bestraft werden.

4   Das „Rohergebnis" ist so gut wie **ohne** betriebswirtschaftlichen Aussagegehalt und **differiert** inhaltlich zwischen den beiden GuV-Formaten. Im Umsatzkostenverfahren sind die auf den Herstellungsprozess entfallenden Personalkosten und Abschreibungen im Rohergebnis enthalten, nicht dagegen im Gesamtkostenverfahren. Die in beiden Formaten einbezogenen „Sonstigen betrieblichen Erträge" enthalten ein Sammelsurium an Ergebnisgrößen aus dem operativen und dem übrigen Unternehmensbereich. Deshalb ist das „Rohergebnis" auch nicht identisch mit dem **Rohertrag** als betriebswirtschaftliche Kennzahl von Handelsbetrieben. Die offene Ausklammerung der „Sonstigen betrieblichen Erträge" aus der Saldogröße „Rohergebnis" begegnet keinen Bedenken.[3]

II. Verzicht auf Anhangangaben (Satz 2)

5   **Kleine** Kapital- und Kap. & Co.-Gesellschaften können auf die Anhangerläuterungen zum **außerordentlichen** Ergebnis (→ § 277 Rz. 50) und zu den **periodenfremden** Posten (→ § 277 Rz. 52) verzichten. Der Verzicht auf die letztgenannten Posten ist dem Gesetzeswortlaut nicht eindeutig zu entnehmen, da nur von „außerordentlich" die Rede ist. Doch der Hinweis auf § 277 Abs. 4 Satz 3 HGB in § 276 Satz 3 HGB wird einhellig als Einbeziehungswahlrecht für die aperiodischen Posten verstanden.[4]

---

[3] So auch *ADS*, 6. Aufl., § 276 Tz. 10.
[4] Z. B. *ADS*, 6. Aufl., § 276 Tz. 10a; *Borchert/Budde*, in: Küting/Pfitzer/Weber (Hrsg.), Handbuch der Rechnungslegung – Einzelabschluss, § 276 Tz. 7.

§ 277 Vorschriften zu einzelnen Posten der Gewinn- und Verlustrechnung

(1) Als Umsatzerlöse sind die Erlöse aus dem Verkauf und der Vermietung oder Verpachtung von für die gewöhnliche Geschäftstätigkeit der Kapitalgesellschaft typischen Erzeugnissen und Waren sowie aus von für die gewöhnliche Geschäftstätigkeit der Kapitalgesellschaft typischen Dienstleistungen nach Abzug von Erlösschmälerungen und der Umsatzsteuer auszuweisen.

(2) Als Bestandsveränderungen sind sowohl Änderungen der Menge als auch solche des Wertes zu berücksichtigen; Abschreibungen jedoch nur, soweit diese die in der Kapitalgesellschaft sonst üblichen Abschreibungen nicht überschreiten.

(3) [1]Außerplanmäßige Abschreibungen nach § 253 Abs. 3 Satz 3 und 4 sind jeweils gesondert auszuweisen oder im Anhang anzugeben. [2]Erträge und Aufwendungen aus Verlustübernahme und aufgrund einer Gewinngemeinschaft, eines Gewinnabführungs- oder eines Teilgewinnabführungsvertrags erhaltene oder abgeführte Gewinne sind jeweils gesondert unter entsprechender Bezeichnung auszuweisen.

(4) [1]Unter den Posten „außerordentliche Erträge" und „außerordentliche Aufwendungen" sind Erträge und Aufwendungen auszuweisen, die außerhalb der gewöhnlichen Geschäftstätigkeit der Kapitalgesellschaft anfallen. [2]Die Posten sind hinsichtlich ihres Betrags und ihrer Art im Anhang zu erläutern, soweit die ausgewiesenen Beträge für die Beurteilung der Ertragslage nicht von untergeordneter Bedeutung sind. [3]Satz 2 gilt entsprechend für alle Aufwendungen und Erträge, die einem anderen Geschäftsjahr zuzurechnen sind.

(5) [1]Erträge aus der Abzinsung sind in der Gewinn- und Verlustrechnung gesondert unter dem Posten „Sonstige Zinsen und ähnliche Erträge" und Aufwendungen gesondert unter dem Posten „Zinsen und ähnliche Aufwendungen" auszuweisen. [2]Erträge aus der Währungsumrechnung sind in der Gewinn- und Verlustrechnung gesondert unter dem Posten „Sonstige betriebliche Erträge" und Aufwendungen aus der Währungsumrechnung gesondert unter dem Posten „Sonstige betriebliche Aufwendungen" auszuweisen.

Inhaltsübersicht

	Rz.
I. Umsatzerlöse (Abs. 1)	1 - 21
1. Abgrenzung von sonstigen Erträgen	1 - 4
1.1 Konzeptionelle Überlegungen – Erlöse aus geschäftstypischen Leistungen	1 - 3
1.2 Kasuistik – ABC der Umsatzerlöse (UE)	4
2. Bemessung der Erlöse	5 - 21
2.1 Tauschgeschäfte	5
2.2 Kommissions- und kommissionsähnliche Geschäfte	6 - 7
2.3 Zinseffekte bei starker zeitlicher Abweichung von Leistungs- und Zahlungszeitpunkt	8 - 9
2.4 Erlösschmälerungen (Skonti, Rabatte, Boni)	10
2.5 Sachboni, insbesondere Kundenbindungsprogramme	11 - 14
2.6 Leistungen des Produzenten an den Händler: *placement fees* und andere *sales incentives*	15 - 17

2.7 Entgelte von dritter Seite, durchlaufende Posten, fakturierte Nebenkosten	18 - 20
2.8 Umsatzsteuer und Verbrauchsteuern	21
II. Bestandsveränderungen bei Erzeugnissen (Abs. 2)	22 - 28
1. Mengen- und Wertgerüst	22 - 23
2. Die über das Übliche hinausgehenden Abschreibungen	24 - 26
3. Aktivierte Zinsen – Brutto- vs. Nettomethode	27 - 28
III. Gesonderter Ausweis oder Anhangangabe zu außerplanmäßigen Abschreibungen (Abs. 3 Satz 1)	29 - 31
IV. Verlustübernahmen, Gewinngemeinschaften, Gewinnabführungsverträge (Abs. 3 Satz 2)	32 - 38
1. Überblick	32 - 34
2. Vertragsformen	35
3. Anordnung im Gliederungsschema der GuV	36 - 36a
4. Ausgleichszahlungen an Minderheitsgesellschafter	37
5. Aufwands- und Ertragsrealisation	38
V. Außerordentliche Erträge und Aufwendungen (Abs. 4 Sätze 1 und 2)	39 - 50
1. Abgrenzung zum Ergebnis der gewöhnlichen Geschäftstätigkeit	39 - 49
1.1 Die Tautologie des Gesetzes	39 - 41
1.2 Seltenheit und Wesentlichkeit als notwendige Bedingung des Außerordentlichen	42
1.3 Begrenzter Nutzen von Kasuistiken	43 - 46
1.4 Außerordentliche Aufwendungen und Erträge aus dem Übergang auf das BilMoG	47 - 49
2. Erläuterungspflicht im Anhang (Abs. 4 Satz 2)	50
VI. Anhangerläuterung für periodenfremde Erträge und Aufwendungen (Abs. 4 Satz 3)	51 - 56
1. Überblick	51
2. Korrektur von Fehlern in laufender Rechnung	52
3. Revision von Schätzungen	53 - 56
VII. Erträge und Aufwendungen aus Diskontierung und Währungsumrechnung (Abs. 5)	57 - 61
1. Abzinsung von Schulden oder Vermögensgegenständen	57 - 60
2. Währungserfolge	61

Ausgewählte Literatur

Kirsch, Inhalt ausgewählter GuV-Positionen nach HGB und IFRS, StuB 2006 S. 857

Kirsch, Konzeption der Gewinn- und Verlustrechnung nach HGB und IFRS, StuB 2006 S. 651

Lüdenbach, Bewertung und GuV-Ausweis stiller Beteiligungen beim Kapitalgeber, StuB 2010 S. 151

Lüdenbach, Auf- und Abzinsung von Schulden in der GuV, StuB 2010 S. 108

Marx, Außerordentliche Erträge und außerordentliche Aufwendungen i. S. d. §§ 275 Abs. 2 Nr. 15 und 16, § 277 Abs. 4 HGB, WPg 2005 S. 476

Zwirner/Künkele, Währungsumrechnung nach HGB: Erstmalige Kodifikation durch das BilMoG, StuB 2009 S. 517

Auf → § 275 wird verwiesen.

I. Umsatzerlöse (Abs. 1)

1. Abgrenzung von sonstigen Erträgen

1.1 Konzeptionelle Überlegungen – Erlöse aus geschäftstypischen Leistungen

Nicht jede entgeltliche Abgabe von Leistungen führt zu Umsatzerlösen. Nach Abs. 1 müssen die Erlöse vielmehr aus

▶ **Verkauf** oder

▶ **Vermietung** und Verpachtung

von

▶ für die gewöhnliche Geschäftstätigkeit der Kapitalgesellschaft **typischen Erzeugnissen und Waren** oder

▶ für die gewöhnliche Geschäftstätigkeit der Kapitalgesellschaft typischen **Dienstleistungen**

stammen.

1

Diese gesetzliche Definition stellte eine missglückte Umsetzung bzw. Übersetzung von Art. 28 der 4. EG-Richtlinie dar. Art. 28 definiert Umsatzerlöse (*net turnover*) als Erlöse aus

2

▶ *sale of products* and

▶ *provision of services*

falling within the company's ordinary activities.

Während danach z. B. die Vermietung von Gegenständen als „*provision of services*" unabhängig davon zu Umsatzerlösen führen kann, ob die Gegenstände selbst hergestellt sind, legt der Wortlaut der deutsche Gesetzesfassung nahe, es könne auf eine solche (sachlich nicht zu rechtfertigende) Unterscheidung ankommen:

> **BEISPIEL** ▶ Als Autovermieter treten am Markt auf:
>
> 1. Ein Automobilkonzern mit einer auf Vermietung spezialisierten Tochtergesellschaft.
> 2. Ein ausschließlich das Vermietungsgeschäft betreibender Konzern.
>
> **Lösung nach Art. 28 der 4. EG-Richtlinie**
>
> Die Vermietung stellt eine Dienstleistung (*provision of services*) dar, die zu Umsatzerlösen führt, wenn sie zur gewöhnlichen Geschäftstätigkeit (*ordinary activities*) gehört. Dies ist in beiden Konstellationen der Fall.
>
> **Lösung nach enger Auslegung von § 277 Abs. 1 HGB**
>
> Der Automobilkonzern vermietet für seine Geschäftstätigkeit typische Erzeugnisse und erzielt daraus im Konzernabschluss Umsatzerlöse.
>
> Die Tochtergesellschaft des Automobilproduzenten vermietet hingegen aus einzelbilanzieller Sicht weder Erzeugnisse noch Waren. Entsprechendes gilt konzern- und einzelbilanziell für den reinen Autovermieter. Beide können Umsatzerlöse jedoch ausweisen, wenn die Ver-

I. Umsatzerlöse

> mietung entsprechend dem weiten Service-Begriff der 4. EG-Richtlinie als Dienstleistung verstanden wird.

Der weiten Interpretation des Service-Begriffs der 4. EG-Richtlinie folgend ist aber die besondere Erwähnung der Vermietung und Verpachtung in § 277 Abs. 1 HGB überflüssig und irreführend.

Im Vergleich zur (englischen Fassung der) 4. EG-Richtlinie fällt außerdem am deutschen Gesetzestext eine Verschärfung auf:

- ▶ Nach der **4. EG-Richtlinie** führen entgeltliche Leistungen gleich welcher Art zu Umsatzerlösen, sofern sie nur **innerhalb der gewöhnlichen Geschäftstätigkeit** (*ordinary activities*) anfallen.
- ▶ Nach **§ 277 Abs. 1 HGB** muss die Leistung hingegen für die gewöhnliche Geschäftstätigkeit „**typisch**" sein.

Der Begriff des Typischen ist notorisch unbestimmt. „Typisch" sind Merkmale, die kennzeichnend für das Wesen oder die Art einer Person, Sache oder Tätigkeit sind. Begriffliche Synonyme sind in enger Auslegung „unverkennbar" und „charakteristisch", bei weiter Auslegung aber auch „gebräuchlich" und „üblich":

- ▶ Bei enger Auslegung würden mithin nur **charakteristische Hauptleistungen** einer Kapitalgesellschaft als typisch gelten,
- ▶ bei weiter Auslegung **alle regelmäßig** von der Gesellschaft **angebotenen Leistungen**, unabhängig davon, ob es sich um Haupt- oder Nebentätigkeiten handelt.

Das Schrifttum legt konzeptionell teils die engere Auslegung,[1] teils die **großzügigere**[2] zugrunde, kommt überraschenderweise aber in der Behandlung von Einzelfällen meist zu gleichen Ergebnissen. Einmal mehr zeigen sich die Grenzen einer prinzipienorientierten Vorgehensweise und der praktische Vorrang der Kasuistik. Ihm wird auch von uns mit einem ABC der Umsatzerlöse Tribut gezollt (→ Rz. 4). Dem Anwender bleibt überlassen, ob er den kasuistischen Vorgaben „1 zu 1" folgen oder sich unter Berufung auf konzeptionelle und systematische Überlegungen im Einzelfall doch anders entscheiden möchte.

3 Aus systematischer Sicht halten wir Folgendes für wichtig:

- ▶ **Erstens**: Was als typisch anzusehen ist, bestimmt sich nicht nach dem im Gesellschaftsvertrag angegebenen Gegenstand der Gesellschaft. Entscheidend ist die **tatsächliche** Leistungspalette.
- ▶ **Zweitens**: Die Frage, was typisch ist, muss vorrangig **qualitativ** auf der Basis des verfolgten Geschäftsmodells beurteilt werden. So sind etwa nach dem Geschäftsmodell systematisch anfallende Erlöse aus Schrott, Abfall etc. auch dann Umsatz, wenn sie quantitativ unbedeutend sind.

---

1 Vgl. ADS, 6. Aufl., § 277 Tz. 5 ff., unter Verwendung von Begriffen wie „eigentliche Betriebsleistung", „eigentliche Geschäftstätigkeit" etc.
2 Vgl. *Förschle*, in: Beck'scher Bilanz-Kommentar, 7. Aufl., München 2010, § 275 Tz. 48, mit der Anforderung, das Unternehmen müsse nur regel- und planmäßig mit der Leistung am Markt auftreten.

> **BEISPIEL** Zeitschriftengrossist X garantiert den Händlern die Rücknahme nicht verkaufter Zeitschriften. Aus diesen werden sodann Altpapiererlöse erzielt. Die Altpapiererlöse sind im Verhältnis zu den Erlösen aus Zeitschriftenverkäufen nicht bedeutsam, fallen aber nach dem Geschäftsmodell regelmäßig und notwendig an. Sie sind daher als Umsatz auszuweisen.

▶ **Drittens**: Regelmäßig geht mit der quantitativen Bedeutung **revolvierender** Erträge auch eine qualitative Bedeutung einher, die zum Ausweis als Umsatzerlös berechtigt.

> **BEISPIEL 1** Wohnungsunternehmen X optimiert sein Portfolio laufend. Neben den Vermietungserlösen spielen daher auch Erlöse aus der Veräußerung von Immobilien eine bedeutende Rolle und zwar nicht nur in einzelnen Jahren, sondern auf Dauer.
> Auch die Immobilienveräußerungen führen zu Umsatzerlösen.
>
> Wohnungsunternehmen Y trennt sich nur gelegentlich von Bestandsimmobilien, durchweg eher in Reaktion auf besondere Umstände als proaktiv im Interesse einer laufenden Portfoliooptimierung. Die Erlöse aus der Veräußerung der Immobilien sind keine Umsatzerlöse, auch wenn sie in einzelnen Jahren quantitativ bedeutsam sind.

> **BEISPIEL 2** Autovermieter X erzielt regelmäßige Erlöse, zum einen aus der Autovermietung, zum anderen aus der Veräußerung der Mietfahrzeuge, nach jeweils einem Jahr Gebrauch. Die Verwertung der Fahrzeuge nach einem Jahr ist in quantitativer Hinsicht zentraler Bestandteil des Geschäftsmodells: Das Jahresergebnis ist in hohem Maße durch den Erfolg aus der Veräußerung der Fahrzeuge geprägt. Auch qualitativ wird die Verwertung damit zu einer eigenen „Geschäftssparte", deren Erfolg vom Vorstand kontinuierlich überwacht wird. Neben den Mieterlösen führen daher auch die Veräußerungserlöse zu Umsatz.

1.2 Kasuistik – ABC der Umsatzerlöse (UE)

Geschäftsvorfall	Qualifikation
Abfall- und Kuppelprodukte, die regelmäßig veräußert werden	UE
Anlagenverkäufe	
Mietwagen bei Mietwagenunternehmen	UE, vertretbar auch sonstiger Ertrag
Sachanlagen bei anderen Unternehmen	sonstiger Ertrag; vertretbar UE, wenn regelmäßig nach kurzen Nutzungsfristen
Arbeitnehmer, Leistungen an	
Transport Wohnung-Arbeitsstätte	sonstige Erträge
Werkskantine	sonstige Erträge
Arbeitnehmerüberlassung	
bei Zeitarbeitsunternehmen	UE
bei sonstigen Unternehmen	sonstiger Ertrag, jedoch UE, wenn planmäßig und nachhaltig

I. Umsatzerlöse

Auslagenersatz		
	Weiterbelastete Reisekosten bei Beratungsunternehmen	UE, vertretbar auch: Behandlung als durchlaufender Posten ohne GuV-Berührung
	Weiterbelastete Speditionskosten bei Produktions-/Handelsunternehmen	UE, vertretbar auch: Behandlung als durchlaufender Posten ohne GuV-Berührung
Baukostenzuschüsse		
	von Kunden in der Versorgungswirtschaft	UE
	von Mietern bei Vermietungsunternehmen	UE
Handelsunternehmen		
	Gelegenheitsgeschäfte (z. B. Sonderpartien aus Drittinsolvenz)	UE, vertretbar auch: sonstiger Ertrag
Holdinggesellschaft		
	Beteiligungs- und Zinserträge	kein UE
	Gestionsgebühren (Konzernumlagen) für Verwaltung	UE
Miet- und Pachtzinsen		
	bei Autovermietern, Immobilienunternehmen etc.	UE
	bei Produktions- und Handelsunternehmen	sonstige Erträge, jedoch UE bei Vermietung von Erzeugnissen (z. B. Autovermietung bei Autohersteller)
im Kompensationsgeschäft erhaltene Ware		sonstiger Ertrag, vertretbar auch UE
Konzernumlagen für Dienstleistungen		UE, vertretbar auch sonstige Erträge
Leasingraten		
	bei Leasingunternehmen	UE, vertretbar auch: Zinsanteil *finance lease*-Raten als Zinsertrag
	bei Produktionsunternehmen (Herstellerleasing)	UE, vertretbar auch: Zinsanteil *finance lease*-Raten als Zinsertrag
Lizenzeinnahmen		
	bei Unternehmen, deren Gegenstand FuE für Dritte ist	UE
	bei Softwareunternehmen	UE
	bei Produktionsunternehmen an Wettbewerber	UE
	bei sonstigen Unternehmen	sonstige Erträge; vertretbar auch UE bei Vielzahl Lizenzverträge

öffentliche Aufwands- und Ertragszuschüsse	
als Entgelt für typische Tätigkeiten (z. B. für Schwerbehinderte im Personennahverkehr)	UE
andere Zuschüsse	sonstige Erträge
Produktionsunternehmen	
Verkauf halbfertige Erzeugnisse	UE, wenn mit gewisser Regelmäßigkeit
Verkauf Roh-, Hilfs- und Betriebsstoffe	Ausweis als UE vertretbar
Verkauf Abfallprodukte	UE
Verkauf Waren	UE
Wartungs- und Schulungsleistungen i. V. mit verkauften Produkten	UE
Versicherungsentschädigungen	
für beim Transport untergegangene Waren/Erzeugnisse	UE, vertretbar auch sonstige Erträge
sonstige Versicherungsentschädigungen	sonstige Erträge

2. Bemessung der Erlöse

2.1 Tauschgeschäfte

Werden „typische Leistungen" (→ Rz. 2) nicht gegen Geld, sondern im Tausch gegen andere Leistungen erbracht, ergibt sich die Höhe des Erlöses aus dem beizulegenden **Zeitwert** (*fair value*) der erhaltenen Leistung, korrigiert um eventuelle Barelemente der Transaktion. Mangelt es dem Tausch an ökonomischer Substanz, muss ggf. auf den Ausweis eines Umsatzes verzichtet werden (→ § 252 Rz. 150).

> **BEISPIEL** Der private Hörfunksender H hat freie Werbeminuten, die er zu unternehmens- und branchenüblichen Preisen nicht veräußern kann. Die Zeitschrift Z schaltet Werbespots, die sie bei lahmendem eigenen Anzeigengeschäft durch Schaltung von Anzeigen für H vergütet.
>
> Bei beiden Unternehmen ist kein Umsatz auszuweisen.

2.2 Kommissions- und kommissionsähnliche Geschäfte

Der Verkaufskommissionär hat nicht den seinen Kunden in Rechnung gestellten Bruttoumsatz, sondern nur seine eigene **Spanne** bzw. **Provision** als Erlös auszuweisen. Kommissionsgeschäfte liegen nach § 383 Abs. 1 HGB vor, wenn ein Kaufmann im Betrieb seines Handelsgewerbes im **eigenen** Namen, aber für Rechnung eines **Dritten** ein Geschäft tätigt.

I. Umsatzerlöse

Ein Ausweis des Umsatzes nur i. H. der Marge ist darüber hinaus aber auch dann geboten, wenn zwar rechtlich keine Verkaufskommission vorliegt, aber der Verkäufer wie ein Verkaufskommissionär agiert. Folgende Gesichtspunkte sprechen für ein **kommissionsähnliches** Handeln: Der Unternehmer

- trägt keine Risiken aus Vorratsvermögen,
- modifiziert das Produkt bzw. die Leistung nicht,
- tätigt keinen (oder einen nur durchlaufenden) Eigentumserwerb,
- hat (im Innenverhältnis) keine Gewährleistungspflichten,
- trägt kein relevantes Delkredererisiko.

Im Rahmen einer **Gesamtwürdigung** müssen nicht alle Faktoren gleich stark ausgeprägt sein.

> **BEISPIEL** U betreibt einen Internet-Handel. Die Kunden zahlen direkt per Kreditkarte. Die Bestellung wird nach Kreditkartenprüfung automatisch an den Produzenten P weitergeleitet, der die Ware unmittelbar an den Kunden ausliefert und im Innenverhältnis zu U für alle Mängel geradesteht. U kalkuliert seine Verkaufspreise so, dass sie je nach Ware 125% bis 150% des zwischen ihm und P vereinbarten Preises betragen:
>
> - U hat keine Risiken aus Vorratsvermögen, deren physischer oder preislicher Wertminderung.
> - U modifiziert die Standardprodukte nicht.
> - U erwirbt – eventuelle juristische Sekunden ausgeklammert – kein Eigentum.
> - U trägt die Gewährleistungspflichten im Innenverhältnis, d. h. wirtschaftlich, nicht.
> - Angesichts der Kreditkartenzahlung besteht kein relevantes Delkredererisiko.
>
> U handelt deshalb kommissionsähnlich und weist nur die Differenz von Verkaufs- und Einkaufspreis als Erlös aus.

Ein weiteres Beispiel für eine wirtschaftliche Verkaufskommission liefert der Flug- oder Bahnkartenverkauf durch ein **Reisebüro**. Ein kommissionsähnliches Geschäft wäre auch dann zu bejahen, wenn das Reisebüro in bestimmtem Umfang das Delkredererisiko trüge.

7   Ob analog auch bei einem der **Einkaufskommission** ähnlichen Geschäft der Umsatz nur in Margenhöhe auszuweisen ist, scheint **fraglich**. Gegen eine solche Ausweitung per Analogie spricht, dass z. B. im Großhandel ein Einkauf (beim Zulieferer) nach Bestelleingang (vom Handelskunden) längst keinen Ausnahmefall mehr darstellt. Eine extensive Anwendung des Begriffs des kommissionsähnlichen Geschäfts würde daher in jedem Einzelfall eine Feststellung bedingen, ob die Ware schon vor oder erst nach Bestelleingang vom Kunden beim Zulieferer bestellt wurde. Derartige Differenzierungen wären nicht praktikabel. Sie würden außerdem nicht dem Zweck der Rechnungslegung dienen, interperiodische und zwischenbetriebliche Vergleiche zu ermöglichen, da je nach zeitlichen Abläufen der einen oder der anderen Periode bzw. des einen oder des anderen Betriebs Umsätze trotz gleicher rechtlicher und tatsächlicher Verhältnisse unterschiedlich ausgewiesen würden.

2.3 Zinseffekte bei starker zeitlicher Abweichung von Leistungs- und Zahlungszeitpunkt

Bei zinsloser Stundung des Leistungsentgelts (Ratenzahlungen, unüblich lange Zahlungsziele) ist die Einnahme **abzuzinsen**. Nach den Regeln für **Mehrkomponenten**geschäfte (→ § 252 Rz. 122) ist neben dem Grundgeschäft ein **Kredit**geschäft zu bilanzieren. I. H. des abgezinsten Betrags (Barwert) liegt ein Erlös aus der Veräußerung von Gütern oder Erbringung von Dienstleistungen (Grundgeschäft) vor. Die Differenz von Nominal- und Barwert führt über die Dauer der Stundung zu **Zinsertrag**.

Umgekehrt kann der Kunde in Vorleistung treten und eine Anzahlung mit unüblich langem Vorlauf leisten. Die erhaltene Anzahlung ist ebenfalls mit dem Barwert anzusetzen. Über die Dauer der Vorleistung ist die Anzahlung aufwandswirksam aufzuzinsen. Im Zeitpunkt der Erbringung der Grundleistung ist die aufgezinste Anzahlung aufzulösen. Der Umsatz aus dem Grundgeschäft entspricht mithin dem aufgezinsten Betrag.

> **BEISPIEL** Wegen eines Nachfrageüberhangs an Silizium schließt der Hersteller von Solar-*wafern* S bereits Mitte 01 mit dem Siliziumproduzenten P einen Vertrag über die Lieferung Mitte 03 ab. Auf Basis eines erwarteten Spotpreises von 121 T€ vereinbaren die Parteien eine sofort fällige Kaufpreiszahlung von 100 T€. Der relevante Fremdkapitalzins beträgt 10 %.
>
> P passiviert den vereinnahmten Betrag mit 121/1,21 = 100.
>
> Bis Mitte 03 bucht er insgesamt Zinsaufwand von 21 gegen die Verbindlichkeit (erhaltene Anzahlung).
>
> In 03 realisiert er einen Umsatz von 121.

Aus *Wesentlichkeits*gründen kann sowohl im Stundungs- wie im Vorleistungsfall bei geringen Beträgen eine Abzinsung entbehrlich sein. In noch stärkerem Maße gilt dies bei zwar zinshaltiger, aber unter dem Marktzins liegender Stundungsvereinbarung.

2.4 Erlösschmälerungen (Skonti, Rabatte, Boni)

Nach Abs. 1 sind Erlöse mit **Erlösschmälerungen** (Preisnachlässen, Rabatten, Boni) zu **saldieren**. Wegen Sachboni wird auf → Rz. 11 verwiesen.

Bei kurz vor dem Stichtag erfolgten Verkäufen und einer erst nach dem Stichtag endenden Skontofrist ist die Umsatzkürzung noch in **alter Rechnung** und der Höhe nach auf Basis des wahrscheinlichen Zahlungsverhaltens vorzunehmen. Im Bilanzaufstellungszeitraum erlangte Erkenntnisse sind als werterhellender Tatbestand zu berücksichtigen. Bei Unwesentlichkeit kann – auch im Interesse einer Vereinfachung der Umsatzsteuerabstimmung – eine Korrektur in Form der Wertberichtigung erfolgen.

Dem Kunden zu gewährende Boni, deren Höhe bei Bilanzaufstellung noch ungewiss ist, sind als Rückstellung zu passivieren. Die Rückstellung ist nicht aufwandswirksam, sondern erlösmindernd zu dotieren. Die Auflösung zu hoch gebildeter Rückstellung in Folgejahren ist u. E. umsatzwirksam vorzunehmen. Entsprechend ist die nachträgliche Belastung wegen zu niedrigerer Rückstellungen umsatzmindernd zu buchen. In beiden Fällen liegen ggf. periodenfremde Belastungen vor, die bei Wesentlichkeit nach Abs. 4 Satz 3 im Anhang zu erläutern wären (→ Rz. 51).

2.5 Sachboni, insbesondere Kundenbindungsprogramme

11 Dem Kunden kann ein sofortiger Sachbonus etwa folgender Art gewährt werden: *„Buy two – get third for free."* Bei entsprechenden Verkaufsaktionen im Einzelhandel ergeben sich keine besonderen Ausweisprobleme, da Grundlieferung und Bonuslieferung zeitgleich erfolgen, sich die Frage der Umsatzabgrenzung oder der Rückstellung also nicht stellt. Überdies liegt bei substantieller Betrachtung nicht wirklich ein Sach-Bonus vor. Der Kunde hat drei Produkte für einen dem doppelten Listenpreis entsprechenden Paketpreis erworben, mithin (bei drei identischen Produkten) einen baren Preisnachlass von 1/3 erhalten.

In anderen Fällen, nämlich bei Kundenbindungs- bzw. **Treueprämienprogrammen** (*miles and more, payback* etc.) liegt zwischen den bonusbegründenden Verkäufen/Leistungen und der Inanspruchnahme des Bonus ein längerer Zeitraum. Zu unterscheiden ist dabei nach

- der **personellen Reichweite** des Programms: zwischen unternehmensindividuellen Programmen und solchen, bei denen sich mehrere Unternehmen zu einem Treueprämienprogramm zusammenschließen,
- der **Waren-/Produktart**: zwischen Eigen- und Fremdwaren/-produkten,
- dem **Freiheitsgrad**: zwischen festgelegten und von Kunden aus einem Katalog wählbaren Produkten.

Das Problem der **zeitlichen Verzögerung** ist in allen Varianten gegeben. Fraglich ist daher, ob

- über **Rückstellungen** oder **Abgrenzungs**posten (erhaltene Anzahlungen) bilanziell Vorsorge für die zukünftigen Bonusinanspruchnahmen getroffen werden soll und
- der Passivposten **umsatzkürzend** oder **aufwandswirksam** zu bilden ist.

12 Im Bereich der internationalen Rechnungslegung ist diese Frage durch IFRIC 13 *Customer Loyalty Programmes* geregelt.[3] Konzeptionell basieren die Regelungen auf folgenden Überlegungen:

- 1. Der Verkauf unter Gewährung von Treuepunkten ist ein **Mehrkomponentengeschäft**. Der Gesamtpreis entfällt mit einem (dem größten) Teil auf die jetzige Leistung/Lieferung, mit einem zweiten (dem geringeren) Teil auf die zukünftige Leistung/Lieferung. Der Umsatz für die zukünftige Leistung darf bei Gewährung von Sachboni auf eigene Leistungen erst mit Inanspruchnahme der Boni ausgewiesen werden, bei Gewährung von Boni auf Fremdleistungen ausnahmsweise sofort, sofern Anspruch des Kunden und Zahlungsverpflichtung des Unternehmens gegenüber dem Dritten dem Grunde nach sofort entstehen.
- 2. Die Abgrenzung des zukünftigen Leistungsteils vom sofortigen hat per **Schätzung** zu erfolgen. Taugliche Schätzungswege sind die Verhältnismethode (Verhältnis der beizulegenden Zeitwerte beider Leistungskomponenten) oder die Residualmethode (Gesamtentgelt minus beizulegender Zeitwert des Bonus gleich sofortiger Umsatzanteil).
- 3. Die Wahrscheinlichkeit von **Verfall/Nichtausübung** des Bonusrechts ist bei der Ersterfassung nicht zu berücksichtigen, da die Verpflichtung zu Gewährung des Sachbonus in voller

---

3 Vgl. *Mujkanovic*, StuB 2007 S. 845; *Kümmel/Ständer*, PiR 2008 S. 58; *Lühn*, PiR 2010 S. 97.

und nicht nur in wahrscheinlicher Höhe besteht. Die Wahrscheinlichkeit beeinflusst jedoch den Auflösung**zeitraum** des Abgrenzungspostens. Der Auflösungsbetrag der jeweiligen Periode entspricht dem Verhältnis von eingelösten Bonusansprüchen zu insgesamt erwarteten Einlösungen. Wenn die diesbezüglichen Annahmen sich zu einem späteren Zeitpunkt als korrekturbedürftig erweisen, ist der Passivposten anzupassen.

Diese Überlegungen sind **mit dem Handelsrecht kompatibel** (→ § 252 Rz. 122):

▶ Ad 1: Die Trennung in sofortige und zukünftige Leistung entspricht der Substanz des Geschäfts (wirtschaftliche Betrachtungsweise), die verzögerte Erfassung des auf eigene Leistungen lautenden Sachbonusanteils dem Realisationsprinzip.

▶ Ad 2: Die Schätzungsnotwendigkeit ist objektiv gegeben, die in IFRIC 13 zugelassenen Schätzungsmethoden sind angemessen.

▶ Ad 3: Für die passive Abgrenzung verlangt § 250 HGB „eine bestimmte Zeit". Je nach dem, wie eng dieses Merkmal interpretiert wird (→ § 250 Rz. 40), kommt eine passive Abgrenzung handelsrechtlich nicht in Frage. Wie bei anderen Boni (→ Rz. 10) wäre dann ein Ausweis als Rückstellung geboten. Materielle Auswirkungen auf die zeitliche Verteilung des Umsatzes ergeben sich hieraus nicht.

Zur Anwendung der vorstehenden Überlegungen folgendes Beispiel: 13

BEISPIEL ▶ Bei einer Einzelhandelskette erhält der Kunde aufgrund eines am 2.1.01 neu aufgelegten Bonusprogramms pro Euro Einkauf 1 Treuepunkt. Der Zeitwert eines Treuepunkts wird auf 0,01 € geschätzt. Die Punkte sind unbefristet, aber nur bei Einkauf in den Läden der Kette einlösbar. In 01 wurden 1 Mrd Punkte ausgegeben und 450 Mio Punkte eingelöst. Das Management geht von einer Einlösung von insgesamt 90 % der Punkte aus, davon je 225 Mio in 02 und 03.

In 02 wird die Gesamterwartung bei tatsächlich 150.000 eingelösten Punkten auf 75 % revidiert. Nach weiteren 150 Mio in 03 eingelösten Punkten wird nicht mehr mit weiteren wesentlichen Einlösungen gerechnet.

Die passive Abgrenzung/Rückstellung entwickelt sich wie folgt:

I. Umsatzerlöse

in 01 ausgegebene Punkte	1.000.000.000 €
€/Punkt	0,01 €
= passive Abgrenzung/Rückstellung vor Auflösung	10.000.000 €
insgesamt erwartete Einlösung von Punkten	900.000.000
schon in 01 eingelöste Punkte	450.000.000
in % Gesamterwartung	50,00 %
Auflösung in 01	- 5.000.000 €
= passive Abgrenzung/Rückstellung 31.12.01	5.000.000 €
revidierte Gesamterwartung 31.12.02	750.000.000
in 02 eingelöste Punkte	150.000.000
in % revidierte Gesamterwartung	20,00 %
planmäßige Auflösung in 02	- 2.000.000 €
„Nachholung" für 01 50 % · (900/750 - 1) 10,00 %	- 1.000.000 €
= passive Abgrenzung/Rückstellung 31.12.02	2.000.000 €
unveränderte Gesamterwartung 31.12.03	750.000.000
in 03 eingelöste Punkte	150.000.000
in % revidierte Gesamterwartung	20,00 %
Auflösung in 03	- 2.000.000 €
= passive Abgrenzung/Rückstellung 31.12.03	0 €

14 Nach der Produkt-/Warenart ergeben sich folgende Unterschiede:

▶ Kann der Kunde den Sachbonus nur beim Unternehmen **selbst** gegen Erzeugnisse bzw. Waren des Unternehmens einlösen, führt dies i. H. der Auflösung des Passivpostens zu Umsatz.

▶ Lautet der Bonus hingegen auf vom Unternehmen selbst nicht angebotene **Leistungen Dritter**, reduziert sich die Rolle des Unternehmens regelmäßig auf ein kommissionsähnliches Handeln (→ Rz. 8). Umsatz aus den Boni entsteht dann nur i. H. der Differenz zwischen dem Zeitwert des Bonus und dem für den Bonus an den Dritten zu zahlenden Betrag. Sofern Anspruch des Kunden und Zahlungsverpflichtung des Unternehmens gegenüber dem Dritten dem Grunde nach sofort entstehen, ist auch der kommissionsähnliche Umsatz sofort zu vereinnahmen.

BEISPIEL Bei einer Hotelkette erhält der Kunde aufgrund eines am 2.1.01 neu aufgelegten Bonusprogramms pro 1 € Übernachtungspreis 1 Treuepunkt, der bei einer Fluglinie eingelöst werden kann. Der Zeitwert eines Treuepunkts wird auf 0,01 € geschätzt. An die Fluggesellschaft zahlt die Hotelkette 0,0060 €/Punkt. Die Differenz von 0,004 €/Punkt erklärt sich zum Teil aus der unterstellten Gewinnmarge der Fluggesellschaft, z. T. aus der einvernehmlichen Schätzung von Hotel und Fluggesellschaft, dass nur 75 % der Punkte eingelöst werden. Die Zahlung an die Fluggesellschaft ist vier Wochen nach Ablauf des Geschäftsjahrs fällig. Die Kunden können die Punkte sofort einlösen.

Der Umsatz aus dem Sachbonus ergibt sich wie folgt:

in 01 ausgegebene Punkte	1.000.000.000
€/Punkt (Zeitwert)	0,01
= Bruttoumsatz aus Sachbonus	10.000.000
- Zahlung an den Dritten aus Sachbonus	- 7.500.000
= Nettoumsatz aus Sachbonus	2.500.000

2.6 Leistungen des Produzenten an den Händler: *placement fees* und andere *sales incentives*

Der Verkauf kurzfristiger Konsumgüter (Lebensmittel, Kosmetika etc.) konzentriert sich immer stärker auf wenige Handelsketten. Die dadurch entstehende **Einkaufsmacht** wird u. a. für die Erhebung von „**Einstandsgebühren**" genutzt. Der Produzent zahlt eine Platzierungsgebühr (*slotting* oder *placement fee*), um gelistet, d. h. überhaupt oder speziell in die günstiger gelegenen Verkaufsregale aufgenommen zu werden.

15

Drei Varianten der buchmäßigen Behandlung dieser Gebühren sind diskussionswürdig:

16

▶ Aktivierung als immaterieller Vermögensgegenstand (Belieferungsrecht),
▶ Verbuchung als Aufwand (Vertriebskosten),
▶ Verbuchung als Erlösminderung.

Die erste Lösung scheitert regelmäßig schon am **fehlenden Exklusivrecht**: Die Machtverhältnisse sind hier anders als bei der Einstandszahlung einer Brauerei für den exklusiven Bierbezug einer Gaststätte. Die Handelsketten lassen sich auf Exklusivvereinbarungen kaum ein. Selbst wo dies ausnahmsweise der Fall ist, werden keine Mengenabnahmen und keine längerfristigen Platzierungen garantiert. Der potenzielle Nutzen der Platzierung – Voraussetzung für die Annahme eines Vermögensgegenstands – ist unter diesen Umständen nicht hinreichend verlässlich belegbar.

Eher ist eine Nähe zu den in § 255 Abs. 4 HGB mit einem Aktivierungsverbot belegten **Vertriebskosten** erkennbar. Im Vergleich zu anderen vertriebsfördernden Kosten (z. B. Handelsvertreterprovisionen oder Werbeaufwendungen) besteht aber eine **Besonderheit: Zahlungsempfänger** ist

▶ nicht ein Dritter,
▶ sondern der Abnehmer der Produkte.

Wenn der Handel die Produkte nur kauft, sofern ihm der Produzent eine Sonderzahlung leistet, hat die Zahlung den Charakter eines besonderen **Rabatts** oder Bonus. Der Unterschied zu normalen Rabattierungen besteht dann hauptsächlich im **Zeitelement**: Die Platzierungsgebühr entsteht vor dem Verkauf, der normale Rabattanspruch danach.

Die amerikanischen Regeln in EITF 01-09[4] sehen diesen Unterschied als nicht wesentlich an und verlangen daher auch die Behandlung von an den Käufer geleisteten Vorabzahlungen (Platzierungsgebühren etc.) als Erlösminderung mit folgender Ausnahme:

► Ausnahmsweise kann der *fair value* der erhaltenen Gegenleistung verlässlich bestimmt werden und

► die Leistung hätte auch von einem Nichtkunden erbracht werden können.

> **BEISPIEL** Produzent P will mit einem neuen Produkt bei Handelskette H gelistet werden. Zwei Vergütungsmodelle werden diskutiert:
>
> a) P zahlt für die günstige Platzierung in den Läden eine Platzierungsgebühr an H.
>
> b) H wird das neue Produkt intensiv durch Sonderprospekte bewerben. Den dafür intern und extern bei H entstehenden Aufwand erstattet P.
>
> Nur im zweiten Fall kommt der Verzicht auf eine Saldierung mit den Erlösen in Frage, da hier eine Leistung gewährt wird, die auch ein Nichtkunde hätte erbringen können.

17   Die **analoge Anwendung der amerikanischen Regeln** halten wir für sachgerecht. Die Erfindung immer neuer „Gebühren" (z. B. Delkredereprovision an die Konzernmutter des Abnehmers oder Werbekostenzuschüsse) hat weniger mit substanziell neuen Leistungsspektren zu tun als mit dem Karrierewettbewerb der Einkäufer und der internen Konkurrenz zwischen den Profitcentern der Handelskonzerne. Aus wirtschaftlicher Sicht geht es immer darum, den Einkaufspreis zu mindern – und damit aus Sicht der Hersteller um **Erlösschmälerung** –, einerlei, wie die jeweilige Gebühr oder Erlösminderung nun benannt wird.

Zu einem Problem wird die erlösmindernde Buchung von Platzierungsgebühren (und sonstigen *sales incentives*) dann, wenn der Bruttoerlös der ersten Periode die Gebühr nicht deckt, die Erlösminderung also zu einem negativen Erlös führen würde. Nach EITF 01-09 ist die Saldierung bis zur Höhe des Bruttoerlöses (Nettoerlös somit null) und die Behandlung des Kostenüberschusses als Aufwand sachgerecht.

2.7 Entgelte von dritter Seite, durchlaufende Posten, fakturierte Nebenkosten

18   Die Bestimmung der Erlöshöhe bereitet dann Probleme, wenn neben leistendem Unternehmen und leistungsempfangenden Kunden **Dritte** auf der Entgelt- oder Leistungsseite beteiligt sind. Zwei Grundfälle sind zu unterscheiden:

---

4 EITF Issue 01-09 *Accounting for Consideration Given by a Vendor to a Customer (Including a Reseller of the Vendor's Products)* sowie EITF Issue 03-10 *Application of Issue No. 02-16 by Resellers to Sales Incentives Offered to Consumers by Manufacturers.*

- Das **Entgelt** wird ganz oder in Teilen von **Dritten** erbracht. Ein Beispiel sind die öffentlichen Zuschüsse an Unternehmen des öffentlichen Nahverkehrs wegen verbilligter oder unentgeltlicher Beförderungen von Schülern oder Schwerbehinderten.
- Das leistende Unternehmen nimmt **Nebenleistungen von Dritten** in Anspruch. Sie werden dem Kunden ohne Aufschlag **weiterberechnet**. Beispiele hierfür sind Reisespesen bei Beratungsunternehmen oder Speditionskosten bei Handelsunternehmen.

In beiden Fällen ist eine Einbeziehung in die Umsatzerlöse ebenso erwägenswert wie eine Saldierung der entsprechenden Entgeltanteile gegen die korrespondierenden Kosten. Die Bevorzugung einer der beiden Alternativen ist eine Frage der **Definition des Erlösbegriffs**:

- Wird darauf abgestellt, ob das rechnungsstellende Unternehmen die **Leistung selbst erbringt** oder sie nur durchleitet, sind die Nebenleistungen nicht anzusetzen,
- wird der **rechtlich geschuldete Leistungsumfang** in den Mittelpunkt gestellt, ist der Umsatz hingegen weiter zu fassen.

Zurückbezogen auf die beiden o. g. Beispiele hätten die Definitionsansätze folgende Wirkungen:

- Die Schüler- und **Behindertenbeförderung gegen öffentlichen Zuschuss** wird rechtlich geschuldet. Die Leistung wird auch vom Unternehmen selbst erbracht. Das Entgelt von dritter Seite ist nach beiden Ansätzen Erlös.
- **Erstattete Reise- und Speditionskosten** betreffen hingegen Leistungen, die zunächst von anderen Unternehmen erbracht werden. Nach der engeren Interpretation spricht ihr Durchlaufcharakter gegen die Einbeziehung in die Erlöse. Aus Sicht der rechtlich Geschuldeten kommt es bei den Reise- und Speditionskosten darauf an, ob sie integral mit der Erfüllung der Hauptleistung verbunden sind. Für die Reisekosten wird man dies ohne Weiteres, für die Speditionskosten je nach den Umständen bejahen (z. B.: Bedarf der Transport besonderer Vorkehrungen? Ist er üblicher Leistungsbestandteil? etc.).

Erbringt das **Unternehmen selbst Transport- oder sonstige Nebenleistungen**, ist eine Einbeziehung in die Erlöse regelmäßig geboten, unabhängig davon, ob die Nebenleistung gesondert berechnet wird oder im Kaufpreis enthalten ist.

19

> **BEISPIEL** ▶ Ein konventionelles Möbelhaus präsentiert preiswerte Möbel in der Mitnahmeabteilung in den zwei Varianten Mitnahme- und Anlieferungspreis.
>
> Ein Wettbewerber bietet sämtliche Möbel zur Mitnahme an (Regelverkaufsform). Der Kunde kann jedoch bei sperrigen Möbeln gegen einen gesonderten, nach Entfernung berechneten Preis die Anlieferung wählen.
>
> Unabhängig von der Art der Abrechnung ist die Gesamtvergütung inkl. der offenen oder verdeckten Transportanteile u. E. als Erlös auszuweisen.[5]
>
> Anders, wenn das Unternehmen lediglich arrangiert, wirtschaftlich als Vermittler zwischen Kunden und Spedition auftritt und der Transportpreis (bis auf eine eventuelle kleine Gewinnmarge des Möbelhauses) im Wesentlichen vom Spediteur festgesetzt wird.[6]

---

5 Ebenso für US-GAAP EITF 00-10, *Accounting for Shipping and Handling Fees and Costs*.
6 Vgl. Für diese Unterscheidung: *KPMG*, Insights into IFRS, 2006/2007, Tz. 4.2.40.

20 Bei **Vermietung** eines Hauses gegen Nettokaltmiete und **Nebenkostenvorauszahlungen** stellt nur die Nettokaltmiete Umsatz dar; anders bei einer garantierten Warmmiete, da hier das Nebenkostenrisiko beim Vermieter liegt, ein durchlaufender Posten also ausscheidet.[7]

2.8 Umsatzsteuer und Verbrauchsteuern

21 Gem. § 277 Abs. 1 HGB sind die Umsatzerlöse nach Abzug der Umsatzsteuer auszuweisen. Nicht explizit erwähnt sind andere umsatzbezogene Steuern. Nach **Art. 28 der 4. EG-Richtlinie** sind hingegen die Erlöse nach „der Mehrwertsteuer und **anderer unmittelbar auf den Umsatz bezogener Steuern**" auszuweisen. Nach internationaler Übung ist dieser Zusatz weit zu interpretieren. Danach sind

- neben **absatzpreisabhängigen Steuern** (z. B. Versicherungsteuer),
- auch **absatzmengenabhängige Verbrauchsteuern** einschließlich Monopolabgaben (z. B. Tabaksteuer, Biersteuer, Mineralölsteuer, Stromsteuer etc.)

vom Umsatz abzuziehen (→ § 275 Rz. 120).

§ 1 Abs. 2 Satz 3 PublG verlangt demgegenüber, in den Umsatzerlösen „enthaltene Verbrauchsteuern oder Monopolabgaben" bei der Ermittlung der Umsatzgrenzen abzusetzen, unterstellt also, dass die Verbrauchsteuern in den Umsatzerlösen enthalten sind oder sein dürfen.

Vertretbar ist die eine wie die andere Position, wobei jedoch auf **Konsistenz zu den Aufwandspositionen** zu achten ist (→ § 275 Rz. 120):

- Der Rohertrag (im Gesamtkostenformat) bzw. das Bruttoergebnis vom Umsatz (im Umsatzkostenformat) würde unzutreffend ausgewiesen werden, wenn die Verbrauchsteuer in die Umsatzerlöse einbezogen, andererseits aber nicht im Material- bzw. Herstellungsaufwand, sondern in den sonstigen Steuern berücksichtigt wird.
- Umgekehrt wäre die Nichtberücksichtigung in den Umsatzerlösen mit einer Erfassung im Material- bzw. Herstellungsaufwand nicht verträglich.

II. Bestandsveränderungen bei Erzeugnissen (Abs. 2)

1. Mengen- und Wertgerüst

22 Der bilanzielle Ansatz der unfertigen und fertigen Erzeugnisse ist das Produkt aus Menge und Wert, die Entwicklung zwischen zwei Bilanzstichtagen mithin – abgesehen von Fällen wie Verschmelzung, Unternehmenserwerb etc. – das **kombinierte Ergebnis aus Mengen- und Wertänderungen**:

- Für die **Bilanz** ist unerheblich, in welchem Umfang Menge oder Wert zur Entwicklung beigetragen haben.
- Für die in einer GuV nach dem **Gesamtkostenverfahren** auszuweisenden Bestandsänderungen gilt dies nur i. d. R.

---

7 So *KPMG*, Insights into IFRS, 2006/2007, Tz. 4.2.60.

- Zwar sind nach Abs. 2 als Bestandsveränderungen i. d. R. „sowohl Änderungen der Menge als auch solche des Werts zu berücksichtigen",

- diese Regel erfährt jedoch eine explizite Ausnahme: Abschreibungen fließen in die Bestandsveränderungen nur ein, „soweit diese die in der Kapitalgesellschaft sonst üblichen Abschreibungen nicht überschreiten".

Die GuV-Position „Erhöhung oder Verminderung des Bestands an fertigen und unfertigen Erzeugnissen" (§ 275 Abs. 2 Nr. 2 HGB) ist somit zunächst der **Saldo** aus folgenden Effekten: 23

▶ Zu Herstellungskosten bewertete Änderung des Bestands an Erzeugnissen,

▶ Zuschreibungen,

▶ **übliche** Abschreibungen.

Über das Übliche **hinausgehende** Abschreibungen sind hingegen im Gesamtkostenformat unter dem Posten § 275 Abs. 2 Nr. 7b HGB zu erfassen, zusammen mit unüblich hohen Abschreibungen auf andere Posten des Umlaufvermögens (→ Rz. 24 sowie → § 275 Rz. 51).

Wegen der Einbeziehung von Zinsen in die Herstellungskosten wird auf → Rz. 27 verwiesen.

2. Die über das Übliche hinausgehenden Abschreibungen

Mit dem Fortfall der Willkürabschreibung sowie steuerrechtlicher Abschreibungen durch das BilMoG kommt als Abschreibung auf Erzeugnisse nur noch die Niederstwertabschreibung nach § 253 Abs. 3 Satz 3 HGB in Betracht. Die **Unüblichkeit** kann sich daher nicht mehr auf die Art der Abschreibungen, sondern nur noch auf Anlass und **Höhe** beziehen. U. E. ist dabei der quantitative Aspekt entscheidend, da das Gesetz den gesonderten Ausweis nicht konditional („wenn unüblich"), sondern quantitativ („soweit unüblich") formuliert. Ob eine Abschreibung durch außergewöhnliche Maßnahmen (z. B. Stilllegung von Betrieben) oder Umstände (z. B. Zerstörung durch Brand) verursacht ist, ist danach nicht entscheidend. Es kommt allein darauf an, ob die Höhe der Abschreibungen im betriebsinternen Zeitvergleich unüblich ist.[8] Hierbei müssen die Durchschnittswerte deutlich überschritten werden (→ § 275 Rz. 53). 24

In der Praxis geht eine besondere Höhe der Abschreibungen regelmäßig auch mit besonderen Umständen einher.

> **BEISPIEL** ▶ Die Solar AG stellt über verschiede Fertigungsstufen Solarmodule her. Entscheidend für den Absatzpreis ist der Wirkungsgrad der Module, ausgedrückt als Prozentsatz der erzeugbaren elektrischen Energie zur einstrahlenden Sonnenenergie.
>
> Wegen Änderungen in der Produktionstechnologie sinkt der Wirkungsgrad von 15 % in den Vorjahren in 01 vorübergehend auf 10 %. Auf die Ende 01 noch im Bestand befindlichen Erzeugnisse wird daher eine Niederstwertabschreibung vorgenommen, die im Verhältnis zu den Herstellungskosten eine bisher in der Gesellschaft nicht erreichte Größenordnung hat. Mit der Unüblichkeit der Höhe nach geht eine Unüblichkeit den Umständen nach einher.

---

8 Vgl. *Förschle*, in: Beck'scher Bilanz-Kommentar, 7. Aufl., München 2010, § 275 Tz. 77; stärker auf die Ursachen und Umstände der Abschreibung abstellend hingegen *ADS*, 6. Aufl., § 277 Tz. 44.

25 Bei der Beurteilung der Unüblichkeit ist vorrangig nicht auf den absoluten Betrag der Abschreibungen abzustellen, sondern auf die **relative Höhe**, die sich aus dem Verhältnis zum Buchwert vor Niederstwertabschreibung ergibt. Nur der sich dabei im internen Zeitvergleich ergebende **Spitzenbetrag** ist unüblich:

> **BEISPIEL** Die X-AG fertigt Saisonware mit hohen Spannen, aber besonderen Absatzrisiken. In den letzten Jahren hat sie für nur noch über Zweitverwerter absetzbare Erzeugnisse folgende Abschreibungen getätigt.
>
> | Jahr | Bestand vor Abschreibung | Abschreibung in € | dito in % |
> |---|---|---|---|
> | 1 | 100 | 30 | 30 % |
> | 2 | 110 | 35 | 32 % |
> | 3 | 105 | 40 | 38 % |
> | 4 | 115 | 35 | 30 % |
> | 5 | 130 | 50 | 38 % |
> | Durchschnitt | 112 | 38 | 34 % |

Im zu beurteilenden Jahr 06 beträgt die Abschreibung 50, bei einem Bestand vor Abschreibung von 100 somit 50 %.

Beurteilung

In Vorjahren wurden im Durchschnitt 34 % abgeschrieben. Unüblich ist im laufenden Jahr daher bestenfalls der darüber hinausgehende Betrag von 16. In qualitativer Sicht wird man aber nicht jede Abweichung nach oben als unüblich ansehen können, sondern nur eine deutliche Abweichung. Als deutlich kann etwa eine Abschreibung gelten, die den Durchschnittswert der Vorjahre signifikant, z. B. um mehr als 25 % übersteigt. Hiernach wären Abschreibungen bis zu 34 % · 1,25 = 41 % noch als üblich anzusehen. Als unüblich hohe Abschreibung blieben dann nur noch 9.

26 Für den Fall, dass sich unübliche Abschreibungen des Vorjahrs durch Wertaufholung oder durch Veräußerung der Erzeugnisse über den Selbstkosten auflösen, zugleich aber im laufenden Jahr in unüblicher Höhe Abschreibungen auf neu zugegangene Vermögensgegenstände anfallen, wird die Frage diskutiert, ob eine getrennte Betrachtung erforderlich ist[9] oder nur der nach Abzug der Auflösung verbleibende Saldo der neuen Abschreibungen.[10] Bei quantitativer Interpretation der Unüblichkeit ist dieser Dissens zumeist gegenstandslos. Soweit größere Abschreibungen bereits im Vorjahr in ähnlicher Höhe vorgenommen werden, kann im laufenden Jahr von einer Unüblichkeit ohnehin nicht mehr ausgegangen werden.

---

9 So *Glade*, BiRiLiG 2, § 275 HGB Tz. 177.
10 So *ADS*, 6. Aufl., § 277 Tz. 46.

3. Aktivierte Zinsen – Brutto- vs. Nettomethode

Nach § 255 Abs. 3 HGB dürfen Zinsen auf Herstellungskosten aktiviert werden. Für die buchungstechnische Behandlung im **Gesamtkostenformat** kommen zwei Methoden in Frage (→ § 275 Rz. 15):

▶ Nach der **Nettomethode** wird der zu aktivierende Teil der entstandenen Zinsen gegen die Erzeugnisse gekürzt (per Erzeugnisse an Zinsaufwand).

▶ Nach der **Bruttomethode** wird der Zinsaufwand ungekürzt im Finanzergebnis ausgewiesen. I. H. des aktivierten Teils steht ihm jedoch ein **Ertrag aus der Bestandsänderung** gegenüber (per Erzeugnisse an Bestandsänderung Erzeugnisse).

27

BEISPIEL ▶ U gründet sein Unternehmen am 1.10.01. Bis zum Bilanzstichtag werden noch keine Umsätze getätigt, aber Erzeugnisse hergestellt. Sie werden mit 105, davon je 50 Material- und Personalaufwand und 5 Zinsaufwand (bei Gesamtzinsen von 15) aktiviert.

1. Laufende Buchungen:

per Materialaufwand	50	an Geld	115
per Personalaufwand	50	an	
per Zinsaufwand	15	an	

2. Stichtagsbuchung nach Nettomethode:

per Erzeugnisse	105	an Bestandsänderung Erzeugnisse	100
		an Zinsaufwand	5

3. Stichtagsbuchung nach Bruttomethode:

per Erzeugnisse	105	an Bestandsänderung Erzeugnisse	105

Für die Bruttomethode spricht vordergründig die Vorgabe von Abs. 2, als Bestandsänderung sowohl Änderungen der Menge als auch des Werts zu berücksichtigen. Zugunsten der Nettomethode kann jedoch der Vergleich zwischen **Gesamt- und Umsatzkostenverfahren** angeführt werden:

28

▶ Beide Methoden gliedern den operativen Teil der GuV unterschiedlich, während im **Finanzergebnis** und außerordentlichen Ergebnis nicht nur gleiche Postenbezeichnungen gewählt werden, sondern im Interesse einer vergleichenden Erfolgsanalyse auch der **gleiche Inhalt** präsentiert werden sollte.

▶ Dem Umsatzkostenverfahren ist aber die Nettomethode **immanent**. Als Umsatzkosten oder sonstige operative Kosten werden nur die Aufwendungen in der GuV erfasst, die in der Periode zu Verbrauch geführt haben. Die Neutralisierung der aktivierten Zinsaufwendungen durch einen Gegenposten für Bestandsänderungen scheidet im Umsatzkostenverfahren daher aus. Hilfsweise könnte zwar ein entsprechender technischer Ertrag unter den sonstigen betrieblichen Erträgen ausgewiesen werden, ein solcher technischer Posten wäre aber dem Umsatzkostenverfahren systemfremd. Somit bleibt im **Umsatzkostenverfahren** systemkonform nur der Nettoausweis, d. h. die Buchung „**per Erzeugnisse an Zinsaufwand**".

▶ Um nun im **Gesamtkostenverfahren** den **gleichen Inhalt** des Postens Zinsaufwand zu erhalten, wäre auch hier die **Nettomethode** anzuwenden.

Das Schrifttum kann in dieser Frage zu keiner einheitlichen Vorgabe finden.[11] U. E. ist dem analytischen Interesse des Bilanzadressaten an einer Erfolgsspaltung in ein operatives Ergebnis, Finanzergebnis etc. am meisten gedient, wenn in beiden GuV-Varianten aktivierte Zinsen auf Erzeugnisse nach der **Nettomethode** behandelt werden. Für das **Gesamtkostenverfahren** ist im Hinblick auf den Wortlaut von Abs. 2 aber die Anwendung der **Bruttomethode** ebenfalls vertretbar.

III. Gesonderter Ausweis oder Anhangangabe zu außerplanmäßigen Abschreibungen (Abs. 3 Satz 1)

29 Außerplanmäßige Abschreibungen auf
- ▶ **immaterielle und Sachanlagen** nach § 253 Abs. 3 Satz 3 HGB,
- ▶ **Finanzanlagen** nach § 253 Abs. 3 Satz 4 HGB,

sind jeweils gesondert in **GuV oder Anhang** anzugeben.

30 Bei der Angabe im **Anhang** ist für beide Abschreibungsfälle jeweils ein Gesamtbetrag anzugeben.

> **BEISPIEL** ▶ Außerplanmäßige Abschreibungen wurden in folgender Höhe vorgenommen:
> - ▶ auf immaterielle Anlagen und Sachanlagen (§ 253 Abs. 3 Satz 3 HGB) 1.100 T€
> - ▶ auf Finanzanlagen (§ 253 Abs. 3 Satz 4 HGB) 800 T€.

Die Anhangangabe kann auch im Anlagengitter dargestellt werden (→ § 268 Rz. 53).

31 Für den Sonderausweis in der **GuV** kommt im **Gesamtkostenverfahren** die Bildung entsprechender Posten in Frage, z. B.
- ▶ nach oder vor Position Nr. 7a für die Sach- und immateriellen Anlagen,
- ▶ nach oder vor Position Nr. 12 für die Finanzanlagen.
- ▶ Ggf. ist noch ein Posten nach oder vor Nr. 16 angezeigt, wenn die Abschreibungen außerordentlichen Charakter haben.

An Stelle der besonderen Posten können auch **Davon-Vermerke** treten.

Im **Umsatzkostenformat** bereitet ein Sonderausweis der außerplanmäßigen Abschreibungen auf immaterielle und Sachanlagen durch eigene GuV-Positionen Probleme, weil der Ausweis einer Kostenart (hier außerplanmäßige Abschreibung) in eine funktional gegliederte GuV systemfremd ist. Stattdessen kommen **Davon-Vermerke** in Frage, die sich auf die Positionen
- ▶ Nr. 2 Umsatzkosten,
- ▶ Nr. 4 Vertriebskosten,
- ▶ Nr. 5 allgemeine Verwaltungskosten,

---

[11] Vgl. u. a. *Förschle*, in: Beck'scher Bilanz-Kommentar, 7. Aufl., München 2010, § 275 Tz. 274 und 300; ADS, 6. Aufl., § 275 Tz. 231 f.

- Nr. 7 sonstige betriebliche Aufwendungen,
- Nr. 11 Abschreibungen auf Finanzanlagen,
- Nr. 15 außerordentliche Aufwendungen,

beziehen können. Der Übersichtlichkeit ist mit einem solchen Vorgehen jedoch weniger gedient als durch einen Ausweis im Anhang.

Als zulässig gilt in **beiden GuV-Formaten** auch die Ergänzung des GuV-Schemas um einen zusammenfassenden Posten „außerplanmäßiger Abschreibungen auf Anlagevermögen".[12]

IV. Verlustübernahmen, Gewinngemeinschaften, Gewinnabführungsverträge (Abs. 3 Satz 2)

1. Überblick

Gesondert unter entsprechender Bezeichnung sind nach Abs. 3 Satz 2 in der GuV auszuweisen: 32
- Aus **Verlustübernahme** resultierende
  - Erträge (der ausgleichsberechtigten Gesellschaft) und
  - Aufwendungen (der ausgleichsverpflichteten Gesellschaft),
- **Gewinne**, die aufgrund einer Gewinngemeinschaft eines Gewinnabführungs- oder eines Teilgewinnabführungsvertrags
  - (vom Anspruchsberechtigten) empfangen oder
  - (vom Abführungsverpflichten) abgeführt

werden.

Für den Sonderausweis kommen in Frage: 33
- eine Erweiterung des Gliederungsschemas (herrschende Praxis) oder
- Davon-Vermerke.

In beiden Fälle ist das **Saldierungsverbot** des § 246 Abs. 2 HGB zu beachten. Von einer Untergesellschaft erhaltene Gewinne sind daher weder mit gegenüber anderen Untergesellschaften übernommenen Verlusten noch mit einer eigenen Gewinnabführungsverpflichtung zu saldieren. Lediglich Ausgleichzahlungen an Minderheiten sind von einem erhaltenen Gewinn abzusetzen. 34

2. Vertragsformen

Für die Aktiengesellschaft sind die Gewinngemeinschaft und die (Teil-)Gewinnabführung in §§ 291 ff. AktG definiert. Für die GmbH sind diese Regelungen analog anzuwenden: 35
- Bei einem **Gewinnabführungsvertrag** ist eine Kapitalgesellschaft verpflichtet, den gesamten Gewinn an ein anders Unternehmen abzuführen (§ 291 Abs. 1 AktG). Korrespondierend dazu ist die übergeordnete Gesellschaft verpflichtet, die Verluste auszugleichen (§ 302 Abs. 1 AktG).

---

12 Vgl. *Wobbe*, in: Haufe HGB Bilanz Kommentar, Freiburg 2009, § 277 Rz. 22 f., m.w.N.

- Beim einem **Teilgewinnabführungsvertrag** lautet die Abführungsverpflichtung auf einen Teil des Gesamtgewinns oder auf den Gewinn einzelner Betriebe (§ 292 Abs. 1 Nr. 2 AktG), ggf. werden auch Verlustübernahmen vereinbart.
- Bei der **Gewinngemeinschaft** teilen die beteiligten Unternehmen einen gemeinschaftlich erzielten Gesamtgewinn, ggf. auch Verluste nach einem vertraglichen Schlüssel auf (§ 292 Abs. 1 Nr. 1 AktG). Arbeitsgemeinschaften im Baugewerbe, Kreditsyndikate in der Finanzwirtschaft und ähnliche Verträge führen i. d. R. nicht zu einer Gewinngemeinschaft.

Als Teilgewinnabführungsverträge gelten auch Verträge über **stille Beteiligungen** (typischer oder atypischer Art),[13] es sei denn, die Verträge sind mit Mitgliedern des Vorstands, Aufsichtsrats oder mit Arbeitnehmern getroffen (§ 292 Abs. 2 AktG).

3. Anordnung im Gliederungsschema der GuV

36 Die herrschende Praxis erfüllt den Sonderausweis durch eine Erweiterung des Gliederungsschemas. Hierbei ist wie folgt zu unterscheiden:

- Aus Sicht des **übergeordneten Unternehmens** (bzw. bei der Gewinngemeinschaft des Gesellschafters) sind die Erträge und Aufwendungen **Teil des Finanzergebnisses**.
- Aus Sicht des **untergeordneten Unternehmens** (bzw. der als BGB-Gesellschaft organisierten Gewinngemeinschaft) haben die Gewinnabführungsverpflichtung und der Verlustausgleichsanspruch den **Charakter einer Ergebnisverwendung**. Die gesetzliche Vorgabe, sie gleichwohl als Aufwand und Ertrag, also bei der Entwicklung des Jahresergebnisses und nicht erst danach zu berücksichtigen, wird am besten durch eine Platzierung unmittelbar vor dem Jahresüberschuss-/fehlbetrag entsprochen.

Somit ergeben sich die in Übersicht 1 dargestellten Möglichkeiten der Einordnung ins Gliederungsschema.

Übersicht 1:	Gewinngemeinschaft und (Teil-)Gewinnabführung im Gliederungsschema
GuV der Gesellschaft*/des übergeordneten Unternehmens**	
Erträge aus Gewinngemeinschaften* und (Teil-)Gewinnabführungsverträgen	vor oder hinter Posten Erträgen aus Beteiligungen
Aufwendungen aus Verlustübernahme	vor oder hinter Posten Zinsen und ähnliche Aufwendungen
GuV der Gesellschaft*/des untergeordneten Unternehmens**	
Erträge aus Verlustübernahme	vor Posten Jahresüberschuss-/fehlbetrag
aufgrund von Gewinngemeinschaften* oder (Teil-)Gewinnabführungsverträgen abgeführte Gewinne	vor Posten Jahresüberschuss-/fehlbetrag
* bei Gewinngemeinschaft wird i. d. R. kein Über-/Unterordnungsverhältnis begründet	
** bei Gewinn- und Teilgewinnabführungsverträgen	

---

[13] Vgl. *Hüffer*, Aktiengesetz, 7. Aufl., § 292 Rz. 15, mit Rechtsprechungsnachweisen.

Hinsichtlich des Ausweises von Steuerumlagen bei der Organschaft wird auf → § 275 Rz. 73 verwiesen. 36a

4. Ausgleichszahlungen an Minderheitsgesellschafter

Nach § 304 AktG ist bei Abschluss von Gewinnabführungsverträgen ein angemessener Ausgleich für die Minderheitsaktionäre durch eine wiederkehrende Ausgleichszahlung vorgesehen (Dividendengarantie). Der Aufwand der übergeordneten Gesellschaft hieraus ist mit dem bezogenen Gewinn zu saldieren. Übersteigen die Ausgleichszahlungen ausnahmsweise den bezogenen Gewinn, ist der Saldo als Aufwand aus Verlustübernahme auszuweisen (§ 158 Abs. 2 AktG). 37

5. Aufwands- und Ertragsrealisation

Sind die **Geschäftsjahre** der unter- und übergeordneten Gesellschaft **zeitgleich** mit dem der übergeordneten Gesellschaft, hat die übergeordnete Gesellschaft ihre Verlustausgleichsverpflichtung als Aufwand und ihren Gewinnanspruch als Ertrag **phasenkongruent** auszuweisen. 38

Endet das Geschäftsjahr der **untergeordneten** Gesellschaft erst **später**,

► kann wegen des Realisationsprinzips ein **Ertrag noch nicht** erfasst werden.

► Ein **Aufwand** ist wegen des Imparitätsprinzips hingegen (in geschätzter Höhe) **schon** im Abschluss der übergeordneten Gesellschaft zu erfassen, wobei z. T. ein Ausweis unter sonstigen betrieblichen Aufwendungen befürwortet wird, da die tatsächlichen Verluste noch nicht feststehen.[14]

V. Außerordentliche Erträge und Aufwendungen (Abs. 4 Sätze 1 und 2)

1. Abgrenzung zum Ergebnis der gewöhnlichen Geschäftstätigkeit

1.1 Die Tautologie des Gesetzes

Aus dem Gliederungsschema des § 275 HGB ergibt sich bereits: Außerordentliche Erträge und Aufwendungen sind **nach** der Zwischensumme „Ergebnis der gewöhnlichen Geschäftstätigkeit" zu platzieren und somit negativ als außerhalb der gewöhnlichen Geschäftstätigkeit der Kapitalgesellschaft anfallend definiert. Diese Vorgabe wird in § 277 Abs. 4 HGB wiederholt. 39

Viel ist mit diesen gesetzlichen Vorgaben nicht gewonnen. Da die außerordentlichen Posten **nicht positiv** umschrieben werden, sondern **nur negativ** als nicht zur gewöhnlichen Geschäftstätigkeit gehörend definiert sind, wird die Begriffsbestimmung lediglich auf eine andere Ebene transponiert: Notwendig wäre nun eine gesetzliche Umschreibung, was zur gewöhnlichen Geschäftstätigkeit (und damit nicht zum außerordentlichen Ergebnis) gehört. Eine solche Um-

---

14 Vgl. ADS, § 277 Tz. 72.

schreibung findet sich aber im HGB nicht. Insoweit bietet das Gesetz nur einen inhaltsleeren **zirkulären Ansatz** folgender Art:

- Außerordentlich ist, was nicht zur gewöhnlichen Geschäftstätigkeit gehört.
- Zur gewöhnlichen Geschäftstätigkeit gehört, was nicht außerordentlich ist.
- Kurzum: Außerordentlich ist, was außerordentlich ist.

40   Auch das Schrifttum kann angesichts dieser unbefriedigenden Gesetzeslage Tautologien nicht immer vermeiden, etwa wenn als außerordentlich ungewöhnliche Transaktionen bezeichnet werden, als ungewöhnlich wiederum solche, die keinen Bezug zur gewöhnlichen Geschäftstätigkeit haben.[15]

41   Die **internationale Rechnungslegung** hat aus einer ähnlichen Problemlage in 2003 den Schluss gezogen, die Spaltung des Unternehmensergebnisses in einer ordentliches und außerordentliches nicht mehr zuzulassen, da die entsprechenden Vorschriften in der Praxis zu willkürlichen Unterscheidungen geführt hätten (vgl. IAS 1.BC18 rev. 2003).

1.2 Seltenheit und Wesentlichkeit als notwendige Bedingung des Außerordentlichen

42   Die EU täte gut daran, dem Beispiel der internationalen Rechnungslegung (→ Rz. 41) zu folgen. Solange dies nicht der Fall ist und das HGB in Umsetzung der 4. Richtlinie den Ausweis „außerordentlicher" Posten verlangt, ist aber im Interesse der zwischenbetrieblichen Vergleichbarkeit und zur Minimierung von Willkür jedenfalls eine möglichst restriktive Auslegung zu befürworten. Notwendige (nicht hinreichende) Voraussetzung für einen außerordentlichen Posten ist demnach, dass Aufwendungen oder Erträge dieser Art bei der Kapitalgesellschaft sehr selten anfallen. Zur Erläuterung dieser Anforderung eine klassische Prüfungsaufgabe aus dem amerikanischen CPA-Examen:

> **BEISPIEL** *Properties of Company X are severely damaged by an earthquake. Earthquakes are extremely rare in this area.*
>
> Hiernach reicht der Verweis auf ein Erdbeben zur Begründung der Außerordentlichkeit nicht aus.
>
> Hinzukommen muss ein sehr seltenes Auftreten von Erdbeben in der betreffenden Region. Hiernach wäre in erster Betrachtung ein mit Gebäudeschädigungen verbundenes Erdbeben
>
> - in München außerordentlich,
> - in Los Angeles gewöhnlich,
> - im Rhein- und Oberrheingraben und auf der Schwäbischen Alb je nach Interpretation des Merkmals „selten" außerordentlich oder gewöhnlich.

Die Bedingung des sehr seltenen Eintretens setzt im Allgemeinen nicht nur voraus, dass es **bisher** im Unternehmen noch nicht eingetreten ist. Hinzukommen muss, dass auch mit einem

---

15 Vgl. *Förschle*, in: Beck'scher Bilanz-Kommentar, 7. Aufl., München 2010, § 275 Tz. 219.

erneuten Eintreten auf lange Sicht nicht zu rechnen ist. Hierzu wiederum aus der amerikanischen Kasuistik folgendes Beispiel:

> **BEISPIEL** Am 20.9.2001 entschied die *Emergent Issue Task Force* (EITF) des amerikanischen Standardsetters, dass als Folge der Terrorattacke vom 11. September eingetretene Verluste bei Fluglinien, im World Trade Center residierenden Finanzdienstleistern und anderen als außerordentlich zu qualifizieren seien. Am 28.9. wurde diese Entscheidung revidiert:[16]
>
> Konsens bestand bei Ergehen der revidierten Entscheidung darin, dass die direkten Effekte des 11. September von anderen Effekten, etwa einem durch Verunsicherung ausgelösten Konjunkturrückgang nicht zu trennen, ein Ausweis von Teilen der Aufwendungen und Verluste als gewöhnlich, von anderen als außerordentlich aber willkürlich sei. Überdies wiesen einige Mitglieder des EITF darauf hin, dass sich Terrorattacken nicht zum ersten Mal in den USA ereigneten, und auch in der Zukunft mit ihnen zu rechnen sei. Zwar sei die Größenordnung der Attacke von 11. September ungewöhnlich, nach APB 30 könne die Größenordnung aber kein Faktor sein, der eine Qualifizierung als außerordentlich rechtfertige.

Der separate Ausweis außerordentlicher Posten dient der Ertrags**analyse** und **-prognose**. Er soll es ermöglichen, Ergebnis und Ergebnisentwicklung um mehr oder weniger einmalige und damit prognostisch irrelevante Effekte zu bereinigen. Der Nutzen einer solchen Bereinigung tendiert gegen Null, wenn es um im Verhältnis zur Ergebnisentwicklung geringe Beträge geht. Unter Berufung auf das **Wesentlichkeits**prinzip ist daher jedenfalls ein Ausweis solcher Fälle als außerordentlich nicht mehr geboten.

U. E. ist die Wesentlichkeitsfrage aber nicht erst bei der Anwendung der Ausweis- und Anhangvorschriften auf einen gegebenen Sachverhalt, sondern schon vorgeschaltet bei dessen **Qualifikation** zu beachten. Die im Begriff des „Außerordentlichen" vorausgesetzte Seltenheit betrifft nicht nur die Art des gewinn- oder verlustauslösenden Ereignisses, sondern kumulativ das Maß seiner Wirkung. Bei geringer Wirkung liegt kein außerordentliches Ereignis vor.[17]

> **BEISPIEL** Die U verfügt über einen umfangreichen Bestand an Betriebsgebäuden. Ihr nachhaltiges Jahresergebnis von 10 Mio € ist regelmäßig mit Gebäudeinstandhaltungsaufwendungen von etwa 1 Mio € belastet.
>
> Ein für den Standort der U untypisches Erdbeben der Stärke 5,5 (der Art nach ein seltenes Ereignis) führt in 01 zu Schäden an einigen Betriebsgebäuden. Die Beseitigung der Erdbebenschäden verursacht Kosten von
>
> ▶ Alternative 1: 0,1 Mio €
>
> ▶ Alternative 2: 1,0 Mio €
>
> **BEURTEILUNG** Im Verhältnis zum Jahresergebnis und zu den üblichen Gebäudeinstandhaltungsaufwendungen ist der erdbebenbedingte Aufwand höchstens in Variante 2 bedeutsam. In Variante 1 liegt zwar der Art bzw. Schadensursache nach ein seltenes Ereignis vor,

---

16 EITF 01-10, Accounting for the Impact of the Terrorist Attacks of September 11, 2001.
17 Im Ergebnis gl. A. *Wobbe*, in: Haufe HGB Bilanz Kommentar, Freiburg 2009, § 277 Rz. 11 und 28.

nicht jedoch dem Betrag bzw. der Wirkung nach. Ein außerordentlicher Aufwand liegt daher jedenfalls in Variante 1 nicht vor.

1.3 Begrenzter Nutzen von Kasuistiken

43 Die vorstehenden Beispiele (→ Rz. 42) zeigen die **Unmöglichkeit einer willkürfreien Trennung** zwischen außerordentlichem und gewöhnlichem Ergebnis. An diesem Befund ändert sich auch dann nichts, wenn das Schrifttum der Praxis Hilfestellung durch Kasuistik zu geben versucht, zugleich und zu Recht aber betont, die jeweiligen **individuellen Besonderheiten** seien zu beachten[18] und damit den unvermeidlich hohen Grad von Ermessen betont.

44 Am ehesten können die Kasuistiken daher Fälle festhalten, die **so gut wie nie außerordentlich** sind. Hierzu gehören:

- Verluste aus der **außerplanmäßigen Abschreibung** und Ergebnisse aus dem **Abgang von Sachanlagen**, die nicht durch erzwungene Stilllegung von Betriebsteilen bedingt sind,
- **Währungsgewinne** und -verluste,
- **Inventurdifferenzen**,
- **Einzelwertberichtigungen** und Erträge aus dem Eingang wertberichtigter Forderungen,
- Erträge aus der **Auflösung von Rückstellungen oder Wertberichtigungen**.

45 In Frage kommen als **außerordentlich** hingegen, **sofern nur äußerst selten vorkommend**:

- Verluste und Gewinne aus dem **Verkauf wesentlicher Betriebsteile** (nicht bei einem Großkonzern, bei dem derartige Transaktionen mit einer gewissen Regelmäßigkeit vorkommen),
- Verluste aus der **erzwungenen Stilllegung** von Betriebsteilen,
- Sanierungsgewinne aus einem allgemeinen **Forderungsverzicht** der Gläubiger,
- Schäden aus nicht versicherten **Naturkatastrophen**,
- Gewinne oder Verluste aus einer **Umwandlung** der Kapitalgesellschaft,[19]
- Ergebnisse aufgrund Wegfalls der Fortbestehenshypothese (→ § 252 Rz. 24d).

46 Nicht als außerordentlich auszuweisen sind u. E. die mit dem als außerordentlich qualifizierten Grundsachverhalt verbundenen **steuerlichen Wirkungen**. Nach IFRS 5 wird für den vergleichbaren Sachverhalt der eingestellten Tätigkeit (*discontinued operations*) zwar anders verfahren, hierbei aber die GuV in zwei Blöcke (Ergebnis aus fortgeführten und Ergebnis aus eingestellten Tätigkeiten) geteilt, und demzufolge für jeden der beiden Blöcke das Ergebnis nach Steuern und die Steuer ausgewiesen. § 275 HGB sieht demgegenüber keinen Ausweis des „ordentlichen" Ergebnisses nach Steuern bzw. der auf das „ordentliche" Ergebnis entfallenden Steuern vor. Ein abweichendes Vorgehen beim außerordentlichen Ergebnis wäre daher nicht nur inkonsistent; es wäre überdies irreführend, wenn abweichend von der uneingeschränkten Postenbezeichnung „Steuern vom Einkommen und vom Ertrag" unter dieser Betitelung nur noch die Steuereffekte aus dem ordentlichen Ergebnis erfasst würden. Die Aufgliederung der Gesamtsteuer ist dem Anhang vorbehalten (→ § 285 Rz. 32).

---

18 Vgl. *Förschle*, in: Beck'scher Bilanz-Kommentar, 7. Aufl., München 2010, § 275 Tz. 219.
19 Vgl. auch *Förschle*, in: Beck'scher Bilanz-Kommentar, 7. Aufl., München 2010, § 275 Tz. 222 f., und *ADS*, 6. Aufl., § 277 Tz. 80; *Wobbe*, in: Haufe HGB Bilanz Kommentar, Freiburg 2009, § 277 Rz. 16.

1.4 Außerordentliche Aufwendungen und Erträge aus dem Übergang auf das BilMoG

Art. 67 Abs. 7 EGHGB sieht den Ausweis bestimmter Erträge und Aufwendungen aus dem Übergang vom HGB a. F. auf das BilMoG als außerordentlich vor. 47

Wegen der betroffenen Posten wird auf → Art. 67 Rz. 37 verwiesen. 48

Wie in den allgemeinen Fällen (→ Rz. 46) sind auch bei den durch die Übergangsvorschriften bedingten außerordentlichen Posten die Steuereffekte nicht beim außerordentlichen Ergebnis, sondern unter „Steuern vom Einkommen und vom Ertrag" zu erfassen. 49

2. Erläuterungspflicht im Anhang (Abs. 4 Satz 2)

Außerordentliche Erträge und außerordentliche Aufwendungen, die bei Beurteilung der Ertragslage nicht von untergeordneter Bedeutung sind, müssen hinsichtlich ihres Betrags und ihrer Art im Anhang erläutert werden (Abs. 4 Satz 2). Von dieser Verpflichtung sind kleine Kapitalgesellschaften befreit (→ § 276 Rz. 5). 50

Für eine Entscheidung darüber, ab welchen Größenordnungen oder Relationen eine Berichterstattungspflicht besteht, lassen sich keine bestimmten Zahlen nennen. Bei der hier vertretenen **restriktiven Interpretation** des außerordentlichen Ergebnisses (→ Rz. 42) werden aber

▶ ohnehin **nur wenige Fälle** als **außerordentlich** zu qualifizieren sein;
▶ deren **vollständige Offenlegung** nach Art und Betrag ist dann sachgerecht.

VI. Anhangerläuterung für periodenfremde Erträge und Aufwendungen (Abs. 4 Satz 3)

1. Überblick

Periodenfremde Erträge und Aufwendungen werden in der GuV nicht in gesonderten Posten, sondern in dem inhaltlich jeweils angesprochenen Posten ausgewiesen. Im Interesse zutreffender Analysemöglichkeiten der Ertragslage des Geschäftsjahrs sind jedoch Erträge und Aufwendungen, „die einem anderen Geschäftsjahr zuzurechnen sind", nach Abs. 4 Satz 3 im Anhang zu erläutern. Kleine Kapitalgesellschaften sind von dieser Verpflichtung befreit (→ § 276 Rz. 5). 51

2. Korrektur von Fehlern in laufender Rechnung

„Einem **anderen** Geschäftsjahr zuzurechnen" sind unstrittig Aufwendungen und Erträge, die eine Korrektur von **Fehlern** der Vorjahre darstellen. Abweichend von den Regeln der internationalen Rechnungslegung (IAS 8) werden derartige Fehler der Vorjahre handelsrechtlich – mit Ausnahme noch nicht durch Zeitablauf geheilter Nichtigkeit des Jahresabschlusses – nicht durch Anpassung von Eröffnungsbilanzwerten, sondern als **Korrektur in laufender Rechnung** vorgenommen (IDW RS HFA 6 → § 252 Rz. 193). Die im Ergebnis des laufenden Jahrs enthaltene, **sachlich** aber einem **anderen Geschäftsjahr** zuzurechnende Fehlerkorrektur ist daher im Anhang nach Art und Betrag zu erläutern. 52

> **BEISPIEL** Bei der Inventur 01 wurde eine im gleichen Jahr geschehene Unterschlagung von Roh-, Hilfs- und Betriebsstoffen nicht entdeckt, der Materialaufwand demzufolge um 100 zu niedrig ausgewiesen.
>
> Der Fehler wird in 02 in laufender Rechnung korrigiert. Dies erhöht den Materialaufwand 02 und verzerrt die Rohertrags- bzw. Materialaufwandsquote.
>
> Im Anhang ist diese Verzerrung zu erläutern.

3. Revision von Schätzungen

53   Fraglich ist, ob neben der Korrektur von Fehlern auch die Revision von Schätzungen zu periodenfremden Ergebnisse führen kann.

Teile des Schrifttums setzen sich mit dieser Frage systematisch kaum auseinander. Eine Diskussion, was als periodenfremd gelten kann, wird häufig als überflüssig angesehen. Stattdessen wird sofort zur Kasuistik geschritten, mit dem Ergebnis etwa, dass der Ertrag aus der Auflösung von Rückstellungen als periodenfremd qualifiziert wird.[20]

Andere Beiträge bemühen sich um eine systematische Differenzierung. Hiernach soll etwa bei der **Auflösung einer Rückstellung** zu unterscheiden sein, ob sie:

- auf (den ursprünglichen Wert) **erhellende** Ereignisse (→ § 252 Rz. 55) zurückgeht (dann **periodenfremd**) oder
- auf **wertbegründende Ereignisse** (dann **periodengerecht**).[21]

Entsprechende Differenzierungen müssten dann bei der Nachdotierung zu niedriger Rückstellungen vorgenommen werden.

> **BEISPIEL** Ende 01 wird U wegen einer angeblich im gleichen Jahr verursachten Schädigung in einem Produkthaftungsverfahren auf 100 Mio € verklagt. Gemäß einer bis zur Bilanzaufstellung eingeholten rechtanwaltlichen Auskunft ist der Anspruch des Klagegegners möglicherweise dem Grunde nach berechtigt, der Höhe nach aber weit überzogen. Per 31.12.01 dotiert U die Rückstellung daher zutreffend (d. h. nach bester bei Bilanzaufstellung verfügbarer Erkenntnis) mit 10 Mio €.
>
> Nach prozessualer Vernehmung von Sachverständigen in 02 wird die Schadensschätzung revidiert, die Rückstellung per 31.12.02 zutreffend (d. h. nach bester bei Bilanzaufstellung verfügbarer Erkenntnis) um 15 Mio € auf 25 Mio € erhöht. Die bessere Erkenntnis ist werterhellend, die Nachdotierung in Anwendung der o. g. Schrifttumsmeinung also periodenfremd.
>
> Kurz vor Bilanzaufstellung für 03 weist das Gericht die Klage überraschend in vollem Umfang ab. Die Rückstellung wird per 31.12.03 ertragswirksam aufgelöst. Ein Urteil im Passivprozess gilt als wertbegründend (→ § 252 Rz. 73), der in 04 zu berücksichtigend Ertrag wird in Anwendung der o. g. Schrifttumsmeinung also periodengerecht.

---

20 So etwa *ADS*, 6. Aufl., § 277 Tz. 87.
21 Vgl. *Förschle*, in: Beck'scher Bilanz-Kommentar, 7. Aufl., München 2010, § 277 Tz. 25.

Hiernach wäre der Fall wie folgt zu beurteilen:

Jahr	- Gesamtaufwand/ + Gesamtertrag	davon periodengerecht	davon periodenfremd
1	-10	-10	
2	-15		-15
3	0	+25	0
4	+25	25	
Totalbetrachtung	0	+15	-15

In der Totalbetrachtung entsteht saldiert kein Aufwand oder Ertrag.

Gleichwohl würde in der Totalbetrachtung saldiert ein periodenfremdes Ergebnis von -15 Mio € ausgewiesen (entsprechend der Differenz aus Auflösungsbetrag und Erstdotierung).

Die h. M. sieht über die im Beispiel behandelte Auflösung nicht mehr benötigter Rückstellungen hinaus auch folgende Fälle als periodenfremd an:[22]   54

- **Zuschreibungen** auf Sachanlagen oder Vorräte,
- Gewinne und Verluste aus der **Veräußerung von Sachanlagen** (→ Rz. 55),
- nicht durch Rückstellungen oder Forderungen berücksichtigte **Steuernachzahlungen** bzw. -erstattungen,
- **Eingänge auf abgeschriebene Forderungen**,
- Steuernachzahlungen oder -erstattung aufgrund einer **Betriebsprüfung**,
- etc.

Zum Erfolg aus dem **Abgang von Sachanlagen** folgendes Beispiel: 55

BEISPIEL In 01 werden drei Maschinen für je 100 angeschafft und über zehn Jahre linear abgeschrieben. Ende 08 werden die Maschinen bei einem Buchwert von 20 zu jeweils 5 veräußert.

Der Verlust von jeweils 15 erklärt sich auf unterschiedliche Weise:

Maschine 1 wurde z. T. mehrschichtig genutzt und ist deshalb übermäßig abgenutzt. Diese Abnutzung war Anlass für die Veräußerung und erklärt z. T. den unter dem Buchwert liegenden Veräußerungspreis. Der Verlust mag in Anwendung der h. M. daher insoweit als periodenfremd begriffen werden, als er die im Abschreibungsaufwand der Vorperioden nicht reflektierte übermäßige Nutzung widerspiegelt. Allerdings besteht keine direkte Beziehung zwischen Nutzung und Abgangsverlust. Zum Abgangsverlust kann auch ein allgemeiner Rückgang der Gebrauchtmaschinenpreise beigetragen haben. Sachgerecht (aber praktisch nicht durchführbar) könnte daher eine Aufteilung des Abgangsverlusts nach Ursachen sein.

---

22 Vgl. *Förschle*, in: Beck'scher Bilanz-Kommentar, 7. Aufl., München 2010, § 277 Tz. 25, und *ADS*, 6. Aufl., § 277 Tz. 87.

> Maschine 2 soll aufgrund ab 07 stark gestiegener Energiepreise durch ein energiesparenderes Nachfolgemodell ersetzt werden. Zu überlegen ist dann, ob auf die objektive, schon in 07 einsetzende Energiepreisentwicklung abzustellen ist (dann in Anwendung der h. M. möglicherweise periodenfremder Abgangsverlust) oder auf den aus der Preisentwicklung folgenden, erst in 08 gefassten Beschluss für eine Ersatzinvestition (dann eher periodengerecht).
>
> Maschine 3 wird wegen einer in 08 beschlossenen Änderungen des Produktionsprogramms nicht mehr benötigt. Auch hier ist zu fragen, ob es auf den Beschluss zur Änderung des Produktionsprogramms in 08 ankommt (dann periodengerecht) oder auf die sich möglicherweise schon in Vorjahren anbahnenden objektiven Ursachen dieser Entscheidung (dann mit h. M. eher periodenfremd).
>
> In allen drei Fällen noch unberücksichtigt ist die Frage, ob der Erlös von 5 den besten erzielbaren Preis darstellt oder bei besserem Bemühen auch ein Preis von 12,5 hätte erzielt werden können. Soweit Letzteres der Fall ist, wäre der Verlust unter Anwendung der h. M. ggf. zu splitten, in einen jedenfalls periodengerechten Teil von 7,5 und einen fallweise periodengerechten oder periodenfremden von weiteren 7,5.

56 Das vorstehende Beispiel zeigt: Aufwand und Ertrag aus Anlagenverkäufen können nur im Wege sehr willkürlicher und **artifizieller Überlegungen ex post** in einen periodenfremden und periodengerechten Teil separiert werden. Dem Bilanzadressaten ist mit derart künstlichen Zerlegungen aber wenig gedient.

U. E. ist daher eine **restriktive Interpretation** der periodenfremden Erträge und Aufwendungen angezeigt, die sich auf die **Korrektur vorjähriger Fehler** in laufender Rechnung beschränkt.

Eine **weitergehende Interpretation**, die auch die Anpassung von Bilanzposten an im Zeitablauf verbesserte Erkenntnisse als periodenfremde Erträge und Aufwendungen darstellen würde, dient dem Bilanzadressaten jedenfalls nicht, wenn wie im Rückstellungsbeispiel (→ Rz. 53) für einen in Summe der Perioden die GuV saldiert gar nicht berührenden Vorgang in Summe der Perioden gleichwohl saldiert ein periodenfremdes Ergebnis im Anhang ausgewiesen wird.

Vor jeder zu solchen nicht sachgerechten Ergebnissen führenden Kasuistik ist daher nach dem **Wesen der Bilanzierung** zu fragen. Zu ihm gehört ganz entscheidend auch die Vornahme von Schätzungen (→ § 252 Rz. 44). Dort, wo in der Stichtags- und Periodenrechnung zukünftige Entwicklungen zu antizipieren sind, also etwa bei der Einschätzung der Nutzungsdauer von Anlagen, bei der Dotierung von Einzel- und Pauschalwertberichtigungen sowie Rückstellungen, bei der Frage, ob die Ertragsteuern wie erklärt veranlagt werden, bei der Einschätzung des absatzorientiert ermittelten Niederstwerts von Vorräten, bei der Beurteilung der Dauerhaftigkeit von Wertminderungen etc. ist jeweils der **beste bei Bilanzaufstellung verfügbare Erkenntnisstand** zu berücksichtigen. Es liegt in der Natur zukunftsgerichteter **Schätzungen**, dass diese **nur ausnahmsweise punktgenau** der späteren tatsächlichen Entwicklung entsprechen. Dem Bilanzadressaten wird dann nicht gedient, wenn alle schätzungsbehafteten Positionen und damit – plakativ gesprochen – bis auf den Kassenbestand und die Bankverbindlichkeiten die gesamte Bilanz zu einem Exerzitium der Trennung in periodenfremde und periodenzugehörige Aufwendungen und Erträge werden soll. Ein solches Vorgehen führt im Rückstellungsbeispiel (→ Rz. 53) zu **zufälligen Ergebnissen**, je nach dem, wie sich Erstdotierung und Auflösung der Rückstellung betragsmäßig zueinander verhalten, und ob die Auflösungsursache werterhellend oder wertbegründend ist; im Sachanlagebeispiel (→ Rz. 55) kommt es zu ebenso zufälligen Resultaten, je nach dem, was die subjektive Analyse der Ursachen des Abgangsverlusts ergibt und wo der Beginn der Ursachenkette gesehen wird.

Nach unserer Auffassung lassen sich solche Zufälligkeiten und Inkonsistenzen am besten vermeiden, indem als **periodenfremd nicht die Revision von Schätzungen**, sei diese nun werterhellend und wertbegründend veranlasst, angesehen wird. § 252 Abs. 1 Nr. 4 und 5 HGB gebieten mit der Buchung von Erträgen und Aufwendungen nicht zu warten, bis sie durch die tatsächliche Entwicklung, etwa die tatsächlich Zahlungsbelastung aus einem Risiko oder den tatsächlichen Zahlungseingang aus einer dubiosen Forderung, bestätigt sind, sondern alle vorhersehbaren Risiken zu berücksichtigen. Aufwand und Ertrag der Periode werden insofern gerade dadurch bestimmt, was unter Beachtung der Realisations- und der Bewertungsprinzipien nach **bester Schätzung** am Stichtag zu erwarten war. Was **bester Stichtagserkenntnis** entspricht, ist **Ertrag bzw. Aufwand der Periode** und damit nicht periodenfremd. Wenn es dann tatsächlich anders kommt, reflektiert dies nicht mehr den Erkenntnisstand der ursprünglichen, sondern den der späteren Perioden und damit deren (periodengerechten) Ertrag oder Aufwand.

VII. Erträge und Aufwendungen aus Diskontierung und Währungsumrechnung (Abs. 5)

1. Abzinsung von Schulden oder Vermögensgegenständen

Erträge bzw. Aufwendungen aus der Abzinsung sind nach Abs. 5 Satz 1 in der GuV gesondert unter den Posten „Sonstige Zinsen und ähnliche Erträge" sowie „Zinsen und ähnliche Aufwendungen" auszuweisen. Der Sonderausweis kann am besten durch einen **Davon-Vermerk** oder durch vorspaltige Darstellung geleistet werden. 57

Unter Berufung auf die Gesetzesentwicklung und insbesondere die Begründung des Rechtsausschusses wird z.T. eine Begrenzung des Anwendungsbereichs der Vorschrift auf **Rückstellungen** für zulässig gehalten.[23] Dem Gesetzeswortlaut sind keine derartigen Beschränkungen zu entnehmen. U. E unterliegen daher auch Abzinsungen auf andere Schulden sowie auf Vermögensgegenstände der Vorgabe von Abs. 5.

Betroffen vom Sonderausweis sind nach dem Gesetzeswortlaut nur **Abzinsungen**, hingegen keine Aufzinsungen. Eine Einbeziehung der Aufzinsung halten wir angesichts des fehlenden Hinweises im Gesetz nicht für geboten. Soweit zur Begründung der Gegenauffassung[24] auf das analytische Interesse an einer Erfolgsspaltung in u. a. operatives und Finanzergebnis verwiesen wird, halten wir dies nicht für zwingend. Auch in anderen Kontexten bedient das Gesetz solche Interessen nicht, indem etwa Abschreibungen auf Finanzanlagen im Finanzergebnis, Verluste aus deren Abgängen hingegen im operativen Ergebnis ausgewiesen werden (→ § 275 Rz. 58). 58

---

[23] So explizit *Wobbe*, in: Haufe HGB Bilanz Kommentar, Freiburg 2009, § 277 Rz. 37; undeutlich *Förschle*, in: Beck'scher Bilanz-Kommentar, 7. Aufl., München 2010, § 277 Tz. 26.
[24] IDW ERS HFA 30 Tz. 89; *Gelhausen/Fey/Kämpfer*, Rechnungslegung und Prüfung nach dem Bilanzrechtsmodernisierungsgesetz, Düsseldorf 2009, Abschn. I, Tz. 90 f.; *Wobbe*, in: Haufe HGB Bilanz Kommentar, Freiburg 2009, § 277 Rz. 38.

VII. Erträge und Aufwendungen aus Diskontierung und Währungsumrechnung

Positive Ergebnisbeiträge („Erträge") aus der Abzinsung können finanzmathematisch bei der Diskontierung von Schulden, negative („Aufwendungen") aus der Abzinsung bei der Diskontierung von Vermögensgegenständen entstehen. Vorauszusetzen ist dabei aber, dass

▶ im ersten Schritt ein **undiskontierter** Betrag eingebucht und
▶ im zweiten Schritt durch Zinsertrag oder Zinsaufwand auf den diskontierten korrigiert wird (sog. Bruttomethode).[25]

> **BEISPIEL** ▶ Dem zu diesem Zeitpunkt gerade 37 Jahre alt gewordenen Arbeitnehmer wird am 1.1.01 eine Pensionszusage auf das 67. Lebensjahr (31.12.31) ohne Hinterbliebenenschutz erteilt, die er wahlweise am 31.12.31 auch als Einmalbetrag abrufen kann. Der Barwert auf den 31.12.31 bzw. der kalkulierte Einmalbetrag beträgt 3.000 T€. Nach Einmalprämienverfahren (und unter Vernachlässigung der Möglichkeit des Vorversterbens) ist am 31.12.01 undiskontiert eine Zuführung von 100 T€ geboten, diskontiert mit 6 % eine Zuführung von 17 T€. Nach der sog. Bruttomethode wären 100 T€ als Personalaufwand zu buchen, zum Ausgleich aber 83 T€ als Zinsertrag.

U. E. ist die im vorstehenden Beispiel dargestellte Bruttomethode aber unangemessen.[26] Der Rückstellung ist vielmehr von vornherein nur der diskontierte Betrag zuzuführen (Personalaufwand im Beispiel 17 T€). Die Bruttomethode entspricht nicht der allgemeinen Definition des **Zinses als laufzeitabhängiges Entgelt** für eine Kapitalüberlassung. Eine Kapitalüberlassung (qua Stundung) erbringt bei Pensions-, Rückbauverpflichtungen etc. bestenfalls der Vertragspartner als Gläubiger der Schuld, hingegen nicht das Unternehmen als Schuldner. Daher ist zwar die Qualifizierung der Aufzinsung als Zinsaufwand beim Unternehmen gerechtfertigt, hingegen nicht die Qualifizierung des Abzinsungseffekts als Zinsertrag.

59 Als Zinsaufwand oder Zinsertrag können hingegen Aufwendungen und Erträge aus der **Änderung des Diskontierungssatzes** gem. § 253 Abs. 2 HGB zu werten sein. U. E. ist allerdings eine Erfassung unter der primären Aufwandskategorie, also etwa im Fall von Pensionen unter Personalaufwand zu bevorzugen.[27]

60 Aufzinsungen sind in Abs. 5 Satz 1 nicht förmlich angesprochen. Diese führen zu **Aufwand bei Schulden**, etwa

▶ Pensionsrückstellungen oder sonstigen Rückstellungen nach § 253 Abs. 2 HGB,
▶ mit dem Ausgabebetrag eingebuchter Verbindlichkeiten aus Nullcoupon-Anleihen (Zerobonds) sowie
▶ mit langfristigen Zahlungszielen versehenen, nominell nicht verzinsten Kaufpreisverbindlichkeiten

und zu **Ertrag bei Vermögensgegenständen**, etwa bei

▶ Nullcoupon-Anleihen beim Inhaber oder
▶ mit langfristigen Zahlungszielen versehenen, nominell nicht verzinsten Kaufpreisforderungen.

---

25 Vgl. *Weigl/Weber/Costa*, BB 2009 S. 1062 ff.
26 Großzügiger *Wobbe*, in: Haufe HGB Bilanz Kommentar, Freiburg 2009, § 277 Rz. 39.
27 Für ein Wahlrecht IDW ERS HFA 30 Tz. 89.

Eine Separierung vom primären Aufwand ist zulässig, aber u. E. nicht geboten. Bei Zuführungen zu Pensionsrückstellungen kann daher u. E. (in Übereinstimmung mit IAS 19) zwischen voller Erfassung des Zuführungsbetrags im Personalaufwand einerseits und Aufteilung auf Personal- und Zinsaufwand andererseits gewählt werden (→ § 275 Rz. 43).

Im Fall von Nullcoupon-Anleihen oder Kaufpreisverbindlichkeiten/-forderungen fehlt der Zusammenhang zu einer primären Aufwandsart. Die Aufzinsung ist als Zinsertrag oder -aufwand zu erfassen.

2. Währungserfolge

Erträge bzw. Aufwendungen aus der Währungsumrechnung sind nach Abs. 5 Satz 2 in der GuV gesondert unter dem Posten „Sonstige betriebliche Erträge" bzw. „Sonstige betriebliche Aufwendungen" auszuweisen. Der Sonderausweis kann am besten durch einen **Davon-Vermerk** geleistet werden. Auch eine Aufgliederung der sonstigen betrieblichen Erträge/Aufwendungen kommt in Frage.   61

▶ Bei **Unwesentlichkeit** der Währungserfolge ist ein Sonderausweis entbehrlich.

▶ Bei **Wesentlichkeit** kann sich eine Abweichung zur **internen Kostenrechnung** ergeben:

> **BEISPIEL** ▶ U handelt mit Öl, das er in USD einkauft und in Euro verkauft. Materialaufwand und Rohertrag sind wesentlich durch die Preisentwicklung beim Öl gekennzeichnet, wobei es für U unerheblich ist, ob Preisänderungen auf Änderungen des USD-Preises oder auf Änderungen des Wechselkurses zurückzuführen sind. Beide Effekte werden kostenrechnerisch im Materialaufwand erfasst. Nach Abs. 5 Satz 2 ist der Währungseffekt in der GuV jedoch unter sonstige betriebliche Aufwendungen oder Erträge zu erfassen.

Zum Ausweis konzernspezifischer Währungserfolge wird auf → § 308a Rz. 44 verwiesen.

§ 278 Steuern

¹Die Steuern vom Einkommen und vom Ertrag sind auf der Grundlage des Beschlusses über die Verwendung des Ergebnisses zu berechnen; liegt ein solcher Beschluss im Zeitpunkt der Feststellung des Jahresabschlusses nicht vor, so ist vom Vorschlag über die Verwendung des Ergebnisses auszugehen. ²Weicht der Beschluss über die Verwendung des Ergebnisses vom Vorschlag ab, so braucht der Jahresabschluss nicht geändert zu werden.

Der durch das BilMoG nicht geänderte § 278 HGB ist ein Relikt aus dem ab 2001 aufgehobenen körperschaftsteuerlichen **Anrechnungsverfahren**. Ab 2007 sind Restbeträge aus den gespeicherten Anrechnungsguthaben und -schulden in feste Auszahlungsbeträge bzw. ratenweise Nachzahlungen umgewandelt worden. Diese bestehen unabhängig von der laufenden Steuerschuld. Die Aktivierung und Passivierung war bereits 2006 in abgezinster Form vorzunehmen. Seither anfallende Aufzinsungsbeträge sind im Zinsergebnis (→ § 275 Rz. 94) auszuweisen. 1

Seit Einführung des Halbeinkünfte- bzw. Teileinkünfteverfahrens ab 2001 bzw. 2008 hat die Ausschüttungspolitik keinen Einfluss mehr auf die Höhe des Körperschaftsteueraufwands. § 278 HGB ist deshalb **ohne Anwendungsbereich** nach deutschem Steuerrecht. 2

Fünfter Titel: Anhang

§ 284 Erläuterung der Bilanz und der Gewinn- und Verlustrechnung

(1) In den Anhang sind diejenigen Angaben aufzunehmen, die zu den einzelnen Posten der Bilanz oder der Gewinn- und Verlustrechnung vorgeschrieben oder die im Anhang zu machen sind, weil sie in Ausübung eines Wahlrechts nicht in die Bilanz oder in die Gewinn- und Verlustrechnung aufgenommen wurden.

(2) Im Anhang müssen

1. die auf die Posten der Bilanz und der Gewinn- und Verlustrechnung angewandten Bilanzierungs- und Bewertungsmethoden angegeben werden;

2. die Grundlagen für die Umrechnung in Euro angegeben werden, soweit der Jahresabschluss Posten enthält, denen Beträge zugrunde liegen, die auf fremde Währung lauten oder ursprünglich auf fremde Währung lauteten;

3. Abweichungen von Bilanzierungs- und Bewertungsmethoden angegeben und begründet werden; deren Einfluss auf die Vermögens-, Finanz- und Ertragslage ist gesondert darzustellen;

4. bei Anwendung einer Bewertungsmethode nach § 240 Abs. 4, § 256 Satz 1 die Unterschiedsbeträge pauschal für die jeweilige Gruppe ausgewiesen werden, wenn die Bewertung im Vergleich zu einer Bewertung auf der Grundlage des letzten vor dem Abschlussstichtag bekannten Börsenkurses oder Marktpreises einen erheblichen Unterschied aufweist;

5. Angaben über die Einbeziehung von Zinsen für Fremdkapital in die Herstellungskosten gemacht werden.

Inhaltsübersicht   Rz.

I. Grundlagen	1 - 33
1. Anwendungsbereich	1 - 6
2. Funktion	7 - 9
3. Grundlage der Berichterstattung	10 - 12
4. Inhalt	13 - 33
4.1 Gliederung	13
4.2 Vollständigkeitskontrolle, Informationsgehalt, Verschleierung	14 - 20
4.3 Typologie der Berichterstattung, insbesondere die Erläuterung	21 - 27
4.4 Wesentlichkeit	28 - 33
II. Vorgeschriebene Angaben (Abs. 1)	34 - 39
1. Überblick	34 - 35
2. Angaben im Anhang …	36
2.1 … nach HGB und EGHGB	36
2.2 … nach AktG	36a
3. Angaben im Anhang oder wahlweise in Bilanz und GuV …	37
3.1 … in der praktischen Handhabung	37a
3.2 … nach HGB	

3.3 ... nach AktG und GmbHG	37b
4. Angaben mit Ergänzungen im Lagebericht	38
5. Gesetzliche Erleichterungen und ein Verbot bei der Anhangberichterstattung	39
III. Einzelne Angaben (Abs. 2)	40 – 62
1. Bilanzierungs- und Bewertungsmethode (Abs. 2 Nr. 1)	40 – 50
1.1 Was sind Methoden?	40 – 46
1.2 Bilanzansatz	47 – 48
1.3 Bewertung	49 – 50
2. Währungsumrechnung (Abs. 2 Nr. 2)	51
3. Abweichungen von den Bilanzierungs- und Bewertungsmethoden (Abs. 2 Nr. 3)	52 – 59
3.1 Angabepflichtige Vorgänge	52 – 57
3.2 Einfluss auf die „Lage"	58 – 59
4. Ausweis der Bewertungs-Unterschiedsbeträge (Abs. 2 Nr. 4)	60 – 61
5. Einbeziehung von Fremdkapitalzinsen in die Herstellungskosten (Abs. 2 Nr. 5)	62

Budde/Förschle, Ausgewählte Fragen zum Inhalt des Anhangs, DB 1988 S. 1457

Hoffmann, Anmerkungen zum Grundsatz der Wesentlichkeit im Anhang, BB 1986 S. 1050

Hoffmann, Der Anhang vor und nach dem BilMoG, BRZ 2009 S. 259

Lüdenbach/Hoffmann, Die wichtigsten Änderungen der HGB-Rechnungslegung durch das BilMoG, StuB 2009 S. 309

Niehus, Nahestehende Personen nach dem BilMoG, DStR 2008 S. 2280

Ossadnik, Wesentlichkeit als Bestimmungsfaktor für Angabepflichten im Jahresabschluss und Lagebericht, BB 1993 S. 1763

Petersen/Zwirner, Angabepflicht der Honoraraufwendungen für den Abschlussprüfer, WPg 2008 S. 279

I. Grundlagen

1. Anwendungsbereich

1   Die Anhangerstellungspflicht betrifft gem. § 264 Abs. 1 Satz 1 HGB alle **Kapital**gesellschaften und über § 264a Abs. 1 HGB alle **Kap. & Co.**-Gesellschaften. Eine generelle Befreiung sehen § 264 Abs. 3 HGB und § 264b HGB vor. Auf die dortigen Kommentierungen (→ § 264; → § 264b) wird verwiesen. Ähnliche Regelungen gelten für die dem **PublG** unterliegenden Unternehmen.

2   Für kleine und mittelgroße Kapital- und Kap. & Co.-Gesellschaften i. S. des § 267 Abs. 1 und 2 HGB (→ § 267 Rz. 12) sind in §§ 274a, 276 Satz 2 und 288 HGB spezifische **Befreiungen** von Angabepflichten vorgesehen. Die Kommentierung erfolgt unter diesen Paragraphen.

3   Bei **freiwilliger** Erstellung eines Anhangs sind die für die entsprechende Größenklasse vorgeschriebenen Angaben vollständig zu machen. Ansonsten darf der Begriff „Anhang" u. E. nicht verwendet werden. Die Überschrift muss dann z. B. „Abschlusserläuterungen" lauten.

4   Bei **kapitalmarktorientierten** Aktiengesellschaften hat sich der aus dem AktG 1965 überkommene „**Geschäftsbericht**" als Überschrift zur Berichterstattung des Vorstands über das abge-

laufene Geschäftsjahr erhalten. Der Anhang ist darin als Bestandteil des Jahresabschlusses vom Lagebericht (→ § 289 Rz. 8) und von anderen Berichtsteilen **abzuheben**.

Der Anhang findet sein Pendant mit weitgehend gleichem Inhalt im **Konzern**anhang gem. §§ 313 und 314 HGB. Sinnvollerweise erlaubt deshalb § 298 Abs. 3 HGB eine Zusammenfassung von Konzernanhang mit dem Anhang der Muttergesellschaft (→ § 298 Rz. 37). Entsprechendes gilt für den Lagebericht (→ § 315 Rz. 3).

5

Der Konzernabschluss kennt als weitere Pflichtbestandteile gem. § 297 Abs. 1 HGB die **Kapitalflussrechnung** (→ § 297 Rz. 6) und den **Eigenkapitalspiegel** (→ § 297 Rz. 91) sowie als freiwilliges Element die **Segment**berichterstattung (→ § 297 Rz. 1). Wer die Lust verspürt, den Einzelabschluss mit entsprechenden Rechenwerken anzureichern, muss diese als Nichtbestandteile des Jahresabschlusses kennzeichnen.

6

2. Funktion

Ein Jahresabschluss (auch Konzern- oder Zwischenabschluss) jedweder Provenienz stellt ein Rechenwerk dar und basiert somit nach Maßgabe der genialen Erfindung von *Luca Pacioli* auf Zahlen, die in irgendeiner Währung, d. h. in Geldeinheiten, ausgedrückt werden. Dadurch lassen sich Eigenkapital, Ergebnis und andere rechnerische Größen ermitteln. Dann aber sind die Grenzen der Doppik erreicht. Sie kann z. B. nicht darstellen,[1]

7

- ▶ wie die in das Rechenwerk eingeführten Zahlen **ermittelt** worden sind (Ermittlungsweise),
- ▶ wie die Einzelbeträge zu Ausweisposten **aggregiert** worden sind (Gliederung),
- ▶ ob die aggregierten Größen zur besseren Darstellung **disaggregiert** werden müssen (Entlastung),
- ▶ was die ausgewiesenen Posten **enthalten** (Erläuterung) und
- ▶ welcher **Ergänzung** die ausgewiesenen Posten bedürfen (Vermerke).

Dagegen kommt dem Anhang **keine Kompensationsfunktion** zur Korrektur eines falschen Rechenwerks (Bilanz und GuV) zu. Eine nicht regelgerechte Bilanzierung kann nicht durch Offenlegung im Anhang berichtigt werden.

8

> **BEISPIEL** ▶ Die in Schieflage geratene vorläufige Bilanz der S-GmbH zum 31.12.01 soll zur Beruhigung des Kreditsachbearbeiters der Hausbank aufgefrischt werden. Deshalb bringt die GmbH am 20.1.02 mit notariellem Vertrag ihr Verwaltungsgebäude unter Aufdeckung stiller Reserven als Sacheinlage in eine neugegründete Tochter-GmbH & Co. KG mit Wirkung ab 31.12.01 24.00 Uhr ein.
>
> Im Anhang für 01 wird berichtet: „Durch formwirksamen Vertrag vom 20.1.02 haben wir mit wirtschaftlicher Rückwirkung zum 31.12.01 das Grundstück XY in das Vermögen einer neugegründeten Tochtergesellschaft eingebracht und dabei stille Reserven i. H. von 77 aufgedeckt."

---

1 Vgl. hierzu *Lüdenbach*, in: Lüdenbach/Hoffmann (Hrsg.), Haufe IFRS-Kommentar, 8. Aufl., Freiburg 2010, § 5 Rz. 13.

> Diese Bilanzierung verstößt gegen das Realisations- (→ § 252 Rz. 139 und → § 246 Rz. 159) und Stichtagsprinzip (→ § 252 Rz. 26 und → § 252 Rz. 51) und wird nicht durch die Anhangoffenlegung richtig. So bestimmt dies auch IAS 1.18.[2]

9 Andererseits befindet sich der Anhang in trauter Eintracht mit Bilanz und GuV bezüglich der Vermittlung des *true and fair view* i. S. des § 264 Abs. 2 Satz 1 HGB: Alle drei Abschlussbestandteile **gemeinsam** sollen diesen Einblick vermitteln, notfalls durch eine **ergänzende** Angabe nach § 264 Abs. 2 Satz 2 HGB, wenn ausnahmsweise der gesetzesgemäß aufgestellte Abschluss diesen Einblick nicht vermitteln sollte (→ § 264 Rz. 14). „Gesetzesgemäß" heißt: im Rahmen der GoB (→ § 243 Rz. 1); möglicherweise verhindern diese dabei gerade die Vermittlung des *true and fair view*.

> **BEISPIEL** ▶ Zwei Anlagebauer gründen ein *Joint Venture* zur Errichtung einer Meerwasserentsalzungsanlage im Mittleren Osten. Der Auftrag ist wegen des besonderen *know how* der beiden Venturer hoch gewinnträchtig. Der Montagezeitraum beträgt drei Jahre. Bei Anwendung der *completed contract*-Methode (→ § 252 Rz. 106) darf der Gewinn erst im Jahr 3 nach Fertigstellung der Anlage ausgewiesen werden, obwohl er auch schon in den beiden Vorjahren erwirtschaftet wird.
>
> Die *Joint Venture*-Gesellschaft kann
>
> ▶ von der Ausnahmeregel in § 252 Abs. 2 HGB (→ § 252 Rz. 109) Gebrauch machen und die *percentage of completion*-Methode der Bilanzierung unter Anhangoffenlegung gem. Abs. 2 Nr. 1 anwenden oder
>
> ▶ nach der *completed contract*-Methode bilanzieren und die in den ersten beiden Jahren wegen der Nichtaktivierbarkeit von bestimmten Kostenelementen entstehenden Verluste durch eine – auch quantifizierende – Anhangerläuterung zurechtrücken.

3. Grundlage der Berichterstattung

10 Als Bestandteil des Jahresabschlusses muss der Anhang die **allgemeinen Kriterien** der Rechnungslegung erfüllen und z. B. nach § 243 Abs. 2 HGB klar und übersichtlich sein (→ § 243 Rz. 18). Daneben gelten die Grundlagen der Lageberichterstattung, d. h. die selbstverständlichen Anforderungen der Wahrheit und Vollständigkeit (→ § 289 Rz. 12).

Der Anhang muss gem. § 244 HGB in **deutscher** Sprache erstellt und ggf. in **Euro** quantifiziert (→ Rz. 58) werden (→ § 244 Rz. 2). Angaben in **Fremdwährung** sind unter Nennung des Umrechnungskurses in Euro am Bilanzstichtag zulässig.

11 **Fehlanzeigen** sind nicht erforderlich. Wenn keine Grundpfandrechte bestehen, muss folglich die Angabepflicht in § 285 Nr. 1b HGB (→ § 285 Rz. 5) nicht umgedreht werden: „Unser Grundbesitz ist pfandfrei." Als zulässig gilt allerdings eine solche **freiwillige** Angabe (→ Rz. 20), u. E. nur mit Vorbehalten.

---

[2] Vgl. *Lüdenbach/Hoffmann*, DB 2009 S. 861.

Vorjahreszahlen unterliegen nicht der Angabepflicht, es sei denn, sie enthalten Bilanz- und GuV-Posten, die nach § 265 Abs. 7 Nr. 2 HGB (→ § 265 Rz. 47) in den Anhang verlagert worden sind.[3]

12

4. Inhalt

4.1 Gliederung

Zur Darstellungs**form** macht das Gesetz keine Vorgaben. Nach Verabschiedung des Bilanzrichtlinien-Gesetzes hat sich im Bereich des „Big Business" eine an den Geschäftsbericht des AktG 1965 ausgerichtete Verfahrensweise etabliert, die dann als Muster auch im kleinen und mittelständischen Bereich diente und weiterhin dient. Die **Gliederungsstruktur** stellt sich nach dieser Vorgabe gewöhnlich etwa wie folgt dar:

13

- Allgemeines bzw. Vorbemerkung,
- Bilanzierungs- und Bewertungsmethoden oder -grundsätze,
- Erläuterungen zur Bilanzierung (in der Reihenfolge der Posten),
- Erläuterungen zur GuV (in der Reihenfolge der Posten) sowie
- sonstige Angaben.

Je nach Unternehmensgröße werden die sonstigen Angaben weiter untergliedert, insbesondere in

- Haftungsverhältnisse, finanzielle Verpflichtungen,
- Organbezüge und -kredite sowie
- Nennung der Organe.

4.2 Vollständigkeitskontrolle, Informationsgehalt, Verschleierung

Das Schrifttum bietet reichlich Mustergliederungen und -formulierungen sowie Checklisten zur Vollständigkeitskontrolle. Datenbanken stellen Textbausteine und ebenfalls „Musteranhänge" zur Verfügung. Bei erwünschtem Marketing werden im größeren Unternehmensbereich Werbeagenturen und Sprachexperten zu Rate gezogen. Alle diese Erscheinungen bergen die Tendenz zunächst zur **formellen Vollständigkeit**, dann aber zur Loslösung vom Gesetzesziel, nämlich einer **spezifischen Information** über den Inhalt der Bilanz und der GuV, welche die reine zahlenmäßige Darstellung nicht liefern kann (→ Rz. 7). Der Inhalt der gesetzlich vorgegebenen Angaben wird mitunter durch einen Wust freiwilliger Angaben vernebelt.

14

Dazu folgender im elektronischen Bundesanzeiger ohne systematisches Suchen aufgefundener (Teil-)Anhang einer großen GmbH i. S. des § 267 Abs. 3 HGB mit mittelständischer Unternehmensstruktur:

15

---

[3] So *Ellrott*, in: Beck'scher Bilanz-Kommentar, 7. Aufl., München 2010, § 284 Tz. 21; a. A. IDW HFA 5/1988 i. d. F. 1998.

I. Grundlagen

BEISPIEL ▶ Vorbemerkungen

Der Jahresabschluss für das Geschäftsjahr 2006 wurde nach den Vorschriften in §§ 242 ff. HGB unter Beachtung der ergänzenden Bestimmungen für Kapitalgesellschaften in §§ 264 ff. HGB erstellt.

Die Gewinn- und Verlustrechnung ist nach dem Gesamtkostenverfahren aufgestellt.

Von der Möglichkeit, Berichtpflichten im Anhang anstatt in der Bilanz/Gewinn- und Verlustrechnung zu erfüllen, wurde Gebrauch gemacht.

Die Bewertung wurde unter Berücksichtigung der Fortführung des Unternehmens durchgeführt (*going concern*-Prinzip).

Bilanzierungs- und Bewertungsgrundsätze

Immaterielle Vermögensgegenstände sind mit den Anschaffungskosten ausgewiesen und werden ihrer voraussichtlichen Nutzungsdauer entsprechend **linear abgeschrieben**.

Sachanlagen sind zu Anschaffungs- oder Herstellungskosten, teilweise vermindert um in Vorjahren gewährte **Investitionszuschüsse**, angesetzt sowie um planmäßige Abschreibungen nach der betriebsgewöhnlichen Nutzungsdauer vermindert. Bei den planmäßigen Abschreibungen wurde sowohl die lineare als auch die steuerlich zulässige **degressive Methode** angewandt. Geringwertige Anlagegüter sind im Zugangsjahr in voller Höhe abgeschrieben worden.

Die Finanzanlagen werden zu den Anschaffungskosten oder dem niedrigeren beizulegenden Wert bilanziert.

Die Bewertung der Vorräte erfolgte bei den Roh-, Hilfs- und Betriebsstoffen auf der Basis der Einstandspreise. Die unfertigen und fertigen Erzeugnisse und Leistungen wurden – von Ausnahmen abgesehen – zu Herstellungskosten bewertet. Der Grad der Verwertbarkeit wurde ebenso berücksichtigt wie der Umstand, dass in Einzelfällen niedrigere erzielbare Verkaufserlöse als Basis für die Bewertung anzusetzen waren.

Bei der Bewertung von Lagerbeständen, die der EDV-mäßigen Verwaltung unterliegen, wird die gem. § 6 Abs. 1 Nr. 2a EStG auch steuerlich zulässige **Verbrauchsfolgefiktion** des *„last in – first out"* angewandt. Das Niederstwertprinzip (verlustfreie Bewertung) wurde beachtet.

Die geleisteten Anzahlungen sind mit dem Nennwert unter Kürzung von Einzelwertberichtigungen angesetzt.

Die Forderungen und sonstigen Vermögensgegenstände sowie die liquiden Mittel sind mit dem Nominalwert, die Wertpapiere des Umlaufvermögens sind zu Anschaffungskosten oder den niedrigeren Kurswerten aktiviert. Die Wertberichtigungen zu Lieferungsforderungen werden aktivisch abgesetzt.

Die Rückstellungen für Pensionen und ähnliche Verpflichtungen betreffen Pensionsverpflichtungen gegenüber Mitarbeitern und Geschäftsführern (Anwartschaften und laufende Renten) sowie mittelbare Verpflichtungen aus Versorgungszusagen der Unterstützungseinrichtung. Den Rückstellungen liegen versicherungsmathematische Gutachten zugrunde. Der Ausweis der Pensionsverpflichtungen erfolgt unter Anwendung der „Neuen Richttafeln

2005" von *Dr. Klaus Heubeck* zum **Teilwert** gem. § 6a EStG bei einem **Zinssatz** von 5%. Bei der Bewertung sind darüber hinaus **Steigerungen** im **Rententrend** berücksichtigt worden.

Für die mittelbaren Verpflichtungen aus Zusagen der Unterstützungseinrichtung wurde der **Unterschied** zwischen dem versicherungsmathematischen Sollwert der Verpflichtung (Zinsfuß 5%; Berücksichtigung der Steigerungen im Rententrend) und dem Vermögen der Unterstützungseinrichtung zurückgestellt.

Die Steuerrückstellungen und sonstigen Rückstellungen werden in Höhe der voraussichtlichen Inanspruchnahme ausgewiesen. Sämtlichen erkennbaren Risiken wurde Rechnung getragen.

Die Verbindlichkeiten sind mit dem Rückzahlungsbetrag passiviert.

Der Fettdruck im vorstehenden Beispiel außerhalb der Überschriften soll andeuten: An dieser Stelle wird eine gesetzliche Vorgabe erfüllt, nämlich eine Bilanzierungs- oder Bewertungsmethode i. S. des Abs. 2 Nr. 1 (→ Rz. 35 ff.) dargelegt. Alle übrigen Angaben lassen sich zu der Aussage verdichten: „Wir haben nach HGB bilanziert." Diese Aussage ist gesetzlich nicht vorgeschrieben, gilt indes als zulässig (→ Rz. 11), obwohl sie im Grunde unsinnig ist. U. E. ist diese Zulässigkeit **zweifelhaft** (→ Rz. 20), weil sie den Abschlussadressaten keine Information vermittelt und eine textliche Ausbreitung von **Selbstverständlichkeiten** tendenziell vom eigentlich Wichtigen ablenkt. Die in der Rechtsentwicklung – auch nach dem BilMoG – feststellbare ständige Weiterentwicklung der Angabepflichten im Anhang und in trauter Eintracht die Vorgabe für den Lagebericht (→ § 289 Rz. 13) liefern eine Flut von Texten, die der – auch professionell engagierte – Leser nicht mehr verarbeiten kann. Dem Rechnungsleger eröffnet sich ein elegantes Vehikel zum „Verstecken" wichtiger oder sogar entscheidender Informationen gegenüber der Öffentlichkeit.[4] Denn in der Fülle des gelieferten Datenmaterials werden gerade die wichtigen Nachrichten nicht mehr wahrgenommen.

16

Auch die **Informationsverarbeitung** unterliegt den Gesetzen der Ökonomie. Ihre Ressourcen sind beschränkt, auch in den *back offices* der Kapitalmarktbeobachter oder der Nutzer des Elektronischen Bundesanzeigers. Die modellierte **Scheinwelt** der Wissenschaft und der Regulierungsinstanzen prägt demgegenüber die einschlägige Rechnungslegungspraxis. Schlaglichtartig hat die große Wirtschafts- und Bilanzkrise diese Fehlentwicklung der Rechnungslegung beleuchtet:

17

BEISPIEL▶ Die Industriekreditbank AG hat im Anhang des ersten Geschäftsberichts per 31.3.2007 (dem später ein zweiter folgte) am 28.6.2007 auf S.198 f. kurz und schmerzlos über die nicht bilanziell erfassten Risikokonzentrationen über 17 Mrd € berichtet, die sich einen Monat später als Ursache der Quasi-Pleite herausgestellt haben. Wortlaut: „Die Zahlen sind nicht repräsentativ für das tatsächliche künftige Kreditengagement oder aus diesen Verpflichtungen erwachsende Liquiditätserfordernisse."

Zum Risikobericht der IKB vgl. → § 289 Rz. 14.

---

4 Vgl. *Hoffmann*, BB 1986 S. 1052.

18 Die dargestellte Berichterstattungstechnik dient nicht der Information des Abschlussadressaten, sondern der vorbeugenden **Verteidigung** des Vorstands in einem späteren Zivil- oder Strafverfahren, in dem dann der Verteidiger auf S. 327 links unten verweisen kann, „wo ja alles geschrieben steht".

19 Nahtlos verquickt mit einer effektiven Nichtinformation durch unsinnige Häufung von Unwichtigem und Selbstverständlichem ist die Risikoberichterstattung im **Lagebericht** (→ § 289 Rz. 38). Hier wird im Bereich des *„Big Business"* seitenlang nach akademischer Vorgabe über alle möglichen Risiken berichtet, die selbstverständlich gemanagt und damit beherrscht werden und somit ihres unangenehmen Charakters entledigt sind. Der Informationsgehalt tendiert stark zur Null-Linie.

20 U. E. sollte die regulatorische Tendenz zu immer umfangreicheren Berichterstattungen und Erläuterungen nicht durch **inhaltslose Aussagen** noch weiter gefördert werden. Der gewonnene Raum steht dann für unternehmensspezifische Aussagen offen (→ Rz. 14) und umgekehrt: Gerade auch bei den Bilanzierungs- und Bewertungsmethoden als besonders wichtigen Anhangangaben (→ Rz. 40) sind Aussagen über die Behandlung der (steuerlichen) geringwertigen Anlagegüter oder die Anwendung der Poolabschreibung i. d. R. ohne Aussagegehalt (→ § 252 Rz. 188). Sie **müssen** unterbleiben, um Platz für wirklich wichtige Informationen zu schaffen. So gesehen sind überflüssige und aussagelose Anhangangaben als **unzulässig** zu qualifizieren. Vgl. hierzu auch weitere Beispiele unter → Rz. 40 ff.

4.3 Typologie der Berichterstattung, insbesondere die Erläuterung

21 Die Berichterstattungspflichten tragen nach dem Gesetzeswortlaut verschiedene Überschriften mit z. T. fließenden Übergängen:

- **Angaben** als Mitteilung einer Tatsache: „Von den sonstigen Verbindlichkeiten haben eine Restlaufzeit von mehr als einem Jahr X €."
- **Darstellung**: Umfangreichere Form einer Angabe: „In die Herstellungskosten der Erzeugnisse sind Verwaltungsgemeinkosten und Zinsen, soweit sie dem Herstellungsprozess zugeordnet werden können, einbezogen worden." Ob eine Quantifizierung erforderlich ist, hängt vom konkreten Sachverhalt ab (→ Rz. 58 ff.).
- **Begründung**: Die Causa für eine Bilanzierungslösung muss genannt werden: „Wir hatten in den Vorjahren in die Herstellungskosten der Erzeugnisse Verwaltungsgemeinkosten und anteilige Fremdkapitalzinsen aktiviert, um vom Verlust bedrohte steuerliche Verlustvorträge zu retten. Inzwischen konnten die Verlustvorträge verrechnet werden, so dass die bisherige Bewertung ihrer Grundlage entzogen worden ist. Deshalb haben wir auf die Einbeziehungsmöglichkeit der genannten Kosten im vorliegenden Jahresabschluss erstmals verzichtet."
- **Aufgliederung**: Ein Posten ist zu zerlegen, z. B. die sonstigen Verbindlichkeiten nach dem Vorschlag in → § 266 Rz. 91.
- **Ausweis**: Eine quantifizierende Angabe zum (beispielsweise) Unterschiedsbetrag des Bilanzausweises zu einer anderen Wertgröße in Form des Zeitwerts (→ § 285 Rz. 120 ff.).

22 **Nicht** verlangt sind nach § 284 HGB generelle **Aufgliederungen** der Abschlussposten und deren **Kurzkommentierung**.

BEISPIEL „Wir sind mit einem Produkthaftpflichtfall konfrontiert und müssen mit einer Inanspruchnahme rechnen. Nach jetzigem Kenntnisstand wird sich diese in einer Größenordnung zwischen X T€ und Y T€ bewegen. Wir haben nach Durchspielen verschiedener Szenarien einen Erwartungswert von 7 T€ bilanziert. Ob dieser Ansatz realistisch ist, muss die Zukunft erweisen."

Diese Angabe mag als **erwünscht** gelten, vom Gesetz **verlangt** ist sie **nicht**. Zur Angabepflicht bei Rückstellungen vgl. → Rz. 25.

Erläuterungen i. d. S. waren im Geschäftsbericht nach dem Aktiengesetz 1965 (§ 160 AktG 1965) vorgesehen,[5] sind aber förmlich **nicht** in das HGB nach BiRiLiG und BilMoG übernommen worden. Vielmehr enthalten die Einzelvorschriften der §§ 284, 285 HGB und die eine oder andere im HGB und den Einzelgesetzen (AktG, GmbHG) verstreuten Normen (→ Rz. 32) spezielle Aufgliederungs- und Erläuterungspflichten. Die Gesetzeslogik ist wie folgt gestrickt: Die Erläuterung – Überschrift des § 284 HGB – erfolgt durch die **explizit geforderten** Angaben etc. und durch nichts anderes. Im Gegensatz dazu verlangt das Gesetz im § 321 Abs. 2 Satz 5 HGB im Prüfungsbericht **allgemein** eine Aufgliederung und Erläuterung der Abschlussposten, soweit solche nicht aufgrund **spezifischer** Vorschriften im Anhang erfolgen müssen. 23

BEISPIEL[6] „Die Zugänge bei Anteilen an verbundenen Unternehmen und Beteiligungen betreffen ... im Wesentlichen Kapitalzuführungen bei der VW Group Services S. A., der VW Financial Services AG, der Audi AG ..." etc.

Die gesetzlich zu diesen Vorgängen vorgeschriebenen „Erläuterungen" gehen aus dem Anlagespiegel gem. § 268 Abs. 2 HGB (→ § 268 Rz. 60) hervor, wo die Zugänge auf die Anteile an verbundenen Unternehmen wertmäßig zu zeigen sind. Weitere „Erläuterungen" – wie hier die Angabe des sich hinter dem Postenausweis verbergenden Inhalts – stellen eine **freiwillige** Anhangangabe dar.

Als weiteres Beispiel für freiwillige, also **überflüssige** Anhangangaben in Form von Erläuterungen und Aufgliederungen sei aus dem Anhang der N-GmbH für 2006 nach dem elektronischen Bundesanzeiger zitiert. 24

BEISPIEL „Sämtliche Forderungen und Vermögensgegenstände haben eine Restlaufzeit bis zu einem Jahr. Die Forderungen gegen verbundene Unternehmen bestehen hauptsächlich aus einem Darlehen an die N i. H. von 7.924 T€ (Vorjahr: 4.090 T€). Das Darlehen ist auf unbestimmte Zeit gewährt."

Dazu folgende Hinweise:

▶ Angabepflicht – wenn man so will: Erläuterung – besteht nach § 268 Abs. 4 Satz 1 HGB nur für Fälle mit einer Laufzeit von **mehr** als einem Jahr (→ § 268 Rz. 92).

▶ Die Angabe eines **Schuldners** für einen Forderungsposten ist nirgends verlangt.

---

5 Vgl. *ADS* zum AktG 1965, § 160; *Hoffmann*, BB 1986 S. 1054.
6 Zitiert aus dem Anhang der Volkswagen AG für 2007.

I. Grundlagen

> ▶ In der Bilanz sind die Forderungen gegen verbundene Unternehmen **als solche** ausgewiesen. Die zitierten „Erläuterungen" stellen freiwillige Angaben dar.
>
> ▶ **Vorjahreszahlen** brauchen nicht angegeben zu werden (→ Rz. 12).
>
> Die gesamte zitierte Angabe wird vom Gesetz nicht verlangt.

25 Eine **spezielle** Erläuterungspflicht ergibt sich demgegenüber aus § 285 Nr. 12 HGB für die Sonstigen Rückstellungen (→ § 285 Rz. 95).

> **BEISPIEL⁷**
>
> | Sonstige Rückstellungen | Mio € 31.12.2007 | Mio € 31.12.2006 |
> |---|---|---|
> | - kurzfristig (bis 1 Jahr) | 5.902 | 4.914 |
> | - mittelfristig | 6.593 | 5.628 |
> | - langfristig (über 5 Jahre) | 8.841 | 8.307 |
> | | 21.336 | 18.849 |
>
> Die Sonstigen Rückstellungen bestehen u. a. für Gewährleistungen (2,9 Mrd €), Personalkosten (2,6 Mrd €, im Wesentlichen für Dienstjubiläen, Altersteilzeit, Verpflichtungen aus Zeitwerten ...) sowie sonstige Vertriebsaufwendungen (1,4 Mrd €).
>
> **BEURTEILUNG** ▶ Die verbale (Teil-)Aufgliederung der Sonstigen Rückstellungen nach Inhalten entspricht formal den Vorgaben des § 285 Nr. 12 HGB. Allerdings werden nur rund 1/3 der Rückstellungen näher benannt. Die Aufgliederung nach Fristigkeit geschieht in Analogie zu den Verbindlichkeiten und ist gesetzlich nicht gefordert.

26 Auch für die **GuV**-Rechnung verlangt das Gesetz „Erläuterungen" nur für bestimmte Posten, z. B. für außerordentliche Erträge und Aufwendungen gem. § 277 Abs. 4 Satz 1 HGB (→ § 277 Rz. 39) und aperiodische gem. § 277 Abs. 4 Satz 2 HGB (→ § 277 Rz. 51). Andere vergleichbare „Erläuterungen" sind freiwilliger Natur.

> **BEISPIEL⁸**
>
> ▶ (1) „Die Umsatzerlöse nach Abzug von Skonto i. H. von T€ (Vorjahr: T€) wurden zu 50 % (Vorjahr: 58 %) im Inland und zu 50 % (Vorjahr: 42 %) im Ausland erzielt.
>
> ▶ (2) Die sonstigen betrieblichen Erträge umfassen im Wesentlichen Erträge aus der Auflösung von Rückstellungen sowie Kursgewinnen und Kostenerstattungen von Tochtergesellschaften.
>
> ▶ (3) Innerhalb der Personalaufwendungen sind Aufwendungen für Altersversorgung i. H. von T€ (Vorjahr: T€) enthalten.

---

7 Aus dem Anhang der Volkswagen AG für 2007.
8 Aus dem Anhang 2006 einer GmbH im elektronischen Bundesanzeiger.

▶ (4) Die sonstigen betrieblichen Aufwendungen enthalten auch Verluste aus Anlageabgängen sowie Wertverluste von Gegenständen des Umlaufvermögens (im Wesentlichen aus Erhöhung von Wertberichtigungen zu Forderungen und Kursverlusten).

▶ (5) Innerhalb der Zinsen und ähnlicher Erträge sind T€ (Vorjahr: T€) aus verbundenen Unternehmen erfasst."

Die Berichtspflicht ist wie folgt zu **beurteilen**:

▶ (1) Die Angabe ist nach § 285 Nr. 4 HGB (→ § 285 Rz. 27 ff.) geboten mit Exkulpationsmöglichkeit nach § 286 Abs. 2 HGB (→ § 286 Rz. 4); „nach Abzug von Skonto" überflüssig, da selbstverständlich;

▶ (2) freiwillige Angabe;

▶ (3) Angabe gem. § 275 Abs. 2 Nr. 6 HGB i.V. mit § 265 Abs. 7 Nr. 2 HGB (→ § 265 Rz. 47);

▶ (4) freiwillige Angabe, allenfalls Anlageabgänge als aperiodisch zu werten (→ § 277 Rz. 54);

▶ (5) Ersatz des „Davon-Vermerks" in der GuV gem. § 275 Abs. 2 Nr. 10 HGB (→ § 275 Rz. 92).

Die „Freiwilligkeit" der erwähnten Angabe wird auch nicht durch § 264 Abs. 2 Satz 2 HGB (→ § 264 Rz. 18) in eine Pflicht verwandelt. Der Jahresabschluss vermittelt ohne diese Angabe den *true and fair view* nach den gesetzlichen Vorgaben ohne diese Zusatzangaben. 27

4.4 Wesentlichkeit

Mit der vorstehend dargestellten Berichterstattungstechnik – speziell im Anhang – ist das Thema der **Wesentlichkeit** angesprochen (vgl. → § 252 Rz. 182 ff.). Die internationalen Standardsetter suchen ihr Heil zur Rechtfertigung der zunehmend als unzulänglich erachteten Rechnungslegung in der Erweiterung der Angabepflichten. Der *information overload* wird mitunter in Sonntagsreden angeprangert, bei anstehenden Entscheidungen indes systematisch ausgeblendet. Deren Volumen übersteigt diejenigen nach HGB bedeutend, doch folgt die nationale Rechtsentwicklung dem – u. E. negativen – Vorbild der IFRS. Deshalb stellt sich auch für die HGB-Rechnungslegung die Frage nach der **Trennung** von Wesentlichem und Unwesentlichem. 28

Definitionsversuche des „Wesentlichen" bei der Rechnungslegung gibt es zuhauf (→ § 252 Rz. 184). Sie sind alle nichtssagend zirkulär. Negativ wird zur **Quantifizierung** der Wesentlichkeit deren Unmöglichkeit festgestellt. Deshalb hat es der Rechtsanwender schwer, gegen die Checklistenvorgabe (→ Rz. 35) erfolgreich anzugehen. Der Anhangsteller muss seinen Abschlussprüfer und ggf. die DPR von der Unwesentlichkeit überzeugen. Der Abschlussprüfer ist vergleichbar dem Feuer der internen Berichtskritik, des *peer review* und der APAK ausgeliefert. Da lässt man es lieber nicht auf solche unangenehmen Diskussionen ankommen und erfüllt die formelle Angabepflicht. 29

30   Auch seitens des **Schrifttums** müssen sich ein aufmüpfiger Anhangersteller und dessen Abschlussprüfer allein gelassen fühlen. Dort wird dem „Grundsatz der Wesentlichkeit" auch für die Anhangerstellung Bedeutung beigemessen, ohne allgemeine Regeln liefern zu können.[9] Auch soll die Wesentlichkeit keine Bedeutung entfalten, wenn eine Angabe gesetzlich „unbedingt" vorgegeben ist.[10] Mit dieser Aussage wird der Wesentlichkeitsgrundsatz in seiner Bedeutung entscheidend zurückgestutzt, geht es doch beim Wesentlichkeitskriterium darum, eine gesetzliche Regel – hier Anhangangabe – gerade nicht anzuwenden, weil sie dem Gesetzeszweck der Informationsvermittlung widerspricht. U. E. verbietet das Wesentlichkeitsgebot z. B. die Angabe zur **Festbewertung** nach § 240 Abs. 3 HGB, weil hier kraft Gesetzesvorgabe nur unwesentliche Posten und die **Gruppen**bewertung erfasst werden können (vgl. → § 240 Rz. 23), die niemanden interessieren.

31   Zu einem Durchbruch des Wesentlichkeitsgedankens bei der Rechnungslegung (mit Lagebericht) kann es in der Praxis nur kommen, wenn politisch und wissenschaftlich dem *information overload* die gebührende Aufmerksamkeit gewidmet wird. Damit ist auf absehbare Zeit nicht zu rechnen.

32   Einen besonders „wesentlichkeitsträchtigen" Angabebereich betrifft die nicht bilanzierten finanziellen Verpflichtungen i. S. des § 285 Nr. 3a HGB (→ § 285 Rz. 14 ff.), der als Beispiel zur Trennung von Wesentlichem und Unwesentlichem taugt.

> **BEISPIEL** ▸ Eine Betriebsaufspaltungs-GmbH nutzt das gesamte benötigte Sachanlagevermögen auf der Grundlage eines Mietvertrags mit der Muttergesellschaft. Sie ist zum laufenden Unterhalt der Gebäude und Maschinen verpflichtet.
>
> Angabepflichtig ist die Mietlast, in welcher Form vgl. → § 285 Rz. 23 ff.
>
> Keine Angabepflicht besteht zu den regelmäßig anfallenden Zahlungsverpflichtungen für den Unterhalt. Mit einer solchen Angabe kann der Adressat nichts anfangen, er wird diese Verpflichtung als selbstverständlich ansehen, denn Sachanlagen bedürfen einer laufenden Wartung.

33   Für speziell zu den Bilanzierungs- und Bewertungs**methoden** u. E. sinnvoll erscheinende Darstellungen verweisen wir auf → Rz. 42 und → Rz. 45.

II. Vorgeschriebene Angaben (Abs. 1)

1. Überblick

34   Nach Abs. 1 sind in den Anhang diejenigen Angaben aufzunehmen, die (zu den Posten der Bilanz oder GuV) vorgeschrieben sind.

Nach der **logischen Struktur** ist zwischen **bedingten** und **unbedingten** Vorschriften zu unterschieden: Im ersten Fall ist eine Angabe nur vorgeschrieben, wenn (Bedingung) diese in Aus-

---

[9] Vgl. z. B. *ADS*, 6. Aufl., § 284 Tz. 23.
[10] Vgl. *Oser/Holzwarth*, in: Küting/Pfitzer/Weber (Hrsg.), Handbuch der Rechnungslegung – Einzelabschluss, 5. Aufl., §§ 284 bis 288 Tz. 8.

übung eines Wahlrechts nicht bereits in Bilanz oder GuV erfolgt. Ein Beispiel für die bedingte Angabepflicht – das Schrifttum spricht auch von Wahlpflichtangaben – ist § 268 Abs. 2 HGB: Werden die Angaben zur Entwicklung des Anlagevermögens nicht in der Bilanz gemacht, sind sie in den Anhang aufzunehmen (→ § 268 Rz. 54).

Nach der gesetzlichen Verankerung (**Rechtsquelle**) ist zwischen folgenden Vorschriften zu unterscheiden:

- Den in §§ 284, 285 HGB **enumerativ** genannten Angaben;
- Angaben, die Vorschriften zu einzelnen Posten der Bilanz oder GuV **begleiten** (Beispiele: § 268 Abs. 4 Satz 1 HGB → § 268 Rz. 99; § 277 Abs. 4 Satz 2 HGB → § 277 Rz. 50) sowie
- außerhalb des HGB in **rechtsformspezifischen** Regeln enthaltene Vorschriften (Beispiel: § 42 Abs. 3 GmbHG → § 266 Rz. 13; § 158 Abs. 1 Satz 2 AktG → § 268 Rz. 27).

Neben den in Abs. 2 angesprochenen Angaben zur (Erläuterung von) Bilanz und GuV bestehen noch Angaben, die

- den **Lagebericht** ergänzen (Beispiel: § 289 Abs. 4 Nr. 1 HGB → § 289 Rz. 73) und
- entgegen dem Gesetzeswortlaut einen **Bilanzvermerk ersetzen** (Beispiel: § 268 Abs. 4 Satz 1 HGB → § 268 Rz. 104 und § 268 Abs. 5 Satz 1 HGB → § 268 Rz. 112).

Insoweit unterscheidet sich die HGB-Lösung zu den Anhangangaben von der Vorgehensweise der **IFRS**, die jeden Standard zu einem Bilanzierungsproblem mit (einer Fülle von) Anhangerläuterungen und -offenlegung anreichern. Beide Strukturen fördern bei der Erstellung und Prüfung die **Checklisten**technik (→ Rz. 29), die einerseits sehr hilfreich sein kann, andererseits die Gefahr birgt, im Interesse der formellen Vollständigkeit den Sinn der Abschlusserläuterungen aus dem Auge zu verlieren (→ Rz. 20). Auch die nachstehende Kommentierung kann sich dem Checklistensystem nicht (gänzlich) entziehen und muss Aufzählungen bereitstellen. 35

2. Angaben im Anhang ...

2.1 ... nach HGB und EGHGB

In den Anhang „**sind**" – kein Wahlrecht zur Aufnahme in die Bilanz oder GuV – folgende Angaben aufzunehmen: 36

- Die Aufzählungsbestandteile in Abs. 2 (→ Rz. 34),
- die Aufzählungsbestandteile in § 285 (vgl. die dortigen Kommentierung),
- die nachfolgend aufgelisteten Posten aus dem HGB und EGHGB (außerhalb von §§ 284 und 285 HGB):

Fundstelle	Kurzbezeichnung	kommentiert in
§ 264 Abs. 2 Satz 2 HGB	Zusätzliche Angaben, falls der Jahresabschluss wegen besonderer Umstände trotz Anwendung der GoB **kein den tatsächlichen Verhältnissen entsprechendes Bild** vermittelt.	(→ § 264 Rz. 14)
§ 264c Abs. 2 Satz 9 HGB	Bei Kap. & Co.-Gesellschaften Angabe des Betrags der im HR eingetragenen **Haftungseinlagen**, soweit sie nicht geleistet sind.	(→ § 264c Rz. 43)

II. Vorgeschriebene Angaben

§ 265 Abs. 1 Satz 2 HGB	Angabe und Begründung von **Abweichungen** in der Form der **Darstellung und Gliederung** in Bilanz oder GuV im **Vergleich zum Vorjahr**.	(→ § 265 Rz. 16)
§ 265 Abs. 2 Satz 2 HGB	Angabe und Erläuterung von **nicht vergleichbaren Vorjahreszahlen** in Bilanz und GuV.	(→ § 265 Rz. 23)
§ 265 Abs. 2 Satz 3 HGB	Angabe und Erläuterung von zu Vergleichszwecken vorgenommenen **Anpassungen von Vorjahreszahlen** in Bilanz oder GuV.	(→ § 265 Rz. 28)
§ 265 Abs. 4 Satz 2 HGB	Angabe und Begründung der **Ergänzung des Jahresabschlusses** nach der für die anderen Geschäftszweige vorgeschriebenen Gliederung.	(→ § 265 Rz. 52)
§ 265 Abs. 7 Nr. 2 HGB	Gesonderter Ausweis der Einzelposten, falls zur Vergrößerung der Klarheit der Darstellung in Bilanz oder GuV **Posten zulässigerweise zusammengefasst** ausgewiesen werden.	(→ § 265 Rz. 47)
§ 268 Abs. 4 Satz 2 HGB	Erläuterung von größeren Posten in den **sonstigen Vermögensgegenständen, die erst nach dem Abschlussstichtag rechtlich entstehen**.	(→ § 268 Rz. 105)
§ 268 Abs. 5 Satz 3 HGB	Erläuterung von größeren Posten in den **Verbindlichkeiten, die erst nach dem Abschlussstichtag rechtlich entstehen**.	(→ § 268 Rz. 116)
§ 277 Abs. 4 Satz 2 HGB	Erläuterung der **außerordentlichen Erträge und Aufwendungen** hinsichtlich Betrag und Art, soweit nicht von untergeordneter Bedeutung.	(→ § 277 Rz. 50)
§ 277 Abs. 4 Satz 3 HGB	Erläuterung der **periodenfremden Erträge und Aufwendungen** hinsichtlich Betrag und Art, soweit nicht von untergeordneter Bedeutung.	(→ § 277 Rz. 51)
§ 286 Abs. 3 Satz 4 HGB	Angabe von nicht börsennotierten Unternehmen über die Inanspruchnahme der **Ausnahmeregelung bei Weglassen von Angaben über den Anteilsbesitz** (§ 285 Satz 1 Nr. 11 und Nr. 11a HGB), die nach vernünftiger kaufmännischer Beurteilung einen erheblichen Nachteil zufügen können.	(→ § 286 Rz. 8)
§ 291 Abs. 2 Nr. 3 HGB	Angabe von Name und Sitz des Mutterunternehmens, das den **befreienden Konzernabschluss** und Konzern-Lagebericht aufstellt. Hinweis auf die Befreiung von der Verpflichtung, einen Konzernabschluss und Konzern-Lagebericht aufzustellen, und Erläuterung der im befreienden Konzernabschluss vom deutschen Recht abweichend angewandten Bilanzierungs-, Bewertungs- und Konsolidierungsmethoden.	(→ § 291 Rz. 24)

Art. 28 Abs. 2 EGHGB und Art. 48 Abs. 6 EGHGB	Angabe des **Fehlbetrags bei den Rückstellungen für laufende Pensionen, Anwartschaften auf Pensionen und ähnliche Verpflichtungen** i. S. des Art. 28 Abs. 1 EGHGB.	(→ § 249 Rz. 111)
Art. 48 Abs. 5 EGHGB	Angabe bei Kap. & Co.-Gesellschaften, wenn bei erstmaliger Anwendung des § 268 Abs. 2 HGB die **Buchwerte des Anlagevermögens** und der Aufwendungen für die Ingangsetzung etc. ursprüngliche Anschaffungs- und Herstellungskosten **fortgeführt werden**.	(→ § 264a Rz. 12)
Art. 48 Abs. 6 EGHGB	Bei Kap. & Co.-Gesellschaften Angabe des **Fehlbetrags** bei den **Rückstellungen** für laufende **Pensionen, Anwartschaften auf Pensionen und ähnliche Verpflichtungen** i. S. des Art. 28 Abs. 1 EGHGB.	(→ § 264a Rz. 12)
§ 2 Abs. 1 Nr. 4 KonBefrV	Angabe von Name und Sitz des **Mutterunternehmens**, das den befreienden Konzernabschluss und Konzern-Lagebericht aufstellt, Hinweis auf die **Befreiung** von der Verpflichtung, einen Konzernabschluss und Konzern-Lagebericht aufzustellen, und Erläuterung der im befreienden Konzernabschluss vom deutschen Recht **abweichend** angewandten Bilanzierungs-, Bewertungs- und Konsolidierungsmethoden.	(→ § 292 Rz. 9)
Art. 66 Abs. 2 Satz 6 EGHGB	Vorzeitige Anwendung der BilMoG-Regeln.	(→ Art. 66 Rz. 17)
Art. 67 Abs. 1 Satz 4 EGHGB	Angabe der Überdeckung (stille Reserve) von nicht aufgelösten Rückstellungen, die vor dem BilMoG gebildet worden sind.	(→ Art. 67 Rz. 7)
Art. 67 Abs. 2 EGHGB	Angabe des Fehlbetrags für Pensionsrückstellungen nach BilMoG.	(→ Art. 67 Rz. 5)
Art. 67 Abs. 8 Satz 2 EGHGB	Hinweis auf die Nichtanpassung von Vorjahreszahlen bei erstmaliger BilMoG-Anwendung.	(→ Art. 67 Rz. 42)

2.2 ... nach AktG

Fundstelle	Kurzbezeichnung
§ 160 Abs. 1 Nr. 1 AktG	Angaben über den Bestand und den Zugang an **Vorrats**aktien einschließlich deren Verwertung.
§ 160 Abs. 1 Nr. 2 AKtG	Angaben über den Bestand, über Erwerb oder Veräußerung **eigener** Aktien unter Angabe der Zahl und des Nennbetrags der Aktien (→ § 272 Rz. 33d).
§ 160 Abs. 1 Nr. 3 AktG	**Gattungsspezifische** Umfangangabe der Aktien.
§ 160 Abs. 1 Nr. 4 AktG	Angaben über das **genehmigte Kapital**.
§ 160 Abs. 1 Nr. 5 AktG	Angaben zur Zahl der **Wandelschuldverschreibungen** und vergleichbarer Wertpapiere.
§ 160 Abs. 1 Nr. 6 AKtG	Angabe zu **Genussrechten**, Rechten aus Besserungsscheinen u. ä. Rechten.

36a

§ 160 Abs. 1 Nr. 7 AKtG	Angaben zum Bestehen einer **wechselseitigen** Beteiligung unter Angabe des Unternehmens.
§ 160 Abs. 1 Nr. 8 AKtG	Angaben über das Bestehen von nach § 20 Abs. 1 oder 4 AktG **mitgeteilten Beteiligungen**.
§ 160 Abs. 7 AktG	**Schutzklausel** für die Angaben nach § 160 Abs. 1 AktG (→ § 286 Rz. 2).
§ 240 Satz 3 AktG	Erläuterungen über die Verwendung der aus einer **Kapitalherabsetzung** oder aus der **Auflösung** von Gewinnrücklagen gewonnenen Beträge.
§ 261 Abs. 1 Satz 3 AKtG	Angabe der Gründe für eine **niedrigere** Bewertung und der Entwicklung des Werts oder Betrags.
§ 261 Abs. 1 Satz 4 AktG	Bericht über den **Abgang** von Gegenständen und die Verwendung der Erlöse.

3. Angaben im Anhang oder wahlweise in Bilanz und GuV ...

3.1 ... in der praktischen Handhabung

37 Das Gesetz räumt in den nachstehend aufgelisteten Fällen dem Abschlussersteller ein **Wahlrecht** zur Einfügung von Anhangangaben bei den angesprochenen Posten der Bilanz oder GuV oder zur Aufnahme in den eigentlichen Anhangkatalog ein (→ § 266 Rz. 15). In der **Praxis** wird weitaus überwiegend von der Anhangoption Gebrauch gemacht, wodurch auch die unschöne Bilanz-Optik der „Davon-Vermerke" (→ § 266 Rz. 16) vermieden wird. Sofern die Darstellungsform der Bilanz mit GuV in der **hochaggregierten** Form nach § 265 Abs. 7 HGB (→ § 265 Rz. 44) gewählt wird, ist die Aufnahme dieser Angaben in den Anhang zwingend.

3.2 ... nach HGB

37a
Fundstelle	Kurzbezeichnung	kommentiert in
§ 264c Abs. 1 HGB	Bei **Kap. & Co.-Gesellschaften** gesonderter Ausweis der **Ausleihungen, Forderungen und Verbindlichkeiten gegenüber Gesellschaftern** oder Vermerk der Mitzugehörigkeit dieser Posten zu einem anderen.	(→ § 264c Rz. 4)
§ 265 Abs. 3 Satz 1 HGB	Angabe der **Mitzugehörigkeit** von einem Bilanzposten zu einem anderen, wenn dies zur Aufstellung eines klaren und übersichtlichen Jahresabschlusses erforderlich ist.	(→ § 265 Rz. 48)
§ 268 Abs. 1 Satz 2 2. Halbsatz HGB	Gesonderte Angabe des **Gewinn- oder Verlustvortrags**, wenn die Bilanz unter Berücksichtigung der teilweisen Verwendung des Jahresergebnisses aufgestellt wird und der Gewinnvortrag/Verlustvortrag in den Bilanzgewinn/Bilanzverlust einbezogen ist.	(→ § 268 Rz. 27)
§ 268 Abs. 2 Satz 1 HGB	Darstellung des **Brutto-Anlagegitters**.	(→ § 268 Rz. 54)
§ 268 Abs. 2 Satz 3 HGB	Angabe der **Abschreibungen** des **Geschäftsjahrs**.	(→ § 268 Rz. 65)

§ 268 Abs. 4 Nr. 1 HGB	Forderungen mit einer Restlaufzeit von mehr als einem Jahr.	(→ § 268 Rz. 104)
§ 268 Abs. 5 Satz 1 HGB	Verbindlichkeiten mit einer Laufzeit bis zu einem Jahr.	(→ § 268 Rz. 112)
§ 268 Abs. 6 HGB	Gesonderter Ausweis eines **aktivierten Disagios**.	(→ § 268 Rz. 117)
§ 268 Abs. 7 1. Halbsatz HGB	Gesonderter Ausweis der in § 251 HGB bezeichneten **Haftungsverhältnisse** unter Angabe der gewährten **Pfandrechte** und sonstigen **Sicherheiten**.	(→ § 268 Rz. 118)
§ 268 Abs. 7 2. Halbsatz HGB	Gesonderter Ausweis der **Haftungsverhältnisse gegenüber verbundenen Unternehmen**.	(→ § 268 Rz. 120 f.)
§ 277 Abs. 3 Satz 1 HGB	Angabe von **außerplanmäßigen Abschreibungen im Anlagevermögen** nach § 253 Abs. 2 Satz 3 und 4 HGB.	(→ § 277 Rz. 30)
§ 327 Nr. 1 Satz 2 HGB	Gesonderte Angabe von **bestimmten Bilanzposten**, wenn **mittelgroße Kapital-/Kap. & Co.-Gesellschaften** die Bilanz nur in der für kleine Kapital-/Kap. & Co.-Gesellschaften vorgeschriebenen Form zum HR einreichen.	

3.3 ... nach AktG und GmbHG

Fundstelle	Kurzbezeichnung	kommentiert in
§ 58 Abs. 2a Satz 2 AktG	Angabe des Betrags des Eigenkapitalanteils von Wertaufholungen.	(→ § 268 Rz. 50)
§ 152 Abs. 2 AktG	Angabe der während des Geschäftsjahrs eingestellten und der für das Geschäftsjahr entnommenen Beträge der Kapitalrücklage.	(→ § 268 Rz. 6) (→ § 272 Rz. 33d)
§ 152 Abs. 3 AktG	Angabe der Beträge, die durch die Hauptversammlung aus dem Bilanzierungsgewinn des Vorjahrs oder aus dem Jahresüberschuss des Geschäftsjahrs in die Gewinnrücklagen eingestellt oder für das Geschäftsjahr entnommen wurden, zu den einzelnen Posten der Gewinnrücklagen.	(→ § 268 Rz. 6)
§ 158 Abs. 1 Satz 2 AktG	Darstellung der Entwicklung des Jahresüberschusses/Jahresfehlbetrags zum Bilanzgewinn/Bilanzverlust.	(→ § 268 Rz. 7) (→ § 272 Rz. 33e)
§ 29 Abs. 4 Satz 2 GmbHG	Angabe des Betrags des Eigenkapitalanteils von Wertaufholungen.	(→ § 268 Rz. 50)
§ 42 Abs. 3 GmbHG	Angabe von Ausleihungen, Forderungen und Verbindlichkeiten gegenüber Gesellschaftern.	(→ § 266 Rz. 68 und → § 266 Rz. 83)

37b

4. Angaben mit Ergänzungen im Lagebericht

Zur Vermeidung von **Doppelangaben** müssen bestimmte Aktiengesellschaften und Kommanditgesellschaften auf Aktien bestimmte Angabeverpflichtungen im Lagebericht nach § 289

38

Abs. 4 Nr. 1, 3 und 9 HGB nicht erfüllen, sondern nur auf die vorgreiflich zu erfüllende Anhangangabe verweisen (→ § 289 Rz. 73). Dabei geht es um Angaben zu

- den Aktiengattungen (→ Rz. 36) gem. § 160 Abs. 1 Nr. 3 AktG (→ § 289 Rz. 73a),
- 10 % übersteigende Stimmrechte (→ § 289 Rz. 73e),
- Entschädigungsvereinbarungen an Vorstand und Arbeitnehmer bei Kontrollwechsel (→ § 289 Rz. 73i).

5. Gesetzliche Erleichterungen und ein Verbot bei der Anhangberichterstattung

39 Das Gesetz sieht Erleichterungen und ein Verbot bei der Anhangberichterstattung für Kapital- und Kap. & Co.-Gesellschaften vor; und zwar für

- **alle** in § 286 HGB sowie
- **kleine** und **mittelgroße** in § 288 HGB.

Auf die dortigen Kommentierungen (→ § 286; → § 288) wird verwiesen.

III. Einzelne Angaben (Abs. 2)

1. Bilanzierungs- und Bewertungsmethode (Abs. 2 Nr. 1)

1.1 Was sind Methoden?

40 Zu den begrifflichen Grundlagen von „Methoden" wird auf die Kommentierung in → § 252 Rz. 168 ff. verwiesen.

Zur Vermeidung der unter → Rz. 15 ff. dargestellten weitgehend nichtssagenden Inhalte zu den Bilanzierungs- und Bewertungsmethoden bietet sich ein systematisches Vorgehen an.[11] Dazu können wenigstens drei **Ebenen** unterschieden werden:

- Ebene 1: Eindeutige (zwingende) gesetzliche Bilanzierungs- und Bewertungsvorgaben.
- Ebene 2: Förmliche Wahlrechte (→ Rz. 47 und → Rz. 49).
- Ebene 3: Unechte Wahlrechte, Subsumtionen, Ermessensentscheidungen, Schätzungen.

- **Zu Ebene 1**: Eine Erläuterung ist hier sinnlos und muss (→ Rz. 16) deshalb unterbleiben.

> **BEISPIEL** „Abnutzbares Sachanlagevermögen wird ausgehend von den Anschaffungs- oder Herstellungskosten verteilt auf die Nutzungsdauer abgeschrieben. Bei voraussichtlich dauernder Wertminderung erfolgt eine Abschreibung auf den niedrigeren beizulegenden Wert."
>
> „Selbstgeschaffene Marken werden nicht aktiviert (→ § 248 Rz. 10)."

- **Zu Ebene 2**: Hierzu muss eine Angabe erfolgen.

---

11 In Anlehnung an *Lüdenbach*, in: Lüdenbach/Hoffmann (Hrsg.), Haufe IFRS-Kommentar, 8. Aufl., Freiburg 2010, § 5 Rz. 32 ff.

BEISPIEL Selbsterstellte immaterielle Vermögensgegenstände bilanzieren wir nicht (→ § 248 Rz. 9).

▶ **Zu Ebene 3**: Auch hier muss eine Angabe erfolgen, die Frage ist allerdings in welcher Spezifizierung.

BEISPIEL „Das abnutzbare **Sach**anlagevermögen wird nach Maßgabe der einschlägigen steuerlichen Vorgaben für die Nutzungsdauer planmäßig und – soweit zulässig – degressiv abgeschrieben."

„Für erworbene **immaterielle** Anlagegüter sehen unsere Bilanzierungsrichtlinien lineare Abschreibungen auf der Grundlage der voraussichtlichen Nutzungsdauer vor."

Die vorstehende Erläuterung von **Sachanlage**vermögen (zu Ebene 3 in → Rz. 40) ist im Regelfall ausreichend. Jedem interessierten Leser steht das bilanzsteuerliche Regelwerk zur Verfügung. Er kann diesem die Nutzungsdauer von Gebäuden über 50 Jahre, die bestimmte Form der degressiven Abschreibung, die pro rata-Abschreibung im Zugangsjahr etc. entnehmen. 41

Anders kann es sich verhalten, wenn z. B. die Abschreibung auf einen Restwert kalibriert ist, wie z. B. bei Schiffen oder Flugzeugen (→ § 253 Rz. 94). Dann ist der angenommene Restwert anzugeben.

Weniger aussagekräftig ist die Erläuterung im vorstehenden Beispiel (zu Ebene 3 in → Rz. 40) zu den immateriellen Anlagegütern. Es fehlt an einer Darlegung der unterstellten Nutzungsdauern. Die in der Praxis häufig festzustellende Aussage „Nutzungsdauern zwischen drei und 15 Jahren" wären fast genauso gehaltlos. Deutlicher wäre: „Die Nutzungsdauer beträgt regelmäßig 15 Jahre, in wenigen Ausnahmefällen nur acht Jahre."

Unter Ebene 3 in → Rz. 35 fallen sodann die Fälle der Subsumtion eines Tatbestands unter eine abstrakte Rechtsnorm. 42

BEISPIEL

▶ Maschinenbauer M erwirbt systematisch Unternehmensbereiche von Konkurrenten im *asset deal*. Er könnte zur Bewertungsmethode (→ § 255 Rz. 126) wie folgt berichten:

„Die Gesamtkaufpreise für erworbene Unternehmen oder Unternehmensteile werden nach dem Verhältnis der den erworbenen Vermögensgegenständen zuzuordnenden Verkehrswerte aufgeteilt. Soweit der Gesamtkaufpreis diese Werte übersteigt, wird ein Geschäfts- oder Firmenwert angesetzt, im umgekehrten Fall erfolgt ein prozentualer Abschlag auf die für die einzelnen Vermögensgegenstände ermittelten Verkehrswerte."

▶ Ein Industrieunternehmen könnte zur Bewertung der Erzeugnisse (→ § 255 Rz. 86) ausführen:

„Die den einzelnen Produkten zuzuordnenden Fertiggemeinkosten werden auf der Grundlage einer 90 %igen Auslastung der Produktionsanlagen ermittelt."

Bei den unechten Wahlrechten – Ebene 3 in → Rz. 40 – geht es aber insbesondere um die vielen **Schätzungs**probleme bei zukunftsorientierten Bilanzposten und die damit verbundenen **Er-** 43

III. Einzelne Angaben

messensentscheidungen. Hier könnte in abgestufter Spezifizierung etwa wie folgt berichtet werden:

> **BEISPIEL** ▶ Die Holding AG erläutert die Bewertung des Beteiligungsbesitzes wie folgt:
> - ▶ (1) „Die Beteiligungen werden grundsätzlich zu Anschaffungskosten bewertet. Bei voraussichtlich dauernder Wertminderung erfolgt eine Abschreibung auf den niedrigeren beizulegenden Wert."
> - ▶ (2) „Wir testen zu jedem Bilanzstichtag die Werthaltigkeit unseres Beteiligungsportfolios auf der Grundlage eines *discounted cashflow*-Verfahrens."
> - ▶ (3) „Die dabei angewandte Modellierung ist wie folgt konstruiert ... ."
> - ▶ (4) Bei einem Zinsfuß von 9 % statt des angesetzten von 12 % hätte sich ein Abschreibungsbedarf auf den ausgewiesenen Betrag von X T€ ergeben.
> - ▶ Die Aussagekraft unter (1) und (2) tendiert gegen Null und sollte unterbleiben (→ Rz. 20). Dabei ist nicht ganz eindeutig erkennbar, ob „methodisch" vorübergehende Wertminderungen (als Wahlrecht) zur Abschreibung führen.
> - ▶ Bei der Aussage (3) wendet sich das Blatt ins Gegenteil; mit der Intensität der Darlegung des Modellaufbaus wächst der Informationsgehalt.
> - ▶ Die Aussage (4) enthält im Ansatz eine Sensitivitätsanalyse.

44 In der Rechnungslegungspraxis sind **Sensitivitätsanalysen** in Gestalt der Anhangangabe allenfalls bei Finanzinstituten zu finden. U. E. ist eine solche nur in besonderen Ausnahmefällen sinnvoll. Die Sensitivität müsste zur Erreichung einer wirklichen Aussagekraft multiparametrisch aufgezogen werden, was dann umfangreicher Erläuterungen bedürfte, die den Abschlussadressaten sehr schnell überfordern würden. Dies gilt insbesondere auch deshalb, weil bei fast allen Bilanzposten zukunftsbedingte Schätzungen in die Bewertung einfließen (müssen), deren Abhandlung im Einzelnen schon wegen der Informationsflut (→ Rz. 17) dem Informationsziel des Anhangs zuwiderliefen. Der Aussagegehalt einer solchen Vorgehensweise würde sich auf die Aussage reduzieren: „Der vorgestellte Jahresabschluss ist ein Ausfluss von vielseitigen ermessenabhängigen Schätzungen. Diese hätten bei anderer vertretbarer Ermessensausübung auch ganz anders ausfallen können. Deshalb hätte das Ergebnis statt mit der ausgewiesenen schwarzen Null auch durchaus rotgefärbt ermittelt werden können."

Demgegenüber kann die Änderung eines Bewertungsverfahrens – etwa von der *discounted cashflow*-Bewertung von Beteiligungen zu einer Multiplikatorbewertung – einen Methodenwechsel darstellen.

45 Im Konzernanhang der Siemens AG für 2008 heißt es:[12]

> „In bestimmten Fällen ist es notwendig, schätz- und prämissensensitive Bilanzierungsgrundsätze anzuwenden. Diese beinhalten komplexe und subjektive Bewertungen sowie Schätzungen, die auf Sachverhalten beruhen, die von Natur aus ungewiss sind und Veränderungen unterliegen können. Schätz- und prämissensensitive Bilanzierungsgrundsätze

---

[12] S. 142; der Hinweis erfolgt zum IFRS-Konzernabschluss, gilt aber gleichermaßen für die HGB-Rechnungslegung.

können sich im Zeitablauf verändern und die Darstellung der Vermögens-, Finanz- und Ertragslage der Gesellschaft erheblich beeinflussen. Außerdem können sie Annahmen enthalten, die die Unternehmensleitung in derselben Berichtsperiode aus gleichermaßen vernünftigen Gründen auch anders hätte treffen können. Die Unternehmensleitung weist darauf hin, dass zukünftige Ereignisse häufig von Prognosen abweichen und Schätzungen routinemäßige Anpassungen erfordern."

Eine solche Aussage ist im Anhang selten zu finden, wird vermutlich auch sehr zurückhaltend im Prüfungsbericht gem. § 321 Abs. 2 Satz 5 HGB – wenn überhaupt – formuliert. Dem steht die Erwartungshaltung des Abschluss- bzw. Berichtsadressaten gegenüber: Diese wollen wissen „was Sache ist". Mit Aussagen „unter der Annahme, dass … hätte auch …. Wenn umgekehrt …, dann wäre …" wollen sie nicht konfrontiert werden. Die unverändert gültige Erkenntnis von *Fritz Schmidt* über die „Dichtung" als Wesentlichkeitsmerkmal jeder kaufmännischen Rechnungslegung ist unopportun.

Als eher ernüchterndes Fazit der Berichterstattung über die „Methode" bleibt: 46

▶ Wer dem Mainstream der Berichterstattung folgen und nicht als schwarzes Schaf gebrandmarkt werden will, sollte dem **üblichen Gliederungsaufbau** folgen (→ Rz. 13) und die Methoden in einem eigenen ersten Berichtsteil aufführen, dabei allerdings Selbstverständlichkeiten (freiwillige Angaben) vermeiden (→ Rz. 20).

▶ Zulässig und im kleineren und mittleren Unternehmensbereich sehr sinnvoll ist u. E. die Angabe der Methode bei den **Bilanzerläuterungen** (→ Rz. 13). Dabei würden Wiederholungen vermieden und der vermutliche Druck zur Wiedergabe von Gesetzesbefehlen („Anschaffungskostenprinzip beachten!") vermindert werden.

1.2 Bilanzansatz

Nach der unter → Rz. 40 vorgeschlagenen **Berichtsebene 1** wäre eine Angabe – „Entgeltlich erworbene Geschäftswerte werden (zu Anschaffungskosten) aktiviert" – überflüssig, wenn nicht sogar unzulässig (→ Rz. 20). 47

Stattdessen kommen für die **Berichtsebene 2** (→ Rz. 40) u. a. folgende Angaben zu förmlichen Wahlrechten in Betracht:

▶ Disagio gem. § 250 HGB (→ § 250 Rz. 47).

▶ Selbsterstellte immaterielle Anlagegegenstände gem. § 248 Abs. 2 HGB (→ § 248 Rz. 9).

▶ Altzusagen und indirekte Verpflichtungen aus der betrieblichen Altersversorgung gem. Art. 28 EGHGB (→ § 249 Rz. 111).

▶ Beibehaltungswahlrecht für Aufwandsrückstellungen und steuerliche Sonderposten gem. Art. 67 Abs. 3 EGHGB (→ Art. 67 Rz. 16 und → Art. 67 Rz. 13).

Auf **Berichtsebene 3** (→ Rz. 40) können je nach Unternehmensstruktur und Geschäftsmodell die vielfältigsten **Subsumtions**-Wahlrechte zum Bilanzansatz als Angaben in Betracht kommen. 48

> **BEISPIEL**
>
> ▶ **Versandhandelsunternehmen**: „Der Bilanzansatz der Forderungen erfolgt mit der Auslieferung der Ware an die Spedition. Die nach Vergangenheitserfahrung anzunehmende Rückgabequote wird als Forderungskürzung gegen die Umsatzerlöse verrechnet."
>
> ▶ **Versandhandelsunternehmen**: „Der Bilanzansatz der Forderungen erfolgt nach Ablauf der Rückgabefrist."
>
> ▶ **Handelsvertreter**: „Der Anspruch auf die Verkaufsprovision wird nach Ausführung des Geschäfts aktiviert (→ § 249 Rz. 102). Die mögliche Rückbelastung bei Nichtzahlung der Endprämie durch den Kunden wird durch Wertberichtigungen zulasten des Aufwands berücksichtigt."
>
> ▶ **Straßenbauunternehmen**: „Die gewinnrealisierende Fakturierung erfolgt je nach Auftragsinhalt, sobald eine endgültige Teilabnahme eines Straßenstücks oder die Abnahme des gesamten Auftrags erfolgt ist."
>
> ▶ **Wirtschaftsprüfungsgesellschaft**: „Bei – auch sich wiederholenden – Einmalaufträgen im Prüfungs- und Beratungsbereich erfolgt die Fakturierung mit Gewinnrealisation im Zeitpunkt der Auslieferung des Gutachtens oder Berichts. Bei Dauerbeauftragung im Beratungsbereich erfolgt die Fakturierung vierteljährlich auf der Grundlage der aufgelaufenen Arbeitsstunden oder bei Pauschalabrechnung im monatlichen Turnus."
>
> ▶ **Einzelhandelsfilialist**: „Die Rückbauverpflichtung für Ladenumbauten wird erstmals nach Eröffnung der Filiale als Rückstellung angesetzt und nach Länge des Mietvertrags zeitanteilig erhöht."
>
> ▶ **Branchenübergreifend**: „Verpflichtungen aus Sozialplänen werden zurückgestellt, sobald das Vorhaben öffentlich gemacht ist (→ § 249 Rz. 15)."
>
> ▶ **Großhändler**: „Rückstellungen für Ausgleichsansprüche der Handelsvertreter werden bei Beendigung des Vertrags angesetzt (→ § 249 Rz. 101), soweit nicht eine Überwälzung des Betrags auf einen Nachfolger möglich ist."

1.3 Bewertung

49 Als weiteres Beispiel für unsinnige und u. E. unzulässige (→ Rz. 20) Angaben der **Ebene 1** (→ Rz. 40) möge folgender Satz dienen: „Ausfallrisiken bei Kundenforderungen werden durch Wertberichtigungen berücksichtigt."

Auf **Ebene 2** (→ Rz. 40) kommen folgende förmliche Wahlrechte als Angabesubstrat in Betracht:

▶ **Festbewertungen** gem. § 240 Abs. 3 HGB (→ § 240 Rz. 23), allerdings in aller Regel unwesentlich und deshalb nicht anzugeben (→ Rz. 30).

▶ Abschreibungen auf **Finanzanlagen** bei vorübergehender Wertminderung gem. § 253 Abs. 3 Satz 4 HGB (→ § 253 Rz. 127).

▶ **Gruppenbewertungen** gem. § 240 Abs. 4 HGB (→ § 240 Rz. 34), aber nur bei wesentlichen Posten (→ Rz. 30).

- Einbeziehung von allgemeinen **Verwaltungskosten** etc. in die Herstellungskosten gem. § 255 Abs. 3 Satz 3 HGB (→ § 255 Rz. 87).
- Einbeziehung von **Fremdkapitalzinsen** in die Herstellungskosten gem. § 255 Abs. 3 HGB (→ § 255 Rz. 92).
- Bewertung des Vorratsvermögens nach einem **Verbrauchsfolgeverfahren** gem. § 256 HGB (→ § 256 Rz. 5).
- **Nichtauflösung** von Rückstellungen bei niedrigerer Bewertung nach BilMoG gem. Art. 67 Abs. 1 Satz 4 EGHGB (→ Art. 67 Rz. 7).

Auf **Ebene 3** in → Rz. 40 stellt sich insbesondere die Frage nach dem **Grad** der Spezifizierung. Beispiele sind bereits unter → Rz. 43 dargelegt. Hier sind einzelfallabhängige Entscheidungen erforderlich, für die ein allgemeingültiger Maßstab nicht verfügbar ist. Auch der Hinweis auf das Einblicksgebot in die „Lage" gem. § 264 Abs. 2 Satz 2 HGB ist im konkreten Fall wenig hilfreich. Das kaufmännische **Ermessen** ist hier besonders gefragt, insbesondere wenn dieses über die **Berichterstattung** zu Ermessensentscheidungen entscheiden muss. Die folgenden Formulierungen belegen ein sinnvolles „Mittelmaß" der Detaillierung (→ Rz. 48):

50

BEISPIEL

- „Wertpapiere des Anlagevermögens werden außerplanmäßig abgeschrieben, wenn die dauernde Wertminderung durch einen 12-monatigen Börsenkurs unter dem Buchwert belegt ist." (→ § 253 Rz. 128)
- „Abschreibungen auf Wertpapiere mit beschränkter Laufzeit werden nur bei wesentlicher Bonitätsverschlechterung des Schuldners vorgenommen." (→ § 253 Rz. 127)
- „Außerplanmäßige Abschreibungen auf Produktionsanlagen mit Gebäude erfolgen bei Stilllegung." (→ § 253 Rz. 117)
- „Die Nutzungsdauer der Flugzeugtriebwerke wird mit 20 Jahren angenommen." (→ § 253 Rz. 88)
- „Langfristige Rückstellungen außerhalb des Bereichs der betrieblichen Altersversorgung werden auf der Grundlage einer Inflationsrate von 2 % bewertet." (→ § 253 Rz. 31)
- „Beim Niederstwerttest für Produkte und Handelswaren werden noch anfallende Verkaufskosten einschließlich der Gemeinkosten (→ § 253 Rz. 149) berücksichtigt."
- „Bei der Bewertung von Einzelfallrückstellungen berücksichtigen wir weitestmöglich die Begutachtung durch externe Sachverständige." (→ § 253 Rz. 34)
- „Den Erwartungswert für die Rückbauverpflichtung von Funkmasten ermitteln wir unter Annahme einer Preissteigerung von 2 % p. a. und eines Zinssatzes von 5 %." (→ § 253 Rz. 81)
- „Die Pensionsrückstellung ist nach dem modifizierten Teilwertverfahren mit dem vorgegebenen Zinsfuß von X % bewertet." (→ § 253 Rz. 56 ff.)
- „Bei den Ersatzteilen wird das Lagerrisiko durch Reichweitenabschläge (→ § 253 Rz. 153) berücksichtigt."

> „Drohverlustrückstellungen sind unter Einbeziehung der zuzurechnenden Gemeinkosten bewertet." (→ § 253 Rz. 38)

2. Währungsumrechnung (Abs. 2 Nr. 2)

51 Die Währungsumrechnung im Einzelabschluss hat durch das BilMoG eine spezielle Regelung in § 256a HGB erfahren. Das erübrigt die zuvor übliche und sinnvolle Darlegung der Umrechnungsmethoden, soweit diese gesetzlich vorgegeben sind. Nur die offengelassenen Verfahren sind dem Grunde nach angabepflichtig, d. h. Verwendung von monatlichen oder vierteljährlichen **Durchschnittskursen** (→ § 256a Rz. 6).

Für **längerfristige** Bilanzposten ist die Währungsumrechnung nach Maßgabe des Realisations- und Niederstwertprinzips vorzunehmen (→ § 256a Rz. 12). Einer Anhangangabe bedarf es diesbezüglich u. E. nicht; sie liefe – einmal mehr (→ Rz. 16) – auf die Aussage hinaus: „Wir haben bei der Währungsumrechnung gesetzesmäßig gehandelt."

In **vielen Fällen** – insbesondere mittelständischer Strukturen – wird die Angabe genügen: „Als Umrechnungskurs für Fremdwährungen verwenden wir den Monatsdurchschnitt." Bei umfangreicheren Fremdwährungsgeschäften gehört u. E. auch die **Absicherungstechnik** (→ § 254 Rz. 17) zur Bewertungsmethode mit Angabepflicht (→ § 285 Rz. 149).

In **Sonderfällen** bedarf es zusätzlicher Angaben, z. B. bei Geschäften in stark schwankenden Währungen.

3. Abweichungen von den Bilanzierungs- und Bewertungsmethoden (Abs. 2 Nr. 3)

3.1 Angabepflichtige Vorgänge

52 Von den Methoden (→ Rz. 40 und → § 252 Rz. 168 ff.) der Bilanzierung (→ Rz. 47) und Bewertung (→ Rz. 49) darf nur in begründeten Ausnahmefällen abgewichen werden. Das Schrifttum stellt reichlich Ausnahmefälle zur Diskussion, weshalb das Gebot zur Beibehaltung der Bilanzierungs- (→ § 246 Rz. 293) und Bewertungsmethoden (→ § 252 Rz. 178) eher einem legalen Papiertiger gleicht als eine ernsthafte Einschränkung bilanzpolitischen Gestaltungspotenzials gewährleistet. So gesehen kommt der Angabepflicht nach Abs. 2 Nr. 3 eine Art Auffangfunktion zu: Bilanzpolitisches Gestaltungspotenzial soll – wenigstens in der Perspektive von Standardsettern und Kommentierungen – kaum eingeschränkt werden, wenn nur darüber **berichtet** wird (→ Rz. 8).

53 Die gesetzlichen Vorgaben sind dabei:
- **Angabe** und **Begründung** (→ Rz. 54) der Methodenabweichung,
- **Darstellung** (→ Rz. 21) des Einflusses der Änderung auf die wirtschaftliche „Lage" gem. § 264 Abs. 2 Satz 1 HGB sowie
- Aussetzung der Angabepflicht im Übergangsjahr zum BilMoG gem. Art. 67 Abs. 8 Satz 1 EGHGB (→ Art. 67 Rz. 42).

Die **Begründung** korrespondiert mit der Voraussetzung für die Methodenabweichung überhaupt in § 252 Abs. 2 HGB: „**Begründete**" Ausnahmefälle. Auf die Kommentierung in → § 252 Rz. 178 und in → § 246 Rz. 294 wird hierzu nochmals verwiesen, ebenso auf die dortigen Beispiele zur Bewertung und diejenige zum Bilanzansatz.

54

Zur Illustration folgende Beispielsfälle mit Ergänzungen unter → Rz. 58:

BEISPIELE

- ▶ Wir haben im vorliegenden Abschluss erstmals im Interesse einer verbesserten Einsicht in die Vermögenslage die untergedeckten Verpflichtungen aus Zusagen vor 1987 für Altersversorgung passiviert (→ § 249 Rz. 111).
- ▶ Die Dividenden aus unseren Tochtergesellschaften haben wir nach Erfüllung der einschlägigen Ansatzvorschriften (→ § 252 Rz. 75) erstmals periodengleich vereinnahmt, weil dies die effektiven Verhältnisse unseres Geschäftsmodells als Holdinggesellschaft besser wiedergibt (→ Rz. 59).
- ▶ Fremdkapitalzinsen auf die Herstellungsvorgänge des Sachanlagevermögens sind in diesem Jahresabschluss wegen der besonders langen Fertigungsdauer erstmals aktiviert (→ § 255 Rz. 92).
- ▶ Für den Teilwertansatz der Pensionsverpflichtungen ist zur Anpassung an die Branchensituation ein Gehaltstrend von 1,5 % (i.V. 3 %) verwendet worden (→ § 253 Rz. 54).
- ▶ Bei der Bewertung des Ersatzteillagers haben wir die Abschreibungen auf den niedrigeren beizulegenden Wert statt nach dem Altersaufbau nach der Lagerreichweite errechnet (→ § 253 Rz. 153).
- ▶ Materialbezüge mit hohem Preissteigerungstrend sind im Interesse der steuerlichen Optimierung erstmals nach dem LiFo-Verfahren (→ § 256 Rz. 18) gegenüber der (bisher) angewandten Durchschnittsmethode bewertet (spezielle Angabepflicht nach Abs. 2 Nr. 4, → Rz. 60).

Methodenänderungen sind nicht zu verwechseln mit Anpassungen von (insbesondere) Bewertungsmethoden auf geänderte **ökonomische Umweltfaktoren** des Unternehmens (→ § 252 Rz. 176). Ebenso wenig fallen u. E. **Ermessensentscheidungen** unter das Stetigkeitsgebot.

55

BEISPIEL Der Komponentenhersteller K ist indirekt von einem Produkthaftpflichtfall eines Automobilherstellers betroffen, für den er möglicherweise fehlerhafte Teile hergestellt hat. Die Rechtslage ist am Bilanzstichtag 01 verworren. Die Anwälte können sich „unverbindlich" Inanspruchnahmen zwischen 10 Mio € und 70 Mio € vorstellen. K setzt im Abschluss für 01 einen Betrag von 40 Mio € als „Mittelwert" an. Bis zum Stichtag 02 entspannt sich die Situation, da keine US-amerikanische Sammelklagen mehr zu befürchten sind. Die Anwälte reduzieren ihre Schätzung auf 10 Mio € bis 30 Mio €. Deshalb bewertet K im Abschluss 02 die Verpflichtung wieder mit dem „Mittelwert" i. H. von 20 Mio €. Eine Methodenänderung ist damit nicht verbunden.

Bei Ermessensentscheidungen und **Schätzungen** im Rahmen der Bilanzierung kann man in formaler Betrachtung durchaus einer Methode folgen, z. B. im Rahmen von Szenariotechniken

56

oder unter Anwendung des Delphi-Verfahrens. U. E. kommt eine Subsumierung unter den Inhalten von „Methode" bei der Schätzung **singulärer** Sachverhalte schon deshalb nicht in Betracht, weil dann sinnvollerweise über Sensitivitäten zu berichten wäre, die schon in einfachen Strukturierungen die Aufnahmefähigkeit der Bilanzadressaten überfordern würde (→ Rz. 44).

57 Anders kann es sich u. E. bei **sachverhaltsgestaltender** Bilanzpolitik verhalten. Eine solche Maßnahme sieht der Gesetzgeber (auch) als „Methode" an (§ 321 Abs. 2 Satz 4 HGB). In solchen Fällen wird **bewusst** auf die Darstellung der „Lage" i. S. des § 264 Abs. 2 Satz 2 HGB **eingewirkt** und diese nicht (nur) unter Ermessensausübung wiedergegeben. Bei Wesentlichkeit machen deshalb u. E. Sachverhaltsgestaltungen eine Angabepflicht entweder nach § 284 Abs. 2 Nr. 3 HGB oder gem. § 264 Abs. 2 Satz 2 HGB (→ § 264 Rz. 14) erforderlich.

> **BEISPIEL**
>
> ▶ Die G-Großhandels-GmbH stellt die Forderungsfinanzierung von der stillen Zession auf Factoring mit Übergang der wirtschaftlichen Inhaberschaft der Forderungen auf den Faktor um.
>
> ▶ Die Einzelhandelsfilialkette A verkauft und mietet ihren gesamten Grundstücksbesitz in bester Innenstadtlage (*sale and lease back*-Gestaltung) zurück. Das wirtschaftliche Eigentum geht auf den Leasinggeber über (→ § 246 Rz. 190).

3.2 Einfluss auf die „Lage"

58 Die Sachverhalte im Beispiel unter → Rz. 57 führen unmittelbar zur Frage nach der Interpretation von „**Darstellung**" der Einflüsse auf die „Lage" i. S. des § 264 Abs. 1 Satz 1 HGB (→ § 264 Rz. 14 ff.). U. E. bedarf eine solche „Darstellung" einer **Quantifizierung**, weil Erstere (die „Lage") ebenfalls durch Quantitäten zum Ausdruck gebracht wird.[13] Die **Wesentlichkeit** stellt dabei kein Beurteilungskriterium dar, weil sie generell die Anhangangaben unter Vorbehalt stellt (→ Rz. 28).

U. E. sind die Angaben im Beispiel unter → Rz. 57 wie folgt zu ergänzen:

> **BEISPIEL**
>
> ▶ Die Umstellung der Forderungsfinanzierung hat einen Rückgang des Forderungsausweises und der bislang benötigten Bankkredite um ca. X Mio € bewirkt.
>
> ▶ Das *sale and lease back*-Geschäft hat zu einem erhöhten Eigenkapitalausweis infolge der Realisierung eines steuerneutralen Buchgewinns von X Mio € geführt. Gleichzeitig sind unsere Bankverbindlichkeiten um X Mio € zurückgegangen. Der zusätzliche jährliche Mietaufwand beläuft sich auf 7 Mio € p. a. in den nächsten 15 Jahren ohne Berücksichtigung einer vertraglichen Gleitklausel.

---

13 Im Schrifttum strittig und häufig nicht sehr eindeutig formuliert. **Für** Quantifizierung z. B. *Lange*, in: Münchner Kommentar HGB, 2. Aufl., § 284 Tz. 82; *ADS*, 6. Aufl., § 284 Tz. 147; IDW HFA 3/97 („bei nicht unerheblichen Auswirkungen"); *Hüttemann*, in: Ulmer (Hrsg.), HGB-Bilanzrecht 2002, § 284 Tz. 59. **Gegen** Quantifizierung *Ellrott*, in: Beck'scher Bilanz-Kommentar, 7. Aufl., München 2010, § 284 Tz. 170. **Zurückhaltend** *Oser/Holzwarth*, in: Küting/Pfitzer/Weber (Hrsg.), Handbuch der Rechnungslegung – Einzelabschluss, 5. Aufl., §§ 284 bis 288 Tz. 127: bei Wesentlichkeit.

Auch andere Sachverhalte sind mit **quantifizierenden** Angaben[14] darzustellen. Auf die Beispiele unter → Rz. 54 wird verwiesen. Als Musterfall mag die phasengleiche Vereinnahmung der Dividenden von Tochtergesellschaften der Holding gelten. Die dort zitierte Anhangangabe wäre wie folgt weiterzuführen:

> **BEISPIEL** „Durch diese Umstellung der zeitlichen Vereinnahmung von Dividenden hat sich das Ergebnis vor Steuern um X Mio € verbessert."

4. Ausweis der Bewertungs-Unterschiedsbeträge (Abs. 2 Nr. 4)

Angesprochen sind das

- Durchschnittsbewertungsverfahren gem. § 240 Abs. 4 HGB und das
- Verbrauchsfolgeverfahren gem. § 256 HGB.

Die **Durchschnittsbewertung** i. S. des § 240 Abs. 4 HGB ist wenigstens bei ordnungsmäßiger Bestandsführung des Vorratsvermögens gängige Praxis, da systematisch und praktisch nicht zwischen „gleich" und „gleichartig" getrennt werden kann (→ § 240 Rz. 34).

Mit dem **Verbrauchsfolgeverfahren** sind unterstellte Verfahrensweisen in der zeitlichen Abfolge des Verbrauchs von Vorratsvermögen angesprochen (→ § 256 Rz. 18).

Die **Angabepflicht** setzt voraus:

- Anwendung einer der beiden unter → Rz. 60 genannten Verfahrensweisen zur Ermittlung der Anschaffungs- oder Herstellungskosten,
- Vorliegen eines Börsen- oder Marktpreises sowie
- Erheblichkeit des Unterschieds zwischen diesem Preis und dem Bilanzansatz.

Die **Rechtsfolge** besteht in der Angabe der Unterschiedsbeträge „je Gruppe" – u. E. entweder die Durchschnitts- oder die Verbrauchsfolgebewertung. Die praktische Bedeutung der Angabepflicht ist eingeschränkt, weil

- häufig ein Börsenkurs oder Marktpreis am Bilanzstichtag **nicht bekannt ist** und wenn doch
- der Unterschied „**erheblich**" sein muss (→ § 252 Rz. 183).

Kleine Kapital- und Kap. & Co.-Gesellschaften (→ § 267 Rz. 12) sind nach § 288 HGB von dieser Angabepflicht befreit (→ § 288 Rz. 1).

5. Einbeziehung von Fremdkapitalzinsen in die Herstellungskosten (Abs. 2 Nr. 5)

Zum Tatbestand und Anwendungsbereich der Einbeziehung von Fremdkapitalzinsen in die Herstellungskosten gem. § 255 Abs. 9 HGB wird auf → § 255 Rz. 92 ff. verwiesen. Die Angabepflicht bezieht sich auf eine Bewertungsmethode und wird deshalb bereits von Abs. 2 Nr. 1

---

14 „Zumindest die Größenordnung" – so IDW ERS HFA 38.29.

(→ Rz. 49) erfasst. Der sachliche Anwendungsbereich bezieht sich auf **Anlage**gegenstände – auch immaterielle – und **Vorrats**vermögen.

Quantifizierungen sind nicht erforderlich,[15] anders beim **Wechsel** der Bewertungsmethode (→ Rz. 58).

Das Wahlrecht muss nicht generell für **alle** in Frage kommenden Vermögensgegenstände ausgeübt werden. Zulässig ist z. B. eine Beschränkung auf das Vorratsvermögen und hier wiederum auf die Erzeugnisse. Die Anhangangabe kann dann lauten: „Die Wertermittlung der Erzeugnisse (alternativ: Sachanlagen) umfasst auch die im Herstellungszeitraum auf deren Finanzierung angefallenen Fremdkapitalzinsen."

---

15 A. A. *ADS*, 6. Aufl., § 284 Tz. 156, „wenn der aktivierte Betrag von außergewöhnlicher Bedeutung ist"; wie hier *Ellrott*, in: Beck'scher Bilanz-Kommentar, 7. Aufl., München 2010, § 284 Tz. 190.

§ 285 Sonstige Pflichtangaben

Ferner sind im Anhang anzugeben:

1. zu den in der Bilanz ausgewiesenen Verbindlichkeiten

    a. der Gesamtbetrag der Verbindlichkeiten mit einer Restlaufzeit von mehr als fünf Jahren,

    b. der Gesamtbetrag der Verbindlichkeiten, die durch Pfandrechte oder ähnliche Rechte gesichert sind, unter Angabe von Art und Form der Sicherheiten;

2. die Aufgliederung der in Nummer 1 verlangten Angaben für jeden Posten der Verbindlichkeiten nach dem vorgeschriebenen Gliederungsschema;

3. Art und Zweck sowie Risiken und Vorteile von nicht in der Bilanz enthaltenen Geschäften, soweit dies für die Beurteilung der Finanzlage notwendig ist;

3a. der Gesamtbetrag der sonstigen finanziellen Verpflichtungen, die nicht in der Bilanz enthalten und nicht nach § 251 oder Nummer 3 anzugeben sind, sofern diese Angabe für die Beurteilung der Finanzlage von Bedeutung ist; davon sind Verpflichtungen gegenüber verbundenen Unternehmen gesondert anzugeben;

4. die Aufgliederung der Umsatzerlöse nach Tätigkeitsbereichen sowie nach geographisch bestimmten Märkten, soweit sich, unter Berücksichtigung der Organisation des Verkaufs von für die gewöhnliche Geschäftstätigkeit der Kapitalgesellschaft typischen Erzeugnissen und der für die gewöhnliche Geschäftstätigkeit der Kapitalgesellschaft typischen Dienstleistungen, die Tätigkeitsbereiche und geographisch bestimmten Märkte untereinander erheblich unterscheiden;

5. (weggefallen)

6. in welchem Umfang die Steuern vom Einkommen und vom Ertrag das Ergebnis der gewöhnlichen Geschäftstätigkeit und das außerordentliche Ergebnis belasten;

7. die durchschnittliche Zahl der während des Geschäftsjahrs beschäftigten Arbeitnehmer getrennt nach Gruppen;

8. bei Anwendung des Umsatzkostenverfahrens (§ 275 Abs. 3)

    a. der Materialaufwand des Geschäftsjahrs, gegliedert nach § 275 Abs. 2 Nr. 5,

    b. der Personalaufwand des Geschäftsjahrs, gegliedert nach § 275 Abs. 2 Nr. 6;

9. für die Mitglieder des Geschäftsführungsorgans, eines Aufsichtsrats, eines Beirats oder einer ähnlichen Einrichtung jeweils für jede Personengruppe

    a. die für die Tätigkeit im Geschäftsjahr gewährten Gesamtbezüge (Gehälter, Gewinnbeteiligungen, Bezugsrechte und sonstige aktienbasierte Vergütungen, Aufwandsentschädigungen, Versicherungsentgelte, Provisionen und Nebenleistungen jeder Art). ²In die Gesamtbezüge sind auch Bezüge einzurechnen, die nicht ausgezahlt, sondern in Ansprüche anderer Art umgewandelt oder zur Erhöhung anderer Ansprüche verwendet werden. ³Außer den Bezügen für das Geschäftsjahr sind die weiteren Bezüge anzugeben, die im Geschäftsjahr gewährt, bisher aber in keinem Jahresabschluss angegeben worden sind. ⁴Bezugsrechte und sonstige aktienbasierte Vergütungen sind mit ihrer Anzahl und dem beizulegenden Zeitwert zum Zeitpunkt ihrer Gewährung anzugeben; spätere Wertveränderungen, die auf einer Änderung der Ausübungsbedingungen beruhen, sind zu berücksichtigen. ⁵Bei einer börsennotierten Aktiengesellschaft sind zusätzlich unter Namensnennung die Bezüge jedes einzelnen Vorstandsmitglieds, aufgeteilt nach erfolgsunabhängigen und erfolgsbezogenen Komponenten sowie Komponenten mit langfristiger Anreizwirkung, gesondert anzugeben. ⁶Dies gilt auch für:

aa) Leistungen, die dem Vorstandsmitglied für den Fall einer vorzeitigen Beendigung seiner Tätigkeit zugesagt worden sind;

bb) Leistungen, die dem Vorstandsmitglied für den Fall der regulären Beendigung seiner Tätigkeit zugesagt worden sind, mit ihrem Barwert, sowie den von der Gesellschaft während des Geschäftsjahrs hierfür aufgewandten oder zurückgestellten Betrag;

cc) während des Geschäftsjahrs vereinbarte Änderungen dieser Zusagen;

dd) Leistungen, die einem früheren Vorstandsmitglied, das seine Tätigkeit im Laufe des Geschäftsjahrs beendet hat, in diesem Zusammenhang zugesagt und im Laufe des Geschäftsjahrs gewährt worden sind.

⁷Leistungen, die dem einzelnen Vorstandsmitglied von einem Dritten im Hinblick auf seine Tätigkeit als Vorstandsmitglied zugesagt oder im Geschäftsjahr gewährt worden sind, sind ebenfalls anzugeben. ⁸Enthält der Jahresabschluss weitergehende Angaben zu bestimmten Bezügen, sind auch diese zusätzlich einzeln anzugeben;

b. die Gesamtbezüge (Abfindungen, Ruhegehälter, Hinterbliebenenbezüge und Leistungen verwandter Art) der früheren Mitglieder der bezeichneten Organe und ihrer Hinterbliebenen. ²Buchstabe a Satz 2 und 3 ist entsprechend anzuwenden. ³Ferner ist der Betrag der für diese Personengruppe gebildeten Rückstellungen für laufende Pensionen und Anwartschaften auf Pensionen und der Betrag der für diese Verpflichtungen nicht gebildeten Rückstellungen anzugeben;

c. die gewährten Vorschüsse und Kredite unter Angabe der Zinssätze, der wesentlichen Bedingungen und der gegebenenfalls im Geschäftsjahr zurückgezahlten Beträge sowie die zugunsten dieser Personen eingegangenen Haftungsverhältnisse;

10. alle Mitglieder des Geschäftsführungsorgans und eines Aufsichtsrats, auch wenn sie im Geschäftsjahr oder später ausgeschieden sind, mit dem Familiennamen und mindestens einem ausgeschriebenen Vornamen, einschließlich des ausgeübten Berufs und bei börsennotierten Gesellschaften auch der Mitgliedschaft in Aufsichtsräten und anderen Kontrollgremien im Sinne des § 125 Abs. 1 Satz 5 des Aktiengesetzes. ²Der Vorsitzende eines Aufsichtsrats, seine Stellvertreter und ein etwaiger Vorsitzender des Geschäftsführungsorgans sind als solche zu bezeichnen;

11. Name und Sitz anderer Unternehmen, von denen die Kapitalgesellschaft oder eine für Rechnung der Kapitalgesellschaft handelnde Person mindestens den fünften Teil der Anteile besitzt; außerdem sind die Höhe des Anteils am Kapital, das Eigenkapital und das Ergebnis des letzten Geschäftsjahrs dieser Unternehmen anzugeben, für das ein Jahresabschluss vorliegt; auf die Berechnung der Anteile ist § 16 Abs. 2 und 4 des Aktiengeset-

zes entsprechend anzuwenden; ferner sind von börsennotierten Kapitalgesellschaften zusätzlich alle Beteiligungen an großen Kapitalgesellschaften anzugeben, die fünf vom Hundert der Stimmrechte überschreiten;

11a. Name, Sitz und Rechtsform der Unternehmen, deren unbeschränkt haftender Gesellschafter die Kapitalgesellschaft ist;

12. Rückstellungen, die in der Bilanz unter dem Posten „sonstige Rückstellungen" nicht gesondert ausgewiesen werden, sind zu erläutern, wenn sie einen nicht unerheblichen Umfang haben;

13. die Gründe, welche die Annahme einer betrieblichen Nutzungsdauer eines entgeltlich erworbenen Geschäfts- oder Firmenwertes von mehr als fünf Jahren rechtfertigen;

14. Name und Sitz des Mutterunternehmens der Kapitalgesellschaft, das den Konzernabschluss für den größten Kreis von Unternehmen aufstellt, und ihres Mutterunternehmens, das den Konzernabschluss für den kleinsten Kreis von Unternehmen aufstellt, sowie im Falle der Offenlegung der von diesen Mutterunternehmen aufgestellten Konzernabschlüsse der Ort, wo diese erhältlich sind;

15. soweit es sich um den Anhang des Jahresabschlusses einer Personenhandelsgesellschaft im Sinne des § 264a Abs. 1 handelt, Name und Sitz der Gesellschaften, die persönlich haftende Gesellschafter sind, sowie deren gezeichnetes Kapital;

16. dass die nach § 161 des Aktiengesetzes vorgeschriebene Erklärung abgegeben und wo sie öffentlich zugänglich gemacht worden ist;

17. das von dem Abschlussprüfer für das Geschäftsjahr berechnete Gesamthonorar, aufgeschlüsselt in das Honorar für

   a. die Abschlussprüfungsleistungen,

   b. andere Bestätigungsleistungen,

   c. Steuerberatungsleistungen,

   d. sonstige Leistungen,

   die Angaben nicht in einem das Unternehmen einbeziehenden Konzernabschluss enthalten sind;

18. für zu den Finanzanlagen (§ 266 Abs. 2. A. III.) gehörende Finanzinstrumente, die über ihrem beizulegenden Zeitwert ausgewiesen werden, da eine außerplanmäßige Abschreibung nach § 253 Abs. 3 Satz 4 unterblieben ist,

   a. der Buchwert und der beizulegende Zeitwert der einzelnen Vermögensgegenstände oder angemessener Gruppierungen sowie

   b. die Gründe für das Unterlassen der Abschreibung einschließlich der Anhaltspunkte, die darauf hindeuten, dass die Wertminderung voraussichtlich nicht von Dauer ist;

19. für jede Kategorie nicht zum beizulegenden Zeitwert bilanzierter derivativer Finanzinstrumente

   a. deren Art und Umfang,

b. deren beizulegender Zeitwert, soweit er sich nach § 255 Abs. 4 verlässlich ermitteln lässt, unter Angabe der angewandten Bewertungsmethode,

c. deren Buchwert und der Bilanzposten, in welchem der Buchwert, soweit vorhanden, erfasst ist, sowie

d. die Gründe dafür, warum der beizulegende Zeitwert nicht bestimmt werden kann;

20. für gemäß § 340e Abs. 3 Satz 1 mit dem beizulegenden Zeitwert bewertete Finanzinstrumente

    a. die grundlegenden Annahmen, die der Bestimmung des beizulegenden Zeitwertes mit Hilfe allgemein anerkannter Bewertungsmethoden zugrunde gelegt wurden, sowie

    b. Umfang und Art jeder Kategorie derivativer Finanzinstrumente einschließlich der wesentlichen Bedingungen, welche die Höhe, den Zeitpunkt und die Sicherheit künftiger Zahlungsströme beeinflussen können;

21. zumindest die nicht zu marktüblichen Bedingungen zustande gekommenen Geschäfte, soweit sie wesentlich sind, mit nahe stehenden Unternehmen und Personen, einschließlich Angaben zur Art der Beziehung, zum Wert der Geschäfte sowie weiterer Angaben, die für die Beurteilung der Finanzlage notwendig sind; ausgenommen sind Geschäfte mit und zwischen mittel- oder unmittelbar in 100-prozentigem Anteilsbesitz stehenden in einen Konzernabschluss einbezogenen Unternehmen; Angaben über Geschäfte können nach Geschäftsarten zusammengefasst werden, sofern die getrennte Angabe für die Beurteilung der Auswirkungen auf die Finanzlage nicht notwendig ist;

22. im Fall der Aktivierung nach § 248 Abs. 2 der Gesamtbetrag der Forschungs- und Entwicklungskosten des Geschäftsjahres sowie der davon auf die selbst geschaffenen immateriellen Vermögensgegenstände des Anlagevermögens entfallende Betrag;

23. bei Anwendung des § 254,

    a. mit welchem Betrag jeweils Vermögensgegenstände, Schulden, schwebende Geschäfte und mit hoher Wahrscheinlichkeit erwartete Transaktionen zur Absicherung welcher Risiken in welche Arten von Bewertungseinheiten einbezogen sind sowie die Höhe der mit Bewertungseinheiten abgesicherten Risiken,

    b. für die jeweils abgesicherten Risiken, warum, in welchem Umfang und für welchen Zeitraum sich die gegenläufigen Wertänderungen oder Zahlungsströme künftig voraussichtlich ausgleichen einschließlich der Methode der Ermittlung,

    c. eine Erläuterung der mit hoher Wahrscheinlichkeit erwarteten Transaktionen, die in Bewertungseinheiten einbezogen wurden,

    soweit die Angaben nicht im Lagebericht gemacht werden;

24. zu den Rückstellungen für Pensionen und ähnliche Verpflichtungen das angewandte versicherungsmathematische Berechnungsverfahren sowie die grundlegenden Annahmen der Berechnung, wie Zinssatz, erwartete Lohn- und Gehaltssteigerungen und zugrunde gelegte Sterbetafeln;

25. im Fall der Verrechnung von Vermögensgegenständen und Schulden nach § 246 Abs. 2 Satz 2 die Anschaffungskosten und der beizulegende Zeitwert der verrechneten Vermögensgegenstände, der Erfüllungsbetrag der verrechneten Schulden sowie die verrechneten Aufwendungen und Erträge; Nummer 20 Buchstabe a ist entsprechend anzuwenden;

26. zu Anteilen oder Anlageaktien an inländischen Investmentvermögen im Sinn des § 1 des Investmentgesetzes oder vergleichbaren ausländischen Investmentanteilen im Sinn des § 2 Abs. 9 des Investmentgesetzes von mehr als dem zehnten Teil, aufgegliedert nach Anlagezielen, deren Wert im Sinn des § 36 des Investmentgesetzes oder vergleichbarer ausländischer Vorschriften über die Ermittlung des Marktwertes, die Differenz zum Buchwert und die für das Geschäftsjahr erfolgte Ausschüttung sowie Beschränkungen in der Möglichkeit der täglichen Rückgabe; darüber hinaus die Gründe dafür, dass eine Abschreibung gemäß § 253 Abs. 3 Satz 4 unterblieben ist, einschließlich der Anhaltspunkte, die darauf hindeuten, dass die Wertminderung voraussichtlich nicht von Dauer ist; Nummer 18 ist insoweit nicht anzuwenden;

27. für nach § 251 unter der Bilanz oder nach § 268 Abs. 7 Halbsatz 1 im Anhang ausgewiesene Verbindlichkeiten und Haftungsverhältnisse die Gründe der Einschätzung des Risikos der Inanspruchnahme;

28. der Gesamtbetrag der Beträge im Sinn des § 268 Abs. 8, aufgegliedert in Beträge aus der Aktivierung selbst geschaffener immaterieller Vermögensgegenstände des Anlagevermögens, Beträge aus der Aktivierung latenter Steuern und aus der Aktivierung von Vermögensgegenständen zum beizulegenden Zeitwert;

29. auf welchen Differenzen oder steuerlichen Verlustvorträgen die latenten Steuern beruhen und mit welchen Steuersätzen die Bewertung erfolgt ist.

Inhaltsübersicht

	Rz.
I. Überblick	1
II. Angaben zu Verbindlichkeiten (Nr. 1 und 2)	2 - 9
1. Äußere Darstellung	2 - 3
2. Restlaufzeit	4
3. Sicherheiten	5 - 7
4. Aufgliederung	8 - 9
III. Außerbilanzielle Geschäfte (Nr. 3)	10 - 26
1. *Off balance*-Gestaltungen	10
2. Verhältnis zur Angabepflicht für sonstige finanzielle Verpflichtungen	10a - 10b
2.1 Bedeutung der Abgrenzung (Rechtsfolgen)	10a
2.2 Gemeinsamkeiten und Unterschiede der Angabepflichten (Tatbestand)	10b
3. Umfang der Angabepflicht	11 - 12
4. Größenabhängige Erleichterungen	13
5. Finanzielle Verpflichtungen (Nr. 3a)	14 - 26
5.1 Wesentlichkeitsaspekt	14
5.2 Abgrenzung zu den Haftungsverpflichtungen	15 - 16
5.3 Beschränkung auf finanzielle Verpflichtungen	17 - 22
5.4 Der Angabeinhalt	23 - 24
5.5 Sonderausweis bei Unternehmensverbund	25
5.6 Befreiung	26

IV. Aufgliederung der Umsatzerlöse (Nr. 4)	27 - 31
V. Ertragsteuerspaltung (Nr. 6)	32 - 35
VI. Anzahl der Arbeitnehmer (Nr. 7)	36
VII. Zusatzangaben im Umsatzkostenverfahren (Nr. 8)	37
VIII. Organbezüge (Nr. 9)	38 - 72
1. Überblick	38
2. Die Gesellschaftsorgane	39 - 42
2.1 Geschäftsführung	39 - 40
2.2 Aufsichtsrat	41
2.3 Beirat und ähnliche Einrichtung	42
3. Die Personen im Zeitverlauf	43 - 48
4. Die Bezüge	49 - 65e
4.1 Aufteilung der Angabe auf die Personengruppen	49
4.2 Herkunft der Bezüge	50 - 52
4.3 Umfang der Bezüge	53 - 65e
4.3.1 Überblick	53
4.3.2 Der sachliche Umfang der Bezüge	54 - 65
4.3.3 Die zeitliche Zuordnung der Bezüge	65a - 65e
5. Kredite und Vorschüsse	66 - 70
6. Sonderangaben bei börsennotierten Aktiengesellschaften	71 - 71d
7. Befreiungsvorschriften	72
IX. Namentliche Aufführung der Organmitglieder (Nr. 10)	73 - 76
X. Beteiligungsbesitz (Nr. 11)	77 - 93
1. Tatbestandsvoraussetzungen	77 - 85
2. Umfang der Angabepflicht	86 - 90
3. Zusatzangaben bei Börsennotierung	91
4. Darstellungsform und -ort	92
5. Erleichterungen und Befreiungen	93
XI. Angaben bei Komplementär-Funktion (Nr. 11a)	94
XII. Erläuterung von sonstigen Rückstellungen (Nr. 12)	95 - 96
XIII. Nutzungsdauer des Geschäfts- oder Firmenwerts (Nr. 13)	97 - 98
XIV. Hinweis auf Konzernabschlüsse von Mutterunternehmen (Nr. 14)	99 - 103
XV. Angabe der persönlich haftenden Gesellschafter (Nr. 15)	104
XVI. Erklärung zum Corporate Governance Kodex (Nr. 16)	105
XVII. Aufschlüsselung der Honorare für den Abschlussprüfer (Nr. 17)	106 - 114
1. Zweckgehalt	106
2. Begriffsinhalte	107
3. Vier Honorarkategorien	108 - 112
4. Die zeitliche Zuordnung	113
5. Anwendungsbereich und Befreiungen	114
XVIII. Unterlassene Abschreibung von Finanzanlagen bei vorübergehender Wertminderung (Nr. 18)	115 - 119
1. Das gemilderte Niederstwertprinzip	115
2. Sachlicher Anwendungsbereich	116
3. Buchwert und beizulegender Zeitwert	117 - 118
4. Gründe für das Unterlassen der Abschreibung	119
XIX. Nicht zum Zeitwert bilanzierte derivative Finanzinstrumente (Nr. 19)	120 - 133
1. Überblick	120
2. Tatbestandsvoraussetzungen	121 - 124
2.1 Derivative Finanzinstrumente	121 - 122
2.2 Keine Bilanzierung zum Zeitwert	123 - 124
3. Kategorisierung der Derivate	125 - 126
4. Art und Umfang	127 - 128
5. Beizulegender Zeitwert und seine (Nicht-)Ermittlung	129 - 131

6. Buchwert und Bilanzposten	132
7. Derivatespiegel	133
XX. Zum Zeitwert erfasste Finanzinstrumente bei Banken (Nr. 20)	134 - 135
XXI. Geschäfte mit nahestehenden Personen (Nr. 21)	136 - 146a
1. Regelungshintergrund	136
2. Begriffsinhalt von „Geschäften"	136a
3. Begriff des Nahestehens	137 - 137g
4. Beschränkte Angabepflicht	138 - 141
5. Zeitliche Aspekte, insbesondere bei Dauerschuldverhältnissen	141a - 141b
6. Berichterstattungstechnik	142 - 143
7. Befreiung bei 100 %igem Beteiligungsbesitz	144
8. Folgerungen für die Praxis	145 - 146
9. Verhältnis zu anderen Angabepflichen	146a
XXII. Forschungs- und Entwicklungstätigkeit (Nr. 22)	147 - 148
XXIII. Bewertungseinheiten (Nr. 23)	149 - 151
XXIV. Bewertungsparameter für Pensionsrückstellungen (Nr. 24)	152
XXV. Planvermögen bei Pensionsverpflichtungen (Nr. 25)	153 - 156
XXVI. Anteile an Investmentvermögen (Nr. 26)	157 - 159
1. Anhangangabe als Ersatz für Bilanzierung und Konsolidierung	157
2. Tatbestand	158
3. Angabepflichten	159
XXVII. Risiko der Inanspruchnahme aus Haftungsübernahmen (Nr. 27)	160
XXVIII. Angaben zur Ausschüttungssperre nach § 268 Abs. 8 HGB (Nr. 28)	161
XXIX. Angaben zur Steuerlatenzrechnung (Nr. 29)	162 - 170

Ausgewählte Literatur

Hartung, Anhang und Lagebericht im Spannungsfeld zwischen Bilanztheorie und Bilanzpolitik, Aachen 2002

Hoffmann, Der Anhang vor und nach dem BilMoG, BRZ 2009 S. 259

Kirsch, Neue Anhangangabepflichten zum Jahresabschluss nach dem BilMoG-RegE, StuB 2008 S. 878

Lüdenbach, Anhangangaben für außerbilanzielle Geschäfte, StuB 2010 S. 549

Lüdenbach, Anhangangabe bei marktunüblichen Darlehen an zum Vorstand beförderten Arbeitnehmer, StuB 2010 S. 67

Niehus, Berichterstattung über Geschäfte mit nahestehenden natürlichen Personen nach dem BilMoG und dem Deutschen Corporate Governance Kodex, DB 2008 S. 2493

Niehus, Nahestehende Personen nach dem BilMoG – Anhangangaben mit brisanten steuerlichen Auswirkungen, DStR 2008 S. 2280

Rimmelspacher/Fey, Anhangangaben zu nahestehenden Unternehmen und Personen nach dem BilMoG, WPg 2010 S. 180

Theile, Anhangangaben zu nahe stehenden Unternehmen und Personen, BBK 2010 S. 175

Wollmert/Oser/Graupe, Anhangangaben zu den Abschlussprüferhonoraren und zu marktunüblichen Geschäften nach BilMoG, StuB 2010 S. 123

Auf die Nachweise zu → § 284 wird verwiesen.

I. Überblick

1 Die Anhangangabepflichten sind im HGB und in einzelnen Nebengesetzen geregelt. Zu den Grundlagen der Anhangerläuterungen wird auf die Kommentierung in → § 284 verwiesen. § 285 HGB zählt als eine Art **Zentralvorschrift** rechtsformübergreifend Einzelfälle auf, die durch weitere Angaben an verschiedenen Stellen im Dritten Buch, 2. Abschnitt des HGB (ab § 264 HGB) ergänzt werden (→ § 284 Rz. 36). Diese „Zerstreuung" erschwert bei der praktischen Arbeit die Erfüllung der Angabevorschriften. Dem wird durch die Checklisten-Technik abgeholfen (→ § 284 Rz. 35). Die nachfolgende Kommentierung orientiert sich an dieser Arbeitsweise, indem die einzelnen Angabepflichten in der gesetzlichen Reihenfolge behandelt werden.

II. Angaben zu Verbindlichkeiten (Nr. 1 und 2)

1. Äußere Darstellung

2 Zu den in der Bilanz ausgewiesenen Verbindlichkeiten (→ § 266 Rz. 83) ist nach Nr. 1 der Gesamtbetrag der Verbindlichkeiten

- ▶ mit einer Restlaufzeit von **mehr als fünf** Jahren,
- ▶ die durch Pfandrechte oder Ähnliches gesichert sind sowie
- ▶ die Art und Form der Sicherheiten

anzugeben.

Die Restlaufzeitangabe wird inhaltlich **ergänzt** durch den Laufzeiten bis zu einem Jahr betreffenden Vermerk gem. § 268 Abs. 5 Satz 1 HGB (→ § 268 Rz. 109). Letzterer wird regelmäßig – obwohl vom Gesetz förmlich nicht vorgesehen – in den Anhang transferiert und dort mit den beiden genannten Angabepflichten zu einem „**Verbindlichkeitenspiegel**" verwoben (→ § 266 Rz. 83). Die Angabe der Restlaufzeit zwischen einem und fünf Jahren ist gesetzlich nicht vorgeschrieben, die Aufnahme in den „Spiegel" empfiehlt sich aus Abstimmungsgründen.

In **einfach** gelagerten Fällen genügt u. U. der Satz: „Alle Verbindlichkeiten haben eine Restlaufzeit bis zu einem Jahr." Dies ist die **Mindestangabe** nach § 285 Nr. 1 und 2 HGB, es sei denn, alle Verbindlichkeiten haben unwahrscheinlicherweise eine Restlaufzeit zwischen einem und fünf Jahren. Dann kann jeder Laufzeitvermerk unterbleiben, wie etwa der Satz: „Die Verbindlichkeiten gegenüber Kreditinstituten haben eine Restlaufzeit zwischen einem und fünf Jahren." **Fehlanzeigen** sind wie sonst auch nicht erforderlich (→ § 284 Rz. 11), z. B.: „Wir haben für unsere Verbindlichkeiten keine Sicherheiten bestellt. Die Restlaufzeit beträgt in keinem Fall mehr als fünf Jahre."

Nicht erforderlich sind **weitere** Erläuterungen und Aufgliederungen, z. B. Angabe bestimmter Gläubiger mit den jeweiligen Schuldständen (→ § 284 Rz. 23).

3 Erhaltene **Anzahlungen** sind wegen der Ausweisoption in § 268 Abs. 5 Satz 2 HGB (→ § 268 Rz. 114) u. U. nicht als Verbindlichkeiten i. S. der Angabepflicht zu verstehen und deshalb abstimmungstechnisch nicht in den Verbindlichkeitenspiegel zu integrieren. Ob gleichwohl die Angabepflichten für Anzahlungen zu erfüllen sind, ist u. E. zweifelhaft. Ihr Charakter als Verbindlichkeit im eigentlichen (bilanzrechtlichen) Sinne ist nicht eindeutig gegeben.

Häufig ist die **Laufzeit** von Anzahlungen bis zur Verrechnung auch sehr beschränkt. Von daher gesehen kann u. E. ohne Einblicksverlust für den Abschlussadressaten auf Angaben verzichtet werden. Anderes gilt, wenn die Anzahlungen einen wesentlichen Teil der Bilanzsumme ausmachen und dazu durch eigenes Vermögen (z. B. Grundpfandrecht) gesichert sind. Dann sollte eine entsprechende Anhangangabe – je nach Ausübung der Ausweisoption nach § 268 Abs. 5 Satz 2 HGB – in einem kurzen Satz erfolgen: „Von den erhaltenen Anzahlungen sind X T€ durch Grundpfandrechte gesichert."

2. Restlaufzeit

Die Bemessung der Restlaufzeit ist **stichtags**bezogen, beginnt somit am Bilanzstichtag. Der Laufzeitbeginn ist unerheblich. Am anderen Ende der Berechnung steht das vereinbarte **Fälligkeits**datum. Längerfristigkeit (> 5 Jahre) kann auch bei **vorzeitiger Kündigungsmöglichkeit** des **Emittenten** (Gesellschaft als Schuldnerin) vorliegen, wenn eine solche objektiviert nicht beabsichtigt ist. Das Gleiche gilt u. E. bei einer bestehenden **Verlängerungsoption** des Emittenten, wenn deren Ausübung nach den Umständen zu erwarten ist (→ § 268 Rz. 111).[1] Bei Tilgungsdarlehen mit **ratierlicher** Rückzahlung sind die Teilbeträge mit Fälligkeitsdatum nach fünf Jahren anzugeben. Speziell für **Annuitäten**darlehen ist ein Rechenschema zur Ermittlung der Restlaufzeiten in → § 268 Rz. 111 wiedergegeben. Die den Verbindlichkeiten u.U. anhaftenden künftigen Zinsschulden sind – da als „schwebend" nicht bilanzierbar (→ § 246 Rz. 4) – nicht in den Vermerk aufzunehmen. Dieser umfasst nur die „in der Bilanz ausgewiesenen Verbindlichkeiten". Bei sog. **roll over**-Krediten mit wechselnden Konditionen richtet sich die anzunehmende Restlaufzeit nach der frühesten Beendigungsmöglichkeit des Gläubigers.[2] Bei **nicht festgelegten Laufzeiten** besteht eine kurzfristige Kündigungsmöglichkeit, weshalb die Laufzeit als „bis zu einem Jahr" anzunehmen ist.

4

Häufig werden bei größeren Fremdkapitalzuführungen sog. **covenants** vereinbart, deren Verletzung (**breach of covenants**) die Gläubiger zur **vorzeitigen Kündigung** eines im Übrigen langfristigen Vertrags berechtigt. Die vorzeitige Kündigungsmöglichkeit kann z. B. an die Nichteinhaltung einer Mindesteigenkapitalquote, eines Mindest-EBITDA etc. anknüpfen. Soweit die *covenants* verletzt werden, ist u. E. auch dann eine Umqualifizierung in kurzfristige Verbindlichkeiten notwendig, wenn die Gläubiger während des Bilanzaufstellungszeitraums verbindlich auf die Nutzung ihrer Kündigungsmöglichkeit verzichten, da der Verzicht friständernden und nicht fristerhellenden Charakter hat (→ § 252 Rz. 55 ff. sowie → § 256a Rz. 14a ff.).

> **BEISPIEL** In 01 wird eine am 31.12.10 fällige Anleihe begeben. Die Eigenkapitalquote beträgt zum Emissionszeitpunkt 25 %. Die Anleihebedingungen sehen ein Kündigungsrecht bei Unterschreiten von 20 % vor. Die Kündigung ist in diesem Fall einen Monat nach Veröffentlichung der Bilanz mit einer Frist von drei Monaten möglich.

---

1 So auch *Ellrott*, in: Beck'scher Bilanz-Kommentar, 7. Aufl., München 2010, § 285 Tz. 6.
2 So *Ellrott*, in: Beck'scher Bilanz-Kommentar, 7. Aufl., München 2010, § 285 Tz. 6; *Oser/Holzwarth*, in: Küting/Pfitzer/Weber (Hrsg.), Handbuch der Rechnungslegung, 5. Aufl., §§ 284 bis 288 Tz. 152.

II. Angaben zu Verbindlichkeiten

> Im Abschluss 04 wird die Eigenkapitalquote von 20 % erstmals unterschritten:
>
> **SZENARIO 1** ▶ Die Gläubiger erklären noch vor dem 31.12.04 auf Basis vorläufiger Zahlen ihren Verzicht auf das Kündigungsrecht.
> Die Restlaufzeit der Anleihe beträgt per 31.12.04 mehr als fünf Jahre.
>
> **SZENARIO 2** ▶ Die Gläubiger erklären ihren Verzicht im Februar 05, vor Unterzeichnung und damit formeller Aufstellung der Bilanz 04.
> Die Restlaufzeit der Anleihe beträgt per 31.12.04 weniger als ein Jahr.

3. Sicherheiten

5   Das Gesetz spricht von Pfandrechten und „**ähnlichen**" Rechten. „Ähnlich" ist vom Gesetzeszweck her zu definieren, d. h. von der Beziehung des Gläubigers und den dafür zur Verfügung stehenden **Rechtstechniken** dinglicher Natur:

- **Pfandrechte** eignen sich für Grundbesitz, Schiffe, Luftfahrzeuge und Wertpapiere, nicht für bewegliche Sachen wegen des damit verbundenen Faustpfandprinzips;
- **Sicherungsübereignung** für Vorrats- und bewegliches Anlagevermögen;
- **Eigentumsvorbehalt** für die nämlichen Vermögensgegenstände, aber nicht in der üblichen Ausprägung im laufenden Geschäftsverkehr;
- **Sicherungsabtretung** von Forderungen.

6   Dagegen sind die handels- und branchenüblichen Sicherheiten – insbesondere der Eigentumsvorbehalt in seinen verschiedenen rechtstechnischen Ausgestaltungen – nicht angabepflichtig. Der häufig anzutreffende Satz im Anhang: „Für die Verbindlichkeiten aus Warenlieferungen bestehen die üblichen Eigentumsvorbehalte", sollte generell unterbleiben,[3] da dem Abschlussadressaten mit Informationen über Selbstverständlichkeiten nicht gedient ist – im Gegenteil (→ § 284 Rz. 20).

7   Anzugeben sind nur Sicherheiten für **eigene** Verbindlichkeiten, diejenigen für **fremde** fallen unter § 251 HGB i.V. mit § 268 Abs. 7 HGB (→ § 251 Rz. 35). Nicht anzugeben sind die von **Dritten** – auch nahestehenden Personen – für Verbindlichkeiten der berichtenden Gesellschaft gewährten Sicherheiten. Die Erläuterungspflicht im Prüfungsbericht des Abschlussprüfers bleibt davon unberührt.

> **BEISPIEL** ▶ Die Holding AG hat der X Bank für die Besicherung eines Kredits i. H. von 100 T€ an die Enkel-GmbH ein Grundpfandrecht auf ihren (der Holding gehörenden) Grundbesitz bestellt. Anzugeben haben
>
> - die Holding AG: Bestellung eines Grundpfandrechts zugunsten eines verbundenen Unternehmens i. H. von 100 T€ (→ § 268 Rz. 121);
> - die Enkel-GmbH nichts.

---

3 A. A. *ADS*, 6. Aufl., § 285 Tz. 19; *Ellrott*, in: Beck'scher Bilanz-Kommentar, 7. Aufl., München 2010, § 285 Tz. 12; wie hier *Oser/Holzwarth*, in: Küting/Pfitzer/Weber (Hrsg.), Handbuch der Rechnungslegung – Einzelabschluss, 5. Aufl., §§ 284 bis 288 Tz. 154; *Schulze-Osterloh*, in: Baumbach-Hueck (Hrsg.), GmbHG, 18. Aufl., § 42 Tz. 500.

4. Aufgliederung

Der Regelungsgehalt von Nr. 1 umfasst die Verbindlichkeiten als **Gesamtpaket**. Die nachfolgende Nr. 2 verlangt die Aufgliederung der Laufzeit und Besicherungsvermerk auf die **einzelnen** Posten der Verbindlichkeiten nach dem Schema des § 266 Abs. 3 C HGB (→ § 266 Rz. 83). Diese Regelungstechnik wird durch den Verweis auf § 288 Abs. 1 HGB (→ § 288 Rz. 1) verständlich. Danach müssen **kleine** Kapital- und Kap. & Co.-Gesellschaften die beiden Vermerke nur für den **Gesamtbetrag** der Verbindlichkeiten anbringen. Dies wiederum ist Ausfluss des Erleichterungs**wahlrechts** in § 266 Abs. 1 Satz 3 HGB (→ § 266 Rz. 8), der den kleinen Gesellschaften einen zusammengefassten Ausweis „Verbindlichkeiten" erlaubt.

8

Wenn von der Option der Zusammenfassung des Bilanzausweises kein Gebrauch gemacht wird, folgt daraus **nicht** die Pflicht zur Aufgliederung des Laufzeit- und Sicherungsvermerks. Es genügt dann z. B. die Aussage:

9

> **BEISPIEL** „Vom Gesamtbetrag der Verbindlichkeiten sind X T€ durch Grundpfandrechte besichert und haben eine Restlaufzeit bis zu einem Jahr von Y T€ und von mehr als fünf Jahren von Z T€."

III. Außerbilanzielle Geschäfte (Nr. 3)

1. *Off balance*-Gestaltungen

Diese durch das BilMoG eingeführte Angabepflicht zielt in deutscher Übersetzung auf die *„off balance sheet transactions"*, die in den letzten Jahren zunächst bei Enron und anderen Bilanzskandalen, sodann in der Finanzkrise seit 2007 für Furore gesorgt haben. Außerbilanziell ist das Geschäft nur insoweit, als es am Bilanzstichtag noch keinen Niederschlag als Vermögensgegenstand, Schuld oder Abgrenzungsposten in der Bilanz gefunden hat.[4] Dabei **kann** es sich um eigentliche **schwebende Geschäfte** im bilanzrechtlichen Sinn (→ § 246 Rz. 4) handeln, muss es aber nicht. Nach der Begründung des Regierungsentwurfs zum BilMoG sind jedenfalls „**kurzfristig** in der Schwebe befindliche Lieferungen und Leistungen des gewöhnlichen Geschäftsbetriebs" nicht nach Nr. 3 anzugeben, wobei die Begründung nicht deutlich macht, ob derartige Geschäfte nicht als außerbilanziell i. S. von Nr. 3 gelten oder ihre Angabe nicht wie in Nr. 3 gefordert für die Beurteilung der Finanzlage notwendig ist.[5]

10

Schwebende oder bereits vollzogene Geschäfte auf der **Absatzseite** (z. B. Veräußerung von Waren oder Anlagen) sind nur dann angabepflichtig, wenn dem Bilanzierenden nach dem Abschlussstichtag weiterhin relevante, wenngleich eine Ausbuchung nicht hindernde, Vorteile oder Risiken aus dem abgegangenen Bilanzposten zuzurechnen sind.[6]

Als Beispiele für ggf. angabepflichtige Geschäfte werden im Regierungsentwurf hingegen genannt:

---

[4] IDW ERS HFA 32 Tz. 5.
[5] Regierungsbegründung des BilMoG, S. 151.
[6] IDW ERS HFA 32 Tz. 7.

- **Factoring**, insbesondere als Forderungsverbriefung über gesonderte Gesellschaften oder nicht rechtsfähige Einrichtungen,
- sonstige Geschäfte, die mit der Errichtung oder Nutzung von **Zweckgesellschaften** einhergehen,
- **(Wertpapier-)Pensionsgeschäfte**,
- Verträge mit unbedingter Zahlungsverpflichtung (*„take or pay"*-Verträge),
- **Outsourcing-Verträge** über die Auslagerung von Tätigkeiten sowie
- **Leasingverträge**.

2. Verhältnis zur Angabepflicht für sonstige finanzielle Verpflichtungen

2.1 Bedeutung der Abgrenzung (Rechtsfolgen)

10a Eines der im Regierungsentwurf genannten Beispiele (→ Rz. 10) sind **Leasingverträge**. Diese galten vor Einführung der Vorschrift zu außerbilanziellen Geschäften als angabepflichtige sonstige finanzielle Verpflichtungen (Nr. 3a HGB).

Die Abgrenzung beider Fälle ist rechtsfolgenseitig deshalb von Bedeutung, weil die Angabepflichten nach Nr. 3 **weiter** gehen und etwa im Unterschied zu Nr. 3a eine Erläuterung von Risiken, Chancen, Art des Geschäfts etc. gefordert ist (→ Rz. 1).

2.2 Gemeinsamkeiten und Unterschiede der Angabepflichten (Tatbestand)

10b Das tatbestandsseitige Verhältnis der beiden Angabevorschriften wird in Gesetz- und Gesetzesbegründung nicht völlig geklärt. Eindeutig aus dem Gesetzeswortlaut der Nr. 3a ergibt sich nur der **Vorrang von Nr. 3**: Sonstige finanzielle Verpflichtungen sind nach Nr. 3a nur anzugeben, soweit sie nicht „nach § 251 oder Nummer 3 anzugeben sind." Zum Verhältnis im Übrigen lässt sich Folgendes festhalten:

- Beide Vorschriften sollen eine Beurteilung der Finanzlage **über die Stichtagsverhältnisse hinaus** ermöglichen, indem sie u. a. die Liquiditätsbelastungen aus am Bilanzstichtag noch nicht bilanzwirksamen Geschäften offen legen.
- Hierbei sind sonstige finanzielle Verpflichtungen (Nr. 3a) schon angabepflichtig, wenn die Informationen für die Beurteilung der Finanzlage **von Bedeutung** sind. Eine Angabepflicht für außerbilanzielle Geschäfte besteht hingegen erst, wenn die Informationen für die Beurteilung **notwendig** sind, wobei der Begriff der Notwendigkeit nach der Regierungsbegründung enger zu interpretieren ist als der der Bedeutsamkeit (→ Rz. 14).
- Unter (impliziter) Bezugnahme auf die mangelnde Bedeutsamkeit hat das Schrifttum schon bisher für sonstige finanzielle Verpflichtungen eine Angabepflicht verneint, wenn es um **Selbstverständlichkeiten** geht, z. B. Verpflichtungen aus Arbeitsverträgen, üblichen Mietverträgen, Rohstoff- oder Warenbestellungen in normaler Höhe usw. Erst recht fehlt außerbilanziellen Verpflichtungen dieser Art daher die in der neuen Angabepflicht des Nr. 3 geforderte Notwendigkeit zur Beurteilung der Finanzlage. Verallgemeinert und unter Bezugnahme auf den ersten Aufzählungspunkt gilt hier: Dass das Unternehmen bei Fortführung seiner Tätigkeiten die am Stichtag vorhandene Liquidität unter Berücksichtigung der

nach dem Stichtag erwarteten Liquiditätszuflüsse u. a. für Löhne, übliche Mieten, Warenbestellung etc. verwenden wird, ist eine Selbstverständlichkeit und bedarf daher weder der Offenlegung nach Nr. 3 noch nach Nr. 3a. Eine Offenlegung kann hingegen sinnvoll sein, wenn der zukünftige Liquiditätsbedarf durch in ihrer Art, Höhe oder Langfristigkeit ungewöhnliche vertragliche Bindungen stark geprägt ist.

Wo ein solcher Fall vorliegt, unterscheidet sich u. E. Nr. 3 von Nr. 3a nicht nur durch die stärkere Anforderung der Beurteilungsnotwendigkeit. Hinzu kommen **zwei weitere Unterscheidungsmerkmale**:

▶ **Nr. 3** spricht nicht die „**noch nicht**", sondern die „**nicht**" in der Bilanz enthaltenen Geschäfte an, damit nach Gesetzesbegründung und Auffassung des IDW (→ Rz. 10) nur die **dauerhaft** oder **langfristig** bilanzunwirksamen Geschäfte an, nicht hingegen solche, die alsbald nach dem Stichtag bilanzwirksam werden. Im Begriff der sonstigen finanziellen Verpflichtungen nach **Nr. 3a** ist **kein solches Zeitmoment** enthalten. Ein ungewöhnlich hohes Bestellobligo für alsbald nach dem Bilanzstichtag zugehende Investitionsgüter, wäre daher nur nach Nr. 3a angabepflichtig. Ein *sale and lease back*-Vertrag, der nach Gewinn und Liquiditätsgewinn aus dem Abgang einer Anlage mehrjährige Liquiditätsbelastungen mit sich bringt, hingegen nach dem vorrangigen Nr. 3.

▶ Der Begriff des „nicht" in der Bilanz enthaltenen Geschäfts hat vor dem Hintergrund der die Einführung dieser Vorschrift motivierenden Entwicklung **wertende Komponenten**. Vor allem geht es um Geschäfte, die in einem erheblichen Umfang **bilanzpolitisch** (mit) veranlasst sind, bei denen also gerade eines der wesentlichen Motive die Herstellung bestimmter Bilanzrelationen ist. Beispiele sind die in der Regierungsbegründung genannten *sale and lease back*-Gestaltungen, ABS-Transaktionen etc. Je weniger die bilanzpolitischen Motive hingegen im Einzelfall eine Rolle spielen, je deutlicher sich demgegenüber die Motive in geschäftspolitischen Erwägungen erschöpfen, umso weniger liegt ein Anwendungsfall der Nr. 3 vor.

Den vorstehenden konzeptionellen Überlegungen kann man entgegenhalten, dass sich auch aus ihnen keine trennscharfe, sondern nur eine stark **ermessensbehaftete Abgrenzung** der Angabepflichten nach Nr. 3 und Nr. 3a ergibt. Dies ist in der Tat der Fall, u. E. aber auch unvermeidlich. Die sich ständig verändernde Vielfalt von Gestaltungen, Umgehungen etc., auf deren Offenlegung Nr. 3 im Kern zielt, kann eben nicht durch einen abschließenden (meist zudem begründungsfreien) Katalog von Fällen abgebildet werden. Der Gesetzgeber hat deshalb zu Recht auf Enumeration bzw. Kasuistik verzichtet. Die Würdigung des Einzelfalls ist stattdessen notwendig. Sie ist notwendig ermessensbehaftet, muss sich aber gerade, wenn sie nicht willkürlich sein will, an Konzepten orientieren, die zwar einiges, aber nicht alles gestatten.

Angewandt auf ein Beispiel[7] führen unsere vorstehenden Überlegungen zu folgenden Beurteilungen:

---

7 *Lüdenbach*, StuB 2010 S. 549 f.

> **BEISPIEL** Die U-GmbH ist per 31.12.01 aus folgenden (noch) nicht bilanzwirksam gewordenen Kontrakten verpflichtet (und berechtigt):
>
> ▶ **Übliche Bestellungen** von Sachanlagen und Vorräten, die im ersten Quartal 02 geliefert werden.
>
> ▶ Veräußerung von noch nicht fälligen Forderungen an einen **Factor**.
>
> ▶ Leasingvertrag über ehemals im Eigentum der U-GmbH stehende, dann im *sale and lease back* an eine Leasinggesellschaft übertragene Betriebsgebäude.
>
> ▶ Ein noch drei Jahre laufender, Mindestabnahmen vorschreibender *Outsourcing*-Vertrag über IT mit einer von den ehemaligen Leitern der IT-Abteilung gegründeten Gesellschaft, der ganz überwiegend geschäftspolitisch (Konzentration auf Kernkompetenzen) motiviert ist.
>
> **BEURTEILUNG** Das Obligo aus **üblichen Bestellungen** von Sachanlagen und Vorräten, die im ersten Quartal 02 geliefert werden, ist weder nach Nr. 3a noch nach Nr. 3 anzugeben.
>
> Beim **Factoring** und *sale and lease back* wäre es lebensfremd anzunehmen, bei diesen Verträgen hätten bilanzpolitische Überlegungen nicht auch eine Rolle gespielt. Angaben sind daher nach dem vorrangigen Nr. 3 erforderlich.
>
> Fraglich ist die Einstufung des *Outsourcing*-**Vertrags**. Die Regierungsbegründung zum BilMoG nennt *Outsourcing*-Verträge und Mindestabnahmeverträge (*take or pay*-Verträge) als Beispiele, für die eine Angabepflicht nach Nr. 3a in Betracht kommen. U. E. ist aber im Hinblick auf den **wertenden Charakter** des Begriffs der außerbilanziellen Geschäfte darauf abzustellen, ob die Transaktion stark bilanzpolitisch getrieben oder fast vollständig geschäftspolitisch (Konzentration auf Kernkompetenzen etc.) motiviert ist. Im hier liegenden zweiten Fall besteht u. E. nur eine Angabepflicht nach Nr. 3a, d. h. die zur Mindestabnahme korrespondierenden Zahlungsverpflichtungen über die Restlaufzeit des Vertrags sind in den Gesamtbetrag der sonstigen finanziellen Verpflichtungen einzubeziehen.

3. Umfang der Angabepflicht

11 Anzugeben sind für die Nr. 3 unterliegenden Geschäfte deren

- ▶ **Art**, z. B. Factoring- und Leasingfinanzierung, Forderungsverbriefung im Rahmen von Zweckgesellschaften, Wertpapierpensionsgeschäfte, Outsourcing Kontrakte u. Ä.;
- ▶ **Zweck**, z. B. Beschaffung von Liquidität und Verbesserung der Eigenkapitalquote bei *sale and lease back*;
- ▶ **Risiken**, z. B. Bereitstellung von Liquidität (Kreditzusagen) für **Verbriefungs**gesellschaften, an die Forderungsportfolios ausgelagert wurden, z. B. zukünftige Liquiditätsabflüsse aufgrund eines *sale and lease back*,
- ▶ **(erwartete) Vorteile**, die bei zweckgerichetem Handeln naturgemäß meist identisch mit dem Zweck sind, z. B. Gewinnung von Liquidität und Aufdeckung stiller Reserven.

Die Angabepflichten über Risiken und Chancen (letzere hier Vorteile genannt) überlagern sich mit entsprechenden Vorgaben für den **Lagebericht** (→ § 289 Rz. 38). Nach den bisherigen Erfahrungen über die dortige Berichterstattung werden in der Rechnungslegungspraxis die entsprechenden Angaben häufig ohne nennenswerte Aussagekraft formuliert.

Anzugeben sind die für die Finanzlage bedeutsamen Risiken und Vorteile, vorrangig daher die betragsmäßig bezifferten (erwarteten) positiven und negativen Auswirkungen auf die Liquidität.[8] Eine aussagekräftige Darstellung würde im Falle eines *sale and lease back* daher etwa wie folgt lauten:

> „Diese Gestaltung verschafft uns den Vorteil eines Liquiditätszuflusses von 10 Mio €, der zum Unternehmenswachstum eingesetzt werden kann.
>
> Damit verbunden ist als Liquiditätsnachteil über die 15-jährige Laufzeit des Leasingvertrags eine jährliche Leasingzahlung von 1 Mio €."

Da es sich um ein Dauerschuldverhältnis handelt, wären die Liquiditätsbelastungen für die Restlaufzeit auch im Folgejahr noch zu benennen.[9] Bei zugunsten einer Zweckgesellschaft abgegebenen Liquiditätsgarantien, Kreditfazilitäten etc. ist u. E. als Risiko auch der *worst case*-Fall darzustellen. Eine entsprechende Angabe könnte etwa wie folgt lauten:

> „Zugunsten einer Verbriefungsgesellschaft in Irland haben wir Kreditzusagen i. H. von 10 Mrd € erteilt. Wir rechnen nicht mit der Inanspruchnahme aus diesen Zusagen und bei (teilweiser) Inanspruchnahme nicht mit einem Ausfall der Kredite. Im unwahrscheinlichen Fall einer Inanspruchnahme wäre die Fortführung unseres Unternehmens stark gefährdet."

Nicht zu berichten ist über die **Konditionen** dieser Geschäfte.[10] Die Angabepflicht ist beschränkt auf die **Notwendigkeit** zur Beurteilung der **Finanzlage**. „Notwendig" heißt nicht nur: Über unwesentliche Vorgänge „**muss**" nicht berichtet werden, u. E. „**soll**" auch nicht im Hinblick auf die generelle Informationsüberflut der Berichterstattungen im Anhang und Lagebericht (→ § 284 Rz. 20) berichtet werden.   12

Neben der unter → Rz. 10 behandelten Überschneidung zu Nr. 3a ergeben sich mögliche Überlappungen noch zu folgenden Angabepflichten:

▶ Nr. 21 wenn das außerbilanzielle Geschäft mit einer **nahestehenden Person** getätigt wird.
▶ § 251 HGB oder § 268 Abs. 7 HGB wenn es um **Haftungsverhältnisse** geht.
▶ Nr. 19 im Falle von nicht zum beizulegenden Zeitwert erfassten **Finanzderivaten**.

Für nicht zum beizulegenden Zeitwert bilanzierte derivative Finanzinstrumente ist Nr. 3 nicht einschlägig, da Nr. 19 eine umfangreiche und abschließende Spezialregelung darstellt.[11] Für die beiden anderen Fälle lässt sich Folgendes festhalten:

▶ Soweit die erforderlichen Angaben identisch sind, muss keine doppelte Angabe (an unterschiedlichen Stellen des Anhangs) gemacht werden.
▶ Werden zu den von § 285 Nr. 3 HGB betroffenen Geschäften nach anderen Vorschriften bereits Angaben gemacht, sind dabei der Zweck bzw. die Risiken und Vorteile aber nicht anzugeben, kann insoweit die Angabepflicht nach § 285 Nr. 3 HGB nicht entfallen.

---

[8] IDW ERS HFA 32 Tz. 18.
[9] IDW ERS HFA 32 Tz. 14.
[10] Gl. A. *Oser*, WPg 2008 S. 60 ff.
[11] IDW ERS HFA 32 Tz. 24.

4. Größenabhängige Erleichterungen

13 Die Angabepflicht der Nr. 3 unterliegt größenabhängigen (→ § 267 Rz. 12) **Erleichterungen** gem. § 288 HGB:

- ▶ **Kleine** Kapital- und Kap & Co.-Gesellschaften (§ 267 Abs. 1 HGB) brauchen die Angabe gem. § 288 Abs. 1 HGB gar nicht zu machen (→ § 288 Rz. 1).
- ▶ **Mittelgroße** Gesellschaften (§ 267 Abs. 2 HGB) brauchen die Risiken und Vorteile gem. § 288 Abs. 2 Satz 1 HGB nicht darzustellen (→ § 288 Rz. 2).

5. Finanzielle Verpflichtungen (Nr. 3a)

5.1 Wesentlichkeitsaspekt

14 Diese Angabepflicht ist seit Verabschiedung des BiRiLiG 1985 unverändert geblieben. Durch das BilMoG hat lediglich die Nummerierung eine Abänderung von Nr. 3 auf Nr. 3a erfahren. Beide Aufzählungspunkte des § 285 HGB befassen sich mit nichtbilanzierten Verpflichtungen – so sinnvoll auch terminologisch von den (bilanziellen) Verbindlichkeiten abgehoben –, soweit sie **„von Bedeutung"** (Nr. 3a) bzw. „für die Beurteilung der Finanzlage **notwendig"** (Nr. 3) sind. Terminologisch ist die Anforderung an Nr. 3a also schwächer, da auch eine nicht (unbedingt) notwendige Information ggf. schon bedeutsam sein kann (→ Rz. 10b).

Nach dem Wortlaut beider Vorschriften besteht ein weiterer Unterschied in der **Bezugsgröße**. Nach Nr. 3a reicht es aus, wenn der Gesamtbetrag aller sonstigen finanziellen Verpflichtungen **bedeutsam** ist, nach Nr. 3 muss hingegen der Betrag der einzelnen oder zu gleichartigen Gruppen zusammengefassten Geschäfte für die **Beurteilung notwendig** sein (→ Rz. 10b). Die herrschende Auslegung von Nr. 3a folgt dem aber nicht. Im Gesamtbetrag sollen nur solche Verpflichtungen Berücksichtigung finden, die schon für sich gesehen wesentlich sind. Selbstverständlichkeiten werden danach aus der Angabepflicht ausgenommen, z. B. die Lohn- und Gehaltszahlungen, (normale) Mieten (→ Rz. 18), Bezug von Energie, Wasser und Wärme etc.[12]

Unter dem Gesichtspunkt des *information overload* halten wir diese Einschränkung zwar für sinnvoll, sie führt aber zu Abgrenzungsproblemen im Verhältnis zu der Angabepflicht der Nr. 3 (→ Rz. 10).

5.2 Abgrenzung zu den Haftungsverpflichtungen

15 Eine weitere Beschränkung des Angabevolumens ergibt sich indirekt aus § 251 HGB i. V. mit § 268 Abs. 7 HGB (→ § 251 Rz. 8). **Haftungsverhältnisse** mit Angabepflicht im Anhang sind dort abschließend aufgeführt. Sie sollen nach den Vorstellungen des Gesetzgebers, da nicht bilanziert, wenigstens offen gelegt werden. Die Regelungstechnik ist enumerativer Natur und abschließend; eine Ausweitung auf „ähnliche Obligen" enthält das Gesetz nicht. Deshalb kommt eine ersatzweise Subsumtion unter Nr. 3a u. E. nicht in Betracht.[13] Das gilt für die stattliche Zahl möglicher Haftungs- und ähnlicher Fälle, z. B.

---

12 Ähnlich *Ellrott*, in: Beck'scher Bilanz-Kommentar, 7. Aufl., München 2010, § 285 Tz. 51.
13 A. A. *ADS*, 6. Aufl., § 285 Tz. 32; *Ellrott*, in: Beck'scher Bilanz-Kommentar, 7. Aufl., München 2010, § 285 Tz. 71.

- als persönlich haftender Gesellschafter,
- Haftung des Mitgesellschafters einer GmbH auf Einzahlung der Stammeinlage eines anderen Gesellschafters,
- Verlustübernahmeverpflichtung aufgrund eines Unternehmensvertrags,
- Nachschusspflicht des GmbH-Gesellschafters, Umsatz- oder Eigenkapitalgarantien bei Unternehmensverkäufen
- etc.[14]

Das damit verbundene Obligo kann **irgendwann einmal** in der Zukunft zu einer **finanziellen** Verpflichtung, d. h. zum Abfluss von Liquidität, führen. Dann aber ist der Zeitpunkt zur Aufnahme in die Bilanz als sonstige Rückstellung gekommen, die einer Anhangangabe vorgeordnet ist. Durch eine Anhangangabe darf auch nicht der erforderliche Bilanzansatz umgangen werden (→ § 284 Rz. 8). Die Angabepflicht kann nicht sinnvoll jedes mögliche unternehmerische Risiko oder jede denkbare Zahlungsverpflichtung umfassen, denn sonst wäre der Risikoteil des Lageberichts (→ § 289 Rz. 30) gegenstandslos. Deshalb ist gerade in diesem Bereich die unreflektierte Checklistentechnik der Anhangerstellung (→ § 284 Rz. 35) mit Vorsicht zu genießen. Ein **Teil**bereich der finanziellen Verpflichtungen ist auch durch die „Geschäfte" i. S. der Nr. 3 (→ Rz. 10) erfasst.

16

5.3 Beschränkung auf finanzielle Verpflichtungen

Eine weitere Einschränkung des potenziellen Angabevolumens ergibt sich aus den **finanziellen** Verpflichtungen. Es kann sich daher sinnvoll nur um aktuelle (stichtagsbezogene) Posten handeln. Verpflichtungen allgemeiner Art – wie unter → Rz. 15 auswahlweise dargestellt – können nicht gemeint sein, denn schließlich ist die Führung eines Unternehmens notgedrungen – abgesehen von Tauschgeschäften – potenziell mit einem Liquiditätsabfluss verbunden. Oder anders formuliert: „Verpflichtungen" berühren mindestens ebenso wie die Liquiditäts- auch die **Vermögenslage**, für die indes keine Angabepflicht besteht.

17

Daraus lässt sich noch ein anderer Gesichtspunkt zur Gesetzesauslegung ableiten: Die Angabe ist auf **nicht bilanzierte** Verpflichtungen gerichtet, d. h. auf Vorgänge, die „an sich" in der Bilanz als Vermögensübersicht mit korrespondierenden Posten in der GuV erscheinen müssten. Jede unternehmerische Betätigung bedarf der **Finanzierung**. Dies erfolgt gewöhnlich durch Eigen- oder Fremdkapital, das in Anlagen, Vorräte, Forderungen etc. „gesteckt" wird. Diese Finanzierungsmittel werden passiviert – anders als irgendwelche latenten Zahlungsverpflichtungen aus Haftung etc. (→ Rz. 15). Erfolgt dagegen die Finanzierung „atypisch" – durch Leasing eines Fabrikgebäudes, durch Miete einer Ladenpassage –, dann ist die Angabepflicht nach Nr. 3a gefragt.

18

---

14 Vgl. hierzu die umfassende Auflistung bei *Ellrott*, in: Beck'scher Bilanz-Kommentar, 7. Aufl., München 2010, § 285 Tz. 80.

III. Außerbilanzielle Geschäfte

> **BEISPIEL** Zwei Spediteure S betreiben ihr Geschäft mit 1.000 Lastwagen mit Gestehungskosten von 250 Mio €. S 1 finanziert die Anschaffung durch einen Abzahlungskredit mit einer Laufzeit von 60 Monaten. S 2 schließt einen *operating lease*-Vertrag auf 60 Monate ab.
>
> Die Bilanzen der beiden Spediteure zeigen insoweit bei Beginn der Beschaffung bzw. Finanzierung folgendes Bild:
>
> | Aktiva | | | Passiva | |
> |---|---|---:|---|---:|
> | S 1 | Lastwagen | 250 Mio € | Bankschuld | 250 Mio € |
> | S 2 | Lastwagen | Null | Bankschuld | Null |
>
> S 2 hat Angabepflichten nach Nr. 3a oder Nr. 3 (→ Rz. 10b).

19 Eine weitere Angabepflicht für am **Stichtag** bestehende Zahlungsverpflichtungen kann sich aus einem (nicht bilanzierbaren) **Bestellobligo** für Anlage- oder Vorratsvermögen ergeben, soweit dieses das normale Niveau von Ersatzbeschaffungen erheblich (hier Wesentlichkeitsgedanken, → § 284 Rz. 28) übersteigt (→ Rz. 10). Ein Satz „Das Obligo für Investitionsvorhaben hält sich im üblichen Rahmen", ist überflüssig und deshalb sinnlos. Dagegen sind u.U. auch **noch nicht bestehende** Verpflichtungen im Rechtssinne anzugeben.

> **BEISPIEL** Das Telekommunikationsunternehmen T hat bis zum Stichtag eine Mobilfunklizenz ersteigert. Mit dem Zuschlag ist die Verpflichtung zur 90 %igen Abdeckung der BRD-Gesamtfläche mit Netzversorgung verbunden. Die entsprechenden Bestellungen bei Netzwerkausrüstern liegen zwar am Stichtag noch nicht vor, gleichwohl ist eine Angabe nach Nr. 3a wegen der aus den Zuschlagsbedingungen der Lizenz faktisch folgenden Bestellverpflichtung gefordert.

20 Die Zahlungsverpflichtung muss am **Bilanzstichtag** (→ § 252 Rz. 26) bestehen,[15] und nicht in der Zukunft möglicherweise entstehen. Die Stichtagsbetrachtung mag irgendwie willkürlich wirken, weil sie Einblick in das Unternehmensgeschehen insgesamt verhindert (→ § 252 Rz. 54). Aber diese Beschränkung muss hingenommen werden, solange man an einem Vermögensvergleich (Bilanzierung) institutionell festhalten will.

21 Ein Bestellobligo liegt dem wirtschaftlichen Gehalt nach auch bei einer verbindlichen **Kreditzusage** vor. Dem Liquiditätsabfluss steht statt Sachanlage- oder Vorratsvermögen eine Finanzanlage gegenüber.

> **BEISPIEL**
>
> ▶ Die Investmentbank R erteilt der akquisitionslustigen S-KG die Zusage, den Erwerb der börsennotierten C-AG „mit einer Fazilität bis zu 5 Mrd € zu begleiten."
>
> ▶ Die Geschäftsbank I lagert Forderungen aus Auto-Leasingverträgen in eine Spezialgesellschaft aus, wo diese Forderungen verbrieft und zum Verkauf gestellt werden. Für die Re-

---

15 Ähnlich *ADS*, 6. Aufl., § 285 Tz. 40; *Ellrott*, in: Beck'scher Bilanz-Kommentar, 7. Aufl., München 2010, § 285 Tz. 60 f.

finanzierungsverbindlichkeiten erteilt I eine „Kreditzusage" („*valuation agreement*"), der zufolge sie die Spezialgesellschaft bei Bedarf mit der „nötigen Liquidität" versorgen wird.

Im ersten Fall handelt es sich um eine Art **Bestellobligo**; der „schwebenden" Zusage mit späterem Liquiditätsabfluss steht die ebenfalls „schwebende" Forderung gegen die S-KG gegenüber – vergleichbar der Bestellung einer Maschinenanlage durch einen Produktionsbetrieb.

Im zweiten Fall liegt eine Art **Patronatserklärung** vor, d.h. eine nach §§ 251, 268 Abs. 7 HGB angabepflichtige Haftungsschuld (→ § 251 Rz. 26). Der bilanzrechtlichen Beurteilung kann deshalb nicht allein die Vertragsüberschrift zugrunde gelegt werden.

Dem ungewöhnlich hohen Bestellobligo vergleichbar sind anstehende **Großreparaturen** an Sachanlagen, ohne die der Geschäftsbetrieb bald einmal eingestellt werden müsste (Beispiel: Hochofenauskleidung, Verlegung des Kreuzfahrtschiffs auf das Trockendock). 22

5.4 Der Angabeinhalt

Der Gesetzeswortlaut verlangt lediglich die Angabe des **Gesamtbetrags** der finanziellen Verpflichtungen. 23

> **BEISPIEL**
>
> ▶ Die Leasingraten für die Fabrikgebäude, das Hochregallager, den Verwaltungspalast und die Produktionsanlage belaufen sich in den nächsten 18 Jahren auf X Mio € in unregelmäßiger Degression in den Folgejahren nach dem Bilanzstichtag.
>
> ▶ Wegen Ausweitung der Produktion und zusätzlicher Bevorratung im Hinblick auf befürchtete Belieferungsengpässe ist ein Materialbezug für die Produktion in den nächsten 28 Monaten mit Y Mio € fest kontrahiert.
>
> ▶ Eine Generalüberholung des Hochregallagers steht gegen Ende des nächsten Geschäftsjahrs mit Z Mio € an.
>
> ▶ Der Gesamtbetrag dieser Verpflichtungen beläuft sich auf XYZ Mio €.

Der Angabe des Gesamtbetrags nach dem Gesetzeswortlaut ginge jede Aussagekraft ab. Deshalb müsste sie entfallen, denn **sinnlose** (Nicht-)Informationen können vom Gesetzgeber nicht gewollt sein. In **geltungserhaltender** Gesetzesinterpretation bedarf es zur Verleihung eines Aussagegehalts einer **Mindeststrukturierung** der Angabe. Eine solche sollte sich an den Laufzeitvermerken für die Verbindlichkeiten in Gestalt des Verbindlichkeitenspiegels orientieren (→ § 266 Rz. 83), wie z. B. 24

▶ Verpflichtungen im nächsten Jahr,

▶ Verpflichtungen in den Jahren 2 bis 5 sowie

▶ Verpflichtungen danach.

Möglich wäre auch eine Aufgliederung nach Jahrgängen mit Beendigung im Jahr 10.

Eine **zusätzliche** Untergliederung könnte nach der **Art** der Verpflichtung erfolgen, woraus dann ein „**Verpflichtungsspiegel**" entstünde (→ § 266 Rz. 84).

> **BEISPIEL**
>
> | Überblick über die finanziellen Verpflichtungen | | | |
> |---|---|---|---|
> | | Laufzeit | | |
> | | 1 Jahr | 1 bis 5 Jahre | über 5 Jahre |
> | Leasingraten | | | |
> | Bestellobligo Vorratsvermögen | | | |
> | Generalüberholung Anlage | | | |

5.5 Sonderausweis bei Unternehmensverbund

25 Die Verpflichtungen gegenüber **verbundenen** Unternehmen sind gesondert anzugeben. Die Parallele zu § 268 Abs. 7 HGB ist offensichtlich (→ § 268 Rz. 120). Die Angabe kann in den „Spiegel" (→ Rz. 24) als „Davon-Vermerk" oder in einem Gesamtbetrag erfolgen. Der Laufzeitperspektive kommt hier nur nachrangige Bedeutung zu.

Zum Begriff „verbundene Unternehmen" wird auf → § 271 Rz. 25 verwiesen.

5.6 Befreiung

26 Kleine Kapital- und Kap. & Co.-Gesellschaften i. S. des § 267 Abs. 1 HGB brauchen die Angabe nicht zu machen (→ § 288 Rz. 1).

IV. Aufgliederung der Umsatzerlöse (Nr. 4)

27 Die geforderte Aufgliederung entspricht konzeptionell der **Segment**berichterstattung, die optional im HGB-Konzernabschluss vorgesehen (→ § 290 Rz. 1) und nach den IFRS-Regeln bei Börsennotiz geboten ist (IFRS 8.2 bis 8.3). Den bis 2008 geltenden IFRS-Regeln (IAS 14) folgen auch die beiden Darstellungsformate nach

- Tätigkeitsbereichen und
- Absatzregionen.

28 Die Vorgabe zur Aufgliederung ist recht großzügig ausgestaltet: „**Soweit ... erheblich** unterscheiden." Diese Unterscheidung wird in vielen Fällen mittelständischer Provenienz nicht möglich sein. Die Berichterstattung muss dann unterbleiben.

> **BEISPIEL**
>
> - Die M-GmbH stellt Schwimmbadchemikalien her. Die Abnehmer sind einerseits Kommunen und bestimmte Kliniken, andererseits eher öffentlich-rechtlich organisierte Einheiten und Privatpersonen. Das Verkaufsgebiet erstreckt sich auf Mittel- und Nordeuropa. Die Verkaufsabteilung umfasst fünf Personen, die ohne eindeutige Aufgabenverteilung unter der Direktion des Alleingeschäftsführers fungieren. Für die Erzeugnisse gibt es keine „typische" Spezifizierung („Schwimmbadbedarf"). Die „erhebliche Unterscheidung" ist nicht gegeben. Eine Anhangangabe scheidet aus.

> Eine mittelgroße Wirtschaftsprüfungs-AG ist deutschlandweit mit Niederlassungen vertreten. Sie bietet das übliche Spektrum an Leistungen an, das nach der Typisierung des Gesetzgebers in Nr. 17 (→ Rz. 108) vier Bereiche umfasst. Die Verkaufsorganisation ist dabei als unbedeutend einzuschätzen. Für diese vier Bereiche ist eine Aufgliederung der Umsatzerlöse vorzunehmen, da hier – wenigstens nach der Vorstellung des Gesetzgebers – ein erhebliches Unterscheidungsmerkmal gegeben ist. Dies gilt nicht bezüglich der geografischen Verteilung der Aktivitäten, die deshalb nicht in die Aufgliederung der Umsatzerlöse einzubeziehen sind.

Die Berichtspflicht ist dem Grunde und der Gliederungstiefe nach daran gebunden, dass sich Tätigkeitsbereiche und Regionen „unter Berücksichtigung der Organisation des Verkaufs" erheblich unterscheiden. Diese Vorgabe ist nicht identisch mit dem sog. *„management approach"* der Segmentberichterstattung nach IFRS 8, d. h. die interne Organisation unter Einbezug der Verkaufsorganisation gibt nur einen Anhaltspunkt für die erforderliche Aufgliederung.[16] Die „Teilung" einer Verkaufsorganisation ist allerdings bei unterschiedlichen Produkten und welt- oder europaweitem Absatz fast unausweichlich. 29

> **BEISPIEL** Die L-AG stellt Baumaschinen und Kühlschränke her und verkauft sie in allen Kontinenten außer in Australien und Neuseeland.
>
> Hier ist eine Segmentierung des Umsatzerlöses nach Produkten zwingend. Auch geografisch kann die Verkaufsorganisation kaum einheitlich organisiert sein, jedenfalls lassen sich die erforderlichen Daten aus den Verkaufsstatistiken ohne Probleme beschaffen.

Für das geografische Kriterium können allgemeine Vorgaben zur Umsatzsegmentierung nicht gemacht werden. Ein global aufgestelltes Unternehmen kann nach Europa, Nordamerika, Südamerika, Asien und Pazifik gliedern, ein in Europa agierendes dagegen nur nach Inland/EU-Bereich/Osteuropa. Ohne weitere Exporttätigkeit kann diese Angabe die Aufgliederungsanforderung erfüllen. Eine zusätzliche Detaillierung nach Nord- und Süddeutschland etc. ist i. d. R. nicht erforderlich,[17] da keine marktspezifischen Unterschiede bestehen und die Angabe deshalb ohne Informationsgehalt wäre. 30

Die Aufgliederung bezieht sich auf „Umsatzerlöse" bzw. Quantitäten, deshalb genügen verbale Beschreibungen nicht, wohl aber relative Größen. Abgesehen von der großzügigen Ausgestaltung des Gesetzeswortlauts (→ Rz. 28) sind noch folgende **Erleichterungen** zu verzeichnen: 31

- Kleine (§ 267 Abs. 1 HGB) und mittelgroße (§ 267 Abs. 2 HGB) Kapital- und Kap. & Co.-Gesellschaften brauchen Nr. 4 nicht zu beachten (§ 288 Abs. 1 und Abs. 2 Satz 1 HGB; → § 288 Rz. 1).
- Große Kapitalgesellschaften können sich u. U. nach § 286 Abs. 2 HGB exkulpieren (→ § 286 Rz. 3).

---

16 Ähnlich *Schulze-Osterloh*, in: Baumbach/Hueck (Hrsg.), GmbHG, 18. Aufl., § 42 Tz. 412.
17 Ähnlich *Ellrott*, in: Beck'scher Bilanz-Kommentar, 7. Aufl., München 2010, § 285 Tz. 97; *ADS*, 6. Aufl., § 285 Tz. 92.

V. Ertragsteuerspaltung (Nr. 6)

32 Die Ertragsteuern sind nach dem außerordentlichen und dem übrigen Ergebnis (aus der GuV) aufzugliedern. In Bezug zu den IFRS ergibt sich diesbezüglich sowohl eine Parallele als auch das Gegenteil:

- **Vergleichbar** ist die „Spaltung" des Steueraufwands bei der Darstellung des Ergebnisses aus fortgeführter und aufgegebener Tätigkeit gem. IFRS 5.33.
- **Nicht vergleichbar** ist das außerordentliche Ergebnis, das die IFRS nicht (mehr) als Sonderposten kennen; das BilMoG hat hier keine Anpassung des HGB an die internationalen Regeln vorgenommen bzw. wegen der EU-Vorgabe vornehmen können.

U. E. sollte das im Grunde undefinierbare „außerordentlich" nur sehr zurückhaltend angewandt werden ($\rightarrow$ § 277 Rz. 42).

33 Die Zuordnung setzt eine Belastung mit Steueraufwand voraus. Wenn kein Steueraufwand besteht, gibt es nichts zu „belasten" und damit nichts anzugeben. Das kann im Verlustfall oder bei einer Organgesellschaft der Fall sein. Zu den Belastungen zählen neben den **laufenden** Steuern – im Inland Körperschaft- und Gewerbesteuer, im Ausland vergleichbare *„income taxes* – auch latente Steuern i. S. des § 274 HGB.

Die Berechnung kann im einfachsten Fall in proportionaler Zuordnung des Steueraufwands unter Annahme eines gerundeten Steuertarifs von 30 % bei ausschließlicher Inlandstätigkeit erfolgen.

BEISPIEL

	T€	Steueraufwand T€	nach Steuern
Ergebnis vor Steuern	100	30	70
außerordentlicher/-s Aufwand/Ergebnis	20	6	14
bereinigtes Ergebnis vor Steuer	120	36	84

Hier liegt eine „Belastung" des Ergebnisses ohne den außerordentlichen Bereich von 36 und dessen „Entlastung" um 6 vor.

Anders verhält es sich in der umgekehrten Relation.

	T€	Steueraufwand T€
Ergebnis vor Steuern	100	30
außerordentlicher/-s Aufwand/Ergebnis	-20	-6
bereinigtes Ergebnis	80	24

Hier ist die Belastung eindeutig mit 24 und 6 zuzuordnen.

Für den erstgenannten Fall ist die Angabepflicht nach dem Wortlaut der gesetzlichen Vorgabe zweifelhaft. Nach einer Auffassung ist sie nicht erforderlich.[18] U. E. sollte die Angabe nach dem Sinngehalt der Vorschrift nach Maßgabe des ersten Falls im vorstehenden Beispiel erfolgen,

---

18 Vgl. *ADS*, 6. Aufl., § 285 Tz. 136.

also Angabe einer steuerlichen Entlastung des Ergebnisses durch den außerordentlichen Bereich insgesamt um 6.

Eine eindeutige und ohne weiteres vermittelbare Zuordnung ist dann nicht mehr möglich, wenn die beiden Bereiche mit steuerfreien oder zurechnungspflichtigen Posten durchsetzt sind, z. B. mit steuerfreien Dividenden oder gewerbesteuerlichen Zurechnungen.

> **BEISPIEL** Die Veräußerung einer Beteiligung an einer GmbH hat einen als außerordentlich gekennzeichneten Gewinn beschert, der zu 95 % steuerfrei ist. Weitere außerordentliche Posten liegen nicht vor.

Diese und andere rechnerische Schwierigkeiten und der begrenzte Informationswert der außerordentlichen Posten erlauben oder gebieten eine **Zurückhaltung** bezüglich der Detaillierung entsprechender Berechnungen. Die Angabepflicht kann sich dann auf verbale Hinweise beschränken: „Das außerordentliche (positive) Ergebnis hat zu einer eher geringfügigen Ertragsteuerbelastung geführt." Oder: „Das außerordentliche (negative) Ergebnis ist in vollem Umfang steuerwirksam."

Die Aussagekraft dieser Angabe tendiert somit häufig gegen Null und kann bzw. sollte dann ganz unterbleiben.

Kleine Kapital- (§ 267 Abs. 1 HGB) und Kap. & Co.-Gesellschaften (§ 264a HGB) sind gem. § 288 Abs. 1 HGB von der Angabepflicht **befreit** (→ § 288 Rz. 1).

VI. Anzahl der Arbeitnehmer (Nr. 7)

Wegen der **Arbeitnehmer**eigenschaft und der Ermittlung des **Durchschnittswerts** wird auf → § 267 Rz. 5 ff. verwiesen. Bezüglich der **Gruppen**bildung macht das Gesetz keine Vorgaben. Primär bietet sich eine Orientierung an **arbeitsrechtlichen** Vorgaben an, z. B.

▶ gewerbliche Arbeitnehmer und
▶ Angestellte.

Eine weitere Untergliederung ist denkbar für

▶ gewerbliche Arbeitnehmer in Leistungs- und Zeitlöhner sowie
▶ Angestellte in Leitende und sonstige.

Zusätzlich kann eine Aufgliederung nach Geschlecht und die Nennung der Auszubildendenzahl in Betracht kommen.

Die Angabe ist von kleinen Kapital- und Kap. & Co.-Gesellschaften gem. § 288 Abs. 1 HGB **nicht zu machen** (→ § 288 Rz. 1).

VII. Zusatzangaben im Umsatzkostenverfahren (Nr. 8)

Im Umsatzkostenverfahren werden die Aufwendungen nach **Funktions**bereichen gegliedert (→ § 275 Rz. 61). Die beiden nach Nr. 8 anzugebenden Posten des Gesamtkostenverfahrens (zitiert im Gesetzeswortlaut mit § 275 Abs. 2 Nr. 5 und 6 HGB) werden für gesamtwirtschaftliche Statistiken benötigt und dienen der zwischenbetrieblichen Vergleichbarkeit. Sie sind unmittelbar der Finanzbuchführung zu entnehmen. Bei der Angabe ist auch die Untergliederung nach den Posten des Gesamtkostenverfahrens zu beachten (vgl. zum Materialaufwand → § 275 Rz. 21, zum Personalaufwand → § 275 Rz. 30).

Kleine Kapital- und Kap. & Co.-Gesellschaften sind nach § 288 Abs. 1 HGB von der Angabe des Material- (Nr. 8a), **nicht** des Personalaufwands (Nr. 8b) **befreit** (→ § 288 Rz. 1).

VIII. Organbezüge (Nr. 9)

1. Überblick

38 Die Angabepflicht betrifft

- **institutionell** die Organe einer Gesellschaft (→ Rz. 39),
- **persönlich** deren Mitglieder und früheren Mitglieder mit Hinterbliebenen als Kollektiv (→ Rz. 43),
- **sachlich** deren gesamte Bezüge (→ Rz. 53) und Kredite (→ Rz. 66),
- **zeitlich** die im Geschäftsjahr gewährten Bezüge (→ Rz. 65a),
- **sonderrechtlich** die persönliche und sachliche Aufgliederung der Bezüge (→ Rz. 71).

Dazu bestehen **Befreiungsvorschriften** (→ Rz. 72).

2. Die Gesellschaftsorgane

2.1 Geschäftsführung

39 Dem im deutschen Gesellschaftsrecht gültigen **Trennungsprinzip** zwischen Exekutive (Geschäftsführung) und Aufsicht folgt die Angabepflicht über die Organbezüge. Das Exekutivorgan lautet nach der Rechtsform

- Vorstand bei der AG und bei der Genossenschaft,
- Persönlich haftende Gesellschafter bei KGaA,
- Geschäftsführung bei der GmbH,
- Leitungsorgan des Komplementärs einer Kap. & Co.-Gesellschaft (→ § 264a Rz. 11), regelmäßig die Geschäftsführer der (Komplementär-)GmbH
- Vorstand oder geschäftsführende Direktoren bei der SE.

40 Fraglich ist, ob der **faktische Geschäftsführer** – auch weiblich und im Plural – als Geschäftsführungsorgan anzusehen ist. Die fast einhellige Meinung im Schrifttum[19] verneint dies im Hinblick auf die vom Gesetz verlangte (förmliche) Organstellung. U. E. ist die Folgerung nicht zwingend. Der Jahresabschluss soll die wirkliche wirtschaftliche Situation wiedergeben. Das tut er nicht, wenn – im Extremfall – eine natürliche Person mit Wohnsitz in Usbekistan als Geschäftsführer ins Handelsregister eingetragen ist, die wohldotierte Geschäftsführerfunktion indes von Adalbert Schulze in O-Stadt als Generalbevollmächtigter ausgeübt wird. Umgekehrt verhält es sich unter dem Aspekt des Rechtsscheins, wenn ein ins Handelsregister eingetrage-

---

[19] Vgl. *ADS*, 6. Aufl., § 285 Tz. 162; *Lange*, in: Münchner Kommentar, HGB, § 285 Tz. 139.

ner Geschäftsführer eine solche Funktion z. B. altershalber nicht mehr ausübt. Dann sind Vergütungen irgendwelcher Art angabepflichtig (→ Rz. 54).

2.2 Aufsichtsrat

Bei der **AG** und KGaA stellt der Aufsichtsrat ein **zwingend** zu bestellendes Organ dar. Bei der **GmbH** kann er nach § 52 GmbHG **fakultativ** bestellt werden, bei Eingreifen von bestimmten Tatbeständen des Mitbestimmungsrechts ist die Einrichtung **zwingend**. 41

Bei der **SE** gilt der Verwaltungsrat mit Ausnahme der zu geschäftsführenden Direktoren benannten Direktoren als Aufsichtsrat.[20]

2.3 Beirat und ähnliche Einrichtung

Neben den gesetzlich vorgesehenen Organen Geschäftsführung und Aufsichtsrat unterwirft Nr. 9 auch „**Beiräte und ähnliche Einrichtungen**" den Angabepflichten über die Bezüge. Die Einrichtung kann durch Satzung oder Gesellschaftsvertrag oder durch Beschluss eines Organs installiert (und aufgelöst) werden. Der Sinn der Einbeziehung liegt u. a. in der **Vermeidung** eines Unterlaufens der Angabepflicht durch einfache Umbenennung der Institution bei einer GmbH. 42

Dieser Zweck ist nicht tangiert, wenn von Gesetzes wegen oder aus einem anderen Rechtsgrund bereits ein in der üblichen Form fungierender Aufsichtsrat bestellt ist. In diesen Fällen **entfällt** eine Angabepflicht für den Beirat.[21] Unabhängig davon, ob ein Aufsichtsrat installiert ist, entfallen Angabepflichten bei Beiräten, die nur beratende Tätigkeiten in Einzelfeldern ausüben, deren Kompetenzen also in keiner Weise denen eines Aufsichtsrats angenähert sind.

3. Die Personen im Zeitverlauf

Im Zeitverlauf ist für die Angabepflicht die Organmitgliedschaft während des (Rumpf-)Geschäftsjahrs (→ § 240 Rz. 22) maßgeblich. Die Mitgliedschaft wird regelmäßig durch Beschluss eines (anderen) Organs – Aufsichtsrat oder Hauptversammlung bei der AG, Gesellschafterversammlung bei der GmbH – mit entsprechender Zeitbestimmung begründet und beendet. Der deklaratorisch wirkende **Handelsregister**ein- oder -austrag ist nicht maßgeblich. In Sonderfällen kommt es zur Bestellung durch Gerichtsbeschluss oder umgekehrt zur Beendigung durch Amtsniederlegung. 43

In den Exekutivorganen werden häufig „**Stellvertreter**" – Vorstand und Geschäftsführer – bestellt. Sie haben die gleiche Funktion wie die „ordentlichen" Mitglieder und werden deshalb von der Angabepflicht umfasst. Anders verhält es sich bei den **Ersatzmitgliedern** des (aktienrechtlichen) Aufsichtsrats, die ihre organschaftliche Funktion erst dann ausüben, wenn die bestellt Person z. B. durch Rücktritt oder Tod wegfällt. 44

Ein Ehrenmitglied oder gar -vorsitzender des **Aufsichtsrats** ist dann unter die Angabepflicht zu subsumieren, wenn er oder sie formal als Organmitglied bestellt ist. Meistens wird der Titel nur ehrenhalber verliehen und ist mit keiner Organverantwortung verbunden. Gleichwohl be- 45

---

20 DRS 17.9.
21 Ähnlich *ADS*, 6. Aufl., § 285 Tz. 165; *Ellrott*, in: Beck'scher Bilanz-Kommentar, 7. Aufl., München 2010, § 285 Tz. 162; *Lange*, in: Münchner Kommentar, HGB, § 285 Tz. 143.

zahlte Vergütungen fallen aber häufig unter die Angabepflicht nach Nr. 9b für ehemalige Aufsichtsratsmitglieder.

46 Beim **innerperiodischen Wechsel** einer Person zwischen den Organen – der Vorstand wird Aufsichtsrat – sind die Vergütungen in der Angabe entsprechend zuzuordnen. Abgangsentschädigungen, die nach Beendigung der Vorstandstätigkeit ausgezahlt werden, unterliegen der Angabepflicht nach Nr. 9b. Auch **nach Beendigung** der Organstellung bzw. Beiratstätigkeit bleibt bei Weitergewährung der Bezüge die Angabepflicht erhalten (Nr. 9b), soweit diese auf die (damalige) Funktion entfällt. Unter welcher Bezeichnung die Bezüge ausbezahlt werden, ist unerheblich (Übergangsgelder, Abfindung). Auch Bezüge aufgrund von Beraterverträgen im Zusammenhang mit dem Ausscheiden aus der Organfunktion sind angabepflichtig.

47 Zusätzlich sind die Bezüge von **Hinterbliebenen** – Witwen und Waisen – angabepflichtig, überdies die Höhe der für diese Verpflichtungen (nicht) gebildeten Rückstellungen (→ Rz. 48).

48 Durch **Umwandlungs**vorgänge in Form von Verschmelzungen und Spaltungen gehen Rechte und Pflichten durch (partielle) Gesamtrechtsnachfolge vom bisherigen Rechtsträger auf den Übernehmer über. Daraus wird die Einbeziehung von Organmitgliedern der untergegangenen Gesellschaft in die Angabepflicht für „frühere" Organmitglieder der betreffenden Gesellschaft gefolgert.[22] Das soll nur gelten, wenn bei der übernommenen Gesellschaft Angabezwang für Organbezüge bestand. U. E. ist letztere Einschränkung nicht allgemein zutreffend. Sie ist richtig bei einem früheren persönlich haftenden Gesellschafter einer Personenhandelsgesellschaft, nicht aber bei (früherer) Befreiung wegen der Größenklasse (→ Rz. 72) einer Kapital- oder Kap. & Co.-Gesellschaft oder bei Befreiung nach § 286 Abs. 4 HGB (→ § 286 Rz. 9).

Bei **Spaltungen** geht die Angabepflicht nach der Aufteilung in Spaltungs- und Übernahmevertrag auf den oder die übernehmenden Rechtsträger über. Für die „Ehemaligen" besteht anders als für die „Aktiven" (→ Rz. 46) eine Verpflichtung zur Angabe der (nicht gebildeten) Rückstellungen für laufende Pensionen und Anwartschaften.

4. Die Bezüge

4.1 Aufteilung der Angabe auf die Personengruppen

49 Die Angabe der Bezüge ist nach den „Personengruppen" **aufzuteilen**, d. h. nach Geschäftsleitungsorgan, Aufsichtsrat und ggf. Beirat (→ Rz. 39 ff.). Diese Aufteilungspflicht entfällt demgegenüber bei den **Hinterbliebenen** nach Nr. 9b.

Eine weitere Aufgliederung ist vorzunehmen nach

▶ tätigkeitsbezogenen Vergütungen für **aktive** Organmitglieder nach Nr. 9a (→ Rz. 39 ff.) sowie

▶ Ruhegehältern etc. für **ehemalige** Organmitglieder und deren Hinterbliebenen, Witwer, Witwen, Waisen nach Nr. 9b.

---

[22] Vgl. *ADS*, 6. Aufl., § 285 Tz. 187; *Oser/Holzwarth*, in: Küting/Pfitzer/Weber (Hrsg.), Handbuch der Rechnungslegung, 5. Aufl., §§ 284 bis 288 Tz. 285.

4.2 Herkunft der Bezüge

Die Angabepflicht bezieht sich auf Bezüge als Gegenleistung für die der Gesellschaft als Ausfluss der Organschaftsfunktion erbrachten Tätigkeiten. Die **Herkunft** der Bezüge – die Zahlstelle – ist dabei unerheblich.

50

> **BEISPIEL** Der international aufgestellte Konzern I wickelt aus Gründen der Vertraulichkeit die Organvergütungen der deutschen Konzerngesellschaften über ein Steuerberatungsbüro ab. Dieser werden die Bruttobezüge zuzüglich Abgaben etc. von der NL-Holding in Holland bei Fälligkeit auf einem Treuhandkonto zur Weiterleitung zur Verfügung gestellt. Im *cashpool*-System des Konzerns werden diese verauslagten Beträge den jeweiligen Konzerngesellschaften belastet.

Die Geschäftsführungsvergütungen sind so anzugeben, als ob sie die jeweilige Tochtergesellschaft selbst erbracht hätte.[23]

Dies gilt u. E. auch, wenn die Bezüge von einem **verbundenen** Unternehmen ohne förmliche Weiterbelastung getragen werden.

51

> **BEISPIEL** A ist neben zwei anderen Personen Geschäftsführer und alleiniger Gesellschafter der M-GmbH. Diese hat eine 100%ige Tochter T-GmbH, die durch Gewinnabführungsvertrag mit der M-GmbH verbunden ist. Die T-GmbH ist eine kleine Gesellschaft i. S. des § 267 Abs. 1 HGB und hat einen Fremdgeschäftsführer. A ist für die T-GmbH nicht tätig, erhält aber von ihr ein standesgemäßes Gehalt im Vergleich zu den beiden Geschäftsführern der M-GmbH. Eine Weiterbelastung der Bezüge der A erfolgt indirekt durch die Durchführung des Gewinnabführungsvertrags.

U. E. sind die Bezüge des A von der T-GmbH bei der M-GmbH angabepflichtig.

Bei Vergütung eines **Geschäftsführers der Tochtergesellschaft** durch **Dienstvertrag mit der Muttergesellschaft** sind die von Letzterer der Tochter weiterbelasteten Verdienstbestandteile von der Tochter anzugeben.[24]

52

Soweit nicht konzernverbundene Dritte Leistungen gewähren, sind diese nur im Fall börsennotierter Aktiengesellschaften angabepflichtig (→ Rz. 71a).

4.3 Umfang der Bezüge

4.3.1 Überblick

In Nr. 9a Satz 1 bis 4 werden Angabeinhalte für **alle** der Berichterstattung unterliegenden Organe (→ Rz. 39) dargelegt. Folgende Differenzierungen sind dabei geboten:

53

---

23 Wie hier *ADS*, 6. Aufl., § 285 Tz. 172; *Oser/Holzwarth*, in: Küting/Pfitzer/Weber (Hrsg.), Handbuch der Rechnungslegung, 5. Aufl., §§ 284 bis 288 Tz. 272; a. A. *Ellrott*, in: Beck'scher Bilanz-Kommentar, 7. Aufl., München 2010, § 285 Tz. 172.
24 So auch *Oser/Holzwarth*, in: Küting/Pfitzer/Weber (Hrsg.), Handbuch der Rechnungslegung, 5. Aufl., §§ 284 bis 288 Tz. 272.

VIII. Organbezüge

- **Personell** beziehen sich die Angaben in der Praxis weitaus überwiegend auf den **Geschäftsleitungsbereich**. Besonderheiten für Aufsichtsgremien, Beiräte etc. sind unter → Rz. 63 kommentiert.
- **Sachlich** umfassen die Gesamtbezüge alle Arten von Vorteilen, die an die Organe für ihre Organtätigkeit gewährt werden, ausdrücklich auch Aufwandentschädigungen und „Nebenleistungen jeder Art" (→ Rz. 54 ff.).
- **Zeitlich** sind die im Geschäftsjahr gewährten Bezüge anzugeben, und zwar auch dann, wenn sie für Leistungen früherer Geschäftsjahre gewährt werden. Der Zeitpunkt der Gewährleistung ist dabei weder mit dem der Aufwandserfassung in der GuV noch mit dem der Zahlung identisch (→ Rz. 65b). Vorteile aus Optionen und ähnlichen **aktienbasierten** Vergütungen gelten nicht im Zeitpunkt der Ausübung des jeweiligen Rechts, sondern in dem seiner Gewährung als bezogen (→ Rz. 65e).

4.3.2 Der sachliche Umfang der Bezüge

54 Das Gesetz verlangt in Nr. 9a Satz 1 die Angabe der **Gesamt**bezüge und erläutert diese Vorgabe durch einen Klammerzusatz, der beispielhaft neben Gehältern und Gewinnbeteiligungen (Tantiemen) auch „Bezugsrechte und sonstige aktienbasierte Vergütungen, Aufwandsentschädigungen, Versicherungsentgelte, Provisionen und Nebenleistungen **jeder** Art" erwähnt. Das Gesetzesziel ist eindeutig: Durch phantasievolle Bezeichnungen (z. B. „Aufwandsentschädigungen") sollen effektive Vergütungen nicht von der Angabepflicht befreit sein. Dies gilt insbesondere auch für sog. **Sachbezüge**. Die **lohnsteuerlichen** Regelungen können als Vorreiter bei der Auslegung herangezogen werden.

Als in die Gesamtvergütungen einzubeziehende Sachbezüge gelten daher etwa Vorteile aus **zinsverbilligten Darlehen**, hingegen nicht der **Auslagenersatz für Reisespesen** etc. im Rahmen der steuerlichen Höchstgrenzen.

> **BEISPIEL** ▶ Der Vorstand der X-AG erhält nach seinem Dienstvertrag Reisespesen i. H. des Doppelten der steuerlichen Pauschalsätze. Außerdem erhält er „Vertrauensspesen" i. H. von 3.000 € pro Monat zur häuslichen Bewirtung wichtiger Kunden.
>
> U. E. sind die „Vertrauensspesen" zur Vermeidung einer Umgehung der Angabepflicht in die „Gesamtbezüge" einzubeziehen. Zweifelhaft ist die Behandlung der die steuerlichen Höchstgrenzen übersteigenden Reisespesen. Die Nichtangabe erscheint vertretbar, weil die Steuersätze den effektiven Aufwand häufig nicht abdecken. Andererseits kann die Angabe diesen Spesenanteil schon aus Praktikabilitätsgründen umfassen, indem die Bruttobezüge laut Lohnausweis als Beleg für die Angabe dienen.

55-58 vorläufig frei

59 **Keine** Angabepflicht besteht für

- **Arbeitgeberanteile für Sozialversicherungsbeiträge** im In- und Ausland sowie vergleichbare Leistungen an berufsständische oder private Versorgungsträger;
- Zuführungen zur **Pensionsrückstellung**;
- **Rückdeckungsversicherungen** für eine Altersversorgungszusage, da Versicherungsnehmer die Gesellschaft ist.

Bei den **Pensionsrückstellungen** ist jedoch Folgendes zu beachten:

▶ Mit **Eintritt des Versorgungsfalls** entstehen Bezüge früherer Organmitglieder oder ihrer Hinterbliebenen, die nach Nr. 9b Satz 1 angabepflichtig sind.

▶ Bei **börsennotierten Aktiengesellschaften** sind die für den Fall der regulären Beendigung des Dienstverhältnisses zugesagten Leistungen (darunter auch Pensionen) mit ihrem Barwert sowie dem im Geschäftsjahr aufgewandten oder zurückgestellten Betrag nach Nr. 9a Satz 6 Buchst. bb anzugeben (→ Rz. 71b).

Bei **beitragsorientierten** Altersversorgungssystemen mit Kapitaldeckung (→ § 249 Rz. 47) unterliegen die Einzahlungen auf das Versorgungskonto in Parallele zur Zuführung der Pensionsrückstellung keiner Angabepflicht; es besteht allerdings eine Sollvorschrift zur Angabe nach dem DCGK Tz. 4.2.5 Abs. 2 (→ Rz. 105). 60

Umgekehrt unterliegt die Übernahme von Versicherungsprämien für Policen, die auf das Organmitglied lauten, der Angabepflicht, z. B. **Lebensversicherungen**.

D&O (*Directors & Officers*)-Versicherungen sind u. E. mit ihren Prämien nicht als angabepflichtige Bezüge anzusehen, weil sie dem Interesse der Gesellschaft dienen.[25]

Unfallversicherungsprämien sind nicht angabepflichtig, soweit Geschäftstätigkeiten mit ihrer Unfallgefahr (Reisetätigkeit) versichert sind. Regelmäßig kann u. E. für derlei Versicherungen wegen Geringfügigkeit der Privatanteil der Prämie von der Angabepflicht ausgeschlossen werden.

Bezugsrechte auf Aktien (auch Optionen) und andere auf der Entwicklung des **Aktienkurses** beruhende Vergütungsbestandteile sind nach Menge und beizulegendem Zeitwert als besonderer Vergütungsbestanteil anzugeben (Nr. 9a Satz 4) (→ Rz. 65e). 61

Die Bezüge müssen **für die Organtätigkeit** gewährt werden. Vergütungen für die Mitglieder des Exekutivorgans sind dabei nicht nach ausgeübten **Funktionen** aufzuteilen. 61a

> **BEISPIEL** ▶ Der Alleingeschäftsführer der M-GmbH ist in besonderem Umfang „vertriebsorientiert". Die Hälfte der Arbeitszeit teilt er sich im Vertriebsbereich mit dessen Leiter. In der anderen Hälfte ist er mit eigentlichen Geschäftsführungsaufgaben beschäftigt. Eine Nichtangabe der auf die Vertriebstätigkeit entfallenden Vergütung als nicht „geschäftsleitungsspezifisch" ist unzulässig.
>
> Der Mehrheitsgesellschafter der Anwalts-GmbH ist nicht mehr aktiv tätig, fungiert entsprechend dem Handelsregistereintrag (→ Rz. 43) noch als Geschäftsführer. Für die Aufrechterhaltung von persönlichen Beziehungen zu langjährigen Mandanten erhält er eine „Anerkennungspauschale" von monatlich 1.000 €.
>
> U. E. fällt dieser Bezug wegen des Rechtsscheins der Handelsregistereintragung unter die Angabepflicht.

Erhält ein Mitglied des (mitbestimmten) Aufsichtsrats zusätzliche Bezüge als Arbeitnehmer, sind diese Arbeitnehmerbezüge nicht anzugeben. Gleiches gilt für die Vergütungen von Auf-

---

[25] So auch DRS 17.9, a. A. *Ellrott*, in: Beck'scher Bilanz-Kommentar, 7. Aufl., München 2010, § 285 Tz. 175.

sichtsratsmitgliedern, die für die Erbringung von **Beratertätigkeiten** außerhalb der Aufsichtsratstätigkeit anfallen, also etwa das Honorar eines als Aufsichtsrat fungierenden Rechtsanwalts für die Vertretung der Gesellschaft in einem Rechtsstreit.[26]

62 Von Gesetzes wegen unterliegen die Aufsichtsrats- und Beiratsbezüge dem gleichen Angabeprofil wie diejenigen der Geschäftsleitung. Deshalb kann auf vorherigen Kommentierungen verwiesen werden (→ Rz. 54 ff.). Besonderheiten ergeben sich in

- rechtlicher (→ Rz. 63) und
- tatsächlicher (→ Rz. 64) Hinsicht.

63 **Rechtlich** bestehen Beschränkungen bei den aktienwertbasierten Vergütungen. Sind entsprechende Bezugsrechte mit zurückgekauften eigenen Aktien der Gesellschaft gem. § 71 Abs. 1 Nr. 8 AktG oder mit bedingtem Kapital gem. § 192 Abs. 2 Nr. 3 AktG (→ § 272 Rz. 79) unterlegt, scheiden Aufsichtsräte als Begünstigte aus.[27] Aktienbasierte Vergütungsformen können diesem Personenkreis nur durch **virtuelle** Optionen zukommen. Eine mögliche ergebnisabhängige Vergütung kann sich am Ergebnis je Aktie (*earning per share*) orientieren.[28]

64 In **tatsächlicher** Hinsicht sind Vergütungen für Aufsichts- und Beiräte anders als bei Geschäftsleitungsmitgliedern (→ Rz. 39) **differenziert** zu würdigen. Diese können nicht nur für die eigentliche **Überwachungsfunktion** anfallen, sondern auch für **sonstige** Tätigkeiten, insbesondere Beratungen aller Art. Ein entsprechender Dienst- oder Werkvertrag bedarf nach § 114 Abs. 1 AktG der Zustimmung des Aufsichtsrats. Auch **steuerlich** besteht ein Interesse an der klaren Abgrenzung einer solchen Sonder-Tätigkeit des Aufsichtsrats, um die hälftige Zurechnung der Vergütung bei der Einkommensermittlung der Gesellschaft gem. § 10 Nr. 4 KStG zu vermeiden.

65 Die Angabepflicht für die Bezüge aus der (eigentlichen) Überwachungstätigkeit entfällt nicht, wenn das Aufsichtsratsmitglied beamtenrechtlich oder institutionell (Gewerkschaftsmitglieder) zur Ablieferung der Bezüge verpflichtet ist.

4.3.3 Die zeitliche Zuordnung der Bezüge

65a Anzugeben sind die **im** Geschäftsjahr gewährten Bezüge (Nr. 9a Satz 1), und zwar auch dann, wenn sie **für** Leistungen früherer Geschäftsjahre gewährt werden (Nr. 9a Satz 3).

Hierbei sind auch Bezüge, die **nicht ausgezahlt**, sondern in Ansprüche anderer Art umgewandelt werden, in die Gesamtbezüge einzubeziehen (Nr. 9a Satz 2). Hieraus ergibt sich verallgemeinert: Der **Zeitpunkt des Gewährens** ist nicht mit dem der Zahlung identisch. Entscheidend ist der Zeitpunkt, in dem der Vergütungs**anspruch** des Organmitglieds entsteht.

---

26 DRS 17.21 (= E-DRS 25.21).
27 BGH-Urteil vom 16. 2. 2004 – II ZR 316/02, BB 2004 S. 621.
28 So bei der Siemens AG laut Vergütungsbericht für 2008, S. 45.

In diesem Zusammenhang gilt nach DRS 17 – mit besonderen Ausnahmen für aktienbasierte Vergütungen (→ Rz. 65e) – Folgendes 65b

- Bezüge sind gewährt, wenn dem Begünstigten eine rechtsverbindliche **Zusage erteilt** und die der Zusage zugrunde liegende **Tätigkeit erbracht** wurde (sog. „**Konzept der definitiven Vermögensvermehrung**"[29] beim Organmitglied).
- Etwaige aufschiebende **Bedingungen** müssen erfüllt bzw. auflösende Bedingungen weggefallen sein.

Für die Angabe der Gesamtbezüge ist somit **keine aufwandsbezogene Betrachtung** zugrunde zu legen. Beispielhaft ergeben sich folgenden Unterschiede gegenüber der Behandlung des Personalaufwands in der GuV:

> **BEISPIEL**
>
> **AUFSCHIEBENDE BEDINGUNG** X erhält wegen Erreichung der maßgeblichen Leistungsziele für das Geschäftsjahr 01 eine Tantieme, jedoch nur dann (aufschiebende Bedingung), wenn er bis zum 31.12.03 im Unternehmen verbleibt.
>
> **BEURTEILUNG** Der Aufwand wird in Geschäftsjahr 01 erfasst. Die Anhangangabe erfolgt erst mit Erfüllung der aufschiebenden Bedingung, also im Geschäftsjahr 03.
>
> **AUFLÖSENDE BEDINGUNG** X erhält am 1.1.01 für die Verlängerung des Vorstandvertrags um fünf Jahre eine *signing fee*, die er jedoch zurückzuzahlen hat, wenn er nicht bis mindestens Ende 03 im Unternehmen verbleibt.
>
> **BEURTEILUNG** Der Aufwand wird in 01 gebucht, die Angabe erfolgt in 03.

Für nicht aktienbasierte Bezüge, die vom Eintritt oder Wegfall künftiger **Bedingungen** abhängen, sieht E-DRS 25.34 die **Angabe** der wesentlichen Merkmale der Zusage (Basisdaten) im Geschäftsjahr der Zusage vor. Dies umfasst die Angabe des zugesagten Betrags, sofern die Zusage in absoluten Beträgen erfolgt, und die Darstellung der vereinbarten Bedingungen (z. B. Erfolgs-/Leistungsziele, das Fortbestehen des Organverhältnisses für eine Mindestdauer). Ferner sind in dem Geschäftsjahr, in dem diese Bezüge gewährt werden, separat die Höhe des gewährten Betrags und das Geschäftsjahr, in dem die Zusage dieser Bezüge ursprünglich erfolgte, anzugeben.

In den Ausführungen des DRS 17 (→ Rz. 65b) wird allerdings nicht immer deutlich, ob sich auflösende oder aufschiebende **Bedingungen** auf die Frage beziehen, **für** welches Geschäftsjahr oder **in** welchem Geschäftsjahr Bezüge gewährt werden. Bei einer nach zehn Dienstjahren entstehenden Jubiläumsgratifikation soll etwa nach DRS 17 die gratifikationsbegründende Tätigkeit erst mit dem Geschäftsjahr des Jubiläums (also in der Periode 10) erbracht sein.[30] Bei Gewährung in diesem Geschäftsjahr läge also ein Bezug nach **Nr. 9a Satz 1** vor (Gewährung **im und für** das Geschäftsjahr) vor. U. E. wird die maßgeblich Tätigkeit im Jubiläumsfall hingegen 65c

---

29 E-DRS 25.A6.
30 DRS 17.27 (= E-DRS 25.22).

verteilt auf den Erdienenszeitraum (im Beispiel über zehn Jahre) erbracht. Die Jubiläumsgratifikation wird zwar erst bei Vollendung dieses Zeitraums (im Beispiel in Periode 10) gewährt, aber für die Jahre dieses Zeitraums (im Beispiel für die Jahre 1 bis 10). Insoweit läge u. E. eine Angabepflicht nach **Nr. 9a Satz 3 näher**. Da aber beide Bezugsarten in die Gesamtbezüge einzubeziehen und dort – vorbehaltlich sonstiger Spezialvorschriften – nicht aufzugliedern sind, ist die Zuordnung von Bedingungen zum Leistungsakt (für welches Geschäftsjahr) oder zum Gewährungszeitpunkt (in welchem Geschäftsjahr) ohne größer Relevanz.

65d Eine weitere Einschränkung es Anwendungsbereichs von Nr. 9a Satz 3 zugunsten von Nr. 9a Satz 1 sieht DRS 17.31 (= E-DRS 25.25) vor. Danach gilt für Ansprüche, deren Entstehung noch einen Organbeschluss voraussetzt: Ist bei Abschlussaufstellung für 01 mit der Erteilung der erforderlichen Organbeschlüsse aufgrund der bisherigen Erfahrungen mit hoher Wahrscheinlichkeit zu rechnen und die Höhe der Bezüge verlässlich abschätzbar, sind diese bereits in 01 als für 01 gewährte Bezüge (also nach Nr. 9a Satz 1) zu berücksichtigen. Lediglich ein Spitzenbetrag (positive Differenz zwischen den in 02 tatsächlich beschlossenen und den in 01 angegeben Bezügen) unterliegt dann noch der Angabepflicht nach Nr. 9a Satz 3.

> **BEISPIEL** Für das besonders erfolgreiche Geschäftsjahr 01 sagt Mehrheitsgesellschafter G dem Vorstand V eine Sonderzahlung von 1 Mio € zu, über die allerdings formell noch der Aufsichtsrat entscheiden muss. Der Aufsichtsrat entscheidet erst nach Bilanzaufstellung.
>
> **BEURTEILUNG** Sprechen die bisherigen Erfahrungen für eine „Durchsetzung" der Zusage im Aufsichtsrat, sind diese bereits in 01 als für 01 gewährte Bezüge (also nach Nr. 9a Satz 1) zu berücksichtigen.

Bei gewinnabhängigen Vergütungen mit bestehendem Rechtsanspruch (Tantiemen), die sich auf das abgelaufene Geschäftsjahr beziehen und an keine weiteren Bedingungen (insbesondere keinen Erdienenszeitraum) geknüpft sind (→ Rz. 65a), entstehen angabepflichtige Bezüge im Umfang der gebildeten Rückstellung. Eine Abweichung des effektiven Vergütungsbetrags vom Rückstellungswert ist dann im Anhang des Folgejahrs entsprechend zu korrigieren (Satz 3, bei niedrigerem Auszahlungsbetrag analog).

65e Optionen und ähnliche **aktienbasierte Vergütungen** sind gem. Nr. 9a Satz 4 gesondert angabepflichtig und gelten nicht erst im Zeitpunkt der Ausübung des jeweiligen Rechts, sondern im **Zeitpunkt der Gewährung des Rechts** als bezogen (→ Rz. 61). Folgerichtig ist – neben der Anzahl der gewährten Optionen etc. – der **beizulegende Zeitwert zum Zeitpunkt der Gewährung** anzugeben (*grant date measurement*).

> **BEISPIEL**[31] Durch Aufsichtsratsbeschluss erhält der Vorstand einen Aktienbezug im Gegenwert von
>
> | | | |
> |---|---|---|
> | ▶ Vorsitzender | 2,5 Mio € | Anzahl 66.402 |
> | ▶ Mitglied | 1,5 Mio € | Anzahl 26.561 |

---

31 Entnommen dem Vergütungsbericht der Siemens AG für 2008.

> Dieser Betrag wird auf den Kurswert der Aktie am Zusagetag abzüglich des Gegenwartswerts der in der Halteperiode erwarteten Dividende heruntergebrochen.

Wegen der rechtlichen Ausgestaltung und der bilanziellen Abbildung solcher Vergütungsformen wird auf die Kommentierung in → § 272 Rz. 68 ff. verwiesen. Der Angabeinhalt entspricht nicht den Vorschlägen zur Bilanzierung, insbesondere nicht derjenigen nach IFRS 2.[32] Nach dem Gesetzeswortlaut ist der modelltheoretisch (selten auch unmittelbar durch Marktpreise bestimmte) ermittelte Optionswert im Zusagezeitpunkt anzugeben. Die effektive Wertentwicklung bis zur Einlösung der Bezugsrechte und die damit u.U. einhergehende Aufwandsbelastung der Gesellschaft bleiben ohne Berücksichtigung in der Angabe. Dies widerspricht dem Sinngehalt von Nr. 9a Satz 3 (→ Rz. 54), muss indes hingenommen werden, wenn Nr. 9a Satz 4 als lex specialis anzusehen ist.[33] Jedenfalls hat der Gesetzgeber die viel weitergehenden Vorschläge zu Angabepflichten im Schrifttum ersichtlich nicht aufgegriffen.[34] Nicht anzugeben sind die im Berichtsjahr ausgeübten oder anfallenden Bezugsrechte, ebenso wenig der jeweilige Bestand am Anfang und Ende der Periode.

Anders als die extern – durch den Börsenkurs – verursachte spätere Wertentwicklung sollen **vertraglich** veranlasste Wertveränderungen, z. B. durch Veränderung der Sperrfrist oder der Ausübungshürden, **wertmäßig** angegeben werden.

Wegen der sonderrechtlichen Angabepflichten für Vorstände börsennotierter Aktiengesellschaften wird auf → Rz. 71 verwiesen.

5. Kredite und Vorschüsse

Sachlich betrifft die Angabepflicht nach Nr. 9c:

66

▶ Vorschüsse: Vergütungen vor Fälligkeit bzw. Entstehen des Anspruchs,
▶ Kredite jeder Art, insbesondere Darlehen,
▶ Verzinsung (der Vorschüsse und Darlehen),
▶ wesentliche Bedingungen (der Vorschüsse und Darlehen), d. h. Besicherung und Laufzeit, nicht die Verwendung,
▶ Tilgungen (der Vorschüsse und Darlehen) im Berichtsjahr sowie
▶ eingegangene Haftungsverhältnisse, auch wenn die Berichterstattung bereits nach § 268 Abs. 7 HGB (→ § 268 Rz. 118) erfolgt ist.[35]

Sinnvollerweise erfolgt die Angabe **tabellarisch** („Spiegel") mit dem Forderungsbestand am Beginn des Geschäftsjahrs und Entwicklung zum Endstand. Zur Darstellungstechnik als „Spiegel" vgl. → § 268 Rz. 104.

---

32 Vgl. hierzu im Einzelnen *Oser/Holzwarth*, in: Küting/Pfitzer/Weber (Hrsg.), Handbuch der Rechnungslegung, 5. Aufl., Tz. 260.
33 DRS 17.38.
34 Vgl. *Roß/Pommerening*, WPG 2002 S. 371, mit detaillierter Darstellung der Diskussionen im Vorfeld des TransPuG.
35 Für doppelte Berichterstattung auch *Ellrott*, in: Beck'scher Bilanz-Kommentar, 7. Aufl., München 2010, § 285 Tz. 215.

67 Dem Gesetzeswortlaut ist nicht zu entnehmen, ob nur die am **Bilanzstichtag** bestehenden oder auch die **unterjährig** gewährten und wieder zurückgezahlten Kredite etc. anzugeben sind.[36] Jedenfalls bei Geringfügigkeit ist auf eine Angabe zu verzichten. Umgekehrt muss die Angabe erfolgen, wenn nur zur **Verschleierung** der Kreditbesicherung in Absprache mit einer Bank am 30.12.01 die Rückzahlung des Kredits an die Gesellschaft und am 2.1.02 die Neuausreichung in gleicher oder ähnlicher Höhe erfolgt (typischer Fall einer förmlichen Gesetzesumgehung ohne wirtschaftliche Substanz; Analogie zu § 89 Abs. 3 AktG). Eine solche Umgehung liegt auch vor, wenn der Kredit förmlich nicht an das Organmitglied selbst, sondern an eine diesem nahestehende Person (Ehefrau) oder Unternehmen gewährt wird. Hier kann es zu einer „Überlagerung" der Angabepflicht mit der Vorgabe nach Nr. 21 (→ Rz. 136) kommen.

68 Beim Ausweis muss nach **Art** des Organs (Vorstand oder Aufsichtsrat) differenziert werden (Eingangssatz zu Nr. 9a: „jeweils für jede Personengruppe"). **Ehemalige** Organmitglieder sind nicht von der Angabepflicht betroffen.[37] Maßgeblich ist die Organmitgliedschaft am **Bilanzstichtag**. Hierin besteht ein Unterschied zu den **zeitraum**bezogenen Angabepflichten nach Nr. 9a.

> **BEISPIEL**[38] Anfang 01 erhält V von der U-AG ein langfristiges, gemessen am Markt zinsgünstiges Darlehen für einen Hausbau. V ist zu diesem Zeitpunkt leitender Mitarbeiter. Am 1.7.02 wird V zum Vorstand der U-AG berufen.
>
> Angabepflichten im Abschluss 31.12.02:
>
> Nach Nr. 9a HGB sind Angaben zu den im Geschäftsjahr gewährten Gesamtbezügen (§ 285 Nr. 9a HGB) zu machen. Diese umfassen auch „Nebenleistungen jeder Art", also hier den Vorteil aus der Niedrigverzinslichkeit des Darlehens. Anzugeben ist jedoch nur die auf den **Zeitraum** der Organtätigkeit entfallende Vergütung (→ Rz. 141a), hier also der Zinsvorteil, der zwischen dem 1.7. und 31.12.02 entsteht.
>
> Nach Nr. 9c sind Angaben zu den Krediten zu machen. Anders als bei den Gesamtbezügen, die nach § 285 Nr. 9b HGB auch für ehemalige Organmitglieder anzugeben sind, beschränkt sich die Angabepflicht zu Krediten aber auf aktive Organmitglieder. Maßgeblich ist deshalb die Organstellung am Bilanzstichtag, unerheblich, ob das Darlehen zu einem Zeitpunkt gewährt wurde, als V noch nicht Vorstand war.
>
> Zur Frage, ob neben Nr. 9a und Nr. 9c auch Nr. 21 (Geschäfte mit nahestehenden Personen) im Beispiel einschlägig ist, wird auf → Rz. 146a verwiesen.

Die Angabepflicht für **Arbeitnehmervertreter im Aufsichtsrat** hängt davon ab, ob die Darlehensgewährung etc. in der Eigenschaft als Arbeitnehmer (Regelfall) oder als Aufsichtsrat (Ausnahme) erfolgt ist. Im Regelfall entfällt die Angabepflicht.

69 Die Kreditvergabe an Organmitglieder bedarf der **Zustimmung** etc. des Aufsichtsrats (§§ 89 Abs. 1, 115 Abs. 1 AktG). Die ohne eine solche erfolgte Kreditgewährung befreit nicht von der

---

36 Dafür *Ellrott*, in: Beck'scher Bilanz-Kommentar, 7. Aufl., München 2010, § 285 Tz. 215.
37 Vgl. *ADS*, 6. Aufl., § 285 Tz. 197; *Ellrott*, in: Beck'scher Bilanz-Kommentar, 7. Aufl., München 2010, § 285 Tz. 190.
38 Nach *Lüdenbach*, StuB 2010 S. 67 ff.

Angabepflicht. Kredite an Komplementäre einer KGaA sind nach § 286 Abs. 2 Satz 4 AktG in der Bilanz als solche zu vermerken.

Kleine Kapital- und Kap. & Co.-Gesellschaften sind von der in Nr. 9c angesprochenen Angabepflicht nach § 288 Satz 1 HGB **nicht** befreit (→ § 288 Rz. 1). 70

6. Sonderangaben bei börsennotierten Aktiengesellschaften

In Nr. 9a Sätze 5 bis 9 ist für **börsennotierte** Aktiengesellschaften eine **Individualisierung** der Angaben über die Bezüge von **Vorstands**mitgliedern (nicht Aufsichtsräte) vorgeschrieben. Diese werden durch **Angabepflichten im Lagebericht** (→ § 289 Rz. 69) und durch (freiwillig zu befolgende) weitere Angaben nach dem Deutschen Corporate Governance Kodex (DCGK, → Rz. 105) ergänzt. Aus dieser Gemengelage heraus hat sich in der Praxis dieser Gesellschaften die Erstellung eines „**Vergütungsberichts**" als Teil des Lageberichts nach § 289 Abs. 2 Nr. 5 Satz 1 HGB (→ § 289 Rz. 69) herauskristallisiert, der wie in § 285 Abs. 2 Nr. 5 Satz 2 HGB zugelassen, förmlich auch Bestandteile des Anhangs enthält. 71

Die aufgliederungspflichtigen Gesamtbezüge umfassen zunächst die Bezüge nach Nr. 9a Satz 1 bis 4 (→ Rz. 53). Darüber hinaus sind nach Nr. 9a Satz 6 Leistungen bzw. Leistungszusagen für den Fall der vorzeitigen oder regulären **Beendigung** der Vorstandstätigkeit zu berücksichtigen, wobei es keine Rolle spielt, ob diese Leistungen im Dienstvertrag geregelt oder anlässlich der Beendigung in Aufhebungs- oder Altersversorgungsverträgen separat vereinbart werden.

Die Angabepflicht besteht für **jedes einzelne** (auch stellvertretende) Vorstandsmitglied in der Aufteilung nach

- erfolgsunabhängigen,
- erfolgsbezogenen,
- erfolgsbezogenen mit langfristiger Anreizwirkung
- Vergütung durch Dritte.

Diese Angaben sind zu ergänzen mit einer (verbalen) Darstellung der wesentlichen Inhalte der Zusage einschließlich einer **Abgangsentschädigung** (*termination benefit*). Diese Vergütung selbst fällt unter die Angabepflicht nach Nr. 9b (→ Rz. 46).

Die Vergütungskomponenten sind wie folgt abzugrenzen:

- Die erfolgsunabhängigen Bezüge umfassen das laufende Monatsgehalt (zwölf- bis 14-fach bezahlt, auch Urlaubsgeld) sowie Sachbezüge (→ Rz. 54), aber auch sog. Garantie- oder Mindesttantiemen.
- Erfolgsabhängige (kurzfristige) Vergütungen betreffen Boni, Tantiemen, Provisionen, Erfindervergütungen u. Ä., einerlei unter welcher Bezeichnung.
- Erfolgsbezogene Vergütungen mit langfristiger Anreizwirkung sprechen insbesondere die aktienkursorientierten Vergütungen an.
- Die von Dritten bezahlten Vergütungen sind zur Vermeidung von Umgehungen eigens erwähnt, also z. B. Bezüge von Tochterunternehmen.

Leistungen von Dritten (z. B. Gesellschaftern oder nahestehenden Unternehmen) sind nur anzugeben, wenn sie im Hinblick auf die Tätigkeit als Vorstandsmitglied zugesagt oder im Ge- 71a schäftsjahr gewährt worden sind. Die Vorstandstätigkeit steht nicht in Zusammenhang mit einer Leistung, wenn die Leistung auch ohne Vorstandsfunktion des Begünstigten erfolgt wäre.[39]

> **BEISPIEL** Hauptgesellschafter A räumt Vorstand X (zugleich Schwiegersohn des A) eine kostenlose Unterbeteiligung ein, Vorstand Y (nicht verwandt) hingegen nicht.
>
> **BEURTEILUNG** Da die Einräumung der Unterbeteiligung familiär begründet ist, liegt keine angabepflichtige Leistung vor.

> **BEISPIEL** Mit je 16 % sind A und B an der X-AG beteiligt, die restlichen Anteile sind breit gestreut. Die X-AG ist hoch sanierungsbedürftig, Als neuer Vorstand soll daher Sanierungsspezialist S gewonnen werden, der auf beträchtliche Erfolge in entsprechenden Fällen verweisen kann. S ist zur Übernahme des Vorstandspostens nur bereit, wenn er neben einer auskömmlichen Fixvergütung eine ganz erhebliche Beteiligung an einer evt. Steigerung des Börsenwerts der X-AG erhält. Im (mitbestimmten) Aufsichtsrat wären entsprechende Konditionen nicht durchsetzbar. A und B entschließen sich daher, S an der positiven Wertentwicklung ihrer Anteile in den nächsten zwei Jahren partizipieren zu lassen, wobei sie wahlweise in Aktien oder Geld erfüllen können. Die Zusage wird S Mitte 01 zeitnah zur Vorstandsbestellung erteilt. Zwischen A und B sowie S ist Stillschweigen über die Zusage vereinbart.
>
> **BEURTEILUNG** Es liegt eine aktienkursorientierte Vergütung der Vorstandstätigkeit vor. Dass diese nicht von der Gesellschaft, sondern von den beiden Hauptgesellschaftern (als Ditten) erbracht wird, ist unerheblich, da der Bezug zur Vorstandtätigkeit offensichtlich ist.
>
> Aktienkursorientierte Vergütungen gelten im Jahr der Erteilung der Zusage als gewährt (→ Rz. 65e). Eine Angabepflicht besteht daher für 01. Die Gesellschaft weiß auch über S als für die Bilanzaufstellung verantwortliches Organmitglied von der Existenz der Zusage. Praktische Hindernisse stehen der Erfüllung der Angabepflicht also nicht entgegen. Ein rechtliches Hindernis könnte die Vereinbarung über das Stillschweigen sein. Durch entsprechende privatrechtliche Abreden kann der Umfang der öffentlichen Rechungslegungs- bzw. Rechenschaftspflicht aber nicht eingeschränkt werden. Unterbleibt die Angabe, so liegt mindestens eine Ordnungswidrigkeit (§ 334 Abs. 1 Nr. 1d HGB), ggf. auch eine Straftat (§ 331 HGB) vor.

Die Leistungen von Dritten sind unter Namensnennung jedes einzelnen Vorstandsmitglieds, aufgeteilt nach erfolgsunabhängigen und erfolgsbezogenen Komponenten sowie Komponenten mit langfristiger Anreizwirkung, gesondert darzustellen.

71b Besonders erwähnt sind in Nr. 9a Satz 6 Leistungen, die aktiven Vorständen für den Fall der **vorzeitigen oder regulären Beendigung der Vorstandstätigkeit** zugesagt, sowie Leistungen, die einem im Geschäftsjahr ausgeschiedenen Vorstandsmitglied im Zusammenhang des **Ausscheidens** zugesagt und im Laufe des Geschäftsjahrs gewährt wurden. Hierbei ist wie folgt zu unterscheiden:

---

[39] DRS 17.63 (= E-DRS 25.68).

- Zusagen an **aktive Vorstände** für den Fall eines **vorzeitigen Ausscheidens**: Angabe evtl. vereinbarte Festbeträge, ansonsten Angabe von Basisdaten (Bemessungsgrundlage, Prozentsatz hiervon, Dynamisierung, etc.).[40]
- Zusagen an **aktive Vorstände** für den Fall der **regulären Beendigung** der Tätigkeit (Pensionszusagen, Abfindungszusagen, Zusagen für Übergangsgelder etc.): Zusätzlich zu den Angaben, die auch bei vorzeitiger Beendigung gefordert sind, Angabe des Barwerts der Zusage sowie wahlweise entweder des Aufwands der Geschäftsjahrs oder des Rückstellungsbetrags.[41]
- Angaben zu **Änderungen von Zusagen für aktive Vorstände**: Beschreibung der Änderung.
- **Im Geschäftsjahr ausgeschiedene Vorstände**: Angaben der Leistungen, die im Zusammenhang des Ausscheides zugesagt und im Geschäftsjahr gewährt wurden.

Die **Individualisierung** der Angabe nach Nr. 9a Satz 5 bis 9 **unterbleibt** nur unter den Voraussetzungen des § 286 Abs. 5 HGB (→ § 286 Rz. 11). 71c

Ist das Mutterunternehmen eine börsennotierte Aktiengesellschaft, soll der **Lagebericht** gem. § 289 Abs. 2 Nr. 5 Satz 1 HGB auf die **Grundzüge des Vergütungssystems** eingehen. Nach § 289 Abs. 2 Nr. 5 Satz 2 HGB kann dieser mit den Angaben nach § 285 Nr. 9a Satz 5 HGB zu einem **Vergütungsbericht** (→ Rz. 71) zusammengefasst werden. Dieser ist dann Teil des Lageberichts. Aus Gründen des inhaltlichen Zusammenhangs erfolgt die Kommentierung der Erläuterung des Vergütungssystems aber an dieser Stelle (→ § 289 Rz. 69). 71d

Die Darstellung der Grundzüge des Vergütungssystems umfasst:[42]

- Erläuterungen zum **Verhältnis** der erfolgsunabhängigen und erfolgsbezogenen Komponenten sowie der Komponenten mit langfristiger Anreizwirkung.
- Dabei Erläuterungen zu den **einzelnen** Erfolgsparametern (z. B. Ergebnis- oder Renditekennziffern oder Aktienkursentwicklung), jedoch ohne quantifizierte Angabe.
- Bei **Aktienoptionen** und vergleichbaren Vergütungen Erläuterung der Ausübungsbedingungen (z. B. Mindestaktienkursentwicklung, Erdienenszeitraum etc.).

Unter Bezugnahme auf die Begründung im Gesetzgebungsverfahren wird eine Berichterstattungspflicht insoweit verneint, als die anzugebenden Sachverhalte bei vernünftiger kaufmännischer Beurteilung geeignet sind, der Gesellschaft einen erheblichen **Nachteil** zuzufügen.[43] Dies soll in erster Linie Fälle betreffen, in denen die Veröffentlichung zu Wettbewerbsverschlechterungen führt.

BEISPIEL Vertriebsvorstand V erhält von der A-AG eine Vergütungszusage, die in hohem Maße an die Marktanteilsgewinnung in der Region X geknüpft ist. In dieser Region hat Wettbewerber W bisher eine beinahe monopolähnliche Stellung. Die A-AG hat in der Region bis-

---

40 E-DRS 25.53.
41 E-DRS 25.53.
42 DRS 17.72 ff. (= E-DRS 25.78 ff.).
43 DRS 17.75 (= E-DRS 25.81).

> her nur Zufallsgeschäfte getätigt und kein systematisches Marketing betrieben. Je früher W von dieser Änderung erfährt, umso nachteiliger ist dies für die Pläne der A-AG.

Die Rücksichtnahme auf Interessen des Unternehmens überrascht insofern, als kapitalmarkt- oder börsennotierten Gesellschaften in anderen Kontexten (z. B. § 286 Abs. 3 Satz 4 HGB) verwehrt ist, sich unter Berufung auf Nachteile von Berichtspflichten zu befreien. Warum dem dort verfolgten Ansatz – wer sich auf den öffentlichen Kapitalmarkt einlässt, unterliegt auch der umfassenden öffentlichen Rechenschaftslegung – nicht auch beim Vergütungssystem gefolgt werden soll, bleibt unklar.

7. Befreiungsvorschriften

72 Kleine Kapital- und Kap. & Co.-Gesellschaften sind von den Angabepflichten nach Nr. 9a und b gem. § 288 Abs. 1 HGB befreit (→ § 288 Rz. 1). Für die Angabepflichten nach Nr. 9c besteht keine Befreiung (→ Rz. 70).

Von **allen** Angabepflichten nach Nr. 9a und b besteht eine **weitere** Befreiungsmöglichkeit unter den Voraussetzungen des § 286 Abs. 4 HGB (→ § 286 Rz. 9). Diese Befreiung gilt nicht für börsennotierte Aktiengesellschaften (→ Rz. 71).

IX. Namentliche Aufführung der Organmitglieder (Nr. 10)

73 Der Inhalt der Angabe ist weitgehend **selbsterklärend**. Die Berufsbezeichnung muss die hauptberufliche Tätigkeit nennen. Die Angabe „Kaufmann" oder „Handwerker" genügt dabei nicht, wohl aber „Hausfrau" oder „Rentner". Zu sehr sollte allerdings die Spezifizierung nicht getrieben werden, wenn ein besonderer Informationswert damit nicht verbunden ist. Beachtlich ist bei börsennotierten Aktiengesellschaften die Angabepflicht für die Mitgliedschaft in anderen Kontrollgremien i. S. des § 125 Abs. 1 Satz 5 AktG.

Die Angabepflicht umfasst auch die Mitglieder eines freiwillig gebildeten Aufsichtsrats oder Beirats (→ Rz. 42).

Nach Satz 2 sind für den Aufsichtsrat der Vorsitzende und seine Stellvertreter als solche zu bezeichnen, beim Geschäftsführungsorgan nur der Vorsitzende, nicht dagegen die Sprecher.[44]

74 Fraglich ist die Angabepflicht bei Ausscheiden aus der Organstellung **nach** Ende des Berichtsjahrs (bis zur Feststellung). Differenzierend wird im Schrifttum eine Angabepflicht auch für Veränderungen nach dem Bilanzstichtag bis zur Feststellung des Jahresabschlusses (→ § 252 Rz. 78 ff.) verlangt.[45] Aus dem Gesetzeswortlaut folgt lediglich die Pflicht zur Angabe der Organmitglieder, die **im** Geschäftsjahr (teilweise) bestellt waren, einerlei wann sie ausgeschieden sind. Deshalb besteht u. E. keine Verpflichtung, das Ausscheiden nach dem Stichtag im Anhang nachzuhalten, z. B. im Anhang für das Jahr 01 das Ausscheiden als Vorstand am 15.3.02. Es genügt die Angabe: „Vorstand im Geschäftsjahr 01 war Frau XY, Hausfrau."

---

[44] So *Taeger*, in: Haufe HGB Bilanz Kommentar, Freiburg 2009, § 285 Rz. 82.
[45] Vgl. *Oser/Holzwarth*, in: Küting/PfitzerWeber (Hrsg.), Handbuch der Rechnungslegung, 5. Aufl., § 285 Tz. 204, m.w. N.

Allerdings kann ein entsprechendes Nachhalten der Organfunktion bzw. der Beendigung im neuen Jahr im Hinblick auf die **Unterzeichnung** des Jahresabschlusses durch Vorstand bzw. Geschäftsführer einer Irreführung des Abschlussadressaten vorbeugen. Zur Unterzeichnung des Jahresabschlusses ist das an **diesem** Datum fungierende Organ in seiner personellen Zusammensetzung verpflichtet, nicht etwa (auch noch) der bis zum 31.12. (Abschlussstichtag) bestellte (z. B.) Vorstandsvorsitzende, auch wenn dieser das Ergebnis des Berichtsjahrs noch zu verantworten hat. Mit dieser Begründung – Vermeidung von Missverständnissen – kann oder sollte auch ein zwischen Stichtag und Erstellungstag neu bestelltes Geschäftsleitungsmitglied aufgeführt werden, weil es den Jahresabschluss (mit) erstellen und unterzeichnen muss. Auch den sog. Bilanzeid (→ § 289 Rz. 47) muss diese Person in dieser zeitlichen Konstellation leisten. 75

(Auch) aus Praktikabilitätsgründen – zur Vermeidung der Veränderung von schon vorliegenden Druckstücken – sollten Neubestellungen und Abberufungen von Geschäftsführungsmitgliedern **nach** Unterzeichnung des Jahresabschlusses nicht mehr nachgehalten werden. Ein nennenswerter Informationsverlust für den Adressaten ist damit nicht verbunden.

Aufsichtsratsmitglieder können mit Ausscheiden und Neueintritt zwischen Stichtag und Erstellungstag genannt werden. Eine Pflicht dazu besteht u. E. nicht. 76

X. Beteiligungsbesitz (Nr. 11)

1. Tatbestandsvoraussetzungen

Konzeptionell handelt es sich um eine spezielle Form der Aufgliederung von Abschlussposten (→ § 284 Rz. 21), allerdings ohne förmliche und inhaltliche Bezugnahme auf einen spezifischen Posten. Die Angabepflicht ergänzt weitere Offenlegungen, die im Einzelabschluss den **Verbund**tatbestand mit anderen Unternehmen im weiteren Sinn (→ § 271 Rz. 25 ff.) wenigstens ansatzweise darstellen sollen. 77

Die Angabepflicht setzt das Innehaben (den „Besitz") von wenigstens **20 %** der **Anteile** an einem anderen Unternehmen voraus. Rechtsförmlich ist nicht nur der „eigene" Besitz angesprochen, sondern auch die treuhänderisch („für Rechnung") für die berichterstattungspflichtige Kapital- und Kap. & Co.-Gesellschaft Anteile haltende Drittperson. Dieser Ausweitung kommt klarstellende Bedeutung zu, da bilanzrechtlich den Treugeber die (Bilanz-)Ansatzpflicht generell trifft (→ § 246 Rz. 197 f.). 78

Der „Besitz" wird inhaltlich noch durch den Verweis auf § 16 Abs. 4 HGB – teilweise überlagernd – ausgeweitet, indem abhängige Unternehmen als mögliche **Treuhänder** einzubeziehen sind. Die hier zu verstehende Treuhandschaft bedeutet: Der Treuhänder darf die Beteiligungsrechte nur im Interesse des Treugebers (der angabepflichtigen Kapitalgesellschaft) ausüben. Letztere braucht in **eigenem** Namen **keine** Anteile an dem anderen Unternehmen zu halten, um die Berichtpflicht auszuüben. Die Angabepflicht beginnt auch bei 20 %iger Innehabung der Anteile durch den Treuhänder („oder"). 79

X. Beteiligungsbesitz

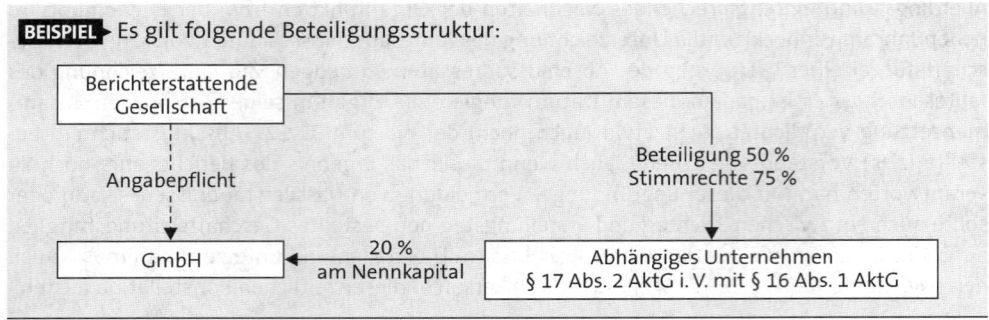

BEISPIEL ▸ Es gilt folgende Beteiligungsstruktur:

Die berichterstattende Gesellschaft muss über die GmbH nach Nr. 11 berichten.

80 Die Beteiligungs**quote** ist nicht mit der Beteiligungs**vermutung** in § 271 Abs. 1 HGB („überschreiten") abgestimmt (→ § 271 Rz. 22). Genau 20 % der Anteile reichen zur Begründung der Angabepflicht aus. Für börsennotierte Gesellschaften besteht die Angabepflicht nach Maßgabe einer an den Stimmrechten orientierten Quote von mehr als 5 % an großen Kapitalgesellschaften.

81 Wegen der **Berechnung** der Anteile verweist das Gesetz auf § 16 Abs. 2 und 4 AktG, also auf die Spezifika einer Aktiengesellschaft. Maßgeblich ist dabei im Ausnahmefall von Stückaktien das Verhältnis der Anzahl der gehaltenen Aktien zum Gesamtbestand. Im Regelfall von Nennwertaktien gilt das Verhältnis des Eigenbesitzers zum Nennkapital. Eigene Aktien sind bei der Verhältnisrechnung von der Zahl der Aktien bzw. vom Nennkapital abzuziehen. In den Zähler des Quotienten sind die für Rechnung des berichtenden Unternehmens (treuhänderisch) gehaltenen Anteile einzubeziehen.

82 Der Regelfall des Nennkapitals mit Nennwertaktien ist unmittelbar auf die Rechtsverhältnisse einer (deutschen) GmbH und meist auch auf ausländische Kapitalgesellschaften übertragbar. Da das Gesetz nicht auf die Rechtsform des „Beteiligungsunternehmens" abhebt, sind auch „Anteile" an **Personenhandelsgesellschaften** zu berücksichtigen. Die Anteilsquote ist nach dem (in Deutschland) vertraglich regelmäßig vereinbarten Festkapital (→ § 246 Rz. 101) zu bestimmen. **Stille** Beteiligungen und Genussrechte sind u. E. dann in die Quotenberechnung einzubeziehen, wenn sie Mitgliedschaftsrechte vergleichbar denjenigen eines Kommanditisten vermitteln (→ § 271 Rz. 8).

„Gegenläufige" Anteile des Unternehmens, an denen die berichtsauslösende Beteiligung besteht (**wechselseitige** Beteiligung), dürfen bei der Quotenberechnung nicht aufgerechnet werden.[46]

83 Die **Stimmrechtsquote** hat anders als bei der Bestimmung der Abhängigkeit i. S. des § 17 Abs. 1 AktG keine Bedeutung. Das Innehaben von nur stimmrechtslosen Vorzugsaktien löst bei Erreichen der Quote die Berichterstattungspflicht aus. Selbst ohne rechtsförmliche Beteiligung kann eine Angabepflicht bestehen.

---

46 Vgl. *Ellrott*, in: Beck'scher Bilanz-Kommentar, 7. Aufl., München 2010, § 285 Tz. 233.

Bei **unterjähriger** Kapitalerhöhung bestimmt sich die Quote nach dem am Bilanzstichtag bestehenden Nennkapital bzw. der dann vorhandenen Stückzahl gem. Handelsregistereintrag.[47] „Stichtag" für die Angabepflicht ist der Bilanzstichtag der angabepflichtigen Gesellschaft. Die Entwicklung des Beteiligungsbesitzes vom Beginn bis zum Ende des Geschäftsjahrs – etwa vergleichbar der Darstellung im Anlagegitter (→ § 268 Rz. 53 ff.) – ist nicht verlangt. 84

Die Angabepflicht bezieht sich auch auf ein *Joint Venture*, wenn dieses in der Rechtsform einer Kapital- oder Personenhandelsgesellschaft organisiert ist.[48] Beteiligungen an Arbeitsgemeinschaften des Baugewerbes (Arge) in Form einer BGB-Gesellschaft sind nicht anzugeben, da nennenswertes Gesamthandsvermögen meistens nicht gegeben ist und ein Auftritt im Wirtschaftsverkehr als „ein" Unternehmen nicht erfolgt. Entsprechendes gilt für vergleichbare Anteile an bürgerlich-rechtlichen Gesellschaften. Indirekte Beteiligungen („Enkelgesellschaften") sind nicht anzugeben. 85

Unter die Angabepflicht nach Nr. 11 fällt auch nicht die **Komplementär**stellung in einer KG (regelmäßig GmbH & Co. KG), wenn die Beteiligungsquote am Kapital der KG (→ Rz. 80) 20 % nicht erreicht (fast immer 0 %). In diesen Fällen ist nach Nr. 11a zu berichten (→ Rz. 94).

2. Umfang der Angabepflicht

Anzugeben sind bezüglich des **Beteiligungsunternehmens** 86
- Name (Firma) und Sitz (→ Rz. 87),
- Kapitalanteil (→ Rz. 88),
- Eigenkapital (→ Rz. 89) und
- Ergebnis (→ Rz. 90).

Die **Namens**nennung muss der handelsregisterlichen Eintragung einschließlich der damit verbundenen Rechtsformbezeichnung folgen. Sollte ausnahmsweise (noch) keine Registereintragung bestehen, ist die Bezeichnung im Gesellschaftsvertrag zu verwenden. 87

Auch für die Bezeichnung des **Sitzes** ist die Handelsregistereintragung maßgeblich, bei Doppelsitz sind beide zu bezeichnen. Ein abweichender Verwaltungssitz ist unmaßgeblich.

Der **Kapitalanteil** (→ Rz. 82) ist sinnvollerweise in Prozent anzugeben. Nachkommastellen müssen dann verwendet werden, wenn sie besondere gesellschaftsrechtliche Qualifikationen andeuten, wie z. B. 50,1 % oder 24,9 %. 88

Das **Eigenkapital** ist nach Maßgabe der zugrunde liegenden Bilanzierungsregeln der zu nennenden Gesellschaft zu bestimmen, bei HGB-Abschluss also gestützt auf das Gliederungsschema nach § 266 Abs. 3 HGB und ggf. nach § 264c Abs. 2 HGB. Bei Personenhandelsgesellschaften außerhalb des Anwendungsbereichs von § 264a HGB sollte das im dortigen Abschluss so bezeichnete Eigenkapital übernommen werden, auch wenn Zweifel am Eigenkapitalcharakter bestehen sollten (→ § 246 Rz. 78 ff.). Eigenkapitalgrößen in Nicht-Euro-Währung sind primär in Landeswährung mit freiwilliger Umrechnung in Euro anzugeben. Die **Qualität** des zugrunde liegenden Jahresabschlusses ist für die Anhangangabe nicht zu hinterfragen, erst recht nicht das Vorliegen einer Prüfung. Auch ein für Konsolidierungszwecke erstellter Abschluss („HB II") 89

---

47 Vgl. *ADS*, 6. Aufl., § 285 Tz. 224.
48 IDW HFA 1/1993; vgl. hierzu → § 271 Rz. 9.

kann der Berichterstattung zugrunde gelegt werden, allerdings unter Beachtung des Stetigkeitsgebots.[49]

Auf der Zeitschiene gibt sich das Gesetz sinnvollerweise pragmatisch und **verzichtet** auf eine **stichtagsbezogene** Angabe. Es genügt die Verwendung des letzten **vorliegenden** Jahresabschlusses des anzugebenden Unternehmens.

Die Angabepflicht nach § 286 Abs. 3 HGB (→ § 286 Rz. 8) ist bei Minderheitsbeteiligungen an nicht publizitätspflichtigen Personenhandelsgesellschaften **eingeschränkt**. Die Nennung des Ergebnisses und des Eigenkapitals kann nach § 286 Abs. 3 Nr. 2 Satz 2 HGB unter Anhangangabe unterlassen werden.

90 Unter **Ergebnis** ist der ausgewiesene Jahresüberschuss bzw. -fehlbetrag des Angabeobjekts zu verstehen, also nicht der Bilanzgewinn oder Verlustvortrag. Auch hier (→ Rz. 89) genügt in der Zeitschiene der letzte vorliegende Jahresabschluss als Informationsmedium. Bei Vorliegen eines **Gewinnabführungsvertrags** ist die Berichtsgröße regelmäßig Null; hier sollte ein Hinweis auf den Gewinnabführungsvertrag zur Vermeidung von Missverständnissen erfolgen.[50] Auch eine Angabe des Ergebnisses vor Gewinnabführung bzw. Verlustübernahme erscheint vertretbar.

3. Zusatzangaben bei Börsennotierung

91 Börsennotierte Aktiengesellschaften (→ § 264d Rz. 12) haben nach Nr. 11 letzter Halbsatz zusätzlich bestimmte Angaben zu **Beteiligungen** zu leisten. Diese Zusatzangabe ist anders strukturiert als die „normal" gültige:

- Nur Anteile an **großen** Kapitalgesellschaften gem. § 267 Abs. 3 HGB (→ § 267 Rz. 12) unterliegen der Angabepflicht.
- Es genügt eine Beteiligungs**quote** von 5 % (statt 20 %).
- Die Quote bezieht sich auf – auch treuhänderisch gehaltene (→ Rz. 78) – **Stimmrechte**, nicht Kapitalanteile.
- Es muss sich um ein **Beteiligungs**unternehmen i. S. des § 271 HGB handeln, was auch ein **verbundenes** Unternehmen einschließt (→ § 271 Rz. 25).

4. Darstellungsform und -ort

92 Bei mehreren angabepflichtigen Unternehmen bietet sich eine tabellarische Auflistung etwa in folgender Form an:

Name	Sitz	Kapitalanteil %	Eigenkapital T-Währung	Ergebnis T-Währung	Anmerkung
O. Müller GmbH	O-Stadt	50,1	100	20	
G. Meyer AG	O-Stadt	100,0	500		Ergebnisabführung
F. Schulze OHG	O-Stadt	40	-	-	-
C.H. Lederli AG	O-Stadt/CH	50	1000 CHF	80 CHF	

---

49 Vgl. *Oser/Holzwarth*, in: Küting/Pfitzer/Weber (Hrsg.), Handbuch der Rechnungslegung, 5. Aufl., § 285 Tz. 318.
50 So auch *ADS*, 6. Aufl., § 285 Tz. 236; *Ellrott*, in: Beck'scher Bilanz-Kommentar, 7. Aufl., München 2010, § 285 Tz. 250, fordert eine Angabe unter Hinweis auf § 264 Abs. 2 Satz 2 HGB.

Die Sonderangabepflicht bei Börsennotiz (→ Rz. 91) kann in einer solchen Tabelle enthalten sein oder gesondert dargestellt werden. Durch das BilMoG ist die gesonderte Angabe des Anteilsbesitzes nach § 287 HGB a. F. aufgehoben worden.

5. Erleichterungen und Befreiungen

Die Angabepflicht kann nach § 286 Abs. 3 Satz 1 HGB **generell entfallen** wegen 93
- Geringfügigkeit (Wesentlichkeitsaspekt) oder
- möglicher Schadenszuführung.

Außerdem kommt nach § 286 Abs. 3 Satz 2 HGB eine teilweise Befreiung von Angabepflichten unter bestimmten Voraussetzungen in Betracht. Eine Rückausnahme besteht bei Kapitalmarktorientierung. Auf die Kommentierung in → § 286 Rz. 6 wird verwiesen.

XI. Angaben bei Komplementär-Funktion (Nr. 11a)

Diese Angabe erklärt sich aus dem Zusammenhang mit der Rechnungslegungs- und Veröffentlichungspflicht der Kap. & Co.-Gesellschaften i. S. des § 264a HGB. Die Übernahme der **persönlichen unbeschränkten Haftung** für die Schulden einer anderen (Personen-)Gesellschaft soll offen gelegt werden. Eine Mindestbeteiligungsquote wird dabei nicht verlangt (anders als in den Fällen der Nr. 11, → Rz. 80). Aus Sicht der Praxis ist in allererster Linie die Komplementär-Stellung in der typischen GmbH & Co. KG angesprochen, daneben noch die gleiche Funktion bei einer KGaA. 94

Nicht zwingend muss es sich um eine Gesellschaft nach § 264a HGB handeln. Die Angabepflicht besteht auch dann, wenn neben der berichtspflichtigen Kapitalgesellschaft direkt oder indirekt über eine zwischengeschaltete Personenhandelsgesellschaft eine natürlich Person als weitere Komplementärin an der OHG oder KG beteiligt ist.

Angabepflicht besteht auch, wenn noch eine weitere Kapital- oder Kap. & Co.-Gesellschaft als weitere Komplementärin beteiligt ist, z. B. im Falle einer *Joint Venture*-OHG. Auch eine vergleichbare Funktion bei einer ausländischen Personengesellschaft unterliegt der Angabepflicht. Wegen des Angabe**inhalts** wird auf → Rz. 86 verwiesen. Allerdings beschränkt sich die Angabe auf Name, Sitz und Rechtsform.

Die berichterstattende Gesellschaft kann die Komplementärfunktion bei **mehreren** Personengesellschaften ausüben; dann sind diese alle anzugeben. Umgekehrt entfällt eine Angabepflicht zu weitergeschalteten (Tochter-)Gesellschaften.

Beteiligungen an reinen **Innen**gesellschaften sind nicht angabepflichtig, da sie keine Komplementär-Funktion begründen. Entsprechendes gilt für die Beteiligung als stiller Gesellschafter oder Kommanditist.

Zur **spiegelbildlichen** Beteiligungsstruktur besteht die Angabepflicht nach Nr. 15 (→ Rz. 104).

XII. Erläuterung von sonstigen Rückstellungen (Nr. 12)

95 Angesprochen ist der im Gliederungsschema des § 266 HGB so bezeichnete Bilanzposten. Dieser ist **nicht aufzugliedern** (→ § 284 Rz. 25), dafür aber zu **erläutern**. Dazu ist der Posteninhalt **inhaltlich** darzulegen, anders als bei den meisten anderen Bilanz- und GuV-Posten. Der Verzicht auf die Aufgliederung ist nicht zwingend identisch mit einem Verzicht auf Quantifizierungen. Bei wesentlichen Posten ist wenigstens die Größenordnung absolut oder relativ zum Gesamtbetrag anzugeben.

> **BEISPIEL** Folgendermaßen wäre beispielsweise zu verfahren:
>
> „Unter den sonstigen Rückstellungen von 10 Mio € entfallen rd. 50 % auf den Personalbereich, 40 % auf Vorsorge für Umweltschutzmaßnahmen und 10 % auf Gewährleistungen."
>
> Je nach Sachverhalt könnte auch folgende Erläuterung genügen:
>
> „Die sonstigen Rückstellungen betreffen überwiegend den Personalbereich."
>
> Aus dieser Formulierung lässt sich eine „Normalverteilung" des verbleibenden Inhalts auf die üblichen Verpflichtungen, die hierunter ausgewiesen werden – z. B. Abschlussprüfung, Bilanzerstellung etc. –, schließen.

Auch eine tabellarische Darstellung kann sinnvoll sein:

> **BEISPIEL** Die sonstigen Rückstellungen entfallen auf
>
> | | Mio € |
> |---|---:|
> | Schadenersatzfälle | 6,2 |
> | Altersteilzeit | 9,5 |
> | sonstiger Personalaufwand | 3,7 |
> | Gewährleistungen und Kulanz | 1,9 |
> | übrige Posten unter 1 Mio € | 2,1 |
> | **Bilanzausweis** | 23,4 |

96 In dieser Darstellung ist die nahe „**Verwandtschaft**" von Aufgliederung und Erläuterung ersichtlich. Eine tabellarische Darstellung z. B. nach Fristigkeiten (→ § 284 Rz. 25) ist allerdings nicht verlangt.

Die **Angabetiefe** ist also nach dem Sachverhalt zu bestimmen. Die *materiality*-Klausel im Gesetzestext („wenn" ... nicht unbedeutend") erlaubt eine nicht zu kleinliche Auslegung der Erläuterungspflicht. Insbesondere ist die Offenlegung eines „**Rückstellungsspiegels**" vergleichbar IAS 37.84 nicht verlangt, wenn auch möglicherweise aus Abstimmungsgründen und zur Ermittlung von GuV-Posten (→ § 253 Rz. 81) **sinnvoll**.

Nach § 288 Abs. 1 HGB sind kleine Kapital- und Kap. & Co.-Gesellschaften von dieser Angabepflicht (→ § 288 Rz. 1) befreit. Mittelgroße Gesellschaften können den Anhang ohne diese Angabe veröffentlichen (§ 327 Satz 2 Nr. 2 HGB).

XIII. Nutzungsdauer des Geschäfts- oder Firmenwerts (Nr. 13)

Der Angabe kommt nicht nur erläuternder, sondern auch **pädagogischer** Charakter zu. Die weitverbreitete (bis zum BilMoG) unreflektierte Übernahme der steuerlichen Abschreibungsdauer von 15 Jahren soll vom Bilanzersteller hinterfragt werden. Eine solche Typisierung wie im Steuerrecht liefert das HGB nicht; § 246 Abs. 2 Satz 3 HGB bestimmt nur die laufende Abschreibungspflicht, nicht die -dauer (→ § 246 Rz. 279 ff.).

97

Der Bilanzersteller muss bei der Bestimmung der Nutzungsdauer fundierte Überlegungen anstellen, die in keinem Fall eine eindeutige Lösung, sondern allenfalls Intervalle bestimmen können. 15 Jahre werden eher die Ausnahme als die Regel sein können. Jedenfalls wäre eine solche gut zu begründen. Die Angabe „aus steuerlichen Gründen beträgt die Nutzungsdauer 15 Jahre" ist jedenfalls nicht ausreichend.[51]

Der Gesetzgeber sieht in einer **fünf**jährigen Nutzungsdauer eine Art **Regelmaß** der Nutzungsdauer, das bei Übersteigen einer mehr als nichtssagenden Begründung bedarf.

98

> **BEISPIEL** „Die Nutzungsdauer für den Geschäfts- oder Firmenwert beträgt sieben Jahre. Den entsprechenden Gegenwert haben wir bezahlt, weil sich der eigene Aufbau einer entsprechenden Organisation mit Produktionsverfahren und Vertriebsstruktur frühestens in diesem Zeitraum amortisiert hätte."

Nach DRS 4.33 sind zur **Schätzung** der Nutzungsdauer u. a. folgende Faktoren zu berücksichtigen:

- Art und die voraussichtliche Bestandsdauer des erworbenen Unternehmens unter Berücksichtigung gesetzlicher oder vertraglicher Rahmenbedingungen,
- Stabilität der Branche des erworbenen Unternehmens,
- Lebenszyklus der Produkte,
- Umfang von Erhaltungsaufwendungen, die erforderlich sind, um den erwarteten ökonomischen Nutzen des erworbenen Unternehmens zu realisieren, sowie
- Lauf- bzw. Verfallszeit wichtiger Werttreiber (Technologie, Mitarbeiter etc.).

An diesen Kriterien kann sich die Begründung einer mehr als fünfjährigen Nutzungsdauer orientieren.

Die Abschreibungsdauer ist für jeden erworbenen Geschäfts- oder Firmenwert **individuell** zu bestimmen. Insoweit kann es kein Stetigkeitsgebot geben (→ § 252 Rz. 167 ff.).

---

51 Ähnlich *Taeger*, in: Haufe HGB Bilanz Kommentar, Freiburg 2009, § 285 Rz. 101.

XIV. Hinweis auf Konzernabschlüsse von Mutterunternehmen (Nr. 14)

99 Die Angabe dient wie andere auch der Offenlegung von **Verbund**beziehungen, also Konzernverhältnissen. „Kapitalgesellschaft" i. S. des Gesetzestextes ist das berichterstattende Unternehmen, möglicherweise auch eine Kap. & Co.-Gesellschaft gem. § 264a Abs. 1 HGB (→ § 264a Rz. 1).

100 „Muttergesellschaft" ist das **Berichtsobjekt**. Zum Begriffsinhalt wird verwiesen auf → § 290 Rz. 3. Die „Verdoppelung" des Mutterunternehmens in der Angabepflicht entspricht dem sog. **Tannenbaumprinzip**, das der Konzernrechnungslegungspflicht konzeptionell zugrunde liegt (→ § 290 Rz. 6). Danach ist an sich auf jeder übergeordneten Stufe in der Konzernhierarchie ein Konzernabschluss zu erstellen. Von dieser unsinnigen Pflicht befreit ein solcher Abschluss auf der obersten Hierarchiestufe die unteren Einheiten. Diese Befreiung wird allerdings bei Minderheitsbesitz und bei Kapitalmarktorientierung einer zwischen der „obersten" Muttergesellschaft und der berichterstattenden Gesellschaft angesiedelten „Zwischenmutter" wieder aufgehoben (→ § 291 Rz. 26).

Daraus erklärt sich die **doppelte** Berichterstattungspflicht dem Grunde nach. Diese Verdoppelung **entfällt** bei

▶ nur einstufiger Konzernhierarchie aus Sicht der berichtenden Gesellschaft „nach oben" sowie

▶ ausschließlich von der obersten Muttergesellschaft aufgestelltem Konzernabschluss.

101 Die Angabepflicht beschränkt sich nicht auf **inländische** Muttergesellschaften. Bei pflichtwidriger Nichterstellung eines Konzernabschlusses entfällt nach dem Gesetzeswortlaut die Angabepflicht. Nach h. M. soll sie „nach Sinn und Zweck" gleichwohl geboten sein.[52] U. E. ist diese Auffassung deshalb nicht zweifelsfrei, weil das berichtende Tochterunternehmen („die Kapitalgesellschaft") den Pflichtverstoß nicht ohne Weiteres erkennen muss. Umgekehrt befreit der Gesetzeswortlaut nicht von der Angabepflicht, wenn die (berichtspflichtige) Kapitalgesellschaft gesetzeskonform, z. B. wegen Geringfügigkeit nach § 296 Abs. 2 HGB, nicht in den Konzernabschluss einbezogen wird (→ § 296 Rz. 18).[53]

102 Die Angabepflicht nach Nr. 14 steht in einer gewissen **Wechselwirkung** zu derjenigen nach Nr. 11 (→ Rz. 94). Von Letzterer kann nach § 286 Abs. 3 Nr. 2 HGB (→ § 286 Rz. 91) befreit werden. Diese Befreiung wird möglicherweise durch Angabe nach Nr. 14 unterlaufen. Deshalb soll der **Schutz**gedanke des § 286 Abs. 3 Nr. 2 HGB auf die Angabe nach Nr. 14 durchschlagen und auch hier eine Angabebefreiung rechtfertigen[54] – u. E. vertretbar.

103 Anzugeben sind **Name** und **Sitz** des betreffenden Mutterunternehmens, auch im Ausland, und der Ort des ggf. veröffentlichten Konzernabschlusses, in Deutschland der elektronische Bundesanzeiger.

---

52 Vgl. *Ellrott*, in: Beck'scher Bilanz-Kommentar, 7. Aufl., München 2010, § 285 Tz. 274; *Oser/Holzwarth*, in: Küting/Pfitzer/Weber (Hrsg.), Handbuch der Rechnungslegung, 5. Aufl., § 285 Tz. 347; WPH 2006, Bd. 1, Tz. F 797.
53 A. A. *ADS*, 6. Aufl., § 285 Tz. 252: Nicht aus dem Gesetz zu erschließen, allerdings „nach Sinn und Zweck" mit der hier vertretenen Auffassung: Angabepflicht.
54 So *Oser/Holzwarth*, in: Küting/Pfitzer/Weber (Hrsg.), Handbuch der Rechnungslegung, 5. Aufl., § 285 Tz. 347.

XV. Angabe der persönlich haftenden Gesellschafter (Nr. 15)

Hier ist die **umgekehrte Konstellation** zu der Angabepflicht nach Nr. 11a (→ Rz. 94) angesprochen. Berichterstattendes Unternehmen ist in Nr. 15 die Kap. & Co.-Gesellschaft i. S. des § 264a HGB (→ § 264a Rz. 3). Sie muss über die an ihr (nicht notwendig kapitalmäßig) beteiligten Komplementär-Gesellschaften berichten. Bei solchen kann es sich um Kapitalgesellschaften (einstufige Beteiligungshierarchie) oder wiederum um eine Kap. & Co.-Gesellschaft handeln (mehrstufige Organisation); vgl. § 264a Abs. 1 Nr. 2 HGB („oder ... fortsetzt"; → § 264a Rz. 9).

104

Anzugeben ist nach dem Gesetzeswortlaut nur die **unmittelbar beteiligte** Gesellschaft (auch in der Mehrzahl); störend ist allerdings die Angabepflicht des gezeichneten Kapitals, wenn in der mehrstufigen Beteiligungsstruktur eine Kap. & Co.-Gesellschaft die Komplementärstellung bei der (berichtenden) Kap. & Co.-Gesellschaft einnimmt. Dieser Fall ist vom Gesetzgeber nicht bedacht worden. U. E. ist in diesem Fall das Eigenkapital der unmittelbar an der berichterstattenden Gesellschaft beteiligten Kap. & Co.-Gesellschaft anzugeben.[55]

Bei der sog. **Einheitsgesellschaft** – die KG hält alle Anteile an der Komplementär-GmbH (→ § 264c Rz. 50) – kumulieren sich die Angaben nach Nr. 11 (→ Rz. 94) und Nr. 15 und können zusammengefasst werden.

XVI. Erklärung zum Corporate Governance Kodex (Nr. 16)

Die Angabepflicht trifft nur börsennotierte Aktiengesellschaften. Anzugeben ist, **dass** Entsprechenserklärung nach § 161 AktG abgegeben wurde und der **Ort,** wo sie zugänglich ist, wobei dieser Ort nach § 161 Abs. 2 AktG die **Internetseite** der Gesellschaft ist.

105

Der Inhalt der Erklärung ist nicht im Anhang darzustellen, kann jedoch nach § 289a Abs. 2 Nr. 1 HGB in den Lagebericht aufgenommen werden (→ § 289a Rz. 4).

Strittig sind die Folgen einer **Unterlassung der Entsprechenserklärung** für den Bestätigungsvermerk. Die Angabepflicht der Nr. 16 ist in diesem Fall mangels Erklärung und damit mangels Ort der Veröffentlichung nicht möglich. Die Unmöglichkeit hat die Gesellschaft aber selbst herbeigeführt, indem sie die Entsprechenserklärung unterlassen hat. Nach IDW ist deshalb der Bestätigungsvermerk einzuschränken.[56] Nach anderer Auffassung rechtfertigt der wahrheitsgemäße Anhanghinweis auf das Unterlassen hingegen keine Einschränkung.[57] U. E. ist dies zutreffend (→ § 321 Rz. 45).

---

[55] A. A. *ADS*, Ergänzungsband, § 286 Tz. 56: Die „oberste" Kapitalgesellschaft mit deren gezeichnetem Kapital.
[56] IDW PS 345 Tz. 31.
[57] Vgl. *Oser/Holzwarth*, in: Küting/Pfitzer/Weber (Hrsg.), Handbuch der Rechnungslegung, 5. Aufl., §§ 284 bis 288 Tz. 514.

XVII. Aufschlüsselung der Honorare für den Abschlussprüfer (Nr. 17)

1. Zweckgehalt

106 Die Angabepflicht verdankt ihre Entstehung der Reaktion der EU-Behörden im Gefolge der US-Gesetzgebung („Sarbanas-Oxley") als Gegenmaßnahme zum Enron-Skandal. Die Anhangangabe will zur Kontrolle der **Unabhängigkeit** und **Objektivität** des Abschlussprüfers einen Beitrag leisten und ist als Ergänzung zu den speziellen Vorschriften über die Auswahl des Abschlussprüfers in §§ 319, 319a und 319b HGB zu verstehen. Die Aufgliederung nach den vier möglichen Tätigkeitsbereichen soll die Relation der Vergütung für die eigentlichen Prüfungstätigkeit im Verhältnis zum prüfungsnahen und insbesondere **Steuerberatungs**tätigkeiten aufdecken.

2. Begriffsinhalte

107 „**Abschlussprüfer**" ist die nach § 318 HGB bestellte Praxis (→ § 318 Rz. 1).[58] Sog. „Netzwerke" i. S. des → § 319b sollen nicht dazu zählen. Zur Problematik für den Konzernanhang vgl. → § 314 Rz. 13. Werden netzwerkbezogene Honorare dennoch – freiwillig – angegeben, ist durch einen „Davon-Vermerk" deutlich zu machen, welcher Anteil auf die zum Abschlussprüfer bestellte Einheit entfällt.[59]

Unter „**Honorar**" ist die **Gesamtvergütung** zu verstehen, die i. d. R. dem Aufwand der zu prüfenden Gesellschafter belastet wird. Unter die Angabepflicht fallen aber auch solche Honorare, die als Anschaffungsnebenkosten i. S. des § 255 Abs. 1 Satz 2 HGB aktiviert wurden (z. B. in die Anschaffungsnebenkosten einer Beteiligung einbezogene Beratungshonorare).[60] Die Gesamtvergütung umfasst alle Nebenkosten, z. B. auch in Rechnung gestellte Reisespesen.

3. Vier Honorarkategorien

108 Das Gesamthonorar des Abschlussprüfers ist aufzugliedern in

▶ Abschlussprüfungsleistungen,

▶ andere Bestätigungsleistungen,

▶ Steuerberatungsleistungen und

▶ sonstige Leistungen.

Bei Gemeinschaftsprüfungen (*joint audit*) (→ § 318 Rz. 20) sind die Angaben getrennt für jeden Gemeinschaftsprüfer zu machen.[61] Aus dem Gesetzeswortlaut ist diese Vorgabe nicht abzuleiten.

Bei der Aufgliederung bestehen **Abgrenzungsprobleme** bezüglich der **beiden ersten** Kategorien. Eindeutig ist nur die Zuordnung bezüglich der Jahresabschlussprüfung einschließlich Lagebericht (Kategorie a). Ob **Pflicht-** oder **freiwillige** Abschlussprüfung (→ § 317 Rz. 2) ist dabei

---

[58] VO 1/2006, WPg 2006 S. 629.
[59] IDW RS HFA 36 Tz. 6.
[60] IDW RS HFA 36 Tz. 8.
[61] IDW RS HFA 36 Tz. 16: „sachgerecht".

unerheblich. Dem folgend fällt u. E. auch die (freiwillige) Prüfung von Zwischenabschlüssen kapitalmarktorientierter Gesellschaften unter die Abschlussprüfungsleistung.[62] Erfolgt zu den Zwischenabschlüssen nur eine prüferische Durchsicht („*review*"), ist u. E. die zweite Angabekategorie einschlägig, da insoweit gerade keine „Prüfung" vorliegt.

Ist der Prüfer des Jahresabschlusses eines Mutterunternehmens auch Prüfer des Konzernabschlusses (→ § 319a Rz. 29a), ist im Anhang zum Jahresabschluss auch das für die Konzernabschlussprüfung zu leistende Honorar unter Kategorie a) anzugeben. Wird vom Abschlussprüfer eines untergeordneten Unternehmens auch ein sog. „Konzernpackage" geprüft und bestätigt, so sind hierfür gewährte Honorare im Jahresabschluss des untergeordneten Unternehmens ebenfalls als Prüfungshonorar auszuweisen. Sonstige Prüfungen, die gesetzlich dem Abschlussprüfer vorbehalten sind, z. B. die Prüfung des Abhängigkeitsberichts nach § 313 AktG, die Prüfung nach § 53 HGrG sowie die Prüfung nach § 29 Abs. 2 KWG zählen zur Abschlussprüfung.[63]

Abgesehen von der unter → Rz. 108 genannten prüferischen Durchsicht fallen unter die Kategorie „andere Bestätigungsleistungen" (Kategorie b) insbesondere alle Leistungen, die nach § 48 Abs. 1 WPO die Führung des **Berufssiegels** erfordern oder erlauben: Due-Diligence-Prüfungen, Prüfungen von Sonderbilanzen z. B. bei Umwandlungen, Prüfungen nach Spezialgesetzen wie z. B. § 36 WpHG oder § 16 MaBV, prüferische Durchsichten oder Prüfungen nach Spezialgesetzen wie z. B. § 36 WpHG oder § 16 MaBV sowie prüferische Durchsichten oder Prüfungen von Zwischenabschlüssen gehören zur Kategorie b).[64] Honorare für vom Abschlussprüfer zulässigerweise erbrachte Bewertungsleistungen sollen nach Auffassung des IDW unter Kategorie d), d. h. als sonstige Leistungen ausgewiesen werden.[65] U. E. ist ein Ausweis unter Bestätigungsleistungen häufig besser begründbar. 109

Bei **Steuerberatungsleistungen** (Kategorie c) bestehen kaum Zuordnungsprobleme. „**Sonstige Leistungen**" (Kategorie d) als Auffangtatbestand umfassen andere Beratungstätigkeiten, z. B. in Personalfragen, Treuhandtätigkeiten und Fortbildungsmaßnahmen.[66] 110

Nicht aufgeführt in der gesetzlichen Liste der Tätigkeiten ist der Bereich „*merger and acquisition*". Dieses Angebotsportfolio kann u. U. teilweise von Due-Diligence-Prüfungen abgedeckt werden, aber nur soweit das Berufssiegel einsetzbar ist. Ansonsten wäre die Auffangkategorie „Sonstiges" einschlägig, was bei übergroßen Volumina Verwunderung auslösen könnte. Zum Vergleich: Im HGB-Einzelabschluss der Volkswagen AG für 2007 beläuft sich die Kategorie „Sonstiges" auf etwa 6 % des Gesamthonorars an den Abschlussprüfer. 111

Die Beratungstätigkeit in Fragen der **Rechnungslegung** – ein wichtiges Geschäftsfeld der Wirtschaftsprüfungsgesellschaften – erscheint nicht, weil eine solche bei bestehendem Abschlussprüfungsmandat nicht ausgeübt werden darf (Verbot der Selbstprüfung). 112

---

62 A. A. *Oser/Holzwarth*, in: Küting/Pfitzer/Weber (Hrsg.), Handbuch der Rechnungslegung, 5. Aufl., § 285 Tz. 361, weil es sich nicht um gesetzliche Prüfungen handelt. Das Gesetz spricht aber nur von „Abschlussprüfung". Nach dieser Auffassung ist der Aufwand unter der Kategorie b anzugeben.
63 IDW RS HFA 36 Tz. 12.
64 IDW RS HFA 36 Tz. 13.
65 IDW RS HFA 36 Tz. 15.
66 Vgl. *Oser/Holzwarth*, in: Küting/Pfitzer/Weber (Hrsg.), Handbuch der Rechnungslegung, 5. Aufl., § 285 Tz. 364.

4. Die zeitliche Zuordnung

113 Für die zeitliche Zuordnung der anzugebenden Beträge sollte nach dem BilMoG-RegE das Gebot der **Leistungszeitgleichheit** erfüllt werden. Damit ist folgendes Problem angesprochen: Während das (erwartete) Honorar für die Abschlussprüfung bereits für das Prüfungsjahr als Rückstellung und Aufwand verbucht wird, auch dann, wenn wesentliche Prüfungsleistungen erst nach dem Bilanzstichtag erbracht werden, ist bei den übrigen Tätigkeiten Aufwand regelmäßig im Zeitpunkt der Leistungserbringung zu buchen. Unter dem Gesichtspunkt der Leistungszeitgleichheit sah der BilMoG-RegE daher vor, die vom Abschlussprüfer im Geschäftsjahr erbrachten Leistungen anzugeben, unabhängig von der Aufwandserfassung beim Unternehmen. Bei den Nichtprüfungsleistungen hätten die erbrachten Leistungen dem vom Unternehmen erfassten Aufwand entsprochen, bei der Prüfungsleistung wäre hingegen der für ein Geschäftsjahr durch Rückstellungsbildung erfasste Aufwand nur in dem Maße zu berücksichtigen gewesen, wie er einer Leistungserbringung durch den Abschlussprüfer im Geschäftsjahr entsprochen hätte, u.U. also nur in Höhe des (vermutlichen) Anteils der Vorprüfung an der Gesamtprüfung. Im Widerspruch zu diesem konzeptionellen Ansatz und dem Wortlaut des Gesetzentwurfs in der Fassung des BilMoG-RegE reflektierte die Begründung des BilMoG-RegE aber wiederum auf die im Jahresabschluss angesetzte Schuld und damit eben doch auf die Aufwandserfassung beim Unternehmen.

Nach diesbezüglichen Irrungen und Wirrungen ist die endgültige Gesetzesfassung mit anderem Wortlaut wieder auf den **bisher gültigen** Inhalt zurückgekommen. Entscheidend ist danach die Periodisierung des Aufwands beim Unternehmen, unabhängig von der (dem Unternehmen ohnehin unbekannten) Kostenkalkulation des Abschussprüfers; unerheblich ist auch der Zeitpunkt der Rechungsstellung oder Zahlung. Deshalb ist der in der Rückstellung für die Abschlussprüfungsleistung des Berichtsjahrs enthaltene Honoraranteil in die Angabepflicht einzubeziehen. Mehr- oder Minderaufwendungen gegenüber dem Rückstellungsansatz sind im Anhang des Folgejahrs entsprechend der buchmäßigen Abwicklung mit zu erfassen.

5. Anwendungsbereich und Befreiungen

114 Ausgeschlossen von der Anwendungspflicht sind Kapital- und Kap. & Co.-Gesellschaften, wenn die entsprechenden (aggregierten) Angaben in einem diese Gesellschaft einbeziehenden **Konzernabschluss** enthalten sind.[67] Nach Auffassung des Bundestags-Rechtsausschusses müssen dann **sämtliche** Honorare für die in den Konzernabschluss einbezogenen Unternehmen im Anhang zum Konzernabschluss enthalten sein, ansonsten ist der Bestätigungsvermerk einzuschränken.[68]

Weitere Befreiungen ergeben sich für **kleine** Kapitalgesellschaften nach § 288 Abs. 1 HGB (→ § 288 Rz. 1) und für **mittelgroße** bedingt nach § 288 Abs. 2 Satz 3 HGB (→ § 288 Rz. 3).

Für den **Konzernabschluss** gilt das Pendant in § 314 Nr. 9 HGB (→ § 314 Rz. 12).

---

[67] Vgl. hierzu ausführlich *Wollmert/Oser/Graupe*, StuB 2010 S. 124.
[68] IDW PH 9.200.2.

XVIII. Unterlassene Abschreibung von Finanzanlagen bei vorübergehender Wertminderung (Nr. 18)

1. Das gemilderte Niederstwertprinzip

Im Unterschied zu Finanzinstrumenten des Umlaufvermögens gilt für Finanzanlagen (§ 266 Abs. 2.A.III HGB) das gemilderte Niederstwertprinzip. Bei als **vorübergehend** eingeschätzter Wertminderung besteht gem. § 253 Abs. 3 Satz 4 HGB lediglich ein **Wahlrecht**, keine Pflicht zur außerplanmäßigen Abschreibung (→ § 253 Rz. 127).

115

Wird wegen des angenommenen temporären Charakters der Wertminderung eine außerplanmäßige Abschreibung nicht oder nur zum Teil vorgenommen, sind im Anhang Angaben zum Buchwert und beizulegenden Zeitwert (→ Rz. 117) sowie zu den Gründen für das Unterlassen der Abschreibung (→ Rz. 119) zu machen.

2. Sachlicher Anwendungsbereich

Die Angabepflicht betrifft „für zu den Finanzanlagen (§ 266 Abs. 2.A.III HGB) gehörende **Finanzinstrumente**". Der Begriff der Finanzinstrumente wird im HGB nicht definiert:

116

- ▶ Wird er weit i. S. von IAS 39 interpretiert, ist jede Finanzanlage zugleich ein Finanzinstrument und die Formulierung von Nr. 18 „lediglich" sprachlich missglückt. Redundanzärmer und weniger missverständlich hätte sie sich dann einfach auf Finanzanlagen beziehen können und den Begriff der Finanzinstrumente nicht verwenden sollen.
- ▶ Wird der Begriff der Finanzinstrumente hingegen eng i. S. von § 1 Abs. 11 KWG und § 2 Abs. 2b WpHG ausgelegt, umfasst er aus den sechs Unterposten von § 266 Abs. 2.A.III HGB im Wesentlichen nur die Position 5 (Wertpapiere des Anlagevermögens), während unverbriefte Anteile und Ausleihungen an verbundene Unternehmen ebenso wie unverbriefte Beteiligungen und Ausleihungen an Beteiligungsunternehmen sowie unverbriefte sonstige Ausleihungen von der Angabepflicht nicht betroffen wären.

Eine systematische Rechtfertigung für eine Begrenzung der Angabepflicht auf Wertpapiere ist aber nicht erkennbar. Mit IDW RH HFA 1.005 ist der Begriff der Finanzinstrumente daher weit als **sämtliche Finanzanlagen** umfassend zu interpretieren.

3. Buchwert und beizulegender Zeitwert

Bei wegen (vermuteter) nur temporärer Wertminderung unterlassener außerplanmäßiger Abschreibung sind **Buchwert** und **beizulegender Zeitwert** der betroffen Finanzanlagen anzugeben. Die Angabe kann erfolgen

117

- ▶ nach **einzelnen** Vermögensgegenständen oder
- ▶ in angemessenen **Gruppierungen**.

Als Mindestgliederung kommt die Vorgabe des § 266 Abs. 2.A.III HGB in Frage. Weitergehende **Untergliederungen** sind erforderlich, wenn sich die Gründe für die Annahme der Wertminderung – seien sie nur vorübergehend – wesentlich unterscheiden.

> **BEISPIEL** In der Position Wertpapiere des Anlagevermögens sind sowohl Aktien als auch Anleihen enthalten. Der Wert der Anleihen ist bei unveränderten *cashflow*-Erwartungen sowie unveränderter Bonität und Risikoeinschätzung nur deshalb gesunken, weil die Marktzinsen allgemein stark angestiegen sind. Der Wert der Aktien ist hingegen im Hinblick auf verschlechterte Konjunkturaussichten gesunken.

Eine Unterscheidung beider Fälle ist angemessen.

118 Der anzugebende beizulegende Zeitwert entspricht nur bei Notierung an **aktiven Märkten** dem für die mögliche außerplanmäßige Abschreibung maßgeblichen beizulegenden Wert. In anderen Fällen entspricht der beizulegende Zeitwert dem mithilfe anerkannter Bewertungsmethoden ermittelten hypothetischen Marktwert (= *exit value*), während der beizulegende Wert auch ein fundamentalorientierter, z. B. Synergien einbeziehender Wert sein kann.

4. Gründe für das Unterlassen der Abschreibung

119 Anzugeben sind „die **Gründe** für das Unterlassen der Abschreibung, einschließlich der Anhaltspunkte, die darauf hindeuten, dass die Wertminderung voraussichtlich nicht von Dauer ist". Eine bloße Wiederholung der gesetzlichen Voraussetzung für eine Nichtabschreibung („Die Wertminderung wird als lediglich vorübergehend eingeschätzt" → § 253 Rz. 128) reicht nicht.

Nach IDW RH HFA 1.005 kommen u. a. folgende Begründungen in Frage:

- ▶ Werterhöhungen zwischen Abschlussstichtag und Aufstellung des Jahresabschlusses (insbesondere bei börsennotierten Wertpapieren),
- ▶ fundamentalwertorientierte *discounted cashflow*-Bewertungen (insbesondere bei börsennotierten Wertpapieren),
- ▶ eingeleitete oder geplante Maßnahmen, die die wirtschaftliche Lage des Schuldners/Emittenten voraussichtlich verbessern, sowie
- ▶ Erhöhung des Marktzinssatzes bei unveränderter Bonität des Gläubigers im Falle von Anleihen.

XIX. Nicht zum Zeitwert bilanzierte derivative Finanzinstrumente (Nr. 19)

1. Überblick

120 Für nicht zum beizulegenden Zeitwert bilanzierte (→ Rz. 123) derivative Finanzinstrumente (→ Rz. 121) sind Angaben zu
- ▶ Art und Umfang (→ Rz. 127),
- ▶ beizulegendem Zeitwert (→ Rz. 129) sowie
- ▶ Buchwert und Bilanzposten, in dem der Buchwert erfasst ist (→ Rz. 132),

zu machen. Die Angaben sind nach Kategorien derivativer Finanzinstrumente zu leisten (→ Rz. 125).

Kleine Kapitalgesellschaften brauchen die Angabe nicht zu machen (→ § 288 Rz. 1).

2. Tatbestandsvoraussetzungen

2.1 Derivative Finanzinstrumente

Die Angabepflichten des Nr. 19 betreffen nur **derivative Finanzinstrumente**. Nach IDW RH HFA 1.1005 sowie § 1 Abs. 11 Satz 4 KWG und 2 Abs. 2 WpHG sind hierunter zu verstehen

▶ bedingte (**Optionen**) oder unbedingte (*forwards, future,* Swaps) **Termingeschäfte**

▶ über **finanzielle** Vermögensgegenstände,

▶ wobei der Wert des Geschäfts von der Entwicklung eines **Basiswerts** (Börsenkurs, Zinssatz, Index etc.) abhängt.

121

Nach § 285 Satz 2 HGB a. F. galten als derivative Finanzinstrumente auch auf Erwerb oder Veräußerung nicht-finanzieller Vermögensgegenstände gerichtete Termingeschäfte (**Warentermingeschäfte**), sofern beide Parteien das Recht zum Barausgleich (*cash settlement*) hatten und der Vertrag nicht für den eigenen Bedarf (*own use*) abgeschlossen wurde. Diese IAS 32.8 ff. nachempfundene Erweiterung ist im BilMoG nicht mehr enthalten. Nach der Begründung des BilMoG-RegE soll die Aufhebung des Satzes 2 indessen keine sachliche Änderung begründen. Auch weiterhin sollen Warentermingeschäfte als Finanzderivate gelten, wenn der Vertrag nicht auf den tatsächlichen Erwerb oder die Veräußerung von Waren gerichtet ist. Wie auch schon bisher seien alle vertraglichen Gestaltungen daraufhin zu überprüfen, ob bei wirtschaftlicher Betrachtung die Klassifizierung als Derivat geboten ist.

122

Das in der Begründung des BilMoG-RegE zum Ausdruck kommende erweiterte Verständnis der Finanzderivate ist u. E. angemessen. Aus Sicht der Risiken und Chancen für die Vermögens-, Finanz- und Ertragslage macht es keinen Unterschied, ob das Unternehmen in Gestalt eines Aktienterminkaufs eine Wette auf den Anstieg der Aktienkurse oder in Gestalt eines Warenterminkaufs eine Wette auf den Anstieg des Preises von Schweinebäuchen abschließt, sofern es im Geschäftsfeld „Schweinebäuche" operativ gar nicht tätig ist, jedenfalls aber die Abnahme der Schweinebäuche überhaupt nicht beabsichtigt.

2.2 Keine Bilanzierung zum Zeitwert

Kernelement der Angabepflichten nach Nr. 19 ist die Gegenüberstellung von Buch- und beizulegendem Zeitwert. Folgerichtig sind von der Angabepflicht insgesamt solche derivativen Finanzinstrumente **ausgenommen**, die bereits zum beizulegenden Zeitwert bilanziert werden.

123

Die Ausnahme betrifft zunächst den **Handelsbestand von Kreditinstituten**, der zum beizulegenden Zeitwert zu bilanzieren ist (§ 340e Abs. 3 HGB). Für **andere Branchen** ist hinsichtlich des Umfangs der Ausnahme danach zu unterscheiden, ob

▶ aus dem Termingeschäft nach Stichtagsverhältnissen ein **Gewinn oder Verlust** erwartet wird, oder

▶ das Geschäft als Teil einer **Bewertungseinheit** zu werten ist oder nicht (→ § 254 Rz. 6).

Derivate stellen im bilanzrechtlichen Sinne schwebende Geschäfte dar. Infolge des Imparitätsprinzips kommt für nicht in einer Bewertungseinheit stehende Derivate bei Nichtbanken daher keine Bilanzierung unrealisierter Gewinne, sondern nur eine solche drohender Verluste infrage. Bei **unrealisiertem Gewinn** ist demzufolge eine **Anhangangabe** zu machen.

124

Bei **unrealisierten Verlusten** ist zu prüfen, ob der zurückgestellte Betrag dem beizulegenden Zeitwert entspricht. U. E. ist dies etwa bei **Devisentermingeschäften** nicht notwendig der Fall (→ § 254 Rz. 61). Zur Bestimmung des drohenden Verlusts kommen hier im Falle eines Devisenterminkaufs bei sinkendem Kurs der Fremdwährung u. a. folgende Ansätze in Frage:

▶ Der Terminkurs des Bilanzstichtags wird mit dem Kontraktkurs (ursprünglicher Terminkurs) verglichen. Bei zwischen Fremden anzunehmender anfänglicher Ausgeglichenheit des Geschäfts entspricht dies dem negativen Marktwert am Stichtag. Dieser kann wie folgt interpretiert werden: Wenn das Unternehmen das alte Termingeschäft am Stichtag ablösen würde, müsste er hierfür den negativen Marktwert an den Kontraktpartner zahlen.

▶ Der Kassakurs des Bilanzstichtags wird mit dem Kassakurs bei Abschluss des Kontrakts verglichen. Hiernach ergäbe sich ein Verlust in Höhe der Änderung des Kassakurses. Er kann wie folgt interpretiert werden: Die Zinskomponente des Devisentermingeschäfts ist ein Ausgleich für die bei den Vertragsparteien entstehenden Vor- und Nachteile, die sich unter Beachtung der Zinsdifferenz zwischen beiden Währungsgebieten im Vergleich zwischen sofortiger und späterer Devisenübertragung ergeben. Diese ist daher kein Drohverlust der einen oder unrealisierter Gewinn der anderen Seite, sondern Zinsertrag oder Zinsaufwand, der über die Laufzeit zu verteilen ist. Nach Bereinigung um die Zinsdifferenz bleibt nur noch die Kassakomponente des Termingeschäfts (gleich Kassakurs bei Abschluss) als Vergleichsbasis mit dem Kassakurs des Stichtags.

Nur in der ersten Variante wird die Drohverlustrückstellung mit dem beizulegenden Zeitwert ausgewiesen und es entfällt eine Anhangangabe. Nach der von uns präferierten zweiten (und nach weiteren Methoden, → § 254 Rz. 61) bleibt es hingegen bei einer Angabepflicht.

Ist das Derivat Teil eines **Sicherungszusammenhangs** i. S. von § 254 HGB, kann nach Maßgabe der **Bruttomethode** (→ § 254 Rz. 47) ein Ansatz des beizulegenden Zeitwerts auch bei unrealisiertem Gewinn in Frage kommen und die Angabepflicht des Nr. 19 entfallen. Bei Wahl der Nettomethode bleibt es hingegen bei der Nichtbilanzierung des erwarteten Gewinns und es käme damit zu einer Angabepflicht. Im Schrifttum wird aber auch die Auffassung vertreten, dass bei Vorliegen einer Bewertungseinheit nur die spezielleren Vorschriften der Nr. 23 greifen.[69]

3. Kategorisierung der Derivate

125 Die Angabepflichten der Nr. 19 sind nach Kategorien zu leisten. Maßgeblich für die Kategorisierung ist die Art des **Basiswerts**.[70] Nach IDW RS HFA 1.005 Tz. 12 sind demzufolge zu unterscheiden:

▶ Zinsderivate,

▶ Währungsderivate,

▶ Aktienderivate (sofern nicht Zins- oder Währungsindex) sowie

▶ sonstige Derivate.

---

69 Vgl. *Ellrott*, in: Beck'scher Bilanz-Kommentar, 7. Aufl., München 2010, § 285 Tz. 321.
70 Vgl. *Ellrott*, in: Beck'scher Bilanz-Kommentar, 7. Aufl., München 2010, § 285 Tz. 323.

Ist ein Vertrag mehreren Kategorien zuzuordnen, etwa ein *cross currency*-Zinsswap sowohl dem Zins- als auch dem Währungsbereich, ist er je nach Bedeutung unter sonstigen Derivaten oder als eigenständige Kategorie zu erfassen.

Unter eine der vier Kategorien fallende Geschäfte können u. E. dann **nicht** zusammengefasst werden, wenn 126

▶ der beizulegende Zeitwert in einigen Fällen positiv, in anderen negativ ist,
▶ die Art der Geschäfts sich unterscheidet (z. B. Termingeschäft vs. Option) oder
▶ die Buchwerte in unterschiedlichen Bilanzposten erfasst werden.

4. Art und Umfang

Nach **Art** der Derivate sind zu unterscheiden (→ § 246 Rz. 207 ff.) 127

▶ *forwards* (unbedingte Termingeschäfte),
▶ *futures* (standardisierte unbedingte Termingeschäfte),
▶ Optionen und
▶ Swaps.

Der anzugebende Umfang ergibt sich aus dem **Nominalvolumen** des Geschäfts. 128

5. Beizulegender Zeitwert und seine (Nicht-)Ermittlung

Soweit sich der beizulegende Zeitwert nach § 255 Abs. 4 HGB (→ § 255 Rz. 146 ff.) verlässlich ermitteln lässt, ist er unter Nennung der **Bewertungsmethode** anzugeben. 129

Besteht **ausnahmsweise** keine Möglichkeit der verlässlichen Bestimmung des Werts, sind die Gründe hierfür anzugeben. Nachfolgend ein Beispiel für eine derartige Begründung:

> **BEISPIEL** ▶ „Die jetzigen Eigentümer der X-GmbH haben uns lang laufende Optionen auf den Erwerb ihrer Anteile eingeräumt. Wir haben zwar Informationen über die erwarteten zukünftigen *cashflows* der X-GmbH und damit über den Wert der optionsgegenständlichen Anteile sowie über den inneren Wert unserer Optionen. Angesichts der langen Laufzeit der Optionen hängt deren beizulegender Zeitwert aber wesentlich auch von der Annahme über die Volatilität der Wertentwicklung der Anteile ab. Verlässliche Annahmen hierzu (etwa in der Form von *accounting betas*) liegen uns nicht vor. Der beizulegende Zeitwert der Optionen kann daher nicht verlässlich bestimmt werden."

Bei verlässlicher Bestimmbarkeit des beizulegenden Zeitwerts ist neben dem **Wert selbst** auch die **Methode** seiner Bestimmung zu nennen. Infrage kommen u. a. folgende Methoden: 130

▶ Marktpreis (bei an aktiven Märkten notierten Derivaten),
▶ marktpreisorientierte Bewertung durch Ableitung aus dem Marktwert eines vergleichbaren Derivats oder aus den Transaktionswerten eines gleichen oder vergleichbaren Derivats,
▶ Optionspreismodelle (Black-Scholes-Modell, Binominalmodell) sowie
▶ *discounted cashflow*-Modelle.

131 § 285 Satz 5 HGB a. F. sah für Fälle, in denen kein Preis an aktiven Märkten feststellbar ist und demzufolge eine der anderen Methoden (Bewertungsmethoden i. e. S.) zum Tragen kommt, die Angabe der tragenden **Prämissen** des jeweils angewandten Bewertungsmodells vor. Satz 5 ist durch das BilMoG ersatzlos gestrichen worden. Der BilMoG-RegE begründet die Aufhebung der Sätze 3 bis 5 mit der Ergänzung des § 255 Abs. 4 HGB um die Vorschriften zur Ermittlung des beizulegenden Zeitwerts. § 255 Abs. 4 HGB sieht jedoch ebenso wenig eine Angabepflicht zu den Prämissen der Bewertung vor. Eine solche folgt auch nicht aus § 284 Abs. 2 Nr. 1 HGB, da die Angabepflicht des Nr. 19 gerade nicht die bilanzielle Bewertung zum beizulegenden Zeitwert betrifft. U. E. sind daher die Prämissen der Bewertung **nicht** angabepflichtig. Dies ergibt sich auch durch einen Vergleich mit Nr. 20. Die dort betroffene Zeitbewertung von Finanzinstrumenten bei Kreditinstituten übernimmt ausdrücklich eine § 285 Satz 5 HGB a. F. entsprechende Formulierung und sieht daher Angaben zu grundlegenden Prämissen vor. Im Umkehrschluss sind solche Angaben nach Nr. 19 nicht notwendig.

6. Buchwert und Bilanzposten

132 Für jedes nicht zum beizulegenden Zeitwert bilanzierte Finanzderivat ist der **Buchwert** und der **Bilanzposten**, innerhalb dessen dieser erfasst wurde, anzugeben. Strittig ist, ob im Zusammenhang mit *Futures* geleistete Sicherheitszahlungen (*initial* oder *variation margins*) zum Buchwert zählen[71] oder als eigene, vom Derivat zu unterscheidende Vermögensgegenstände bei der Buchwertangabe außer Betracht bleiben.[72]

Bei Nichtbilanzierung eines Derivats wegen unrealisiertem Gewinn existiert weder ein Buchwert noch ein Bilanzposten; sinnvoll ist dann eine **Fehlanzeige**.

7. Derivatespiegel

133 Die unter → Rz. 120 erläuterten Angabepflichten können bei umfangreichem Derivatebestand sinnvoll in Form einer tabellarischen Aufstellung („Derivatenspiegel") **zusammengefasst** werden. Hierzu nachfolgendes Beispiel.

---

71 Vgl. *Oser/Holzwarth*, in: Küting/Pfitzer/Weber (Hrsg.), Handbuch der Rechnungslegung, 5. Aufl., §§ 284-288 Tz. 381.
72 Vgl. *Ellrott*, in: Beck'scher Bilanz-Kommentar, 7. Aufl., München 2010, § 285 Tz. 336.

BEISPIEL

Kategorie	Art	Volumen	Beizule-gender Zeitwert	Bewertungs-methode	Buch-wert	Bilanz-posten
1. Zins-derivate	div. Swaps (zahle fix, erhalte variabel)	1,5 Mio €	100 T€	discounted cashflow-Modell	Fehl-anzeige	Fehl-anzeige
	div. Swaps (zahle variabel, erhalte fix)	1,0 Mio €	-50 T€	marktpreis-orientiert	40 T€	sonstige Rück-stellungen
2. Währungs-derivate	div. USD-Termin-käufe	1 Mio USD	-200 T€	marktpreis-orientiert	150 T€	sonstige Rück-stellungen
3. Aktien-derivate	Verkaufs-option	500 T€	200 T€	Black-Scholes Modell	50 T€	sonstige Vermögens-gegen-stände
4. Sonstige Derivate	cross currency-Zinswap (USD)	1 Mio USD	80 T€	marktpreis-orientiert	Fehl-anzeige	Fehl-anzeige

XX. Zum Zeitwert erfasste Finanzinstrumente bei Banken (Nr. 20)

Nach § 340e Abs. 2 HGB haben Kreditinstitute Finanzinstrumente des Handelsbestands zum beizulegenden Zeitwert (abzüglich eines Risikoabschlags) zu bewerten. Wenn sich dieser nicht unmittelbar als Preis an einem aktiven Markt ergibt, sondern ein Bewertungsmodell angewandt wird, sind nach Nr. 20 die wesentlichen dabei zugrunde gelegten Prämissen anzugeben. Handelt es sich bei den Finanzinstrumenten um Derivate, sind deren Umfang und Art sowie die wesentlichen, risikorelevanten Bedingungen zu nennen.

134

Für **Nichtbanken** hat Nr. 20 keine unmittelbare Bedeutung. Eine mittelbare ergibt sich im Falle von Angabepflichten nach Nr. 25 (→ Rz. 153) zur Saldierung von Pensionsverpflichtungen mit Planvermögen. Für die Ermittlung danach anzugebender beizulegender Zeitwerte des Planvermögens verlangt Nr. 25 unter Verweis auf Nr. 20a die Angabe der wesentlichen, bei der Zeitwertermittlung zugrunde gelegten Prämissen (→ Rz. 155).

135

XXI. Geschäfte mit nahestehenden Personen (Nr. 21)

1. Regelungshintergrund

136 Die Angabepflicht durch das BilMoG bzw. die 4. EG-Richtlinie ist den Vorgaben des IAS 24 zu verdanken. Zuvor waren Angaben zu Verbundbeziehungen nach HGB und AktG (Abhängigkeitsbericht nach § 312 AktG) nur punktuell und ausnahmsweise für (**natürliche**) Personen gefordert. Nr. 21 weitet die Angabepflicht generell auf den „Verbund", d. h. auch auf (**natürliche**) Personen neben **Unternehmen** aus. Der Gesetzgeber reagiert – vergleichbar IAS 24 – auf den latenten Verdacht der einseitigen Benachteiligung, der in Verbundbeziehungen wegen des fehlenden Interessengegensatzes stets im Hintergrund mitschwingt (insoweit vergleichbar mit der Thematik der verdeckten Gewinnausschüttung oder Einlage).

Vorgespurt ist die Angabepflicht durch Art. 43 Abs. 1 Nr. 7b der Bilanzrichtlinie i. d. F. der Abänderungsrichtlinie.

2. Begriffsinhalt von „Geschäften"

136a „Geschäfte" sind inhaltlich **weit** auszulegen.[73] Gemeint sind Rechtsgeschäfte und andere getroffene – nicht unterlassene[74] – Maßnahmen. Diese betreffen die Übertragung oder Nutzung oder Nutzungsüberlassung von Vermögensgegenständen, die Einräumung von Krediten, z. B. im *Cash-Pooling*[75] und die Erbringung von Dienstleistungen. Alle diese Geschäfte müssen sich auf die gegenwärtige und künftige **Finanzlage** eines Unternehmens auswirken können.

3. Begriff des Nahestehens

137 Nach der zitierten Vorgabe der Bilanzrichtlinie sowie der Begründung des Regierungsentwurfs zum BilMoG ist der Begriffsinhalt von „**nahestehenden**" Personen und Unternehmen den **IFRS** zu entnehmen.[76] Die Bezugnahme auf die IFRS erfolgt als sog. **dynamische Verweisung**. Maßgeblich sind die jeweils geltenden, von der EU im sog. Endorsementverfahren anerkannten Regeln.[77] Für das Geschäftsjahr 2010 ergibt sich hieraus nach dem am 19. 7. 2010 erfolgten Endorsement von IAS 24 rev. 2008 und unter Einbeziehung der in diesem Standard enthaltenen Möglichkeit der vorzeitigen Anwendung (*early adoption*) folgende Option, u. E. mit entsprechender Anhangangabe:[78]

▶ Vorzeitige Anwendung des pflichtgemäß erst ab 2011 anzuwendenden IAS 24 rev. 2008,

▶ Anwendung des letztmals für 2010 geltenden IAS 24 rev. 2003.

Beide Standardfassungen unterscheiden sich aber in dem für HGB allein relevanten Bereich der Definition des Nahestehens nicht wesentlich bzw. die diesbezüglich vorgenommenen Änderungen haben fast ausschließlich überwiegend klarstellenden Charakter. Unsere nachfolgende Kommentierung bezieht sich daher allein auf IAS 24 rev. 2008.

---

73 IDW ERS HFA 33 Tz. 4. Vgl. hierzu auch § 312 AktG.
74 IDW ERS HFA 33 Tz. 6.
75 Vgl. *Rimmelspacher/Fey*, WPg 2010 S. 184.
76 Begründung des Reg-E zum BilMoG.
77 IDW ERS HFA 33 Tz. 8.
78 So auch *Rimmelspacher/Fey*, WPg 2010 S. 183; dort ist auch eine Kommentierung zum IAS 24 rev. 2003 nachzulesen, die vom IDW ERS HFA 33 Tz. 9 übernommen wird.

Das „Nahestehen" einer „Partei" (*party*) kann nach IAS 24.9 in „**gerader Linie**" (→ Rz. 137a) oder in der „**Seitenlinie**" (→ Rz. 137b) gegeben sein. Dementsprechend nennt die Ausnahmevorschrift in § 288 Abs. 2 Satz 4 HGB (→ § 288 Rz. 4) „direkte und indirekte Geschäfte", was – da eine Erleichterung begründend – als Klarstellung für Nr. 21 gewertet werden muss.[79] Wegen des maßgeblichen **Beurteilungszeitpunkts** wird auf → Rz. 141a verwiesen.

Die Beziehungen in **gerader Linie** (→ Rz. 137) umfassen nach IAS 24.9(a):[80]

▶ **Beherrschung** (→ § 290 Rz. 1 ff.): Herr Müller oder die Müller AG halten 100 % oder 70 % der Aktien an der Tochter AG; diese wiederum 80 % der Anteile an der Enkel-GmbH. Nach IAS 24.9b(i) sind alle Konzernunternehmen untereinander nahestehend. Steht an der Spitze nicht die Müller AG, sondern Herr Müller, ist dieser gem. IAS 24.9(a)(i) aus Sicht der Tochter AG nahestehend und gem. IAS 24.9(b)(vi) i.V. mit IAS 24.9(a) auch aus Sicht der Enkel-GmbH.

▶ **Gemeinsame Beherrschung** (→ § 310 Rz. 1 ff.): Herr Müller oder die Müller AG halten jeweils 50 % der Kapitalanteile an der Venture OHG, ein Dritter die andern 50 %. Nach IAS 24.9(b)(ii) sind die Müller AG (sowie ihre Tochtergesellschaften) und die Venture OHG untereinander nahestehend. Tritt an die Stelle der Müller AG Herr Müller, ist dieser nach IAS 24.9(a)(i) nahestehend aus Sicht der Venture OHG.

▶ **Signifikanter Einfluss** (→ § 311 Rz. 1 ff.): Herr Müller oder die Müller AG sind zu 25 % an der assoziierten aU-GmbH beteiligt. Nach IAS 24.9(b)(ii) sind die Müller AG und die aU GmbH einander nahestehend. Tritt an die Stelle der Müller AG Herr Müller, ist dieser nach IAS 24.9(a)(ii) nahestehend zur aU-GmbH.

▶ Die Stellung als **Mitglied des Geschäftsführungs- oder Aufsichtsorgans** (*key management personnel*) der Berichtseinheit oder deren Muttergesellschaft (IAS 24.9(a)(iii)).

Die Beziehungen in der **Seitenlinie** (→ Rz. 137) setzen zunächst einen Bezug in gerader Linie voraus, der durch eine Seitwärtsbeziehung ergänzt wird. Dazu folgende Beispiele nach den Definitionen in IAS 24.9(b):

▶ Die Müller AG hält 70 % der Anteile an der T GmbH. Gleichzeitig hält die Müller AG 50 % der Anteile an der Venture OHG und 25 % der Anteile an der assoziierten aU-GmbH. Auch die Venture OHG und die aU-GmbH sind untereinander nahestehend (IAS 24.9(b)(ii)). Tritt an die Stelle der Müller AG Herr Müller, ergibt sich das Nahestehen zwischen der Venture OHG und der aU-GmbH aus IAS 24.9(vi) oder (vii) i.V. mit IAS 24.9(a). Nach IAS 24.12. sind in beiden Konstellationen auch Tochtergesellschaften der Venture OHG bzw. der aU-GmbH in den Definitionsbereich von „nahestehend" einbezogen.

▶ Herr Müller oder die Müller AG sind zu je 50 % an der Venture GmbH und der Venture SA beteiligt: In gerader Linie sind Herr Müller oder die Müller AG im Verhältnis zur GmbH und der SA als „nahestehend" definiert (→ Rz. 10). In der Seitenlinie sind die beiden Venture-Gesellschaften untereinander nahestehend, entweder nach IAS 24.9(b)(iii), wenn an der Spitze die Müller AG steht, oder nach IAS 14.9(b)(vi) i.V. mit IAS 24.9(a), wenn an der Spitze Herr Müller steht.

---

[79] IDW ERS HFA 33 Tz. 31.
[80] Nachfolgende Ausführungen überwiegend entnommen aus *Hoffmann*, in: Lüdenbach/Hoffmann (Hrsg.), Haufe IFRS-Kommentar, 8. Aufl., Freiburg 2010, § 30 Rz. 9 ff.

- Herr Müller oder die Müller AG sind zu je 50 % an der Venture GmbH und zu 25 % an der assoziierten aU-GmbH beteiligt. Nach derselben Struktur wie im vorhergehenden Aufzählungspunkt sind die Venture GmbH und die aU als untereinander nahestehend definiert, und zwar gem. IAS 24.9(b)(iv), wenn an der Spitze die Müller AG steht, nach IAS 24.9(b)(vii) i.V. mit IAS 24.9(a), wenn an der Spitze Herr Müller steht.
- Herr Müller oder die Müller AG üben signifikanten Einfluss auf die aU1 und die aU2 aus. Die beiden assoziierten Unternehmen stehen Herrn Müller oder der Müller AG nahe, nicht dagegen die beiden aU untereinander (IAS 24.BC19(d)).
- Herr Müller oder die Müller AG beherrscht allein oder gemeinsam mit einer dritten Einheit oder hat signifikanten Einfluss auf die M-GmbH oder Mitglied von deren Geschäftsführungs- oder Aufsichtsorgan. Daneben kontrollieren Herr Müller oder die Müller AG allein (100 %) oder gemeinsam mit einem Partner (50 %) die Müller Rechtsanwalts-GmbH (IAS 24.9(b)(vi): Die Müller AG steht der Müller Rechtsanwalts-GmbH nahe und umgekehrt (IAS 24.BC19(c)).
- Herr Müller kontrolliert allein oder gemeinsam mit einer dritten Partei die Müller AG. Herr Müller ist signifikant (mit 25 %) an der Müller Rechtsanwalts-GmbH beteiligt. Die Müller AG steht gem. IAS 24.9(b)(vii) i.V mit IAS 24.9(a)(i) der Müller GmbH nahe.
- Herr Müller ist Aufsichtsratsmitglied der Müller AG und/oder mit 30 % an der Müller AG beteiligt und ist außerdem signifikant (mit 25 %) an der Müller Rechtsanwalts-GmbH beteiligt oder ist deren Geschäftsführer. Die Müller AG steht gem. IAS 24.9(b)(vii) der Müller Rechtsanwalts-GmbH nicht nahe, da der Verweis in IAS 24.9(b)(vii) nicht auf IAS 24.9(a)(iii) gerichtet ist (anders als im vorstehenden Aufzählungspunkt).
- Herr Müller oder die Müller AG sind zu 25 % an der aU1 GmbH und zu 35 % an der aU2 SA beteiligt. In der geraden Linie sind Herr Müller oder die Müller AG den beiden aU nahestehend, nicht die beiden aU untereinander (IAS 24.BC25).

137c Die vorstehende Aufzählung ist zum besseren Verständnis in ihrer Systematik näher zu erläutern:.

- Im Ausgangspunkt werden natürliche Personen (*person*) bzw. deren nahe Familienmitglieder (→ Rz. 16) und Unternehmen bzw. (Teil-)Konzerne (*entities*) unterschieden.
- Bei Nahestehen in gerader Linie (→ Rz. 137a) ist die Unterscheidung nach natürlicher Person (IAS 24.9(a)) und Unternehmen etc. (IAS 24.9(b)) unerheblich.
- Bei Nahestehen in der Seitenlinie gilt der vorstehende Befund mit den Ausnahmen in den beiden letzten Aufzählungspunkten unter → Rz. 137b.
- Das Nahestehen zweier Parteien besteht immer wechselseitig (IAS 24.BC19(e)) (→ Rz. 9).

137d Förmlich nicht geregelt in IAS 24.9 ist die **Geschäftsführungsfunktion eines Unternehmens**, in Deutschland die typische Situation der GmbH & Co. KG, bei der die **Komplementär-GmbH** regelmäßig zur Geschäftsführung bestellt ist. Unter Anwendung der Beherrschungs- und Beeinflussungskriterien sind u. a. folgende Sachverhaltskonstellationen – jeweils Geschäftsführungsbefugnis der GmbH für die KG unterstellt – zu beachten und nach dem Standardwortlaut wie folgt zu würdigen:

- Vier natürliche Personen sind zu gleichen Teilen sowohl an der GmbH und der KG beteiligt. Geschäftsführer der GmbH ist Herr Schulze, mit den Gesellschaftern nicht verwandt und nicht verschwägert: Die beiden Gesellschaften sind einander nicht nahestehend (IAS 24.9(b)(vii)), wohl aber die vier Gesellschafter zu beiden Gesellschaften (IAS 24.9(a)(ii)).

▶ Wie im vorstehenden Aufzählungspunkt, allerdings sind die vier Personen auch Geschäftsführer der GmbH: Die vier Personen sind der KG und der GmbH nahestehend (IAS 24.9(a)(ii)), nicht aber die Gesellschaften untereinander (IAS 24.9(b)(vii)). Die Geschäftsführungsfunktion ändert daran nichts, denn der letztzitierte Standardparagraph verweist nicht auf IAS 24(a)(iii)).

▶ Die Meyer AG ist zu 100 % an der Meyer-Komplementär GmbH und der Meyer KG beteiligt: Die Meyer AG (IAS 24.9(b)(i)) ist der Meyer-Komplementär GmbH und der Meyer KG nahestehend, die beiden letztgenannten Gesellschaften untereinander ebenfalls (IAS 24.9(b)(i)).

▶ Frau Meyer ist zu 100 % an der Meyer-Komplementär GmbH und der Meyer KG beteiligt. Frau Meyer ist der Meyer GmbH und der Meyer KG nahestehend (IAS 24.9(a)(i)), die beiden Gesellschaften untereinander ebenfalls (IAS 24.9(b)(vi)).

▶ Die Meyer KG ist alleinige Gesellschafterin der Meyer-Komplementär GmbH (sog. Einheitsgesellschaft). An der Meyer KG sind vier natürliche Personen gleich beteiligt: Die vier Personen sind der KG nahestehend (IAS 24.9(a)(i)), ebenso der GmbH (IAS 24.9(b)(i)). Wer die Geschäftsführungsfunktion bei der GmbH ausübt, ist unerheblich.

▶ Die Bank AG ist an der Komplementär-GmbH, die Investor AG an der Immobilien KG mit jeweils 100 % beteiligt. Die Bank AG und die Komplementär GmbH sowie die Investor AG und die Immobilien KG sind einander nahestehend (IAS 24.9(b)(i)). Die Komplementär GmbH und die Immobilien KG sind einander nicht nahestehend, da IAS 24.9(a)(iii) nur auf natürliche Personen anzuwenden ist.

Mit der primären natürlichen Person (*person*) in IAS 24.9(a) werden tatbestandlich **nahe Familienmitglieder** (*close members of family*) gleichgestellt. In den vorherigen Aufzählungen der Definitionsnormen des IAS 24.9 kann deshalb immer Herr Müller durch den Herrn Schwiegersohn Schmitz oder die Mutter Herta Müller „ersetzt" werden. Diesen Familienmitgliedern wird die wirtschaftlich gleichgewichtete Interessenlage unterstellt und damit auch ein potenzieller Einfluss des Gesellschafters oder Organmitglieds auf die Geschäfte (*dealings*) mit dem berichtenden Unternehmen/Konzern. Es handelt sich allerdings nur um eine Vermutung (*may be expected to influence*). Es fehlt aber andererseits an einer Erläuterung, wann diese Vermutung gilt bzw. wie sie zu widerlegen ist.

137e

Als *related party* gelten nach der Aufzählung in IAS 24.9 neben den signifikant oder mehrheitlich beteiligten Gesellschaftern oder Organmitgliedern

▶ deren eigene Kinder,
▶ deren Ehe- oder sonstige Lebenspartner,
▶ sonstige abhängige Personen,
▶ die Kinder des „Lebenspartners" (also zusätzlich zu den eigenen Kindern) sowie
▶ sonstige abhängige Personen – auch des Lebenspartners –,

sofern eine Beeinflussung (aktiv oder passiv) vernünftigerweise angenommen werden kann.

Folgende Differenzierung scheint uns sinnvoll:

- Bei wirtschaftlicher Abhängigkeit (etwa minderjährige oder in Ausbildung befindliche Kinder) und/oder gemeinsamer Haushaltführung (Ehegatten) ist ein Nahestehen fast immer gegeben.
- Bei nicht haushaltszugehörigen, wirtschaftlich selbständigen Angehörigen spricht der erste Anschein gegen ein Nahestehen.

Der für die IFRS allgemein geltende Grundsatz *substance over form* wird in IAS 24.10 besonders betont. Eine kleinliche Standardinterpretation erscheint deshalb als unangebracht. Andererseits kommt auch eine inhaltliche Ausweitung von „*close*" in Betracht, wenn z. B. Geschwister und deren Abkömmlinge gemeinsam als Interessengruppe agieren („Familienclan").

137f Explizit ausgeschlossen aus dem Definitionsgehalt von „*related*" sind nach IAS 24.11:
- Zwei Unternehmen mit Personalunion einer Direktorenstellung oder einer anderen Schlüsselposition bei zwei Unternehmen.
- Zwei Unternehmen (*two venturers*), die ein Joint Venture betreiben, im Verhältnis zueinander nur aufgrund des Vorliegens eines solchen *Joint Venture* (also nicht aus anderen Gründen) stehen.
- Hausbanken, Großlieferanten und Hauptabnehmer.

137g Die Grundregel der *substance over form* (→ Rz. 137e) gewinnt im Fall der *related party*-Beziehungen besonderes Gewicht. Dies wird durch die Hervorhebung in IAS 24.10 untermauert. Ein berichtspflichtiger Vorgang kann auch durch die Einschaltung einer *scheinbar unrelated party* nicht vermieden werden.

> **BEISPIEL** Unternehmen A, in finanziellen Schwierigkeiten, verkauft ein wertvolles Patent weit unter Wert zu 50 an Unternehmen B. B verkauft zu 50 weiter an Unternehmen C. Bei A und C ist Herr X alleiniger Gesellschafter und Geschäftsführer. Bei B übt Herr Y die gleichen Funktionen aus. X und Y sind nicht verwandt und nicht verschwägert und auch sonst nicht nahestehend.
>
> A und C müssten in ihren Abschlüssen über dieses Geschäft berichten, u. a. durch Hinweis auf die beidseits vorliegende Beherrschung durch Herrn X. Die Berichtspflicht stützt sich auf IAS 24.18: „*necessary for users to understand*".

4. Beschränkte Angabepflicht

138 Konzeptionell weicht die HGB-Vorschrift in einem entscheidenden Punkt von der Vorgabe des IAS 24 ab: Anzugeben sind nur („zumindest" → Rz. 143) die Geschäfte mit **marktunüblichen** Bedingungen, die einem Fremdvergleich nicht standhalten, einerlei ob zugunsten oder zuungunsten des berichtenden Unternehmens – und dann auch nur bei **Wesentlichkeit**. Diese Einschränkung ist vor dem Hintergrund der IFRS-Rechnungslegungspraxis bedeutsam: Dort gibt es keine Beschränkung der Angabepflicht auf die marktunüblichen Geschäfte und nur den **generellen** Wesentlichkeitsvorbehalt. Deshalb erscheinen in IFRS-Anhängen mitunter Kleinstgeschäfte, die durch die Checklistentechnik aus dem Rechenwerk herausgefiltert worden sind, dafür aber keinerlei Informationsgehalt (→ § 284 Rz. 35) aufweisen.

139 Insofern verhindert der HGB-Gesetzestext tendenziell eine unnötige Aufblähung der ohnehin regelmäßig viel zu üppigen Anhangberichterstattung (→ § 284 Rz. 14 ff.). Da ein Vorstand oder

Geschäftsführer marktunübliche Geschäfte zugunsten nahestehender Personen nach Maßgabe des Fremdvergleichs schon aus steuerlichem Grund i. d. R. nicht öffentlich verkünden wird – genauso wenig wie eine verdeckte Gewinnausschüttung (ex ante) in der Steuererklärung erscheint –, handelt es sich bei der Angabepflicht eher um einen **Papiertiger**.[81]

Eine (befolgte) Angabepflicht wird sich in der Praxis deshalb nur bei „**steuerunschädlichen**" (inländischen wegen § 1 AStG) Sachverhalten feststellen lassen.

> **BEISPIEL**
>
> ▶ Die Muttergesellschaft verbürgt sich unentgeltlich für Bankkredite der Tochtergesellschaft.
>
> ▶ Der Alleingesellschafter der GmbH gewährt dieser ein zinsloses langfristiges Darlehen (alternativ ein marktüblich verzinsliches, aber ungesichertes Darlehen).
>
> ▶ Die Ehefrau des Alleingesellschafters der GmbH verzichtet zur bilanziellen Sanierung auf ihre Darlehensforderung gegen die GmbH (anders, wenn andere Großgläubiger in vergleichbarem Umfang auf Forderungen in Sanierungsabsicht verzichten, dann „marktüblich").

Zur Bestimmung der Marktüblichkeit (steuerlich: *arm's length*-Prinzip) können die Beurteilungskriterien zur verdeckten Gewinnausschüttung zu § 1 AStG und den OECD-Verrechnungspreis-Grundsätze herangezogen werden.

Aus dem „**zumindest**" (→ Rz. 143) wird folgendes generelles **Wahlrecht** für die Berichtsstruktur abgeleitet:[82]

▶ Beschränkung auf die wesentlichen markt**un**üblichen Geschäfte.

▶ Einbeziehung aller Geschäfte, unabhängig von der Marktüblichkeit.

Daraus wird im Interesse der steuerlichen Prophylaxe z. T. eine Tendenz zur Wahl der zweiten Alternative gefolgert.[83] Wir sehen demgegenüber die praktische Handhabung angesichts der Fülle der zu erhebenden Daten (→ Rz. 143) und der subjektiven Überzeugung des Managements von der Angemessenheit die Berichtspraxis in der vorstehend dargestellten Politik.

Die Angabepflicht dieser marktunüblichen Geschäfte steht unter **Wesentlichkeits**vorbehalt. Deshalb scheidet im erstgenannten Sachverhalt die Angabepflicht häufig aus. Im zweiten Sachverhalt ist zu differenzieren: Wenn die GmbH finanziell auf der Kippe steht oder das Darlehen die überwiegenden Finanzierungsquelle darstellt, muss die Wesentlichkeit einer zinslosen oder unbesicherten Darlehensgewährung in nennenswerter Höhe bejaht werden. Im dritten Fall – dem alleinigen Forderungsverzicht – ist die Angabepflicht zweifelsfrei. 140

Wegen möglicher Befreiungen im **Konzern**ierungsfall vgl. → Rz. 144.

Bei marktüblichen Geschäften kann auf eine Angabe zu den Verbundbeziehungen überhaupt verzichtet werden (Fehlanzeigen sind generell nicht erforderlich, → § 284 Rz. 11), gleichwohl werden sich unerwünschte Rückfragen durch den Satz „Mit nahestehenden Personen und Un-

---

81 Vgl. zum Folgenden *Lüdenbach/Hoffmann*, StuB 2009 S. 311.
82 Nach BR-Drucks. 344/08 S. 157; IDW ERS HFA 33 Tz. 22.
83 Z. B. *Wollmert/Oser/Graupe*, StuB 2010 S. 128.

ternehmen sind Geschäfte nur zu marktüblichen Konditionen zustande gekommen" vermeiden lassen.

Aber auch die (seltenen) marktunüblichen Geschäfte sind nur bei Wesentlichkeit angabepflichtig (→ Rz. 13). Daher sollte der vorstehende Satz die übliche Floskel „unwesentlich" enthalten, weil sonst Überlegungen über zwar unwesentliche, aber unübliche Geschäfte provoziert werden.

141 Zur Beurteilung der Marktüblichkeit kommt es entscheidend darauf an,

▶ auf welcher **Aggregationsebene** (*unit of disclosure*) das Geschäft beurteilt wird (Paket- vs. Einzelbetrachtungen) und

▶ welches der **relevante** Markt ist.

> **BEISPIEL** ▶ Den Vorständen der X-AG und nur ihnen werden bestimmte Aktienoptionen eingeräumt. An der Börse werden mit gleichlautenden Fristen und Ausübungspreisen versehene Kaufoptionen mit einem hohen Wert gehandelt.
>
> **EINZELBEURTEILUNG** ▶ Wird die Gewährung der Optionen als Einzelgeschäft betrachtet, ist die Börse der relevante Markt. Die Optionen sind marktunüblich. Sie sind nicht nur im Vergütungsbericht (→ Rz. 71), sondern mit Hinweis auf die Marktunüblichkeit auch im Bericht über Nahestehende anzugeben.
>
> **PAKETBEURTEILUNG** ▶ Die Optionsgewährung wird als unselbständiger Teil der mit dem Vorstand für seine Dienste getroffenen Gesamtvereinbarung betrachtet. Relevant für die Beurteilung der Marktüblichkeit ist dann der Markt für (besonders qualifizierte) Vorstände und Geschäftsführer. Eine Marktunüblichkeit ergibt sich i. d. R. nicht.

Im Falle der Vorstandsoptionen mag eine Paketbetrachtung als zulässig, wenn nicht überlegen angesehen werden. Unter der Paketbeurteilung werden in der Praxis marktunübliche Fälle kaum noch festzustellen sein. Bei der Gewährung einer unentgeltlichen Bürgschaft an ein Tochterunternehmen kann dann unter Bezugnahme auf die Vorteile des Mutterunternehmens aus dem Unternehmensverbund die Marktunüblichkeit u.U. ebenso verneint werden wie bei der Gewährung eines unbesicherten Darlehens an einen Aufsichtsrat unter Hinweis auf die vielfältigen Geschäftskontakte, die der Aufsichtsrat dem Unternehmen vermittelt.

U. E. erfordert eine geltungserhaltende Auslegung von Nr. 21 daher eine **Einzelbetrachtung**. Im Falle der Optionsgewährung an Vorstände kann diese nach den Wertungen des Aktienrechts noch als unselbständiger Teil der Gesamtvergütung angesehen werden, in den meisten anderen Fällen wird eine Aggregation von Geschäften i. S. eines Vorteils-Nachteils-Ausgleichs hingegen nicht infrage kommen.

5. Zeitliche Aspekte, insbesondere bei Dauerschuldverhältnissen

141a Sowohl die Frage des Nahestehens (→ Rz. 137) als auch die der Fremdüblichkeit (→ Rz. 139) kann sich im Zeitablauf ändern. Zu klären ist bei Dauerschuldverhältnissen dann, ob auf die

Verhältnisse zum Zeitpunkt der **Vornahme** des Geschäfts oder die Verhältnisse im Geschäftsjahr bzw. zum **Bilanzstichtag** abzustellen ist.

> **BEISPIELE**
>
> **Variante 1**
>
> Der mit 25 % beteiligte Hauptgesellschafter A gewährt dem Berichtsunternehmen B in 01 zu einem zum Zeitpunkt des Vertragsschlusses im Fremdvergleich unüblich niedrigen Zinssatz ein langfristiges Festzinsdarlehen. Am 30.6.02 scheidet A als Gesellschafter aus. In welchem Umfang bestehen Angabepflichten in 02 und 03?
>
> **Variante 2**
>
> Zum Zeitpunkt der Darlehensgewährung in 01 ist A nur mit 15 % an der B beteiligt und hat noch keinen maßgeblichen Einfluss. Weiteren Finanzbedarf kann B in 02 nur durch eine Kapitalerhöhung decken, die allein von A gezeichnet wird, A erlangt dadurch ab 1.7.02 maßgeblichen Einfluss auf B. In welchem Umfang bestehen Angabepflichten in 02 und 03?
>
> **Variante 3**
>
> A war und bleibt maßgeblicher Gesellschafter. Die allgemeinen Marktzinsen sinken aber Anfang 02 so stark, dass der Vertragszins aus Sicht des Geschäftsjahrs 02 nicht mehr unüblich niedrig ist.

U. E. gilt in derartig gelagerten Fällen Folgendes:

Nach dem Gesetzeswortlaut sollen zu nicht marktüblichen Bedingungen mit nahestehenden Personen „**zustande gekommene** Geschäfte" angegeben werden. Hieraus folgt: Entsteht die Verbundbeziehung erst deutlich **nach** Zustandekommen des Geschäfts, entfällt eine Angabepflicht.[84] In Variante 2 des vorstehenden Beispiels ist daher auch in Periode 2 keine Angabe vorzunehmen. In die gleiche Richtung weist auch der **Zweck** der Angabepflicht: In Verbundbeziehungen fehlt es am natürlichen **Interessengegensatz** der Geschäftspartner. Latent besteht daher die Möglichkeit der Benachteiligung (oder Bevorteilung) der Gesellschaft. Wo es als Folge der Verbundbeziehung tatsächlich zu einer solchen Benachteiligung gekommen ist, soll dies der Bilanzleser erfahren. Die Bevorteilung der B durch die Konditionen des Darlehensvertrags mit V ist aber **keine Folge** des **Nahestehens**, da dieses erst mehr als ein Jahr später zustande gekommen ist. Dem Zweck von Nr. 21 entspräche eine Angabe daher nicht. Eine andere Beurteilung kann ausnahmsweise z. B. dann geboten sein, wenn ein enger zeitlicher Zusammenhang von Vornahme des Geschäfts und Erlangung der Beherrschung über das Berichtsunternehmen besteht.

Umgekehrt gilt damit: Ist das marktunübliche Geschäft zu einem Zeitpunkt zu Stande gekommen, an dem die Parteien **noch** nahestehend waren, bleibt es auch nach Beendigung dieser Beziehung für die unkündbare Dauer des Vertrags angabepflichtig. In Variante 1 des Beispiels bestehen daher Angabepflichten auch für die Perioden 02 und 03. Notwendig ist dann ein Hinweis darauf, dass die Person im Berichtsjahr nicht mehr nahestehend ist.[85]

---

84 Gl. A. IDW ERS HFA 33 Tz. 14.
85 Nicht eindeutig IDW ERS HFA 33 Tz. 14.

Für die Beurteilung der Marktüblichkeit ist allein auf die Verhältnisse zum Zeitpunkt des **Vertragsschlusses** abzustellen.[86] In Variante 3 bleibt das Geschäft daher auch für die Perioden 02 ff. angabepflichtig. Die Wesentlichkeit ist in jedem Geschäftsjahr neu zu beurteilen. Die Angabepflicht für Dauerschuldverhältnisse besteht bei Erfüllung der übrigen Tatbestandsmerkmale sowohl für das Geschäftsjahr des **Abschlusses** als auch für die gesamte **Laufzeit**.

141b Außerhalb des Bereichs der Dauerschuldverhältnisse, also bei Veräußerung, Kauf oder sonstigen **Einmalgeschäften**, gelten die vorstehenden Überlegungen sinngemäß. Erfolgt der Vertragsschluss (Verpflichtungsgeschäft) in 01, die Erfüllung (Verfügungsgeschäft) in 02 bedeutet dies:

- ▶ Üblichkeit und Nahestehen sind nach den Verhältnissen in 01 zu beurteilen. Je nach Ergebnis dieser Beurteilung bestehen Angabepflichten für 01.
- ▶ Für 02 bestehen keine Angabepflichten.

Wird das Nahestehen unterjährig begründet oder beendet, sind nur die im Zeitraum des Nahestehens vereinbarten fremdunüblichen Geschäfte anzugeben.

6. Berichterstattungstechnik

142 Wer bei der Anhangberichterstattung gleichwohl das Bedürfnis zur Berichterstattung in diesem Bereich verspüren sollte (→ Rz. 143), erfährt vom Gesetz („prinzipienorientiert") einige Hinweise, die für die Subsumtion von Sachverhalten unter die Gesetzesregel meistens nicht ausreichend sein dürfte. Das beginnt bei der **Definition** der nahestehenden Person (→ Rz. 137):

> **BEISPIEL**
>
> - ▶ Fällt die Lebensabschnittsgefährtin des Alleingeschäftsführers einer zu 80% des Nennkapitals beherrschten Tochtergesellschaft unter die Definition?
> - ▶ Fällt die Beziehung zwischen der Gesellschaft und einem assoziierten Unternehmen i.S. des § 311 HGB unter das „Nahestehen"?

Dabei kann man erstaunliche Feststellungen treffen, hier zur Frage des Nahestehens von **assoziierten** Unternehmen i.S. des § 311 HGB:

> **BEISPIEL**
>
> - ▶ Die Begriffsdefinition von „nahestehenden Unternehmen und Personen" ist gestützt auf Art. 43 Abs. 1 Nr. 7b der EU-Bilanzrichtlinie in Übereinstimmung mit IAS 24 zu verstehen, d. h. ein assoziiertes Unternehmen gilt als nahestehend (→ Rz. 137).[87]
> - ▶ Dagegen wird in Art. 33 Abs. 1 der Konzernbilanzrichtlinien ein assoziiertes Unternehmen als nicht in die Konsolidierung einzubeziehen betrachtet, weshalb es als nicht nahestehend gelten soll.[88]

Diesen Widerspruch belegt das unglückliche Konzept einer „halben" Bezugnahme auf die IFRS. Die richtige Entscheidung wäre gewesen: ganz oder gar nicht.

---

[86] IDW ERS HFA 33 Tz. 17.
[87] BilMoG Regierungsbegründung, S. 159.
[88] BilMoG Regierungsbegründung, S. 189.

Sobald die Tatsache des Nahestehens bestätigt ist und freiwillig (auch über marktübliche Geschäfte) oder pflichtweise (nur über marktunübliche) berichtet wird (→ Rz. 139), muss über

▶ die Art der **Beziehung**,

▶ die Art der **Geschäfte**,

▶ den **Wert** der Geschäfte sowie

▶ die zur **Beurteilung** der **Finanzlage** notwendigen Angaben

befunden werden.

▶ Zunächst über den Inhalt von „**Geschäft**" (→ Rz. 136a). Es soll nach der Regierungsbegründung zum BilMoG[89] im weiten Sinne verstanden werden. Nur **unterlassene** Geschäfte und Maßnahmen sind nicht anzugeben.

▶ Zur **Art** der Beziehung ist anzugeben, ob es sich z. B. um Tochterunternehmen, Mutterunternehmen, assoziierte Unternehmen, Personen in Schlüsselpositionen des Unternehmens, nahe Familienangehörige etc. handelt. Es ist nicht erforderlich, einzelne nahestehende Unternehmen oder natürliche Personen namentlich zu bezeichnen oder so konkret zu kennzeichnen, dass der Geschäftspartner von einem außenstehenden Dritten identifiziert werden kann.[90]

▶ Nach der Art der Beziehung können die Geschäfte zu sachgerechten Kategorien **zusammengefasst** werden, z. B. Verkäufe, Käufe, Erbringen von Dienstleistungen, Bezug von Dienstleistungen etc. In Betracht kommt auch eine Aufteilung in die Kategorien Beschaffungs-, Absatz-, Finanzierungs- und sonstige Geschäfte.[91]

▶ Der **Wert** der Geschäfte meint zunächst die vereinbarten, nicht die marktüblichen Entgelte, ggf. also auch einen Wert von Null (etwa bei einer unentgeltlichen Bürgschaft). Bei Dauerschuldverhältnissen ist nicht nur das im Geschäftsjahr erbrachte oder erhaltene Entgelt anzugeben. Darüber hinaus sind auch die auf die Restlaufzeit voraussichtlich entfallenden Entgelte zu nennen, sofern zum Abschlussstichtag ein Näheverhältnis noch besteht.[92]

▶ Zur **Beurteilung** der **Finanzlage** notwendige Angaben enthalten bei Darlehen oder Bürgschaftsleistungen etwa das Nominalvolumen des Vertrags.

Bei der freiwilligen Berichterstattung stellt sich die Frage, **wie weit** diese Pflicht reicht. Das „zumindest" lässt sich auch (→ Rz. 140) als Untergrenze eines frei **zu wählenden** Berichtsvolumens interpretieren. U. E. würde diese Gesetzesinterpretation tendenziell zu einer bewussten **Desinformation** einladen: Nur die erwünschten Angaben wären zu machen, die gegenteiligen entfielen. Deshalb müssen u. E. bei freiwilliger Anwendung von Nr. 21 die dortigen Angabepflichten **vollständig** erfüllt werden. Die Fülle der möglicherweise in Betracht kommenden Angaben wird der freiwilligen Berichterstattung keinen Vorschub leisten (→ Rz. 140).

Sinnvoll ist eine Darstellung der aggregierten Werte in tabellarischer Form („Verbundspiegel"):[93]

143

---

[89] BilMoG-RegE, S. 158.
[90] IDW ERS HFA 33 Tz. 18.
[91] IDW ERS HFA 33 Tz. 19.
[92] IDW ERS HFA 33 Tz. 20.
[93] Nach *Hoffmann*, in: Lüdenbach/Hoffmann (Hrsg.), Haufe IFRS-Kommentar, 8. Aufl., Freiburg 2010, § 30 Rz. 46, in Anlehnung an *Küting/Seel*, KoR 2008 S. 233; ähnlich IDW ERS HFA 33 Tz. 21.

Personengruppe/ Geschäftsbeziehung	Tochtergesellschaften	Assoziierte Gesellschaften	Joint Ventures	Organmitglieder	Andere nahestehende Personen
Waren- und Dienstleistungsverkehr (T€)*	5.370	3.280	370	-	7.100
Ausstehende Forderungen (T€)	332	180	-	835	3.205
- Zinssatz p. a.	-	-	-	3	0-4
- Erhaltene Garantien (T€)	-	35	-	-	500
- Laufzeiten	Kurzfristig	Kurzfristig	-	1 - 8 Jahre	1 - 10 Jahre
Gegebene Garantien (T€)	2.000	30	80	2.500	-
Erhaltene Garantien für Kreditlinien	-	10	-	-	1.825
Forderungsabschreibung	-	10	-	-	760

* Eine Trennung nach gegebenen und erhaltenen Leistungen wird nicht verlangt. Der Angabepflicht wird dann mit einer kumulierten Zahl Genüge getan.

Wenn **beide** miteinander „Geschäfte" treibenden Unternehmen der Angabepflicht unterliegen oder sich dieser freiwillig unterziehen, wird die Berichterstattung verdoppelt.

7. Befreiung bei 100 %igem Beteiligungsbesitz

144 Für wesentliche marktübliche Geschäfte im Unternehmensverbund gewährt der 2. Halbsatz in Nr. 21 einen Befreiungstatbestand für solche, die **getätigt** worden sind. Voraussetzung ist allerdings eine (direkte oder indirekte) 100 %ige Beteiligungsstruktur zwischen Mutter einerseits und Tochter bzw. Enkelin andererseits. Regelmäßig liegt hier ein Konzerntatbestand vor, die allerdings nach der Regierungsbegründung[94] nicht notwendig ist, da es auf die Höhe des Kapital-, nicht des Stimmrechtsanteils ankommt. Umgekehrt besteht bei **Minderheiten**anteilen diese Befreiung nicht.

Konzeptionell ist ohnehin die Befreiung **wenig geglückt**. Die Angabepflicht soll ihrem Gehalt nach Gläubiger, Minderheitsgesellschafter, Arbeitnehmer etc. über mögliche Ergebnisverlagerungen zugunsten oder zuungunsten nahestehender Unternehmen (und Personen) unterrichten. Der Konzerntatbestand kann an dieser Informationsfunktion nichts ändern. Entsprechend sieht § 312 AktG die Berichterstattungspflicht auch bei 100 %iger Beteiligung vor (→ § 289 Rz. 79).

Das Ergebnis dieser (Teil-)Befreiung ist kurios: Wenn z. B. der Forderungsverzicht (→ Rz. 13)

▶ einer 100 %igen Tochter gewährt wird, entfällt

▶ einer 95 %igen Tochtergesellschaft gewährt wird, besteht

die Angabepflicht.

---

[94] BilMoG-RegE, S. 159.

8. Folgerungen für die Praxis

Nach allem wird in der Rechnungslegungspraxis die Angabepflicht nach Nr. 21 wie folgt gelesen werden: Wesentliche Geschäfte zu marktunüblichen Bedingungen zwischen nahestehenden Personen und Unternehmen sind anzugeben. Diesem Gesetzesbefehl wird man steuerschonend (→ Rz. 13) folgen. 145

Befreit von der Angabepflicht sind kleine Kapital- und Kap. & Co.-Gesellschaften und mittelgroße, die keine Aktiengesellschaften sind, diese wiederum nur beschränkt gem. § 288 Abs. 2. Satz 4 HGB (→ § 288 Rz. 4). 146

9. Verhältnis zu anderen Angabepflichen

Von der Angabepflicht nach Nr. 21 bleiben weitere Angaben im Anhang (etwa Nr. 3 **bei außerbilanziellen Geschäften** → Rz. 10) ebenso unberührt wie auch die Pflicht zur Aufstellung eines **Abhängigkeitsberichts** nach § 312 AktG. 146a

Im Hinblick auf die an Mitglieder des **Geschäftsführungs- oder Aufsichtsorgans** gewährten Bezüge soll nach Auffassung des IDW mit Nr. 9 eine umfangreiche und abschließende spezielle Regelung bestehen, die selbst bei Inanspruchnahme der Schutzklausel des § 286 Abs. 4 HGB die Organbezüge aus dem Anwendungsbereich der Nr. 21 **ausschließe**.[95] Wir teilen diese Auffassung nicht, da sich § 285 Nr. 21 und § 285 Nr. 9 HGB sowohl in den zeitlichen Voraussetzungen als auch den inhaltlichen Angaben **unterscheiden**:

▶ Aus zeitlicher Sicht kommt es bei der Angabe zu Geschäften mit nahestehenden Personen i. d. R. auf die Qualifizierung als Nahestehend im **Vertragsabschlusszeitpunkt** an (→ Rz. 141a), während bei den Organbezügen in bestimmten Fällen auch **frühere** Bezüge anzugeben sind, in anderen Fällen allein auf die Organstellung am Stichtag abzustellen ist.

▶ Aus inhaltlicher Sicht verlangt die Angabe zu nahestehenden Personen eine normative Wertung (als **marktunüblich**), während es bei den Organbezügen bei der **wertfreien** Beschreibung der Höhe und ggf. Konditionen bleibt.

Angesichts dieser Unterschiede ist u. E. Nr. 9 (→ Rz. 38 ff.) keine abschließende Regelung, die als lex specialis Angaben zu unangemessenen Organbezügen von der Angabepflicht der Nr. 21 befreit. Im Einzelfall können vielmehr beide Angabepflichten nebeneinander stehen. Überhaupt ist der Charakter der lex specialis von Nr. 9 gegenüber Nr. 21 dem Gesetz nicht zu entnehmen.

In der Praxis wird allerdings eine unangemessene Organvergütung i. d. R. unter Verweis auf die Gesamtbezüge (Paketbetrachtung) negiert werden (→ Rz. 141).

XXII. Forschungs- und Entwicklungstätigkeit (Nr. 22)

Die Angabepflicht ist in Ergänzung zum Aktivierungswahlrecht für selbsterstellte immaterielle Vermögensgegenstände (→ § 248 Rz. 9) zu verstehen. Sie besteht nur bei **Ausübung** dieses Wahlrechts. Die Angabepflicht erfasst den Funktionsbereich „Forschung und Entwicklung" und ist somit konzeptionell dem Aufbau des **Umsatzkosten**verfahrens angeglichen. Wenn dort in 147

---

[95] IDW ERS HFA 33 Tz. 28.

freiwilliger weiterer Aufgliederung der Aufwendungen der Posten „Forschung und Entwicklung" – in der Pharmabranche mitunter festzustellen – erscheint, bedarf es keiner zusätzlichen Anhangangabe über den ggf. aktivierten Zugang an Entwicklungskosten, denn dieser Betrag geht aus dem Anlagegitter gem. § 268 Abs. 2 HGB hervor (→ § 268 Rz. 60).

Unternehmen, die ihre GuV nach dem Gesamtkostenverfahren erstellen, müssen die auf „Forschung und Entwicklung" lautenden Kosten**stellen** als Grundlage für die Anhangangabe heranziehen.

Anzugeben ist der Gesamtbetrag der Forschungs- und Entwicklungskosten. Eine **Trennung** von Forschungs- und Entwicklungskosten ist hier nicht vorgesehen. Die Abschreibung des Geschäftsjahrs auf in Vorjahren aktivierte Entwicklungskosten gehört nicht zu den Entwicklungskosten des laufenden Geschäftsjahrs.[96]

Anzugeben ist auch neben dem Gesamtbetrag der Forschungs- und Entwicklungskosten der davon im Geschäftsjahr aktivierte Teil, entweder als Davon-Vermerk oder in einer dreispaltigen Darstellung (aktiviert, nicht aktiviert, Gesamtbetrag). Der aktivierte Betrag umfasst auch die im Entstehen befindlichen immateriellen Vermögensgegenstände Anlagen im Bau (→ § 246 Rz. 18).

Aus dem Gesamtbetrag (im Nenner) und dem freiwillig aktivierten Zugang des Jahres im Zähler kann die **Aktivierungsquote** errechnet werden.

148   Kleine Gesellschaften sind von der Angabepflicht befreit (→ § 288 Rz. 1).

XXIII. Bewertungseinheiten (Nr. 23)

149   § 254 HGB erlaubt unter bestimmten **Voraussetzungen** – insbesondere Anforderungen an die Effektivität – die Bildung von Bewertungseinheiten zwischen Grund- und Sicherungsgeschäften, um im Umfang des Sicherungszusammenhangs imparitätische Ansatz und Bewertungsvorschriften auszusetzen (→ § 254 Rz. 4).

150   Nach Nr. 23 sind für entsprechende Bewertungseinheiten im Anhang oder wahlweise im Lagebericht (→ § 289 Rz. 57 ff.) folgende Angaben zu machen:
- ▶ **Art der Risiken**, d.h. der Risikovariablen (Zins, Währung etc.) und der Risikofolge (Wert- oder Zahlungsstromschwankung).
- ▶ **Art der Bewertungseinheit** (Mikro-, Makro oder Portfolio-*hedge* → § 254 Rz. 28).
- ▶ **Betrag** des Grundgeschäfts (bei Vermögensgegenständen und Schulden Buchwert, bei Zahlungsstromsicherung erwarteter Zahlungsstrom).
- ▶ **Höhe** der abgesicherten Risiken.
- ▶ Beurteilung der **prospektiven Effektivität** der Sicherungsbeziehung (→ § 254 Rz. 30) in qualitativer („warum") und, sofern erforderlich, auch quantitativer („Umfang") Beurteilung unter zusätzlicher Nennung von Beurteilungsmethode und voraussichtlichem Zeitraum der Risikokompensation. Bestehen wesentliche Unterschiede in der Laufzeit von Sicherungs- und Grundgeschäft, ist darzustellen, wie die Sicherungslücke ggf. überbrückt werden soll.

---

96 Gl. A. *Ellrott*, in: Beck'scher Bilanz-Kommentar, 7. Aufl., München 2010, § 285 Tz. 394.

§ 285 Sonstige Pflichtangaben

▶ Bei Absicherung erwarteter Transaktion (*cashflow hedge* → § 254 Rz. 26) ist zusätzlich das Tatbestandsmerkmal „**hohe Wahrscheinlichkeit** der erwarteten Transaktion" nachvollziehbar zu begründen.

Der Begriff der **Höhe** der abgesicherten Risiken ist nicht eindeutig. Nach einer Auffassung ist hier der Betrag der am Bilanzstichtag der vorliegenden Bewertungseinheit zufolge unterlassenen Abwertung von Vermögensgegenständen, Aufwertung von Schulden sowie Drohverlustrückstellung zu nennen.[97] U. E. ist der Risikobegriff aber **nicht stichtags-**, sondern **zukunfts**bezogen. In dieser Perspektive ist offen zu legen, ob ein Grundgeschäft in vollem Umfang oder nur zu einem Teil abgesichert ist, also etwa eine Fremdwährungsforderung oder erwartete Fremdwährungseinnahmen von 10 Mio USD nur zu 75 % oder zu 100 %.

Die Integration der o. g. Angaben in einen *hedge*-Spiegel ist bei einer Vielzahl von Geschäften sinnvoll:

BEISPIEL

Risiko		Grundgeschäft		Sicherungs-instrument		Art Bewertungs-einheit	prospektive Effektvität
Variable	Art	Art	Betrag	Risiko	Betrag		
Währung	kontrahierter Zahlungsstrom	bestellte Ware, Fakturierung USD	5 Mio USD	Dollarterminkauf	1 Mio USD	Mikro-*hedge*	Laufzeit- und Volumenkongruenz
Währung	erwarteter Zahlungsstrom*	für 02 erwartete US-Exporte	gesichert 7,5 Mio USD (von 10 Mio USD)	Dollarterminverkauf	7,5 Mio - USD	Mikro-*hedge*	Laufzeit- und Volumenkongruenz
Zins	kontrahierter Zahlungsstrom	variabel verzinsliches Darlehen	2 Mio €	Swap	2 Mio €	Mikro-*hedge*	Laufzeit- und Volumenkongruenz
Aktienkurs	Wertänderung	Aktien	gesichert 0,5 Mio € (von 1 Mio €)	Aktienverkaufsoption	0,5 Mio €	Mikro-*hedge*	Volumenkongruenz
*) Der erwartete Zahlungsstrom von 10 Mio USD ergibt sich aus der Finanzplanung. Die hoher Wahrscheinlichkeit daraus, dass nur 75 % des erwarteten Zahlungsstroms abgesichert sind.							

---

[97] Vgl. *Ellrott*, in: Beck'scher Bilanz-Kommentar, 7. Aufl., München 2010, § 285 Tz. 404.

XXIV. Bewertungsparameter für Pensionsrückstellungen (Nr. 24)

152 Die anzugebenden Bewertungsgrößen sind besprochen unter → § 253 Rz. 46 ff. Darauf wird verwiesen.

XXV. Planvermögen bei Pensionsverpflichtungen (Nr. 25)

153 § 246 Abs. 2 Satz 2 HGB sieht die Verrechnung insolvenzfest zur Deckung von Altersversorgungsverpflichtungen separierten Vermögens mit den Schulden aus der Altersversorgung (oder ähnlichen Verpflichtungen) sowie die Verrechnung der korrespondierenden Erträge und Aufwendungen vor (→ § 246 Rz. 287 ff.). Nr. 25 verlangt korrespondierend eine Darstellung der **unsaldierten** Beträge im Anhang.

154 Da die zu verrechnenden Vermögensgegenstände abweichend von den allgemeinen Bewertungsregeln gem. § 253 Abs. 1 Satz 4 HGB auch dann mit dem beizulegenden **Zeitwert** anzusetzen sind, wenn dieser die Anschaffungskosten übersteigt, entspricht der für die Vermögensgegenstände anzugebende unsaldierte Betrag dem **beizulegenden Zeitwert**. Zusätzlich sind nach Nr. 25 aber auch die **Anschaffungskosten** anzugeben, um über den Umfang aufgedeckter stiller Reserven zu informieren.

155 Die entsprechende Anwendung von Nr. 20a (→ Rz. 129) ist vorgeschrieben. Dies bedeutet: Soweit der beizulegende Zeitwert der Vermögensgegenstände sich nicht unmittelbar als Preis an einem aktiven Markt ergibt, sondern ein **Bewertungsmodell** angewandt wird, sind die **grundlegenden Prämissen** der Bewertung zu benennen. Eine Nennung des Bewertungsmodells reicht nach der Schrifttumsauffassung zur Vorgängervorschrift des § 285 Satz 5 HGB a. F. daher nicht aus. Vielmehr sei über die einzelnen Parameter zu berichten.[98] Hierzu können bei *discounted cashflow*-Bewertung etwa Angaben zum risikoadäquaten Zinssatz, zur Länge des Detailplanungszeitraums und der sich anschließenden Rente, zu den Wachstumsannahmen für beide Zeiträume etc. gehören. Sensitivitätsanalysen sind nicht gefordert.

Vorrangiges Berichtsobjekt ist jedoch u. E. das Planvermögen **insgesamt**. Besteht das der Zeitbewertung zu unterwerfende Portfolio hauptsächlich aus börsennotierten Wertpapieren und entfällt der verbleibende Teil auf eine Vielzahl unterschiedlicher Gegenstände, fehlt es an identifizierbaren grundlegenden Bewertungsparametern für das Gesamtportfolio. In diesem Fall halten wir eine Erläuterung der **Zusammensetzung** des Portfolios und **abstrakte** Hinweise auf die Bewertung für ausreichend.

---

[98] Vgl. *Ellrott*, in: Beck'scher Bilanz-Kommentar, 7. Aufl., München 2010, § 285 Tz. 433 i. V. mit Tz. 352.

Zur Anwendung der Vorschriften folgendes Beispiel: 156

BEISPIEL ▶ Planvermögen und Pensionsverpflichtung der U entwickeln sich wie folgt:

	Planver- mögen	GuV		Pensions- verpflich- tung	GuV
1.1.	100		1.1.	150	
Zinsertrag	6	6	Dienstzeitaufwand	10	10
			Änderung Bewertungsparame-		
Wertminderung	-4	-4	ter	6	6
Zuführung (Dotierung)	18		Zinsaufwand	9	9
31.12.	120	2	31.12.	175	25

Sofern die U den Zinsanteil aus dem Pensionsaufwand nicht unter Personalaufwand, sondern als Zinsaufwand erfasst (→ § 253 Rz. 81), sind im Anhang mindestens folgende Angaben zu leisten:

Pensionsverpflichtung	175
Planvermögen (beizulegender Zeitwert)	120 AK: 112
Pensionsrückstellung Bilanz	55
Aufwand aus Pensionsverpflichtung	25
Ertrag aus Planvermögen	2
Pensionsaufwand GuV	23

Der beizulegende Zeitwert ergibt sich mit einem Anteil von 80 für börsennotierte Wertpapiere unmittelbar aus dem Marktpreis.

Der verbleibende Betrag von 40 verteilt sich auf nicht börsennotierte Anleihen, Genussrechte und Anteile. Die Bewertung erfolgte überwiegend im *discounted cashflow*-Verfahren.

Bei der Bestimmung der Diskontierungszinsen und *cashflow*-Erwartungen wurden im weitestgehenden Umfang extern beobachtbare Daten verwendet.

XXVI. Anteile an Investmentvermögen (Nr. 26)

1. Anhangangabe als Ersatz für Bilanzierung und Konsolidierung

Investmentanteile erfahren nach dem Gesetz für **Konsolidierungs**zwecke und herrschender Meinung für **Bilanzierungs**zwecke z. T. eine **Sonderbehandlung**: 157

- § 290 Abs. 2 Nr. 4 HGB privilegiert Anteile an einem Ein-Personen-Spezialfonds insofern **konzernbilanziell**, als abweichend von den sonst für Zweckgesellschaften geltenden Regeln wegen der mangelnden Unternehmenseigenschaft des Fonds eine Konsolidierung auch dann nicht erfolgt, wenn das Unternehmen allein (oder mehrheitlich) die Risiken und Chancen aus dem Fonds trägt (→ § 290 Rz. 54).
- Nach §§ 246 ff. HGB findet unter Berufung auf die Wertpapierqualität der Anteilsscheine an Investmentfonds (§ 1 Abs. 11 Nr. 2 KWG und § 2 WpHG) im **Einzelabschluss** eine Bilanzierung der Anteilsscheine anstelle der dahinter liegenden Vermögensgegenstände auch dann statt, wenn ein Spezialfonds von einem oder wenigen Anlegern beherrscht wird.

U. E. verträgt sich die einzelbilanzielle Qualifizierung als Wertpapier bei von einem oder wenigen Zeichner(-n) beherrschten Spezialfonds aber nicht mit dem wirtschaftlichen Gehalt (→ § 271 Rz. 15):

- Die Spezialfonds-Anleger tragen die mit dem Sondervermögen verbundenen Chancen und Risiken.
- Sie nehmen auf die Zusammensetzung des Sondervermögens und damit die Chancen und Risiken i. d. R. aktiv Einfluss. Basis hierfür ist einerseits die vertragliche Abstimmung zwischen Kapitalanlagegesellschaft und Anlegern darüber, wie das Sondervermögen gemanagt werden muss und in welchen sachlichen und quantitativen Grenzen angelegt werden darf, andererseits der von den Anlegern dominierte Anlageausschuss, der die Anlagepolitik gestaltet.
- Die Anleger tragen daher bei typischer Gestaltung nicht nur die Risiken und Chancen des Spezial-Sondervermögens, sondern entscheiden auch über dessen Management. Sie sind daher in wirtschaftlicher Betrachtung (quotaler) Eigentümer der einzelnen, das Sondervermögen bildenden Anlagen.

Die herrschende einzelbilanzielle Auffassung ist anders. Konzernbilanziell ist die Nichtkonsolidierung von Anteilen an Investmentfonds ohnehin durch die Kasuistik des § 290 Abs. 2 Nr. 4 HGB eindeutig zugelassen. Ein gewisses Unbehagen an dieser allgemeinen Wertungen entgegenstehenden Behandlung hat zu den Angabepflichten nach Nr. 26 bzw. § 314 Abs. 1 Nr. 18 HGB geführt. Diese sind daher in erster Linie **Ersatztatbestand** für eine ohne Kasuistik vorzunehmende Bilanzierung oder Konsolidierung.

2. Tatbestand

Die Angabepflicht nach Nr. 26 greift, wenn das Unternehmen

- mehr als **10 %**
- der Anteile oder Anlageaktien an **inländischen Investmentvermögen** i. S. des § 1 InvG oder vergleichbaren Anteilen am **ausländischen Sondervermögen** i. S. des § 2 Abs. 9 InvG hält und
- diese **als Wertpapiere** statt der Vermögensgegenstände des Fonds oder der Anteile an diesen **bilanziert**.

Die dritte Voraussetzung ergibt sich aus der verlangten Gegenüberstellung von Buchwerten und Zeitwerten für den Investmentanteil (→ Rz. 159). Werden stattdessen die Vermögensgegenstände (bzw. die Anteile an ihnen) unmittelbar beim Investor erfasst, sind andere Angabepflichten, insbesondere Nr. 18 (→ Rz. 115) und ggf. Nr. 19 (→ Rz. 120), bei Banken auch Nr. 20 relevant.

Neben Beteiligungen an inländischen Sondervermögen sind auch vergleichbare Beteiligungen an **ausländischem Investmentvermögen**, etwa in Form einer **luxemburgischen SCP oder SICAV**, angabepflichtig, sofern die 10 %-Schwelle überschritten wird.

3. Angabepflichten

Anzugeben sind

▶ die bestehenden **Investmentanteile** oder **Anlageaktien**,

▶ aufgegliedert nach **Anlagezielen**, d. h. falls gegebenenfalls nach jeweiligen Anlageschwerpunkten (z. B. Aktien europäischer Technologieunternehmen oder Euro- und USD-Staatsanleihen), ansonsten unter Beschreibung der Anlagepolitik (z. B. ausgeglichenes Verhältnis von Zinspapieren und Aktien, letztere mit Schwerpunkt europäische *blue chips*),

▶ mit dem **Buchwert** und dem (von der Kapitalanlagegesellschaft zur Verfügung gestellten), regelmäßig über dem Rücknahmepreis liegenden **Anteilswert** i. S. des § 36 InvG oder dem entsprechenden Wert vergleichbarer ausländischer Vorschriften,

▶ die für das Geschäftsjahr erfolgten **Ausschüttungen** sowie

▶ Beschränkungen in der Möglichkeit der täglichen **Rückgabe** nach speziellen Vertragsbedingungen (auf der Grundlage von §§ 80c, 90d, 90i oder 95 InvG) oder für Sonderfälle, wie Schließung der Börse etc. (auf der Grundlage von § 37 Abs. 2 Satz 1 InvG).

Soweit der Wert des Investmentanteils **gemindert** ist, im Hinblick auf den vermuteten temporären Charakter der Wertminderung aber eine außerplanmäßige Abschreibung **unterbleibt** (→ § 253 Rz. 115 ff.), ist Nr. 18 entsprechend anzuwenden (→ Rz. 115 ff.).

XXVII. Risiko der Inanspruchnahme aus Haftungsübernahmen (Nr. 27)

Angesprochen sind die in § 251 HGB (→ § 251 Rz. 8) und § 268 Abs. 7 HGB (→ § 268 Rz. 123) geregelten Haftungsverhältnisse. Auf die dortige Kommentierung wird verwiesen.

Ergänzend sind die für die Risikoeinschätzung der Inanspruchnahme deren Gründe anzugeben. Darstellungstechnisch ist diese Angabe mit derjenigen nach § 268 Abs. 7 zu verbinden.

Nichtssagende Formulierungen wie „Der nicht benötigte Bilanzansatz für Haftungsschulden beruht auf Wahrscheinlichkeitskalkülen" erfüllen die Angabepflicht nicht. **Mindestens** ist darzustellen, wieweit sich die Wahrscheinlichkeitsbeurteilung auf Vergangenheitserfahrungen, aktuelle Bonitätsdaten (etwa Rating) oder Rückgriffsrechte, dingliche Sicherheiten etc. stützt.

Wird bei einer großen Zahl von Haftungsverhältnissen bilanzielle Risikovorsorge durch **portfolioorientierte** Rückstellungen (analog Pauschalwertberichtigungen) getroffen, ist dies zu erläutern.

Wegen der Darlegung dieser Gründe wird im Übrigen auf → § 251 Rz. 38 verwiesen.

XXVIII. Angaben zur Ausschüttungssperre nach § 268 Abs. 8 HGB (Nr. 28)

161 Mit den angabepflichtigen „Beträgen" sind die Bilanzausweise der drei in § 268 Abs. 8 HGB genannten Posten (→ § 268 Rz. 126) abzgl. der zugehörigen passiven Steuerlatenzen gemeint. Die Angabepflicht beschränkt sich auf die quantifizierende Nennung des oder der Posten, die insgesamt den Sperrbetrag ergeben.

Bei mehr als einem Posten sollte die Angabe tabellarisch („**Ausschüttungssperrspiegel**") erfolgen:

	Betrag €	Passive latente Steuern	Ausschüttungssperre
Aktiver Unterschiedsbetrag zwischen Zeitwert und Anschaffungskosten von Deckungsvermögen	+X	-XX	= XXX
Aktivierte selbst erstellte immaterielle Anlagen	+Y	-YY	= YYY
Überhang aktive latente Steuern	+Z		= ZZZ
	$\sum$	$-\sum$	$=\sum$

Die Spalte „Betrag" stimmt nur bei den selbst erstellten immateriellen Anlagen mit dem nach § 266 HGB gesondert auszuweisenden Posten überein. Beim **Deckungsvermögen** ist hingegen nicht auf deren Höhe, sondern auf die positive Differenz von beizulegendem Zeitwert und Anschaffungskosten abzustellen (§ 268 Abs. 8 Satz 3 HGB). In beiden Fällen sind noch gebildete passive latente Steuern abzusetzen (→ § 268 Rz. 126).

Zu einer Ausschüttungssperre führt auch ein bilanzierter **Aktivüberhang** latenter Steuern. Von dem nach § 274 Abs. 1 Satz 3 HGB netto oder brutto ausgewiesenen Aktivüberhang (→ § 274 Rz. 62) ergibt sich eine Abweichung wegen der passiven latenten Steuern auf Deckungsvermögen und immaterielle Anlagen. Diese haben bereits in den beiden ersten Zeilen der o. g. Darstellung den ausschüttungsgesperrten Betrag vermindert. Eine nochmalige Berücksichtigung bei der Bemessung des Aktivüberhangs führt daher zu einer nicht sachgerechten Doppelminderung. Ob deshalb der Aktivüberhang so zu bestimmen ist, als ob auf die beiden vorgenannten Posten keine passiven latenten Steuern angesetzt worden wären, wird unter → § 268 Rz. 131 ff. diskutiert.

Wenn nur **ein** Posten nach § 268 HGB angesprochen ist, kann die Anhangangabe in einem Satz erledigt werden: „Die selbstgeschaffenen Immaterialgüter des Anlagevermögens führen abzüglich darauf entfallender passiver Steuerlatenzen von X € zu einer Ausschüttungssperre von Y €."

XXIX. Angaben zur Steuerlatenzrechnung (Nr. 29)

162 Die Angabepflicht bezieht sich auf die **Buchwertunterschiede** zwischen Handels- und Steuerbilanz – „Differenzen" i. S. des § 274 Abs. 1 Satz 1 HGB (→ § 274 Rz. 10) – sowie die latenzierten Verlustvorträge. Diese beiden Größen stellen das Grundgerüst der Steuerlatenzrechnung dar. Zusätzlich sind die Steuersätze als entscheidende Bewertungsgröße (→ § 274 Rz. 53) anzugeben.

Diese Angabepflicht kann sinnvoll nur in tabellarischer Form („**Steuerlatenzspiegel**") erfolgen: 163

BEISPIEL ▸ **1. Inländische Betriebsstätten**

	Buchwerte (€)		Differenz	Steuersatz
	HB	StB	(€)	(%)
Aktivlatenzen				
Pensionsrückstellungen	1.200	930	270	30
Sonstige Rückstellungen	820	790	30	30
	2.020	1.720	300	
Passivlatenzen				
Selbst erstellte Immaterialgüter	100	0	100	30
Steuerliche Sonderabschreibungen	150	0	150	30
	250	0	250	
Aktivüberhang aus Differenzen			50	30

2. Ausländische Betriebsstätten I

	Betrag	Jahr	Steuersatz
Verlustvortrag	1.570	01	20
Verlustvortrag	320	02	20
Verlustvortrag	80	03	20
	1.970		

Von dieser Angabepflicht sind **kleine** Kapital- und Kap. & Co.-Gesellschaften nach § 288 Abs. 1 HGB (→ § 288 Rz. 1) und **mittelgroße** nach § 288 Abs. 2 HGB (→ § 288 Rz. 2) befreit. Großen Gesellschaften (→ § 267 Rz. 12) kommt regelmäßig das Ansatz**wahlrecht** nach § 274 Abs. 1 Satz 2 HGB wegen eines Aktivüberhangs der Latenzen zugute (→ § 274 Rz. 45), können demnach auf die Steuerlatenzrechnung **verzichten**. Für diese müsste folgerichtig die Angabepflicht im Anhang ebenfalls entfallen. Der Gesetzeswortlaut sieht dies – anders als für die kleinen und mittelgroßen Gesellschaften – nicht vor. 164

Nach der Gesetzesbegründung des Bundestags-Rechtsausschusses[99] ist die Angabe aber auch dann vorzunehmen, wenn latente Steuern wegen des Aktivüberhangs **nicht** ausgewiesen werden, m. a. W., wenn das Wahlrecht nach § 274 Abs. 1 Satz 2 HGB (→ § 274 Rz. 45) ausgeübt wird. „Gerade dann" soll dem Abschlussadressaten die sich dahinter verbergende „Gesamtdifferenzbetrachtung" aufgeschlüsselt werden. Das ist nur in der im Beispiel unter → Rz. 163 dargestellten Form möglich. Im Ergebnis wird die Steuerlatenzrechnung bei Ausübung des Wahlrechts nach § 274 Abs. 1 Satz 2 HGB von der Bilanz und GuV in den **Anhang** verlagert. Dort mag man bei Einzelfragen großzügig vorgehen, wie im Beispiel unter → Rz. 163 etwa einen Durchschnittssteuersatz für die in- und ausländischen Betriebsstätten anwenden. Eine interne 165

---

99 BT-Drucks. 16/12407, S. 13.

Überschlagsrechnung nach dem Vorschlag unter → § 274 Rz. 47 genügt allerdings nicht. Der größere Mittelstand ist jedenfalls wenigstens zu einer **internen** Steuerlatenzrechnung verpflichtet.

166 Diese bemerkenswerte Gesetzesvorgabe beruht u. a. auf Art. 43 Nr. 11 der Bilanzrichtlinie, die anders als in Österreich (§§ 198 Abs. 10 öUGB i.V. mit 237 Nr. 6c öUGB) in Deutschland vor dem BilMoG fälschlicherweise nicht umgesetzt worden ist. Allerdings überzieht der Gesetzestext die Vorgaben der EG-Richtlinie (→ § 274 Rz. 100).

167 Der Gesetzeswortlaut verlangt in Übereinstimmung mit der Begründung des Bundestags-Rechtsausschusses die Berichterstattung über die „Differenzen", also die Buchwertunterschiede. Differenzen sind als mathematische Größe nur **quantitativ** darzustellen. Das gleiche gilt für die Verlustvorträge. Dennoch sollen nach IDW[100] und sich dem anschließenden DRS 18.65[101] „**qualitative**" Angaben genügen.[102] Fraglich ist dabei, was unter „qualitativen Angaben" zu verstehen ist.

> **BEISPIEL** ▶ Die U hat aktive Latenzen von 80 aus Pensionsrückstellungen und 70 aus Drohverlustrückstellungen, passive Latenzen von 140 aus aktivierten Entwicklungskosten. Der Saldo beträgt +10 und wird nicht aktiviert.
>
> Wie kann eine qualitative Angabe aussehen? Hierzu folgende Varianten:
>
> 1. „Der nicht angesetzte Überhang aktiver Latenzen ergibt sich aus Pensionsrückstellungen."
>
> 2. „Der nicht angesetzte Überhang aktiver Latenzen ergibt sich aus Pensionsrückstellungen und Drohverlustrückstellungen."
>
> 3. „Der nicht angesetzte Überhang aktiver Latenzen ergibt sich aus Pensionsrückstellungen und Drohverlustrückstellungen. Die daraus resultierenden abzugsfähigen temporären Differenzen übersteigen die steuerpflichtigen temporären Differenzen aus aktivierten Entwicklungskosten."
>
> 4. „Der nicht angesetzte Überhang aktiver Latenzen i. H. von 10 ergibt sich aus Pensionsrückstellungen und Drohverlustrückstellungen. Die daraus resultierenden abzugsfähigen temporären Differenzen übersteigen die steuerpflichtigen temporären Differenzen aus aktivierten Entwicklungskosten."
>
> Gesetzeskonform ist u. E. bestenfalls die vierte Variante.

168 Nach der Begründung des Bundestags-Rechtsausschusses sollen wegen der „**Gesamtdifferenzbetrachtung**" (für den Bilanzansatz) die Differenzen und ggf. **Verlustvorträge** gerade deshalb

---

[100] IDW ERS HFA 27 Tz. 36.
[101] Anders noch der Entwurf E-DRS 24.62, der eine Aufschlüsselung temporärer Differenzen nach Bilanzposten vorsah.
[102] IDW ERS HFA 27.36, offensichtlich bezugnehmend auf ein Interview mit Ministralrat *Ernst* in S:R 2009 S. 131, der als Vertreter der Exekutive maßgeblich am Gesetzgebungsverfahren zum BilMoG beteiligt war.

dargestellt werden, um die sich „dahinter" verbergenden Rechengrößen offen zulegen, für die „per Saldo ein Ausweis unterbleibt". Auch „per Saldo" ist eine nur quantitativ zu bestimmende Größe.

> **BEISPIEL** In Fortsetzung des Beispiels unter → Rz. 167 hat U noch Steuerlatenzen aus Verlustvorträgen aus einer ausländischen Betriebsstätte und im Inland nur bei der Gewerbesteuer. Eine Quantifizierungen vermeidende („qualitative") Angabe könnte dann lauten:
>
> „Wir haben aus Buchwertunterschieden per Saldo einen Überhang aktiver Latenzen, der sich noch um Verlustvorträge nennenswert erhöht."

Diesen (rein) qualitativen Angaben geht jeder **Aussagegehalt** ab. Im Beispiel unter → Rz. 167 wären – wenn auch meistens ohne Sinngehalt – noch quantitative Elemente enthalten. Die Angabe im Beispiel unter → Rz. 168 zeigt das Erfordernis der geltungserhaltenden Interpretation des Gesetzeswortlauts. Denn eine Nichtaussage im Rahmen einer Anhangangabe kann vom Gesetzgeber nicht gewollt sein. Die Beschränkung auf „qualitative Angaben" kann daher sinnvoll nur meinen: „Eine tabellarische Auflistung ... unter Nennung **jedes** Einzelbetrags" ist nicht erforderlich. Daraus würde im **Umkehrschluss** folgen: Die Bilanzposten mit den wesentlichen Unterschiedsbeträgen sind aufzulisten – wie im Beispiel unter → Rz. 163.[103]

169

Die in ihrer Interpretation strittige gesetzliche Pflicht zur Erläuterung temporärer Differenzen und Verlustvorträge wird in DRS 18.67 (mit unmittelbarer Wirkung nur für den Konzernabschluss) noch um die Pflicht zur Erstellung einer Überleitungsrechnung (*tax reconciliation*) zwischen erwartetem und ausgewiesenem Steueraufwand erweitert. Im Gesetzgebungsverfahren wurde diese nur im Stadium des Referentenentwurfs gefordert.[104]

170

Nachfolgend ein Beispiel einer Überleitungsrechnung[105]

---

103 Ä. A. *Theile*, Bilanzrechtmsmodernisierungsgesetz, 2. Aufl., Herne 2009, S. 197; *Hoffmann/Lüdenbach*, NWB 2009 S. 1480 ff.; *Petersen/Zwirner*, StuB 2009 S, 418 ff.; *Küting/Seel*, DB 2009 S. 924 ff.
104 RefE BilMoG S. 139.
105 Entnommen aus *Hoffmann*, in: Lüdenbach/Hoffmann (Hrsg.) Haufe IFRS-Kommentar, 8. Aufl., Freiburg 2010, § 26.

XXIX. Angaben zur Steuerlatenzrechnung

BEISPIEL

	02	01
Erwarteter Steueraufwand	891	1.989
Erhöhung/Minderung der Ertragsteuerbelastung durch:		
Nicht abzugsfähige Betriebsausgaben inkl. ausländischer Quellensteuer	533	545
Geschäfts- und Firmenwerte	1	-34
Steuerfreie Erträge	-259	-552
Steuern für Vorjahre	-31	-572
Veränderung in der Realisierbarkeit latenter Steueransprüche	34	-147
Effekt Steuersatzänderung	6	323
Steuersatzunterschiede ausländischer Töchter	-86	-310
Steuereffekt von nach der *equity*-Methode bilanzierten Beteiligungen	-79	-40
Sonstiges, netto	5	-10
Ausgewiesener Ertragsteueraufwand	**1.015**	**1.192**

Die 30 DAX-Unternehmen weisen für das Geschäftsjahr 2007 bzw. 2006/2007 in statistischer Aufbereitung folgender Posten in der Überleitungsrechnung (ihrer IFRS-Konzernabschlüsse) aus:[106]

		Angaben DAX-Konzerne
	Erwarteter Steueraufwand (Konzernergebnis · Steuersatz)	30
+/-	Auswirkungen abweichender Steuersätze	28
-	Steuerfreie Erträge	29
+	Nicht abzugsfähige Aufwendungen	24
+/-	Auswirkungen von *at equity*-Bewertungen	9
+/-	Auswirkungen von Verlusten	23
+/-	Steuern für Vorjahre	23
+/-	Auswirkungen von Steuerrechtsänderungen	26
+/-	Sonstige Effekte	25
=	Ausgewiesener Steueraufwand	30

---

106 Nach *Lühn*, KoR 2009 S. 237; die Zahlenangaben belegen die Häufigkeit der Angabe des jeweiligen Postens.

§ 286 Unterlassen von Angaben

(1) Die Berichterstattung hat insoweit zu unterbleiben, als es für das Wohl der Bundesrepublik Deutschland oder eines ihrer Länder erforderlich ist.

(2) Die Aufgliederung der Umsatzerlöse nach § 285 Nr. 4 kann unterbleiben, soweit die Aufgliederung nach vernünftiger kaufmännischer Beurteilung geeignet ist, der Kapitalgesellschaft oder einem Unternehmen, von dem die Kapitalgesellschaft mindestens den fünften Teil der Anteile besitzt, einen erheblichen Nachteil zuzufügen.

(3) ¹Die Angaben nach § 285 Nr. 11 und 11a können unterbleiben, soweit sie

1. für die Darstellung der Vermögens-, Finanz- und Ertragslage der Kapitalgesellschaft nach § 264 Abs. 2 von untergeordneter Bedeutung sind oder
2. nach vernünftiger kaufmännischer Beurteilung geeignet sind, der Kapitalgesellschaft oder dem anderen Unternehmen einen erheblichen Nachteil zuzufügen.

²Die Angabe des Eigenkapitals und des Jahresergebnisses kann unterbleiben, wenn das Unternehmen, über das zu berichten ist, seinen Jahresabschluss nicht offen zu legen hat und die berichtende Kapitalgesellschaft weniger als die Hälfte der Anteile besitzt. ³Satz 1 Nr. 2 ist nicht anzuwenden, wenn die Kapitalgesellschaft oder eines ihrer Tochterunternehmen (§ 290 Abs. 1 und 2) am Abschlussstichtag kapitalmarktorientiert im Sinn des § 264d ist. ⁴Im Übrigen ist die Anwendung der Ausnahmeregelung nach Satz 1 Nr. 2 im Anhang anzugeben.

(4) Bei Gesellschaften, die keine börsennotierten Aktiengesellschaften sind, können die in § 285 Nr. 9 Buchstabe a und b verlangten Angaben über die Gesamtbezüge der dort bezeichneten Personen unterbleiben, wenn sich anhand dieser Angaben die Bezüge eines Mitglieds dieser Organe feststellen lassen.

(5) ¹Die in § 285 Nr. 9 Buchstabe a Satz 5 bis 8 verlangten Angaben unterbleiben, wenn die Hauptversammlung dies beschlossen hat. ²Ein Beschluss, der höchstens für fünf Jahre gefasst werden kann, bedarf einer Mehrheit, die mindestens drei Viertel des bei der Beschlussfassung vertretenen Grundkapitals umfasst. ³§ 136 Abs. 1 des Aktiengesetzes gilt für einen Aktionär, dessen Bezüge als Vorstandsmitglied von der Beschlussfassung betroffen sind, entsprechend.

Inhaltsübersicht	Rz.
I. Schutzklausel (Abs. 1)	1 - 2
II. Aufgliederung der Umsatzerlöse (Abs. 2)	3 - 5
III. Anteilsbesitz (Abs. 3)	6 - 8
1. Untergeordnete Bedeutung (Abs. 3 Satz 1 Nr. 1)	6
2. Erhebliche Nachteile (Abs. 3 Satz 1 Nr. 2)	7
3. Erleichterungen (Abs. 3 Satz 2)	8
IV. Organvergütungen (Abs. 4)	9 - 10
V. Vorstandsbezüge börsennotierter Kapitalgesellschaften (Abs. 5)	11 - 12

Ausgewählte Literatur

Auf die Nachweise zu → § 284 wird verwiesen

I. Schutzklausel (Abs. 1)

1 Nach Abs. 1 sind Angaben im Anhang zu unterlassen, wenn dies für das Wohl des Staats erforderlich ist. Die Unterlassung der Berichterstattung ist ein **Muss**. Die Unterlassungspflicht bezieht sich nur auf Bund und Länder; andere Gebietskörperschaften sind insoweit „ungeschützt", insbesondere die Gemeinden.

2 Das Berichtsverbot bezieht sich auf **sämtliche** Anhangangaben, die das Tatbestandsmerkmal – Beeinträchtigung des Wohlergehens der Bundesrepublik Deutschland oder eines ihrer Länder – erfüllen. Eine sehr **enge** Auslegung der Gesetzesanweisung ist nach h. M. geboten.[1] Über die Anwendung der Schutzklausel ist **nicht** zu berichten (Umkehrschluss zu Abs. 3 Satz 4, → Rz. 7).

Eine weitere rechtsformspezifische Schutzklausel enthält § 160 Abs. 2 AktG bezüglich der Angabepflichten nach § 160 Abs. 1 AktG (→ § 284 Rz. 36).

II. Aufgliederung der Umsatzerlöse (Abs. 2)

3 Die Aufgliederung der Umsatzerlöse (→ § 285 Rz. 31) ist für **kleine** Kapital- und Kap. & Co.-Gesellschaften nach § 288 Abs. 1 HGB **nicht geboten** (→ § 288 Rz. 1). Sie kann für den **übrigen** von der Anhangberichterstattung betroffenen Unternehmerkreis unter den Voraussetzungen des Abs. 2 unterbleiben.

4 Im Unterschied zu Abs. 1 wird nicht das „Gemeinwohl" (in Form des Wohls von Bund und Ländern), sondern das Wohl des Berichts- oder eines Beteiligungsunternehmens geschützt. Wäre eine Angabe geeignet, einem dieser Unternehmen einen erheblichen Nachteil zuzufügen, **kann** sie unterbleiben. Die **Eignung** der Nachteilszuführung ist plausibel nach vernünftigem kaufmännischen Ermessen vom Vorstand bzw. der Geschäftsführung zu beurteilen.

5 Die Beurteilung der möglichen Schadenszuführung ist **selektiv** (→ § 285 Rz. 27) vorzunehmen. So kann eine geografische Aufgliederung schädlich sein, eine nach Tätigkeitsbereichen dagegen nicht und umgekehrt.

III. Anteilsbesitz (Abs. 3)

1. Untergeordnete Bedeutung (Abs. 3 Satz 1 Nr. 1)

6 Angaben zu Beteiligungsverhältnissen nach § 285 Nr. 11 und 11a HGB können nach Abs. 3 Nr. 1 unterbleiben, wenn sie für die Darstellung der Vermögens-, Finanz- und Ertragslage von untergeordneter Bedeutung sind. Die Vorschrift ist eine Ausformulierung der für die Rechnungslegung allgemein (→ § 252 Rz. 182) und die Anhangberichterstattung speziell (→ § 284 Rz. 28) gültigen **Wesentlichkeitsklausel**. Eine **Definition** der Wesentlichkeit gibt es nicht, wie z. B. prozentuale oder absolute Größenmerkmale (→ § 252 Rz. 184). Klar lassen sich Gesellschaften ohne Geschäftsbetrieb („*dormant companies*") als „unbedeutend" subsumieren; doch meistens ist das pflichtgemäße Ermessen der Bilanzersteller gefragt. Dabei ist nicht nur auf die einzelne Gesellschaft zu reflektieren, sondern auf den **gesamten** Anteilsbesitz.

---

1 Vgl. *ADS*, 6. Aufl., § 286 Tz. 8; *Ellrott*, in: Beck'scher Bilanz-Kommentar, 7. Aufl., München 2010, § 286 Tz. 3.

2. Erhebliche Nachteile (Abs. 3 Satz 1 Nr. 2)

Die Angaben zu Beteiligungsverhältnissen nach § 285 Nr. 11 und 11a HGB können auch trotz Wesentlichkeit (→ Rz. 6) unterbleiben, wenn sie geeignet sind, einen Nachteil zuzufügen, und zwar **beidseitig**: 7

▶ für die berichterstattungspflichtige Gesellschaft **und**

▶ für das Berichtsobjekt.

Der Anwendung dieser Schutzklausel sind enge Grenzen gesetzt, d. h. sie ist einer hohen Plausibilitätshürde unterworfen. Die Inanspruchnahme ist im **Anhang** anzugeben (Abs. 3 Satz 4).

Die Befreiungsmöglichkeit wegen Nachteilseignung gilt gem. Abs. 3 Satz 3 nicht, wenn die Kapitalgesellschaft oder eines ihrer Tochterunternehmen kapitalmarktorientiert ist (→ § 264d Rz. 1 f.).

3. Erleichterungen (Abs. 3 Satz 2)

Ausgenommen von einem Teilbereich der Angabepflichten nach § 285 Nr. 11 und 11a HGB sind solche über Beteiligungen an **nicht publizitätspflichtigen** Gesellschaften („reine" Personengesellschaften) bei einer Minderheitsbeteiligung („weniger als die Hälfte") der berichtspflichtigen Gesellschaft (→ § 285 Rz. 88). Die Anwendung der Ausnahmeregelung ist im Anhang offen zu legen (→ § 284 Rz. 36). Die Schutzklausel darf bei **Kapitalmarktorientierung** (→ § 264d Rz. 1) der berichtenden Gesellschaft oder einer ihrer Tochtergesellschaften (mehrstufiger Konzern) nach Abs. 3 Satz 3 nicht in Anspruch genommen werden. 8

IV. Organvergütungen (Abs. 4)

Die Angabe des Gesamtbetrags der Organbezüge gem. § 285 Satz 1 Nr. 9a und b HGB (→ § 285 Rz. 53 ff.) kann gem. Abs. 4 unterbleiben, wenn sich aus dem Gesamtbetrag die Bezüge eines einzelnen Organmitglieds ableiten lassen. Die Inanspruchnahme dieser Erleichterungen setzt die Möglichkeit einer **individuellen Quantifizierung** durch die Berichtsadressaten voraus. Das ist immer dann der Fall, wenn das Organ nur durch eine Person repräsentiert wird, es sei denn, unterjährig wechselt die Organmitgliedschaft (jeweils mit einer Person).[2] Für den **Aufsichtsrat**, der mindestens drei Personen umfassen muss, kommt die Befreiung unter dieser Voraussetzung nicht in Betracht. 9

Auch bei **mehrköpfiger** Struktur des Leistungsorgans kann die Angabe h. M. zufolge unterbleiben, wenn die Bezüge untereinander unbekannt bleiben sollen.[3] Auch bei näherungsweise durch Durchschnittsrechnung ermittelbaren Individualbezügen soll die Ausnahmeregelung anwendbar sein.[4] 10

Die Erleichterung gilt nicht für börsennotierte Aktiengesellschaften (→ Rz. 12).

---

[2] So *Ellrott*, in: Beck'scher Bilanz-Kommentar, 7. Aufl., München 2010, § 286 Tz. 17.
[3] Vgl. *Schellein*, WPg 1990 S. 533.
[4] OLG Düsseldorf, Beschluss vom 26. 6. 1997 – 19 W 2/97 AktE, DB 1997 S. 1609.

V. Vorstandsbezüge börsennotierter Kapitalgesellschaften (Abs. 5)

11 Bei einer börsennotierten Aktiengesellschaft reicht nach § 285 Nr. 9a Satz 5 bis 9 HGB die Nennung der Gesamtbezüge des Vorstands nicht aus. Vielmehr sind die Bezüge jedes einzelnen Vorstandsmitglieds unter Namensnennung in erfolgsabhängige und fixe Bezüge etc. anzuführen (→ § 285 Rz. 71). Diese **Individualisierung** der Vorstandsbezüge börsennotierter Aktiengesellschaften kann aufgrund eines mit qualifizierter Mehrheit gefassten **Hauptversammlungsbeschlusses** unterbleiben. Der Beschluss ist auf fünf Jahre befristet. Die 3/4-Mehrheit bezieht sich auf das vertretene Grundkapital. Ein betroffenes Vorstandsmitglied kann als Aktionär bei diesem Beschluss gem. § 136 HGB kein Stimmrecht ausüben. Die Nichtangabe widerspricht der Empfehlung des Deutschen Corporate Governance Kodex und ist in der Entsprechenserklärung nach § 161 AktG (→ § 285 Rz. 105) anzugeben.

12 Ein entsprechender Hauptversammlungsbeschluss befreit auch dann nicht von der Angabe der Gesamtbezüge des Vorstands, wenn sich daraus die **individuellen** Bezüge mittelbar ableiten lassen. Die für den mittelbaren Fall in Abs. 4 enthaltene Ausnahmeregelung schließt börsennotierte Aktiengesellschaften ausdrücklich aus (→ Rz. 10).

§ 288 Größenabhängige Erleichterungen

(1) Kleine Kapitalgesellschaften (§ 267 Abs. 1) brauchen die Angaben nach § 284 Abs. 2 Nr. 4, § 285 Nr. 2 bis 8 Buchstabe a, Nr. 9 Buchstabe a und b sowie Nr. 12, 17, 19, 21, 22 und 29 nicht zu machen.

(2) ¹Mittelgroße Kapitalgesellschaften (§ 267 Abs. 2) brauchen bei der Angabe nach § 285 Nr. 3 die Risiken und Vorteile nicht darzustellen. ²Sie brauchen die Angaben nach § 285 Nr. 4 und 29 nicht zu machen. ³Soweit sie die Angaben nach § 285 Nr. 17 nicht machen, sind sie verpflichtet, diese der Wirtschaftsprüferkammer auf deren schriftliche Anforderung zu übermitteln. ⁴Sie brauchen die Angaben nach § 285 Nr. 21 nur zu machen, soweit sie Aktiengesellschaft sind; die Angabe kann auf Geschäfte beschränkt werden, die direkt oder indirekt mit dem Hauptgesellschafter oder Mitgliedern des Geschäftsführungs-, Aufsichts- oder Verwaltungsorgans abgeschlossen wurden.

Inhaltsübersicht	Rz.
I. Erleichterungen für kleine Kapitalgesellschaften (Abs. 1)	1
II. Erleichterungen für mittelgroße Kapitalgesellschaften (Abs. 2)	2 - 5
1. Verweise	2
2. Sonderfälle	3 - 5

Ausgewählte Literatur
Auf die Nachweise zu → § 284 wird verwiesen.

I. Erleichterungen für kleine Kapitalgesellschaften (Abs. 1)

Abs. 1 befreit kleine Kapital- und Kap. & Co.-Gesellschaften von bestimmten Angaben. Die betroffenen Angaben aus §§ 284 und 285 HGB sind dort kommentiert. Zu verweisen ist auf folgende Befreiungen: 1

→ § 284 Rz. 61	Angabe des Unterschiedsbetrags bei Anwendung eines Verbrauchsfolgeverfahrens bei der Vorrätebewertung (§ 284 Abs. 2 Nr. 4 HGB)
→ § 285 Rz. 8	Aufgliederung von Angaben zu Verbindlichkeiten (§ 285 Nr. 2 HGB)
→ § 285 Rz. 13	Angabe zu nicht bilanzierten Geschäften (§ 285 Nr. 3 HGB)
→ § 285 Rz. 26	Angabe zu finanziellen Verpflichtungen (§ 285 Nr. 3a HGB)
→ § 285 Rz. 31	Aufgliederung der Umsatzerlöse (§ 285 Nr. 4 HGB)
→ § 285 Rz. 35	Ertragsteuerspaltung (§ 285 Nr. 6 HGB)
→ § 285 Rz. 36	Angaben der Arbeitnehmeranzahl (§ 285 Nr. 7 HGB)
→ § 285 Rz. 37	Zusatzangaben beim Umsatzkostenverfahren (§ 285 Nr. 8a HGB)
→ § 285 Rz. 72	Angabe der Organbezüge (§ 285 Nr. 9a und b HGB), nicht dagegen die Kreditgewährung an Organmitglieder nach § 285 Nr. 9c HGB
→ § 285 Rz. 96	Erläuterung von sonstigen Rückstellungen (§ 285 Nr. 12 HGB)
→ § 285 Rz. 114	Aufgliederung der Abschlussprüferhonorare (§ 285 Nr. 17 HGB)

→ § 285 Rz. 120	Angaben zu derivativen Finanzinstrumenten (§ 285 Nr. 19)
→ § 285 Rz. 146	Angaben zu Geschäften mit Nahestehenden (§ 285 Nr. 21 HGB)
→ § 285 Rz. 148	Angaben zu Forschungs- und Entwicklungskosten (§ 285 Nr. 22 HGB)
→ § 285 Rz. 164	Angaben zu Steuerlatenzen (§ 285 Nr. 29 HGB)

Hinzu kommt die Erleichterung nach § 276 HGB (→ § 276 Rz. 5).

Wegen der **Mindest**angabepflichten nach Inanspruchnahme **aller** Erleichterungen bei Erstellung und Offenlegung vgl. die Auflistung unter → § 326 Rz. 9.

II. Erleichterungen für mittelgroße Kapitalgesellschaften (Abs. 2)

1. Verweise

2   Abs. 2 befreit mittelgroße Kapitalgesellschaften von bestimmten Angaben. Die betroffenen Angaben aus §§ 284 und 285 HGB sind dort kommentiert. Zu verweisen ist auf folgende Befreiungen:

→ § 285 Rz. 13	Zu *off balance*-Gestaltungen müssen Vorteile und Risiken nicht angegeben werden (§ 285 Nr. 3 HGB).
→ § 285 Rz. 31	Die Aufgliederung der Umsatzerlöse kann entfallen (§ 285 Nr. 4 HGB).
→ § 285 Rz. 114	Die Honorierung des Abschlussprüfers ist nicht offen zu legen, auf Verlangen aber der Wirtschaftsprüferkammer mitzuteilen (§ 285 Nr. 17 HGB).
→ § 285 Rz. 146	Angaben zu marktunüblichen Geschäften mit nahestehenden Personen und Unternehmen sind nur von mittelgroßen Aktiengesellschaften zu machen, dort beschränkt auf Geschäfte mit Organmitgliedern oder Hauptgesellschaftern.
→ § 285 Rz. 164	Angaben zur Steuerlatenzierung.

Wegen der Definition von mittelgroßen Kapital- und Kap. & Co.-Gesellschaften vgl. → § 267 Rz. 3.

2. Sonderfälle

3   Eine Besonderheit betrifft die Angabe nach § 285 Nr. 17 HGB (→ § 285 Rz. 106). Wenn mittelgroße Kapital- und Kap. & Co.-Gesellschaften die Angabe über die **Honorare** an den Abschlussprüfer nicht machen, besteht eine Mitteilungspflicht an die Wirtschaftsprüferkammer auf deren schriftliche Anforderung hin.

4   Die Angabepflicht zu den Geschäften mit **nahestehenden Personen** gem. § 285 Nr. 21 HGB (→ § 285 Rz. 136) brauchen nur mittelgroße Gesellschaften in der Rechtsform der **Aktiengesellschaft** zu machen. Dabei ist die Angabepflicht auf direkte und indirekte Geschäfte mit dem Hauptgesellschafter oder deren Organmitglieder (Vorstände und Aufsichtsräte) beschränkt. Diese Vorgabe wirkt **kurios** vor dem Hintergrund der zwingenden Vorgabe nach § 285 Nr. 21 HGB (→ § 285 Rz. 139): Nur markt**un**übliche – bestimmt durch Fremdvergleich – Geschäfte unterliegen der Angabepflicht. Die Gesellschaft – vertreten durch den Vorstand – muss bzw.

müsste also über solche dem Fremdvergleich nicht standhaltende Geschäfte (auch mit sich selbst) die Öffentlichkeit und damit den Fiskus informieren.

BEISPIEL

▶ An das Vorstandsmitglied N wurde ein betrieblich nicht mehr benötigtes Grundstück als Bauland verkauft. Der vereinbarte Kaufpreis entsprach dem hälftigen Verkehrswert.

▶ Unserem Mehrheitsaktionär (Muttergesellschaft) wurde das Aluminium**halbzeug** aus unserer Produktion durchschnittlich im Jahresverlauf zu einem Preis in Rechnung gestellt, der etwa 3/4 des vergleichbaren Preises entspricht, den wir anderen Großabnehmern in Rechnung stellen.

▶ Die Gesamtvergütung des Vorstandsvorsitzenden beläuft sich auf etwa 2/3 des angemessenen Betrags im Fremdvergleich.

Die Beispiele belegen ohne weitere Kommentierung: Über dem Fremdvergleich nicht standhaltende Geschäfte wird nur berichtet werden, wenn diese (unüblich) **günstig** für die Gesellschaft sind.

Bezüglich der Angabepflichten zu unüblichen Geschäften mit dem Hauptgesellschafter stellt sich die Frage nach dessen **Definition**. Aus der Verwendung des Singulars („mit **dem** Hauptgesellschafter") ergibt sich zunächst: Jede Aktiengesellschaft hat maximal einen Hautgesellschafter. 5

BEISPIEL ▶ An der X-AG sind A und B mit je 30 % sowie diverse Kleinaktionäre mit zusammen 40 % beteiligt.

Da X-AG hat keinen Hauptgesellschafter.

Das Gesetz spricht nicht vom größten, sondern einfach vom Hautgesellschafter. Hieraus folgt u. E.: Ein mehr als alle anderen Gesellschafter beteiligter Gesellschafter ist nur dann Hautgesellschafter, wenn er zugleich signifikanten Einfluss hat, etwa über eine Sperrminorität verfügt.

BEISPIEL ▶ An der X-AG ist A mit 5 % (Alternativ 26 %) beteiligt. Alle anderen Aktionäre halten weniger Anteile.

BEURTEILUNG ▶ Im Grundfall (5 %) ist A zwar größter Gesellschafter, aber nicht Hauptgesellschafter. Im Alternativfall (26 %) ist er zugleich Hauptgesellschafter.

Unter analoger Anwendung der für § 290 HGB geltenden Regelungen zu Präsenzmehrheiten (→ § 290 Rz. 15) kann bei niedriger Präsenzquote der anderen Gesellschafter auch ein deutlich unter 25 % liegender Anteil die Qualifikation als Hauptgesellschafter nach sich ziehen.

Sechster Titel: Lagebericht

§ 289 Inhalt des Lageberichts

(1) ¹Im Lagebericht sind der Geschäftsverlauf einschließlich des Geschäftsergebnisses und die Lage der Kapitalgesellschaft so darzustellen, dass ein den tatsächlichen Verhältnissen entsprechendes Bild vermittelt wird. ²Er hat eine ausgewogene und umfassende, dem Umfang und der Komplexität der Geschäftstätigkeit entsprechende Analyse des Geschäftsverlaufs und der Lage der Gesellschaft zu enthalten. ³In die Analyse sind die für die Geschäftstätigkeit bedeutsamsten finanziellen Leistungsindikatoren einzubeziehen und unter Bezugnahme auf die im Jahresabschluss ausgewiesenen Beträge und Angaben zu erläutern. ⁴Ferner ist im Lagebericht die voraussichtliche Entwicklung mit ihren wesentlichen Chancen und Risiken zu beurteilen und zu erläutern; zugrunde liegende Annahmen sind anzugeben. ⁵Die gesetzlichen Vertreter einer Kapitalgesellschaft im Sinne des § 264 Abs. 2 Satz 3 haben zu versichern, dass nach bestem Wissen im Lagebericht der Geschäftsverlauf einschließlich des Geschäftsergebnisses und die Lage der Kapitalgesellschaft so dargestellt sind, dass ein den tatsächlichen Verhältnissen entsprechendes Bild vermittelt wird, und dass die wesentlichen Chancen und Risiken im Sinne des Satzes 4 beschrieben sind.

(2) Der Lagebericht soll auch eingehen auf:

1. Vorgänge von besonderer Bedeutung, die nach dem Schluss des Geschäftsjahrs eingetreten sind;

2. a. die Risikomanagementziele und -methoden der Gesellschaft einschließlich ihrer Methoden zur Absicherung aller wichtigen Arten von Transaktionen, die im Rahmen der Bilanzierung von Sicherungsgeschäften erfasst werden, sowie

   b. die Preisänderungs-, Ausfall- und Liquiditätsrisiken sowie die Risiken aus Zahlungsstromschwankungen, denen die Gesellschaft ausgesetzt ist,

   jeweils in Bezug auf die Verwendung von Finanzinstrumenten durch die Gesellschaft und sofern dies für die Beurteilung der Lage oder der voraussichtlichen Entwicklung von Belang ist;

3. den Bereich Forschung und Entwicklung;

4. bestehende Zweigniederlassungen der Gesellschaft;

5. die Grundzüge des Vergütungssystems der Gesellschaft für die in § 285 Nr. 9 genannten Gesamtbezüge, soweit es sich um eine börsennotierte Aktiengesellschaft handelt. ²Werden dabei auch Angaben entsprechend § 285 Nr. 9 Buchstabe a Satz 5 bis 9 gemacht, können diese im Anhang unterbleiben.

(3) Bei einer großen Kapitalgesellschaft (§ 267 Abs. 3) gilt Absatz 1 Satz 3 entsprechend für nichtfinanzielle Leistungsindikatoren, wie Informationen über Umwelt- und Arbeitnehmerbelange, soweit sie für das Verständnis des Geschäftsverlaufs oder der Lage von Bedeutung sind.

(4) ¹Aktiengesellschaften und Kommanditgesellschaften auf Aktien, die einen organisierten Markt im Sinne des § 2 Abs. 7 des Wertpapiererwerbs- und Übernahmegesetzes durch von ih-

nen ausgegebene stimmberechtigte Aktien in Anspruch nehmen, haben im Lagebericht anzugeben:

1. die Zusammensetzung des gezeichneten Kapitals; bei verschiedenen Aktiengattungen sind für jede Gattung die damit verbundenen Rechte und Pflichten und der Anteil am Gesellschaftskapital anzugeben, soweit die Angaben nicht im Anhang zu machen sind;
2. Beschränkungen, die Stimmrechte oder die Übertragung von Aktien betreffen, auch wenn sie sich aus Vereinbarungen zwischen Gesellschaftern ergeben können, soweit sie dem Vorstand der Gesellschaft bekannt sind;
3. direkte oder indirekte Beteiligungen am Kapital, die 10 vom Hundert der Stimmrechte überschreiten, soweit die Angaben nicht im Anhang zu machen sind;
4. die Inhaber von Aktien mit Sonderrechten, die Kontrollbefugnisse verleihen; die Sonderrechte sind zu beschreiben;
5. die Art der Stimmrechtskontrolle, wenn Arbeitnehmer am Kapital beteiligt sind und ihre Kontrollrechte nicht unmittelbar ausüben;
6. die gesetzlichen Vorschriften und Bestimmungen der Satzung über die Ernennung und Abberufung der Mitglieder des Vorstands und über die Änderung der Satzung;
7. die Befugnisse des Vorstands insbesondere hinsichtlich der Möglichkeit, Aktien auszugeben oder zurückzukaufen;
8. wesentliche Vereinbarungen der Gesellschaft, die unter der Bedingung eines Kontrollwechsels infolge eines Übernahmeangebots stehen, und die hieraus folgenden Wirkungen; die Angabe kann unterbleiben, soweit sie geeignet ist, der Gesellschaft einen erheblichen Nachteil zuzufügen; die Angabepflicht nach anderen gesetzlichen Vorschriften bleibt unberührt;
9. Entschädigungsvereinbarungen der Gesellschaft, die für den Fall eines Übernahmeangebots mit den Mitgliedern des Vorstands oder Arbeitnehmern getroffen sind, soweit die Angaben nicht im Anhang zu machen sind.

²Sind Angaben nach Satz 1 im Anhang zu machen, ist im Lagebericht darauf zu verweisen.

(5) Kapitalgesellschaften im Sinn des § 264d haben im Lagebericht die wesentlichen Merkmale des internen Kontroll- und des Risikomanagementsystems im Hinblick auf den Rechnungslegungsprozess zu beschreiben.

Inhaltsübersicht	Rz.
I. Grundlagen	1 - 15
1. Anwendungsbereich, freiwillige Erstellung	1 - 5
2. Aufgaben des Lageberichts	6 - 8
3. Allgemeine Regeln und Begriffsinhalte	9 - 12
3.1 Von der Prinzipien- zur Regelbasierung	9
3.2 Die Verlautbarungen der Standardsetter	10
3.3 Die allgemeinen gesetzlichen Anforderungen ...	11
3.4 ... in der Ergänzung durch die Standardsetter und das Schrifttum	12
4. Die Übernahme in die Praxis	13 - 15
II. Generell gültige Pflichtangaben	15a - 47m

1. Geschäftstätigkeit und Rahmenbedingungen	15a
2. Geschäftsverlauf (Abs. 1 Satz 1)	16 – 20
3. Die „Lage" (Abs. 1 Satz 2)	21 – 22
4. Analyse des Geschäftsverlaufs (Abs. 1 Satz 2)	23 – 26
5. Einbezug der finanziellen Leistungsindikatoren (Abs. 1 Satz 3)	27 – 29
6. Prognosebericht über Chancen und Risiken (Abs. 1 Satz 4)	30 – 46
6.1 Die Prognosetechnik – der Umgang mit der Zukunft	30 – 37
6.2 Zusammenfassung der Chancen und Risiken	38 – 45
6.3 Darstellungsform	46
7. Versicherung der gesetzlichen Vertreter („Bilanzeid")	47
8. Gesamtbeurteilung der Berichterstattung nach Abs. 1	47a – 47m
8.1 *Information Overload* im Big Business	47a
8.2 Der Risikobericht	47b
8.3 Die Prognose	47c – 47g
8.4 Die Rechtsverfolgung	47h – 47i
8.5 Der mittelständische Bereich	47j – 47l
8.6 Fazit	47m
III. Sollangaben (Abs. 2)	48 – 69
1. Was heißt „Soll"?	48
2. Vorgänge nach Schluss des Geschäftsjahrs (Abs. 2 Nr. 1)	49
3. Risikoberichterstattung über Finanzinstrumente (Abs. 2 Nr. 2)	50 – 63
3.1 Eigenständiger Risikobericht?	50 – 52
3.2 Allgemeine Anforderungen an die Risiko-Berichterstattung	53
3.3 Definition der Finanzinstrumente	54
3.4 Die Angabepflichten	55 – 59
3.4.1 Das Risikomanagement	55 – 56
3.4.2 Einzelheiten der Berichterstattungspflicht	57 – 59
3.5 Gesamtbeurteilung	60 – 63
4. Forschung und Entwicklung (Abs. 2 Nr. 3)	64 – 66
5. Zweigniederlassungen (Abs. 2 Nr. 4)	67 – 68
6. Vergütungssystem für Organmitglieder börsennotierter Aktiengesellschaften (Abs. 2 Nr. 5)	69
IV. Zusatzbericht großer Kapitalgesellschaften über nichtfinanzielle Leistungsindikatoren (Abs. 3)	70 – 72
V. Sondervorschriften für bestimmte Aktiengesellschaften und Kommanditgesellschaften auf Aktien (Abs. 4)	73 – 73i
1. Betroffene Gesellschaften, Verweis auf Anhang	73
2. Die einzelnen Angabepflichten	73a – 73i
2.1 Zusammensetzung des gezeichneten Kapitals (Nr. 1)	73a
2.2 Beschränkung von Stimm- und Übertragungsrechten (Nr. 2)	73b
2.3 Beteiligungen am Kapital von über 10 % der Stimmrechte (Nr. 3)	73c
2.4 Aktien mit Kontrollbefugnissen (Nr. 4)	73d
2.5 Stimmrechtskontrolle bei Arbeitnehmerbeteiligung (Nr. 5)	73e
2.6 Bestimmungen über die Ernennung und Abberufung von Vorstandsmitgliedern und über Satzungsänderungen (Nr. 6)	73f
2.7 Vorstandsbefugnis zur Ausgabe und Rückkauf von Aktien (Nr. 7)	73g
2.8 Vom Kontrollwechsel abhängige Vereinbarungen (Nr. 8)	73h
2.9 Entschädigungsvereinbarungen bei Übernahmeangeboten (Nr. 9)	73i
VI. Sondervorschriften für kapitalmarktorientierte Kapitalgesellschaften (Abs. 5)	74 – 78
VII. Schlusserklärung aus dem Abhängigkeitsbericht	79

Ausgewählte Literatur

Dobler, Safe Harbor Rules, DBW 2008 S. 749

Dietsche/Fink, Die Qualität der Lageberichterstattung in Deutschland, KoR 2008 S. 250

Gödel, Unverzichtbarkeit der Prognoseberichterstattung im (Konzern-)Lagebericht, DB 2010 S. 431

Kajüter/Bachert/Blaesing/Kleinmanns, Die DRS zur Lageberichterstattung auf dem Prüfstand, DB 2010 S. 457

Kaya, Verminderung der Aussagekraft des Lageberichts mittelständischer Unternehmen, StuB 2010 S. 483

Quick/Reus, Zur Qualität der Prognoseberichterstattung der DAX-30-Gesellschaften, KoR 2009 S. 18

Ruhwedel/Sellhorn/Lerchenmüller, Prognoseberichterstattung in Aufschwung und Krise – Eine empirische Untersuchung der DAX-Unternehmen, DB 2009 S. 1305

Withus, Standardisierungsrat überarbeitet Rechnungslegungsstandards zum Konzernlagebericht, DB 2010 S. 68

Withus, Lageberichterstattung über Chancen und Risiken im Fokus des Enforcementverfahrens, KoR 2010 S. 237

I. Grundlagen

1. Anwendungsbereich, freiwillige Erstellung

1 Die **Verpflichtung** zur Aufstellung eines Lageberichts erfasst insbesondere
- ▶ mittelgroße und große Kapitalgesellschaften (§ 264 Abs. 1 Satz 1 HGB),
- ▶ mittelgroße und große Kap. & Co.-Gesellschaften (§ 264a Abs. 1 HGB),
- ▶ mittelgroße und große Genossenschaften (§ 336 Abs. 1 und 2 HGB) sowie
- ▶ bestimmte dem PublG unterliegende Unternehmen.

Zur Konzernrechnungslegung verpflichtete Mutterunternehmen haben gem. § 290 Abs. 1 Satz 2 HGB (→ § 290 Rz. 1) zusätzlich einen **Konzern**lagebericht zu erstellen, der inhaltlich nach § 315 HGB weitgehend den Vorgaben des § 289 HGB entspricht und deshalb gem. § 315 Abs. 3 HGB regelmäßig in **zusammengefasster** Form verfasst wird (→ § 315 Rz. 3). Die gleiche Verpflichtung betrifft Mutterunternehmen, die ihren Konzernabschluss gem. der IAS-VO nach den IFRS-Regeln erstellen müssen. Da die IFRS einen Lagebericht nicht behandeln, bleibt gem. § 315a Abs. 1 HGB die Lageberichterstattung für den Konzern nach HGB unberührt (→ § 315a Rz. 12).

2 Bei **freiwilliger** Erstellung eines Lageberichts muss u. E. in der Einleitung dargelegt werden, inwieweit die einzelnen Teilbereiche der gesetzlichen Berichtvorgaben erfüllt worden sind (z. B. Ausschluss der nicht finanziellen Leistungsindikatoren gem. § 289 Abs. 3 HGB). Ansonsten darf zur Vermeidung eines Missverständnisses der betreffende Bericht nicht als „Lage"-bericht bezeichnet werden.

3 **Strukturell** war die Lageberichterstattung durch das Bilanzrichtliniengesetz von 1985 denkbar einfach aufgezogen (→ Rz. 9). Es enthielt die Verpflichtung zur Berichterstattung über die „La-

ge" des Unternehmens in Abs. 1 und eine Soll-Vorgabe in Abs. 2 zur Darlegung (insbesondere) der künftigen Entwicklung.

Seither haben sich verschiedene **Novellierungen** der HGB-Rechnungslegung auch der Lageberichterstattung gewidmet, insbesondere durch das KonTraG, Bilanzrechtsreformgesetz und ergänzend das Vorstandsvergütungsoffenlegungsgesetz.

In diesen Gesetzesneufassungen schlagen sich vehement **gesamtpolitische** (EG-weit oder national) und **wissenschaftliche** Vorgaben nieder, die die allgemein empfundene Schwäche der Rechnungslegung beheben wollen. Deshalb sind die (zukünftigen) Chancen und Risiken des Unternehmens darzulegen, aber auch die Situation der Mitarbeiter (sozialpolitischer Einschlag) und der Umweltschutz. Dazu gesellen sich weitere Anforderungen bei Inanspruchnahme des Kapitalmarkts.

In der Folge stellt sich der Gesetzesaufbau nicht (mehr) durchgehend in logisch konsistenter Gliederung dar. Er umfasst in

- Abs. 1: **allgemein gültige** Vorgaben (→ Rz. 16),
- Abs. 2: **Soll**vorschriften (→ Rz. 48), in Nr. 5 (→ Rz. 69) allerdings nur **börsennotierte** AGs betreffend,
- Abs. 3: **große** Kapital- und damit auch Kap. & Co.-Gesellschaften betreffend (→ Rz. 70),
- Abs. 4: wieder **Pflichtvorgaben**, allerdings nur für AGs und KGaAs mit Börsennotiz, vorbehaltlich der Anlageangabepflicht (→ Rz. 73),
- Abs. 5: ebenso Pflichtberichterstattung für **kapitalmarktorientierte** Kapitalgesellschaften (→ Rz. 74).

Ergänzt wird dieses Sammelsurium von Berichterstattungen noch durch eine weitere Erklärungspflicht zur Unternehmensführung für kapitalmarorientierte AGs in → § 289a.

2. Aufgaben des Lageberichts

Der Lagebericht ergänzt die Rechnungslegung durch den (dreigeteilten) Jahresabschluss gem. § 264 Abs. 1 Satz 1 HGB. Wie Letzterem kommt dem Lagebericht **Informations-** und **Rechnungslegungs**funktion zu. Der Jahresabschluss kann nach den Vorstellungen des Gesetzgebers die der Öffentlichkeit zustehenden Informationen über das Unternehmen, das zumindest die Haftungsbeschränkung, möglicherweise aber auch den Kapitalmarkt in Anspruch nimmt, allein nicht liefern. Die Gesamtbeurteilung der wirtschaftlichen Situation der Gesellschaft bedarf einer **Ergänzung** des Jahresabschlusses durch zusätzliche Darlegungen, die sich insbesondere auf die **künftige** Entwicklung beziehen. Deshalb rückt nach dem gesetzlichen Vorgehen die **Prognose** in den Mittelpunkt der Berichterstattung (→ Rz. 30). Eher plakativ werden dabei die **Chancen** und **Risiken** der Unternehmenstätigkeit (→ Rz. 38) angesprochen, d. h. die Grundtatbestände des Wirtschaftslebens überhaupt. Der Jahresabschluss sei dem gegenüber durch das Stichtagsprinzip **vergangenheits**orientiert. Das trifft allerdings so nicht zu, denn in wichtigen Posten des Jahresabschlusses beruhen Ansatz und Bewertung auf Erwartungen über die **künftige** Entwicklung (→ Rz. 7).[1]

---

[1] Ähnlich *Ruhwedel/Sellhorn/Lerchenmüller*, DB 2009 S. 1313.

7   Der Gesetzgeber nimmt mit seiner Prognosevorgabe die Gefahr einer **Überforderung** der Adressaten des Lageberichts in Kauf. Diese könnten den Prognoseinhalt mit der künftigen Realität identifizieren. Dabei ist jede Voraussage über die Zukunft **unsicher**. Das Risiko – verstanden als negative Abweichung der späteren Realität von der früheren Erwartung – lässt sich nie und nimmer ausschließen. Deshalb müssen seriöse Aussagen über die Chancen und Risiken immer formuliert sein: „Wenn …, dann" oder „Unter der Annahme, dass …" oder „Bei unterstelltem gleichem Kaufverhalten …".

Auch der ausgefeilteste Lagebericht kann – in der ex post-Betrachtung – nie „richtig" gewesen sein. Insofern ist die Lageberichterstattung dem **gleichen Schicksal** unterworfen wie die Bilanzierung, die in ihren entscheidenden Bereichen ebenfalls durch die Unsicherheit der zukünftigen Entwicklung gekennzeichnet ist (→ § 252 Rz. 62 f.). Der oft vorgetragene Gegensatz von Jahresabschluss mit seiner Vergangenheitsorientierung gegenüber dem Lagebericht mit Zukunftsperspektive trifft so nicht zu (→ Rz. 6).

8   Die **Ergänzungs**funktion des Lageberichts zur Rechenschaftslegung in Form des Jahresabschlusses kommt im Gesetzeswortlaut am deutlichsten in Abs. 1 Satz 3 zum Ausdruck: „Unter Bezugnahme auf die im Jahresabschluss ausgewiesenen Beträge und Angaben" (→ Rz. 29).[2] Nach der Regierungsbegründung des Bilanzrechtsreformgesetzes soll der Lagebericht die Darstellung der wirtschaftlichen Situation der Gesellschaft analysieren und kommentieren.[3] Diese **Verbindungsschiene** zwischen Lagebericht und Jahresabschluss wird durch die geforderte Vermittlung eines „den tatsächlichen Verhältnissen entsprechenden Bildes" (Abs. 1 Satz 5) zum Ausdruck gebracht, also des *true and fair view* nach § 264 Abs. 2 Satz 2 HGB in abgekürzter Formulierung. Diese innere Verbindung zwischen Jahresabschluss und Lagebericht schlägt sich in der rechtsuntechnischen Überschrift „**Geschäftsbericht**" nieder, die im Bereich der börsennotierten Aktiengesellschaften durchweg für das gesamte Druckstück verwendet wird (→ § 284 Rz. 4). Dabei ist der Lagebericht von den übrigen Teilen des Geschäftsberichts deutlich zu trennen (DRS 15.20).

3. Allgemeine Regeln und Begriffsinhalte

3.1 Von der Prinzipien- zur Regelbasierung

9   Die gesetzliche Vorgabe über den Inhalt des Lageberichts war ursprünglich (in der Fassung durch das Bilanzrichtliniengesetz vom 19.12.1985) extrem **prinzipienorientiert** „*principle based*" ausgestaltet. Sie beschränkte sich im Wesentlichen auf den erhalten gebliebenen Abs. 1 Satz 1 (→ Rz. 3). In der weiteren Entwicklung der Gesetzesfassung (→ Rz. 4) haben sich immer mehr Einzelvorgaben eingenistet („*rule based*"). Die verbleibenden „Prinzipien" sind in der Folge durch die Standardsetter mit einer Vielzahl von „Regeln" angereichert worden, so dass von der Prinzipienbasierung mit den erforderlichen individuellen Ausformulierungen des Lageberichts entsprechend der spezifischen Situation der Gesellschaft nicht mehr viel geblieben ist.

---

2 So *Ellrott*, in: Beck'scher Bilanz-Kommentar, 7. Aufl., München 2010, § 289 Tz. 4.
3 BR-Drucks. 326/04, S. 63.

3.2 Die Verlautbarungen der Standardsetter

Aus den einschlägigen Aktivitäten der Standardsetter sind zu nennen: 10

- DRS 15: Lageberichterstattung
- DRS 5: Risikoberichterstattung
- DRS 5-10: Risikoberichterstattung von Kredit- und Finanzdienstleistungsinstituten
- DRS 5-20: Risikoberichterstattung von Versicherungsunternehmen
- IDW RH HFA 1005 vom 18. 3. 2005
- IDW RH HFA 1007 vom 18. 10. 2005

Der DRS befasst sich ex officio nach § 342 Abs. 2 HGB (→ § 342 Rz. 4) mit dem **Konzern**lagebericht. Die dortigen „Auslegungen der allgemeinen gesetzlichen Grundsätze zur Lageberichterstattung" haben nach IDW RH HFA 1007 „auch Bedeutung für den Lagebericht nach § 289 HGB" (→ Rz. 47k). U. E. sind DRS 5 und 15 auch für die Auslegung von § 289 HGB maßgeblich, soweit nicht konzernspezifische Probleme angesprochen sind. Dafür spricht auch der weitgehend übereinstimmende Aufbau und Wortlaut der beiden Paragraphen. Von dieser so verstandenen „Maßgeblichkeit" der DRS 5 und 15 gehen wir auch bei unserer nachstehenden Kommentierung aus. Dies wird im Schrifttum auch anders gesehen (→ Rz. 47k). IDW RH HFA 1007 behandelt Einzelfragen von Abs. 1 und 3, die von DRS 15 und DRS 5 nicht aufgegriffen worden sind. IDW RH HFA 1005 befasst sich mit den Vorgaben in Abs. 2 Satz 2.

Am 5. 1. 2010 hat der DRS geänderte Fassungen der oben aufgeführten Standards verabschiedet, die für nach dem 31. 12. 2009 beginnende Geschäftsjahre anzuwenden sind. Eine frühere Anwendung wird empfohlen.

3.3 Die allgemeinen gesetzlichen Anforderungen ...

Das Gesetz verlangt im allgemeinen Teil der Regelungsvorgaben (Abs. 1) 11

- Darstellungen (Abs. 1 Satz 1),
- Analysen (Abs. 1 Sätze 2 und 3),
- Erläuterungen (Abs. 1 Sätze 3 und 4),
- Beurteilungen (Abs. 1 Satz 4),
- Versicherungen (Abs. 1 Satz 5),
- Vermittlungen (Abs. 1 Satz 5) sowie
- Beschreibungen (Abs. 1 Satz 5).

Diese „Umschreibungen" beziehen sich auf (z. B.) Leistungsindikatoren sowie Chancen und Risiken der zukünftigen Entwicklung.

3.4 ... in der Ergänzung durch die Standardsetter und das Schrifttum

Mit den allgemeinen gesetzlichen Vorgaben werden die Ersteller (und Prüfer) von Lageberichten nicht allein gelassen. Sie erhalten vielfältige Vorgaben (→ Rz. 9), die zusammengefasst im Imperativ lauten: „Übe' immer Treu und Redlichkeit." Wissenschaftlich anspruchsvoll formu- 12 liert sind „Grundsätze einer gewissenhaften und getreuen Rechenschaft"[4] zu beachten. Als solche werden genannt:[5]

▶ **Wahrheit bzw. Richtigkeit**: Will man der Selbstverständlichkeit dieser Aussage – „Du darfst nicht lügen" – einen Mindestinhalt verleihen, geht es entscheidend um die Aussage über die Situation einer **krisengeschüttelten** Gesellschaft. Muss dann der Vorstand dem Publikum reinen Wein einschenken? Sicherlich ist als unwahr die Aussage zu qualifizieren, „uns geht es blendend, uns kann nichts umwerfen", wenn der Gesellschaft das Wasser schon bis zum Halse steht. Aber so wird kein Vorstand formulieren. Er wird auf die bedrohliche Situation des Wegbrechens eines wichtigen Marktsegments, des vergeblichen Versuchs einer Einigung mit dem Betriebsrat über die erforderliche Einführung eines Robotersystems oder die nicht mehr tragbaren Energiekosten hinweisen. Aber letztlich muss er im Interesse des Überlebens seiner Gesellschaft eine positive Aussage über die Bewältigung der Krise zu Papier bringen: „Wir sehen der Bewältigung dieser Herausforderung mit Zuversicht entgegen."

▶ **Vollständigkeit**: Der Berichtsleser soll alle Informationen erhalten, die er für die Beurteilung des Geschäftsverlaufs und der künftigen Entwicklung der Gesellschaft benötigt.[6] Das klingt überzeugend, doch fehlt der Maßstab dafür, was benötigt wird und was nicht. Anders ausgedrückt: Nur **Wesentliches** soll dem Adressaten geliefert werden,[7] doch wie immer bei der Rechnungslegung (nicht nur) kann niemand allgemein sagen, wie Wesentliches von Unwesentlichem zu trennen ist (→ § 252 Rz. 182). Sicher gibt es Sachverhalte, bei denen man über Wesentlichkeit nicht diskutieren muss: Beim Automobilzulieferer die Kündigung des Beschaffungsvertrags durch „den" Großabnehmer oder der Verlust eines Großmandanten bei einer Wirtschaftsprüfungsgesellschaft oder die Auftragserlangung zum Bau eines Atomkraftwerks. Dabei ist ein möglicherweise berichtspflichtiger Sachverhalt immer in Bezug auf das wirtschaftliche Umfeld der Gesellschaft zu setzen: In Zeiten der Überbeschäftigung ist die Stornierung eines Flugzeugbau-Auftrags möglicherweise von Vorteil und bedarf keiner Offenlegung, umgekehrt bei nachhaltig klammer Auftragslage. Oder: Bei eigener hoher Wertschöpfung kann ein Hinweis auf massiv gestiegene Beschaffungskosten für Rohmaterial obsolet sein, umgekehrt beim Stahlbieger bei dessen dominierender Abhängigkeit von den Beschaffungskosten. In jedem Fall bleibt eine „wesentliche" Grauzone, innerhalb der das Management sein Ermessen über die Wesentlichkeitsgrenze ausüben muss. Eine Grenzmarke gegenüber der Vollständigkeit besteht im berechtigten Geheimhaltungsinteresse der Gesellschaft generell, auch wenn ein Vorbehalt vergleichbar § 286 Abs. 2 und 3 HGB (→ § 286 Rz. 4) für den Anhang nicht gilt.

---

[4] So z. B. *Lück*, in: Küting/Pfitzer/Weber (Hrsg.), Handbuch der Rechnungslegung, 5. Aufl., § 289 Tz. 16.
[5] Z. B. in DRS 15, allerdings die „Wahrheit" ausklammernd, dafür die „Verlässlichkeit" bemühend.
[6] DRS 15.9.
[7] DRS 15.10 schreibt: „... muss sich auf das Wesentliche **konzentrieren**". U. E. darf **nur** Wesentliches dargelegt werden (→ Rz. 15). Dabei fördern der DRS u. a. in DRS 15 indirekt die Ausbreitung von Unwesentlichkeiten, wenn er in vielen Detailregeln die Berichterstattung nur bei Wesentlichkeit vorschreibt (z. B. DRS 15.37). Der Umkehrschluss hieße in logischen Kategorien: Wenn die Standardvorgabe einen Wesentlichkeitsvorbehalt nicht enthält, braucht über Wesentlichkeit nicht mehr nachgedacht zu werden: Die Berichterstattung ist Pflicht. U. E. gilt für die Rechnungslegung **generell** der Wesentlichkeitsvorbehalt (→ § 252 Rz. 182).

▶ **Klarheit**: Die Berichterstattung soll verständlich, genau und übersichtlich,[8] dazu durch Überschriften deutlich gegliedert sein.[9] Diese Vorgabe entspricht der Anleitung zur Abfassung eines Schulaufsatzes, fordert somit zur Einhaltung von Grundlagen zwischenmenschlicher Kommunikation auf. **Unverständliches** „Fachchinesisch" nach Art eines arbeitsrechtlichen Dienstzeugnisses ist ebenso unzulässig wie eine **inkonsistente Gliederung**, die bei der Diplom-Arbeit den Abzug einer Bewertungsstufe auslöst. Der Berichtersteller darf sich dabei einer Gliederungsvorgabe in der Anlage zu DRS 15.144 bedienen, die auch mögliche Inhalte vermittelt.

▶ **Stetigkeit**: Die Informationen sollen – entsprechend den Vorgaben in § 246 Abs. 3 HGB und § 252 Abs. 1 Nr. 6 HGB inhaltlich im Zeitverlauf vergleichbar sein (→ § 252 Rz. 176).[10] Diese Vorgabe zielt zunächst auf die Darstellung **betriebswirtschaftlicher Kennzahlen** und deren Ableitung. Wenn bisher das EBITDA (Ergebnis vor Steuern und Abschreibungen) im Mittelpunkt der Erläuterungen des Geschäftsverlaufs stand, darf nicht unvermittelt das EBIT (Ergebnis vor Steuern) erscheinen. Wenn dies aus beachtlichen Gründen doch der Fall ist, muss der Vorjahreswert angepasst werden, Letzteres vorbehaltlich unverhältnismäßiger Kosten, was selten der Fall sein sollte. Weiter ist das Stetigkeitsgebot auf die Darstellung von Quantitäten gerichtet.[11] Abweichungen – etwa bei den Umsatzerlösen infolge von Stilllegungen – sind auf dieser Grundlage zu präsentieren.

▶ **Bezugnahme auf den Jahresabschluss** (Abs. 1 Satz 3): Die Ausführungen müssen die im Jahresabschluss ausgewiesenen Beträge erläutern, dürfen sich daher nicht **freischwebend** vom eigentlichen **Rechenwerk** lösen.[12] Z. B. sind Angaben über die Änderung des Altersversorgungswerks im Berichtsjahr auf die in der GuV und in der Bilanz einschlägigen Posten zu beziehen.

▶ **Plausibilität und Widerspruchsfreiheit**:[13] Auch hier wird eine Selbstverständlichkeit des intersubjektiven Informationsaustauschs bemüht. Wenn in der Vorbemerkung zum Lagebericht eine hervorragende Ausgangslage für die zukünftige Entwicklung der Gesellschaft beschworen wird, darf nicht im hinteren Teil des Berichts auf S. 45, wo niemand mehr hinschaut, ein großes Krisenszenario aufgebaut werden. „Plausibel" ist überdies ein Ausdruck des Umgangs mit der Unsicherheit der künftigen Entwicklung und der Unrichtigkeit in der ex post-Betrachtung. Plausibel = einleuchtend = zustimmbar ist etwa die Aussage: „Wegen des ungesättigten Baumarkts in China gehen wir von einem Stahlimport wenigstens in Vorjahreshöhe aus. Unser dorthin orientierter Umsatz wird sich im laufenden Geschäftsjahr nicht wesentlich verändern." **Unplausibel** wäre dem gegenüber die Aussage: „Die im kommenden Geschäftsjahr anstehenden Restrukturierungen werden unser Ergebnis spürbar positiv beeinflussen." Plausibel wiederum, aber im Nachhinein falsch wäre die Aussage: „Die Nachfrage nach Metallschrott wird weltweit weiter steigen. Wir rechnen mit entsprechenden Preiserhöhungen, die uns wegen der stark ausgeweiteten Vorratshaltung nennenswerte Ertragszuwächse verschaffen sollten." In Wirklichkeit ist hier zeitlich nach der

---

8 Z. B. *Lück*, in: Küting/Pfitzer/Weber (Hrsg.), Handbuch der Rechnungslegung, 5. Aufl., Tz. 24.
9 DRS 15.22.
10 DRS 15.23 f.
11 DRS 15.26.
12 Ähnlich DRS 15.15.
13 DRS 15.15.

Berichterstattung die Nachfrage nach Schrott total eingebrochen, die Vorräte unterlagen einer erheblichen Wertminderung; die Aussage im Lagebericht ex ante war einleuchtend, nachträglich gesehen aber falsch.

- **Ausgewogenheit**:[14] Damit ist das Gegenteil von „Einseitig" angesprochen. Der Bericht soll Stärken und Schwächen, Chancen und Risiken gleichgewichtig präsentieren und das in der „**Sicht der Unternehmensleitung**".[15] Letzteres ist einerseits selbstverständlich (Soll das Management etwa die Perspektive des Betriebsrats einnehmen?) und überdies vom Gesetz in § 264 Abs. 1 Satz 1 HGB (→ § 264 Rz. 9) eindeutig geregelt. Indirekt angesprochen wird dabei ein anderer Aspekt der Berichterstattung: Der Leiter eines Unternehmens ist, wie u. a. auch der Leiter einer Regierung, zu einem positiven Grundton in seinen Aussagen über die Lage der Gesellschaft oder der Nation („*state of the union*") verpflichtet. Ängstliche und pessimistische Aussagen über den Stand und die Zukunft müssen zur Vermeidung der Selbsterfüllung tunlichst vermieden werden. In dieser Hinsicht muss dem Berichtersteller ein gewisses Maß an „Unausgewogenheit" zugestanden werden. Jedenfalls ist die **Kommentierung** oder **Interpretation** der Geschäftsleitung von einfachen **Tatsachen** sprachlich und darstellungstechnisch zu trennen.[16]
- **Schätzungsprämissen**:[17] Bei zukunftsbezogenen Aussagen sind die Prämissen darzulegen. Die damit verbundenen Schätzungen – Rechnungen mit unbekannten Größen – sind zu beschreiben und Sensitivitäten (Ergebnisbandbreiten der Parametervariationen) anzugeben.
- **Fehlanzeigen** sind nicht geboten, in manchen Fällen aber zur Vermeidung von Fehlinterpretationen sinnvoll, z. B. der übliche Satz: „Bestandsgefährdende Risiken (→ Rz. 44) sind uns nicht ersichtlich."

4. Die Übernahme in die Praxis

13 Auf den Berichterstatter prasselt nach den vorstehenden Übersichten und den nachfolgenden Kommentierungen eine **Unzahl** von zu beachtenden **Vorgaben** nieder. Diese sind teilweise ungemein detailliert – die verschiedensten Risiken sind darzulegen (→ Rz. 41) –, andererseits sehr allgemein, um nicht zu sagen „banal", wenn (z. B.) die Angaben auch verlässlich sein sollen. Wer sich auf der sicheren Seite gegenüber dem Abschlussprüfer, der DPR (→ § 342b Rz. 18) oder der empirischen Analyse der Wissenschaft[18] bewegen will, wird über alles Mögliche berichten, was ihm die zur Vollständigkeitskontrolle verwendeten Checklisten auferlegen. Am Schluss umfasst der Lagebericht (allein) eines global aufgestellten DAX-Konzerns 100 oder mehr DIN A4-Seiten, die sich mit dem Jahresabschluss und anderen freiwilligen Berichtsteilen dann auf 300 Seiten und mehr aufaddieren. Von der ursprünglichen gesetzlich ins Auge gefassten **Prinzipienorientierung** (→ Rz. 9) ist in der Rechnungslegungspraxis **nichts mehr übrig geblieben**.

14 Der **Leidtragende** dieser Entwicklung ist der **Adressat** der Berichterstattung (→ Rz. 47a). Dessen Aufnahmefähigkeit und -bereitschaft bleibt seitens des Gesetzes und der Standardsetter un-

---

[14] DRS 15.28 und 15.14.
[15] DRS 15.9 und DRS 15.28.
[16] DRS 15.14.
[17] DRS 15.17.
[18] Vgl. z. B. *Quick/Reis*, KoR 2009 S. 18.

berücksichtigt. Auch der professionelle Analytiker ist irgendwann einmal durch die Wortflut überfordert. Der schon bei den **Anhang**erläuterungen drohende *information overload* (→ § 284 Rz. 16) wird durch die Praxis der Lageberichterstattung zur echten Gefahr; Gefahr auch und insbesondere deswegen, weil dem Berichterstatter dadurch die Technik zur unbeachteten Angabe **unerwünschter** Fakten in die Hand gegeben wird (→ § 284 Rz. 17).

> **BEISPIEL** Im Lagebericht der Industriekreditbank AG (IKB) zum Geschäftsjahr 2006/07 (per 31.3.) vom 28.6.2007 ist auf annähernd 20 DIN A4-Seiten der **Risikobericht** (→ Rz. 50) enthalten. Dort ist über Alles und Jedes zum Risikobereich einer Bank und deren Umgang mit den Risiken nachzulesen. Nur eines fehlt an dieser Stelle: Die „klare und übersichtliche" Darstellung des Klumpenrisikos aufgrund von Garantien zugunsten nicht konsolidierter Zweckgesellschaften, die einen Monat nach Druckfreigabe des Lageberichts die Fast-Pleite der Bank verursachten. Stattdessen heißt es: „Die Risikotragfähigkeitsüberwachung zeigt, dass selbst extrem unerwartete Risiken unter *worst case*-Annahmen (!) von der Risikodeckungsmasse abgedeckt sind." Wenige Tage danach musste letztlich der Steuerzahler zur Abdeckung dieser Risiken in die Bresche springen (→ Rz. 62).

Der wiedergegebene Sachverhalt zeigt: Der einschlägige Standard DRS 5 wirkt vollständig und gründlich abgearbeitet. Die Checklisten sind vollständig ausgefüllt. 20 Seiten Risikobericht werden (→ Rz. 12) verständlich, gut gegliedert und widerspruchsfrei mit plausiblen Annahmen präsentiert. Es fehlt nur an der gebührenden Herausstellung „des" Risikos, auf das es entscheidend ankommt. Eine halbe Seite hätte zur adressatengerechten Information genügt. Die effektiv 20 Seiten dienen allen möglichen Anforderungen, nur nicht derjenigen der Berichtsadressaten (→ Rz. 47m).[19]   15

II. Generell gültige Pflichtangaben

1. Geschäftstätigkeit und Rahmenbedingungen

Nicht vom Gesetz förmlich gefordert sollen die Geschäftstätigkeit und deren Rahmenbedingungen des Konzerns (hier der Gesellschaft, → Rz. 10) als **Grundlage** der Darstellung des Geschäftsverlaufs (→ Rz. 16), der Lage (→ Rz. 21) und der Analyse des Geschäftsverlaufs (→ Rz. 23) präsentiert werden.[20] Dazu werden genannt: 15a

- Organisation und rechtliche Strukturen,
- Segmente und Standorte,
- Produkte und Geschäftsprozesse,
- Absatzmärkte und dortige Wettbewerbsposition,
- rechtliche und wirtschaftliche Einflussfaktoren,

---

19 Ähnlich *Schilder*, WPg-Editorial 2009 Heft 17, der einen Bericht des Finanzausschusses im britischen Unterhaus zitiert: „Wir sind darüber beunruhigt, dass der Rechnungslegungs- und Prüfungsprozess zu einem Tunnelblick führen kann, in dem das große Bild, das den Shareholder eigentlich interessiert, untergeht in einem Meer von Einzelheiten und regulatorischen Angaben."
20 DRS 15.36 ff.

- Forschungs- und Entwicklungstätigkeit (→ Rz. 64 ff.).

2. Geschäftsverlauf (Abs. 1 Satz 1)

16 Dieser Berichtsteil orientiert sich nach dem Gesetzeswortlaut primär am abgelaufenen Geschäftsjahr. Dessen Verlauf und sein „Geschäftsergebnis" sollen nach den Beurteilungsmöglichkeiten im **Aufstellungs**zeitpunkt[21] dargestellt werden, um dadurch die „**tatsächlichen Verhältnisse**" zu vermitteln. Letzteres ist auch wesentliche Aufgabe des Jahresabschlusses, weshalb die Lageberichterstattung eine **zusätzliche** Komponente der Information beisteuern muss, die der Jahresabschluss auch unter Heranziehung des Anhangs nicht liefern kann.

17 Zum **Geschäftsverlauf** bietet sich eine Bezugnahme auf die die Gesellschaft umgebende gesamtwirtschaftliche und branchenspezifische Situation[22] an. Diese ist mit dem individuellen Geschäftsverlauf zu konfrontieren, um diesen als günstig oder ungünstig zu beurteilen:[23]

- Konnten wir den Marktanteil halten?
- Ist die Exportquote gesunken?
- Wie hat sich die Belegungsquote der Hotelmarke XY entwickelt?
- Wie steht es um das Verhältnis der abrechenbaren Stunden zum Gesamtbetrag der angefallenen Arbeitsstunden im produktiven Bereich einer Wirtschaftsprüfungsgesellschaft?
- Wie verhält es sich mit der Rücklaufquote für Leasingfahrzeuge des Automobilhändlers?
- Liegen beim Solarzellenhersteller genügend Beschaffungskontrakte für Silizium vor?
- Warum entsprach die tatsächliche Entwicklung des Geschäfts nicht den früheren Erwartungen?

18 Bei größeren Gesellschaften bietet sich eine weitere Untergliederung nach der Entwicklung der einzelnen **Unternehmensbereiche** an:[24]

- Beschaffung,
- Produktion bzw. Leistung,
- Absatz,
- Investition und Finanzierung.

18a In der Darstellung des Geschäftsverlaufs ist auch das **Geschäftsergebnis** darzustellen. Gemeint ist damit der erzielte Jahresüberschuss oder -fehlbetrag.[25] Eine Wiederholung des Ausweises im Jahresabschluss genügt nicht. Andererseits sind Wiederholungen von **Anhangangaben** zu vermeiden. Sinnvoll ist eine Verquickung mit der Darstellung zur **Ertragslage** (→ Rz. 22).

19 Bei großen Kapitalgesellschaften kann der **Personal-** und **Umwelt**bericht i.S. des Abs. 3 (→ Rz. 70) hier eingefügt werden. Auch der Bereich „**Forschung und Entwicklung**" i.S. des Abs. 2 Nr. 3 (→ Rz. 64) lässt sich gliederungstechnisch hier ansiedeln. Wenn allerdings die Personalwirtschaft mit sozialer Fürsorge einerseits und die innovative Forschungstätigkeit besonders

---

[21] DRS 15.48.
[22] DRS 15.43.
[23] DRS 15.44.
[24] Nach *Lück*, in: Küting/Pfitzer/Weber (Hrsg.), Handbuch der Rechnungslegung, § 289 Tz. 34.
[25] IDW RH HFA 1.007; *Wittmann/Boecker*, in: Petersen/Zwirner/Brösel (Hrsg.), Systematischer Praxiskommentar Bilanzrecht, Köln 2010, § 289 Tz. 15.

hervorgehoben werden soll, bietet sich ein eigener Berichtsteil an. Im Lagebericht des VW-Konzerns sind diese beiden Berichtsbereiche unter der Überschrift **„wertsteigernde Faktoren"** zusammen mit einer ganzen Anzahl freiwilliger Zusatzangaben in marketinggerechter Aufmachung (→ Rz. 71) abgehandelt.

Jedenfalls müssen **mittelständisch** orientierte Gesellschaften nicht unbedingt die Gliederungsvorgabe in der Anlage des DRS 15 und erst recht nicht das Vorbild eines DAX-Konzerns sklavisch imitieren. Maßgebend sollten die **individuellen** Verhältnisse der Gesellschaft – durchaus unter Einbeziehung der gewünschten **Öffentlichkeitspräsentation** – sein. Bei der Darstellung des Geschäftsverlaufs ist die gesetzliche Vorgabe noch am ehesten **prinzipienorientiert** (→ Rz. 9), d. h. die Ausfüllung der Gesetzesvorgabe ist dem pflichtgemäßen Ermessen der Geschäftsleitung anvertraut. Sie muss „ein den tatsächlichen Verhältnissen entsprechendes Bild" vermitteln; auf welchem Weg, in welcher Gliederung und mit welchen Inhalten lässt das Gesetz offen (→ Rz. 47k). 20

3. Die „Lage" (Abs. 1 Satz 2)

Vom **Geschäftsverlauf** lässt sich die **„Lage"** der Gesellschaft inhaltlich kaum trennen. Ist der Geschäftsverlauf mies, kann die „Lage" kaum glorreich sein. Hinzu kommt bei der „Lage" noch der **Zukunftsaspekt** – die voraussichtliche Entwicklung i. S. von Abs. 1 Satz 4 (→ Rz. 30) –, der für die Beurteilung der wirtschaftlichen Situation einer Gesellschaft – der „Lage" – entscheidend ist. Gleichwohl sollte im Hinblick auf die sensible Berichtsgröße „Zukunft" und damit der „Prognose" an dieser Stelle zurückhaltend umgegangen werden. Der Berichtsteil „Prognose" ist eher als eigenständiger Gliederungspunkt geeignet (→ Rz. 30). Jedenfalls sind vergangenheits- und zukunftsbezogene Aussagen klar zu trennen.[26] 21

Zur Beschreibung der „Lage" bietet sich eine Bezugnahme auf die **Dreiteilung** in § 264 Abs. 2 Satz 2 HGB (→ § 264 Rz. 14) an: 22

- Die **Vermögenslage** ist durch Bilanzstrukturkennzahlen ausgehend vom Jahresabschluss darzustellen, z. B. Eigenkapitalquote, Verhältnis von Anlagevermögen zum Eigenkapital und den langfristigen Schulden. Dazu gehören u. U. regelrecht nicht angesetzte Verbindlichkeiten bedingter Art (→ § 246 Rz. 55), z. B. aus **Besserungsvereinbarungen** (→ § 246 Rz. 61) sowie außerbilanzielle Finanzierungsinstrumente sowie geleastes Anlagevermögen.[27]
- Die **Ertragslage** kann durch die Umsatzentwicklung, Umsatzrendite, Auftragslage, Wertschöpfung, Entwicklung der Vertriebskosten etc. dargestellt werden. Insbesondere sind Einmaleffekte und aperiodisch angefallene Ergebnisbeiträge aus dem GuV-Rechenwerk qualifizierend herauszufiltern.[28] Eine tabellarische Darstellung der wichtigsten GuV-Größen in mehrjähriger Entwicklung kann einen besonderen Einblick in die Ertragsentwicklung im konjunkturellen Zyklus vermitteln.

Nach DRS 15.50 ff. sind folgende Angaben und Erläuterungen zu machen (u. E. generell unter Wesentlichkeitsvorbehalt, → Rz. 12):
 – Ergebnisstruktur und ihre Quellen, zugrunde liegende und gegenläufige Trends,

---

26 DRS 15.15.
27 DRS 15.79.
28 DRS 15.50.

- Einmaleffekte in quantifizierter Form,
- ökonomische Veränderungen mit nachhaltigem Einfluss auf die Ertragslage,
- Gründe für Veränderung einzelner GuV-Posten, z. B. Rohstoffmängel, Entwicklung von Lizenzverträgen, Abhängigkeit von Kunden und Lieferanten, Umweltschutzaufwendungen.

Besonders wichtig kann die Darstellung des **Umsatzes**[29] und der **Auftragslage** in ihrer Entwicklung sein:
- Bei langfristiger Auftragsfertigung Angaben zum Auftragsbestand, Auftragseingang und Auftragsreichweite,
- Preis- und Mengeneinflüsse, Sortimentmix bei Neueinführung von Produkten und Dienstleistungen.

Außerdem können strukturbedingte Änderungen der GuV-Posten zu erläutern sein:
- Kapazitätsauslastung und Rationalisierung,
- Personalkosten,
- Inbetriebnahme und Stilllegung von Produktionsanlagen und Standorten,
- Inflations- und Wechselkurseinflüsse.

▶ Die **Finanzlage** kann durch eine Ergänzung der Kapitalflussrechnung oder durch eine sog. Liquiditätsbilanz – Aktiva nach Liquiditätsgrad, Passiva nach Fälligkeit gegliedert – dargestellt werden. Finanzwirtschaftliche Kennzahlen leisten dabei häufig gute Dienste (→ Rz. 27).[30]

In DRS 15.69 ff. sind – u. E. unter Wesentlichkeitsvorbehalt, → Rz. 12 – folgende Angabe- und Erläuterungspflichten aufgelistet:
- Grundsätze und Ziele des Finanzmanagements,
- Kapitalstruktur mit internen und externen Finanzierungsquellen mit Art der Finanzierung sowie Fälligkeits-, Währungs- und Zinsstruktur,
- Finanzierungsmaßnahmen des laufenden Jahrs,
- Zinsniveau und Einfluss von Änderungen der Kreditkonditionen,
- außerbilanzielle Finanzierungsinstrumente, insbesondere wenn sie zu Zahlungsabflüssen führen können,
- Investitionsvorhaben,
- Liquiditätsentwicklung,
- Erläuterung der Liquiditätsquellen.

In den „Mittelpunkt zu stellen"[31] ist die Fähigkeit des Unternehmens zur Erfüllung der Zahlungsverpflichtungen. Liquiditätsengpässe und Maßnahmen zu deren Behebung sind darzustellen (→ Rz. 12 unter „Vollständigkeit").

---

[29] Gilt nicht für mittelgroße Gesellschaften, die den Umsatz nicht offenlegen müssen (→ § 276 Rz. 2). So auch *Wittman/Boecker*, in: Petersen/Zwirner/Brösel (Hrsg.), Systematischer Praxiskommentar Bilanzrecht, Köln 2010, § 289 Tz. 34.
[30] IDW RS HFA 1007 Tz. 7.
[31] DRS 15.75.

Insgesamt sollte sich die „Darstellung" auf Fakten **konzentrieren**, die nicht direkt dem Jahresabschluss zu entnehmen sind, z. B.:

- Umfangreiches Leasing von Anlagevermögen,
- Refinanzierungspotenzial,
- Währungssicherungsgeschäfte,
- Auftragsbestand,
- Unternehmenskäufe oder -verkäufe,[32]
- Umstrukturierungsmaßnahmen,[33]
- Veränderungen der Wettbewerbsbedingungen,[34]
- Auslauf von Patentwerten,
- neu entwickelte Produkte.

Dabei darf sich der Berichterstatter nicht von der Fülle der vorstehend in Kurzform aufgelisteten – scheinbaren – Pflichtangaben nach DRS 15 irreführen lassen. Nur das, was den **Abschlussadressaten** interessiert, muss – u. E. darf – berichtet werden (→ Rz. 12), um eine **Desinformation** zu vermeiden (→ Rz. 14). Vergleichbar zu den **Anhang**angaben ist hier die Wesentlichkeit – d. h. das Informationsbedürfnis des Abschlussadressaten – nur **qualitativ** zu beurteilen. Subjektives Ermessen beherrscht die Szene. Deshalb sollten Prüfungsinstanzen zurückhaltend mit Fehlerfeststellungen umgehen (→ § 342b Rz. 18).

In einem **Nachtragsbericht**[35] sind „Vorgänge von besonderer Bedeutung" nach dem Schluss des Geschäftsjahrs mit den erwarteten Auswirkungen auf die „Lage" anzugeben. Eine Fehlanzeige ist geboten.

4. Analyse des Geschäftsverlaufs (Abs. 1 Satz 2)

Satz 1 des Abs. 1 verlangt eine **Darstellung**, Satz 2 eine **Analyse** des Geschäftsverlaufs. Wo liegt der Unterschied? Nach den Definitionen in DRS 15 (Tz. 8) bedeutet 23

- **Darstellung**: Aufbereitung eines Sachverhalts durch Aufgliederung und/oder Beschreibung in der Weise, dass er aus sich heraus verständlich ist.
- **Analyse**: Zerlegung des Berichtsgegenstands in seine Bestandteile, die anschließend gesondert und systematisch ausgewertet werden.

Wenn man in diesen Definitionen „Sachverhalt" und „Berichtsgegenstand" identifiziert, verbleiben folgende Unterschiede:

- Die Darstellung verlangt **Verständlichkeit**.
- Die Analyse verlangt eine **Auswertung**.

---

32 DRS 15.46.
33 DRS 15.46.
34 DRS 15.46.
35 DRS 15.81.

> **BEISPIEL** Das forschende Pharmaunternehmen verliert einen Patentschutzprozess. Der Umsatz dieses Präparats wird auf 15 % des bisherigen Betrags sinken und das Ergebnis ceteris paribus um X % beeinflussen.
>
> Der erste Satz ist Darstellung, der zweite Analyse.

Das Beispiel zeigt das Erfordernis einer Zusammenfassung von Darstellung und Analyse in **einer** Gedankenführung.

24 Diese Analyse muss „ausgewogen und umfassend" sein. „**Ausgewogen**" im vorigen Beispiel ist – unterstellt – der angenommene Umsatzrückgang analysiert. „**Umfassend**" ist die Analyse dann, wenn **Begleitumstände** mit berichtet werden.

> **BEISPIEL**
>
> **1. Variante**
>
> In Fortsetzung des Sachverhalts unter → Rz. 23 muss die Gesellschaft 20 % der Vertriebsmannschaft einsparen, was zu zusätzlichem Einmalaufwand i. H. von Y € führt.
>
> **2. Variante**
>
> Ein Ersatzpräparat steht in der dritten klinischen Testphase. Die Aussichten auf eine Zulassung zum Arzneimittelhandel stehen gut. In zwei Jahren wird mit einem Umsatz von Z € mit dieser Neueinführung gerechnet.
>
> **3. Variante**
>
> Dem Umsatzschwund durch den verlorenen Patentschutz muss durch Akquisition von Forschungsergebnissen anderer Unternehmen gegengesteuert werden.

In diese Faktenergänzung im Beispiel durch Analyse schwingt der zwingend **optimistische** Hintergrund einer Lageberichterstattung mit (→ Rz. 12). Gleichwohl bleibt die **Ausgewogenheit** gewahrt: Die Geschäftsleitung verschweigt in den Varianten 2 und 3 die Unsicherheitsmomente nicht, die mit den erhofften Kompensationen verbunden sind, zeigt andererseits den Willen und die Möglichkeit der Gegensteuerung.

25 Die Analyse der Geschäftstätigkeit muss „**umfassend**" sein. Daraus ließe sich folgern: Je umfangreicher, desto besser. Dem beugt das Gesetz selbst im gleichen Atemzug vor: Die Analyse muss „dem Umfang und der Komplexität der Geschäftstätigkeit" entsprechen. Die Vorlage eines Großkonzerns stellt keinen Maßstab für den Mittelständler dar. Wenn Ersterer 30 Seiten für diesen Berichtsteil benötigt, genügen für den Letzteren zwei bis vier Seiten. Dem latenten Zwang der Checklisten zur Ausweitung der Berichtserstattung ist – gerade auch im Interesse der Berichtsadressaten (→ Rz. 14) – zu widerstehen (→ Rz. 47j).

> **BEISPIEL** Der auf den EU-Markt mit Osteuropa ausgerichtete Hersteller von Saatgut braucht nicht über den Konjunktureinbruch in Ostasien zu berichten, auch nicht von der Baukrise in

> Spanien, da diese Ereignisse den Saatgutabsatz nicht wesentlich beeinflussen. Anders der Automobilsitzhersteller, der sich auf die Ausstattung von Kleinwagen spezialisiert hat.
>
> Der ohne Bankschulden u. Ä. arbeitende Mittelständler braucht nicht lang und breit Finanzierungskennzahlen zum Besten zu geben. Umgekehrt muss eine AG mit dem Geschäftsmodell des Vertriebs von Finanzprodukten die Umstellung der Provisionierung des Verkaufsapparats detailliert analysieren.

Die Analyse muss regelmäßig mit einem **Vorjahresvergleich** – je nach Gewichtigkeit des Sachverhalts mit einem Mehrjahresvergleich – einhergehen. Dabei sind insbesondere **Sonder**einflüsse und **Einmal**effekte herauszustellen.[36]

BEISPIELE

- Die Drogeriemarktkette D dringt in den iberischen Markt ein, schließt andererseits die Filialen in Skandinavien.
- Der Hersteller von Elektronikteilen schließt die ausländischen Vertriebsbetriebsstätten und verkauft nunmehr über selbständige Händler.
- Ein lang anhaltender Streik hat die Produktionsmenge um ein Drittel reduziert.
- Die Rabattaktion der Möbelhandelskette hat den Absatz nachhaltig gefördert, allerdings wegen des Margenverlusts den Umsatz nicht erhöht.
- Eine Holdinggesellschaft hat fünf Tochtergesellschaften (zwei im Ausland) neu erworben und drei (eine im Ausland) verkauft.

5. Einbezug der finanziellen Leistungsindikatoren (Abs. 1 Satz 3)

Die Analyse nach Abs. 1 Satz 2 muss die wesentlichen finanziellen Leistungsindikatoren einbeziehen. Darunter sind typische betriebswirtschaftliche **Kennzahlen** – regelmäßig Verhältnisgrößen – zu verstehen.[37]

BEISPIELE

- Zeitreihen,
- Eigenkapitalrentabilität,
- Gesamtkapitalrentabilität,
- Return on Investment (ROI),
- Umsatzrentabilität,
- Liquiditäts- und Verschuldungsgrade,

---

36 DRS 15.26.
37 IDW RH HFA 1007 mit beispielhafter Aufzählung.

- Eigenkapitalquote,
- EBIT, EBITDA.

Weitere finanzielle Leistungsindikatoren können das **Finanz**ergebnis oder die **Wert**schöpfung und deren Verteilung auf die Stakeholder sein.

Dazu folgendes weiteres Beispiel:[38]

BEISPIEL

Entstehung	Wertschöpfung (mit Vorjahr)
Umsatzerlöse	+
Sonstige Erträge	+
Materialaufwand	−
Abschreibungen	−
Sonstige Vorleistungen	−
Wertschöpfung	=

VERTEILUNG

- an Aktionäre (Dividende)
- an Mitarbeiter (Lohn und Gehalt, Soziales)
- an den Staat (Steuern und Abgaben)
- an Kreditgeber (Zinsaufwand)
- an das Unternehmen (Rücklagen)

= Wertschöpfung.

Auch **nicht finanzielle** Leistungsindikatoren können berichtspflichtig sein.

28 Dabei geht es im **mittelständischen** Bereich nicht um die Abarbeitung betriebswirtschaftlicher Lehrbücher über Kennzahlensysteme. Die Auswahl der Kennzahlen muss sich auf unternehmensindividuell zugeschnittene Größen beschränken – so die Vorgabe in Abs. 1 Satz 2 (→ Rz. 25). Eine ohne Bankkredite arbeitende Gesellschaft befasst sich nicht sinnvoll mit Liquiditäts- und Verschuldungsquoten oder Gesamtkapitalrenditen.

29 Das Gesetz verlangt bei dieser Kennziffernanalyse einen Bezug auf den **Jahresabschluss**: „Beträge" nach Bilanz und GuV, Angaben nach dem Anhang. Die Analyse im Lagebericht soll nicht frei in sich selbst schweben, sondern den Abschluss **ergänzend** erläutern (→ Rz. 8). Ist der Bezugspunkt einer Kennzahlenanalyse nicht unmittelbar aus dem Jahresabschluss ersichtlich, muss eine Überleitungsrechnung erfolgen.

---

[38] Nach dem Geschäftsbericht 2007 des VW-Konzerns.

6. Prognosebericht über Chancen und Risiken (Abs. 1 Satz 4)
6.1 Die Prognosetechnik – der Umgang mit der Zukunft

In Abs. 1 Satz 4 verlässt die Gesetzesvorgabe endgültig die Vergangenheit und wendet sich der für wirtschaftliche Entscheidungen maßgeblichen **Zukunfts**perspektive zu. Diese war bereits in Abs. 1 Satz 1 mit der „Lage" angesprochen (→ Rz. 21), denn diese ist notwendig zukunftsabhängig. Der schönste Geschäftsverlauf eines Automobilzulieferers im vergangenen Jahr ist für die „Lage" uninteressant, wenn am Bilanzstichtag der Auftragsbestand gegen Null tendiert. 30

Die **Zukunftserforschung** ist so uralt wie die Menschheit – symbolisiert durch „das delphische Orakel", die Glaskugel der Zigeunerin oder dem Kaffeesatz der Tante Emma. Diese haben ihre Bedeutung auch nach intensiver wissenschaftlicher Befassung mit der Zukunft durch die theoretische und angewandte Futurologie nicht verloren – insbesondere nicht im Wirtschaftsleben. Die Topmanager des Airbuskonzerns sind in der Bilanzpressekonferenz für das Geschäftsjahr 2008 demonstrativ mit einer Glaskugel erschienen, um den Aussagegehalt ihrer Prognosen für 2009 und später zu demonstrieren.[39]

Der gegensätzlich wirkende wissenschaftliche Umgang mit der Prognose – manchmal pleonastisch als „Zukunftsprognose" bezeichnet – bedient sich in quantitativer Ausprägung anspruchsvoll wirkender mathematisch-statistischer **Methoden** in Form der Zeitreihen- oder Regressionsanalyse. Qualitative Prognose**verfahren** bestehen z. B. in der Szenariotechnik, der Delphi-Methode, der Monte-Carlo-Simulation oder einfach dem Brainstorming. 31

Gerade die große Wirtschaftskrise 2007/2008/2009 hat aus Sicht ex post die unmittelbare Nachbarschaft der Prognoseergebnisse auf der Grundlage der Glaskugel einerseits und der wissenschaftlichen Vorgehensweise andererseits belegt. Der Grund für das Versagen des wissenschaftlichen Prognoseverfahrens liegt ironischerweise in deren **Vergangenheits**orientierung. Das Berechnungsmodell wird mit bekannten Daten und deren Beziehungen untereinander – z. B. Variation der Inflationsrate in Bezug auf die Importquote – gefüttert. Die Vergangenheit wird durch dieses Modell gut erklärend abgebildet und in die Zukunft projiziert. Dieser Schritt entspricht dem Blick der Zigeunerin in die Glaskugel. Anders formuliert:[40] Das Auto wird in der Vorwärtsfahrt durch den Blick in der Rückspiegel gelenkt. Dabei kann das Modell – da mit Vergangenheitsdaten gefüttert – nicht unerwartete Entwicklungen (Ölpreisverfall, Austrocknen von Wertpapiermärkten) berücksichtigen. Die Bankenkrise ab 2007 lässt alle bisherigen – an der Entwicklung in der Vergangenheit orientierten – Modelle als obsolet erscheinen. Der DSR zeigte angesichts der großen Krise, die alle früheren Prognosen widerlegt hat, ein Einsehen:[41] Ein Verzicht auf die Prognoseberichterstattung sei zwar unzulässig, aber die trotzdem erforderlichen qualitativen Trendaussagen dürfen weniger konkret ausfallen als bisher, d. h. inhaltlos sein (→ Rz. 35).

In der **einzelwirtschaftlichen** Perspektive gilt mutatis mutandis nichts Anderes. Ein Autohersteller konnte seine Absatzplanung für den spanischen Markt im Prognosebericht für 2007 32

---

39 FAZ vom 16. 1. 2009, S. 15.
40 Vgl. hierzu *Beck*, FAZ vom 6. 1. 2009, S. 13.
41 Verlautbarung vom 27. 3. 2009: „Hinweis zur Prognoseberichterstattung gemäß DRS 15."

nicht auf den Einbruch der Neuzulassungen Ende 2008 mit 40 % gegenüber dem Vorjahr ausrichten, denn er hat auf der Basis der Entwicklung in den letzten fünf Jahren prognostiziert – auf welcher sonst?

Gesetzgeber und Standardsetter machen keine spezifischen Vorgaben zur **Prognosemethode**. Nach DRS 15.17 muss sie – selbstverständlich, wie sonst? – „sachgerecht" sein und bei erforderlichen **Schätzungen** – die bei Prognosen eigentlich notwendig vorliegen – die **Schätzverfahren** beschreiben. Die DAX-30-Unternehmen enthalten sich hierzu einer Aussage.[42] Ihre Prognose beruht auf **einwertigen** Betrachtungen mit zugrunde liegender Wahrscheinlichkeitsverteilung. Mehrwertige Planungen mit Sensitivitätsanalysen und Szenariovariationen sollen aussagekräftiger sein.[43] Solche sind indes weder vom Gesetz noch von DRS 15 gefordert.[44]

33 Weiterhin bedarf das Prognoseverfahren der **Prämissen**. Der Prognoseersteller muss von bestimmten Annahmen ausgehen – z. B. über die Branchenentwicklung, die Entwicklung der Rohstoffpreise, die Zulassung eines neu entwickelten pharmazeutischen Produkts zum Handel, den Auftragseingang etc. Das Gesetz enthält dazu keine Vorgaben, nach DRS 15.17 sind die Prämissen **offen zu legen**. In der Praxis geschieht dies regelmäßig unter Bezugnahme auf gesamtwirtschaftliches – z. B. Sinken der Arbeitslosenzahl – oder branchenspezifisches – Zuwendung zu mehr Körperpflege – Datenmaterial.[45] Als Quelle dienen insbesondere die Schätzungen von Wirtschaftsforschungsinstituten.[46] Bezüglich der **unternehmensspezifischen** Annahmen sind Leerformeln üblich: „Aussagen ... beruhen auf heutigen Erwartungen und bestimmten Annahmen."

34 Zum **zeitlichen** Horizont der Prognose enthält sich der Gesetzgeber einer Aussage. Diese Lücke füllt der DRS 15.34 im Einvernehmen mit der h. M. im Schrifttum mit einer **Zwei-Jahres-Frist** aus – bezogen auf den jeweiligen Bilanzstichtag. Dahinter verbirgt sich ein Kompromiss zwischen dem (angeblich) möglichst langfristigen Prognoseinteresse der Abschlussadressaten und der mit der Zeitschiene wachsenden Unsicherheit über den Prognoseinhalt. Empirisch wird von den DAX-30-Unternehmen fast nur für das folgende Geschäftsjahr oder ohne Zeitvorgabe prognostiziert.[47]

35 Letztlich soll das Prognoseverfahren in eine **Aussage** („Gesamtaussage")[48] münden. Dazu bedarf es zunächst eines **Gegenstands**. Dieser ist in unternehmensspezifisch aufbereiteten Kennzahlen zu sehen, z. B. Produktivität, Absatz, Finanzierungsbedarf und -quellen etc. Diese und andere „Einflussfaktoren" sind der Angabe über „positive und negative Entwicklungstrends" zugrunde zu legen.[49] Die übliche Zielgröße ist das „**Ergebnis**", sei es undefiniert oder in den verschiedensten Ausprägungen genannt:[50]

▶ Jahresüberschuss,

---

42 Vgl. *Quick/Reus*, KoR 2009 S. 23.
43 So *Ruhwedel/Sellhorn/Lerchenmüller*, DB 2009 S. 1313.
44 So *Withus*, KoR 2010 S. 88. DRS 15.88 fordert „mindestens" Trendaussagen.
45 So auch DRS 15.87.
46 Vgl. *Ruhwedel/Sellhorn/Lerchenmüller*, DB 2009 S. 1307.
47 Vgl. *Quick/Reus*, KoR 2009 S. 24.
48 DRS 15.84.
49 DRS 15.88.
50 Vgl. *Ruhwedel/Sellhorn/Lerchenmüller*, DB 2009 S. 1307.

- EBT,
- EBIT,
- operatives Ergebnis,
- EBITA,
- EBITDA oder
- adjustiertes Pro-Forma-Ergebnis.

Die **trendbezogene** Gesamtaussage ist auch im Zeitalter der extremen Wirtschaftskrise 2008 ff. zu treffen,[51] mag auch die Unsicherheit über die Zukunft („Prognosefähigkeit") übermäßig groß sein. Dann kann von **konkreten** Aussagen zur voraussichtlichen wirtschaftlichen Entwicklung des Konzerns (= Gesellschaft → Rz. 20) abgesehen werden (DRS 15.90). Qualitative Trendaussagen sind gleichwohl zu erfüllen. Sie können auch „allgemeiner" ausfallen als sonst, d. h. noch banaler. Diese müssen nicht „eindimensional" aufgezogen sein. Auch eine mehrdimensionale Szenariotechnik kann in Frage kommen, d. h. mit Zahlen unterfüttert als „Wenndann"-Logik. Ob dem Adressaten der Berichterstattung die Aussagen einen Nutzen bringen, darf mehr als bezweifelt werden (→ Rz. 47e). Seine Folgerung kann eigentlich nur diejenige der altbajuwarischen Volksweisheit sein: „Nix Genaues woas i net" (→ Rz. 47d).

Weiter wird eine **Aussagetechnik** benötigt:
- **qualitativ**: zufriedenstellend, bedrohlich, nachhaltig, gut oder schlecht.
- **komparativ**: steigender Bestelleingang, Rückgang der Mitarbeiterzahl.
- **Punktgenauigkeit** oder **Intervall**.

Diese Techniken haben ihre jeweilige Gesetzmäßigkeit aus Sicht des Aussagenden und des Aussageempfängers. Insbesondere geht es um den ex post-Vergleich, also um die **Richtigkeitskontrolle**. Je allgemeiner eine **qualitative** Aussage formuliert ist („Der Unternehmensbereich „healthcare" ist abhängig von den Gesundheitsmärkten …") desto eher trifft sie ein. Entsprechende Prognosen stellen sich im Nachhinein immer als richtig heraus, sind allerdings eher als Banalitäten zu qualifizieren. 36

Umgekehrt verhält es sich mit **Punkt**prognosen: „Wir gehen von einem Umsatzwachstum von 3,2 % im folgenden und weiteren 2,7 % im übernächsten Geschäftsjahr aus." Eine solche Voraussage ist – vergleichbar derjenigen der Wirtschaftsforschungsinstitute bezüglich der Wachstumsrate der Gesamtwirtschaft – nachträglich gesehen immer falsch.

Intervallprognosen – „unsere Forschungsaufwendungen werden in den nächsten Jahren auf 9 % bis 11 % des Umsatzes ansteigen" – haben eine größere Chance, sich als richtig zu erweisen. Ihr eigentlicher Vorteil liegt in der Vermittlung der Unsicherheit jeder Prognose an den Adressaten: „Beachte bitte, so genau können wir auch nicht rechnen; mit dieser Unsicherheit (Risiko!) musst Du und müssen wir leben." Wenn dann der Leser den mittleren Wert der Bandbreite als wahrscheinlichsten Wert annimmt, ist er selbst schuld.

Empirisch[52] überwiegen bei den DAX-30-Konzernen die qualitativen Aussagen (70 %), die verbleibenden 30 % entfallen im Verhältnis von 60 zu 40 auf Intervall- bzw. Punktprognosen. Im 37

---

51 So der Hinweis des DSR zum Prognosebericht gem. DRS 15 vom 27. 3. 2009. Dieser Hinweis ist im gültigen Standard in DRS 15.90 eingeflossen.
52 Vgl. *Quick/Reus*, KoR 2009 S. 27.

mittelständischen Bereich (→ Rz. 47l) beschränkt sich die Prognose ("Ausblick") auf Aussagen wie:

- Der Umsatz im Folgejahr ist in unveränderter Höhe geplant.
- Mit einem positiven Geschäftsergebnis im Folgejahr wird gerechnet.
- Kostensenkungsmaßnahmen sind geplant.

6.2 Zusammenfassung der Chancen und Risiken

38 In die Prognoseberichterstattung sind die Chancen und Risiken ("mit") einzubeziehen. Als **Risiko** gilt die Möglichkeit einer **negativen**, als **Chance** diejenige einer **positiven** Entwicklung der wirtschaftlichen Lage.[53] Mit diesen Definitionen ist wenig gewonnen. Es fehlt zum einen an einer Bezugsgröße für negativ und positiv. Gemeint sein könnte die „Lage" am Bilanzstichtag des Berichtsjahrs. Die sich zeitlich anschließende „Entwicklung" ist zum anderen notwendig immer positiv oder negativ, d. h. allenfalls zufällig unverändert. Die gesamten Definitionen von Chance und Risiko machen sich selbst überflüssig, weil sie in der Darstellung (Prognose) der voraussichtlichen Entwicklung zwingend enthalten sind. Die Chancen-Risiken-Berichterstattung wird wenig sinnvoll von den beiden Standards DRS 15 und DRS 5 (→ Rz. 10) überlappend behandelt mit der Folge von Wiederholungen und Inkonsistenzen.

39 DRS 5.32 erlaubt für den **Konzern**lagebericht eine **Zusammenfassung** oder **Trennung** des Risikoberichts vom Prognosebericht (→ Rz. 30). Für die Zusammenfassung plädiert weitaus überwiegend das Schrifttum.[54] Sinnvoll kann eine Trennung im Lagebericht (Nicht-Konzern) beim Erfordernis einer umfangreichen Risikoberichterstattung nach Abs. 2 Nr. 2 (→ Rz. 50 ff.) oder nach Abs. 5 (→ Rz. 74 ff.) sein. Die Darstellungsform unterliegt „grundsätzlich" dem Stetigkeitsgebot[55] – kann also mit entsprechender Begründung („besserer Einblick") auch geändert werden. Bei der erstmaligen Anwendung von DRS 5 und DRS 15 (→ Rz. 10) ist das Stetigkeitsgebot aufgehoben.[56] Im mittelständischen Bereich, in dem es keine „Management-Systeme" in ausgeprägter Form gibt, ist diese Trennung der Berichterstattung nicht angebracht und wird auch praktisch nicht durchgeführt. Dort heißt es z. B. schlicht: „Risiken, die den Fortbestand des Unternehmens gefährden, sind uns nicht bekannt." (→ Rz. 47l).

40 Nach der DRS-Vorgabe ist in die Prognose die **positive Abweichung** von der mutmaßlichen Entwicklung (die „Chance") einzubeziehen. Diese müsste nach dieser Definition etwa wie folgt formuliert werden: „Die Entwicklung der Gesellschaft kann auch positiver verlaufen, als wir prognostizieren." Diese Aussage wäre weniger als banal, eher schon verbaler Unfug. Erst recht gälte dies mit einer quantitativen Anreicherung: „Das mutmaßliche Ergebnis des Geschäftsjahrs 02, das wir im mittleren zweistelligen Millionenbereich prognostizieren, kann sich auch 10 % bis 30 % höher einstellen." Bei getrenntem Risikobericht (→ Rz. 39) müsste dieser Satz dann mit negativem Vorzeichen wiederholt werden. Wenig verwunderlich enthalten sich alle DAX-30-Gesellschaften einer entsprechenden Aussage über die „Chancen". Jedenfalls dürfen

---

53 DRS 5.9 und DRS 15.8.
54 Vgl. *Pfitzer/Oser/Orth*, DB 2004 S. 2597; *Wolf*, DStR 2005 S. 439, *Kaiser*, WPg 2005 S. 410.
55 DRS 5.32; DRS 15.23.
56 So auch *Withus*, DB 2010 S. 70.

in der Darstellung Chancen und Risiken nicht verrechnet werden[57] – was immer das heißen mag.

Gerade umgekehrt verhält es sich beim **Risiko**. Hier wird im DAX-30-Bereich in epischer Breite[58] über die Selbstverständlichkeit des Risikogehalts, das dem Wirtschaftsleben immanent ist, berichtet. Unter Einsatz von ökonomischem Sachverstand und etwas Kreativität gelingt es, mehrere Dutzend „Risiken" (DRS 5.17 beschränkt sich auf sieben Kategorien) zu umschreiben, die sämtliche als beherrschbar dargestellt werden. Das Risikointervall reicht gewöhnlich von der gesamtwirtschaftlichen Entwicklung bis hin zum IT-Bereich. Irgendwo dazwischen bewegt sich – als Beispiel – das **Personalrisiko** etwa mit folgender Beschreibung:[59] 41

> „Das Wissen und die Kompetenz unserer Mitarbeiter sind ein entscheidender Faktor für unseren Erfolg. Es besteht das Risiko, durch Fluktuation und Altersteilzeit Wissen zu verlieren ….. … sorgen wir durch unser breites Ausbildungsangebot für qualifizierte Nachwuchskräfte vor."

Oder man begegnet dem Branchenrisiko des plötzlichen **Nachfragerückgangs** und Preisverfalls „mit einer klaren, kundenorientierten Produkt- oder Preispolitik".

Das Gesetz fordert demgegenüber die Befassung mit **wesentlichen** Risiken (und Chancen). Da auch hier (→ § 252 Rz. 184) niemand „wesentlich" definieren kann, liegt der Berichterstatter mit der Aufzählung aller möglichen Risiken auf der sicheren Seite (→ Rz. 13).

Im mittleren Unternehmensbereich[60] kann man zu den „**Marktrisiken**" lesen:

> „Die Abhängigkeit von wenigen Großkunden stellt ein begrenztes Risiko dar. Wir begegnen diesem Risiko durch umfassenden und hervorragenden Lieferservice, was zum Aufbau sehr enger und stabiler Kunden-/Lieferantenbeziehungen führt."

Nicht angesprochen wird der Ausfall mehrerer Großkunden oder der „konzertierte" Auftragsrückgang von allen Großkunden. Das kann man auch sinnvollerweise nicht erwarten. Wenn die Aufträge von Groß- und Kleinabnehmern signifikant einbrechen, ist die Existenz des Unternehmens gefährdet – wieder (→ Rz. 36) eine banale Aussage, mit der niemandem gedient ist. Die zitierte Aussage reduziert sich in ihrem Gehalt auf die **Risikokonzentration** (DRS 5.13) durch wenige Großkunden. Mit dieser Information muss der Adressat des Risikoberichts zurecht kommen. Die – selbstverständlich positiv – dargestellte Gegenwehr der Geschäftsleitung wird ihm vielleicht einen gewissen Trost spenden, mehr darf er nicht erwarten. 42

Er darf auch nicht eine **Quantifizierung** der Risiken (→ Rz. 53) erwarten, auch wenn eine solche „nach anerkannten und verlässlichen Methoden möglich und wirtschaftlich vertretbar ist".[61] Die Praxis kennt entweder keine solchen oder hält die Berechnung für wirtschaftlich unvertretbar. 42a

Der **zuversichtliche** Umgang mit der Risikoberichtspflicht ist für die Geschäftsleitung fast schon zwingend. Ein krisengeschütteltes Unternehmen, das dringend einer zusätzlichen Kre- 43

---

57 DRS 15.12 und DRS 5.26.
58 Im Lagebericht der Siemens AG zum 30.9.2009 z.B. zwölf eng gedruckte DIN A4 Seiten. Es wurden auch schon 62 Seiten geortet (*Withus*, KoR 2010 S. 238).
59 Geschäftsbericht des Volkswagen-Konzerns für 2007, S. 165, dort auch das folgende Zitat.
60 Lagebericht der LEONI Draht GmbH für 2007, S. 18.
61 DRS 5.20.

ditlinie bedarf, wird kaum schreiben dürfen: „Wir sehen der Einräumung eines benötigten Kredits zur Weiterführung unseres Geschäfts mit Skepsis entgegen." Stattdessen wird es heißen: „Die Verhandlungen mit unseren Hausbanken zur unveränderten Bereitstellung der für das laufende Geschäft benötigten Kreditlinien sind auf gutem Wege." Nach der IDW-Vorgabe[62] soll auf „bestehende Unsicherheiten und Risiken unmissverständlich hingewiesen werden". Danach wäre der vorstehende Satz zu ergänzen: „Ob diese Verhandlungen von Erfolg gekrönt sind, müssen wir derzeit offen lassen" oder „unmissverständlich" **übersetzt**: „Wir zweifeln am Fortbestehen der Gesellschaft."

44 Damit ist „das" (eigentliche) Risiko der Lageberichtadressaten – Gläubiger, Gesellschafter, Arbeitnehmer, Lieferanten, Fiskus – angesprochen: Die **Pleite** der Gesellschaft. Auf diese Möglichkeit „unmissverständlich" hinzuweisen[63] überfordert die Geschäftsleitung, wenn die Insolvenzgefahr nicht schon jedermann bekannt ist. Dem Phänomen der *self fulfilling prophecy* (→ § 252 Rz. 16) kann und darf sie sich nicht ausliefern,[64] was in der Praxis wohl auch noch nie geschehen ist.

45 Der **Fortführungsprognose** ist im Rahmen des Jahresabschlusses ein Zeitraum von zwölf Monaten ab dem Bilanzstichtag zugrunde zulegen (→ § 252 Rz. 21). Dies gilt nach DRS 5.24 auch für das Pleiterisiko entgegen dem sonst für den Prognosebericht nach DRS 15.86 vorgegebenen Mindestzeitraum von zwei Jahren (→ Rz. 34). Dieser Widersprüchlichkeit kommt keine praktische Bedeutung zu. Kein Geschäftsleiter wird formulieren: „Unser Überleben bis zum ... ist gesichert", denn die Folgerung des Berichtslesers wäre: Danach ist Schluss.

6.3 Darstellungsform

46 Die Prognosen sind „zu beurteilen und zu erläutern". Unter „**Erläuterung**" ist nach DRS 15.8 eine „weitergehende Erklärung, Kommentierung und Interpretation eines Sachverhalts über die reine Darstellung hinaus" in regelmäßig verbaler Form zu verstehen. Letzteres schließt tabellarische Präsentationen oder Grafiken nicht aus. Wie in der seriösen Presse ist die schlichte **Information** über Sachverhalte von deren **Kommentierung** zu unterscheiden. Die Lageberichterstattung verlangt den **Kommentar** – zwar ausgewogen, aber doch aus der Sicht der Geschäftsleitung (→ Rz. 12). Die **Subjektivität** der Ausführungen wird damit vom Gesetzgeber nicht nur in Kauf genommen – wie bei der Bilanzierung häufig unvermeidlich –, sondern sogar gefordert. Die Kommentierung der voraussichtlichen Entwicklung muss durch eine **Beurteilung** ergänzt werden.

Ein Urteil in diesem Sinne verlangt eine **Qualitäts**aussage (zufriedenstellend, verbesserungsbedürftig) oder eine Vergleichsrechnung (stagnierender Umsatz, Rückgang der Materialquote).[65]

---

[62] Verlautbarung vom 19. 12. 2008, Tz. 40.
[63] So *Ellrott*, in: Beck'scher Bilanz-Kommentar, 7. Aufl., München 2010, § 289 Tz. 54. Nach DRS 5.15 ist das Bestandsgefährdungsrisiko „als solches" zu bezeichnen.
[64] Vgl. hierzu *Kajüter*, BB 2004 S. 430; *Kaiser*, WPg 2005 S. 417.
[65] Ähnlich *Ellrott*, in: Beck'scher Bilanz-Kommentar, 7. Aufl., München 2010, § 289 Tz. 94.

7. Versicherung der gesetzlichen Vertreter („Bilanzeid")

Die gesetzlichen Vertreter einer kapitalmarktorientierten Kapitalgesellschaft müssen den sog. Bilanzeid betreffend den Jahresabschluss (→ § 264 Rz. 30) auch für den Lagebericht leisten. Dieser wenig sinnvolle **Verdoppelungseffekt** verdankt seine Existenz der formalen Trennung von Jahresabschluss und Lagebericht gem. § 264 Abs. 1 Satz 1 HGB (→ § 264 Rz. 4). U. E. genügt ein „Sammel-Eid", der den Jahresabschluss und den Lagebericht gemeinsam behandelt (→ § 264 Rz. 35). Dies entspricht der praktischen Handhabung. Einen entsprechenden Formulierungsvorschlag enthält DRS 15.142.

47

8. Gesamtbeurteilung der Berichterstattung nach Abs. 1

8.1 *Information Overload* im Big Business

Der Haupteindruck zur Berichterstattungspflicht nach Abs. 1 Sätze 1 bis 4 HGB ist die Umgestaltung eines recht überschaubaren Gesetzesinhalts durch Standardsetter, Wissenschaft und Schrifttum in eine pflichtmäßige Erstellung eines Informationskonvoluts, das den eigentlichen **Adressaten** des Jahresabschlusses mit Lagebericht schlichtweg überflutet (vgl. zum Anhang → § 284 Rz. 14). Auch den professionellen **Abschlussanalysten** lässt das schiere Volumen der Berichterstattung nach Luft schnappen.

47a

Bei der Informationsverarbeitung gilt das Gossen'sche Gesetz der abnehmenden Ertragszuwächse des Mehr-Inputs, wobei ein Mehr an angebotenen Informationen auch zu einer Minderung des Informationsertrags führen kann.[66] Demgegenüber zeigt sich die **ökonomische** Veranstaltung der Unternehmensrechnungslegung als über die Gesetze der **Ökonomie** – dem *cost-benefit*-Aspekt (→ § 252 Rz. 191) – erhaben (→ Rz. 63).

Die Strafe folgt aber auf dem Fuß: Nicht nur **abnehmende** Ertragszuwächse sind zu verzeichnen, sondern eine mit dem Umfang der Berichterstattung **zunehmende** Verschlüsselungsmöglichkeit von wirklich wichtigen Informationen (→ § 284 Rz. 26).

Auf das schlagende Beispiel des IKB-Geschäftsberichts im Risikoteil per 31. 3. 2007 (→ § 284 Rz. 17 sowie → Rz. 14) sei verwiesen. Die Risikokonzentration von 17 Mrd €, die sieben Wochen nach der Berichterstattung ohne die Hilfe der Steuerzahler zur Pleite geführt hätten, ist bei den Adressaten in der Informationsflut über eine Fülle von Nebensächlich-, Unverständlich- und Selbstverständlichkeiten untergegangen.

8.2 Der Risikobericht

Gerade der Risikoteil des Lageberichts (→ Rz. 41) ist **empirisch** zur voluminösen Aufbereitung und tendenziellen Desinformation prädestiniert. Durch den erfolgreichen Support der **Wissenschaft** ist das Risiko als notwendiger Bestandteil jeder wirtschaftlichen Betätigung in seine Bestandteile zerlegt worden. Entsprechend gestaltet sich die Berichterstattung der Großwirtschaft nach dem Prinzip der *best (?) practice* in der lückenlosen und umfangreichen[67] Abhand-

47b

---

66 Nachweise bei *Hoffmann/Lüdenbach*, DB 2007 S. 2213.
67 Bis zu 61 DIN A4 Seiten, vgl. *Withus*, KoR 2010 S. 238.

lung des strukturierten Unternehmensrisikos[68] über Personal, Umwelt, Recht, Politik, Konjunktur, Material, Absatz etc. etc., wo überall jede Menge Risiken lauern. Auch der abgebrühteste Analystenprofi wird sich einer zunehmenden Ermüdung nicht erwehren können, wenn er den gleichen Inhalt von 15 DAX-Unternehmen das 16. Mal verdauen muss.

Dazu gesellt sich die notwendig **positive** Darstellung des Managements über den Umgang mit Risiken, wenn diese nicht mehr in der Wolke der Zukunftsvision verborgen sind, sondern akut vor der Türe stehen (→ Rz. 43). Kein Vorstand wird wahrheitsgemäß berichten: „Wie wir aus diesem Schlamassel herauskommen, wissen wir noch nicht". Stattdessen heißt es: "Die Auslistung unserer Molkereiprodukte aus dem Angebot eines Großdiscounters erfordert umfängliche Anpassungsprozesse, über deren Inhalt wir noch Entscheidungen treffen müssen." Und ganz generell vermittelt das Erfordernis eines erfolgreichen **Risikomanagements** (→ Rz. 38 ff.) beim Leser den Eindruck: Im Grunde ist das ganze Dutzend dargestellter Risiken beherrscht, d. h. diese sind als solche nicht mehr vorhanden (→ Rz. 60). Dagegen steht die entwaffnende Aussage des Vorstandsvorsitzenden eines deutschen Großkonzerns: „Auch wenn man alles gut und richtig macht, holen einen Großrisiken ein."[69]

Die Folgerung des „durchschnittlichen" Adressaten und Profis liegt nahe: Er überblättert diese (und andere) Seiten des Geschäftsberichts, was dann die Frage auslöst: Wozu das Ganze? Die Antwort muss lauten: Damit wir (der Vorstand) bei **künftigen Rechtsverfolgungen** auf die Aussage im Geschäftsbericht auf S. 325 links unten verweisen können oder damit wir nicht von der DPR eines Fehlers geziehen werden (→ Rz. 47d) oder in der Qualitätsbeurteilung durch eine akademische Untersuchung die Note „mangelhaft" ergattern.

8.3 Die Prognose

47c Die „Lage" des Unternehmens ist entscheidend durch die **zukünftige** Entwicklung gekennzeichnet (→ Rz. 30). Alle mit der Rechnungslegung befassten Instanzen erwarten vom Management eine Prognose über die Geschäftsentwicklung. Das dadurch entstehende Dilemma beruht auf dem **Wesensgehalt** der Prognose: Sie ist in der Sicht ex post immer falsch, wenn sie sich auf bestimmte Quantitäten einlässt. Das markanteste Beispiel sind die Prognosen des Wirtschaftswachstums im kommenden Jahr durch den Sachverständigenrat, die wissenschaftlichen Forschungsinstitute und die Bundesregierung, die in dieser Perspektive noch immer falsch waren.

Die „Richtigkeit" der Prognose steigt mit dem Verzicht auf feste Quantitäten, über Bandbreiten, Wenn-Dann-Szenarien bis hin zu rein qualitativen Aussagen: „Wir rechnen mit einem moderaten Wachstum im operationalen Bereich." Allerdings nähern sich diese Aussagen schnell einmal der schlichten Inhaltslosigkeit.

47d Prognosen sind bezüglich des **Eintreffensgehalts** auch ein Spiegelbild der gesamtwirtschaftlichen Situation. Zu der extremen Krisensituation des Jahrs 2008 hatte der DSR ein Einsehen und erlaubte eine Abkehr von „konkreten" (quantitativen?) Aussagen hin zu reinen Qualitäten (→ Rz. 35).

---

[68] Vgl. hierzu auch DRS 5.17.
[69] FAZ vom 23. 08. 2010 S. 13.

Das war der Merck KGaA für die Lageberichterstattung zum 31.12.2008 noch zu wenig. Sie sah sich angesichts des wirtschaftlichen Umfelds zur Erstattung eines seriösen Prognoseberichts außerstande.[70] Das führte zu einer **Fehlerfeststellung** durch die DPR (→ § 342b), welcher die BaFin folgte. Gegen die Fehlerfeststellung hat Merck Widerspruch beim OLG Frankfurt/M. eingelegt. Der Antrag auf aufschiebende Wirkung wurde zurückgewiesen.[71] In der Hauptsache steht die Entscheidung bei Redaktionsschluss dieser Auflage (1.9.2010) noch aus.

Die Prüfungsinstanzen (DPR und BaFin) und das OLG Frankfurt/M. folgten insoweit – wenig überraschend – den Vorgaben von DRS 15.90 (→ Rz. 35). Dabei ist der DRS 15.90 anders als der Hinweis des DSR vom 27.3.2009 irgendwie widersprüchlich formuliert. Der Hinweis verlangte noch **qualitative Trendaussagen**, DRS 15.90 erlaubt demgegenüber das Absehen von „konkreten Aussagen", spricht in der Folge dann aber von „**weniger** konkret als üblich". 47e

Man kann dreifach rätseln:

▶ Ist „konkret" **identisch** mit „quantitativ"?
▶ Ist ein **Verzicht** auf „konkret" zulässig oder nur ein **Weniger** an „konkret"?
▶ Wo verläuft die Grenze zwischen konkret und **weniger** konkret?

Die Merck KGaA sah sich jedenfalls außerstande, eine „ehrliche oder auch nur halbwegs belastbare zahlenmäßige Prognose präsentieren zu können, ohne den Eindruck der Scheingenauigkeit zu vermitteln".[72]

Man mag diese Feststellungen und Fragen als **überspitzt** ansehen, gleichwohl bleibt die **entscheidende** Frage vom DSR und vom OLG Frankfurt/M. unbeantwortet: **Wie** muss die Prognoseberichterstattung bei „außergewöhnlich hoher Unsicherheit" ausfallen?[73] Und weiter: Wann liegt eine **außergewöhnlich** hohe Unsicherheit vor? Wo liegt die **Schwelle** zwischen außergewöhnlich und gewöhnlich? 47f

Die bequeme Antwort mag lauten: „Prognosen sind bezüglich des Eintretens immer ungenau, deshalb kommt eine „Wenn-Dann-Aussage" in Betracht, etwa:

▶ Wenn sich der internationale Pharmamarkt in 2009 weiter so entwickelt wie bis zum Ende 2008, dann...
▶ Wenn demgegenüber eine Erholung abzusehen ist, dann...
▶ Wenn die Kurzarbeitsregeln der Bundesregierung bis Ende 2009 fortgeführt werden, dann...

Oder man behilft sich mit einer großzügigen Intervallaussage: „Unsere Alternativplanungen weisen ein operatives Ergebnis zwischen +277 Mio € und -398 Mio € aus."

Die anschließende Frage lautet dann schlicht: **Wem** ist mit solchen konditionalen Gedankenspielen und nichtssagenden Intervallprognosen gedient? Die ehrliche Antwort dürfte lauten: Niemandem. Wenn die Berichterstattung **keinen Sinn** erfüllen kann, muss sie unterbleiben. Das OLG Frankfurt/M. sollte dies in der Hauptsachentscheidung berücksichtigen. Aber viel-

---

70 Vgl. hierzu *Withus*, KoR 2010 S. 237; *Gödel*, DB 2010 S. 431.
71 OLG Frankfurt/M. Beschluss vom 24.11.2009 – WpÜG 11/09, 12/09, DB 2009 S. 773; vgl. *Zülch/Hoffmann*, StuB 2010 S. 83.
72 Zitat nach OLG Frankfurt/M. vom 24.11.2009- WpÜG 11/09, 12/09.
73 Ähnlich *Withus*, KoR 2010 S. 239.

leicht gelingt ihm auch eine eindeutige Aussage, wie der Inhalt des Prognoseberichts in sollen Fällen „außergewöhnlicher Unsicherheit" ausfallen soll. Mit dem Urteil: „Ein Prognosebericht ist in jedem Fall unentbehrlich", ist der Rechnungslegungspraxis jedenfalls nicht geholfen[74].

Ein ähnlicher Appell ergeht an den DSR oder seine Nachfolger (→ § 342a). Mit „konkret" und „weniger konkret" ist bis dahin dem Rechtsanwender eine Steilvorlage präsentiert worden. Er wird sich unter der Überschrift „Prognosebericht" mit einigen Sätzen banalen Inhalts begnügen und sich damit vor Angriffen irgendwelcher Prüfstellen schützen.

47g Ganz generell stellt sich die Frage, ob dem Prognoseberichte speziell und überhaupt dem Lagebericht nach Abs. 1 Sätze 1 bis 4 **nicht zuviel Gewicht** beigemessen wird. Hinter dem ganzen Apparat verbirgt sich das Bestreben von Gesetzgeber, Standardisierern und den Vertretern der Wissenschaft, der Unsicherheit über die zukünftige Entwicklung ein Schnippchen zu schlagen, also die Funktion der Zigeunerin durch die Lehre von der Futurologie zu ersetzen. Im gleichen Atemzug wird immer die Ungewissheit über das Eintreffen oder Nichteintreffen der gemachten Prognose betont[75]. Dieses argumentative Pingpongspiel kann auch überspitzt wie folgt dargestellt werden:

- Der **Berichterstatter** muss in die Rolle der wissenschaftlich verkleideten Zigeunerin schlüpfen,
- der **Empfänger** der Botschaft soll bei der Inhaltswürdigung der Effekte delphischer Orakelsprüche gewärtig sein.

Am Schluss verbleibt es bei der altbajuwarischen Erkenntnis (→ Rz. 35) über das **Nichtwissen** nach Einsatz eines unglaublichen Ressourcenverbrauchs mit zweifelhaftem, wenn nicht ganz fehlendem *benefit*.

8.4 Die Rechtsverfolgung

47h Hinter der Erwartung des Gesetzgebers an die Prognose und den Risikobericht steht die Hoffnung auf eine **Insolvenzprophylaxe**, wofür insbesondere auch der Abschlussprüfer ins Boot genommen werden soll (→ § 317 Rz. 57; → § 321 Rz. 35). In der Rechtswirklichkeit nehmen denn auch zivil- und strafrechtliche Verfolgungen von **Insolvenz**vergehen einen breiten Raum ein. Das kann man bei unzutreffender **Lageberichterstattung** (→ Rz. 14) oder **Bilanzierung** (→ § 331 Rz. 12) nicht feststellen. Der Vorstandsvorsitzende der IKB ist wegen fehlerhafter ad hoc-Mitteilung und wegen Untreue bei Nutzung seiner Dienstvilla belangt worden, nicht aber wegen mangelhafter Darstellung der Risikokonzentration (→ § 284 Rz. 27). Beim Komplex der Berliner Bank konnte das Kammergericht trotz einer fast unglaublichen Bilanzierung[76] keinen Straftatbestand feststellen. Es entsteht der Eindruck einer **straffreien** Zone „Rechnungslegung".

Zivilrechtsstreitigkeiten werden auf diesem Gebiet kaum publik, sei es weil es sie nicht gibt oder weil sie der Öffentlichkeit verborgen im Vergleichsweg erledigt werden.

47i In den USA, dem Land der **Schadenersatzklage**, wird die Materie der Prognose anders behandelt.[77] Der Gesetzgeber befürchtet dort das Unterlassen von Prognosen im Berichtsteil „ma-

---

[74] Ähnlich *Withus*, KoR 2010 S. 239.
[75] DRS 15.85.
[76] *Hoffmann*, StuB 2010 S. 521.
[77] Vgl. *Dobler*, DBW 2008 S. 749.

nagement's discussion and analysis" wegen privaten Schadenersatzklagen bei Nichteintreffen der Prognose. Dem hat der Gesetzgeber 1995 mit sog. *safe harbor rules* gegengesteuert. Diese gewähren eine **Haftungsbefreiung** unter Erfüllung einer von drei Kriterien:

- Die Prognose ist unerheblich (*immateriality*).
- Sie ist nicht wissentlich falsch oder irreführend (*actional knowledge of falsity*).
- Sie ist als Prognose gekennzeichnet, vorsichtig formuliert und um aussagekräftige Angaben zu wichtigen Einflussfaktoren ergänzt (*meaningful cautionary statement*).

Die drei Kriterien sind **alternativ** verknüpft, so dass ein **Kläger** etwa bei der Beweisführung bei Nr. 2 einen schweren Stand hat. Bei Nr. 3 ist dagegen auch die Sorgfalt in der Datenaufbereitung und Formulierung durch den **Beklagten** gefragt. Tendenziell wird durch die *safe harbor rules* eine wie in Deutschland rechtsfreie Zone aufgebaut, plakativ formuliert eine „Lizenz zum Lügen" erteilt. Gleichwohl geht der US-amerikanischen Unternehmerschaft die Sicherheit des Hafens nicht weit genug. Insgesamt kann empirisch eine Förderung der Prognosepublizität durch diese Gesetzesregel nicht bestätigt werden.

8.5 Der mittelständische Bereich

Die gesetzlichen und Standardregeln zur Lageberichterstattung sind notorisch auf die Verhältnisse der **Großwirtschaft** ausgerichtet. Im mittelständischen Berichtswesen sollte demnach auf die **Auswahl** der Berichtselemente[78] besonders geachtet werden (→ Rz. 25): 47j

- Der **Windparkbetreiber** kann sich nicht sinnvoll über die gesamtwirtschaftliche Konjunktur auslassen, da bei gesetzlich feststehenden Stückerlösen seine einzige Variable im Geschäftsverlauf die Gestaltung der Winde ist.
- Genauso wenig stellt die Gesamtwirtschaft eine interessante wirtschaftliche Größe für den Betreiber von **Krankenhäusern** dar. Seine Risikogröße Nr. 1 ist die Entwicklung der Gesundheitspolitik.
- Die Kosten- und Umsatzentwicklung eines **Laufwasserkraftwerks** ist nur von der Wasserführung abhängig.

Hinzukommt die Gefahr von **Wettbewerbsnachteilen**, wenn der Konkurrenz, Lieferanten und Kunden ein zu tiefer Einblick in das Innere des Unternehmens gewährt wird. Die gesetzlichen Vorgaben zur Lageberichterstattung in Abs. 1 Sätze 1 bis 4, insbesondere auch zum Prognosebericht (→ Rz. 30 ff.), sind sehr allgemein gehalten und erfordern weitgehende Ermessensentscheidungen der Geschäftsführung. Die weitere Frage geht dann nach der Verbindlichkeit der DRS 15 und DRS 5, die nur den **Konzern**lagebericht behandeln, für den Lagebericht. Die Antwort ist offen (→ Rz. 20). Das IDW enthält sich dazu einer Antwort mit der elegant formulierten Ausflucht: Die DRS 5 und 15 haben „auch Bedeutung für den Lagebericht nach § 289 HGB". Welche Bedeutung, bleibt ungesagt. Unsere Auffassung dazu ist in → Rz. 10 niedergelegt. Dieser muss man nach der Gesetzes- und Standardlage nicht folgen. 47k

---

[78] DRS 15.11.

II. Generell gültige Pflichtangaben

Wenig verwunderlich erscheint deshalb im Schrifttum auch eine Berichterstattungsvorgabe zur „Verminderung der **Aussagekraft** des Lageberichts"[79]. Die dortigen Empfehlungen zu Prognoseberichten betreffen:

- ▶ Sie sollen eine **qualitative** Aussage enthalten: „... wird im kommenden Jahr etwa demjenigen in ... entsprechen".
- ▶ Sie sollen die **Gesamtwirtschaft** und die **Branchen**entwicklung favorisieren, **unternehmens**bezogene Aussagen demgegenüber nur „vage und übervorsichtig" darstellen.
- ▶ Prognosegegenstände mit hohem **Aussagegehalt** zum Unternehmen sind zu übergehen; stattdessen ist über **Belangloses** zu berichten mit dem Beispiel der Betrachtung von Energiepreisen, z. B. bei einer Werbeagentur oder Wirtschaftsprüfungsgesellschaft.
- ▶ Die Berichterstattung über Chancen und Risiken ist so zu gestalten, dass sie „**keine Entscheidungsrelevanz** für die Rechnungslegungsadressaten besitzen."
- ▶ Die Grenze zwischen dem **gewöhnlichen** und **außergewöhnlichen** Geschäftsverlauf darf den Lesern des Lageberichts nicht ersichtlich sein.

47l Kurzgefasst lautet diese Philosophie: Anders als im *Big Business* kann der Lagebericht des Mittelstands mangels gesetzlicher und regulatorischer Vergaben bewusst als Instrument der **Nichtinformation** aufgezogen werden. Es sollen zwar mit entsprechenden Überschriften die gesetzlichen Teilbereiche – hier Prognose – abgearbeitet werden, dies aber in inhaltsloser Darstellung. Ehrlicher wäre die Aussage:

„Wir sehen uns nach Gesetzes- und Standardlage nicht zu einer inhaltlichen Berichterstattung gezwungen. Ohne eine solche ist dem Adressaten mit Textanhäufungen nicht gedient. Deshalb beschränken wir uns im Lagebericht auf den Hinweis: Unsere wirtschaftlichen Verhältnisse sind in der Zukunft geordnet. Risiken haben wir im Griff, Chancen nehmen wir wahr. Der Geschäftsverlauf im Berichtsjahr ergibt sich aus dem Jahresabschluss. Angesichts der einfachen wirtschaftlichen Verhältnisse unseres Baumarkts ist eine Analyse des Geschäftsverlaufs entbehrlich. Die finanziellen Leistungsindikatoren sind durch unsere ausschließliche Eigenkapitalfinanzierung ausreichend dargestellt. Das Fortbestehen der Gesellschaft scheint gesichert."

Damit ist ein Lagebericht vorhanden und kann dem Betreiber des elektronischen Bundesanzeigers zur Veröffentlichung eingereicht werden (→ § 325 Rz. 5).

8.6 Fazit

47m Die gültige Rechtslage zur Lageberichterstattung wird durch die vorstehenden Hinweise zum mittelständischen Bereich erhärtet:

- ▶ Es existiert in Abs. 1 eine offene, noch weitgehend prinzipienorientierte Gesetzesvorgabe zum Inhalt des Lageberichts.
- ▶ Die umfangreichen Detaillierungen in DRS 5 und 15 beziehen sich rechtsförmlich nur auf den Konzernlagebericht (→ Rz. 10) und richten sich inhaltlich an die Großwirtschaft.
- ▶ Die h. M. sieht eine Verpflichtung zur Übernahme der DRS 5 und 15 auf den Lagebericht, es fehlt aber an einer verbindlichen Aussage eines Standardsetters hierzu.

---

[79] So *Kaya*, StuB 2010 S. 485, dessen „Empfehlungen" nachstehend wiedergegeben werden.

▶ Deshalb kann der Lagebericht im **mittelständischen** Bereich zur **Desinformation** verunstaltet werden.

▶ Die Vorgaben zur Berichterstattung nach DRS 5 und 15 führen in der **Großwirtschaft** zu voluminösen Produkten, die den Abschlussadressaten schlichtweg überfordern. Bis zu 100 Seiten Lagebericht und weitere 500 zusätzliche Seiten im Geschäftsbericht führen im Ergebnis zu einer **Desinformation**.

Das Ergebnis: Der Lagebericht ist in beiden Unternehmensbereichen seines Sinngehalts beraubt. Die Urheber – Gesetzgeber, Standardisierer, Wissenschaft – sollten sich der beschränkten Möglichkeit (oder gar Unmöglichkeit) eines unangreifbaren Umgangs mit der Zukunft und dort lauernden Chancen und Risiken bewusst werden. Unsere Folgerung daraus lautet pragmatisch: zehn Seiten mit einigermaßen aussagekräftigen Inhalten sollten genügen.[80]

III. Sollangaben (Abs. 2)

1. Was heißt „Soll"?

Die Angaben in Abs. 2 entspringen einer Soll-Vorgabe, d.h. sie sind **i.d.R.**, aber **nicht immer zwingend** zu machen.[81] Daraus ergibt sich eine nahe Berührung mit dem Wesentlichkeitsaspekt (→ Rz. 12) und der Aufnahmefähigkeit des Berichtsadressaten (→ Rz. 14). Auch bei den – scheinbaren – Pflichtangaben (→ Rz. 22) ist u. E. unverzichtbar der Wesentlichkeitsaspekt zwingend zu beachten. U. E. **dürfen** trotz dem „Muss" **nicht** alle in den → Rz. 16 ff. dargestellten „Pflicht"-Angaben gemacht werden. Das „Soll" in Abs. 2 lässt sich danach als nur ordinal oder gar nicht messbares **Weniger** gegenüber der Pflicht charakterisieren.

48

> **BEISPIEL** (zu Zweigniederlassungen → Rz. 67)
>
> Die Body Building Germany GmbH betreibt deutschlandweit 84 entsprechende „Center". Deren Aufzählung gem. Abs. 2 Satz 4 ist nicht sinnvoll. Es genügt der Satz: „Wir sind in ganz Deutschland in fast allen größeren Städten mit Niederlassungen vertreten. Die Adressen sind unserer Homepage zu entnehmen."
>
> Der Uhrenhersteller J in S unterhält eine Betriebsstätte in Slowenien. Darüber ist zu berichten.

Das geforderte „Eingehen" verlangt eine **verbale** Darstellung.

2. Vorgänge nach Schluss des Geschäftsjahrs (Abs. 2 Nr. 1)

Die angesprochene Zeitschiene beläuft sich auf höchstens drei Monate nach Ende des Geschäftsjahrs (§ 264 Abs. 1 Satz 2 HGB) und reduziert sich bei früherer Berichterstattung[82] ent-

49

---

[80] *Hoffmann/Lüdenbach*, DB 2007 S. 2214.
[81] H. M. z. B. *ADS*, 6. Aufl., § 289 Tz. 94.
[82] Im Schrifttum z. T. a. A. IDW PS 203 Tz. 9: Erteilung des Bestätigungsvermerks; *Lück*, in: Küting/Pfitzer/Weber (Hrsg.), Handbuch der Rechnungslegung, 5. Aufl., Tz. 85: Vorlage an die Hauptversammlung. Bei börsennotierten Gesellschaften und anderen Großunternehmen ersetzt u. E. eine Pressemitteilung das Berichtserfordernis nach Erstellung des Lageberichts.

sprechend. Das Stichtagsprinzip (→ § 252 Rz. 26) gilt hier nicht, ebenso wenig eine Art Imparität (→ § 252 Rz. 82). Es ist also über positive – kartellrechtliche Genehmigung des Unternehmenserwerbs – und negative – Absatzeinbruch im osteuropäischen Markt – zu berichten und die erwarteten Auswirkungen auf die „Lage" zu erläutern (→ Rz. 22).[83] Eine Fehlanzeige ist geboten.

Die Berichterstattung ist nur bei **besonderer** Bedeutung geboten, es gilt also eine besonders hochgradige Wesentlichkeitsschwelle (→ Rz. 12). Zu den „Vorgängen" gehören auch Entwicklungen und Tendenzen.[84]

3. Risikoberichterstattung über Finanzinstrumente (Abs. 2 Nr. 2)

3.1 Eigenständiger Risikobericht?

50   Nach DRS 5.32 kann dem Wortlaut des Abs. 1 Satz 4 folgend der Risikobericht (im Konzernfall → Rz. 10) separat vom Prognosebericht erstellt werden (→ Rz. 39). Das mag in größeren Unternehmensbereichen mit umfangreichem Bestand an Finanzinstrumenten und bestehendem Risikomanagement sinnvoll sein. Im mittelständischen Bereich, bei dem sich der Bestand an Finanzinstrumenten abgesehen von Debitoren und Kreditoren (→ Rz. 54) auf einige Währungssicherungen beschränkt, ist die Risikoberichterstattung in den Prognosebericht zu integrieren (→ Rz. 39). Das gilt jedenfalls für den (einzelunternehmerischen) Lagebericht und lässt sich auch unter Hinweis auf DRS 5.12 für den **Konzern**lagebericht begründen. Auch der Bericht nach Abs. 5 kann gliederungstechnisch hier untergebracht werden (→ Rz. 75).

Zur **Definition** des „Risikos" wird auf → Rz. 38 verwiesen.

51   Die erbrachte Zusammenfassung des Risiko- mit dem Prognosebericht führt bei Großunternehmen zu einer latenten Einvernahme der gesetzlichen Vorgaben in Abs. 2 Nr. 2, die sich auf Finanzinstrumente beziehen, auf das **gesamte** Risikoumfeld. Das ist von der Sache her betrachtet verständlich, denn schließlich lauern unternehmerische Risiken an allen Ecken und Enden und nicht nur bei Finanzinstrumenten. Im Ergebnis wird die lapidare Vorgabe der Berichterstattung über Risiken generell in Abs. 1 Satz 4 (→ Rz. 38) durch die spezifischen Regeln des Abs. 2 Nr. 2 angereichert. Die Darstellung beginnt dann folgerichtig mit den Methoden und dem Ziel des **Risikomanagements**, um dann neben den besonderen Risiken der Finanzinstrumente alle möglichen anderen (→ Rz. 41) abzuarbeiten.

Diese den Regeln des DSR zu verdankende Darstellungstechnik mit inhaltlichen Folgewirkungen ist für **kleinere** Unternehmensbereiche nicht geboten – DRS 15 und DRS 5 kommen für den Lagebericht (zum Einzelabschluss) nur Empfehlungscharakter zu (→ Rz. 10) – und ist regelmäßig nicht sinnvoll.

52   Die durch das BilMoG eingeführte weitere Berichterstattungspflicht über das **Risikomanagement** für den Rechnungslegungsprozess kapitalmarktorientierter Gesellschaften nach Abs. 5 (→ Rz. 74) ist sinnvollerweise in den Risikobericht zu integrieren (→ Rz. 39).[85]

---

83 DRS 15.81.
84 Vgl. *Ellrot*, in: Beck'scher Bilanz-Kommentar, 7. Aufl., München 2010, § 289 Tz. 62.
85 So auch die Regierungsbegründung zum BilMoG, S. 169.

3.2 Allgemeine Anforderungen an die Risiko-Berichterstattung

DRS 5 macht hierzu einige Vorgaben: 53

- **Kategorisierung** (DRS 5.16) unter Bezugnahme auf die Organisation des Risikomanagements, d. h. Einteilung in Branchenrisiken, Personalrisiken etc.
- **Beschreibung** der Risiken mit Erläuterung möglicher Konsequenzen (DRS 5.18).
- (Bedingte) **Quantifizierung**, ggf. unter Erläuterung der Berechnungsmodelle und Parameter-Inputs (→ Rz. 42a).
- **Beschränkung** auf das **Restrisiko** bei Kompensation (z. B. durch Rückgriffsrechte oder Rückstellungsbildung (DRS 5.21).
- Anwendung eines adäquaten **Prognosezeitraums** (DRS 5.23), regelmäßig zwei Jahre (→ Rz. 34), bezüglich der Bestandsgefährdung ein Jahr (DRS 5.24; → Rz. 45).
- Als **Stichtag** gilt in Abweichung zur Darstellung der künftigen Entwicklung (→ Rz. 21) nicht der Bilanzstichtag (→ Rz. 34), sondern der **Erstellungs**tag (DRS 5.34).
- Bedingte (wenn erforderlich) **geänderte** Risikobeurteilung gegenüber dem Vorjahr (DRS 5.36).
- **Besondere** Vorgaben zur Risikoberichterstattung von Kredit- und Finanzdienstleistungsinstituten nach DRS 5 bis 10 und für Versicherungsunternehmen in DRS 5-2.

3.3 Definition der Finanzinstrumente

Hierzu ist vorab auf die identische **Definition** der in § 285 Nr. 18 HGB genannten Finanzinstrumente zu verweisen (→ § 285 Rz. 116). Die an die IFRS-Regeln in IAS 39 angelehnte Begriffsumschreibung erfasst auch „normale" Kundenforderungen und Lieferantenverbindlichkeiten.[86] Berichtspflicht besteht hierfür nur bei (relativ) hohen Fremdwährungsposten oder Forderungsrisiken in „Klumpenform" (→ Rz. 42). 54

3.4 Die Angabepflichten

3.4.1 Das Risikomanagement

Nach der Gesetzesvorgabe soll das Risiko „gemanagt" werden – sei es nun in Finanzinstrumenten angesiedelt – wie nach der Gesetzesvorgabe – oder im ganzen unternehmerischen Umfeld – wie in der praktischen Darstellung großer Unternehmen (→ Rz. 41). Sieht man im Risiko eine notwendige Begleiterscheinung des Wirtschaftens schlechthin (→ Rz. 6), schreibt das Gesetz einmal mehr für die Lageberichterstattung eine **Selbstverständlichkeit** vor: Das Management soll seine Pflichten erfüllen. 55

Bei **geltungserhaltender Gesetzesinterpretation** kann es nur darum gehen, dem Risikogehalt des unternehmerischen Handelns in der Aufbau- und Ablauforganisation des Unternehmens den nötigen Stellenwert zu verschaffen. In den einschlägigen Handbüchern muss das „Risiko" im Fettdruck nicht zu selten erscheinen, um die Verantwortlichen an ihre Aufgabe zu erinnern. Diese wiederum werden z. B. an die anstehende Entscheidung zum Neubau einer Krananlage im Binnenhafen D denken, die eines *cash inflows* von zusätzlichen X Mio € bedarf, um die ge- 56

---

[86] IDW RH HFA 1005 Tz. 32.

forderte Kapitalrendite von Y% zu erreichen. Ob dies gelingt, stellt sich in frühestens sieben Jahren heraus, bis dahin – sagt sich der Produktmanager – stehe ich im Risiko, das ich nicht mehr managen kann. Ähnliche Gedanken mag sich der Finanzmanager machen, der vor der Entscheidung steht, eine größere Position japanischer Yen als Darlehen mit niedrigem Zinssatz aufzunehmen.

Dieser Befund gilt gleichermaßen für den Bereichsleiter des Großkonzerns und seines Controllers wie für den mittelständischen Unternehmenspatriarchen. Nur sollte Letzterer nicht in die Versuchung verfallen, über Risikomanagement zu berichten, da er mehr noch als das Großunternehmen kaum über **Banalitäten** hinaus käme (→ Rz. 41).

> **BEISPIEL** Im Lagebericht einer nicht sehr großen GmbH heißt es:
>
> „Risiken, die bei N. N. derzeit noch nicht bekannt sind, ... könnten sich ... nachteilig auf N. N. auswirken."

3.4.2 Einzelheiten der Berichterstattungspflicht

57 Nach IDW RH HFA 1005 Tz. 33 erfordert die Berichterstattung über die Ziele und Methoden des Risiko**managements**

- ▶ grundsätzliche Aussagen zur Risikobereitschaft des Unternehmens,
- ▶ die Darstellung der Sicherungsziele,
- ▶ die Beschreibung der gesicherten Grundgeschäfte,
- ▶ die Darstellung sonstiger wesentlicher Elemente,
- ▶ bei antizipativem *hedging* die Nennung der Tatsache als solche.

Die ersten beiden vorgesehenen Angaben sind eher **unternehmensweit** angelegt, die restlichen spezifischer auf die **Finanzinstrumente** ausgerichtet. Dabei sollte gerade auch zur Vermeidung unnötiger Platitüden die Berichterstattung auf die einschlägigen Techniken in der Finanzwirtschaft des Unternehmens beschränkt werden; dies sind z. B. der Umgang mit Fremdwährungspositionen oder die Beschaffung von Rohmaterial durch Einkaufskontrakte. Insbesondere die „grundsätzliche" Berichterstattungspflicht über die Risikobereitschaft sollte **nicht überstrapaziert** werden, denn sonst muss man als Leser (weitere) Zumutungen über sich ergehen lassen, etwa: „Ohne Risiko keine Chancen, aber wir haben die Risiken im Griff."

58 Sinnvoller ist eine Information über die Maßnahmen zur **Vermeidung** von **Risikokonzentrationen** („Klumpenrisiken"),[87] z. B. umfangreiche Verkaufskontrakte unterhalb des aktuellen Marktpreises ohne entsprechende Sicherstellung von Beschaffungskosten. Wichtig ist die Darstellung der *hedging*-Methoden und insbesondere deren Effektivität (→ § 254 Rz. 30). Der Gesetzeswortlaut lehnt sich hier an einschlägigen Regeln der IFRS (für den Anhang) an, verlangt allerdings keine Quantifizierung.[88] Es genügt der Hinweis auf die **Art** der gesicherten Grundgeschäfte und der eingesetzten Sicherungsinstrumente. Beispielhaft zu nennen sind hier der Abschluss von Forderungsausfallversicherungen sowie von Terminkontrakten für Fremdwäh-

---

87 DRS 5.13.
88 IDW RH HFA 1005 Tz. 34.

rungsposten. Die bilanzielle (Nicht-)Erfassung von Finanzinstrumenten stellt hier Kriterien der Berichterstattung dar, d. h. auch schwebende und auch mit hoher Wahrscheinlichkeit durchzuführende Geschäfte (→ § 254 Rz. 9) sind berichtspflichtig.

Die Bezugnahme des Gesetzgebers auf einschlägige **Anhangangaben** nach den **IFRS**-Regeln geht insbesondere auch aus den weiteren Berichterstattungspflichten für die Finanzinstrumente nach Abs. 2 Nr. 2b hervor. Im **mittelständischen** Bereich wird sich die Berichtspflicht häufig auf das Ausfallrisiko – Kundenforderungen – und das Liquiditätsrisiko – Beschaffung von Bankkrediten – reduzieren sowie auf das unter Berücksichtigung des vom Gesetz hier zum Ausdruck gebrachten Wesentlichkeitsgesichtspunkts („von Belang ist"). 59

3.5 Gesamtbeurteilung

Der Darstellung der unternehmerischen Risiken kommt nach der Vorstellung des Gesetzgebers und der wissenschaftlichen Begleitmusik hoher Stellenwert zu. Dem erweist das „Big Business" seine Referenz, indem es mit ausufernder Gründlichkeit alle möglichen Arten von Risiken, die der Gesellschaft auflauern, anführen und als **beherrschbar** beurteilen. Den Satz: „Einem plötzlichen Nachfragerückgang für unsere Produkte von mehr als 25 % sind wir nicht gewachsen, wir müssen dann schließen" wird man nie lesen. Allenfalls würde wie folgt formuliert: „ ... würde erhebliche Anpassungsprozesse erforderlich machen." Da alle Risiken „gemanagt" werden können und müssen, sind sie eigentlich gar nicht vorhanden. Der Berichtsadressat kann sich in Sicherheit wiegen, die Gesellschaft ist risikolos gestellt. Er braucht sich der Lektüre der einschlägigen Textbausteine gar nicht erst zu unterziehen (→ Rz. 47b). 60

Das Lesen wird dem Adressaten auch wegen des **Umfangs** der Risikoberichterstattung – abgesehen von dem des Geschäftsberichts insgesamt – sehr schnell verleidet (→ Rz. 13). Das gilt insbesondere in der risikoträchtigen Branche der **Kreditinstitute**. Hier sind zusätzlich die **aufsichtsrechtlichen** Angabepflichten abzuarbeiten. Letztlich wird über Dutzende von Begriffen rund um das „Risiko" und deren Bekämpfungsmethode berichtet, wie etwa: Risikotragfähigkeitskonzept, Risikodeckungsmasse, Risiko/Rendite-Relation, Marktrisikoäquivalent, Spread- und Migrationsrisiko. Wenigen Eingeweihten werden sich daraus Erkenntnisse erschließen, die große Masse der Berichtsadressaten ist überfordert und legt die Lektüre beiseite, nachdem man (z. B.) am Schluss des Risikoberichts der IKB vom 28. 6. 2007 (Stichtag 31.3) noch beruhigt zur Kenntnis nehmen durfte (→ Rz. 14): 61

> „Die Risikotragfähigkeitsüberwachung zeigt, dass selbst extrem unerwartete Risiken unter *worst case*-Annahmen von der Risikodeckungsmasse abgedeckt sind. Die Entwicklung beeinträchtigende oder das Rating gefährdende Risiken aus den einzelnen Risikoarten waren und sind nicht erkennbar."

Über **bestandsgefährdende** Risiken liest man nichts. Sie sind einen Monat später der Öffentlichkeit bekannt gemacht worden. Die Bank war praktisch pleite und musste letztlich vom Steuerzahler gerettet werden. Statt zwölf Seiten Text über alle möglichen Risiken und deren Beherrschungsmethoden durch das Management hätte der eine Satz aus dem unter → Rz. 56 zitierten Lagebericht eines Mittelständlers genügt: „Bestandsgefährdende Risiken sind nicht bekannt," um den falschen Eindruck über die wirklich bestehende Situation beim Leser zu hinterlassen. 62

In einem mehr als ein halbes Jahr später – als die Misere allgemein bekannt war – verfassten **geänderten** Lagebericht der IKB liest man weitestgehend den gleichen Inhalt wie zuvor. Allerdings heißt es am Schluss:

> „Im Nachgang zum Bilanzstichtag zeigt sich, dass die bisherigen **Bewertungs**methoden derjenigen Portfolioinvestments, für die seit Ende Juli keine aktiven Märkte mehr existieren, nicht mehr angemessen sind."

Die **Bewertung** stimmt also nicht, das **Risikomanagement** dagegen ist und war in Ordnung, denn zuvor heißt es:

> „Die Risikotragfähigkeitsüberwachung … zeigte, dass aus Sicht eines nicht nachrangigen Fremdkapitalgebers (d.h., nunmehr Gläubiger, der durch die staatliche Rettung schadlos gehalten wurde, Anm. d. Verf.) auch unerwartete Risiken unter Stressszenario-Annahmen von der Risikodeckungsmasse abgedeckt sind. Die dabei im Rahmen der Risikoüberwachung und -steuerung eingesetzten Messsysteme und Prozesse sind **grundsätzlich** geeignet, Risiken frühzeitig zu identifizieren und adäquat abzubilden."

„**Grundsätzlich**" bedeutet: Wenn es ernst wird, versagen unsere Systeme. Dem Aktionär und dem Nachranggläubiger mag das bitter aufstoßen, mit der Risikoberichterstattung ist er denkbar schlecht bedient (worden). Den übrigen Gläubigern droht ohnehin kein Risiko, denn im *worst case* tritt der Staat auf die Bühne. Im Grunde genommen besteht für sie kein Risiko, folglich kann auch zu Händen dieses Adressatenkreises ein Risikobericht entfallen. Als Adressat verbleibt dann nur noch der Steuerzahler.

63 Insgesamt stellt sich der Risikobericht als **aufwendige Pflichtübung** mit **geringem Anwendernutzen** dar. Vor dem Hintergrund des *cost benefit*-Gedankens und des *information* (→ Rz. 14) *overload* befürworten wir eine starke Reduzierung des Volumens der Lage-, insbesondere der Risikoberichterstattung.[89] Vor allem darf in **mittelständischen** Unternehmen das „Vorbild" des Big Business nicht nachgeahmt werden (→ Rz. 47m).

4. Forschung und Entwicklung (Abs. 2 Nr. 3)

64 Dieser Berichtsteil eröffnet dem Unternehmen ein besonders willkommenes Portal zur positiven Selbstdarstellung. Hier kann es sich als **innovativ** präsentieren, indem es z.B. den Forschungs- und Entwicklungsaufwand in Prozent des Umsatzes oder der Lohnsumme veröffentlicht. Dabei sind Qualifizierungen nicht geboten, aber oft gewünscht oder branchenüblich, wie z.B. in der forschenden Pharmaindustrie. Die Berichterstattungspflicht besteht nach DRS 15.40 unabhängig von der Aktivierung von Entwicklungskosten (→ § 248 Rz. 9). Zur **Definition** von Forschung und Entwicklung vgl. → § 255 Rz. 132 ff. Eine Abstimmung mit den Anhangangaben (→ § 285 Rz. 147) zur Forschung und Entwicklung ist geboten.[90]

65 Umgekehrt kann eine Berichterstattung – ohne Fehlanzeige – **unterbleiben**, wenn Forschung und Entwicklung nach Art des Unternehmens nicht betrieben werden, z.B. beim Kaffeeimporteur, es sei denn dessen Geschäftsmodell beruht auch auf der ständigen Suche nach neuen

---

89 Vgl. *Hoffmann/Lüdenbach*, DB 2007 S. 2214.
90 Vgl. *Wittmann/Boecker*, in: Petersen/Zwirner/Brösel (Hrsg.), Systematischer Praxiskommentar Bilanzrecht, Köln 2010, § 289 Tz. 72.

Techniken der Kaffeeröstung. Wenn eine Forschungs- und Entwicklungstätigkeit entgegen dem Branchenverhalten nicht gegeben ist, soll dieses Faktum berichtspflichtig sein.[91] U. E. wird ein solcher Fall praktisch nicht vorkommen. Die Berichtspflicht (im Rahmen der Sollvorgabe; → Rz. 48) besteht auch für die Auftragsforschung durch Dritte, die das Unternehmen kontrahiert hat.[92] Selbst geleistete Auftragsforschung ist an dieser Stelle des Lageberichts nicht darzulegen, wohl aber in der Darstellung des Geschäftsverlaufs nach Abs. 1 Satz 1 (→ Rz. 16).

Die Berichterstattungspflicht endet bei eigentlichen **Geschäftsgeheimnissen**.[93]   66

5. Zweigniederlassungen (Abs. 2 Nr. 4)

Inhaltlich bezieht sich dieser Teil der Berichtspflicht auf § 13 HGB, umfasst damit die **Handelsregistereintragung**. Das gilt u. E. auch für ausländische Betriebsstätten (steuerliche Begrifflichkeit) bei Eintragung in ein dortiges dem Handelsregister vergleichbares Organisationsmittel. Dabei genügt die Eintragungspflicht, nicht die effektive Eintragung wegen deren deklaratorischen Charakters.[94]   67

Die Berichterstattung ist unter **Wesentlichkeitspunkten** sinnvoll, d. h. leserfreundlich zu erfüllen. Bei einer Vielzahl von Zweigniederlassungen darf keine detaillierte Auflistung erfolgen, es genügt die Angabe der Anzahl und der geografischen Verbreitung.[95] Die wichtigsten Zweigniederlassungen können dabei hervorgehoben werden. Auf das Beispiel unter → Rz. 48 wird verwiesen. Wenn nur wenige Niederlassungen von größerem Gewicht (Fertigungsbetriebsstätte in Polen, Forschungslabor in Kalifornien) bestehen, ist deren Nennung geboten und u. E. ohne betriebswirtschaftliche Daten – Umsätze, Mitarbeiterzahl u. Ä. – aufzubereiten.[96]   68

6. Vergütungssystem für Organmitglieder börsennotierter Aktiengesellschaften (Abs. 2 Nr. 5)

Diese Berichterstattungspflicht ergänzt die Anhangangaben in § 285 Nr. 9a HGB für börsennotierte Aktiengesellschaften (→ § 264d Rz. 12). Sie wird gewöhnlich in einem gesonderten **Vergütungsbericht** erfüllt. Die Kommentierung erfolgt unter → § 285 Rz. 71d Dort ist auch das Wechselspiel zwischen Anhangangabe und Lageberichterstattung dargstellt.   69

IV. Zusatzbericht großer Kapitalgesellschaften über nichtfinanzielle Leistungsindikatoren (Abs. 3)

Große Kapitalgesellschaften (→ § 267 Rz. 12) unterliegen einer zusätzlichen Berichterstattungspflicht für **nicht finanzielle Leistungsindikatoren**, die nicht definiert, aber mit den Beispielen **Umwelt-** und **Arbeitnehmer**belange umschrieben werden. Die Berichterstattungs-   70

---

91 So *ADS*, 6. Aufl., § 289 Tz. 112; *Ellrott*, in: Beck'scher Bilanz-Kommentar, 7. Aufl., München 2010, § 289 Tz. 85.
92 DRS 15.40.
93 So auch *Paetzmann*, in: Haufe HGB Bilanz Kommentar, Freiburg 2009, § 289 Rz. 55, sowie *Wittmann/Boecker*, in: Petersen/Zwirner/Brösel (Hrsg.), Systematischer Praxiskommentar Bilanzrecht, Köln 2010, § 289 Tz. 75.
94 Vgl. *ADS*, 6. Aufl., § 289 Tz. 123.
95 So auch *ADS*, 6. Aufl., § 289 Tz. 12c.
96 Eher für spezifische Angaben *Ellrott*, in: Beck'scher Bilanz-Kommentar, 7. Aufl., München 2010, § 289 Tz. 90.

pflicht ist **beschränkt** („soweit"). Sie ist nach dem Gesetzeswortlaut als **Ergänzung** der Darstellung des Geschäftsverlaufs und der „Lage" des Unternehmens (Abs. 1 Satz 1) konzipiert (→ Rz. 16).

71 Die beiden vom Gesetzgeber genannten Berichtsobjekte eignen sich besonders zur positiven Herausstellung des Innenbereichs eines Unternehmens. Umweltbelange und Pflege des *human capital* in sozialer Ausrichtung kommt ein **hoher Stellenwert** in der Öffentlichkeit zu. Deshalb mutiert dieser Teil des Lageberichts zu einem – auch quantitativ – besonders hervorgehobenen Berichtsteil von Gesellschaften, die sich zu einem Mindestmaß oder mehr an Öffentlichkeitsarbeit verpflichtet fühlen. Im Konzernlagebericht der Volkswagen AG für 2007 erfolgt die Berichterstattung in einem besonderen Gliederungspunkt mit der Überschrift „wertsteigernde Faktoren" (→ Rz. 19), in dem über Forschung und Entwicklung (→ Rz. 64) als Quasi-Pflichtbestandteil des Lageberichts auch über „Lieferanten- und Kaufteile-Management, Fertigungsprozesse, Marketing und Vertrieb, Qualitätssicherung u. Ä." ausführlich berichtet wird. Diese Berichtsbestandteile **überschreiten** die beispielhafte Vorgabe des Gesetzestextes.

72 Ob dem Berichtsadressaten mit all diesen Informationen über „Immaterielles" letztlich gedient ist, wird hier offen gelassen. Die Gefahr des *information overload* ist jedenfalls besonders virulent (→ Rz. 14). Die Gesellschafter stehen auch in einer Wettbewerbssituation bezüglich der Vollständigkeit der Berichterstattung, die das gesetzliche „soweit" spürbar übersteigt. So führt eine ausgiebige Berichterstattung im Umweltbereich – „wir verwenden nur Recyclingpapier" – oder im Personalbericht – „unsere Mitarbeiter haben XY Stunden auf die Fortbildung verwendet" – zu einem Wettlauf mit der Konkurrenz: Wer nicht vergleichbare Angaben macht, wirkt in diesem Punkt rückständig. Obwohl gesetzlich nicht vorgegeben, birgt der Selbstpräsentationsgehalt des Lageberichts einen Multiplikatoreffekt auf die Anzahl der Berichtsseiten.

V. Sondervorschriften für bestimmte Aktiengesellschaften und Kommanditgesellschaften auf Aktien (Abs. 4)

1. Betroffene Gesellschaften, Verweis auf Anhang

73 Aktiengesellschaften und Kommanditgesellschaften auf Aktien, die einen organisierten Kapitalmarkt durch **stimmberechtigte Aktien** in Anspruch nehmen (→ § 264d Rz. 12), haben die in Abs. 4 aufgezählten Angabevorschriften zu erfüllen. Unter Nr. 1, 3 und 9 sind Vorbehalte für **Anhangangaben** genannt, auf die nach Satz 2 zu verweisen ist (→ § 284 Rz. 38). Der Platzierung im Anhang gebührt der **Vorrang**. Allerdings dient es nicht der Lesefreundlichkeit, wenn die inhaltlich verwobenen Angaben an zwei Stellen des Geschäftsberichts (→ Rz. 8) getrennt dargelegt werden. Das Ziel der Angabepflichten besteht in der Offenlegung von etwaigen **Übernahmehindernissen** insbesondere durch gesellschaftsrechtliche Konstruktionen auf dem Gebiet des Aktienrechts. **Andere** Rechtsformen sind deshalb von dieser Berichterstattungspflicht nicht betroffen.

2. Die einzelnen Angabepflichten

2.1 Zusammensetzung des gezeichneten Kapitals (Nr. 1)

Das gezeichnete Kapital kann bei Aktiengesellschaften verschiedene Gattungen umfassen (→ § 272 Rz. 4): 73a

- Stammaktien,
- stimmrechtslose Vorzugsaktien,
- stimmberechtigte Vorzugsaktien,
- Mehrstimmrechtsaktien nach Übergangsrecht (§ 5 EGAktG).

Für jede dieser Gattungen sind die dort festgelegten Rechte und Pflichten – z. B. höhere Dividende bei Vorzugsaktie – darzustellen und der Anteil am gezeichneten Kapital anzugeben. Optionen auf Aktienerwerb sind nicht anzugeben, auch wenn dies im Hinblick auf Übernahmesituationen wünschenswert wäre.[97]

Außerdem sind anzugeben:[98]

- Anzahl der ausgegebenen Aktien (je Gattung);
- Nennbetrag der Aktien (wenn vorhanden) sowie die Zahl der Aktien jeden Nennbetrags;
- Art der ausgegebenen Aktien (Nennbetrags- oder Stückaktien sowie Inhaber-, Namens- oder vinkulierte Namensaktien).

Bezüglich der Stammaktien soll auf die Gesetzeslage bezüglich der Rechte und Pflichten verwiesen werden.[99] U. E. ist ein Verweis auf das Gesetz überflüssig. Bei Anhangangabepflicht (→ § 284 Rz. 38) genügt ein **Verweis** (→ Rz. 73).

2.2 Beschränkung von Stimm- und Übertragungsrechten (Nr. 2)

Solche Beschränkungen können bestehen[100] nach 73b

- Gesetz aufgrund wechselseitiger Beteiligungen nach § 328 AktG,
- Satzungsbestimmungen,
- Stimmrechtsbindungsverträgen,
- Vinkulierung von Aktien nach § 68 Abs. 2 AktG.

Der Vorstand ist zur Angabe mit nur bei entsprechendem Wissensstand verpflichtet und muss keine Nachforschungen anstellen.[101]

2.3 Beteiligungen am Kapital von über 10 % der Stimmrechte (Nr. 3)

Bei Anhangangabepflicht (→ § 284 Rz. 38) kann ein Verweis genügen (→ Rz. 73). Anzugeben sind direkte und indirekte Beteiligungen. Die Information über diese direkte Beteiligungsquote 73c

---

[97] A.A. *Wittmann/Boecker*, in: Petersen/Zwirner/Brösel (Hrsg.), Systematischer Praxiskommentar Bilanzrecht, Köln 2010, § 289 Tz. 92: „sollen gemacht werden".
[98] DRS 15.111.
[99] DRS 15.112.
[100] DRS 15.113.
[101] DRS 15.115.

ist dem Vorstand nach § 21 Abs. 1 WpHG zu erteilen. Für indirekte Beteiligungen ist auf die Vorschriften in §§ 22 f. WpHG zu rekurrieren.[102]

Die Angabe zu den Beteiligten muss Name bzw. Firma und Stadt enthalten.[103]

Bei mehrstufigen Beteiligungsketten kann eine doppelte Angabepflicht entstehen:

> **BEISPIEL**[104] Mutter hält 60 % an Tochter und 12 % der Aktien an Enkel. Enkelgesellschaft muss beide Beteiligungen angeben, eine „Durchrechnung" (60 % · 12 % = 7 %) ist unzulässig.

2.4 Aktien mit Kontrollbefugnissen (Nr. 4)

73d Die Inhaber von Aktien mit Kontrollbefugnissen sind namentlich aufzuführen, deren Sonderrechte – i. d. R. Entsenderechte in den Aufsichtsrat – darzustellen.[105]

2.5 Stimmrechtskontrolle bei Arbeitnehmerbeteiligung (Nr. 5)

73e Arbeitnehmer können Aktionärsrechte durch einen Vertreter- oder einen Mitarbeiteraktionärsverein gemeinschaftlich ausüben. Dann ist die Art der Stimmrechtskontrolle anzugeben.[106] Der Vorstand muss dazu keine Nachforschungen anstellen, und die Arbeitnehmer trifft keine Anzeigepflicht.

2.6 Bestimmungen über die Ernennung und Abberufung von Vorstandsmitgliedern und über Satzungsänderungen (Nr. 6)

73f Das Gesetz enthält folgende Vorschriften zur
- Ernennung und Abberufung von Vorständen in §§ 84 f. AktG;
- Satzungsänderung in §§ 133 und 179 AktG.

Auf diese ist (überflüssigerweise) zu verweisen und ggf. auf ergänzende Satzungsregeln.

2.7 Vorstandsbefugnis zur Ausgabe und Rückkauf von Aktien (Nr. 7)

73g Angabepflichtig sind nicht die gesetzlichen Befugnisse, sondern diejenigen nach Satzung oder Hauptversammlungsermächtigung.[107] Es kann sich handeln um[108]
- Erwerb eigener Aktien nach § 71 Abs. 1 Nr. 6 bis 8 AktG,
- Ausgabe aus dem genehmigten Kapital gem. §§ 202 ff. AktG,
- Ausgabe von Schuldverschreibungen und Genussrechte mit einem Umtausch- bzw. Aktienbezugsrecht.

---

102 DRS 15.117.
103 DRS 15.118.
104 Nach *Wittmann/Boecker*, in: Petersen/Zwirner/Brösel (Hrsg.), Systematischer Praxiskommentar Bilanzrecht, Köln 2010, § 289 Tz. 97.
105 DRS 15.119 f.
106 DRS 15.122 f.
107 Vgl. *Wittmann/Boecker*, in: Petersen/Zwirner/Brösel (Hrsg.), Systematischer Praxiskommentar Bilanzrecht, Köln 2010, § 289 Tz. 102.
108 DRS 15.127.

2.8 Vom Kontrollwechsel abhängige Vereinbarungen (Nr. 8)

Es handelt sich um wesentliche Vereinbarungen (Verträge), bei denen Bedingungen im Falle eines Übernahmeangebots wirksam werden. Wesentlich sind solche Vereinbarungen, die in ihrer Gesamtheit von Bedeutung sein können.[109] Als „Kontrolle" ist hier das Halten von mindestens 30 % der Stimmrechte nach § 29 Abs. 2 WpÜG anzusehen. Als anzugebende Vereinbarung „zählen insbesondere"[110]

73h

- Finanzierungsverträge,
- *Joint Venture*-Verträge,
- Lizenzverträge,
- Einkaufsverträge,
- Lieferverträge.

Der Inhalt der Verträge und die wirtschaftliche Folge des Eintretens der Bedingung sind darzustellen, also z. B. Kündigungsmöglichkeiten der Kreditgeber oder der Kunden von Sukzessivlieferungsverträgen.

Die vorstehend aufgeführten Angaben können entfallen (*escape*), sofern sie der Gesellschaft einen erheblichen Schaden zufügen können.

Die Anwendung der *Escape*-Klausel ist anzugeben.[111] Wann ein *Escape* zulässig ist, bleibt dem kaufmännischen Ermessen zur Beurteilung anvertraut. Dabei soll ein nicht messbarer immaterieller Schaden ausreichend sein.[112] Damit ist u. E. ein Freibrief für die Nichtangabe erteilt.

2.9 Entschädigungsvereinbarungen bei Übernahmeangeboten (Nr. 9)

Soweit keine Anhangangabepflicht (→ § 284 Rz. 38) besteht – dann Verweismöglichkeit (→ Rz. 73) –, sind sämtliche Entschädigungsvereinbarungen der Gesellschaft für den Fall eines Übernahmeangebots mit Vorständen oder Arbeitnehmern darzustellen. Solche Vereinbarungen können sich beziehen auf[113]

73i

- Kündigungen der genannten Personen,
- Entlassungen ohne weiteren Kündigungsgrund,
- Beendigung des Dienst- bzw. Arbeitsverhältnisses,
- Entschädigungen ohne Kündigung des Dienst- bzw. Arbeitsverhältnisses.

Für Vorstandsmitglieder kann sich eine Überschneidung mit Angabepflichten nach § 285 Nr. 9a HGB ergeben (→ § 285 Rz. 53). Dann sollte darauf verwiesen werden.

Inhaltlich ist die Höhe der Entschädigungen zusammengefasst oder die Berechnungsform anzugeben, getrennt nach Vorstandsmitgliedern und Arbeitnehmern.[114]

---

109 DRS 15.130.
110 DRS 15.131.
111 DRS 15.134.
112 DRS 15.134.
113 DRS 15.136.
114 DRS 15.139.

VI. Sondervorschriften für kapitalmarktorientierte Kapitalgesellschaften (Abs. 5)

74 Zur **Definition** der angesprochenen Gesellschaften wird auf die Kommentierung in → § 264d Rz. 1 verwiesen.

75 Inhaltlich angesprochen ist der „Rechnungslegungs**prozess**", also **nicht** der **Inhalt** der Rechnungslegung. Diesem Vorgang wird einmal mehr (→ Rz. 38) ein **Risiko**gehalt zugeordnet, das eines **Managements** (→ Rz. 55) bedarf und zusätzlich einer internen **Kontrolle**. Da schon als Bestandteil des unternehmerischen Umfelds charakterisiert, bietet sich die gliederungstechnische **Einbeziehung** in den Risikobericht (→ Rz. 50) an.[115]

76 Als „Rechnungslegungsprozess" ist die **Organisation** der kaufmännischen Rechnungslegung und deren in sie eingebauten Kontrollsysteme zu verstehen. Der „Prozess" beginnt mit der Kontierung der Belege und endet mit der Veröffentlichung des Geschäftsberichts.[116] Nach der Regierungsbegründung soll es sich um eine **Beschreibung** der Strukturen und Prozesse handeln, eine Beurteilung (in eigener Sache) wird nicht verlangt. Hierzu ist der Abschlussprüfer nach § 317 Abs. 4 HGB gefordert (→ § 317 Rz. 27).[117] Die „Beschreibung" darf u. E. nicht in ein Kurzlehrbuch über die Organisation der Finanzbuchführung und der sie umgebenden Rechenwerke und Kontrollsysteme ausarten. Banalitäten sind zu vermeiden: „Ein Warenausgang ist körperlich nur möglich, wenn zuvor eine Faktur im System hinterlegt ist." Umgekehrt ist eine Beschreibung der Vorgehensweise im *fast close*-Verfahren (→ § 252 Rz. 80) angebracht. **Fehle** es an einem internen Kontrollsystem oder einem Risikomanagement, soll dies indes offen gelegt werden.[118] Eine solche Angabe wird in der Praxis wohl kaum vorkommen, würde sie doch erhebliche Zweifel an der Ordnungsmäßigkeit der Rechnungslegung aufkommen lassen. Außerdem sind sachlich notwendig immer irgendwelche internen Kontrollen in den Rechnungslegungsprozess eingebaut, mit deren Hilfe dessen Risikogehalt auch irgendwie „gemanagt" wird. Die Darlegung der eigentlichen Schwachstelle in der Rechnungslegungsorganisation bleibt unverändert Aufgabe der internen Revision und des *management letters* der externen Abschlussprüfer.

> **BEISPIEL**
>
> ▶ Der Industriebetrieb hat zwar eine Kostenstellenrechnung, diese ist aber nicht zu einer Bestandsführung der Produkte weiter entwickelt worden.
>
> ▶ Das Bauunternehmen hat die Baustellenabrechnung nicht in eine auftragsbegleitende Nachkalkulation überführt.
>
> ▶ Die Großbäckerei hat keine Filialabrechnung.

---

[115] Begründung des BilMoG-RegE auf S. 169. Dem folgt die Praxis, z. B. im Konzernlagebericht zum 31. 12. 2009 der Volkswagenwerk AG.
[116] So *Strieder*, BB 2009 S. 1003.
[117] Begründung des BilMoG-RegE auf S. 168.
[118] Begründung des BilMoG-RegE auf S. 168.

Zur Umschreibung des **internen Kontrollsystems** für den Rechnungslegungsprozess kann auf das reichhaltige Schrifttum und die Kommentierung unter → § 317 Rz. 27 Bezug genommen werden.[119] Daraus abzuleiten sind Berichtsinhalte, wie z. B.[120]

77

- Anwendung unternehmensinterner Handbücher („Manuals"),
- Funktionstrennung mit Zugriffsregeln im IT-System,
- Heranziehung von Dienstleistungen und Expertenwissen sowie
- Aufgaben der internen Revision.

Bezüglich der **Sinnhaftigkeit** solcher Darlegungen – der Erfüllung von Informationsbedürfnissen der Berichtsadressaten – ist u. E. eine **zurückhaltende** Beurteilung geboten. Deshalb erachten wir es als überzogen,[121] z. B. „konkret ... darüber zu berichten, **wie** der Rechnungseingang sichergestellt ist (Beschreibung des internen Postlaufs), auf welche Weise gewährleistet wird, dass die Inhalte der Nebenbuchhaltung auch Bestandteil der Hauptbuchhaltung sind (Datenverknüpfung im IT-System?). Die Berichtspraxis wird über mehr oder weniger selbstverständliche Tatsachen und damit Allgemeinplätze kaum hinauskommen. „Die Funktionstrennung ist durch das Vier-Augen-Prinzip gewährleistet". Die Praxis – z. B. Volkswagenwerk AG im Konzernlagebericht 2009 – scheint dieser Maxime zu folgen. Das eigentlich Interessante an der Materie – die **Schwachstellen** („Risiken") des Rechnungslegungsprozesses – sind ohnehin nicht berichtspflichtig (→ Rz. 76).

78

Insgesamt werten wir diesen Berichtsteil als (weiteres) Element der **Verlängerung** des Geschäftsberichts börsennotierter Gesellschaften ohne nennenswerten Informationsgehalt, wodurch einmal mehr die eigentlich wichtigen Informationen aus dem Blickfeld des interessierten Berichtslesers verschwinden (→ Rz. 14).

VII. Schlusserklärung aus dem Abhängigkeitsbericht

Ohne Vorliegen eines Beherrschungsvertrags muss nach § 312 AktG der Vorstand einer abhängigen Aktiengesellschaft einen sog. Abhängigkeitsbericht erstellen. An dessen Schluss ist eine Erklärung über die Angemessenheit des Leistungsaustauschs etc. mit dem beherrschenden Unternehmen bzw. dem Erhalt eines Nachteilsausgleichs abzugeben. Diese „**Schlusserklärung**" muss auch in den Lagebericht aufgenommen werden.

79

---

[119] Insbesondere auf IDW PS HFA 261 Tz. 19 ff.
[120] In Anlehnung an *Kessler/Leinen/Strickmann* (Hrsg.), Bilanzrechtsmodernisierungsgesetz, 2008, S. 285.
[121] So *Wittmann/Boecker*, in: Petersen/Zwirner/Brösel (Hrsg.), Systematischer Praxiskommentar Bilanzrecht, Köln 2010, § 289 Tz. 117.

§ 289a Erklärung zur Unternehmensführung

(1) ¹Börsennotierte Aktiengesellschaften sowie Aktiengesellschaften, die ausschließlich andere Wertpapiere als Aktien zum Handel an einem organisierten Markt im Sinn des § 2 Abs. 5 des Wertpapierhandelsgesetzes ausgegeben haben und deren ausgegebene Aktien auf eigene Veranlassung über ein multilaterales Handelssystem im Sinn des § 2 Abs. 3 Satz 1 Nr. 8 des Wertpapierhandelsgesetzes gehandelt werden, haben eine Erklärung zur Unternehmensführung in ihren Lagebericht aufzunehmen, die dort einen gesonderten Abschnitt bildet. ²Sie kann auch auf der Internetseite der Gesellschaft öffentlich zugänglich gemacht werden. ³In diesem Fall ist in den Lagebericht eine Bezugnahme aufzunehmen, welche die Angabe der Internetseite enthält.

(2) In die Erklärung zur Unternehmensführung sind aufzunehmen

1. die Erklärung gemäß § 161 des Aktiengesetzes;

2. relevante Angaben zu Unternehmensführungspraktiken, die über die gesetzlichen Anforderungen hinaus angewandt werden, nebst Hinweis, wo sie öffentlich zugänglich sind;

3. eine Beschreibung der Arbeitsweise von Vorstand und Aufsichtsrat sowie der Zusammensetzung und Arbeitsweise von deren Ausschüssen; sind die Informationen auf der Internetseite der Gesellschaft öffentlich zugänglich, kann darauf verwiesen werden.

Inhaltsübersicht	Rz.
I. Anwendungsbereich	1
II. Berichterstattungspflicht (Abs. 1)	2 - 7
1. Subjekte	2
2. Objekte	3 - 7
2.1 Ort der Berichterstattung	3
2.2 Inhalt der Berichterstattung (Abs. 2)	4 - 7
III. Abschlussprüfung	7a
IV. Sanktion	8

Ausgewählte Literatur

Kocher, Ungeklärte Fragen der Erklärung zur Unternehmensführung nach § 289a HGB, DStR 2010 S. 1034

Strieder, Erweiterung der Lageberichterstattung nach dem BilMoG, BB 2009 S. 1002

I. Anwendungsbereich

Die Erklärung zur Unternehmensführung ist durch das BilMoG im Gefolge des Art. 46a Abs. 2 und 3 der Bilanzrichtlinie eingeführt worden. Dem Publikum soll ein direkter Einblick in die Praktiken der **Unternehmensführung** verschafft werden. Der fehlende Bezug zur Rechnungslegung macht die **Prüfung** durch den Abschlussprüfer **entbehrlich** (→ § 317 Rz. 65). Deshalb muss durch gliederungstechnische Trennung dieser ungeprüfte Teil der Lageberichterstattung vom geprüften abgehoben werden.

1

II. Berichterstattungspflicht (Abs. 1)

1. Subjekte

2 Berichterstattungspflichtig sind (zu den folgenden Begriffen vgl. auch → § 264d Rz. 1)

- **börsennotierte** Aktiengesellschaften (mit Zulassung des Aktienhandels an einem geregelten Kapitalmarkt) sowie
- Aktiengesellschaften als **Emittenten anderer** Wertpapiere (z. B. Schuldverschreibungen) mit Aktienhandel im Freiverkehr (sog. multilaterales Handelssystem), aber nur bei eigener Veranlassung der Aufnahme des Aktienhandels in dieses System.

2. Objekte

2.1 Ort der Berichterstattung

3 Die berichtspflichtigen Gesellschafter haben eine **Erklärung** über die Unternehmensführung abzugeben

- entweder im **Lagebericht** oder
- auf der öffentlich zugänglichen **Internetseite**.

Im letztgenannten Fall ist im Lagebericht auf diese Internetseite zu verweisen. Im erstgenannten Fall unterliegt dieser Teil des Lageberichts nicht der Prüfung durch den Abschlussprüfer (→ Rz. 1).

2.2 Inhalt der Berichterstattung (Abs. 2)

4 In den Bericht sind aufzunehmen:

- **Entsprechungserklärung** zum Corporate Governance Kodex gem. § 161 AktG (→ § 285 Rz. 105).
- Nennung der wesentlichen **Unternehmensführungspraktiken** über die förmlich vom Gesetz verlangten hinaus mit einem Hinweis zum **Veröffentlichungsort**. Gemeint sind Ethik- und Sozialstandards u. Ä.[1]
- Beschreibung der **Arbeitsweise** von Vorstand und Aufsichtsrat sowie der Zusammensetzung und Arbeitsweise von deren Ausschüssen.

Die letztgenannte Angabe kann sich im Teilbereich mit derjenigen nach § 285 Nr. 10 HGB (→ § 285 Rz. 75) **überschneiden**. Eine doppelte Berichterstattung ist sinnvollerweise durch Bezugnahme zu vermeiden.

5 Die Angabepflichten sind auf **wesentliche** Aspekte zu beschränken. Einzelheiten der Organisationsstrukturen unterliegen deshalb nicht der Berichtspflicht.

6 Die Beschreibung der Arbeitsweisen von Vorstand und Aufsichtsrat ist möglicherweise auf der **Internetseite** der Gesellschaft enthalten. Dann kann die Berichterstattungspflicht durch einen Verweis erfüllt werden.

---

1 Vgl. *Strieder*, BB 2009 S. 1005.

Für den Konzernlagebericht hat § 289a HGB kein Pendant. 7

III. Abschlussprüfung

Die Berichterstattung nach § 289a HGB unterliegt **nicht** der Prüfung durch den gesetzlichen Abschlussprüfer (→ § 317 Rz. 65). 7a

IV. Sanktion

Die Nichterfüllung der Berichterstattungspflicht ist mit Bußgeld nach § 334 Abs. 1 Nr. 3 HGB bewehrt. 8

Zweiter Unterabschnitt: Konzernabschluss und Konzernlagebericht

Erster Titel: Anwendungsbereich

§ 290 Pflicht zur Aufstellung

(1) ¹Die gesetzlichen Vertreter einer Kapitalgesellschaft (Mutterunternehmen) mit Sitz im Inland haben in den ersten fünf Monaten des Konzerngeschäftsjahrs für das vergangene Konzerngeschäftsjahr einen Konzernabschluss und einen Konzernlagebericht aufzustellen, wenn diese auf ein anderes Unternehmen (Tochterunternehmen) unmittel- oder mittelbar einen beherrschenden Einfluss ausüben kann. ²Ist das Mutterunternehmen eine Kapitalgesellschaft im Sinn des § 325 Abs. 4 Satz 1, sind der Konzernabschluss sowie der Konzernlagebericht in den ersten vier Monaten des Konzerngeschäftsjahrs für das vergangene Konzerngeschäftsjahr aufzustellen.

(2) Beherrschender Einfluss eines Mutterunternehmens besteht stets, wenn

1. ihm bei einem anderen Unternehmen die Mehrheit der Stimmrechte der Gesellschafter zusteht;

2. ihm bei einem anderen Unternehmen das Recht zusteht, die Mehrheit der Mitglieder des die Finanz- und Geschäftspolitik bestimmenden Verwaltungs-, Leitungs- oder Aufsichtsorgans zu bestellen oder abzuberufen, und es gleichzeitig Gesellschafter ist;

3. ihm das Recht zusteht, die Finanz- und Geschäftspolitik auf Grund eines mit einem anderen Unternehmen geschlossenen Beherrschungsvertrags oder auf Grund einer Bestimmung in der Satzung des anderen Unternehmens zu bestimmen, oder

4. es bei wirtschaftlicher Betrachtung die Mehrheit der Risiken und Chancen eines Unternehmens trägt, das zur Erreichung eines eng begrenzten und genau definierten Ziels des Mutterunternehmens dient (Zweckgesellschaft). ²Neben Unternehmen können Zweckgesellschaften auch sonstige juristische Personen des Privatrechts oder unselbständige Sondervermögen des Privatrechts, ausgenommen Spezial-Sondervermögen im Sinn des § 2 Abs. 3 des Investmentgesetzes, sein.

(3) ¹Als Rechte, die einem Mutterunternehmen nach Absatz 2 zustehen, gelten auch die einem Tochterunternehmen zustehenden Rechte und die den für Rechnung des Mutterunternehmens oder von Tochterunternehmen handelnden Personen zustehenden Rechte. ²Den einem Mutterunternehmen an einem anderen Unternehmen zustehenden Rechten werden die Rechte hinzugerechnet, über die es oder ein Tochterunternehmen aufgrund einer Vereinbarung mit anderen Gesellschaftern dieses Unternehmens verfügen kann. ³Abzuziehen sind Rechte, die

1. mit Anteilen verbunden sind, die von dem Mutterunternehmen oder von Tochterunternehmen für Rechnung einer anderen Person gehalten werden, oder

2. mit Anteilen verbunden sind, die als Sicherheit gehalten werden, sofern diese Rechte nach Weisung des Sicherungsgebers oder, wenn ein Kreditinstitut die Anteile als Sicherheit für ein Darlehen hält, im Interesse des Sicherungsgebers ausgeübt werden.

(4) ¹Welcher Teil der Stimmrechte einem Unternehmen zusteht, bestimmt sich für die Berechnung der Mehrheit nach Absatz 2 Nr. 1 nach dem Verhältnis der Zahl der Stimmrechte, die es aus den ihm gehörenden Anteilen ausüben kann, zur Gesamtzahl aller Stimmrechte. ²Von der Gesamtzahl aller Stimmrechte sind die Stimmrechte aus eigenen Anteilen abzuziehen, die dem Tochterunternehmen selbst, einem seiner Tochterunternehmen oder einer anderen Person für Rechnung dieser Unternehmen gehören.

(5) Ein Mutterunternehmen ist von der Pflicht, einen Konzernabschluss und einen Konzernlagebericht aufzustellen, befreit, wenn es nur Tochterunternehmen hat, die gemäß § 296 nicht in den Konzernabschluss einbezogen werden brauchen.

Inhaltsübersicht

	Rz.
I. Überblick – Konzernabschlusspflicht	1 - 7
1. Persönlicher Anwendungsbereich	1 - 2
1.1 Inländische Kapitalgesellschaften und Kap. & Co.-Gesellschaften	1
1.2 Freiwillig oder pflichtweise nach IFRS bilanzierende Konzerne	2
2. Grundstruktur der Konzernrechnungslegung	3 - 6
2.1 Mutter-Tochter-Verhältnis	3 - 4
2.2 Weltabschlussprinzip	5
2.3 Tannenbaumprinzip	6
3. Aufstellungsfristen	7
II. Beherrschender Einfluss (Abs. 1)	8 - 18
1. Fehlende gesetzliche Definition	8
2. Aktienrechtlicher Begriff des beherrschenden Einflusses	9 - 11
3. Beherrschungsbegriff der internationalen Rechnungslegung	12
4. Zwischenfazit	13
5. Einzelfälle	14 - 18
5.1 Komplementär der Kap. & Co.-Gesellschaft	14
5.2 Präsenzmehrheiten	15 - 16
5.3 Divergierende Organmehrheiten	17 - 18
III. Typisierte Fälle des Beherrschungskonzepts (Abs. 2 Nr. 1 bis 3)	19 - 38
1. Überblick	19 - 21
2. Stimmrechtsmehrheit (Abs. 2 Nr. 1)	22 - 32
2.1 Stimmrechte	22 - 26
2.2 Beschränkung durch qualifizierte Mehrheitserfordernisse oder schuldrechtliche Verträge	27 - 32
3. Bestellung und Abberufung von Organen (Abs. 2 Nr. 2)	33 - 37
3.1 Überblick	33
3.2 Mehrheit der Mitglieder	34
3.3 Machtbefugnisse des betroffenen Organs	35 - 36
3.4 Komplementär-Kapitalgesellschaft	37
4. Beherrschungsvertrag oder Satzungsbestimmung (Abs. 2 Nr. 3)	38
IV. Konsolidierung von Zweckgesellschaften (Abs. 2 Nr. 4)	39 - 61a
1. Rechtsentwicklung und konzeptionelle Grundlagen	39 - 47
1.1 HGB a. F. – Grenzen des Leitungs- und Kontrollkonzepts	39 - 44
1.2 HGB n. F. – Fiktion der Beherrschung bei Risiko-Chancen-Mehrheit	45 - 47
2. Anwendungsbereich	48 - 55
2.1 Gesellschaften mit enger Zwecksetzung	48 - 52

2.2 Unternehmensqualität unerheblich	53 - 53a
2.3 Gesetzlicher Ausschluss von Spezialfonds	54 - 55
3. Risiko-/Chancen-Mehrheit	56 - 61
3.1 Vorrang des Risikos	56 - 57
3.2 Vorrang der qualitativen Betrachtung	58 - 59
3.3 Technik einer eventuellen Quantifizierung	60 - 61
4. Mehr-Mütter-Beziehungen bei Divergenz von Stimmrechts- und Risikomehrheit?	61a
V. Zurechnung und Abzug von Rechten (Abs. 3)	62 - 73
1. Überblick	62
2. Indirekte Beteiligungen (Abs. 3 Satz 1 1. Alternative)	63 - 64
3. Von Dritten für Rechnung des Konzerns gehaltene Anteile (Abs. 3 Satz 1 2. Alternative)	65 - 67
3.1 Grundfälle	65
3.2 Potenzielle Stimmrechte aus Kaufoptionen und Bezugsrechten	66 - 67
4. Hinzurechnungen aufgrund einer Vereinbarung (Abs. 3 Satz 2)	68 - 70
5. Abzug von Rechten (Abs. 3 Satz 3)	71 - 73
VI. Berechnung der Mehrheit der Stimmrechte (Abs. 4)	74 - 75
VII. Befreiung vom Konzernabschluss bei ausschließlich nicht einzubeziehenden Tochterunternehmen (Abs. 5)	76
VIII. Rechtsfolgen einer Verletzung von § 290 HGB	77

Ausgewählte Literatur

Bischof/Ross, Qualitative Mindestanforderungen an das Organ nach HGB und IFRS bei einem Mutter-Tochter-Verhältnis durch Organbestellungsrecht, BB 2005 S. 203

Busse von Colbe/Schurbohm-Ebneth, Neue Vorschriften für den Konzernabschluss nach dem Entwurf für ein BilMoG, BB 2008 S. 98

Findeisen/Sabel/Klube, Reduktion des Konsolidierungskreises durch das BilMoG, DB 2010 S. 965 ff.

Krietenstein, Rechtsstellung der Komplementär-GmbH als auslösendes Moment der Konzernrechnungslegungspflicht nach HGB und IFRS, KoR 2006 S. 267

Küting/Brakensiek, Die Einbeziehung von Leasingobjektegesellschaften in den Konsolidierungskreis nach HGB und US-GAAP, DStR 2001 S. 1359

Küting/Seel, Neukonzeption des Mutter-Tochter-Verhältnisses nach HGB, BB 2010 S. 1459

Lüdenbach, Konsolidierungspflicht wegen Präsenzmehrheit, StuB 2009 S. 581

Lüdenbach, Kein Mutter-Tochter-Verhältnis bei inhaltsleerer Stimmrechtsmehrheit, StuB 2009 S. 467

Lüdenbach/Freiberg, Mutter-Tochter-Verhältnisse durch beherrschenden Einfluss nach BilMoG, BB 2009 S. 1230

Mujkanovic, Zweckgesellschaften nach BilMoG, StuB 2009 S. 374

Oser, Der Konzernabschluss nach BilMoG mit internationalem Antlitz, PiR 2009 S. 121

Petersen/Zwirner, Die Konzernrechnungslegung im Lichte des BilMoG – Auswirkungen der verabschiedeten Änderungen, StuB 2009 S. 335

Petersen/Zwirner, Die Konzernrechnungslegung im Lichte des BilMoG – Annäherung an internationale Standards, StuB 2007 S. 921

Schruff, Die Behandlung von Zweckgesellschaften nach dem Bilanzrechtsmodernisierungsgesetz, Der Konzern 2009 S. 511

Schurbohm-Ebneth/Zoeger, Internationalisierung des handelsrechtlichen Konzernabschlusses, DB 2008, Beilage 1 zu Heft 7, S. 40

Zoeger/Möller, Konsolidierungspflicht für Zweckgesellschaften nach dem BilMoG, KoR 2009 S. 309

I. Überblick – Konzernabschlusspflicht

1. Persönlicher Anwendungsbereich

1.1 Inländische Kapitalgesellschaften und Kap. & Co.-Gesellschaften

1 § 290 HGB verpflichtet die gesetzlichen Vertreter eines **inländischen** Mutterunternehmens in der Rechtsform einer **Kapitalgesellschaft** zur Aufstellung eines (mindestens) die Tochterunternehmen einbeziehenden Konzernabschlusses und eines Konzernlageberichts. Unmittelbar angesprochen sind damit nur Mutterunternehmen, die als Kapitalgesellschaft betrieben werden. § 264a HGB bestimmt aber für **Kap. & Co.-Gesellschaften** ohne eine natürliche Person als persönlich haftenden Gesellschafter die entsprechende Anwendung der Vorschriften für Kapitalgesellschaften. Durch diesen Verweis gelten die §§ 290 ff. HGB auch für Kap. & Co.-Gesellschaften.

Als Personenunternehmen geführte Mutterunternehmen, die nicht unter § 264a HGB fallen, können wegen der

- ▶ **Größe** nach § 11 PublG oder
- ▶ **Branchenzugehörigkeit** nach § 340i HGB (Kreditinstitute) und § 341i HGB (Versicherungen) konzernrechnungslegungspflichtig sein.

1.2 Freiwillig oder pflichtweise nach IFRS bilanzierende Konzerne

2 § 290 HGB ist mittelbar auch für freiwillig und befreiend oder wegen der Kapitalmarktorientierung pflichtweise nach **IFRS** bilanzierende Konzerne (§ 315a HGB) von Bedeutung. Zwar enthält IAS 27 eigene Vorschriften für die Konzernabschlusspflicht. Für den Anwenderkreis von § 315a HGB laufen diese Regeln jedoch ins Leere.

Wegen Einzelheiten wird auf → Rz. 76 sowie → § 315a Rz. 5 verwiesen.

2. Grundstruktur der Konzernrechnungslegung

2.1 Mutter-Tochter-Verhältnis

3 Die Konzernabschlusspflicht setzt das Bestehen von mindestens einem **Mutter-Tochter-Verhältnis** voraus. Dieses Verhältnis wird in Abs. 1 abstrakt definiert, in Abs. 2 für typische Fälle konkretisiert:

- **Abstrakte Definition**: Nach Abs. 1 ist ein Unternehmen Mutterunternehmen, wenn es auf mindestens ein anderes Unternehmen (Tochterunternehmen) unmittelbar oder mittelbar **beherrschenden Einfluss** ausüben kann (→ Rz. 8).
- **Konkretisierung**: Nach Abs. 2 liegt beherrschender Einfluss stets vor, wenn einem Unternehmen (Mutterunternehmen), bei einem anderen Unternehmen (Tochterunternehmen) die **Mehrheit** der Stimmrechte (oder ein analoges Recht) zusteht (Abs. 2 Nr. 1 bis 3; → Rz. 19), oder die andere Gesellschaft eine **Zweckgesellschaft** ist, deren Risiken und Chancen das Berichtsunternehmen mehrheitlich trägt (Abs. 2 Nr. 4) (→ Rz. 39).

Die nach § 290 HGB a. F. gegebene „Alternativität der Konsolidierungskonzepte", mit der Unterscheidung zwischen **tatsächlicher** einheitlicher Leitung (§ 290 Abs. 1 HGB a. F.) und der Möglichkeit über Organmehrheiten, Beherrschungsverträge etc. Kontrolle auszuüben (*control*-Konzept nach § 290 Abs. 2 HGB a. F.), ist entfallen. Nach BilMoG ist stets auf die **Möglichkeit** der beherrschenden Einflussnahme abzustellen. Ob von ihr Gebrauch gemacht – also tatsächlich aktiv auf die Geschäftspolitik Einfluss genommen wird –, ist unerheblich.

Wie die bei Anwendung von Abs. 2 Nr. 1 bis 3 notwendige **Berechnung von Mehrheiten** in speziellen Fällen durchzuführen ist, etwa bei

- Treuhandverhältnissen oder
- eigenen Anteilen,

ist in Abs. 3 (→ Rz. 62) und Abs. 4 (→ Rz. 74) geregelt.

Für den IFRS-Abschluss gem. § 315a HGB ist Abs. 5 von Bedeutung (→ Rz. 76).

2.2 Weltabschlussprinzip

Für den Konzernabschluss gilt das Weltabschlussprinzip. Sofern nicht besondere sachliche Befreiungen greifen, sind in den Konzernabschluss sämtliche Tochterunternehmen einzubeziehen. Anders als bei der Mutter (→ Rz. 1) ist bei den Tochterunternehmen unerheblich, ob sie ihren Sitz im In- oder Ausland haben.

2.3 Tannenbaumprinzip

In einer mehrstufigen Struktur kann ein Unternehmen der **Zwischenebene** (→ § 291 Rz. 1) beides zugleich sein,

- **Tochter**unternehmen im Verhältnis zu übergeordneten Unternehmen und
- **Mutter**unternehmen im Verhältnis zu untergeordneten Unternehmen.

> **BEISPIEL** Im Falle einer fünfstufigen Struktur A-B-C-D-E (mit A als Gesamtkonzernspitze) ergeben sich hieraus folgend (Teil-)Konzernabschlüsse:
>
> | | |
> |---|---|
> | Teilkonzernabschluss der Mutter D | D, E |
> | Teilkonzernabschluss der Mutter C | C, D, E |
> | Teilkonzernabschluss der Mutter B | B, C, D, E |
> | Konzernabschluss der Mutter A | A, B, C, D, E |

Wie bei einem „Tannenbaum" werden im Beispiel die Zweige nach unten immer ausladender und umfassen in ihrer Spannweite auch die der Vorstufe. Nach § 290 HGB hätte jedes Unternehmen der Zwischenebenen dann einen Teilkonzernabschluss aufzustellen, der alle von ihm beherrschten Unternehmen umfasst. Diese Pflicht wird jedoch durch die in §§ 291, 292 HGB gegebenen Befreiungsmöglichkeiten eingeschränkt.

3. Aufstellungsfristen

7   Nach Abs. 1 Satz 1 ist der Konzernabschluss binnen **fünf Monaten** nach Ende des Konzerngeschäftsjahrs aufzustellen.

Für Mutterunternehmen i. S. des § 325 Abs. 4 Satz 1 HGB, d. h. solche, die einen organisierten Markt durch von ihnen ausgegebene Wertpapiere in Anspruch nehmen (**kapitalmarktorientierte** Unternehmen, → § 264d Rz. 1), ist die Frist durch Abs. 1 Satz 2 auf **vier Monate** verkürzt (Ausnahme). Trotz Kapitalmarkorientierung bleibt es bei der Frist von fünf Monaten, wenn zum Handel an einem organisierten Markt ausschließlich bestimmte Schuldtitel i. S. von § 327a HGB zugelassen sind.

II. Beherrschender Einfluss (Abs. 1)[1]

1. Fehlende gesetzliche Definition

8   Der in § 290 HGB neu eingeführte, auch für Erwerbe vor Anwendungszeitpunkt des BilMoG maßgebliche (→ Art. 67 Rz. 17) Begriff des beherrschenden Einflusses wird im HGB nicht definiert. **Aktienrechtlich** findet sich der Begriff jedoch in § 17 AktG. Dazu bestehende Rechtsprechung und Schrifttumsauffassungen sind unter dem Gesichtspunkt der Einheitlichkeit der Rechtsordnung von Relevanz. Auch die Auslegung des bisherigen Konsolidierungskonzepts der einheitlichen Leitung ging jedenfalls davon aus, dass aktienrechtliche und handelsbilanzielle Begrifflichkeit im Wesentlichen den gleichen Gehalt haben (müssen).[2]

Andererseits beruft sich die Begründung des Rechtausschusses zur Einführung des einheitlichen Beherrschungskonzepts auf die Angleichung an das „**international übliche Konsolidierungskonzept**". Somit kann auch das IFRS-Schrifttum bei der Auslegung hilfreich sein.

2. Aktienrechtlicher Begriff des beherrschenden Einflusses

9   Der Begriff des beherrschen Einflusses wird in **§ 17 AktG** ebenso wenig definiert wie in § 290 HGB.[3] Lediglich für den Spezialfall des Mehrheitsbesitzes formuliert § 17 Abs. 2 AktG eine Beherrschungsvermutung. Für die Konzernrechnungslegungspflicht ist diese Konkretisierung aber ohne Relevanz, da bei Stimmrechtsmehrheit bereits gem. Abs. 2 Nr. 1 ein beherrschender Einfluss besteht. Umgekehrt gilt: Wo es bei Fehlen von Stimmrechtsmehrheit etc. auf den Begriff des beherrschenden Einflusses praktisch ankommt, gibt auch das Aktiengesetz keine Hinweise auf seine Konkretisierung.

---

[1] Nachfolgendes zu einem wesentlichen Teil entnommen aus *Lüdenbach/Freiberg*, BB 2009 S. 1230 ff.
[2] Vgl. etwa *ADS*, 6. Aufl., § 290 Tz. 12.
[3] Vgl. *Bayer*, Münchener Kommentar zum AktG, 2. Aufl., 2000, § 17 Tz. 14.

Zu § 17 AktG gibt es jedoch eine relevante **Gerichtspraxis** und in vielen Punkten eine einheitliche Auslegung im **Schrifttum**. Die Grundzüge dieser Praxis und Auslegung sind wie folgt: 10

- Beherrschend ist ein Einfluss dann, wenn er dem **üblichen Einflusspotenzial einer Mehrheitsbeteiligung** entspricht.[4] Der Einfluss muss inhaltlich eine Breite haben und darf nicht nur punktuell sein.[5]

- Ein tatsächlicher Einfluss ist nicht erforderlich, nur die Möglichkeit der Einflussnahme. Diese Möglichkeit erfordert aber **Beständigkeit** im Gegensatz zur Zufälligkeit.[6] Auch wiederholte Zufallskoalitionen mit Dritten reichen daher nicht aus. Nicht ausreichend ist auch, wenn Drittgesellschafter lediglich aus familiärer Verbundenheit mit dem Hauptgesellschafter stimmen und so für Mehrheiten in seinem Sinne sorgen.[7]

- Die Einflussmöglichkeit muss **gesellschaftsrechtlich vermittelt** sein. Abhängigkeiten als Folge von Kreditbeziehungen (Hausbank) oder Lieferbeziehungen reichen nicht aus.[8]

Hinsichtlich der sich daraus **handelsbilanziell** ergebenden Fragen ist wie folgt zu differenzieren: 11

- Der erste Punkt entspricht tendenziell den Wertungen von Abs. 2 Nr. 1 bis 3. Demnach führt eine Organmehrheit oder eine vertragliche oder satzungsmäßige Einflussmöglichkeit nur dann zu beherrschendem Einfluss, wenn mit ihr die Möglichkeit verbunden ist, die **Finanz- und Geschäftspolitik** zu bestimmen. Die Mehrheit in einem weitgehend machtlosen, die Finanz- und Geschäftspolitik gerade nicht kontrollierenden Organ ist demnach bedeutungslos (→ Rz. 17).

- Der zweite Punkt führt zur Frage, ob beherrschender Einfluss auch durch eine **beständige Präsenzmehrheit** gegeben sein kann. Die Begründung des Rechtausschusses bejaht dies für den Fall, dass die Präsenzmehrheit von „einer gewissen Dauer und nicht nur vorübergehend" ist (→ Rz. 15).

- Der dritte Punkt stimmt mit den Wertungen in Abs. 2 Nr. 1 bis 3 überein. Die dort typisiert behandelten Fälle der Beherrschung (Stimmrechtsmehrheit, Organmehrheit, Beherrschungsvertrag) sind gerade durch die **gesellschaftsrechtliche Grundlage** gekennzeichnet.

- Anders fallen hingegen die Wertungen in Abs. 2 Nr. 4 aus. Demnach ist für die Beherrschung von **Zweckgesellschaften** gerade keine gesellschaftsrechtliche Fundierung notwendig. Fraglich ist dann, ob die Regelung zu Zweckgesellschaften eine Ausformung des Beherrschungsbegriffs ist und somit auf seine allgemeine Auslegung zurückwirkt, oder für den Zweckgesellschaftsfall lediglich eine Beherrschung fingiert wird, tatsächlich aber die Konsolidierung nicht auf Basis des Beherrschungs-, sondern des Risiko-Chancen-Ansatzes erfolgt (→ Rz. 45).

---

[4] Vgl. *Ulmer*, ZGR 1978 S. 457 ff.; *Hüffer*, AktG, 7. Aufl., 2006, § 17 Tz. 5; *Geßler*, AktG, § 17 Tz. 25.

[5] Vgl. *Ulmer*, ZGR 1978 S. 457 ff.; *Hüffer*, AktG 7. Aufl., 2006, § 17 Tz. 6.

[6] OLG Frankfurt, Beschluss vom 22. 12. 2003 – 19 U 78/03, AG 2004 S. 567 ff.

[7] BGHZ 80 S. 69, 73; NJW 1981 S. 1512 ff.

[8] BGHZ 90 S. 381, 395 f.; NJW 1984 S. 1893 ff.; *Ulmer*, ZGR 1978 S. 457 ff.; *Hüffer*, AktG, 7. Aufl., 2006, § 17 Tz. 7; *Koppensteiner*, Kölner Kommentar zum AktG, 2. Aufl., § 17 Tz. 50; *Bayer*, Münchener Kommentar zum AktG, 2. Aufl., 2000, § 17 Tz. 21; a. A. *Geßler*, AktG, § 17 Tz. 56, nach der sich ein beherrschender Einfluss aus wirtschaftlichen Abhängigkeiten ergeben kann, wenn diese vom anderen Vertragsteil zur Einflussnahme ausgenutzt werden.

3. Beherrschungsbegriff der internationalen Rechnungslegung

12 IAS 27.4 definiert „Beherrschung" als die Möglichkeit, die **Finanz- und Geschäftspolitik** eines Unternehmens zu bestimmen, um aus dessen Tätigkeit Nutzen zu ziehen.

Nach IAS 27.13(c) ist deshalb bei Beherrschungsverträgen oder Organmehrheiten eine Beherrschung nur dann gegeben, wenn nach dem Vertrag oder den Rechten des Organs die Finanz- und Geschäftspolitik bestimmt werden kann. Diese Vorgabe entspricht den Wertungen in Abs. 2 Nr. 2 und 3 und führt praktisch etwa zur Frage, welches Organ bei **divergierenden Organmehrheiten** entscheidend ist (→ Rz. 17).

Die aktienrechtlich geforderte Beständigkeit der Ausübung des beherrschenden Einflusses findet sich in IAS 27 nicht unmittelbar. Vorrangig ist auf die Stichtagsverhältnisse abzustellen; bei Beherrschung über *call*-Optionsrechte deshalb etwa darauf, ob diese am Stichtag (*currently exercisable*) ausübbar sind. Mittelbar kann die **Beständigkeit** aber von Bedeutung sein, wenn es um die Beurteilung sog. faktischer Beherrschungsverhältnisse (*de facto control*) geht. Wichtigster Anwendungsfall ist die **Präsenzmehrheit**. Sie muss stabil, d. h. von gewisser Dauer sein, um zu einem Beherrschungsverhältnis zu führen (→ Rz. 15).

Die **gesellschaftsrechtliche Vermittlung** des Beherrschungsverhältnisses wird bei den widerlegbaren Kontrollvermutungen von IAS 27.13 vorausgesetzt. Die Regelung entspricht im Wesentlichen Abs. 2 Nr. 1 bis 3.

Eine Ausnahme bilden wiederum die **Zweckgesellschaften**, bei denen es nach SIC 12.3 und SIC 12.9 gerade nicht darauf ankommt, ob die Risiken und Chancen gesellschafts- oder schuldrechtlich fundiert sind (→ Rz. 45 ff.).

4. Zwischenfazit

13 Bei Anlehnung an die aktienrechtliche Begrifflichkeit, die der internationalen Rechnungslegung sowie auch bei Betrachtung der den typisierten Fällen des Abs. 2 zugrunde liegenden Wertungen ergeben sich folgende Merkmale für den Begriff des beherrschenden Einflusses. Der Einfluss muss

▶ mehr als punktuell sein und die wesentlichen Elemente **Geschäfts- und Finanzpolitik** umfassen,

▶ von einer gewissen Dauer und **Beständigkeit** sein sowie

▶ **gesellschaftsrechtlich** durch Stimmrechte, Satzungsbestimmungen, Unternehmensverträge vermittelt sein; eine **Ausnahme** besteht hier für **Zweckgesellschaften**.

5. Einzelfälle

5.1 Komplementär der Kap. & Co.-Gesellschaft

14 Bei der typischen GmbH & Co. KG erschöpft sich die Aufgabe der GmbH wirtschaftlich in der Übernahme der **Haftungsfunktion**. Formal fällt ihr als Komplementär auch die Geschäftsfüh-

rung bei der KG zu. Strittig war für das bisherige Recht, ob sie damit auch die einheitliche Leitung über die KG ausübt.[9] Nach neuem Recht ist zu fragen, wer die Finanz- und Geschäftspolitik bestimmt. Bei üblicher Gestaltung der GmbH & Co. KG sind dies die Kommanditisten. Die Komplementär-GmbH ist dann nicht Mutterunternehmen nach Abs. 1.

Die gleiche Schlussfolgerung ergibt sich regelmäßig schon auf Basis von Abs. 2 Nr. 2 (→ Rz. 37).

5.2 Präsenzmehrheiten

Keine Stimmrechtsmehrheit i. S. des unverändert gebliebenen Abs. 2 Nr. 1 stellte nach ganz einheitlicher Auslegung des HGB a. F.[10] die **Präsenzmehrheit** in der Hauptversammlung dar, da sie keine Folge einer Rechtsposition ist, sondern tatsächlichen Umständen – dem Präsenzverhalten der anderen Aktionäre – zuzuschreiben ist. Soweit man dieser Interpretation von Abs. 2 Nr. 1 auch für das BilMoG weiterhin folgt, stellt sich nun die Frage, ob eine Präsenzmehrheit nicht eine andere Form des beherrschenden Einflusses gem. Abs. 1 darstellen kann.

15

Die Begründung des Rechtsausschusses bejaht dies unter der Prämisse einer **Dauerhaftigkeit**. Diese Auffassung entspricht im Wesentlichen dem Diskussionstand zur internationalen Rechnungslegung[11] (→ Rz. 12) sowie der aktienrechtlichen Konkretisierung des Beherrschungsbegriffs (→ Rz. 11).

Dauerhaftigkeit ist bei **Publikumsgesellschaften** mit breit gestreutem Anteilsbesitz z. B. dann gegeben, wenn neben einem beteiligten Großaktionär viele Kleinaktionäre beteiligt sind, die zu einem hohen Anteil nicht – auch nicht im Wege der Stimmrechtsvollmacht – an der Hauptversammlung teilnehmen. Die Beurteilung der Dauerhaftigkeit ist umso weniger ermessensbehaftet, je näher der Anteil des Großaktionärs an die 50 % heranreicht und umso geringer die Präsenzquote der anderen Aktionäre ist.[12]

16

> **BEISPIEL** A hat einen 49,5 %igen Anteil an T1, B einen 33 %igen an T2. Die Präsenzquote in den Hauptversammlungen der letzten fünf Jahre lag bei T1 und T2 nie über 60 %. Die dauerhafte Präsenzmehrheit beträgt daher in erster Betrachtung:
>
> ▶ für A in Bezug auf T1 49,5/60 = 82,5 %,
> ▶ für B in Bezug auf T2 33/60 = 55,0 %.
>
> Allerdings ist in den Hauptversammlungen der letzten fünf Jahre nie über „außerordentliche" Themen, wie etwa eine Kapitalherabsetzung, eine Änderung des Geschäftszwecks oder eine bedingte Kapitalerhöhung mit Bezugsrechtsausschluss verhandelt worden. Ein Ansteigen der Präsenzquote um 10 bis 20 Prozentpunkte bei einer entsprechenden Agenda ist eher wahrscheinlich. Unter dieser Annahme wäre die Stimmrechtsquote wie folgt:
>
> ▶ für A 49,5/80 bis 49,5/70 = 62 % bis 71 %,
> ▶ für B 33/80 bis 33/70 = 41 % bis 47 %.

---

9 Bejahend: *ADS*, 6. Aufl., § 290 Tz. 122, ablehnend: *Kozikowski/Ritter*, in: Beck'scher Bilanz-Kommentar, 6. Aufl., München 2006, § 290 Tz. 57.
10 Vgl. z. B. *Hoyos/Ritter-Thiele*, in: Beck'scher Bilanz-Kommentar, 6. Aufl., München 2006, § 290 Tz. 41; *ADS*, 6. Aufl., § 290 Tz. 34.
11 Vgl. *Lüdenbach*, in: Lüdenbach/Hoffmann (Hrsg.), Haufe IFRS-Kommentar, 8. Aufl., Freiburg 2010, § 32.
12 Weitere Einzelheiten in *Lüdenbach*, StuB 2009 S. 581 ff.

II. Beherrschender Einfluss

> Die Präsenzmehrheit des A ist robust gegenüber geänderten Präsenzquoten, die des B hingegen nicht. Unter diesen Umständen ist bei A ein beherrschender Einfluss anzunehmen, bei B hingegen nicht oder nur als faktisches Wahlrecht.

5.3 Divergierende Organmehrheiten

17 Nach Abs. 2 Nr. 1 führt die Mehrheit in der Gesellschafterversammlung (Stimmrechtsmehrheit), nach Abs. 2 Nr. 2 das Recht, die Mehrheit der Mitglieder des die Finanz- und Geschäftspolitik bestimmenden Verwaltungs-, Leitungs- oder Aufsichtsorgans zu bestellen oder abzuberufen, „stets" zu einem beherrschenden Einfluss. Die wörtliche Anwendung der Vorschriften kann zu einem **doppelten Mutter-Tochter-Verhältnis** führen. Die Frage, ob dann eine Einbeziehung der Tochter in mehrere Konzernabschlüsse geboten ist, war für das HGB a. F. in Teilen ungeklärt.[13]

Eine mögliche Lösung für das BilMoG ergibt sich im Verhältnis zu Abs. 1 bzw. dem dort als konstitutiv für ein Mutter-Tochterverhältnis vorgegebenen beherrschenden Einfluss (→ Rz. 9 ff.).

> **BEISPIEL** Die V-Holding, bisher Alleingesellschafter der Z, veräußert 90 % der Anteile an K, der dadurch die Stimmrechtsmehrheit erlangt. Anlässlich der Übertragung der Anteile werden im Hinblick auf eine hohe erfolgsabhängige Kaufpreiskomponente (*earn out*) folgende Regelungen getroffen:
>
> ▶ **Geschäftsführung**: Die Geschäftsführung wird von der V-Holding (auf drei Jahre) und einer von K bestimmten Person gestellt. Es wird eine Gesamtgeschäftsführung vereinbart, jedoch mit der Maßgabe, dass die Entscheidung der V bei Kontroversen den Ausschlag gibt.
>
> ▶ **Geschäftsführungsordnung**: Die Zustimmung der Gesellschafterversammlung zu Geschäftsführungsmaßnahmen ist nur in wenigen außerordentlichen Fällen erforderlich.
>
> ▶ **Ausschüttung**: Gewinne werden in den nächsten drei Jahren nicht ausgeschüttet.
>
> **BEURTEILUNG** Da die Stimme der V bei Kontroversen der Geschäftsführung doppelt zählt, hat V das Recht, die Mehrheit der Mitglieder der Geschäftsführung zu stellen, und wäre danach gem. Abs. 2 Nr. 2 Mutterunternehmen.
>
> Nach Abs. 2 Nr. 1 bestünde hingegen ein Mutter-Tochter-Verhältnis zwischen K und Z.
>
> Die Stimmrechtsmehrheit der K ist auf drei Jahre jedoch inhaltsleer. Weder kann K über die Stimmrechtsmehrheit die wesentlichen operativen, investiven und finanziellen Entscheidungen noch die Ausschüttung beeinflussen. Ein beherrschender Einfluss i. S. von Abs. 1 ist mit der Stimmrechtsmehrheit daher auf drei Jahre nicht verbunden.

---

13 Vgl. *ADS*, 6. Aufl., § 290 Tz. 82 ff.

> Den konzeptionelle Vorgaben von Abs. 1 folgend besteht daher u. E. für die Z nur eine Konzernzugehörigkeit zu V, hingegen nicht (bzw. erst nach Ablauf der drei Jahre) zu K. Es kommt allein auf die Mehrheitsverhältnisse in der Geschäftsführung an.

Die Beibehaltung der bisherigen Vorschriften des Abs. 2 Nr. 1 bis 3 im BilMoG verfolgt nach der Begründung des Rechtausschusses den **Zweck**,
- durch **"typisierende Tatbestände"**
- „die **Rechtsanwendung** zu **erleichtern**".

Dem Erleichterungszweck würde gerade nicht entsprochen, wenn bei divergierenden Organmehrheiten eine mehrfache Konzernzugehörigkeit dem Grunde nach stets anzunehmen und die mehrfache Konsolidierung bestenfalls über § 296 HGB vermieden werden könnte. Im Wege der **teleologischen Reduktion** ist daher bei mehrfacher Erfüllung der „typisierenden Tatbestände" durch unterschiedliche „Mütter" zu fragen, welches „Mutter-Tochter-Verhältnis" dem in Abs. 1 konstitutiv vorgegebenen Konzept des beherrschenden Einflusses entspricht. Eine mehrfache Konzernzugehörigkeit ist u. E. dann nicht gegeben, wenn der beherrschende Einfluss auf die Finanz- und Geschäftspolitik nur bei einem der Organe liegt.

III. Typisierte Fälle des Beherrschungskonzepts (Abs. 2 Nr. 1 bis 3)

1. Überblick

Eine inländische Kapitalgesellschaft oder Kap. & Co.-Gesellschaft (→ Rz. 1) ist nach Abs. 2 zur Konzernrechnungslegung verpflichtet, wenn ihr im Verhältnis zu einem anderen Unternehmen einer beliebigen Rechtsform eine der folgenden Rechtspositionen zusteht:
- Mehrheit der **Stimmrechte der Gesellschafter** (Nr. 1);
- als Gesellschafter das Recht, die Mehrheit der Mitglieder des **Verwaltungs-, Leitungs- oder Aufsichtsorgans** zu bestellen oder abzuberufen (Nr. 2);
- Recht, einen beherrschenden Einfluss aufgrund eines **Beherrschungsvertrags** oder aufgrund einer **Satzungsbestimmung** auszuüben (Nr. 3).

Für die Berechnung der Mehrheit sind besondere Regelungen in Abs. 3 (→ Rz. 62) und Abs. 4 (→ Rz. 74) enthalten.

Die aus HGB a. F. übernommenen Regelungen von Abs. 2 Nr. 1 bis 3 stellen – wie die von Abs. 1 – auf die Möglichkeit der Beherrschung ab. **Einigkeit** besteht bzw. bestand hinsichtlich des HGB a. F. bereits bisher in Folgendem: Ein **passiver Investor**, der über die Mehrheit der Stimmrechte verfügt, hat beherrschenden Einfluss, da er über die Gesellschafterversammlung wesentliche Entscheidungen der Gesellschaft beeinflussen **könnte**, auch wenn er diese Möglichkeit (im Berichtsjahr) tatsächlich nicht wahrnimmt.

Strittig war bisher hingegen, ob auch eine durch Satzung, Vertrag oder in sonstiger Weise inhaltliche (weitgehend) **entleerte Rechtsposition** eine Kontrolle begründet. Insbesondere geht es hierbei um Fälle, in denen ein Gesellschafter über die rechnerische Mehrheit der Stimmrechte (z. B. 60 %) verfügt, jedoch alle wesentlichen Entscheidungen eines höheren Quorums (z. B. 75 %) bedürfen (→ Rz. 27).

2. Stimmrechtsmehrheit (Abs. 2 Nr. 1)

2.1 Stimmrechte

22 Hält eine inländische Kapitalgesellschaft oder Kap. & Co.-Gesellschaft (→ Rz. 1) die Mehrheit der Stimmrechte an einem anderen Unternehmen, so liegt nach Abs. 2 Nr. 1 ein Mutter-Tochter-Verhältnis vor.

23 Abzustellen ist **allein** auf die **Stimmrechte**. Fallen Stimmrechts- und **Kapitalanteil** aufgrund einer Satzung oder Gesellschaftsvertrags auseinander (z. B im Falle der AG bei stimmrechtslosen Vorzugsaktien oder im Falle der GmbH oder Personengesellschaft durch Gesellschaftsvertrag), kommt es ausschließlich auf die Mehrheit der Stimmrechte an. Wegen der Berechnung der Stimmrechtsquote wird auf → Rz. 62 ff. verwiesen.

24 Lebt bei **stimmrechtslosen Aktien** wegen **rückständigen Dividendenvorzugs** das Stimmrecht auf (§ 130 Abs. 2 AktG), begründet dies keine gesicherte Rechtsposition der Vorzugsaktionäre, da das Stimmrecht jederzeit durch Nachzahlung wieder zum Erlöschen gebracht werden kann. Bei der Berechnung der Stimmrechtsmehrheit sind daher die aufgelebten Stimmrechte aus Vorzugsaktien nicht zu berücksichtigen.

25 Keine Mehrheit i. S. von Abs. 2 Nr. 1 stellt nach ganz einheitlicher Auffassung zum bisherigen Recht[14] die **Präsenzmehrheit** in der Hauptversammlung dar, da sie keine Folge einer Rechtsposition ist, sondern tatsächlichen Umständen – dem Präsenzverhalten der anderen Aktionäre – zuzuschreiben ist. Nach BilMoG kann die Präsenzmehrheit aber i. S. von Abs. 1 zu einem beherrschenden Einfluss führen (→ Rz. 15).

26 Unerheblich ist u. E. ob Rechte wegen **Verstoß gegen** aktienrechtliche oder wertpapierrechtliche **Meldepflichten** nicht ausgeübt werden können (§ 20 Abs. 7 AktG, § 21 Abs. 4 AktG; § 28 WpHG). Der Rechtsverlust ist vorübergehend. Das übergeordnete Unternehmen kann jederzeit die Meldung nachholen und sein Stimmrecht wiederherstellen.[15]

2.2 Beschränkung durch qualifizierte Mehrheitserfordernisse oder schuldrechtliche Verträge

27 Strittig war bzw. ist im Schrifttum, ob auch durch Satzung, Vertrag oder in sonstige Weise inhaltliche (weitgehend) **entleerte Rechtspositionen** Kontrolle (HGB a. F.) bzw. beherrschenden Einfluss (BilMoG) begründen. U. a. geht es dabei um folgende Konstellation:

---

14 Vgl. z. B. *Hoyos/Ritter-Thiele*, in: Beck'scher Bilanz-Kommentar, 6. Aufl., München 2006, § 290 Tz. 41; *ADS*, 6. Aufl., § 290 Tz. 34.
15 A. A. *ADS*, 6. Aufl., § 290 Tz. 153; offen lassend *Kozikowski/Ritter*, in: Beck'scher Bilanz-Kommentar, 7. Aufl., München 2010, § 290 Tz. 48.

> **BEISPIEL** A und B gründen die X-GmbH, indem A 6 Mio € und B 4 Mio € als Einlage leisten.
>
> Entsprechend den Finanzierungsbeiträgen sollen A 60 % von Gewinn und Liquidationserlös zustehen, B hingegen 40 %. In der Gesellschafterversammlung soll jedoch keiner der beiden Gesellschafter den anderen dominieren können. Zwei Gestaltungen werden diskutiert:
>
> **VARIANTE 1** Abweichend von den Kapitalanteilen (60/40) werden die Stimmrechte gleichgewichtig (50/50) aufgeteilt.
>
> **VARIANTE 2** Kapitalanteile und Stimmrechte werden im Verhältnis 60/40 aufgeteilt. Der Gesellschaftsvertrag sieht jedoch für sämtliche Entscheidung der Gesellschafterversammlung ein Quorum von 75 % vor, damit bei den gegebenen Stimmverhältnissen Einstimmigkeit herrscht.
>
> **BEURTEILUNG** In der Variante 1 ist nach h. M. kein Mutter-Tochter-Verhältnis gegeben. X ist Gemeinschaftsunternehmen von A und B.
>
> In der rechtlich völlig gleichwertigen Variante 2 wäre nach der wohl herrschenden Auslegung des bisherigen Kontrollkonzepts ein Mutter-Tochter-Verhältnis zwischen A und X wegen formaler Stimmrechtsmehrheit anzunehmen.

Die **herrschende Meinung** lehnte und lehnt eine inhaltliche Würdigung der Mehrheit bisher ab. Ihre tragenden Argumente sind wie folgt: 28

▶ Das Kontrollkonzept stelle auf „**formale** Rechtspositionen"[16] bzw. „**formale** Rechtsverhältnisse"[17] ab.

▶ Entscheidend sei daher die „**formalrechtliche** Inhaberschaft" und nicht die rechtliche Ausübungsmöglichkeit.[18]

▶ Die Begründung der Konzernrechnungslegungspflicht aufgrund der Mehrheit der Stimmrechte gehe zwar von der Überlegung aus, dass diese Stimmrechtsmehrheit die Möglichkeit der Beherrschung vermittle. Dies sei jedoch keine notwendige Bedingung. Die Voraussetzungen des Abs. 2 Nr. 1 seien vielmehr bereits dann erfüllt, wenn die „Stimmrechtsmehrheit **formal** gegeben" ist.[19]

▶ Dies entspreche auch dem Wortlaut des Abs. 2 Nr. 1, der „explizit nur auf das Vorhandensein einer strikt **formalen** Mehrheit" der Stimmrechte abstelle[20] bzw. ergebe sich aus der **formalrechtlichen** Betrachtungsweise des Abs. 2 Nr. 1 bis 3.[21]

Gegen die **herrschende Meinung** lässt sich Folgendes anführen: 29

---

16 Vgl. *ADS*, 6. Aufl., § 290 Tz. 29; ähnlich *Ebeling*, in: Beck'sches Handbuch der Rechnungslegung, C 200 Tz. 33; *Baetge*, Konzernbilanzen, 3. Aufl., 1997, S. 93; *Kindler*, in: Ulmer (Hrsg.), HGB-Bilanzrecht, 2002 § 290 Tz. 39.
17 Vgl. *Hoyos/Ritter-Thiele*, in: Beck'scher Bilanz-Kommentar, 6. Aufl., München 2006, § 290 Tz. 6.
18 Vgl. *ADS*, 6. Aufl., § 290 Tz. 30; ähnlich *Kozikowski/Ritter*, in: Beck'scher Bilanz-Kommentar, 7. Aufl., München 2010, § 290 Tz. 47.
19 Vgl. *ADS*, 6. Aufl., § 290 Tz. 35.
20 Vgl. *ADS*, 6. Aufl., § 290 Tz. 38.
21 Vgl. *Kozikowski/Ritter*, in: Beck'scher Bilanz-Kommentar, 7. Aufl., München 2010, § 290 Tz. 31; ähnlich *ADS*, 6. Aufl., § 290 Tz. 133.

- ▶ Das Attribut „**formal**" wird zwar in der Begründung der h. M. ausgiebig benutzt, anders als behauptet findet sich aber **im Gesetz keine explizite Bezugnahme** auf eine strikt formale Mehrheit. Das Gesetz verwendet nur den Begriff „Mehrheit", ohne ihn mit einem **Attribut** zu versehen.
- ▶ Erforderlich bleibt daher eine **Auslegung** nach den allgemeinen Regeln. Deren Ergebnis lässt sich nicht aus einem „**Prinzip der formalen Auslegung**", dem „Gebot der formalrechtlichen Betrachtungsweise" o. Ä. ableiten. Die Berufung hierauf wäre **zirkulär**. Das vorweg genommene Ergebnis wird als Prinzip etabliert: Die Anwendung dieses Prinzips führt dann wiederum zum bereits feststehenden Ergebnis.
- ▶ Eine allgemeinen Kriterien verpflichtete Auslegung muss u. a. auf den **Regelungszweck** abstellen und dabei auch die **Widerspruchsfreiheit** der Auslegungsergebnisse gewährleisten. In dieser Hinsicht fällt an der h. M. zum HGB a. F. aber Folgendes auf: Die tragenden Argumente beziehen sich auf das Kontrollkonzept als Ganzes, mithin nicht nur auf seine Umsetzung in Abs. 2 Nr. 1, sondern ebenso in Abs. 2 Nr. 2 und 3. Bei der Interpretation von Nr. 2 und Nr. 3 wird die „rein formale Betrachtung" aber **verlassen**:
  - – So wird etwa der Fall der typischen GmbH & Co. KG unter Abs. 2 Nr. 2 subsumiert, obwohl die Komplementär-GmbH kein Bestellungs- bzw. Abberufungsrecht hat. Da sie jedoch selbst Leitungsorgan und diese Position stärker als das bloße Bestellungsrecht sei, liege ein Anwendungsfall von Abs. 2 Nr. 2 vor (→ Rz. 37).
  - – Mit entsprechender Argumentation wird der Fall der Eingliederung unter Abs. 2 Nr. 3 subsumiert, obwohl dort nur vom Beherrschungsvertrag die Rede ist (→ Rz. 38).
- ▶ Dem Auslegungsergebnis ist in beiden Fällen zuzustimmen. In beiden Fällen wird aber eine „strikte formale", ausschließlich am Wortlaut orientierte Auslegung des Kontrollkonzepts durch eine **zweckgerichtete** überlagert. Warum dies für den gleicherweise dem Kontrollkonzept verpflichteten Abs. 2 Nr. 1 nicht gelten soll, ist nicht erkennbar.

Derartige Widersprüche in der herrschenden Argumentation sind das Ergebnis einer grundlegend, im Begriff der „formalen Rechtsposition" angelegten Ungereimtheit. Als „formal" wird im Zivilrecht eine Rechtsposition bezeichnet, deren Ausübung (etwa nach Treu und Glauben) unzulässig ist. Es gilt daher die Gleichung:

Formale Rechtsposition = nicht durchsetzbare Rechtsposition.

Mit der h. M. war die im HGB a. F. vorgenommene Unterscheidung zwischen Leitungskonzept und Kontrollkonzept darin zu sehen, dass ersteres die tatsächliche Durchsetzung eines Willens erfordert, letzteres hingegen nur die Durchsetzungsmöglichkeit. Bei einer „rein formalen Rechtsposition" fehlt es aber nicht erst an der tatsächlichen Durchsetzung, sondern bereits an der Durchsetzungsmöglichkeit. Kontrolle liegt damit gerade nicht vor.[22]

30 Die h. M. führte im Ergebnis zu einem Einbeziehungs**wahlrecht** im Konzernabschluss nach § 296 Abs. 1 Nr. 1 HGB,[23] unsere Mindermeinung dagegen zu einem Einbeziehungs**verbot**. Auch das **Ergebnis** einer Gesetzesauslegung bestimmt deren Qualität. Sieht man Bilanzierungswahlrechte aus Objektivierungsgründen als „minderwertig" an, stützt dies unsere Auffassung. Umgekehrtes gilt, wenn man gesetzliche Wahlrechte im Interesse der Bilanzgestal-

---

22 Im Ergebnis gl. A: *Müller*, in: Haufe HGB Bilanz Kommentar, Freiburg 2009, § 290 Rz. 31.
23 Vgl. u. a. *Schruff*, Der Konzern 2009 S. 511 ff., der von der Korrektivfunktion des § 296 Abs. 1 Nr. 1 HGB spricht.

tung als förderungswürdig erachtet. Die hier vertretene Auffassung belässt auch § 296 Abs. 1 Nr. 1 HGB einen „eigenständigen Regelungsgehalt".[24] Dieser richtet sich nach allgemeiner Auffassung auf Fälle der politischen Einwirkungen, Insolvenzen mit einem „starken" Verwalter, Unterstützungskassen u. Ä. (→ § 296 Rz. 6).

Bei diesen Überlegungen geht es **nicht** um eine als *substance over form* ausgedrückte **wirtschaftliche** Betrachtungsweise. Für diesen Grundsatz wäre im Kontrollkonzept (HGB a. F.) bzw. im Konzept des beherrschenden Einflusses (BilMoG) in der Tat kein Raum. Umgekehrt kann die so wichtige Frage der Konzernabschlusspflicht (und des Konsolidierungskreises) aber auch nicht nach der Maßgabe „*form without substance*" entschieden werden. Die nach dem Kontrollkonzept maßgebliche Rechtsposition muss in Kriterien der Durchsetzungsmöglichkeiten noch einen relevanten Inhalt haben. Fehlt die Durchsetzungsmöglichkeit (liegt **nur** noch **Form** und **keine Substanz** mehr vor), ist ein Kontrollverhältnis zu verneinen. Nach der hier vertretenen Auffassung gilt daher Folgendes: Stehen dem übergeordneten Unternehmen mehr als 50 % der Stimmrechte zu, ist aber für alle **wesentlichen** Entscheidungen lt. Satzung/Gesellschaftsvertrag eine qualifizierte Mehrheit erforderlich, die das übergeordnete Unternehmen verfehlt, liegt gar keine Stimmrechtsmehrheit i. S. des Abs. 2 Nr. 1 vor.[25]

31

Die Entscheidung, was **wesentlich** ist, kann aber im Einzelfall schwierig sein.

BEISPIEL Vom Stammkapital der X-GmbH hat M 55 % übernommen. Die Stimmrechte entsprechen den Kapitalanteilen. Der Gesellschaftsvertrag sieht im Übrigen Folgendes vor:

Beschlüsse der Gesellschafterversammlung werden nur in zwei Fällen mit einfacher Mehrheit gefasst:

▶ Feststellung des Jahresabschlusses und

▶ Ergebnisverwendung.

Hingegen ist eine Dreiviertelmehrheit in folgenden Angelegenheiten erforderlich:

▶ Zustimmung zur Aufstellung und Änderung des Wirtschaftsplans,

▶ Bestellung, Anstellung, Entlassung und Kündigung von Geschäftsführern sowie

▶ Zustimmung zu genehmigungspflichtigen Geschäftsführungsakten.

Als Geschäftsführer ist ein Fremder bestellt. Seine Kompetenzen sind beschränkt. Die vorherige Zustimmung der Gesellschafterversammlung ist erforderlich,

▶ für den Abschluss von Geschäften, die im Wirtschaftsplan nicht enthalten sind und die im Einzelfall einen Geschäftswert von 100.000 € übersteigen,

▶ unabhängig vom Geschäftswert für alle nicht im Wirtschaftsplan enthaltenen Grundstücksgeschäfte und Kreditaufnahmen.

---

24 Diesbezüglich a. A. *Kindler*, in: Ulmer (Hrsg.), HGB-Bilanzrecht 2002, § 290 Tz. 39.
25 Vgl. *Lüdenbach*, StuB 2009 S. 467 ff.; *Sieburg*, in: Küting/Pfitzer/Weber (Hrsg.), Handbuch der Konzernrechnungslegung, 2. Aufl., 1998, § 290 Tz. 70; *von Wysocki*, WPg 1987 S. 278; a. A. *ADS*, 6. Aufl., § 290 Tz. 36; *Kozikowski/Ritter*, in: Beck'scher Bilanz-Kommentar, 7. Aufl., München 2010, § 290 Tz. 45.

III. Typisierte Fälle des Beherrschungskonzepts

> **BEURTEILUNG** Da die Geschäftsführung im Innenverhältnis alle wesentlichen operativen, investiven und finanziellen Entscheidungen nur im Rahmen des von der Gesellschafterversammlung genehmigten Wirtschaftsplans oder nach vorheriger Zustimmung treffen kann, liegen die relevanten Machtbefugnisse allein bei der Gesellschafterversammlung. Hier gilt:
>
> ▶ M kann alleine – in den Grenzen des durch Richterrecht geschaffenen Minderheitenschutzes – über die Feststellung des Jahresabschlusses und die Gewinnverwendung beschließen.
>
> ▶ Feststellungs- und Gewinnverwendungsbeschluss haben jedoch insoweit subsidiären Charakter, als mit ihnen nur über das verfügt werden kann, was die Gesellschaft tatsächlich erwirtschaftet hat. Zwar kann das bilanziell ausgewiesene Ergebnis kurz- bis mittelfristig von dem tatsächlich erwirtschafteten abweichen, etwa wenn Abschreibungen über den wirtschaftlichen Werteverzehr hinaus vorgenommen werden. In langer Sicht determiniert hingegen der kumulierte wirtschaftliche Erfolg den kumulierten bilanziellen Gewinn.
>
> ▶ Das erwirtschaftete wirtschaftliche Ergebnis ist wiederum Resultat der Geschäfte, die operativ, investiv und finanziell eingegangen worden sind. Insoweit kommt es also vor allem darauf an, wer die Geschäfts- und Finanzpolitik der Gesellschaft beeinflussen kann.
>
> ▶ Nach dem Gesellschaftsvertrag kann dies M nicht allein, da über Wirtschaftsplan und zustimmungsbedürftige Einzelgeschäfte mit 3/4-Mehrheit zu entscheiden ist. Er muss jeweils andere Gesellschafter für seine Pläne gewinnen und beherrscht daher die GmbH nicht.

32 Fraglich ist, ob trotz „formaler Stimmrechtsmehrheit" auch dann keine Beherrschung vorliegt, wenn die Rechtsposition des Mehrheitsgesellschafters nicht satzungsmäßig durch höhere qualifizierte Mehrheitserfordernisse, sondern durch schuldrechtliche Vereinbarungen (**Stimmbindungsverträge** etc.) beschränkt ist. Gegen eine derartige Ausdehnung könnte sprechen, dass die schuldrechtliche Vereinbarung nur die Vertragsparteien (Gesellschafter) bindet, jedoch im Verhältnis zur Gesellschaft keine Wirkung entfaltet. Es besteht die Möglichkeit vertragswidriger, im Verhältnis zur Gesellschaft aber gültiger Stimmabgabe. Aus dieser Möglichkeit leitet das Schrifttum ab, dass sich ein Unternehmen der Mehrheit der Stimmrechte i. S. des Abs. 2 Nr. 1 nicht durch Stimmbindungs- oder Entherrschungsverträge begeben kann.[26]

U. E. ist dem aus zwei Gründen nicht zu folgen:

▶ Zum einen begründen zulässige Stimmbindungsverträge einen klagbaren Erfüllungsanspruch, der ggf. per einstweiliger Verfügung durchgesetzt werden kann, und außerdem Schadenersatz- und Kündigungsansprüche.[27] Die theoretische Möglichkeit des abredewidrigen Stimmverhaltens bleibt damit bestenfalls im Einzelfall, jedoch nicht auf Dauer bestehen.

---

26 Vgl. *ADS*, 6. Aufl., § 290 Tz. 39; *Kozikowski/Ritter*, in: Beck'scher Bilanz-Kommentar, 7. Aufl., München 2010, § 290 Tz. 46; OLG Frankfurt/M., Urteil vom 14.11.2006 – 5 U 158/05.
27 Vgl. *Hüffer*, AktG, 7. Aufl., § 133 Rz. 29 ff., m. w. N.

▶ Zum andern besteht die Möglichkeit abredewidriger Stimmabgabe aber auch bei anderen Rechtsverhältnissen, etwa durch den schuldrechtlich gebundenen Treuhänder oder Pensionsnehmer. Wenn diese Möglichkeit aber in diesen Fällen nach einheitlicher Auffassung unbeachtet bleibt (→ Rz. 65), sollte dies auch für Stimmbindungsverträge gelten.[28]

3. Bestellung und Abberufung von Organen (Abs. 2 Nr. 2)

3.1 Überblick

Eine inländische Kapitalgesellschaft oder Kap. & Co.-Gesellschaft ist nach Abs. 2 Nr. 2 auch konzernrechnungslegungspflichtig, wenn   33

▶ ihr bei einem anderen Unternehmen das Recht zusteht, die Mehrheit der Mitglieder des die Finanz- und Geschäftspolitik bestimmenden **Verwaltungs-, Leitungs- oder Aufsichtsorgans** zu bestellen oder abzuberufen und

▶ sie **Gesellschafter** ist.

Ein Mehrheitsrecht führt jedoch nur dann zu einem Mutter-Tochter-Verhältnis, wenn das betroffene Organ relevante **Macht**befugnisse hat (→ Rz. 35).

Die Gesellschafterstellung ist auch bei Treugebererstellung und ähnlichen Rechtsverhältnissen nach Abs. 3 Satz 1 gegeben (→ Rz. 65). Eine kapitalmäßige Beteiligung ist nicht erforderlich; auch die nicht an der KG beteiligte Komplementär-GmbH ist Gesellschafter.

Liegt ausnahmsweise ein **Organbestellungsrecht ohne Gesellschafterstellung** vor, kann sich ein Beherrschungsverhältnis nur nach den Generalvorgaben von Abs. 1 ergeben (→ Rz. 8 ff.).[29]

3.2 Mehrheit der Mitglieder

Das Bestellungs- oder Abberufungsrecht muss sich auf die Mehrheit der Mitglieder des jeweils betroffenen Organs richten. Ist ein Unternehmen Alleingesellschafter eines Unternehmens mit nach **Mitbestimmungsgesetz** paritätisch besetztem Aufsichtsrat, steht ihm gleichwohl die Mehrheit der Stimmrechte zu, da bei Stimmengleichheit der von Unternehmerseite gestellte **Aufsichtsratsvorsitzende** entscheidet.[30]   34

3.3 Machtbefugnisse des betroffenen Organs

Unerheblich ist, ob das Verwaltungs-, Leitungs- oder Aufsichtsorgan fakultativ oder gesetzlich verpflichtend nach inländischem oder ausländischem Gesellschaftsrecht gebildet ist.   35

Fraglich war nach HGB a. F., ob **Mindest**machtbefugnisse erforderlich sind. Nach IFRS war dies stets der Fall. Eine Organmehrheit war nach IAS 27.13(c) und (d) nur dann relevant „wenn die Kontrolle über das Unternehmen bei dem betreffenden Organ liegt" („*if control is with that body*"). Die Neufassung von Abs. 2 Nr. 2 durch das BilMoG schließt sich dem an: Eine Organ-   36

---

28 Im Ergebnis gl. A. *Sieburg*, in: Küting/Pfitzer/Weber (Hrsg.), Handbuch der Konzernrechnungslegung, 2. Aufl., 1998, § 290 Tz. 73.
29 Gl. A. *Küting/Seel*, BB 2010 S. 1459 ff.
30 Gl. A. *Kozikowski/Ritter*, in: Beck'scher Bilanz-Kommentar, 7. Aufl., München 2010, § 290 Tz. 53; ADS, 6. Aufl., § 290 Tz. 53.

mehrheit führt nur dann zu einer Beherrschung, wenn das Organ die Finanz- und Geschäftspolitik bestimmt.

Diese Vorgabe ist schlüssig. Das Kontrollkonzept stellt auf die Beherrschungsmöglichkeit **über das Unternehmen** ab. Die Organmehrheit ist nur Mittel hierzu. Wo das betreffende Organ nur noch geringe Kompetenzen hat – die Mehrheit im Organ also keine relevante Einflussnahme auf das Unternehmen vermittelt –, liegt keine Kontrolle vor.[31] Praktische Bedeutung hat dies vor allem bei GmbHs, aber auch bei Personengesellschaften:

▶ Beim **fakultativen Aufsichtsrat** einer GmbH ist etwa zu prüfen, ob seine Kompetenzen dem Leitbild des gesetzlichen Aufsichtsrats in wesentlichen Punkten noch entsprechen. Nur dann ist die Mehrheit im fakultativen Organ relevant.

▶ Entsprechende Überlegungen können auch bei der **Geschäftsführung einer GmbH** notwendig sein, wenn deren Kompetenz im Innenverhältnis durch einen umfangreichen Katalog zustimmungsbedürftiger Geschäfte in hohem Maße eingeschränkt ist.

> **BEISPIEL** ▶ X, hochbetagter Alleingeschäftsführer und Alleingesellschafter der X-GmbH, veräußert 90 % der GmbH-Anteile an U. Anlässlich der Übertragung der Anteile werden folgende Regelungen getroffen:
>
> ▶ **Geschäftsführung**: Die Geschäftsführung wird von X (auf Lebenszeit) und einer von U bestimmten Person gestellt. Es wird Gesamtgeschäftsführung vereinbart, jedoch mit der Maßgabe, dass die Entscheidung des U bei Kontroversen den Ausschlag gibt.
>
> ▶ **Geschäftsführungsordnung**: Die vorherige Zustimmung der Gesellschafterversammlung ist erforderlich für den Abschluss von Geschäften, die im von der Gesellschafterversammlung mit einfacher Mehrheit zu verabschiedenden Wirtschaftsplan nicht enthalten sind und die im Einzelfall einen Geschäftswert von 50.000 € übersteigen.
>
> **BEURTEILUNG** ▶ Da die Stimme des U bei Kontroversen der Geschäftsführung doppelt zählt, hat U das Recht, die Mehrheit der Mitglieder der Geschäftsführung zu stellen (→ Rz. 40).
>
> Die Geschäftsführung kann jedoch im Innenverhältnis alle wesentlichen operativen, investiven und finanziellen Entscheidungen nur im Rahmen des von der Gesellschafterversammlung genehmigten Wirtschaftsplans oder nach vorheriger Zustimmung treffen. Die Mehrheitsverhältnisse im Geschäftsführungsorgan sind daher für die Beherrschung des Unternehmens unerheblich. Es kommt allein auf die Mehrheitsverhältnisse in der Gesellschafterversammlung an.

Allgemein zum Begriff der Geschäfts- und Finanzpolitik wird auf → § 311 Rz. 8 verwiesen.

3.4 Komplementär-Kapitalgesellschaft

37 Bei dispositiven Gesetzesvorgaben folgender Rechtsgestaltung hat die Komplementär-Kapitalgesellschaft zwar nicht das im Gesetzestext angesprochene Recht, die Mitglieder des Leitungsorgans der KG zu bestellen. Sie ist jedoch **selbst** Leitungsorgan. Nach Sinn und Zweck von

---

31 Vgl. *Bischof/Ross*, BB 2005 S. 203 ff.

Abs. 2 Nr. 2 ist daher ein Mutter-Tochter-Verhältnis gegeben.[32] Nach anderer Auffassung liegt jedenfalls bei personeller Identität zwischen Kommanditisten und GmbH-Gesellschaftern keine Beherrschung durch die GmbH vor, da die Kommanditisten/GmbH-Gesellschafter der GmbH die Geschäftsführungsbefugnis jederzeit entziehen können.[33]

In der Vertragspraxis sind die Leitungsrechte ohnehin häufig weitgehend zugunsten der Kommanditisten eingeschränkt, etwa durch einen umfangreichen Katalog zustimmungsbedürftiger Geschäfte. In diesem Fall ist die GmbH nach Abs. 2 Nr. 2 nicht als Mutterunternehmen anzusehen, da die Geschäftsführung keine relevanten Machtbefugnisse hat (→ Rz. 35).

4. Beherrschungsvertrag oder Satzungsbestimmung (Abs. 2 Nr. 3)

Ein Mutter-Tochter-Verhältnis liegt nach Abs. 2 Nr. 3 auch vor, wenn dem Mutterunternehmen das Recht zusteht, aufgrund eines mit dem Tochterunternehmen geschlossenen Beherrschungsvertrags oder aufgrund einer Satzungsbestimmung des Tochterunternehmens beherrschenden Einfluss auszuüben.

Dem Beherrschungsvertrag nach § 291 Abs. 1 Satz 1 AktG (analog bei der GmbH) ist der Eingliederungsvertrag nach § 319 AktG gleichzustellen, da dieser sogar stärkere Rechte gewährt.[34] Nicht ausreichend ist hingegen ein einfacher, ohne Beherrschungsvertrag abgeschlossener Gewinnabführungsvertrag.

Beherrschung ermöglichende Satzungsbestimmungen (Weisungsrechte, Zustimmungserfordernisse) sind bei Aktiengesellschaften wegen § 23 Abs. 5 AktG kaum relevant, aber auch in der Praxis anderer Rechtsformen eher selten.

IV. Konsolidierung von Zweckgesellschaften (Abs. 2 Nr. 4)

1. Rechtsentwicklung und konzeptionelle Grundlagen

1.1 HGB a. F. – Grenzen des Leitungs- und Kontrollkonzepts

Im Umgang mit Zweckgesellschaften tat sich das HGB a. F. schwer. Eine Zweckgesellschaft zeichnet sich durch eine **eng definierte Zwecksetzung** aus. Diese macht **fortlaufende unternehmerische Entscheidungen**, wie sie für ein am Markt tätiges Unternehmen typisch sind, **überflüssig**. Die Zweckgesellschaft wird daher i. d. R. durch einen von den Entscheidungen der Geschäftsführung unabhängigen sog. **Autopiloten** (im Fall der Leasingobjektgesellschaft etwa durch den langfristigen Leasingvertrag) gesteuert. Eine laufende Einflussnahme auf das Geschäft der Zweckgesellschaft ist nicht mehr erforderlich.

---

[32] Gl. A. *Kozikowski/Ritter*, in: Beck'scher Bilanz-Kommentar, 7. Aufl., München 2010, § 290 Tz. 57; *ADS*, 6. Aufl., § 290 Tz. 121.
[33] A. A. *Krietenstein*, KoR 2006 S. 267 ff.
[34] Vgl. *Kozikowski/Ritter*, in: Beck'scher Bilanz-Kommentar, 7. Aufl., München 2010, § 290 Tz. 59.

IV. Konsolidierung von Zweckgesellschaften

40 Eine Autopilot-Struktur konnte nach bisherigem Recht u. E. als **einheitliche Leitung** (§ 290 Abs. 1 HGB a. F.) gewürdigt werden.

> **BEISPIEL** Der ausschließliche Zweck der Leasingobjektgesellschaft LO, an der S nicht (oder nur mit Minderheit) beteiligt ist, besteht in der Nutzungsüberlassung von Immobilien an die S auf Basis langfristiger Leasingverträge.
>
> Nach diesen Verträgen sind sämtliche Instandhaltungen von S durchzuführen. Einziger Gesellschafter der LO ist die Bank B. Diese hat zeitlich und inhaltlich auf die Leasingverträge abgestimmte Kredite an die LO gewährt. Auf Basis der Verträge wird die LO auf lange Sicht kein relevantes ausschüttungsfähiges Ergebnis erwirtschaften. S bürgt für die Kredite.
>
> **BEURTEILUNG** Mit Abschluss der Leasing- und Kreditverträge ist die Tätigkeit der LO auf viele Jahre vorherbestimmt (Autopilot). Die Funktion von Geschäftsführung und Gesellschaftern reduziert sich auf „Formalien", wie Aufstellung und Feststellung des Jahresabschlusses. Aus wirtschaftlicher Sicht spielt daher keine Rolle, wer die Mehrheit in den Organen stellt.
>
> Eine einheitliche Leitung erfordert aber die Einbindung in die Finanzpolitik. Die Objektgesellschaft finanziert sich hingegen über eigene Darlehen. Lediglich in der Bürgschaft könnte eine mittelbare Einbindung gesehen werden. Eine solche Wertung erscheint aber nicht zwingend.

41 Diskussionsbedürftig war nach bisherigem Recht außerdem das **Verhältnis** der einheitlichen Leitung qua Autopilot **zum Kontrollkonzept**. Im o. g. Beispiel wäre die Zweckgesellschaft nach dem Konzept der einheitlichen Leitung möglicherweise Tochterunternehmen des Leasingnehmers, nach dem Kontrollkonzept möglicherweise aber Tochterunternehmen der Bank. In Frage kommen drei Lösungen für dieses Problem:

- ▶ Eines der beiden Kriterien hat Vorrang. Dieses definiert das Mutter-Tochterverhältnis.
- ▶ Bei gleichzeitiger Verwirklichung beider Kriterien im Verhältnis zu unterschiedlichen Oberunternehmen stellt das untergeordnete Unternehmen ein Gemeinschaftsunternehmen dar.
- ▶ Kein Kriterium hat Vorrang. Das Tochterunternehmen hat zwei Mutterunternehmen.

Gegen die erste Lösung spricht, dass in § 290 HGB a. F. kein Vorrangverhältnis zwischen Abs. 1 und Abs. 2 erkennbar ist. Die zweite Lösung scheidet aus, da ein Gemeinschaftsunternehmen gemeinsame Zielsetzungen, eine Koordination der Willensbildung etc. voraussetzt. In Frage kam daher nur die dritte Lösung, deren Nachteil die ungeklärten Probleme der mehrfachen Konzernzugehörigkeit sind.

42 Unter dem Aspekt der Kontrolle wurde im Schrifttum auch die Zurechnung der Stimmrechte bei Zweckgesellschaften gem. Abs. 3 Satz 1 2. Alternative diskutiert (→ Rz. 65). Entscheidend war hier, wie das Handeln für Rechnung des Berichtsunternehmens zu definieren ist. Das Handeln des Dritten konnte als für Rechnung des Berichtsunternehmens gedeutet werden, wenn

er **kein** relevantes **eigenes** wirtschaftliches **Gesellschafterinteresse** an der Zweckgesellschaft hat:[35]

BEISPIEL Ausschließlicher Zweck der LO ist die Vermietung (Leasing) von Immobilien an MU. Einziger Gesellschafter der MU ist die Bank X. Sie hat eine geringe Einlage geleistet. Zum ganz überwiegenden Teil ist das Geschäft der LO durch Darlehen der Bank finanziert, wobei MU für diese Darlehen bürgt. Laufzeiten und Beträge der Darlehens- und Leasingverträge sind so aufeinander abgestimmt, dass die LO keine wesentlichen Gewinne erzielen wird. Nach Ablauf der langfristigen Leasingverträge kann die MU die Immobilien zum kalkulierten Restwert erwerben. Bei Nichtausübung der Option, d. h. Veräußerung an einen Dritten, garantiert sie diesen Restwert. Der Restwert ist so kalkuliert, dass er dem Restbetrag des Darlehens und nach heutigen Werterwartungen im Wesentlichen auch dem Verkehrswert der Immobilien zum Zeitpunkt der Vertragsbeendigung entspricht.

BEURTEILUNG Die Bank X hat nur auf Darlehensebene, nicht auf Gesellschafterebene relevante eigene wirtschaftliche Interessen. Risiken und Chancen liegen beinahe ausschließlich bei MU. Die mit den Anteilen der Bank verbundenen Stimmrechte sind daher MU zuzurechnen. LO ist somit Tochterunternehmen von MU.

Keine einheitliche Meinung bestand aber bisher für den Fall, dass – anders als im vorstehenden Beispiel – das wirtschaftliche Gesellschafterinteresse des Dritten nicht nur marginal ist. Nach einer Auffassung schied dann die Zurechnung der Stimmrechte zum Sponsor aus.[36] Nach anderer Auffassung reichte es für die Zurechnung aus, wenn der Sponsor die Mehrheit der Chancen und Risiken trug.[37] 43

Folgendes **Fazit** zum **bisherigen Recht** lässt sich daher festhalten: Die dogmatische Begründung der Einbeziehung von Zweckgesellschaften (einheitliche Leitung oder Kontrolle über von Dritten für Rechnung des Berichtsunternehmens gehaltene Anteile) war ebenso strittig wie viele Details in der Anwendung des jeweiligen Konzepts. Für die Praxis resultierte hieraus ein **faktisches Wahlrecht**: Zweckgesellschaften wurden i. d. R. nicht einbezogen. 44

1.2 HGB n. F. – Fiktion der Beherrschung bei Risiko-Chancen-Mehrheit

Nach dem durch das BilMoG neu eingefügten Abs. 2 Nr. 4 ist ein beherrschender Einfluss stets gegeben, wenn eine Risiko-Chancen-Mehrheit an einer Zweckgesellschaft besteht. Die Neuregelungen gelten unabhängig davon, ob die Zweckgesellschaft schon vor Anwendungszeitpunkt des BilMoG existierte (→ Art. 66 Rz. 16). Führt die Neufassung zur erstmaligen Konsolidierung, sind nach Art. 66 Abs. 3 Satz 5 EGHGB regelmäßig die Wertverhältnisse zum 1. 1. 2010 für die Erstkonsolidierung maßgeblich. 45

Fraglich ist, ob der Risiko-Chancen-Ansatz

▶ eine **Konkretisierung** des Beherrschungskonzepts ist oder

---

[35] Vgl. *Hoyos/Ritter-Thiele*, in: Beck'scher Bilanz-Kommentar, 6. Aufl., München 2006, § 290 Tz. 77; *ADS*, 6. Aufl., § 290 Tz. 139; *Küting/Brakensiek*, DStR 2001 S. 1360 ff.; *Schruff/Rothenburger*, WPg 2002 S. 764 ff.
[36] Vgl. *ADS*, 6. Aufl., § 290 Tz. 139.
[37] Vgl. *Schruff/Rothenburger*, WPg 2002 S. 764 ff.

IV. Konsolidierung von Zweckgesellschaften

- in Alternativität zu ihm steht und nur im Wege der gesetzlichen **Fiktion** eine Risiko-Chancen-Mehrheit als Beherrschung gilt (→ Rz. 11).

Die praktische Bedeutung dieser Frage liegt in Folgendem: Bei Interpretation als „Konkretisierung" würde das Verhältnis von Abs. 2 Nr. 4 zu Abs. 1 dem von Abs. 2 Nr. 1 entsprechen:

- Dass nach Abs. 2 Nr. 1 eine Stimmrechtsmehrheit stets als Beherrschung gilt, impliziert nicht die Notwendigkeit einer solchen Mehrheit. Nach Abs. 1 können auch Präsenzmehrheiten als Beherrschung gelten (→ Rz. 15).
- Entsprechend würde dann die Vorgabe von Abs. 2. Nr. 4, wonach bei Zweckgesellschaften eine Risiko-Chancen-Mehrheit stets als Beherrschung gilt, nicht die Notwendigkeit einer Zweckgesellschaft implizieren. Auch bei anderen Gesellschaften wäre zu prüfen, ob eine Risiko-Chancen-Mehrheit auch ohne Beteiligung, Stimmrechtsmehrheit etc. für die Konsolidierungspflicht ausreicht.

Ist hingegen die Regelung von Abs. 2 Nr. 4 nur eine gut zu rechtfertigende kasuistische Ausnahme im sonst auf Beherrschung fokussierten § 290 HGB, sind Risiko-Chancen-Überlegungen für Gesellschaften ohne enge Zwecksetzung entbehrlich.

46 Mit entsprechenden dogmatischen, aber – wie dargestellt – praxisrelevanten Fragen, hat sich der **IASB** bei seinen Bemühungen zur Reform von IAS 27 und SIC 12 befasst. In einer frühen Phase hat er dabei folgende Ansicht vertreten:

- Eine **Autopilot-Struktur** impliziert zunächst nur, dass das **Kontrollkriterium** aus IAS 27 ins **Leere** läuft. Wo alle Geschäfte vorherbestimmt sind, spielen Organentscheidungen und Organmehrheiten keine Rolle mehr.
- Es ist dann auf **Chancen und Risiken** abzustellen.

In diesem Sinne hält der IASB anlässlich einer Diskussion zur Reform der Konsolidierungsvorschriften fest: „*The Board discussed a proposed staff approach to developing disclosure principles with regard to the judgement exercised in determining whether one entity controls another entity. [...] A Board member noted that the critical issue was not management's assessment of the power criterion in the developing control model, but the benefit criterion. This issue was acute in a range of special purpose entities that run on 'autopilot'* **(that is, the power criterion is non-operative)** *but which expose the sponsor to risks and benefits.*"[38]

47 Im weiteren Verlauf der Entwicklung von ED 10 ist der IASB allerdings zunehmend von dieser Position abgerückt und hat die Risiko-Chancen-Würdigung als Teil eines einheitlichen Konsolidierungskonzepts interpretiert. Der Verzicht auf Kasuistik ist theoretisch eleganter, in der Sache bleibt es aber bei folgendem Problem: Wo fortlaufende wesentliche Entscheidungen nicht erforderlich sind, vermitteln die verbleibenden Entscheidungskompetenzen gerade keinen beherrschenden Einfluss. Stimmrechts- und Organmehrheiten spielen keine wesentliche Rolle mehr. An die Stelle des Beherrschungskonzepts tritt das Risiko-Chancen-Konzept.

Auch Abs. 2 Nr. 4 ist in diesem Sinne u. E. als **begründete (!) kasuistische Ausnahme** vom allgemeinen Beherrschungskonzept zu sehen. Der Ausnahmecharakter zeigt sich auch daran, dass die Risiko-Chancen-Mehrheit regelmäßig gerade nicht – wie sonst – gesellschaftsrechtlich, sondern schuldrechtlich (über Bürgschaften etc.) fundiert ist.

---

[38] Notes from the IASB Meeting 16. 11. 2005.

§ 290 Pflicht zur Aufstellung

Rückwirkungen auf die allgemeine Interpretation des Beherrschungsbegriffs ergeben sich aus Abs. 2 Nr. 4 daher u. E. nicht. Unsere Auffassung begründen wir zusammenfassend wie folgt:

- Abs. 2 Nr. 4 hat insoweit einen Ausnahmecharakter, als er im Unterschied zu den anderen typisierten Fällen von Abs. 2 und im Unterschied zur für die Auslegung von Abs. 1 auch zu berücksichtigenden aktienrechtlichen Auffassung (→ Rz. 10) keine gesellschaftsrechtliche Fundierung des beherrschenden Einflusses voraussetzt.
- Auf eine solche Fundierung kommt es auch nicht an, wenn die Gesellschaft wegen enger Zwecksetzung per Autopilot gesteuert wird.
- Im Umkehrschluss folgt daraus aber: Bei Gesellschaften ohne enge Zwecksetzung bedarf Beherrschung einer gesellschaftsrechtlichen Fundierung.
- Das Risiko-Chancen orientierte Konsolidierungskonzept von Abs. 2 Nr. 4 ist daher keine Konkretisierung, sondern eine Alternative zum „normalen" Beherrschungskonzept von Abs. 1.

Zur praktischen Konsequenz unserer Auffassung folgende Beispiele:

BEISPIEL In 01 wird die TU als Gesellschaft zu Herstellung von glasbasierten Solarzellen von MU (60 %) und diversen anderen Gesellschaftern (zusammen 40 %) gegründet. Die Geschäfte entwickeln sich zunächst außerordentlich gut. Ein überdurchschnittliches Wachstum wird teils aus dem Eigenkapital, teils durch die Hausbank finanziert. In 08 und 09 brechen die Geschäfte zusammen, da Wettbewerber mit einer neuen, preiswerteren und vielfältiger anzuwendenden Technologie (Dünnschichtzellen) die Führung auf dem relevanten Markt übernehmen. Ende 09 ist das Eigenkapital der TU aufgezehrt. In zukunftsgerichteter Perspektive (→ Rz. 56) trägt ab diesem Zeitpunkt die Bank die Mehrheit der Risiken. Diese nimmt zur Sicherung ihres Engagements ab 2009 massiv auf geschäftspolitische Entscheidungen Einfluss, allerdings ohne die Entscheidungen allein treffen zu können.

BEURTEILUNG

1. TU ist keine Zweckgesellschaft, eine unmittelbare Anwendung von Abs. 2 Nr. 4 scheidet daher aus.
2. Mangels Ausstrahlung von Abs. 2 Nr. 4 auf Abs. 1 impliziert die Risikomehrheit der Bank (i.V. mit der Einflussnahme auf geschäftspolitische Entscheidungen) aber auch keinen beherrschenden Einfluss i. S. von Abs. 1.
3. TU ist als Nichtzweckgesellschaft mithin weiterhin durch X und nicht durch die Hausbank zu konsolidieren.

BEISPIEL Geschäftsweck der I ist die Erbringung von immobilienbezogenen Dienstleistungen (Wartung, Instandhaltung, Pflege, Verwaltung etc.). Der bislang wichtigste Abnehmer der angebotenen Leistungen (und Gründer sowie vormals Alleingesellschafter der I) A ist nach einer Veräußerung der Anteilsmehrheit an M Minderheitsgesellschafter und hat sich über langfristige Dienstleistungsverträge an die I gebunden. Der neue Mehrheitsgesellschafter M ist auf die Erbringung von immobilienbezogene Dienstleistungen spezialisiert und erwartet

1337

aus der Übernahme der I die Erzielung von Synergien, die A wegen eines anderen Kerngeschäfts nicht realisieren konnte.

Zur Realisierung der Synergien werden die Leistungen der I in das Leistungsspektrum der M integriert, sowie gezielt weitere Kunden (neben A) angesprochen und gewonnen. Für einige Jahre bleibt I aber der wichtigste Kunde.

> **BEURTEILUNG**
>
> 1. Es fehlt ab dem Zeitpunkt der gezielten Vermarktung gegenüber weiteren Kunden an einer engen Zwecksetzung der I. Sie ist keine Zweckgesellschaft mehr.
> 2. Eine Konsolidierungspflicht ergibt sich dann nur noch aus Abs. 1 oder Abs. 2 Nr. 1 bis 3, d. h. nach Maßgabe eines gesellschaftsrechtlich fundierten Einflusses und unabhängig von der Chancen-Risiko-Beurteilung. Ob die aus dem Vertrag mit A resultierende „Auslastungsgarantie" dazu führt, dass A noch auf einige Jahre die Mehrheit der Risiken trägt, ist daher irrelevant.
> 3. Einen beherrschenden Einfluss hat M, der I als Tochterunternehmen zu konsolidieren hat.

2. Anwendungsbereich

2.1 Gesellschaften mit enger Zwecksetzung

48   Der Begriff der Zweckgesellschaft (*special purpose entitiy*, SPE) ist durch die internationale Rechnungslegung – insbesondere SIC 12, auf den sich auch die Gesetzesbegründung beruft –, geprägt. Kennzeichnend ist danach (SIC 12.1):

- Ein **eng definiertes Ziel** wird
- **zugunsten eines anderen** Unternehmens (= Sponsor) verfolgt.

49   Eine **enge Zwecksetzung** impliziert: Die Geschäftätigkeit des Unternehmens bedarf **kaum** fortlaufender unternehmerischer **Entscheidungen**, wie sie für ein am Markt tätiges Unternehmen typisch sind. Wo solche Entscheidungen hingegen notwendig sind, erfordert die Beurteilung eines Beherrschungsverhältnisses i. d. R. keinen Rückgriff auf Abs. 2 Nr. 4, sondern kann ausschließlich nach Abs. 1 und Abs. 2 Nr. 1 bis 3 erfolgen. Folgende Indikatoren sprechen gegen eine enge Zwecksetzung:[39]

- Die Geschäftätigkeit umfasst die Herstellung von Produkten oder die Erbringung von Dienstleistungen (keine Leasing-, ABS- oder Kapitalanlage-Gesellschaft).
- Sie erfordert daher fortlaufende Entscheidungen über die Kombination der Produktionsfaktoren und
- eine aktive Vermarktung der Leistungen
- gegenüber einem im Zeitablauf veränderlichen Abnehmerkreis (keine Beschränkung auf den Sponsor).

---

39 IDW RS HFA 2, Tz. 55.

Die Frage fortlaufender Produktions- und Absatzentscheidungen ist vor dem Hintergrund von SIC 12.2 deshalb von so großer Bedeutung, weil bei einem stetigen Wandel ein Geschäft nicht automatisch durch einen sog. Autopiloten gesteuert werden kann (→ Rz. 40), sondern immer wieder von Neuem strategische Entscheidungen zu treffen sind, die letztlich nur über entsprechende Organmehrheiten kontrolliert werden können.

In **Outsourcing**-Fällen kommt es nach dem Vorstehenden darauf an, ob der Sponsor der einzig wesentliche Abnehmer der Leistung ist oder voraussichtlich bleiben wird. Da Zwecksetzungen per Definition zukunftsgerichtet sind, ist u. E. auch die Frage des Abnehmerkreises zukunftsgerichtet und nicht nur nach den Ist-Werten zu beurteilen. 50

BEISPIEL MU hat seine Abteilung IT zum 1.1.01 rechtlich outgesourct. Die Mehrheit der Anteile an IT halten das Management und Externe. Die IT wird auf Basis eines 5-Jahres-Vertrags weiterhin für die MU tätig sein, soll sich aber auch um externe Kunden bemühen, ihre Leistungen also aktiv vermarkten. Realistische Planungen gehen davon aus, dass der Anteil der MU am Gesamtumsatz der IT pro Jahr um etwa 10 Prozentpunkte sinken wird. Der Planung entsprechend betragen die Drittumsätze im Dezember 01 erstmals 10 % des Gesamtumsatzes mit steigender Tendenz.

BEURTEILUNG In zukunftsgerichteter Beurteilung hat die IT einen veränderlichen Abnehmerkreis, bedarf daher nicht nur fortlaufender Produktions-, sondern auch Absatzentscheidungen und ist deshalb keine SPE.

Ein beliebtes Anwendungsfeld von SPEs sind **ABS-Transaktionen** (*asset backed securities*) als eine besondere Form des Factoring. Die Forderungen werden vom Sponsor an die Zweckgesellschaft verkauft. Die Zweckgesellschaft finanziert sich durch die Ausgabe von Wertpapieren an externe, vor allem institutionelle Investoren oder durch Kreditaufnahme. Die Zahlungsverpflichtungen aus den Wertpapieren werden aus dem Zahlungsstrom (Zins- und Tilgungszahlungen) der Forderungen bedient. Üblicherweise verbleibt ein Teil des Forderungsausfallrisikos beim Veräußerer, sei es durch die direkte Abgabe von Garantien oder durch eine Finanzierung der Zweckgesellschaft durch zwei Klassen von Wertpapieren. Im letztgenannten Fall halten die Externen die Senior-Papiere, die vorrangig, und der Forderungsverkäufer die Junior-Papiere, die nur nachrangig bedient werden. 51

Ob die Forderungen – einen Abgang aus der Einzelbilanz unterstellt – im Konzernabschluss verbleiben, hängt davon ab, ob die ABS-Gesellschaft Tochterunternehmen des Sponsors ist.

Ein weiteres Anwendungsgebiet sind **Leasinggeschäfte**. Im typischen Fall wird für die Leasinggegenstände eine GmbH & Co. KG gegründet (**Leasingobjektgesellschaft**). Komplementär der Leasingobjektgesellschaft ist z. B. ein eigens dafür gegründetes Tochterunternehmen des externen Leasinggebers (Bank). Die Kommanditistenstellung übernimmt der Sponsor, der durch Garantien, Bürgschaften, eine hohe Haftsumme etc. auch die wesentlichen Risiken behält. Überlässt die externe Leasinggesellschaft die Leasinggegenstände im *finance lease* der SPE, diese aber im *operating lease* dem Sponsor, so sind die Leasingobjekte und Leasingverbindlichkeiten im Einzelabschluss des Sponsors nicht und im Konzernabschluss nur unter den Voraussetzungen der Risiko-Chancen-Mehrheit zu zeigen. 52

2.2 Unternehmensqualität unerheblich

53 Gesellschaften mit enger Zwecksetzungen fehlt häufig die Unternehmensqualität. Sie verfolgen gerade keine eigenständigen Interessen kaufmännischer Art mittels einer nach außen in Erscheinung tretenden Organisation. Nach den allgemeinen Vorgaben von Abs. 1, die voraussetzen, dass die Tochter ein Unternehmen ist, käme daher eine Konsolidierung nicht in Frage. Nach Abs. 2 Nr. 4 Satz 2 sind Zweckgesellschaften bei Erfüllung der übrigen Voraussetzungen jedoch auch dann zu konsolidieren, wenn sie **kein Unternehmen** sind. Eine Rückausnahme besteht lediglich für Spezialfonds (→ Rz. 54).

53a Wegen der Irrelevanz der Unternehmensqualität kommen als Konsolidierungsobjekt auch sog. **zellulare Strukturen** unter dem „Dach" einer Gesellschaft in Frage. Eine Zweckgesellschaft weist eine zellulare Struktur auf, wenn unter der einheitlichen rechtlichen Hülle verschiedene haftungsmäßig gegeneinander isolierte Geschäfte betrieben werden. Durch eine solche Strukturierung kann die Anwendung von Abs. 2 Nr. 4 u. E. nicht umgangen werden.[40]

> **BEISPIEL**
>
> **Sachverhalt**
>
> Die Leasinggesellschaft LG überlässt verschiedene Leasinggegenstände im *finance lease* an die Leasingobjektgesellschaft LOG, deren Komplementär sie zugleich ist. Kommanditisten mit einer geringen Einlage sind zu gleichen Teilen A, B, C, D und E, die Maschinen von LG im *operating lease* anmieten.
>
> Nach den Verträgen mit der LOG bürgt jeder Kommanditist für diejenigen Schulden der LOG, welche die von ihm angemieteten Leasinggegenstände betreffen, also sachlich ihm „zuzurechnen" sind. Andere Schulden relevanter Größenordnung hat die LOG nicht.
>
> **Beurteilung**
>
> Auch wenn keiner der Kommanditisten die Mehrheit der Risiken und Chancen an der LOG hat, können konsolidierungspflichtige SPEs vorliegen. Aus Sicht der relevanten Schulden, Eingangs- und Ausgangsgeschäfte ist die SPE nur eine formale Hülle über fünf wirtschaftlich selbständige Einheiten. Jede dieser Einheiten stellt eine Zweckgesellschaft dar und ist auf die Konsolidierungspflicht beim jeweiligen Kommanditisten zu prüfen. Diese Prüfung wird regelmäßig zur Konsolidierung führen.

Auch Verbriefungsgeschäfte (ABS-Transaktionen) können so gestaltet werden, dass z. B.
- drei Unternehmen A, B, C ihre Forderungen an eine einzige Zweckgesellschaft verkaufen,
- die Zweckgesellschaft zur Finanzierung der Käufe Schuldpapiere A, B und C emittiert,
- wobei zur dinglichen Sicherung der Papiere A nur die von A gekauften Forderungen dienen etc.

Ein derartiges *multi-seller*-SPE repräsentiert nicht ein Nichtkonsolidierungsobjekt, sondern drei (potenzielle) Konsolidierungsobjekte.

---

[40] Gl. A. *Schruff*, Der Konzern 2010 S. 511 ff.

2.3 Gesetzlicher Ausschluss von Spezialfonds

Nicht als SPE sind nach Abs. 2 Nr. 4 Satz 2 2. Halbsatz **Spezialfonds** anzusehen. In solche Fonds legen vor allem großen Unternehmen liquide Mittel an, wobei sie im Falle von 1-Mann-Fonds die Anlageentscheidungen über Anlagerichtlinien (als Autopilot → Rz. 40) weitgehend vorherbestimmen und die Risiken/Chancen tragen. Zwar fehlt den Fonds die Unternehmensqualität. Hierauf kommt es bei Zweckgesellschaften aber auch nicht an. Der Ausschluss der Fonds stellt daher eine **Ausnahme im Ausnahmetatbestand** dar. 54

Unabhängig von der Konsolidierung ist aber zu prüfen, ob die Zurechnung des Vermögens des Fonds zum Anteilzeichner aufgrund wirtschaftlichen Eigentums erfolgt. Wegen Einzelheiten wird auf → § 271 Rz. 15 verwiesen.

Die Spezialfonds betreffende Ausnahmeregelung ist nach dem Gesetzeswortlaut auf „Spezial-Sondervermögen i. S. des § 2 Abs. 3 des Investmentgesetzes" und damit auf inländisches Sondervermögen beschränkt. Danach würde bei vergleichbaren Beteiligungen an ausländischem Investmentvermögen (etwa in Form einer luxemburgischen SCP oder SICAV) eine Konsolidierungspflicht zu prüfen sein. Die Gleichbehandlung mit ausländischem Investmentvermögen scheint gleichwohl vertretbar. Der Gesetzgeber hat den bewussten Verzicht auf die Konsolidierung von Spezialfonds durch Anhangangaben in § 285 Nr. 26 HGB und § 314 Nr. 18 HGB flankiert. Die als Konsolidierungssurrogat dienenden Angabepflichten erstrecken sich aber ausdrücklich auch auf vergleichbare ausländische Investmentanteile. Unter dem Gesichtspunkt der Surrogation kann daher u. E. auch auf deren Konsolidierung verzichtet werden.[41] 55

3. Risiko-/Chancen-Mehrheit

3.1 Vorrang des Risikos

Abs. 2 Nr. 4 spricht von der Mehrheit der Risiken **und** Chancen. Hierbei ist unter der Prämisse des rationalen Handelns zunächst von einer symmetrischen Verteilung von Chancen und Risiken auszugehen: Derjenige, der die Mehrheit der Chancen hält, trägt auch die Mehrheit der Risiken. 56

Eine quantitative Feststellung kann jedoch im Einzelfall bereits zum **Zeitpunkt der Gründung** der SPE zu abweichenden Ergebnissen führen, etwa weil jeder der Beteiligten bei der Begründung von Rechten und Pflichten die Risiko-Chancen-Entwicklung unterschiedlich prognostiziert oder weil direkten und leicht quantifizierbaren Risiken z. T. nur indirekte und schwer oder nicht quantifizierbare Chancen gegenüberstehen.

Überdies kann sich die Verteilung der Chancen und Risiken **im Zeitablauf** ändern. Beide Begriffe sind zukunftsbezogen und daher für jeden Bilanzstichtag neu aus Sicht der noch verbleibenden „Restzukunft" zu beurteilen. Aus der Perspektive nach dem Gründungszeitpunkt liegender Bilanzstichtage ist aber selbst bei vollständiger Transparenz und Quantifizierbarkeit der Verhältnisse, uneingeschränkter Rationalität des Handelns und einheitlicher Einschätzung der Zukunftsaussichten eine Symmetrie von Chance und Risiko nicht mehr systematisch begründbar. Ist etwa eine Partei bei Gründung der Gesellschaft für ein einmaliges, vorab anfallendes

---

[41] Ä. A. *Zoger/Möller*, KoR 2009 S. 309 ff.

fremdübliches Entgelt stillhalterähnliche Verpflichtungen (Bürgschaften, geschriebene *put*- oder *call*-Optionen, Restwertgarantien etc.) gegenüber der anderen Partei oder der SPE eingegangen, so besteht im Gründungszeitpunkt die Vermutung der Ausgeglichenheit von Entgelt einerseits und den aus der Stillhalterverpflichtung resultierenden Risiken andererseits. Mit vollzogener Vereinnahmung des Entgelts bleibt dieses aber für die zum nächsten Bilanzstichtag vorzunehmende Prognose des Restzeitraums außer Betracht. Das vereinnahmte Entgelt stellt nun Vergangenheit dar. Die Zukunftschancen und -risiken beziehen sich nur auf noch nicht realisierte Ereignisse, somit in Bezug auf die Stillhalteverpflichtung nur noch auf das Recht des „Optionsinhabers" und die Pflicht des Stillhalters. Der jedem Optionsvertrag nach Zahlung der Optionsprämie innewohnenden Asymmetrie der Rechte und Pflichten entspricht dann die Asymmetrie von Chance und Risiko.

57 Soweit danach aus **Sicht des Bilanzstichtags** die deutliche Mehrheit der Risiken bei einer Partei und die ebenso deutliche Mehrheit der Chancen bei der anderen Partei liegt, führt die Risiko- und Chancenbetrachtung nur dann zu einer eindeutigen Lösung, wenn einem der beiden Indikatoren der Vorrang gegeben wird.

Das US-GAAP-Pendant zu SIC 12 gibt bei ungleicher Verteilung von Chance und Risiko dem Risikoaspekt den Vorrang (FIN 46r.14). Ob Entsprechendes auch für die IFRS bzw. SIC 12 gilt, ist umstritten.[42] Für das BilMoG schließt sich die Begründung des Rechtsausschusses dem amerikanischen Ansatz an: „Bei ungleicher Chancen- und Risikoverteilung ist **vorrangig** auf die **Risiken** abzustellen."

> **BEISPIEL** Die SPE hält ein Containerschiff, Nutzungsdauer 40 Jahre, und überlässt es im *operating lease* an Dritte. Kapitalgeber der SPE sind zu je 50 % diverse Kleinanleger (Eigenkapital) und eine Bank (über zehn Jahre zu tilgendes Fremdkapital), der das Schiff als Sicherheit gestellt wird.
>
> Das entgeltliche Management des Schiffs liegt bei U. Dieser garantiert der SPE über zehn Jahre die Frachterlöse. Die Kleininvestoren können U nach Ablauf der zehn Jahre ihren Anteil zum Nominalwert zzgl. einer bankähnlichen Verzinsung andienen.
>
> Beurteilungszeitraum für die Verteilung der Risiken und Chancen zwischen U und den Kleinanlegern ist der Zeitraum bis zum Ablauf des Andienungsrechts und nicht die längere Nutzungsdauer des Schiffs. Mit Ende der zehn Jahre und Ausübung/Nichtausübung eines Andienungsrechts ist die Risikoverteilung zwischen U und den Kleinanlegern endgültig abgeschlossen.
>
> Am Ablaufzeitpunkt haben die Kleinanleger das Recht auf Andienung ihrer Anteile. Durch das Andienungsrecht liegt das Wertentwicklungsrisiko des Schiffs bis zum Ablauf der zehn Jahre bei U; außerdem trägt U auch das Risiko aus der Garantie für die Frachterlöse. Ob die Kleinanleger, eine Nichtausübung der Option unterstellt, in den Jahren 11 bis 40 noch an den Anteilen festgehalten werden, ob sie also das laufende und das Wertentwicklungsrisiko dieser Jahre übernehmen werden oder nach Anlauf der zehn Jahre ihren Anteil alsbald ver-

---

[42] Gegen einen Vorrang IDW HFA 2, dafür *Lüdenbach*, in: Lüdenbach/Hoffmann (Hrsg.), Haufe IFRS-Kommentar, 8. Aufl., Freiburg 2010, § 32.

> äußern werden, ist Sache ihrer autonomen Entscheidung und berührt nicht mehr die vertragliche Risikoverteilung zwischen ihnen und U.
>
> Jedenfalls die Risikomehrheit liegt damit bei U, der die Zweckgesellschaft deshalb zu konsolidieren hat.

Eine Risiko- (oder Chancen-)Mehrheit liegt nicht bereits dann beim Berichtsunternehmen, wenn es mehr Risiken und Chancen als jeder andere trägt (relative Mehrheit); erforderlich ist die absolute Mehrheit.[43]

3.2 Vorrang der qualitativen Betrachtung

Die amerikanischen Vorschriften zu Zweckgesellschaften (*variable interest entities*) formulieren explizit den Vorrang der qualitativen Analyse im weitesten Sinne (FIN 46r.9) und führen als Begründung Folgendes an:

„*Although quantitative analysis may seem to provide a more precise and less subjective means of making a determination, that appearance is deceptive in some cases. The lack of objective evidence on which to base the estimates and assumptions used to make the computations results in imprecision and subjectivity. Consequently, a reasoned professional judgment ... often is as good as, or even better than, mathematical computations ....*" (FIN 46r.D.32).

Dem folgend ist u. E. auch in der Anwendung der IFRS[44] und des HGB der qualitativen Analyse der Vorrang zu geben.[45]

In folgenden beispielhaften Fällen kann regelmäßig bereits qualitativ eine **eindeutige Risikomehrheit** des Sponsors belegt werden:

▶ Die SPE finanziert sich beinahe ausschließlich aus Fremdmitteln, die sie ohne **Bürgschaften, Patronatserklärungen, Liquiditätsgarantien** (Fazilitäten) etc. des Sponsors aber nicht hätte beschaffen können.

▶ Die Fremdmittel stammen vom Sponsor, der hierfür **keine Sicherheiten** erhält, mit denen ein Dritter sich zufrieden gegeben hätte.

▶ Die SPE verfügt zwar über wesentliches, von Dritten aufgebrachtes Eigenkapital, der Sponsor nimmt den Dritten aber das eigenkapitaltypische Verlustrisiko ab, indem er ihnen etwa über einen langen Zeitraum ein **Recht auf Andienung der Anteile** zum Nominalwert zzgl. einer Verzinsung einräumt oder ihnen auf Dauer **Mindestdividenden** garantiert.

▶ Die SPE hat von vornherein eine **begrenzte Zeitdauer**. Für den Wert des am Ende dieses Zeitraums bestehenden Vermögens garantiert der Sponsor durch Einräumung von *first loss*-Garantien, Andienungsrechten etc.

3.3 Technik einer eventuellen Quantifizierung

Zur Technik einer eventuell notwendigen Quantifizierung der Risiko-Chancen-Verteilung enthalten weder die internationale Rechnungslegung noch das HGB Vorgaben.

---

43 Gl. A. *Schruff*, Der Konzern 2010 S. 511 ff.; sowie *Findeisen/Sabel/Klube*, BB 2010 S. 965 ff.
44 Vgl. *Lüdenbach*, in: Lüdenbach/Hoffmann (Hrsg.), Haufe IFRS-Kommentar, 8. Aufl., Freiburg 2010, § 32.
45 Ähnlich *Mujkanovic*, StuB 2009 S. 374 ff.

IV. Konsolidierung von Zweckgesellschaften

Die **amerikanische Rechnungslegung** arbeitet mit **wahrscheinlichkeitsgewichteten Szenarien** und definiert Risiko/Chance bzw. den Anteil an ihnen über die wahrscheinlichkeitsgewichte Variabilität der positiven und negativen Ergebnisse. Mangels Vorgaben im Gesetz spricht nichts gegen die Übernahme dieses Ansatzes.[46]

Eine Übernahme ist aber andererseits nicht zwingend. Chance und Risiko müssen nicht als wahrscheinlichkeitsgewichtete Ergebnisvariabilität, sondern können auch jeweils **zweiwertig** als *best/worst case* interpretiert werden.

61 In beiden Fällen ergibt sich der Anteil an den Chancen und Risiken nicht auf Basis des gesellschaftrechtlichen Ergebnisses, sondern nach Maßgabe des Ergebnisses vor risikotragenden schuldrechtlichen Abreden. Vergleichbar den Regelungen von § 15 EStG ist etwa für bei Finanzierung durch ein Darlehen des Sponsors, das Ergebnis vor Zinsaufwand aus dem Darlehen und dem außerordentlichen Ertrag der Gesellschaft aus Darlehnsverzicht die „zu verteilende" Größe, der Anteil des Sponsors mithin der Zins (Chance) bzw. der Darlehensausfall (Risiko).

> **BEISPIEL** Die SPE finanziert sich zu 1.000 durch ein im Erfolgsfall mit 25 % verzinsliches partiarisches Darlehen des Sponsors, zu 100 durch Eigenkapital von Dritten. Im *best case* entsteht ein handelsrechtliches Ergebnis (zugleich operativer *cashflow*) von 1.500, im *worst case* von -1.100.
>
> | | *best case* | | *worst case* | |
> | --- | --- | --- | --- | --- |
> | Operatives Ergebnis | 1.500 | | -1.100 | |
> | Zinsaufwand | -250 | | 0 | |
> | Handelsrechtliches Ergebnis | 1.250 | | -1.100 | |
> | Hinzurechnung Zinsaufwand | 250 | | | |
> | Zu verteilendes Ergebnis | 1.500 | | -1.100 | |
>
> | Verteilung | | | | |
> | --- | --- | --- | --- | --- |
> | Anteil Sponsor (Zins und Tilgung bzw. Ausfall) | 1.250 | 83,3 % | -1.000 | 90,9 % |
> | Anteil EK-Geber | 250 | 16,7 % | -100 | 9,1 % |

4. Mehr-Mütter-Beziehungen bei Divergenz von Stimmrechts- und Risikomehrheit?

61a Fraglich ist die Behandlung einer Zweckgesellschaft, bei der eine Partei die Mehrheit der **Stimmrechte** (Abs. 2 Nr. 1), die andere die Mehrheit der **Risiken** (Abs. 2 Nr. 4) hat. In Frage kommen zwei Lösungen:

▶ **Gleichrang** der Vorschriften: Die Zweckgesellschaft ist Tochter im Verhältnis zu beiden Parteien (Mehr-Mütter-Beziehung).

---

46 Zur Erläuterung des Ansatzes: *Lüdenbach*, in: Lüdenbach/Hoffmann (Hrsg.), Haufe IFRS-Kommentar, 8. Aufl., Freiburg 2010, § 32.

▶ Abs. 2 Nr. 4 hat **Vorrang**: Ein Mutter-Tochter-Verhältnis besteht nur zu demjenigen, der die Mehrheit der Risiken trägt.

Das Schrifttum neigt dann der ersten Lösung zu, wenn es Abs. 2 Nr. 1 rein formal auslegt und der Frage, ob die Stimmrechtsmehrheit irgendeine Substanz hat, keine Bedeutung beimisst.[47]

Nach der hier vertretenen Auffassung begründen u. E. inhaltsleere Stimmrechtsmehrheiten hingegen kein Beherrschungsverhältnis (→ Rz. 27). Bei einer unter Autopilot agierenden Zweckgesellschaft (→ Rz. 40 und → Rz. 46) ist die Inhaltsleere regelmäßig gegeben, Abs. 2 Nr. 1 somit irrelevant und ein Mutter-Tochter-Verhältnis nur zu demjenigen gegeben, der die Mehrheit der Risiken trägt.[48]

V. Zurechnung und Abzug von Rechten (Abs. 3)

1. Überblick

Die **unmittelbaren Rechte**, die dem Mutterunternehmen nach Abs. 2 unmittelbar zustehen, sind um Hinzurechnungen und Abzüge zu **korrigieren**.

62

Die **Hinzurechnungen** betreffen Rechte,

▶ die einem (anderen) Tochterunternehmen (→ Rz. 63) oder
▶ Personen, die für Rechnung des Mutterunternehmens oder Tochterunternehmens handeln (→ Rz. 65),

zustehen.

Abzüge sind umgekehrt erforderlich, wenn Rechte

▶ vom Mutter- oder Tochterunternehmen für Rechnung einer anderen Person gehalten werden (→ Rz. 71) oder
▶ mit Anteilen verbunden sind, die als Sicherheit gehalten werden (→ Rz. 73).

2. Indirekte Beteiligungen (Abs. 3 Satz 1 1. Alternative)

In Abs. 3 Satz 1 1. Alternative ist die Zurechnung mittelbarer Rechte bei mehrstufigen Konzernbeziehungen geregelt. Als Tochterunternehmen eines Mutterunternehmens gelten auch alle **mittelbaren** Tochterunternehmen:

63

> **BEISPIEL** MU ist an X mit 60 %, X an Y mit 51 % beteiligt.
>
> Im Verhältnis zu MU gilt:
>
> X ist (unmittelbares) Tochterunternehmen nach Abs. 2 Nr. 1.
>
> Y ist (mittelbares) Tochterunternehmen nach Abs. 3 i.V. mit Abs. 2 Nr. 1.

---

47 Vgl. z. B. *Schruff*, Der Konzern 2010 S. 511 ff.; *Küting/Seel*, BB 2010 S. 1459 ff.
48 Im Ergebnis gl. A. *Findeisen/Sabel/Klube*, BB 2010 S. 965 ff.

Besteht die indirekte Beteiligung neben der direkten Beteiligung, sind beide Beteiligungen zusammenzurechnen. Hierbei sind die vom (anderen) Tochterunternehmen gehaltenen Anteile voll und nicht lediglich quotal dem Mutterunternehmen zuzurechnen.

BEISPIEL MU ist

- zu 30 % direkt an der T2 und
- zu 60 % direkt an der T1 beteiligt.

T1 hält wiederum 30 % der Anteile an der T2.

BEURTEILUNG Rechnerisch beträgt der Anteil der M AG an der T2

$30\,\%$ (direkt)
$+\ 60\,\% \cdot 30\,\% = 18\,\%$ (indirekt über T1)
$= 48\,\%$ (gesamt).

Für die Beurteilung der Konsolidierungspflicht sind hingegen die der T1 zuzurechnenden Anteile voll anzusetzen, weil T1 bei jeder über 50 % hinausgehenden Beteiligung von M beherrscht wird, somit hält MU an T2

$30\,\%$ (direkt)
$+\ 30\,\%$ (indirekt über T1)
$=\ 60\,\%$ (gesamt).

T2 ist Tochterunternehmen der MU.

VARIANTE Werden die anderen 40 % an der T1 jedoch vom konzernfremden E gehalten und ist durch den Gesellschaftsvertrag von T1 oder in sonstiger Weise gesichert, dass abweichend von den sonstigen geschäftspolitischen Maßnahmen der T1 alle Entscheidungen der T1 in Bezug auf die Beteiligung an der T2 ein Einvernehmen von M und E voraussetzen, so greift die Kontrolle von M auf T1 nicht auf T2 durch. T1 ist zwar Tochterunternehmen von M, da für alle sonstigen geschäftspolitischen Maßnahmen der T1 normale Mehrheitsregeln gelten. M kann jedoch nur im Einvernehmen mit E die Stimmrechte der T1 in der Gesellschafterversammlung T2 ausüben.

M beherrscht somit nur die eigenen Anteile an der T2, während es die von T1 an T2 gehaltenen Anteile nicht beherrscht. T2 ist nicht Tochterunternehmen der M.

64 Keinen Eingang in die Gesamtbetrachtung der direkt und indirekt gehaltenen Anteile finden solche Anteile, die das Mutterunternehmen über assoziierte Unternehmen oder Gemeinschaftsunternehmen hält. Sie sind nicht zu berücksichtigen.

3. Von Dritten für Rechnung des Konzerns gehaltene Anteile (Abs. 3 Satz 1 2. Alternative)

3.1 Grundfälle

Nach Abs. 3 Satz 1 2. Alternative sind dem Mutterunternehmen Anteile Dritter zuzurechnen, die diese für Rechnung des Mutterunternehmens oder eines anderen Tochterunternehmens halten. Wichtige Anwendungsfälle sind 65

▶ **Treuhandverhältnisse** (Sicherungs- sowie uneigennützigen Verwaltungstreuhand) und

▶ echte **Pensionsgeschäfte**.[49]

3.2 Potenzielle Stimmrechte aus Kaufoptionen und Bezugsrechten

Bei der Beurteilung, ob Kontrolle (Tochterunternehmen) vorliegt, sind nach **IFRS** neben den bestehenden auch **potenzielle**, mit Bezugsrechten oder erworbenen Kaufoptionen (*call options*) verbundene Stimmrechte einzubeziehen (IAS 27.14 ff. sowie IAS 28.8 ff.). 66

> **BEISPIEL** ▶ M verfügt über 40 % der Anteile und Stimmrechte an X, B über 20 %. B hat M eine jederzeit ausübbare Kaufoption über den Erwerb der 20 % eingeräumt. Die Option ist zum Stichtag (im Übrigen auch bis zur Bilanzaufstellung) noch nicht ausgeübt worden.
>
> Sofern der Ausübungspreis nicht sehr ungünstig ist, gilt X als Tochterunternehmen von M, da eine zusammengefasste Betrachtung von bereits bestehenden Stimmechten (40 %) und potenziellen Stimmrechten (20 %) geboten ist.

Wenn die Kaufoption bis zum Bilanzstichtag nicht ausgeübt wurde, könnte sie aus Sicht des Stichtagsprinzips vordergründig für irrelevant gehalten werden. Einer solchen Perspektive hält indes IAS 27.IG2 Folgendes entgegen: Kontrolle setzt lediglich die **Möglichkeit** der Beherrschung bzw. Einflussnahme voraus. Auf die tatsächliche Einwirkung zum Stichtag kommt es nicht an. Optionsrechte, bei deren Ausübung die Kontroll- bzw. Einflussschwelle von 50 % bzw. 20 % überschritten würden, sind (unter bestimmten Bedingungen) daher schon dann zu berücksichtigen, wenn sie am Stichtag hätten ausgeübt werden können.

Zu prüfen ist, ob diese Überlegungen auf das **Handelsrecht** übertragen werden können. Dafür spricht zunächst, dass auch das handelsrechtliche Konsolidierungskonzept allein auf die Beherrschungsmöglichkeit abstellt. Eine solche kann sich nicht nur aus den vorhandenen Anteilen, sondern auch aus der Hinzurechnung potenzieller ergeben, sofern diese am Stichtag und nicht erst zu einem zukünftigen Zeitpunkt (Frist) oder bei Eintritt eines zukünftigen Ereignisses (Bedingung) ausübbar sind. Allerdings geht mit dem Optionsvertrag eine Chancen-Risiken-Asymmetrie einher. Die Chance aus dem optionsgegenständlichen Anteil liegen beim Optionsinhaber, die Risiken beim Stillhalter. Nach der herrschenden handelsrechtlichen Auffassung sind aber nur solche Anteile zuzurechnen, deren Chancen und Risiken dem Berichtsunterneh- 67

---

[49] Vgl. *Kozikowski/Ritter*, in: Beck'scher Bilanz-Kommentar, 7. Aufl., München 2010, § 290 Tz. 82; *ADS*, 6. Aufl., § 290 Tz. 139.

men zustehen (→ Rz. 45 f.). Dieser Konzeption folgend scheidet eine Hinzurechnung von Optionsrechten u. E. handelsrechtlich **aus**.[50]

4. Hinzurechnungen aufgrund einer Vereinbarung (Abs. 3 Satz 2)

68 Nach Abs. 3 Satz 2 werden einem Mutterunternehmen über die Zurechnungen nach Satz 1 hinaus auch die Rechte hinzugerechnet, über die es selbst oder ein Tochterunternehmen aufgrund einer Vereinbarung mit anderen **Gesellschaftern** dieses Unternehmens verfügen kann.

69 In Betracht kommen insbesondere sog. satzungsergänzende Nebenabreden, mit denen die Aktionäre (Gesellschafter) schuldrechtliche Regelungen der Rechtsverhältnisse untereinander oder zur Gesellschaft treffen, also etwa

- **Stimmbindungsverträge**, in denen sich die Vertragsparteien zur Ausübung der Stimmrechte in bestimmter Weise verpflichten,
- **Konsortialverträge oder Poolverträge**, bei denen die Verpflichtung regelmäßig darin besteht, das Stimmrecht nach Mehrheitsentscheid der Konsortial- bzw. Poolmitglieder auszuüben.

Die aus solchen Verträgen resultierenden Rechte stehen nur dann denen aus eigenen Anteilen gleich, wenn **allein** über die betroffenen Stimmrechte verfügt werden kann. Eine lediglich paritätische Mitwirkung, wie sie bei Konsortial- oder Poolverträgen nicht unüblich ist, reicht nicht aus.

70 Beide Parteien der Vereinbarung müssen **Gesellschafter** sein.

5. Abzug von Rechten (Abs. 3 Satz 3)

71 Von den Rechten, die dem Mutterunternehmen nach Abs. 2 unmittelbar oder über das Tochterunternehmen nach Abs. 3 mittelbar zustehen, sind folgende Rechte abzuziehen:

- Rechte, die mit Anteilen verbunden sind, die von dem Mutterunternehmen oder Tochterunternehmen für Rechnung einer **anderen** Person gehalten werden (Abs. 3 Satz 3 Nr. 1).
- Rechte, die mit Anteilen verbunden sind, die als **Sicherheit** gehalten werden, sofern diese Rechte nach Weisung des Sicherungsgebers oder, wenn ein Kreditinstitut die Anteile als Sicherheit für ein Darlehen hält, im Interesse des Sicherungsgebers ausgeübt werden (Abs. 3 Satz 3 Nr. 2).

Der Zweck der Regelung besteht u. a. darin, die Rechte dem wirtschaftlichen Inhaber der Anteile zuzurechnen.[51]

72 Der Abzug bei für Rechnung anderer Personen gehaltenen Anteilen entspricht mit umgekehrtem Vorzeichen den Regelungen in Abs. 3 Satz 1. Auf → Rz. 63 ff. wird deshalb verwiesen.

73 Die Regelung nach Abs. 3 Satz 3 Nr. 2 stellt im Kern einen Unterfall von Abs. 3 Satz 3 Nr. 1 dar. Entscheidend ist das wirtschaftliche, nicht das rechtliche Eigentum. Durch Sicherungsübereig-

---

50 A. A. Müller, in: Haufe HGB Bilanz Kommentar, Freiburg 2009, § 290 Rz. 61.
51 Vgl. *ADS*, 6. Aufl., § 290 Tz. 146.

nung erhaltene Anteile sind daher dann abzuziehen, wenn die Stimm-, Bestellungs- und Abberufungsrechte aus den Anteilen nur **nach Weisung** des Sicherungsgebers ausgeübt werden können.

Eine Erleichterung besteht für Kreditinstitute: Die aus den Sicherungsanteilen resultierenden Rechte sind bereits dann abzuziehen, wenn sie nur „**im Interesse**" des Sicherungsgebers ausgeübt werden.

VI. Berechnung der Mehrheit der Stimmrechte (Abs. 4)

Nach Abs. 2 Nr. 1 begründet eine Stimmrechtsmehrheit ein Mutter-Tochter-Verhältnis (→ Rz. 22). Abs. 4 regelt den Mechanismus der Berechnung des Stimmrechtsanteils:

▶ Abs. 4 Satz 1 hält hierbei eine arithmetische Selbstverständlichkeit fest: Der Stimmrechtsanteil ergibt sich (unbereinigt) aus dem Verhältnis der Zahl der Stimmrechte, die das Unternehmen aus den ihm gehörenden Anteilen **ausüben** kann, zur Gesamtzahl aller Stimmrechte.

▶ Nach Abs. 4 Satz 2 sind im Nenner jedoch **Bereinigungen** erforderlich: Von der Gesamtzahl der Stimmrechte sind die aus **eigenen Anteilen**, die dem Tochterunternehmen selbst oder einem seiner Tochterunternehmen oder einem Dritten für Rechnung der vorgenannten gehören, abzuziehen. Erklärend für den Abzug ist die Rechtsausübungssperre des § 71b AktG (analog für GmbH). Aus den genannten Anteilen steht der Gesellschaft kein Stimmrecht zu.

Im Zähler des Quotienten, d. h. bei den Anteilen des Berichtsunternehmens, sind nur die **ausübbaren** Stimmrechte zu berücksichtigen. Nach einer Auffassung sind deshalb wegen Verstoßes gegen aktien- oder wertpapierrechtliche Meldepflichten vorübergehend nicht ausübare Rechte nicht zu berücksichtigen.[52] U. E. widerspricht diese Ansicht dem Kontrollkonzept, das auf die Beherrschungs**möglichkeit**, nicht die tatsächliche Beherrschung abstellt. Da der durch den Verstoß gegen die Meldepflichten eingetretene Rechtsverlust nur vorübergehend ist, das übergeordnete Unternehmen jederzeit die Meldung nachholen und sein Stimmrecht wiederherstellen kann, ist ein Abzug nicht vorzunehmen (→ Rz. 26).

Umgekehrt halten wir einen Abzug für geboten, wenn durch Entherrschungs- oder Stimmrechtsausschlussverträge etc. der Anteilsinhaber das Stimmrecht nicht mehr ausüben kann. Zwar berühren derartige schuldrechtliche Vereinbarungen nicht das Verhältnis zur Gesellschaft. Eine vertragswidrige Stimmrechtsabgabe bleibt also zumeist möglich. U. E. ist jedoch entscheidend, dass wegen der Zulässigkeit solcher Vereinbarungen das vertragskonforme Verhalten jedenfalls auf Dauer durchgesetzt oder alternativ der Vertrag beendet werden kann (→ Rz. 32).

---

52 Vgl. *ADS*, 6. Aufl., § 290 Tz. 153.

VII. Befreiung vom Konzernabschluss bei ausschließlich nicht einzubeziehenden Tochterunternehmen (Abs. 5)

76 Ein Mutterunternehmen ist gem. Abs. 5 von der Pflicht, einen Konzernabschluss und einen Konzernlagebericht aufzustellen befreit, wenn es nur Tochterunternehmen hat, die gem. § 296 HGB **nicht** in den Konzernabschluss einbezogen zu werden brauchen.

Nach der Gesetzesbegründung soll damit eine Unsicherheit hinsichtlich des **IFRS**-Konzernabschlusses gem. § 315a HGB beseitigt werden. Für diesen ist § 290 HGB insoweit von Bedeutung, als sich die Konzernrechnungslegungspflicht auch bei kapitalmarktorientierten stets nach Handelsrecht beurteilt, während die IFRS „nur" für den Inhalt eines danach aufzustellenden Konzernabschlusses gelten (→ § 315a Rz. 4).

In diesem arbeitsteiligen Kontext war die Frage aufgekommen,[53] ob ein nur dem Grunde nach konzernrechnungslegungspflichtiges Mutterunternehmen, dessen Tochterunternehmen wegen § 296 HGB (Weiterveräußerungsabsicht, Transferbeschränkungen, Unwesentlichkeit etc.) sämtlich nicht einzubeziehen sind, so dass ein HGB-Konzernabschluss entfiele, bei Kapitalmarktorientierung nach IFRS konzernrechnungslegungspflichtig ist, insoweit die IFRS die Nichteinbeziehung verbieten. Hier sorgt Abs. 5 für eine **Klarstellung**: Eine Konzernabschlusspflicht entfällt nach HGB und damit auch für § 315a HGB.

> **BEISPIEL** ▶ Die börsennotierte Venture Capital AG hält eine Vielzahl von Beteiligungen. Alle Beteiligungserwerbe erfolgen mit einer Exit-Strategie (Börsengang, außerbörsliche Veräußerung).
>
> Die Beteiligung werden daher gem. § 296 Abs. 1 Nr. 3 HGB nicht konsolidiert.
>
> Nach § 290 Abs. 5 HGB entfällt damit die Konsolidierungspflicht, mit Folgewirkung für den IFRS-Abschluss nach EU-VO bzw. § 315a Abs. 1 HGB.

VIII. Rechtsfolgen einer Verletzung von § 290 HGB

77 Bei unterlassener bzw. nicht rechtzeitiger Offenlegung des Konzernabschlusses und Konzernlageberichts ist gegen die Mitglieder des vertretungsberechtigten Organs ein Ordnungsgeldverfahren nach § 335 HGB durchzuführen.

Ist dem Mutterunternehmen ein Schaden daraus entstanden, dass der Verpflichtung zur Konzernrechnungslegung nicht bzw. nicht rechtzeitig nachgekommen wurde, haften die gesetzlichen Vertreter der Gesellschaft gesamtschuldnerisch (§ 93 Abs. 2 Satz 1 AktG, § 43 Abs. 2 GmbHG).

---

53 Vgl. *Engelmann/Zülch*, DB 2006 S. 293 ff.; *Knorr/Buchheim/Schmidt*, BB 2005 S. 2399 ff.

§ 291 Befreiende Wirkung von EU/EWR-Konzernabschlüssen

(1) ¹Ein Mutterunternehmen, das zugleich Tochterunternehmen eines Mutterunternehmens mit Sitz in einem Mitgliedstaat der Europäischen Union oder in einem anderen Vertragsstaat des Abkommens über den Europäischen Wirtschaftsraum ist, braucht einen Konzernabschluss und einen Konzernlagebericht nicht aufzustellen, wenn ein den Anforderungen des Absatzes 2 entsprechender Konzernabschluss und Konzernlagebericht seines Mutterunternehmens einschließlich des Bestätigungsvermerks oder des Vermerks über dessen Versagung nach den für den entfallenden Konzernabschluss und Konzernlagebericht maßgeblichen Vorschriften in deutscher Sprache offen gelegt wird. ²Ein befreiender Konzernabschluss und ein befreiender Konzernlagebericht können von jedem Unternehmen unabhängig von seiner Rechtsform und Größe aufgestellt werden, wenn das Unternehmen als Kapitalgesellschaft mit Sitz in einem Mitgliedstaat der Europäischen Union oder in einem anderen Vertragsstaat des Abkommens über den Europäischen Wirtschaftsraum zur Aufstellung eines Konzernabschlusses unter Einbeziehung des zu befreienden Mutterunternehmens und seiner Tochterunternehmen verpflichtet wäre.

(2) ¹Der Konzernabschluss und Konzernlagebericht eines Mutterunternehmens mit Sitz in einem Mitgliedstaat der Europäischen Union oder in einem anderen Vertragsstaat des Abkommens über den Europäischen Wirtschaftsraum haben befreiende Wirkung, wenn

1. das zu befreiende Mutterunternehmen und seine Tochterunternehmen in den befreienden Konzernabschluss unbeschadet des § 296 einbezogen worden sind,

2. der befreiende Konzernabschluss und der befreiende Konzernlagebericht im Einklang mit der Richtlinie 83/349/EWG des Rates vom 13. Juni 1983 über den konsolidierten Abschluss (ABl EG Nr. L 193 S. 1) und der Richtlinie 84/253/EWG des Rates vom 10. April 1984 über die Zulassung der mit der Pflichtprüfung der Rechnungslegungsunterlagen beauftragten Personen (ABl EG Nr. L 126 S. 20) in ihren jeweils geltenden Fassungen nach dem für das aufstellende Mutterunternehmen maßgeblichen Recht aufgestellt und von einem zugelassenen Abschlussprüfer geprüft worden sind,

3. der Anhang des Jahresabschlusses des zu befreienden Unternehmens folgende Angaben enthält:

    a. Name und Sitz des Mutterunternehmens, das den befreienden Konzernabschluss und Konzernlagebericht aufstellt,

    b. einen Hinweis auf die Befreiung von der Verpflichtung, einen Konzernabschluss und einen Konzernlagebericht aufzustellen, und

    c. eine Erläuterung der im befreienden Konzernabschluss vom deutschen Recht abweichend angewandten Bilanzierungs-, Bewertungs- und Konsolidierungsmethoden.

²Satz 1 gilt für Kreditinstitute und Versicherungsunternehmen entsprechend; unbeschadet der übrigen Voraussetzungen in Satz 1 hat die Aufstellung des befreienden Konzernabschlusses und des befreienden Konzernlageberichts bei Kreditinstituten im Einklang mit der Richtlinie 86/635/EWG des Rates vom 8. Dezember 1986 über den Jahresabschluss und den konsolidierten Abschluss von Banken und anderen Finanzinstituten (ABl EG Nr. L 372 S. 1) und bei Ver-

sicherungsunternehmen im Einklang mit der Richtlinie 91/674/EWG des Rates vom 19. Dezember 1991 über den Jahresabschluss und den konsolidierten Jahresabschluss von Versicherungsunternehmen (ABl EG Nr. L 374 S. 7) in ihren jeweils geltenden Fassungen zu erfolgen.

(3) Die Befreiung nach Absatz 1 kann trotz Vorliegens der Voraussetzungen nach Absatz 2 von einem Mutterunternehmen nicht in Anspruch genommen werden, wenn

1. das zu befreiende Mutterunternehmen einen organisierten Markt im Sinn des § 2 Abs. 5 des Wertpapierhandelsgesetzes durch von ihm ausgegebene Wertpapiere im Sinn des § 2 Abs. 1 Satz 1 des Wertpapierhandelsgesetzes in Anspruch nimmt,

2. Gesellschafter, denen bei Aktiengesellschaften und Kommanditgesellschaften auf Aktien mindestens 10 vom Hundert und bei Gesellschaften mit beschränkter Haftung mindestens 20 vom Hundert der Anteile an dem zu befreienden Mutterunternehmen gehören, spätestens sechs Monate vor dem Ablauf des Konzerngeschäftsjahrs die Aufstellung eines Konzernabschlusses und eines Konzernlageberichts beantragt haben.

Inhaltsübersicht	Rz.
I. Überblick	1 - 3
II. Befreiung von der Teilkonzernabschlusspflicht durch Konzernabschluss höherer Stufe (Abs. 1)	4 - 13
1. Normzweck	4 - 5
2. Sitz und Rechtsform des Mutterunternehmens höherer Stufe	6 - 7
3. Mutter-Tochter-Verhältnis	8 - 11
4. Offenlegung	12 - 13
III. Anforderungen an den befreienden Konzernabschluss (Abs. 2 Nr. 1 und 2)	14 - 23
1. Maßgeblichkeit des nationalen Rechts oder der IFRS	14 - 15
2. Einklang mit den EG-Richtlinien	16 - 20
2.1 Einklangerfordernis	16
2.2 Befreiungswirkung eines Konzernabschlusses nach PublG	17 - 19
2.3 Befreiungswirkung eines Konzernabschlusses nach IFRS	20
3. Konsolidierungskreis	21
4. Prüfung	22
5. Besonderheiten bei Finanzinstituten und Versicherungen	23
IV. Anhangangaben im Einzelabschluss des befreiten Mutterunternehmens (Abs. 2 Nr. 3)	24 - 25
V. Ausschluss der Befreiung (Abs. 3)	26 - 30
1. Kapitalmarktorientierung (Abs. 3 Nr. 1)	26
2. Minderheitenschutz (Abs. 3 Nr. 2)	27 - 30

Ausgewählte Literatur

Gross, Teilkonzernabschlüsse als Mittel des Minderheitenschutzes?, WPg 1976 S. 214

Maas/Schruff, Befreiende Konzernrechnungslegung von Mutterunternehmen mit Sitz außerhalb der EG, WPg 1991 S. 765

von Wysocki, Konzernabschluss: Aufstellungs- und Einbeziehungspflichten nach neuem Recht, WPg 1987 S. 277

I. Überblick

Im mehrstufigen Konzern ist das **Unternehmen mittlerer Ebene** 1

▶ nicht nur **Tochterunternehmen** im Verhältnis zu den ihm **über**geordneten Unternehmen,

▶ sondern **zugleich Mutterunternehmen** im Verhältnis zu den ihm **unter**geordneten Unternehmen.

Das Unternehmen **mittlerer** Ebene wird einerseits in den Konzernabschluss der höheren Stufe(-n) einbezogen, müsste nach § 290 HGB andererseits aber selbst einen (Teil-)Konzernabschluss erstellen, in den seine Tochterunternehmen einzubeziehen wären.

Dieses sog. **Tannenbaumprinzip** (→ § 290 Rz. 6) würde in einem mehrstufigen Konzern zu einer Vervielfachung der Zahl der aufzustellenden Konzernabschlüsse führen. Den damit verbundenen Mehrkosten steht dann kein entsprechender Nutzen gegenüber, wenn das Informationsinteresse der Kapitalgeber bereits durch den (Gesamt-)Konzernabschluss höherer Stufe und die ohnehin zu erstellenden Einzelabschlüsse befriedigt ist (→ Rz. 4).

§§ 291, 292 HGB sehen daher für Mutterunternehmen, die gleichzeitig Tochterunternehmen 2 eines Mutterunternehmens höherer Stufe sind, eine Möglichkeit zur **Befreiung** von der Pflicht zur Aufstellung eines (Teil-)Konzernabschlusses vor, sofern ein **übergeordneter** Konzernabschluss (nicht notwendig ein Gesamtkonzernabschluss) erstellt wird. Einschlägig ist bei oberen Mutterunternehmen

▶ mit Sitz in einem EU/EWR-Staat § 291 HGB,

▶ aus anderen Staaten § 292 HGB (→ § 292 Rz. 4 ff.).

Der Europäische Wirtschaftsraum (EWR) umfasst neben den EU-Staaten auch Island, Liechtenstein und Norwegen. Die Schweiz ist kein Mitglied des EWR.

§ 291 HGB enthält folgende **Voraussetzungen** für die Befreiung vom Teilkonzernabschluss: 3

▶ Nach Abs. 1 tritt die Befreiung nur ein, wenn auf der Grundlage eines Mutter-Tochter-Verhältnisses (→ Rz. 8) zwischen dem Mutterunternehmen oberer und unterer Stufe ein Konzernabschluss höherer Stufe einschließlich des Bestätigungs- oder Versagungsvermerks in deutscher Sprache **offen gelegt** wird (→ Rz. 12).

▶ Abs. 2 Nr. 1 und 2 formulieren inhaltliche Anforderungen an den **befreienden** Konzernabschluss höherer Stufe. Das zu befreiende Mutterunternehmen muss einbezogen werden (→ Rz. 21), der befreiende Konzernabschluss im Einklang mit den EG-Richtlinien aufgestellt (→ Rz. 16) und geprüft (→ Rz. 22) werden.

▶ Abs. 2 Nr. 3 enthält Anforderungen an den **Anhang** des Jahresabschlusses des **befreiten** Unternehmens. U. a. sind Name und Sitz des Mutterunternehmens, das den befreienden Konzernabschluss aufstellt, anzugeben (→ Rz. 24).

▶ Nach Abs. 3 ist trotz Erfüllung der übrigen Voraussetzungen **keine Befreiungsmöglichkeit** gegeben, wenn die an der Spitze des Teilkonzerns stehende Gesellschaft kapitalmarktorientiert ist (→ Rz. 26) oder eine qualifizierte Minderheit ihrer Gesellschafter die Aufstellung eines Teilkonzernabschlusses verlangt (→ Rz. 28).

II. Befreiung von der Teilkonzernabschlusspflicht durch Konzernabschluss höherer Stufe (Abs. 1)

1. Normzweck

4 In **mehrstufigen Konzernen** wäre für jeden Teilkonzern, an dessen Spitze eine Kapitalgesellschaft oder Kap. & Co.-Gesellschaft (→ § 290 Rz. 1) steht, ein **Teilkonzernabschluss** zu erstellen. Da den damit verbundenen Kosten i. d. R. **kein adäquater Informationsnutzen** gegenübersteht, ermöglicht § 291 HGB die Befreiung von der Teilkonzernabschlusspflicht durch einen Konzernabschluss höherer Stufe (→ Rz. 1).

5 Die Befreiung ist nach Abs. 1 an folgende **Bedingungen** geknüpft:
- Zwischen dem zu befreienden Mutterunternehmen und einem übergeordneten Mutterunternehmen besteht nach dem maßgeblichen Recht ein **Mutter-Tochter-Verhältnis** (→ Rz. 8).
- Das obere Mutterunternehmen hat seinen Sitz in einem **EU-/EWR-Staat** (→ Rz. 6).
- Es stellt einen **Konzernabschluss** auf, um ihn einschließlich des Bestätigungs- oder Versagungsvermerks in deutscher Sprache **offen zu legen** (→ Rz. 12).

2. Sitz und Rechtsform des Mutterunternehmens höherer Stufe

6 Das Mutterunternehmen höherer Stufe muss seinen Sitz in einem EU-/EWR-Staat haben (→ Rz. 2). Bei anderen Sitzstaaten kann die Befreiungsmöglichkeit nach § 292 HGB greifen (→ § 292 Rz. 2).

7 Der befreiende Konzernabschluss kann nach Abs. 1 Satz 2 von Unternehmen **beliebiger Rechtsform und Größe** aufgestellt werden. Es kommt daher auch nicht darauf an, ob der befreiende Konzernabschluss freiwillig oder in Erfüllung einer gesetzlichen Pflicht aufgestellt wird. Auch Einzelkaufleute, BGB-Gesellschaften und juristische Personen des öffentlichen Rechts können einen befreienden Konzernabschluss aufstellen. Voraussetzung ist aber die Unternehmenseigenschaft (→ § 271 Rz. 10). Fehlt es hieran, hat der Abschluss eines **Gleichordnungskonzerns** keine Befreiungswirkung:[1]

---

[1] Vgl. *Ernst/Dreixler*, in: Haufe HGB Bilanz Kommentar, Freiburg 2009, § 291 Rz. 13.

> **BEISPIEL** Die sonst nicht geschäftlich tätige natürliche Person P hält Mehrheitsbeteiligungen an A und B, wobei A und B jeweils diverse Tochterunternehmen haben. Für den Gleichordnungskonzern A-B stellt P freiwillig einen Konzernabschluss auf.
>
> **BEURTEILUNG** Sofern das Halten und Verwalten der Beteiligungen durch P nicht als Unternehmenstätigkeit zu qualifizieren ist, befreit der Abschluss des Gleichordnungskonzerns die Konzerne A und B nicht.
>
> **FALLVARIANTE** P ist nicht im Inland, sondern in einem anderen EU/EWR-Ausland ansässig.
>
> Nach dem maßgeblichen (→ Rz. 8) dortigen Recht darf (und muss) er einen Abschluss für den Gleichordnungskonzern aufstellen. Dieser hat Befreiungswirkung.

Das Unternehmen beliebiger Rechtsform kann nach Abs. 1 Satz 2 2. Halbsatz nur dann einen befreienden Konzernabschluss aufstellen, wenn es „als Kapitalgesellschaft mit Sitz in einem Mitgliedstaat der Europäischen Union oder in einem anderen Vertragsstaat des Abkommens über den Europäischen Wirtschaftsraum zur Aufstellung eines Konzernabschlusses unter Einbeziehung des zu befreienden Mutterunternehmens und seiner Tochterunternehmen verpflichtet wäre." Bei widerspruchsfreier Interpretation hat dieser Zusatz keine besondere Bedeutung. Er bringt sprachlich missglückt nur die rechtsformunabhängige Befreiungsmöglichkeit zum Ausdruck.[2]

3. Mutter-Tochter-Verhältnis

Die Befreiung des Teilkonzerns durch den Konzernabschluss höherer Stufe tritt nach Abs. 1 Satz 1 nur dann ein, wenn ein Mutter-Tochter-Verhältnis zwischen der Spitze des oberen Konzerns und der Spitze des unteren Konzerns besteht. 8

Hierbei kann es sich **auch** um ein **indirektes** Mutter-Tochter-Verhältnis handeln (→ § 290 Rz. 63). Zwischen dem oberen und dem unteren Unternehmen können also mehrere Konzernstufen liegen. Die Aufstellung eines Gesamtkonzernabschlusses durch die oberste Stufe des Konzerns (Konzernspitze) befreit bei Vorliegen der übrigen Voraussetzungen alle Teilkonzerne unterer Stufen. 9

Ob das geforderte Mutter-Tochter-Verhältnis vorliegt (→ Rz. 8), entscheidet sich nach dem für das übergeordnete Mutterunternehmen **maßgeblichen Recht**. 10

Soweit nur nationales Recht zur Anwendung gelangt, gilt daher:

- Bei Sitz des übergeordneten Mutterunternehmens im **Inland** ist **§ 290 HGB**,
- bei Sitz in einem **anderen EU-/EWR-Staat** das **Recht des jeweiligen Staats** maßgeblich.

Sofern das übergeordnete Mutterunternehmen nicht das jeweilige nationale Recht anwendet, sondern auf der Basis der IAS-Verordnung der EU **einen IFRS-Konzernabschluss** (→ Rz. 20) auf- 11

---

2 Vgl. *ADS*, 6. Aufl., § 291 Tz. 8, *Busse von Colbe*, in: Schmidt (Hrsg.) Münchener Kommentar zum Handelsgesetzbuch: HGB, Bd. 4, 2. Aufl., München 2008, § 291 Tz. 12.

stellt, sind u. E. die IFRS das maßgebliche, über ein Mutter-Tochter-Verhältnis entscheidende Recht.[3]

> **BEISPIEL** Die österreichische Ö hält 40 % an der belgischen B, außerdem hat sie eine jederzeit ausübbare *call*-Option auf Erwerb weiterer 15 %. Die belgische B ist wiederum mit 100 % an der deutschen D beteiligt. D hat seinerseits nach § 290 HGB diverse inländische Tochterunternehmen E-1 ff.
>
> Ö stellt einen Gesamtkonzernabschluss nach IFRS auf. In diesen Gesamtkonzernabschluss wird wegen der Berücksichtigung potenzieller Stimmrechte aus der *call*-Option auch die B samt ihrer mittelbaren und unmittelbaren Töchter (D und E-1 ff.) einbezogen.
>
> **BEURTEILUNG** Nach inländischem Recht besteht zwischen der Ö und der D kein (mittelbares) Mutter-Tochter-Verhältnis, da Optionsrechte keine Kontrolle begründen (→ § 290 Rz. 67).
>
> Nach dem maßgeblichen Recht (hier den IFRS) besteht zwischen Ö und B aber ein unmittelbares und daher zwischen Ö und D ein mittelbares Mutter-Tochterverhältnis. Die Voraussetzungen der Befreiung sind gegeben.

4. Offenlegung

12 Konzernabschluss und Konzernlagebericht des Mutterunternehmens höherer Stufe haben nach Abs. 1 Satz 1 nur dann befreiende Wirkung zu, wenn sie

- einschließlich des **Bestätigungs- oder Versagungsvermerks**
- in **deutscher** Sprache
- nach den für den entfallenden Konzernabschluss maßgeblichen Vorschriften **offen gelegt** werden.

Nicht erforderlich ist eine Umrechung in Euro. Die Übersetzung in die deutsche Sprache bedarf keiner Beglaubigung.[4] Zur Frage, ob die Befreiungswirkung auch bei einem eingeschränkten oder versagten Bestätigungsvermerk eintritt, wird auf → Rz. 22 verwiesen.

13 Die Offenlegung muss nach den für den befreiten (inländischen) Konzernabschluss geltenden Vorschriften erfolgen. Nach § 325 Abs. 3 i.V. mit Abs. 1 Satz 2 HGB (→ § 325 Rz. 14) ist der befreiende Konzernabschluss somit **spätestens zwölf Monate** nach Ablauf des Geschäftsjahrs offen zu legen. Sofern der Abschlussstichtag des zu befreienden Mutterunternehmens von dem des befreienden Konzernabschlusses abweicht, ist der Stichtag des zu befreienden Mutterunternehmens maßgeblich.

---

3 Im Ergebnis gl. A. *Kozikowski/Ritter*, in: Beck'scher Bilanzkommentar, 7. Aufl., München 2010, § 291 Tz. 18.
4 Vgl. Begr. RegE, BT-Drucks. 10/3440, S. 44 zu § 297 HGB-E.

> **BEISPIEL** Das Geschäftsjahr des befreiten Mutterunternehmens unterer Stufe läuft vom 1.10.01 bis zum 30.9.01 Das Mutterunternehmen oberer Stufe stellt den Konzernabschluss für ein kalendergleiches Geschäftsjahr auf.
>
> Der befreiende Konzernabschluss per 31.12.02 ist nicht bis zum 31.12.03 (zwölf Monate nach Konzernbilanzstichtag), sondern bis zum 30.9.02 (zwölf Monate nach Bilanzstichtag des unteren Unternehmens) offen zu legen.

III. Anforderungen an den befreienden Konzernabschluss (Abs. 2 Nr. 1 und 2)

1. Maßgeblichkeit des nationalen Rechts oder der IFRS

Befreiender Konzernabschluss und Konzernlagebericht müssen dem nationalen Recht entsprechen, das für den Konzernabschluss des übergeordneten Mutterunternehmens gilt (Abs. 2 Nr. 2). Aufgrund der Mitgliedstaatenwahlrechte in der 4. und 7. EG-Richtlinie kann daher der befreiende Abschluss in Form und Inhalt von dem entfallenden Konzernabschluss abweichen.

Soweit nach nationalem Recht pflichtweise bei Kapitalmarktorientierung oder wahlweise in anderen Fällen ein befreiender IFRS-Konzernabschluss erstellt wird, muss dieser den in der EU angenommenen **IFRS** entsprechen (→ Rz. 20).

2. Einklang mit den EG-Richtlinien

2.1 Einklangerfordernis

Befreiender Konzernabschluss und Konzernlagebericht müssen im Einklang mit den Anforderungen der 7. EG-Richtlinie stehen (Abs. 2 Nr. 2). Der Einklang ist anzunehmen, wenn das Mutterunternehmen oberer Stufe eine **Kapitalgesellschaft** oder **Kap. & Co.-Gesellschaft** mit Sitz im Inland oder in einem anderen EU-/EWR ist und der Konzernabschluss nach **jeweiligem nationalen Recht** erstellt ist.

Kritisch kann das Einklangerfordernis in folgenden Fällen zu würdigen sein:
- Konzernabschluss einer inländischer Personengesellschaft nach **PublG** (→ Rz. 17);
- Konzernabschluss nach **IFRS** (→ Rz. 20).

2.2 Befreiungswirkung eines Konzernabschlusses nach PublG

Ist das Mutterunternehmen oberer Stufe eine inländische Personengesellschaft, die ihren Konzernabschuss nach PublG erstellt, kommt diesem Abschluss nur dann Befreiungswirkung zu, wenn zwei Voraussetzungen erfüllt sind:
- Bestimmte nach PublG gegenüber dem HGB bestehende **Erleichterungen** werden nicht in Anspruch genommen (§ 13 Abs. 3 Satz 3 PublG; → Rz. 18).
- Die Konsolidierung nach PublG bewirkt nicht, dass Tochterunternehmen des zu befreienden Mutterunternehmens aus dem **Konsolidierungskreis** fallen (→ Rz. 19).

III. Anforderungen an den befreienden Konzernabschluss

18 Zur ersten Voraussetzung folgendes Beispiel:

BEISPIEL ▶ In einer dreistufigen Struktur ist die A-OHG Konzernspitze, die B-AG deren Tochterunternehmen, zugleich aber Mutterunternehmen im Hinblick auf die C-1 ff. GmbHs.

Die A-OHG stellt einen Konzernabschluss nach PublG auf. Sie könnte dabei folgender Erleichterungen in Anspruch nehmen:

▶ Keine Angabe der Organbezüge (§ 13 Abs. 3 Satz 1 PublG);

▶ verkürzte GuV (§13 Abs. 3 Satz 2 i.V. mit § 5 Abs. 5 PublG);

▶ keine Aufstellung von Kapitalflussrechung und Eigenkapitalspiegel (§ 13 Abs. 3 Satz 2 PublG).

BEURTEILUNG ▶ Nur die Inanspruchnahme der an dritter Stelle genannten Erleichterungen ist nach § 13 Abs. 3 Satz 3 PublG unschädlich. Wird dagegen mindestens eine der beiden anderen Erleichterungen in Anspruch genommen, hat der Gesamtkonzernabschluss der A-OHG keine Befreiungswirkung für den Teilkonzernabschluss der B-GmbH.

19 Die zweite Voraussetzung spielte vor dem BilMoG eine Rolle, da § 290 HGB a. F. die Konsolidierungspflicht alternativ an einheitliche Leitung oder Kontrolle band, § 11 PublG a. F. hingegen nur auf die einheitliche Leitung abstellte. Durch das BilMoG wird als Konsolidierungskonzept von HGB und PublG einheitlich der beherrschende Einfluss verwendet. § 11 Abs. 1 PublG stimmt insoweit nun mit § 290 Abs. 1 HGB überein, § 11 Abs. 6 Satz 1 Nr. 1 PublG schreibt die entsprechende Anwendung von § 290 Abs. 2 bis 5 HGB vor.

BEISPIEL ▶ In einer dreistufigen Struktur ist die A-OHG Konzernspitze, die B-AG deren unter einheitlicher Leitung stehendes Tochterunternehmen. Die B-AG ist zugleich Mutterunternehmen im Hinblick auf die E-1 ff. GmbHs, teilweise aber nur nach dem Kontrollkonzept des § 290 Abs. 2 a. F. HGB, nicht hingegen qua einheitlicher Leitung i. S. des § 290 Abs. 1 a. F. HGB bzw. § 11 PublG a. F. In den Gesamtkonzernabschluss nach PublG wurden diese Fälle ohne einheitliche Leitung nicht einbezogen.

BEURTEILUNG NACH ALTEM RECHT ▶ In den Gesamtkonzernabschluss wurden einige Tochterunternehmen i. S. des § 290 Abs. 2 HGB a. F. nicht einbezogen, da sie zwar unter Kontrolle, aber nicht unter einheitlichen Leitung standen. Dies stand im Widerspruch zur 7. EG-Richtlinie.

Der Gesamtkonzernabschluss hatte daher keine befreiende Wirkung für den Teilkonzernabschluss der B-AG.[5]

BEURTEILUNG NACH BILMOG Das Problem divergierender Konsolidierungskreise kann nicht mehr auftreten.

2.3 Befreiungswirkung eines Konzernabschlusses nach IFRS

Stellt das Mutterunternehmen oberer Stufe seinen Konzernabschluss nach Maßgabe der EU IAS-VO bzw. deren Umsetzung in nationales Recht (in Deutschland § 315a HGB) nach IFRS auf, kann dieser Abschluss gem. Abs. 2 Satz Nr. 2 nur dann Befreiungswirkung für Teilkonzernabschlüsse unterer Stufen haben, wenn er im **Einklang mit der 7. EG-Richtlinie** steht. 20

Dieser Einklang ist bei Anwendung der von der EU endorsten IFRS gegeben, da nach Art. 3 der EU-Verordnung IFRS nur dann übernommen werden (*endorsement*), wenn sie Art. 16 Abs. 3 der 7. EG-Richtlinie entsprechen, also ein den tatsächlichen Verhältnissen entsprechendes Bild der Vermögens-, Finanz- und Ertragslage vermitteln.[6] In diesem Sinne wurde auch das in § 292a Abs. 2 HGB a. F. formulierte Einklangerfordernis bei IFRS-Abschlüssen generell bejaht.

Die Befreiungswirkung des IFRS-Abschlusses setzt voraus, dass ihm – wie in § 315 Abs. 1 HGB – vorgesehen, ein Lagebericht beigefügt ist (→ § 315a Rz. 12).

3. Konsolidierungskreis

Das zu befreiende Mutterunternehmen und seine Tochterunternehmen müssen unbeschadet der Optionen des § 296 HGB in den befreienden Konzernabschluss einbezogen werden (Abs. 2 Nr. 1). 21

Angesprochen ist damit das Problem der unterschiedlichen Ausübung von Konsolidierungswahlrechten auf verschiedenen Konzernstufen. Von praktischer Bedeutung ist vor allem die **Nichtkonsolidierung** wegen **Unwesentlichkeit** (→ § 296 Rz. 18).

BEISPIEL Das Mutterunternehmen unterer Stufe hält Anteile an diversen Tochterunternehmen, die aus Sicht des Teilkonzernabschlusses sämtlich wesentlich sind, aus Sicht des Gesamtkonzernabschlusses jedoch zum Teil nur von untergeordneter Bedeutung. Einige dieser

---

5 Gl. A. *Siebourg*, in: Küting/Weber (Hrsg.), Handbuch der Konzernrechungslegung, Bd. II, 2. Aufl., Stuttgart 2002, § 291 Tz. 43, *ADS*, 6. Aufl., § 290 Tz. 29.
6 Gl. A. *Busse von Colbe*, in: Schmidt (Hrsg.), Münchener Kommentar zum Handelsgesetzbuch: HGB, Bd. 4, 2. Aufl., 2008, § 291 Tz. 18.

> Tochterunternehmen werden gem. § 296 Abs. 2 HGB daher im Gesamtkonzernabschluss nicht konsolidiert.
>
> **BEURTEILUNG** Die Befreiungswirkung des Gesamtkonzernabschlusses wird durch die Nichteinbeziehung von nur aus Gesamtkonzernperspektive unwesentlichen Tochterunternehmen wird nicht tangiert.

Verallgemeinert gilt: Die expliziten oder faktischen **Einbeziehungswahlrechte** sind aus Sicht des **Mutterunternehmens oberer Stufe** zu beurteilen. Werden sie dort regelkonform ausgeübt, bleibt die Befreiungswirkung erhalten. Ob das Wahlrecht auf der unteren Stufe ebenfalls bestanden hätte, ist unerheblich.[7]

Das Abstellen auf die obere Stufe findet dort seine Grenze, wo das zu befreiende Mutterunternehmen selbst nicht in den Konzernabschluss des übergeordneten Mutterunternehmens einbezogen wird.[8]

4. Prüfung

22 Konzernabschluss und Konzernlagebericht oberer Stufe wirken nur dann befreiend für den Teilkonzern, wenn sie nach dem jeweiligen nationalen Recht – in Deutschland u. a. § 319 Abs. 1 Satz 1 HGB (→ § 319 Rz. 4) – von einem in Übereinstimmung mit den Vorschriften der 8. EG-Richtlinie zugelassenen Abschlussprüfer geprüft worden sind (Abs. 2 Nr. 2 2. Halbsatz).

Führt die Prüfung des befreienden Konzernabschlusses zu einer **Versagung des Bestätigungsvermerks** (→ § 322 Rz. 57 ff.), so gilt Folgendes:

▶ Abs. 1 Satz 1 sieht die Veröffentlichung von Konzernabschluss und Konzernlagebericht „einschließlich des Bestätigungsvermerks der des Vermerks über dessen Versagung" vor, und bindet damit die Befreiungswirkung gerade nicht an die Erteilung eines (uneingeschränkten) Bestätigungsvermerks. Auch ein mit Versagungsvermerk versehener Konzernabschluss kann daher im Einzelfall Befreiungswirkungen haben.

▶ Nach Abs. 2 Nr. 2 kann aber eine andere Beurteilung geboten sein. Liegt der Grund der Versagung nicht in einem Prüfungshemmnis, sondern darin, dass der Konzernabschluss nach dem Gesamtbild der Umstände nicht nach dem maßgeblichen Recht aufgestellt wurde, erfüllt der Abschluss auch nicht das Erfordernis des Einklangs mit der 7. EG-Richtlinie. Die Befreiungswirkung tritt dann nicht ein.[9]

5. Besonderheiten bei Finanzinstituten und Versicherungen

23 Abs. 2 Satz 2 stellt klar, dass an der Spitze des Teilkonzerns stehende Kreditinstitute oder Versicherungen nur dann von der Teilkonzernabschlusspflicht befreit werden, wenn der Konzern-

---

[7] Vgl. *Busse von Colbe*, in: Schmidt (Hrsg.), Münchener Kommentar zum Handelsgesetzbuch: HGB, Bd. 4, 2. Aufl., 2008, § 290 Tz. 22; *Maas/Schruff*, WPg 1991 S. 765 ff.; *Kozikowski/Ritter*, in: Beck'scher Bilanzkommentar, 7. Aufl., München 2010, § 291 Tz. 15 ff.

[8] Vgl. *ADS*, 6. Aufl., § 290 Tz. 35; *Kozikowski/Ritter*, in: Beck'scher Bilanzkommentar, 7. Aufl., München 2010, § 290 Tz. 17.

[9] Vgl. *Siebourg*, in: Küting/Weber (Hrsg.), Handbuch der Konzernrechnungslegung, 2. Aufl., Stuttgart 2002, § 291 Tz. 32.

abschluss und Lagebericht oberer Stufe im Einklang mit der Bank- bzw. Versicherungsbilanzrichtlinie stehen. Die übrigen Befreiungsvoraussetzungen bleiben unberührt.

IV. Anhangangaben im Einzelabschluss des befreiten Mutterunternehmens (Abs. 2 Nr. 3)

Der Anhang des Jahresabschlusses des zu befreienden Mutterunternehmens muss die folgenden Angaben enthalten (→ § 284 Rz. 36): 24

- ► **Name und Sitz des Mutterunternehmens**, das den befreienden Konzernabschluss und Konzernlagebericht aufstellt,
- ► **Hinweis auf die Befreiung** von der Verpflichtung, einen Konzernabschluss und einen Konzernlagebericht aufzustellen, sowie
- ► Erläuterung der im befreienden Konzernabschluss vom deutschen Recht **abweichend angewandten Methoden** der Bilanzierung, Bewertung und Konsolidierung.

Die Pflicht zur Erläuterung der **Bilanzierungs-, Bewertungs- und Konsolidierungsmethoden** bedarf näherer Würdigung: 25

- ► **Bei extensiver** Interpretation wären sämtliche Abweichungen zu erläutern. Bei einem befreienden IFRS-Abschluss wäre also etwa aus Sicht der Bilanzierungs- und Bewertungsmethoden u. a. auf
  - die unterschiedliche Behandlung von Finanzinstrumenten,
  - die unterschiedliche Qualifizierung von Leasingverhältnissen,
  - die unterschiedliche Gewinnrealisierung bei langfristigen Fertigungsaufträgen,
  - die unterschiedliche Diskontierung von Pensionsrückstellungen
  - etc.

  einzugehen.

  Aus Sicht der Konsolidierungsmethoden wären negative Unterschiedsbeträge bei der Erstkonsolidierung zu erläutern, die nur außerplanmäßige Abschreibung positiver Unterschiedsbeträge, die Konsolidierung wegen potenzieller Stimmrechte etc. *Busse von Colbe* hält hierzu kritisch fest: „Wörtlich genommen erfordert das ganze Bücher, zumindest Ausführungen im Umfang eines längeren Aufsatzes."[10] Ein solches Lehrstück über Abweichungen zwischen HGB und IFRS oder dem Recht anderer EWR-Staaten kann nicht Sinn des Anhangs des handelsrechtlichen Einzelabschlusses sein. Es würde diesen völlig aus dem Gleichgewicht bringen.

- ► Eine **restriktive** Interpretation würde sich daher im vorstehenden Beispiel mit folgendem Hinweis begnügen: Der befreiende Konzernabschluss wird nach IFRS erstellt und somit nach abweichenden Bilanzierungs-, Bewertungs- und Konsolidierungsmethoden. Der Informationswert einer derartigen Aussage tendiert allerdings gegen Null.

---

10 Vgl. *Busse von Colbe*, in: Schmidt (Hrsg.), Münchener Kommentar zum Handelsgesetzbuch: HGB, Bd. 4, 2. Aufl., 2008, § 291 Tz. 28.

▶ Eine **vermittelnde** Position ist daher sachgerecht. Qualitativ zu erläutern sind die beim jeweiligen Unternehmen besonders **wichtigen** Abweichungen.

> **BEISPIEL** ▶ Der Teilkonzern gehört zu einem Baukonzern. Der befreiende Gesamtkonzernabschluss wird nach IFRS aufgestellt. Im Anhang des Einzelabschlusses des Mutterunternehmens des Teilkonzerns wird Folgendes vermerkt:
>
> „Die beiden wichtigsten vom HGB abweichenden Bilanzierungs-, Bewertungs-, und Konsolidierungsmethoden sind:
>
> 1. Gewinn- und Umsatzrealisierung nach Fertigungsfortschritt (*Percentage of Completion*-Methode)
> 2. Keine planmäßige Abschreibung des *goodwill* (*impairment only*-Ansatz)."

V. Ausschluss der Befreiung (Abs. 3)

1. Kapitalmarktorientierung (Abs. 3 Nr. 1)

26 Eine übergeordneter Konzernabschluss befreit das **Mutterunternehmen** unterer Stufe dann nicht von der Aufstellung eines Teilkonzernabschlusses, wenn dieses selbst einen **organisierten Markt** i. S. des § 2 Abs. 5 WpHG durch von ihm ausgegebene Wertpapiere i. S. des § 2 Abs. 1 Satz 1 WpHG in Anspruch nimmt (Abs. 3 Nr. 1).

Angesprochen sind damit kapitalmarktorientierte Mutterunternehmen i. S. von § 264d HGB. Ein Unterschied zu § 264d HGB ergibt sich nur in folgender Hinsicht:

▶ § 264d HGB bezieht auch solche Unternehmen ein, die die Zulassung ihrer Wertpapiere zum Handel an einem organisierten Markt beantragt haben (→ § 264d Rz. 1).

▶ Nach § 291 Abs. 3 Nr. 1 HGB zerstört der Zulassungsantrag die Befreiungsmöglichkeit hingegen noch nicht. Der organisierte Markt muss bereits in Anspruch genommen werden.

2. Minderheitenschutz (Abs. 3 Nr. 2)

27 Der **Gesamtkonzernabschluss** (oder Konzernabschluss oberer Stufe) hat hinsichtlich der **Lage des Teilkonzerns** nur eine **begrenzte Aussagekraft**. Diese sinkt umso mehr, je kleiner der Teilkonzern im Verhältnis zum höherstufigen Konzern ist.

Um dem Rechung zu tragen, wird qualifizierten Minderheiten in Abs. 3 Nr. 2 die Möglichkeit gegeben, die Aufstellung eines (Teil-)Konzernabschlusses zu verlangen. Der Minderheitenschutz kann nur dort einschlägig werden, wo dem Mutterunternehmen oberer Stufe nicht sämtliche Anteile an dem Mutterunternehmen unterer Stufe gehören.

28 **Rechtsformabhängig** wird wie folgt unterschieden:

▶ Bei **Aktiengesellschaften** und Kommanditgesellschaften auf Aktien muss die Aufstellung des Teilkonzernabschlusses von mindestens **10 %** der Gesellschafter,

▶ bei **Gesellschaften mit beschränkter Haftung** von mindestens **20 %**

beantragt werden.

Die rechtsformabhängige Unterscheidung wurde aus Art. 8 Abs. 1 der 7. EG-Richtlinie übernommen. Der scheinbar höhere Minderheitenschutz bei Aktiengesellschaften soll der Tatsache Rechung tragen, dass deren Gesellschafterkreis häufig breiter gestreut, die Organisation eines Minderheitsvotums entsprechend schwieriger ist.

Die Minderheitengesellschafter müssen selbst aktiv werden, nämlich einen **Antrag** stellen und zwar spätestens sechs Monate vor Ablauf des Konzerngeschäftsjahrs. Der Antrag gilt nur für das betreffende Jahr.   29

In **zeitlicher** Hinsicht sind bei einer Anteilsübertragung von Minderheitsgesellschafter A auf Minderheitsgesellschafter B während des Geschäftsjahrs folgende Fälle zu unterscheiden:[11]

► A veräußert innerhalb der ersten sechs Monate an B: Das Antragsrecht liegt bei B.

► A veräußert nach dem sechsten Monat an B und hat bis zum Ende der Sechs-Monats-Frist keinen Antrag gestellt: B kann diesen Antrag nicht nachholen.

► A veräußert nach dem sechsten Monat an B und hat bis zum Ende der Sechs-Monats-Frist einen Antrag gestellt: B kann diesen Antrag zurücknehmen.

Bis zum Inkrafttreten des BilMoG sah Abs. 2 Nr. 2 noch einen **besonderen Minderheitsschutz** in den Fällen vor, in denen das Mutterunternehmen höherer Stufe mindestens 90 % der Anteile an dem zu befreienden Mutterunternehmen hielt. In diesem Fall war eine Befreiungswirkung nur möglich, wenn sämtliche Minderheitsgesellschafter ihr zustimmten. Während also größere Minderheiten (Anteil mehr als 10 %) einen Teilkonzernabschluss nur durch aktives Handeln (Antragstellung) und bei Erreichung einer qualifizierten Quote erreichen konnten, war es bei insgesamt kleinerem Minderheitsanteil bereits einem einzelnen Gesellschafter möglich, durch Nichthandeln (Schweigen) die Aufstellung eines Teilkonzernabschlusses zu verhindern. Hiermit einher ging in der Praxis von Publikumsgesellschaften die Schwierigkeit, jeden Aktionär zu erreichen, um seine Zustimmung zur Nichtaufstellung eines Teilkonzernabschlusses zu bitten. Die vom Schrifttum hierfür gefundenen Ersatzlösungen (z. B. öffentlicher Aufruf) wurden nicht allgemein anerkannt. Um all diesen Schwierigkeiten und Widersprüchen ein Ende zu bereiten, ist der besondere Schutz kleiner Minderheiten durch das BilMoG **entfallen**.   30

---

11 Gl. A *Kozikowski/Ritter*, in: Beck'scher Bilanzkommentar, 7. Aufl., München 2010, § 291 Tz. 33 ff.

§ 292 Rechtsverordnungsermächtigung für befreiende Konzernabschlüsse und Konzernlageberichte

(1) ¹Das Bundesministerium der Justiz wird ermächtigt, im Einvernehmen mit dem Bundesministerium der Finanzen und dem Bundesministerium für Wirtschaft und Technologie durch Rechtsverordnung, die nicht der Zustimmung des Bundesrates bedarf, zu bestimmen, dass § 291 auf Konzernabschlüsse und Konzernlageberichte von Mutterunternehmen mit Sitz in einem Staat, der nicht Mitglied der Europäischen Union und auch nicht Vertragsstaat des Abkommens über den Europäischen Wirtschaftsraum ist, mit der Maßgabe angewendet werden darf, dass der befreiende Konzernabschluss und der befreiende Konzernlagebericht nach dem mit den Anforderungen der Richtlinie 83/349/EWG übereinstimmenden Recht eines Mitgliedstaates der Europäischen Union oder eines anderen Vertragsstaates des Abkommens über den Europäischen Wirtschaftsraum aufgestellt worden oder einem nach diesem Recht eines Mitgliedstaates der Europäischen Union oder eines anderen Vertragsstaates des Abkommens über den Europäischen Wirtschaftsraum aufgestellten Konzernabschluss und Konzernlagebericht gleichwertig sein müssen. ²Das Recht eines anderen Mitgliedstaates der Europäischen Union oder Vertragsstaates des Abkommens über den Europäischen Wirtschaftsraum kann einem befreienden Konzernabschluss und einem befreienden Konzernlagebericht jedoch nur zugrunde gelegt oder für die Herstellung der Gleichwertigkeit herangezogen werden, wenn diese Unterlagen in dem anderen Mitgliedstaat oder Vertragsstaat anstelle eines sonst nach dem Recht dieses Mitgliedstaates oder Vertragsstaates vorgeschriebenen Konzernabschlusses und Konzernlageberichts offen gelegt werden. ³Die Anwendung dieser Vorschrift kann in der Rechtsverordnung nach Satz 1 davon abhängig gemacht werden, dass die nach diesem Unterabschnitt aufgestellten Konzernabschlüsse und Konzernlageberichte in dem Staat, in dem das Mutterunternehmen seinen Sitz hat, als gleichwertig mit den dort für Unternehmen mit entsprechender Rechtsform und entsprechendem Geschäftszweig vorgeschriebenen Konzernabschlüssen und Konzernlageberichten angesehen werden.

(2) ¹Ist ein nach Absatz 1 zugelassener Konzernabschluss nicht von einem in Übereinstimmung mit den Vorschriften der Richtlinie 2006/43/EG zugelassenen Abschlussprüfer geprüft worden, so kommt ihm befreiende Wirkung nur zu, wenn der Abschlussprüfer eine den Anforderungen dieser Richtlinie gleichwertige Befähigung hat und der Konzernabschluss in einer den Anforderungen des Dritten Unterabschnitts entsprechenden Weise geprüft worden ist. ²Nicht in Übereinstimmung mit den Vorschriften der Richtlinie 2006/43/EG zugelassene Abschlussprüfer von Unternehmen mit Sitz in einem Drittstaat i. S. des § 3 Abs. 1 Satz 1 der Wirtschaftsprüferordnung, deren Wertpapiere i. S. des § 2 Abs. 1 Satz 1 des Wertpapierhandelsgesetzes an einer inländischen Börse zum Handel am regulierten Markt zugelassen sind, haben nur dann eine den Anforderungen der Richtlinie gleichwertige Befähigung, wenn sie bei der Wirtschaftsprüferkammer gem. § 134 Abs. 1 der Wirtschaftsprüferordnung eingetragen sind oder die Gleichwertigkeit gem. § 134 Abs. 4 der Wirtschaftsprüferordnung anerkannt ist. ³Satz 2 ist nicht anzuwenden, soweit ausschließlich Schuldtitel i. S. des § 2 Abs. 1 Satz 1 Nr. 3 des Wertpapierhandelsgesetzes mit einer Mindeststückelung von 50 000 Euro oder einem entsprechenden Betrag anderer Währung an einer inländischen Börse zum Handel am regulierten Markt zugelassen sind.

(3) ¹In einer Rechtsverordnung nach Absatz 1 kann außerdem bestimmt werden, welche Voraussetzungen Konzernabschlüsse und Konzernlageberichte von Mutterunternehmen mit Sitz in einem Staat, der nicht Mitglied der Europäischen Union und auch nicht Vertragsstaat des Abkommens über den Europäischen Wirtschaftsraum ist, im Einzelnen erfüllen müssen, um nach Absatz 1 gleichwertig zu sein, und wie die Befähigung von Abschlussprüfern beschaffen sein muss, um nach Absatz 2 gleichwertig zu sein. ²In der Rechtsverordnung können zusätzliche Angaben und Erläuterungen zum Konzernabschluss vorgeschrieben werden, soweit diese erforderlich sind, um die Gleichwertigkeit dieser Konzernabschlüsse und Konzernlageberichte mit solchen nach diesem Unterabschnitt oder dem Recht eines anderen Mitgliedstaates der Europäischen Union oder Vertragsstaates des Abkommens über den Europäischen Wirtschaftsraum herzustellen.

(4) ¹Die Rechtsverordnung ist vor Verkündung dem Bundestag zuzuleiten. ²Sie kann durch Beschluss des Bundestages geändert oder abgelehnt werden. ³Der Beschluss des Bundestages wird dem Bundesministerium der Justiz zugeleitet. ⁴Das Bundesministerium der Justiz ist bei der Verkündung der Rechtsverordnung an den Beschluss gebunden. ⁵Hat sich der Bundestag nach Ablauf von drei Sitzungswochen seit Eingang einer Rechtsverordnung nicht mit ihr befasst, so wird die unveränderte Rechtsverordnung dem Bundesministerium der Justiz zur Verkündung zugeleitet. ⁶Der Bundestag befasst sich mit der Rechtsverordnung auf Antrag von so vielen Mitgliedern des Bundestages, wie zur Bildung einer Fraktion erforderlich sind.

Inhaltsübersicht

	Rz.
I. Überblick	1 - 4
II. Übereinstimmungen mit § 291 HGB	5 - 11
III. Abweichungen von § 291 HGB in Bezug auf Abschluss und Abschlussprüfer	12 - 21
1. Gleichwertigkeit des Konzernabschlusses	12 - 14
2. Gleichwertigkeit im Hinblick auf den Konzernlagebericht	15 - 17
3. Gleichwertigkeit von Prüfer und Prüfung	18 - 21
IV. Anhang	22
Verordnung über befreiende Konzernabschlüsse und Konzernlageberichte von Mutterunternehmen mit Sitz in einem Drittstaat (Konzernabschlussbefreiungsverordnung – KonBefrV)	

Ausgewählte Literatur

Maas/Schruff, Befreiende Konzernrechnungslegung von Mutterunternehmen mit Sitz außerhalb der EG, WPg 1991 S. 765

Lotz, Der „befreiende" Konzernlagebericht – Eine problematische Voraussetzung für den befreienden Konzernabschluss einer SEC-berichtspflichtigen US-Muttergesellschaft?, DB 2004 S. 254

Schneider/Kortebusch, Die Zusammenarbeit von Abschlussprüfern im Rahmen der EU und mit Drittländern, PiR 2009 S. 134

I. Überblick

Nach dem sog. **Tannenbaumprinzip** (→ § 290 Rz. 6) sind in einem mehrstufigen Konzern neben dem Gesamtkonzernabschluss auf den unteren Stufen **Teil**konzernabschlüsse zu erstellen. Den damit verbundenen Kosten steht dann kein entsprechende Nutzen gegenüber, wenn das Informationsinteresse der Kapitalgeber bereits durch den (Gesamt-)Konzernabschluss höherer Stufe und die ohnehin zu erstellenden Einzelabschlüsse befriedigt ist. 1

§§ 292, 291 HGB sehen daher Möglichkeiten zur **Befreiung** von der Pflicht zur Aufstellung eines (Teil-)Konzernabschlusses vor, sofern ein **übergeordneter** Konzernabschluss (nicht notwendig ein Gesamtkonzernabschluss) erstellt wird. Einschlägig ist bei oberen Mutterunternehmen 2

▶ aus einem EU/EWR-Staat § 291 HGB (→ § 291 Rz. 2),
▶ aus Drittstaaten § 292 HGB i.V. mit der KonBefrV.

§ 292 HGB enthält allerdings selbst keinen Befreiungstatbestand, sondern lediglich die Ermächtigung zum Erlass einer Rechtsverordnung. Diese Ermächtigung ist mit der KonBefrV vom 15.11.1991 – zuletzt geändert durch das BilMoG – umgesetzt worden. 3

Die in den KonBefrV formulierten Anforderungen an 4

▶ einen befreienden Konzernabschluss und
▶ dessen Prüfung sowie
▶ den Einzelabschluss des befreiten Unternehmens

stimmen im Wesentlichen mit denen von § 291 HGB überein (→ Rz. 5). Abweichungen können sich in den beiden ersten Punkten unter dem Gesichtspunkt der **Gleichwertigkeit** von **Drittstaatenabschluss** (→ Rz. 12) und **Drittstaatenabschlussprüfung** (→ Rz. 18) mit den EU-Richtlinien ergeben. Der Text der KonBefrV ist nach → Rz. 21 wiedergegeben.

II. Übereinstimmungen mit § 291 HGB

Die in § 292 HGB bzw. in der KonBefrV (→ Rz. 3) enthaltenen Voraussetzungen für die Befreiung von der Teilkonzernabschlusspflicht entsprechen im Wesentlichen denen nach § 291 HGB. Zur Vermeidung von Wiederholungen wird insofern bei den nachfolgenden Aufzählungspunkten auf die Kommentierung zu → § 291 verwiesen. 5

Nach § 1 Satz 1 KonBefrV tritt die Befreiung nur ein, wenn 6

▶ auf der Grundlage eines **Mutter-Tochter-Verhältnisses** zwischen dem Mutterunternehmen oberer und unterer Stufe (→ § 291 Rz. 8)
▶ der Konzernabschluss höher Stufe einschließlich des **Bestätigungs- oder Versagungsvermerks** (→ § 291 Rz. 22) in deutscher Sprache **offen gelegt** wird (→ § 291 Rz. 12).

§ 2 Abs. 1 Nr. 1 und 2 KonBefrV formulieren **inhaltliche Anforderungen** an den befreienden Konzernabschluss höherer Stufe: 7

▶ Das zu befreiende Mutterunternehmen muss in diesen Abschluss **einbezogen** werden (→ § 291 Rz. 21).
▶ Der befreiende **Konzernabschluss** muss entweder im Einklang mit den EG Richtlinien (→ § 291 Rz. 16) nach dem Recht eines EW-Staats aufgestellt werden oder einem solchen

II. Übereinstimmungen mit § 291 HGB

Abschluss **gleichwertig** sein (→ Rz. 12). Das Recht eines anderen Mitgliedsstaats der EWR darf jedoch nach § 3 KonBefrV nur dann angewendet werden, wenn die Offenlegung auch in diesem anderen Mitgliedstaat erfolgt.

8   § 2 Abs. 1 Nr. 3 KonBefrV betrifft die **Prüfung** des befreienden Konzernabschlusses:

- Der **Abschlussprüfer** muss in Übereinstimmung mit den Vorschriften der Richtlinie 2006/43/EG des Europäischen Parlaments und des Rats vom 17. 5. 2006 über Abschlussprüfungen von Jahresabschlüssen und konsolidierten Abschlüssen[1] in der jeweils geltenden Fassung zugelassen sein oder zumindest eine den Anforderungen dieser Richtlinie **gleichwertige Befähigung** haben (→ Rz. 18).
- Der Konzernabschluss muss in einer den Anforderungen des Handelsgesetzbuchs entsprechenden Weise, d. h. **gleichwertig geprüft** werden (→ Rz. 21).

9   § 2 Abs. 1 Nr. 4 KonBefrV enthält Anforderungen an den **Anhang** des Jahresabschlusses des **befreiten Unternehmens**:

- **Name und Sitz des Mutterunternehmens**, das den befreienden Konzernabschluss aufstellt, sind anzugeben (→ § 291 Rz. 24).
- Auf die **Befreiung** von der Verpflichtung, einen Konzernabschluss und einen Konzernlagebericht aufzustellen, ist hinzuweisen (→ § 291 Rz. 24).
- Daneben ist eine Erläuterung der im befreienden Konzernabschluss vom deutschen Recht **abweichend angewandten Methoden** der Bilanzierung, Bewertung und Konsolidierung geboten (→ § 291 Rz. 25).

10   Nach § 2 Abs. 2 KonBefrV i.V. mit § 291 Abs. 3 HGB ist trotz Erfüllung der übrigen **Voraussetzungen keine Befreiungsmöglichkeit** gegeben, wenn

- die an der Spitze des **Teilkonzerns** stehende Gesellschaft **kapitalmarktorientiert** ist (→ § 291 Rz. 26) oder
- eine **qualifizierte Minderheit** ihrer Gesellschafter die Aufstellung eines Teilkonzernabschlusses verlangt (→ § 291 Rz. 28).

11   § 2 Abs. 1 Satz 4 KonBefrV enthält eine Sonderregelung für **Kreditinstitute und Versicherungen**. An der Spitze des Teilkonzerns stehende Unternehmen dieser Branchen werden nur dann von der Teilkonzernabschlusspflicht befreit, wenn der Konzernabschluss und Lagebericht oberer Stufe im Einklang mit der Bank- bzw. Versicherungsbilanzrichtlinie stehen. Die übrigen Befreiungsvoraussetzungen bleiben unberührt (→ § 291 Rz. 23).

---

[1] ABl EU Nr. L 157 S. 87.

III. Abweichungen von § 291 HGB in Bezug auf Abschluss und Abschlussprüfer

1. Gleichwertigkeit des Konzernabschlusses

Soweit der obere Konzernabschluss nicht in zulässiger Weise (§ 3 KonBefrV) nach dem Recht eines anderen EU-Staats aufgestellt wird, ergibt sich eine Befreiungswirkung nach § 2 Abs. 1 Nr. 2 KonBefrV nur bei **Gleichwertigkeit** des Abschlusses.

12

Den Lagebericht zunächst ausgeklammert (dazu → Rz. 15), ist diese Gleichwertigkeit bei **IFRS-Abschlüssen** gegeben. Nach Art. 3 der EU-Verordnung dürfen die IFRS nur dann ins EU-Recht übernommen werden (*Endorsement*), wenn sie Art. 16 Abs. 3 der 7. EG-Richtlinie entsprechen, also ein den tatsächlichen Verhältnissen entsprechendes Bild der Vermögens-, Finanz- und Ertragslage vermitteln.[2] Die Vermittlung eines solchen Bilds ist der Maßstab der Gleichwertigkeit. Die geforderte Gleichwertigkeit bei IFRS-Abschlüssen ist also gegeben (→ § 291 Rz. 20).

13

Soweit – ähnlich wie in der EU – die IFRS im jeweiligen Drittstaat einem *Endorsement*-Prozess unterliegen und das Ergebnis des *Endorsement* nicht nur zeitlich, sondern dauerhaft von dem der EU abweicht, die angewandten IFRS also nicht in voller Übereinstimmung mit den *„IFRS as accepted in the EU"* stehen, kann im Einzelfall eine andere Betrachtung geboten sein. In der Beurteilung der Gleichwertigkeit solcher nach „**Drittstaaten-IFRS**" erstellten Abschlüsse ist der **Normzweck** von § 292 HGB bzw. der KonBefrV zu bedenken: „Vorrangig ist das Bestreben, inländische Tochtergesellschaften von Drittstaatenunterunternehmen nicht zu diskriminieren."[3] Diesem Zweck würde nicht entsprochen, wenn der ausländische Konzernabschluss in allen Punkten mit den EU-IFRS übereinstimmen müsste. Gefordert ist **Gleichwertigkeit, nicht Gleichheit**. Ein Gleichwertigkeitsurteil bezieht sich auf den Abschluss als Ganzes, nicht auf einzelne Aspekte. Abweichungen in einzelnen Punkten führen somit dann nicht zum Verlust der Befreiungswirkung, wenn die Darstellung der Vermögens-, Finanz- und Ertragslage unter Berücksichtigung von Anhangangaben insgesamt in Übereinstimmung mit den tatsächlichen Verhältnissen bleibt. Nach diesem Maßstab sind neben Abschlüssen nach Drittstaaten-IFRS wegen der in vielen Punkten bereits erzielten Konvergenz zu den IFRS regelmäßig auch **US-GAAP-Abschlüsse** als gleichwertig anzuerkennen.

14

2. Gleichwertigkeit im Hinblick auf den Konzernlagebericht

§ 2 Abs. 2 Nr. 2 KonBefrV verlangt Gleichwertigkeit nicht nur für den Konzernabschluss, sondern ebenso in Bezug auf den Konzernlagebericht. Die KonBefrV geht hier über Art. 11 Abs. 1 Buchst. b der 7. EG-Richtlinie hinaus, die **keinen Konzernlagebericht verlangt**. Ein befreiender Konzernabschluss steht somit auch dann mit der 7. EG-Richtlinie in Einklang, wenn ein Konzernlagebericht fehlt.

15

Weder die IFRS noch die US-GAAP kennen einen verpflichtenden Konzernlagebericht. Wichtige Elemente des deutschen Konzernlageberichts sind aber entweder in den Anhangangaben

16

---

[2] Gl. A. *Busse von Colbe*, in: Schmidt (Hrsg.), Münchener Kommentar zum HGB, 2. Aufl., München 2008, Bd. 4, § 291 Tz. 18.
[3] *Siebourg*, in: Küting/Weber (Hrsg.), Handbuch der Konzernrechnungslegung, Bd. II, 2. Aufl., Stuttgart 1998, § 292 Rz. 2; *Kindler*, in: Ulmer (Hrsg.), HGB-Bilanzrecht, Großkommentar, 2002, § 292 Tz. 2.

(*notes*) enthalten (nach IFRS 7 etwa die Risikoberichterstattung zu Finanzinstrumenten, nach IAS 38 Angaben zu Forschung und Entwicklung) oder in sonstigen Berichtsbestandteilen (bei börsennotierten amerikanischen Unternehmen etwa in der *Mangement Discussion an Analysis – MD&A*). Fraglich ist, ob dies für eine Befreiungswirkung **ausreicht**.

17 In der Beantwortung dieser Frage ist erneut auf den **Normzweck** von § 292 HGB und der KonBefrV (→ Rz. 14) sowie die sich daraus ergebende Interpretation des Begriffs der Gleichwertigkeit abzustellen: Gleichwertig ist der Drittstaatenabschluss, wenn das vermittelte Gesamtbild der Vermögens-, Finanz- und Ertragslage qualitativ nicht wesentlich hinter dem eines deutschen Konzernabschlusses mit Konzernlagebericht zurückbleibt. Der Drittstaatenabschluss muss ein dem vergleichbares Informationsniveau erreichen. Das Fehlen einzelner Detailinformationen oder ihre andersartige Platzierung (z. B. im Anhang statt im Lagebericht) ist dagegen unschädlich.[4]

Nach diesem Maßstab erfüllt ein um MD&A-Angaben erweiterter US-GAAP oder IFRS-Abschluss u. E. regelmäßig die Voraussetzungen der KonBefrV.

3. Gleichwertigkeit von Prüfer und Prüfung

18 Sofern der befreiende Konzernabschluss nicht ohnehin von einem in Übereinstimmung mit den Vorschriften der Richtlinie 2006/43/EG des Europäischen Parlaments und des Rats vom 17. 5. 2006 über Abschlussprüfungen von Jahresabschlüssen und konsolidierten Abschlüssen[5] zugelassenen Abschlussprüfer geprüft wird (EU-Prüfer), muss der Abschlussprüfer (**Drittstaatenprüfer**) nach § 2 Abs. 1 Nr. 3 KonBefrV zumindest eine den Anforderungen dieser Richtlinie **gleichwertige Befähigung** haben (→ Rz. 20). Prüfer, die einer Mitgliedsorganisation des IFAC angehören, erfüllen i. d. R. die Gleichwertigkeitsvoraussetzung.

19 Bei der Prüfung von **kapitalmarktorientierten Mutterunternehmen**, deren Wertpapiere an einem inländischen regulierten Markt zugelassen sind, gelten nach § 2 Abs. 1 Satz 2 KonBefrV verschärfte Anforderungen. Drittstaatenprüfer müssen gem. § 134 Abs. 1 WPO bei der Wirtschaftsprüferkammer eingetragen sein oder die Gleichwertigkeit ihrer Befähigung gem. § 134 Abs. 4 WPO anerkannt sein:

▶ § 134 Abs. 1 WPO setzt Art. 45 Abs. 1 der Abschlussprüferrichtlinie in deutsches Recht um. Die Richtlinie verpflichtet die zuständigen Stellen der Mitgliedstaaten, Prüfer und Prüfungsunternehmen aus Drittstaaten, die einen Bestätigungsvermerk für den Jahres- bzw. konsolidierten Abschluss eines außerhalb der Gemeinschaft eingetragenen Unternehmens erteilen, dessen Wertpapiere zum Handel auf einem geregelten Markt dieses Mitgliedstaats zugelassen sind, einzutragen.

▶ Nach Art. 46 der Abschlussprüferrichtlinie, der mit § 134 Abs. 4 WPO umgesetzt wurde, kann von der Eintragung abgesehen werden, wenn die Gleichwertigkeit der Abschlussprüfung des jeweiligen Drittstaats mit den Vorgaben der Abschlussprüferrichtlinie durch die Europäische Kommission anerkannt worden ist oder die Europäische Kommission eine Übergangsfrist nach Art. 46 Abs. 2 Satz 3 der Abschlussprüferrichtlinie vorsieht. Mit § 134 Abs. 4 Satz 8 WPO wird den Abschlussprüfern oder Abschlussprüfungsgesellschaften aus ei-

---

4 Vgl. *Lotz*, DB 2004 S. 2541 ff.
5 ABl EU Nr. L 157 S. 87.

nem Drittstaat die Möglichkeit eingeräumt, sich von der Wirtschaftsprüferkammer auf Antrag schriftlich bestätigen zu lassen, dass eine **Eintragung** nach § 134 Abs. 1 WPO wegen **festgestellter Gleichwertigkeit** oder der Einräumung einer **Übergangsfrist** seitens der Kommission der Europäischen Gemeinschaften **nicht erforderlich** ist.

Eine solche Übergangsfrist hat die EU am 29. 7. 2008 für 30 Drittstaaten bewilligt.[6] Betroffen sind Geschäftsjahre, die ab 29. 6. 2008 beginnen und vor dem 2. 7. 2010 enden. Bei den begünstigten Staaten handelt es sich um:

▶ Argentinien	▶ Indonesien	▶ Russland
▶ Australien	▶ Israel	▶ Singapur
▶ Bahamas	▶ Japan	▶ Südafrika
▶ Bermuda-Inseln	▶ Kanada	▶ Südkorea
▶ Brasilien	▶ Kasachstan	▶ Schweiz
▶ Cayman-Inseln	▶ Kroatien	▶ Taiwan
▶ Chile	▶ Malaysia	▶ Thailand
▶ China und Hongkong	▶ Mauritius	▶ Türkei
▶ Guernsey	▶ Mexiko	▶ Ukraine
▶ Jersey	▶ Marokko	▶ Vereinigte Arabische Emirate
▶ Isle of Man	▶ Neuseeland	▶ Vereinigte Staaten von Amerika
▶ Indien	▶ Pakistan	

20 Die Übergangsregelung – eine endgültige Regelung stand bei Redaktionsschluss noch aus[7] – lässt Rückschlüsse auf die (vorläufige) Beurteilung der Gleichwertigkeit auch bei der Prüfung **nicht kapitalmarktorientierter** Unternehmen (→ Rz. 18) zu. Bei Prüfern aus den genannten Staaten kann bis auf Weiteres von einer Gleichwertigkeit ausgegangen werden.

21 Der Drittstaatenprüfer muss nicht nur über die notwendige Befähigung verfügen, er muss den Konzernabschluss auch in einer den Anforderungen des Handelsgesetzbuchs „entsprechenden Weise" geprüft haben. „Entsprechend" bedeutet nicht gleichartig, sondern wiederum gleichwertig. Die Prüfung muss den tragenden Grundsätzen einer Konzernabschlussprüfung nach deutschem Recht entsprechen. Eine Prüfung nach **International Standards on Auditing (ISA)** mit oder ohne ergänzende Berücksichtigung des nationalen Rechts erfüllt das Gleichwertigkeitserfordernis.

---

6 Entscheidung der Kommission vom 29. 7. 2008, 2008/627/EG.
7 Zum jeweiligen Stand: www.wpk.de/drittlaender/drittlaender.asp.

IV. Anhang

Verordnung über befreiende Konzernabschlüsse und Konzernlageberichte von Mutterunternehmen mit Sitz in einem Drittstaat (Konzernabschlussbefreiungsverordnung – KonBefrV)

§ 1

22 Ein Mutterunternehmen, das zugleich Tochterunternehmen eines Mutterunternehmens mit Sitz in einem Staat ist, der nicht Mitglied der Europäischen Union oder eines anderen Vertragsstaats des Abkommens über den Europäischen Wirtschaftsraum ist, braucht einen Konzernabschluss und einen Konzernlagebericht nicht aufzustellen, wenn es einen den Anforderungen des § 2 entsprechenden Konzernabschluss und Konzernlagebericht seines Mutterunternehmens einschließlich des Bestätigungsvermerks oder des Vermerks über dessen Versagung nach den für den entfallenden Konzernabschluss und Konzernlagebericht maßgeblichen Vorschriften in deutscher Sprache offen legt. Sind Wertpapiere i. S. des § 2 Abs. 1 Satz 1 des Wertpapierhandelsgesetzes des Mutterunternehmens an einer inländischen Börse zum Handel am regulierten Markt zugelassen, ist zudem eine Bescheinigung der Wirtschaftsprüferkammer gem. § 134 Abs. 2a der Wirtschaftsprüferordnung über die Eintragung des Abschlussprüfers oder eine Bestätigung der Wirtschaftsprüferkammer gem. § 134 Abs. 4 Satz 8 der Wirtschaftsprüferordnung über die Befreiung von der Eintragungsverpflichtung offen zu legen. Satz 2 findet keine Anwendung, soweit ausschließlich Schuldtitel i. S. des § 2 Abs. 1 Satz 1 Nr. 3 des Wertpapierhandelsgesetzes mit einer Mindeststückelung von 50.000 € oder einem entsprechenden Betrag anderer Währung an einer inländischen Börse zum Handel am regulierten Markt zugelassen sind. Ein befreiender Konzernabschluss und ein befreiender Konzernlagebericht können von jedem Unternehmen unabhängig von seiner Rechtsform und Größe aufgestellt werden, wenn das Unternehmen als Kapitalgesellschaft mit Sitz in einem Mitgliedstaat der Europäischen Union oder in einem anderen Vertragsstaat des Abkommens über den Europäischen Wirtschaftsraum zur Aufstellung eines Konzernabschlusses unter Einbeziehung des zu befreienden Mutterunternehmens und seiner Tochterunternehmen verpflichtet wäre.

§ 2

(1) Der Konzernabschluss und Konzernlagebericht eines Mutterunternehmens mit Sitz in einem Staat, der nicht Mitglied der Europäischen Union oder eines anderen Vertragsstaats des Abkommens über den Europäischen Wirtschaftsraum ist, haben befreiende Wirkung, wenn

1. das zu befreiende Mutterunternehmen und seine Tochterunternehmen in den befreienden Konzernabschluss unbeschadet des § 296 des Handelsgesetzbuchs einbezogen worden sind,

2. der befreiende Konzernabschluss und der befreiende Konzernlagebericht im Einklang mit der Richtlinie 83/349/EWG des Rats vom 13. Juni 1983 über den konsolidierten Abschluss (ABl EG Nr. L 193 S. 1) in der jeweils geltenden Fassung nach dem Recht eines Mitgliedstaats der Europäischen Union oder eines anderen Vertragsstaats des Abkommens über den Europäischen Wirtschaftsraum aufgestellt worden sind oder einem nach diesem Recht aufgestellten Konzernabschluss und Konzernlagebericht gleichwertig sind,

3. der befreiende Konzernabschluss von einem in Übereinstimmung mit den Vorschriften der Richtlinie 2006/43/EG des Europäischen Parlaments und des Rats vom 17. Mai 2006 über Abschlussprüfungen von Jahresabschlüssen und konsolidierten Abschlüssen (ABl EU Nr. L 157 S. 87) in der jeweils geltenden Fassung zugelassenen Abschlussprüfer geprüft worden ist oder der Abschlussprüfer zumindest eine den Anforderungen dieser Richtlinie gleichwertige Befähigung hat und der Konzernabschluss in einer den Anforderungen des Handelsgesetzbuchs entsprechenden Weise geprüft worden ist und

4. der Anhang des Jahresabschlusses des zu befreienden Unternehmens folgende Angaben enthält:

   a) Name und Sitz des Mutterunternehmens, das den befreienden Konzernabschluss aufstellt,

   b) einen Hinweis auf die Befreiung von der Verpflichtung, einen Konzernabschluss und einen Konzernlagebericht aufzustellen, und

   c) eine Erläuterung der im befreienden Konzernabschluss vom deutschen Recht abweichend angewandten Bilanzierungs-, Bewertungs- und Konsolidierungsmethoden.

Nicht in Übereinstimmung mit den Vorschriften der Richtlinie 2006/43/EG zugelassene Abschlussprüfer von Mutterunternehmen, deren Wertpapiere i. S. des § 2 Abs. 1 Satz 1 des Wertpapierhandelsgesetzes an einer inländischen Börse zum Handel am regulierten Markt zugelassen sind, weisen nur dann eine den Anforderungen der Richtlinie gleichwertige Befähigung auf, wenn sie bei der Wirtschaftsprüferkammer gem. § 134 Abs. 1 der Wirtschaftsprüferordnung eingetragen sind oder die Gleichwertigkeit gem. § 134 Abs. 4 der Wirtschaftsprüferordnung anerkannt ist. Satz 2 ist nicht anzuwenden, soweit ausschließlich Schuldtitel i. S. des § 2 Abs. 1 Satz 1 Nr. 3 des Wertpapierhandelsgesetzes mit einer Mindeststückelung von 50.000 € oder einem entsprechenden Betrag anderer Währung an einer inländischen Börse zum Handel am regulierten Markt zugelassen sind.

Sätze 1 bis 3 gelten für Kreditinstitute und Versicherungsunternehmen entsprechend; unbeschadet der übrigen Voraussetzungen in Satz 1 bis 3 hat die Aufstellung des befreienden Konzernabschlusses und des befreienden Konzernlageberichts bei Kreditinstituten im Einklang mit der Richtlinie 86/635/EWG des Rats vom 8. Dezember 1986 über den Jahresabschluss und den konsolidierten Abschluss von Banken und anderen Finanzinstituten (ABl EG Nr. L 372 S. 1) und bei Versicherungsunternehmen im Einklang mit der Richtlinie 91/674/EWG des Rats vom 19. Dezember 1991 über den Jahresabschluss und den konsolidierten Jahresabschluss von Versicherungsunternehmen (ABl EG Nr. L 374 S. 7) in ihren jeweils geltenden Fassungen zu erfolgen.

(2) § 291 Abs. 3 des Handelsgesetzbuchs ist entsprechend anzuwenden.

§ 3

In den Fällen des § 2 Nr. 2 kann das Recht eines anderen Mitgliedstaats der Europäischen Union oder eines anderen Vertragsstaats des Abkommens über den Europäischen Wirtschaftsraum einem befreienden Konzernabschluss und einem befreienden Konzernlagebericht jedoch nur zugrunde gelegt oder für die Bestimmung der Gleichwertigkeit herangezogen werden, wenn diese Unterlagen in dem anderen Mitgliedstaat oder Vertragsstaat anstelle eines sonst nach dem Recht dieses Mitgliedstaats oder Vertragsstaats vorgeschriebenen Konzernabschlusses und Konzernlageberichts offen gelegt werden. Dem befreienden Konzernabschluss ist eine Bestätigung über die erfolgte Hinterlegung in dem anderen Mitgliedstaat beizufügen.

§ 4

(1) Diese Verordnung tritt am Tage nach der Verkündung in Kraft.

§ 293 Größenabhängige Befreiungen

(1) ¹Ein Mutterunternehmen ist von der Pflicht, einen Konzernabschluss und einen Konzernlagebericht aufzustellen, befreit, wenn

1. am Abschlussstichtag seines Jahresabschlusses und am vorhergehenden Abschlussstichtag mindestens zwei der drei nachstehenden Merkmale zutreffen:

   a. Die Bilanzsummen in den Bilanzen des Mutterunternehmens und der Tochterunternehmen, die in den Konzernabschluss einzubeziehen wären, übersteigen insgesamt nach Abzug von in den Bilanzen auf der Aktivseite ausgewiesenen Fehlbeträgen nicht 23 100 000 Euro.

   b. Die Umsatzerlöse des Mutterunternehmens und der Tochterunternehmen, die in den Konzernabschluss einzubeziehen wären, übersteigen in den zwölf Monaten vor dem Abschlussstichtag insgesamt nicht 46 200 000 Euro.

   c. Das Mutterunternehmen und die Tochterunternehmen, die in den Konzernabschluss einzubeziehen wären, haben in den zwölf Monaten vor dem Abschlussstichtag im Jahresdurchschnitt nicht mehr als 250 Arbeitnehmer beschäftigt;

oder

2. am Abschlussstichtag eines von ihm aufzustellenden Konzernabschlusses und am vorhergehenden Abschlussstichtag mindestens zwei der drei nachstehenden Merkmale zutreffen:

   a. Die Bilanzsumme übersteigt nach Abzug eines auf der Aktivseite ausgewiesenen Fehlbetrags nicht 19 250 000 Euro.

   b. Die Umsatzerlöse in den zwölf Monaten vor dem Abschlussstichtag übersteigen nicht 38 500 000 Euro.

   c. Das Mutterunternehmen und die in den Konzernabschluss einbezogenen Tochterunternehmen haben in den zwölf Monaten vor dem Abschlussstichtag im Jahresdurchschnitt nicht mehr als 250 Arbeitnehmer beschäftigt.

²Auf die Ermittlung der durchschnittlichen Zahl der Arbeitnehmer ist § 267 Abs. 5 anzuwenden.

(2) (weggefallen)

(3) (weggefallen)

(4) ¹Außer in den Fällen des Absatzes 1 ist ein Mutterunternehmen von der Pflicht zur Aufstellung des Konzernabschlusses und des Konzernlageberichts befreit, wenn die Voraussetzungen des Absatzes 1 nur am Abschlussstichtag oder nur am vorhergehenden Abschlussstichtag erfüllt sind und das Mutterunternehmen am vorhergehenden Abschlussstichtag von der Pflicht zur Aufstellung des Konzernabschlusses und des Konzernlageberichts befreit war. ²§ 267 Abs. 4 Satz 2 ist entsprechend anzuwenden.

(5) Die Absätze 1 und 4 sind nicht anzuwenden, wenn das Mutterunternehmen oder ein in deren Konzernabschluss einbezogenes Tochterunternehmen am Abschlussstichtag kapitalmarktorientiert im Sinn des § 264d ist.

Inhaltsübersicht	Rz.
I. Überblick	1 - 4
II. Größenmerkmale und Schwellenwerte (Abs. 1)	5 - 16
1. Größenbestimmung nach Brutto- oder Nettomethode	5 - 7
2. Potenzieller Konsolidierungskreis	8 - 9
3. Schwellenwerte	10 - 11
4. Definition der Größenmerkmale	12 - 16
4.1 Bilanzsumme vor Eigenkapitalfehlbetrag	12
4.2 Umsatzerlöse	13 - 14
4.3 Durchschnittliche Arbeitnehmerzahl	15 - 16
III. Zeitliche Anforderungen an die Über-/Unterschreitung der Schwellenwerte (Abs. 1 und 4)	17 - 20
1. Einmaliges Unter-/Überschreiten der Schwellenwerte	17 - 18
2. Neugründung des Mutterunternehmens oder erstmalige Konzernbildung	19 - 20
IV. Kapitalmarktorientierte Unternehmen (Abs. 5)	21

Ausgewählte Literatur

Lehwald, Die Zahl der Beschäftigten als Abgrenzungsmerkmal, BB 1981 S. 2107

Veit, Zur Bedeutung formeller Bilanzpolitik, DB 1994 S. 2509

I. Überblick

1 Kapitalgesellschaften oder Kap. & Co.-Gesellschaften, die als Mutterunternehmen an der Spitze eines (Teil-)Konzerns stehen, unterliegen nach § 290 HGB der Konzernrechnungslegungspflicht, sofern nicht Befreiungstatbestände greifen. Das HGB kennt zwei Arten von Befreiungsvorschriften:

- Nach §§ 291, 292 HGB sind an der Spitze eines Teilkonzerns stehende Mutterunternehmen von der Pflicht, einen Teilkonzernabschluss zu erstellen, befreit, wenn ein **übergeordneter Konzernabschluss** erstellt wird und weitere Bedingungen erfüllt sind (→ § 291 Rz. 1 ff., → § 292 Rz. 1 ff.). Diese Befreiungen sind **größenunabhängig**.

- § 293 HGB formuliert daneben eine **größenabhängige** Befreiung. Die Pflicht zur Aufstellung eines Konzern- oder Teilkonzernabschlusses besteht nicht, wenn zwei von drei Größenmerkmalen (Bilanzsumme, Umsatz, Arbeitnehmerzahl) bestimmte **Schwellenwerte** nicht überschreiten.

Beide Befreiungstatbestände können unabhängig voneinander in Anspruch genommen werden. Wenn also etwa der Teilkonzern unter den Voraussetzungen von §§ 291, 292 HGB in einen übergeordneten Konzernabschluss einbezogen ist, kommt es auf die Größe des Teilkonzerns nicht mehr an. Umgekehrt ist bei einem Teilkonzern, der die Größenmerkmale des § 293 HGB nicht übersteigt, unerheblich, ob er in einen übergeordneten Konzernabschluss einbezogen wird.

2 Die **Definition der Größenmerkmale** in § 293 HGB stimmt mit den einzelbilanziellen Definitionen des § 267 HGB **qualitativ** überein (→ Rz. 10 ff.).

3 Quantitativ besteht beim Konzernabschluss jedoch folgendes Problem:

Konsolidierte Bilanzsumme und konsolidierter Umsatz sind erst bekannt, wenn die entsprechenden Konsolidierungsmaßnahmen vorgenommen, also etwa konzerninterne Forderungen gegen entsprechende Verbindlichkeiten oder konzerninterne Umsätze gegen konzerninternen Materialaufwand verrechnet wurden. Von derartigen Konsolidierungsmaßnahmen will die Befreiungsvorschrift die Unternehmen aber gerade entlasten:
- Bilanzsumme und Umsatzerlöse können daher nach der **Bruttomethode** auf Basis der Summenbilanz und Summen-GuV, also unkonsolidiert ermittelt werden.
- Die Anwendung der Bruttomethode kann jedoch andererseits zu unbilligen Ergebnissen führen, wenn die Bilanzsumme und Umsatzerlöse in ganz erheblichem Maße durch konzerninterne Posten geprägt sind. Wahlweise kann daher die Größenprüfung auch nach der **Nettomethode** auf konsolidierter Basis erfolgen (→ Rz. 5), wobei in diesem Fall niedrigere Schwellenwerte gelten (→ Rz. 10).

Keine Konzernabschlusspflicht besteht, wenn bei **zwei von drei Größenmerkmalen** die Schwellenwerte nicht überschritten werden, und zwar nach Abs. 1 an **zwei aufeinander** folgenden Stichtagen. Das einmalige Unterschreiten von zwei Schwellenwerten reicht nach Abs. 1 für den Fortfall der Konzernabschlusspflicht nicht aus. In derartigen Fällen kann jedoch ggf. die sog. **Härteklausel** des Abs. 4 für eine Befreiung sorgen (→ Rz. 17). 4

II. Größenmerkmale und Schwellenwerte (Abs. 1)

1. Größenbestimmung nach Brutto- oder Nettomethode

Die größenabhängige Befreiung von der Konzernrechnungslegungspflicht wird – vergleichbar mit § 267 HGB – festgemacht an den Merkmalen: 5
- Bilanzsumme (→ Rz. 12)
- Umsatzerlöse (→ Rz. 13)
- Arbeitnehmerzahl (→ Rz. 15).

Für die beiden ersten Kriterien besteht ein **Methodenwahlrecht**:
- Nach der **Bruttomethode** werden die **addierten** Bilanzsummen und Umsatzerlöse von Mutter- und Tochterunternehmen zugrunde gelegt (Abs. 1 Nr. 1).
- Nach der **Nettomethode** sind **konsolidierte** Bilanzsumme und Umsatzerlöse maßgeblich (Abs. 1 Nr. 2). Bei deren Ermittlung sind
  - konzerninterne Forderungen gegen entsprechende Schulden,
  - konzerninterne Umsätze gegen entsprechende Aufwendungen sowie
  - Beteiligungsbuchwerte gegen das Eigenkapital der Tochterunternehmen zu konsolidieren.

Die Feststellung, ob überhaupt eine Konzernabschlusspflicht besteht, erfordert nach der Nettomethode, dass in Teilen bereits ein Konzernabschluss erstellt ist. Die durch die Befreiungsvorschrift beabsichtigte Entlastung der Unternehmen würde weitgehend verfehlt. In der **Praxis** empfiehlt sich daher folgende Vorgehensweise:
- Im **ersten Schritt** wird nach der **Bruttomethode** auf unkonsolidierter Basis geprüft, ob eine Befreiung von der Konzernabschlusspflicht gegeben ist;

II. Größenmerkmale und Schwellenwerte

▶ falls die Bruttomethode keine Befreiung gewährt, wird in einem **zweiten Schritt** die **Nettomethode** angewandt.

6 Unabhängig von der angewandten Methode bleibt die Feststellung, ob die Schwellenwerte überschritten wurden, ein der Aufstellung des Konzernabschlusses **vorgelagerter** Akt. Brutto- und Nettomethode sind demzufolge **keine Konsolidierungsmethoden** und unterliegen deshalb nicht dem Stetigkeitsgebot des § 297 Abs. 3 Satz 2 HGB.[1]

Die Größenbeurteilung nach Abs. 1 Nr. 1 und Nr. 2 betrifft jedoch neben dem aktuellen auch den vorhergehenden Abschlussstichtag. Beide im aktuellen Jahr durchzuführenden Prüfungen sind nach der gleichen Methode vorzunehmen.[2]

BEISPIEL ▶ In den Vorjahren hat das Unternehmen jeweils nach der Bruttomethode die Schwellenwerte unterschritten, für das Jahr 05 erstmals nur nach der Nettomethode.

BEURTEILUNG ▶ Vorbehaltlich einer Befreiung nach Abs. 4 (→ Rz. 18) besteht eine Konzernabschlusspflicht bereits dann, wenn an einem der beiden zu beurteilenden Jahre (aktuelles und Vorjahr) die Schwellenwerte überschritten wurden.

Die für 05 vorzunehmende Prüfung nach der Nettomethode muss daher auch auf die bisher nur brutto beurteilten Zahlen für 04 angewandt werden.

7 Das Unternehmen hat im jeweiligen Jahr entweder **insgesamt** die Brutto- oder Nettomethode anzuwenden. Es ist daher etwa unzulässig, die Bilanzsumme nach der Nettomethode, die Umsätze nach der Bruttomethode zu ermitteln.

BEISPIEL ▶ Der Konzern hat an allen Stichtagen mehr als 250 Arbeitnehmer.

Für 01 werden die beiden anderen Größenmerkmale sowohl nach der Brutto- als auch nach der Nettomethode überprüft und hierbei die Schwellenwerte nicht überschritten.

In 02 und 03 hat der Umfang der konzerninternen Finanzierungsbeziehungen signifikant zugenommen. Es gilt daher für 02 und 03 jeweils:

▶ Die Bilanzsumme unterschreitet zwar den Schwellenwert der Nettomethode, liegt jedoch über dem der Bruttomethode.

▶ Der Umsatz unterschreitet zwar den (höheren) Wert der Bruttomethode, liegt jedoch über dem (niedrigeren) der Nettomethode.

BEURTEILUNG ▶ Eine Mischung der Methoden (Brutto für den Umsatz, Netto für die Bilanzsumme) ist nicht zulässig. Unabhängig davon, welche Methode angewandt wird, überschreitet der Konzern für 02 und 03 neben dem Schwellenwert für die Arbeitnehmerzahl noch einen weiteren Schwellenwert. Nach Abs. 4 ist der Konzern wegen nur einmaligen Überschrei-

---

1 Vgl. *Müller/Kreipl*, in: Haufe HGB Bilanz Kommentar, Freiburg 2009, § 293 Rz. 1; *Kozikowski/Ritter*, in Beck'scher Bilanz-Kommentar, 7. Aufl., München 2010, § 293 Tz. 12.
2 Vgl. *Siebourg*, in: Küting/Weber (Hrsg.), Handbuch der Konzernrechnungslegung, Bd. II, 2. Aufl., Stuttgart 1998, § 293 Tz. 8.

tens zwar noch für 02 befreit (→ Rz. 18), nach Abs. 1 aber für 03 konzernrechnungslegungspflichtig.

2. Potenzieller Konsolidierungskreis

Sowohl nach der Brutto- als auch nach der Nettomethode beziehen sich die Größenfeststellungen auf den **potenziellen** Konsolidierungskreis. Zu jedem Stichtag ist daher zu beurteilen, welche Tochterunternehmen im Falle einer Konzernabschlusspflicht einzubeziehen wären. Die **Einbeziehungswahlrechte** des § 296 HGB sind dabei **fiktiv** auszuüben. Wenn im Vorjahr ein Konzernabschluss aufgestellt werden musste, bedingt der Stetigkeitsgrundsatz jedoch eine Bindung an die dabei vorgenommene Ausübung der Wahlrechte.[3]

8

Bei **Änderungen des Konsolidierungskreises** im Geschäftsjahr gilt Folgendes:

9

▶ Für die **Bestandsgröße Bilanzsumme** sind die **Verhältnisse des Abschlussstichtags** maßgeblich. Ein im Geschäftsjahr hinzu erworbenes Tochterunternehmen ist daher bei der aktuellen Bilanzsumme, nicht hingegen bei der ebenfalls festzustellenden Bilanzsumme des Vorjahrs, zu berücksichtigen. Für ein im Geschäftsjahr veräußertes Tochterunternehmen gilt umgekehrt: Keine Berücksichtigung bei der aktuellen Bilanzsumme, Berücksichtigung hingegen bei der vorjährigen.

▶ Bei der **Stromgröße Umsatz** und der **Durchschnittsgröße Arbeitnehmerzahl** gilt:
  – Im Fall des **Zuerwerbs** ist das neue Tochterunternehmen erst **ab (fiktivem) Erstkonsolidierungszeitpunkt** (Umsätze) bzw. dem folgenden Quartalsultimo (Arbeitnehmerzahl) zu berücksichtigen.[4]
  – Bei **Veräußerung** eines Tochterunternehmens sollen hingegen dessen Umsätze und Arbeitnehmer nicht mehr zeitanteilig bis zur Entkonsolidierung zu berücksichtigen sein, sondern für das gesamte Geschäftsjahr außer Betracht bleiben.[5] Begründungen hierfür werden entweder nicht gegeben oder erschöpfen sich in der Annahme, dass die fraglichen Größen auch bei der erstmaligen Aufstellung eines Konzernabschlusses nach Ausscheiden dieser Unternehmen keine Berücksichtigung finden würden.[6] Zwingend erscheint diese Begründung nicht. Angesichts der ganz einheitlichen Auffassung des Schrifttums zum Entkonsolidierungsfall kann die Praxis aber entsprechend verfahren.

3. Schwellenwerte

Die für die Befreiung von der Konzernabschlusspflicht maßgeblichen **Schwellenwerte** differenzieren mit Ausnahme der Arbeitnehmerzahl zwischen der Brutto- und der Nettomethode.

10

Es gelten folgende Werte:

---

3 Vgl. *Busse von Colbe*, in: Schmidt (Hrsg.), Münchener Kommentar zum HGB, 2. Aufl., München 2008, Bd. 4, § 293 Tz. 7.
4 Vgl. *Siebourg*, in: Küting/Weber (Hrsg.), Handbuch der Konzernrechnungslegung, Bd. II, 2. Aufl., Stuttgart 1998, § 293 Tz. 44; *ADS*, 6. Aufl., § 293 Tz. 21; *Kozikowski/Ritter*, in: Beck'scher Bilanzkommentar, 7. Aufl., München 2010, § 293 Tz. 26; *Müller/Kreipl*, in: Haufe HGB Bilanz Kommentar, Freiburg 2009, § 293 Rz. 3.
5 Vgl. *Siebourg*, in: Küting/Weber (Hrsg.), Handbuch der Konzernrechnungslegung, Bd. II, 2. Aufl., Stuttgart 1998, § 293 Tz. 43; *ADS*, 6. Aufl., § 293 Tz. 20; *Kozikowski/Ritter*, in: Beck'scher Bilanzkommentar, 7. Aufl., München 2010, § 293 Tz. 26; *Müller/Kreipl*, in: Haufe HGB Bilanz Kommentar, Freiburg 2009, § 293 Rz. 3.
6 Vgl. *ADS*, 6. Aufl., § 293 Tz. 20.

II. Größenmerkmale und Schwellenwerte

	Bruttomethode § 293 Abs. 1 Nr. 1 HGB	Nettomethode § 293 Abs. 1 Nr. 2 HGB
Bilanzsumme	23.100.000 €	19.250.000 €
Umsatzerlöse	46.200.000 €	38.500.000 €
Arbeitnehmerzahl	250	250

Keine Konzernabschlusspflicht besteht, wenn mindestens **zwei der drei Schwellenwerte** nicht überschritten werden.

Die Schwellenwerte lauten auf Euro. Fremdwährungsabschlüsse ausländischer Töchter sind nach den Vorgaben von § 308a HGB umzurechnen.

Maßgeblicher **Stichtag** für die Berechnung der Schwellenwerte ist bei Anwendung der Bruttomethode der Abschlussstichtag des Mutterunternehmens (Abs. 1 Nr. 1), bei Anwendung der Nettomethode der wegen § 299 Abs. 1 HGB damit identische fiktive Abschlussstichtag des Konzerns (Abs. 1 Nr. 2). Wird die Bruttomethode herangezogen, sind Konzernunternehmen mit abweichendem Stichtag nach den geschätzten Bilanz- und Umsatzverhältnissen von Stichtag und Geschäftsjahr des Mutterunternehmens in die Summenbildung einzubeziehen.

Wegen der zeitlichen Voraussetzungen für Eintritt und Fortfall der Konzernabschlusspflicht wird auf → Rz. 17 verwiesen, wegen der Definition der Größenmerkmale auf → Rz. 12.

11 Nach Art. 66 Abs. 1 EGHGB sind abweichend von dem allgemeinen Anwendungszeitpunkt des **BilMoG** (Geschäftsjahre, die nach dem 31. 12. 2009 beginnen) einige Erleichterungsregeln bereits auf Geschäftsjahre, die nach dem 31. 12. 2007 beginnen, bei kalendergleichem Geschäftsjahr also ab 2008 anzuwenden (→ Art. 66 Rz. 6). Betroffen hiervon ist auch die Heraufsetzung der Schwellenwerte für Umsatz und Bilanzsumme in § 293 HGB. Nach Abs. 1 ist die Größenbeurteilung immer zugleich für das aktuelle wie für das Vorjahr vorzunehmen, in beiden Fällen aber nach gleichen Maßstäben und Methoden (→ Rz. 6). Eine für 2008 vorzunehmende Größenbeurteilung legt daher für 2008 und das Vorjahr 2007 die gleichen Schwellenwerte zugrunde. Hieraus ergibt sich eine „**unechte Rückwirkung**".

BEISPIEL Die alten (aber nicht zugleich die neuen Schwellenwerte) wurden erstmals für 2007 überschritten. Ein Konzernabschluss war wegen Abs. 4 für 2007 aber nicht aufzustellen (→ Rz. 18).

Die neuen Schwellenwerte werden für 2008 überschritten.

BEURTEILUNG Eine Konzernrechnungslegungspflicht besteht für 2008 nach Abs. 4 noch nicht, wenn (kumulativ)

▶ für 2008 oder 2007 die Schwellenwerte nicht überschritten wurden und

▶ für 2007 keine Konzernrechnungslegungspflicht bestand.

Die zweite Voraussetzung ist nach Abs. 4 gegeben. Die erste Voraussetzung ist zwar nicht für 2008, aber für 2007 nach Maßgabe der rückwirkenden neuen Schwellenwerte erfüllt. Für 2008 besteht daher keine Konzernabschlusspflicht.

> **BEISPIEL** Für 2007 bestand eine Konzernabschlusspflicht, weil für 2007 (und die Vorjahre) zwar die alten (aber für 2007 nicht zugleich die neuen Schwellenwerte) überschritten wurden. Die neuen Schwellenwerte werden auch für 2008 nicht überschritten.
>
> **BEURTEILUNG** Für 2008 besteht nach Abs. 1 keine Konzernabschlusspflicht. Die für die Beurteilung von 2008 und 2007 als Vorjahr zugrunde zu legenden neuen Schwellenwerte werden an beiden aufeinander folgenden Stichtagen nicht überschritten.

Wegen der Konsequenzen der heraufgesetzten Schwellenwerte für die Abschlussprüfung bei bereits erteiltem Prüfungsauftrag wird auf → § 267 Rz. 20 verwiesen.

4. Definition der Größenmerkmale

4.1 Bilanzsumme vor Eigenkapitalfehlbetrag

Die **Bilanzsumme** ist nach Abs. 1 Nr. 1a und Nr. 2a um einen auf der Aktivseite ausgewiesenen Fehlbetrag (§ 268 Abs. 3 HGB) zu kürzen. 12

Bei der an der Spitze des (Teil-)Konzerns stehenden **Kap. & Co.-Gesellschaft** ist der auf den Kapitalanteil eines persönlich haftenden Gesellschafters entfallende Verlustanteil gem. § 268 Abs. 3 HGB auszuweisen, soweit keine Zahlungsverpflichtung besteht (§ 264c Abs. 2 Satz 5 HGB) und bei der Ermittlung der Bilanzsumme ebenfalls kürzend zu berücksichtigen.

4.2 Umsatzerlöse

Die Umsatzerlöse ergeben sich aus der Erbringung von für die gewöhnliche Geschäftstätigkeit der Gesellschaft typischen Leistungen. Entscheidend ist die Qualifizierung nach § 277 Abs. 1 HGB (→ § 277 Rz. 1 ff.). Alle Abgrenzungsfragen, die sich danach stellen, also etwa die Zuordnung von Beteiligungs- und Verwaltungserträgen bei einer Holding, gelten in gleicher Weise für § 293 HGB. 13

Maßgeblich sind nach Abs. 1 Nr. 1b und Nr. 2b die Umsätze der **letzten zwölf Monate**. 14

Bei einem durch **Umstellung des Geschäftsjahrs** entstehenden **Rumpfgeschäftsjahr** ist wie folgt vorzugehen:

> **BEISPIEL** Das bisher kalendergleiche Geschäftsjahr wird mit Wirkung ab Jahr 11 auf ein vom 1.4. bis 31.3. laufendes Geschäftsjahr umgestellt. Für den Zeitraum vom 1.1. bis 31.3.11 ergibt sich daraus ein Rumpfgeschäftsjahr. Für die Größenbeurteilung sind zu berücksichtigen
>
> ▶ am 31.12.10 die Umsätze Januar - Dezember 10,
>
> ▶ am 31.3.11 die Umsätze April - Dezember 10 sowie Januar - März 11.

Ist das **erste Geschäftsjahr ein Rumpfgeschäftsjahr**, so zählen für die Umsatzerlöse nur die tatsächlichen Monate. Eine Hochrechnung auf zwölf Monate unterbleibt.

> **BEISPIEL** Die Gesellschaft wird am 1.10.01 gegründet. Für das am 31.12.01 endende erste Geschäftsjahr zählen nur diese drei Monate.

Zur Ermittlung der Umsatzerlöse bei Änderung des Konsolidierungskreises wird auf → Rz. 9 verwiesen.

4.3 Durchschnittliche Arbeitnehmerzahl

15 Als durchschnittliche Zahl der Arbeitnehmer gilt gem. Abs. 1 Satz 2 i.V. mit § 267 Abs. 5 HGB der vierte Teil der Summe aus den Zahlen der jeweils am 31.3., 30.6., 30.9. und 31.12. beschäftigten Arbeitnehmer.

Wegen der Fragen, wer Arbeitnehmer ist, wie Vorstände, Teilzeitbeschäftigte, Auszubildende usw. zu berücksichtigen sind, wird auf → § 267 Rz. 6 ff. verwiesen.

Die durchschnittliche Arbeitnehmerzahl wird aus den Quartalsultimi errechnet, wobei u. E. auch bei **abweichendem Geschäftsjahr** auf dessen Quartale statt diejenigen des Kalenderjahrs abgestellt werden kann.

16 Bei einem **Rumpfgeschäftsjahr** ist zu differenzieren:
- Entsteht das Rumpfgeschäftsjahr durch **Änderung des Geschäftsjahrs**, sind in Analogie zu den Umsatzerlösen (→ Rz. 14) zur Auffüllung auf vier Quartale die Werte des vorangegangenen Geschäftsjahrs mit heranzuziehen.
- Im Falle der **Neugründung** ist bei einem unter drei Monate liegenden Geschäftsjahr der Wert des Bilanzstichtags anzusetzen.

Für die Ermittlung der Arbeitnehmerzahl bei Änderung des Konsolidierungskreises wird auf → Rz. 9 verwiesen.

III. Zeitliche Anforderungen an die Über-/Unterschreitung der Schwellenwerte (Abs. 1 und 4)

1. Einmaliges Unter-/Überschreiten der Schwellenwerte

17 Ein dauernder Wechsel zwischen Konzernabschlusspflicht und Befreiung davon soll vermieden werden. Der Fortfall einer bestehenden Konzernabschlusspflicht setzt daher das Nichtüberschreiten der Schwellenwerte in zwei aufeinander folgenden Jahren voraus, die Entstehung der Konzernabschlusspflicht entsprechend das Überschreiten in zwei aufeinander folgenden Jahren. Im Einzelnen gilt:
- Nach Abs. 1 **entfällt** eine zuvor bestehende Konzernabschlusspflicht erst dann, wenn nicht nur am aktuellen Abschlussstichtag, sondern **zugleich am Vorjahresstichtag** mindestens zwei der drei Schwellenwerte nicht überschritten werden.
- Nach Abs. 4 führt ein **einmaliges Überschreiten** der Schwellenwerte noch nicht zur Konzernrechnungslegungspflicht (sog. Härteklausel).

Zum Fortfall der Konzernabschlusspflicht nach Abs. 1 folgendes Beispiel:

BEISPIEL In 01 und 02 werden jeweils mindestens zwei Schwellenwerte überschritten.

In 03 und 04 werden jeweils mindestens zwei Schwellenwerte nicht überschritten.

BEURTEILUNG Für 02 besteht eine Konzernabschlusspflicht.

Diese entfällt noch nicht für 03, da die Größenprüfung neben dem jeweils aktuellen Jahr auch das Vorjahr umfasst, die Schwellenwerte aber nur in 03 und nicht zugleich im Vorjahr 02 überschritten werden.

Für 04 entfällt die Konzernabschlusspflicht, da jetzt sowohl für den aktuellen Stichtag (04) als auch für den Vorjahresstichtag (03) mindestens zwei Schwellenwerte nicht überschritten werden.

Die Befreiung nach der sog. **Härteklausel** des Abs. 4 setzt kumulativ Folgendes voraus: 18
- An nur einem der beiden zu beurteilenden Jahre (aktuelles und Vorjahr) werden bei mindestens zwei Merkmalen die Schwellenwerte von Abs. 1 überschritten; es läge also nach Abs. 1 eine Konzernabschlusspflicht vor.
- Im Vorjahr bestand jedoch nach Abs. 1 oder 4 keine Konzernabschlusspflicht.

BEISPIEL In 01 und 02 werden jeweils mindestens zwei Schwellenwerte nicht überschritten.

In 03 werden jeweils mindestens zwei Schwellenwerte überschritten.

BEURTEILUNG Für 01 und 02 entfällt eine Konzernabschlusspflicht bereits nach Abs. 1.

Für 03 bestünde nach Abs. 1 eine Konzernabschlusspflicht, da mindestens zwei Schwellenwerte zwar im Vorjahr, aber nicht zugleich im aktuellen Jahr gewahrt werden. Nach Abs. 4 beginnt die Konzernabschlusspflicht jedoch dann nicht, wenn nur in einem der beiden zu beurteilenden Jahre (aktuelles und Vorjahr) die Schwellenwerte überschritten wurden und am vorhergehenden Abschlussstichtag (02) keine Konzernabschlusspflicht bestand. Diese beiden kumulativ geforderten Voraussetzungen sind hier erfüllt. Nach Abs. 4 besteht daher keine Konzernabschlusspflicht für 03.

Für 04 besteht nur dann keine Konzernabschlusspflicht, wenn in 04 mindestens zwei Schwellenwerte nicht überschritten werden. In diesem Fall würde zwar Abs. 1 wegen Überschreitung im Vorjahr nicht greifen, erneut käme aber Abs. 4 zur Anwendung: Das Unternehmen hätte die Schwellenwerte von Abs. 1 nur an einem der beiden zu beurteilenden Stichtage verwirklicht und war am vorhergehenden Abschlussstichtag von der Konzernabschlusspflicht befreit.

Werden für 04 hingegen mindestens zwei Schwellenwerte überschritten, greift die erweiterte Befreiungsmöglichkeit des Abs. 4. nicht mehr, da zwar die Befreiung im Vorjahr gegeben ist, nicht aber die Einhaltung der Schwellenwerte in einem der beiden zu beurteilenden Jahre.

2. Neugründung des Mutterunternehmens oder erstmalige Konzernbildung

19 Bei **Neugründung** des Mutterunternehmens oder erstmaliger Begründung eines Konzerns entfällt zum ersten Abschlussstichtag die Möglichkeit, zwei Jahre für die Größeneinordnung in Betracht zu ziehen. Nach Abs. 4 Satz 2 i.V. mit § 267 Abs. 4 Satz 2 HGB ist dann **allein** auf die Verhältnisse am **ersten Abschlussstichtag** abzustellen. Eine solche Regelung macht Sinn, da nach dem Regelungszweck von Abs. 4 Satz 1 ein dauernder Wechsel der Größenordnung verhindert werden soll. Bei Neugründungen oder erstmaliger Konzernierung ist dieser Zweck nicht tangiert. Der neu gebildete Konzern soll daher auch nicht ein Jahr die größenabhängige Befreiung in Anspruch nehmen dürfen.

20 Entsprechend ist bei **Umwandlung einer Personengesellschaft**, die nicht § 293 HGB unterliegt, in eine Kapitalgesellschaft zu verfahren.

Die in § 267 Abs. 4 Satz 2 HGB vorgesehene Gleichbehandlung von Neugründungen und Umwandlungen gilt u. E. nicht für die **formwechselnde Umwandlung** einer Mutter-AG in eine GmbH oder umgekehrt bzw. einer Mutter-Kap. & Co.-Gesellschaft in eine AG bzw. GmbH und umgekehrt, da sich die rechtliche Identität des Mutterunternehmens durch den Formwechsel nicht ändert (→ § 267 Rz. 17).

IV. Kapitalmarktorientierte Unternehmen (Abs. 5)

21 Die Abs. 1 und 4 sind nicht anzuwenden. Die größenabhängige Befreiung greift also nicht, wenn das Mutterunternehmen oder ein in deren Konzernabschluss einbezogenes Tochterunternehmen am Abschlussstichtag kapitalmarktorientiert i. S. des § 264d HGB ist.

Auf → § 264d Rz. 1 ff. wird verwiesen.

Zweiter Titel: Konsolidierungskreis

§ 294 Einzubeziehende Unternehmen, Vorlage- und Auskunftspflichten

(1) In den Konzernabschluss sind das Mutterunternehmen und alle Tochterunternehmen ohne Rücksicht auf den Sitz der Tochterunternehmen einzubeziehen, sofern die Einbeziehung nicht nach § 296 unterbleibt.

(2) Hat sich die Zusammensetzung der in den Konzernabschluss einbezogenen Unternehmen im Laufe des Geschäftsjahrs wesentlich geändert, so sind in den Konzernabschluss Angaben aufzunehmen, die es ermöglichen, die aufeinander folgenden Konzernabschlüsse sinnvoll zu vergleichen.

(3) [1]Die Tochterunternehmen haben dem Mutterunternehmen ihre Jahresabschlüsse, Einzelabschlüsse nach § 325 Abs. 2a, Lageberichte, Konzernabschlüsse, Konzernlageberichte und, wenn eine Abschlussprüfung stattgefunden hat, die Prüfungsberichte sowie, wenn ein Zwischenabschluss aufzustellen ist, einen auf den Stichtag des Konzernabschlusses aufgestellten Abschluss unverzüglich einzureichen. [2]Das Mutterunternehmen kann von jedem Tochterunternehmen alle Aufklärungen und Nachweise verlangen, welche die Aufstellung des Konzernabschlusses und des Konzernlageberichts erfordert.

Inhaltsübersicht	Rz.
I. Regelungsinhalt	1
II. Abgrenzung des Konsolidierungskreises (Abs. 1)	2
III. Angaben bei wesentlichen Veränderungen des Konsolidierungskreises (Abs. 2)	3 - 14
1. Regelungszweck	3
2. Tatbestandselement 1: Änderung des Konsolidierungskreises	4 - 7
3. Tatbestandselement 2: Wesentlichkeit der Änderung	8 - 10
4. Rechtsfolge: Ergänzende Angaben	11 - 14
IV. Vorlagepflichten und Auskunftsrechte (Abs. 3)	15 - 23
1. Überblick	15 - 16
2. Zum Verhältnis von Vorlagepflicht und Auskunftsrecht	17 - 19
3. Durchsetzbarkeit der Ansprüche des Mutterunternehmens	20 - 23
3.1 Anwendungsfälle	20
3.2 Zivilrechtliche Geltendmachung	21
3.3 Konsolidierungswahlrecht als ultima ratio	22 - 23

Ausgewählte Literatur

Heydemann/Koenen, Die Abgrenzung des Konsolidierungskreises bei Kapitalgesellschaften in Theorie und Praxis, DB 1992 S. 2253

Karl/Reinke, Der Spartenkonzern, Abgrenzung des Konsolidierungskreises, WPg 1991 S. 693

Mujkanovic, Zweckgesellschaften nach BilMoG, StuB 2009 S. 369

Weimar, Regelungsbefugnis des Bilanzrichtlinien-Gesetzgebers für Auslandssachverhalte?, DB 1987 S. 521

I. Regelungsinhalt

1 § 294 HGB trifft Regelungen auf drei Feldern:

- ▶ Abs. 1 grenzt den Kreis der im Wege der Vollkonsolidierung in den Konzernabschluss einzubeziehenden Unternehmen ab (**Konsolidierungskreis**) (→ Rz. 2).
- ▶ Abs. 2 enthält im Interesse der interperiodischen Vergleichbarkeit **Angabepflichten** bei wesentlichen Änderungen des Konsolidierungskreises (→ Rz. 3).
- ▶ Abs. 3 verpflichtet das Tochterunternehmen, dem Mutterunternehmen für die Erstellung des Konzernabschlusses bestimmte **Unterlagen** vorzulegen und sonst erforderliche **Auskünfte** zu erteilen (→ Rz. 15).

II. Abgrenzung des Konsolidierungskreises (Abs. 1)

2 § 294 HGB grenzt i.V. mit §§ 290, 296 HGB den Konsolidierungskreis ab. Die Arbeitsteilung ist wie folgt:

- ▶ § 290 HGB definiert das **Mutter-Tochter-Verhältnis** (→ § 290 Rz. 8 ff.).
- ▶ § 294 Abs. 1 HGB sieht als **Regel** die Einbeziehung **sämtlicher Tochterunternehmen**, unabhängig von ihrem Sitz, in den Konzernabschluss vor (Weltabschlussprinzip).
- ▶ § 296 HGB gewährt als Wahlrecht bestimmte **Ausnahmemöglichkeiten** von dieser Regel (→ § 296 Rz. 1 ff.).

Die Einbeziehungspflicht des Abs. 1 betrifft sowohl **unmittelbare** als auch **mittelbare** Tochterunternehmen (→ § 290 Rz. 63).

Eine nach wirtschaftlichen Kriterien, Führungsverantwortung etc. vorgenommene **Ausweitung** des Kreises der voll konsolidierten Unternehmen über den Bereich der Tochterunternehmen hinaus widerspricht den Regelungen von §§ 290 ff. HGB. Derartige **freiwillige** Gruppenabschlüsse haben deshalb z. B. keine befreiende Wirkung nach § 291 HGB.

III. Angaben bei wesentlichen Veränderungen des Konsolidierungskreises (Abs. 2)

1. Regelungszweck

3 Bei Veränderungen des Konsolidierungskreises ist u.U. ein sinnvoller Vergleich zum Vorjahreskonzernabschluss nicht mehr möglich.

> **BEISPIEL** ▶ Der von MU geführte Konzern K erzielt in 01 einen Umsatz von 100. Am 1.10.02 erwirbt MU die branchenfremde TU-X. Der gleichmäßig über das Jahr verteilte Umsatz der TU-X beträgt 60. Wegen in 02 manifest gewordener Qualitätsprobleme ist der Umsatz des Konzerns (vor Einbeziehung von TU-X) um 10 zurückgegangen.
>
> Der Konzernabschluss 02 zeigt einen Umsatz von $(100 \cdot 0{,}9) + 60 \cdot 90/360 = 105$.
>
> Im Vergleich zum Vorjahr entspricht dies einem Anstieg um 5 %.

> Ohne weitere Erläuterungen wird nicht erkennbar, dass K in seinem bisherigen Geschäftsfeld einen Umsatzrückgang von 10 % erlitten hat, der durch den „zugekauften" Umsatz der TU-X überkompensiert wird.

Zur Herstellung der interperiodischen Vergleichbarkeit sieht Abs. 2 bei wesentlichen Änderungen des Konsolidierungskreises daher Erläuterungen im Anhang vor. Nach § 294 Abs. 2 Satz 2 HGB a. F. war alternativ eine Anpassung der Vorjahreszahlen möglich. Mit dem BilMoG ist diese alternative Möglichkeit entfallen (→ Rz. 12 und → Art. 66 Rz. 15).

2. Tatbestandselement 1: Änderung des Konsolidierungskreises

Tatbestandsseitig setzt Abs. 2 im Vorjahresvergleich voraus: 4
- Eine **Änderung** der Zusammensetzung der in den Konzernabschluss einbezogenen Unternehmen (→ Rz. 5),
- die so **wesentlich** ist, dass ohne erläuternde Angaben ein sinnvoller Vorjahresvergleich nicht mehr möglich ist (→ Rz. 8).

Änderungen des Konsolidierungskreises können sich durch folgende Umstände ergeben: 5
- Erwerb von Tochterunternehmen (Erstkonsolidierung),
- Veräußerung von Tochterunternehmen (Entkonsolidierung) (→ § 301 Rz. 113),
- Kontrollerlangung durch Erwerb zusätzlicher Anteile an Unternehmen (Aufwärtskonsolidierung) (→ § 301 Rz. 108),
- Kontrollverlust durch Veräußerung eines Teils der Anteile (Abwärtskonsolidierung) (→ § 310 Rz. 109),
- Wachstum von Tochterunternehmen und damit einhergehend Wegfall der Nichteinbeziehungsmöglichkeit wegen Unwesentlichkeit nach § 296 Abs. 2 HGB (→ § 301 Rz. 25),
- Veränderung sonstiger für die Einbeziehungswahlrechte nach § 296 HGB maßgeblicher Umstände.

Die vorgenannten Fälle betreffen die Zusammensetzung des Kreises vollkonsolidierter Tochterunternehmen. Fraglich ist, ob daneben auch wesentliche Veränderungen des Kreises der **quotal** in den Konzernabschluss einbezogenen Unternehmen den Regelungen von Abs. 2 unterliegen. Die h. M. bejaht dies.[1] Zur Begründung führt sie an, dass Abs. 2 von der Zusammensetzung der in den Konzernabschluss „einbezogenen Unternehmen" spricht, als „einbezogene Unternehmen" in § 310 Abs. 1 HGB aber auch quotal konsolidierte Gemeinschaftsunternehmen angesprochen werden. Diese auf den isolierten Wortlaut abhebende Begründung halten wir in systematischer Sicht aus folgenden Gründen nicht für überzeugend: 6
- Der dem Konzernabschluss und Konzernlagebericht gewidmete zweite Unterabschnitt im zweiten Abschnitt des Dritten Buchs des HGB ist in verschiedene Titel unterteilt. Der hier interessierende zweite Titel trägt die Überschrift **„Konsolidierungskreis"**. Dieser Titel besteht aus nur zwei Paragraphen, nämlich §§ 294, 296 HGB.

---

1 Vgl. *ADS*, 6. Aufl., § 294 Tz. 17; *Förschle/Deubert*, in: Beck'scher Bilanz-Kommentar, 7. Aufl., München 2010, § 294 HGB Tz. 9; *Müller/Kreipl*, in: Haufe HGB Bilanz Kommentar, Freiburg 2009, § 294 Rz. 21; *Kindler*, in: Ulmer (Hrsg), HGB-Bilanzrecht 2002, § 294 Tz. 9.

III. Angaben bei wesentlichen Veränderungen des Konsolidierungskreises

- § 296 HGB befasst sich unter der Überschrift „Verzicht auf die Einbeziehung" in allen drei Absätzen ausschließlich mit den Wahlmöglichkeiten betreffend die Einbeziehung von **Tochterunternehmen** in den Konzernabschluss.
- § 294 HGB trägt die Überschrift „Einzubeziehende Unternehmen. Vorlage- und Auskunftspflichten." Unter dem ersten Überschriftsteil regelt Abs. 1 die Einbeziehung von **Tochterunternehmen** nach dem Weltabschlussprinzip, unter dem zweiten Überschriftsteil Abs. 3 die Vorlage- und Auskunftsrechte gegenüber Tochterunternehmen.
- Nach Maßgabe der drei Absätze von § 296 HGB sowie der Absätze 1 und 3 von § 294 HGB bezieht sich damit die Titelüberschrift „Konsolidierungskreis", ebenso der in den Paragraphenüberschriften verwandte Einbeziehungsbegriff ausschließlich auf den Kreis der **Tochterunternehmen**.
- Wenn für die Auslegung von Abs. 2 etwas anderes gelten sollte, würde dies eine **unsystematische Ausnahme** im zweiten Titel darstellen. Eine derartige Ausnahme hätte etwa in § 310 Abs. 2 HGB geregelt werden können, der die entsprechende Anwendung bestimmter, für die Vollkonsolidierung geltender Vorschriften für die quotale Konsolidierung vorsieht. Tatsächlich ist eine solche Ausnahmeregelung aber weder in § 310 Abs. 2 HGB noch an anderer Stelle enthalten.

An der systematischen und einheitlichen Auslegung von § 294 Abs. 2 HGB ist daher u. E. festzuhalten. Ihr entspricht eine Beschränkung auf Tochterunternehmen.

7 Erläuterungspflichten ergeben sich nur, wenn sich die Zusammensetzung der in den Konzernabschluss einbezogenen Unternehmen „**im Laufe des Geschäftsjahrs**" geändert hat. Zu den sich hieraus i.V. mit der Wesentlichkeitsfrage ergebenden Problemen wird auf → Rz. 13 verwiesen.

3. Tatbestandselement 2: Wesentlichkeit der Änderung

8 Erläuterungspflichten nach Abs. 2 entstehen nur bei „**wesentlichen**" Änderungen des Konsolidierungskreises. Der **Maßstab** der Wesentlichkeit wird abstrakt von der Folgeseite her definiert:

- Bei wesentlichen Änderungen sind Angaben in den Konzernabschluss aufzunehmen, die einen sinnvollen Vergleich zum Vorjahreskonzernabschluss ermöglichen.
- Wesentlich ist daher eine Änderung des Konsolidierungskreises, die ohne ergänzende Angaben keinen **sinnvollen Vorjahresvergleich** mehr erlaubt.

Die **tatsächliche Entwicklung** des Konzerns im Vorjahresvergleich ist das Resultat von zwei Faktoren:

- Entwicklung der **fortgeführten Tätigkeiten** (alter Konsolidierungskreis) und
- Folgen der **Änderungen des Konsolidierungskreises**.

Das höchste Maß der Beeinträchtigung des Vorjahresvergleichs und damit der größte Erläuterungsbedarf ergibt sich, wenn beide Faktoren **unterschiedliche Vorzeichen** haben und die Entwicklung auf Basis des alten Konsolidierungskreises durch die Änderung des Konsolidierungskreises überkompensiert wird. Auf das Beispiel unter → Rz. 3 wird verwiesen.

Eine wesentliche Beeinträchtigung liegt aber auch dann vor, wenn bei **gleichem Vorzeichen** die Änderung des Konsolidierungskreises die Geschäftsentwicklung deutlich überzeichnet:

BEISPIEL Der von MU geführte Konzern K erzielt in 01 einem Umsatz von 100. Am 1.7.02 erwirbt MU die TU-X. Der gleichmäßig über das Jahr verteilte Umsatz der TU-X beträgt 40.

Der Konzernumsatz 02 beträgt 130, der Anstieg gegenüber dem Vorjahr damit 30 %. Die gesamte Branche hat im gleichen Zeitraum nur ein Wachstum von 10 % erzielt.

Der GuV-Vorjahresvergleich zeigt zutreffend ein Umsatzwachstum. Ein Irreführungspotenzial besteht im Branchenvergleich. Die GuV zeigt ein dreimal so hohes Wachstum wie der Branchendurchschnitt. Das Übertreffen der Branche und der damit einhergehende Anstieg des Marktanteils ist jedoch allein Folge der Änderung des Konsolidierungskreises. Dies wird aus der GuV nicht ersichtlich und muss daher erläutert werden.

Die Wesentlichkeit der Änderungen ist **insgesamt**, d.h. beispielsweise nicht für das einzelne neue Tochterunternehmen, sondern für alle neu zugehenden zu beurteilen.[2] U. E. folgt hieraus auch die Möglichkeit einer **saldierten** Betrachtung, soweit es um ein quantitativ begründetes Wesentlichkeitsurteil geht:

9

BEISPIEL Der von MU geführte Konzern K erzielt in 01 einen Umsatz von 100. Am 2.1.02 veräußert MU diverse Tochterunternehmen, die zusammengefasst bisher mit etwa 20 % zum Konzernumsatz und Konzernergebnis beigetragen haben. Ebenfalls am 2.1.02 erwirbt MU diverse Tochterunternehmen. Sie tragen in 02 mit etwa 20 % zum Konzernumsatz und Konzernergebnis bei.

BEURTEILUNG In saldierter Betrachtung ist die Änderung nicht wesentlich. Besondere Angaben nach Abs. 2 sind damit aus quantitativer Sicht nicht erforderlich. Ggf. kann aber eine qualitative Erläuterung geboten sein, wenn veräußerte und zuerworbene Töchter auf unterschiedlichen Geschäftsfeldern tätig sind.

Als **Bezugsgrößen** des Wesentlichkeitsurteils werden im Schrifttum

10

▶ Umsatz und Jahresergebnis,
▶ daneben noch Bilanzsumme, Zahl der Arbeitnehmer, aber auch einzelnen Posten oder Postengruppen des Konzernabschlusses genannt.[3]

U. E. kommt den an zweiter Stelle genannten Größen aber keine so hohe Bedeutung wie dem Umsatz und Jahresergebnis zu. Zweck von Abs. 2 ist, bei der Analyse von Entwicklungstrends zwischen Effekten aus der fortgeführten Tätigkeit und solchen aus Kauf/Verkauf von Tochterunternehmen unterscheiden zu können. In der Beurteilung von Entwicklungstrends sind die Stromgrößen „Umsatz" und „Jahresergebnis" aber im Allgemeinen analytisch von größerer Bedeutung als die anderen Merkmale.

---

[2] Vgl. ADS, 6. Aufl., § 294 Tz. 19; Förschle/Deubert, in: Beck'scher Bilanz-Kommentar, 7. Aufl., München 2010, § 294 Tz. 11.
[3] Vgl. ADS, 6. Aufl., § 284 Tz. 18; Förschle/Deubert, in: Beck'scher Bilanz-Kommentar, 7. Aufl., München 2010, § 294 Tz. 11.

4. Rechtsfolge: Ergänzende Angaben

11 Zur Herstellung der Vergleichbarkeit zum Vorjahresabschluss sind bei Änderung des Konsolidierungskreises ergänzende Angaben, insbesondere im Konzernanhang, vorzunehmen. Nach einhelliger Meinung im Schrifttum reichen rein verbale Beschreibungen („Ohne den Zukauf wäre der Umsatz nicht so stark gestiegen") nicht aus.[4] Mindestens der durch die Änderung des Konsolidierungskreises bewirkte Umsatz- und Ergebniseffekt sind absolut oder als Prozentzahl zu **quantifizieren**.

12 Nach z. T. vertretener Ansicht sollen darüber hinaus die Auswirkungen auf die Hauptposten der GuV und der Bilanz angegeben werden.[5] In einer GuV nach Gesamtkostenverfahren wären danach etwa Absolut- oder Prozentangaben zu Umsatz, Materialaufwand, Personalaufwand etc. geboten. Nach anderer Auffassung ist auf die **Verhältnisse des Einzelfalls** abzustellen, der konkrete Umfang der Angaben daher nicht allgemein zu bestimmen.[6] Der zweiten Auffassung ist u. E. zuzustimmen: Abs. 2 schreibt nicht vor, eine aggregierte Pro-Forma-Bilanz oder GuV aufzustellen, die GuV und Bilanz in allen Hauptposten so zeigt, wie sie ohne Änderung des Konsolidierungskreises ausgesehen hätten. Derartige Pro-Forma-Angaben können im Einzelfall zwar sinnvoll sein, in der ohnehin schwer zu verarbeitenden Fülle der Anhanginformationen wird dem durchschnittlichen Bilanzadressaten aber nicht damit gedient, wenn durch Pro-Forma-Zahlen etwa die Entwicklung der insgesamt unbedeutenden sonstigen betrieblichen Erträge bzw. Aufwendungen dargestellt wird. Weniger ist hier in aller Regel mehr. Neben Angaben zu Umsatz und Ergebnis – ggf. noch Bilanzsumme – ist daher sorgfältig zu prüfen, ob weitere untergliedernde Angaben für die Bilanzadressaten überhaupt von Interesse sind.

Diesem Aspekt folgend führt der Regierungsentwurf zum BilMoG zur Begründung von Änderungen in Abs. 2 (→ Rz. 3) die Annäherung an die internationalen Rechnungslegungsstandards an.[7] Diese sehen in IFRS 3.B64(q) bei Änderungen des Konsolidierungskreises zwar Angaben zur Höhe der Erlöse (*revenues*) und des Ergebnisses (*profit or loss*), jedoch keine Angabepflichten für Bilanz, Kapitalflussrechnung etc. vor.

13 In zeitlicher Hinsicht sind Voraussetzungen und Inhalt der Angabepflichten nach Abs. 2 undeutlicher und unsystematischer als vergleichsweise die nach IFRS 3.B64(q) (→ Rz. 12). Anzugeben sind nach **IFRS 3**

▶ tatsächlicher Erlös- und Ergebnisbeitrag des erworbenen Unternehmens zum laufenden Geschäftsjahr,

▶ fiktive Erlöse und Ergebnisse des Konzerns, wenn alle Erwerbe zum Periodenanfang getätigt worden wären.

Handelsrechtliche Erläuterungspflichten nach Abs. 2 ergeben sich demgegenüber nur, wenn sich die Zusammensetzung der in den Konzernabschluss einbezogenen Unternehmen „im Lau-

---

4 Vgl. *ADS*, 6. Aufl., § 294 Tz. 20; HFA 3/1995.
5 Vgl. *ADS*, 6. Aufl., § 294 Tz. 20; *Förschle/Deubert*, in: Beck'scher Bilanz-Kommentar, 7. Aufl., München 2010, § 294 Tz. 14; *Müller/Kreipl*, in: Haufe HGB Bilanz Kommentar, Freiburg 2009, § 294 Rz. 23.
6 Vgl. *Sahner/Sauermann*, in: Küting/Weber (Hrsg.), Handbuch der Konzernrechnungslegung, Bd. II, 2. Aufl., 1998, § 294 Tz. 16.
7 Begründung RegE, S. 175.

fe des Geschäftsjahrs" geändert hat. In Verbindung mit der Wesentlichkeitsfrage ergibt sich hieraus folgendes Problem:

▶ Vom **Erwerb** eines großen Tochterunternehmens **am 31.12.02** sind nur Umsatz und Jahresergebnis 03 und damit der **Vergleich von 03 zu 02** betroffen.
▶ In **03** besteht **jedoch keine Angabepflicht** nach Abs. 2, weil die Änderung des Konsolidierungskreises nicht „im Laufe des Geschäftsjahrs", sondern im Vorjahr eingetreten ist.
▶ In **02** besteht zwar dem Grunde nach eine Erläuterungspflicht, die aber wegen des **Wesentlichkeitsvorbehalts** entfällt, wenn der Regelungszweck „Herstellung der Vergleichbarkeit" nur vergangenheitsorientiert (Vergleich von 02 und Vorjahr) und nicht auch zukunftsorientiert (02 als Vergleichsbasis für 03 etc.) interpretiert wird.

Die Erläuterungspflichten nach IFRS 3 sehen für 02 hingegen eine Angabe der fiktiven Erlöse und Ergebnisse des Konzerns vor, wenn der Erwerb zum 1.1.02 und nicht zum 31.12.02 getätigt worden wäre. Damit wird eine Vergleichsbasis für 03 geschaffen. Entsprechendes kann u. E. nach HGB nicht verlangt werden. Zwar sind die Erläuterungsvorschriften des IFRS 3 systematisch gerechtfertigt. Sie dienen dem sinnvollen Vergleich „aufeinanderfolgender Konzernabschlüsse", im Schrifttum findet sich aber kein Hinweis, dass auch für das HGB entsprechende Vorratserläuterungen gefordert sind, die zukunftsgerichtet für Folgeabschlüsse eine Vergleichsbasis legen.

Die Angabepflichten des Abs. 2 stoßen an eine weitere Grenze, wenn Unternehmenswachstum durch **Zukäufe** wesentlicher Teil des **Geschäftsmodells** ist. Von analytischem Interesse werden dann u. a. Umsatzwachstumsraten sein. Wenn nun die Wachstumsrate der Vorjahre ebenso wie die des aktuellen Jahrs wesentlich durch Zukäufe geprägt ist, ergibt sich der sinnvolle Vergleich zu den Vorjahren gerade ohne Bereinigung der Wachstumsrate des aktuellen Jahrs um die Zukäufe. Erneut zeigt sich: Das Ob und Wie der Erläuterung nach Abs. 2 sind einzellfallabhängig zu beurteilen (→ Rz. 12).

IV. Vorlagepflichten und Auskunftsrechte (Abs. 3)

1. Überblick

Zur Aufstellung des Konzernabschlusses und des Konzernlageberichts benötigt das Mutterunternehmen die **Mitwirkung** der Tochterunternehmen:

▶ **Abs. 3 Satz 1** verpflichtet daher die Tochterunternehmen zur **Vorlage** bestimmter **Standarddokumente**: Dies sind Jahresabschlüsse, Lageberichte, eventuelle Teilkonzernabschlüsse, Konzernlageberichte und im Fall einer Prüfung Prüfungsberichte – unabhängig davon, ob diese gesetzlich, satzungsmäßig oder freiwillig durchgeführt wurden[8]. Bei abweichendem Geschäftsjahr des Tochterunternehmens und einem daher aufzustellenden Zwischenabschluss ist auch dieser vorzulegen.
▶ **Abs. 3 Satz 2** berechtigt das Mutterunternehmen, von jedem Tochterunternehmen alle **(weiteren) Aufklärungen** und **Nachweise** zu verlangen, „welche die Aufstellung des Konzernabschlusses und Konzernlageberichts erfordert."

---

8 Vgl. *ADS*, 6. Aufl., § 294 Tz. 31.

IV. Vorlagepflichten und Auskunftsrechte

16 Die **Vorlagepflicht** besteht unabhängig davon, ob das jeweilige Tochterunternehmen tatsächlich in den Konzernabschluss **einbezogen** wird bzw. werden soll. Das weitere Informationen betreffende **Auskunftsrecht** kann hingegen bei Nichteinbeziehung eingeschränkt sein (→ Rz. 18).

Vorlage- und Auskunftspflichten bestehen nicht nur im Verhältnis zum Mutterunternehmen, sondern nach § 320 Abs. 3 HGB auch **im Verhältnis zum Konzernabschlussprüfer** (→ § 320 Rz. 16 ff.). Auf die dortige Kommentierung wird verwiesen.

2. Zum Verhältnis von Vorlagepflicht und Auskunftsrecht

17 Die **Vorlagepflicht** des Abs. 3 Satz 1 normiert die „**Grundversorgung**" des Mutterunternehmens mit Informationen über das Tochterunternehmen. Die hiernach verpflichtend vorzulegenden Unterlagen werden in Abs. 3 Satz 1 genau benannt, und sind in jedem Fall zur Verfügung zu stellen. Es bedarf **keiner** Prüfung, ob sie zu Erstellung von Konzernabschluss und Konzernlagebericht erforderlich sind.

18 Das **Auskunftsrecht** des Abs. 3 Satz 2 ist im Vergleich dazu **umfassender**, aber auch **inhaltlich unbestimmter**:

▶ Es erstreckt sich auf alle Aufklärungen und Nachweise, „welche die Aufstellung des Konzernabschlusses und des Konzernlageberichts erfordert", und umfasst damit über die nach Abs. 3 Satz 1 vorzulegenden Unterlagen auch **ergänzende Informationen** zu den vorgelegten Jahresabschlüssen. Dazu gehören etwa die Höhe konzernintern bezogener Bestände für Zwecke der Zwischenergebniseliminierung, die für die Anpassung der Bilanzierung und Bewertung an konzerneinheitliche Methoden (HB II) oder die Aufwands- und Schuldenkonsolidierung notwendigen Angaben.

▶ Das Auskunftsrecht setzt aber andererseits stets voraus, dass die Informationen objektiv **erforderlich** sind.

> **BEISPIEL** ▶ Seit vielen Jahren wird das Tochterunternehmen TU wegen Unwesentlichkeit nicht in den Konzernabschluss der M einbezogen. An den Verhältnissen des Konzerns, insbesondere der Höhe von Umsatz, Ergebnis, Bilanzsumme etc., hat sich im aktuellen Geschäftsjahr wenig geändert. Entsprechendes gilt für die Verhältnisse des Tochterunternehmens. TU soll daher weiterhin nicht in den Konzernabschluss einbezogen werden. Gleichwohl verlangt die M über die nach Abs. 3 Satz 1 vorzulegenden Unterlagen hinaus erneut eine Reihe von Angaben. Die Motive hierfür liegen nicht im bilanziellen Bereich, sondern im Steuerungs- und Kontrollinteresse.
>
> TU kann diese Angaben unter Verweis auf die fehlende Erforderlichkeit verweigern.

Besondere Bedeutung erlangt das Auskunftsrecht, wenn das Tochterunternehmen als **Personenhandelsgesellschaft, ausländische** Tochtergesellschaft oder **kleine** und **mittelgroße** Kapitalgesellschaften in seinem Abschluss bestimmte Informationen nicht geben muss, etwa keinen Anhang oder Lagebericht zu erstellen hat (z. B. Personengesellschaft) oder bestimmte Anhangangaben weglassen kann (etwa kleine und mittlere Kapitalgesellschaft). Die Vorlagepflicht nach Abs. 3 Satz 1 umfasst nur die tatsächlich erstellten Unterlagen, bei der Personengesellschaft also weder einen Anhang (es sei denn, dieser wäre freiwillig erstellt worden) noch einen Lagebericht.

Nach Maßgabe des Auskunftsrechts aus Abs. 3 Satz 2 kann das Mutterunternehmen jedoch die für den Einzelabschluss nicht zu erstellenden und tatsächlich auch nicht erstellten Angaben verlangen. Voraussetzung ist „nur", dass diese für die Aufstellung des Konzernabschlusses und des Konzernlageberichts erforderlich sind.

Die Vorlagepflicht ist nach Abs. 3 Satz 1 durch **unverzügliche Einreichung** der Unterlagen also „ohne schuldhaftes Zögern" zu erfüllen. Wenn der Konzern einen *fast close* praktiziert und/ oder das Tochterunternehmen als Personengesellschaft (vgl. § 243 Abs. 3 HGB) bzw. kleine Kapitalgesellschaft (§ 264 Abs. 1 Satz 4 2. Halbsatz HGB) gesetzlich einen längeren Zeitraum für die Erstellung seines Abschlusses hat und diesen nutzt, kann kein schuldhaftes Zögern angenommen werden. Auch in diesem Fall kann sich aus dem Auskunftsrecht aber eine frühere Informationspflicht ergeben. 19

3. Durchsetzbarkeit der Ansprüche des Mutterunternehmens

3.1 Anwendungsfälle

Die Durchsetzbarkeit der Vorlage- bzw. Auskunftspflichten des Tochterunternehmens durch das Mutterunternehmen ist vor allem in folgenden Fällen problematisch: 20

- ▶ Das Mutterunternehmen ist in den **Organen** des Tochterunternehmens **nicht** oder nicht mit hinreichender Stärke **vertreten**. Ein Beispiel wäre eine Leasingobjektgesellschaft, an der das Mutterunternehmen nicht beteiligt ist, die aber wegen Risiko-Chancen-Mehrheit zu konsolidieren ist (→ § 290 Rz. 45).
- ▶ Das Mutterunternehmen ist **nach Veräußerung** des Tochterunternehmens bzw. des beherrschenden Anteils an diesem in den Organen des Tochterunternehmens nicht **mehr** oder nicht mehr mit hinreichender Stärke vertreten.
- ▶ Das Tochterunternehmen hat seinen Sitz **im Ausland** und wird von Fremdgeschäftsführern geleitet. Nach ausländischem Gesellschaftsrecht hat das Mutterunternehmen trotz Mehrheit in der Gesellschafterversammlung nur begrenzte Auskunfts- und Vorlagerechte (→ Rz. 21).

3.2 Zivilrechtliche Geltendmachung

Eine Verletzung der Vorlage- bzw. Auskunftspflichten durch das Tochterunternehmen ist im HGB nicht durch Ordnungsgelder, Zwangsgelder oder Strafen bewehrt. Das Mutterunternehmen kann seine Rechte gegen das Tochterunternehmen jedoch **zivilrechtlich** geltend machen.[9] Abgesehen von den damit schon bei inländischen Sachverhalten einhergehenden Zeitverzögerungen ergibt sich bei ausländischen Tochterunternehmen (insbesondere außerhalb der EU) noch folgendes Problem: Die Verurteilung des in einem fremden Staat niedergelassenen Tochterunternehmens kann wegen Widerspruch der Auskunfts- bzw. Vorlagepflicht zu den im Sitz- 21

---

9 Vgl. *ADS*, 6. Aufl., § 294 Tz. 44.

land der Tochtergesellschaft geltenden Grundlagen des Gesellschaftsrechts nicht vollstreckbar sein.[10]

3.3 Konsolidierungswahlrecht als ultima ratio

22 Die Schwierigkeiten der Durchsetzung der Auskunfts- und Vorlagepflichten werden durch die **Konsolidierungswahlrechte** des § 296 Abs. 1 Nr. 1 und 2 HGB indirekt anerkannt:

- Nach § 296 Abs. 1 Nr. 1 HGB braucht ein Tochterunternehmen dann nicht in den Konzernabschluss einbezogen zu werden, wenn erhebliche und andauernde **Beschränkungen** die **Ausübung** der **Rechte** des Mutterunternehmens in Bezug auf das Vermögen oder die Geschäftsführung der Tochterunternehmen nachhaltig beeinträchtigen (→ § 296 Rz. 3). Ein hier interessierender Anwendungsfall dieser Vorschrift ist das im Geschäftsjahr oder zu Beginn des Folgejahrs (während der Aufstellungsarbeiten) **veräußerte Tochterunternehmen**.

- Nach § 296 Abs. 1 Nr. 2 HGB besteht ein Einbeziehungswahlrecht auch dann, wenn die für die Aufstellung des Konzernabschlusses erforderlichen Angaben nicht ohne unverhältnismäßig hohe **Kosten** oder **Verzögerungen** zu erhalten sind (→ § 296 Rz. 8). Zu unverhältnismäßig hohen Kosten oder Verzögerungen kann es kommen, wenn die Auskunfts- und Vorlagepflichten nur auf dem **Klageweg** durchsetzbar sind.

23 Diese **Schwierigkeiten** in der Beschaffung von Informationen sind **zum Teil selbst gestaltbar**. Bei Abschluss des für die Gründung bzw. wirtschaftliche Existenz einer Leasingobjektgesellschaft entscheidenden Leasingvertrags könnte etwa als Nebenpflicht des Leasinggebers im Leasingvertrag die Vorlage der nach Abs. 3 vorgesehenen Unterlagen und Informationen vereinbart und die Nichterfüllung der Pflichten ggf. mit vertraglichen Sanktionen bewehrt werden. Entsprechende Vorsorge könnte bei der Veräußerung von Tochterunternehmen oder bei ausländischen Sachverhalten getroffen werden. Die Konsolidierungswahlrechte aus § 296 Abs. 1 Nr. 1 und 2 HGB unterliegen insoweit der Gefahr, dass die tatbestandsmäßigen Voraussetzungen künstlich herbeigeführt werden, indem die vertraglich mögliche Vorsorge bewusst nicht getroffen wird.

Ein solcher Missbrauch kann nur durch eine **restriktive Auslegung** vermieden werden,[11] die die **Nichtkonsolidierung** und den damit einhergehenden Verstoß gegen das Vollständigkeitsgebot als **ultima ratio** zulässt.

In der praktischen Anwendung bedeutet dies:

- Zu klären ist zunächst, ob das Mutterunternehmen **das Erforderliche getan** hat, um die für die Konsolidierung erforderlichen Informationen zu erlangen. Ohne den Nachweis der besten Bemühungen ergäbe sich für die Konsolidierung ein faktisches Wahlrecht: Wer sich um die erforderlichen Informationen kümmert, müsste konsolidieren, wer sich nicht anstrengt, könnte dem entgehen. Zu den besten Bemühungen gehören u. a. auch Kostenübernahmezusagen, wenn die angeforderten Informationen nicht ohnehin vom Tochterunternehmen zu erstellen sind.

- Die besten Bemühungen sind u. E. nicht erst im Rahmen der Konsolidierungsarbeiten zu erbringen, sondern soweit zumutbar schon **vorsorglich**, etwa als Nebenabrede bei Abschluss

---

10 Vgl. *Weimar*, DB 1987 S. 521.
11 So auch *ADS*, 6. Aufl., § 296 Rz. 19.

des Leasingvertrags mit einer Leasingobjektgesellschaft oder als vertragliche Regelung mit dem Veräußerer bei Abschluss eines Verkaufsvertrags.

▶ Ist die notwendige Vorsorge bewusst oder grob fahrlässig nicht getroffen worden, führt die Nichtkonsolidierung zu einem **Bilanzierungsfehler**.

§ 296 Verzicht auf die Einbeziehung

(1) Ein Tochterunternehmen braucht in den Konzernabschluss nicht einbezogen zu werden, wenn

1. erhebliche und andauernde Beschränkungen die Ausübung der Rechte des Mutterunternehmens in Bezug auf das Vermögen oder die Geschäftsführung dieses Unternehmens nachhaltig beeinträchtigen,
2. die für die Aufstellung des Konzernabschlusses erforderlichen Angaben nicht ohne unverhältnismäßig hohe Kosten oder Verzögerungen zu erhalten sind oder
3. die Anteile des Tochterunternehmens ausschließlich zum Zwecke ihrer Weiterveräußerung gehalten werden.

(2) ¹Ein Tochterunternehmen braucht in den Konzernabschluss nicht einbezogen zu werden, wenn es für die Verpflichtung, ein den tatsächlichen Verhältnissen entsprechendes Bild der Vermögens-, Finanz- und Ertragslage des Konzerns zu vermitteln, von untergeordneter Bedeutung ist. ²Entsprechen mehrere Tochterunternehmen der Voraussetzung des Satzes 1, so sind diese Unternehmen in den Konzernabschluss einzubeziehen, wenn sie zusammen nicht von untergeordneter Bedeutung sind.

(3) Die Anwendung der Absätze 1 und 2 ist im Konzernanhang zu begründen.

Inhaltsübersicht	Rz.
I. Regelungsinhalt	1 - 2
II. Einbeziehungswahlrechte (Abs. 1 und 2)	3 - 21
1. Beschränkungen in den Vermögens- oder Geschäftsführungsrechten (Abs. 1 Nr. 1)	3 - 7
2. Unverhältnismäßige Kosten oder Verzögerungen (Abs. 1 Nr. 2)	8 - 11
3. Weiterveräußerungsabsicht (Abs. 1 Nr. 3)	12 - 17
4. Untergeordnete Bedeutung des Tochterunternehmens	18 - 21
III. Rechtsfolgen der Nichteinbeziehung	22 - 23
1. Anhangangaben (Abs. 3)	22
2. Eventuelle Einbeziehung nach der *equity*-Methode	23

Ausgewählte Literatur

Krawitz, Die Abgrenzung des Konsolidierungskreises, WPg 1996 S. 242

Selchert/Baukmann, Die untergeordnete Bedeutung von Tochterunternehmen im Konsolidierungskreis, BB 1993 S. 1325

Zwingmann, Zur Einbeziehung von Tochterunternehmen in den Konzernabschluss – Kritik der Vorschriften der §§ 295 und 296 HGB, DStR 1994 S. 1547

I. Regelungsinhalt

§ 296 HGB sieht bestimmte, als **Wahlrecht** gestaltete Ausnahmen vom Vollständigkeitsgebot für den Konsolidierungskreis (→ § 294 Rz. 2) vor. Ein Tochterunternehmen braucht nicht in den Konzernabschluss einbezogen zu werden, wenn 1

I. Regelungsinhalt

- die **Rechte** des Mutterunternehmens nachhaltig **beeinträchtigt** sind (Abs. 1 Nr. 1; → Rz. 3),
- die für den Konzernabschluss erforderlichen Angaben nur mit unverhältnismäßig hohen **Kosten** oder **Verzögerungen** zu erhalten sind (Abs. 1 Nr. 2; → Rz. 8),
- die Anteile ausschließlich in **Weiterveräußerungsabsicht** gehalten werden (Abs. 1 Nr. 3; → Rz. 12) oder
- das Tochterunternehmen von **untergeordneter Bedeutung** ist (Abs. 2; → Rz. 18).

Dem Katalog der Einbeziehungswahlrechte liegen unterschiedliche Erwägungen zugrunde:

- Die Nichteinbeziehungsmöglichkeiten wegen nachhaltiger Beeinträchtigung der Rechte des Mutterunternehmens (Abs. 1 Nr. 1) bzw. wegen Weiterveräußerungsabsicht (Abs. 1 Nr. 3) sind **konzeptionell** begründet. Sie stellen darauf ab, dass das Tochterunternehmen auf längere Sicht nicht zur wirtschaftlichen Einheit des Konzerns gehört bzw. gehören wird.
- Die Nichteinbeziehungsmöglichkeit wegen Kosten oder Verzögerungen (Abs. 1 Nr. 2) tragen demgegenüber **praktischen** Problemen bei der Abschlusserstellung Rechnung.
- Die Nichteinbeziehungsmöglichkeit wegen untergeordneter Bedeutung (Abs. 2) reflektiert den allgemeinen, über den Konzernabschluss hinausgehenden Grundsatz der **Wesentlichkeit** und hat im Unterschied zu den anderen Wahlrechten nur **deklaratorischen** Charakter.

Nach Abs. 3 ist die Anwendung der Abs. 1 und 2 im **Anhang** zu **begründen** (→ Rz. 22).

2   Strittig ist, ob die Ausübung der Einbeziehungswahlrechte als Konsolidierungsmethode i. e. S. gilt und daher dem expliziten Stetigkeitsgebot des § 297 Abs. 3 Satz 2 HGB unterliegt. Unter Beachtung der Generalklausel des § 297 Abs. 2 HGB ist aber jedenfalls eine **willkürlich wechselnde Ausübung** der Wahlrechte **unzulässig**.[1]

> **BEISPIEL** Am Bilanzstichtag 01 konsolidiert MU in Weiterveräußerungsabsicht erworbene Tochterunternehmen u. a. deshalb nicht, weil deren kumulierter Ergebnisbeitrag negativ wäre.
>
> In 02 werden diese Unternehmen veräußert. Neu hinzugekommene, in Weiterveräußerungsabsicht erworbene Tochterunternehmen erzielen ein positives Ergebnis. MU bezieht diese Tochterunternehmen deshalb in den Konzernabschluss 02 ein.
>
> In 03 sind die Verhältnisse wie in 01, auf eine Einbeziehung wird erneut verzichtet.

---

[1] Dagegen: *ADS*, 6. Aufl., § 296 Tz. 5, und *Müller/Kreipl*, in: Haufe HGB Bilanz Kommentar, Freiburg 2009, § 294 Rz. 5; dafür: *Förschle/Deubert*, in: Beck'scher Bilanz-Kommentar, 7. Aufl., München 2010, § 296 Tz. 23.

BEURTEILUNG Das Wahlrecht wird willkürlich und mit verzerrender Wirkung auf die Darstellung der Vermögens-, Finanz- und Ertragslage ausgeübt. Ein solches Vorgehen ist im Hinblick auf die Generalnorm unzulässig.

II. Einbeziehungswahlrechte (Abs. 1 und 2)

1. Beschränkungen in den Vermögens- oder Geschäftsführungsrechten (Abs. 1 Nr. 1)

Nach Abs. 1 Nr. 1 besteht ein Einbeziehungswahlrecht, wenn 3
- Rechte des Mutterunternehmens in Bezug auf das **Vermögen** und/oder die **Geschäftsführung** des Tochterunternehmens
- **erheblich** und **nachhaltig**

beeinträchtigt sind.

Bei einer erheblichen und nachhaltigen Beeinträchtigung der Geschäftsführungsbefugnisse kann allerdings u.U. bereits das Vorliegen einer **Beherrschungsmöglichkeit** und damit eines Mutter-Tochter-Verhältnisses i.S. von § 290 HGB zu negieren sein:[2] Das Nichteinbeziehungswahlrecht wird nicht einschlägig, da ein konsolidierungspflichtiges Tochterunternehmen nicht vorliegt.

Nachhaltigkeit erfordert nach der h.M. eine **Prognose**. Nachhaltigkeit ist demnach nicht bereits dann gegeben, wenn die Beschränkung während des gesamten Geschäftsjahrs bestand und bis zur Aufstellung des Konzernabschlusses fortdauert. Entscheidend ist vielmehr, dass mit der Aufhebung der Beschränkung in absehbarer Zeit nicht zu rechnen ist.[3] 4

Erheblichkeit ist im Fall **vermögensrechtlicher Beschränkungen** nicht gegeben, wenn nur einzelne Vermögensgegenstände, z.B. durch Sicherungsübereignungen oder eingeleitete Vollstreckungsmaßnahmen, der Disposition des Tochterunternehmens und damit des dieses beherrschenden Mutterunternehmens entzogen sind. Es muss ein wesentlicher Teil des Aktivvermögens betroffen sein. Auch dann liegt nicht notwendig eine Beeinträchtigung der Rechte des Mutterunternehmens vor. Die umfassenden Beschränkungen können auch ein normaler Teil der Geschäfts- und Finanzpolitik sein. Sie mindern dann zwar die Dispositionsbefugnis des Tochterunternehmens und mittelbar die des Mutterunternehmens. Dieser Vorgang ist jedoch keine Beeinträchtigung der z.B. qua Mehrheitsstellung einem Mutterunternehmen zustehenden Rechte, sondern ein integraler Bestandteil der betriebenen und konsolidierungspflichtigen Geschäfte. 5

BEISPIEL Das Aktivvermögen der TU besteht überwiegend aus fremdfinanzierten Immobilien. Sämtliche Immobilien sind mit Grundpfandrechten belastet. Der überwiegende Teil des

---

[2] Vgl. *Müller/Kreipl*, in: Haufe HGB Bilanz Kommentar, Freiburg 2009, § 294 Rz. 5.
[3] Vgl. ADS, 6. Aufl., § 296 Tz. 13; *Sahner/Sauermann*, in: Küting/Weber (Hrsg.), Handbuch der Konzernrechnungslegung, Bd. II, 2. Aufl., Stuttgart 1998, § 296 Tz. 11; *Müller/Kreipl*, in: Haufe HGB Bilanz Kommentar, Freiburg 2009, § 294 Tz. 21.

> Aktivvermögens unterliegt damit Verfügungsbeschränkungen. Diese sind jedoch nicht als Beeinträchtigung von Leitungs- oder Kontrollrechten des Mutterunternehmens, sondern als normale „Nebenwirkung" der Geschäfts- und Finanzpolitik anzusehen und daher für Zwecke des Abs. 1 Nr. 1 unerheblich.

Bei Auslandssachverhalten begründet die bereits eingeleitete oder unmittelbar und ernsthaft drohende **Enteignung** einen Anwendungsfall von Abs. 1 Nr. 1.[4]

6   Beschränkungen in der **Geschäftsführung** liegen vor, wenn das Mutterunternehmen trotz Stimmrechts- bzw. Organmehrheit die Geschäfts- und Finanzpolitik nicht kontrollieren kann. Zu unterscheiden sind folgende Fälle:

- ▶ **Gesellschaftsrechtliche Beschränkungen**: Aufgrund satzungsmäßig geforderter Einstimmigkeit (oder über die „einfache" Mehrheit hinausgehender Stimmrechtsquoren) oder eines Entherrschungsvertrags kann das übergeordnete Unternehmen trotz Stimmrechtsmehrheit die Geschäfts- und Finanzpolitik nicht allein, sondern nur nach Zustimmung anderer bestimmen. Nach der h. M. liegt hier gleichwohl ein Mutter-Tochter-Verhältnis vor, für das aber wegen Abs. 1 Nr. 1 ein (Nicht-)Einbeziehungswahlrecht besteht. Nach der von uns vertretenen Auffassung fehlt es hier hingegen bereits an einem Mutter-Tochter-Verhältnis. Das untergeordnete Unternehmen ist von vornherein kein Teil des Konsolidierungskreises. Wegen der Begründung der h. M. einerseits und der von uns vertretenen Auffassung andererseits wird auf → § 290 Rz. 27 ff. verwiesen.

- ▶ **Gesetzliche** bzw. **staatliche Beschränkungen**: Beschränkungen in der Geschäftsführung, die nicht generell für die gesamte Branche, Region usw. gelten, können unter Abs. 1 Nr. 1 fallen. Bei Inlandssachverhalten führt die Eröffnung des **Insolvenzverfahrens** über das Tochterunternehmen i. d. R. zu derartigen Beschränkungen,[5] bei Auslandssachverhalten daneben etwa ein Verbot der Ausübung von Vorstandstätigkeiten durch Vertreter des Mutterunternehmens.

- ▶ Beschränkungen der **Transferierbarkeit** und/oder der **Konvertierbarkeit** der **Gewinne** ausländischer Tochtergesellschaften betreffen sowohl die Geschäftsführungs- als auch die Vermögensbefugnis. Zu prüfen ist aber in jedem Fall, ob diese Beschränkungen erheblich und von Dauer sind. An der Erheblichkeit kann es etwa dann fehlen, wenn ein Transfer von Gewinnen nicht beabsichtigt ist, sondern die Mittel planmäßig im betroffenen Unternehmen bzw. Land reinvestiert werden sollen.[6]

7   **Kein** Anwendungsfall von Abs. 1 Nr. 1 liegt i. d. R. vor, wenn ein Tochterunternehmen (bzw. der Anteil an ihm) **veräußert** wurde und eine Beschaffung der für die Aufstellung des Konzernabschlusses notwendigen Daten nicht mehr möglich ist (vgl. → § 294 Rz. 23).

---

[4] Vgl. *Pfaff*, in: Münchener Kommentar zum Handelsgesetzbuch: HGB, Bd. 4, 2. Aufl., München 2008, § 296 Tz. 18; *ADS*, 6. Aufl., § 296 Tz. 12.
[5] Vgl. im Einzelnen IDW HFA RH 1.012.
[6] Vgl. *ADS*, 6. Aufl., § 296 Tz. 8; *Pfaff*, in: Münchener Kommentar zum Handelsgesetzbuch: HGB, Bd. 4, 2. Aufl., München 2008, Tz. 22.

2. Unverhältnismäßige Kosten oder Verzögerungen (Abs. 1 Nr. 2)

Ein Einbeziehungswahlrecht gewährt Abs. 1 Nr. 2, wenn die für die Aufstellung des Konzernabschlusses erforderlichen Angaben nicht ohne **unverhältnismäßig** hohe Kosten oder Verzögerungen zu erhalten sind.

8

Die **Kosten** und **Zeitabläufe** sind regelmäßig in weitem Maße keine objektive, unveränderbare Größe. Die Effizienz der Aufbereitung der für den Konzernabschluss nötigen Informationen des Tochterunternehmens ist vielmehr das Ergebnis **organisatorischer Entscheidungen**. Sie betreffen einerseits das Mutterunternehmen selbst, etwa die Effektivität seiner Abfrageprozeduren, die Qualität seiner (unterjährigen) Unterstützung des Tochterunternehmens bei schwierigen Bilanzierungsfragen usw., andererseits geht es um die personellen und sachlichen Ressourcen, die dem Tochterunternehmen für den Bilanzerstellungsprozess zur Verfügung gestellt werden, und den Einsatz dieser Ressourcen. Auch auf diesen Aspekt kann das Mutterunternehmen regelmäßig Einfluss ausüben. Insgesamt sind damit die Kosten und Zeitabläufe in wesentlichem Umfang durch das Konsolidierungssubjekt selbst beeinflussbar.

9

Ein Einbeziehungswahlrecht, dessen Tatbestandsseite in wesentlichem Umfang selbst gestaltbar ist (hierzu auch → § 294 Rz. 23), vertrüge sich aber nicht mit den Objektivierungsanforderungen an die Rechnungslegung. Aus diesem Grund ist mit der h. M. eine **restriktive Auslegung** des Einbeziehungswahlrechts geboten.[7]

Im Rahmen dieser restriktiven Auslegung ergeben sich **kaum Anwendungsbereiche** für die Nichteinbeziehung wegen **unverhältnismäßiger Kosten**. Unverhältnismäßig wären die Kosten nur dann, wenn sie zugleich

10

- notwendig deutlich über die Kosten für die Konsolidierung vergleichbarer einbezogener Unternehmen hinausgehen und
- in einem deutlich erkennbaren Missverhältnis zu der aus der Einbeziehung dieses Unternehmens in den Konzernabschluss ergebenden Verbesserung der Aussagekraft des Konzernabschlusses stehen.

Der zweite Aspekt ist zwar in Fällen der untergeordneten Bedeutung des Tochterunternehmens regelmäßig gegeben. Hier greift aber bereits das Konsolidierungswahlrecht des Abs. 2, so dass es einer Anwendung von Abs. 1 Nr. 2 regelmäßig nicht mehr bedarf. Umgekehrt gilt: Sofern nach Abs. 2 keine Nichteinbeziehung gerechtfertigt ist, wird auch eine deutliches Missverhältnis zwischen Kosten und Verbesserung der Aussagekraft regelmäßig nicht zu belegen sein. Hierbei ist auch im Hinblick auf den ersten Aspekt nicht auf die Ist-Kosten, sondern auf die bei gestaltbarer effektiver Organisation **notwendigen** Kosten abzustellen, da alles andere darauf hinausliefe, Schlendrian zu belohnen.

Auch der alternative Tatbestand der **unverhältnismäßigen Verzögerung** ist entsprechend restriktiv auszulegen. Denkbare Anwendungsfälle sind

11

- der **Erwerb** eines Tochterunternehmens **kurz vor dem Konzernbilanzstichtag** und die deshalb fehlende Zeit für die Umstellung auf konzerneinheitliche Bilanzierungsmethoden oder

---

[7] Vgl. *ADS*, 6. Aufl., § 296 Tz. 19; *Sahner/Sauermann*, in: Küting/Weber (Hrsg.), Handbuch der Konzernrechnungslegung, Bd. II, 2. Aufl., Stuttgart 1998, § 296 Tz. 14; *Förschle/Deubert*, in: Beck'scher Bilanz-Kommentar, 7. Aufl., München 2010, § 296 Tz. 16; *Müller/Kreipl*, in: Haufe HGB Bilanz Kommentar, Freiburg 2009, § 294 Rz. 29.

II. Einbeziehungswahlrechte

- plötzliche Ereignisse, wie die Vernichtung von EDV und Unterlagen durch **Brand** oder **Naturkatastrophen**.

Kein hinreichender Grund ist hingegen der des *fast close* des Konzerns.

> **BEISPIEL** MU hat für die Aufstellung des Konzernabschlusses gesetzlich nach § 290 Abs. 1 HGB eine Frist von fünf Monaten, die bisher auch ausgenutzt wurde. Der ehrgeizige, im Dezember 03 neu berufene Vorstand beschließt aber bereits für 03 den Übergang auf einen *fast close*. Der Abschluss soll bis Mitte Februar aufgestellt sein. Hinsichtlich Mutterunternehmen und der größten Tochterunternehmen klappt dies. Die kleineren, insgesamt aber wesentlichen Tochterunternehmen können das neue Tempo nicht mithalten, würden wie bisher ihre für die Konsolidierung benötigten Zahlen aber gegen Ende März bereitstellen können. Der Vorstand beschließt die Nichtkonsolidierung wegen unverhältnismäßiger Verzögerung.
>
> **BEURTEILUNG** Die vorzeitige Aufstellung des Konzernabschlusses ist eine freiwillige Entscheidung. Wenn beinahe alle wesentlichen Tochterunternehmen das dadurch gegebene engere Zeitfenster einhalten können und nur ein einzelnes Tochterunternehmen aus besonderen Gründen hierzu nicht in der Lage ist, kann für dieses das Nichteinbeziehungswahlrecht in Anspruch genommen werden.
>
> Im Fall der MU ist jedoch eine *fast close*-Entscheidung getroffen worden, ohne die hierfür notwendigen organisatorischen Vorkehrungen flächendeckend umzusetzen. Eine Nichteinbeziehung der kleineren Tochterunternehmen ergibt sich danach nicht aus dem objektiven Umstand unverhältnismäßiger Verzögerungen, sondern aus der subjektiven, überstürzten Neugestaltung des Aufstellungstermins für den Konzernabschluss. Ein solches Vorgehen ist nicht zulässig. Der Konzernabschluss für 03 ist unter Ausnutzung der gesetzlichen Frist und unter Einbeziehung der kleineren Tochterunternehmen zu erstellen.

3. Weiterveräußerungsabsicht (Abs. 1 Nr. 3)

12 Nach Abs. 1 Nr. 3 besteht ein Einbeziehungswahlrecht, wenn die Anteile des Tochterunternehmens ausschließlich zum Zwecke ihrer Weiterveräußerung (Verkauf oder Tausch der Anteile) gehalten werden. Ausschließliche Weiterveräußerungsabsicht liegt vor, wenn **kumulativ** folgende Kriterien erfüllt sind:

- Der Vollzug der beabsichtigten Veräußerung wird das **Mutter-Tochter-Verhältnis beenden** (→ Rz. 13).
- Die Veräußerungsabsicht hat bereits **zeitnah** zum **Erwerb** des Tochterunternehmens bestanden (→ Rz. 14).
- Die **Absicht** besteht auch noch zum **Bilanzstichtag** (→ Rz. 15).

13 Das Wahlrecht des Abs. 1 Nr. 3 ermöglicht unter Kostengesichtspunkten, aber auch zur Steigerung der Aussagekraft des Konzernabschlusses (Kontinuität des Konsolidierungskreises), auf die Aufnahme von Tochterunternehmen in den Vollkonsolidierungskreis zu verzichten, die kurzfristig aus diesem wieder ausscheiden würden. Aus diesem Regelungszweck ergibt sich als Anwendungsvoraussetzung: Das **Mutter-Tochter-Verhältnis** muss durch Vollzug der beabsich-

tigten Veräußerung **beendet** werden. Nicht ausreichend ist daher eine Veräußerung an andere Unternehmen des Konsolidierungskreises.

Nicht notwendig ist bei Transaktionen mit Externen die Veräußerung sämtlicher Anteile; es reicht vielmehr aus, wenn bei einem Mutter-Tochter-Verhältnis durch die Veräußerung die **Anteilsquote auf 50 %** oder **weniger sinkt**.[8]

> **BEISPIEL** MU ist an TU mit 80 % beteiligt. TU ist Tochterunternehmen nach Maßgabe von § 290 Abs. 2 Nr. 1 HGB.
>
> **ALTERNATIVE 1** MU beabsichtigt die Veräußerung von 35 % der Anteile (Absenken der Anteilsquote auf 45 %).
>
> Bei Erfüllung der übrigen Voraussetzungen liegt ein Anwendungsfall von Abs. 1 Nr. 3 vor.
>
> **ALTERNATIVE 2** MU beabsichtigt die Veräußerung von 25 % der Anteile (Absenken der Anteilsquote auf 55 %).
>
> Ein Anwendungsfall von Abs. 1 Nr. 3 liegt nicht vor.

Die (mehrheitsbegründenden) Anteile am Tochterunternehmen müssen **ausschließlich** in Weiterveräußerungsabsicht gehalten werden. Diese Voraussetzung ist dann nicht gegeben, wenn nach einer ursprünglichen Einbindung in die Konzernaktivitäten die Weiterveräußerungsabsicht erst später entsteht.[9] Die Weiterveräußerungsabsicht muss mithin bereits **zeitnah zum Erwerb** bestanden haben. In Anlehnung an IFRS 5.11 ist die Zeitnähe u. E. dann zu bejahen, wenn spätestens drei Monate nach dinglichem Erwerb eine Veräußerungsabsicht dokumentiert und objektiviert ist (→ Rz. 16).   14

Die Weiterveräußerungsabsicht muss auch **zum Bilanzstichtag** noch dokumentiert und objektiviert (→ Rz. 16) bestehen. Entsprechende ursprüngliche Pläne dürfen nicht obsolet geworden sein.   15

Die ursprünglich und zum Bilanzstichtag verlangte Weiterveräußerungsabsicht ist eine **subjektive Tatsache**, die sich jedoch an **äußeren Umständen objektivieren** muss. Folgendes ist hier von Bedeutung: 16

▶ Sofern die Aufnahme von Veräußerungsaktivitäten der **Zustimmung von Gremien** (Aufsichtsrat etc.) bedarf, muss die Zustimmung zeitnah zum Erwerb (→ Rz. 14) vorliegen und am Bilanzstichtag fortbestehen.

▶ In der mittelfristigen **Business- bzw. Finanzplanung** darf das zur Veräußerung vorgesehene Tochterunternehmen nicht mit fortgesetzten Umsatzerlösen etc. berücksichtigt sein. Aus der Planung muss sich vielmehr ein Abgang des Tochterunternehmens ergeben.

▶ Zeitnah zum Erwerb (→ Rz. 14) muss mit der **Vermarktung** der Anteile begonnen werden, etwa durch Vorgespräche mit potenziellen Käufern oder Beauftragung eines Maklers.

---

8 Vgl. ADS, 6. Aufl., § 296 Tz. 22; *Förschle/Deubert*, in: Beck'scher Bilanz-Kommentar, 7. Aufl., München 2010, § 296 Tz. 25.
9 Vgl. ADS, 6. Aufl., § 296 Tz. 23; *Förschle/Deubert*, in: Beck'scher Bilanz-Kommentar, 7. Aufl., München 2010, § 296 Tz. 31.

Mit **zunehmender Zeitdauer** wachsen die Zweifel an der Ernsthaftigkeit der Veräußerungsbemühungen. Dies bedeutet umgekehrt: Mit zunehmender Zeitdauer steigen daher die Anforderungen an den Nachweis der Veräußerungsabsicht. In Anlehnung an IFRS 5.8 ff. kann man danach u. E. bei einer wesentlich über zwölf Monate hinausgehenden Zeitspanne zwischen Erwerb und Bilanzstichtag nur noch ausnahmsweise eine Weiterveräußerungsabsicht unterstellen.[10] Taugliche Ausnahmen wären etwa zum Bilanzstichtag noch ausstehende, voraussichtlich aber erzielbare kartellrechtliche Genehmigungen. Ein Ausnahmefall kann sich außerdem aus dem Geschäftsmodell ergeben, wenn dieses etwa bei *Venture-Capital*-Gesellschaften auf mittelfristige Veräußerungen zielt (→ § 290 Rz. 76).

17 Rechtsfolge der Nichteinbeziehung wegen Weiterveräußerungsabsicht ist der Ausweis der Anteile im Umlaufvermögen.

4. Untergeordnete Bedeutung des Tochterunternehmens

18 Nach Abs. 2 braucht ein Tochterunternehmen nicht in den Konzernabschluss einbezogen zu werden, wenn es für die Vermittlung eines den tatsächlichen Verhältnissen entsprechenden Bilds der Vermögens-, Finanz- und Ertragslage von **untergeordneter Bedeutung** ist. Der Vorschrift kommt deklaratorische Bedeutung zu. Sie konkretisiert für Zwecke der Bestimmung des Konsolidierungskreises den Wesentlichkeitsgrundsatz.

Die Wesentlichkeit darf nicht für jedes Tochterunternehmen gesondert beurteilt werden. Sind mehrere Tochterunternehmen für sich gesehen von untergeordneter Bedeutung, **insgesamt** aber wesentlich, müssen sie nach Abs. 2 Satz 2 in den Konzernabschluss einbezogen werden.

19 Wesentlichkeit wird in der Praxis vorrangig anhand von **Verhältniszahlen** beurteilt, die z. B. Umsatz, Bilanzsumme und (absolutes) Ergebnis der Tochterunternehmen in Relation zu den entsprechenden konsolidierten Größen setzen. Da nach Abs. 2 Satz 1 die Nichteinbeziehung weder die Darstellung der **Vermögenslage** noch die der **Finanz- oder Ertragslage** des Konzerns beeinträchtigen darf, ist Unwesentlichkeit in **allen drei Punkten** zu fordern:

> **BEISPIEL** Tochterunternehmen T ist eine Leasingobjektgesellschaft, in der die von anderen Konzernunternehmen im *operating lease* genutzten Immobilien des Konzerns zusammengefasst sind. T erzielt ausschließlich Konzerninnenumsätze und ein nahe bei Null liegendes Ergebnis. Hinsichtlich Umsatz und Ergebnis ist T als unwesentlich einzustufen.
>
> Die Bilanzsumme (aktivisch fast ausschließlich Immobilien, passivisch fast ausschließlich Schulden) ist – bezogen auf den Konzern – jedoch nicht von untergeordneter Bedeutung. T ist daher in den Konzernabschluss einzubeziehen.

20 Im Rahmen der gebotenen Einzelfallwürdigung können neben Verhältniszahlen auch **andere Aspekte** eine Rolle spielen. Im Schrifttum werden etwa folgende Fälle genannt:[11]

---

10 Gl. A. *Förschle/Deubert*, in: Beck'scher Bilanz-Kommentar, 7. Aufl., München 2010, § 296 Tz. 29; großzügiger *ADS*, 6. Aufl., § 296 Tz. 25.
11 Vgl. *ADS*, 6. Aufl., § 296 Tz. 31; *Förschle/Deubert*, in: Beck'scher Bilanz-Kommentar, 7. Aufl., München 2010, § 296 Tz. 35.

- Bei einem Verzicht auf die Einbeziehung würden bedeutende **Zwischengewinne** nicht aus der einzelbilanziellen Realisierung von stillen Reserven bei der Übertragung von gebrauchten Anlagen eliminiert.
- Das Tochterunternehmen erfüllt wesentliche **Funktionen** für den Gesamtkonzern, etwa als Finanzierungsgesellschaft.

Strittig ist im Schrifttum, welche **Konsistenzanforderungen** an die Entscheidung zur Nichtkonsolidierung unwesentlicher Tochterunternehmen zu stellen sind. 21

> **BEISPIEL** 95 % des Umsatzes, Ergebnisses etc. des Konzerns werden von MU und den fünf größten Tochterunternehmen bewirkt. Daneben ist MU an zehn kleinen Tochterunternehmen TU-1 bis TU-10 beteiligt.
> - TU-1 bis TU 5 tragen jeweils mit 0,8 % bis 1,0 %, zusammen mit 4,5 % zu den einschlägigen Konzerngrößen bei,
> - TU-6 bis TU-10 jeweils mit 0,05 % bis 0,15 %, zusammen mit 1,0 %.
>
> MU beabsichtigt, TU-4 und TU-5 sowie TU-9 und TU-10 nicht zu konsolidieren. Besondere sachliche Gründe, etwa unterschiedliche Schwierigkeiten in der Datenbeschaffung, liegen nicht vor. Die Entscheidung ist vielmehr bilanzpolitisch motiviert.

U. E. ergeben sich aus der Generalnorm des § 297 Abs. 2 Satz 2 HGB Anforderungen an eine **willkürfeie Ausübung von Wahlrechten**. Ohne Vorliegen besonderer Umstände (etwa unterschiedliche Schwierigkeiten in der Datenbeschaffung) sind daher gleichartige Sachverhalte gleichartig zu bilanzieren. Dem würde nicht entsprochen, wenn wie im vorliegenden Beispiel eine bilanzpolitisch und nicht durch **Abstufungen in der (Un-)Wesentlichkeit** motivierte Auswahl aus den für eine Nichteinbeziehung in Frage kommenden Unternehmen getroffen würde.[12]

III. Rechtsfolgen der Nichteinbeziehung

1. Anhangangaben (Abs. 3)

Die Nichteinbeziehung von Tochterunternehmen ist nach Abs. 3 im **Konzernanhang** zu begründen. In den praktisch wichtigsten Fällen der Nichteinbeziehung wegen Weiterveräußerungsabsicht und untergeordneter Bedeutung kann eine solche Begründung wie folgt aussehen: 22

> **BEISPIEL** 25, in Übersicht X aufgeführte Tochterunternehmen, die zusammen mit weniger als 5 % zu Umsatz, Ergebnis und Bilanzsumme beitragen, wurden wegen untergeordneter Bedeutung nicht konsolidiert.
>
> Drei, in Übersicht Y aufgeführte Tochterunternehmen wurden wegen Weiterveräußerungsabsicht nicht in den Vollkonsolidierungskreis einbezogen.

---

12 Gl. A. *Sahner/Sauermann*, in: Küting/Weber (Hrsg.), Handbuch der Konzernrechnungslegung, Bd. II, 2. Aufl., Stuttgart 1998, § 296 Tz. 30; a. A. *Förschle/Deubert*, in: Beck'scher Bilanz-Kommentar, 7. Aufl., München 2010, § 296 Tz. 37.

2. Eventuelle Einbeziehung nach der *equity*-Methode

23 Die *at equity*-Konsolidierung von Tochterunternehmen, die unter die Einbeziehungswahlrechte des § 296 HGB fallen, ist im Gesetz nicht vorgesehen. Sie ergibt sich aber dem Grunde nach aus § 311 HGB, wenn ein maßgeblicher Einfluss tatsächlich ausgeübt wird.

In den wichtigsten praktischen Anwendungsfällen von § 296 HGB – bei untergeordneter Bedeutung und Weiterveräußerungsabsicht – ist die *equity*-Methode aber auch auf Anteile an assoziierten Unternehmen nicht pflichtweise anzuwenden (→ § 311 Rz. 5 und → § 311 Rz. 21) und somit auch keine *at equity*-Bewertung für die nichtkonsolidierten Tochterunternehmen geboten.

Dritter Titel: Inhalt und Form des Konzernabschlusses

§ 297 Inhalt

(1) ¹Der Konzernabschluss besteht aus der Konzernbilanz, der Konzern-Gewinn- und Verlustrechnung, dem Konzernanhang, der Kapitalflussrechnung und dem Eigenkapitalspiegel. ²Er kann um eine Segmentberichterstattung erweitert werden.

(2) ¹Der Konzernabschluss ist klar und übersichtlich aufzustellen. ²Er hat unter Beachtung der Grundsätze ordnungsmäßiger Buchführung ein den tatsächlichen Verhältnissen entsprechendes Bild der Vermögens-, Finanz- und Ertragslage des Konzerns zu vermitteln. ³Führen besondere Umstände dazu, dass der Konzernabschluss ein den tatsächlichen Verhältnissen entsprechendes Bild im Sinne des Satzes 2 nicht vermittelt, so sind im Konzernanhang zusätzliche Angaben zu machen. ⁴Die gesetzlichen Vertreter eines Mutterunternehmens, das Inlandsemittent im Sinne des § 2 Abs. 7 des Wertpapierhandelsgesetzes und keine Kapitalgesellschaft im Sinne des § 327a ist, haben bei der Unterzeichnung schriftlich zu versichern, dass nach bestem Wissen der Konzernabschluss ein den tatsächlichen Verhältnissen entsprechendes Bild im Sinne des Satzes 2 vermittelt oder der Konzernanhang Angaben nach Satz 3 enthält.

(3) ¹Im Konzernabschluss ist die Vermögens-, Finanz- und Ertragslage der einbezogenen Unternehmen so darzustellen, als ob diese Unternehmen insgesamt ein einziges Unternehmen wären. ²Die auf den vorhergehenden Konzernabschluss angewandten Konsolidierungsmethoden sind beizubehalten. ³Abweichungen von Satz 2 sind in Ausnahmefällen zulässig. ⁴Sie sind im Konzernanhang anzugeben und zu begründen. ⁵Ihr Einfluss auf die Vermögens-, Finanz- und Ertragslage des Konzerns ist anzugeben.

Inhaltsübersicht

	Rz.
I. Regelungsinhalt	1 - 5
II. Kapitalflussrechnung (Abs. 1 Satz 1)	6 - 90
1. Grundlagen	6 - 21
1.1 Zweck der Kapitalflussrechnung	6 - 8
1.2 Abgrenzung von anderen *cashflow*-Definitionen	9 - 10
1.3 Grundstruktur der Gliederung der Kapitalflussrechnung	11 - 14
1.4 Saldierungsverbot und Stetigkeitsgebot	15 - 20
1.5 Finanzderivate, Sicherungsgeschäfte	21
2. Finanzmittelfonds	22 - 29
2.1 Zahlungsmittel und Zahlungsmitteläquivalente	22 - 25
2.2 Kurzfristige Finanzanlagen	26 - 27
2.3 *Cash Pooling*	28
2.4 Verfügungsbeschränkungen	29
3. *Cashflows* aus der laufenden Geschäftstätigkeit	30 - 49
3.1 Definition und Abgrenzung	30
3.2 Direkte Methode	31 - 39
3.3 Indirekte Methode	40 - 44
3.4 Zinsen	45 - 46
3.5 Dividenden und Ergebnisabführungen	47 - 49
4. *Cashflows* aus der Investitionstätigkeit	50 - 60
5. *Cashflows* aus der Finanzierungstätigkeit	61 - 63
6. *Cashflows* in Fremdwährung	64 - 72

6.1 Grundproblem	64 - 65
6.2 Wechselkurseffekte in den vier Bereichen der Kapitalflussrechnung	66 - 68
6.3 Umrechnung Tochterunternehmen	69
6.4 Abstimmung des wechselkursbedingten Ausgleichspostens	70 - 72
7. Besonderheiten im Konzern	73 - 84
7.1 Auswirkung der Konsolidierungsform auf die Kapitalflussrechnung	73 - 75
7.2 Erwerb und Veräußerung von voll oder quotal konsolidierten Unternehmen und sonstigen Geschäftseinheiten	76 - 83
7.3 Erst-/Entkonsolidierung ohne Erwerb/Veräußerung	84
8. Nicht zahlungswirksame Transaktionen	85 - 87
9. Anhangangaben	88 - 90
III. Eigenkapitalspiegel (Abs. 1 Satz 1)	91 - 108
1. Anwendungsbereich	91 - 92
2. Grundstruktur des Eigenkapitalspiegels	93 - 97
3. Inhalt der Eigenkapitalkategorien	98 - 104
3.1 Eigene Anteile	98 - 99
3.2 Gezeichnetes Kapital, nicht eingeforderte Einlagen und Kapitalrücklage	100
3.3 Erwirtschaftetes Ergebnis und (kumuliertes) übriges Ergebnis	101 - 103
3.4 Minderheiten	104
4. Änderungen des Konsolidierungskreises und übrige Veränderungen	105 - 106
5. Anhangangaben	107 - 108
IV. Klarheit und Übersichtlichkeit, tatsachengetreue Darstellung, Bilanzeid (Abs. 2)	109 - 114
V. Weitere Grundsätze für den Konzernabschluss (Abs. 3)	115 - 123
1. Einheitsgrundsatz und Einheitstheorie (Abs. 3 Satz 1)	115 - 118
2. Stetigkeit der Konsolidierungsmethoden (Abs. 3 Satz 2)	119 - 123
2.1 Zweck und Reichweite des Stetigkeitsgebots	119
2.2 Der Begriff der Konsolidierungsmethoden	120
2.3 Zulässige Durchbrechungen des Stetigkeitsgebots	121 - 122
2.4 Anhangangaben	123

Ausgewählte Literatur

Bieg, Die Kapitalflussrechnung nach dem neuen Deutschen Rechnungslegungsstandard Nr. 2 (DRS 2), StuB 2000 S. 137

Coenenberg, Kapitalflussrechnung als Instrument der Bilanzanalyse, Der Schweizer Treuhänder 2001 S. 311

Freiberg, Wechselkursbedingter Ausgleichsposten in der Kapitalflussrechnung, PiR 2006 S. 59

Krumbholz, Konzerneigenkapital und Konzerngesamtergebnis nach dem DRS 7, StuB 2001 S. 1160

Küting/Tesche/Tesche, Der Stetigkeitsgrundsatz nach dem Bilanzrechtsmodernisierungsgesetz im Einzel- und Konzernabschluss, StuB 2008 S. 655

Lüdenbach, Abstockung einer Mehrheitsbeteiligung im Konzernabschluss, StuB 2010 S. 279

Padberg, Kapitalflussrechnung für Kreditinstitute – Der Deutsche Rechnungslegungsstandard Nr. 2-10, Finanzbetrieb 2000, Beilage 1, S. 43

Pilhofer, Konzeptionelle Grundlagen des neuen DRS 2 zur Kapitalflussrechnung im Vergleich mit den international anerkannten Standards, DStR 2000 S. 292

Strieder, Eigenkapitalveränderungsrechnung nach DRS 7, KoR 2002 S. 180

Theile, Erstellung einer Kapitalflussrechnung, BBK F. 30 S. 1797

I. Regelungsinhalt

§ 297 HGB regelt drei Bereiche: 1

- Abs. 1 bestimmt die **Bestandteile** des Konzernabschlusses. Über die Pflichtelemente des Einzelabschlusses hinaus (Bilanz, GuV, Anhang) wird dabei für den Konzernabschluss auch eine **Kapitalflussrechnung** (→ Rz. 6) und ein **Eigenkapitalspiegel** (→ Rz. 91) verlangt. Freiwillig kann der Abschluss um eine **Segmentberichterstattung** ergänzt werden, für deren Struktur dann DRS 3 zu beachten wäre.

- Abs. 2 enthält die **allgemeinen Grundsätze** der Klarheit und Übersichtlichkeit sowie des *true and fair view* (sog. Generalnorm). Entsprechende Anforderungen werden in § 243 Abs. 2 HGB und § 264 Abs. 2 HGB auch für den Einzelabschluss formuliert. Gesetzestechnisch wäre daher auch ein Verweis auf diese Vorschriften in Frage gekommen. In der Wertung des Verhältnisses von Grundsätzen zu GoB bringt Abs. 2 gegenüber der Parallelvorschriften jedenfalls wenig Neues (→ Rz. 109).

- Abs. 3 enthält zwei **spezielle Grundsätze** für den Konzernabschluss. Zum einen ist die Vermögens-, Finanz- und Ertragslage des Konzerns so darzustellen, als ob die einbezogenen, rechtlich unterscheidbaren Unternehmen wirtschaftlich ein einziges Unternehmen darstellen würden (**Fiktion der wirtschaftlichen Einheit**; → Rz. 115). Zum andern wird **Stetigkeit** in der Anwendung der Konsolidierungsmethoden verlangt (→ Rz. 119). Dieses Gebot ergänzt das über § 298 Abs. 1 HGB auch für den Konzernabschluss geltende Gebot der Stetigkeit der Ansatzmethoden (§ 246 Abs. 3 HGB) und der Bewertungsmethoden (§ 252 Abs. 1 Nr. 6 HGB).

Für Inhalt und Aufbau von Konzern**bilanz und -GuV** schreibt § 298 Abs. 1 HGB die entsprechende Anwendung der für den Einzelabschluss geltenden Regelungen vor (→ § 298 Rz. 5). Für den **Konzernanhang** enthält § 314 HGB eigene, im Wesentlichen aber mit den einzelbilanziellen Vorschriften übereinstimmende Regelungen (→ § 314 Rz. 1). 2

Zu Inhalt und Aufbau von Kapitalflussrechnung und Eigenkapitalspiegel als weitere Pflichtbestandteile des Konzernabschlusses enthält das Gesetz hingegen keine Regelungen. Maßgeblich sind hier **DRS 2 „Kapitalflussrechnung"** (→ Rz. 6) und **DRS 7 „Konzerneigenkapital und Konzerngesamtergebnis"** (→ Rz. 91). Gem. § 342 Abs. 2 HGB gilt bei Anwendung dieser vom BMJ bekannt gemachten Standards gesetzlich die Vermutung, dass die die Konzernrechnungslegung betreffenden GoB beachtet werden (→ § 342 Rz. 11). Umgekehrt besteht bei Abweichung von den Standards die Vermutung fehlender GoB-Konformität. Die gesetzliche Vermutung der GoB-Konformität der DRS kann sich dem Wortlaut nach nur auf **Grundsätze** ordnungsmäßiger Buchführung und Bilanzierung, nicht auf Details beziehen. U. E führt daher eine Abweichung von Einzelvorschriften der DRS, etwa eine Änderung von dort vorgeschlagenen Postenbezeichnungen oder Posteninhalten, nicht zwingend zur Annahme fehlender GoB-Konformität des Abschlusses, soweit die Grundsätze des jeweiligen Standards gewahrt und die Abweichungen von Detailregeln begründbar sind. Eine Abweichung von den Grundsätzen kommt hingegen nur in begründeten Ausnahmefällen, etwa unter Berufung auf den *true and fair view*, in Frage.

3 Dem damit schon angesprochenen, in Abs. 2 niedergelegten Grundsatz der tatsachengetreuen Darstellung (sog. **Generalnorm**) wird im Konzernabschluss z. T. eine **höhere Bedeutung** als im **Einzelabschluss** beigemessen. Da für konzernspezifische Ausweis- und Darstellungsfragen im Gegensatz zum Jahresabschluss nur wenige Einzelvorschriften bestünden, sei für Zwecke der Interpretation und Lückenfüllung verstärkt auf die Generalnorm zurückzugreifen (→ Rz. 112).[1]

4 Die in Abs. 3 Satz 1 niedergelegte **Fiktion der wirtschaftlichen Einheit** wird z. T. als eine Festlegung auf die Einheitstheorie verstanden, die wiederum Leitlinie für die Lösung der im Gesetz nicht niedergelegten Konsolidierungsfragen sein soll. Die Fiktion der wirtschaftlichen Einheit ist allerdings selbst notorisch unbestimmt, so dass in Streitfragen typischerweise jede der entgegengesetzten Positionen von ihren Vertretern mit der Einheitstheorie begründet wird (→ Rz. 117).

5 Konkreter ist hier der Beitrag des **Stetigkeitsgebots** aus Abs. 3 Satz 2. Sowohl explizite Wahlrechte – etwa Quoten- vs. *equity*-Konsolidierung von Gemeinschaftsunternehmen (→ § 310 Rz. 1) als auch implizite Wahlrechte, etwa Währungsumrechnung im mehrstufigen Konzern (→ § 308a Rz. 41), sind zeitlich und sachlich stetig auszuüben (→ Rz. 119).

II. Kapitalflussrechnung (Abs. 1 Satz 1)

1. Grundlagen[2]

1.1 Zweck der Kapitalflussrechnung

6 Die Kapitalflussrechnung als Pflichtbestandteil des Konzernabschlusses (Abs. 1 Satz 1) soll

- die Veränderung der **Finanzmittel (Wirkung)**
- nach **Aktivitätsbereichen (Ursache)** erklären.

Die Veränderung der Finanzmittel ist daher ursächlich als Ergebnis der *cashflow*-wirksamen **Aktivitäten** aus

- laufendem **Geschäft**,
- **Investition** und
- **Finanzierung**

darzustellen.

7 Der Konzernabschluss soll die Vermögens-, Finanz- und Ertragslage tatsachengetreu darstellen (→ Rz. 112). Die Kapitalflussrechnung gilt als Hauptinstrument zur Bereitstellung von Informationen zur **Finanzlage**.

Die konkreten Anforderungen an die Kapitalflussrechnung ergeben sich aus DRS 2 (→ Rz. 2). Dort sind auch die **Ziele** der Kapitalflussrechnung genannt (DRS 2.1): Sie soll

- den Einblick in die Fähigkeit des Unternehmens verbessern,
- künftig finanzielle Überschüsse zu erwirtschaften,

---

[1] Vgl. *Förschle/Kroner*, in: Beck'scher Bilanz-Kommentar, 7. Aufl., München 2010, § 297 Tz. 187.
[2] Vgl. zum Nachfolgenden auch *Freiberg*, in: Lüdenbach/Hoffmann (Hrsg.), Haufe IFRS-Kommentar, 8. Aufl., Freiburg 2010, § 3 Rz. 1 ff.

- seine Zahlungsverpflichtungen zu erfüllen und
- Ausschüttungen an die Anteilseigner zu leisten.

Die Kapitalflussrechnung ist **weniger subjektiv** als die GuV, weil nur Zahlungsströme (Einzahlungen und Ausgaben) betrachtet werden. Die unterschiedliche Ausübung expliziter und impliziter Wahlrechte bei Bilanzansatz, Bewertung, Periodenabgrenzung etc. hat nur Einfluss auf Bilanz und GuV, hingegen nicht auf die Zahlungsströme. Kurz gesagt: „*Profits are someone's opinion ... whereas cash is a fact.*"[3]

1.2 Abgrenzung von anderen *cashflow*-Definitionen

Der Begriff der Kapitalflussrechnung ist eher irreführend, da es nicht um den Fluss von Kapital, sondern von Zahlungsmitteln (*cash*) im weitesten Sinne geht. Der englische Begriff „*cashflow statement*" ist hier aussagekräftiger.

DRS 2 verwendet den Begriff des *cashflow* nur für die Summe der jeweiligen Aktivitätsbereiche (→ Rz. 6), insoweit also für Netto-Zahlungsströme (DRS 2.6). Von anderen in der Praxis zur Anwendung kommenden Größen kann dies wie folgt abgegrenzt werden:

- **Jahres-*cashflow* nach DVFA/SG**: Diese Größe entspricht in der Terminologie von DRS 2 dem *cashflow* aus laufender Geschäftstätigkeit, also nur einem Teilbereich der gesamten *cashflows*.
- ***Cashflow* nach DVFA/SG**: Diese Größe ist aus dem Jahres-*cashflow* nach DVFA/SG abgeleitet, allerdings um ungewöhnliche zahlungswirksame Aufwendungen und Erträge bereinigt („normalisierter *cashflow*" aus laufender Geschäftstätigkeit).
- **Netto-*cashflow***: Diese Definition wird in der Praxis häufig mit *cashflows* aus der laufenden Geschäftstätigkeit (→ Rz. 41 ff.) gleichgesetzt.
- **Free *cashflow***: Dieser umfasst nach einer in der Unternehmensbewertung gängigen Grundkonzeption (*entity*-Konzept) denjenigen Teil der gesamten *cashflows*, über den frei verfügt werden kann, ohne die zukünftige Entwicklung des Unternehmens zu beeinträchtigen. Die *free cashflows* stellen insoweit finanzielle Überschüsse nach Investitionen und Unternehmenssteuern, jedoch vor Zinsen dar.

1.3 Grundstruktur der Gliederung der Kapitalflussrechnung

In der Kapitalflussrechnung ist zunächst zwischen Positionen des Finanzmittelfonds einerseits und Nichtfondspositionen andererseits zu unterscheiden:

- In einer **Ursachenrechnung** werden die Ein- und Auszahlungen, die mit den operativen, finanziellen und investiven Aktivitäten verbunden sind, dargestellt. Hierbei ist durch angemessene Untergliederung die **Herkunft und Verwendung der Fondsmittel** offen zu legen.
- In einer **Fondsänderungsrechnung** werden die Veränderungen des Finanzmittelfonds zwischen Beginn und Ende einer Periode dargestellt. Dabei sind neben den aus der Ursachenrechnung stammenden *cashflows* auch Effekte aus der Währungsumrechnung von Fondsbestandsteilen (→ Rz. 65), Bewertungsmaßnahmen im Bereich des Finanzmittelfonds (→ Rz. 25) und Veränderungen des Konsolidierungskreises zu berücksichtigen (→ Rz. 84).

---

3 *Smith*, Accounting for growth. Stripping the camouflage from company accounts, 1992, S. 200.

12 Internationaler Praxis folgend ist für die **Ursachenrechnung** nach DRS 2 das **Aktivitätsformat** zu wählen. Dabei erfolgt eine Aufgliederung in die drei Bereiche:
- Laufende Geschäftstätigkeit,
- Investitionstätigkeit und
- Finanzierungstätigkeit.

13 Die Kapitalflussrechnung wird in **Staffelform** unter Gegenüberstellung der **Vorjahresvergleichszahlen** aufgestellt.

14 Die **Grundstruktur** der Kapitalflussrechnung ist demnach wie folgt:

Übersicht 1:	Grundstruktur der Kapitalflussrechnung		
		Jahr 02	Jahr 01
+/-	*cashflows* aus der laufenden Geschäftstätigkeit	...	...
+/-	*cashflows* aus der Investitionstätigkeit	...	...
+/-	*cashflows* aus der Finanzierungstätigkeit	...	...
=	Zahlungswirksame Veränderungen des Finanzmittelfonds	...	...
+/-	Wechselkurs-, konsolidierungskreis- und bewertungsbedingte Veränderungen des Finanzmittelfonds	...	...
+	Finanzmittelfonds zum Anfang der Periode	...	...
=	Finanzmittelfonds zum Ende der Periode	...	...

1.4 Saldierungsverbot und Stetigkeitsgebot

15 Die Kapitalflussrechnung ist gem. DRS 2.15 nach dem **Bruttoprinzip** aufzustellen. Vom Verbot der Saldierung von Einzahlungen mit Auszahlungen bestehen jedoch folgende **Ausnahmen**:
- Ein- und Auszahlungen **im Namen von Dritten**, wenn die Zahlungsströme überwiegend auf Aktivitäten der Dritten zurückzuführen sind, etwa bei für Dritte eingezogenen und an sie weitergeleiteten Zahlungen.
- Einzahlungen und Auszahlungen für Posten mit **großer Umschlaghäufigkeit**, großen Beträgen und kurzen Laufzeiten.

16 Als Beispiel für Zahlungsströme „**im Namen von Dritten**" nennt DRS 2.15b für Dritte eingezogene und an sie **weitergeleitete Mieten**. Ein derartiger Fall liegt etwa vor, wenn ein Eigentümer einer vermieteten Immobilie ein Hausverwaltungsunternehmen auch mit dem Inkasso der Mieten beauftragt. Das Unternehmen kann (Wahlrecht) die durchlaufenden Zahlungsströme dann saldiert, im einfachsten Fall also mit Null, ausweisen.

Entsprechendes gilt in anderen Inkassofällen, etwa bei einem Verkaufskommissionär, der das **Inkasso** für den Kommittenten übernimmt, sowie bei Treuhandverhältnissen.

17 Für die Posten mit **großer Umschlaghäufigkeit**, großen Beträgen und kurzen Laufzeiten nennt DRS 2 keine Beispiele. Die zu DRS 2 korrespondierenden, analog anwendbaren IFRS-Regelungen führen in IAS 7.23 aber folgende Fälle zulässiger Saldierung an:
- bei **Kreditkartenunternehmen** die an Händler etc. geleisteten Auszahlungen mit den Einzahlungen der Kreditkartenkunden,
- Auszahlungen für **kurzfristige Ausleihungen** von nicht mehr als drei Monaten mit den Rückzahlungen (Tilgungen),

▶ den **Kontokorrentverkehr** mit laufenden, rechtlich periodisch zu einem Saldo zusammengefassten Einzahlungen und Auszahlungen.

Im **Finanzierungsbereich** stellt sich die Frage der Saldierung von vornherein nicht, wenn Darlehen prolongiert oder umgeschuldet oder revolvierende Finanzierungsformen gewählt werden. Wo tatsächlich kein Geld fließt, ist der Vorgang nicht künstlich in eine Rückzahlung des alten und Aufnahme des neuen Darlehens zu splitten. Vielmehr fehlt es von vornherein an einer Zahlung. 18

Trotz des Saldierungsverbots wird bei Anwendung der indirekten Methode im Bereich der **laufenden Geschäftstätigkeit** (→ Rz. 40) eine stille Saldierung von Ein- und Auszahlungen vorgenommen. Dies ist durch die bei der indirekten Methode anzuwendende Ermittlungstechnik begründet, bei der lediglich eine Betrachtung der Nettoveränderung der betroffenen Bilanzpositionen stattfindet. 19

Für die Darstellung der Kapitalflussrechnung gilt das **Stetigkeitsgebot** (DRS 2.10). Es umfasst die Ausübung echter und unrechter Wahlrechte, etwa 20

▶ Einbeziehung von Kontokorrentverbindlichkeit gegenüber Banken in den **Finanzmittelfonds** als Wahlrecht (→ Rz. 24),

▶ Darstellung der *cashflows* aus der laufenden Geschäftstätigkeit nach der **direkten oder indirekten Methode** (→ Rz. 31).

1.5 Finanzderivate, Sicherungsgeschäfte

Bei Erwerb und Veräußerung von derivativen Finanzinstrumenten sind folgende Konstellationen zu unterscheiden: 21

▶ **Handelszwecke**: Werden derivative Finanzinstrumente nicht zur Sicherung von Grundgeschäften abgeschlossen, sondern ist der Handel mit ihnen Teil der unternehmerischen Tätigkeit (vor allem bei Kreditinstituten), so sind die mit den derivativen Finanzinstrumenten verbundenen Zahlungen im Bereich der **laufenden Geschäftstätigkeit** auszuweisen.

▶ **Sicherung von Grundgeschäften**: Wird ein Vertrag über ein derivatives Finanzinstrument als Sicherungsgeschäft für ein bestimmbares Grundgeschäft abgeschlossen (§ 254 HGB), sind die Zahlungen aufgrund des Derivats in dem gleichen Bereich auszuweisen wie das gesicherte Grundgeschäft (DRS 2.47).

Die zuletzt genannte Bestimmung gilt nach DRS 2.47 gleichermaßen, wenn als Sicherungsgeschäft kein derivatives, sondern ein originäres Finanzinstrument designiert wird. Hier ergeben sich aber besondere Aufteilungsprobleme.

BEISPIEL ▶ Ein in Euro bilanzierendes Unternehmen designiert ein noch über zwei Jahre laufendes, in gleichbleibenden vierteljährlichen Raten zurückzuzahlendes USD-Darlehen (originäres Finanzinstrument) als Währungssicherung für die erwartete Umsatzeinzahlung der nächsten acht Quartale.

Liegen die Voraussetzungen für die Bildung eines Sicherungszusammenhangs vor, so sind die bei Tilgung des Darlehens anfallenden Auszahlungen wie folgt aufzuteilen:

> ▶ Der Rückzahlungsbetrag, umgerechnet zu Einstandskursen oder höheren Stichtagskursen unmittelbar vor Begründung der Sicherungsbeziehung, wird der Finanzierungstätigkeit zugeordnet,
>
> ▶ während der Währungsgewinn oder -verlust gemeinsam mit den Einzahlungen aus den Umsatzerlösen im Bereich der laufenden Geschäftstätigkeit auszuweisen ist.

2. Finanzmittelfonds

2.1 Zahlungsmittel und Zahlungsmitteläquivalente

22   Die Kapitalflussrechnung ist eine **Stromgrößenrechnung**, bei der Veränderungen eines Vermögensteils (des „Finanzmittelfonds") durch die Veränderung aller Nichtfondspositionen erklärt werden. Der Wahl und Abgrenzung der zu dem Finanzmittelfonds gehörenden Bestandteile kommt somit zentrale Bedeutung zu.

In DRS 2 wird der Finanzmittelfonds mit der Beschränkung auf **verfügbare liquide Mittel** eng abgegrenzt. Diese Abgrenzung hat den Vorteil einer Vermeidung von Bewertungseinflüssen (→ Rz. 8) und führt im Ergebnis zu einer hohen Vergleichbarkeit hinsichtlich der Finanzlage verschiedener Unternehmen.

23   Für die Kapitalflussrechnung ist ein Fonds zu verwenden, der nur aus Zahlungsmitteln und Zahlungsmitteläquivalenten besteht. Diese beiden Bestandteile sind wie folgt definiert (DRS 2.6):

▶ Zu den **Zahlungsmitteln** gehören Barmittel und täglich fällige Sichteinlagen;

▶ als **Zahlungsmitteläquivalente** gelten „kurzfristige, äußerst liquide Finanzmittel, die jederzeit in Zahlungsmittel umgewandelt werden können und nur unwesentlichen Wertschwankungen unterliegen".

24   Sofern **Kontokorrente** einen Bestandteil des Managements der liquiden Mittel bilden, können auch jederzeit fällige Bankverbindlichkeiten (Bankkontokorrente) in den Finanzmittelfonds (als **Negativposten**) einbezogen werden (DRS 2.19).

25   Primäre Ursache der **Veränderungen des Finanzmittelfonds** sind die laufende Geschäfts-, Investitions- und Finanzierungstätigkeit. Daneben kann sich der Bestand an Zahlungsmitteln und Zahlungsmitteläquivalenten auch aus **Gründen** verändern, **die ihn selbst betreffen**. Hierzu gehören:

▶ **Währungsdifferenzen** auf den Finanzmittelfonds (→ Rz. 65),

▶ sonstige **bewertungsbedingte Änderungen** des Finanzmittelfonds sowie

▶ bestimmte **konsolidierungsbedingte Veränderungen** des Finanzmittelfonds (→ Rz. 84).

Sonstige bewertungsbedingte Änderungen ergaben sich in 2008 etwa bei Unternehmen, die in Folge der Insolvenz von *Lehman Brothers* Abschreibungen auf dort geführte Bankguthaben vornehmen mussten.

2.2 Kurzfristige Finanzanlagen

26   **Zahlungsmitteläquivalente** zeichnen sich durch zwei Eigenschaften aus:

▶ Sie sind ohne Weiteres in längstens **drei Monaten** in Zahlungsmittel umwandelbar (Kriterium der Liquidität ersten Grades) und

▶ unterliegen – in ihrer jeweiligen Währung – nur **geringen Bewertungsschwankungen** (DRS 2.18).

Nach der Vermutung von DRS 2.18 Satz 2 kann eine Finanzinvestition i. d. R. nur dann als Zahlungsmitteläquivalent gelten, wenn sie ab Erwerb eine Laufzeit von nicht mehr als **drei Monaten** aufweist. Die gewählt Terminologe – „in der Regel" – lässt Ausnahmen zu, wenn trotz längerer Laufzeit ein Wertänderungsrisiko klar negiert werden kann. Die praktische Bedeutung dieser Ausnahme ist gering.

Unabhängig von der Laufzeit gilt: **Bonitätsabhängige monetäre Vermögenswerte**, z. B. Forderungen aus Lieferungen, kurz laufende Wechsel, sowie **nicht monetäre Vermögenswerte**, z. B. Vorräte an vertretbaren, leicht liquidierbaren Sachen, scheiden als Zahlungsmitteläquivalente aus. Entsprechendes gilt wegen der Kursschwankungen für Aktien. Ausgenommen sind rückzahlbare Aktien (*redeemable shares*) mit festgelegtem, kurzfristigem Einlösungszeitpunkt; in der deutschen Rechts- und Bilanzpraxis spielen sie kaum eine Rolle.

Definition und Zusammensetzung des Finanzmittelfonds sind im **Anhang** anzugeben (DRS 2.52a und c). Soweit der Finanzmittelfonds nicht dem Bilanzposten „Kassenbestand, Bundesbankguthaben, Guthaben bei Kreditinstituten und Schecks" entspricht, ist eine **Überleitungsrechnung** zwischen Bilanz und Finanzmittelfonds notwendig (DRS 2.52c). Für die verbale Definition der Zusammensetzung des Finanzmittelfonds bietet sich im Anhang der Bereich der Bilanzierungs- und Bewertungsmethoden an, während die Überleitungsrechnung entweder bei den Erläuterungen zu den liquiden Mitteln der Bilanz oder in einer eigenen Angabe zur Kapitalflussrechnung vorgenommen werden kann.

27

2.3 Cash Pooling

In der Praxis werden in **Teilkonzernabschlüssen** (oder Einzelabschlüssen) z. T. auch die im Rahmen eines sog. *cash pooling* bei der Konzernobergesellschaft „geparkten" Gelder als Bestandteil des Finanzmittelfonds berücksichtigt. Obwohl solche Geldanlagen durchaus einen mit Sichteinlagen vergleichbaren Charakter haben können, ist ihre Einbeziehung in den Finanzmittelfonds aus den nachfolgenden Gründen i. d. R. nicht gerechtfertigt.[4]

28

DRS 2.18 lässt als Zahlungsmitteläquivalent nur solche Mittel gelten, die

▶ hoch liquide, d. h. jederzeit in Geld umtauschbar sind, und

▶ nur unwesentlichen Wertänderungsrisiken unterliegen (→ Rz. 26).

Eine jederzeitige Austauschbarkeit in Geld setzt u. E. voraus, dass eine Forderung ohne Risikoabschlag an einen Dritten gegen Geld verkauft werden könnte. Im Allgemeinen ist dies nur bei an aktiven Märkten notierten Forderungen (etwa Geldmarktfondsanteilen) gegeben.

Wertänderungsrisiken lassen sich nur dort negieren, wo Schuldner eine Mindestbonität haben, die jede Wertberichtigungsüberlegung von vornherein überflüssig macht. Dies gilt regelmäßig nur für Forderungen gegen eine (gesunde) Bank. Derartige Forderungen (Bankkonten) werden

---

[4] Gl. A. *Mackedanz*, in: Haufe HGB Bilanz Kommentar, Freiburg 2009, § 297 Rz. 20.

auch bilanziell nicht auf Wertberichtigung geprüft und auch in die Pauschalwertberichtigungen nicht einbezogen. Bei Forderungen gegen Nichtbanken ist dies i. d. R. anders.

2.4 Verfügungsbeschränkungen

29 Sofern Bestandteile des Finanzmittelfonds Verfügungsbeschränkungen unterliegen, ist ihre Liquidität zweifelhaft. Zwei **alternative Darstellungen** lassen sich unterscheiden: Die Bestandteile werden

- unter Hinweis auf die Beschränkung **weiterhin** dem Finanzmittelfonds zugerechnet oder
- von dem Finanzmittelfonds **ausgeschlossen**.

Die in DRS 2.53 verlangte Anhangangabe für Verfügungsbeschränkungen ist nicht als Freibrief für die erste Alternative anzusehen. Je nach Art der Verfügungsbeschränkung kann unter Beachtung der Zwecke der Kapitalflussrechnung ein Verzicht auf die Einbeziehung in den Finanzmittelfonds geboten sein.

> **BEISPIEL** Die Fußball-AG veräußert Anfang 01 im Rahmen eines *sale and lease back* ihr Stadion an eine Bank, um es zukünftig auf Basis eines 20-jährigen Mietvertrags (*operating lease*) zu nutzen. Bei der Veräußerung konnten nicht zuletzt deshalb stille Reserven im Umfang von 20 Mio € aufgedeckt werden, weil die Bestimmung des fairen Veräußerungspreises bei einer so speziellen Anlage hoch ermessenbehaftet ist. Die Bank akzeptiert den hohen Veräußerungspreis nur gegen ein entsprechend hohes, langfristiges Nutzungsentgelt und besteht außerdem auf Verpfändung eines hohen Teils der aus der Veräußerung „realisierten" Gelder. Die Verfügungsbeschränkung mindert sich jährlich um 1/20.
>
> Im Hinblick auf einen erwarteten Anstieg der langfristigen Zinsen hat die Fußball-AG die Gelder revolvierend in kurzfristigen Anlagen (Laufzeit < 3 Monate) investiert. Am Bilanzstichtag unterliegen 19 Mio € noch der Verfügungsbeschränkung.
>
> **BEURTEILUNG** Die Fußball-AG hat eine nicht liquide Sache (Stadion) in wegen der Verfügungsbeschränkung nicht liquide Finanzwerte umgewandelt. Ein positiver Gesamt-*cashflow* ergibt sich aus der Operation gerade nicht. Die sich bei erster Betrachtung ergebende Bindungsdauer der Geldanlagen von nicht mehr als drei Monaten ist unter Beachtung der langfristigen Verfügungsbeschränkung tatsächlich deutlich höher (in der Spitze bis zu 20 Jahre). Ein Ausweis im Finanzmittelfonds ist daher nicht angemessen.

3. *Cashflows* aus der laufenden Geschäftstätigkeit

3.1 Definition und Abgrenzung

30 Im Bereich der laufenden Geschäftstätigkeit sind gem. DRS 2.23 solche *cashflows* auszuweisen, die

- **positiv** definiert aus auf **Erlöserzielung** gerichteten Tätigkeiten stammen und
- **negativ** abgegrenzt **nicht** dem **Investitions- oder Finanzierungsbereich** zuzuordnen sind.

Das positive Definitionselement konkretisiert sich vor allem durch die Gliederungsvorgaben für die direkte Methode (→ Rz. 32). In der Negativabgrenzung ergeben sich u. a. Probleme bei Zinsen und Dividenden (→ Rz. 45 ff.) sowie bei Ertragsteuern (→ Rz. 36).

3.2 Direkte Methode

Für die Darstellung der *cashflows* aus der laufenden Geschäftstätigkeit ist ein **Wahlrecht** vorgesehen. Die *cashflows* können entweder

- ▶ **direkt** als unsaldierte Einzahlungen/Auszahlungen dargestellt werden (→ Rz. 32) oder
- ▶ **indirekt**, indem das Periodenergebnis um Abschreibungen und andere nicht zahlungswirksame Vorgänge bereinigt wird (→ Rz. 40).

Bei Anwendung der direkten Methode zur Darstellung des *cashflow* aus laufender Geschäftstätigkeit ist gem. DRS 2.26 folgende **Mindestgliederung** zu beachten:

Übersicht 2:		Gliederung des *cashflow* aus laufender Geschäftstätigkeit nach der direkten Methode
1.		Einzahlungen von Kunden für den Verkauf von Erzeugnissen, Waren und Dienstleistungen
2.	-	Auszahlungen an Lieferanten und Beschäftigte
3.	+	Sonstige Einzahlungen, die nicht der Investitions- oder Finanzierungstätigkeit zuzuordnen sind
4.	-	Sonstige Auszahlungen, die nicht der Investitions- oder Finanzierungstätigkeit zuzuordnen sind
5.	+/-	Ein- und Auszahlungen aus außerordentlichen Posten
6.	=	*Cashflow* aus laufender Geschäftstätigkeit

Abweichend von der Definition der Umsatzerlöse in § 275 Abs. 1 HGB stellt der **Posten 1** nicht darauf ab, ob die Erzeugnisse, Waren und Dienstleistungen für den Konzern typisch sind. In der **Abgrenzung zu Posten 3** besteht daher u. E. ein faktisches Wahlrecht:

- ▶ Im Interesse der Abstimmung mit der GuV wird der Posten 1 eng interpretiert und auf Einzahlungen aus Umsatzerlösen begrenzt. Bei einem Produktionsunternehmen wären dann etwa Einzahlungen aus der Vermietung nicht benötigter Immobilien (in der GuV: „sonstige betriebliche Erträge") im Posten 3 zu erfassen.
- ▶ Möglich ist aber auch eine weite Interpretation, die Einzahlungen aus Vermietung im Posten 1 berücksichtigt.

Entsprechende Spielräume ergeben sich in der Abgrenzung zwischen **Posten 2 und Posten 4**. Ein Beispiel wären Auszahlungen für Leiharbeitsverhältnisse. Die Leiharbeitnehmer sind (nicht nur in wirtschaftlicher Hinsicht) beim Unternehmen beschäftigt, anders als das eigene Personal aber keine Arbeitnehmer des Unternehmens. Bei enger, an den Personalaufwand der GuV angelehnter Definition sind Auszahlungen für Leiharbeitnehmer daher im Posten 4, sonst im Posten 2 zu erfassen.

Unter **Posten 5** „Ein- und Auszahlungen aus **außerordentlichen Posten**" können nur solche außerordentlichen Zahlungsvorgänge erfasst werden, die nicht dem Investitions- oder Finanzierungsbereich zuzuordnen sind. Die Frage, unter welchen Voraussetzungen der Abgang von Anlagevermögen zu außerordentlichen Erträgen oder Einzahlungen führt, stellt sich daher bei der Kapitalflussrechnung von vornherein nicht, da in jedem Fall der investive Bereich angesprochen ist.

Soweit nicht der Investitions- oder Finanzierungsbereich betroffen ist, kann sich die Auslegung des Begriffs „außerordentlich" aber an § 277 Abs. 4 HGB anlehnen. Nach der hier zu dieser Vorschriften vertretenen **restriktiven Auslegung** (→ § 277 Rz. 42) bleiben damit kaum relevante Anwendungsfälle für den Posten 5. Nach anderer, großzügigerer Auffassung können etwa der Ausgang eines Rechtsstreits oder der Zahlungseingang aus einer bereits abgeschriebenen Forderung zu außerordentlichen Aufwendungen/Erträgen und damit zu Auszahlungen/Einzahlungen führen.

36 Zahlungsströme aus **Ertragsteuern** sind nach DRS 2.40 f. **gesondert** und i. d. R. im Rahmen der **laufenden Geschäftstätigkeit** anzugeben. Nach DRS 2.43 muss die gesonderte Angabe nicht notwendig in der Kapitalflussrechnung selbst erfolgen. Eine Anhangangabe reicht aus. In der Kapitalflussrechnung selbst sind die Steuerzahlungen dann unter Position 4 auszuweisen.

Eine als Wahlrecht gestaltete **Ausnahme** von der Zuordnung zur laufenden Geschäftstätigkeit lässt DRS 2.42 dann zu, wenn Ertragsteuern eindeutig aus einem Geschäftsvorfall des **Investitions- oder Finanzierungsbereichs** resultieren. Der Anwendungsbereich der Ausnahmeregelung ist gering.

> **BEISPIEL** Die U-AG führt in 01 eine Kapitalerhöhung durch. Hierbei entstehen Emissionskosten von 20. Die Zuflüsse aus der Kapitalerhöhung sind im Finanzierungsbereich darzustellen. Mit der Kapitalerhöhung geht aber auch eine Minderung der Steuerlast einher, da die Emissionskosten steuerlich abzugsfähig sind.
>
> **VARIANTE 1** U hat in 01 und für 01 Ertragsteuervorauszahlungen von 30 geleistet. In den Vorauszahlungsbescheiden ist auf Basis der Vorjahre ein Einkommen von 100 angenommen worden. Nur wegen der Emissionskosten reduziert sich das tatsächliche Jahreseinkommen auf 80. Die in 02 zu Erstattung gelangende Ertragsteuer von 30 % · 20 = 6 kann in 02 dem Finanzierungsbereich zugeordnet werden.
>
> **VARIANTE 2** Auch nach Abzug der Emissionskosten beträgt das Einkommen noch 110. Es kommt in 02 zu einer Abschlusszahlung für 01 i. H. von 3.
>
> Die Emissionskosten bewirken keine Einzahlung, sondern reduzieren lediglich das Maß der Auszahlung. U. E. ist es nicht sachgerecht, den einheitlichen, auf eine einheitliche Steuerfestsetzung zurückgehenden Auszahlungsvorgang von 3 künstlich zu zerlegen in eine fiktive Einzahlung von 6 (30 % der Emissionskosten von 20) und eine fiktive Auszahlung von 9 (30 % der Differenz zwischen dem Ergebnis vor Emissionskosten und dem im Vorauszahlungsbescheid angenommenen Ergebnis). Die Steuer ist insgesamt in der laufenden Geschäftstätigkeit zu berücksichtigen.

Nicht unter die Auszahlungen für Ertragsteuern fallen für **Rechnung Dritter einbehaltene Steuern** (Kapitalertrag- und Quellensteuern auf Ausschüttungen, Zinsen, Lizenzgebühren, Lohnsteuer etc.). Diese Steuern sind dem Bereich zuzuordnen, in dem auch die korrespondierenden Nettozahlungen ausgewiesen werden.

Zur Frage des separaten Ausweises von **Umsatzsteuer**einzahlungen (von Kunden) bzw. Umsatzsteuerauszahlungen (an das Finanzamt), ergibt sich u. E. ein faktisches Wahlrecht. Zahlungsmittelzu- bzw. -abflüsse aus Umsatzsteueransprüchen/-verpflichtungen können saldiert dargestellt oder separat ausgewiesen werden.

37

BEISPIEL Die Feuerwerk AG erzielt ihren Netto-Jahresumsatz i. H. von 100 Mio € ausschließlich im Dezember. Die Kunden zahlen auf die erworbenen Produkte Umsatzsteuer i. H. von 19 Mio €. Bei gleichem Umsatz im Vorjahr betrug der Steuersatz 16 %. Der Zahlungseingang aus dem direkten Verkauf von Endverbraucherprodukten erfolgt in der laufenden Periode, eine Weiterleitung der eingenommenen Umsatzsteuer an das Finanzamt erst in der nächsten Periode nach dem Bilanzstichtag. Für die Erfassung des Geschäftsvorfalls sind folgende Alternativen (in Mio €) zu unterscheiden:

Direkte Methode (Variante 1)		Direkte Methode (Variante 2)	
Umsatz vor USt 02	100	Umsatz inkl. USt	119
erhaltene USt 02	19		
Abführung der im Dez 01 vereinnahmten USt in 02 an das Finanzamt	-16	Abführung der im Dez 01 vereinnahmten USt in 02 an das Finanzamt	-16
Zahlungsmittelveränderung	103	Zahlungsmittelveränderung	103

Zur Behandlung von Zinsen und Dividenden in der Kapitalflussrechnung wird auf → Rz. 45 ff. verwiesen.

38

Da das Rechnungswesen üblicherweise auf die Erfassung von Aufwendungen und Erträgen, nicht aber von Ein- und Auszahlungen ausgerichtet ist, stellt sich bei Anwendung der direkten Methode die Frage nach der **Ermittlung** der Ein- und Auszahlungsgrößen. Verbreitet und zulässig ist eine derivative Ermittlung, bei der einzelne Ertrags- oder Aufwandspositionen unter Verwendung zusätzlicher Informationen in *cashflows* überführt werden.

39

Die Technik der **derivativen Ermittlung** lässt sich am Beispiel der Einzahlungen von Kunden wie folgt darstellen:

Übersicht 3:	Derivative Ermittlung der Ein-/Auszahlungen
Umsatzerlöse	...
-/+ Erhöhung/Verminderung der Kundenforderungen	...
-/+ Erhöhung/Verminderung der Wertberichtigungen auf Kundenforderungen	...
+/- Erfolgsneutrale Veränderungen der Kundenforderungen (Aufgliederungen/Währungsdifferenzen etc.)	...
= Einzahlungen von Kunden	...

3.3 Indirekte Methode

Bei Anwendung der direkten Methode zur Darstellung des *cashflow* aus laufender Geschäftstätigkeit ist gem. DRS 2.27 folgende **Mindestgliederung** zu beachten:

40

II. Kapitalflussrechnung

Übersicht 4:	Gliederung des *cashflow* aus laufender Geschäftstätigkeit nach der indirekten Methode
1.	Periodenergebnis (einschließlich Ergebnisanteilen von Minderheitsgesellschaftern) vor außerordentlichen Posten
2.	+/- Abschreibungen/Zuschreibungen auf Gegenstände des Anlagevermögens
3.	+/- Zunahme/Abnahme der Rückstellungen
4.	+/- Sonstige zahlungsunwirksame Aufwendungen/Erträge (beispielsweise Abschreibung auf ein aktiviertes Disagio)
5.	-/+ Gewinn/Verlust aus dem Abgang von Gegenständen des Anlagevermögens
6.	-/+ Zunahme/Abnahme der Vorräte, der Forderungen aus Lieferungen und Leistungen sowie anderer Aktiva, die nicht der Investitions- oder Finanzierungstätigkeit zuzuordnen sind
7.	+/- Zunahme/Abnahme der Verbindlichkeiten aus Lieferungen und Leistungen sowie anderer Passiva, die nicht der Investitions- oder Finanzierungstätigkeit zuzuordnen sind
8.	+/- Ein- und Auszahlungen aus außerordentlichen Posten
9.	= *Cashflow* aus der laufenden Geschäftstätigkeit

41 Ausgangsgröße ist das **Periodenergebnis** (vor außerordentlichen Posten, → Rz. 35). Es wird **bereinigt** um

▶ **zahlungsunwirksame** Aufwendungen/Erträge,

▶ **ergebnisneutrale**, jedoch zahlungswirksame Veränderungen des Nettoumlaufvermögens sowie

▶ zahlungswirksame Erträge/Aufwendungen, die **nicht** der laufenden Geschäftstätigkeit zuzuordnen sind.

Die nachfolgende Übersicht zeigt, wie die Bereinigungs- bzw. Gliederungsposten aus DRS 2.27 in dieser Hinsicht motiviert sind.

Übersicht 5:		Funktion/Inhalt von Überleitungsposten nach der indirekten Methode	
Posten		Beispiele	Motivation
2.	+	Abschreibungen auf Anlagevermögen	Aufwand, aber **keine Auszahlung**
3a.	-	Auflösung einer Rückstellung	Ertrag, aber **keine Einzahlung**
3b.	-	Inanspruchnahme einer Rückstellung	Kein Aufwand, aber **Auszahlung**
4.	-	Sonstige zahlungsunwirksame Erträge (Auflösung pRAP für erhaltene Mietvorauszahlung)	Ertrag, aber **keine Einzahlung**
5.	-	Ertrag aus dem Abgang von Gegenständen des Anlagevermögens	Ertrag und (i. H. des Betrags vor Abzug des Buchwertabgangs) Einzahlung, aber im **investiven** Bereich
6a.	-	Zunahme der Warenvorräte	Kein Aufwand, aber **Auszahlung**
6b.	-	Zunahme der Forderungen aus L+L	Ertrag, **aber keine Einzahlung**
7.	+	Zunahme der Verbindlichkeiten aus L+L	Aufwand, aber **keine Auszahlung**

42 Die ergebnisneutrale, jedoch zahlungswirksame Veränderung des **Nettoumlaufvermögens** (*net working capital*) wird im Wege der **Differenzenbildung** durch die Gegenüberstellung von Anfangs- und Endbestand der einzelnen Posten vorgenommen. Hierbei ist jedoch u. U. die Entwicklung der Bereinigungsposten selbst zu bereinigen:

- Die Höhe von Vermögenswerten und Schulden des *net working capital* kann sich durch ergebniswirksame Bewertungsmaßnahmen verändert haben, die nicht zahlungswirksam geworden sind (z. B. Abwertung von Vorräten oder Bildung/Auflösung von Wertberichtigungen auf Kundenforderungen). Die hierfür anfallenden Beträge sind nicht als Veränderung des Nettoumlaufvermögens (Posten 6 oder 7), sondern bei den zahlungsunwirksamen Aufwendungen und Erträgen zu berücksichtigen (Posten 4).
- Veränderungen des *net working capital* aufgrund von Veränderungen des Konsolidierungskreises sind nicht im Bereich der betrieblichen Tätigkeit, sondern bei der Investitionstätigkeit zu erfassen (→ Rz. 80).
- Einflüsse aus der wechselkursbedingten Veränderung von Positionen des Nettoumlaufvermögens sind zu eliminieren. Solche Währungsdifferenzen entstehen zum einen durch das Halten monetärer Vermögenswerte und Schulden in Fremdwährung (z. B. Kundenforderungen, Wertpapiere oder Lieferantenverbindlichkeiten), zum anderen durch die Umrechnung von Abschlüssen einbezogener Tochter- und Gemeinschaftsunternehmen, deren funktionale Währung von derjenigen des Konzernabschlusses abweicht (→ Rz. 64 ff.).

Bei dem in DRS 2.27 dargestellten Grundschema der indirekten Methode (→ Rz. 40) wird als Ausgangsgröße das Periodenergebnis vor **außerordentlichen** Posten gewählt. Wegen des Begriffs „außerordentlich" wird auf → Rz. 35 verwiesen.

DRS 2.40 verlangt die gesonderte Angabe der Zahlungen aus Ertragsteuern. Nur ausnahmsweise betrifft die Ertragsteuer den Investitions- und Finanzierungsbereich (→ Rz. 36). Regelmäßig sind die Steuerzahlungen daher im *cashflow* aus der laufenden Geschäftstätigkeit zu berücksichtigen (DRS 2.41). Dabei gewährt der Standard ein Ausweiswahlrecht, Ertragsteuerzahlungen

- in einer **separaten Zeile** innerhalb der *cashflows* aus der laufenden Geschäftstätigkeit auszuweisen; als Ausgangsgröße der indirekten *cashflow*-Ermittlung dient in diesem Fall nicht das (um außerordentliche Effekte bereinigte) Periodenergebnis, sondern das Periodenergebnis vor Steuern (und außerordentlichen Effekten);
- **nur im Anhang** anzugeben; in diesem Fall dient als Ausganggröße das Periodenergebnis nach Steuern; nicht zahlungswirksame Effekte aus Steuern werden wie andere Veränderungen des *net working capital* unter den Posten 3, 6 oder 9 bereinigt.

Zur Abgrenzung der Ertragsteuer von sonstigen Steuern und zur Behandlung sonstiger Steuern wird auf → Rz. 36 f. verwiesen, zur Behandlung von Zinsen und Dividenden auf → Rz. 45 ff.

3.4 Zinsen

Bei Zinsen (ebenso wie bei Dividenden, → Rz. 47) stellt sich die Frage der **Abgrenzung** der *cashflows* aus laufender Geschäftstätigkeit gegenüber denen aus Investition oder Finanzierung. Hierzu trifft DRS 2 folgende Bestimmungen:

- Erhaltene und gezahlte Zinsen zählen **i. d. R.** zur **laufenden Geschäftstätigkeit** (DRS 2.36).
- In begründeten **Ausnahmefällen** ist eine Zurechnung erhaltener Zinsen zur **Investitionstätigkeit** und gezahlter Zinsen zur **Finanzierungstätigkeit** möglich (DRS 2.39).

> **BEISPIEL** Die U finanziert sich zu einem erheblichen Teil über mezzanine Finanzierungsformen. U. a. hat sie Genussrechte emittiert, die am Verlust teilhaben und nur ergebnisabhängig bedient werden, wegen fehlenden Nachrangs in der Insolvenz aber nicht als Eigenkapital auszuweisen sind (→ § 246 Rz. 66).
>
> Die Zahlungen an die Genussrechtsinhaber haben wirtschaftlich eine große Ähnlichkeit mit Dividendenzahlungen an Eigenkapitalgeber. Ein Ausweis im Finanzierungsbereich ist daher zulässig.

46 Bei Abweichungen zwischen Ausgabe- und Rückzahlungsbetrag von Fremdkapital (**Agien, Disagien**) entstehen die Auszahlungen/Einzahlungen für Zinsen zeitlich versetzt zu den Aufwendungen/Erträgen. Ein Beispiel sind **Zerobonds**.

> **BEISPIEL** Die A-AG legt einen zehnjährigen Zerobond mit einem Rückzahlungsbetrag von 200.000 GE auf und erhält bei Ausgabe 101.670 GE. Der effektive Zinssatz der Verbindlichkeit ist 7 % p. a., entsprechend dem Abschlag von 98.330 GE beim Ausgabebetrag.
>
> **1. BEHANDLUNG BEIM EMITTENTEN** Im Ausgabezeitpunkt ist der Zahlungsmittelzufluss von 101.670 GE als *cashflow* aus Finanzierungstätigkeit zu erfassen. Bis zur Rückzahlung fallen keine weiteren Zahlungsströme an, der Buchwert der Verbindlichkeit wird allerdings erfolgswirksam auf den Rückzahlungsbetrag aufgezinst.
>
> Bei Fälligkeit erfolgt ein Zahlungsmittelabfluss von 200.000 GE, der sowohl eine Rückzahlung der erhaltenen Barmittel (i. H. von 101.670 GE) als auch deren Verzinsung (i. H. von 98.330 GE) darstellt.
>
> Die Differenz zwischen Zahlungsmittelzu- und -abfluss ist aus Sicht des Emittenten als (endfällige) Zinszahlung anzusehen und daher der laufenden Geschäftstätigkeit zuzuordnen. Die Rückzahlung des erhaltenen Betrags ist hingegen im Finanzierungsbereich zu erfassen.
>
> **2. BEHANDLUNG BEIM INVESTOR** Aus der Perspektive des Investors ist die endfällige Zinszahlung ebenfalls Teil der laufenden Geschäftstätigkeit, die Rückzahlung des investierten Betrags dagegen als Desinvestition im *cashflow* der Investitionstätigkeit zu erfassen.

3.5 Dividenden und Ergebnisabführungen

47 **Gezahlte Dividenden** sind der **Finanzierungstätigkeit** zuzuordnen (DRS 2.36).

48 **Empfangene Dividenden** werden **wie empfangene Zinsen** behandelt (→ Rz. 45):
- **Regelmäßig** werden sie als *cashflow* aus **laufender Geschäftstätigkeit** erfasst (DRS 2.36).
- In begründeten **Ausnahmefällen** ist eine Zuordnung zur **Investitionstätigkeit** möglich (DRS 2.39).

Begründete Ausnahmefälle sind u. a.
- Auskehrungen von Rücklagen, die vor dem Erwerb des untergeordneten Unternehmens entstanden und im Kaufpreis vergütet sind.

▶ Dividenden, die im Rahmen einer Liquidation des untergeordneten Unternehmens empfangen werden (Liquidationsraten).

Wie empfangene Dividenden sind nach DRS 2.36 andere **übernommene Ergebnisse** zu behandeln. Angesprochen sind damit **Ergebnisabführungsverträge** und hier speziell Zahlungen, mit denen das untergeordnete Unternehmen ein **positives** Ergebnisses abführt: 49

▶ Das **untergeordnete** Unternehmen hat die Zahlung im **Finanzierungsbereich** zu erfassen,
▶ das **übergeordnete** in der **laufenden Geschäftstätigkeit**.

Unklar ist die Behandlung von Zahlungen in umgekehrter Richtung bei **negativem Ergebnis** des untergeordneten Unternehmens. U. E. liegt eine Eigenkapitalzuführung vor, die folgerichtig

▶ beim **untergeordneten** Unternehmen der **Finanzierungtätigkeit**,
▶ beim **übergeordneten** dem Bereich der **Investitionstätigkeit** zuzuordnen ist.

4. *Cashflows* aus der Investitionstätigkeit

Investitionstätigkeiten umfassen gem. DRS 2.6 den Erwerb und die Veräußerung von 50

▶ Gegenständen des **Anlagevermögens** (Sach- und immaterielle Anlagen sowie Finanzanlagen),
▶ **kurzfristigen finanziellen Vermögensgegenständen**, die weder Teil des Handelsbestands noch Teil des Finanzmittefonds sind.

In diesem Bereich werden somit aufgeführt:

▶ Auszahlungen für Vermögensgegenstände, die zur Erzielung künftiger Erträge und *cashflows* getätigt wurden (**Investitionen**).
▶ Einzahlungen aus dem späteren Abgang dieser Ressourcen (Veräußerungserlöse, **Desinvestitionen**).

Die Darstellung der *cashflows* aus Investitionstätigkeit erfolgt zwingend nach der direkten Methode. DRS 2.32 sieht folgende einerseits nach Ein- und Auszahlungen andererseits nach der Art des Vermögensgegenstands differenzierende Mindestgliederung vor: 51

II. Kapitalflussrechnung

Übersicht 6:		Gliederung des *cashflow* aus Investitionstätigkeit
1.	+	Einzahlungen aus Abgängen von Gegenständen des Sachanlagevermögens
2.	-	Auszahlungen für Investitionen in das Sachanlagevermögen
3.	+	Einzahlungen aus Abgängen von Gegenständen des immateriellen Anlagevermögens
4.	-	Auszahlungen für Investitionen in das immaterielle Anlagevermögen
5.	+	Einzahlungen aus Abgängen von Gegenständen des Finanzanlagevermögens
6.	-	Auszahlungen für Investitionen in das Finanzanlagevermögen
7.	+	Einzahlungen aus dem Verkauf von konsolidierten Unternehmen und sonstigen Geschäftseinheiten
8.	-	Auszahlungen aus dem Erwerb von konsolidierten Unternehmen und sonstigen Geschäftseinheiten
9.	+	Einzahlungen aufgrund von Finanzmittelanlagen im Rahmen der kurzfristigen Finanzdisposition
10.	-	Auszahlungen aufgrund von Finanzmittelanlagen im Rahmen der kurzfristigen Finanzdisposition
11.	=	*Cashflow* aus der Investitionstätigkeit

U. E. ist eine **zusammengefasste** Darstellung von Sach- und immateriellen Anlagen jedenfalls bei nicht anlageintensiven Konzernen zulässig.[5]

52 Die Zuordnung eines Zahlungsmittelabflusses zum investiven Bereich ist nur zulässig, wenn die **Ausgaben aktiviert** und nicht aufwandswirksam verrechnet werden.

BEISPIEL ▶ U lässt Anfang 01 eine neue Marke schützen und „investiert" im Verlauf von 01 in erheblichem Maße in die Bekanntheit dieser Marke, Ende 01 ist die Marke gut am Markt etabliert.

Ökonomisch mag man die Aufwendungen als Investition und bilanziell als Herstellungskosten der Marke werten. Herstellungskosten auf eigene Marken sind jedoch nicht aktivierungsfähig. Daher darf die Investition auch in der Kapitalflussrechnung nicht als investiver *cash out flow* berücksichtigt werden. Vielmehr liegt ein *cash out flow* aus laufender Geschäftstätigkeit vor.

Auch die im Zuge einer Kapazitätserweiterung anfallende zusätzliche **Mittelbindung** im Bereich des kurzfristigen Vermögens (Vorräte, Kundenforderungen) ist im Bereich der laufenden Geschäftstätigkeit auszuweisen.

53 Die im investiven Bereich zu berücksichtigenden „**sonstigen Finanzinvestitionen**" umfassen alle Anlagen von Zahlungsmitteln in solche finanziellen Vermögenswerten, die einerseits **nicht Teil des Finanzmittelfonds**, also kein Zahlungsmitteläquivalente sind, andererseits jedoch auch **nicht Anlagevermögen** darstellen. Es geht im Wesentlichen um nicht dem Finanzmittelfonds zuzurechnende Festgeldguthaben, Wertpapiere und sonstige Forderungen mit einer Laufzeit ab Erwerb von **mehr als drei Monaten** (→ Rz. 26).

---

5 Gl. A. *Mackedanz*, in: Haufe HGB Bilanz Kommentar, Freiburg 2009, § 297 Rz. 37.

Soweit Finanzinstrumente jedoch **Handelszwecken** dienen, in der Bankterminologie Teil des Handelsbuchs sind, erfolgt eine Einbeziehung in den *cashflow* aus laufender Geschäftstätigkeit.

Bei der Ermittlung der Höhe der **Auszahlungen** ist regelmäßig auf die als **Anschaffungskosten** zu erfassenden Beträge abzustellen, auch wenn die erstmalige Erfassung von Anschaffungskosten in der Bilanz und die Darstellung der Auszahlung in der Kapitalflussrechnung durchaus **in verschiedenen Perioden** erfolgen kann. 54

Bei den Sachanlagen und immateriellen Vermögensgegenständen sind auch Auszahlungen für aktivierte **Entwicklungskosten** (→ § 248 Rz. 7) sowie für **selbst erstellte Sachanlagen** (aktivierte Eigenleistungen) auszuweisen. Auszahlungen für nicht aktivierungsfähige Forschungs- und Entwicklungskosten sowie Ingangsetzungsaufwendungen sind dagegen dem Bereich der laufenden Geschäftstätigkeit zuzuordnen (→ Rz. 52). 55

Bei Erhalt öffentlicher **Investitionszuwendungen** besteht in der Bilanz ein Ausweiswahlrecht (→ § 255 Rz. 40). Die Darstellung in der Kapitalflussrechnung ist nicht explizit geregelt. U. E. ist eine Berücksichtigung im investiven Bereich sachgerecht, wobei wegen der Zweckbindung der Zuwendungen eine Saldierung mit den Investitionsausgaben vertretbar ist. 56

Die im Anlagespiegel ausgewiesenen Zu- und Abgänge weichen im Regelfall von den entsprechenden Aus- bzw. Einzahlungen in der Kapitalflussrechnung der gleichen Periode ab. Bei den Zugängen sind insbesondere dann Abweichungen festzustellen, wenn die Auszahlung in **anderen Perioden** erfolgt, als die Anschaffungskosten anfallen oder wenn die Transaktion völlig **zahlungsunwirksam** durchgeführt wird. Für letzteren Fall ist insbesondere das *finance leasing* zu nennen, bei dem es zwar zur Aktivierung von Anschaffungskosten, nicht jedoch zum Abfluss von Zahlungsmitteln kommt (siehe auch → Rz. 85). 57

Aus- und Einzahlungen für den **Erwerb von Anteilen** (Eigenkapitalinstrumenten) anderer Unternehmen sind ungeachtet der Konsolidierungsmethode als Erwerbe und Verkäufe im investiven Bereich zu berücksichtigen. Für den Erwerb und die Veräußerung von Tochterunternehmen und Gemeinschaftsunternehmen bestehen jedoch besondere Regelungen (→ Rz. 76). 58

Der Erwerb eigener Anteile fällt nicht in den Bereich der Investitionstätigkeit. Dieser Erwerb ist explizit im Katalog der *cashflows* aus der Finanzierungstätigkeit genannt (→ Rz. 61). Dies gilt erst recht für das BilMoG, das mit der Neufassung von § 272 HGB den Erwerb eigener Anteile einer Kapitalherabsetzung gleichstellt.

Nicht explizit geregelt ist die Behandlung von **Veräußerungskosten**, also Ausgaben in Zusammenhang mit der Veräußerung von Anlagengegenständen, z. B. Verkaufsprovisionen und direkt zurechenbare Beratungskosten. Bei bedeutenden Beträgen ist eine Absetzung von den Verkaufserlösen gegenüber der Berücksichtigung bei der laufenden Geschäftstätigkeit vorzuziehen. Diese Handhabung dient der Gleichbehandlung ähnlicher Sachverhalte: 59

> **BEISPIEL** U veräußert über einen Makler diverse Grundstücke des Anlagevermögens.
> 1. In einem Teil der Fälle übernimmt U die Maklergebühren,
> 2. in anderen Fällen trägt sie der Erwerber.

> **BEURTEILUNG** Die Kostentragung wird implizit bei der Kaufpreisbemessung berücksichtigt. Sachgerecht ist es daher, in Fällen von Typ 1 die Ausgaben für Maklergebühren gegen den (höheren) Verkaufserlös zu kürzen.

60 Die im investiven Bereich zu berücksichtigenden Ein- und Auszahlungen für den Erwerb bzw. die Veräußerung von Schuldinstrumenten (Anleihen) umfassen nur von Dritten emittierte Schuldinstrumente. Der **(Rück-)Kauf eigener** marktnotierter **Anleihen** ist hingegen nicht im Bereich der Investitions-, sondern bei der Finanzierungstätigkeit darzustellen, da er eine Tilgungsleistung darstellt.

5. *Cashflows* aus der Finanzierungstätigkeit

61 Unter Finanzierungstätigkeiten sind solche Aktivitäten zu verstehen, „die sich auf den Umfang und die Zusammensetzung der **Eigenkapitalposten** und der **Finanzschulden** des Unternehmens auswirken" (DRS 2.6). Finanzschulden sind nicht der laufenden Geschäftstätigkeit, also nicht dem *working capital* zuzurechnendes Fremdkapital, das i. d. R. verzinslich ist.

Ebenso wie bei der Investitionstätigkeit sind die *cashflows* aus der Finanzierungstätigkeit nach der **direkten** Methode darzustellen. Folgende Mindestgliederung sieht DRS 2.35 vor:

Übersicht 7:		Gliederung des *cashflow* aus der Finanzierungstätigkeit
1.		Einzahlungen aus Eigenkapitalzuführungen (Kapitalerhöhungen, Verkauf eigener Anteile etc.)
2.	−	Auszahlungen an Unternehmenseigner und Minderheitsgesellschafter (Dividenden, Erwerb eigener Anteile, Eigenkapitalrückzahlungen, andere Ausschüttungen)
3.	+	Einzahlungen aus der Begebung von Anleihen und der Aufnahme von (Finanz-)Krediten
4.	−	Auszahlungen aus der Tilgung von Anleihen und (Finanz-) Krediten
5.	=	*Cashflow* aus Finanzierungstätigkeit

62 Für den Inhalt der Posten gilt Folgendes:
- ▶ **Posten 1** umfasst Einzahlungen aus der Ausgabe von Anteilen oder anderen Eigenkapitalinstrumenten gegen Barmittel; dazu gehören Bareinzahlungen aus ordentlichen **Kapitalerhöhungen**, Einzahlungen in die **Kapitalrücklage, Nachschüsse und Ertragszuschüsse**. Zu berücksichtigen sind auch die Einzahlungen aus der **Veräußerung eigener Anteile** sowie der Emission von Genussscheinen, die die Kriterien für die Einordnung als Eigenkapital erfüllen (→ § 246 Rz. 66).
- ▶ **Posten 2** umfasst Auszahlungen an Eigentümer, insbesondere also **Dividenden**, ordentliche **Kapitalherabsetzungen** und den **Erwerb eigener Anteile**.
- ▶ In **Posten 3 und 4** sind Einzahlungen aus der Ausgabe von Schuldverschreibungen, Schuldscheinen und Rentenpapieren sowie aus der Aufnahme von **Darlehen** sowie Auszahlungen für die Tilgung zu berücksichtigen. Als Tilgung gilt auch der Rückkauf börsennotierter eigener Anleihen am Markt (→ Rz. 60).

Verbindlichkeiten gegenüber **verbundenen Unternehmen** sind für Zwecke der Kapitalflussrechnung nach Verbindlichkeiten aus Lieferungen und Leistungen einerseits und Finanzschulden andererseits aufzuspalten, um *cashflows* aus der laufenden Geschäftstätigkeit von denen aus der Finanzierungstätigkeit unterscheiden zu können.

Bei der Rückzahlung von **Annuitätendarlehen** und insbesondere bei **Zerobonds** enthalten die gezahlten Beträge neben einem Tilgungs- auch einen Zinsanteil. Der Tilgungsanteil ist im Bereich der Finanzierungstätigkeit auszuweisen, der Zinsanteil regelmäßig im Bereich der laufenden Geschäftstätigkeit (→ Rz. 46). 63

6. *Cashflows* in Fremdwährung

6.1 Grundproblem

Ein- und Auszahlungen in Fremdwährung sind mittels geeigneter Methoden in **Euro** als **Berichtswährung** des Konzerns umzurechnen. Dies gilt für einzelne Fremdwährungsgeschäfte des inländischen Konzernteils ebenso wie für die Umrechnung der *cashflows* konsolidierter ausländischer Tochterunternehmen. Die Umrechnung soll mit dem Wechselkurs des jeweiligen Zahlungszeitpunkts erfolgen, darf aber aus Vereinfachungsgründen mit **gewogenen Durchschnittskursen** (Jahr, Quartal, Monat) vorgenommen werden, wenn dies näherungsweise zum gleichen Ergebnis führt (DRS 2.22). Wenn die Einzahlungen/Auszahlungen eine geringe saisonale Prägung haben und/oder die Wechselkursschwankungen nur moderat sind, können Jahresdurchschnittskurse ausreichen. In anderen Fällen ist auf den Monat oder das Quartal abzustellen. 64

Im Rahmen der Kapitalflussrechnung sind Wechselkursänderungen des **Finanzmittelfonds** als Sonderposten zu berücksichtigen, um eine Überleitungsrechnung der Zahlungsmittel bzw. -äquivalente vom Periodenbeginn bis zum Periodenende zu ermöglichen (DRS 2.21). Zum Grundproblem der Währungsdifferenzen im Finanzmittelfonds folgendes Beispiel: 65

> **BEISPIEL** U hat u. a. ein USD-Bankkonto mit 100 TUSD, das in der Periode nicht bewegt wird. Der Wechselkurs USD/€ hat sich über das Geschäftsjahr zugunsten des Euro entwickelt. Galt am Jahresanfang noch ein Kurs von 1,00 € = 1,00 USD, verschlechterte sich der Dollarkurs zunehmend bis auf einen Jahresendwert von 0,80 € = 1,00 USD. In Euro gerechnet beträgt das Bankguthaben:
>
> ▶ 100 T€ zum Jahresanfang,
>
> ▶ 80 T€ zum Jahresende.
>
> In der GuV ergibt sich somit ein Wechselkursverlust von 20.
>
> Unter Vernachlässigung anderer Aktivitäten und Finanzmittel ergibt sich folgende Kapitalflussrechnung:

	indirekte Methode	direkte Methode
Jahresfehlbetrag	-20	
+ Anpassung wegen nicht zahlungswirksamen Währungsverlusts	20	
= CFL aus laufender Geschäftstätigkeit	0	0
+ CFL aus Investitionstätigkeit	0	0
+ CFL aus Finanzierungstätigkeit	0	0
= CFL der Periode	0	0
+ Finanzmittelfonds Jahresanfang	100	100
- **Währungsbedingte Änderung Finanzmittelfonds**	-20	-20
= Finanzmittelfonds Jahresende	80	80

Ohne den „Ausgleichsposten" für die währungsbedingte Änderung des Finanzmittelfonds ergäbe sich ein falscher Jahresendbestand der Finanzmittel von 100.

In der indirekten Methode sind aus dem als Ausgangspunkt dienenden Jahresergebnis zudem die Währungsverluste zu eliminieren, da sich sonst rechnerisch ein tatsächlich gar nicht vorhandener negativer *cashflow* aus laufender Geschäftstätigkeit ergäbe. Bei der direkten Methode ist eine derartige Korrektur nicht notwendig.

6.2 Wechselkurseffekte in den vier Bereichen der Kapitalflussrechnung[6]

66   Wie das Beispiel unter → Rz. 65 zeigt, betreffen Währungsdifferenzen nicht nur den Finanzmittelfonds. Als Quellen für Währungsdifferenzen innerhalb der Kapitalflussrechnung sind vielmehr zu unterscheiden: Auswirkungen von Wechselkursänderungen auf

- ▶ in fremder Währung gehaltene **Zahlungsmittelbestände**,
- ▶ das **Periodenergebnis** im Rahmen der indirekten Methode,
- ▶ die **Finanzierungstätigkeit** sowie
- ▶ die **Investitionstätigkeit**.

67   Die nach der **indirekten Methode** ermittelten *cashflows* aus der laufenden Geschäftstätigkeit betreffen die Währungsumrechnung in zweifacher Weise:

- ▶ Der Jahresüberschuss oder die sonstige Ausgangsgröße der indirekten *cashflow*-Ermittlung enthält **Währungsgewinne/-verluste**, die als **nicht zahlungswirksame** Größen bei der Ermittlung des *cashflow* aus der betrieblichen Tätigkeit ab- bzw. zuzurechnen sind.
- ▶ Bei den Anpassungen der Ausgangsgröße um Veränderungen der Vorräte, Debitoren, Kreditoren und Rückstellungen (*net working capital*) ist aus Währungssicht Folgendes zu berücksichtigen: Soweit die Posten aus der Umrechnung von Abschlüssen **ausländischer Tochter-**

---

6 Die nachfolgenden Ausführungen sind überwiegend entnommen aus *Freiberg*, in: Lüdenbach/Hoffmann (Hrsg.), Haufe IFRS-Kommentar, 8. Aufl., Freiburg 2010, § 3.

unternehmen herrühren, vermischen sich zahlungsstromkorrigierende Veränderungen (z. B. Erhöhung der Debitoren als Gegenposten zu Umsatz auf Ziel) mit wechselkursbedingten.

BEISPIEL Ein Unternehmen hat eine in 24 Monaten fällige, in US-Dollar valutierende Kundenforderung von 100 TUSD, die zum Stichtag währungsbedingt erfolgswirksam von 100 T€ auf 80 T€ abgewertet wird.

PROBLEM Wird in der Entwicklung des *cashflow* aus dem Jahresergebnis zunächst ein „Währungsverlust" als aufwands-, aber nicht zahlungswirksam eliminiert und dann wegen der scheinbaren Verminderung der Forderungen ein weiterer Hinzurechnungsposten gebildet, erfährt der gleiche Geschäftsvorfall zweimal eine Neutralisierung.

MÖGLICHE LÖSUNGEN

▶ Die Währungsgewinne/-verluste sind hinsichtlich ihrer Ursachen zu untersuchen und dann nur solche Gewinne/Verluste zu neutralisieren, die sich nicht in Beständen des *working capital* widerspiegeln.

▶ Alternativ ist die Veränderung der Debitoren darauf zu untersuchen, ob sie Zahlungsvorgänge widerspiegelt oder nur Währungsbewertungseffekte.

		falsch	zutreffend	
	Jahresfehlbetrag	-20	-20	-20
+	Anpassung wegen nicht zahlungswirksamen Währungsverlusts	20	0	20
+	Anpassung wegen Verminderung Debitoren	20	20	0
=	CFL aus laufender Geschäftstätigkeit	20	0	0

Zu den Wechselkurseffekten, die (auch) die Investitions- oder Finanzierungstätigkeit betreffen, folgende Beispiele: 68

BEISPIEL Ein in US-Dollar geführtes Konto über 100 TUSD hat zum Jahresanfang in Euro einen Wert von 100 T€ und zur Jahresmitte wechselkursbedingt nur noch einen Wert von 90 T€.

FALL 1 Das Konto wird zur Jahresmitte für die Anschaffung einer Maschine aus den USA für 100 TUSD = 90 T€ vollständig verwendet. In der GuV entsteht ein Währungsverlust von 10 T€ (Abschreibung der Maschine nachfolgend vernachlässigt).

FALL 2 Das Konto wird zur Jahresmitte für die Rückzahlung eines Euro-Darlehens von 90 T€ vollständig verwendet. In der GuV entsteht ein Währungsverlust von 10 T€.

Die *cashflow*-Rechnungen der beiden Fälle nach der indirekten Methode sind wie folgt:

II. Kapitalflussrechnung

	Fall 1	Fall 2
Jahresfehlbetrag	-10	-10
+ Anpassung wegen nicht zahlungswirksamen Währungsverlusts	**10**	**10**
= CFL aus laufender Geschäftstätigkeit	0	0
+ CFL aus Investitionstätigkeit	-90	0
+ CFL aus Finanzierungstätigkeit	0	-90
= CFL der Periode	-90	-90
+ Finanzmittelfonds Jahresanfang	100	100
- Währungsbedingte Änderung Finanzmittelfonds	-10	-10
= Finanzmittelfonds Jahresende	0	0

6.3 Umrechnung Tochterunternehmen

69   Die *cashflows* von Tochterunternehmen sind in die Berichtswährung des Konzerns (Euro) umzurechnen. Soweit der Konzern den *cashflow* aus der betrieblichen Tätigkeit nach der **indirekten Methode** entwickelt und nicht disaggregiert auf den *cashflow*-Rechnungen der einzelnen Unternehmen des Konzerns aufbaut, sondern **aggregiert** aus dem Konzernergebnis entwickelt, ergibt sich folgendes Problem: In der Anpassung des Jahresergebnisses um die Veränderungen des *working capital* gehen Umrechnungseffekte aus den Beständen der ausländischen Tochterunternehmen ein, denen ggf. keine realen Bewegungen des *working capital* entsprechen.

> **BEISPIEL** Ein amerikanisches Tochterunternehmen hat die Vorratshaltung mit 100 TUSD konstant gehalten. Der Wechselkurs USD/€ hat sich über das Geschäftsjahr zugunsten des Euro entwickelt. Galt am Jahresanfang noch ein Kurs von 1,00 € = 1,00 USD, verschlechterte sich der Dollarkurs zunehmend bis auf einen Jahresendwert von 0,80 € = 1,00 USD. In Euro gerechnet betragen die Vorräte somit:
>
> ▶ 100 T€ zum Jahresanfang,
>
> ▶ 80 T€ zum Jahresende.
>
> **PROBLEM** Die Währungsdifferenz zwischen den Bilanzstichtagen wird aus Konzernsicht erfolgsneutral im Eigenkapital erfasst (§ 308a HGB).

Da der Wechselkurseffekt nicht in der GuV enthalten ist, erfolgt keine Neutralisierung innerhalb der Zeile „Nicht zahlungswirksame Aufwendungen" in der Entwicklung des *cashflow* aus betrieblicher Tätigkeit.

Bei einer Betrachtung des Jahresanfangs- und -endbestands innerhalb der Zeile „Veränderung Vorräte" der amerikanischen Tochter in Konzernwährung würde sich scheinbar ein Korrekturbedarf von +20 (Bestandsminderung, daher Aufwand, aber keine Ausgabe) ergeben. Tatsächlich ist der Bestand in USD konstant geblieben und insoweit überhaupt kein das Jahresergebnis mindernder Aufwand entstanden.

MÖGLICHE LÖSUNG Die das Tochterunternehmen betreffenden währungsinduzierten Veränderungen des *working capital* sind gesondert festzustellen. Nur die sonstigen Veränderungen in der Überleitung vom Jahresergebnis zum *cashflow* aus betrieblicher Tätigkeit sind anzusetzen.

		falsch	zutreffend
	Jahresergebnis	0	0
+	Anpassung wegen nicht zahlungswirksamen Währungsverlustes	0	0
+	Anpassung wegen Verminderung Vorräte	20	0
=	CFL aus betrieblicher Tätigkeit	20	0

6.4 Abstimmung des wechselkursbedingten Ausgleichspostens

Eine Überleitung des Zahlungsmittelbestands vom Anfang bis zum Ende der Berichtsperiode kann i. d. R. nur unter Zuhilfenahme eines wechselkursbedingten Ausgleichspostens vorgenommen werden (→ Rz. 65). Um eine **Vermengung** dieses Postens mit anderen (nicht zugeordneten) Zahlungsmittelflüssen zu vermeiden, ist in den internen Arbeitspapieren eine Herleitung des wechselkursbedingten Korrekturbetrags notwendig.

70

Soweit es nur eine **überschaubare** Zahl wesentlicher Währungsvorgänge gibt (z. B. nur eine wichtige ausländische Tochtergesellschaft, daneben nur einige wenige Währungsvorgänge bei der Mutter), kann eine **Einzelanalyse** nach den in den vorstehenden Kapiteln wiedergegebenen Beispielen ausreichen. Soweit eine **große Zahl** wesentlicher Währungsvorgänge anfällt, sind komplexere Hilfsrechnungen nötig.

Hierbei lassen sich zwei Varianten unterscheiden:

▶ Eine detaillierte Aufschlüsselung der Wechselkursdifferenzen je Tochterunternehmen nach Funktionsbereichen (→ Rz. 71) oder

▶ eine aggregierte und vereinfachte Überleitung des Finanzmittelbestands anhand der Stichtagskurse zum Periodenbeginn und -ende (→ Rz. 72).

Die US-GAAP-Regeln zur Kapitalflussrechnung regen eine detaillierte Bestimmung der wechselkursbedingten Wertänderung des Finanzmittelfonds für jede wesentliche in ausländischer Währung operierende Tochtergesellschaft nach folgendem Muster an (SFAS 95.App.C.146):

71

II. Kapitalflussrechnung

Übersicht 8:	Abstimmung Währungsausgleichsposten nach US-GAAP			
		LW		€
1.	Anfangsbestand Finanzmittel in LW	xxx		
2.	• Kursänderung des Geschäftsjahrs	ww		
3.	= Währungsdifferenz Anfangsbestand			zzz
4.	*Cashflow* aus der betrieblichen Tätigkeit in LW	xxx		
5.	• Kurs am Schlussbilanztag	yy		
6.	= *Cashflow* aus der betrieblichen Tätigkeit in Euro, gerechnet zu Jahresendkursen			zzz
7.	- *Cashflow* aus betrieblicher Tätigkeit laut Kapitalflussrechnung		–	zzz
8.	= Währungseffekt aus betrieblicher Tätigkeit			zzz
9.	*Cashflow* aus Investitionstätigkeit in LW	xxx		
10.	• Kurs am Schlussbilanztag	yy		
11.	= *Cashflow* aus der Investitionstätigkeit in Euro, gerechnet zu Jahresendkursen			zzz
12.	- *Cashflow* aus Investitionstätigkeit laut Kapitalflussrechnung		–	zzz
13.	= Währungseffekt aus Investitionstätigkeit			zzz
14.	*Cashflow* aus der Finanzierungstätigkeit in LW	xxx		
15.	• Kurs am Schlussbilanztag	yy		
16.	= *Cashflow* aus der Finanzierungstätigkeit in Euro, gerechnet zu Jahresendkursen			zzz
17.	- *Cashflow* aus Finanzierungstätigkeit laut Kapitalflussrechnung		–	
18.	= Währungseffekt aus Finanzierungstätigkeit			zzz
19.	**Wechselkursbedingte Änderung Finanzmittelfonds** (3. + 8. + 13. + 18.)			xxx

Die Berechnung erfolgt auf Basis einzelner Tochterabschlüsse in Landeswährung. Schwierigkeiten liegen in der Praxis bei der Gewinnung und Aufbereitung der notwendigen Daten. Unter Kosten-Nutzen- und *materiality*-Gesichtspunkten kann eine derartige Abstimmung insbesondere dann entbehrlich sein, wenn die ausländischen Tochterunternehmen zwar wesentlich, die Wechselkursveränderungen der Periode aber nicht signifikant sind.

72 Zur Überleitung des Anfangsbestands auf den Endbestand des Finanzmittelfonds ist mindestens eine **Verprobung** der Position „Wechselkursbedingte Änderungen des Finanzmittelfonds" anhand einer aggregierten Ermittlung erforderlich. Gesucht ist die tatsächliche Höhe der wechselkursbedingten Änderung des Finanzmittelfonds innerhalb einer Rechnungsperiode ohne die Zuordnung anderer nicht wechselkursbedingter Differenzen.

Hierzu ist theoretisch eine **Umrechnung** von Zahlungen aus Fremdwährungstransaktionen mit dem Wechselkurs des jeweiligen Zahlungszeitpunkts notwendig. Eine vereinfachende Bestimmung der wechselkursbedingten Umrechnungsdifferenz mit einem (oder mehreren) Durchschnittskurs(-en) ist aber zulässig, wenn der Verlauf des Wechselkurses vom Periodenbeginn zum -ende keine hohe Volatilität aufweist.

Die Bestimmung der wechselkursbedingten Änderung des Finanzmittelfonds folgt damit der Behandlung von Währungsdifferenzen in der GuV, die häufig zu **Jahresdurchschnittskursen** umgerechnet werden und nur bei stärkeren Schwankungen und/oder saisonalem Verlauf der Geschäfte mit dem Kurs des Transaktionstags oder dem Durchschnittskurs eines kleineren Zeitintervalls umzurechnen sind.

In der kommentierenden Literatur wird unter Rückgriff auf einen Periodendurchschnittskurs eine vereinfachte direkte Berechnung der wechselkursbedingten Veränderung des Finanzmittelfonds vorgeschlagen:[7]

Übersicht 9:	Vereinfachte Abstimmung Währungsausgleichsposten
1.	Anfangsbestand Finanzmittel in LW
2.	• (Periodendurchschnittskurs - Kurs am Periodenbeginn)
3.	= Wechselkurseffekt des Anfangsbestands
4.	Endbestand Finanzmittel in LW
5.	• (Kurs am Periodenende - Periodendurchschnittskurs)
6.	= Wechselkurseffekt des Endbestands
7.	**Kursbedingte Wertänderung des Finanzmittelfonds (3. + 6.)**

BEISPIEL ▶ U hat am Jahresanfang bei einem Kurs von 1,00 € = 1,00 USD ein Bankguthaben von 100 TUSD = 100 T€. Bis zum Jahresende werden hieraus im Rahmen der betrieblichen Tätigkeit 50 TUSD ausgegeben.

▶ Der Jahresendkurs beträgt 0,80 € = 1,00 USD.

▶ Der Jahresendbestand des Bankkontos beträgt somit 50 TUSD = 40 T€.

Die Finanzmittel haben sich in Euro gerechnet um 60 vermindert. Hiervon sind 50 TUSD · 0,9 = 45 T€ zahlungsbedingt und 15 T€ währungsbedingt.

Der währungsbedingte Betrag ermittelt sich wie folgt:

Anfangsbestand	100	TUSD
• (Durchschnittskurs - Kurs Jahresanfang)	-0,1	€/USD
= Wechselkurseffekt Jahresanfangsbestand	-10	T€
Endbestand	50	TUSD
• (Kurs Jahresende - Durchschnittskurs)	-0,1	€/USD
= Wechselkurseffekt Jahresendbestand	-5	T€
Kursbedingte Änderung Finanzmittelfonds	-15	T€

Bei stärkeren Schwankungen des Fremdwährungskurses und/oder saisonalem Verlauf der Geschäfte ist die wechselkursbedingte Differenz ggf. quartals- oder monatsweise zu bestimmen.

---

7 Vgl. *Mansch/Stolberg/Wysocki*, WPg 1995 S. 202.

7. Besonderheiten im Konzern
7.1 Auswirkung der Konsolidierungsform auf die Kapitalflussrechnung

73 Die Methodik der Einbeziehung untergeordneter Unternehmen in die Konzernkapitalflussrechnung richtet sich nach der **Form** der Kapitalkonsolidierung:

▶ In der Konzernkapitalflussrechnung sind die Einzahlungen und Auszahlungen sowie die Finanzmittel aller **vollkonsolidierten** Unternehmen zu berücksichtigen. Konzerninterne Vorgänge zwischen Mitgliedern des Vollkonsolidierungskreises sind zu eliminieren.

▶ Zahlungen und Finanzmittel **quotenkonsolidierter** Gemeinschaftsunternehmen sind entsprechend der Konsolidierungsquote zu übernehmen (DRS 2.14). Konzerninterne Vorgänge sind quotal zu eliminieren.

BEISPIEL ▶ Das übergeordnete Unternehmen (MU) bezieht für 100 Waren vom untergeordneten, quotal konsolidierten Gemeinschaftsunternehmen. Weitere zahlungswirksame Vorgänge gibt es nicht.

	Gemeinschafts-unternehmen					
	100 %	50 %	MU	Summe	Konsolid.	Konzern
Einzahlungen von Kunden	100	50		50	-50	0
Auszahlungen an Lieferanten			-100	-100	50	-50
cashflow aus laufender Geschäftstätigkeit	100	50	-100	-50		-50
Finanzmittel 1.1.	200	100	500	600		600
Finanzmittel 31.12.	300	150	400	550		550

74 Die Zahlungsströme und die Zahlungsmittel *equity*-**konsolidierter** Unternehmen bleiben in der Kapitalflussrechnung des Konzerns unberücksichtigt. Lediglich Zahlungsströme aus Investition/Desinvestition in das untergeordnete Unternehmen sowie Zahlungsströme zwischen dem Konzern und den untergeordneten Unternehmen schlagen sich in der Konzern-Kapitalflussrechnung nieder. Im zweiten Punkt sind neben Zahlungen von Dividenden durch das untergeordnete Unternehmen auch Zahlungen im Bereich der Liefer- und Leistungsbeziehungen sowie der Finanzierungstätigkeit (Eigenkapitalein- und -auszahlungen sowie Darlehensgewährungen) angesprochen. Sie sind wie bei Konzernfremden zu berücksichtigen.

75 Da die Kapitalflussrechnung auf Zahlungsströme, nicht auf bewertungsabgängige Ergebnisse abstellt, kommt es in allen Fällen **nicht** zu einer der **Zwischenergebniseliminierung** analogen Korrektur der Zahlungsströme.

7.2 Erwerb und Veräußerung von voll oder quotal konsolidierten Unternehmen und sonstigen Geschäftseinheiten

Der **Erwerb** von voll- oder quotal konsolidierten Unternehmen bewirkt bei Barzahlung des Kaufpreises und positivem Finanzmittelbestand des Erwerbsobjekts zweierlei: 76

▶ Im **investiven Bereich** entstehen Auszahlungen für den **Erwerb**, die mittelbar zu einer Minderung des Finanzmittelfonds führen.

▶ Andererseits erhöht sich der konzernweite Finanzmittelbestand durch die **erstmalige Konsolidierung des Finanzmittelbestands** des Erwerbsobjekts.

DRS 2.44 schreibt die Saldierung beider Effekte und die Berücksichtigung des Saldos im investiven Bereich vor.

Erfolgt der Erwerb im Wege einer **unbaren Transaktion**, etwa durch Aktientausch, oder ist die 77 **Kaufpreiszahlung zeitversetzt** erst in der Periode nach Erwerb fällig, kommt es durch die Übernahme eines vom erworbenen Unternehmen gehalten positiven Finanzmittelfonds (zunächst) zu einem Nettozugang an Zahlungsmitteln. Position 8 des *cashflow* aus der Investitionstätigkeit (→ Rz. 51) ist dann entweder in der Bezeichnung anzupassen – sofern nur ein einziger Unternehmenserwerb in der Periode getätigt wurde – oder eine zusätzliche Position „Einzahlungen aus dem Erwerb von konsolidierten Unternehmen" einzuführen. Im Übrigen ist eine Anhangangabe nach DRS 2.49 erforderlich.

In **Veräußerungsfällen** gilt Entsprechendes: 78

▶ Die Einzahlungen aus dem baren Verkaufspreis sind

▶ mit dem Abgang der konsolidierten Finanzmittel

zu saldieren (DRS 2.44).

Erfolgt die Veräußerung unbar oder wird der Veräußerungserlös erst in der Folgeperiode fällig, sind wie beim entsprechenden Erwerbsfall die Positionen in ihrer Bezeichnungen anzupassen oder zu ergänzen.

Sieht ein Vertrag über einen Anteils- oder Unternehmenserwerb eine Verpflichtung zur Zahlung **nachträglicher Kaufpreisbestandteile** vor (etwa bei einer *earn out*-Klausel), sind die nachträglichen Zahlungen im Jahr der Auszahlung im Investitionsbereich zu berücksichtigen. Auch hier gilt für den Veräußerer Entsprechendes mit umgekehrtem Vorzeichen. 79

Die mit den Finanzmitteln saldierten Ein- und Auszahlungen aus Erwerb oder Veräußerung voll konsolidierter Unternehmen sind unabhängig von der Zusammensetzung des Vermögens des erworbenen/veräußerten Unternehmens insgesamt im **investiven Bereich** zu berücksichtigen. 80

> **BEISPIEL** Der Kaufpreis für das weder über Schulden noch über Finanzmittel verfügende Erwerbsobjekt X entfällt nach Maßgabe der Einzelerwerbsfiktion (→ § 301 Rz. 7) je zu 1/3 auf *goodwill*, Sachanlagen und Vorräte.
>
> Ausgaben für den Erwerb von Vorräten sind üblicherweise der laufenden Geschäftstätigkeit zuzuordnen. Die *cashflow*-Rechnung folgt jedoch insoweit nicht der Einzelerwerbsfiktion. Als erworben gilt das Unternehmen, nicht dessen Vermögensgegenstände. Die gesamte Auszahlung ist daher im Bereich der Investitionstätigkeit zu berücksichtigen.

81 Wie der Erwerb oder die Veräußerung konsolidierter Unternehmen ist nach DRS 2.44 der Erwerb oder die Veräußerung **sonstiger Geschäftseinheiten** zu würdigen.

Unter den Begriff der sonstigen Geschäftseinheiten fallen etwa steuerliche Teilbetriebe, aber auch größere Geschäftsbereiche, die nicht organisatorisch verselbständigt sind bzw. waren.

82 Der Erwerb und die Veräußerung **quotal konsolidierter Unternehmen** werden – mit Ausnahme der quotalen Betrachtung der zu-/abgehenden Finanzmittel – wie derjenige von vollkonsolidierten Tochterunternehmen behandelt (DRS 2.44).

83 Bei Anwendung der indirekten Methode ergibt sich der *cashflow* aus laufender Geschäftstätigkeit, indem das Periodenergebnis u. a. um Veränderungen des *net working capital* bereinigt wird (→ Rz. 41). Beim **Erwerb** oder der **Veräußerung** von Unternehmen kommt es zu Änderungen des *net working capital*, die nicht der laufenden Geschäftstätigkeit zuzuordnen, sondern Folge der Investitionstätigkeit sind. Im Rahmen der indirekten Methode sind dann die Veränderungen des *net working capital* um Effekte aus der Veränderung des Konsolidierungskreises zu bereinigen. Im Übrigen ist nach DRS 2.52e eine Anhangangabe zur Zusammensetzung des erworben/verkauften Vermögens geboten.

Für die Veräußerung von Tochterunternehmen und sonstigen Geschäftseinheiten sind entsprechende Angaben notwendig.

7.3 Erst-/Entkonsolidierung ohne Erwerb/Veräußerung

84 Der Kreis quotal oder voll konsolidierter Unternehmen kann sich nicht nur durch Zukäufe oder Desinvestitionen verändern (→ Rz. 76). Eine Veränderung des Konsolidierungskreises kann sich z. B. auch durch die erstmalige Einbeziehung eines **bisher aus Wesentlichkeitsgründen nicht konsolidierten** Tochterunternehmens innerhalb der laufenden Berichtsperiode ergeben. Hierzu trifft DRS 2.45 folgende Reglungen:

▶ Im Jahr der Erst-/Entkonsolidierung erscheinen in der Konzernbilanz sämtliche Vermögensgegenstände und Schulden der Tochter als Zugänge/Abgänge. In der Kapitalflussrechnung können diese Bewegungen aber nicht berücksichtigt werden, da es an einem **Zahlungsstrom fehlt**.

▶ Durch die Erst-/Entkonsolidierung **verändert** sich der **Finanzmittelbestand**. Der Veränderung steht **kein periodenbezogener Zahlungsvorgang** entgegen. Daher ist in der Überleitung vom Finanzmittelbestand am Periodenanfang zu dem am Periodenende ein gesonderter Posten auszuweisen, der etwa wie folgt bezeichnet werden kann: „Konsolidierungskreisbedingte Veränderungen des Finanzmittelfonds." Der Posten kann bei Unwesentlichkeit mit bewertungsbedingten Veränderungen des Finanzmittelfonds zusammengefasst werden (→ Rz. 25).

Die Gliederung der Kapitalflussrechnung ist dann wie folgt:

Übersicht 10: Veränderungen des Finanzmittelfonds		
	Jahr 02	Jahr 01
cashflows aus der laufenden Geschäftstätigkeit	...	...
cashflows aus der Investitionstätigkeit	...	...
cashflows aus der Finanzierungstätigkeit	...	...
Summe der cashflows	...	...
Wechselkursbedingte Veränderungen des Finanzmittelfonds	...	...
Konsolidierungskreis- und bewertungsbedingte Veränderungen des Finanzmittelfonds	...	...
Veränderungen des Finanzmittelfonds gesamt	...	...
Finanzmittelfonds zum Anfang der Periode	...	...
Finanzmittelfonds zum Ende der Periode	...	...

Für eine erstmalige Nichteinbeziehung gilt das Vorstehende spiegelbildlich.

8. Nicht zahlungswirksame Transaktionen

In der Kapitalflussrechnung schlagen sich die Geschäftsvorfälle des Geschäftsjahrs und der Vorperiode nur dann nieder, wenn sie zahlungsmittelfondswirksam geworden sind, d. h. zu einer Ein- oder Auszahlung geführt haben. So darf z. B. der Erwerb eines Anlagegegenstands im Wege des *finance lease* gedanklich nicht in einen Liquiditätsabfluss für den Erwerb des Vermögenswerts und einen gleichzeitigen Liquiditätszufluss durch Gewährung einer Finanzierung durch den Leasinggeber aufgespalten werden, obwohl wirtschaftlich der *finance lease* regelmäßig die gleichen zukünftigen Bilanzierungs- und Zahlungsauswirkungen hat wie der fremdfinanzierte Kauf desselben Anlagegegenstands.

85

Vor dem Hintergrund einer Vielzahl möglicher Sachverhaltsgestaltungen ist es jedoch erforderlich, zusätzliche Angaben über wesentliche **nicht liquiditätswirksame Geschäftsvorfälle** des investiven oder finanziellen Bereichs zu machen (DRS 2.52d).

Neben dem Leasing gibt es weitere Beispiele für (noch) nicht zahlungswirksame Investitions- oder Finanzierungsvorgänge:

86

- ▶ **Erwerb** von Vermögensgegenständen **durch Schuldübernahme**,
- ▶ **Erwerb** von Vermögensgegenständen oder Unternehmen gegen **Ausgabe von Anteilen**,
- ▶ **Umwandlung** von **Schulden** in **Eigenkapital**,
- ▶ **Erwerb/Veräußerung** von Sachanlagen **auf Ziel**,
- ▶ **Tausch** von Vermögensgegenständen (Aktivtausch) oder Schulden (Passivtausch),
- ▶ **Aufrechnung** von Forderungen mit Verbindlichkeiten,
- ▶ **Einlage** einzelner Vermögenswerte oder Einbringung von Geschäftsbetrieben mit oder ohne Gewährung zusätzlicher Anteile,
- ▶ **Schuldenerlass** durch Gläubiger sowie
- ▶ **Umwidmung** von Anlage- in Umlaufvermögen und umgekehrt.

Bei **gemischten** Transaktionen, bei denen nur ein Teil des Geschäftsvorfalls zahlungswirksam geworden ist, muss und kann nur der zahlungswirksame Teil in die Kapitalflussrechnung auf-

87

genommen werden, während der unbare Teil lediglich im Anhang offen zu legen ist. Sinnvollerweise sollten allerdings im Anhang aus Gründen der Verständlichkeit sowohl der zahlungswirksame als auch der nicht zahlungswirksame Teil genannt werden, um den Bezug zur Kapitalflussrechnung herstellen zu können.

9. Anhangangaben

88 Als **allgemeine** Angaben zur Kapitalflussrechnung fordert DRS 2.52

a) **Definition des Finanzmittelfonds**,

b) Auswirkungen von **Änderungen der Definition** des Finanzmittelfonds auf die Anfangs- und Endbestände sowie die Zahlungsströme der Vorperiode,

c) **Zusammensetzung des Finanzmittelfonds**, ggf. einschließlich einer rechnerischen **Überleitung** zu den entsprechenden Bilanzposten, soweit der Finanzmittelfonds nicht dem Bilanzposten „Schecks, Kassenbestand, Bundesbankguthaben, Guthaben bei Kreditinstituten" entspricht,

d) bedeutende **zahlungsunwirksame** Investitions- und Finanzierungsvorgänge und Geschäftsvorfälle,

e) Angaben zum **Erwerb** und zum **Verkauf von Unternehmen** und sonstigen Geschäftseinheiten, insbesondere

   aa) der Gesamtbetrag aller Kauf- und Verkaufspreise,

   bb) der Gesamtbetrag der Kaufpreisanteile und der Verkaufspreisanteile, die Zahlungsmittel oder Zahlungsmitteläquivalente sind,

   cc) der Gesamtbetrag aller mit dem Unternehmen oder der sonstigen Geschäftseinheit erworbenen und aller verkauften Bestände an Zahlungsmitteln und Zahlungsmitteläquivalenten sowie

   dd) die Beträge der mit dem Unternehmen oder der sonstigen Geschäftseinheit erworbenen oder verkauften Bestände an anderen Vermögensgegenständen und Schulden, gegliedert nach Hauptposten.

Nachfolgend ein Formulierungsbeispiel für die Angaben zum **Unternehmenserwerb**:

BEISPIEL Im Geschäftsjahr 01 erwarb der Konzern von X alle Anteile an der B-GmbH sowie im Wege des *asset deal* von der C-GmbH eine sonstige Geschäftseinheit. Für beide Erwerbe war insgesamt folgender Kaufpreis zu entrichten:

In bar	10.000
Durch Ausgabe neuer Aktien	5.000
Kaufpreis gesamt	15.000
Im Einzelnen wurden folgende Vermögenswerte und Schulden, jeweils bewertet mit ihren Zeitwerten, erworben:	
Liquide Mittel (Finanzmittelfonds)	1.000
Kundenforderungen	1.000
Sachanlagen	14.000
Vorräte	10.000
Sonstige Vermögensgegenstände	2.000
Finanzschulden	- 8.000
Lieferantenverbindlichkeiten	- 6.000
Pensionsrückstellungen	- 1.000
	13.000
Firmenwert	2.000
Kaufpreis gesamt	15.000
In der Kapitalflussrechnung sind die Erwerbe im Bereich der Investitionstätigkeit wie folgt berücksichtigt:	
In bar zu entrichtender Kaufpreis	10.000
Abzüglich erworbene Finanzmittel	- 1.000
Auszahlungen aus dem Erwerb von konsolidierten Unternehmen und sonstigen Geschäftseinheiten	9.000

Ferner ist nach DRS 2.53 anzugeben, welche Bestände des Finanzmittelfonds von **quotal einbezogenen Unternehmen** stammen und welche Bestände **Verfügungsbeschränkungen** unterliegen.

Bedingt kommen folgende Anhangangaben in Frage:

▶ Überleitung der Startgröße des *cashflow* aus der laufenden Geschäftstätigkeit auf das Periodenergebnis, wenn als Startgröße nicht das Periodenergebnis vor außerordentlichen Posten verwendet wird (DRS 2.28).

▶ Angabe der gezahlten Zinsen, sofern diese nicht gesondert in der Kapitalflussrechnung ausgewiesen werden (DRS 2.38).

▶ Angabe der Eigenkapitaleinzahlungen von und -auszahlungen an Minderheitsgesellschafter, sofern sie nicht gesondert in der Kapitalflussrechnung ausgewiesen werden (DRS 2.51).

III. Eigenkapitalspiegel (Abs. 1 Satz 1)

1. Anwendungsbereich

91 Der Konzerneigenkapitalspiegel ist nach Abs. 1 Satz 1 **Pflichtbestandteil** des Konzernabschlusses. Zur inhaltlichen Ausgestaltung enthält das Gesetz keine Regelungen. An die Stelle der gesetzlichen Regelungen tritt **DRS 7** (→ Rz. 2).

92 Ein Konzernabschluss und damit ein Eigenkapitalspiegel ist auch von **Mutterpersonenunternehmen** i. S. des § 264a HGB aufzustellen. Nach DRS 7.8 f. sind die Posten des Konzerneigenkapitalspiegels hier entsprechend **anzupassen** und die Vorschriften von § 264c Abs. 2 HGB zu beachten. Anpassungsbedarf ergibt sich etwa aus dem Fehlen eines gezeichneten Kapitals bei einem Personenunternehmen. Bei gesellschaftsvertraglichen Reglungen zur Aufteilung des Eigenkapitals (etwa Schaffung von Rücklagen etc.) kann an Stelle des gezeichneten Kapitals das Festkapital treten. Ohne solche vertraglichen Regelungen ist nur noch eine Differenzierung zwischen dem durch die Geschäftstätigkeit des Konzerns generierten „erwirtschafteten Eigenkapital/kumulierten übrigen Konzernergebnis" (→ Rz. 102) und dem „durch Einlagen/Entnahmen entstandenen Eigenkapital" notwendig.

2. Grundstruktur des Eigenkapitalspiegels

93 Für Kapitalgesellschaften als Mutterunternehmen schreibt DRS 7 i.V. mit der Anlage zu DRS 7 die nachfolgende **Grundstruktur** des Eigenkapitalspiegels vor. Die von uns in der Übersicht 11 durchgestrichenen Bezeichnungen stehen für die nach BilMoG entfallenen oder angepassten Posten (→ Rz. 94).

Übersicht 11: Eigenkapitalspiegel nach DRS 7

	Mutterunternehmen								Minderheitsgesellschafter				Konzern-eigenkapital
	Gezeichnetes Kapital		Nicht eingeforderte ausstehende Einlagen	Kapital-rück-lage	Erwirt-schaftetes Konzern-eigenkapital	Eigene Anteile, die zur Einbeziehung bestimmt sind	Kumuliertes übriges Konzernergebnis		~~Eigenkapital gemäß Konzern-bilanz~~ ~~Eigene Anteile, die nicht zur Ein-ziehung bestimmt sind~~	Eigen-kapital	Minderheiten-kapital	Kumuliertes übriges Konzernergebnis		Eigen-kapital
	Stamm-aktien	Vorzugs-aktien					Ausgleichs-posten aus der Fremd-währungs-umrechnung	andere neutrale Trans-aktionen				Ausgleichs-posten aus der Fremd-währungs-umrechnung	andere neutrale Trans-aktionen	
Stand am 31.12.01														
Ausgabe von Anteilen														
Erwerb/Einbe-ziehung eigener Anteile														
Gezahlte Dividenden														
Änderungen des Konsolidierungs-kreises														
Übrige Veränderungen														
Konzern-Jahresüber-schuss/-fehl-betrag														
Übriges Konzern-ergebnis														
Konzerngesamt-ergebnis														
Stand am 31.12.02														

III. Eigenkapitalspiegel

Der Eigenkapitalspiegel zeigt
- in den **Spalten** die **Zusammensetzung** des Eigenkapitals nach verschiedenen Kategorien,
- in den **Zeilen** die **Ursachen** der Veränderung der jeweiligen Kategorie in der Periode.

Die Spalten des Eigenkapitalspiegels unterscheiden auf oberster Gliederungsebene nach Mutterunternehmen (besser: Eigenkapitalgebern des Mutterunternehmens) und Minderheitsgesellschaftern.

Sind alle vollkonsolidierten Tochterunternehmen zu 100 % im Eigentum des Mutterunternehmens, bestehen also keine Minderheitenanteile, entspricht das Eigenkapital dem Konzerneigenkapital und sollte auch so bezeichnet werden.

94 Für das Mutterunternehmen nimmt DRS 7.7 folgende Unterteilung vor:

	Gezeichnetes Kapital Mutterunternehmen (→ Rz. 100)
-	Nicht eingeforderte ausstehende Einlagen Mutterunternehmen (→ Rz. 100)
+	Kapitalrücklage (→ Rz. 100)
+/-	Erwirtschaftetes Konzerneigenkapital (→ Rz. 103)
-	Eigene Anteile (→ Rz. 98)
+/-	Kumuliertes übriges Konzernergebnis, soweit auf Gesellschafter des Mutterunternehmens entfallend (→ Rz. 102)
=	Eigenkapital des Mutterunternehmens gem. Konzernbilanz

95 In der Fassung von DRS 7 vor BilMoG war noch eine **Differenzierung** zwischen zur Einziehung und nicht zur Einziehung bestimmten **eigenen Anteilen** und dem folgend von „Eigenkapital gem. Konzernbilanz" (vor nicht zur Einziehung bestimmten Anteilen) und „Eigenkapital" (nach Abzug auch der nicht zur Einziehung bestimmten Anteilen) vorgesehen. Mit der Änderung von § 272 Abs. 1 HGB durch das BilMoG erfolgt in jedem Fall ein Abzug vom Eigenkapital. Insoweit entfällt die Unterscheidung verschiedener Fälle eigener Anteile, damit auch die von Eigenkapital gem. Konzernbilanz und (Konzern-)Eigenkapital.

96 Wegen der Anpassung der Bezeichnungen bei Personenmutterunternehmen wird auf Rz. 92 verwiesen.

97 Eine zusätzliche Spalte im Eigenkapitalspiegel ist erforderlich, wenn **mezzanine Finanzierungen** schuldrechtlicher Form bilanziell als Eigenkapital zu qualifizieren sind (→ § 246 Rz. 66).

3. Inhalt der Eigenkapitalkategorien

3.1 Eigene Anteile

98 Fraglich ist noch, ob die eigenen Anteile wie in → Rz. 95 einheitlich in einer Summe bzw. Spalte anzugeben sind. § 272 Abs. 1a HGB sieht **bilanziell** folgende Differenzierung vor (→ § 272 Rz. 30):

- offene Absetzung des **Nennbetrags** der eigenen Anteile vom gezeichneten Kapital,
- Absetzung der **darüberhinausgehenden Anschaffungskosten** von den Rücklagen.

DRS 7 verlangt demgegenüber die Absetzung in einer Summe in einer besonderen Spalte des Eigenkapitalspiegels. Dadurch werden in der Spalte „erwirtschaftetes Konzerneigenkapital" die kumulierten, nicht ausgeschütteten Gewinne angegeben und nicht ein um Teile der Anschaffungskosten eigener Anteile verminderter Betrag. Am Sinn bzw. Nutzen eines solchen Vorgehens ist aber zu zweifeln. Der Posten „erwirtschaftetes Konzerneigenkapital" enthält anders, als seine Überschrift nahelegen könnte – eben nicht die erwirtschafteten Ergebnisse –, sondern die thesaurierten erwirtschafteten Ergebnisse. Ausschüttungen mindern also den Posten. Der **Erwerb eigener Anteile** ist wirtschaftlich der Vornahme von **Ausschüttungen vergleichbar**. Das Unternehmen verwendet erwirtschaftete Mittel, um sie an Gesellschafter auszukehren. Es ist daher kein Grund erkennbar, warum der Erwerb eigener Anteile nicht zum Teil auch in diesem Posten abgebildet werden sollte. Gegen ein solches Vorgehen ist jedenfalls bei entsprechender Erläuterung im Anhang nichts einzuwenden.

Als eigene Anteile sind nach § 301 Abs. 4 HGB auch Anteile am **Mutterunternehmen**, die dem Tochterunternehmen gehören, abzusetzen. 99

3.2 Gezeichnetes Kapital, nicht eingeforderte Einlagen und Kapitalrücklage

Der Inhalt der Posten „**gezeichnetes Kapital**", „**nicht eingeforderte Einlagen**" und „**Kapitalrücklage**" entspricht mit einer Ausnahme im Wesentlichen § 272 HGB. Auf die Erläuterungen dort wird deshalb verwiesen. 100

Die **Ausnahme** betrifft die **Kapitalrücklage**. Sie kann z. B. nach Verschmelzungen von der Kapitalrücklage des Mutterunternehmens abweichen (DRS 7.5).

3.3 Erwirtschaftetes Ergebnis und (kumuliertes) übriges Ergebnis

Die Eigenkapitaländerung innerhalb einer Periode ist das Ergebnis zweier Effekte: 101

▶ **Transaktionen** mit bzw. **Außenfinanzierung** durch **Eigenkapitalgeber**, in deren Eigenschaft als Eigenkapitalgeber (Kapitalerhöhung, Kapitalherabsetzungen, Erwerb eigener Anteile, Ausschüttung etc.).

▶ Einkommen bzw. **Innenfinanzierung aus Erfolgen**.

Die Spalten des Eigenkapitalspiegels verhalten sich zu dieser Unterscheidung wie folgt:

▶ Gezeichnetes Kapital, Kapitalrücklage und eigene Anteile sind ausschließlich das Ergebnis von Transaktionen mit dem Eigenkapitalgeber.

▶ Erwirtschaftetes Konzerneigenkapital und kumuliertes übriges Konzernergebnis enthalten hingegen beide Effekte, also den erzielten Erfolg sowie als Transaktion mit Eigenkapitalgebern dessen Auskehrung.

Zwischen den verschiedenen Komponenten des Konzernergebnisses besteht nach DRS 7.5 folgender Zusammenhang: 102

> Konzernjahresüberschuss/-fehlbetrag (aus der Konzern GuV)
> + **übriges Konzernergebnis** (aus der Fremdwährungsumrechnung ausländischer Einheiten und anderen GuV-neutralen „Transaktionen") (*other comprehensive income*)
> = **Konzerngesamtergebnis** (*comprehensive income*).

Das übrige Konzernergebnis betrifft neben den (bis zur Entkonsolidierung) erfolgsneutralen Ergebnissen aus der Währungsumrechnung ausländischer Einheiten (→ § 308a Rz. 1 ff.) z. B. Eigenkapitaleffekte aus Übergangsregelungen bei einer Gesetzesänderung. Einschlägig ist etwa Art. 67 Abs. 3 Satz 2 EGHGB, der für die nach BilMoG nicht mehr zulässigen Aufwandsrückstellungen und steuerliche Sonderposten bestimmt, dass sie fortgeführt oder aufgelöst werden können, mit der Maßgabe, dass im zweiten Fall das Auflösungsergebnis nicht als Teil des Jahresüberschusses gilt, sondern mit den Gewinnrücklagen zur verrechnen ist.

103 Der Konzerneigenkapitalspiegel zeigt die vorgenannten Größen zum einen in **kumulierter Form** (als Anfangs- und Endwert der betreffenden Spalten), zum anderen als **Beitrag der Periode** (als in den Zeilen Konzernjahresüberschuss bzw. übriges Konzernergebnis enthaltene Änderung der kumulierten Größen). Im kumulierten sonstigen Ergebnis ist beispielsweise noch eine nach § 309 Abs. 1 Satz 3 HGB a. F. vor Inkrafttreten des BilMoG vorgenommene Verrechnung des *goodwill* mit den Rücklagen zu berücksichtigen, als Beitrag der Periode kann dieser Erfolg nach Inkrafttreten des BilMoG nicht mehr auftreten.

Das (kumulierte) **erwirtschaftete Konzerneigenkapital** entspricht im Wesentlichen der Summe aus Gewinnrücklagen nach § 266 Abs. 3 A.IV HGB sowie (mit seinem auf die Eigenkapitalgeber des Mutterunternehmens entfallenden Teil) dem Konzernjahresüberschuss.

3.4 Minderheiten

104 Das den Minderheiten zuzurechnende Eigenkapital wird nach DRS 7 nur nach zwei Hauptkategorien unterschieden:

- ▶ **Minderheitenkapital** und
- ▶ **kumuliertes übriges Konzernergebnis** (soweit auf die Minderheiten entfallend).

Der erste Posten umfasst neben Eigenkapitaltransaktionen mit Minderheitsgesellschaftern (Einlagen, Auskehrungen) auch die den Minderheitsgesellschaftern zuzurechnenden, nicht an sie ausgeschütteten kumulierten GuV-Erfolge.

Der zweite Posten betrifft demzufolge nur die kumulierten, nicht GuV-wirksamen Erfolge, soweit sie auf die Minderheiten entfallen (→ Rz. 102). Wichtigster Anwendungsfall ist die Währungsumrechnung nicht im 100 %igen Besitz des Mutterunternehmens stehender ausländischer Tochterunternehmen.

4. Änderungen des Konsolidierungskreises und übrige Veränderungen

105 „Normale" **Unternehmenserwerbe** sind als Anschaffungsvorgang erfolgs- und **eigenkapitalneutral**. Entweder liegt ein Aktivtausch (Erwerb eines schuldenfreien Unternehmens in bar) oder eine Bilanzverlängerung vor.

Das Eigenkapital wird aber u. a. tangiert, wenn sich der Konsolidierungskreis durch

- ▶ **erstmalige Einbeziehung** eines bisher **aus Wesentlichkeitsgründen** nicht konsolidierten Unternehmens oder
- ▶ **Aufwärtskonsolidierung** von einem assoziierten Unternehmen zu einem Tochterunternehmen ändert.

Diese Fälle sind in einer gesonderten Zeile anzugeben.

Entsprechendes gilt spiegelbildlich bei **Aufgabe der Vollkonsolidierung** wegen Unwesentlichkeit oder Abwärtskonsolidierung.

Die in der Gliederungsstruktur nach DRS 7 enthaltene Zeile „übrige Veränderungen der einzelnen Posten des Konzerneigenkapitals" betrifft insbesondere Kapitalerhöhungen aus Gesellschaftsmitteln oder vereinfachter Kapitalherabsetzungen. Betroffen ist bei derartigen Vorgängen nicht die Gesamthöhe des Eigenkapitals, aber dessen ebenfalls im Eigenkapitalspiegel zu entwickelnde Aufteilung.

5. Anhangangaben

Zum **erwirtschafteten Konzerneigenkapital** (→ Rz. 103) sind nach DRS 7.15 die Beträge anzugeben, die

▶ zur **Ausschüttung** an die Gesellschafter zur Verfügung stehen,

▶ **gesetzlichen** Ausschüttungssperren unterliegen,

▶ Ausschüttungssperren nach **Satzung** oder **Gesellschaftsvertrag** unterliegen.

Wegen der gesetzlichen Ausschüttungssperren, die sich aus dem HGB selbst ergeben, wird auf → § 268 Rz. 124 verwiesen. Gesetzliche Ausschüttungssperren ergeben sich aber z. B. auch nach AktG, etwa in Form der Verwendungsbeschränkungen, denen die gesetzliche Rücklage unterliegt (→ § 272 Rz. 58).

Zur Entwicklung des Eigenkapitals in der Periode verlangt DRS 7.16 – unter dem ausdrücklichen Vorbehalt der Wesentlichkeit – Erläuterungen zu den

▶ „übrigen Veränderungen" der einzelnen Posten des Konzerneigenkapitals (→ Rz. 106) und

▶ Bestandteilen des „übrigen Konzernergebnisses" (→ Rz. 102).

Die zweite Anforderung erfüllt schon der Konzerneigenkapitalspiegel selbst, wenn er durch Bildung von zwei Spalten eine Aufschlüsselung des kumulierten übrigen Konzernergebnisses in Fremdwährungs- und sonstige Effekte vornimmt. Weitere Erläuterungen im Anhang sind dann nicht mehr notwendig.

IV. Klarheit und Übersichtlichkeit, tatsachengetreue Darstellung, Bilanzeid (Abs. 2)

Abs. 2 Satz 1 bis 3 enthalten

▶ den allgemeinen Grundsatz der **Klarheit und Übersichtlichkeit** sowie

▶ als sog. Generalnorm das Gebot der **tatsachengetreuen Darstellung** (*true and fair presentation*).

Entsprechende Anforderungen werden in § 243 Abs. 2 HGB und § 264 Abs. 2 Satz 1 HGB auch für den Einzelabschluss formuliert. Gesetzestechnisch wäre daher auch ein Verweis auf diese Vorschriften in Frage gekommen (→ Rz. 111).

Die gesetzlichen Vertreter eines Mutterunternehmens, das Inlandsemittent i. S. des § 2 Abs. 7 WpHG und keine Kapitalgesellschaft i. S. des § 327a HGB ist, haben zudem nach Abs. 2 Satz 4 bei der Unterzeichnung schriftlich zu versichern, dass der Konzernabschluss ein den tatsächlichen Verhältnissen entsprechendes Bild vermittelt (sog. **Bilanzeid**). Diese Pflicht wird nach § 315 Abs. 1 Satz 6 HGB auf den Konzernlagebericht ausgedehnt. Auch diese beiden Vorschriften stimmen mit den in § 264 Abs. 2 HGB für den Einzelabschluss und § 289 HGB für den zugehörigen Lagebericht formulierten Regeln überein.

111 Zur Vermeidung von Wiederholungen kann daher auf folgende Stellen verwiesen werden:
- ▶ Klarheit und Übersichtlichkeit (→ § 243 Rz. 18),
- ▶ tatsachengetreue Darstellung (→ § 264 Rz. 14 ff.), und zwar im Einzelnen
  - – Verhältnis der Generalnorm zu den Einzelvorschriften (→ § 264 Rz. 14)
  - – Generalnorm und die Ausübung von Wahlrechten (→ § 264 Rz. 20)
  - – Angabepflichten bei Sachverhaltsgestaltungen (→ § 264 Rz. 22)
  - – sonstige Angabepflichten (→ § 264 Rz. 27)
- ▶ Bilanzeid (→ § 264 Rz. 30 ff.), und zwar im Einzelnen
  - – sachlicher Anwendungsbereich (Konzernabschluss und -lagebericht als Einheit mit der Folge einer einheitlichen Versicherung; → § 264 Rz. 30)
  - – persönlicher Anwendungsbereich (betroffene Mutterunternehmen; → § 264 Rz. 32)
  - – Form und Inhalt der Versicherung (→ § 264 Rz. 33)
  - – Rechtsfolgen eines unterlassenen oder falschen Bilanzeids (→ § 264 Rz. 36).

112 Nach teilweise vertretener Ansicht sei der sog. **Generalnorm** im **Konzernabschluss** eine höhere Bedeutung als im Einzelabschluss beizumessen. Da für konzernspezifische Ausweis- und Darstellungsfragen im Gegensatz zum Jahresabschluss nur wenige Einzelvorschriften bestünden, sei für Zwecke der Interpretation und Lückenfüllung verstärkt auf die Generalnorm zurückzugreifen. Als **Beispiel** wird im **Schrifttum** der „unvollständige Katalog der notwendigen Verrechnungsvorgänge nach § 305" genannt. Die zur richtigen Darstellung unstrittige notwendige **Verrechnung von Beteiligungserträgen** aus konsolidieren Tochterunternehmen mit dem Jahresergebnis oder Gewinnvortag/Gewinnrücklagen werde vom Wortlaut des § 305 HGB nicht gefordert, ergebe sich aber aus dem Gebot der tatsachengetreuen Darstellung.[8]

U. E. ist für die unstrittige Lösung des beispielhaften Problems allerdings ein **Rückgriff** auf die Generalnorm gar **nicht notwendig**. Man stelle sich ein HGB ohne die Generalnorm vor. In diesem Fall würden folgende Überlegungen gelten:
- ▶ Regelungszweck von §§ 303 bis 305 HGB ist die Eliminierung konzerninterner Vorgänge zwischen Mitgliedern des Kreises. Eine Vollkonsolidierung erfordert daher gerade eine Eliminierung konzerninterner Transaktionen in der Ableitung von Konzernbilanz und -GuV aus der Summe der Einzelabschlüsse.
- ▶ Die Konsolidierung des Beteiligungsertrags ist ein in §§ 303 bis 305 HGB nicht ausdrücklich genannter Anwendungsfall dieser Forderung.
- ▶ Die Konsolidierung des Beteiligungsertrags ist auch deshalb erforderlich, weil der Vollkonsolidierung immanent die Erfassung der Ergebnisse vollkonsolidierter Töchter bei Entstehung unabhängig von ihrer gesellschaftrechtlichen Verwendung ist. Eine nochmalige Erfassung der von Tochterunternehmen erwirtschafteten Gewinne im Jahr der Ausschüttung würde hingegen über die Gesamtperioden zu einer Doppelerfassung des Vorgangs führen.

---

8 Vgl. *Förschle/Kroner*, in: Beck'scher Bilanz-Kommentar, 7. Aufl., München 2010, § 297 Tz. 187.

Eine **Auslegung nach dem Regelungszweck**, also eine Anwendung allgemeiner Auslegungsprinzipien, führt also bereits zu dem unstrittigen Ergebnis. Eine Berufung auf die Generalnorm ist nicht erforderlich.

Dieser am Beispiel entwickelte Befund lässt sich **verallgemeinern**: Eine den Tatsachen widersprechende Darstellung der Vermögens-, Finanz- und Ertragslage (*untrue and unfair presentation*) würde man auch dann nicht befürworten können, wenn die Generalnorm nicht im Gesetz verankert wäre. Wenn eine öffentliche Rechnungslegungspflicht, d. h. die Pflicht, Stichtagsvermögen und Periodenergebnisse zu ermitteln und zu veröffentlichen, überhaupt Sinn macht, dann nur in der Weise, dass Stichtagsvermögen und Periodenergebnis möglichst nahe an der Wirklichkeit sind.

113

Das **Problem** liegt so oder so aber in der Frage, was **tatsachengetreu**, widerspruchsfrei, konsistent etc. ist. Hier ist die Lösung des o. g. Beispiels einfach, die Lösung anderer Probleme, etwa die Behandlung der Aufstockung von Mehrheitsbeteiligung (→ § 301 Rz. 100), hingegen deutlich schwieriger. Bei den schwierigen Problemen ergibt sich aus Generalnormen oder anderen allgemeinen Grundsätzen (etwa der sog. Einheitstheorie → Rz. 115) aber gerade **keine eindeutige Lösung**. Der wissenschaftliche Diskurs weist dann Parallelen zum Politischen auf. Politische Diskussionen über Lastenverteilung zwischen Rentnern und Beitragszahlern etc. zeichnen sich z. B. gerade nicht dadurch aus, dass die Vertreter der einen Auffassung sich auf soziale Gerechtigkeit, Generationengerechtigkeit etc. berufen, die der Gegenauffassung hingegen mehr Ungerechtigkeit fordern, vielmehr führen beide Seiten zugunsten ihrer Position ein Mehr an Gerechtigkeit ins Feld. Ähnlich zeichnet sich auch ein Bilanzierungsfragen betreffender wissenschaftlicher Meinungsdissens regelmäßig gerade nicht dadurch aus, dass sich die Vertreter der einen Meinung auf Generalnorm und Einheitstheorie berufen, die der anderen diese hingegen ablehnen, vielmehr führen beide die abstrakten Normen ins Feld, um ihre konkreten Auffassungen zu begründen. Anders ausgedrückt: Liegt die eindeutige Lösung auf der Hand, braucht man Generalnormen nicht, ist die Lösung aber schwierig und strittig, helfen sie nicht. Im Wesen einer **Generalnorm** liegt ihre Abstraktheit, die gerade deshalb **keine eindeutige Antwort auf strittige konkrete Fragen** gibt.

Die Bedeutung der Generalnorm liegt daher u. E. weniger in der Auslegung des Gesetzes als in der Aufforderung, den sich in isolierter (wörtlicher) Anwendung und Auslegung des Gesetzes ergebenden Abschluss noch einmal einer (meist ermessensbehafteten und daher wenig eindeutigen) Gesamtwürdigung zu unterziehen, ob nicht das vermittelte Gesamtbild den Bilanzadressaten in die Irre führt. Auf → § 264 Rz. 14 ff. wird in diesem Zusammenhang verwiesen.

114

V. Weitere Grundsätze für den Konzernabschluss (Abs. 3)

1. Einheitsgrundsatz und Einheitstheorie (Abs. 3 Satz 1)

Im Konzernabschluss ist die Vermögens-, Finanz- und Ertragslage der einbezogenen Unternehmen so darzustellen, als ob diese Unternehmen **wirtschaftlich ein einziges Unternehmen** wären (Abs. 3 Satz 1). Ob mit diesem sog. Einheitsgrundsatz zugleich die Entscheidung zugunsten der Einheitstheorie gefallen ist, ist umstritten.

115

In erster Betrachtung gilt Folgendes:

- Die **Interessentheorie** (*parent company theory*) sieht im Konzernabschluss lediglich einen **erweiterten Abschluss des Mutterunternehmens**, der die hinter den Beteiligungen stehenden Aktiva und Passiva der Tochterunternehmen quotal enthält.
- **Einheitstheorie** (*entity theory*) und HGB interpretieren den Konzernabschluss als einen **eigenständigen Abschluss** der zu einer wirtschaftlichen Einheit zusammengefassten Unternehmen. Auch die Aktiva und Passiva der nicht zu 100 % im Eigentum des Mutterunternehmens stehenden Tochterunternehmen sind daher zu 100 % zu konsolidieren (Vollkonsolidierung), wobei in Höhe des Fremdanteils ein Ausgleichsposten (im Eigenkapital) zu passivieren ist.

116 Diese Kontrastierung berücksichtigt freilich nicht, dass eine quotale Konsolidierung nicht im 100 %igen Eigentum des Mutterunternehmens stehender Tochterunternehmen in den letzten Jahrzehnten auch interessentheoretisch nicht mehr vertreten wird. Die Gegenposition zur Einheitstheorie wird nur noch als **Interessentheorie mit Vollkonsolidierung** vertreten.

In zweiter Betrachtung reduziert sich der Unterschied zwischen Einheits- und Interessentheorie dann vor allem auf folgende Fragen:

- Ausweis des **Minderheitenanteils im Eigen- oder Fremdkapital**?
- Aufdeckung von *goodwill* und **stillen Reserven** beim Unternehmenserwerb nur in Höhe des Mehrheitsanteils oder **auch für die Minderheit**?
- **Zwischenergebniseliminierung** nur in Höhe des Mehrheitsanteils oder **auch für die Minderheit**?
- Behandlung von Differenzbeträgen zwischen Kaufpreis und ab-/zugehendem Minderheitenanteil bei mehrheitswahrenden **Auf- und Abstockungen** (beispielsweise von 51 % auf 80 %).

Die nachfolgende Übersicht zeigt die Antworten der Interessen- und Einheitstheorie sowie des HGB a. F. und des BilMoG auf diese Fragen.

Übersicht 12:	Einheitstheorie vs. Interessentheorie			
	Interessentheorie	**Einheitstheorie**	**HGB a. F.**	**BilMoG**
Ausweis Minderheit	außerhalb Eigenkapital	im Eigenkapital	im Eigenkapital	im Eigenkapital
goodwill	nur für Anteil Mutterunternehmen	auch für Minderheit (*full goodwill*)	nur für Anteil Mutterunternehmen	nur für Anteil Mutterunternehmen
stille Reserven	nur für Anteil Mutterunternehmen	auch für Minderheit	Wahlrecht	auch für Minderheit
Zwischenergebniseliminierung	nur in Höhe Anteil Mutterunternehmen	zu 100 %	zu 100 % (§ 304 HGB beruft sich dafür aber auf rechtliche Einheit)	zu 100 % (§ 304 HGB beruft sich dafür aber auf rechtliche Einheit)
Aufstockung Mehrheitsanteil	über Minderheitenbuchwert hinausgehender Kaufpreis als *goodwill*/stille Reserven	Transaktion zwischen EK-Gebern (kein *goodwill*/stille Reserven)	ungeregelt	ungeregelt
Abstockung Mehrheitsanteil	erfolgswirksam	Transaktion zwischen EK-Gebern (erfolgsneutral)	ungeregelt	ungeregelt
Währungsumrechnung ausländische Töchter	fraglich	nach funktionaler Währung	nach funktionaler Währung	Stichtagskurs

Es lässt sich **keine deutliche Bevorzugung der Einheitstheorie durch das Gesetz** feststellen. In der wichtigen Frage des *goodwill* bleibt das BilMoG der Interessentheorie verpflichtet. In anderen Punkten enthält das Gesetz keine Regelung oder – so bei der Frage der Zwischenergebniseliminierung – zwar eine einheitstheoretische Lösung, beruft sich dabei aber gerade nicht auf die Fiktion der wirtschaftlichen Einheit, sondern die der rechtlichen.

Insgesamt gilt damit: Die Vorschrift des Abs. 1 Satz 1 kann nicht als Kodifizierung der Einheitstheorie angesehen werden. Besser ist daher, „nur" von einem **Einheitsgrundsatz** zu sprechen.[9] Zum Ausdruck kommt in dieser begrifflichen Differenzierung auch, dass die Gesetzgebung in erster Linie ein politischer Prozess ist, der nicht der Befriedigung theoretischer Bedürfnisse dient. Die Entwicklung eines logisch geschlossenen, widerspruchsfrei aus Prämissen entwickelten Systems von Aussagen und Regeln (eben einer Theorie) ist Aufgabe der Wissenschaft. Diese wird im Gesetzgebungsverfahren (neben anderen) angehört und hat im besten Fall, wenn sie nicht in sich zerstritten ist und ihre Erkenntnisse lobbyistischen Interessen nicht zu sehr entgegenlaufen, einen merklichen Einfluss auf das Gesetz, nicht mehr und nicht weniger.

Der Umstand, dass das Gesetz keine Kodifizierung der Einheitstheorie darstellt, ist von **praktischer Bedeutung**: Im Schrifttum wird z. T. versucht, für gesetzlich nicht geregelte Fälle (Auf- und Abstockungen, *goodwill* im mehrstufigen Konzern etc.) unter Berufung auf die Einheitstheorie eine bestimmte Lösung als zwingend darzustellen. Wo das Gesetz aber keine Kodifizierung der Einheitstheorie darstellt, entfällt die Eindeutigkeit der jeweiligen Lösung. Andere Lösungen und Ansichten bleiben vertretbar.

---

9 Vgl. *ADS*, 6. Aufl., Vorbemerkungen zu §§ 290 ff., Rz. 29, m. w N.

2. Stetigkeit der Konsolidierungsmethoden (Abs. 3 Satz 2)

2.1 Zweck und Reichweite des Stetigkeitsgebots

119 Der **interperiodischen Vergleichbarkeit** von Konzernabschlüssen dienen u. a. die Gebote der Bewertungs-/Ansatz und Ausweisstetigkeit nach § 298 Abs. 1 i.V. mit § 252 Abs. 1 Nr. 6 HGB, § 246 Abs. 3 und § 265 Abs. 1 Satz 1 HGB sowie Abs. 3 Satz 2 HGB (sog. zeitliche Stetigkeit). Sie werden flankiert durch das Gebot der einheitlichen Bewertung gleicher Sachverhalte nach § 308 Abs. 1 HGB (sog. **sachliche Stetigkeit**).

Beide Regelungsgruppen beziehen sich nicht auf die **eigentlichen Konsolidierungsvorgänge**, also etwa die Abgrenzung des Konsolidierungskreises, die quotale oder *equity*-Konsolidierung von Gemeinschaftsunternehmen etc. Insoweit bedarf es einer Ergänzung, die durch Abs. 3 Satz 2 vorgenommen wird. Neben der dort explizit geforderten zeitlichen Stetigkeit ist nach herrschender Auffassung des Schrifttums auch bei Konsolidierungsmethoden die sachliche Stetigkeit gefordert.[10]

2.2 Der Begriff der Konsolidierungsmethoden

120 Der Begriff der Konsolidierungsmethoden umfasst u. a.

- Abgrenzung des **Konsolidierungskreises** (z. B. unter Wesentlichkeitsgesichtspunkten gem. § 296 Abs. 2 HGB),
- Einbeziehung von Tochterunternehmen mit **abweichendem Abschlussstichtag** auf Basis eines Zwischenabschlusses oder des nicht mehr als drei Monate alten Jahresabschlusses (§ 299 Abs. 2 HGB),
- Konsolidierung und *goodwill* im **mehrstufigen Konzern** (→ § 301 Rz. 93),
- Behandlung von Unterschiedsbeträgen bei **Auf- und Abstockung** von Mehrheitsbeteiligungen (→ § 301 Rz. 110),
- Nichtkonsolidierung von Schulden, Zwischenergebnissen, Aufwendungen oder Erträgen und Zwischenergebnissen wegen **Unwesentlichkeit** (§ 303 Abs. 2 HGB, § 304 Abs. 2 HGB, § 305 Abs. 2 HGB),
- quotale oder *equity*-Konsolidierung von **Gemeinschaftsunternehmen** (§§ 310 f. HGB),
- **Währungsumrechnung im mehrstufigen Konzern** (→ § 308a Rz. 41).

2.3 Zulässige Durchbrechungen des Stetigkeitsgebots

121 Abs. 3 Satz 3 lässt in Ausnahmefällen **Abweichungen** vom Stetigkeitsgebot zu. Hinsichtlich des Gebots der **zeitlichen Stetigkeit** ist dabei wie folgt zu unterscheiden:

- Allgemein zulässig sind Durchbrechungen, die die **Aussagefähigkeit** des Konzernabschlusses **erhöhen** bzw. Vereinfachungswahlrechte nicht mehr in Anspruch nehmen,[11]

---

[10] U. a. ADS, 6. Aufl., § 297 Tz. 47; *Förschle/Kroner*, in: Beck'scher Bilanz-Kommentar, 7. Aufl., München 2010, § 297 Tz. 201; *Dusemond*, WPg 1994 S. 721 ff.; a. A. *Harms/Knischweski*, DB 1995 S. 1354 ff., *Sigle*, in: Albach/Forster (Hrsg.), Beiträge zum Bilanzrichtliniengesetz 1987, S. 32 ff.; *Mackedanz*, in: Haufe HGB Bilanz Kommentar, Freiburg 2009, § 297 Rz. 100.

[11] Vgl. ADS, 6. Aufl., § 297 Tz. 53; *Förschle/Kroner*, in: Beck'scher Bilanz-Kommentar, 7. Aufl., München 2010, § 297 Tz. 202.

▶ nicht oder nur bedingt zulässig sind solche, die die **Aussagefähigkeit vermindern**.

Die Trennschärfe dieser Unterscheidung ist allerdings gering. In der Praxis kommt es eher auf die „richtige" Gewichtung der Argumente an.

BEISPIEL ▶ Verschiedene kleinere Tochterunternehmen der MU wurden bisher aus Gründen der Wesentlichkeit nicht konsolidiert (§ 296 Abs. 2 HGB), verschiedene größere Tochterunternehmen auf Basis ihres abweichenden Bilanzstichtags einbezogen (§ 299 Abs. 2 HGB).

Der dynamische neue Leiter der Konzernrechnungslegung will diese Erleichterungen zukünftig nicht mehr in Anspruch nehmen, sondern sämtliche Tochterunternehmen konsolidieren, und zwar bei abweichendem Bilanzstichtag auf Basis eines auf den Stichtag des Konzerns erstellten Zwischenabschlusses.

BEURTEILUNG ▶ Die neue Linie steigert die Aussagefähigkeit des Konzernabschlusses. Ein Abweichen vom bisherigen Vorgehen ist daher ohne großen Begründungsaufwand zulässig.

Soll nach einigen Jahren wieder in die umgekehrte Richtung gewechselt werden, bedarf es eingehender Begründung. Angeführt werden könnten etwa folgende Argumente:

▶ Die Einbeziehung auch kleiner Tochterunternehmen und die Erstellung von Zwischenabschlüssen führen zu zeitlichen Verzögerungen bei Erstellung und Veröffentlichung des Konzernabschlusses.

▶ Die Nichteinbeziehung und der Verzicht auf Zwischenabschlüsse ermöglichen eine frühere Kommunizierung vorläufiger und endgültiger Zahlen.

Die Aussagefähigkeit des Konzernabschlusses im Hinblick auf die Bilanzadressaten interessierende aktuelle Lage des Konzern ist aber umso höher, je weniger veraltetet die Zahlen bei Veröffentlichung sind. Auch der Rückwechsel dient daher der Aussagefähigkeit.

Mit anderer argumentativer Grundausrichtung ergeben sich entsprechende Ermessensspielräume auch beim Gebot der **sachlichen Stetigkeit**. Nach diesem Gebot sind gleiche Sachverhalte gleichen Konsolidierungsmethoden zu unterwerfen. Praktisch stellt sich dann aber die Frage, **welche Sachverhalte gleich genug sind**, um das Gebot greifen zu lassen.

122

BEISPIEL ▶ MU beurteilt Tochterunternehmen als unwesentlich, wenn sie je einzeln nicht mehr als +/-0,1 % und in Summe nicht mehr als 2,5 % zu Konzernergebnis und Konzerneigenkapital beitragen würden. Von 30 Tochterunternehmen werden auf dieser Basis 25 konsolidiert (darunter einige sehr kleine mit einem Beitrag von +/- 0,3 %) und 5 nicht konsolidiert.

Das im September 01 gegründete Tochterunternehmen TUX würde nach Anlaufverlusten per 31.12.01 mit geschätzt - 0,3 % zu Ergebnis und EK des Konzern beitragen. MU konsolidiert TUX gleichwohl nicht.

BEURTEILUNG ▶ Eine Verletzung des Gebots der sachlichen Stetigkeit liegt nahe, da andere Tochterunternehmen gleicher Größenordnung einbezogen werden. MU kann aber zur Rechtfertigung der Nichtkonsolidierung der TUX auf die Ungleichheit der Sachverhalte verweisen, etwa darauf, dass die TUX ihre Geschäftätigkeit noch nicht aufgenommen hat, die Buchhaltung noch nicht vollständig eingerichtet und besetzt ist etc.

Je nach Qualität der Begründung kann somit bereits ein Anwendungsfall des Stetigkeitsgebots verneint bzw. nachgewiesen werden, dass die Sachverhalte nur scheinbar gleich sind. Die Frage der Zulässigkeit einer Durchbrechung des Stetigkeitsgebots stellt sich dann überhaupt nicht mehr. Das Problem wird bereits im Vorfeld dieser Frage gelöst.

BEISPIEL MU konsolidiert einige Gemeinschaftsunternehmen quotal, andere *at equity*. Die quotal konsolidierten sind im Geschäftsfeld der MU tätig, die *equity*-konsolidierten in anderen Branchen. Bei den branchengleichen mischt sich MU operativ ein, bei den anderen beschränkt er sich auf die Rolle eines passiven Finanzinvestors.

BEURTEILUNG Die Sachverhalte sind nur formal gleich, insofern alle in Frage stehenden Unternehmen Gemeinschaftsunternehmen darstellen. Inhaltlich ist die Beziehung zum Konzern von ganz unterschiedlicher Qualität und Stärke, vertretbar ist daher, die Sachverhalte als ungleich anzusehen und daher auf unterschiedliche Arten zu konsolidieren (→ § 310 Rz. 39).[12]

2.4 Anhangangaben

123 Wird vom Grundsatz der zeitlichen Stetigkeit abgewichen, so ist nach Abs. 3 Satz 4 und 5 sowie § 313 Abs. 1 Nr. 3 HGB im Konzernanhang die Abweichung

▶ zu **beschreiben**,

▶ zu **begründen** und

▶ ihr **Einfluss auf die Vermögens-, Finanz- und Ertragslage** darzustellen.

Die Beschreibung umfasst die Nennung der bisher angewandten und der neuen Methode.

Die Begründung muss erkennen lassen, dass der Methodenwechsel nicht willkürlich vorgenommen wurde, sondern in vertretbarer Argumentation der Aussagefähigkeit dient.

Der Einfluss auf die Vermögens-, Finanz- und Ertragslage ist (näherungsweise) quantitativ darzustellen. Eine Schattenbilanzierung nach alter Methode ist nicht erforderlich. Die Angabe von Größenordnungen reicht aus. Absolute Angaben sind nicht erforderlich, prozentuale ausreichend.[13] Wenn mehrere Methoden geändert wurden, ist nur eine saldiert Angabe des Einflusses erforderlich.

---

[12] In der Tendenz ähnlich *Förschle/Kroner*, in: Beck'scher Bilanz-Kommentar, 7. Aufl., München 2010, § 297 Tz. 201.
[13] Vgl. *ADS*, 6. Aufl., § 297 Tz. 63.

§ 298 Anzuwendende Vorschriften, Erleichterungen

(1) Auf den Konzernabschluss sind, soweit seine Eigenart keine Abweichung bedingt oder in den folgenden Vorschriften nichts anderes bestimmt ist, die §§ 244 bis 256a, 265, 266, 268 bis 275, 277 und 278 über den Jahresabschluss und die für die Rechtsform und den Geschäftszweig der in den Konzernabschluss einbezogenen Unternehmen mit Sitz im Geltungsbereich dieses Gesetzes geltenden Vorschriften, soweit sie für große Kapitalgesellschaften gelten, entsprechend anzuwenden.

(2) In der Gliederung der Konzernbilanz dürfen die Vorräte in einem Posten zusammengefasst werden, wenn deren Aufgliederung wegen besonderer Umstände mit einem unverhältnismäßigen Aufwand verbunden wäre.

(3) [1]Der Konzernanhang und der Anhang des Jahresabschlusses des Mutterunternehmens dürfen zusammengefasst werden. [2]In diesem Falle müssen der Konzernabschluss und der Jahresabschluss des Mutterunternehmens gemeinsam offen gelegt werden. [3]Aus dem zusammengefassten Anhang muss hervorgehen, welche Angaben sich auf den Konzern und welche Angaben sich nur auf das Mutterunternehmen beziehen.

Inhaltsübersicht

	Rz.
I. Regelungsinhalt	1 - 4
II. Entsprechende Anwendung einzelbilanzieller Vorschriften (Abs. 1)	5 - 33
1. Anzuwendende und nicht anzuwendende HGB-Vorschriften	5 - 7
2. Rechtsformspezifische Vorschriften	8 - 10
3. Branchenspezifische Vorschriften	11
4. Gliederungsvorschriften	12 - 33
4.1 Allgemeine Gliederungsgrundsätze	12 - 13
4.2 Konzernspezifische Posten in der Bilanz	14 - 21
4.2.1 Beteiligungen an *equity*-konsolidierten assoziierten und sonstigen Unternehmen	14 - 16
4.2.2 Eigenkapital und Minderheitenanteile	17 - 20
4.2.3 Negativer Unterschiedsbetrag aus der Kapitalkonsolidierung	21
4.3 Besonderheiten des Konzernanlagespiegels	22 - 30
4.3.1 Überblick	22
4.3.2 Veränderung des Konsolidierungskreises	23 - 25
4.3.3 Unterbliebene Zwischenergebniseliminierung	26
4.3.4 Umrechnung ausländischer Tochterunternehmen	27 - 28
4.3.5 *Equity*-Beteiligungen	29 - 30
4.4 Besonderheiten der Konzern-GuV	31 - 33
4.4.1 Ergebnis aus *equity*-konsolidierten assoziierten und sonstigen Unternehmen	31 - 32
4.4.2 Minderheitenanteil am Ergebnis	33
III. Zusammenfassung der Vorräte (Abs. 2)	34 - 36a
IV. Zusammenfassung von Konzernanhang und einzelbilanziellem Anhang (Abs. 3)	37 - 38

Ausgewählte Literatur

Harms, Ausweisfragen bei der Bewertung *at equity*, BB 1987 S. 935

Harms/Küting, Zur Weiterentwicklung des Erfolgs- und Ergebnisausweises im Konzernabschluss, BB 1983 S. 344

Petersen/Zwirner, Konzernrechnungslegung im Lichte des BilMoG – Auswirkungen der verabschiedeten Änderungen, StuB 2009 S. 335

Zündorf, Der Anlagenspiegel im Konzernabschluss, Stuttgart 1990

I. Regelungsinhalt

1 § 298 HGB regelt drei Bereiche:
- ▶ Abs. 1 fordert die entsprechende Anwendung **einzelbilanzieller Vorschriften** (→ Rz. 2).
- ▶ Abs. 2 lässt in Ausnahmefällen den zusammenfassenden Ausweis **von Vorräten** zu (→ Rz. 3).
- ▶ Abs. 3 erlaubt die **Zusammenfassung** des Konzernanhangs mit dem **Anhang** des Einzelabschlusses des Mutterunternehmens (→ Rz. 4).

2 Für Bewertung und Ansatz, aber auch für die Gliederung von **Bilanz und GuV** schreibt Abs. 1 die entsprechende Anwendung der für den Einzelabschluss geltenden Regelungen vor. Besonderheiten in der Gliederung von Konzernbilanz (→ Rz. 14) und Konzern-GuV (→ Rz. 31) ergeben sich vor allem aus konzernspezifischen Posten, u. a. etwa den Minderheitenanteilen.

Für den **Konzernanhang** enthält § 314 HGB eigene, im Wesentlichen aber mit den einzelbilanziellen Vorschriften übereinstimmende Regelungen (→ § 314 Rz. 1). Die Gliederung der ebenfalls zu den Pflichtbestandteilen des Konzernabschlusses gehörenden Kapitalflussrechnung und des Eigenkapitalspiegels ist durch DRS 2 und DRS 7 geregelt (→ § 297 Rz. 2).

3 Der zusammenfassende Ausweis der **Vorräte** ist unter Berufung auf § 265 Abs. 7 HGB bei sehr großen Kapitalgesellschaften schon einzelbilanziell weit verbreitet. Die Bedeutung von Abs. 2 liegt darin, auch im (Konzern-)Anhang auf eine Aufschlüsselung der Vorräte verzichten zu können (→ Rz. 34).

4 Die Zusammenfassung von **Konzernanhang** und **Anhang** des Jahresabschlusses wird durch Abs. 3 ermöglicht, zugleich aber an zwei Bedingungen geknüpft: Zum einen müssen beide Abschlüsse gemeinsam offen gelegt werden. Zum anderen muss aus dem zusammengefassten Anhang klar hervorgehen, welche Angaben sich auf den Konzern und welche auf das Mutterunternehmen beziehen (→ Rz. 37).

II. Entsprechende Anwendung einzelbilanzieller Vorschriften (Abs. 1)

1. Anzuwendende und nicht anzuwendende HGB-Vorschriften

5 Abs. 1 bestimmt, welche für den Abschluss großer Kapitalgesellschaften geltenden Vorschriften (einschließlich derer, die für alle Kaufleute gelten) auf den Konzernabschluss anzuwenden sind. **Inhaltlich** sind vier Regelungsbereiche angesprochen:

1. Allgemeine **Formvorschriften** für den Abschluss (Sprache und Währung gem. § 244 HGB sowie Unterzeichnung gem. § 245 HGB),
2. **Ansatz**vorschriften (§§ 246 ff., 274 HGB etc.),

3. **Bewertungs**vorschriften (§§ 252 ff. HGB),
4. **Gliederungs**vorschriften (vor allem § 266 HGB und § 275 HGB).

Teilweise handelt es sich hierbei um für alle Kaufleute geltende Vorschriften (§§ 244 ff. HGB), teilweise um nur für Kapitalgesellschaften geltende Regelungen (§§ 265, 274, 275 HGB etc.).

Nicht genannt sind in Abs. 1   6

- die Vorschriften zu **Aufbewahrung** und Vorlage (§§ 257 bis 261 HGB); § 257 HGB ist aber gleichwohl anzuwenden, da er explizit den Konzernabschluss und -lagebericht anspricht;
- § 264 Abs. 1 HGB betreffend die **tatsachengetreue Darstellung** (*true and fair presentation*) und den Bilanzeid; § 297 Abs. 2 HGB enthält aber wortgleiche Regelungen für den Konzernabschluss;
- § 274a HGB und § 276 HGB, da die dort für kleine oder mittlere Kapitalgesellschaften gewährten **Ausweiserleichterungen** im Hinblick auf Bilanz und GuV für den Konzernabschluss nicht gelten, vielmehr dort nach Abs. 1 die Regeln für große Kapitalgesellschaften entsprechend anzuwenden sind;
- die den **Anhang** betreffenden §§ 284 bis 288 HGB, da für den Konzernabschluss eigene (inhaltlich weitgehend identische) Regelungen in §§ 313, 314 HGB bestehen.

Positiv ausgedrückt gelten damit für den Konzernabschluss   7

- sämtliche Ansatz- und Bewertungsvorschriften, die große Kapitalgesellschaften einzelbilanziell betreffen, sowie
- die Gliederungsvorschriften der §§ 265, 266, 268 HGB betreffend die Bilanz und §§ 275, 277, 278 HGB betreffend die GuV.

Auf die Kommentierungen der in → Rz. 5 bis → Rz. 7 zitierten Paragraphen zum Einzelabschluss wird verwiesen.

Nach Abs. 1 sind die Vorschriften nur „**entsprechend** anzuwenden". Abweichungen gegenüber dem Einzelabschluss ergeben sich hieraus insbesondere im Bereich der Gliederung von Bilanz (→ Rz. 14) und GuV (→ Rz. 31).

2. Rechtsformspezifische Vorschriften

Mit den in Abs. 1 angesprochenen entsprechend anzuwendenden rechtsformspezifischen Vorschriften sind in erster Linie Rechnungslegungsvorschriften des **AktG** und **GmbHG** gemeint, also etwa   8

- § 152 AktG (gesonderte Angabe der Einstellungen in/Entnahmen aus Rücklagen),
- § 158 AktG (Gewinnverwendungsrechnung),
- § 240 AktG (Ausweis des „Ertrags" aus der Kapitalherabsetzung in der Gewinnverwendungsrechnung),
- § 150 AktG (Pflicht zur Bildung einer gesetzlichen Rücklage),
- § 160 AktG (Anhangangaben zu eigenen Aktien, Nennbetrag der Aktien nach Gattungen etc.),
- § 42 Abs. 2 GmbHG (Aktivierung des Rechts auf Nachschüsse) sowie

- ▶ § 42 Abs. 3 GmbHG (gesonderter Ausweis oder Anhangangabe von Forderungen/Verbindlichkeiten gegenüber Gesellschaftern).

9 **Keine praktische Relevanz** für den Konzernabschluss haben die drei erstgenannten Vorschriften:

- ▶ AG (und KGaA) sind nach **§ 152 Abs. 2 und 3 AktG** verpflichtet, die Einstellungen in Kapital- bzw. Gewinnrücklagen sowie die Entnahmen aus Kapital- bzw. Gewinnrücklagen in Bilanz oder Anhang für jeden Posten betragsmäßig gesondert anzugeben. Eine Anwendung auf Fälle, in denen das Mutterunternehmen eine Personengesellschaft oder eine GmbH ist und als AGs lediglich Tochterunternehmen in den Konzernabschluss einbezogen sind, macht wenig Sinn. Denn eine Darstellung der Rücklagenbewegungen dieser Töchter würde gerade nicht die Rücklagen der wirtschaftlichen Einheit „Konzern" wiedergeben. Zudem ist der Konzernabschluss nicht Grundlage der Gewinnverwendung. Dem Ausweis der Rücklagenbewegungen im Konzern kommt daher nicht die gleiche Bedeutung zu wie im Einzelabschluss. Auf die Darstellung der (fiktiven) Rücklagenbewegungen im Konzern kann daher verzichtet werden.[1]

- ▶ Mit entsprechenden Argumenten hält das Schrifttum eine Erweiterung der GuV um eine Gewinnverwendungsrechnung (**§ 158 Abs. 1 AktG**) und den gesonderten Ausweis eines Ertrags aus der Kapitalherabsetzung (**§ 240 AktG**) für nicht geboten.[2]

10 Für die weiteren, potenziell **bedeutsamen** Vorschriften gilt Folgendes:

- ▶ **§ 150 AktG** (gesetzliche Rücklage) und **§ 160 AktG** (Anhangangaben zu eigenen Aktien, Nennbetrag der Aktien nach Gattungen etc.): Soweit das Mutterunternehmen eine AG ist, muss die einzelbilanzielle Höhe der gesetzlichen Rücklage mindestens im Konzernanhang angegeben werden (→ § 297 Rz. 107). In den Konzernabschluss zu übernehmen sind auch die einzelbilanziellen Angabepflichten zu eigenen Aktien, Aktiengattungen etc. einer Mutter-Aktiengesellschaft (→ § 313 Rz. 19).

- ▶ Sofern das Mutterunternehmen eine GmbH ist, gelten **§ 42 Abs. 2 und 3 GmbHG** auch für den Konzernabschluss. Forderungen und Verbindlichkeiten gegenüber Gesellschaftern sind in diesem Fall in Konzernbilanz oder -anhang gesondert auszuweisen. Im Einzelabschluss des Mutterunternehmens aktivierte Rechte auf Nachschüsse sind in die Konzernbilanz zu übernehmen.

3. Branchenspezifische Vorschriften

11 Abs. 1 fordert die entsprechende Anwendung geschäftszweigspezifischer Vorschriften.

In Frage kämen in erster Linie Formblattvorschriften für Kreditinstitute und Versicherungen. Nach § 340i Abs. 2 Satz 2 HGB und § 341i Abs. 1 Satz 2 HGB ist § 298 Abs. 1 HGB auf die Konzernabschlüsse von Kreditinstituten und Versicherungsunternehmen jedoch nicht anzuwenden.

---

1 Vgl. *ADS*, § 298 Tz. 193; ähnlich *Förschle/Deubert*, in: Beck'scher Bilanz-Kommentar, 7. Aufl., München 2010, § 298 Tz. 83.
2 Vgl. *Harms/Küting*, BB 1983 S. 344; *ADS*, § 298 Tz. 196; *Förschle/Deubert*, in: Beck'scher Bilanz-Kommentar, 7. Aufl., München 2010, § 298 Tz. 84.

Die branchenspezifischen Vorschriften haben daher nur Bedeutung, wenn **Kreditinstitute oder Versicherungen** in einen **branchenfremden Konzernabschluss** einbezogen werden. Nach § 298 Abs. 1 i.V. mit § 265 Abs. 4 HGB ist dann die gesetzlich vorgeschriebene Gliederung für den bedeutendsten Geschäftszweig zu wählen. Die auf diese Weise in GuV oder Bilanz noch nicht berücksichtigten wesentlichen Posten der in anderen Geschäftszweigen tätigen Konzernunternehmen sind zu ergänzen. Auf die Ergänzung der Gliederung der Konzernbilanz und der Konzern-GuV kann verzichtet werden, sofern die fehlenden Posten für den Gesamtkonzern von untergeordneter Bedeutung sind.

4. Gliederungsvorschriften

4.1 Allgemeine Gliederungsgrundsätze

Für Bilanz und GuV gelten die **allgemeinen** Gliederungsgrundsätze (§ 297 Abs. 2 Satz 1 HGB i.V. mit § 265 HGB), also u. a.

12

- **Darstellungsstetigkeit** (→ § 265 Rz. 6 ff.),
- Angabe von **Vorjahresbeträgen** (→ § 265 Rz. 19 ff.),
- Vermerk oder Angabe der **Mitzugehörigkeit** von Vermögensgegenständen oder Schulden zu weiteren Posten (→ § 265 Rz. 48 ff.),
- Gliederung bei **mehreren Geschäftszweigen** (→ § 265 Rz. 52 ff.),
- **weitere Untergliederung** und **neue Posten** (→ § 265 Rz. 33 ff.) sowie
- **Zusammenfassung** von Posten (→ § 265 Rz. 44 ff.).

Im Konzernabschluss sind nach gesetzlicher Vorgabe konzernspezifische Posten einzufügen. Betroffen sind:

13

- Auf der **Aktivseite** der Bilanz: **Beteiligungen an assoziierten** bzw. *equity*-konsolidierten Unternehmen (→ Rz. 14).
- Auf der **Passivseite** der Bilanz: im Eigenkapital der Ausgleichsposten für Anteile **anderer Gesellschafter** (→ Rz. 17), unmittelbar nach dem Eigenkapital **negative Unterschiedsbeträge** aus der Konsolidierung (→ Rz. 21).
- In der **GuV**: Ergebnisse aus **assoziierten** bzw. *equity*-konsolidierten Unternehmen (→ Rz. 31) sowie der Anteil des **Minderheitsgesellschafters** am Jahresüberschuss/-fehlbetrag (→ Rz. 33).

4.2 Konzernspezifische Posten in der Bilanz

4.2.1 Beteiligungen an *equity*-konsolidierten assoziierten und sonstigen Unternehmen

Beteiligungen an **assoziierten** Unternehmen sind gem. § 311 Abs. 1 Satz 1 HGB in einem **gesonderten Posten** darzustellen. Nach h. M. kann dieser Posten im Finanzanlagevermögen nach dem Posten A. III. 2. eingefügt werden.[3]

14

Fraglich ist, wie folgende Fälle zu behandeln sind:

15

---

[3] Vgl. *ADS*, § 298 Tz. 113; *Förschle/Deubert*, in: Beck'scher Bilanz-Kommentar, 7. Aufl., München 2010, § 298 Tz. 58.

- Die wesentlichen assoziierten Beteiligungen werden *at equity* konsolidiert, weniger wichtige zu Anschaffungskosten bewertet.
- Neben den assoziierten Beteiligungen werden auch Gemeinschaftsunternehmen (§§ 310 f. HGB) und kleinere oder ausschließlich zur Weiterveräußerung bestimmte Tochterunternehmen (§ 296 Abs. 1 und 2 HGB) *at equity* konsolidiert.

U. E. dient es nicht der Bilanzklarheit, wenn einerseits alle Beteiligungen an assoziierten Unternehmen unabhängig von der Bewertungs-/Konsolidierungsmethode in einem Posten zusammengefasst werden und andererseits Beteiligungen an *at equity*-konsolidierten Gemeinschaftsunternehmen oder zur Weiterveräußerung bestimmten Tochterunternehmen unter sonstigen Finanzanlagen oder Anteilen an verbundenen Unternehmen erfasst werden.

Der Bilanzadressat ist **besser informiert**, wenn er erkennen kann, welche Posten das Ergebnis von Konsolidierungen sind (*at equity*-Beteiligungen) und welche unkonsolidiert zu Anschaffungskosten ausgewiesen werden. Wir befürworten daher folgende Gliederung:

- Einerseits einen Posten „**Anteile an *equity*-konsolidierten assoziierten und sonstigen Unternehmen**" (der Hinweis auf sonstige kann entfallen, wenn keine Gemeinschafts- oder Tochterunternehmen *equity*-konsolidiert werden),
- daneben einen Posten „**nichtkonsolidierte Anteile an assoziierten, Gemeinschafts- und Tochterunternehmen**".

16 Fraglich ist, ob der erste Posten **notwendig im Finanzanlagevermögen** zu platzieren ist. Für eine andere Platzierung (z. B. **zwischen** Anlage- und Umlaufvermögen) könnte folgendes Argument sprechen: Die *equity*-**Methode** ist nicht ausschließlich eine Bewertungsmethode, sondern mindestens auch eine **Konsolidierungsmethode**. Das *equity*-konsolidierte Vermögen des untergeordneten Unternehmens setzt sich aber nicht nur aus Anlagen zusammen, sondern enthält auch Umlaufvermögen, Schulden etc. Ein Ausweis des Konsolidierungsbetrags zwischen Anlage- und Umlaufvermögen entspräche dem besser als eine Platzierung im Finanzanlagevermögen. Die Qualifizierung als Vermögensgegenstand besonderer Art hätte zudem den **Vorteil**, dass *equity*-Beteiligungen nicht Teil des **Anlagespiegels** sind. Die den Anlagespiegel kennzeichnende Differenzierung zwischen Zu-/Abgängen und Zu-/Abschreibungen muss dann nicht gewaltsam der mit der *equity*-Methode verbundenen Fortschreibung des „Beteiligungsansatzes" um Ergebnisse, Ausschüttungen etc. „übergestülpt" werden (→ Rz. 29).

Gleichwohl ist u. E. eine Zurückhaltung gegenüber besonderen Posten geboten, da sonst die durch § 266 HGB vorgesehene Primärgliederung der Aktivseite auch in anderen Fällen (etwa mit bedingter Veräußerungsabsicht erworbene Anlagen) unterlaufen würde. Ein Ausweis von *equity*-Beteiligungen im Anlagevermögen bleibt daher u. E. in Abwägung aller Argumente vorzugswürdig.

4.2.2 Eigenkapital und Minderheitenanteile

17 Nach § 307 Abs. 1 HGB ist bei nicht im 100 %igen Besitz des Mutterunternehmens stehenden Tochterunternehmen ein **Ausgleichsposten** für die Anteile der anderen Gesellschafter (Minderheitenanteile) **innerhalb des Eigenkapitals** gesondert auszuweisen.

Hinweise zur **Gliederung des Eigenkapitals** im Konzern enthält das Gesetz im Übrigen nicht. Es findet sich vielmehr der allgemeine Hinweis in Abs. 1, dass § 266 HGB (und andere einzelbilanzielle Vorschriften) „entsprechend anzuwenden" sind. Da eine „entsprechende Anwendung" und keine uneingeschränkte verlangt ist, müssen die einzelbilanziellen Eigenkapitalposten (§ 266 Abs. 3 A HGB) u. E. nicht eins zu eins übernommen werden. Möglich und sinnvoll ist die Rücksichtnahme auf **Besonderheiten** des Konzerns und des Konzernabschlusses. Beispielhaft gilt hier Folgendes:

▶ Einzelbilanziell sind die **Gewinnrücklagen** die Folge erwirtschafteter Gewinne und deren gesetzlich oder satzungsmäßig vorgeschriebener bzw. durch Beschluss bestimmter Verwendung. Auf der Ebene des Konzerns als wirtschaftliche Einheit findet aber **keine Gewinnverwendung** im gesellschaftsrechtlichen Sinne statt. Der Differenzierung zwischen Gewinnrücklagen und Gewinnvortrag, aber auch der Unterteilung der Gewinnrücklagen fehlt daher die gesellschaftsrechtliche Grundlage. Sie ist auf Konzernebene **bloße Fiktion**.

▶ Abweichend von der Einzelbilanz enthalten die konzernbilanziellen „Gewinnrücklagen" und „Gewinnvorträge" auch **GuV-neutrale Effekte** aus Währungsumrechnung (§ 308a HGB).

▶ Ein als wirkliches Pendant zum „Bilanzgewinn" der Einzelbilanz fungierender **„Konzernbilanzgewinn" existiert nicht**, da eine Ergebnisverwendung im Konzern nicht stattfindet.

Als **Fazit** dieser beispielhaften Überlegungen kann festgehalten werden: Eine **Übernahme** der Gliederungsvorgaben aus **§ 266 Abs. 3 A HGB** ist im Konzernabschluss **wenig sachgerecht** und damit jedenfalls nicht zwingend.

18

Verstärkt wird dieser Befund durch eine Besonderheit des Konzernabschlusses: Nach § 297 Abs. 1 HGB ist der **Konzerneigenkapitalspiegel** Pflichtbestandteil des Abschlusses. In diesem Eigenkapitalspiegel wird nach Maßgabe von DRS 7 eine Aufgliederung des Eigenkapitals vorgenommen, die nur teilweise mit § 266 Abs. 3 A HGB übereinstimmt (→ § 297 Rz. 93 ff.). Der Klarheit und Übersichtlichkeit des Abschlusses würde es nun gerade nicht dienen, wenn in der Bilanz die Vorgaben von § 266 Abs. 3 A HGB kopiert würden, im Eigenkapitalspiegel hingegen DRS 7 Anwendung fände und der Bilanzadressat mit zwei verschiedenen Eigenkapitalaufteilungen konfrontiert wäre. Sachgerecht ist stattdessen eine der beiden folgenden Varianten:

19

▶ Die **Aufgliederung** des Eigenkapitals im **Konzerneigenkapitalspiegel** wird in die **Konzernbilanz übernommen** (vgl. im Einzelnen → § 297 Rz. 93).

▶ In der **Konzernbilanz** wird **nur** die **Differenzierung zwischen Mutterunternehmen** (bzw. dessen Gesellschaftern) und **Minderheitsgesellschaftern** vorgenommen, jede weitere Untergliederung hingegen dem Eigenkapitalspiegel überlassen.[4]

Die zweite Variante hat nicht nur den Vorteil, **Redundanzen** zu vermeiden. Sie entspricht auch der **gesetzlichen** Vorgabe von § 297 Abs. 1 HGB, nach der der Eigenkapitalspiegel ein zu Bilanz und GuV gleichwertiger Pflichtbestandteil des Konzernabschlusses ist. Wie in die Einzelbilanz zwar das Ergebnis der GuV, nicht aber dessen Entwicklung bzw. Aufteilung einfließt, würde auf diese Weise die Konzernbilanz zwar das Resultat des Eigenkapitalspiegels zeigen, nicht aber dessen Unterteilungen. Im Übrigen entspricht die zweite Variante auch der **angelsächsischen Praxis**, die schon länger als die deutsche den Eigenkapitalspiegel als gleichwertigen Pflichtbestandteil kennt und sich folgerichtig bilanziell mit einer Aufteilung des Eigenkapitals auf Mutterunternehmen und Minderheit zufrieden gibt.

---

4 Restriktiver *Mackedanz*, in: Haufe HGB Bilanz Kommentar, Freiburg 2009, § 298 Rz. 46.

20 Unserem Vorschlag folgend ergibt sich (je nach Existenz von Minderheitenanteilen) folgende Darstellung des Eigenkapitals:

Übersicht 1: Eigenkapital im Konzern

Mit Minderheit			Ohne Minderheit	
Konzerneigenkapital		A.	Konzerneigenkapital	xxx
Mutterunternehmen zuzurechnendes EK	xxx			
Minderheitsgesellschafter	xxx	xxx		

4.2.3 Negativer Unterschiedsbetrag aus der Kapitalkonsolidierung

21 Für die Rechtslage vor BilMoG wurde es für vertretbar gehalten, negative Unterschiedsbeträge je nach Ursache – z. B. Gewinnthesaurierung zwischen Erwerb und Erstkonsolidierung vs. im Kaufpreis antizipierte Aufwendungen – entweder im Eigenkapital oder nach dem Eigenkapital auszuweisen.[5] Nach § 301 Abs. 3 Satz 1 HGB i. d. F. des BilMoG ist nur noch der Ausweis als „Unterschiedsbetrag aus der Kapitalkonsolidierung" **nach** dem **Eigenkapital** zulässig. E-DRS 4.39 i. d. F. September 2009 sah hingegen noch vor, auf den Saldo aller positiven und negativen Unterschiedsbeträge abzustellen und daher bei einem *goodwill*-Überhang den passivischen Unterschiedsbetrag vom *goodwill* aus anderen Unternehmenserwerben offen abzusetzen. In der in 2010 verabschiedeten Fassung von DRS 4 ist diese Vorgabe nicht mehr enthalten, entsprechend dem Wortlaut von § 301 Abs. 3 Satz 1 HGB daher eine unsaldierte Darstellung von „Geschäfts- oder Firmenwert" (auf der Aktivseite) und „(negativem) Unterschiedsbetrag aus der Kapitalkonsolidierung" (auf der Passivseite) geboten.

Art. 66 Abs. 3 Satz 4 EGHGB beschränkt zwar die Anwendung bestimmter Neuregelungen zur Kapitalkonsolidierung auf Unternehmenserwerbe, die in einem nach dem 31. 12. 2009 beginnenden Geschäftsjahr vollzogen wurden, nicht genannt ist jedoch § 301 Abs. 3 Satz 1 HGB. Es besteht daher auch in Altfällen eine Pflicht, bisher im Eigenkapital ausgewiesene Unterschiedsbeträge umzugliedern.

4.3 Besonderheiten des Konzernanlagespiegels

4.3.1 Überblick

22 Auch für den Konzernabschluss ist eine horizontale Darstellung der Entwicklung des Anlagevermögens (**Anlagespiegel**) vorgeschrieben (§ 268 Abs. 2 HGB i.V. mit § 298 Abs. 1 HGB). Die Darstellung erfolgt regelmäßig **im Anhang** (→ § 268 Rz. 54). Die alternative Darstellungsmöglichkeit in der Bilanz spielt in der Praxis kaum eine Rolle.

Gegenüber den summierten Anlagespiegeln der Einzelabschlüsse unterscheidet sich der Anlagespiegel des Konzernabschlusses u. a. aus folgenden Gründen:

- Zu- und Abgänge durch **Veränderung des Konsolidierungskreises** (→ Rz. 23),
- Nichteliminierung von **Zwischenergebnissen** (→ Rz. 26),

---

[5] Vgl. *Förschle/Deubert*, in: Beck'scher Bilanz-Kommentar, 7. Aufl., München 2010, § 301 Tz. 163.

- **Währungsumrechnung** ausländischer Töchter nach der modifizierten Stichtagsmethode (→ Rz. 27) sowie
- **Bewertung** *at equity* statt zu Anschaffungskosten bei bestimmten Beteiligungen (→ Rz. 29).

4.3.2 Veränderung des Konsolidierungskreises

Aus Sicht des Konzerns als wirtschaftlicher Einheit bedeutet der Erwerb bzw. die Veräußerung von Tochterunternehmen einen Einzelerwerb bzw. eine Einzelveräußerung der Vermögensgegenstände. Die auf solchen **realen Veränderungen des Konsolidierungskreises** beruhenden **Zu- und Abgänge** beim Anlagevermögen können mit den Zu- und Abgängen aus laufenden Geschäftsvorfällen zusammen ausgewiesen werden. Bei wesentlichen Veränderungen des Konsolidierungskreises sind die konsolidierungsbedingten Zu- und Abgänge jedoch **gesondert anzugeben** (§ 294 Abs. 2 Satz 1 HGB). In Frage kommen 23

- zusätzliche Erläuterungen im Konzernanhang,
- Davon-Vermerke im Konzernanlagespiegel sowie
- Darstellung der Zu- und Abgänge aus Veränderungen des Konsolidierungskreises in Sonderspalten des Konzernanlagespiegels.

Neben den Anschaffungs-/Herstellungskosten sind bei **Abgängen** (Entkonsolidierung) auch die kumulierten Abschreibungen aufzulösen.

In Fällen der **Aufwärtskonsolidierung** – einfache oder *at equity*-konsolidierte Beteiligung wird durch Zuerwerb von Anteilen zu vollkonsolidiertem Tochterunternehmen – wird ein **Abgang der Beteiligung** und ein **Zugang des immateriellen und sächlichen Anlagevermögens** des vollkonsolidierten Unternehmens gebucht. Eine Aufteilung des Vorgangs in eine Umbuchung (nach Maßgabe der bisherigen Beteiligungshöhe) und einen Zugang (nach Maßgabe der Differenz von 100 % und bisheriger Beteiligungshöhe) ist nicht angemessen, da nach § 301 Abs. 2 HGB ausschließlich die Wertverhältnisse zum Erstkonsolidierungszeitpunkt maßgeblich sind. 24

Bei erstmaliger Aufstellung eines Konzernabschlusses, ebenso bei der **erstmaligen Einbeziehung** eines bisher **aus Wesentlichkeitsgründen** nicht konsolidierten Tochterunternehmens, sind die Wertansätze der Tochterunternehmen zum Zeitpunkt der erstmaligen Einbeziehung in den Konzernabschluss maßgeblich (§ 301 Abs. 2 HGB) und demzufolge in der **Zugangsspalte** zu erfassen. 25

Das Anlagevermögen des Mutterunternehmens kann bei **erstmaliger Aufstellung eines Konzernabschlusses** wahlweise mit den ursprünglichen AK/HK in der Spalte „Anschaffungs- und Herstellungskosten" ausgewiesen werden oder zu aktuellen Buchwerten als Zugang zu Beginn des ersten Konzerngeschäftsjahrs.[6]

4.3.3 Unterbliebene Zwischenergebniseliminierung

Sofern zwischen den konzernzugehörigen Unternehmen Anlagevermögen übertragen und nach § 304 Abs. 2 HGB wegen untergeordneter Bedeutung auf eine Zwischenergebniseliminierung verzichtet wird, sind aus der Übertragung resultierende **Werterhöhungen als Zuschrei-** 26

---

6 Vgl. *ADS*, § 298 Tz. 120.

bungen und Wertminderungen als Abschreibungen zu erfassen. Eine mengenmäßige Veränderung liegt nicht vor, ein Ausweis als Zugang oder Abgang kommt daher nicht in Frage.[7]

4.3.4 Umrechnung ausländischer Tochterunternehmen

27 Bei der Umrechnung ausländischer Tochterunternehmen in die Berichtswährung des Konzerns (Euro) nach der modifizierten Stichtagsmethode (§ 308a HGB) ergibt sich folgendes beispielhaft dargestelltes Problem:

BEISPIEL Die Wechselkurse – Kurse zwischen Euro und Fremdwährung (FW) – entwickeln sich wie folgt:

1.1.01:	1,0 €/1,0 FW
Durchschnittskurs 01:	1,1 €/1,0 FW
31.12.01:	1,2 €/1,0 FW
Durchschnittskurs 02:	1,3 €/1,0 FW
31.12.02:	1,4 €/1,0 FW

Anlagevermögen wird am 1.1.01 bei einem Kurs von 1 €/1 FW zu 100 FW (= 100 €) vom Tochterunternehmen angeschafft und über zehn Jahre abgeschrieben. Der (hier verkürzt dargestellte) Anlagespiegel beider Perioden in FW ist wie folgt:

AK 1.1.01	Zugang 01	AK 31.12.01	kum. Abschr.	BW 31.12.01	Abschr. 01
0 FW	100 FW	100 FW	10 FW	90 FW	10 FW

AK 1.1.02	Zugang 02	AK 31.12.02	kum. Abschr.	BW 31.12.02	Abschr. 02
100 FW		100 FW	20 FW	80 FW	10 FW

Bei Umrechnung in Euro entsteht schon in 01 eine kleinere Differenz: Die **Abschreibung der Periode** ist mit **Durchschnittskursen** umzurechnen, die **kumulierte Abschreibung** hingegen zum **Stichtagskurs**. Bei sehr wesentlichen Differenzen kann dies im Anhang erläuterungsbedürftig sein.

AK 1.1.01	Zugang 01	AK 31.12.01	kum. Abschr.	BW 31.12.01	Abschr. 01
0 €	120 €	120 €	12 €	108 €	11 €

In 02 entsteht ein weiteres Problem: Wenn der Schlussbestand des letzten Jahrs als **Anfangsbestand** auf das aktuelle Jahr übertragen wird, geht weder die Entwicklung zu den AK 31.12.02 noch die zum Buchwert 31.12.02 rechnerisch auf, weil die **Endbestände zum Stichtagskurs** 1,4 umzurechnen sind, die Anfangsbestände hingegen mit 1,2 umgerechnet wurden.

---

7 Vgl. ADS, § 298 Tz. 122; *Förschle/Deubert*, in: Beck'scher Bilanz-Kommentar, 7. Aufl., München 2010, § 298 Tz. 64.

AK 1.1.02	Zugang 02	AK 31.12.02	kum. Abschr.	BW 31.12.02	Abschr. 02
120 €		140 €	28 €	112 €	13 €

Eine Möglichkeit zur Auflösung dieser Differenz besteht in der **Anpassung des Anfangsbestands** an den aktuellen Kurs. Eine andere Möglichkeit ist die Erfassung von Umrechnungsdifferenzen in einer bzw. (unter Berücksichtigung der weiteren Differenz zwischen Durchschnitts- und Stichtagskurs) zwei **gesonderten Spalten**.

In der **Praxis** dominiert folgendes Vorgehen: 28

▶ Entweder werden **Anfangsbestände angepasst** oder
▶ die Umrechnungsdifferenzen mit Zu-/Abgängen oder Zu-/Abschreibungen **saldiert**.

Ein solches Vorgehen ist aus Vereinfachungsgründen und zur Wahrung der Übersichtlichkeit des Anlagespiegels zulässig, sollte aber bei Wesentlichkeit erläutert werden. In Frage kommt etwa eine **Anhangangabe** folgender Art:

> „Differenzen aus der Umrechnung ausländischer Tochterunternehmen nach der modifizierten Stichtagsmethode sind durch Anpassung der Anfangsbestände berücksichtigt. Die kumulierten Abschreibungen sind nach aktuellem Stichtagskurs umgerechnet, die Abschreibungen des laufenden Jahrs nach Durchschnittskursen."

4.3.5 *Equity*-Beteiligungen

Sofern *equity*-konsolidierte Beteiligungen überhaupt als Teil des Anlagevermögens angesehen werden (→ Rz. 16), ist eine Zuordnung der Wertänderungen der Beteiligungen zu den Spalten des Anlagespiegels erforderlich. Vertretbar ist folgende Differenzierung: 29

▶ Die mit einer **Änderung der Anteilsquote** verbundenen Wertänderungen werden als **Zu-/ Abgang** behandelt,
▶ die auf das anteilige Jahresergebnis, Gewinnausschüttungen und die **Abschreibung von Unterschiedsbeträgen** zurückzuführenden Wertänderungen werden (saldiert oder unsaldiert) als **Zu-/Abschreibungen** erfasst.[8]

In der Entwicklung des Buchwerts aus den historischen Anschaffungskosten sind allerdings nur die Abschreibungen und nicht die Zuschreibungen kumuliert auszuweisen. Damit sich zu jedem Bilanzstichtag der Buchwert ableiten lässt, müssen die **Zuschreibungen** des Geschäftsjahrs im Anlagespiegel des folgenden Jahrs mit den **kumulierten Abschreibungen verrechnet** werden. Überschreitet nun der kumulierte Betrag der Zuschreibungen den Betrag der kumulierten Abschreibungen, wären im Anlagespiegel negative Abschreibungen zu berücksichtigen.[9]

Für vertretbar wird aber auch gehalten, in der Entwicklung von den Anschaffungs-/Herstellungskosten zum Buchwert eine **Sonderspalte** „Aufgelaufene Wertänderungen *equity*-Beteiligung" zu bilden sowie nach den Abschreibungen des Geschäftsjahrs eine weitere[10] Sonderspalte „Wertänderungen *equity*-Beteiligungen für das Geschäftsjahr" einzufügen.

---

8 Vgl. *ADS*, § 298 Tz. 140 ff.; *Harms*, BB 1987 S. 935 ff.
9 Vgl. *Harms*, BB 1987 S. 935 ff.
10 Vgl. *ADS*, § 298 Tz. 144 ff.; dort auch weitere Darstellungsmöglichkeiten.

30 Die vorstehenden Komplikationen zeigen: Die Systematik des Anlagespiegels taugt nicht zur Darstellung der *equity*-Technik. Soll diese gleichwohl berücksichtigt werden, ist der Anlagespiegel in einem Ausmaß zu verkomplizieren, das seine Verständlichkeit und Übersichtlichkeit insgesamt in Frage stellt.

Ein solches Vorgehen halten wir nicht für sinnvoll. Der Anlagespiegel soll im Bereich der nicht abnutzbaren Vermögensgegenstände (Grundstücke, Finanzanlagen etc.) einen raschen Überblick über die Differenz von Anschaffungskosten und Buchwerten als Folge kumulierter außerplanmäßiger Abschreibungen geben; bei planmäßig abschreibbaren Vermögensgegenständen (Maschinen etc.) soll er über das Verhältnis von Buchwert und Anschaffungskosten einen groben Einblick in die Altersstruktur ermöglichen. Welchen relevanten Aussagewert der Anlagespiegel in Bezug auf *equity*-Beteiligungen haben soll, ist demgegenüber nicht erkennbar. Ein qualitatives Wesentlichkeitsurteil, das den Informationsgewinn durch die Einbeziehung der *equity*-Beteiligungen gegen den Informationsverlust aus der Komplizierung abwägt, kann damit regelmäßig eine Nichtberücksichtigung im Anlagespiegel rechtfertigen.

4.4 Besonderheiten der Konzern-GuV

4.4.1 Ergebnis aus *equity*-konsolidierten assoziierten und sonstigen Unternehmen

31 Nach § 312 Abs. 4 Satz 2 HGB ist in der Konzern-GuV das auf assoziierte Beteiligungen entfallende Ergebnis besonders auszuweisen. Bestehen mehrere Beteiligungen an assoziierten Unternehmen, die teils zu einem Ertrag, teils zu einem Aufwand der Periode führen, ist ein getrennter Ausweis nicht erforderlich. Anzugeben ist das Ergebnis aus allen assoziierten Beteiligungen, also die **Saldogröße**.[11] Der Ausweis erfolgt im Finanzergebnis, z. B. in folgender Weise:

Übersicht 2:	Ergebnis aus *equity*-Beteiligungen in der Konzern-GuV
9.	Ertrag/Aufwand aus assoziierten Unternehmen
10.	Erträge aus sonstigen Beteiligungen
11.	Erträge aus anderen Wertpapieren und Ausleihungen des Finanzanlagevermögens
12.	sonstige Zinsen und ähnliche Erträge
13.	Abschreibungen auf Finanzanlagen und auf Wertpapiere des Umlaufvermögens
14.	Zinsen und ähnliche Aufwendungen

Die Saldogröße ist eine **Nachsteuergröße** und umfasst daher auch den Steueraufwand (oder -ertrag) aus der Beteiligung. Als zulässig gilt es aber, den Steueraufwand ganz oder in Teilen als Konzernsteueraufwand zu erfassen (→ § 312 Rz. 47).[12]

32 Wenn einerseits ein Teil der assoziierten Unternehmen (z. B. aus Wesentlichkeitsgründen) nicht *at equity* konsolidiert wird, andererseits neben assoziierten auch Gemeinschaftsunternehmen sowie ein Teil der Tochterunternehmen *equity*-konsolidiert werden, halten wir es für sachgerecht, **alle Ergebnisse** aus *equity*-konsolidierten **Unternehmen** und nur diese in einem Posten **zusammenzufassen**, der dann etwa die Bezeichnung „Ergebnis aus *equity*-konsolidier-

---

[11] Ebenso *Winkeljohann/Böcker*, in: Beck'scher Bilanz-Kommentar, 7. Aufl., München 2010, § 312 Tz. 65.
[12] Vgl. *Winkeljohann/Böcker*, in: Beck'scher Bilanz-Kommentar, 7. Aufl., München 2010, § 312 Tz. 65.

ten assoziierten und sonstigen Unternehmen" tragen kann. Zur Begründung wird im Einzelnen auf → Rz. 15 verwiesen.

4.4.2 Minderheitenanteil am Ergebnis

Nach § 307 Abs. 2 HGB ist in der Konzern-GuV der auf **andere Gesellschafter** (Minderheitsgesellschafter) **entfallende Gewinn oder Verlust** nach dem Konzernjahresüberschuss/-fehlbetrag gesondert auszuweisen.

33

Zwei gleichwertige Darstellungen kommen in Frage:

Übersicht 3:	Auf Minderheitsgesellschafter entfallender Gewinn
Entwicklung zum Konzerngewinn	Davon-Vermerk
22. Konzernjahresüberschuss	22. Konzernjahresüberschuss
23. Auf Minderheitsgesellschafter entfallender Gewinn	23. davon auf Minderheitsgesellschafter entfallend
24. Konzerngewinn	

III. Zusammenfassung der Vorräte (Abs. 2)

Nach Abs. 2 dürfen die Vorräte bilanziell in einem Posten zusammengefasst werden, wenn deren Aufgliederung wegen besonderer Umstände mit einem **unverhältnismäßigen Aufwand** verbunden wäre.

34

Bei erster Betrachtung erscheint die Vorschrift überflüssig, da schon nach **§ 265 Abs. 7 Nr. 2 HGB** (einzel- wie konzernbilanziell) eine zusammengefasste Bilanzierung der Vorräte möglich ist, wenn dies der Klarheit der Darstellung dient. Diese Voraussetzung wird in der Praxis großzügig ausgelegt, so dass schon unabhängig von § 298 Abs. 2 HGB eine aggregierte Darstellung der Vorräte in der Bilanz von Großunternehmen/-konzernen die Regel ist.

35

Allerdings erlaubt § 265 Abs. 7 Nr. 2 HGB nur die Zusammenfassung der Vorräte in der Bilanz, fordert jedoch eine Aufschlüsselung im Anhang. Eine entsprechende Forderung ist in Abs. 2 nicht enthalten. Die eigentliche Bedeutung von Abs. 2 liegt also in der Möglichkeit, **auch im Anhang keine Aufschlüsselung** der Vorräte vornehmen zu müssen.

Dieser Verzicht kommt aber nur in Frage, wenn die Aufgliederung mit einem unverhältnismäßigen Aufwand verbunden wäre. Betroffen sind vor allem vertikal integrierte Konzerne, deren Vorstufenprodukte nicht ausschließlich an nachgelagerte Stufen, sondern in nicht unwesentlichem Umfang auch an Dritte geliefert werden:

36

> **BEISPIEL** Der Solarkonzern ist wie folgt organisiert:
> - Das Mutterunternehmen produziert und veräußert Solarmodule.
> - Wertmäßig wichtigste Komponente der Module sind die von einem Tochterunternehmen hergestellten Solarzellen.
> - Wichtigste Komponente der Solarzellen sind die *Wafer*, die von einem Enkelunternehmen produziert werden.

Die *Wafer*-Produktion geht je nach Marktlage im Verhältnis 3/1 bis 1/1, die Solarzellenproduktion im Verhältnis von ca. 2/1 bis 1/1 an das übergeordnete Unternehmen bzw. Fremde.

Zum Stichtag ergeben sich einzelbilanziell folgende Bestände:

- Enkelunternehmen: *Wafer* 16 Mio (fertige Erzeugnisse),
- Tochterunternehmen: *Wafer* (noch unverarbeitet) 6 Mio (Rohstoffe), Solarzellen 18 Mio (fertige Erzeugnisse).

Je nach Erwartung über die konzerninternen und -externen Verwendungsanteile ergeben sich folgende Werte für die Aufteilung in fertige und unfertige Erzeugnisse:

	unfertige Erzeugnisse	fertige Erzeugnisse	unfertige Erzeugnisse	fertige Erzeugnisse
Wafer EU	12	4	8	8
Wafer TU	6		6	
Solarzellen TU	12	6	9	9
	30	10	23	17

In derartigen Fällen, in denen eine zutreffende und verlässliche Aufgliederung der Vorräte nicht oder nur mit unverhältnismäßigem Aufwand möglich ist, kann auf eine Aufschlüsselung des zusammengefassten Bilanzausweises im Anhang verzichtet werden.

36a Ein zusammengefasster Bilanzausweis von Vorräten würde dann keine Erleichterung verschaffen, wenn für Zwecke der im **Gesamtkostenverfahren** erstellten **GuV** die Differenzierung der Bestandsveränderungen (Erzeugnisse) vom Materialaufwand (Waren, Roh-, Hilfs- und Betriebsstoffe) weiterhin geboten wäre. Eine Zusammenfassung der Bestandsveränderungen mit dem Materialaufwand gilt deshalb unter den Voraussetzungen von Abs. 2 (→ Rz. 34) als zulässig.[13]

IV. Zusammenfassung von Konzernanhang und einzelbilanziellem Anhang (Abs. 3)

37 Abs. 3 gestattet die Zusammenfassung von Konzernanhang und Anhang des Einzelabschlusses des Mutterunternehmens, wenn Konzernabschluss und der Jahresabschluss des Mutterunternehmens **gemeinsam offen gelegt** werden (→ § 325 Rz. 27). Für den **Konzernlagebericht** ergibt sich eine entsprechende Zusammenfassungsmöglichkeit aus § 315 Abs. 3 HGB (→ § 315 Rz. 3). Eine Zusammenfassung von Prüfungsbericht (→ § 321 Rz. 101) und Bestätigungsvermerk ist nicht notwendig, nach § 325 Abs. 3a HGB aber zulässig (→ § 325 Rz. 27).

38 Aus dem zusammengefassten Anhang muss hervorgehen, welche Angaben sich auf den Konzern und welche Angaben sich nur auf das Mutterunternehmen beziehen. Die Zusammenfassung muss außerdem dem Gebot der **Klarheit** und **Übersichtlichkeit** (§ 297 Abs. 2 Satz 1 HGB)

---

13 Vgl. *Mackedanz*, in: Haufe HGB Bilanz Kommentar, München 2010, § 298 Tz. 64; a. A. *Förschle/Deubert*, in: Beck'scher Bilanz-Kommentar, 7. Aufl., München 2010, § 298 Tz. 98.

Rechnung tragen. Sinnvoll und der Klarheit dienend ist eine Zusammenfassung dann, wenn sich durch sie **Wiederholungen vermeiden** lassen, etwa

- bei der Darstellung von Bilanzierungs- und Bewertungsmethoden,
- bei den Angaben zur Besicherung von Verbindlichkeiten,
- zu sonstigen finanziellen Verpflichtungen,
- Aufgliederung von Umsatzerlösen nach Tätigkeiten und Regionen
- etc.

BEISPIEL ▶ Im X Konzern werden externe Umsätze ausschließlich vom Mutterunternehmen erbracht, während die Tochterunternehmen nur Vorleistungen erbringen. Bankkredite werden nur vom Mutterunternehmen aufgenommen und mit eigenen Grundstücken etc. besichert.

Leasingverhältnisse werden nur vom Mutterunternehmen abgeschlossen, die Leasingobjekte ggf. konzernintern an die Tochterunternehmen weiterüberlassen.

BEURTEILUNG ▶ Eine zusammengefasste Darstellung vermeidet Wiederholungen.

BEISPIEL ▶ Das Mutterunternehmen ist reine Verwaltungsholding und tätigt selbst keine Umsätze. Die Tochterunternehmen finanzieren sich autonom (u. a. über besicherte Bankverbindlichkeiten) und schließen auch sonstige Verträge (z. B. Leasingverträge) autonom ab.

BEURTEILUNG ▶ Im Abschluss des Mutterunternehmens gibt es keine Umsatzerlöse und damit keine Aufgliederungsnotwendigkeit nach § 285 Nr. 4 HGB. Diese besteht aber für den Konzern nach § 314 Abs. 1 Nr. 3 HGB.

Das Mutterunternehmen hat keine nach § 285 Nr. 1 HGB anzugebenden besicherten Verbindlichkeiten. Entsprechende Verhältnisse und somit Angabepflichten gem. § 314 Abs. 1 Nr. 1 HGB bestehen aber im Konzern.

Das Mutterunternehmen hat keine nach § 285 Nr. 3a HGB anzugebenden sonstigen finanziellen Verpflichtungen (aus Leasingverhältnissen). Solche bestehen aber im Konzern und sind dort nach § 314 Abs. 1 Nr. 2a HGB angabepflichtig.

Eine Zusammenfassung der Anhänge dient nicht der Klarheit und Übersichtlichkeit.

§ 299 Stichtag für die Aufstellung

(1) Der Konzernabschluss ist auf den Stichtag des Jahresabschlusses des Mutterunternehmens aufzustellen.

(2) ¹Die Jahresabschlüsse der in den Konzernabschluss einbezogenen Unternehmen sollen auf den Stichtag des Konzernabschlusses aufgestellt werden. ²Liegt der Abschlussstichtag eines Unternehmens um mehr als drei Monate vor dem Stichtag des Konzernabschlusses, so ist dieses Unternehmen aufgrund eines auf den Stichtag und den Zeitraum des Konzernabschlusses aufgestellten Zwischenabschlusses in den Konzernabschluss einzubeziehen.

(3) Wird bei abweichenden Abschlussstichtagen ein Unternehmen nicht auf der Grundlage eines auf den Stichtag und den Zeitraum des Konzernabschlusses aufgestellten Zwischenabschlusses in den Konzernabschluss einbezogen, so sind Vorgänge von besonderer Bedeutung für die Vermögens-, Finanz- und Ertragslage eines in den Konzernabschluss einbezogenen Unternehmens, die zwischen dem Abschlussstichtag dieses Unternehmens und dem Abschlussstichtag des Konzernabschlusses eingetreten sind, in der Konzernbilanz und der Konzern-Gewinn- und Verlustrechnung zu berücksichtigen oder im Konzernanhang anzugeben.

Inhaltsübersicht	Rz.
I. Regelungsinhalt	1 - 3
II. Stichtag des Konzernabschlusses, Dauer des Konzerngeschäftsjahrs (Abs. 1)	4 - 5
1. Maßgeblichkeit des Abschlussstichtags des Mutterunternehmens	4
2. Dauer des Konzerngeschäftsjahrs	5
III. Tochterunternehmen mit abweichendem Stichtag (Abs. 2)	6 - 12
1. Stichtagsidentität als Soll- oder Kannvorschrift (Abs. 2 Satz 1)	6
2. Zwischenabschlüsse	7 - 12
2.1 Zwingende und freiwillige Zwischenabschlüsse	7 - 9
2.2 Anforderungen an einen Zwischenabschluss	10 - 12
IV. Bedeutende Vorgänge nach dem Stichtag des Einzelabschlusses (Abs. 3)	13 - 21
1. Berücksichtigung in Bilanz/GuV oder Anhang	13
2. Wesentlichkeit für den Einzelabschluss oder für den Konzernabschluss?	14 - 15
3. Einzelfälle	16 - 20
4. Angaben im Konzernanhang	21

Ausgewählte Literatur

Harms/Küting, Konsolidierung bei unterschiedlichen Bilanzstichtagen nach künftigem Konzernrecht – Grundprobleme der Voll-, Quoten- und Equity-Konsolidierung, BB 1985 S. 432

Lüdenbach, Rumpf- oder 18-monatiges Geschäftsjahr bei Änderung des Bilanzstichtags vom Jahres- auf den Halbjahresultimo?, PiR 2007 S. 292

Maas/Schruff, Unterschiedliche Stichtage im künftigen Konzernabschluss? – Eine Stellungnahme zur Transformation von Art. 27 der 7. EG-Richtlinie, WPg 1985 S. 1

Maier, Verhindert der einheitliche Konzernstichtag unterschiedliche Geschäftsjahre im Einzel- oder Konzernabschluss?, StuB 2008 S. 700

Schneider, Zwischenberichte, PiR 2009 S. 351

I. Regelungsinhalt

1 § 299 HGB trifft Regelungen zum **Stichtag des Konzernabschlusses**:
- ▶ Abs. 1 bindet den Stichtag des Konzernabschlusses an den Stichtag des Einzelabschlusses des Mutterunternehmens (→ Rz. 2),
- ▶ Abs. 2 und 3 betreffen die Einbeziehung von Tochterunternehmen mit abweichenden Abschlussstichtagen (→ Rz. 3).

2 Der Konzernabschluss ist auf den **Stichtag des Einzelabschlusses des Mutterunternehmens** aufzustellen (Abs. 1). Aus der Identität der Stichtage folgt i.V. mit § 240 Abs. 2 Satz 2 HGB u. a., dass die Dauer des Konzerngeschäftsjahrs zwölf Monate nicht überschreiten darf (→ Rz. 5).

3 Die Jahresabschlüsse der einbezogenen **Tochterunternehmen sollen** nach Abs. 2 Satz 1 auf den Stichtag des Konzernabschlusses aufgestellt werden (→ Rz. 6).

Soweit dieser Vorgabe nicht entsprochen wird, ist zu differenzieren:
- ▶ Liegt der Abschlussstichtag des Tochterunternehmens um **mehr als drei Monate** vor dem Stichtag des Konzernabschlusses, muss nach Abs. 2 Satz 2 für Zwecke der Einbeziehung ein **Zwischenabschluss** des Tochterunternehmens auf den Konzernabschlussstichtag erstellt werden (→ Rz. 7).
- ▶ Liegt der Abschlussstichtag des Tochterunternehmens **nicht mehr als drei Monate** vor dem Konzernstichtag, **kann** die Einbeziehung auf Basis des zeitlich abweichenden **Einzelabschlusses** des Tochterunternehmens erfolgen. In diesem Fall sind jedoch bedeutende Vorgänge zwischen den beiden Stichtagen nach Abs. 3 im Konzernabschluss zu berücksichtigen (→ Rz. 13).

Über den Verweis in § 310 Abs. 2 HGB gelten die die Tochterunternehmen betreffenden Regelungen **entsprechend** für quotal konsolidierte **Gemeinschaftsunternehmen**.

II. Stichtag des Konzernabschlusses, Dauer des Konzerngeschäftsjahrs (Abs. 1)

1. Maßgeblichkeit des Abschlussstichtags des Mutterunternehmens

4 Der Konzernabschluss ist zwingend auf den **Stichtag des Einzelabschlusses des Mutterunternehmens** aufzustellen (Abs. 1). Ausnahmen bestehen nicht. Auch dann, wenn sich das Mutterunternehmen auf die Holdingfunktion beschränkt und alle wesentlichen operativen Gesellschaften einen gemeinsamen anderen Stichtag haben, ist der Konzernabschluss auf den Stichtag des Mutterunternehmens zu erstellen.

2. Dauer des Konzerngeschäftsjahrs

5 Nach § 240 Abs. 2 Satz 2 HGB darf die Dauer des Geschäftsjahrs für Zwecke des Einzelabschlusses zwölf Monate nicht übersteigen. Für den Konzernabschluss fehlt eine entsprechende explizite Regel. Weder verweist § 298 Abs. 1 HGB auf § 240 Abs. 2 Satz 2 HGB, noch ist in den §§ 290 ff. HGB eine eigenständige Regelung für das Konzerngeschäftsjahr enthalten.

Eine solche Regelung ist aber auch entbehrlich. Über die in Abs. 1 vorgegebene **Identität der Abschlussstichtage** des Mutterunternehmens und des Konzerns strahlt § 240 Abs. 2 Satz 2 HGB mittelbar auf den Konzernabschluss aus und begrenzt die **Dauer** des Konzerngeschäftsjahrs auf **zwölf Monate**.

> **BEISPIEL** Das Geschäftsjahr des Mutterunternehmens lief bisher vom 1.12. bis zum 30.11. In 02 wird eine Umstellung des Geschäftsjahrs auf das Kalenderjahr beschlossen.
>
> Das Mutterunternehmen hat ein Rumpfgeschäftsjahr (1.12.02 bis 31.12.02) zu bilden und ab 03 Abschlüsse für die Kalenderjahre vorzulegen.
>
> Der Konzernabschlussstichtag folgt stets und ohne Ausnahme dem Abschlussstichtag des Mutterunternehmens. Somit ergibt sich auch für den Konzern zunächst ein Rumpfgeschäftsjahr (1.12.02 bis 31.12.02) und ab 03 ein kalenderjahrgleiches Geschäftsjahr.
>
> Abweichend hiervon könnte nach IFRS der Umstellungszeitraum auch über ein 13-monatiges Konzerngeschäftsjahr abgebildet werden.[1]

Bei Umstellung des Geschäftsjahrs eines Tochterunternehmens kann jedoch das Tochterunternehmen ggf. mit einem mehr als zwölfmonatigen Zeitraum in den Konzernabschluss einbezogen werden (→ Rz. 9)

III. Tochterunternehmen mit abweichendem Stichtag (Abs. 2)

1. Stichtagsidentität als Soll- oder Kannvorschrift (Abs. 2 Satz 1)

Die Jahresabschlüsse der einbezogenen **Tochterunternehmen** sollen nach Abs. 2 Satz 1 auf den **Stichtag des Konzernabschlusses** aufgestellt werden. Nach dem Wortlaut handelt es sich um eine **Sollvorschrift**, eine Abweichung würde demnach einen sachlichen Grund erfordern. Die h. M. interpretiert die Vorgabe jedoch eher als **Kannvorschrift** und lässt abweichende Stichtage von Tochterunternehmen ohne Begründung zu.[2] Teile des Schrifttums weisen zu Recht auf die geringe praktische Bedeutung dieser Frage hin:[3] Abweichende Stichtage ziehen erhöhten Aufwand bei der Konsolidierung nach sich. Diesen erhöhten Aufwand wird ein rational handelnder Konzern auf Dauer nicht in Kauf nehmen, wenn nicht Gründe für die Abweichung bestehen. Bei Beibehaltung der Abweichung spricht daher schon der erste Anschein für das Vorliegen sachlicher Gründe.

Inhaltlich kommt eine Vielzahl von **Gründen** für einen abweichenden Einzelabschlussstichtag des Tochterunternehmens in Frage, etwa

▶ das Interesse von Minderheitsgesellschaftern,

▶ der abweichende Saisonverlauf bei Tochterunternehmen,

---

1 Vgl. *Lüdenbach*, PiR 2007 S. 292 ff.
2 Vgl. z. B. ADS, 6. Aufl., § 299 Tz. 18; *Mackedanz*, in: Haufe HGB Bilanz Kommentar, Freiburg 2009, § 299 Rz. 4.
3 Vgl. *Förschle/Deubert*, in: Beck'scher Bilanz-Kommentar, 7. Aufl., München 2010, § 299 Rz. 8.

III. Tochterunternehmen mit abweichendem Stichtag

- steuerbilanzpolitische Gründe sowie
- zwingende Vorgaben nach ausländischem Recht.

Soweit man entgegen der h. M. eine sachliche Begründung für ein Abweichen vom Konzernabschlussstichtag verlangen würde, fiele es also nicht schwer, diese zu finden.

2. Zwischenabschlüsse

2.1 Zwingende und freiwillige Zwischenabschlüsse

7   Bei abweichendem Abschlussstichtag des Tochterunternehmens ist in zeitlicher Hinsicht wie folgt zu differenzieren:
- Liegt der Abschlussstichtag des Tochterunternehmens um **mehr als drei Monate** vor dem Stichtag des Konzernabschlusses, muss nach Abs. 2 Satz 2 für Zwecke der Einbeziehung in den Konzern ein **Zwischenabschluss** des Tochterunternehmens auf den Konzernabschlussstichtag erstellt werden (→ Rz. 10).
- Im Umkehrschluss folgt für einen **nicht mehr als drei Monate** vor dem Konzernstichtag liegenden Abschlussstichtag des Tochterunternehmens ein **Wahlrecht**: Die Einbeziehung kann auf Basis des zeitlich abweichenden Stichtags des **Einzelabschlusses** des Tochterunternehmens (→ Rz. 13) oder auf Basis eines auf den Konzernabschlussstichtag erstellten **Zwischenabschlusses** erfolgen.

8   Das bei einer Abweichung von nicht mehr als drei Monaten bestehende Wahlrecht muss nicht **einheitlich** für alle betroffenen Tochtergesellschaften ausgeübt werden. Sachlich begründete Differenzierungen sind zulässig.

> **BEISPIEL** Abschlussstichtag des MU und des Konzerns ist der 31.12. Die Tochterunternehmen TU-1 und TU-2 stellen ihre Abschlüsse auf den 30.9. auf.
>
> Das personell gut ausgestattete TU-1 fertigt Monatsabschlüsse an und kann daher ohne größeren Aufwand einen Zwischenabschluss auf den 31.12. erstellen. Die Einbeziehung erfolgt daher auf Basis des Zwischenabschlusses.
>
> TU-2 verfügt nicht über entsprechende Möglichkeiten. Die Einbeziehung erfolgt auf Basis des abweichenden Abschlussstichtags.

9   Wird ein Tochterunternehmen bislang auf Basis eines abweichenden Stichtags einbezogen und **passt** das Tochterunternehmen sein **Geschäftsjahr** dem von Mutterunternehmen und Konzern **an**, so kann es im **Umstellungszeitraum** mit einem **mehr als zwölf Monate** dauernden Zeitraum in den Konzernabschluss einzubeziehen sein.[4]

> **BEISPIEL** Abschlussstichtag der MU und des Konzern ist der 31.12. Das Tochterunternehmen TU stellt seinen Abschluss bisher auf den 30.9. auf und wurde auf dieser Basis einbezogen.

---

[4] Ebenso *Förschle/Deubert*, in: Beck'scher Bilanz-Kommentar, 7. Aufl., München 2010, § 299 Tz. 28; *Mackedanz*, in: Haufe HGB Bilanz Kommentar, Freiburg 2009, § 299 Rz. 9.

In 02 wird der Abschlussstichtag des Tochterunternehmens unter Bildung eines Rumpfgeschäftsjahrs (1.10. bis 31.12.02) an MU und den Konzern angepasst.

BEURTEILUNG ▶ In den Konzernabschluss 02 wird TU mit dem Zeitraum 1.10.01 bis 31.12.02, also mit 15 Monaten einbezogen. Eine Begrenzung des einzubeziehenden Zeitraums auf zwölf Monate würde entweder

- das Festhalten an Zwischenabschlüssen auf den 30.9. bedingen und damit im Widerspruch zu Abs. 2 stehen oder

- einen fiktiven Abschluss für den 1.1.01 bis 31.12.02 voraussetzen und damit gegen das Kongruenzprinzip verstoßen, da der Zeitraum 1.10. bis 31.12.01 auf diese Weise endgültig im Konzernabschluss unberücksichtigt bliebe.

Umgekehrt kann ein Tochterunternehmen auch hinsichtlich der Stromgrößen (GuV, Kapitalflussrechnung) und Bewegungsgrößen (Entwicklung des Eigenkapitals im Eigenkapitalspiegel) überhaupt nicht zu berücksichtigen sein:

BEISPIEL ▶ Abschlussstichtag der MU und des Konzerns war bisher der 31.12. Das Tochterunternehmen TU stellt seinen Abschluss bisher auf den 31.3. auf und wurde auf dieser Basis einbezogen. In 02 wird der Abschlussstichtag des Mutterunternehmens und damit des Konzerns unter Bildung eines Rumpfgeschäftsjahrs (1.1. bis 31.3.02) an TU angepasst.

BEURTEILUNG ▶ In den Konzernabschluss des Rumpfgeschäftsjahrs 02 wird TU zwar mit den Bestandswerten (Bilanz, Eigenkapital, Finanzmittelfonds) einbezogen, aber nicht mit den Strom- und Bewegungsgrößen. Die für das Tochterunternehmen im Zeitraum 1.1. bis 31.3.02 angefallenen Aufwendungen und Erträge, *cash inflows* und *cash outflows* sind bereits im Konzernabschluss für das Geschäfts- und Kalenderjahr 01 enthalten. Eine nochmalige Berücksichtigung im Konzernabschluss des Rumpfgeschäftsjahrs würde gegen das Kongruenzprinzip verstoßen, da der Zeitraum 1.1. bis 31.3.02 auf diese Weise zweifach berücksichtigt wäre.

2.2 Anforderungen an einen Zwischenabschluss

An den Zwischenabschluss sind qualitativ ähnliche **Anforderungen** wie an einen **Jahresabschluss** zu stellen. **Wesentlichkeitsgesichtspunkte** spielen aber eine größere Rolle. Da der Zwischenabschluss von vornherein nur für Zwecke des Konzerns erstellt wird, beurteilt sich die Wesentlichkeit nach den Verhältnissen des Konzerns. Je geringer die Bedeutung des Tochterunternehmens für den Konzern ist, umso großzügiger kann beim Zwischenabschluss im Vergleich zum Einzelabschluss vorgegangen werden. Ein Beispiel bietet die körperliche **Bestandsaufnahme** bei Vorräten:

III. Tochterunternehmen mit abweichendem Stichtag

> **BEISPIEL** Der Konzern K hat ein kalenderjahrgleiches Geschäftsjahr, das Geschäftsjahr des Tochterunternehmens läuft vom 1.9. bis zum 31.8. Das Tochterunternehmen wird auf Basis eines Zwischenabschlusses auf den 31.12. einbezogen.
>
> Die Bilanzsumme des Tochterunternehmens besteht zu etwa 25 % aus selbst erstellten oder von Konzernfremden bezogenen Vorräten. Gemessen an den Konzernverhältnissen ist die Höhe der Vorräte jedoch nicht bedeutsam. Weniger als 5 % der gesamten Konzernvorräte sind dem Tochterunternehmen zuzurechnen. Bezogen auf die Konzernbilanzsumme bedeutet dies einen Anteil von ca. 1 %.
>
> Die körperliche Bestandsaufnahme wurde für Zwecke des Einzelabschlusses auf den 1.8. durchgeführt und nach § 241 Abs. 3 HGB auf den 30.9. fortgeschrieben. Die Voraussetzungen für eine permanente Inventur (§ 241 Abs. 2 HGB) sind nicht gegeben.
>
> Für den Zwischenabschluss wäre eine entsprechende Fortschreibung auf den 31.12. nicht zulässig, da die körperliche Bestandsaufnahme mehr als drei Monate vor dem Stichtag des Zwischenabschlusses erfolgt (§ 241 Abs. 3 Nr. 1 HGB). Angesichts der geringeren Bedeutung der Vorräte der TU für den Konzernabschluss bestehen aber keine Bedenken, für Zwecke des Zwischenabschlusses eine Fortschreibung über vier statt drei Monate vorzunehmen.

Entsprechende Wesentlichkeitsüberlegungen sind bei der Bemessung von **Rückstellungen** und **Abgrenzungsposten** angezeigt. Bei Pensionen ist etwa gegen einen Extrapolation des Werts vom Abschlussstichtag auf den Stichtag des Zwischenabschlusses regelmäßig nichts einzuwenden.[5]

11 Die Berücksichtigung **ergebnisabhängiger Aufwendungen** (Steuern, Tantiemen etc.) im Zwischenabschluss bereitet dann Probleme, wenn die auf Basis des Geschäftsjahresergebnisses geschuldeten Zahlungen **nicht linear**, sondern progressiv, degressiv oder unter Schwellenwertbedingungen vom Geschäftsjahresergebnis abhängen. Hierzu folgendes Beispiel:

> **BEISPIEL** Das Geschäftsjahr der TU läuft vom 1.7. bis zum 30.6. Nach bisher wenig erfolgreichen Jahren werden am 1.7.01 neue Geschäftsführer eingestellt, die neben einer Fixvergütung ergebnisabhängige Vergütungen (Tantiemen) erhalten. Die Geschäftsführertantiemen betragen insgesamt 2 Mio €, wenn das Ergebnis vor Tantieme mindestens 10 Mio € beträgt, hingegen 0 bei einem darunter liegenden Geschäftsjahresergebnis (Schwellenwertbedingung).
>
> Nachfolgend die tatsächliche Tantieme auf Basis des Geschäftsjahrs sowie die fiktive auf Basis des Kalenderjahrs (Zwischenabschluss):

---

[5] Vgl. *ADS*, 6. Aufl., § 299 Tz. 32; ebenso *Mackedanz*, in: Haufe HGB Bilanz Kommentar, Freiburg 2009, § 299 Rz. 13.

	III-IV/01	I-II/02	III-IV/02	I-II/03	III-IV/03	I-II/04	III-IV/04	Summe
Ergebnis GJ vor Tantieme	5	5	4	6	3	7		30
tats. Tantieme auf Basis GJ		-2		-2		-2		-6
Mischergebnis								24
Ergebnis KJ vor Tantieme		5	4	6	3	7	5	30
fiktive Tantieme auf Basis KJ			0		0		-2	-2
Mischergebnis								28
Ergebnis KJ vor Tantieme				9	9		12	30
tats. Tantieme			-2	-2		-2		-6
Ergebnis KJ nach Tantieme				7	7		10	24

Im Beispiel führt die Berechnung der schwellenwertabhängigen Tantieme auf Basis des **Kalenderjahrs (Fiktionsmethode)** nicht nur zu zeitlichen Verzerrungen, sondern auch in der Summe aller Perioden zu einem **falschen Ergebnis**. 12

In **anderen Fällen** ergeben sich **keine Unterschiede** zwischen beiden Berechnungsmethoden oder nur solche **zeitlicher Art**, wobei dann die Erfassung nach der Fiktionsmethode ein sachgerechteres Verhältnis von Ergebnis vor erfolgsabhängiger Tantieme und Tantieme ergibt. Eine allgemein gültige Vorgabe, wie mit nichtlinearen ergebnisabhängigen Bestandteilen umzugehen ist, lasst sich daher nicht formulieren. Notwendig ist aber zweierlei:

▶ Die gewählte Methode ist **stetig** anzuwenden.
▶ Soweit die **fiktive Methode** angewandt wird, ist eine sich dabei ergebende nicht nur zeitliche Differenz zur Berechnung auf Geschäftsjahresbasis im **Folge-Zwischenabschluss** zu **korrigieren** (periodenfremder Ertrag oder Aufwand).

IV. Bedeutende Vorgänge nach dem Stichtag des Einzelabschlusses (Abs. 3)

1. Berücksichtigung in Bilanz/GuV oder Anhang

Wird bei einem **nicht mehr als drei Monate** vor dem Konzernabschlussstichtag liegenden Abschlussstichtag des Tochterunternehmens zulässigerweise **kein Zwischenabschluss** erstellt, 13 sind Vorgänge von **besonderer Bedeutung**, die zwischen dem Abschlussstichtag des Tochterunternehmens und dem Konzernabschlussstichtag eingetreten sind, **wahlweise** zu berücksichtigen

- in der Konzern**bilanz** und der **-GuV** (→ Rz. 17) oder
- als Angabe im **Konzernanhang** (→ Rz. 21).

Das Wahlrecht ist **zeitlich stetig** auszuüben. **Sachliche** Stetigkeit, d. h. die gleichartige Ausübung des Wahlrechts im Verhältnis zu unterschiedlichen Tochterunternehmen, wird im Schrifttum nicht gefordert.[6]

Die Berücksichtigung in der **Konzernbilanz/-GuV** erfordert eine **Nachbuchung** der bedeutenden Vorgänge. Bei umfangreichen Nachbuchungen nähert sich diese Fortschreibung vom Stichtag des Jahresabschlusses auf den Konzernabschlussstichtag einem Zwischenabschluss an.[7]

2. Wesentlichkeit für den Einzelabschluss oder für den Konzernabschluss?

14 Nach dem Wortlaut von Abs. 3 sind vom Erfordernis der Fortschreibung in Bilanz/GuV oder Anhang nur Vorgänge betroffen, die für die Darstellung der **Vermögens-, Finanz- und Ertragslage** eines **einbezogenen Unternehmens – nicht des Konzerns** – von besonderer Bedeutung sind. Dies würde zu folgenden Differenzierungen führen:

- Der Vorgang betrifft ein für den Konzern eher **unbedeutendes Tochterunternehmen** und ist aus **Konzernsicht nicht wesentlich**, wohl aber aus Sicht des Tochterunternehmens: Eine Berücksichtigung in Konzernbilanz/-GuV oder -Anhang wäre **erforderlich**.

- Das Mutterunternehmen liefert Vorräte an das größere Tochterunternehmen unter Realisierung eines hohen Zwischengewinns. Beim Tochterunternehmen und der Mutter ist der Vorgang **nicht wesentlich**, wohl aber aus Sicht des **Konzerns**: Eine Berücksichtigung in Konzernbilanz/GuV oder -Anhang wäre **nicht erforderlich**.

15 Ein solches Vorgehen wäre sachlich **nicht gerechtfertigt**. Der Adressat des Konzernabschlusses erhält Informationen über die Vermögens-, Finanz- und Ertragslage des **Konzerns** – und nicht über diejenige einbezogener Unternehmen. Beurteilungsmaßstab für die Wesentlichkeit kann daher nur die Bedeutung von Vorgängen für die Vermögens-, Finanz- und Ertragslage des Konzerns, nicht des einbezogenen Unternehmens sein. Jedenfalls aus dem allgemeinen **Wesentlichkeitsgrundsatz** ergibt sich daher eine Einschränkung von Abs. 3: Nach dem Abschlussstichtag des Tochterunternehmens liegende Vorgänge, die für den **Konzern unwesentlich** sind, müssen **nicht berücksichtigt** werden. Umgekehrt folgt aus dem Gebot der tatsachengetreuen Darstellung (→ § 297 Rz. 109). Vorgänge, die zwar nicht für ein einbezogenes Unternehmen, aber für den Konzern wesentlich sind, müssen berücksichtigt werden.

---

6 Vgl. *ADS*, 6. Aufl., § 299 Tz. 77; IDW, HFA 4/1988, Tz. 5.
7 Vgl. *Maas/Schruff*, WPg 1985 S. 1 ff.; *Förschle/Deubert*, in: Beck'scher Bilanz-Kommentar, 7. Aufl., München 2010, § 299 Tz. 37.

3. Einzelfälle

Soweit das Tochterunternehmen konzernintern und gegenüber Dritten einen der Höhe nach etwa **gleichbleibenden Leistungsverkehr** aufweist, besteht zwischen dem Einzelabschluss auf den abweichenden Stichtag und einem fiktiven Zwischenabschluss auf den Konzernabschlussstichtag i. d. R. kein bedeutsamer Unterschied. Eine **Berücksichtigung** der Vorgänge zwischen Einzel- und Abschlussstichtag in Bilanz/GuV oder Anhang ist **nicht geboten**.

16

Umgekehrt verhält es sich bei

- einem **gestiegenen oder gefallenen Leistungsverkehr**,
- **singulären** und der Höhe nach eher **ungewöhnlichen** Geschäftsvorfällen, unabhängig davon, ob diese erfolgswirksam oder wie etwa die Aufnahme oder Tilgung von Darlehen erfolgsneutral sind.

In beiden Fällen sind Fortschreibungen erforderlich, wobei eine Doppelberücksichtigung zu vermeiden und daher ggf. im Folgejahr eine Korrektur in umgekehrter Richtung vorzunehmen ist.

Ohne die Fortschreibung (bedeutender) Vorgänge auf den Konzernabschlussstichtag würde die **Konsolidierung** konzerninterner Beziehungen in vielen Fällen nicht mehr „aufgehen".

17

Hierzu zunächst ein Beispiel zur **Schuldenkonsolidierung** gem. § 303 HGB und **Aufwandskonsolidierung** gem. § 305 HGB:

> **BEISPIEL** Geschäftsjahr der MU und des Konzerns ist das Kalenderjahr. Das Geschäftsjahr der TU läuft vom 1.10. bis zum 30.9.
>
> Am 1.10.02 gewährt die MU der TU ein Darlehen über 100 Mio € zu einem Zinssatz von 4 %.
>
> Auf Basis des Einzelabschlusses der MU (31.12.02) und der TU (30.9.02) bzw. des daraus abgeleiteten Summenabschlusses geht die Schuldenkonsolidierung und die Aufwandskonsolidierung nicht auf, da der Darlehensforderung der Mutter von 100 Mio € (31.12.02) keine Verbindlichkeit der Tochter (per 30.9.02) gegenüber steht und dem Zinsertrag der Mutter von 1 Mio € kein Zinsaufwand der Tochter, denn letzterer ist erst nach dem 30.9.02 entstanden.
>
> Die vorgenannten Differenzen sind mithin durch Nachbuchungen/Fortschreibungen bei der Tochter auszugleichen. Bei der Tochter sind in der Entwicklung des Einzelabschlusses zum fortgeschriebenen Abschluss folgende Nachbuchungen erforderlich:
>
> | per Geld | 100 Mio an | Verbindlichkeiten | 100 Mio |
> | per Zinsaufwand | 1 Mio an | Verbindlichkeiten | 1 Mio |

Nachbuchungen können auch aus Sicht der Zwischenergebniseliminierung gem. § 304 HGB erforderlich sein.

18

Eine Fortschreibung ist z. B. dann notwendig, wenn das Tochterunternehmen mit abweichendem Stichtag im Zeitraum zwischen Einzelabschluss- und Konzernabschlussstichtag Vermögensgegenstände an andere Konzernunternehmen geliefert hat, die zum Konzernbilanzstichtag (noch) nicht weiterveräußert worden sind.

IV. Bedeutende Vorgänge nach dem Stichtag des Einzelabschlusses

> **BEISPIEL** Geschäftsjahr der MU und des Konzerns ist das Kalenderjahr. Das Geschäftsjahr der TU läuft vom 1.10. bis zum 30.9. Am 31.12.02 überträgt TU die Rechte an einer selbst entwickelten, nicht aktivierten Marke für 10 Mio € an MU. MU aktiviert die Marke.
>
> Folgende Buchungen sind erforderlich:
>
> Zur Fortschreibung bei der TU:
>
> | per Forderung | 10 Mio an | Ertrag | 10 Mio |
> |---|---|---|---|
>
> Zur anschließenden Konsolidierung:
>
> | per Ertrag | 10 Mio an | aktivierte Marke | 10 Mio |
> |---|---|---|---|
> | per Schulden | 10 Mio an | Forderungen | 10 Mio |

In Anwendung von § 304 Abs. 2 HGB kann eine Zwischenergebniseliminierung unterbleiben, wenn die Zwischenergebnisse für den Konzern von untergeordneter Bedeutung sind (→ § 304 Rz. 25).

19 Aus Sicht der **Kapitalkonsolidierung** sind Nachbuchungen notwendig, wenn sich im Zeitraum zwischen Einzel- und Konzernabschlussstichtag das Eigenkapital des Tochterunternehmens durch **Kapitalerhöhungen** oder **-herabsetzungen** verändert hat.

20 Bei Beteiligungen von **Minderheiten** am Tochterunternehmen ist der hierfür gebildete Ausgleichsposten (→ § 307 Rz. 2) nach Maßgabe der o. g. Fortschreibungen ebenfalls auf den Konzernabschlussstichtag fortzuschreiben.

4. Angaben im Konzernanhang

21 Eine Angabe der Vorgänge von besonderer Bedeutung nur im Konzernanhang muss einer Berücksichtigung in Konzernbilanz und Konzern-GuV **gleichwertig** sein. Die Anhangangabe kann sich daher nicht auf verbale Urteile der Art „… die Umsatzerlöse wären erheblich niedriger gewesen, wenn …" beschränken. Gefordert sind vielmehr Zahlenangaben, die sich auf einzelne Posten der Bilanz und GuV beziehen.[8]

Bei **mehreren** Unternehmen mit abweichendem Stichtag können die quantitativen Angaben **zusammengefasst** werden, soweit sie gleiche Posten betreffen.

---

8 Vgl. *ADS*, 6. Aufl., § 299 Tz. 100.

Vierter Titel: Vollkonsolidierung

§ 300 Konsolidierungsgrundsätze, Vollständigkeitsgebot

(1) ¹In dem Konzernabschluss ist der Jahresabschluss des Mutterunternehmens mit den Jahresabschlüssen der Tochterunternehmen zusammenzufassen. ²An die Stelle der dem Mutterunternehmen gehörenden Anteile an den einbezogenen Tochterunternehmen treten die Vermögensgegenstände, Schulden, Rechnungsabgrenzungsposten und Sonderposten der Tochterunternehmen, soweit sie nach dem Recht des Mutterunternehmens bilanzierungsfähig sind und die Eigenart des Konzernabschlusses keine Abweichungen bedingt oder in den folgenden Vorschriften nichts anderes bestimmt ist.

(2) ¹Die Vermögensgegenstände, Schulden und Rechnungsabgrenzungsposten sowie die Erträge und Aufwendungen der in den Konzernabschluss einbezogenen Unternehmen sind unabhängig von ihrer Berücksichtigung in den Jahresabschlüssen dieser Unternehmen vollständig aufzunehmen, soweit nach dem Recht des Mutterunternehmens nicht ein Bilanzierungsverbot oder ein Bilanzierungswahlrecht besteht. ²Nach dem Recht des Mutterunternehmens zulässige Bilanzierungswahlrechte dürfen im Konzernabschluss unabhängig von ihrer Ausübung in den Jahresabschlüssen der in den Konzernabschluss einbezogenen Unternehmen ausgeübt werden. ³Ansätze, die auf der Anwendung von für Kreditinstitute oder Versicherungsunternehmen wegen der Besonderheiten des Geschäftszweigs geltenden Vorschriften beruhen, dürfen beibehalten werden; auf die Anwendung dieser Ausnahme ist im Konzernanhang hinzuweisen.

Inhaltsübersicht	Rz.
I. Regelungsinhalt	1 - 2
II. Zusammenfassung der Jahresabschlüsse zur Summenbilanz (Abs. 1)	3 - 12
1. Entwicklung des Konzernabschlusses aus den Einzelabschlüssen (Abs. 1 Satz 1)	3 - 6
2. Bilanzierung nach dem Recht des Mutterunternehmens (Abs. 1 Satz 2)	7 - 12
2.1 Maßgeblichkeit des Rechts des Mutterunternehmens (Abs. 1 Satz 2)	7 - 9
2.2 Die HB II als technischer Konsolidierungsschritt	10 - 12
III. Vollständigkeitsgebot und Bilanzierungswahlrechte (Abs. 2)	13 - 17
1. Vollständigkeitsgebot (Abs. 2 Satz 1)	13 - 14
2. Bilanzierungswahlrechte (Abs. 2 Satz 2)	15 - 17
IV. Einbezogene Kreditinstitute und Versicherungen (Abs. 2 Satz 3)	18

Ausgewählte Literatur

Bömelburg/Köbrich, Vereinheitlichung im Konzernabschluss auf Ebene der einzubeziehenden Einzelabschlüsse (Handelsbilanzen II), BuW 1996 S. 725

Ordelheide, Bilanzansatz und Bewertung im Konzernabschluss, WPg 1985 S. 509

I. Regelungsinhalt

1   Zur Erstellung des Konzernabschlusses ist gem. Abs. 1 zunächst eine **Zusammenfassung** der Einzelabschlüsse der einbezogenen Unternehmen vorzunehmen, wobei an die Stelle der Beteiligung an Tochterunternehmen deren Vermögensgegenstände, Schulden etc. treten (→ Rz. 7). Das Ergebnis dieser Zusammenfassung ist die **Summenbilanz** (→ Rz. 3). Aus der Summenbilanz wird unter Anwendung der eigentlichen Konsolidierungsmethoden (Kapital-, Aufwands-, und Schuldenkonsolidierung sowie Zwischenergebniseliminierung gem. §§ 301 ff. HGB) der Konzernabschluss entwickelt.

2   Abs. 2 konkretisiert das **Vollständigkeitsgebot** in der Weise, dass für die Erfassung von Vermögen/Schulden etc. bzw. Erträgen/Aufwendungen auf das Recht des Mutterunternehmens und nicht auf das z. B. rechtsformbedingt andersartige Recht des Tochterunternehmens abzustellen ist. Auf Bilanzansatz und Bewertung gerichtete Gebote müssen – entsprechende Wahlrechte können – daher unabhängig von der Handhabung in den Einzelabschlüssen der einbezogenen Unternehmen ausgeübt werden. Diese **Unabhängigkeit** vom **Einzelabschluss** gilt auch im Verhältnis zum Jahresabschluss des Mutterunternehmens.

Bewertungswahlrechte sind im Konzern **einheitlich** auszuüben (§ 308 HGB).

Strittig ist/war, ob dies auch für **Ansatzwahlrechte** gilt (→ Rz. 17).

II. Zusammenfassung der Jahresabschlüsse zur Summenbilanz (Abs. 1)

1. Entwicklung des Konzernabschlusses aus den Einzelabschlüssen (Abs. 1 Satz 1)

3   Die in Abs. 1 Satz 1 geforderte Zusammenfassung der Einzelabschlüsse bezieht sich auf **Bilanzen** und **GuV**. Die Praxis spricht von einer **Summenbilanz** und schließt in diesen Begriff die **Summen-GuV** ein.

Sofern das zu konsolidierende Tochterunternehmen ausnahmsweise nach einzelbilanziellem Recht keinen Jahresabschluss aufzustellen hat, führt Abs. 1 Satz 1 auch nicht zu einer mittelbaren Pflicht zur Jahresabschlusserstellung. Ausreichend für die Konsolidierung sind Arbeitsbilanzen, *reporting packages* etc.[1]

4   Die **Kapitalflussrechnung** (→ § 297 Rz. 6) ist von der Summenbildung **nicht** zwingend betroffen. Insbesondere bei Anwendung der indirekten Methode wird sie häufig direkt aus Konzern-GuV und Konzernbilanz abgeleitet, ohne einzelne Kapitalflussrechnungen zu aggregieren. Im Übrigen besteht für den Einzelabschluss regelmäßig auch gar keine Pflicht zur Aufstellung einer Kapitalflussrechnung (→ § 264 Rz. 5).

Der **Anhang** ist ebenfalls nicht von der Summenbildung betroffen, da eine Aggregation verbaler Angaben nicht möglich ist und im Übrigen Tochterunternehmen je nach Rechtsform auch gar keinen Anhang erstellen müssen.

---

[1] Gl. A. *ADS*, 6. Aufl., § 300 Tz. 4; *Förschle*, in: Beck'scher Bilanz-Kommentar, 7. Aufl., München 2010, § 300 Tz. 12.

Die Summenbildung ist die **technische Vorstufe** zur **Konsolidierung**. Zur Darstellung des Konzerns als wirtschaftlicher Einheit (→ § 297 Rz. 115) sind **konzerninterne** Beziehungen zu **eliminieren**. Betroffen sind

▶ konzerninterne Beteiligungs-/Kapitalverhältnisse (Kapitalkonsolidierung nach § 301 HGB),

▶ konzerninterne Schulden und Forderungen (Schuldenkonsolidierung nach § 303 HGB) sowie

▶ konzerninterne Aufwendungen und Erträge (Aufwandskonsolidierung nach § 305 HGB, Zwischenergebniseliminierung nach § 304 HGB).

Da die Summenbilanz ein rein technischer Schritt in der Entwicklung des Konzernabschlusses ist, kommt ihr **keine eigenständige rechtliche Wirkung** zu. Sie ist wie die HB II (→ Rz. 12) weder festzustellen, noch zu billigen, noch offen zu legen.

2. Bilanzierung nach dem Recht des Mutterunternehmens (Abs. 1 Satz 2)

2.1 Maßgeblichkeit des Rechts des Mutterunternehmens (Abs. 1 Satz 2)

An die Stelle der dem Mutterunternehmen gehörenden Anteile an den einbezogenen Tochterunternehmen treten bei der Bildung der Summenbilanz die Vermögensgegenstände, Schulden, Rechnungsabgrenzungsposten und Sonderposten der Tochterunternehmen (→ Rz. 1) bzw. quotal konsolidierter Gemeinschaftsunternehmen (→ § 310 Rz. 4 ff.). Die Bilanzierung der Posten richtet sich nach dem **Recht des Mutterunternehmens**. Folgende beispielhaften Fälle sind von Relevanz:

▶ Das Mutterunternehmen ist Kapitalgesellschaft, das **Tochterunternehmen Personengesellschaft** und daher z. B. nicht zur Passivierung von Steuerlatenzen gem. § 274 HGB verpflichtet. Im Konzernabschluss ist eine Bilanzierung der passiven Latenz geboten.

▶ Das **Tochterunternehmen** bilanziert nach **ausländischem Recht** und aktiviert **Anlaufverluste** (Ingangsetzungskosten). Nach inländischem Recht – und daher im Konzernabschluss – dürfen die Anlaufverluste nicht aktiviert werden.

Abs. 2 dehnt die Unabhängigkeit von der Bilanzierung beim Tochterunternehmen auf **Wahlrechte** aus (→ Rz. 15).

Rechtsformspezifisch für Kreditinstitute und Versicherungen geltende Ansatzgebote und -wahlrechte werden in → Rz. 18 behandelt.

2.2 Die HB II als technischer Konsolidierungsschritt

Resultat der Anpassung an das Recht des Mutterunternehmens und die im Konzern beabsichtigte Wahlrechtsausübung ist die sog. **HB II** des einbezogenen Unternehmens. Die **Anpassung** betrifft sowohl Ansatzvorschriften gem. Abs. 1 als auch die nach § 308 HGB gebotene Vereinheitlichung der Bewertung.

Die Abfolge der konsolidierungstechnischen Schritte stellt sich unter Berücksichtigung der HB II wie folgt dar:

1. Ausgangspunkt: Einzelabschluss (= **HB I**),

2. Anpassung an Recht des Mutterunternehmens und Wahlrechtsausübung des Konzerns (= **HB II**),

3. Zusammenfassung der HB II-Abschlüsse (= **Summenbilanz**),

4. Eliminierungs- bzw. Konsolidierungsbuchungen (= **Konzernabschluss**).

12 Wie die Summenbilanz hat die **HB II technischen** und **keinen rechtlichen** Charakter (→ Rz. 6). Es bleibt dem Konzern daher unbenommen, wie er die Konsolidierung organisiert, etwa durch

▶ besondere Konzernbuchführung oder

▶ Ergänzungsrechnungen zur Überleitung der HB I auf die HB II.

In diesem technischen Zusammenhang ist auch zu entscheiden, ob die bei der Erstkonsolidierung vorzunehmenden **Neubewertungen** (→ § 301 Rz. 44) bereits in der HB II vorgenommen und fortgeschrieben oder – bei überschaubarer Zahl von Tochterunternehmen – als Teil der Kapitalkonsolidierungsbuchung erfasst werden.

III. Vollständigkeitsgebot und Bilanzierungswahlrechte (Abs. 2)

1. Vollständigkeitsgebot (Abs. 2 Satz 1)

13 Die Vermögensgegenstände, Schulden, Rechnungsabgrenzungsposten, Erträge und Aufwendungen der Tochterunternehmen sind gem. Abs. 2 Satz 1 **vollständig** in den Konzernabschluss aufzunehmen, sofern nach dem maßgeblichen Recht des Mutterunternehmens (→ Rz. 7) nicht ein Ansatzverbot oder ein Ansatzwahlrecht besteht. Die Vorschrift ist dem Grunde nach überflüssig, da sich bereits aus § 298 Abs. 1 HGB i.V. mit § 246 Abs. 1 HGB das Vollständigkeitsgebot und aus Abs. 2 Satz 2 die Maßgeblichkeit des Rechts des Mutterunternehmens ergibt.

14 In **zeitlicher** Hinsicht umfasst das Vollständigkeitsgebot bei **unterjährigem Erwerb** eines Tochterunternehmens nur die Aufwendungen/Erträge, die ab dem Erwerbszeitpunkt (= Zeitpunkt der Erstkonsolidierung gem. § 301 Abs. 2 HGB) anfallen. Wegen Einzelheiten hierzu wird auf → § 301 Rz. 14 verwiesen.

2. Bilanzierungswahlrechte (Abs. 2 Satz 2)

15 Bilanzierungswahlrechte, die für das Mutterunternehmen gelten, sind im Konzernabschluss unabhängig von ihrer Inanspruchnahme in den Einzelabschlüssen ausübbar.

> **BEISPIEL** ▶ Das Tochterunternehmen übt das Wahlrecht zur Aktivierung qualifizierter Entwicklungskosten nach § 248 HGB nicht aus. Es macht jedoch von dem Wahlrecht der Aktivierung latenter Steuern (§ 274 HGB) Gebrauch.
>
> Im Konzern sollen Entwicklungskosten aktiviert und nicht aus der Konsolidierung stammende aktive Latenzen nicht bilanziert werden. Eine solche Neuausübung der Wahlrechte ist nach Abs. 2 Satz 2 zulässig.

Strittig ist, ob das Recht zur Neuausübung von Wahlrechten auch **faktische Wahlrechte** (Ermessenspielräume) umfasst. Nach einer in der Literatur vertretenen Auffassung ist die Neuausübung von Ermessen nicht möglich. Es sei daher z. B. unzulässig, einer ungewissen Verbindlichkeit im Jahresabschluss eine Wahrscheinlichkeit von < 50 % zuzumessen und demzufolge keine Rückstellung anzusetzen, im Konzernabschluss aber ohne tatsächliche neue Erkenntnisse anders vorzugehen.[2]

16

Nach unserer Auffassung ist eine Bindung an Ermessensausübungen im Einzelabschluss hingegen häufig nicht gegeben: Die Ausübung von **Ermessen** setzt ein (Bilanzierungs-)**Subjekt** voraus. Dieses hat nach seinen (vertretbaren) Einschätzungen des Sachverhalts und seiner (vertretbaren) Interpretation der Rechtsnorm eine Bilanzierungsentscheidung zu treffen. Einschätzungen und Interpretationen anderer Subjekte können das Subjekt der Konzernbilanzierung nicht binden. Hieraus ergibt sich u. E. die Notwendigkeit folgender sachlicher Differenzierung:

- Die Ermessensentscheidung betrifft einen Sachverhalt, der beim **Mutterunternehmen** oder einem im Geschäftsführungsorgan **personenidentischen Tochterunternehmen** vorliegt: Die **Subjekte** der Konzernbilanzierung und der Einzelbilanzierung sind **identisch**. Das Ermessen ist (vorbehaltlich tatsächlicher neuer Erkenntnisse) einheitlich auszuüben.

- Die Ermessensentscheidung betrifft ein in der Geschäftsführung **abweichend besetztes Tochterunternehmen**: Das Subjekt der Konzernbilanzierung ist **nicht** an die Entscheidungen des nicht personenidentischen Organs der Einzelbilanzierung **gebunden**.

Die **Ansatzwahlrechte** müssen nach h. M. im Gegensatz zu Bewertungswahlrechten (vgl. → § 308 Rz. 1) bei gleichen Sachverhalten nicht einheitlich ausgeübt werden.[3] Zwei Begründungen werden bzw. wurden hierfür angeführt:

17

1. **Konzernspezifische** Vorschriften: Während § 308 HGB die einheitliche Bewertung im Konzernabschluss vorschreibt, fehlt eine entsprechende Vorschrift für den Bilanzansatz.

2. **Allgemeine** Vorschriften: Während für Bewertungen nach § 252 Abs. 1 Nr. 6 HGB i. V. mit § 298 Abs. 1 HGB die zeitliche und sachliche Stetigkeit gefordert ist, bestanden entsprechende Vorschriften für den Bilanzansatz bisher nicht. Dieses Argument ist durch die Einbeziehung des Ansatzes in das Stetigkeitsgebot (§ 246 Abs. 3 HGB) im Rahmen des BilMoG überholt.

Die unterschiedliche Ausübung von Ansatzwahlrechten im Konzern **verschlechtert** bei wesentlicher Größenordnung den Einblick in die Vermögens-, Finanz- und Ertragslage.

BEISPIEL Mehrere konzernzugehörige Unternehmen erzielen im Geschäftsjahr einen Verlust. Die Voraussetzungen für eine Aktivierung latenter Steuern nach § 274 HGB sind in allen Fällen gegeben. Der Konzern entscheidet sich jedoch, in einigen Fällen im Konzernabschluss eine Aktivierung vorzunehmen, sie in anderen Fällen aber zu unterlassen.

Die Position „aktive latente Steuern" stellt unter diesen Umständen ein Mixtum dar. Sie reflektiert weder die insgesamt erwartete Steuerentlastung aus den Verlustvorträgen (da ein

---

2 Vgl. *Förschle*, in: Beck'scher Bilanz-Kommentar, 7. Aufl., München 2010, § 300 Tz. 51.
3 Vgl. *ADS*, 6. Aufl., § 300 Tz. 29; *Förschle*, in: Beck'scher Bilanz-Kommentar, 7. Aufl., München 2010, § 300 Tz. 50.

> Teil der Verlustvorträge nicht aktiviert wurde) noch eine Grundsatzentscheidung, auf die Aktivierung von Verlustvorträgen zu verzichten.
>
> Eine sinnvolle Konzernsteuerquote ergibt sich in der GuV nicht.

Entsprechende Einschränkungen hinsichtlich des Einblicks in die Vermögens-, Finanz- und Ertragslage können aber nach der h. M. durch den Anhang geheilt werden. Soweit man der sog. Abkopplungsthese folgt, ist die h. M. konsistent. Demnach müssen Bilanz und GuV nicht den tatsachengetreuen Einblick in die Vermögens-, Finanz- und Ertragslage ermöglichen; es reicht vielmehr aus, wenn dies der Anhang leistet. Unsere Einwände gegen die **Abkopplungsthese** haben wir unter → § 264 Rz. 16 ff. formuliert. Folgt man diesen Einwendungen, so sind auch Ansatzwahlrechte im Konzern einheitlich auszuüben.[4] Eine Einheitlichkeit beim Bilanzansatz ist u. E. jedenfalls durch die oben erwähnte Neufassung von § 246 Abs. 3 HGB durch das BilMoG, die wegen § 298 Abs. 1 HGB auch für den Konzernabschluss gilt, geboten.

IV. Einbezogene Kreditinstitute und Versicherungen (Abs. 2 Satz 3)

18 Bilanzansätze, die auf speziellen Vorschriften für **Kreditinstitute oder Versicherungen** beruhen, können nach Abs. 2 Satz 3 im Konzernabschluss auch dann beibehalten werden, wenn das Mutterunternehmen selbst nicht unter die Sondervorschriften fällt.

> **BEISPIEL** ▶ Der Automobilkonzern A unterhält zum Zwecke der Absatzfinanzierung (Leasing) eine Bank. In deren Einzelabschluss ist gem. § 340g Abs. 1 HGB ein Posten „Fonds für allgemeine Bankrisiken" enthalten.
>
> Nach Abs. 2 Satz 3 darf der Posten im Konzernabschluss der A beibehalten werden.

---

4 Im Ergebnis gl. A. *Müller/Kreipl*, in: Haufe HGB Bilanz Kommentar, Freiburg 2009, § 300 Rz. 32.

§ 301 Kapitalkonsolidierung

(1) ¹Der Wertansatz der dem Mutterunternehmen gehörenden Anteile an einem in den Konzernabschluss einbezogenen Tochterunternehmen wird mit dem auf diese Anteile entfallenden Betrag des Eigenkapitals des Tochterunternehmens verrechnet. ²Das Eigenkapital ist mit dem Betrag anzusetzen, der dem Zeitwert der in den Konzernabschluss aufzunehmenden Vermögensgegenstände, Schulden, Rechnungsabgrenzungsposten und Sonderposten entspricht, der diesen an dem für die Verrechnung nach Absatz 2 maßgeblichen Zeitpunkt beizulegen ist. ³Rückstellungen sind nach § 253 Abs. 1 Satz 2 und 3, Abs. 2 und latente Steuern nach § 274 Abs. 2 zu bewerten.

(2) ¹Die Verrechnung nach Absatz 1 ist auf Grundlage der Wertansätze zu dem Zeitpunkt durchzuführen, zu dem das Unternehmen Tochterunternehmen geworden ist. ²Können die Wertansätze zu diesem Zeitpunkt nicht endgültig ermittelt werden, sind sie innerhalb der darauf folgenden zwölf Monate anzupassen. ³Ist ein Mutterunternehmen erstmalig zur Aufstellung eines Konzernabschlusses verpflichtet, sind die Wertansätze zum Zeitpunkt der Einbeziehung des Tochterunternehmens in den Konzernabschluss zugrunde zu legen, soweit das Unternehmen nicht in dem Jahr Tochterunternehmen geworden ist, für das der Konzernabschluss aufgestellt wird. ⁴Das Gleiche gilt für die erstmalige Einbeziehung eines Tochterunternehmens, auf die bisher gemäß § 296 verzichtet wurde.

(3) ¹Ein nach der Verrechnung verbleibender Unterschiedsbetrag ist in der Konzernbilanz, wenn er auf der Aktivseite entsteht, als Geschäfts- oder Firmenwert und, wenn er auf der Passivseite entsteht, unter dem Posten „Unterschiedsbetrag aus der Kapitalkonsolidierung" nach dem Eigenkapital auszuweisen. ²Der Posten und wesentliche Änderungen gegenüber dem Vorjahr sind im Anhang zu erläutern.

(4) Anteile an dem Mutterunternehmen, die einem in den Konzernabschluss einbezogenen Tochterunternehmen gehören, sind in der Konzernbilanz als eigene Anteile des Mutterunternehmens mit ihrem Nennwert oder, falls ein solcher nicht vorhanden ist, mit ihrem rechnerischen Wert, in der Vorspalte offen von dem Posten „Gezeichnetes Kapital" abzusetzen.

Inhaltsübersicht	Rz.
I. Regelungsinhalt	1 - 6
II. Die Konzeption der Erwerbsmethode	7 - 12
1. Einzelerwerbsfiktion	7 - 11
2. Vergleich zur *acquisition method* der internationalen Rechnungslegung	12
III. Maßgeblichkeit des Erstkonsolidierungszeitpunkts (Abs. 2)	13 - 28
1. Überblick	13 - 15
2. Die rechtlichen Stufen des Erwerbsprozesses	16 - 22
3. Nachträgliche bessere Erkenntnisse	23 - 24
4. Erstmalige Konsolidierung oder erstmaliger Konzernabschluss	25 - 28
IV. Bestimmung der Anschaffungskosten bzw. des Beteiligungsbuchwerts (Abs. 1 Satz 1)	29 - 43
1. Allgemeines	29 - 34
2. Kaufpreisanpassungsklauseln	35 - 43
2.1 Anwendungsfälle: *earn out*, Kurs- und Bilanzgarantie	35 - 36
2.2 Behandlung zum Erwerbszeitpunkt und in den zwölf Folgemonaten	37 - 39

2.3 Divergenz von Einzelbilanz (Beteiligungsbuchwert) und Konzernbilanz bei Anpassungen nach mehr als zwölf Monaten	40 - 43
V. Ansatz erworbener Vermögensgegenstände und Schulden (Abs. 1)	44 - 69
1. Grundlagen	44
2. Immaterielles Anlagevermögen	45 - 64
2.1 Abgrenzung vom *goodwill*	45 - 49
2.2 Systematisierung des immateriellen Vermögens	50 - 51
2.3 Kundenbeziehungen und Marken	52 - 57
2.4 *In process research and development*	58
2.5 Vertragliches Wettbewerbsverbot	59 - 61
2.6 Schwebende Verträge mit Gewinn- oder Verlusterwartung	62 - 64
3. Rückstellungen	65 - 68
4. Latente Steuern auf Verlustvorträge	69
VI. Bewertung erworbener Vermögensgegenstände und Schulden (Abs. 1)	70 - 91a
1. Bewertungsmaßstäbe	70
2. Bewertungstechniken	71 - 82
3. Abgrenzungsposten für Erlöse	83
4. Zeitbewertung bei vorkonzernlichen Beziehungen (*preexisting relationships*)	84 - 89
5. Latente Steuern und Rückstellungen	90 - 91a
VII. *Goodwill* und negativer Unterschiedsbetrag (Abs. 3)	92 - 105
1. Überblick	92
2. *Goodwill* im mehrstufigen Konzern	93 - 100
2.1 Problemstellung	93 - 95
2.2 Konzernerweiterung nach unten	96
2.3 Konzernerweiterung nach oben	97 - 99
2.4 Buchungsbeispiel	100
3. Negativer Unterschiedsbetrag	101 - 104
4. Anhangangaben	105
VIII. Folgekonsolidierung nach der Erwerbsmethode	106
IX. Hinzuerwerb und Veräußerung von Anteilen	107 - 119
1. Überblick	107
2. Auf- und Abwärtskonsolidierung	108 - 109
3. Auf- und Abstockung einer Mehrheitsbeteiligung	110 - 112
4. Entkonsolidierung	113 - 115
5. Kontrollerlangung/-verlust ohne Erwerb/Veräußerung von Anteilen	116
6. Kapitalmaßnahmen beim Tochterunternehmen	117 - 119
X. Konzerninterne Umstrukturierungen, Transaktionen unter gemeinsamer Kontrolle	119a - 119f
1. Motive und Formen	119a - 119b
2. Schaffung von Holding-Strukturen mit und ohne *common control*	119c - 119d
3. Verschmelzungen: *side-*, *down-* und *upstream mergers*	119e - 119f
XI. Latente Steuern	120 - 121
XII. Rückbeteiligung der Tochter (Abs. 4)	122 - 125
XIII. Anhangangaben	126
XIV. Appendix – Technik der Zeitwertbestimmung an ausgewählten Beispielen	127 - 146
1. Selbst genutzte Sachanlagen	127
2. Marken	128 - 132
3. Erzeugnisse und Waren	133
4. Auftragsbestände	134 - 136
5. Dauervertragskunden	137 - 138
6. *In process research and development*	139 - 141
7. Hyperlizenzen	142 - 143
8. *Tax amortization benefit*	144 - 146

Ausgewählte Literatur

AICPA, Practice Aid: Assets Acquired in a Business Combination to Be Used in Research and Development Activities", 2001

Baetge, Kapitalkonsolidierung nach der Erwerbsmethode im mehrstufigen Konzern, in: Förschle/Kaiser/Moxter (Hrsg.), Rechenschaftslegung im Wandel, Festschrift zum 65. Geburtstag von Dr. Wolfgang Dieter Budde, München 1995, S. 19

Busse von Colbe/Schurbohm-Ebnet, Neue Vorschriften für den Konzernabschluss nach dem Entwurf des BilMoG, BB 2008 S. 98

Ernsting, Zur Bilanzierung eines negativen Geschäfts- oder Firmenwerts nach Handels- und Steuerrecht, WPg 1998 S. 405

Freiberg, Earn out-Klauseln beim Unternehmenserwerb, PiR 2008 S. 31

Fröhlich, Nochmals: Die Kapitalkonsolidierung bei Erwerb eines Teilkonzerns, WPg 2004 S. 65

Gerpott/Thomas, Bilanzierung von Marken nach HGB, DRS, IFRS und US-GAAP, DB 2004 S. 2485

Hofmann/Triltzsch, Bilanzieller Ausweis negativer Unterschiedsbeträge aus der Kapitalkonsolidierung nach HGB und IFRS, StuB 2003 S. 729

Kasperzak/Nestler, Zur Berücksichtigung des Tax Amortisation Benefit bei der Fair-Value-Ermittlung immaterieller Vermögenswerte, DB 2007 S. 473

Klaholz/Stibi, Sukzessiver Anteilserwerb nach altem und neuem Handelsrecht, KoR 2009 S. 297

Küting/Leinen, Die Kapitalkonsolidierung bei Erwerb eines Teilkonzerns, WPg 2002 S. 1201

Küting/Leinen, Die Kapitalkonsolidierung bei Erwerb eines Teilkonzerns, Anmerkungen zum Beitrag von Fröhlich, WPg 2004 S. 70

Küting/Zündorf, Die konzerninterne Verschmelzung und ihre Abbildung im konsolidierten Abschluss, BB 1994 S. 1383

Lüdenbach, Die fair value-Ermittlung von Marken unter Berücksichtigung von Markenerhaltungsaufwendungen, PiR 2006 S. 268

Lüdenbach, Die Vernichtung von Eigenkapital im (befreienden) Konzernabschluss der GmbH & Co. KG, GmbHR 2000 S. 841

Lüdenbach/Hoffmann, Beziehungen zum erworbenen Unternehmen (preexisting relationships) bei der Erstkonsolidierung nach IFRS 3, BB 2005 S. 651

Lüdenbach/Prusaczyk, Bilanzierung von In Process research and Development beim Unternehmenserwerb nach IFRS und US-GAAP, KoR 2004 S. 415

Lüdenbach/Prusaczyk, Bilanzierung von Kundenbeziehungen, KoR 2004 S. 204

Lüdenbach/Völkner, Abgrenzung des Kaufpreises von sonstigen Vergütungen bei der Erst- und Entkonsolidierung, BB 2006 S. 1435

Ordelheide, Endkonsolidierung bei Ausscheiden eines Unternehmens aus dem Konsolidierungskreis, BB 1986 S. 766

Oser, Auf- und Abstockungen von Mehrheitsbeteiligungen im Konzernabschluss nach BilMoG, DB 2010 S. 65

Peffekoven, Geht die Reform der Kapitalkonsolidierung in eine falsche Richtung?, WPg 2001 S. 187

Petersen/Zwirner, Neuerungen in der Konzernrechnungslegung nach HGB, Geplante Veränderungen gegenüber dem Regierungsentwurf zum BilMoG, DB 2008 S. 2093

Römgens, Behandlung des auf die Minderheiten entfallenden goodwills im mehrstufigen Konzern, BB-Special 19/2005 (Beilage zu Heft 39) S. 21

Smith/Paar, Valuation of Intellectual Property and Intangible Assets, 3. Aufl., 2000

Weiser, Earn-out-Unternehmenserwerbe im Konzernabschluss nach US-GAAP, IFRS und HGB/DRS, WPg 2005 S. 269

Theile/Stahnke, Zum Erstkonsolidierungszeitpunkt im Konzernabschluss nach dem BilMoG-RegE, StuB 2008 S. 578

I. Regelungsinhalt

1 Nach Abs. 1 Satz 1 ist für Zwecke des Konzernabschlusses der Buchwert der Beteiligung am Tochterunternehmen gegen den Anteil am Nettovermögen (Eigenkapital) des Tochterunternehmens zu verrechnen. Das Nettovermögen ist insgesamt – d. h. auch hinsichtlich der Minderheiten (→ Rz. 11) – zu beizulegenden **Zeitwerten** zu ermitteln, also unter Aufdeckung stiller Reserven und Lasten (→ Rz. 44). **Ausgenommen** von der Zeitbewertung sind durch Abs. 1 Satz 3 **Rückstellungen** und **latente Steuern**, für die die einzelbilanziellen Bewertungsvorschriften gelten (→ Rz. 90).

2 Ein nach der Verrechnung verbleibender Unterschiedsbetrag ist gem. Abs. 3 als *goodwill* („Geschäfts- oder Firmenwert") zu aktivieren bzw. als **negativer „Unterschiedsbetrag** aus der Kapitalkonsolidierung" zu passivieren (→ Rz. 92).

3 Für die Verrechnung nach Abs. 1 und damit auch für die Bestimmung des *goodwill* oder negativen Unterschiedsbetrags nach Abs. 3 sind gem. Abs. 2 Satz 2 die Verhältnisse zum **Zeitpunkt** maßgeblich, zu dem das Unternehmen Tochterunternehmen geworden ist (→ Rz. 13). Im einfachsten Fall entspricht dieser Zeitpunkt dem Anschaffungszeitpunkt der Anteile. Besonderheiten ergeben sich in folgenden Fällen:

▶ **Sukzessiver Anteilserwerb**: Wird der Status eines Tochterunternehmens nicht schon durch den ersten Erwerbsschritt, sondern erst durch einen späteren erlangt, sind die stillen Reserven nicht nach den Verhältnissen der einzelnen Erwerbsschritte, sondern einheitlich auf den Zeitpunkt der Statuserlangung zu bestimmen (→ Rz. 108).

▶ **Verzögerte Einbeziehung**: Wird das Tochterunternehmen zunächst wegen Unwesentlichkeit oder aus anderen in § 296 HGB zugelassenen Gründen nicht konsolidiert und ändert sich dies später, so sind nach Abs. 2 Satz 3 und 4 die Verhältnisse zum Zeitpunkt der erstmaligen Einbeziehung des Tochterunternehmens in den Konzernabschluss maßgeblich (→ Rz. 25).

▶ **Erstmaliger Konzernabschluss**: Das Gleiche gilt nach Abs. 2 Satz 3, wenn ein Mutterunternehmen erstmalig zur Aufstellung eines Konzernabschlusses verpflichtet ist (→ Rz. 28).

Abs. 4 behandelt den Spezialfall einer **Rückbeteiligung** der Tochter an der Mutter. Die entsprechenden Anteile sind in der Konzernbilanz mit ihrem Nennwert (oder rechnerischen Wert) vom Posten „Gezeichnetes Kapital" abzusetzen (→ Rz. 122).

Nicht in § 301 HGB, sondern **an anderer Stelle des Gesetzes** geregelt sind
- die **Fortschreibung** von *goodwill* und negativem Unterschiedsbetrag (→ § 309 Rz. 1 ff.) sowie
- der Ausgleichsposten für **Minderheiten** bei nicht 100 %iger Beteiligung (→ § 307 Rz. 1 ff.).

Eine explizite Regelung zur Fortschreibung der **stillen Reserven** und **Lasten fehlt im Gesetz** vollkommen, ergibt sich aber z. B. aus der allgemeinen Überlegung, wonach sich stille Reserven durch Abnutzung (Abschreibung) oder Abgang des betreffenden Vermögensgegenstands vermindern. Kodifiziert wird die Fortschreibung durch DRS 4.25 (→ Rz. 106).

Auslegungsbedürftig ist § 301 HGB insbesondere bei der **Übergangs**konsolidierung sowie **Auf- und Abstockungen**:
- Von einer Übergangskonsolidierung wird dann gesprochen, wenn sich der Status einer Beteiligung ändert; im Rahmen einer **Aufwärtskonsolidierung** (→ Rz. 108), wenn schon vor dem Hinzuerwerb Anteile gehalten wurden (z. B. einfache Beteiligung oder ein assoziiertes Unternehmen wird durch Hinzuerwerb Tochterunternehmen); im Rahmen einer **Abwärtskonsolidierung** (→ Rz. 109), wenn die Anteilsquote durch eine Teilveräußerung unter 50 % sinkt (z. B. Tochterunternehmen wird assoziiertes Unternehmen oder einfache Beteiligung).
- Die **Auf- und Abstockung** betrifft Erhöhungen und Minderungen der Beteiligungsquote ohne Änderung des Tochterstatus (→ Rz. 110).

II. Die Konzeption der Erwerbsmethode

1. Einzelerwerbsfiktion

Ein Unternehmenserwerb kann sich rechtlich sowohl in der Form eines Erwerbs von einzelnen Vermögensgegenständen (*asset deal*) als auch in der Form eines Anteilserwerbs (*share deal*) vollziehen. In beiden Fällen kann der Kaufpreis über dem Buchwert des zugehenden Nettovermögens liegen und es damit einerseits zur Aufdeckung stiller Reserven, andererseits zur Aufdeckung von *goodwill* kommen. Beim ***asset deal*** dürfen im **Einzel- oder Konzernabschluss** die Buchwerte des Veräußerers nicht fortgeführt werden. Über den Bilanzansatz beim Erwerber entscheiden vielmehr dessen Anschaffungskosten, die unter Aufdeckung stiller Reserven auf die einzelnen Vermögensgegenstände und Schulden sowie einen eventuellen *goodwill* zu verteilen sind (§ 253 Abs. 1 HGB und § 246 Abs. 1 Satz 4 HGB). Vgl. zum Verteilungsproblem → § 255 Rz. 42.

Beim ***share deal*** in Form des Erwerbs einer Tochtergesellschaft ist im **Konzernabschluss** entsprechend zu verfahren, da hier nicht ein Vermögensgegenstand „Beteiligung an Tochterunternehmen" ausgewiesen wird, sondern gem. § 300 HGB an deren Stelle die Vermögensgegenstände, Schulden sowie Abgrenzungs- und Sonderposten des Tochterunternehmens treten. Fingiert wird somit der Erwerb der hinter der Beteiligung stehenden Vermögensgegenstände und Schulden sowie eines eventuellen *goodwill*. Diese sog. **Einzelerwerbsfiktion** liegt den Regelungen von § 301 HGB zugrunde.

II. Die Konzeption der Erwerbsmethode

9 Bei der Abbildung des *share deal* im Konzernabschluss ergeben sich jedoch im Vergleich zum Unternehmenserwerb im Einzelabschluss drei **Besonderheiten**:
- ▶ An die Stelle der Anschaffungskosten tritt der **Beteiligungsbuchwert**. Dieser kann z. B. bei Kontrollerlangung in mehren Erwerbsschritten von den Anschaffungskosten abweichen.
- ▶ Bei Erwerb einer nicht 100 % betragenden Kontrollmehrheit ist gleichwohl der **100 %ige** Erwerb der Vermögensgegenstände und Schulden **zu fingieren**. Der Ausgleich zu den nur quotal angefallenen Anschaffungskosten erfolgt durch einen Passivposten für **Minderheiten**.
- ▶ Der Verteilung des Beteiligungsbuchwerts (i. d. R. zugleich des Kaufpreises) auf die einzelnen Vermögensgegenstände und Schulden sowie einen eventuellen *goodwill* (sog. **Kaufpreisallokation**) erfolgt nicht nach den Wertverhältnissen des Erwerbs-, sondern des Erstkonsolidierungszeitpunkts.

10 In **zeitlicher Abfolge** stellen sich somit folgende Aufgaben bei der Erstkonsolidierung:
- ▶ Der **Stichtag** der Erstkonsolidierung ist zu bestimmen, um z. B. bei Erlangung des Tochterstatus in einem Erwerbsakt u. a. gekaufte Ergebnisse des erworbenen Unternehmens (bis zum Stichtag angefallen, daher Teil der Erstkonsolidierung) von nach dem Unternehmenszusammenschluss anfallenden Ergebnissen abzugrenzen (→ Rz. 14).
- ▶ Die Anschaffungskosten des Erwerbs und daraus abgeleitet der **Beteiligungsbuchwert** sind zu bestimmen. Hierbei ergeben sich Komplikationen etwa im Falle ungewisser Anschaffungskosten (z. B. aus ergebnisabhängigen *earn out*-Vereinbarungen; → Rz. 35).
- ▶ Die Aufteilung der Anschaffungskosten bzw. des Beteiligungsbuchwerts ist vorzunehmen. Diese **Kaufpreisallokation** i. e. S. erfordert Folgendes:
  - Die **beizulegenden Zeitwerte** der Vermögensgegenstände und Schulden sind zu bestimmen, d. h. stille Reserven und stille Lasten sind aufzudecken (→ Rz. 44). Auch bei nicht 100 %iger Beteiligung sind zwingend 100 % der stillen Reserven und Lasten darzustellen (→ Rz. 11).
  - Die **latenten Steuern** sind zu ermitteln. Sie erfahren u. a. durch die Aufdeckung der stillen Reserven und stillen Lasten eine Änderung gegenüber dem Ansatz beim Veräußerer (→ Rz. 120).
  - Schließlich ist der *goodwill* (oder negativer Unterschiedsbetrag) als Differenz von Beteiligungsbuchwert einerseits und Zeitwert (abzüglich latenter Steuern) andererseits zu bestimmen (→ Rz. 92). Der *goodwill* ist wie ein Vermögensgegenstand anzusetzen (→ § 246 Rz. 279). Bei negativem Unterschiedsbetrag ergibt sich ein Passivposten, dessen Auflösung besonderen Regeln unterliegt (→ § 309 Rz. 14).

11 Nach der Neufassung von § 301 HGB durch das BilMoG ist für Unternehmenserwerbe ab Anwendungszeitpunkt des BilMoG eine nur **beteiligungsproportionale**, dem Mehrheitsanteil entsprechende Aufdeckung stiller Reserven (sog. Buchwertmethode) nicht mehr zulässig (→ Art. 66 Rz. 15). Geboten ist die volle Aufdeckung der stillen Reserven nach der sog. **Neubewertungsmethode** (genauer: Methode der vollständigen Neubewertung). Im Normalfall (stille Reserven höher als stille Lasten) führt sie zu einem höheren Ansatz von Vermögensgegenständen und einem höheren Minderheitenanteil als die beteiligungsproportionale Neubewertung nach der Buchwertmethode (→ Rz. 93). Bei der Folgekonsolidierung ergeben sich entsprechend höhere Abschreibungen auf das Anlagevermögen und ein niedrigerer (durch Abschreibung auf die stillen Reserven belasteter) Gewinnanteil der Minderheitengesellschafter.

Die **Methode der Interessenzusammenführung** (*pooling of interest*), bei der die beteiligten Unternehmen ihre Buchwerte fortführen, ist nach Streichung von § 302 HGB durch das BilMoG nicht mehr zulässig.

2. Vergleich zur *acquisition method* der internationalen Rechnungslegung

Auch die **internationale Rechnungslegung** folgt der Einzelerwerbsfiktion (→ Rz. 7) bzw. Erwerbsmethode (*acquisition method*). **Unterschiede** bestehen aber in technischer und sachlicher Hinsicht: 12

▶ **Technisch** kommen die Regelungen von **IFRS 3** zur Erstkonsolidierung ohne Bezugnahme auf den Einzelabschluss und den Beteiligungsbuchwert aus. Die Eigenständigkeit (und Vorrangigkeit) des Konzernabschlusses (in der angelsächsischen Praxis z.T. durch eine geschlossene Konzernbuchhaltung umgesetzt) wird betont. Die **Anschaffungskosten** des Konzerns werden daher dem vom Konzern erworbenen Vermögen gegenübergestellt, der Beteiligungsbuchwert der Einzelbilanz wird nicht angesprochen. **§ 301 Abs. 1 HGB** setzt demgegenüber an der (im Inland üblichen) Technik der Konsolidierung vom Einzelabschluss über den Summenabschluss und die Konsolidierungsbuchungen zum Konzernabschluss an. Der im Summenabschluss noch enthaltene **Beteiligungsbuchwert** ist gegen das Nettovermögen des Tochterunternehmens zu konsolidieren.

▶ **Sachlich** folgt IFRS 3 stärker der **wirtschaftlichen Betrachtungsweise**. Das auffälligste Beispiel ist der **umgekehrte Unternehmenserwerb** (*reverse acquisition*). Beim umgekehrten Unternehmenserwerb ist nach IFRS 3.B19 das Unternehmen, das rechtlich erworben wurde, in wirtschaftlicher Betrachtung der Erwerber. Hinsichtlich der Bestimmung des *goodwill* und der aufzulösenden stillen Reserven ist dann nach IFRS 3 dem wirtschaftlichen Sachverhalt zu folgen, während das HGB entsprechend den rechtlichen Verhältnissen vorgeht.

> **BEISPIEL** ▶ Die börsennotierte Online O-AG erwirbt sämtliche Anteile der Verlags-GmbH V. Die Transaktion wird als Kapitalerhöhung gegen Einlage durchgeführt. Dadurch erhalten die Gesellschafter der V neue Aktien der O. Nach der Kapitalerhöhung halten die Gesellschafter der V die Mehrheit an der O-AG.
>
> ▶ O ist nur formell Erwerber.
>
> ▶ In wirtschaftlicher Betrachtung erfolgt der Erwerb durch V.

> **BEURTEILUNG NACH IFRS 3** Gem. IFRS 3.B19 liegt ein umgekehrter Unternehmenserwerb vor, bei dem die V als Erwerber zu identifizieren ist. Stille Reserven und *goodwill* sind daher für V aufzudecken.
>
> **BEURTEILUNG NACH HGB** Nach § 301 HGB ist O der Erwerber. Stille Reserven und *goodwill* sind daher für V aufzudecken.

Neben dem umgekehrten Erwerb werden auch bestimmte **Umstrukturierungen** nach IFRS anders behandelt als nach HGB.

> **BEISPIEL** Die Unternehmen A und B werden unter Wahrung ihrer rechtlichen Selbständigkeit (also nicht durch Fusion) im Wege der Sacheinlage in eine NewCo eingebracht. Die Alt-Anteilseigner von A und B erhalten je 50 % der Anteile an NewCo, obwohl der Unternehmenswert von A als signifikant höher bewertet wurde als der von B. Als „Ausgleich" erhalten die Vorstände der A mehr Einfluss bei der Auswahl des Managements der NewCo.
>
> Die NewCo ist nach IFRS 3 nur rechtliches Vehikel des Zusammenschlusses, kein Erwerber. Eines der beiden fusionierenden Unternehmen ist daher als Erwerber des anderen zu identifizieren, – in diesem Fall A; denn A hat den signifikant höheren Unternehmenswert und das Management von A mehr Einfluss auf die Zusammensetzung des Managements der NewCo.
>
> Nach HGB ist die NewCo rechtlicher Erwerber. Entsprechend sind nicht nur bei B, sondern auch bei A stille Reserven und ein *goodwill* aufzudecken.

III. Maßgeblichkeit des Erstkonsolidierungszeitpunkts (Abs. 2)

1. Überblick

13   Nach Abs. 2 Satz 1 erfolgt die Verrechnung des Beteiligungsbuchwerts mit dem zum Zeitwert erfassten Eigenkapital nach den Verhältnissen des **Zeitpunkts**, zu dem das Unternehmen **Tochterunternehmen** geworden ist. Bei **sukzessivem Anteilserwerb** sind daher die Zeitwerte bzw. stillen Reserven einheitlich auf Basis des letzten, zum Mutter-Tochterverhältnis führenden Erwerbs zu bestimmen (→ Rz. 108).

Für Unternehmenserwerbe vor dem Anwendungszeitpunkt des BilMoG bleibt es im Allgemeinen bei dem Wahlrecht; die Verrechnung ist stattdessen nach den Wertverhältnissen des Erwerbszeitpunkts der Anteile vorzunehmen (→ Art. 66 Rz. 15). Dies gilt nicht für Zweckgesellschaften und andere Unternehmen, die durch die Neufassung von § 290 HGB erstmals konsolidierungspflichtig werden; bei ihnen ist regelmäßig nach den Verhältnissen zum 1.1.2010 zu konsolidieren (→ Art. 66 Rz. 16).

14   Bei Erlangung der Kontrolle in einem Schritt kann die **rechtliche Abstufung des Erwerbsprozesses** (Verpflichtungsgeschäft, Gremienzustimmung, Kartellamtszustimmung, dingliches Geschäft) Schwierigkeiten bereiten. Fraglich ist dann, auf welcher rechtlichen Stufe der Status als

Tochterunternehmen entsteht und damit die Erstkonsolidierung vorzunehmen ist (→ Rz. 16). Die Frage ist von mehrfacher Relevanz:

▶ Der Erstkonsolidierungszeitpunkt grenzt die mit erworbenen **alten Gewinne** gegenüber vom Konzern selbst erwirtschafteten **neuen Gewinnen** ab. Die alten Gewinne gehen in die Erstkonsolidierung ein. Die ab dem Tag des Unternehmenserwerbs entstehenden Gewinne sind Bestandteil der Konzern-GuV.

▶ Bei einem Erwerb in einem Schritt sind auf den Erstkonsolidierungszeitpunkt (= Erwerbszeitpunkt) die **Werte** der nicht in Geld bestehenden Bestandteile des Kaufpreises (z. B. hingegebene Anteile) sowie die beizulegenden Zeitwerte der erworbenen Vermögensgegenstände und Schulden zu bestimmen, mittelbar damit auch der *goodwill*.

Erstkonsolidierungszeitpunkt und Erwerbszeitpunkt können auch bei Kontrollerlangung in einem Schritt voneinander abweichen. In Abs. 2 geregelte Anwendungsfälle der **verzögerten Erstkonsolidierung** sind: 15

▶ Das Tochterunternehmen wurde zunächst (z. B. wegen Unwesentlichkeit) noch nicht konsolidiert. Es wird **erst später einbezogen** (→ Rz. 25).

▶ Der Erwerber ist noch nicht zum Zeitpunkt des Erwerbs bzw. der Erlangung des Tochterstatus, sondern erst später **konzernrechnungslegungspflichtig** (→ Rz. 28).

2. Die rechtlichen Stufen des Erwerbsprozesses

Den sukzessiven Erwerb (→ Rz. 108) und die verzögerte Erstkonsolidierung (→ Rz. 25) zunächst ausgeklammert, gilt: Der **Erstkonsolidierungszeitpunkt** ist der Tag, an dem der Erwerber die **Kontrolle** über das erworbene Unternehmen erlangt. Nach § 290 HGB ist dies der Tag, ab dem der Erwerber einen beherrschenden Einfluss ausüben kann. Dies ist **spätestens** dann der Fall, wenn ihm nach § 290 Abs. 2 HGB 16

▶ die **Mehrheit der Stimmrechte** der Gesellschafter oder

▶ als Gesellschafter das Recht zusteht, die **Mehrheit** der Mitglieder des die Finanz- und Geschäftspolitik bestimmenden **Organs** zu bestellen.

Nach § 290 Abs. 1 HGB kann der beherrschende Einfluss aber auch unabhängig von diesen gesellschaftsrechtlichen Verhältnissen und damit vor Erlangung der Gesellschafterstellung durch dingliches Eigentum an den Anteilen gegeben sein. Es reicht aus, wenn der Erwerber aufgrund **schuldrechtlicher Vereinbarungen** mit dem Veräußerer schon vor dem dinglichen Übergang der Anteile eine Kontrolle über das Erwerbsobjekt hat. Die Bestimmungen von § 290 HGB bleiben allerdings in dieser Hinsicht allgemein. Eine praxisorientierte Konkretisierung hat u. E. folgende Fallunterscheidungen vorzunehmen:

▶ Vereinbarungen, nach denen dem Erwerber abweichend von der dispositiven gesetzlichen Ausgangslage (§ 101 BGB) das **Gewinnbezugsrecht** bereits ab einem Zeitpunkt vor Erwerb zusteht (→ Rz. 17).

▶ **Vertragliche Rückwirkungen**, bei denen die Parteien beispielsweise in der notariellen Urkunde vom 10.1. einen Eigentumsübergang am 1.1. vereinbaren (→ Rz. 19).

▶ **Genehmigungsvorbehalte** – insbesondere gesellschaftsrechtlicher (z. B. bei vinkulierten Namensaktien) oder kartellrechtlicher Art – als Voraussetzung für die Rechtswirksamkeit des Unternehmens- oder Anteilserwerbs (→ Rz. 20).

III. Maßgeblichkeit des Erstkonsolidierungszeitpunkts

17 Regelungen über die Aufteilung des (unterjährigen) Gewinns zwischen Erwerber und Veräußerer beeinflussen i. d. R. den Erwerbszeitpunkt nicht. Nach § 101 BGB (Verteilung der Früchte nach der Besitzzeit) ist der Veräußerer bei unterjährigem Verkauf berechtigt, die bis dahin erwirtschafteten Gewinne zu beziehen. Diese Regelung wird in der Praxis häufig abbedungen. Bei Vertragsschluss am Ende eines Geschäftsjahrs wird etwa dem Erwerber das Gewinnbezugsrecht für das gesamte Geschäftsjahr gewährt. Eine solche Abrede beeinflusst nur die Höhe des erworbenen Vermögens, nicht den Erwerbs- und Erstkonsolidierungs**zeitpunkt**.

> **BEISPIEL** Am 30.6. erwirbt MU jeweils 100 % der Anteile an der TU-1 und der TU-2. In den Kauf- und Abtretungsverträgen ist Folgendes bestimmt:
>
> ▶ **Vertrag über TU-1:**
>
> Der Kaufpreis beträgt 1.060, das Eigenkapital der TU (Buchwert = Zeitwert) 260 per 30.6. Darin enthalten ist ein Betrag von 60 aus dem Gewinn des ersten Halbjahrs. Gewinne der TU-1 stehen MU bereits ab Jahresanfang zu.
>
> ▶ **Vertrag über TU-2:**
>
> Der Kaufpreis beträgt 1.000, das Eigenkapital der TU (Buchwert = Zeitwert) 260 per 30.6. Die Gewinne des ersten Halbjahrs stehen noch dem Veräußerer zu, an den ein entsprechender Betrag nach Erwerb noch auszuschütten ist.
>
> Die Konsequenzen sind wie folgt:
>
> ▶ Im Falle der TU-1 beträgt das erworbene Vermögen 260, der *goodwill* somit 800 (1.060 - 260).
>
> ▶ Im Falle der TU-2 erwirbt MU ein mit einer Ausschüttungsverpflichtung zugunsten des Altgesellschafters belastetes Vermögen. Unter Berücksichtigung dieser bereits bei der Erstkonsolidierung zu passivierenden Schuld beträgt das erworbene Nettovermögen nur 200, der *goodwill* wie im ersten Fall 800 (1.000 - 260 + 60).

18 Eine Vereinbarung, wonach dem Erwerber auch die „Altgewinne" zustehen, führt somit nicht zu einer Vorverlagerung des Erwerbszeitpunkts. Die **„Altgewinne" bleiben vorkonzernliche Gewinne**, die nicht in die Konzern-GuV eingehen. Lediglich der Umfang des Erstkonsolidierungsvermögens sowie ggf. der Kaufpreis wird beeinflusst. Wird die Gewinnbezugsabrede zutreffend im Kaufpreis berücksichtigt, bleibt der *goodwill* unberührt. Ist der Kaufpreis ohne Rücksicht auf die Gewinnbezugsrechte zustande gekommen, variiert mit dem Erstkonsolidierungsvermögen die Höhe des *goodwill*.

19 Im Falle **vertraglicher Rückwirkungen** ist u. E. der frühere vereinbarte Eigentumsübergangszeitpunkt ohne Weiteres dann heranzuziehen, wenn zu diesem Zeitpunkt tatsächlich Besitz, Kontrolle, Fruchtziehungsrecht etc. übergegangen sind. Hingegen ist bei Fällen ohne **tatsächlichen früheren Übergang** lediglich unter *materiality*- und *cost benefit*-Gesichtspunkten eine Rückwirkung zulässig. So wird man beispielsweise bei einer Einigung am 10.1. mit Rückwirkung auf den 1.1. das frühere Datum schon deshalb als Erstkonsolidierungszeitpunkt wählen, weil sich dadurch die Aufstellung eines Zwischenabschlusses auf das spätere Datum erübrigt.

20 Im Falle **gesellschaftsrechtlicher Gremienvorbehalte** gilt Folgendes: Bedarf die Wirksamkeit der Anteilsübertragung einer Zustimmung durch Aufsichtsrat oder Gesellschafterversamm-

lung des Veräußerers, ist bis zur Erteilung der Zustimmung aus Sicht des Erwerbers völlig unsicher, ob der Vertrag wirksam wird. Der maßgebliche Einfluss geht noch nicht über. Besteht der Gremienvorbehalt hingegen nur noch zugunsten eines Organs des Erwerbers, liegt der Einfluss über das Erwerbsobjekt bereits in seiner Sphäre.

Bei **kartellrechtlichen Genehmigungsvorbehalten** ist zunächst auf die Wahrscheinlichkeit der Genehmigung abzustellen. Ist das Ermessen der Behörde eher gering und muss sie die Genehmigung mit hoher Wahrscheinlichkeit erteilen, kann ein Kontrollübergang bereits vor Genehmigung in Frage kommen (→ § 252 Rz. 143). Hier ist aber dann der Inhalt der **Vereinbarungen** für den **Schwebezeitraum** zu würdigen. Ist der Veräußerer gehalten, im Schwebezeitraum (quasi-)treuhänderisch zu handeln, wesentliche Investitions-, Personalentscheidungen etc. nicht oder nur in Absprache mit dem Erwerber zu treffen, so ist u. U. ein Übergang bereits vor dem Genehmigungsdatum denkbar.

Verallgemeinert stellt sich hier die Frage, welches Datum als Erwerbszeitpunkt in Frage kommt, wenn zwischen **Verhandlung** und **dinglichem Vollzug** des Erwerbs eine Reihe von **Zwischenschritten** liegt. Zur Veranschaulichung dieses Problems ist in Übersicht 1 der Erwerbsprozess als Zeitstrahl wiedergegeben. Entscheidend sind die wirtschaftlichen Wirkungen der einzelnen Erwerbsschritte, die mit ihrer rechtlichen Qualität zwar tendenziell, aber nicht in einer Eins-zu-Eins-Beziehung zusammenhängen.

21

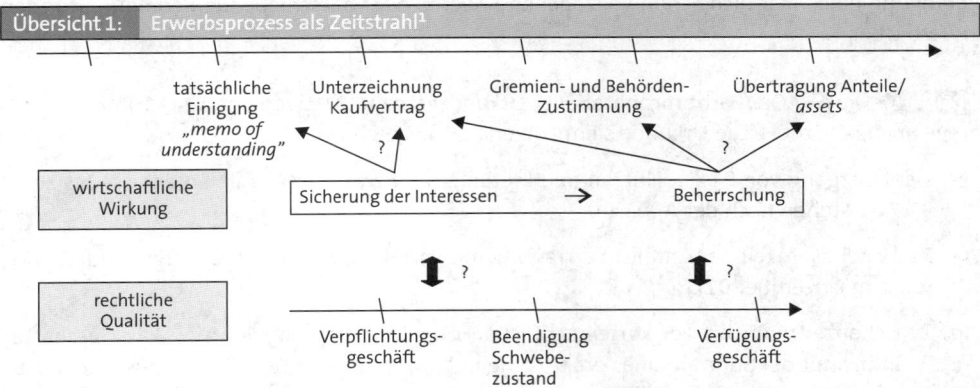

Übersicht 1: Erwerbsprozess als Zeitstrahl[1]

▶ **Frühester** Erwerbszeitpunkt ist i. d. R. die (rechtswirksame) **Unterzeichnung des Kaufvertrags**, mit dem nicht oder nur noch eingeschränkt umkehrbare Erwerbsansprüche entstanden sind.

▶ **Spätester** Erwerbszeitpunkt ist der **dingliche Vollzug** des Erwerbs durch Abtretung der Anteile. Eine eventuell noch spätere Zahlung des Kaufpreises ist unerheblich.

▶ Soweit die Abtretung/Eigentumsübertragung zwar sofort, aber zunächst schwebend unwirksam erfolgt und zur Erlangung der Wirksamkeit noch bestimmter **Genehmigungen** bedarf, ist als spätester Erwerbszeitpunkt das Vorliegen aller Genehmigungen anzunehmen. Stellen Behördengenehmigungen nur eine Formalität dar, d. h. ist mit an Sicherheit gren-

---

1 Entnommen aus *Lüdenbach*, in: Lüdenbach/Hoffmann (Hrsg.), Haufe IFRS-Kommentar, 8. Aufl., Freiburg 2010, § 31.

III. Maßgeblichkeit des Erstkonsolidierungszeitpunkts

zender Wahrscheinlichkeit eine auflagenfreie Genehmigung zu erwarten, erfolgt der Erwerb bereits mit Vereinbarung der Abtretung.

22 Die Entscheidung zwischen Kaufvertragszeitpunkt (Verpflichtungsgeschäft) oder dem Zeitpunkt seines wirksamen Vollzugs (dingliches Geschäft) bereitet dann Probleme, wenn die **Rechte** des Veräußerers im Zwischenzeitraum **beschränkt** sind. Soweit der Veräußerer wesentliche Investitions-, Kredit- und Personalentscheidungen nur noch in Absprache mit dem Erwerber treffen darf, hat er i. d. R. die alleinige Kontrolle verloren, da er über die Geschäfts- und Finanzpolitik nicht mehr allein entscheiden kann. Andererseits kann auch der Erwerber in diesem Zwischenzeitraum noch keine neuen Strategien, riskanten Geschäftsmodelle etc. etablieren. Der Erwerber hat eher ein Vetorecht als Gestaltungsbefugnisse. Aus formaler, rechtlich orientierter Sicht würde daher der Zwischenzeitraum häufig als ein Zustand **gemeinsamer Kontrolle** zu kennzeichnen sein. Der Begriff der Kontrolle hat jedoch **zwei Dimensionen**. Die Beherrschung über ein Unternehmen übt nicht schon derjenige aus, der die Geschicke des Unternehmens rechtlich bestimmt, es kommt ebenso darauf an, in **wessen Interesse** bzw. zu **wessen Nutzen** sie bestimmt werden. Aus dieser Sicht ist der Zwischenzeitraum zwischen Vertrag und Vollzug einer Einzelfallwürdigung zu unterziehen. Soweit dabei schon die Interessen des Erwerbers im Vordergrund stehen, kann eine frühere Erlangung der Kontrolle möglich sein. Irrelevant ist hingegen unter *substance over form*-Gesichtspunkten die rechtliche Gestaltung des Schwebezustands, also etwa die Frage, ob eine kartellrechtliche Genehmigung auflösende Bedingung eines rechtlich schon vollzogenen Erwerbs oder aufschiebende Bedingung für den Erwerb ist.

BEISPIEL Die M-AG erwirbt mit notarieller Urkunde vom 10.8.01 von der A-AG 100 % der Anteile an der T-GmbH. Die Urkunde sieht Folgendes vor:

▶ Der Übergang von Besitz, Nutzen und Lasten erfolgt zum 1.8.01. Alle Ergebnisse bis zum 31.7.01 stehen noch der A-AG zu.

▶ Rechtswirksamkeit der Anteilsübertragung mit kartellrechtlicher Genehmigung (diese erfolgt im November 01).

Im Zwischenzeitraum bis zur kartellrechtlichen Genehmigung hat die A-AG die Geschäfte der T-GmbH mit der Sorgfalt eines ordentlichen Kaufmanns im Interesse der M-GmbH so zu führen, dass das Anlagevermögen in einem ordentlichen und betriebsbereiten Zustand verbleibt. Größere Investitionen, Neueinstellungen, Entlassungen etc. sollen ebenso wie Änderungen von Produktionsverfahren, der Abschluss von Risikogeschäften, die Umschuldung von Darlehen etc. unterbleiben oder nur nach vorheriger Zustimmung der M-AG vorgenommen werden dürfen. Die M-AG hat ein Initiativrecht für solche Geschäfte, d. h. sie darf die A-AG innerhalb bestimmter Grenzen entsprechend anweisen, muss die A-AG aber im Falle eines von ihr nicht verschuldeten Scheiterns der Anteilsübertragung so stellen, als ob dieses Geschäft nicht getätigt worden wäre. Als Sicherheit dient der A-AG eine erhebliche Anzahlung auf den Kaufpreis.

BEURTEILUNG Die A-AG verliert spätestens am 10.8.01 die Kontrolle über die T-GmbH, da sie im Zeitraum bis zur kartellrechtlichen Genehmigung nur formell die Geschicke der T-GmbH bestimmen kann, tatsächlich aber wie ein uneigennütziger Treuhänder die Geschäfte im In-

> teresse der M-AG führen muss. Schon vor der rechtlichen Wirksamkeit der Anteilsübertragung geht daher bei wirtschaftlicher Betrachtung die Kontrolle auf die M-AG über.

3. Nachträgliche bessere Erkenntnisse

Der zum Erstkonsolidierungszeitpunkt vorgenommene Ansatz oder die Bewertung von Vermögensgegenständen oder Schulden kann sich aufgrund nachträglicher besserer Erkenntnis über **am Stichtag** vorhandene Verhältnisse (Wert- oder Ansatz**aufhellung**; → § 252 Rz. 55) als unzutreffend erweisen. In diesen Fällen sind Anpassungen erforderlich. Die Technik der Anpassung hängt vom Zeitpunkt der Korrektur ab.

Abs. 2 Satz 2 lässt insbesondere aber nicht nur für kurz vor dem Bilanzstichtag vollzogene Erwerbe eine vorläufige Kaufpreisallokation zu, die dann während einer Periode von maximal **zwölf Monaten ab Erwerb** „fertigzustellen" ist.[2] Werden in diesem zwölfmonatigen Rahmen Anpassungen vorgenommen, sind diese gem. der Begründung des BilMoG-RegE zurückbezogen auf den Erwerbstag **erfolgsneutral** vorzunehmen.[3] Der RegE beruft sich dabei auf den „Grundsatz der Erfolgsneutralität von Anschaffungsvorgängen." Zwischenzeitlich durchgeführte Abschreibungen auf den falschen Wert betreffen nicht mehr den Anschaffungsvorgang und sind daher erfolgswirksam zu „stornieren." Erfolgt die Anpassung zwar binnen zwölf Monaten, aber nach Veröffentlichung der Bilanz für das Erwerbsjahr, sind u. E. im Folgeabschluss die Vergleichsinformationen (für das Erwerbsjahr) so anzupassen, als ob von Anfang an mit den richtigen Werten gerechnet worden wäre.

Liegen die besseren Erkenntnisse erst **nach Ablauf von zwölf Monaten** vor, kommt zunächst eine Fehlerkorrektur in Frage. Sie kann gem. IDW RS HFA 6 Tz. 42 f. durch Korrektur des fehlerhaften Konzernabschlusses (Rückwärtsänderung) durchgeführt werden – wahlweise auch als Korrektur in laufender Rechnung, wenn der fehlerhafte Konzernabschluss entweder die Vermögens-, Finanz- und Ertragslage nicht wesentlich beeinflusst hat oder bei wesentlicher Beeinflussung der aktuelle Konzernabschluss zeitnah veröffentlicht wird (→ § 252 Rz. 198).

In der Behandlung nachträglicher besserer Erkenntnisse ist damit wie folgt zu differenzieren:

▶ Abs. 2 Satz 2 hat als **Spezialvorschrift** Vorrang vor allgemeinen Regeln. Bei Anpassungen **innerhalb von zwölf Monaten** kommt es damit etwa auf die Unterscheidung von Fehlerkorrekturen (wahlweise retrospektiv oder in laufender Rechnung) und Schätzungsänderungen (in laufender Rechnung) nicht an. Die Anpassung erfolgt **retrospektiv**.

▶ Bei Anpassungen **nach zwölf Monaten** ist hingegen zu untersuchen, ob eine **Fehlerkorrektur** vorliegt, die nur unter bestimmten Voraussetzungen in laufender Rechnung vorgenommen werden kann, oder eine **Schätzungsänderung**, die immer in laufender Rechnung vorzunehmen ist.

---

[2] Zur Vermeidung einer (zu) vorläufigen Kaufpreisallokation durch sinnvolle Integration der Allokationsthemen in eine Due Diligence, *Zülch/Wünsch*, KoR 2008 S. 466 ff.
[3] So die Begründung zum BilMoG-RegE S. 179.

III. Maßgeblichkeit des Erstkonsolidierungszeitpunkts

BEISPIEL Bei (vorläufiger) Erstkonsolidierung der TU im Juni 01 geht MU irrtümlich von der Werthaltigkeit eines Patents aus. Es wird mit 100 angesetzt und auf zehn Jahre abgeschrieben. Der *goodwill* wird auf fünf Jahre abgeschrieben.

GRUNDFALL Anpassung binnen zwölf Monaten

Im April 02 wird das Patent von dritter Seite bestritten. Den begonnenen Prozess wird U mit ganz hoher Wahrscheinlichkeit verlieren.

Die Anpassung ist auf den Erwerbszeitpunkt zurückzubeziehen. Zwischenzeitlich vorgenommene/unterlassene Abschreibungen sind erfolgsneutral zu korrigieren. Somit sind folgende Buchungen in 02 (vor Abschreibung 02) vorzunehmen:

per *goodwill*	100 an	Patent	100 (wegen Erstkonsolidierungswert)
per Patent	5 an	Gewinnrücklagen 1.1.02	5 (wegen Abschreibung 01)
per Gewinnrücklagen	20 an	*goodwill*	20 (wegen Nachholung Abschreibung 01)

VARIANTE 1 Anpassung nach mehr als zwölf Monaten

Der Klagegegner tritt erst Ende 02 auf.

VARIANTE 1A Fehlerkorrektur

Bei Anwendung der erforderlichen Sorgfalt wäre schon zum Erstkonsolidierungszeitpunkt von einer fehlenden Werthaltigkeit des Patents auszugehen gewesen. Es liegt ein Fehler vor, der nach HFA 6 wahlweise durch Rückwärtsberichtigung oder in laufender Rechnung zu korrigieren ist.

VARIANTE 1B Schätzungsänderung

Soweit bei der ursprünglichen Kaufpreisallokation auch unter Anwendung aller erforderlichen Sorgfalt Zweifel an der Werthaltigkeit des Patents nicht erkennbar waren, liegt zwar eine Unrichtigkeit wegen deren Unvermeidbarkeit, aber kein Fehler vor. Gleichwohl ist der Bilanzansatz in 02 anzupassen. Da eine Fehlerkorrektur ausscheidet, ist die Anpassung erfolgswirksam als Schätzungsänderung vorzunehmen, indem das Patent außerplanmäßig abgeschrieben wird:

per außerplanmäßige Abschreibung	95 an	Patent	95

Der *goodwill* wird nicht verändert.

VARIANTE 2 Der Veräußerer hat die Werthaltigkeit des Patents garantiert und leistet eine Ausgleichszahlung

Unabhängig davon, ob die Anpassung binnen oder nach zwölf Monaten erfolgt, scheint die Buchung „per Ausgleichsforderung 100 an Patent 100" sachgerecht. In rückwirkender Betrachtung sind 100 weniger an Nettovermögen erworben und daher 100 weniger an Kaufpreis gezahlt worden. Zwischenzeitlich bereits vorgenommene planmäßige Abschreibungen sind erfolgsneutral zu korrigieren („per Patent an Gewinnrücklage").

4. Erstmalige Konsolidierung oder erstmaliger Konzernabschluss

Nach § 296 HGB kann auf die Konsolidierung eines Tochterunternehmens insbesondere dann verzichtet werden, wenn

▶ die Ausübung der Rechte des Mutterunternehmens erheblich und nachhaltig **beschränkt** ist,

▶ die Anteile ausschließlich zum Zwecke der **Weiterveräußerung** gehalten werden oder

▶ das Tochterunternehmen **unwesentlich** ist.

Die ursprünglich eine Nichtkonsolidierung rechtfertigenden Verhältnisse können sich im Zeitablauf **ändern**, wenn

▶ die Beschränkung der Rechte entfällt,

▶ die Veräußerungsabsicht aufgegeben oder

▶ das Tochterunternehmen wesentlich wird.

Mit der Änderung der Verhältnisse kommt es später zur Einbeziehungspflicht. Auch ohne Änderung der Verhältnisse kann u.U. freiwillig zur Konsolidierung übergegangen werden. In beiden Fällen sind für den Beteiligungsbuchwert, die stillen Reserven und den *goodwill* nicht die **Wertverhältnisse** des Erwerbszeitpunkts, sondern die des **späteren Einbeziehungszeitpunkts** maßgeblich.

BEISPIEL Im handelsrechtlichen Konzernabschluss 06 war das am 1.1.01 für 650 erworbene Tochterunternehmern TU bisher aus Wesentlichkeitsgründen nicht konsolidiert. Zum Erwerbszeitpunkt ergaben sich für die schuldenfreie TU folgende Werte:

div. Vermögen zu Einzelbilanzwerten	100
stille Reserven in Kundenstamm und Marke zusammen	300
passive latente Steuer darauf	-120
Zeitwert des erworbenen Vermögens	280

Wäre zu diesem Erwerbszeitpunkt eine Erstkonsolidierung vorgenommen worden, hätte der *goodwill* somit 650 - 280 = 370 betragen.

Die TU hat bei noch geringen, aber stetig wachsenden Umsätzen nur im Jahr 01 ein negatives Ergebnis von -80 erzielt, danach ausgeglichene Ergebnisse. Aufgrund der positiven Umsatzentwicklung gilt sie ab 06 als wesentlich.

Eine fiktive Erstkonsolidierung auf den 1.1.01 und deren Fortschreibung auf den 1.1.06 sind weder geboten noch zulässig. Das Vermögen zu Buchwerten und die stillen Reserven sind (ebenso wie der Beteiligungsbuchwert) auf den 1.1.06 zu bestimmen.

III. Maßgeblichkeit des Erstkonsolidierungszeitpunkts

27 Bei sukzessivem Anteilserwerb (→ Rz. 108) bzw. verzögerter Erlangung des maßgeblichen Einflusses (→ Rz. 25) ist für die Bestimmung der Unterschiedsbeträge nicht auf die Erwerbszeitpunkte, sondern den Zeitpunkt der Einbeziehung abzustellen (→ Rz. 14 ff.). Dadurch kann ein **negativer Unterschiedsbetrag aus zwischenzeitlichen Thesaurierungen** entstehen. In diesem Fall ist eine Ertragsrealisierung u. E. zulässig und geboten, sobald es zur Ausschüttung der thesaurierten Gewinne kommt. Nach anderer Auffassung ist ein thesaurierungsbedingter negativer Unterschiedsbetrag hingegen mit den Konzerngewinnrücklagen zu verrechnen.[4] Nach DRS 4.41 ist je nach Verhältnis von negativem Unterschiedsbetrag zum Zeitwert der non-monetären Vermögenswerte eine sofortige oder zeitlich gestreckte Ertragsrealisierung vorzunehmen (→ § 309 Rz. 19).

> **BEISPIEL** A hat in 01 TU mit einer Einlage von 1.000 gegründet. In 01 und 02 entsteht ein Gewinn von zusammen 200, der vollständig thesauriert wird. Mitte 03 wird der in 01 und 02 entstandene Gewinn ausgeschüttet. Die Erstkonsolidierung erfolgt zum 1.1.03. Stille Reserven bestehen nicht.
>
> Bei der erstmaligen Konsolidierung ist der einzelbilanzielle Beteiligungsbuchwert von 1.000 gegen das anteilige Eigenkapital von 1.200 zu setzen. Es resultiert ein negativer Unterschiedsbetrag von 200.
>
> Im Konzernabschluss ist der einzelbilanzielle Beteiligungsertrag aus der Ausschüttung entsprechend den sonst für den Vollkonsolidierungskreis geltenden Regeln zwar erfolgswirksam zu stornieren (per Beteiligungsertrag an Konzern-Gewinnrücklagen), u. E. zugleich aber ein Erfolg aus Auflösung des negativen Unterschiedsbetrags zu verbuchen (→ § 309 Rz. 20).

Die Ertragsrealisierung eines durch Thesaurierungen entstandenen negativen Unterschiedsbetrags im Ausschüttungszeitpunkt entspricht dem **Kongruenzprinzip** (→ § 252 Rz. 6):

▶ Vor Aufnahme der Konsolidierung ist die Beteiligung konzernbilanziell (wie einzelbilanziell) zu Anschaffungskosten zu bewerten. Thesaurierte Gewinne führen nicht zu Ertrag.

▶ Werden die Gewinne nach Aufnahme der Konsolidierungen ausgeschüttet, führt die Konsolidierungsbuchung per Beteiligungsertrag an Konzern-Gewinnrücklagen auf Konzernebene zunächst zur Erfolgsneutralität.

▶ Erst indem der negative Unterschiedsbetrag ertragswirksam aufgelöst wird (per Geld an Ertrag), wird der **zutreffende Totalgewinn** ausgewiesen.

28 Die vorstehenden Regelungen gelten gem. Abs. 2 Satz 3 HGB entsprechend, wenn die **Konzernrechnungslegungspflicht** erst in Perioden nach dem Erwerb des Tochterunternehmens eintritt.

---

4 Vgl. *ADS*, 6. Aufl., § 301 Tz. 135; *Förschle/Deubert*, in: Beck'scher Bilanz-Kommentar, 7. Aufl., München 2010, § 301 Tz. 157, und *Müller*, in: Haufe HGB Bilanz Kommentar, Freiburg 2009, § 301 Tz. 83; eine solche Verrechnung nach HGB i. d. F. BilMoG nicht mehr für zulässig haltend hingegen: *Henri/Ernst/Dreixler*, in: Haufe HGB Bilanz Kommentar, Freiburg 2009, § 309 Tz. 29.

IV. Bestimmung der Anschaffungskosten bzw. des Beteiligungsbuchwerts (Abs. 1 Satz 1)

1. Allgemeines

Zum Erstkonsolidierungszeitpunkt (→ Rz. 14 ff.) ist der Beteiligungsbuchwert („Wertansatz der dem Mutterunternehmen gehörenden Anteile") mit dem anteiligen, zum Zeitwert bewerteten Nettovermögen zu verrechnen: 29

▶ Erfolgt die Erstkonsolidierung auf den **Anschaffungszeitpunkt**, entspricht der Beteiligungsbuchwert den Anschaffungskosten (inkl. Nebenkosten).

▶ Bei **späterer Erstkonsolidierung** (→ Rz. 25) kann sich der Beteiligungsbuchwert durch zwischenzeitliche außerplanmäßige Abschreibungen gemindert haben.

Zu den dem „Mutterunternehmen gehörenden Anteilen" zählen Genussrechte, stille Beteiligungen, partiarische Darlehen oder andere mit Gewinnbeteiligungsrecht versehene Formen der mezzaninen Finanzierung auch dann nicht, wenn sie beim untergeordneten Unternehmen als Eigenkapital qualifiziert werden (→ § 246 Rz. 65 ff.).[5]

Die Anschaffungskosten ergeben sich in erster Linie aus dem Zeitwert der hingegebenen Leistungen. Erfolgt die Kaufpreiszahlung in Geld, ist der Geldbetrag aber erst deutlich nach dem Erwerbszeitpunkt zu entrichten (**Kaufpreisstundung**), ist eine **Abzinsung** vorzunehmen (→ § 255 Rz. 36). Als Abzinsungssatz können die Grenzfremdkapitalkosten des Erwerbers dienen. 30

Auch die **Nebenkosten** der Anschaffung (→ § 255 Rz. 21) sind zu berücksichtigen. Hierzu gehören **direkt zurechenbare Kosten** des Unternehmenserwerbs wie etwa 31

▶ Verkehrssteuern (z. B. Börsenumsatzsteuer oder Grunderwerbsteuer),

▶ Notar- und Registergebühren sowie

▶ Honorare für Wirtschaftsprüfer, Rechtsanwälte und andere Berater, z. B. wegen Durchführung einer *due diligence*.

Nicht einzubeziehen sind hingegen (echte oder unechte) **Verwaltungsgemeinkosten**, die z. B. als Personalkosten in einer Abteilung „*mergers and acquisitions*" entstehen; sie sind aufwandswirksam zu verbuchen. Entsprechendes gilt für die Kosten eines externen, mit der Kaufpreisallokation beauftragten Beraters; diese haben zwar keinen Gemeinkostencharakter, sie dienen aber nicht dem Erwerb, sondern dessen bilanzieller Abbildung.

In der internationalen Rechnungslegung sind anschaffungsbezogene Kosten (*acquisition related costs*) hingegen immer als **Aufwand** zu behandeln, unabhängig davon, ob sie direkt zurechenbar sind oder nicht (IFRS 3.53). Der handelsrechtliche Verzicht auf eine aufwandswirksame Behandlung direkt zurechenbarer Kosten bewirkt indirekt eine Erhöhung des *goodwill*:

---

[5] Großzügiger *Scheffler*, in: Petersen/Zwirner/Brösel (Hrsg.), Systematischer Praxiskommentar Bilanzrecht, Köln 2010, § 301 Tz. 58, der je nach Ausgestaltung der mezzaninen Finanzierung konsolidierungspflichtige Anteile annimmt.

IV. Bestimmung der Anschaffungskosten bzw. des Beteiligungsbuchwerts

> **BEISPIEL** MU erwirbt 95% oder mehr der Anteile an TU. TU verfügt über einen großen Grundbesitz. Auf den Erwerb fällt insoweit Grunderwerbsteuer an.
>
> Die Grunderwerbsteuer ist nicht bei den zugehenden Grundstücken zu aktivieren, da diese wie alle Vermögensgegenstände mit ihrem beizulegenden Zeitwert, d. h. einem Wert vor Transaktionskosten zu bewerten sind. Die Grunderwerbsteuer zählt vielmehr zu den Anschaffungsnebenkosten des Unternehmenserwerbs. Da sie nicht aufwandswirksam behandelt wird, gilt: Bei gegebenem Zeitwert des erworbenen Nettovermögens erhöht sie die Residualgröße *goodwill*. Wirtschaftlich lässt sich diese Wirkung nur durch die Annahme rechtfertigen, dass der Erwerber ohne Grunderwerbsteuerpflicht einen entsprechend höheren Kaufpreis gezahlt hätte.

32 Wird der Erwerb (teilweise) durch den **Tausch** von Anteilen oder anderen Vermögensgegenständen abgewickelt, bestimmt deren beizulegender Zeitwert zum Transaktionszeitpunkt die Anschaffungskosten (DRS 4.13), es sei denn ausnahmsweise sei nur der Zeitwert der erworbenen Anteile verlässlich bestimmbar (umgekehrte Wertermittlung → Rz. 33).

Unklar ist, ob das **einzelbilanzielle Wahlrecht**, bei Tauschvorgängen den empfangenen Vermögensgegenstand mit dem Buchwert des hingegebenen anzusetzen (→ § 255 Rz. 50), auch im Konzernabschluss gelten kann. Für den Tausch durch Hingabe eigener Anteile hat sich die Frage zwar weitgehend erledigt, da das BilMoG die eigenen Anteile nicht mehr als Vermögensgegenstand wertet (→ § 272 Rz. 26). Beim Tausch durch Hingabe anderer Leistungen bleibt das Thema aber relevant. DRS 4.13 erkennt die Bewertung der hingegebenen Leistung mit dem Buchwert nicht an, verlangt vielmehr den Ansatz des **Zeitwerts**. Diese schon für das HGB a. F. getroffene Regelung ist umso mehr für das BilMoG sachgerecht, das mit der Streichung von § 302 HGB ausnahmslos nur noch die Erwerbsmethode gelten lässt, also eine am tatsächlichen Leistungsaustausch orientierte Aufdeckung von stillen Reserven und *goodwill* verlangt.[6]

33 Fehlt es bei Erwerb durch Anteilstausch an einer Börsennotierung des Erwerbers, ist der Zeitwert der ausgegebenen Anteile zu schätzen. Hierbei kommt im Interesse der Verlässlichkeit der Bewertung eine **umgekehrte Wertermittlung** insbesondere dann in Frage, wenn das erworbene Unternehmen börsennotiert ist. Aus dem Wert des Erwerbsobjekts lässt sich dann der Wert der hingegebenen Anteile ableiten.

> **BEISPIEL** Die nicht börsennotierte A-AG erwirbt 51% der Aktien der börsennotierten B-AG von einer Investorengruppe im Tausch gegen Anteile an der A-AG.
>
> Die A-AG muss mit Erwerb der Mehrheit eine Erstkonsolidierung durchführen und hierfür u. a. die Anschaffungskosten (bzw. den Beteiligungsbuchwert) bestimmen. Ist der *free float* der B-Aktie groß genug, um den Börsenkurs als Preis eines aktiven Markts zu werten, sind die Anschaffungskosten durch den Kurs des erworbenen Unternehmens bestimmt. Beträgt der Gesamtkurswert der neu erworbenen B-Aktien beispielsweise 1 Mio, der der neu geschaffenen A-Anteile hingegen 1,1 Mio, so sind 1,0 Mio und nicht 1,1 Mio Anschaffungskosten die Basis für den Beteiligungsbuchwert und die Kaufpreisallokation.

---

6 Zum bisherigen Recht: *Förschle/Deubert*, in: Beck'scher Bilanz-Kommentar, 6. Aufl., München 2006, § 301 Tz. 19.

Anschaffungskosten sind auf den **Transaktionstag** zu bestimmen. Auf diesen Stichtag ist auch die Bewertung hingegebener Anteile vorzunehmen, es sei denn, der Stichtagswert ist wegen Marktenge kein zuverlässiger Indikator. Dies kann insbesondere dann der Fall sein, wenn die vorhergehende Veröffentlichung der anstehenden Transaktionen den Kurswert der vom Erwerber hingegebenen Anteile stark beeinflusst. In diesem Fall ist die Analyse der Kurse vor und nach der Veröffentlichung sachgerecht.

34

BEISPIEL ▶ Die börsennotierte M-AG erwirbt mit notarieller Urkunde vom 10.8.01 100 % der Anteile an der T-GmbH von der A-AG. Die Urkunde sieht Folgendes vor:

▶ Übergang von Besitz, Nutzen und Lasten zum 1.8.01. Alle Ergebnisse bis zum 31.7.01 stehen noch der A-AG zu. Am 20.7.01 haben M und A abgestimmte Ad hoc-Meldungen über den bevorstehenden Verkauf veröffentlicht.

▶ Rechtswirksamkeit der Anteilsübertragung mit kartellrechtlicher Genehmigung (diese erfolgt am 20.11.01).

▶ Im Zeitraum bis zur kartellrechtlichen Genehmigung hat die A-AG die Geschäfte der T-GmbH mit der Sorgfalt eines ordentlichen Kaufmanns im Interesse der M-AG und bei allen wesentlichen Entscheidungen nur mit vorheriger Zustimmung der M-AG zu führen. Die M-AG hat ein Initiativrecht für solche Geschäfte, d. h. sie darf die A-AG innerhalb bestimmter Grenzen entsprechend anweisen, muss die A-AG aber im Falle eines von ihr nicht verschuldeten Scheiterns der Anteilsübertragung so stellen, als ob dieses Geschäft nicht getätigt worden wäre.

Der Kaufpreis wird durch Hingabe von 1 Mio M-Aktien entrichtet. Die M-Aktie notiert wie folgt:

▶ am 17.7. mit 47,

▶ am 18.7. mit 48,

▶ am 19.7. mit 50,

▶ am 20.7. (Ad hoc-Meldung) mit 60 (u. a. weil nach Investoren- und Analystenmeinung der Erwerb der T-GmbH die strategischen Aussichten der M-AG entscheidend verbessert),

▶ am 1.8. (Rückwirkungsdatum) mit 55 (der ersten Euphorie folgt erste Ernüchterung),

▶ am 10.8. (Vertrag) mit 58 (erneute Euphorie) sowie

▶ am 20.11. (Rechtswirksamkeit) mit 40 (allgemeine *Baisse*).

BEURTEILUNG ▶ Die Anschaffungskosten sind auf den Transaktionstag, d. h. den Tag des Übergangs der Kontrolle, zu bestimmen. Wegen des treuhandähnlichen Verhältnisses bis zur kartellrechtlichen Genehmigung ist dies u. E. spätestens der 10.8. Auch der 1.8. ist u. E. vertretbar (→ Rz. 19).

Wird als Transaktionstag der 10.8. bestimmt, stellt sich noch die Frage, ob als Anschaffungskosten und damit als Grundlage für die *goodwill*-Ermittlung etc. nach dem Kurs dieses Tages 58 Mio anzusetzen sind oder ob der Kurs vom 19.7. (letzter Kurs vor Ad hoc-Veröffentlichung) ein besserer Indikator für die Bemessungsgrundlage der Anschaffungskosten ist.

> Beide Lösungen sind vertretbar, soweit eine Enge des Markts für die Aktie begründet werden kann:
>
> Für den Ansatz der 58 Mio spricht die Kurstendenz nach oben schon vor der Ad hoc-Mitteilung (Kursentwicklung 17. bis 19.7). Eine positive Entwicklung des gesamten Aktienmarkts (oder der Branche) in der Zeit zwischen Mitte Juli und 10.8. würde diese Argumentation zusätzlich stützen.
>
> Für einen Wertansatz i. H. von 50 Mio spricht, dass dies der letzte von dem Erwerb noch nicht beeinflusste Kurs war. In diesem Fall ist die Abweichung von 8 Mio im Anhang anzugeben und zu begründen.
>
> Wird als Transaktionstag der 1.8. bestimmt, kann entsprechend zwischen 55 Mio und 50 Mio gewählt werden.

Wie das Beispiel zeigt, verlangt die Anschaffungskostenbestimmung bei der Hingabe von eigenen Anteilen eine Einzelfall- und Gesamtwürdigung und ist damit zum Teil eine Angelegenheit der Gewichtung von Argumenten.

2. Kaufpreisanpassungsklauseln

2.1 Anwendungsfälle: *earn out*, Kurs- und Bilanzgarantie

35 Verträge über den Kauf von mehrheitsvermittelnden Anteilen sehen regelmäßig **Kaufpreisanpassungen** bei Eintritt bestimmter Entwicklungen oder nachträglicher Erlangung bestimmter Erkenntnisse vor. Die wichtigsten Anwendungsfälle sind:

- *earn out*-**Klauseln**, die neben einer fixen Basiszahlung eine Zusatzzahlung vorsehen, wenn in einem definierten Zeitraum nach der Transaktion bestimmte Erfolgsziele (z. B. Umsätze oder Gewinne) erzielt werden (→ Rz. 36),
- **Bilanzgarantien des Veräußerers**, die zu einer Verminderung des Kaufpreises führen, wenn die Höhe des Eigenkapitals oder einzelner Bilanzposten auf den Erwerbszeitpunkt einen zum Zeitpunkt des Vertragsschlusses garantierten Betrag nicht erreicht (→ Rz. 39), sowie
- **Kursgarantien des Erwerbers**, wonach bei Leistung von Kaufpreis oder Teilen des Kaufpreises durch Hingabe eigener Anteile deren Kurswert innerhalb einer definierten Frist einen garantierten Betrag nicht unterschreitet.

Der dritte Fall hat für die handelsrechtliche Konzernrechnungslegung eine geringe Relevanz. Entsprechende Garantien werden i. d. R. nur von an organisierten Märkten notierten Unternehmen abgegeben, die wegen der in § 315a HGB umgesetzten IAS-Verordnung der EU ihren Konzernabschluss nach IFRS zu erstellen haben.

In den beiden anderen Fällen stellt sich die Frage, wie mit dem ungewissen Kaufpreisbestandteil

- zum Erstkonsolidierungszeitpunkt sowie
- bei Auflösung der Ungewissheit

umzugehen ist.

Bei *earn out*-Klauseln (→ Rz. 38) ist logisch **vorgeschaltet** aber zunächst zu prüfen, ob tatsächlich ein erfolgsabhängiger Kaufpreisbestandteil oder ob nicht eine Vergütung für sonstige Leistungen vorliegt. Das **Abgrenzungsproblem** stellt sich insbesondere dann, wenn der Veräußerer zu fortgesetzten Leistungen verpflichtet wird, etwa für eine längere Übergangszeit als Geschäftsführer des veräußerten Unternehmens tätig ist:[7]

36

> **BEISPIEL** Die V-AG veräußert 100 % der Anteile an dem Beratungsunternehmen T-GmbH an die K-AG zu einem festen Kaufpreis von 1.000. Da das Geschäft der T-GmbH stark personenabhängig ist, vereinbaren die Parteien, dass der bisherige Geschäftsführer GF, der aus dem V-Konzern nicht ausscheiden soll und möchte, für zwei Jahre in der T-GmbH tätig bleibt. Die K-AG hat der V-AG für diese „Personalgestellung" die fixe Jahresvergütung des GF i. H. von 200 zu erstatten. Darüber hinaus erhält die V-AG eine ergebnisabhängige Vergütung i. H. von 300, falls über die zwei Jahre ein definiertes Ergebnisziel erreicht wird.
>
> Unklar ist, ob die erfolgsabhängige Zahlung Kaufpreisbestandteil oder als Geschäftsführungsvergütung zu qualifizieren ist. Folgendes ist beurteilungserheblich:
>
> ▶ Die Vergütung des Geschäftsführers ist, wenn nur der fixe Teil betrachtet wird, im Fremdvergleich unangemessen niedrig.
>
> ▶ Eine DCF-Bewertung verschiedener Szenarien führt zu Unternehmenswerten zwischen 800 und 1.100.

Bilanzielle Folgen hat die Qualifikation der erfolgsabhängigen Zahlung sowohl beim Erwerber als auch beim Veräußerer:

▶ **Erwerber**: Werden die variablen Zahlungen als Teil der Anschaffungskosten qualifiziert, erhöhen sie in bestimmten Fällen (→ Rz. 37) den anzusetzenden *goodwill*. Erfolgt umgekehrt eine Beurteilung als Vergütung für Geschäftsführung, Personalgestellung etc., sind sie als Aufwand zu buchen.

▶ **Veräußerer**: Werden die variablen Zahlungen als Teil des Veräußerungserlöses angesehen, erhöhen sie den Entkonsolidierungsgewinn; bei Interpretation als Entgelt für Personalgestellung etc. sind sie hingegen ein sonstiger Ertrag.

Die **internationale Rechnungslegung** hat sich angesichts der somit gegebenen Relevanz des Abgrenzungsthemas explizit angenommen. Nach IFRS 3.51 und IFRS 3.B50 ff. sind u. a. folgende Faktoren bei der Abgrenzung zwischen Kaufpreis und Vergütung für sonstige Leistungen zu beachten:

▶ **Angemessenheit** der nicht erfolgswirksamen Vergütung der sonstige Leistungen sowie

▶ Höhe der fixen Kaufpreiszahlung im Verhältnis zur **Bewertungsbandbreite** für das erworbene Unternehmen.

Im o. g. Beispiel kommt es danach darauf an, ob die Vergütung für die Geschäftsführungsleistung ohne Einbeziehung der variablen Komponente im Fremdvergleich zu niedrig ist und ob der fixe Kaufpreis schon am oberen Ende des Intervalls möglicher Unternehmenswerte liegt. Wird beides bejaht, ergibt sich ein eindeutiges Ergebnis: Die erfolgsabhängige Vergütung ist

---

[7] Einzelheiten zur Abgrenzung: *Lüdenbach/Völkner*, BB 2006 S. 1435 ff.; *Weiser*, WPg 2005 S. 269.

wirtschaftlich kein *earn out*, sondern Geschäftsführungsvergütung. Dieser Betrachtung ist auch für HGB-Zwecke zu folgen. In vielen Fällen ist die Würdigung unter Mehrkomponentengesichtspunkten jedoch nicht so eindeutig, sondern **ermessensbehaftet**.

2.2 Behandlung zum Erwerbszeitpunkt und in den zwölf Folgemonaten

37 Mögliche Kaufpreisnachzahlungen sind als Anschaffungskosten der Beteiligung und damit zur Verrechnung nach Abs. 1 und 3 im **Erwerbszeitpunkt** schon insoweit zu berücksichtigen, als die Nachzahlung **wahrscheinlich** und **verlässlich** zu schätzen ist (DRS 4.14). Bei einer **Revision** der ursprünglichen Annahmen innerhalb von zwölf Monaten sind die Anschaffungskosten

▶ nicht nur für Zwecke der **Einzelbilanz** als nachträgliche Anschaffungsänderung,

▶ sondern wegen Abs. 2 Satz 2 auch für Zwecke des **Konzernabschlusses** erfolgsneutral anzupassen. Die Anpassung ist rückwirkend auf den Erwerbszeitpunkt vorzunehmen.

38 Im Falle eines *earn out* (→ Rz. 35) führt die Anpassung der ursprünglichen Annahmen zu einer Änderung des *goodwill*:

BEISPIEL Am 31.12.01 erwirbt MU von V 100 % der Anteile an der TU. Das Buchvermögen der TU beträgt an allen Stichtagen 700. Stille Reserven sind nicht vorhanden. Der *goodwill* ist auf zehn Jahre abzuschreiben. Neben einer sofort geleisteten fixen Zahlung von 1.000 ist eine erfolgsabhängige Zahlung von 200 vereinbart, wenn der Umsatz des Jahrs 02 mehr als 2.000 beträgt. Per 31.12.01 geht U mit überwiegender Wahrscheinlichkeit von der Erreichbarkeit dieses Ziels aus. Tatsächlich entwickelt sich das Jahr 02 aber schlechter. Der erfolgsabhängige Betrag ist nicht zu zahlen:

EINZELBILANZIELLE BEHANDLUNG ▶ 31.12.01:

per Beteiligung	1.200	an	Geld	1.000
		an	Rückstellung	200

31.12.02:

per Rückstellung	200	an	Beteiligung	200 (nachträgliche AK-Minderung)

KONSOLIDIERUNGSBUCHUNGEN ▶ 31.12.01:

per *goodwill*	500	an	Beteiligung	1.200
per EK	700			

31.12.02:

per *goodwill*	500	an	Beteiligung	1.200
per EK	700			(EB-Buchung)
per Beteiligung	200	an	*goodwill*	200
per Abschreibung	30	an	*goodwill*	30

In Fällen einer **Eigenkapital- bzw. Bilanzgarantie** des Verkäufers (→ Rz. 35) ist zwischen Wert- 39
aufhellungs- und Wertänderungstatbeständen zu differenzieren:

▶ **Wertaufhellung**: Der garantierte Betrag wird bereits zum Erwerbszeitpunkt nicht eingehalten. Das Verfehlen des garantierten Betrags berührt zugleich den Ansatz des Erstkonsolidierungsvermögens. In diesem Fall ist die Kaufpreiserstattungsforderung als Korrektur dieses Ansatzes zu buchen.

▶ **Wertänderung**: Der garantierte Betrag wird zu einem späteren Zeitpunkt aufgrund nachträglicher Entwicklungen (*post acquisition events*) unterschritten. Der Erstansatz beim Erwerber wird nicht berührt. Die spätere Kaufpreisminderung hat Ähnlichkeit mit einer *earn out*-Garantie und kann wie diese behandelt werden.

> **BEISPIEL** ▶ **Fall A: Wertaufhellung**
>
> Der Veräußerer garantiert für einen übertragenen Forderungsbestand von nominell 100 einen Wert von 95 am Übertragungsstichtag.
>
> In der Übergabebilanz werden eine Wertberichtigung von 5 und ein Forderungsbestand von 95 ausgewiesen.
>
> Nach späterer Erkenntnis waren im Forderungsbestand jedoch einige verjährte und einige uneinbringliche Forderungen enthalten, so dass der Wert der Forderungen am Übergabestichtag tatsächlich nur 85 betrug. Der Verkäufer zahlt einen Ausgleich von 10.
>
> Diese 10 mindern einerseits die Anschaffungskosten des Erwerbers und damit den einzelbilanziellen Beteiligungsbuchwert und andererseits seinen bisher unzutreffenden konzernbilanziellen Erstansatz der erworbenen Forderungen. Die Differenz von Anschaffungskosten/Beteiligungsbuchwert und Zeitwert des erworbenen Vermögens bleibt konstant. Somit ändert sich auch der *goodwill* nicht.
>
> Anpassungsbuchung: Ausgleichsforderung an Debitor.
>
> **Fall B: Wertänderung**
>
> In der Übergabebilanz ist auf den Forderungsbestand von nominell 100 eine zutreffende Wertberichtigung von 5 ausgewiesen. Der Verkäufer garantiert einen Forderungseingang von 80. Aus Sicht des Erwerbsstichtags ist die Wahrscheinlichkeit eines unter 80 liegenden Forderungseingangs vernachlässigbar gering. Wegen nach dem Stichtag liegender wertändernder Ereignisse gehen tatsächlich aber nur 70 ein.
>
> Die Ausgleichsforderung beträgt 10 (= 80 - 70).
>
> Die weitere Differenz von 15 (= 95 - 80) zwischen ursprünglichem Ausweis der Forderung und Forderungseingang geht zulasten des Erwerbers.
>
> Der Erwerber bucht einzelbilanziell:
>
> | | | | |
> |---|---|---|---|
> | per Kaufpreiserstattungsforderung | 10 an | Beteiligung | 10 |
> | per Aufwand aus zusätzlicher Wertberichtigung | 25 an | Forderung | 25 |

IV. Bestimmung der Anschaffungskosten bzw. des Beteiligungsbuchwerts

Konsolidierungsbuchung:

per Beteiligung	10 an	goodwill	10

2.3 Divergenz von Einzelbilanz (Beteiligungsbuchwert) und Konzernbilanz bei Anpassungen nach mehr als zwölf Monaten

40 Nach Abs. 2 Satz 1 erfolgt die Verrechnung von Beteiligungsbuchwert und anteiligem Eigenkapital nach Maßgabe der Verhältnisse zum Zeitpunkt der Erlangung des Tochterstatus – außer in Fällen, in denen das Tochterunternehmen zunächst nicht einbezogen oder zunächst kein Konzernabschluss erstellt wird (→ Rz. 25). Bei Erlangung einer Stimmrechtsmehrheit in einem Schritt ist dies der **Erwerbszeitpunkt**. Nach Abs. 2 Satz 2 sind erfolgsneutrale Anpassungen der Wertansätze des Vermögens und der Beteiligung innerhalb von zwölf Monaten möglich. Umgekehrt sind damit Entwicklungen **nach zwölf Monaten** nur noch nach allgemeinen Grundsätzen (→ Rz. 24), d. h. als

▶ (meist erfolgswirksame) **Fehlerkorrektur** oder

▶ (zwingend erfolgswirksame) **Schätzungsänderung**

vorzunehmen.

41 Die Vorschriften zur Zwölf-Monats-Grenze sind IFRS 3 entlehnt. Der konzeptionelle Unterschied zu IFRS 3, der die Erstkonsolidierung unabhängig von der Einzelbilanz behandelt und daher auf die Anschaffungskosten des Konzerns und gerade nicht auf den Beteiligungsbuchwert abstellt (→ Rz. 12), wurde bei der Übernahme der Vorschrift möglicherweise nicht hinreichend gewürdigt. Er kann bei Anpassung der Anschaffungskosten nach mehr als zwölf Monaten zu einer **Divergenz** von Einzel- und Konzernbilanz führen, indem zwar

▶ der Beteiligungsbuchwert nach § 255 Abs. 1 HGB in der Einzelbilanz erfolgsneutral angepasst wird,

▶ Abs. 2 Satz 2 aber für diesen Fall keine Berücksichtigung des angepassten Beteiligungsbuchwerts in der Konzernbilanz mehr vorsieht.

BEISPIEL ▶ Am 31.12.01 erwirbt MU von V 100 % der Anteile an der TU. Das Buchvermögen der TU beträgt an allen Stichtagen 700. Stille Reserven sind nicht vorhanden. Der *goodwill* ist auf zehn Jahre abzuschreiben.

Neben einer sofort geleisteten fixen Zahlung von 1.000 ist eine erfolgsabhängige Zahlung von 200 vereinbart, wenn der Umsatz der Jahre 02 und 03 kumuliert mehr als 2.000 beträgt. Per 31.12.01 und 31.12.02 geht U mit überwiegender Wahrscheinlichkeit vom Verfehlen dieses Ziels aus. Tatsächlich entwickelt sich das Jahr 03 aber über Erwarten gut. Der erfolgsabhängige Betrag ist Ende 03 zu zahlen:

EINZELBILANZIELLE BEHANDLUNG ▶ 31.12.01:

per Beteiligung	1.000 an	Geld	1.000

31.12.03:

| per Beteiligung | 200 an | Geld | 200 (wegen nachträglicher AK) |

KONSOLIDIERUNGSBUCHUNGEN 01 UND 02 ▶ 31.12.01:

| per *goodwill* | 300 an | Beteiligung | 1.000 |
| per EK | 700 | | |

31.12.02/31.12.03:

per *goodwill*	300 an	Beteiligung	1.000 (EB-Buchungen)
per EK	700		
per Abschreibung	30 an	*goodwill*	30

31.12.03:

per GRL	200 an	Beteiligung	200 (wegen nachträglicher AK)
oder			
per Aufwand	200 an	Beteiligung	200 (wegen nachträglicher AK)

Im Beispiel entsteht in der Periode, in der die Kaufpreisanpassung wider Erwarten doch zum Tragen kommt, folgendes Problem: 42

▶ Der **Beteiligungsbuchwert** hat sich einzelbilanziell wegen der doch wirksam gewordenen *earn out*-Klausel **erhöht**.

▶ Abs. 2 Satz 1 und Satz 2 sehen eine Berücksichtigung dieser Erhöhung bei der Konsolidierung aber nicht vor. Für die **Kapitalkonsolidierung**, somit auch für den *goodwill* bleibt es beim **Beteiligungsbuchwert** nach den Verhältnissen des **Erstkonsolidierungszeitpunkts** (plus zwölf Monate).

▶ Nach vorläufiger Konsolidierungsbuchung verbleibt damit in Höhe der Kaufpreisanpassung noch ein Beteiligungsbuchwert (im Beispiel von 200) zu verrechnen. Da der *goodwill* zur Verrechnung nicht zur Verfügung steht, bleiben theoretisch nur zwei Alternativen: Verrechnung gegen **Konzerngewinnrücklagen** (per GRL an Beteiligung) oder gegen **Aufwand** (per Aufwand an Beteiligung).

U. E. ist die zweite Alternative angemessen. Gegen die Rücklagenverrechnung spricht neben dem Prinzip der **formellen Bilanzkontinuität** auch der **Zweck von Abs. 2 Satz 2**. Er besteht nach der Regierungsbegründung gerade darin, nur für ein zwölfmonatiges Fenster eine erfolgsneutrale Anpassung der Erstkonsolidierung zuzulassen. Über diesen Zeitraum hinaus kann eine Anpassung daher nur nach allgemeinen Grundsätzen vorgenommen werden. Da eine Fehlerkorrektur bei unerwartetem, nicht vorhersehbarem Verlauf des *earn out* i. d. R. ausscheidet, kommt nur eine Änderung von Schätzungen in Frage. Diese ist nach allgemeinen Grundsätzen erfolgswirksam zu buchen. U. E. ist daher nur die zweite Alternative sachgerecht.[8] Zu einer anderen Beurteilung führt u. E. auch nicht der Einheitsgrundsatz oder das *true and fair view*-Prinzip. Beide Prinzipien sind in so hohem Maße abstrakt, dass sich mit ihnen fast alles und damit gar nichts beweisen lässt. Für die Lösung des hier zu behandelnden konkreten Problems geben sie nichts her.

Nicht unvertretbar erscheint allerdings folgende, auf Harmonisierung zwischen Einzelabschluss (Anschaffungskosten der Beteiligung) und Konzernabschluss (Verrechnung des Beteiligungsbuchwerts) zielende Auslegung:

▶ Nach § 298 Abs. 1 HGB i.V. mit § 246 Abs. 1 Satz 3 HGB wird der Geschäfts- oder Firmenwert per gesetzlicher Fiktion als ein Vermögensgegenstand betrachtet.

▶ Wie bei „anderen" Vermögensgegenständen auch, können sich die Anschaffungskosten nachträglich ändern.

▶ Die dann nach allgmeinen Grundsätzen gebotene Nachaktivierung geht den zeitlichen Beschränkungen nach Abs. 1 Satz 2 und Abs. 2 Satz 2 vor.

FORTSETZUNG DES BEISPIELS ▶ Die Zahlung des erfolgsabhängigen Betrags ist einzelbilanziell als Erhöhung des Beteiligungsansatzes und konzernbilanziell gegen den bestehenden Unterschiedsbetrag zu buchen:

KONZERNBILANZIELLE BEHANDLUNG ▶ 31.12.03:

per *goodwill*	200 an Beteiligung	200 (wegen nachträglicher AK)

43 U. E. ist aber der aufwandswirksamen Anpassung nach mehr als zwölf Monaten der Vorzug zu geben. Hieraus ergeben sich allerdings **Fehlanreize**. Aus der Sicht des **Erwerbers** besteht ein Anreiz zur **Überschätzung** der künftigen Verpflichtung im Erwerbszeitpunkt. Diese führt

▶ im Erwerbszeitpunkt ceteris paribus zu einem höheren *goodwill* und zeitigt daher nur langfristige Ergebniswirkungen in Form der planmäßigen Abschreibung,

▶ in der Folgebewertung zu einem Ertrag aus der Auflösung der zu hoch angesetzten Schuld.

Dabei befindet sich der Erwerber nur vordergründig in einer Zwickmühle. Während der Kaufverhandlungen wird er im taktischen Interesse eines niedrigen Kaufpreises tendenziell Pessimist, nach dem Erwerb im bilanzpolitischen Interesse eher Optimist sein. Diesen Optimismus kann ihm auch im Blick auf eine dokumentierte gegenteilige Haltung während der Verhandlungen niemand verwehren, da er immer behaupten kann, der vorherige Pessimismus sei nur Verhandlungstaktik gewesen.

---

8 A. A. DRS 4.14 zum Rechtsstand vor BilMoG.

V. Ansatz erworbener Vermögensgegenstände und Schulden (Abs. 1)

1. Grundlagen

Die Anschaffungskosten bzw. der Beteiligungsbuchwert sind nach Abs. 1 Sätze 1 und 2 mit dem Nettovermögen des Tochterunternehmens zu verrechnen, das sich zum Zeitwert der in den Konzernabschluss aufzunehmenden Vermögensgegenstände, Schulden, Rechnungsabgrenzungsposten und Sonderposten ergibt. Sonderposten sind nach § 266 Abs. 2 HGB i.V. mit § 274 Abs. 1, § 246 Abs. 2 und § 274 Abs. 1 HGB insbesondere die aktiven latenten Steuern (→ § 274 Rz. 29) und der aktive Unterschiedsbetrag aus der Vermögensverrechnung bei Pensionsplänen (→ § 246 Rz. 292). 44

Die **Zeitwertermittlung** des Nettovermögens impliziert: Für den Ansatz (und die Bewertung) kommt es nicht auf die Bilanzierungs- und Bewertungsmethoden beim Veräußerer an. Das erworbene Nettovermögen ist hinsichtlich seiner Bilanzierungsfähigkeit (→ Rz. 45 ff.) **und Bewertung** (→ Rz. 70 ff.) **neu** zu beurteilen.

Betroffen von der Neubeurteilung der Ansatzfähigkeit sind vor allem **immaterielle Vermögensgegenstände**, die beim erworbenen Unternehmen wegen ihres originären Charakters nicht ansatzfähig oder -pflichtig waren, durch den Erwerb aber zu derivativen Vermögensgegenständen werden (→ Rz. 45).

2. Immaterielles Anlagevermögen

2.1 Abgrenzung vom *goodwill*

§ 248 HGB unterscheidet zwischen **originären** und **derivativen** immateriellen Anlagen. Für hergestellte (originäre) immaterielle Anlagen bestehen z.T. Aktivierungswahlrechte, z.T. Aktivierungsverbote (→ § 248 Rz. 1). Angeschaffte (derivative) sind hingegen aktivierungspflichtig. Als **Anschaffung** gilt konzernbilanziell auch der Zugang nach der **Einzelerwerbsfiktion** (→ Rz. 7). Insoweit kann es im handelsrechtlichen Konzernabschluss (beim *asset deal* auch im Einzelabschluss) zum Ansatz von immateriellen Vermögensgegenständen kommen, die beim Veräußerer nicht angesetzt werden durften oder mussten, weil dieser sie hergestellt hatte. 45

Voraussetzung für den Ansatz ist die Identifizierbarkeit des Vermögensgegenstands bzw. seine Unterscheidbarkeit vom *goodwill*. Zu den lediglich **geschäftswertbildenden Faktoren**, die wertbestimmend in den Kaufpreis und damit in den *goodwill* eingehen, und daher nicht aktivierungsfähig sind, gehören etwa 46

▶ **Lagevorteile** im Einzelhandel oder der Gastronomie,
▶ der nicht schon in Markenrechten u. ä. enthaltene gute **Ruf** eines Unternehmens,
▶ die eingeführte und optimierte **Organisation** sowie
▶ mit dem Gesamtunternehmen verbundene **Gewinnerwartungen**, die sich nicht in einzelnen rechtlichen oder faktischen Verhältnissen konkretisieren.

Abzugrenzen vom *goodwill* sind hingegen Vorteile, die **verkehrsfähig** sind, d.h. ohne Übertragung des gesamten Unternehmens veräußert, lizenziert, verpachtet etc. werden können. Vorteile, die auf vertraglichen oder sonstigen Rechten beruhen, erfüllen diese Voraussetzung zumeist, bei nicht rechtlich begründeten Vorteilen ist die Verkehrsfähigkeit kritischer zu prüfen (→ § 246 Rz. 12).

47 Die Differenzierung zwischen rechtlich verankerten und faktischen Verhältnissen macht nicht nur im Hinblick auf das Identifikationsproblem, sondern auch unter dem Aspekt der personalen Zurechnung Sinn. Mit der **rechtlichen Verankerung** geht regelmäßig die **Verfügungsmacht** über den Vermögensgegenstand einher; z. B. können Nutzungsstörer auf Unterlassung, Schadenersatz etc. belangt werden.

48 Nicht notwendig für den Bilanzansatz ist, dass der erworbene immaterielle Vermögensgegenstand mit überwiegender Wahrscheinlichkeit zu einem Nutzen führen wird. **Misserfolgsszenarien** können mit ihrer gewichteten Wahrscheinlichkeit bei der Zeitwertbestimmung, also auf der **Bewertungsebene**, berücksichtigt werden.

> **BEISPIEL** K erwirbt das Pharmaunternehmen P, zu dessen Vermögen u. a. ein nicht bilanziertes, gerade anerkanntes Patent über ein Arzneimittel zur Steigerung der Lernfähigkeit gehört. Zur Verwertung des Patents bestehen zwei Szenarien:
>
> **VARIANTE 1** Das Arzneimittel wird ein Erfolg. Es wird (diskontiert) einen Überschuss von 300 Mio € erwirtschaften.
>
> **VARIANTE 2** Das Arzneimittel wird kein Erfolg. Es wird zwei Jahre nach der Markteinführung eingestellt werden und bis dahin (diskontiert) einen Verlust von 20 Mio € verursachen.
>
> Die Wahrscheinlichkeit der ersten Variante wird mit 25 %, die der zweiten mit 75 % angenommen.
>
> **BEURTEILUNG** In der Einzelbilanz von P ist das Patent nicht ansatzfähig, da ein Nutzen nicht wahrscheinlich ist.
>
> Für die (Konzern-)Bilanz des Erwerbers gilt Folgendes:
>
> Bei Ansatz der Wahrscheinlichkeiten als Gewichtungsfaktoren resultiert folgender Zeitwert:
>
> $300 \cdot 0{,}25 - 20 \cdot 0{,}75 = 75 - 15 = 60$ Mio €.
>
> Die geringere Wahrscheinlichkeit eines Erfolgs ist bei der Wertbemessung zu berücksichtigen. Sie hindert den Bilanzansatz nicht.

Neben der unterschiedlichen rechtlichen Bedeutung der Wahrscheinlichkeit eines Nutzens als Ansatzkriterium bei Herstellung und Bewertungsparameter bei Anschaffung kann auch eine **faktische** Neubeurteilung der Wahrscheinlichkeit im Rahmen des Erwerbs zum erstmaligen Ansatz führen:

▶ Das Management des erworbenen Unternehmens kann sein Ermessen in der Einschätzung der Wahrscheinlichkeit anders und mutiger ausüben als das Management des veräußernden Unternehmens (**subjektive** Wahrscheinlichkeit).

▶ Die Kombination mit Produktionsfaktoren und Kapitalkraft des Erwerbers (Synergien) kann die Wahrscheinlichkeit eines Nutzens erhöhen (**objektive** bzw. **intersubjektive** Wahrscheinlichkeit).

In jedem Fall verlangt der Ansatz von immateriellem Vermögen beim Erwerber die **verlässliche** 49
Messbarkeit des beizulegenden Zeitwerts, ansonsten wäre ein vom *goodwill* separierter Ansatz bloße Fiktion. Die Anforderungen an die Verlässlichkeit sind aber andererseits nicht zu hoch zu setzen. Es liegt in der Natur der Zeitwertbestimmung nicht marktnotierter Vermögensgegenstände, dass sie mit größeren Unsicherheiten behaftet ist. Bei zu hohen Anforderungen an die Verlässlichkeit würde daher die Bestimmung von Abs. 1 ins Leere laufen. Eigentlicher Prüfstein für den Ansatz von immateriellen Vermögensgegenständen bleibt damit die Frage der **Identifizierbarkeit**, d. h. der Abgrenzung vom *goodwill*.

2.2 Systematisierung des immateriellen Vermögens

In Anlehnung an IDW S 5 Tz. 13, der wiederum Vorgaben aus IFRS 3 übernimmt, lässt sich das 50
immaterielle Vermögen wie folgt typisieren:

- **Marketingbezogene** immaterielle Vermögensgegenstände zur Bewerbung oder Unterstützung des Verkaufs: Handelsmarken, Konsummarken, Einzelmarken, Dachmarken, eingetragene Marken, Markenauftritte bzw. *trade dresses* (einzigartige Farben, Form oder die Summe des Designs), Internet-Domainnamen etc.
- **Kundenorientierte** immaterielle Vermögensgegenstände: Kundenlisten, Auftragsbestände, Dauerkundenverträge und sonstige Kundenbeziehungen.
- Gemessen am Markt **vorteilhafte Verträge** (*favorable* oder *beneficial contracts*) auf allen Ebenen der Absatz- sowie der Beschaffungsseite, also etwa auch bei Vermietung oder Anmietung.
- **Technologiebasierte** immaterielle Vermögensgegenstände: patentierte und unpatentierte Technologien, Geschäftsgeheimnisse insbesondere Rezepturen, Software, Datenbanken.
- **Kunstbezogene** immaterielle Vermögensgegenstände: Rechte an Theaterstücken, Opern oder Ballettinszenierungen, Kompositionen, Werbemelodien, Bildern, Fotografien, Filmen, Texten etc.

Angesichts der Vielfalt der in Frage kommenden Werte besteht die Gefahr, den Beteiligungsbuchwert bzw. die Anschaffungskosten im Rahmen der Kaufpreisallokation zu **atomisieren**. 51
Hier helfen *materiality*-Überlegungen, die darauf abstellen, welches im Einzelfall die wesentlichen Werttreiber sind. Dazu folgende Beispiele:

Branche	typische Werttreiber
Autovermieter	Marke
Beratungsunternehmen	Kundenbeziehungen
Bauunternehmen	Auftragsbestände
Filmproduzent	Urheberrechte und Lizenzen
Gebäudereiniger	Kundenbeziehungen
Kfz-Händler	Kundenbeziehungen
Markenartikelhersteller	Produktmarken
Mobilfunkbetreiber	Kundenbeziehungen, Mobilfunklizenzen
Spielbank	Spielbanklizenz
Softwarehersteller	Technologie, Kundenbeziehungen
Verlag	Abonnementverträge, Titelrechte

2.3 Kundenbeziehungen und Marken

52 **Vier Typen** von Kundenbeziehungen lassen sich in Anlehnung an IDW S 5 unterscheiden:
1. Auftragsbestände (→ Rz. 53),
2. (Dauer-)Vertragskunden (z. B. Abonnenten, Mobilfunkkunden etc.) (→ Rz. 53),
3. Kundenlisten (→ Rz. 54),
4. Stammkundenbeziehungen ohne aktuelles Vertragsverhältnis (→ Rz. 55).

53 Bei **Auftragsbeständen und (Dauer-)Vertragskunden** liegen Verträge und damit rechtlich durchsetzbare *cash inflow*-Erwartungen vor, wodurch die für die personale Zurechnung eines Vermögensgegenstands vorauszusetzende **Verfügungsmacht** ohne weiteres gegeben ist (→ Rz. 47).

Bei Dauervertragsbeziehungen muss auch nicht hinderlich sein, dass eine Beendigung der Geschäftsbeziehung durch Kündigung möglich ist. Wenn zuvor der Bilanzansatz bejaht ist, können erwartete Kündigungsraten im **Bewertungskalkül** Berücksichtigung finden.

In Abgrenzung zu fest zugesagten Aufträgen fehlt die Durchsetzbarkeit hingegen bei Gewinnchancen aus **Rahmen- bzw. Konditionenverträgen**, die nur Preise und Lieferbedingungen, ggf. auch Lieferverpflichtungen, jedoch keine Abnahmepflichten festlegen. Mit solchen Verträgen verbundene empirisch begründete Bestellerwartungen sollten daher u. E. nicht zur Anerkennung eines Rahmenvertrags als Vermögensgegenstand führen. Die empirischen Erwartungen speisen sich nicht allein aus der Existenz des Rahmenvertrags, sondern aus einer Vielzahl verbundener Faktoren (Qualität und Preis der Produkte, Ruf etc.), die insgesamt als geschäftswertbildend angesehen werden müssen.

54 Der Begriff der **Kundenliste** steht für ganz unterschiedliche kundenbezogene Informationen. Neben Adress- und demographischen Daten (Alter, Geschlecht, Familienstand, Beruf etc.) können Kundenlisten auch Informationen über das Kaufverhalten enthalten. Für die mit einem Unternehmenskauf erworbene Kundenliste ist zunächst die **Verkehrsfähigkeit**, d. h. die Separierbarkeit des wirtschaftlichen Vorteils durch die Möglichkeit des Verkaufs, der Verpachtung oder des Tauschs, zu prüfen. Hierbei kommt es nicht darauf an, ob die erworbene Kundenliste tatsächlich vom Erwerber weiterveräußert oder verpachtet werden soll. Die abstrakte Möglichkeit einer solchen Transaktion reicht aus. Sie ist zu verneinen, wenn eine Überlassung der Kundenliste an andere Unternehmen gesetzlich oder vertraglich ausgeschlossen ist. Ein solcher Ausschluss kann sich aus beruflichen Verschwiegenheitspflichten von Ärzten, Rechtsanwälten, Wirtschaftsprüfern etc. oder allgemein durch Datenschutzbestimmungen ergeben.

Kann die Separierbarkeit bejaht werden, ist gleichwohl noch zu prüfen, ob die Kundenliste einen **kontrollierbaren Nutzen** verkörpert. Zwischen Kontrolle und Nutzen besteht regelmäßig eine Wechselwirkung.

> **BEISPIEL** ► Die Dentalbedarf AG erwirbt ein Unternehmen, das Dentalinstrumente produziert. Mit dem Unternehmen wird auch eine Kundenliste erworben, die beinahe sämtliche deutschen Zahnärzte enthält.
>
> Die Liste hat keinen besonderen Wert, da sich jedermann mit relativ unbedeutenden Suchkosten Listen von Zahnärzten über Branchen-CDs etc. beschaffen kann. Der niedrige Wert resultiert aus der fehlenden Kontrolle, Dritte von dem Informationsnutzen der Kundenliste auszuschließen.

FALLVARIANTE ▶ Die Liste enthält Angaben, welche Zahnärzte linkshändig sind und deshalb anders geformte und konstruierte Dentalinstrumentarien benötigen. Die Kundenliste bzw. die in ihr enthaltenen Informationen über die Linkshändigkeit sind unter zwei Prämissen werthaltig:

▶ Der Erwerber – oder ein Dritter, an den die Liste weiterveräußert werden könnte – erwägt die Verwertung der Informationen durch die Produktion spezieller auf linkshändige Zahnärzte zugeschnittener Instrumente.

▶ Die Information über die Linkshändigkeit von Zahnärzten ist nicht allgemein zugänglich und nur mit hohen Kosten beschaffbar.

Auch bei den **Stammkundenbeziehungen** ist zunächst die Verkehrsfähigkeit zu prüfen: Unter normalen Verhältnissen kann ein Unternehmen seinen Kundenstamm kaum veräußern, verpachten oder in sonstiger Weise einem Dritten überlassen, ohne zugleich seine operativen Tätigkeiten im bisherigen Geschäftsfeld aufzugeben oder auf Dauer der Überlassung einzustellen. **Regelmäßig** ist daher **keine separate Verwertungsmöglichkeit** des Kundenstamms gegeben. Eine Aktivierung kommt i. d. R. schon deshalb nicht in Frage.

Wenn die Verkehrsfähigkeit **ausnahmsweise** doch bejaht wird, stellt sich die Frage nach der Abgrenzbarkeit zum *goodwill* und anderen immateriellen Vermögensgegenständen. Zunächst ist die Annahme, Kunden, die in der Vergangenheit eine Ware oder ein Produkt gekauft haben, würden dies auch in Zukunft wieder tun, nicht anderes als eine empirisch gestützte Zukunftsprognose.

BEISPIEL ▶ Erworben wird der Autohandel A. Das erworbene Unternehmen hat zahlreiche Stammkunden. Nach Erfahrungswerten der Vergangenheit werden 60 % der Kunden, die ihren letzten Pkw bei A gekauft haben, dort auch ihren nächsten Pkw kaufen. Mit diesem Verhalten wird auch für die Zukunft gerechnet.

Der ökonomische Wert der Stammkundschaft liegt mithin im **erwarteten Wiederholungsverhalten**. Dieses Wiederholungsverhalten erklärt sich aber aus einer Vielzahl unterschiedlicher Faktoren: Markenstärke, Standort, persönliche Kontakte, Design und Technologie der Produkte spielen eine wichtige Rolle. Unter Rückgriff auf die Zivilrechtsprechung kann man in diesem Zusammenhang von sog. **Sogwirkungen anderer Faktoren** sprechen, die den Wiederholungskauf (mit-)erklären.[9] Der Einfluss der Sogwirkungen ist kaum quantifizierbar. Eine adäquate separate Bewertung der Stammkunden (bzw. der anderen interagierenden Vermögensgegenstände) ist dann nur noch in solchen Fällen möglich, in denen ein Aspekt überragt und daher die anderen als vernachlässigbar anzusehen sind. Solche Prioritätsverhältnisse sind nicht rechnerisch, sondern durch qualitative Vorüberlegungen unter Würdigung des Einzelfalls zu klären.

Sollte die Sogwirkung eines anderen immateriellen Vermögensgegenstands insbesondere der Marke einen überragenden Charakter haben, liegt es nahe, dem Posten Stammkunden keinen

---

9 Vgl. *Kümmel*, Der Ausgleichsanspruch des Kfz-Vertragshändlers – Berechnung nach der „Münchner Formel", DB 1998 S. 2407 ff.

selbständigen Wert zuzurechnen. Pauschale Urteile sind bei solchen qualitativen Betrachtungen aber zu vermeiden. Beim Erwerb eines Markenartikelherstellers ist es beispielsweise nicht von vornherein gerechtfertigt, alles der Marke und nichts dem Kundenstamm oder dem *goodwill* zuzuordnen. Der Markenwert sollte ökonomisch fundiert anhand eines zufließenden Nutzens, z. B. in Form höherer Absatzpreise im Vergleich mit *no name*-Produkten oder Eigenmarken der Handelsketten, ermittelt und nicht vereinfachend durch die Gleichung „Unterschiedsbetrag Kaufpreisallokation = Markenwert" bestimmt werden. Eine solche Gleichung würde zudem übersehen, dass es im Rahmen der Kaufpreisallokation nur einen residualen Wert, nämlich den *goodwill* gibt. Seine Berechnung setzt also die vorgängige Bestimmung aller anderen Werte voraus.

In der Bestimmung dieser anderen Werte sind **fallbezogene Differenzierungen** nötig:

▶ Bei **technologisch getriebenen Marken** sind Wiederholungskäufe Folge eines technisch begründeten Qualitätsversprechens, damit einhergehender Innovationskraft, Qualität der Arbeiterschaft und des Marketings etc. und somit untrennbar mit dem Unternehmen und dem Geschäftswert verbunden. Markenwert und Stammkundenwert sind unter diesen Umständen nicht mehr mit einem ökonomisch adäquat begründeten Bewertungsmodell separierbar. Sie gehen im *goodwill* auf.

▶ Marken von Gütern des täglichen Bedarfs enthalten hingegen häufig kein technologisches Qualitäts-, sondern ein **Lifestyle-** oder **Genussversprechen**. In derartigen Fällen kann von einer dominierenden Bedeutung der Marke (gegenüber Stammkundenbeziehung, *know how* etc.) ausgegangen und deren Wert nach dem o. g. ökonomischen Kalkül bestimmt werden.

Die Frage nach der Differenzierung und Trennbarkeit zwischen Kundenstamm und Marke sowie *goodwill* ist u. U. auch abhängig von der **Vertriebsstruktur**:

▶ Besteht die Stammkundschaft eines Markenartiklers aus **Handelskonzernen**, kann ein Erhalt der Kundenbeziehung nur insoweit erwartet werden, als die Endverbraucher der Marke treu bleiben. Die Stammkundenbeziehung zum Handelsunternehmen ist nur ein Reflex auf die Wahrnehmung der Marke durch die Endkunden. Das Kontrollkriterium bezüglich der Endkundenbeziehungen ist aus Sicht des Markenartiklers nicht erfüllt. Die Marke ist dominant und deshalb vorrangig anzusetzen.

▶ Demgegenüber sind Markenartikler mit **direkten Vertriebskanälen** und direktem Kontakt zu den Endkunden eher in der Lage, diese Beziehungen zu kontrollieren. Eine separate Bewertung der Stammkundenbeziehung kann in Frage kommen.

Die vorgenannten Interdependenzen von immateriellen Vermögensgegenständen machen häufig nicht nur eine separate Verwertung, sondern bereits eine separate und adäquate Zeitwertermittlung unmöglich, so dass jedenfalls aus dieser Sicht ein Ansatz scheitern kann.

2.4 *In process research and development*

58 § 248 HGB lässt eine Aktivierung von originären Forschungsaufwendungen überhaupt nicht und eine Aktivierung von originärem Entwicklungsaufwand nur unter eingeschränkten Bedingungen zu (→ § 248 Rz. 9). Würde man diesen Regeln auch beim Unternehmenserwerb folgen, wären beim Erwerb von forschungsintensiven *Start up*-Unternehmen alle noch im Prozess befindlichen Forschungen und Entwicklungen wertmäßig im *goodwill* zu erfassen.

Nach Maßgabe der Einzelerwerbsfiktion ist das Wissen des erworbenen Unternehmens jedoch ein **derivativer Vermögensgegenstand** und daher bei regelmäßig zu bejahender Verkehrsfähigkeit in der Erstkonsolidierung anzusetzen.

2.5 Vertragliches Wettbewerbsverbot

Nach IDW S 5 Tz. 13 bzw. der herrschenden handels- und steuerrechtlichen Meinung ist der durch Einmalzahlung „erworbene" Anspruch auf Unterlassung von Wettbewerb als immaterielles Anlagevermögen zu bilanzieren, sofern er selbständige Bedeutung hat und nicht im Firmenwert aufgeht.[10] Die **Vermögensgegenstandsqualität** eines vom Firmenwert unterscheidbaren Wettbewerbsverbots wird dabei vorausgesetzt. Irritierend ist, dass demgegenüber der Unterlassungspflichtige nach Rechtsprechung des BFH erhaltene Einmalzahlungen passiv abgrenzen muss bzw. bei laufenden Zahlungen nach den Grundsätzen der Nichtbilanzierung schwebender Verträge keine Schuld zu passivieren hat. Eine solche Ungleichbehandlung beim Berechtigten und Verpflichteten ist nicht gerechtfertigt:

59

▶ Durch die Vereinbarung eines Wettbewerbsverbots verpflichtet sich eine Partei gegenüber einer anderen Partei, in einem sachlich und räumlich bestimmten Geschäftsfeld nicht in Wettbewerb zu treten. Die aus dem Wettbewerbsverbot geschuldete Leistung besteht in einem Unterlassen von Handlungen über einen Zeitraum, der regelmäßig vertraglich, gesetzlich oder durch Richterrecht limitiert und nur ausnahmsweise unbefristet ist. Das Wettbewerbsverbot ist damit zivilrechtlich ein **Dauerschuldverhältnis**, da der Umfang der Leistung (hier des Unterlassens) von der Dauer der Rechtsbeziehung abhängt.

▶ (Dauerschuld-)Verträge sind hinsichtlich ihres noch unerfüllten, d. h. **schwebenden Teils** bilanzrechtlich i. d. R. **kein Vermögensgegenstand**.

▶ Im Rahmen eines Unternehmenserwerbs gelten sie nur **ausnahmsweise** insoweit als Vermögensgegenstand, als sich Rechte und Pflichten nicht ausgewogen gegenüber stehen, der ökonomische Saldo also nicht Null, sondern „günstig" ist (→ Rz. 62). Eine solche **Günstigkeit** kann bei Vereinbarung anlässlich eines Unternehmenskaufs nicht entstehen, da ein von den Parteien zugrunde gelegter zu niedriger Preis für das Wettbewerbsverbot unbeachtlich, das Gesamtentgelt vielmehr nach objektiven Maßstäben (Zeitwert) aufzuteilen ist. Damit entspricht auch der auf das Wettbewerbsverbot entfallende Teil dem marktkonformen Wert. Es fehlt mithin an dem positiven Saldo, der einen immateriellen Vermögensgegenstand konstituieren würde.

Ohne dass es hierauf noch ankäme, scheitert der Ansatz eines immateriellen Vermögensgegenstands Wettbewerbsverbot i. d. R. aber auch an der **fehlenden Kontrolle** (Herrschaft) über die aus dem Wettbewerbsverbot resultierenden Gewinnchancen. Mit der Vereinbarung eines Wettbewerbsverbots erhält das berechtigte Unternehmen zwar das Recht zur Einforderung des Unterlassens vom verpflichteten Unternehmen. Potenzielles Bilanzierungsobjekt ist jedoch nicht das Recht, sondern der damit verbundene wirtschaftliche Nutzen. Diesen kontrolliert der Anspruchsberechtigte i. d. R. (Ausnahme etwa beim Duopol) nicht.

60

---

10 Vgl. *Glanegger*, in: Schmidt (Hrsg.), EStG, 28. Aufl., München 2009, § 6 Rz. 294; *Ellrott/Brendt*, in: Beck'scher Bilanz-Kommentar, 7. Aufl., München 2010, § 255 Rz. 325; weitere Nachweise bei *Lüdenbach/Völkner*, BB 2008 S. 1662 ff.

> **BEISPIEL** Am Marktplatz werden drei etwa gleich große und gleich umsatzstarke Apotheken von A, B und C betrieben. A veräußert seine Apotheke an X und vereinbart mit diesem ein fünfjähriges Wettbewerbsverbot.
>
> Die Unterlassungspflicht des A besteht im Beispiel zwar rechtlich nur gegenüber X, allerdings profitieren auch die beiden anderen Marktteilnehmer B und C in jeweils gleicher Weise von dieser Unterlassung durch Sicherung von Marktanteil und Umsatz. In ökonomischer Betrachtung begründet die Wettbewerbsabrede ein Kollektivgut. Verfügungsmacht ist nicht gegeben.

61 Eine anlässlich eines Unternehmenskaufs als Teil des Kaufpreises oder separat geleistete Einmalzahlung auf ein Wettbewerbsverbot ist daher, wenn ihr ein rechtlich oder wirtschaftlich befristeter Unterlassungsanspruch zukommt, als **Rechnungsabgrenzungsposten** zu aktivieren – **ohne Befristung** sofort **aufwandswirksam** zu verbuchen.

2.6 Schwebende Verträge mit Gewinn- oder Verlusterwartung

62 **Schwebende Absatz- oder Beschaffungsverträge** (beides i. w. S. also z. B. unter Einschluss von Ver- und Anmietverträgen) können dann einen zu aktivierenden Vermögensgegenstand darstellen, wenn die Vertragskonditionen gemessen an Marktwerten besonders günstig sind (*beneficial* oder *favorable contract*).

Ohne an Marktwerten gemessene **Günstigkeit** der Vertragskonditionen kommt schwebenden Beschaffungsverträgen i. d. R. kein Zeitwert zu. Bei schwebenden Absatzverträgen kann dies wegen der erwarteten (marktkonformen) Gewinnmarge anders sein; diese Verträge sind aber ohnehin schon als kundenbezogene Vermögensgegenstände (Auftragsbestand etc.) zu erfassen (→ Rz. 52).

> **BEISPIEL** Das erworbene Unternehmen ist u. a. in folgenden schwebenden Verträgen engagiert:
>
> ▶ Dollarterminkauf mit positivem Marktwert.
>
> ▶ Anmietungsvertrag über ein Gebäude mit einer Miete von 12 €/qm bei einer aktuellen Marktmiete von 20 €/qm und einer Restlaufzeit von fünf Jahren.
>
> ▶ Haustarifvertrag mit Löhnen/Gehältern, die um 20 % unter dem Flächentarifvertrag liegen. Der Vertrag hat eine Restlaufzeit von zwei Jahren.
>
> **BEURTEILUNG**
>
> ▶ Das Dollartermingeschäft ist beim Veräußerer nicht anzusetzen. Beim Erwerber erfolgt ein Ansatz zum Zeitwert.
>
> ▶ Der Anmietungsvertrag ist mit dem Barwert der gegenüber den Marktkonditionen ersparten Miete anzusetzen.
>
> ▶ Die Arbeitsverhältnisse sind auch dann nicht anzusetzen, wenn die Haustarifvereinbarung tatsächlich günstig ist, d. h. der Flächentarif die tatsächlichen Marktverhältnisse widerspiegelt und der Haustarif nicht lediglich eine geringere Produktivität etc. kompen-

> siert. Die Arbeitnehmer können jederzeit kündigen, Verfügungsmacht über den Vorteil besteht nicht.

Der **Praxis** werden mit der Kategorie der günstigen Verträge schwer lösbare Aufgaben gestellt. Für jedes Vertragsverhältnis müsste eine Bewertung zu Marktpreisen durchgeführt werden. Die Kaufpreisallokation würde zu atomisierten Werten führen. U. E. ist es daher sachgerecht, den Ansatz von günstigen Verträgen auf die wenigen Fälle zu beschränken, in denen es um **große Vertragsvolumina, erhebliche Restlaufzeiten** sowie deutliche und klar zu belegende, überdies unkompensierte Abweichungen zwischen Markt- und Vertragskonditionen geht. 63

Günstige sonstige Rechtsverhältnisse (z. B. behördliche Genehmigungen, die so heute nicht mehr erteilt würden, aber wegen Bestandsschutz fortgelten) sind regelmäßig auch bei signifikanter Günstigkeit nicht anzusetzen. Zumeist fehlt es schon an der Verkehrsfähigkeit. Auch ökonomisch ist die Möglichkeit der besseren Nutzung vorhandener Vermögensgegenstände aufgrund günstiger rechtlicher Bedingungen Teil des *goodwill*, nämlich der Synergien, die schon beim erworbenen Unternehmen vorhanden waren (sog. *going concern goodwill*).[11] 64

3. Rückstellungen

Schulden, die sich erst aus Absichten und Handlungen des Erwerbers ergeben, daher nicht im Erwerbsobjekt selbst liegen (also nicht erworben wurden), können nach Maßgabe der Einzelerwerbsfiktion bei der Erstkonsolidierung nicht angesetzt werden. 65

Restrukturierungsrückstellungen dürften daher nur dann im Rahmen der Erstkonsolidierung angesetzt werden, wenn sie bereits beim Veräußerer hätten gebildet werden können, d. h. bereits eine (faktische) Schuld vorlag. 66

> **BEISPIEL** Am 2.4.03 erwirbt MU die TU. Die TU hat in den letzten zwei Jahren nur rote Zahlen geschrieben. Die Notwendigkeit einer Restrukturierung ist daher längst erkannt. Der bisherige Anteilseigner war kurzfristig nicht bereit, der TU die dafür erforderlichen finanziellen Mittel zur Verfügung zu stellen. Zur Aufstellung (und Bekanntgabe) eines Restrukturierungsplans ist es daher bisher nicht gekommen. Es fehlt der für Schulden konstitutive Außenverpflichtungscharakter. Er wäre nur über die Rechtsfigur der faktischen Verpflichtung zu begründen. Eine solche faktische Verpflichtung kann aber jedenfalls so lange nicht angenommen werden, wie kein detaillierter Plan an die Betroffenen bekannt gegeben wurde.

In Anlehnung an die inzwischen allerdings revidierten IFRS-Regeln sieht DRS 4.19 f. unter engen Voraussetzungen die Berücksichtigung einer Restrukturierungsrückstellung in der Erstkonsolidierung auch dann vor, wenn sie beim erworbenen Unternehmen zuvor nicht gebildet werden konnte. Voraussetzung ist, dass spätestens bei Begründung des Mutter-Tochter-Verhältnisses ein Restrukturierungsplan vorliegt, dieser umgehend den Betroffenen bekannt gemacht und innerhalb von drei Monaten in einen Detailplan umgesetzt wird. Die Regelung ist reine Kasuistik, der man folgen kann, aber u. E. nicht muss.

---

11 Zum ökonomischen Gehalt des *goodwill*, *Sellhorn*, DB 2000 S. 885 ff.; *Hachmeister/Kunath*, KoR 2005 S. 64 f.

67 Bei **anderen Rückstellungen** kann es zu einem vom erworbenen Unternehmen abweichenden Ansatz kommen, wenn das erwerbende Unternehmen die Wahrscheinlichkeit einer Inanspruchnahme anders beurteilt als der Veräußerer.

68 **Pensionsverpflichtungen**, die das erworbene Unternehmen in **Altfällen** wegen Art. 28 Abs. 1 EGHGB nicht passiviert hat (→ § 249 Rz. 111), werden bei der Erstkonsolidierung ansatzpflichtig.[12]

4. Latente Steuern auf Verlustvorträge

69 Ein steuerlicher Verlust des **erworbenen Unternehmens** kann erstmalig durch den Unternehmenserwerb zum Ansatz aktiver latenter Steuern berechtigen, etwa wenn die Verluste des erworbenen Unternehmens mit den Gewinnen des Erwerbers verrechnet werden können und dadurch ein Verlustausgleich mit zukünftigen Gewinnen erstmals wahrscheinlich wird. Wegen der restriktiven, verlustvernichtenden Vorschriften zum Mantelkauf (§ 8c KStG) bzw. zur Verschmelzung (§ 12 Abs. 2 UmwStG) ist diese Bedingung im deutschen Steuerrecht allerdings häufig nicht erfüllt.

Hat umgekehrt das **erwerbende Unternehmen** einen Verlustvortrag, dessen Nutzung durch den Zukauf eines ertragsstarken Unternehmens wahrscheinlich wird, darf dieser Synergiegewinn nicht der Kaufpreisallokation zugerechnet werden. Die erstmalige Aktivierung des Verlustvortrags ist vielmehr ertragswirksam zu buchen.[13]

Zu latenten Steuern **aus temporären Differenzen** wird auf → Rz. 120 verwiesen.

VI. Bewertung erworbener Vermögensgegenstände und Schulden (Abs. 1)

1. Bewertungsmaßstäbe

70 **Allgemeiner Bewertungsmaßstab** der im Rahmen eines Unternehmenserwerbs zugehenden Vermögensgegenstände und Schulden ist gem. Abs. 1 Satz 1 der **beizulegende Zeitwert** (*fair value*); nach der formalen Definition in § 255 Abs. 4 HGB also der Preis an einem aktiven Markt, in Ermangelung eines solchen Markts der mithilfe allgemein anerkannter Bewertungsmethoden ermittelte Wert. Nach der inhaltlichen Definition von DRS 4.7 ist dies der Betrag, zu dem im Bewertungszeitpunkt zwischen geschäftsbereiten und sachverständigen Geschäftspartnern ein Vermögensgegenstand ausgetauscht oder eine Schuld beglichen werden kann. Er stellt keinen erwerberspezifischen, sondern einen objektiven Wert dar.[14]

Besondere Bewertungsregeln bestehen gem. Abs. 1 Satz 3 für

- latente Steuern (→ Rz. 90) und
- Rückstellungen (→ Rz. 91).

---

[12] Ebenso *Förschle/Deubert*, in: Beck'scher Bilanz-Kommentar, 7. Aufl., München 2010, § 301 Tz. 62, und *Scheffler*, in: Petersen/Zwirner/Brösel (Hrsg.), Systematischer Praxiskommentar Bilanzrecht, Köln 2010, § 301 Tz. 127.

[13] Begründung zum RegE des BilMoG.

[14] Vgl. *Scheffler*, in: Petersen/Zwirner/Brösel (Hrsg.), Systematischer Praxiskommentar Bilanzrecht, Köln 2010, § 301 Tz. 110.

2. Bewertungstechniken

Der beizulegende Zeitwert eines Vermögensgegenstands ergibt sich bei Notierung an einer Börse oder einem anderen aktiven Markt aus dem **Marktpreis** (§ 255 Abs. 4 HGB). Hiervon betroffen sind etwa Wertpapiere und bestimmte Rohstoffe.

In den meisten anderen Fällen kann der beizulegende Zeitwert nur über **Bewertungstechniken** ermittelt werden. Übersicht 2 zeigt nach Bilanzposten gegliedert eine Übersicht über die gängigen Bewertungstechniken. Im Anhang dieser Kommentierung von § 301 HGB (→ Rz. 127 ff.) ist das konkrete Vorgehen an ausgewählten Beispielen erläutert.

Übersicht 2:	Techniken zur Bestimmung des beizulegenden Werts
Immaterielle Vermögensgegenstände, Sachanlagen	
immaterielle Vermögensgegenstände	einkommensorientiert
selbst genutzte Grundstücke und Gebäude	a) marktpreisorientiert bei Grund und Boden und Allerweltsgebäuden b) kostenorientiert bei Spezialimmobilien
sonstige selbst genutzte Sachanlagen	a) meist kostenorientiert b) seltener marktorientiert (z. B. bei Pkw)
vermietete Sachanlagen	einkommensorientiert auf Basis Vertragsmiete, danach *highest and best use*
Finanzvermögen	
an aktivem Markt gehandelt	aktueller Marktpreis (Börsenkurs)
sonstige Wertpapiere (sonstige Anteile)	a) einkommensorientiert oder b) Ableitung aus Marktpreis vergleichbarer Instrumente (z. B. Anwendung Kurs-Gewinn-Verhältnis von *comparable companies*)
Forderungen/Verbindlichkeiten	*Discounted cashflow*-Wert auf Basis aktueller Marktzinsen unter Berücksichtigung eventueller Uneinbringlichkeit; keine Abzinsung kurzfristiger Forderungen/Verbindlichkeiten, wenn Effekt nicht wesentlich
Vorräte	
Rohstoffe	meist kostenorientiert (Wiederbeschaffungskosten)
Erzeugnisse und Waren	einkommensorientiert (Verkaufspreise abzüglich Fertigstellungs-/Veräußerungskosten und Gewinnspanne, entspricht tendenziell steuerlichem Teilwert)
Rückstellungen	Einzelbilanzwert (§ 301 Abs. 1 Satz 3 HGB)
Latente Steuern	Einzelbilanzwert (§ 301 Abs. 1 Satz 3 HGB)

Konzeptionell lassen sie sich in drei in Übersicht 3 dargestellte Gruppen unterscheiden:[15]

---

[15] In Anlehnung an *Smith/Paar*, Valuation of Intellectual Property and Intangible Assets, 3. Aufl., New York u. a. 2000; ähnlich nun IDW RS HFA 16 und IDW S 5.

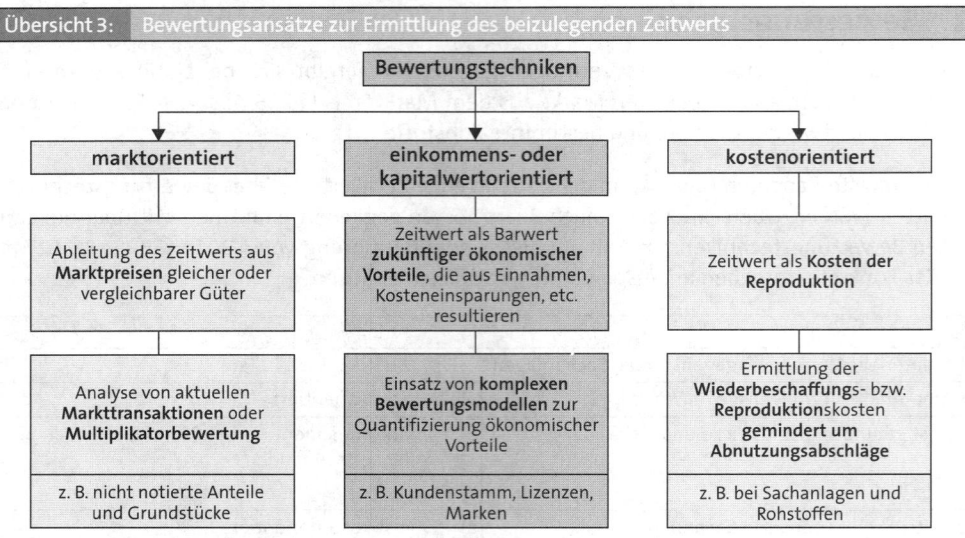

Übersicht 3: Bewertungsansätze zur Ermittlung des beizulegenden Zeitwerts

73 Je nach **Art** des Vermögensgegenstands oder der Schuld, aber auch je nach **Verfügbarkeit der Daten**, kann dem einen oder anderen Ansatz der Vorzug zu geben sein.

Fraglich ist, ob die Bestimmung des Bewertungsverfahrens einer **Verfahrenshierarchie** unterliegt, bei der marktpreisorientierte vor einkommensorientierten und diese vor kostenorientierten Verfahren anzuwenden sind. U. E. ist dies mit der in § 255 Abs. 4 HGB geregelten Ausnahme nicht der Fall: Nur notierte Preise an Börsen oder anderen aktiven Märkten haben Vorrang. In den anderen Fällen ist je nach den Umständen auf die Methode abzustellen, die die verlässlichsten Daten liefert.

74 **Kostenorientierte Verfahren** (*cost approach*) kommen insbesondere bei Rohstoffen und **selbst genutzten Sachanlagen** zum Einsatz, weil ein rationaler Unternehmenserwerber für einen Vermögensgegenstand nicht mehr als die Wiederbeschaffungskosten bezahlen würde. Soweit der Vermögensgegenstand einer Abnutzung unterliegt, ist von den Wiederbeschaffungskosten „neu" ein Abzug für die **physische Abnutzung** infolge normalen Gebrauchs vorzunehmen (→ Rz. 127).

Unabhängig davon, ob der Vermögensgegenstand einer planmäßigen Abnutzung unterliegt, d. h. beispielsweise auch für Rohstoffe, ergeben sich Wertabschläge bei

- physischer Beeinträchtigung (Alterung, Beschädigung),
- funktionaler Obsolenz (z. B. infolge technischen Wandels) oder
- ökonomischer Beeinträchtigung aufgrund von Änderungen der Nachfrage sowie
- einschränkenden neuen Gesetzesbestimmungen (z. B. Umweltschutz).

Soweit diese Kriterien auch bei der „normalen" Bewertung für den Jahresabschluss zu berücksichtigen sind – als Niederstwertabschreibung auf Sachanlagen oder Vorräte – kann die Bewertungspraxis an die (beim Veräußerer) vorhandenen Buchwerte anknüpfen. Hier ist jedoch zu prüfen, ob bewertungsrelevante Ereignisse nach dem letzten Bewertungsstichtag vorliegen, die in den Buchwerten des Veräußerers noch nicht berücksichtigt sind.

Unmittelbare Marktpreise stehen nur bei Wertpapieren, bestimmten universell einsetzbaren 75
Sachanlagegütern (etwa Fahrzeugen) und fungiblen Vorratsgütern zur Verfügung. In anderen
Fällen kann nur ein **marktpreisorientiertes Verfahren** (*market approach*) Anwendung finden,
das aus Markt- oder Transaktionspreisen vergleichbarer Vermögensgegenstände (oder Schulden) den beizulegenden Zeitwert ableitet.

Derartige **Vergleichswertverfahren** (bzw. Analogiemethoden) sind z. B. aus dem Bereich der
Grundstücksbewertung bekannt. Aber auch die Bewertung von nichtbörsennotierten **Anteilen**
durch Anwendung von Umsatz- und Gewinnmultiplikatoren börsennotierter Vergleichsunternehmen auf den Umsatz und Gewinn des zu bewertenden Beteiligungsunternehmens ist hier einzuordnen.

Die Ableitung aus den bekannten Preisen ähnlicher Vermögensgegenstände muss der Tatsache Rechnung tragen, dass die bekannten Preise nicht gleiche, sondern lediglich vergleichbare
Posten betreffen und daher **Anpassungen** notwendig sind. Damit diese Anpassungen nicht
willkürlich erfolgen, müssen entsprechende Daten verfügbar sein. Sind beispielsweise Gebrauchtpreise nur für das ähnliche Vergleichsobjekt bekannt, hingegen nicht für das eigentliche Bewertungsobjekt, können Daten über die relativen Neupreise der beiden Objekte das
Maß der Anpassung objektivieren. Bei der Bewertung von nichtbörsennotierten Anteilen durch
Multiplikatoren börsennotierter Vergleichsunternehmen kann eine Objektivierung nur dann
gelingen, wenn die Multiplikatoren der Vergleichsunternehmen sich in einem relativ engen Intervall bewegen.

Einkommens- bzw. kapitalwertorientierte Verfahren (*income approach*) messen den Gegen- 76
wartswert zukünftiger ökonomischer Vorteile/Nachteile, die aus Einnahmen/Ausgaben resultieren. Für Sachanlagen ist die Bedeutung der einkommensorientierten Ansätze eher gering.
Ihr eigentliches Anwendungsfeld ist die Bewertung von

▶ Forderungen/Verbindlichkeiten (→ Rz. 77),

▶ Erzeugnissen/Waren (→ Rz. 78),

▶ vermieteten Sachanlagen (→ Rz. 79) sowie

▶ immateriellen Vermögensgegenständen (→ Rz. 80).

Bei **Forderungen und Verbindlichkeiten** sind die vertraglich vereinbarten Zahlungsströme 77
markt- und bonitätsgerecht abzuzinsen.[16] Eine Abzinsung kann bei kurzfristigen Forderungen
und Verbindlichkeiten aus *materiality*-Gründen entbehrlich sein.

Auch die Bewertung von **Erzeugnissen und Waren** erfolgt regelmäßig einkommensorientiert. 78
Bewertungsmaßstab ist der voraussichtliche Veräußerungspreis (*cash inflow*) abzüglich der
Kosten der Veräußerung und (bei unfertigen Erzeugnissen) der Fertigstellung (*cash outflow*)
sowie einer Gewinnspanne für die Verkaufs- und Fertigstellungsbemühung;[17] diese Spanne
kann sich am Gewinn vergleichbarer Vorräte orientieren (→ Rz. 133).

Eine **Diskontierung** ist nur bei langen Realisationszeiträumen notwendig:

---

16 Gl. A. *Förschle/Deubert*, in: Beck'scher Bilanz-Kommentar, 7. Aufl., München 2010, § 301 Tz. 82; *Dusemond/Weber/Zündorf*, in: Küting/Weber (Hrsg.), Handbuch der Konzernrechnungslegung, Bd. II, 1998, § 301 Tz. 96.
17 Gl. A. *Förschle/Deubert*, in: Beck'scher Bilanz-Kommentar, 7. Aufl., München 2010, § 301 Tz. 82.

> **BEISPIEL** MU erwirbt die TU. TU fertigt und vertreibt Medizingeräte im Premiumsegment. Die Premiumstellung bedingt eine langfristige Versorgung mit Ersatzteilen. Diese werden bei Auslaufen einer Serie nach der voraussichtlichen Nachfrage der nächsten zehn Jahre auf Lager gefertigt.

79   Im *operating lease* **vermietete Anlagegegenstände** sind durch Diskontierung der Nettomieterträge zu bewerten. Eine über/unter dem Marktpreis liegende Miete ist nicht als günstiger/ungünstiger Vertrag zu aktivieren/passivieren. Die Vertragsmiete ist vielmehr bei der Bewertung des Gegenstands zu berücksichtigen. Für den Zeitraum nach Ablauf der Vertragsbindung ist die marktgerechte Vermietung (*highest and best use*) anzunehmen.

80   In der einkommensorientierten Bewertung **immaterieller Vermögensgegenstände** kommen zahlreiche *discounted cashflow*-Varianten zum Einsatz. Von Bedeutung sind u. a.:

▶ **Kundenstamm/Dauervertragskunden**: Der *multi period excess earnings*-Ansatz (**Residualwertmethode**) bewertet die Einkommensströme aus dem vorhandenen Kunden. Von den Einnahmen werden neben den operativen Kosten auch kalkulatorische Nutzungsentgelte (*capital charges*) auf den Zeitwert der anderen Vermögensgegenstände in Abzug gebracht (→ Rz. 137). Die einfache Anwendung der Methode setzt daher voraus, dass die Zeitwerte der anderen Vermögensgegenstände schon bekannt sind. Eine mehrfache Anwendung der Methode (z. B. neben Kunden auf Forschungsprojekte) ist z. B. unter Zuhilfenahme iterativer Betrachtungen möglich. Bei der Bewertung von Kundenbeziehungen mithilfe der Residualwertmethode ist die Reduktion der geplanten Einkommensströme im Zeitablauf nach Maßgabe der sog. *shrinking* oder *churn rate* (Schrumpfungsrate) der Kunden zu berücksichtigen (→ Rz. 137).

▶ **Auftragsbestände**: Die erwarteten Überschüsse aus dem erworbenen Auftragsbestand werden mit einem risikogerechten Zinssatz diskontiert (→ Rz. 134).

▶ **Marken/Lizenzen**: Die Methode der Lizenzpreisanalogie schätzt die Kosteneinsparung, die daraus resultiert, dass das Zielunternehmen die Marke/Lizenz selbst hält und keine Gebühren an einen Marken-/Lizenzgeber zahlen muss. In der praktischen Anwendung werden durch Datenbankrecherchen branchenübliche Lizenz-Sätze ermittelt und auf die relevanten Bezugsgrößen (z. B. markenrelevante Umsatzerlöse der jeweiligen Periode) angewandt. Die resultierende Ersparnis ergibt nach Abzinsung den anzusetzenden Marken-/Lizenzwert (→ Rz. 128).

▶ **Hyperlizenzen** (z. B. Mobilfunklizenz), mit denen das gesamte Geschäft steht und fällt: Sog. *greenfield approaches* unterstellen ein Unternehmen, das zunächst nichts besitzt als die zu bewertende Lizenz. Um aus ihr Ertrag zu generieren, muss ausgehend von der „grünen Wiese" möglichst schnell ein funktionierender Betrieb aufgebaut werden (*investive cash outflows*), der auf der Basis der Lizenz Erträge (*operative netto cash inflows*) erwirtschaftet. Der Barwert des fiktiven Geschäftsplans dieses Unternehmens stellt den Wert der Lizenz dar (→ Rz. 142).

81   Da die einkommensorientierte Bewertung den beizulegenden Zeitwert über die Diskontierung von geplanten *cashflows* ermittelt, kommt es entscheidend auf das **Planungsmodell** und den Diskontierungszinssatz an. Das *cashflow*-Planungsmodell kann ein- oder mehrwertig sein:

- Bei **mehrwertiger Planung** (*expected cashflow approach*) werden verschiedene Szenarien mit ihren Wahrscheinlichkeiten gewichtet und so ein Erwartungswert ermittelt.
- Bei **einwertiger Planung** (*traditional cashflow approach*) werden die Zahlungsströme nur für eine, und zwar i. d. R. die mittlere Entwicklung (Mittelwert und Median) einer (gedachten) symmetrischen Verteilung geplant. Ausnahmsweise wird für eine günstigere Variante geplant, z. B. wenn sich (insbesondere bei nichtsymmetrischen Verteilungen) für die mittlere Entwicklung kein Zahlungsüberschuss ergibt.

Falls – wie in der Praxis üblich – das Risiko nicht im Zahlungsstrom (Sicherheitsäquivalenzmethode), sondern im Diskontierungszins berücksichtigt wird, besteht folgender **Zusammenhang** zwischen **Planungsmodell** und **Diskontierungszins**:

- Soweit die einwertige Planung für den Mittelwert aufgrund symmetrisch verteilter Szenarien erfolgt, führen ein- und mehrwertige Planung zu den gleichen undiskontierten *cashflows*, auf die dann der gleiche Diskontierungszins angewandt werden kann. Der darin enthaltene Risikozuschlag berücksichtigt die **Risikoaversion** eines typischen Investors. Dieser wird z. B. für einen Zahlungsstrom, der mit je 33,3 %iger Wahrscheinlichkeit zu einem Überschuss von 50, 100 und 150 führt (im Mittel also zu einem Wert von 100), einen niedrigeren Preis zahlen als für einen Zahlungsstrom, der sicher einen Überschuss von 100 bringt. Diese Risikoaversion wird durch einen Zuschlag auf den Zins sicherer Anlagen berücksichtigt.
- Soweit die einwertige Planung nicht für den Mittelwert, sondern für eine günstigere Entwicklung erfolgt (z. B. weil nur wenige, nicht symmetrisch verteilte Szenarien existieren), muss durch einen **erhöhten Risikozuschlag** berücksichtig werden, dass der Planungsfall zu einem günstigeren Ergebnis führt als der Mittelwert. Die Höhe dieses Risikozuschlags ist i. d. R. nicht mehr objektiviert zu begründen.

Der bei mehrwertiger Planung (*expected cash flow approach*) oder einer einwertigen Planung für den mittleren Wert einer (gedachten) symmetrischen Verteilung zu verwendende **Diskontierungssatz** ist der **vermögenswertspezifische** (*asset specific discount rate*). Er variiert mit dem Risiko des Vermögensgegenstands und ist etwa bei

- Allerweltsimmobilien niedriger als der WACC des Unternehmens,
- Markenrechten und Kundenbeziehungen hingegen nahe am WACC,
- *know how* im Entwicklungsstadium deutlich höher als der WACC.

Die vermögenswertspezifischen Diskontierungssätze können zugleich für die im Rahmen der Residualwertmethode vorausgesetzten *capital charges* verwendet werden (→ Rz. 80). Die als hypothetisches Leasingentgelt deutbaren *capital charges* enthalten allerdings bei abschreibbaren Vermögensgegenständen neben der **Verzinsung** auf die investierte Summe (*return on asset*) den **Werteverzehr** (*return of asset*). Die vermögenswertspezifischen Diskontierungssätze entsprechen dem *return on assets*. Nur wenn der Werteverzehr als eigener operativer Kostenbestandteil bei der Mehrgewinnmethode berücksichtigt wird und sich damit die *capital charges* auf den *return on assets* reduzieren, können gleiche Werte für Diskontierung und *capital charges* verwendet werden.

3. Abgrenzungsposten für Erlöse

83 Bei passiven Erlösabgrenzungen ist zu unterscheiden, ob der Posten nur **technischen** Charakter hat (Periodenabgrenzung) oder tatsächlich eine **Schuld** repräsentiert.

> **BEISPIEL** MU erwirbt das Mobilfunkunternehmen TU. Dieses vereinnahmt bei Abschluss von Neuverträgen mit *post paid*-Kunden eine Aktivierungsgebühr. Sie ist im Falle der Vertragsbeendigung, z. B. durch Tod des Kunden, nicht rückzahlbar. Weiterhin vertreibt das Unternehmen *prepaid*-Karten, die den Kunden ein Gesprächsguthaben gewähren. Beide Erlösformen werden einzelbilanziell nicht sofort realisiert, sondern über durchschnittliche Vertragsdauern passiv abgegrenzt.
>
> **BEURTEILUNG BEI DER ERSTKONSOLIDIERUNG** Die Aktivierungsgebühren für die *post paid*-Kunden sind nicht rückzahlbar. Der diesbezügliche Abgrenzungsposten hat keinen Schuldcharakter. Der Zeitwert ist Null.
>
> Die *prepaid*-Gebühren haben Schuldcharakter. Das Unternehmen schuldet ein bestimmtes Gesprächsguthaben. Die Kosten der Erfüllung dieser Schuld sowie ggf. ein Gewinnaufschlag ergeben den Zeitwert dieses Schuldpostens.

4. Zeitbewertung bei vorkonzernlichen Beziehungen (*preexisting relationships*)

84 Mit dem zum Erwerb anstehenden Unternehmen können vertragliche oder sonstige „Beziehungen" bestehen, die sich bereits in Bilanzposten niedergeschlagen haben oder aber im Zuge der Erstkonsolidierung bilanzwirksam werden.[18]

> **BEISPIEL**
>
> ▶ MU führt gegen TU einen Patentverletzungsprozess. TU hat dafür eine Rückstellung gebildet. Beim Erwerb von TU durch MU löst sich die Schuld konzernbilanziell auf, ist auch wirtschaftlich wegen des nicht mehr weiterzuführenden Prozesses erloschen.
>
> ▶ Ein Computerhersteller MU hat einen langfristigen Liefervertrag mit dem Handelsunternehmen TU. Die Konditionen liegen hierfür günstiger als diejenigen, die MU anderen Händlern in Rechnung stellt. Beim Erwerb des Handelsunternehmens durch den Computerhersteller geht der bei TU vorhandene immaterielle Vermögensgegenstand „günstiger Liefervertrag" unter.

Es stellt sich dann die Frage, wie entsprechende Posten im Rahmen der Erstkonsolidierung zu behandeln sind. Allgemeiner Wertmaßstab ist nach Abs. 1 Satz 2 der beizulegende Zeitwert, also der von der konkreten Beziehung losgelöste fiktive Marktwert. Diese Beziehung löst sich indes konzernbilanziell im Augenblick des Unternehmenserwerbs auf; sie ist wirtschaftlich nicht mehr vorhanden (analog der rechtlichen Konfusion). Dem beizulegenden Zeitwert des erworbenen Vermögensgegenstands bzw. der betreffenden Schuld kommt dann nach Vollzug

---

18 Die nachfolgenden Ausführungen sind z.T. entnommen aus *Hoffmann/Lüdenbach*, BB 2005 S. 651.

des Erwerbs regelmäßig keine Bedeutung mehr zu. Es verbleibt ein unternehmensspezifischer Wert, der bei der Erstkonsolidierung aber gerade keinen zulässigen Wertmaßstab darstellt.

In Anlehnung an IFRS 3 ergibt sich der Lösungsansatz aus einer Mehrkomponentenbetrachtung: Ein Anteils- bzw. Unternehmenserwerb kann ein **Mehrkomponentengeschäft** darstellen, bei dem 85

- neben dem Anteilserwerb (Komponente 1)
- die Erledigung der bisherigen Geschäftsbeziehung (Komponente 2)

bewirkt wird. Nur die erste Komponente ist bei der Anwendung der Erwerbsmethode zu berücksichtigen; die zweite ist nach den auf sie anwendbaren allgemeinen Regeln zu behandeln (IFRS 3.51).

Bei der Erledigung der vorkonzernlichen Geschäftsbeziehung kann ein sofort zu berücksichtigender Ertrag oder Aufwand (*settlement gain or loss*) entstehen. Hierbei ist wie folgt zu differenzieren: 86

- **Schwebende Verträge** (→ Rz. 89) mit aus Sicht des Erwerbers im Verhältnis zu Marktwerten günstigen bzw. ungünstigen Konditionen (*favorable or unfavorable contracts*): Aufwand/Ertrag ist die diskontierte Differenz zwischen Vertrags- und Marktkonditionen. Sofern der Vertrag einen Ausstieg gegen einen niedrigeren Betrag vorsieht, ist nur dieser Ausstiegsbetrag als Aufwand/Ertrag zu behandeln (IFRS 3.B52b).
- **Rückerwerb** von in Lizenz, Franchise etc. an das erworbene Unternehmen überlassenen **Rechten**: Der Rückerwerb führt zum Ansatz eines immateriellen Vermögensgegenstands im Rahmen des Unternehmenserwerbs. Soweit die Vertragskonditionen aus Sicht des Erwerbers gemessen am Markt günstig/ungünstig waren, entsteht auch bei Rückerwerb überlassener Rechte ein sofortiger Ertrag/Aufwand. Sofern der Vertrag einen Ausstieg gegen einen niedrigeren Betrag vorsieht, ist wiederum nur dieser Ausstiegsbetrag als Ertrag/Aufwand zu behandeln (IFRS 3.B53).
- **Erledigung schwebender Rechtsstreitigkeiten** zwischen Erwerber und erworbenem Unternehmen: Bei Passivprozessen des Erwerbers ist ein Aufwand zur Beilegung des Rechtsstreits, bei Aktivprozessen ein Ertrag anzusetzen, jeweils in Höhe des beizulegenden Zeitwerts (wahrscheinlichkeitsgewichtete Prozessausgänge).
- **Wertgeminderte Forderungen** (→ Rz. 87): Soweit der Erwerber oder seltener das erworbene Unternehmen über eine im Erwerbszeitpunkt wertgeminderte Forderung gegen das andere Unternehmen verfügt, ist die Verbindlichkeit bzw. Forderung im Rahmen des Erwerbs mit dem beizulegenden Zeitwert anzusetzen.

Zum **Wertminderungsfall** (→ Rz. 86) folgendes Beispiel: 87

> **BEISPIEL** MU erwirbt am 1.1.01 in Sanierungsabsicht 100 % der Anteile an TU zu einem Kaufpreis von 140. MU hat eine als Anleihe verbriefte, börsennotierte Forderung von nominal 200 gegen TU. Dritte treten nur in vernachlässigbar geringem Umfang als Inhaber der Anleihe in Erscheinung.
>
> Wegen Bonitätsschwierigkeiten der TU ist die Anleihe zum Erwerbsstichtag nur noch mit dem Kurswert von 120 in der Einzelbilanz der MU ausgewiesen. In der Bilanz der TU ist die

Verbindlichkeit hingegen mit 200 angesetzt. Am 1.1.03 wird die Anleihe in vollem Umfang, d. h. mit ihrem Nominalwert von 200, getilgt.

Das übrige Nettovermögen der TU (Buchwert = beizulegender Wert) soll 260 betragen, ihr Eigenkapital somit 60 (260 - 200) bei Nominalwertansatz der Schuld bzw. 140 (260 - 120) bei Zeitbewertung.

BEURTEILUNG Handelt MU wie angenommen in Sanierungsabsicht, kann der Erwerb als ein Mehrkomponentengeschäft interpretiert werden. Der Kaufpreis von 140 entfällt in dieser Perspektive nur mit einem Teilbetrag von 60 auf den Anteilserwerb. I. H. von 80 enthält er einen Beitrag zur Wertsteigerung der als Finanzanlage gehaltenen Anleihe. Diese Wertsteigerung tritt unmittelbar mit Erwerb des Unternehmens, nicht erst danach ein. Mit ihr korrespondiert eine zeitgleiche Angleichung des beizulegenden Zeitwerts der Verbindlichkeit an dessen Nominalwert. Kaufpreisallokation und Buchungen sind wie folgt vorzunehmen:

Barzahlung		140
- davon für Wertsteigerung Anleihe		- 80
= Kaufpreis für TU		60
- Zeitwert übriges Vermögen		- 260
+ Verbindlichkeit gegen MU		+ 200
= *goodwill*		0

Einzelbilanz MU

per Anleihenforderung	80	an	Geld	140
per Beteiligung	60			

Erstkonsolidierung

per EK TU	60	an	Beteiligung	60
per Anleihenverbindlichkeit	200	an	Anleihenforderung	200

Nach dem Erwerb ergeben sich in dieser Variante keine Aufrechnungsdifferenzen aus dem konzerninternen Schuldverhältnis.

U. E. muss sich eine entsprechende Mehrkomponentenlösung daran prüfen lassen, ob ihr **auch einzelbilanziell** gefolgt werden kann. Wo dies nicht der Fall ist, würde die Kapitalkonsolidierung nicht nur technisch versagen, da sich einzelbilanzieller Beteiligungsansatz und zu allozierender Kaufpreis nicht mehr entsprächen. Auch inhaltlich kann die wirtschaftliche Zerlegung eines zivilrechtlichen einheitlichen Geschäfts keine Sonderregelung für den Konzernabschluss sein, sondern nur unter Berufung auf allgemein und damit auch für den Einzelabschluss geltende Grundsätze erfolgen. Die einzelbilanziell zu erfassenden Anschaffungskosten der Beteiligung betragen somit in Anwendung dieses Gedankens im Beispiel nur 60 (= 140 - 80), während der Betrag von 80 als Anschaffungskosten auf die Anleihe gewertet werden kann.

Gehört zu den Vermögensgegenständen des erworbenen Unternehmens eine **wertberichtigte** 88
Forderung gegenüber dem Erwerber (→ Rz. 86), stellt sich auch hier die Frage nach der Reichweite des Zeitbewertungsprinzips.

> **BEISPIEL** MU erwirbt in 01 TU zu einem Kaufpreis von 300.
>
> TU hat eine Forderung von 100 gegen MU. Nach Einzelwertberichtigung wird die Forderung im Einzelabschluss der TU mit 60 ausgewiesen. Dies soll zugleich der beizulegende Zeitwert sein.
>
> In der Bilanz der MU ist die Verbindlichkeit mit 100 angesetzt.
>
> Das übrige Vermögen der TU (Buchwert = Zeitwert) beträgt 200, das Eigenkapital somit 260 bei Ansatz der Forderung mit dem Zeitwert, 300 bei Ansatz mit dem Nominalwert. Ende 01 wird die Forderung getilgt.
>
> Kaufpreisallokation und Buchungen sind wie folgt:
>
> | | |
> |---|---|
> | = Kaufpreis für TU | 300 |
> | - Zeitwert übriges Vermögen | - 200 |
> | - **Forderung gegen MU** | - 60 |
> | = *goodwill* | 40 |
>
> Einzelbilanz MU:
>
> | | | | |
> |---|---|---|---|
> | per Beteiligung | 300 an | Geld | 300 |
>
> Erstkonsolidierung:
>
> | | | | |
> |---|---|---|---|
> | per EK TU | 260 an | Beteiligung | 300 |
> | per *goodwill* | 40 | | |
> | per Verbindlichkeit gegenüber TU | 100 an | Forderung gegenüber MU | 60 |
> | | an | Ertrag | 40 |
>
> Folgekonsolidierung 01:
>
> | | | | |
> |---|---|---|---|
> | per Ertrag aus Forderung gegenüber MU | 40 an | Konzerngewinnrücklagen | 40 |

Im Beispiel entsteht eine Aufrechnungsdifferenz zum **Erstkonsolidierungszeitpunkt**. Sie führt zu einem **sofortigen Ertrag** (*settlement gain*). Die entsprechende Buchung ist gewöhnungsbedürftig, da die Erstkonsolidierung ansonsten ein erfolgsneutraler Vorgang ist.

Die Erfolgswirksamkeit lässt sich jedoch in einem Vergleich zum **Übernahmefolgegewinn** des UmwStG wie folgt begründen: Nach § 6 UmwStG ist ein in Verschmelzungsfällen aus der Vereinigung von Forderungen und Verbindlichkeiten entstehender Gewinn als laufender Gewinn bei der aufnehmenden Gesellschaft zu erfassen. Die Anpassung der unterschiedlichen Wertansätze im Anschaffungszeitpunkt wird also nicht erfolgsneutral, sondern erfolgswirksam durchgeführt. Dem entspricht die vorstehende Lösung. Ein Unterschied besteht nur darin, dass die steuerlichen Regeln auf die rechtliche Konfusion von Forderungen und Verbindlichkeiten zielen, während es konzernbilanziell um eine **wirtschaftliche Konfusion** geht. Ursächlich ist die konzeptionelle Abweichung zwischen dem Steuerrecht (Fokus auf dem einzelnen rechtlich definierten Steuersubjekt) und dem Konzernbilanzrecht (Fokus auf der wirtschaftlichen, aus mehreren Rechtssubjekten bestehenden Einheit).

89 Die laufende Bilanzierung **schwebender operativer Verträge** (→ Rz. 86) folgt nach § 252 HGB dem Imparitätsprinzip (→ § 252 Rz. 82). Drohende Verluste sind zu passivieren, erwartete Gewinne mit speziellen Ausnahmen (insbesondere bei langfristiger Fertigung) nicht zu aktivieren. Eine allgemeine Ausnahme besteht jedoch für den Unternehmenserwerb. Der erwartete Gewinn aus einem noch nicht abgewickelten Kontrakt führt als Auftragsbestand zu einem immateriellen Vermögensgegenstand.

> **BEISPIEL** MU erwirbt am 1.1.01 100 % der Anteile an TU zu einem Kaufpreis von 160.
>
> TU hat aus schon vorhandenen und kontrahierten, aber noch nicht ausgelieferten Waren einen Auftragsbestand von 1.000, aus dem bei Einstandskosten von 850 ein Gewinn von 150 erwartet wird. Auftraggeber ist MU. Die Ware wird einen Tag nach dem Unternehmenserwerb an MU geliefert.
>
> Im Rahmen der Kaufpreisallokation ist auch die Gewinnerwartung aus schwebenden Verträgen als immaterieller Vermögensgegenstand anzusetzen. Unter Vernachlässigung des übrigen Nettovermögens (Buchwert = Zeitwert = Null) ist die Kaufpreisallokation wie folgt vorzunehmen:
>
> | | |
> |---|---:|
> | = Kaufpreis für TU | 160 |
> | - **Auftragsbestand** (immaterielles Vermögen) | - 150 |
> | = *goodwill* | 10 |

Der immaterielle Vermögensgegenstand Auftragsbestand wird im Zeitpunkt der (konzerninternen) Lieferung der Ware als Erhöhung von deren Anschaffungskosten aufgelöst. Die Aktivierung von innerkonzernlich für 850 angeschafften Vorräten zu 1.000 erscheint bei einer leichten zeitlichen Variation nicht mehr unangemessen: Wäre der Unternehmenserwerb nämlich einen Tag später vollzogen worden, hätte TU die Ware noch vor Vollzug des Unternehmenserwerbs zu 1.000 an MU geliefert, und sie wäre mit diesem Betrag aktiviert worden. Innerhalb dieses einen Tages ist es aber weder zum Abschluss von Verträgen noch zur Änderung von Beschaffungskosten und Zeitwerten gekommen. Eine andersartige Behandlung im Falle der Lieferung kurz nach Erstkonsolidierungszeitpunkt scheint daher kaum sachgerecht.

Die Mehrkomponentenlösung überzeugt im vorstehenden Fall dann nicht, wenn es an einer tatsächlichen Vertragserledigung durch **Abstandszahlung** an TU fehlt und aus gesellschafts- und steuerrechtlichen Gründen Zahlungen an die Altgesellschafter nicht mit Zahlungen an die Zielgesellschaft vermengt werden können. Sie würde dann zu folgenden Problemen führen:

- Mit Ausführung des Auftrags wären von MU aufgrund des fortbestehenden, tatsächlich nicht aufgehobenen Vertrags 1.000 an TU zu zahlen.
- TU hätte daher aus dem Vertrag einzelbilanziell einen Erlös von 1.000, dem nur ein Wareneinsatz bzw. Konzernanschaffungskosten von 850 gegenüberstünden.

▶ Eine Zwischenergebniseliminierung (per Materialaufwand 150 an Umlaufvermögen 150) wäre nötig und würde den bereits als *settlement loss* berücksichtigten Betrag ein zweites Mal als Aufwand qualifizieren.

▶ Kann hingegen auch einzelbilanziell der Mehrkomponentenlösung gefolgt werden, weil eine tatsächliche Abstandszahlung an das TU erfolgt, beträgt der konzerninterne Umsatz nicht mehr 1.000, sondern 850. Die Zwischenergebniseliminierung entfällt und es bleibt zutreffend bei der Einmalerfassung des Aufwands.

Eine dritte Lösung ist geboten, wenn der Auftrag erst kurz vor Vollzug des Unternehmenserwerbs und nur im Hinblick auf diesen zu nicht marktgerechten Konditionen erteilt worden ist. Da es ohne den Unternehmenserwerb den entsprechenden Auftragsbestand nicht gegeben hätte, der immaterielle Vermögensgegenstand also erst durch den (bevorstehenden) Erwerb entstanden ist, darf er u. E. nicht angesetzt werden.

5. Latente Steuern und Rückstellungen

Latente Steuern unterliegen gem. Abs. 1 Satz 3 nicht der Zeitbewertung, sondern der **Bewertung nach § 274 HGB**. Wichtigste Folge dieser Ausnahme ist: Latente Steuern werden auch bei der Erstkonsolidierung **nicht abgezinst** (→ § 274 Rz. 51). Der Grund für den Verzicht auf die Zeitbewertung lässt sich an folgendem Beispiel darstellen: 90

> **BEISPIEL** ▶ E erwirbt 100 % der Anteile an V. In der Einzelbilanz der V sind einige langfristige Vermögensgegenstände wegen § 6b EStG mit deutlich höheren Werten als in der Steuerbilanz enthalten. V bilanziert passive latente Steuern auf die Differenz. Die ökonomische Belastung und damit der Zeitwert dieses Postens ist deutlich geringer, weil sich die Differenzen erst langfristig auflösen, die aus den Differenzen erwartete Mehrsteuer also in einem ökonomischen Kalkül abzuzinsen ist. Würde E in der Erstkonsolidierung latente Steuern nach Maßgabe der diskontierten (mit der Wahrscheinlichkeit gewichteten) zukünftigen Steuerentlastung ansetzen, entstünde zum nächsten Bilanzstichtag folgendes Problem:
>
> Die Bilanzierung müsste nun wieder den Regeln von § 274 HGB folgen, d. h. die latenten Steuern unabgezinst zeigen. Die bei der Kaufpreisallokation eingebuchten reduzierten latenten Steuern wären also zum Folgestichtag trotz unveränderter Bedingungen aufwandswirksam zuzuschreiben.

Die im Beispiel dargestellte Gefahr der **Inkonsistenz** zwischen Erst- und Folgekonsolidierung wird **vermieden**, wenn latente Steuern bei der Erstkonsolidierung nach den normalen Regeln von § 274 HGB, d. h. ohne Rücksicht auf ihren beizulegenden Zeitwert bewertet werden.

Einen entsprechenden Zweck verfolgt die Bindung des Erstkonsolidierungswerts von **Rückstellungen** an den Einzelbilanzwert. § 253 Abs. 2 HGB schreibt eine Abzinsung nur in bestimmten Fällen und mit normierten Zinssätzen vor (→ § 253 Rz. 70). Bei der Ermittlung des beizulegenden Zeitwerts müsste hingegen der aktuelle Marktzins in allen Fällen herangezogen werden, nur um bei der Folgekonsolidierung zum nächsten Stichtag erfolgswirksam wieder auf die Bewertung nach § 253 Abs. 2 HGB zurückzugehen. Die Sondervorschrift des Abs. 1 Satz 3 vermeidet diese Inkonsistenz. 91

91a **Pensionsrückstellungen** sind mit dem abgezinsten, nach vernünftiger kaufmännischer Beurteilung notwendigen Erfüllungsbetrag, d. h. unter Berücksichtigung voraussichtlicher Lohn-, Karriere- und Rententrends anzusetzen (→ § 253 Rz. 54).

Soweit sich die Höhe von Altersversorgungsverpflichtungen ausschließlich nach dem beizulegenden Zeitwert von Wertpapieren des Anlagevermögens bestimmt (wertpapiergebundene Zusagen), sind die Pensionsrückstellungen mit diesem Wert anzusetzen (→ § 253 Rz. 68).

Die **Übergangsregelung** in Art. 67 Abs. 1 EGHGB ist für die Bewertung im Rahmen einer Erstkonsolidierung nach dem 31. 12. 2009 ohne Belang.[19]

VII. *Goodwill* und negativer Unterschiedsbetrag (Abs. 3)

1. Überblick

92 Bei der Erstkonsolidierung entsteht i. d. R. eine positive oder eine negative Differenz von Anschaffungskosten/Beteiligungsbuchwert und Zeitwert der erworbenen identifizierbaren Vermögensgegenstände und Schulden. Nach Abs. 3 sind Differenzen wie folgt auszuweisen:

- **Positive Differenzen**: Aktivisch als Geschäfts- oder Firmenwert (*goodwill*).
- **Negative Differenzen**: Auf der Passivseite nach dem Eigenkapital als „**Unterschiedsbetrag aus der Kapitalkonsolidierung**" (→ § 298 Rz. 21).

Die Posten und wesentliche Änderungen gegenüber dem Vorjahr sind nach Abs. 3 Satz 2 im **Anhang** zu erläutern (→ Rz. 105)

2. *Goodwill* im mehrstufigen Konzern

2.1 Problemstellung

93 Im **zweistufigen** Konzern (Mutterunternehmen und Tochterunternehmen) bereitet die Behandlung der Minderheitenanteile keine Probleme. Erwirbt das Mutterunternehmen die Mehrheit, aber nicht sämtliche Anteile eines Tochterunternehmens, ist wie folgt zu verfahren:

- Nach der Methode der vollständigen Neubewertung (→ Rz. 11) sind die **stillen Reserven** des Tochterunternehmens nicht lediglich in Höhe der Beteiligungsquote, sondern **zu 100 %** aufzudecken. Der Minderheitenanteil umfasst damit nicht nur den Anteil am Buchvermögen des Tochterunternehmens, sondern ebenso den Anteil an den stillen Reserven, mithin insgesamt den Anteil am Zeitwert des Nettovermögens.
- Bei der *goodwill*-Berechnung wird jedoch allein auf die **Beteiligungsquote des Mutterunternehmens** abgestellt. Von den Anschaffungskosten des Mutterunternehmens (für seinen Anteil am Tochterunternehmen) bzw. dem Beteiligungsbuchwert wird das zum Zeitwert erfasste Nettovermögen in Höhe der Beteiligungsquote abgesetzt. Eine Hochrechnung auf 100 % (*full goodwill*-Methode) findet nicht statt. Der fiktive Anteil der Minderheit an diesem *full goodwill* bleibt unberücksichtigt.

---

[19] Vgl. *Scheffler*, in: Petersen/Zwirner/Brösel (Hrsg.), Systematischer Praxiskommentar Bilanzrecht, Köln 2010, § 301 Tz. 120 ff.

Größere Probleme bereiten **mehrstufige Konzerne**. Bei einer Beteiligung von **Minderheiten** am Tochterunternehmen (zweite Stufe) stellt sich die Frage, ob in Höhe des mittelbaren bzw. rechnerischen Anteils dieser Minderheit am Enkelunternehmen (dritte Stufe) konzernbilanziell stille Reserven und *goodwill* des Enkelunternehmens aufzudecken sind.

94

Hierzu folgender Grundfall:

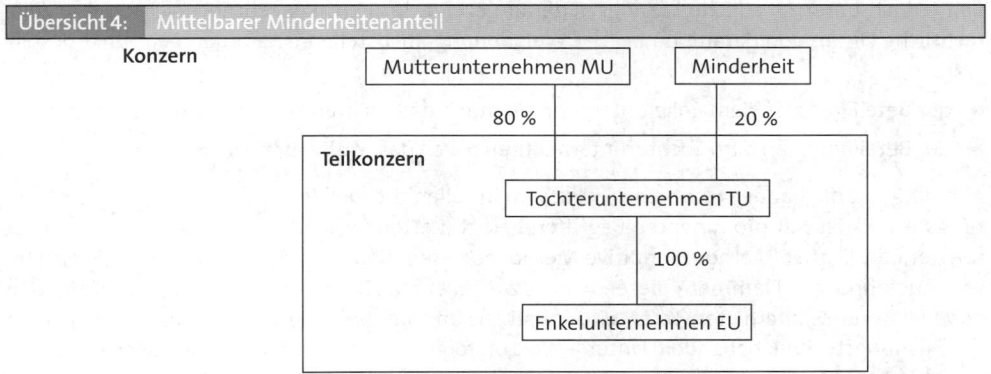

Übersicht 4: Mittelbarer Minderheitenanteil

In dieser Konstellation eröffnen sich drei unterschiedliche Perspektiven:

▶ Aus der Sicht des **Teilkonzerns TU-EU** besteht keine Minderheitsproblematik. Beim Erwerb des „Enkel"-Unternehmens sind stille Reserven und ein *goodwill* zu 100 % aufzudecken.

▶ Aus der Sicht des **Konzernteils MU-TU** sind auf das Tochterunternehmen entfallende stille Reserven zu 100 %, ein auf den Erwerb des Tochterunternehmens entfallender *goodwill* jedoch nur für den Anteil des Mutterunternehmens aufzudecken.

▶ Unklar ist, wie aus Sicht des **Gesamtkonzerns MU-TU-EU** mit den das Enkelunternehmen betreffenden stillen Reserven und dem *goodwill* zu verfahren ist, ob es hier bei dem 100 %-Ansatz entsprechend der Teilkonzernperspektive bleibt oder ob bei den stillen Reserven und/oder dem *goodwill* der Enkelunternehmen nur die (durchgerechnete) Anteilsquote des Mutterunternehmens (hier: 80 % · 100 % = 80 %) maßgeblich ist.

Der Ansatz und die Bewertung von Minderheitenanteilen im mehrstufigen Konzern sind im Gesetz nicht explizit geregelt; mit der geschilderten Folge, dass die Behandlung des (mittelbaren) Minderheitenanteils am Enkelunternehmen diskussionsbedürftig ist. In dieser Diskussion ist nach der **Entstehungsgeschichte** des mehrstufigen Konzerns zu differenzieren. Das mehrstufige Konzernverhältnis kann auf zwei Vorgängen beruhen:[20]

95

1. Konzernerweiterung **nach unten**: Ein zunächst einstufiger Konzern, bestehend aus einem Mutterunternehmen und einer oder mehreren Tochtergesellschaften, erwirbt über eine Tochtergesellschaft eine Beteiligung an einer weiteren Gesellschaft (Enkelunternehmen).

2. Konzernerweiterung **nach oben**: Ein Unternehmen (Mutterunternehmen) erwirbt eine Beteiligung an einem Unternehmen, welches dadurch zum Tochterunternehmen wird. Das

---

[20] Vgl. *Mandl/Königsmeier*, Kapitalkonsolidierung nach der Erwerbsmethode und die Behandlung von Minderheiten im mehrstufigen Konzern, in: Fischer/Hömberg (Hrsg.), FS Baetge, Düsseldorf 1997, S. 239 ff.; *Küting/Leinen*, WPg 2002 S. 1201 ff.

Tochterunternehmen ist zum Zeitpunkt des Erwerbs durch das Mutterunternehmen seinerseits schon an einem weiteren Unternehmen (Enkelunternehmen) beteiligt und bildet mit diesem einen (Teil-)Konzern.

Im jüngeren handelsrechtlichen Schrifttum wird die volle Aktivierung des *goodwill* mindestens im Falle einer Konzernerweiterung nach oben mehrheitlich bejaht.[21] Zur Wertermittlung werden jedoch unterschiedliche Lösungswege aufgezeigt. Im Kern konzentriert sich die handelsrechtliche Diskussion darauf, ob bei der Wertfindung abzustellen ist auf den Zeitpunkt des Erwerbs

▶ der Beteiligung an dem Enkelunternehmen durch das Tochterunternehmen oder

▶ der Beteiligung an dem Tochterunternehmen durch das Mutterunternehmen.

Allerdings ist die handelsrechtliche Diskussion in Teilen **techniklastig**. Die Frage der Konsolidierungstechnik ist mit prominenten Begriffen belegt (Kettenkonsolidierung, Simultankonsolidierung, multiplikative Methode, additive Methode), deren Inhalt häufig genug vieldeutig ist. Unsere Ausführungen klammern diesen Aspekt zunächst aus. Die primäre Frage des zutreffenden *goodwill*- und Minderheitenwerts wird inhaltlich und unabhängig von der sekundären Frage der Buchungstechnik behandelt. Unter → Rz. 100 folgt ergänzend ein Buchungsbeispiel.

2.2 Konzernerweiterung nach unten

96 Bei einer Konzernerweiterung nach unten (Tochterunternehmen erwirbt Enkelunternehmen) wird im Schrifttum folgende Lösung für die stillen Reserven und den *goodwill* favorisiert: Der Beteiligungsbuchwert des Enkelunternehmens in der Bilanz des Tochterunternehmens wird mit dem anteiligen Eigenkapital des Enkelunternehmens verrechnet. Die stillen Reserven sind bei der Neubewertungsmethode unstrittig voll aufzudecken, divergierende Auffassungen bestehen jedoch hinsichtlich des *goodwill*.[22]

Ein *goodwill* ist gem. Abs. 3 in Höhe der Differenz zwischen Beteiligungsbuchwert und dem Anteil des Erwerbers am Zeitwert des Nettovermögens anzusetzen. Bei einer Konzernerweiterung nach unten ergibt sich hier folgende Unterscheidungsmöglichkeit:

▶ Aus der **Perspektive des Teilkonzerns** TU-EU ist das Tochterunternehmen der Erwerber und hätte im Grundfall (d.h. bei 100%iger Beteiligung von TU an EU) seinen Kaufpreis für 100% der Anteile am Enkelunternehmen gegen 100% des Nettovermögens zu setzen, d.h. den *goodwill* **vollständig** aufzudecken.

▶ Aus der **Perspektive des Gesamtkonzerns** ist das Mutterunternehmen der Erwerber. Es ist u.E. Bilanzierungssubjekt und damit Normadressat von Abs. 3. Das Mutterunternehmen hat die Vorschriften deshalb aus seiner Perspektive anzuwenden. Es tätigt jedoch wirtschaftlich keinen 100%igen Erwerb des Enkelunternehmens, sondern lediglich einen Erwerb in Höhe seiner durchgerechneten Anteilsquote. Folgt man der wirtschaftlichen Sicht, wäre auch der *goodwill* des Enkelunternehmens nur aus der Differenz der **anteilig** dem Mutterunternehmen zuzurechnenden, vom Tochterunternehmen aufgewendeten Anschaf-

---

21 Vgl. *Faß*, BB 1989 S. 1165 f.
22 Vgl. *Küting/Leinen*, WPg 2004 S. 72; *Fröhlich*, WPg 2004 S. 68; *Förschle/Hoffmann*, in: Beck'scher Bilanz-Kommentar, 7. Aufl., München 2010, § 307 Tz. 35 ff., sowie *ADS*, 6. Aufl., § 307, Anm. 41 ff.

fungskosten und dem anteilig dem Mutterunternehmen zuzurechnenden Nettovermögen des Enkelunternehmens zu ermitteln.

Zur Behandlung der stillen Reserven und zu den Alternativen hinsichtlich des *goodwill* das nachfolgende Beispiel:

BEISPIEL TU wird am 31.12.01 mit einer Bareinlage von insgesamt 150 gegründet. Davon übernehmen MU 80 % (= 120) und ein Dritter 20 % (= 30). TU soll als Holding der Koordination der Entscheidungen von MU und dem Dritten im Hinblick auf diverse zu erwerbende operative Gesellschaften dienen.

Am 1.1.02 erwirbt die TU 100 % der Anteile an der operativ tätigen EU zum Kaufpreis von 150.

Das Buchvermögen der EU beträgt 60, die stillen Reserven 40, ihr zum Zeitwert bewertetes Vermögen also 100.

Die Ansätze in der Konzernbilanz 1.1.02 (Erstkonsolidierung EU) sind (unter Vernachlässigung latenter Steuern) alternativ wie folgt:

	Alternative 1 Minderheit ohne *goodwill*		Alternative 2 Minderheit mit *goodwill*	
	Berechnung	Bilanzwert	Berechnung	Bilanzwert
Kaufpreis EU	120		150	
Nettovermögen EU (anteilig)	80		100	
goodwill Erstkonsolidierung	40	40	50	50
Nettovermögen Erstkonsolidierung		100		100
Aktivvermögen Erstkonsolidierung		**140**		**150**
Minderheitenanteil Nettovermögen	20		20	
Minderheitenanteil *goodwill*	0		10	
Minderheitenanteil	**20**	**20**	**30**	**30**

Für einen Minderheitenausweis ohne *goodwill* (Alternative 1) spricht der **Vergleich** mit einem **unmittelbaren Erwerb** bei Verzicht auf die Zwischenschaltung einer Holding.

Bei direktem Erwerb der EU durch MU zu 80 % und durch den Dritten zu 20 % wäre der *goodwill* nur auf Basis des Kaufpreisanteils des Mutterunternehmens und dessen Anteil am Nettovermögen des Enkelunternehmens zu errechnen. Der *goodwill* betrüge 40 (wie in Alternative 1) und nicht 50 (wie in Alternative 2). U. E. sollte aber dem Rechtskleid, in dem eine Erweiterung des Konzerns erfolgt, möglichst keine Bedeutung zukommen. Ein *goodwill* sollte daher u. E. in beiden Fällen ohne Anteil der Minderheit ausgewiesen werden.

2.3 Konzernerweiterung nach oben

97 Für die Konzernerweiterung nach oben – MU erwirbt einen Anteil an der schon vor diesem Zeitpunkt an EU beteiligten TU – kann hinsichtlich der **stillen Reserven** nichts anderes gelten als bei einer Erweiterung nach unten. Die stillen Reserven sind in vollem Umfang aufzudecken. Normadressat der Vorschriften von § 301 HGB ist das Bilanzierungssubjekt, also für den Gesamtkonzernabschluss das oberste Unternehmen. Die Erstkonsolidierung durch das Mutterunternehmen erfolgt daher auch hinsichtlich des Vermögens des Enkelunternehmens mit dem beizulegenden Zeitwert zum **Zeitpunkt** des **Erwerbs** des Tochterunternehmens durch das **Mutterunternehmen** und nicht auf den früheren Erwerb des Enkelunternehmens durch das Tochterunternehmen.

98 Hinsichtlich des *goodwill* der Minderheiten kann **nicht** ohne Weiteres von einer Übereinstimmung mit der Konzernerweiterung nach unten ausgegangen werden:

- Für eine **Übereinstimmung** und damit gegen den Ansatz eines Minderheiten-*goodwill* spricht wiederum die Parallele zu einem direkten Erwerb. Die Berücksichtigung eines Minderheiten-*goodwill* würde den Bilanzansatz von der rechtlichen Form eines Erwerbs und nicht von der wirtschaftlichen Substanz abhängig machen.

- Für den Ansatz eines **Minderheiten-*goodwill*** nach Maßgabe der aktuellen Wertverhältnisse spricht, dass aus Gesamtkonzernsicht erstmalig mit Erwerb von TU der Dritte zu einer konzernrechnungslegungsrelevanten Minderheit wird. Wie viel der Dritte gezahlt hat bzw. anteilig für den Dritten vor Konzernzugehörigkeit auf den Anteil am Enkelunternehmen gezahlt wurde, ist aus Konzernsicht unwichtig. Der Minderheiten-*goodwill* wäre daher durch eine Hochrechnung zu ermitteln.

99 Zum Ganzen folgendes Beispiel:

> **BEISPIEL** ▶ Der konzernunabhängige Dritte D ist mit 100 % an dem Internetunternehmen TU beteiligt, das wiederum 100 % an EU hält und über kein weiteres Vermögen verfügt. Das Vermögen der EU beträgt 60 zu Buchwerten und 100 zum Zeitwert. D hatte die TU vor Platzen der Dot-Com-Spekulationsblase für 400 erworben. Der Zeitwert des Nettovermögens hat sich seitdem nicht verändert. Als *goodwill* wurden demnach seinerzeit 400 - 100 = 300 vergütet.
>
> MU möchte nun 80 % an E erwerben. Zwei Erwerbsalternativen stehen zur Diskussion:
>
> - MU erwirbt unmittelbar für einen Preis von 120 einen Anteil von 80 % an EU.
>
> - MU erwirbt für den gleichen Preis einen Anteil von 80 % an TU.
>
> Bei unmittelbarer Beteiligung ist der Anteil der Minderheit (TU) an EU zwar unter Berücksichtigung stiller Reserven, jedoch ohne den *goodwill* zu ermitteln. Der *goodwill* ergibt sich ausschließlich aus dem Kaufpreis (120) abzüglich des anteiligen Zeitwerts des Vermögens (80), somit also zu 40.

Bei mittelbarer Beteiligung sind die beiden oben vorgestellten Lösungen denkbar:

	ohne Minderheiten-*goodwill* (Gleichbehandlung mit direktem Erwerb)	mit Minderheiten-*goodwill* auf hochgerechneter Basis
Kaufpreis EU	120	120
Nettovermögen EU	80	80
goodwill-Mehrheit	40	40
Minderheiten-*goodwill*	0	(20/80 von 40 =) 10
***goodwill* gesamt**	**40**	**50**
Minderheitenanteil am Nettovermögen	20	20
Minderheitenanteil am *goodwill*	0	10
Minderheitenanteil	**20**	**30**

Wie bei einer Konzernerweiterung nach unten (→ Rz. 96) halten wir die erste Alternative, d. h. den **Verzicht** auf einen Minderheitenanteil am *goodwill*, für **vorzugswürdig**. Die Begründung lautet Folgendermaßen:

▶ Das Mutterunternehmen ist u. E. **Bilanzierungssubjekt** und somit **Normadressat** der Vorschrift zur Ermittlung des *goodwill*. Das Mutterunternehmen hat die Vorschriften deshalb aus seiner Perspektive anzuwenden. Es tätigt jedoch wirtschaftlich keinen 100%igen Erwerb des Enkelunternehmens, sondern lediglich einen Erwerb in Höhe seiner Anteilsquote am Tochterunternehmen. Auf dieser Basis sollte der *goodwill* berechnet werden.

▶ Eine andere Lösung würde die Höhe des *goodwill* davon **abhängig** machen, in welchem **Rechtskleid**, ob mittelbar oder unter Zwischenschaltung einer Holding, der Erwerb eines Unternehmens erfolgt. In wirtschaftlicher Betrachtung sind der unmittelbare und der mittelbare Erwerb aber gleichwertig und damit in der bilanziellen Abbildung gleichzustellen.

▶ Eine Ermittlung des Minderheiten-*goodwill* auf Basis des hochgerechneten Anteils des Kaufpreises, den das Mutterunternehmen für den mittelbaren Erwerb des Enkelunternehmens zahlt, ist problematisch. In diesen Kaufpreisbestandteil fließen **Synergieerwartungen** des Mutterunternehmens, **Kontrollprämienzuschläge** etc. ein, deren Hochrechnung auf Minderheiten inhaltlich verfehlt ist. Dem so ermittelten Wert würde es an einer pagatorischen Absicherung fehlen.

2.4 Buchungsbeispiel

Die vorstehenden Ausführungen waren auf die als vorrangig anzusehende inhaltliche Frage der zutreffenden Höhe von *goodwill* und Minderheitenanteil gerichtet. Zur **technischen** Ergänzung noch ein vereinfachtes Buchungsbeispiel:[23]

100

---

23 Entlehnt aus *Lüdenbach*, GmbHR 2002 S. 741 ff.

VII. Goodwill und negativer Unterschiedsbetrag

> **BEISPIEL** Das Mutterunternehmen MU erwirbt 60 % der Anteile am Tochterunternehmen TU zu einem Preis von 600, unmittelbar nachdem TU 100 % der Anteile am Enkelunternehmen EU für 1.150 erworben hat. Das Nettovermögen der TU beträgt ohne Berücksichtigung der Beteiligung an EU -150 zu Buch- und Zeitwerten.
>
> Das Enkelunternehmen hat ein buchmäßiges Eigenkapital von 100 und stille Reserven von 50. Der Beteiligungsansatz (Anschaffungskosten) der EU bei TU beträgt 1.150.
>
> Fraglich ist, ob 1.000 (= 1.150 - 150) oder nur 600 (60 % von 1.000) in der Konzernbilanz der MU als *goodwill* aufzudecken sind.
>
> Nachfolgend zunächst die Berechnungen der Bilanzwerte, dann die Konsolidierungsbuchungen und -übersichten, jeweils ohne anteilige Aufdeckung des auf die 40 %-Minderheit entfallenden Anteils am *goodwill* des EU. Bei voller Aufdeckung entfiele Buchung 4, und der *goodwill* betrüge 1.000 statt 600.

	100 %	Anteil Mehrheit	Anteil Minderheit (ohne *goodwill*)	Anteil Minderheit (mit *goodwill*)
goodwill EU	1.000	600	0	400
div. Aktiva EU (Zeitwert)	150	90	60	60
div. Aktiva MU (Zeitwert)	100	100	0	0
Fremdkapital TU	-150	-90	-60	-60
Nettovermögen	1.100	**700**	**0**	**400**

1. Konsolidierung EU

1. per	*goodwill* EU	1.000 an	Anteil TU an EU	1.150
	sonstige Aktiva (stR)	50		
	Eigenkapital	100		

2./3. Konsolidierung TU

2. per	Eigenkapital (60 % von 1.000)	600 an	Anteil MU an TU	600
3. per	Eigenkapital (40 % von 1.000)	400 an	Minderheitenanteil	400

4. Eliminierung Minderheitenanteil *goodwill* (enfällt bei voller *goodwill*-Aktivierung)

4. per	Minderheit	400 an	*goodwill*	400

	MU	TU	EU	Summe	Umbuchung Soll		Umbuchung Haben		Konzern
goodwill					1.000	1)	400	4)	600
Anteil	600	1.150		1.750			1.150	1)	0
							600	2)	
sonstige	100		100	200	50	1)			250
Summe	700	1.150	100	1.950					850
EK	700	1.000	100	1.800	100	1)			700
					600	2)			
					400	3)			
Minderheit					400	4)	400	3)	0
FK		150		150					150
Summe	700	1.150	100	1.950	2.550		2.550		850

3. Negativer Unterschiedsbetrag

Inhaltlich kann ein negativer Unterschiedsbetrag aus drei Gründen entstehen:[24]

1. Es liegt ein **günstiger Kauf** (*bargain purchase* oder *lucky buy*) vor, d. h. die Anteile haben unter Wert den Eigentümer gewechselt.

2. Das Nettovermögen ist wegen spezifischer, vom Zeitbewertungsprinzip abweichender Vorschriften bei der Erstkonsolidierung **regelkonform über Zeitwert** angesetzt, z. B. weil im Kaufpreis berücksichtigte Risiken nicht rückstellungsfähig sind oder aktive latente Steuern nicht diskontiert werden dürfen.

3. Zwischen Erwerbszeitpunkt und Aufnahme der Konsolidierung sind in hohem Maße **Gewinne thesauriert** worden, die sich in Anschaffungskosten und Beteiligungsbuchwert nicht widerspiegeln.

Wegen der dritten Alternative wird auf → Rz. 27 verwiesen, zu den beiden anderen Varianten auf die nachfolgenden Ausführungen.

Unter sachverständigen, ohne Druck handelnden und voneinander unabhängigen Dritten scheidet ein **günstiger Kauf** regelmäßig aus. Der beizulegende Zeitwert ist in DRS 4.7 gerade als der Betrag definiert, zu dem zwischen „geschäftsbereiten und sachverständigen Geschäftspartnern ein Vermögensgegenstand ausgetauscht ... werden kann." Sind die Parteien unabhängig, ist der Veräußerer kein Wohltäter und handelt er nicht in einer Notlage (z. B. Zwangsversteigerung), muss daher die **Ausgeglichenheit** von Leistung und Gegenleistung unterstellt und ein *lucky buy* regelmäßig ausgeschlossen werden.

---

24 Vgl. zum Ganzen *Lüdenbach/Völkner*, BB 2006 S. 1435 ff.

VII. Goodwill und negativer Unterschiedsbetrag

103 Erster Anwendungsfall für einen regelkonformen **Ansatz** des erworbenen Vermögens **unter Zeitwert** stellen die aktiven latenten Steuern dar. Sie sind aufgrund von Abs. 1 Satz 3 nicht abzuzinsen (→ Rz. 90). Das Nettovermögen wird dadurch über Zeitwert ausgewiesen. Dieser Effekt kann aber i. d. R. nur geringe Teile eines negativen Unterschiedsbetrags erklären.

Häufiger ist die regelkonforme Überbewertung des Nettovermögens die Folge von **Risiken** oder **erwarteten Restrukturierungaufwendungen**, die zu einem entsprechend niedrigeren Kaufpreis (ggf. sogar zu einem negativen Kaufpreis) führen, jedoch die Voraussetzungen für den Ansatz einer Schuld zum Erstkonsolidierungszeitpunkt noch nicht erfüllen (→ Rz. 66).

> **BEISPIEL** E erwirbt ein schuldenfreies pyrotechnisches Einzel-Unternehmen.
>
> ▶ Der Buch- und Zeitwert der Aktiva beträgt 20 Mio €.
>
> ▶ Der (ohne das nachfolgend erläuterte Risiko berechnete) Ertragswert des Unternehmens beträgt ebenfalls 20 Mio €.
>
> ▶ Als Kaufpreis werden jedoch 15 Mio € vereinbart.
>
> Der geringere Kaufpreis erklärt sich wie folgt: Das Unternehmen hat mit ordentlichen Warnhinweisen Feuerwerk in die USA geliefert. Bei unsachgemäßer Umverpackung durch den in den USA für Feuerwerk lizenzierten Abnehmer kommen vier Arbeiter zu Tode. Das Unternehmen wird auf 40 Mio USD verklagt. Sein Versicherungsschutz für derartige Fälle beträgt 1 Mio €. Die Wahrscheinlichkeit einer Verurteilung mit einem über 1 Mio € hinausgehenden Betrag wird von den Rechtsanwälten als extrem niedrig eingeschätzt. Eine Rückstellung kann deshalb nicht passiviert werden. Die Warnhinweise waren ordentlich. Abnehmer waren keine Endverbraucher, sondern in den USA lizenzierte Fachleute.
>
> Wegen des Überraschungspotenzials amerikanischer Geschworenenverfahren bleibt jedoch ein nicht zu vernachlässigendes Restrisiko. Die Parteien berücksichtigen dies durch einen Abschlag beim Kaufpreis.

Der **Einzelabschluss eines Erwerbers** berücksichtigt nicht passivierungsfähige Risiken bei einem *asset deal* nur implizit. Dem Kaufpreis von 15 Mio € steht dann im Beispiel ein Buchwert der Aktiva von 20 Mio € gegenüber. Ein negativer Unterschiedsbetrag wird in der Erwerberbilanz nicht ausgewiesen. Stattdessen kommt es zur **Abstockung** der nicht-monetären Aktiva. Soweit es sich bei den Aktiva um abschreibbares Anlagevermögen oder um Vorräte handelt, wird demzufolge auch die Ertragslage der Folgeperioden unzutreffend wiedergegeben. Abschreibungen und Materialaufwand der Folgejahre sind zu niedrig, der Gewinn ist überhöht.

Konzernbilanziell ist anders zu verfahren: Das ansatzfähige Nettovermögen wird mit seinen Zeitwerten erfasst, die Differenz als **negativer Unterschiedsbetrag** (im Beispiel von 5 Mio €) passiviert.

104 Negative Unterschiedsbeträge, u.U. sogar **negative Kaufpreise** (Zuzahlungen des Veräußerers an den Erwerber) sind allerdings auf den **inhaltlichen Prüfstand** zu stellen. Vor Passivierung eines negativen Unterschiedsbetrags ist zu klären, ob der vertragliche „Kaufpreis" nicht still mit einer Vergütung in umgekehrter Richtung verrechnet wurde, die der Erwerber für von ihm nach dem Erwerb zu erbringende Leistungen erhält. In solchen Fällen wäre der vereinbarte Kaufpreis tatsächlich eine **Nettogröße** für die in beiden Richtungen zu leistenden Vergütun-

gen. Für die Kaufpreisallokation und die Beurteilung, ob tatsächlich ein negativer Unterschiedsbetrag vorliegt, wäre diese Größe auf den unsaldierten Bruttowert zu korrigieren

> **BEISPIEL** Die K-AG erwirbt von ihrem Wettbewerber, der V-AG, die S-GmbH, deren zu Zeitwerten (zugleich Buch- und Steuerbilanzwerte) bewertetes Vermögen 20 Mio beträgt. Der Käufer verpflichtet sich zur Weiterbeschäftigung von 100 Mitarbeitern für die Dauer von einem Jahr, obwohl es sich bei der genannten Anzahl von Mitarbeitern um einen strukturellen Beschäftigungsüberhang handelt. Die Weiterbeschäftigung verursacht Kosten von 7,5 Mio, die Beendigung der Beschäftigungsverhältnisse nach einem Jahr weitere 7,5 Mio. Für einen Betrag von 15 Mio hätte der Veräußerer das überschüssige Personal auch in eine Beschäftigungsgesellschaft überführen können. Die Parteien haben folgende Vertragsalternativen:
>
> 1. Kaufpreis von 0 Mio mit der scheinbaren Folge eines negativen Unterschiedsbetrags von 20 Mio.
> 2. Kaufpreis von 20 Mio mit der scheinbaren Folge, dass kein Unterschiedsbetrag entsteht, wobei K von der V für die Verpflichtung der Weiterbeschäftigung des Mitarbeiterüberhangs eine Kostenerstattung von 15 Mio und eine unbedingte Zahlung von 5 Mio erhält.
>
> Die rechtliche Gestaltung ist unerheblich. In beiden Fällen erbringt K eine sonstige Leistung an den Veräußerer, indem er strukturell überflüssige Mitarbeiter weiterbeschäftigt. Diese Weiterbeschäftigung liegt nicht in seinem eigenen unternehmerischen Interesse. Der Nutzen liegt beim Veräußerer und besteht darin, dass sein öffentliches Image nicht durch eine unpopuläre Maßnahme beeinträchtigt wird. Mindestens der Betrag von 15 Mio ist dieser Leistung zuzurechnen.
>
> Schwierig ist aber noch die Beurteilung der nicht zweckgebundenen Zahlung von 5 Mio. Aus Sicht des Veräußerers ist im Hinblick auf derartige Zusatzzahlungen die Frage zu stellen, warum er nicht einen preiswerteren Weg, etwa über die Ausstattung einer Beschäftigungsgesellschaft mit 15 Mio gegangen ist. Erklärend ist regelmäßig, dass die Überführung der Mitarbeiter in eine Beschäftigungsgesellschaft nicht geräuschlos genug ist, also nicht in gleichem Maße der Imagewahrung dient wie die Übernahme durch einen Wettbewerber, also ein aktives Unternehmen. Nur im zweiten Fall lassen sich die imageschädlichen Entlassungsentscheidungen nach außen eindeutig einem anderen Unternehmen zuordnen und werden auch mittelbar nicht mehr dem Veräußerer zugerechnet. Dieser Interpretation folgend sind auch die über die Kosten einer Beschäftigungsgesellschaft hinausgehenden Zahlungen als Vergütung für eine sonstige Leistung zu qualifizieren, die der Erwerber korrespondierend zum Anfall der Personalaufwendungen zu erfassen hat.
>
> In beiden Vertragsalternativen beträgt also der unsaldierte Kaufpreis 20 Mio, ein Unterschiedsbetrag entsteht nicht.

Wie das Beispiel zeigt, muss in Fällen, in denen **Leistungen vom Erwerber** im Interesse des Veräußerers zu erbringen sind, und hierfür eine separate Vergütung nicht vereinbart ist, der nominelle Kaufpreis entsprechend korrigiert werden. Auf diese Weise kann ein zunächst vermuteter negativer Unterschiedsbetrag entfallen. An seine Stelle tritt eine Verbindlichkeit oder bei zeitlich bestimmter Gegenleistung ein passiver Abgrenzungsposten.

4. Anhangangaben

105 Nach Abs. 3 Satz 2 sind der *goodwill* sowie der negative Unterschiedsbetrag und deren wesentliche Änderungen gegenüber dem Vorjahr im Anhang zu erläutern. Neben den Informationen, die sich bereits aus dem **Anlagespiegel** ergeben, kommen gem. DRS 4.54 ff. folgende Angaben in Frage:

- Wesentliche Zugänge durch neue Akquisitionen: Name und Beschreibung des erworbenen Unternehmens, Anschaffungskosten sowie Ermittlung des *goodwill* durch Gegenüberstellung von Anschaffungskosten und Zeitwert des erworbenen Vermögens.
- Wesentliche Abgänge durch Veräußerung: Name und Beschreibung des abgehenden Unternehmens.
- Wesentliche außerplanmäßige Ab- und Zuschreibungen: Erläuterung der Gründe und der betroffenen Töchter.

Im Übrigen wird auf → Rz. 126 verwiesen.

VIII. Folgekonsolidierung nach der Erwerbsmethode

106 Der erfolgsneutralen Erstkonsolidierung/-bewertung folgt die im Gesetz nicht ausdrücklich geregelte **erfolgswirksame Folgekonsolidierung**. Die aufgedeckten stillen Reserven und stillen Lasten sowie der *goodwill* sind plan- und außerplanmäßig fortzuschreiben (DRS 4.25). Hierdurch entstehen insbesondere

- Aufwendungen für **planmäßige Abschreibungen** (stille Reserven im Anlagevermögen, *goodwill*),
- Aufwendungen für **Material** (stille Reserven in Vorräten),
- Aufwendungen aus der **außerplanmäßigen Abschreibung** des *goodwill*,
- **Erträge** aus der Auflösung des anlässlich der Erstkonsolidierung bilanzierten **negativen Unterschiedsbetrags**.

Planmäßige und außerplanmäßige Abschreibungen sind nach den allgemeinen Regeln vorzunehmen (→ § 253 Rz. 82). Wegen der Auflösung des negativen Unterschiedsbetrags wird auf → § 309 Rz. 14 verwiesen.

Im Rahmen der Erstkonsolidierung passivierte **stille Lasten**, etwa aus im Einzelabschluss des Erwerbsobjekts nicht passivierten Altzusagen für **Pensionen** (→ Rz. 68), sind entsprechend der Inanspruchnahme aufzulösen. Hiervon betroffen sind auch ausnahmsweise im Rahmen der Erstkonsolidierung gebildete **Restrukturierungsrückstellungen** (→ Rz. 66).

IX. Hinzuerwerb und Veräußerung von Anteilen

1. Überblick

107 Bei Zuerwerb und Veräußerung von Anteilen ist grundlegend zu unterscheiden, ob ein **Statuswechsel** bewirkt wird oder nicht.

Ein solcher **Statuswechsel** bedingt eine Änderung der Bilanzierungs- oder Konsolidierungsmethode, entweder

- als **Aufwärtskonsolidierung** (von der einfachen Beteiligung oder der *equity*-Beteiligung zum vollkonsolidierten Unternehmen) (→ Rz. 108) oder
- als **Abwärtskonsolidierung** (vom Tochterunternehmen zur einfachen Beteiligung oder zu *equity*-Beteiligung) (→ Rz. 109).

Bei der Abwärtskonsolidierung ist für die veräußerten Anteile eine **Entkonsolidierung** vorzunehmen, bei Veräußerung aller Anteile eine **vollständige** Entkonsolidierung (→ Rz. 113).

Statuswahrend sind Erwerbe oder Veräußerungen, die zwar die Höhe des Minderheitenanteils verändern, bei denen aber vor und nach der Transaktion der Status eines Tochterunternehmens gewahrt wird. Zu unterscheiden sind

- **Aufstockungen** (z. B. Erhöhung des Anteils von 51 % auf 80 % oder 80 % auf 100 %; → Rz. 110) und
- **Abstockungen** (z. B. Verminderungen von 100 % auf 80 % oder 80 % auf 51 %; → Rz. 112).

2. Auf- und Abwärtskonsolidierung

Wird die Kontrolle und damit der Status als Tochterunternehmen in **mehreren Erwerbsschritten** erlangt (Aufwärtskonsolidierung), sieht Abs. 3 Folgendes vor: Die Verrechnung des Beteiligungsbuchwerts mit dem Zeitwert des anteiligen Eigenkapitals geschieht nach den Verhältnissen der Erlangung des Tochterstatus (→ Rz. 13). Nach der Rechtslage vor BilMoG konnte wahlweise auf den Zeitpunkt des Erwerbs der jeweiligen Anteilstranche abgestellt werden. Die Unterschiede der Methoden sind wie folgt:

- **Konsolidierung auf Erwerbszeitpunkte**: Nach dieser **nicht mehr zulässigen** Variante waren stille Reserven und *goodwill* nach den Verhältnissen des jeweiligen Erwerbsschritts zu bestimmen. Bei einem Erwerb in zwei Tranchen, bei dem die erste Tranche zu einem assoziierten Status, erst die zweite zu einem Tochterunternehmen führte, bedeutete dies etwa: Die für die erste Tranche bestimmten und im Rahmen der *equity*-Methode fortgeschriebenen Beträge waren erfolgsneutral in die quotale Konsolidierung zu überführen.

- **Konsolidierung auf Zeitpunkt der Statuserlangung**: Nach der zweiten, nunmehr **allein zulässigen** Variante ist die Vollkonsolidierung auf den Zeitpunkt, zu dem das untergeordnete Unternehmen erstmals Tochterunternehmen ist, vorzunehmen. Maßgeblich für die Bestimmung von stillen Reserven und *goodwill* sind somit die **Verhältnisse dieses Zeitpunkts**. Die von diesen Verhältnissen abweichende Höhe stiller Reserven bei Erwerb **früherer Tranchen** wird nicht berücksichtigt. Für die früheren Tranchen ergibt sich hieraus i. d. R. folgende Gleichung:

    Frühere AK - anteiliges Vermögen zu **aktuellen** Zeitwerten = *goodwill*.

Der *goodwill* wird weder nach den „historischen" Verhältnissen zum jeweiligen Erwerbszeitpunkt ermittelt (da aktuelle Zeitwerte), noch nach den aktuellen Verhältnissen (da „historische" Anschaffungskosten), sondern in **Mischung** beider Größen. Diese Zwitterstellung kann der *goodwill* aber gut „vertragen", da er ohnehin nie originär bewertet wird, sondern definitionsgemäß stets Residualgröße, also das rechnerische Ergebnis anderer Werte ist.

IX. Hinzuerwerb und Veräußerung von Anteilen

BEISPIEL Am 1.1.01 erwirbt M 25 % der Anteile an aU und bilanziert diese *at equity*.

Das Eigenkapital der aU beträt zu diesem Zeitpunkt 1.000. M zahlt für 25 % einen Betrag von 400.

Der Mehrbetrag entfällt zu 50 auf stille Reserven, zu 100 stellt er *goodwill* dar. Stille Reserven und *goodwill* werden über fünf Jahre abgeschrieben.

In 01 erwirtschaftet aU ein Ergebnis von 200.

Der *equity*-Ansatz per 31.12.01 ermittelt sich wie folgt:

AK 1.1.		400
Gewinnanteil 01	50	
Abschreibung stille Reserven	-10	
Abschreibung *goodwill*	-20	
Ergebnis aus aU 01	20	20
equity-Buchwert 1.1.01		420

Am 1.1.02 erwirbt U weitere 75 % für 1.650. Das Eigenkapital der aU beträgt zu diesem Zeitpunkt 1.200, 75 % entsprechen also 900. Der Mehrbetrag von 1.650 - 900 = 750 entfällt zu 300 auf stille Reserven, u. a. in einem in 01 neu entwickelten Patent, zu 450 auf *goodwill*. In einer geschlossenen Konzernbuchhaltung ist der Übergang zur Vollkonsolidierung wie folgt darzustellen:

1. Stille Reserven nach Erwerbszeitpunkt der jeweiligen Tranche (nicht mehr zulässig)

Altanteile:

per	div. Vermögen (Buchwerte; 25 %)	300	an *equity*-Anteil	420
	div. Vermögen (stille Reserven; 25 %)	40		
	goodwill (25%)	80		

Neuanteile:

per	div. Vermögen (Buchwerte; 75 %)	900	an Geld	1.650
	div. Vermögen (stille Reserven; 25 %)	300		
	goodwill (25%)	450		

Es ergeben sich folgende Werte für die erstmalige Vollkonsolidierung:

div. Vermögen	1.540
goodwill	530

2. Stille Reserven nach Zeitpunkt der Statuserlangung

per	div. Vermögen (Buchwerte; 100 %)	1.200	an	equity-Anteil	420
	div. Vermögen (stille Reserven; 100 %)	400	an	Geld	1.650
	goodwill	470			

Es ergeben sich folgende Werte für die erstmalige Vollkonsolidierung:

div. Vermögen	800
goodwill	470

Die Differenz zur nicht mehr zulässigen ersten Methode erklärt sich wie folgt: Die stillen Reserven sind nicht nach Maßgabe der (fortgeschriebenen) Erwerbszeitpunkte, also mit 40 für die erste und 300 für die zweite Tranche (in Summe also mit 340) anzusetzen. Vielmehr erfolgt der Ansatz nach Maßgabe des erstmaligen Status als Tochterunternehmen, also mit einem Betrag von 400. Die Differenz von 60 wird gegen den *goodwill* gebucht, der somit als Anpassungsposten „missbraucht" wird. Als Alternative zu diesem Missbrauch könnte die auf die alten Anteile entfallende Erhöhung der stillen Reserven (= 60) ertragswirksam oder unmittelbar gegen Eigenkapital (Neubewertungsrücklage) gebucht werden. Ein ertragsrealisierender Vorgang liegt aber nicht vor, und eine unmittelbare Erfassung von Wertsteigerungen im Eigenkapital ist gesetzlich ebenfalls nicht vorgesehen. Es bleibt also nur die Anpassung des *goodwill*.

Strittig ist noch, ob beim Übergang von der *equity*-Konsolidierung zur Vollkonsolidierung der gegen das aktuelle, zum Zeitwert erfasste Eigenkapital zu verrechnende Buchwert jener laut Einzelbilanz (regelmäßig zugleich Anschaffungskosten) oder jener laut Konzernbilanz (*equity*-Ansatz) ist. U. E. bezieht sich die Verrechnung nach Abs. 1 Satz 1 auf die Summenbilanz und damit auf den einzelbilanziellen Buchwert (→ Rz. 12). Nach der Gegenauffassung ist der *equity*-Buchwert zur Verrechnung heranzuziehen.[25] Der Gegenauffassung entspricht DRS 8.33, der Folgendes bestimmt: „Wird ein assoziiertes Unternehmen zu einem Tochterunternehmen, so stellt der *equity*-Wert im Zeitpunkt des Übergangs auf die Vollkonsolidierung die anteiligen Anschaffungskosten der entsprechenden Beteiligung dar." Dem Gesetzeswortlaut widerspricht dies u. E. Der *equity*-Wert entspricht eben (abgesehen vom hier nicht interessierenden Zeitpunkt des Erwerbs der *equity*-Beteiligung) nicht den Anschaffungskosten, sondern weicht wegen der Fortschreibung um thesaurierte Gewinne und der Abschreibung von stillen Reserven sowie *goodwill* von den Anschaffungskosten ab (→ § 312 Rz. 26).

Endet umgekehrt die Vollkonsolidierung durch Veräußerung von Anteilen, wird aber ein Teil der Anteile zurückbehalten und findet für die verbleibenden Anteile ein **Übergang zur equity-Beteiligung** oder zur einfachen Beteiligung statt (Abwärtskonsolidierung), so gilt Folgendes:

---

25 So *Klaholz/StiBi*, KoR 2009 S. 297 ff.

- Für die **veräußerten Anteile** findet eine **erfolgswirksame** Entkonsolidierung statt.
- Die **verbleibenden Anteile** werden **erfolgsneutral** in den *equity*-Ansatz (§ 312 Abs. 3 HGB) – oder in den Beteiligungsansatz – überführt.

Der den verbleibenden Anteilen entsprechende Buchwert der Vollkonsolidierung stellt die (fiktiven) Anschaffungskosten der *equity*- oder einfachen Beteiligung dar (DRS 4.49).

3. Auf- und Abstockung einer Mehrheitsbeteiligung

110 Die **Aufstockung** einer bereits bestehenden Mehrheitsbeteiligung, also etwa die Erhöhung der Anteilsquote von 51 % auf 80 % oder von 80 % auf 100 %, ist im Gesetz nicht geregelt. Vier Auffassungen zur Behandlung einer solchen Aufstockung sind diskussionswürdig:

1. **Vollständige Neubewertung** in analoger Anwendung von § 301 HGB:

   Die stillen Reserven werden zu 100 % nach den Wertverhältnissen zu diesem Zeitpunkt aufgedeckt, Veränderungen der stillen Reserven gegenüber dem früheren Zeitpunkt der Kontrollerlangung werden gegen den *goodwill* verrechnet. Ein Nachteil dieser Methode ist, dass bereits ein minimaler Zuerwerb (z. B. von 51,0 % auf 51,1 %) zu vollständig neuen Wertansätzen führen würde und damit z. B. Aktivierungsverbote, Anschaffungskostenprinzip etc. umgangen werden könnten.

2. **Partielle Neubewertung**:

   Eine Aufdeckung **stiller Reserven** erfolgt nur nach der **Zuerwerbsquote**. Ein darüber hinausgehender Unterschiedsbetrag stellt einen *goodwill* dar. Nachteil dieser Methode ist eine *mixed basis* für die Vermögensgegenstände und Schulden des Tochterunternehmens: In Höhe der Zuerwerbsquote werden sie mit aktuellen Zeitwerten ausgewiesen, in Höhe der alten Anteilsquote mit alten Buchwerten.

3. **Verzicht auf Neubewertung**:

   Nach der sog. *parent entity extension*-Methode werden die Vermögensgegenstände nicht neu bewertet. Der (zugehende) *goodwill* wird als Differenz zwischen Kaufpreis der neuen Anteile und anteiligem Vermögen (zu alten Konzernbuchwerten) ausgewiesen.

4. **Transaktion zwischen Eigenkapitalgebern**:

   Nach dem sog. *entity*-Konzept berührt der Zuerwerb nur die Verteilung der Residualansprüche der Eigenkapitalgeber des Konzerns. Bilanzansätze der Vermögensgegenstände und Schulden bleiben unverändert. Innerhalb des Eigenkapitals findet eine Wertverschiebung zwischen Mehrheitsgesellschaftern und Minderheit statt (**per EK-Mehrheit an Minderheit**). Nachteil dieser Methode ist die Gleichstellung von Mehrheits- und Minderheitsgesellschaftern, obwohl z. B. hinsichtlich des *goodwill* (→ Rz. 93) deutliche Unterschiede zwischen beiden Gruppen bestehen.

Nach unserer Auffassung wiegen die Nachteile der **dritten und vierten Methode** am wenigsten schwer. Vertretbar ist ggf. noch die zweite Methode, abzulehnen zur Verhinderung von Umgehungen ist jedoch die erste Methode.[26]

In der **internationalen Rechnungslegung** ist nach IAS 27 ab 2009/10 nur noch die **vierte Methode** zulässig. Konzeptionell überzeugt dies insoweit, als anders als im HGB die Mehrheits- und Minderheitsgesellschafter in der Behandlung des *goodwill* gleichgestellt werden können (*full goodwill*-Methode als Wahlrecht). Im Umkehrschluss bedeutet dies: Für das HGB, wo weiterhin Minderheitenanteil und Eigenkapital der Mehrheitsgesellschafter unterschiedlich behandelt werden, ist diese Lösung nicht zwingend.[27] Wie in der internationalen Rechnungslegung vor Gleichstellung beider Gruppen von Eigenkapitalgebern sind vielmehr die o. g. Lösungen 2 bis 4 vertretbar. Teile des handelsrechtlichen Schrifttums halten nur Lösung 2 oder 4[28] für zulässig. DRS 4.26 lässt nur die zweite Lösung zu.

111

> **BEISPIEL** MU beteiligt sich in 01 als Gründungsgesellschafter mit 80 % an der Gründung der TU. In 01 bis 05 entwickelt TU eigene Marken mit einem Zeitwert von 900, die jedoch nach § 248 Abs. 2 HGB nicht aktivierungsfähig sind. Das übrige Vermögen der TU (Buchwert = Zeitwert) hat Ende 05 einen Wert von 100. Ende 05 stockt MU seine Beteiligung gegen einen Kaufpreis von 15 um einen Prozentpunkt von 80 % auf 81 % auf.
>
> 1. **Partielle Neubewertung (DRS 4.26)**
>
>   Danach ergäben sich (unter Vernachlässigung latenter Steuern) folgende Werte:
>
>   Marke (1 % von 900) = 9
>
>   *goodwill* (15 - 1 % von 1.000) = 5
>
>   Verringerung Minderheitenanteil (1 % von 100) = 1
>
>   Nachteil ist die „*mixed basis*" für die Marken. Sie werden zu 1 % mit den aktuellen *fair values*, zu 99 % mit den alten Buchwerten (hier: Null) geführt.
>
> 2. **Verzicht auf Neubewertung**
>
>   Danach ist der Kaufpreis wie folgt zu allozieren:
>
>   *goodwill* (15 - 1 % von 100) = 14
>
>   Verringerung Minderheitenanteil (1 % von 100) = 1.
>
>   Nachteil ist eine *goodwill*-Berechnung auf Basis von Buch- statt Zeitwerten.

---

26 Gl. A. mit anderer Begründung *Förschle/Deubert*, in: Beck'scher Bilanz-Kommentar, 7. Aufl., München 2010, § 301 Tz. 205 ff; *Dusemond/Weber/Zündorf*, in: Küting/Weber (Hrsg.), Handbuch der Konzernrechnungslegung, Bd. II, 1998, § 301 Tz. 193 ff.

27 Verfehlt insoweit der u. a. der Vorwurf von *Oser*, DB 2010 S. 65 ff.: „einer unreflektierten Übernahme der IFRS". Unverändert gegenüber der ersten Auflage empfehlen wir gerade nicht eine Bilanzierung wie in den IFRS, nutzen die IFRS nur rechtvergleichend und stellen im Kern auf die Abstraktheit des Einheitsgrundsatzes ab. Die von *Oser* vertretene Interpretation des Einheitsgrundsatzes halten wir weiterhin für zulässig, aber eben nicht für zwingend.

28 Vgl. *Duesemond/Weber/Zündorf*, in: Küting/Weber (Hrsg.), Handbuch der Konzernrechnungslegung, Bd. II, 1998, § 301 Tz. 195 f.

3. Transaktion zwischen Eigentümern

Einzige Wirkung des Zuerwerbs ist neben der Verringerung des Minderheitenanteils die Verringerung des den Mehrheitsgesellschaftern zuzurechnenden Eigenkapitals. Buchungssätze in einer eigenständigen Konzernbuchhaltung:

per Minderheitenanteil	1 an Geld	15
per EK Mehrheitsgesellschafter	14	

112 Bei der mehrheitswahrenden **Abstockung** stellt sich die Frage, ob diese **erfolgsneutral** als Transaktion zwischen Eigenkapitalgebern oder **erfolgswirksam** vorzunehmen ist.

BEISPIEL MU ist bisher mit 100 % an TU beteiligt. Bei Kauf wurde ein *goodwill* aufgedeckt, der jetzt noch mit 100 zu Buche steht. Stille Reserven bestehen nicht. Das Vermögen der TU zu Zeit- und Buchwerten beträgt 1.000. MU veräußert 20 % der Anteile für 250. In einer geschlossenen Konzernbuchhaltung ist wie folgt zu buchen:

ALTERNATIVE 1 Erfolgsneutraler Vorgang

per Geld	250 an	Minderheit	200
	an	EK Mehrheitsgesellschafter	50

ALTERNATIVE 2 Erfolgswirksamer Vorgang

per Geld	250 an	Minderheit	200
	an	*goodwill* (20 %)	20
	an	Ertrag	30

Zugunsten der erfolgsneutralen Lösung wird im Schrifttum der Einheitsgrundsatz angeführt.[29] Die Gegenauffassung interpretiert den Einheitsgrundsatz einschränkender: Da der Zweck des Konzernabschlusses primär in der Information der Gesellschafter des Mutterunternehmens liege, müsse der diesen zuzurechnende Erfolg dargestellt werden.[30] Der Dissens dreht sich mithin um Inhalt und Tragweite des Einheitsgrundsatzes. Angesichts des hohen Abstraktionsgrads des Grundsatzes (→ § 297 Rz. 117) ist es erstaunlich, wie Vertreter der jeweiligen Seite aus ihm eine zwingende Lösung ableiten können. U. E. lässt sich mit dem hoch abstrakten Grundsatz jede und damit keine Lösung begründen. Die Konsequenz ist ein **faktisches Wahlrecht**. Dieses ist u. E. aber **konsistent** zur Behandlung der Aufstockung auszuüben. Wenn der Bilanzierende Aufstockungen als Transaktionen zwischen Eigenkapitalgebern behandelt, muss er bei Abstockungen entsprechend verfahren. DRS 4.48 sieht die erfolgswirksame Behandlung vor.

---

29 Vgl. *Dusemond/Weber/Zündorf*, in: Küting/Weber (Hrsg.), Handbuch der Konzernrechnungslegung, Bd. II, 1998, § 301 Tz. 210.

30 So *Förschle/Deubert*, in: Beck'scher Bilanz-Kommentar, 6. Aufl., 2006, § 301 Tz. 207, möglicherweise geänderter Auffassung *dies.*, in: Beck'scher Bilanz-Kommentar, 7. Aufl., München 2010, § 301 Tz. 235 ff.

4. Entkonsolidierung

Bei Veräußerung sämtlicher Anteile ist eine Entkonsolidierung vorzunehmen. Wie beim Erwerb nicht die Beteiligung, sondern nach Maßgabe der Einzelerwerbsfiktion (→ Rz. 7) die Vermögensgegenstände und Schulden als Zugang zu behandeln sind, gilt entsprechend bei Veräußerung: 113

▶ Aus dem Konzernabschluss geht nicht die Beteiligung ab, sondern nach Maßgabe der **Einzelveräußerungsfiktion** der *goodwill*, die Vermögensgegenstände des Tochterunternehmens, die Schulden des Tochterunternehmens und der Minderheitenanteil.

▶ Der Veräußerungserlös führt nicht in Höhe der Differenz zum Beteiligungsansatz, sondern in Höhe der Differenz zu diesen abgehenden Werten zu einem Abgangserfolg.

▶ Er unterscheidet sich damit erheblich vom Abgangserfolg im Einzelabschluss.

Ein noch nicht aufgelöster **negativer Unterschiedsbetrag** aus der Kapitalkonsolidierung (→ Rz. 101) ist bei der Entkonsolidierung erfolgswirksam zu vereinnahmen (DRS 4.45).

Waren an dem Tochterunternehmen, dessen Anteile veräußert worden sind, bis zum Zeitpunkt der Veräußerung **Minderheiten** beteiligt, sind die Vermögensgegenstände und Schulden bei der Ermittlung des Entkonsolidierungserfolgs nur entsprechend dem Anteil des Mutterunternehmens zu berücksichtigen. Die auf die konzernfremden Gesellschafter entfallenden Anteile an den Vermögensgegenständen und Schulden sind **erfolgsneutral** mit dem Minderheitenanteil zu verrechnen (DRS 4.46). 114

Ein bei der Anteilsübertragung als *earn out* vereinbarter **variabler Kaufpreisbestandteil** (→ Rz. 35) ist i. d. R. erst zu realisieren, wenn das Erfolgsziel erreicht oder das Erreichen so gut wie sicher ist. 115

> **BEISPIEL** ▶ Am 31.12.01 veräußerte MU an K 100 % der Anteile an TU. Der Beteiligungsbuchwert beträgt 500, das konzernbilanzielle auf TU entfallende Nettovermögen beträgt 600 (Buchwert = Zeitwert), der *goodwill* 200. Neben einer sofort geleisteten fixen Zahlung von 1.000 ist eine erfolgsabhängige Zahlung von 200 vereinbart, wenn der Umsatz des Jahrs 02 mehr als 2.000 beträgt. Das Umsatzziel wird Ende 02 erreicht.
>
> Einzelbilanzielle Behandlung:
>
> 31.12.01:
>
> | per Geld | 1.000 | an | Beteiligung | 500 |
> |---|---|---|---|---|
> | | | an | Ertrag | 500 |
>
> 31.12.02:
>
> | per Forderung | 200 | an | Ertrag | 200 |
> |---|---|---|---|---|

Konsolidierungsbuchungen:

31.12.01:

per goodwill	200	an	Beteiligung	500 (EB-Buchung)
per EK	600	an	Konzern GRL	300
per Beteiligung	500	an	goodwill	200
per Ertrag	300	an	EK	600

31.12.02:

Keine weiteren Buchungen; der Ertrag laut Einzelbilanz gilt auch für den Konzern.

Wird der variable Betrag ausnahmsweise schon vorab gezahlt, ist er bis zur Realisation als erhaltene Anzahlung zu passivieren.

5. Kontrollerlangung/-verlust ohne Erwerb/Veräußerung von Anteilen

116 Kontrolle und Tochterstatus können ohne Erwerb oder Veräußerung von Anteilen entstehen oder enden aufgrund

- der **Änderung vertraglicher Grundlagen** (Abschluss/Beendigung des Beherrschungsvertrags, Änderung der Stimmrechtsregelungen im Gesellschaftsvertrag etc.; *business combination by contract alone*) oder
- von **Änderungen** an der Zahl **im Umlauf befindlicher Aktien** (Aktienrückkaufsprogramm etc.).

Bei **Erlangung des Tochterstatus** ist eine Erstkonsolidierung vorzunehmen. Falls gar keine Anteile bestehen, beträgt der zu verrechnende Beteiligungsbuchwert Null. Das zugehende Nettovermögen wird vollständig den Minderheiten zugeordnet.

Bei **Verlust des Tochterstatus** ohne Anteilsveräußerung ist gleichwohl eine Entkonsolidierung vorzunehmen, die jedoch regelmäßig erfolgsneutral ist, da der konzernbilanzielle Buchwert des abgehenden Vermögens die Anschaffungskosten der einfachen oder *equity*-Beteiligung bildet (→ Rz. 109).

6. Kapitalmaßnahmen beim Tochterunternehmen

117 Ohne Wirkung auf die Konsolidierung sind **Kapitalerhöhungen** des Tochterunternehmens **aus Gesellschaftsmitteln**, da insofern lediglich eine Umgliederung innerhalb des Eigenkapitals des Tochterunternehmens stattfindet.

118 Bei einer **effektiven Kapitalerhöhung** gegen Einlage ist wie folgt zu unterscheiden:

- Das Mutterunternehmen nimmt im Umfang seiner bisherigen (und zukünftigen) Quote, d. h. **beteiligungsproportional**, an der Kapitalerhöhung teil. Ein Unterschiedsbetrag ergibt sich nicht. Ggf. kann eine Zwischenergebniseliminierung erforderlich sein, wenn die Einlage in Sachen erbracht wird.

§ 301 Kapitalkonsolidierung

▶ Das Mutterunternehmen nimmt **überproportional** an der Kapitalerhöhung teil: Die Erhöhung der Beteiligungsquote ist wie eine **Aufstockung** zu behandeln (→ Rz. 110).

▶ Das Mutterunternehmen nimmt **unterproportional** (aber ohne Statusänderung) an der Kapitalerhöhung teil: Hier ist zu untersuchen, wie sich – in Abhängigkeit vom Ausgabekurs der neuen Anteile – die Zunahme des zu konsolidierenden Eigenkapitals durch die Einlage und der Rückgang der Beteiligungsquote an diesem Eigenkapital wertmäßig zueinander verhalten. Sofern die anderen Gesellschafter mehr zahlen, als dem anteiligen Eigenkapital einschließlich der aus der Erstkonsolidierung noch verbliebenen Beträge an stillen Reserven und *goodwill* entspricht, ist der Vorgang wie eine **Abstockung** zu behandeln (→ Rz. 112).[31]

BEISPIEL ▶ Die TU wird am 1.1.01 mit einem Eigenkapital (zugleich gezeichnetes Kapital) von 100 T€ gegründet. MU übernimmt 90 %, X die verbleibenden 10 %.

Am 31.12.01 wird eine Kapitalerhöhung um nominell 50 T€ durchgeführt, an der MU nicht teilnimmt. Der Anteil sinkt dadurch auf 90/150 = 60 %. Das Jahresergebnis 01 der TU beträgt 0 T€. Stille Reserven sind in 01 nicht entstanden

ALTERNATIVE 1 ▶ X zahlt kein Agio. Er leistet nur die 50 T€.

Am Nettovermögen der TU ist MU vorher mit 90 % von 100 = 90 T€, nachher mit 60 % von 150 = 90 T€ beteiligt. Das MU zuzurechnende Eigenkapital ändert sich nicht.

ALTERNATIVE 2 ▶ X leistet neben dem Nominalbetrag von 50 T€ noch ein Agio von 50 T€.

Am Nettovermögen der TU ist MU anschließend mit 60 % von 200 = 120 T€ beteiligt. Das MU zuzurechnende Eigenkapital erhöht sich um 30. Je nach faktischem Wahlrecht für eine Abstockung wird dies erfolgswirksam (Jahresüberschuss) oder erfolgsneutral (Gewinnrücklagen) verbucht.

Nachfolgend die Konsolidierungsübersichten:

Konsolidierung 31.12. in Alternative 1 (ohne Agio)						
	MU	TU	Summe	Soll	Haben	Konzern
Beteiligung	90		90		90	0
div. Aktiva		150	150			150
	90	150	240			150
gez. Kapital	90	150	240	150		90
Minderheit					60	60
	90	150	240			150
				150	150	

---

31 Gl. A. *Förschle/Deubert*, in: Beck'scher Bilanz-Kommentar, 7. Aufl., München 2010, § 301 Tz. 266.

Konsolidierung 31.12. in Alternative 2 (mit Agio)						
	MU	TU	Summe	Soll	Haben	Konzern
Beteiligung	90		90		90	0
div. Aktiva		200	200			200
	90	200	290			200
gez. Kapital	90	150	240	150		90
KapRL		50	50	50		
GRL oder Jahresüberschuss					30	30
Minderheit					80	80
	90	200	290			200
				200	200	

119 Bei **Kapitalherabsetzungen** ist ebenfalls zwischen einer Umgliederung und einer effektiven Variante zu unterscheiden.

▶ Bei der **vereinfachten Kapitalherabsetzung** zur Verlustdeckung kommt es nur zur Umgliederung innerhalb des Eigenkapitals. Auswirkungen auf die Vollkonsolidierung ergeben sich nicht.

▶ Bei der **effektiven Kapitalherabsetzung** kommt es in Höhe des Herabsetzungsbetrags zu einer erfolgsneutralen Minderung des Beteiligungsansatzes.

X. Konzerninterne Umstrukturierungen, Transaktionen unter gemeinsamer Kontrolle

1. Motive und Formen

119a Unternehmenszusammenschlüsse können sich auch zwischen **zuvor** bereits **verbundenen** Unternehmen vollziehen. Im Wesentlichen sind folgende Fälle zu unterscheiden:

▶ **Gesamtrechtsnachfolge** i. S. des **UmwG**, z. B. **Verschmelzung** des Tochterunternehmens auf das Mutterunternehmen (*upstream merger*), des Mutterunternehmens auf das Tochterunternehmen (*downstream merger*), des Tochterunternehmens A auf das Tochterunternehmen B (*sidestream merger*).
▶ **Anwachsung**, z. B. bei Ausscheiden der fremden Gesellschafter aus der Tochter-OHG.
▶ **Einzelrechtsnachfolge**, z. B. bei Verkauf aller funktional wesentlichen Vermögenswerte eines verbundenen Unternehmens an ein anderes verbundenes Unternehmen.
▶ „**Umhängen von Beteiligungen**", z. B. durch Einbringung der Anteile am Tochterunternehmen B in das Tochterunternehmen A, wodurch B zum Enkelunternehmen wird.
▶ Zusammenfassung von Beteiligungen in einer **Holding**.

▶ **Ausgliederung** oder **Abspaltung** von Unternehmensteilen.

Wichtige **Motive** für derartige konzerninterne Umstrukturierungen sind: 119b

▶ **Transparenz**: Die bisherige Struktur kann intransparent sein, die neue eine bessere Identität von Geschäftsfeldern und rechtlichen Einheiten bringen.

▶ Schaffung **buchmäßigen Eigenkapitals** (*step up*): Das Tochterunternehmen verfügt über erhebliche stille Reserven und einen erheblichen *goodwill*, die sich im Beteiligungsansatz beim Mutterunternehmen nicht widerspiegeln. Durch einen *upstream merger* werden stille Reserven und *goodwill* aufgedeckt, wobei im Gegenzug zwar nicht das gezeichnete Kapital (§ 54 und § 68 UmwG), aber das sonstige Eigenkapital erhöht wird.

▶ **Steuern**: Durch Zusammenfassung einer verlustbringenden mit einer ertragreichen Einheit entstehen zwar möglicherweise nicht für die Vergangenheit (vgl. § 8c KStG), aber für die Zukunft bessere Verlustausgleichsmöglichkeiten.

▶ **Vorbereitung von Veräußerungen**: Durch Verschmelzung, Spaltung oder Einzelrechtsnachfolge wird der Konzern so strukturiert, dass der zu veräußernde Teil von den anderen Teilen separiert wird.

▶ **Haftung**: Vermeidung von auf die Privatsphäre übergreifenden faktischen Konzernhaftungen durch Zwischenschaltung einer Holding.

2. Schaffung von Holding-Strukturen mit und ohne *common control*

Konzerninterne Umstrukturierungen können ggf. den Vorschriften des **UmwG** und des **UmwStG** unterliegen. Beide Regelwerke bieten für bestimmte Fälle die Möglichkeit der **Buchwertfortführung** (§ 24 UmwG, §§ 12, 15, 20 UmwStG). Dann stellt sich die Frage, ob auch in den Konzern- oder Teilkonzernabschlüssen zwischen Buchwertfortführung und Aufdeckung stiller Reserven **gewählt** werden kann. 119c

Für den **Gesamtkonzernabschluss** besteht u. E. **kein Wahlrecht**. Nach den Regeln der Zwischenergebniseliminierung ist eine Buchwertfortführung geboten (→ § 304 Rz. 17). Für den **Teilkonzernabschluss** sind beide Auffassungen vertretbar (→ Rz. 119e).

Oft finden Umstrukturierungen aber nicht unter dem Dach einer schon vorher bestehenden Muttergesellschaft (Holding) statt, sondern etablieren eine solche erst, indem etwa aus einem **Gleichordnungskonzern** ein **Unterordnungskonzern** wird. 119d

BEISPIEL Die natürliche Person G hält bislang die Mehrheit an den Schwesterkonzernen A und B. Die Obergesellschaften der beiden Konzerne werden gegen Sacheinlage in eine neu gegründete Holding eingebracht.

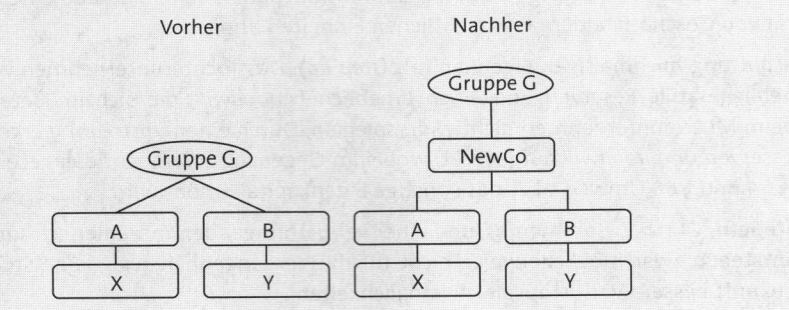

Nach dem Wortlaut von § 301 HGB ist in derartigen Fällen eine Erstkonsolidierung mit Aufdeckung von stillen Reserven, *goodwill* etc. vorzunehmen. Nach der internationalen Rechnungslegung liegt hingegen eine *transaction under common control* vor, auf welche die allgemeinen Regeln zum Unternehmenserwerb deshalb nicht anwendbar sind, weil die ultimative Kontrolle über die beteiligten Unternehmen vor und nach der Transaktion bei der gleichen Person bzw. Gruppe liegt (IFRS 3.B1).

Wäre diese Person konzernrechnungslegungspflichtig, würde die Umstrukturierung einen konzerninternen Vorgang darstellen und nicht zur Aufdeckung von stillen Reserven und *goodwill* führen. Fraglich ist, ob nur wegen fehlender Konzernrechnungslegungspflicht der kontrollierenden Person (oder Gruppe) zwingend anders zu verfahren ist. U. E. ist dies nicht der Fall. Der Darstellung der Vermögens-, Finanz- und Ertragslage kann mehr gedient sein, wenn die nicht durch Fremdtransaktionen, sondern lediglich durch selbst gesetzte Austauschrelationen und durch mehr oder weniger subjektive Bewertungsgutachten „belegte" Aufdeckung von stillen Reserven und *goodwill* unterbleibt.

3. Verschmelzungen: *side-*, *down-* und *upstream mergers*

119e Bei der **Verschmelzung zweier Tochterunternehmen** ist wie folgt zu differenzieren:

▶ **Konzernabschluss** des **Mutterunternehmens**: Aus Sicht des Mutterunternehmens findet gar kein Unternehmenserwerb statt. Die Verschmelzung ist nach den in § 304 HGB niedergelegten Regeln der **Zwischenergebniseliminierung** zu lösen. Danach kann es durch die konzerninterne Transaktion nicht zur Aufdeckung stiller Reserven kommen. Die Buchwerte sind fortzuführen. Rechtlich begründete Transaktionskosten (z. B. GrESt) sind aufwandswirksam zu buchen (→ § 304 Rz. 8 ff.). Da Zwischengewinne auch bei Beteiligung von Minderheiten zu 100 % zu eliminieren sind (→ § 307 Rz. 20 ff.), gilt Vorstehendes bei der Verschmelzung eines nicht im 100 %igen Anteilsbesitz des Mutterunternehmens stehenden Tochterunternehmens auch für das anteilig den Minderheitengesellschaftern zustehende Vermögen.

▶ **Teilkonzernabschluss** des **aufnehmenden Tochterunternehmens**: Aus Sicht des aufnehmenden Tochterunternehmens kommt es zu einem Unternehmenserwerb. Ob im Teilkonzernabschluss die stillen Reserven und der *goodwill* aufzudecken sind, hängt aber davon ab, ob der Teilkonzernabschluss als eigenständiges Berichtsformat (*separate entity approach*) oder als Ausschnitt aus dem Gesamtkonzernabschluss verstanden wird. Im ersten Fall käme es zur Aufdeckung stiller Reserven, im zweiten Fall würden die Buchwerte fortgeführt werden. Nach unserer Auffassung sind beide Ansichten vertretbar.

Auch im Falle der **Verschmelzung** einer **Tochtergesellschaft** auf eine **Muttergesellschaft** (*upstream merger*) ist u. E. im **Konzernabschluss** der Muttergesellschaft nach den Regeln der Zwischenergebniseliminierung keine Buchwertaufstockung möglich. 119f

XI. Latente Steuern

Latente Steuern spielen im Rahmen der Erstkonsolidierung eine **dreifache** Rolle: 120

1. Infolge des Anteilserwerbs kann es zu (veränderten) **temporären Differenzen** zwischen handels- und steuerrechtlichen Wertansätzen kommen. So beispielsweise, wenn steuerlich die Buchwerte beim Erwerb von Kapitalgesellschaftsanteilen fortgeführt werden, während es in der HGB-Bilanz in Folge der Einzelerwerbsfiktion zur Aufdeckung **stiller Reserven** kommt (→ § 306 Rz. 18).

2. Durch den Mehrheitserwerb können für **Verlustvorträge** des erworbenen Unternehmens Verrechnungsmöglichkeiten entstehen oder (nach den deutschen Mantelkaufvorschriften etc. regelmäßig wahrscheinlicher) entfallen. Im Rahmen der Erstkonsolidierung ist dann ein Aktivposten für Steuerlatenz wegen Verlustvorträgen erstmalig anzusetzen oder – i. d. R. – zu eliminieren (→ Rz. 69).

3. Der Ansatz/Nichtansatz von latenten Steuern beeinflusst die Höhe des Erstkonsolidierungsvermögens und damit die Höhe des *goodwill* oder negativen Unterschiedsbetrags.

Andererseits kann aber auch der *goodwill* selbst zu einem Bewertungsunterschied zwischen HGB- und Steuerbilanz führen. 121

> **BEISPIEL** Erworben wird zu Anschaffungskosten von 230 eine amerikanische Gesellschaft mit einem Buchvermögen von 100 und einem Zeitwertvermögen von 150.
>
> Im Rahmen der Erstkonsolidierung werden stille Reserven von 50 im Anlagevermögen aufgedeckt, während steuerlich die Buchwerte fortgeführt werden. Bei einem Steuersatz von 40 % ergibt sich als passive Steuerlatenz: 40 % von 50 = 20.
>
> Der *goodwill* beträgt demnach nicht 230 - 150 = 80, sondern 230 - (150 - 20) = 100.
>
> Gelangt der *goodwill* steuerlich nicht zum Ansatz, wäre ohne besondere Vorschriften auch hierauf eine latente Steuer von 40 % = 40 zu bilden. Das Erstkonsolidierungsvermögen würde sich entsprechend verringern, der *goodwill* als Unterschiedsbetrag entsprechend erhöhen auf 230 - (150 - 20 - 40) = 140.
>
> Hiernach würde aber die latente Steuer auf den *goodwill* nicht mehr 40 % von 100 = 140, sondern 40 % von 140 = 56 betragen. Der *goodwill* wäre entsprechend um weitere 16 auf 156 zu erhöhen etc.
>
> Auch die 16 würden wieder latente Steuern auslösen etc. (Iteration).

> Mathematisch läge eine geometrische Reihe vor, deren Summe 166,67 betrüge.
>
> § 306 Satz 3 HGB sieht eine solche Latenzierung der *goodwill*-Berechnung nicht vor. Es bleibt daher beim *goodwill* von 100.

§ 306 Satz 3 HGB verbietet also den Ansatz latenter Steuern auf temporäre Differenzen aus der *goodwill*-**Berechnung**, weil es sich hierbei um eine Residualgröße handelt und der Ansatz der latenten Steuerschuld wiederum eine Erhöhung des Buchwerts des Geschäfts- oder Firmenwerts zur Folge hätte. Dies gilt uneingeschränkt für alle Fälle, in denen in der Steuerbilanz kein (abzugsfähiger) *goodwill* entsteht. Für Fälle, in denen ein steuerlich abzugsfähiger *goodwill* aufgedeckt wird (**Erwerb von Personengesellschaftsanteilen**) ist hingegen wie folgt zu differenzieren:

- Nur beim Erstansatz sind nach § 306 Satz 3 HGB keine latenten Steuern auf eventuelle Unterschiedsbeträge i. S. des § 301 Abs. 3 HGB zu bilden.
- Soweit jedoch in der Folgezeit Differenzen entstehen oder sich verändern, sind diese zu latenzieren.

> **BEISPIEL** Die MU-AG erwirbt am 1.1.01 100 % der Anteile an der TU GmbH & Co. KG. Der *goodwill* nach HGB- und Steuerbilanz beträgt 150. Er wird steuerlich mit 1/15 abgeschrieben. Nach HGB wird die Nutzungsdauer auf fünf Jahre festgesetzt.
>
> - Am 31.12.01 beträgt daher die temporäre Differenz 120 - 140 = -20.
> - Hierauf könnte bei einem 30 %igen Steuersatz eine aktive latente Steuer von 6 angesetzt werden.

XII. Rückbeteiligung der Tochter (Abs. 4)

122 Anteile an dem Mutterunternehmen, die einem in den Konzernabschluss einbezogenen Tochterunternehmen gehören (sog. **Rückbeteiligungen**), sind gem. Abs. 4 in der Konzernbilanz als eigene Anteile mit ihrem **Nennwert** oder, falls ein solcher nicht vorhanden ist, mit ihrem rechnerischen Wert in der Vorspalte offen von dem Posten „**Gezeichnetes Kapital**" **abzusetzen**.

123 Nach Maßgabe des Einheitsgrundsatzes macht diese Vorschrift Sinn, da es nicht darauf ankommt, wer im Konzern die Anteile am Mutterunternehmen hält, eine Gleichstellung mit vom Mutterunternehmen selbst gehaltenen eigenen Anteilen (→ § 272 Rz. 26) also sachgerecht ist.

> **BEISPIEL** V hält 10 % der Anteile an MU mittelbar über eine zu 100 % in seinem Besitz stehende TU-GmbH. Die Anteile haben einen Nominalwert von 10. Sie sind mit ihren Anschaffungskosten von 100 bei TU bilanziert. TU verfügt über kein anderes Vermögen und hat keine Schulden. MU möchte die Anteile zum aktuellen Kurswert von 150 erwerben. Zwei Erwerbsalternativen werden diskutiert:
>
> - *asset deal*, d. h. unmittelbarer Kauf der Anteile von V,
> - *share deal*, d. h. Erwerb der TU-GmbH von V.

ALTERNATIVE 1 ▸ *asset deal*

MU bucht gem. § 272 Abs. 1a HGB

per Abzugsbetrag vom gez. Kapital	10 an	Geld	150
per Rücklagen	140		

Das Eigenkapital der MU mindert sich um 150.

ALTERNATIVE 2 ▸ *share deal*

MU bucht zunächst einzelbilanziell

per Beteiligung an TU	150 an	Geld	150

Hieraus ergibt sich noch keine Minderung des Eigenkapitals. Ein entsprechender Effekt wird aber über die Konsolidierungsbuchungen bewirkt, wie nachfolgende Konsolidierungsübersicht zeigt:

	MU	TU	Summe	Soll	Haben	Konzern
Beteiligung an TU	150		150		150	0
Beteiligung an MU		100	100		100	0
sonstige Aktiva	850		850			850
	1000	100	1100			850
gez. Kapital	100	20	120	30		90
Rücklagen	900	80	980	220		760
	1000	100	1100			850
				250	250	

Die unter → § 272 Rz. 60 diskutierten einzelbilanziellen Zweifel, ob das untergeordnete Unternehmen tatsächlich wirtschaftliches Eigentum an den Anteilen am herrschenden Unternehmen hat, beziehen sich auf die Situation nach Erlangung des Tochterstatus und sind damit für die Erstkonsolidierung regelmäßig ohne Relevanz. Soweit die Anteile zum **Folgekonsolidierungszeitpunkt** weiterhin vom untergeordneten Unternehmen gehalten werden, ist u. E. aber das wirtschaftliche Eigentum regelmäßig schon dem Mutterunternehmen zuzurechnen. An die Stelle von § 301 Abs. 4 HGB tritt § 272 Abs. 1a HGB. Die sich in diesem Fall ergebenden bereicherungsrechtlichen Ansprüche und Verbindlichkeiten werden im Wege der **Schuldenkonsolidierung** eliminiert. Das konzernbilanzielle Ergebnis entspricht denjenigen bei Annahme wirtschaftlichen Eigentums.

Hält das Tochterunternehmen nicht Anteile am Mutterunternehmen, sondern **eigene Anteile**, so sind diese nach DRS 4.22 und § 272 Abs. 1a HGB schon beim Tochterunternehmen, also auf

Einzelbilanzebene, mit dem Eigenkapital zu verrechnen, mindern also das gegen den Beteiligungsbuchwert zu **konsolidierende Eigenkapital**.[32]

XIII. Anhangangaben

126 DRS 4.52 ff. sieht für nicht kapitalmaktorientierte Mutterunternehmen (also für alle, die nicht ohnehin nach IFRS Rechnung legen) folgende Angaben vor:

- ▶ Im Jahr des Erwerbs eines Tochterunternehmens: Name und Beschreibung des **erworbenen Unternehmens**.
- ▶ Bei Ansatz eines *goodwill* zu jedem Abschlussstichtag neben den Angaben des Anlagenspiegels: Die Angabe der Abschreibungsdauer, die Begründung für eine Abschreibungsdauer von mehr als fünf Jahren (§ 314 Abs. 1 Nr. 20 HGB), die Abschreibungsmethode sowie die Begründung, sofern eine andere als die lineare Abschreibung gewählt wurde (→ § 285 Rz. 97).
- ▶ Bei erstmaligem Ansatz eines **negativen Unterschiedsbetrags**, eine Beschreibung der Ursachen sowie der erwarteten zeitlichen Auflösung.

Ein negativer Unterschiedsbetrag wird nicht im **Anlagenspiegel** berücksichtigt. DRS 4.57 sieht daher hier vermehrte Angabepflichten auf jeden Abschlussstichtag vor:

- ▶ Der Posten der Gewinn- und Verlustrechnung, in dem die aufgelösten Beträge enthalten sind,
- ▶ die Entwicklung des negativen Unterschiedsbetrags im Geschäftsjahr nach
  - Bruttobetrag und kumulierten erfolgswirksamen Verrechnungen zu Beginn und zum Ende des Geschäftsjahrs,
  - Zugängen,
  - Abgängen infolge der Aufgabe von Geschäftsaktivitäten,
  - Auflösungen, wobei der auf antizipierte Aufwendungen entfallende Anteil getrennt anzugeben ist.

XIV. Appendix – Technik der Zeitwertbestimmung an ausgewählten Beispielen[33]

1. Selbst genutzte Sachanlagen

127 Bei selbst genutzten Sachanlagen kommt vorrangig die **kostenorientierte Methode** (→ Rz. 74) zum Zuge. Die Wiederbeschaffungskosten oder Wiederherstellungskosten werden dabei z. B. unter Zugrundelegung eines **Preisindex** i. d. R. zunächst für eine neue Anlage ermittelt, um hiervon einen **Abschlag wegen Alters** etc. vorzunehmen.

---

32 So schon vor BilMoG für bestimmte Fälle: Beck'scher Bilanz-Kommentar, 6. Aufl., 2006, § 301 Tz. 15; *ADS*, 6. Aufl., § 301 Tz. 23.

33 Die Beispiele sind überwiegend entnommen aus: *Lüdenbach*, in: Lüdenbach/Hoffmann (Hrsg.), Haufe IFRS-Kommentar, 7. Aufl., Freiburg 2009, § 31.

> **BEISPIEL** Mit dem Unternehmenserwerb am 31.12.10 geht ein Spezialgebäude zu, das am 1.1.01 für Kosten von 1.000 erstellt wurde. Die realistisch geschätzte ursprüngliche Nutzungsdauer betrug 30, die Restnutzungsdauer mithin noch 20 Jahre. Der Baukostenindex für Industriebauten hat sich von 01 bis 11 um 20 % erhöht:

Herstellungskosten 01	1.000
Baukostensteigerung 01 bis 10 (20 %)	200
Reproduktionskosten neu	1.200
Abschreibung 01 bis 10 (10/30)	-400
Reproduktionskosten gebraucht	**800**

2. Marken

Der Markenwert ist **einkommensorientiert** (→ Rz. 76) bestimmbar 128

▶ mit der opportunitätskostenorientierten **Methode der Lizenzpreisanalogie** (*relief from royalty*-Methode) als diskontierter Wert der aus dem Eigentum an der Marke resultierenden Ersparnis von Lizenzkostenzahlungen an Dritte oder

▶ mit der **Mehrgewinnmethode** (*incremental cashflow method*) als diskontierter Wert des im Vergleich zu einem *no name*-Produkt erzielbaren Mehrgewinns.

In der Praxis dominiert die *relief from royalty*-Methode. Sie hat den Vorteil, mit nur wenigen Parametern und Annahmen (Lizenzrate, Umsatz, Diskontierungszins) auszukommen. Die notwendigen detaillierteren Informationen für eine Bewertung anhand der Mehrgewinnmethode (neben dem Diskontierungszins u. a. Preis und Menge, Marketingaufwendungen, Verpackungskosten, Produktionskosten etc. jeweils nicht nur für das Markenprodukt, sondern zur Ermittlung des Mehrbetrags auch für ein fiktives *no name*-Produkt) stehen regelmäßig in der Bewertungspraxis nicht zur Verfügung. Aus diesem Grund ist die *relief from royalty*-Methode trotz häufig hoher Bandbreiten, für die Lizenzraten beobachtet werden, allgemein verbreitet.

Bei Annahme einer unbestimmten Nutzungsdauer der Marke ist in beiden Bewertungskalkülen eine **ewige Rente** anzusetzen. Diese Annahme setzt aber **Markenerhaltungsaufwendungen** voraus. Ohne fortlaufende Werbung und sonstige Marketingmaßnahmen würde sich der Wert der Marke schnell verflüchtigen, ein Mehrgewinn bzw. eine fiktive Lizenzrate nur für eine begrenzte Zeit erzielbar bzw. zu zahlen sein. Fraglich ist nun, ob diese Markenerhaltungsaufwendungen im Bewertungskalkül kürzend zu berücksichtigen sind. Bei der Antwort ist zu berücksichtigen, dass beide in Frage kommenden Methoden auf unterschiedlichen Größen aufsetzen: 129

▶ Die Mehrgewinnmethode diskontiert den sich im Vergleich zu einem *no name*-Produkt ergebenden Gewinn, also eine Saldogröße. Im Vergleich zum *no name*-Produkt erzielbare höhere Preise und/oder Absatzmengen und ein daraus resultierender Mehrumsatz sind demzufolge noch um die damit verbundenen Mehraufwendungen zu kürzen. Zu diesen Mehraufwendungen gehören auch die beim *no name*-Produkt nicht anfallenden Markenerhaltungsaufwendungen.

▶ Die *relief from royalty*-Methode diskontiert mit der Lizenzkostenersparnis hingegen eine unsaldierte Bruttogröße. Die Lizenzkostenersparnis des Markeninhabers (oder spiegelbildlich die von ihm bei Lizenzierung an einen Dritten erzielbaren Lizenzeinnahmen) sind jedenfalls dann nicht mehr um die Markenerhaltungsaufwendungen zu kürzen, wenn – wie bei Volllizenzierung an einen einzigen Lizenznehmer üblich – die Markenerhaltungsaufwendungen vom fiktiven Lizenznehmer getragen werden.

130 Bei vollständiger Information und vollkommenen Marktverhältnissen lassen sich beide Methoden ineinander überführen und die unterschiedliche Behandlung der Markenerhaltungsaufwendungen erklären.

BEISPIEL ▶ MU erwirbt 100 % an TU. TU produziert unter einer seit vielen Jahrzehnten bekannten Marke Kosmetika sowie Körperpflegeprodukte und erzielt hieraus bei einem Jahresumsatz von 1 Mrd, diversen Aufwendungen von 750 Mio und Markenerhaltungsaufwendungen (Marketing) von 130 Mio einen Gewinn von 120. Annahmegemäß bleiben diese Größen in der Zukunft inflationsbereinigt konstant. Im Rahmen der Erstkonsolidierung (Kaufpreisallokation) ist der Zeitwert dieser Marke zu bestimmen.

Eine Datenbankrecherche zu Lizenzvereinbarungen für *„cosmetic and consumer care"* ergibt Lizenzraten (*royalties*) von 2 % bis 8 %, im Mittel 5 %. MU möchte die Marke auf Basis dieser Daten opportunitätskostenorientiert bewerten. Besitz der Marke bedeutet danach Ersparnis von Lizenzzahlungen an einen Dritten (oder äquivalent die Möglichkeit, Lizenzeinnahmen durch Überlassung der Marke an einen Dritten zu erzielen). Der Wert der Marke ergibt sich demzufolge nach der sog. *relief from royalty*-Methode als Barwert dieser Lizenzkostenersparnis (bzw. der entgehenden Lizenzeinnahmen).

Der risikoangepasste inflationsbereinigte Diskontierungssatz sei 10 % Steuern. Der *tax amortization benefit* (→ Rz. 144) wird aus Vereinfachungsgründen im Vergleich der beiden Methoden vernachlässigt:

	Marke	no name-Produkt	Mehrgewinn	Markenwert (ewige Rente, 10 %)
Erlös	1.000	800		
- div. Aufwendungen	- 750	- 730		
- Markenerhaltung	- 130	0		
= Gewinn Markeninhaber/*no name*-Hersteller	120	70	50	50/10 % = 500 Mehrgewinn
- fiktive Lizenzgebühr (5 %)	- 50			50/10 % = 500 *relief from royalty*
= Gewinn fiktiver Lizenznehmer	70			

131 Mehrgewinnmethode und *relief from royalty*-Methode führen dann zum gleichen Ergebnis, wenn der Mehrgewinn (also die um die **Markenerhaltungsaufwendungen** gekürzte Nettogröße) der ersparten Lizenzgebühr (also der nicht um die Markenerhaltungsaufwendungen ge-

kürzten Bruttogröße) entspricht. Die Höhe der Markenerhaltungsaufwendungen bestimmt (neben anderen Faktoren, im Beispiel u. a. Mehrumsatz) die Höhe der bei vollkommenen Marktverhältnissen erzielbaren Lizenzrate. Für die bei Volllizenzierung an nur einen einzigen Lizenznehmer typische Tragung der Marketingkosten durch den Lizenznehmer gilt mithin: Die Markenerhaltungsaufwendungen sind bei perfekten Marktverhältnissen in der Lizenzrate bereits eingepreist, im Bewertungskalkül also implizit enthalten. Sie dürfen bei der Bewertung nach der *relief from royalty*-Methode dann nicht noch ein zweites Mal, nämlich explizit, berücksichtigt werden.

Kritisiert wird die *relief from royalty*-Methode vor allem wegen ihrer **Subjektivität**. Die in Datenbanken zugänglichen Lizenzraten zeigen häufig eine hohe Bandbreite, so dass die Auswahl innerhalb dieses Intervalls und entsprechend auch das Bewertungsergebnis ermessensbehaftet ist. Diese Zustandsbeschreibung ist richtig – fraglich aber die in der Kritik implizit enthaltene Annahme eines Nachteils gegenüber anderen Methoden. Die im Rahmen der Mehrgewinnmethode zu treffenden Annahmen über die fiktiv ohne Marke erzielbaren Absatzmengen und -preise sind regelmäßig nicht weniger ermessensbehaftet. Ein klarer Objektivitätsvorteil der Mehrgewinnmethode ist daher nicht erkennbar, lediglich ein deutlicher Komplexitätsvorteil zugunsten der *relief from royalty*-Methode. Er erklärt und rechtfertigt die hohe Verbreitung dieser Methode. 132

In der Praxis sind einem breiten Intervall von Lizenzraten allerdings ergänzende **qualitative Überlegungen** angezeigt. Je nach „Markenstärke", also etwa dem Bekanntheitsgrad der Marke, der preislichen Positionierung der Produkte (z. B. Premium-Bereich), ihrem Lebenszyklus (rückläufige oder wachsende Umsätze) wird man ausgehend vom Mittelwert wenigstens die Richtung der Anpassung (Zu- oder Abschläge), tendenziell auch dessen Maß (groß oder klein) begründen können. Der unvermeidlich bei jeder Methode verbleibende subjektive Faktor wird dadurch erheblich gemildert.

3. Erzeugnisse und Waren

Dominierend ist eine **retrograde Bewertung**, die konzeptionell als **einkommensorientiert** (→ Rz. 76) einzustufen ist: Vom voraussichtlichen **Veräußerungspreis** (*cash inflow*) sind abzuziehen 133

- die **Kosten** der Veräußerung und (bei unfertigen Erzeugnissen) der Fertigstellung (*cash outflow*) sowie
- eine vernünftige **Gewinnspanne**, die sich am Gewinn vergleichbarer Vorräte orientiert.

BEISPIEL ▶ MU erwirbt den Markenartikelproduzenten TU. Aufgrund seiner Premiumstellung kann TU Produkte wie folgt kalkulieren:

Herstellungskosten	90
Aufschlag für Vertriebskosten	10
Gewinnaufschlag	100
Veräußerungspreis	200

Bei der Erstkonsolidierung sind die Vorräte nicht mit 200 - 10 = 190, sondern mit 200 - 100 - 10 = 90 anzusetzen.

> **BEGRÜNDUNG** Die Vorteile aus dem ungewöhnlich hohen Gewinnaufschlag werden vom Erwerber nicht bei den Vorräten, sondern als Marke aktiviert.
>
> Die Konsequenz davon ist: Die Konzern-GuV wird bei Veräußerung der Erzeugnisse nicht durch einen Materialaufwand von 190, sondern von 90 belastet. Der Rohertrag in der Konzernbilanz des Erwerbers entspricht tendenziell dem der Einzelbilanz des erworbenen Unternehmens.

4. Auftragsbestände

134 Auftragsbestände sind **einkommensorientiert** (→ Rz. 76) mit der diskontierten Netto-*cashflow*-Erwartung anzusetzen. Die konkreten Bewertungsprämissen sind von besonderer Bedeutung in den Branchen, die wegen der Langfristigkeit ihrer Fertigung regelmäßig über sehr hohe Auftragsvolumina verfügen.

> **BEISPIEL** Die börsennotierte Konglomerat AG möchte ein auf den Bau von Flugzeugen spezialisiertes Unternehmen erwerben. Das Zielobjekt verfügt u. a. über einen Auftragsbestand für die nächsten drei Jahre i. H. von 9 Mrd €, der gleichmäßig in t_1, t_2 und t_3 abgewickelt werden wird. Die Vollkostenmarge (vor Zinsen) aus dem Auftragsbestand beträgt 15 %.
>
> Würde von Erfüllungs- und Geschäftsrisiken abstrahiert und der Zeitwert/anteilige Kaufpreis des Auftragsbestands durch Diskontierung der Marge mit einem risikolosen Anlagezins von 5 % (bei Fehlen von Risiken zugleich spezifischer Fremdkapitalisierungszins) ermittelt, ergäbe sich folgende Berechnung für den Wert des Auftragsbestands:
>
> | | t_1 | t_2 | t_3 |
> |---|---|---|---|
> | Umsatzerlöse | 3.000,0 | 3.000,0 | 3.000,0 |
> | Marge | 450,0 | 450,0 | 450,0 |
> | Rohmarge diskontiert | 428,6 | 408,2 | 388,7 |
> | Barwert-Zeitwert Auftrag | **1.225,5** | | |

Beim Erwerber würden sodann bei unterstellter Fremdfinanzierung (des Erwerbs der Aufträge sowie ihrer Anlaufverluste) und unter Berücksichtigung der Abschreibung auf den Auftragsbestand folgende Ergebnisse in der GuV der Folgeperioden anfallen:

	t_1	t_2	t_3	Summe
Marge vor Zins und Abschreibung auf Auftrag	450,0	450,0	450,0	1.350,0
FK-Zinsen auf Zeitwert Auftrag	61,3	41,8	21,4	124,5
Abschreibung auf Zeitwert Auftrag	408,5	408,5	408,5	1.225,5
Gewinn Erwerber	-19,8	-0,3	20,1	0,0

Der Erwerber würde mithin ein Ergebnis von Null erwirtschaften. Dieses rechnerische Resultat ist Konsequenz der **Einzelerwerbsfiktion** und der Diskontierungsannahmen.

Wenn der Barwert des mit dem Auftragsbestand verbundenen *cashflow* dem Veräußerer vergütet (tatsächlicher Erwerb) bzw. eine solche Vergütung unterstellt wird (Einzelerwerbsfiktion bei Unternehmenskauf), kann bei Identität von Fremdfinanzierungs- und Diskontierungszins kein Gewinn mehr anfallen. Nicht berücksichtigt wurden bisher jedoch die mit der Auftragserfüllung verbundenen **Risiken**, die sich aus (nicht weiter belastbaren) Kostenüberschreitungen, Bonitätsrisiken sowie aus dem allgemeinen Geschäftsrisiko etc. ergeben können. Dazu folgende Fallvariante:

135

> **BEISPIEL** Operative und Bonitätsrisiken werden durch einen risikoadjustierten Zinssatz i. H. von 7,5 % abgegolten, während der Fremdkapitalisierungszins weiter 5 % betragen soll. Der Risikozuschlag ist deshalb gering, weil Abnehmer der Leistungen der Staat ist, Bonitätsrisiken daher nicht bestehen und operative bzw. Kostenrisiken vom Abnehmer faktisch zu einem erheblichen Teil übernommen werden. Es ergibt sich ein niedrigerer Zeitwert/anteiliger Kaufpreis des Auftragsbestands (1. Übersicht) und damit ein Gewinn des Erwerbers (2. Übersicht):

	t_1	t_2	t_3
Umsatzerlöse	3.000,0	3.000,0	3.000,0
Marge	450,0	450,0	450,0
Rohmarge diskontiert	418,6	389,4	362,2
Barwert/*fair value*-Auftrag	**1.170,2**		

	t_1	t_2	t_3	Summe
Marge vor Zins und Abschreibung auf Auftrag	450,0	450,0	450,0	1.350,0
FK-Zinsen auf *fair value*-Auftrag	58,5	40,0	20,5	119,0
Abschreibung auf *fair value*-Auftrag	390,1	390,1	390,1	1.170,2
Gewinn Erwerber	1,4	20,0	39,4	**60,8**

Die Akquisition der Auftragsbestände führt bei den vorliegenden Bewertungs- und Abschreibungsprämissen nun zu einem (geringen) Gewinn des Erwerbers. Bei geringerem Risiko – Auftragsbestand gegenüber dem Staat, geringes Bonitätsrisiko, (faktische) Weiterbelastbarkeit von Mehrkosten – fällt der Risikozuschlag wie im Beispiel gering aus. Unter den gegebenen Prämissen käme ein kapitalmarktorientiertes Unternehmen kaum noch als Käufer in Frage, da es die aufgrund der Einzelerwerbsfiktion resultierende niedrige Umsatzrendite (im Beispiel: 60,8/9.000 = 0,7 %) den Aktionären und Analysten kaum zumuten könnte.

Jedenfalls aus Sicht eines börsennotierten Käufers wäre damit ein Zielunternehmen umso interessanter, je niedriger sein Auftragsbestand und je höher die darin liegenden Risiken ausfielen. Diese **Paradoxie** ist systematische Folge der Einzelerwerbsfiktion, die eine Aufteilung des Kaufpreises auf den Auftragsbestand nach Maßgabe des darin zu erwartenden Überschusses vorsieht und somit dem Erwerber bilanziell nur noch die Differenz zwischen risikoadjustiertem

136

Diskontierungs- und Fremdkapitalzins belässt. Pragmatisch kann das Problem nur auf zwei Arten gelöst werden; bei der Kaufpreisallokation wird entweder

► ein **Risikozinssatz** an der Obergrenze des Vertretbaren angesetzt und so für einen entsprechenden Gewinn-*spread* gesorgt oder

► wegen der Nähe der Auftragsbestände zu den unfertigen Erzeugnissen wie bei diesen ein **Abschlag für den Durchschnittsgewinn** (der Branche oder des Unternehmens) auf die *cash inflows* vorgenommen (→ Rz. 133).

5. Dauervertragskunden

137 Die Bewertung von Kundenbeziehungen aus ungekündigten Dauervertragsverhältnissen erfolgt i. d. R. **einkommensorientiert** (→ Rz. 76) im Rahmen der Residualwertmethode (*multi period excess earnings*-Ansatz).

Zur Bestimmung des Zeitwerts werden ausgehend von einem **mehrjährigen *Business*-Plan** die **Einnahmen** der zum Bewertungsstichtag bestehenden Kundenbeziehungen ermittelt. Bei der Bestimmung der Einnahmen sind Kundenabgänge (Kündigung, Tod etc.) in Form einer natürlichen „Schrumpfungsrate" (*churn rate*) zu berücksichtigen. Diese wird entweder aus vergangenheitsbezogenem Datenmaterial oder prospektiv durch Szenariorechnungen abgeleitet. Von den Einnahmen abzuziehen sind anteilige **operative Ausgaben**, Steuern sowie **kalkulatorische Nutzungsentgelte** (*capital charges*; → Rz. 80). Die hypothetischen Nutzungsentgelte sind sowohl für materielle als auch für immaterielle Vermögensgegenstände, die für die Aufrechterhaltung der Kundenbeziehungen erforderlich sind, anzusetzen. Hierbei kommt es nicht darauf an, ob der Vermögensgegenstand bilanzierungsfähig ist. Auch auf den Wert der nicht bilanzierten Arbeitnehmerschaft (*assembled work force*) sind *capital charges* zu rechnen.

138 Die so bereinigten **Einzahlungsüberschüsse** werden schließlich mit einem **risikoadjustierten Diskontierungssatz** abgezinst (→ Rz. 82). Für die Ermittlung des Zeitwerts ist darüber hinaus der steuerliche Barwertvorteil aus Abschreibungen auf die Kundenbeziehungen (*tax amortization benefit*) als zweite Wertkomponente zu berücksichtigen, und zwar unabhängig davon, ob der Unternehmenserwerb als *asset deal* tatsächlich zu steuerlichen Mehrabschreibungen geführt hat oder beim *share deal* keine Mehrabschreibungen entstehen (zur Berechnung vgl. → Rz. 144).

> **BEISPIEL** ► Das erworbene Unternehmen TU hat Dauervertrags- bzw. Abonnementkunden. Die Verträge sind jedoch kurzfristig kündbar. Die *churn rate* beträgt 50 %. Die Planungen sehen ein Umsatzwachstum pro Kunde von 4 % pro Jahr sowie umsatzproportional verlaufende Kosten vor.
>
> Die *capital charges* werden nur auf Verzinsungsbasis (*return on*) gerechnet (→ Rz. 80), da der Werteverzehr explizit in den operativen Kosten berücksichtigt ist. Der Wert der Arbeitnehmerschaft (*assembled work force*) ist gering, weil das Unternehmen überwiegend mit gering qualifizierten Kräften arbeitet, weshalb aus Opportunitätskostensicht (ersparte Einstellungs- und Einarbeitungskosten) der Wert gering ist. Operative Kosten und kalkulatorische Nutzungsentgelte (*capital charges*) werden Kundenbestand und Neukunden im Verhältnis der Umsatzanteile belastet. Für operative Kosten und *capital charges* wird Umsatzproportionalität unterstellt. Hiervon ausgenommen sind nur die *capital charges* auf die Marke. Inso-

weit wird unterstellt, dass das Umsatzwachstum aus der gegebenen Marke generiert wird und Erhaltungsaufwendungen auf die Marke schon in den operativen Kosten enthalten sind. Die Planung berücksichtigt nur einen Zeitraum von fünf Jahren. Dies ist vertretbar, da bei einer Schrumpfungsrate von 50 % p. a. der kumulierte Wertbeitrag aller weiteren Jahre im 1 %-Bereich liegt und damit vernachlässigbar ist. Die Berechnung lautet wie folgt:

				01	02	03	04	05
	Umsatz aus Vertragskunden			100,00	52,00	27,04	14,06	7,31
	HK der Umsätze (ohne Abschreibung)			-60,00	-31,20	-16,22	-8,44	-4,39
(A)	= Rohertrag			40,00	20,80	10,82	5,62	2,92
	div. Aufwendungen			15,00	15,60	16,22	16,87	17,55
	Abschreibung Sachanlagen			1,00	1,04	1,08	1,12	1,17
	Abschreibung immaterielle Anlagen			1,50	1,56	1,62	1,69	1,75
	operative Kosten			17,50	18,20	18,93	19,69	20,47
	davon Vertragskunden			100,0 %	50,0 %	25,0 %	12,5 %	6,3 %
(B)	= anteilige operative Kosten			17,50	9,10	4,73	2,46	1,28
(C)	Einkommen (A - B)			22,50	11,70	6,08	3,16	1,65
	- Steuern 40 %			-9,00	-4,68	-2,43	-1,27	-0,66
(D)	= Nettoeinkommen			13,50	7,02	3,65	1,90	0,99
	Vermögensgegenstand	Wert	return on					
	working capital (netto)	15	5 %	0,75	0,78	0,81	0,84	0,88
	Immobilien	10	7 %	0,70	0,73	0,76	0,79	0,82
	Maschinen	6	10 %	0,60	0,62	0,65	0,67	0,70
	sonstige Sachanlagen	2	7 %	0,14	0,15	0,15	0,16	0,16
	Marke	10	12 %	1,20	1,20	1,20	1,20	1,20
	assembled workforce	2	12 %	0,24	0,25	0,26	0,27	0,28
	asset charges (→ Rz. 70)			3,63	3,73	3,83	3,93	4,04
	davon Vertragskunden			100,0 %	50,0 %	25,0 %	12,5 %	6,3 %
	= Zwischensumme			3,63	1,86	0,96	0,49	0,25
	- ggf. Steuer (hier 0, da *return on* nach Steuer)							
(E)	= anteilige *asset charges*			3,63	1,86	0,96	0,49	0,25
(F)	residuale *cashflows* (D-E)			9,87	5,16	2,69	1,41	0,73
	• Diskontierungsfaktor		12 %	0,8929	0,7972	0,7118	0,6355	0,5674
	= Barwerte			8,81	4,11	1,92	0,89	0,42

		Prämissen:
Kapitalwert (Summe Barwerte)	16,15	- *churn rate* 50 % p. a.
		- Wachstum Umsatz/Kunde 4 %
tax amortization benefit (bei 40 %; → Rz. 144)	6,55	- p. a. operative Kosten und *asset charges*: umsatzproportional (mit Ausnahme Marke)
(G) Zeitwert Kunden	22,70	

6. *In process research and development*

139 § 248 Abs. 2 HGB lässt eine Aktivierung von originären Forschungsaufwendungen überhaupt nicht und eine Aktivierung von originärem Entwicklungsaufwand nur unter eingeschränkten Bedingungen zu. Würde man diesen Regeln auch beim Unternehmenserwerb folgen, wären z. B. beim Erwerb von **forschungsintensiven Unternehmen** alle noch im Prozess befindlichen Forschungen und Entwicklungen wertmäßig im *goodwill* zu erfassen. Die Berücksichtigung der Wahrscheinlichkeit nicht als Ansatz-, sondern Bewertungskriterium (→ Rz. 48) verhindert dies.

> **BEISPIEL** ▶ U erwirbt das *Start up*-Unternehmen S. S beschäftigt sich mit der Entwicklung eines Spracherkennungssystems. In den zwei Jahren seit Bargründung für 10 Mio € sind 8 Mio € für Forschung und 3 Mio für Entwicklung aufgewendet worden, aus Umsätzen konnte bislang ein Deckungsbeitrag von 1 Mio erwirtschaftet werden. Da die technische Durchführbarkeit noch nicht abschließend beurteilt werden kann, werden auch die Entwicklungsaufwendungen bei S nicht aktiviert.
>
> U hält die Entwicklung für aussichtsreich und zahlt dem bisherigen Eigentümer der S, deren Bilanz im Übrigen ausgeglichen ist und keine stillen Reserven enthält, einen Preis von 5 Mio €.
>
> Da die Wahrscheinlichkeit eines Nutzens beim Erwerb nur Bewertungsparameter, nicht aber Ansatzkriterium ist, kann U die im Prozess befindliche Forschung/Entwicklung mit 5 Mio € als separaten immateriellen Vermögensgegenstand ansetzen und darf sie nicht als *goodwill* erfassen.

140 Nur bei einem Ein-Projekt-Unternehmen in der *Start up*-Phase kann eine einfache Ableitung aus dem Kaufpreis wie im vorstehenden Beispiel in Frage kommen. In anderen Fällen, d. h. bei zwar forschungsintensiven, aber in vielen Produkten auch schon am Markt agierenden Unternehmen ist eine **einkommensorientierte Bewertung** (→ Rz. 76) notwendig. Hierbei stehen zwei Alternativen zur Verfügung (→ Rz. 81):

1. Erfolgs- und Verlustszenarien werden mit Wahrscheinlichkeiten gewichtet (*expected cashflow approach*). Der risikoadjustierte Diskontierungssatz beträgt je nach Fortschritt des erworbenen Projekts 50 % bis 70 % (analog Kapitalkosten forschungsintensiver *Start up*-Unternehmen) oder 20 % bis 30 % (analog Kapitalkosten forschungsintensiver *young companies*).

2. Berechnungen werden nur für ein Erfolgsszenario durchgeführt (*traditional cashflow approach*). Repräsentiert dieses Szenario nicht den Mittelwert einer gedachten Wahrscheinlichkeitsverteilung, sondern einen günstigeren Wert, ist ein zusätzlicher Risikoaufschlag geboten.

Die wahrscheinlichkeitsgewichtete Planung erweist sich wegen der tendenziell gegebenen Objektivierbarkeit des Diskontierungszinses als überlegen. Unabhängig davon ist er insbesondere bei flexibler Planungsmöglichkeit mit Ausstiegsoptionen in Stufen, je nach Erfolg der Stufe n-1 vorzuziehen: Mithilfe des sog. Zustandsbaumverfahrens kann dann dem sequenziellen Charakter der Projekte Rechnung getragen und berücksichtigt werden, dass sich in den einzelnen Phasen je nach bis dahin eingetretenen Entwicklungen Exit-Möglichkeiten ergeben. 141

> **BEISPIEL** U erwirbt das Pharmaunternehmen P.
> - P hat die Laborforschung (Phase 1) eines Medikaments gerade abgeschlossen.
> - Als Phase 2 stehen die klinische Prüfung und – bei deren Erfolg – die Zulassung durch die Arzneimittelbehörden an. Die erwarteten Kosten für Phase 2 betragen 10 Mio €.
> - Im Falle einer Zulassung folgt ein Markteinführungsjahr mit einem weiteren Defizit von 10 Mio € wegen Werbung etc. (Phase 3).
> - Bei Erfolg der Markteinführung wird für die nächsten acht Jahre (Phase 4) mit einem Überschuss von 30 Mio € p. a. gerechnet.
>
> Die Wahrscheinlichkeit einer Nichtzulassung beträgt 60 %, die einer Zulassung 40 %. Nur bei Zulassung folgt ein Einführungsjahr, das dann mit 70 % Wahrscheinlichkeit einen Erfolg ergeben wird. Die kombinierte Wahrscheinlichkeit eines erst nach 2 Jahren erkannten Misserfolgs bzw. eines Abbruchs des Projekts nach zwei Jahren beträgt daher 40 % · 30 % = 12 %. Die Wahrscheinlichkeit eines Gesamterfolgs ist 40 % · 70 % = 28 %.
>
> Nachfolgend zunächst der *traditional cashflow*-Ansatz, der nur den Erfolgsfall rechnet, das Risiko des Misserfolgs jedoch mit einem Diskontierungszinssatz von 75 % (!) berücksichtigt.
>
> Danach der *expected cashflow*-Ansatz mit drei möglichen Ausgängen:
>
> 1. Misserfolg der klinischen Prüfung, daher Abbruch nach Phase 2 (Wahrscheinlichkeit 60 %).
> 2. Erfolg der klinischen Prüfung, aber Misserfolg der Markteinführung, daher Abbruch nach Phase 3 (Wahrscheinlichkeit 12 %).
> 3. Erfolg der klinischen Prüfung und der Markteinführung, daher Erreichen der Phase 4 (Wahrscheinlichkeit 28 %).
>
> Da die Misserfolgsrisiken in der Zahlungsreihe berücksichtigt sind, wird ein Diskontierungszins von „lediglich" 25 % verwendet.
>
> Der *tax amortization benefit* (→ Rz. 144) ist unter der Annahme eines steuerlichen Abschreibungszeitraums von zehn Jahren gerechnet.

XIV. Appendix – Technik der Zeitwertbestimmung an ausgewählten Beispielen

Traditioneller *cashflow*-Ansatz (Diskontierungszins 75 %)

Jahr	Betrag	Diskontierungsfaktor	diskontierter Betrag
1	-10	0,571	-5,7
2	-10	0,327	-3,3
3	30	0,187	5,6
4	30	0,107	3,2
5	30	0,061	1,8
6	30	0,035	1,0
7	30	0,020	0,6
8	30	0,011	0,3
9	30	0,006	0,2
10	30	0,004	0,1
Wert vor *tax amortization benefit*			3,9
tax amortization benefit (vgl. → Rz. 144)			0,2
Zeitwert			4,1

***expected cashflow*-Ansatz (im Zustandsbaumverfahren; Diskontierungszins 25 %)**

Jahr	Betrag	Diskontierungsfaktor	diskontierter Betrag	kombinierte Wahrscheinlichkeit	gewichteter Wert
1	-10	0,800	-8,0	60 %	-4,8
2	-10	0,640	-6,4		
			-14,4	12 %	-1,7
3	30		15,4		
4	30		12,3		
5	30		9,8		
6	30	0,374	7,9		
7	30	0,325	6,3		
8	30	0,283	5,0		
9	30	0,246	4,0		
10	30	0,214	3,2		
			35,1	28 %	9,8
Wert vor *tax amortization benefit*				100 %	3,3
tax amortization benefit (vgl. → Rz. 144)					0,6
Zeitwert					3,9

Im Beispiel wurde der Diskontierungssatz von 75 % so gewählt, dass sich in etwa der gleiche Zeitwert wie in der mehrwertigen Planung bei einem Diskontierungssatz von 25 % ergibt. Der zusätzliche Risikoaufschlag in der einwertigen Planung (75 % - 25 % = 50 %) ist aber ohne den Vergleich zur mehrwertigen Planung nicht objektivierbar, mit diesem Vergleich ist andererseits die einwertige Planung überflüssig.

7. Hyperlizenzen

Hyperlizenzen (z. B. Mobilfunklizenz, Spielbanklizenz, Lizenz zum Betrieb einer Autobahn), mit denen das gesamte Geschäft steht und fällt – sog. *greenfield approaches* – unterstellen ein Unternehmen, das zunächst nichts besitzt als die zu bewertende Lizenz. Um aus ihr Ertrag zu generieren, muss ausgehend von der „grünen Wiese" möglichst schnell ein funktionierender Betrieb aufgebaut werden (*investive cash outflows*), der auf der Basis der Lizenz Erträge (*operative netto cash inflows*) erwirtschaftet. Der Barwert des fiktiven Geschäftsplans dieses Unternehmens stellt den Wert der Lizenz dar.

142

> **BEISPIEL** ► Im Rahmen des Erwerbs eines Tochterunternehmens ist der Zeitwert der Mobilfunklizenz dieses Unternehmens zu bewerten. Zeitnahe Transaktions- oder Auktionspreise stehen nicht zur Verfügung. Die tatsächlich vor mehr als einem Jahr gezahlten Preise sind angesichts drastisch verschlechterter Prognosen für den Mobilfunksektor nicht mehr relevant. Der marktorientierte Ansatz scheidet somit aus.
>
> Der Einsatz eines einfachen Einkommens- bzw. *discounted cashflow*-Verfahrens scheitert daran, dass die Mobilfunklizenzen (im Gegensatz zu vielen anderen Lizenzen) keinen zusätzlichen, isolierbaren Nutzen in der Form höherer Preise, niedrigerer Kosten etc. erbringen. Das gesamte Geschäft steht und fällt mit der Lizenz. Der (nach Abzug der übrigen Vermögensgegenstände bzw. einer kalkulatorischen Verzinsung für sie) verbleibende Gegenwartswert im Geschäftsplan stellt daher immer ein Mixtum aus *goodwill* sowie Lizenz dar und löst die Aufgabe der Bewertung der Lizenz gerade nicht.
>
> Der Gutachter wendet deshalb das *discounted cashflow*-Verfahren in der sog. *build out*-Variante des *greenfield approach* an. Dieses artifizielle, aber in amerikanischen Gerichtsverfahren und von der amerikanischen Börsenaufsicht anerkannte Modell arbeitet mit folgenden Fiktionen:
>
> ► Zum Bewertungsstichtag verfügt das Unternehmen nur über die Lizenz und kein weiteres Vermögen. Ein Unternehmen ist aus dem Nichts (*start from the scratch*) „um diese Lizenz herum" aufzubauen.
>
> ► Um die Lizenz zu nutzen und aus ihr Erträge zu erzielen, müssen ein technisches Netzwerk aufgebaut, Kunden und Mitarbeiter geworben werden etc.
>
> ► Die damit verbundenen Ausgaben führen zunächst zu negativen *cashflows* bei allerdings schnell steigenden Umsätzen.
>
> ► Beim Ausbau (*build out*) der Lizenz werden die Fehler der Vergangenheit nicht wiederholt (Lernkurveneffekt). Der Business-Plan des *build out*-Unternehmens erreicht daher schon nach etwa zehn Jahren den tatsächlichen Business-Plan (Konvergenz).

> ▶ Der *discounted cashflow*-Wert des *build out*-Plans (inkl. des *terminal value* für die Jahre 10 ff.) stellt das mit der Lizenz fiktiv erzielbare abgezinste Einkommen, also den Zeitwert der Lizenz dar.
>
> Zusätzliche Schwierigkeiten ergeben sich, wenn das Unternehmen zwei Lizenzen hält (z. B. GSM und UMTS). Soweit wegen der (geplanten) Komplementarität der Netzwerke (UMTS in den Ballungsräumen, GSM in der Fläche) *cashflows* nur im Verbund erzeugt werden, muss eine hypothetische Relativbetrachtung durchgeführt werden. Der im *build out*-Modell ermittelte Gesamtwert der Lizenzen wird nach dem Verhältnis der erwarteten UMTS- und GSM-Einnahmen, bei begründbarer Allokation der Ausgaben nach den Netto-*cashflows*, gesplittet.

143   Im Schrifttum wird z.T. die Auffassung vertreten, *greenfield approaches* seien jedenfalls nach US-GAAP, ggf. auch nach IFRS unzulässig, da sie gegen das Verbot verstießen, andere Vermögensgegenstände als den *goodwill* mit der „Residualmethode" zu bewerten.[34] Dieser Auffassung stimmen wir nicht zu. Sie verwechselt u. E. das im *greenfield approach* angewandte residuale *cashflow*-Modell mit der nicht anzuerkennenden Gesamt-Residualmethode, den Wert eines Vermögensgegenstands dadurch zu bestimmen, vom Kaufpreis den Wert sämtlicher anderer Vermögensgegenstände und Schulden abzuziehen. Diese Art der Gesamtbetrachtung ist naturgemäß dem *goodwill* vorbehalten. Der *greenfield approach* baut seine Berechnungen aber gerade nicht auf den Kaufpreis auf und ist auch nicht direkt von den Werten aller anderen Vermögensgegenstände und Schulden abhängig.

8. *Tax amortization benefit*

144   Bei **einkommensorientierten** Bewertungen (→ Rz. 76) abschreibungsfähiger Vermögensgegenstände führt die Diskontierung der Einzahlungsüberschüsse/Auszahlungsersparnisse zunächst nur zu einem Nettowert, der den steuerlichen Vorteil aus der Abschreibungsfähigkeit noch nicht berücksichtigt. Dieser *tax amortization benefit* ist als zweite Wertkomponente zu berücksichtigen. Da der Zeitwert ein von den Besonderheiten des konkreten Erwerbs bzw. Erwerbers abstrahierter Wert ist, muss der *tax amortization benefit* unabhängig davon berücksichtigt werden, ob der Unternehmenserwerb als *asset deal* tatsächlich zu steuerlichen Mehrabschreibungen geführt hat oder beim *share deal* keine Mehrabschreibungen entstehen. Der Barwert des Steuervorteils kann iterativ oder nach folgender Formel berechnet werden:

tax amortization benefit = $FV_{vor} \cdot (ND/(ND - RBF_{ND,i} \cdot t) - 1)$	
Mit: FV_{vor} =	*fair value* vor Steuervorteil
ND =	steuerliche Nutzungsdauer
$RBF_{ND,i}$ =	Rentenbarwertfaktor für die Laufzeit ND und den Zins i (entspricht Barwert einer Annuität von 1 € mit Laufzeit ND und Zins i)
t =	Steuersatz

---

34 Vgl. *Castedello/Klingbeil/Schröder*, WPg 2006 S. 1028 ff.

BEISPIEL MU erwirbt 100 % der Anteile an TU. Der Wert eines Patents von TU wird vor Berücksichtigung seiner steuerlichen Abschreibungsfähigkeit mit 100 ermittelt. Das Patent hat eine Restlaufzeit von zwei Jahren.

Allgemein, wenn auch nicht im konkreten Fall (*share deal*) wäre das Patent über die Restnutzungsdauer von zwei Jahren abzuschreiben. Hieraus ergibt sich bei einem unterstellten Diskontierungssatz von 10 % und jährlich nachschüssiger Steuerzahlung abstrahiert vom konkreten Erwerber folgende iterative und direkte Ermittlung des Steuervorteils und damit des unter Berücksichtigung dieses Vorteils anzusetzenden Zeitwerts:

Iteration	Wert vor Steuer	Wert inkl. Steuervorteil	Abschreibung p.a.	Steuervorteil 01	Steuervorteil 02	Barwert Steuervorteil
1	100,00	100,00	50,00	20,00	20,00	34,71
2	100,00	134,71	67,36	26,94	26,94	46,76
3	100,00	146,76	73,38	29,35	29,35	50,94
4	100,00	150,94	75,47	30,19	30,19	52,39
5	100,00	152,39	76,20	30,48	30,48	52,90
6	100,00	152,90	76,45	30,58	30,58	53,07
7	100,00	153,07	76,54	30,61	30,61	53,13
8	100,00	153,13	76,57	30,63	30,63	53,15
9	100,00	153,15	76,58	30,63	30,63	53,16
10	100,00	153,16	76,58	30,63	30,63	53,16

Direkte Berechnung Steuervorteil: $100 \cdot (2/(2 - 1{,}73554 \cdot 0{,}4) - 1) = 53{,}16$. Dabei ist 1,73554 der Rentenbarwertfaktor für 10 % und zwei Jahre.

Anzusetzen ist somit der Wert von 153,16.

Im IFRS-Schrifttum wird z.T. die Auffassung vertreten, die Berücksichtigung des *tax amortization benefit* sei eine **Ermessenssache**, da nach empirischen Studien Marktteilnehmer Steuervorteile nicht in vollem Umfang bei der Preisfindung berücksichtigen würden.[35] Die Berücksichtigung solcher nach Objekt und Markt, aber auch nach Validität der Untersuchungsergebnisse unterschiedlichen empirischen Befunde im *discounted cashflow*-Kalkül würde zu komplexen Differenzierungen führen mit der Maßgabe, den Steuervorteil in einigen Fällen voll, in anderen gar nicht, in wieder anderen zum Teil zu berücksichtigen. Der Vergleichbarkeit von Bewertungen wäre damit nicht gedient. U. E. ist das *discounted cashflow*-Kalkül darauf gerichtet, den Preis zu ermitteln, der sich bei rationalem Verhalten und vollkommenen Marktverhältnissen ergäbe. Sobald hiervon im Hinblick auf tatsächlich oder angeblich abweichendes Verhalten und tatsächliche oder angeblich abweichende Marktverhältnisse abgewichen würde, käme die kaum lösbare Frage nach der Quantifizierung der Abweichungen und der Güte der empirischen Befunde ins Spiel.

---

35 Vgl. *Kasperzak/Nestler*, DB 2007 S. 473 ff.

146 Die explizite Berücksichtigung des *tax amortization benefit* ist im Übrigen eine Besonderheit der einkommensorientierten Verfahren. Bei **marktorientierten Verfahren** wird demgegenüber die Einbeziehung eines eventuellen steuerlichen Abschreibungsvorteils in den Marktpreis unterstellt.

§ 303 Schuldenkonsolidierung

(1) Ausleihungen und andere Forderungen, Rückstellungen und Verbindlichkeiten zwischen den in den Konzernabschluss einbezogenen Unternehmen sowie entsprechende Rechnungsabgrenzungsposten sind wegzulassen.

(2) Absatz 1 braucht nicht angewendet zu werden, wenn die wegzulassenden Beträge für die Vermittlung eines den tatsächlichen Verhältnissen entsprechenden Bildes der Vermögens-, Finanz- und Ertragslage des Konzerns nur von untergeordneter Bedeutung sind.

Inhaltsübersicht	Rz.
I. Regelungsinhalt	1 - 2
II. Schuldenkonsolidierung (Abs. 1)	3 - 19
1. Überblick	3 - 4
2. Unechte Aufrechnungsdifferenzen	5 - 6
2.1 Zeitliche Buchungsunterschiede	5
2.2 Unterschiedliche Bilanzstichtage	6
3. Erfolgsneutrale Konsolidierung einzelner Schuldverhältnisse	7 - 12
3.1 Ausstehende Einlagen beim Tochterunternehmen	7
3.2 Rechnungsabgrenzungsposten	8
3.3 Anzahlungen	9
3.4 Drittschuldverhältnisse	10 - 12
4. Echte Aufrechnungsdifferenzen	13 - 17
4.1 Problemstellung und Anwendungsfälle	13 - 16a
4.2 Technisches Vorgehen bei echten Aufrechnungsdifferenzen	17
5. Anhangangaben zu Verbindlichkeiten und Haftungsverhältnissen	18 - 19
III. Wesentlichkeitsvorbehalt (Abs. 2)	20

I. Regelungsinhalt

Forderungen und Schulden zwischen den in den Konzernabschluss einbezogenen Unternehmen sowie entsprechende Rechnungsabgrenzungsposten sind nach Abs. 1 als **konzerninterne Verhältnisse** zu **eliminieren**. Hierbei sind zwei Fälle zu unterscheiden: **1**

▶ Soweit sich die zu eliminierenden Posten in **gleicher Höhe** gegenüberstehen, ist der Konsolidierungsvorgang **erfolgsneutral** (→ Rz. 3).

▶ Bei **Aufrechnungsdifferenzen** kann eine **erfolgswirksame** Konsolidierung notwendig werden (→ Rz. 17).

Die – erfolgsneutrale oder erfolgswirksame – Schuldenkonsolidierung stellt Abs. 2 ausdrücklich unter **Wesentlichkeitsvorbehalt**. Sind die zu eliminierenden Beträge für die Vermögens-, Finanz- und Ertragslage des Konzerns nur von untergeordneter Bedeutung, kann auf die Schuldenkonsolidierung verzichtet werden (→ Rz. 20).   **2**

II. Schuldenkonsolidierung (Abs. 1)

1. Überblick

3 Konzerninterne Forderungen, Schulden und Rechnungsabgrenzungsposten sind nach Abs. 1 zu eliminieren,

- bei **Gleichheit** der Beträge **erfolgsneutral**,
- bei **Unterschieden** in Ansatz oder Höhe je nach Sachlage **erfolgswirksam oder erfolgsneutral** (→ Rz. 17).

4 **Anhangangaben** zu Forderungen und Verbindlichkeiten sind nicht Gegenstand der Schuldenkonsolidierung. Als **Konsequenz** der Schuldenkonsolidierung kann es aber zu Abweichungen zwischen dem Anhang des Einzelabschlusses und dem Konzernanhang kommen (→ Rz. 18). Außerdem werden wegen Darstellung des Konzerns als **wirtschaftliche Einheit** einzelbilanzielle Angaben zu konzerninternen Haftungsverhältnissen oder sonstigen finanziellen Verpflichtungen nicht in den Konzernanhang übernommen (→ Rz. 19).

2. Unechte Aufrechnungsdifferenzen

2.1 Zeitliche Buchungsunterschiede

5 Bei der Verrechnung von Forderungen gegenüber einbezogenen Unternehmen mit den korrespondierenden Schulden können sich sog. **unechte** Aufrechnungsdifferenzen aus **zeitlichen** Buchungsunterschieden ergeben. Betroffen sind insbesondere **Banküberweisungen** mit Belastung im alten und Gutschrift im neuen Jahr. Die Ausgleichsbuchung erfolgt mit dem Ziel, den aus Konzernsicht richtigen Vermögensausweis zu bewirken.

> **BEISPIEL** ▶ MU gleicht eine Lieferantenverbindlichkeit von 10 gegenüber TU mit Überweisung vom 29.12.01 aus.
>
> Die Belastung auf dem Bankkonto von MU erfolgt am 31.12.01. Das Geld wird auf dem Bankkonto der TU jedoch erst am 3.1.02 gutgeschrieben. Per 31.12.01 weist
>
> - MU keine Verbindlichkeit mehr aus (da durch Überweisung beglichen),
> - TU jedoch noch die Forderung (da Geldeingang erst im neuen Jahr).
>
> Aus Sicht des Konzerns ist das Geld im Transit von einem Konzern-Bankkonto zu einem anderen. Der Vorgang ist daher nicht anders zu behandeln als ein Geldtransit in der Einzelbilanz. Somit ist zu buchen:
>
> | per Geldtransit | 10 an Debitor | 10 |
> |---|---|---|

In der Konzernrechnungslegungspraxis wird das Problem der zeitlichen Buchungsunterschiede durch **organisatorische Maßnahmen** vorbeugend bekämpft, z. B. durch Anweisung, konzerninterne Zahlungen nach dem 27.12. nicht mehr vorzunehmen.

2.2 Unterschiedliche Bilanzstichtage

Unechte Aufrechnungsdifferenzen können sich auch bei Konsolidierung des Tochterunternehmens auf Basis eines nicht mehr als drei Monate vor dem Konzernabschlussstichtag liegenden **abweichenden Einzelabschlussstichtags** ergeben (→ § 299 Rz. 13). Bei bedeutenden Differenzen sind ohnehin Fortschreibungen vom Stichtag des Einzelabschlusses zu dem des Konzerns vorzunehmen. Wird bei unbedeutenden Differenzen auf eine Anpassung verzichtet, ist ein Ausweis der Differenz als Forderung/Verbindlichkeit gegenüber verbundenen Unternehmen sachgerecht.

BEISPIEL ▸ MU erstellt Einzel- und Konzernabschluss auf den 31.12.01. TU wird auf der Basis seines Einzelabschlusses zum 30.9.01 einbezogen.

Per 31.12.01 weist MU einzelbilanziell eine Darlehensforderung gegenüber TU aus. Das Darlehen ist erst im Dezember ausgereicht worden, um ein negatives Bankkonto der TU auszugleichen.

ALTERNATIVE 1 ▸ Eine Anpassung wird nicht vorgenommen. Das Darlehen wird als Forderung gegenüber verbundenen Unternehmen in der Konzernbilanz ausgewiesen. Das Bankkonto der TU wird mit dem Wert per 30.9.01 angesetzt.

ALTERNATIVE 2 ▸ Die Forderung wird gegen die Bankverbindlichkeiten der TU verrechnet.

Buchung:

per Bankverbindlichkeit TU	100	an	Forderung MU gegen TU	100

3. Erfolgsneutrale Konsolidierung einzelner Schuldverhältnisse

3.1 Ausstehende Einlagen beim Tochterunternehmen

Nach § 272 Abs. 1 HGB hat das Tochterunternehmen ausstehende Einlagen wie folgt zu bilanzieren (→ § 272 Rz. 22):

▶ Die nicht eingeforderten ausstehenden Einlagen sind von dem Posten „Gezeichnetes Kapital" offen abzusetzen.

▶ Der eingeforderte, aber noch nicht eingezahlte Betrag ist unter den Forderungen gesondert auszuweisen.

Bei noch **nicht eingeforderten Einlagen** hat das Mutterunternehmen die Einlageverpflichtung noch nicht passiviert. Es bestehen **keine Forderungen und Schulden**, die aufzurechnen wären.

Umgekehrt verhält es sich bei bereits **eingeforderten Einlagen**: Das Mutterunternehmen hat durch die Buchung „per Beteiligung an Verbindlichkeit" die Einlageverpflichtung zu passivieren, beim Tochterunternehmen ist eine Forderung zu aktivieren. **Schuld und Forderung** werden **miteinander verrechnet**.

3.2 Rechnungsabgrenzungsposten

8 Aktive und passive Rechnungsabgrenzungsposten sind nach Abs. 1 zu eliminieren, soweit sie auf konzerninternen Beziehungen beruhen. Bei geleisteten Vorauszahlungen im Rahmen von **Dauerschuldverhältnissen** (Mieten etc.) sind aktiver und passiver Rechnungsabgrenzungsposten regelmäßig betragsgleich. Die Konsolidierung ist **erfolgsneutral**.

Aufrechnungsdifferenzen aus (unterlassener) Rechnungsabgrenzung können sich allerdings bei Darlehensverhältnissen aus **Disagien** ergeben. Auf → Rz. 15 wird verwiesen.

3.3 Anzahlungen

9 Erhaltene Anzahlungen sind gegen geleistete Anzahlungen zu konsolidieren. Unerheblich ist, wo der **Ausweis** der Anzahlungen erfolgt.

> **BEISPIEL** Konzernunternehmen T1 stellt für Konzernunternehmen T2 eine Anlage her. T2 hat eine Anzahlung geleistet und unter „geleistete Anzahlungen und Anlagen im Bau" innerhalb der Sachanlagen ausgewiesen. T1 setzt die erhaltene Anzahlung offen von den Vorräten ab.
>
> Forderung (geleistete Anzahlung) und Schuld (erhaltene Anzahlung) sind zu konsolidieren. Als Folge der Konsolidierung vermindert sich das Anlagevermögen bei T2 und erhöht sich das Umlaufvermögen bei T1.

3.4 Drittschuldverhältnisse

10 Sog. Drittschuldverhältnisse zeichnen sich dadurch aus, dass

- **ein Konzernunternehmen** gegenüber dem Dritten eine **Forderung**,
- ein **anderes Konzernunternehmen** gegenüber dem gleichen Vertragspartner eine **Schuld**

hat.

> **BEISPIEL** Die einbezogenen Unternehmen T1 und T2 unterhalten Kontokorrentkonten bei der konzernfremden Bank B. Zum Stichtag hat T1 ein Guthaben von 100, T2 eine Verbindlichkeit von 120. Fraglich ist, ob im Konzernabschluss beide Posten anzusetzen sind oder nur die saldierte Schuld von 20 bilanziert wird.

Nach dem Wortlaut des Abs. 1 sind nur solche Schuldverhältnisse zu eliminieren, die zwischen den in den Konzernabschluss einbezogenen Unternehmen bestehen. Eine Möglichkeit oder Pflicht zur **Konsolidierung** (Saldierung) von Drittschuldverhältnissen ergibt sich daher nach § 303 HGB nicht.

11 Als Rechtfertigung für eine zum gleichen Ergebnis wie die Konsolidierung führende **Verrechnung/Saldierung** kann aber § 298 Abs. 1 HGB i.V. mit § 246 Abs. 2 HGB in Frage kommen.

Nach § 246 Abs. 2 HGB wären in der **Einzelbilanz** die Verrechnungen von Forderungen und Verbindlichkeiten zulässig, wenn zivilrechtlich eine **Aufrechnungslage** nach § 387 BGB besteht, d. h. insbesondere die Fälligkeit der Forderung und Erfüllbarkeit der Verbindlichkeit gegeben ist (→ § 246 Rz. 283).

Im **Konzern** ist diese zivilrechtliche Aufrechnungslage nur selten gegeben, da Forderungen und Verbindlichkeiten von unterschiedlichen Rechtssubjekten des Konsolidierungskreises gehalten werden. Ausreichend ist unter dem Aspekt des Konzerns als wirtschaftlicher Einheit (→ § 297 Rz. 115) u. E. aber die abstrakte **Möglichkeit**, eine solche **Aufrechnungslage herzustellen**. Gegen eine Saldierung von Drittschuldverhältnissen ist daher unter folgender Bedingung nichts einzuwenden:

▶ Es bestehen keine Abtretungsverbote,

▶ die Forderung vom Konzernunternehmen A könnte daher an das Konzernunternehmen B abgetreten und

▶ sodann von diesem gegen seine Verbindlichkeit gegenüber dem gleichen externen Vertragspartner aufgerechnet werden.

Fehlt es bereits an der abstrakten Möglichkeit, eine Aufrechnungslage herzustellen, kommt u. E. eine Saldierung von Drittschuldverhältnissen nicht in Frage.[1]

Im Übrigen ist die Saldierung von Drittschuldverhältnissen bei einem international tätigen Unternehmen nur **selten praxisgerecht**, da sie umfangreiche zusätzliche Informationen erfordern kann. Bevor entschieden werden kann, ob das Sollkonto des Mutterunternehmens bei der Deutschen Bank Frankfurt mit dem Habenkonto der Tochtergesellschaft bei der Deutschen Bank Hongkong saldiert werden kann, wäre zu klären, in welchem Verhältnis die Deutsche Bank Hongkong zur Deutschen Bank Frankfurt steht (Niederlassung, Tochter etc.). Außerdem müsste geprüft werden, welchen Kündigungs- und Aufrechnungsregeln die Konten unterliegen. Ein solcher Informationsaufwand wird sich nur dann rechtfertigen, wenn ihm ein erheblicher Informationsnutzen, z. B. in der Form erheblicher Bilanzsummenreduzierung und damit erheblicher Verbesserung der Eigenkapitalquote, gegenübersteht.

12

4. Echte Aufrechnungsdifferenzen

4.1 Problemstellung und Anwendungsfälle

Echte Aufrechnungsdifferenzen ergeben sich aus **zwingenden** Ansatz- oder Bewertungsvorschriften. Hierbei geht es nicht um die unterschiedliche Ausübung von (echten oder faktischen) Bewertungswahlrechten. Daraus resultierende Differenzen wären schon bei der Aufstellung der HB II zu beseitigen (→ § 308 Rz. 1 ff.).

13

Zwingende Unterschiede zwischen Aktiv- und Passivposten ergeben sich insbesondere aus dem **Vorsichts-** und **Imparitätsprinzip**. Einschlägig sind folgende Fälle:

▶ Der Gläubiger hat auf notleidende Forderungen **Wertberichtigungen** vorzunehmen, der Schuldner aber weiterhin den vollen Betrag auszuweisen.

▶ Der Schuldner bilanziert eine **ungewisse Verbindlichkeit** (→ § 249 Rz. 3) bzw. den **drohenden Verlust** aus einem schwebenden Geschäft (→ § 249 Rz. 121) als Rückstellung, der Gläu-

---

1 Im Wesentlichen gl. A. *Harms*, in: Küting/Weber (Hrsg.), Handbuch der Konzernrechnungslegung, Bd. II, 1998, § 303 Rz. 25 f.; großzügiger im Sinne eines freien Wahlrechts *ADS*, 6. Aufl., § 303 Tz. 30, und *Winkeljohann/Beyersdorff*, in: Beck'scher Bilanz-Kommentar, 7. Aufl., München 2010, § 303 Tz. 32; restriktiver mit genereller Ablehnung der Konsolidierung von Drittschuldverhältnissen *Kessler/Kihm/Leinen*, in: Haufe HGB Bilanz Kommentar, Freiburg 2009, § 303 Rz. 15.

II. Schuldenkonsolidierung

biger/Vertragspartner darf eine ungewisse Forderung bzw. den erwarteten Gewinn aus einem schwebenden Geschäft nicht ansetzen.

Da der **Konzern als wirtschaftliche Einheit** keine Abschreibungen auf Forderungen und keine Rückstellungen für ungewisse Verbindlichkeiten gegen sich selbst bilden kann, entsteht eine Aufrechnungsdifferenz. Ihr ist im Entstehungsjahr und Auflösungsjahr durch erfolgswirksame, in Zwischenjahren durch erfolgsneutrale Konsolidierungsbuchungen Rechnung zu tragen (→ Rz. 17).

14 Vor jeder technischen Befassung mit der Konsolidierung ist aber eine **materielle Betrachtung** geboten, ob nicht dem einzelbilanziellen Aufwand aus Bildung der Rückstellung mit anderer Begründung und Klassifizierung auch konzernbilanziell ein Aufwand gegenübersteht und daher an Stelle einer erfolgswirksamen Schuldenkonsolidierung eine **erfolgsneutrale** treten muss. Hierzu folgende Beispiele:

BEISPIEL ▸ T1 vermietet ein Gebäude langfristig an T2. T2 gibt weit vor Ablauf des Mietvertrags die Nutzung auf und erfasst einzelbilanziell eine Rückstellung für einen drohenden Verlust bzw. in der GuV einen sonstigen Aufwand. Besteht aus Sicht des Konzerns keine alternative Nutzungs-, Verwertungs- bzw. Vermietungsmöglichkeit, ist das Gebäude ggf. außerplanmäßig abzuschreiben. In diesem Fall wären folgende in der Summe **erfolgsneutrale Konsolidierungsbuchungen** vorzunehmen:

| per außerplanmäßige Abschreibung | an Gebäude |
| per Rückstellung | an sonstiger Aufwand |

BEISPIEL ▸ T1 ist vertraglich zur Lieferung von Rohstoffen für 100 an T2 verpflichtet. T2 hat eine entsprechende Verpflichtung gegenüber dem konzernexternen D. Zum Stichtag ist der Preis der noch nicht beschafften Rohstoffe auf 150 gestiegen.

T1 bildet einzelbilanziell eine Rückstellung für drohenden Verlust i. H. von 50. Dieser Verlust und der korrespondierende Aufwand aus einem Konzerninnenverhältnis werden über die bei T2 gegenüber D bestehende Verpflichtung zu einer konzernexternen Angelegenheit. Folgende **erfolgsneutrale** Konsolidierungsbuchung ist vorzunehmen:

| Drohverlust-Rückstellung gegenüber verbundenen U | 50 an | Drohverlust-Rückstellung gegenüber Dritten | 50 |

BEISPIEL ▸ Unter Einschaltung von T1 als Subunternehmer hat T2 eine Bauleistung an D erbracht. D macht Mängel i. H. von 50 geltend, hiervon betreffen 30 die Subunternehmerleistung von T1. T2 bildet eine Rückstellung von 20, T1 eine Rückstellung von 30.

Erfolgswirksame Konsolidierungsbuchungen sind nicht vorzunehmen.

15 Aufrechnungsdifferenzen können sich ausnahmsweise auch schon bei **Begründung** eines konzerninternen **Darlehensverhältnisses** ergeben, z. B. dann, wenn ein **Disagio** vereinbart ist und der Empfänger des Darlehens dieses nicht aktiviert, sondern sofort aufwandswirksam behandelt (→ § 250 Rz. 47).

BEISPIEL T1 nimmt am 31.12.01 ein Darlehen fünfjähriger Laufzeit zu nominal 100 bei einem Auszahlungsbetrag von 90 bei T2 auf. Das Disagio von 10 wird bei T1 sofort aufwandswirksam verbucht. T2 bildet einen passiven Rechnungsabgrenzungsposten (pRAP) für das Disagio (Alternative 1) oder aktiviert bei gleicher Gesamtwirkung das Darlehen nur mit dem Ausgabebetrag (Alternative 2). Aus Vereinfachungsgründen sei unterstellt, dass T2 den Abgrenzungsposten linear auflöst bzw. die Zuschreibung zur Forderung linear vornimmt.

Folgende in der Summe erfolgswirksame Konsolidierungsbuchungen sind **per 31.12.01** vorzunehmen:

ALTERNATIVE 1

per pRAP	10 an	Zinsaufwand	10
per Verbindlichkeit	100 an	Forderung	100

ALTERNATIVE 2

per Verbindlichkeit	100 an	Forderung	90
	an	Zinsaufwand	10

In den **nachfolgenden Geschäftsjahren** ist der Aufrechnungsunterschied ratierlich ergebniswirksam zu buchen.[2] Per 31.12.02 ergeben sich in Alternative 1 etwa folgende Buchungen:

per pRAP	8 an	Gewinnrücklagen	10
per Zinsertrag	2		
per Verbindlichkeit	100 an	Forderung	100

Ein weiteres Beispiel für schon bei der Einbuchung entstehende Aufrechnungsdifferenzen stellen **unverzinsliche Darlehen** dar, die beim Gläubiger mit dem Barwert, beim Schuldner hingegen gem. § 253 Abs. 1 Satz 2 HGB (→ § 253 Rz. 17 ff.) mit dem Erfüllungsbetrag anzusetzen sind. 15a

Zur strittigen Frage, ob **Währungserfolge** aus konzerninternen Schuldverhältnissen nach Maßgabe des Einheitsgrundsatzes im Konzernabschluss zu eliminieren sind, wird auf → § 308a Rz. 30 verwiesen. 16

Bei Beteiligung einer **Minderheit** am Schuldner- und/oder Gläubigerunternehmen stellt sich die Frage, ob der Erfolg aus der Eliminierung der echten Aufrechnungsdifferenzen ausschließlich dem Mutterunternehmen bzw. dem Mehrheitsanteil belastet werden soll oder aber den Gesellschaftergruppen, die von der einzelbilanziellen Erfolgsbuchung betroffen sind. Wegen der hierzu im Schrifttum vertretenen Auffassungen und eines Anwendungsbeispiels wird auf → § 307 Rz. 25 verwiesen. 16a

---

2 Vgl. *Witte/Veldung*, in: Petersen/Zwirner/Brösel (Hrsg.), Systematischer Praxiskommentar Bilanzrecht, Köln 2010, § 303 Tz. 18.

4.2 Technisches Vorgehen bei echten Aufrechnungsdifferenzen

17 Sofern eine echte Aufrechnungsdifferenz besteht, ist folgende zeitliche Unterscheidung geboten:

- Im **Entstehungsjahr** ist die Differenz i. d. R. **erfolgswirksam** zu konsolidieren.
- Bei unveränderten Verhältnissen ist in den **Folgejahren** eine **erfolgsneutrale Eröffnungsbuchung** (EB-Buchung) gegen Eigenkapital (Gewinnrücklagen) vorzunehmen.
- Im **Umkehrungsjahr** (z. B. Auflösung oder Inanspruchnahme einer Rückstellung, Eingang/Erlass einer wertberichtigten Forderung) ist die ertragswirksame Buchung des Einzelabschlusses im Rahmen der Konsolidierung **erfolgswirksam** zu neutralisieren.

BEISPIEL MU hat eine Forderung von 100 gegen die notleidende TU.

- In 01 wird sie in vollem Umfang wertberichtigt.
- In 03 bessert sich die Lage von TU überraschend und TU kann die Forderung voll bezahlen.

Aufrechnungsdifferenz (AD) und Aufwand oder Ertrag der Einzel-GuV ergeben sich wie folgt:

- **per 31.12.01**: 100 AD; 100 Aufwand Einzel-GuV MU
- **per 31.12.02**: 100 AD; 0 Aufwand
- **per 31.12.03**: 0 AD; 100 Ertrag Einzel-GuV MU

Die Konsolidierungsbuchungen sind wie folgt:

BUCHUNGEN 01

Forderung	100 an	Aufwand	100 (erfolgswirksam)
Verbindlichkeit	100 an	Forderung	100

BUCHUNGEN 02

Forderung	100 an	Gewinnrücklagen	100 (erfolgsneutrale EB-Buchung)
Verbindlichkeit	100 an	Forderung	100

BUCHUNGEN 03

Forderung	100 an	Gewinnrücklagen	100 (erfolgsneutrale EB-Buchung)
Ertrag	100 an	Forderung	100 (erfolgswirksam)

5. Anhangangaben zu Verbindlichkeiten und Haftungsverhältnissen

18 **Anhangangaben** zu Forderungen und Verbindlichkeiten sind nicht Gegenstand der **Schuldenkonsolidierung** nach § 303 HGB. Als **Konsequenz** der Schuldenkonsolidierung kann es aber zu

Abweichungen zwischen dem Anhang des Einzelabschlusses und dem Konzernanhang kommen. Sofern im Einzelabschluss z. B. Angaben zu Laufzeiten, Sicherheiten etc. enthalten sind (§ 285 Nr. 1 HGB) und die betreffenden Verbindlichkeiten konsolidiert werden, entfällt eine Angabe im Konzernanhang (→ § 314 Rz. 3).

Maßgeblich ist auch für die Anhangangaben stets die Perspektive des Konzerns als **wirtschaftliche Einheit** (→ § 297 Rz. 115). Praktische Bedeutung hat dies in zwei weiteren Fällen: 19

- **Sonstige finanzielle Verpflichtungen** (§ 285 Nr. 3a HGB), die ein einbezogenes Unternehmen gegenüber einem anderen hat (z. B. aus langfristigen Mietverträgen), sind als konzerninternes Verhältnis für den Konzernanhang irrelevant (→ § 314 Rz. 6).
- Der Vermerk von Wechselobligo, Bürgschaften und anderen **Haftungsverhältnissen** in Bilanz oder Anhang (→ § 251 Rz. 8 und → § 268 Rz. 118) entfällt, wenn die Eventualverpflichtung gegenüber einem anderen einbezogenen Unternehmen besteht.

III. Wesentlichkeitsvorbehalt (Abs. 2)

Eine Schuldenkonsolidierung kann nach Abs. 2 unterbleiben, wenn die wegzulassenden Beträge für die Vermittlung eines den tatsächlichen Verhältnissen entsprechenden Bilds der Vermögens-, Finanz- und Ertragslage des Konzerns von untergeordneter Bedeutung sind. Die Vorschrift hat **deklaratorischen** Charakter. Sie wiederholt lediglich den allgemein für die Rechnungslegung geltenden Wesentlichkeitsvorbehalt. Zu seiner **Konkretisierung** kann sie nichts beitragen, da es gerade in der Natur des Wesentlichkeitsgrundsatzes liegt, auf die Umstände des Einzelfalls abzustellen. 20

Wegen der dabei in Frage kommenden Beurteilungskriterien wird auf → § 252 Rz. 182 verwiesen.

§ 304 Behandlung der Zwischenergebnisse

(1) In den Konzernabschluss zu übernehmende Vermögensgegenstände, die ganz oder teilweise auf Lieferungen oder Leistungen zwischen in den Konzernabschluss einbezogenen Unternehmen beruhen, sind in der Konzernbilanz mit einem Betrag anzusetzen, zu dem sie in der auf den Stichtag des Konzernabschlusses aufgestellten Jahresbilanz dieses Unternehmens angesetzt werden könnten, wenn die in den Konzernabschluss einbezogenen Unternehmen auch rechtlich ein einziges Unternehmen bilden würden.

(2) Absatz 1 braucht nicht angewendet zu werden, wenn die Behandlung der Zwischenergebnisse nach Absatz 1 für die Vermittlung eines den tatsächlichen Verhältnissen entsprechenden Bildes der Vermögens-, Finanz- und Ertragslage des Konzerns nur von untergeordneter Bedeutung ist.

Inhaltsübersicht	Rz.
I. Regelungsinhalt	1 - 2
II. Konzernintern bezogene Vermögensgegenstände (Abs. 1)	3 - 24
1. Konzernbilanz	3 - 16
1.1 Ansatz und Bewertung	3 - 5
1.2 Konzernanschaffungskosten	6 - 12
1.2.1 Begriff	6 - 7
1.2.2 Behandlung von rechtlich begründeten Transaktionskosten	8 - 12
1.3 Konzernherstellungskosten	13 - 16
2. Konzern-GuV	17 - 20a
2.1 Eliminierung von Zwischengewinnen	17
2.2 Eliminierung von Zwischenverlusten	18
2.3 Technik der Zwischenergebniseliminierung über mehrere Perioden	19 - 20a
3. Dreiecksgeschäfte, unechte Lohnveredelung	21 - 24
III. Wesentlichkeitsvorbehalt (Abs. 2)	25

Ausgewählte Literatur

Bartels/Peter, Zwischenergebniseliminierung und konzerneinheitliche Bewertung – Zur Nichtexistenz eines eliminierungsfähigen Zwischenergebnisses, WPg 1991 S. 739

Dusemond, Gegenstand der Zwischenergebniseliminierung gem. § 304 Abs. 1 HGB, DStR 1996 S. 680

Lüdenbach, Erfolgseliminierung und Umsatzkonsolidierung bei Dreiecksgeschäften?, PiR 2009 S. 116

Lüdenbach, Zwischenergebniseliminierung bei Anwendung der *equity*-Methode, PiR 2006 S. 207

Ruhnke, Zur Problematik der Bestimmung der Konzernherstellungskosten, WPg 1991 S. 377

I. Regelungsinhalt

Konzernintern bezogene Vermögensgegenstände sind nach Abs. 1 in der Konzernbilanz mit einem Betrag anzusetzen, zu dem sie angesetzt werden könnten, wenn die in den Konzern- 1 abschluss einbezogenen Unternehmen auch **rechtlich ein einziges Unternehmen** bilden würden. Im Wortlaut ist nur die Bilanz („Vermögensgegenstände") angesprochen. Nach den Regeln der Doppik beeinflussen Restriktionen für Ansatz und Wert von Vermögensgegenständen aber zugleich das Ergebnis der GuV. Die Vorschrift hat demnach zwei Auswirkungen:

▶ **Konzernbilanziell** kann durch die konzerninterne Lieferung weder ein Ansatzverbot (etwa für bestimmte immaterielle Vermögensgegenstände (→ § 248 Rz. 7)) umgangen noch bei ansatzfähigen Vermögensgegenständen das Anschaffungs-/Herstellungskostenprinzip außer Kraft gesetzt werden. Anders als in der Einzelbilanz bewirkt die Veräußerung an verbundene Unternehmen konzernbilanziell **keine Aufdeckung stiller Reserven** (→ Rz. 3).

▶ In der **Konzern-GuV** sind demzufolge Gewinne (und Verluste) aus konzerninternen Lieferungen und Leistungen nicht als realisiert anzusehen. Das in der Einzel-GuV und in der Folge in der Summen-GuV aus konzerninternen Leistungen erfasste Ergebnis ist demzufolge in der Entwicklung zur Konzern-GuV zu neutralisieren (**Zwischenergebniseliminierung**; → Rz. 17).

1a § 304 HGB ist nur auf Lieferungen zwischen in den Konzernabschluss **einbezogenen** Unternehmen anwendbar, nicht hingegen bei Lieferverkehr mit Tochterunternehmen, auf deren Einbeziehung in Ausübung der Wahlrechte aus § 296 HGB verzichtet wurde.[1]

Über den Verweis in § 310 Abs. 2 HGB und § 312 Abs. 5 Satz 3 HGB gelten die Regelungen zur Zwischenergebniseliminierung überdies bei **quotal oder *at equity*-konsolidierten** Unternehmen (→ § 310 Rz. 25, → § 312 Rz. 50).

2 Die durch Abs. 1 getroffenen Regelungen für Ansatz und Bewertung von Vermögensgegenständen und damit für die Zwischenergebniseliminierung stellt Abs. 2 ausdrücklich unter **Wesentlichkeitsvorbehalt**. Sind die zu eliminierenden Beträge für die Vermögens-, Finanz- und Ertragslage des Konzerns nur von untergeordneter Bedeutung, kann auf die Zwischenergebniseliminierung verzichtet werden (→ Rz. 25).

II. Konzernintern bezogene Vermögensgegenstände (Abs. 1)

1. Konzernbilanz

1.1 Ansatz und Bewertung

3 Vermögensgegenstände, die ganz oder teilweise auf Lieferungen oder Leistungen zwischen einbezogenen Unternehmen beruhen, sind nach Abs. 1 in der Konzernbilanz mit einem Betrag anzusetzen, zu dem sie angesetzt werden könnten, wenn die in den Konzernabschluss einbezogenen Unternehmen auch rechtlich ein einziges Unternehmen bilden würden. Die Vorschrift betrifft sowohl den **Bilanzansatz** als auch die **Bewertung**. Durch eine konzerninterne Lieferung kann weder ein Ansatzverbot (→ Rz. 4) noch eine Bewertungsobergrenze (Anschaffungs-/Herstellungskostenprinzip) (→ Rz. 5) außer Kraft gesetzt werden.

---

1 Vgl. *Schmidt*, in: Petersen/Zwirner/Brösel (Hrsg.), Systematischer Praxiskommentar Bilanzrecht, Köln 2010, § 304 Tz. 11.

§ 304 Behandlung der Zwischenergebnisse

Zum **Bilanzansatz** folgendes Beispiel: 4

> **BEISPIEL** Konzernunternehmen T1 hat eine Marke entwickelt und veräußert diese (entweder mit dem zugehörigen Geschäft oder unter Rücklizenzierung der Marke ohne dieses) an Konzernunternehmen T2. T1 durfte die hergestellte (= originäre) Marke nach § 248 Abs. 2 HGB nicht ansetzen. Bei T2 ist die Marke angeschafft (= derivativ) und deshalb greift das Aktivierungsverbot einzelbilanziell nicht.
>
> Wenn T1 und T2 eine rechtliche Einheit darstellen würden, läge jedoch keine Anschaffung der Marke (= Erwerb von einem Dritten) vor. Aus Konzernsicht bleibt es daher beim originären Charakter der Marke, d. h. beim Aktivierungsverbot. In der Überleitung von der Summenbilanz zur Konzernbilanz ist somit folgende Konsolidierungsbuchung geboten:
>
> | per sonstiger betrieblicher Ertrag (T1) | 100 | an | immaterielles Anlagevermögen (T2) | 100 |
> |---|---|---|---|---|

Zur **Bewertung** folgendes Beispiel: 5

> **BEISPIEL** T1 hat Vorräte für 100 hergestellt und veräußert sie für 120 an T2. Zum Stichtag sind die Vorräte noch im Bestand der T2. T2 aktiviert sie mit Anschaffungskosten von 120.
>
> Wenn T1 und T2 eine rechtliche Einheit darstellen würden, wäre es jedoch zur Anschaffung der Vorräte (= Erwerb von einem anderen Subjekt) nicht gekommen. Aus Konzernsicht bliebe es bei hergestellten Vorräten und damit gem. § 253 Abs. 1 HGB bei den Herstellungskosten von 100 als Bewertungsobergrenze. Mit einem höheren Wert dürfen die Vorräte auch im Konzern nicht angesetzt werden. In der Überleitung von der Summenbilanz zur Konzernbilanz ist folgende Konsolidierungsbuchung geboten:
>
> | per Umsatzerlöse | 120 | an | Bestandserhöhung Erzeugnisse | 100 |
> |---|---|---|---|---|
> | | | an | Vorräte | 20 |

1.2 Konzernanschaffungskosten

1.2.1 Begriff

Vermögensgegenstände, die zunächst **von konzernfremden Unternehmen erworben** und dann ohne Be- oder Verarbeitung **konzernintern weiterveräußert** werden, sind nach Abs. 1 mit ihren externen Anschaffungskosten anzusetzen. Diese werden auch als **Konzernanschaffungskosten** bezeichnet. 6

Für die Definition der Anschaffungskosten gelten über § 298 Abs. 1 HGB die Vorgaben von § 255 Abs. 1 HGB. Neben dem **Kaufpreis**, der für die Beschaffung an das konzernfremde Unternehmen entrichtet wurde, sind daher auch alle Aufwendungen anzusetzen, die geleistet werden, um den Vermögensgegenstand zu erwerben (**Anschaffungsnebenkosten**) oder ihn in einen **betriebsbereiten Zustand** zu versetzen. Der Herstellung der Betriebsbereitschaft (→ § 255 Rz. 28) können **innerkonzernliche Transportkosten** dienen: 7

> **BEISPIEL** Zur Erzielung entsprechender Losgrößen werden Verbrauchsmaterialien im Konzern zentral durch das Mutterunternehmen beschafft und dann an die Tochterunternehmen

II. Konzernintern bezogene Vermögensgegenstände

weiterveräußert. Die dabei entstehenden Transportkosten dienen der Herstellung der Betriebsbereitschaft und sind daher zu aktivieren.

1.2.2 Behandlung von rechtlich begründeten Transaktionskosten

8   Aufgrund der rechtlichen Selbständigkeit der Konzernunternehmen können bei konzerninternen Anschaffungsgeschäften rechtlich begründete **Transaktionskosten** anfallen. Beispiele sind Beurkundungsgebühren, Grunderwerbsteuern, Kosten der Grundbucheintragung, nichtabziehbare Vorsteuern, Zölle etc. Im Schrifttum ist **umstritten**, ob derartige einzelbilanziell als Anschaffungsnebenkosten zu aktivierende Aufwendungen auch konzernbilanziell aktiviert werden können oder müssen.

> **BEISPIEL** In 01 erwirbt Konzernunternehmen T1 ein bebautes Lagergrundstück zu 1.000. Für Grunderwerbsteuer, Notar und Grundbuch fallen Kosten von 50 an, die als Anschaffungsnebenkosten aktiviert werden.
>
> In 05 benötigt T1 das Lager nicht mehr und veräußert das Grundstück daher an das Konzernunternehmen T2, das das Grundstück fortan nutzen wird. Erneut fallen einzelbilanziell Anschaffungsnebenkosten von 50 an. Fraglich ist, ob sie auch konzernbilanziell zu aktivieren oder als Aufwand zu verbuchen sind.

9   ▶ Für eine **Aktivierung** der Transaktionskosten werden abstrakt der **Einheitsgrundsatz** (→ § 297 Rz. 115) sowie das Gebot der tatsachengetreuen Darstellung der Vermögens-, Finanz- und Ertragslage (→ § 297 Rz. 109)[2] und **konkret** die Analogie zu innerkonzernlichen, der Herstellung der **Betriebsbereitschaft** dienenden Transportkosten (→ Rz. 8) angeführt.[3]

▶ Die **Gegenauffassung** beruft sich auf den **Wortlaut** von Abs. 1. Hiernach ist die Bewertung der konzernintern gelieferten Vermögensgegenstände unter der über § 297 HGB hinausgehenden Fiktion der **rechtlichen** Einheit vorzunehmen. Bei rechtlicher Einheit waren die Aufwendungen aber nicht angefallen, womit eine Aktivierung ausscheiden soll.[4]

U. E. ist die **zweite Auffassung besser begründet**. Sie bezieht sich auf den konkreten Wortlaut von Abs. 1 und nicht auf abstrakte Prinzipien (Einheitsgrundsatz, tatsachengetreue Darstellung), die wegen ihrer notorischen Unbestimmtheit kaum zur Auslegung einer Vorschrift gegen den Wortlaut geeignet sind.

10 Unabhängig von der Betonung der rechtlichen Einheit in Abs. 1 sprechen u. E. aber auch **konzeptionelle Überlegungen** gegen eine Aktivierung rechtlicher Transaktionskosten. Entscheidend ist aus dieser Sicht die Definition der Anschaffungskosten in § 255 Abs. 1 HGB, die über § 298 Abs. 1 HGB auch konzernbilanziell gilt (→ Rz. 7). Nach dem daher anzuwendenden **finalen Anschaffungskostenbegriff** (→ § 255 Rz. 32) gelten als Anschaffungskosten alle Aufwendungen, die dazu dienen, den Erwerb oder die (erstmalige) Herstellung der Betriebsbereitschaft zu bewirken. Die Erfüllung dieses Zwecks ist aus der **Perspektive** des Bilanzierungssub-

---

2   Vgl. *ADS*, 6. Aufl., § 299 Tz. 18.
3   Vgl. *Winkeljohann/Beyersdorff*, in: Beck'scher Bilanz-Kommentar, 7. Aufl., München 2010, § 304 Tz. 12.
4   Vgl. *Kraft*, in: Ulmer (Hrsg.), HGB-Bilanzrecht, Bd. 2, 2002, § 304 Tz. 37; *Weber*, in: Küting/Weber (Hrsg.), Handbuch der Konzernrechnungslegung, Bd. II, 1998, § 304 Tz. 47.

jekts bzw. **der bilanzierenden Einheit** zu beurteilen und diese ist für den Konzernabschluss der **Konzern**.

▶ Bei der **Anschaffung von Konzernfremden** anfallende **Transaktionskosten** sind daher zu aktivieren,

▶ nicht hingegen **Transaktionskosten**, die bei der **innerkonzernlichen Weiterveräußerung** anfallen; diese dienen nicht mehr dem Erwerb durch den Konzern, stellen also **keine Konzernanschaffungsnebenkosten** dar.

Lediglich unter dem Gesichtspunkt der Herstellung der Betriebsbereitschaft können derartige Transaktionskosten ausnahmsweise zu Konzernanschaffungskosten führen. Im Beispiel unter → Rz. 8 ist das nicht der Fall. Zwar mag die Weiterlieferung des Grundstücks von T1, die keine Verwendung mehr hat, an T2 i.w.S. der **Erhaltung** der Betriebsbereitschaft im Konzern dienen, keinesfalls aber der Herstellung der Betriebsbereitschaft. Die Betriebsbereitschaft für den Konzern war schon bei T1 gegeben. Die Weiterlieferung wahrt ggf. die Betriebsbereitschaft im Konzern, stellt sie aber nicht her.

Eine andere Wertung ist jedoch bei **speziellen Umständen** möglich: 11

> **BEISPIEL** Zum Konzern K gehören die Bank B und das Produktionsunternehmen P. B erwirbt im Wege der Zwangsvollstreckung ein Lagergrundstück und veräußert es an P weiter, das es anschließend nutzt. Aus rechtlichen und tatsächlichen Gründen kam ein unmittelbarer Erwerb durch P nicht in Frage.
>
> Bei weiterer Interpretation kann der Weiterveräußerungsvorgang als der Herstellung der Betriebsbereitschaft im Konzern dienend angesehen werden. Eine Aktivierung der mit der Weiterveräußerung verbundenen Transaktionskosten ist deshalb in Betracht zu ziehen.

Zusammenfassend gilt u. E. daher: 12

▶ **Regelmäßig** sind durch innerkonzernliche Weiterveräußerung bedingte rechtliche Transaktionskosten nicht zu aktivieren, da sie dem Erwerb durch den Konzern und der Herstellung der Betriebsbereitschaft im Konzern nicht dienen und deshalb **keine Konzernanschaffungskosten** darstellen.

▶ Eine Aktivierung **kann ausnahmsweise** in Frage kommen, wenn die innerkonzernliche Weiterveräußerung der Herstellung (nicht der Wahrung) der Betriebsbereitschaft dient. Der Anschaffungskostenbegriff spricht in solchen Ausnahmefällen **für**, die Fiktion der rechtlichen Einheit in Abs. 1 **gegen** eine Aktivierung.

1.3 Konzernherstellungskosten

Vermögensgegenstände, die zunächst von einem Konzernunternehmen hergestellt wurden 13 und dann konzernintern weiterveräußert werden, um vom Abnehmer ohne oder mit Weiterverarbeitung erst in einer Folgeperiode an Konzernexterne veräußert zu werden, sind nach Abs. 1 mit ihren Konzernherstellungskosten anzusetzen.

Für die **Definition** der Herstellungskosten gilt § 255 Abs. 2 HGB. Bei der Ermittlung von Herstell- 14 lungskosten bestehende Wahlrechte, also die Einbeziehung/Nichteinbeziehung von Kosten der allgemeinen Verwaltung etc. (→ § 255 Rz. 87) sowie von Zinsen (→ § 255 Rz. 92) sind nach

§ 308 HGB konzerneinheitlich auszuüben. Aktivierungsfähig bzw. -pflichtig sind **extern** anfallende Aufwendungen, also z. B. nicht Zinsen für konzerninterne Darlehen, die einen Herstellungsvorgang finanzieren.

15 Besondere Bedeutung haben die Konzernherstellungskosten bei **Vorräten**. Die Frage, welche bilanzielle Kategorie von Vorräten vorliegt – unfertige Erzeugnisse oder fertige Erzeugnisse und Waren –, ist ebenso wie der Ausweis des nach Zwischenergebniseliminierung verbleibenden Ertrags in der GuV aus der **Perspektive des Konzerns** zu beurteilen.

> **BEISPIEL** ▶ Zum Konzern K gehören u. a. das Produktionsunternehmen P und das Vertriebsunternehmen V. Die von P hergestellten Erzeugnisse werden an V verkauft, um von V an Dritte weiterveräußert zu werden.
>
> P hat Erzeugnisse für 100 hergestellt und für 120 an V veräußert. Am Stichtag befinden sich die Erzeugnisse noch im Bestand der V.
>
> In der Einzel-GuV der P (nach Gesamtkostenverfahren) sind 120 Umsatzlöse erfasst, in der Einzelbilanz der V unter „Waren und Erzeugnisse" Bestände von 120 ausgewiesen. Aus Konzernsicht liegt ein Herstellungsvorgang vor. Er ist in der GuV als „Bestandsänderung Erzeugnisse" und nicht als Umsatzerlös zu erfassen (Umkategorisierung von 100), andererseits der Höhe nach zu korrigieren (20).
>
> | per Umsatzerlöse | 120 | an | Bestandsänderung | 100 |
> |---|---|---|---|---|
> | | | an | fertige Erzeugnisse und Waren | 20 |

16 Mit der innerkonzernlichen Lieferung können Transportkosten verbunden sein. Soweit diese nicht Vertriebscharakter haben (Transport in Auslieferungslager), sondern der weiteren Verarbeitung dienen (**Transport an nächste Produktionsstufe**), sind sie als **Herstellungskosten** zu erfassen.

2. Konzern-GuV

2.1 Eliminierung von Zwischengewinnen

17 Eine im Rahmen der Konsolidierungsbuchungen nach Abs. 1 vorgenommene Minderung eines Aktivpostens gegenüber Einzel- bzw. Summenbilanz (Habenbuchung) bedingt als Gegenposten eine Ertragsminderung oder (seltener) einen Aufwand (Sollbuchung). Die Eliminierung von Zwischengewinnen drückt sich also in deren Entstehungsjahr aggregiert in folgendem Buchungssatz aus:

per Ertrag	an Aktivum

Wegen der Buchungen in Folgejahren wird auf → Rz. 19 verwiesen.

2.2 Eliminierung von Zwischenverlusten

18 Ebenfalls unter den Anwendungsbereich von Abs. 1 fällt die allerdings **praktisch weniger bedeutsame** Eliminierung von Zwischenverlusten. Auch bei mit Verlust (d. h. unter einzelbilanziellem Buchwert des Leistenden) bewirkter Lieferung ist nach Abs. 1 zu prüfen, ob unter der

Fiktion der rechtlichen Einheit ein anderer (in diesem Fall höherer) Ansatz als in der Einzelbilanz des Empfängers geboten wäre. Hierbei ist wie folgt zu unterscheiden:

▶ Der einzelbilanzielle Transaktionsverlust tritt an Stelle einer sonst vorzunehmenden außerplanmäßigen **Abschreibung**: Der Zwischenverlust ist nicht zu eliminieren, ggf. jedoch erfolgsneutral umzukategorisieren.

▶ Einzelbilanziell wäre **keine** außerplanmäßige Abschreibung geboten gewesen. Der Zwischenverlust ist zu eliminieren.

BEISPIEL Am 1.1.01 erwirbt T1 Wertpapiere zu 100. Am 30.12. und 31.12.01 valutieren die Papiere nur noch mit 90. Die Wertminderung ist voraussichtlich nicht von Dauer. Im Konzern werden Finanzanlagen nur dann außerplanmäßig abgeschrieben, wenn eine dauernde Wertminderung vorliegt (§ 253 Abs. 3 Satz 4 HGB).

Am 30.12.01 veräußert T1 die Wertpapiere für 90 an T2 und bucht dabei einen Abgangsverlust (sonstiger betrieblicher Aufwand) von 10.

ALTERNATIVE 1 ▶ Die Wertpapiere sind Umlaufvermögen

Wenn der Konzern eine rechtliche Einheit darstellen würde, wäre es zwar nicht zu einem Transaktionsverlust (sonstiger betrieblicher Aufwand) gekommen, die Wertpapiere wären aber wegen des für Umlaufvermögen geltenden strengen Niederstwertprinzips abgeschrieben und damit auch ohne die Transaktion nur noch mit 90 angesetzt worden. Dem ist nach Abs. 1 auch in der Konzernbilanz zu folgen. Eine Zwischenergebniseliminierung unterbleibt. Der Aufwand wird lediglich umgegliedert:

| per außerplanmäßige Abschreibung | 10 | an | sonstiger betrieblicher Aufwand | 10 |

ALTERNATIVE 2 ▶ Die Wertpapiere sind Anlagevermögen

Wenn der Konzern eine rechtliche Einheit darstellen würde, wäre es zu einem Transaktionsverlust (sonstiger betrieblicher Aufwand) nicht gekommen. Die Wertpapiere wären wegen der voraussichtlich nur vorübergehenden Wertminderung aber auch nicht abgeschrieben, sondern mit 100 weiter bilanziert worden. Dem ist nach Abs. 1 auch in der Konzernbilanz zu folgen. Eine (verlustmindernde) Zwischenergebniseliminierung ist vorzunehmen:

| per Wertpapiere | 10 | an | sonstiger betrieblicher Aufwand | 10 |

2.3 Technik der Zwischenergebniseliminierung über mehrere Perioden

Im Zeitverlauf ist beim wichtigsten Anwendungsfall der Zwischenergebniseliminierung, dem **Vorratsvermögen**, mindestens wie folgt zu unterscheiden:

▶ **Periode 1**: Konzernunternehmen A liefert unter einzelbilanzieller Realisierung eines Gewinns an Konzernunternehmen B, B aber noch nicht an Dritte. Der Liefergegenstand verbleibt im Konzern. Der einzelbilanzielle **Gewinn** ist **zu eliminieren** (per Ertrag an Aktivum).

▶ **Periode 2**: Konzernunternehmen B liefert an Dritte. Der einzelbilanziell dabei anfallende Gewinn ist niedriger als der des Konzerns, da der Gewinnaufschlag von A in Periode 1 bei B in Periode 2 zu Aufwand (Umsatzkosten, Materialaufwand etc.) wird. Neben einer **erfolgs-**

19

neutralen **Eröffnungsbilanzbuchung** (per Gewinnrücklage an Aktivum) ist eine **aufwandsmindernde Buchung** geboten (per Aktivum an Aufwand).

BEISPIEL Zum Konzern K gehören u. a. das Produktionsunternehmen P und das Vertriebsunternehmen V. Die von P hergestellten Erzeugnisse werden an V verkauft, um von V an Dritte weiterveräußert zu werden:

► P hat in 01 Erzeugnisse für 100 hergestellt und für 120 an V veräußert. Am 31.12.01 befinden sich die Erzeugnisse noch im Bestand des P.

► In 02 veräußert V die Waren für 150 an Dritte.

Über beide Perioden entsteht im Konzern ein Erfolg (Rohertrag) von 50. Einzelbilanziell verteilt sich der Erfolg mit 20 (bei P in 01) und 30 (bei V in 02) auf beide Perioden. Der einzelbilanzielle Erfolg von 20 in Periode 1 wird durch die Zwischenergebniseliminierung konzernbilanziell auf 0 reduziert. Bei gleichem Totalergebnis muss mithin in Periode 2 der Konzernerfolg 50 betragen, also 20 mehr als der einzelbilanzielle Erfolg.

Die Konsolidierungsbuchungen sind wie folgt:

PERIODE 1 (Ergebnisminderung von 20)

per Umsatzerlöse	120 an	Bestandserhöhung	100
		an Vorräte	20

PERIODE 2 (Ergebniserhöhung von 20)

per Gewinnrücklagen	20 an	Vorräte	20 (EB-Buchung)
per Bestandsminderung	100		
per Vorräte	20 an	Materialaufwand	120

20 Insbesondere bei der konzerninternen **Lieferung von Anlagen** kann die Zwischenergebniseliminierung über **viele Perioden** nachwirken.

BEISPIEL Konzernunternehmen A „liefert" am 31.12.01 ein nicht aktivierungsfähiges Markenrecht an Konzernunternehmen B für 100. B schreibt die Marke über zehn Jahre linear ab.

PERIODE 1

per sonstiger Ertrag	100 an	Marke	100

PERIODE 2

per Gewinnrücklagen	100 an	Marke	100 (EB-Buchung)
per Marke	10 an	Abschreibung	10

PERIODE 3				
per Gewinnrücklagen	90	an	Marke	90 (EB-Buchung)
per Marke	10	an	Abschreibung	10

etc.

Im vorstehenden Beispiel noch nicht berücksichtigt sind die **latenten Steuerfolgen** der Zwischenergebniseliminierung. Bei positivem Zwischenergebnis entsteht eine abzugsfähige temporäre Differenz, die nach § 306 HGB einen Ansatz aktiver latenter Steuern nach sich zieht. Bei der Berechnung der Latenz ist der Steuersatz des die konzerninterne Leistung empfangenden Unternehmens heranzuziehen. Wegen Einzelheiten und eines Anwendungsbeispiels wird auf → § 306 Rz. 23 verwiesen.

20a

3. Dreiecksgeschäfte, unechte Lohnveredelung[5]

§§ 304, 305 HGB zielen auf die Zwischenergebniseliminierung sowie die Aufwands- und Ertragskonsolidierung bei Lieferungen oder Leistungen zwischen in den Konzernabschluss einbezogenen Unternehmen. In den Leistungsverkehr kann aber ein **Dritter** eingeschaltet sein.

21

BEISPIEL Der Solar-Konzern ist vertikal integriert.
▶ Die Ingot-AG fertigt aus solarem Silizium Kristallsäume (*Ingots*).
▶ Diese werden von der Wafer-AG in nanometerdicke Scheiben (*Wafer*) geschnitten,
▶ aus denen die Zell-AG Solarzellen herstellt,
▶ die dann von der Modul-AG gerahmt und gruppiert zu Solarmodulen verarbeitet werden,
▶ um schließlich von der Vertriebs-AG veräußert zu werden.

Auf allen Produktionsstufen werden auch Lieferungen an Dritte getätigt. Abhängig von der Nachfrage Dritter auf den einzelnen Produktionsstufen entstehen im vertikalen Verbund Engpässe, die durch Auftragsvergabe an Außenstehende gelöst werden. In der Periode 1 kommt es u. a. zu folgenden Auftragsvergaben:

▶ Ein Teil der *Ingots* wird von der Ingot-AG an die konzernfremde X-GmbH geliefert, die daraus ohne Verwendung wesentlicher selbst beschaffter Stoffe *Wafer* fertigt und an die Zell-AG weiterliefert.

▶ Ein Teil der Zellen wird an die konzernfremde Y-GmbH geliefert, die daraus unter Verwendung wesentlicher selbst beschaffter Stoffe (Hauptstoffe, insbesondere Rahmen) Module fertigt und an die Vertriebs-AG weiterliefert.

Zivilrechtlich sind die Lieferungen an die X- und Y-GmbH (ebenso wie die Rücklieferungen der weiterverarbeiteten Sache) als Kaufverträge gestaltet. Die allerdings durch Versicherungen abgedeckte Gefahr des zufälligen Untergangs geht mit der Lieferung jeweils auf den Konzernexternen über. Liefer- und Rücklieferverträge sind aufeinander abgestimmt. Bei Lie-

---

5 Nachfolgende Überlegungen überwiegend entnommen aus *Lüdenbach*, PiR 2009 S. 116 ff.

II. Konzernintern bezogene Vermögensgegenstände

> ferung an den Außenstehenden sind die aus dem ursprünglichen Liefervolumen abgeleitete Menge und der Preis der von diesem „zurück zu liefernden weiterverarbeiteten Sache" bereits fixiert.

22 Im vorstehenden Beispiel stellen sich zwei **Fragen**:
- Muss ein bei Lieferung an den externen Verarbeiter einzelbilanziell realisierter **Gewinn** (in entsprechender Anwendung von § 304 HGB) konzernbilanziell **eliminiert** werden, wenn das Objekt nach Verarbeitung durch den Dritten an den Konzern zurückgeliefert wird?
- Kann in einer vertikal integrierten Produktions- und Absatzkette aus dem gleichen Gegenstand mehrfach Umsatz generiert werden, indem neben dem Endkundenumsatz auch die Lieferungen an externe Verarbeiter (X und Y) als Umsatz erfasst werden, oder muss im Verhältnis zum zwischengeschalteten Dritten der einzelbilanzielle **Umsatz konsolidiert** werden?

Das **handelsrechtliche Schrifttum** sieht eine Notwendigkeit zur Eliminierung und Konsolidierung nur dort, wo die Vorschriften zur Zwischenergebniseliminierung und zur Aufwandskonsolidierung durch die Einschaltung eines Dritten **bewusst umgangen** werden sollen.[6] In der **internationalen Rechnungslegung** werden die zu §§ 304, 305 HGB äquivalenten Vorschriften des IAS 27 unter Hinweis auf die wirtschaftliche Betrachtungsweise, speziell die wirtschaftliche Verbundenheit von Lieferung und Rücklieferung (*linked transaction*), z. T. so ausgelegt, dass eine Eliminierung/Konsolidierung notwendig ist.[7]

23 U. E. ist eine **Eliminierung/Konsolidierung** auch **handelsrechtlich notwendig**. Eine solche Pflicht ergibt sich allerdings nicht unmittelbar aus §§ 304, 305 HGB (ebenso wenig wie nach IFRS aus IAS 27), da eben keine Lieferungen zwischen konzernzugehörigen Unternehmen vorliegen, sondern ein Dritter eingeschaltet ist. In diesem Dreiecksverhältnis ist aber nach der **wirtschaftlichen Qualität der Drittleistung** für den Konzern zu fragen.

Nach Maßgabe des **Einheitsgrundsatzes** ist diese Frage so zu beantworten, als ob die einbezogenen Unternehmen wirtschaftlich ein einheitliches Unternehmen darstellen würden. Unerheblich ist damit zunächst, ob der Dritte nach Weiterverarbeitung an das ursprünglich liefernde Konzernunternehmen oder ein anderes Konzernunternehmen zurückliefert.

Ist diese Rücklieferung von Anfang an vereinbart, im Preis fixiert und der Menge nach auf die ursprüngliche Lieferung abgestimmt, bewirkt der Dritte für den Konzern keine eigenständige, von der ursprünglichen Lieferung unabhängige Lieferung, sondern eine Verarbeitung. Soweit er bei dieser Verarbeitung keine eigenen Hauptstoffe verwendet (im Beispiel das Zersägen der *Ingots* in die *Wafer*), liegt eine **Lohnveredelung** vor, auch wenn wegen der rechtlichen Selbständigkeit von Lieferer und Empfänger der Rücklieferung Kaufvertragsrecht vereinbart ist. Diese ist bei Periodenversatz zwischen beiden Lieferungen wie folgt darzustellen:
- Mit der **ersten Lieferung** entsteht **kein Umsatz**. Das Preis- und Absatzrisiko bleibt wegen der Rücklieferung zum fixierten Preis und in fixierter Menge beim Konzern, der damit auch wirtschaftlicher Eigentümer bleibt. Eine gleichwohl empfangene Zahlung ist zu passivieren.

---

6 Vgl. *Winkeljohann/Beyersdorff*, in: Beck'scher Bilanz-Kommentar, 7. Aufl., München 2010, Tz. 10; *ADS*, 6. Aufl., § 304 Tz. 53 ff.; *Weber*, in: Küting/Weber (Hrsg.), Handbuch der Konzernrechnungslegung, Bd. II, 1998, Tz. 14.
7 Vgl. *PwC*, IFRS Manual of Accounting, 2008, Tz. 9.200.

Aufbauend auf der Summenbilanz ergeben sich bei unterstellten Herstellungskosten von 80, einem sofort zu zahlenden Lieferpreis von 100 und einem Rücknahmepreis von 110 folgende in Summe zu einer Zwischenergebniseliminierung von 20 führende Buchungen:

| per Umsatz | 100 an | Verbindlichkeit gegen Lohnveredler | 100 |
| per Erzeugnisse | 80 an | Bestandserhöhung Erzeugnisse | 80 |

▶ Mit der Rücklieferung hat das einzelbilanziell als Rohstoff erfasste, konzernbilanziell (nach wie vor unfertige) Erzeugnis einen Fertigungsfortschritt erzielt, der bestandserhöhend zu berücksichtigen ist. Aufbauend auf der Summenbilanz (die Rohstoffe i. H. von 110 ausweist) ergeben sich bei gleichen Daten und sofortiger Zahlung folgende Buchungen:

per Erzeugnisse	80 an	Verbindlichkeit gegen Lohnveredler	100 (EB-Buchung)
per Gewinnrücklage	20		
per Verbindlichkeit gegen Lohnveredler	100		
per Materialaufwand	10 an	Rohstoffe	110
per Erzeugnisse	10 an	Bestandserhöhung Erzeugnisse	10

Die zweite im Beispiel unter → Rz. 21 dargestellte Liefer- und Rücklieferbeziehung (*Wafer* und *Module*) zeichnet sich dadurch aus, dass der Dritte selbst beschaffte Hauptstoffe hinzufügt, in inhaltlicher Betrachtung also keine reine Werkleistung, sondern eine Werkslieferung erbringt (**unechte Lohnveredelung**). Umsatzsteuerlich, etwa bei der Befreiung von Ausfuhrleistungen, kann dies einen gravierenden Unterschied ausmachen. Für die konzernbilanzielle Behandlung ist der Unterschied zur echten Lohnveredelung u. E. irrelevant. Das Marktrisiko und damit das **wirtschaftliche Eigentum** am gelieferten Gegenstand bleiben beim Konzern. Unabhängig davon, ob die durch den Dritten bewirkte Qualitätsänderung allein auf Arbeiten (Werkleistungen) oder auch auf Stoffe zurückzuführen ist, bleiben Hin- und Rücklieferung ein einheitlicher Vorgang (*linked transaction*), der als solcher darzustellen ist.

Übernimmt der Dritte **Produktionsrisiken**, so ist eine andere Betrachtung dann nicht geboten, wenn die Risiken bei typischem Verlauf im Verhältnis zu den beim Konzern verbleibenden Marktrisiken gering sind. 24

BEISPIEL ▶ Bei der Verarbeitung von Zellen zu Modulen variiert die Bruchrate i. d. R. zwischen 2 % bei – in Schulnoten ausgedrückt – „gut" abgestimmter und 4 % bei „ausreichend" abgestimmter Produktion. Die Parteien im Beispiel unter → Rz. 21 legen vertraglich eine Bruchrate von 3 % als Norm fest. Wird diese Rate unterschritten, darf der Dritte (die Y-GmbH) die überschüssigen Zellen/Module selbst verwerten; wird die Rate überschritten, muss der Dritte Ersatzzellen auf eigene Rechnung besorgen oder einen äquivalenten Schadenersatz leisten.

Ist ein Überschreiten der 4 % ebenso wie ein Unterschreiten der 2 % nur wenig wahrscheinlich, führt das (realistische) Produktionsrisiko nicht zum Übergang der Mehrheit der Chancen und Risiken und damit des wirtschaftlichen Eigentums auf den Dritten.

III. Wesentlichkeitsvorbehalt (Abs. 2)

25 Eine Zwischenergebniseliminierung kann nach Abs. 2 unterbleiben, wenn die Behandlung des Zwischenergebnisses für die Vermittlung eines den tatsächlichen Verhältnissen entsprechenden Bilds der Vermögens-, Finanz- und Ertragslage des Konzerns von untergeordneter Bedeutung ist. Die Vorschrift hat **deklaratorischen** Charakter. Sie wiederholt lediglich den allgemein für die Rechnungslegung geltenden Wesentlichkeitsvorbehalt. Zu seiner Konkretisierung kann sie nichts beitragen, da es gerade in der Natur des Wesentlichkeitsgrundsatzes liegt, auf die Umstände des Einzelfalls abzustellen.

Wegen der dabei in Frage kommenden **Beurteilungskriterien** wird auf → § 252 Rz. 182 verwiesen.

§ 305 Aufwands- und Ertragskonsolidierung

(1) In der Konzern-Gewinn- und Verlustrechnung sind

1. bei den Umsatzerlösen die Erlöse aus Lieferungen und Leistungen zwischen den in den Konzernabschluss einbezogenen Unternehmen mit den auf sie entfallenden Aufwendungen zu verrechnen, soweit sie nicht als Erhöhung des Bestands an fertigen und unfertigen Erzeugnissen oder als andere aktivierte Eigenleistungen auszuweisen sind,

2. andere Erträge aus Lieferungen und Leistungen zwischen den in den Konzernabschluss einbezogenen Unternehmen mit den auf sie entfallenden Aufwendungen zu verrechnen, soweit sie nicht als andere aktivierte Eigenleistungen auszuweisen sind.

(2) Aufwendungen und Erträge brauchen nach Absatz 1 nicht weggelassen zu werden, wenn die wegzulassenden Beträge für die Vermittlung eines den tatsächlichen Verhältnissen entsprechenden Bildes der Vermögens-, Finanz- und Ertragslage des Konzerns nur von untergeordneter Bedeutung sind.

Inhaltsübersicht	Rz.
I. Regelungsinhalt	1 - 4
II. Konsolidierung der Umsatzerlöse (Abs. 1 Nr. 1)	5 - 9
1. Gesamtkostenverfahren	5 - 7
2. Umsatzkostenverfahren	8 - 9
III. Konsolidierung anderer Erträge (Abs. 1 Nr. 2)	10
IV. Erträge und Aufwendungen aus Beteiligung an konsolidierten Unternehmen	11
V. Wesentlichkeitsvorbehalt (Abs. 2)	12

Ausgewählte Literatur

Löhr, Die Konsolidierung der Innenumsatzerlöse aus Lieferungen – eine Kritik, BB 1999 S. 835

I. Regelungsinhalt

Erlöse und andere **Erträge** eines einzubeziehenden Unternehmens aus **konzerninternen** Leistungen sind nach Abs. 1 mit den beim anderen Unternehmen entstehenden **Aufwendungen** zu **verrechnen**.

Soweit es beim Empfänger **noch nicht** zu **Aufwand** (Verbrauch) der bezogenen und auch konzernbilanziell zu aktivierenden Leistung gekommen ist, scheidet eine Verrechnung gegen Aufwand des Empfängers aus. Ggf. erfolgt

▶ im **Gesamt**kostenverfahren eine **Umklassifizierung** der Erträge in Bestandserhöhungen/aktivierte Eigenleistungen (→ Rz. 5),

▶ im **Umsatz**kostenverfahren eine **Verrechnung** der Erträge gegen die beim gleichen, nämlich dem leistenden Unternehmen als Umsatzkosten oder Funktionskosten erfassten Aufwendungen (→ Rz. 8).

I. Regelungsinhalt

1a § 305 HGB ist nur auf Lieferungen zwischen in den Konzernabschluss **einbezogenen** Unternehmen anwendbar, nicht hingegen bei Lieferverkehr mit Tochterunternehmen, auf deren Einbeziehung in Ausübung der Wahlrechte aus § 296 HGB verzichtet wurde.

Über den Verweis in § 310 Abs. 2 HGB gelten die Regelungen zur Zwischenergebniseliminierung überdies bei **quotal konsolidierten** Gemeinschaftsunternehmen (→ § 310 Rz. 24). Wegen der Zwischenergebniseliminierung bei *equity*-**Konsolidierung** wird auf → § 312 Rz. 50 verwiesen.

2 Nicht in § 305 HGB, sondern in § 304 HGB ist die **Zwischenergebniseliminierung** aus konzerninternen Leistungen einzelbilanziell realisierter Gewinne geregelt. Das Verhältnis beider Vorschriften ist **komplementär**:

> **BEISPIEL** T1 hat Waren für 100 extern erworben und veräußert sie für 120 an T2.
>
> **ALTERNATIVE 1** Zum Stichtag hat T2 die Vorräte bereits für 150 an Dritte veräußert.
>
> Einzelbilanziell wird zweimal Umsatz (120 + 150 = 270) und zweimal Materialaufwand (100 + 120 = 220) erfasst. Konzernbilanziell steht einem externen Materialaufwand von 100 ein externer Umsatz von 150 gegenüber. Konsolidierung nach § 305 HGB:
>
> | per Umsatz | 120 an | Materialaufwand | 120 |
> |---|---|---|---|
>
> **ALTERNATIVE 2** Zum Stichtag sind die Vorräte noch nicht veräußert.
>
> Umsatz (120), Materialaufwand (100) und Gewinn (20) sind nur einzelbilanziell angefallen, konzernbilanziell ist es weder zu Umsatz noch zu Materialaufwand (Verbrauch) gekommen. Konsolidierung nach § 304 HGB i.V. mit § 305 HGB:
>
> | per Umsatz | 120 an | Materialaufwand | 100 |
> |---|---|---|---|
> | | an | Vorräte | 20 |

3 Weder § 305 HGB noch § 304 HGB treffen Regelungen zu **Dreiecksgeschäften**, bei denen etwa Konzernunternehmen T1 an einen Dritten und der nach Weiterverarbeitung („Lohnveredelung") an Konzernunternehmen T2 liefert. Hierzu wird auf → § 304 Rz. 21 verwiesen.

Ebenso wenig behandeln beide Paragraphen die erfolgswirksame Konsolidierung von Erträgen oder Aufwendungen aus **Beteiligungen an konsolidierten Unternehmen**. Ausführungen hierzu enthält → Rz. 11.

4 Die durch Abs. 1 getroffenen Regeln zur Verrechnung von Erträgen und Aufwendungen stellt Abs. 2 ausdrücklich unter **Wesentlichkeitsvorbehalt**. Sind die wegzulassenden Beträge für die Vermögens-, Finanz- und Ertragslage des Konzerns nur von untergeordneter Bedeutung, kann auf die Aufwands- und Ertragskonsolidierung **verzichtet** werden (→ Rz. 12).

II. Konsolidierung der Umsatzerlöse (Abs. 1 Nr. 1)

1. Gesamtkostenverfahren

Abs. 1 Nr. 1 enthält zwei Gebote:

▶ **Verrechnung** konzerninterner **Umsatzerlöse** mit den darauf entfallenden Aufwendungen sowie

▶ im Falle der Aktivierung der Leistung durch den Empfänger bei Anwendung des Gesamtkostenverfahrens stattdessen eine **Umkategorisierung** der Umsatzerlöse in Bestandserhöhungen oder andere aktivierte Eigenleistungen.

Wichtigster Anwendungsfall von Abs. 1 Nr. 1 ist die Lieferung von **Vorräten**. Die konsolidierungstechnische Behandlung ist von drei Kriterien abhängig:

1. Hat das **leistende Konzernunternehmen Erzeugnisse** oder extern bezogene **Waren** konzernintern veräußert?
2. Verarbeitet das **empfangende Konzernunternehmen** den Gegenstand weiter (**Fertigung**) oder veräußert es ihn ohne Verarbeitung (**Handel**)?
3. Hat das empfangende Konzernunternehmen den bezogenen Gegenstand (mit oder ohne Weiterverarbeitung) am **Stichtag** schon **konzernextern veräußert** oder befindet er sich am Stichtag noch im **Bestand**?

Folgende Fälle sind in der Kombination dieser Kriterien zu unterscheiden:

1. **Externe bezogene Ware, die vom konzerninternen Empfänger nicht weiterverarbeitet wird.**

    a) Zum Stichtag ist noch keine Weiterveräußerung an einen Konzernexternen erfolgt.

    Aus Konzernsicht ist weder ein Umsatzerlös (da reine Innenleistung) noch ein Materialaufwand (da extern bezogene Ware noch nicht konzernextern veräußert) entstanden. Konsolidierungsbuchung:

per interner Umsatz	an	externer Materialaufwand

    b) Zum Stichtag ist die Weiterveräußerung bereits erfolgt.

    Der Innenumsatz des leistenden Konzernunternehmens ist gegen den korrespondierenden Materialaufwand beim empfangenden Konzernunternehmen zu konsolidieren.

per interner Umsatz	an	interner Materialaufwand

2. **Extern bezogene Rohstoffe, die nach Verarbeitung konzernintern weitergeliefert, vom konzerninternen Empfänger aber nicht mehr weiterverarbeitet werden.**

    a) Zum Stichtag ist noch keine Weiterveräußerung an einen Konzernexternen erfolgt.

    Aus Konzernsicht ist kein Umsatzerlös (da reine Innenleistung), sondern eine Fertigungsleistung erbracht. Die Konsolidierungsbuchung verrechnet nicht Umsatz gegen Aufwand, sondern führt zur Umkategorisierung von Umsatz in Bestandserhöhung Erzeugnisse:

per interner Umsatz	an	Bestandserhöhung Erzeugnisse

b) Zum Stichtag ist die Weiterveräußerung erfolgt.

Der Innenumsatz des leistenden Konzernunternehmens ist gegen den korrespondierenden Materialaufwand beim empfangenden Konzernunternehmen zu konsolidieren:

| per interner Umsatz | an | interner Materialaufwand |

3. **Extern bezogene Rohstoffe, die nach Verarbeitung konzernintern weitergeliefert und dann vom konzerninternen Empfänger weiterverarbeitet werden.**

   a) Zum Stichtag ist noch keine Weiterveräußerung an einen Konzernexternen erfolgt.

   aa) Die Weiterverarbeitung ist bereits abgeschlossen.

   Aus Konzernsicht ist kein Umsatzerlös (da reine Innenleistung), sondern eine Fertigungsleistung erbracht. Diese Fertigungsleistung ist beim empfangenden Unternehmen ertragsseitig schon als „Bestandserhöhung Erzeugnisse" erfasst, aufwandsseitig u. a. mit dem Materialaufwand aus dem konzerninternen Bezug. Konzernbilanziell repräsentiert dieser Materialaufwand aber nur den Fertigungsanteil des ersten Konzernunternehmens, der bei diesem schon über diverse Aufwandsposten (Material, Personal etc.) erfasst ist. Zur Vermeidung einer Doppelberücksichtigung ist wie folgt zu konsolidieren:

| per interner Umsatz | an | interner Materialaufwand |

   bb) Die Weiterverarbeitung hat noch nicht begonnen.

   Der konzerninterne Empfänger weist die bezogene Leistung noch unter Rohstoffen aus. Aus Konzernsicht handelt es sich um ein unfertiges Erzeugnis. Bilanziell ist also umzukategorisieren (per unfertige Erzeugnisse an Roh-, Hilfs- und Betriebsstoffe). Hinsichtlich der GuV ist eine Umkategorisierung von Umsatz in Bestandserhöhung unfertige Erzeugnisse geboten:

| per interner Umsatz | an | Bestandserhöhung unfertige Erzeugnisse |

   b) Zum Stichtag ist die Weiterveräußerung erfolgt.

   Der Innenumsatz des leistenden Konzernunternehmens ist gegen den korrespondierenden Materialaufwand beim empfangenden Konzernunternehmen zu konsolidieren:

| per interner Umsatz | an | interner Materialaufwand |

7   Wird die konzerninterne Leistung beim Empfänger nicht Vorrats-, sondern **Anlagevermögen**, ist danach zu unterscheiden, ob die Leistung vom ersten Unternehmen als **Ware** bezogen oder **hergestellt** wurde:

4. **Vom leistenden Konzernunternehmen extern bezogener Gegenstand**

   Aus Konzernsicht liegt weder ein Umsatz (da Innenleistung) noch ein Materialaufwand (da kein Verbrauch) vor. Konsolidierungsbuchung:

| per interner Umsatz | an | externer Materialaufwand |

5. **Vom leistenden Konzernunternehmen hergestellter Gegenstand**

Aus Konzernsicht liegt kein Umsatz (da Innenleistung), sondern eine andere aktivierte Eigenleistung vor. Konsolidierungsbuchung:

| per interner Umsatz | an | andere aktivierte Eigenleistung |

2. Umsatzkostenverfahren

Im **Umsatzkostenverfahren** werden Aufwendungen, die sich auf noch nicht abgesetzte Leistungen oder aktivierte Anlagen beziehen, nicht in der GuV erfasst, sondern unmittelbar aktiviert (Nettodarstellung → § 275 Rz. 8). Die in der Bruttodarstellung des Gesamtkostenverfahrens für den Ausgleich der Aufwendungen notwendigen Posten für **Bestandserhöhungen** und andere **aktivierte Eigenleistungen entfallen** daher im Umsatzkostenverfahren. Bei diesem Verfahren kommt es daher nicht darauf an, ob das konzernintern leistende Unternehmen nur handelt oder Hersteller ist, ob der konzerninterne Empfänger weiterverarbeitet oder nicht. Nur folgende Konstellationen sind bei einer Lieferung von **Vorräten** zu unterscheiden: 8

1. **Der konzerninterne Empfänger hat den Gegenstand noch im Bestand.**

Aus Konzernsicht sind noch keine Umsatzerlöse und damit auch keine Umsatzkosten entstanden:

| per Umsatz | an | Umsatzkosten |

2. **Der konzerninterne Empfänger hat den Gegenstand bereits an Dritte veräußert.**

Umsatz und Umsatzkosten sind einzelbilanziell bei jedem der Konzernunternehmen, also insgesamt zweimal erfasst. Aus Konzernsicht gibt es jedoch nur einmal Umsatz und einmal Umsatzkosten. Konsolidierungsbuchung:

| per Umsatz | an | Umsatzkosten |

Wird die konzerninterne Leistung beim Empfänger nicht Vorratsvermögen, sondern **Anlagevermögen**, fallen konzernbilanziell weder Umsatz noch Umsatzkosten an. Wiederum ist zu buchen: 9

| per Umsatz | an | Umsatzkosten |

III. Konsolidierung anderer Erträge (Abs. 1 Nr. 2)

Neben der nach Abs. 1 Nr. 1 notwendigen Konsolidierung der Umsatzerlöse sind nach Abs. 2 auch „**andere Erträge**" zu konsolidieren. In Frage kommen z. B. folgende Konsolidierungsbuchungen: 10

▶ Konzerninterne **Darlehen**: per Zinsertrag an Zinsaufwand.
▶ Konzerninterne **Mieten**, Dienstleistungsumlagen etc.: per sonstiger betrieblicher Ertrag an sonstiger betrieblicher Aufwand (im Umsatzkostenverfahren ggf. per sonstiger betrieblicher Ertrag an Verwaltungskosten etc.).

Wie bei der Konsolidierung der Umsatzerlöse ist zu beachten, ob die konzerninternen Aufwendungen ggf. zu **aktivieren** sind und daher im Gesamtkostenverfahren z. B. eine Umklassifizierung von sonstigen Erträgen in **aktivierte Eigenleistungen** notwendig ist (→ Rz. 7).

IV. Erträge und Aufwendungen aus Beteiligung an konsolidierten Unternehmen

11 Weder in § 305 HGB noch in § 304 HGB ist die Konsolidierung von Erträgen oder Aufwendungen aus Beteiligung an konsolidierten Unternehmen geregelt. Unter Berücksichtigung des **Regelungszwecks** der §§ 303 ff. HGB und des **Einheitsgrundsatzes** gilt hier Folgendes:

▶ **Beteiligungserträge**: Der Vollkonsolidierung immanent ist die Erfassung der Ergebnisse vollkonsolidierter Töchter bei Entstehung, unabhängig von ihrer gesellschaftsrechtlichen Verwendung (Ausschüttung); eine nochmalige Erfassung der von Tochterunternehmen erwirtschafteten Gewinne im Jahr der Ausschüttung würde hingegen über die Gesamtperioden zu einer Doppelerfassung des Vorgangs führen. Beteiligungserträge sind daher erfolgswirksam zu konsolidieren (→ § 297 Rz. 112).

per Beteiligungsertrag	an	Gewinnrücklagen

▶ **Abschreibungen/Zuschreibungen**: Ebenso erfordert die Vollkonsolidierung zwingend eine Eliminierung der einzelbilanziellen Zuschreibungen und Abschreibungen auf Beteiligungen an Tochterunternehmen im Konzernabschluss, da der Konzern als wirtschaftliche Einheit nicht auf sich selbst abschreiben kann.

per Gewinnrücklagen	an	Abschreibung Beteiligung

An Stelle der Abschreibungen/Zuschreibungen auf die Beteiligung können im Konzernabschluss aber ggf. Abschreibungen/Zuschreibungen auf die konsolidierten **Vermögensgegenstände** des Tochterunternehmens treten.

V. Wesentlichkeitsvorbehalt (Abs. 2)

12 Eine Aufwands- und Ertragskonsolidierung kann nach Abs. 2 unterbleiben, wenn sie für die Vermittlung eines den tatsächlichen Verhältnissen entsprechenden Bilds der Vermögens-, Finanz- und Ertragslage des Konzerns von untergeordneter Bedeutung ist. Die Vorschrift hat **deklaratorischen** Charakter. Sie wiederholt lediglich den allgemein für die Rechnungslegung geltenden Wesentlichkeitsvorbehalt. Zu seiner Konkretisierung kann sie nichts beitragen, da es gerade in der Natur des Wesentlichkeitsgrundsatzes liegt, auf die Umstände des Einzelfalls abzustellen.

Wegen der dabei in Frage kommenden Beurteilungskriterien wird auf → § 252 Rz. 182 verwiesen.

§ 306 Latente Steuern

¹Führen Maßnahmen, die nach den Vorschriften dieses Titels durchgeführt worden sind, zu Differenzen zwischen den handelsrechtlichen Wertansätzen der Vermögensgegenstände, Schulden oder Rechnungsabgrenzungsposten und deren steuerlichen Wertansätzen und bauen sich diese Differenzen in späteren Geschäftsjahren voraussichtlich wieder ab, so ist eine sich insgesamt ergebende Steuerbelastung als passive latente Steuern und eine sich insgesamt ergebende Steuerentlastung als aktive latente Steuern in der Konzernbilanz anzusetzen. ²Die sich ergebende Steuerbe- und die sich ergebende Steuerentlastung können auch unverrechnet angesetzt werden. ³Differenzen aus dem erstmaligen Ansatz eines nach § 301 Abs. 3 verbleibenden Unterschiedsbetrages bleiben unberücksichtigt. ⁴Das Gleiche gilt für Differenzen, die sich zwischen dem steuerlichen Wertansatz einer Beteiligung an einem Tochterunternehmen, assoziierten Unternehmen oder einem Gemeinschaftsunternehmen im Sinn des § 310 Abs. 1 und dem handelsrechtlichen Wertansatz des im Konzernabschluss angesetzten Nettovermögens ergeben. ⁵§ 274 Abs. 2 ist entsprechend anzuwenden. ⁶Die Posten dürfen mit den Posten nach § 274 zusammengefasst werden.

Inhaltsübersicht

	Rz.
I. Regelungsinhalt	1 - 5
II. Bilanzansatz (Sätze 1, 3 und 4)	6 - 38
1. Überblick	6 - 13
1.1 Das *temporary*-Konzept	6 - 8
1.2 Kasuistik des § 306 HGB, insbesondere im Verhältnis zu § 274 HGB	9 - 13
2. Tatbestand: Differenzen aus der Anwendung bestimmter Konsolidierungsmaßnahmen	14 - 34
2.1 Stufenkonzept: Einzelabschluss, HB II, Konzernabschluss	14 - 15
2.2 Konzerneinheitliche Bilanzierungs- und Bewertungsmethoden	16 - 17
2.3 Stille Reserven/Lasten aus der Erstkonsolidierung	18 - 19
2.4 *Goodwill* bei der Folgekonsolidierung	20 - 22
2.5 Zwischenergebniseliminierung	23 - 25
2.6 Ertrags- und Aufwandskonsolidierung	26 - 28
2.7 Schuldenkonsolidierung	29 - 31
2.8 Währungsumrechnung	32 - 34
3. Allgemeine Rechtsfolge: Ansatzgebot (Satz 1)	35
4. Spezielle Ansatzverbote für *goodwill* und *outside basis*-Differenzen (Sätze 3 und 4)	36 - 38
III. Bewertung (Satz 5)	39 - 42
1. Entsprechende Anwendung von § 274 Abs. 2 HGB	39
2. Unternehmensspezifische Steuersätze	40 - 42
IV. Ausweis (Sätze 2 und 6)	43 - 45
1. Wahlrechte in der Bilanz	43 - 44
2. Ausweis in der GuV	45
V. Anhangangaben	46 - 47

Ausgewählte Literatur

Auf die unter → § 274 angegebene Literatur wird verwiesen.

I. Regelungsinhalt

1 In der Behandlung zukünftiger Steuerbe- oder -entlastungen als Folge von Buchwertunterschieden zwischen Konzern- und Steuerbilanz (temporärer Differenzen) ist im Konzernabschluss wie folgt zu unterscheiden:

- ► Für Differenzen, die bereits auf der Ebene der **Einzelabschlüsse** der einbezogenen Unternehmen bestehen, gebietet § 298 Abs. 1 HGB i.V. mit **§ 274 HGB** eine Latenzierung nur für den Fall eines Überhangs **passiver** Latenzen. Bei einem **Aktivüberhang** hat der Konzern ein Ansatz**wahlrecht** (→ Rz. 9).

- ► Sofern die Differenzen auf bestimmte **Konsolidierungsmaßnahmen** zurückzuführen sind, besteht – mit wenigen Ausnahmen (→ Rz. 36) – nach **§ 306 HGB** ein Bilanzierungs**gebot** auch dann, wenn sich im Saldo eine Steuerentlastung (**Überhang aktiver** Latenzen) ergibt (→ Rz. 35).

2 Diese Unterscheidung nach der Herkunft der Differenzen ist systematisch nicht zu rechtfertigen, sondern **kasuistisch** (→ Rz. 9). Wie jede Kasuistik provoziert auch diese **Abgrenzungsfragen**, die bei einem systematischen Vorgehen überflüssig wären. Insbesondere geht es darum, ob die Anpassung an **konzerneinheitliche Bilanzierungs- und Bewertungsmethoden** (→ Rz. 16) oder die **erfolgswirksame Schuldenkonsolidierung** (→ Rz. 31) nach der Ebene des Einzelabschlusses (Anwendung von § 274 HGB) oder derjenigen der Konsolidierungsmaßnahmen (Anwendung von § 306 HGB) zuzuordnen ist.

Unstrittig unterliegen demgegenüber temporäre Differenzen aus der Aufdeckung stiller Reserven bei der **Zwischenergebniseliminierung** (→ Rz. 23) oder der **Kapitalkonsolidierung** dem Anwendungsbereich von § 306 HGB (→ Rz. 18).

3 Bei der Erstkonsolidierung entstehende Differenzen auf den *goodwill* werden wegen der Ausnahmebestimmung von Satz 3 nicht latenziert (→ Rz. 37), ebenso wenig nach Satz 4 sog. *outside basis*-**Differenzen** zwischen Nettovermögen eines Tochterunternehmens im Konzernabschluss und Beteiligungsbuchwert im steuerlichen Abschluss des Mutterunternehmens (→ Rz. 38).

4 Hinsichtlich der **Bewertung** der Latenzen verweist Satz 5 auf § 274 Abs. 2 HGB. Anzuwenden sind daher unternehmensspezifische statt konzerneinheitliche Steuersätze (→ Rz. 40). Besonderheiten bestehen hier bei Zwischenergebniseliminierung und Schuldenkonsolidierung (→ Rz. 42).

5 Für den **Ausweis** latenter Steuern bestehen zwei (kombinierbare) Wahlrechte (→ Rz. 43). Zulässig ist

- ► der saldierte oder unsaldierte Ansatz von aktiven und passiven Latenzen (Sätze 1 und 2),
- ► außerdem die Zusammenfassung mit Latenzen aus § 274 HGB oder der davon separierte Ausweis (Satz 6).

II. Bilanzansatz (Sätze 1, 3 und 4)

1. Überblick

1.1 Das *temporary*-Konzept

Wie § 274 HGB folgt § 306 HGB dem bilanzorientierten *temporary*-Konzept. Im Unterschied zum GuV-orientierten *timing*-Konzept kommt es daher nicht darauf an, ob Differenzen zwischen **Konzern- und Steuerbuchwerten** erfolgswirksam entstanden sind. Entscheidend sind allein die sich aus ihnen in Zukunft voraussichtlich ergebenden Steuerbe- oder -entlastungen.

Betroffen sind alle Differenzen, die sich im Zeitablauf steuerwirksam **auflösen**. Unerheblich ist, ob die Auflösung sich über einen **absehbaren Zeitraum** (z. B. durch die planmäßige Abschreibung) ergibt oder die Differenz auf unabsehbare Zeit bestehen bleibt (z. B. Differenzen im betriebsnotwendigen, nicht zur Veräußerung disponiblem Grund und Boden). Auch die als **quasi-permanent** bezeichneten Differenzen des zweiten Typs sind zu latenzieren (→ § 274 Rz. 7).

Die latente Steuerbe- oder -entlastung wird durch **Realisierung** (Auflösung) der Differenzen zu einer manifesten. Diese Realisierung kann sich aus der fortgesetzten Nutzung (z. B. durch planmäßige oder außerplanmäßige Abschreibung) oder durch Abgang des differenzbehafteten Bilanzpostens (Veräußerung von nicht-monetären Vermögensgegenständen, Tilgung von monetären Vermögensgegenständen und Schulden, Inanspruchnahme oder Auflösung von Rückstellungen) vollziehen.

Soweit sich Differenzen in **einzelnen Bilanzposten** realisieren, indem diese abgeschrieben, veräußert oder getilgt werden, bestehen im Vergleich zum Einzelabschluss keine Besonderheiten.

Ein konzernspezifisches Problem ergibt sich jedoch hinsichtlich der **Entkonsolidierung**. Wenn ein vollkonsolidiertes Tochterunternehmen veräußert wird, gehen konzernbilanziell nach der **Einzelveräußerungsfiktion** (→ § 301 Rz. 113) die einzelnen Vermögensgegenstände, Schulden und sonstigen Posten des Tochterunternehmens ab, im Unterschied dazu steuerlich beim Mutterunternehmen der Beteiligungsbuchwert. Eine latente Steuerbe- oder -entlastung ergibt sich mit Blick auf eine eventuelle Entkonsolidierung/Beteiligungsveräußerung danach in Höhe der Differenz von Nettovermögen des Tochterunternehmens und steuerlichem Beteiligungsbuchwert. Diese sog. *outside basis*-Differenz ist in Satz 4 mit einem Bilanzierungsverbot belegt (→ Rz. 38).

1.2 Kasuistik des § 306 HGB, insbesondere im Verhältnis zu § 274 HGB

§ 306 HGB ist in jeder Hinsicht eine **kasuistische Vorschrift**. Dies ergibt sich zunächst aus der **Beziehung zu § 274 Abs. 1 HGB**:

- Nach § 274 Abs. 1 HGB i.V. mit § 298 Abs. 1 HGB sind die temporären Differenzen aus den Vermögensgegenständen, Schulden etc. der einbezogenen Unternehmen auch im Konzernabschluss zu berücksichtigen.
- Nach § 306 Satz 1 HGB sind in Folge bestimmter Konsolidierungsmaßnahmen (zusätzlich) entstandene temporäre Differenzen zu latenzieren.

Die Abgrenzung beider Fälle ist nur deshalb von Bedeutung, weil die Latenzen nach § 274 HGB im Falle eines **Aktivüberhangs** nicht ansatzpflichtig sind (→ § 274 Rz. 55), hingegen für die Latenzen aus § 306 HGB unabhängig vom Vorzeichen des Überhangs eine Ansatzpflicht besteht (→ Rz. 35).

10 Ein rechtfertigender systematischer Grund für die unterschiedliche Behandlung der Aktivüberhänge ist nicht erkennbar. Mit dem die Konzernrechnungslegung regierenden **Einheitsgrundsatz** (→ § 297 Rz. 117) verträgt es sich nicht, wenn der einheitliche Konzernbuchwert zum Zwecke der Gegenüberstellung mit dem Steuerbuchwert in ein einzelabschlussbedingten und einen konsolidierungsbedingten Teil zerlegt werden muss, um die insgesamt bestehende temporäre Differenz in zwei Teilen zu erfassen, die dann unterschiedlichen Rechtsfolgen unterworfen werden.

11 Unabhängig von dieser **kasuistischen Grundausrichtung** ergeben sich noch **weitere unsystematische Regelungen**, indem durch Sätze 4 und 3 konsolidierungsbedingte *outside basis*-Differenzen und Differenzen auf den konsolidierungsbedingten *goodwill* von der Latenzierung ausgeschlossen werden (→ Rz. 37). Beim *goodwill* kommt die Willkürlichkeit der Regelung besonders klar zum Ausdruck, da temporäre Differenzen auf einen bereits einzelbilanziell (durch *asset deal*) entstandenen, in der Folge auch im Konzernabschluss berücksichtigten *goodwill* zu latenzieren sind,[1] Differenzen auf den nur konzernbilanziellen *goodwill* (*share deal*) hingegen nicht.

> **BEISPIEL** ▸ MU erwirbt im *asset deal* U1 und im *share deal* U2. Die Anschaffungskosten betragen jeweils 100. Die Steuerbilanzwerte stimmen in beiden Fällen mit einer Ausnahme mit den nach Handelsrecht anzusetzenden Zeitwerten überein. Ein bisher nicht bilanzierter Kundenstamm wird für handelsrechtliche Zwecke mit 20 angesetzt, für steuerliche Zwecke hingegen als Teil des *goodwill* betrachtet. Das Nettovermögen ohne *goodwill* und latente Steuern beträgt daher handelsrechtlich 70, steuerlich hingegen nur 50. Bei einem Steuersatz von s = 30 % ergeben sich zunächst passive latente Steuern auf den Kundenstamm (30 % · 20 = 6), nur im *asset deal* aber auch aktive latente Steuern auf den *goodwill* (6).

---

1 Vgl. IDW ERS HFA 27 Tz. 17; ähnlich DRS 18.25.

§ 306 Latente Steuern

Die Berechnung der Konzernbuchwerte stellt sich im Einzelnen wie folgt dar:

	U1 *asset deal*	U2 *share deal*	U1 *asset deal* Steuerbilanz
AK	100	100	100
div. Nettovermögen	-50	-50	-50
Kundenstamm	-20	-20	0
passive latente Steuer darauf	6	6	
goodwill vor eigener Latenz	36	36	50
aktive Latenz auf *goodwill*	-6	0	
goodwill nach eigener Latenz	30	36	
goodwill vor eigener Latenz	36		
goodwill Steuerbilanz	50		
temporäre Differenz vorläufig	14		
• 30 %	30 %		
aktive Latenz vorläufig	4,2		
geteilt durch 1 - s	/0,7		
aktive Latenz endgültig	6		

Obwohl im Konzernabschluss die Einzelerwerbsfiktion gilt (→ § 301 Rz. 8), der *share deal* also dem *asset deal* (im Übrigen) gleichgestellt ist, ergeben sich im Beispiel in Abhängigkeit von der Transaktionsform unterschiedliche Latenzen und damit unterschiedliche *goodwills*. Dieses im Verhältnis zu **Einheitsgrundsatz und Einzelerwerbsfiktion** wertungswidersprüchliche Ergebnis[2] ist Folge der kasuistischen Behandlung latenter Steuern.

Bei systematischer, prinzipienorientierter Behandlung wäre § 306 HGB entweder entbehrlich oder könnte sich darauf beschränken, abweichend von § 274 HGB für sämtliche *inside basis*-Differenzen (unabhängig von ihrer Entstehung) eine Bilanzierungspflicht vorzuschreiben. Latente Steuern würden in beiden Fällen einheitlich behandelt. Ein solches Vorgehen entspricht den Vorgaben von DRS 10, der ähnlich wie IAS 12 nicht zwischen der Steuerabgrenzung im Einzel- und Konzernabschluss unterscheidet.

12

Für den Umgang der **Praxis** mit der **Kasuistik** gilt Folgendes:

13

▶ Die Sonderregelungen zum ***goodwill*** (→ Rz. 37) und zu den ***outside basis*-Differenzen** (→ Rz. 38) sind in jedem Fall von Relevanz.

▶ Um das kasuistische **Verhältnis von § 306 HGB zu § 274 HGB** braucht sich der Bilanzierende hingegen dann nicht zu kümmern, wenn er auch Aktivüberhänge, die aus dem Einzelabschluss resultieren, ansetzen will. Unter dieser Prämisse spielt es z. B. keine Rolle, ob temporäre Differenzen aus der Vereinheitlichung von Bilanzansatz und Bewertung nach § 298 Abs. 1 HGB i.V. mit § 274 HGB oder nach § 306 HGB zu latenzieren sind.

---

2 Vgl. *Budde/van Hall*, in: Haufe HGB Bilanz Kommentar, Freiburg 2009, § 306 Rz.19.

2. Tatbestand: Differenzen aus der Anwendung bestimmter Konsolidierungsmaßnahmen

2.1 Stufenkonzept: Einzelabschluss, HB II, Konzernabschluss

14 Die Begründung des RegE zum BilMoG führt aus: „Auch mit der Neufassung des § 306 HGB bleibt die Steuerabgrenzung im handelsrechtlichen Konzernabschluss in einen **dreistufigen Prozess** unterteilt."

- Die jeweiligen **nationalen Jahresabschlüsse** (erste Stufe)
- werden in eine **HB II** nach den handelsrechtlichen Vorschriften übergeleitet (zweite Stufe).
- Auf der dritten Stufe erfolgt sodann die Berücksichtigung abzugrenzender Steuern aus **Konsolidierungsmaßnahmen**.

Im Rahmen dieses **sog. Stufenansatzes** trifft § 306 Satz 1 HGB vornehmlich Regelungen zur Stufe 3 und § 274 HGB vornehmlich Regelungen zu Stufe 1. Problematisch ist die Behandlung der Stufe 2 (→ Rz. 15).

Mit Bezug auf **Stufe 3** und an einer Stelle auch auf **Stufe 2** regelt Satz 1 die Behandlung temporärer Differenzen aus „Maßnahmen, die nach den Vorschriften dieses Titels durchgeführt worden sind". Angesprochen ist damit der **Vierte Titel** mit der Überschrift „Vollkonsolidierung". Er enthält folgende für die Latenzierung relevanten **Einzelvorschriften**:

- Vereinheitlichung des Bilanzansatzes nach § 300 HGB (**Stufe 2**, → Rz. 16),
- Kapitalkonsolidierung nach § 301 HGB (→ Rz. 18),
- Schuldenkonsolidierung nach § 303 HGB (→ Rz. 29),
- Zwischenergebniseliminierung nach § 304 HGB (→ Rz. 23) sowie
- Aufwandskonsolidierung nach § 305 HGB (→ Rz. 26).

15 Die einheitliche Ausübung von **Bilanzansatzwahlrechten** gem. § 300 HGB bezieht sich auf die HB II, also die zweite Stufe. Als Pendant zu Vereinheitlichung des **Ansatzes** sieht § 308 HGB die Vereinheitlichung der **Bewertung** vor. § 308 HGB ist jedoch im Fünften Titel mit der Überschrift „Bewertungsvorschriften" enthalten. Zur Frage, ob demnach aus der Vereinheitlichung des Bilanzansatzes resultierende temporäre Differenzen anders als solche aus der Vereinheitlichung der Bewertung zu behandeln sind, wird auf → Rz. 16 verwiesen.

2.2 Konzerneinheitliche Bilanzierungs- und Bewertungsmethoden

16 Zu den Satz 1 unterliegenden „Maßnahmen des Vierten Titels" (→ Rz. 14) gehört die einheitliche Ausübung von Ansatzwahlrechten (§ 300 HGB), hingegen nicht die im Fünften Titel enthaltene Vereinheitlichung der Bewertung (§ 308 HGB). Dem **Gesetzeswortlaut** folgend ergibt sich danach folgendes Problem:

- Temporäre Differenzen aus der **Vereinheitlichung** des **Ansatzes** sind nach **§ 306 HGB** zu latenzieren.
- Temporäre Differenzen aus der **Vereinheitlichung** der **Bewertung** unterliegen hingegen § 298 Abs. 1 HGB i.V. mit **§ 274 HGB** und sind bei einem Aktivüberhang nur **wahlweise** zu latenzieren.

§ 306 Latente Steuern

Mit dem sog. **Stufenansatz** (→ Rz. 14), der sämtliche die HB II betreffenden temporären Differenzen und damit auch die aus der Vereinheitlichung des Bilanzansatzes entstandenen Unterschiede dem § 274 HGB unterwerfen will, verträgt sich der Gesetzeswortlaut nicht.

> **BEISPIEL** Die TU ist vor einigen Jahren von MU gegründet worden und wird seit Gründung in den Konzernabschluss der MU einbezogen. Die handelsrechtliche Einzelbilanz der TU entspricht der Steuerbilanz. Im Einzelabschluss (**Stufe 1**) sind Wahlrechte wie folgt ausgeübt worden:
>
> ▶ Ansatzwahlrecht: **Aktivierung eines Disagios** von 150 nach § 250 Abs. 3 HGB.
>
> ▶ Bewertungswahlrecht: Einbeziehung von **Zinsen** i. H. von 100 in die **Herstellungskosten** noch vorhandener Vorräte nach § 255 Abs. 3 HGB.
>
> Im MU-Konzern werden Disagien nicht aktiviert und Zinsen nicht in die Herstellungskosten einbezogen.
>
> In der HB II (**Stufe 2**) werden daher
>
> ▶ das **Disagio** und
>
> ▶ der **Zins**
>
> **nicht aktiviert**.
>
> In beiden Fällen entstehen temporäre Differenzen, die bei einem Steuersatz von 30 % zu einer aktiven Latenz von 45 (Disagio) plus 30 (Zinsen), insgesamt also 75 führen. Die Behandlung der Latenz ist strittig:
>
> ▶ Nach dem Stufenansatz sind beide Latenzen § 274 HGB zuzuordnen. Für die Aktivierung des Gesamtbetrags von 75 bestünde danach ein Aktivierungswahlrecht.
>
> ▶ Nach dem Gesetzeswortlaut besteht das Wahlrecht nur für die Latenz aus dem Bewertungsvorgang (30), während für die temporäre Differenz aus dem Disagio § 306 HGB Anwendung findet und damit der Ansatz aktiver latenter Steuern in einer Mindesthöhe von 45 zwingend ist.

Die im Beispiel dargestellte, aus dem **Gesetzeswortlaut** folgende unterschiedliche Behandlung der aktiven Latenzen – Wahlrecht soweit aus Bewertungsvereinheitlichung, Ansatzgebot soweit aus Vereinheitlichung des Bilanzansatzes – hält das **Schrifttum** überwiegend für „**nicht sachgerecht**"[3] bzw. „**nicht Sinn und Zweck** des Gesetzes"[4] entsprechend und lehnt sie deshalb ab. Auch die Vereinheitlichung des Bilanzansatzes soll § 274 HGB unterworfen werden und damit im Falle eines Aktivüberhangs nur einem Ansatzwahlrecht unterliegen. DRS 18.14 schließt sich dieser h. M. an.

17

U. E. ist das Argument der mangelnden Sachgerechtigkeit zwar zutreffend, aber an der **falschen Stelle** platziert:[5]

---

3 Vgl. *Kozikowski/Fischer*, in: Beck'scher Bilanz-Kommentar, 7. Aufl., München 2010, § 306 Tz. 7; *ADS*, 6. Aufl., § 306 Tz. 23.
4 Vgl. *Kraft*, in: Ulmer (Hrsg.), HGB-Bilanzrecht (Großkommentar), Bd. 2, 2002, § 306 Tz. 17.
5 Vgl. auch *Lüdenbach/Freiberg*, BB 2010 S. 1971 ff.

II. Bilanzansatz

▶ Nicht sachgerecht ist der **kasuistische** Grundansatz der Steuerlatenzierung im Konzern. Aus Sicht des **Einheits**grundsatzes spricht nichts dafür, die Konsequenzen temporärer Differenzen im Konzernabschluss davon abhängig zu machen, ob sie bereits im Einzelabschluss, in der HB II oder bei nachfolgenden Konsolidierungsmaßnahmen entstanden sind (→ Rz. 10).

▶ Soweit man aber dem kasuistischen Grundansatz folgt und (abweichend vom früheren Standard DRS 10) temporäre Differenzen unterschiedlich behandelt, je nachdem ob sie § 274 HGB oder § 306 HGB unterliegen, bleibt für **punktuelle Überlegungen**, was sachlich oder prinzipienorientiert oder systematisch gerechtfertigt ist, kein Raum mehr.

Der Gesetzgeber hat sich für einen kasuistischen Grundansatz entschieden. In dessen Wesen liegt, dass er in sachlicher, prinzipienorientierter und systematischer Betrachtung zu nicht gerechtfertigten Ergebnissen führt. Der Versuch, diesen „Schaden" punktuell zu begrenzen, indem an einzelnen Stellen prinzipienorientierte oder systematische Überlegungen gegen den Gesetzeswortlaut (die grammatikalische Auslegung) gehalten werden, vermag nicht zu überzeugen. Im Nebeneinander von § 274 HGB und § 306 HGB liegt der Grundwiderspruch des Gesetzes. Wird dieser Grundwiderspruch in Kauf genommen, kann weder eine systematische (auf Vermeidung von Widersprüchen zielende) noch eine teleologische (auf den Gesetzeszweck zielende) Auslegungsmethode eine Gleichbehandlung von Bewertungs- und Ansatzvereinheitlichungen rechtfertigen. Nach der von uns vertretenen Mindermeinung besteht daher ein Ansatzwahlrecht nur für Aktivüberhänge aus Bewertungsvereinheitlichung, ein Ansatzgebot hingegen für solche aus Vereinheitlichung des Bilanzansatzes. Die h. M. und DRS 18.14 befürworten in beiden Fällen ein Wahlrecht.

2.3 Stille Reserven/Lasten aus der Erstkonsolidierung

18 Beim *share deal* sind (mit Ausnahmen für den Erwerb von Personengesellschaftsanteilen) stille Reserven/Lasten nur konzernbilanziell aufzudecken, während steuerbilanziell, d. h. im Abschluss des Erwerbsobjekts, die Buchwerte fortgeführt werden. Die **temporäre Differenz** entsteht **erfolgsneutral** als Teil des Anschaffungsvorgangs. Nach dem vor BilMoG geltenden GuV-orientierten *timing*-Konzept war die Latenzierung dieser Differenzen daher nur aus übergeordneten Überlegungen, nicht aus dem Wortlaut des Gesetzes zu rechtfertigen.[6] Im *temporary*-Konzept des BilMoG (→ Rz. 6) ist irrelevant, wie die Differenzen entstanden sind. Auch erfolgsneutral entstandene Differenzen sind zu **latenzieren**. Die latente Steuer wird damit zu einem Teil der Kaufpreisallokation und beeinflusst die Höhe des *goodwill*.

> **BEISPIEL** ▶ Am 1.1.01 erwirbt MU 100 % der TU. Das Nettovermögen zu Buchwerten (zugleich Steuerbilanzwerten) beträgt 1.200. Die bei der Erstkonsolidierung aufzudeckenden stillen Reserven in den Vermögensgegenständen betragen 300. Die Kaufpreisallokation ist bei einem Steuersatz von 30 % wie folgt:

---

[6] Vgl. u. a. *Kraft*, in: Ulmer (Hrsg.), HGB-Bilanzrecht (Großkommentar), Bd. 2, 2002, § 306 Tz. 19 ff.; *Baumann*, in: Küting/Pfitzer/Weber (Hrsg.), Handbuch der Konzernrechnungslegung, Bd. II, 1998, § 306 Tz. 19 ff.

Anschaffungskosten	2.000
− Nettovermögen zu Buchwerten (zugleich Steuerbilanzwert)	-1.200
= Unterschiedsbetrag I	800
− stille Reserven	-300
+ passive latente Steuer darauf	90
= goodwill	590

Ohne Berücksichtigung der latenten Steuern hätte der goodwill 500 betragen.

Wie für die gesamte Kapitalkonsolidierung (→ § 301 Rz. 106) gilt auch für die dabei anfallenden latenten Steuern: 19

- Die **Erstkonsolidierung** ist **erfolgsneutral**,
- die **Folgekonsolidierung erfolgswirksam**.

Wenn daher die bei der Erstkonsolidierung aufgedeckten stillen Reserven in der Folgekonsolidierung abgeschrieben oder durch Veräußerung aufgelöst werden und sich im Maße der Abschreibung bzw. Auflösung die anfängliche temporäre Differenz reduziert, gilt:

- Wie die Auflösung der stillen Reserven
- ist auch die damit verbundene Veränderung der latenten Steuern

erfolgswirksam zu buchen.

BEISPIEL (Fortsetzung)

Die stillen Reserven werden planmäßig über zehn Jahre abgeschrieben. Die anfängliche temporäre Differenz von 300 reduziert sich per 31.12.01 daher auf 270, die passive latente Steuer bei einem Steuersatz von 30 % entsprechend von 90 auf 81. Buchung:

per passive latente Steuer	9	an Steueraufwand	9

2.4 *Goodwill* bei der Folgekonsolidierung

Nach Satz 3 werden temporäre „Differenzen aus dem **erstmaligen** Ansatz" eines *goodwill* nach § 301 Abs. 3 HGB nicht latenziert. Differenzen, die **nach** der Erstkonsolidierung entstehen, sind hingegen gem. der Begründung des Regierungsentwurfs in der Latenzrechnung zu berücksichtigen. 20

BEISPIEL Die MU-AG erwirbt am 1.1.01 100 % der Kommanditanteile an der TU-GmbH & Co. KG zu einem Preis von 3.000. Die Komplementärin ist nicht am Vermögen der KG beteiligt. Das Nettovermögen der TU beträgt 1.500, der *goodwill* nach Konzern- und Steuerbilanz ebenfalls 1.500.

- Der *goodwill* wird steuerlich mit 1/15, handelsbilanziell mit 1/5 abgeschrieben.
- Am 31.12.01 beträgt daher die temporäre Differenz 1.200 - 1.400 = -200.
- Ist hierauf bei einem Steuersatz von 30 % eine latente Steuer von 60 zu aktivieren?

II. Bilanzansatz

21 Fraglich ist, ob diese Latenzfolge auch dann gilt, wenn bei der Erstkonsolidierung kein steuerlicher *goodwill* entstanden ist.

> **BEISPIEL** Die MU-AG erwirbt am 1.1.01 100 % der Anteile an der TU-AG zum Preis von 3.000. Das Nettovermögen der TU beträgt 1.500, der *goodwill* nach Konzernbilanz ebenfalls 1.500. Steuerbilanziell entsteht kein *goodwill*.
>
> ▶ Der *goodwill* wird handelsbilanziell mit 1/5 abgeschrieben.
>
> ▶ Am 31.12.01 beträgt daher die temporäre Differenz 1.200 - 0 = 1.200.
>
> ▶ Ist hierauf bei einem Steuersatz von 30 % eine latente Steuer von 360 zu passivieren?

Der Wortlaut von Satz 3 spricht gegen den Ansatz latenter Steuern auf einen ursprünglich, d. h. bei der Erstkonsolidierung nicht zu latenzierenden *goodwill* im Rahmen der Folgekonsolidierung. Mit dem Latenzierungsverbot belegt sind nämlich nicht Differenzen „beim", sondern solche **„aus dem"** erstmaligen Ansatz eines *goodwill*. Auch die Folgekonsolidierung verändert nur die Differenzen „aus dem" erstmaligen Ansatz, sie führt nicht zu neuen.[7] Die Nichtlatenzierung eines auch ursprünglich nicht latenzierten *goodwill* entspricht im Übrigen auch der internationalen Übung (IAS 12.21A).

22 Komplex wird die Behandlung temporärer Differenzen, wenn auch steuerlich ein *goodwill* entsteht und ihm gegenüber einerseits schon bei der Zugangsbewertung Differenzen vorliegen, sich diese anderseits durch die Folgebewertung verändern. Eine Aufteilung des *goodwill* in **Komponenten** analog der herrschenden IFRS-Praxis (die sich wiederum auf SFAS 109.262 stützt) **kann** u. E. vorgenommen werden.[8]

> **BEISPIEL** (Fortsetzung aus → Rz. 20)
>
> Wegen umfangreicher Pensionszusagen, deren handelsbilanzieller Wert um 1.000 höher ist als der steuerliche, beträgt der *goodwill* nach Konzernbilanz 2.500, derjenige der Steuerbilanz der MU weiterhin nur 1.500. Der steuerbilanzielle *goodwill* wird jährlich mit 1/15 (= 100) abgeschrieben, der konzernbilanzielle jährlich mit 1/5 (= 500).
>
> Beurteilung nach Komponentenansatz:
>
> ▶ Der konzernbilanzielle *goodwill* ist im Zeitpunkt des Zugangs in 2 Komponenten (1.000 und 1.500) zu teilen.
>
> ▶ Auf die Komponente 1 werden keine Steuern latenziert, da insofern nicht Differenzen im Zeitablauf entstehen, sondern sich nur anfänglich schon vorhandene Differenzen im Zeitablauf verringern.
>
> ▶ Auf Komponente 2 entstehen bis zum Jahr 5 wachsende temporäre Differenzen, die sich in der Folgezeit wieder abbauen. Bei einem Steuersatz von 30 % ergibt sich folgende Latenzrechnung:

---

7 Gl. A. *Loitz*, DB 2009 S. 913 ff.
8 Ähnlich *Loitz*, DB 2009 S. 913 ff., und wohl auch IDW ERS HFA 27 Tz. 33.

	Komponente 1			Komponente 2			
	Konzern-bilanz	Steuer-bilanz	latente Steuer	Konzern-bilanz	Steuer-bilanz	temporäre Differenz	latente Steuer
1.1.01	1.000	0	0	1.500	1.500	0	
31.12.01	800	0	0	1.200	1.400	-200	60
31.12.02	600	0	0	900	1.300	-400	120
31.12.03	400	0	0	600	1.200	-600	180
31.12.04	200	0	0	300	1.100	-800	240
31.12.05	0	0	0	0	1.000	-1.000	300
31.12.06					900	-900	270
31.12.07					800	-800	240
31.12.08					700	-700	210
31.12.09					600	-600	180
31.12.10					500	-500	150
31.12.11					400	-400	120
31.12.12					300	-300	90
31.12.13					200	-200	60
31.12.14					100	-100	30
31.12.15					0	0	0

2.5 Zwischenergebniseliminierung

Bei Lieferungen innerhalb des Konsolidierungskreises einzelbilanziell realisierte Gewinne sind nach § 304 HGB konzernbilanziell zu eliminieren, soweit das empfangende Unternehmen den Liefergegenstand am Bilanzstichtag noch nicht an Konzernexterne weiterveräußert hat. Bilanzielle Folge der Zwischenergebniseliminierung ist die Minderung des Bilanzansatzes. An die Stelle der höheren einzelbilanziellen Anschaffungskosten des erwerbenden Unternehmens treten die niedrigeren **Konzernanschaffungs-/herstellungskosten**.

Der sich so ergebende Differenzbetrag zur Einzelbilanz ist im Regelfall – d. h. bei Übereinstimmung von Steuer- und Einzelbilanz – zugleich eine **temporäre Differenz**, auf die latente Steuern nach § 306 Abs. 1 HGB anzusetzen sind.

Mit **Weiterveräußerung** an Dritte in einer der Folgeperioden lösen sich die temporäre Differenz und der latente Steuerposten auf.

> **BEISPIEL** TU-1 und TU-2 sind 100%ige Töchter der MU. Ende 01 liefert TU-1 für 100 angeschaffte Ware zu 120 an TU-2. In 02 veräußert TU-2 die Ware weiter an Dritte. Der Steuersatz beider Unternehmen beträgt 30%.

II. Bilanzansatz

Konsolidierungsbuchungen in 01:			
per Umsatzerlöse	120	an Materialaufwand	100
		an Vorräte	20
per aktive latente Steuer	6	an Steueraufwand	6

Konsolidierungsbuchungen in 02:			
per Gewinnrücklage	14	an Vorräte	20 (EB-Buchung)
per aktive latente Steuer	6		
per Vorräte	20	an Materialaufwand	20
per Steueraufwand	6	an aktive latente Steuer	6

25 Zur Frage, welcher **Steuersatz** anzuwenden ist, wenn sich die Sätze von Liefer- und Empfängerunternehmen unterscheiden, wird auf → Rz. 42 verwiesen.

2.6 Ertrags- und Aufwandskonsolidierung

26 Die Verrechnung konzerninterner Erträge gegen die korrespondierenden Aufwendungen berührt i.d.R. nur den GuV-Ausweis und führt weder zu Änderungen bei Bilanzposten noch im Ergebnis. Weder im bilanzorientierten *temporary*-Konzept noch im GuV-orientierten *timing*-Konzept ergeben sich dann Latenzen.

27 Soweit Erträge oder Aufwendungen nicht gegen den korrespondierenden GuV-Posten, sondern **(erfolgs- und) bilanzwirksam** konsolidiert werden, könnten ausnahmsweise temporäre Differenzen entstehen. Regelmäßig sind aber nur die *outside basis*-Differenzen betroffen, die einem Latenzierungsverbot unterliegen (→ Rz. 38). Ein Beispiel sind **außerplanmäßige Abschreibungen** auf konsolidierte Beteiligungen.

> **BEISPIEL** ▶ Im Einzelabschluss und in der Steuerbilanz der MU ist die Beteiligung an TU außerplanmäßig von 100 auf 0 abgeschrieben. Im Rahmen der Konsolidierungsbuchungen wird dieser Aufwand eliminiert (per Beteiligung an außerplanmäßige Abschreibung), während es in der Steuerbilanz beim Beteiligungsansatz von 0 bleibt.
>
> Es entsteht gleichwohl keine zu latenzierende temporäre Differenz, da die Eliminierung der außerplanmäßigen Abschreibung nur ein vorbereitender Schritt zur Kapitalkonsolidierung ist, bei der die Beteiligung gegen Vermögensgegenstände, Schulden und *goodwill* eliminiert wird.
>
> In Frage käme somit nur eine *outside basis*-Differenz, falls das im Konzern berücksichtigte Nettovermögen positiv ist und damit den steuerlichen Beteiligungsansatz (0) überschreitet. Eine Prüfung, ob dies der Fall ist, macht aber Satz 4 entbehrlich, da er *outside basis*-Differenzen mit einem Latenzierungsverbot belegt.

28 Auch bei **konzerninternen Gewinnausschüttungen** entstehen regelmäßig keine latenten Steuern.

> **BEISPIEL** TU ist eine hundertprozentige Tochter der MU. Für 01 schüttet TU einen Gewinn von 100 aus, der von MU in 01 einzelbilanziell als Forderung erfasst wird, steuerbilanziell jedoch erst in 02 zu berücksichtigen ist (→ § 252 Rz. 76). Aufgrund von § 8b KStG unterliegt die Gewinnausschüttung in 02 bei MU lediglich einer Steuer von ca. 1,5 % (100 · 5% · 30%).
>
> Konzernbilanziell wird die Forderung bzw. der ihr entsprechende Ertrag in 01 eliminiert (per Beteiligungsertrag an Forderung 100). Damit besteht schon per 31.12.01 Gleichklang zwischen dem Konzernbuchwert der Forderung und dem Steuerbilanzwert. In beiden Rechenwerken ist die Forderung nicht anzusetzen. Eine temporäre Differenz besteht nicht.

2.7 Schuldenkonsolidierung

Die Verrechnung konzerninterner Forderungen gegen die korrespondierenden Schulden gem. § 303 HGB berührt i.d.R. **nur** den **Ausweis** in der Bilanz und ändert das Nettovermögen des Konzerns nicht. Eine temporäre Differenz entsteht aus der Konsolidierungsmaßnahme dann nicht. 29

Anders kann die bei echten Aufrechnungsdifferenzen gebotene erfolgswirksame Schuldenkonsolidierung zu beurteilen sein (→ § 303 Rz. 13). Sofern etwa **außerplanmäßige Abschreibungen** einzel- und steuerbilanziell vorgenommen wurden, im Konzernabschluss aber zu eliminieren sind, entstehen **temporäre Differenzen**: 30

> **BEISPIEL** MU hat eine Forderung von 200 gegen TU einzelbilanziell auf 100 abgeschrieben. Auch steuerbilanziell wird diese Abschreibung anerkannt. Auf Ebene der Einzelbilanz (und der HB II) entsteht damit keine temporäre Differenz.
>
> Nach dem Einheitsgrundsatz kann aus konzerninternen Schuldverhältnissen kein Aufwand entstehen. Die Konsolidierungsbuchungen (vor latenten Steuern) sind daher wie folgt:
>
> | per Forderung | 100 | an außerplanmäßige Abschreibung | 100 |
> | per Verbindlichkeit | 200 | an Forderung | 200 |
>
> In konsolidierter Betrachtung (Konzernabschluss) besteht damit weder eine Forderung noch eine Verbindlichkeit. Dies entspricht nicht der Summe der Steuerbilanzen (+100 Forderung - 200 Verbindlichkeit = -100). In zusammenfassender Betrachtung besteht damit eine temporäre Differenz, die zu latenzieren ist.

Fraglich ist, ob auch die **Beseitigung einer temporären Differenz** durch die erfolgswirksame Schuldenkonsolidierung § 306 HGB unterliegt. Angesprochen sind damit z.B. Fälle, in denen eine einzelbilanzielle Abschreibung einerseits steuerbilanziell nicht anerkannt und andererseits im Rahmen der Konsolidierung zurückgenommen wird. 31

> **BEISPIEL** MU hat eine Forderung von 200 gegen TU einzelbilanziell auf 100 abgeschrieben. Steuerbilanziell wird die Abschreibung nicht anerkannt.
>
> Auf Ebene der Einzelbilanz (und der HB II) entsteht damit bei einem Steuersatz von 30 % eine aktive Latenz von 30 gem. § 274 HGB.

II. Bilanzansatz

> Die Konsolidierungsbuchungen (vor latenten Steuern) sind wie folgt:
>
> | per Forderung | 100 | an außerplanmäßige Abschreibung | 100 |
> |---|---|---|---|
> | per Verbindlichkeit | 200 | an Forderung | 200 |
>
> In konsolidierter Betrachtung (Konzernabschluss) besteht damit weder eine Forderung noch eine Verbindlichkeit. Dies entspricht der Summe der Steuerbilanzen (+200 Forderung - 200 Verbindlichkeit = 0). In zusammenfassender Betrachtung (Steuerbilanzen) besteht damit keine temporäre Differenz mehr.

Die Anwendung von Satz 1 auf derartige Fälle ist zweifelhaft. Angesprochen sind hier nur

- Maßnahmen nach dem **Vierten Titel**,
- die „zu Differenzen **führen**".

Die Rücknahme der einzelbilanziell vorgenommenen, steuerbilanziell nicht anerkannten Abschreibung **führt** aber nicht zu einer Differenz, sondern **eliminiert** eine auf Basis von § 274 HGB einzelbilanziell gegebene Differenz. § 306 Satz 1 HGB ist damit nicht einschlägig. Allerdings muss die Rücknahme der einzelbilanziellen Forderungsabschreibung nicht als Maßnahme nach dem Vierten Titel gedeutet werden. § 303 HGB spricht nur die Verrechnung von Forderungen mit Schulden, also den erfolgsneutralen Teil der Konsolidierung an. Die Notwendigkeit der erfolgswirksamen Schuldenkonsolidierung bei echten Aufrechnungsdifferenzen ergibt sich daher weniger aus § 303 HGB als aus dem **Einheitsgrundsatz** des § 297 Abs. 3 HGB (→ § 297 Rz. 117). Der Konzern als wirtschaftliche Einheit kann keine Abschreibung auf Forderungen gegen sich selbst vornehmen. Damit ist es vertretbar, die erfolgswirksame Schuldenkonsolidierung § 298 Abs. 1 HGB i.V. mit § 274 HGB zuzuordnen. Im Beispiel besteht dann schon im Hinblick auf § 274 HGB keine temporäre Differenz mehr. Eine latente Steuer fällt nicht an.

Notwendig werden die vorstehenden **sophistischen Überlegungen** nur durch die **Kasuistik des Gesetzes** (→ Rz. 10). Ohne diese und die spezielle Bezugnahme des Satzes 1 auf Maßnahmen nach dem Vierten Titel bedürfte es nur des Gesamtvergleichs der Konzernbuchwerte mit der Summe der Steuerbuchwerte. Auf die Ursache der Entstehung oder Beseitigung von temporären Differenzen käme es hingegen nicht an.

2.8 Währungsumrechnung

32 Nicht zum vierten Titel gehörend und damit nicht Satz 1 unterliegend sind die Vorschriften des § 308a HGB. Danach sind Fremdwährungsabschlüsse für Zwecke der Voll-, proportionalen oder *equity*-Konsolidierung nach der modifizierten Stichtagsmethode umzurechnen. Aus der Verwendung unterschiedlicher Umrechnungskurse entstehende Differenzen sind bis zum (Teil-)Abgang erfolgsneutral zu behandeln.

33 Latente Steuern sind einerseits **Objekt** der Währungsumrechnung, indem sie wie jeder andere Bilanzposten eines ausländischen Unternehmens in Euro umzurechnen sind, andererseits mögliche **Folge** der Währungsumrechnung im Konzern, weil sich aus diesen temporäre Differenzen

erst ergeben. Im Anwendungsbereich von § 308a HGB sind aber auf der Folgenseite nur *outside basis*-Differenzen betroffen, die wegen Satz 4 nicht zu latenzieren sind (→ Rz. 38).[9]

> **BEISPIEL** Am 1.1.01 gründet MU die amerikanische Tochter TU mit einem Startkapital von 1 Mio USD. Der Umrechnungskurs beträgt zu diesem Zeitpunkt 1 €/1USD. TU tätigt ausschließlich Geschäfte in USD.
>
> TU erzielt in 01 in USD ein ausgeglichenes Ergebnis. Steuerbilanziell ist Anlagevermögen über einen längeren Zeitraum abzuschreiben als handelsbilanziell. Hieraus ergibt sich per 31.12.01 eine temporäre Differenz von 100 TUSD, die bei einem Steuersatz von 40 % zu einer aktiven latenten Steuer von 40 TUSD führt.
>
> Am 31.12.01 beträgt der Umrechnungskurs 1,2 €/USD, im Konzernabschluss wird das Nettovermögen daher mit 1,2 Mio € berücksichtigt.
>
> An der Umrechnung mit 1,2 nimmt auch die Steuerlatenz selbst teil (Objekt der Währungsumrechnung), d.h. sie wird mit 48 T€ erfasst.
>
> Der Einzelabschluss der TU wird wie deren Steuerbilanz in USD geführt. Währungsbedingte temporäre Differenzen entstehen hier nicht.
>
> Die Umrechnung der Einzelbilanz in Euro (HB II) führt ebenfalls zu keinen (zusätzlichen) Differenzen. Die erwartete Steuerentlastung aus fortgesetzter Nutzung (Abschreibung) oder Veräußerung des Anlagevermögens würde in USD anfallen und ist zutreffend mit 40 TUSD bzw. in der HB II mit 48 T€ berücksichtigt.
>
> Der geänderte Wechselkurs führt aber zu einer *outside basis*-Differenz bei MU. Dem steuerlichen Beteiligungsbuchwert von nach wie vor 1 Mio € steht aufgrund der geänderten Umrechnungskurse konzernbilanziell nun ein Nettovermögen von 1,2 Mio € gegenüber. Hierauf wäre eine passive Latenz anzusetzen. Deren Ansatz wird jedoch durch § 306 Satz 4 HGB verboten.

Die **Währungsumrechnungsdifferenz** aus der Verwendung unterschiedlicher Umrechnungskurse für Vermögen und Schulden, Eigenkapital sowie Erträge und Aufwendungen betrifft nicht einzelne Bilanzposten, sondern das Nettovermögen der ausländischen Einheit und in der Gegenüberstellung zum steuerlichen Beteiligungsbuchwert damit ebenfalls nicht zu latenzierende *outside basis*-Differenzen.

3. Allgemeine Rechtsfolge: Ansatzgebot (Satz 1)

Auf die Konsolidierungsmaßnahme nach dem Vierten Titel (→ Rz. 14) zurückzuführende temporäre Differenzen sind unabhängig vom Vorzeichen zu latenzieren. Das Ansatzwahlrecht für die aus der Anwendung von § 298 Abs. 1 HGB i.V. mit § 274 HGB entstehenden Differenzen, soweit diese zu einem Aktivüberhang führen, besteht nicht (→ Rz. 9).

---

9 Vgl. im Einzelnen *Lienau*, PiR 2008 S. 7 ff.

4. Spezielle Ansatzverbote für *goodwill* und *outside basis*-Differenzen (Sätze 3 und 4)

36 Mit einem Latenzierungsverbot belegt sind nach

- Satz 3 temporäre Differenzen aus dem erstmaligen Ansatz eines *goodwill* oder negativen Unterschiedsbetrags (→ Rz. 37);
- Satz 4 *outside basis*-Differenzen zwischen anteiligem Nettovermögen und steuerlichem Beteiligungsbuchwert (→ Rz. 38).

37 Das Latenzierungsverbot für den *goodwill* betrifft

1. nur den bei *share deal* entstehenden *goodwill* nach § 301 Abs. 3 HGB (→ Rz. 18) und
2. diesen nur hinsichtlich temporärer Differenzen aus dem Erstansatz (→ Rz. 20).

Die **erste Einschränkung** führt zu einer systematisch nicht zu rechtfertigenden, im **kasuistischen** Grundansatz des Gesetzes aber hinzunehmenden **Ungleichbehandlung** des *goodwill* aus einem *share deal* (Differenz aus Zugang nicht zu latenzieren) gegenüber einem solchen, der gem. § 246 Abs. 1 Satz 4 HGB (→ § 246 Rz. 34) aus einem *asset deal* entsteht (alle Differenzen zu latenzieren). Dabei geht es nicht einfach um den Unterschied zwischen Einzel- und Konzernabschluss. Über § 298 Abs. 1 HGB gilt § 246 Abs. 1 Satz 4 HGB auch für den Konzernabschluss. Innerhalb ein und desselben Konzernabschlusses sind daher wirtschaftlich und nach Maßgabe der Einzelerwerbsfiktion gleichwertige Sachverhalte ungleich zu behandeln, nur weil sich der rechtliche Modus des Unternehmenserwerbs (*share* oder *asset deal*) unterscheidet. Wegen eines Beispiels hierzu wird auf → Rz. 11 verwiesen.

Die **zweite Einschränkung** bedingt bei einem zugleich steuerbilanziell zu einem *goodwill* führenden *share deal* (Erwerb von Personengesellschaftsanteilen) eine Unterscheidung zwischen Erst- und Folgedifferenzen. Nur **Folgedifferenzen** sind zu latenzieren (→ Rz. 20), **Erst**differenzen hingegen nicht. Nicht eindeutig erscheint die Aussage in DRS 18.25, der unter der Überschrift „Latente Steuern aus Konsolidierungsvorgängen" die Latenzierung von Buchwertdifferenzen erlaubt/vorsieht, soweit sie auf „einen steuerlich abzugsfähigen Geschäfts- oder Firmenwert zurückzuführen sind." Anders als in § 306 Satz 3 HGB wird dabei für eine z. B. beim Erwerb von Anteilen an einer Personengesellschaft entstehende Buchwertdifferenz beim Erstansatz des (auch steuerlich abzugsfähigen) *goodwill* nicht explizit ein Aktivierungsverbot ausgesprochen.

Zu Problemen bei der Unterscheidung von Erst- und Folgedifferenzen wird auf → Rz. 22 verwiesen.

38 *Outside basis*-**Differenzen** betreffen den Unterschied zwischen dem steuerlichen Wertansatz einer Beteiligung an einem Tochterunternehmen, assoziierten Unternehmen oder einem Gemeinschaftsunternehmen und dem handelsrechtlichen Wertansatz des im Konzernabschluss angesetzten Nettovermögens. Sie ergeben sich etwa aus der **Währungsumrechnung** (→ Rz. 32), aber auch aus (noch) nicht ausgeschütteten **Gewinnen** des untergeordneten Unternehmens.

> **BEISPIEL** MU gründet am 1.1.01 die TU mit einem Barkapital von 1.000. In 01 erwirtschaftet TU ein einzelbilanzielles Ergebnis von 200 (zugleich Steuerbilanzergebnis). Temporäre Differenzen bestehen per 31.12.01 weder auf Ebene des Einzelabschlusses noch als Folge von

Konsolidierungsmaßnahmen nach §§ 303 ff. HGB. Per 31.12.01 ergibt sich jedoch folgender Unterschied:

▶ Im Konzernabschluss ist die TU wegen des erwirtschafteten Gewinns von 200 mit einem Nettovermögen von 1.000 + 200 = 1.200 enthalten,

▶ in der Steuerbilanz der MU wird die Beteiligung weiterhin mit den Anschaffungskosten des Buchwerts von 1.000 erfasst.

Würde MU die TU am 2.1.02 für 1.200 veräußern, ergäben sich folgende Konsequenzen:

▶ Konzernbilanziell würde das Nettovermögen der TU abgehen. Dem Veräußerungserlös von 1.200 stünde ein Buchwertabgang von ebenfalls 1.200 gegenüber. Das Entkonsolidierungsergebnis betrüge 0.

▶ Steuerbilanziell stünde dem Veräußerungserlös von 1.200 der Abgang des Beteiligungsbuchwerts i. H. von 1.000 gegenüber, zu versteuern wären 200.

Die insoweit per 31.12.01 bestehende latente Steuerbelastung wäre zu passivieren, wenn § 306 Satz 4 HGB nicht ein ausdrückliches Ansatzverbot enthielte.

Soweit *outside basis*-Differenzen im Einzelabschluss bestehen – etwa bei ausländischen Betriebsstätten –, gelangt § 274 HGB zur Anwendung, der keine Ausnahme von der Latenzierung vorsieht. In Analogie zu § 306 Satz 4 HGB wird aber z. T. auch für den Einzelabschluss eine Nichtlatenzierung von *outside basis*-Differenzen für sachgerecht und daher vertretbar gehalten.[10] Aus den unter → Rz. 17 genannten Gründen halten wir solche erweiternden Auslegungen des Gesetzes nicht für angemessen.

III. Bewertung (Satz 5)

1. Entsprechende Anwendung von § 274 Abs. 2 HGB

Nach Satz 5 sind die Bewertungsvorschriften des § 274 Abs. 2 HGB entsprechend auf die temporären Differenzen aus § 306 HGB anzuwenden. Damit gilt u. a. 39

▶ Latente Steuern sind **nicht abzuzinsen** (→ § 274 Rz. 66).

▶ Aktive Latenzen sind nur im Maße ihrer **Werthaltigkeit** anzusetzen (→ § 274 Rz. 67).

▶ Temporäre Differenzen sind mit dem **Steuersatz** zu latenzieren, zu dem sie sich voraussichtlich auflösen (→ § 274 Rz. 60).

2. Unternehmensspezifische Steuersätze

Die Verwendung der für die Auflösung erwarteten Steuersätze (→ Rz. 39) bedingt nach der Begründung zum RegE des BilMoG sowie der dem folgenden Regelung in DRS 18.41 die Anwendung von **unternehmensindividuellen** Steuersätzen der in den Konzernabschluss einbezogenen Tochterunternehmen. Nur aus Gründen der **Verhältnismäßigkeit** (Kosten-Nutzen) und der 40

---

10 IDW ERS HFA 27 Tz. 16.

Wesentlichkeit kann die Bewertung ausnahmsweise auch mit einem konzerneinheitlichen, durchschnittlichen Steuersatz erfolgen.

41 Bei Verwendung unternehmensindividueller Steuersätze werden temporäre Differenzen auf Vermögenswerte und Schulden gem. dem Steuersatz des Rechtssubjekts latenziert, dem die Vermögensgegenstände und Schulden **einzelbilanziell zuzurechnen** sind.

> **BEISPIEL** Der MU-Konzern ist über Tochterunternehmen sowohl im Inland (Steuersatz 30 %) als auch in den USA (Steuersatz 40 %) tätig. Zu passivierende temporären Differenzen bestehen
>
> ▶ im Inland i. H. von 10.000,
> ▶ in den USA i. H. von 5.000.
>
> Die Ermittlung der passiven Latenzen ist wie folgt:
>
> ▶ Inland: 10.000 · 30% = 3.000
> ▶ USA: 5.000 · 40% = 2.000

42 Bei der **Zwischenergebniseliminierung** (→ Rz. 23) ist der Vermögensgegenstand dem empfangenden Unternehmen zuzurechnen. Bei ihm entsteht auch die steuerliche Entlastung aus der Realisierung der Differenz durch Weiterveräußerung. Anzuwenden ist daher nach DRS 18.45 der **Steuersatz des Empfängers**.[11] Die abweichende frühere Regelung in DRS 10.23 bezog sich noch auf das *timing*-Konzept im HGB a. F.

> **BEISPIEL** TU-D und TU-USA sind 100 %ige Töchter der MU.
>
> Ende 01 liefert TU-D für 100 angeschaffte Waren zu 120 an TU-USA. Erst in 02 veräußert TU-USA die Ware weiter an Dritte. Der Steuersatz beträgt 30 % für TU-D und 40 % für TU-USA.
>
> Konsolidierungsbuchungen in 01:
>
> | per Umsatzerlöse | 120 | an Materialaufwand | 100 |
> |---|---|---|---|
> | | | an Vorräte | 20 |
> | per aktive latente Steuer (40 %) | 8 | an Steueraufwand (40 %) | 8 |
>
> Konsolidierungsbuchungen in 02:
>
> | per Gewinnrücklage | 14 | an Vorräte | 20 (EB-Buchung) |
> |---|---|---|---|
> | per aktive latente Steuer | 6 | | |
> | per Vorräte | 20 | an Materialaufwand | 20 |
> | per Steueraufwand | 8 | an aktive latente Steuer | 8 |

---

11 Gl. A. *Loitz*, DB 2009 S. 913 ff.

IV. Ausweis (Sätze 2 und 6)

1. Wahlrechte in der Bilanz

Hinsichtlich des Ausweises gewährt § 306 HGB zwei Wahlrechte. Die latenten Steuern aus § 306 HGB können nach 43

▶ Satz 1 und 2 **saldiert oder unsaldiert**,

▶ Satz 6 mit denen aus § 274 HGB **zusammengefasst oder separat**

ausgewiesen werden. DRS 18.56 und .62 schränken dieses gesetzliche Wahlrecht nicht ein.

Da auch § 274 HGB die Wahl zwischen saldiertem und unsaldiertem Ausweis lässt (→ § 274 Rz. 59), entstehen **vielfältige Kombinationsmöglichkeiten**, wie folgendes Beispiel zeigt:

> **BEISPIEL** ▶ Die MU hat
>
> ▶ aus § 274 HGB aktive Latenzen von 300 und passive von 200
>
> ▶ aus § 306 HGB aktive Latenzen von 150 und passive von 100.

Sofern sie nicht überhaupt auf die Aktivierung des Überhangs aus § 274 HGB verzichtet (zwei weitere Alternativen), hat die MU folgende sechs Darstellungsmöglichkeiten:

1. Unsaldiert und nicht zusammengefasst			
aktive Latenz nach § 274 HGB	300	passive Latenz nach § 274 HGB	200
aktive Latenz nach § 306 HGB	150	passive Latenz nach § 306 HGB	100
2. Aktive und passive Latenzen nach § 274 HGB saldiert			
Saldo Latenz nach § 274 HGB	100	passive Latenz nach § 306 HGB	100
aktive Latenz nach § 306 HGB	150		
3. Aktive und passive Latenzen nach § 306 HGB saldiert			
aktive Latenz nach § 274 HGB	300	passive Latenz nach § 274 HGB	200
Saldo Latenz nach § 306 HGB	50		
4. Aktive und passive Latenzen nach § 274 HGB und § 306 HGB jeweils saldiert			
Saldo Latenz nach § 274 HGB	100		
Saldo Latenz nach § 306 HGB	50		
5. Latenzen nach § 274 HGB und § 306 HGB jeweils aktivisch und passivisch zusammengefasst			
aktive Latenz	450	passive Latenz	300
6. Saldiert und zusammengefasst			
Saldo aktive Latenz	150		

Bei der Gesetzgebung hat offenbar das *anything goes*-Prinzip – „bilanziert wie ihr wollt" – Pate gestanden und damit genau genommen die Prinzipienlosigkeit. Dem mit dem BilMoG verbundenen Anspruch, die Vergleichbarkeit von Abschlüssen zu erhöhen, dient die exzessive 44

Ausdehnung der Ausweiswahlrechte nicht. Hier zeigt sich besonders deutlich die fortzeugende Wirkung der bösen Tat in Form der Gewährung von Wahlrechten.

2. Ausweis in der GuV

45 In der GuV sind nach Satz 6 i.V. mit § 274 Abs. 2 Satz 2 HGB latente Steuern unter den Steuern vom Einkommen und Ertrag **gesondert auszuweisen**, wobei eine Zusammenfassung des Steuererfolgs aus § 306 HGB und § 274 HGB zulässig und sinnvoll ist. Der gesonderte Ausweis kann nach DRS 18.60 entweder durch einen Unterposten, eine Vorspalte oder durch einen Davon-Vermerk erfolgen.

Wie bei den tatsächlichen Steuern halten wir außerdem eine Saldierung von Erträgen (aus der Auflösung passiver oder Dotierung aktiver Latenzen) und Aufwendungen (aus der Dotierung passiver oder Auflösung aktiver Latenzen) für angemessen (→ § 275 Rz. 114).

V. Anhangangaben

46 Wegen der sich aus dem Gesetz selbst ergebenden Angabepflichten (§ 314 Abs. 1 Nr. 21 HGB) wird auf → § 285 Rz. 162 verwiesen.

47 Über die Pflichten des § 314 HGB hinaus sieht **DRS 18.66 f.** folgende Angaben vor:

- ▶ **Soweit** es den **Abschlussadressaten dient**: Angabe des Betrags und ggf. des Verfallzeitpunkts von abzugsfähigen temporären Differenzen, für die kein latenter Steueranspruch in der Bilanz angesetzt ist, von bislang ungenutzten steuerlichen Verlustvorträgen und bislang ungenutzten Steuergutschriften.
- ▶ **Zwingend**: Überleitungsrechnung zum Zusammenhang zwischen dem unter Anwendung des in Deutschland geltenden Steuersatzes oder eines gewichteten Konzernsteuersatzes erwarteten Steueraufwand/-ertrag und dem ausgewiesenen Steueraufwand/-ertrag. Für ein Beispiel einer Überleitungsrechnung wird auf → § 285 Rz. 170 verwiesen.

Anders als der Vorgängerstandard DRS 10 sieht DRS 18 folgende Angabepflichten nicht mehr explizit vor:

- ▶ Betrag der latenten Steueraufwendungen oder -erträge, der auf die **Änderung** von **Gesetzen** (Steuersätze) und auf die Einführung neuer Steuerarten zurückzuführen ist,
- ▶ Betrag der latenten Steueraufwendungen oder -erträge, der auf die **geänderte Einschätzung** der **Werthaltigkeit** aktiver Latenzen zurückzuführen ist,
- ▶ Erläuterung der anzuwendenden **Steuersätze** sowie
- ▶ **Begründung** der **Werthaltigkeit** aktiver Latenzen.

Eine Pflicht kann sich in derartigen Fällen aber je nach Bedeutsamkeit aus den allgemeinen Vorgaben von § 313 Abs. 2 Nr. 1 HGB ergeben.

§ 307 Anteile anderer Gesellschafter

(1) In der Konzernbilanz ist für nicht dem Mutterunternehmen gehörende Anteile an in den Konzernabschluss einbezogenen Tochterunternehmen ein Ausgleichsposten für die Anteile der anderen Gesellschafter in Höhe ihres Anteils am Eigenkapital unter entsprechender Bezeichnung innerhalb des Eigenkapitals gesondert auszuweisen.

(2) In der Konzern-Gewinn- und Verlustrechnung ist der im Jahresergebnis enthaltene, anderen Gesellschaftern zustehende Gewinn und der auf sie entfallende Verlust nach dem Posten „Jahresüberschuss/Jahresfehlbetrag" unter entsprechender Bezeichnung gesondert auszuweisen.

Inhaltsübersicht

	Rz.
I. Regelungsinhalt	1 - 2
II. § 307 HGB im konzeptionellen Kontext anderer Konsolidierungsvorschriften	3 - 5
III. Bezeichnung und Ausweis der Ausgleichsposten in Bilanz und GuV	6 - 9
IV. Ermittlung des Ausgleichspostens	10 - 31
1. Überblick	10
2. Einzubeziehende Anteile	11 - 14
2.1 „Andere" Gesellschafter	11 - 13
2.2 Maßgeblicher Prozentsatz	14
3. Unterschiedsbeträge aus der Erstkonsolidierung und deren Fortschreibung	15 - 17
4. Sonstige Fortschreibungen	18 - 31
4.1 Gewinn- oder Verlustanteil	18
4.2 Kapitalmaßnahmen beim Tochterunternehmen	19
4.3 Zwischenergebniseliminierung	20 - 23
4.4 Erfolgswirksame Schuldenkonsolidierung	24 - 25
4.5 Erfolgsneutrale Währungsumrechnungsdifferenzen	26
4.6 Auf- und Abstockung des Mehrheitsanteils	27 - 29
4.7 Ent- und Abwärtskonsolidierung von Tochterunternehmen	30 - 31

Ausgewählte Literatur

Baetge, Kapitalkonsolidierung nach der Erwerbsmethode im mehrstufigen Konzern, in: Förschle/Kaiser/Moxter (Hrsg.), Rechenschaftslegung im Wandel, Festschrift zum 65. Geburtstag von Dr. Wolfgang Dieter Budde, München 1995, S. 19

Fröhlich, Die Kapitalkonsolidierung bei Erwerb eines Teilkonzerns, WPg 2004 S. 65

Küting/Leinen, Die Kapitalkonsolidierung bei Erwerb eines Teilkonzerns, WPg 2002 S. 1201

Küting/Leinen, Die Kapitalkonsolidierung bei Erwerb eines Teilkonzerns, Anmerkungen zum Beitrag von Fröhlich, WPg 2004 S. 70

Oechsle/Schipper, Negative Fremdanteile im Konzernabschluss, WPg 1994 S. 344

Römgens, Behandlung des auf die Minderheiten entfallenden Goodwills im mehrstufigen Konzern, BB-Special 19 (Beilage zu Heft 39) 2005 S. 21

Schindler, Der Ausgleichsposten für Anteile anderer Gesellschafter nach § 307 HGB, WPg 1986 S. 588

I. Regelungsinhalt

1 § 307 HGB ist **vornehmlich** als **Ausweisvorschrift** konzipiert:

- ▶ Abs. 1 bestimmt **bilanziell** den gesonderten Ausweis der nicht dem Mutterunternehmen gehörenden Anteile an einbezogenen Tochterunternehmen als „Ausgleichsposten für die Anteile der anderen Gesellschafter" unter entsprechender Bezeichnung innerhalb des Eigenkapitals (→ Rz. 6).
- ▶ Abs. 2 schreibt für die **GuV** den gesonderten Ausweis des auf andere Gesellschafter entfallenden Gewinns oder Verlusts nach dem Posten Jahresüberschuss/Jahresfehlbetrag vor (→ Rz. 8).

Nicht in § 307 HGB, sondern in DRS 7 geregelt ist die Behandlung des Ausgleichspostens (nachfolgend auch „Minderheitenanteil") im **Eigenkapitalspiegel**. Hierzu wird auf → § 297 Rz. 104 verwiesen.

2 Die nachfolgende Kommentierung behandelt jedoch nicht nur Ausweisfragen, sondern im konzeptionellen Kontext anderer Konsolidierungsvorschriften (→ Rz. 3) auch

- ▶ die **Ermittlung** des Ausgleichspostens, insbesondere also die Frage,
  - wer als „**andere**" Gesellschafter gilt (→ Rz. 11) und
  - welcher **Prozentsatz** zur Bestimmung ihres Anteils maßgeblich ist (→ Rz. 14),
- ▶ die **Fortschreibung** des Minderheitenanteils wegen
  - Unterschiedsbeträgen aus der Erstkonsolidierung (→ Rz. 15),
  - Zwischenergebniseliminierungen (→ Rz. 20), Schuldkonsolidierung (→ Rz. 24) und Währungsumrechnung (→ Rz. 26) sowie
  - Erwerbs- und Veräußerungsvorgängen (→ Rz. 27 ff.).

II. § 307 HGB im konzeptionellen Kontext anderer Konsolidierungsvorschriften

3 § 307 HGB kann sich im Wesentlichen auf Vorgaben für den Ausweis beschränken, da sich die Notwendigkeit zum Ansatz von Minderheitenposten **dem Grunde nach** bereits aus dem Einheitsgrundsatz des § 297 HGB (→ § 297 Rz. 115) i.V. mit dem Gebot des § 300 Abs. 1 HGB ergibt, Vermögensgegenstände, Schulden, Erträge und Aufwendungen konsolidierter Töchter vollständig in den Konzernabschluss aufzunehmen.

- ▶ Da trotz **Vollständigkeitsgebot** des § 300 Abs. 1 HGB
- ▶ das Eigenkapital (Nettovermögen) der Tochterunternehmen im Rahmen der Kapitalkonsolidierung nach § 301 Abs. 1 HGB nur entsprechend der **Quote der Mutter** mit dem Beteiligungsbuchwert verrechnet werden kann,
- ▶ bleibt entsprechend der **Quote Dritter** am Eigenkapital ein zunächst noch unverrechneter Betrag; dieser dotiert dann den Ausgleichsposten.

4 Die Höhe des Ausgleichspostens zum Erstkonsolidierungszeitpunkt ergibt sich ebenfalls aus § 301 Abs. 1 HGB: Da danach im Rahmen der sog. **Neubewertungsmethode** das zu verrechnende Eigenkapital insgesamt zu Zeitwerten, d. h. unter Berücksichtigung stiller Reserven anzusetzen ist, sind auch die auf Minderheitsgesellschafter entfallenden Anteile an den **stillen Reserven** in der Erstkonsolidierung aufzudecken und in der Folge erfolgswirksam fortzuschreiben (→ § 301 Rz. 11 und → § 301 Rz. 106).

Auch zu den sonstigen erfolgswirksamen Konsolidierungsvorgängen ergibt sich aus § 307 HGB selbst nichts: 5

▶ Die **Zwischenergebniseliminierung** ist ohne besondere Bezugnahme auf Minderheiten in § 304 HGB geregelt. Zwischenerfolge sind danach unabhängig von der Beteiligungsquote und Lieferrichtung **stets in vollem Umfang** zu eliminieren. In Höhe der Beteiligungsquote Dritter ist jedoch u. U. der Minderheitenanteil zu belasten (→ Rz. 22), wobei sich Sonderfragen bei konzerninternen Lieferungen zwischen Tochterunternehmen mit unterschiedlichen Beteiligungsquoten der Minderheiten ergeben (→ Rz. 23).

▶ Die bei echten Aufrechnungsdifferenzen gebotene erfolgswirksame **Schuldenkonsolidierung** nach § 303 HGB kann den Minderheitenanteil ebenfalls betreffen, wobei sich auch hier Sonderfragen im Falle von Schuldbeziehungen zwischen Tochterunternehmen ergeben (→ Rz. 25).

III. Bezeichnung und Ausweis der Ausgleichsposten in Bilanz und GuV

Der bilanzielle „Ausgleichsposten für die Anteile der anderen Gesellschafter" ist nach Abs. 1 „**unter entsprechender Bezeichnung**" gesondert im Eigenkapital auszuweisen. „Entsprechend" bedeutet: Die Postenbezeichnung muss erkennen lassen, dass „andere Gesellschafter" am Konzern beteiligt sind. In Frage kommen folgende Bezeichnungen: 6

▶ „Ausgleichsposten für die Anteile der anderen Gesellschafter",

▶ „Anteile anderer Gesellschafter",

▶ „Anteile nicht beherrschender Gesellschafter" (entsprechend der internationalen Bezeichnung „*non controlling interest*"),

▶ „Minderheitenanteil(e)" (entsprechend DRS 4.42) sowie

▶ „Minderheitsgesellschafter".

Der Ausweis eines negativen Ausgleichspostens ist nicht geregelt. Solange das gesamte Konzerneigenkapital positiv ist und deshalb passivisch ausgewiesen wird, sollte u. E. auch der **negative Minderheitenanteil** passivisch dargestellt werden.[1] 7

Nach Abs. 2 ist in der **Konzern-GuV** der auf andere Gesellschafter entfallende Gewinn oder Verlust nach dem Konzernjahresüberschuss/-fehlbetrag gesondert auszuweisen. Zwei gleichwertige Darstellungen kommen in Frage: 8

---

1 Vgl. *Förschle/Hoffmann*, in: Beck'scher Bilanz-Kommentar, 7. Aufl., München 2010, § 307 Tz. 77; *Öchsle/Schipper*, WPg 1994 S. 346 ff.; *Scheffler*, in: Petersen/Zwirner/Brösel (Hrsg.), Systematischer Praxiskommentar Bilanzrecht, Köln 2010, § 307 Tz. 57.

Entwicklung zum Konzerngewinn	Davon-Vermerk
22. Konzernjahresüberschuss	22. Konzernjahresüberschuss
23. auf Minderheitsgesellschafter entfallender Gewinn	23. davon auf Minderheitsgesellschafter entfallend
24. Konzerngewinn	

Abhängig von der Bezeichnung in der Konzernbilanz kann wiederum der Begriff „andere Gesellschafter" oder „Minderheitsgesellschafter" durch eine **entsprechende Bezeichnung** ersetzt werden.

9   Wegen des Ausweises im **Eigenkapitalspiegel** wird auf → § 297 Rz. 104 verweisen.

IV. Ermittlung des Ausgleichspostens

1. Überblick

10 Von einer **Bewertung** des Minderheitenanteils kann nur i. w. S. gesprochen werden, da zwar Vermögensgegenstände und Schulden, nicht aber die residuale Größe „Eigenkapital" den Bewertungsvorschriften des Gesetzes unterliegt. Nur aus Vereinfachungsgründen wird daher nachfolgend der Begriff „Bewertung" an Stelle oder neben Begriffen wie „Ermittlung", „Berechnung" etc. verwendet:

- ▶ Vorstufe einer solchen „Bewertung" ist die **qualitative** (→ Rz. 12) und **prozentuale** (→ Rz. 14) Abgrenzung der einzubeziehenden Anteile.

- ▶ Steht der Abgrenzungskreis fest, ist der Posten im zweiten Schritt **rechnerisch** zu bestimmen, und zwar zunächst auf den **Erstkonsolidierungszeitpunkt** (→ Rz. 15) und sodann auf **Folgekonsolidierungszeitpunkte** (→ Rz. 16 ff.).

2. Einzubeziehende Anteile

2.1 „Andere" Gesellschafter

11 Ein Minderheitsposten ist nach Abs. 1 zu bilden

- ▶ für Anteile **anderer** Gesellschafter

- ▶ an **einbezogenen** Tochterunternehmen.

11a Betroffen ist nur die gesellschaftsrechtliche Beteiligung Dritter am Eigenkapital. Finanziert sich etwa das 100 %ige Tochterunternehmen z. T. durch Emission von **Genussrechten** mit Eigenkapitalcharakter (→ § 246 Rz. 66) an Dritte, so entsteht hieraus kein Minderheitenanteil.[2] Entsprechendes gilt für andere als Eigenkapital qualifizierte Formen **mezzaniner Finanzierung**.

---

2 Gl. A. *Müller/Kreipl*, in: Haufe HGB Bilanz Kommentar, Freiburg 2009, § 307 Rz. 18.

§ 307 Anteile anderer Gesellschafter

Als andere Gesellschafter gelten:

▶ Gesellschafter **ohne Beziehung zum Konzern**;

▶ Gesellschafter mit **Beziehung zum Konzern**, die aber nicht voll oder quotal, sondern *at equity* konsolidiert (z. B. assoziierte Unternehmen) oder (z. B. wegen Unwesentlichkeit) **überhaupt nicht konsolidiert** werden.

Ist ein **quotal einbezogenes Gemeinschaftsunternehmen** Minderheitsgesellschafter eines einbezogenen Tochterunternehmens, werden die vom Gemeinschaftsunternehmen gehaltenen Anteile quotal dem **Mutterunternehmen** zugerechnet und in die Kapitalkonsolidierung nach § 301 HGB einbezogen. Umgekehrt führt die auf die anderen Gesellschafter des Gemeinschaftsunternehmens entfallende Quote am Tochterunternehmen zu Anteilen **anderer** Gesellschafter.[3]

Zur Qualifizierung nicht voll oder quotal, sondern *at equity* konsolidierter (z. B. assoziierte Unternehmen) oder (z. B. wegen Unwesentlichkeit) überhaupt nicht konsolidierter Gesellschafter als Minderheit folgendes Beispiel:

BEISPIEL ▶ MU hält eine Beteiligung von 80 % an der TU. Die anderen Anteile verteilen sich wie Folgt:

▶ 10 % halten Dritte ohne Beziehung zum Konzern,

▶ weitere 10 % entfallen auf die aU; an der aU hält MU 30 % und konsolidiert sie *at equity*:

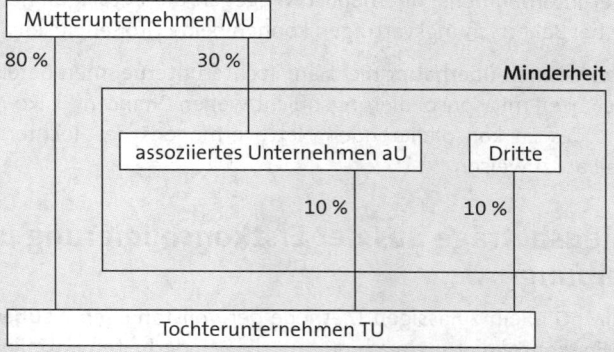

Als anderer Gesellschafter der TU gelten nicht nur die konzernfremden Dritten, sondern auch die nur *at equity* von MU konsolidierte aU. Der Minderheitenanteil beträgt mithin **20 %**.

Die Minderheitsqualifizierung des Anteils derjenigen konzernverbundenen Gesellschaften am Tochterunternehmen, die nur als einfache oder *equity*-Beteiligung bilanziert werden, führt in Höhe der durchgerechneten Quote zu einer **Bilanzverlängerung**. Einerseits wird insoweit Vermögen des Tochterunternehmens rechnerisch doppelt berücksichtigt, andererseits ist insoweit der Ausgleichsposten erhöht.

---

3 Vgl. *Scheffler*, in: Petersen/Zwirner/Brösel (Hrsg.), Systematischer Praxiskommentar Bilanzrecht, Köln 2010, § 307 Tz. 15.

> **BEISPIEL** **Ausgangssituation**: MU ist mit 70 % am Vermögen der TU beteiligt. Die verbleibenden 30 % werden von der konzernexternen Gesellschaft X gehalten, die über kein weiteres Vermögen verfügt. Zu Buchwerten und Zeitwerten beträgt das Vermögen der TU 100, der Minderheitenanteil somit 30.
>
> **Erwerb mittelbarer Anteile**: MU erwirbt nun 40 % an X zu einem Preis von 40 und bucht: per *equity*-Beteiligung 40 an Geld 40.
>
> Mittelbar erlangt die MU durch die *equity*-Beteiligung einen Anteil von 40 % · 30 % = 12 % am Vermögen der TU. Dieser Vermögensanteil ist im Konzernabschluss einerseits durch die *equity*-Beteiligung repräsentiert, andererseits schon durch die unmittelbare Bilanzierung des Vermögens der TU. Dieses wird i. H. von 12 also doppelt berücksichtigt. Der Ausgleich erfolgt dadurch, dass auch der Minderheitenposten nicht nur 18 nach Maßgabe des Anteils der konzernfremden, sondern wegen der nur mittelbar der MU zuzurechnenden 12 weiterhin 30 beträgt.

Bei ausnahmsweise bedeutenden Beträgen kann der auf konzernverbundene Gesellschafter entfallende Anteil am Ausgleichsposten im Anhang erläuterungsbedürftig sein.

2.2 Maßgeblicher Prozentsatz

14 Maßgeblich für die prozentuale Bestimmung des Minderheitenanteils ist die Beteiligung am **Kapital** des Tochterunternehmens, unerheblich hingegen die Beteiligung an den **Stimmrechten**. Insbesondere bei Beherrschungsverträgen können beide Größen auseinanderfallen.

Ist das Mutterunternehmen überhaupt nicht am Tochterunternehmen beteiligt, etwa im Falle von **Zweckgesellschaften** mit Konsolidierungspflicht wegen Chancen-Risiko-Mehrheit (→ § 290 Rz. 45), sind 100 % des zu konsolidierenden Nettovermögens des Tochterunternehmens als Minderheitenanteil auszuweisen.

3. Unterschiedsbeträge aus der Erstkonsolidierung und deren Fortschreibung

15 Nach der gem. BilMoG allein zulässigen Methode der **vollständigen Neubewertung** (→ § 301 Rz. 11) ist bei der **Erstkonsolidierung** auch der auf die Minderheiten entfallende Anteil an **stillen Reserven und Lasten** aufzudecken. Sofern die stillen Reserven nicht ausnahmsweise durch stille Lasten überkompensiert werden, erhöht dies den Minderheitenanteil im Vergleich zur nicht mehr zulässigen Buchwertmethode.

16 Bei der **Folgekonsolidierung** sind die stillen Reserven/Lasten abzuschreiben bzw. aufzulösen (→ § 301 Rz.106):
- Der **bilanzielle** Minderheitenanteil verändert sich entsprechend.
- In der Konzern-GuV wird der Ergebnisanteil der Minderheit mit dem Anteil an der Abschreibung/Auflösung stiller Reserven belastet.

17 **Keinen Anteil** hat die Minderheit am *goodwill* oder **negativen Unterschiedsbetrag**. § 301 Abs. 3 HGB sieht den Ansatz entsprechender Posten nur nach der Beteiligung des Mehrheitsgesellschafters vor. In der internationalen Rechnungslegung ist hingegen durch IFRS 3 die Auf-

deckung des auf die Minderheiten entfallenden Anteils am *goodwill* das Wahlrecht zugelassen (*full goodwill*-Methode).

Offen ist die Behandlung des *goodwill* im **mehrstufigen Konzern**. Ist die Minderheit an einer Tochter beteiligt, die wiederum Mehrheitsgesellschafter eines Enkelunternehmens ist, stellt sich die Frage nach der Behandlung eines bei Erwerb des Enkelunternehmens aufgedeckten *goodwill*. Im Teilkonzern ist er zu 100 % zu bilanzieren, da aus Teilkonzernsicht gar keine Minderheiten bestehen. Aus Gesamtkonzernsicht ist **strittig**, ob der rechnerisch auf die Minderheiten entfallende Anteil am *goodwill* des Enkelunternehmens dem Minderheitenanteil bilanziell gutzuschreiben ist. Die Diskussion zu diesem Problem ist unter → § 301 Rz. 93 ff. dargestellt.

4. Sonstige Fortschreibungen

4.1 Gewinn- oder Verlustanteil

Der den Minderheiten zuzurechnende Anteil am **Ergebnis** der Tochterunternehmen wird bilanziell dem Minderheitenanteil gutgeschrieben oder belastet. 18

4.2 Kapitalmaßnahmen beim Tochterunternehmen

Beteiligungsproportional durchgeführte effektive Kapitalerhöhungen oder -herabsetzungen verändern den Minderheitenanteil entsprechend. Wegen der Behandlung **nicht proportionaler** Maßnahmen wird auf → § 301 Rz. 118 verwiesen. 19

4.3 Zwischenergebniseliminierung

Vermögensgegenstände, die ganz oder teilweise auf Lieferungen oder Leistungen zwischen einbezogenen Unternehmen beruhen, sind nach § 304 Abs. 1 HGB in der Konzernbilanz nur mit einem Betrag anzusetzen, zu dem sie angesetzt werden könnten, wenn die in den Konzernabschluss einbezogenen Unternehmen auch rechtlich ein einziges Unternehmen bilden würden. Weder Ansatzverbote (etwa für originäre Marken nach § 248 Abs. 2 HGB) noch Bewertungsobergrenzen (Anschaffungs-/Herstellungskosten nach § 253 Abs. 1 HGB) können durch konzerninterne Lieferungen ausgehebelt werden. In Folge eines konzerninternen Leistungsbezugs zwar einzel-, aber nicht konzernbilanziell anzuerkennende Zugänge sind daher dem Grunde nach (z. B. Übertragung von Marken) oder der Höhe nach (z. B. Lieferung von Vorräten über Herstellungskosten) im Rahmen der Konsolidierungsbuchungen **erfolgswirksam** zu eliminieren. 20

§ 304 Abs. 1 HGB unterscheidet dabei nicht nach dem Umfang der Beteiligung an dem liefernden oder empfangenden Unternehmen. Zwischengewinne sind mithin auch bei Beteiligung von Minderheiten **zu 100 %** zu eliminieren. 21

Fraglich ist aber, in welchem **Maße** die Eliminierung der Minderheit zu **belasten** ist. Hierzu werden unterschiedliche Ansichten vertreten: 22

IV. Ermittlung des Ausgleichspostens

▶ Nach erster Auffassung sollen[4] oder dürfen[5] die Eliminierungen dem **Mutterunternehmen** und damit ausschließlich dem Mehrheitsanteil belastet werden. Hauptsächlich werden hierfür Vereinfachungsgründe angeführt.

▶ Nach der **Gegenauffassung** haben die Eliminierungen stets beim **Halter (Empfänger)** der Sachleistung zu erfolgen, um auf diese Weise die eingetretene Vermögensverschiebung nach Maßgabe der Konzernbuchwerte zu verteilen.[6]

Bei geringen oder zwar großen, im Volumen aber etwa gleichbleibenden konzerninternen Transaktionen kann dem Vereinfachungsgedanken gefolgt werden. In anderen Fällen halten wird die Eliminierung beim Halter für geboten. Die Eliminierung beim Halter im Falle der *upstream-* oder *downstream*-Lieferung zeigt das nachfolgende Beispiel:

BEISPIEL ▶ MU ist an TU mit 80 % beteiligt.

Vorräte mit Herstellungskosten von 100 werden konzernintern für 150 geliefert und sind am Stichtag noch im Bestand. Die Bezahlung erfolgt sofort in bar.

Ausgehend von der Ausgangssituation vor Lieferung nachfolgend die Eliminierung bei *downstream-* und *upstream*-Lieferung:

A. Ausgangssituation						
	MU	TU	Summe	Soll	Haben	Konzern
Beteiligung	320		320		320	0
Vorräte	100	100	200			200
Geld	200	300	500			500
	620	400	1.020			700
EK-Mehrheit	620	400	1.020	400		620
Minderheit					80	80
	620	400	1.020	400	400	700

---

4 Vgl. *ADS*, 6. Aufl., § 307 Tz. 38 ff.
5 Vgl. *Kraft*, in: Ulmer (Hrsg.), Großkommentar 2002, § 307 Anm. 43.
6 Vgl. *Förschle/Hoffmann*, in: Beck'scher Bilanz-Kommentar, 7. Aufl., München 2010, § 307 Tz. 54 ff.

B. Situation nach interner Lieferung						
B1. *downstream*-Lieferung – Eliminierung zulasten TU als Leistungsempfänger						
	MU	TU	Summe	Soll	Haben	Konzern
Beteiligung	320		320		320	0
Vorräte	0	250	250		50	200
Geld	350	150	500			500
	670	400	1.070			700
EK-Mehrheit	620	400	1.020	400		620
Jahresüberschuss (Konzernjahresüberschuss-Mehrheit)	50		50	40		10
Minderheit				10	80	70
	670	400	1.070	450	450	700
B2. *upstream*-Lieferung – Eliminierung zulasten MU als Leistungsempfänger						
	MU	TU	Summe	Soll	Haben	Konzern
Beteiligung	320		320		320	0
Vorräte	250	0	250		50	200
Geld	50	450	500			500
	620	450	1.070			700
EK-Mehrheit	620	400	1.020	400		620
Jahresüberschuss (Konzernjahresüberschuss-Mehrheit)		50	50	50		0
Minderheit					80	80
	620	450	1.070	450	450	700

Bei *sidestream*-Lieferungen zwischen Töchtern ist zusätzlich auf die unterschiedliche prozentuale Höhe der Minderheitsbeteiligungen Rücksicht zu nehmen. Nachfolgend ein Beispiel mit Eliminierung ausschließlich zulasten der Mutter (Vereinfachung) oder anteilig zulasten des Leistungsempfängers:

IV. Ermittlung des Ausgleichspostens

BEISPIEL ▸ MU ist an TU1 mit 80 %, an TU2 mit 60 % beteiligt.

TU1 liefert Vorräte, mit Herstellungskosten von 100 für 150 an TU2.

Die Bezahlung erfolgt sofort in bar. Am Stichtag sind die Vorräte noch nicht an Dritte veräußert.

A. Ausgangssituation							
	MU	TU1	TU2	Summe	Soll	Haben	Konzern
Beteiligung	170			170		170	0
Vorräte		100		100			100
Geld		0	150	150			150
	170	100	150	420			250
div. EK-Mehrheit	170	100	150	420	250		170
Minderheit TU1						20	20
Minderheit TU2						60	60
	170	100	150	420	250	250	250
B. Situation nach interner Lieferung							
B1. Eliminierung zulasten MU							
	MU	TU1	TU2	Summe	Soll	Haben	Konzern
Beteiligung	170			170		170	0
Vorräte		0	150	150		50	100
Geld		150	0	150			150
	170	150	150	470			250
div. EK-Mehrheit	170	150	150	470	250		220
Jahresfehlbetrag EK-Mehrheit					50		-50
Minderheit TU1						30	30
Minderheit TU2						50	50
	170	150	150	470	300	300	250

B2. Eliminierung zulasten TU2 als Leistungsempfänger							
	MU	TU1	TU2	Summe	Soll	Haben	Konzern
Beteiligung	170			170		170	0
Vorräte		0	150	150		50	100
Geld		150	0	150			150
	170	150	150	470			250
div. EK-Mehrheit	170	150	150	470	250		220
Jahresfehlbetrag EK-Mehrheit					30		-30
Minderheit TU1						30	30
Minderheit TU2					20	50	30
	170	150	150	470	300	300	250

4.4 Erfolgswirksame Schuldenkonsolidierung

Die Schuldenkonsolidierung nach § 303 HGB wird nur dann zu einem erfolgswirksamen Vorgang, wenn **echte Aufrechnungsdifferenzen** bestehen. Einschlägig sind vor allem folgende Fälle: 24

▶ Der Gläubiger hat auf notleidende Forderungen **Wertberichtigungen** vorzunehmen, der Schuldner weiterhin den vollen Betrag auszuweisen.

▶ Der Schuldner bilanziert eine **ungewisse Verbindlichkeit** bzw. den **drohenden Verlust** aus einem schwebenden Geschäft als Rückstellung, der Gläubiger/Vertragspartner darf eine ungewisse Forderung bzw. den erwarteten Gewinn aus einem schwebenden Geschäft nicht ansetzen.

Da der Konzern als wirtschaftliche Einheit keine Abschreibungen auf Forderungen gegen sich selbst und keine Rückstellungen für ungewisse Verbindlichkeiten oder drohende Verluste gegen sich selbst bilden kann, entsteht eine Aufrechnungsdifferenz. Ihr ist im Entstehungsjahr und Auflösungsjahr durch erfolgswirksame Konsolidierungsbuchungen, in Zwischenjahren durch erfolgsneutrale Rechnung zu tragen (→ § 303 Rz. 17 ff.).

Ist auf Schuldner- und/oder Gläubigerseite eine **Minderheit** beteiligt, stellt sich wie bei der Zwischenergebniseliminierung die Frage nach der Zurechnung des erfolgswirksamen Betrags: 25

▶ Nach **erster Auffassung** sollen die Erfolge dem **Mutterunternehmen** und damit ausschließlich dem Mehrheitsanteil belastet werden.[7]

▶ Nach der **Gegenauffassung** sind die Erfolge den **Gesellschaftergruppen** zuzuordnen, die von der einzelbilanziellen Erfolgsbuchung betroffen sind, wobei ggf. für Schuldverhältnisse

---

7 Vgl. ADS, 6. Aufl., § 307 Tz. 40.

IV. Ermittlung des Ausgleichspostens

zwischen Tochterunternehmen (*sidestream*) noch zu unterscheiden ist, ob die Anteilsquote des Mutterunternehmens am Gläubiger oder am Schuldner größer ist.[8]

Vereinfachungsgründe sprechen im Allgemeinen für die erste Lösung. Zum Kontrast mit der zweiten Lösung das nachfolgende Beispiel:

BEISPIEL MU ist an TU1 mit 80 %, an TU 2 mit 60 % beteiligt.
TU1 hat eine Forderung von 100 gegenüber TU2 und schreibt diese ab.

1. Konsolidierung zugunsten MU

	MU	TU1	TU2	Summe	Soll	Haben	Konzern
Beteiligung	40			40		40	0
Forderung		0		0			0
div. Aktiva	460	50	100	610			610
	500	50	100	650			610
div. EK-Mehrheit	500	150	0	650	50		600
Jahresüberschuss		-100		-100		100	0
Minderheit TU1						10	10
Minderheit TU2						0	0
Verbindlichkeit			100	100	100		0
	500	50	100	650	150	150	610

2. Konsolidierung zugunsten einzelbilanziell Betroffener (MU und MI-1)

	MU	TU1	TU2	Summe	Soll	Haben	Konzern
Beteiligung	40			40		40	0
Forderung		0		0			0
div. Aktiva	460	50	100	610			610
	500	50	100	650			610
div. EK-Mehrheit	500	150	0	650	50		600
Jahresüberschuss		-100		-100		80	-20
Minderheit TU1						30	30
Minderheit TU2						0	0
Verbindlichkeit			100	100	100		0
	500	50	100	650	150	150	610

---

8 Vgl. *Förschle/Hoffmann*, in: Beck'scher Bilanz-Kommentar, 7. Aufl., München 2010, § 307 Tz. 60 ff.

4.5 Erfolgsneutrale Währungsumrechnungsdifferenzen

Bei Umrechnung ausländischer Tochterunternehmen entstehende **Währungsdifferenzen** sind nach § 308a HGB **erfolgsneutral** zu behandeln (→ § 308a Rz. 22).

26

Bei Beteiligung einer Minderheit am Tochterunternehmen gilt: Die Umrechnungsrücklage bzw. die Zuführung zu ihr ist entsprechend den **Anteilsquoten** auf Mehrheit und Minderheit zu verteilen.

4.6 Auf- und Abstockung des Mehrheitsanteils

Die Anteilsverhältnisse von Mehrheit und Minderheit können sich verändern, ohne dass es zu einem Wechsel im Status als Tochterunternehmen kommt, entweder als Aufstockung (z.B. von 51% auf 80% oder von 80% auf 100%) oder Abstockung (z.B. von 80% auf 51% oder von 100% auf 80%) des Mehrheitsanteils (→ § 301 Rz. 110). In beiden Fällen ist die Behandlung des Minderheitenanteils **unabhängig** von der Behandlung der Transaktion beim Mehrheitsgesellschafter.

27

Für die **Aufstockung** des Mehrheitsanteils gilt: Der **Minderheitenanteil** ist entsprechend seiner Quotenverringerung **auszubuchen**, und zwar unabhängig davon, wie der Mehrheitsgesellschafter darüber hinaus gezahlte Beträge bilanziert, ob er also etwa einen zusätzlichen *goodwill* und anteilig zusätzliche stille Reserven aufdeckt oder den Vorgang als Transaktion zwischen Eigenkapitalgebern behandelt (→ § 301 Rz. 110).

28

> **BEISPIEL** MU ist bisher mit 60% an TU beteiligt. Das Nettovermögen der TU beträgt 150 nach aktuellen Zeitwerten, hingegen 100 unter Berücksichtigung bei der Erstkonsolidierung aufgedeckter und fortgeschriebener stiller Reserven. Der Minderheitenanteil beträgt demzufolge 40% von 100 = 40.
>
> MU erwirbt für einen Betrag von 50 weitere 20% der Anteile.
>
> 20% von 40% = 1/2 des Minderheitenanteils gehen ab. Der Minderheitenanteil verringert sich also auf 20.
>
> Ob MU den darüber hinaus bezahlten Betrag von 30 als *goodwill* und als stille Reserven aufdeckt oder eigenkapitalkürzend bucht, berührt die Höhe des Minderheitenanteils nicht.

Bei **Abstockung** ist u. E. entsprechend zu verfahren. Unabhängig davon, ob das Mutterunternehmen einen eventuell vereinnahmten Mehrbetrag erfolgswirksam oder als Transaktion zwischen Eigenkapitalgebern erfolgsneutral behandelt (→ § 301 Rz. 112), erhöht sich der **Minderheitenanteil** nach Maßgabe der Konzernbuchwerte, somit zwar nach den aus der Erstkonsolidierung stammenden und fortgeführten, aber ohne Rücksicht auf die aktuellen stillen Reserven.[9]

29

> **BEISPIEL** MU war bisher mit 80% an TU beteiligt. Das Nettovermögen der TU beträgt 150 nach aktuellen Zeitwerten, 100 unter Berücksichtigung bei der Erstkonsolidierung auf-

---

9 Gl. A. *Scheffler*, in: Petersen/Zwirner/Brösel (Hrsg.), Systematischer Praxiskommentar Bilanzrecht, Köln 2010, § 307 Tz. 48.

> gedeckter und fortgeschriebener stiller Reserven. Der Minderheitenanteil beträgt demzufolge 20 % von 100 = 20.
>
> MU veräußert für einen Betrag von 50 20 % der Anteile.
>
> Der Minderheitenanteil verdoppelt sich von 20 % auf 40 % und damit von 20 auf 40.
>
> Zur Behandlung bei MU vgl. → § 301 Rz. 112.

4.7 Ent- und Abwärtskonsolidierung von Tochterunternehmen

30 Bei Veräußerung sämtlicher Anteile ist eine Entkonsolidierung vorzunehmen. Nach der **Einzelveräußerungsfiktion** (→ § 301 Rz. 113) gehen

- der *goodwill*,
- die Vermögenswerte des Tochterunternehmens,
- die Schulden des Tochterunternehmens und
- der **Minderheitenanteil**

ab.

Bei der Ermittlung des Entkonsolidierungserfolgs sind die Vermögensgegenstände und Schulden nur entsprechend dem Anteil des Mutterunternehmens zu berücksichtigen. Die auf die konzernfremden Gesellschafter entfallenden Anteile an den Vermögensgegenständen und Schulden sind **erfolgsneutral** mit dem Minderheitenanteil zu verrechnen (DRS 4.46).

31 Bei **Abwärtskonsolidierung** (Tochterunternehmen wird zu einfacher Beteiligung oder *equity*-Beteiligung) ist ebenfalls eine Entkonsolidierung vorzunehmen (→ § 301 Rz. 109), die hinsichtlich des Minderheitenanteils wiederum **erfolgsneutral** ist.

Fünfter Titel: Bewertungsvorschriften

§ 308 Einheitliche Bewertung

(1) ¹Die in den Konzernabschluss nach § 300 Abs. 2 übernommenen Vermögensgegenstände und Schulden der in den Konzernabschluss einbezogenen Unternehmen sind nach den auf den Jahresabschluss des Mutterunternehmens anwendbaren Bewertungsmethoden einheitlich zu bewerten. ²Nach dem Recht des Mutterunternehmens zulässige Bewertungswahlrechte können im Konzernabschluss unabhängig von ihrer Ausübung in den Jahresabschlüssen der in den Konzernabschluss einbezogenen Unternehmen ausgeübt werden. ³Abweichungen von den auf den Jahresabschluss des Mutterunternehmens angewandten Bewertungsmethoden sind im Konzernanhang anzugeben und zu begründen.

(2) ¹Sind in den Konzernabschluss aufzunehmende Vermögensgegenstände oder Schulden des Mutterunternehmens oder der Tochterunternehmen in den Jahresabschlüssen dieser Unternehmen nach Methoden bewertet worden, die sich von denen unterscheiden, die auf den Konzernabschluss anzuwenden sind oder die von den gesetzlichen Vertretern des Mutterunternehmens in Ausübung von Bewertungswahlrechten auf den Konzernabschluss angewendet werden, so sind die abweichend bewerteten Vermögensgegenstände oder Schulden nach den auf den Konzernabschluss angewandten Bewertungsmethoden neu zu bewerten und mit den neuen Wertansätzen in den Konzernabschluss zu übernehmen. ²Wertansätze, die auf der Anwendung von für Kreditinstitute oder Versicherungsunternehmen wegen der Besonderheiten des Geschäftszweigs geltenden Vorschriften beruhen, dürfen beibehalten werden; auf die Anwendung dieser Ausnahme ist im Konzernanhang hinzuweisen. ³Eine einheitliche Bewertung nach Satz 1 braucht nicht vorgenommen zu werden, wenn ihre Auswirkungen für die Vermittlung eines den tatsächlichen Verhältnissen entsprechenden Bildes der Vermögens-, Finanz- und Ertragslage des Konzerns nur von untergeordneter Bedeutung sind. ⁴Darüber hinaus sind Abweichungen in Ausnahmefällen zulässig; sie sind im Konzernanhang anzugeben und zu begründen.

Inhaltsübersicht	Rz.
I. Regelungsinhalt	1 - 2a
II. Einheitlichkeit der Bewertung (Abs. 1 und 2 Satz 1)	3 - 13
1. Maßgeblichkeit des Rechts des Mutterunternehmens	3 - 4
2. Unmaßgeblichkeit der Rechtsausübung im Einzelabschluss des Mutterunternehmens	5 - 6
3. Anhangangaben bei Abweichung vom Einzelabschluss des Mutterunternehmens	7 - 9
4. Einheitlichkeit der Bewertung gleichartiger Sachverhalte	10 - 12
5. Umbewertung in der HB II	13
III. Ausnahmen von der einheitlichen Bewertung (Abs. 2 Sätze 2 bis 4)	14 - 20
1. Überblick	14
2. Bank- und versicherungsspezifische Vorschriften	15
3. Wesentlichkeitsvorbehalt	16
4. Sonstige Ausnahmefälle	17 - 20

Ausgewählte Literatur

Reintges, Die einheitliche Bewertung im Konzernabschluss, WPg 1987 S. 282

Schulz, Der Stetigkeitsgrundsatz im Konzernabschluss, WPg 1990 S. 357

Stobbe, Die konzerneinheitliche Bewertung, DB 1986 S. 1833

I. Regelungsinhalt

1 Vermögensgegenstände und Schulden sind gem. Abs. 1 im Konzernabschluss
- **einheitlich** (→ Rz. 10),
- nach dem für den Jahresabschluss des Mutterunternehmens **maßgeblichen Recht** (→ Rz. 3),
- jedoch ohne Bindung an die tatsächliche **(Wahl-)Rechtsübung** im Jahresabschluss des Mutterunternehmens (→ Rz. 5)

zu bewerten.

Abweichungen vom Jahresabschluss des Mutterunternehmens sind aber im Anhang anzugeben und zu begründen (→ Rz. 7).

2 **Ausnahmen** vom Grundsatz der einheitlichen Bewertung werden in Abs. 2 geregelt. Sind im Einzelabschluss eines einbezogenen Unternehmens Vermögensgegenstände und Schulden abweichend von den konzerneinheitlichen Methoden bewertet worden, so darf diese Bewertung beibehalten werden, wenn
- die Auswirkung **unwesentlich** (→ Rz. 16),
- eine Vereinheitlichung **nicht praktikabel** (→ Rz. 18) oder
- die einzelbilanzielle Bewertung Folge **bank- und versicherungspezifischer Vorschriften** (→ Rz. 15)

ist.

2a § 308 HGB gilt unmittelbar für die Mitglieder des Vollkonsolidierungskreises, also Mutter- und Tochterunternehmen, mittelbar über den Verweis in § 310 Abs. 2 HGB auch für **quotal konsolidierte** Gemeinschaftsunternehmen. Bei *at equity* konsolidierten Gemeinschafts- oder assoziierten Unternehmen kann wahlweise auf die Bewertungsvereinheitlichung verzichtet werden (→ § 312 Rz. 48).

II. Einheitlichkeit der Bewertung (Abs. 1 und 2 Satz 1)

1. Maßgeblichkeit des Rechts des Mutterunternehmens

3 Nach Abs. 1 Satz 1 sind Vermögensgegenständen und Schulden
- **einheitlich** zu bewerten und zwar
- nach den auf den Jahresabschluss des **Mutterunternehmens anwendbaren Methoden**.

Die erste Voraussetzung ist insofern abstrakt, als offen bleibt, welches die einheitlich anzuwendenden Methoden sind. Die Antwort hierauf liefert die zweite Voraussetzung: **Maßgeblich** ist das **Recht des Mutterunternehmens**. Hieraus folgt:

▶ In einem nach § 290 HGB aufgestellten Konzernabschluss sind die (auch) für Kapitalgesellschaften geltenden Bewertungsvorschriften (§§ 252 bis 256 HGB) anzuwenden.

▶ Entsprechendes gilt, wenn ein nach § 13 PublG von einem **Personen**unternehmen aufgestellter Konzernabschluss befreiende Wirkung für eine untergeordnete Kapitalgesellschaft haben soll (§ 291 Abs. 2 Nr. 2 HGB i.V. mit § 13 Abs. 3 PublG).

Ist das Mutterunternehmen ein **Kreditinstitut** bzw. eine **Versicherung**, sind die besonderen Bewertungsvorschriften der §§ 340e bis 340g HGB bzw. der §§ 341b bis 341h HGB nur **eingeschränkt maßgeblich**.

4

> **BEISPIEL** Das Mutterunternehmen ist ein Kreditinstitut. Nach § 340f HGB darf es zur Sicherung gegen die besonderen Risiken des Geschäftszweigs der Kreditinstitute, u. a. Forderungen an Kunden mit einem niedrigeren Wert als nach § 253 Abs. 1 HGB vorgeschrieben oder zugelassen, ansetzen.
>
> Gehören zum Konzern auch Tochterunternehmen, die in Handel und Industrie tätig sind, würde ein Ansatz der bei diesen begründeten Kundenforderungen unterhalb des Werts nach § 253 Abs. 1 HGB nicht der Sicherung gegen besondere bankspezifische Risiken dienen. Die Debitoren der Industrie- und Handelstöchter können daher nicht nach §§ 340e bis 340g HGB bewertet werden.

2. Unmaßgeblichkeit der Rechtsausübung im Einzelabschluss des Mutterunternehmens

Maßgeblich für die einheitliche Bewertung ist zwar nach Abs. 1 Satz 1 das Recht des Mutterunternehmens; dies bedeutet nach Abs. 1 Satz 2 aber gerade keine Bindung an die konkrete Rechtsausübung im Einzelabschluss des Mutterunternehmens. Folgende Differenzierung ist daher geboten:

5

▶ Das Recht des Mutterunternehmens bestimmt, welche Bewertungen zwingend vorzunehmen sind und wo Wahlrechte bestehen (**Maßgeblichkeit des Rechts des Mutterunternehmens**).

▶ Die Ausübung der Wahlrechte im Einzelabschluss des Mutterunternehmens determiniert hingegen nicht die Ausübung der Wahlrechte im Konzern (**Unmaßgeblichkeit der Rechtsausübung im Einzelabschluss des Mutterunternehmens**).

> **BEISPIEL** Das Mutterunternehmen macht im Einzelabschluss von dem Wahlrecht zur Aktivierung von Zinsen auf Herstellungsvorgänge gem. § 255 Abs. 3 HGB Gebrauch. Diese Bewertungsentscheidung des Einzelabschlusses determiniert nicht den Konzernabschluss. Im Konzernabschluss ist das nach dem Recht des Mutterunternehmens bestehende Wahlrecht lediglich einheitlich auszuüben. Diese Einheitlichkeit ist auch gegeben, wenn abweichend

II. Einheitlichkeit der Bewertung

vom Einzelabschluss des Mutterunternehmens konzernweit auf die Aktivierung von Zinsen verzichtet wird.

6 Anders als bei echten Wahlrechten kann im Rahmen **der Ermessensausübung (faktische Wahlrechte)** aber eine **Bindung** an die Bewertungsentscheidungen im Einzelabschluss des **Mutterunternehmens** bestehen:

BEISPIEL Bei der Erstellung des Einzelabschlusses ist u. a. über die Höhe von Einzelwertberichtigungen und Rückstellungen für Produkthaftung zu entscheiden. Der Vorstand schöpft im Hinblick auf eine ohnehin gute Geschäftslage und mit dem Ziel der Begrenzung unbilliger Ausschüttungsambitionen der Aktionäre sein Ermessen in der Weise aus, dass er Wertberichtigung und Rückstellungen in maximaler, gerade noch vertretbarer Höhe ansetzt. Für den zeitgleich aufgestellten „nur Informationszwecken dienenden" Konzernabschluss möchte er die Ertragslage hingegen besser darstellen und daher eine weniger pessimistische Einschätzung des Wertberichtigungs- und Rückstellungsbedarfs vornehmen.

BEURTEILUNG Abgesehen von den bilanzpolitischen Motiven gibt es keinen sachlichen Grund für die unterschiedliche Ermessensausübung. Neue Erkenntnisse liegen bei Erstellung des Konzernabschlusses nicht vor. Eine unterschiedliche Ausübung des Ermessens durch das gleiche Bilanzierungssubjekt wäre widersprüchlich bzw. reine Willkür. Sie ist daher unzulässig.[1]

Hingegen binden die Ermessenentscheidungen eines nicht personenidentischen Aufstellungsorgans eines **Tochterunternehmens** bei Erstellung des Konzernabschlusses nicht (→ § 300 Rz. 16).

3. Anhangangaben bei Abweichung vom Einzelabschluss des Mutterunternehmens

7 Mit den unter → Rz. 6 genannten Ausnahmen für faktische Wahlrechte ist die Konzernleitung bei der Bewertung nicht an die Wahlrechtsausübung im Einzelabschluss des Mutterunternehmens gebunden. Abweichungen von den auf den Jahresabschluss des Mutterunternehmens angewandten Bewertungsmethoden sind jedoch gem. Abs. 1 Satz 3 im Konzernanhang anzugeben und zu begründen.

Nach ganz einheitlicher Auffassung betrifft die Angabepflicht **nur** Vermögensgegenstände oder Schulden des **Mutterunternehmens**. Abweichungen zwischen Einzelabschluss anderer einbezogener Unternehmen und Bewertung im Konzern sind nicht anzugeben.[2]

8 Einschlägig ist die Angabepflicht somit nur, wenn folgende Voraussetzungen **kumulativ** erfüllt sind:

▶ Wesentliche Vermögensgegenstände und Schulden des Mutterunternehmens sind im Konzernabschluss **enthalten** und

---

1 Ä. A. *Ellrott/Pastor*, in: Beck'scher Bilanz-Kommentar, 7. Aufl., München 2010, § 308 Tz. 12; *ADS*, 6. Aufl., § 308 Tz. 27.A.
2 Vgl. *ADS*, 6. Aufl., § 308 Tz. 29.

▶ werden dort anders als im Einzelabschluss des Mutterunternehmens **bewertet**.

Zur Kumulation beider Voraussetzungen kommt es beispielsweise. i. d. R. nicht, wenn das Mutterunternehmen sich hauptsächlich auf **Holdingfunktionen** beschränkt.

> **BEISPIEL** Der X-Konzern wird durch das Mutterunternehmen M geleitet. M ist nur in Holdingfunktion sowie als konzernweiter *cashpool* tätig.
>
> **BEURTEILUNG** Die wesentlichen Vermögensgegenstände der M werden entweder konsolidiert (Beteiligungen, konzerninterne Forderungen und Verbindlichkeiten aus dem *cashpool*) oder unterliegen keinen relevanten Bewertungswahlrechten (liquide Mittel, Bankverbindlichkeiten). Nach Abs. 1 Satz 3 angabepflichtige Verhältnisse scheiden daher aus.

Ist das Mutterunternehmen hingegen selbst operativ tätig, können bei aus Konzernsicht wesentlichen Vermögensgegenständen und Schulden Bewertungswahlrechte vorliegen (vgl. → Rz. 5). Werden diese im Konzernabschluss anders als im Einzelabschluss des Mutterunternehmens ausgeübt, sind im **Anhang** anzugeben 9

▶ die **Posten**, die nach anderen Methoden bewertet sind,

▶ die im Konzernabschluss angewandte **Bewertungsmethode** sowie

▶ die **Gründe** für eine abweichende Bewertungsmethode.

Die Begründung muss keinen hohen Konkretisierungsgrad aufweisen. Tauglich sind etwa folgende Formulierungen:

▶ „Die abweichende Bewertung im Konzern erfolgt im Interesse der Anpassung an die überwiegend von den Konzernunternehmen angewandten Bewertungsmethoden."

▶ „Die abweichende Bewertung im Einzelabschluss ist wesentlich durch die nur dort gegebene Maßgeblichkeit für Besteuerungszwecke bedingt."

Nicht erforderlich ist eine Quantifizierung der Abweichungen.[3]

4. Einheitlichkeit der Bewertung gleichartiger Sachverhalte

Vermögensgegenstände und Schulden sind einheitlich zu bewerten (Abs. 1 Satz 1), **Bewertungswahlrechte** demzufolge **einheitlich** und unabhängig von der Ausübung in den Einzelabschlüssen der einbezogenen Unternehmen auszuüben (Abs. 1 Satz 2). Diese Vorgaben haben im Grunde **deklaratorischen** Charakter,[4] da für den Konzern der Einheitsgrundsatz gilt (→ § 297 Rz. 115), somit die konzernweite, auf Einzelabschlüsse keine Rücksicht nehmende Bewertung sich bereits aus § 298 HGB i.V. mit § 252 Abs. 1 Nr. 6 HGB ergibt. Daraus folgt (→ § 252 Rz. 176): 10

▶ Die Frage der Einheitlichkeit ist im Konzernabschluss so zu beurteilen wie in einem **Einzelabschluss**.

▶ Hier wie dort ist zunächst zu klären, ob überhaupt **gleichartige** Sachverhalte vorliegen.

▶ Bei **ungleichartigen** Sachverhalten ist gerade keine einheitliche Bewertung geboten.

---

[3] Vgl. *ADS*, 6. Aufl., § 308 Tz. 30.
[4] Vgl. *Ellrott/Pastor*, in: Beck'scher Bilanz-Kommentar, 7. Aufl., München 2010, § 308 Tz. 7.

II. Einheitlichkeit der Bewertung

BEISPIEL Die X-GmbH betreibt Windkraftanlagen teils *off shore*, teils im Binnenland. Entsprechendes gilt für den Wettbewerber Y-Konzern mit der Besonderheit, dass hier die *off shore*-Anlagen von dem rechtlich selbständigen Tochterunternehmen T-O, die Binnenlandanlagen von dem ebenfalls selbständigen Tochterunternehmen T-B betrieben werden.

Fraglich ist, ob die Anlagen nach einheitlichen Methoden abzuschreiben sind.

BEURTEILUNG Diese Frage ist unabhängig von der rechtlichen Struktur und damit für den Einzelabschluss der X-GmbH nicht anders als für den Konzernabschluss des Y-Konzerns zu beurteilen. Wenn bei den *off shore*-Anlagen (bei gleicher Gesamtnutzungsdauer) früher Leistungseinbußen, Stillstandszeiten wegen Reparaturen etc. zu erwarten sind, bestehen weder für den Einzel- noch für den Konzernabschluss Bedenken, diese degressiv, die Binnenlandanlagen hingegen linear abzuschreiben.

11 **Ungleichartige** und damit gerade nicht einheitlich zu bewertende Sachverhalte liegen etwa in folgenden Fällen vor:

- **Sachanlagen** werden im Konzern in unterschiedlicher Intensität (Einschicht- vs. Mehrschichtbetrieb) genutzt, unterschiedlich gewartet, unterschiedlich durch externe Umweltbedingungen abgenutzt etc. Die Abschreibungsmethoden und/oder die zu schätzenden Nutzungsdauern dürfen bzw. müssen sich ggf. unterscheiden.
- **Nicht einzelwertberichtigte Forderungen** unterliegen angesichts unterschiedlichen Zahlungsverhaltens und unterschiedlicher Rechtsdurchsetzungsmöglichkeiten bei den inländischen Konzernunternehmen anderen statistischen Ausfallrisiken als bei den ausländischen. Ein konzernweit einheitlicher Pauschalwertberichtigungssatz wäre unzulässig.
- **Unverzinsliche Forderungen** bestehen teils in Euro, teils in USD. Die Abzinsung hat mit währungsspezifischen Diskontierungssätzen zu erfolgen.
- **Pensionszusagen** werden im Konzern sowohl von inländischen als auch von ausländischen Töchtern erteilt. In der Bewertung ist die länderspezifische Lebenserwartung zu berücksichtigen, die Anwendung einheitlicher Sterbetabellen wäre falsch.

12 Bei den zuletzt angeführten **Pensionsrückstellungen** besteht aber – wie bei anderen langfristigen Rückstellungen – folgende Besonderheit: § 253 Abs. 2 HGB sieht zur Vereinfachung und Vereinheitlichung die **Abzinsung** mit einem einheitlichen, von der Bundesbank ermittelten, aus den **Marktzinsen des Euroraums** abgeleiteten Zinssatz vor. Über § 298 Abs. 1 HGB gilt dies auch für den Konzern, unabhängig davon, in welchem Währungsraum die Pensionsverpflichtungen bestehen.

Bei Fremdwährungsverpflichtungen verletzt ein solches Vorgehen aber das **Prinzip der Äquivalenz** von Zahlungsstrom (Fremdwährung) und Diskontierungssatz (Eurozins). Nach der Begründung zum RegE des BilMoG kann und muss daher bei wesentlicher Auswirkung im Interesse der tatsachengetreuen Darstellung das Äquivalenzprinzip gewahrt und von der Bewertungsvorgabe des § 253 Abs. 2 HGB abgewichen werden (→ § 253 Rz. 79).

5. Umbewertung in der HB II

Als im Grunde selbstverständliche **Folge** des in Abs. 1 enthalten Gebots der einheitlichen Bewertung gleichartiger Sachverhalte hält Abs. 2 Satz 1 Folgendes fest: 13

▶ Sind Vermögensgegenstände oder Schulden einbezogener Unternehmen in deren Einzelabschlüssen nach Methoden bewertet worden, die sich von denen unterscheiden, die auf den Konzernabschluss anzuwenden sind oder in Ausübung von Bewertungswahlrechten angewendet werden,

▶ müssen die Vermögensgegenstände oder Schulden nach den auf den Konzernabschluss anzuwendenden bzw. angewandten Bewertungsmethoden „neu" bewertet werden.

Technisch verfolgt sich dieser, in begrifflicher Abgrenzung zur Neubewertung bei der Erstkonsolidierung besser als **Umbewertung** zu bezeichnende Vorgang im Rahmen der Erstellung der sog. HB II (→ § 300 Rz. 10). Die Umbewertung kann zu Abweichungen von Steuerbilanzwerten und damit zu latenten Steuern führen (→ § 306 Rz. 15).

III. Ausnahmen von der einheitlichen Bewertung (Abs. 2 Sätze 2 bis 4)

1. Überblick

Sind im Einzelabschluss eines einbezogenen Unternehmens Vermögensgegenstände und Schulden abweichend von den konzerneinheitlichen Methoden bewertet worden, so darf diese Bewertung gem. Abs. 2 Satz 2 bis 4 beibehalten werden, wenn 14

▶ die einzelbilanzielle Bewertung Folge **bank- und versicherungspezifischer** Vorschriften (→ Rz. 15),

▶ das Unterlassen einer Vereinheitlichung **unwesentlich** (→ Rz. 16) oder

▶ ein **(sonstiger) Ausnahmefall** gegeben (→ Rz. 17)

ist.

2. Bank- und versicherungsspezifische Vorschriften

Hinsichtlich der Bedeutung spezifischer Bewertungsvorschriften für Kreditinstitute und Versicherungen (§§ 340e HGB ff. und §§ 341b HGB ff.) im Rahmen von § 308 HGB ist wie folgt zu differenzieren: 15

▶ Ist das **Kreditinstitut** oder die Versicherung **Mutterunternehmen**, gelten die branchenspezifischen Vorschriften wegen Abs. 1 Satz 1 entsprechend im Konzernabschluss, jedoch ggf. beschränkt auf das Mutterunternehmen, d. h. nicht für in den Konzernabschluss einbezogene Industrie- und Handelsunternehmen (→ Rz. 4).

▶ Ist das **Kreditinstitut** oder die Versicherung **Tochterunternehmen**, das Mutterunternehmen hingegen ein Industrie- oder Handelsunternehmen, dürfen die geschäftszweigspezifischen Bewertungen des Einzelabschlusses für die Vermögensgegenstände und Schulden des Tochterunternehmens gem. Abs. 2 Satz 2 im Konzernabschluss **beibehalten** werden. Auf die

Anwendung dieser Wahlrechtsausnahme ist im Anhang hinzuweisen. Nicht gefordert sind Angaben zu den betroffenen Posten und Vorschriften.

Zum zweiten Fall folgendes Beispiel:

> **BEISPIEL** Das Mutterunternehmen ist ein Industrieunternehmen, das Tochterunternehmen ein Kreditinstitut. Nach § 340f HGB darf das Tochterunternehmen zur Sicherung gegen die besonderen Risiken des Geschäftszwigs der Kreditinstitute u. a. Forderungen an Kunden mit einem niedrigeren Wert als nach § 253 Abs. 1 HGB vorgeschriebenen oder zugelassen ansetzen.
>
> Diese Bewertung kann im Konzern beibehalten werden. Falls von diesem Wahlrecht Gebrauch gemacht wird, strahlt dies nicht auf die Bewertung der Forderungen des Mutterunternehmens und anderer industrieller Tochterunternehmen aus.

3. Wesentlichkeitsvorbehalt

16   Nach Abs. 2 Satz 3 braucht eine einheitliche Bewertung nicht vorgenommen zu werden, wenn ihre Auswirkungen für die Vermittlung eines den tatsächlichen Verhältnissen entsprechenden Bilds der Vermögens-, Finanz- und Ertragslage des Konzerns nur von untergeordneter Bedeutung sind. Die Vorschrift hat **deklaratorischen** Charakter. Sie wiederholt lediglich den allgemein für die Rechnungslegung geltenden Wesentlichkeitsvorbehalt. Zu seiner Konkretisierung kann sie nichts beitragen, da es gerade in der Natur des Wesentlichkeitsgrundsatzes liegt, auf die Umstände des Einzelfalls abzustellen. Wegen der dabei in Frage kommenden Beurteilungskriterien wird auf → § 252 Rz. 182 verwiesen.

4. Sonstige Ausnahmefälle

17   Abweichungen vom Grundsatz der einheitlichen Bewertung sind außer bei geschäftszwigspezifischen Vorschriften (→ Rz. 15) und Unwesentlichkeit (→ Rz. 16) gem. Abs. 2 Satz 4 noch in **Ausnahmefällen** zulässig und dann im Konzernanhang anzugeben und zu begründen.

18   Als Ausnahme ist folgender Fall allgemein anerkannt: Kurz vor dem Abschlussstichtag ist ein **Tochterunternehmen erworben** worden. Die Anpassung an die konzerneinheitlich angewandten Bewertungsmethoden würde zu einer unverhältnismäßigen **Verzögerung** der Aufstellung des Konzernabschlusses führen.

Weitere Anwendungsfälle sind kaum erkennbar. Der Hinweis auf **wirtschaftliche Unzumutbarkeit** der Umbewertung[5] trägt etwa regelmäßig nicht bzw. nur dann, wenn eine Vereinheitlichung bereits aus Wesentlichkeitsgesichtspunkten unterbleiben kann. Ist umgekehrt der Effekt einer Nichtvereinheitlichung wesentlich, kann die Abwägung zwischen Informationsnutzen und Kosten der Vereinheitlichung kaum eine Ausnahme rechtfertigen.

19   Strittig ist die Behandlung von Fällen, in denen ein Tochterunternehmen sich freiwillig oder zwangsweise in der **Liquidation** befindet und es daher im Einzelabschluss nicht mehr unter der *going concern*-Prämisse bewertet wird. Eine Berufung auf Abs. 2 Satz 4, d. h. die Begrün-

---

5   Vgl. *Ellrott/Pastor*, in: Beck'scher Bilanz-Kommentar, 7. Aufl., München 2010, § 308 Tz. 32.

dung als Ausnahmefall vom Grundsatz der einheitlichen Bewertung, ist nicht unbedingt notwendig. Es kann auch argumentiert werden, dass beim Tochterunternehmen andere Verhältnisse als bei den anderen Konzernunternehmen vorliegen, mangels Gleichartigkeit der Sachverhalte (→ Rz. 10) also das Gebot der Bewertungseinheitlichkeit gar nicht tangiert ist.[6] Das bilanzielle Ergebnis ist in beiden Fällen gleich. Ein Unterschied besteht lediglich darin, dass bei Berufung auf einen Ausnahmefall eine Anhangangabe geboten ist.

Wird in Ausnahmefällen auf die Vereinheitlichung der Bewertung verzichtet, ist im **Konzernanhang** anzugeben, 20

- **dass** von der einheitlichen Bewertung abgewichen wurde und
- welche **Gründe** dafür bestehen.

Eine Quantifizierung der Abweichung ist nicht, auch nicht über den Umweg von § 313 Abs. 1 Nr. 3 HGB erforderlich.[7]

---

6 Vgl. *Ellrott/Pastor*, in: Beck'scher Bilanz-Kommentar, 7. Aufl., München 2010, § 308 Tz. 33; *Kirsch*, in: Petersen/Zwirner/Brösel (Hrsg.), Systematischer Praxiskommentar Bilanzrecht, Köln 2010, § 308 Tz. 49; *Müller/Kreipl*, in: Haufe HGB Bilanz Kommentar, Freiburg 2009, § 308 Rz. 57, alle zugleich mit Nachweisen zur Gegenauffassung.
7 Gl. A. *Pohle*, in: Küting/Weber (Hrsg.), Handbuch der Konzernrechnungslegung, Bd. II, 1998, § 308 Tz. 51.

§ 308a Umrechnung von auf fremde Währung lautenden Abschlüssen

¹Die Aktiv- und Passivposten einer auf fremde Währung lautenden Bilanz sind, mit Ausnahme des Eigenkapitals, das zum historischen Kurs in Euro umzurechnen ist, zum Devisenkassamittelkurs am Abschlussstichtag in Euro umzurechnen. ²Die Posten der Gewinn- und Verlustrechnung sind zum Durchschnittskurs in Euro umzurechnen. ³Eine sich ergebende Umrechnungsdifferenz ist innerhalb des Konzerneigenkapitals nach den Rücklagen unter dem Posten „Eigenkapitaldifferenz aus Währungsumrechnung" auszuweisen. ⁴Bei teilweisem oder vollständigem Ausscheiden des Tochterunternehmens ist der Posten in entsprechender Höhe erfolgswirksam aufzulösen.

Inhaltsübersicht

	Rz.
I. Regelungsinhalt	1 - 6
II. Abschied von der funktionalen Theorie	7 - 12
1. Berichtswährung und funktionale Währung	7
2. Theorie und Praxis	8 - 12
III. Umrechnung der Bilanz (Satz 1)	13 - 17
1. Überblick	13
2. Maßgeblicher Kurs und Stichtag	14 - 15
3. Einstandskurse des Eigenkapitals	16
4. Vorjahresvergleich	17
IV. Umrechnung der GuV (Satz 2)	18 - 21
1. Grundsatz	18
2. Maßgeblicher Kurs und Zeitraum	19 - 20
3. Vorjahresvergleich	21
V. Umrechnungsdifferenzen (Satz 3)	22 - 31
1. Erfolgsneutrale Dotierung in einem separaten Eigenkapitalposten	22
2. Ermittlung und Verprobung der Umrechnungsdifferenz	23 - 25
3. Minderheitenanteil an der Umrechnungsdifferenz	26 - 28
4. Währungserfolge aus konzerninternen Forderungen und Schulden	29 - 31
VI. Erfolgsrealisierung beim (Teil-)Abgang der Einheit (Satz 4)	32 - 42
1. Vollständige Veräußerung oder Liquidation	32 - 36
2. Abwärtskonsolidierung und Abstockung	37 - 40
3. Besonderheiten im mehrstufigen Konzern	41 - 42
VII. Ausweis und Anhangangaben	43 - 46
VIII. Hyperinflation	47 - 57
1. Problemstellung	47 - 49
2. Schritt 1: Prüfung auf Hyperinflation	50
3. Schritt 2: Auswahl eines Preisindexes	51
4. Schritt 3: Anpassung nichtmonetärer Bilanzposten	52
5. Schritt 4: Anpassung der GuV	53
6. Schritt 5: Ermittlung Schuldnergewinn/Gläubigerverlust	54
7. Schritt 6: Anpassung Vorjahreszahlen	55
8. Schritt 7: Umrechnung in Berichtswährung Euro	56
9. Anwendungsbeispiel	57

Ausgewählte Literatur

Deubert, Auflösung der Eigenkapitaldifferenz aus Währungsumrechnung nach § 308a Satz 4 HGB i. d. F. des RegE BilMoG, DStR 2009 S. 340

Lachnit/Amman, Währungsumrechnung als Problem einer tatsachengetreuen Darstellung der wirtschaftlichen Lage im Konzernabschluss, WPg 1998 S. 751

Lienau, Die Bilanzierung latenter Steuern bei der Währungsumrechnung nach IFRS, PiR 2008 S. 7

Lorenz, DRS 14 zur Währungsumrechnung, Darstellung und Vergleichbarkeit mit den IASB-Regelungen, KoR 2004 S. 437

Lüdenbach, Währungsdifferenzen und Währungssicherung im mehrstufigen Konzern, PiR 2008 S. 292

Plein, Die Eliminierung von Effekten aus Wechselkursänderungen bei indirekt erstellten Kapitalflussrechnungen, WPg 1998 S. 10

Zwirner/Künkele, Währungsumrechnung nach HGB: Abgrenzung latenter Steuern?, StuB 2009 S. 722

Zwirner/Künkele, Währungsumrechnung nach HGB: Erstmalige Kodifikation durch das BilMoG, StuB 2009 S. 517

I. Regelungsinhalt

1   § 308a HGB steht im Komplementärverhältnis zu § 256a HGB. Die Umrechnung in Euro ist geregelt für

- **Geschäftsvorfälle** in fremder Währung im Einzel- und Konzernabschluss in **§ 256a HGB**,
- **Fremdwährungsabschlüsse** ausländischer Konzerneinheiten im Rahmen der Konsolidierung in **§ 308a HGB**.

2   Für Fremdwährungsabschlüsse schreibt § 308a HGB die Anwendung der **modifizierten Stichtagsmethode** vor. Umzurechnen sind danach

- Vermögensgegenstände, Schulden etc. zu Stichtagskursen (→ Rz. 14),
- Eigenkapitalposten zu Einstandskursen (→ Rz. 16) sowie
- GuV-Posten zu Jahresdurchschnittskursen (→ Rz. 19).

Dabei entstehende Differenzen sind gem. Satz 3 zunächst erfolgsneutral in das **Eigenkapital** einzustellen (→ Rz. 22) und werden gem. Satz 4 erst bei vollständigem oder teilweisem **Ausscheiden** des Tochterunternehmens erfolgswirksam (→ Rz. 32).

3   § 308a HGB gilt nicht nur für vollkonsolidierte ausländische Tochterunternehmen, sondern gem. ausdrücklichem Verweis in § 310 Abs. 2 HGB auch für **quotal konsolidierte** Gemeinschaftsunternehmen. Nach allerdings aufgehobenem DRS 14.5 und 25 ff. bzw. nach h. M. des Schrifttums[1] sind überdies *at equity*-konsolidierte Unternehmen als andere ausländische Un-

---

[1] Ähnlich *Strickmann*, in: Haufe HGB Bilanz Kommentar, Freiburg 2009, § 308a Rz. 4, und *Kozikowski/Leistner*, in: Beck'scher Bilanz-Kommentar, 7. Aufl., München 2010, § 308a Tz. 60 ff.

ternehmenseinheiten hinsichtlich der Währungsumrechnung mit voll- oder quotal konsolidierten Unternehmen **gleichzustellen**.

§ 308a HGB enthält selbst keine **Angabepflichten**. Die Grundlagen der Währungsumrechnung sind aber nach § 313 Abs. 1 Nr. 2 HGB im Anhang anzugeben (→ Rz. 46). 4

Die Umrechnung von *cashflows* in fremder Währung für Zwecke der **Kapitalflussrechnung** ist gesetzlich nicht geregelt. Dazu wird auf → § 297 Rz. 64 ff. verwiesen. 5

Ebenfalls nicht im Gesetz behandelt wird die kaufkraftorientierte Rechnungslegung in Ländern mit **Hyperinflation**. Aus der Sicht des deutschen Anwenders sind diese Regelungen insoweit relevant, als es um zu konsolidierende Beteiligungsunternehmen in Hochinflationsländern geht. In derartigen Fällen ist die Bilanz des Beteiligungsunternehmens gem. DRS 14 zunächst um die Inflationseffekte zu bereinigen und erst anschließend die Währungsumrechnung durchzuführen (→ Rz. 47). 6

II. Abschied von der funktionalen Theorie

1. Berichtswährung und funktionale Währung

IAS 21 für die internationale Rechnungslegung und DRS 14 für das HGB vor BilMoG definieren zwei Währungsbegriffe: 7

- ▶ **funktionale Währung** (*functional currency*) als Währung der primären operativen Umwelt des Unternehmens/Konzerns;
- ▶ **Berichtswährung** (*presentation currency*) als Währung, in der der Einzel- oder Konzernabschluss präsentiert wird.

Bei einem deutschen Unternehmen oder einem Konzern mit deutschem Mutterunternehmen ist der Euro regelmäßig sowohl funktionale als auch Berichtswährung.

Eine Pflicht zur Wahl des Euro als Berichtswährung ergibt sich aus § 298 Abs. 1 HGB i.V. mit § 244 HGB.

2. Theorie und Praxis

Für Zwecke eines in Euro aufzustellenden Konzernabschlusses müssen die Abschlüsse konsolidierter ausländischer Einheiten (Tochterunternehmen, assoziierte Unternehmen, Gemeinschaftsunternehmen) mit Einzelabschlüssen in fremder Währung in Euro umgerechnet werden. Die Art der Umrechnung und ihre erfolgsmäßige Behandlung hing gem. der **funktionalen Theorie** von der Art des konsolidierungspflichtigen Teils ab. Zu unterscheiden war dabei 8

- ▶ zwischen wirtschaftlich **selbständigen Einheiten**, deren Geschäftstätigkeit kein integrierter Bestandteil der Tätigkeit des Konzerns ist, und
- ▶ **unselbständigen** Einheiten, die in den Geschäftsbetrieb des Konzerns integriert sind.

Nur selbständige Einheiten waren nach der **modifizierten Stichtagsmethode** (→ Rz. 2) erfolgsneutral von ihrer eigenen funktionalen Währung (i. d. R. lokale Währung) in die abweichende funktionale Währung des Konzerns (i. d. R. zugleich Berichtswährung des Konzerns) umzurechnen. **Unselbständige** Einheiten wurden hingegen entsprechend der Behandlung eigener Fremd- 9

II. Abschied von der funktionalen Theorie

währungsgeschäfte der Mutter erfolgswirksam in die funktionale Währung des Konzerns umgerechnet (Währungsumrechnung als Bewertungsvorgang).

10 Zur Bestimmung der funktionalen Währung und damit zur **Abgrenzung** zwischen selbständigen und unselbständigen Einheiten enthalten DRS 14 und IAS 21 diverse **Indikatoren**. Die Auslegung und Anwendung der Kriterien ist bzw. war eine Frage des **Ermessens**. Bei der Ausübung dieses Ermessens spielten u. a. Kosten-Nutzen-Überlegungen eine Rolle. Die Umrechnung selbständiger ausländischer Einheiten bereitete wenig Aufwand, da sie zu Stichtags- bzw. Jahresdurchschnittskursen erfolgte. Außerordentlich aufwendig war hingegen die Umrechnung unselbständiger ausländischer Einheiten, da alle nichtmonetären Positionen, also insbesondere Sach- und immaterielle Anlagen, zu Einstandskursen umzurechnen waren; bei einem Anlagevermögen, das aus Tausenden von Positionen mit unterschiedlichen Anschaffungszeitpunkten bestand, waren entsprechend Hunderte von Wechselkursen für die Umrechnung heranzuziehen.

11 Untersuchte man den Umgang der **Praxis** der (IFRS)-Rechnungslegung mit diesem Problem so war Folgendes festzustellen: Umrechnungen zu individuellen Einstandskursen wurden nur selten vorgenommen. Durchweg fand sich in den Abschlüssen die Behauptung, dass „alle (wesentlichen) Tochterunternehmen ihre Geschäfte selbständig in ihrer Landeswährung betreiben." Der Bilanzadressat musste annehmen, dass kaum ein deutscher Großkonzern in seinem durchweg umfangreichen Auslandsportfolio unselbständige Vertriebs-, Einkaufs- oder Zuliefergesellschaften hielt. Hervorragende akademische Arbeiten zur tatsachengetreuen und funktionsgerechten Währungsumrechnung fanden in der Praxis jedenfalls wenig Widerhall. Die ermessensbehaftete Prüfung, ob eine ausländische Einheit eher selbständig oder unselbständig ist, erfolgte nach der pragmatischen Regel „im Zweifel (und wo lässt ein Indikatorkonzept keine Zweifel?) für die Selbständigkeit". Weder sich noch dem Publikum wollte man die Anwendung unterschiedlicher Methoden zumuten.

Man konnte – und musste – dies aus theoretischer Sicht tadeln. In der Praxis eines zeitnahen Jahresabschlusses (*fast close*) blieb indes häufig keine realistische Alternative. Damit stellte sich aber die Frage, ob es nicht besser wäre, die praktischen Notwendigkeiten und „Sachzwänge" von der **Anwender-** auf die **Regelebene** zu befördern. In diesem Sinne hatten wir vor einigen Jahren die Frage gestellt, ob einer einheitlichen und ehrlichen Rechnungslegung nicht mehr gedient sei, wenn Praktikabilität und Kosten-Nutzen-Abwägung nicht in die Hände des einzelnen Anwenders, sondern des Regelgebers gelegt würden.[2]

12 Das **BilMoG** folgt für die handelsrechtliche Rechnungslegung nun diesem **pragmatischen** Anliegen. § 308a HGB sieht die Umrechnung zur modifizierten Stichtagsmethode vor. Die nach der funktionalen Theorie geforderte Differenzierung zwischen selbständigen und unselbständigen Einheiten wird abgelehnt. Zur Begründung wird darauf verwiesen, dass in der bisherigen IFRS-Praxis die Beurteilung der ausländischen Einheit aus Praktikabilitätsgründen fast immer zugunsten der Selbständigkeit ausfiel.

---

[2] Vgl. *Lüdenbach*, in: Lüdenbach/Hoffmann (Hrsg.), Haufe IFRS-Kommentar, 1. Aufl., Freiburg 2003, § 27.

III. Umrechnung der Bilanz (Satz 1)

1. Überblick

Für die Umrechnung der Bilanzposten von Tochterunternehmen, Gemeinschafts- und **assoziierter Unternehmen** bestimmt Satz 1:

▶ Sämtliche **Vermögensgegenstände, Schulden**, Abgrenzungs- und Sonderposten (z. B. latente Steuern) sind zum **Stichtagskurs** umzurechnen.

▶ Ausgenommen von der Stichtagsbewertung ist jedoch das **Eigenkapital**. Es ist mit seinen jeweiligen **Einstandskursen** („historischen" Kursen) fortzuführen (→ Rz. 16).

▶ Eine Rückausnahme gilt für den **Jahresüberschuss**: Er ergibt sich aus der GuV und damit aus **Durchschnittskursen** (→ Rz. 16).

13

2. Maßgeblicher Kurs und Stichtag

Maßgeblicher Kurs für die Umrechnung der Vermögensgegenstände, Schulden etc. ist der **Devisenkassamittelkurs** am Abschlussstichtag. Die Verwendung des Mittelkurses dient der Vereinfachung und Vereinheitlichung (→ § 256a Rz. 6).

14

Zugrunde zu legen ist der Kurs des **Abschlussstichtags**. Der Regierungsentwurf hatte noch vom „Kurs des Konzernbilanzstichtags" gesprochen. Dessen Verwendung wäre aber nicht sachgerecht, wenn etwa ein Tochterunternehmen auf Basis eines **abweichenden** Stichtags konsolidiert wird (→ § 299 Rz. 7). Das zu konsolidierende Vermögen und der Kurs müssen aus Konsistenzgründen auf den gleichen Stichtag bestimmt werden. Somit ist der Abschlussstichtag, nach dem das **einbezogene Unternehmen** konsolidiert wird, maßgeblich.[3]

15

3. Einstandskurse des Eigenkapitals

Das Eigenkapital ist mit **Einstandskursen** („historischen" Kursen) umzurechnen. Als Einstandskurse des Eigenkapitals gelten

16

▶ für das bereits bei **Erstkonsolidierung** vorhandene Eigenkapital (inkl. stiller Reserven, → Rz. 26) die Kurse des Erstkonsolidierungszeitpunkts;

▶ für die **Kapitalzuführungen** späterer Jahre die Kurse der Zuführungszeitpunkte;

▶ für die nach Erstkonsolidierung thesaurierten **Gewinne** die Durchschnittskurse des jeweiligen Gewinnentstehungsjahrs.

4. Vorjahresvergleich

Die in der Vorjahresspalte für Vergleichszwecke anzugebenden Zahlen der Vermögensgegenstände, Schulden etc. werden durch Kursänderungen in der aktuellen Berichtsperiode nicht tangiert. Es bleibt insoweit bei den im **Vorjahresabschluss** verwendeten Umrechnungskursen.

17

---

3 Gl. A. *Strickmann*, in: Haufe HGB Bilanz Kommentar, Freiburg 2009, § 308a Rz. 19.

IV. Umrechnung der GuV (Satz 2)

1. Grundsatz

18 Gem. Satz 2 sind „die Posten der Gewinn- und Verlustrechnung zum Durchschnittskurs in Euro umzurechnen." Posten der GuV sind die **Ertrags- und Aufwandsposten**, hingegen weder Zwischensummen, wie etwa das „Ergebnis der gewöhnlichen Geschäftstätigkeit" (§ 275 Abs. 2 Nr. 14, Abs. 3 Nr. 13 HGB) noch als Endsumme der Jahresüberschuss-/fehlbetrag. Zwischensummen und Endsumme ergeben sich aus Addition bzw. Subtraktion der Ertrags- und Aufwandsposten.

2. Maßgeblicher Kurs und Zeitraum

19 Im Falle der Einbeziehung untergeordneter Unternehmen auf der Basis abweichender Geschäftsjahre gilt – wie bei der Bilanz für den Stichtagskurs (→ Rz. 15) – in der GuV für den Durchschnittskurs: Es ist auf das Geschäftsjahr des **einbezogenen** Unternehmens und nicht das des Konzerns abzustellen.

20 Der Begriff des **Durchschnitts**kurses ist interpretationsbedürftig. Bei **ungewichteter** Betrachtung ergäbe er sich als Mittelwert aus Anfangs- und Endkurs. Eine solche Betrachtung wäre jedoch nichts sachgerecht.

> **BEISPIEL** Am 31.12.01 beträgt das Verhältnis von Euro zur Fremdwährung (FW) 1 €/1 FW.
>
> **1. ALTERNATIVE** Anfang Januar 02 gerät der ausländische Staat in Zahlungsschwierigkeiten. Der Kurs der ausländischen Währung sinkt auf 0,5 €/1 FW und bleibt den Rest des Jahrs in etwa gleich.
>
> **2. ALTERNATIVE** Der Kurs von 1 €/1 FW bleibt im Wesentlichen bis Anfang Dezember 02 gleich. Erst dann kommt es zur Zahlungskrise und zum Rückgang auf 0,5 €/1 FW.
>
> **BEURTEILUNG** **1. Alternative**: Die wesentlichen Aufwendungen und Erträge des Jahrs 02 sind zu Transaktionskursen von 0,5 €/1 FW abgewickelt worden. Der Ansatz eines ungewichteten Jahresdurchschnittskurses von 0,75 €/1 FW würde diese ignorieren.
>
> **2. Alternative**: Die wesentlichen Aufwendungen und Erträge des Jahrs 02 sind zu Transaktionskursen von 1 €/1 FW abgewickelt worden. Der Ansatz eines ungewichteten Jahresdurchschnittskurses von 0,75 €/1 FW würde dem nicht entsprechen.
>
> Erst eine zeitlich gewichtete Ermittlung, die berücksichtigt, über welche Dauer der jeweilige Kurs galt, führt in beiden Fällen zu einem sachgerechten Ergebnis.

Der **Jahresdurchschnittskurs** ist demzufolge als Mittel der **täglichen** Kurse (so die Europäische Zentralbank)[4] oder als Mittel der (wiederum aus den Tageskursen abgeleiteten) **Monatskurse** (so im Steuerrecht)[5] zu bestimmen. Entspricht das Geschäftsjahr des konsolidierten Unterneh-

---

4 Vgl. http://www.bundesbank.de/statistik/statistik_zeitreihen.php?lang=de&open=devisen&func=row&tr=WJ5636.
5 Z. B LFD Thüringen vom 19. 3. 2007 – S 1320 A – 14 – A 4.101, für Zwecke der Einkommensteuer.

mens (und des Konzerns) dem **Kalenderjahr**, können die amtlichen Jahresdurchschnittswerte der Zentralbank herangezogen werden. Bei Einbeziehung auf Basis seines **abweichenden** Geschäftsjahrs sind die amtlichen Durchschnittskurse der Monate des Geschäftsjahrs zu addieren und durch die Zahl der Monate zu dividieren.

3. Vorjahresvergleich

Hinsichtlich der Vorjahresvergleichszahlen bleibt es bei der Umrechnung zum Vorjahresdurchschnittskurs. 21

V. Umrechnungsdifferenzen (Satz 3)

1. Erfolgsneutrale Dotierung in einem separaten Eigenkapitalposten

Bei der Umrechnung nach der modifizierten Stichtagsmethode ergeben sich rechnerische Umrechnungsdifferenzen, die sich in Begriffen der Buchhaltung wie folgt erklären: 22

▶ Zunächst liegt eine (Summen- und) **Saldenliste** in **Fremdwährung** vor, bei der nach Regeln der Doppik die Summe der Sollsalden der Summe der Habensalden entspricht.

▶ Diese **Salden** werden nun jedoch zur Umrechnung in Euro nicht mit einheitlichen, sondern mit unterschiedlichen Kursen **multipliziert**. Die Salden der Konten, auf denen Vermögensgegenstände, Schulden und Abgrenzungsposten geführt werden, zum Stichtagskurs, die Eigenkapitalkonten mit dem Einstandskurs, die Aufwands- und Ertragssalden mit dem Durchschnittskurs (→ Rz. 13).

▶ In der sich als Ergebnis dieser Umrechnung ergebenen **Saldenliste** in **Euro** stimmt die Summe der Soll- und Habensalden wegen der Anwendung unterschiedlicher Multiplikatoren auf die in Fremdwährung geführten Ausgangssalden nicht mehr überein.

Es entsteht eine **buchhalterische Differenz**, die nach Satz 3 **erfolgsneutral** in das Eigenkapital einzustellen und dort nach den Rücklagen unter dem Posten „**Eigenkapitaldifferenz aus Währungsumrechnung**" oder anderer geeigneter Bezeichnung (z. B. „Währungsumrechnungsrücklage" oder „Differenz aus der Währungsumrechnung") separat auszuweisen ist.

Soweit Minderheiten an der selbständigen ausländischen Einheit beteiligt sind, ist der entsprechende Teil der Umrechnungsdifferenz mit dem Minderheitenanteil zu verrechnen (→ Rz. 26).

2. Ermittlung und Verprobung der Umrechnungsdifferenz

Technisch ermittelt sich die Umrechnungsdifferenz als Summe aus folgenden Beträgen: 23

▶ Wertänderung des Eigenkapitals: Eigenkapitalanfangsbestand multipliziert mit der Differenz aus neuem und altem Stichtagskurs.

▶ Differenz GuV: Jahresergebnis multipliziert mit der Differenz aus Stichtagskurs und Durchschnittskurs.

Änderungen des Kapitals durch Ausschüttung, Kapitalherabsetzungen, Kapitalzuführungen etc. sind zusätzlich zu berücksichtigen. Wird etwa ein Jahresergebnis in 01 von 100 USD zum 24

V. Umrechnungsdifferenzen

Durchschnittskurs 01 von 1,2 in € umgerechnet (120 €), aber in 02 bei einem Kurs von 1,4 ausgeschüttet (140 €), so ergibt sich eine zu berücksichtigende Differenz i. H. von 20.

25   Zur Umrechnung in Euro und zur Ermittlung der Umrechnungsdifferenz folgendes **Beispiel**:[6]

BEISPIEL MU hat eine US-Tochter TU. Die Kurse entwickeln sich wie folgt:

- Kurs bis 1.1.01: 1,2 €/USD;
- Kurs 31.12.01: 1,4 €/USD;
- Kurs 31.12.02: 1,6 €/USD.
- Durchschnittskurs 01: 1,3 €/USD
- Durchschnittskurs 02: 1,4 €/USD

Vereinfachend wird angenommen, dass der Wechselkurs bis zum 1.1.01 konstant war, es also in der Bilanz 1.1.01 keine Währungsdifferenz gibt (bei einer realistischen Annahme würde das Währungsdifferenzkonto bereits per 1.1.01 einen Saldo ausweisen. Im Gegenzug würde das Eigenkapital per 1.1.01 andere Einstandskurse ausweisen).

Zunächst die Bilanz per 1.1.01 in USD und €:

Aktiva			1.1.01		Passiva
	USD	€		USD	€
Maschinen	150	180	gez. Kapital	200	240
Forderungen	90	108	Rücklagen	40	48
	240	288		240	288

ENTWICKLUNG 01 U erzielt in 01 einen Jahresüberschuss von 25 USD. Das übrige Eigenkapital bleibt unverändert. Die Maschinen haben per 31.12.01 einen Buchwert von 100 USD, die Forderungen von 165 USD.

Die Umrechnung der Bilanz 31.12.01 von USD in € vollzieht sich wie folgt:

- Maschinen und Forderungen sind mit dem Stichtagskurs von 1,4 umzurechnen,
- das Eigenkapital ist mit den Einstandskursen von 1,2 fortzuführen,
- alle Aufwendungen und Erträge 01 und damit (einfacher) der Jahresüberschuss 01 sind zum Jahresdurchschnittskurs umzurechnen. Der Jahresüberschuss in € beträgt demnach: 25 · 1,3 = 32,5.

Die Umrechnungsdifferenz 01 ergibt sich danach wie folgt:

EK Jahresanfang · (neuer - alter Stichtagskurs) = 240 · 0,2	48,0
Jahresüberschuss · (Stichtagskurs - Durchschnittskurs) = 25 · 0,1	2,5
Dividende · (Entstehungskurs - Transaktionskurs)	0,0
Summe	50,5

---

[6] Entnommen aus *Lüdenbach*, in: Lüdenbach/Hoffmann (Hrsg.), Haufe IFRS-Kommentar, 8. Aufl., Freiburg 2010, § 27.

Hieraus resultiert folgende Bilanz per 31.12.01:

Aktiva			31.12.01		Passiva
	USD	€		USD	€
Maschinen	100	140	gez. Kapital	200	240
Forderungen	165	231	Rücklagen	40	48
			Währungsdifferenz		50,5
			Jahresüberschuss	25	32,5
	265	371		265	371

ENTWICKLUNG 02 In 02 sinkt der Buchwert der Maschinen auf 50 USD, während sich die Forderungen auf 295 USD erhöhen. Bei einem Jahresüberschuss 02 von 80 USD ergibt sich Folgendes per 31.12.02:

▶ Maschinen und Forderungen sind mit dem Stichtagskurs von 1,6 umzurechnen,

▶ das Eigenkapital ist mit den Einstandskursen fortzuführen, d. h. das schon per 1.1.01 vorhandene Eigenkapital (gezeichnetes Kapital und Rücklagen) weiter mit 1,2, der thesaurierte Gewinn 01 (nun Gewinnvortrag) weiter mit dem Jahresdurchschnittskurs 01 von 1,3,

▶ alle Aufwendungen und Erträge 02 und damit (einfacher) der Jahresüberschuss 02 sind zum Jahresdurchschnittskurs von 1,5 umzurechnen. Der Jahresüberschuss in Euro beträgt demnach: 80 · 1,5 = 120.

Die neu zu berücksichtigende Umrechnungsdifferenz ergibt sich technisch wie folgt:

EK Jahresanfang · (neuer - alter Stichtagskurs) = 265 · 0,2 =	53,0
Jahresüberschuss · (Stichtagskurs - Durchschnittskurs) = 80 · 0,1 =	8,0
Dividende · (Entstehungskurs - Transaktionskurs) =	0,0
Summe Zuführung	61,0
+ Vortrag Währungsdifferenzkonto	50,5
= Währungsdifferenzkonto per 31.12.02	111,5

Dass es sich bei dem Betrag von 61 nur um den Zuführungsbetrag (nicht um den Endbestand) handelt, ergibt sich u. a. daraus, dass die Eigenkapitalumrechnungsdifferenz von 53,0 nur die Wertänderung zwischen 1.1.02 und 31.12.02 (nicht die Wertänderung in 01) wiedergibt.

V. Umrechnungsdifferenzen

Hieraus resultiert insgesamt folgende Bilanz per 31.12.02:

Aktiva		31.12.02			Passiva
	USD	€		USD	€
Maschinen	50	80	gez. Kapital	200	240
Forderungen	295	472	Rücklagen	40	48
			Gewinnvortrag	25	32,5
			Währungsdifferenz		111,5
			Jahresüberschuss	80	120
	345	552		345	552

Eine grobe Berechnung des Zuführungsbetrags zur Währungsumrechnungsrücklage ist auch bei in Konsolidierungssoftware integrierten Umrechnungen im Falle großer Beträge aus Verprobungsgründen sinnvoll.

3. Minderheitenanteil an der Umrechnungsdifferenz

26   Wenn das Mutterunternehmen nicht zu 100 % an seinem zu konsolidierenden Tochterunternehmen beteiligt ist, müssen im Konzernabschluss **Minderheitenanteile** ausgewiesen werden. Den Minderheiten ist dann auch ihr Anteil an der Währungsumrechnungsdifferenz bzw. deren Dotierung zuzuweisen (→ § 307 Rz. 26).

27   Hierbei entsteht folgendes Problem: Die Minderheiten partizipieren zwar an den Buchwerten und den im Rahmen der Erstkonsolidierung aufgedeckten stillen Reserven, jedoch nicht am *goodwill*:

- Wird der *goodwill* wie das zu Zeitwerten erfasste sonstige Vermögen der **ausländischen Einheit** und nicht der inländischen Mutter **zugeordnet**, ist er jährlich neu zu Stichtagskursen umzurechnen. Die auf den *goodwill* und seine Abschreibung entstehenden Umrechnungsdifferenzen sind jedoch nicht der Minderheit zuzurechnen. Der auf die Minderheiten entfallende Anteil der Währungsdifferenzen muss daher in einer Nebenrechnung ermittelt werden.

- Wird der *goodwill* hingegen der **inländischen Mutter zugerechnet**, entfällt die Notwendigkeit einer differenzierenden Betrachtung der Minderheit.

28   Damit stellt sich die Frage, ob das Unternehmen in der Zuordnung des *goodwill* frei ist. Die internationale Rechnungslegung sah in der bis 2004 geltenden Fassung von IAS 21 ein solches Wahlrecht vor. Der *goodwill* war wahlweise der ausländischen Einheit oder der inländischen Mutter zuzuordnen. Seit 2005 ist nur noch die erste Alternative zugelassen. Konzeptionell war die Streichung des Wahlrechts umstritten. Die Befürworter des Wahlrechts führten Folgendes an (IAS 21.BC30 ff.): Als **Residualgröße** erklärt sich der *goodwill* einerseits aus dem Kaufpreis, andererseits aus dem Zeitwert des erworbenen Vermögens:

- Aus Sicht des **Kaufpreises** spricht vor allem dann viel für die Zuordnung zum Mutterunternehmen, wenn der **Kaufpreis** wesentlich durch **erwartete Synergien** erklärt wird.
- Aus Sicht des **Zeitwerts** des erworbenen Vermögens erscheint eine Zuordnung zur ausländischen Einheit vor allem dann sachgerecht, wenn wesentliche **Werttreiber** der erworbenen Einheit (z. B. eingearbeitete Arbeitnehmerschaft, optimierte Organisation etc.) bei der Erstkonsolidierung nicht aktivierungsfähig sind, mithin implizit im *goodwill* berücksichtigt werden.

Eine Zuordnung nach den Umständen des **Einzelfalls** erscheint daher sachgerecht. Praktisch bedeutet sie angesichts des hohen Ermessens bei der Gesamtwürdigung von Einzelfällen aber ein **faktisches Wahlrecht**.[7] Ein solches faktisches Wahlrecht ist für die HGB-Bilanzierung gegeben, da anders als in IAS 21 explizite Vorschriften zur Zuordnung des *goodwill* fehlen. Vereinfachungsgründe sprechen in der Praxis für die Zuordnung zur inländischen **Mutter**.

> **BEISPIEL** An TU ist eine Minderheit mit 20 % beteiligt. Die Erstkonsolidierung erfolgt auf den 31.12.01 bei einem Kurs von 1,2 €/1 USD, der Stichtagskurs zum 31.12.02 beträgt 1,4 €/1 USD.
>
> Zu beiden Stichtagen betragen das buchmäßige Eigenkapital 100 USD und die stillen Reserven 500 USD. Das Eigenkapital zu Zeitwerten ist demnach 600 USD. Hierin noch nicht berücksichtigt ist ein *goodwill* von 1.400 USD.
>
> Aus Vereinfachungsgründen wird angenommen, dass TU ein ausgeglichenes Jahresergebnis erzielt und der *goodwill* nicht planmäßig abzuschreiben ist.
>
> Die Währungsdifferenz ergibt sich bei einem ausgeglichenen Jahresergebnis ausschließlich aus dem Eigenkapital.
>
> **1. ALTERNATIVE** Zuordnung *goodwill* zur Mutter
>
> Als Eigenkapital werden nur die Buchwerte und die stillen Reserven berücksichtigt. Die Umrechnungsdifferenz beträgt 600 · 0,2 = 120 und entfällt mit 20 % = 24 auf die Minderheit.
>
> **2. ALTERNATIVE** Zuordnung *goodwill* zur Tochter
>
> Das Eigenkapital unter Einbeziehung von stillen Reserven und *goodwill* beträgt 2.000, die Umrechnungsdifferenz daher 2.000 · 0,2 = 400. Sie ist wie folgt aufzuteilen:

---

[7] Ähnlich *Strickmann*, in: Haufe HGB Bilanz Kommentar, Freiburg 2009, § 308a Rz. 23, und *Kozikowski/Leistner*, in: Beck'scher Bilanz-Kommentar, 7. Aufl., München 2010, § 308a Tz. 75.

V. Umrechnungsdifferenzen

	USD	Kurs	100 %	80 %	20 %
buchmäßiges EK zum Stichtag	100	1,4	140		
dito Vorjahr	100	1,2	120		
Kursdifferenz			20	16	4
stille Reserven aus Erstkonsolidierung zum Stichtag	500	1,4	700		
dito Vorjahr	500	1,2	600		
Kursdifferenz			100	80	20
goodwill zum Stichtag	1.400	1,4	1.960		
dito Vorjahr	1.400	1,2	1.680		
Kursdifferenz			280	280	0
gesamte Kursdifferenzen			**400**	**376**	**24**

4. Währungserfolge aus konzerninternen Forderungen und Schulden

29   In der **Einzelbilanz** der ausländischen Tochter oder der inländischen Mutter können Währungserfolge aus konzerninternen Forderungen und Verbindlichkeiten entstehen. Derartige Umrechnungsdifferenzen sind nach der internationalen Rechnungslegung bei der Konsolidierung nicht zu neutralisieren (IAS 21.45). Fraglich ist die Behandlung im Rahmen der Konsolidierung nach HGB.

30   Für eine **Eliminierung** einzelbilanzieller Währungsverluste oder -gewinne aus konzerninternen Forderungen und Schulden im Rahmen der Konsolidierung spricht bei erster Betrachtung der **Einheitsgrundsatz** (→ § 297 Rz. 115): Die wirtschaftliche Einheit Konzern verleiht Geld nur an sich selbst und scheint hieraus kein Währungsergebnis erzielen zu können. Einzelbilanzielle Erfolge sind nach dieser wohl herrschenden Sichtweise zum Rechtsstand vor BilMoG zu eliminieren.[8]

Skepsis gegen diese erste Betrachtung ist aber insofern angezeigt, als auch die **internationale Rechnungslegung** den Konzern einheitstheoretisch *„as a single economic entity"* betrachtet (IAS 27.18), gleichwohl eine Eliminierung konzerninterner Währungserfolge nicht erlaubt. Erneut erweist sich der Einheitsgrundsatz als **zu abstrakt**, um aus ihm eine zwingende Lösung abzuleiten.[9]

---

[8] Vgl. *Winkeljohann/Beyersdorff*, in: Beck'scher Bilanz-Kommentar, 6. Aufl., München 2006, § 303 Rz. 53 f., m.w.N.
[9] Ein faktisches Wahlrecht annehmend daher: *Strickmann*, in: Haufe HGB Bilanz Kommentar, Freiburg 2009, § 308a Rz. 33.

U. E. ist die **Nichteliminierung** der einzelbilanziellen Währungsergebnisse aus konzerninternen Geschäften aus folgenden Gründen vorzuziehen:[10]

▶ Verleiht die Mutter Geld in Euro an die ausländische Einheit und sinkt der Kurs der ausländischen Währung,

▶ muss die in lokaler Währung operierende ausländische Einheit ungeplant zusätzliche *cashflows* für die Rückzahlung erwirtschaften.

▶ Dieses Zusatzerfordernis hat auch aus der Sicht des Konzerns als Einheit Bestand: Er muss (durch seine ausländische Tochter) **zusätzliche *cashflows* in Fremdwährung** erzielen, um z. B. eine mit der Finanzierung bewirkte Investition zu amortisieren.

31

> **BEISPIEL** ▶ Die inländische Mutter MU gewährt der amerikanischen Tochter TU Ende 01 zum Erwerb eines Grundstücks ein langfristiges Darlehen von 1 Mio € bei einem Wechselkurs von 1 USD/1 €. Zum Bilanzstichtag 02 hat sich der Kurs des Dollar auf 1,1 USD/1,0 € verschlechtert, so dass TU in ihrer USD-Bilanz eine Verbindlichkeit von nunmehr 1,1 Mio USD und in der GuV einen korrespondierenden Verlust von 0,1 Mio USD ausweist. In der GuV der MU ist bei unveränderter Forderung von 1 Mio € kein Ertrag entstanden.
>
> Der USD-Abschluss der TU ist für Konzernzwecke in Euro umzurechnen.
>
> ▶ Das Grundstück ist mit dem aktuellen Kurs von 1,1 USD/1 €, d. h. mit 909 T€ anzusetzen.
>
> ▶ Die Verbindlichkeit von 1,1 Mio USD hat mit dem aktuellen Kurs von 1,1 USD/1,0 € unverändert einen Umrechnungswert von 1 Mio €.
>
> ▶ Aus Sicht der Vermögensvergleichsrechnung (= Nettovermögen Periodenende - Nettovermögen Periodenanfang) ist bei der TU ein Verlust von 91 T€ entstanden.
>
> ▶ Dem steht ein GuV-Verlust von 100 TUSD, entsprechend 95 T€ bei einem angenommenen Durchschnittskurs von 1,05/1,00 gegenüber.
>
> Nur die Differenz von 4 T€ zwischen zum Durchschnittskurs ermitteltem GuV-Verlust und zum Stichtagskurs ermitteltem Vermögensvergleichsverlust stellt eine konsolidierungstechnische Umrechnungsdifferenz dar und ist damit erfolgsneutral in die Rücklage für Währungsdifferenzen einzustellen.

Jahresfehlbetrag zum Durchschnittskurs = 100/1,05 =	95 T€
- Jahresfehlbetrag zum Stichtagskurs = 100/1,1 =	- 91 T€
= erfolgsneutrale Umrechnungsdifferenz	4 T€

Der Währungsverlust von 100 TUSD/1,1 = 91 T€ geht hingegen in das Konzernergebnis ein.

Die **Nichteliminierung** konzerninterner Währungsergebnisse lässt sich im Übrigen auch durch einen **Vergleich** zwischen einzel- und konzernbilanziellem Erfolg begründen: Ist die Darlehensbeziehung in Fremdwährung nominiert, entsteht ein einzelbilanzieller Umrechnungserfolg nur bei der inländischen Mutter. Erzielt das ausländische Tochterunternehmen nun in allen Perio-

---

10 Im Ergebnis gleicher Auffassung: *Kozikowski/Leistner*, in: Beck'scher Bilanz-Kommentar, 7. Aufl., München 2010, § 308a Tz. 86.

V. Umrechnungsdifferenzen

den ein Ergebnis von Null, sollte das einzelbilanzielle Ergebnis (Währungsergebnis bei Mutter) und das konzernbilanzielle Ergebnis (identisch, da Ergebnis Tochterunternehmen = 0) gleich sein. Dieser **Gleichklang** wird gerade durch Nichteliminierung der Währungserträge aus konzerninternen Salden bewirkt.

> **BEISPIEL** MU gründet Anfang 01 gegen eine Bareinlage von 10 T€ die amerikanische Tochter TU. TU gewährt 5 TUSD sofort als Darlehen zurück. TU erzielt in allen Perioden Ergebnisse von 0. Der Dollarkurs fällt kontinuierlich. MU erzielt Währungsgewinne aus dem Kursverlust des Dollars, weil der für die (fiktive) Tilgung aufzuwendende Eurobetrag entsprechend sinkt. Ende 02 wird das Darlehen tatsächlich zurückgezahlt, Anfang 03 wird TU zu 8,34 T€ veräußert.
>
> Nachfolgend die Bilanzen und Konzernerfolge:
>
> **Gründung**
>
> **1.1.01**   1,00 USD/€
>
> | | USD | € | | USD | € |
> |---|---|---|---|---|---|
> | | **Bilanz TU** | | | | |
> | Vorräte | 5,00 | 5,00 | Stammkapital | 10,00 | 10,00 |
> | Forderung | 5,00 | 5,00 | | | |
> | | 10,00 | 10,00 | | 10,00 | 10,00 |
>
> **31.12.01**   1,10 USD/€
>
> | | USD | € | | USD | € |
> |---|---|---|---|---|---|
> | | **Bilanz TU** | | | | |
> | Vorräte | 5,00 | 4,55 | Stammkapital | 10,00 | 10,00 |
> | Forderung | 5,00 | 4,55 | Jahresüberschuss | 0,00 | 0,00 |
> | | | | Währungsumrechnungsdifferenz | | -0,91 |
> | | 10,00 | 9,09 | | 10,00 | 9,09 |
>
> | Berechnung Währungsumrechnungsdifferenz: | |
> |---|---|
> | EK neuer Kurs | 9,09 |
> | EK alter Kurs | -10,00 |
> | Währungsumrechnungsdifferenz 31.12.01 | -0,91 |

§ 308a Umrechnung von auf fremde Währung lautenden Abschlüssen

31.12.02   1,20 USD/€

Bilanz TU					
	USD	€		USD	€
Vorräte	5,00	4,17	Stammkapital	10,00	10,00
Forderung	0,00	0,00	Gewinnvortrag	0,00	0,00
Bank	5,00	4,17	Jahresüberschuss	0,00	0,00
			Währungsumrechnungsdifferenz		-1,66
	10,00	8,34		10,00	8,34

Berechnung Währungsumrechnungsdifferenz:	
EK neuer Kurs	8,34
EK alter Kurs	-9,09
Zuführung Währungsumrechnungsdifferenz	-0,75
Vortrag Währungsumrechnungsdifferenz	-0,91
Währungsumrechnungsdifferenz 31.12.02	-1,66

Veräußerung Anfang 03 für 8,33 €

Mit der Veräußerung gehen die Vermögenswerte der TU (Vorräte und Bank) gegen Geld ab. Außerdem ist die Währungsumrechnungsdifferenz erfolgswirksam aufzulösen, daher folgende Entkonsolidierungsbuchungen in einer geschlossenen Konzernbuchhaltung:

Soll		Haben	
Geld	8,34	Vorräte	4,17
Aufwand	1,66	Bank	4,17
		Währungsumrechnungsdifferenz	1,66
	10,00		10,00

Der Erfolg des Konzerns (der jeweiligen Periode) ermittelt sich aus

a) dem Ergebnis der TU (jeweils Null),

b) dem Ergebnis der MU (jeweils Währungsertrag) und

c) den Konsolidierungsbuchungen. Derartige Konsolidierungsbuchungen sind in 01 und 02 nicht erforderlich, da der Währungsertrag nicht eliminiert wird. In Periode 03 entsteht der oben ermittelte Entkonsolidierungsaufwand aus der Auflösung der Währungsumrechnungsdifferenz.

Somit ergibt sich folgender Erfolg des Konzerns:

Periode	TU	MU	Konsolidierung	Summe
1	0,00	0,45	0,00	0,45
2	0,00	0,38	0,00	0,38
3			-1,66	-1,66
Summe				-0,83

Im Vergleich dazu der Erfolg laut Einzelbilanz der MU

Periode		
1		0,45
2		0,38
3	8,34	
	-10,00	-1,66
Summe		-0,83

FAZIT ▶ Da TU in allen Perioden ein Ergebnis von Null erwirtschaftet, sollte das einzel- und das konzernbilanzielle Ergebnis der MU gleich sein. Dieser Gleichklang wird gerade durch Nichteliminierung der Währungserträge aus konzerninternen Salden bewirkt.

VI. Erfolgsrealisierung beim (Teil-)Abgang der Einheit (Satz 4)

1. Vollständige Veräußerung oder Liquidation

32 Die Währungsdifferenzen können nicht auf „ewig" erfolgsneutral im Eigenkapital verbleiben.

Bei „**teilweisem oder vollständigem Ausscheiden** des Tochterunternehmens" ist der Posten gem. Satz 4 „in entsprechender Höhe" **erfolgswirksam** aufzulösen.

33 Der RegE des BilMoG hatte statt von **Ausscheiden** noch von Veräußerung gesprochen. In der Begründung zur geänderten Vorlage an den Rechtsausschuss wird darauf hingewiesen, dass mit Ausscheiden z. B. auch die Liquidation oder die Eröffnung des Insolvenzverfahrens erfasst werden solle. Folgende Fälle des vollständigen „Ausscheiden eines Tochterunternehmens" können danach unterschieden werden:

▶ **Veräußerung sämtlicher Anteile** an der ausländischen Einheit (Entkonsolidierung),

▶ **Liquidation** der ausländischen Einheit.

34 Bei Entkonsolidierung durch **Veräußerung** sämtlicher Anteile ist die Umrechnungsrücklage in vollem Umfang aufzulösen. Sofern eine **Minderheit** beteiligt war, ist der auf sie entfallende Teil erfolgsneutral aufzulösen (→ § 307 Rz. 30).

Bei **Liquidation** gilt Entsprechendes, wobei hier der Zeitpunkt der Ausbuchung der Umrechnungsrücklage schwerer zu bestimmen ist, da anders als bei der Veräußerung kein einzelner Akt, sondern ein **Prozess** vorliegt. Soweit sich dieser Prozess aus rechtlichen oder tatsächlichen Gründen lange hinzieht, spricht u. E. nichts dagegen, Teile der Umrechnungsrücklage bereits in dem Maße aufzulösen, wie der Liquidationsprozess durch Versilberung (Umwandlung Sach- in Nominalwerte) voran geschritten ist.[11]

Die vorstehenden Überlegungen gelten entsprechend für **Gemeinschaftsunternehmen und assoziierte Unternehmen**: Auch hier führt die Veräußerung oder Liquidation zur Realisierung der Umrechnungsrücklage.

2. Abwärtskonsolidierung und Abstockung

Für das Vorgehen bei **Abwärtskonsolidierung**, d. h. in Fällen, in denen aus dem vollkonsolidierten Tochterunternehmen eine nur noch proportional, *at equity* oder gar nicht mehr konsolidierte Beteiligung wird, ist die in Satz 4 getroffene Unterscheidung zwischen „vollständigem und teilweisem Ausscheiden" des Tochterunternehmens von Bedeutung.

Der Begriff des teilweisen Ausscheidens macht dann keinen Sinn, wenn schon der Verlust des Status eines einbezogenen Tochterunternehmens als vollständiges Ausscheiden gedeutet würde. Bei einer solchen Interpretation gäbe es nur ein Ausscheiden oder Nichtausscheiden, hingegen kein teilweises Ausscheiden. Geltungserhaltend ist hingegen eine Interpretation von Satz 4, die Fälle der Abwärtskonsolidierung wegen Verringerung der Anteilsquote als **teilweises Ausscheiden** wertet.

Bei einem teilweisen Ausscheiden ist die Umrechnungsrücklage „in entsprechender Höhe" erfolgswirksam aufzulösen. Hiernach ist beim **Übergang auf quotale oder *equity*-Konsolidierung** wie folgt zu unterscheiden:

▶ Im Maße der abgehenden Beteiligungsquote wird die Umrechnungsrücklage erfolgswirksam aufgelöst.

▶ Im Maße der fortbestehenden quotalen oder *equity*-Beteiligung wird sie fortgeführt.

Bei **Übergang auf eine einfache Beteiligung**, also Aufgabe jeder Form der Konsolidierung, besteht hingegen keine Rechtfertigung mehr für einen Konsolidierungsposten „Umrechnungsrücklage". In diesem Fall ist u. E. daher eine **vollständige Auflösung** geboten. Die Auflösung erfolgt hinsichtlich der fortbestehenden Anteilsquote erfolgsneutral, indem die Rücklage in die Bestimmung der fiktiven Anschaffungskosten der einfachen Beteiligung eingeht (→ § 301 Rz. 109).

Die vorstehenden Überlegungen gelten entsprechend für die Abwärtskonsolidierung von **Gemeinschafts**unternehmen und **assoziierten** Unternehmen.

Bei mehrheitswahrenden **Abstockungen** (Anteile werden veräußert, aber das vollkonsolidierte Tochterunternehmen behält diesen Status) kommt es in jedem Fall zu einer „Übertragung" der anteiligen Umrechnungsrücklage auf den **Minderheitenanteil**. Abhängig von der allgemeinen Behandlung der Abstockungen (→ § 301 Rz. 112) ist auch die „Übertragung" des Anteils an der Umrechnungsrücklage erfolgsneutral oder erfolgswirksam.

---

11 Gl. A. *Deubert*, DStR 2009 S. 340 ff.

VI. Erfolgsrealisierung beim (Teil-)Abgang der Einheit

3. Besonderheiten im mehrstufigen Konzern

41 Im mehrstufigen Konzern kann es zu **mehreren** Umrechnungsvorgängen kommen.

BEISPIEL Die Struktur eines Konzerns ist wie folgt:

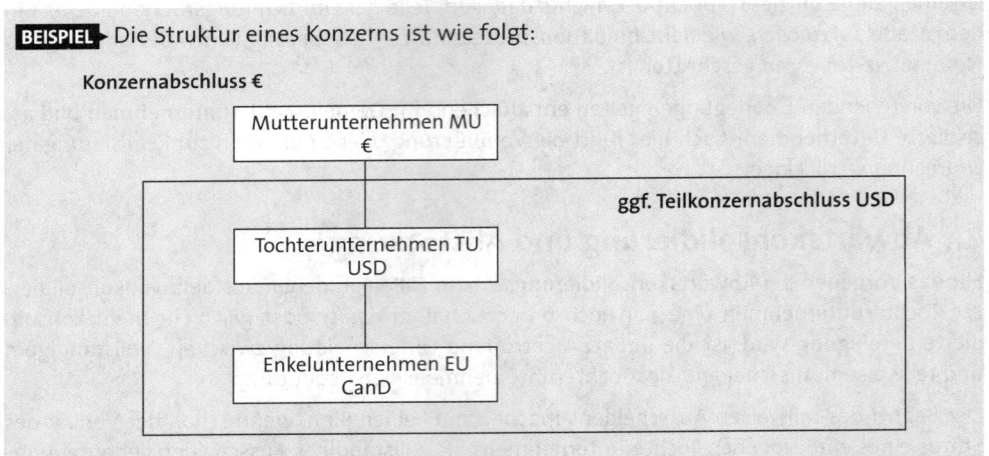

Die Konsolidierung kann im Beispielfall **stufenweise** oder nach der **direkten** Methode erfolgen:

▶ Nach der **direkten Methode** werden die Tochterunternehmen mit den Enkelunternehmen in einer Summenbilanz zusammengeführt, um sodann die Beteiligungen der unterschiedlichen Ebenen gegen das jeweilige Kapital des untergeordneten Unternehmens zu verrechnen. Bei dieser Betrachtung entstehen im Beispiel **zwei Umrechnungsdifferenzen**: Zum einen aus der Umrechnung des Kanadischen Enkelunternehmens, zum anderen aus der Umrechnung der US-Tochter.

▶ Nach der **Stufenmethode** (*step by step method*) wird zunächst ein **Teilkonzernabschluss** gebildet, um sodann den Teilkonzern mit der obersten Mutter zum Gesamtkonzern zusammenzufassen. Bei dieser Betrachtung entsteht zwar auf Teilkonzernebene ggf. eine Umrechnungsdifferenz – sofern die hier beteiligten Währungen nicht ausnahmsweise untereinander konstant bleiben. Die so gebildete Umrechnungsrücklage nimmt aber als Teil des Eigenkapitals des Teilkonzerns im nächsten Schritt an der Umrechnung des Teilkonzerns in Euro teil.

42 Die **Konsolidierungsmethode** hat Einfluss auf die **Zusammensetzung** (nicht hingegen die Gesamthöhe) der Währungsumrechnungsdifferenz.

BEISPIEL MU gründet Anfang 01 die US-Tochter TU, die wiederum unmittelbar die Kanadische Tochter TU gründet. In 01 entwickeln sich die Wechselkurse wie folgt:

▶ Das Kursverhältnis von USD und Kanadischer Dollar bleibt konstant.

▶ Beide Währungen ändern sich stark gegenüber dem Euro.

STUFENWEISE KONSOLIDIERUNG Bei stufenweiser Konsolidierung entsteht im Teilkonzern keine Umrechnungsdifferenz, da der Umrechnungskurs von USD und CAD unverändert ist. Die im nächsten Schritt aus der Umrechnung von USD in Euro entstehende Umrechnungsdifferenz wird demzufolge nur der US-Tochter zugeordnet.

SIMULTANE KONSOLIDIERUNG Umrechnungsdifferenzen entstehen sowohl für das Enkelunternehmen als auch für das Tochterunternehmen.

Da die Konsolidierungsmethode die Gesamthöhe der Umrechnungsrücklage nicht beeinflusst, hat die Methode keine Bedeutung für den Konzernerfolg, wenn der Teilkonzern insgesamt veräußert wird. Die methodenbedingte **Zusammensetzung** der Umrechnungsrücklage erlangt hingegen Relevanz, wenn nicht der gesamte Teilkonzern veräußert wird, sondern **nur das Enkelunternehmen** abgeht. Im Beispiel würde dann bei simultaner Konsolidierung im Abgangserfolg ein Teil der Umrechnungsrücklage berücksichtigt, bei stufenweiser Konsolidierung hingegen nicht.

Die simultane Methode berücksichtigt besser die tatsächlichen Kursentwicklungen. Die internationale Rechnungslegung erlaubt daher die Ermittlung des Abgangserfolgs nach der simultanen Methode auch dann, wenn zuvor die Stufenmethode angewandt wurde.[12] U. E. kann dem für das Handelsrecht gefolgt werden.

VII. Ausweis und Anhangangaben

In der **Konzernbilanz** ist eine sich ergebende Umrechnungsdifferenz innerhalb des Konzerneigenkapitals nach den Rücklagen unter dem Posten „Eigenkapitaldifferenz aus Währungsumrechnung" (oder geeigneter anderer Bezeichnung) auszuweisen (→ Rz. 22).

43

Für die **GuV** sieht § 277 Abs. 5 Satz 2 HGB den gesonderten Ausweis von Erträgen und Aufwendungen aus der Währungsumrechnung unter sonstigen betrieblichen Erträgen oder Aufwendungen vor (→ § 277 Rz. 61). Für die hier interessierende Umrechnung ausländischer Einheiten entsteht ein Erfolg i. d. R. erst mit Ent- oder Abwärtskonsolidierung. Hierfür ist u. E. § 277 Abs. 5 Satz 2 HGB **nicht einschlägig.** Dies ergibt sich aus folgender Überlegung: Der Ent- oder Abwärtskonsolidierungserfolg ist die Differenz von Veräußerungspreis und zu Konzernbuchwerten abgehendem Nettovermögen. Die Umrechnungsdifferenz ist unselbständiger Teil des abgehenden Nettovermögens. Da nicht einmal der gesonderte Ausweis des abgehenden Nettovermögens gefordert ist, muss auch der rechnerische Anteil des Währungsergebnisses nicht gezeigt werden.

44

Der Beitrag der Umrechnungsdifferenz zum gesamten Ent- oder Abwärtskonsolidierungserfolg kann sich zudem im Vorzeichen von der Gesamtgröße unterscheiden; die Auflösung einer positiven Umrechnungsrücklage mindert etwa einen Gesamtertrag aus der Konsolidierungsmaßnahme. Wird nun der Gesamterfolg als sonstiger betrieblicher Ertrag ausgewiesen, kann der Beitrag der Umrechnungsdifferenz zu diesem Erfolg gerade nicht als „Davon-Ertrag" gezeigt werden, da er eben keinen Ertrag, sondern eine unselbständige Ertragsminderung darstellt.

Bei der Anwendung der modifizierten Stichtagsmethode geht im **Anlagespiegel** die Überleitung der Anschaffungskosten und der kumulierten Abschreibungen vom 1.1. auf den 31.12.

45

---

12 Ausführlich *Lüdenbach*, in: Lüdenbach/Hoffmann (Hrsg.), Haufe IFRS-Kommentar, 8. Aufl., Freiburg 2010, § 27.

sowie die Überleitung beider Größen auf den Buchwert nicht auf. Die Anschaffungskosten und kumulierten Abschreibungen per 1.1. sind vom alten Stichtagskurs auf den neuen Stichtagskurs (31.12.) anzupassen, z. B. durch Einfügung von Währungsdifferenzspalten in den Anlagespiegel (→ § 298 Rz. 27).

46 Nach § 313 Abs. 1 Nr. 2 HGB sind im **Anhang** die **Grundlagen** der Umrechnung in Euro anzugeben (→ § 313 Rz. 21). Mit dem Abgesang an die funktionale Theorie und der einheitlichen Umrechnung ausländischer Abschlüsse nach der modifizierten Stichtagsmethode können methodische Angaben ganz entfallen oder äußerst knapp ausfallen („Umrechnung nach modifizierter Stichtagsmethode gem. § 308a HGB"). Für die im Konzern wichtigsten Fremdwährungen sollten die Umrechnungskurse (Stichtag und Jahresdurchschnitt) angegeben werden, etwa in folgender Form:

> **BEISPIEL** „Bei der Umrechnung von Fremdwährungsabschlüssen nach § 308a HGB wurden folgende Kurse in den wesentlichen Fällen verwendet":
>
> | | | Kurse in € |
> |---|---|---|
> | **Währung** | **31.12.01** | **Durchschnitt 01** |
> | 1 USD | 0,748 | 0,788 |
> | 1 GBP | 1,098 | 1,325 |
> | 1 CHF | 0,658 | 0,612 |
> | 100 JPY | 0,744 | 0,788 |

Bei Umrechnung von Abschlüssen aus **Hochinflationsländern** (→ Rz. 47) ist die Methode der Umrechnung bzw. der ihr vorgeschalteten Eliminierung von Scheingewinnen gesondert zu erläutern (so der allerdings aufgehobene DRS 14.39g).

Die in DRS 14.39 verlangte Angabe der Beträge der **Umrechnungsdifferenzen**, die

▶ im Periodenergebnis erfasst worden sind oder

▶ ins Eigenkapital eingestellt wurden,

ist u. E. im Hinblick auf § 313 Abs. 1 Nr. 1 HGB auch nach Aufhebung von DRS 14 geboten.

VIII. Hyperinflation

1. Problemstellung

47 Ein Rechnungslegungssystem, das Anlagevermögen, Vorräte etc. zu Anschaffungs- oder Herstellungskosten ansetzt, verliert seine Aussagekraft in Zeiten einer Hyperinflation. Hierzu folgendes Beispiel:[13]

---

[13] Wie die nachfolgenden Ausführungen z.T. entnommen aus *Lüdenbach*, in: Lüdenbach/Hoffmann (Hrsg.) Haufe IFRS-Kommentar, 8. Aufl., Freiburg 2010, § 27.

> **BEISPIEL** Ein Tochterunternehmen in einem Land mit einer Inflationsrate von 100 % ist am 1.1.01 mit einer Bareinlage von 100 in Landeswährung (LW) gegründet worden. Die operative Tätigkeit beginnt erst Anfang 02. Bis dahin bestehen folgende Investitionsalternativen:
>
> a) Kauf von Vorräten für 100 LW,
>
> b) Kauf eines mit 60 % verzinsten Wertpapiers für 100 LW.
>
> Ohne Inflationsbereinigung, d. h. in Nominalwerten, sieht die Bilanz per 31.12. wie folgt aus:
>
> Fall A: Vorräte 100 LW, Kapital 100 LW, Jahresüberschuss 0 LW,
>
> Fall B: Wertpapiere und Geld 160 LW, Kapital 100 LW, Jahresüberschuss 60 LW.
>
> Im Fall B werden Anfang Januar 02 die Wertpapiere liquidiert, um die gleiche Menge Vorräte für jetzt 200 LW zu beschaffen. Die Bilanz Anfang Januar zeigt Vorräte von 200 LW, Eigenkapital von 160 LW und erstmalig Verbindlichkeiten von 40 LW.
>
> ▶ Bei real gleichem Vorratsvermögen – wie im Fall A – ist das Unternehmen im Fall B im Januar 02 mit 40 LW verschuldet. Seine Vermögens- und Finanzlage ist schlechter als im Fall A, weil die 60 LW Zinsertrag aus 01 nicht ausreichen, um den Kaufkraftverlust von 100 LW hinsichtlich der Vorräte zu decken.
>
> ▶ Per 31.12.01 täuschten die nicht inflationsbereinigten Zahlen hingegen im Fall B eine bessere Lage als im Fall A vor.

Bei Hochinflationsländern sind daher gem. allerdings aufgehobenem DRS 14.35 die Abschlüsse um Inflationseffekte zu bereinigen, um die Werte der Abschlussposten in Kaufkraft des Abschlussstichtags auszudrücken. Zur Technik der Anpassung enthält DRS 14.37 f. zwei Varianten: 48

▶ Aufstellung des Abschlusses in einer **Hartwährung** (z. B. der Währung des Konzernmutterunternehmens).

▶ **Indexierung** der nicht monetären Posten (Sachanlagen, Vorräte etc.), um sie dem Stand der Kaufkraftverhältnisse zum Abschlussstichtag anzupassen; anschließend Umrechnung in den Euro mit dem Stichtagskurs der Berichtswährung.

In der Praxis dominiert die zweite Variante. Sie wird nachfolgend unter → Rz. 50 ff. dargestellt.

Für den deutschen Anwender ist die Hoch- oder Hyperinflation insoweit interessant, als es um die Bilanzierung ausländischer Einheiten (Tochterunternehmen etc.) aus entsprechenden Ländern geht. Praktisch können die Kaufkraftanpassungen i. d. R. nur vor Ort und nicht in der Konzernzentrale vorgenommen werden. Die deutsche Konzernzentrale und der deutsche Abschlussprüfer sollten aber die **Grundzüge** der kaufkraftangepassten Bilanzierung verstehen, um die Schlüssigkeit entsprechender Bilanzen beurteilen zu können. Die nachfolgende Kommentierung ist auf diesen Anwendungsbereich beschränkt. Sie lehnt sich an **IAS 29** an, da in der nationalen Rechnungslegung konkrete Vorschriften fehlen. 49

2. Schritt 1: Prüfung auf Hyperinflation

50 Erster Schritt einer Behandlung des Hyperinflationsproblems ist die Feststellung, welche Länder und damit Tochterunternehmen betroffen sind oder nicht. Folgende **Indikatoren** weisen gem. DRS 14.36 auf ein Hochinflationsland hin:

- ▶ Beträge in Inlandswährung werden unverzüglich in Sachwerte oder Auslandswährungen investiert, um die Kaufkraft zu erhalten,
- ▶ Preise (insbesondere bei Dauerverträgen) werden in ausländischer Währung angegeben,
- ▶ Käufe und Verkäufe auf Ziel werden in Preisen vereinbart, die die erwartete Geldentwertung in der Kreditperiode berücksichtigen, selbst wenn diese kurz ist,
- ▶ Zinssätze, Löhne und Preise sind an einen Preisindex gebunden oder
- ▶ die kumulative Preissteigerungsrate innerhalb von **drei Jahren** erreicht oder überschreitet **100 %**.

Verlässlichster Indikator ist die kumulierte Drei-Jahres-Inflationsrate. Sie qualifiziert etwa in 2007 und 2008 Myanmar und Zimbabwe als Hochinflationsländer.

3. Schritt 2: Auswahl eines Preisindexes

51 Für die Kaufkraftanpassung ist ein allgemeiner **Preisindex** anzuwenden. Existieren mehrere Preisindizes (z. B. Industriegüter, Konsumgüter etc.), ist die Auswahl des zutreffenden Indexes eine Frage des sachgerechten Ermessens.

4. Schritt 3: Anpassung nichtmonetärer Bilanzposten

52 **Nichtmonetäre Bilanzposten**, d. h. insbesondere Vorräte, Sachanlagen und immaterielle Anlagewerte, sind durch Anwendung des **Preisindexes** auf die Anschaffungs- oder Herstellungskosten (und die kumulierten Abschreibungen) anzupassen. Maßgeblich ist nicht die Entwicklung des Indexes in der Periode, sondern die Entwicklung vom Anschaffungszeitpunkt bis zum Bilanzstichtag (vgl. IAS 29.15).

5. Schritt 4: Anpassung der GuV

53 Alle Posten der **GuV** sind mit der **Kaufkraft des Transaktionsstichtags** auszudrücken. Bei Erträgen und Aufwendungen, die sich relativ gleichmäßig über das Jahr verteilen (kein Saisongeschäft etc.), und bei einer Inflationsrate, die ebenfalls relativ gleichmäßig über das Jahr verteilt ist, kann die Umrechnung ggf. mit der halben Inflationsrate der Periode erfolgen (vgl. IAS 29.26).

6. Schritt 5: Ermittlung Schuldnergewinn/Gläubigerverlust

54 Ist ein Unternehmen in einer Netto-Gläubigerposition (mehr Guthaben und Forderungen als Schulden), so erleidet es durch die inflationsbedingte Entwertung dieser Position einen Gläubigerverlust. Umgekehrt erzielt ein Netto-Schuldner einen **Schuldnergewinn** aus der Inflation. Der jeweilige Gewinn oder Verlust ist in der **GuV** zu berücksichtigen (vgl. IAS 29.27).

7. Schritt 6: Anpassung Vorjahreszahlen

Die Vorjahreszahlen sind mit dem **alten** Preisindex und bei Umrechnung in Euro mit **dem alten** Wechselkurs, d. h. auf Konzernebene mit den ursprünglichen Werten, darzustellen.

55

8. Schritt 7: Umrechnung in Berichtswährung Euro

Erst nach Inflationsanpassung erfolgt gem. DRS 14.38 mit den normalen Regeln der **Währungsumrechnung** die Umrechnung in die Berichtswährung des Konzerns (vgl. IAS 29.35).

56

9. Anwendungsbeispiel

Das nachfolgende Beispiel[14] zeigt die Anwendung der Schritte 3 bis 5:

57

> **BEISPIEL** Für Zwecke des Konzernabschlusses ist der Einzelabschluss einer Hyperinflationstochter auf den 31.12.02 an die Kaufkraft anzupassen.
>
> Im Vorjahr wurde bereits eine entsprechende Indizierung vorgenommen. Aus ihr ergeben sich folgende Werte per 31.12.01:
>
> | Aktiva | Bilanz 31.12.01 | | Passiva |
> |---|---|---|---|
> | Maschine (alt) | 100 | gez. Kapital + Kapitalrücklagen | 100 |
> | Vorräte (alt) | 80 | Gewinnrücklagen | 60 |
> | Forderung/Bank | 20 | Verbindlichkeit | 40 |
> | Index 01: 200 | | | Index 01: 200 |
>
> In 02 ereignen sich bei einer Inflationsrate von 50 % u. a. folgende Geschäftsvorfälle:
>
> ▶ Abschreibung alte Maschinen (Restnutzungsdauer fünf Jahre) mit 20 (auf den per 31.12.01 indizierten Wert).
>
> ▶ Anschaffung neuer Maschinen am 1.7. für 100. Abschreibung 20 bei einer Restnutzungsdauer von fünf Jahren.
>
> ▶ Anschaffung neuer Vorräte zur Jahresmitte für 240. Davon 1/2 in 02 verbraucht.
>
> ▶ Außerdem werden alle alten Vorräte in 02 verbraucht.
>
> Hieraus ergibt sich bei einem angenommenen Jahresüberschuss von 20 folgende Bilanz per 31.12.02 (Maschinen alt und Eigenkapital alt noch zu Indexwerten per 1.1.02, d. h. ohne 50 % Aufschlag):

---

14 Entnommen aus *Lüdenbach*, in: Lüdenbach/Hoffmann (Hrsg.), Haufe IFRS-Kommentar, 8. Aufl., Freiburg 2010, § 27.

S	vorläufige Bilanz 31.12.02		H
Maschine (alt)	80	gez. Kapital + Kapitalrücklagen	100
Maschine (neu)	80	Gewinnrücklagen	60
Vorräte (alt)	0	Jahresüberschuss	40
Vorräte (neu)	120		
Forderung/Bank	60	Verbindlichkeit	140
	340		340

Bei der Kaufkraftanpassung der Bilanzposten auf den 31.12.02 ist wie folgt vorzugehen:

▶ Monetäre Posten (Forderungen, Verbindlichkeiten, Geld): keine Anpassung

▶ EK, d. h. gezeichnetes Kapital, Kapitalrücklage und Gewinnrücklagen: jeweils · 150 %

▶ Vorräte und Maschinen: laut nachfolgenden Konten (jeweils links nominale bzw. bei alten Maschinen und alten Vorräten alte Indexwerte, jeweils rechts inklusive Anpassung an 50 % Inflation).

Erläuterung Vorräte: Per 31.12.02 sind alle alten Vorräte verbraucht und die neuen noch zur Hälfte vorhanden. Die Anschaffungskosten dieser Hälfte betrugen 120. Wegen Anschaffung zur Jahresmitte ist dieser Wert nur mit 25 % zu indexieren. Der Endbestand ergibt sich daher mit 120 · 125 % = 150. Für die Ermittlung des Verbrauchs ist der Anfangsbestand mit 50 %, der Zugang der Jahresmitte mit 25 % zu indizieren. Der Verbrauch beträgt somit 80 · 150 % + 240 · 125 % - 150 = 270. Die Differenz von 70 zum nominellen Verbrauch entfällt mit 40 (= 80 · 50 %) auf die alten und mit 30 (= 120 · 25 %) auf die zugegangenen Vorräte:

S	Vorräte 31.12.02			H	
Anfangsbestand	80	80	Verbrauch	200	200
Anpassung		40	Anpassung Verbrauch		70
Zugang	240	240	**Endbestand**	**120**	**150**
Anpassung		60			
	320	420		320	420

Bei den Maschinen ist ebenfalls zu beachten, dass die Altbestände und ihre Abschreibung für ein ganzes Jahr (50 %), die Neuzugänge und ihre Abschreibungen nur für 1/2 Jahr (25 %) zu indizieren sind.

S		Maschinen 31.12.02		H
Anfangsbestand (Maschine alt)	100	100	AfA (Maschine alt)	20	20
Anpassung (Maschine alt)		50	Anpassung		10
Zugang (Maschine neu)	100	100	AfA (Maschine neu)	20	20
Anpassung (Maschine neu)		25	Anpassung		5
			Endbestand	**160**	**220**
	200	275		200	275

Zur Erstellung der indizierten Bilanz fehlen nun noch GuV und Schuldnergewinn. Die nominalen GuV-Werte sind wie folgt zu indizieren:

- Umsätze und sonstige Aufwendungen mit 25 % (Unterstellung: gleichmäßiger Anfall über das Jahr).
- Materialverbrauch alt und Abschreibung alt mit 50 %.
- Materialverbrauch neu und Abschreibung neu mit 25 %, da Anschaffung zur Jahresmitte.

Die GuV zeigt jeweils links die alten Werte und rechts die neu indexierten Werte:

S		GuV 02		H
Material alt	80	120	Umsatz Schuldnergewinn	320	400
					25
Material neu	120	150			
AfA alt	20	30			
Afa neu	20	25			
Sonstiges	40	50			
Jahresüberschuss	40	50			
	320	425		320	425

Der Schuldnergewinn kann im Rahmen der Doppik über ein Kaufkraftausgleichskonto ermittelt werden. Es enthält die Anpassung aller Anfangsbestände und Zugänge der nichtmonetären Bilanzposten (Buchungen: „Kaufkraftkonto an gezeichnetes Kapital", „Maschinen an Kaufkraftkonto" etc.).

- Der Saldo des Kaufkraftkontos sollte ungefähr dem rechnerischen Schuldnergewinn entsprechen.
- Die Nettoschuldnerposition (Verbindlichkeit - Forderungen/Bank) beträgt 80 (= 140 - 60) per Jahresende und 20 (= 40 - 20) per Jahresanfang. Die Veränderung ist also 60, gemittelt über das Jahr somit 60/2 = 30.
- Das Kaufkraftkonto weist mit einem Saldo von 25 in etwa den gleichen Wert aus.
- In die Bilanz geht der Kontenwert, nicht der rechnerische Wert ein.

VIII. Hyperinflation

S	Konto Kaufkraftausgleich		H
gez. Kapital/Kapitalrücklagen	50	Maschine alt	50
Gewinnrücklagen	30	Maschine neu	25
Umsatz	80	Vorräte (Anfangsbestand + Zugang)	100
Saldo	25	sonstige Aufwendung	10
	185		185

Somit stehen alle Werte für die angepasste Bilanz per 31.12.02 zur Verfügung:

S	Bilanz 31.12.02		H
Maschine (alt)	120	gez. Kapital + Kapitalrücklagen	150
Maschine (neu)	100	Gewinnrücklagen	90
Vorräte (alt)	0	Jahresüberschuss	50
Vorräte (neu)	150		
Forderung/Bank	60	Verbindlichkeit	140
Index 02: 430		Index 02: 430	

Diese Werte in Landeswährung sind nun noch nach den allgemeinen Grundsätzen der Währungsumrechnung in die Berichtswährung des Konzerns (€) umzurechnen.

§ 309 Behandlung des Unterschiedsbetrags

(1) Die Abschreibung eines nach § 301 Abs. 3 auszuweisenden Geschäfts- oder Firmenwertes bestimmt sich nach den Vorschriften des Ersten Abschnitts.

(2) Ein nach § 301 Abs. 3 auf der Passivseite auszuweisender Unterschiedsbetrag darf ergebniswirksam nur aufgelöst werden, soweit

1. eine zum Zeitpunkt des Erwerbs der Anteile oder der erstmaligen Konsolidierung erwartete ungünstige Entwicklung der künftigen Ertragslage des Unternehmens eingetreten ist oder zu diesem Zeitpunkt erwartete Aufwendungen zu berücksichtigen sind oder

2. am Abschlussstichtag feststeht, dass er einem realisierten Gewinn entspricht.

Inhaltsübersicht	Rz.
I. Regelungsinhalt	1 - 4
II. Fortschreibung des *goodwill* (Abs. 1)	5 - 13
1. Planmäßige Abschreibung	5 - 8
2. Außerplanmäßige Abschreibung	9 - 11
3. Zuschreibungsverbot	12
4. Entkonsolidierung	13
III. Auflösung des negativen Unterschiedsbetrags (Abs. 2)	14 - 21
1. Entstehungsursachen eines negativen Unterschiedsbetrags	14
2. Eintritt erwarteter Aufwendungen oder erwarteter ungünstiger Entwicklungen (Abs. 2 Nr. 1)	15 - 17
3. Feststehender Gewinn (Abs. 2 Nr. 2)	18 - 20
4. Entkonsolidierung	21

Ausgewählte Literatur

Ernsting, Zur Bilanzierung eines negativen Geschäfts- oder Firmenwertes nach Handels- und Steuerrecht, WPg 1998 S. 405

Hofmann/Triltzsch, Bilanzieller Ausweis negativer Unterschiedsbeträge aus der Kapitalkonsolidierung nach HGB und IFRS, StuB 2003 S. 729

Lüdenbach/Völkner, Abgrenzung des Kaufpreises von sonstigen Vergütungen bei der Erst- und Entkonsolidierung, BB 2006 S. 1435

Küting/Dusemond/Nardmann, Ausgewählte Probleme der Kapitalkonsolidierung in Theorie und Praxis, BB 1994 Beilage 8

Oser, Erfolgsneutral verrechnete Geschäfts- oder Firmenwerte aus der Kapitalkonsolidierung im Lichte der Entkonsolidierung, WPg 1995 S. 266

I. Regelungsinhalt

§ 309 HGB steht im **Komplementärverhältnis** zu § 301 Abs. 3 HGB: 1

▶ **Erstkonsolidierung**: Gem. § 301 Abs. 3 HGB ist ein nach Verrechnung von Beteiligungsbuchwert beim Mutterunternehmen und anteiligem zum Zeitwert erfasstem Eigenkapital des

Tochterunternehmens verbleibender Unterschiedsbetrag als Geschäft- oder Firmenwert (*goodwill*) zu aktivieren oder als negativer Unterschiedsbetrag zu passivieren.

▶ **Folgekonsolidierung**: Die Fortschreibung der so bilanzwirksam gewordenen Beträge wird durch **§ 309 HGB** geregelt.

2 Der *goodwill* unterliegt nach Abs. 1 „den Vorschriften des Ersten Abschnittes", wird also i.V. mit § 253 Abs. 3 HGB wie in der Einzelbilanz über die Nutzungsdauer **planmäßig** (→ Rz. 5), bei Wertminderung außerdem **außerplanmäßig** (→ Rz. 9) abgeschrieben. Nach HGB a. F. bestanden noch zwei andere Alternativen: Abschreibung über eine typisierte Nutzungsdauer von maximal vier Jahren oder offene Verrechnung mit den Rücklagen. Beide Möglichkeiten sind mit dem BilMoG entfallen (→ Art. 66 Rz. 15), die zweite kann aber für die Entkonsolidierung noch Bedeutung haben (→ Rz. 13).

3 Die Auflösung eines **negativen Unterschiedsbetrags** erfolgt nach Abs. 2

▶ bei **Eintritt** einer zum Zeitpunkt des Erwerbs oder der späteren Erstkonsolidierung erwarteten **ungünstigen Entwicklung** (→ Rz. 15) oder

▶ wenn feststeht, dass der Unterschiedsbetrag einem realisierten **Gewinn** entspricht (→ Rz. 18).

4 § 309 HGB ist über den Bereich der Vollkonsolidierung hinaus bedeutsam. Seine entsprechende Anwendung ist vorgeschrieben durch

▶ § 312 Abs. 2 Satz 3 HGB bei *equity*-**Konsolidierung** (→ § 312 Rz. 28) und

▶ § 310 Abs. 2 HGB bei **quotaler Konsolidierung** (→ § 310 Rz. 22).

II. Fortschreibung des *goodwill* (Abs. 1)

1. Planmäßige Abschreibung

5 Der *goodwill* unterliegt nach Abs. 1 den Abschreibungsregeln des Ersten Abschnitts. Er wird also – den Wertminderungsfall zunächst ausgeklammert – nach § 253 Abs. 3 Satz 1 HGB über die Nutzungsdauer planmäßig abgeschrieben. **Parameter** der planmäßigen Abschreibung sind

▶ Abschreibungsbeginn (→ Rz. 6),

▶ Nutzungsdauer (→ Rz. 7) und

▶ Abschreibungsmethode (→ Rz. 8).

6 **Abschreibungsbeginn** ist der Erstkonsolidierungszeitpunkt.

7 Die Annahme einer **Nutzungsdauer** von mehr als fünf Jahren ist nach § 314 Abs. 1 Nr. 20 HGB im Konzernanhang zu rechtfertigen. Nicht formell, aber **faktisch** ergibt sich hieraus die widerlegbare gesetzliche Vermutung einer Nutzungsdauer von **fünf Jahren** (→ § 285 Rz. 97). Eine längere Nutzungsdauer als fünf Jahre darf gem. DRS 4.31 nur in begründeten Ausnahmefällen zugrunde gelegt werden:

▶ Wer über maximal fünf Jahre abschreibt, braucht weder intern Untersuchungen über die Nutzungsdauer anzustellen noch muss er die angenommene Nutzungsdauer extern rechtfertigen.

▶ Bei Annahme einer längeren Nutzungsdauer ist hingegen beides nötig.

(Vor allem) im zweiten Fall sind nach DRS 4.33 zur **Schätzung der Nutzungsdauer** u. a. folgende Faktoren zu berücksichtigen:

► Art und die voraussichtliche Bestandsdauer des erworbenen Unternehmens unter Berücksichtigung gesetzlicher oder vertraglicher Rahmenbedingungen,

► Stabilität der Branche des erworbenen Unternehmens,

► Lebenszyklus der Produkte,

► Umfang von Erhaltungsaufwendungen, die erforderlich sind, um den erwarteten ökonomischen Nutzen des erworbenen Unternehmens zu realisieren, sowie

► Lauf- bzw. Verfallszeit wichtiger Werttreiber (Technologie, Mitarbeiter etc.).

DRS 4 sieht eine **Abschreibung** nach **Komponenten** vor: Ist das erworbene Unternehmen in mehreren Geschäftsfeldern tätig, ist der *goodwill* auf diese Geschäftsfelder zu verteilen und je nach für das Geschäftsfeld geltenden nutzungsdauerbestimmenden Faktoren über unterschiedliche Zeiträume abzuschreiben (DRS 4.32).

Bevorzugte **Abschreibungsmethode** ist nach DRS 4.31 die **lineare**. Wird eine andere Abschreibungsmethode gewählt, so ist dies im Anhang zu begründen (DRS 4.57b). 8

2. Außerplanmäßige Abschreibung

Bei voraussichtlich dauernder Wertminderung ist nach Abs. 1 i.V. mit § 253 Abs. 3 Satz 3 HGB eine außerplanmäßige Abschreibung auf den beizulegenden Wert vorzunehmen, wobei der außerplanmäßige Abschreibungsaufwand gem. DRS 4.37 in der Konzern-GuV gesondert auszuweisen ist. 9

Wird die planmäßige Nutzungsdauer entsprechend der faktischen gesetzlichen Vermutung (→ Rz. 7) auf **fünf Jahre** festgesetzt, ergibt sich **nur ganz ausnahmsweise** die Notwendigkeit, über eine außerplanmäßige Abschreibung nachzudenken. Da schon die planmäßige Abschreibung für eine rasche Verminderung des ursprünglich bilanzierten Betrags sorgt, stellt sich die Frage der außerplanmäßigen Abschreibung in der Praxis nur dann, wenn in zeitlicher Nähe zum Unternehmenserwerb (ein bis zwei Jahre) deutlich wird, dass die Investition eine Fehlmaßnahme war. 10

Bedeutsamer ist die außerplanmäßige Abschreibung bei **langer planmäßiger Nutzungsdauer**. Wird etwa in Anlehnung an § 7 Abs. 1 EStG der *goodwill* auf 15 Jahre planmäßig abgeschrieben, steht der *goodwill* auch nach mehreren Jahren noch mit hohen Beträgen zu Buche. Im Verlauf dieser Jahre kann sich aber etwa die Wettbewerbssituation drastisch verschlechtern, der Lebenszyklus der Produkte durch technologische Neuentwicklungen deutlich verkürzt haben etc. 11

Die dann vorzunehmende **Werthaltigkeitsprüfung** kann – wie die Erstkonsolidierung – den *goodwill* nur als Residuum ermitteln. Sein beizulegender Zeitwert ergibt sich als Differenz aus Ertragswert der erworbenen Einheit (unter Berücksichtigung von Synergien bei der erwerbenden Einheit) einerseits und Nettovermögen (ohne *goodwill*) andererseits. Angesichts fehlender gesetzlicher Vorgaben besteht dabei ein Wahlrecht,[1] das Nettovermögen zu aktuellen Zeitwerten[2] (analog den amerikanischen Vorschriften des SFAS 142) oder zu Konzernbuchwerten (analog IAS 36) anzusetzen.

3. Zuschreibungsverbot

12 Mit Fortfall der Gründe für die außerplanmäßige Abschreibung ist nach Abs. 1 i.V. mit § 253 Abs. 5 Satz 2 HGB **keine Zuschreibung** zulässig.

4. Entkonsolidierung

13 Bei der Entkonsolidierung geht im Rahmen der **Einzelveräußerungsfiktion** (→ § 301 Rz. 113) auch der *goodwill* ab und mindert damit den Entkonsolidierungserfolg.

Für nach § 309 Abs. 1 Satz 3 HGB in **Altfällen** vorgenommene Verrechnung des *goodwill* mit den Rücklagen befürwortet ein Teil des Schrifttums eine Rücknahme der Verrechnung im Entkonsolidierungszeitpunkt, um so das zutreffende Totalergebnis darzustellen.[3] Nach anderer Auffassung ist es vertretbar, die Verrechnung beizubehalten.[4]

> **BEISPIEL** Beim Erwerb des Tochterunternehmens in 01 entstand ein *goodwill* von 200, der mit den Rücklagen verrechnet wurde.
>
> In 05 wird das Tochterunternehmen veräußert. Dem Veräußerungserlös von 1.000 ist nach Maßgabe der Einzelveräußerungsfiktion (→ § 301 Rz. 113) das abgehende Nettovermögen der TU gegenüberzustellen. Es beträgt ohne *goodwill* zu Konzernbuchwerten 700.
>
> Damit ergeben sich zwei Möglichkeiten der Berechnung des Entkonsolidierungserfolgs:
>
> | | Alternative 1 | Alternative 2 |
> |---|---:|---:|
> | Veräußerungspreis | 1.000 | 1.000 |
> | abgehendes Nettovermögen ohne *goodwill* | 700 | 700 |
> | Zwischensumme | 300 | 300 |
> | bisher nicht erfolgswirksam gewordener *goodwill* | 200 | 0 |
> | Entkonsolidierungserfolg | 100 | 300 |

---

1 Gl. A. wohl *Hüttche*, in: Petersen/Zwirner/Brösel (Hrsg.), Systematischer Praxiskommentar Bilanzrecht, Köln 2010, § 309 Tz. 18.
2 Dies befürwortend *Heni/Ernst/Dreixler*, in: Haufe HGB Bilanz Kommentar, Freiburg 2009, § 309 Tz. 17, sowie *Förschle/Hoffmann*, in: Beck'scher Bilanz-Kommentar, 7. Aufl., München 2010, § 309 Tz. 14.
3 Vgl. ADS, 6. Aufl., § 301 Tz. 262.
4 Vgl. *Oser*, WPg 1995 S. 275; *Weber/Zündorf*, in: Küting/Weber (Hrsg.), Handbuch der Konzernrechnungslegung, Bd. II, 2. Aufl., 1998, § 301 Tz. 317.

III. Auflösung des negativen Unterschiedsbetrags (Abs. 2)

1. Entstehungsursachen eines negativen Unterschiedsbetrags

Formal ist der Unterschiedsbetrag in § 310 Abs. 3 HGB als die **negative Differenz** zwischen Beteiligungsbuchwert und anteiligem Zeitwert des Nettovermögens des Tochterunternehmens zum Erstkonsolidierungszeitpunkt definiert.

14

Inhaltlich kann eine solche negative Differenz aus drei Gründen entstehen (→ § 301 Rz. 101 ff.):

1. Das Nettovermögen ist wegen spezifischer, vom Zeitbewertungsprinzip abweichender Vorschriften bei der Erstkonsolidierung **regelkonform über Zeitwert** angesetzt, insbesondere weil im Kaufpreis berücksichtigte Risiken nicht rückstellungsfähig sind.
2. Es liegt ein **günstiger Kauf** (*bargain purchase* oder *lucky buy*) vor, d. h. die Anteile haben unter Wert den Eigentümer gewechselt.
3. Zwischen Erwerbszeitpunkt und Aufnahme der Konsolidierung sind in hohem Maße **Gewinne thesauriert** worden, die sich in Anschaffungskosten und Beteiligungsbuchwert nicht widerspiegeln.

Die Rechtsfolgen des ersten Falls sind in Abs. 2 Satz 1 geregelt (→ Rz. 15). Der zweite und u. E. auch der dritte Fall werden in Abs. 2 Satz 2 angesprochen (→ Rz. 18).

2. Eintritt erwarteter Aufwendungen oder erwarteter ungünstiger Entwicklungen (Abs. 2 Nr. 1)

Zu einem negativen Unterschiedsbetrag in Folge einer regelkonformen Überbewertung des Nettovermögens (→ Rz. 14) kommt es insbesondere dann, wenn **Risiken** oder **erwartete Restrukturierungaufwendungen** zu einem entsprechend niedrigeren Kaufpreis (ggf. sogar zu einem negativen Kaufpreis) führen, jedoch die Voraussetzungen für den Ansatz einer Schuld zum Erstkonsolidierungszeitpunkt noch nicht erfüllen.

15

> **BEISPIEL** ► E erwirbt ein schuldenfreies pyrotechnisches Einzelunternehmen:
>
> ► Der Buch- und Zeitwert der Aktiva beträgt 20 Mio €.
>
> ► Der (ohne das nachfolgend erläuterte Risiko berechnete) Ertragswert des Unternehmens beträgt ebenfalls 20 Mio €.
>
> ► Als Kaufpreis werden jedoch 15 Mio € vereinbart.
>
> Der geringere Kaufpreis erklärt sich wie folgt: Das Unternehmen ist in den USA wegen Produkthaftung auf 40 Mio USD verklagt. Sein Versicherungsschutz für derartige Fälle beträgt 1 Mio €. Die Wahrscheinlichkeit, mit einem über 1 Mio € hinausgehenden Betrag verurteilt zu werden, wird von den Rechtsanwälten als extrem niedrig eingeschätzt. Wegen des Überraschungspotenzials amerikanischer Geschworenenverfahren bleibt jedoch ein nicht zu vernachlässigendes Restrisiko. Die Parteien berücksichtigen dies durch einen Abschlag von

III. Auflösung des negativen Unterschiedsbetrags

> 5 Mio € beim Kaufpreis, der in der Erstkonsolidierung zu einem negativen Unterschiedsbetrag führt.

16 Bei **Eintritt** der erwarteten Aufwendungen oder der erwarteten ungünstigen Entwicklung ist der negative Unterschiedsbetrag erfolgswirksam aufzulösen. Im Beispiel wäre dies der Zeitpunkt, an dem das Gerichtsverfahren mit einer Verurteilung des Unternehmens endet. Zwar wurde eine solche Entwicklung nicht mit überwiegender, aber mit einer hinreichenden, im Kaufpreis berücksichtigten Wahrscheinlichkeit angenommen. Ein Anwendungsfall von Abs. 2 Nr. 1 liegt daher vor.

17 Mit überwiegender Wahrscheinlichkeit geht der Käufer bei nicht bilanzierungsfähigen Risiken aber gerade von einer günstigen Entwicklung (im Beispiel Abweisung der Produkthaftungsklage) aus. Wenn sich diese Erwartung bestätigt, eine ungünstige **Entwicklung** bzw. der Aufwand also **nicht eintritt**, ist dies durch den Wortlaut von Abs. 2 Nr. 1 nicht unmittelbar abgedeckt. Zwei Lesarten bieten sich an:

1. Erweiterte Interpretation von Abs. 2 Nr. 1: Im negativen Unterschiedsbetrag sind ungünstige Erwartungen für die Zukunft berücksichtigt. Steht deren Nichteintreffen endgültig fest, besteht für die Fortführung des Postens keine Rechtfertigung mehr. Er ist auch dann aufzulösen.

2. Erweiterte Interpretation von Abs. 2 Nr. 2: Die Berücksichtigung von für wahrscheinlich, aber nicht überwiegend wahrscheinlich gehaltenen Risiken im Kaufpreis hat den Charakter eines Derivats, bei dem eine „Wette" auf die Zukunft abgeschlossen wird. Tritt die ungünstige Entwicklung ein (wird die Wette verloren), stellt dies den Verlust dar. Steht umgekehrt fest, dass die ungünstige Entwicklung nicht mehr eintritt – wird die Wette also gewonnen –, stellt diese einen Gewinn dar, der nach Abs. 2 Nr. 2 durch Auflösung des Unterschiedsbetrags zu berücksichtigen ist.

Beide Lesarten führen zum gleichen, u. E. sachgerechten Ergebnis.

3. Feststehender Gewinn (Abs. 2 Nr. 2)

18 Als Hauptanwendungsfall von Abs. 2 Nr. 2 gilt der **günstige Kauf** (*lucky buy*).[5]

Unter sachverständigen, ohne Druck handelnden und voneinander unabhängigen Dritten scheidet ein günstiger Kauf aber regelmäßig aus. Der beizulegende Zeitwert ist in DRS 4.7 gerade als der Betrag definiert, zu dem zwischen „geschäftsbereiten und sachverständigen Geschäftspartnern ein Vermögenswert ausgetauscht ... werden kann." Sind die Parteien unabhängig, ist der Veräußerer kein Wohltäter und handelt er nicht in einer Notlage (z. B. Zwangsversteigerung), muss daher die Ausgeglichenheit von Leistung und Gegenleistung unterstellt und ein *lucky buy* regelmäßig ausgeschlossen werden. Ein zu niedriger oder gar negativer Kaufpreis ist in diesem Fall häufig auf eine im Kaufpreis verdeckt verrechnete Sachleistungspflicht des Käufers zurückzuführen (→ § 301 Rz. 104).

19 Wo ein Ausnahmefall vorliegt, stellt sich die Frage, zu welchem Zeitpunkt „feststeht, dass der Unterschiedsbetrag einem **realisierten Gewinn** entspricht." Bei enger Interpretation des Reali-

---

[5] Vgl. *ADS*, 6. Aufl., § 309 Tz. 75.

sationsprinzips steht ein Gewinn aus dem Erwerb der Anteile erst dann fest, wenn diese wieder veräußert worden sind.[6] Nach anderer, großzügigerer Interpretation kann der negative Unterschiedsbetrag bei einem *lucky buy* bereits dann aufgelöst werden, wenn bei nachhaltig guter Ertragslage und erheblicher Gewinnthesaurierung des Tochterunternehmens der Gewinn so gut wie sicher ist.[7] U. E. spricht neben der allgemeinen Auslegung des Realisationsprinzips (→ § 252 Rz. 85) noch Folgendes für die zweite Auffassung: In anderen Fällen, in denen der Gesetzgeber eine Realisation erst mit Veräußerung der Anteile zulässt, ist dies ausdrücklich in den Gesetzeswortlaut aufgenommen (→ § 308a Rz. 32). Der Verzicht darauf in Abs. 2 Nr. 2 erlaubt im Umkehrschluss eine frühere Realisation.

Nach DRS 4.41 ist wie bei einem nicht durch erwartete künftige Aufwendungen oder Verluste begründeten negativen Unterschiedsbetrag Folgendermaßen zu differenzieren: Soweit er den beizulegenden Zeitwert der non-monetären Vermögensgegenstände übersteigt, wird er sofort im Zeitpunkt der erstmaligen Einbeziehung, im Übrigen planmäßig über die durchschnittliche Restnutzungsdauer der non-monetären Vermögensgegenstände ertragswirksam.

Ein negativer Unterschiedsbetrag muss nicht auf eine zum Erwerbszeitpunkt bestehende negative Differenz von Anschaffungskosten/Beteiligungsbuchwert und anteiligem Nettovermögen zurückzuführen sein. In Fällen, in denen die **Erstkonsolidierung erst zu einem späteren Zeitpunkt** aufgenommen wird, sind nach § 301 Abs. 2 Satz 2 und 3 HGB die Verhältnisse des Erstkonsolidierungszeitpunkts maßgeblich. Vor allem bei zwischen beiden Zeitpunkten liegenden **Thesaurierungen** von Gewinnen des Tochterunternehmens kann sich dann auch ohne *lucky buy* ein negativer Unterschiedsbetrag ergeben.

20

In diesem Fall ist eine Ertragsrealisierung u. E. zulässig und geboten, sobald es zur Ausschüttung der thesaurierten Gewinne kommt. Nach anderer (zum HGB vor BilMoG vertretener) Auffassung ist ein thesaurierungsbedingter negativer Unterschiedsbetrag hingegen mit den Konzerngewinnrücklagen zu verrechnen. Wegen Einzelheiten hierzu wird auf → § 301 Rz. 27 ff. verwiesen. Nach DRS 4.41 ist wie in anderen Fällen eines nicht durch erwartete künftige Aufwendungen oder Verluste begründeten negativen Unterschiedsbetrags auf das Verhältnis des Unterschiedsbetrags zur Höhe der non-monetären Werte bei Einbeziehung abzustellen (→ Rz. 19).

4. Entkonsolidierung

Ein nicht schon zuvor aufgelöster passiver Unterschiedsbetrag ist bei der Entkonsolidierung auszubuchen (DRS 4.45). Er mindert nach Maßgabe der **Einzelveräußerungsfiktion** (→ § 301 Rz. 113) den Wert des abgehenden Vermögens und erhöht damit den Entkonsolidierungserfolg.

21

---

6 IDW, St/SABI 2/1988.
7 Vgl. *ADS*, 6. Aufl., § 309 Tz. 76; *Weber/Zündorf*, in: Küting/Weber (Hrsg.), Handbuch der Konzernrechnungslegung, Bd. II, 2. Aufl., 1998, § 309 Tz. 69.

Sechster Titel: Anteilmäßige Konsolidierung

§ 310 Konsolidierung

(1) Führt ein in einen Konzernabschluss einbezogenes Mutter- oder Tochterunternehmen ein anderes Unternehmen gemeinsam mit einem oder mehreren nicht in den Konzernabschluss einbezogenen Unternehmen, so darf das andere Unternehmen in den Konzernabschluss entsprechend den Anteilen am Kapital einbezogen werden, die dem Mutterunternehmen gehören.

(2) Auf die anteilmäßige Konsolidierung sind die §§ 297 bis 301, §§ 303 bis 306, 308, 308a, 309 entsprechend anzuwenden.

Inhaltsübersicht

	Rz.
I. Regelungsinhalt	1 - 3
II. Gemeinschaftliche Führung eines anderen Unternehmens (Abs. 1 Satz 1 1. Halbsatz)	4 - 20
1. Gemeinschaftsunternehmen vs. nicht-unternehmerische *Joint Ventures*	4 - 14
1.1 Erscheinungsformen gemeinschaftlichen Wirtschaftens	4 - 7
1.2 Der Unternehmensbegriff	8 - 12
1.3 Bilanzierung bei nicht-unternehmerischen *Joint Ventures*	13 - 14
2. Gemeinschaftliche Führung	15 - 20
III. Quotale Konsolidierung (Abs. 1 Satz 1 2. Halbsatz und Abs. 2)	21 - 38
1. Sinngemäß anzuwendende Vollkonsolidierungsvorschriften	21 - 22
2. Kapitalkonsolidierung	23
3. Schulden- und Aufwandskonsolidierung	24
4. Zwischenergebniseliminierung, Einlagen, Sachgründungen	25 - 26
5. Währungsumrechnung	27
6. Ausweis quotal konsolidierter Posten	28
7. Sonderproblem abweichender Kapital- und Gewinnanteile	29 - 30
8. Statuswechsel	31 - 36
8.1 Von der einfachen Beteiligung oder dem assoziierten Unternehmen zum Gemeinschaftsunternehmen und umgekehrt	31 - 32
8.2 Vom Gemeinschaftsunternehmen zum Tochterunternehmen und umgekehrt	33 - 35
8.3 Entkonsolidierung	36
9. Anhangangaben bei quotaler Konsolidierung	37 - 38
IV. Wahlrecht zur *equity*-Konsolidierung	39 - 41
1. Stetigkeit bei der Anwendung des Wahlrechts	39 - 40
2. Bilanzpolitische und -theoretische Beurteilung des Wahlrechts	41

Ausgewählte Literatur

Dusemond, Quotenkonsolidierung vs. Equity-Methode, Kritische Analyse der Vorteilhaftigkeit anhand praxisrelevanter Kennzahlen, DB 1997 S. 1781

Eisele/Rentschler, Gemeinschaftsunternehmen im Konzernabschluss, BFuP 1989 S. 309-324

Harms/Knischewski, Quotenkonsolidierung vs. Equity-Methode im Konzernabschluss. Ein bilanzpolitisches Entscheidungsproblem, DB 1985 S. 1353

Kunowski, Bilanzierung von Anteilen an assoziierten Unternehmen sowie Gemeinschaftsunternehmen im Konzernabschluss nach DRS 8 und DRS 9, StuB 2002 S. 261

Petersen/Zwirner, Unternehmensbegriff, Unternehmenseigenschaft und Unternehmensformen, DB 2008 S. 481

Roß, Gemeinschaftsunternehmen als Gesellschafterunternehmen im Konzernabschluss – Zur Methode und zur Quote der Einbeziehung der Beteiligungsgesellschaft, WPg 1995 S. 617

Ruhnke/Kluge, Gemeinschaftsunternehmen im Konzernabschluss nach IAS und HGB, RIW 1996 S. 577

Zündorf, Zur Problematik der Zwischenergebniseliminierung im Rahmen der Quotenkonsolidierung, BB 1987 S. 2125

I. Regelungsinhalt

1   Die handelsrechtlichen Regelungen zur Konsolidierung ergeben bei erster Betrachtung ein **Stufenkonzept**, das je nach Grad der Einflussnahme wie folgt unterscheidet:
- maßgeblicher Einfluss → *at equity*-Konsolidierung (→ § 312),
- gemeinsam mit anderen ausübbare Kontrolle → quotale Konsolidierung (→ Rz. 22),
- alleinige Kontrolle → Vollkonsolidierung (→ § 300).

Für Gemeinschaftsunternehmen scheidet danach zunächst die **Vollkonsolidierung** aus. Diese ist vielmehr Unternehmen vorbehalten, die gem. § 290 HGB unter beherrschendem Einfluss des übergeordneten Unternehmens stehen, also **Tochterunternehmen** sind. Beherrschen mehrere (nicht wiederum durch ein Mutter-Tochter-Verhältnis verbundene) Unternehmen ein anderes Unternehmen **gemeinsam**, liegt kein Mutter-Tochter-Verhältnis vor und es kommt keine Vollkonsolidierung nach §§ 300 HGB ff. in Frage.

Nach dem Stufenkonzept wäre die *at equity*-**Konsolidierung** (§ 312 HGB) **assoziierten Unternehmen** vorbehalten, die i. S. von § 311 HGB maßgeblichem Einfluss des übergeordneten Unternehmens ausgesetzt sind. Maßgeblicher Einfluss ist weniger als die gemeinschaftliche Führung. Ein maßgeblicher Einfluss kann z. B. auch dann noch bejaht werden, wenn ein anderer das untergeordnete Unternehmen allein beherrscht, das bilanzierende Unternehmen aber bestimmte Entscheidungen verhindern kann (Sperrminorität). **Gemeinsame Führung** verlangt hingegen mehr als eine Sperrminorität (→ Rz. 15). Diesem **Mehr** an **Einflussnahme** entsprechend wären im dargestellten Stufenkonzept Gemeinschaftsunternehmen **quotal** zu konsolidieren.

Abs. 1 sieht jedoch keine entsprechende Pflicht, sondern nur ein **Wahlrecht** vor. Wird von diesem Wahlrecht zur quotalen Konsolidierung kein Gebrauch gemacht, ergibt sich die Konsolidierungsfolge aus §§ 311, 312 HGB: **Kontrollieren mehrere** (nicht wiederum durch ein Mutter-Tochter-Verhältnis verbundene) Unternehmen ein anderes Unternehmen **gemeinsam**, hat jedes von ihnen **zugleich maßgeblichen Einfluss** i. S. von § 311 HGB und ist daher bei Verzicht auf die quotale Konsolidierung gem. § 312 HGB *at equity* zu konsolidieren.

2   Im Unterschied zur *at equity*-**Konsolidierung**, bei der Vermögensgegenstände, Schulden, Erträge und Aufwendungen des untergeordneten Unternehmen nur in ihrem Saldo (anteiliges Ei-

genkapital bzw. anteiliges Ergebnis) in **einer Zeile** von Konzernbilanz und -GuV erscheinen (*one line consolidation*), werden bei **quotaler Konsolidierung** Vermögensgegenstände, Schulden, Abgrenzungsposten, Aufwendungen und Erträge des Gemeinschaftsunternehmens **unaggregiert** entsprechend den prozentualen Anteilen des übergeordneten Unternehmens in den Konzernabschluss einbezogen.

Auf die quotale (anteilsmäßige, proportionale) Konsolidierung sind daher nach Abs. 2 die **Vorschriften der Vollkonsolidierung** mit einer wesentlichen Ausnahme **entsprechend** anzuwenden (→ Rz. 21). Die **Ausnahme** betrifft § 307 HGB bzw. den Ausgleichsposten für Anteile anderer Gesellschafter. Ein solcher Posten ist im Rahmen der Vollkonsolidierung notwendig, weil bei einer Anteilsquote von weniger als 100 % die Vermögensgegenstände und Schulden gleichwohl zu 100 % konsolidiert werden. Im System der quotalen Konsolidierung werden die Vermögensgegenstände etc. hingegen von vornherein nur nach der Höhe der Anteilsquote erfasst, ein Ausgleichsposten für Anteile anderer Gesellschafter ist daher nicht erforderlich.

§ 310 HGB befasst sich nicht umfassend mit Fragen der Rechnungslegung bei **gemeinschaftlichen** wirtschaftlichen Aktivitäten (*Joint Ventures*). Geregelt wird vielmehr nur der Fall, in dem die gemeinschaftlich geführte Aktivität in Form eines selbständigen Unternehmens (**Gemeinschaftsunternehmens**), z. B. einer Kapital- oder Personenhandelsgesellschaft, betrieben wird. In anderen Fällen, etwa bei der typischen Bau-ARGE, bei Wertpapieremissionskonsortien etc. kommt die gemeinschaftliche Aktivität ohne gesellschaftsrechtlich gesamthänderisch gebundenes Vermögen aus. Auch die nicht in § 310 HGB geregelte Bilanzierung dieser **sonstigen Erscheinungsformen** des *Joint Venture* wird nachfolgend behandelt (→ Rz. 4 und → Rz. 13).

3

II. Gemeinschaftliche Führung eines anderen Unternehmens (Abs. 1 Satz 1 1. Halbsatz)

1. Gemeinschaftsunternehmen vs. nicht-unternehmerische *Joint Ventures*

1.1 Erscheinungsformen gemeinschaftlichen Wirtschaftens

In idealtypischer Betrachtung lassen sich drei Formen gemeinschaftlicher Aktivitäten (*Joint Venture*) unterscheiden:

4

- Gemeinschaftlich geführte **Tätigkeiten** (*jointly controlled operations*): Vertragliche Grundlage der Zusammenarbeit ist i. d. R. eine BGB-Innen- oder Außengesellschaft. Es existiert **kein** (funktional wesentliches) **gemeinschaftliches Vermögen**. Erlöse, ggf. auch Ergebnisse aus der gemeinschaftlich betriebenen Tätigkeit werden aufgeteilt. Beispiele sind die **ARGE** in der Bauwirtschaft, **Wertpapieremissionskonsortien** von Banken, **Explorationskonsortien** in der Ölindustrie.

- Gemeinschaftlich geführtes **Vermögen** (*jointly controlled assets*): Vertragliche Grundlage ist i. d. R. eine BGB-Außengesellschaft mit funktional relevantem **Gesamthandsvermögen oder** eine **Bruchteilsgemeinschaft**. Beispiele sind eine gemeinsam von Ölgesellschaften betriebene Pipeline, deren Investitions-, Unterhalts- und Finanzierungsaufwendungen von einer gemeinsamen Gesellschaft getragen und an die Partnerunternehmen (*Venturer*) weiterbelastet werden.

► Gemeinschaftlich geführtes **Unternehmen** (*jointly controlled entities*): Vertragliche Grundlage ist i. d. R. der Gesellschaftsvertrag einer **Kapital-** oder **Personenhandelsgesellschaft**. Über diese Gesellschaft ist das Vermögen gesamthänderisch gebunden. Die Gesellschaft selbst verfolgt eigene erwerbswirtschaftliche Interessen durch eine nach außen in Erscheinung tretende Organisation.

Nachstehende Übersicht fasst die typischen Merkmale der verschieden Escheinungsformen des *Joint Venture* zusammen.

Übersicht:	Erscheinungsformen *des Joint Venture*[1]		
	typische Rechtsform	gemeinsames Vermögen	Beispiele
gem. Tätigkeit	BGB-Innen- oder BGB-Außengesellschaft	kein (relevantes) gemeinsames Vermögen	ARGE in Bauindustrie Wertpapieremissionskonsortium von Banken Explorationskonsortien in Ölindustrie
gem. Vermögen	BGB-Außengesellschaft oder Bruchteilsgemeinschaft	Gesamthands- oder Bruchteilseigentum	Ölgesellschaften besitzen gemeinsam eine Pipeline und teilen Aufwendungen.
gem. Unternehmen	Kapital- oder Personenhandelsgesellschaft	Gesamthandsvermögen	Gemeinsame Vertriebsgesellschaft von inländischem Produzent und ausländischem Importeur Gemeinsame Entwicklungsgesellschaft von Automobilherstellern

5   Hierbei handelt es sich nur um idealtypische Betrachtungen. In der **Vertragspraxis** kommt eine Vielzahl von **„gemischten" Formen** der Zusammenarbeit vor, deren Zuordnung nicht immer eindeutig ist:

► Werden etwa gemeinsame Bankkonten geführt und gemeinsame Bankfinanzierungen nur aus abrechnungs- und haftungstechnischen Gründen und nur **durchleitungshalber** geführt, liegt anders als bei gemeinsamen Sachanlagen oder immateriellen Anlagen noch kein gemeinschaftlich geführtes Vermögen vor. Die Bau-ARGE oder das Explorationskonsortium in der Ölindustrie bleibt danach eine gemeinschaftliche Tätigkeit, sofern jedes Partnerunternehmen seine eigenen Anlagen, Arbeitnehmer etc. einsetzt.

► Soll das als Außengesellschaft geführte *Joint Venture* **keinen Gewinn** erzielen, lediglich Erstattung der im gemeinsamen Interesse der Partnerunternehmen eingegangenen Aufwendungen verlangen können, ist nach h. M. gleichwohl die Verfolgung erwerbswirtschaftlicher Ziele und damit die Unternehmensqualität zu bejahen (→ Rz. 10). Die Abgrenzung zum gemeinschaftlich geführten Vermögen wird in diesem Fall aber eher willkürlich.

---

1 Entnommen aus *Lüdenbach*, in: Lüdenbach/Hoffmann (Hrsg.), Haufe IFRS-Kommentar, 8. Aufl., Freiburg 2010, § 34.

Vom *Joint Venture* ist noch die bloße **Gewinngemeinschaft** i. S. von § 292 Abs. 1 Nr. 1 AktG und § 277 Abs. 3 Satz 2 HGB abzugrenzen. Bei der Gewinngemeinschaft kommen zwei oder mehr Unternehmen überein, einen periodisch ermittelten Gewinn (z. B. Jahresüberschuss oder Rohertrag des Jahrs, z. B. Jahresergebnis einzelner Betriebe) nach einem bestimmten Schlüssel aufzuteilen.[2] Keine Gewinngemeinschaft liegt daher vor, wenn bei der Bau-ARGE oder beim Wertpapieremissionskonsortium nur der Gewinn eines Einzelprojekts geteilt wird. Die Gewinngemeinschaft setzt keine gemeinsame Führung (→ Rz. 15) voraus. Jeder der Beteiligten betreibt sein Geschäft im Wesentlichen alleine, trifft Investitions- und Finanzierungs-, Produktions-, Beschaffungs- und Absatzentscheidungen im wesentlichen Maße selbständig. Die aus der Teilung des Ergebnisses resultierenden Ausgleichsansprüche oder Verpflichtungen sind in der GuV nach § 277 Abs. 3 Satz 2 HGB als Aufwendungen und Erträge aufgrund einer Gewinngemeinschaft zu erfassen (→ § 277 Rz. 32).

6

Zur Abgrenzung der verschiedenen Konstellationen folgendes Beispiel:

7

BEISPIEL ▸ A und B veranstalten gemeinsam sog. Mittelaltermärkte. Sie schließen mit Städten gemeinsam Verträge über die Nutzung von Markt- und Festplätzen ab. A besorgt Bewirtung und Beköstigung (mit Met, Honigwein etc.), B den Verkauf von Kunsthandwerk (Töpferware etc.). Folgende Alternativen bestehen für die Zusammenarbeit:

ALTERNATIVE 1 ▸ Plakatwerbung und die Verträge mit den Städten werden über eine BGB-Gesellschaft (Anteile jeweils 50 %) abgewickelt. Die Kosten hierfür werden geteilt. Alle Entscheidungen über die Veranstaltung der Events, Anmietung der Plätze, Werbung etc. können nur einstimmig getroffen werden.

Es liegt eine gemeinsame Tätigkeit vor, mangels Gesamthandsvermögen aber weder gemeinschaftlich geführtes Vermögen noch ein Gemeinschaftsunternehmen. A und B erfassen die Vertriebsaufwendungen, Platzmieten etc. jeweils zu 50 % unter den entsprechenden GuV-Positionen (z. B. im Gesamtkostenverfahren als sonstiger betrieblicher Aufwand) bereits in ihren eigenen Einzelabschlüssen.

ALTERNATIVE 2 ▸ Neben A und B wird noch C für die Zusammenarbeit gewonnen. C sorgt für die musikalische Gestaltung (Lautenmusik etc.). Da C von den Marktbesuchern keine Einnahmen erzielt, vereinbaren die Parteien Folgendes: Das insgesamt aus dem jeweiligen Event erzielte Ergebnis (Erlöse minus Aufwendungen) wird im Verhältnis 40 % zu 40 % zu 20 % geteilt.

Es liegt dann eine Gewinngemeinschaft und kein *Joint Venture* vor, wenn die Parteien sämtliche Märkte des Jahrs gemeinsam veranstalten und sich somit aus der Summe der Gewinn der einzelnen Events ein zu verteilender Periodengewinn ergibt. A und B haben dann insbesondere die Abführungsverpflichtungen gegenüber C (sowie untereinander bestehende) als Aufwendungen aus Gewinngemeinschaft zu zeigen.

Sind die Parteien hingegen in wesentlichem Umfang auch unabhängig voneinander tätig, indem sie (unter anderem Motto veranstaltete) Märkte, Festveranstaltungen etc. auch unab-

---

2 Vgl. *Hüffer*, AktG, 7. Aufl., 2006, § 292 Tz. 4 ff.

hängig voneinander beschicken, fehlt die für eine Gewinngemeinschaft konstitutive Aufteilung des Periodenergebnisses. Es liegt dann ein *Joint Venture* in Form der gemeinsamen Tätigkeit vor. A und B erfassen ihre Abführungsverpflichtungen nicht als Aufwendungen aus Gewinngemeinschaft, sondern umsatzkürzend oder als sonstiger Aufwand.

ALTERNATIVE 3 Die BGB-Gesellschaft aus A und B (jeweils 50 % Beteiligung) übernimmt abweichend von Alternative 1 zusätzlich das Anlagevermögen (Buden, Beleuchtungsanlagen etc.), dessen Instandhaltung, Transport zu den einzelnen Events etc. Auch für diese Maßnahmen gilt das Einstimmigkeitserfordernis.

Es liegt gemeinschaftliches Vermögen vor, das zu je 50 % bei A und B zu bilanzieren ist.

ALTERNATIVE 4 Neben den vorgenannten Aktivitäten werden auch alle weiteren wesentlichen Aktivitäten auf der Beschaffungsseite (Personal, Material etc.) sowie der Absatzseite (Umsätze) über eine Personenhandelsgesellschaft abgewickelt, deren Gesellschaftsvertrag für alle wesentlichen Entscheidungen Einstimmigkeit vorsieht. Es liegt ein Gemeinschaftsunternehmen vor. A und B erfassen einzelbilanziell Beteiligungen und Beteiligungserträge, konzernbilanziell können sie zwischen quotaler und *equity*-Konsolidierung wählen (→ Rz. 1).

1.2 Der Unternehmensbegriff

8   Die für ein Gemeinschaftsunternehmen i. S. von § 310 HGB konstitutive Unternehmenseigenschaft ist im Gesetz nicht definiert. Nach HFA 1/1993 ist die Einheit, über die das *Joint Venture* betrieben wird, dann Unternehmen, wenn

1. das Vermögen ganz oder teilweise **gesamthänderisch** gebunden ist (→ Rz. 9),
2. **erwerbswirtschaftliche Interessen** von der Einheit verfolgt werden (→ Rz. 10),
3. eine **nach außen** in Erscheinung tretende Organisation vorliegt (→ Rz. 11) und
4. **Rechtsbeziehungen** zu beteiligten Unternehmen oder Dritten unterhalten werden (→ Rz. 12).

9   Nach dem ersten, der in → Rz. 8 genannten Kriterien sind **Bruchteilsgemeinschaften** oder lediglich der Entscheidungskoordinierung dienende, im Wesentlichen **vermögenslose Gesellschaften kein Unternehmen**.

10 Nach dem zweiten Kriterium müssen **erwerbswirtschaftliche** Interessen verfolgt werden. Erwerbswirtschaftlich ist die Betätigung dann, wenn sie über die bloße Vermögensverwaltung hinausgeht und nicht lediglich ideelle Zwecke verfolgt. Es reicht daher aus, wenn die erwerbswirtschaftlichen Interessen **mittelbar** bei den Gesellschaftern zum Tragen kommen.

BEISPIEL Die Automobilhersteller A, B und C gründen eine gemeinsame Entwicklungsgesellschaft, in welcher das *know how* der drei Gründer i. S. alternativer Antriebe gebündelt werden soll. Nach Zwecksetzung und Gesellschaftsvertrag soll die Entwicklungsgesellschaft keine Gewinne erzielen, sondern Ersatz der ihr entstehenden Kosten erhalten.

Die Gesellschaft ist mittelbar für die Gründer erwerbswirtschaftlich tätig. Sie ist als Unternehmen zu qualifizieren.

Bei als **Kapital-** oder **Personenhandelsgesellschaft** betriebenen *Joint Ventures* ist nach h. M. **stets** eine Unternehmenseigenschaft gegeben.³

Auch an das dritte, in → Rz. 8 genannte Kriterium, die **nach außen in Erscheinung tretende Organisation**, sind keine hohen Anforderungen zu stellen. Eine konzernleitende GbR gilt daher i. d. R. als Unternehmen.⁴ 11

Mit dem vierten Kriterium wird das Unternehmen als **Außen**gesellschaft von dem Nichtunternehmen als reiner **Innen**gesellschaft abgegrenzt. Kein Gemeinschaftsunternehmen ist daher die reine BGB-Gesellschaft, die nicht nachhaltig in kaufmännischer Art und regelmäßig unter eigenem Namen bzw. eigener Firma tätig ist. Hierbei kommt es nicht zwingend auf die Absatzseite an. Wenn einziger Abnehmer der Leistungen die Partnerunternehmen sind, aber Entscheidungen und Kontrakte auf der Beschaffungsseite (Personal, Lieferanten etc.) nachhaltig unter eigenem Namen bzw. eigener Firma zu Stande kommen, ist dies ausreichend. 12

Für die Sonderfrage, ob gemeinschaftliche Beteiligungen an Spezialfonds als Anteile an Gemeinschaftsunternehmen qualifiziert werden können, wird auf → § 271 Rz. 15 und → § 290 Rz. 54 verwiesen.

1.3 Bilanzierung bei nicht-unternehmerischen *Joint Ventures*

§ 310 HGB behandelt lediglich die Konsolidierung von Beteiligungen an Gemeinschaftsunternehmen. Zur Bilanzierung bei gemeinschaftlich geführten Tätigkeiten oder Vermögen wird in § 310 HGB keine Regelung getroffen. Für diese Fälle gilt u. E. jedoch in Anwendung allgemeiner Grundsätze Folgendes: 13

▶ Bei **gemeinschaftlicher Tätigkeit** fehlt es an gemeinschaftlichem **Vermögen**. Jedes Unternehmen hat nach allgemeinen Bilanzierungsregeln sein eigenes Vermögen und seine eigenen Schulden auszuweisen. Jedes Partnerunternehmen hat die im Innenverhältnis zu tragenden Aufwendungsanteile sowie die eigenen Aufwendungen zu berücksichtigen und die ihm anteilig zustehenden realisierten Erträge auszuweisen. Werden ausnahmsweise auch Erlöse geteilt, gilt: Bei Mitvereinnahmung für die anderen ist die Ausgleichspflicht als Schuld und Ertragsminderung zu berücksichtigen, bei Mitvereinnahmung durch die anderen ist der Ausgleichsanspruch als Forderung und Ertragserhöhung einzubuchen. Ggf. liegt in derartigen Konstellationen allerdings überhaupt kein *Joint Venture*, sondern eine **Gewinngemeinschaft** vor (→ Rz. 6) mit der Folge einer Erfassung der Gewinnausgleichsverpflichtungen und -ansprüche in der GuV nach § 277 Abs. 3 Satz 2 HGB als Aufwendungen und Erträge aufgrund einer Gewinngemeinschaft (→ § 277 Rz. 35). Auf das Beispiel unter → Rz. 7 wird verwiesen.

▶ Existiert zwar **gemeinschaftliches Vermögen**, hingegen kein Anteil an einem Gemeinschaftsunternehmen, muss das Vermögen **anteilig** bei den Partnerunternehmen erfasst werden.⁵ Da es an einem bilanzierungsfähigen Gesellschaftsanteil fehlt, können die Ergebnisse aus dem *Joint Venture* auch nicht als Beteiligungserträge, sondern nur anteilig in den entsprechenden sonstigen Ertrags- und Aufwandspositionen berücksichtigt werden.

---

3 Vgl. *Kozikowski/Gröbl*, in: Beck'scher Bilanz-Kommentar, 7. Aufl., München 2010, § 271 Tz. 12.
4 Vgl. *Kozikoswki/Gröbl*, in: Beck'scher Bilanz-Kommentar, 7. Aufl., München 2010, § 271 Tz. 12.
5 HFA 1/1993 Tz. 3.1.

II. Gemeinschaftliche Führung eines anderen Unternehmens

14 Nachstehende Übersicht zeigt die Regeln zur Bilanzierung beim *Venturer* (Partnerunternehmen) in Abhängigkeit von der Form des *Joint Venture*.

	Bilanzierung beim Partnerunternehmen PU	
	Konzernabschluss	Einzelabschluss
gem. Tätigkeit	PU bilanziert eigenes Vermögen, eigene Schulden PU erfasst getätigte eigene Aufwendungen und anteilige Erträge PU berücksichtigt Ausgleichspflichten bzw. -rechte als Schuld/Aufwand bzw. Forderung/Ertrag	
gem. Vermögen	PU bilanziert anteiliges Vermögen, anteilige Schulden (neben eigenem Vermögen und eigenen Schulden) PU erfasst eigene Aufwendungen und anteilige Aufwendungen und Erträge des *Joint Venture* sowie anteilige Aufwendungen in Bezug auf *Joint Venture*, z. B. aus Finanzierung Bei im eigenen Namen für Rechnung aller eingegangenen Schulden kommt es zur Bilanzierung einer Ausgleichsforderung, bei entsprechender Handhabung durch anderes Partnerunternehmen zur Bilanzierung einer Ausgleichsverpflichtung	
gem. Unternehmen	Wahlrecht (→ Rz. 1): quotale oder *equity*-Konsolidierung	Anschaffungskosten oder niedriger beizulegender Wert

2. Gemeinschaftliche Führung

15 Ein *Joint Venture* setzt (unabhängig von seiner Erscheinungsform (→ Rz. 4)) eine **gemeinschaftliche Führung** voraus. Diese grenzt Gemeinschafts- von Tochterunternehmen ab.

Die **vertragliche Form** der gemeinsamen Führung ist unerheblich. In Frage kommen

▶ der **Gesellschaftsvertrag** oder

▶ eine **schuldrechtliche Vereinbarung** (Stimmrechtsbindungen etc.).

> **BEISPIEL** ▶ A, B und C beteiligen sich mit je einem Drittel am Unternehmen X, das sie gemeinsam führen wollen. In Frage kommen folgende Vertragsalternativen:
>
> **ALTERNATIVE 1** ▶ Einstimmigkeit qua Gesellschaftsvertrag
>
> Die gemeinsame Führung kann bereits im Gesellschaftsvertrag der X verankert sein, indem alle wesentlichen Entscheidungen dort an ein nur durch Zustimmung aller Gesellschafter erreichbares Quorum von mehr als 66 2/3 % gebunden werden. Ob der Gesellschaftsvertrag der X Einstimmigkeit vorsieht oder für alle Entscheidungen eine Mehrheit von z. B. 75 % fordert, spielt keine Rolle, da bei den gegebenen Beteiligungsverhältnissen auch im zweiten Fall Einstimmigkeit geboten ist.
>
> **ALTERNATIVE 2** ▶ Schuldrechtliche Regelung der Einstimmigkeit
>
> Der Gesellschaftsvertrag kann aber auch „normale" Stimmrechtsregelungen enthalten, also die einfache Mehrheit für die meisten Entscheidungen genügen lassen. Verpflichten sich die Parteien schuldrechtlich zu einem einstimmigen Handeln (Stimmrechtsbindung, Stimmrechtspooling), ist X ebenfalls ein Gemeinschaftsunternehmen.

Das Kriterium der gemeinschaftlichen Führung bezieht sich nach DRS 9.3 auf **strategische** Entscheidungen sowie Entscheidungen über (wesentliche) **Investitions-** und **Finanzierungstätigkeiten**. Derartige Entscheidungen bedürfen der Zustimmung 16
- **aller** Partnerunternehmen oder
- einer festgelegten, von **mehreren** Partnerunternehmen nur gemeinsam erreichbaren Mehrheit.

Unschädlich ist gem. DRS 9.3 die Existenz von nicht an der gemeinsamen Führung beteiligten **Minderheiten**. Es muss lediglich die gemeinschaftliche Entscheidungsbefugnis der anderen, stärker beteiligten Gesellschafter gewährleistet sein. **Schädlich** sind daher nur Mehrheitsregelungen, die in **wechselnden Koalitionen** erreicht werden können. Das Kriterium der gemeinschaftlichen Führung verlangt hingegen nicht gleiche Beteiligungsverhältnisse. 17

BEISPIEL Am *Joint Venture* X sind beteiligt (jeweils Kapitalanteil = Stimmrecht):
- A mit 45 %
- B mit 35 %
- C mit 10 %.

ALTERNATIVE 1 Die Geschäftsführung muss für den Jahresbudgetplan sowie alle grundlegenden Entscheidungen, sofern sie nicht durch den Jahresbudgetplan gedeckt sind, die vorherige Zustimmung der Gesellschaftsversammlung einholen. Die Gesellschafterversammlung entscheidet mit 75 %.

BEURTEILUNG A und B sind Partnerunternehmen, die das *Joint Venture* gemeinsam führen. Zwar ist B nur mit 35 % und damit geringer als A beteiligt. Ohne seine Zustimmung kann in der Gesellschafterversammlung jedoch nicht entschieden werden. Der im Vergleich zu A um 10 % geringere Anteil an den Stimmrechten spielt bei der gegebenen Konstellation keine Rolle.

Im Verhältnis zu C ist X hingegen kein Gemeinschaftsunternehmen, da Entscheidungen nicht der Zustimmung von C bedürfen.

ALTERNATIVE 2 Der Gesellschaftsvertrag sieht für alle Entscheidungen die einfache Mehrheit vor.

BEURTEILUNG Die für Entscheidungen notwendige Mehrheit kann in wechselnden Koalitionen (A mit B oder A mit C) erzielt werden. X wird nicht gemeinschaftlich von A und B geführt und ist daher kein Gemeinschaftsunternehmen.

ALTERNATIVE 3 Der Gesellschaftsvertrag sieht für alle Entscheidungen Einstimmigkeit vor.
A, B und im Unterschied zum Ausgangsfall nun auch C führen die X gemeinschaftlich.

Auch bei einer aus zwei Parteien bestehenden Gesellschaft mit **Stimmrechtsmehrheit** eines Gesellschafters kann gleichwohl ein Gemeinschaftsunternehmen vorliegen; entscheidend ist immer, welche Mitwirkungsrechte Satzung oder sonstige Vereinbarungen dem rechnerisch in 18 der Minderheit befindlichen Gesellschafter gewähren.[6] Hierzu wird auf → § 290 Rz. 27 verwiesen.

19 Über die Frage, ob strategische Geschäftsentscheidungen sowie die Investitions- und Finanzierungsentscheidungen von den Partnerunternehmen nur einstimmig getroffen werden können, entscheiden nicht zwingend die Stimmrechtsverhältnisse in der Gesellschafterversammlung. Es kommt vielmehr darauf an, bei welchem **Organ** die Kompetenz für die wesentlichen Entscheidungen liegt:

- **Zumeist** ist dies die **Gesellschafterversammlung**, und zwar regelmäßig auch dann, wenn sie gewisse Entscheidungsbefugnisse an die anderen Organe delegiert hat, diese aber jederzeit zurückholen kann.

- **Im Einzelfall** kann die Kompetenz aber auch bei den **anderen Organen** liegen. Entsprechen die relative Besetzung und die Stimmrechte in den anderen Organen nicht denjenigen der Gesellschafterversammlung und kann die Gesellschafterversammlung Kompetenzen nur mit der Zustimmung der in den anderen Organen herrschenden Gruppen zurückholen, kommt es daher auf die Verhältnisse in den anderen Organen an.

20 Die **Zahl der Partnerunternehmen** kann auch bei Gleichberechtigung nicht beliebig vermehrt werden. Verfügt etwa eine Gesellschaft über 20 Gesellschafter, die zu je 5 % beteiligt sind, und ist für jede wesentliche Entscheidung Einstimmigkeit gefordert, so können zwar die Gesellschafter das Unternehmen nur gemeinsam beherrschen. Andererseits liegt aber jede Beteiligung noch unterhalb der Schwelle von 20 %, bei der Assoziierung bzw. maßgeblicher Einfluss regelmäßig angenommen werden. Es ist in diesem Fall sachgerecht – trotz Gemeinschaftlichkeit, Größengleichheit etc. –, eine einfache Beteiligung anzunehmen.[7]

III. Quotale Konsolidierung (Abs. 1 Satz 1 2. Halbsatz und Abs. 2)

1. Sinngemäß anzuwendende Vollkonsolidierungsvorschriften

21 Nach Abs. 1 Satz 1 2. Halbsatz **dürfen** Beteiligungen an Gemeinschaftsunternehmen **quotal** (Synonyme: proportional oder anteilsmäßig) konsolidiert werden. Die Konsolidierung *at equity* ist ebenso zulässig (→ Rz. 1).

Die Quotenkonsolidierung verlangt eine **anteilige** (beteiligungsproportionale) Erfassung der Vermögensgegenstände, Schulden, Erträge und Aufwendungen des Gemeinschaftsunternehmens im Konzernabschluss.

---

6 Gl. A. *Winkeljohann/Böcker*, in: Beck'scher Bilanz-Kommentar, 7. Aufl., München 2010, § 310 Tz. 25; *ADS*, 6. Aufl., § 310 Tz. 22; *Kirsch*, in: Petersen/Zwirner/Brösel (Hrsg.), Systematischer Praxiskommentar Bilanzrecht, Köln 2010, § 310 Tz. 11.

7 Ähnlich differenzierend *Müller/Kreipl*, in: Haufe HGB Bilanz Kommentar, Freiburg 2009, § 310 Rz. 13; noch großzügiger *ADS*, 6. Aufl., § 310 Tz. 15, und *Kirsch*, in: Petersen/Zwirner/Brösel (Hrsg.), Systematischer Praxiskommentar Bilanzrecht, Köln 2010, § 310 Tz. 11, die bei einem Stimmrechtsanteil von jeweils unter 20 % nur in Ausnahmefällen ein Gemeinschaftsunternehmen annehmen.

Für die Quotenkonsolidierung gelten gem. Abs. 2 mit Ausnahme der Minderheiten betreffenden Vorschriften von § 307 HGB (→ Rz. 2) die Regeln zur Vollkonsolidierung sinngemäß. Folgende Regelungen der §§ 297 HGB ff. sind damit einschlägig:

- Bei Abweichung des Bilanzstichtags des Gemeinschaftsunternehmens vom Konzernbilanzstichtag muss ein **Zwischenabschluss** erstellt werden (§ 299 HGB).
- **Bilanzansatz** (§ 300 HGB) und **Bewertung** (§ 308 HGB) müssen **vereinheitlicht** werden.
- Im Rahmen der Kapitalkonsolidierung sind **stille Reserven** und ein *goodwill* aufzudecken (Erstkonsolidierung) und planmäßig, bei Wertminderung auch außerplanmäßig, fortzuschreiben (§§ 301, 309 HGB).
- **Konzerninterne Verhältnisse** – Schulden (§ 303 HGB), Erfolge (§ 305 HGB) und Zwischenergebnisse (§ 304 HGB) – sind zu **konsolidieren**.
- **Latente Steuern** auf Konsolidierungsmaßnahmen sind zu aktivieren bzw. zu passivieren (§ 306 HGB).
- **Fremdwährungsabschlüsse** von Gemeinschaftsunternehmen sind nach der modifizierten Stichtagsmethode umzurechnen (§ 308a HGB).

Die Konsolidierungen erfolgen im Umfang der Beteiligungsquote (→ Rz. 2). Zu Ausnahmen vgl. → Rz. 29.

2. Kapitalkonsolidierung

Insbesondere wenn ein Partnerunternehmen nicht Gründungsgesellschafter ist, sondern erst zu einem späteren Zeitpunkt beitritt, kann es zur Differenz zwischen Anschaffungskosten und Buchwert kommen. In diesem Fall sind nach den Regeln von § 301 HGB **stille Reserven** und ein eventueller *goodwill* aufzudecken und in der Folgezeit fortzuschreiben.

> **BEISPIEL** Aus dem *Joint Venture* ABC scheidet C aus. Seinen Anteil übernimmt am 1.1.01 D. D zahlt C 150 und erhält hierfür eine Beteiligung von 1/3 an einem buchmäßigen Eigenkapital von 360. Der Zeitwert des Vermögens der Gesellschaft beträgt 390.
>
> Der Unterschiedsbetrag zwischen Kaufpreis und anteiligem Buchwert ist 30 (= 150 - 120). Hiervon fallen 10 (= 1/3 von 30) auf stille Reserven und 20 auf einen *goodwill*.
>
> Der *goodwill* und der um die stillen Reserven erhöhte anteilige Wert des Vermögens sind in der Konzernbilanz des D auszuweisen und planmäßig fortzuschreiben.

3. Schulden- und Aufwandskonsolidierung

Forderungen und Verbindlichkeiten gegenüber dem Gemeinschaftsunternehmen sowie Aufwendungen und Erträge sind in entsprechender Anwendung von § 303, § 305 HGB in **Höhe des eigenen Anteils** zu eliminieren.

> **BEISPIEL** A ist mit 50 % an einem *Joint Venture* beteiligt. Die Forderungen von A gegenüber dem *Joint Venture* betragen 100.
>
> In die Summenbilanz gehen aus dem *Joint Venture* 50 (50 % von 100) an Schulden ein.

Diese 50 sind mit der Forderung von A gegenüber dem *Joint Venture* zu konsolidieren. Es verbleibt im Konzernabschluss des A eine Forderung von 100 - 50 = 50, entsprechend dem Anteil Dritter am *Joint Venture*.

4. Zwischenergebniseliminierung, Einlagen, Sachgründungen

25　Für Sacheinlagen in und Veräußerungen an das *Joint Venture* (***down stream transaction***) ergibt sich aus der Anwendung der Regeln zur Zwischenergebniseliminierung (§ 304 HGB) eine **anteilige Gewinnrealisierung** in Höhe des Fremdanteils am Gemeinschaftsunternehmen.

BEISPIEL A und B gründen im Verhältnis 50 zu 50 das *Joint Venture* „Dental- und Medizintechnik". A bringt seinen Geschäftsbereich Dental ein. Der beizulegende Zeitwert des eingebrachten Nettovermögens beträgt 60, der beizulegende Zeitwert des originären *goodwill* 40. Die entsprechenden Buchwerte sind 50 und 0.

B bringt den Geschäftsbereich Medizin ein. Der beizulegende Zeitwert beträgt 80, davon 10 originärer *goodwill* und 70 Nettovermögen.

Zum Wertausgleich leistet B noch eine Bareinlage von 20 in das Gemeinschaftsunternehmen.

Die Buchungen in der Konzernbilanz des A sind bei quotaler Konsolidierung wie folgt:

Geld (50 %)	10	an	zugunsten B eingebrachtes Vermögen zu Buchwert (50%)	25
Von B eingebrachtes Vermögen zu Zeitwert (50 %)	35	an	Ertrag	25
von B eingebrachter *goodwill* (50 %)	5			

Der Ertrag ermittelt sich aus folgender Rechnung:

	50 % Bareinlage B	10
+	50 % Zeitwert der Sacheinlage B	+ 40
=	Veräußerungspreis/erhaltene Gegenleistung	50
-	Buchwert selbst eingebrachtes Vermögen und *goodwill* (50 %)	- 25
=	Veräußerungsgewinn	25

Konsolidiert B die Beteiligung nicht proportional, sondern *at equity*, ergibt sich der gleiche Veräußerungsgewinn aus folgenden Buchungen:

at equity-Beteiligung	75	an	eingebrachtes Vermögen zu Buchwert (100%)	50
			an Ertrag	25

Der *equity*-Ansatz erklärt sich dann wie folgt:

	100 %	50 %
Geld	20	10
Zeitwert von B eingebrachte *net assets*	70	35
Zeitwert von B eingebrachter *goodwill*	10	5
Buchwert selbst eingebrachtes Vermögen	50	25
equity-Ansatz		75

Für Lieferungen in umgekehrter Richtung, vom Gemeinschaftsunternehmen an das Partnerunternehmen (*up stream transaction*), gilt: Das empfangende Partnerunternehmen darf den auf ihn entfallenden Anteil am beim Gemeinschaftsunternehmen entstandenen Gewinn erst bei Weiterveräußerung an einen unabhängigen Dritten erfassen.

26

BEISPIEL ▶ Am Gemeinschaftsunternehmen GU ist M mit 50 % beteiligt. GU veräußert im Dezember 01 für 80 eingekaufte Waren bar zu 100 an M. Im Januar 02 veräußert M die Waren für 120 weiter an X und realisiert dabei einzelbilanziell einen Erfolg von 20.

In die Summen-GUV 01 des Konzerns gehen zunächst aus der Einzelbilanz GU (50 %) ein:

Umsatz	50
Materialaufwand	40
somit ein Nettoertrag von	10

Diese Beträge sind in 01 wie folgt zu konsolidieren:

per Umsatz	50	an	Materialaufwand	40
		an	Vorräte	10

In 02 gehen in die Summen-GuV des Konzerns aus der eigenen Einzelbilanz der MU ein:

Umsatz	120
Materialaufwand	100
somit ein Nettoertrag von	20

Der Materialaufwand ist wie folgt zu konsolidieren:

per Gewinnrücklage	10	an	Vorräte	10 (EB)
per Vorräte	10	an	Materialaufwand	10

Insgesamt wird damit nur in 02 ein Außenumsatz (i. H. von 120) ausgewiesen und nur in 02 ein Gewinn (von 20 + 10 = 30) realisiert.

Nach DRS 9.12 ist die Zwischenergebniseliminierung auch bei Transaktionen zwischen zwei Gemeinschaftsunternehmen (*side stream-* oder *cross over transactions*) vorzunehmen, in diesem Fall aber entsprechend dem Produkt der Beteiligungsquoten, bei zwei 50 %igen also z. B. mit 25 %.

5. Währungsumrechnung

27 Die quotale Umrechnung von Fremdwährungs-Abschlüssen erfolgt nach § 308a HGB für das Eigenkapital zu Einstandskursen, ansonsten bilanziell zu Stichtagswerten, für die GuV zu Durchschnittskursen. Währungsdifferenzen sind **erfolgsneutral** zu behandeln (→ § 308a Rz. 1 ff.).

6. Ausweis quotal konsolidierter Posten

28 Für den Ausweis lässt DRS 9.19 abweichend von internationaler Übung nur ein einziges Berichtsformat zu, nämlich die Zusammenfassung der anteiligen Sachanlagen, Vorräte, Erlöse, Aufwendungen etc. mit den vollkonsolidierten Sachanlagen etc. (*line by line reporting*). Die Bildung getrennter Posten für einerseits die vollkonsolidierten und andererseits die anteilig aus Gemeinschaftsunternehmen stammenden Sachanlagen, Vorräte, Umsatzerlöse, Materialaufwendungen etc. (*separate line items reporting*) ist nicht vorgesehen.

7. Sonderproblem abweichender Kapital- und Gewinnanteile

29 Ist ein Unternehmen am Kapital des *Joint Venture* mit beispielsweise einem Drittel beteiligt, am Gewinn aber mit 50 %, weil es besondere Beiträge bringt oder sonst von besonderer Bedeutung ist, ergeben sich drei Möglichkeiten der quotalen Konsolidierung:

- ▶ nach dem **Kapitalanteil**,
- ▶ nach dem **Gewinnanteil**,
- ▶ **Bilanzposten** nach dem **Kapitalanteil** und **GuV-Posten** nach dem **Gewinnanteil**.

30 Der Wortlaut von Abs. 1 – „entsprechend den Anteilen am Kapital" – spricht für die erste Variante. Die letztaufgeführte gemischte Variante entspricht hingegen am ehesten dem wirtschaftlichen Sachverhalt. Ihr Nachteil liegt im Entstehen von Differenzen zwischen quotaler Bilanz und quotaler GuV, wenn z. B. der Bilanzansatz des Anlagevermögens quotal nach dem Kapitalanteil fortgeschrieben, der Abschreibungsaufwand hingegen quotal nach dem Gewinnanteil, erfasst wird. Andererseits entspricht bei Abstellen auf den Kapitalanteil (erste Variante) die Summe der kapitalquotalen Erträge und Aufwendungen nicht dem tatsächlichen Gewinnanteil, so dass hier ein Ausgleichsposten erforderlich ist.[8]

Beste Methode zur Bewältigung dieser Komplexitäten ist ihre **Vermeidung**, d. h. der Verzicht auf abweichende Kapital- und Gewinnanteile. Wo dies aus sachlichen Gründen nicht geht, ist ein gemischtes Vorgehen vorzuziehen, da es unschöne Ausgleichsposten vermeidet.

---

[8] Beispiel bei *Kirsch*, in: Petersen/Zwirner/Brösel (Hrsg.), Systematischer Praxiskommentar Bilanzrecht, Köln 2010, § 310 Tz. 56.

8. Statuswechsel

8.1 Von der einfachen Beteiligung oder dem assoziierten Unternehmen zum Gemeinschaftsunternehmen und umgekehrt

Das übergeordnete Unternehmen kann bereits vor Erlangung der gemeinschaftlichen Kontrolle am untergeordneten Unternehmen beteiligt gewesen sein, entweder mit oder ohne maßgeblichen Einfluss. Wenn der Erwerb weiterer Anteile (oder Änderungen des Gesellschaftsvertrags) zu einem **Statuswechsel** von der einfachen Beteiligung oder einem assoziierten Unternehmen zu einem (quotal konsolidierten) Gemeinschaftsunternehmen führt, war die **Rechtslage vor BilMoG** durch Folgendes gekennzeichnet: Die quotale Kapitalkonsolidierung konnte nach § 310 Abs. 2 HGB i.V. mit § 301 Abs. 2 HGB a. F. wahlweise auf

31

- den Zeitpunkt des Erwerbs der jeweiligen Anteilstranche oder
- den Zeitpunkt, zu dem das untergeordnete Unternehmen erstmals Gemeinschaftsunternehmen wurde,

vorgenommen werden.

Nach § 301 Abs. 2 HGB n. F. lässt das BilMoG nur die **zweite Variante** zu. Der Unterschied beider Vorgehensweisen ist wie folgt:

- **Konsolidierung auf Erwerbszeitpunkte**: Nach dieser nicht mehr zulässigen Variante waren stille Reserven und *goodwill* nach den Verhältnissen des jeweiligen Erwerbsschritts zu bestimmen. Bei einem Erwerb in zwei Tranchen, bei dem die erste Tranche zu einem assoziierten Status, und erst die zweite zu einem Gemeinschaftsunternehmen führte, bedeutete dies etwa: Die für die erste Tranche bestimmten und im Rahmen der *equity*-Methode fortgeschriebenen Beträge waren erfolgsneutral in die quotale Konsolidierung zu überführen.

- **Konsolidierung auf Zeitpunkt der Statuserlangung**: Nach der zweiten, nunmehr allein zulässigen Variante ist die quotale Konsolidierung auf den Zeitpunkt, zu dem das untergeordnete Unternehmen erstmals Gemeinschaftsunternehmen wird, vorzunehmen. Maßgeblich für die Bestimmung von stillen Reserven und *goodwill* sind somit die Verhältnisse dieses Zeitpunkts. Die von diesen Verhältnissen abweichende Höhe stiller Reserven beim Erwerb früherer Tranchen wird nicht berücksichtigt. Für die **früheren Tranchen** ergibt sich hieraus folgende Gleichung:

Frühere AK - anteiliges Vermögen zu **aktuellen** Zeitwerten = *goodwill*.

Der *goodwill* wird weder nach den Verhältnissen zum jeweiligen Erwerbszeitpunkt ermittelt (da aktuelle Zeitwerte) noch nach den aktuellen Verhältnissen (da historische Anschaffungskosten), sondern in **Mischung** beider Größen. Diese Zwitterstellung kann der *goodwill* aber gut „vertragen", da er ohnehin nie originär bewertet wird, sondern definitionsgemäß stets Residualgröße, also das rechnerische Ergebnis anderer Werte, ist.

> **BEISPIEL** Am 1.1.01 erwirbt M 25 % der Anteile an aU und bilanziert diese *at equity*.
>
> Das Eigenkapital der aU beträgt zu diesem Zeitpunkt 1.000. M zahlt für 25 % 400.
>
> Der Mehrbetrag von 150 entfällt zu 50 auf stille Reserven, zu 100 ist er *goodwill*. Stille Reserven und *goodwill* werden über 5 Jahre abgeschrieben.

In 01 erwirtschaftet aU ein Ergebnis von 200, bezogen auf den 25 %-Anteil der M also von 50.

Der *equity*-Ansatz per 31.12.01 ermittelt sich wie folgt:

Anschaffungskosten 1.1.		400
Gewinnanteil 01	50	
Abschreibung stille Reserven	-10	
Abschreibung *goodwill*	-20	
Ergebnis aus aU 01	20	20
equity-Buchwert 1.1.01		420

Am 1.1.02 erwirbt U weitere 25 % der Anteile an aU für 550. Das Eigenkapital der aU beträgt zu diesem Zeitpunkt 1.200, zu 25 % also 300. Der Mehrbetrag von 250 entfällt zu 100 auf stille Reserven, u. a. in einem in 01 neu entwickelten Patent, zu 150 auf den *goodwill*. In einer geschlossenen Konzernbuchhaltung ist der Übergang zur Quotenkonsolidierung nach HGB a. F. und BilMoG wie folgt darzustellen:

1. Stille Reserven nach Erwerbszeitpunkt der jeweiligen Tranche (HGB a. F.)

Altanteile:

per	div. Vermögen (Buchwerte) (25 %)	300	an	*equity*-Anteil	420
	div. Vermögen (stille Reserven) (25 %)	40			
	goodwill (25 %)	80			

Neuanteile:

per	div. Vermögen (Buchwerte) (25 %)	300	an	Geld	550
	div. Vermögen (stille Reserven) (25 %)	100			
	goodwill (25 %)	150			

Es ergeben sich folgende Werte für die erstmalige quotale Konsolidierung:

div. Vermögen	740
goodwill	230

2. Stille Reserven nach Zeitpunkt der Statuserlangung (BilMoG)

per	per div. Vermögen (Buchwerte) (50 %)	600	an	*equity*-Anteil	420
	div. Vermögen (stille Reserven) (50 %)	200	an	Geld	550
	goodwill	170			

Es ergeben sich folgende Werte für die erstmalige quotale Konsolidierung

div. Vermögen	800
goodwill	170

> Die Differenz zu der nicht mehr zulässigen ersten Methode erklärt sich wie folgt: Die stillen Reserven sind nicht nach Maßgabe der (fortgeschriebenen) Erwerbszeitpunkte, also mit 40 für die erste und 100 für die zweite Tranche (in Summe also mit 140), sondern nach Maßgabe des erstmaligen Status als Gemeinschaftsunternehmen, also mit 200 anzusetzen. Die Differenz von 60 wird gegen den *goodwill* gebucht, der somit als Anpassungsposten „missbraucht" wird. Als Alternative zu diesem Missbrauch käme in Frage, die auf die alten Anteile entfallende Erhöhung der stillen Reserven (= 60) ertragswirksam oder unmittelbar gegen das Eigenkapital (Neubewertungsrücklage) zu buchen. Ein ertragsrealisierender Vorgang liegt aber nicht vor und eine unmittelbare Erfassung von Wertsteigerungen im Eigenkapital ist gesetzlich ebenfalls nicht vorgesehen. Es bleibt also nur die Anpassung des *goodwill*.

Endet umgekehrt die quotale Konsolidierung durch Veräußerung von Anteilen, wird aber ein Teil der Anteile zurückbehalten und findet für die verbleibenden Anteile ein Übergang zur *equity*-Beteiligung oder zur **einfachen** Beteiligung statt, so gilt Folgendes:

▶ Für die **veräußerten Anteile** findet eine **erfolgswirksame** Entkonsolidierung statt.

▶ Die **verbleibenden Anteile** werden **erfolgsneutral** in den *equity*-Ansatz (§ 312 Abs. 3) – oder in den Beteiligungsansatz – überführt.

Der den verbleibenden Anteilen entsprechende Buchwert der quotalen Konsolidierung stellt die (fiktiven) Anschaffungskosten der *equity*- oder einfachen Beteiligung dar (DRS 9.16 f.).

8.2 Vom Gemeinschaftsunternehmen zum Tochterunternehmen und umgekehrt

Wird das **Gemeinschaftsunternehmen** durch Hinzuerwerb weiterer Anteile zum **Tochterunternehmen**, ist von der proportionalen zur Vollkonsolidierung **überzugehen**:

▶ In isolierter Interpretation von **§ 301 Abs. 2 HGB** wären für die Bestimmung der stillen Reserven dabei allein die **Verhältnisse zum Zeitpunkt der Übergangskonsolidierung** maßgeblich. Wie bei Wechsel von der *equity*-Methode zur quotalen Konsolidierung (→ Rz. 31) wäre auch beim Übergang von der quotalen zur Vollkonsolidierung die für die Altanteile vorgenommene und fortgeschriebene Aufteilung des Unterschiedsbetrags auf stille Reserven und *goodwill* irrelevant.

▶ Gegen eine solche isolierte Betrachtung spricht aber, dass die quotale Konsolidierung mit der relevanten Ausnahme der Minderheitenanteile konzeptionell **nur eine Variation** der Vollkonsolidierung ist. Nur deshalb kann Abs. 2 die entsprechende Anwendung der Vollkonsolidierungsregeln vorschreiben. Vertretbar ist daher auch, den Übergang von quotaler zur Vollkonsolidierung hinsichtlich der Altanteile nur als eine Modifizierung innerhalb des konzeptionell gleichbleibenden Konsolidierungsverfahrens anzusehen, womit eine Neubewertung von auf die Altanteile entfallenden stillen Reserven und *goodwill* nicht notwendig ist.

Die von uns bevorzugte zweite Lösung entspricht der Regelung von DRS 9.15, wonach das Nettovermögen zum Übergangszeitpunkt in Höhe der bisherigen Quote mit den bisherigen Konzernbuchwerten und nur mit dem darüberhinausgehenden Teil zum aktuellen Zeitwert zu erfassen ist.

34 Wird umgekehrt das **Tochterunternehmen** zu einem proportional konsolidierten **Gemeinschaftsunternehmen**, besteht ebenfalls kein Bedürfnis, für die verbleibenden Anteile neue Zeitwerte und einen neuen *goodwill* festzustellen, da eben nur eine Variation der Konsolidierungsform, keine grundlegende Änderung vorliegt. Die Konzernbuchwerte werden vielmehr quotal fortgeführt (DRS 4.50). Ein Abgangserfolg entsteht nur für die veräußerten Anteile (DRS. 4.51). Soweit vor Veräußerung bereits Dritte **(Minderheiten)** beteiligt waren, ist ihr Anteil an den Vermögenswerten und Schulden ebenfalls ergebnisneutral zu verrechnen (DRS 4.50).

35 Ein solcher Abgangserfolg ist auch bei einer **Verringerung der Anteilsquote ohne Veräußerung** (etwa durch unterproportionale Teilnahme an einer Kapitalerhöhung) denkbar. Die hierfür geltenden Grundsätze entsprechen denen bei Vollkonsolidierung. Auf → § 301 Rz. 117 ff. wird verwiesen

8.3 Entkonsolidierung

36 Bei vollständiger Veräußerung entsteht ein **Entkonsolidierungserfolg** in Höhe der Differenz von Veräußerungserlös und den (quotalen) Buchwerten des abgehenden Nettovermögens.

Eine erfolgsneutral gebildete **Währungsumrechnungsrücklage** (→ Rz. 27) ist anlässlich der Veräußerung erfolgswirksam aufzulösen (§ 308a HGB). Bei teilweiser Veräußerung gelten die unter → § 308a Rz. 37 ff. für Tochterunternehmen dargestellten Regeln sinngemäß.

9. Anhangangaben bei quotaler Konsolidierung

37 Auch für die Anhangangaben sind die Vorschriften zur Vollkonsolidierung entsprechend anzuwenden. Zum Teil ergibt sich dies unmittelbar aus dem Verweis in Abs. 2 auf §§ 297 ff. Beispiele hierfür sind:

▶ Bedeutende Vorgänge zwischen Abschlussstichtag des Gemeinschaftsunternehmens und **abweichendem Abschussstichtag** des Konzerns, wenn die Konsolidierung nicht auf Basis eines Zwischenabschlusses erfolgt (→ § 299 Rz. 13).

▶ **Verzicht auf konzerneinheitliche Bewertung** in Ausnahmefällen (→ § 308 Rz. 17).

38 Nicht in Abs. 2 erwähnt sind die Vorschriften des → **§ 314**. Die Anwendung der in Frage kommenden Vorschriften ergibt sich jedoch aus § 314 HGB selbst. Wenn etwa § 314 Abs. 1 Nr. 1 HGB Angaben zu den Restlaufzeiten „der in der Konzernbilanz ausgewiesenen Verbindlichkeiten" verlangt, gehören zu diesen Verbindlichkeiten auch **im Umfang der Konsolidierungsquote** die Verbindlichkeiten der Gemeinschaftsunternehmen. Entsprechend ist etwa bei Angaben zu Umsatzerlösen (§ 314 Abs. 1 Nr. 3 HGB) oder zur Zahl der Arbeitnehmer (§ 314 Abs. 1 Nr. 4 HGB) das Gemeinschaftsunternehmen in Höhe der Konsolidierungsquote zu berücksichtigen.

IV. Wahlrecht zur *equity*-Konsolidierung

1. Stetigkeit bei der Anwendung des Wahlrechts

39 Anteile an einem Gemeinschaftsunternehmen können **wahlweise quotal oder *at equity*** konsolidiert werden (→ Rz. 1). Nach DRS 9.7 ist die gewählte Methode stetig beizubehalten und

damit für die einzelne Beteiligung an einem Gemeinschaftsunternehmen **zeitliche Stetigkeit** geboten.

Fraglich ist aber, ob das Wahlrecht für einen Anteil an einem Gemeinschaftsunternehmen unabhängig von der Behandlung der Anteile an anderen Gemeinschaftsunternehmen ausgeübt werden kann oder dies dem Gebot der **sachlichen Stetigkeit** entgegensteht. U. E. ist eine unterschiedliche Konsolidierung jedenfalls insoweit zulässig, als die Differenzierung nicht willkürlich ist.[9]

> **BEISPIEL** X ist an den Gemeinschaftsunternehmen GU-1 mit 20 % und GU-2 mit 50 % beteiligt. Die Tätigkeiten von GU-1 stehen nur in einer losen Beziehung zu den Kerntätigkeiten der X. GU-2 ist hingegen im Kerngeschäftsfeld der X tätig.
>
> Angesichts der unterschiedlichen Beteiligungshöhen, aber auch im Hinblick auf die qualitativen Unterschiede ist es u. a. zulässig, GU-1 *at equity*, GU-2 quotal zu konsolidieren.

2. Bilanzpolitische und -theoretische Beurteilung des Wahlrechts

Gegenüber der *equity*-Methode als *one line consolidation* ergibt die **quotale Konsolidierung höhere Umsätze**, damit allerdings auch **niedrigere Umsatzrenditen**. Hierdurch kann es auch zu einer stärkeren Glättung der Umsätze und Umsatzkennziffern kommen, etwa wenn ein Baukonzern in einigen Perioden stärker im Eigengeschäft, in anderen Perioden stärker im ARGE-Geschäft tätig ist. Bilanzpolitisch ist deshalb die quotale Konsolidierung u.U. vorzuziehen, je nach Wirkung auf andere finanz- und leistungswirtschaftliche Kennziffern/Relationen.

Technische Argumente können andererseits für die *equity*-Methode sprechen. Sie ist praktisch einfacher zu handhaben, da etwa die Regeln der Schuldenkonsolidierung nicht anzuwenden sind und der Verzicht auf Zwischenergebniseliminierung mangels *materiality* (→ § 252 Rz. 182) faktisch leichter zu begründen ist.

Aus **theoretischer** Sicht wird gegen die *equity*-Methode angeführt, dass sie zum Ausweis einer undifferenzierten Saldogröße führe, während die quotale Konsolidierung den Umfang der wirtschaftlichen Aktivitäten besser erkennen lasse. Als Nachteil der quotalen Methode gilt demgegenüber, dass sie allein kontrolliertes Vermögen (Tochterunternehmen) mit Vermögen vermischt, über das nur gemeinsam mit anderen verfügt werden kann.

---

9 Weitergehend, für das Recht bei jedem hinzukommenden Gemeinschaftsunternehmen uneingeschränkt neu über die Methode zu entscheiden: *ADS*, 6. Aufl., § 310 Tz. 7; *Sigle*, in: Küting/Weber (Hrsg.), Handbuch der Konzernrechnungslegung Bd. II, 2. Aufl., 1998, § 310 Tz. 8.

Siebenter Titel: Assoziierte Unternehmen

§ 311 Definition, Befreiung

(1) ¹Wird von einem in den Konzernabschluss einbezogenen Unternehmen ein maßgeblicher Einfluss auf die Geschäfts- und Finanzpolitik eines nicht einbezogenen Unternehmens, an dem das Unternehmen nach § 271 Abs. 1 beteiligt ist, ausgeübt (assoziiertes Unternehmen), so ist diese Beteiligung in der Konzernbilanz unter einem besonderen Posten mit entsprechender Bezeichnung auszuweisen. ²Ein maßgeblicher Einfluss wird vermutet, wenn ein Unternehmen bei einem anderen Unternehmen mindestens den fünften Teil der Stimmrechte der Gesellschafter innehat.

(2) Auf eine Beteiligung an einem assoziierten Unternehmen brauchen Absatz 1 und § 312 nicht angewendet zu werden, wenn die Beteiligung für die Vermittlung eines den tatsächlichen Verhältnissen entsprechenden Bildes der Vermögens-, Finanz- und Ertragslage des Konzerns von untergeordneter Bedeutung ist.

Inhaltsübersicht	Rz.
I. Regelungsinhalt	1 - 2
II. Definition des assoziierten Unternehmens (Abs. 1)	3 - 19
1. Überblick	3
2. Beteiligung	4 - 7
3. Maßgeblicher Einfluss	8 - 19
3.1 Inhalt des maßgeblichen Einflusses	8
3.2 Widerlegbare 20 %-Vermutung	9 - 13
3.3 Assoziierungsindizien	14 - 15
3.4 Nichtassoziierungsindizien	16
3.5 Eingeschränkter Zugang zu für die *equity*-Methode notwendigen Informationen	17 - 19
III. Bilanzausweis (Abs. 1 Satz 2 2. Halbsatz)	20
IV. Wesentlichkeitsvorbehalt (Abs. 2)	21

Ausgewählte Literatur

Freiberg, Nichtkonsolidierung von assoziierten Unternehmen mangels Informationen, PiR 2007 S. 260

Heurung, Die Bewertung assoziierter Unternehmen im Konzernabschluss im Vergleich zwischen HGB, IAS und US-GAAP, DStR 2000 S. 628 und S. 664

Kunowski, Bilanzierung von Anteilen an assoziierten Unternehmen sowie Gemeinschaftsunternehmen im Konzernabschluss nach DRS 8 und DRS 9, StuB 2002 S. 261

Schmidbauer, Der DRS Nr. 8 zur Bilanzierung von Anteilen an assoziierten Unternehmen im Konzernabschluss, DStR 2001 S. 1540

I. Regelungsinhalt

Abs. 1 definiert assoziierte Unternehmen als

- **Beteiligungen** an Unternehmen (→ Rz. 4),
- auf die **maßgeblicher Einfluss** ausgeübt wird (→ Rz. 8).

Der maßgebliche Einfluss ist einerseits **mehr**, als für die einfache Beteiligung verlangt wird, andererseits **weniger** als die gemeinschaftliche oder alleinige Kontrolle. Es scheint somit sachgerecht, Anteile an assoziierte Unternehmen anders als einfache Beteiligungen nicht direkt zu **Anschaffungskosten**, sondern **konsolidiert** zu erfassen, dies aber nicht im Wege der proportionalen (Gemeinschaftsunternehmen) oder Vollkonsolidierung (Tochterunternehmen). § 312 HGB schreibt daher die Einbeziehung der assoziierten Unternehmen auf der Basis der *equity*-Methode in den Konzernabschluss vor.

2   Abs. 2 stellt die Anwendung der *equity*-**Methode** jedoch unter **Wesentlichkeitsvorbehalt** (→ Rz. 21). Entsprechendes gilt für den in Abs. 1 Satz 1 2. Halbsatz geforderten besonderen, von der einfachen Beteiligung **separierten Bilanzausweis** (→ Rz. 20).

II. Definition des assoziierten Unternehmens (Abs. 1)

1. Überblick

3   Als assoziiert definiert Abs. 1 ein Unternehmen,
- an dem das Berichtsunternehmen **beteiligt** ist (→ Rz. 4) und
- auf das es **maßgeblichen Einfluss** ausübt (→ Rz. 8).

Der maßgebliche Einfluss grenzt das assoziierte Unternehmen nach **unten** von der einfachen Beteiligung, nach **oben** von Gemeinschafts- und Tochterunternehmen ab. Hat das anteilsbesitzende Unternehmen die Möglichkeit, die Finanz- und Geschäftspolitik des Beteiligungsunternehmens im **eigenen** Interesse **allein** oder im **gemeinschaftlichen** Interesse mit **anderen** gemeinsam zu bestimmen, so liegt nicht mehr (nur) maßgeblicher Einfluss vor, sondern alleinige oder gemeinschaftliche Kontrolle.

2. Beteiligung

4   Die Beteiligung ist gem. § 271 Abs. 1 HGB eine qualifizierte Form der Anteilsinhaberschaft:
- Die Einheit, an der die Anteile gehalten werden, muss **Unternehmensqualität** haben (→ § 271 Rz. 9 ff.).
- Die Anteile müssen dazu bestimmt sein, dem eigenen Geschäftsbetrieb durch Herstellung einer **dauernden Verbindung** zu dienen (→ § 271 Rz. 16 ff.).

5   Die Voraussetzung der **Dauerhaftigkeit** entspricht der allgemeinen Anforderung des § 247 Abs. 2 HGB für eine Qualifizierung als **Anlagevermögen** (→ § 247 Rz. 19).

Anteile, die mit kurzfristiger und am Bilanzstichtag **fortbestehender Veräußerungsabsicht** erworben wurden, sind **Umlaufvermögen** und damit mangels Beteiligungsqualität keine Anteile an assoziierten Unternehmen. Bei ihnen ist der für ein assoziiertes Unternehmen vorausgesetzte Tatbestand der **Beteiligung** nicht mehr erfüllt. DRS 8.6 f. stellt demgegenüber bei in Veräußerungsabsicht erworbenen Anteilen auf die Rechtsfolgenseite ab: „Die *equity*-Methode ist auf assoziierte Unternehmen (!) nicht anzuwenden, wenn der maßgebliche Einfluss nur vorübergehend besteht", z. B. weil „die Anteile ausschließlich zum Zwecke der Weiterveräußerung in der nahen Zukunft erworben wurden." Der Nichtanwendung der *equity*-Methode ist nur im Ergebnis, aber nicht in der Begründung zuzustimmen: Bei Erwerb in Veräußerungsabsicht liegt **tatbestandsseitig** (Beteiligungscharakter) gar kein assoziiertes Unternehmen vor, so dass sich die Frage nach der Anwendung der *equity*-Methode von vornherein nicht mehr stellt.

Der Tatbestand der **Beteiligung** ist hingegen in folgenden Fällen erfüllt: 6

- Die Anteile wurden zwar mit kurzfristiger Veräußerungsabsicht erworben, am **Bilanzstichtag** besteht aber **keine Veräußerungsabsicht** mehr (→ § 271 Rz. 17).
- Die Anteile wurden in Halteabsicht erworben und am vorangegangenen Bilanzstichtag als Beteiligung qualifiziert, zum aktuellen **Bilanzstichtag** besteht jedoch eine **Veräußerungsabsicht** (→ § 271 Rz. 18).

Im Zweifel gelten Anteile an einer Kapitalgesellschaft als Beteiligung, wenn sie **20 %** des Nennkapitals dieser Gesellschaft überschreiten (§ 271 Abs. 1 Satz 3 HGB). Da nicht börsengängige Anteile in objektivierter Betrachtung ohnehin regelmäßig als Beteiligung anzusehen sind (→ § 271 Rz. 20), liegt die praktische Bedeutung der widerlegbaren Vermutung auf dem Gebiet der **börsennotierten Anteile**. Zur Widerlegung der Beteiligungsvermutung muss hier dargetan werden, dass 7

- eine kurzfristige Veräußerungsabsicht bestand und besteht sowie realisierbar ist und/ oder
- die Anteile ein reines Finanzinvestment darstellen, relevante sachliche Leistungsbeziehungen zwischen den beiden Unternehmen also nicht bestehen.

3. Maßgeblicher Einfluss

3.1 Inhalt des maßgeblichen Einflusses

Der maßgebliche Einfluss des beteiligten Unternehmens muss nach Abs. 1 Satz 1 auf die „**Geschäfts- und Finanzpolitik**" gerichtet sein. Im Begriff der „**Politik**" kommt zum Ausdruck, dass es nicht um **Tagesgeschäfte**, sondern um Festlegung von Zielen und Maßnahmen über einen **längeren Zeithorizont** geht. Ein typisches Beispiel für die Abgrenzung ist die Festlegung eines Jahreswirtschaftsplans durch die Gesellschafterversammlung (Politik) mit der Vorgabe an die Geschäftsführung, in den Einzelmaßnahmen (Tagesgeschäfte) nicht oder nur nach vorheriger Zustimmung wesentlich davon abzuweichen. 8

Betriebswirtschaftlich kann die Geschäfts- bzw. Unternehmenspolitik nach Bereichen und Aggregationsstufen unterschieden werden, auf höherer Aggregationsstufe etwa nach Beschaffungspolitik, Absatzpolitik, Finanzpolitik etc. Der besonderen Erwähnung der **Finanzpolitik** im Gesetz kommt in diesem Kontext keine praktische Bedeutung zu, da sie **integraler Bestandteil** der Geschäftspolitik ist.[1]

---

1 Gl. A. *ADS*, 6. Aufl., § 311 Tz. 19.

3.2 Widerlegbare 20 %-Vermutung

9 Eine Beteiligung von mindestens **20 %** (an den Stimmrechten) begründet gem. Abs. 1 Satz 2 die **widerlegbare Vermutung** eines maßgeblichen Einflusses. Irrelevant ist gem. Abs. 1 Satz 1, ob die Anteile **unmittelbar** oder **mittelbar**, d. h. über (einbezogene) Tochterunternehmen gehalten werden.

10 Strittig ist, ob **mittelbare Anteile** unabhängig davon zu berücksichtigen sind, ob das Tochterunternehmen, über das sie gehalten werden, auch tatsächlich in den Konzernabschluss einbezogen wird. Der Gesetzeswortlaut spricht von tatsächlich „einbezogenen Unternehmen". Hiernach wären Anteile von (aus Wesentlichkeitsgründen) nicht konsolidierten Tochterunternehmen nicht zu berücksichtigen.[2] Nach der Gegenauffassung ist eine erweiterte Auslegung geboten.[3] Die praktische Bedeutung dieses Meinungsstreits ist aber eher gering:

> **BEISPIEL** ▶ MU ist mit 18 % an aU beteiligt, Tochterunternehmen TU mit 2 %. TU soll aus Wesentlichkeitsgründen nicht konsolidiert, aU möglichst nicht *at equity* bewertet werden. Fraglich ist dann, ob die 2 % gleichwohl zu berücksichtigen sind und in Summe mit den 18 % die 20 %-Grenze erreicht wird. Argumente zur Widerlegung der Assoziierungsvermutung bestehen bei Erreichen der 20 % nicht.
>
> **ERSTE AUFFASSUNG** ▶ Anteilsquote nur nach einzubeziehenden Unternehmen
>
> Wenn die *equity*-Konsolidierung der aU für den Konzernabschluss wesentlich ist, scheidet eine Nichtkonsolidierung der TU ohnehin aus. Mögen auch die sonstigen Aktivitäten der TU unwesentlich sein, indem die Konsolidierung von TU über die wesentliche *equity*-Konsolidierung der aU entscheidet, ist TU selbst wesentlich.
>
> Ist hingegen auch aU unwesentlich, besteht nach § 311 Abs. 2 HGB ohnehin das Wahlrecht des Verzichts auf die *equity*-Konsolidierung. Ob TU konsolidiert wird oder nicht, spielt dann keine Rolle.
>
> **ZWEITE AUFFASSUNG** ▶ Anteilsquote unabhängig von Einbeziehung
>
> Auch hier hängt die *equity*-Konsolidierung der aU allein von deren Wesentlichkeit ab. Ist sie zu verneinen, besteht trotz Erreichen der 20 %-Schwelle keine Pflicht zur *equity*-Konsolidierung.

10a Anteile, die von **quotal konsolidierten Gemeinschaftsunternehmen** an anderen Unternehmen gehalten werden, sind in die Beurteilung, ob diese anderen Unternehmen assoziiert sind, einzubeziehen. Wird das Gemeinschaftsunternehmen hingegen nicht quotal konsolidiert, stellt seine Beteiligung an anderen Unternehmen keine für die Beurteilung der Assoziierung relevante Beteiligung eines „einbezogenen Unternehmens" dar.[4]

---

[2] Vgl. *ADS*, 6. Aufl., § 311 Tz. 34.
[3] Vgl. *Winkeljohann/Böcker*, in: Beck'scher Bilanz-Kommentar, 7. Aufl., München 2010, § 311 Tz. 16.; *Knorr/Seidler*, in: Haufe HGB Bilanz Kommentar, Freiburg 2009, § 311 Rz. 27.
[4] Vgl. *Künkele*, in: Petersen/Zwirner/Brösel (Hrsg.), Systematischer Praxiskommentar Bilanzrecht, Köln 2010, § 311 Tz. 15.

Der **Mehrheitsbesitz eines anderen Anteilseigners** schließt einen eigenen maßgeblichen Einfluss nicht notwendigerweise aus. Er kann jedoch in Zusammenhang mit anderen Faktoren ein Indiz für fehlenden maßgeblichen Einfluss sein. Derartige andere Faktoren können z. B. sein:

▶ Ernste **Rechtsstreitigkeiten** mit dem assoziierten Unternehmen oder mit dem beherrschenden Anteilseigner.

▶ Eine Historie **strittiger Gesellschafterentscheidungen**, bei denen die eigene Auffassung jeweils von den Mehrheitseignern überstimmt wurde.

Im Einzelnen kann es hierbei auch auf die gesetzlichen oder gesellschaftsvertraglichen Quoren (Sperrminorität) ankommen. Beträgt etwa der eigene Anteil 20 % der Stimmrechte, können aber alle wesentlichen Entscheidungen mit einer (Präsenz-)Mehrheit von 67 % getroffen werden und verfügt ein anderer Anteilseigner über diese (Präsenz-)Mehrheit, so kann ohne Vorliegen besonderer Indikatoren (z. B. eigene Vertretung im Geschäftsführungsorgan) regelmäßig kaum von einem maßgeblichen Einfluss (des Minderheitsgesellschafters) ausgegangen werden.

Abs. 1 stellt auf die **tatsächliche Ausübung** maßgeblichen Einflusses, nicht auf die **Möglichkeit** der Einflussnahme ab. Außerhalb des Übungsbuchs, in dem die Lösung schon in den Sachverhalt hineingelegt wird („25 % Beteiligung, Einfluss wird aber nicht ausgeübt"), kommt dieser **Unterscheidung** aber **keine hohe Bedeutung** zu.

BEISPIEL ▶ Der in Palermo ansässige P ist ein wortkarger Mensch. Zeit seines Lebens hat er gute Erfahrungen damit gemacht, zwar zum Ausdruck zu bringen, wenn er etwas als Problem empfand, das Ob und Wie der Lösung des jeweiligen Problems aber seinen interpretationsfreudigen Untergebenen zu überlassen. In verschiedenen Strafverfahren hat sich diese Arbeitsteilung bewährt, da ein tatsächlicher Einfluss des P auf die jeweilige Tathandlung negiert werden musste.

Neuerdings ist P mit 30 % an der kölnischen Sizilia-Import-GmbH beteiligt, alle anderen Gesellschafter halten nur geringe Anteile. Wesentliche geschäfts- und finanzpolitische Entscheidungen der jeweils auf drei Jahre bestellten Geschäftsführung der X bedürfen der vorherigen Zustimmung der Gesellschafterversammlung. Sie gilt als erteilt, wenn 75 % der anwesenden Gesellschafter zustimmen. P geht in Palermo weiterhin anderen Geschäften nach und nimmt daher kaum an Gesellschafterversammlungen teil. Nur alle drei Jahre, wenn über die Fortführung oder Beendigung der Geschäftsführerverträge zu entscheiden ist, reist P nach Köln.

BEURTEILUNG ▶ P hat zwar die Möglichkeit, maßgeblichen Einfluss auszuüben, fraglich ist aber, ob er diese Möglichkeit auch wahrnimmt. Hiergegen spricht noch nicht die seltene Präsenz bei Gesellschafterversammlungen. Die Geschäftsführung muss davon ausgehen, dass P eklatante Verstöße gegen seine Interessen und Vorstellungen (zumindest) bei Entscheidungen über die Fortführung der Dienstverträge der Geschäftsführung sanktioniert, und wird sich entsprechend verhalten. Die maßgebliche Einflussmöglichkeit des P wird zum maßgeblichen Einfluss.

Verallgemeinert gilt:

- In **begriffslogischer** Betrachtung ist die **Möglichkeit**, maßgeblichen Einfluss auszuüben, lediglich notwendige, jedoch **nicht hinreichende Voraussetzung** einer tatsächlichen Ausübung maßgeblichen Einflusses.

- In **praktischen Handlungskontexten**, die durch Antizipation der Interessen und Sanktionsmöglichkeiten des Anteilseigners gekennzeichnet sind, führt das Wissen bzw. die Rücksichtnahme auf dessen **Einflussmöglichkeiten** regelmäßig schon zur **tatsächlichen Beeinflussung** der Entscheidungen.

13 Die 20 %-Grenze wirkt als **Beweislastregel** nur in eine Richtung:

- Bei einem Anteil von **20 % oder mehr** kann aufgrund der gesetzlichen Vermutung die Assoziierung nur dann negiert werden, wenn der Konzern das Fehlen maßgeblichen Einflusses klar belegt.

- Für einen Anteil von **weniger als 20 %** formuliert das Gesetz hingegen keine Vermutung der fehlenden Assoziierung. Insoweit ist hier eine möglichst neutrale Gesamtwürdigung geboten, hingegen eine Assoziierung nicht zwingend an den klaren Nachweis des maßgeblichen Einflusses gebunden.[5]

BEISPIEL MU ist an aU mit **15 %** beteiligt. Für einen maßgeblichen Einfluss spricht das Bestehen bedeutender leistungswirtschaftlicher Beziehungen zwischen beiden Unternehmen. Gegen einen maßgeblichen Einfluss spricht die fehlende Vertretung der MU in Aufsichtsrat und Geschäftsführung.

Das Ergebnis der **Gesamtwürdigung** ist **offen**. Die Annahme maßgeblichen Einflusses ist ebenso vertretbar wie das Gegenteil. Ein klarer Nachweis der Nichtassoziierung fehlt unter diesen Umständen zwar, ist vom Gesetz aber auch nicht gefordert. Es steht im **Ermessen der MU**, die aU *at equity* einzubeziehen oder nicht.

FALLVARIANTE Bei im Übrigen gleichen Fakten beträgt die Beteiligung der MU **25 %**.

Gesetzlich ist eine Assoziierung zu vermuten. Diese Vermutung kann aufgrund der bedeutenden leistungswirtschaftlichen Beziehungen nicht klar widerlegt werden, AU ist als assoziiertes Unternehmen *at equity* zu konsolidieren.

3.3 Assoziierungsindizien

14 Indizien für einen maßgeblichen Einfluss sind nach DRS 8.3

a) Vertretung in einem **Leitungsorgan**,

b) Mitwirkung an der **Geschäftspolitik**,

c) Austausch von **Führungspersonal** zwischen dem beteiligten Unternehmen und dem Beteiligungsunternehmen,

---

5 A. A. *Winkeljohann/Böcker*, in: Beck'scher Bilanz-Kommentar, 7. Aufl., München 2010, § 311 Tz. 16; *Küting/Köthner/Zündorf*, in: Küting/Weber (Hrsg.), Handbuch der Konzernrechnungslegung, Bd. II, 2. Aufl., 1998, § 311 Tz. 76.

d) wesentliche **Geschäftsbeziehungen** zwischen dem beteiligten Unternehmen und dem Beteiligungsunternehmen sowie

e) Bereitstellung von wesentlichem **technischen *know how*** durch das beteiligte Unternehmen.

Die ersten drei Indizien stehen für eine **personelle Verflechtung** zwischen eigenem und assoziiertem Unternehmen, die beiden letztgenannten Indizien für eine **sachliche Verflechtung**. Derartige Verflechtungen können unterschiedliche Intensität und Bedeutung haben. Die Vertretung mit einem Sitz in einem neunköpfigen Aufsichtsrat hat eine andere Bedeutung als eine mit zwei Sitzen in einem sechsköpfigen. Der gelegentlichen Mitwirkung an der Geschäftspolitik des assoziierten Unternehmens (etwa Beratung bei der Aufstellung eines Jahreswirtschaftsplans) kommt eine andere Bedeutung zu als die einer dauerhaften Einflussnahme. 15

Insgesamt gibt der Indizienkatalog eher Dimensionen für die Bemessung von Einfluss als wirkliche Kriterien für die Schwelle maßgeblichen Einflusses vor. Die Würdigung der Assoziierungsvermutung – insbesondere die Abweichung von den widerlegbaren Regelvermutungen – bleibt eine Frage der sachgerechten **Ermessensausübung im Einzelfall**.

3.4 Nichtassoziierungsindizien

Die Beteiligung des Investors kann strengen und langfristigen Beschränkungen des Finanzmitteltransfers unterliegen. In Frage kommen insbesondere Fälle, in denen aufgrund staatlicher Eingriffe (**Devisen-Transferbeschränkungen**) keine oder nur sehr eingeschränkte Ausschüttungsmöglichkeiten bestehen. Derartige Beschränkungen sind ein Indiz für ein Fehlen maßgeblichen Einflusses. Vergleichbar sind Fälle, in denen ein **Mehrheitsgesellschafter** dauerhaft **Thesaurierungsbeschlüsse** trifft und den Ausschüttungsinteressen der Minderheitsgesellschafter entgegenhandelt. 16

> **BEISPIEL** I ist mit 20 % an AU beteiligt, X mit 60 %, der Rest entfällt auf diverse Gesellschafter. AU erwirtschaftet Gewinne, die jedoch angesichts einer abweichenden Interessenlage des X nicht ausgeschüttet, sondern thesauriert werden.

> **BEURTEILUNG** Da I mit 20 % beteiligt ist, besteht eine Assoziierungsvermutung. Sie kann durch eindeutige Darlegung des fehlenden maßgeblichen Einflusses widerlegt werden. Die fehlende Mitwirkungsmöglichkeit an der Dividendenpolitik ist ein Indikator für fehlende Einflussmöglichkeit. Erforderlich ist jedoch eine Gesamtwürdigung. Dabei ist u. a. zu berücksichtigen, wie deutlich und stabil die Mehrheit der thesaurierungswilligen Gesellschafter ist und welche rechtlichen Möglichkeiten (Minderheitsschutz) I hat, Ausschüttungen gegen Mehrheitsbeschlüsse durchzusetzen etc.

3.5 Eingeschränkter Zugang zu für die *equity*-Methode notwendigen Informationen

Die Anwendung der *equity*-Methode nach § 312 HGB setzt u. a. die Aufdeckung **stiller Reserven** und deren Fortschreibung voraus. Die Folgebewertung des Anteils am assoziierten Unterneh- 17

II. Definition des assoziierten Unternehmens

men verlangt außerdem eine Ermittlung des **Gewinnanteils nach handelsrechtlichen** (nicht notwendig konzerneinheitlichen) Bilanzierungsmethoden.

18 Die Beschaffung der erforderlichen **Informationen** kann schwierig sein. Folgende Problemfälle lassen sich unterscheiden: Das assoziierte Unternehmen

- gibt keine Informationen über stille Reserven,
- veröffentlicht wegen fehlender Publizitätsanforderungen keinen Abschluss und gewährt auch dem Gesellschafter keine entsprechenden Informationen,
- veröffentlicht oder überlässt zwar einen Abschluss, dies jedoch nach nationalem Recht und nicht nach HGB, oder
- ist selber Mutterunternehmen eines Konzerns, veröffentlicht und überlässt jedoch nur einen Einzelabschluss, hingegen nicht den für einen Einbezug in den Konsolidierungskreis nach § 312 Abs. 6 HGB benötigten Konzernabschluss.

19 Die Schwierigkeiten der **Informationsbeschaffung** können in solchen Fällen nicht pauschal als Argument für fehlenden **maßgeblichen Einfluss** dienen. Im Einzelnen ist vielmehr wie folgt zu differenzieren:

- Bei Beteiligung von **weniger als 20 %** bestehen keine strengen Beweislastregeln (→ Rz. 13). Für die Annahme der Nichtassoziierung kann der **glaubwürdige Hinweis** auf ernste Schwierigkeiten bei der Durchsetzung von Informationswünschen ausreichen.
- Bei einer Beteiligung von **20 % oder mehr** besteht die gesetzliche Vermutung der Assoziierung. Diese kann nur durch **klaren Gegenbeweis** widerlegt werden. Hierfür taugt u. E. nur der Nachweis, dass trotz **bester Bemühungen** weder die für die unmittelbare Anwendung der *at equity*-Konsolidierung erforderlichen Jahresabschlussinformationen noch solche Information zu erlangen sind, die eine gut begründete Schätzung des Ergebnisanteils ermöglichen.

Ohne den Nachweis der besten Bemühungen ergäbe sich für die *at equity*-Konsolidierung ein **faktisches Wahlrecht**: Wer sich um die erforderlichen Informationen kümmert, müsste konsolidieren, wer sich nicht anstrengt, könnte dem entgehen. Ein derartiges faktisches Wahlrecht würde den Anforderungen an die Objektivität der Rechnungslegung widersprechen und ist daher abzulehnen. Eine Erklärung der Geschäftsführung des assoziierten Unternehmens, die verlangten Daten könnten nicht geliefert werden, reicht für den Nachweis bester Bemühungen nicht aus.[6]

Die eigenen Bemühungen sind im Übrigen nicht erst im Rahmen der Folgekonsolidierung nachzuweisen (z. B. über eine Zusage, die für die Überleitung von nationalem Recht auf HGB entstehenden Mehrkosten zu übernehmen), sondern schon im Anschaffungszeitpunkt (z. B. über entsprechende gesellschaftsvertragliche Vorkehrungen) sicherzustellen.

---

6 Ähnlich *Küting/Köthner/Zündorf*, in: Küting/Weber (Hrsg.), Handbuch der Konzernrechnungslegung, Bd. II, 2. Aufl., 1998, § 311 Tz. 88, und *Knorr/Seidler*, in: Haufe HGB Bilanz Kommentar, Freiburg 2009, § 311 Rz. 37.

III. Bilanzausweis (Abs. 1 Satz 2 2. Halbsatz)

Gem. Abs. 1 Satz 2 2. Halbsatz ist diese Beteiligung an einem assoziierten Unternehmen in der **Konzernbilanz** unter einem **besonderen Posten** mit entsprechender Bezeichnung auszuweisen. Der Ausweis erfolgt unter Finanzanlagen (→ § 298 Rz. 14) zum Ausweis in der GuV vgl. → § 298 Rz. 31, zum Ausweis im Anlagenspiegel vgl. → § 298 Rz. 29. 20

IV. Wesentlichkeitsvorbehalt (Abs. 2)

Nach Abs. 2 ist weder der gesonderte **Bilanzausweis** gem. Abs. 1 noch die Anwendung der *equity*-*Methode* gem. § 312 HGB geboten, wenn die Beteiligung an dem assoziierten Unternehmen für die Vermittlung eines den tatsächlichen Verhältnissen entsprechenden Bilds der Vermögens-, Finanz- und Ertragslage von untergeordneter Bedeutung ist. 21

Die Vorschrift hat **deklaratorischen** Charakter. Sie wiederholt lediglich den allgemein für die Rechnungslegung geltenden Wesentlichkeitsvorbehalt. Zu seiner Konkretisierung kann sie nichts beitragen, da es gerade in der Natur des Wesentlichkeitsgrundsatzes liegt, auf die Umstände des Einzelfalls abzustellen. Wegen der dabei in Frage kommenden Beurteilungskriterien wird auf → § 252 Rz. 182 verwiesen.

§ 312 Wertansatz der Beteiligung und Behandlung des Unterschiedsbetrags

(1) ¹Eine Beteiligung an einem assoziierten Unternehmen ist in der Konzernbilanz mit dem Buchwert anzusetzen. ²Der Unterschiedsbetrag zwischen dem Buchwert und dem anteiligen Eigenkapital des assoziierten Unternehmens sowie ein darin enthaltener Geschäfts- oder Firmenwert oder passiver Unterschiedsbetrag sind im Konzernanhang anzugeben.

(2) ¹Der Unterschiedsbetrag nach Absatz 1 Satz 2 ist den Wertansätzen der Vermögensgegenstände, Schulden, Rechnungsabgrenzungsposten und Sonderposten des assoziierten Unternehmens insoweit zuzuordnen, als deren beizulegender Zeitwert höher oder niedriger ist als ihr Buchwert. ²Der nach Satz 1 zugeordnete Unterschiedsbetrag ist entsprechend der Behandlung der Wertansätze dieser Vermögensgegenstände, Schulden, Rechnungsabgrenzungsposten und Sonderposten im Jahresabschluss des assoziierten Unternehmens im Konzernabschluss fortzuführen, abzuschreiben oder aufzulösen. ³Auf einen nach Zuordnung nach Satz 1 verbleibenden Geschäfts- oder Firmenwert oder passiven Unterschiedsbetrag ist § 309 entsprechend anzuwenden. ⁴§ 301 Abs. 1 Satz 3 ist entsprechend anzuwenden.

(3) ¹Der Wertansatz der Beteiligung und der Unterschiedsbetrag sind auf der Grundlage der Wertansätze zu dem Zeitpunkt zu ermitteln, zu dem das Unternehmen assoziiertes Unternehmen geworden ist. ²Können die Wertansätze zu diesem Zeitpunkt nicht endgültig ermittelt werden, sind sie innerhalb der darauf folgenden zwölf Monate anzupassen.

(4) ¹Der nach Absatz 1 ermittelte Wertansatz einer Beteiligung ist in den Folgejahren um den Betrag der Eigenkapitalveränderungen, die den dem Mutterunternehmen gehörenden Anteilen am Kapital des assoziierten Unternehmens entsprechen, zu erhöhen oder zu vermindern; auf die Beteiligung entfallende Gewinnausschüttungen sind abzusetzen. ²In der Konzern-Gewinn- und Verlustrechnung ist das auf assoziierte Beteiligungen entfallende Ergebnis unter einem gesonderten Posten auszuweisen.

(5) ¹Wendet das assoziierte Unternehmen in seinem Jahresabschluss vom Konzernabschluss abweichende Bewertungsmethoden an, so können abweichend bewertete Vermögensgegenstände oder Schulden für die Zwecke der Absätze 1 bis 4 nach den auf den Konzernabschluss angewandten Bewertungsmethoden bewertet werden. ²Wird die Bewertung nicht angepasst, so ist dies im Konzernanhang anzugeben. ³§ 304 über die Behandlung der Zwischenergebnisse ist entsprechend anzuwenden, soweit die für die Beurteilung maßgeblichen Sachverhalte bekannt oder zugänglich sind. ⁴Die Zwischenergebnisse dürfen auch anteilig entsprechend den dem Mutterunternehmen gehörenden Anteilen am Kapital des assoziierten Unternehmens weggelassen werden.

(6) ¹Es ist jeweils der letzte Jahresabschluss des assoziierten Unternehmens zugrunde zu legen. ²Stellt das assoziierte Unternehmen einen Konzernabschluss auf, so ist von diesem und nicht vom Jahresabschluss des assoziierten Unternehmens auszugehen.

Inhaltsübersicht	Rz.
I. Regelungsinhalt	1 - 5
II. Die Konzeption der *equity*-Methode	6 - 11
III. Bewertung und Anhangangabe im Zugangszeitpunkt (Abs. 1)	12 - 14

1. Buchwertmethode	12 – 13a
2. Anhangangabe zum Unterschiedsbetrag	14
IV. Ermittlung und Aufteilung des Unterschiedsbetrags (Abs. 2 und 3)	15 – 25
1. Anteilige Aufdeckung stiller Reserven und Lasten	15 – 18
2. *Goodwill* oder negativer Unterschiedsbetrag	19
3. Zeitpunkt von Ermittlung und Aufteilung bei sukzessivem Erwerb oder verzögerter Erlangung des assoziierten Status	20 – 24
4. Vorläufige Ermittlung und Aufteilung	25
V. Fortschreibung des Unterschiedsbetrags (Abs. 2 Sätze 2 und 3)	26 – 29
VI. Fortschreibung um Eigenkapitalveränderungen, Ausweis in der GuV (Abs. 4)	30 – 47
1. Kapitalmaßnahmen beim assoziierten Unternehmen	30 – 33
2. Ergebnis- und Dividendenanteil	34 – 34a
3. Nicht GuV-wirksame Einkommen des assoziierten Unternehmens	35 – 36
4. Bewertung von *equity*-Beteiligungen bei Verlusten	37 – 46
4.1 Ergebnisfortschreibung bis Buchwert Null	37 – 39
4.2 Berücksichtigung überschießender Verluste in Haftungsfällen	40
4.3 Ausdehnung der Verlustverrechnung bei eigenkapitalsubstituierenden Finanzierungen?	41 – 43
4.4 Außerplanmäßige Abschreibungen auf *equity*-Beteiligungen	44 – 46
5. Ausweis des Ergebnisses in der GuV	47
VII. Wahlrecht zur Anpassung der Bilanzierungsmethoden (Abs. 5 Sätze 1 und 2)	48 – 49
VIII. Zwischenergebniseliminierung (Abs. 5 Sätze 3 und 4)	50 – 56
IX. Maßgeblicher Abschluss des Beteiligungsunternehmens (Abs. 6)	57 – 58
X. Erwerb und Veräußerung von Anteilen	59 – 65
1. Erwerb weiterer Anteile	59 – 61
1.1 Erwerb ohne Statuswechsel	59
1.2 Einfache Beteiligung wird zu assoziiertem Unternehmen	60
1.3 Assoziiertes Unternehmen wird zu Tochter- oder proportional konsolidiertem Gemeinschaftsunternehmen	61
2. Veräußerung von Anteilen	62 – 65
2.1 Veräußerung sämtlicher Anteile (Entkonsolidierung)	62
2.2 Veräußerung ohne Statuswechsel	63
2.3 Assoziiertes Unternehmen wird zur einfachen Beteiligung	64 – 65

Ausgewählte Literatur

Freiberg, Nichtkonsolidierung von assoziierten Unternehmen mangels Informationen, PiR 2007 S. 260

Heurung, Die Bewertung assoziierter Unternehmen im Konzernabschluss im Vergleich zwischen HGB, IAS und US-GAAP, DStR 2000 S. 628 und S. 664

Kunowski, Bilanzierung von Anteilen an assoziierten Unternehmen sowie Gemeinschaftsunternehmen im Konzernabschluss nach DRS 8 und DRS 9, StuB 2002 S. 261

Lüdenbach, Zwischenergebniseliminierung bei Anwendung der *equity*-Methode, PiR 2006 S. 207

Lüdenbach/Frowein, Bilanzierung von Equity-Beteiligungen bei Verlusten, ein Vergleich zwischen HGB, IFRS und US-GAAP, BB 2003 S. 2449

Schmidbauer, Der DRS Nr. 8 zur Bilanzierung von Anteilen an assoziierten Unternehmen im Konzernabschluss, DStR 2001 S. 1540

I. Regelungsinhalt

Nach Abs. 1 entspricht der Ansatz des Anteils am assoziierten Unternehmen bei **Beginn** der *equity*-Konsolidierung dem **einzelbilanziellen Buchwert** und damit regelmäßig den Anschaffungskosten (→ Rz. 12). 1

Für Zwecke des **Anhangs** ist bereits auf diesen Zeitpunkt in einer Nebenrechnung der **Unterschiedsbetrag** zu dem anteilig erworbenen Eigenkapital zu ermitteln und den stillen Reserven/Lasten sowie dem *goodwill* zuzuordnen (→ Rz. 14).

Die Ermittlung und Aufteilung des Unterschiedsbetrags erfolgt nach Abs. 3 auf den Zeitpunkt der **Erlangung** des assoziierten Status, bei **sukzessivem Anteilserwerb** also nicht nach den Verhältnissen der einzelnen Erwerbszeitpunkte (→ Rz. 20).

Zu den Folgestichtagen wird die Nebenrechnung (→ Rz. 1) Bilanz- und GuV-relevant, indem gem. Abs. 2 die **Auflösung von stillen Reserven**/Lasten und *goodwill*/negativem Unterschiedsbetrag bei der Fortschreibung des *equity*-Ansatzes bzw. im Ergebnis aus der *equity*-Beteiligung zu berücksichtigen ist (→ Rz. 26). 2

Eine Fortschreibung des Bilanzansatzes ist außerdem gem. Abs. 4 um **Ergebnisanteile**, **Dividenden** (→ Rz. 34) und sonstige Änderungen des buchmäßigen Eigenkapitals (z. B. **Kapitalerhöhungen**) des Beteiligungsunternehmens (→ Rz. 30) vorzunehmen. 3

Bei der Ermittlung des Ergebnisanteils ist gem. Abs. 5 Satz 1 die Anwendung der **konzerneinheitlichen Bilanzierungsmethoden** zulässig, aber nicht geboten (→ Rz. 48). Die entsprechende Anwendung der Regeln des § 304 HGB zur **Zwischenergebniseliminierung** sieht Abs. 5 Sätze 3 und 4 vor (→ Rz. 50). 4

Nach Abs. 6 ist der Ergebnisanteil nicht notwendig auf Basis eines **zeitkongruenten** Jahresabschlusses zu ermitteln. Zugrunde zu legen ist der jeweils **letzte Abschluss**, auch wenn dieser auf einen abweichenden Stichtag erstellt wurde. Anstelle der einzelbilanziellen Ergebnisse tritt das konzernbilanzielle Ergebnis, sofern das Beteiligungsunternehmen selbst einen Konzernabschluss aufstellt (→ Rz. 57). 5

II. Die Konzeption der *equity*-Methode

Anteile an einem **assoziierten Unternehmen** sind gem. § 312 HGB in einem Konzernabschluss nach der *equity*-Methode zu bilanzieren. Die *equity*-Methode kann außerdem wahlweise als Ersatz für eine quotale Konsolidierung auf Anteile an **Gemeinschaftsunternehmen** angewandt werden (→ § 310 Rz. 1). 6

Die **Konzeption** der *equity*-Methode, die in der eigenwilligen Gliederungsstruktur von § 312 HGB nicht recht ersichtlich wird, ist wie folgt: 7

▶ Werden die den assoziierten Status vermittelnden Anteile in einem Schritt erworben (zu mehreren Erwerbsschritten → Rz. 22), gilt: Zum **Anschaffungszeitpunkt** bestehen keine Unterschiede zwischen der Bewertung *at equity* und der nach Anschaffungskostenmethode. Lediglich für Zwecke des Anhangs (→ Rz. 14) und der zukünftigen bilanziellen Fortschreibung ist bereits zu diesem Zeitpunkt in einer Nebenrechnung die Differenz zwischen dem einzelbilanziellen Buchwert (= Anschaffungskosten) und dem Anteil am buchmäßigen Ei-

II. Die Konzeption der *equity*-Methode

genkapital des assoziierten Unternehmens festzustellen und auf stille Reserven und Lasten in den Vermögensgegenständen und Schulden sowie einen *goodwill* oder negativen (passiven) Unterschiedsbetrag aufzuteilen.

▶ Zu den **Folgestichtagen** ergibt sich dann eine Abweichung von der Anschaffungskostenmethode, indem der *equity*-Wert u. a. um die Abschreibung von stillen Reserven und *goodwill* sowie den Anteil am Ergebnis des Beteiligungsunternehmens fortgeschrieben wird (→ Rz. 34).

8   Nachstehende Übersicht zeigt die relevanten Fortschreibungen und ihre GuV-Wirkung.

Übersicht:	Fortschreibung des *equity*-Ansatzes	Wirkung auf Konzern-GuV
	Vorgang	
−	planmäßige Abschreibung der stillen Reserven aus der Nebenrechnung,	−
−	planmäßige Abschreibung des *goodwill* aus der Nebenrechnung	−
+ /(−)	Anteil am Jahresüberschuss (-fehlbetrag) des Beteiligungsunternehmens,	+ /(−)
+ /(−)	Anteil an (noch) nicht über die GuV realisierten Erfolgen des Beteiligungsunternehmens	0
−	vereinnahmte Dividenden des Beteiligungsunternehmens	0
+ /(−)	Anteil an einer effektiven Kapitalerhöhung (Kapitalherabsetzung)	0
−	außerplanmäßige Abschreibung auf den *equity*-Anteil	−

Konzeptionell entspricht dieses Vorgehen der sog. steuerlichen **Spiegelbildmethode**. Nach ihr werden bei Erwerb von Anteilen an Personengesellschaften über Buchwert (i. d. R. in einer Ergänzungsbilanz der Personengesellschaft) stille Reserven und ein Firmenwert aufgedeckt. Der beim beteiligten Unternehmen zu berücksichtigende Anteil ergibt sich u. a. aus der Fortschreibung dieser Größen sowie der Fortschreibung um vom Beteiligungsunternehmen erwirtschaftete Ergebnisse. Nach der *equity*-Methode wird **rechtsformunabhängig** analog verfahren:

9   **BEISPIEL** ▶ Die X-AG erwirbt von B zum 1.1.01 einen 20 %igen Anteil an der *Start up*-KG unter folgenden Bedingungen und Verhältnissen:

▶ Anschaffungskosten: 450 T€,

▶ Buchwert Eigenkapital der KG (100 %): 500 T€,

▶ Kapitalanteil B (vorher) bzw. X-AG (nachher): 100 T€ (= 500 · 20 %),

▶ Stille Reserven im immateriellen Anlagevermögen der KG (100 %): 750 T€, auf X-AG entfallender Anteil 150, bei Restnutzungsdauer von fünf Jahren.

▶ Der *goodwill* ist ebenfalls auf fünf Jahre abzuschreiben.

Nach Erwerb ergeben sich bei der KG folgende Daten:

▶ Jahresüberschuss 01 (100 %): 600 T€,

▶ Vorabausschüttung in 01 (100 %): 100 T€.

Der *equity*-Ansatz entwickelt sich wie folgt:

Jahr	Beschreibung	Betrag
1.1.01	**Zugangsbewertung:** zu Anschaffungskosten	450
	Fortschreibung um Dividenden und Gewinnanteil:	
	- (Vorab-)Ausschüttung in 01 (anteilig)	- 20
	+ Gewinnanteil 01	120
	= Zwischensumme	550
	Fortschreibung Unterschiedsbetrag:	
	- Abschreibung stille Reserven und *goodwill* (1/5)	- 70
31.12.01	= *at equity*-Bilanzansatz	480
	Erläuterung i. S. des Unterschiedsbetrags:	
	Anschaffungskosten	450
	- anteilig erworbenes EK (Buchwert)	- 100
	= Unterschiedsbetrag	350
	- anteilige stille Reserven (Restnutzungsdauer = fünf Jahre)	- 150
	= Firmenwert	200

Im Unterschied zur Vollkonsolidierung werden bei der *equity*-Methode die Differenz- bzw. Unterschiedsbeträge nicht in separaten Positionen festgehalten. Die Konzernbilanz weist nur einen Wert aus. Die wertmäßige Fortentwicklung der Komponenten erfolgt nur in einer Nebenrechnung. Technisch wird daher auch von einer **one line consolidation** gesprochen. Nach diesem Verfahren erfolgt im Unterschied zur Voll- oder quotalen Konsolidierung keine Schulden- (§ 303 HGB) und keine Aufwandskonsolidierung (§ 305 HGB). 10

Das dargestellte Grundschema der Bewertung (→ Rz. 8) ist um **latente Steuern** auf aufgedeckte stille Reserven zu ergänzen (→ § 306 Rz. 18) sowie ggf. – wenn materiell bedeutsam und der Höhe nach bekannt –, um **Zwischenergebniseliminierungen** zu erweitern (vgl. → Rz. 50). Außerdem sind bestimmte Sonderfälle, wie etwa dauerhafte Verlustsituationen, besonders zu behandeln (→ Rz. 37). 11

III. Bewertung und Anhangangabe im Zugangszeitpunkt (Abs. 1)

1. Buchwertmethode

Eine Beteiligung an einem assoziierten Unternehmen (oder nicht proportional konsolidierten Gemeinschaftsunternehmen) ist nach Abs. 1 Satz 1 „in der Konzernbilanz mit dem Buchwert anzusetzen." Diese Formulierung ist aus sich heraus nicht recht verständlich, da in einer Bilanz 12 sämtliche Vermögensgegenstände etc. mit ihrem Buchwert – womit sonst? – anzusetzen sind, die Frage aber immer gerade dahin geht, welches der **konkrete Buchwert** ist.

Vor dem Hintergrund der **Rechtsentwicklung** vor dem BilMoG wird der Inhalt klarer: Nach § 312 Abs. 1 HGB a. F. bestand ein **Wahlrecht** zwischen Buchwertmethode und sog. Neubewertungsmethode. Bei der Neubewertungsmethode wurde ein *goodwill* oder negativer Unterschiedsbetrag regelmäßig separat ausgewiesen, bei der Buchwertmethode hingegen nicht.[1] Bei Erwerb der Anteile in einem Schritt und zeitgleicher Erlangung des assoziierten Status gilt bzw. galt damit in der Praxis:

- **Buchwertmethode**: Der konzernbilanzielle Zugangswert des Anteils am assoziierten Unternehmen entspricht dem **einzelbilanziellen**.
- **Neubewertungsmethode** (auch Kapitalanteilsmethode):[2] Der konzernbilanzielle Zugangswert des Anteils am assoziierten Unternehmen wich vom einzelbilanziellen Buchwert der Beteiligung (= Anschaffungskosten) ab, da der im Kaufpreis vergütete *goodwill* konzernbilanziell **separat ausgewiesen**, somit von den übrigen Anschaffungskosten abzuziehen war, mit der Folge, dass der *equity*-Buchwert unter den Anschaffungskosten lag.

Nach Neufassung von Abs. 1 durch das BilMoG (zur Anwendung → Art. 66 Rz. 16) ist **nur noch** die so definierte **Buchwertmethode** zulässig. Abs. 1 Satz 1 bringt in diesem Zusammenhang nur die regelmäßige Übereinstimmung des *at equity*-Zugangswerts mit dem einzelbilanziellen Buchwert zum Ausdruck, insbesondere weil der *goodwill* nicht separat ausgewiesen wird.

13 Auch nach der „Buchwertmethode" ist der Zugangswert *at equity* aber dann nicht identisch mit dem einzelbilanziellen Buchwert, wenn die Erlangung des assoziierten Status und damit die *equity*-Bewertung zeitlich **nach** der Anschaffung liegt. Zu den hier relevanten Fallkonstellationen wird auf → Rz. 20 verwiesen.

13a Fraglich ist, ob für die Anwendung der *equity*-Methode **alle** von einbezogenen Konzernunternehmen gehaltenen Anteile an assoziierten Unternehmen zusammenzufassen oder ausnahmsweise von einem Konzernunternehmen zur **Weiterveräußerung** erworbene Anteile separat nach der Anschaffungskostenmethode zu erfassen sind. U. E. widerspricht die separate Behandlung der aus Sicht des Konzerns als wirtschaftlicher Einheit (→ § 297 Rz. 115) gegebenen Einheitlichkeit des Konsolidierungs- bzw. Bilanzierungsobjekts.[3]

2. Anhangangabe zum Unterschiedsbetrag

14 Nach Abs. 1 Satz 2 ist der **Unterschiedsbetrag** zwischen dem Buchwert und dem anteiligen Eigenkapital des assoziierten Unternehmens sowie ein darin enthaltener Geschäfts- bzw. Firmenwert oder passiver Unterschiedsbetrag im **Konzernanhang** anzugeben.

Nach der Stellung in Abs. 1, der in Abgrenzung zu Abs. 2 und 4 etc. nur die Zugangsbewertung *at equity* behandelt, besteht die Angabepflicht nur für die Verhältnisse zum **Zeitpunkt der erstmaligen *equity*-Konsolidierung**. Diese Interpretation wird durch die Begründung zum RegE des BilMoG bestätigt. Danach ist der Unterschiedsbetrag zwischen dem Buchwert und dem

---

[1] Vgl. *Küting/Zündorf*, in: Küting/Weber (Hrsg.), Handbuch der Konzernrechnungslegung, Bd. II, 2. Aufl., 1998, § 312 Tz. 10 f.
[2] Hierzu *Winkeljohann/Böcker*, in: Beck'scher Bilanz-Kommentar, 7. Aufl., München 2010, § 312 Tz 20 ff.
[3] A. A. *Knorr/Seidler*, in: Haufe HGB Bilanz Kommentar, Freiburg 2009, § 312 Rz. 15.

„zum beizulegenden Zeitwert im Erwerbszeitpunkt (!) bewerteten anteiligen Eigenkapital ... im Konzernanhang anzugeben".[4]

IV. Ermittlung und Aufteilung des Unterschiedsbetrags (Abs. 2 und 3)

1. Anteilige Aufdeckung stiller Reserven und Lasten

Bei der Anwendung der *equity*-Methode sind gem. Abs. 2 Satz 2 die anteiligen **stillen Reserven und Lasten** in identifizierbaren Vermögensgegenständen und Schulden aufzudecken und fortzuführen. Sie ergeben sich als Differenz zwischen dem Anteil am **Buchwert** des Reinvermögens des assoziierten Unternehmens und dem Anteil am **beizulegenden Zeitwert** des identifizierbaren Reinvermögens. 15

Für die Zeitwertbestimmung gelten die Grundsätze der Vollkonsolidierung. Danach sind für die Aktiva Marktwerte oder Ersatzwerte anzusetzen, während bei Forderungen und Verbindlichkeiten im Wesentlichen der Barwert zum Tragen kommt (→ § 301 Rz. 70 ff.). 16

Eine **Ausnahme** von der **Zeitbewertung** besteht nach Abs. 2 Satz 4 i.V. mit § 301 Abs. 1 Satz 3 HGB für **Rückstellungen** (Bewertung nach § 253 Abs. 1 und 2 HGB) und **latente Steuern** (Bewertung nach § 274 Abs. 2 HGB). Zu Inhalt und Motivation dieser Ausnahme wird auf → § 301 Rz. 90 f. verwiesen.

Bei der Ermittlung der stillen Reserven und Lasten sind **Wesentlichkeits- und Kosten-Nutzen-Überlegungen** von Bedeutung. Eine Identifizierung der stillen Reserven auf der Ebene einzelner Vermögensgegenstände wird nur ausnahmsweise möglich und notwendig sein. **Durchschnittsbetrachtungen** für einzelne Bilanzposten sind i. d. R. ausreichend. Zur Frage der Durchsetzbarkeit der zur Bestimmung der stillen Reserven notwendigen **Informationsansprüche** wird auf → § 311 Rz. 17 verwiesen. 17

Ist das assoziierte Unternehmen kurz vor dem Konzernabschlussstichtag erworben worden und können die Unterschiedsbeträge auf den Erwerbszeitpunkt selbst unter den vorgenannten Vereinfachungen bis zur Aufstellung des Konzernabschlusses nur vorläufig ermittelt werden, sieht Abs. 3 Satz 2 die endgültige Ermittlung und eine entsprechende Anpassung innerhalb der darauf folgenden zwölf Monate vor (→ § 301 Rz. 23). 18

2. *Goodwill* oder negativer Unterschiedsbetrag

Der Unterschiedsbetrag zwischen dem einzelbilanziellen Buchwert der Beteiligung und dem Anteil des Erwerbers an den beizulegenden Zeitwerten des identifizierbaren Reinvermögens ist gem. Abs. 1 Satz 2 zunächst für die **Anhangangabe** (→ Rz. 14) sowie dann für **Fortführungszwecke** (→ Rz. 26) als *goodwill* bzw. negativer Unterschiedsbetrag zu behandeln. 19

---

[4] BilMoG-RegE S. 187.

3. Zeitpunkt von Ermittlung und Aufteilung bei sukzessivem Erwerb oder verzögerter Erlangung des assoziierten Status

20 Die *equity*-Methode muss als Konsolidierungs- bzw. Bewertungsmethode von dem Zeitpunkt an angewendet werden, ab dem der **Status** eines assoziierten Unternehmens erlangt ist. Dieser Zeitpunkt fällt nicht notwendig mit dem Erwerb der Anteile zusammen. **Zeitliche Divergenzen** ergeben sich in folgenden Fällen:

- **Sukzessiver Anteilserwerb**: Nach Erwerb eines kleinen Anteils, der keinen maßgeblichen Einfluss vermittelt, werden in einem zweiten Schritt Anteile hinzuerworben. Erst mit dem zweiten Erwerbsschritt wird das Beteiligungsunternehmen zum assoziierten Unternehmen.

- **Statusänderung ohne Änderung der Anteilsquote**: Bei Erwerb der Anteile besteht kein maßgeblicher Einfluss, weder durch personelle, noch durch sachliche Verflechtungen (→ § 311 Rz. 15). Zu einem späteren Zeitpunkt erlangt das beteiligte Unternehmen einen Sitz im Aufsichtsrat, versorgt das Beteiligungsunternehmen mit *know how* etc. Ohne Erwerb zusätzlicher Anteile wird aus der einfachen Beteiligung eine Beteiligung an einem assoziierten Unternehmen.

21 Für derartige zeitliche Divergenzen trifft Abs. 3 Satz 1 folgende Regelung: Der Wertansatz der Beteiligung und der Unterschiedsbetrag sind auf der Grundlage der Wertansätze zum **Zeitpunkt der Erlangung des Assoziierungsstatus** zu ermitteln.

> **BEISPIEL** Am 1.1.01 erwirbt X 20 % der Anteile an aU für einen Preis von 500. Das anteilig buchmäßige Eigenkapital der aU beträgt zu diesem Zeitpunkt 200. Der Unterschiedsbetrag von 300 entfällt zu je 1/2 auf Vorräte und einen über fünf Jahre abschreibbaren *goodwill*. Mangels leistungswirtschaftlicher und personeller Verflechtung wird der Anteil aU nicht als Anteil an einem assoziierten Unternehmen qualifiziert und in 01 und 02 konzernbilanziell (wie einzelbilanziell) zu Anschaffungskosten erfasst.
>
> Am 1.1.03 nimmt X bedeutende leistungswirtschaftliche Beziehungen zu aU auf und erlangt einen Sitz in Aufsichtsrat der aU. Mit Wirkung ab 1.1.03 wird zur *equity*-Methode übergegangen. Das buchmäßige Eigenkapital beträgt auch zu diesem Zeitpunkt 200. Die Vorräte sind schon in 01 verkauft worden. Neue stille Reserven haben sich nicht gebildet. Der einzelbilanzielle Buchwert beträgt weiterhin 500.
>
> Für die Zugangsbewertung *at equity* sind folgende Werte maßgeblich:
>
> | | |
> |---|---:|
> | Beteiligungsbuchwert 1.1.03 | 500 |
> | buchmäßiges Eigenkapital aU 1.1.03 | -200 |
> | Unterschiedsbetrag | 300 |
> | davon stille Reserven (Vorräte schon verkauft) | 0 |
> | *goodwill* 1.1.03 | 300 |

Das Zugrundelegen der **Verhältnisse der erstmaligen *equity*-Konsolidierung** vermeidet rückwirkende Anpassungen. Bei Abstellen auf den früheren Erwerbszeitpunkt der Anteile hätte etwa im Beispiel der vom Erwerbszeitpunkt fortgeschriebene *goodwill* nur 90 (= 150 - 2/5 ·

150) betragen, da der Unterschiedsbetrag im Erwerbszeitpunkt zur anderen Hälfte den Vorräten zuzuordnen gewesen wäre. Diese Vorräte sind aber am 1.1.03 nicht mehr vorhanden. Der *equity*-Ansatz per 1.1.02 wäre um 210 (= 150 Auflösung stille Reserven Vorräte + 60 Abschreibung *goodwill*) niedriger als der einzelbilanzielle Buchwert. Diese Differenz hätte in der Überleitung von Summen- zu Konzernbilanz gegen Rücklagen verbucht werden müssen. Die Konsolidierung auf Basis der Erlangung des assoziierten Status **vermeidet** solche **Komplikationen**.

Bei **sukzessiven Erwerben** – Erlangung des assoziierten Status in mehreren Erwerbsschritten – sind die vorgenannten Grundsätze (→ Rz. 20) entsprechend anzuwenden. Für die Altanteile sind deshalb keine fiktiven, vom Zeitpunkt des ersten Anteilserwerbs fortgeschriebenen *equity*-Werte festzustellen. Die **Unterschiedsbeträge** werden **einheitlich** auf Basis des späteren Zeitpunkts der Erlangung des assoziierten Status ermittelt. 22

Besonderheiten aus der zeitlichen Divergenz von Anschaffung und Erstbewertung *at equity* ergeben sich auch in Fällen, in denen zwischenzeitlich eine **außerplanmäßige Abschreibung** auf die Beteiligung erfolgt ist. 23

> **BEISPIEL** (Fortsetzung aus → Rz. 21)
>
> Zwischen Erwerb (1.1.01) und erstmaliger *equity*-Bewertung (1.1.03) ist die Beteiligung konzern- und einzelbilanziell außerplanmäßig um 300 auf 200 abgeschrieben worden. Die erstmalige *equity*-Konsolidierung erfolgt auf Basis der 200. Da dies zugleich das buchmäßige Eigenkapital der aU per 31.12.03 ist, ergibt sich kein Unterschiedsbetrag.

Finden Erwerb und Erlangung des assoziierten Status **unterjährig** statt, ist der Unterschiedsbetrag auf diesen Zeitpunkt zu ermitteln. Dies bedingt die Aufstellung einer **Zwischenbilanz** des assoziierten Unternehmens zu Buchwerten und zu Zeitwerten. Vielfach wird diese Voraussetzung nicht durchzusetzen oder aus Kostengründen nicht praktikabel sein. Dann sind unter Abwägung der Wesentlichkeit Vereinfachungen zulässig. Je nach zeitlicher Nähe zum vorhergehenden oder nachfolgenden Bilanzstichtag des assoziierten Unternehmens können die Wertverhältnisse dieses Stichtags herangezogen werden. Bei weiter entfernt liegenden Stichtagen sind statistische Anpassungen, etwa durch Zwölftelung des Jahresergebnisses, bei Saisonbetrieben unter Berücksichtigung der Saisonbereinigung, zulässig. 24

An die Exaktheit der Methode dürfen insgesamt **keine übertriebenen Anforderungen** gestellt werden. Dies ergibt sich durch Analogie zu den Grundsätzen der Folgebewertung. Hat das assoziierte Unternehmen einen vom Bilanzstichtag des Beteiligungsunternehmens abweichenden Bilanzstichtag, so muss im Rahmen der Folgebewertung gem. Abs. 6 kein Zwischenabschluss des assoziierten Unternehmens auf den Bilanzstichtag des beteiligten Unternehmens aufgestellt werden (→ Rz. 58). Es ist sachgerecht, derartige Vereinfachungen auch für die Erstkonsolidierung analog gelten zu lassen.

4. Vorläufige Ermittlung und Aufteilung

Zur vorläufigen Ermittlung und Aufteilung des Unterschiedsbetrags wird auf → Rz. 18 verwiesen. 25

V. Fortschreibung des Unterschiedsbetrags (Abs. 2 Sätze 2 und 3)

26 Im Rahmen der **Erstbewertung/Erstkonsolidierung** wird der Beteiligungsbuchwert in einer Nebenrechnung verteilt auf

- den Anteil am buchmäßigen Eigenkapital,
- den Anteil an den stillen Reserven und den stillen Lasten,
- einen *goodwill* oder einen eventuellen negativen Unterschiedsbetrag.

27 **Fortzuschreiben** sind zunächst die **stillen Reserven** und Lasten. Dabei ist Folgendes zu beachten:

- Stille **Reserven** sind nach der **Restnutzungsdauer** der betreffenden Vermögenswerte aufzulösen. Unter *materiality*-, aber auch Kosten-Nutzen-Gesichtspunkten können umfangreiche Vereinfachungen notwendig und zulässig sein, etwa ein Abstellen auf mittlere Nutzungsdauern. Soweit stille Reserven in Vorräten ruhen, lösen sie sich mit dem Abgang der Vorräte auf.
- Für stille **Lasten** in Aktiva, insbesondere Anlagevermögen oder Vorräte (Ansatz unter Buchwert bei untergeordnetem Unternehmen) gilt Entsprechendes.
- Stille Lasten in den Passiva, insbesondere Rückstellungen, können kaum auftreten, da für Rückstellungen nicht die Zeitbewertung, sondern die Bewertung nach § 253 HGB gilt (→ Rz. 16).

28 Für die Fortschreibung des *goodwill* oder eines passiven Unterschiedsbetrags gelten gem. Abs. 2 Satz 3 die Regeln des § 309 HGB entsprechend:

- Der im *equity*-Ansatz enthaltene *goodwill* ist **planmäßig** abzuschreiben (→ § 309 Rz. 5).
- Ein **negativer Unterschiedsbetrag** (Anschaffungskosten bzw. Beteiligungsbuchwert niedriger als der Zeitwert des anteiligen Vermögens) ist aufzulösen, wenn die erwartete ungünstige Entwicklung eintritt (*bad will*) oder feststeht, dass er einem realisierten Gewinn entspricht (*lucky buy*) (→ § 309 Rz. 14).

29 Ein **negativer Unterschiedsbetrag** aus Thesaurierungen kann dadurch entstehen, dass bei sukzessivem Anteilserwerb bzw. verzögerter Erlangung des maßgeblichen Einflusses für die Bestimmung der Unterschiedsbeträge nicht auf die Erwerbszeitpunkte, sondern auf den Zeitpunkt der Erlangung des assoziierten Status abzustellen ist (→ Rz. 22). In diesem Fall ist eine **Ertragsrealisierung** u. E. zulässig und geboten, sobald es zur **Ausschüttung** der **thesaurierten Gewinne** kommt. Nach anderer Auffassung[5] ist ein thesaurierungsbedingter negativer Unterschiedsbetrag hingegen mit den Konzerngewinnrücklagen zu verrechnen, nach DRS 8.24 wie bei Vollkonsolidierungen auf das Verhältnis zu den non-monetären Vermögensgegenständen abzustellen (→ § 309 Rz. 19).

> **BEISPIEL** A hat sich in 01 an der Gründung von aU mit 20 % bzw. einer Einlage von 200 beteiligt, aber zunächst keinen maßgeblichen Einfluss ausgeübt. Anfang 03 erlangt er einen

---

[5] Vgl. *ADS*, 6. Aufl., § 312 Tz. 51; *Winkeljohann/Böcker*, in: Beck'scher Bilanz-Kommentar, 7. Aufl., München 2010, § 312 Tz. 30.

> Sitz im Aufsichtsrat und kann auch über sachliche Verflechtungen maßgeblichen Einfluss ausüben. Zu diesem Zeitpunkt beträgt das anteilige Eigenkapital der aU in Folge zwischenzeitlich entstandener und vollständig thesaurierter Gewinne 300. Stille Reserven bestehen nicht. Mitte 03 wird der in 01 und 02 entstandene Gewinn von anteilig 100 ausgeschüttet.
>
> Bei der erstmaligen *equity*-Konsolidierung ist der einzelbilanzielle Beteiligungsbuchwert von 200 gegen das anteilige Eigenkapital von 300 zu setzen. Es resultiert ein negativer Unterschiedsbetrag von 100. Zu buchen ist: per Anteil an aU 200 an Beteiligungsbuchwert 200.
>
> In 03 ist die Ausschüttung abweichend von den sonst geltenden Regeln (→ Rz. 8) u. E. nicht erfolgsneutral (per Geld 100 an Anteil an aU 100), sondern ertragswirksam zu buchen (per Geld 100 an Ergebnis aus aU 100).

Die Ertragsrealisierung eines durch Thesaurierungen entstandenen negativen Unterschiedsbetrags im Ausschüttungszeitpunkt entspricht dem **Kongruenzprinzip** (→ § 252 Rz. 7):

- Vor Erlangung des assoziierten Status ist die Beteiligung konzernbilanziell (wie einzelbilanziell) zu Anschaffungskosten zu bewerten. Thesaurierte Gewinne führen nicht zu Ertrag.
- Werden die Gewinne nach Erlangung des assoziierten Status und Aufnahme der *equity*-Konsolidierungen ausgeschüttet, käme es nach allgemeinen Grundsätzen zur erfolgsneutralen Buchung (per Geld an *equity*-Wert). Erst indem der negative Unterschiedsbetrag ertrags- statt bilanzwirksam aufgelöst wird (per Geld an Ertrag), wird der zutreffende Totalgewinn ausgewiesen.

VI. Fortschreibung um Eigenkapitalveränderungen, Ausweis in der GuV (Abs. 4)

1. Kapitalmaßnahmen beim assoziierten Unternehmen

Ohne Wirkung auf den Beteiligungs- bzw. *equity*-Ansatz sind **Kapitalerhöhungen** des assoziierten Unternehmens aus **Gesellschaftsmitteln**, da insofern lediglich eine Umgliederung innerhalb des Eigenkapitals des assoziierten Unternehmens stattfindet.[6]

30

Bei einer **effektiven Kapitalerhöhung** gegen Einlage ist wie folgt zu unterscheiden:

31

- Das beteiligte Unternehmen nimmt im Umfang seiner bisherigen (und zukünftigen) Quote, d. h. **beteiligungsproportional**, an der Kapitalerhöhung teil: Der *equity*-Ansatz erhöht sich durch die Einlage (per Anteil an aU an Geld), weitere Folgen hat die Kapitalerhöhung nicht.
- Das beteiligte Unternehmen nimmt überproportional an der Kapitalerhöhung teil: Der *equity*-Ansatz erhöht sich gem. Abs. 4 Satz 1. Die Erhöhung der Beteiligungsquote ist **wie ein Kauf neuer Anteile** zu behandeln[7] und führt zu einer neuen Erstkonsolidierung mit Ermittlung der anteiligen stillen Reserven und/oder des *goodwill* (→ Rz. 59).

---

6 Vgl. *Küting/Zündorf*, in: Küting/Weber (Hrsg.), Handbuch der Konzernrechnungslegung, Bd. II, 2. Aufl., 1998, § 312 Tz. 169; *Knorr/Seidler*, in: Haufe HGB Bilanz Kommentar, Freiburg 2009, § 312 Rz. 68.
7 Vgl. *Küting/Zündorf*, in: Küting/Weber (Hrsg.), Handbuch der Konzernrechnungslegung, Bd. II, 2. Aufl., 1998, § 312 Tz. 171.

VI. Fortschreibung um Eigenkapitalveränderungen, Ausweis in der GuV

- Das beteiligte Unternehmen nimmt **unterproportional** (aber ohne Statusänderung) an der Kapitalerhöhung teil: Hier kann gem. DRS 8.42 ein veräußerungsähnlicher Erfolg entstehen. Es ist daher zu untersuchen, wie sich – in Abhängigkeit vom buchmäßigen Eigenkapital und vom Ausgabekurs der neuen Anteile – die Zunahme des bilanziellen Eigenkapitals durch die Einlage und den Rückgang der Beteiligungsquote an diesem Eigenkapital wertmäßig zueinander verhalten.

32 Zur unterproportionalen Teilnahme an Kapitalerhöhungen folgendes Beispiel:

> **BEISPIEL** ▶ Ein Investor ist mit 40 % an Kapital und Stimmrechten eines aU beteiligt, das weder über Rücklagen noch Gewinnvorträge verfügt.
>
> Das buchmäßige Eigenkapital des aU (zugleich gezeichnetes Kapital) beträgt 100, sein zu Zeitwerten bestimmtes Eigenkapital 150. Die Beteiligung des Investors beträgt somit bezogen auf das buchmäßige Eigenkapital 40, unter Berücksichtigung der stillen Reserven jedoch 60. Der *equity*-Wertansatz beim Investor beträgt 52 (davon 12 noch nicht aufgelöster *goodwill*).
>
> Durch eine Kapitalerhöhung werden dem aU Mittel von 150 (davon 100 gezeichnetes Kapital und 50 Agio) zugeführt. Der Investor nimmt an der Kapitalerhöhung nicht teil. Seine Beteiligungsquote sinkt auf 20 % (= 40/200).
>
> Nach der Kapitalerhöhung ist er somit wie folgt beteiligt:
>
> - zu Buchwerten mit 20 % von 250 = 50 (plus 10),
> - zu Zeitwerten mit 20 % von 300 = 60 (unverändert).
>
> Folgende Lösungen kommen in Frage:
>
> - Bei Betrachtung nur des höheren anteiligen buchmäßigen Eigenkapitals lautet die Erfolgsbuchung: Beteiligung 10 an Ergebnis aus aU 10.
> - Betrachtung auch der Beteiligungsminderung durch Abgang von 20/40: Bei noch nicht abgeschriebenem, d. h. noch im Beteiligungsansatz enthaltenem *goodwill* und stillen Reserven daher zusätzliche Buchung i. H. von 12 · 20/40 = 6 (Ergebnis aus aU 6 an Beteiligung 6), somit insgesamt Erhöhung des Beteiligungsansatzes um 4.
>
> Beide Lösungen sind u. E. zulässig, da es an expliziten Vorschriften fehlt.

33 Bei **Kapitalherabsetzungen** ist ebenfalls zwischen einer Umgliederung und einer effektiven Variante zu unterscheiden:

- Bei der **vereinfachten** Kapitalherabsetzung zur Verlustdeckung kommt es nur zur Umgliederung innerhalb des Eigenkapitals. Auswirkungen auf den *equity*-Ansatz ergeben sich nicht.
- Bei der **effektiven** Kapitalherabsetzung kommt es in Höhe des Herabsetzungsbetrags zu einer erfolgsneutralen Minderung des Beteiligungsansatzes (Aktivtausch: per Geld an *equity*-Beteiligung).

2. Ergebnis- und Dividendenanteil

Im Rahmen der Folgebewertung/Folgekonsolidierung erhöht oder verringert sich der Ansatz des assoziierten Unternehmens in der Bilanz des beteiligten Unternehmens gem. Abs. 4 Satz 1 34

▶ entsprechend seinem **Anteil am** positiven oder negativen **Periodenergebnis**, wobei

▶ empfangene **Ausschüttungen** den Ansatz vermindern, und zwar in der Periode, in der sie vereinnahmt werden.

Negative Ergebnisanteile werden nach Erreichen eines Buchwerts von null nur noch in bestimmten Fällen berücksichtigt (→ Rz. 40).

Ausschüttungen können ausnahmsweise dann ertragswirksam sein, wenn sie aus zwischen Anteilserwerb und Erlangung des assoziierten Status thesaurierten Gewinnen stammen (→ Rz. 29).

Bei einer **Überkreuz- bzw. Rückbeteiligung** zwischen zwei assoziierten Unternehmen ist der Gewinnanteil unter Beachtung der effektiv im Umlauf befindlichen Anteile zu ermitteln. Hierzu nachfolgendes Beispiel:[8] 34a

> **BEISPIEL** ▶ aU1 ist mit 40 % an aU2, dieses umgekehrt mit 25 % an aU1 beteiligt. Die effektiv im Umlauf befindlichen Anteile betragen 100 % - (40 % · 25 %) = 90 %, der effektive Anteil am anderen aU somit 40 %/90 % = 44,4 % (Beteiligung aU1 an aU2) bzw. 30 %/90 % = 27,8 % (Beteiligung aU2 an aU1).
>
> Erzielen beide Unternehmen vor Ertrag aus dem anderen aU ein Ergebnis von 1.000, ergibt sich folgende Berechnung:
>
> | | aU1 | aU2 |
> | --- | --- | --- |
> | Anteil am anderen aU | 40,0 % | 25,0 % |
> | Rückbeteiligung | 10,0 % | 10,0 % |
> | Effektiv im Umlauf befindliche Anteile | 90,0 % | 90,0 % |
> | Effektiver Anteil am anderen aU | 44,4 % | 27,8 % |
> | | | |
> | Gewinn vor Ertrag aus anderem aU | 1.000,0 | 1.000,0 |
> | + Ertrag aus anderem aU vor Rückbeteiligung | 400,0 | 250,0 |
> | = Gewinn vor Rückbeteiligung | 1.400,0 | 1.250,0 |
> | | | |
> | Effektiver Ertrag aus anderem aU | 555,6 | 388,9 |
> | + Gewinn vor Ertrag aus anderem aU | 1.000,0 | 1.000,0 |
> | = Gewinn nach Rückbeteiligung | 1.555,6 | 1.388,9 |

---

8 Aus *Lüdenbach*, in: Lüdenbach/Hoffmann (Hrsg.), Haufe IFRS-Kommentar, 8. Aufl., Freiburg 2010, § 33.

Probe		
Gewinn anders aU nach Rückbeteiligung	1.388,9	1.555,6
• nomineller Anteil	0,4	0,3
= Effektiver Ertrag aus anderem aU	555,6	388,9

3. Nicht GuV-wirksame Einkommen des assoziierten Unternehmens

35 Das Eigenkapital des assoziierten Unternehmens kann sich ohne Berührung von dessen GuV, d. h. erfolgsneutral, insbesondere dann verändern, wenn das assoziierte Unternehmen selbst Mutterunternehmen eines Konzerns ist und aus der **Währungsumrechnung** seiner ausländischer Töchter Differenzen entstehen (→ § 308a Rz. 1 ff.).

36 Entsprechende Änderungen sind anteilig in den *equity*-Ansatz beim beteiligten Unternehmen zu übernehmen (DRS 8.25). Der *equity*-Ansatz ändert sich wie bei GuV-wirksamen Ergebnissen des Beteiligungsunternehmens, die Gegenbuchung erfolgt jedoch nicht über die GuV (Ergebnis aus assoziierten Unternehmen), sondern gegen Rücklagen (insbesondere Währungsumrechnungsrücklage).

Dieses theoretisch gebotene Vorgehen bereitet einige **praktische Probleme**: Die Entwicklung der nicht GuV-wirksamen Einkommensbestandteile beim assoziierten Unternehmen, also nicht nur ihre Einstellung ins Eigenkapital, sondern auch ihre spätere erfolgswirksame Herausnahme, sog. *recycling*, ist über viele Perioden in aufwendiger Weise nachzuhalten, um etwa Doppelerfassungen (im Jahr der Einstellung und im Jahr der erfolgswirksamen Herausnahme aus dem Eigenkapital) zu vermeiden. Dieser Aufwand lässt sich nur vermeiden, wenn *materiality*-Erwägungen im Einzelfall die Beschränkung auf die GuV-wirksamen Ergebnisse des assoziierten Unternehmens gestatten.

4. Bewertung von *equity*-Beteiligungen bei Verlusten

4.1 Ergebnisfortschreibung bis Buchwert Null

37 Im Falle dauernder Verluste des assoziierten Unternehmens würde die Ergebnisfortschreibung des Beteiligungsansatzes ab einem bestimmen Zeitpunkt zu einem negativen Wertansatz führen. DRS 8.27 verbietet einen solchen Negativansatz und schreibt im Übrigen Folgendes vor:
- ▶ Der negative *equity*-Wert (**Verlustüberhang**) ist in der **Nebenrechnung** fortzuführen.
- ▶ Eine Berücksichtigung der Beträge aus der Nebenrechnung ist geboten, sobald die kumulierten negativen Beträge entweder durch **spätere Gewinne oder Einlagen** der Gesellschafter ausgeglichen worden sind.

38 Das Festhalten der überschießenden Verluste in einer Nebenrechnung impliziert Folgendes: Die in der **Folgezeit erzielten Gewinne** werden zunächst in dieser Nebenbuchhaltung zur Verlustverrechnung verwendet. Erst wenn sie den überschießenden Verlustanteil übersteigen, werden sie Bilanz- und GuV-wirksam.

> **BEISPIEL** I leistet bei der Gründung des Beteiligungsunternehmens aU eine Einlage von 80. Die anteilig auf I anfallenden Jahresergebnisse betragen in den ersten drei Jahren jeweils -50 und im vierten und fünften Jahr jeweils +50.
>
> Ende 01 beträgt der *equity*-Ansatz 80 - 50 = 30 (per Ergebnis aus aU 50 an Anteil an aU 50).
>
> Der Verlust des zweiten Jahrs ist daher nur bis zur Höhe von 30 zu berücksichtigen (per Ergebnis aus aU 30 an Anteil an aU 30). Der überschießende, nicht berücksichtigte Betrag von 20 wird per 31.12.02 in einer Nebenrechnung festgehalten. Im Geschäftsjahr 03 erhöht sich dieser überschießende Betrag auf 70.
>
> Er wird im Geschäftsjahr 04 durch das Ergebnis von +50 auf 20 gemindert.
>
> In 03 und 04 erfolgen keine Buchungen.
>
> Das Ergebnis 05 von +50 wird mit 20 gegen den „Verlustvortrag" verrechnet, mit 30 Bilanz- und GuV-wirksam (per Anteil an aU 30 an Ergebnis aus aU 30).

Werden nach Fortschreibung des *equity*-Werts auf Null und Festhalten überschießender Verluste in einer Nebenrechnung **neue Anteile hinzuerworben** oder **Einlagen geleistet**, erhöhen deren Anschaffungskosten das Verlustausgleichsvolumen (ähnlich § 15a EStG). Die Verluste der Nebenrechnung werden insoweit erfolgswirksam. 39

> **BEISPIEL** Der Anteil der X an der aU beträgt bei Gründung am 1.1.01 20. In 01 erzielt aU ein negatives Ergebnis von -150, das mit -30 X zuzurechnen ist. Hiervon sind in 01 nur 20 als Aufwand aus *equity*-Beteiligung bei der X zu berücksichtigen. 10 werden in einer Nebenrechnung festgehalten.
>
> In 02 leistet X eine zusätzliche Einlage von 15. Die aU erwirtschaftet in 02 ein ausgeglichenes Ergebnis.
>
> Die zusätzliche Einlage erhöht das Verlustverrechnungsvolumen, und zwar (abweichend von den ansonsten vergleichbaren Vorschriften des § 15a EStG) auch mit Wirkung für Verluste der Vorjahre. Als Aufwand aus *equity*-Beteiligung sind in 02 daher 10 bei X zu berücksichtigen.

4.2 Berücksichtigung überschießender Verluste in Haftungsfällen

Die Berücksichtigung überschießender Verluste ist ausnahmsweise insoweit zulässig und geboten, als der Investor **gesellschafts- oder schuldrechtlich haftet** und aufgrund einer entsprechenden Haftung schon Zahlungen geleistet hat oder (wahrscheinlich) leisten muss. Hier ist wie folgt zu differenzieren: 40

▶ Bei schon geleisteter Zahlung kommt nur die **Abschreibung der Forderung auf den Aufwendungsersatzanspruch** gegen die Gesellschaft in Frage,

▶ bei **noch nicht geleisteter Zahlung** die Bildung eines **Passivpostens** (Verbindlichkeit bzw. Rückstellung).

In seltenen Fällen kann eine Abschreibung auf die Forderungen auf Aufwendungsersatz unter Berufung auf § 252 Abs. 2 HGB (→ § 252 Rz. 181) auch unter Verstoß gegen das Einzelbewertungsprinzip (→ § 252 Rz. 30) in Frage kommen:

> **BEISPIEL** I ist als persönlich haftender Gesellschafter an der aU OHG beteiligt. aU ist aufgrund eines vorübergehenden Liquiditätsengpasses nicht in der Lage, Kreditor K zu bedienen. K nimmt daher I in Anspruch. Die Zahlung von I begründet einen Aufwendungsersatzanspruch gegen aU gem. § 110 Abs. 1 HGB. Die Forderung auf den Aufwendungsersatz ist mit dem überschießenden Verlustanteil zu belasten. Dies gilt auch dann, wenn der Aufwendungsersatzanspruch z. B. wegen Absicherung durch die Mitgesellschafter, dinglicher Sicherung oder positiver Zukunftsaussichten des Beteiligungsunternehmens voll werthaltig ist.

4.3 Ausdehnung der Verlustverrechnung bei eigenkapitalsubstituierenden Finanzierungen?

41 Das mit Verlusten belastbare Interesse (*interest*) des Investors im assoziierten Unternehmen umfasst nach **internationaler Rechnungslegung** (IAS 28.29) auch Darlehen, stille Beteiligungen sowie geleistete Finanzierungsbeiträge, wenn eine Tilgung weder geplant noch in der absehbaren Zukunft wahrscheinlich ist. Aus **funktionaler Sicht** (nicht notwendig aus rechtlicher) substituieren sie Eigenkapital, indem sie der langfristigen Finanzierung des assoziierten Unternehmens dienen und durch Verzicht auf dingliche Sicherung externe Finanzierungsmöglichkeiten des assoziierten Unternehmens nicht einschränken.

42 Im Fall solcher eigenkapitalsubstituierender Finanzierungen ist nach **HGB** vorrangig die **Werthaltigkeit** der Finanzanlage zu betrachten. Ist sie **nicht gegeben**, entsteht Aufwand schon aus deren außerplanmäßiger Abschreibung (→ § 253 Rz. 110).

43 Liegt jedoch **Werthaltigkeit** vor (z. B. aufgrund von Absicherungen), ist wiederum zu prüfen, ob unter Berufung auf § 252 Abs. 2 HGB eine **Abweichung vom Einzelbewertungsprinzip** in Frage kommt (→ Rz. 40). Danach wäre der Ansatz des Darlehens gegen Aufwand aus der *equity*-Beteiligung zu mindern. Bei einem solchen Vorgehen ergäben sich Konsistenzanforderungen an die **Entkonsolidierung**:

▶ Mit der Beendigung der *equity*-Methode entfällt der Ausnahmegrund für die Berücksichtigung von Verlusten bei Darlehen etc.

▶ Soweit diese werthaltig sind, müssten die Darlehensforderungen nach allgemeinen Grundsätzen nunmehr wieder mit dem vollen Betrag ausgewiesen werden.

▶ Die erforderliche Zuschreibung auf die Forderung wäre u. E. nicht separat, sondern als Teil des Entkonsolidierungserfolgs auszuweisen.

> **BEISPIEL** V beteiligt sich in 01 als Gründungsgesellschafter mit 20 % – entsprechend 200 T€ – an aU.
>
> In 01 bis 03 beträgt der Verlustanteil aus aU insgesamt 250 T€. Hiervon werden 50 T€ gegen ein von V gewährtes Darlehen verrechnet, für das bei isolierter Betrachtung kein Wertberichtigungsbedarf gegeben wäre.
>
> Anfang 04 veräußert V seine Beteiligung für 10 T€ an E.

> **BEURTEILUNG**
>
> ▶ Ohne Berücksichtigung des Darlehens ergibt sich ein Entkonsolidierungserfolg von 10 T€ (= Erlös 10 - Buchwert 0).
>
> ▶ Die Entkonsolidierung bedingt aber eine Zuschreibung beim Darlehen.
>
> ▶ Sie ist u. E. nicht als Ertrag aus der Auflösung einer Wertberichtigung zu berücksichtigen, sondern führt zu einer Erhöhung des Entkonsolidierungserfolgs auf 60 T€.

4.4 Außerplanmäßige Abschreibungen auf *equity*-Beteiligungen

Da der Konzern nicht auf sich selbst abschreiben kann, sind außerplanmäßige Abschreibungen auf *equity*-Beteiligungen dogmatisch nur dann zu begründen, wenn die *equity*-Methode jedenfalls nicht ausschließlich als ein **Konsolidierungsverfahren**, sondern mindestens auch als ein Verfahren der **Beteiligungsbewertung** gilt. DRS 8.28 folgt diesem Gedanken und sieht daher Folgendes vor:

▶ Der *equity*-Wert ist zu jedem Konzernabschlussstichtag auf seine Werthaltigkeit zu überprüfen. Übersteigt der *equity*-Wert den beizulegenden Zeitwert, so ist eine **außerplanmäßige Abschreibung** vorzunehmen.

▶ Wenn der Grund für die außerplanmäßige Abschreibung nicht mehr besteht, ist der *equity*-Wert **zuzuschreiben**.

Im ersten Punkt befindet sich DRS 8 u. E. nicht in vollem Einklang mit dem Gesetz: Die *equity*-Beteiligung ist eine Beteiligung, d. h. Teil des **Anlagevermögens**. Hier sieht § 298 Abs. 1 HGB i.V. mit § 253 Abs. 3 Satz 3 HGB eine Pflicht zur außerplanmäßigen Abschreibung nur bei **voraussichtlich dauernder Wertminderung** vor (→ § 253 Rz. 117). Ein niedrigerer beizulegender Wert begründet aber noch nicht notwendig die Dauerhaftigkeit der Wertminderung.

Soweit ein Abschreibungsbedarf festgestellt ist, muss noch die Frage der **Verteilung des außerplanmäßigen Abschreibungsbetrags** geklärt werden. Der *equity*-Ansatz repräsentiert den Anteil des Investors an dem Vermögen des Beteiligungsunternehmens einschließlich eines *goodwill* und stiller Reserven. Für den weiteren Wertverlauf nach außerplanmäßiger Abschreibung ist daher von Bedeutung, welche dieser Komponenten vorrangig belastet wird (→ Rz. 12). Nach **DRS 8.29** gilt:

▶ Außerplanmäßige Abschreibungen mindern in der Nebenrechnung **zunächst** den *goodwill*.

▶ Nach dessen vollständiger Abschreibung wird der verbleibende *equity*-**Wert quotal** (mit Ausnahme der monetären Vermögenswerte) verringert.

▶ Außerplanmäßige Abschreibungen des *goodwill* sind in künftigen Perioden rückgängig zu machen (**Zuschreibung**), wenn der Grund für die vorherige außerplanmäßige Abschreibung nicht mehr besteht; u. E. bestehen an der Gesetzeskonformität dieser Vorgabe von DRS 8.29 erhebliche Zweifel, da Abs. 2 Satz 3 i.V. mit § 309 Abs. 1 HGB Zuschreibungen auf den *goodwill* nicht zulässt (→ § 309 Rz. 12).[9]

---

[9] Ebenfalls gegen eine Zuschreibung des *goodwill*: Künkele, in: Petersen/Zwirner/Brösel (Hrsg.), Systematischer Praxiskommentar Bilanzrecht, Köln 2010, § 312 Tz. 33.

▶ Der nicht auf dem *goodwill* basierende **restliche *equity*-Wert** ist höchstens bis zum anteiligen bilanziellen Eigenkapital im Bewertungszeitpunkt abzüglich (zuzüglich) der in der Nebenrechnung fortgeführten stillen Reserven (Lasten) zuzuschreiben.

Dieses Vorgehen unterscheidet sich deutlich von der **internationalen Rechnungslegung** (IAS 28.33). Diese verbietet, einen Wertminderungsaufwand auf Teile des *equity*-Ansatzes zu allozieren. Konzeptionell leuchtet ein solches Verbot ein. Bewertungsobjekt ist der Anteil am assoziierten Unternehmen in seiner Einheitlichkeit. Der Anteil und nicht seine rechnerischen Komponenten sind daher außerplanmäßig abzuschreiben. Praktisch ist der Verzicht auf eine Vorgabe zur Verteilung des Abschreibungsaufwands aber eine **Scheinlösung**. Es bleibt bei der Notwendigkeit, über die planmäßige Fortschreibung des *goodwill* und der stillen Reserven zu entscheiden. Diese Entscheidung setzt Klarheit über den Bestand nach außerplanmäßiger Abschreibung und damit über die Allozierung des Wertminderungsbetrags voraus.

> **BEISPIEL** ▶ Am 1.1.01 erwirbt I einen Anteil von 20 % an aU für 100. Der Anteil am Buchvermögen der aU beträgt 50, derjenige an den stillen Reserven 25, der *goodwill* somit ebenfalls 25. Die stillen Reserven und der *goodwill* sind über fünf Jahre aufzulösen. Das Ergebnis 01 und 02 der aU ist Null, der planmäßig um die Auflösung der stillen Reserven fortgeführte *equity*-Ansatz auf den 31.12.01 beträgt somit 90. Der erzielbare Betrag (*recoverable amount*) ist zum gleichen Zeitpunkt nur noch 70.
>
> Fraglich ist die planmäßige Fortentwicklung des *equity*-Ansatzes in 02.
>
> Nach DRS 8.29 gilt: Die außerplanmäßige Abschreibung des Jahrs 01 wird voll gegen den *goodwill* verrechnet. Die stillen Reserven sind nicht betroffen und werden in 02 planmäßig um 5 fortgeschrieben.
>
> Nach IAS 28 wird die außerplanmäßige Abschreibung nicht auf „*any asset*" verteilt. Gleichwohl besteht die Notwendigkeit, die stillen Reserven in 02 planmäßig fortzuschreiben. Hierzu müssen Annahmen getroffen werden, ob die stillen Reserven per 31.12.01 noch „unversehrt" waren (dann planmäßige Abschreibung der stillen Reserven in 02 i. H. von 5) oder, ob sie anteilig durch die außerplanmäßige Abschreibung 01 von 20 belastet waren (dann planmäßige Abschreibung 02 i. H. von 10/4 = 2,5). Eine Lösung hierfür liefert IAS 28 nicht. Wörtlich genommen impliziert er, dass die außerplanmäßige Abschreibung weder die stillen Reserven noch den *goodwill* tangiert, sondern unverteilt, also als eigener Negativposten (Wertberichtigung) Teil des *equity*-Ansatzes wird. Dieser wörtlichen Auslegung folgend wären die stillen Reserven also als unversehrt anzusehen. Eine solche Auslegung macht aber z. B. dann keinen Sinn, wenn die außerplanmäßige Abschreibung sowohl *goodwill* als auch stille Reserven abdecken würde, im Beispiel also 40 statt 20 betrüge.

46 Der außerplanmäßige Abschreibungsbetrag ist Teil des **Ergebnisses aus assoziierten Unternehmen** und als solches in der GuV auszuweisen (→ Rz. 47).

5. Ausweis des Ergebnisses in der GuV

47 Nach Abs. 4 Satz 2 ist das auf assoziierte Beteiligungen entfallende Ergebnis in der GuV unter einem **gesonderten Posten** auszuweisen. Der Ausweis erfolgt im Finanzergebnis (→ § 298 Rz. 31).

DRS 8.46 sieht einen Ausweis **nach Steuern** und die Berücksichtigung der Steuern unter dem allgemeinen Posten für Steueraufwendungen vor. Die (nationale und internationale) Praxis separiert im Hinblick auf die Einheitlichkeit des Ergebnisses aus dem assoziierten Unternehmen und mangels gesetzlicher Vorgaben die Steuern überwiegend nicht. Im Prüfungsbericht der Wirtschaftsprüfer ist bei einer solchen Abweichung von DRS 8 ein Hinweis geboten.

Die Steuern entstehen sowohl beim assoziierten Unternehmen selbst (als tatsächliche oder latente Steuern) als auch aus der Aufdeckung stiller Reserven (passive latente Steuern; → § 306 Rz. 18).

VII. Wahlrecht zur Anpassung der Bilanzierungsmethoden (Abs. 5 Sätze 1 und 2)

Nach Abs. 5 Satz 1 ist das *equity*-Ergebnis bzw. der *equity*-Ansatz nicht zwingend auf der Basis konzerneinheitlicher **Bewertungsmethoden** zu ermitteln. Nach h. M. gilt dies sowie die Angabepflicht nach Abs. 5 Satz 2 gleichermaßen für den **Bilanzansatz**.[10]   48

▶ Wendet das assoziierte Unternehmen in seinem Jahresabschluss vom Konzernabschluss abweichende Methoden an, so können Bewertung und Ansatz angepasst werden, müssen dies aber nicht (**Wahlrecht**).

▶ Werden sie nicht angepasst, so ist diese Tatsache nach Abs. 5 Satz 2 im **Konzernanhang** anzugeben.

Das Wahlrecht trägt dem Umstand Rechnung, dass anders als bei einem Tochterunternehmen (Beherrschung) die für eine Vereinheitlichung notwendigen Informationen häufig nicht in vollem Umfang durchsetzbar sind. Schon unter Anwendung allgemeiner Gesichtspunkte der *materiality*, Praktikabilität und Kosten-Nutzen-Abwägung wäre daher eine Anpassung in den meisten Fällen nicht zwingend.

Notwendig ist eine Anpassung nur, wenn der Abschluss des assoziierten Unternehmens nach   49
ausländischen, nicht mit den handelsrechtlichen GoB konformen Methoden erstellt wurde (DRS 8.8).

VIII. Zwischenergebniseliminierung (Abs. 5 Sätze 3 und 4)

Nach Abs. 5 Satz 3 sind die Vorschriften des § 304 HGB über die Behandlung der Zwischenergebnisse entsprechend anzuwenden, jedoch nur soweit die für die Beurteilung maßgeblichen **Sachverhalte bekannt** oder **zugänglich** sind. Über den Wesentlichkeitsvorbehalt von § 304 Abs. 2 HGB hinaus wird damit den besonderen Schwierigkeiten der Informationsbeschaffung gegenüber assoziierten Unternehmen Rechnung tragen.   50

---

10 Vgl. *Winkeljohann/Böcker*, in: Beck'scher Bilanz-Kommentar, 7. Aufl., München 2010, § 312 Tz. 85.

VIII. Zwischenergebniseliminierung

Die Zwischenergebniseliminierung betrifft sowohl *upstream*-Lieferungen des assoziierten Unternehmens an den Investor als auch *downstream*-Transaktionen mit umgekehrter Lieferrichtung.[11]

51 Die **Technik** der Zwischenergebniseliminierung bei *equity*-Konsolidierung erklärt sich am besten im Vergleich zur Vollkonsolidierung (→ § 304):

► Bei konzerninternen Lieferungen zwischen Unternehmen des Vollkonsolidierungskreises, denen sich bis zum Bilanzstichtag noch keine Konzernaußenumsätze angeschlossen haben, zielt die Zwischenergebniseliminierung auf die **Begrenzung** des konzernbilanziellen **Wertansatzes** des Liefergegenstands. Der Gegenstand soll durch eine konzerninterne Transaktion nicht über den Konzernanschaffungs- bzw. -herstellungskosten angesetzt werden können. Der vom konzerninternen Veräußerer einzelbilanziell realisierte Gewinn (Differenz von einzelbilanziellem Veräußerungspreis zu den Anschaffungs-/Herstellungskosten) ist daher gegen den Liefergegenstand zu eliminieren. Buchung (abgekürzt): per (Netto-)Ertrag an Vermögensgegenstand.

► Für assoziierte Unternehmen ergeben sich abgesehen von der rechnerischen Beschränkung der Eliminierung auf die Anteilsquote je nach Transaktionsrichtung folgende Modifikationserfordernisse:

– Bei *downstream*-Lieferungen verlässt der Vermögensgegenstand den Vollkonsolidierungskreis, steht also technisch für eine Wertkorrektur nicht mehr zur Verfügung. Die Wertkorrektur muss stattdessen gegen den *equity*-Ansatz erfolgen. Buchung: **per Ergebnis aus aU an Anteil an aU**.

– Bei *upstream*-Lieferungen gelangt der Vermögensgegenstand in den Vollkonsolidierungskreis und stünde insofern technisch für eine Wertkorrektur zur Verfügung. Als Gegenkonto kommt aber die ursprünglich in Einzel- und Summenbilanz angesprochene Ertragsposition nicht in Frage, da im Rahmen der *one line consolidation* (→ Rz. 10) nicht die einzelnen GuV-Positionen des assoziierten Unternehmens, sondern dessen Ergebnis (Saldogröße) Berücksichtigung finden. Die entsprechende Anwendung der Vollkonsolidierung würde also zu folgender Buchung führen: per Ergebnis aus assoziiertem Unternehmen an bezogener Vermögensgegenstand. DRS 8.32 schreibt allerdings eine Eliminierung gegen die *equity*-Beteiligung vor. Buchung: **per Ergebnis aus aU an Anteil an aU**.

> **BEISPIEL**
>
> **a) *downstream*-Lieferung**
>
> M liefert Erzeugnisse (Herstellungskosten = 75) im Dezember 01 mit einem Gewinnaufschlag von 25, somit für 100 an aU, an der er mit 20 % beteiligt ist. In 02 veräußert aU die Erzeugnisse/Waren weiter. M konsolidiert wie folgt:
>
> in 01:
>
> | Ergebnis aus aU (20 % von 25) | 5 an | Anteil an aU | 5 |
> |---|---|---|---|

---

[11] Gegen eine Eliminierungspflicht bei *downstream*-Transaktionen *Schmidbauer*, DStR 2001 S. 1534 ff.

in 02:

| Gewinnrücklagen | 5 an | Anteil an aU | 5 (EB) |
| Anteil an aU | 5 an | Ergebnis aus aU | 5 |

b) *upstream*-Lieferung

aU liefert Erzeugnisse (Herstellungskosten = 75) im Dezember 01 für 100 an M, die mit 20 % beteiligt ist. In 02 veräußert M die Erzeugnisse/Waren weiter. M konsolidiert nach h. M. wie unter A, vertretbar ist aber auch folgende Konsolidierung:

in 01:

| Ergebnis aus aU | 5 an | Vorräte | 5 |

in 02:

| Gewinnrücklagen | 5 an | Vorräte | 5 (EB) |
| Vorräte | 5 an | Ergebnis aus aU | 5 |

Nach dem Wortlaut von Abs. 5 Satz 4 ist es zulässig – somit nicht geboten – die Zwischenergebniseliminierung auf den beteiligungsproportionalen Anteil zu beschränken. Eine 100 %-Eliminierung wäre daher ebenfalls möglich, im Hinblick auf das proportionale Vorgehen bei quotaler Konsolidierung (→ § 310 Rz. 25) aber inkonsistent. DRS 8.30 sieht folgerichtig nur die **proportionale Eliminierung** vor. 52

Soweit der **Anteil bereits auf Null abgewertet** ist (→ Rz. 37), steht bei *downstream*-Lieferungen der Anteil technisch nicht mehr für die Eliminierungsbuchung „per Ertrag an Anteil" zur Verfügung. Verschiedene Lösungsansätze kommen hier in Frage: 53

▶ Unterlassen der Eliminierung oder

▶ Eliminierung des Gewinns gegen Eigenkapital (per Ertrag an Eigenkapital) oder einen passiven Abgrenzungsposten (per Ertrag an passive Abgrenzung) jeweils mit erfolgsneutraler Auflösung des Eigenkapital- oder Abgrenzungspostens gegen den Anteil, sobald wieder hinreichend Gewinne angefallen sind, aber spätestens bei Entkonsolidierung.

Gegen die erste Lösung spricht der unzutreffende Ertragsausweis, gegen die zweite, dass die Nutzung von Eigenkapital- oder Abgrenzungsposten zur zeitlichen Gewinnverteilung handelsrechtlich nur in Einzelfällen, aber nicht für den Fall der Zwischenergebniseliminierung vorgesehen ist.

Werden die Anteile am assoziierten Unternehmen ganz oder teilweise veräußert und endet dadurch oder durch Änderung der Stimmrechtsregelungen die *equity*-Konsolidierung, stellt sich die Frage nach Behandlung zuvor eliminierter Zwischengewinne aus *downstream*-Lieferungen. Hierbei ist wie folgt zu differenzieren: 54

a) Vollständige Veräußerung des Anteils

Hier wird die Wirkung der früheren Eliminierung quasi automatisch über den Entkonsolidierungserfolg rückgängig gemacht. Der eliminierte Gewinn hat zuvor den *equity*-Ansatz gemindert und erhöht bei gegebenem Veräußerungspreis damit jetzt den Entkonsolidierungserfolg.

b) **Teilveräußerung, Übergang auf einfache Beteiligung**

Hier stellt der (auf die verbleibenden Anteile entfallende) *equity*-Buchwert die fiktiven Anschaffungskosten der einfachen Beteiligung dar. Die frühere erfolgswirksame Eliminierung verändert die Anschaffungskosten und wird insoweit erst bei späterer Veräußerung der Anteile erfolgswirksam.

55 Keine Zwischenergebniseliminierung ist bei **sidestream-Transaktionen** eines assoziierten, *at equity* konsolidierten Unternehmens an ein zweites Unternehmen mit gleichem Status vorzunehmen.[12]

56 Beim gesamten Problemkreis der Zwischenergebniseliminierung spielen der **materiality**-Aspekt sowie die **Kosten-Nutzen**-Frage eine wichtige Rolle. Aus dieser Sicht ist praktisch wie folgt zu differenzieren:

- Bezieht eines der beiden Unternehmen Vorräte vom anderen Unternehmen und ist der jeweils zum Bilanzstichtag noch nicht verkaufte Bestand entweder gering oder unterscheidet er sich – bei relativer Konstanz der Gewinnaufschläge – im Vergleich der Stichtage nicht wesentlich, so kann i. d. R. von einer diesbezüglichen Zwischenergebniseliminierung abgesehen werden. Gleiches gilt, wenn die Gewinnaufschläge aus den internen Lieferungen gering ausfallen.
- Wird Anlagevermögen von einer Gesellschaft an die andere mit Verlust veräußert, so kann dies ein Indiz für ein bereits zuvor bestehendes Abwertungserfordernis darstellen. Der Verlust ist in diesem Falle nicht zu eliminieren.
- Erbringt das eine Unternehmen Leistungen, die das andere Unternehmen entgegen der für originäre Anlagen bestehenden Politik oder Rechtslage als immaterielle Vermögensgegenstände aktiviert, so ist bei erheblichem Umfang eine Zwischenergebniseliminierung vorzunehmen. Aus praktischer Sicht scheitert die Zwischenergebniseliminierung jedenfalls bei *upstream*-Transaktionen (Lieferungen vom assoziierten Unternehmen an das beteiligte Unternehmen) ggf. an den fehlenden Informationen über die Höhe des Zwischenergebnisses.

IX. Maßgeblicher Abschluss des Beteiligungsunternehmens (Abs. 6)

57 Die Frage, welcher Abschluss des Beteiligungsunternehmens für Zwecke der *equity*-Konsolidierung zugrunde zu legen ist, behandelt Abs. 6 unter zeitlichem und sachlichem Aspekt:

- **Zeitlich** ist nach Abs. 6 Satz 1 jeweils der **letzte Abschluss** des assoziierten Unternehmens zugrunde zu legen.
- **Sachlich** ist nach Abs. 6 Satz 2 der **Konzernabschluss** des assoziierten Unternehmens zugrunde zu legen, sofern ein solcher aufgestellt wird. Ist das assoziierte Unternehmen hin-

---

[12] Gl. A. *Winkeljohann/Böcker*, in: Beck'scher Bilanz-Kommentar, 7. Aufl., München 2010, § 312 Tz. 107, sowie *Knorr/Seidler*, in: Haufe HGB Bilanz Kommentar, Freiburg 2009, § 312 Rz. 84.

gegen nicht Mutterunternehmen eines (Teil-)Konzerns oder nur ein Mutterunternehmen, das keinen Konzernabschluss aufstellt, wird der **Jahresabschluss** zugrunde gelegt.

In **zeitlicher** Hinsicht sind zwei Fälle zu unterscheiden: 58

▶ Das assoziierte Unternehmen bilanziert zwar zum **gleichen Stichtag** wie der Investor, stellt seinen Abschluss aber regelmäßig wesentlich später auf: Der Investor kann dann gem. Abs. 1 Satz 1 den letzten Abschluss des assoziierten Unternehmens zugrunde legen.[13]

▶ Das assoziierte Unternehmen bilanziert zu einem **abweichenden Bilanzstichtag**: Die Aufstellung eines Zwischenabschlusses ist nicht gefordert. Auch hier kann der letzte vorliegende Abschluss als Konsolidierungsbasis dienen.

Diesen Vorgaben des Gesetzes folgt DRS 8 nicht. Nach DRS 8.12 ist zur Ermittlung des anteiligen Eigenkapitals der Abschluss des assoziierten Unternehmens zugrunde zu legen, der auf den Stichtag des Konzernabschlusses aufgestellt worden ist. Die Verwendung des letztjährigen Abschlusses ist nicht vorgesehen. Bei abweichenden Stichtagen kann nach DRS 8.13 auf einen Zwischenabschluss nur dann verzichtet werden, wenn der Stichtag des assoziierten Unternehmens höchstens drei Monate vor dem Stichtag des Konzernabschlusses liegt. Dieser Einschränkung gesetzlicher Wahlrechte muss das Unternehmen nicht folgen.[14] Der Abschlussprüfer kann in einem solchen Fall jedoch nicht die Konformität mit den DRS, sondern nur die Beachtung des Gesetzes bestätigen. Im Prüfungsbericht ist auf die Abweichung von den DRS einzugehen (→ § 252 Rz. 203).

X. Erwerb und Veräußerung von Anteilen

1. Erwerb weiterer Anteile

1.1 Erwerb ohne Statuswechsel

Der Erwerb weiterer Anteile ohne Statuswechsel (das Unternehmen war und ist assoziiert) ist 59 im Gesetz nicht geregelt. Für den **Hinzuerwerb** ist u. E. eine **Erstkonsolidierung** durchzuführen, bei der u. E. aber ein Unterschiedsbetrag nicht auf stille Reserven und *goodwill* alloziert werden muss, sondern **insgesamt als *goodwill*** behandelt werden kann.[15] Ein Allozierung ist zwar durch DRS 8.35 vorgesehen, entspricht u. E. aber eher dem Rechtsstand vor BilMoG, der (wahlweise) eine Allozierung der Unterschiedsbeträge auf den Zeitpunkt des Erwerbs der Anteile vorsah (§ 312 Abs. 3 HGB a. F.), während das BilMoG in Abs. 3 nur noch auf den Zeitpunkt der Erlangung des assoziierten Status abstellt (→ Rz. 20).

---

13 Gl. A. *Winkeljohann/Böcker*, in: Beck'scher Bilanz-Kommentar, 7. Aufl., München 2010, § 312 Tz. 115 ff.
14 Gl. A. *Künkele*, in: Petersen/Zwirner/Brösel (Hrsg.), Systematischer Praxiskommentar Bilanzrecht, Köln 2010, § 312 Tz. 42.
15 Eine Erfassung des gesamten Unterschiedsbetrags als *goodwill* nur unter Vereinfachungsgründen und Wesentlichkeitsvorbehalt befürwortend: *Knorr/Seidler*, in: Haufe HGB Bilanz Kommentar, Freiburg 2009, § 312 Rz. 109.

X. Erwerb und Veräußerung von Anteilen

> **BEISPIEL** X hält seit Gründung 25 % an aU. Zum 31.12.03 beträgt das anteilige EK der aU 1.000 zu Buchwerten (bei stillen Reserven von 200), der *equity*-Wert bei X 250. Am 1.1.04 erwirbt X weitere 15 % für 200.
>
> Für die neuen Anteile ergibt sich ein Unterschiedsbetrag von 200 - 150 = 50, der u. E. wahlweise wie folgt alloziert werden kann:
>
> ▶ 50 *goodwill* oder
>
> ▶ stille Reserven 15 % · 200 = 30, *goodwill* 50 - 30 = 20.

1.2 Einfache Beteiligung wird zu assoziiertem Unternehmen

60 Durch den Erwerb zusätzlicher Anteile kann aus einer einfachen Beteiligung eine Beteiligung an einem assoziierten Unternehmen werden. Die Unterschiedsbeträge für die alten Anteile sind in diesem Fall **nicht retrospektiv** nach Maßgabe ihres Anschaffungszeitpunkts und unter fiktiver Fortschreibung für die Zwischenzeit zu berücksichtigen. Maßgeblich sind vielmehr die Verhältnisse zum Zeitpunkt der Erlangung des assoziierten Status (→ Rz. 20).

1.3 Assoziiertes Unternehmen wird zu Tochter- oder proportional konsolidiertem Gemeinschaftsunternehmen

61 Ist durch Zuerwerb ein Wechsel zur Vollkonsolidierung bzw. proportionalen Konsolidierung geboten, sind die stillen Reserven auch für die Altanteile gem. § 301 Abs. 2 HGB i.V. mit § 310 Abs. 2 HGB nicht nach Maßgabe der (fortgeschriebenen) Verhältnisse des früheren Erwerbszeitpunkts, also der Nebenrechnung zum *equity*-Bilanzwert, sondern vielmehr nach Maßgabe des erstmaligen **Status** als Tochter- oder Gemeinschaftsunternehmen anzusetzen. Die Differenz zum im *equity*-Buchwert enthaltenen Anteil an fortgeschriebenen alten stillen Reserven wird gegen *goodwill* gebucht. Im Einzelnen wird auf → § 301 Rz. 108 und → § 310 Rz. 31 verwiesen.

2. Veräußerung von Anteilen

2.1 Veräußerung sämtlicher Anteile (Entkonsolidierung)

62 Mit der Veräußerung sämtlicher Anteile geht die Beteiligung am assoziierten Unternehmen ab. In der Differenz von Veräußerungserlös und Buchwertabgang ergibt sich ein Ertrag oder Aufwand, der konzernbilanziell als sonstiger betrieblicher Ertrag oder Aufwand oder innerhalb des Finanzergebnisses ausgewiesen werden kann.

2.2 Veräußerung ohne Statuswechsel

63 Wird ein Teil der Anteile an einem assoziierten Unternehmen ohne Statuswechsel veräußert, können sich Probleme daraus ergeben, dass die veräußerten Anteile ihrerseits nicht sämtlich zu einem einzigen Stichtag, sondern sukzessiv erworben wurden. In diesem Fall stellt sich die Frage, ob hinsichtlich der abgehenden Anteile in Bezug auf stille Reserven und *goodwill* eine **Durchschnittsbetrachtung** oder eine **verbrauchsfolgeähnliche Betrachtung** angezeigt ist. Hierzu folgendes Beispiel:

> **BEISPIEL** Ein Investor hat Anfang 01 20 % der Anteile für 60 (bei einem buchmäßigen Eigenkapitalanteil von 50, Unterschiedsbetrag 10), Anfang 04 weitere 20 % für 100 (bei einem buchmäßigen Eigenkapitalanteil von 80, Unterschiedsbetrag 20) erworben.
>
> Anfang 06 beträgt der *equity*-Buchwert nach Gewinnthesaurierungen aus 04 und 05 insgesamt 200. Der Investor veräußert 20 %, die Hälfte seiner Anteile, für 120.
>
> Sämtliche Unterschiedsbeträge sollen *goodwill* sein und über zehn Jahre abgeschrieben werden.
>
> **BEURTEILUNG** Im Beteiligungswert Anfang 06 ist ein Wert von 21 als *goodwill* enthalten:
>
> ▶ 5 aus 01 (ursprünglich 10, davon 5/10 abgeschrieben),
>
> ▶ 16 aus 04 (ursprünglich 20, davon 2/10 abgeschrieben).
>
> Für die Erfolgsermittlung bestehen folgende Alternativen:
>
> **1. ALTERNATIVE** Durchschnittsbetrachtung
>
> Ertrag = 120 Veräußerungspreis - 100 Abgang *equity*-Beteiligung = 20.
>
> **2. ALTERNATIVE** FiFo-Betrachtung
>
> Die alten Anteile gehen ab, d. h. vom *goodwill* nur 5 (statt 21 · 1/2 = 10,5).
>
> Ertrag = 120 Veräußerungspreis - 94,5 Abgang *equity*-Beteiligung = 25,5.
>
> **3. ALTERNATIVE** LiFo-Betrachtung
>
> Die neuen Anteile gehen ab, d. h. ein *goodwill* von 16 (statt 10,5).
>
> Ertrag = 120 Veräußerungspreis - 105,5 Abgang *equity*-Beteiligung = 14,5.

Nach unserer Auffassung ist die Durchschnittsmethode vorzuziehen. Die Verbrauchsfolgeannahme wäre bloße Fiktion. Abweichungen von der Durchschnittsmethode sind daher nur bei Identifizierbarkeit der Anteile angezeigt (z. B. beurkundete Aktien, die nicht in Sammelverwahrung sind).

2.3 Assoziiertes Unternehmen wird zur einfachen Beteiligung

Mit dem Verkauf des Teils eines Anteils an einem assoziierten Unternehmen kann ein Statuswechsel zur einfachen Beteiligung verbunden sein, etwa weil die Stimmrechtsquote unter 20 % sinkt (→ § 311 Rz. 9) In diesem Fall ist die *equity*-Bewertung einzustellen und zur Bewertung nach § 253 HGB überzugehen.

Ein Erfolg entsteht nach DRS 8.37 mit dem Wechsel der Bewertungsmethode nicht. Der ***equity*-Buchwert** der **verbleibenden Anteile** zum Zeitpunkt des Übergangs gilt als **neue Anschaffungskostenbasis**. Nach anderer Auffassung dürfen zur Wahrung des Anschaffungskostenprinzips die ursprünglichen Anschaffungskosten nicht überschritten und soll daher ein übersteigender *equity*-Wert mit den Gewinnrücklagen verrechnet werden.[16]

65 Entsprechend ist für sämtliche Anteile zu verfahren, wenn das assoziierte Unternehmen **ohne Veräußerung** von Anteilen, etwa durch Verlust personellen oder sachlichen Einflusses (→ Rz. 20) zur einfachen Beteiligung wird.

---

16 Vgl. *Schmidbauer*, DStR 2001 S. 1544 ff., m.w.N.

Achter Titel: Konzernanhang

§ 313 Erläuterung der Konzernbilanz und der Konzern-Gewinn- und Verlustrechnung, Angaben zum Beteiligungsbesitz

(1) ¹In den Konzernanhang sind diejenigen Angaben aufzunehmen, die zu einzelnen Posten der Konzernbilanz oder der Konzern-Gewinn- und Verlustrechnung vorgeschrieben oder die im Konzernanhang zu machen sind, weil sie in Ausübung eines Wahlrechts nicht in die Konzernbilanz oder in die Konzern-Gewinn- und Verlustrechnung aufgenommen wurden. ²Im Konzernanhang müssen

1. die auf die Posten der Konzernbilanz und der Konzern-Gewinn- und Verlustrechnung angewandten Bilanzierungs- und Bewertungsmethoden angegeben werden;

2. die Grundlagen für die Umrechnung in Euro angegeben werden, sofern der Konzernabschluss Posten enthält, denen Beträge zugrunde liegen, die auf fremde Währung lauten oder ursprünglich auf fremde Währung lauteten;

3. Abweichungen von Bilanzierungs-, Bewertungs- und Konsolidierungsmethoden angegeben und begründet werden; deren Einfluss auf die Vermögens-, Finanz- und Ertragslage des Konzerns ist gesondert darzustellen.

(2) Im Konzernanhang sind außerdem anzugeben:

1. ¹Name und Sitz der in den Konzernabschluss einbezogenen Unternehmen, der Anteil am Kapital der Tochterunternehmen, der dem Mutterunternehmen und den in den Konzernabschluss einbezogenen Tochterunternehmen gehört oder von einer für Rechnung dieser Unternehmen handelnden Person gehalten wird, sowie der zur Einbeziehung in den Konzernabschluss verpflichtende Sachverhalt, sofern die Einbeziehung nicht auf einer der Kapitalbeteiligung entsprechenden Mehrheit der Stimmrechte beruht. ²Diese Angaben sind auch für Tochterunternehmen zu machen, die nach § 296 nicht einbezogen worden sind;

2. ¹Name und Sitz der assoziierten Unternehmen, der Anteil am Kapital der assoziierten Unternehmen, der dem Mutterunternehmen und den in den Konzernabschluss einbezogenen Tochterunternehmen gehört oder von einer für Rechnung dieser Unternehmen handelnden Person gehalten wird. ²Die Anwendung des § 311 Abs. 2 ist jeweils anzugeben und zu begründen;

3. Name und Sitz der Unternehmen, die nach § 310 nur anteilmäßig in den Konzernabschluss einbezogen worden sind, der Tatbestand, aus dem sich die Anwendung dieser Vorschrift ergibt, sowie der Anteil am Kapital dieser Unternehmen, der dem Mutterunternehmen und den in den Konzernabschluss einbezogenen Tochterunternehmen gehört oder von einer für Rechnung dieser Unternehmen handelnden Person gehalten wird;

4. ¹Name und Sitz anderer als der unter den Nummern 1 bis 3 bezeichneten Unternehmen, bei denen das Mutterunternehmen, ein Tochterunternehmen oder eine für Rechnung eines dieser Unternehmen handelnde Person mindestens den fünften Teil der Anteile besitzt, unter Angabe des Anteils am Kapital sowie der Höhe des Eigenkapitals und des Ergebnisses

des letzten Geschäftsjahrs, für das ein Abschluss aufgestellt worden ist. ²Ferner sind anzugeben alle Beteiligungen an großen Kapitalgesellschaften, die andere als die in Nummer 1 bis 3 bezeichneten Unternehmen sind, wenn sie von einem börsennotierten Mutterunternehmen, einem börsennotierten Tochterunternehmen oder einer für Rechnung eines dieser Unternehmen handelnden Person gehalten werden und fünf vom Hundert der Stimmrechte überschreiten. ³Diese Angaben brauchen nicht gemacht zu werden, wenn sie für die Vermittlung eines den tatsächlichen Verhältnissen entsprechenden Bildes der Vermögens-, Finanz- und Ertragslage des Konzerns von untergeordneter Bedeutung sind. ⁴Das Eigenkapital und das Ergebnis brauchen nicht angegeben zu werden, wenn das in Anteilsbesitz stehende Unternehmen seinen Jahresabschluss nicht offen zu legen hat und das Mutterunternehmen, das Tochterunternehmen oder die Person weniger als die Hälfte der Anteile an diesem Unternehmen besitzt.

(3) ¹Die in Absatz 2 verlangten Angaben brauchen insoweit nicht gemacht zu werden, als nach vernünftiger kaufmännischer Beurteilung damit gerechnet werden muss, dass durch die Angaben dem Mutterunternehmen, einem Tochterunternehmen oder einem anderen in Absatz 2 bezeichneten Unternehmen erhebliche Nachteile entstehen können. ²Die Anwendung der Ausnahmeregelung ist im Konzernanhang anzugeben. ³Satz 1 gilt nicht, wenn ein Mutterunternehmen oder eines seiner Tochterunternehmen kapitalmarktorientiert im Sinn des § 264d ist.

(4) (weggefallen)

Inhaltsübersicht

	Rz.
I. Grundlagen	1 - 11
1. Verhältnis zum Anhang des Einzelabschlusses	1 - 4
2. Formale Anforderungen an die Berichterstattung	5 - 8
3. Inhalt der Berichterstattung	9 - 11
3.1 Gliederung	9
3.2 Typologie der Berichterstattung, insbesondere die Erläuterung	10 - 11
II. Vorgeschriebene Angaben (Abs. 1 Satz 1)	12 - 19
1. Überblick	12
2. Angaben nach §§ 264 ff. HGB und EGHGB	13 - 14
3. Konzernspezifische Angaben nach §§ 290 ff. HGB und DRS	15 - 18
4. Rechtsformspezifische Angaben	19
III. Einzelne Angaben (Abs. 1 Satz 2)	20 - 23
1. Bilanzierungs- und Bewertungsmethoden (Abs. 1 Satz 2 Nr. 1)	20
2. Währungsumrechnung (Abs. 2 Nr. 2)	21
3. Abweichungen von den Bilanzierungs-, Bewertungs- und Konsolidierungsmethoden (Abs. 1 Satz 2 Nr. 3)	22 - 23
IV. Angaben zum Anteilsbesitz (Abs. 2)	24 - 32
1. Überblick	24
2. Angaben zu Tochterunternehmen (Abs. 2 Nr. 1)	25 - 26a
3. Angaben zu assoziierten Unternehmen (Abs. 2 Nr. 2)	27 - 28a
4. Angaben zu quotal konsolidierten Unternehmen (Abs. 2 Nr. 3)	29 - 29a
5. Sonstige Beteiligungsunternehmen (Abs. 2 Nr. 4)	30 - 32
V. Allgemeine Schutzklausel für Angaben zu Beteiligungen (Abs. 3)	33

Ausgewählte Literatur

Auf → § 314 und → § 285 wird verwiesen.

I. Grundlagen
1. Verhältnis zum Anhang des Einzelabschlusses

Der Konzernanhang findet sein Pendant mit weitgehend gleichem Inhalt im Anhang des Jahresabschlusses (Einzelabschlusses) gem. §§ 284 HGB ff. Sinnvollerweise erlaubt deshalb § 298 Abs. 3 HGB eine **Zusammenfassung** von Konzernanhang mit dem Anhang der Muttergesellschaft (→ § 298 Rz. 37). Entsprechendes gilt für den Lagebericht (→ § 315 Rz. 3). 1

Der Konzernabschluss kennt als über den Einzelabschluss hinausgehende Pflichtbestandteile gem. § 297 Abs. 1 HGB die **Kapitalflussrechnung** und den **Eigenkapitalspiegel**. Angabepflichten hierzu sind im Gesetz nicht normiert, jedoch in 2

- DRS 2 für die Kapitalflussrechnung (→ § 297 Rz. 88 ff.) und
- DRS 7 für den Eigenkapitalspiegel (→ § 297 Rz. 107 ff.).

Die **Funktion** des Konzernanhangs entspricht derjenigen des Anhangs zum Jahresabschluss. Er hat darzustellen, 3

- wie die in das Rechenwerk eingeführten Zahlen **ermittelt** worden sind,
- wie die Einzelbeträge zu Ausweisposten **aggregiert** worden sind (Gliederung),
- ob die aggregierten Größen zur besseren Darstellung **disaggregiert** werden müssen (Entlastung),
- was die ausgewiesenen Posten **enthalten** (Erläuterung) und
- welcher **Ergänzung** die ausgewiesenen Posten bedürfen (Vermerke).

Auf → § 284 Rz. 7 ff. wird insofern verwiesen.

Dem Anhang kommt **keine Kompensationsfunktion** zur Korrektur eines falschen Rechenwerks (Konzernbilanz und Konzern-GuV) zu. Eine nicht regelgerechte Bilanzierung kann nicht durch Offenlegung im Anhang berichtigt werden (→ § 284 Rz. 8). 4

Andererseits befindet sich der Anhang in trauter Eintracht mit Bilanz, GuV, Kapitalflussrechnung und Eigenkapitalspiegel bezüglich der Vermittlung des *true and fair view* i. S. des § 297 Abs. 2 Satz 2 HGB: Alle Abschlussbestandteile **gemeinsam** sollen diesen Einblick vermitteln, notfalls durch eine **ergänzende** Angabe nach § 297 Abs. 2 Satz 3 HGB, wenn ausnahmsweise der gesetzesgemäß aufgestellte Abschluss diesen Einblick nicht vermitteln sollte (→ § 264 Rz. 14 und → § 297 Rz. 109).

2. Formale Anforderungen an die Berichterstattung

Als Bestandteil des Konzernabschlusses muss der Konzernanhang die **allgemeinen Kriterien** der Rechnungslegung erfüllen und z. B. nach § 297 Satz 1 Abs. 2 HGB klar und übersichtlich sein (→ § 297 Rz. 109). Er kann und soll sich nach Maßgabe des Wesentlichkeitsgrundsatzes auf für die Adressaten potenziell entscheidungserhebliche Angaben beschränken (→ § 284 Rz. 23 ff.). 5

I. Grundlagen

6 Der Konzernanhang muss gem. § 298 Abs. 1 HGB i.V. mit § 244 HGB in **deutscher** Sprache erstellt und ggf. in Euro quantifiziert werden (→ § 244 Rz. 2). Angaben in Fremdwährung sind unter Nennung des Umrechnungskurses in Euro am Bilanzstichtag zulässig.

7 **Fehlanzeigen** sind nicht erforderlich (→ § 284 Rz. 11). Wenn keine Grundpfandrechte bestehen, muss folglich die Angabepflicht in § 314 Nr. 1b HGB nicht umgedreht werden: „Unser Grundbesitz ist pfandfrei." Als zulässig gilt eine solche **freiwillige** Angabe allerdings.

8 **Vorjahreszahlen** unterliegen nicht der Angabepflicht (→ § 284 Rz. 12), es sei denn, sie enthalten Bilanz- und GuV-Posten, die nach § 265 Abs. 7 Nr. 2 HGB (→ § 265 Rz. 47) in den Anhang verlagert worden sind.[1]

3. Inhalt der Berichterstattung

3.1 Gliederung

9 Zur Darstellungs**form** macht das Gesetz keine Vorgaben. Nach Verabschiedung des Bilanzrichtliniengesetzes hat sich eine an den Geschäftsbericht des AktG 1965 ausgerichtete Verfahrensweise etabliert, die dann als Muster auch im kleinen und mittelständischen Bereich diente und weiterhin dient (→ § 284 Rz. 13). Die **Gliederungsstruktur** stellt sich nach dieser Vorgabe gewöhnlich etwa wie folgt dar:

- Allgemeines bzw. Vorbemerkung,
- Angaben zu Konsolidierung (Konsolidierungskreis, Konsolidierungsmethoden),
- Bilanzierungs- und Bewertungsmethoden oder -grundsätze,
- Erläuterungen zur Bilanzierung (in der Reihenfolge der Posten),
- Erläuterungen zur GuV (in der Reihenfolge der Posten) sowie
- sonstige Angaben.

Je nach Unternehmensgröße werden die **sonstigen** Angaben **weiter** untergliedert, insbesondere in

- Haftungsverhältnisse, finanzielle Verpflichtungen,
- Organbezüge und -kredite sowie
- Nennung der Organe.

3.2 Typologie der Berichterstattung, insbesondere die Erläuterung

10 Die Berichterstattungspflichten tragen nach dem Gesetzeswortlaut verschiedene Überschriften mit z. T. fließenden Übergängen:

- **Angaben** als Mitteilung einer Tatsache: „Von den sonstigen Verbindlichkeiten haben eine Restlaufzeit von mehr als einem Jahr X €."
- **Darstellung**: Umfangreichere Form einer Angabe: „In die Herstellungskosten der Erzeugnisse sind Verwaltungsgemeinkosten und Zinsen, soweit sie dem Herstellungsprozess zugeordnet werden können, einbezogen worden." Ob eine Quantifizierung erforderlich ist, hängt vom konkreten Sachverhalt ab.

---

1 So *Ellrott*, in: Beck'scher Bilanz-Kommentar, 7. Aufl., München 2010, § 284 Tz. 21.

- **Begründung**: Die Causa für eine Bilanzierungslösung muss genannt werden: „Wir hatten in den Vorjahren in die Herstellungskosten der Erzeugnisse Verwaltungsgemeinkosten und anteilige Fremdkapitalzinsen einbezogen, um vom Untergang bedrohte steuerliche Verlustvorträge zu retten. Inzwischen konnten die Verlustvorträge verrechnet werden, so dass die bisherige Bewertung ihrer Grundlage entzogen worden ist. Deshalb haben wir auf die Einbeziehungsmöglichkeit der genannten Kosten im vorliegenden Jahresabschluss erstmals verzichtet."
- **Aufgliederung**: Ein Posten ist zu zerlegen, z. B. die sonstigen Verbindlichkeiten nach dem Vorschlag in → § 266 Rz. 91.

Nicht verlangt sind nach § 313 HGB generelle **Aufgliederungen** der Abschlussposten und deren **Kurzkommentierung** mit Erläuterung des Sachverhalts (→ § 284 Rz. 22).

Im Gegensatz dazu verlangt das Gesetz im § 321 Abs. 2 Satz 5 HGB im **Prüfungsbericht** eine allgemeine Aufgliederung und Erläuterung der Abschlussposten, soweit solche nicht aufgrund **spezifischer** Vorschriften im Anhang erfolgen müssen.

II. Vorgeschriebene Angaben (Abs. 1 Satz 1)

1. Überblick

Nach Abs. 1 sind im Anhang diejenigen Angaben aufzunehmen, die (zu den Posten der Bilanz oder GuV) **vorgeschrieben** sind.

Nach der **logischen Struktur** ist zwischen **bedingten und unbedingten** Vorschriften zu unterscheiden: Im ersten Fall ist eine Angabe nur vorgeschrieben, wenn (Bedingung) diese in Ausübung eines Wahlrechts nicht bereits in Bilanz oder GuV erfolgt. Ein Beispiel für die bedingte Angabepflicht – das Schrifttum spricht auch von **Wahlpflichtangaben** – ist § 268 Abs. 2 HGB: Werden die Angaben zur Entwicklung des Anlagevermögens nicht in der Bilanz gemacht, sind sie in den Anhang aufzunehmen (→ § 268 Rz. 51).

Nach der gesetzlichen Verankerung (**Rechtsquelle**) ist zwischen folgenden Vorschriften zu unterscheiden:

- In den §§ 313, 314 HGB **enumerativ** genannte Angaben,
- Angaben, die Vorschriften zu einzelnen Posten der Bilanz oder GuV **begleiten** (Beispiele: § 268 Abs. 4 Satz 2 HGB i.V. mit §298 Abs. 1 Satz 1 HGB),
- Angaben zur Konsolidierung nach §§ 290 HGB ff. sowie
- außerhalb des HGB in **rechtsformspezifischen** Regeln enthaltene Vorschriften (Beispiel: § 42 Abs. 3 GmbHG → § 266 Rz. 13; § 158 Abs. 1 Satz 2 AktG → § 268 Rz. 27).

2. Angaben nach §§ 264 ff. HGB und EGHGB

In den Anhang „**müssen**" – kein Wahlrecht zur Aufnahme in die Bilanz oder GuV – folgende Angaben aufgenommen werden:

- Die Aufzählungsbestandteile in **Abs. 1 Satz 2** (→ Rz. 20),
- die Aufzählungsbestandteile in **§ 314 HGB** (vgl. die dortige Kommentierung; → § 314),

II. Vorgeschriebene Angaben

- ► bestimmte Konsolidierungsmaßnahmen begleitende Angaben nach §§ 290 ff. HGB (→ Rz. 15) sowie
- ► i.V. mit § 298 Abs. 1 Satz 1 HGB die nachfolgend aufgelisteten Posten aus dem HGB und EGHGB (außerhalb von §§ 284 und 288 HGB):

Fundstelle	Kurzbezeichnung	kommentiert in
§ 265 Abs. 1 Satz 2 HGB	Angabe und Begründung von Abweichungen in der Form der Darstellung und Gliederung in Bilanz oder GuV im Vergleich zum Vorjahr.	(→ § 265 Rz. 16)
§ 265 Abs. 2 Satz 2 HGB	Angabe und Erläuterung von nicht vergleichbaren Vorjahreszahlen in Bilanz und GuV.	(→ § 265 Rz. 23)
§ 265 Abs. 2 Satz 3 HGB	Angabe und Erläuterung von zu Vergleichszwecken vorgenommenen Anpassungen von Vorjahreszahlen in Bilanz oder GuV.	(→ § 265 Rz. 28)
§ 265 Abs. 4 Satz 2 HGB	Angabe und Begründung der Ergänzung des Konzernabschlusses nach der für die anderen Geschäftszweige vorgeschriebenen Gliederung.	(→ § 265 Rz. 52)
§ 265 Abs. 7 Nr. 2 HGB	Gesonderter Ausweis der Einzelposten, falls zur Vergrößerung der Klarheit der Darstellung in Bilanz oder GuV Posten zulässigerweise zusammengefasst ausgewiesen werden.	(→ § 265 Rz. 47)
§ 268 Abs. 4 Satz 2 HGB	Erläuterung von größeren Posten in den sonstigen Vermögensgegenständen, die erst nach dem Abschlussstichtag rechtlich entstehen.	(→ § 268 Rz. 99)
§ 268 Abs. 5 Satz 3 HGB	Erläuterung von größeren Posten in den Verbindlichkeiten, die erst nach dem Abschlussstichtag rechtlich entstehen.	(→ § 268 Rz. 110)
§ 277 Abs. 4 Satz 2 HGB	Erläuterung der außerordentlichen Erträge und Aufwendungen hinsichtlich Betrag und Art, soweit nicht von untergeordneter Bedeutung.	(→ § 277 Rz. 50)
§ 277 Abs. 4 Satz 3 HGB	Erläuterung der periodenfremden Erträge und Aufwendungen hinsichtlich Betrag und Art, soweit nicht von untergeordneter Bedeutung.	(→ § 277 Rz. 51)
Art. 28 Abs. 2 EGHGB und Art. 48 Abs. 6 EGHGB	Angabe des Fehlbetrags bei den Rückstellungen für laufende Pensionen, Anwartschaften auf Pensionen und ähnliche Verpflichtungen i. S. des Art. 28 Abs. 1 EGHGB.	(→ § 249 Rz. 111 und → § 264a Rz. 12)
Art. 66 Abs. 2 Satz 6 EGHGB	Vorzeitige Anwendung der BilMoG-Regeln.	(→ Art. 66 Rz. 17)
Art. 67 Abs. 1 Satz 4 EGHGB	Angabe der Überdeckung (stille Reserve) von nicht aufgelösten Rückstellungen, die vor dem BilMoG gebildet worden sind.	(→ Art. 67 Rz. 7)
Art. 67 Abs. 2 EGHGB	Angabe des Fehlbetrags für Pensionsrückstellungen nach BilMoG.	(→ Art. 67 Rz. 5)

| Art. 67 Abs. 8 Satz 2 EGHGB | Hinweis auf die Nichtanpassung von Vorjahreszahlen bei erstmaliger BilMoG-Anwendung. | (→ Art. 67 Rz. 42) |

Vgl. hierzu auch die Auflistung in → § 284 Rz. 36.

Das Gesetz räumt in den nachstehend aufgelisteten Fällen dem Abschlussersteller ein **Wahlrecht** zur Einfügung von Anhangangaben bei den angesprochenen Posten der Bilanz oder GuV oder zur Aufnahme in den eigentlichen Anhangkatalog ein (→ Rz. 12). In der Praxis wird weitaus überwiegend von der Anhangoption Gebrauch gemacht, wodurch auch die unschöne Bilanz-Optik der „Davon-Vermerke" (→ § 266 Rz. 16) vermieden wird. Sofern die Darstellungsform der Bilanz mit GuV in der hochaggregierten Form nach § 265 Abs. 7 HGB (→ § 265 Rz. 44) gewählt wird, ist die Aufnahme dieser Angaben in den Anhang zwingend.

14

§ 265 Abs. 3 Satz 1 HGB	Angabe der Mitzugehörigkeit von einem Bilanzposten zu einem anderen, wenn dies zur Aufstellung eines klaren und übersichtlichen Jahresabschlusses erforderlich ist.	(→ § 265 Rz. 48)
§ 268 Abs. 1 Satz 2 2. Halbsatz HGB	Gesonderte Angabe des Gewinn- oder Verlustvortrags, wenn die Bilanz unter Berücksichtigung der teilweisen Verwendung des Jahresergebnisses aufgestellt wird und der Gewinnvortrag/Verlustvortrag in den Bilanzgewinn/Bilanzverlust einbezogen ist.	(→ § 268 Rz. 275)
§ 268 Abs. 2 Satz 1 HGB	Darstellung des Brutto-Anlagegitters.	(→ § 268 Rz. 50)
§ 268 Abs. 2 Satz 3 HGB	Angabe der Abschreibungen des Geschäftsjahrs.	(→ § 268 Rz. 61)
§ 268 Abs. 4 Nr. 1 HGB	Forderungen mit einer Restlaufzeit von mehr als einem Jahr (faktisches Wahlrecht der Darstellung).	(→ § 268 Rz. 92)
§ 268 Abs. 5 Satz 1 HGB	Verbindlichkeiten mit einer Laufzeit bis zu einem Jahr.	(→ § 268 Rz. 105)
§ 268 Abs. 6 HGB	Gesonderter Ausweis eines aktivierten Disagios.	(→ § 268 Rz. 111)
§ 268 Abs. 7 1. Halbsatz HGB	Gesonderter Ausweis der in § 251 HGB bezeichneten Haftungsverhältnisse unter Angabe der gewährten Pfandrechte und sonstigen Sicherheiten.	(→ § 268 Rz. 114)
§ 268 Abs. 7 2. Halbsatz HGB	Gesonderter Ausweis der Haftungsverhältnisse gegenüber verbundenen Unternehmen.	(→ § 268 Rz. 114)
§ 277 Abs. 3 Satz 1 HGB	Angabe von außerplanmäßigen Abschreibungen im Anlagevermögen nach § 253 Abs. 2 Satz 3 und 4 HGB.	(→ § 277 Rz. 30)

Vgl. hierzu auch die Auflistung in → § 284 Rz. 37.

3. Konzernspezifische Angaben nach §§ 290 ff. HGB und DRS

15 Über die gem. § 298 Abs. 1 HGB auch für den Konzernabschluss geltenden allgemeinen Angabepflichten zu Bilanz- und GuV-Posten (→ Rz. 13) hinaus schreiben §§ 290 HGB ff. Angaben zu **konzernspezifischen** Sachverhalten vor.

Eine unbedingte Angabepflicht (→ Rz. 12) besteht hier in folgenden Fällen:

Fundstelle	Kurzbezeichnung	kommentiert in
§ 294 Abs. 2 HGB	Angaben, falls sich die Zusammensetzung der in den Konzernabschluss einbezogenen Unternehmen wesentlich verändert hat.	(→ § 294 Rz. 3)
§ 296 Abs. 3 HGB	Begründung für Nichteinbeziehung von Tochterunternehmen wegen Unwesentlichkeit etc.	(→ § 296 Rz. 22)
§ 297 Abs. 2 Satz 3 HGB	Angaben, falls der Konzernabschluss wegen besonderer Umstände trotz Anwendung der GoB kein den tatsächlichen Verhältnissen entsprechendes Bild vermittelt.	(→ § 297 Rz. 109)
§ 297 Abs. 3 Satz 3 HGB	Zusätzliche Angaben, falls Konsolidierungsmethoden in Ausnahmefällen nicht beibehalten werden.	(→ § 297 Rz. 123)
§ 301 Abs. 3 Satz 2 HGB	Erläuterung des *goodwill* oder negativen Unterschiedsbetrags und deren Veränderung.	(→ § 301 Rz. 105)
§ 308 Abs. 1 Satz 3 HGB	Angabe und Begründung bei Abweichung von im Einzelabschluss des Mutterunternehmens angewandten Bewertungsmethoden.	(→ § 308 Rz. 7)
§ 308 Abs. 2 Satz 2 HGB	Hinweis auf Beibehaltung von bank- oder versicherungsspezifischen Wertansätzen im Mischkonzern.	(→ § 308 Rz. 16)
§ 308 Abs. 2 Satz 4 HGB	Angabe und Begründung nicht einheitlicher Bewertung in Ausnahmefällen.	(→ § 308 Rz. 17)
§ 312 Abs. 5 Satz 2 HGB	Angabe, wenn Bewertung des assoziierten Unternehmens nicht an konzerneinheitliche Bewertung angepasst wird.	(→ § 312 Rz. 48)

16 Bei Einbeziehung eines Tochterunternehmens auf Basis eines **abweichenden Bilanzstichtags** sind gem. § 299 Abs. 3 HGB bedeutende Vorgänge zwischen Abschlussstichtag des Tochterunternehmens und Konzernabschlussstichtag **wahlweise** in Bilanz/GuV zu berücksichtigen oder im Anhang anzugeben (→ § 299 Rz. 21).

17 Die Ausübung von **Konsolidierungswahlrechten** ist auch dann im Anhang anzugeben, wenn dies nicht ausdrücklich im Gesetz gefordert ist.[2] Betroffen sind etwa folgende Wahlrechte:
- Einbeziehung von Tochterunternehmen mit einem nicht mehr als drei Monate abweichenden Geschäftsjahr auf Basis deren Abschlussstichtags oder eines Zwischenabschlusses (→ § 299 Rz. 6).
- Zusammenfassung der Steuerabgrenzung nach § 306 HGB mit der nach § 274 HGB sowie Zusammenfassung aktiver und passiver Abgrenzung (→ § 306 Rz. 43).

---

[2] Gl. A. *Ellrott*, in: Beck'scher Bilanz-Kommentar, 7. Aufl., München 2010, § 313 Tz. 117 ff.

- Einbeziehung von Gemeinschaftsunternehmen quotal oder *at equity* (→ § 310 Rz. 1).
- Einbeziehung von assoziierten Unternehmen auf Basis deren Einzel- statt Konzernabschlusses (→ § 312 Rz. 57).

Keine Angabepflichten sieht das Gesetz selbst für **Kapitalflussrechnung** und **Eigenkapitalspiegel** vor. Solche Regelungen treffen jedoch DRS und DRS 7. Hierzu wird auf → Rz. 2 verwiesen. 18

Wesentliche weitere Angabepflichten nach DRS bestehen für
- **Konsolidierung** von Tochterunternehmen (→ Rz. 26a), Gemeinschaftsunternehmen (→ Rz. 29a) und assoziierte Unternehmen (→ Rz. 28a) sowie
- **latente Steuern** (→ § 314 Rz. 16).

4. Rechtsformspezifische Angaben

Nach § 298 Abs. 1 HGB sind im Konzernanhang auch die für die Rechtsform der einbezogenen 19
inländischen Unternehmen vorgeschriebenen Angaben zu machen, soweit die Eigenart des Konzernabschlusses keine Abweichung bedingt. Die Eigenart des Konzernabschlusses als Abschluss einer wirtschaftlichen, nicht rechtlichen Einheit bedingt eine **restriktive Auslegung** dieser Vorschrift. Hierzu zwei Beispiele:

- Gewinnverwendungsangaben etwa nach § 29 Abs. 4 Satz 1 GmbHG oder § 158 Abs. 1 AktG sind nicht vorzunehmen, da der Konzern **keine Gewinnverwendung** im gesellschaftsrechtlichen Sinne tätigt.
- Angaben über Kapitalverhältnisse einer **einbezogenen** AG (§ 160 Abs. 1 AktG) sind nicht zu machen, da sie auch für andere in den Konzernabschluss einbezogene Rechtsformen nicht zu machen sind und sich somit ein unvollständiges, tendenziell irreführendes Bild ergäbe.

Betreffen die rechtsformspezifischen Angabevorschriften hingegen die **Muttergesellschaft** des Konzerns, ist u. E. mit Ausnahme der Gewinnverwendungsvorschriften eine Beachtung der insoweit einzelbilanziell gegebenen Angabepflichten auch im Konzernabschluss sachgerecht. Betroffen sind etwa folgende Vorschriften (→ § 284 Rz. 36):

Fundstelle	Kurzbezeichnung
§ 160 Abs. 1 Nr. 1 AktG	Angaben über den Bestand und den Zugang an Vorratsaktien einschließlich deren Verwertung.
§ 160 Abs. 1 Nr. 2 AktG	Angaben über den Bestand, über Erwerb oder Veräußerung eigener Aktien unter Angabe der Zahl und des Nennbetrags der Aktien.
§ 160 Abs. 1 Nr. 4 AktG	Angaben über das genehmigte Kapital.
§ 160 Abs. 1 Nr. 5 AktG	Angaben zur Zahl der Wandelschuldverschreibungen und vergleichbarer Wertpapiere.
§ 160 Abs. 1 Nr. 6 AktG	Angaben zu Genussrechten, Rechten aus Besserungsscheinen u. ä. Rechten.
§ 160 Abs. 1 Nr. 7 AktG	Angaben zum Bestehen einer wechselseitigen Beteiligung unter Angabe des Unternehmens.
§ 160 Abs. 1 Nr. 8 AktG	Angaben über das Bestehen von nach § 20 Abs. 1 oder 4 AktG mitgeteilten Beteiligungen.

§ 264c Abs. 1 Satz 1 HGB	Bei Kap. & Co.-Gesellschaften Angabe der Ausleihungen, Forderungen und Verbindlichkeiten gegenüber Gesellschaftern (sofern nicht gesonderter Ausweis).
§ 42 Abs. 3 GmbHG	Angabe der Forderungen und Verbindlichkeiten gegenüber Gesellschaftern (sofern nicht gesonderter Ausweis).

III. Einzelne Angaben (Abs. 1 Satz 2)

1. Bilanzierungs- und Bewertungsmethoden (Abs. 1 Satz 2 Nr. 1)

20 Zu Inhalt und Umfang der Angaben betreffenden **Bilanzierungs- und Bewertungsmethoden** wird auf die Kommentierung in → § 284 Rz. 35 ff. verwiesen.

Angabepflichten zu **Konsolidierungsmethoden** ergeben sich nicht aus Abs. 1 Satz 2 Nr. 1, sondern aus Einzelvorschriften (→ Rz. 15) sowie für den Fall der **Änderung** der Konsolidierungsmethoden aus Abs. 1 Satz 2 Nr. 3 (→ Rz. 23).

Abs. 1 Satz 2 Nr. 1 bezieht sich nur auf Bilanz und GuV. Wegen der Angaben zu **Kapitalflussrechnung** und zum **Eigenkapitalspiegel** wird auf → Rz. 2 verwiesen.

2. Währungsumrechnung (Abs. 2 Nr. 2)

21 Die Fremdwährungsumrechnung im Konzernabschluss umfasst zwei Aspekte:

1. Umrechnung einzelner auf Fremdwährung lautender **Geschäftsvorfälle** und
2. Umrechnung der auf Fremdwährungen lautenden **Jahresabschlüsse** einbezogener ausländischer Unternehmen.

Zum ersten Aspekt wird auf → § 284 Rz. 51 verwiesen.

Mit dem Abgesang an die funktionale Theorie (→ § 308a Rz. 7 ff.) und der einheitlichen Umrechnung ausländischer Abschlüsse nach der **modifizierten Stichtagsmethode** können methodische Angaben zum zweiten Aspekt ganz entfallen oder äußerst knapp ausfallen („Umrechnung nach modifizierter Stichtagsmethode gem. § 308a HGB"). Für die im Konzern wichtigsten Fremdwährungen sollten die Umrechnungskurse (Stichtag und Jahresdurchschnitt) angegeben werden. Auf das Beispiel unter → § 308a Rz. 46 wird verwiesen.

3. Abweichungen von den Bilanzierungs-, Bewertungs- und Konsolidierungsmethoden (Abs. 1 Satz 2 Nr. 3)

22 Von den Methoden der **Bilanzierung und Bewertung** (→ § 284 Rz. 42) darf nur in begründeten Ausnahmefällen abgewichen werden. Das Schrifttum stellt reichlich Ausnahmefälle zur Diskussion, so dass das Gebot zur Beibehaltung eher einem legalen Papiertiger gleicht als eine ernsthafte Einschränkung bilanzpolitischen Gestaltungspotenzials gewährleistet.

Im Einzelnen wird verwiesen,

▶ wegen des Begriffs der **Methoden** auf → § 284 Rz. 42 ff.
▶ wegen der Angaben bei **Methodenabweichungen** auf → § 284 Rz. 48 ff.

Beizubehalten sind nach § 297 Abs. 3 Satz 2 HGB auch die **Konsolidierungsmethoden**. Bei Abweichungen, d. h. Änderungen gegenüber dem Vorjahr, ist nach Abs. 1 Satz 2 Nr. 3 sowie § 297 Abs. 3 Satz 4 und 5 HGB im Konzernanhang die Abweichung

- zu beschreiben,
- zu begründen und
- ihr Einfluss auf die Vermögens-, Finanz- und Ertragslage (→ § 264 Rz. 14) darzustellen.

Die **Beschreibung** umfasst die Nennung der bisher angewandten und der neuen Methode.

Die **Begründung** muss erkennen lassen, dass der Methodenwechsel nicht willkürlich vorgenommen wurde, sondern in vertretbarer Argumentation der Aussagefähigkeit dient.

Der **Einfluss auf die Vermögens-, Finanz- und Ertrags**lage ist (näherungsweise) quantitativ darzustellen. Eine Schattenbilanzierung nach alter Methode ist nicht erforderlich. Die Angabe von Größenordnungen reicht aus. Absolute Angaben sind nicht erforderlich, prozentuale ausreichend. Wenn mehrere Methoden geändert wurden, ist nur eine saldierte Angabe des Einflusses erforderlich. Zum Übergangsverfahren auf die BilMoG-Rechnungslegung ist in Art. 67 Abs. 8 EGHGB das Stetigkeitsgebot aufgehoben (→ Art. 67 Rz. 42).

Der **Begriff der Konsolidierungsmethoden** umfasst u. a.

- Abgrenzung des Konsolidierungskreises (z. B. unter Wesentlichkeitsgesichtspunkten gem. § 296 Abs. 2 HGB),
- Einbeziehung von Tochterunternehmen mit abweichendem Abschlussstichtag auf Basis eines Zwischenabschlusses oder des nicht mehr als drei Monate alten Jahresabschlusses (§ 299 Abs. 2 HGB),
- Konsolidierung und *goodwill* im mehrstufigen Konzern (→ § 301 Rz. 93),
- Behandlung von Unterschiedsbeträgen bei Auf- und Abstockung von Mehrheitsbeteiligungen (→ § 301 Rz. 110),
- Nichtkonsolidierung von Schulden, Zwischenergebnissen, Aufwendungen oder Erträgen und Zwischenergebnissen wegen Unwesentlichkeit (§ 301 Abs. 2 HGB, § 304 Abs. 2 HGB, § 305 Abs. 2 HGB),
- quotale oder *equity*-Konsolidierung von Gemeinschaftsunternehmen (§§ 310 HGB f.) sowie
- Währungsumrechnung im mehrstufigen Konzern (→ § 308a Rz. 41).

IV. Angaben zum Anteilsbesitz (Abs. 2)

1. Überblick

Im Konzernanhang sind nach Abs. 2 Angaben zu

- einbezogenen und nicht einbezogenen Tochterunternehmen (Nr. 1),
- assoziierten Unternehmen (Nr. 2),
- nach Quoten konsolidierten Unternehmen (Nr. 3) sowie
- anderen Beteiligungen (Nr. 4) zu machen.

Damit soll u. a. der Konsolidierungskreis (§ 294 HGB) dargelegt werden.

Zu berichten ist nur über den am Abschlussstichtag vorhandenen **Bestand** von Beteiligungen, nicht über dessen Veränderungen. Angaben zu wesentlichen Änderungen des Konsolidierungskreises sind jedoch nach § 294 Abs. 2 HGB gefordert (→ Rz. 23).

Allgemeine **Einschränkungen** der Angabepflichten enthält Abs. 3 (→ Rz. 33).

Das in § 313 Abs. 4 HGB a. F. enthaltene Wahlrecht, die Angaben in der **Beteiligungsliste** außerhalb des Anhangs zu machen, ist mit Streichung von Abs. 4 durch das BilMoG entfallen.

2. Angaben zu Tochterunternehmen (Abs. 2 Nr. 1)

25 Für alle in den Konzernabschluss einbezogenen Tochterunternehmen sind **Name und Sitz** anzugeben, um so den Konsolidierungskreis darzustellen.

Außerdem ist der **prozentuale Anteil am Kapital** anzugeben. Maßgeblich ist hier die Summe der Anteile aller in den Konzernabschluss einbezogenen Mutter- und Tochterunternehmen. Eine Aufgliederung nach direkten oder indirekten über Tochterunternehmen gehaltenen Anteilen ist nicht notwendig. Anteile, die von nicht einbezogenen Tochterunternehmen gehalten werden, sind nicht zu berücksichtigen.

In Sonderfällen der Konsolidierung ohne Kapitalmehrheit (etwa von Zweckgesellschaften i. S. des § 290 Abs. 2 Nr. 4 HGB), ist auch der **Konsolidierungsgrund** zu nennen.

26 Name, Sitz und Kapitalanteil sind auch dann anzugeben, wenn ein Tochterunternehmen wegen § 296 HGB (→ § 296 Rz. 1 ff.) nicht in den Konzernabschluss **einbezogen** wird (Abs. 2 Nr. 1 Satz 2).

26a Die gesetzlich normierten Angabepflichten werden ergänzt durch DRS 4. 52 ff. Danach sind für Tochterunternehmen u. a. gefordert:

- eine Begründung der Abschreibungsdauer, sofern über fünf Jahre hinausgehend, und der Abschreibungsmethode des *goodwill* (→ § 285 Rz. 97);
- eine Erläuterung des Inhalts und der Entwicklung des **passiven Unterschiedsbetrags** (→ § 301 Rz. 100);
- bei **kapitalmarktorientierten Obergesellschaften** (→ § 264d Rz. 1) außerdem im **Jahr des Erwerbs** Angaben zu Erwerbszeitpunkt, Höhe des erworbenen Anteils und Anschaffungskosten, Letztere mit weiterer Erläuterung bedingter Zahlungsverpflichtungen usw., im Erwerbsjahr und in den Folgejahren Angaben zu den bei der Erstkonsolidierung angesetzten Restrukturierungsrückstellungen;

3. Angaben zu assoziierten Unternehmen (Abs. 2 Nr. 2)

27 Für assoziierte Unternehmen sind ebenfalls **Name, Sitz und Kapitalanteil** anzugeben (→ Rz. 25).

28 Wenn ein assoziiertes Unternehmen aus Wesentlichkeitsgründen **nicht** *at equity* konsolidiert wird (§ 311 Abs. 2 HGB), ist dies anzugeben und zu begründen. Als Begründung reichen etwa Angaben über den unter Berücksichtigung der Anteilsquote errechneten Anteil der nicht *at equity* konsolidierten Unternehmen am Ergebnis des Konzerns. Mindestens ist die Anzahl der wegen Unwesentlichkeit nicht konsolidierten assoziierten Unternehmen anzugeben (DRS 8.48b).

Die gesetzlich normierten Angabepflichten werden ergänzt durch DRS 8. 47 ff. Danach sind für *equity*-konsoldierte Unternehmen (einschließlich Gemeinschaftsunternehmen) u. a. gefordert: 28a

▶ Erläuterungen zur **erstmaligen Einbeziehung** nach der *equity*-Methode (Stichtag, Unterschiedsbetrag, Begründung der Abschreibungsdauer und -methode, *goodwill*).

▶ Erläuterungen an den **Folgeabschlussstichtagen**

  a) **einzeln** für jedes nach der *equity*-Methode bilanzierte Unternehmen: die Anteile am Kapital und an den Stimmrechten,

  b) **aggregiert**: Summe der *goodwills* und der passiven Unterschiedsbeträge, Summe der negativen *equity*-Werte.

4. Angaben zu quotal konsolidierten Unternehmen (Abs. 2 Nr. 3)

Wird ein Unternehmen nach § 310 HGB nur quotal in den Konzernabschluss einbezogen, müssen ebenfalls **Name, Sitz und Anteil am Kapital** angegeben werden (→ Rz. 25). 29

Außerdem ist der Tatbestand anzugeben, aus dem sich die **Qualifizierung als Gemeinschaftsunternehmen** ergibt. Bei zwei mit je 50 % beteiligten Unternehmen reicht ein entsprechender Hinweis.

Die gesetzlich normierten Angabepflichten werden ergänzt durch DRS 9.20 ff. Danach sind für quotal konsolidierte Gemeinschaftsunternehmen u. a. gefordert: 29a

▶ eine Begründung der Abschreibungsdauer (sofern über fünf Jahre hinausgehend) und der Abschreibungsmethode des *goodwill* (→ § 285 Rz. 97);

▶ eine Erläuterung des Inhalts und der Entwicklung des **passiven Unterschiedsbetrags** (→ § 301 Rz. 100);

▶ bei **kapitalmarktorientierten Obergesellschaften** (→ § 264d Rz. 1) außerdem Summenangaben zu kurzfristigen und langfristigen Vermögenswerten, kurzfristigen und langfristigen Schulden sowie Aufwendungen und Erträgen aus Gemeinschaftsunternehmen; im Jahr des **Erwerbs** Angaben zu Erwerbszeitpunkt, Höhe des erworbenen Anteils und Anschaffungskosten, Letztere mit weiterer Erläuterung bedingter Zahlungsverpflichtungen etc.

Für *equity*-konsolidierte Gemeinschaftsunternehmen gelten die unter → Rz. 28a dargestellten Vorgaben aus DRS 8.

5. Sonstige Beteiligungsunternehmen (Abs. 2 Nr. 4)

Für nicht schon nach Nr. 1 bis 3 erfasste Unternehmen (regelmäßig Beteiligungsunternehmen i. S. des § 271 Abs. 1 HGB), an denen das Mutterunternehmen oder die einbezogenen Tochterunternehmen **zusammen** mindestens **20 %** der Anteile halten, sind nach Abs. 2 Satz 1 Nr. 4 ebenfalls anzugeben: 30

▶ **Name, Sitz und Kapitalanteil** (→ Rz. 25) sowie

▶ über Nr. 1 bis 3 hinaus auch **Betrag des Eigenkapitals und Ergebnisses** des letzten Geschäftsjahrs.

Die Vorschrift gleicht im Wesentlichen § 285 Nr. 11 HGB. Auf → § 285 Rz. 72 wird deshalb verwiesen.

31 Angaben zu den sonstigen Beteiligungen brauchen gem. Abs. 2 Nr. 4 Satz 3 nicht gemacht zu werden, wenn sie für das Bild der Vermögens-, Finanz- und Ertragslage des Konzerns von **untergeordneter Bedeutung** sind. Diese Ausnahmebestimmung entspricht § 286 Abs. 3 Satz 1 Nr. 1 HGB. Auf → § 286 Rz. 6 wird deshalb verwiesen.

32 Abs. 2 Nr. 4 Satz 4 enthält eine, im Unterschied zur allgemeinen Schutzklausel des Abs. 3 (→ Rz. 33) nur für Angaben zu sonstigen Beteiligungen geltende **spezifische Schutzklausel**: Die Angaben zum Eigenkapital und zum Ergebnis der sonstigen Beteiligungen brauchen nicht gemacht zu werden, wenn das Beteiligungsunternehmen (z. B. als **Personenhandelsgesellschaft**) seinen Jahresabschluss nicht offen zu legen hat. Eine Rückausnahme besteht dann, wenn das Mutterunternehmen oder ein Tochterunternehmen zusammen mindestens die Hälfte der Anteile des Beteiligungsunternehmens besitzen.

Ausnahme und Rückausnahme entsprechen § 286 Abs. 3 Satz 2 HGB. Auf → § 286 Rz. 8 wird deshalb verwiesen.

V. Allgemeine Schutzklausel für Angaben zu Beteiligungen (Abs. 3)

33 Die in Abs. 2 verlangten Angaben brauchen insoweit nicht gemacht zu werden, als nach vernünftiger kaufmännischer Beurteilung dem Mutterunternehmen oder einem anderen in Abs. 2 bezeichneten Unternehmen dadurch **erhebliche Nachteile** entstehen können.

Angaben, die aufgrund anderer Vorschriften zur Konsolidierung zu machen sind, dürfen nicht unterlassen werden; dazu gehören z. B. Änderungen des Konsolidierungskreises (→ § 294 Rz. 3).

Die Schutzklausel entspricht § 286 Abs. 3 Satz 1 Nr. 2 HGB. Auf → § 286 Rz. 7 wird deshalb verwiesen.

§ 314 Sonstige Pflichtangaben

(1) Im Konzernanhang sind ferner anzugeben:

1. der Gesamtbetrag der in der Konzernbilanz ausgewiesenen Verbindlichkeiten mit einer Restlaufzeit von mehr als fünf Jahren sowie der Gesamtbetrag der in der Konzernbilanz ausgewiesenen Verbindlichkeiten, die von in den Konzernabschluss einbezogenen Unternehmen durch Pfandrechte oder ähnliche Rechte gesichert sind, unter Angabe von Art und Form der Sicherheiten;

2. Art und Zweck sowie Risiken und Vorteile von nicht in der Konzernbilanz enthaltenen Geschäften des Mutterunternehmens und der in den Konzernabschluss einbezogenen Tochterunternehmen, soweit dies für die Beurteilung der Finanzlage des Konzerns notwendig ist;

2a. der Gesamtbetrag der sonstigen finanziellen Verpflichtungen, die nicht in der Konzernbilanz enthalten und nicht nach § 298 Abs. 1 in Verbindung mit § 251 oder nach Nummer 2 anzugeben sind, sofern diese Angabe für die Beurteilung der Finanzlage des Konzerns von Bedeutung ist; davon und von den Haftungsverhältnissen nach § 251 sind Verpflichtungen gegenüber Tochterunternehmen, die nicht in den Konzernabschluss einbezogen werden, jeweils gesondert anzugeben;

3. die Aufgliederung der Umsatzerlöse nach Tätigkeitsbereichen sowie nach geographisch bestimmten Märkten, soweit sich, unter Berücksichtigung der Organisation des Verkaufs von für die gewöhnliche Geschäftstätigkeit des Konzerns typischen Erzeugnissen und der für die gewöhnliche Geschäftstätigkeit des Konzerns typischen Dienstleistungen, die Tätigkeitsbereiche und geographisch bestimmten Märkte untereinander erheblich unterscheiden;

4. die durchschnittliche Zahl der Arbeitnehmer der in den Konzernabschluss einbezogenen Unternehmen während des Geschäftsjahrs, getrennt nach Gruppen, sowie der in dem Geschäftsjahr verursachte Personalaufwand, sofern er nicht gesondert in der Konzern-Gewinn- und Verlustrechnung ausgewiesen ist; die durchschnittliche Zahl der Arbeitnehmer von nach § 310 nur anteilmäßig einbezogenen Unternehmen ist gesondert anzugeben;

5. (weggefallen)

6. für die Mitglieder des Geschäftsführungsorgans, eines Aufsichtsrats, eines Beirats oder einer ähnlichen Einrichtung des Mutterunternehmens, jeweils für jede Personengruppe:

   a. die für die Wahrnehmung ihrer Aufgaben im Mutterunternehmen und den Tochterunternehmen im Geschäftsjahr gewährten Gesamtbezüge (Gehälter, Gewinnbeteiligungen, Bezugsrechte und sonstige aktienbasierte Vergütungen, Aufwandsentschädigungen, Versicherungsentgelte, Provisionen und Nebenleistungen jeder Art). ²In die Gesamtbezüge sind auch Bezüge einzurechnen, die nicht ausgezahlt, sondern in Ansprüche anderer Art umgewandelt oder zur Erhöhung anderer Ansprüche verwendet werden. ³Außer den Bezügen für das Geschäftsjahr sind die weiteren Bezüge anzugeben, die im Geschäftsjahr gewährt, bisher aber in keinem Konzernabschluss angegeben worden sind. ⁴Bezugsrechte und sonstige aktienbasierte Vergütungen sind mit ihrer Anzahl und dem beizulegenden Zeitwert zum Zeitpunkt ihrer Gewährung anzugeben; spätere

Wertveränderungen, die auf einer Änderung der Ausübungsbedingungen beruhen, sind zu berücksichtigen. ⁵Ist das Mutterunternehmen eine börsennotierte Aktiengesellschaft, sind zusätzlich unter Namensnennung die Bezüge jedes einzelnen Vorstandsmitglieds, aufgeteilt nach erfolgsunabhängigen und erfolgsbezogenen Komponenten sowie Komponenten mit langfristiger Anreizwirkung, gesondert anzugeben. ⁶Dies gilt auch für:

aa) Leistungen, die dem Vorstandsmitglied für den Fall einer vorzeitigen Beendigung seiner Tätigkeit zugesagt worden sind;

bb) Leistungen, die dem Vorstandsmitglied für den Fall der regulären Beendigung seiner Tätigkeit zugesagt worden sind, mit ihrem Barwert, sowie den von der Gesellschaft während des Geschäftsjahrs hierfür aufgewandten oder zurückgestellten Betrag;

cc) während des Geschäftsjahrs vereinbarte Änderungen dieser Zusagen;

dd) Leistungen, die einem früheren Vorstandsmitglied, das seine Tätigkeit im Laufe des Geschäftsjahrs beendet hat, in diesem Zusammenhang zugesagt und im Laufe des Geschäftsjahrs gewährt worden sind.

⁷Leistungen, die dem einzelnen Vorstandsmitglied von einem Dritten im Hinblick auf seine Tätigkeit als Vorstandsmitglied zugesagt oder im Geschäftsjahr gewährt worden sind, sind ebenfalls anzugeben. ⁸Enthält der Konzernabschluss weitergehende Angaben zu bestimmten Bezügen, sind auch diese zusätzlich einzeln anzugeben;

b. die für die Wahrnehmung ihrer Aufgaben im Mutterunternehmen und den Tochterunternehmen gewährten Gesamtbezüge (Abfindungen, Ruhegehälter, Hinterbliebenenbezüge und Leistungen verwandter Art) der früheren Mitglieder der bezeichneten Organe und ihrer Hinterbliebenen; Buchstabe a Satz 2 und 3 ist entsprechend anzuwenden. ²Ferner ist der Betrag der für diese Personengruppe gebildeten Rückstellungen für laufende Pensionen und Anwartschaften auf Pensionen und der Betrag der für diese Verpflichtungen nicht gebildeten Rückstellungen anzugeben;

c. die vom Mutterunternehmen und den Tochterunternehmen gewährten Vorschüsse und Kredite unter Angabe der Zinssätze, der wesentlichen Bedingungen und der gegebenenfalls im Geschäftsjahr zurückgezahlten Beträge sowie die zugunsten dieser Personengruppen eingegangenen Haftungsverhältnisse;

7. der Bestand an Anteilen an dem Mutterunternehmen, die das Mutterunternehmen oder ein Tochterunternehmen oder ein anderer für Rechnung eines in den Konzernabschluss einbezogenen Unternehmens erworben oder als Pfand genommen hat; dabei sind die Zahl und der Nennbetrag oder rechnerische Wert dieser Anteile sowie deren Anteil am Kapital anzugeben;

8. für jedes in den Konzernabschluss einbezogene börsennotierte Unternehmen, das die nach § 161 des Aktiengesetzes vorgeschriebene Erklärung abgegeben und wo sie öffentlich zugänglich gemacht worden ist;

9. das von dem Abschlussprüfer des Konzernabschlusses für das Geschäftsjahr berechnete Gesamthonorar, aufgeschlüsselt in das Honorar für

    a. die Abschlussprüfungsleistungen,

    b. andere Bestätigungsleistungen,

    c. Steuerberatungsleistungen,

    d. sonstige Leistungen;

10. für zu den Finanzanlagen (§ 266 Abs. 2 A. III.) gehörende Finanzinstrumente, die in der Konzernbilanz über ihrem beizulegenden Zeitwert ausgewiesen werden, da eine außerplanmäßige Abschreibung gemäß § 253 Abs. 3 Satz 4 unterblieben ist,

    a. der Buchwert und der beizulegende Zeitwert der einzelnen Vermögensgegenstände oder angemessener Gruppierungen sowie

    b. die Gründe für das Unterlassen der Abschreibung einschließlich der Anhaltspunkte, die darauf hindeuten, dass die Wertminderung voraussichtlich nicht von Dauer ist;

11. für jede Kategorie nicht zum beizulegenden Zeitwert bilanzierter derivativer Finanzinstrumente

    a. deren Art und Umfang,

    b. deren beizulegender Zeitwert, soweit er sich nach § 255 Abs. 4 verlässlich ermitteln lässt, unter Angabe der angewandten Bewertungsmethode,

    c. deren Buchwert und der Bilanzposten, in welchem der Buchwert, soweit vorhanden, erfasst ist, sowie

    d. die Gründe dafür, warum der beizulegende Zeitwert nicht bestimmt werden kann;

12. für gemäß § 340e Abs. 3 Satz 1 mit dem beizulegenden Zeitwert bewertete Finanzinstrumente

    a. die grundlegenden Annahmen, die der Bestimmung des beizulegenden Zeitwertes mit Hilfe allgemein anerkannter Bewertungsmethoden zugrunde gelegt wurden, sowie

    b. Umfang und Art jeder Kategorie derivativer Finanzinstrumente einschließlich der wesentlichen Bedingungen, welche die Höhe, den Zeitpunkt und die Sicherheit künftiger Zahlungsströme beeinflussen können;

13. zumindest die nicht zu marktüblichen Bedingungen zustande gekommenen Geschäfte des Mutterunternehmens und seiner Tochterunternehmen, soweit sie wesentlich sind, mit nahe stehenden Unternehmen und Personen, einschließlich Angaben zur Art der Beziehung, zum Wert der Geschäfte sowie weiterer Angaben, die für die Beurteilung der Finanzlage des Konzerns notwendig sind; ausgenommen sind Geschäfte mit und zwischen mittel- oder unmittelbar in 100-prozentigem Anteilsbesitz stehenden in einen Konzernabschluss einbezogenen Unternehmen; Angaben über Geschäfte können nach Geschäftsarten zusammengefasst werden, sofern die getrennte Angabe für die Beurteilung der Auswirkungen auf die Finanzlage des Konzerns nicht notwendig ist;

14. im Fall der Aktivierung nach § 248 Abs. 2 der Gesamtbetrag der Forschungs- und Entwicklungskosten des Geschäftsjahres der in den Konzernabschluss einbezogenen Unternehmen sowie der davon auf die selbst geschaffenen immateriellen Vermögensgegenstände des Anlagevermögens entfallende Betrag;

15. bei Anwendung des § 254 im Konzernabschluss,
    a. mit welchem Betrag jeweils Vermögensgegenstände, Schulden, schwebende Geschäfte und mit hoher Wahrscheinlichkeit erwartete Transaktionen zur Absicherung welcher Risiken in welche Arten von Bewertungseinheiten einbezogen sind sowie die Höhe der mit Bewertungseinheiten abgesicherten Risiken;
    b. für die jeweils abgesicherten Risiken, warum, in welchem Umfang und für welchen Zeitraum sich die gegenläufigen Wertänderungen oder Zahlungsströme künftig voraussichtlich ausgleichen einschließlich der Methode der Ermittlung;
    c. eine Erläuterung der mit hoher Wahrscheinlichkeit erwarteten Transaktionen, die in Bewertungseinheiten einbezogen wurden,

    soweit die Angaben nicht im Konzernlagebericht gemacht werden;
16. zu den in der Konzernbilanz ausgewiesenen Rückstellungen für Pensionen und ähnliche Verpflichtungen das angewandte versicherungsmathematische Berechnungsverfahren sowie die grundlegenden Annahmen der Berechnung, wie Zinssatz, erwartete Lohn- und Gehaltssteigerungen und zugrunde gelegte Sterbetafeln;
17. im Fall der Verrechnung von in der Konzernbilanz ausgewiesenen Vermögensgegenständen und Schulden nach § 246 Abs. 2 Satz 2 die Anschaffungskosten und der beizulegende Zeitwert der verrechneten Vermögensgegenstände, der Erfüllungsbetrag der verrechneten Schulden sowie die verrechneten Aufwendungen und Erträge; Nummer 12 Buchstabe a ist entsprechend anzuwenden;
18. zu den in der Konzernbilanz ausgewiesenen Anteilen oder Anlageaktien an inländischen Investmentvermögen im Sinn des § 1 des Investmentgesetzes oder vergleichbaren ausländischen Investmentanteilen im Sinn des § 2 Abs. 9 des Investmentgesetzes von mehr als dem zehnten Teil, aufgegliedert nach Anlagezielen, deren Wert im Sinn des § 36 des Investmentgesetzes oder vergleichbarer ausländischer Vorschriften über die Ermittlung des Marktwertes, die Differenz zum Buchwert und die für das Geschäftsjahr erfolgte Ausschüttung sowie Beschränkungen in der Möglichkeit der täglichen Rückgabe; darüber hinaus die Gründe dafür, dass eine Abschreibung gemäß § 253 Abs. 3 Satz 4 unterblieben ist, einschließlich der Anhaltspunkte, die darauf hindeuten, dass die Wertminderung voraussichtlich nicht von Dauer ist; Nummer 10 ist insoweit nicht anzuwenden;
19. für nach § 251 unter der Bilanz oder nach § 268 Abs. 7 Halbsatz 1 im Anhang ausgewiesene Verbindlichkeiten und Haftungsverhältnisse die Gründe der Einschätzung des Risikos der Inanspruchnahme;
20. die Gründe, welche die Annahme einer betrieblichen Nutzungsdauer eines in der Konzernbilanz ausgewiesenen entgeltlich erworbenen Geschäfts- oder Firmenwertes aus der Kapitalkonsolidierung von mehr als fünf Jahren rechtfertigen;
21. auf welchen Differenzen oder steuerlichen Verlustvorträgen die latenten Steuern beruhen und mit welchen Steuersätzen die Bewertung erfolgt ist.

(2) ¹Mutterunternehmen, die den Konzernabschluss um eine Segmentberichterstattung erweitern (§ 297 Abs. 1 Satz 2), sind von der Angabepflicht gemäß Absatz 1 Nr. 3 befreit. ²Für die Angabepflicht gemäß Absatz 1 Nr. 6 Buchstabe a Satz 5 bis 8 gilt § 286 Abs. 5 entsprechend.

Inhaltsübersicht

	Rz.
I. Verweis auf die Anhangangaben nach § 285 HGB	1
II. Die einzelnen Angabepflichten (Abs. 1)	2 - 15
1. Verbindlichkeiten (Abs. 1 Nr. 1)	2 - 4
2. Außerbilanzielle Geschäfte	5 - 6
2.1 *Off balance*-Gestaltungen (Abs. 1 Nr. 2)	5
2.2 Finanzielle Verpflichtungen (Abs. 1 Nr. 2a)	6
3. Aufgliederung der Umsatzerlöse (Abs. 1 Nr. 3)	7
4. Anzahl der Arbeitnehmer (Abs. 1 Nr. 4)	8
5. Organbezüge und -kredite (Abs. 1 Nr. 6)	9
6. Eigene Anteile (Abs. 1 Nr. 7)	10
7. Erklärung zum Corporate Governance Kodex (Abs. 1 Nr. 8)	11
8. Abschlussprüfungshonorar (Abs. 1 Nr. 9)	12 - 13
9. Geschäfte mit nahestehenden Personen und Unternehmen (Abs. 1 Nr. 13)	14
10. Haftungsverhältnisse (Abs. 1 Nr. 19)	15
III. Globalverweis	16
IV. Sondervorschriften (Abs. 2)	17

I. Verweis auf die Anhangangaben nach § 285 HGB

Vergleichbar der Vorgehensweise zum Konzernlagebericht (→ § 315 Rz. 5) befleißigt sich der Gesetzgeber bezüglich der Anhangangaben einer **Doppelarbeit**. Die Angabevorschriften in § 314 HGB entsprechen inhaltlich in weiten Zügen dem Inhalt von § 285 HGB. An die Stelle der **rechtlichen** Einheit „Gesellschaft" tritt als Berichterstattungsobjekt in § 314 HGB die **wirtschaftliche** Einheit „Konzern". Begrifflich hätte man beide Gesetzesadressaten zu einer „Einheit" – nach IFRS *„entity"* – zusammenfassen können, um so die Doppelarbeit zu vermeiden.

In unserer Kommentierung gehen wir entsprechend vor und begnügen uns weitgehend mit **Verweisen** auf die Erläuterungen in § 285 HGB. Lediglich die **Konzernspezifika** werden zusätzlich dargestellt.

Auch für die Anhangangaben sind die Vorschriften zur **Vollkonsolidierung** entsprechend anzuwenden. Zum Teil ergibt sich dies unmittelbar aus dem Verweis in Abs. 2 auf §§ 297 ff. HGB Beispiele hierfür sind:

▶ Bedeutende Vorgänge zwischen Abschlussstichtag des Gemeinschaftsunternehmens und abweichendem Abschlussstichtag des Konzerns, wenn die Konsolidierung nicht auf Basis eines Zwischenabschlusses erfolgt (→ § 299 Rz. 13).

▶ Verzicht auf konzerneinheitliche Bewertung in Ausnahmefällen (→ § 308 Rz. 17).

II. Die einzelnen Angabepflichten (Abs. 1)

1. Verbindlichkeiten (Abs. 1 Nr. 1)

Die Aufgliederungen und zusätzlichen Angaben zu den Verbindlichkeiten entsprechen denjenigen in § 285 Nr. 1 und 2 HGB (→ § 285 Rz. 2). Dabei sind die im Konzernabschluss „**ausgewiesenen** Verbindlichkeiten" darzustellen, d.h. nach Durchführung der **Schuldenkonsolidierung**

(→ § 303 Rz. 3). Konzerninterne Forderungen bzw. Verbindlichkeiten, die im Rahmen der Vollkonsolidierung entfallen, sind somit nicht in die Angabe einzubeziehen, wohl aber solche gegenüber nach § 296 HGB nicht konsolidierten Konzernunternehmen. Bei Gemeinschaftsunternehmen, die anteilig konsolidiert werden, ist wie folgt zu differenzieren:

- Verbindlichkeiten des übergeordneten Unternehmens gegenüber dem Gemeinschaftsunternehmen werden im Ausmaß der Beteiligungsquote konsolidiert, hinsichtlich des Anteils Dritter nicht konsolidiert und unterliegen in Höhe des Drittanteils der Angabepflicht (→ § 310 Rz. 24).
- Verbindlichkeiten des Gemeinschaftsunternehmens gegenüber Konzernfremden werden quotal passiviert und unterliegen hinsichtlich dieses passivierten Teils den Angabepflichten (→ § 310 Rz. 38).

3   Durch das Wegfallen von Schuldverhältnissen aus den Einzelabschlüssen können **Folgewirkungen** bezüglich der gegebenen **Sicherheiten** eintreten mit der Folge eines Wegfalls auch dieser Angabepflicht (→ § 303 Rz. 18 f.).

> **BEISPIEL**
>
> - Die Konzernholding A hat der voll konsolidierten Tochtergesellschaft T-GmbH ein Darlehen gegen Einräumung eines Grundpfandrechts durch die T-GmbH gewährt. Im Anhang des Einzelabschlusses der T-GmbH ist dieses Grundpfandrecht anzugeben (→ § 285 Rz. 5), nicht dagegen im Konzernabschluss der Holding AG, da in diesem eine solche Verbindlichkeit nicht enthalten ist.
> - Die Tochtergesellschaft T-GmbH nimmt einen Bankkredit auf, für den sich die Holding AG (Muttergesellschaft) verbürgt. Im Anhang des Einzelabschlusses der Muttergesellschaft ist diese Bürgschaft nach § 268 Abs. 7 HGB anzugeben (→ § 268 Rz. 118). Im Anhang des Konzernabschlusses der Holding AG entfällt eine Angabepflicht, da der Konzern selbst sich nicht für eine eigene Schuld verbürgen kann.
> - Abwandlung zum vorstehenden Fall: Zusätzlich gewährt die Holding AG ein Grundpfandrecht zur Absicherung ihrer Bürgschaft. Diese Sicherheit ist nicht nach § 268 Abs. 7 HGB anzugeben (→ § 268 Rz. 120), sondern als Sicherheit für eine „eigene" Verbindlichkeit des Konzerns nach § 285 Nr. 1 HGB.

4   Die Aufgliederung der Angaben über die Restlaufzeit und die Sicherheiten sind entgegen § 285 Nr. 2 HGB nicht für die einzelnen Verbindlichkeitsposten vorgeschrieben (→ § 285 Rz. 8), angabepflichtig ist diesbezüglich nur der **Gesamtbetrag** der Verbindlichkeiten.

Die Darstellungstechnik kann in Form eines „**Spiegels**" erfolgen, d. h. in Form eines „Konzern-Verbindlichkeiten-Spiegels" (→ § 266 Rz. 83).

2. Außerbilanzielle Geschäfte

2.1 *Off balance*-Gestaltungen (Abs. 1 Nr. 2)

5   Unter Beachtung des Konsolidierungsaspekts ist die Angabepflicht mit derjenigen nach § 285 Nr. 3 HGB identisch. Darauf ist zu verweisen (→ § 285 Rz. 10).

2.2 Finanzielle Verpflichtungen (Abs. 1 Nr. 2a)

Inhaltlich ist auf → § 285 Rz. 14 ff. zu verweisen. Zu einem **Konzernspezifikum** folgendes Beispiel: 6

> **BEISPIEL** ▸ Die Tochtergesellschaft T-GmbH nutzt den umfangreichen Grundbesitz der Muttergesellschaft M-GmbH & Co. KG im Rahmen eines Mietvertrags (steuerlich Betriebsaufspaltung). Im Anhang des Einzelabschlusses der T-GmbH ist diese Mietlast nach § 285 Nr. 3a HGB anzugeben (→ § 285 Rz. 18). Im Konzernabschluss zwischen den beiden Unternehmen fällt die Mietzahlung durch Konsolidierung nach § 305 HGB heraus (→ § 305 Rz. 10), denn der Konzern kann mit sich selbst keine Mietverhältnisse begründen. Entsprechend hat er auch keine finanziellen Verpflichtungen gegenüber sich selbst, die Anhangangabe im Einzelabschluss der T-GmbH ist nicht in den Anhang des Konzernabschlusses zu übernehmen.

3. Aufgliederung der Umsatzerlöse (Abs. 1 Nr. 3)

Diese Angabepflicht entspricht wiederum derjenigen nach § 285 Nr. 4 HGB (→ § 285 Rz. 27). Die Umsatzerlöse sind diejenigen des Konzerns, d. h. nach Durchführung der Aufwands- und Ertragskonsolidierung nach § 305 HGB, und unter Berücksichtigung des Anteils des Konzerns an den Außenumsätzen quotal konsolidierter Gemeinschaftsunternehmen (→ § 310 Rz. 38). Bei freiwilliger Segmentberichterstattung kann die Aufgliederung der Umsatzerlöse unterbleiben (→ Rz. 13). 7

4. Anzahl der Arbeitnehmer (Abs. 1 Nr. 4)

Auf die vergleichbare Vorgabe zum Anhang im Einzelabschluss ist zu verweisen (→ § 285 Rz. 36). Zu erfassen sind die Arbeitnehmer der in die **Vollkonsolidierung** einbezogenen Gesellschaften. Zweifelhaft kann die Lösung für **quotal** konsolidierte Unternehmen i. S. des § 310 HGB sein. Neben der quotalen Einbeziehung (→ § 310 Rz. 36) kommt u. E. auch eine nicht quotale mit einem entsprechenden Zusatzvermerk in Betracht. 8

Arbeitnehmer, die für **mehrere** Konzernunternehmen tätig sind, sind nur einmal zu berücksichtigen.

5. Organbezüge und -kredite (Abs. 1 Nr. 6)

Die in § 285 Nr. 9 HGB nachgebildeten Inhalte der Angabepflicht (→ § 285 Rz. 38 ff.) sind im Konzernanhang für die entsprechenden Organmitglieder des **Mutterunternehmens** zu beachten. Sofern die Organmitglieder der Muttergesellschaft auch Vergütungen von **Tochterunternehmen** erhalten, sind diese zusätzlich anzugeben. Ohne eine solche Zusatzvergütung muss die Angabe im Einzelabschluss des Mutterunternehmens mit derjenigen im Konzernabschluss übereinstimmen. Speziell bei börsennotierten Aktiengesellschaften wird sinnvollerweise die Angabepflicht im zusammengefassten Anhang und Konzernanhang in einem sog. **Vergütungsbericht** erfüllt (→ § 285 Rz. 71). 9

6. Eigene Anteile (Abs. 1 Nr. 7)

10 Die Angabepflicht umfasst den Bestand an Anteilen des Mutterunternehmens, die
- das Mutterunternehmen selbst,
- eine Tochtergesellschaft oder
- ein anderer auf Rechnung eines in den Konzernabschluss einbezogenen Unternehmens

erworben bzw. als Pfand genommen hat.

Die Angabepflicht umfasst nur Anteile des Mutterunternehmens, da im Konzernabschluss solche des Tochterunternehmens nicht enthalten sein können. Eine ähnliche Angabepflicht besteht für Aktiengesellschaften im Anhang zum Jahresabschluss nach § 160 Abs. 1 Nr. 2 AktG (→ § 284 Rz. 36).

Die Angabepflicht berücksichtigt **nicht Konsolidierungsaspekte**, sondern spricht nur von Tochterunternehmen, gleich ob sie in den Konzernabschluss im Wege der Vollkonsolidierung einbezogen worden sind oder nicht.

Auf die Kommentierung in (→ § 301 Rz. 122) wird verwiesen.

7. Erklärung zum Corporate Governance Kodex (Abs. 1 Nr. 8)

11 Die Erklärung (→ § 285 Rz. 105) muss für **jedes** in den Konzernabschluss einbezogene Unternehmen erfolgen, sofern dieses **börsennotiert** (→ § 264d Rz. 12) ist.

8. Abschlussprüfungshonorar (Abs. 1 Nr. 9)

12 Wie im Einzelabschluss ist das vom Abschlussprüfer berechnete Honorar nach
- Abschlussprüfung,
- sonstigen Bestätigungs- oder Beratungsleistungen,
- Steuerberatungsleistungen und
- sonstigen Leistungen

aufzuschlüsseln.

§ 314 Abs. 1 Nr. 9d HGB a. F. wies noch ergänzend auf das Mutter- oder die Tochterunternehmen als Objekte bzw. Empfänger der Leistungserbringung hin. Nach IDW RH HFA 1.006 (a. F.) Tz. 12 sollte dieser Zusatz entsprechend für die anderen drei Leistungskategorien gelten. Danach war z. B. das Honorar für die Prüfung der Tochterunternehmen in die Kategorie „Abschlussprüfungsleistung" einzubeziehen. Durch das BilMoG ist der Hinweis auf Mutter- und Tochterunternehmen entfallen; dafür wurde in § 285 Nr. 17 HGB die Möglichkeit aufgenommen, statt im Einzel- im Konzernabschluss über die Honorierung zu berichten (→ § 285 Rz. 114). Nach der Begründung des BilMoG-RegE zu § 285 Nr. 17 HGB und § 314 Abs. 1 Nr. 9d HGB besteht insofern ein **Wahlrecht**:

- Berücksichtigung der Abschlussprüfungsleistungen für Tochter-, Mutterunternehmen und quotal konsolidierte Gemeinschaftsunternehmen in deren Einzelabschlüssen mit Verzicht auf Einbeziehung der Tochter- und quotal konsolidierte Gemeinschaftsunternehmen betreffenden Leistungen, die **andere** Prüfer als der Konzernabschlussprüfer erbracht haben, in den Konzernabschluss.

▶ Einbeziehung sämtlicher Leistungen in den Konzernabschluss, auch soweit sie bei Tochter- oder quotal konsolidierten Gemeinschaftsunternehmen[1] von **anderen** Prüfern erbracht wurden.

BEISPIEL ▶ Eine Muttergesellschaft in Gestalt einer Holding mit einer Anzahl von Tochtergesellschaften im Inland hat als Abschlussprüfer für den Konzern und den Einzelabschluss der Mutter die ABC WPG bestellt. Deren Honorar beträgt 100 T€. Als Abschlussprüfer für die Einzelabschlüsse der Töchter ist die XYZ WPG bestellt. Ihr Honorar hierfür beträgt 150 T€. Sie erbringt außerdem für 500 T€ sonstige Leistungen.

BEURTEILUNG ▶ Sind in den Einzelabschlüssen der Töchter die Angaben nach § 285 Nr. 17 HGB enthalten, lautet die Angabe im Konzernabschluss wie folgt: Gesamthonorar ABC 100 T€, davon Abschlussprüfungsleistungen 100 T€.[3]

Enthalten die Einzelabschlüsse keine Angaben, lautet die Konzernangabe wie folgt:

	Konzern-Abschlussprüfung ABC	XYZ	Summe
Abschlussprüfungsleistungen	100	150	250
Sonstige Leistungen	0	500	500
Gesamthonorar	100	650	750

FALLVARIANTE ▶ Werden auch die Abschlüsse der Töchter von der ABC geprüft und erbringt diese dort auch die sonstigen Leistungen, spielt es für die Angabe im Konzernanhang keine Rolle, wie in den Einzelabschlüssen verfahren wird. Die Angabe lautet wie folgt:

Abschlussprüfungsleistungen ABC	250
Sonstige Leistungen ABC	500
Gesamthonorar ABC	750

Unbefriedigend sind die gesetzlichen Vorgaben bei **Verbundbeziehungen auf der Prüferseite**, etwa wenn international ausgerichtete Konzern-Prüfungsleistungen und andere Leistungen durch „**Netzwerke**" i. S. des § 319b HGB (→ § 285 Rz. 107) erfolgen. „Abschlussprüfer" ist die nach § 318 HGB bestellte Praxis (→ § 318 Rz. 5). Leistungen durch Netzwerk-Partner des Abschlussprüfers müssen ebenso wenig berücksichtigt werden, wie solche, die mit dem Abschlussprüfer verbundene Unternehmen erbringen.[2] Werden sie **freiwillig** berücksichtigt, sind sie durch Davon-Vermerk kenntlich zu machen.[3]

13

BEISPIEL ▶ Eine deutsche Muttergesellschaft in Gestalt einer Holding mit einer Anzahl von Tochtergesellschaften in einer Reihe von ausländischen Staaten hat als Abschlussprüfer für

---

1 Diese entsprechend der Beteiligungsquote: IDW RS HFA 36 Tz. 19.
2 IDW RS HFA 36 Tz. 6 f.
3 IDW RS HFA 6 Tz. 6.

> den Einzelabschluss und Konzernabschluss die ABC-Deutschland AG bestellt. Ihrer Empfehlung entsprechend werden die Einzelabschlüsse samt den Konzern-*„Packages"* der ausländischen Tochtergesellschaften von Netzwerk-Partnern der ABC-AG geprüft. Die ausländischen Netzwerk-Partner erbringen außerdem umfangreiche Steuerberatungsleistungen und sonstige Leistungen.
>
> **Beurteilung**
>
> Die Leistungen der Netzwerkpartner sind im Konzernabschluss nicht angabepflichtig.

Wegen weiterer Einzelheiten zur Angabepflicht, etwa der Abgrenzung der verschiedenen Leistungskategorien, der Behandlung aktivierungspflichtiger Beratungshonorare usw. wird auf → § 285 Rz. 106 ff. verwiesen.

9. Geschäfte mit nahestehenden Personen und Unternehmen (Abs. 1 Nr. 13)

14   Die (**eingeschränkte**) Berichterstattungspflicht (→ § 285 Rz. 139) betrifft Geschäfte des Mutterunternehmens und seines Tochterunternehmens mit nahestehenden Unternehmen und Personen. Die Verpflichtung besteht nicht bei marktüblichen und unwesentlichen Geschäften. Im Übrigen ist sie wie für den Einzelabschluss **freiwillig** (→ § 285 Rz. 142). Der ausgesprochen weitgefasste Rahmen von potenziellen Angabepflichten wird eine spürbare Zurückhaltung bei betroffenen Muttergesellschaften zur freiwilligen Berichterstattung mit sich bringen (→ § 285 Rz. 145).

Die **konzerninternen** Geschäfte sind insoweit nicht angabepflichtig, da diese im Rahmen der Vollkonsolidierung aus dem Rechenwerk entfernt worden sind.

10. Haftungsverhältnisse (Abs. 1 Nr. 19)

15   Auf die Folgewirkungen von Schuldenkonsolidierungen ist unter → Rz. 3 mit Beispielen eingegangen worden.

III. Globalverweis

16   Wegen der übrigen Angabepflichten kann auf die Kommentierung zu § 285 HGB in folgender **Synopse** verwiesen werden:

§ 314 Nr.	§ 285 Nr.	Verweis	Inhalt
10	18	→ § 285 Rz. 115	Finanzinstrumente
11	19	→ § 285 Rz. 120	Derivative Finanzinstrumente
12	20	→ § 285 Rz. 134	Zum Zeitwert bewertete Finanzinstrumente
14	22	→ § 285 Rz. 147	Forschungs- und Entwicklungskosten
15	23	→ § 285 Rz. 149	Bewertungseinheiten
16	24	→ § 285 Rz. 152	Pensionsrückstellungen
17	25	→ § 285 Rz. 153	Kapitalgedeckte Altersversorgungsverpflichtungen
18	26	→ § 285 Rz. 157	Investmentvermögen
20	13	→ § 285 Rz. 97	Nutzungsdauer des *goodwill*
21	29	→ § 285 Rz. 162	Steuerlatenz

Für die übrigen Angabepflichten in der Aufzählungstabelle des § 314 HGB kann auf die vergleichbaren Kommentierungen in → § 285 verwiesen werden. Beachtlich sind immer die **Konzernspezifika**, z. B.: Finanzinstrumente i. S. des § 314 Nr. 10 HGB sind nur insoweit zu erläutern, als sie im Konzernabschluss enthalten und somit nicht durch die Schuldenkonsolidierung eliminiert worden sind.

IV. Sondervorschriften (Abs. 2)

Die **Individualisierung** der Organbezüge beim Mutterunternehmen (→ § 285 Rz. 71) kann nach den Vorgaben des § 286 Abs. 5 HGB (→ § 286 Rz. 11) unterbleiben. 17

Bei der (freiwilligen) Erweiterung des Konzernabschlusses um eine **Segmentberichterstattung** (→ § 297 Rz. 1) kann die Aufgliederung der Umsatzerlöse nach Abs. 1 Nr. 3 (→ Rz. 7) entfallen.

Neunter Titel: Konzernlagebericht

§ 315 Inhalt des Konzernlageberichts

(1) ¹Im Konzernlagebericht sind der Geschäftsverlauf einschließlich des Geschäftsergebnisses und die Lage des Konzerns so darzustellen, dass ein den tatsächlichen Verhältnissen entsprechendes Bild vermittelt wird. ²Er hat eine ausgewogene und umfassende, dem Umfang und der Komplexität der Geschäftstätigkeit entsprechende Analyse des Geschäftsverlaufs und der Lage des Konzerns zu enthalten. ³In die Analyse sind die für die Geschäftstätigkeit bedeutsamsten finanziellen Leistungsindikatoren einzubeziehen und unter Bezugnahme auf die im Konzernabschluss ausgewiesenen Beträge und Angaben zu erläutern. ⁴Satz 3 gilt entsprechend für nichtfinanzielle Leistungsindikatoren, wie Informationen über Umwelt- und Arbeitnehmerbelange, soweit sie für das Verständnis des Geschäftsverlaufs oder der Lage von Bedeutung sind. ⁵Ferner ist im Konzernlagebericht die voraussichtliche Entwicklung mit ihren wesentlichen Chancen und Risiken zu beurteilen und zu erläutern; zugrunde liegende Annahmen sind anzugeben. ⁶Die gesetzlichen Vertreter eines Mutterunternehmens im Sinne des § 297 Abs. 2 Satz 4 haben zu versichern, dass nach bestem Wissen im Konzernlagebericht der Geschäftsverlauf einschließlich des Geschäftsergebnisses und die Lage des Konzerns so dargestellt sind, dass ein den tatsächlichen Verhältnissen entsprechendes Bild vermittelt wird, und dass die wesentlichen Chancen und Risiken im Sinne des Satzes 5 beschrieben sind.

(2) ¹Der Konzernlagebericht soll auch eingehen auf:

1. Vorgänge von besonderer Bedeutung, die nach dem Schluss des Konzerngeschäftsjahrs eingetreten sind;

2. a. die Risikomanagementziele und -methoden des Konzerns einschließlich seiner Methoden zur Absicherung aller wichtigen Arten von Transaktionen, die im Rahmen der Bilanzierung von Sicherungsgeschäften erfasst werden, sowie

   b. die Preisänderungs-, Ausfall- und Liquiditätsrisiken sowie die Risiken aus Zahlungsstromschwankungen, denen der Konzern ausgesetzt ist,

   jeweils in Bezug auf die Verwendung von Finanzinstrumenten durch den Konzern und sofern dies für die Beurteilung der Lage oder der voraussichtlichen Entwicklung von Belang ist;

3. den Bereich Forschung und Entwicklung des Konzerns;

4. die Grundzüge des Vergütungssystems für die in § 314 Abs. 1 Nr. 6 genannten Gesamtbezüge, soweit das Mutterunternehmen eine börsennotierte Aktiengesellschaft ist. ²Werden dabei auch Angaben entsprechend § 314 Abs. 1 Nr. 6 Buchstabe a Satz 5 bis 8 gemacht, können diese im Konzernanhang unterbleiben;

5. die wesentlichen Merkmale des internen Kontroll- und des Risikomanagementsystems im Hinblick auf den Konzernrechnungslegungsprozess, sofern eines der in den Konzernabschluss einbezogenen Tochterunternehmen oder das Mutterunternehmen kapitalmarktorientiert im Sinn des § 264d ist.

(3) § 298 Abs. 3 über die Zusammenfassung von Konzernanhang und Anhang ist entsprechend anzuwenden.

(4) ¹Mutterunternehmen, die einen organisierten Markt im Sinne des § 2 Abs. 7 des Wertpapiererwerbs- und Übernahmegesetzes durch von ihnen ausgegebene stimmberechtigte Aktien in Anspruch nehmen, haben im Konzernlagebericht anzugeben:

1. die Zusammensetzung des gezeichneten Kapitals; bei verschiedenen Aktiengattungen sind für jede Gattung die damit verbundenen Rechte und Pflichten und der Anteil am Gesellschaftskapital anzugeben, soweit die Angaben nicht im Konzernanhang zu machen sind;
2. Beschränkungen, die Stimmrechte oder die Übertragung von Aktien betreffen, auch wenn sie sich aus Vereinbarungen zwischen Gesellschaftern ergeben können, soweit sie dem Vorstand des Mutterunternehmens bekannt sind;
3. direkte oder indirekte Beteiligungen am Kapital, die 10 vom Hundert der Stimmrechte überschreiten, soweit die Angaben nicht im Konzernanhang zu machen sind;
4. die Inhaber von Aktien mit Sonderrechten, die Kontrollbefugnisse verleihen; die Sonderrechte sind zu beschreiben;
5. die Art der Stimmrechtskontrolle, wenn Arbeitnehmer am Kapital beteiligt sind und ihre Kontrollrechte nicht unmittelbar ausüben;
6. die gesetzlichen Vorschriften und Bestimmungen der Satzung über die Ernennung und Abberufung der Mitglieder des Vorstands und über die Änderung der Satzung;
7. die Befugnisse des Vorstands insbesondere hinsichtlich der Möglichkeit, Aktien auszugeben oder zurückzukaufen;
8. wesentliche Vereinbarungen des Mutterunternehmens, die unter der Bedingung eines Kontrollwechsels infolge eines Übernahmeangebots stehen, und die hieraus folgenden Wirkungen; die Angabe kann unterbleiben, soweit sie geeignet ist, dem Mutterunternehmen einen erheblichen Nachteil zuzufügen; die Angabepflicht nach anderen gesetzlichen Vorschriften bleibt unberührt;
9. Entschädigungsvereinbarungen des Mutterunternehmens, die für den Fall eines Übernahmeangebots mit den Mitgliedern des Vorstands oder Arbeitnehmern getroffen sind, soweit die Angaben nicht im Konzernanhang zu machen sind.

²Sind Angaben nach Satz 1 im Konzernanhang zu machen, ist im Konzernlagebericht darauf zu verweisen.

Inhaltsübersicht	Rz.
I. Anwendungsbereich	1 - 3
II. Inhaltliche Identität mit dem Lagebericht	4 - 5
III. Konzernspezifische Teile der Berichterstattung	6 - 8

Ausgewählte Literatur

Auf die Nachweise zu → § 289 wird verwiesen.

I. Anwendungsbereich

Die der Konzernrechnungslegungspflicht unterliegenden Muttergesellschaften (→ § 290 Rz. 1) haben neben dem Konzernabschluss einen Konzernlagebericht zu erstellen. Das gilt auch für den befreienden IFRS-Konzernabschluss nach § 315a HGB (→ § 315a Rz. 12), ebenso für dem PublG unterliegende Mutterunternehmen.

Der Konzernlagebericht **ergänzt** konzeptionell den Konzernabschluss und ist somit nicht dessen Bestandteil. Er wird von börsennotierten oder anderen kapitalmarktorientierten Gesellschaften gewöhnlich in einem Druckstück („Geschäftsbericht") zusammen mit dem Jahresabschluss und zusätzlichen Informationen veröffentlicht (→ § 289 Rz. 8).

Deshalb ist nach Abs. 3 eine **Zusammenfassung** von Lagebericht und Konzernlagebericht vergleichbar dem Anhang (→ § 313 Rz. 1) zulässig, wovon regelmäßig Gebrauch gemacht wird (→ Rz. 8). Dann ist auch eine Zusammenfassung im **Prüfungsbericht** (→ § 321 Rz. 100) und bei der **Offenlegung** (→ § 325 Rz. 27) zulässig.

II. Inhaltliche Identität mit dem Lagebericht

Der Inhalt des § 315 HGB **entspricht** in Aufbau und Inhalt weitestgehend dem § 289 HGB. Es sind (unbedeutende) **Ausnahmen** festzustellen.

Im **Inhalt**:

▶ Abs. 3 erlaubt die **Zusammenfassung** von Lagebericht und Konzernlagebericht (→ Rz. 3),
▶ die Berichterstattung über **Zweigniederlassungen** wie nach § 289 Abs. 2 Nr. 4 HGB (→ § 289 Rz. 67) entfällt.

Im **Aufbau**:

▶ Während die Angabepflicht zu den **nichtfinanziellen Leistungsindikatoren** im Einzelabschluss nur große Kapitalgesellschaften betrifft und daher separat in § 289 Abs. 3 HGB geregelt ist, gilt sie beim Konzernabschluss uneingeschränkt und ist daher im Zusammenhang verwandter Pflichtangaben in Abs. 1 Satz 4 geregelt.

▶ In Abs. 2 Nr. 5 ist als Soll-Vorschrift die Berichterstattungspflicht über das Kontroll- und Risikomanagementsystem für den **Rechnungslegungsprozess** enthalten, die für den Lagebericht in § 289 Abs. 5 HGB als Muss-Vorschrift geregelt ist. Im Lagebericht betrifft sie nur kapitalmarktorientierte Gesellschaften; für den Konzernabschluss reicht die Kapitalmarktorientierung **eines** einbezogenen Unternehmens aus. Die Soll-Vorgabe in Abs. 2 entspricht zumindest in diesem Fall aber einem faktischen „Muss" (→ § 289 Rz. 48).

Diese „Doppelarbeit" des Gesetzgebers ließe sich durch Abstrahierung des berichterstattenden Subjekts vermeiden (→ § 314 Rz. 1). Statt „Kapitalgesellschaft" (§ 289 HGB) und „Konzern" (§ 315 HGB) könnte man den allgemeinen Begriff der (berichterstattenden) „Einheit" – nach IFRS „*entity*" – verwenden und würde sich so den zweiten Paragraphen mit demselben Inhalt ersparen. In unserer Kommentierung folgen wir diesem Rationalisierungsvorschlag und **verweisen** generell auf die Erläuterungen in → § 289.

Bei dieser Vorgehensweise können wir uns auch auf die Vorgaben des **DSR** mit seinen beiden Standards DRS 15 und DRS 5 stützen, die beide förmlich dem Aufgabenbereich des DRS entsprechend den **Konzern**lagebericht behandeln, aber allgemeiner Auffassung zufolge auch für den (**Einzel-**)Lagebericht Gültigkeit beanspruchen (→ § 289 Rz. 10).

Die Berichterstattungspflicht nach § 289 HGB betrifft die **rechtliche** Einheit „Kapitalgesellschaft" – und Kap. & Co.-Gesellschaft –, nach § 315 HGB die **wirtschaftliche** Einheit „Konzern".

Bei der Lektüre des § 289 HGB dieser Kommentierung ist „technisch" für den Anwendungsbereich von § 315 HGB die „Kapitalgesellschaft" durch den „Konzern" zu ersetzen. Lediglich konzernspezifische Sachverhalte werden nachfolgend erläutert.

III. Konzernspezifische Teile der Berichterstattung

6   Die Berichterstattungspflicht bezieht sich auf den Konzern unabhängig von der förmlichen Einbeziehung von Tochtergesellschaften in den Konsolidierungskreis (→ § 296 Rz. 1 ff.). Im wichtigsten Nichtkonsolidierungsfall der **Unwesentlichkeit** des Tochterunternehmens ist aber wegen der Unwesentlichkeit über dessen wirtschaftliche Verhältnisse auch im Konzernlagebericht nicht zu berichten.

7   Eine Berichtspflicht für die **einzelnen** Unternehmen des Konzerns besteht nicht, Berichtsobjekt ist „**der**" Konzern. Andererseits muss über die „Lage" eines einbezogenen Unternehmens berichtet werden, wenn in diesem aus Konzernsicht wichtige Produktgruppen oder geografische Strukturierungen angesiedelt sind.

> **BEISPIEL** Im Versicherungskonzern sind die Sparten „Leben", „Sach" und „Kranken" jeweils in eigene Tochtergesellschaften im Inland ausgegliedert. Im Ausland fungiert durchgängig eine Landesholding.
>
> Hier hängt Wohl und Wehe des Konzerns von einer Anzahl dieser Gesellschaften ab, weshalb über sie zu berichten ist. Das kann ohne spezifische Bezugnahme auf die Rechtsstruktur erfolgen:
>
> ▶ „Im Bereich ‚Sachversicherung Inland'";
>
> ▶ „In Osteuropa ist der Geschäftsverlauf differenziert zu beurteilen";
>
> ▶ „Der Bereich „Sach" hat sich erfreulich entwickelt, „Leben" stagniert dagegen".

8   Die Berichterstattungspflicht muss sich nicht an der **Konsolidierungs-** und **Bewertungs**methode orientieren. Auf die „Lage" des Konzerns können sich die Verhältnisse eines *at equity* bewerteten Unternehmens maßgeblich auswirken und umgekehrt diejenigen eines quotal konsolidierten eine unbedeutende Rolle spielen.

Das gilt vergleichbar für den (Einzel-)Lagebericht nach § 289 HGB. Die dortige Berichterstattung ist von der **Bewertungsmethode** für die Beteiligungsunternehmen unabhängig.

> **BEISPIEL** Die Holding AG konsolidiert nach § 301 HGB 35 Tochtergesellschaften, nach § 310 HGB (quotal) drei und nach § 312 HGB (*at equity*) sieben weitere Gesellschaften. Ein Gemeinschaftsunternehmen i. S. des § 310 HGB ist im wichtigen chinesischen Markt tätig, zwei

assoziierte Unternehmen besorgen die existenznotwendige Beschaffung wichtiger Rohmaterialien.

Über diese drei Gesellschaften ist sowohl nach § 289 HGB als auch nach § 315 HGB zu berichten – unabhängig von der Art der Einbeziehung in die jeweiligen Abschlüsse.

Die **zusammenfassende** Berichterstattung nach Abs. 3 (→ Rz. 3) drängt sich in solchen Fällen geradezu auf.

Zehnter Titel: Konzernabschluss nach internationalen Rechnungslegungsstandards

§ 315a

(1) Ist ein Mutterunternehmen, das nach den Vorschriften des Ersten Titels einen Konzernabschluss aufzustellen hat, nach Artikel 4 der Verordnung (EG) Nr. 1606/2002 des Europäischen Parlaments und des Rates vom 19. Juli 2002 in der jeweils geltenden Fassung verpflichtet, die nach den Artikeln 2, 3 und 6 der genannten Verordnung übernommenen internationalen Rechnungslegungsstandards anzuwenden, so sind von den Vorschriften des Zweiten bis Achten Titels nur § 294 Abs. 3, § 297 Abs. 2 Satz 4, § 298 Abs. 1, dieser jedoch nur in Verbindung mit den §§ 244 und 245, ferner § 313 Abs. 2 und 3, § 314 Abs. 1 Nr. 4, 6, 8 und 9, Abs. 2 Satz 2 sowie die Bestimmungen des Neunten Titels und die Vorschriften außerhalb dieses Unterabschnitts, die den Konzernabschluss oder den Konzernlagebericht betreffen, anzuwenden.

(2) Mutterunternehmen, die nicht unter Absatz 1 fallen, haben ihren Konzernabschluss nach den dort genannten internationalen Rechnungslegungsstandards und Vorschriften aufzustellen, wenn für sie bis zum jeweiligen Bilanzstichtag die Zulassung eines Wertpapiers im Sinne des § 2 Abs. 1 Satz 1 des Wertpapierhandelsgesetzes zum Handel an einem organisierten Markt im Sinne des § 2 Abs. 5 des Wertpapierhandelsgesetzes im Inland beantragt worden ist.

(3) [1]Mutterunternehmen, die nicht unter Absatz 1 oder 2 fallen, dürfen ihren Konzernabschluss nach den in Absatz 1 genannten internationalen Rechnungslegungsstandards und Vorschriften aufstellen. [2]Ein Unternehmen, das von diesem Wahlrecht Gebrauch macht, hat die in Absatz 1 genannten Standards und Vorschriften vollständig zu befolgen.

Inhaltsübersicht	Rz.
I. Regelungsinhalt	1 - 3
II. Kapitalmarktorientierte Gesellschaften (Abs. 1)	4 - 12
1. Vorrang des nationalen Rechts bei der Bestimmung der Konzernabschlusspflicht	4 - 7
2. Ergänzend zu beachtende handelsrechtliche Vorschriften	8 - 12
III. Zulassungsantrag (Abs. 2)	13
IV. Sonstige Unternehmen (Abs. 3)	14
V. Übergang auf IFRS	15
VI. Rückkehr zum HGB	16 - 21

Ausgewählte Literatur

Engelmann/Zülch, Pflicht zur Aufstellung eines IFRS-Konzernabschlusses trotz nach HGB unwesentlicher Tochterunternehmen, DB 2006 S. 293

Hoffmann/Lüdenbach, Der Übergang zu den IFRS mit Rückfahrkarte, BB 2005 S. 96

Knorr/Buchheim/Schmidt, Konzernrechnungslegungspflicht und Konsolidierungskreis – Wechselwirkungen und Folgen für die Verpflichtung zur Anwendung von IFRS, BB 2005 S. 2399

Zeyer/Maier, Pflichtangaben nach § 315a Abs. 1 HGB im IFRS-Abschluss – Bloße Addition oder doch Multiplikation?, PiR 2010 S. 189

I. Regelungsinhalt

1 § 315a HGB regelt die freiwillige oder verpflichtende Anwendung der internationalen Rechungslegungsstandards.

2 Für **kapitalmarktorientierte Mutterunternehmen** (→ § 264d Rz. 1) ergibt sich die **Pflicht** (→ Rz. 6), den Konzernabschluss nach IFRS aufzustellen, bereits aus Art. 4 der unmittelbar als nationales Recht wirksamen sog. IAS-VO der EU. Abs. 1 sieht für die Unternehmen jedoch über die IFRS hinausgehend **ergänzende Pflichten** (Währung, Sprache, bestimmte Anhangangaben, Lagebericht) vor (→ Rz. 8 ff.).

Voraussetzung ist dabei stets, dass überhaupt eine **Konzernrechnungslegungspflicht** besteht. Dies ist **nach nationalem** Recht und nicht nach der IAS-VO zu beurteilen (→ Rz. 5).

3 Art. 5 der IAS-VO lässt den Mitgliedstaaten ein **Wahlrecht** (→ Rz. 6), ob auch für nicht oder noch nicht kapitalmarktorientierte Unternehmen, die Anwendung der IFRS vorgeschrieben oder zugelassen wird. Der deutsche Gesetzgeber setzt dieses Wahlrecht zur IFRS-Anwendung Folgendermaßen um:

▶ Nach Abs. 2 besteht für Mutterunternehmen, die zum jeweiligen Bilanzstichtag die **Zulassung** eines Wertpapiers an einem organisierten Markt **beantragt**, aber noch nicht erhalten haben, eine Pflicht

▶ für **andere Unternehmen** gem. Abs. 3 ein Wahlrecht.

Die ergänzend zu den IFRS-Standards in Abs. 1 enthaltenen HGB-Vorschriften (→ Rz. 2) gelten ebenso für einen IFRS-Abschluss nach Abs. 2 oder 3.

II. Kapitalmarktorientierte Gesellschaften (Abs. 1)

1. Vorrang des nationalen Rechts bei der Bestimmung der Konzernabschlusspflicht

4 Nach IAS 27.9 hat ein **Mutterunternehmen** – größen-, rechtsform- und sitzunabhängig – einen Konzernabschluss vorzulegen. Befreiungsmöglichkeiten sind lediglich für den Teil-Konzernabschluss bestimmter Mutterunternehmen vorgesehen, die selbst Tochterunternehmen eines anderen Mutterunternehmens sind (IAS 27.10).

5 Aus Sicht deutscher und EU-Anwender haben die **IFRS-Vorschriften** zur Konzernabschlusspflicht jedoch **keine Relevanz**. Dies ergibt sich bereits aus Abs. 1 Satz 1 1. Halbsatz. Dort ist die Rede von einem Mutterunternehmen,

▶ „das nach den Vorschriften des Ersten Titels einen Konzernabschluss aufzustellen hat" und

▶ nach Art. 4 der Verordnung (EG) Nr. 1606/2002 „... verpflichtet ist, die ... internationalen Rechnungslegungsstandards anzuwenden".

Vorausgesetzt wird im ersten Punkt, dass nach §§ 290 HGB ff. überhaupt eine **handelsrechtliche Pflicht** zur Aufstellung eines Konzernabschlusses besteht, insbesondere in handelsrechtlicher Würdigung mindestens ein Mutter-Tochter-Verhältnis vorliegt. Nur wo diese Voraussetzung erfüllt ist, kommt der zweite Punkt, die Anwendung der IFRS, zum Tragen.

Diese **Arbeitsteilung** zwischen nationalem Recht (bzw. 7. EU-Richtlinie) und IFRS hat die EU-Kommission im November 2003 als „Kommentare zu bestimmten Artikeln der Verordnung (EG) Nr. 160" (6/2002) wie folgt bekräftigt:

- „Da sich die IAS-Verordnung lediglich auf ‚konsolidierte Abschlüsse' bezieht, wird sie nur dann wirksam, wenn diese konsolidierten Abschlüsse von anderer Seite gefordert werden. Die Klärung der Frage, ob eine Gesellschaft zur Erstellung eines konsolidierten Abschlusses verpflichtet ist oder nicht, wird nach wie vor durch Bezugnahme auf das einzelstaatliche Recht erfolgen, das infolge der Siebenten Richtlinie erlassen wurde …"
- Daher „bestimmt das nationale aus den Rechnungslegungsrichtlinien abgeleitete Recht, ob konsolidierte Abschlüsse erforderlich sind oder nicht.
- Werden sie benötigt, so legen die in den übernommenen IAS festgelegten Anforderungen den Anwendungsbereich der Konsolidierung und folglich die Unternehmen fest, die in diese konsolidierten Abschlüsse einzubeziehen sind, und die Art und Weise, wie dies geschehen soll."

Es ergibt sich das in der nachfolgenden Übersicht dargestellte Zusammenwirken von IFRS und HGB für den deutschen Anwender:

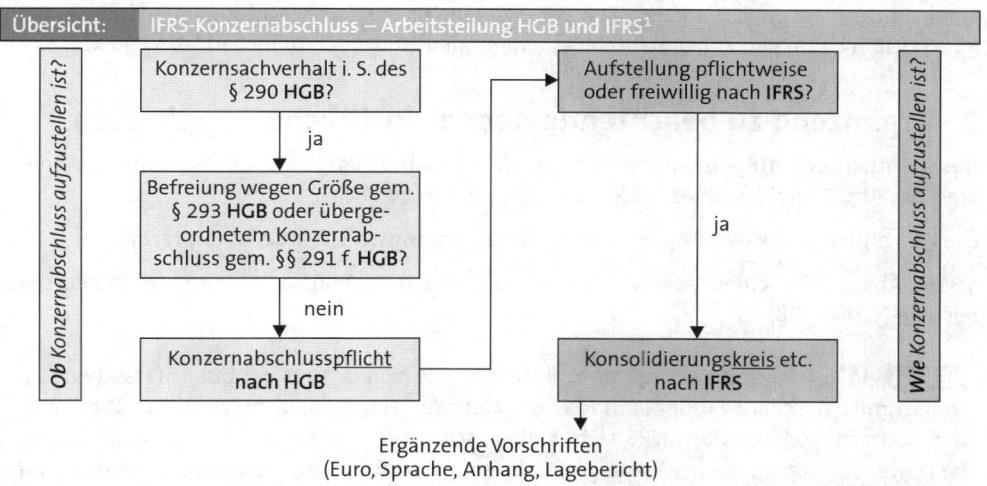

Übersicht: IFRS-Konzernabschluss – Arbeitsteilung HGB und IFRS[1]

Insoweit haben deutsche Anwender gem. Abs. 1 und 2 verpflichtend (kapitalmarktorientierte Gesellschaften bzw. solche, die die Zulassung beantragt haben) oder gem. Abs. 3 befreiend (sonstige Gesellschaften) einen IFRS-Konzernabschluss nur aufzustellen, wenn folgende Bedingungen **kumulativ** erfüllt sind:

- Das Mutterunternehmen ist eine **Kapital**gesellschaft oder eine **Kap. & Co.**-Gesellschaft ohne haftende natürliche Person (§ 290 HGB i.V. mit §§ 264 und 264a HGB).
- Das Mutterunternehmen übt auf mindestens ein anderes Unternehmen einen **beherrschenden Einfluss** i. S. von § 290 HGB aus.
- Es liegt **kein Befreiungstatbestand** nach § 291 bis 293 HGB vor.

---

[1] Entnommen: *Lüdenbach*, in: Lüdenbach/Hoffmann (Hrsg.), Haufe IFRS-Kommentar, 8. Aufl., Freiburg 2010, § 32.

Hinsichtlich der **Befreiungstatbestände** ist wie folgt zu differenzieren:

- ▶ **Kapitalmarktorientierte** Mutterunternehmen können weder die Befreiung wegen Einbeziehung in einen übergeordneten Konzernabschluss (§ 291 Abs. 3 Nr. 1 HGB) noch die größenabhängige Befreiung (§ 293 Abs. 5 HGB) in Anspruch nehmen.
- ▶ Mutterunternehmen, die einen **Zulassungsantrag** zu einem organisierten Markt gestellt haben, können zwar die Befreiung wegen Einbeziehung in einen übergeordneten Konzernabschluss in Anspruch nehmen, sind aber durch § 293 Abs. 5 HGB von der Möglichkeit größenabhängiger Befreiung ausgeschlossen.
- ▶ **Sonstige** Mutterunternehmen können beide Befreiungen in Anspruch nehmen.

7   Abstimmungsprobleme zwischen HGB und IFRS können sich auch dann ergeben, wenn **sämtliche** Tochtergesellschaften einer kapitalmarkorientierten Gesellschaft wegen **Unwesentlickeit** oder aus sonstigen Gründen gem. § 296 HGB nicht einbeziehungspflichtig sind. Zum HGB a. F. war die Rechtsfolge strittig. Nach einer Auffassung war hier ein IFRS-Konzernabschluss aufzustellen,[2] nach der Gegenmeinung[3] bestand keine Konzernrechnungslegungspflicht. Mit der Einfügung von § 290 Abs. 5 HGB durch das BilMoG ist hier Rechtssicherheit entstanden: Ein Mutterunternehmen ist von der Pflicht, einen Konzernabschluss (auch einen nach IFRS) und einen Konzernlagebericht aufzustellen befreit, wenn es nur Tochterunternehmen hat, die gem. § 296 HGB nicht in den Konzernabschluss einbezogen zu werden brauchen (→ § 290 Rz. 76).

2. Ergänzend zu beachtende handelsrechtliche Vorschriften

8   Abs. 1 enthält **ergänzende** Vorschriften für den IFRS-Abschluss, die ebenso für den Anwenderkreis des Abs. 2 und des Abs. 3 gelten.

9   Die IFRS enthalten weder Vorgaben zur **Berichtswährung** noch zur **Berichtssprache**.

§ 315a Abs. 1 HGB schreibt die Aufstellung des Konzernabschlusses in Euro und in deutscher Sprache (§ 244 HGB) vor.

> **BEISPIEL** ▶ In der Schneeeifel liegt die Konzernzentrale, von der aus der publizitätsscheue Anton Schmitz sein ganz Europa umfassendes Netz von Handelsfilialen leitet. Das Wahlrecht, den Konzernabschluss nach IFRS aufzustellen, scheint ihm wie gerufen. Da das IFRS-Regelwerk weder Sprache noch Währung vorschreibt, möchte er den Abschluss in Sanskrit aufstellen und als Währung den Fidschi Dollar (FJD) verwenden.
>
> **BEURTEILUNG** ▶ Zwar wäre ein solcher Abschluss IFRS-konform. Er würde aber wegen Abs. 3 Satz 2 i.V. mit Abs. 1 und § 244 HGB zur Erfüllung inländischer Rechnungslegungs- und Publizitätspflichten nicht genügen, also nicht befreiend wirken.

10 Der Abschluss ist nach Abs. 1 i.V. mit § 245 HGB zu **unterzeichnen** (→ § 245 Rz. 5). Nach § 297 Abs. 2 Satz 4 HGB ist außerdem der „Bilanzeid" zu leisten (→ § 297 Rz. 111).

11 Im **Anhang** des IFRS-Konzernabschlusses sind anzugeben:

---

2 Vgl. *Knorr/Buchheim/Schmidt*, BB 2005 S. 2399.
3 Vgl. *Engelmann/Zülch*, DB 2006 S. 293 ff.

- nach § 313 Abs. 2 und 3 HGB Name, Sitz, Kapitalanteil etc. von Tochterunternehmen, assoziierten Unternehmen und Gemeinschaftsunternehmen (→ § 313 Rz. 24),
- nach § 314 Abs. 1 Nr. 4 HGB die durchschnittliche Zahl der Arbeitnehmer (→ § 314 Rz. 8),
- nach § 314 Abs. 1 Nr. 6 HGB unter den Bedingungen von § 314 Abs. 2 Satz 2 HGB die Organbezüge (→ § 314 Rz. 9),
- nach § 314 Abs. 1 Nr. 8 HGB die *compliance*-Erklärung zu § 161 AktG (→ § 314 Rz. 11) sowie
- nach § 314 Abs. 1 Nr. 9 HGB das Honorar des Abschlussprüfers nach Leistungsarten (→ § 314 Rz. 12).

Aus **Sicht des IFRS-Regelwerks** handelt es sich um **freiwillige** Anhangangaben, die insoweit zulässig sind, als sie die Systematik und Verständlichkeit des Abschlusses nicht gefährden (IAS 1.113). Wie andere „freiwillige" Angaben auch haben die durch § 315a HGB geforderten den allgemeinen Anforderungen der IFRS zu genügen. Dazu gehört insbesondere die Pflicht nach IAS 1.38, in Abschlüssen quantitative Informationen zu vorangegangenen Perioden (**Vorjahresvergleichszahlen**) zu machen. In Bezug auf die Zahl der durchschnittlichen Arbeitnehmer und des Abschlussprüferhonorars ist dies in der Bilanzierungspraxis weitgehend unstrittig. Hingegen werden bei den Angaben zum Konzernanteilsbesitz entgegen IAS 1.38 in der Praxis durchweg keine Vorjahresangaben gemacht.[4]

Außerdem ist der Konzernabschluss um einen **Konzernlagebericht** zu ergänzen (→ § 315 Rz. 1 ff.).

12

III. Zulassungsantrag (Abs. 2)

In Ausübung des Mitgliedstaatenwahlrechts (→ Rz. 3) schreibt Abs. 2 die Anwendung der IFRS bereits vor, wenn am Abschlussstichtag ein **Zulassungsantrag** zu einem organisierten Markt gestellt ist.

13

In diesem Fall ist der Konzernabschluss nach den in Abs. 1 „genannten internationalen Rechnungslegungsstandards und Vorschriften aufzustellen." Mit „Vorschriften" sind die **ergänzend** zu IFRS zu beachtenden handelsrechtlichen Regeln gemeint (→ Rz. 8).

Wie beim Anwenderkreis des Abs. 1 ist jedoch vor Anwendung der IFRS zunächst zu prüfen, ob überhaupt eine **Konzernrechnungslegungspflicht** nach HGB besteht (→ Rz. 6).

IV. Sonstige Unternehmen (Abs. 3)

In Weitergabe des Mitgliedstaatenwahlrechts (→ Rz. 3) als Unternehmenswahlrecht erlaubt Abs. 3 Unternehmen, die weder kapitalmarktorientiert sind, noch einen Zulassungsantrag zu einem organisierten Markt gestellt haben, ihren Konzernabschluss mit **befreiender Wirkung** nach den IFRS aufzustellen.

14

Wie in den anderen Fällen ist zunächst nach HGB zu prüfen, ob überhaupt eine **Konzernrechnungslegungspflicht** besteht (→ Rz. 6).

---

4 Vgl. im Einzelnen *Zeyer/Maier*, PiR 2010 S. 189 ff.

Falls dies bejaht und von dem Wahlrecht nach Abs. 3 Satz 1 Gebrauch gemacht wird, sind gem. Abs. 3 Satz 1 die in Abs. 1 genannten Standards und die **ergänzenden** handelsrechtlichen Vorschriften vollständig zu befolgen (→ Rz. 8).

V. Übergang auf IFRS

15 Das Prozedere eines pflicht- oder wahlweisen Übergangs auf die IFRS ist nicht im HGB, sondern in **IFRS 1** geregelt. Hiernach gilt im Wesentlichen Folgendes:

▶ Zum Übergangszeitpunkt sind mit bestimmten, meist als Wahlrecht gestalteten Ausnahmen alle Bilanzansätze so zu bestimmen, als ob immer schon nach IFRS bilanziert worden wäre (**retrospektive Anwendung**).

▶ Daraus entstehende Differenzen zum vorherigen handelsrechtlichen Ansatz sind **erfolgsneutral** gegen Gewinnrücklagen zu buchen.

▶ Umstellungszeitpunkt ist nicht das erste IFRS-Berichtsjahr, sondern wegen der Notwendigkeit von IFRS-Vorjahresangaben die **Eröffnungsbilanz des Vorjahrs**.

Wegen weiterer Einzelheiten wird auf unsere IFRS-Kommentierung verwiesen.[5]

VI. Rückkehr zum HGB

16 Die Voraussetzungen für eine Pflichtanwendung der IFRS können im Zeitablauf entfallen, etwa weil die Börsennotierung endet (*delisting*). Sofern dann nicht wahlweise gem. Abs. 3 weiterhin nach IFRS bilanziert wird, stellt sich die Frage nach dem Übergangsprozedere auf das HGB. Das gleiche Problem besteht, wenn ein **freiwilliger IFRS-Anwender** gem. Abs. 3 von der IFRS-Rechnungslegung nicht mehr überzeugt ist und zum HGB zurückkehren möchte.

17 Die IFRS können (und wollen natürlich auch) nicht diese Rückkehr aus ihrem eigenen Rechnungslegungsbereich regeln. „**Zuständig**" ist hierfür das **HGB**, das indes förmlich diesen Sachverhalt nicht behandelt. Andererseits ist eine Rückkehr in die HGB-Welt nach früherer IFRS-Anwendung **nicht verboten**. Die also erlaubte, aber ungeregelte Rückkehr muss deshalb in ihrer Rechtsstruktur auf Analogieschlüsse und allgemeine Aspekte der Rechnungslegungsgrundlage gestützt werden.

18 Dabei kann IFRS 1 (→ Rz. 15) für die Formulierung der **Fragen** zur „Rückkehrmechanik" herangezogen werden:

▶ Soll eine **retrospektive Anwendung** des HGB erfolgen, also nach Rückkehr so bilanziert werden, als ob nie die HGB-Welt verlassen worden wäre (→ Rz. 19)?

▶ Sollen die dann (erneut) entstehenden Ansatz- und Bewertungsunterschiede **erfolgsneutral** oder **erfolgswirksam** behandelt werden (→ Rz. 20)?

▶ Muss im ersten HGB-Abschluss auch ein **Vorjahresvergleich** bei der GuV in vollem Umfang möglich sein (→ Rz. 21)?

19 Zur **Retrospektionsfrage** einschlägige Vorschriften im Art. 24 Abs. 1 bis 4 EGHGB geben Anhaltspunkte zu Analogieschlüssen. Die dortigen Regelungen für den damaligen Übergang vom

---

5 Vgl. *Hoffmann/Zeimes*, in: Lüdenbach/Hoffmann (Hrsg.), Haufe IFRS-Kommentar, 8. Aufl., Freiburg 2010, § 6.

früheren Aktiengesetz auf das HGB in der Form des **Bilanzrichtliniengesetzes** (BiRiLiG) zum 31. 12. 1986 bzw. 1. 1. 1987 besagen zusammengefasst etwa Folgendes:

- Ein von dem bisherigen Recht abweichender Wertansatz auf der **Aktivseite** kann beibehalten werden, wenn er niedriger ist als der jetzt (nach BiRiLiG) vorgeschriebene.
- Der umgekehrte Fall – bislang gegenüber den BiRiLiG-Werten zu hoher Bilanzansatz – ist förmlich nicht geregelt; gültig sind deshalb die nach dem BiRiLiG vorgeschriebenen Wertansätze.
- Für die **Schulden** gilt: Wenn bislang höhere Werte (als nach BiRiLiG zulässig) bilanziert waren, können diese beibehalten werden.
- Im umgekehrten Fall – bislang gegenüber den BiRiLiG-Werten zu niedriger Bilanzansatz – ist der jetzt (nach dem BiRiLiG) zutreffende höhere Wert anzusetzen.

Hinter den vorstehenden Regeln verbirgt sich insbesondere das **Niederstwertprinzip**. Dieses kann u. E. auch beim Übergang von IFRS auf HGB als **Leitmotiv** beachtet werden. Daraus folgt zunächst:

- Überhöhte Aktivwerte sind abzuwerten.
- Zu niedrige Aktivwerte können beibehalten werden.
- Zu niedrig bewertete Schulden sind zu erhöhen.
- Zu hoch angesetzte Schulden können beibehalten werden.

Ein solches Vorgehen kann sich zusätzlich noch auf die Analogie zu Art. 67 Abs. 3 und 4 EGHGB betreffend den Übergang zum **BilMoG** berufen. Auch dort ist ein Recht zur Beibehaltung höherer Wertansätze von Passivposten und niedrigerer Wertansätze von Aktivposten vorgesehen.

U. E. sollte der Rückkehrprozess zum HGB die Spuren der zwischendurch durchgeführten IFRS-Rechnungslegung möglichst vollständig beseitigen. Deshalb dürfen auch die erforderlichen Anpassungen nicht das Ergebnis des Übergangsjahrs belasten. Die danach gebotene **erfolgsneutrale** Verbuchung der Anpassungserfordernisse im Eigenkapital stellt sich systematisch als punktuelle Durchbrechung der **Bilanzidentität** i. S. des § 252 Abs. 1 Nr. 1 HGB (→ § 252 Rz. 26) dar; diese kann wiederum auf die Ausnahmevorschrift in § 252 Abs. 2 HGB (→ § 252 Rz. 181) gestützt werden. Auch für diesen Lösungsvorschlag gibt es Analogvorgaben in Art. 24 Abs. 3 und 4 EGHGB und Art. 67 Abs. 3 und 4 EGHGB; danach waren zwingende oder mögliche Wertanpassungen gegen die Gewinnrücklagen zu buchen.

U. E. ist es nicht nötig, gem. § 265 Abs. 2 Satz 2 HGB **Vorjahresvergleichszahlen** für die GuV darzustellen. Grund: Die Vergleichbarkeit im Übergangsjahr fehlt, deshalb muss eine Angabe unter entsprechender Anhangerläuterung entfallen. Auch dieser Lösungsvorschlag findet seine Unterstützung in Art. 24 Abs. 5 Satz 2 EGHGB und Art. 67 Abs. 8 EGHGB.

Dritter Unterabschnitt: Prüfung

§ 316 Pflicht zur Prüfung

(1) ¹Der Jahresabschluss und der Lagebericht von Kapitalgesellschaften, die nicht kleine im Sinne des § 267 Abs. 1 sind, sind durch einen Abschlussprüfer zu prüfen. ²Hat keine Prüfung stattgefunden, so kann der Jahresabschluss nicht festgestellt werden.

(2) ¹Der Konzernabschluss und der Konzernlagebericht von Kapitalgesellschaften sind durch einen Abschlussprüfer zu prüfen. ²Hat keine Prüfung stattgefunden, so kann der Konzernabschluss nicht gebilligt werden.

(3) ¹Werden der Jahresabschluss, der Konzernabschluss, der Lagebericht oder der Konzernlagebericht nach Vorlage des Prüfungsberichts geändert, so hat der Abschlussprüfer diese Unterlagen erneut zu prüfen, soweit es die Änderung erfordert. ²Über das Ergebnis der Prüfung ist zu berichten; der Bestätigungsvermerk ist entsprechend zu ergänzen.

Inhaltsübersicht	Rz.
I. Jahresabschluss und Lagebericht (Abs. 1)	1 - 6
1. Prüfungsobjekt und -subjekt (Abs. 1 Satz 1)	1 - 5
2. Rechtsfolge der Nichtprüfung (Abs. 1 Satz 2)	6
II. Konzernabschluss und -lagebericht (Abs. 2)	7 - 11
1. Prüfungsobjekt und -subjekt (Abs. 2 Satz 1)	7 - 10
2. Rechtsfolge der Nichtprüfung (Abs. 2 Satz 2)	11
III. Nachtragsprüfung (Abs. 3)	12 - 21
1. Tatbestandsvoraussetzungen (Abs. 3 Satz 1 1. Halbsatz)	12 - 18
1.1 Das Zeitmoment	12
1.2 Die Änderung ...	13 - 18
1.2.1 ... vor Feststellung bzw. Billigung	13 - 15
1.2.2 ... bei Verweigerung der Feststellung bzw. Billigung	16 - 17
1.2.3 ... eines festgestellten Abschlusses	18
2. Rechtsfolge ...	19 - 21
2.1 ... erneute Prüfung (Abs. 3 Satz 1 2. Halbsatz)	19
2.2 ... Berichterstattung und Bestätigungsvermerk (Abs. 3 Satz 2)	20
2.3 ... Offenlegung	21

I. Jahresabschluss und Lagebericht (Abs. 1)

1. Prüfungsobjekt und -subjekt (Abs. 1 Satz 1)

Der Prüfung unterliegen als **Objekt** der 1

- Jahresabschluss (→ § 264 Rz. 1),
- Lagebericht (→ § 289 Rz. 1)

von Kapitalgesellschaften und sog. Kap. & Co.-Gesellschaften (→ § 264a Rz. 4).

2   **Ausgenommen** sind **kleinformatige** Gesellschaften (→ § 267 Rz. 12). Wegen des Hinein- und Herauswachsens in die nächste Größenklasse vgl. → § 267 Rz. 14 f., wegen der Prüfungspflicht im BilMoG-Übergang vgl. → § 267 Rz. 20.

Eine **weitere** Ausnahme von der Prüfungspflicht ergibt sich aus § 264 Abs. 3 HGB (→ § 264 Rz. 37) sowie § 264b HGB (→ § 264b Rz. 6) für **Tochtergesellschaften** konzernabschlusspflichtiger Mutterunternehmen.

3   Die Gesellschaften in **Abwicklung** kann das Gericht u. U. von der Prüfung des Jahresabschlusses und des Lageberichts befreien (§ 270 Abs. 3 AktG, § 71 Abs. 3 Satz 1 GmbHG).

4   Weitere Prüfungspflichten für Jahresabschlüsse ergeben sich aus **Nebengesetzen**, z. B. § 6 Abs. 1 Satz 1 PublG, § 53 GenG, sowie aus **branchenspezifischen** Vorschriften (§ 340k HGB für Kreditinstitute, § 341k HGB für Versicherungsunternehmen).

5   Die (subjektive) Befugnis zur Prüfung kommt dem **Abschlussprüfer** zu (→ § 318 Rz. 2). Es können auch **mehrere** Personen/Gesellschaften zum Abschlussprüfer bestellt werden (→ § 318 Rz. 20).

2. Rechtsfolge der Nichtprüfung (Abs. 1 Satz 2)

6   Ungeprüfte Jahresabschlüsse prüfungspflichtiger Unternehmen können **nicht festgestellt** werden. Ohne Feststellung liegt ein Jahresabschluss im **Rechtssinne** nicht vor (→ § 245 Rz. 11). Der Jahresabschluss ist nichtig (§ 256 AktG mit analoger Anwendung für die GmbH, § 10 Nr. 1 PublG für große Personenunternehmen). Dann kann auch eine Gewinnausschüttung nicht erfolgen, der gleichwohl erfolgten Ausschüttung fehlt der Rechtsgrund i. S. der §§ 812 ff. BGB. Soweit die Gesellschafter die Dividenden nicht in gutem Glauben bezogen haben, sind sie zurückzuzahlen (§ 62 AktG, der u. E. auf die GmbH analog anzuwenden ist). Ein Verstoß gegen nur satzungsmäßige Prüfungspflichten unterliegt nicht Abs. 1 Satz 2, kann aber Schadenersatzansprüche begründen und Berichtspflichten des Abschlussprüfers für den Folgeabschluss nach sich ziehen.[1]

In den Abs. 1 Satz 2 unterliegenden gesetzlichen Prüfungsfällen gilt: Die Prüfung des Folgeabschlusses eines insoweit nicht vorhandenen Vorjahresabschlusses ist eine sog. **Erstprüfung** (→ § 317 Rz. 41).[2] Bei dieser Erstprüfung hat der Prüfer die zutreffende Berücksichtigung der Rechtsfolge aus der Nichtigkeit des Vorabschlusses zu prüfen, also etwa, ob für eine rechtsgrundlose Ausschüttung ein Rückforderungsanspruch aktiviert ist.

Unter Beachtung des **Bilanzenzusammenhangs** (→ § 245 Rz. 6 ff.) setzt der aktuelle Abschluss die Schlussbilanzwerte des Vorjahresabschluss voraus. Im strengen Sinne fehlen diese bei einem nicht geprüften, daher nicht wirksam festgestellten und somit nichtigen Vorjahresabschluss, weshalb auch über den aktuellen Abschluss kein endgültiges Urteil gefasst werden kann. Das Schrifttum lässt jedoch folgende **Differenzierung** zu:[3]

---

1 Vgl. IDW PS 450 Tz. 42 ff.
2 Vgl. IDW PS 205 Tz. 17.
3 A. A. *Veldkamp*, in: Haufe HGB Bilanz Kommentar, Freiburg 2009, § 316 Tz. 39 ff., der sich auf § 32 GmbHG stützt, der aber nicht Bezug auf den ausschüttbaren Gewinn, sondern auf die Erhaltung des Stammkapitals nimmt.

- Ist der Vorjahresabschluss unwirksam festgestellt worden, bringt dieser (unwirksame) Beschluss i. d. R. den Willen der Feststellungsorgane zum Ausdruck. Damit kann aufbauend auf den Schlussbilanzwerten des Vorjahrs der aktuelle Abschluss geprüft und ggf. mit einem uneingeschränkten **Bestätigungsvermerk** versehen werden.
- Fehlt es überhaupt an einem Feststellungsbeschluss für das Vorjahr, kann ein Bestätigungsvermerk für das aktuelle Jahr nur **bedingt** mit dem Vorbehalt einer Beschlussfassung über den vorgelegten Vorjahresabschluss erteilt werden (→ § 322 Rz. 82).

Ohne die gesetzlich verordnete Prüfung können die **Offenlegungspflichten** nicht erfüllt werden (→ § 325 Rz. 5).

II. Konzernabschluss und -lagebericht (Abs. 2)

1. Prüfungsobjekt und -subjekt (Abs. 2 Satz 1)

Analog zu Abs. 1 Satz 1 werden als Prüfungs**objekt** der 7
- Konzernabschluss (→ § 297 Rz. 1 bzw. → § 315a Rz. 4)
- und -lagebericht (→ § 313 Rz. 1)

genannt.

Die Verpflichtung trifft **Muttergesellschaften** in der Rechtsform der Kapital- und Kap & Co.-Gesellschaften (→ § 264a Rz. 4).

Bei **freiwilliger** Erstellung eines Konzernabschlusses – z. B. bei Nichtinanspruchnahme von 8
§ 293 HGB – besteht keine Prüfungspflicht, wohl aber bei Erstellung eines (Teil-)Konzernabschlusses durch die in der Konzernhierarchie oberste deutsche Muttergesellschaft zur Erreichung der **Befreiungsvorschriften** für die Jahresabschlüsse der Tochtergesellschaften nach § 264 Abs. 3 HGB (→ § 264 Rz. 37 ff.).

Weitere Prüfungspflichten für Konzernabschlüsse ergeben sich aus § 14 Abs. 1 Satz 1 PublG so- 9
wie für Kreditinstitute nach § 340k HGB und für Versicherungsunternehmen nach § 341k HGB.

Die (subjektive) Befugnis zur Prüfung kommt wie für den Jahresabschluss (→ Rz. 5) dem **Ab-** 10
schlussprüfer zu (→ § 318 Rz. 2). In den Sonderfällen des § 291 HGB (→ § 291 Rz. 22) und des § 292 HGB (→ § 292 Rz. 18 ff.) kann es sich auch um einen **ausländischen** Abschlussprüfer handeln. Bei **Genossenschaften** fungiert der Prüfungsverband nach § 54 GenG als Abschlussprüfer (→ § 336 Rz. 10).

2. Rechtsfolge der Nichtprüfung (Abs. 2 Satz 2)

Ohne Prüfung eines prüfungspflichtigen Konzernabschlusses kann dieser nicht nach § 171 11
Abs. 2 Satz 4 AktG (→ § 268 Rz. 52f) bzw. § 46 Nr. 1b GmbHG (→ § 268 Rz. 52t) **gebilligt** werden. Der Muttergesellschaft ist damit die Erfüllung ihrer Offenlegungspflicht für den Konzernabschluss etc. nach § 325 Abs. 3 HGB verwehrt (→ § 325 Rz. 25).

III. Nachtragsprüfung (Abs. 3)

1. Tatbestandsvoraussetzungen (Abs. 3 Satz 1 1. Halbsatz)

1.1 Das Zeitmoment

12 **Sachlich** werden in Abs. 3 die Prüfungsobjekte des Abs. 1 und 2 genannt, verbunden mit einem **Zeit**moment: **Vorlage** des Prüfungsberichts nach § 321 Abs. 5 HGB an die Geschäftsführer der GmbH oder GmbH & Co. KG bzw. den Aufsichtsrat der Aktiengesellschaft nach § 111 Abs. 2 Satz 3 AktG (→ § 321 Rz. 86). Eine gesetzliche Frist für diese „Vorlage" besteht nicht. Andere Fristvorgaben bestimmen **indirekt** terminlich die Beendigung der Abschlussprüfung und damit die Vorlage des Prüfungsberichts:

- Prüfung der Abschlüsse durch den Aufsichtsrat nach § 171 AktG (→ § 268 Rz. 52b), ggf. analog auf die GmbH mit Aufsichtsrat (→ § 268 Rz. 52p) anzuwenden,
- Acht-Monats-Frist zur Einberufung der Hauptversammlung nach § 175 Abs. 1 AktG i.V. mit § 123 Abs. 1 AktG bzw. der Gesellschafterversammlung nach § 42a GmbHG,
- die Offenlegungsfristen nach § 325 HGB (→ § 325 Rz. 14 ff.),
- die Veröffentlichung des Jahresfinanzberichts nach § 37v WpHG.

Dabei unterliegt der Abschlussprüfer **keinem Zwang** zur Beendigung der Prüfung und zur Vorlage des Prüfungsberichts. Allerdings hat er bei der zeitlichen **Planung** des Prüfungsgeschehens (→ § 317 Rz. 61 ff.) die genannten indirekten Terminvorgaben zu berücksichtigen.

1.2 Die Änderung ...

1.2.1 ... vor Feststellung bzw. Billigung

13 Die Nachtragsprüfung als Rechtsfolge einer Abschlussänderung ergibt sich nur dann, wenn die Änderung **nach** Vorlage des Prüfungsberichts erfolgt. Dann liegt zwar – **vor** der Feststellung bzw. Billigung – noch kein Abschluss im Rechtssinne vor (→ Rz. 6), aber das Prüfungsergebnis und die Feststellung bzw. Billigung des Abschlusses sollen nahtlos ineinander übergehen. Dem Feststellungs- und Billigungsorgan muss ein komplett – einschließlich nachträglicher Änderungen – geprüfter Abschluss vorgelegt werden.

14 Änderungen eines zur Prüfung vorgelegten Abschlusses **vor** Beendigung der Prüfung unterliegen nicht dem Regelungsgehalt von Abs. 3.

15 Die Gründe für die Änderung können in **Fehler**berichtigungen oder neuen **bilanzpolitischen** Überlegungen liegen. Für die Änderung eines bereits festgestellten, fehlerfreien Jahresabschlusses werden „gewichtige Gründe" verlangt.[4] Eine Ausweitung des **Wertaufhellungs**zeitraums darf u. E. damit nicht verbunden werden (→ § 252 Rz. 192 ff.).

---

4 Vgl. IDW RS HFA 6 Tz. 10 f.

1.2.2 ... bei Verweigerung der Feststellung bzw. Billigung

Die neben der Rückwärtsberichtigung bereits festgestellter fehlerhafter Abschlüsse (→ Rz. 15) wichtigste Zielrichtung des Abs. 3 geht auf eine Änderung des Abschlusses im Gefolge der **Nichtfeststellung** bzw. **Nichtbilligung** durch die dafür kompetenten Organe zurück:

- Der Aufsichtsrat nach § 172 AktG (→ § 268 Rz. 52i),
- ersatzweise (sehr selten) die Hauptversammlung nach § 173 AktG (→ § 268 Rz. 52k),
- die Gesellschafterversammlung der GmbH nach § 46 Nr. 1 bis 1b GmbHG (→ § 268 Rz. 52q),
- die Gesellschafterversammlung der Personenhandelsgesellschaft (→ § 264c Rz. 32).

Die Feststellungsorgane können die Abschlüsse an die Aufstellungsorgane mit entsprechenden Anweisungen **zurückgeben** oder – ausnahmsweise – im Rahmen einer sog. Änderungsfeststellung nach § 173 Abs. 3 AktG **selbst** ändern (→ § 245 Rz. 12). Diese Änderungsfeststellung ist auch nach der Rechtslehre im Rahmen der Abschlussfeststellung für die GmbH anwendbar.[5] Dann läuft die Zwei-Wochen-Frist des § 173 Abs. 3 Satz 2 AktG für die Erteilung eines uneingeschränkten Bestätigungsvermerks betreffend die Änderung (→ § 322 Rz. 84).

1.2.3 ... eines festgestellten Abschlusses

Das Zeitmoment des Änderungsvorgangs (→ Rz. 12) bezieht sich auf den Termin zur Vorlage des Prüfungsberichts. Alle danach erfolgten Änderungen unterliegen dem Regelungsgehalt des Abs. 3, also auch Änderungen **nach** Feststellung.[6] Dabei können (gravierende) Fehler oder sog. Nichtigkeitsgründe i. S. des § 256 AktG geheilt werden. Praktisch wird ein solcher Vorgang bei Publikumsgesellschaften selten vorkommen, eher bei personenbezogenen Gesellschaften.

2. Rechtsfolge ...

2.1 ... erneute Prüfung (Abs. 3 Satz 1 2. Halbsatz)

Der Abschlussprüfer – der gewählte und bestellte, nicht ein neu gewählter – hat die „Unterlagen" – die Abschlüsse und Lageberichte – erneut zu prüfen und darüber zu berichten (→ § 321 Rz. 111), allerdings nur im **Rahmen** des Änderungstatbestands. („soweit ... erfordert"). Dazu muss zunächst die **Zulässigkeit** der Änderung selbst geprüft werden, sodann mögliche **Folgeänderungen** auf andere Posten des Abschlusses oder Anhangangaben oder Ausführungen im Lagebericht.

> **BEISPIEL** Der Vorstand der A AG hat zum 31. 12. 2010 1/15 des Unterschiedsbetrags für die Altersversorgungsrückstellung nach Art. 67 Abs. 1 Satz 1 EGHGB (→ Art. 67 Rz. 3) zugeführt. Der Aufsichtsrat stellt den Abschluss so nicht fest, sondern verlangt eine vollständige Zuführung. Die Änderungsprüfung muss sich mindestens auf diesen Bilanzposten (Änderungsanlass) und die Anhangangaben nach Art. 67 Abs. 2 EGHGB (→ Art. 67 Rz. 5), möglicherweise auch auf andere Abschlussposten, z. B. Tantiemenrückstellungen und Personalaufwand, be-

---

[5] Fall des BFH-Urteils vom 22. 8. 2006 – I R 40/05, GmbHR 2007 S. 206, m. Anm. *Hoffmann* m.w.N.
[6] So auch *ADS*, 6. Aufl., § 316 Tz. 77.

> ziehen. U.U. ist auch die Vermittlung des *true and fair view* (→ Art. 264 Rz. 14) bzw. (→ Art. 297 Rz. 111) neu zu beurteilen.

2.2 ... Berichterstattung und Bestätigungsvermerk (Abs. 3 Satz 2)

20 Über die Änderungsprüfung ist erneut zu **berichten**. Der Änderungsbericht muss auf den unverändert gültigen „Erstbericht" Bezug nehmen, *„stand alone"* ist er funktionslos (→ § 321 Rz. 111). Entsprechendes gilt für den nach der Gesetzesvorgabe zu ergänzenden **Bestätigungsvermerk**, der auch eingeschränkt oder versagt werden kann (→ § 322 Rz. 84).[7]

2.3 ... Offenlegung

21 Die Änderung des Abschlusses ist nach § 325 Abs. 1 Satz 6 HGB **offen zu legen** (→ § 325 Rz. 19).

---

7 Einen Formulierungsvorschlag enthält IDW PS 400 Tz. 108.

§ 317 Gegenstand und Umfang der Prüfung

(1) ¹In die Prüfung des Jahresabschlusses ist die Buchführung einzubeziehen. ²Die Prüfung des Jahresabschlusses und des Konzernabschlusses hat sich darauf zu erstrecken, ob die gesetzlichen Vorschriften und sie ergänzende Bestimmungen des Gesellschaftsvertrags oder der Satzung beachtet worden sind. ³Die Prüfung ist so anzulegen, dass Unrichtigkeiten und Verstöße gegen die in Satz 2 aufgeführten Bestimmungen, die sich auf die Darstellung des sich nach § 264 Abs. 2 ergebenden Bildes der Vermögens-, Finanz- und Ertragslage des Unternehmens wesentlich auswirken, bei gewissenhafter Berufsausübung erkannt werden.

(2) ¹Der Lagebericht und der Konzernlagebericht sind darauf zu prüfen, ob der Lagebericht mit dem Jahresabschluss, gegebenenfalls auch mit dem Einzelabschluss nach § 325 Abs. 2a, und der Konzernlagebericht mit dem Konzernabschluss sowie mit den bei der Prüfung gewonnenen Erkenntnissen des Abschlussprüfers in Einklang stehen und ob der Lagebericht insgesamt eine zutreffende Vorstellung von der Lage des Unternehmens und der Konzernlagebericht insgesamt eine zutreffende Vorstellung von der Lage des Konzerns vermittelt. ²Dabei ist auch zu prüfen, ob die Chancen und Risiken der künftigen Entwicklung zutreffend dargestellt sind. ³Die Angaben nach § 289a sind nicht in die Prüfung einzubeziehen.

(3) ¹Der Abschlussprüfer des Konzernabschlusses hat auch die im Konzernabschluss zusammengefassten Jahresabschlüsse, insbesondere die konsolidierungsbedingten Anpassungen, in entsprechender Anwendung des Absatzes 1 zu prüfen. ²Sind diese Jahresabschlüsse von einem anderen Abschlussprüfer geprüft worden, hat der Konzernabschlussprüfer dessen Arbeit zu überprüfen und dies zu dokumentieren.

(4) Bei einer börsennotierten Aktiengesellschaft ist außerdem im Rahmen der Prüfung zu beurteilen, ob der Vorstand die ihm nach § 91 Abs. 2 des Aktiengesetzes obliegenden Maßnahmen in einer geeigneten Form getroffen hat und ob das danach einzurichtende Überwachungssystem seine Aufgaben erfüllen kann.

(5) Bei der Durchführung einer Prüfung hat der Abschlussprüfer die internationalen Prüfungsstandards anzuwenden, die von der Europäischen Kommission in dem Verfahren nach Artikel 26 Abs. 1 der Richtlinie 2006/43/EG des Europäischen Parlaments und des Rates vom 17. Mai 2006 über Abschlussprüfungen von Jahresabschlüssen und konsolidierten Abschlüssen, zur Änderung der Richtlinien 78/660/EWG und 83/349/EWG des Rates und zur Aufhebung der Richtlinie 84/253/EWG des Rates (ABl EU Nr. L 157 S. 87) angenommen worden sind.

(6) Das Bundesministerium der Justiz wird ermächtigt, im Einvernehmen mit dem Bundesministerium für Wirtschaft und Technologie durch Rechtsverordnung, die nicht der Zustimmung des Bundesrates bedarf, zusätzlich zu den bei der Durchführung der Abschlussprüfung nach Absatz 5 anzuwendenden internationalen Prüfungsstandards weitere Abschlussprüfungsanforderungen oder die Nichtanwendung von Teilen der internationalen Prüfungsstandards vorzuschreiben, wenn dies durch den Umfang der Abschlussprüfung bedingt ist und den in den Absätzen 1 bis 4 genannten Prüfungszielen dient.

Inhaltsübersicht

	Rz.
I. Regelungsgehalt – Überblick	1 - 4
1. Gesetzliche und freiwillige Prüfungen	1 - 2
2. Überblick über die Prüfungsobjekte	3
3. Überblick über Prüfungsziele	4
II. Die Prüfung der Abschlüsse (Abs. 1)	5 - 50
1. Einbeziehung der Buchführung (Abs. 1 Satz 1)	5 - 8
2. Jahres- und Konzernabschlüsse (Abs. 1 Satz 2)	9 - 11
3. Prüfungsziel (Abs. 1 Satz 3)	12
4. Prüfungsreglement	13 - 15
5. Prüfungstechnik	16 - 50
5.1 Prüfungssicherheit und -genauigkeit, Wesentlichkeitsaspekt	16 - 18
5.2 Das Prüfungsrisikomodell	19 - 24
5.2.1 Der Begriffsinhalt	19 - 20
5.2.2 Fehler- und Entdeckungsrisiko	21 - 23
5.2.3 Risikoanalyse nach Berufsrecht	24
5.3 Ermittlung der Fehlerrisiken	25 - 31
5.3.1 Unternehmensanalyse	25 - 26
5.3.2 Das interne Kontrollsystem	27 - 31
5.3.2.1 Funktionsanalyse	27 - 29
5.3.2.2 Menschliche Einflussfaktoren: Das Risiko des „fraud"	30 - 31
5.4 Entdeckungsrisiko: Festlegung der Prüfungshandlungen	32 - 47
5.4.1 Die Grenzen der Systemprüfung	32
5.4.2 Einzelfallprüfungen	33 - 42
5.4.2.1 Inhaltsüberblick	33
5.4.2.2 Inaugenscheinnahme von Vermögensgegenständen	34
5.4.2.3 Einholung der Bestätigungen Dritter	35 - 37
5.4.2.4 Befragungen der handelnden Personen	38 - 39
5.4.2.5 Heranziehung anderer Informationsquellen	40
5.4.2.6 Förmlich gebotene Einzelfallprüfungen, insbesondere Beziehungen zu Nahestehenden	41
5.4.2.7 Wesentlichkeitsgesichtspunkt	42
5.4.3 Analytische Prüfungshandlungen	43
5.4.4 Abschließende Prüfungshandlungen	44 - 45
5.4.5 Besonderheiten bei Schätz- und Zeitwerten	46 - 47
5.5 Arbeitspapiere	48
5.6 Qualitätssicherung	49
5.7 Konzernabschlussprüfung	50
III. Die Prüfung der Lageberichte (Abs. 2)	51 - 65
1. Prüfungsgegenstand und -umfang (Abs. 2 Sätze 1 und 2)	51 - 60
1.1 Überblick	51 - 52
1.2 Die Prüfungsinhalte	53 - 60
1.2.1 Die „Lage"	53
1.2.2 Der „Einklang"	54 - 56
1.2.3 Chancen und Risiken der künftigen Entwicklung	57 - 59
1.2.4 Angaben zum Risikomanagementsystem	60
2. Der Prüfungsablauf	61 - 64
2.1 Die Planung	61
2.2 Die Prüfungshandlungen ...	62 - 63
2.2.1 ... zur Lage	62
2.2.2 ... zur Prognose	63
2.3 ... zu Ereignissen nach dem Bilanzstichtag	64
3. Ausnahme von der Prüfungspflicht (Abs. 2 Satz 3)	65

IV. Die Prüfung der im Konzernabschluss zusammengefassten Jahresabschlüsse (Abs. 3)	66 - 69
1. Der Prüfungsgegenstand (Abs. 3 Satz 1)	66 - 68
2. Überprüfung anderer Abschlussprüfer (Abs. 3 Satz 2)	69
V. Die Prüfung des Risikofrüherkennungssystems (Abs. 4)	70 - 75
1. Verpflichtung des Vorstands	70 - 71
2. Das Prüfungsobjekt	72 - 73
3. Die Prüfungshandlungen mit Berichterstattung	74 - 75
VI. Die Anwendung internationaler Prüfungsstandards (Abs. 5)	76 - 78
VII. Rechtsverordnung (Abs. 6)	79

Ausgewählte Literatur

Graumann, Wirtschaftliches Prüfungswesen, 2. Aufl., Herne 2009

Hagemeister/Kons, Closing the books – Die Prüfung des IT-gestützten Geschäftsprozesses „Erstellung des Jahresabschlusses", WPg 2010 S. 339

Heese, Der risiko-, prozess- und systemorientierte Prüfungsansatz, WPg 2003 Sonderheft S. 223

Kämpfer/Schmidt, Die Auswirkungen der neueren Prüfungsstandards auf die Durchführung von Abschlussprüfungen, WPg 2009 S. 47

Marten/Quick/Ruhnke, Wirtschaftprüfung, 3. Aufl., Stuttgart 2007

Ruhnke, Prüfung von Jahresabschlüssen nach internationalen Prüfungsnormen, DB 2006 S. 1169

Ruhnke, Prüfungsdifferenzen – State of the art und Ergebnisse einer empirischen Untersuchung deutscher Prüfungsaufträge, WPg 2009 S. 677

Schindler/Gärtner, Verantwortung des Abschlussprüfers zur Berücksichtigung von Verstößen (fraud), WPg 2004 S. 1233

Schmidt, Geschäftsverständnis, Risikobeurteilungen und Prüfungshandlungen des Abschlussprüfers als Reaktion auf beurteilte Risiken, WPg 2005 S. 873

Schruff, Zur Aufdeckung von Top-Management-Fraud durch den Wirtschaftsprüfer im Rahmen der Jahresabschlussprüfung, WPg 2003 S. 901

Withus, Internes Kontrollsystem und Risikomanagementsystem – Neue Anforderungen an die Wirtschaftsprüfer durch das BilMoG, WPg 2009 S. 858

I. Regelungsgehalt – Überblick

1. Gesetzliche und freiwillige Prüfungen

§ 317 HGB befasst sich mit den Prüfungen der nach **HGB** zu erstellenden Abschlüsse. Auf dessen Inhalt verweisen andere **gesetzlich** angeordnete Abschlussprüfungen nach

- § 340k HGB für Kreditinstitute,
- § 341k HGB für Versicherungsunternehmen,
- §§ 6 Abs. 1 und 14 Abs. 1 PublG für große Personen- und andere Unternehmen,
- § 53 GenG für Genossenschaften (→ § 336 Rz. 8).

I. Regelungsgehalt – Überblick

Daneben gibt es im GenG (§ 53) und anderen Spezialgesetzen[1] (erweiterte) Prüfungsanordnungen.

2 Von diesen sog. **Pflicht**prüfungen sind **freiwillige** Abschlussprüfungen zu unterscheiden. Diese können auf einem Gesellschaftsvertrag oder einer individualrechtlichen Auflage, z. B. im Rahmen eines Kreditvertrags, oder auf Selbstinteresse des Abschlusserstellers beruhen. Der Prüfungsumfang kann bei freiwilligen frei vereinbart werden (→ § 318 Rz. 29), z. B. bei kleinformatigen Kapital- und Kap. & Co.-Gesellschaften (→ § 316 Rz. 2) und bedarf einer Erläuterung im Prüfungsbericht. Eine Beschränkung des Prüfungsinhalts muss aber sinnvoll sein, z. B. indem ein freiwillig erstellter Lagebericht ausgeklammert wird. Dagegen kann bei Ausklammerung der unfertigen Bauleistung eines Bauträgers aus dem Prüfungsinhalt keine zielgerichtete Prüfung erfolgen. Soll dem geprüften Jahresabschluss ein Bestätigungsvermerk nach § 322 HGB erteilt werden, muss eine Prüfung auf der Grundlage der §§ 316 ff. HGB erfolgen (→ § 322 Rz. 74).[2]

2. Überblick über die Prüfungsobjekte

3 Als **Gegenstand** der Prüfung sind in § 317 HGB aufgeführt:

- in Abs. 1 Satz 1: Jahresabschluss mit Buchführung (→ Rz. 5),
- in Abs. 1 Satz 2: Jahres- und Konzernabschluss (→ Rz. 8),
- in Abs. 2: Lagebericht und Konzernlagebericht (→ Rz. 51) ,
- in Abs. 3: in den Konzernabschluss einzubeziehende (→ Rz. 66) Jahresabschlüsse sowie die Konsolidierungsbuchungen,
- in Abs. 4: bei börsennotierten Aktiengesellschaften das sog. Risikofrüherkennungssystem (→ Rz. 70).

Zu den **Anforderungen** an Planung, Durchführung, Dokumentation etc. der Abschlussprüfung ist geregelt:

- in Abs. 5: Beachtung der internationalen Prüfungsstandards (→ Rz. 74),
- in Abs. 6: Ermächtigung zum Erlass einer Rechtsverordnung betreffend die Anwendung von Prüfungsstandards (→ Rz. 76).

3. Überblick über Prüfungsziele

4 Die Prüfung soll folgende **Beurteilungen** bzw. **Feststellungen** ermöglichen:

- Abs. 1 Satz 2: Einhaltung der gesetzlichen und gesellschaftsvertraglichen Rechnungslegungsvorgabe (→ Rz. 9),
- Abs. 1 Satz 3: Entdeckung von wesentlichen Fehlern (→ Rz. 12),
- Abs. 2 Satz 1: Einhaltung des Einklangerfordernisses des (Konzern-)Lageberichts mit dem Abschluss (→ Rz. 54),

---

[1] Vgl. die Auflistung bei *Bertram/Brinkmann*, in: Haufe HGB Bilanz Kommentar, Freiburg 2009, § 317 Tz. 32.
[2] Vgl. IDW PS 400 Tz. 5.

▶ Abs. 2 Satz 1: Vermittlung einer zutreffenden Vorstellung des (Konzern-)Lageberichts von der „Lage" (→ Rz. 53).

Auf diese Ziele hin ist die Prüfung anzulegen (Abs. 1 Satz 3) – man darf fragen, worauf sonst?

II. Die Prüfung der Abschlüsse (Abs. 1)

1. Einbeziehung der Buchführung (Abs. 1 Satz 1)

Der Jahresabschluss ist zusammen mit der Buchführung zu prüfen – eine eher selbstverständlich anmutende Vorgabe, da ein Jahresabschluss **ohne** Buchführung so wenig denkbar ist wie ein Auto ohne Räder und Motor. Eine sinnvolle Gesetzesauslegung muss deshalb nach dem Inhalt von „Buchführung" fragen. Negativ betrachtet endet die der Prüfung zugrunde liegende Buchführung nicht beim **Hauptbuch**, sondern umfasst alle Nebenbücher wie beispielsweise Anlage-, Debitoren- und Kreditoren- sowie Lohnbuchführung.[3] In zeitgerechten Buchführungssystemen wird ohnehin kaum mehr das Hauptbuch direkt angebucht.[4]

Ein Sonderproblem stellt die **Kosten**rechnung dar. In nicht ganz einfachen betriebswirtschaftlichen Verhältnissen ist ein Rechnungswesen ohne Kostenrechnung nicht denkbar. Mit ihr wird u. a. eine Nachkalkulation von Aufträgen und Produkten durchgeführt, die letztlich auch in die Unternehmensstrategie einmünden. Damit hat sich der Abschlussprüfer im **risikoorientierten** Prüfungsansatz (→ Rz. 19) zu befassen. Ohne verlässliche Kosten(-träger)-Rechnung ist ihm regelmäßig eine sinnvolle Beurteilung des unternehmerischen Umfelds nicht möglich.

Die Kostenrechnung dient auch der herkömmlichen Prüfung der **Erzeugnisse** in der Industrie und **unfertigen Leistungen** in der (z. B.) Bauwirtschaft. Und schließlich wird sie als Teilbereich der **Bestandsführung** im Produktionsprozess benötigt.

Letztlich stellt sich das gesamte kaufmännische Rechnungswesen in größeren Einheiten als Teilmenge eines **IT-gestützten Prozesses** dar, der in der Konsequenz gerade nach den Vorgaben der risikoorientierten Prüfung (→ Rz. 19) einer systematischen Beurteilung durch den Abschlussprüfer anvertraut ist.

Dagegen unterliegen **nicht** der Abschlussprüfung u. a.:

▶ die Ordnungsmäßigkeit der Geschäftsführung,
▶ die Angemessenheit des Versicherungsschutzes,
▶ die Erfüllung der Offenlegungspflicht (→ § 325 Rz. 4),[5] allerdings diejenige für die Unterlagen des Vorjahrs mit Erwähnung im Prüfungsbericht (→ § 321 Rz. 44).

Im Rahmen der Prüfung sind **andere** Rechtsvorschriften nur zu berücksichtigen, wenn sich daraus Rückwirkungen auf die Rechnungslegungsregeln ergeben.[6] Solche Folgerungen können sich z. B. aus Verstößen gegen das Steuer- und Sozialversicherungs-, gegen das Kartell- oder Antikorruptionsrecht ergeben. Eine Verpflichtung zur **Aufdeckung** solcher Verstöße trifft den

---

3 Vgl. *Graumann*, Wirtschaftliches Prüfungswesen, 2. Aufl., Herne 2009, S. 91.
4 Vgl. hierzu den IT-gestützten Geschäftsprozess *„Closing the books"* in der Kommentierung durch *Hagemeister/Kons*, WPg 2010 S. 339.
5 Vgl. IDW PS 201 Tz. 10.
6 Vgl. IDW PS 201 Tz. 9.

Abschlussprüfer allerdings nicht. Entsprechendes gilt bezüglich Untreuehandlungen oder Unterschlagungen.[7] Das schließt eine Risikobeurteilung bezüglich des Vorliegens solcher Unregelmäßigkeiten im Rahmen der Prüfungs**planung** nicht aus (→ Rz. 61).

2. Jahres- und Konzernabschlüsse (Abs. 1 Satz 2)

9   Abs. 1 Satz 2 behandelt sowohl den **Jahres**- als auch den **Konzern**abschluss. Der **Einzel**abschluss nach § 325 Abs. 2a HGB bleibt als redaktionelles Versehen unerwähnt, denn nach § 325 Abs. 2b Nr. 1 HGB ist der Einzelabschluss (falls erstellt) mit dem Bestätigungsvermerk des Abschlussprüfers zur Offenlegung einzureichen (→ § 325 Rz. 24).

Als Prüfungs**inhalt** werden die „gesetzlichen Vorschriften" sowie diejenigen der **Satzung** oder des **Gesellschaftsvertrags** genannt – Letzter als „ergänzend" bezeichnet, denn sie können gesetzliche Vorschriften der Rechnungslegung als **zwingendes** öffentliches Recht nicht aushebeln.

> **BEISPIEL** ▸ Der Gesellschaftsvertrag einer GmbH enthält folgende Klauseln:
>
> ▸ „Es ist eine vertragliche Rücklage nach Maßgabe des Aktienrechts für die gesetzliche Rücklage (§ 150 AktG) zu bilden."
>
> ▸ „Außerplanmäßige Abschreibungen auf Finanzanlagen werden nicht vorgenommen."
>
> Die erste Klausel ist zulässig, die zweite unzulässig und damit unwirksam.

10 Unter den „gesetzlichen Vorschriften" sind solche der Rechnungslegung nach **HGB** zu verstehen, also die §§ 238-315a HGB, aus dem EGHGB verschiedene Artikel (Art. 28, 66, 67 EGHGB).

Für die nach IFRS erstellten **Konzern**abschlüsse (→ § 315a Rz. 2) und die **Einzel**abschlüsse (→ § 325 Rz. 22) sind vorab die in **europäisches** Recht transformierten internationalen Standards beachtlich, allerdings mit ergänzenden Regeln nach HGB (→ § 315a Rz. 8 ff.). Außerdem sind die **rechtsformspezifischen** Gesetzesregeln zur Rechnungslegung zu beachten, also z. B. §§ 150 ff. AktG, §§ 23-33 und 42 GmbHG sowie **branchenspezifische** Vorschriften, z. B. für Kreditinstitute und Versicherungsunternehmen nach §§ 340a ff. bzw. §§ 341a ff. HGB. Auch im Rahmen eines **Insolvenz**verfahrens sind Rechnungslegungsvorschriften zu beachten (§ 155 InsO).

Bei der **Konzern**abschlussprüfung sind die Deutschen Rechnungslegungsstandards (DRS) des Deutschen Standardisierungsrats (DSR) zu beachten. Für die Prüfung des **Lageberichts** sind ebenfalls die DRS einschlägig (→ § 289 Rz. 10).

11 **Andere** zu beachtende **Gesetzes**regeln außerhalb der eigentlichen Vorschriften für die Rechnungslegung ergeben sich z. B. aus dem Gesellschafts- und Umwandlungsrecht, z. B. Kapitalerhöhungen und -herabsetzungen, Unternehmensspaltungen u. Ä.

---

7 Vgl. IDW PS 201 Tz. 11.

3. Prüfungsziel (Abs. 1 Satz 3)

Abs. 1 Satz 3 enthält eine implizite Einschränkung des Prüfungsumfangs. Einerseits ist die Aufdeckung von **Verstößen** gegen Rechtsvorschriften etc. (→ Rz. 4) als Prüfungsziel bestätigt; allerdings soll sich die Prüfung nicht im **„Klein-Klein"** verlieren. Der Kassensturz beim Kleintierzüchterverein stellt nicht den Maßstab zur Durchführung einer Jahresabschlussprüfung dar. Vielmehr sollen **wesentliche** (→ § 252 Rz. 182 ff.) Verstöße gegen die Rechnungslegungsregeln, also solche, die den Adressaten des Abschlusses interessieren, dingfest gemacht werden (→ Rz. 17). Das Wesentlichkeitskriterium wird dabei auf das *true and fair view*-Gebot (→ § 264 Rz. 14) ausgerichtet.[8]

12

4. Prüfungsreglement

„So" – also diesem Ziel dienend – ist die Prüfung anzulegen, **„wie"** lässt der Gesetzgeber offen. Vielmehr begibt er sich unter die Fittiche der nationalen (→ Rz. 15) und internationalen (→ Rz. 76) **Berufsstände** der Abschlussprüfer *(auditors)*, die im Gesetz „lediglich" zur **gewissenhaften** Berufsausübung angehalten werden. Die Standardsetter haben diese Selbstbeschränkung des Gesetzgebers aufgegriffen und umfangreiche Regeln erlassen, die der Abschlussprüfer zu beachten hat und von denen er nur im Einzelfall unter ausführlicher Begründung im Prüfungsbericht **abweichen** darf.[9] Der Inhalt dieser Standards bestimmt das eigenverantwortlich auszuübende Ermessen.

13

Wegen der inhaltlichen und zeitlichen **Überschneidungen** nationaler und internationaler Prüfungsstandards wird auf → Rz. 76 verwiesen. Da zwischen den nationalen und internationalen Standards keine wesentlichen inhaltlichen Unterschiede bestehen, wird im Folgenden auf die Prüfungsstandards des IDW (IDW PS) Bezug genommen. Diese werden gewöhnlich unter dem Oberbegriff der „Grundsätze ordnungsmäßiger Abschlussprüfung" **(GoA)** zusammengefasst.[10] Deren Anwendung ist der Abschlussprüfer unterworfen, was im vom IDW empfohlenen Wortlaut des Bestätigungsvermerks zum Ausdruck kommt (→ § 322 Rz. 23).

14

In Deutschland sind folgende berufsständische Anweisungen zu beachten:

15

- §§ 43, 44 und 49 WPO,
- Die Berufssatzung (BS) WP/vBP in §§ 20-27a,
- die VO 1/2006 (WPK und IDW gemeinsam).

Das **IDW** als nationaler Standardsetter äußert sich zum Prüfungsgeschehen in Standards (PS) und Hinweisen (PH). Zu den Standards folgende Übersicht:[11]

---

8 Vgl. IDW PS 250 Tz. 6.
9 Vgl. IDW PS 201 Tz. 13 und 201 Tz. 29.
10 Vgl. IDW PS 201 Tz. 28.
11 Entnommen aus *Bertram/Brinkmann*, in: Haufe HGB Bilanz Kommentar, Freiburg 2009, § 317 Tz. 40.

Standard	Beschreibung	
VO 1/2006 IDW PS 220 IDW PS 208	Auftragsannahme und Prüfungsauftrag	
IDW PS 240	Prüfungsplanung	
		Zeitliche und personelle Planung
		Erstellung einer Prüfungsstrategie und eines Prüfungsprogramms
IDW PS 250	Festlegung von Wesentlichkeitsgrenzen	
IDW PS 261	Prüfungshandlungen zur Feststellung von Fehlerrisiken	
IDW PS 210		Analyse des Unternehmensfeldes
IDW PS 230		Beschäftigung mit den Merkmalen, Zielen und Erfolgsfaktoren des Unternehmens
IDW PS 261		Verschaffung eines Überblicks über das IKS und Aufbauprüfung des IKS
IDW PS 210		Beurteilung der festgestellten Fehlerrisiken und Risikoklassifizierung
IDW PS 300	Prüfungshandlungen als Reaktion auf die beurteilten Risiken	
		Allgemeine prüferische Reaktionen auf Abschlussebene
		Spezielle prüferische Reaktionen auf Aussageebene
		▶ Funktionsprüfungen des IKS
		▶ Aussagebezogene Prüfungshandlungen (analytische Prüfungshandlungen und Einzelfallprüfungen)
Div.	Durchführung weiterer Pflichtprüfungshandlungen	
IDW PS 300	Abschließende Prüfungshandlungen	
IDW PS 460	Erstellung der Arbeitspapiere und Abschluss der Auftragsdokumentation	
	Berichterstattung	
IDW PS 400	Bestätigungsvermerk	
IDW PS 450	Prüfungsbericht	
IDW PS 470	Mündliche Berichterstattung an das Aufsichtsorgan	

5. Prüfungstechnik

5.1 Prüfungssicherheit und -genauigkeit, Wesentlichkeitsaspekt

16 Ausgangspunkt aller Überlegungen zur sinnvollen Durchführung einer Abschlussprüfung ist die unbestrittene Unmöglichkeit und Unsinnigkeit einer **lückenlosen** Prüfung jedes Geschäftsvorfalls. Das Gebot wirtschaftlichen Handelns (*cost-benefit*-Gedanke → § 252 Rz. 191) ist – selbstverständlich – auch bei der „Wirtschafts"-Prüfung zu beachten.[12] Daraus folgt notwendig das Erfordernis einer **Stichproben**auswahl bezüglich der vorzunehmenden Prüfungshand-

---

12 Vgl. IDW PS 200 Tz. 9 „Grundsatz der Wirtschaftlichkeit."

lungen. Eine **absolute** Sicherheit kann den Prüfungsfeststellungen deshalb nicht zukommen. Erreichbar ist nur eine **hinreichende** Sicherheit – eine nicht quantifizierbare Zielvorgabe.

Damit verbunden ist die Frage nach der Prüfungs**genauigkeit**.[13] Nicht jeder potenzielle Fehler muss aufgedeckt werden, sondern nur solche mit **Wesentlichkeits**charakter, was schon der Gesetzesvorgabe (→ Rz. 12) entspricht. Die Wesentlichkeit verlangt die Festlegung einer (quantitativen) Grenze, bis zu deren Erreichen ein Fehler als tolerierbar angesehen wird. Unglücklicherweise sind alle Versuche quantifizierbarer Definitionen der Wesentlichkeit wenigstens für die Abschlusserstellung zum Scheitern verurteilt (→ § 252 Rz. 184). Das gilt auch für den Definitionsversuch, wonach Wesentlichkeit dann gegeben ist, wenn der Fehler das Entscheidungsverhalten der Abschlussadressaten beeinflussen kann.[14] Es wird damit eine **Leerformel** durch eine andere ausgetauscht. Ähnlich lautet der Befund für den gesetzlichen Maßstab: Darstellung der Vermögens-, Finanz- und Ertragslage. Die Prüfungspraxis bedient sich gleichwohl einschlägiger **Relativwerte**;[15] wenn eine fehlerbedingte Abweichung von dieser Vorgabe eine bestimmte Größenordnung übersteigt, gilt diese Abweichung als wesentlich. In Betracht kommen Relationen zur Bilanzsumme, zum Eigenkapital, zum Jahresabschluss vor Steuern, zu den Umsatzerlösen oder aus einem bestimmten Durchschnitt dieser oder anderer Größen. Daraus wird ein „Prüfungsmaß" (Audit-„Gauge") abgeleitet,[16] der die Toleranzgrenze für festgestellte Fehler bestimmt.

17

Dazu folgendes Beispiel:[17]

BEISPIEL	
Multiplikator	Bezugsgröße
5-10 %	Jahresergebnis vor Steuern
0,5-5 %	Rohertrag
0,5 %	Bilanzsumme
1 %	Eigenkapital
0,5 %	Umsatzerlöse
Durchschnitt der Summe aus: 0,5 % der Bilanzsumme 0,5 % der Umsatzerlöse 2 % des Jahresergebnisses vor Steuern 2 % des Rohertrags (nach Abschreibungen) 1 % des Eigenkapitals	Verschiedene (dieses Verfahren wird als „Blended Method" bezeichnet)
1,6	(max. [Bilanzsumme; Umsatzerlöse] 2/3) (Dieses Verfahren ist als „Audit Gauge" bekannt)

---

13 Vgl. *Ruhnke*, WPg 2009 S. 677.
14 Vgl. IDW PS 250 Tz. 8.
15 So IDW PS 250 Tz. 9 und auch ISA 320 (Rz 76) „Benchmarks", auf die als Bezugsgröße bestimmte Prozentsätze anzuwenden sind. So auch der Definitionsversuch in ISA 320 (Rz. 76); *Velte*, StuB 2010 S. 452.
16 Vgl. *Marten/Quick/Ruhnke*, Wirtschaftsprüfung, 3. Aufl., Stuttgart 2007, S. 228, dort auch weitere Einzelheiten zur Bestimmung der Wesentlichkeitsgrenze.
17 Aus *Förschle/Schmidt*, in: Beck'scher Bilanz-Kommentar, 7. Aufl., München 2010, § 317 Tz. 105.

Hinter diesen Quantitätsangaben verbergen sich letztlich **Zahlenspielereien**, denn niemand, auch nicht der ausgeklügelste Standard, kann die undefinierbare Wesentlichkeit in eine unangreifbare Quantität überführen. Ob nun 0,5 % oder 1 % der Bilanzsumme „richtig" ist, weiß niemand. Deshalb kann die Wesentlichkeitsschwelle im Rahmen des prüferischen Ermessens an die Verhältnisse der geprüften Einheit angepasst werden. Die Bestimmung der Wesentlichkeit erfordert also auch und nicht zuletzt eine **qualitative** Beurteilung (→ § 252 Rz. 186), die niemand dem eigenverantwortlich handelnden Abschlussprüfer und dessen internen Kontrollinstanzen abnehmen kann.[18]

> **BEISPIEL**
>
> ▶ Bei Verwendung des **Eigenkapitals** als Bezugsgröße muss die brachenübliche Ausstattung berücksichtigt werden.
>
> ▶ Bei Heranziehung der **Bilanzsumme** ist die Verrechnung von Anzahlungen (→ § 268 Rz. 114) zu beachten.

ISA 320 (→ Rz. 76) hat sich dem Wesentlichkeitsaspekt (erneut) angenommen und als neuen Begriff die *„performance materiality"* (vom IDW als Toleranzwesentlichkeit übersetzt) eingeführt. Entsprechend musste der IDW PS 250 angepasst, gekürzt und ergänzt werden.[19] Die Definition[20] liest sich nicht leicht und hebt sich vom **allgemeinen** Wesentlichkeitsbegriff ab. Letzterer ist auf die Entscheidungserheblichkeit für den **Abschlussadressaten** ausgerichtet. Die Toleranzwesentlichkeit muss demgegenüber vom **Abschlussprüfer** auf den gesamten Abschluss kalibriert werden, und zwar **unterhalb** der „Gesamtwesentlichkeit". Dadurch soll das statistische Fehlertoleranzmaß unter diese Grenze gelegt werden, damit die Summe der Fehler nicht die Wesentlichkeitsschwelle für den Gesamtabschluss übersteigt. Sofern der Abschlussadressat in seinen Entscheidungen auch durch Fehler innerhalb eines Prüffelds beeinflusst werden kann, sind in diesem Bereich ebenfalls Toleranzwesentlichkeiten zu bestimmen.[21]

Ob mit dieser zusätzlichen Rechenaufgabe die undefinierbare und nicht quantifizierbare Wesentlichkeit besser in den Griff zu bekommen ist, wird von uns skeptisch beurteilt.

18 Insbesondere ist der **Schätzungsgehalt** des geprüften Abschlusspostens zu beachten. Beispielsweise sind langfristige Rückstellungen immer „unrichtig" i. S. des Abweichens eines gewählten Bilanzansatzes von dem späteren Erfüllungsbetrag. Die Anwendung eines bestimmten (quantitativen) Prüfungsmaßstabs ist hier sinnlos. Die Prüfung muss sich auf Folgerichtigkeit, letztlich auf eine **Plausibilität** (→ Rz. 58) der dem Bilanzansatz zugrunde liegenden Schätzungsverfahren beschränken.

---

18 Ähnlich IDW PS 400 Tz. 50 ff.: „Entscheidung über die Akzeptanz von Fehlern bei Erteilung des Bestätigungsvermerkes" (→ § 322 Rz. 44).
19 Vgl. die Übersicht in IDW-FN 2010 S. 65.
20 Vgl. IDW PS 250 Tz. 12a.
21 Vgl. IDW PS 250 Tz. 17.

5.2 Das Prüfungsrisikomodell

5.2.1 Der Begriffsinhalt

Die notwendige Beschränkung der Prüfungshandlungen (→ Rz. 16) bei gleichwohl zu erreichender Sicherheit und Genauigkeit lässt sich nicht allein auf **statistischer** Grundlage, sei es durch Zufallsauswahl, sei es durch geschichtete Auswahlverfahren, erzielen. Aus dieser Erkenntnis heraus ist das Prüfungsrisikomodell entwickelt worden.[22] Ausgangspunkt ist das **Prüfungsrisiko**, das zu verstehen ist als das Risiko eines Abschlussprüfers, einen unzutreffenden Bestätigungsvermerk zu einem Abschluss (und anderen Prüfungsobjekten) abzugeben. Dieses Risiko ist zu **minimieren**.[23]

Das **Prüfungsrisiko** (PR) stellt eine Funktion von Fehlerrisiko (FR) und Entdeckungsrisiko (ER) dar. Dabei steht das **Fehlerrisiko** für die Wahrscheinlichkeit, dass der dem Abschlussprüfer vorgelegte Abschluss wesentliche Fehler enthält, das **Entdeckungsrisiko** für die Wahrscheinlichkeit, dass der Abschlussprüfer diese Fehler nicht aufdeckt. In modelltheoretischer Vereinfachung gilt:

$$PR = FR \times ER$$

Hierbei ist

- das **Prüfungsrisiko** die **Zielgröße**, die einen bestimmten (niedrigen) Wert nicht überschreiten soll,
- das **Entdeckungsrisiko** der durch Art und Umfang der Prüfungsmaßnahmen beeinflussbare **Aktionsparameter** des Abschlussprüfers,
- das **Fehlerrisiko**, das nicht vom Abschlussprüfer beeinflussbare (aber zu beurteilende) **unternehmensseitig** gegebene Risiko; dieses lässt sich idealtypisch weiter unterteilen in die Wahrscheinlichkeit, dass ein Fehler primär passieren könnte (sog. **inhärentes** Risiko = IR) und dann sekundär von **unternehmensinternen** Kontrollen nicht aufgedeckt wird (sog. Kontrollrisiko = KR).

Erweitert ergibt sich hieraus folgendes Modell:

$$PR = (IR \times KR) \times ER$$

Um eine gegebene Sicherheit des Prüfungsurteils zu erreichen, also einen maximal akzeptablen Wert des Prüfungsrisikos (Zielgröße) nicht zu überschreiten, hat der Abschlussprüfer in diesem Modell zunächst das Fehlerrisiko, d.h. inhärentes und Kontrollrisiko zu **beurteilen**, um sodann das akzeptable Entdeckungsrisiko zu bestimmen. Es gilt:

- Je **geringer** das Fehlerrisiko, also die inhärenten Risiken und/oder das Kontrollrisiko,
- umso **höher** das akzeptable Entdeckungsrisiko.

Die Bestimmung dieses Risikos muss von der im Unternehmen vorhandenen Organisation zur Vermeidung von Fehlern bei der Abschlusserstellung ausgehen. Diese Organisation wird gewöhnlich als **Internes Kontrollsystem** (IKS) bezeichnet, das nach § 289 Abs. 5 HGB bei kapitalmarktorientierten Unternehmen i.S. des § 264d HGB vom Gesetz als bestehend unterstellt

---

22 Vgl. IDW PS 261 Tz. 5 ff.
23 Vgl. IDW PS 210 Tz. 35 enthält eine Auflistung von Risikofaktoren. Zu Einzelheiten vgl. *Schmidt*, WPg 2005 S. 873; *Withus*, WPg 2009 S. 858.

wird (→ § 289 Rz. 76), aber auch bei anderen Unternehmen in irgendeiner Form (→ Rz. 29) aus dem Selbsterhaltungstrieb heraus vorhanden sein muss. Soweit dieses System **rechnungslegungsbezogen** ausgerichtet ist, kann der Abschlussprüfer bei der Einschätzung des akzeptablen Entdeckungsrisikos darauf aufbauen.[24]

5.2.2 Fehler- und Entdeckungsrisiko

21 Jedem Rechnungslegungsprozess sind Fehlerrisiken **inhärent**, die es durch das IKS (→ Rz. 20) zu minimieren gilt.

> **BEISPIEL** Im Baustoffhandel muss mitunter ausgesprochen schnell an einer Baustelle benötigtes Material ausgeliefert werden: Anruf des Kapo beim ihm persönlich bekannten Sachbearbeiter des Händlers: „Wir holen sofort 20 Tonnen Eternit-Platten Typ XY ab." Die Gefahr einer Auslieferung ohne Lieferschein und damit Erfassung in der (z. B.) Monatsrechnung ist groß.
>
> Das IKS muss eine Auslieferung ohne im System hinterlegten Lieferschein verhindern und weiter die datentechnisch zwingende Erfassung des Lieferscheins in der Monatsrechnung gewährleisten.

22 Funktioniert dieses System und wird es zwingend angewandt, ist das **Fehler**risiko in diesem Unternehmensbereich gering. Der Abschlussprüfer kann ein höheres **Entdeckungs**risiko in Kauf nehmen. Das Stichprobenverfahren kann in diesem Bereich minimiert werden. Es genügt die **Funktions-** und **Systemprüfung** (→ Rz. 27). In anderen Unternehmensbereichen und Geschäftsvorfällen ist das IKS zur Fehlervermeidung **wenig geeignet**. Entsprechend muss der Prüfer sein Entdeckungsrisiko anders gestalten.

> **BEISPIEL** Ein Hersteller von Babynahrungsmitteln ist bezüglich eines Produkts einer negativen Presse wegen angeblicher oder wirklicher Nebenwirkungen in Form von Hausauschlägen ausgesetzt. Es ruft diese Produkte aus den Verkaufsregalen zurück und verspricht den betroffenen Babys „Entschädigungen".
>
> Hier ist auf Stichprobenbasis nicht zielorientiert zu prüfen. Erforderlich ist eine Analyse des gesamten Vorgangs.[25]

23 Die erforderliche Minimierung des Entdeckungsrisikos erfordert außerhalb eines sinnvoll anwendbaren Stichprobenverfahrens die Durchführung von **Einzelprüfungen**, z. B. lückenlose Bankbestätigungen, vollständige Erfassung der Vorstandsbezüge, Einsichtnahme in prüfungsrelevante Sitzungsprotokolle der Geschäftsleitung oder des Aufsichtsrats, Berichte der Innenrevision.

---

[24] Vgl. IDW PS 261 Tz. 19 ff.; vgl. hierzu *Kämpfer/Schmidt*, WPg 2009 S. 47. Zur speziellen Situation bei Auslagerung von betrieblichen Funktionen an Dienstleistungsunternehmen vgl. IDW PS 951.
[25] Vgl. IDS PS 261.25.

5.2.3 Risikoanalyse nach Berufsrecht

Vor der Auftragsannahme muss der Abschlussprüfer eine Risikoeinschätzung bezüglich des Auftrag**gebers** und **-inhalts** vornehmen.[26] Dazu gehört die Beurteilung der **Integrität** des Auftraggebers in seiner Geschäftspraxis einerseits und die persönliche **Qualifikation** zur Durchführung des Auftrags andererseits (→ § 318 Rz. 24).[27] Ein mandantenspezifisches Risiko besteht hinsichtlich des **Geldwäschegesetzes**.[28] 24

5.3 Ermittlung der Fehlerrisiken

5.3.1 Unternehmensanalyse

Die Durchführung einer (Abschluss-)Prüfung beginnt mit der **Planung** zur Festlegung der Prüfungsstrategie.[29] Diese hat sich insbesondere auch auf die Prüfungshandlungen zur Feststellung von Fehlerrisiken zu beziehen. Dazu muss sich der Abschlussprüfer zunächst anhand passender Informationsquellen einen Überblick über das Unternehmens**umfeld** verschaffen:[30] 25

- Wie ist die Situation der Branche?
- Welche gesamtwirtschaftlichen Faktoren – z. B. Zins- und Wechselkursentwicklung – sind relevant?
- Gibt es spezielle politische Einflussfaktoren – z. B. Kostendämpfung im Gesundheitswesen?

Sodann muss sich der Abschlussprüfer einen Überblick über die wirtschaftlichen Verhältnisse des Unternehmens/Konzerns **selbst** verschaffen.[31] Dazu gehören u. a. 26

- Geschäftsabläufe,
- Unternehmensziele,
- Produktentwicklungen,
- IT-Ausrüstung,
- Investitions- und Desinvestitionspläne,
- Funktion und Wirksamkeit der Innenrevision.

Weiterhin ist das **interne** Berichtswesen mit der Budgetierung (→ Rz. 62) und der Analyse von Soll und Ist zu beurteilen. Bei Integration von internem und externem Berichtswesen können Prüfungsnachweise vereinfacht beschafft werden.

5.3.2 Das interne Kontrollsystem

5.3.2.1 Funktionsanalyse

Ein IKS muss in jedem Unternehmen vorhanden sein – allerdings in den verschiedenen Ausprägungen und tendenziell zunehmenden Lücken mit abnehmender Unternehmensgröße (→ Rz. 20). Ersetzt man „Kontrolle" durch das Synonym „Prüfung", dann bedeutet die Empfeh- 27

---

26 Vgl. VO 1/2006.56 ff.
27 Vgl. IDW PS 220 Tz. 11.
28 Anwendungshinweis der WPK zum Geldwäschegesetz, Beilag WPK 2/2009.
29 Vgl. IDW PS 240 Tz. 14.
30 Vgl. im Einzelnen IDW PS 261 Tz.13 ff.; *Heese*, WPg Sonderheft 2003 S. 227.
31 Vgl. IDW PS 230 Tz. 8 ff.

lung an den Abschlussprüfer: Prüfe die internen **Prüfungsroutinen**. Z. B.: Wie ist der vollständige Eingang der Lieferscheine unter → Rz. 21 in die Monatsrechnung garantiert? Dazu muss sich der Abschlussprüfer über die innerbetrieblichen Prozesse in ihrer IT-Begleitung informieren. Es bieten sich Einsichtnahmen in Ablaufpläne, Flussdiagramme u. Ä. an. Sodann ist auf die Eingriffs- und Zugriffsberechtigung einzugehen.

> **BEISPIEL** Kann eine Kreditorenbuchhalterin die Rechnung über eine Subunternehmerleistung in das System einfügen, also mit dem Buchungssatz: Per bezogene Leistung an Kreditor? Wenn ja, besteht eine wesentliche Kontrolllücke. Zwingend muss eine Bestellung mit Vorkontierung im System hinterlegt sein. Außerdem bedarf es der Eingangsbestätigung durch eine prozessunabhängige Person mit entsprechender Freigabe. Dann erst kann die Kreditorenbuchhalterin die Rechnung in die Finanzbuchführung transferieren. Darin erschöpft sich ihre Aufgabe. Der Auslöser für den Prozess ist die Bestellung, die nach dem Vier-Augen-Prinzip zu kontrollieren ist.

Das Beispiel befasst sich vergleichbar dem Inhalt desjenigen unter → Rz. 21 mit einem Prozess an der **Unternehmensgrenze**. Hier ist besonders auf lückenlose Kontrollmechanismen des IT-Systems[32] zu achten (sog. *boundary control*).

28 Bei so definierten **zwingenden Prozessabläufen** kann der Abschlussprüfer regelmäßig seine Prüfung in diesem Bereich beenden (→ Rz. 22). Allerdings muss die Integrität des IT-Systems gewährleistet sein, ein unbefugter Eingriff muss ausscheiden.[33] Dabei kann die **Funktions-** und **System**prüfung hierzu regelmäßig nur in Stichproben erfolgen, und das auch nur im Rahmen einer **mehrjährigen** Prüfungsplanung. Außerdem muss der Abschlussprüfer gerade in diesem Bereich die Prüfungsergebnisse der **Internen Revision** zu Rate ziehen.[34]

29 Das Beispiel unter → Rz. 27 beruht auf einem integrierten Abrechnungssystem für das Gesamtunternehmen, möglicherweise den Konzern. In **kleineren** Einheiten muss das Kontrollsystem – die internen Prüfungen – eher „handgestrickt" organisiert werden.[35] Ausgangspunkt ist in jedem Fall die **Funktionstrennung**. Der Besteller der im Beispiel unter → Rz. 27 angesprochenen Subunternehmensleistung darf nicht die Freigabe zur Einbuchung in das Kreditorenkontokorrent erteilen. Dies muss durch eine insoweit prozessunabhängige Person erfolgen, in sehr kleinen Einheiten z. B. durch den Finanzprokuristen. Hier wird der Abschlussprüfer nicht um eine umfangreichere Stichprobenprüfung herumkommen, begleitet von analytischen Prüfungshandlungen (→ Rz. 43).

> **BEISPIEL**
>
> ▶ Der Schuhproduzent S hat die gesamte Herstellung der Damenschuhabteilung in die Ukraine verlagert. Das dortige IT-System versagt bei der Bestandsführung der Materialien und Produkte.
>
> ▶ Dem Spezialtiefbauunternehmen T fehlt eine auftragsbegleitende Nachkalkulation.

---

32 Vgl. IDW PH 9.330.2.
33 Vgl. IDW PS 330.
34 Vgl. IDW PS 321 Tz. 12.
35 Vgl. hierzu IDW PH 9.100.1.

In diesen Fällen muss der Abschlussprüfer auf eine stichprobengestützte Einzelfallprüfung ausweichen. Die Systemschwächen verlangen eine Reduktion des Entdeckungsrisikos (→ Rz. 32).

5.3.2.2 Menschliche Einflussfaktoren: Das Risiko des „fraud"

Das Kontroll**system** soll möglichst unabhängig von Eingriffen der Sachbearbeiter funktionieren und überhaupt mit möglichst wenig Manpower betrieben werden. Aber ohne den Faktor „Mensch" und dessen vielgestaltiger individueller Ausprägung funktioniert nun einmal kein Unternehmen (→ Rz. 38). Entsprechend hängt auch das ausgeklügeltste Kontrollsystem von der **praktischen Durchführung** ab.[36]

30

BEISPIEL

▶ (1) Das IKS einer weltweit organisierten Systemgastronomie verlangt vor der Bestelleingabe die Einführung der Tisch-Nr. in das IT-System, um die Vollständigkeit der Fakturierung zu kontrollieren. Getränke können allerdings auch direkt am Tresen geordert und verzehrt werden. Der „Schankwirt" kassiert unmittelbar und häufig ohne Kassenbeleg.

▶ (2) Der Baugroßkonzern H hat eine Abteilung für die Vergabe von Subunternehmensleistungen organisatorisch ausgegliedert. Eine Order mit einem Volumen von über 10 Mio € bedarf der Unterschrift des Abteilungsleiters. Zwei ihm unterstellte Herren haben ein System entwickelt, einen diese Größenordnung übersteigenden Auftrag in Teile zu „zerlegen". Diese Herren sind dann zur gemeinsamen Auftragsvergabe befugt und können ihnen „nahestehende" Subunternehmer gegen versteckte Gegenleistungen trotz höherer Preise bevorzugen. Die Preise rechtfertigen sie mit der besseren Qualität und Zuverlässigkeit der Arbeitsausführung.

▶ (3) Die Wohnbau-AG hat einen Strukturvertrieb organisiert. Die Umsatzrelation und das Entstehen des Provisionsanspruchs sind an die Übersendung einer notariellen Urkunde und die Finanzierungszusage einer Bank geknüpft. Die findigen Verkäufer V und W fördern ihren Umsatz durch gegenseitig abgezeichnete Vermietungsgarantien der AG zugunsten des Käufers.

▶ (4) Der Vorstandsvorsitzende V eines Maschinenbauunternehmens ist bei seinen häufigen Besuchen bei der Tochtergesellschaft in Berlin eine Liaison mit einer charmanten Innenarchitektin eingegangen.[37] Diese erhält vom örtlichen Niederlassungsleiter, der Aufstiegschancen im Konzern wittert, anlässlich des Neubaus eines Verwaltungsgebäudes den Planungs- und Überwachungsauftrag zu einem stattlichen, d. h. über die Maßen erhöhten Honorar.

▶ (5) Der Softwarekonzern S verkauft Lizenzen. Für die vierteljährlichen Zwischenberichte werden angemessene Umsatzerlöse benötigt, um den Kapitalmarkt bei Laune zu halten. Der Vorstand wird aktienkursorientiert vergütet. Das Fakturierungssystem wird in Echtzeit gesteuert, d. h. nach dem Quartalsende kann nicht mehr mit Datum des Vortags fak-

---

36 Einzelheiten bei *Schindler/Gärtner*, WPg 2004 S. 1233.
37 „Nahestehende Person" nach IDW PS 255.

turiert werden. Dem Vorstand ist im IT-System eine Sondereingabe reserviert, die für fünf Arbeitstage eine Rück- oder Vordatierung erlaubt.

▶ (6) Im Baustellenabrechnungssystem der Hochbau GmbH ist eine fehlerhafte Schlüsselung zur Erfassung des Gerüstmaterials für die Baustellen enthalten.

31 Das fünfte der Beispiele unter → Rz. 30 ist auf den *management override* ausgerichtet, also die Möglichkeit zur Umgehung der Systemkontrollen durch die Unternehmensleitung, die als bedeutsames Risiko vom Abschlussprüfer besonders zu beachten ist.[38]

5.4 Entdeckungsrisiko: Festlegung der Prüfungshandlungen

5.4.1 Die Grenzen der Systemprüfung

32 Die Beispiele unter → Rz. 30 sind bewusst als Überleitung zu erforderlichen Reaktionen des Abschlussprüfers auf die festgestellten Risikobereiche in ihrer unterschiedlichen Intensität gewählt worden. Eine wichtige Grundlage der konkreten Prüfungshandlungen muss das IKS sein. Die Durchsicht der Ablaufpläne und der Arbeitsanweisungen wurde bereits unter → Rz. 27 angesprochen. Dadurch kann und muss die Funktion des Kontrollsystems insgesamt und in Teilbereichen ermittelt werden. „Funktioniert" es nicht, kann der Abschlussprüfer an dieser Stelle seine Systemprüfung einstellen. Eine „Nichtfunktion" **insgesamt** wird kaum jemals vorkommen, sondern nur in **Teilbereichen** (→ Rz. 30). Diesen darf sich der Prüfer in besonderer Aufmerksamkeit annehmen. Der mögliche *management override* im Beispiel (5) unter → Rz. 30 muss aber erst einmal festgestellt werden. Ein „normaler" Abschlussprüfer ist damit regelmäßig überfordert; er bedarf eines IT-Spezialisten, der – hoffentlich – die Systemlücke erkennt. Ansonsten hat die Stunde der zeitaufwendigen **Einzelfallprüfung** auf statistischer Basis oder gar lückenlos geschlagen. Im Fallbeispiel (5) unter → Rz. 30 muss anhand der Fakturierungen zum Quartals- oder Jahresende das Datum des Originalbelegs – der Vertragsurkunde mit dem Erwerber der Softwarelizenz – ermittelt werden. Möglicherweise hatte der Vertragspartner die Rückdatierung akzeptiert. Dann kann – besser: könnte – der Fehler vom Abschlussprüfer eigentlich nur mit kriminalistischen Fähigkeiten und Techniken aufgedeckt werden. Dies wird von ihm allerdings nicht verlangt.[39] Die dem Prüfer auferlegte kritische Grundhaltung[40] allein wird ihm in solchen Fällen jedenfalls nicht weiterhelfen.

Den gleichen Befund kann man dem Sachverhalt im Beispiel (1) unter → Rz. 30 zuordnen. Die Systemlücke kann eigentlich nur mit Techniken der **Steuerfahndung** – unerkanntes Erscheinen am Tatort – aufgedeckt werden. Anders verhält es sich im Beispiel unter → Rz. 27 zum Beschaffungswesen und dem Datenfluss hin zur Kreditorenbuchhaltung. Die Systemlücke ist organisatorisch behebbar. Bei der originären Dateneingabe der Bestellung stellt das Vier-Augen-Prinzip die gängige Kontrolle dar, die allerdings bei Zusammenarbeit der vier Augen außer Kraft gesetzt wird; vgl. das Beispiel (2) unter → Rz. 30.

---

38 Vgl. IDW PS 210 Tz. 43.
39 Vgl. IDW PS 210 Tz. 19.
40 Vgl. IDW PS 210 Tz. 14.

Eine größere Entdeckungschance kommt dem Sachverhalt (3) im Beispiel unter → Rz. 30 zu. Irgendwann muss die Inanspruchnahme der Garantie durch entsprechende Geldabflüsse eintreten und damit die Systemlücke erkannt werden. Möglicherweise ist dies erst lange nach Beendigung der Prüfung der Fall. Das Obligo aus den Mietgarantien bleibt im aktuellen Abschluss unberücksichtigt. In der Prüfung des Folgeabschlusses ist das Schließen der Systemlücke festzustellen oder aber in Einzelfallprüfungen einzusteigen.

Die Unregelmäßigkeit im Fall (2) des Beispiels unter → Rz. 30 kann mithilfe der rechnungslegungsbezogenen IKS allenfalls dann verhindert bzw. aufgedeckt werden, wenn die „Zerlegung" des Auftrags dort als Eingabefeld abgefragt wird. Das dürfte aber erst dann realistisch sein, wenn entsprechende Machenschaften bekannt sind. Ansonsten kann – besser: könnte – eine Aufdeckung nur bei intensivem Nachvollzug der Geschäftsabläufe in diesem Bereich infrage kommen. Das muss durch gezielte Auswahl im Rahmen der Prüfungsplanung vorgesehen werden, eine Zufallsstichprobe erscheint hier wenig geeignet. Außerdem stellt sich die Frage nach der Aufdeckungs**pflicht** von solchen Unregelmäßigkeiten im Rahmen der Abschlussprüfung. Eine solche besteht förmlich nicht, denn schließlich ist der Abschlussprüfer kein Kriminalbeamter.[41] Andererseits darf sich der Prüfer vor möglichen Unregelmäßigkeiten nicht verstecken, sondern muss sie in der Risikoeinschätzung berücksichtigen. Die auferlegte „kritische Grundhaltung"[42] soll ihn laufend daran erinnern. Allerdings ist gegen „fraude" bei der Abschlussprüfung letztlich kein Kraut gewachsen. Insbesondere die **Befragung** (→ Rz. 38) möglicher „Täter" (vgl. das Beispiel (2) und (4) unter → Rz. 30) wird nicht von Erfolg gekrönt sein.

Der Sachverhalt (4) im Beispiel unter → Rz. 30 stellt das Muster für den durch kein noch so vollkommenes „System" zu verhindernden Einfluss des Faktors „Mensch" auf die Rechnungslegung. International nach IAS 24 und national nach § 285 Nr. 21 HGB (→ § 285 Rz. 136 ff.) erfordern Geschäfte mit **nahestehenden** Personen u.U. Angabepflichten im Anhang. Dabei kann aus Sicht der Abschlussprüfung offenbleiben, ob die genannte Liaison des Vorstandsvorsitzenden das Nahestehen i. S. der Rechnungslegungsvorschriften begründet. Hier geht es um das Prüfungsrisiko des Abschlussprüfers, das in diesem Fall fast unüberwindbar hoch ist. Generell besteht bei Geschäftsbeziehungen mit **nahestehenden** Personen oder Unternehmen ein hohes **Kontrollrisiko**, das bei der Prüfungsplanung und -durchführung gebührend zu beachten ist.[43]

Der Sachverhalt im Beispiel (6) unter → Rz. 30 hebt sich von den anderen fünf insoweit ab, als hier nicht „fraud" angesprochen ist. Die Aufdeckung des Fehlers bei der Abschlussprüfung wirkt gegenüber den anderen „Fehlern" fast schon als Routinetätigkeit der Abschlussprüfung.

Wegen der Systematik des **Fehlerbegriffs** vgl. → § 321 Rz. 32 ff.

---

41 Vgl. IDW PS 210 Tz. 14.
42 Vgl. IDW PS 210 Tz. 14.
43 Einzelheiten in IDW PS 255.

5.4.2 Einzelfallprüfungen

5.4.2.1 Inhaltsüberblick

33 Die vorstehend dargestellten Grenzen der Verwendbarkeit des rechnungslegungsbezogenen IKS zur Fehleraufdeckung verweisen immer wieder auf das Erfordernis der Einzelfallprüfung durch Prüfungs**nachweise**.

Dabei kann unterschieden werden nach[44]
- **Inaugenscheinnahme** von Vermögensgegenständen (→ Rz. 34),
- Einholung der Bestätigung **Dritter** (→ Rz. 35),
- **Befragung** der handelnden Personen (→ Rz. 38),
- Heranziehung **anderer** Informationsquellen (→ Rz. 40).

„Einzelfallprüfung" meint nicht notwendig die Heranziehung jedes einzelnen Geschäftsvorfalls. Häufig genügen **statistische** Auswahlverfahren (→ Rz. 16). Die Wahl des Verfahrens ist dem Prüfungsobjekt anzupassen.

5.4.2.2 Inaugenscheinnahme von Vermögensgegenständen

34 Typischer Anwendungsbereich ist die **Inventurüberwachung**[45] des Vorratsvermögens, soweit dies „körperlich" vorhanden ist. Dagegen kommt eine solche Prüfungsmaßnahme bei anderen Bereichen des Vorratsvermögens – z.B. unfertige Leistungen einer WP-Gesellschaft – nicht in Betracht (→ § 240 Rz. 11). Die Prüfungshandlung muss sich stattdessen auf die Auswertung der **Betriebsbuchhaltung** beziehen. Bei Sachanlagen kann sich die Inanspruchnahme bei ordnungsmäßiger **Anlagebuchführung** regelmäßig auf wenige Stichproben beschränken. Im Bereich des immateriellen Anlagevermögens und der Finanzanlage ist die Prüfung anhand von einschlägigen **Dokumenten** vorzunehmen.

5.4.2.3 Einholung der Bestätigungen Dritter

35 Die sog. „Saldenbestätigungsaktion" ist ein gängiges Prüfungsverfahren für die Kunden- und Lieferantenkontokorrente und anderer Bereiche mit einer Mehrzahl von Personenkonten (z.B. Vertreterabrechnungen) sowie Bankbeziehungen. Zu den Bestätigungen Dritter gehören außerdem die Bestätigungen von Anwälten, Steuerberatern, Umweltsachverständigen über anhängige Verfahren und entsprechende Risiken.

Die sog. **große Bankbestätigung** mit Darstellung sämtlicher bestehender Positionen muss lückenlos von allen engagierten Kreditinstituten eingeholt werden, nicht unbedingt von jeder Bank, mit der Geschäftsbeziehungen bestehen.

> **BEISPIEL** Ein Energieverteilungsunternehmen unterhält Konten bei jeder im Verteilungsgebiet ansässigen Bank im Umfang von 600 Konten. Alle werden (aus Sicht der Bank) kreditorisch geführt. Hier genügt als Bestandsnachweis der Kontoauszug.

36 Die Versendung und der Rücklauf der Saldenbestätigungen müssen unter der **Kontrolle** des **Abschlussprüfers** erfolgen. Dabei muss der Abschlussprüfer den **Rücklauf überwachen**, um

---

[44] Vgl. IDW PS 300.
[45] Vgl. IDW PS 301.

eine „Unterdrückung" unerwünschter Informationen durch das Management zu verhindern.[46] Sinnvollerweise ist die Bestätigung unmittelbar an die Adresse des Abschlussprüfers (mit Kopie an das geprüfte Unternehmen) zu richten.

> **BEISPIEL**[47] Die vom Abschlussprüfer von Banken erbetenen Bestätigungen wurden vom Geschäftsführer nicht weitergegeben, weil sonst von ihm unberechtigt abgehobene Beträge aufgedeckt worden wären. Nach Auffassung des BGH hätte wegen des Fehlens dieser Bestätigung das Testat eingeschränkt werden müssen. Die erteilte Vollständigkeitserklärung ersetzt nicht die ordnungsmäßige Prüfung. Der Abschlussprüfer ist nach Auffassung des BGH zu 1/3 für den entstandenen Schaden haftbar, 2/3 muss die geprüfte Gesellschaft tragen, da sie sich das Verschulden des Geschäftsführers analog § 31 BGB zurechnen lassen muss.

Bei Saldenbestätigungen wird gewöhnlich die **positive offene** Methode gewählt mit der Bitte um Bestätigung des ausgewiesenen Betrags. Hier wird der Rücklauf am ehesten zu erwarten sein, anders als bei der **offenen** Anfrage, bei welcher das angefragte Unternehmen seinerseits den Saldo mitteilen soll.

Eine Saldenbestätigungsaktion sollte nicht „blind" durchgeführt werden, sondern die einschlägigen **Ablaufsysteme** berücksichtigen. 37

> **BEISPIEL** Der Pharmagroßhändler P bezahlt die von der Industrie bezogenen Arzneimittel jeweils in Höhe des Lieferantensaldos zum Monatsende. Mit dieser Zahlung ist die Bestätigung des Saldos implizit verbunden. Einer weiteren Bestätigung bedarf es nicht.

Eine Saldenbestätigungsaktion kann auch entfallen, wenn die Abrechnungssysteme von Debitor und Kreditor datentechnisch **integriert** sind. Dann liefert „das System" zwingend den Saldo aus Sicht des Dritten.

5.4.2.4 Befragungen der handelnden Personen

Systeme – auch der internen Kontrolle und der Abschlusserstellung – leben nur durch die handelnden Personen (→ Rz. 30). Deren Know-how muss der Prüfer notgedrungen zurate ziehen, ist dadurch aber auch bei aller gebotenen kritischen Grundhaltung von der **Objektivität** und **Integrität** der Auskunftsperson abhängig. 38

> **BEISPIEL** Die P-GmbH plant die Ausführung der Sanitär- und Elektrotechnik für Industriebauten und Bürohochhäuser. Zum Bilanzstichtag weist ein unfertiger Großauftrag rote Zahlen auf. Eine Niederstwertabschreibung erfolgt nicht. Der Prüfer zieht den Projektverantwortlichen zurate. Der weist auf den bei Projektbeginn besonders hohen Zeitaufwand hin, der im weiteren Verlauf nach dem Stichtag durch ein besonders geringes Stundenvolumen kompensiert würde. Die dem Prüfer vorgelegte Projektplanung bestätigt diese Aussage.
>
> Vom Abschlussprüfer können keine besonderen Kenntnisse in der Planung und Auftragsabwicklung im fraglichen technischen Bereich erwartet werden. Auch die Heranziehung ei-

---

46 Vgl. IDW PS 302 Tz. 9.
47 Sachverhalt nach dem BGH-Urteil vom 10.12.2009 – VII ZR 42/08, DStR 2010 S. 340.

> nes „Spezialisten" wird kaum möglich sein. Der Prüfer muss sich mit der Dokumentation der Aussage des Projektverantwortlichen und der Vollständigkeitserklärung der Geschäftsführung begnügen. Bei der Folgeprüfung muss er allerdings die Richtigkeit der Aussage durch Heranziehung der Nachkalkulation überprüfen, um daraus Schlüsse für weitere Befragungen des Projektverantwortlichen zu ziehen.

Die Befragung bzw. Auskünfteeinholung von handelnden Personen unterschiedlichster Hierarchiestufen wird häufig als Prüfungshandlung auferlegt, z. B. bei Geschäftsbeziehungen mit **Nahestehenden** (→ Rz. 41). Der **Grenzen** sollte man sich bewusst sein. Die betroffenen Personen im Beispiel unter → Rz. 30 werden keine sie belastenden Auskünfte geben. Ein kriminalistisches Kreuzverhör durch den Abschlussprüfer scheidet aus. Allenfalls eine besondere Kategorie des *whistle blowing* – ein „Untergebener" teilt seinen Unmut über „Höhergestellte" dem Abschlussprüfer mit – kann verwertbare Informationen liefern. Doch sollte man ein *„audit related whistle blowing"* etwa unter Aufstellung eines entsprechenden Briefkastens während der Prüfungsdurchführung nicht zum notwendigen Bestandteil einer ordnungsmäßigen Abschlussprüfung aufwerten.

39 An dieser Stelle zeigt sich auch die Sinnhaftigkeit der sog. **Vollständigkeitserklärung**, deren Einholung unabdingbar zur Erteilung eines (uneingeschränkten) Bestätigungsvermerks ist.[48] Die von der Geschäftsleitung zu erteilende Erklärung umfasst notwendig auch alle Erklärungen von „untergeordneten" Aufsichtspersonen. Sie ersetzen zwar keine Prüfungshandlungen, stellen jedoch für den Abschlussprüfer in einigen Fällen im Beispiel unter → Rz. 30 den letzten Notanker zur Gewährleistung einer ordnungsmäßigen Prüfung dar.

5.4.2.5 Heranziehung anderer Informationsquellen

40 Die gebotene eigenständige Prüfungstätigkeit des Abschlussprüfers mit seinen (auch freiberuflichen) Mitarbeitern schließt die Heranziehung anderer Auskunftspersonen nicht aus, sie ist im Gegenteil in manchen Fällen zwingend. So sind in bestimmten Fällen heranzuziehen

- ▶ die Ergebnisse anderer externer Prüfer (→ Rz. 68),[49]
- ▶ die Ergebnisse der Arbeiten anderer Sachverständiger,[50] z. B. Versicherungsmathematiker oder Rechtsanwälte,
- ▶ die Arbeiten der Innenrevision nach Einschätzung von deren Qualität.[51]

5.4.2.6 Förmlich gebotene Einzelfallprüfungen, insbesondere Beziehungen zu Nahestehenden

41 Für bestimmte Prüfungsgebiete schreiben IDW-Standards – unter Wesentlichkeitsvorbehalt – Einzelfallprüfungen vor:[52]

---

48 Vgl. IDW PS 303 n. F. Tz. 23.
49 Vgl. IDW PS 320.
50 Vgl. IDW PS 322.
51 Vgl. IDW PS 321.
52 Auflistung nach *Förschle/Schmidt*, in: Beck'scher Bilanz-Kommentar, 7. Aufl., München 2010, § 317 Tz. 182.

- Lagebericht (→ Rz. 56),[53]
- Risikofrüherkennungssystem (→ Rz. 70),[54]
- Vorratsvermögen (→ Rz. 34),[55]
- Zeitwerte und andere Schätzwerte (→ Rz. 46),[56]
- Vergleichsangaben für Vorjahre,[57]
- Beziehungen zu nahestehenden Personen und Unternehmen,[58]
- Eröffnungsbilanzwerte[59] sowie
- Beurteilung der Unternehmensfortführung,[60]
- Vorkehrungen nach dem Geldwäschegesetz (→ Rz. 24).

Besonderes Gewicht kommt bei der Rechnungslegung den Beziehungen zu **nahestehenden Personen** und **Unternehmen** zu (→ § 289 Rz. 137). Deshalb sind bei der Prüfung folgende Handlungen vorzunehmen:

- Ausrichtung der Prüfungsplanung.[61]
- Einholung von Auskünften (Befragung) der Geschäftsleitung über die Identität der Personen, den bestehenden Beziehungen zum geprüften Unternehmen und die getätigten Geschäftsvorfälle.[62]
- Gewinnung des Verständnisses von Kontrollmechanismen im IKS zu den Beziehungen mit Nahestehenden.[63]

Besondere Verpflichtungen treffen den Abschlussprüfer, wenn er Geschäftsvorfälle mit Nahestehenden feststellt, die ihm vom Management zuvor **nicht mitgeteilt** worden sind.[64] Intensive Prüfungshandlungen sind vorzunehmen bei **bedeutsamen Geschäftsvorfällen** mit Nahestehenden außerhalb der gewöhnlichen Geschäftstätigkeit.[65]

BEISPIEL ▶ Der Vorstandsvorsitzende erwirbt von der Gesellschaft seine Dienstvilla zum Preis von X €.

Eine **Angemessenheitsprüfung** der getätigten Geschäfte mit Nahestehenden ist dann erforderlich, wenn im Anhang nur marktunübliche Geschäfte angegeben werden, denn dann gelten die übrigen als marktüblich. Dann sind auch andere Geschäfte mit Nahestehenden auf die Marktüblichkeit hin zu untersuchen. Das gilt wiederum nicht, wenn von der Gesellschaft das

---

53 Vgl. IDW PS 350.
54 Vgl. IDW PS 340.
55 Vgl. IDW PS 301.
56 Vgl. IDW PS 314; IDW EPS 314 n. F.; IDW PS 315.
57 Vgl. IDW PS 318.
58 Vgl. IDW PS 255.
59 Vgl. IDW PS 205.
60 Vgl. IDW PS 270.
61 Vgl. IDW PS 255 Tz. 10a.
62 Vgl. IDW PS 255 Tz. 15.
63 Vgl. IDW PS 255 Tz. 18.
64 Vgl. IDW PS 255 Tz. 23a.
65 Vgl. IDW PS 255 Tz. 23b.

Wahlrecht zur Aufnahme sämtlicher wesentlicher Geschäfte in den Anhang ausgeübt wird, weil dann eine Untergliederung nach „üblich" und „unüblich" unterbleiben kann (→ § 285 Rz. 139).[66]

Der **Aufsichtsrat** ist über bedeutende Sachverhalte mit Nahestehenden zu informieren.[67] Schließlich muss der Abschussprüfer von der Geschäftsleitung schriftliche Erklärungen über die **Vollständigkeit** der gegebenen Informationen zu Nahestehenden einholen. Der in PS 255 mehrfach angesprochenen Befragung der handelnden Personen sind gerade auf diesem Prüfungsgebiet hohe Effizienzgrenzen gesetzt (→ Rz. 38).

Darüber hinaus ist für viele (weitere) **Anhang**angaben nur eine Einzelfallprüfung sinnvoll, z. B. die Bezüge der Geschäftsleitung (→ § 285 Rz. 38 ff.) oder die Begründung der Nutzungsdauer eines Geschäfts- oder Firmenwerts (→ § 285 Rz. 98).

Bei der **Fortführung** der Unternehmenstätigkeit ist ein Prognosezeitraum von mindestens zwölf Monaten anzusetzen. Sollte die Unternehmensführung kürzer „kalkuliert" haben, muss der Abschlussprüfer einen entsprechend verlängerten Zeitraum verlangen.[68]

5.4.2.7 Wesentlichkeitsgesichtspunkt

42 Zum Thema der erforderlichen Einzelfallprüfungsrisiken zur Minimierung des Entdeckungsrisikos und damit bei gegebenem Fehlerrisiko des Prüfungsrisikos ist nochmals auf die Beispielfälle unter → Rz. 30 zurückzukommen. Diesen Sachverhalten kann u.U. der Wesentlichkeitsaspekt (→ Rz. 17) entgegengehalten werden. Gerade der Fall (5) legt dies nahe: Das überteuerte Honorar für die Innenarchitektur wird den Einblick in die wirtschaftliche Lage des Unternehmens i. S. des Abs. 1 Satz 3 (→ Rz. 17) vermutlich nicht wesentlich beeinflussen. Den Wesentlichkeitsvorbehalt kann der Abschlussprüfer allerdings erst anbringen, wenn der Tatbestand entdeckt ist. Das verhilft dem Schutz vor **späteren** Vorhaltungen: „Warum hat eigentlich der Abschlussprüfer diesen Missstand nicht rechtzeitig aufgedeckt?" **Ex ante** – also bei der Prüfungsplanung (→ Rz. 61) – hilft in solchen Fällen eine statistisch bestimmte Wesentlichkeitsschwelle durch Heranziehung von Bilanzkennzahlen (→ Rz. 17) kaum weiter. Irgendwann landet der Prüfer bei aller Sorgfalt beim Prinzip „Hoffnung": „Es wird schon gut gehen."

5.4.3 Analytische Prüfungshandlungen

43 Unter analytischen Prüfungshandlungen versteht man die Untersuchung von notwendigen Beziehungen zwischen finanziellen und auch anderen Daten.[69] Gefragt ist (insbesondere) ein Urteil über die Plausibilität bestimmter Abschlusszahlen in Bezug auf andere, die notwendig miteinander korreliert sind.[70]

---

66 Vgl. IDW PS 255 Tz. 9a.
67 Vgl. IDW PS 255 Tz. 23d.
68 Vgl. IDW PS 270 Tz. 20a.
69 Vgl. IDW PS 312.
70 Vgl. IDW PS 312 Tz. 6.

> **BEISPIEL**
>
> ▶ Ein gegenüber dem Vorjahr erhöhter Umsatz sollte im Umsatzkostenverfahren (→ § 275 Rz. 8) höhere Herstellungskosten mit sich bringen. Andernfalls ist den Ursachen nachzugehen.
>
> ▶ Ein Automobilhersteller hat den Absatz im margenschwachen Kleinwagenbereich steigern können, im Bereich Luxusklasse gerade umgekehrt. Ein Rückgang der Marge über alle Produkte ist zu erwarten.
>
> ▶ Die erhaltenen Anzahlungen nach Leistungsfortschritt eines Tiefbauunternehmens haben in den Vorjahren zwischen 80 % und 105 % der ausgewiesenen unfertigen Leistungen ausgemacht. Im aktuellen Prüfungsjahr betragen sie nur 66 %. Den Gründen ist prüferisch nachzugehen.

5.4.4 Abschließende Prüfungshandlungen

Analytische Prüfungshandlungen bieten sich insbesondere auch am **Ende** der Prüfung an, wenn also die Prüfung **insgesamt** zu würdigen ist.[71] Dabei ist auch das durch die Prüfung zu garantierende Bild der wirtschaftlichen Lage des Unternehmens (→ Rz. 17) und Beurteilung der Wesentlichkeit der festgestellten Fehler ins Visier der Abschlussprüfung zu nehmen.

44

Schließlich sind auch Ereignisse und Geschäftsvorfälle **nach** dem Abschlussstichtag bis zur Berichtsauslieferung zu würdigen.[72] Dabei geht es um

45

▶ Ansatz- und Wertaufhellung (→ § 252 Rz. 55 ff.),

▶ Darstellungen im Lagebericht nach § 289 Abs. 2 Nr. 1 HGB (→ § 289 Rz. 49).[73]

> **BEISPIEL** ▶ Die Insolvenz eines Großkunden am 25. 1. 2001 erfordert u.U. eine Abschreibung des Debitorensaldos zum Bilanzstichtag 31. 12. 2000 (→ § 252 Rz. 60). Darüber hinaus ist im Lagebericht über die veränderte Lage wegen des künftig wegfallenden Umsatzes unter Berücksichtigung der zugehörigen variablen und fixen Kosten Stellung zu nehmen.

5.4.5 Besonderheiten bei Schätz- und Zeitwerten

Viele Bilanzposten können nur durch Schätzung ermittelt – z. B. der Rückstellungsansatz – und bewertet – z. B. die Nutzungsdauer des abnutzbaren Anlagevermögens – werden (→ § 252 Rz. 46). Nach dem umfangreichen Standard IDW PS 314 n. F. hat der Abschlussprüfer speziell zu den Schätz- und Zeitwerten eine Analyse der **Fehlerrisiken** durchzuführen, um daraus die erforderlichen Prüfungshandlungen abzuleiten. Diese können analytisch (→ Rz. 43) oder einzelfallbezogen (→ Rz. 33) ausgerichtet sein und das interne Kontrollsystem bezüglich Aufbau und Funktion berücksichtigen.[74]

46

---

71 So auch *Förschle/Schmidt*, in: Beck'scher Bilanz-Kommentar, 7. Aufl., München 2010, § 317 Tz. 183 ff.
72 Vgl. IDW PS 203 Tz. 9.
73 Vgl. IDW PS 350 Tz. 16.
74 Vgl. IDW PS 314 n. F. Tz. 26.

Schätz- und Zeitwerte sind meistens **prognostisch** zu ermitteln, z. B. durch Annahmen über zu erwartende Zahlungsströme. Deshalb sind sie aus der Sicht ex post selten „richtig". Aus der Entscheidungsperspektive liegen mehr oder weniger große **Unsicherheitsmomente** vor, die ein entscheidendes **Wesenselement** der Abschlusserstellung bedeuten (→ § 252 Rz. 46) und von der Abschlussprüfung hingenommen werden müssen. Diese kann keine „richtige" Schätzung garantieren, sondern muss mit der Unsicherheit infolge der Zukunftsbestimmtheit ökonomischer Werte leben. Deshalb sind solche Schätzgrößen und Zeitwerte und die Ermittlung durch das Management vom Abschlussprüfer nicht nach „richtig" oder „falsch" zu beurteilen, sondern nach Plausibilität,[75] Verlässlichkeit,[76] mathematischer Richtigkeit,[77] Sachgerechtigkeit und Angemessenheit,[78] Vertretbarkeit[79] und Widerspruchslosigkeit.[80] Der Abschlussprüfer darf also nicht die von ihm als „richtig" erachtete Annahme über (z. B.) die künftige Lagerumschlagshäufigkeit als Prüfungsmaßstab verwenden, sondern „lediglich" die Vertretbarkeit etc. der diesbezüglichen Annahmen des Managements beurteilen. „Vertretbar" ist in diesen und vielen anderen Schätzungsfällen eine nicht unbedingt kleine **Bandbreite** von ermessensgerecht ermittelten Werten. Die damit verbundenen Unsicherheiten stellen kein Prüfungshemmnis (→ § 321 Rz. 52) dar. Der Prüfungstätigkeit sind in diesen Bereichen des Abschlusses die gleichen Grenzen gesetzt wie bei den prognostischen Bestandteilen des Lageberichts (→ Rz. 57).

> **BEISPIEL** Die D-Bank bewertet Argentinien-Anleihen mit 18 % des Nennwerts = Anschaffungskosten, die C-Bank mit 42 %. Beide Schätzwerte sind plausibel und sachgerecht ermittelt und müssen vom Prüfer akzeptiert werden. Im Folgeabschluss bewertet die D-Bank wegen neuer Erkenntnisse mit 23 %, die C-Bank mit 40 %. Bei Willkürfreiheit der Bewertung hat der Prüfer die Wertermittlung zu akzeptieren.

47 Das zu beachtende **Stetigkeitsgebot** (→ § 252 Rz. 167 ff.) hat wenig Einfluss auf das Prüfungsverfahren. Wenn sich die dem Schätzungsverfahren zugrunde gelegten Fakten geändert haben – und das ist hier regelmäßig der Fall –, sind auch die Berechnungsparameter anzupassen.

5.5 Arbeitspapiere

48 In den Arbeitspapieren ist die gesamte Prüfungsdurchführung zu **dokumentieren**.[81] Daraus müssen die einzelnen Prüfungsschritte von der Auftragsannahme bis zur Berichtsauslieferung ersichtlich sein. Die Risikoeinschätzungen, die Prüfungsverfahren und die Feststellungen sind für Dritte leicht nachvollziehbar darzustellen, insbesondere auch die in Einzelfällen getroffenen Entscheidungen. Ein außenstehender Prüfer muss sich in angemessener Zeit ein Bild über den Prüfungsablauf verschaffen können.

---

75 Vgl. IDW PS 314 n. F. Tz. 23.
76 Vgl. IDW PS 314 n. F. Tz. 28.
77 Vgl. IDW PS 314 n. F. Tz. 54.
78 Vgl. IDW PS 314 n. F. Tz. 29.
79 Vgl. IDW PS 314 n. F. Tz. 41.
80 Vgl. IDW PS 314 n. F. Tz. 45.
81 Zu Einzelheiten vgl. IDW PS 460 n. F.

In systematischer Sicht sind die **Dauerakten** – ausgelegt eine mehrjährige Folgeprüfung – von den Akten für den **konkreten** Prüfungsauftrag zu unterscheiden.

Die Arbeitspapiere sind in Papierform oder elektronisch **aufzubewahren**. Die Aufbewahrungsfrist beläuft sich nach § 51b Abs. 2 Satz 1 WPO auf **zehn Jahre**, gerechnet ab Beendigung des Auftrags.

5.6 Qualitätssicherung

Berufsrechtlich liegen detaillierte Vorgaben zur Gewährleistung einer **qualitativ** einwandfreien Prüfungsdurchführung vor.[82] Es geht dabei zunächst um die Anweisungen an das Prüfungsteam und dessen Überwachung durch den verantwortlichen WP/vBP. Das Vier-Augen-Prinzip ist zu beachten. Nach Beendigung der Prüfung ist vor Auslieferung des Berichts eine **Berichtskritik**, ggf. unter Heranziehung der Arbeitspapiere, von einer erfahrenen Person durchzuführen, die nicht wesentlich mit der Prüfungsdurchführung und Berichterstellung befasst war.

49

Diese Qualitätssicherungsmaßnahmen sind konzeptionell auf eine WP-Praxis mit einer **Vielzahl** von Mitarbeitern und mehreren Berufsträgern ausgerichtet. Der **Einzel**-WP/vBP muss sich in diesen organisatorischen Vorgaben zurechtfinden. Das Vier-Augen-Prinzip (z. B.) lässt sich nur durch Heranziehung eines externen Kollegen bewerkstelligen. Ob und wie solche Fälle zu lösen sind, ist eine berufsständisch zu beantwortende Frage.

Bei Abschlussprüfungen nach § 319a HGB ist in Ergänzung der Berichtskritik eine **auftragsbegleitende** Qualitätssicherung durch einen prozessunabhängigen erfahrenen Wirtschaftsprüfer vorzunehmen (→ § 319a Rz. 35). Eine Rotation nach siebenjähriger Befassung mit dem Auftrag ist geboten mit einer „Rückfahrkarte" nach zweijähriger Abstinenz (*cooling-off*-Periode).

5.7 Konzernabschlussprüfung

Das Gesetz differenziert bezüglich der Prüfung nicht zwischen Abschluss und Konzernabschluss (→ Rz. 8), entsprechend auch nicht zwischen Lagebericht und Konzernlagebericht. Das **risikoorientierte** Prüfungssystem (→ Rz. 19 ff.) ist auch auf den Konzernabschluss anzuwenden. In Deutschland fehlt ein **spezieller Prüfungsstandard** für den Konzernabschluss. Der internationale Standard ISA 600 RR ist deshalb auf die Prüfung von nach dem 14. 12. 2009 beginnenden Geschäftsjahren anzuwenden – aber erst nach der Annahme durch die EU-Kommission (→ Rz. 76).

50

Zu den Spezifika der Konzernabschlussprüfung wird verwiesen auf → Rz. 66 ff.

---

82 Berufssatzung-BS WP/vBp sowie VO 1/2006.

III. Die Prüfung der Lageberichte (Abs. 2)

1. Prüfungsgegenstand und -umfang (Abs. 2 Sätze 1 und 2)

1.1 Überblick

51 Der Prüfungsumfang der Lageberichte ist im Gesetzesaufbau wenig übersichtlich dargestellt, weil auf **drei** Paragraphen verteilt.[83] Zu prüfen ist letztlich der gesamte Inhalt der Lageberichte nach §§ 289 und 315 HGB. „Lageberichte" meint **„den"** Lagebericht und den **Konzern**lagebericht:

- Nach § 321 Abs. 2 Satz 1 HGB (→ § 321 Rz. 51): Feststellung im **Prüfungsbericht**, ob die Lageberichte den **gesetzlichen** Vorschriften entsprechen.
- Nach § 321 Abs. 1 Satz 2 HGB (→ § 321 Rz. 17): Stellungnahme im **Prüfungsbericht** zur **Beurteilung** der „Lage" des Unternehmens/Konzerns durch die gesetzlichen Vertreter unter Berücksichtigung der künftigen Entwicklung und des Fortbestands der Gesellschaft.
- Nach § 322 Abs. 2 Satz 3 HGB (→ § 322 Rz. 22):[84] Gesondertes Eingehen auf **bestandsgefährdende** Risiken im **Bestätigungsvermerk**.
- Nach Abs. 1 Satz 2 1. Halbsatz: Prüfung des **Einklangs** von Lagebericht und Abschluss entsprechend der bei der Prüfung gewonnenen Erkenntnisse (→ Rz. 54).
- Nach Abs. 2 Satz 1 2. Halbsatz: Prüfung der zutreffenden **Vorstellung** der Lageberichte von der „Lage" des Unternehmens/Konzerns (→ Rz. 53).
- Nach Abs. 2 Satz 2: Prüfung der zutreffenden **Darstellung** der Chancen und Risiken der zukünftigen Entwicklung (→ Rz. 57).

52 Dieser recht unübersichtliche Gesetzesbefehl zur Prüfung und Berichterstattung zeigt notwendig Redundanzen und Interdependenzen. Die vorgeschriebene Prüfung des **gesamten** Inhalts der Lageberichte bleibt davon unberührt.[85] Bezüglich der ersten drei Prüfungsgebiete wird auf die Kommentierung an den angegebenen Stellen verwiesen. Insbesondere die **Risiken** der künftigen Entwicklung des Unternehmens/Konzerns und dessen **Fortbestehen** stehen nach den Gesetzesvorgaben im Mittelpunkt des Prüfungsgeschehens.[86] Häufig enthalten Lageberichte auch über die Gesetzesvorgabe hinausreichende Angaben. Diese sind ebenfalls in die Prüfung einzubeziehen.[87] Umgekehrt unterliegen die Teile des **„Geschäftsberichts"** von Großkonzernen, die nicht den Abschluss und den (Konzern-)Lagebericht betreffen, nicht der Prüfung. Gleichwohl bleibt der Abschlussprüfer zur **Korrektur** aufgerufen,[88] wenn diese Angabe einen falschen Eindruck von der Situation des Unternehmens/Konzerns vermittelt. Wie dies geschehen soll, wenn die „eigentliche" Prüfung durch Übersendung des Prüfungsberichts abgeschlossen ist, ist unklar; ebenso bleibt die Frage nach der gebotenen Reaktion des Abschlussprüfers unbeantwortet, wenn seiner „Veranlassung" (der Korrektur) nicht nachgekommen

---

83 Vgl. IDW PS 350 Tz. 10.
84 Vgl. IDW PS 270 Tz. 22 ff.
85 Vgl. IDW PS 350 Tz. 10.
86 Vgl. IDW PS 350 Tz. 8.
87 Vgl. IDW PS 350 Tz. 13.
88 Vgl. IDW PS 350 Tz. 12 „Der Abschlussprüfer hat eine Richtigstellung ‚zu veranlassen'".

wird (→ Rz. 65). Diese Anweisung an den Abschlussprüfer hat u. E. keine Rechtsgrundlage und ist auch kaum praktizierbar.

> **BEISPIEL** Im Geschäftsbericht der Kaufhaus AG für das Geschäftsjahr 2007/2008, aber außerhalb von Jahres-/Konzernabschluss und Lagebericht schreibt der **Vorstandsvorsitzende** „an unsere Aktionäre" bei angespanntester Liquiditätslage drei Monate vor der Insolvenz:
>
> „So konnten wir ... zukunftsfähige Strukturen fassen und Zehntausende von Arbeitsplätzen sichern. ... Wir sind mit der Neuausrichtung des Kaufhaus-Konzerns gut vorangekommen. Ihr Konzern ist heute gut aufgestellt. Wir haben eine gute Plattform für die weitere Entwicklung des Konzerns geschaffen und blicken jetzt konsequent nach vorne."
>
> Soll der Abschlussprüfer, wenn er überhaupt diesen Text vor Beendigung der Prüfung sieht, wahrheitsgetreue Umformulierungen etwa folgenden Inhalts „veranlassen":
>
> „Unsere Zukunft hängt in den Händen unserer Hausbanken. Verlängern diese die Kreditlinie nicht, droht uns die Insolvenz."?
>
> Der Abschlussprüfer hat in *casu* seine Pflicht durch Hinweis im Bestätigungsvermerk erfüllt (→ § 322 Rz. 37). Mehr ist von ihm nicht geschuldet. Abgesehen davon kann er gegen die notorisch positiv klingende Diktion der Geschäftsleitung nichts unternehmen (→ Rz. 55).

1.2 Die Prüfungsinhalte

1.2.1 Die „Lage"

Letztlich sollen Lagebericht nach § 289 Abs. 1 Satz 1 HGB (→ § 289 Rz. 21) **und** Abschluss nach § 264 Abs. 2 Satz 1 HGB (→ § 264 Rz. 14) einen Einblick in die wirtschaftlichen Verhältnisse (die „Lage") verschaffen. Dieser **gemeinsamen** Zielrichtung muss sich auch die Prüfung beider Rechnungslegungsbestandteile unterwerfen. Fast notwendig gehen deren Prüfungen Hand in Hand, wenn auch u. U. in getrennten Prüfungsschritten. Der „Prüfungsverbund" ist besonders offensichtlich in der Untersuchung der **Fortbestehenshypothese** bei angespannten wirtschaftlichen Verhältnissen (→ Rz. 59).

53

Im Grunde genommen ist der Gesetzesauftrag zur Prüfung der „Lage" in Abs. 2 Satz 1 **redundant**, da schon in Abs. 1 Satz 3 die Vermögens-, Finanz- und Ertragslage zu prüfen ist und beide Umschreibungen der wirtschaftlichen Verhältnisse der Gesellschaft den gleichen Inhalt haben müssen.[89]

Die Prüfung hat sich dennoch zuvörderst auf die „zutreffende Vorstellung von der Lage des Unternehmens/Konzerns" zu konzentrieren. Der Hinweis auf die Beachtung von „Grundsätzen der Lageberichterstattung"[90] wirkt dabei recht **blutarm**, ebenso das Gebot einer sorgfältigen Prüfung (wie bei der Abschlussprüfung) und des Einholens ausreichender und angemessener Prüfungsnachweise. Man darf fragen: Wie sonst? Der Abschlussprüfer wird sich deshalb mit den Vorgaben des DSR und des Schrifttums zur Lageberichterstattung befassen müssen, worauf an dieser Stelle zu verweisen ist (→ § 289 Rz. 10 ff.).

---

89 Vgl. *Moxter*, BB 1997 S. 724.
90 Vgl. IDW PS 350 Tz. 13.

1.2.2 Der „Einklang"

54 Konzeptionell soll der Lagebericht neben der Prognose (→ Rz. 63) den primär auf Zahlen beruhenden Abschluss in gewisser Weise **kommentieren**: Wie erklärt sich – global oder in Geschäftsbereichen –

- der Rückgang der Umsatzerlöse,
- die Vergrößerung der Marge,
- die Erhöhung des Personalaufwands,
- etc.?

Diese – ggf. quantifizierten – Angaben sind prüferseits mit den Abschlusszahlen abzustimmen. Ergänzend sind das Unternehmensumfeld – Branchenentwicklung, Beschaffungsmärkte etc. – sowie die internen Erfolgsfaktoren – Produktionslinien, Personalwesen etc. – zu beurteilen.

Die Lageberichterstattung kann sich nicht vom **Rechenwerk** des Abschlusses lösen,[91] so auch die Vorgabe in § 289 Abs. 1 Satz 3 HGB (→ § 289 Rz. 12), die Prüfung muss schon bei der Planung (→ Rz. 61) diese gegenseitige Beziehung ins Visier nehmen. Wenn der Abschluss tiefrote Zahlen ausweist, kann im Lagebericht nicht propagiert werden: „Uns geht es blendend." Vgl. aber das Beispiel unter → Rz. 59.

55 Dabei muss der Prüfer die **Interessen** der Geschäftsleitung berücksichtigen und diese mit den **Ausdrucksmöglichkeiten** der (deutschen) Sprache konfrontieren. Der neu bestellte Vorstandsvorsitzende wird das von ihm nicht zu verantwortende Vorjahr mit denkbar schlechtem Ergebnis ganz anders umschreiben als der noch im Amt befindliche.

> **BEISPIEL** ▶ Die Fahrbetonherstellungs-GmbH hat Ende 01 ein nagelneues Betonwerk in Betrieb genommen. Im März 02 bricht der örtliche Betonmarkt zusammen. Ende Oktober 02 zeigen sich erste Erholungserscheinungen.
>
> - Der **neue** Geschäftsführer wird für 02 berichten: „Die Investition in unser neues Betonwerk beruhte auf zu optimistischer Einschätzung der Marktentwicklung. Die Abschreibungs- und Zinslast hat uns die tiefroten Zahlen des Abschlusses 02 beschert."
> - Der **weiter amtierende** Geschäftsführer wird für 02 berichten: „Die notwendige Errichtung des neuen Betonwerks hat uns zum technisch führenden Anbieter in unserer Region gemacht. Die Arbeitsabläufe konnten optimiert werden. Ein bedeutender Rationalisierungssprung mit der Einsparung von 3 Vollzeitstellen ist zu verzeichnen. Die sich Ende des Berichtsjahrs abzeichnende Wiederbelebung der Branchenkonjunktur sollte alsbald das unerfreuliche Ergebnis 02 vergessen lassen."

Die beiden Formulierungsmuster verdeutlichen die unterschiedlichen und dabei wahrheitsgetreuen Darstellungsmöglichkeiten der „Lage". Einwendungen des Abschlussprüfers können in beiden Fällen nicht erhoben werden. Generell muss der Abschlussprüfer den optimistischen Grundton der Lageberichterstattung berücksichtigen (→ § 289 Rz. 12 „Ausgewogenheit"). Sie stellt auch ein Marketinginstrument dar.

---

91 Vgl. IDW PS 350 Tz. 14.

Anderseits darf die gewählte Sprachregelung nicht vergleichbar einem arbeitsrechtlichen Dienstzeugnis den **Aussagegehalt** in sein **Gegenteil** verkehren. Wesentliche Informationsinhalte dürfen nicht einfach **weggelassen** werden oder eine **unzutreffende Gewichtung** erfahren. Korrelierte Chancen und Risiken sind gemeinsam zu nennen. Es handelt sich dabei um typische Fälle einer lückenlosen Einzelfallprüfung (→ Rz. 33). 56

1.2.3 Chancen und Risiken der künftigen Entwicklung

Die **künftige** Entwicklung des Unternehmens/Konzerns stellt einen Bestandteil der „Lage" dar; sie ist wie jede ökonomische Größe (auch) zukunftsbestimmt. Gleichwohl erfährt sie mit der redundanten (→ Rz. 53) Betonung der Chancen und Risiken auch bei der **Prüfung** ihr besonderes Gewicht. Diese Prüfungsvorgabe korrespondiert mit der **Berichterstattung** nach § 321 Abs. 1 Satz 2 HGB (→ § 321 Rz. 24) und mit der Hinweispflicht auf bestandsgefährdende Risiken im **Bestätigungsvermerk** nach § 322 Abs. 2 Satz 3 HGB (→ § 322 Rz. 27). Vor allem **„das"** Risiko des **Nichtfortbestehens** ist vom Gesetzgeber der besonderen Obhut des Abschlussprüfers anvertraut. Dem schließen sich zuhauf Hinweise der Standardsetter[92] und des Schrifttums an.[93] 57

Jeder Abschlussprüfer muss sich dabei des **prognostischen** Gehalts solcher Aussagen bewusst sein (vgl. dazu → § 289 Rz. 30 ff.) und darf sich nicht als besserer Zukunftsforscher aufspielen.[94] Wenn das Prognoseverfahren **sachgerecht** – was immer das heißen mag – durchgeführt worden ist, muss der Abschlussprüfer die daraus im Lagebericht abgeleiteten Chancen, z. B. des Wachstums einer Einzelhandelskette im iberischen Raum, akzeptieren. 58

> **BEISPIEL**
>
> ▶ Der Einzelhandels-Discounter A schreibt im Lagebericht 01: „Wir gehen für den iberischen Markt wegen der hohen Arbeitslosenzahl im Jahr 02 von einer zurückhaltenden Konsumentennachfrage insgesamt aus. Dieses gesamtwirtschaftliche Umfeld betrachten wir als Chance zur vermehrten Marktdurchdringung durch Billigpreisangebote. Bei gleicher Verkaufsfläche planen wir einen Umsatzanstieg zwischen 0,5 und 1 % mit geringfügig niedrigerer Marge."
>
> ▶ Der Einzelhandels-Discounter L schreibt im Lagebericht 01: „Die hohe Arbeitslosenzahl auf der iberischen Halbinsel wird in 02 zu einem Umsatzrückgang im Einzelhandel insgesamt führen. Wir stellen diesem Trend unsere Billigpreisstrategie gegenüber und wollen damit wenigstens einen gegenüber 01 um 2 bis 4 % niedrigeren Umsatz bei gleicher Marge erreichen."

Beide Prognosen sind **„richtig"** (→ § 289 Rz. 36) und damit vom Abschlussprüfer zu akzeptieren. Dabei dürfen die **extern** verwendeten Prognosen nicht von **intern** erstellten Budgets abweichen (→ Rz. 63).[95]

---

[92] Vgl. IDW PS 350 Tz. 16; IDW PS 270 Tz. 48.
[93] Umfassend *Groß*, WPg 2010 S. 119.
[94] Vgl. *Ebke*, in: Münchner Kommentar zum Handelsgesetzbuch: HGB, 2. Aufl., München 2009, § 317 Tz. 75; vgl. auch das Beispiel unter → § 322 Rz. 46.
[95] Vgl. IDW PS 350 Tz. 24.

III. Die Prüfung der Lageberichte

Insbesondere bei der **Fortbestehens**hypothese darf sich der Prüfer nicht auf eine **eigene** Prognose stützen. Er hat – wiederum – die **Plausibilität** der Aussage des Managements zu prüfen und diese zu bestätigen oder verwerfen (→ Rz. 63). Die jeder Prognose innewohnende Unsicherheit stellt kein **Prüfungshemmnis** (→ § 322 Rz. 52) dar. Zur Berichterstattung in diesen Fällen vgl. → § 321 Rz. 18 mit weiteren Beispielen.

Das nirgends in den Prüfungsstandards definierte Zauberwort „**plausibel**"[96] bedeutet letztlich: Die Aussage muss mit den Grunderkenntnissen der Ökonomie übereinstimmen.

> **BEISPIEL** ▶ Im ersten Fall des vorigen Beispiels würde die Aussage lauten: „Wegen der hohen Arbeitslosenzahl ... wird die Konsumentennachfrage in 02 rückläufig sein. Deshalb (!) rechnen wir mit einem moderaten Umsatzzuwachs bei geringfügig höherer Marge."
>
> Der prognostizierte Umsatzzuwachs ist genauso unerklärlich (unplausibel) wie die Margenerhöhung.

59 Durch prognostische Elemente, die notwendig in die Lageberichterstattung einfließen, kann der „**Einklang**" (→ Rz. 54) mit dem Jahresabschluss der vergangenen Periode nicht notwendig gewährleistet sein.

> **BEISPIEL** ▶ Der Stahlbiegebetrieb S GmbH hat durch Margenschwund und erheblich Umsatzverluste in 01 gerade noch ein ausgeglichenes Ergebnis erzielt. Für 02 prognostiziert die Geschäftsführung eine markante Ergebnisverbesserung wegen der zu erwartenden höheren Marge bei gleichbleibendem Umsatz. Der Grund liegt in der Erwartung stark erhöhter Einkaufspreise für Baustahl. Die GmbH verfügt über reichlich Terminkontrakte mit spürbar niedrigerem Einstandspreis als der prognostizierte.

Umgekehrt kann nicht ohne weitere Begründung ein mehrjähriger Trend des Umsatzrückgangs für einen wichtigen Artikel „mir nichts dir nichts" in eine Umsatzexplosion im kommenden Jahr umetikettiert werden. Das wäre nur mit zusätzlichen Begründungen – z. B. neue Vertriebswege – darzustellen.[97]

1.2.4 Angaben zum Risikomanagementsystem

60 Der Sollangabe nach § 289 Abs. 2 Nr. 2 HGB zu den Finanzinstrumenten (→ § 289 Rz. 50 ff.) kommt in Branchen mit hohem Einsatz von Wertpapieren u. A. hohe Bedeutung zu. Das gilt dementsprechend auch für die vorgeschriebene Prüfung. Empirisch haben die Risikomanagementsysteme der Kreditwirtschaft in der Subprime-Krise reihenweise **versagt** (→ § 289 Rz. 60 ff.). Denselben Befund könnte man voreilig auch der diesbezüglichen Prüftätigkeit zuordnen. Wenn man indes den **prognostischen** Gehalt auch dieses Rechnungslegungsgebiets beachtet, kommt man zu einem modifizierten Befund: Mehr als – nochmals – die **Plausibilität**[98] kann der Lageberichtsprüfer dem System nicht bestätigen; ob sie effizient sind, weiß man erst hinterher.

---

96 Vgl. IDW PS 350 Tz. 24.
97 Ähnlich *Bertram/Brinkmann*, in: Haufe HGB Bilanz Kommentar, Freiburg 2009, § 317 Tz. 102.
98 Vgl. IDW PS 350 Tz. 31 „Plausibilisierung".

2. Der Prüfungsablauf

2.1 Die Planung

Die **Planung** der Abschlussprüfung beginnt mit der Information über die wirtschaftlichen Verhältnisse des Unternehmens/Konzerns (→ Rz. 25), also der „Lage". Deshalb geht dieser vorbereitende Prüfungsschritt zum **Abschluss** Hand in Hand mit der Prüfung des **Lage**berichts.[99] Die Identifizierung der Prüfungsrisiken für den Abschluss kann nur anhand der Lagebeurteilung des Unternehmens stattfinden. Das **Risikoprüfungsmodell** (→ Rz. 19) ist deshalb auch auf die Lageberichtsprüfung anzuwenden.

61

2.2 Die Prüfungshandlungen ...

2.2.1 ... zur Lage

Der Lagebericht stellt ein typisches Feld **analytischer** Prüfungshandlungen dar (→ Rz. 43). Eine Ausnahme stellt die Prüfung des Risikomanagementsystems dar (→ Rz. 70). Zu analysieren sind z. B.[100] für das Prüfobjekt

62

- das gesamtwirtschaftliche und rechtliche Umfeld,
- Branchenentwicklung, Markteintritte, Beschaffungs- und Absatzmärkte,
- unternehmensinterne Erfolgsfaktoren,
- interne Organisation,
- finanzielle Leistungsindikatoren (→ § 289 Rz. 27 ff.).

Dabei sind als Prüfungsunterlagen neben dem finanziellen Rechenwerk („Buchführung") insbesondere auch die internen **Statistiken** und **Budgetierungen** heranzuziehen (→ Rz. 26).

2.2.2 ... zur Prognose

Die Prüfung der prognostischen Aussagen – zu Chancen und Risiken (→ Rz. 57) – sollte auf den unternehmensinternen **Planungs**rechnungen und **Budgets** aufsetzen. Deren Inhalt muss mit der externen Berichterstattung übereinstimmen.[101] Über die **Qualität** prognostischer Aussagen der Prüfobjekte kann ein Vergleich der früheren Vorhersagen mit den Istwerten hilfreich sein. Prognosen sollen „wirklichkeitsnah"[102] und auch „realitätsnah"[103] – gibt es dabei Unterschiede? – sein. Die Prüfung solcher Prognosen hat sich deren Gehalt (→ § 289 Rz. 30 ff.) zu beugen, d. h. sich auf **Plausibilität** der zugrunde liegenden **Annahmen** (Prämissen) unter Heranziehung aller verfügbaren Informationen zu beschränken (→ Rz. 59). Fast jede Prognose mit genauen Quantitäten ist in der ex post-Betrachtung „unrichtig" (→ § 289 Rz. 30 ff.), deshalb war die Prüfung in derselben Perspektive nicht unzulänglich. **Irreführende** Erläuterungen zur

63

---

99 Vgl. IDW PS 350 Tz. 14.
100 Vgl. IDW PS 350 Tz. 18.
101 Vgl. IDW PS 350 Tz. 24.
102 Vgl. IDW PS 350 Tz. 23.
103 Vgl. IDW PS 350 Tz. 24.

Prognose darf der Abschlussprüfer allerdings nicht hinnehmen. Die **Vollständigkeitserklärung** muss sich auch auf den Lagebericht beziehen.[104]

Als Prüfungsgrundlage dient regelmäßig das interne **Planungssystem**, sofern dies als **zuverlässig** beurteilt werden kann. Dabei garantiert eine festgestellte Zuverlässigkeit nicht die „Richtigkeit" einer daraus abgeleiteten Prognose. Regelmäßig kommt es anders als man denkt.

> **BEISPIEL ▶** Die Werbeagentur erfährt von dem Entzug des Kontos durch den Automobilhersteller D erst im April 02; im Lagebericht für das Jahr 01 ist dieser Budgetposten noch enthalten.

2.3 ... zu Ereignissen nach dem Bilanzstichtag

64   Zu berichten ist im Lagebericht nach dem Stichtagsprinzip (→ § 252 Rz. 26) nur über **besondere** Ereignisse danach, welche die Unternehmenssituation beeinflussen. Die Prüfung ist auf solche Einzelfälle auszurichten.[105]

3. Ausnahme von der Prüfungspflicht (Abs. 2 Satz 3)

65   Die Berichterstattung zur Unternehmensführung nach § 289a HGB unterliegt nicht der Prüfungspflicht (→ § 289a Rz. 1), was im „Geschäftsbericht" einen entsprechenden Hinweise erfordert. Dieser Berichtsteil ist von den zu prüfenden Teilen klar **abzutrennen**.[106]

Gleichwohl könnte der Prüfer bei der ihm auferlegten kritischen Lektüre[107] fehlerhafte Informationen in diesem Zusatzbericht „feststellen"; dann soll er eine Richtigstellung „veranlassen". Der Prüfer soll auch die Aufnahme der Erklärung in den Lagebericht bzw. den Hinweis auf die Internetseite der Gesellschaft (→ § 289 Rz. 3) „feststellen".[108] Der Sinn dieser Auflage des IDW ist nicht recht einzusehen. Warum muss der Prüfer „feststellen"? Wie kann er „veranlassen" (→ Rz. 52), kommt ihm doch kein Weisungsrecht gegen die Geschäftsleitung zu? Der Prüfer soll diesen Teilbericht „kritisch lesen",[109] um ggf. seiner **Redepflicht** im Prüfungsbericht (→ § 321 Rz. 45) nachkommen zu können. Diese wiederum setzt einen **schwerwiegenden** Verstoß gegen das Gesetz voraus. Wir sehen in einem nur als Ordnungswidrigkeit zu ahnenden Gesetzesverstoß (→ § 289a Rz. 8) nicht zwingend einen schwerwiegenden. Überhaupt stellt sich die Frage, ob im Bericht über das Ergebnis der **Prüfung** nach § 321 Abs. 1 Satz 1 HGB (→ § 321 Rz. 1) über einen **Nicht**prüfungsgegenstand zu berichten ist. Auch der **Bestätigungsvermerk** stellt nach § 322 Abs. 1 Satz 1 HGB auf das Ergebnis einer **Prüfung** ab (→ § 322 Rz. 11). Deshalb kommt eine Bezugnahme auf die Nichterfüllung der Berichtspflicht nach § 289a HGB im Bestätigungsvermerk nicht in Betracht, schon gar nicht eine Einschränkung[110] des Vermerks.

---

104 Vgl. IDW PS 350 Tz. 28.
105 IDW PS 350 Tz. 27 listet eine Reihe passender Prüfungshandlungen auf.
106 Vgl. IDW PS 350 Tz. 12.
107 Vgl. IDW PS 202 Tz. 7.
108 Vgl. IDW PS 350 Tz. 9a.
109 Vgl. IDW PS 202 Tz. 10a.
110 So aber *Kocher*, DStR 2010 S. 1035, und *Böcking/Eibelshäuser*, Der Konzern 2009 S. 571.

IV. Die Prüfung der im Konzernabschluss zusammengefassten Jahresabschlüsse (Abs. 3)

1. Der Prüfungsgegenstand (Abs. 3 Satz 1)

Das Gesetz spricht von „Jahresabschlüssen", worunter man u. a. verstehen kann: 66
- Rechtsförmliche Jahresabschlüsse („HB I") (→ § 264 Rz. 1),
- Einzelabschlüsse i. S. des § 325 Abs. 2a HGB („IFRS I") (→ § 325 Rz. 22),
- „HB II" bzw. „IFRS II", gewöhnlich in Gestalt der *„reporting packages"*,
- entsprechende Zwischenberichte.

Die Prüfungspflicht aus Sicht des Konzernabschlusses umfasst **alle** diese Abschlüsse mit ihren Bestandteilen. Unter Wesentlichkeitsgesichtspunkten kann die Prüfung von **kleinen** Teileinheiten entfallen. Praktisch wird eine erste Grenze bei den nach § 296 Abs. 2 HGB (→ § 296 Rz. 18) nicht konsolidierten Konzernunternehmen gezogen.

Einen **Sonderfall** stellen die Optionen nach § 264 Abs. 3 und 4 HGB (→ § 264 Rz. 34) sowie nach 67
§ 264b HGB (→ § 264b Rz. 6) dar. Eine der dort genannten Befreiungsmöglichkeiten betrifft die Abschlussprüfung („HB I-Prüfung"). Da die Rechenwerke der betroffenen Tochtergesellschaften in den Konzernabschluss einfließen, muss gleichwohl – abgesehen von Unwesentlichkeit (→ Rz. 12) – eine komplette Prüfung der Konsolidierungsvorlage („HB II") erfolgen, allerdings ohne Prüfungsbericht und Bestätigungsvermerk.

Bezüglich der Erfüllung der Befreiungs**voraussetzungen** (→ § 264 Rz. 39 ff.) trifft den Konzernabschlussprüfer keine Prüfungspflicht. Er muss nur die Erfüllung der Anhangangabepflicht (→ § 264 Rz. 49) feststellen.[111] Nur wenn die bis zum Ende der Prüfung erfüllbaren Voraussetzungen nicht gegeben sind, muss im Bestätigungsvermerk ein entsprechender Hinweis erfolgen (→ § 322 Rz. 38).

Dem Konzernabschlussprüfer (→ § 318 Rz. 29) obliegt die Prüfung der „im Konzernabschluss 68
zusammengefassten Jahresabschlüsse", auch wenn die in den Konzernabschluss einfließenden Jahres- oder Teilkonzernabschlüsse von einem anderen Abschlussprüfer geprüft worden sind. Allerdings muss sich in diesem Fall zwischen den beiden Prüfern eine sinnvolle Arbeitsteilung unter dem *cost benefit*-Gedanken ergeben, um unnütze Doppelarbeiten zu vermeiden. Entsprechend ist das **„Insbesondere"** (in Abs. 3 Satz 1) zu verstehen, wonach der Konzernabschlussprüfer sein besonderes Augenmerk auf die eigentlichen **Konsolidierungsvorgänge** zu richten hat:
- Die Vereinheitlichung der Ansatz- und Bewertungsmethoden (→ § 308 Rz. 3).
- Die wechselseitigen Aufrechnungen, also die eigentlichen Konsolidierungsmaßnahmen nach Maßgabe der §§ 301 ff. HGB.
- Die Abgrenzung des Konsolidierungskreises (im Gesetz nicht genannt).[112]

---
111 Vgl. IDW PH 9.200.1 Tz. 15.
112 So auch *Bertram/Brinkmann*, in: Haufe HGB Bilanz Kommentar, Freiburg 2009, § 317 Tz. 44.

2. Überprüfung anderer Abschlussprüfer (Abs. 3 Satz 2)

69 Die Gefahr einer Doppelprüfung (→ Rz. 68) bei Einschaltung eines anderen Abschlussprüfers für die Abschlüsse von in den Konzernabschluss einzubeziehenden Tochtergesellschaften ergibt sich auch aus der Formulierung in Abs. 3 Satz 2: „Überprüfen". Dazu wird der Konzernabschlussprüfer sich mit folgenden Aspekten auseinandersetzen:

- die Bedeutung der fremd geprüften Gesellschaft für die wirtschaftliche Lage des Konzerns;
- die Qualifikation des dortigen Abschlussprüfers;[113]
- dessen Prüfungsinhalt.

Bei der **Planung** der Konzernabschlussprüfung ist gerade aus *cost benefit*-Gesichtspunkten die **Qualifikation** des Abschlussprüfers ausländischer Tochtereinheiten zu berücksichtigen. Es macht wenig Sinn, die Prüfung einer südafrikanischen Tochtergesellschaft einem minderqualifizierten Abschlussprüfer anzuvertrauen oder überhaupt auf eine Prüfung derselben zu verzichten, damit der Konzernabschlussprüfer seinerseits diese Prüfung vornimmt.

Die erforderliche Qualifikation des Abschlussprüfers einer Tochtergesellschaft kann der Konzernabschlussprüfer unterstellen, wenn dieser Prüfer in einem EU-Mitgliedstaat (EWR-Vertragsstaat) oder in der Schweiz zugelassen ist.[114] In anderen Fällen (→ § 320 Rz. 21) richtet sich die Beurteilung der Qualifikation des Abschlussprüfers z. B. nach der Zugehörigkeit zur gleichen Berufsorganisation wie derjenigen des Konzernabschlussprüfers, der Zugehörigkeit zum gleichen Netzwerk (→ § 319b Rz. 1); eine Kontaktaufnahme zur zugehörigen Berufsorganisation bietet sich an.[115] Wegen der persönlichen Unabhängigkeit des Abschlussprüfers der anderen Konzerneinheit wird verwiesen auf → § 319b Rz. 4.

Die Bedeutung – das Gewicht – der jeweiligen Tochtergesellschaft und deren Abschluss für die Konzernrechnungslegung ist nach **Wesentlichkeitsgesichtspunkten** zu beurteilen. Das kann unter Anwendung von Relativwerten erfolgen, wie sie auch bei der Prüfung eines Jahresabschlusses angewandt werden können (→ Rz. 17). Dazu folgendes Beispiel:[116]

> **BEISPIEL** ▶ Der Konzern-AP prüft neben dem Konzernabschluss die Jahresabschlüsse des Mutterunternehmung und der inländischen Tochterunternehmen. Die ausländischen Tochterunternehmen (USA, Frankreich, Spanien und Italien) werden jeweils von lokalen Abschlussprüfern geprüft. Im Rahmen der Prüfungsplanung zur Konzernabschlussprüfung versucht der Konzernabschlussprüfer, sich einen Überblick über die Bedeutung der Teileinheiten zu verschaffen, und stellt auf Basis der für das laufenden Jahr aufgestellten Konzernplanung folgende Relationen zusammen:

---

113 Einzelheiten bei IDW PS 320 Tz. 18 ff.
114 Vgl. IDW PS 320 Tz. 20; vgl. auch *Schneider/Kortebusch*, PiR 2009 S. 134.
115 Vgl. IDW PS 320 Tz. 21.
116 Nach *Bertram/Brinkmann*, in: Haufe HGB Bilanz Kommentar, Freiburg 2009, § 317 Tz. 52. Das Beispiel ist entnommen aus: ISA 600RR.A5 (→ Rz. 76).

	kons. VG	kons. Schulden	kons. Cashflows	Konzern-jahres-überschuss	Konzern-umsatz-erlöse
MU und inländische TU	53 %	70 %	45 %	37 %	62 %
USA	12 %	9 %	22 %	25 %	27 %
Frankreich	10 %	8 %	14 %	13 %	5 %
Spanien	13 %	5 %	6 %	12 %	4 %
Italien	12 %	8 %	13 %	13 %	2 %

Auf Basis dieser Relationen und Anwendung der 15 %-Grenze ergäbe sich lediglich für das Tochterunternehmen in den USA eine Klassifizierung als bedeutsam. Aufgrund der Erfahrungen aus der vergangenen Konzernabschlussprüfung, in deren Verlauf der Jahresabschluss der spanischen Gesellschaft noch wesentlich verändert worden ist, entschließt sich der Konzernabschlussprüfer, auch die spanische Gesellschaft als bedeutsam zu klassifizieren.

Die Grundlage der Verwertung[117] des Prüfungsergebnisses und der Prüfungshandlungen des Fremdprüfers erfordert eine entsprechende **Planung** und **Organisation**, deren Ergebnisse dem oder den anderen Abschlussprüfern mitzuteilen ist.[118] Dazu gehören:

▶ Festlegung von Wesentlichkeitsgrenzen,

▶ Festlegung der vorzunehmenden Prüfungshandlungen *(audit instructions)*,

▶ besondere Berichterstattungspflichten,

▶ Ausarbeitung und Vorlage der Konsolidierungs-*„Packages"*,

▶ Terminvorgaben,

▶ Aufnahme der verantwortlichen Personen des anderen Abschlussprüfers und andere technische Ablaufplanungen,

▶ Festlegung der Berichterstattungspflicht des anderen Abschlussprüfers an den Konzernabschlussprüfer in Form eines gesonderten Dokuments *(report memorandum)*.

Im Rahmen seiner Prüfung des von dem anderen Abschlussprüfer geprüften Jahresabschlusses hat der Konzernabschlussprüfer dessen Arbeiten zu **verwerten**[119] und in den Arbeitspapieren zu **dokumentieren**.

Je nach dem Inhalt dieser Vorgaben und deren Befolgung kann der Konzernabschlussprüfer seine „Überprüfung" der Abschlüsse der Tochtergesellschaft **intensivieren** oder **reduzieren**. Solche Prüfungshandlungen können bestehen in der Durchsicht der Arbeitspapiere oder gar in einer (beschränkten) Prüfung vor Ort, also beim betreffenden Tochterunternehmen. Dabei stehen dem Konzernabschlussprüfer die Auskunftsrechte nach § 320 Abs. 3 Satz 2 HGB zur Verfügung (→ § 320 Rz. 6). Solche „Sonderprüfungen" können sich auf besonders risikoträchtige

---

117 Vgl. IDW PS 320 Tz. 5.
118 Vgl. IDW PS 320 Tz. 14 „Koordinierung".
119 Vgl. IDW PS 320 Tz. 5. Wegen der Zusammenarbeit mit Abschlussprüfern in Drittstaaten vgl. IDW PS 320 Tz. 32a; zu denjenigen aus dem EWR-Raum und der Schweiz vgl. IDW PS 320 Tz. 20.

Abschlussgebiete beziehen, z. B. auf die Bewertung von Finanzinstrumenten oder die Beziehungen zu nahestehenden Personen und Unternehmen.

Der Konzernabschlussprüfer muss sich auch über die **Unabhängigkeitserfordernisse** (→ § 319 Rz. 7 f.) des anderen Abschlussprüfers informieren und sich diese ggf. bestätigen lassen.[120] Wenn im Falle von ausländischen Tochtergesellschaften der dortige Abschlussprüfer den Auskunftspflichten nach § 320 Abs. 3 Satz 2 2. Halbsatz i.V. mit Abs. 2 HGB (→ § 320 Rz. 18) aus gesetzlichen oder berufsrechtlichen Gründen nicht nachkommen kann, muss der Konzernabschlussprüfer über die Muttergesellschaft eine Entbindung von der Verschwiegenheitspflicht veranlassen. Gelingt dies nicht, liegt ein Prüfungshemmnis (→ § 322 Rz. 56) vor, sofern nicht in anderer Form die erforderlichen Nachweise vom Konzernabschlussprüfer beschafft werden können.[121]

Redundant klingt die Aufforderung des Gesetzes an den Konzernabschlussprüfer zur **Dokumentation** seiner Überprüfung des anderen Abschlussprüfers. Die Dokumentation von Prüfungshandlungen stellt einen unabdingbaren Bestandteil einer ordnungsmäßigen Abschlussprüfung dar (→ Rz. 48).[122]

V. Die Prüfung des Risikofrüherkennungssystems (Abs. 4)

1. Verpflichtung des Vorstands

70 Der Vorstand einer Aktiengesellschaft ist nach § 91 Abs. 2 AktG zur Einrichtung eines „sog." Risikofrüherkennungssystems verpflichtet. Diese Früherkennung soll durch „Maßnahmen", insbesondere der Einrichtung eines „Überwachungssystems", erreicht werden.[123] Die dadurch zu ermöglichende „Erkenntnis" bezieht sich auf **bestandsgefährdende** Risiken, also nicht generell auf wesentliche Risiken der Geschäftstätigkeit überhaupt, deren Berichterstattung im Lagebericht ohnehin vorgeschrieben ist (→ § 289 Rz. 30 ff.). Die Prüfungspflicht beschränkt sich auf **börsennotierte** Aktiengesellschaften (→ § 264d Rz. 13).

71 Dieser Gesetzesvorgabe soll nach der Begründung[124] „Ausstrahlungswirkung" auch auf **andere Geschäftsformen** zukommen. Wenn man das Risiko als notwendige Begleiterscheinung des Wirtschaftslebens betrachtet, muss sich jeder Geschäftsleiter mit ihm befassen, erst recht natürlich mit bestandsgefährdenden Risiken. Um dies zu „managen", kann man das Risiko minimieren oder gar ausschalten, es an Dritte (gegen Entgelt) übertragen oder es im Interesse höherer Chancen in Kauf nehmen.[125] Die Form dieses „Befassens" ist dabei offen, nicht aber für den Vorstand einer börsengängigen Aktiengesellschaft, dem hier die Einrichtung eines „Systems" auferlegt wird. Wie dieses zu organisieren ist, bleibt von Gesetzes wegen ungeregelt (→ § 289 Rz. 74 ff.).

---

120 Vgl. IDW PS 320 Tz. 14a.
121 Vgl. IDW PS 300 Tz. 8 ff.
122 Vgl. IDW PS 460 Tz. 6.
123 Vgl. IDW PS 340 Tz. 7 ff.
124 Vgl. BR-Drucks. 872/97 S. 72.
125 Vgl. IDW PS 340 Tz. 4.

2. Das Prüfungsobjekt

Die Geschäftsleitung ist ohnehin zur Einrichtung eines Risiko**management**systems – wenigstens für Finanzinstrumente – verpflichtet (→ § 289 Rz. 55). Dieses sollte eigentlich auch der frühestmöglichen Erkennung bestandsgefährdender Risiken dienen.[126] Wenn also so ein „System" zum „Managen" (→ § 289 Rz. 56) von Risiken existieren muss, dann können die „großen" Risiken nicht ausgeklammert werden.[127]

72

Formal bedarf ein solches System der **Dokumentation**, z. B. in Form eines Risikohandbuchs (→ § 289 Rz. 56).[128] Die Mannschaft der oberen Hierarchiestufen soll sich dadurch des Risikogehalts ihres Handelns immer bewusst sein.[129] Ob durch alle diese „Risikobekämpfungsmaßnahmen" (offiziell „Risikosteuerung") die Bestandsgefährdung rechtzeitig erkannt wird und insbesondere auch eine Gegensteuerung erfolgt, darf man spätestens seit den Bankenrettungsaktionen in der Subprime-Krise zulasten der Steuerzahler mit einer gebührenden Portion Skepsis beurteilen. Von einer „Erfüllung seiner Aufgaben" – frühzeitige Erkennung der Bestandsgefährdung – war jedenfalls bei den sog. systemrelevanten Konzernen nicht viel zu erkennen. Oder aber das „System" hat funktioniert, doch hat man sich unternehmenspolitisch nicht daran orientiert (→ § 289 Rz. 62).

73

3. Die Prüfungshandlungen mit Berichterstattung

Man kann das Früherkennungssystem der Risiken als Anhängsel des rechnungslegungsbezogenen IKS betrachten.[130] Deshalb ist bei der Prüfungsplanung darauf aufzubauen (→ Rz. 20). Die Prüfung selbst ist als **Systemprüfung** in folgenden Schritten[131] entsprechend dem Gesetzeswortlaut auszurichten:

74

▶ Feststellung der getroffenen „Maßnahmen",
▶ Beurteilung der „Eignung" dieser Maßnahmen,
▶ Prüfung der Einhaltung der Vorgaben zur „Erfüllung der Aufgaben".

Die Prüfung soll zu folgenden Feststellungen führen:

▶ Hat der Vorstand die Obliegenheit des § 91 Abs. 2 AktG (→ Rz. 70) erfüllt?
▶ Kann das Überwachungssystem seine Aufgaben erfüllen?

Das Prüfungsergebnis, insbesondere negative Feststellungen, ist Gegenstand des Prüfungs**berichts** nach § 321 Abs. 4 HGB (→ § 321 Rz. 74). Unwesentliche Mängel haben keinen Einfluss auf den **Bestätigungsvermerk** (→ § 322 Rz. 41).[132]

Nach der Gesetzesbegründung[133] muss ein **Konzern**mutterunternehmen ein Risikofrüherkennungssystem konzernweit installieren, sofern von Tochtergesellschaften bestandsgefährdende

75

---

126 Die Definition des Risikomanagementsystems in IDW PS 340 Tz. 4 ist weit genug ausgelegt, um auch die Früherkennung abzudecken.
127 Ähnlich IDW PS 340 Tz. 15.
128 Vgl. IDW PS 340 Tz. 17.
129 Vgl. IDW PS 340 Tz. 22.
130 Vgl. IDW PS 261 Tz. 24.
131 Vgl. IDW PS 340 Tz. 24 ff.
132 Vgl. IDW PS 340 Tz. 32.
133 Vgl. BR-Drucks. 872/97 S. 36 f.

Entwicklungen für das Mutterunternehmen ausgehen können. Dem Konzernabschlussprüfer obliegt dessen Einbeziehung in die Prüfung des Mutterunternehmens.[134]

VI. Die Anwendung internationaler Prüfungsstandards (Abs. 5)

76 Die Abschlussprüfung muss (künftig) unter Anwendung der internationalen Prüfungsstandards ISA *(International Standards on Auditing)* erfolgen.[135] Diese werden durch die EU-Kommission im sog. Komitologieverfahren angenommen. Im Rahmen eines *„Clarity-Projects"* kommt es zu einer Überarbeitung der Standards durch den IAASB *(International Auditing and Assurance Standards Board)* mit Sitz in New York. Die überarbeiteten Versionen dieser Standards sind auf der Website *„ISA Clarity Center"* einzusehen. Bei Geschäftsjahresbeginn nach dem 14.12.2009 – regelmäßig 2010 – sollen die überarbeiteten ISA angewandt werden – vorausgesetzt, deren Übernahme in das Europarecht durch die Kommission ist erfolgt.

Der Standardsetting-Prozess des IAASB ist extrem regelorientiert *("rule based")*. Diese Orientierung hatte man dem Parallelorgan in den USA, dem FASB, im Gefolge von Enron, Worldcom etc. massiv vorgeworfen. Im Prüfungsbereich setzt sich diese Grundidee unbeeinträchtigt fort. Das IDW muss dem folgen. Im Ergebnis ist der deutsche und internationale Prüferstand einem immer unübersichtlicher werdenden Konglomerat von Standards und anderen Anordnungen zum Prüfungsgeschehen unterworfen. Im Bereich kleinerer und mittlerer Unternehmen wird dadurch zunehmend „mit Kanonen auf Spatzen" geschossen. Der Gedanke der **Wirtschaftlichkeit** *(cost-benefit)* tritt ausgerechnet bei der **„Wirtschafts"**-Prüfung zunehmend in den Hintergrund. Noch eines ist in diesem Zusammenhang bemerkenswert: Bei der **Rechnungslegung** geht das Bestreben deutscherseits auf Abschottung von der regelbasierten angelsächsischen Philosophie, im **Prüfungsbereich** ist dieser die Tür sperrangelweit geöffnet.

77 Diese Gesetzesvorgabe wird in formaler Betrachtung die IDW-Standards obsolet machen, sofern Letztere durch den Ersteren inhaltlich abgedeckt werden. Das IDW hat allerdings bisher seine Standards in Übereinstimmung mit den (bisherigen) IAS verfasst, so dass bezüglich des Prüfungsinhalts keine nennenswerten Änderungen aus der Gesetzesvorgabe des Abs. 5 zu erwarten sind.

78 Unmittelbar anwendbar bleiben die IDW-PS, die keine Entsprechung in den ISA finden, z. B.
- ▶ IDW PS 350 zur Lageberichterstattung (→ Rz. 51 ff.),
- ▶ IDW PS 340 zum Risikofrüherkennungssystem (→ Rz. 70 ff.),
- ▶ IDW PW 450 zur Berichterstattung (→ § 321 Rz. 15).

---

134 Vgl. IDW PS 340 Tz. 34 ff.
135 Einzelheiten hierzu bei *Ruhnke*, DB 2006 S. 1169; vgl. IDW PS 201 Tz. 32a.

VII. Rechtsverordnung (Abs. 6)

Durch eine nicht zustimmungspflichtige Rechtsverordnung kann das Bundesjustizministerium vorschreiben: 79

▶ Anwendung **weiterer** Prüfungsanforderungen, als nach Abs. 5 verlangt;

▶ eine **Nichtanwendung** von Teilbereichen der Prüfungsanforderungen nach Abs. 5,

wenn dies durch den Umfang der Abschlussprüfung – gedacht ist wohl primär an kleinere Einheiten – bedingt ist und diese Vorschrift den Prüfungszielen von Abs. 1 bis 4 dient.

§ 318 Bestellung und Abberufung des Abschlussprüfers

(1) ¹Der Abschlussprüfer des Jahresabschlusses wird von den Gesellschaftern gewählt; den Abschlussprüfer des Konzernabschlusses wählen die Gesellschafter des Mutterunternehmens. ²Bei Gesellschaften mit beschränkter Haftung und bei offenen Handelsgesellschaften und Kommanditgesellschaften im Sinne des § 264a Abs. 1 kann der Gesellschaftsvertrag etwas anderes bestimmen. ³Der Abschlussprüfer soll jeweils vor Ablauf des Geschäftsjahrs gewählt werden, auf das sich seine Prüfungstätigkeit erstreckt. ⁴Die gesetzlichen Vertreter, bei Zuständigkeit des Aufsichtsrats dieser, haben unverzüglich nach der Wahl den Prüfungsauftrag zu erteilen. ⁵Der Prüfungsauftrag kann nur widerrufen werden, wenn nach Absatz 3 ein anderer Prüfer bestellt worden ist.

(2) ¹Als Abschlussprüfer des Konzernabschlusses gilt, wenn kein anderer Prüfer bestellt wird, der Prüfer als bestellt, der für die Prüfung des in den Konzernabschluss einbezogenen Jahresabschlusses des Mutterunternehmens bestellt worden ist. ²Erfolgt die Einbeziehung aufgrund eines Zwischenabschlusses, so gilt, wenn kein anderer Prüfer bestellt wird, der Prüfer als bestellt, der für die Prüfung des letzten vor dem Konzernabschlussstichtag aufgestellten Jahresabschlusses des Mutterunternehmens bestellt worden ist.

(3) ¹Auf Antrag der gesetzlichen Vertreter, des Aufsichtsrats oder von Gesellschaftern, bei Aktiengesellschaften und Kommanditgesellschaften auf Aktien jedoch nur, wenn die Anteile dieser Gesellschafter bei Antragstellung zusammen den zwanzigsten Teil des Grundkapitals oder einen Börsenwert von 500 000 Euro erreichen, hat das Gericht nach Anhörung der Beteiligten und des gewählten Prüfers einen anderen Abschlussprüfer zu bestellen, wenn dies aus einem in der Person des gewählten Prüfers liegenden Grund geboten erscheint, insbesondere wenn ein Ausschlussgrund nach § 319 Abs. 2 bis 5 oder §§ 319a und 319b besteht. ²Der Antrag ist binnen zwei Wochen nach dem Tag der Wahl des Abschlussprüfers zu stellen; Aktionäre können den Antrag nur stellen, wenn sie gegen die Wahl des Abschlussprüfers bei der Beschlussfassung Widerspruch erklärt haben. ³Wird ein Befangenheitsgrund erst nach der Wahl bekannt oder tritt ein Befangenheitsgrund erst nach der Wahl ein, ist der Antrag binnen zwei Wochen nach dem Tag zu stellen, an dem der Antragsberechtigte Kenntnis von den befangenheitsbegründenden Umständen erlangt hat oder ohne grobe Fahrlässigkeit hätte erlangen müssen. ⁴Stellen Aktionäre den Antrag, so haben sie glaubhaft zu machen, dass sie seit mindestens drei Monaten vor dem Tag der Wahl des Abschlussprüfers Inhaber der Aktien sind. ⁵Zur Glaubhaftmachung genügt eine eidesstattliche Versicherung vor einem Notar. ⁶Unterliegt die Gesellschaft einer staatlichen Aufsicht, so kann auch die Aufsichtsbehörde den Antrag stellen. ⁷Der Antrag kann nach Erteilung des Bestätigungsvermerks, im Fall einer Nachtragsprüfung nach § 316 Abs. 3 nach Ergänzung des Bestätigungsvermerks nicht mehr gestellt werden. ⁸Gegen die Entscheidung ist die Beschwerde zulässig.

(4) ¹Ist der Abschlussprüfer bis zum Ablauf des Geschäftsjahrs nicht gewählt worden, so hat das Gericht auf Antrag der gesetzlichen Vertreter, des Aufsichtsrats oder eines Gesellschafters den Abschlussprüfer zu bestellen. ²Gleiches gilt, wenn ein gewählter Abschlussprüfer die Annahme des Prüfungsauftrags abgelehnt hat, weggefallen ist oder am rechtzeitigen Abschluss der Prüfung verhindert ist und ein anderer Abschlussprüfer nicht gewählt worden ist. ³Die gesetzlichen Vertreter sind verpflichtet, den Antrag zu stellen. ⁴Gegen die Entscheidung des Gerichts findet die Beschwerde statt; die Bestellung des Abschlussprüfers ist unanfechtbar.

(5) ¹Der vom Gericht bestellte Abschlussprüfer hat Anspruch auf Ersatz angemessener barer Auslagen und auf Vergütung für seine Tätigkeit. ²Die Auslagen und die Vergütung setzt das Gericht fest. ³Gegen die Entscheidung findet die Beschwerde statt; die Rechtsbeschwerde ist ausgeschlossen. ⁴Aus der rechtskräftigen Entscheidung findet die Zwangsvollstreckung nach der Zivilprozessordnung statt.

(6) ¹Ein von dem Abschlussprüfer angenommener Prüfungsauftrag kann von dem Abschlussprüfer nur aus wichtigem Grund gekündigt werden. ²Als wichtiger Grund ist es nicht anzusehen, wenn Meinungsverschiedenheiten über den Inhalt des Bestätigungsvermerks, seine Einschränkung oder Versagung bestehen. ³Die Kündigung ist schriftlich zu begründen. ⁴Der Abschlussprüfer hat über das Ergebnis seiner bisherigen Prüfung zu berichten; § 321 ist entsprechend anzuwenden.

(7) ¹Kündigt der Abschlussprüfer den Prüfungsauftrag nach Absatz 6, so haben die gesetzlichen Vertreter die Kündigung dem Aufsichtsrat, der nächsten Hauptversammlung oder bei Gesellschaften mit beschränkter Haftung den Gesellschaftern mitzuteilen. ²Den Bericht des bisherigen Abschlussprüfers haben die gesetzlichen Vertreter unverzüglich dem Aufsichtsrat vorzulegen. ³Jedes Aufsichtsratsmitglied hat das Recht, von dem Bericht Kenntnis zu nehmen. ⁴Der Bericht ist auch jedem Aufsichtsratsmitglied oder, soweit der Aufsichtsrat dies beschlossen hat, den Mitgliedern eines Ausschusses auszuhändigen. ⁵Ist der Prüfungsauftrag vom Aufsichtsrat erteilt worden, obliegen die Pflichten der gesetzlichen Vertreter dem Aufsichtsrat einschließlich der Unterrichtung der gesetzlichen Vertreter.

(8) Die Wirtschaftsprüferkammer ist unverzüglich und schriftlich begründet durch den Abschlussprüfer und die gesetzlichen Vertreter der geprüften Gesellschaft von der Kündigung oder dem Widerruf des Prüfungsauftrages zu unterrichten.

Inhaltsübersicht

	Rz.
I. Überblick	1 - 4
II. Bestellung des Abschlussprüfers (Abs. 1)	5 - 20
1. Die Rechtsakte	5
2. Die Wahl (Abs. 1 Sätze 1 und 2)	6 - 13
2.1 Rechtsformspezifika	6
2.2 Die Aktiengesellschaft	7
2.3 Kommanditgesellschaft auf Aktien	8
2.4 Gesellschaft mit beschränkter Haftung	9 - 11
2.5 Kap. & Co.-Gesellschaften	12
2.6 Insolvenzverfahren	13
3. Das Zeitmoment (Abs. 1 Satz 3)	14 - 16
4. Wählbarkeit, Ausschlussgründe	17 - 20
III. Prüfungsauftrag und Widerruf (Abs. 1 Sätze 4 und 5)	21 - 29
IV. Bestellung des Konzernabschlussprüfers (Abs. 2)	29a - 30
V. Gerichtliche Ersetzung des Abschlussprüfers (Abs. 3)	31 - 36
1. Tatbestandliche Voraussetzungen (Abs. 3 Satz 1)	31 - 32
2. Antragsberechtigung (Abs. 3 Satz 1)	33 - 34
3. Antragsfrist (Abs. 3 Sätze 2 und 3)	35
4. Antragsverfahren	36
VI. Gerichtliche Bestellung (Abs. 4)	37 - 41
1. Allgemeine Tatbestandsvoraussetzungen (Abs. 4 Satz 1)	37 - 38
2. Weitere Sachverhalte (Abs. 4 Satz 2)	39

3. Antragsverpflichtung (Abs. 4 Satz 3)	40
4. Rechtsfolge (Abs. 4 Satz 4)	41
VII. Vergütung des gerichtlich bestellten Abschlussprüfers (Abs. 5)	42
VIII. Kündigung des Prüfungsauftrags (Abs. 6 bis 8)	43 - 49
1. Wichtige Gründe als Tatbestandsmerkmal (Abs. 6 Sätze 1 und 2)	43 - 45
2. Formvorschrift (Abs. 6 Satz 3)	46
3. Rechtsfolgen	47 - 49
3.1 Berichterstattungspflicht (Abs. 6 Satz 4)	47 - 48
3.2 Handlungspflichten und -berechtigungen der Gesellschaftsorgane (Abs. 7)	49
IX. Mitteilungspflicht an die WP-Kammer (Abs. 8)	50

I. Überblick

Der Regelungsgehalt des § 318 HGB umfasst die   1

▶ Bestellung,

▶ Abberufung,

▶ Ersetzung

des Abschlussprüfers.

Der materiell wichtigste Regelungsbereich betrifft die **Bestellung**, die sich in drei **Schritten** vollzieht:[1]   2

▶ Wahl des Abschlussprüfers (→ Rz. 6 ff.),

▶ Erteilung des Prüfungsauftrags (→ Rz. 21 ff.),

▶ Annahme des Prüfungsauftrags (→ Rz. 21 ff.).

Für die **Konzern**abschlussprüfung liefert das Gesetz in Abs. 2 hilfsweise Fiktionen zur Bestellung (→ Rz. 29).   3

„Störungen" des üblichen Bestellungsverfahrens, die in der Praxis höchst selten sind, werden in den Abs. 3 bis 8 behandelt: 4

▶ Abs. 3: gerichtliche Ersetzung des gewählten Abschlussprüfers (→ Rz. 31 ff.),

▶ Abs. 4: gerichtliche Bestellung eines Abschlussprüfers (→ Rz. 37),

▶ Abs. 5: gerichtliche Vergütungsvorgabe (→ Rz. 42 ff.),

▶ Abs. 6-8: Kündigung des Prüfungsauftrags durch den Abschlussprüfer (→ Rz. 43 ff.).

II. Bestellung des Abschlussprüfers (Abs. 1)

1. Die Rechtsakte

Zur wirksamen Bestellung des Jahresabschlussprüfers für gesetzlich vorgeschriebene Prüfungen bedarf es zweier Rechts**akte**:   5

▶ der Wahl (→ Rz. 6),

---

[1] Vgl. *Ebke*, in: Münchner Kommentar zum Handelsgesetzbuch: HGB, 2. Aufl., München 2009, § 318 Tz. 1.

▶ der Beauftragung mit Annahme des Auftrags (→ Rz. 21).

2. Die Wahl (Abs. 1 Sätze 1 und 2)

2.1 Rechtsformspezifika

6 Das Wahlverfahren ist nach Maßgabe der nachfolgenden Darstellung **rechtsformspezifisch** unterschiedlich strukturiert. Besonders förmlich geregelt ist die Vorgehensweise bei der Aktiengesellschaft im Hinblick auf sachliche Erfordernisse einer großen Publikumsgesellschaft. Bei den anderen Rechtsformen schließt sich das Wahlgeschehen der Idee nach an die Vorgaben für die Aktiengesellschaft an, kann bzw. muss indes in Einzelbereichen davon abweichen.

2.2 Die Aktiengesellschaft

7 Bei der Aktiengesellschaft unterbreitet der Aufsichtsrat nach § 124 Abs. 3 Satz 1 AktG einen Vorschlag, der durch Hauptversammlungsbeschluss angenommen werden muss (§ 119 Abs. 1 Nr. 4 AktG). Insoweit liegt zwingendes Recht vor, eine abweichende Regelung in der Satzung oder privatautonom ist nicht möglich. Der Vorschlag des Aufsichtsrats soll sich auf die Empfehlung eines ggf. eingerichteten Prüfungsausschusses (→ § 268 Rz. 52d) stützen.[2] Der Hauptversammlungsbeschluss bedarf der einfachen Stimmenmehrheit, sofern in der Satzung keine höhere Quote vorgeschrieben ist (§ 133 Abs. 1 AktG). Dabei ist die Hauptversammlung an den Aufsichtsratsvorschlag nicht gebunden. Die Aktionäre können eigene Wahlvorschläge unterbreiten (§§ 126 f. AktG). Der Hauptversammlungsbeschluss ist weder anfechtbar noch nichtig, auch wenn gegen die Bestellung des Abschlussprüfers Bedenken nach §§ 319, 319a AktG bestehen. Dann kommt nur eine Ersetzung durch einen anderen Abschlussprüfer in Betracht (→ Rz. 31 ff.).[3] Der **Konzern**abschlussprüfer wird von den Aktionären der Muttergesellschaft gewählt.

2.3 Kommanditgesellschaft auf Aktien

8 Nach § 285 Abs. 1 Satz 2 Nr. 6 AktG wählt wie bei der Aktiengesellschaft die Hauptversammlung den Abschlussprüfer bzw. den Konzernabschlussprüfer. Dabei haben die persönlich haftenden Gesellschafter bei der Wahl kein Stimmrecht. Dies folgt konsequent aus der Funktion der persönlich haftenden Gesellschafter, die zur Erstellung des Jahresabschlusses verpflichtet sind (→ § 242 Rz. 4) und deshalb nicht über die dieses Werk prüfende Person mitbestimmen dürfen. Sie können indes nach Abs. 3 die Ersetzung des Abschlussprüfers betreiben.[4]

2.4 Gesellschaft mit beschränkter Haftung

9 Ohne Aufsichtsratsbestellung ist bei der GmbH für die Wahl des Abschlussprüfers und des Konzernabschlussprüfers bei Konzernrechnungslegungspflicht die Gesellschafterversammlung zuständig, was aus den Vorschriften des § 46 Nr. 6 i.V. mit § 48 Abs. 1 GmbHG abzuleiten ist.

---

2 Vgl. IDW PS 220.4 Fn 3a.
3 Vgl. *Ebke*, in: Münchner Kommentar zum Handelsgesetzbuch: HGB, 2. Aufl., München 2009, § 318 Tz. 4.
4 Vgl. *Ebke*, in: Münchner Kommentar zum Handelsgesetzbuch: HGB, 2. Aufl., München 2009, § 318 Tz. 5.

Die Wahl erfolgt gem. § 47 Abs. 1 GmbHG durch einfachen Mehrheitsbeschluss, von dem die Gesellschafter-Geschäftsführer **nicht** vom Stimmrecht ausgeschlossen sind.

Der **Gesellschaftsvertrag** kann hier anderes regeln, z. B. die Nichtstimmberechtigung eines Gesellschafter-Geschäftsführers oder eine qualifizierte Mehrheit (Abs. 1 Satz 2). Die Wahlzuständigkeit kann danach auf einen fakultativen Aufsichtsrat, einen Beirat oder einen Gesellschafterausschuss übertragen werden, u. E. aber nicht auf einen Geschäftsführer oder mehrere Geschäftsführer wegen der dann bestehenden Interessenkollision.[5]

Bei einem gesetzlich zwingend einzurichtenden Aufsichtsrat einer GmbH ist dieser nach § 111 Abs. 2 Satz 3 AktG i. V. mit § 52 Abs. 1 GmbHG für die Bestellung des Abschlussprüfers zuständig (→ § 268 Rz. 52p).

2.5 Kap. & Co.-Gesellschaften

Die zur Abschluss- und Konzernabschlussprüfung verpflichteten Kap. & Co.-Gesellschaften i. S. des § 264a HGB (→ § 264a Rz. 5) müssen nach dem gesetzlichen Regelstatut das Wahlverfahren der Gesellschafterversammlung unter Einbeziehung von **Kommanditisten** durchführen. Dabei gilt das Mehrheitsprinzip. Die frühere BGH-Rechtsprechung[6] sah hier noch ein Grundlagengeschäft mit Einstimmigkeitserfordernis. Diese Rechtsprechung ist durch das „Otto-Urteil" des BGH (→ § 264c Rz. 32) überholt. Die Feststellung des Abschlusses gilt nicht mehr als Grundlagengeschäft, für die Wahl des Abschlussprüfers kann nichts anderes gelten.[7]

Wie bei der GmbH sind hier **gesellschaftsvertraglich** andere Regelungen zulässig, also Übertragung auf einen Gesellschafterausschuss, einen ggf. bestellten Aufsichtsrat oder Beirat, u. E. nicht auf die geschäftsführenden Organe, um hier eine Interessenkollision zu vermeiden.[8]

2.6 Insolvenzverfahren

Nach § 155 Abs. 3 Satz 1 InsO ist mit der Eröffnung des Insolvenzverfahrens die Befugnis der Gesellschaftsorgane zur Bestellung des Abschlussprüfers aufgehoben.[9] Ab diesem Zeitpunkt kann der Abschlussprüfer nur noch auf Antrag des **Insolvenzverwalters** durch das **Gericht** bestellt werden. Allerdings bleibt nach § 155 Abs. 3 Satz 2 InsO die vor der Eröffnung des Insolvenzverfahrens erfolgte Bestellung des Abschlussprüfers unberührt. Der Insolvenzverwalter kann dann allenfalls bei Gericht die Bestellung eines neuen Abschlussprüfers beantragen.[10]

3. Das Zeitmoment (Abs. 1 Satz 3)

Nach der Soll-Vorschrift soll die Wahl des Abschlussprüfers jeweils **vor** Ablauf des Geschäftsjahrs erfolgen, auf das sich die Prüfungstätigkeit erstreckt. Diese Zeitvorgabe ist im Hinblick

---

5 Vgl. *Ebke*, in: Münchner Kommentar zum Handelsgesetzbuch: HGB, 2. Aufl., München 2009, § 318 Tz. 6, m. w. N.
6 BGH-Urteil vom 24. 3. 1980 – II ZR 88/79, BB 1980 S. 695.
7 A. A. die h. M. im Schrifttum: *Ebke*, in: Münchner Kommentar zum Handelsgesetzbuch: HGB, 2. Aufl., München 2009, § 318 Tz. 7.; *Förschle/Heinz*, in: Beck'scher Bilanz-Kommentar, 7. Aufl., München 2010, § 318 Tz. 9.; *Veldkamp*, in: Haufe HGB Bilanz Kommentar, Freiburg 2009, § 318 Tz. 7.
8 A. A. *Förschle/Heinz*, in: Beck'scher Bilanz-Kommentar, 7. Aufl., München 2010, § 318 Tz. 9: „Sogar den Geschäftsführern".
9 Vgl. *Jundt*, WPK-Magazin 1/2007, S. 41.
10 OLG Frankfurt, Beschluss vom 4. 12. 2003, BB 2004 S. 599.

auf die ordnungsmäßige Durchführung der Abschlussprüfung (→ § 317 Rz. 12 ff.) sachlich zwingend, um zumindest eine angemessene **Planung** des Prüfungsgeschehens (→ § 317 Rz. 61 ff.) durchführen zu können.[11] Allerdings ist die Vorgabe als Soll-Vorschrift ausgestaltet, so dass auch noch nach Ende des zu prüfenden Geschäftsjahrs die Bestellung wirksam erfolgen kann. Allerdings ist in solchen Fällen unter Umständen wegen eines Prüfungshemmnisses nur ein **eingeschränkter** Bestätigungsvermerk zu erteilen (→ 322 Rz. 52).

15 Die Bestellung erfolgt immer nur für **ein** Geschäftsjahr, ggf. auch ein Rumpfgeschäftsjahr. Die **Wiederwahl** für das nächste Geschäftsjahr ist möglich und üblich.

16 Wegen gleichwohl nicht erfolgter Wahl des Abschlussprüfers wird auf → Rz. 37 verwiesen. Die nachträgliche Wahl ist solange möglich, bis nicht von Gericht eine Bestellung erfolgt ist (→ Rz. 28).[12]

4. Wählbarkeit, Ausschlussgründe

17 Die Wählbarkeit richtet sich nach § 319 Abs. 1 Sätze 1 und 2 HGB (→ 319 Rz. 4); neben der **Berufsqualifikation** müssen die zu wählenden Abschlussprüfer eine Bescheinigung über die Teilnahme an der **Qualitätskontrolle** nach § 57a WPO (*„Peer-Review"*) vorlegen.

18 Liegen diese Voraussetzungen in der (juristischen) Person des gewählten Abschlussprüfers nicht vor, ist die Wahl **nichtig**, ebenso ein ggf. erteilter Bestätigungsvermerk. Daraus folgt wiederum eine Nichtigkeit des geprüften Jahresabschlusses (→ 319 Rz. 6). Einen Honoraranspruch für diese Nicht-Prüfung kann der Abschlussprüfer nicht geltend machen.

19 Durch Gesellschaftsvertrag oder Satzung kann der Kreis der zu bestellenden Abschlussprüfer bzw. Prüfungsgesellschaften weiter **eingeschränkt** werden, und zwar durch Anforderungen an die besondere branchenspezifische Qualifikation, insbesondere bezüglich der Anwendung internationaler Rechnungslegungsgrundsätze (→ § 324a Rz. 5) im Hinblick auf Abschlüsse i. S. des § 315a HGB (→ § 315a Rz. 4) bzw. § 325 Abs. 2a HGB (→ 325 Rz. 224). Allerdings muss dieser gesellschaftsvertraglichen Spezifizierung immer noch ein eigentliches **Auswahlverfahren** möglich sein. Es darf also nicht so genau spezifiziert werden, dass eine Wahl gar nicht mehr möglich ist.

20 Zulässig ist die Wahl **mehrerer** Abschlussprüfer, insbesondere zu einer **Gemeinschaft**sprüfung *(joint audit)*.[13] Der Singular in § 316 Abs. 1 Satz 1 HGB steht dem nicht entgegen (→ § 316 Rz. 5). Auch ist die Bestellung mehrerer Abschlussprüfer, die **unabhängig** voneinander prüfen sollen, zulässig,[14] allerdings weder üblich noch sinnvoll. Der Wahlbeschluss darf den für die Auftragserteilung zuständigen Organen kein Auswahlermessen überlassen. Nur die Wahl einer ganz **bestimmten** Person bzw. Gesellschaft ist zulässig.

---

11 § 24a BS WP/vBp.
12 Vgl. *ADS*, 6. Aufl., § 318 Tz. 136.
13 Vgl. IDW PS 208.
14 Im Schrifttum umstritten, was hier nicht weiter diskutiert werden soll, weil diese Vorgehensweise praktisch nicht vorkommt.

III. Prüfungsauftrag und Widerruf (Abs. 1 Sätze 4 und 5)

Der Prüfungsauftrag ist durch die **gesetzlichen** Vertreter der Gesellschaft zu erteilen, anders allerdings bei der AG und der KGaA. Im letztgenannten Fall ist der **Aufsichtsrat** zuständig (§ 111 Abs. 1 Satz 3 AktG). Dieser muss über die Auftragserteilung einen Beschluss fassen. Dazu kompetent ist das Gesamtgremium des Aufsichtsrats, nicht der Vorsitzende allein, allerdings ist eine abschließende Beschlussfassung auch durch einen Aufsichtsrats-**Ausschuss** zulässig, insbesondere dem Prüfungsausschuss nach § 107 Abs. 3 Satz 2 AktG.[15] 21

Der Prüfungsauftrag ist **unverzüglich** nach der Wahl zu erteilen. Er führt zu einem **Vertrags**verhältnis („Prüfungsvertrag"). Nach h. M. handelt es sich um einen Geschäftsbesorgungsvertrag nach § 675 BGB mit überwiegend werkvertraglichen Elementen.[16] Dieser Vertrag kommt wie üblich durch die Annahme des Auftrags durch den gewählten Abschlussprüfer zustande, das ist formlos möglich. Sinnvollerweise sollte aber eine schriftliche Bestätigung erfolgen.[17] Auf jeden Fall muss der gewählte Abschlussprüfer die **Ablehnung** des Auftrags unverzüglich nach § 51 WPO erklären.

Der Auftrags**inhalt** sollte beschrieben werden. Regelmäßig erteilt das vertretungsberechtigte Organ der Gesellschaft (→ Rz. 21) nur den Prüfungsauftrag ohne weitere Inhaltsbeschreibung. Dann muss ein Auftragsbestätigungsschreiben des Abschlussprüfers verschiedene zusätzliche Bestandteile des Auftragsinhalts aufweisen. In diesem Fall ist bis dahin ein entsprechender Vertrag noch nicht zustande gekommen. Es bedarf dann einer auch konkludent zu erteilenden **Annahme** durch die zu prüfende Gesellschaft. Empfehlenswerterweise sollte eine förmliche Gegenzeichnung unter Rücksendung des Auftragsschreibens erfolgen.[18] 22

Häufig gibt andererseits der Abschlussprüfer vor seiner Wahl und vor der Beauftragung ein **Angebot** über die Durchführung der Jahresabschlussprüfung ab, in dem alle wesentlichen Vertragsinhalte dargestellt sind. Dann kommt auf der Grundlage dieses Angebots der Prüfungsvertrag durch die Auftragserteilung mit diesem Inhalt zustande. Im Rahmen der Auftragsbestätigung werden nach berufsrechtlicher Übung **Allgemeine Auftragsbedingungen** dem Auftragsinhalt beigefügt und auch in den Prüfungsbericht aufgenommen (→ § 321 Rz. 87). Deren „Schwergewicht" liegt allerdings bei der **Haftungsbeschränkung**, die bei gesetzlichen Pflichtprüfungen nicht möglich ist (→ § 323 Rz. 47). Ein „Dauermandat" ist rechtlich nicht gestattet; deshalb liegt auch der **Folge**prüfung ein neues Vertragsverhältnis zugrunde.

Zum Inhalt des Prüfungsvertrags werden genannt:[19] 23

- Honorargrundlage,
- Beschreibung der Leistungspflichten des Abschlussprüfers,
- Pflichten des geprüften Unternehmens,
- Folgen aus Pflichtverstößen,
- Haftung des Abschlussprüfers.

---

15 Vgl. *Förschle/Heinz*, in: Beck'scher Bilanz-Kommentar, 7. Aufl., München 2010, § 318 Tz. 14.
16 Vgl. *ADS*, 6. Aufl., § 318 Tz. 191 f.; *Förschle/Heinz*, in: Beck'scher Bilanz-Kommentar, 7. Aufl., München 2010, § 318 Tz. 14.
17 Vgl. IDW PS 220.6.
18 Vgl. IDW PS 220.7.
19 Vgl. *Veldkamp*, in: Haufe HGB Bilanz Kommentar, Freiburg 2009, § 318 Tz. 17.

Dabei genügt bei zwingender Gesetzesregel der Hinweis auf die Rechtsgrundlage, z. B. bezüglich der Haftung bei Pflichtprüfungen auf § 323 HGB (→ § 323 Rz. 47).

24 Zur **Ablehnung** des Prüfungsauftrags ist der gewählte Abschlussprüfer verpflichtet, wenn ein **Ausschluss**tatbestand nach §§ 319 ff. HGB (→ § 319 Rz. 7 ff.), § 49 WPO oder §§ 21, 22a BS WP/vBp vorliegt. Entsprechendes gilt bei **mangelnder Sachkenntnis** oder **verfügbaren Kapazitäten** zur Durchführung der Prüfung.[20] Eine Begründung für die Ablehnung des Auftrags muss der gewählte Abschlussprüfer allerdings nicht vorlegen.

25 Mangels gesetzlicher Vorgabe ist die **Vergütung** für die Prüfungstätigkeit frei verhandelbar. Die Höhe der Vergütung für die Prüfungstätigkeit darf allerdings nicht durch andere Dienstleistungen für das geprüfte Unternehmen beeinflusst sein.[21] Ein **Pauschal**honorar, wie dies in der Praxis üblich ist, muss nicht nur „angemessen sein", es muss in der Vereinbarung die mögliche Erhöhung des vorgesehenen Betrags bei Eintritt unvorhergesehener Umstände enthalten (sog. Öffnungsklausel). In anderen Fällen richtet sich die Vergütung nach im Voraus vereinbarten **Stundensätzen**. Ein **Erfolgshonorar** kommt nach § 55a Abs. 1 WPO nicht in Betracht. Bei der Aktiengesellschaft liegt die Zuständigkeit bezüglich die Vereinbarung des Honorars beim Aufsichtsratsvorsitzenden, entsprechendes gilt bei einer GmbH mit entsprechend kompetentem Aufsichtsrat. Ansonsten muss die Vergütung mit den vertretungsberechtigten Organen der Gesellschaft ausgehandelt werden.

26 Wegen der **Offenlegung** der Vergütung im Anhang vgl. → § 285 Rz. 106 ff.

27 Der Auftraggeber kann mit dem gewählten und beauftragten Abschlussprüfer **zusätzliche Leistungen** über den gesetzlichen Prüfungsinhalt hinaus vereinbaren, z. B. Unterschlagungs- oder Geschäftsführungsprüfungen. In diesem Fall ist eine gesonderte Auftragserteilung jenseits des Prüfungsauftrags erforderlich. Dies gilt wiederum nicht für erforderliche Prüfungshandlungen aufgrund gesetzlicher Vorgaben. **Nachtragsprüfungen** (→ § 316 Rz. 12) bedürfen keines besonderen Auftrags, weil diese durch den Prüfungsauftrag abgedeckt sind. Der gewählte Abschlussprüfer gilt durch gesetzliche Fiktion auch als Nachtragsprüfer (§ 316 Abs. 3 Satz 1 HGB).

28 Der **Widerruf** eines Prüfungsauftrags ist nach Abs. 1 Satz 5 nur nach Ersetzung eines anderen Prüfers durch das Gericht nach Abs. 3 möglich. Auch durch diese Maßnahme soll die Unabhängigkeit des Prüfers gestärkt werden. Ansonsten darf der Prüfungsvertrag weder **gekündigt** noch einvernehmlich **aufgehoben** werden. Möglich ist die „**Neuwahl**" des Abschlussprüfers, allerdings nur bis zur dessen Annahme des Prüfungsauftrags. Da dieser „unverzüglich" erfolgen muss, bleibt für eine solche „Neuwahl" zumindest nach den gesetzlichen Regelmäßigkeiten kaum die erforderliche Zeitspanne. Die Bestellung eines anderen Abschlussprüfers kommt regelmäßig nur im Anwendungsbereich des Abs. 4 Satz 2 in Betracht (→ Rz. 39). Eine theoretisch mögliche Nichtigkeit der Prüferwahl kann nach dem Lehrbuch zu einem Widerruf berechtigen, nicht aber das sich nachträglich herausstellende Unvermögen des Abschlussprüfers etwa zur Einhaltung der Zeitvorgaben über die Durchführung der Abschlussprüfung.[22] Für den Widerruf

---

20 Vgl. IDW PS 220.11.
21 Stellungnahme des IDW in WPg 2004 S. 653.
22 So auch *Förschle/Heinz*, in: Beck'scher Bilanz-Kommentar, 7. Aufl., München 2010, § 318 Tz. 16; *Ebke*, in: Münchner Kommentar zum Handelsgesetzbuch: HGB, 2. Aufl., München 2009, § 318 Tz. 37.

sind die gesetzlichen Vertreter der Gesellschaft zuständig, bei Aktiengesellschaften und Kommanditgesellschaften auf Aktien der den Auftrag ursprünglich erteilende Aufsichtsrat.

Für **freiwillige** Abschlussprüfungen ist der Prüfungsinhalt individualrechtlich zu vereinbaren (→ § 318 Rz. 2), wenn allerdings ein Bestätigungsvermerk i. S. des § 322 HGB erteilt werden soll, muss der Prüfungsinhalt demjenigen des § 317 HGB entsprechen (→ § 317 Rz. 2). Ein solcher Vertrag über eine freiwillige Abschlussprüfung kann nach allgemeinen schuldrechtlichen Regeln gekündigt oder einvernehmlich aufgehoben werden.

29

IV. Bestellung des Konzernabschlussprüfers (Abs. 2)

Der Gesetzgeber geht von der praxisgerechten Vorstellung einer personellen **Identität** des Konzernabschlussprüfers mit demjenigen des Abschlusses der Muttergesellschaft aus (→ § 321 Rz. 90). Diese Vorstellung ist im Hinblick auf die Effizienz der Abschlussprüfung auch gerechtfertigt. Deshalb wirkt im Wege der Gesetzes**fiktion** die Wahl (→ Rz. 6 ff.) des Abschlussprüfers einer Muttergesellschaft mit Konzernabschlusserstellungspflicht auch auf die Bestellung des Konzernabschlussprüfers aus: Letzterer gilt ohne zusätzlichen Wahlbeschluss als für die Konzernabschlussprüfungsdurchführung bestellt. Die regelmäßig auch personenidentische Bestellung des Abschlussprüfers wichtiger **Tochtergesellschaften** bedarf demgegenüber einer besonderen Wahl. Die zu prüfende Gesellschaft ist bei ihrer Wahl noch mehr als für den Jahresabschluss berufen, die Kompetenz und das Organisationsvermögen des Abschlussprüfers bzw. der Prüfungsgesellschaft abzuklären (→ Rz. 19), wenn also z. B. die Konsolidierung ausländischer Tochtergesellschaften zu prüfen ist.

29a

Besonders bei reinen **Holdinggesellschaften** kann eine Prüfungspflicht des Jahresabschlusses der Muttergesellschaften nicht gegeben sein, wohl aber eine solche für den Konzernabschluss. Holdinggesellschaften überschreiten zwar regelmäßig das Größenmerkmal der Bilanzsumme, aber oftmals nicht die beiden übrigen zur Bestimmung der Größenklasse insgesamt (→ § 267 Rz. 2). Hier bedarf es einer **besonderen** Wahl des Konzernabschlussprüfers mit entsprechender Bestellung (→ Rz. 20). Die Bestellungsautomatik des Abs. 2 greift hier nicht, da es sich bei der ggf. durchgeführten Jahresabschlussprüfung (bei dieser Holding) um eine freiwillige Prüfung handelt.[23]

30

V. Gerichtliche Ersetzung des Abschlussprüfers (Abs. 3)

1. Tatbestandliche Voraussetzungen (Abs. 3 Satz 1)

Das Gericht muss „einen anderen Abschlussprüfer ... **bestellen**", so Satz 1. Von „Bestellen" spricht auch Abs. 4 Satz 1 (→ Rz. 37). Der Unterschied liegt darin: In Abs. 3 Satz 1 ist bereits ein Abschlussprüfer gewählt, nach Abs. 4 Satz 1 steht demgegenüber die Wahl des Abschlussprüfers (→ Rz. 6) noch aus. Deshalb wird sprachlich exakter der Vorgang nach Abs. 3 Satz 1 als „**Ersetzung**" des Abschlussprüfers bezeichnet.[24] Der bisher gewählte Abschlussprüfer wird von

31

---

[23] So *Baetge/Thiele*, in: Küting/Pfitzer/Weber, Handbuch der Rechnungslegung, § 318 Tz. 74.; *Veldkamp*, in: Haufe HGB Bilanz Kommentar, Freiburg 2009, § 318 Tz. 32; a. A. *ADS*, 6. Aufl., § 318 Tz. 292a.
[24] Allgemeine Sprachregelung im Schrifttum.

Gerichts wegen abberufen und ein neuer bestellt. Diese Vorgabe gilt für alle **Pflicht**prüfungen, nicht jedoch für freiwillige oder satzungsmäßige Abschlussprüfungen. Im letztgenannten Fall ist das für die Wahl des Abschlussprüfers berufene Gremium auch zur Ersetzung durch einen anderen Abschlussprüfer kompetent.

32 Sachliche Voraussetzungen für die gerichtliche Ersetzung des Abschlussprüfers können nur „in der **Person** des gewählten Prüfers liegen". Als Gründe kommen in Betracht – unwahrscheinlicherweise – die mangelnde **berufsrechtliche** Zulassung zur Abschlussprüfung, eher realitätsgerecht – und so vom Gesetzgeber auch als „insbesondere" gekennzeichnet – die **Befangenheit** nach den Regeln der §§ 319 (→ § 319 Rz. 8 ff. und → § 319 Rz. 24 ff.), 319a (→ § 319a Rz. 3 ff.) und 319b HGB (→ § 319b Rz. 4 ff.). Der Antragsteller muss diese Gründe belegen. Berufsrechtlich sind auch die Befangenheitsmerkmale nach § 49 WPO zu beachten. Indizien für eine Befangenheit stellen nahe **persönliche** Beziehungen zu den gesetzlichen Vertretern des geprüften Unternehmens dar, nicht dagegen die Bestellung als Abschlussprüfer bei einem Konkurrenzunternehmen.

Auch eine mangelnde **Qualifikation** im Hinblick auf erforderliche **Spezial**kenntnisse der Branche oder des Rechnungslegungsinhalts (→ Rz. 19) können eine Durchführung der Abschlussprüfung gefährden und stellen dann einen Antragsgrund dar. Das Gleiche gilt für **berufsgerichtliche** Verfahren, die nicht zu einem Berufsausschluss, wohl aber zu einer Bestrafung des Abschlussprüfers geführt haben.

Bei Vorliegen der tatbestandlichen Voraussetzungen einer Ersetzung des Abschlussprüfers sind **Anfechtungs**klagen gegen den Hauptversammlungsbeschluss zur Wahl des Abschlussprüfers unzulässig; Entsprechendes gilt für eine **Nichtigkeits**klage.[25]

2. Antragsberechtigung (Abs. 3 Satz 1)

33 Die Antragsberechtigten – gesetzliche Vertreter, Aufsichtsrat und Gesellschafter – sind im Gesetz genannt. Eine Berechtigung steht den jeweiligen Organen zu, nicht dem einzelnen Mitglied, und erfordert deshalb entsprechend der internen Organisation eine entsprechende Beschlussfassung.[26]

Bezüglich der **Gesellschafter**kompetenz ist zu differenzieren: Bei der GmbH oder Kap & Co.-Gesellschaft – ohne Kompetenz eines ggf. bestellten Aufsichtsrats für die Wahl des Abschlussprüfers – steht die Antragsberechtigung jedem Gesellschafter zu. Bei Aktionären – Umkehrschluss – müssen die weiteren Bedingungen in Form eines der Größenmerkmale des Abs. 3 Satz 1 erfüllt sein. Im **Insolvenz**verfahren ist Abs. 3 durch § 155 Abs. 3 InsO aufgehoben, da der Abschlussprüfer durch das Gericht bestellt wird. Umgekehrt ist die Rechtslage in **Liquidations**verfahren; hier gelten demgegenüber die allgemeinen Regeln.

---

25 Vgl. *Gelhausen/Heinz*, WPg 2005 S. 697; *Ebke*, in: Münchner Kommentar zum Handelsgesetzbuch: HGB, 2. Aufl., München 2009, § 318 Anm. 52.
26 Vgl. *Förschle/Heinz*, in: Beck'scher Bilanz-Kommentar, 7. Aufl., München 2010, § 317 Tz. 18; *Veldkamp*, in: Haufe HGB Bilanz Kommentar, Freiburg 2009, § 318 Tz. 36.

Nach h. M. im Schrifttum besteht seitens der zuständigen Organe der Gesellschaft eine **Pflicht** zur Antragstellung, wenn konkrete Anhaltspunkte für das Vorliegen eines Ersetzungsgrundes bestehen.[27]

34

3. Antragsfrist (Abs. 3 Sätze 2 und 3)

Die prozessualen Schritte stehen unter starkem **Zeitdruck**. Mit der Bestellung des Abschlussprüfers kann nicht in den Fristen des „normalen" Gerichtsverfahrens agiert werden (→ Rz. 41). Deshalb ist der Antrag in Form einer Ausschlussfrist innerhalb von zwei Wochen nach der Wahl des Abschlussprüfers zu stellen.

35

Der **Fristenlauf** beginnt abweichend davon, wenn ein Befangenheitsgrund erst nach der Wahl bekannt wird oder nach der Wahl eintritt (Abs. 3 Satz 3). Die zweiwöchige Frist bleibt dabei erhalten. Sie läuft ab dem Tag, an dem der Antragsberechtigte Kenntnis von den Befangenheitsgründen erlangt hat oder hätte erlangen müssen.

4. Antragsverfahren

Zuständig für den Antrag ist das örtlich und sachlich bestimmte Amtsgericht am Sitz des prüfenden Unternehmens. Als Antragsteller kommen die in Abs. 3 Sätze 1 und 6 genannten Personen in Betracht, der Antragsgegner ist die Gesellschaft, die wie sonst auch durch ihre gesetzlichen Vertreter handelt. Der gewählte Abschlussprüfer ist Beteiligter am Verfahren.

36

Das Gericht ist zu einer konstruktiven Entscheidung aufgerufen, kann also dem Antrag nur durch Bestellung eines anderen Abschlussprüfers folgen und dabei (ohne Zwang) dem gemachten Vorschlag des oder der Antragsteller(s) folgen.

Im Zeitverlauf besteht eine **Sperrfrist** bezüglich des Ersetzungsverfahrens durch die Beendigung der Abschlussprüfung (→ § 322 Rz. 62) in Form der Erteilung des Bestätigungsvermerks durch den bisherigen Abschlussprüfer (Abs. 3 Satz 7). Der Ersatzbestellung kommt also keine Rückwirkungsfunktion zu. Nur wenn im Anschluss daran noch eine Nachtragsprüfung durchzuführen ist (→ § 316 Rz. 12), kommt – theoretisch – eine Ersatzbestellung eines anderen Abschlussprüfers in Betracht. Das wird in der Praxis kaum jemals der Fall sein.

Zur Vergütung des Ersatzprüfers vgl. → Rz. 42. Prozessual ist gegen die gerichtliche Entscheidung die Beschwerde nach den Regeln des FGG möglich.

VI. Gerichtliche Bestellung (Abs. 4)

1. Allgemeine Tatbestandsvoraussetzungen (Abs. 4 Satz 1)

Ein weiterer Fall gerichtlicher Einschaltung zur Nominierung eines Abschlussprüfers (nicht Ersetzung → Rz. 31) liegt bei **Nichtbestellung** bis zum Ablauf des zu prüfenden Geschäftsjahrs vor. Ein solcher Fall kann vorkommen, wenn das zu prüfende Unternehmen bzw. dessen zuständige Organe insoweit untätig geblieben sind (Abs. 4 Satz 1). Weitere denkbare Fälle sind

37

---

27 Vgl. *Ebke*, in: Münchner Kommentar zum Handelsgesetzbuch: HGB, 2. Aufl., München 2009, § 318 Tz. 64; *Gelhausen/Heinz*, WPg 2005 S. 698; *Frings*, WPg 2006 S. 829.

nichtiger oder erfolgreich angefochtener Wahlbeschluss (§ 248 AktG mit analoger Anwendung auf Gesellschafterbeschlüsse einer GmbH). Der Antrag auf gerichtliche Bestellung kann erst mit Beginn des folgenden Geschäftsjahrs gestellt werden. Dann kann das „eigentlich" für die Abschlussprüferwahl zuständige Organ insoweit nicht mehr tätig werden.

38 Antragsberechtigt sind

- die gesetzlichen Vertreter,
- der Aufsichtsrat,
- ein Gesellschafter

des zu prüfenden Unternehmens.

Sinnvollerweise kann ein Antrag nur von einem zur Wahl des Abschlussprüfers nicht kompetenten Organ gestellt werden.

> **BEISPIEL** Die Gesellschafterversammlung einer prüfungspflichtigen GmbH hat bis zum Ende des zu prüfenden Geschäftsjahrs keinen Abschlussprüfer gewählt. Die Geschäftsführer sind dann mit Beginn des Folgejahrs antragsberechtigt.

2. Weitere Sachverhalte (Abs. 4 Satz 2)

39 Außer der **Nichtwahl** eines Abschlussprüfers bis zum Geschäftsjahresende kommen folgende Tatbestände zur Begründung des Antragsrechts bei Gericht in Betracht, wenn eine ordnungsmäßige Wahl erfolgt und ein kein anderer Abschlussprüfer gewählt worden ist:

- **Ablehnung** des Auftrags,
- nachträglicher **Wegfall**,
- **Verhinderung** an der rechtzeitigen Beendigung der Prüfung

durch den oder des gewählten Abschlussprüfer(s).

Die **Verhinderung** an dem rechtzeitigen Abschluss der Prüfung kann durch (vorübergehende) Krankheit, Arbeitsüberlastung, Ausfall von Prüfungsgehilfen gegeben sein.[28]

Der nachträgliche **Wegfall** kann begründet sein durch:

- Kündigung aus wichtigem Grund (→ Rz. 43),
- Verlust der Berufsqualifikation (→ 319 Rz. 4),
- Auslauf der Befristung der Teilnahmebescheinigung bzw. Ausnahmegenehmigung am Qualitätskontrollverfahren (→ § 319 Rz. 5) vor Abschluss der Prüfung,
- Tod, Geschäftsunfähigkeit oder dauernde Krankheit.

3. Antragsverpflichtung (Abs. 4 Satz 3)

40 Zur entsprechenden Antragsstellung auf gerichtliche Bestellung eines Abschlussprüfers sind die gesetzlichen **Vertreter** der Gesellschaft verpflichtet.

---

28 Vgl. *Ebke*, in: Münchner Kommentar zum Handelsgesetzbuch: HGB, 2. Aufl., München 2009, § 318 Tz. 27.

4. Rechtsfolge (Abs. 4 Satz 4)

Gegen die Entscheidung des Gerichts ist die Beschwerde nach den Regeln des FGG zulässig. Eine Anfechtung der gerichtlichen Bestellung ist nicht möglich. Auch hier zeigt sich das Beschleunigungserfordernis, das der Gesetzgeber der Abschlussprüferbestellung zuordnet (→ Rz. 35). 41

VII. Vergütung des gerichtlich bestellten Abschlussprüfers (Abs. 5)

Die Vergütungsregel nach Satz 1 lässt die Höhe der Honorierung offen, vergleichbar der allgemeinen Gesetzesregel (→ Rz. 25). Der gerichtlich bestellte Abschlussprüfer und die zu prüfende Gesellschaft können wie sonst auch die Höhe der Vergütung wirksam vereinbaren. Einer förmlichen Festsetzung durch das Gericht bedarf es entgegen dem Wortlaut von Abs. 5 Satz 2 nicht.[29] Auch hier ist der Rechtsweg nach den Vorschriften des FGG gegeben. 42

VIII. Kündigung des Prüfungsauftrags (Abs. 6 bis 8)

1. Wichtige Gründe als Tatbestandsmerkmal (Abs. 6 Sätze 1 und 2)

Ein vorhandener Prüfungsvertrag („angenommener Prüfungsauftrag" → Rz. 21) kann seitens der Gesellschaft überhaupt nicht, seitens des Abschlussprüfers nur aus wichtigem Grund **gekündigt** werden. Eine solche Kündigung kommt („nur") als äußerstes Mittel in Betracht. Der anzulegende Maßstab ist streng, d. h. nur unter besonderen Umstände soll sich der Abschlussprüfer von den Pflichten aus dem Prüfungsauftrag lösen dürfen. Es muss eine schlechterdings bestehende Unzumutbarkeit zur Weiterführung und Beendigung des Prüfungsauftrags gegeben sein.[30] Eines Verschuldens der Gesellschaft bedarf es nicht zwingend; ein solches dürfte jedoch abgesehen von den in der Person des Abschlussprüfers liegenden Gründen regelmäßig erforderlich sein. Zu nennen sind kriminelle Machenschaften der Gesellschaft oder ihrer Organe oder schwerwiegende persönliche Differenzen des Prüfers mit den Organen. Allerdings sollten solche Sachverhalte in der Praxis nicht vorkommen. 43

Die Verweigerung von **Aufklärungen** und **Nachweisen**, welche die gesetzlichen Vertreter der geprüften Gesellschaft dem Abschlussprüfer zu erteilen haben (→ § 320 Rz. 6 ff.) führen nicht zu einem außerordentlichen Kündigungsgrund. Stattdessen ist im Hauptteil des **Prüfungsberichts** nach § 321 Abs. 2 HGB darauf einzugehen (→ § 321 Rz. 70). Insoweit bestehende **Prüfungshemmnisse** führen regelmäßig zur Einschränkung oder Versagung des Bestätigungsvermerks (→ § 322 Rz. 41). 44

Gerade **nicht** zur Kündigung dürfen **Meinungsverschiedenheiten** über die Beurteilung von Sachverhalten und die dazugehörige Rechtsauslegung führen (Abs. 6 Satz 2). Wenn während 45

---

[29] So die h. M. z. B. *Ebke*, in: Münchner Kommentar zum Handelsgesetzbuch: HGB, 2. Aufl., München 2009, § 318 Tz. 80. m. w. N.
[30] So auch *Ebke*, in: Münchner Kommentar zum Handelsgesetzbuch: HGB, 2. Aufl., München 2009, § 318 Tz. 85.

des Prüfungsverfahrens ein Ausschlussgrund wegen Befangenheit etc. eintritt, muss dieser nach Möglichkeit sofort beseitigt werden, z. B. durch Veräußerung des Anteilsbesitzes oder Entfernung des Mitarbeiters.[31] Auf die Unabhängigkeitsanforderungen in §§ 319, 319a, 319b HGB muss der Abschlussprüfer auch während der Prüfungsdurchführung achten.

2. Formvorschrift (Abs. 6 Satz 3)

46 Die Kündigungserklärung kann **formlos** erfolgen. Diese sollte indes **schriftlich** vorgenommen werden, schon deshalb weil die **Begründung** für die Kündigung in Schriftform darzulegen ist. Die Kündigung wird wirksam, wenn sie der prüfenden Gesellschaft zugeht (§§ 130 bis 132 BGB). Empfangsgegner sind die Organe, die den Prüfungsauftrag erteilt haben, bei der AG und der KGaA also der Aufsichtsrat, praktisch der Aufsichtsratsvorsitzende. Beim Kündigungsverfahren handelt es sich um **zwingendes** Recht. Auf das Kündigungsrecht kann der Prüfer nicht verzichten. Eine einvernehmliche Aufhebung des Prüfungsvertrags aus anderen Gründen ist unzulässig.

3. Rechtsfolgen

3.1 Berichterstattungspflicht (Abs. 6 Satz 4)

47 Bis zum Eingang der außerordentlichen Kündigung bei deren Adressaten (→ Rz. 46) hat der Abschlussprüfer eine wirksame Prüfung durchgeführt. Deshalb hat er über seine bis dahin durchgeführte Prüfung nach Maßgabe des § 321 HGB (→ § 321 Rz. 115) zu berichten.[32] In diesem Bericht müssen (selbstverständlich) Gründe für die Kündigung hervorgehoben werden.[33] Der Umfang der Berichterstattung richtet sich nach den bis dahin getroffenen Feststellungen. Je nach Sachverhalt konnte der kündigende Abschlussprüfer bestimmte Prüfungshandlungen noch nicht vornehmen; sofern sich diese auf die Ordnungsmäßigkeit der Rechnungslegung auswirken könnten, muss der Abschlussprüfer darauf hinweisen.[34]

48 Nach § 26 BS WP/vBP treffen beim Abschlussprüferwechsel den bisherigen Abschlussprüfer **und** den Nachfolger besondere Pflichten:

▶ Der Nachfolger darf den Auftrag nur annehmen, wenn er sich über den **Grund** der Kündigung bzw. des Widerrufs (→ Rz. 28) und das Ergebnis der bisherigen Prüfung informiert hat.

▶ Dazu muss sich der Nachfolger die schriftliche Begründung (→ Rz. 46) der Kündigung, die Mitteilung an die WP-Kammer (→ Rz. 50) sowie den Prüfungsbericht des Vorgängers (→ Rz. 47) **vorlegen** lassen.

▶ **Inwieweit** die Erläuterungspflicht reicht, also z. B. die Vorlage der Arbeitspapiere umfasst, bleibt nach § 26 BS WP/vBP offen.

---

31 Vgl. *Förschle/Heinz*, in: Beck'scher Bilanz-Kommentar, 7. Aufl., München 2010, § 318 Tz. 34.
32 Vgl. IDW PS 450.150; IDW PS 220.28.
33 Vgl. IDW PS 450.151.
34 Vgl. IDW PS 450.152.

3.2 Handlungspflichten und -berechtigungen der Gesellschaftsorgane (Abs. 7)

Die Kündigung ist an die zur Auftragserteilung der geprüften Gesellschaft befugten **Organe** zu richten. Diese wiederum haben im Anschluss daran Mitteilungs- und Vorlagepflichten. So haben die gesetzlichen Vertreter die Kündigung dem Aufsichtsrat und der Gesellschafterversammlung bzw. Hauptversammlung mitzuteilen. Dabei ist allerdings zu differenzieren: Bei der AG ist der Kündigungsadressat der **Aufsichtsrat**; dieser muss dann die Kündigung anlässlich der nächsten Hauptversammlung – nicht einer außerordentlich einzuberufenden – mitteilen. Bei der GmbH und bei Kap. & Co.-Gesellschaften müssen die gesetzlichen Vertreter die Kündigung den **Gesellschaftern** kommunizieren, wenn nicht ein zur Bestellung des Abschlussprüfers qualifizierter Aufsichtsrat den Prüfungsauftrag für die GmbH erteilt hat.

49

Dabei hat jedes Aufsichtsratsmitglied das Recht, vom Bericht des bisherigen Abschlussprüfers Kenntnis zu nehmen. Zusätzlich hat jedes Aufsichtsratsmitglied einen Anspruch auf Aushändigung des Prüfungsberichts, soweit nicht der Aufsichtsrat die Aushändigung an die Mitglieder des Prüfungsausschusses beschlossen hat (→ § 321 Rz. 86). Der Aufsichtsrat hat in diesem Fall – als Adressat der Kündigung – eine Informationspflicht auch zu Händen der gesetzlichen Vertreter der Gesellschaft (Vorstand oder Geschäftsführer).

IX. Mitteilungspflicht an die WP-Kammer (Abs. 8)

Mit der Mitteilung an die Wirtschaftsprüferkammer sollen **unbemerkte** oder gar **einvernehmliche** Auftragsbeendigungen verhindert werden,[35] um den Abschlussprüfer auch in dieser Hinsicht in seiner Unabhängigkeit zu stärken.

50

Die Informationspflicht betrifft zwei Tatbestände:

- ▶ die Kündigung des Auftrags durch den Abschlussprüfer aus wichtigem Grund (→ Rz. 43),
- ▶ Widerruf des erteilten Prüfungsauftrags (→ Rz. 28) unter den einschränkenden Bedingungen des Abs. 3 (→ Rz. 31 ff.).

Diese in der Praxis sehr seltenen Fälle sind sowohl seitens des bestellten gesetzlichen Abschlussprüfers als auch der gesetzlichen Vertreter der geprüften Gesellschaft zu Händen der Wirtschaftsprüferkammer schriftlich zu **begründen**.[36] Die Wirtschaftsprüferkammer soll sich in diesem recht breit angelegten Verfahren über die Berechtigung zur Beendigung des Prüfungsvertrags umfassend informieren können.

Abs. 8 ist durch das BilMoG in das HGB mit Wirkung für Geschäftsjahre, die nach dem 31.12.2008 beginnen, eingefügt worden. (Art. 66 Abs. 2 Satz 1 EGHGB).

---

[35] Vgl. *Veldkamp*, in: Haufe HGB Bilanz Kommentar, Freiburg 2009, § 318 Tz. 76.
[36] Vgl. IDW PS 220.32.

§ 319 Auswahl der Abschlussprüfer und Ausschlussgründe

(1) ¹Abschlussprüfer können Wirtschaftsprüfer und Wirtschaftsprüfungsgesellschaften sein. ²Abschlussprüfer von Jahresabschlüssen und Lageberichten mittelgroßer Gesellschaften mit beschränkter Haftung (§ 267 Abs. 2) oder von mittelgroßen Personenhandelsgesellschaften im Sinne des § 264a Abs. 1 können auch vereidigte Buchprüfer und Buchprüfungsgesellschaften sein. ³Die Abschlussprüfer nach den Sätzen 1 und 2 müssen über eine wirksame Bescheinigung über die Teilnahme an der Qualitätskontrolle nach § 57a der Wirtschaftsprüferordnung verfügen, es sei denn, die Wirtschaftsprüferkammer hat eine Ausnahmegenehmigung erteilt.

(2) Ein Wirtschaftsprüfer oder vereidigter Buchprüfer ist als Abschlussprüfer ausgeschlossen, wenn Gründe, insbesondere Beziehungen geschäftlicher, finanzieller oder persönlicher Art, vorliegen, nach denen die Besorgnis der Befangenheit besteht.

(3) ¹Ein Wirtschaftsprüfer oder vereidigter Buchprüfer ist insbesondere von der Abschlussprüfung ausgeschlossen, wenn er oder eine Person, mit der er seinen Beruf gemeinsam ausübt,

1. Anteile oder andere nicht nur unwesentliche finanzielle Interessen an der zu prüfenden Kapitalgesellschaft oder eine Beteiligung an einem Unternehmen besitzt, das mit der zu prüfenden Kapitalgesellschaft verbunden ist oder von dieser mehr als zwanzig vom Hundert der Anteile besitzt;

2. gesetzlicher Vertreter, Mitglied des Aufsichtsrats oder Arbeitnehmer der zu prüfenden Kapitalgesellschaft oder eines Unternehmens ist, das mit der zu prüfenden Kapitalgesellschaft verbunden ist oder von dieser mehr als zwanzig vom Hundert der Anteile besitzt;

3. über die Prüfungstätigkeit hinaus bei der zu prüfenden oder für die zu prüfende Kapitalgesellschaft in dem zu prüfenden Geschäftsjahr oder bis zur Erteilung des Bestätigungsvermerks

    a. bei der Führung der Bücher oder der Aufstellung des zu prüfenden Jahresabschlusses mitgewirkt hat,

    b. bei der Durchführung der internen Revision in verantwortlicher Position mitgewirkt hat,

    c. Unternehmensleitungs- oder Finanzdienstleistungen erbracht hat oder

    d. eigenständige versicherungsmathematische oder Bewertungsleistungen erbracht hat, die sich auf den zu prüfenden Jahresabschluss nicht nur unwesentlich auswirken,

    sofern diese Tätigkeiten nicht von untergeordneter Bedeutung sind; dies gilt auch, wenn eine dieser Tätigkeiten von einem Unternehmen für die zu prüfende Kapitalgesellschaft ausgeübt wird, bei dem der Wirtschaftsprüfer oder vereidigte Buchprüfer gesetzlicher Vertreter, Arbeitnehmer, Mitglied des Aufsichtsrats oder Gesellschafter, der mehr als zwanzig vom Hundert der den Gesellschaftern zustehenden Stimmrechte besitzt, ist;

4. bei der Prüfung eine Person beschäftigt, die nach den Nummern 1 bis 3 nicht Abschlussprüfer sein darf;
5. in den letzten fünf Jahren jeweils mehr als dreißig vom Hundert der Gesamteinnahmen aus seiner beruflichen Tätigkeit von der zu prüfenden Kapitalgesellschaft und von Unternehmen, an denen die zu prüfende Kapitalgesellschaft mehr als zwanzig vom Hundert der Anteile besitzt, bezogen hat und dies auch im laufenden Geschäftsjahr zu erwarten ist; zur Vermeidung von Härtefällen kann die Wirtschaftsprüferkammer befristete Ausnahmegenehmigungen erteilen.

²Dies gilt auch, wenn der Ehegatte oder der Lebenspartner einen Ausschlussgrund nach Satz 1 Nr. 1, 2 oder 3 erfüllt.

(4) ¹Wirtschaftsprüfungsgesellschaften und Buchprüfungsgesellschaften sind von der Abschlussprüfung ausgeschlossen, wenn sie selbst, einer ihrer gesetzlichen Vertreter, ein Gesellschafter, der mehr als zwanzig vom Hundert der den Gesellschaftern zustehenden Stimmrechte besitzt, ein verbundenes Unternehmen, ein bei der Prüfung in verantwortlicher Position beschäftigter Gesellschafter oder eine andere von ihr beschäftigte Person, die das Ergebnis der Prüfung beeinflussen kann, nach Absatz 2 oder Absatz 3 ausgeschlossen sind. ²Satz 1 gilt auch, wenn ein Mitglied des Aufsichtsrats nach Absatz 3 Satz 1 Nr. 2 ausgeschlossen ist oder wenn mehrere Gesellschafter, die zusammen mehr als zwanzig vom Hundert der den Gesellschaftern zustehenden Stimmrechte besitzen, jeweils einzeln oder zusammen nach Absatz 2 oder Absatz 3 ausgeschlossen sind.

(5) Absatz 1 Satz 3 sowie die Absätze 2 bis 4 sind auf den Abschlussprüfer des Konzernabschlusses entsprechend anzuwenden.

Inhaltsübersicht

	Rz.
I. Überblick	1 - 3
II. Der wählbare Personenkreis (Abs. 1)	4 - 6
1. Der zweigeteilte Berufsstand (Sätze 1 und 2)	4
2. Teilnahme am Qualitätskontrollverfahren (Satz 3)	5
3. Unwirksame Bestellung	6
III. Die prinzipienorientierte Befangenheitsbesorgnis (Abs. 2)	7 - 23
1. Die Befangenheit als Ausprägung des berufsrechtlichen Unabhängigkeitsgebots	7
2. Die „Besorgnis" der Befangenheit	8 - 9
3. Schutzmaßnahmen	10
4. Die Wechselwirkung mit den Regeln des Abs. 3	11
5. Hinweise außerhalb des HGB	12 - 23
5.1 Europarecht	12
5.2 Berufsrechtliche Vorgaben	13 - 23
IV. Die regelbasierte Befangenheitsbesorgnis (Abs. 3)	24 - 63
1. Der Regelungswirrwarr	24 - 26
2. Die Sozietätsklausel (Abs. 3 Satz 1 1. Halbsatz)	27 - 28
3. Der Pflichtenkatalog (Abs. 3)	29 - 63
3.1 Finanzielle Interessen (Abs. 3 Satz 1 Nr. 1)	29 - 34
3.1.1 Unmittelbare Beteiligung	29 - 31
3.1.2 Mittelbare Beteiligung	32 - 34
3.2 Personalunion und ähnliche Verhältnisse (Abs. 3 Satz 1 Nr. 2)	35
3.3 Selbstprüfung (Abs. 3 Satz 1 Nr. 3)	36 - 63

3.3.1 Allgemeine Beschränkung	36 - 42
3.3.2 Mitwirkung bei der Buchführung oder Erstellung des Jahresabschlusses (Abs. 3 Satz 1 Nr. 3a)	43 - 47
3.3.3 Durchführung der internen Revision (Abs. 3 Satz 1 Nr. 3b)	48 - 49
3.3.4 Unternehmensleitungs- und Finanzdienstleistungen (Abs. 3 Satz 1 Nr. 3c)	50 - 51
3.3.5 Versicherungsmathematische Aufträge und Bewertungsleistungen (Abs. 3 Satz 1 Nr. 3d)	52 - 55
3.3.6 Untergeordnete Bedeutung (Abs. 3 Satz 1 3. Teilsatz)	56 - 57
3.3.7 Prüfungseinsatz befangener Personen (Abs. 3 Satz 1 Nr. 4)	58
3.3.8 Umsatzabhängigkeit (Abs. 3 Satz 1 Nr. 5)	59 - 61
3.3.9 Ehegatten und Lebenspartner (Abs. 3 Satz 2)	62 - 63
V. Prüfungsgesellschaften (Abs. 4)	64 - 67
VI. Konzernabschlussprüfung (Abs. 5)	68
VII. Rechtsfolgen bei Verstößen	69

Ausgewählte Literatur

Frings, Die Befangenheit des Abschlussprüfers, NWB F. 18 S. 4343

Gelhausen/Heinz, Der befangene Abschlussprüfer, WPg 2005 S. 693

Gelhausen/Kuß, Vereinbarkeit von Abschlussprüfung und Beratungsleistungen durch den Abschlussprüfer, NZG 2003 S. 424

Graumann, Wirtschaftliches Prüfungswesen, 2. Aufl., Herne 2009

Petersen/Zwirner, Besondere Ausschlussgründe für Wirtschaftsprüfer bei Unternehmen von öffentlichen Interessen, WPg 2009 S. 769

Petersen/Zwirner/Boecker, Ausweitung der Ausschlussgründe für Wirtschaftsprüfer eines Netzwerkes – Anmerkungen zu § 319b HGB, WPg 2010 S. 464

Pfitzer/Orth/Hettich, Stärkung der Unabhängigkeit des Abschlussprüfers, DStR 2004 S. 328

Schmidt, Neue Anforderungen an die Unabhängigkeit des Abschlussprüfers, BB 2003 S. 779

I. Überblick

Abschlussprüfer (→ § 318 Rz. 5) kann nicht „jedermann" sein. Er/sie muss eine bestimmte Berufsqualifikation aufweisen, die durch staatliche Verleihung – öffentliche Bestellung[1] – zugeteilt wird. Bei juristischen Personen und Partnergesellschaften muss diese Qualifikation teilweise auch den gesetzlichen Vertretern zukommen. Diese Gesellschaften bedürfen einer förmlichen Anerkennung.[2] Sozietäten können demgemäß nicht als Prüfungsgesellschaften anerkannt werden.

Bis dahin unterscheidet sich die Ausübungsbefugnis insoweit nicht von anderen freiberuflichen Tätigkeiten wie z. B. dem Anwalts- oder Steuerberatungsberuf. Beim Abschlussprüfer kommt als besondere Anforderung die **Unabhängigkeit** als Voraussetzung seiner Tätigkeit hinzu, weil er **prüft** und damit anders als der Anwalt oder Steuerberater nicht einseitig die Inte-

---

[1] § 1 Abs 1 WPO.
[2] § 1 Abs. 3 WPO.

ressen des Auftraggebers vertreten darf.[3] Die Unabhängigkeit ist insbesondere deswegen in der Tendenz gefährdet, weil der Abschlussprüfer für seine Arbeit eine **Honorierung** erwarten darf, die vom geprüften Unternehmen zu vergüten ist. Insofern liegt ein normales Interesse des Abschlussprüfers an der Kundenbeziehung vor.

2 Um gleichwohl die Unabhängigkeit zu gewährleisten, macht das Gesetz in Ergänzung der berufsrechtlichen Regeln in den §§ 21 ff. BS WP/vBP in den §§ 319 bis 319b HGB allgemeine und konkrete Vorgaben zur Abschlussprüferfunktion, die weit über die Berufsqualifikation allein **hinausgehen**.

Die Anforderungen sind im Gefolge des US-amerikanischen Sarbanes-Oxley Act vom 30. 7. 2002 und entsprechender EU-Vorgabe in der Abschlussprüferrichtlinie vom 17. 5. 2006[4] insbesondere für **kapitalmarktorientierte** Unternehmen (→ § 264d Rz. 1) verschärft worden:

- § 319 HGB gilt für **alle** gesetzlichen Abschlussprüfungen,
- § 319a HGB stellt besondere Anforderungen bei Abschlussprüfungen von **kapitalmarktorientierten** Unternehmen (→ § 264d Rz. 1),
- § 319b HGB weitet die Unabhängigkeitserfordernisse auf sog. **Netzwerke** aus, die das Prüfungsgeschehen für international operierende Konzerne abwickeln.

3 § 319 HGB als Grundnorm zur Regelung der Abschlussprüferqualifikation ist wie folgt strukturiert:

- Abs. 1 umschreibt die Erfordernisse der **Berufsqualifikation** (→ Rz. 4).
- Abs. 2 beschreibt die **Verhinderung** (Inhabilität) des Abschlussprüfers bei nicht bestehender Unabhängigkeit nach **allgemeinen** („relativen") Kriterien *(principle based)* (→ Rz. 8 ff.).
- Abs. 3 listet einen ganzen Katalog von **konkreten** („absoluten") Ausschlussgründen wegen mangelnder Unabhängigkeit auf *(rule based)* (→ Rz. 24 ff.).
- Abs. 2 und 3 sind gemünzt auf „den" Abschlussprüfer als natürliche Person. In Abs. 4 werden die dortigen Anforderungen auf Prüfungs**gesellschaften** ausgeweitet (→ Rz. 64 ff.).
- Abs. 5 weitet die Anforderungen der Abs. 1 bis 4 auf den **Konzern**abschlussprüfer aus (→ Rz. 68).

II. Der wählbare Personenkreis (Abs. 1)

1. Der zweigeteilte Berufsstand (Sätze 1 und 2)

4 Die öffentlich bestellten natürlichen Personen und die anerkannten Gesellschaften (→ Rz. 1) werden vom Gesetzgeber in den Sätzen 1 und 2 **zweigeteilt** präsentiert:

- Wirtschaftsprüfer und Wirtschaftsprüfungsgesellschaften,
- vereidigte Buchprüfer und Buchprüfungsgesellschaften.

Diese wenig sinnvolle Zweiteilung des Abschlussprüfer-Berufsstands hat einen **interessengetriebenen** historischen Hintergrund: Im Rahmen der Verabschiedung des Bilanzrichtlinien-

---

[3] § 43 Abs. 1 WPO; § 2 BS WP/vBP.
[4] Vgl. ABl EG Nr. L 157/87.

Gesetzes 1985 auf der Grundlage der 4. EG-Richtlinie musste gesetzlich entschieden werden, ob langjährig im Dienst einer Gesellschaft stehende Steuerberater auch ihrerseits zur Abschlussprüfung dieser Unternehmen zugelassen werden können. Der damals gefundene Kompromiss sah einen gegenüber dem Wirtschaftsprüferexamen vereinfachten Prüfungsinhalt für die Zulassung als vereidigter Buchprüfer vor. Die Wählbarkeit der vereidigten Buchprüfer bzw. der Buchprüfungsgesellschaften als Abschlussprüfer beschränkt sich auf die Pflichtprüfung von Abschlüssen und Lageberichten **mittelgroßer** Gesellschaften mit beschränkter Haftung (→ § 267 Rz. 12) und **mittelgroßer** Kap & Co.-Gesellschaften (→ § 264a Rz. 4) sowie auf **freiwillige** Abschlussprüfungen.

Die Bestellung bzw. Anerkennung muss vom Augenblick der **Wahl** bis zum **Abschluss** der Prüfung bestehen.

2. Teilnahme am Qualitätskontrollverfahren (Satz 3)

Die Qualifikation als Abschlussprüfer muss weiter durch die Bescheinigung über die **Teilnahme am Qualitätskontrollverfahren** nach § 57a WPO belegt werden. In besonderen Fällen kann von dieser Teilnahme durch die Wirtschaftsprüferkammer eine **Ausnahmegenehmigung** erteilt werden. Diese Bescheinigung ist **zeitlich beschränkt** „wirksam". Nach den bei Redaktionsschluss dieser Auflage noch nicht abgeschlossenen Überlegungen im Berufsstand und innerhalb des Gesetzgebungsverfahrens soll dieses Qualitätskontrollverfahren entfallen und damit auch die Teilnahmebescheinigung als notwendiges Tatbestandsmerkmal für die rechtswirksame Wahl als Abschlussprüfer. Stattdessen soll auf alle Wirtschaftsprüferpraxen das Inspektionsverfahren nach §§ 61a Satz 1 Nr. 2 i.V. mit 62b WPO (→ § 319a Rz. 1) Anwendung finden, allerdings statt in einem drei- in einem sechsjährigen Turnus und durch freie Wahl des Sonderprüfers.[5]

5

3. Unwirksame Bestellung

Liegen die Voraussetzungen nach Abs. 1 nicht vor, kann eine rechtsgültige Wahl als Abschlussprüfer nicht erfolgen. Ein gleichwohl erteilter Prüfungsauftrag ist **nichtig**, und zwar von Anfang an (ex tunc). In der Folge ist auch keine gültige Prüfung möglich und ebenso wenig die Erteilung eines Bestätigungsvermerks. Ein gleichwohl „geprüfter" Abschluss kann nicht festgestellt werden und liegt bis dahin rechtsgültig nicht vor (→ § 316 Rz. 6). Ein Rechtsanspruch auf ein Honorar für eine etwa schon getätigte Prüfungsleistung entfällt.

6

---

5 Vgl. *Pfitzer/Maxl*, WPK Magazin 4/2009 S. 53.

III. Die prinzipienorientierte Befangenheitsbesorgnis (Abs. 2)

1. Die Befangenheit als Ausprägung des berufsrechtlichen Unabhängigkeitsgebots

7   Das **Unabhängigkeits**gebot für die Ausübung der Wirtschaftsprüfertätigkeit nach § 2 Abs. 1 WPO wird in verschiedenen gesetzlichen und berufsrechtlichen Vorschriften angesprochen:

- In den §§ 319 bis 319b HGB als eigentlicher Regelungsbereich.
- In § 321 Abs. 4a HGB bei der Berichterstattung über die Abschlussprüfung (→ § 321 Rz. 79).
- In § 43 Abs. 1 Satz 1 WPO als allgemeine Berufspflicht des Wirtschaftsprüfers.
- In § 2 Abs. 1 BS WP/vBP das Verbot von „Verbindungen", die die Unabhängigkeit begründen (können).

Das Unabhängigkeitsgebot geht Hand in Hand mit und ist kaum (sinnvoll) zu unterscheiden vom Gebot der **Unbefangenheit**, wie sie in Abs. 2 angesprochen ist und in den §§ 21 ff. BS WP/vBP näher spezifiziert wird. Bei der Auslegung des Abs. 2 sind die berufsrechtlichen Vorgaben entscheidend mit zu berücksichtigen.

2. Die „Besorgnis" der Befangenheit

8   Der Ausschluss von der Abschlussprüfung verlangt nicht „die" Befangenheit, es genügt die „**Besorgnis**" des Bestehens einer solchen. Die Unabhängigkeit muss nicht **tatsächlich** vorliegen, sondern auch aus Sicht eines sachverständigen Dritten als – unter Plausibilitätsgesichtspunkten – nicht plausibel möglich **erscheinen**.[6] Oder so ausgedrückt: Bei einem Dritten darf kein Zweifel an der Unbefangenheit des Prüfers geweckt werden[7] *(„independence in appearance")*. Der Beurteilungsmaßstab ist ein **objektiver**, nicht die subjektive Einstellung des betroffenen Abschlussprüfers.[8] Andererseits löst nicht das bloße **Verdachtsmoment** – eine Ahnung oder das Gefühl – die Befangenheit aus.

9   Abs. 2 zählt unvollständig („insbesondere") drei Befangenheitsgründe („Beziehungen") auf. Zu **geschäftlichen** Beziehungen folgendes Beispiel:

> **BEISPIEL** Der Wirtschaftsprüfer H ist Mitglied des Stadtrats und gleichzeitig Abschlussprüfer der Stadtbahn AG. Im Nahverkehrsausschuss des Stadtrats werden die jährlichen Zuschüsse der Stadt an die AG verhandelt und die Beschlussvorlage für das Plenum ausgearbeitet.
>
> - **Alternative 1:** WP H ist Mitglied des Nahverkehrsausschusses: → Besorgnis der Befangenheit besteht wegen „geschäftlicher Beziehungen".
> - **Alternative 2:** WP H ist nicht Mitglied dieses Ausschusses und enthält sich der Diskussion und der Abstimmungen in der Stadt bei jeglichen Themen bezüglich der Stadtbahn AG: → Die Besorgnis der Befangenheit besteht nicht.

---

6 Art. 22 Abs. 2 Satz 1 der Abschlussprüferrichtlinien vom 17. 5. 2006.
7 Vgl. *Dodenhoff*, in: Haufe HGB Bilanz Kommentar, Freiburg 2009, § 319 Tz. 23.
8 Vgl. *Ebke*, in: Münchner Kommentar zum Handelsgesetzbuch: HGB, 2. Aufl., München 2009, § 319 Tz. 25.

Zu **finanziellen** Beziehungen folgendes Beispiel:

> **BEISPIEL** Wirtschaftsprüfer W ist Mitglied des Prüfungsteams des Kreditkarten-Herausgebers O AG. Er setzt bevorzugt die Platin-Karte ein, die
> - (1) regelmäßig einen Schuldsaldo von ca. 30 T€ ausweist,
> - (2) monatlich durch Abbuchung vom Girokonto des W auf Null gestellt wird.
>
> Im Fall (1) besteht die Besorgnis der Befangenheit, im Fall (2) nicht.
>
> **Fallabwandlung**
>
> W zahlt für die Kreditkarte keine Gebühr – alternativ 25 € p. a., wie sie den Mitarbeitern der O AG angeboten werden. Die übliche Jahresgebühr beträgt 75 €. Wegen Geringfügigkeit ist keine Befangenheit zu besorgen.

Zu den **persönlichen** Beziehungen folgendes Beispiel:

> **BEISPIEL** Wirtschaftsprüfer Z ist aktives Mitglied des örtlichen Golf-Clubs, ebenso der Sparkassendirektor S. Die Sparkasse finanziert die örtlich dominierende I AG, deren Abschlussprüfer ist Z.
> - **Alternative 1:** Z und S treffen sich gelegentlich zu einer Runde Golf und sprechen dabei auch über Belange der I AG: → Keine Befangenheit.
> - **Alternative 2:** Z und S verbindet die große Leidenschaft des Golfsports. Sie buchen häufig gemeinsame Reisen zu exklusiven Golfveranstaltungen und verkehren regelmäßig auch privat miteinander. Die beiden Gattinnen (→ Rz. 62) besuchen ihrerseits gemeinsam Kunstausstellungen und jährlich die Galopprennen in Ascot und Baden-Baden: → Die Besorgnis der Befangenheit besteht.

3. Schutzmaßnahmen

Die Beispiele belegen die Schwierigkeiten der Abgrenzung von Befangenheit und Unbefangenheit im Einzelfall bei der Vielgestaltigkeit des Wirtschaftslebens. Berufsrechtlich hat man diesen Problemen durch sog. **Schutzmaßnahmen** *(safeguards)* entgegengesteuert. Dadurch sollen Maßnahmen und Verfahren zur „Abschwächung" der Unbefangenheitsgefährdung in die Welt gesetzt werden. Als Beispiel für solche Maßnahmen werden in der BS genannt:[9]

10

(1) Erörterungen mit Aufsichtsgremien des Auftraggebers,

(2) Erörterungen mit Aufsichtsstellen außerhalb des Unternehmens,

(3) Transparenzregelungen,

(4) Einschaltung von Personen in den Prüfungsauftrag, die nicht schon anderweitig damit befasst sind,

(5) Beratung mit Kollegen, die in Fragen der Unbefangenheit erfahren sind,

---

9 § 22 BS WP/vBP.

(6) personelle und organisatorische Maßnahmen, durch die sichergestellt wird, dass Informationen aus der zusätzlichen Tätigkeit, die zu einer Befangenheit als Abschlussprüfer führen können, den für die Abschlussprüfung Verantwortlichen nicht zur Kenntnis gelangen *(firewalls)*.

Aus diesen möglichen Maßnahmen sind die im konkreten Fall passende(n) **auszusuchen**. Die Maßnahmen (4) und (6) eignen sich nicht für den mit der Prüfungsdurchführung beschäftigen Einzel-WP. Die Maßnahme (5) scheidet meistens wegen der Verschwiegenheitspflicht aus. Am ehesten ist die Maßnahme (1) „flächendeckend" anwendbar, allerdings auch wieder nicht bei einer GmbH ohne Aufsichtsrat mit einem alleinigen Gesellschafter-Geschäftsführer. In der Konstellation einer größeren WP-Gesellschaft ist die Maßnahme (4) anzuwenden, wenn der Vorstandsvorsitzende der WP-AG die dort genannte Beziehung mit dem Vorstand des Golf-Clubs pflegt. Eine Gewissheit über die „richtige" Lösung in *casu* wird sich durch diese Schutzmaßnahme eher selten erzielen lassen.

4. Die Wechselwirkung mit den Regeln des Abs. 3

11   Letztlich ist diese Unsicherheit über die Subsumption eines Sachverhalts unter die Rechtsregel Ausfluss der Prinzipienorientierung des Abs. 2 (→ Rz. 8), dem das Gesetz die festen Regeln *(bright lines)* der Regelbasierung in Abs. 3 (→ Rz. 24) gegenüberstellt. Die Auslegung prinzipienorientierter Gesetze orientiert sich notgedrungen immer an Präjudizien; allerdings liegen hier solche eher spärlich vor. Die Befangenheitsgründe des Abs. 2 („prinzipienorientiert") werden durch die feste Regel des Abs. 3 nicht **beiseitegeschoben**.[10] Allerdings soll, wenn die Grenzmarke eines Tatbestands nach Abs. 3 nicht erreicht ist – z. B. „nur" 25 % der Gesamteinnahmen nach Abs. 3 Nr. 5 (→ Rz. 60) –, die Besorgnis der Befangenheit nur dann bestehen, „wenn zusätzliche Umstände eine nicht unbedeutende Gefährdung der Unbefangenheit begründen". Bei der Auslegung dieser Passage ist „nicht unbedeutend" besonders konturlos, da unwesentliche Aspekte ohnehin als Beurteilungskriterium ausscheiden.

> **BEISPIEL**
>
> ▶ Die Ehefrau (→ Rz. 62) des Gesellschafter-Geschäftsführers G der WP-Gesellschaft G & Partner GmbH ist als Erbin mit 0,5 % am Nennkapital der O AG beteiligt. Die WP-GmbH ist zum Abschlussprüfer der O AG gewählt. Das Prüfungsteam speist in der Kantine der O AG unentgeltlich. Es liegt wegen Nichtwesentlichkeit der Beteiligung und der „freien Verpflegung" keine Befangenheit vor.
>
> ▶ In Abwandlung des vorigen Sachverhalts ist die Tochter der Eheleute G als Finanzprokuristin der O AG dort vollzeitbeschäftigt. U. E. ist hier die Abhängigkeitsbesorgnis gegeben.
>
> ▶ Anders könnte die Entscheidung bei einer Beteiligungsquote der Frau G von 5 % lauten. U. E. müsste dann der G sich aus der Prüfungstätigkeit bei der O AG ausklinken.

---

10 Vgl. *Ebke*, in: Münchner Kommentar zum Handelsgesetzbuch: HGB, 2. Aufl., München 2009, § 319 Tz. 21.

5. Hinweise außerhalb des HGB

5.1 Europarecht

An weiteren Hinweisen zum prinzipienorientierten Unabhängigkeitspostulat außerhalb des Gesetzeswortlauts gebricht es nicht.

12

Nach der europarechtlich unverbindlichen[11] Empfehlung der EU-Kommission vom 16. 5. 2002[12] und darauf aufbauend die Abschlussprüfer-Richtlinie vom 17. 5. 2006[13] und in deren Gefolge die Begründung zum BilReG[14] in Teilbereichen sind folgende Befangenheits-Indikatoren beachtlich:

- Finanzielle Beteiligungen,
- geschäftliche Beziehungen,
- Beschäftigungsverhältnisse,
- Übernahme einer Führungs- oder Kontrollfunktion,
- Tätigkeit bei einer Prüfungsgesellschaft,
- Verwandtschaftliche und sonstige persönliche Beziehungen,
- Nichtprüfungsleistungen *(non-audit services)*,
- Honorargestaltungen,
- Rechtstreitigkeiten,
- leitende Tätigkeit.

Diese Aufzählung ist in Abs. 2 und 3 in nationales Recht transformiert worden. In Abs. 3 (→ Rz. 24) sind für Teilbereiche feste Regeln *(rules)* gewählt worden, in Abs. 2 (→ Rz. 8) eine Prinzipienlösung.

5.2 Berufsrechtliche Vorgaben

Die Prinzipienorientierung konkretisierend ist der **Katalog** in den §§ 23-24 BS WP/vBP zur Befangenheit in § 2 Abs. 2 BS WP/vBP und zur Unabhängigkeit zurate zu ziehen. Dabei geht es um

13

- die Vereinbarung eines **Erfolgshonorars** nach § 55 Abs. 1 WPO.

14

> **BEISPIEL** Der Abschlussprüfer W vereinbart im Prüfungsvertrag (→ § 318 Rz. 31) ein Pauschalhonorar von 100 T€ mit einer Zusatzvergütung von 25 % dieses Betrags, sofern der geprüfte Jahresabschluss eine Eigenkapitalquote von mehr als 20 % aufweist.

- die Vereinbarung eines Honorars unter **Bedingungen**.

15

> **BEISPIEL** In Abwandlung des Beispiels unter → Rz. 14 vereinbart der Wirtschaftsprüfer W für die Durchführung der Abschlussprüfung ein Pauschalhonorar von 30 T€ unter der Bedin-

---

11 Vgl. *Ebke*, in: Münchner Kommentar zum Handelsgesetzbuch: HGB, 2. Aufl., München 2009, § 319 Tz. 28.
12 ABl EG Nr. L 191/22 vom 19. 7. 2002.
13 ABl EG Nr. L 157/82 vom 9. 6. 2002.
14 BT-Drucks. 15/2419 S. 38.

gung der Erteilung eines Steuerberatungsauftrags mit einem Honorarvolumen von wenigstens 70 T€.

16 ▶ erhaltene oder vergütete **Vermittlungsprovisionen**.

BEISPIEL ▶ Wirtschaftsprüfer W vereinbart mit dem Bankvorstand V die Leistung einer „Courtage" für die Bank bei Erhalt des Prüfungsauftrags der Z GmbH, die von der Bank finanziert wird, i. H. von 5 % des Honorarvolumens aus dem Prüfungsmandat.

17 ▶ Übernahme von Mandanten**risiken**.

BEISPIEL ▶ Der Wirtschaftsprüfer W übernimmt im Rahmen des Prüfungsvertrags eine Garantie bezüglich eines Mindestwerts des vorhandenen Vorratsvermögens.

18 ▶ Annahme von **Versorgungszusagen** des zu prüfenden Unternehmens.

BEISPIEL ▶ Der Wirtschaftsprüfer W „verzichtet" auf eine Vergütung für seine Prüfungstätigkeit und erhält statt derer eine Versorgungszusage ab dem 65. Lebensjahr.

19 Die vorstehend angesprochenen Befangenheitsgründe können bei Ausübung der Wirtschaftsprüfungstätigkeit **allgemein** – z. B. bei Gutachtenaufträgen – anfallen. Für die Prüfungstätigkeit **spezifiziert** § 21 Abs. 2 Satz 4 BS WP/vBP weiter folgende Tatbestandsmerkmale:
- ▶ Eigeninteresse (→ Rz. 20),
- ▶ Selbstprüfung (→ Rz. 36 ff.),
- ▶ Interessenvertretung (→ Rz. 1),
- ▶ persönliche Vertrautheit (→ Rz. 23).

Das **Eigeninteresse** wird unterschieden nach **finanzieller** und **sonstiger** Art:

20 ▶ Das Eigeninteresse **finanzieller** Art kann insbesondere vorliegen bei **kapitalmäßigen** oder sonstigen **finanziellen** Bindungen gegenüber dem zu prüfenden Unternehmen.

BEISPIEL ▶

- ▶ Wirtschaftsprüfer W ist zum Abschlussprüfer der Einzelhandelsfilialkette A bestimmt. Er erhält von der Geschäftsleitung eine Plastikkarte, die mit dem Chip für die Arbeitnehmer der Kette bestückt ist und diesem einen Einkaufsrabatt von 15 % für alle Waren gewährt. W und seine Familie finanzieren den wesentlichen Teil ihres täglichen Unterhaltsbedarfs mithilfe dieses Plastikgelds.
- ▶ Der Wirtschaftsprüfer W gewährt dem geprüften Unternehmen ein hohes Darlehen und umgekehrt.

U. E. besteht in beiden Fällen die Besorgnis der Abhängigkeit, weil das Prüfungsurteil die Bonität des Unternehmens beeinflussen kann.[15]

---

15 Teilweise a. A. *Dodenhoff*, in: Haufe HGB Bilanz Kommentar, Freiburg 2009, § 319 Tz. 27.

> **BEISPIEL** ▶ Der Wirtschaftsprüfer W hat für seine vorausgegangene Abschlussprüfung das Honorar noch nicht erhalten.
>
> U. E. besteht dann die Besorgnis der Befangenheit, wenn die Honorarforderung einen wesentlichen Teil der noch offenen Forderungen der WP-Praxis ausmacht.

▶ Eigeninteressen **sonstiger** Art können ebenfalls die Besorgnis der Befangenheit auslösen. 21

> **BEISPIEL** ▶ Der Wirtschaftsprüfer W und die geprüfte Z GmbH bekriegen sich wechselseitig mit Gerichtsverfahren wegen Schadenersatzleistungen u. Ä.
>
> Es besteht eine Befangenheitsbesorgnis.

> **BEISPIEL16** ▶ Der Wirtschaftsprüfer W hat bei der Vorprüfung einen wesentlichen Bilanzierungsfehler übersehen und ist sich dessen bei der Folgeprüfung bewusst. Die Fehleraufdeckung würde zu erheblichen negativen Konsequenzen für die Gesellschaft führen.
>
> Für W besteht die Besorgnis der Befangenheit.

▶ Das Befangenheitsbesorgnis besteht in Fällen der **Selbstprüfung**.[17] 22

Eine Selbstprüfung liegt dann vor, wenn der Wirtschaftsprüfer einen Sachverhalt beurteilen muss, den er selbst bei der Entstehung entscheidend **mitgestaltet** hat. Dazu gehören nach § 23a BS WP/vBP Abs. 3 bis 7:

▶ Mitwirkung an der Führung der **Bücher** oder der Aufstellung des zu prüfenden **Abschlusses**, wenn die Tätigkeit nicht von **untergeordneter** Bedeutung ist.

> **BEISPIEL18** ▶ Die Prüfungsgesellschaft W GmbH hat den Auftrag zur Durchführung der Abschlussprüfung bei der G GmbH. Daneben erstellt sie die Gehaltsabrechnung für einen kleinen Kreis leitender Mitarbeiter und die Anlagebuchführung.

Nach Auffassung des Gerichts gilt: Die Gehaltsbuchhaltung ist von untergeordneter Bedeutung und führt nicht zur Befangenheit. Anders die Erstellung der Anlagenbuchführung.

▶ Mitwirkung des Wirtschaftsprüfers bei der Durchführung der **internen** Revision in verantwortlicher Position. Dagegen soll die Übernahme von Prüfungstätigkeiten selbst im Rahmen der internen Revision unschädlich sein.

▶ Befangenheitsbesorgnis besteht immer dann, wenn der zur Abschlussprüfung beauftragte Wirtschaftsprüfer **leitende Funktionen** gleich welcher Art im **geprüften Unternehmen** übernommen hat oder für das Unternehmen Finanzdienstleistungen in Form von Vermögensanlagen erbringt.

▶ Die Befangenheitsbesorgnis besteht insbesondere auch bei Erbringung **versicherungsmathematischer Berechnungen** und anderer **Bewertungsleistungen**.

---

16 Nach *Dodenhoff*, in: Haufe HGB Bilanz Kommentar, Freiburg 2009, § 319 Tz. 28.
17 § 23a BS WP/vBP; vgl. auch unter → Rz. 36 ff.
18 Nach dem Sachverhalt des Urteils des OLG Hamm vom 27.1.2009 – 25 U 57/08, WPK Magazin 2009 S. 56, nrkr.

IV. Die regelbasierte Befangenheitsbesorgnis

> **BEISPIEL** Die Muttergesellschaft M des international tätigen Konzerns K hat in Brasilien eine dortige AG zu 100 % übernommen. Die M ist zur Rechnungslegung nach internationalen Standards verpflichtet (→ § 315a Rz. 2). Sie bittet ihre Prüfungsgesellschaft, unter Einschaltung des in Brasilien tätigen Netzwerkmitglieds (→ § 319b Rz. 1 f.) die Berechnungen zur Kaufpreisallokation für die Erstkonsolidierung (→ § 301 Rz. 25 ff.) durchzuführen und die dafür erforderlichen Buchungen vorzulegen.
>
> Mit Übernahme dieses Sonderauftrags wird die Befangenheitsbesorgnis begründet. Die M muss eine andere Prüfungsgesellschaft mit dieser Arbeit beauftragen.

23 Besonders schwierig zu beurteilen ist die mögliche Inhabilität wegen **persönlicher Vertrautheit**.[19] Enge persönliche Beziehungen sind hochgradig auslegungsbedürftig. Gemeint sind Beziehungen zwischen dem beauftragten Abschlussprüfer und dem zu prüfenden Unternehmen, Letzteres bezogen auf Mitglieder der Unternehmensleitung und Personen, die auf den Prüfungsgegenstand Einfluss haben. Unter dem letztgenannten Personenkreis ist der im Rechnungswesen leitend tätige Stab zu verstehen.

> **BEISPIEL**
> ▶ Der Wirtschaftsprüfer W erliegt der Attraktionskraft der neu bestellten Finanzprokuristin F. Aufgrund dieser Liaison wird er inhabil.
>
> ▶ Der verantwortliche Prüfungsleiter der WP-Gesellschaft W GmbH ist wie der Leiter der Anlagenbuchhaltung der geprüften A GmbH aktives Mitglied des Kegelclubs Alle-Neune e.V. Hier ist die Befangenheitsbesorgnis nicht ohne Weiteres gegeben. U. E. empfiehlt sich mindestens eine vom Prüfungsleiter unabhängige Prüfung der Anlagenbuchführung durch ein anderes Teammitglied.
>
> ▶ Der Geschäftsführer der W GmbH hat eine Tochter, die bei der geprüften A AG in der Kreditorenbuchhaltung arbeitet. Der Gesellschafter-Geschäftsführer der W GmbH unterzeichnet den Prüfungsbericht und Bestätigungsvermerk links. U. E. ist eine Befangenheitsbesorgnis nicht gegeben, wenn durch das begutachtete IKS im Kreditorenkontokorrent keine unsachgemäßen Eingriffe (vgl. das Beispiel unter → § 317 Rz. 27) möglich sind, sondern nur mechanische Bearbeitungsvorgänge in Frage kommen.

Zum **Ersetzungsverfahren** wegen Befangenheit durch einen anderen Abschlussprüfer wird verwiesen auf → § 318 Rz. 31 ff.

IV. Die regelbasierte Befangenheitsbesorgnis (Abs. 3)

1. Der Regelungswirrwarr

24 Unter → Rz. 12 f. war bereits eine Darstellung der sich gegenseitig überschneidenden Regelungen zur Befangenheit im Gesetz, in gesetzesnahen Materialien und in den berufsständischen

---

19 § 24 BS WP/vBP.

Verlautbarungen dargestellt. Diese **Überlagerung** gilt auch für die nicht organisch aus den allgemeinen Regeln heraus entwickelten Einzeltatbestände in Abs. 3. Diese beruhen auf unter → Rz. 12 zitierten Vorgaben des EU-Rechts zur Transformation in die deutsche Gesetzeswelt. Die berufsständischen Vorgaben sind überwiegend früheren Datums, woraus sich diese inhaltliche Überlagerung erklärt. Die Vielfältigkeit der einschlägigen Regeln beweist das **hohe Gut** der allseits geforderten Unbefangenheit und Unabhängigkeit des Wirtschaftsprüfers insbesondere bei seiner Prüfungstätigkeit.

Bei Vorliegen der Tatbestandsmerkmale in der Aufzählung des Abs. 3 wird das Vorliegen der Befangenheit **unwiderleglich** vermutet.[20] Eine weitere Untersuchung darüber, ob tatsächlich die Abhängigkeit besteht, ist deshalb nicht erforderlich. Die **Schutzmaßnahmen** *(safeguards)* (→ Rz. 10), die im Rahmen der prinzipienorientierten Befangenheitsprüfung nach Abs. 2 Abhilfe schaffen können, sind in den Fällen des Abs. 3 **gegenstandslos**. 25

Die Inhabilität nach dem Katalog des Abs. 3 bezieht sich nicht nur auf den zum Abschlussprüfer bestellten oder zu bestellenden Wirtschaftsprüfer, sondern auch auf solche natürliche oder juristische **Personen**, die mit ihm durch eine wirtschaftliche Interessenidentität **verbunden** sind, nämlich 26

▶ der oder die Sozietätspartner (→ Rz. 27),

▶ die Ehe- oder Lebenspartner (→ Rz. 62),

▶ Mitarbeiter des Abschlussprüfers (→ Rz. 58).

Wirtschafts- und Buchprüfungsgesellschaften werden in Abs. 4 einem gesonderten Regelungsbereich unterworfen (→ Rz. 64).

2. Die Sozietätsklausel (Abs. 3 Satz 1 1. Halbsatz)

Bezüglich der Tatbestandsverwirklichung der einzelnen Ausschlussgründe nach Abs. 3 wird der Sozius, also eine Person, mit der der Abschlussprüfer seinen Beruf **gemeinsam** ausübt, dem Abschlussprüfer gleichgestellt. 27

Die vom Gesetzgeber vermutete Interessengleichheit bezieht sich zunächst auf in der Prüfungskanzlei selbständig oder unselbständig tätige Wirtschaftsprüfer/vereidigte Buchprüfer und auf andere Mitarbeiter, die für einen bestimmten Prüfungsauftrag eingesetzt werden. Die Sozietätsklausel beschränkt sich aber nicht nur auf Wirtschaftsprüfer und vereidigte Buchprüfer, sondern auch auf Rechtsanwälte und Steuerberater als Sozien oder Mitarbeiter.

Von gemeinsamer Berufsausübung ist dann auszugehen, wenn die wirtschaftliche Gleichrichtung der Interessen durch **Zusammenfassung** von Einnahmen und Ausgaben aus der Kanzlei *("pooling")* erfolgt.[21] Dazu kommt das gemeinschaftliche Auftreten nach außen. **Bürogemeinschaften**, bei denen nur Teilbereich der Ausgaben „gepoolt" werden, fallen nicht unter die Sozietätsklausel.[22] 28

Zum besonderen Fall des sog. **Netzwerks** wird auf → § 319b verwiesen.

---

20 Vgl. *Gelhausen/Heinz*, WPg 2005 S. 697.
21 Vgl. *ADS*, 6. Aufl., § 319 Tz. 58.
22 Allgemeine Auffassung, z. B. *Dodenhoff*, in: Haufe HGB Bilanz Kommentar, Freiburg 2009, § 319 Tz. 36; *Fröschle/Schmidt*, in: Beck'scher Bilanz-Kommentar, 7. Aufl., München 2010, § 319 Tz. 32.

3. Der Pflichtenkatalog (Abs. 3)

3.1 Finanzielle Interessen (Abs. 3 Satz 1 Nr. 1)

3.1.1 Unmittelbare Beteiligung

29 „Anteile" sind identisch mit Beteiligungen am gezeichneten Kapital einer Kapitalgesellschaft oder am Kapital einer Kap & Co.-Gesellschaft (→ § 264 Rz. 4). **Stille** Beteiligungen stellen keinen Anteilsbesitz i. S. des Gesetzeswortlauts dar. Gleichwohl liegt u. E. ein Ausschlussgrund wegen Befangenheit vor, wenn diese Beteiligung nicht von untergeordneter Bedeutung ist (Wesentlichkeitsaspekt). In diesen Fällen bestehen regelmäßig „nicht nur unwesentliche finanzielle Interessen" an dem geprüften Unternehmen.[23]

> **BEISPIEL**
>
> ▶ Der Wirtschaftsprüfer W hat bei der von ihm geprüften G GmbH eine stille Beteiligung erworben. Nach dem Gesellschaftsvertrag ist er am Gewinn und Verlust der GmbH und an den stillen Reserven zu 15 % beteiligt (atypisch still).
>
> ▶ Die Ehefrau (→ Rz. 62) des Wirtschaftsprüfers D ist an der zu prüfenden AG mit einer stillen Einlage beteiligt. Daraus sind ihr eine Mindestverzinsung von 5 % p. a. und darüber hinaus eine gewinnabhängige Vergütung zugesprochen.

30 U. E. liegen in beiden Fällen – bei entsprechender Größenordnung der Einlage – nicht unwesentliche finanzielle Interessen vor, welche die Inhabilität des W und des D begründen. Solche „**Interessen**" können auch bei Schuldverschreibungen, gewährten Krediten, Optionen auf Anteilserwerbe u. Ä. vorliegen. Generell ist hier die Wesentlichkeitsschwelle tendenziell niedrig anzusetzen, und es sind auch die prinzipienorientierter Befangenheitsgründe in Abs. 2 mit zu berücksichtigen (→ Rz. 11). U. E. kann eine Inhabilität durch Darlehensgewährung bei Wesentlichkeit auch dann vorliegen, wenn die Darlehensbedingungen denjenigen mit der Hausbank vereinbarten entsprechen.[24] Es ist vor dem Hintergrund der Befangenheits**besorgnis** nicht ohne Weiteres oder kaum verständlich, wenn ein Abschlussprüfer ausgerechnet bei dem zu prüfenden Unternehmen seine überschüssige Liquidität anlegen will. Andere Anlagemöglichkeiten stehen zuhauf zur Verfügung. Deshalb ist u. E. von entsprechenden Anlagen durch den Abschlussprüfer dringend abzuraten, weil dadurch im äußeren Erscheinen eine Befangenheitsbesorgnis besteht (→ Rz. 8), mag er sich selbst noch so unbefangen fühlen.

31 Bei **Treuhänderschaften** gilt:

▶ Bei Treugebereigenschaft des Wirtschaftsprüfers für die Anteile am geprüften Unternehmen sind diese ihm zuzurechnen[25] und begründen deshalb die Inhabilität.

---

[23] A. A. Teile des Schrifttums, das nur auf die gesellschaftsrechtliche Anteilsinhaberschaft reflektiert, nicht aber auf die vom Gesetz genannten finanziellen Interessen, und deshalb die typisch stille Beteiligung als nicht befangenheitsschädlich ansieht, z. B. *Förschle/Schmidt*, in: Beck'scher Bilanz-Kommentar, 7. Aufl., München 2010, § 319 Tz. 35; *Dodenhoff*, in: Haufe HGB Bilanz Kommentar, Freiburg 2009, § 319 Tz. 40; demgegenüber *Ebke*, in: Münchner Kommentar zum Handelsgesetzbuch: HGB, 2. Aufl., München 2009, § 319 Tz. 50.
[24] A. A. *Förschle/Schmidt*, in: Beck'scher Bilanz-Kommentar, 7. Aufl., München 2010, § 319 Tz. 36.
[25] Vgl. *ADS*, 6. Aufl., § 319 Tz. 81 f.

▶ Bei Treuhänderschaft des Abschlussprüfers an den Gesellschaftsanteilen besteht Inhabilität wegen der gebotenen Interessenvertretung für den Treugeber.

3.1.2 Mittelbare Beteiligung

Das Gesetz beugt auch der **Umgehung** der Anteilsbesitzklausel durch indirekte Beteiligung vor. 32

> BEISPIEL ▶ Die Ehefrau (→ Rz. 62) des Wirtschaftsprüfers W, der den Abschluss der Z GmbH prüft, ist alleinige Gesellschafterin der H GmbH & Co. KG, die wiederum 60 % der Anteile an der Z GmbH hält.
>
> Die beiden Gesellschaften sind i. S. des § 271 Abs. 2 HGB verbunden (→ § 271 Rz. 26), wodurch die Inhabilität des W für die Abschlussprüfung bei der Z begründet wird.[26]

Die Bezugnahme auf den **Verbund**begriff kann auch in der Richtung „von oben nach unten" bestehen. 33

> BEISPIEL ▶ Die X GmbH ist zu 60 % am Kapital der Y GmbH & Co. KG beteiligt. An dieser hält die Ehefrau (→ Rz. 62) des Abschlussprüfers W der X GmbH 25 % der Anteile. W ist für die Abschlussprüfung an der X GmbH inhabil.

In der Gesetzesalternative wird die Beteiligungsgrenze von der für verbundene Unternehmen geltenden von über 50 % auf diejenige der für **assoziierte** Unternehmen gültigen von 20 % reduziert (→ § 311 Rz. 9). 34

> BEISPIEL ▶ Die B AG hält 25 % der Anteile an der T GmbH, Wirtschaftsprüfer W einen weiteren Anteil von 10 % an der T GmbH. W ist für die Prüfung der B AG inhabil.

3.2 Personalunion und ähnliche Verhältnisse (Abs. 3 Satz 1 Nr. 2)

Die Funktion als gesetzlicher Vertreter oder Aufsichtsrat, Beirat u. Ä. sowie Arbeitnehmer bei der geprüften Gesellschaft schließt die Prüfungstätigkeit für diese aus. Dieser Ausschluss wird ausgeweitet auf verbundene und assoziierte Unternehmen (→ Rz. 22 ff.), d. h. auf die vergleichbare Funktion bei den verbundenen Unternehmen etc., sowie auf Sozietätsmitglieder (→ Rz. 27). 35

> BEISPIEL ▶ Abschlussprüfer W hat einen Prüfungsauftrag für die H GmbH & Co. KG, die sich mit der Bauentwicklung für Bürohochhäuser und Hotels befasst. Die H ist zu 50 % an der E GmbH beteiligt, die die Inneneinrichtung von Immobilien-Großobjekten zum Geschäftsgegenstand hat. Die Ehefrau (→ Rz. 62) des W ist diplomierte Innenarchitektin und arbeitet

---

[26] Vgl. *Ebke*, in: Münchner Kommentar zum Handelsgesetzbuch: HGB, 2. Aufl., München 2009, § 319 Tz. 51.

freiberuflich für die E GmbH beim Design von Hotelzimmern und dortigen Empfangshallen mit.

U. E. ist W inhabil für die Abschlussprüfung bei der H GmbH trotz der gesetzlichen Beschränkung auf die Arbeitnehmerstellung. U. E. kann bezüglich der Befangenheitsbesorgnis kein Unterschied zwischen Arbeitnehmer- und freiberuflicher Tätigkeit gemacht werden.[27]

Auf jeden Fall eröffnet sich in diesem Fall einmal mehr der Anwendungsbereich der prinzipienorientierten Definition der Befangenheitsbesorgnis (→ Rz. 11), die keine Rücksicht auf arbeitsrechtliche Grundlagen nehmen kann.

BEISPIEL Der Sozius (→ Rz. 27) ist als Steuerberater Mitglied des Beirats der K GmbH. Wirtschaftsprüfer W ist zum Abschlussprüfer der GmbH & Co. KG bestellt, deren Komplementärin K ist.[28] U. E. ist W inhabil nach Abs. 3 Satz 1 Nr. 2, nach Auffassung des LG Berlin hingegen „nur" nach Abs. 2 (→ Rz. 8 ff.). Dabei ist unerheblich, ob der Beirat bei der Komplementär-GmbH oder bei der KG selbst installiert ist. Unerheblich ist auch die Bezeichnung „Beirat" statt „Aufsichtsrat".

3.3 Selbstprüfung (Abs. 3 Satz 1 Nr. 3)

3.3.1 Allgemeine Beschränkung

36 Die die Inhabilität begründende Tätigkeit muss „**über** die Prüfungstätigkeit **hinaus**" erfolgt sein. Die Frage ist also, wo die Grenze zwischen Prüfungs- und Nichtprüfungstätigkeit verläuft. Das Thema stellt sich insbesondere bei Buchführungs- und Abschlussarbeiten (→ Rz. 43), aber auch bei eigenständigen Bewertungsleistungen (→ Rz. 53). Das „Über ... hinaus" erlaubt andererseits eine „Mitwirkung" oder „Erbringung" im **Rahmen** der Prüfungstätigkeit.

BEISPIEL Der Abschlussprüfer stellt im Rahmen seiner Prüfungstätigkeit Folgendes fest:

▶ Eine Abwertung der ungängigen Ersatzteile ist nicht erfolgt (→ § 253 Rz. 153).

▶ Die Lieferforderung gegen einen insolventen Kunden ist nicht abgewertet (→ § 253 Rz. 157).

▶ Die Aufgliederung der Umsatzerlöse nach Regionen und Tätigkeitsbereichen im Anhang ist unterblieben (→ § 285 Rz. 27).

▶ Der Lagebericht enthält keine Prognose (→ § 289 Rz. 30).

Auf die entsprechenden Hinweise korrigiert das Unternehmen diese Fehler. Insoweit hat der Abschlussprüfer an der Erstellung des Abschlusses „mitgewirkt". Dieses Mitwirken ist Ausfluss seiner Prüfungstätigkeit und kann ihn deshalb nicht inhabil machen.[29]

---

[27] A. A. die herrschende Meinung im Schrifttum, z. B. *Förschle/Schmidt*, in: Beck'scher Bilanz-Kommentar, 7. Aufl., München 2010, § 319 Tz. 41; *Dodenhoff*, in: Haufe HGB Bilanz Kommentar, Freiburg 2009, § 319 Tz. 47; *Ebke*, in: Münchner Kommentar zum Handelsgesetzbuch: HGB, 2. Aufl., München 2009, § 319 Tz. 53.

[28] Sachverhalt des Beschlusses des LG Berlin vom 25. 2. 2010, WPK Magazin 2/2010 S. 54, mit Kommentar *Gelhausen/Buchenau*, ebd. S. 42.

[29] So auch OLG Köln, Urteil vom 1. 7. 1992, BB 1992 S. 2108.

§ 319 Auswahl der Abschlussprüfer und Ausschlussgründe

Soweit sich die Mitwirkung auf das eigentliche **Rechenwerk** – Finanzbuchführung etc., Bilanz und GuV – bezieht, unterbreitet der Abschlussprüfer gewöhnlich zulässigerweise eine „Umbuchungsliste". Der ihm zur Prüfung vorgelegte Abschluss muss nicht identisch sein mit dem letztlich das Unternehmen verlassenden. Die Prüfungstätigkeit ist auf eine Fehlerkorrektur angelegt. Dies ist solange unschädlich, wie der Prüfer **nicht flächendeckend** eingreift, hingegen schädlich, wenn er einen in Bewertung, Ausweis und ggf. noch Ansatz völlig gesetzesfernen Abschluss erhält und erst aufgrund seiner Fehlerhinweise eine Annäherung an die Gesetzeslage der §§ 238 ff. HGB stattfindet. 37

Der BGH hat im sog. „Allweiler-Urteil"[30] im Falle einer Beratungstätigkeit die Grenze zwischen einer Entscheidungs**hilfe** und funktionaler Entscheidungs**kompetenz** gezogen. Wenn Letztere nicht mehr beim beratenden Unternehmen verbleibt, sei die Grenze zur Selbstprüfung überschritten. Umgekehrt: Wenn entsprechende Gestaltungsalternativen im Rahmen dieser Hilfstätigkeit unterbreitet werden, verbleibt es bei der Entscheidungskompetenz des Unternehmens. Allerdings ist Letztere dann nicht gegeben, wenn von vornherein nur eine einzige Entscheidung von mehreren Alternativen in Betracht kommen kann. Etwas vereinfacht ausgedrückt kann man das Thema so darstellen: Der Abschlussprüfer darf selbst keine Entscheidungen treffen, die die Buchführung oder den Jahresabschluss betreffen, also z. B. die Nutzungsdauern festlegen oder den Rückstellungsansatz eigenmächtig vornehmen.[31] Vgl. aber die Vorbehalte zu „Allweiler" in → Rz. 47. 38

Der Abschlussprüfer kann auch **prüfungsbegleitend** eine Beratungstätigkeit durchführen. 39

BEISPIEL

▶ Der Abschlussprüfer stellt Schwächen des IKS fest und unterbreitet Verbesserungsvorschläge.

▶ Der Abschlussprüfer stellt bei der Prüfung des Anhangs überschießende Angaben fest, z. B. nicht vom Gesetz geforderter Aufgliederungen oder Erläuterungen von Bilanzposten (→ § 284 Rz. 14) und empfiehlt eine entsprechende Kürzung.

▶ Bei der Prüfung des Steueraufwands stellt der Abschlussprüfer die Nichtbeachtung neuerer BFH-Rechtsprechung fest, die zu einer Minderung des Steueraufwands führen.

Die Prüfungstätigkeit setzt die **Vorlage** eines prüfungsfähigen Jahresabschlusses und Lageberichts durch das geprüfte Unternehmen voraus. Allerdings muss dies nicht bei **Beginn** der Prüfungstätigkeit der **Fall** sein. 40

BEISPIEL ▶ Im Rahmen der Vorprüfung (vor dem Bilanzstichtag) kann zwar kein vollständiger Jahresabschluss vorliegen, dafür aber prüfungsfähige Unterlagen.

Der Abschlussprüfer organisiert eine Saldenbestätigungsaktion für Debitoren und Kreditoren nach dem Stand vom 12.11. (bei Abschlussstichtag 31.12.). Die Debitoren- und Kreditoren-Kontokorrente müssen im Prüfungszeitraum zumindest bis zu diesem Zeitpunkt (12.11.) vorliegen.

---

30 BGH-Urteil vom 21.4.1997 – II ZR 317/95, WPg 1997 S. 566.
31 WPK, DB 1996 S. 1434.

IV. Die regelbasierte Befangenheitsbesorgnis

41 Ein vollständiger prüfungsfähiger Jahresabschluss in Gestalt von Bilanz und GuV-Rechnung und Anhang ist als prüfungsfähig nicht erst dann zu beurteilen, wenn diese sozusagen in Reinschrift vorliegt. Auch **Kontenendzahlen** erlauben eine vollständige Prüfung dieses Rechenwerks.

> **BEISPIEL** Bei der Hauptprüfung im Januar 02 zum Stichtag 31.12.2001 erhält der Abschlussprüfer eine Saldenliste aller Sachkonten vorgelegt. Er ist dadurch zur Prüfung jedes einzelnen Sachkontos – abgesehen von der Personen-Konten-Nebenbuchhaltung – in der Lage. Der Leiter des Rechnungswesens erklärt diese Vorlage mit der noch nicht vollständig vom Abschlussprüfer vorgelegten Nachbuchungsliste, da die Prüfungstätigkeit ja noch nicht beendet sei und deshalb weitere Nachbuchungen infrage kommen können. Im Kontenplan des Unternehmens sind Zuordnungsfunktionen hinterlegt, die das jeweilige Sachkonto auf Anlage- und Umlaufvermögen, auf sonstige Erträge und Umsatzerlöse etc. steuern.
>
> U.E. ist diese Saldenliste als prüffähige Bilanz mit GuV-Rechnung zu beurteilen. Ein gleichwohl erfolgter Ausdruck als Bilanz und GuV-Rechnung stellt eher eine Papierverschwendung dar.

42 Die „Mitwirkung" oder Leistungserbringung nach den Aufzählungen unter Abs. 3 Satz 1 Nr. 3 a) bis d) ist **zeitlich** gestaffelt auf das geprüfte Geschäftsjahr bis hin zur Beendigung der Abschlussprüfung durch Erteilung des Bestätigungsvermerks (→ § 322 Rz. 62). Die Frage ist dann, ob eine zuvor erfolgte **Bewertungs**tätigkeit auch die Inhabilität bewirken kann.

> **BEISPIEL** Der für das Geschäftsjahr 03 bestellte Abschlussprüfer – Wirtschaftsprüfer W – hatte im Jahr 01 einen Gutachtenauftrag abgewickelt. Es ging um die Bewertung eines umfangreichen Immobilienbestands bei der Bauträger GmbH B. Damals war W noch nicht zum Abschlussprüfer bestellt. Die Prüfung wurde von einer Wirtschaftsprüfungsgesellschaft Z GmbH durchgeführt. Die Frage ist, ob die damalige Tätigkeit in 01 den W für die Abschlussprüfung 03 inhabil macht, wenn das begutachtete Immobilienvermögen zu wesentlichen Teilen immer noch im bilanzierten Vermögen enthalten ist.
>
> **Gegen** die Inhabilität spricht die sonst zu befürchtende **Perpetuierung** der Befangenheit, gegen die jedenfalls der Gesetzeswortlaut ins Feld zu führen ist. Dazu kommt die von dem früheren (fremden) Abschlussprüfer akzeptierte Bewertungsleistung im Rahmen der Begutachtung durch den jetzigen Abschlussprüfer.
>
> **Für** die Inhabilität spricht die **„Vorbefassung"** des jetzigen Abschlussprüfers mit dem Prüfungsgegenstand, die ihn nicht bei der jetzigen Prüfungsleistung „unbehelligt" lässt. Er kann u.U. Fehler oder unberücksichtigt gebliebene Tatsachen feststellen, die ihn damals zu einer anderen Beurteilung geführt hätten. Aus eigenem Interesse heraus wird er diese Fehler nicht unbedingt jetzt in der Abschlussprüfung eingestehen wollen.
>
> Der BGH hat im „HypoVereinsbank"-Urteil[32] die Vorbefassung des jetzigen Abschlussprüfers mit dem Prüfungsgegenstand als unschädlich für die Befangenheit angesehen. Die „Vertuschungsgefahr" stellt sich dem Grunde nach bei jeder Abschlussprüfung, eine „Vorbefas-

---

[32] BGH-Urteil vom 25.11.2002 – II ZR 49/01, DB 2003 S. 383; dagegen mit beachtlichen Argumenten *Welf Müller*, WPg 2003 S. 741.

sung" mit schon geprüften Sachverhalten des oder der Vorjahre liegt hier notgedrungen immer vor. Die Befangenheitsbesorgnis kann deshalb sinnvoll nur während der Prüfungstätigkeit angenommen werden, es sei denn der designierte Abschlussprüfer habe die Fehler aus Vorprüfungen vor Annahme des Prüfungsauftrags für das laufende Jahr in Erfahrung bringen können.

3.3.2 Mitwirkung bei der Buchführung oder Erstellung des Jahresabschlusses (Abs. 3 Satz 1 Nr. 3a)

Einschlägige Tätigkeiten sind bereits unter → Rz. 36 ff. dargestellt und mit Beispielen unterlegt worden. Allgemein können **Organisationshilfen** im weitesten Sinne als unbedenklich angesehen werden, also z. B. die Beratung bei der Gestaltung des Datenflusses innerhalb des Lagerbewirtschaftungssystems oder der Strukturierung von Kontenplänen für die Finanzbuchführung oder die Organisation der Inventuraufnahme. Ebenso ist eine Befangenheitsbesorgnis nicht gegeben, wenn rein **technische** Hilfsmittel zur Verfügung gestellt werden, also z. B. eine Beraternummer bei der Datev.[33] U. E. ist es auch unschädlich, wenn in Ermangelung eines Anlageprogramms beim geprüften Unternehmen die Anlagenbuchführung von dem Prüfungsunternehmen ausschließlich „mechanisch", also durch Erfassung der vom Mandanten vorkontierten Belege, durchgeführt wird. Anders verhält es sich bei der „Übernahme" der Anlagenbuchhaltung, wenn also über Aktivierung oder Nichtaktivierung oder Festsetzung der Abschreibungsdauer durch die prüfende Praxis befunden wird. Auf das OLG-Urteil unter → Rz. 22 ist hinzuweisen. 43

Weiter würde die Inhabilität begründet werden durch 44

▶ Übernahme der Lohn- und Gehaltsabrechnung mit Einschränkung (→ Rz. 22),

▶ Erstellung des Anhangs und des Lageberichts,[34]

▶ Ermittlung der Rückstellungen,

▶ Ermittlung des Abschreibungsbedarfs auf Kundenforderungen oder Vorratsvermögen,

▶ Erstellung der Steuerbilanz.[35]

IT-spezifische Beratungstätigkeit anlässlich der Einrichtung oder Veränderung von Rechnungslegungsinformationssystemen ist bei der Prüfung kapitalmarktorientierter Unternehmen untersagt (→ § 319a Rz. 23). Die Frage ist, ob im Umkehrschluss bei im Übrigen zu prüfenden Unternehmensbereich eine solche Tätigkeit zulässig ist. Dies wird im Schrifttum bejaht: Unter Beachtung des Selbstprüfungsverbots sei eine solche Tätigkeit „grundsätzlich" zulässig.[36] U. E. ist dieser Befund zweifelhaft, insbesondere ist der dortige Hinweis auf die „Beachtung des Selbstprüfungsverbots" rein zirkulär, auch mit der Floskel „grundsätzlich" ist wenig anzufangen, denn dann bleibt die Frage unbeantwortet, wo dieser „Grundsatz" aufhört und die eigent- 45

---

33 WPK-Magazin 4/2004 S. 52.
34 OLG Köln, Urteil vom 1. 7. 1992, BB 1992 S. 2108; BGH-Urteil vom 21. 1. 2010, DB 2010 S. 436. In *casu* hat der Abschlussprüfer dem zur Prüfung vorgelegten Anhang eine Vielzahl von Angaben zugefügt, wodurch sich dessen Umfang von vier auf neun Seiten erhöhte, was einer Selbsterstellung gleichkam.
35 WPK-Magazin 2/2010 S. 36.
36 So *Dodenhoff*, in: Haufe HGB Bilanz Kommentar, Freiburg 2009, § 319 Tz. 54; *Förschle/Schmidt*, in: Beck'scher Bilanz-Kommentar, 7. Aufl., München 2010, § 319 Tz. 51.

lich interessante Inhabilität beginnt. U.E. sollten solche Aufträge vom Abschlussprüfer nicht angenommen werden.

46 Jedenfalls **wirkt** auf den Außenstehenden (→ Rz. 8) die Beratung bei der Einrichtung eines Rechnungslegungsinformationssystems durch die IT-Abteilung einer größeren Wirtschaftsprüfungsgesellschaft als befangenheitsbegründend. Das eingesetzte Prüfungsteam kann sich nicht unbefangen mit etwa festgestellten Verarbeitungsfehlern, die sich auf den Jahresabschluss auswirken, befassen, wenn Mitarbeiter des eigenen Unternehmens für diese Fehler verantwortlich sind.

47 Für die Steuerberatungstätigkeit gilt die „grundsätzliche" Habilität bezüglich der Abschlussprüfung, es sei denn, es ist bei der Prüfung eine selbst erarbeitete Gestaltung zu beurteilen, die einen wesentlichen Einfluss auf den Jahresabschluss hat.

> **BEISPIEL** ▶ Die Steuerabteilung der zum Abschlussprüfer bestellten Prüfungsgesellschaft hat bei dem Prüfungsmandanten die Verlagerung der Produktionstätigkeit samt der Patente und anderer immaterieller Anlagegüter auf eine Betriebsstätte in Weißrussland empfohlen. Diese sei nach dem ausgearbeiteten Gutachten aus deutscher Sicht steuerneutral. Dabei geht es um erhebliche stille Reserven in den Immaterialgütern des Anlagevermögens. Die Rechtslage ist unklar.

U.E. bestehen erhebliche Zweifel an der Habilität der Prüfungsgesellschaft, auch wenn man mit dem „Allweiler"-Urteil des BGH (→ Rz. 38) auf die Entscheidungskompetenz der Geschäftsleitung abhebt.[37] Sollte das Gutachten in entscheidenden Punkten falsch sein, wird sich die Prüfungsabteilung nach Feststellung des Fehlers kaum mehr als unabhängig präsentieren können (→ Rz. 8), und zwar unberührt von der Entscheidungskompetenz der Geschäftsleitung, die ja gerade durch das Gutachten auf die falsche Fährte geführt worden ist.

Unzulässig ist auch die Berechnung der Steuerrückstellungen, genauer: des **Steueraufwands**.

> **BEISPIEL** ▶ Der Leiter der Finanzbuchführung der geprüften Gesellschaft vermisst ein leistungsfähiges Programm zur Berechnung der Körperschaft- und Gewerbesteuer unter Berücksichtigung von Organschaftstatbeständen und Beteiligungserträgen aus dem Ausland. Die Anschaffung eines eigenen Programms für die Einmalberechnung ist nicht rentabel, und so bittet er den Prüfungsleiter um Heranziehung eines Mitarbeiters der Prüfungsgesellschaft aus der Steuerabteilung, damit dieser mithilfe des dort installierten Programms die Steuerschuld für das Prüfungsjahr ausrechnet.
>
> ▶ **Alternative 1:** Der Leiter der Finanzabteilung ist steuerlich nicht sonderlich versiert und kann ohnehin die Steuerberechnung nicht durchführen. Deshalb muss der Mitarbeiter der Steuerabteilung der Prüfungsgesellschaft eigenverantwortlich die Berechnungen durchführen. Die Prüfungsgesellschaft wird dadurch inhabil.
>
> ▶ **Alternative 2:** Der Leiter der Finanzabteilung ist steuerlich versiert und übermittelt der Steuerabteilung der prüfenden Gesellschaft sämtliche Daten, die zur Eingabe in das System benötigt werden. Eine Kontrolle der Berechnungsergebnisse durch die Steuerabtei-

---

37 Ähnlich OLG Hamm, Urteil vom 27.1.2009; WPK-Magazin 2009 S. 56, nrkr.

> lung der Prüfungsgesellschaft erfolgt nicht, alles wird von dem Leiter der Finanzabteilung selbst durchgeführt. In diesem Fall ist keine Befangenheitsbesorgnis für die Prüfungsgesellschaft begründet.

3.3.3 Durchführung der internen Revision (Abs. 3 Satz 1 Nr. 3b)

Generell ist die Durchführung der internen Revision durch den Abschlussprüfer und sein Team befangenheitsbegründend, weil die Verwertung der Arbeiten der internen Revision einen notwendigen Bestandteil der Abschlussprüfung darstellt (→ § 317 Rz. 28). Dabei soll allerdings die Durchführung **einzelner** Prüfungsaufträge im Aufgabenbereich der internen Revision zulässig sein.[38] Unzulässig sei „nur" die Leitung oder die Ausübung der Funktion einer internen Revision. Das soll im Gesetz durch die Formulierung „in verantwortlicher Position" niedergelegt sein.[39]

48

U. E. ist diese Mitwirkung bei der internen Revision bezüglich der Besorgnis der Abhängigkeit bedenklich. Im Rahmen der Abschlussprüfung muss der Prüfer „die Arbeitsergebnisse der internen Revision **verwerten**".[40] „Verwerten" kann man eigentlich nur durch irgendeine Prüfungstätigkeit, die dann bei Mitwirkung eines „eigenen" Mitarbeiters beim Verwertungsobjekt in eine Selbstprüfung ausarten kann. Deshalb sollte eine entsprechende Mitwirkung bei der internen Revision eher unterbleiben.

Im Hinblick auf das generelle **Wesentlichkeitskriterium** für die Abschlussprüfung (→ § 317 Rz. 17) kann die Mitwirkung bei der internen Revision auch anders zu beurteilen sein.

49

> **BEISPIEL** ▶ Ein Mitarbeiter des Prüfungsteams (des Abschlussprüfers) verfügt über Spezialkenntnisse bei der IT-Installation von automatischen Hochregallagern. Ein solches Lager hat die zu prüfende Gesellschaft im Prüfungsjahr installiert. Die Innenrevision hat die entsprechenden Prüfprogramme, die von dritter Seite geliefert worden sind, während der Einrichtungsphase laufend überwacht und hat gelegentlich die Fachkenntnisse des Mitarbeiters aus dem Prüfungsteam gegen gesonderte Vergütung mit dem üblichen Stundensatz herangezogen.
>
> Hier ist die Mitwirkung bei der internen Revision u. E. unbedenklich.

3.3.4 Unternehmensleitungs- und Finanzdienstleistungen (Abs. 3 Satz 1 Nr. 3c)

Beim Verbot der Ausübung von Unternehmensleitungsaufgaben handelt es sich hier um eine bare **Selbstverständlichkeit**. Die dann bestehende Selbstprüfung wäre so offenkundig wie selten. Die Inhabilität gilt aber nicht nur für die förmliche Bestellung als Vertreter der Gesellschaft oder Aufsichtsgremienmitglied, sondern auch für sog. **faktische** Geschäftsführer. Auch die inhaltliche Gestaltung des Dienstvertrags ist unerheblich. Ebenso sind leitende Funktionen im Bereich der Rechnungslegung des Unternehmens oder der IT-Verwaltung unzulässig.

50

---

38 Vgl. IDW PS 321 Tz. 28.
39 So die h. M. z. B. Dodenhoff, in: Haufe HGB Bilanz Kommentar, Freiburg 2009, § 319 Tz. 56; *Förschle/Schmidt*, in: Beck'scher Bilanz-Kommentar, 7. Aufl., München 2010, § 319 Tz. 58.
40 Vgl. IDW PS 321 „Verwertbarkeit der Arbeiten der internen Revision durch den Abschlussprüfer."

IV. Die regelbasierte Befangenheitsbesorgnis

51 Bei **Finanzdienstleistungen scheiden** folgende Tätigkeiten für das geprüfte Unternehmen zur Vermeidung der Inhabilität **aus**:

- Verwaltung mit Erwerb und Veräußerung von Finanzanlagen.
- Abwicklung des Kaufs oder Verkaufs von Finanzanlagen.
- Werbung für die von der geprüften Gesellschaft getätigten Anlagen.

Dagegen sollen **zulässig** sein:[41]

- Erarbeitung von Finanzierungskonzepten.
- Vorbereitung von Verhandlungen mit potenziellen Investoren (fraglich ist u. E. die Mitwirkung bei solchen Verhandlungen).
- Wirtschaftlichkeitsanalysen für Vermögensanlagen.

Bei den letztgenannten Tätigkeiten soll es sich nicht um Finanzdienstleistungen handeln. U. E. ist hier für den Abschlussprüfer eine Zurückhaltung geboten, um nicht als befangen gegenüber den (z. B.) potenziellen Investoren zu gelten (→ Rz. 8). Es besteht auch die Gefahr der **Verletzung** des Verschwiegenheitsgebots (→ § 323 Rz. 14).

3.3.5 Versicherungsmathematische Aufträge und Bewertungsleistungen (Abs. 3 Satz 1 Nr. 3d)

52 Im Rahmen langjähriger Befassung von Mitarbeitern einer Prüfungsgesellschaft mit einem Prüfungsmandat entsteht notgedrungen eine besondere **Vertrautheit** des einen oder anderen Teammitglieds mit dem vom betreffenden Mitarbeiter betreuten Prüfungsgebiet. Angesprochen sind hier insbesondere große Prüfungsobjekte. Die Frage stellt sich dann, ob dieses Know-how bei Bedarf vorübergehend auch vom Prüfungsmandanten genutzt werden kann. Die „Bewertungsleistung" i. S. des Gesetzeswortlauts muss u. U. **weit** ausgelegt werden.

> **BEISPIEL** ► Im Prüfungsteam der Groß-WP-Gesellschaft ist seit einigen Jahren die IT-Expertin I auf die Prüfung des internen Kontrollsystems spezialisiert. Die Muttergesellschaft will konzernweit mit einer neu organisierten Bestandsführung den Produktionsprozess begleiten. I erscheint dem Leiter des Rechnungswesens als ideale Person zur Leitung einer eineinhalbjährigen Projektphase. Er spricht mit dem Vorstand der Wirtschaftsprüfungsgesellschaft, ob sich nicht irgendeine „Zusammenarbeit" anböte. Der Vorstand schlägt eine Beurlaubung der I für den geplanten Zeitraum mit einer „Rückfahrkarte" in die Dienste der WP-Gesellschaft vor. Diese Maßnahme soll die Unbefangenheit nicht beeinträchtigen.[42]

U. E. ist diese „Unbedenklichkeitsbescheinigung" nicht zweifelsfrei, kann jedenfalls in kleineren Einheiten nicht angewandt werden, wenn beispielsweise aus dem dreigliederigen Prüfungsteam einer mittelgroßen Wirtschaftsprüfungsgesellschaft eine Person für eineinhalb Jahre lang die Leitung des Finanz- und Rechnungswesens des geprüften Unternehmens übernimmt.

Anders verhält es sich, wenn im vorigen Beispiel die „Anwerbung" der I ohne „Rückfahrkarte" erfolgt.

---

41 So *Förschle/Schmidt*, in: Beck'scher Bilanz-Kommentar, 7. Aufl., München 2010, § 319 Tz. 60; *Dodenhoff*, in: Haufe HGB Bilanz Kommentar, Freiburg 2009, § 319 Tz. 59.
42 So *Förschle/Schmidt*, in: Beck'scher Bilanz-Kommentar, 7. Aufl., München 2010, § 319 Tz. 61.

Die Unzulässigkeit der in der Überschrift genannten Tätigkeiten bezieht sich auf „eigenständige" Leistungen des Abschlussprüfers. Dazu kann man als **Gegensatz** die beratende **Mithilfe** bei der Bewältigung solcher Leistungen durch das geprüfte Unternehmen erkennen. Entsprechend ist zu unterscheiden, ob der Mandant eine versicherungsmathematische Berechnung oder Bewertung von vornherein nicht durchführen kann oder will oder ob er sich dieser Aufgabe stellt, aber die eine oder andere Hilfe vom Abschlussprüfer aufgrund dessen Sachkenntnis erwarten darf.

53

> **BEISPIEL**
>
> ▶ Das geprüfte Unternehmen hat einen auf dem Gebiet der betrieblichen Altersversorgung kompetenten Mitarbeiter, der sich auch über die einschlägigen Bilanzierungsfragen bestens informiert hat. Er stellt nicht nur das zur Berechnung benötigte Datenmaterial aus der Personalabteilung – Dienstalter, Lebensalter, Bezugsgröße für die Pension etc. – zur Verfügung, sondern legt auch den Diskontierungszinssatz fest (→ § 253 Rz. 75) und bestimmt das anzuwendende Berechnungsverfahren (→ § 253 Rz. 55). Da im Unternehmen kein entsprechendes Rechenprogramm zur Verfügung steht, bittet er den Abschlussprüfer unter Verwendung der vorgegebenen Berechnungsgrößen um die Durchführung der Berechnung.
>
> U. E. begründet diese Vorgehensweise nicht die Besorgnis der Befangenheit.
>
> ▶ Der Leiter der Finanzabteilung der Muttergesellschaft des mittelgroßen Konzerns K macht sich Sorgen um die Werthaltigkeit einer Tochtergesellschaft mit angeschlossenen Enkelgesellschaften (Teilkonzern) in den USA. Bei der Vorprüfung bespricht er dieses Problem mit dem Prüfungsleiter und bittet ihn um Rat bezüglich des Wertansatzes. Dieser erklärt ihm die Bewertungsproblematik anhand der einschlägigen Fachliteratur, insbesondere auch dem IDW Standard S 1. Darauf widmet sich L intensiv der Materie, um dann nach einiger Zeit des Brütens über „CAPM" und „WACC" das Handtuch zu werfen. Er bittet den Prüfungsleiter um Durchführung des entsprechenden Wertminderungstests.
>
> Die Tätigkeit würde die Habilität der Prüfungsgesellschaft auslösen.

In der Begründung zu § 23a Abs. 6 der BS WP/vBP werden folgende Sachverhalte erörtert:[43]

54

---

[43] Nachfolgende Tabelle nach *Förschle/Schmidt*, in: Beck'scher Bilanz-Kommentar, 7. Aufl., München 2010, § 319 Tz. 65.

IV. Die regelbasierte Befangenheitsbesorgnis

Bewertungsleistung	Würdigung im Hinblick auf die mögliche Begründung der Besorgnis der Befangenheit
(1) Bewertung einer zur Veräußerung bestimmten Beteiligung	Die Bewertung einer zur Veräußerung bestimmten Beteiligung begründet im Allgemeinen nicht die Besorgnis der Befangenheit, weil sich das Bewertungsergebnis nicht unmittelbar auf den zu prüfenden Abschluss auswirkt. Wenn die Beteiligung zum Abschlussstichtag noch nicht veräußert ist, erfolgt die Bewertung zu fortgeführten Anschaffungskosten. Wurde die Beteiligung vor Ablauf des Geschäftsjahrs veräußert, ist der erzielte Kaufpreis und nicht das Ergebnis der Bewertungsleistung für die Bilanzierung entscheidend. Die Bewertungsleistung wirkt sich in diesem Fall nicht unmittelbar auf den Abschluss aus. Sofern bei einer noch nicht veräußerten Beteiligung aufgrund der Bewertungsleistung ein Abschreibungsbedarf ersichtlich wird, ist dies unschädlich, wenn das Unternehmen die Höhe der Abschreibung letztlich selbst festlegt; dies wird aufgrund der unterschiedlichen Bewertungsstichtage im Allgemeinen der Fall sein.
(2) Bewertung einer zu erwerbenden Beteiligung	Die Bewertung einer zu erwerbenden Beteiligung kann die Besorgnis der Befangenheit begründen, wenn der Kaufpreis in Höhe des Gutachtenwerts vereinbart wird. Im Rahmen der Abschlussprüfung müsste dann der Abschlussprüfer den von ihm selbst ermittelten Wert beurteilen (Selbstprüfung). Die Unabhängigkeitsgefährdung ist geringer oder ausgeschlossen, wenn die Bewertungsleistung keinen bestimmten Wert, sondern eine größere Bandbreite von Werten enthält. Dies gilt auch dann, wenn keine Wertermittlung erfolgt, sondern nur wesentliche Parameter für die Bewertung ermittelt werden und wenn lediglich eine grobe, indikative Einschätzung des Werts vorgenommen wird.
(3) Bewertung für Zwecke der Abschlussprüfung	Für die Abschlussprüfer notwendige Bewertungsleistungen sind grundsätzlich unschädlich. Als Beispiel kann die Beurteilung der Notwendigkeit außerplanmäßiger Abschreibungen genannt werden, um die Werthaltigkeit von bilanzierten Vermögenswerten zu prüfen. Eine solche Bewertungsleistung begründet auch dann keine Besorgnis der Befangenheit, wenn der Mandant selbst keine Bewertung vorgenommen hat. Stellt der Abschlussprüfer Abschreibungsbedarf fest, kann aber eine unreflektierte Übernahme der Ergebnisse der Bewertungsleistung durch das Unternehmen in den Abschluss schädlich sein.
(4) Aufteilung eines Gesamtkaufpreises auf einzelne Vermögensgegenstände und Schulden	Die Aufteilung eines Gesamtkaufpreises auf einzelne Vermögensgegenstände und Schulden durch den Abschlussprüfer begründet im Allgemeinen die Besorgnis der Befangenheit, weil sich das Ergebnis dieser Bewertungsleistung unmittelbar auf den zu prüfenden Abschluss auswirkt. Für die Unterstützung bei der Aufteilung in Form einer Erläuterung möglicher Methoden und der Diskussion von Zweifelsfragen gilt dies allerdings nicht.
(5) Prüfung der Werthaltigkeit von Sacheinlagen nach §§ 33 f., 183 Abs. 3 AktG	Bei der Prüfung der Werthaltigkeit von Sacheinlagen handelt es sich nicht um eine Bewertungsleistung, sondern um eine Prüfungstätigkeit. Die nochmalige Beurteilung des Prüfungsgegenstands im Rahmen der Abschlussprüfung begründet für sich betrachtet keine Besorgnis der Befangenheit. Etwas Anderes gilt, wenn der Abschlussprüfer den Wert der Sacheinlage selbst ermittelt und die Bilanzierung nicht nach den Tauschgrundsätzen erfolgsneutral erfolgt.
(6) Bewertungsleistungen bei Umwandlungsvorgängen zur Ermittlung von Umtauschverhältnissen	Bewertungsleistungen zur Ermittlung von Umtauschverhältnissen können nur dann die Besorgnis der Befangenheit begründen, wenn sie sich unmittelbar auf die Bilanzierung des bewerteten Vermögens auswirken. Eine solche Auswirkung ergibt sich z. B. dann nicht, wenn von der Buchwertfortführung Gebrauch gemacht wird.

Die vorgeschlagenen Lösungen sind nicht durchweg zweifelsfrei:

- ▶ Im Fall (1) kann die Bewertung durch den Abschlussprüfer zu einer zwingenden Wertminderung der zum Verkauf gestellten, aber noch nicht veräußerten Beteiligung führen. Die fortgeführten Anschaffungskosten stellen deshalb nicht den alleinigen Bewertungsmaßstab dar. Zumindest dann, wenn der Abschlussprüfer bei seiner Bewertung der Beteiligung zu einem Abschreibungsbedarf gekommen ist, begründet er u. E. damit seine Inhabilität.
- ▶ Im Fall unter (2) wird die Unbefangenheit an der im Bewertungsgutachten festgestellten „größeren Bandbreite von Werten" festgemacht. Ein Bewertungsgutachten kann zwar einen „richtigen" Wert einer Beteiligung oder einer Immobilie festlegen, doch bewegt sich eine solches Verfahren regelmäßig innerhalb einer Bandbreite von Werten, die im Grunde genommen auch alle richtig sind. Auch die „grobe indikative Einschätzung des Werts" bedeutet eine Vorbefasstheit des Abschlussprüfers, die seine Unabhängigkeit beeinträchtigen könnte.
- ▶ Im Fall (3) stört an der Lösung die dort dargestellte zeitliche Abfolge. Man könnte dies so verstehen: Erst ermittelt der Abschlussprüfer den von ihm richtig erachteten Wert, teilt diesen dem Unternehmen mit, worauf dieses dann den Abwertungsbetrag des Abschlussprüfers übernimmt. Ob diese Übernahme „reflektiert" oder „unreflektiert" erfolgt, kann keinen Unterschied ausmachen. U. E. muss zunächst das Unternehmen die Bewertung vornehmen, die dann vom Abschlussprüfer zu überprüfen ist.
- ▶ Beim Fall (5) ist die Lösungsdarstellung nicht recht verständlich. Zunächst: „Bei der Prüfung ... handelt es sich ... um eine Prüfungstätigkeit." Diese Tautologie führt nicht weiter. Gemeint ist offensichtlich: Die Einlagebewertung wurde schon einmal außerhalb des Prüfungsauftrags geprüft und soll deshalb keine Befangenheitsbesorgnis im Rahmen der (jetzigen) Abschlussprüfung begründen (vgl. den Fall unter → Rz. 42). Einseitig ist u. E. der Hinweis auf die nach Tauschgrundsätzen erfolgsneutrale Einlagemöglichkeit (→ § 255 Rz. 49). Wenn der Abschlussprüfer einen Wert von nicht untergeordneter Bedeutung selbst ermittelt hat, ist er zu dessen Prüfung inhabil. Auch bei erfolgsneutraler Einbringung kann im Folgeabschluss das Thema einer erforderlichen Abschreibung auftauchen, die dann doch vom früheren Wertermittler und jetzigen Abschlussprüfer zu beurteilen ist.[44]
- ▶ Zu (6) ergibt sich derselbe Vorbehalt wie der letztgenannte zu (5).

Allerdings kann sich die Bewertungstätigkeit in ihren Auswirkungen als „nur unwesentlich" herausstellen. Dies wird im Zusammenhang mit den versicherungsmathematischen und Beratungsleistungen vom Gesetz besonders hervorgehoben, obwohl für die Rechnungslegung und Prüfung generell der Wesentlichkeitsvorbehalt gilt (→ § 252 Rz. 182; → § 317 Rz. 17).

3.3.6 Untergeordnete Bedeutung (Abs. 3 Satz 1 3. Teilsatz)

Dazu kommt noch der für den gesamten Aufzählungskatalog in Abs. 3 gültige **Wesentlichkeitsvorbehalt** in Form „von untergeordneter Bedeutung". Vor diesem Hintergrund sind die unter → Rz. 54 diskutierten Lösungen immer unter **dieser** Bedingung zu interpretieren.

Bei untergeordneter Bedeutung der einzelnen Tätigkeit ist die Inhabilität nicht zu befürchten. Allerdings ist erneut auf die **prinzipienbasierte** Regelung in Abs. 2 hinzuweisen (→ Rz. 8): Es

---

[44] Vgl. *Welf Müller*, WPg 2003 S. 745.

geht nicht um das „Befangenheitsgefühl" des Abschlussprüfers, sondern um ein von Sachverständigen Dritten empfundenes „Geschmäckle".

3.3.7 Prüfungseinsatz befangener Personen (Abs. 3 Satz 1 Nr. 4)

58 Die Befangenheitsbesorgnis bezüglich des in Abs. 3 ausgebreiteten Katalogs wird auch auf die im Rahmen eines konkreten Prüfungsauftrags **beschäftigten** Personen ausgedehnt. Dabei ist das **arbeitsrechtliche** Statut unerheblich, auch **freie** Mitarbeiter oder saisonbedingt eingesetzte zusätzliche Prüfer, Praktikanten etc. fallen unter die Befangenheitsklausel. Allerdings beschränkt sich diese mögliche Befangenheit nur auf die fachlich, nicht auf die im *back office* tätigen Arbeitnehmer, die technische Hilfsdienste im Sekretariat, in der Bibliothek und sonst wo verrichten. Umgekehrt kann die Inhabilität auch durch die Berichtskritiker und die auftragsbegleitenden Qualitätssicherer begründet werden. Anders verhält es sich u. E. bei fachlich besonders qualifizierten Mitarbeitern der Praxis, die für den einen oder anderen Auslegungsfall vom Prüfungsleiter zur Beurteilung mit herangezogen werden. Aber auch hier gilt: Wenn es sich um eine grundlegende Prüfungsentscheidung handelt, kann schnell die Befangenheitsbesorgnis nach der Prinzipienregel des Abs. 2 (→ Rz. 8) in Betracht kommen.

3.3.8 Umsatzabhängigkeit (Abs. 3 Satz 1 Nr. 5)

59 Die auf die Umsatzgröße aus dem betreffenden Mandat bezogene Befangenheitsbesorgnis entspringt unmittelbar dem **„Urgrund"** (→ Rz. 1), weshalb der Abschlussprüfer sich so intensiv mit dem Abhängigkeitsgedanken auseinandersetzen muss: Er lebt vom Umsatz aus seinen Prüfungsmandanten und muss gleichwohl möglicherweise entgegen seinen wirtschaftlichen Interessenlagen diesen gegenüber seine Unabhängigkeit wahren. Deshalb kann – bis dahin leuchtet das unmittelbar ein – kein Wirtschaftsprüfer ein Prüfungsmandat übernehmen, wenn dies seine **einzige** Einnahmequelle darstellt. Die anschließende Frage geht dann dahin, wo die Grenzlinie zu ziehen ist:

- ▶ Für die **„normalen"** Prüfungstätigkeiten setzt der Gesetzgeber eine 30 %-Grenze fest,
- ▶ für den **Sonderfall** der Abschlussprüfung bei kapitalmarktorientierten Unternehmen auf 15 % (→ § 319a Rz. 3).

Die großen Wirtschaftsprüfungsgesellschaften verweisen mitunter in ihren Geschäftsberichten auf eine von ihnen eingehaltene 5 %-Grenze.

60 Dabei sind folgende Tatbestandsmerkmale beachtlich:

- ▶ **„In den letzten fünf Jahren"**: Die „Jahre" beziehen sich auf die geprüften Geschäftsjahre einschließlich der Rumpfgeschäftsjahre. Der Ausschlussgrund entsteht damit im sechsten Geschäftsjahr mit einem Schätzungserfordernis bezüglich der Honorarquote für das laufende. Der Fristenlauf beginnt mit dem Zeitpunkt der Wahl zum Abschlussprüfer.[45] Bei Unterschreiten der Grenzmarke im sechsten Jahr liegt in den folgenden fünf Jahren kein Ausschlussgrund vor.
- ▶ **„Jeweils"**: Negativ ausgedrückt ist keine Durchschnittsrechnung zur Bestimmung der Umsatzerlöse je Geschäftsjahr vorzunehmen, sondern eine jahresbezogene Betrachtung. Das

---

45 Vgl. *ADS*, 6. Aufl., § 319 Tz. 155.

könnte Anlass zur Verschiebung von Honoraren zwischen den Jahren geben, was als eine Art missbräuchlicher Gestaltung anzusehen ist.[46] Die Umsatzausweitung in anderen Bereichen der Praxistätigkeit kann dagegen die Inhabilität verhindern.

- „**Gesamteinnahmen**": Darunter sind die aus allen beruflichen Tätigkeiten der Abschlussprüferpraxis entstehenden Honorareinnahmen als Bezugsgröße zu verstehen. Ausgenommen sind die Umsatzsteuer und irgendwelche durchlaufenden Posten, u. E. auch der Ersatz von Auslagen für Reisekosten u. Ä.[47] Die Bezugsgröße von 100 % beschränkt sich also nicht auf die Gesamteinnahmen der Prüfungspraxis aus der Prüfungstätigkeit, sondern umfasst auch Beratungsleistungen. Ausgeschlossen sind u. E. z. B. Zinserträge, Vergütungen für Pkw-Nutzung etc.

- „**Berufliche Tätigkeit**": Bei gemeinsamer Berufsausübung im Rahmen einer Sozietät ist deren Gesamtumsatz als Bezugsgröße zu verwenden.

- „**Härtefälle**": Die Gewährung einer Ausnahme wegen „Härte" liegt im Ermessen der Wirtschaftsprüferkammer. Sie kann insbesondere bei einer Praxiseröffnung vorliegen, u. E. allerdings auch wieder nur als extremer Sonderfall im Hinblick auf die großzügige Sechsjahresfrist, die vom Gesetzgeber eingeräumt wird.

- „**Ausweitung auf Beteiligungsgesellschaften**": Die 30 %-Grenze umfasst auch die Honorare von Beteiligungsgesellschaften unter Heranziehung der Vermutungsregel für die Bestimmung von assoziierten Unternehmen (→ § 311 Rz. 9), allerdings in der Abwandlung von „**mehr** als 20 vom Hundert".

Wegen der Angaben im Anhang der geprüften Gesellschaft zu den Honoraren des Abschlussprüfers wird verwiesen auf → § 285 Rz. 106. 61

3.3.9 Ehegatten und Lebenspartner (Abs. 3 Satz 2)

In einer gewissen Analogie zu den Rechnungslegungsregeln bezüglich nahestehender Personen und Unternehmen (→ § 285 Rz. 137) wird – allerdings in der Beschränkung auf Ehe- und Lebenspartner – das „Nahestehen" in die Besorgnis der Befangenheit nach Abs. 3 mit aufgenommen. Diese Partnerschaft muss während der Durchführung der Prüfung bestehen, bei deren Aufhebung während dieser Tätigkeit entfällt ein möglicher Ausschlussgrund.[48] 62

Andere nahestehende Personen werden hier nicht genannt. Allerdings kann sich hier die Befangenheitsbesorgnis aus den Prinzipien des Abs. 2 (→ Rz. 8) ergeben. 63

BEISPIEL An der G GmbH sind die beiden volljährigen Töchter des Wirtschaftsprüfers W jeweils mit 20 % am Nennkapital beteiligt. U. E. ist die Befangenheitsbesorgnis des W bezüg-

---

46 So *Förschle/Schmidt*, in: Beck'scher Bilanz-Kommentar, 7. Aufl., München 2010, § 319 Tz. 71.
47 A. A. *ADS*, 6. Aufl., § 319 Tz. 152.
48 Vgl. *Förschle/Schmidt*, in: Beck'scher Bilanz-Kommentar, 7. Aufl., München 2010, § 319 Tz. 73; *Dodenhoff*, in: Haufe HGB Bilanz Kommentar, Freiburg 2009, § 319 Tz. 71.

lich der Abschlussprüfung bei der G GmbH begründet, auch wenn die Grenzmarke der Nr. 1 (→ Rz. 34) nicht überschritten ist.

V. Prüfungsgesellschaften (Abs. 4)

64 Die Ausschlussgründe der Absätze 2 (→ Rz. 7) und 3 (→ Rz. 19 ff.) werden durch Abs. 4 Satz 1 auf Prüfungsgesellschaften übertragen, und zwar auf

- ▶ die Gesellschaft selbst,
- ▶ einen gesetzlichen Vertreter (Vorstand oder Geschäftsführer),
- ▶ einen Gesellschafter mit einer Zuordnung von mehr als 20 % der für die Prüfungsgesellschaft bestehenden Stimmrechte,
- ▶ ein mit der Prüfungsgesellschaft verbundenes Unternehmen,
- ▶ einen bei der Prüfung in verantwortlicher Position beschäftigter Gesellschafter der Prüfungsgesellschaft,
- ▶ eine von der Prüfungsgesellschaft beschäftigte Person, die verantwortlich für die Durchführung der Abschlussprüfung ist (das Prüfungsergebnis beeinflussen kann).

65 Der Begriffsinhalt von „verbundenes Unternehmen" ergibt sich aus § 271 Abs. 2 HGB (→ § 271 Rz. 26). Die „verantwortlichen **Gesellschafter**" der Prüfungsgesellschaft sind die, die außerhalb des Vorstands oder Geschäftsführung als Prokuristen einen Prüfungsauftrag abwickeln und das durch die Unterzeichnung des Bestätigungsvermerks dokumentieren. Hinzu kommen solche „beschäftigten Gesellschafter", die mit wichtigen Teilbereichen der Prüfung beauftragt sind, z. B. für die Kontrolle des internen Kontrollsystems.[49] Außerhalb des Gesellschafterkreises der Prüfungsgesellschaft sind auch die mit dem Prüfungsauftrag befassten Personen erfasst, die bereits in Abs. 3 Nr. 4 genannt sind (→ Rz. 58).

66 Die mögliche Inhabilität wird nach Abs. 4 Satz 2 auf die Prüfungsgesellschaft ausgeweitet, wenn einer ihrer **Aufsichtsräte** den Tatbestand des Abs. 3 Satz 1 Nr. 2 (→ Rz. 35) erfüllt, also eine Organfunktion bei der zu prüfenden Gesellschaft erfüllt.

> **BEISPIEL**
>
> ▶ A ist Aufsichtsrat der W Wirtschaftsprüfungs-AG und gleichzeitig Aufsichtsrat der zu prüfenden G GmbH. Die W AG ist für diesen Prüfungsauftrag inhabil.
>
> ▶ A hält sämtliche Geschäftsanteile an der zu prüfenden Z GmbH und ist außerdem Aufsichtsrat der W AG (Prüfungsgesellschaft). Die W AG ist für die Abschlussprüfung bei der Z GmbH habil, denn die Gesellschafterstellung bei der Z wird in Abs. 3 Satz 1 Nr. 2 nicht genannt (→ Rz. 35). Die Besorgnis der Befangenheit kann sich allerdings aus Anwendung der Prinzipien des Abs. 2 (→ Rz. 8) ergeben.[50]

---

49 Ähnlich *Dodenhoff*, in: Haufe HGB Bilanz Kommentar, Freiburg 2009, § 319 Tz. 74.
50 Ähnlich *Dodenhoff*, in: Haufe HGB Bilanz Kommentar, Freiburg 2009, § 319 Tz. 76.

Die 20%-Grenze der Stimmrechte in Abs. 4 Satz 1 wird in Satz 2 ausgeweitet auf mehrere Gesellschafter der Prüfungsgesellschaft, die **zusammen** diese Grenze für die Stimmrechte überschreiten, sofern sie einzeln oder gemeinsam nach den Abs. 2 oder 3 inhabil sind. 67

> **BEISPIEL** Die Wirtschaftsprüfer M und N sind Sozien der S Steuerberatungs-GbR, die den Jahresabschluss der G GmbH erstellt hat. M und N halten jeweils 12% der Anteile an der Prüfungsgesellschaft W GmbH.
>
> M und N sind „zusammen" nach Abs. 3 Nr. 3a (→ Rz. 43) vom Selbstprüfungsverbot betroffen. Dieses schlägt nach Abs. 4 Satz 2 2. Alternative auf die W GmbH durch.
>
> **Abwandlung:** M und N sind jeweils zu 10% an der W GmbH beteiligt. Die rechnerische Hürde von „mehr" als 20% wird nicht überschritten, allerdings besteht u. E. die Besorgnis der Befangenheit nach den Prinzipien des Abs. 2 (→ Rz. 8).

VI. Konzernabschlussprüfung (Abs. 5)

Die Ausschlussgründe für die Prüfung der Muttergesellschaft eines Konzernabschlusses strahlt auf die Prüfung des Konzernabschlusses aus. Ein inhabiler (potenzieller) Prüfer des Jahresabschlusses der Muttergesellschaft ist **auch** für den Konzernabschluss inhabil. 68

Ebenso besteht ein Ausschlussgrund für ein in den Konzernabschluss einbezogenes Tochterunternehmen, zumindest wenn deren Einbeziehung im Wege der Vollkonsolidierung erfolgt. Dieses Ergebnis folgt aus der eigenständigen Prüfungspflicht (→ § 317 Rz. 69) des Konzernabschlussprüfers für die im Konzernabschluss zusammengefassten Jahresabschlüsse der Tochtergesellschaften, auch wenn diese von einem anderen Abschlussprüfer geprüft worden sind.[51] Dies gilt auch, wenn der Abschlussprüfer des Jahresabschlusses zur Vorbereitung der Konsolidierung Bewertungsmaßnahmen durchführt oder die HB II erstellt.

Der Konzernabschlussprüfer muss auch die Einhaltung der Unabhängigkeitserfordernisse der anderen Abschlussprüfer für die Jahresabschlüsse der Tochtergesellschaften prüfen und sollte sich diese Unabhängigkeit durch eine entsprechende schriftliche Erklärung sichern (→ § 317 Rz. 69).[52]

VII. Rechtsfolgen bei Verstößen

▶ Die Wahl eines Nicht-Berufsangehörigen nach Abs. 1 ist **nichtig**, entsprechend der von ihm geprüfte Abschluss ebenfalls (§ 256 Abs. 1 Nr. 3 AktG), für GmbHs und Kap & Co.-Gesellschaften ebenfalls (→ Rz. 6). 69

▶ Bei Inhabilität nach Abs. 2-4 folgt **keine** Nichtigkeit des Abschlusses.

---

51 Ähnlich aber zurückhaltend („dürfte"): *Dodenhoff*, in: Haufe HGB Bilanz Kommentar, Freiburg 2009, § 319 Tz. 79; ebenso *Förschle/Schmidt*, in: Beck'scher Bilanz-Kommentar, 7. Aufl., München 2010, § 319 Tz. 87.
52 Vgl. IDW PS 320 n. F. Tz. 19.

VII. Rechtsfolgen bei Verstößen

- Der Prüfungsvertrag ist nach § 134 BGB nur **nichtig**, wenn die die Inhabilität begründende Tätigkeit – z. B. Erstellung des zu prüfenden Abschlusses – bereits **bei** Abschluss des Prüfungsvertrags vorgelegen hat.[53]
- Ein **Vergütungs**anspruch des Abschlussprüfers entfällt für die die Inhabilität begründenden Tätigkeiten, z. B. Erstellung des Anhangs.[54]
- **Schadenersatzansprüche** aus Deliktsrecht gegen den Abschlussprüfer können bei Vermögensschäden wegen der Bestellung eines anderen Prüfers entstehen.
- Die Verhängung eines **Bußgelds** nach § 334 Abs. 2 HGB bei zusätzlichem Handeln ist möglich.
- Eine **Berufspflichtverletzung** wird nach §§ 67 ff. WPO geahndet.

---

[53] BGH-Urteil vom 21.1.2010 – Xa ZR 175/07, DB 2010 S. 436.
[54] BGH-Urteil vom 21.1.2010 – Xa ZR 175/07, DB 2010 S. 436.

§ 319a Besondere Ausschlussgründe bei Unternehmen von öffentlichem Interesse

(1) ¹Ein Wirtschaftsprüfer ist über die in § 319 Abs. 2 und 3 genannten Gründe hinaus auch dann von der Abschlussprüfung eines Unternehmens, das kapitalmarktorientiert im Sinn des § 264d ist, ausgeschlossen, wenn er

1. in den letzten fünf Jahren jeweils mehr als fünfzehn vom Hundert der Gesamteinnahmen aus seiner beruflichen Tätigkeit von der zu prüfenden Kapitalgesellschaft oder von Unternehmen, an denen die zu prüfende Kapitalgesellschaft mehr als zwanzig vom Hundert der Anteile besitzt, bezogen hat und dies auch im laufenden Geschäftsjahr zu erwarten ist,
2. in dem zu prüfenden Geschäftsjahr über die Prüfungstätigkeit hinaus Rechts- oder Steuerberatungsleistungen erbracht hat, die über das Aufzeigen von Gestaltungsalternativen hinausgehen und die sich auf die Darstellung der Vermögens-, Finanz- und Ertragslage in dem zu prüfenden Jahresabschluss unmittelbar und nicht nur unwesentlich auswirken,
3. über die Prüfungstätigkeit hinaus in dem zu prüfenden Geschäftsjahr an der Entwicklung, Einrichtung und Einführung von Rechnungslegungsinformationssystemen mitgewirkt hat, sofern diese Tätigkeit nicht von untergeordneter Bedeutung ist, oder
4. für die Abschlussprüfung bei dem Unternehmen bereits in sieben oder mehr Fällen verantwortlich war; dies gilt nicht, wenn seit seiner letzten Beteiligung an der Prüfung des Jahresabschlusses zwei oder mehr Jahre vergangen sind.

²§ 319 Abs. 3 Satz 1 Nr. 3 letzter Teilsatz, Satz 2 und Abs. 4 gilt für die in Satz 1 genannten Ausschlussgründe entsprechend. ³Satz 1 Nr. 1 bis 3 gilt auch, wenn Personen, mit denen der Wirtschaftsprüfer seinen Beruf gemeinsam ausübt, die dort genannten Ausschlussgründe erfüllen. ⁴Satz 1 Nr. 4 findet auf eine Wirtschaftsprüfungsgesellschaft mit der Maßgabe Anwendung, dass sie nicht Abschlussprüfer sein darf, wenn sie bei der Abschlussprüfung des Unternehmens einen Wirtschaftsprüfer beschäftigt, der als verantwortlicher Prüfungspartner nach Satz 1 Nr. 4 nicht Abschlussprüfer sein darf. ⁵Verantwortlicher Prüfungspartner ist, wer den Bestätigungsvermerk nach § 322 unterzeichnet oder als Wirtschaftsprüfer von einer Wirtschaftsprüfungsgesellschaft als für die Durchführung einer Abschlussprüfung vorrangig verantwortlich bestimmt worden ist.

(2) ¹Absatz 1 ist auf den Abschlussprüfer des Konzernabschlusses entsprechend anzuwenden. ²Als verantwortlicher Prüfungspartner gilt auf Konzernebene auch, wer als Wirtschaftsprüfer auf der Ebene bedeutender Tochterunternehmen als für die Durchführung von deren Abschlussprüfung vorrangig verantwortlich bestimmt worden ist.

Inhaltsübersicht

	Rz.
I. Überblick	1 - 2
II. Die besonderen Ausschlussgründe (Abs. 1 Satz 1)	3 - 35
1. Umsatzabhängigkeit (Abs. 1 Satz 1 Nr. 1)	3
2. Rechts- und Steuerberatung (Ab. 1 Satz 1 Nr. 2)	4 - 22
2.1 Die Interessenlage	4 - 6

2.2 Die politische Entscheidung und die allgemeinen Regeln der Inhabilität	7 - 8
2.3 Die tatbestandlichen Voraussetzungen	9 - 22
2.3.1 Überblick	9
2.3.2 „Über die Prüfungstätigkeit hinaus"	10
2.3.3 „Über das Aufzeigen von Gestaltungsmöglichkeiten hinaus"	11 - 14
2.3.4 Wesentliche und unmittelbare Auswirkung auf die Vermögens-, Finanz- und Ertragslage	15 - 19
2.3.5 „Im zu prüfenden Geschäftsjahr"	20
2.3.6 Beurteilung	21 - 22
3. Rechnungslegungsinformationssystem (Abs. 1 Satz 1 Nr. 3)	23 - 28
3.1 Inhalt	23
3.2 Die Tatbestandsmerkmale	24 - 28
4. Rotationsgebot (Abs. 1 Satz 1 Nr. 4 Sätze 4 und 5)	29 - 35
4.1 Die Gesetzesintention	29
4.2 Der betroffene Personenkreis	30 - 32
4.3 Die Durchführung	33 - 35
III. Verweis auf generelle Ausschlussgründe (Abs. 1 Satz 2)	36
IV. Sozietätsklausel (Abs. 1 Satz 3)	37
V. Konzernabschlussklausel (Abs. 2)	38 - 42
1. Anwendung auf den Konzernabschluss (Abs. 2 Satz 1)	38
2. Abschlussprüfung bei Tochtergesellschaften (Abs. 2 Satz 2)	39 - 42

Ausgewählte Literatur

Auf die Hinweise zu → § 319 wird verwiesen.

I. Überblick

1 § 319a HGB bezieht sich auf Abschlussprüfungen bei **kapitalmarktorientierten** (→ § 264d Rz. 2) unternehmen und Konzernen. Die Inhabilitätskriterien des § 319 Abs. 2 und 3 HGB werden in diesen Prüfungsfällen **ausgeweitet** („über … hinaus"), nicht ersetzt. Bei Erfüllung der Tatbestandsmerkmale des § 319 Abs. 3 HGB (→ § 319 Rz. 14 ff.) und des § 319a HGB wird die Besorgnis der Befangenheit unwiderleglich **vermutet**. **Schutzmaßnahmen** (→ § 319 Rz. 10) sind unerheblich. Die **prinzipienbasierte Regelung** des § 319 Abs. 2 HGB (→ § 319 Rz. 8) bleibt unberührt.

Für die dem Regelungsbereich des § 319a HGB unterliegenden Prüfungen gibt es noch eine **berufsrechtliche** Besonderheit: Die Wirtschaftsprüferkammer ermittelt nach § 61a Satz 1 Nr. 2 WPO stichprobenweise und anlassunabhängig nach § 62b Abs. 1 WPO, ob die gesetzlichen Berufspflichten für die Abschlussprüfungen vom bestellten Abschlussprüfer eingehalten worden sind.

2 Die **Ausweitung** der Befangenheitsgründe bezieht sich auf die
- Relation der Honorare aus der geprüften Gesellschaft (→ Rz. 3),
- Erbringung von Beratungsleistungen (→ Rz. 4 ff.),
- Mitwirkung bei der Entwicklung und Einrichtung von rechnungslegungsbezogenen IT-Systemen (→ Rz. 23),
- Inhabilität nach sieben Prüfungsjahren (Rotation) (→ Rz. 29 ff.),
- Konzernabschlussprüfung (→ Rz. 38 ff.).

II. Die besonderen Ausschlussgründe (Abs. 1 Satz 1)

1. Umsatzabhängigkeit (Abs. 1 Satz 1 Nr. 1)

Die Regelung in → § 319 Rz. 49 wird inhaltlich übernommen bis auf die Prozent-Schwelle: Statt 30 % gelten hier 15 %. Eine Ausnahmegenehmigung der WP-Kammer (→ § 319 Rz. 59) kommt nicht in Betracht. Die gewählte Schwelle liegt an der oberen Grenze, die international diskutiert wird, und soll auch kleineren Prüfungsgesellschaften die Durchführung von Abschlussprüfungen in diesem Unternehmenssegment (→ Rz. 1) ermöglichen.[1]

3

2. Rechts- und Steuerberatung (Ab. 1 Satz 1 Nr. 2)

2.1 Die Interessenlage

Die Rechts- und Steuerberatung als möglicher Ausschlussgrund ist durch besondere praktische Bedeutung gekennzeichnet. Abschlussprüfung und Steuerberatung – weniger die Rechtsberatung – ist traditionell auch international ein **sachlich naheliegendes** Gebiet, das entsprechend oft von Personen mit der Qualifikation für beide Tätigkeitsbereiche bedient wird. Auch große Gesellschaften mit zunehmender Spezialisierung vereinen mit getrennten Abteilungen die Expertise für beide Bereiche in einem Haus.

4

Das daraus abgeleitete Angebot an die Mandantschaft wird auch – nicht immer – gerne angenommen, um die durch die Prüfungstätigkeit gewonnene **Erfahrung** auch mit der Besteuerungssituation des Unternehmens/Konzerns zu nutzen und überdies nicht mit mehreren Anbietern von Prüfungs- und Beratungsleistungen verhandeln zu müssen *("one shop stop")*. Daraus wiederum entsteht seitens des Prüfers bzw. der Prüfungsgesellschaften die Tendenz, über die Prüfung zu **Beratungsaufträgen** zu gelangen und umgekehrt *("cross selling")*. Dabei gelten die im Beratungsgeschäft erzielbaren Honorare als weitaus günstiger als die aus der Prüfungstätigkeit – wenigstens bei der Abschlussprüfung – zu generierenden, wo das Pauschalhonorar dominiert.

Andererseits übt die Ertragsbesteuerung einen wesentlichen Einfluss auf die wirtschaftliche Lage des Unternehmens/Konzerns aus – selbst in Verlustfällen, wenn akut keine Steuer geschuldet wird, aber möglicherweise eine künftige Verrechnung von Steuerschulden mit Verlustvorträgen zu einer aktivierbaren Steuerlatenz führen kann (→ § 274 Rz. 32 ff.). Wenn hier der Abschlussprüfer oder die prüfende Gesellschaft (→ Rz. 36) durch **Gestaltungsempfehlung** eingreift, liegt die Gefahr der Selbstprüfung auf der Hand.

5

Für die **Rechtsberatung** gilt diese Interessenkonstellation im gleichen Umfang, faktisch indes spürbar abgeschwächt, weil – auch berufspolitisch – die Rechtsberatung eher lose mit der Prüfungstätigkeit verbunden ist.

6

2.2 Die politische Entscheidung und die allgemeinen Regeln der Inhabilität

Vor diesem interessenbestimmten Hintergrund bedürfte und bedarf es einer politischen Entscheidung:

7

---

1 Vgl. *Ebke*, in: Münchner Kommentar zum Handelsgesetzbuch: HGB, 2. Aufl., München 2009, § 319a Tz. 11.

II. Die besonderen Ausschlussgründe

- **Verbot** der Steuer- und Rechtsberatung bei Abschlussprüferfunktion oder
- schlichte **Erlaubnis**.

National und international hat sich die zweite Alternative durchgesetzt: Die Steuer- und Rechtsberatungstätigkeit macht den Abschlussprüfer **nicht** inhabil. **Aber:**[2]

- Das **Selbstprüfungs**verbot darf dabei nicht außer Kraft gesetzt werden (→ § 319 Rz. 36).
- Eine übermäßige Abhängigkeit vom Umsatz aus der **Beratungstätigkeit** darf nicht vorliegen (→ § 319 Rz. 59).
- Die generellen **Schwellen** des Honorarvolumens aus einem Mandat (→ § 319 Rz. 59) dürfen nicht überschritten werden (→ Rz. 3).

8 Dabei ist sich der Gesetzgeber des BilReG des „besonders **sensiblen** Punkts" dieser Entscheidung im Hinblick auf die „**erhebliche wirtschaftliche** Bedeutung" für die Berufsangehörigen bewusst.

Die vom Gesetzgeber erkannte Sensibilität des Themas provoziert die Frage (→ Rz. 21), ob

- diese **nur** bei kapitalmarktorientierten Unternehmen gegeben ist und nicht bei Prüfungstätigkeit im übrigen Unternehmensbereich;
- wenn **nein**, ob dann die Kriterien in Abs. 1 Nr. 2 dort auch zumindest zur Gesetzesauslegung mit heranzuziehen sind;
- wenn **ja**, ob sich die Steuerberatungstätigkeit für kapitalmarktorientierte Unternehmen von derjenigen für andere Gesellschaften unterscheidet;
- und wenn (weiter) **ja, worin** diese Unterschiede in Bezug auf die Inhabilität liegen.

Auf all diese Fragen „sensibler" Natur bleibt der Gesetzgeber auch in den Begründungen eine Antwort schuldig. Gefragt ist eine Auslegung nach Maßgabe der bestehenden Interessenlagen und der Gesetzeshistorie, soweit sie im Wortlaut zum Ausdruck kommt.

2.3 Die tatbestandlichen Voraussetzungen

2.3.1 Überblick

9 Zu den die Inhabilität begründenden **Tatbeständen** folgende Aufzählung:

- Rechts- und Steuerberatungsleistungen, inhaltlich bestimmt durch die Berufsgesetze,
- die über die Prüfungstätigkeit **hinausgehen** (→ Rz. 11),
- sich nicht im **Aufzeigen** von Gestaltungsmöglichkeiten erschöpfen (→ Rz. 11)
- und sich auf die **Darstellung** der Vermögens-, Finanz- und Ertragslage auswirken (→ Rz. 11)
- und zwar (Letzteres) **unmittelbar** (→ Rz. 16)
- und nicht nur **unwesentlich** (→ Rz. 19)
- und im **zu prüfenden** Geschäftsjahr erbracht worden sind (→ Rz. 20).

---

[2] Einzelheiten zur Rechtsentwicklung bei *Ebke*, in: Münchner Kommentar zum Handelsgesetzbuch: HGB, 2. Aufl., München 2009, § 319a Tz. 14.

2.3.2 „Über die Prüfungstätigkeit hinaus"

Das **Übersteigen** der Prüfungstätigkeit ist als Tatbestandsvoraussetzung **nichtssagend**, denn „innerhalb" des gesetzlich gebotenen Prüfungsgeschehens kann ein Ausschlussvorgang nicht vorliegen. Das Übersteigen kann nur innerhalb eines **gesonderten** Auftrags, der auch konkludent erfolgen kann, vorliegen.

2.3.3 „Über das Aufzeigen von Gestaltungsmöglichkeiten hinaus"

Das „Mehr" über das Aufzeigen von **Gestaltungsmöglichkeiten** hinaus ist der Vorgabe des BGH („Allweiler") entnommen (→ § 319 Rz. 38).[3] Danach soll die (gestaltende) Beratungstätigkeit zulässig sein, wenn sie sich auf das Aufzeigen von Handlungsmöglichkeiten und ihre Konsequenzen beschränkt. Erst wenn die Beratung über eine Entscheidungshilfe hinausgehe, insbesondere der Berater = Abschlussprüfer anstelle der Geschäftsleitung eine unternehmerische Entscheidung treffe, sei die Grenze zur Inhabilität überschritten.

Die Kritik an diesen Unterscheidungsmethoden liegt auf der Hand.[4] Schon rein formal betrachtet kann die unternehmerische Entscheidung nicht vom Berater/Prüfer getroffen werden, sondern nur von den gesetzlichen Vertretern. Die vom BGH hervorgehobene funktionale **Entscheidungszuständigkeit** ist schon vom Gesetz zwingend geregelt und kann von keinem Berater/Prüfer ausgehebelt werden. Selbst wenn das Beratungsergebnis lauten sollte: „Zu unserem Vorschlag gibt es im Hinblick auf den Beratungsgegenstand keine Alternative", bleibt die Entscheidungskompetenz der gesetzlichen Vertreter unberührt.

Auch die Schwelle des Aufzeigens von **Gestaltungsalternativen**, welche die Habilität nicht beeinträchtigen, ist wenig griffig, um nicht zu sagen konturenlos.

> **BEISPIEL** ▶ Der mittelständische Schuhproduzent sucht nach einer billigeren Produktionsstätte im Ausland. Der Abschlussprüfer/Steuer- und Rechtsberater analysiert die verschiedensten ausländischen Standorte, listet das Für und Wider auf und fasst die Ergebnisse am Schluss der Expertise zusammen. Die **Unwägbarkeiten** der politischen Entwicklung, der Steuergesetzgebung, des Arbeitsrechts national und international werden dabei gebührend dargestellt und ebenso die mangelnde Quantifizierbarkeit wichtiger Entscheidungsparameter.
>
> ▶ Muss nun das Gutachten sein Ende haben oder schließen: „Trotz aller Vorbehalte empfehlen wir nach heutigem Kenntnisstand den Produktionsstandort Paraguay." Wird damit die Grenze zur Inhabilität überschritten, wenn – notwendigerweise – die in der Stellungnahme ausgebreiteten Faktoren diese Lösung präferieren?
>
> ▶ Wird die Geschäftsleitung in ihrer Entscheidung durch diese Empfehlung präjudiziert?

Alle diese Fragen werden durch „Allweiler" und die Grenzmarke des Gesetzes („Aufzeigen von Gestaltungsalternativen") nicht beantwortet. Auch eine Art **Fremdvergleich** hilft nicht weiter.

---

3 BGH-Urteil vom 21.4.1997 – II ZR 317/95, WPg 1997 S. 566 ff.
4 Vgl. *Welf Müller*, WPg 2003 S. 744 f.; *Schulze-Osterloh*, EWiR 1996 S. 129.

II. Die besonderen Ausschlussgründe

> **BEISPIEL** In Abwandlung des Sachverhalts im Beispiel unter → Rz. 12 wird das Gutachten von einer fremden Beratungsgesellschaft erstellt. Sie stellt genauso die Fakten fest und fasst diese mit ihren positiven und negativen Aspekten zusammen. Die abschließende Empfehlung lautet: „Paraguay". An Vorbehalten bezüglich dieser Empfehlung fehlt es genauso wenig wie bei der (beratenden) Prüfungsgesellschaft. Der Geschäftsleitung steht es in beiden Sachverhalten offen, statt Paraguay Brasilien zu wählen, etwa nur deswegen, weil der Vorstandsvorsitzende ein persönliches Faible für Rio de Janeiro mit sich herumträgt.

14 Die beiden vorstehenden Beispiele belegen die Unzulänglichkeit der „Allweiler-Lösung" für die praktische Anwendung. Auch die Beschränkung auf die abstrakte Erläuterung der Rechtslage oder zu bestimmten Sachverhalten[5] hilft nicht viel: Was heißt hier „abstrakt"? Kann der Auftraggeber mit „abstrakten" Hinweisen etwas anfangen? Wird er dazu überhaupt einen Auftrag erteilen: „Abstrakte Stellungnahme zu Alternativen der Standortverlegung?" Jedenfalls liefert „Allweiler" einen Freibrief für die Steuerberatungstätigkeit des bestellten Abschlussprüfers.

2.3.4 Wesentliche und unmittelbare Auswirkung auf die Vermögens-, Finanz- und Ertragslage

15 Steuerbe- und -entlastungen haben immer eine Auswirkung auf die Vermögens-, Finanz- und Ertragslage. Um diese Gesetzesvorgabe geltungserhaltend darzustellen, spricht die Regierungsbegründung zum BilReG[6] von Beratungsfällen, in denen die **Auswirkungen** auf den Jahresabschluss in die Untersuchung einzubeziehen sind, insbesondere wenn ein bestimmtes bilanzielles Ergebnis erreicht werden soll.

16 Dabei soll nach der Gesetzesbegründung zwischen **mittelbarer** und **unmittelbarer** Auswirkung unterschieden werden.

> **BEISPIEL** Im Sachverhalt des Beispiels unter → Rz. 12 werden (gutachterlich) die Entstrickungsbesteuerung in Deutschland nach § 4 Abs. 1 Satz 3 EStG i.V. mit § 4g EStG und die im Ausland zu beachtende Zugangsbewertung (Einlagen) untersucht. Die daraus resultierenden Besteuerungseffekte sollen nach der Vorstellung des Gesetzgebers nur **mittelbar** auf den zu prüfenden Jahresabschluss einwirken.

17 **Unmittelbar** wäre die Auswirkung auf das (gewünschte) bilanzielle Ergebnis im Folgenden:

> **BEISPIEL** Die K-GmbH hat Schwierigkeiten mit der Erfüllung der von ihrer Bank geforderten Eigenkapitalquote. Sie bittet ihre Prüfungsgesellschaft um Vorschläge zu deren Erhöhung unter Berücksichtigung der Folgeeffekte auf die Besteuerung. Infrage kommt in der gegebenen Ausgangslage nur eine *sale and lease back*-Konstruktion. Mit diesem Auftragsinhalt, der

---

5 Dies sei nach § 23a BS WP/vBP unschädlich.
6 BT-Drucks. 15/3419 S. 49; dort wird als Beispiel (ausgerechnet) die Auslagerung von Risiken in nicht konsolidierte Zweckgesellschaften genannt (→ § 290 Rz. 39 ff.).

sich unmittelbar auf die Vermögens-, Finanz- und Ertragslage auswirkt, wäre die Inhabilität der Prüfungsgesellschaft begründet.

In der Logik der Gesetzesbegründung wäre dagegen die Inhabilität in folgender Fallabwandlung nicht gegeben. 18

BEISPIEL ▶ Die K-GmbH beauftragt ihre WP-Gesellschaft mit der Darstellung der steuerlichen und zivilrechtlichen Effekte einer *sale and lease back*-Konstruktion. Die Folgewirkung auf die Eigenkapitalquote wäre hier auch darzustellen, allerdings nur als Abfallprodukt des (förmlichen) Gutachtenauftrags. Bei dieser „Umdrehung" des Untersuchungsgegenstands wäre die Auswirkung auf den zu prüfenden Jahresabschluss nur als **mittelbar** zu kennzeichnen, die Habilität der WP-Gesellschaft bliebe gewahrt.

Die beiden vorstehenden Beispiele belegen die Untauglichkeit der Unterscheidung nach mittelbar und unmittelbar zur Lösung des Problems, nämlich die Bestimmung des Selbstprüfungsverbots. 19

Bleibt noch – einmal mehr – die für die Prüfungstätigkeit generell tatbestandlich geforderte **Wesentlichkeit** (→ § 317 Rz. 17). Dieses Kriterium entzieht sich der exakten (quantitativen) Definition (→ § 252 Rz. 184), eröffnet dem Abschlussprüfer einen Entscheidungsspielraum und zwingt ihn zu einer Ermessensentscheidung. Die allgemeingültigen Kriterien des Verbots der der Unabhängigkeit nach § 319 Abs. 2 HGB (→ § 319 Rz. 7) sind dabei entscheidend zu berücksichtigen.

2.3.5 „Im zu prüfenden Geschäftsjahr"

Die möglicherweise unzulässige Beratungstätigkeit muss im zu prüfenden Geschäftsjahr ausgeübt worden sein. Dieses Tatbestandsmerkmal kann fast schon als **Gestaltungshinweis** des Gesetzgebers interpretiert werden: „Beendet Euren Beratungsauftrag mit Ablieferung des Gutachtens oder der Stellungnahme spätestens bis zum Bilanzstichtag des Vorjahrs." Aber selbst dann oder gerade dann stellt sich im Folgejahr das Problem des Selbstprüfungsverbots (→ § 319 Rz. 36), das u. U. durch Schutzmaßnahmen (→ § 319 Rz. 10) zu überprüfen ist. 20

2.3.6 Beurteilung

Das Ergebnis der Untersuchung zu den Steuer- und Rechtsberatungsleistungen als Befangenheitsgrund stellt sich wie folgt dar: 21

▶ Griffige Abgrenzungskriterien für die praktische Anwendung sind dem Gesetzgeber nicht gelungen.

▶ Auch im Anwendungsbereich des § 319a HGB gelten nur die allgemein gültigen Tatbestände, die eine Befangenheitsbesorgnis nach § 319 HGB begründen können.

▶ Der Regelungsgehalt des Abs. 1 Satz 1 Nr. 2 lässt sich als Auslegungshilfe zum Selbstprüfungsverbot verwenden.

▶ Unterschiede bezüglich der Inhabilität des Abschlussprüfers aufgrund von Rechts- und Steuerberatungsleistungen zugunsten der geprüften Gesellschaft/Konzern zwischen kapitalmarktorientierten Unternehmen und anderen bestehen nicht (→ Rz. 8).

22 Insgesamt folgt aus allem: Der (insbesondere) Steuerberatungstätigkeit für den Auftraggeber des Prüfungsgeschehens sind wenig klare Grenzen gesetzt. Die Inhabilität ist durch solche Aufträge selten gefährdet. Auf dem Gebiet der Steuerberatung gelten jedenfalls folgende Tätigkeiten als unbedenklich:[7]

- Erstellung von Steuererklärungen,
- Beratung zu bereits verwirklichten Sachverhalten (z. B. bei steuerlichen Außenprüfungen und Einspruchsverfahren),
- Beratung bei der Umsatz- und Lohnsteuer,
- steuerliche *Due-diligence*-Aufträge,
- Vertretung des Mandanten bei Betriebsprüfungen,
- Vertretung in außergerichtlichen und gerichtlichen Rechtsbehelfsverfahren.

3. Rechnungslegungsinformationssystem (Abs. 1 Satz 1 Nr. 3)

3.1 Inhalt

23 Es geht um Rechnungslegungsinformationssysteme, also einen Teilbereich des das Unternehmen/Konzern begleitenden IT-Systems, z. B. auf der ERP-Basis. Diese Technologie ist ab einer bestimmten Größe zur Unternehmenssteuerung unerlässlich. Solche System bedürfen einer Vielzahl von Kontrollen, die sich zu einem Kontrollsystem verdichten lassen, das – soweit auf das Rechnungswesen ausgerichtet – notwendig zur Durchführung der Abschlussprüfung heranzuziehen ist (→ § 317 Rz. 27).

Es geht dabei u. a. um:

- die kaufmännische Buchführung (FiBu),
- die Nebenbücher (Lohnabrechnung, Anlagebuchführung),
- Kostenrechnung,
- Planungsrechnung,
- Produktions- und Lagersteuerung,
- etc.

Das Selbstprüfungsverbot ist hier besonders virulent.

3.2 Die Tatbestandsmerkmale

24 Die angesprochene Tätigkeit soll nur schädlich sein, wenn sie „über die Prüfungstätigkeit **hinaus**" ausgeübt wird. Es handelt sich um die gleiche nichtssagende Selbstverständlichkeit wie unter Abs. 1 Satz 1 Nr. 2 für die Beratungstätigkeit (→ Rz. 10).

Nur die **im** zu prüfenden Geschäftsjahr tätige Mitwirkung löst die Befangenheit unwiderleglich aus. Wie bei der Beratungstätigkeit liegt der Umgehungsanreiz nahe (→ Rz. 20). Hinzu kommt die Langfristigkeit entsprechender Leistungen auf dem IT-Gebiet. Der Planungs- und Installationszeitraum wird regelmäßig vor dem zu prüfenden Geschäftsjahr liegen, so dass in-

---

[7] Teilweise nach *Förschle/Schmidt*, in: Beck'scher Bilanz-Kommentar, 7. Aufl., München 2010, § 319a Tz. 16; identisch mit *Dodenhoff*, in: Haufe HGB Bilanz Kommentar, Freiburg 2009, § 319a Tz. 15.

soweit immer ein **Freibrief** gegenüber der Befangenheitsbesorgnis von Gesetzes wegen erteilt wird. Das prinzipienorientierte Reglement des § 319 Abs. 2 HGB (→ § 319 Rz. 7) bleibt allerdings unberührt. Eine Unbefangenheit eines am 31. 12. 2001 komplett von der Prüfungsgesellschaft eingerichteten IT-Systems im (Teil-)Bereich der Rechnungslegung kann kaum im Geschäftsjahr 02 von dieser Gesellschaft unbefangen geprüft werden.

Zulässig und sinnvoll sind dagegen die **projektbegleitenden Prüfungen** des Abschlussprüfers,[8] wenn ein IT-Beratungsunternehmen die Implantation des Systems mit oder ohne die Fachabteilung des geprüften Unternehmens vornimmt. Umgekehrt zeigt sich hier deutlich die Unvereinbarkeit mit der Prüfungstätigkeit auch außerhalb der Zeitraumbestimmung des Gesetzes. Die projektbegleitenden Prüfungshandlungen wären notwendig aus Sicht der Abschlussprüfung als Selbstprüfungen zu werten.[9]

25

Der **Umfang** der betroffenen Tätigkeiten ist vom Gesetz sehr **weit** gezogen. „Entwicklung", „Einrichtung" und „Einführung" umfasst eigentlich alle einschlägigen Arbeitsschritte. Andererseits gilt einmal mehr das **Wesentlichkeits**kriterium (→ § 252 Rz. 184), das in diesen Fällen noch mehr als sonst eine hochgradige Ermessensentscheidung (→ Rz. 19) erfordert.

26

Bei Erfüllung der Tatbestandsmerkmale ist der Abschlussprüfer **unwiderlegbar** befangen, und wenn nicht, kann man sich bei einer solchen (nicht unwesentlichen) Tätigkeit eine *„independence in appearance"* – also nicht das Bestehen der Befangenheit, sondern die Besorgnis der Befangenheit aus Sicht einer Dritten (→ § 319 Rz. 8) – kaum vorstellen.

27

U. E. ist der Regelungsgehalt des Abs. 1 Satz 1 Nr. 3 auch außerhalb des Prüfungsbereichs der kapitalmarktorientierten Unternehmen als Auslegungshilfe zur Bestimmung der Befangenheitsbesorgnis heranzuziehen (→ Rz. 8).

28

4. Rotationsgebot (Abs. 1 Satz 1 Nr. 4 Sätze 4 und 5)

4.1 Die Gesetzesintention

Im Zusammenhang mit den vom Gesetz (nicht nur) besonders hoch angesiedelten Anforderungen zur Gewährleistung der Unabhängigkeit des Abschlussprüfers (→ § 319 Rz. 1) flackert immer wieder die Idee eines **Zwangswechsels** des Abschlussprüfers nach einigen Jahren zur Vermeidung einer übermäßigen „Vertrautheit" mit dem Prüfungsobjekt und den dort agierenden Personen (genannt **„Betriebsblindheit"**) auf. Gerade nach *„Enron"* und im Zuge des US-amerikanischen *Sarbanas-Oxley-Act* (→ § 319 Rz. 2) ist dieses Thema in Europa heiß diskutiert worden. Im Ergebnis kam es zum Kompromiss der **internen** Rotation, also des zwangsweisen Wechsels in der Prüfungsverantwortung innerhalb einer Prüfungs**gesellschaft**. Dabei macht sich der Gesetzgeber das unbestreitbare Erfordernis einer mehrgliedrigen Organisation zunutze, ohne die ein kapitalmarktorientiertes Unternehmen/Konzern nur in großen Ausnahmefällen geprüft werden könnte, ein Einzel-WP ohne angestellte Kollegen also sachnotwendig von der Abschlussprüfung ausgeschlossen ist.

29

---

8 Vgl. IDW PS 850.
9 Vgl. IDW PS 840 Tz. 32; Begründung zu § 23a BS WP/vBP.

4.2 Der betroffene Personenkreis

30 Dabei geht der Gesetzgeber im logischen Aufbau gerade umgekehrt vom „Wirtschaftsprüfer" aus, der ohne Rotation nach sieben Jahren inhabil wird. Diese Grundlage wird indes im Gesetzeswortlaut gleich wieder modifiziert, wenn von der **Verantwortlichkeit** für die Abschlussprüfung die Rede ist. Implizit sind die Verhältnisse einer Wirtschaftsprüfungsgesellschaft angesprochen, deren „Beschäftigte" dem Rotationsgebot unterliegen. Bei einem Einzel-WP – der gesetzlichen „Ausgangssituation" – kann man sich selbst bei Beschäftigung anderer unselbständig freiberuflich tätiger Berufsträger (→ Rz. 29) den **Ausschluss** des Praxisinhabers von der Verantwortlichkeit kaum vorstellen.

31 Innerhalb der **Organisation** einer Prüfungsgesellschaft (Abs. 1 Satz 4) sind der internen Rotation infolge der Verantwortlichkeit für das betreffende Prüfungsmandat unterworfen:

► der Unterzeichner des Bestätigungsvermerks sowie

► derjenige, der von der Gesellschaft als zur Prüfungsdurchführung vorrangig verantwortlich bestimmt worden ist.[10]

Das Gesetz spricht hier vom „Prüfungspartner", nimmt also Bezug auf die **partnerschaftliche** Organisation größerer Wirtschaftsprüfungsgesellschaften. Unterstellt wird dabei die verantwortliche Auftragsdurchführung durch einen förmlich bestellten Partner. U. E. ist als ein solcher „Partner" auch ein Senior Manager i. S. des internen Hierarchieebene (als Berufsträger) zu verstehen. Regelmäßig besteht zwischen den beiden involvierten Auftragsverantwortlichen eine Personalunion, d. h. der Prüfungspartner unterzeichnet auch den Bestätigungsvermerk allein oder mit einem anderen Wirtschaftsprüfer.[11] Bei der in Deutschland üblichen Unterzeichnung des Bestätigungsvermerks durch zwei Berufsträger können bei ausnahmsweiser Prüfungsverantwortung durch einen **weiteren** Wirtschaftsprüfer drei Personen der Rotation unterliegen. Für das **Prüfungsteam** außerhalb der zwei oder drei angesprochenen Personen gilt das Rotationsgebot nicht.

32 Theoretisch – nicht aus Sicht des Gesetzgebers – kann ein Nicht-Wirtschaftsprüfer die Verantwortung für die Prüfung als „Prüfungsleiter" innehaben. Nach dem Wortlaut unterliegen nur Wirtschaftsprüfer dem Rotationsgebot. U. E. könnte das Rotationsgebot an diesem Prüfungsleiter bei wörtlicher Auslegung vorbeigehen.[12] U. E. ist dies nach dem Telos des Gesetzes nicht der Fall. Das Gleiche gilt, wenn der Wirtschaftsprüfer vorübergehend seine Bestellung zurückgibt.

4.3 Die Durchführung

33 Der Ausschluss von der Prüfung des Abschlusses einer Gesellschaft tritt nach **siebenmaliger** Verantwortung bzw. Unterzeichnung des Bestätigungsvermerks (→ Rz. 31) in Kraft. Dieses „Siebenmal" muss nicht in Folge der Fall gewesen sein. Bei einjähriger Unterbrechung beginnt keine neue Zählung.

---

10 § 24a Abs. 2 BS WP/vBP.
11 Entsprechend der Vorgabe in § 27a i.V. mit § 24a Abs. 2 BS WP/vBP.
12 So *Orth/Müller*, in: Küting/Pfitzer/Weber, Das neue deutsche Bilanzrecht, Stuttgart 2008, S. 619.

Ist der Tatbestand der siebenmaligen Mitwirkung an der Prüfung und/oder Unterzeichnung des Bestätigungsvermerks erfüllt, wird der betreffende Wirtschaftsprüfer und damit die Prüfungsgesellschaft selbst für die nächste Abschlussprüfung inhabil. Die Gesellschaft muss einen anderen Wirtschaftsprüfer zur verantwortlichen Durchführung der Prüfung und zur Unterzeichnung des Bestätigungsvermerks zur Erhaltung ihrer Habilität bestimmen.[13]

Dem nach siebenmaliger Tätigkeit „kaltgestellten" Wirtschaftsprüfer wird bezüglich dieses Mandats ein doppeltes Sabbatjahr (genannt *cooling off*-Periode) auferlegt, bevor er wiederum siebenfach in das Prüfungsgeschehen dieses Mandats verantwortlich und/oder als Unterzeichner des Bestätigungsvermerks eingreifen kann. Die Zweijahresfrist ist **kalendermäßig** definiert und nimmt keine Rücksicht auf die konkreten Termine für die Abwicklung des Prüfungsauftrags oder die Bildung eines Rumpfgeschäftsjahrs. 34

> **BEISPIEL** Die Erteilung des Bestätigungsvermerks für das kalendergleiche Geschäftsjahr 01 des geprüften Unternehmens durch den Wirtschaftsprüfer W für die WP-Gesellschaft X erfolgt am 30.4.2002. Dann muss W nach siebenfacher Befassung für zwei Jahre in Ausstand treten. Am 10.4.2004 wird X als Prüfungsgesellschaft für das Geschäftsjahr 04 wieder gewählt und bestätigt den Prüfungsauftrag am 18.4.2004. Die Zwei-Jahres-Frist für den W ist dann noch nicht abgelaufen. Gleichwohl kann er u.E. die Prüfungsleitung für den Jahresabschluss zum 31.12.2004 wieder übernehmen.

Während seiner „Kaltstellung" muss sich der betroffene Wirtschaftsprüfer jeder Tätigkeit für das Mandat enthalten. Deshalb ist unzulässig: 35

- Der Einsatz als „normales" Mitglied des Prüfungsteams;
- erst recht die Mitwirkung bei der Bilanzsitzung des Aufsichtsrats (→ § 268 Rz. 52b).
- Die prüferische Durchsicht *(review)* der Zwischenberichterstattung.[14]
- Durchführung der auftragsbegleitenden Qualitätssicherung,[15] für die ihrerseits die „Siebenmal-Regel" und die Abkühlungsphase gilt.

Dagegen sind Informationen an das aktuell agierende Prüfungsteam dem „kaltgestellten" Wirtschaftsprüfer erlaubt.

Zur **Zählweise** bei **gleichzeitiger** Prüfung des Abschlusses einer Muttergesellschaft und des Konzernabschlusses vgl. unter → Rz. 38.

III. Verweis auf generelle Ausschlussgründe (Abs. 1 Satz 2)

Die Regeln des § 319a HGB weiten die allgemein gültigen Ausschlussgründe des § 319 HGB aus (→ Rz. 1). Folgerichtig kann der Gesetzgeber zur Vermeidung von Wiederholungen auf einzelne in § 319 HGB geregelte Tatbestände **verweisen**, und zwar auf: 36

---

13 § 24a Abs. 2 BS WP/vBP.
14 So auch *Förschle/Schmidt*, in: Beck'scher Bilanz-Kommentar, 7. Aufl., München 2010, § 319a Tz. 34.
15 § 24d Abs. 2 BS WP/vBP.

- § 319 Abs. 4 HGB: Ausübung der die Inhabilität begründenden Tätigkeiten durch ein den beauftragten Wirtschaftsprüfer/Wirtschaftsprüfungsgesellschaft in bestimmter Form „nahestehendes" Unternehmen (→ § 319 Rz. 64).
- § 319 Abs. 3 Satz 2 HGB: Ausdehnung der möglichen Inhabilität bei Wirtschaftsprüfungsgesellschaften auf gesetzliche Vertreter, Gesellschafter, beschäftige Personen (→ § 319 Rz. 58).

IV. Sozietätsklausel (Abs. 1 Satz 3)

37 Zur Wirkung der Sozietätsklausel allgemein vgl. → § 319 Rz. 27. Sie wirkt im Rahmen des § 319a HGB nur auf die Ausschlussgründe in Abs. 1 Satz 1 Nr. 1-3. Die Prüferrotation ist durch die in → Rz. 30 ff. dargestellte Gesetzestechnik auch im Sozietätsfall beachtlich.

V. Konzernabschlussklausel (Abs. 2)

1. Anwendung auf den Konzernabschluss (Abs. 2 Satz 1)

38 Die Regeln des Abs. 1 mit den spezifischen Ausschlussgründen gelten (selbstverständlich) auch für den Prüfer des Konzernabschlusses kapitalmarktabhängiger Mutterunternehmen (→ § 290 Rz. 2). Dabei sind die Prüfungen des Jahres- und des Konzernabschlusses als **getrennte Aufträge** zu werten. Die regelmäßige Beauftragung der Jahresabschlussprüfer des Mutterunternehmens mit der Konzernabschlussprüfung ist auch bezüglich der Rotation getrennt zu bewerten (keine sog. Doppelzählung). Der für beide Aufträge verantwortliche oder der den Bestätigungsvermerk für den Konzernabschluss unterzeichnende Wirtschaftsprüfer ist für beide Aufträge je einmal tätig[16] und kann entsprechend siebenmal die Prüfung in dieser Konstellation durchführen. Das gilt auch bei Erteilung eines zusammengefassten Bestätigungsvermerks (→ § 322 Rz. 92).

2. Abschlussprüfung bei Tochtergesellschaften (Abs. 2 Satz 2)

39 Andererseits ist in die Zählung des „Siebenmal" (→ Rz. 33) auch die **verantwortliche Durchführung** von Jahresabschlussprüfungen bedeutender Tochterunternehmen einzubeziehen. Die Unterzeichnung des **Bestätigungsvermerks** (→ Rz. 31) soll nach dem Gesetzeswortlaut nicht schädlich sein. Ob dies so gewollt ist oder ein redaktionelles Versehen darstellt, muss offen bleiben. U. E. ist auch die Unterzeichnung des Bestätigungsvermerks als Zählgröße zu berücksichtigen.

40 Einzubeziehen in die Zählung sind nur die Jahresabschlüsse **bedeutsamer** inländischer Tochtergesellschaften. Nach der Regierungsbegründung des BilMoG[17] liegt regelmäßig „Bedeutsamkeit" bei Halten von 20 % des Konzernvermögens und Erbringung von 20 % des Konzernumsat-

---

[16] Vgl. *Habersack*, NZG 2007 S. 207; *Ekbe*, in: Münchner Kommentar zum Handelsgesetzbuch: HGB, 2. Aufl., München 2009, § 319a Tz. 24 ff.; so auch BT-Drucks. 16/12407 S. 120. Möglicherweise a. A. *Förschle/Schmidt*, in: Beck'scher Bilanz-Kommentar, 7. Aufl., München 2010, § 319a Tz. 39: Prüfungsleistung drei Jahre für den Konzernabschluss und vier Jahre für eine bedeutende Tochtergesellschaft sind zusammenzurechnen.

[17] Regierungsbegründung BT-Drucks. 16/10067 S. 81.

zes (vor Konsolidierung) vor. Die „Bedeutsamkeit" muss siebenmal erfüllt sein, um die „Auszeit" des betreffenden Wirtschaftsprüfers zu erfüllen. Selbstverständlich muss der betreffende Wirtschaftsprüfer auch gegenüber der Tochtergesellschaft selbst die Habilitätserfordernisse der §§ 319 und 319a HGB erfüllen.

Die Jahresabschlussprüfung (bei der Tochtergesellschaft) ist nicht identisch mit der „HB II"-Prüfung („Konzern-Packages")[18] und der Prüfungstätigkeit nach § 317 Abs. 3 Satz 2 HGB (→ § 317 Rz. 66). 41

Das Tochterunternehmen kann seinerseits kapitalmarktorientiert sein. Dann sind § 319a Abs. 1 und 2 HGB kumulativ anzuwenden.[19] Die Prüfung mehrerer unbedeutender Tochtergesellschaften ist nur dann als Zählgröße in die Siebenfachtätigkeit einzubeziehen, wenn die Vertretungs- und Aufsichtsorgane dieser „unbedeutenden" Tochtergesellschaften identisch sind.[20] 42

---

[18] Rechtsausschuss des BT, BT-Drucks. 16/12407 S. 120.
[19] Rechtsausschuss des BT, BT-Drucks. 16/12407 S. 120.
[20] Rechtsausschuss des BT, BT-Drucks. 16/12407 S. 120.

§ 319b Netzwerk

(1) ¹Ein Abschlussprüfer ist von der Abschlussprüfung ausgeschlossen, wenn ein Mitglied seines Netzwerks einen Ausschlussgrund nach § 319 Abs. 2, 3 Satz 1 Nr. 1, 2 oder Nr. 4, Abs. 3 Satz 2 oder Abs. 4 erfüllt, es sei denn, dass das Netzwerkmitglied auf das Ergebnis der Abschlussprüfung keinen Einfluss nehmen kann. ²Er ist ausgeschlossen, wenn ein Mitglied seines Netzwerks einen Ausschlussgrund nach § 319 Abs. 3 Satz 1 Nr. 3 oder § 319a Abs. 1 Satz 1 Nr. 2 oder 3 erfüllt. ³Ein Netzwerk liegt vor, wenn Personen bei ihrer Berufsausübung zur Verfolgung gemeinsamer wirtschaftlicher Interessen für eine gewisse Dauer zusammenwirken.

(2) Absatz 1 ist auf den Abschlussprüfer des Konzernabschlusses entsprechend anzuwenden.

Inhaltsübersicht

	Rz.
I. Regelungsgehalt: Netzwerkdefinition (Abs. 1 Satz 3)	1 - 3
II. Ausschlussgründe bei Netzwerkzugehörigkeit	4 - 11
1. Die „Funktion" der Netzwerkzugehörigkeit (Abs. 1 Sätze 1 und 2)	4 - 5
2. Widerlegbare Ausschlussgründe (Abs. 1 Satz 1)	6 - 9
3. Unwiderlegbare Ausschlussgründe (Abs. 1 Satz 2)	10 - 11
III. Konzernklausel (Abs. 2)	12
IV. Anwendungsregel	13

Ausgewählte Literatur

Auf die Hinweise zu → § 319 wird verwiesen.

I. Regelungsgehalt: Netzwerkdefinition (Abs. 1 Satz 3)

§ 319b HGB widmet sich den in Art. 22 Abs. 2 der Abschlussprüferrichtlinie enthaltenen **Unabhängigkeitsvorschriften**. Diese zielen insbesondere auf die im internationalen Prüfungsgeschäft agierenden großen und mittelständischen Einheiten, die mit Ausnahmen (KPMG Europa) nicht kapitalmäßig verflochten sind, aber gleichwohl gemeinsame wirtschaftliche Interessen durch Anbietung von Prüfungs- und Beratungsleistungen verfolgen. Diese Zusammenarbeit darf sich nicht auf eines oder mehrere ad hoc begründete Auftragsverhältnisse beschränken – typisches Beispiel: Gemeinschaftsprüfungen (*joint audits* → § 318 Rz. 20) –, sondern bedarf einer **Institutionalisierung** in vertraglicher Form, ohne die ein Zusammenwirken „für eine gewisse **Dauer**" nicht denkbar ist. Das Netzwerk ist also durch die Art des Zusammenwirkens zu bestimmen.[1]

1

> **BEISPIEL** Die Baumarktbetreiber B GmbH in Karlsruhe erwirbt als Tochtergesellschaft einen Vergleichsbetrieb, die B SA in Straßburg. Die Geschäftsführung der B GmbH bittet ihre Prüfungsgesellschaft W GmbH um Durchführung der Abschlussprüfung auch bei der B SA. Da ihr dies rechtlich und faktisch nicht möglich ist, knüpft sie Verbindung mit der WP-Societät S in Straßburg. Diese erhält den Prüfungsauftrag, nachdem die W GmbH die Erfüllung der

---

[1] Vgl. *Petersen/Zwirner/Boecker*, WPg 2010 S. 465.

> Voraussetzungen des § 319 HGB geprüft hat. In den folgenden Jahren wird die S weiterhin zur Abschlussprüferin der B SA bestellt.
>
> Die Prüfungstätigkeit ist zwar im Nachhinein gesehen „von einer gewissen Dauer", es fehlt aber an „gemeinsamen wirtschaftlichen Interessen", die ex ante in einer entsprechenden Vereinbarung umschrieben werden müssen, um ein dauerhaftes Zusammenwirken darzustellen.

2   Entsprechend umschreibt die Abschlussprüferrichtlinie in Art. 2 Nr. 7 das Netzwerk als eine Zusammenarbeit, die auf **Gewinn-** und **Kostenteilung** ausgerichtet ist. Als weitere Merkmale für das Vorliegen eines Netzwerks gelten

- gemeinsames Eigentum,
- gemeinsame Kontrolle,
- einheitliche Geschäftsführung,
- einheitliche Qualitätssicherungsmaßnahmen,
- Verwendung einer einheitlichen Marke (z. B. „BDO"),
- Verwendung gemeinsamer fachlicher Ressourcen.

Die erforderliche **Intensität** der Zusammenarbeit wird durch den einheitlichen **Außenauftritt** augenscheinlich. Eine „gemeinsame Marke" ist hierfür kennzeichnend, insbesondere die Verwendung eines Logos auf dem Briefpapier und im Internetauftritt.[2]

3   Die **rechtliche** Ausgestaltung des Zusammenwirkens ist dabei nicht entscheidend. Die Schnittstelle zwischen „Netzwerk" und „Zusammenarbeit" wird häufig nicht leicht zu finden sein. Als „letztes", dafür aber wiederum hochgradig auslegungsbedürftiges Unterscheidungsmerkmal ist auf die Begründung der **Befangenheitsbesorgnis** aus Sicht eines objektiv urteilenden Dritten (→ § 319 Rz. 8) zurückzukommen.[3]

II. Ausschlussgründe bei Netzwerkzugehörigkeit

1. Die „Funktion" der Netzwerkzugehörigkeit (Abs. 1 Sätze 1 und 2)

4   Die Inhabilität eines Abschlussprüfers wird durch die Erfüllung eines Ausschlussgrunds bei einem Netzwerkmitglied begründet.

> **BEISPIEL** Die K AG WP-Gesellschaft ist zum Abschlussprüfer des Jahres- und Konzernabschlusses nach § 315a HGB des Großkonzerns D bestellt.
>
> - Das Netzwerkmitglied US Corp. wirkt entscheidend bei der Installation eines konzernweit anzuwendenden Konsolidierungssystems für den Konzernabschluss mit.

---

2 WPK-Magazin 2/2010 S. 31.
3 Vgl. *Neu*, DB 2008 S. 1, Gastkommentar; so auch *Petersen/Zwirner/Boecker*, WPg 2010 S. 466.

> ▶ Die Ehefrau E eines Board-Mitgliedes M des australischen Netzwerkpartners AUS Corp. ist Mitglied des Aufsichtsrats des D-Konzerns.
>
> ▶ Im erstgenannten Fall wird die Inhabilität **unwiderlegbar** vermutet (→ § 319a Rz. 23).
>
> ▶ Im zweiten Fall ist die Befangenheitsbesorgnis **widerlegbar** (→ Rz. 6).

Bei der Nennung der Abschlussgründe bedient sich der Gesetzgeber der **Verweistechnik** auf die §§ 319, 319a HGB, der wir bei der Kommentierung folgen. 5

2. Widerlegbare Ausschlussgründe (Abs. 1 Satz 1)

Die in Abs. 1 Satz 1 genannten Ausschlussgründe sind widerlegt, wenn das Netzwerkmitglied **keinen Einfluss** auf das Ergebnis der Abschlussprüfung nehmen kann. 6

> **BEISPIEL** ▶ Die E im Beispiel unter → Rz. 4 kann als Adressat des Prüfungsberichts (→ § 321 Rz. 86) und bei der Wahl des Abschlussprüfers (→ § 318 Rz. 7) dem Grunde nach Einfluss auf das Prüfungsergebnis des Jahres- und Konzernabschlusses nehmen. Insofern besteht eine Besorgnis der Befangenheit der Prüfungsgesellschaft K AG. Diese Besorgnis kann u. E. entfallen, wenn die E sich in den Aufsichtsratssitzungen jeder Einflussnahme auf die Abschlüsse und die Prüfungstätigkeit enthält und dies vom Aufsichtsratsvorsitzenden jeweils zu Protokoll genommen wird.

Aufgrund des Verweises in Abs. 1 Satz 2 können **widerlegbar** folgende Tatbestände indiziell die Inhabilität des Abschlussprüfers begründen: 7

- ▶ Befangenheit nach der **Prinzipien**regel in § 319 Abs. 2 HGB (→ § 319 Rz. 7);
- ▶ **finanzielle** Interessen nach § 319 Abs. 3 Satz 1 Nr. 1 HGB (→ § 319 Rz. 29);
- ▶ **Organ**zugehörigkeit oder **Arbeitnehmer**eigenschaft beim zu prüfenden Unternehmen/Konzern nach § 319 Abs. 3 Satz 1 Nr. 2 HGB (→ § 319 Rz. 35);
- ▶ **Mitwirkung** inhabiler Personen nach § 319 Abs. 3 Satz 1 Nr. 4 HGB (→ § 319 Rz. 30);
- ▶ Ausdehnung auf **Ehe-** und **Lebenspartner** nach § 319 Abs. 3 Satz 2 HGB (→ § 319 Rz. 62).

Über die „Technik" der Widerlegung ist dem Gesetz und den Gesetzesmaterialien nichts zu entnehmen. Dem Abschlussprüfer ist eine Ermessensausübung mit **Dokumentationspflicht** anvertraut. Im Beispiel unter → Rz. 4 in der 2. Alternative muss der Abschlussprüfer die genannten Protokolle über die Aufsichtsratssitzung im entscheidenden Teilbereich zu den Arbeitspapieren nehmen. 8

Abs. 1 Satz 2 verweist weder auf § 319 Abs. 4 HGB (→ § 319 Rz. 64) noch auf § 319a Abs. 1 Satz 2 HGB (→ § 319a Rz. 36). Danach wären Prüfungs**gesellschaften** nicht von den Ausschlussgründen erfasst. Es handelt sich dabei um ein redaktionelles Versehen des Gesetzgebers, sodass die Inhabilität nach dem Willen des Gesetzgebers in solchen Fällen auch bei (z. B.) Mitwir- 9 kung der Netzwerkgesellschaft bei der Abschlusserstellung die Befangenheitsbesorgnis begründet.[4]

3. Unwiderlegbare Ausschlussgründe (Abs. 1 Satz 2)

10 Durch Gesetzesverweis (→ Rz. 7) sind angesprochen:

- **Buchführung und Abschlusserstellung** nach § 319 Abs. 3 Satz 1 Nr. 3a HGB (→ § 319 Rz. 43).
- **Interne Revision** nach § 319 Abs. 3 Satz 1 Nr. 3b HGB (→ § 319 Rz. 48).
- **Leitungs**aufgabe und **Finanzdienstleistungen** nach § 319 Abs. 3 Satz 1 Nr. 3c HGB (→ § 319 Rz. 50).
- **Versicherungsmathematische** und **Bewertungs**leistungen nach § 319 Abs. 3 Satz 1 Nr. 3d HGB (→ § 319 Rz. 52).
- **Rechts-** und **Steuerberatungs**leistungen nach § 319a Abs. 1 Satz 1 Nr. 2 HGB (→ § 319a Rz. 9 ff.).
- Mitarbeit bei der Entwicklung, Einrichtung und Einführung von **Informationssystemen** nach § 319a Abs. 1 Satz 1 Nr. 3 HGB (→ § 319a Rz. 23).

11 Keinen Ausschlussgrund stellt die Umsatzabhängigkeit (→ § 319 Rz. 59 und → § 319a Rz. 3) aus Praktikabilitätsgründen dar.

III. Konzernklausel (Abs. 2)

12 Den eigentlichen Anwendungsbereich der Netzwerkregelung stellt der **Konzern**abschluss mit **internationalem** Bezug dar. In Abs. 2 wird gesetzestechnisch umgekehrt auf den großen Ausnahmefall des **Jahres**abschlusses verwiesen. Die dortigen Regelungen gelten auch für die Prüfung des Konzernabschlusses. Vgl. hierzu auch das Beispiel unter → Rz. 4.

IV. Anwendungsregel

13 § 319b HGB ist erstmals auch Geschäftsjahre anzuwenden, die am 1.1.2009 begonnen haben (→ Art. 66 EGHGB Rz. 8).

---

4 WPK-Magazin 2/2009 S. 10; so auch *Dodenhoff*, in: Haufe HGB Bilanz Kommentar, Freiburg 2009, § 319b Tz. 15; *Petersen/Zwirner/Boecker*, WPg 2010 S. 466 f.

§ 320 Vorlagepflicht, Auskunftsrecht

(1) ¹Die gesetzlichen Vertreter der Kapitalgesellschaft haben dem Abschlussprüfer den Jahresabschluss und den Lagebericht unverzüglich nach der Aufstellung vorzulegen. ²Sie haben ihm zu gestatten, die Bücher und Schriften der Kapitalgesellschaft sowie die Vermögensgegenstände und Schulden, namentlich die Kasse und die Bestände an Wertpapieren und Waren, zu prüfen.

(2) ¹Der Abschlussprüfer kann von den gesetzlichen Vertretern alle Aufklärungen und Nachweise verlangen, die für eine sorgfältige Prüfung notwendig sind. ²Soweit es die Vorbereitung der Abschlussprüfung erfordert, hat der Abschlussprüfer die Rechte nach Absatz 1 Satz 2 und nach Satz 1 auch schon vor Aufstellung des Jahresabschlusses. ³Soweit es für eine sorgfältige Prüfung notwendig ist, hat der Abschlussprüfer die Rechte nach den Sätzen 1 und 2 auch gegenüber Mutter- und Tochterunternehmen.

(3) ¹Die gesetzlichen Vertreter einer Kapitalgesellschaft, die einen Konzernabschluss aufzustellen hat, haben dem Abschlussprüfer des Konzernabschlusses den Konzernabschluss, den Konzernlagebericht, die Jahresabschlüsse, Lageberichte und, wenn eine Prüfung stattgefunden hat, die Prüfungsberichte des Mutterunternehmens und der Tochterunternehmen vorzulegen. ²Der Abschlussprüfer hat die Rechte nach Absatz 1 Satz 2 und nach Absatz 2 bei dem Mutterunternehmen und den Tochterunternehmen, die Rechte nach Absatz 2 auch gegenüber den Abschlussprüfern des Mutterunternehmens und der Tochterunternehmen.

(4) Der bisherige Abschlussprüfer hat dem neuen Abschlussprüfer auf schriftliche Anfrage über das Ergebnis der bisherigen Prüfung zu berichten; § 321 ist entsprechend anzuwenden.

Inhaltsübersicht	Rz.
I. Überblick	1 - 2
1. Regelungszweck	1
2. Anwendungsbereich	2
II. Jahresabschluss (Abs. 1 und 2)	3 - 15
1. Vorlagepflicht (Abs. 1 Satz 1)	3 - 4
2. Prüfungsrecht (Abs. 1 Satz 2)	5
3. Aufklärungen und Nachweise (Abs. 2 Satz 1)	6 - 12
3.1 Begriffsinhalte, Wirkungsweisen	6 - 9
3.2 Die Funktion der Vollständigkeitserklärung	10 - 12
4. Weitere schriftliche Erklärungen	13
5. Zeitbezug (Abs. 2 Satz 2)	14
6. Einbeziehung von Mutter- und Tochtergesellschaften (Abs. 2 Satz 3)	15
III. Konzernabschluss (Abs. 3)	16 - 22
1. Vorlagepflicht (Abs. 3 Satz 1)	16 - 17b
2. Auskunftsrechte (Abs. 3 Satz 2)	18 - 22
IV. Berichterstattung an den Folgeprüfer (Abs. 4)	23 - 25

Ausgewählte Literatur

Erchinger/Melcher, Neuerungen im Hinblick auf die Abschlussprüfung und die Einrichtung eines Prüfungsausschusses, DB 2009 Beilage 5 S. 91

Scherff/Willeke, Erklärungen der gesetzlichen Vertreter gegenüber dem Abschlussprüfer – der IDW EPS 303 n. F., StuB 2009 S. 456.

Vgl. weiter die Nachweise zu → § 317.

I. Überblick

1. Regelungszweck

1 Der Sinn und Zweck **jedweder** Prüfung besteht in der Aufdeckung von Fehlern, seien diese nun als Unrichtigkeiten oder Verstöße (→ § 321 Rz. 32 ff.) zu bezeichnen. Deshalb stehen die Verantwortlichen für das Prüfungsobjekt tendenziell einer solchen Tätigkeit mit Vorbehalt gegenüber, und das nicht erst, wenn sie sich solcher Fehler bereits bewusst sind. Daraus lässt sich die Tendenz ableiten, gegenüber Prüfungshandlungen zu „mauern", also dem Prüfer die notwendige **Unterstützung** für seine Tätigkeit zu verweigern. Daraus resultiert der in § 320 HGB – teilweise als Selbstverständlichkeit – dargestellte **Pflichten**katalog der Vertreter des Prüfungsobjekts – die gesetzlichen Vertreter einer Kapitalgesellschaft – und umgekehrt die Auskunfts**rechte** des Prüfers. Diese Auskunftsrechte sind höchst umfassend und beziehen sich auch auf Mutter- und Tochterunternehmen (→ Rz. 15) und erstrecken sich auch entsprechend auf den Konzernabschluss (→ Rz. 17). Diese Rechte und Pflichten entspringen **zwingendem** Recht und können deshalb vertraglich oder gesellschaftsrechtlich nicht abbedungen werden. Kommt das Unternehmen seinen Auskunfts- und Vorlagepflichten nicht nach, ist dies gem. § 321 Abs. 2 Satz 6 HGB im Prüfungsbericht festzuhalten (→ § 321 Rz. 70) und bei Wesentlichkeit der Bestätigungsvermerk wegen Prüfungshemmnissen einzuschränken oder zu versagen (→ § 322 Rz. 54).

2. Anwendungsbereich

2 § 320 HGB erstreckt sich förmlich auf den Jahres- und den Konzernabschluss mit der Ergänzung auf den IFRS-Einzelabschluss durch den Verweis in § 324a HGB (→ § 324a Rz. 1). Durch Verweise in anderen Gesetzen gilt § 320 HGB auch für Abschlussprüfungen nach

- §§ 6 Abs. 1, 14 Abs. 1 PublG,
- § 340a Abs. 1 HGB (Kreditinstitute u. Ä.),
- § 341 Abs. 1 HGB (Versicherungsunternehmen u. Ä)

sowie ohne förmlichen Verweis („naturgemäß") bei Prüfungen[1]

- des Abgängigkeitsberichts nach § 313 Abs. 1 Satz 3 AktG,
- einer Kapitalerhöhung aus Gesellschaftsmitteln nach § 209 Abs. 4 Satz 2 AktG, §§ 57 f. GmbH,
- einer Verschmelzung gem. § 11 Abs. 1 Satz 1 UmwG.

---

[1] Vgl. *ADS*, 6. Aufl., § 320 Tz. 9.

Bei **freiwilligen** Abschlussprüfungen muss der Abschlussprüfer im Prüfungsvertrag die Anwendung des § 320 HGB vereinbaren,[2] weil sonst keine Abschlussprüfung im eigentlichen Sinne[3] („Vollprüfung") durchgeführt werden kann (→ § 321 Rz. 103).

II. Jahresabschluss (Abs. 1 und 2)

1. Vorlagepflicht (Abs. 1 Satz 1)

Das Prüfungsobjekt – Jahresabschluss und Lagebericht – ist dem Abschlussprüfer zur Prüfung vorzulegen – bis dahin eine Selbstverständlichkeit. Dies soll „unverzüglich **nach** der Aufstellung" erfolgen. Nach wörtlicher Auslegung dürfen die gesetzlichen Vertreter der zu prüfenden Gesellschaft den Abschlussprüfer nicht zeitlich hinhalten, damit dieser unter Zeitdruck nicht das nötige Prüfungsvolumen abwickeln kann. Die Gesetzesvorgabe ist allerdings durch die **Realität überholt**. Bei nicht ganz kleinen Prüfungsobjekten ist nach faktischen Zwängen häufig schon **vor** dem Abschlussstichtag die sog. Vorprüfung durchzuführen, etwa zum Test der Wirksamkeit des internen Kontrollsystems (→ § 317 Rz. 27). Und auch **nach** dem Bilanzstichtag wird nicht nur in der *fast close*-Szenerie (→ § 252 Rz. 80) mit dem Prüfungsbeginn nicht bis zur Vorlage des Jahresabschlusses zugewartet; vielmehr werden einzelne Prüfungsgebiete – Anlagebuchführung, Debitoren- und Kreditorenkontokorrent etc. – schon vor Bereitstellung des gesamten Prüfungsobjekts „vorgeprüft", u.U. in aufstellungsbegleitender Form. Erstellung und Prüfung gehen im Hinblick auf die gesetzten Termine zur Berichterstattung des Abschlussprüfers **Hand in Hand**. Dabei können festgestellte Fehler von Gewicht sofort korrigiert werden und sind deshalb nicht als „Unrichtigkeiten" im Sinne der Berichterstattungspflicht (→ § 321 Rz. 32) zu werten. Andererseits können die gesetzlichen Vertreter der Gesellschaft in diesem Prüfungszeitraum einzelne Abschlussposten auch wieder ändern (soweit sich dies im gesetzlichen Rahmen bewegt).

3

Diese erstellungsbegleitende Prüfung führt arbeitsbedingt zu einer **„persönlichen" Nähe** des Prüfungsteams zu den mit der Abschlusserstellung beauftragten Unternehmensmitarbeitern. Dabei darf der im Hintergrund immer mitspielende **Zeitdruck** das Prüfungsteam nicht zum Verlassen des eigenen Aufgabenbereichs veranlassen, wenn die Erstellungsarbeiten hinter dem **Zeitplan** hinterherhinken.

4

BEISPIEL ▶ Der zuständige Mitarbeiter des Prüfungsteams stellt bei der Vorprüfung im Dezember grundlegende Mängel im Anlageprogramm fest, welche die Erstellung einer ordnungsmäßigen Anlagenbuchführung verhindern. Die IT-Abteilung der Gesellschaft fühlt sich zur Behebung dieses Fehlers in der Lage. Die Vorlage eines prüffähigen Anlagevermögens wird auf den 10.1. vereinbart. Unglücklicherweise erleidet der IT-Sachbearbeiter im Weihnachtsurlaub einen Skiunfall und kann kurzfristig nicht ersetzt werden. Der Leiter des Rechnungswesens schlägt deshalb die Übernahme der Anlagenbuchführung durch einen Sach-

---

2 Vgl. IDW PS 303 n. F. Tz. 10.
3 Vgl. IDW PS 200 Tz. 5.

> verständigen der Prüfungsgesellschaft gegen einen Zusatzauftrag vor, um den Termin der Abschlussveröffentlichung am 25.1. einhalten zu können.

Eine Annahme dieses Auftrags würde die Inhabilität der Prüfungsgesellschaft begründen (→ § 319 Rz. 22) und damit die Wirksamkeit des Testats und des Jahresabschlusses überhaupt vereiteln. Die Annahme dieses Zusatzauftrags scheidet aus.

2. Prüfungsrecht (Abs. 1 Satz 2)

5 Das Gesetz spricht förmlich dem Abschlussprüfer ein **Prüfungsrecht** zu – eine bare Selbstverständlichkeit – denn schließlich besteht der Inhalt seines Auftrags in der Prüfung.

Weiter wird in Abs. 1 Satz 2 wenig informativ der Umfang des Prüfungsobjekts **beschrieben**. Dabei ist von „Büchern und Schriften" die Rede, und die Posten des Jahresabschlusses werden in Teilbereichen genannt. Gemeint ist damit: Die gesamten den Jahresabschluss und den Lagebericht betreffenden Daten unterliegen der Vorlagepflicht, einerlei wie bezeichnet und wie aufbereitet. „Bücher" im eigentlichen Sinne gab es noch bei den oberitalienischen Kaufleuten als Erstanwender der kaufmännischen Buchführung (→ § 238 Rz. 9 f.). Dementsprechend unterliegen der Prüfung u. a. das gesamte rechnungslegungsbezogene IT-System, die Budgetierung, die Lohn- und Gehaltsabrechnung, Planungsrechnungen etc. etc. (→ § 317 Rz. 5 ff.). Auch unternehmensintern **vertraulich** behandelte Dokumente wie Vorstands- oder Aufsichtsrats-Protokolle, Dienstverträge von Vorständen etc. unterliegen der Vorlagepflicht. Allerdings sollte der Abschlussprüfer den vertraulichen Charakter gebührend würdigen und nur solche Teile dieser Protokolle in Kopie zu den Arbeitspapieren nehmen, die für das Prüfungsgeschehen relevant sein können. Überhaupt ist der Abschlussprüfer zur Anfertigung von **Kopien** für seine Arbeitspapiere berechtigt. Er kann auch Bestätigungen Dritter (→ § 317 Rz. 35 ff.) anfordern und als Kopie zu seinen Arbeitspapieren nehmen.

Auch der Hinweis auf verschiedene Bilanzposten im Gesetzestext darf nicht als **ausschließliches** Prüfungsobjekt verstanden werden. Nicht nur Vermögensgegenstände und Schulden und Kassenbestände etc. unterliegen der Prüfung, sondern alle Bilanzposten und überdies auch die Anhangangaben und die diesen zugrunde liegenden Dokumente.

3. Aufklärungen und Nachweise (Abs. 2 Satz 1)

3.1 Begriffsinhalte, Wirkungsweisen

6 Das erlaubte „Verlangen" des Abschlussprüfers bezieht sich auf „Nachweise" und „Aufklärungen". In dieser Reihenfolge spielt sich regelmäßig das Prüfungsgeschehen ab, also umgekehrt als in der Abfolge des Gesetzestextes. „**Nachweise**" spricht irgendwelche Dokumente oder sonstige Unterlagen an, die in Abs. 1 Satz 2 mit „Büchern und Schriften" umschrieben worden sind. Als „Nachweis" dienen beispielsweise die Auswertungen der Kostenträgerrechnung oder die Akten der Rechtsabteilung über schwebende Prozesse. „**Aufklärungen**" kommen erst in der Folge der Vorlage von „Nachweisen" in Betracht, wenn etwas „**unklar**" geblieben ist. Die Prüfung muss sich deshalb **zunächst** um **Dokumente** im weitesten Sinne verstanden bemühen und **erst dann** erforderlichenfalls zu einer weiteren Prüfungshandlung in Form der „**Aufklärung**" schreiten. Dieses Vorgehen entspricht dem üblichen Verfahren der Beweiserhebung im

Zivil- und Strafrecht und entspringt auch der alten Volksweisheit: „Was ich schwarz auf weiß besitze, kann ich getrost nach Hause tragen" (Letzteres: in Kopie zu den Arbeitspapieren nehmen). Dabei sind Hilfestellungen der Sachbearbeiter – z. B. auf dem Gebiet der Kostenrechnung oder der IKS-Installation – sinnvoll, weil sie die Einarbeitungszeit für den betreffenden Prüfer verkürzen können.

Aus dieser Perspektive betrachtet können noch so umfangreiche „Aufklärungen" die ordnungsmäßigen Prüfungshandlungen in vielen Gebieten des Abschlusses nicht ersetzen.[4] Der Abschlussprüfer darf auch nicht die **Interessenlage** von Auskunftspersonen übersehen. Deren Aufklärungen werden nicht so weit gehen, um sich betreffend irgendwelcher Unregelmäßigkeiten selbst zu belasten. Auf die Beispiele in → § 317 Rz. 30 wird verwiesen. Hier kann eine „Aufklärung" nur durch den Abschlussprüfer selbst anhand entsprechender Dokumente bewerkstelligt werden, manchmal mangels kriminalistischer Fähigkeiten nur durch Zufall.

7

Andererseits gibt es Prüfungsgebiete, die **ohne** entsprechende **Erklärungen** von benannten Auskunftspersonen prüferisch nicht ordnungsgemäß behandelt werden können.

8

> **BEISPIEL** Der Abschlussprüfer stellt die Stilllegung einer im Vorjahr neu angeschafften Maschinenanlage fest, weil die darauf herzustellenden Produkte wegen modischen Geschmackswandels des Kundenkreises nicht mehr verkäuflich sind. Vom zuständigen Abteilungsleiter in der Produktion erfährt er: „Einstweilen nicht verwendbar." Mit dieser Auskunft kann er sich nicht zufrieden geben, denn es geht um das Problem der außerplanmäßigen Abschreibung wegen Nichtnutzbarkeit des Anlageguts (→ § 253 Rz. 108). Der Abschlussprüfer sucht dann Rat beim Leiter der Rechnungswesens, der ihn an den Vertriebsvorstand verweist. Dieser schwärmt in Visionen über die Marktdurchdringung mit Ersatzprodukten, die „ohne Weiteres" auf der augenblicklich stillgelegten Maschine produziert werden können und die in spätestens 14 Monaten auf den Markt geworfen werden sollen. Die entsprechenden Planungen der Marketingabteilung seien in Bearbeitung, und die Umstellung der Maschinen muss von der Lieferantenfirma noch besorgt werden.

Die Frage ist, inwieweit sich der Abschlussprüfer mit diesen Aussagen zufrieden geben kann oder muss, um das Erfordernis einer außerplanmäßigen Abschreibung zu beurteilen. Bei unterstellter Wesentlichkeit des Vorgangs für den Jahresabschluss muss u. E. im vorliegenden Fall der Abschlussprüfer eine schriftliche Erklärung des Vorstandsvorsitzenden oder zumindest des Finanzvorstands (bzw. bei der GmbH vergleichbare Geschäftsführer) einholen.[5]

Die vom Abschlussprüfer befragten Auskunftspersonen müssen auch für diese Fragen kompetent sein, ganz abgesehen von der persönlichen **Integrität**. Im vorstehenden Beispiel ist deshalb die Frage zunächst an den Produktionsleiter zu richten, die Auskunft des Verkaufsleiters mit Vorsicht zu genießen. Deshalb nochmals die Empfehlung: Die schriftliche Auskunft ist vom Vorstandsvorsitzenden zu erteilen.

Weigern sich die gesetzlichen Vertreter zur Abgabe einer solchen Erklärung, besteht Anlass zur Hinterfragung der **Integrität**. Möglicherweise ist damit ein Prüfungshemmnis verbunden, das

9

---

4 Vgl. IDW PS 303 n. F. Tz. 17; vgl. *Scherff/Willeke*, StuB 2009 S. 458.
5 Vgl. IDW PS 303 n. F. Tz. 15.

Auswirkungen auf den Bestätigungsvermerk hat (→ § 322 Rz. 52)[6] und im Prüfungsbericht vermerkt werden muss (→ § 321 Rz. 70).[7]

Je nach Sachverhalt müssen diese Aufklärungen nicht in schriftlicher Form und nicht von den gesetzlichen Vertretern abgegeben werden, es genügen auch **mündliche** Auskünfte, die vom Abschlussprüfer zu protokollieren und zu den Arbeitspapieren zu nehmen sind. Dabei ist eine Abschlussprüfung nicht zu verwechseln mit einer **Beweisaufnahme** im Zivil- und Strafprozess. Die Abschlussprüfung ist entsprechend auch nicht auf die Aufdeckung von krimineller Energie im geprüften Unternehmen auszurichten (→ § 317 Rz. 32).

Die übliche Überlassung eines **Entwurfsexemplars** des Prüfungsberichts, auch „Leseexemplar" genannt, ist als letzte Aufforderung zur Auskunftserteilung zu verstehen (→ § 321 Rz. 86).

3.2 Die Funktion der Vollständigkeitserklärung

10 Die berufsüblich einzuholende **Vollständigkeitserklärung** richtet sich insbesondere auf solche Prüfungshandlungen, die nicht durch Nachweise, sondern durch Auskünfte einzuholen sind. Als Beispiel mögen Beziehungen zu **nahestehenden** Personen dienen (→ § 317 Rz. 41), die häufig nur durch entsprechende Befragungen zu ermitteln sind. In besonderen Fällen, wie im Beispiel unter → Rz. 8, muss diese Vollständigkeitserklärung durch weitere schriftliche Erklärungen der gesetzlichen Vertreter ergänzt werden. Die Vollständigkeitserklärung kann deshalb auch nicht als „Ausrede" für eine nicht durchgeführte Prüfungshandlung herhalten.

> **BEISPIEL** ▶ Wegen Erkrankung zweier Prüfer aus dem Team, die kurzfristig nicht ersetzt werden konnten, musste die Prüfungsplanung umgestellt werden. Der Prüfungsleiter schränkt die Saldenbestätigungsaktion für die Kunden- und Lieferantenkontokorrente stark ein. Zur Sicherheit lässt er sich vom Leiter des Rechnungswesens schriftlich bestätigen: „Die Kunden- und Lieferantenkontokorrente sind vollständig und ordnungsgemäß, wie gewohnt." Diese Erklärung nimmt der Prüfungsleiter zu den Arbeitspapieren. In der Vollständigkeitserklärung wird ergänzend zu den formularmäßigen Ausführungen Bezug auf diese Erklärungen genommen. Nach Beendigung der Prüfung stellt sich der wesentlich überhöhte Ausweis der Forderungen aus Lieferungen und Leistungen heraus.
>
> Den Abschlussprüfer trifft eine Mitverantwortung an der fehlerhaften Bilanzierung wegen unsachgemäßer Beschränkung seiner Prüfungshandlungen.

11 Nach h. M.[8] besteht **kein Rechtsanspruch** des Abschlussprüfers auf die Erteilung einer Vollständigkeitserklärung. U. E. ist diese Aussage im Hinblick auf die weit gefasste Aufklärungspflicht des Abs. 1 Satz 1 zweifelhaft. Der Abschlussprüfer könnte jeden der in der Vollständigkeitserklärung formularmäßig dargestellten Punkte auch mündlich abfragen und entsprechend zu seinen Arbeitspapieren dokumentieren. Der Auskunftseffekt wäre dann praktisch derselbe, nur viel umständlicher bewerkstelligt. Die Frage kann aber schon deswegen dahingestellt bleiben,

---

6 Vgl. IDW PS 303 n. F. Tz. 20.
7 Vgl. IDW PS 303 n. F. Tz. 21; IDW PS 450 Tz. 59.
8 Vgl. *ADS*, 6. Aufl., § 320 Tz. 34, m. w. N.

weil regelmäßig im Rahmen des **Prüfungsvertrags** (→ § 318 Rz. 22) Bezug auf die Allgemeinen Auftragsbedingungen genommen und die Erteilung vereinbart wird.

Jedenfalls ist **ohne** Abgabe der Vollständigkeitserklärung der Bestätigungsvermerk zu **versagen**. Das gilt auch bei erheblichen Zweifeln an der Integrität der Verantwortlichen, insbesondere dann, wenn diese die Gesamtverantwortung für die Rechnungslegung von sich weisen.[9]

12

Das Datum der Vollständigkeitserklärung ist **zeitnah** zum Datum des Bestätigungsvermerks einzuholen und darf zeitlich nicht **nach** dessen Erteilung erfolgen.[10] Die Vollständigkeitserklärung muss von den gesetzlichen Vertretern in vertretungsberechtigter Zahl eigenhändig unterzeichnet werden. Eine ergänzende Vollständigkeitserklärung muss bei einer Nachtragsprüfung (→ § 316 Rz. 12) abgegeben werden.[11]

Die **Datierung** der Vollständigkeitserklärung sollte sinnvollerweise auf den Tag gelegt werden, an dem die materiellen Prüfungshandlungen beendet werden. Häufig erfolgt in diesem Zusammenhang eine Schlussbesprechung, die allerdings vom Gesetz nicht verlangt wird und keineswegs in allen Prüfungsfällen erforderlich ist.

Der Bestätigungsvermerk sollte nicht allzu lang nach diesem Zeitpunkt erteilt werden, um nicht noch weitere Auskünfte über die nach der Beendigung der Prüfungstätigkeit eingetretenen Vorkommnisse einholen zu müssen.[12]

4. Weitere schriftliche Erklärungen

Schriftliche Erklärungen **über** die Vollständigkeitserklärung **hinaus** sind insbesondere dann vom Abschussprüfer einzuholen, wenn finanzielle Schwierigkeiten die **Fortbestehenshypothese** (→ § 252 Rz. 16) fraglich erscheinen lassen. In solchen Fällen ist der Abschlussprüfer regelmäßig insoweit machtlos, als er die künftige Entwicklung nicht prognostizieren kann (→ § 317 Rz. 58). Das Fortbestehen hängt entscheidend von den Handlungen der Geschäftsleitung und der entsprechenden Reaktion von maßgeblichen Kreditgebern ab. Der Abschlussprüfer ist dann in besonderem Maße von den entsprechenden Erklärungen der gesetzlichen Vertreter abhängig, die er in schriftlicher Form einholen muss. Dann kann auch eine ergänzende Bestätigung des Aufsichtsratsvorsitzenden, der in die entsprechenden Verhandlungen involviert ist, in Betracht kommen.

13

5. Zeitbezug (Abs. 2 Satz 2)

Die vorzulegenden Nachweise und die zu erteilenden Aufklärungen müssen auch bereits im Rahmen der oft zur ordnungsmäßigen Durchführung der Abschlussprüfung erforderlichen **Vorprüfung** erteilt werden. Dies geht aus dem gesetzlichen Hinweis auf die „sorgfältige Prüfung" hervor, die insbesondere auch eine Prüfung des internen Kontrollsystems erfordert, was regelmäßig aus Zeitgründen nur im Rahmen der Vorprüfung erfolgen kann.

14

---

9 Vgl. IDW PS 303 n. F. Tz. 27.
10 Vgl. IDW PS 303 n. F. Tz. 29; vgl. *Scherff/Willeke*, StuB 2009 S. 459.
11 Vgl. IDW PS 303 n. F. Tz. 34.
12 Vgl. IDW PS 303 n. F. Tz. 29.

Dies wird im Sinne einer Klarstellung in Abs. 2 Satz 2 vom Gesetz hervorgehoben. Überhaupt ist der **risikoorientierte Prüfungsansatz** (→ § 317 Rz. 19 ff.) gerade auf die Durchführung so verstandener Vorprüfungen ausgerichtet, die es dem geprüften Unternehmen auch erlaubt, etwa festgestellte Fehler noch rechtzeitig vor dem Bilanzstichtag und jedenfalls vor der abschließenden Erstellung des Abschlusses auszubügeln.

6. Einbeziehung von Mutter- und Tochtergesellschaften (Abs. 2 Satz 3)

15 Die vorstehend genannten Auskunfts- und Nachweisrechte bestehen auch gegenüber Mutter- und Tochterunternehmen. Diese Rechte bestehen insoweit, wie sie für die ordnungsmäßige Prüfungsdurchführung erforderlich sind. Damit werden „Auskünfte ins Blaue" nicht in diese Rechtsposition einbezogen. Die entsprechenden Auskunftspflichten bestehen nur insoweit, wie sie sich auf den **Jahresabschluss** des geprüften Unternehmens beziehen. Andererseits sind irgendwelche Geschäftsgeheimnisse nicht von der Auskunftspflicht ausgenommen, denn gegenüber dem Abschlussprüfer besteht generell kein Geheimnisschutz.[13] Mutter- und Tochterunternehmen sind in § 290 HGB definiert (→ § 290 Rz. 3). Dabei ist die Einbeziehung in einen **Konzernabschluss** unerheblich. Das Auskunftsrecht beginnt und endet mit dem **Statut** des Tochter- bzw. Mutterunternehmens. **Anderen** nahestehenden Unternehmen gegenüber besteht kein Auskunftsrecht.

Materielle Bedeutung kommt diesem Sonderauskunftsrecht insbesondere dann zu, wenn der Abschlussprüfer des betreffenden Unternehmens **nicht** auch gleichzeitig **Konzernabschlussprüfer** ist.[14]

III. Konzernabschluss (Abs. 3)

1. Vorlagepflicht (Abs. 3 Satz 1)

16 Neben dem Konzernabschluss und seinen Bestandteilen sind dem Konzernabschlussprüfer die Jahresabschlüsse und die Lageberichte der **Tochterunternehmen** und deren ggf. vorliegenden Prüfungsberichte vorzulegen. Die **Vorlagepflicht** betrifft die konzernrechnungslegungspflichtige Muttergesellschaft bzw. deren gesetzlichen Vertreter, nicht dagegen die gesetzlichen Vertreter der Tochterunternehmen. Diese sind andererseits nach § 294 Abs. 3 HGB der Muttergesellschaft gegenüber zur Aushändigung der betreffenden Unterlagen verpflichtet (→ § 294 Rz. 15 ff.), so dass **indirekt** der Abschlussprüfer auch darauf zugreifen kann.

17 Die Vorlagepflicht umfasst alle die zur Erstellung eines Konzernabschlusses benötigten Unterlagen, dementsprechend auch diejenigen, die die Konsolidierungsbuchungen betreffen und damit auch die „Konzern-*Packages*" und die jeweilige HB II der Tochtergesellschaft. Bei einer **freiwilligen** Konzerabschlussprüfung ist wie bei der entsprechenden Jahresabschlussprüfung (→ Rz. 2) **vertraglich** die Vorlagepflicht etc. des § 320 HGB mit den gesetzlichen Vertretern des Mutterunternehmens zu vereinbaren.

---

[13] So *Ebke*, in: Münchner Kommentar zum Handelsgesetzbuch: HGB, 2. Aufl., München 2009, § 320 Tz. 22.
[14] So *Bertram*, in: Haufe HGB Bilanz Kommentar, Freiburg 2009, § 320 Tz. 30.

Abs. 3 beschränkt die Vorlagepflichten und Auskunftsrechte nicht auf konsolidierte Tochterunternehmen, sondern spricht **sämtliche** Tochterunternehmen an. Diese Ausweitung ist sinnvoll, weil etwa bei Nichtkonsolidierung unter Berufung auf Unwesentlichkeit (→ § 296 Rz. 18) der Abschlussprüfer für seine Würdigung der Richtigkeit des Wesentlichkeitsurteils des Unternehmens Dokumente und Auskünfte benötigt. 17a

Problematisch kann die **Durchsetzung** der Informationsrechte in folgenden Fällen sein: 17b

▶ Das Mutterunternehmen ist in den Organen des Tochterunternehmens nicht oder nicht mehr vertreten. Beispiele wären eine Leasingobjektgesellschaft, an der das Mutterunternehmen nicht beteiligt ist, die aber wegen Risiko-Chancen-Mehrheit zu konsolidieren ist (→ § 290 Rz. 45), oder ein im Verlauf des Geschäftsjahrs veräußertes Tochterunternehmen.

▶ Das Tochterunternehmen hat seinen Sitz im Ausland und wird von Fremdgeschäftsführern geleitet. Nach ausländischem Gesellschaftsrecht hat das Mutterunternehmen trotz Mehrheit in der Gesellschafterversammlung nur begrenzte Auskunfts- und Vorlagerechte.

In derartigen Fällen hat der Abschlussprüfer zunächst auf einen ernsthaften Versuch des Mutterunternehmens zu dringen, um seine nach § 294 Abs. 3 HGB gegebenen Auskunftsrechte geltend zu machen. Dadurch würde der Konzernabschlussprüfer **mittelbar** mit den erforderlichen Informationen versorgt. Unterlässt das Mutterunternehmen ernsthafte und rechtzeitige Bemühungen, kann ein **Prüfungshemmnis** vorliegen, das zu Einschränkung oder Versagung des Bestätigungsvermerks führt (→ Rz. 1).

Die Schwierigkeiten der Durchsetzung der Auskunftsrechte und Vorlagepflichten des Mutterunternehmens sind allerdings für Zwecke der **Erstellung** des Konzernabschlusses durch die Konsolidierungswahlrechte des § 296 Abs. 1 Nr. 1 und 2 HGB indirekt anerkannt (→ § 294 Rz. 21 ff.). Bei zutreffender Berufung auf entsprechende Schwierigkeiten kann eine Einbeziehung ggf. unterbleiben. Der Konzernabschlussprüfer, der unmittelbar die notwendigen Informationen nicht erlangen kann, hat also zu beurteilen, ob das Mutternehmen das ihm hinsichtlich der Erlangung der erforderlichen Informationen Mögliche tut. Unterlässt es dies, ist aus Sicht der Abschlussprüfung zwischen zwei Fällen zu unterscheiden:

▶ Das Mutterunternehmen beruft sich unzutreffend auf § 296 HGB: Der Konzernabschluss ist wegen unterlassener Einbeziehung eines konsolidierungspflichtigen Tochterunternehmens fehlerhaft, der Bestätigungsvermerk daher bei (gegebener oder nicht klärungsfähiger) Wesentlichkeit einzuschränken oder zu versagen.

▶ Der Mutterunternehmen konsolidiert auf unzureichender bzw. nicht verifizierbarer Informationsgrundlage: Der Bestätigungsvermerk ist bei (gegebener oder nicht klärungsfähiger) Wesentlichkeit wegen Prüfungshemmnisses einzuschränken oder zu versagen.

Wegen weiterer Einzelheiten wird auf → § 294 Rz. 22 ff. verwiesen.

2. Auskunftsrechte (Abs. 3 Satz 2)

Die Auskunftsrechte des Konzernabschlussprüfers sind **gespalten**: 18

▶ Die nach Abs. 1 Satz 1 und Abs. 2 bestehenden sind gegenüber dem Mutter- und den Tochterunternehmen auszuüben (Auskunfts- **und** Prüfungsrechte).

▶ Die Rechte nach Abs. 2 zusätzlich gegenüber den Abschlussprüfern des Mutter- und der Tochterunternehmen (nur Auskunftsrechte).

19 Dabei trifft den Konzernabschlussprüfer die Pflicht auch zur **Prüfung** der Jahresabschlüsse der **Tochterunternehmungen** unter Berücksichtigung der für deren Jahresabschluss bereits getätigten Prüfungshandlungen möglicherweise eines anderen Abschlussprüfers (→ § 317 Rz. 69).

20 Die Auskunfts- und Prüfungsrechte im Rahmen der Konzernabschlussprüfung sind im Zusammenhang mit der entsprechenden Prüfungs**planung** zu sehen (→ § 317 Rz. 68), die auf gegenseitige Mitwirkungen jeglicher Art der betroffenen Unternehmen und der Prüfer angewiesen ist, um einigermaßen effizient durchgeführt werden zu können.

21 Bei Einbeziehung von Tochterunternehmen in Drittstaaten außerhalb des EU-Bereichs in einen Konzernabschluss bestehen bezüglich der Auswahl der Abschlussprüfer Besonderheiten nach § 134 WPO. Wenn diese nicht in das Verzeichnis eingetragen sind, muss der Konzernabschlussprüfer die Prüfungsunterlagen des dortigen Prüfers der WPK auf deren Anforderung aushändigen. Erhält der Konzernabschlussprüfer diese Unterlagen nicht, ist die WPK entsprechend zu informieren.[15]

22 Gegenüber **Gemeinschafts-** und **assoziierten** Unternehmen, die im Konzernabschluss berücksichtigt werden, besteht kein Auskunftsrecht des Abschlussprüfers. Er muss dann bei den gesetzlichen Vertretern der Muttergesellschaft vorstellig werden, damit diese per Anweisung (soweit rechtlich möglich) die dortigen gesetzlichen Vertreter zur Auskunftserteilung gegenüber dem Konzernabschlussprüfer verpflichtet.

IV. Berichterstattung an den Folgeprüfer (Abs. 4)

23 Ein „neuer" Abschlussprüfer (genannt **Folgeprüfer**) taucht in folgenden Sachverhaltskonstellationen auf:
- ► **Ersetzung** des bestellten Abschlussprüfers durch das Gericht nach § 318 Abs. 3 HGB (→ § 318 Rz. 31).
- ► **Kündigung** des Prüfungsauftrags aus wichtigem Grund durch den Abschlussprüfer nach § 318 Abs. 6 HGB (→ § 318 Rz. 43).
- ► „Regulärer" Wechsel des Abschlussprüfers (keine Wiederbestellung).[16]

24 Das Berichtsvolumen bestimmt sich notgedrungen nach dem Umfang der **bisherigen** Tätigkeit:
- ► Beim Wegfall des bisherigen Prüfers nach § 318 Abs. 4 Satz 2 HGB hat dieser möglicherweise mit seinen Prüfungsarbeiten **noch gar nicht begonnen**. Eine Berichtspflicht muss dann entfallen.
- ► Anders bei Begründung der **Befangenheit während** des Prüfungsgeschehens nach § 318 Abs. 3 Satz 3 HGB (→ § 318 Rz. 35): Hier ist ein Bericht über die bisher geleisteten Prüfungsarbeiten **sinnvoll**, aber nicht zwingend.[17]
- ► Beim „regulären" Prüferwechsel kann sich die Berichtspflicht nur auf die **Vorjahresprüfung** beziehen (→ Rz. 25).

---

15 § 51b Abs. 4a WPO.
16 Regierungsentwurf zum BilMoG BT-Drucks. 16/10067 S. 199.
17 Vgl. IDW PS 450 Tz. 150, weil dort der Fall der gerichtlichen Ersetzung nicht genannt ist.

▶ Bei Kündigung des Prüfungsauftrags nach § 318 Abs. 6 HGB aus wichtigem Grund besteht von Gesetzes wegen eine Berichtspflicht über das Ergebnis der bisherigen Prüfung (→ § 318 Rz. 47).[18]

Beim „regulären" Prüferwechsel kann sich die Auskunftspflicht nur auf die Prüfung des Vorjahresabschlusses beziehen. In diesem Fall wird die Verpflichtung des bisherigen Abschlussprüfers i. d. R. schon durch Vorlage des Prüfungsberichts durch die geprüfte Gesellschaft erfüllt, weil dieser zu den vorzulegenden Unterlagen (→ Rz. 6) zählen soll. Die **Arbeitspapiere** des bisherigen Abschlussprüfers unterliegen dagegen nicht der Vorlagepflicht. Hierzu bedarf es der Entbindung von der Verschwiegenheitspflicht durch die auftraggebende Gesellschaft.[19]

Der bisherige Abschlussprüfer muss bezüglich seiner Auskunftspflicht nicht vorpreschen. Er kann die vorgesehene schriftliche **Aufforderung** des neuen Abschlussprüfers **abwarten**. Dabei geht diese ganze Auskunftsverpflichtung im Falle des „regulären" Prüferwechsels ins Leere, wenn sich der neue Abschlussprüfer auf die Vorlage des Prüfungsberichts beschränken will und dieser ihm vom geprüften Unternehmen ausgehändigt wird. Sinnvoll ist in diesem Fall eine schriftliche Anfrage nur dann, wenn der bisherige Abschlussprüfer von der geprüften Gesellschaft von der **Verschwiegenheitspflicht** entbunden worden ist (→ § 323 Rz. 18), weil der neue Abschlussprüfer Einblick in die **Arbeitspapiere** nehmen will. Erforderlich ist zusätzlich die – allerdings berufsübliche – gegenseitige Einvernahme über die Einblicksrechte in die Arbeitspapiere des bisherigen Prüfers. Umgekehrt kann der bisherige Abschlussprüfer seine Mitwirkung bei Gefahr einer Selbstbelastung verweigern.

25

---

18 Vgl. IDW PS 450 Tz. 150.
19 Regierungsentwurf zum BilMoG, BT-Drucks. 16/10067 S. 91.

§ 321 Prüfungsbericht

(1) ¹Der Abschlussprüfer hat über Art und Umfang sowie über das Ergebnis der Prüfung schriftlich und mit der gebotenen Klarheit zu berichten. ²In dem Bericht ist vorweg zu der Beurteilung der Lage des Unternehmens oder Konzerns durch die gesetzlichen Vertreter Stellung zu nehmen, wobei insbesondere auf die Beurteilung des Fortbestandes und der künftigen Entwicklung des Unternehmens unter Berücksichtigung des Lageberichts und bei der Prüfung des Konzernabschlusses von Mutterunternehmen auch des Konzerns unter Berücksichtigung des Konzernlageberichts einzugehen ist, soweit die geprüften Unterlagen und der Lagebericht oder der Konzernlagebericht eine solche Beurteilung erlauben. ³Außerdem hat der Abschlussprüfer über bei Durchführung der Prüfung festgestellte Unrichtigkeiten oder Verstöße gegen gesetzliche Vorschriften sowie Tatsachen zu berichten, die den Bestand des geprüften Unternehmens oder des Konzerns gefährden oder seine Entwicklung wesentlich beeinträchtigen können oder die schwerwiegende Verstöße der gesetzlichen Vertreter oder von Arbeitnehmern gegen Gesetz, Gesellschaftsvertrag oder die Satzung erkennen lassen.

(2) ¹Im Hauptteil des Prüfungsberichts ist festzustellen, ob die Buchführung und die weiteren geprüften Unterlagen, der Jahresabschluss, der Lagebericht, der Konzernabschluss und der Konzernlagebericht den gesetzlichen Vorschriften und den ergänzenden Bestimmungen des Gesellschaftsvertrags oder der Satzung entsprechen. ²In diesem Rahmen ist auch über Beanstandungen zu berichten, die nicht zur Einschränkung oder Versagung des Bestätigungsvermerks geführt haben, soweit dies für die Überwachung der Geschäftsführung und des geprüften Unternehmens von Bedeutung ist. ³Es ist auch darauf einzugehen, ob der Abschluss insgesamt unter Beachtung der Grundsätze ordnungsmäßiger Buchführung oder sonstiger maßgeblicher Rechnungslegungsgrundsätze ein den tatsächlichen Verhältnissen entsprechendes Bild der Vermögens-, Finanz- und Ertragslage der Kapitalgesellschaft oder des Konzerns vermittelt. ⁴Dazu ist auch auf wesentliche Bewertungsgrundlagen sowie darauf einzugehen, welchen Einfluss Änderungen in den Bewertungsgrundlagen einschließlich der Ausübung von Bilanzierungs- und Bewertungswahlrechten und der Ausnutzung von Ermessensspielräumen sowie sachverhaltsgestaltende Maßnahmen insgesamt auf die Darstellung der Vermögens-, Finanz- und Ertragslage haben. ⁵Hierzu sind die Posten des Jahres- und des Konzernabschlusses aufzugliedern und ausreichend zu erläutern, soweit diese Angaben nicht im Anhang enthalten sind. ⁶Es ist darzustellen, ob die gesetzlichen Vertreter die verlangten Aufklärungen und Nachweise erbracht haben.

(3) ¹In einem besonderen Abschnitt des Prüfungsberichts sind Gegenstand, Art und Umfang der Prüfung zu erläutern. ²Dabei ist auch auf die angewandten Rechnungslegungs- und Prüfungsgrundsätze einzugehen.

(4) ¹Ist im Rahmen der Prüfung eine Beurteilung nach § 317 Abs. 4 abgegeben worden, so ist deren Ergebnis in einem besonderen Teil des Prüfungsberichts darzustellen. ²Es ist darauf einzugehen, ob Maßnahmen erforderlich sind, um das interne Überwachungssystem zu verbessern.

(4a) Der Abschlussprüfer hat im Prüfungsbericht seine Unabhängigkeit zu bestätigen.

(5) ¹Der Abschlussprüfer hat den Bericht zu unterzeichnen und den gesetzlichen Vertretern vorzulegen. ²Hat der Aufsichtsrat den Auftrag erteilt, so ist der Bericht ihm vorzulegen; dem Vorstand ist vor Zuleitung Gelegenheit zur Stellungnahme zu geben.

Inhaltsübersicht

	Rz.
I. Regelungsgehalt	1 - 6
1. Überblick	1 - 4
2. Gliederungsstruktur des Berichts	5 - 6
II. Berichtsform (Abs. 1 Satz 1)	7 - 14
1. Schriftform	7 - 9
2. Das gesetzliche Klarheitsgebot	10 - 12
3. Berufsständische Vorgaben	13 - 14
3.1 Anforderungen allgemeiner Art	13
3.2 Darstellung des Prüfungsauftrags	14
III. Die „Vorweg"-Berichterstattung (Abs. 1 Sätze 2 und 3)	15 - 46
1. Das „Vorweg"-Gebot	15 - 16
2. Der Inhalt der „Stellungnahme" …	17 - 31
2.1 … zur „Lage" allgemein (Abs. 1 Satz 2 1. Halbsatz)	17 - 23
2.2 … zum Fortbestehen und zur künftigen Entwicklung (Abs. 1 Satz 2 2. Halbsatz)	24 - 29
2.3 Erkenntnisquellen (Abs. 1 Satz 2 „soweit")	30
2.4 Prüfungsausschluss	31
3. Weitere Berichtspflicht (Abs. 1 Satz 3)	32 - 46
3.1 Unregelmäßigkeiten (Abs. 1 Satz 3 1. Teilsatz)	32 - 34
3.2 Bestandsgefährdende und entwicklungsbeeinträchtigende Tatsachen (Abs. 1 Satz 3 2. Teilsatz)	35 - 42
3.3 Schwerwiegende Verstöße gegen Rechtsvorschriften (Abs. 1 Satz 3 3. Teilsatz)	43 - 46
IV. Der „Hauptteil" (Abs. 2)	47 - 70
1. Ordnungsmäßigkeit der Rechnungslegung (Abs. 2 Satz 1)	47 - 51
1.1 Buchführung	47
1.2 Weitere geprüfte Unterlagen	48 - 49
1.3 Der Jahres- und Konzernabschluss	50
1.4 Die Lageberichte	51
2. Beanstandungen (Abs. 2 Satz 2)	52 - 53
3. Erläuterungen zum Jahresabschluss	54 - 69
3.1 Vermittlung des den tatsächlichen Verhältnissen entsprechenden Bilds (Abs. 2 Satz 3)	54
3.2 Bewertungsgrundlagen und deren Änderungen (Abs. 2 Satz 4 1. Teil)	55 - 59
3.3 Ermessensspielräume (Abs. 2 Satz 4 2. Teil)	60 - 63
3.4 Sachverhaltsgestaltende Maßnahmen (Abs. 2 Satz 4 3. Teil)	64 - 65
3.5 Aufgliederung und Erläuterung der Abschlussposten (Abs. 2 Satz 5)	66 - 69
4. Aufklärungen und Nachweise der gesetzlichen Vertreter (Abs. 2 Satz 6)	70
V. „Besonderer Abschnitt": Darstellung des Prüfungsgeschehens (Abs. 3)	71 - 73
VI. „Besonderer Teil": Risikofrüherkennungssystem (Abs. 4)	74 - 78
VII. Unabhängigkeitsbestätigung (Abs. 4a)	79
VIII. Erweiterungen des Prüfungsauftrags	80
IX. Wiedergabe des Bestätigungsvermerks	81
X. Unterzeichnung und Vorlage (Abs. 5)	82 - 86
XI. Berichtsanlagen	87 - 88
XII. Konzernabschlussprüfung	89 - 101
1. Einheitliche Berichterstattungsvorgaben	89

2. Darstellung des Prüfungsauftrags	90
3. Die „Vorweg"-Berichterstattung	91 - 93
4. Konzernrechnungslegung	94 - 101
XIII. Sonderfälle	102 - 118
1. Freiwillige Abschlussprüfung	102 - 106
2. Erstprüfungen	107 - 108
3. Prüfung der nach internationalen Rechnungslegungsnormen aufgestellten Abschlüsse	109 - 110
4. Nachtragsprüfungen	111 - 113
5. Gemeinschaftsprüfungen *(joint audit)*	114
6. Kündigung des Prüfungsauftrags	115
7. Prüfungsbericht in fremder Sprache	116
8. Mängel des Prüfungsberichts	117
9. Übergangsvorschriften auf das BilMoG	118

Ausgewählte Literatur

Hoffmann/Lüdenbach, Die imparitätische Berichterstattung des Abschlussprüfers nach § 321 Abs. 2 Satz 4 HGB n. F., DB 2003 S. 781

Ludewig, Gedanken zur Berichterstattung des Abschlussprüfers nach der Neufassung des § 321 HGB, WPg 1998 S. 595

Lück, Anforderungen an die Redepflicht des Abschlussprüfers, BB 2001 S. 404

Petersen/Zwirner, Die Abschlussprüfung im Lichte des BilMoG, WPg 2008 S. 967

Scheffler, Die Berichterstattung des Abschlussprüfers aus der Sicht des Aufsichtsrats, WPg 2002 S. 1289

Velte, Die Gehilfenfunktion des Abschlussprüfers für den Aufsichtsrat bei der Rechnungslegungsprüfung, StuB 2010 S. 451

Velte, Die Stellungnahme zur Lagebeurteilung des Vorstands sowie krisenbehaftete Tatsachen im Prüfungsbericht, StuB 2009 S. 880

I. Regelungsgehalt

1. Überblick

Über das Prüfungsergebnis hat der (Konzern-)Abschlussprüfer schriftlich Bericht zu erstatten und diesen Bericht einem **beschränkten** Adressatenkreis vorzulegen (→ Rz. 86). Insoweit kommt der Berichterstattung **Vertraulichkeitscharakter** zu. Demgegenüber ist der **Bestätigungsvermerk** als weiteres Resultat des Prüfungsgeschehens an die **Öffentlichkeit** gerichtet. 1

Über den Inhalt der Berichterstattung macht der Gesetzgeber dem Abschlussprüfer detaillierte Vorgaben bis hin zu einer Art **Grobgliederung**:

▶ **„Vorweg"** (→ Rz. 15 ff.) ist zur Beurteilung der „Lage" des Unternehmens oder Konzerns unter besonderer Betonung des Fortbestands durch die gesetzlichen Vertreter sowie über festgestellte Fehler und andere Verstöße dieses Personenkreises zu berichten (Abs. 1).

▶ Erst im Hauptteil (→ Rz. 47 ff.) ist auf die **Rechnungslegung** mit **Lageberichterstattung** einzugehen (Abs. 2).

I. Regelungsgehalt

- „In einem gesonderten Abschnitt" (→ Rz. 71) sind **Gegenstand** und **Umfang** der Prüfung zu erläutern und die Rechnungslegungs- und Prüfungs**grundsätze** darzulegen (Abs. 3).
- Bei Prüfungen von börsengängigen Aktiengesellschaften (→ Rz. 74) ist auf die Prüfung des **Risikofrüherkennungssystems** einzugehen (Abs. 4).
- Der Abschlussprüfer muss seine **Unabhängigkeit** (→ Rz. 79) bestätigen (Abs. 4a).

Ergänzend zum Inhalt des Berichts wird die **Unterzeichnung** verordnet und der **Adressatenkreis** festgelegt (→ Rz. 82).

Zusammengefasst lässt sich die **Aufgabe** des Prüfungsberichts als Information der gesetzlichen Vertreter, des Aufsichtsrats (AG) oder der Gesellschafter (GmbH) über Art, Umfang und Ergebnis der Prüfung beschreiben.

2 Der Prüfungsbericht belegt außerdem die **Erfüllung** der Rechnungslegungspflicht der gesetzlichen Vertreter (→ § 238 Rz. 2) und die Erledigung des Prüfungsauftrags. Der Prüfungsbericht ist kein Parteigutachten und muss die **Neutralität** gegenüber dem Auftraggeber und den Adressaten wahren (→ § 323 Rz. 12). Einseitige Stellungnahmen – auch durch sprachliche Verunstaltungen (→ Rz. 10) – sind unzulässig. Abweichende Auffassungen der Geschäftsleitung des geprüften Unternehmens zu einem Berichtsinhalt sind als solche darzustellen.[1]

3 Die Verwendung der **deutschen** Sprache ist entgegen der Regelung für den Abschluss (→ § 244 Rz. 1) nicht vorgeschrieben, stellt eher einen faktischen Zwang dar, der in sinnvollen Konstellationen überwunden werden darf.

4 Der beschränkte **Adressatenkreis** des Prüfungsberichts (→ Rz. 86) wird **erweitert** durch gesetzliche Vorgaben und vertragliche Vereinbarungen. Danach besteht eine Vorlagepflicht

- des Tochterunternehmens an die Muttergesellschaft (→ § 294 Rz. 15),
- an die Finanzbehörde nach §§ 150 Abs. 4 AO, 60 Abs. 3 EStDV,
- der Kreditinstitute nach § 26 Abs. 1 Satz 3 KWG und der Versicherungsunternehmen nach § 59 VAG an die Aufsichtsbehörden,
- u.U. an den Wirtschaftsausschuss,[2]
- die Deutsche Prüfstelle für Rechnungslegung (→ § 342b Rz. 22).

2. Gliederungsstruktur des Berichts

5 Aus der gesetzlich vorgegebenen Grobgliederung (→ Rz. 1) hat das IDW[3] eine Feinabstimmung entwickelt und dem Berufsstand zur Verwendung bei der **Jahres**abschlussprüfung empfohlen.

A. Prüfungsauftrag

B. Grundsätzliche Feststellungen *(„Vorweg"-Stellungnahme)*

    I. Lage des Unternehmens

        1. Stellungnahme zur Lagebeurteilung der gesetzlichen Vertreter

---

1 Vgl. IDW PS 450 Tz. 11; *Winkeljohann/Poullie*, in: Beck'scher Bilanz-Kommentar, 7. Aufl., München 2010, § 321 Tz. 14; *Kuhner/Päßler*, in: Küting/Pfitzer/Weber, Handbuch der Rechnungslegung – Einzelabschluss, 5. Aufl., § 321 Tz. 14.
2 BAG-Beschluss vom 8. 8. 1989 – 1 ABR 61/88, DB 1989 S. 2621.
3 Vgl. IDW PS 450 Tz. 12.

    2. Entwicklungsbeeinträchtigende oder bestandsgefährdende Tatsachen
  II. Unregelmäßigkeiten
    1. Unregelmäßigkeiten in der Rechnungslegung
    2. Sonstige Unregelmäßigkeiten
C. Gegenstand, Art und Umfang der Prüfung *("besonderer Abschnitt")*
D. Feststellungen und Erläuterungen zur Rechnungslegung *("Hauptteil")*
  I. Ordnungsmäßigkeit der Rechnungslegung
    1. Buchführung und weitere geprüfte Unterlagen
    2. Jahresabschluss
    3. Lagebericht
  II. Gesamtaussage des Jahresabschlusses
    1. Feststellungen zur Gesamtaussage des Jahresabschlusses
    2. Wesentliche Bewertungsgrundlagen
    3. Änderungen in den Bewertungsgrundlagen
    4. Sachverhaltsgestaltende Maßnahmen
    5. Aufgliederungen und Erläuterungen
E. Feststellungen zum Risikofrüherkennungssystem *("besonderer Teil")*
F. Feststellungen aus Erweiterungen des Prüfungsauftrags (→ Rz. 80)
G. Bestätigungsvermerk

Anlagen zum Prüfungsbericht

▶ *Obligatorische Anlagen:*

  Bilanz, GuV, Anhang, Lagebericht, Auftragsbedingungen

▶ *Fakultative Anlagen:*

  Rechtliche Verhältnisse, wirtschaftliche Grundlagen, umfassende Aufgliederungen und Erläuterung der Posten des Jahresabschlusses (vgl. aber → Rz. 12).

Die Gliederungspunkte E und F **entfallen**, wenn die Prüfung sich nicht auf das Risikofrüherkennungssystem bezog bzw. mit dem Auftraggeber keine Erweiterung des Prüfungsauftrags vereinbart wurde oder vom Gesetz vorgegeben wird, z. B. bei der Prüfung von Genossenschaften (→ § 336 Rz. 8).

Für die **Konzern**abschlussprüfung gilt folgender Vorschlag:

6

A. Prüfungsauftrag
B. Grundsätzliche Feststellungen *("Vorweg"-Stellungnahme)*
  I. Lage des Konzerns
    1. Stellungnahme zur Lagebeurteilung der gesetzlichen Vertreter
    2. Entwicklungsbeeinträchtigende oder bestandsgefährdende Tatsachen

    II. Unregelmäßigkeiten
        1. Unregelmäßigkeiten in der Konzern-Rechnungslegung
        2. Sonstige Unregelmäßigkeiten
C. Gegenstand, Art und Umfang der Prüfung (*„besonderer Abschnitt"*)
D. Feststellungen und Erläuterungen zur Konzern-Rechnungslegung (*„Hauptteil"*)
    I. Konsolidierungskreis und Konzernabschlussstichtag
    II. Ordnungsmäßigkeit der in den Konzernabschluss einbezogenen Abschlüsse
    III. Konzernabschluss
        1. Ordnungsmäßigkeit des Konzernabschlusses
        2. Gesamtaussage des Konzernabschlusses
    IV. Konzernlagebericht
E. Feststellungen zum Risikofrüherkennungssystem (*„besonderer Teil"*)
F. Feststellungen aus Erweiterungen des Prüfungsauftrags
G. Bestätigungsvermerk

Anlagen zum Prüfungsbericht

▶ *Obligatorische Anlagen:*

Konzernbilanz, Konzern-GuV, Konzernanhang, Konzernlagebericht, Auftragsbedingungen, ggf. Kapitalflussrechnung, Eigenkapitalspiegel und ggf. Segmentberichterstattung.

▶ *Fakultative Anlagen:*

Rechtliche Verhältnisse, wirtschaftliche Grundlagen, umfassende Aufgliederungen und Erläuterung der Posten des Konzernabschlusses (vgl. aber → Rz. 12).

Der Gliederungsvorschlag ändert die gesetzliche Reihenfolge zwischen „Hauptteil" und „besonderem Abschnitt". Unsere Kommentierung folgt dem Gesetzesaufbau.

II. Berichtsform (Abs. 1 Satz 1)

1. Schriftform

7   Vorgeschrieben ist die **Schriftlichkeit** der Berichterstattung. **Mündliche** Berichterstattungen über Teilfeststellungen aus dem Prüfungsgeschehen sind zulässig und häufig auch sinnvoll. Von Gesetzes wegen kommt die mündliche Information in der **Aufsichtsratssitzung** nach § 171 Abs. 1 Satz 2 AktG (→ § 268 Rz. 52b) in Betracht, analog dazu in der **Gesellschafterversammlung** einer GmbH oder GmbH & Co. KG, die über die Feststellung des Jahresabschlusses berät (→ § 268 Rz. 52s).[4] Ein weiterer Anwendungsfall für die mündliche Berichterstattung kann in der **Eilbedürftigkeit** liegen, etwa bei plötzlicher Feststellung eines schadenstiftenden Ereignisses oder im Interesse der Frühwarnung (→ Rz. 36). Mündliche Berichterstattungen kön-

---

4 Vgl. *Scheffler*, WPg 2002 S. 1295, unter Hinweis auf IDW PS 270.

nen die gebotene Schriftform – regelmäßig in deutscher Sprache (→ Rz. 3) – nicht ersetzen. Deshalb macht eine Sofort-Information an den Vorstand der Muttergesellschaft über einen wesentlichen Verstoß gegen Rechnungslegungsvorschriften einer Tochtergesellschaft in mündlicher Form oder durch eine E-Mail die Aufnahme dieser Feststellung in den Prüfungsbericht nicht überflüssig.

In der Bilanzsitzung des Aufsichtsrats bzw. -ausschusses (→ § 268 Rz. 52b) hat der Abschlussprüfer zu berichten über[5]

- Prüfungsergebnisse, insbesondere wesentliche Schwächen des internen Kontrollsystems (→ § 317 Rz. 27 ff.),
- eventuell vorhandene Befangenheitsumstände (→ § 319 Rz. 11),
- zusätzliche Leistungen jenseits der Abschlussprüfung.

Die Informationspflicht zu Händen des Aufsichtsorgans soll in eine effiziente wechselseitige Kommunikation zwischen diesem Organ und dem Abschlussprüfer münden.[6]

Sofern förmliche **Teilberichte** erstellt werden, ist im **Hauptbericht** im Interesse der **Einheitlichkeit** der Berichterstattung zusammenfassend deren Inhalt wiederzugeben.[7] Die Teilberichte sind als solche zu kennzeichnen. Das Gebot der **Vollständigkeit** der Berichterstattung darf nicht künstlich durch „Zerlegung" der Berichtsbestandteile umgangen werden. Solche Teilberichte können sachlich oder wegen der Dringlichkeit geboten sein, z. B. bei EDV-Systemprüfungen oder bei Feststellung bestandsgefährdender Tatsachen.

8

Überhaupt dürfen Berichtspflichten über wesentliche Feststellungen nicht mit der Begründung einer **Schadenszuführung** für das Unternehmen unterbleiben.[8] Eine Schutzklausel vergleichbar § 286 HGB (→ § 286 Rz. 1) ist nicht vorgesehen und dem vertraulichen Charakter des Prüfungsberichts nicht angemessen.

9

BEISPIEL ▶ Der Abschlussprüfer der Hoch- und Tiefbau GmbH mit 250 Arbeitnehmern stellt die Beschäftigung mehrere ukrainischer Bautrupps fest, für die keine Sozialversicherungsbeiträge einbehalten und abgeführt werden. Das Unternehmen steckt in wirtschaftlichen Schwierigkeiten. Bei wesentlicher Größenordnung ist der Prüfer zur Berichterstattung im Prüfungsbericht an die Berichtsadressaten verpflichtet.[9]

2. Das gesetzliche Klarheitsgebot

Die Klarheit als gesetzliches Gebot der Abschlusspräsentation (→ § 243 Rz. 18) und als fachliterarische und Standard-Vorgabe der Lageberichterstattung (→ § 289 Rz. 12) erfährt vom Gesetz für den Prüfungsbericht eine besondere Hervorhebung als „**Gebot**". Damit muss mehr verlangt sein als die Selbstverständlichkeit einer „klaren" Darstellung des Themas mit entsprechender

10

---

[5] Vgl. IDW PS 470 Tz. 1.
[6] Vgl. wegen Einzelheiten der Organisation und des Inhalts dieser Kommunikation IDW PS 470 Tz. 5 ff.
[7] Vgl. IDW PS 450 Tz. 17.
[8] So auch *Kuhner/Päßler*, in: Küting/Pfitzer/Weber, Handbuch der Rechnungslegung – Einzelabschluss, 5. Aufl., § 321 Tz. 10; *Scheffler*, WPg 2002 S. 1294; differenzierend *Winkeljohann/Poullie*, in: Beck'scher Bilanz-Kommentar, 7. Aufl., München 2010, § 321 Tz. 12.
[9] Vgl. hierzu IDW PS 210.

Gliederung in jedwedem Dokument, sei es nur eine Memo für den Vorstand oder eine Diplom-Arbeit. Unverständliches Fachchinesisch ist ebenso zu vermeiden wie die Verwendung unleserlicher Schachtelsätze.[10] Hinter der gesetzlichen Hervorhebung verbirgt sich die Befürchtung der sprachlichen Verunstaltung einer Aussage zur **Verschleierung** des wirklichen Gehalts.

BEISPIEL ▶ Der Abschlussprüfer der Hoch- und Tiefbau GmbH im Beispiel unter → Rz. 9 stellt das Fehlen einer Baustellenabrechnung (Betriebsbuchhaltung) fest. Die Bewertung der unfertigen Arbeiten zum Bilanzstichtag muss mit pauschalen Hilfsrechnungen erfolgen. Eine Nachkalkulation der einzelnen Aufträge ist nicht möglich.

Im Interesse der Verschleierung nach Art eines arbeitsrechtlichen Dienstzeugnisses könnte der Abschlussprüfer wie folgt formulieren:

„Die Bewertung der unfertigen Leistungen erfolgte retrograd auf der Grundlage der erzielbaren Erlöse nach Abzug von überschläglich ermittelten Vertriebskosten in Abstimmung mit den nach Leistungsfortschritt erhobenen Anzahlungen."

Der eigentliche Inhalt dieser Passage des Prüfungsberichts erschließt sich allenfalls dem Fachmann. Mit der „gebotenen Klarheit" wäre richtigerweise zu formulieren:

„Wegen der fehlenden Baustellenabrechnung musste die Bewertung der unfertigen Leistungen retrograd nach Abzug von Vertriebsgemeinkosten in Abstimmung des durch die erhaltenen Anzahlungen belegten Leistungsfortschritts erfolgen. Der betreffende Bilanzausweis ist deshalb mit einem unverhältnismäßigen Unsicherheitsmoment behaftet. Ohne eine Baustellenabrechnung ist eine Nachkalkulation der Einzelaufträge nicht möglich."

Im Hinblick auf die Krisensituation kann zusätzlich die Bestandsgefährdung des Unternehmens wegen der fehlenden Kalkulationsmöglichkeit in folgender Fortführung der obigen Aussage erwähnt werden:

„Die Einrichtung einer Baustellenabrechnung für Kalkulationszwecke ist für das Fortbestehen der Gesellschaft unabdingbar."

Bei einer Auswirkung auf den **Bestätigungs**vermerk (→ § 322 Rz. 43) wäre fortzufahren:

„Diese Prüfungsfeststellungen führten zur Einschränkung meines Bestätigungsvermerks."

11 Das Gebot der Klarheit ist auch durch die **Beschränkung** des **Berichtsvolumens**[11] zu erfüllen. Nur über das gesetzlich Notwendige ist zu berichten, anderes kann die Berichtsadressaten nicht interessieren. Der Prüfer sollte nicht den Leser durch Papierverbrauch von der Qualität seiner Arbeit überzeugen wollen. Wer Uninteressantes zur Lektüre vorgibt, versündigt sich am Leser, indem er dessen Zeit unnütz in Anspruch nimmt.[12] Es gilt nicht: Masse statt Klasse. Die

---

10 Vgl. hierzu *Scheffler*, WPg 2002 S. 1295.
11 So („Begrenzung") IDW PS 450 Tz. 26 wenigstens zur „Vorweg"-Stellungnahme (→ Rz. 15 ff.).
12 Vgl. *Schmalenbach*, WPg 1948 S. 1.

Berichterstattung soll sich auf das **Wesentliche** beschränken, hier verstanden als Informationsbedarf zur Überwachung des Unternehmens.[13]

Der Gesetzgeber hat durch die Neuregelung der Berichterstattung im KonTraG und TransPuG gerade der ausufernden **Aufgliederung** von Abschluss-Einzelposten entgegentreten wollen (→ Rz. 66). Dem sollte die Berichtspraxis willig Folge leisten. Damit ist auch der Auslagerung dieser „umfassenden" Aufgliederungs- und Erläuterungsmanie von Einzelposten in die Berichtsan**lage** (→ Rz. 5 f.) ein Riegel zu setzen. Es interessiert niemanden, wie sich GWG-Zugänge zusammensetzen und in welcher Höhe die Portokosten gegenüber dem Vorjahr gesunken sind. Dies gilt insbesondere auch für die Geschäftsleitung als Adressat des Prüfungsberichts, denn für sie sind diese Daten ohnehin jederzeit greifbar.

12

Diese Beschränkung der Berichterstattung auf wichtige und die Adressaten interessierende Inhalte ist **auch** wegen der ohnehin die Abschlussadressaten erdrückenden Informationsflut in „Geschäftsberichten" (→ § 289 Rz. 14) vom Abschlussprüfer zu beachten.

3. Berufsständische Vorgaben

3.1 Anforderungen allgemeiner Art

Das IDW als nationaler Standardsetter (→ § 317 Rz. 15) hat das gesetzliche Klarheitsgebot durch weitere „moralische" Inhaltsvorgaben angereichert.[14] Die Berichterstattung soll sein:

13

- gewissenhaft,
- wahrheitsgetreu,
- vollständig,
- unparteiisch,
- **klar**, d. h. verständlich, eindeutig und problemorientiert.

Wie immer ist mit solchen Vorgaben wenig Konkretes verbunden. Das zeigt sich deutlich bei Umkehrung der Vorgaben in das Negative: Soll der Bericht gewissenlos, gelogen, unvollständig, einseitig parteiisch und unklar, d. h. unverständlich, mehrdeutig und am Thema vorbei geschrieben sein? M. a. W.: Diese genannten Berichtsvorgaben stellen eine selbstverständliche Grundlage jeder gewissenhaften Verlautbarung dar, die man gerade vom Abschlussprüfer mit den hohen an ihn gestellten Anforderungen verlangen kann und muss. Dem Gebot der **Klarheit** kommt, weil Gesetzesbestandteil, ein zu konkretisierender Vorrang zu, der unter → Rz. 10 f. erläutert worden ist.

3.2 Darstellung des Prüfungsauftrags

Trotz des gesetzlichen „Vorweg"-Gebots (→ Rz. 15) muss sachlogisch der Prüfungsbericht (→ Rz. 5 f.) mit der Beschreibung des **Auftragsinhalts** beginnen (→ Rz. 5 f.). Dazu schlägt das IDW folgende Inhalte vor:[15]

14

- Firma und Sitz,

---

13 Vgl. IDW PS 450 Tz. 13.
14 Vgl. IDW PS 450 Tz. 8 ff.
15 Vgl. IDW PS 450 Tz. 22-25.

- Abschlussstichtag, ggf. Rumpfgeschäftsjahr,
- Hinweis auf Abschlussprüfung,
- Wahl und Beauftragung des Abschlussprüfers,
- Unabhängigkeitserklärung,
- Hinweis auf Berichterstattung nach IDW PS 450,
- Hinweis auf die Auftragsbedingungen,
- Adressat des Berichts (nur bei freiwilligen Abschlussprüfungen: die geprüfte Unternehmung).

Soweit ausnahmsweise von einem IDW-Prüfungsstandard bei der Prüfungsdurchführung **abgewichen** wird, ist dies im Prüfungsbericht ausführlich zu begründen (→ § 317 Rz. 13).

Die Unabhängigkeitserklärung nach Abs. 4a (→ Rz. 79) kann in sprachlicher Vereinfachung gegenüber dem Vorschlag des IDW[16] lauten:

„Ich habe/wir haben die Vorschriften zur Unabhängigkeit beachtet."

Nach DCGK 7.2.1 muss die Unabhängigkeitserklärung für die Prüfung kapitalmarktorientierter Unternehmen (→ § 264d) **vor** der Bestellung zum Abschlussprüfer ergehen.[17] Dies ist in den übrigen Prüfungsfällen nicht erforderlich.

III. Die „Vorweg"-Berichterstattung (Abs. 1 Sätze 2 und 3)

1. Das „Vorweg"-Gebot

15 Die Gliederungsvorgabe des Abs. 1 Satz 2 („vorweg") hat im Prüferberuf zunächst einige Verwirrung ausgelöst,[18] weil die Berichterstattung sachnotwendig mit dem **Auftragsinhalt** beginnt (→ Rz. 14). Der Leser muss erst in Szene gesetzt werden, über was er informiert werden soll. Diese Verunsicherung ist inzwischen beseitigt, es bleibt bei der Darstellung des Auftrags als erstem Gliederungspunkt (→ Rz. 5 f.).

Diese Lösung widerspricht auch nicht den Intentionen des Gesetzgebers bezüglich des „Vorweg"-Gebots. Ihm schwebt als wichtigste Aufgabe der Abschlussprüfung die **Insolvenzprophylaxe** vor Augen (→ Rz. 24 ff.). Deshalb soll sich die Prüfung auch besonders der Darstellung der Chancen und Risiken und der Fortbestehenshypothese im Lagebericht (→ § 289 Rz. 38 ff.) widmen (→ § 317 Rz. 57 ff.). Ob diese Idee des Gesetzgebers realitätsnah ist, muss an dieser Stelle nicht beurteilt werden.

16 Jedenfalls darf diese vom Gesetzgeber primär geforderte Stellungnahme des Abschlussprüfers zur „Lage" und zum Fortbestehen **nicht irgendwo** weit hinten im Bericht, wo niemand mehr liest, versteckt werden. Den viel beschäftigten Aufsichtsräten und GmbH-Gesellschaftern soll keine intensive Lektüre von mehr als vielleicht drei A4-Seiten zugemutet werden, nachdem er

---

16 IDW PS 450 Tz. 23a.
17 So auch *Bertram*, in: Haufe HGB Bilanz Kommentar, Freiburg 2009, § 321 Tz. 42.
18 Vgl. *Ludewig*, WPg 1998 S. 597.

zuvor bereits Hunderte Seiten Geschäftsbericht mit vielen langweiligen Passagen (→ § 289 Rz. 14) über sich hat ergehen lassen müssen. Auch der in Bilanzierungsfragen weniger bewanderte GmbH-Gesellschafter als Adressat des Prüfungsberichts soll „vorweg" nicht mit einem Wust von Kennzahlen und anderen Zahlenfriedhöfen beworfen werden, sondern eine „klare" und deshalb **kurzgefasste** (→ Rz. 11) Beurteilung des Abschlussprüfers zur Darstellung der „Lage" durch die Geschäftsleitung nachlesen können.

2. Der Inhalt der „Stellungnahme" ...

2.1 ... zur „Lage" allgemein (Abs. 1 Satz 2 1. Halbsatz)

Eine Stellungnahme erfolgt durch **eigene** Wertung, also Beurteilung.[19] Die Geschäftsleitung (gesetzliche Vertreter) beurteilen mit ihrer Berichtspflicht die Lage des Unternehmens/Konzerns, der Abschlussprüfer wertet seinerseits diese Beurteilung des Managements. Daraus könnte man in formaler Betrachtung eine Art **Obergutachterfunktion** des Abschlussprüfers ableiten.[20] Dieser Interpretation ist schon der Gesetzesvorbehalt in Abs. 1 Satz 2 „soweit" entgegenzuhalten (→ Rz. 30). Ein Obergutachten kann der Abschlussprüfer auch aus sachlichen Gründen nicht erstellen, denn die „Lage" eines Unternehmens/Konzerns lässt sich in vielerlei Formulierungen oder Zahlenrelationen darlegen.

17

> **BEISPIEL**
>
> ▶ „Durch die Ausweitung unseres Produktportfolios können wir branchenspezifische Konjunkturschwankungen – hervorragend? ausreichend? zufriedenstellend? oder oder – ausgleichen."
>
> ▶ „Die zusätzliche Fremdkapitalaufnahme von X % der Bilanzsumme wird nach unserer Einschätzung die Eigenkapitalrendite um 2 %-Punkte erhöhen."

Der Abschlussprüfer darf auch bei eigenen Zweifeln über die Sinnhaftigkeit der Ausweitung des Produktportfolios oder der zusätzlichen Fremdkapitalfinanzierung die Aussage des Vorstands nicht durch eine Art Gegenstellungnahme hinterfragen. Er würde sich damit zum besseren oder wenigstens besserwissenden Geschäftsleiter aufschwingen. Vor allem ist dem Prüfer ein solches besserwisserisches Gehabe durch den **Inhalt** seiner Prüfungshandlungen und -möglichkeiten verbaut. Die „Lage" ist in den **zukunfts**bestimmten Werten des Abschlusses und der Lageberichterstattung begründet. Prognostische Werte und Aussagen kann der Abschlussprüfer nicht mit „richtig" oder „falsch" beurteilen, sondern nur mit „plausibel" oder „abwegig" (→ § 317 Rz. 58). Über eigene Prognoserechnungen darf der Abschlussprüfer nicht berichten.[21] Im Beispiel unter → § 317 Rz. 58 kann und darf er nicht die gegensätzliche Annahme über die Entwicklung der Konsumentennachfrage als „überhöht" oder „zu konservativ" beurteilen, sondern als „plausibel" oder eben nicht.

18

---

19 Vgl. *Kuhner/Päßler*, in: Küting/Pfitzer/Weber, Handbuch der Rechnungslegung – Einzelabschluss, 5. Aufl., § 321 Tz. 22.
20 Verneinend zu Recht *Dörner*, in: FS Ludewig, S. 243; entsprechend *Winkeljohann/Poullie*, in: Beck'scher Bilanz-Kommentar, 7. Aufl., München 2010, § 321 Tz. 17.
21 Vgl. IDW PS 450.29.

III. Die „Vorweg"-Berichterstattung

> **BEISPIEL** ▶ Im Lagebericht heißt es: „Den erwarteten Umsatzrückgang im laufenden Geschäftsjahr können wir durch Kostenanpassungen ergebnismäßig vollumfänglich ausgleichen." Diese Aussage ist wegen der unüberwindbaren Kostenremanenz nicht plausibel und wird auf Hinweis des Abschlussprüfers wie folgt korrigiert werden: „Den erwarteten Umsatzrückgang werden wir durch Kostenanpassungen ergebnismäßig in weitestmöglichem Umfang ausgleichen." Jetzt ist die Aussage plausibel = einleuchtend, allerdings auch nicht mehr.

19   Hilfreich oder notwendig kann dabei eine eigenständige **betriebswirtschaftliche Analyse** anhand von Kennzahlen, Branchenentwicklung etc. sein.[22] Sie stellt dann u. U. eine Vergleichsgröße zu dem Befund der Geschäftsleitung dar. Dabei sollte sich der Abschlussprüfer auch einer gewissen **Bescheidenheit** befleißigen. Er kann es bei aller persönlichen Qualifikation nicht mit dem know how des Fachmanns in der Herstellung und im Vertrieb von medizinischen Geräten oder der Marktentwicklung der Banner-Webung aufnehmen. Der Prüfer ist erst recht nicht in der Lage, die mutmaßlichen Kosten aufgrund eines schadhaften Produktionsloses besser zu schätzen als das Management (vgl. auch das Beispiel unter → § 249 Rz. 42). Der **Objektivierung** der subjektiven Darstellungen der Geschäftsleitung durch die Aussage des Abschlussprüfers[23] sind sachnotwendig enge Grenzen gesetzt. In diesen Fällen gibt es immer Beurteilungsspielräume mit „erheblichen Unsicherheiten". Darauf muss deshalb – weil inhaltslos – im Prüfungsbericht nicht hingewiesen werden[24] – es sei denn als Lesehilfe für mit der Materie nicht vertraute Berichtsadressaten.

20   Deshalb ist auch den mitunter empfohlenen „vertiefenden Erläuterungen"[25] in quantitativer Form sowie einer „vertiefenden Ursachenanalyse oder Prämissenkritik" eine Zurückhaltung zu empfehlen.

> **BEISPIEL** ▶ Die Einschätzungen der Umsatz- und Rohertragsentwicklung der beiden Discounter in (→ § 317 Rz. 58) beruhen u. a. auf der Prämisse einer Arbeitslosenquote auf der Iberischen Halbinsel von 19 % und einer Arbeitslosenhilfe von X % je Person. Der Abschlussprüfer könnte nach der vorstehenden Empfehlung „vorweg" befinden: „Diese Prognose des Managements beruht auf folgenden (den genannten) Annahmen. Beträgt die Arbeitslosenquote dagegen nur 17 %, kann mit einem um X Mio € höheren Umsatz gerechnet werden."

U. E. wird der sachkundige Berichtsleser diesen Hinweis als Banalität würdigen, der weniger bewanderte fragen: Was ist eigentlich „richtig"? Außerdem muss – zur Erinnerung – die „Vorweg-Stellungnahme" so kurz wie möglich ausfallen.[26]

21   Der Abschlussprüfer muss auf dieser Grundlage „vorweg" die wichtigsten Angaben im Abschluss und Lagebericht hervorheben,[27] soweit sie für die Berichtsadressaten von Interesse

---

22 Ähnlich *Winkeljohann/Poullie*, in: Beck'scher Bilanz-Kommentar, 7. Aufl., München 2010, § 321 Tz. 18; *Bertram*, in: Haufe HGB Bilanz Kommentar, Freiburg 2009, § 321 Tz. 47.
23 So die Vorstellung von *Hommelhoff*, BB 1998 S. 2751.
24 Nach IDW PS 450 Tz. 33 „kann" ein Hinweis in Betracht kommen.
25 Vgl. IDW PS 450 Tz. 29.
26 Ähnlich IDW PS 450 Tz. 26.
27 Vgl. IDW PW 450 Tz. 29.

sind. Auf dort nicht erwähnte erhebliche Risiken (z. B.) muss der Abschlussprüfer eingehen: Es sind also **nicht alle** Lageberichtsangaben „hervorzuheben", sondern nur die entscheidungserheblichen **„Kernaussagen"**. Sonst würde dieser Berichtsteil schnell einmal den Umfang des Lageberichts selbst erreichen, was gerade nicht der gebotenen **Klarheit** förderlich ist (→ Rz. 10).

Kleine Kapital- und Kap. & Co.-Gesellschaften sind von der Lageberichterstellung **befreit** (→ § 289 Rz. 1). Gleichwohl muss sich der Abschlussprüfer im Rahmen einer freiwilligen Prüfung (→ § 317 Rz. 2) ein Bild von der „Lage" der Gesellschaft machen, da er sonst nicht der Aussagepflicht nach Abs. 2 Satz 3 (→ Rz. 54) nachkommen kann.[28] Allerdings ist ihm die Beurteilung der „Lage" durch die gesetzlichen Vertreter der geprüften Gesellschaft nicht möglich. Bei **pflichtwidriger** Nichtaufstellung eines Lageberichts ist dies (selbstverständlich) im Bericht „vorweg" darzustellen, weil dies eine Stellungnahme nach Abs. 1 Satz 2 verhindert. Der Abschlussprüfer muss nicht die fehlenden Angaben im Lagebericht durch eigene Ausführungen ersetzen.[29]

22

Bei Nichterfüllung der **Generalnorm** (→ § 264 Rz. 18) ist die dann bestehende Anhangangabepflicht in der Vorweg-Stellungnahme zu erwähnen.[30] Die „Vorweg"-Hervorhebung und -Beurteilung wesentlicher Aussagen im Lagebericht ist unabhängig davon vorzunehmen, ob sie eine positive oder negative Unternehmensentwicklung betreffen.[31]

23

2.2 ... zum Fortbestehen und zur künftigen Entwicklung (Abs. 1 Satz 2 2. Halbsatz)

In der „Vorweg"-Stellungnahme wird der Abschlussprüfer in besonderer Weise („insbesondere") bezüglich des Fortbestehens der Unternehmung (des Konzerns) in die Pflicht genommen (→ Rz. 35). Diese Teil-Stellungnahme ist verquickt mit derjenigen zur künftigen Entwicklung. Fortbestand und künftige Entwicklung **überschneiden** sich inhaltlich und stellen einen wesentlichen Teil der „Lage" dar (→ Rz. 17 ff.). Deshalb ist die Stellungnahme in diesem Berichtsteil **zusammenfassend** und damit „klar" (→ Rz. 10) zu formulieren.

24

Auch wenn das Gesetz hier einmal mehr auf das **Fortbestehen** und dessen Erwähnung pocht, muss nicht dazu sklavisch ein Hinweis im Prüfungsbericht erfolgen. Die überwältigende Mehrheit der Unternehmen und Konzerne sind nicht (akut) in ihrem Bestand gefährdet. Dabei sind sie alle irgendwelchen Risiken ausgesetzt, denn diese stellen ein unabänderliches Charakteristikum des Wirtschaftslebens schlechthin dar. Soll der Lagebericht in solchen Fällen gleichwohl mit Ausführungen zur künftigen Entwicklung und zum Fortbestehen bestückt werden, dann etwa mit folgender Formulierung:

25

„Der künftigen Entwicklung unserer Gesellschaft/des Konzerns sehen wir mit Zuversicht entgegen, da insbesondere das Fortbestehen nicht gefährdet erscheint."

---

28 Vgl. *Kuhner/Pässler*, in: Küting/Pfitzer/Weber, Handbuch der Rechnungslegung – Einzelabschluss, 5. Aufl., § 321 Tz. 21.
29 Vgl. IDW PS 450 Tz. 34. Zu den Auswirkungen auf den Bestätigungsvermerk vgl. → § 322 Rz. 50.
30 Vgl. IDW PS 450 Tz. 34.
31 Vgl. IDW PS 450 Tz. 31.

Mit solchen **Plattitüden** kann niemand etwas anfangen; der Abschlussprüfer sollte sich „vorweg" einer **expliziten** Stellungnahme hierzu enthalten und sich auf einen schlichten Hinweis auf die Lageberichterstattung beschränken.

26 Das Telos des Gesetzes liegt demgegenüber bei der (erkennbar) **negativen** Entwicklung des Unternehmens/Konzerns bis hin zur **Existenzgefährdung**. Letztere ist durch besondere ökonomische Gesetzmäßigkeiten gekennzeichnet (→ § 252 Rz. 16). Jeder Geschäftsleiter muss sich bis zum bitteren Ende als überzeugt vom Unternehmensfortbestehen präsentieren. Auch in der prekärsten Situation wird es im Lagebericht niemals heißen:

> „Das Wasser steht uns bis zum Hals; uns kann und will niemand mehr retten. In spätestens sechs Wochen sind wir am Ende."

Eine solche durchaus wahrheitsgetreue Lageberichterstattung wäre fast schon sträflich, ist jedenfalls praktisch nicht denkbar (→ § 289 Rz. 44). Die Formulierung im Lagebericht wird vielmehr lauten:

> „Der Wegfall des Dauer-Fertigungsauftrags ... konnte im abgelaufenen Geschäftsjahr nicht durch Kostenreduktion kompensiert werden. Das hat uns in eine schwierige Liquiditätssituation gebracht, die wir mit tatkräftiger Mithilfe unserer Gesellschafter und der Hausbanken in den Griff bekommen wollen."

Auf diese Passage des Lageberichts wird der Abschlussprüfer „vorweg" verweisen und sinnvollerweise mit weiteren Ausführungen wegen Abs. 2 Satz 3 (→ Rz. 54) verbinden. Er sollte sich dabei auch des Instrumentariums der **Prognoseprüfung** (→ § 317 Rz. 63 ff.) bezüglich Überschuldung und Zahlungsunfähigkeit bedienen.[32] Er wird sich allerdings seinerseits einer negativen Stellungnahme über die Erfolgsaussichten der Sanierungsbemühungen enthalten und nicht schreiben:

> „Aus meiner Sicht werden die Bemühungen der Geschäftsführung zur Rekapitalisierung der Gesellschaft nicht zum Erfolg führen."

27 Mit dieser Formulierung würde die *self fulfilling prophecy* geradezu herbeigeschrieben, der Abschlussprüfer würde der Geschäftsführung bei ihren redlichen Sanierungsbemühungen in den Rücken fallen und hätte einen schweren Stand gegenüber Betriebsräten und allen Arbeitnehmern und ungesicherten Gläubigern. Ganz abgesehen davon: Woher soll der Abschlussprüfer ohne hellseherische Begabung den Nichterfolg der Sanierungsbemühungen wissen? Dann könnte er tatsächlich schreiben:

> „Die Pleite ist sicher, in längstens drei Monaten muss Insolvenz beantragt werden."

Stattdessen wird der Abschlussprüfer „vorweg" und „in der gebotenen Klarheit" schreiben:

> „Der Fortbestand der Gesellschaft hängt vom Erfolg der im Lagebericht dargestellten Sanierungsbemühungen der Geschäftsführung ab."

Äußerstenfalls wird er noch ergänzend die Ungewissheit des Erfolgs hervorheben, etwa wie folgt:

> „Der Erfolg hängt von vielen, nur z. T. vom Unternehmen kontrollierbaren Umständen ab."

---

32 Vgl. IDW PS 880 Tz. 16.

Lediglich bei einer **unzutreffenden** Aussage im Lagebericht müsste der Abschlussprüfer einen Vorbehalt anbringen, also etwa gegen folgenden Satz:

„Unsere Hausbanken werden dem vorgelegten Sanierungskonzept zustimmen."

Dann muss der Abschlussprüfer dagegen feststellen:

„Die Zustimmung der Hausbanken zum Sanierungskonzept der Geschäftsführung war bis zum Ende meiner Prüfungstätigkeit nicht erfolgt."

Auch dieser Fall wird nie praktisch werden, weil die Geschäftsführung mit ihrer vom Abschlussprüfer dementierten Aussage ihre Glaubwürdigkeit, die in einer solchen Krisensituation besonders gefragt ist, aufs Spiel setzt.

Bei einer solchen Sachverhaltskonstellation lässt sich die Berichterstattungpflicht des Abschlussprüfers aufgrund der Interessenlage der Geschäftsleitung im Grunde problemlos lösen. Die Formulierungen im Lagebericht werden nie einen Vorbehalt („Dementi") des Abschlussprüfers erfordern. Anders kann es sich bei der Berichterstattungpflicht nach Abs. 1 Satz 3 verhalten (→ Rz. 32 ff.).

2.3 Erkenntnisquellen (Abs. 1 Satz 2 „soweit")

Der Abschlussprüfer muss keine Geschäftsführungs- oder eine sonstige Sonderprüfung durchführen, um auf die Lagebeurteilung der Geschäftsleitung „einzugehen". Sein dabei anzuwendender **Wissenshorizont** beschränkt sich auf die Erkenntnisse, die er im Rahmen einer ordnungsmäßigen Abschlussprüfung (→ § 317) gewinnt bzw. gewinnen kann.[33] Deshalb muss er auch nicht kriminalistisch nach Dokumenten forschen, die vielleicht **auch** zur Lagebeurteilung von Interesse sein könnten.

2.4 Prüfungsausschluss

Die Erklärung zur **Unternehmensführung** gem. § 289a HGB unterliegt nicht der Prüfung (→ § 289a Rz. 1) und ist u. E. deshalb in den Prüfungsbericht allenfalls als Negativbefund aufzunehmen. Zu unseren Vorbehalten gegen die Handlungspflichten des Abschlussprüfers bei einem gerade nicht seiner Prüfungspflicht unterliegenden Rechnungslegungsbestandteil verweisen wir auf → § 317 Rz. 65.

3. Weitere Berichtspflicht (Abs. 1 Satz 3)

3.1 Unregelmäßigkeiten (Abs. 1 Satz 3 1. Teilsatz)

Unregelmäßigkeiten sind als **Oberbegriff**[34] für

- (unbeabsichtigte) Unrichtigkeiten *(„error")*
- (beabsichtigte) Verstöße *(„fraud")* gegen Rechnungslegungs- und sonstige Rechtsvorschriften.

---

[33] Ähnlich IDW PS 450 Tz. 29.
[34] Vgl. IDW PS 210 Tz. 6; IDW PS 450 Tz. 46.

III. Die „Vorweg"-Berichterstattung

Bei den **Verstößen** ist weiter danach zu differenzieren, ob diese sich unmittelbar auf die Rechnungslegung auswirken (z. B. Unterschlagungen) oder nicht.[35] Einen Sonderfall stellen die **schwerwiegenden** Verstöße dar (→ Rz. 43 ff.).

„Gesetzliche Vorschriften" sind diejenigen zur Rechnungslegung und Lageberichterstattung. Im Verlauf der Prüfung **behobene** Verstöße sind allenfalls dann berichtpflichtig, wenn sie aus Sicht der Überwachungspflicht der Aufsichtsorgane **wesentlich** sind; insbesondere sollen Schwächen im rechnungslegungsbezogenen internen Kontrollsystem (→ § 317 Rz. 27 ff.) dazu zählen.[36]

33 Damit ist einmal mehr die allgemein nicht beantwortbare Frage nach der Abgrenzung von „wesentlich" und „unwesentlich" – bei der Rechnungslegung allgemein (→ § 252 Rz. 182) und hier bei deren Prüfung – gestellt (→ § 317 Rz. 17) sowie über mangelnde Auskunftsbereitschaft (→ Rz. 70). Sie kann nur **einzelfallbezogen** beantwortet werden. In unwichtigeren Fällen genügt eine Information der Geschäftsführung, soweit sie nicht selbst betroffen ist, durch einen *management letter* oder – weniger förmlich – die mündliche Information mit einem wechselseitig abgezeichneten Besprechungsprotokoll. Eine Wesentlichkeit kann auch dann vorliegen, wenn trotz früherer Information die Schwachstelle im IKS nicht abgestellt wird. Im Beispiel unter → § 317 Rz. 30 sind verschiedene Fälle aus der Praxis des Wirtschaftslebens aufgelistet, welche die Abgrenzungsproblematik aufzeigen. Wenn der Gesetzgeber an diesen Stellen (in Abs. 1) die Wesentlichkeit besonders hervorhebt, dann muss deren Schwelle recht hoch angesetzt werden.

Dieser Befund gilt auch in der Gegendarstellung zur **weiteren** Berichterstattungspflicht nach Abs. 2 Satz 2 (→ Rz. 52) über „Beanstandungen" (also Fehlerfeststellungen). Auch dort darf nicht über Kleinigkeiten berichtet werden. Schließlich ist eine besonders hohe Wesentlichkeitsschwelle im Hinblick auf den „Vorweg"-Charakter mit ihrem „Kurz-Gebot" (→ Rz. 16) zu rechtfertigen. Somit kommt bei allen Feststellungen im Beispiel unter → § 317 Rz. 30 eine „Vorweg"-Berichterstattungspflicht eher nicht in Betracht.

34 Was bleibt dann an möglichen Tatbeständen dieses Teils der „Vorweg"-Berichterstattung übrig? Eine positive Antwort fällt schwer. Jedenfalls muss es sich um **gravierende** Vorfälle handeln, die regelmäßig auch zu einer **Einschränkung** des Bestätigungsvermerks (→ § 322 Rz. 48) führen.

> **BEISPIELE**
>
> ▶ Die bislang gebildeten Pensionsrückstellungen i. H. von 20 % der Bilanzsumme und 115 % des Eigenkapitals werden „zum" Bilanzausgleich aufgelöst (→ § 249 Rz. 156).
>
> ▶ Ein abgeschriebener Geschäfts- oder Firmenwert wird im Umfang von 85 % des Eigenkapitals reaktiviert (→ § 253 Rz. 166).
>
> ▶ Die Kredite an Vorstände werden im Anhang nicht angegeben (→ § 285 Rz. 66).
>
> ▶ Die laufende Belieferung der Tochtergesellschaft in Brasilien zur Hälfte des Marktpreises bleibt im Anhang unerwähnt (→ § 285 Rz. 139).

---

35 Vgl. IDW PS 210 Tz. 7 mit einer Systematik in graphischer Darstellung.
36 Vgl. IDW PS 450 Tz. 47.

▶ Im Beispiel unter → § 317 Rz. 30 ist (unterstellt) die Einrichtung einer Baustellenabrechnung vom Abschlussprüfer schon im Vorjahr durch Management-Letter angemahnt worden. Bei der aktuellen Prüfung konnten deshalb bei angestiegener Liquiditätsklemme die fertigen Aufträge wiederum nicht nachkalkuliert werden. Verlustbringer blieben deshalb unentdeckt.

Nach allem fällt es schwer, praktische Anwendungsfälle für diese Berichtsvorgaben herauszufiltern, die **nicht** zu einer **Testatseinschränkung** führen müssen. Wegen der Vertraulichkeit des Prüfungsberichts lässt sich empirisch nicht feststellen, inwieweit in der Praxis überhaupt von dieser Berichtspflicht Gebrauch gemacht wurde. Sinnvollerweise ist deshalb nicht negativ zu berichten: „ ... wurden nicht festgestellt."[37]

3.2 Bestandsgefährdende und entwicklungsbeeinträchtigende Tatsachen (Abs. 1 Satz 3 2. Teilsatz)

In dieser Gesetzespassage wird der Abschlussprüfer einmal mehr (→ Rz. 24) als Krisenwarner und -früherkenner in die Pflicht genommen, letztlich im Interesse der Insolvenz-Prophylaxe. Die damit notwendig verbundene Zukunftsperspektive entfaltet ihre eigene Gesetzmäßigkeit. „Tatsachen" müssen belegbar, also **vorhanden** sein. In der Zukunft sich einstellende Fakten können nie „Tatsachen" darstellen.[38] Zukünftiges ist nicht beweisbar. Darauf nimmt der Gesetzeswortlaut Rücksicht, denn nur Tatsachen, die zum befürchteten Ergebnis führen **„können"**, sind berichtspflichtig. Der Abschlussprüfer wird dadurch nicht in die Rolle des Hellsehers gedrängt.

35

BEISPIEL ▶ Das Management kann sich nicht gegen eine solche Berichterstattung des Abschlussprüfers mit dem Argument wehren: „Wie wollen Sie wissen, dass wir der chinesischen Marktabschottung nicht mit effizienten Gegenmaßnahmen begegnen werden?" Der Abschlussprüfer muss nur berichten: „Die sich abzeichnende Abschottung des chinesischen Markts mit einem Umsatzanteil von derzeit 28 % **kann** die Entwicklung des Unternehmens/ Konzerns spürbar beeinträchtigen/gefährden."

Nach der Gesetzes-„Idee" soll der Prüfer nicht erst dann warnen, wenn die drohende Pleite schon allgemein bekannt und insbesondere den Aufsichtsgremien seitens der Geschäftsleitung bereits kommuniziert worden ist. Dann nähme er die Zeit der Berichtsleser ungebührlich in Anspruch (→ Rz. 11). Vielmehr wird dem Abschlussprüfer die Berichterstattung dann auferlegt, um nicht zu sagen „zugemutet", wenn die entwicklungsbeeinträchtigenden „Tatsachen" – abgesehen von der Geschäftsleitung – noch nicht bekannt sind. Man kann von einer **Risikofrühwarnung** sprechen. Leider lässt sich dieser Gesetzesvorgabe nur sehr beschränkt nachkommen.

36

---

[37] IDW PS 450 Tz. 43.
[38] A. A. IDW PS 450 Tz. 40: Auch über „künftige Sachverhalte" soll berichtet werden. „Künftige Sachverhalte" kann nur ein Hellseher kennen.

III. Die „Vorweg"-Berichterstattung

> **BEISPIEL** Die Großbäckerei K verkauft in einem größeren Einzugsgebiet in 90 Filialen Backwaren, davon 40 Filialen in guter Großstadtlage. Die künftige Entwicklung ist durch den Markteintritt von Discount-Bäckereien potenziell gefährdet. Ab wann liegt in diesem „Potenzial" eine **Tatsache** vor, über die zu berichten wäre. Die Geschäftsleitung könnte argumentieren: „Diese Gefahr ist uns schon lange geläufig. Wir verfügen über konkrete Strategien zur Abwehr dieser unliebsamen Konkurrenz."

Ob in diesem Fall eine „Vorweg"-Berichterstattung erforderlich ist, erscheint uns zweifelhaft. Sinnvoller erscheint eine **Stellungnahme** bzw. **mündliche** Berichterstattung[39] im Rahmen der Aufsichtsratssitzung nach § 171 Abs. 1 Satz 2 AktG (→ § 268 Rz. 52b) oder eine gesonderte Stellungnahme an den Vorsitzenden der Gesellschafterversammlung einer GmbH oder GmbH & Co. KG ohne Aufsichtsrat.[40] In solchen Fällen kommt auch wegen der Eilbedürftigkeit eine mündliche Berichterstattung außerhalb eines regulären Sitzungstermins in Betracht (→ Rz. 7).

37 Vergleichbar mit der im vorstehenden Beispiel unter → Rz. 36 dargestellten Entscheidungssituation für den Abschlussprüfer verhält es sich bei anderen entwicklungsbeeinträchtigenden Fakten, wie sie im Schrifttum aufgeführt werden:[41]

- Kündigung von Krediten,
- laufende Verluste,
- Wegfall von Großkunden,
- etc.

In allen Fällen wird der Abschlussprüfer mit der Aussage der Geschäftsleitung konfrontiert sein: „Was wollen Sie denn? Wir haben selbstverständlich vorgesorgt und verhandeln derzeit über die Neugewährung von Kreditlinien und befassen uns mit der erfolgversprechenden Aufspürung neuer Vertriebskanäle."

38 Bei einer **akuten** Bestandsgefährdung muss der Abschlussprüfer **sofort** berichten, darf also nicht das Ende seiner Prüfungstätigkeit abwarten. Dann ist das Erfordernis der **Teilberichterstattung** im „Voraus" (zeitlich) verstanden gegeben. Im (Haupt-)Prüfungsbericht ist darauf zu verweisen (→ Rz. 8).

> **BEISPIEL** Im Rahmen der Vorprüfung stellt der Abschlussprüfer ein Absinken der Eigenkapitalquote zum Bilanzstichtag von gerade noch 4 % fest. Der Großkredit mehrerer Banken sieht ein außerordentliches Kündigungsrecht der Gläubiger vor, wenn die Quote 10 % unterschreitet. Hier muss der Abschlussprüfer sofort mit einem „offiziellen" Teilbericht zu Händen des Aufsichtsratsvorsitzenden bzw. des Vorsitzenden der Gesellschafterversammlung reagieren.

Der Abschlussprüfer steckt bezüglich dieser Berichterstattungspflicht in einer Zwickmühle, wie die Beispiele unter → Rz. 26 und → Rz. 35 belegen. Er muss ohne hellseherische Begabung

---

39 Nach der Vorgabe von IDW PS 470.
40 IDW PS 450 Tz. 15 unter Verweis auf IDW PS 470.
41 Z. B. *Bertram*, in: Haufe HGB Bilanz Kommentar, Freiburg 2009, § 321 Tz. 58; *Kuhner/Pässler*, in: Küting/Pfitzer/Weber, Handbuch der Rechnungslegung – Einzelabschluss, 5. Aufl., § 321 Tz. 30.

mit dem Kenntnisstand **ex ante** operieren; ist das Unglück (nicht) eingetreten, werden ihm aus der besserwisserischen Sicht **ex post** Vorhaltungen gemacht: „Die damalige Aufregung hat sich als gegenstandslos erwiesen." Dazu kommt möglicherweise noch die Einsichtnahmeberechtigung der Gläubiger nach der Pleite in die Prüfungsberichte zum Tragen (→ § 321a Rz. 2).

Andererseits muss der Prüfer nur über die ihm bei der Durchführung bekannt gewordenen **Tatsachen** berichten (→ Rz. 35). Über deren **Folgen** kann er nur Mutmaßungen anstellen.[42] 39

> **BEISPIEL**
>
> ▶ Der ausländische Fachverlags-Konzern hat zum Einstieg in den deutschen Markt einen kleineren Verlag erworben (Tatsache). Die Entwicklung des geprüften großen (deutschen) Fachverlags kann durch diese zusätzliche Konkurrenz erheblich beeinträchtigt werden. Ob dies in der Folge künftig allerdings der Fall sein wird, hängt von vielen unsicheren Faktoren (Mutmaßung) ab, wie z. B. die Reaktion der Kundschaft und die verlegerische Qualität des Newcomers.
>
> ▶ Die V GmbH betreibt einen Strukturvertrieb für Finanzprodukte. Der zuständige Geschäftsführer plant mit einer gewissen Anzahl von Verkäufern die Neugründung einer GmbH, in der die wichtigsten Kunden des bisherigen Arbeitgebers = geprüftes Unternehmen exklusiv betreut werden sollen. Der Abschlussprüfer hat dies per Zufall durch eine unter den geprüften Belegen aufgefundene E-Mail („bei Durchführung der Prüfung" → Rz. 30) festgestellt.
>
> ▶ Alternativ: Er hat dies über seine Ehefrau, die in einem Kaffeekränzchen etwas läuten gehört hat, erfahren.
>
> ▶ In der Alternative ist der Abschlussprüfer nicht berichtspflichtig.[43] Im Ausgangsfall ist fraglich, ob eine „Tatsache" vorliegt. Die Pläne der möglicherweise abtrünnigen Herrschaften können noch umgestoßen werden. Pläne sind u. E. keine Tatsachen.

Unbeachtlich ist der **Zeitpunkt** der Kenntniserlangung über die „Tatsachen". Sie kann **nach** dem Bilanzstichtag erfolgt sein.[44] 40

Eine Berichtspflicht über solche „Tatsachen" soll auch bei entsprechender **Lageberichterstattung** gegeben sein.[45] U. E. ist dies zweifelhaft. Die Vorweg-Berichterstattung – bei akuter Bestandsgefährdung auch zeitlich zu verstehen (→ Rz. 38) – soll die Aufsichtsgremien informieren, soweit sie die „Tatsachen" noch nicht kennen. Die Lageberichterstattung setzt sie davon jedoch in Kenntnis. Jedenfalls sollte bei der Berichterstattung des Abschlussprüfers in diesem Fall ein Verweis auf den Lagebericht genügen. Das IDW sieht die Berichtspflicht „unabhängig davon, ob die Tatsachen den Berichtsadressaten bekannt sind". Wir sehen es demgegenüber 41

---

42 Vgl. IDW PS 450 Tz. 40.
43 A. A. IDW PS 450 Tz. 37 entgegen dem Gesetzeswortlaut: „bei Durchführung der Prüfung." So auch *Lück*, BB 2001 S. 406. Anders allerdings in IDW PS 450 Tz. 39: „Bei ordnungsmäßiger Durchführung der Abschlussprüfung."
44 Vgl. IDW PS 450 Tz. 38.
45 Vgl. IDW PS 450 Tz. 38.

nicht als sinnvoll an, die Berichtsleser mit altbekannten Informationen zu langweilen, insbesondere nicht in der kurz zu haltenden (→ Rz. 16) „Vorweg"-Stellungnahme.

42 Stellt der Abschlussprüfer – so der Regelfall – keine bestandsbeeinträchtigenden Tatsachen fest, ist eine **Negativerklärung** im Prüfungsbericht nicht erforderlich. Umgekehrt kann der Abschlussprüfer nicht positiv das Fehlen berichtspflichtiger Tatsachen bestätigen.[46]

3.3 Schwerwiegende Verstöße gegen Rechtsvorschriften (Abs. 1 Satz 3 3. Teilsatz)

43 Hier gilt wiederum:[47]

▶ Die Feststellung muss im **Rahmen** der Abschlussprüfung getroffen worden sein (→ Rz. 30).

▶ Eine **Negativerklärung** ist unzulässig (→ Rz. 42).

44 Anders als bei den Verstößen im 1. Teilsatz von Abs. 1 Satz 3 muss es sich um „schwerwiegende" handeln. Im 1. Teilsatz war bereits „wesentlich" gefordert (→ Rz. 33), im jetzt zu besprechenden 3. Teilsatz wird vom Gesetz noch **gesteigert** auf „schwerwiegend". Dabei wird der „Verstoßkreis" über die Rechnungslegungsvorschriften hinaus ausgeweitet und auf „Arbeitnehmer" neben den gesetzlichen Vertretern bezogen. Es muss sich um **außergewöhnliche** Sachverhalte handeln. Nach Auffassung des IDW[48] fallen unter die Berichtspflicht die Nichterstellung eines verpflichtenden Konzernabschlusses und die Nichtbeachtung von Publizitätspflichten (→ § 317 Rz. 8). U. E. ist diese Gesetzesauslegung zweifelhaft. Die nur durch **Ordnungsgeld** (→ § 325 Rz. 34) zu ahndende Nichtoffenlegung des Jahres- oder Konzernabschlusses kann eigentlich kaum als „schwerwiegend" angesehen werden. Außerdem fungiert effizient[49] der Betreiber des elektronischen Bundesanzeigers zusammen mit dem Bundesamt für Justiz (→ § 325 Rz. 35) als Tugendwächter bezüglich der Veröffentlichungspflicht. Einer weiteren Überwachungsperson in Gestalt des Abschlussprüfers bedarf es nicht.

45 Eher dürften dem Gesetzgeber Verstöße gegen das **Geldwäsche-**[50] oder **Kartellgesetz** oder gegen **Korruptionsvorschriften** vorschweben. Dann aber stellen sich dem Abschlussprüfer schwierige Abgrenzungsfragen bezüglich der Berichterstattung im Prüfungsbericht, wenn an 20 Aufsichtsratsmitglieder solche hochbrisanten Themen berichtet werden. Wegen der Vertraulichkeit des Prüfungsberichts bestehen keine Erkenntnismöglichkeiten, inwieweit bei den bekannten Verstößen gegen Korruptionsvorschriften in der jüngsten Vergangenheit der deutschen Großindustrie im Prüfungsbericht Stellung genommen worden ist.

Als weiterer Anwendungsfall stellt sich der laufende **Verstoß** des Vorstands bzw. der Geschäftsführung gegen die satzungsgemäß oder dienstvertraglich festgelegte Einholung der **Zustimmung** des Aufsichtsrats bzw. der Gesellschafterversammlung für bestimme Geschäfte dar. Ein weiterer Sachverhalt ist in der Nichteinrichtung eines **Risikofrüherkennungssystems** zu sehen (→ Rz. 77).

---

46 Vgl. IDW PS 450 Tz. 39.
47 Vgl. IDW PS 450 Tz. 43. Der IDW reduziert die Anwendungsvoraussetzungen entgegen dem Gesetzeswortlaut („schwerwiegend") auf „wesentliche Verletzungen". „Schwerwiegend" bedeutet mehr als „wesentlich".
48 Vgl. IDW PS 450 Tz. 50; so auch *Bertram*, in: Haufe HGB Bilanz Kommentar, Freiburg 2009, § 321 Tz. 74.
49 Vgl. *Schlauß*, DB 2010 S. 153.
50 Vgl. die Anwendungshinweise der Wirtschaftsprüferkammer zum Geldwäschegesetz, das als schwere Straftat gekennzeichnet ist.

Weiter wird als „schwerwiegend" die inhaltlich unzutreffende **Entsprechungserklärung** zum DCGK angesehen mit entsprechender Berichtspflicht, obwohl außerhalb des Prüfungsbereichs liegend.[51] Das IDW sieht es auch ohne Prüfungspflicht als „mehr oder weniger wahrscheinlich" an, dass der Abschlussprüfer solche Feststellungen trifft.

Das IDW sieht die Entsprechenserklärung als Bestandteil der Erklärung über die Unternehmensführung an.[52] Obwohl eine Prüfungspflicht nicht besteht, soll der Abschlussprüfer diese Dokumente kritisch lesen (→ § 317 Rz. 65) und über festgestellte Fehler nach Abs. 1 Satz 3 (→ Rz. 43) berichten. Wir zweifeln an dieser Berichtspflicht, die nach der Gesetzesintention nur auf **wesentliche** und dazu noch **schwerwiegende** Rechtsverstöße ausgerichtet ist, die wir z. B. bei Korruption und Geldwäsche erkennen (→ Rz. 44). Diese strafbewehrten (nicht ordnungswidrigen) Verbrechen können nicht mit lässlichen Sünden auf dem Gebiet der Rechnungslegung in einen Topf geworfen werden. Die Rechnungslegungspflichten insgesamt sind sehr viel niedriger anzusetzen als Vorbeugungsmaßnahmen gegen gemeine Verbrechen = „schwerwiegende Verstöße".

Die Berichtspflicht besteht nicht erst bei eindeutiger Beweislage i. S. des zivil- oder strafrechtlichen Verfahrensrechts. „Erkennen lassen" bezieht sich auf aussagekräftige **Indizien**.

46

Schwierig stellt sich die Berichterstattungspflicht an das Aufsichtsorgan dar, wenn dieses in die „Machenschaften" der Geschäftsleitung involviert ist. Erst recht gilt dies bei personenbezogenen Unternehmen mit einem alleinigen Gesellschafter-Geschäftsführer. Die Information ist auch dann substanzlos, wenn für die Adressierung keine höhere Instanzebene verfügbar oder ohnehin mit Konsequenzen nicht zu rechnen ist. Eine Lösung dazu gibt es nicht, weshalb der Abschlussprüfer u. U. **rechtlichen** Rat einholen soll.[53] Dieser kann sich nur mit der Vermeidung von Haftungsrisiken befassen.

IV. Der „Hauptteil" (Abs. 2)

1. Ordnungsmäßigkeit der Rechnungslegung (Abs. 2 Satz 1)

1.1 Buchführung

Das Gesetz spricht nicht von „ordnungsmäßig" bezüglich der Buchführung etc., sondern von **Gesetzmäßigkeit**. Gesetzliche Vorgaben zur Buchführung existieren allerdings nur höchst rudimentär (→ § 238 Rz. 10). Die Vokabel „Gesetz" muss in diesem Fall durch die Ordnungsmäßigkeit der Buchführung ersetzt werden. Es geht dabei um so altvertraute Begriffe wie „Belegzwang" oder „Bestandsnachweise" etc. etc., vor allen Dingen aber um die Ordnungsmäßigkeit des **Datenverarbeitungssystems**,[54] worauf dann wiederum das interne **Kontrollsystem** (→ § 317 Rz. 27) aufbaut und umgekehrt. Einzelne Belege wird der Abschlussprüfer recht selten in Augenschein nehmen, umgekehrt aber seine Prüfungsschwerpunkte auf das gesamte angewandte Abrechnungssystem legen (→ § 317 Rz. 28).

47

---

51 Vgl. IDW PS 345 Tz. 33 f. Anders bei einer Vereinbarung mit dem Aufsichtsrat nach 7.2.3 des DCGK.
52 Vgl. IDW PS 202 Tz. 10a.
53 Vgl. IDW PS 210 Tz. 60a.
54 Vgl. IDW PS 330.

In aller Regel wird der Prüfer hier seine Informationen sehr kurz halten, also nicht über **Lappalien** berichten, wie z. B.: „Eine ordnungsmäßige Debitoren- und Kreditorenbuchführung ist vorhanden." Nähere Ausführungen sind umgekehrt dann erforderlich, wenn das gesamte IT-System[55] innerhalb des Unternehmens/Konzerns auf neue Füße gestellt wird oder werden soll. Dabei kann es nicht darauf ankommen, ob dieser Mangel dem IT-System oder dem rechnungslegungsbezogenen internen Kontrollsystem zuzuordnen ist.

1.2 Weitere geprüfte Unterlagen

48 Darunter sind Dokumente und Systeme zu verstehen, die mit der Buchführung nahe verbunden sind. Als Beispiel darf die Kostenrechnung oder das interne Reporting genannt werden. Vor allem aber geht es bei diesen „Unterlagen" um das interne Kontrollsystem, ohne das bei nicht ganz kleinen Einheiten der Buchführungs- und Bilanzierungsprozess nicht abgewickelt werden kann. Diesbezüglich bestehen erst recht keine formellen gesetzlichen Vorgaben, weshalb auch hier das „Gesetz" durch die „Ordnungsmäßigkeit" als prüfungsrelevante Vorgabe ersetzt werden muss (→ Rz. 47).

> **BEISPIEL** ▶ Die Hoch- und Tiefbau GmbH im Beispiel unter → § 317 Rz. 32 hat in ihrem Abrechnungssystem keine auftragsbegleitende Nachkalkulation. Insofern sind die „weiteren geprüften Unterlagen" (hier die Nachkalkulation) nicht ordnungsgemäß. Die „Entsprechenserklärung" i. S. des Abs. 2 Satz 1 kann der Abschlussprüfer in diesem Fall nicht aussprechen. Stattdessen muss er nach Maßgabe des Abs. 2 Satz 2 über diesen Tatbestand berichten (→ Rz. 52).

49 Während der Prüfung **behobene** Mängel des Buchführungs- oder IT-Systems sind nur dann berichtspflichtig, wenn die Information den Berichtsadressaten dienlich ist.[56] Eine solche Berichterstattung ist u. E. nur dann sinnvoll, wenn sie auf generelle Schwächen im gesamten Abrechnungssystem hinweisen, die jederzeit auch an anderer Stelle als der festgestellten auftreten können.

1.3 Der Jahres- und Konzernabschluss

50 Anders als für die Buchführung (→ Rz. 47) und die sonstigen geprüften Unterlagen (→ Rz. 48) gibt es bezüglich der Abschlüsse detaillierte **gesetzliche** Vorgaben und möglicherweise solche des Gesellschaftsvertrags oder der Satzung, deren Einhaltung der Abschlussprüfer zu bestätigen hat. Zu den Gesetzesregeln gehören nicht nur solche des Handelsrechts, sondern auch branchenspezifische Anordnungen. Wegen der Bestandteile des Jahresabschlusses wird verwiesen auf → § 264 Rz. 1, des Konzernabschlusses auf → § 297 Rz. 1, für kapitalmarktorientierte Gesellschaften → § 264d Rz. 10. Bezüglich des Anhangs ist auf eine ggf. gemachte Einschränkung der Angaben nach § 286 HGB (→ § 286 Rz. 1) oder § 160 Abs. 2 AktG hinzuweisen. Bei Zusammenfassung von Lagebericht und Konzernlagebericht nach § 298 Abs. 3 HGB (→ § 298 Rz. 37) sollte diese Feststellung der Einhaltung gesetzlicher Vorgaben für beide Anhänge gemeinsam erfolgen.

---

55 Vgl. IDW PS 450 Tz. 64 sowie IDW PS 330 Tz. 112.
56 A. A. IDW PS 450 Tz. 65, die eine Berichtspflicht auch bei behobenen Mängeln generell bejahen.

1.4 Die Lageberichte

Auch der Lagebericht und der Konzernlagebericht können zusammengefasst nach § 315 Abs. 3 HGB erstellt werden (→ § 315 Rz. 3). Die Berichterstattung an dieser Stelle darf nicht konkurrieren mit derjenigen im „Vorab"-Teil (→ Rz. 17 ff.). Die Berichterstattung zur Ordnungsmäßigkeit des Lageberichts sollte sich auf den **Einklang** (→ § 317 Rz. 54) mit dem Jahres- bzw. Einzelabschluss beschränken und sich der insgesamt zutreffenden Vorstellung von der Lage des Unternehmens widmen.[57] Außerdem ist über das Ergebnis der Prüfung nach § 317 Abs. 2 Satz 2 HGB (→ § 317 Rz. 57 ff.) eine Feststellung zu treffen, ob im Lagebericht die wesentlichen Chancen und Risiken der künftigen Entwicklung zutreffend dargestellt sind. Sodann muss nach der IDW-Vorgabe der Abschlussprüfer die Erfüllung der Lageberichtserstattungspflicht nach § 289 Abs. 2 HGB (→ § 289 Rz. 48 ff.) bestätigen. U. E. sind die beiden letztgenannten Hervorhebungen bei der Berichterstattung des Abschlussprüfers nicht zwingend. Es sollte im Regelfall ein Hinweis auf die Einhaltung der gesetzlichen Vorschriften zur Lageberichterstattung – ggf. unter Hinweis auf § 317 Abs. 2 HGB – genügen. Vergleichbar kann es auch nicht sinnvoll sein, bei der Darstellung der wesentlichen Bewertungsgrundlagen (→ Rz. 55) auf die Wahrung des Anschaffungskostenprinzips zu verweisen, von dem es nur in Sonderfällen eine gesetzliche Abweichungsmöglichkeit gibt. Wenn das Gesetz eine bestimmte Zwangsregelung trifft, genügt im Prüfungsbericht der Hinweis auf die Einhaltung der gesetzlichen Vorschriften, sei es nun zum Jahres- oder Konzernabschluss oder den entsprechenden Lageberichten.

51

2. Beanstandungen (Abs. 2 Satz 2)

An dieser Stelle greift das Gesetz erneut die Berichtspflicht für Beanstandungen auf, die bereits durch die Berichterstattungspflicht über „Unrichtigkeiten oder Verstöße" (→ Rz. 32) bei der „Vorweg"-Berichterstattung angesprochen worden sind. Das dabei erneut aufkommende Problem für den Abschlussprüfer besteht in der **Gewichtung** entsprechender Feststellungen. „Soweit die Unterrichtung für die Geschäftsführungsüberwachung von Bedeutung ist," besteht die Berichtspflicht. Damit ist dem Abschlussprüfer praktisch genauso wenig geholfen wie beim Hinweis auf die Wesentlichkeit als Beschränkungsmerkmal (→ Rz. 33). Man kann lediglich im Sinne einer **ordinalen** Skalierung festhalten:

52

▶ Feststellungen über größere und bedeutende Fehler sind „vorweg" berichtspflichtig und führen regelmäßig zur Einschränkung des Bestätigungsvermerks (→ Rz. 34).

▶ Weniger gravierende, aber immerhin noch für die Geschäftsführungsüberwachung bedeutende Fehlerfeststellungen sind im Hauptteil darzustellen: Sie können, müssen aber nicht zur Einschränkung des Testats geführt haben.

▶ Sonstige (unbedeutendere) Fehlerfeststellungen gehören nicht in den Prüfungsbericht, sondern in den *management letter* (→ Rz. 33).

Der Abschlussprüfer hat hierzu Ermessensentscheidungen zu treffen, die nicht durch konkrete berufsständische Vorgaben oder Kommentarmeinungen entscheidend vorgespurt werden können. Seine nach pflichtgemäßem **Ermessen** getroffene Entscheidung über „wesentlich" und „geschäftsüberwachungserheblich" kann nicht zwingend „richtig" sein, es kann auch eine **andere** Beurteilung erfolgen, z. B. durch die deutsche Prüfstelle für Rechnungslegung

53

---

[57] Vgl. IDW PS 450 Tz. 71.

(→ § 342b). Auf jeden Fall muss eine **Doppel**berichterstattung (im Hauptteil sowie im „Vorweg"-Teil) durch Querverweise vermieden werden.

3. Erläuterungen zum Jahresabschluss

3.1 Vermittlung des den tatsächlichen Verhältnissen entsprechenden Bilds (Abs. 2 Satz 3)

54 Diese Berichterstattungspflicht ist redundant, da die Feststellung der Gesetzmäßigkeit der Abschlusserstellung nach Abs. 2 Satz 1 darin inbegriffen ist. Die Formulierung sollte sich dann aber auf die rein positive Feststellung beschränken.[58]

3.2 Bewertungsgrundlagen und deren Änderungen (Abs. 2 Satz 4 1. Teil)

55 „Dazu" ist im Prüfungsbericht auf die Bewertungsgrundlagen einzugehen. Dieser Verweis bezieht sich auf den vorhergehenden Satz, der eine Feststellung zum *true and fair view*-Gebot enthalten muss. Der Gesetzgeber reflektiert dabei und bei den weiteren im Gesetzestext verlangten Pflichtübungen der Berichterstattung auf die Binsenweisheit der kaufmännischen Rechnungslegung, die sich als „Gemisch von Wahrheit und Dichtung" *(Wilhelm Rieger)*[59] beschreiben lässt. „Dichtung" meint dabei die unmögliche „Richtigkeit" jeder Gewinnermittlung durch Vermögensvergleich, aber auch die **bilanzpolitischen** Möglichkeiten der Abschlussgestaltung. Das Management steht hier nicht in der Berichterstattungspflicht; diese wird dem Abschlussprüfer überantwortet.[60] Dieser ist aber wiederum der Mehr- oder (besser) Vieldeutigkeit des *true and fair view*-Gebotes ausgesetzt.

56 Vor diesem Hintergrund verlangt der Gesetzgeber zunächst eine Darstellung der **Bewertungsgrundlagen**. Darunter sollen zu verstehen sein:[61]

- Die Bilanzierungs- und Bewertungs**methoden** (→ Rz. 57),
- die Bewertungs**parameter** (→ Rz. 58).

57 Die Aufnahme der Bilanzierungsmethoden in die Darstellungspflicht im Prüfungsbericht entspricht zwar nicht dem Wortlaut des Gesetzes, kann jedoch das Etikett der Sinnhaftigkeit für sich in Anspruch nehmen. Dabei geht es zunächst um förmliche **Wahlrechte** des Ansatzes und der Bewertung, z. B.:

- Abschreibung auf Finanzanlagen bei vorübergehender Wertminderung (→ § 253 Rz. 127),
- Ansatz hergestellter Immaterialgüter des Anlagevermögens (→ § 248 Rz. 9),
- Ansatzwahlrecht für Aktivüberhänge latenter Steuern (→ § 274 Rz. 42),
- Rückstellung für sog. Altzusagen auf betriebliche Altersversorgung (→ § 249 Rz. 111),
- Verbrauchsfolgeverfahren (→ § 256 Rz. 17),
- Ausübung von Wahlrechten beim Übergang auf die BilMoG-Rechnungslegung nach Art. 67 EGHGB,

---

58 Vgl. IDW PS 450 Tz. 73
59 Vgl. hierzu *Clemm*, DStR 1990 S. 780.
60 Vgl. *Hoffmann/Lüdenbach*, DB 2003 S. 781.
61 Vgl. IDW PS 450 Tz. 78.

▶ Bewertungsverfahren für Altersversorgungsverpflichtungen (→ § 253 Rz. 55).

Nicht zu berichten ist über materiell **unbedeutende** Wahlrechte, wie die Festbewertung,[62] die nur bei unwesentlichen Beträgen angewandt werden kann (→ § 240 Rz. 24), Behandlung geringwertiger Anlagegüter u. Ä. (→ § 252 Rz. 187 ff.) sowie das Auszahlungsdisagio bei Darlehen, bei dem es sich regelmäßig ebenfalls um einen unbedeutenden Posten handelt (→ § 250 Rz. 47).

Als Bewertungs**parameter** – wertbestimmende Faktoren – werden genannt:[63]

58

- ▶ Wechselkurse,
- ▶ Börsenkurse,
- ▶ Steuersätze,
- ▶ Zinssätze,
- ▶ biometrische Werte,
- ▶ Vertragslaufzeiten.

Die **Änderung** von Bilanzierungs- und Bewertungsmethoden kommt „grundsätzlich" nicht in Betracht, in der Praxis gilt jedoch gerade das Gegenteil nach § 252 Abs. 2 HGB (→ § 252 Rz. 178). Entsprechendes gilt für die Stetigkeit beim Bilanzansatz (→ § 246 Rz. 294). Folgerichtig fordert der Gesetzgeber eine Anhangangabe (→ § 284 Rz. 52 ff.). Ein Hinweis im Prüfungsbericht auf die entsprechende Anhangangabe genügt.[64] Zum Begriffsinhalt von „Methode" wird verwiesen auf → § 284 Rz. 40 ff. Das Gesetz drückt sich in Abs. 2 Satz 4 allerdings mit dem Oberbegriff „Grundlagen" aus (→ Rz. 55), auf die im Prüfungsbericht einzugehen ist.

59

3.3 Ermessensspielräume (Abs. 2 Satz 4 2. Teil)

Die „wertbestimmenden Faktoren"[65] (→ Rz. 58) beziehen sich nicht nur auf am Bilanzstichtag vorhandene **ökonomische Größen**, wie z. B. Marktpreise oder Anschaffungs- und Herstellungskosten, wobei Letztere allerdings auch schon nicht allein durch immer eindeutige extern vorgegebene Parameter bestimmbar sind. Vor allen Dingen aber betreffen diese „Faktoren" die Annahme über **künftige** Entwicklungen, die letztlich notwendig einen **Schätzungsprozess** und damit die Ermessensausübung der gesetzlichen Vertreter notwendig machen. Bilanzieren ist in wesentlichen Teilen ein „Schätzen", was notwendig sehr unterschiedliche Ergebnisse hervorbringt, je nachdem welche Inputfaktoren dem Prozess zugrunde liegen (vgl. im Einzelnen → § 252 Rz. 44 ff.). Daraus folgen die vom Gesetz genannten **„Ermessensspielräume"**, über die der Wirtschaftsprüfer zu berichten hat. Die sich dann stellende Frage ist, inwieweit die „Bandbreite zulässiger Wertansätze"[66] in die Berichterstattung einfließen müssen. Diese „Bandbreiten" sind ihrerseits nicht quantitativ definierbar, was dem Abschlussprüfer die Arbeit bezüglich der einschlägigen Berichterstattung nicht leichter macht.

60

---

[62] A. A. IDW PS 450 Tz. 79.
[63] Vgl. IDW PS 450 Tz. 82.
[64] Tendenziell anders IDW PS 450 Tz. 92: „kann".
[65] Vgl. IDW PS 450 Tz. 80.
[66] So IDW PS 450 Tz. 81.

Als wertbestimmende **Annahmen**, aus denen sich Ermessensspielräume ergeben können – u. E. müssen – werden genannt:[67]

- künftige Auslastung der Kapazitäten,
- Nutzungsdauern,
- Restwert und Abbruchkosten,
- künftige Zahlungsein- und -ausgänge,
- Fluktuationsraten,
- Gehaltsentwicklungen,
- erwartete Inflationsrate,
- Wahrscheinlichkeit künftiger Inanspruchnahmen.

61 Der Gesetzgeber gibt dem Abschlussprüfer allerdings in einer Hinsicht eine Hilfestellung, wenn er von **„Ausübung"** der Ermessensspielräume spricht. Die Vorgabe ist nicht „wertneutral", sonst wäre zu formulieren gewesen: **„Vornahme"**. „Ausüben" kann als Tendenzbegriff gewertet werden, und zwar: Die Ermessensspielräume des Bilanzierers werden zwar eingehalten, doch durchweg in einer bestimmten Zielrichtung im Interesse einer bewussten Ergebnisbeeinflussung oder der Herbeiführung von bestimmten Bilanzkennzahlen. Eine solche Bilanzierungsstrategie des Managements ist nicht a priori negativ zu beurteilen. Es hat das Interesse des Unternehmens zu wahren und muss sein Eigeninteresse nicht altruistisch – auch – bei der Bilanzierung unterdrücken. Das gilt vor dem Hintergrund der durch diese zielgerichtete Ermessensausübung möglichen Gesamtbeeinflussung des Ergebnisses, des Eigenkapitals etc., die schnell einmal z. B. den positiven Ausweis eines Jahresergebnisses von 50 Mio € bei einem Großbauunternehmen in einen negativen von 20 Mio € verwandeln kann und umgekehrt.[68]

62 In der Folge müsste der Abschlussprüfer über entsprechende **Quantitäten** berichten, also **Sensivitätsanalysen** ausbreiten. Die Frage ist allerdings, ob nicht die Adressaten des Prüfungsberichts samt Jahresabschlusses mit solchen Alternativberechnungen des Jahresergebnisses, des Eigenkapitals etc. schnell einmal **überfordert** und insbesondere auch total verunsichert wären. Derlei Fleißübungen – möglicherweise noch in multiparametrischer Aufbereitung – können in akademischen Lehrveranstaltungen und Seminaren eine fruchtbare Diskussion auslösen, in der Realität des Wirtschaftsleben, hier die Information der Aufsichtsorgane einer Kapitalgesellschaft, eigentlich nur Verwirrung stiften. Die informierten Personen werden dann fragen: „Was ist nun richtig, welches Ergebnis wurde wirklich erzielt?" Die Antwort kann dann immer nur lauten: „So genau weiß das niemand."

Das IDW[69] drückt sich in diesem Zusammenhang auch sehr **zurückhaltend** bezüglich der Berichterstattungspflicht aus: Zahlenmäßige Erläuterungen **„sollten"** vorgenommen werden, aber nur wenn das Zahlenmaterial vorliege und solche Erläuterungen **„erforderlich sind"**. Ohne entsprechende Anhangangaben – mit Sicherheit der Fall – wird auf die Erläuterung – quantitativer oder qualitativer? Art – „dann nicht verzichtet werden können". Dieser künst-

---

67 Vgl. IDW PS 450 Tz. 83.
68 So die Praxiserfahrung von *Clemm*, DStR 1990 S. 781, mit der zitierwürdigen Formulierung: „Die Schätzungsunsicherheiten bzw. die Bandbreiten vertretbarer … und damit unwiderlegbarer Werte sind, zumindest in ihrer Summe, nicht selten so erheblich, dass in ihnen volle oder sogar mehrere normale Jahresergebnisse Platz haben."
69 Vgl. IDW PS 450 Tz. 86.

liche Futur erlaubt eine **Ausnahme**, wovon im Ernstfall eine **begründete** Ausnahme abgeleitet werden kann. Eindeutig aber gilt: Der Abschlussprüfer hat keine Stellungnahme über die **Zweckmäßigkeit** entsprechender bilanzpolitischer Maßnahmen abzugeben. Darüber müssen die Adressaten des Prüfungsberichts entscheiden (→ § 268 Rz. 52c).[70]

Im Prüfungsbericht sind aber die Bewertungsgrundlagen – als Oberbegriff verstanden → Rz. 56 – einschließlich der sachverhaltsgestaltenden Maßnahmen (→ Rz. 63) darzulegen, die **Entwicklungen** und **Trends** in der Vermögens- und Ertragslage verdecken oder überzeichnen und die üblichen **bilanzanalytisch** wichtigen Relationen und Kennzahlen bewusst beeinflussen. Zumindest tendenziell ist hierüber zu berichten, wenn Quantifizierungen nicht möglich sind – was üblicherweise wohl der Fall sein dürfte.[71] Dabei ist auch über Umkehreffekte in den folgenden Perioden zu berichten, also insbesondere über **Verlustverlagerungen** in künftige Perioden. 63

Auch bezüglich der Ausübung von **Ermessens**spielräumen soll ein **Stetigkeitsgebot** (→ Rz. 59) gegeben sein, worüber bei Nichteinhaltung zu berichten sei,[72] insbesondere wenn dadurch „zielgerichtet und einseitig" Bilanzpolitik betrieben werde. Als Beispiel werden Rückstellungen genannt, die innerhalb der akzeptablen Bandbreite tendenziell niedriger als im Vorjahr angesetzt werden. Gegen diese Vorgabe des IDW bestehen indes sachliche Bedenken wegen folgender Probleme:

▶ Wie groß ist die Bandbreite (→ Rz. 60)?
▶ Wer bestimmt die Akzeptanz der Bandbreite?
▶ Wie ist der zusätzliche Kenntnisstand (bezüglich der Rückstellungsbewertung) ein Jahr später zu berücksichtigen?

BEISPIEL ▶ Ein Unternehmen hat in 01 zur vorübergehenden Geldanlage Anteile an einem gemischten Anlagefonds zu 100 gekauft. Bis zum Stichtag 01 sank der Börsenkurs auf 35 verbunden mit einer Abschreibung auf 50. In 02 sank der Kurs weiter auf 32 verbunden mit einer Abschreibung auf ebenfalls 32 wegen dauernder Wertminderung (→ § 253 Rz. 115 ff.). In 03 sank der Kurs weiter auf 18. Eine Abschreibung unterbleibt, weil die Bankanalysten nach umfangreichen Recherchen einen fairen Kurs des Anlagefonds von 49 prognostiziert haben.

Liegt hier eine Änderung der Bewertungsmethode vor? U. E. nicht.

3.4 Sachverhaltsgestaltende Maßnahmen (Abs. 2 Satz 4 3. Teil)

Unter sachverhaltsgestaltenden Maßnahmen sind im Zusammenhang mit der Berichterstattungspflicht solche zu verstehen, die sich auf Ansatz und Bewertung von **Bilanzposten** beziehen, sofern[73] 64

▶ sie von der üblichen Gestaltung abweichen, die nach Meinung des Abschlussprüfers den Erwartungen des Abschlussadressaten entspricht, und

---

70 Vgl. IDW PS 450 Tz. 88.
71 Vgl. IDW PS 450 Tz. 91 f.; vgl. hierzu auch *Velte*, StuB 2010 S. 453.
72 Vgl. IDW PS 450 Tz. 90.
73 Vgl. IDW PS 450 Tz. 94.

- sich die Abweichung von der üblichen Gestaltung auf die Gesamtaussage des Abschlusses wesentlich auswirkt.

U. E. sind darunter Maßnahmen zu subsumieren, die durch beachtliche außerbilanzielle Gründe nicht veranlasst sind – in der Parallele zur Auslegung der steuerlichen Missbrauchsvorschrift in § 42 AO.[74]

Als Beispiele dienen:
- Forderungsverkäufe in Form von *asset backed securities*-Transaktionen,
- Pensionsgeschäfte,
- *Window-Dressing* durch unmittelbar vor dem Abschlussstichtag erfolgende *sale and lease back*-Transaktionen,
- Übergang zur Leasingfinanzierung bei der Beschaffung von Anlagegütern,
- konzerninterne Transaktionen,
- Einsatz von Zweckgesellschaften *(special purpose entities)*, z. B. in Form von Leasingobjektgesellschaften.

65 Sofern diese Geschäfte lediglich unternehmensstrategischen Motiven entspringen – z. B. Umstellung der Bankfinanzierung von Forderungen auf *assed backed securities* – muss der Abschlussprüfer auf die **Tatsache** als solche hinweisen. Die Beurteilung über die **Sinnhaftigkeit** obliegt den Adressaten des Prüfungsberichts (→ Rz. 62). Anders verhält es sich bei bewusster Beeinflussung des Abschlussbilds und entsprechender bilanzanalytischer Kennzahlen. Dies gilt insbesondere für die **Auslagerung** von **Schulden** aus der Bilanz unter Inkaufnahme entsprechender Verpflichtungen durch Zahlungen in der Zeit nach dem Stichtag. Dem dann möglicherweise zu hörenden Bericht des Vorstands zu Händen der Öffentlichkeit – „wir sind schuldenfrei" – muss der Abschlussprüfer im Bericht die damit in Kauf genommenen Leasing- der Mietverpflichtungen entgegenhalten. Die Berichterstattungspflicht ist insbesondere dann gegeben, wenn solche sachverhaltsgestaltenden Maßnahmen Hand in Hand mit „einseitiger" Ausübung von Ermessensspielräumen (→ Rz. 60) gehen.

Gesetzesmäßig, aber unbefriedigend ist die Beschränkung dieser wichtigen Hinweise des Abschlussprüfers auf die Adressaten des Prüfungsberichts. Die **Öffentlichkeit** wird mit viel schmalerer Information im Anhang abgespeist.[75]

3.5 Aufgliederung und Erläuterung der Abschlussposten (Abs. 2 Satz 5)

66 Zum Verständnis der Berichtsvorgabe nach Aufgliederung und Erläuterung ist an die einschlägige **Historie** zu erinnern. Früher – also vor dem TransPuG und dem KonTraG – war es berufsüblich, in den Bericht nicht nur Strukturbilanzen, Kennzahlenanalysen und dergleichen aufzunehmen, sondern auch die gesamten Sachkonten unter Gegenüberstellung der Vorjahreszahlen aufzulisten. Mit diesen **Zahlenfriedhöfen** sollte nach dem Willen des Gesetzgebers aufgeräumt werden, damit sich die Bilanzadressaten bei der Lektüre nicht im Klein-Klein verirren und die entscheidenden Aussagen, die in irgendwelchen hinteren Berichtsteilen versteckt sind, nicht zur Kenntnis nehmen. Die Berichtsvorgabe nach Abs. 2 Satz 5 ist im Kontext mit Sätze 3

---

74 So *Hoffmann/Lüdenbach*, DB 2003 S. 785.
75 Vgl. *Hoffmann/Lüdenbach*, DB 2003 S. 785.

und 4 zu verstehen, Satz 5 leitet von dem Einblicksgebot in Satz 4 („dazu") auf die folgenden Angabepflichten über, die wiederum durch die Aufgliederung und Erläuterung der Abschlussposten dargestellt werden sollen („hierzu"). Also **nur** zur Darstellung der Bewertungsgrundlagen etc., der Ausnutzung von Ermessensspielräumen und zu sachverhaltsgestaltenden Maßnahmen muss eine Aufgliederung und Erläuterung der Abschlussposten erfolgen, keine „freischwebende" etwa im Interesse eines vermeintlichen Vollständigkeitsgebots.[76]

> **BEISPIEL**
>
> ▶ Es ist nicht statthaft, im Hauptteil des Prüfungsberichts die gesamten Sachanlagezugänge bis hin zu den geringwertigen Anlagegütern aufzulisten. Richtigerweise muss es bei einer **Spedition** heißen: „Unter den Sachanlagezugängen ist der Erwerb von fünf neuen Lastwagen mit einem Zugangswert von insgesamt T€ XY enthalten."
>
> ▶ Die **liquiden Mittel** sind nicht nach drei geringfügigen Kassenbeständen und 15 verschiedenen Bankguthaben (beim mittelständischen Unternehmen) aufzugliedern, sondern es ist wie folgt zu formulieren: „Unter den liquiden Mitteln sind Festgeldanlagen bei Banken i. H. von T€ ... und laufende Bankguthaben i. H. von T€ ... enthalten.
>
> ▶ Beim **Industriebetrieb** ist zu schreiben: „Die Erhöhung des Vorratsvermögens beruht insbesondere auf der Beschaffung von Rohmaterial wegen der befürchteten Angebotsknappheit in den Monaten nach dem Bilanzstichtag. Der Rückgang des Ausweises an Liefer- und Leistungsforderungen beruht auf der Umstellung auf die *factoring*-Finanzierung, die in entsprechendem Umfang auch die Bankverbindlichkeiten reduziert hat. Letztere sind allerdings durch den erhöhten Finanzierungsbedarf durch Aufstockung des Bestands an fertigen Leistungen um XY angestiegen."
>
> ▶ Beim *Sale and lease back*: „Der Verkauf des Verwaltungsgebäudes an eine Leasinggesellschaft unter gleichzeitiger Rückmietung für 20 Jahre hat einen außerordentlichen Erfolgsbeitrag von ... und außerdem eine Reduktion der Bankschulden i. H. des Verkaufserlöses von ZY € gebracht. Die damit verbundenen Mietverpflichtungen sind nach Fristigkeiten im Anhang aufgegliedert."

Eine Aufgliederung und Erläuterung sollte insbesondere bezüglich der **sonstigen Rückstellungen** im Prüfungsbericht enthalten sein, weil diesbezüglich nur eine rudimentäre Angabepflicht im Anhang besteht (→ § 285 Rz. 95). Dazu empfiehlt sich eine tabellarische Darstellung mit der Entwicklung von der Anfangs- bis zur Endbilanz (**„Rückstellungsspiegel"**). Ein solcher Rückstellungsspiegel sollte wie folgt aufgezogen werden.

Stand am 1.1.2001	Zuführung	Verbrauch	Auflösung	Stand am 31.12.2001	nachrichtlich: Mehrverbrauch

In den Zeilen sind dann die einzelnen Rückstellungsarten aufzuführen, allerdings wiederum nicht bis in den letzten Kleinbetrag, mit dem Posten „Sonstige" sollte nicht gespart werden. Die nachrichtliche Spalte **„Mehrverbrauch"** dient der wichtigen Information darüber, inwie-

---

[76] Ähnlich *Pfitzer/Orth*, in: Baetge/Kirsch/Thiele, § 321 Tz. 93; IDW PS 450 Tz. 97: „Soweit dies ... zum Verständnis der Gesamtaussage des Jahresabschlusses, insbesondere zur Erläuterung der Bewertungsgrundlage und deren Änderungen, sowie der sachverhaltsgestaltenden Maßnahmen – erforderlich ist."

weit der Rückstellungsbetrag des Vorjahrs anlässlich des Verbrauchs im laufenden Jahr nicht gedeckt war und insofern ein Zusatzaufwand im laufenden Jahr zu verzeichnen ist. In solchen Fällen ist möglicherweise eine Erläuterung geboten, etwa wie folgt: „Die Rückstellung für Schadenersatz aus dem Vorjahr wurde im Berichtsjahr abgewickelt. Der dabei entstandene Mehraufwand beruht auf der im Vorjahr nicht berücksichtigten Zusatzleistung im Rahmen des geschlossenen Vergleichs."

68 Förmlich schiebt das Gesetz noch einen **weiteren Riegel** zur Vermeidung einer unnötigen Aufblähung des Prüfungsberichts vor für solche Angaben und Erläuterungen des Jahresabschlusses, die bereits **im Anhang** enthalten sind. Hier muss sich der Abschlussprüfer in seinem Bericht mit einem Hinweis begnügen.

69 Soweit gleichwohl seitens des Auftraggebers der Wunsch nach Aufnahme nicht gesetzlich vorgeschriebener Daten, Erläuterungen, Aufgliederungen etc. im Prüfungsbericht besteht, sind diese in eine **Anlage** zum Prüfungsbericht aufzunehmen.[77]

4. Aufklärungen und Nachweise der gesetzlichen Vertreter (Abs. 2 Satz 6)

70 Im Prüfungsbericht ist auszuführen, ob die gesetzlichen Vertreter ihrer Auskunfts- und Nachweispflicht nachgekommen sind (→ § 320 Rz. 6). Dazu genügt **ein** entsprechend bestätigender Satz.[78] Eine Beurteilung der **Qualität** dieser Pflichterfüllung kommt nicht in Betracht, also etwa wie folgt: „Der Vorstand ist seiner Auskunftspflicht nur schleppend nach mehrfachem Insistieren nachgekommen." Sollte ein solcher Tatbestand tatsächlich vorliegen, wäre er dem Vorsitzenden des Aufsichtsrats oder der Gesellschafterversammlung in einem vom Prüfungsbericht getrennten Informationsmedium mitzuteilen.

Bei nicht ausreichender Auskunftserteilung und Erfüllung der Nachweispflicht kann ein **Prüfungshemmnis** vorliegen, über das zu berichten ist[79] und zur Einschränkung des Bestätigungsvermerks führen kann (→ § 322 Rz. 54).

V. „Besonderer Abschnitt": Darstellung des Prüfungsgeschehens (Abs. 3)

71 Gegenstand, Art und Umfang der Abschlussprüfung sind sowohl im Prüfungsbericht als auch im Bestätigungsvermerk (→ § 322 Rz. 31) darzustellen. Außerdem ist auf die angewandten Rechnungslegungs- und Prüfungsgrundsätze einzugehen.

Der **Gegenstand** der Abschlussprüfung ergibt sich aus § 317 HGB, nämlich die Gesetz- und Ordnungsmäßigkeitsprüfung von Buchführung, Jahresabschluss/Konzernabschluss und Lagebericht. Ggf. sind Erweiterungen des Prüfungsauftrags nach branchenspezifischen Vorschriften (z. B. für Genossenschaften → § 336 Rz. 8) oder nach den Anforderungen des Gesellschaftsvertrags bzw. der Satzung darzustellen. Eine Negativerklärung zum Prüfungsverzicht der Angaben

---

[77] Vgl. IDW PS 450 Tz. 102.
[78] Vgl. IDW PS 450 Tz. 59.
[79] Vgl. IDW PS 450 Tz. 59.

nach § 289a HGB (→ § 289a Rz. 1) ist möglich, aber nicht zwingend. Wegen der Folgerungen der Nichtprüfungspflicht für die Berichterstattung und den Bestätigungsvermerk wird verwiesen auf → § 317 Rz. 65.

Art und **Umfang** sind durch die Berufsgrundsätze darzustellen, vorerst noch im Wesentlichen durch die einschlägigen Standards des IDW (→ § 317 Rz. 15). Zusätzlich sind Angaben zur risikoorientierten Prüfungsstrategie, Prüfung des rechnungslegungsrelevanten internen Kontrollsystems, Angabe der Prüfungsschwerpunkte nach mehrjährigem Prüfungsplan, stichproben- und einzelfallbezogene Prüfungshandlungen sowie Systemprüfungen zu erwähnen (→ § 317 Rz. 16 ff.). Weiter ist einzugehen auf die Bestandsnachweise, die Heranziehung von Prüfungsergebnissen Dritter etc. Die nach Abs. 3 Satz 2 darzustellenden **Prüfungsgrundsätze** sind identisch mit der „Art" der Prüfung nach Satz 1 und brauchen nicht wiederholend aufgeführt zu werden. 72

Die Rechnungslegungsgrundsätze umfassen solche nach **nationaler** und **internationaler** Art, Letztere etwa bei der Prüfung eines Einzelabschlusses i. S. des § 325 Abs. 2a HGB (→ § 325 Rz. 22) und der Prüfung eines Konzernabschlusses, der auf der Grundlage des § 315a HGB nach den internationalen Rechnungslegungsgrundsätzen (IFRS) erstellt worden ist. Die deutschen Rechnungslegungsgrundsätze ergeben sich insbesondere aus dem HGB, nicht aus dem Steuerrecht, und aus branchenspezifischen Regeln, z. B. nach der Krankenhausbuchführungsverordnung. 73

VI. „Besonderer Teil": Risikofrüherkennungssystem (Abs. 4)

Der Vorstand einer börsennotierten Aktiengesellschaft ist nach § 91 Abs. 2 AktG zur Einrichtung eines sog. Risikofrüherkennungssystems verpflichtet. Dessen Aufgabe besteht in der frühzeitigen Erkennung **bestandsgefährdender** Entwicklungen für die Gesellschaft. Dem Abschlussprüfer einer solchen Aktiengesellschaft obliegt nach § 317 Abs. 4 HGB eine Beurteilung (→ § 317 Rz. 70), ob 74

▶ der Vorstand ein solches System in geeigneter Form eingerichtet hat,

▶ das System seine Aufgaben erfüllen kann.

Im Prüfungsbericht ist das **Ergebnis** dieser Prüfungshandlung darzustellen, also nicht die Einzelheiten zu den Prüfungshandlungen. Ebenso wenig ist das System selbst darzustellen.[80]

Vielmehr genügt eine **Positiv**feststellung im Prüfungsbericht, wenn ein funktionsfähiges Risikofrüherkennungssystem eingerichtet ist. Es genügt dann folgende, in weniger sperriger Grammatik als nach dem IDW-Vorschlag,[81] formulierte Aussage: 75

> „Der Vorstand hat die nach § 91 Abs. 2 AktG geforderten Maßnahmen, insbesondere zur Einrichtung eines Überwachungssystems, in geeigneter Weise getroffen. Das Überwachungssystem ist zur frühzeitigen Erkennung bestandsgefährdender Risiken der Gesellschaft geeignet."

---

80 Vgl. IDW PS 450 Tz. 104.
81 Vgl. IDW PS 450 Tz. 105.

76 Kein Urteil darf der Abschlussprüfer darüber abgeben, ob die Erkenntnisse aus diesem funktionierenden System auch in die **Geschäftsführungsstrategie** eingeführt werden. Empirisch darf man daran spätestens nach den Erkenntnissen aus der Subprime-Krise zweifeln. In diesem Fall hätten die betroffenen Abschlussprüfer keine Falschaussage im Prüfungsbericht gemacht. Möglicherweise sind aber auch diese Systeme **nicht** zur Risikofrüherkennung **geeignet** gewesen (→ § 289 Rz. 60 ff.). In diesen Fällen mag man die vermutlich im Prüfungsbericht geäußerte Bestätigung des Abschlussprüfers über die Eignung des Systems als unzutreffend beurteilen. U. E. wäre dieses Urteil allerdings nur vordergründig zutreffend. Vielmehr sollte man die Vorstellung des Gesetzgebers über die Insolvenzprophylaxe von solchen „Systemen" und deren Überwachung durch den Abschlussprüfer samt der Aussagen im Lagebericht als **Überforderung** charakterisieren. Risiken lauern nun einmal an allen Ecken und Enden des Wirtschaftslebens, d. h. sie sind notwendiger Bestandteil des „Wirtschaftens", mit ihnen verbundene Chancen sind gegeneinander abzuwägen. Ob die danach getroffenen Entscheidungen des Managements „richtig" oder „falsch" oder gar bestandsgefährdend gewesen sind, weiß „man" und damit auch der Abschlussprüfer erst im Nachhinein. Auf der Grundlage dieser Erkenntnis muss auch die geforderte Bestätigung des Abschlussprüfers zum Risikoerkennungssystem beurteilt werden.

77 Bei **Nichteinrichtung** eines Risikofrüherkennungssystems durch den Vorstand einer börsennotierten Aktiengesellschaft ist dies im Bericht darzustellen, ebenso das Faktum festgestellter wesentlicher Verstöße gegen die gesetzlichen Vorgaben. Es handelt sich dabei um eine Berichterstattung nach Abs. 1 Satz 3 (→ Rz. 44 ff.) und ist an dieser Stelle des Berichts einzurücken.

78 Die Pflicht zur Einrichtung eines Risikofrüherkennungssystems nach § 91 Abs. 2 AktG trifft auf **alle** Aktiengesellschaften zu und soll nach Auffassung des Gesetzgebers in der Gesetzesbegründung auch „Ausstrahlungswirkungen" auf **andere** Gesellschaftsformen haben (→ § 317 Rz. 71). Außerhalb börsennotierter Aktiengesellschaften besteht allerdings keine Prüfungspflicht nach § 317 Abs. 4 HGB. Gleichwohl soll dem IDW zufolge[82] auch bei nicht börsennotierten Aktiengesellschaften eine festgestellte Unterlassung der Pflicht nach § 91 Abs. 2 AktG zur Berichterstattung nach Abs. 1 Satz 3 führen. Ebenfalls soll bei anderen Gesellschaftsformen eine entsprechende Angabepflicht bei Verstößen gegen § 91 Abs. 2 AktG „in Betracht kommen". Das IDW differenziert also nach Aktiengesellschaften einerseits und anderen Rechtsformen andererseits. Im ersten Fall besteht eine Berichtpflicht bei solchen Verstößen, bei anderen Rechtsformen kommt sie lediglich in Betracht. U. E. sollte der „Ausstrahlungseffekt" nach der Gesetzesbegründung sehr zurückhaltend beurteilt werden. Bei nicht börsennotierten, aber kapitalmarktorientierten Aktiengesellschaften (→ § 264d Rz. 12) mag diese Vorgabe noch in gewisser Weise gerechtfertigt sein, nicht aber bei einer mittelgroßen Aktiengesellschaft oder GmbH. In diesen Fällen ein „System" einzurichten, käme u. E. einem typischen Fall der **Überregulierung** gleich, die man sonst immer wieder dem Gesetzgeber vorhält. Abgesehen davon haben diese „Systeme" sich beispielsweise in der Subprime-Krise nicht mit besonderer Effizienz präsentiert (→ Rz. 76). Es sollte bei der gesetzlich vorgegebenen Risikoberichterstattung im Lagebericht und der Beurteilung durch den Abschlussprüfer (→ § 289 Rz. 74 ff.) bleiben.

---

82 Vgl. IDW PS 450 Tz. 107.

VII. Unabhängigkeitsbestätigung (Abs. 4a)

Die schon für Abschlussprüfungen für das Geschäftsjahr 2009 (bei Kalendergleichheit) geforderte Unabhängigkeitsbestätigung nimmt implizit Bezug auf die gesetzlichen Regelungen in §§ 319 ff. HGB, §§ 43 und 49 WPO sowie die §§ 20 ff. der BS WP/vBP. Ein Vorschlag zur Formulierung und zur Einrückung in das Gliederungsschema ist in → Rz. 14 unterbreitet.

79

Nach dem für börsennotierte Gesellschaften gültigen DCGK 7.2.1 muss der Aufsichtsrat bzw. der Prüfungsausschuss börsennotierter Gesellschaften schon **vor** Erteilung des Prüfungsauftrags eine **Unabhängigkeitserklärung** des Wirtschaftsprüfers einholen. Demgegenüber genügt im „Regelfall" nach Abs. 4 die Erklärung des Abschlussprüfers ex post. In die **Gliederungssystematik** des Prüfungsberichts (→ Rz. 5) passt die Erklärung am ehesten in den ersten Gliederungspunkt „Prüfungsauftrag".

In den **Arbeitspapieren** hat der Wirtschaftsprüfer nach § 51b Abs. 4 WPO die zur Überprüfung seiner Unabhängigkeit durchgeführten Maßnahmen zu dokumentieren.

VIII. Erweiterungen des Prüfungsauftrags

Mit dem Auftraggeber des Prüfungsgeschehens darf der Abschlussprüfer eine Erweiterung seiner Prüfungspflichten **über** die **gesetzlichen hinaus** vereinbaren. Diese erweiterte Beauftragung kann aus dem Gesetz (z. B. für Genossenschaften → § 336 Rz. 8), dem Gesellschaftsvertrag oder aus der Satzung oder aus einer anderen Motivation des Auftraggebers resultieren. So mag sich der Aufsichtsrat als Auftraggeber bei der AG besonders für die Planungsrechnung des Konzerns, die Qualität der internen Revision oder die Angemessenheit eines Kaufpreises für ein Beteiligungsunternehmen interessieren.[83] Diesen Sachverhalten (als Beispiele) als Sonderprüfungsobjekt stehen indes die „ordentlichen" Prüfungsinhalte entgegen, d. h. der Abschlussprüfer muss sich ohnehin mit diesen Fragen befassen.

80

Einen typischen Fall stellen dabei die Feststellungen nach **§ 53 HGrG** dar. Denkbar sind auch Aufträge zu einer **Geschäftsführungsprüfung** oder einer **Sonderprüfung** für bestimmte Unternehmens- oder Konzernbereiche. Sinnvollerweise sollten allerdings solche Prüfungsaufträge außerhalb der regulären Abschlussprüfung erteilt und angenommen werden, um dessen Inhalt nicht mit anderen Aufgaben zu überfrachten. Jedenfalls müssen entsprechende Prüfungsfeststellungen in einem **besonderen** Teil der Berichterstattung dargestellt werden.

IX. Wiedergabe des Bestätigungsvermerks

Nach § 322 Abs. 7 Satz 2 HGB ist der Bestätigungsvermerk auch in den Prüfungsbericht aufzunehmen (→ § 322 Rz. 57).

81

---

83 Beispiele nach *Scheffler*, WPg 2002 S. 1289.

X. Unterzeichnung und Vorlage (Abs. 5)

82 Das an sich **selbstverständliche** Erfordernis der Unterzeichnung des Prüfungsberichts – wie jedes anderen Dokuments – wird vom Gesetz förmlich hervorgehoben. Die Unterzeichnung des Prüfungsberichts deckt nicht die ebenfalls gebotene des **Bestätigungsvermerks** ab, da es sich um zwei verschiedene Dokumente handelt. Die Unterzeichnung verlangt zusätzlich die Angabe von **Ort** und **Datum**. Das Datum bedeutet die Angabe eines bestimmten Tags, nicht etwa nur eines Monats. Zusammen mit der Unterzeichnung ist bei Pflichtprüfungen das **Berufssiegel** zu verwenden, bei freiwilligen Prüfungen ist die Siegelführung erlaubt (§ 48 Abs. 1 Satz WPO).

83 Eine **Vertretung** bei der Unterzeichnung ist unzulässig. Zumindest ein Exemplar muss vom verantwortlichen Wirtschaftsprüfer eigenhändig unterzeichnet werden. Ansonsten sind mechanische Vervielfältigungen zulässig.

84 Bei der Unterzeichnung muss die **Berufsbezeichnung** „Wirtschaftsprüfer/Wirtschaftsprüferin" bzw. „vereidigter Buchprüfer/vereidigte Buchprüferin" beigefügt werden (§ 128 Abs. 2 WPO). Die Hinzufügung ausländischer Titel, die zur Abschlussprüfung qualifizieren (z. B. der US-amerikanische CPA) ist zulässig, nicht dagegen die Verwendung weiterer Berufsbezeichnungen wie Steuerberater oder Rechtsanwalt.

85 Bei Wirtschaftsprüfungs- bzw. Buchprüfungs**gesellschaften** muss die Unterzeichnung durch vertretungsberechtigte Personen mit entsprechender Berufsqualifikation erfolgen. Die Vertretungsberechtigung umfasst dabei auch die Prokurastellung.

86 Der Prüfungsbericht ist nach Unterzeichnung den **gesetzlichen Vertretern vorzulegen**, also den Geschäftsführern einer GmbH bzw. der Komplementärin einer GmbH & Co. KG (→ § 238 Rz. 2), bei der Aktiengesellschaft abweichend davon dem **Aufsichtsrat** als Auftraggeber (→ § 318 Rz. 22) bzw. dem eingerichteten Prüfungsausschuss (→ § 318 Rz. 49). Unberührt bleibt die übliche Vorabinformation (→ § 323 Rz. 12) des Vorstands durch Überlassung eines Vorabexemplars („Lesebericht") als letzte Aufforderung zur Erfüllung der Nachweispflichten gegenüber dem Abschlussprüfer (→ § 320 Rz. 6). Wegen des faktisch größeren Empfängerkreises des Prüfungsberichts vgl. → Rz. 4.

XI. Berichtsanlagen

87 Pflichtgemäß sind dem Prüfungsbericht als Anlage die Bestandteile des **Jahresabschlusses** mit **Lagebericht** bzw. des **Konzernabschlusses** mit **Konzernlagebericht** beizufügen, außerdem die Allgemeinen Auftragsbedingungen nach den berufsrechtlichen Vorgaben.

88 Auf **freiwilliger** Basis können **weitere** nicht vom Gesetz geforderte Bestandteile beigefügt werden, also z. B. betriebswirtschaftliche Analysen, detaillierte Darstellung rechtlicher und wirtschaftlicher Verhältnisse, weitere zusätzliche Aufgliederungen etc. Sinnvollerweise sind solche Untersuchungen und Darstellungen mit dem Auftraggeber **abzustimmen**. Die unnötige Produktion von Papier mit Zahlen, die schon anderweitig verfügbar sind, sollte vermieden werden. Dieser Hinweis gilt insbesondere für die in früheren Zeiten übliche Aufgliederung sämtlicher Jahresabschlussposten unter Zuordnung der jeweiligen Sachkonten (→ Rz. 66).

XII. Konzernabschlussprüfung

1. Einheitliche Berichterstattungsvorgaben

Die Berichterstattungspflichten über die Prüfung von Konzernabschlüssen **unterscheiden** sich nach den gesetzlichen Vorgaben des § 321 HGB **nicht** von denjenigen, die für die Jahresabschlussprüfung gelten. Das Gesetz behandelt die Berichterstattungspflicht immer mit einer einheitlichen Vorgabe. Deshalb muss sich der Konzernabschlussprüfer im Verhältnis zur Berichterstattung über den Jahresabschluss nur mit den **konsolidierungsbedingten** zusätzlichen Angabepflichten und ähnlichen konzernspezifischen Vorgaben befassen. Diese werden nachstehend in der Abfolge der Gliederung zu den Vorgaben für die Jahresabschlussprüfung abgehandelt.

89

2. Darstellung des Prüfungsauftrags

Regelmäßig oder fast ausschließlich wird in der Praxis die Beauftragung des Abschlussprüfers für das **Mutterunternehmen ausgedehnt** auf die Prüfung des Konzernabschlusses. Dem folgt das Gesetz in § 318 Abs. 2 HGB (→ § 318 Rz. 29) durch eine **Fiktion**: Ohne besondere Bestellung eines Konzernabschlussprüfers gilt der Abschussprüfer der Mutterunternehmung als Konzernabschlussprüfer. Dies ist in der Beschreibung des Prüfungsauftrags (→ Rz. 14) zu erwähnen.

90

3. Die „Vorweg"-Berichterstattung

Dieser Berichtsteil (→ Rz. 15 ff.) muss sich mit der **„Lage"** des Konzerns anstelle des geprüften Unternehmens befassen, in Sonderheit mit der Beurteilung des Fortbestands und der künftigen Entwicklung des Konzerns. Dazu ist auf den **Konzernlagebericht** einzugehen. Die „geprüften Unterlagen" umfassen dabei auch die Jahresabschlüsse und Lageberichte der in den Konzernabschluss **einbezogenen** Unternehmen.[84] Der Berichterstattungsumfang bezieht sich auf die voll- und anteilig konsolidierten Unternehmen. Die wegen untergeordneter Bedeutung nicht konsolidierten Tochterunternehmen (→ § 296 Rz. 18) fallen schon deswegen nicht unter die Berichtspflicht, weil sie die gebotene Wesentlichkeitsschwelle der Berichterstattung (→ Rz. 11) nicht erreichen können. At equity bewertete Unternehmen (→ § 311) können dann eine Berichterstattungspflicht ausüben, wenn aus ihnen Folgerungen bezüglich der künftigen negativen Entwicklung des Konzerns zu befürchten sind.

91

> **BEISPIEL** Die deutsche Mutterunternehmung unterhält im Interesse der gesicherten Rohstoffversorgung in 20 Staaten Beteiligungen „*at equity*". Bei mehreren dieser Unternehmen drohen staatliche Enteignungen, wodurch die Rohstoffversorgung gefährdet ist. Hier ist eine Angabepflicht im Konzernlagebericht geboten.[85] Bei Personalunion des Abschlussprüfers des Mutterunternehmens mit demjenigen des Konzernabschlusses genügt in diesen Fällen ein

---

84 Vgl. IDW PS 450 Tz. 120.
85 A. A. *Bertram*, in: Haufe HGB Bilanz Kommentar, Freiburg 2009, § 321 Tz. 149.

> Hinweis auf die bereits erfolgte Berichterstattung zum Lagebericht der Mutterunternehmung.[86]

92 Aus Sicht des Konzerns kann im Hinblick auf die **Wesentlichkeitsschwelle** eine Berichterstattung bezüglich der gefährdeten künftigen Entwicklung (→ Rz. 24) bei einer Tochtergesellschaft in der Konzernberichterstattung entfallen, auch wenn sie umgekehrt im Prüfungsbericht für den Jahresabschluss dieser Tochtergesellschaft erforderlich ist.

93 Akute **Bestandsgefährdungen** betreffen Mutterunternehmen und Konzern regelmäßig **gemeinsam**. Sinnvollerweise erfolgt dann diese Berichterstattung einheitlich in beiden Prüfungsberichten, ggf. auch durch Hinweis auf einen entsprechenden Teilbericht (→ Rz. 8).

4. Konzernrechnungslegung

94 Die Feststellungen und Erläuterungen zur Konzernrechnungslegung müssen sich zunächst mit der Bestimmung des **Konsolidierungskreises** und des Konzern**abschlussstichtags** befassen. Dazu sind die Angaben im Konzernanhang (→ § 313 Rz. 15) heranzuziehen. Die speziellen rechtlichen Vorgaben bezüglich der **Konsolidierungsmethoden** (z. B. Quotenkonsolidierung oder *at equity*-Konsolidierung) sind darzustellen, ebenso die Veränderungen des Konsolidierungskreises gegenüber dem Vorjahr.

95 Weiterhin ist zu der **Ordnungsmäßigkeit** der in den Konzernabschluss einbezogenen Abschlüsse zu berichten. Insbesondere ist auf die Verwendung der **Prüfungsergebnisse** der Abschlussprüfer von Tochtergesellschaften einzugehen (→ § 317 Rz. 68). Schließlich sind die eigentlichen **Konsolidierungsvorgänge** mit der Vereinheitlichung der Bilanzierungs- und Bewertungsmethoden darzustellen. Letztlich mündet diese Berichterstattung in der Feststellung der Übereinstimmung der Konzernrechnungslegung und Lageberichterstattung mit den gesetzlichen Vorschriften.

96 Eine Besonderheit ergibt sich dann, wenn ein gesetzliches Wahlrecht abweichend von der **Empfehlung** des DRSC[87] ausgeübt wurde (→ § 342 Rz. 6). Darauf muss der Konzernabschlussprüfer hinweisen (→ § 243 Rz. 14).[88]

97 Der Konzernabschlussprüfer hat den Anspruch auf **Aufklärungen** und **Nachweise** auch gegenüber den gesetzlichen Vertretern der in den Konzernabschluss einbezogenen Tochterunternehmen (→ § 320 Rz. 18). Die Einhaltung dieser Pflichten ist im Bericht zu erwähnen, bei Nichteinhaltung in negativer Form. Förmlich nicht zur Auskunft verpflichtet sind die gesetzlichen Vertreter von assoziierten Gesellschaften und von solchen, die *at equity* in den Konzernabschluss einbezogen sind. Entsprechend muss der Konzernabschlussprüfer dazu auch nicht Stellung nehmen.[89] Sinnvoll ist aber eine Veranlassung durch das Mutterunternehmen zur entsprechenden Auskunftserteilung dieser Gesellschaften, wobei dazu ein Rechtsanspruch nicht besteht.

---

86 Vgl. IDW PS 450 Tz. 121.
87 Vgl. IDW PS 201 Tz. 12.
88 Vgl. IDW PS 450 Tz. 134.
89 So auch *Winkeljohann/Poullie*, in: Beck'scher Bilanz-Kommentar, 7. Aufl., München 2010, § 321 Tz. 104.

Sodann hat der Konzernabschlussprüfer die durchgeführten Prüfungshandlungen für die einbezogenen Abschlüsse der **Tochtergesellschaften** – seien diese nun geprüft oder nicht – darzustellen, insbesondere die Form der **Überwachung** der bei den Tochtergesellschaften agierenden Abschlussprüfer (→ § 317 Rz. 69). Sofern die lokalen Abschlussprüfer Einwendungen gegen die dortigen Abschlüsse erhoben haben, sind diese unter dem Gesichtspunkt einer höheren Wesentlichkeitsschwelle im Konzernabschluss als berichtspflichtig oder nicht zu beurteilen.

98

Bezüglich der Berichtspflicht zu den „wesentlichen **Bewertungsgrundlagen**" i. S. des Abs. 2 Satz 4 (→ Rz. 55) sind im Prüfungsbericht über den Konzernabschluss als sinngemäße Erweiterung des Gesetzeswortlauts die Konsolidierungs**methoden** darzustellen, sofern hier Wahlrechte bestehen (z. B. im Rahmen der Übergangsvorschriften → Art. 66 EGHGB Rz. 15):

99

- Die Ermittlung des Geschäfts- oder Firmenwerts im Rahmen der Kaufpreisallokation (→ Art. 66 EGHGB Rz. 12),
- die Darstellung eines Konsolidierungsvorgangs *„under common control"* (→ § 301 Rz. 93 ff.) und anderer vom Gesetz nicht geregelter Wahlrechte,
- die Behandlung latenter Steuern (→ Art. 67 EGHGB Rz. 29 ff.).

Wie bei der Berichterstattung über die Prüfung des Jahresabschlusses darf sich der Konzernabschlussprüfer nicht im Klein-Klein bewegen, er muss sich auf die wirklich **wesentlichen** Erläuterungen und Aufgliederungen des Konzernabschlusses beschränken (→ Rz. 66).

100

Bei **zusammengefasster** Offenlegung des Konzernabschlusses mit dem Jahresabschluss der Mutterunternehmung nach § 325 Abs. 3a Satz 2 HGB können auch die beiden Prüfungsberichte zusammengefasst werden (→ § 325 Rz. 27). Die jeweiligen gesetzlichen Anforderungen an die beiden Berichte sind dabei vollständig zu erfüllen, eine Art Konsolidierung ist nicht zulässig.[90] Eine solche Zusammenfassung sollte nach dem Rat des IDW nur dann erfolgen, wenn der Konzernanhang (→ § 298 Rz. 37) und der Lagebericht (→ § 315 Rz. 3) in zusammengefasster Form erstellt worden sind.

101

XIII. Sonderfälle

1. Freiwillige Abschlussprüfung

Von der Prüfungspflicht befreit sind folgende Unternehmen:

102

- Einzelkaufleute unterhalb der Schwellenwerte des § 1 PublG.
- „Normale" Personenhandelsgesellschaften unterhalb der Schwelle des § 1 PublG.
- Kleine Kapitalgesellschaften (→ § 267 Rz. 2).
- Kleine Kap. & Co.-Gesellschaften (→ § 264a Rz. 4).
- Stiftungen, Vereine etc., die ein gewerbliches Unternehmen betreiben und die Schwellenwerte des PublG nicht überschreiten (§ 3 PublG).
- Körperschaften und Anstalten des Öffentlichen Rechts.
- Gewerbliche Unternehmen, die einen kaufmännisch eingerichteten Geschäftsbetrieb unterhalten.

---

90 Vgl. IDW PS 450 Tz. 138.

- Mutterunternehmen i. S. der Konzernrechnungslegung, die die Schwellenwerte des § 293 HGB nicht überschreiten (→ § 293 Rz. 10).
- Der Teilkonzern, der in einen Konzernabschluss höherer Stufe einer Muttergesellschaft im EU-Bereich (→ § 291 Rz. 3) oder in einem Drittland (→ § 292 Rz. 5) einbezogen wird.
- In einen Konzernabschluss einbezogene Kapitalgesellschaften (→ § 264 Rz. 37) und Kap. & Co.-Gesellschaften (→ § 264b Rz. 6).
- Dem PublG unterliegende Unternehmen gem. § 5 Abs. 6 PublG bei Einbeziehung in einen Konzernabschluss.

103 Die genannten Unternehmen können jederzeit einen Auftrag zur Durchführung einer Abschlussprüfung erteilen. Dabei ist der **Umfang** der Prüfung frei aushandelbar. Allerdings kann ein Bestätigungsvermerk i. S. des § 322 HGB (→ § 322 Rz. 74) nur bei einer sog. „Vollprüfung" erfolgen. Die Prüfung muss unter Beachtung der Einzelheiten des § 317 HGB durchgeführt werden (→ § 317 Rz. 2) und zur Erfüllung der Berichterstattungspflicht nach § 321 HGB führen. Bei eingeschränktem Prüfungsinhalt kommt nur die Erteilung einer **Bescheinigung** in Betracht.

104 Bei gesetzesgemäßer **Nichterstellung** eines Lageberichts und/oder Anhangs sind die entsprechenden Formulierungen im Prüfungsbericht anzupassen. Der Bericht ist in diesen Fällen an das geprüfte Unternehmen zu **richten**.[91]

105 Die Unterzeichnung des Prüfungsberichts einer Wirtschaftsprüfungs- oder Buchprüfungsgesellschaft muss durch Unterschrift eines **Berufsangehörigen** geleistet werden, die **Zweitunterschrift** kann im Gegensatz zur gesetzlichen Abschlussprüfung durch eine nicht qualifizierte Person, z. B. einen Steuerberater, erfolgen.[92] Dabei ist die Siegelführung erlaubt, aber nicht geboten.[93]

106 Die in einen Konzernabschluss einbezogenen Gesellschaften mit den Befreiungen nach § 264 Abs. 3 HGB (→ § 264 Rz. 37), § 264b HGB (→ § 264b Rz. 6) und § 5 Abs. 6 PublG können sich freiwillig einer Abschlussprüfung unterziehen, ohne die damit verbundenen weiteren Erleichterungen **aufzugeben**. Insbesondere sind sie auch bei einer „Vollprüfung" nicht zur Offenlegung des Abschlusses nach § 325 HGB verpflichtet. In diesen Fällen ist eine Berichterstattung nach § 321 HGB durchzuführen und ein Bestätigungsvermerk zu erteilen oder zu versagen.

2. Erstprüfungen

107 Als Erstprüfungen gelten:[94]
- Durch einen **anderen** Abschlussprüfer geprüfter Vorjahresabschluss,
- ein **nicht geprüfter** Vorjahresabschluss,
- der **erste** Abschluss eines neugegründeten Unternehmens.

Der IDW PS 205 befasst sich ausführlich mit den Besonderheiten einer so verstandenen Erstprüfung. Teilweise werden dabei **Selbstverständlichkeiten** dargestellt, wie z. B. das Erfordernis einer Prüfung über die korrekte Übernahme der Schlussbilanzzahlen des Vorjahrs in das neue

---

91 Vgl. IDW PS 450 Tz. 21.
92 § 27a Satz 1 BS WP/vBP.
93 § 48 Abs. 1 Satz 2 WPO.
94 Vgl. IDW PS 205 Tz. 1.

Rechenwerk. Andererseits werden zu Recht **Besonderheiten** angesprochen, die eine entsprechend zielgerichtete Prüfung erforderlich machen. Daraus kann sich die Pflicht zu einer erweiterten Berichterstattung in folgenden Fällen ergeben:[95]

▶ Eingeschränkter oder versagter Bestätigungsvermerk für den Vorjahresabschluss.
▶ Gesetzwidrige Nichtprüfung des Vorjahresabschlusses.
▶ Fehlende Bestandsnachweise für die Vorjahresbilanzzahlen.
▶ Bei Umwandlungen und Verschmelzungen die Ordnungsmäßigkeit der angesetzten Werte, häufig Zeitwert.
▶ Übergang zur IFRS-Rechnungslegung nach IFRS 1.

Die zugehörige ergänzende Berichterstattung soll eine Feststellung über den Inhalt der Vorjahreszahlen enthalten.[96] U. E. ist diese Vorgabe dann nicht sinnvoll, wenn die Vorjahresbilanz von einem anderen Abschlussprüfer geprüft und uneingeschränkt bestätigt worden ist. Sodann ist über die zusätzlichen Prüfungshandlungen zur Feststellung von Eröffnungsbilanzwerten – sinnvoll bei bisher nicht erfolgter Prüfung – zu berichten. 108

Diese gesonderten Berichtsteile sollten u. E. in den „besonderen Abschnitt" nach § 321 Abs. 3 HGB (→ Rz. 71) eingerückt werden.

3. Prüfung der nach internationalen Rechnungslegungsnormen aufgestellten Abschlüsse

Die Prüfungspflicht nach § 316 Abs. 2 HGB (→ § 316 Rz. 7) umfasst auch den nach internationalen Rechnungslegungsvorschriften aufgestellten Konzernabschluss nach § 315a HGB und gem. § 324a Abs. 1 HGB den freiwillig erstellten IFRS-Einzelabschluss gem. § 325 Abs. 2a HGB (→ § 324a Rz. 4). Dabei müssen ergänzend zu den nach IFRS vorgeschriebenen Abschlussbestandteilen zusätzlich bestimmte Anforderungen des HGB erfüllt werden, so insbesondere ergänzende Anhangangaben gemacht und ein Konzernlagebericht erstellt werden (→ § 315a Rz. 8 ff.). 109

Bei der Berichterstattung ist auf die **Ordnungsmäßigkeit** des nach IFRS aufgestellten Konzernabschlusses oder des IFRS-Einzelabschlusses einzugehen. Besonderheiten der Berichterstattung ergeben sich in diesem Bereich nicht. Es muss ausgeführt werden, ob die geprüften Abschlussbestandteile den IFRS-Regeln entsprechen, wie sie in europäisches Recht transformiert worden sind. 110

4. Nachtragsprüfungen

Die nach § 316 Abs. 3 HGB **geänderten** Abschlüsse und Lageberichte (→ § 316 Rz. 12 ff.) unterliegen einer gesonderten Prüfung und einer entsprechenden schriftlichen Berichterstattung. Dieser Bericht[97] muss einen Hinweis auf den **ursprünglich** erstatteten Prüfungsbericht enthalten, was die **gemeinsame** Verwendung von Prüfungs- und Nachtragsprüfungsbericht erforderlich macht. Dieser Nachtragsprüfungsbericht darf ausschließlich auf die vorgenommenen Än- 111

---
95 Vgl. *Bertram*, in: Haufe HGB Bilanz Kommentar, Freiburg 2009, § 321 Tz. 182.
96 So IDW PS 205 Tz. 18.
97 Vgl. IDW PS 450 Tz. 145.

derungen eingehen, so dass die Gliederungsvorschriften und die Einzelheiten nach § 321 HGB nicht zu beachten sind. Ausnahmsweise kann die Berichterstattung in einer **Ergänzung** des ursprünglichen Prüfungsberichts erfolgen, was aber die **Einziehung** aller bislang verteilten Ausfertigungen des Prüfungsberichts erforderlich macht.[98]

112 Im Nachtragsprüfungsbericht sind die vorgenommenen **Änderungen** und die entsprechenden **Prüfungshandlungen** darzulegen und die Gesetz- oder Satzungsmäßigkeit der vorgenommenen Änderungen zu bestätigen. Außerdem soll nochmals die Einhaltung der Generalnorm nach Abs. 2 Satz 3 bestätigt werden. Bei Änderungen des Lage- bzw. Konzernlageberichts ist entsprechend zu verfahren. Dem Bericht sind die geänderten Abschlüsse und Lageberichte als Anlage beizufügen und außerdem der ergänzte oder geänderte Bestätigungsvermerk.

113 Im Schrifttum wird bei kleineren Änderungen auch die Berichterstattung in **Briefform** als zulässig erachtet.[99] Wir empfehlen demgegenüber die förmliche Erstattung eines Berichts über die Nachtragsprüfung.

5. Gemeinschaftsprüfungen *(joint audit)*

114 Der Prüfungsauftrag kann nach entsprechender Wahl an mehrere Abschlussprüfer bzw. Abschlussprüfungsgesellschaften erteilt werden (→ § 318 Rz. 20). Der Prüfungsbericht ist in diesem Fall als **Gesamtwerk** der bestellten Abschlussprüfer zu erstellen.[100] Die Auftragserteilung ist im Bericht entsprechend darzulegen. Eine gesonderte Erwähnung der **jeweils bearbeiteten** Prüfungsgebiete soll im Bericht wegen der Gesamtverantwortung der gemeinschaftlich bestellten Prüfer nicht erfolgen.[101] Andererseits sind **abweichende** Prüfungsfeststellungen der gemeinschaftlich bestellten Prüfer im Bericht **gesondert** zu kennzeichnen.[102] Ebenso ist bei Beanstandungen **nur eines** der bestellten Prüfer entsprechend zu berichten.

Bei nicht übereinstimmendem Gesamturteil sind die **Bestätigungsvermerke** getrennt zu erteilen (→ § 322 Rz. 94).[103]

6. Kündigung des Prüfungsauftrags

115 In Ausnahmefällen kann der Abschlussprüfer den Auftrag vor Beendigung aus wichtigem Grund nach § 318 Abs. 6 HGB kündigen (→ § 318 Rz. 43). Dann hat er über das Ergebnis seiner **bisherigen** Prüfung nach Maßgabe des § 321 HGB zu berichten (→ § 318 Rz. 47).[104]

In diesem Fall ist im einleitenden Kapitel zum Prüfungsauftrag (→ Rz. 14) auf die Berichterstattung **anlässlich** der **Kündigung** hinzuweisen. Die **Begründung** für die Kündigung **muss** u. E. an dieser Stelle des Berichts eingerückt werden.[105] Die übrigen Berichtspflichten orientieren sich an den Vorgaben des § 321 HGB, soweit dies nach den bisher erfolgten Prüfungshandlungen

---

[98] Vgl. IDW PS 450 Tz. 145.
[99] Vgl. *ADS*, 6. Aufl., § 316 Tz. 69.
[100] Vgl. IDW PS 208 Tz. 21: Ein gemeinsamer Bericht „ist sachgerecht".
[101] Vgl. IDW PS 208 Tz. 23.
[102] Vgl. IDW PS 208 Tz. 25.
[103] Vgl. IDW PS 208 Tz. 29.
[104] Vgl. IDW PS 450 Tz. 150.
[105] Tendenziell a. A. IDW PS 450 Tz. 151: „Es empfiehlt sich."

möglich ist. Noch nicht abschließend beurteilbare Vorgänge sind in dem Sonderbericht zu erwähnen, wenn sie nach Einschätzung des Abschlussprüfers die Ordnungsmäßigkeit der Rechnungslegung berühren können.[106]

7. Prüfungsbericht in fremder Sprache

Das Gesetz schreibt keine bestimmte Sprache für die Erstattung des Prüfungsberichts vor. Wenn eine **Übersetzung** im Hinblick auf die Aufnahmefähigkeit der Adressaten des Prüfungsberichts erforderlich ist, sollte diese u. E. **nicht** durch eine Originalerstellung des Berichts in der gewünschten Fremdsprache erfolgen. Sinnvollerweise ist eine als Übersetzung des Originals in deutscher Sprache vorgenommene Version zu verwenden. Die Übersetzung darf dann entsprechend auch nicht unterzeichnet und gesiegelt werden.[107]

116

Wenn entgegen dieser Empfehlung der Original-Prüfungsbericht in fremder Sprache erstattet wird, muss gleichwohl der Bestätigungsvermerk in Deutsch erteilt werden (→ § 322 Rz. 44), da dieser sich auf den in deutscher Sprache zu erstellenden **Jahresabschluss** (→ § 244 Rz. 1) bezieht. Auch die **Veröffentlichung** des Abschlusses muss nach § 325 HGB in deutscher Sprache erfolgen (→ § 325 Rz. 5).

8. Mängel des Prüfungsberichts

Sachliche und formelle Fehler des Prüfungsberichts müssen auf Anforderung des Auftraggebers in Form der Mängelbeseitigung nach § 633 BGB **korrigiert** werden. Eine entsprechende Neufassung des Prüfungsberichts macht die **Rückforderung** sämtlicher ausgegebener Berichtsexemplare mit den Mängeln erforderlich. Bei Herausgabe des Berichts in pdf-Format lässt sich diese Vorgabe allerdings nicht realisieren, da die Weitergabe der Datei nicht kontrollierbar ist.

117

Werden im Prüfungsbericht erhebliche Umstände vorsätzlich verschwiegen oder inhaltlich falsch wiedergegeben, kann dies eine Geld- oder Freiheitsstrafe nach sich ziehen (→ § 332 Rz. 1).

9. Übergangsvorschriften auf das BilMoG

Die **Unabhängigkeitserklärung** nach Abs. 4a (→ Rz. 79) ist auf die Prüfung von Geschäftsjahren anzuwenden, die nach dem 31.12.2008 beginnen (→ Art. 66 EGHGB Rz. 8).

118

Bei der Konzernabschlussprüfung war vor der durch das BilMoG geänderten Fassung des § 317 Abs. 3 HGB die **Übernahme** der geprüften Jahresabschlüsse von Tochterunternehmen in den Konzernabschluss vorgesehen. Nach der Neufassung des § 317 Abs. 3 Satz 2 HGB muss der Konzernabschlussprüfer demgegenüber die Arbeiten des anderen Abschlussprüfers bei der Prüfung der Tochtergesellschaft seinerseits überprüfen und entsprechend dokumentieren (→ § 317 Rz. 69). Diese Vorschrift ist ebenfalls auf Geschäftsjahre, die nach dem 31.12.2008 beginnen, anzuwenden (→ Art. 66 EGHGB Rz. 8).

---

106 Vgl. IDW PS 450 Tz. 152.
107 Vgl. *Bertram*, in: Haufe HGB Bilanz Kommentar, Freiburg 2009, § 321 Tz. 201.

§ 321a Offenlegung des Prüfungsberichts in besonderen Fällen

(1) ¹Wird über das Vermögen der Gesellschaft ein Insolvenzverfahren eröffnet oder wird der Antrag auf Eröffnung des Insolvenzverfahrens mangels Masse abgewiesen, so hat ein Gläubiger oder Gesellschafter die Wahl, selbst oder durch einen von ihm zu bestimmenden Wirtschaftsprüfer oder im Fall des § 319 Abs. 1 Satz 2 durch einen vereidigten Buchprüfer Einsicht in die Prüfungsberichte des Abschlussprüfers über die aufgrund gesetzlicher Vorschriften durchzuführende Prüfung des Jahresabschlusses der letzten drei Geschäftsjahre zu nehmen, soweit sich diese auf die nach § 321 geforderte Berichterstattung beziehen. ²Der Anspruch richtet sich gegen denjenigen, der die Prüfungsberichte in seinem Besitz hat.

(2) ¹Bei einer Aktiengesellschaft oder einer Kommanditgesellschaft auf Aktien stehen den Gesellschaftern die Rechte nach Absatz 1 Satz 1 nur zu, wenn ihre Anteile bei Geltendmachung des Anspruchs zusammen den einhundertsten Teil des Grundkapitals oder einen Börsenwert von 100.000 Euro erreichen. ²Dem Abschlussprüfer ist die Erläuterung des Prüfungsberichts gegenüber den in Absatz 1 Satz 1 aufgeführten Personen gestattet.

(3) ¹Der Insolvenzverwalter oder ein gesetzlicher Vertreter des Schuldners kann einer Offenlegung von Geheimnissen, namentlich Betriebs- oder Geschäftsgeheimnissen, widersprechen, wenn die Offenlegung geeignet ist, der Gesellschaft einen erheblichen Nachteil zuzufügen. ²§ 323 Abs. 1 und 3 bleibt im Übrigen unberührt. ³Unbeschadet des Satzes 1 sind die Berechtigten nach Absatz 1 Satz 1 zur Verschwiegenheit über den Inhalt der von ihnen eingesehenen Unterlagen nach Absatz 1 Satz 1 verpflichtet.

(4) Die Absätze 1 bis 3 gelten entsprechend, wenn der Schuldner zur Aufstellung eines Konzernabschlusses und Konzernlageberichts verpflichtet ist.

Inhaltsübersicht	Rz.
I. Normzweck in Insolvenzfällen geprüfter Unternehmen	1
II. Einsichtnahme in den Prüfungsbericht (Abs. 1)	2 - 8
III. Beschränkung des Einblicksrechts (Abs. 2 Satz 1)	9
IV. Erläuterungsrecht des Abschlussprüfers (Abs. 2 Satz 2)	10
V. Geschäftsgeheimnisse und Verschwiegenheitspflicht (Abs. 3)	11 - 12
VI. Einsichtnahme in Prüfungsberichte zu Konzernabschlüssen (Abs. 4)	13

Ausgewählte Literatur

Forster/Gelhausen/Möller, Das Einsichtsrecht nach § 321a HGB in Prüfungsberichte des gesetzlichen Abschlussprüfers, WPg 2007 S. 191

I. Normzweck in Insolvenzfällen geprüfter Unternehmen

In Insolvenzfällen besteht ein eingeschränktes Einblicksrecht von Gläubigern und Gesellschaftern in den Prüfungsbericht. Dadurch soll die häufig aufkommende Frage nach der Qualität der Abschlussprüfung beantwortet werden. Auf den Abschlussprüfer von kriselnden Unternehmen wird dadurch eine **präventive** Wirkung zu sorgfältiger Berichterstattung auf der Grundlage des § 321 HGB ausgeübt.[1] Andererseits kann sich der Prüfer ohne förmliche Entbindung von der Verschwiegenheitspflicht nicht uneingeschränkt gegen entsprechende Anschuldigungen wehren.[2]

II. Einsichtnahme in den Prüfungsbericht (Abs. 1)

2 **Tatbestandlich** geht es um die Eröffnung eines Insolvenzverfahrens oder die Abweisung dieses Verfahrens mangels Masse. Als **Rechtsfolge** besteht ein Einsichtsrecht in den Prüfungsbericht der betroffenen Gesellschaft, die dem Abschlussprüfer die Möglichkeit der Erläuterung des Prüfungsberichts gegen die Einsichtsberechtigten verschafft (→ Rz. 10). Eine Offenlegung i. S. des § 325 HGB ist damit nicht verbunden, sondern lediglich ein Rechtsanspruch auf die Einsichtnahme in den Bericht.

3 Anspruchsberechtigt sind **Gläubiger** und **Gesellschafter**. Bei juristischen Personen als Gläubiger kann ein Mitarbeiter die Einsichtnahme vollziehen.[3] Der Gläubiger oder Gesellschafter kann das Einsichtsrecht auf einen Wirtschaftsprüfer oder vereidigten Buchprüfer (Letzteres im Falle des § 319 Abs. 1 Satz 2 HGB) **übertragen** oder aber auch auf eine Wirtschaftsprüfungs- oder Buchprüfungsgesellschaft. Für diese Berufsgesellschaften muss nicht ein Wirtschaftsprüfer oder vereidigter Buchprüfer **selbst** die Einsichtnahme durchführen, es kann sich auch um einen **Mitarbeiter** handeln, der nach § 50 WPO zur Verschwiegenheit verpflichtet ist.

4 Das Einsichtsrecht bezieht sich auf die **Prüfungsberichte**, nicht auf sonstige **Unterlagen**, erst recht nicht auf die **Arbeitspapiere** des Wirtschaftsprüfers. **Zeitlich** beschränkt sich die Einsichtnahme auf die letzten drei gefertigten Prüfungsberichte, beginnend mit dem letzten dem dann insolvent gewordenen Unternehmen ausgehändigten Bericht. Der einsichtsberechtigte Gläubiger ist zivilrechtlich zu bestimmen. Die Gläubigerschaft aufgrund **abgetretenen Rechts** begründet damit ebenfalls die Einblicksberechtigung.

5 Die Einsichtnahme durch einen vom Gläubiger oder Gesellschafter zu bestimmenden Wirtschaftsprüfer oder vereidigten Buchprüfer **schließt** nach dem Wortlaut des Gesetzes die Einblicknahme des Gläubigers und Gesellschafters selbst **aus**. Eine solche einschränkende Gesetzesinterpretation erscheint allerdings nicht sinnvoll. U. E. sollte ein gemeinsamer Einblick von Gesellschafter und Gläubiger einerseits und beauftragtem Berufsangehörigen andererseits möglich sein.[4]

6 Nicht eindeutig aus dem Gesetz abzuleiten ist das Einblicksrecht bei einer **freiwilligen** Abschlussprüfung. Viel spricht allerdings für die Interpretation einer Beschränkung auf Pflichtprüfungen nach der Gesetzesformulierung „nach § 321 **geforderte** Berichterstattung"[5].

7 Der Anspruch auf Einblick ist zu **richten** entweder gegen den Insolvenzverwalter oder Personen, die den Prüfungsbericht verwahren oder in ihrem Besitz haben. Zumindest in Abstim-

---

[1] Vgl. *Bertram*, in: Haufe HGB Bilanz Kommentar, Freiburg 2009, § 321a Rz. 3.
[2] IDW PS 450, 152a.
[3] Vgl. *Forster/Gelhausen/Möller*, WPg 2007 S. 191.
[4] So auch *Bertram*, in: Haufe HGB Bilanz Kommentar, Freiburg 2009, § 321a Rz. 9.
[5] So auch IDW PS 450, 152c.

mung mit dem Insolvenzverwalter kann auch der betroffene Abschlussprüfer, der wegen der berufsrechtlichen Aufbewahrungsfristen den Bericht in seinem Besitz hat, die Einsichtnahme gewähren.

Einen Anspruch auf **Kopien** haben die Einblicknehmenden nicht, da sonst die Vertraulichkeit (→ Rz. 12) des Prüfungsberichts nicht gewahrt würde.[6]   8

III. Beschränkung des Einblicksrechts (Abs. 2 Satz 1)

Das Verfahren könnte bei Aktiengesellschaften mit einer Vielzahl von Kleinaktionären unhandlich werden. Deshalb beschränkt das Gesetz in Abs. 2 das Einblicksrecht von Aktionären einer AG oder KGaA auf einen bestimmten Grenzwert, der in Übereinstimmung mit den § 142 Abs. 2 und 4 sowie § 148 Abs. 1 AktG (Bestellung von Sonderprüfern) übereinstimmt. Arbeitnehmer sind deshalb ebenfalls von einer Einblicknahme ausgeschlossen, obwohl sie genau wie Gläubiger ein berechtigtes Interesse an der Einblicknahme haben könnten.   9

IV. Erläuterungsrecht des Abschlussprüfers (Abs. 2 Satz 2)

Der Abschlussprüfer darf dem einblicksberechtigten Gläubiger im Interesse der Rechtfertigung seiner Arbeiten den Prüfungsbericht **erläutern**. Die **Form** der Erläuterung ist vom Gesetz nicht geregelt, deshalb muss u. E. sowohl die mündliche als auch die schriftliche Erläuterung möglich sein.[7] Als nicht zulässig wird es erachtet, den gesamten Prüfungsbericht zu erläutern oder gar dem Einsichtsberechtigten zu überlassen.[8]   10

V. Geschäftsgeheimnisse und Verschwiegenheitspflicht (Abs. 3)

Der insolventen Gesellschaft kann ein erheblicher Nachteil durch die Offenlegung von Betriebs- oder Geschäftsgeheimnissen entstehen. Diese Gefahr droht sowohl durch den zur Einsichtnahme ausgebreiteten Prüfungsbericht als auch durch die dem Abschlussprüfer gestatteten oder auferlegten Erläuterungen. Letzteres macht eine Abstimmung zwischen dem betroffenen Abschlussprüfer und dem Insolvenzverwalter erforderlich. Das IDW empfiehlt deshalb, die Aufforderung zur Erläuterung dem Insolvenzverwalter anzuvertrauen.[9] Jedenfalls darf die Verschwiegenheitspflicht nach § 323 Abs. 1 und 3 HGB (→ § 323 Rz. 14) nicht umgangen werden.   11

Die Einsichtnehmenden sind ihrerseits zur Verschwiegenheit verpflichtet. Sie dürfen also die erhaltenen Informationen nicht an Dritte weitergeben. Das gilt auch für die vom Abschluss-   12

---

[6] Vgl. *Pfitzer/Oser/Orth*, DB 2004 S. 2593.
[7] A. A. *Bertram*, in: Haufe HGB Bilanz Kommentar, Freiburg 2009, § 321a Rz. 38: „Ausschließlich mündlich". Dagegen *Forster/Gelhausen/Möller*, WPg 2007 S. 199, die auch eine schriftliche Erläuterung für zulässig erachten.
[8] Vgl. *Forster/Gelhausen/Möller*, WPg 2007 S. 199.
[9] IDW PS 450, 152g.

prüfer gegebenen mündlichen Erläuterungen. Fraglich ist, ob eine solche Verschwiegenheitspflicht bei einer nennenswerten Anzahl von Gläubigern realistischerweise eingehalten werden kann.

VI. Einsichtnahme in Prüfungsberichte zu Konzernabschlüssen (Abs. 4)

13   Für Konzernabschlussprüfungen sind einblicksberechtigt die

- **Gesellschafter** des Mutterunternehmens (nicht außenstehende Gesellschafter i. S. des Konzernrechnungslegung),
- **Gläubiger** des Mutterunternehmens (nicht also Gläubiger eines Konzern-Tochterunternehmens).

Ein Einblicksrecht wird nicht für die Prüfungsberichte von in den Konzernabschluss einbezogene **Tochter**unternehmen gewährt.

§ 322 Bestätigungsvermerk

(1) ¹Der Abschlussprüfer hat das Ergebnis der Prüfung in einem Bestätigungsvermerk zum Jahresabschluss oder zum Konzernabschluss zusammenzufassen. ²Der Bestätigungsvermerk hat Gegenstand, Art und Umfang der Prüfung zu beschreiben und dabei die angewandten Rechnungslegungs- und Prüfungsgrundsätze anzugeben; er hat ferner eine Beurteilung des Prüfungsergebnisses zu enthalten.

(2) ¹Die Beurteilung des Prüfungsergebnisses muss zweifelsfrei ergeben, ob

1. ein uneingeschränkter Bestätigungsvermerk erteilt,
2. ein eingeschränkter Bestätigungsvermerk erteilt,
3. der Bestätigungsvermerk aufgrund von Einwendungen versagt oder
4. der Bestätigungsvermerk deshalb versagt wird, weil der Abschlussprüfer nicht in der Lage ist, ein Prüfungsurteil abzugeben.

²Die Beurteilung des Prüfungsergebnisses soll allgemein verständlich und problemorientiert unter Berücksichtigung des Umstandes erfolgen, dass die gesetzlichen Vertreter den Abschluss zu verantworten haben. ³Auf Risiken, die den Fortbestand des Unternehmens oder eines Konzernunternehmens gefährden, ist gesondert einzugehen. ⁴Auf Risiken, die den Fortbestand eines Tochterunternehmens gefährden, braucht im Bestätigungsvermerk zum Konzernabschluss des Mutterunternehmens nicht eingegangen zu werden, wenn das Tochterunternehmen für die Vermittlung eines den tatsächlichen Verhältnissen entsprechenden Bildes der Vermögens-, Finanz- und Ertragslage des Konzerns nur von untergeordneter Bedeutung ist.

(3) ¹In einem uneingeschränkten Bestätigungsvermerk (Absatz 2 Satz 1 Nr. 1) hat der Abschlussprüfer zu erklären, dass die von ihm nach § 317 durchgeführte Prüfung zu keinen Einwendungen geführt hat und dass der von den gesetzlichen Vertretern der Gesellschaft aufgestellte Jahres- oder Konzernabschluss aufgrund der bei der Prüfung gewonnenen Erkenntnisse des Abschlussprüfers nach seiner Beurteilung den gesetzlichen Vorschriften entspricht und unter Beachtung der Grundsätze ordnungsmäßiger Buchführung oder sonstiger maßgeblicher Rechnungslegungsgrundsätze ein den tatsächlichen Verhältnissen entsprechendes Bild der Vermögens-, Finanz- und Ertragslage des Unternehmens oder des Konzerns vermittelt. ²Der Abschlussprüfer kann zusätzlich einen Hinweis auf Umstände aufnehmen, auf die er in besonderer Weise aufmerksam macht, ohne den Bestätigungsvermerk einzuschränken.

(4) ¹Sind Einwendungen zu erheben, so hat der Abschlussprüfer seine Erklärung nach Absatz 3 Satz 1 einzuschränken (Absatz 2 Satz 1 Nr. 2) oder zu versagen (Absatz 2 Satz 1 Nr. 3). ²Die Versagung ist in den Vermerk, der nicht mehr als Bestätigungsvermerk zu bezeichnen ist, aufzunehmen. ³Die Einschränkung oder Versagung ist zu begründen. ⁴Ein eingeschränkter Bestätigungsvermerk darf nur erteilt werden, wenn der geprüfte Abschluss unter Beachtung der vom Abschlussprüfer vorgenommenen, in ihrer Tragweite erkennbaren Einschränkung ein den tatsächlichen Verhältnissen im Wesentlichen entsprechendes Bild der Vermögens-, Finanz- und Ertragslage vermittelt.

(5) ¹Der Bestätigungsvermerk ist auch dann zu versagen, wenn der Abschlussprüfer nach Ausschöpfung aller angemessenen Möglichkeiten zur Klärung des Sachverhalts nicht in der Lage

ist, ein Prüfungsurteil abzugeben (Absatz 2 Satz 1 Nr. 4). ²Absatz 4 Satz 2 und 3 gilt entsprechend.

(6) ¹Die Beurteilung des Prüfungsergebnisses hat sich auch darauf zu erstrecken, ob der Lagebericht oder der Konzernlagebericht nach dem Urteil des Abschlussprüfers mit dem Jahresabschluss und gegebenenfalls mit dem Einzelabschluss nach § 325 Abs. 2a oder mit dem Konzernabschluss in Einklang steht und insgesamt ein zutreffendes Bild von der Lage des Unternehmens oder des Konzerns vermittelt. ²Dabei ist auch darauf einzugehen, ob die Chancen und Risiken der zukünftigen Entwicklung zutreffend dargestellt sind.

(7) ¹Der Abschlussprüfer hat den Bestätigungsvermerk oder den Vermerk über seine Versagung unter Angabe von Ort und Tag zu unterzeichnen. ²Der Bestätigungsvermerk oder der Vermerk über seine Versagung ist auch in den Prüfungsbericht aufzunehmen.

Inhaltsübersicht	Rz.
I. Regelungsgehalt	1 - 14
1. Überblick	1 - 13
1.1 Aussagegehalt	1 - 6
1.2 Rechtliche Bedeutung	7 - 10
1.3 Anwendungsbereich	11 - 13
2. Gliederungsstruktur	14
II. Der Inhalt des Vermerks	15 - 64
1. Überschrift (Abs. 1 Satz 1)	15
2. Einleitender Abschnitt: „Gegenstand" (Abs. 1 Satz 2)	16 - 20
2.1 Inhalt	16 - 18
2.2 Formulierungsvorschlag	19 - 20
3. Beschreibender Abschnitt: „Art und Umfang" (Abs. 1 Satz 2)	21 - 23
4. Beurteilung des Abschlussprüfers (Abs. 2)	24 - 32
4.1 Varianten der Beurteilung des Prüfungsergebnisses (Abs. 2 Satz 1)	24
4.2 Sprachliche Vorgaben (Abs. 2 Satz 2)	25 - 26
4.3 Hinweis auf Bestandsgefährdung (Abs. 2 Sätze 3 und 4)	27 - 32
5. Uneingeschränkter Bestätigungsvermerk (Abs. 3)	33 - 39
5.1 Inhalt (Abs. 3 Satz 1)	33
5.2 Einbeziehung des Lageberichts (Abs. 6)	34
5.3 Bestätigung des *true and fair view*	35
5.4 Formulierungsvorschlag	36
5.5 Optionaler ergänzender Hinweis (Abs. 3 Satz 2)	37 - 40
5.5.1 Inhalt	37 - 39
5.5.2 Formulierungsvorschlag	40
6. Einwendungen (Abs. 4)	41 - 60a
6.1 Arten und Inhalt der Einwendungen (Abs. 4 Satz 1)	41 - 47
6.2 Einschränkungen	48 - 56
6.2.1 Quantitative und qualitative Angaben (Abs. 4 Satz 4)	48 - 51
6.2.2 Prüfungshemmnisse	52 - 55
6.2.3 Fehlende Prüfungshandlungen	56
6.3 Versagungsvermerk (Abs. 4 Sätze 2 und 4)	57 - 60
6.3.1 Praktische Bedeutung	57 - 58
6.3.2 Formulierungen	59
6.3.3 Versagung aufgrund von Prüfungshemmnissen (Abs. 5)	60
6.4 Die Begründungen (Abs. 4 Satz 3)	60a
7. Erteilung des Bestätigungsvermerks (Abs. 7)	61 - 64

III. Sonderfälle des Vermerks	65 - 100
1. Konzernabschluss	65 - 71
2. Abschluss nach PublG	72
3. Freiwillige Abschlussprüfungen	73 - 81
4. Bedingte Erteilung	82
5. Tatsachen nach Erteilung des Bestätigungsvermerks	83
6. Nachtragsprüfung	84 - 85
7. Widerruf	86 - 90
8. Erstprüfungen	91
9. Zusammengefasster Bestätigungsvermerk	92
10. Einzelabschluss nach § 325a HGB	93
11. Gemeinschaftsprüfungen (*joint audits*)	94
12. Fremdsprachige Fassungen	95
13. Offenlegung des Bestätigungsvermerks	96
14. Bestätigungsvermerk für im Insolvenzverfahren befindliche Unternehmen	97 - 100

Ausgewählte Literatur

Clemm, Der Abschlussprüfer als Krisenwarner, WPKM 1995 S. 65

Lehwald, Die Erteilung des Bestätigungsvermerks bei Abschussprüfungen, DStR 2000 S. 259

Loitlsberger, Das Münchhausen-Dilemma der Abschlussprüfung und die Bedingung seiner Überwindung, WPg 2002 S. 705

Lück, Anforderungen an die Redepflicht des Abschlussprüfers, BB 2001 S. 404

Pfitzer/Oser/Orth, Zur Reform des Aktienrechts, der Rechnungslegung und Prüfung durch das TransPubG, DB 2002 S. 157

Theile, Neuerungen bei der GmbH durch das Transparenz- und Publizitätsgesetz – TransPubG, GmbHR 2002 S. 231

von Wysocki, Zur Objektivierbarkeit von Prüfungsurteilen im Bereich der Abschussprüfung, DStR 2002 S. 370

I. Regelungsgehalt

1. Überblick

1.1 Aussagegehalt

Das Gesetz schreibt die Verlautbarung des Prüfung**sergebnisses** in zweierlei Form vor: 1
- durch den Prüfungs**bericht** nach § 321 HGB,
- durch den **Bestätigungsvermerk** nach § 322 HGB.

Die Zweiteilung ist bedingt durch den unterschiedlichen **Adressatenkreis**:
- Der Prüfungsbericht ist bei Existenz eines Aufsichtsorgans (AG, bestimmte GmbHs, → § 268 Rz. 52p) an dieses gerichtet (→ § 321 Rz. 86),
- der Bestätigungsvermerk an die interessierte Öffentlichkeit in Form von Aktionären, Lieferanten, Banken, Kunden, Arbeitnehmer etc., also an **jedermann**.

I. Regelungsgehalt

Entsprechend kommt dem Prüfungsbericht **vertraulicher** Charakter zu (→ § 321 Rz. 86), nicht dagegen dem Bestätigungsvermerk.

Die Beurteilung des Prüfungsergebnisses ist nach Abs. 2 Satz 2 verbunden mit dem Hinweis auf die Verantwortlichkeit der **gesetzlichen Vertreter** für die Erstellung des Abschlusses (→ § 238 Rz. 2). Die Verantwortlichkeit des **Prüfers** liegt in der Abgabe einer Beurteilung über den Abschluss und den Lagebericht aufgrund der durchgeführten Prüfung.

2   Die gültige Gesetzesvorgabe zum Bestätigungsvermerk nach § 322 HGB beruht auf dem KonTraG aus dem Jahr 1998 mit Ergänzung durch das Bilanzrechtsreformgesetz (BilReG) aus dem Jahr 2004. Mit der KontraG-Fassung des § 322 HGB ist der Gesetzgeber von dem bis dahin gültigen sog. **Formeltestat** abgerückt. Die frühere Fassung schrieb eine Formulierung in drei Sätzen vor, von denen der Abschlussprüfer nur durch einen ergänzenden Satz abweichen durfte. Mit solchen Ergänzungen tat man sich in jeder Hinsicht schwer, weil sie auf jeden Fall einen Makel bezüglich des vom Auftraggeber gewünschten und von der Öffentlichkeit erhofften Inhalts des Bestätigungsvermerks bedeuteten bzw. als solche angesehen wurden. Daraus entwickelte sich aber auch anlässlich bedeutender Insolvenzfälle die massive **Kritik** in der Öffentlichkeit an der Berufsarbeit der Wirtschaftsprüfer und der daraus resultierenden Verlautbarungen für die Öffentlichkeit. Der uneingeschränkte Bestätigungsvermerk wurde missverstanden als einer TÜV-Plakette vergleichbares „Gütesiegel" mit dem Inhalt: Das Unternehmen/der Konzern steht auf festen Füßen. Wenn es/er kurz nach Erteilung des Bestätigungsvermerks dann doch wackelte oder gar umfiel, schob man dem Abschlussprüfer eine entsprechende Verantwortung zu: Er hätte rechtzeitig warnen und dies in einer unmissverständlichen Formulierung zum Ausdruck bringen müssen, etwa nach der Vorstellung mancher in der Öffentlichkeit: „Das Unternehmen/der Konzern wird nach meiner Einschätzung die nächsten sechs Monate nicht lebend überstehen."

3   Diese etwas überspitzte Darstellung deutet das Problem der *self fullfilling prophecy* an (→ § 289 Rz. 44), die dem Gesetzgeber zwar nicht verborgen blieb, den Abschlussprüfer gleichwohl durch manche Vorgaben bei der Berichterstattung und bei der Formulierung des Bestätigungsvermerks in die Rolle des Krisenwarners mit impliziter Unterstellung einer gewissen hellseherischen Begabung rückte (→ § 321 Rz. 24 ff.).

4   Um dieser Krisenwarnfunktion die nötige gesetzliche Unterstützung zu verleihen, wurde im KonTraG von dem Formeltestat abgerückt. An deren Stelle trat der international übliche „**Bestätigungsbericht**"[1], in dem nach der Idee des Gesetzgebers der Abschlussprüfer in **freier** Formulierung das Ergebnis seiner pflichtgemäßen Tätigkeit verkünden sollte. Ganz ohne Vorgabe zur schriftlichen Darlegung des Bestätigungsvermerks wollte der Gesetzgeber den Abschlussprüfer doch nicht lassen und hat eine **Gliederungsstruktur** (→ Rz. 14) in den Absätzen 1 bis 3 des § 322 HGB unterbreitet. **Kernformulierungen**[2] trägt der Gesetzgeber nur im Grundgehalt, aber nicht im Wortlaut vor. In diese Bresche ist das *IDW*[3] eingedrungen und unterbreitet für eine ganze Anzahl von Varianten genaue Formulierungsvorschläge. An diese hält sich die Wirtschaftsprüfungspraxis, d. h. provoziert zur Vermeidung von Auseinandersetzungen innerhalb des eigenen Hauses durch die Berichtskritik, die externe Prüfung durch die Qualitätskontrolle

---

1 Vgl. *Ernst*, WPg 1998 S. 1029.
2 So *Ebke*, in: Münchener Kommentar zum Handelsgesetzbuch: HGB, 2. Aufl., § 322 Tz 8.
3 IDW PS 400 in den Anlagen.

und durch die APAK keine unerwünschten Diskussionen. Im Ergebnis wird das **gesetzliche** Formeltestat in der Rechtslage vor 1998 durch ein allerdings sehr viel umfangreicheres **berufsständisches** ersetzt.

Die Formulierungsvorgabe reicht bis zu der vom Gesetzgeber besonders gewünschten Ergänzung bzw. zusätzlichen Stellungnahmen (→ Rz. 37), bei der dann allerdings der Inhalt der Ergänzung je nach Sachverhalt individuell ausformuliert werden muss. Solche Zusätze werden in der Praxis insbesondere dann erteilt, wenn bezüglich des Fortbestands der Unternehmung/des Konzerns Bedenken bestehen. Auf dieser Gesetzesgrundlage soll die „**Erwartungslücke**" zwischen dem Inhalt des (alten) Bestätigungsvermerks und dem Verständnis der Öffentlichkeit geschlossen werden. Im Rückblick auf die Subprime-Krise und die damit einhergehende Bewältigung der Prüfungsarbeiten für besonders betroffene Großkonzerne könnte eine **empirische Untersuchung** mit der Zielsetzung angebracht sein, die effektiv eingetretene Schließung der Erwartungslücke (auch) durch den Bestätigungsbericht, ggf. mit zusätzlichem Hinweis, zu evaluieren.

Auffälligerweise hat sich in der Subprime-Krise die herbe und umfassende Kritik der Öffentlichkeit an dem Gebaren vieler Großkonzerne, insbesondere im Finanzbereich, und der angewandten Rechnungslegungsverfahren nicht auf die Arbeit der **Abschlussprüfer** ausgeweitet (→ Rz. 27). 5

Dabei kann der Bestätigungsvermerk **nicht mehr** liefern als die Rechnungslegung selbst.[4] Idealiter soll der Jahresabschluss die wirtschaftliche „Lage" des Unternehmens/Konzerns unverfälscht wiedergeben, doch sind die technischen Hilfsmittel auch unter Einbeziehung des Lageberichts mit Prognosen über Risiken und Chancen nur eingeschränkt zur Erreichung dieses Ziels tauglich. In diesen ökonomisch vorgegebenen **Beschränkungen** bewegt sich auch der Bestätigungsvermerk des Abschlussprüfers. 6

1.2 Rechtliche Bedeutung

Der Bestätigungsvermerk stellt zusammen mit dem Prüfungsbericht (→ Rz. 1), die **zeitgleich** zu datieren sind,[5] den Zeitpunkt der Beendigung der Prüfungstätigkeit dar. In der Folge kann ein Jahresabschluss festgestellt und damit als **Rechtsgebilde** aus der Taufe gehoben werden (→ § 245 Rz. 11). **Festgestellt** werden kann förmlich nur ein Jahresabschluss (→ § 268 Rz. 52i), ein Konzern- und ein Einzelabschluss nach § 325 Abs. 2a HGB wird **gebilligt** (→ § 268 Rz. 52j), das aber auch wiederum nur nach Vorlage des Prüfungsergebnisses. Feststellung und Billigung sind dabei **nicht** von der Erteilung eines **uneingeschränkten** Bestätigungsvermerks abhängig. 7

Anders verhält es sich bei bestimmten gesellschaftsrechtlichen Maßnahmen: 8

▶ Eine **Kapitalerhöhung aus Gesellschaftsmitteln** nach § 290 AktG bzw. nach § 57e GmbH kann nur auf der Grundlage eines uneingeschränkten Bestätigungsvermerks für den letzten vorliegenden Jahresabschluss erfolgen, wenn die Erhöhungsmaßnahme auf diesem Abschluss beruhen soll.

▶ Bei Bestehen eines **genehmigten Kapitals** mit der Satzungsvorgabe der Ausgabe der neuen Aktien an Arbeitnehmer (§ 202 Abs. 4 AktG) kann die Einlage unter bestimmten Vorausset-

---

4 IDW PS 400.8.
5 IDW PS 400.80.

zungen aus dem Jahresüberschuss gedeckt werden, sofern der zugrunde liegende Jahresabschluss den uneingeschränkten Bestätigungsvermerk trägt (§ 204 Abs. 3 AktG).

9 Das geprüfte Unternehmen hat einen **Rechtsanspruch** auf die Erteilung des Bestätigungs- oder Versagungsvermerks nach Abs. 1 Satz 1.

10 Bei **unrichtiger** Erteilung eines Bestätigungsvermerks (Testats) muss der Abschlussprüfer
- zivilrechtlichen Schadenersatz nach § 323 HGB (→ § 323 Rz. 49),
- strafrechtlich Freiheits- oder Geldstrafen nach § 332 HGB (→ § 332 Rz. 1),
- berufsrechtliche Maßnahmen nach §§ 67 f. WPO

gewärtigen.

1.3 Anwendungsbereich

11 Der Bestätigungsvermerk kommt bei folgenden **pflichtgemäßen** Abschlussprüfungen zum Tragen:
- Jahres- und Konzernabschluss von mittelgroßen und großen (→ § 267 Rz. 12) Kapitalgesellschaften.
- Jahres- und Konzernabschlüsse vergleichbarer Kap & Co.-Gesellschaften (→ § 264a Rz. 4).
- Einzelabschluss nach § 325 Abs. 2a HGB (→ § 325 Rz. 22).
- Konzernabschluss nach den IFRS-Regeln gem. § 315a HGB (→ § 315a Rz. 4).

Dazu gesellen sich branchenspezifische Vorschriften für Kreditinstitute nach § 340k HGB und Versicherungsunternehmen nach § 341k HGB. Weiter sind zu nennen die Abschlüsse nach dem Publizitätsgesetz und für Genossenschaften nach §§ 336 ff. HGB. Wegen des Bestätigungsvermerks bei **freiwilligen** Abschlussprüfungen vgl. → Rz. 74.

Der Gesetzesinhalt ist **einheitlich** für den Jahres- und Konzernabschluss aufgezogen. In unserer Kommentierung werden die **konzernspezifischen** Besonderheiten unter → Rz. 65 ff. erläutert.

12 Der Bestätigungsvermerk bezieht sich auf die Beurteilung der **Rechnungslegungsvorschriften**, soweit nicht von Gesetzes wegen eine Erweiterung vorgesehen ist.[6] Die Aufnahme **weiterer** Prüfungsfelder in den Bestätigungsvermerk ist nur bei gesetzlicher Vorgabe zulässig, wie z.B. nach § 4 KHG NRW. Andererseits kann von Gesetzes wegen eine Erweiterung des Prüfungsgegenstands **ohne** entsprechende Beurteilung im Bestätigungsvermerk vorgesehen sein, z.B. zur Prüfung der Maßnahmen des Risikofrüherkennungssystems nach § 317 Abs. 4 HGB (→ § 317 Rz. 70). Der Prüfungsauftrag kann vertraglich oder entsprechend den Vorgaben des Gesellschaftsvertrags oder der Satzung der geprüften Unternehmung einen **erweiterten** Prüfungsinhalt vorsehen. Sofern sich diese Erweiterungen auf den Jahresabschluss oder den Lagebericht beziehen, sind sie auch im Bestätigungsvermerk zu berücksichtigen. Das gilt wiederum nicht für ergänzende Beauftragungen z.B. zur Durchführung einer Geschäftsführungsprüfung.[7] Wenn freiwillig ein Lagebericht oder ein Anhang erstellt wird, sind diese in den Bestätigungsvermerk einzubeziehen.[8]

---

6 IDW PS 400.11.
7 IDW PS 400.12.
8 IDW PS 400.13.

Offenlegungserleichterungen nach §§ 326 f. HGB haben keinen Einfluss auf den Bestätigungsvermerk. Bei der Offenlegung muss das Unternehmen allerdings auf die Beurteilung des unverkürzten Abschlusses durch den Bestätigungsvermerk nach § 328 Abs. 1 Nr. 1 HGB hinweisen (→ § 328 Rz. 8 ff.). 13

2. Gliederungsstruktur

Das Gesetz schreibt zwar nicht den Wortlaut des Bestätigungsvermerks vor (→ Rz. 4), dafür aber eine **Gliederung** mit folgenden Inhalten:[9] 14

- Überschrift
- einleitender Abschnitt
- beschreibender Abschnitt
- Beurteilung durch den Abschlussprüfer
- ggf. Hinweise zur Beurteilung des Prüfungsergebnisses
- ggf. Hinweis auf Bestandsgefährdungen.

An diesen Gliederungsvorgaben orientiert sich der Inhalt des nachstehenden Kapitels.

II. Der Inhalt des Vermerks

1. Überschrift (Abs. 1 Satz 1)

Nach der Gesetzesinterpretation des *IDW*[10] verlangt das Gesetz in Abs. 1 Satz 1 die Aufnahme einer Überschrift „Bestätigungsvermerk" mit der empfohlenen **Ergänzung** „des Abschlussprüfers". Im praktisch kaum vorkommenden Fall der Versagung muss die Überschrift „Versagungsvermerk" lauten. 15

Die Gliederungsvorgabe gilt auch für **freiwillige** Abschlussprüfungen (→ Rz. 22), die inhaltlich der gesetzlichen entsprechen (→ § 317 Rz. 2). Eine **Adressierung** des Bestätigungsvermerks ist dann nicht erforderlich, wenn das Gesetz die Abschlussadressaten kennzeichnet, anders bei freiwilliger Abschlussprüfung; in diesem Fall ist der Bestätigungsvermerk an das geprüfte Unternehmen zu richten.[11]

2. Einleitender Abschnitt: „Gegenstand" (Abs. 1 Satz 2)

2.1 Inhalt

Der Prüfungsgegenstand ist in Form des **Jahresabschlusses** mit seinen drei Bestandteilen (→ § 264 Rz. 1) zu bezeichnen und der **Lagebericht** als weiteres Prüfungsobjekt zu benennen. Außerdem ist die **Jahreszahl** des zugrunde liegenden Geschäftsjahrs zu bezeichnen.[12] 16

---

[9] IDW PS 400.17.
[10] IDW PS 400.19.
[11] IDW PS 200.22 f.
[12] IDW PS 400.24.

17 Im weiteren Teil des einleitenden Abschnitts sind die **Verantwortlichkeiten** der Abschlussersteller (gesetzliche Vertreter der Unternehmung) und des Abschlussprüfers abzugrenzen. Dabei liegt die Verantwortlichkeit für die Erstellung nach den gesetzlichen Vorschriften bei den gesetzlichen Vertretern (→ § 238 Rz. 2). Ihnen obliegt die Auslegung der gesetzlichen Regeln, die Subsumption von Sachverhalten unter diese Regeln, die Ausübung von Ermessensentscheidungen, die Vornahme der erforderlichen Schätzungen etc. Der Abschlussprüfer hat demgegenüber ein Urteil über den erstellten Jahresabschluss und Lagebericht vorzunehmen.

18 Zu nennen sind auch die angewandten **Rechnungslegungsvorschriften**, also HGB, möglicherweise branchenspezifische Sonderregeln wie z. B. nach der Krankenhaus-Buchführungsverordnung. IFRS-Einzelabschlüsse (→ § 325 Rz. 22) sind im Bestätigungsvermerk zu kennzeichnen: „IFRS, wie sie in der EU anzuwenden sind."[13]

2.2 Formulierungsvorschlag

19 Für den **einleitenden** Abschnitt wird folgende Formulierung vorgeschlagen:[14]

„Ich habe/Wir haben den Jahresabschluss – bestehend aus Bilanz, Gewinn- und Verlustrechnung sowie Anhang – unter Einbeziehung der Buchführung und des Lageberichts der ... für das Geschäftsjahr vom ... bis ... geprüft. Die Buchführung und die Aufstellung von Jahresabschluss und Lagebericht nach den deutschen handelsrechtlichen Vorschriften [und den ergänzenden Bestimmungen des Gesellschaftsvertrags/der Satzung] liegen in der Verantwortung der gesetzlichen Vertreter der Gesellschaft. Meine/Unsere Aufgabe ist es, auf der Grundlage der von mir/uns durchgeführten Prüfung eine Beurteilung über den Jahresabschluss unter Einbeziehung der Buchführung und über den Lagebericht abzugeben."

20 Bei einer **kleinen** Kapital- bzw. Kap & Co.-Gesellschaft entfällt die Lageberichterstattungspflicht (→ § 264 Rz. 4). Im einleitenden Teil ist deshalb der Hinweis auf den nicht erstellten Lagebericht obsolet. Entsprechendes gilt bei der **freiwilligen** Prüfung (→ Rz. 72) des gesetzesgemäß ohne Anhang erstellten Jahresabschlusses – bei „normalen" Personenunternehmen und bei Tochterunternehmen gem. § 264 Abs. 3 HGB (→ § 264 Rz. 37 ff.) bzw. § 264b HGB (→ § 264b Rz. 8). Hier entfällt bei entsprechendem Verzicht auf die Anhang- und Lageberichterstattung der entsprechende Hinweis im einleitenden Teil des Bestätigungsvermerks.

3. Beschreibender Abschnitt: „Art und Umfang" (Abs. 1 Satz 2)

21 Im **beschreibenden** Teil ist zunächst auf den Gegenstand des Prüfungsgeschehens hinzuweisen, nämlich die **Jahresabschlussprüfung**. Sodann ist auf Art und Umfang (→ § 317 Rz. 16 ff.) einzugehen, und zwar mit folgenden Inhalten:[15]

- ▶ **Planung** und **Durch**führung der Prüfung zur Beurteilung mit hinreichender Sicherheit, ob die Rechnungslegung im Wesentlichen mangelfrei ist und deshalb keine Unrichtigkeiten und Verstöße gegen die Darstellung des „Bilds" nach § 264 Abs. 2 Satz 1 HGB (→ § 264 Rz. 14) enthält (→ § 317 Rz. 16 ff.).

---

[13] IDW PS 400.26.
[14] IDW PS 400.27.
[15] Nach dem Vorschlag in IDW PS 400.30 ff.

- Nennung der **Grundsätze** zur Prüfungsplanung und -durchführung unter Bezugnahme auf die IDW-Standards (→ § 317 Rz. 13), u.U. ergänzend auf die International Standards on Auditing (ISA) (→ § 317 Rz. 76).
- Berücksichtigung der Kenntnis über die **Geschäftstätigkeit** und das **Umfeld** der Unternehmung (→ § 317 Rz. 25).
- Berücksichtigung von Erwartungen über mögliche **Fehler** bei der Definition der einzelnen Prüfungshandlungen (→ § 317 Rz. 21).
- Beurteilung der Wirksamkeit des rechnungslegungsbezogenen **internen Kontrollsystems** (→ § 317 Rz. 27).
- Beurteilung der Nachweise für die Angaben in der Rechnungslegung durch **Stichprobenverfahren** (→ § 317 Rz. 33).
- Beurteilung der bei der Rechnungslegung angewandten **Grundsätze** (→ § 317 Rz. 5 ff.).
- Beurteilung der wesentlichen in die Rechnungslegung eingeflossenen **Schätzungen** der gesetzlichen Vertreter (→ § 317 Rz. 46).
- Würdigung der **Gesamtdarstellung** des Jahresabschlusses im Zusammenwirken der Abschlussbestandteile und des Lageberichts unter Beachtung der GoB (→ § 317 Rz. 12).
- **Erweiterungen** des Prüfungsgegenstands (→ § 321 Rz. 80) durch branchenspezifische auftragserweiternde Vorgaben, soweit im Bestätigungsvermerk eine Beurteilung abzugeben ist (→ Rz. 12).

Diese Angabepflichten werden von denjenigen für den Prüfungsbericht (→ § 321) **überlagert**. Man darf fragen, ob diese Verdoppelung sinnvoll ist. Weiter sollte die Frage erlaubt sein, ob mit diesen in jedem Bestätigungsvermerk in Deutschland **wiederholten** Angaben nach Art eines Formeltestats (→ Rz. 4) der Öffentlichkeit wirklich gedient ist: Für die fachkundigen Kreise stellen diese Passagen des Bestätigungsvermerks eine mehr oder weniger große Selbstverständlichkeit dar, für den interessierten Laien legen sie eine Lesepflicht für etwas auf, was ihm dem Inhalt nach nicht selbstverständlich ist.

Weitere Angaben über den Umfang der Prüfung, der einer Darstellung im Prüfungsbericht bedarf, werden allerdings im Bestätigungsvermerk ausgenommen. Als Beispiel wird der Prüfungsumfang bei nicht geprüftem Vorjahresabschluss genannt.[16]

Die vom IDW PS 400 empfohlenen Aussagen zur Art und Durchführung der Prüfung berücksichtigen nicht die im Einzelfall erforderlichen **Schwerpunkte** der Prüfungstätigkeit. Wenn also z. B. bei einem mittelständischen Unternehmen das interne Kontrollsystem wenig ausgeprägt ist, muss der Prüfer vermehrt analytische Prüfungshandlungen und möglicherweise auch Einzelfallprüfungen vornehmen (→ § 317 Rz. 33 ff.). Das kann zu einer **Berichtpflicht** im Prüfungsbericht (→ § 321 Rz. 72) führen, nicht dagegen zu einer Erwähnung im Bestätigungsvermerk.[17]

Als Schlussbemerkung zu diesem Teil des Bestätigungsvermerks muss der Abschlussprüfer die nach seiner Auffassung hinreichend **sichere Grundlage** für das Prüfungsurteil erklären.

---

16 IDW PS 400.33.
17 So auch *Bertram*, in: Haufe HGB Bilanz Kommentar, Freiburg 2009, § 322 Rz. 40.

Das *IDW* unterbreitet für den **beschreibenden** Teil folgenden Formulierungsvorschlag:[18]

> „Ich habe meine/Wir haben unsere Jahresabschlussprüfung nach § 317 HGB unter Beachtung der vom Institut der Wirtschaftsprüfer (IDW) festgestellten deutschen Grundsätze ordnungsmäßiger Abschlussprüfung vorgenommen. Danach ist die Prüfung so zu planen und durchzuführen, dass Unrichtigkeiten und Verstöße, die sich auf die Darstellung des durch den Jahresabschluss unter Beachtung der Grundsätze ordnungsmäßiger Buchführung und durch den Lagebericht vermittelten Bildes der Vermögens-, Finanz- und Ertragslage wesentlich auswirken, mit hinreichender Sicherheit erkannt werden. Bei der Festlegung der Prüfungshandlungen werden die Kenntnisse über die Geschäftstätigkeit und über das wirtschaftliche und rechtliche Umfeld der Gesellschaft sowie die Erwartungen über mögliche Fehler berücksichtigt. Im Rahmen der Prüfung werden die Wirksamkeit des rechnungslegungsbezogenen internen Kontrollsystems sowie Nachweise für die Angaben in Buchführung, Jahresabschluss und Lagebericht überwiegend auf der Basis von Stichproben beurteilt. Die Prüfung umfasst die Beurteilung der angewandten Bilanzierungsgrundsätze und der wesentlichen Einschätzungen der gesetzlichen Vertreter sowie die Würdigung der Gesamtdarstellung des Jahresabschlusses und des Lageberichts. Ich bin/wir sind der Auffassung, dass meine/unsere Prüfung eine hinreichend sichere Grundlage für meine/unsere Beurteilung bildet."

Nach dem Änderungsentwurf des IDW vom 23. 6. 2010 in Tz. 30a zu IDW PS 400 kann auf die ISA verwiesen werden, wenn diese neben den deutschen Grundsätzen ordnungsmäßiger Abschlussprüfung beachtet worden sind (→ Rz. 66).

4. Beurteilung des Abschlussprüfers (Abs. 2)

4.1 Varianten der Beurteilung des Prüfungsergebnisses (Abs. 2 Satz 1)

24 Das Gesetz kennt **drei** Arten des Vermerks:
- Den uneingeschränkten Bestätigungsvermerk,
- den eingeschränkten Bestätigungsvermerk,
- den Versagungsvermerk.

Zu diesen drei Möglichkeiten eines Prüfungsvermerks sind ergänzende Vorschriften zu beachten:
- Hinweise auf **bestandsgefährdende** Risiken (→ Rz. 27),
- optional **zusätzliche** Hinweise (→ Rz. 37),
- **Ergänzungen** aufgrund eines erweiterten Prüfungsauftrags (→ Rz. 12).

Der in der Praxis kaum vorkommende **Versagungsvermerk** kann auf zwei Grundlagen beruhen:
- **Bedeutende Einwendungen** gegen die Rechnungslegung, die eine positive Gesamtaussage nicht mehr ermöglichen (→ Rz. 57).
- Vorliegen von **Prüfungshemmnissen** (→ Rz. 60).

---

[18] IDW PS 400.36.

4.2 Sprachliche Vorgaben (Abs. 2 Satz 2)

Mehr noch als bei der Formulierung des Prüfungsberichts mit dem Gebot der „Klarheit" (→ § 321 Rz. 10) wird der Abschlussprüfer vom Gesetz zum Bestätigungsvermerk bezüglich seiner **Ausdrucksfähigkeit** in deutscher Sprache in die Pflicht genommen. Die (schriftliche) Beurteilung des Prüfungsergebnisses soll „allgemein verständlich und problemorientiert" erfolgen. Im Grunde genommen ist damit eine **Selbstverständlichkeit** zum Ausdruck gebracht, die bei der Abfassung jedes schriftlichen Dokuments zu beachten ist. Deshalb verwandelt sich die Sollvorschrift im Ergebnis in ein Muss: „Unvollständig" und „am Thema vorbei" sollte eigentlich niemand formulieren, erst recht darf dies ein Abschlussprüfer nicht tun. Offensichtlich sieht der Gesetzgeber diese Vorgabe aber gerade bei Bestätigungsmerken nicht als selbstverständlich an, sonst hätte er dies nicht in die Gesetzesformulierung aufgenommen. Der Abschlussprüfer muss sich von Fehlentwicklungen im öffentlichen Verkehr abheben, welche die eigentliche Aussage verschleiern. Musterfall ist das arbeitsrechtliche Dienstzeugnis mit den allseits bekannten **Stilblüten** (→ § 321 Rz. 10), aber auch von bestimmten Formulierungen in Verkaufskatalogen: Die Ausstattung eines Hotelzimmers mit Pritsche, Spind, Stuhl, Tisch und Waschgelegenheit im Reiseveranstalterkatalog als „zweckmäßig" soll sich nicht vergleichbar im Bestätigungsvermerk niederschlagen. Insbesondere bei der pflichtmäßigen Darstellung von bestandsgefährdenden Risiken (→ Rz. 27) ist dabei die Formulierungskunst des Abschlussprüfers besonderen Herausforderungen ausgesetzt. Die Verantwortlichkeit der gesetzlichen Vertreter des Unternehmens für den Jahresabschluss und dessen Gesetzmäßigkeit bleibt dabei unberührt (→ Rz. 32).

25

Eine weitere sprachliche Vorgabe enthält der Einleitungssatz in Abs. 2, wonach „zweifelsfrei" eine **Einschränkung** von dem uneingeschränkten Bestätigungsvermerk zu unterscheiden ist. Für den Versagungsvermerk gilt dieser Hinweis schon deswegen nicht, weil dieser als solcher gekennzeichnet sein muss.

26

4.3 Hinweis auf Bestandsgefährdung (Abs. 2 Sätze 3 und 4)

Die vom Gesetzgeber in die Prüfungstätigkeit der Rechnungslegung hineingelegte **Insolvenzprophylaxe** (→ Rz. 4) kommt auch im Bestätigungsvermerk zum Ausdruck, daneben auch bei der Prüfung des Lageberichts (→ § 317 Rz. 52) und bei der Berichterstattung im Prüfungsbericht (→ § 321 Rz. 35). Diese Warnfunktion soll der Gesetzgeber auch via Bestätigungsvermerk der Öffentlichkeit schlechthin (→ Rz. 1) kundtun. Diese „Kundgabe" erfolgt regelmäßig im Rahmen eines uneingeschränkten Bestätigungsvermerks unter **Hinweis** auf die entsprechenden Darstellungen des Unternehmens im **Lagebericht**.

27

> **BEISPIEL** ▶ Die ARCANDOR AG schreibt im letzten Konzernlagebericht zum 30. 9. 2008 (vor der Insolvenz im Jahr 2009):
>
> *„Das Unternehmen erhielt am 29. 9. 2008 (Bilanzstichtag 30.9.) ... von den seit längerer Zeit aktiven Hausbanken sowohl zwölfmonatige Kreditverlängerungen als auch neue, zusätzliche Kredite mit einer Laufzeit bis zu zwölf Monaten .... Dies werten wir als klares Signal, dass eine fundamentale Bereitschaft der kreditgebenden Banken besteht, das Unternehmen auch langfristig mit Fremdmitteln zu unterstützen. Im Rahmen dieser Linien verfügen die Kreditgeber über Kündigungsrechte für den Fall der Verletzung bestimmter Ver-*

II. Der Inhalt des Vermerks

> *haltensregeln und Nichteinhaltung vertraglich festgeschriebener Finanzrelationen. Darüber hinaus existieren bestimmte Auflagen und Anforderungen mit Blick auf regelmäßige Informationspflichten gegenüber den Kreditgebern. Verletzungen solcher Pflichten und der Auflagen können zu einem vorzeitigen Kündigungsrecht führen. Eine Nichtverlängerung bzw. Kündigung der bestehenden Kreditlinien und Kredite stellt ein bestandsgefährdendes Risiko der ARCANDOR AG dar ... Eine denkbare Verminderung oder Beendigung des Engagements der Kreditversicherer könnte zu Warenlieferungen nur gegen Vorkasse und zu Umsatzeinbußen bei ausbleibenden Warenlieferungen führen."*

In diesem Fall wird die Bestandsgefährdung förmlich nicht genannt, ist aber für jeden verständigen Leser ganz offensichtlich: Wenn die Lieferanten nicht mehr liefern, muss der Geschäftsbetrieb eines Handelsunternehmens eingestellt werden.

Schließlich wird auch auf die gesamtwirtschaftliche Krise eingegangen: *„Zusätzlich könnte sich die aktuelle Krise im Banken- und Finanzsektor negativ auf die Umsetzung der Zahlungsziele auswirken."*

Die Öffentlichkeit ist also durch die Lageberichterstattung über die Bestandsgefährdung informiert, wenn auch in aller Ausführlichkeit über entsprechende **Risikomanagementmaßnahmen** im Konzern zur Beruhigung der Gemüter berichtet wird und der Prognosebericht einen mehr als **zuversichtlichen** Ausblick auf die künftige Entwicklung vermittelt.

Im (uneingeschränkten) Bestätigungsvermerk des Abschlussprüfers wird pflichtgemäß wie folgt formuliert:[19]

> *„Ohne diese Beurteilung [uneingeschränkter Bestätigungsvermerk] einzuschränken, weisen wir auf die Ausführungen im Konzernlagebericht hin. Dort ist im Abschnitt ‚Risikobericht' ausgeführt, dass der Fortbestand des ARCANDOR-Konzerns insbesondere von der Aufrechterhaltung und Verlängerung der im Geschäftsjahr 2008/2009 auslaufenden Kreditlinien und Kredite abhängt."*

Das Beispiel zeigt das sinnvolle Zusammenspiel von Lagebericht und Bestätigungsvermerk im Interesse des **Warnungserfordernisses** bei Fortbestandsgefährdung durch den Abschlussprüfer. Die Erwartungslücke konnte dadurch nahtlos zusammengeschweißt werden, der Abschlussprüfer stand im Zusammenhang mit der ARCANDOR-Pleite nicht im Kreuzfeuer der Öffentlichkeit, anders als in früheren Großpleitefällen (→ Rz. 5).

28 Allerdings darf die Öffentlichkeit im Bestätigungsvermerk des Abschlussprüfers nicht ohne Weiteres Offenbarung bestandsgefährdender Risiken erwarten, die bislang allgemein **unbekannt** geblieben sind (anders als im Fall „ARCANDOR").

> **BEISPIEL** ▶ Ein mittelständisches Maschinenbauunternehmen wird vom Pech verfolgt:
> - Ein deutscher Großkunde hat sein Geschäftsmodell geändert und hat einen Großauftrag storniert.
> - Eine ausgelieferte Maschinenanlage an einen Kunden in Taiwan funktioniert nicht planmäßig, der Auftraggeber verweigert die Restzahlung i. H. von 40 % des Auftragswerts.

---

19 In Anlehnung an IDW PS 400.77.

▶ Das wichtigste Rohmaterial Titanium erlebt einen ungeahnten Preiszuschlag von 50 % gegenüber der Plangröße.

▶ Etc.

Alles zusammen genommen führt zu einem akuten Liquiditätsbedarf, der durch die von den Hausbanken eingeräumten Kreditlinien nicht abgedeckt werden kann. Die Geschäftsführung ist an die Gesellschafter zur Bereitstellung neuen Kapitals und an die Hausbanken zur Weiterführung der Kreditlinien und Gewährung zusätzlicher Kredite herangetreten. Am Bilanzstichtag, 31. 12. 2001, und bei der Beendigung der Abschlussprüfung am 10. 3. 2002 war das Ergebnis der einschlägigen Verhandlungen noch offen. Nochmals: In der Öffentlichkeit sind diese Probleme bisher nicht bekannt geworden, insbesondere also auch nicht bei Lieferanten und den Arbeitnehmern.

Der Abschlussprüfer steht nun vor folgendem Dilemma:

Er kann nur einen **uneingeschränkten** Bestätigungsvermerk erteilen, wenn im Anhang vergleichbare Hinweise wie im Fall ARCANDOR (→ Rz. 27) enthalten sind. Mit dieser der gesetzlichen Zwangslage entsprechenden Offenlegung würden die Verhandlungen mit den Gesellschaften und den Banken torpediert. Die *self fulfilling prophecy* (→ Rz. 3) würde durch die dem Gesetz entsprechenden Vorgaben des Abschlussprüfers torpediert. Er wird geradezu in eine Henkerfunktion gedrängt.

Zum selben Ergebnis kommt man bei einer pflichtgemäßen **Einschränkung** des Bestätigungsvermerks, weil die entsprechende Begründung (→ Rz. 60) einen in etwa gleichlautenden Hinweis auf die mehr als kritische Situation der Gesellschaft verlangt. Als effektive Lösung bleibt dann nur eine zwar deutliche, aber doch mit einer Portion Hoffnung formulierte Berichterstattung im Lagebericht, auf die dann im Bestätigungsvermerk hingewiesen werden muss. Anders ausgedrückt: Die Verantwortung der Geschäftsleitung für die Rechnungslegung unter *going concern*-Gesichtspunkten und die entsprechende Lageberichterstattung muss der Warnfunktion des Abschlussprüfers vorangehen. Bei Nichterwähnung der Bestandsrisiken im Lagebericht ist das Testat einzuschränken.[20]

29

Das „Eingehen" auf die bestandsgefährdenden Risiken ist nicht mit dem „Kann"-Hinweis auf bestimmte **Umstände** (→ Rz. 37) zu verwechseln. U. E. sollten diese Testats-Ausweitungen auch nicht zusammengefasst mitgeteilt werden,[21] um Missverständnisse bei den Adressaten zu vermeiden.

30

Sofern gesetzesgemäß **kein Lagebericht** erstellt wird, soll dem *IDW* zufolge keine Verpflichtung des Abschlussprüfers zum Hinweis auf die Bestandsgefährdung im Bestätigungsvermerk bestehen, wohl aber zur Darstellung im Prüfungsbericht[22] (→ § 321 Rz. 35). Aus dem Gesetzeswortlaut lässt sich diese „Erleichterung" nicht ableiten, sondern nur aus der im vorstehenden Beispiel unter → Rz. 28 dargestellten Konfliktsituation des Abschlussprüfers, wenn die bestandsgefährdenden Tatsachen der Öffentlichkeit noch nicht bekannt sind.

31

---

20 IDW PS 270.37; IDW PS 400.78.
21 A. A. *Bertram*, in: Haufe HGB Bilanz Kommentar, Freiburg 2009, § 322 Rz. 110: „Es erscheint zulässig, beide Hinweise in einem Abschnitt zusammenzufassen."
22 IDW PS 400.78.

II. Der Inhalt des Vermerks

32 Wegen der Besonderheit des Hinweises auf Risiken von Tochtergesellschaften bei der Prüfung eines **Konzern**abschlusses wird verwiesen auf → Rz. 69.

5. Uneingeschränkter Bestätigungsvermerk (Abs. 3)

5.1 Inhalt (Abs. 3 Satz 1)

33 In einem uneingeschränkten Bestätigungsvermerk hat der Abschlussprüfer folgende Erklärungen abzugeben:
- Die nach § 317 HGB durchgeführte Prüfung hat zu **keinen Einwendungen** geführt.
- Der Abschluss entspricht aufgrund der bei der Prüfung gewonnenen Erkenntnisse des Abschlussprüfers nach **seiner** Beurteilung den gesetzlichen Vorschriften.
- Der Jahresabschluss vermittelt unter Beachtung der GoB und der gesetzlichen Rechnungslegungsvorschriften das den tatsächlichen Verhältnissen **entsprechende** Bild der Vermögens-, Finanz- und Ertragslage des Unternehmens.
- **Einklang** des Jahresabschlusses mit dem Lagebericht.

5.2 Einbeziehung des Lageberichts (Abs. 6)

34 Die beiden letztgenannten Erwähnungspflichten im Bestätigungsvermerk sind nicht in dem für den uneingeschränkten Bestätigungsvermerk „zuständigen" Abs. 3 aufgeführt, sondern in dem besonderen Abs. 6.

Die besondere Bedeutung, die der Gesetzgeber der Lageberichterstattung insbesondere auch im Interesse der **Insolvenzprophylaxe** zukommen lässt, schlägt sich auch in einem eigenen Absatz zum Lagebericht nieder. Die Beurteilung des Prüfungsergebnisses muss sich nach Abs. 6 Satz 1 auf den „**Einklang**" mit dem Jahres- bzw. Einzelabschluss beziehen, wie dies der explizit genannte Prüfungsauftrag nach § 317 HGB vorsieht (→ § 317 Rz. 54). Erneut wird in diesem Zusammenhang das „zutreffende Bild von der Lage" angesprochen, wodurch ein Schulterschluss zu der Lagebeurteilung nach Abs. 3 Satz 2 vorgenommen wird. Die Beurteilung muss dabei die **Gesamtheit** des Lageberichts umfassen und insbesondere die Darstellung der Chancen und Risiken der künftigen Entwicklung beachten (Abs. 6 Satz 2). Auch hier ist die Bezugnahme auf die spezielle Prüfungsvorgabe in § 317 HGB beachtlich (→ § 317 Rz. 57). Der Formulierungsvorschlag des *IDW* (→ Rz. 36) bringt sinnvollerweise die Beurteilung der Vermögens-, Finanz- und Ertragslage mit derjenigen des Lageberichts in unmittelbarem Zusammenhang.

Wegen Mängeln in der Lageberichterstattung, die zur Einschränkung des Bestätigungsvermerks führen, wird auf → Rz. 50 verwiesen.

Die Beurteilungen nach Abs. 6 müssen auch im Falle eines eingeschränkten Bestätigungsvermerks erfolgen (→ Rz. 41).

5.3 Bestätigung des *true and fair view*

35 Die Bestätigung der Einhaltung der Vermittlung des *true and fair view* ist auch dann möglich, wenn die Rechtsform der Gesellschaft diese Einhaltung nicht verlangt, also bei einer freiwilligen Abschlussprüfung einer „normalen" Personenhandelsgesellschaft. Nur wenn dieser Abschluss gleichwohl den *true and fair view* ermittelt, kommt eine entsprechende Aufnahme in

den Bestätigungsvermerk in Betracht. U. E. sollte dies wenigstens nach der Rechtslage des BilMoG nach Ausschaltung einiger Wahlrechte, insbesondere der Möglichkeit der sog. Willkürabschreibung nach § 253 Abs. 4 HGB a. F., regelmäßig der Fall sein. Der mitunter für erforderlich gehaltene freiwillige Anhang in diesen Fällen entsprechend den Vorgaben der §§ 285 ff. HGB erscheint uns hierzu nicht erforderlich, in Sonderfällen sollte eine entsprechende Fußnotenerläuterung zu dem einen oder anderen Bilanz- oder GuV-Posten genügen.[23]

5.4 Formulierungsvorschlag

Das *IDW* schlägt folgende Formulierung vor: 36

„Meine/Unsere Prüfung hat zu keinen Einwendungen geführt.

Nach meiner/unserer Beurteilung aufgrund der bei der Prüfung gewonnenen Erkenntnisse entspricht der Jahresabschluss den gesetzlichen Vorschriften [und den ergänzenden Bestimmungen des Gesellschaftsvertrags/der Satzung] und vermittelt unter Beachtung der Grundsätze ordnungsmäßiger Buchführung ein den tatsächlichen Verhältnissen entsprechendes Bild der Vermögens-, Finanz- und Ertragslage der Gesellschaft. Der Lagebericht steht in Einklang mit dem Jahresabschluss, vermittelt insgesamt ein zutreffendes Bild von der Lage der Gesellschaft und stellt die Chancen und Risiken der zukünftigen Entwicklung zutreffend dar."

5.5 Optionaler ergänzender Hinweis (Abs. 3 Satz 2)

5.5.1 Inhalt

Dem Abschlussprüfer wird die **Möglichkeit** („kann") eingeräumt, auf einen bestimmten Sachverhalt im Bestätigungs- oder Versagungsvermerk besonders hinzuweisen. Diese Erlaubnis versteht sich vor dem Hintergrund der von Gesetzes wegen gewünschten Abkehr vom (früheren) Formeltestat (→ Rz. 2), das den Abschlussprüfer in seinen Formulierungswünschen zu stark eingeschränkt habe. Über den Inhalt der „Umstände" sagt das Gesetz nichts Näheres, das bleibt dem Abschlussprüfer nach pflichtgemäßem Ermessen zur Beurteilung überlassen.[24] Der Abschlussprüfer soll auf diese Umstände in „besonderer Weise" aufmerksam machen. „Besonders" kann rein formal als **eigenständiger** Satz des Bestätigungsvermerks verstanden werden oder aber als Reflex auf besondere **Umstände**. Die letztgenannte Interpretation erscheint uns vorzugswürdig, allerdings fällt es nicht leicht, praktische Anwendungsfälle darzustellen. Vermutlich ist auch in der Testatspraxis von dieser Möglichkeit selten Gebrauch gemacht worden. Eine Einschränkung des Bestätigungsvermerks ist damit nicht verbunden, andererseits sind von den Auftraggebern solche der Öffentlichkeit ungewohnten Formulierungsbestandteile des Bestätigungsvermerks deswegen unerwünscht, weil sie möglicherweise falsch verstanden werden oder unnötige Nachfragen auslösen. 37

Im Schrifttum werden u. a. genannt:[25] 38

---

[23] Ähnlich IDW PS 400.49.
[24] A. A. *Bertram*, in: Haufe HGB Bilanz Kommentar, Freiburg 2009, § 322 Rz. 103, wo **„besondere** Umstände" genannt sind. Das Gesetz spricht lediglich von „Umständen".
[25] WP-Handbuch, Bd. 1 I, 13. Aufl., Abschn. Q Tz. 594 ff.

II. Der Inhalt des Vermerks

- Unsicherheiten über die **Auslegung** ergänzender Rechnungslegungsnormen des Gesellschaftsvertrags oder der Satzung.
- Hinweis auf **ergänzenden** Prüfungsauftrag.
- Hinweis zu den **prognostischen** Angaben im Lagebericht.
- Hinweis auf **abweichende** Prüfungsergebnisse bei Gemeinschaftsprüfungen (→ Rz. 94): Wenn jeder Gemeinschaftsprüfer einen eigenständigen Bestätigungsvermerk formuliert, ist auf die abweichenden Prüfungsergebnisse des Kollegen hinzuweisen.[26]
- Die Inanspruchnahme der **Erleichterungsmöglichkeiten** für Tochterkapitalgesellschaften nach § 264 Abs. 3 HGB (→ § 264 Rz. 37) bzw. § 264b HGB (→ § 264b Rz. 8) hängt auch von Umständen ab, die bei Beendigung der Abschlussprüfung noch nicht erfüllt sein können. Die daraus entwickelte Hinweispflicht[27] verwandelt insoweit die Kann-Vorschrift des Gesetzes in ein „Muss".
- Prospektive **Fehlerkorrektur** (→ Rz. 90).
- Hinweis auf besonders **große Unsicherheit** über zu bilanzierende Sachverhalte, insbesondere für die Bewertung.

BEISPIEL[28] Der Baukonzern B ist wegen fehlerhafter Bauleistung und unzuverlässiger Überwachung der U-Bahn-Baustelle in K mit einer Fülle von Ansprüchen auf Nachbesserung, Schadenersatz, Erlösminderung etc. konfrontiert. Die Aussagen der Sachverständigen sind undeutlich und widersprüchlich. Eine Schätzung schwankt bei Abschlusserstellung in einem Bereich zwischen 1 Mio und 100 Mio €.

Hier könnte ergänzende Formulierung lauten:

„Aufgrund einer möglicherweise unsachgemäßen Bauausführung ist die Gesellschaft/der Konzern einer Fülle von Ansprüchen ausgesetzt. Die Schätzung dieser Inanspruchnahmen ist mit einem hochgradigen Unsicherheitsmoment behaftet. Der Vorstand hat die Bewertung nach bestem Wissen auf der Grundlage des Erkenntnisstands bei Bilanzerstellung getroffen."

Eine Nennung des tatsächlich gewählten Bilanzansatzes ist u. E. nicht erforderlich. Der Betrag ist im Anhang zu beziffern (→ § 285 Rz. 95).

39 Die im Schrifttum vorgeschlagene Testatsergänzung betreffend **prognostischer** Angaben im Lagebericht (→ § 317 Rz. 63) scheint uns nicht sinnvoll. Prognosen tragen das unabdingliche Merkmal der Unsicherheit in sich, das nicht noch einmal besonders betont werden muss. Wenn umgekehrt im Lagebericht eine Prognose als absolut sicher eintretend dargestellt wird, kommt eher eine Testatseinschränkung in Betracht (→ Rz. 50).

Auch ein möglicher Hinweis auf Unsicherheiten bei der **Auslegung** des Gesellschaftsvertrags erscheint uns nicht tragfähig. Irgendeine Auslegung mit vertretbarem Inhalt muss es immer geben, auch wenn sie vielleicht einmal von Gerichts wegen als unzutreffend beurteilt wird.

---

26 IDW PS 208.29.
27 IDW PH 9200.1 Tz. 16 (Stand 11. 3. 2010).
28 Vgl. einen ähnlichen, ebenso realitätsgerechten Sachverhalt im Beispiel unter → § 249 Rz. 45.

Unsicheren Rechtssituationen ist jedes Unternehmen immer reichlich ausgesetzt, darauf kann im Bestätigungsvermerk nicht sinnvoll hingewiesen werden.

5.5.2 Formulierungsvorschlag

Vergleichbar dem ergänzenden Hinweis auf die Bestandsgefährdung (→ Rz. 27) kann wie folgt formuliert werden:[29]

40

> **BEISPIEL**
>
> „Ohne diese Beurteilung einzuschränken, weise ich/weisen wir auf das hohe Unsicherheitsmoment der Rückstellungsbewertung wegen einer möglicherweise unsachgemäßen Ausführung eines Großbauauftrags hin."

Ein solch ergänzender Hinweis kommt auch bei **eingeschränktem** Bestätigungsvermerk in Betracht, sofern in diesem Fall der Abschlussprüfer eine **weitere** Mitteilung für sinnvoll hält. Dann kann sprachlich elegant wie folgt formuliert werden:[30]

> **BEISPIEL**
>
> „Ohne diese Beurteilung **weiter** einzuschränken, weise ich/weisen wir auf Folgendes hin: ..."
>
> Der Öffentlichkeit wäre möglicherweise besser gedient, wenn man wie folgt formuliert:
>
> „Keine weitere Einschränkung des Bestätigungsvermerks ist mit folgendem Hinweis verbunden: ..."

Obwohl dem **Gesetz** zufolge der Hinweis optional ausgestaltet ist, **muss** der Abschlussprüfer im Sonderfall einer Pflichtprüfung trotz Befreiung nach § 264 Abs. 3 HGB (→ § 264 Rz. 37) einen Hinweis auf die **noch** nicht erfüllten Befreiungsvoraussetzungen vornehmen.[31]

6. Einwendungen (Abs. 4)

6.1 Arten und Inhalt der Einwendungen (Abs. 4 Satz 1)

Einwendungen gegen die geprüften Unterlagen kann der Wirtschaftsprüfer in **zwei Varianten** zum Ausdruck bringen, und zwar durch

41

▶ **Einschränkung** des Bestätigungsvermerks (→ Rz. 48 ff.),

▶ **Versagung** eines Bestätigungsvermerks (→ Rz. 57 ff.).

Was unter „Einwendungen" zu verstehen ist, lässt der Gesetzgeber **offen** und vertraut dies der **Interpretation** durch die Standardsetter und das Schrifttum an. Systematisch kann man Einwendungen wie folgt gliedern:

▶ Wesentliche Beanstandungen (→ § 321 Rz. 52) gegen **Rechnungslegungsbestandteile**,

---

[29] IDW PS 400.75.
[30] Vorschlag von *Pfitzer/Orth*, in: Baetge/Kirsch/Thiele (Hrsg.), Bilanzrecht, Kommentar, § 322 Tz. 83.
[31] IDW PS 9.200.1 Tz. 9 („ist ... hinzuweisen").

- **Prüfungshemmnisse** (→ Rz. 52), die eine Beurteilung der Rechnungslegung in Teilbereichen nicht mit hinreichender Sicherheit erlauben.

Die Subsumption von Prüfungshemmnissen unter den Begriff „Einwendungen" erschließt sich nicht aus dem Gesetz selbst. Vielmehr ist das Prüfungshemmnis nach Abs. 5 als Grundlage für den Versagungsvermerk konzipiert (→ Rz. 60). Gleichwohl wird vom IDW auch bezüglich der Einschränkung das Prüfungshemmnis tatbestandlich erfasst.[32]

42 Zur **Abgrenzung** der Einschränkung von der Versagung enthält Abs. 4 Satz 4 eine gesetzliche Anleitung (→ Rz. 48), die allerdings in hohem Grade interpretationsoffen ist.

43 Bei der Auslegung von „Einwendungen" wird man einmal mehr mit dem **Wesentlichkeits**element der Rechnungslegung konfrontiert (→ § 252 Rz. 182). Eine Definition von Wesentlichkeit, insbesondere in **quantitativer** Hinsicht ist der Sache nach unmöglich. Das gilt auch für den speziellen Anwendungsbereich der Abschlussprüfung (→ § 317 Rz. 17). **Definitorisch** gelingt lediglich die Heranziehung einer anderen undefinierbaren Größen, nämlich die Beeinflussung des Entscheidungsverhaltens der Abschlussadressaten.[33] Wesentlichkeit liegt demnach dann vor, wenn bei Berücksichtigung des nicht erfassten oder falsch abgebildeten Sachverhalts im Jahresabschluss oder im Lagebericht der Anleger seine Entscheidung anders getroffen hätte, also seine Kredite nicht vergeben, seinen Arbeitsplatz nicht beibehalten, die Aktien nicht ge- oder verkauft hätte, der Lieferant seine Belieferungen eingestellt oder aufgenommen hätte, etc., etc.

44 Nicht viel konkreter ist die Vorgabe, **Bezugsgrößen** des betroffenen Jahresabschlusspostens zum ausgewiesenen Ergebnis, zum Eigenkapital oder zur Bilanzsumme heranzuziehen und die Auswirkung auf die Vermögens-, Finanz- und Ertragslage zu beurteilen.[34] **Qualitativ** wesentliche Verstöße können insbesondere bei Anhangaben feststellbar sein, wenn also Abschlussprüferhonorare (→ § 285 Rz. 106 ff.) oder Organvergütungen (→ § 285 Rz. 38 ff.) nicht genannt werden. Dabei sind **mehrere** unwesentlich erscheinende Mängel u. U. zusammenzufassen, um daraus eine wesentliche Beanstandung ableiten zu können.

45 Besonders „wesentlichkeitsverseucht" sind die Anhangangaben zu den **nahestehenden** Personen und Unternehmen. Das ergibt sich schon aus dem Gesetzestext nach HGB (→ § 285 Rz. 136 ff.), insbesondere aber im Rahmen des IFRS-Konzernabschlusses nach § 315a HGB. In der Neufassung von IAS 24 sind Verbundbeziehungen aufgrund der Beteiligungen der öffentlichen Hand (genauer: der öffentlichen Hände) einem besonderen Wesentlichkeitsvorbehalt unterzogen. Daraus könnte man auf eine geringere (oder gar keine?) Wesentlichkeitsschwelle in den anderen Fällen des Nahestehens schließen. U. E. ist dies nicht zutreffend; das Wesentlichkeitskriterium innerhalb der Rechnungslegung kann nicht differenziert beurteilt werden, es sei denn, der Gesetzgeber gibt diesbezüglich implizit oder explizit einen besonderen Hinweis. Es kann deshalb nicht sinnvoll sein, kleinkariert den Anhang nach fehlenden Angaben zu durchforsten, um daraus als Abschlussprüfer einen Einwand ableiten zu können.

---

32 IDW PS 400.50.
33 IDW PS 250.7.
34 IDW PS 400.51.

> **BEISPIEL** Der Vorstandsvorsitzende eines deutschen Großkonzerns wohnt in der im Eigentum seiner Ehefrau stehenden Villa im Grünen. Seine Dienstlimousine stellt er in der Garage des Hauses ab, wofür die AG seiner Ehefrau einen Monatsbetrag von 60 € bezahlt.
>
> Dieser Sachverhalt interessiert allenfalls einen Lohnsteuerprüfer, braucht deshalb im Anhang nicht erwähnt zu werden.[35] Eine Testatseinschränkung wäre geradezu abwegig.

Die im Schrifttum mitunter herangezogene Verletzung der **Generalnorm** des § 264 Abs. 1 HGB als Wesentlichkeitskriterium erscheint uns ungeeignet, weil in ihm implizit die Wesentlichkeit in besonderer Weise hineingelegt ist. Außerdem wird die Generalnorm regelmäßig dann erfüllt, wenn die Rechnungslegungsvorschriften einschließlich der Anhangangaben (→ § 264 Rz. 14) beachtet sind. Die Beurteilung der Einhaltung der Generalklausel auf dieser Grundlage ist deswegen rein zirkulär.[36] 46

Letztlich bleibt dem Kommentator nur der Hinweis auf das erforderliche **pflichtgemäße Ermessen**, das der Abschlussprüfer vorzunehmen hat. In der Natur der Sache liegt bei einer Ermessensentscheidung auch die anders mögliche Beurteilung. In der deutschen Prüfungspraxis wird die Arbeit des Abschlussprüfers und damit auch seine dabei erforderlich werdenden Ermessensentscheidungen bei der Prüfung kapitalmarktorientierter Unternehmen nach § 264d HGB durch die APAK oder die DPR (→ § 342b) überwacht. Dabei können sich und haben sich bereits mehrfach abweichende Urteile durch die „oberen" Instanzen gegenüber der Ermessensentscheidung des Abschlussprüfers herausgestellt, insbesondere auch im Bereich von Anhangangaben. Diese Tatsache mag man bedauern, ändern wird man sie nicht können. 47

6.2 Einschränkungen

6.2.1 Quantitative und qualitative Angaben (Abs. 4 Satz 4)

Wenn sich der Abschlussprüfer in seiner Ermessensentscheidung zu einer Einschränkung des Testats durchgerungen hat (vgl. hierzu die Beispiele unter → § 321 Rz. 34), muss diese „in ihrer **Tragweite**" erkennbar sein. Mit diesem Begriff aus der Baustatik könnte eine **quantitative** Betrachtung vom Gesetzgeber angedeutet werden. Diese Interpretation wirkt bei Einwendungen gegen Bilanz- oder GuV-Posten sinnvoll, weniger passend dagegen bei unzutreffenden oder unvollständigen Anhangangaben oder Lageberichtspassagen. 48

> **BEISPIEL** Die Formulierung „Die Forderungen aus Lieferungen und Leistungen sind nicht in erforderlichem Umfang wertberichtigt" ist ohne Aussagekraft, da die „Weite" nicht zum Ausdruck kommt.
>
> Die Formulierung „Die Anhangangabe zu den Organbezügen nach § 285 Nr. 9a HGB ist nicht erfolgt" reicht demgegenüber vollständig aus, um den Inhalt der Einschränkung zum Ausdruck zu bringen.

---

[35] Vgl. *Hoffmann*, in: Lüdenbach/Hoffmann (Hrsg.), Haufe IFRS-Kommentar, 8. Aufl., Freiburg 2010, § 30 Rz. 40.
[36] Ähnlich *Bertram*, in: Haufe HGB Bilanz Kommentar, Freiburg 2009, § 322 Rz. 69.

II. Der Inhalt des Vermerks

49 In der Formulierung der Einwendung zu Posten der **Bilanz** und **GuV** muss also notgedrungen mit aussagekräftigen **Quantitäten** formuliert werden. Durch entsprechende Hinweise zur Verletzung von Bilanzierungsvorgaben wird der Einfluss (die Tragweite) auf die Darstellung der Vermögens-, Finanz- und Ertragslage „vermittelt". Dann ist wie folgt zu formulieren.[37]

> **BEISPIEL**
>
> „Meine/unsere Prüfung hat mit Ausnahme der folgenden Einschränkung zu keinen Einwendungen geführt: In einer Größenordnung von T€ ... wurden Drohverlustrückstellungen nicht angesetzt."
>
> Mit dieser Einschränkung vermittelt ..."

50 Einschränkungen zu Anhangangaben beeinträchtigen nicht notwendig den Einblick in die Vermögens-, Finanz- und Ertragslage. Dann kann wie folgt formuliert werden:

> „Meine Prüfung hat mit folgender Ausnahme keine Einwendungen ergeben: Entgegen § 285 Satz 1 Nr. 9a HGB wurden im Anhang die Geschäftsführungsbezüge nicht angegeben. Der Lagebericht steht im Einklang mit dem Konzernabschluss, vermittelt insgesamt ein zutreffendes Bild von der Lage der Gesellschaft und stellt die Chancen und Risiken der zukünftigen Entwicklung zutreffend dar."

Beziehen sich Einwendungen nur auf den **Lagebericht**, kann ähnlich wie bei Verstößen gegen Anhangangabepflichten formuliert werden:[38]

> **BEISPIEL**
>
> „Meine/Unsere Prüfung hat mit Ausnahme der folgenden Einschränkung zu keinen Einwendungen geführt: Im Lagebericht sind die Risiken bezüglich der Bezugsmöglichkeiten für das wesentliche Produktionsmaterial ‚Silizium' nicht dargestellt.
>
> Nach meiner/unserer Beurteilung vermittelt ... Ertragslage der Gesellschaft. Mit der genannten Einschränkung steht der Lagebericht im Einklang mit dem Jahresabschluss ...."

51 Mit Einschränkungen des Bestätigungsvermerks sollte sich der Abschlussprüfer insbesondere bei **zukunftsabhängigen Schätzgrößen** im Jahresabschluss zurückhalten. Er darf sein Schätzungsermessen nicht an die Stelle der gesetzlichen Vertreter des Unternehmens stellen, sondern kann nur die **Plausibilität** beurteilen (→ § 317 Rz. 58).

> **BEISPIEL** Unter den Finanzanlagen eines Industrieunternehmens sind Aktien im Portfoliobesitz i. H. von 1.000 ausgewiesen. Der Börsenkurs betrug am Bilanzstichtag 800 und am Erstellungstag 780. Es liegt bezüglich aller Posten ein ausreichend liquider Markt vor. Die Geschäftsleitung hat auf eine Abschreibung verzichtet und begründet dies mit der Vorlage von

---

[37] IDW PS 400 Anhang 9.
[38] IDW PS 400 Anhang 10.

Analystenbeurteilungen über die künftige Entwicklung des Aktienmarkts allgemein und einiger herausgehobener Einzelposten des Portefeuilles.

Wenn der Abschlussprüfer gegenüber dieser Bewertungsgrundlage Einwendungen mit der Folge einer Testatseinschränkung erheben wollte, müsste er formulieren:

> „Die unter den Finanzanlagen ausgewiesenen Wertpapiere in Form von Streubesitzaktien sind um 200 in der Bilanz höher ausgewiesen als der Börsenkurs am Bilanzstichtag.
>
> Nach meiner Einschätzung ist diese Wertminderung von Dauer (→ § 253 Rz. 117) und hätte zu einer entsprechenden Abschreibung führen müssen."

Mit dieser Aussage betätigt sich der Abschlussprüfer als Börsenguru, der in der Lage ist, nicht nur die Dauer der Wertminderung zu bestimmen, sondern auch noch die Größenordnung (hier genau in Höhe die Differenz zwischen Buchwert und Kurswert). Genauso „richtig" wäre deshalb die Aussage: „Dauerhaft ist eine Wertminderung von 80 gegenüber dem ausgewiesenen Bilanzwert anzunehmen."

6.2.2 Prüfungshemmnisse

Eine Einschränkung ist auch bei Vorliegen von Prüfungshemmnissen erforderlich (→ Rz. 60). Dazu kann es kommen, wenn in einem abgegrenzten **Teilbereich** der Rechnungslegung aufgrund besonderer Umstände keine positive Aussage über die Gesetzmäßigkeit getroffen werden kann.

52

BEISPIEL ▶ Der Textilmodehersteller B verlagert seine gesamte Produktion nach Indien, um die dortigen niedrigen Lohnkosten in Anspruch zu nehmen. In Deutschland verbleiben nur die Hauptverwaltung und die Vertriebsorganisation. Im Prognoseteil des Lageberichts werden die entsprechenden Chancen und die Risiken politischer und produktionstechnischer Art dargestellt und mit entsprechendem Datenmaterial untermauert.

Der Abschlussprüfer sieht sich mangels der Kenntnisse bezüglich der indischen Wirtschaftsverhältnisse zur Beurteilung der Lageberichtsdarstellung außerstande und will im Bestätigungsvermerk formulieren:

> „Im Lagebericht ist die geplante Produktionsverlagerung nach Indien ausführlich mit ihren Chancen und Risiken dargestellt. Ich bin nicht zu einer abschließenden Beurteilung dieser Darstellung in der Lage."

Alle dem Vorstand zugänglichen Unterlagen bezüglich dieser Lageberichterstattung stehen dem Abschlussprüfer zur Verfügung. Er kann den Risikogehalt höher einschätzen als der Vorstand und die Chancen niedriger oder umgekehrt. Aber darauf kann es nicht ankommen, er ist lediglich zur Beurteilung der **Plausibilität** verpflichtet (→ § 317 Rz. 58). Ein Prüfungshemmnis besteht nicht.

Ähnlich kann es sich auch bei Bilanzposten mit hohem **Schätzungs-** und deswegen **Unsicherheitsgehalt** (→ Rz. 38) verhalten.

53

II. Der Inhalt des Vermerks

> **BEISPIEL** ▶ Der deutsche mittelständische Maschinenhersteller M hat eine größere Vertriebstochtergesellschaft in Brasilien. Diese schreibt seit Jahren rote Zahlen und wird regelmäßig mit Kapitalzuschüssen der Muttergesellschaft unterstützt. Die Geschäftsleitung (in Deutschland) nimmt wegen zweifelhafter Werthaltigkeit der Beteiligung eine Abschreibung um 40 % des bisherigen Bilanzausweises vor. Zugrunde liegen Planungsrechnungen der Tochtergesellschaft für die nächsten fünf Jahre, deren *cashflow* zu der genannten *impairment*-Abschreibung nötigen.
>
> Der Abschlussprüfer sieht sich außerstande, diese Planungsrechnungen mangels Kenntnisse des brasilianischen Markts nachzuvollziehen. Gleichwohl ist kein Prüfungshemmnis gegeben, da dem Abschlussprüfer sämtliche Informationen, die in diese Planung eingeflossen sind, von der hiesigen Geschäftsleitung zur Verfügung gestellt werden. Auch hier kann er die Plausibilität der Rechnung beurteilen oder sachkundigen Rat einholen, mehr ist von ihm nicht zu verlangen. Eine Testatseinschränkung kommt nicht in Betracht.

54 Als **Beispiele** für Prüfungshemmnisse mit möglicher Einschränkungsfolge kommen in Betracht:
- Mangelhafte Erfüllung der Auskunfts- und Vorlagepflicht (→ § 320 Rz. 6) durch die gesetzlichen Vertreter.
- Verweigerte Kontaktaufnahme zu Auskunftspersonen (Rechtsanwälte, Bankinstitute etc.).[39]
- Verweigerte Saldenbestätigung wichtiger Kunden und Lieferanten.
- Mangelnde Verwertbarkeit der Arbeitsergebnisse von Sachverständigen.[40]

Keine Prüfungshemmnisse stellen u. E. dagegen dar:
- Mangelhaftes internes Kontrollsystem, da die Prüfungsplanung und die Prüfungshandlungen entsprechend anzupassen sind.
- Nicht „abschließend beurteilbare" Risiken, da Risiken einer abschließenden Beurteilung der „Richtigkeit" nicht zugänglich sind.
- Hohe Schätzungsunsicherheiten bei bestimmten Bilanzposten (→ Rz. 51).

Die Testatseinschränkung muss ein unterstelltes Prüfungshemmnis durch **Begründung** klar erkennen lassen.

> **BEISPIEL**[41] ▶ Die Testatseinschränkung wird wie folgt begründet:
>
> *„Die Gesellschaft weist unter den Verbindlichkeiten gegenüber verbundenen Unternehmen Verbindlichkeiten aus Patronaten gegenüber 27 Töchtern i. H. von insgesamt 28.626 T€ aus, deren zutreffende Bewertung wir nicht abschließend beurteilen können."*
>
> U. E. fehlt eine Begründung für die nicht mögliche abschließende Beurteilung: Wurden die Auskunftspflichten nicht erfüllt oder die erforderlichen Unterlagen nicht vorgelegt, oder ist die Bewertung selbst nur mit besonderen Schwierigkeiten nachzuvollziehen?

---

39 IDW PS 302.34 ff.
40 IDW PS 322.25.
41 Aus der Veröffentlichung der WP-Kammer unter www.wpk.de/Berufsaufsicht/Berichte.

§ 322 Bestätigungsvermerk

Bei Vorliegen von Prüfungshemmnissen kommt folgende **Formulierung** im Bestätigungsvermerk in Betracht:[42]

55

> **BEISPIEL** Zunächst ist im beschreibenden Teil des Bestätigungsvermerks (→ Rz. 33) auf das oder die Prüfungshemmnisse einzugehen:
>
> *"Mit Ausnahme des im folgenden Absatz dargestellten Prüfungshemmnisses habe ich meine/haben wir unsere Jahresabschlussprüfung nach § 317 HGB ... Ich bin/wir sind der Auffassung, dass meine/unsere Prüfung mit der im nachfolgenden Absatz dargestellten Ausnahme eine hinreichend sichere Grundlage für meine/unsere Beurteilung bildet."*
>
> Das Prüfungsurteil (→ Rz. 36) kann dann wie folgt formuliert werden:
>
> *"Meine/Unsere Prüfung hat mit Ausnahme der nachfolgenden Einschränkung zu keinen Einwendungen geführt: Die Gesellschaft weist 10.923 T€ unter den Verbindlichkeiten gegenüber Kreditinstituten aus; wegen der trotz Aufforderung nicht eingegangenen Saldenbestätigungen durch zwei wesentliche Gläubigerbanken, welche 61 % des Volumens der Kreditverbindlichkeiten auf sich vereinen, können wir die tatsächliche Höhe der Kreditverbindlichkeiten nicht abschließend beurteilen. Es kann daher nicht ausgeschlossen werden, dass der Jahresabschluss insoweit fehlerhaft ist."*[43]

6.2.3 Fehlende Prüfungshandlungen

Eine Einschränkung kommt nicht in Betracht, wenn erforderliche Prüfungshandlungen nicht durchgeführt worden sind. Die Mängel des Prüfungsgeschehens, die der Abschlussprüfer zu **verantworten** hat, dürfen sich nicht in einem Negativtestat niederschlagen.

56

> **BEISPIEL**[44]
>
> *"Das Vorhandensein der ausgewiesenen Vorräte i. H. von ... € ist nicht hinreichend nachgewiesen, weil ich/wir nicht an der Inventur teilnehmen und durch alternative Prüfungshandlungen keine hinreichende Sicherheit über den Bestand der Vorräte gewinnen konnte(n)."*
>
> Aus der Begründung könnte man eine mangelhafte Prüfungsplanung und -durchführung vermuten. Warum konnten die Inventuraufnahmen nicht überwacht werden und warum sind keine alternativen Prüfungshandlungen möglich gewesen? Wenn diese Prüfungshemmnis vom Unternehmen zu verantworten ist, muss u. E. darauf hingewiesen werden, etwa wie folgt: *"Die Gesellschaft hat uns nicht über den Inventuraufnahmetermin informiert. Alternative Prüfungshandlungen sind uns mangels Bestandsfortschreibung in Form einer ordnungsmäßigen Lagerbuchführung nicht möglich."*
>
> Hinzu kommt u.U. die Möglichkeit einer erneuten Inventuraufnahme mit wertmäßiger Rückrechnung auf den Bilanzstichtag. Die in diesen Fällen bestehende Terminnot darf sich

---

42 IDW PS 400.61.
43 Vorschlag des IDW PS 400.61.
44 IDW PS 450.61.

> u. E. nicht in der Einschränkung eines Bestätigungsvermerks niederschlagen oder muss eine entsprechende Begründung erfahren.

6.3 Versagungsvermerk (Abs. 4 Sätze 2 und 4)

6.3.1 Praktische Bedeutung

57 Der Versagungsvermerk ist als solcher zu bezeichnen. Wann **statt** einer Einschränkung des Bestätigungsvermerks eine Versagung erfolgen muss, lässt sich dem Gesetz in Abs. 4 Satz 4 indirekt entnehmen: Sofern der Abschluss (nicht der Lagebericht) auch unter Darstellung der Einwendungsgründe einen im Wesentlichen zutreffenden Einblick in die Vermögens-, Finanz- und Ertragslage nicht vermittelt, muss versagt werden. Man spricht in diesem Zusammenhang auch von einer **negativen Gesamtaussage**, wenn also Beanstandungen so wesentlich sind, dass auch unter Angabe der „Tragweite" der Einwendungen (→ Rz. 48) die fehlerhafte Darstellung im Jahresabschluss nicht mehr verdeutlicht werden kann.[45]

58 Die Bedeutung des Versagungsvermerks liegt eher in der **Stofflieferung** für akademische Vorlesungen und Vorbereitungskurse auf Berufsexamina der Wirtschaftsprüfer als in der praktischen Anwendung. Im Jahr 2008 konnten deutschlandweit ganz drei Versagungsvermerke festgestellt werden.[46] In allen Fällen handelt es sich um offensichtlich vor dem Insolvenzantrag stehende Gesellschaften, bei denen die Fortführungshypothese (→ § 252) widerlegt war, vermutlich weil die Situation des Unternehmens auch schon allgemein in der Öffentlichkeit bekannt gemacht wurde. In einem Fall muss es sich um geradezu chaotische Verhältnisse im Rechnungswesen gehandelt haben. Man fragt sich, wieso in diesem Fall überhaupt ein Prüfungsauftrag erteilt und durchgeführt wurde.

6.3.2 Formulierungen

59 Die Versagung kann wie folgt formuliert werden:[47]

> „Meine/Unsere Prüfung hat zu folgender Einwendung geführt: Der Jahresabschluss wurde unzulässigerweise unter der Annahme der Fortführung der Unternehmenstätigkeit aufgestellt, obwohl wegen der ungesicherten Liquiditätsausstattung der Gesellschaft hiervon nicht ausgegangen werden kann. Aufgrund der Bedeutung dieser Einwendung versage ich/versagen wir den Bestätigungsvermerk.
>
> Nach meiner/unserer Beurteilung aufgrund der bei der Prüfung gewonnenen Erkenntnisse entspricht der Jahresabschluss nicht den gesetzlichen Vorschriften und den ergänzenden Bestimmungen des Gesellschaftsvertrags/der Satzung und vermittelt kein unter Beachtung der Grundsätze ordnungsmäßiger Buchführung den tatsächlichen Verhältnissen entsprechendes Bild der Vermögens-, Finanz- und Ertragslage der Gesellschaft. Der Lagebericht steht nicht in Einklang mit einem den gesetzlichen Vorschriften entsprechenden Jahresabschluss, vermittelt

---

45 IDW PS 400.65.
46 Aus der Veröffentlichung der WP-Kammer unter www.wpk.de/Berufsaufsicht/Berichte.
47 IDW PS 400.68.

insgesamt kein zutreffendes Bild von der Lage der Gesellschaft und stellt die Chancen und Risiken der zukünftigen Entwicklung nicht zutreffend dar."

6.3.3 Versagung aufgrund von Prüfungshemmnissen (Abs. 5)

Der Fall mit chaotischen Verhältnissen in → Rz. 58 stellt den typischen Fall eines **Prüfungshemmnisses** dar, das zum Ersatz des Bestätigungs- durch einen Versagungsvermerk führen muss. 60

In Anlehnung an die Vorgabe des *IDW*[48] kann bei Prüfungshemmnissen wie folgt formuliert werden:

„Ich wurde/Wir wurden beauftragt, den Jahresabschluss – bestehend aus Bilanz, Gewinn- und Verlustrechnung sowie Anhang – unter Einbeziehung der Buchführung und den Lagebericht der ... Gesellschaft für das Geschäftsjahr vom ... Datum bis ... Datum zu prüfen. Die Buchführung und die Aufstellung von Jahresabschluss und Lagebericht nach den deutschen handelsrechtlichen Vorschriften und den ergänzenden Bestimmungen des Gesellschaftsvertrags/der Satzung liegen in der Verantwortung der gesetzlichen Vertreter der Gesellschaft.

Als Ergebnis meiner/unserer Prüfung stelle ich/stellen wir fest, dass ich/wir nach Ausschöpfung aller angemessenen Möglichkeiten zur Klärung des Sachverhalts aus folgendem Grund nicht in der Lage war(en), ein Prüfungsurteil abzugeben: Durch die Unternehmensleitung wurde die Einsichtnahme in die Kalkulationsunterlagen zur Ermittlung der Herstellungskosten der unfertigen und fertigen Erzeugnisse sowie das Einholen von Saldenbestätigungen zu Forderungen aus Lieferungen und Leistungen verweigert. Aus diesem Grund war es nicht möglich, eine hinreichende Sicherheit über die tatsächliche Höhe der Vorratsbestände und Forderungen zu erzielen, die im Jahresabschluss i. H. von etwa 80 % der Bilanzsumme ausgewiesen sind. Aufgrund der Bedeutung des dargestellten Prüfungshemmnisses versage ich/versagen wir den Bestätigungsvermerk.

Aussagen darüber, ob der Jahresabschluss den gesetzlichen Vorschriften und den ergänzenden Bestimmungen des Gesellschaftsvertrags/der Satzung entspricht und ein unter Beachtung der Grundsätze ordnungsmäßiger Buchführung den tatsächlichen Verhältnissen entsprechendes Bild der Vermögens-, Finanz- und Ertragslage der Gesellschaft vermittelt, sind wegen des dargestellten Prüfungshemmnisses nicht möglich. Ebenso kann nicht beurteilt werden, ob der Lagebericht in Einklang mit einem den gesetzlichen Vorschriften entsprechenden Jahresabschluss steht, ein zutreffendes Bild von der Lage der Gesellschaft vermittelt und die Chancen und Risiken der zukünftigen Entwicklung zutreffend darstellt."

Beim Versagungsvermerk aufgrund von Prüfungshemmnissen entfällt der beschreibende Abschnitt (→ Rz. 23) des Bestätigungsvermerks.[49]

6.4 Die Begründungen (Abs. 4 Satz 3)

Sowohl die Einschränkung als auch die Versagung des Bestätigungsvermerks bedarf der Begründung. Dazu wurden oben anhand von Beispielen (→ Rz. 49, → Rz. 50) die erforderlichen 60a

---

48 IDW PS 400.69.
49 IDW PS 400.69.

Formulierungen dargestellt. Wichtig ist dabei eine kurze und prägnante Aussage, ausufernde Stilübungen sind fehl am Platz.

7. Erteilung des Bestätigungsvermerks (Abs. 7)

61 Der Bestätigungsvermerk ist in den Prüfungsbericht aufzunehmen (→ § 321 Rz. 81), aber unabhängig von diesem auf den Jahresabschluss anzubringen oder zusammen mit dem Lagebericht fest zu verbinden (sog. **Testatsbilanz**).

62 Der Bestätigungsvermerk ist zu **datieren** auf den Tag, an dem die Prüfungstätigkeit ihr Ende gefunden hat. Voraussetzung ist eine bis dahin erteilte Vollständigkeitserklärung und – natürlich – ein nicht danach datierter Jahresabschluss mit den Unterschriften der gesetzlichen Vertreter (→ § 245 Rz. 6 ff.). Das Datum der Vollständigkeitserklärung und der Jahresabschlussunterzeichnung darf also nie nach dem Datum der Beendigung der Prüfung und der damit einhergehenden Erteilung des Testats liegen.[50] Die spätere Auslieferung des Bestätigungsvermerks und des Prüfungsberichts lässt dieses Datum unberührt. Wenn in der Zwischenzeit wesentliche Ereignisse zu erwarten sind, muss der Abschlussprüfer vor Auslieferung mit den gesetzlichen Vertretern abklären, ob solche Ereignisse die Aussage des Bestätigungsvermerks berühren.

63 Weiter ist gefordert die Angabe des **Orts**, unter dem der Bestätigungsvermerk erteilt wird. Üblicherweise ist dies der Ort der Berufstätigkeit des Abschlussprüfers oder der Niederlassung der Wirtschaftsprüfungsgesellschaft.

64 Bei Beauftragung einer Gesellschaft dürfen nur vertretungsberechtigte Personen unterzeichnen, welche die erforderliche **Berufsqualifikation** aufweisen (→ § 321 Rz. 85). Nicht zwingend vorgesehen, aber üblich und sinnvoll ist die Unterzeichnung von Bestätigungsvermerk und Prüfungsbericht durch die **gleichen** Personen.

Der Unterzeichnung ist die **Berufsbezeichnung**/Wirtschaftsprüfer/vereidigter Buchprüfer (auch in femininer Form) beizufügen. **Mehrfachqualifikation** ist nur in einem ausländischen Prüfertitel (CPA) darzustellen, nicht dagegen als Steuerberater oder Rechtsanwalt. Akademische Titel dürfen verwendet werden. In der Praxis ist nur die Verwendung des Nachnamens üblich, gegen Zufügung des Vornamens bestehen allerdings keine Bedenken, auch in abgekürzter Form.

Der Bestätigungsvermerk ist mit dem **Berufssiegel** nach § 48 Abs. 1 WPO zu versehen. Bei freiwilligen Abschlussprüfungen besteht diesbezüglich ein Wahlrecht (→ § 321 Rz. 105).

III. Sonderfälle des Vermerks

1. Konzernabschluss

65 Vergleichbar den Vorgaben in § 321 HGB zum Prüfungsbericht (→ § 321 Rz. 89) **integriert** das Gesetz in § 322 HGB den Abschlussvermerk für den Jahresabschluss bzw. Einzelabschluss einer (Mutter-)Gesellschaft mit demjenigen für den Konzernabschluss. Die Regeln zur Erteilung der

---

50 IDW PS 400.81.

Vermerke sind also identisch. Bei der nachfolgenden Kommentierung werden entsprechend lediglich die **konzernspezifischen** Besonderheiten dargestellt.

Im **einleitenden** Abschnitt (→ Rz. 19) ist die Mutterunternehmung als Konzernaufstellungsorgan und der Prüfungsgegenstand zu nennen, also Konzernabschluss mit seinen Bestandteilen (→ § 297 Rz. 1 bzw. → § 315a Rz. 8) und Konzernlagebericht. Folgender Formulierungsvorschlag kann übernommen werden:[51]

> „Ich habe/wir haben den von der ... (Mutterunternehmen) aufgestellten Konzernabschluss – bestehend aus Bilanz-, Gewinn- und Verlustrechnung, Anhang, Kapitalflussrechnung und Eigenkapitalspiegel [sowie Segmentberichterstattung] – und den Konzernlagebericht geprüft. Die Aufstellung von Konzernabschluss und Konzernlagebericht nach den deutschen handelsrechtlichen Vorschriften [und den ergänzenden Bestimmungen des Gesellschaftsvertrags der Satzung] liegt in der Verantwortung der gesetzlichen Vertreter der Gesellschaft. Meine/Unsere Aufgabe ist es, auf der Grundlage der von mir/uns durchgeführten Prüfung eine Beurteilung über den Konzernabschluss und den Konzernlagebericht abzugeben."

Im **beschreibenden** Abschnitt (→ Rz. 23) sind ergänzend zu nennen:

► Konsolidierungskreis,
► Konsolidierungsgrundsätze,
► einbezogene Abschlüsse.[52]

Hinweise zur Verwendung von Prüfungsergebnissen anderer Abschlussprüfer sind dagegen unstatthaft.[53]

Für den beschreibenden Abschnitt kann folgende Formulierung verwendet werden:[54]

> „Ich habe meine/Wir haben unsere Konzernabschlussprüfung nach § 317 HGB unter Beachtung der vom Institut der Wirtschaftsprüfer (IDW) festgestellten deutschen Grundsätze ordnungsmäßiger Abschlussprüfung vorgenommen. Danach ist die Prüfung so zu planen und durchzuführen, dass Unrichtigkeiten und Verstöße, die sich auf die Darstellung des durch den Konzernabschluss unter Beachtung der Grundsätze ordnungsmäßiger Buchführung und durch den Konzernlagebericht vermittelten Bilds der Vermögens-, Finanz- und Ertragslage wesentlich auswirken, mit hinreichender Sicherheit erkannt werden. Bei der Festlegung der Prüfungshandlungen werden die Kenntnisse über die Geschäftstätigkeit und über das wirtschaftliche und rechtliche Umfeld des Konzerns sowie die Erwartungen über mögliche Fehler berücksichtigt. Im Rahmen der Prüfung werden die Wirksamkeit des rechnungslegungsbezogenen internen Kontrollsystems sowie Nachweise für die Angaben im Konzernabschluss und Konzernlagebericht überwiegend auf der Basis von Stichproben beurteilt. Die Prüfung umfasst die Beurteilung der Jahresabschlüsse der in den Konzernabschluss einbezogenen Unternehmen, der Abgrenzung des Konsolidierungskreises, der angewandten Bilanzierungs- und Konsolidierungsgrundsätze und der wesentlichen Einschätzungen der gesetzlichen Vertreter sowie die Würdigung der Gesamtdarstellung des Konzernabschlusses und des Konzernlageberichts. Ich bin/wir

---

51 IDW PS 400 Anhang 2.
52 Vgl. *Förschle/Küster*, in: Beck'scher Bilanz-Kommentar, 7. Aufl., München 2010, § 322 Tz. 118.
53 IDW PS 400.93.
54 IDW PS 400 Anhang 2.

sind der Auffassung, dass meine/unsere Prüfung eine hinreichend sichere Grundlage für meine/unsere Beurteilung bildet."

Ein Hinweis auf die Beachtung der ISA neben den deutschen Prüfungsgrundsätzen ist nach dem Änderungsentwurf des IDW vom 23. 6. 2010 zu IDW PS 400 Tz. 97a zulässig (→ Rz. 23).

67 Die **Beurteilung** durch den Abschlussprüfer (→ Rz. 36) kann wie folgt formuliert werden:[55]

„Meine/Unsere Prüfung hat zu keinen Einwendungen geführt. Nach meiner/unserer Beurteilung aufgrund der bei der Prüfung gewonnenen Erkenntnisse entspricht der Konzernabschluss den gesetzlichen Vorschriften [und den ergänzenden Bestimmungen des Gesellschaftsvertrags/der Satzung] und vermittelt unter Beachtung der Grundsätze ordnungsmäßiger Buchführung ein den tatsächlichen Verhältnissen entsprechendes Bild der Vermögens-, Finanz- und Ertragslage des Konzerns. Der Konzernlagebericht steht in Einklang mit dem Konzernabschluss, vermittelt insgesamt ein zutreffendes Bild von der Lage des Konzerns und stellt die Chancen und Risiken der zukünftigen Entwicklung zutreffend dar."

68 Wesentliche **Unsicherheiten** wegen eines nicht erstellten Zwischenabschlusses durch ein in den Konzernabschluss einbezogenes Tochterunternehmen gem. § 299 Abs. 2 HGB (→ § 299 Rz. 7) kann als ergänzender Hinweis (→ Rz. 37) mitgeteilt werden.[56]

Ein weiterer ergänzender Hinweis (ohne Einschränkungscharakter) kann erfolgen, wenn die **Voraussetzungen** für die Erleichterungen nach § 264 Abs. 3 HGB bzw. § 264b HGB (→ Rz. 38) durch ein Tochterunternehmen nicht vorgelegen haben.[57]

69 **Bestandsgefährdende** Risiken des Konzerns sind wie im Falle einer Jahresabschlussprüfung darzustellen (→ Rz. 27), die Angabepflicht bezieht sich auf das den Konzernabschluss erstellende Mutterunternehmen selbst sowie die einbezogenen Tochterunternehmen, Letztere allerdings nicht, wenn das jeweilige Tochterunternehmen aus Sicht des Konzernabschlusses für die Vermittlung des *true and fair view* nur von untergeordneter Bedeutung ist (Abs. 2 Satz 4). Wann eine solche untergeordnete Bedeutung vorliegt, ist nach den Kriterien der Einbeziehungspflicht nach § 296 Abs. 2 HGB zu beurteilen (→ § 296 Rz. 18).

Eine **Einschränkung** des Bestätigungsvermerks (→ Rz. 48 ff.) kommt konzernspezifisch in Betracht in den Bereichen

- Abgrenzung des Konsolidierungskreises (→ § 294 Rz. 2),
- allgemeine Konsolidierungsmaßnahmen (→ § 301 ff.),
- Einheitlichkeit der Bewertung (→ § 308 Rz. 10),
- *equity*-Bilanzierung bei assoziierten Unternehmen (→ § 312),
- Währungsumrechnung (→ § 308a),
- Kapitalflussrechnung (→ § 297 Rz. 6 ff.),
- Eigenkapitalspiegel (→ § 297 Rz. 90 ff.),
- (ggf.) Segmentberichterstattung (→ § 297 Rz. 1),

---

55 IDW PS 400 Anhang 2.
56 IDW PS 400.92.
57 IDW PH 9.200.1 Tz. 16.

▶ Vorlagepflicht und Auskunftsrecht des Konzernabschlussprüfers bezüglich der Verhältnisse der einbezogenen Tochterunternehmen (→ § 317 Rz. 69).

Sofern der Jahresabschluss bzw. Einzelabschluss eines in den Konzernabschluss einbezogenen Unternehmens nur einen **eingeschränkten** Bestätigungsvermerk erhalten hat, muss dies nicht zwingend zur Einschränkung des Bestätigungsvermerks für den Konzernabschluss führen. Die dort angeführten Mängel können im Rahmen der Konsolidierungsvorgänge **behoben** werden, oder die Mängel sind aus Sicht des Konzernabschlusses unwesentlich. Überhaupt ist der Wesentlichkeitsgedanke (→ Rz. 43) aus der Sicht des Konzernabschlusses mit den **größeren Werten** zu beurteilen.

Wegen der Formulierung von **eingeschränkten** Bestätigungsvermerken bei Konzernabschlüssen wird auf die Vorschläge zum Jahresabschluss (→ Rz. 49 ff.) verwiesen, die inhaltlich auf den Konzernabschluss anzupassen sind.

Der Bestätigungsvermerk für Konzernabschlüsse nach § 315a HGB ist sowohl im einleitenden als auch im beschreibenden Teil und auch bei der Beurteilung des Abschlussprüfers anzupassen. Folgende Formulierung wird vorgeschlagen:[58]

Bestätigung des Abschlussprüfers

*Ich habe/Wir haben den von der ... (Mutterunternehmen) aufgestellten Konzernabschluss – bestehend aus Bilanz, Gewinn- und Verlustrechnung, Eigenkapitalveränderungsrechnung, Kapitalflussrechnung und Anhang – und den Konzernlagebericht geprüft. Die Aufstellung von Konzernabschluss und Konzernlagebericht **nach den IFRS, wie sie in der EU anzuwenden sind, und den ergänzend nach § 315a Abs. 1 HGB anzuwendenden handelsrechtlichen Vorschriften** [sowie den ergänzenden Bestimmungen des Gesellschaftsvertrags/der Satzung] liegt in der Verantwortung der gesetzlichen Vertreter der Gesellschaft. Meine/Unsere Aufgabe ist es, auf der Grundlage der von mir/uns durchgeführten Prüfung eine Beurteilung über den Konzernabschluss und den Konzernlagebericht abzugeben. Ich habe meine/Wir haben unsere Konzernabschlussprüfung nach § 317 HGB unter Beachtung der vom Institut der Wirtschaftsprüfer (IDW) festgestellten deutschen Grundsätze ordnungsmäßiger Abschlussprüfung vorgenommen. Danach ist die Prüfung so zu planen und durchzuführen, dass Unrichtigkeiten und Verstöße, die sich auf die Darstellung **des durch den Konzernabschluss und durch den Konzernlagebericht vermittelten Bilds** der Vermögens-, Finanz- und Ertragslage wesentlich auswirken, mit hinreichender Sicherheit erkannt werden. Bei der Festlegung der Prüfungshandlungen werden die Kenntnisse über die Geschäftstätigkeit und über das wirtschaftliche und rechtliche Umfeld des Konzerns sowie die Erwartungen über mögliche Fehler berücksichtigt. Im Rahmen der Prüfung werden die Wirksamkeit des rechnungslegungsbezogenen internen Kontrollsystems sowie Nachweise für die Angaben im Konzernabschluss und Konzernlagebericht überwiegend auf der Basis von Stichproben beurteilt. Die Prüfung umfasst die Beurteilung der Jahresabschlüsse der in den Konzernabschluss einbezogenen Unternehmen, der Abgrenzung des Konsolidierungskreises, der angewandten Bilanzierungs- und Konsolidierungsgrundsätze und der wesentlichen Einschätzungen der gesetzlichen Vertreter sowie die Würdigung der Gesamtdarstellung des Konzernabschlusses und des Konzernlageberichts. Ich bin/*

---

58 IDW PS 400 Anhang 4. Im Änderungsvorschlag des IDW zum PS 400 Anhang 4 wird ein anderer Wortlaut formuliert.

III. Sonderfälle des Vermerks

Wir sind der Auffassung, dass meine/unsere Prüfung eine hinreichend sichere Grundlage für meine/unsere Beurteilung bildet.

Meine/Unsere Prüfung hat zu keinen Einwendungen geführt.

Nach meiner/unserer Beurteilung aufgrund der bei der Prüfung gewonnen Erkenntnisse entspricht der Konzernabschluss **den IFRS, wie sie in der EU anzuwenden sind, und den ergänzend nach § 315a Abs. 1 HGB anzuwendenden Vorschriften** *[sowie den ergänzenden Bestimmungen des Gesellschaftsvertrags/der Satzung] und vermittelt unter Beachtung dieser Vorschriften ein den tatsächlichen Verhältnissen entsprechendes Bild der Vermögens-, Finanz- und Ertragslage des Konzerns. Der Konzernlagebericht steht in Einklang mit dem Konzernabschluss, vermittelt insgesamt ein zutreffendes Bild von der Lage des Konzerns und stellt die Chancen und Risiken der zukünftigen Entwicklung zutreffend dar.*

(Ort)

(Datum)

(Unterschrift)

Wirtschaftsprüfer

2. Abschluss nach PublG

72   Die dem Publizitätsgesetz unterliegenden Unternehmen haben eine Pflichtprüfung des Jahresabschlusses (§ 6 PublG) und des Konzernabschlusses (§ 14 PublG) durchführen zu lassen. In beiden Fällen ist § 322 HGB **sinngemäß** anzuwenden. Allerdings ist die Formulierung des Bestätigungsvermerks an die pflichtgemäß erstellten Abschlussbestandteile anzupassen. Anders ausgedrückt: Der vorgeschlagene Wortlaut des Bestätigungsvermerks für die Pflichtprüfungen nach § 316 HGB (→ § 316 Rz. 4) kommt nur in Betracht, wenn diese einen Anhang und einen Lagebericht nach § 5 Abs. 2 PublG pflichtmäßig oder ansonsten freiwillig erstellen. „Normale" Personenunternehmen, die dem PublG unterliegen, brauchen keinen Anhang und keinen Lagebericht zu erstellen, entsprechend ist der Bestätigungsvermerk anzupassen.

3. Freiwillige Abschlussprüfungen

73   Freiwillige Abschlussprüfungen nach **gesellschaftsvertraglichen** Auflagen oder **Vereinbarungen** mit dem Unternehmen selbst oder einem Kreditgeber kommen in Betracht bei

- ▶ kleinen Kapitalgesellschaften bzw. Kap. & Co.-Gesellschaften i. S. des § 267 HGB (→ § 267 Rz. 12),
- ▶ Konzernabschlüssen bei Erfüllung der Vorgaben des § 293 HGB (→ § 293 Rz. 5),
- ▶ Personenunternehmen, die nicht unter § 264a HGB (→ § 264a Rz. 5) fallen und die Größenmerkmale des § 1 PublG nicht erreichen,
- ▶ Erstellung eines IFRS-Einzelabschlusses (→ § 325 Rz. 24).

74   Die Erteilung eines dem § 322 HGB entsprechenden Bestätigungsvermerks, der an die Gesellschaft zu adressieren ist, verlangt die Durchführung einer Prüfung nach Art und Umfang der

Vorschriften der §§ 316 ff. HGB (sog. „**Vollprüfung**").[59] Ansonsten darf nur eine **Bescheinigung** erteilt werden. Der Umfang der Prüfungstätigkeit sollte mit dem Auftraggeber förmlich vereinbart und in einem Auftragsbestätigungsschreiben festgehalten werden.[60] Wegen des Inhalts dieses Auftragsbestätigungsschreibens vgl. IDW PS 220 Tz. 19. Die Inanspruchnahme von Aufstellungserleichterungen beim Jahresabschluss kleiner Kapitalgesellschaften (→ § 274a und → § 288) verhindert nicht die Erteilung eines uneingeschränkten Bestätigungsvermerks und ebenso wenig den Hinweis im Vermerk auf den Einblick in die Vermögens-, Finanz- und Ertragslage.[61] Der fehlende Lagebericht in solchen Fällen ist aus dem Text des Bestätigungsvermerks auszuklinken.

Häufig erstellen kleine Kapitalgesellschaften und andere nicht prüfungspflichtige Unternehmen einen **Anlagespiegel** (→ § 268 Rz. 53 ff.) und fügen diesen dem Jahresabschluss bei. Dieser ist als Bestandteil des Jahresabschlusses zu werten, in die Abschlussprüfung einzubeziehen und im einleitenden Abschnitt des Bestätigungsvermerks zu erwähnen.[62] 75

Ohne (freiwillige) Erstellung eines **Anhangs** – z. B. bei „normalen" Personenunternehmen – kann im Bestätigungsvermerk nur die Übereinstimmung mit den gesetzlichen Vorschriften, nicht dagegen die Einhaltung der Generalnorm bestätigt werden. Der entsprechende Formulierungsvorschlag lautet:[63] 76

> **BEISPIEL**
>
> „Nach meiner/unserer Beurteilung aufgrund der bei der Prüfung gewonnenen Erkenntnissen entspricht der Jahresabschluss den gesetzlichen Vorschriften [und den ergänzenden Bestimmungen des Gesellschaftsvertrags]."

Wenn pflichtgemäß ein Anhang durch eine nicht prüfungspflichtige Kapitalgesellschaft unter Inanspruchnahme der größenabhängigen Erleichterungen aufgestellt wird, **nicht dagegen ein Lagebericht**, kann die Erfüllung der Generalnorm bestätigt werden, und zwar nach folgendem Formulierungsvorschlag:[64] 77

> **BEISPIEL**
>
> „Nach meiner/unserer Beurteilung aufgrund der bei der Prüfung gewonnenen Erkenntnisse entspricht der Jahresabschluss den gesetzlichen Vorschriften [und den ergänzenden Bestimmungen des Gesellschaftsvertrags/der Satzung] und vermittelt unter Beachtung der Grundsätze ordnungsmäßiger Buchführung ein den tatsächlichen Verhältnissen entsprechendes Bild der Vermögens-, Finanz- und Ertragslage der Gesellschaft."

Auf **bestandsgefährdende Risiken** ist u. E. auch bei einem pflichtgemäß nicht erstellten Lagebericht im Bestätigungsvermerk hinzuweisen. Abs. 2 Satz 3 macht diesen Hinweis nicht von 78

---

59 IDW PS 400.5 (→ § 317 Rz. 2).
60 IDW PS 220.13.
61 IDW PS 400.43.
62 IDW PS 400.13; ebenso *Bertram*, in: Haufe HGB Bilanz Kommentar, Freiburg 2009, § 322 Rz. 173.
63 IDW PS 400 Anhang 7.
64 IDW PS 400 Anhang 7.

der Lageberichterstellung abhängig.[65] Auch im Prüfungsbericht ist entsprechend zu verfahren (→ § 321 Rz. 35).

79 Bei freiwilliger **Konzernabschlussprüfung** ist der Bestätigungsvermerk dann zu erteilen, sofern die üblichen Voraussetzungen für die Abschlussprüfung nach §§ 317 ff. HGB eingehalten werden. Bei Aufstellung eines Gruppen- oder Spartenabschlusses kann von einer Einschränkung des Bestätigungsvermerks wegen Nichtbeachtung der gesetzlichen Vorgaben zur Bestimmung des Konsolidierungskreises abgesehen werden, wenn die angewandten Abgrenzungsgrundsätze im Konzernanhang angegeben werden.[66]

80 Bestätigungsvermerke bei freiwilligen Abschlussprüfungen sind vergleichbar mit der Berichterstattung über die Prüfung (→ § 321 Rz. 105) von einem vertretungsberechtigten Berufsangehörigen zu **unterzeichnen**. Im Falle einer Prüfungsgesellschaft kann in diesen Fällen auch ein nicht vom Gesetz zugelassener, aber vertretungsberechtigter Angehöriger dieser Gesellschaft unterzeichnen. Die Siegelführung ist nach § 48 Abs. 1 Satz 2 WPO zulässig, aber nicht zwingend.

81 Findet eine sog. Vollprüfung nach den Vorgaben der §§ 317 ff. HGB nicht statt, kommt nur die Erteilung einer **Bescheinigung** in Betracht.[67] Ein entsprechendes Formulierungsmuster für den Fall einer (lediglich) prüferischen Durchsicht (*review*) enthält IDW PS 900 Anhang 2.

4. Bedingte Erteilung

82 In Sonderfällen kommt die Erteilung eines **aufschiebend** bedingten (nicht auflösend) Bestätigungsvermerks in Betracht. Das ist dann der Fall, wenn im Abschluss bereits Sachverhalte berücksichtigt werden, die erst nach Abschluss der Prüfung Wirksamkeit erlangen. Dann ist statt der Einschränkung des Bestätigungsvermerks ein solcher unter **Vorbehalt** möglich. Dieser Vorbehalt ist aber nur zulässig, wenn der noch nicht wirksame Sachverhalt nach Eintritt der Voraussetzungen eine **Rückwirkung** auf den geprüften Abschluss zur Folge hat. Voraussetzung für diese bedingte Erteilung ist der Eintritt der Bedingung nach einem formgebundenen Verfahren mit inhaltlich bereits erfolgter Festlegung. Diese rechtliche Verwirklichung bedarf der Beschlussfassung von Organen und anderer formeller Akte, deren Erfüllung praktisch sicher ist.[68]

Beispiele für solche Rückwirkungs-Sachverhalte sind:

▶ **Sanierungsbilanzen**, die im Zusammenhang mit Kapitalherabsetzungsmaßnahmen erstellt werden.

▶ Noch nicht erfolgte **Feststellung** des Vorjahresabschlusses (→ § 316 Rz. 6). Allerdings soll die aufschiebende Bedingung der Bestätigungsvermerkserteilung dann nicht erforderlich sein, wenn mit einiger Sicherheit der Vorjahresabschluss ohne Feststellung beibehalten werden soll.[69]

---

65 A. A. IDW PS 400.79.
66 So auch *Bertram*, in: Haufe HGB Bilanz Kommentar, Freiburg 2009, § 322 Rz. 178.
67 IDW PS 400.5.
68 IDW PS 400.99.
69 So IDW PS 400.99 unter Hinanstellung der rechtlichen Bedeutung der Feststellung (→ § 245 Rz. 11) aus praktischen Vereinfachungsgründen.

Im Falle der Sanierung durch Kapitalherabsetzung kann die Bedingung unter unmittelbarer Einrückung vor dem Text des Bestätigungsvermerks wie folgt formuliert werden:[70]

> **BEISPIEL**
>
> *„Unter der Bedingung, dass die beschlossene, im Jahresabschluss berücksichtigte vereinfachte Kapitalherabsetzung mit anschließender Kapitalerhöhung im Handelsregister eingetragen wird, erteile ich/erteilen wir den nachstehenden Bestätigungsvermerk:"*

Der dann erteilte Bestätigungsvermerk ist solange (schwebend) unwirksam, entfaltet also keine Rechtskraft und verhindert die Feststellung des Jahresabschlusses, solange die Bedingung nicht eingetreten ist. Erst dann ist auch der Jahresabschluss im Rechtssinne geprüft.[71] Dabei ist der Abschlussprüfer nicht zur Überprüfung des Bedingungseintritts verpflichtet.

Keines bedingenden Vorbehalts bedarf es im Sonderfall einer „freiwilligen" Pflichtprüfung in den Fällen des § 264 Abs. 3 HGB (→ § 264 Rz. 37). Voraussetzung ist die voraussichtliche Erfüllung der erst nach Prüfungsbeendigung eintretenden Befreiungsmerkmale (→ § 264 Rz. 49 f.).[72]

5. Tatsachen nach Erteilung des Bestätigungsvermerks

Nach Erteilung des Bestätigungsvermerks und dessen Auslieferung muss der Abschlussprüfer nicht den Prüfungsinhalt weiter verfolgen. Möglicherweise werden ihm jedoch nach diesem Zeitpunkt Tatsachen bekannt, die entweder am Bilanzstichtag oder im Wertaufhellungszeitraum vorlagen und die einen **eingeschränkten** Vermerk oder gar einen **Versagungsvermerk** erforderlich gemacht hätten. Dann muss der Abschlussprüfer auf eine Änderung des Abschlusses drängen.[73] In stärkerer Formulierung: „... hat das Unternehmen zu veranlassen, den Abschluss zu ändern." Kommt das Unternehmen dieser „**Veranlassung**" nicht nach, hat der Abschlussprüfer einen **Widerruf** des Bestätigungsvermerks in Betracht zu ziehen (→ Rz. 86). Ändert in diesem Fall das Unternehmen den Jahresabschluss, macht diese Bilanzänderung eine Nachtragsprüfung (→ Rz. 84) erforderlich. 83

6. Nachtragsprüfung

Bei Änderung des Abschlusses oder des Lageberichts nach der Erteilung des Bestätigungsvermerks sind die geprüften Unterlagen nach § 316 Abs. 3 HGB (→ § 316 Rz. 12 ff.) erneut zu prüfen, „soweit es die Änderung erfordert". Diese Prüfung kann nur durch den bestellten Abschlussprüfer durchgeführt werden (→ § 316 Rz. 19). Der erteilte Bestätigungsvermerk bleibt auch bei einer Nachtragsprüfung **wirksam** und ist ggf. entsprechend zu ergänzen.[74] Bei Aufrechterhaltung des uneingeschränkten Bestätigungsvermerks für den ursprünglichen Abschluss mit Lagebericht muss die Ergänzung des Prüfungsurteils in einem **gesonderten Ab-** 84

---

70 IDW PS 400.101.
71 IDW PS 400.100.
72 IDW PS 9.200.1 Tz. 7. Dort ist auch unter Tz. 11 ff. die gebotene Vorgehensweise des Abschlussprüfers bei unzulässiger Inanspruchnahme des § 264 Abs. 3 HGB behandelt.
73 IDW PS 400.104.
74 IDW PS 400.107.

schnitt erfolgen. Dadurch wird die Bezugnahme des ergänzten Urteils auf einen geänderten Abschluss bzw. Lagebericht deutlich gemacht. Dabei ist auch der **Gegenstand** der Änderung zu bezeichnen und ggf. das Nichterfordernis von Einwendungen aufgrund der Prüfung der Änderungen deutlich zu machen.

Folgende Formulierung wird vorgeschlagen:[75]

„Diese Bestätigung erteile ich/erteilen wir aufgrund meiner/unserer pflichtgemäßen, am ... abgeschlossenen Abschlussprüfung und meiner/unserer Nachtragsprüfung, die sich auf die Änderung der [geänderten] Posten des Abschlusses bzw. der Angaben bezog. Auf die Begründung der Änderung durch die Gesellschaft im geänderten Anhang ... wird verwiesen. Die Nachtragsprüfung hat zu keinen Einwendungen geführt."

85 **Änderungen** des Abschlusses oder des Lageberichts **nach** Erteilung des Bestätigungsvermerks können Auswirkungen auf diesen nach § 316 Abs. 3 Satz 2 2. Halbsatz HGB haben (→ § 316 Rz. 19). Dieser Sachverhalt ist dann gegeben, wenn durch die Änderung ursprüngliche Mängel des Abschlusses bzw. des Lageberichts **beseitigt** oder aber auch neue Mängel **begründet** werden. Dann ist das Prüfungsurteil neu zu formulieren und um einen gesonderten Absatz mit einem Hinweis auf die Änderung zu ergänzen.[76] Möglicherweise ist ein bisheriger uneingeschränkter Bestätigungsvermerk wegen der Änderungen einzuschränken und mit entsprechender Formulierung anzupassen mit folgendem Text:

„Die Einschränkung bezieht sich auf eine Änderung, die Gegenstand der Nachtragsprüfung war."

Dieser Fall wird in der Praxis allerdings kaum vorkommen, regelmäßig wird der bisherige uneingeschränkte Bestätigungsvermerk auch für die Nachtragsprüfung aufrechterhalten. In diesen Fällen ist die Unterzeichnung des Bestätigungsvermerks mit einer Doppeldatierung zu versehen, d.h. sowohl das Datum des ursprünglichen Bestätigungsvermerks als auch dasjenige der Ergänzung sind anzugeben.[77]

7. Widerruf

86 Der **gesetzlich nicht** geregelte Widerruf eines Bestätigungsvermerks setzt voraus:[78]

- Die Erkenntnis des **Abschlussprüfers** über die nicht gegebenen Voraussetzungen für die Erteilung eines Bestätigungsvermerks.
- Die fehlende Bereitschaft der **Gesellschaft** zur Änderung des geprüften Abschlusses samt der Information derjenigen Personen, die vom geprüften Abschluss Kenntnis erlangt haben (also in der Regel die Allgemeinheit).

Allerdings sollten solche Widerrufe auf **Ausnahmefälle** beschränkt werden; der Widerruf ist bei Vorliegen der Voraussetzungen auf das pflichtgemäße Ermessen des Abschlussprüfers gestellt.[79] Umgekehrt kann sich eine Verpflichtung zum Widerruf ergeben, wenn wesentliche

---

75 IDW PS 400.108.
76 So *Bertram*, in: Haufe HGB Bilanz Kommentar, Freiburg 2009, § 322 Rz. 155.
77 Vgl. *Bertram*, in: Haufe HGB Bilanz Kommentar, Freiburg 2009, § 322 Rz. 156.
78 IDW PS 400.111.
79 Vgl. *Förschle/Küster*, in: Beck'scher Bilanz-Kommentar, 7. Aufl., München 2010, § 322 Tz. 172.

Mängel bekannt werden, die am Abschlussstichtag vorlagen und eine Nichtigkeit des Jahresabschlusses nach § 256 Abs. 6 AktG noch geltend gemacht werden kann.[80] **Wertaufhellende** Tatsachen (→ § 252 Rz. 55), die erst nach Beendigung der Prüfung bekannt wurden, begründen keine Widerrufspflicht. Nach erfolgtem Widerruf darf das Unternehmen den bisherigen Bestätigungsvermerk nicht mehr verwenden. Allerdings wird die Feststellung des Jahresabschlusses bzw. Billigung des Konzernabschlusses, die vor dem Widerruf erfolgt ist, durch diesen nicht unwirksam.

Nach erfolgtem Widerruf ist ein **abweichender** Bestätigungsvermerk zu erteilen. Der Widerruf ist zu begründen und **schriftlich** dem Auftraggeber zuzuleiten.[81]

Gründe für einen Widerruf können sein:[82]

▶ Täuschung des Abschlussprüfers.

▶ Übersehen von Tatsachen, die bei gewissenhafter Prüfung nicht hätten übersehen werden dürfen.

▶ Falsche Würdigung bestimmter Sachverhalte.

Ein Widerruf ist nicht erforderlich, wenn die gebotene Information der Öffentlichkeit in anderer Form erfolgen kann. Dies ist regelmäßig dann der Fall, wenn im bereits vorliegenden oder zeitnah zu erwartenden Folgeabschluss der Fehler des Vorjahrs offen berichtet wird.

> **BEISPIEL** ▶ Ein Einzelgewährleistungsfall infolge einer Produktrückrufaktion mit erheblichen Folgeeffekten für das geprüfte Unternehmen/Konzern ist im Vorjahresabschluss fälschlicherweise nicht berücksichtigt worden. Im Folgeabschluss bucht die Gesellschaft eine entsprechende Rückstellung für den noch lange nicht abgewickelten Schadensfall ein und erläutert dies im Anhang.
>
> Ein Widerruf ist nicht sinnvoll, da die Abschlussadressaten durch diese Anhangangabe gleichwertig informiert werden.

Soweit die DPR oder die BaFin (→ § 342b) Fehler in der Rechnungslegung feststellen, kann ebenfalls ein Widerruf geboten sein.[83] Kommt der Abschlussprüfer aufgrund der Prüfungsergebnisse der DPR oder der BaFin zur Erkenntnis eines fehlerhaft erteilten Bestätigungsvermerks, muss er den Bestätigungsvermerk „grundsätzlich" widerrufen,[84] allerdings dann nicht, wenn die Gesellschaft die entsprechende Fehlerkorrektur der Öffentlichkeit kundtut oder wenn der Fehler für die Adressaten nicht mehr von Bedeutung ist.

Ein Widerruf des Bestätigungsvermerks ist dann **nicht** erforderlich, wenn die Fehlerkorrektur nach den Anforderungen von IDW ERS HFA 6 n. F. erfüllt wird. Dazu bestehen folgende Möglichkeiten:

---

80 Vgl. *ADS*, 6. Aufl., § 322 Tz. 365.
81 IDW PS 400.115.
82 WP-Handbuch, Bd. 1, 13. Aufl., Abschn. Q Tz. 687.
83 IDW PH 9.400.11 Tz. 5.
84 IDW PH 9.400.11 Tz. 7.

III. Sonderfälle des Vermerks

- Die Gesellschaft ändert die fehlerhafte Rechnungslegung **retrospektiv**. Der entsprechend korrigierte Abschluss wird nach erfolgter Nachtragsprüfung gem. § 316 Abs. 3 Satz 2 HGB (→ § 316 Rz. 12 ff.) mit dem ergänzten Bestätigungsvermerk offen gelegt.
- Der Fehler wird **prospektiv**, d. h. im nächsten nach der Fehlererkennung aufgestellten geprüften und offen zu legenden Abschluss mit entsprechender Erläuterung korrigiert.

Der Abschlussprüfer hat dann nach Abs. 3 Satz 2 den Bestätigungsvermerk mit einem Hinweis zu ergänzen (→ Rz. 37). Diese Ergänzung muss die Fehlerkorrektur im aktuellen Abschluss, die ein früheres Geschäftsjahr betrifft, ersichtlich machen. Dieser Hinweis ist in einem gesonderten Abschnitt des Bestätigungsvermerks aufzunehmen und wie folgt einzuleiten: „Ohne diese Beurteilung einzuschränken, weise ich/weisen wir darauf hin, dass ...".[85]

8. Erstprüfungen

91 Wegen der möglichen Fälle von Erstprüfungen[86] wird verwiesen auf → § 321 Rz. 107.

Das Problem stellt in diesen Fällen die Verifizierung der **Eröffnungsbilanzwerte** dar.[87] Allerdings wird im Bestätigungsvermerk auf die Prüfung der Eröffnungsbilanzwerte nicht gesondert eingegangen. Auf den Bestätigungsvermerk können indes folgende Sachverhalte Einfluss nehmen:

- **Einwendungen** gegen den Vorjahresabschluss, die auch im aktuellen Abschluss noch relevant sind. Dann ist im Bestätigungsvermerk für das laufende Jahr erneut eine Einschränkung anzubringen.
- Die **Eröffnungsbilanzwerte** können nicht durch Prüfungshandlungen verifiziert werden, weil z. B. die Unterlagen für die früheren Jahre nicht mehr vorhanden sind. Dann kommt eine Einschränkung oder Versagung wegen eines Prüfungshemmnisses (→ Rz. 52) in Betracht.[88]

9. Zusammengefasster Bestätigungsvermerk

92 § 325 Abs. 3a HGB erlaubt die Zusammenfassung des Konzernabschlusses mit dem Jahresabschluss des Mutterunternehmens bzw. mit einem Einzelabschluss bei der **Bekanntmachung** (→ § 325 Rz. 27). Die Vermerke des Abschlussprüfers nach § 322 HGB sowie die Prüfungsberichte (→ § 321 Rz. 101) können dann zusammengefasst werden. Die Zusammenfassung beschränkt sich auf „beide Abschlüsse". In der Praxis erfolgt dieser „Zusammenschluss" zwischen Konzern und Jahresabschluss. Dagegen findet die Kombination Konzern- und Einzelabschluss in der Praxis nicht statt (→ § 325 Rz. 22).[89]

Sachlich notwendig ist die Prüfung der beiden zusammengefassten Abschlüsse durch den **gleichen** Abschlussprüfer. Nach der sinnvollen Empfehlung des *IDW*[90] soll von dieser Zusammen-

---

85 Nach dem Vorschlag von IDW PS 400.75.
86 IDW PS 205.1.
87 IDW PS 205.10 ff.
88 IDW PS 205.17.
89 Nach IDW PS 400.96 heißt es dazu: „Wird regelmäßig nicht Betracht kommen." Eine Begründung wird nicht geliefert.
90 IDW PS 400.96.

fassung nur Gebrauch gemacht werden, wenn die Rechnungslegung gemeinsame Teile aufweist, insbesondere die Zusammenfassung des Konzernanhangs mit dem Anhang des Jahresabschlusses der Mutterunternehmung nach § 298 Abs. 2 HGB (→ § 298 Rz. 37). Das *IDW* unterbreitet für die dann zu wählende Formulierung des Bestätigungsvermerks einen Vorschlag.[91]

U. E. kann die Zusammenfassung des Bestätigungsvermerks bei den beiden unterschiedlichen Rechnungslegungsbestandteilen mit unterschiedlichen Gesetzesgrundlagen dann nicht sinnvoll sein, wenn eine Kombination zwischen HGB-Jahres- und IFRS-Konzernabschluss besteht.[92] „Kombiniert" werden kann demgegenüber ein eingeschränkter (zum Jahresabschluss) und kein uneingeschränkter Bestätigungsvermerk (zum Konzernabschluss).

10. Einzelabschluss nach § 325a HGB

Nach § 324a Abs. 1 HGB (→ § 324a Rz. 1) sind die Prüfungsvorschriften und damit auch die Vorgabe für die Testaterteilung bei dieser freiwilligen Abschlussprüfung (→ Rz. 73) anzuwenden. Der an die Gesellschaft zu adressierende Bestätigungsvermerk muss auf die in der EU anzuwendenden IFRS und die ergänzend anzuwendenden handelsrechtlichen Vorschriften nach § 325 Abs. 2a HGB im einleitenden Abschnitt (→ Rz. 19) hinweisen. Ein weiterer entsprechender Hinweis muss im Beurteilungsteil (→ Rz. 36) des Bestätigungsvermerks erfolgen. Der praktische Anwendungsbereich dieser Prüfungsmöglichkeit dürfte derzeit gegen Null tendieren (→ § 325 Rz. 22).

93

11. Gemeinschaftsprüfungen (*joint audits*)

In aller Regel erteilen die Gemeinschaftsprüfer (→ § 318 Rz. 20) einen gemeinsamen Bestätigungsvermerk mit gemeinsamer Unterzeichnung.[93] Bei einer nicht gegebenen Einigung auf ein gemeinsames Testat muss jeder Gemeinschaftsprüfer einen **eigenen** Bestätigungsvermerk erteilen und als ergänzenden Hinweis nach Abs. 3 Satz 2 (→ Rz. 38) das abweichende Ergebnis des anderen Gemeinschaftsprüfers mitteilen.

94

Bei Einschränkung nur durch **einen** Gemeinschaftsprüfer gilt der Bestätigungsvermerk insgesamt als eingeschränkt, auch wenn der andere Prüfer seinerseits keine Einschränkung ausspricht.[94]

12. Fremdsprachige Fassungen

Nach Literaturauffassung muss der Bestätigungsvermerk bei einer Pflichtprüfung in **deutscher** Sprache gefasst werden, weil er sich auf den Jahresabschluss bezieht und dieser in deutscher Sprache aufzustellen ist (→ § 244 Rz. 1).[95] U. E. ist diese Folgerung nicht unbedingt zwingend. Allerdings erachten wir ein fremdsprachiges Testat auf einem in Deutsch abgefassten Abschluss nicht für sinnvoll, und dies ist sicherlich auch von niemandem gewünscht. Es genügt in

95

---

[91] IDW PS 400 Anhang 3.
[92] Ähnlich *Bertram*, in: Haufe HGB Bilanz Kommentar, Freiburg 2009, § 322 Rz. 192.
[93] IDW PS 208.28.
[94] IDW PS 208.29.
[95] Vgl. *Pfitzer/Orth*, in: Baetge/Kirsch/Thiele (Hrsg.), Bilanzrecht, Kommentar, § 322 Tz. 221; dem folgend *Bertram*, in: Haufe HGB Bilanz Kommentar, Freiburg 2009, § 322 Rz. 201.

jedem Fall eine Übersetzung, in der auf die maßgebliche Fassung des Vermerks in deutscher Sprache hinzuweisen ist. Übersetzungen in die englische und französische Sprache sind im zugangsgeschützten Mitgliederbereich der Internetseite des *IDW* herunterzuladen. Wegen der Berichterstattung in fremder Sprache vgl. → § 321 Rz. 116.

Diese Vorgehensweise empfiehlt sich auch bei freiwilligen Abschlussprüfungen.[96]

13. Offenlegung des Bestätigungsvermerks

96 Die Offenlegung des Jahresabschlusses mit zugehörigen Unterlagen umfasst auch den pflichtmäßig zu erteilenden Bestätigungsvermerk (→ § 325 Rz. 5). Bei Inanspruchnahme größenabhängiger **Offenlegungserleichterungen** ist darauf zu verweisen (→ § 328 Rz. 8a).

Auch ein **bedingter**, und deshalb rechtlich (noch) nicht vorhandener, Bestätigungsvermerk (→ Rz. 82) kann veröffentlicht werden, um dem Informationsbedürfnis der Abschlussadressaten Genüge zu tun. Regelmäßig ist allerdings bis zur Offenlegungspflicht die Bedingung eingetreten, so dass sich das Thema erledigt. Dann soll es zulässig sein, den Bedingungszusatz im Bestätigungsvermerk wegzulassen.[97]

14. Bestätigungsvermerk für im Insolvenzverfahren befindliche Unternehmen

97 Nach § 155 Abs. 1 Satz 1 InsO berührt die Insolvenz die handels- und steuerrechtlichen Rechnungslegungspflichten des Insolvenzschuldners nicht. Mit **Übergang der Verwaltungs- und Verfügungsrechte** (§ 80 InsO) sind diese Pflichten durch den Insolvenzverwalter und nicht mehr durch die Organe der Gesellschaft zu erfüllen. Sie betreffen i. V. mit § 155 Abs. 2 InsO den **letzten Jahres-Konzernabschluss** samt Lagebericht der **werbenden** Gesellschaft für den Zeitraum bis zum Tag vor Eröffnung des Insolvenzverfahrens, also für ein Rumpfgeschäftsjahr.

Der Insolvenzverwalter hat außerdem **originär** nach § 155 Abs. 1 Satz 1 InsO die Rechungslegungspflichten, die die Insolvenzmasse betreffen, zu erfüllen. Er ist i. V. mit § 155 Abs. 2 InsO demnach u. a. verpflichtet,

▶ auf den Zeitpunkt der Verfahrenseröffnung eine handelsrechtliche **Eröffnungsbilanz** und

▶ für den **Schluss eines jeden Geschäftsjahrs** einen Jahres-/Konzernabschluss nebst Lagebericht

aufzustellen.

Nach Insolvenzeröffnung kann durch einfachen, nicht satzungsändernden Gesellschafterbeschluss ein zweites Rumpfgeschäftsjahr gebildet werden, um zum ursprünglichen Stichtag zurückzukehren.[98]

---

96 So auch *Bertram*, in: Haufe HGB Bilanz Kommentar, Freiburg 2009, § 322 Rz. 203.
97 Vgl. *Pfitzer/Orth*, in: Baetge/Kirsch/Thiele (Hrsg.), Bilanzrecht, Kommentar, § 322 Tz. 80.1; so auch *Bertram*, in: Haufe HGB Bilanz Kommentar, Freiburg 2009, § 322 Rz. 208.
98 IDW RH 1.012 Tz. 10, Nachweise zu abweichenden Auffassungen bei *Eisolt/Schmidt*, BB 2009 S. 654 ff.

Die **Prüfungspflicht** der Abschlüsse in der Insolvenz von Kapitalgesellschaften und Kap. & Co.- 98
Gesellschaften richtet sich nach § 155 Abs. 3 InsO i.V. mit § 270 Abs. 3 AktG und § 71 Abs. 3
GmbHG und §§ 316 ff. HGB.

Für den Fall der **Liquidation** und damit auch für ein nicht auf Fortsetzung der Gesellschaft angelegtes Insolvenzverfahren ist danach eine **gerichtliche Befreiung von der Prüfungspflicht** möglich, wenn die Verhältnisse der Gesellschaft überschaubar sind.

Liegen die Voraussetzungen für eine Befreiung **nicht** vor, stellt sich die Frage nach dem Inhalt 99
des **Bestätigungsvermerks**. Betroffen ist vor allem die Nennung der materiellen Rechtsgrundlagen des Abschluss und des Aufstellungsverantwortlichen im **einleitenden Teil** (→ Rz. 16). Im
Falle eines auf Liquidation angelegten Verfahren gilt hier Folgendes:

▶ **Materielles Recht**: Nach den gegenüber §§ 238 ff. HGB vorrangigen § 270 Abs. 2 AktG
und § 71 Abs. 2 GmbHG ist das **Anlagevermögen** wie Umlaufvermögen zu bewerten.

▶ **Verantwortung**: Sie liegt für die **Aufstellung des Abschlusses** beim Insolvenzverwalter
(→ Rz. 97), hinsichtlich der **Buchführung** u. E. aber wenigstens insoweit noch bei den gesetzlichen Vertretern, wie die Buchführung bereits abgeschlossen ist (Relevanz für letzten Abschluss der werbenden Gesellschaft) oder sich noch von den gesetzlichen Vertretern implementierte Systeme auswirken.

Der beschreibende Abschnitt sollte daher wie folgt lauten:

„Die Buchführung liegt in der Verantwortung der **gesetzlichen Vertreter und des Insolvenzverwalters**, die Aufstellung von Jahresabschluss und Lagebericht nach den deutschen handelsrechtlichen Vorschriften und den Liquidationsfällen **vorrangigen Bestimmungen des GmbHG/AktG** in der Verantwortung des **Insolvenzverwalters**."

Besondere Fragen ergeben sich im beschreibenden Teil beim **IFRS**-Einzel- oder Konzern- 100
abschluss. Nach IAS 1.25 f. ist bei Abkehr von der *going concern*-Prämisse auf anderer, im Anhang offen zu legender Grundlage zu bilanzieren, wobei die IFRS aber anders als etwa § 270
Abs. 2 AktG und § 71 Abs. 2 GmbHG die andere Grundlage nicht konkretisieren. Unter diesen
Umständen kann und muss das Unternehmen bzw. der Insolvenzverwalter i.V. mit IAS 8.10
und IAS 1.19 zur Lückenfüllung bzw. tatsachengetreuen Darstellung ggf. **von einzelnen Standards abweichen** und andere Rechnungslegungsmethoden anwenden. Abstrakt bleibt er dabei
in den IFRS, da IAS 1.25 ein solches Vorgehen fordert, konkret wendet er aber gerade nicht
mehr alle „IFRS wie von der EU angenommen" an, wobei er die Abweichungen im Anhang erläutern muss.

Für den **beschreibenden** Teil (→ Rz. 21) des Bestätigungsvermerks wäre daher u. E. folgende
Formulierung angemessen:

„Die Aufstellung von Konzernabschluss und Konzernlagebericht erfolgte nach den in der EU
anzuwendenden IFRS, **jedoch mit liquidationsspezifischen, im Einzelnen im Anhang dargestellten Modifikationen**, und den ergänzend nach § 315a Abs. 1 HGB anzuwendenden
handelsrechtlichen Vorschriften. Die Aufstellung liegt in der **Verantwortung des Insolvenzverwalters**."

§ 323 Verantwortlichkeit des Abschlussprüfers

(1) ¹Der Abschlussprüfer, seine Gehilfen und die bei der Prüfung mitwirkenden gesetzlichen Vertreter einer Prüfungsgesellschaft sind zur gewissenhaften und unparteiischen Prüfung und zur Verschwiegenheit verpflichtet; § 57b der Wirtschaftsprüferordnung bleibt unberührt. ²Sie dürfen nicht unbefugt Geschäfts- und Betriebsgeheimnisse verwerten, die sie bei ihrer Tätigkeit erfahren haben. ³Wer vorsätzlich oder fahrlässig seine Pflichten verletzt, ist der Kapitalgesellschaft und, wenn ein verbundenes Unternehmen geschädigt worden ist, auch diesem zum Ersatz des daraus entstehenden Schadens verpflichtet. ⁴Mehrere Personen haften als Gesamtschuldner.

(2) ¹Die Ersatzpflicht von Personen, die fahrlässig gehandelt haben, beschränkt sich auf eine Million Euro für eine Prüfung. ²Bei Prüfung einer Aktiengesellschaft, deren Aktien zum Handel im regulierten Markt zugelassen sind, beschränkt sich die Ersatzpflicht von Personen, die fahrlässig gehandelt haben, abweichend von Satz 1 auf vier Millionen Euro für eine Prüfung. ³Dies gilt auch, wenn an der Prüfung mehrere Personen beteiligt gewesen oder mehrere zum Ersatz verpflichtende Handlungen begangen worden sind, und ohne Rücksicht darauf, ob andere Beteiligte vorsätzlich gehandelt haben.

(3) Die Verpflichtung zur Verschwiegenheit besteht, wenn eine Prüfungsgesellschaft Abschlussprüfer ist, auch gegenüber dem Aufsichtsrat und den Mitgliedern des Aufsichtsrats der Prüfungsgesellschaft.

(4) Die Ersatzpflicht nach diesen Vorschriften kann durch Vertrag weder ausgeschlossen noch beschränkt werden.

(5) (weggefallen)

Inhaltsübersicht

	Rz.
I. Regelungsgehalt und Anwendungsbereich	1 - 7
II. Pflichten des Abschlussprüfers	8 - 30
1. Prüfungsdurchführung (Abs. 1 Satz 1)	8 - 13
1.1 Personenkreis	8 - 9
1.2 Reglement	10 - 13
1.2.1 Gewissenhaftigkeit	10 - 11
1.2.2 Unparteilichkeit	12 - 13
2. Generelle Verschwiegenheitspflicht	14 - 25
2.1 Umfang (Abs. 3)	14 - 21
2.2 Gesetzliche Ausnahmen	22
2.3 Entbindung	23 - 25
3. Geschäfts- und Betriebsgeheimnisse (Abs. 1 Satz 2)	26 - 30
III. Haftung des Abschlussprüfers (Abs. 1 Satz 3)	31 - 43
1. Voraussetzung	31 - 32
1.1 Pflichtverletzung	31
1.2 Verschulden	32
2. Kausalität für den Schaden	33 - 34
3. Verpflichtete Personen (Abs. 1 Satz 4)	35
4. Anspruchsberechtigte Personen	36
5. Konkurrierendes Verschulden	37 - 38
6. Haftung gegenüber Dritten	39 - 42
7. Verjährung	43

IV. Haftungsbegrenzung (Abs. 2)	44 - 46
V. Zwingendes Recht (Abs. 4)	47
VI. Freiwillige Abschlussprüfungen	48
VII. Straf- und berufsrechtliche Sanktionen	49

Ausgewählte Literatur

Ebke, in: Münchener Kommentar zum HGB, 2. Aufl., München 2009, § 323

Hilber/Hartung, Auswirkungen des Sarbanes-Oxley Act auf deutsche WP-Gesellschaften, BB 2003 S. 1054

Quick, Geheimhaltungspflicht des Abschlussprüfers, BB 2004 S. 1490

I. Regelungsgehalt und Anwendungsbereich

1   § 323 HGB befasst sich mit dem Pflichtenkatalog des Abschlussprüfers und seiner Gehilfen und gesetzlichen Vertreter einer Prüfungsgesellschaft (→ Rz. 8) im Rahmen einer **gesetzlichen** Abschlussprüfung nach § 316 HGB (→ § 316 Rz. 1) und den **Folgen** eines Verstoßes gegen diese Pflichten in Form der **Haftung** (→ Rz. 26). Wegen der möglichen hohen Haftungssummen wird eine Beschränkung auf **Höchstbeträge** festgelegt (→ Rz. 34). Eine weitere Herabsetzung dieser Beträge oder eine Beschränkung der haftungsauslösenden Tatbestände (etwa auf grobe Fahrlässigkeit) durch vertragliche Vereinbarung ist bei Pflichtprüfungen **nichtig** (→ Rz. 36), eine vertragliche Erhöhung oder Verschärfung der Haftung hingegen vertraglich zulässig, wenngleich als Verstoß gegen die Berufssatzung anzusehen (→ Rz. 46).

2   **Freiwillige** Abschlussprüfungen unterliegen bezüglich der Verantwortlichkeiten dem allgemeinen Zivilrecht (→ Rz. 37). Das gilt wiederum nicht (also Anwendung des § 323 HGB), wenn die Prüfung eines freiwillig erstellten Konzernabschlusses befreiende Wirkung haben soll (→ § 291 Rz. 22; → § 292 Rz. 8).

3   Der Schutzbereich des § 323 HGB beschränkt sich dem Wortlaut nach auf den **Auftraggeber** (→ Rz. 25) und ein eventuell geschädigtes verbundenes Unternehmen (→ § 271 Rz. 25). Eine Wirkung gegenüber **Dritten** kann sich aber in Verbindung mit dem allgemeinen Zivilrecht ergeben (→ Rz. 29).

4   Einen besonderen Verpflichtungsgehalt sieht der Gesetzgeber in der gebotenen **Verschwiegenheit** (→ Rz. 14) unter Betonung des Verbots der Verwertung von Geschäfts- und Betriebsgeheimnissen (→ Rz. 21), die anlässlich der Prüfungstätigkeit erfahren worden sind.

5   Auf die Verantwortlichkeiten und Rechtsfolgen des § 323 HGB wird in vielen **anderen** Pflichtprüfungen **außerhalb** des Anwendungsbereichs von §§ 316 ff. HGB verwiesen:[1]

- ▶ Gründungsprüfung (§ 49 AktG),
- ▶ Nachgründungsprüfung (§ 53 AktG),
- ▶ aktienrechtliche Sonderprüfungen (§§ 144, 258 Abs. 5 Satz 1 AktG),
- ▶ Prüfung nach dem UmwG:

---

[1] Vgl. die Auflistung bei *Bertram*, in: Haufe HGB Bilanz Kommentar, Freiburg 2009, § 323 Tz. 9.

- Verschmelzung (§§ 9, 11 Abs. 2 UmwG),
- Spaltung (§ 125 UmwG),
- Vermögensübertragung (§ 176 Abs. 1 UmwG),
- Formwechsel (§ 197 UmwG),
- ▶ Prüfung einer Kapitalerhöhung aus Gesellschaftsmitteln (§ 209 Abs. 4 Satz 2 AktG, § 57f Abs. 3 Satz 2 GmbHG),
- ▶ Prüfung von Unternehmensverträgen (§ 293d Abs. 2 AktG),
- ▶ Prüfung von Eingliederungen (§ 320 Abs. 3 AktG),
- ▶ externe Qualitätskontrolle (§ 57b Abs. 4 WPO).

Für die Jahresabschlussprüfung von **Genossenschaften** gilt § 323 HGB demgegenüber nicht. Hier enthält § 62 GenG eine weitgehend inhaltsgleiche Spezialregelung. 6

Bei anderen **gesetzlich** angeordneten Prüfungen, die förmlich nicht auf § 323 HGB verweisen, soll nach allgemeiner Auffassung zufolge dessen Regelungsgehalt ebenfalls anzuwenden sein.[2] Genannt werden in diesem Zusammenhang auch die prüferischen Durchsichten vom Finanzmarktinformationen nach § 37w ff. WpHG, außerdem für Prüfungen z. B. nach § 29 KWG.[3] 7

II. Pflichten des Abschlussprüfers

1. Prüfungsdurchführung (Abs. 1 Satz 1)

1.1 Personenkreis

Das Gesetz nennt als von der Anwendung des § 323 HGB betroffenen Personenkreis: 8
- ▶ Den Abschlussprüfer (als natürliche Person),
- ▶ die Gehilfen des Abschlussprüfers,
- ▶ die bei der Prüfung mitwirkenden gesetzlichen Vertreter einer Prüfungsgesellschaft.

Abschlussprüfer ist die nach § 318 HGB bestellte Person oder Gesellschaft (→ § 318 Rz. 21).

Diese Aufzählung ist **umfassend**. **Jede** mit der Prüfung irgendwie befasste Person unterliegt dem Regelungsbereich. Das gilt nicht nur für die „an der Front" tätigen Mitarbeiter, sondern auch für technisch Dienstleistende z. B. Sekretariate etc., wobei für untergeordnet oder unterstützend tätige Personen in der Praxis allerdings nur die Verschwiegenheitspflichten eine Rolle spielen, da sich die durch Berufsrecht und IDW konkretisierten Anforderungen an die Gewissenhaftigkeit und Unparteilichkeit auf die Berufsausübung durch den Wirtschaftsprüfer und nicht etwa auf das tippfehlerfreie Schreiben der Sekretärin beziehen. 9

Die Rechtsgrundlage für die Beschäftigung – Arbeitsvertrag, freiberufliche Mitarbeit, Einmal-Tätigkeit – ist unerheblich. Die Verschwiegenheitserklärung nach § 50 WPO ergänzt diese Vor-

---

[2] Vgl. ADS, 6. Aufl., § 323 Tz. 7; *Winkeljohann/Feldmüller*, in: Beck'scher Bilanz-Kommentar, 7. Aufl., München 2010, § 323 Tz. 4; *Bertram*, in: Haufe HGB Bilanz Kommentar, Freiburg 2009, § 323 Tz. 11; *Kuhner/Pässler*, in: Küting/Pfitzer/Weber, Handbuch der Rechnungslegung – Einzelabschluss, 5. Aufl., § 323 Tz. 1.
[3] Vgl. *Winkeljohann/Feldmüller*, in: Beck'scher Bilanz-Kommentar, 7. Aufl., München 2010, § 323 Tz. 3.

gabe; fehlt diese, bleibt die Verpflichtung nach § 323 Abs. 1 HGB unberührt. Die gesetzlichen Vertreter definieren sich nach den einschlägigen gesellschaftsrechtlichen Vorgaben.

1.2 Reglement

1.2.1 Gewissenhaftigkeit

10 Die Verpflichtung zur Gewissenhaftigkeit bei der Prüfungsdurchführung stellt zunächst einmal eine bare **Selbstverständlichkeit** dar; „gewissenlos" sollte ein verantwortungsbewusster Zeitgenosse sich auch sonst nicht gerieren. Die Frage geht deshalb dahin, an welchen **Maßstäben** sich das Gewissen des Abschlussprüfers und seiner Mitstreiter orientieren soll. So mag schon ein alt überkommener Moralkodex einiges Anschauungsmaterial zur Verfügung stellen: „Du sollst nicht lügen, du sollst kein falsches Zeugnis abgeben". Diese allgemeingültigen Vorgaben werden im Bereich der Abschlussprüfung im nennenswerten Umfang angereichert durch die Prüfungsstandards des IDW (→ § 317 Rz. 1) und die berufsrechtlichen Vorgaben in der WPO und die BS WP/vBP (→ § 317 Rz. 15). Die **eigenverantwortliche** Entscheidung des Abschlussprüfers soll dort ihre Unterstützung finden. Diese ist wenigstens dann gewährleistet, wenn sich der Abschlussprüfer akkurat an die IDW-Vorgaben zur verantwortlichen Durchführung einer Abschlussprüfung hält. Eine Abweichung von diesen ist nur in begründeten **Ausnahmefällen** möglich (→ § 317 Rz. 13). Oder umgekehrt gewendet: Hält sich der Abschlussprüfer an diese Vorgaben,[4] wird ihm auch in der Zivil- und Strafgerichtsbarkeit nichts vorgeworfen werden können.

11 Konkreter wird die **Gewissenhaftigkeit** der Berufsausübung nach Nennung der Selbstverständlichkeiten von Beachtung des Gesetzes und der Berufsgrundsätze wie folgt dargestellt:[5]

▶ **Verbot** einer **Auftragsannahme** bei fehlender Sachkunde oder nicht verfügbarem Zeitrahmen;

▶ ordnungsgemäße **Gesamtplanung** zur Gewährleistung einer zeitgerechten Auftragsabwicklung;

▶ ausnahmsweise **Beendigung** des Auftrags bei Eintreten besonderer Umstände, die zur Ablehnung des Auftrags hätten führen müssen.

1.2.2 Unparteilichkeit

12 Die Abschlussprüfung erfolgt in erster Linie im Interesse der **Öffentlichkeit**, also „jedermanns". Deshalb darf der Abschlussprüfer nicht **einseitig** bei seiner Tätigkeit und Berichterstattung die Interessen des beauftragten Unternehmens – oder noch konkreter – die persönlichen Interessen des Vorstands oder der Geschäftsführung oder aber einzelner Kreditgeber bevorzugen. Besonders im **Prüfungsbericht** hat sich der Abschlussprüfer wegen der möglichen und gegensätzlichen Interessenlagen der Berichtsadressaten (→ § 321 Rz. 2) einer besonderen unparteilichen (neutralen) Darstellung zu befleißigen. Das muss auch und gerade dann gelten, wenn wie üblich dem Vorstand oder der Geschäftsführung vor Auslieferung des Prüfungsberichts ein sog. Leseexemplar zugestellt wird, um nochmals die Gelegenheit zur Auskunftserteilung zu nutzen

---

4 Vgl. IDW PS 201.27 ff.
5 § 4 BS WP/vBp.

(→ § 321 Rz. 86). Die kritische Lektüre dieses „Leseexemplars" darf nicht in ein „Streichkonzert" ausarten, in dem unerwünscht erscheinende Ausführungen eliminiert oder in schwer verständliche Aussagen umformuliert werden.

Die Unparteilichkeit ist insbesondere dann gefährdet, wenn die Gefahr der **Befangenheit** (→ § 319 Rz. 19) besteht durch:[6]

13

- Eigeninteresse,
- Selbstprüfung,
- Interessenvertretung,
- persönliche Vertrautheit.

2. Generelle Verschwiegenheitspflicht

2.1 Umfang (Abs. 3)

Besonders streng ist das Gebot der Verschwiegenheit für alle am Prüfungsgeschehen beteiligten Personen bis hin in die Hilfstätigkeiten innerhalb einer Praxisorganisation (→ Rz. 9). Die weite Auslegung wird auch für die berufsrechtliche Verschwiegenheitspflicht nach § 43 WPO allgemein anerkannt. **Alles**, was den am Prüfungsgeschehen beteiligten Personen bekannt geworden ist, unterliegt dieser Verschwiegenheitspflicht. Diese endet erst dort, wo allgemein bekannte Tatsachen betroffen sind, also Verlautbarungen des Unternehmens in der Presse oder in sonst öffentlich zugänglichen Informationsmedien.

14

Die Verschwiegenheitspflicht besteht auch **nach Beendigung** des Auftragsverhältnisses fort,[7] d. h. sie unterliegt keiner **zeitlichen** Begrenzung, auch dann nicht, wenn die früher geprüfte Gesellschaft als solche nicht mehr besteht.

15

Keine Verschwiegenheitspflicht besteht gegenüber

16

- den Auskunftspersonen, die vom Vorstand/der Geschäftsführung dem Abschlussprüfer benannt worden sind,[8] allerdings u. E. beschränkt auf deren Kompetenzbereich,
- dem Aufsichtsrat oder Prüfungsausschuss der geprüften Gesellschaft (→ § 321 Rz. 86),
- den Gesellschaftern einer GmbH oder GmbH & Co. KG (§ 42a Abs. 3 GmbHG).

Dagegen besteht eine Verschwiegenheitspflicht gegenüber den Aktionären einer AG oder KGaA.

Innerhalb der Prüfungsgesellschaft bzw. des Prüfungsteams besteht keine Verschwiegenheitspflicht, ebenso wenig im Rahmen der **internen Konsultation**,[9] etwa bei Heranziehung der Grundsatzabteilung einer WP-Gesellschaft.

Bei einer **externen Konsultation** sind die Anfragen des um Rat suchenden Wirtschaftsprüfers zu anonymisieren, d. h. Name oder Firma des geprüften Unternehmens darf nicht genannt werden. Diese Anonymisierung genügt allerdings dann nicht, wenn ein bestellter Abschluss-

17

---

6 §§ 23 ff. BS WP/vBp.
7 § 9 Abs. 3 BS WP/vBp.
8 Vgl. *Bertram*, in: Haufe HGB Bilanz Kommentar, Freiburg 2009, § 323 Tz. 47.
9 § 24b Abs. 2 BS WP/vBp.

prüfer einen ihm bekannten Kollegen um Rat sucht und dieser die wenigen Prüfungsaufträge des Kollegen kennt und daraus auf das geprüfte Unternehmen schließen kann. In diesen Fällen muss die anonymisierte Anfrage sinnvollerweise an die Fachabteilung des IDW gerichtet werden.

18 Gegenüber dem mit der **internen Qualitätssicherung** beauftragten Mitarbeiter der Prüfungsgesellschaft besteht keine Verschwiegenheitpflicht; das gilt für alle einschlägigen Qualitätssicherungsmaßnahmen, seien diese auftragsbegleitend, sei es Berichtskritik oder interne Nachschau. **Extern** herangezogene Prüfungskräfte – z. B. auf der Basis einer freien Mitarbeit – sind vorab zur Verschwiegenheit gem. § 50 WPO zu verpflichten.

19 Im Sonderfall der **externen Qualitätssicherung** durch das Qualitätskontrollverfahren *(peer review)* wird die Verschwiegenheitspflicht gegenüber dem prüfenden „Peer" aufgehoben.[10] Umgekehrt sind dann der Qualitätskontrollprüfer, seine Gehilfen, die Qualitätskontrollkommission und der entsprechende Beirat ihrerseits zur Verschwiegenheit verpflichtet (§ 57b WPO).

20 Eine Spezialvorschrift betont die Verschwiegenheitspflicht gegenüber dem **Aufsichtsrat** und den Mitgliedern des Aufsichtsrats einer Prüfungsgesellschaft (Abs. 3). Dadurch wird die Überwachungstätigkeit des Aufsichtsrats der Prüfungsgesellschaft partiell eingeschränkt, die ihm sonst nach § 90 AktG auferlegt ist. Gleiches gilt u. E. gegenüber den Gesellschaftern einer Prüfungsgesellschaft.[11]

21 Die Verschwiegenheitspflicht umfasst auch die Verhinderung von ungebetenen Einsichtnahmen Dritter etwa in die Arbeitspapiere des Abschlussprüfers oder in die ihm von der geprüften Gesellschaft zur Verfügung gestellten Unterlagen.[12]

2.2 Gesetzliche Ausnahmen

22 Gesetzliche Ausnahmen von der Verschwiegenheitspflicht gelten

- gegenüber dem **Konzernabschlussprüfer** (→ § 320 Rz. 18),
- gegenüber dem **Sonderprüfer** einer AG nach § 258 Abs. 5 Satz 2 IVM, § 145 Abs. 2 AktG,
- bezüglich der **Mitteilungspflicht** an die BaFin und die deutsche Bundesbank nach § 29 Abs. 3 KWG,
- bei **Offenlegung** des Prüfungsberichts nach § 321a HGB (→ § 321a Rz. 2),
- bei Abgabe einer Verdachtsanzeige im Hinblick auf **Geldwäsche** und nach § 11 Abs. 3 GwG,
- bei **Berufsaufsichtsverfahren**, insbesondere anlassunabhängigen Sonderuntersuchungen gem. § 62b WPO,
- gegenüber der **BaFin** im *Endorsement*-Verfahren nach § 37o Abs. 4 Satz 1 WpHG (→ § 342b Rz. 22).

---

10 § 57b Abs. 3 WPO.
11 Vgl. *Bertram*, in: Haufe HGB Bilanz Kommentar, Freiburg 2009, § 323 Tz. 56.
12 Vgl. *Kuhner/Pässler*, in: Küting/Pfitzer/Weber, Handbuch der Rechnungslegung – Einzelabschluss, 5. Aufl., § 323 Tz. 20.

2.3 Entbindung

Ohne gesetzliche Ausnahme kann die Verschwiegenheitspflicht nur durch den oder die **Auftraggeber** aufgehoben werden. Diese Entbindung kann sich auf bestimmte **Teile** des Auftrags beschränken und sollte nicht der **Öffentlichkeit** gegenüber schlechthin erfolgen, sondern nur zugunsten eines bestimmten **Adressaten** oder mehrerer feststellbarer Adressaten, z. B. wenn also ein Investor ein vom Abschlussprüfer geprüftes Unternehmen erwerben oder sich an einem solchen beteiligen will. Dabei sollte der Abschlussprüfer seinerseits eine schriftliche Bestätigung dieses Interessenten einholen, wonach er die erhaltenen Informationen nicht weitergeben und nur für seinen eigenen konkreten Zweck verwenden darf. Die Entbindung von der Verschwiegenheit darf nicht durch eine **untergeordnete** Person im Hierarchie-Bereich einer Gesellschaft ausgesprochen werden, sondern muss u. E. vom Vorstand in vertretungsberechtigter Zahl oder von der Geschäftsführung einer GmbH oder Personenhandelsgesellschaft schriftlich ausgesprochen werden. Wenn die Entbindung von der Verschwiegenheit im Hinblick auf die persönlichen Interessen eines **Organs** der Gesellschaft erfolgen soll, muss auch dessen Zustimmung eingeholt werden. Im **Insolvenzfall** kann der Verwalter die Entbindung aussprechen. 23

Gegenüber der Deutschen Prüfstelle für Rechnungslegung (DPR) unterliegt der Abschlussprüfer der Verschwiegenheitspflicht (→ § 342b Rz. 22). Im Interesse einer effizienten Durchführung der DPR-Prüfung empfiehlt sich eine Entbindung durch die gesetzlichen Vertreter der von der DPR geprüften Gesellschaft. Ein Blick in die **Arbeitspapiere** des Abschlussprüfers steht der DPR ohne Entbindung von der Verschwiegenheitspflicht durch das geprüfte Unternehmen nicht zu (→ § 342b Rz. 22).[13] 24

Die Entbindung von der Verschwiegenheitspflicht ist eine **Geschäftsführungsmaßnahme** und bedarf deshalb nicht der Aufsichtsrats-Zustimmung bzw. Genehmigung der Gesellschafterversammlung. Eine Ausnahme mag dann gelten, wenn die Entbindung aus Sicht der Unternehmens**überwachung** von besonderem Interesse ist. 25

3. Geschäfts- und Betriebsgeheimnisse (Abs. 1 Satz 2)

Die unbefugte **Verwertung** des bei der Prüfung erfahrenen Geschäftsgeheimnisses ergänzt die Verschwiegenheitspflicht. Eine solche Handlung verstößt **zusätzlich** gegen die Verschwiegenheitspflicht, da diese „Geheimnisse" einem Dritten zugänglich gemacht werden.[14] Der Begriff „Geschäfts- und Betriebsgeheimnisse" ist dabei weit auszulegen. Wegen Einzelheiten wird auf → § 333 Rz. 11 verwiesen. 26

Die **„Verwertung"** ist zunächst **finanziell** zu verstehen, also wenn ein Mitglied des Prüfungsteams sich Kalkulationsunterlagen des geprüften Unternehmens auf sein Notebook herunterlädt und die entsprechende CD einem Konkurrenten gegen Entgelt zur Verwertung anbietet. „Verwertung" kann nicht nur in finanzieller Hinsicht verstanden werden, sondern als Nutzung in anderem Zusammenhang.[15] Denkbar ist auch die mögliche Einbeziehung von aus einer Ab- 27

---

13 Vgl. *Berger/Zempel*, in: Haufe HGB Bilanz Kommentar, Freiburg 2009, § 342b Tz. 77 f.
14 Vgl. *Bertram*, in: Haufe HGB Bilanz Kommentar, Freiburg 2009, § 323 Tz. 70; *Hennrichs*, in: Baetge/Kirsch/Diele, Bilanzrecht, § 323 HGB Tz. 42; *Winkeljohann/Feldmüller*, in: Beck'scher Bilanz-Kommentar, 7. Aufl., München 2010, § 323 Tz. 51.
15 Vgl. *Bertram*, in: Haufe HGB Bilanz Kommentar, Freiburg 2009, § 323 Tz. 73.

schlussprüfung genommenen Kenntnissen, wenn diese Bedeutung für einen anderen Prüfungsauftrag des Wirtschaftsprüfers haben.

> **BEISPIEL** Der Wirtschaftsprüfer W prüft den Abschluss der kriselnden A-GmbH und außerdem denjenigen der B-GmbH, die hohe ungesicherte Kundenforderungen gegen die A-GmbH ausstehen hat.
>
> In diesem Fall muss oder sollte der Abschlussprüfer bei der Prüfung der B-GmbH nur die Kenntnisse verwerten, die er bei deren Abschlussprüfung gewonnen hat. Anders ausgedrückt: Er muss sich bezüglich der ihm geläufigen Interna der A-GmbH bei der Prüfungstätigkeit für die B-GmbH künstlich dumm stellen, was ihm nicht ganz leicht fallen dürfte.

28 Das Verbot der Verwertung gilt nur bei **„unbefugtem"** Handeln. Es fällt allerdings schwer, eine Befugnis zu finden, die von dem Gebot eine Ausnahme erlauben würde. Eine solche Befugnis könnte allenfalls von den vertretungsberechtigten Organen des geprüften Unternehmens ausgesprochen werden, was aber irgendwie keinen rechten Sinn macht, denn dann liegen im Grunde genommen Geschäftsgeheimnisse nicht mehr vor. Der Verrat von „Geheimnissen" ist immer unbefugt.

29 Nach der Berufssatzung[16] ist die Verwertung sämtlicher im Rahmen der **Berufsausübung** (also nicht nur der Abschlussprüfung) erhaltenen Kenntnisse und Tatsachen und Umstände des Auftraggebers oder Dritter verboten; hierzu passt das Beispiel unter → Rz. 27 bezüglich des „Datenklaus" sensibler Unterlagen bei einem Mandanten.

30 Das Verwertungsverbot erstreckt sich auch auf **Insidergeschäfte** mit Finanzinstrumenten[17] des geprüften Unternehmens gem. § 13 Abs. 1 Nr. 3 WpHG.

III. Haftung des Abschlussprüfers (Abs. 1 Satz 3)

1. Voraussetzung

1.1 Pflichtverletzung

31 Die auferlegten Pflichten sind **primär**rechtlich durch die Anforderungen des § 317 HGB bestimmt und **sekundär**rechtlich durch die Grundsätze ordnungsmäßiger Abschlussprüfung, wie sie vom IDW entwickelt worden sind(→ § 317 Rz. 15).[18] Bei Einhaltung dieser Vorgaben kann eine Pflichtverletzung nicht vorliegen und entsprechend auch nicht daraus eine Anspruchsgrundlage des Auftraggebers entstehen.

1.2 Verschulden

32 Ist ein Pflichtenverstoß festgestellt, muss weiter nach **Vorsatz** oder **Fahrlässigkeit** geforscht werden. Das stellt ein allgemeines delikt- und schuldrechtliches Gebot dar, ist im Haftungsfall

---

16 § 10 BS WP/vBp.
17 Vgl. *Ebke*, in: Münchner Kommentar zum Handelsgesetzbuch: HGB, 2. Aufl., München 2009, § 323 Tz. 66.
18 Vgl. IDW PS 201.28.

des Abschlussprüfers aber deswegen von entscheidendem Interesse, weil bei Vorsatz die Haftungsbeschränkung nach Abs. 2 (→ Rz. 45) nicht eintritt. Eine vorsätzliche Pflichtverletzung ist auch nicht versicherbar. **Leichte** Fahrlässigkeit genügt zur Anspruchsbegründung wegen der gebotenen besonderen Sorgfaltspflicht;[19] zum **Mitverschulden** des Auftraggebers vgl. → Rz. 37. Die generelle Schwierigkeit der Abgrenzung von bedingtem Vorsatz und grober Fahrlässigkeit gilt speziell auch im Falle der Abschlussprüferhaftung.

> **BEISPIEL**
>
> ▶ Die Stahlgroßhandel AG hat ein umfangreiches Debitorenkontokorrent. Im Interesse der Prüfungsbeschleunigung und -rationalisierung verzichtet der Abschlussprüfer auf eine stichprobenorientierte Bestätigungsaktion und beschränkt sich auf die Einholung von fünf ausgewählten Kunden. Später stellt sich die Wertlosigkeit einiger Großsalden heraus, die bei einem sachgerechten Auswahlverfahren mit hoher Wahrscheinlichkeit hätte entdeckt werden können.
>
> Hier liegt der Fall einer **groben Fahrlässigkeit** vor.
>
> ▶ Der Abschlussprüfer der vorbenannten Großhandels AG kennt den hohen Forderungsbestand an wichtige Kunden in China und in Brasilien. Er fürchtet um harte Auseinandersetzungen mit dem Vorstand, wenn er deren Werthaltigkeit anzweifeln sollte. Deshalb vermeidet er bei der Saldenbestätigung die Einholung von Bestätigungen der chinesischen und brasilianischen Kunden mit der Begründung: Bis zum Abschluss der Prüfung können verwertbare Bestätigungen nicht eingeholt werden.
>
> Hier liegt u. E. eher der Fall eines **bedingten Vorsatzes** vor.

2. Kausalität für den Schaden

Schadenersatzanspruch erfordert den Nachweis der Kausalität des Prüfungshandelns für den entstandenen **Schaden**.[20] Als Schaden kommen nur Vermögensschäden in Betracht, also der Tatbestand eines gegenüber einem ordentlichen Prüfungsverhalten geminderten Vermögens im Gefolge der fahrlässigen oder gar vorsätzlich unzureichenden Prüfungshandlung. Letztere ist nicht so sehr wie im Beispiel unter → Rz. 28 durch eine einzelne (Nicht-)Prüfungshandlung gegeben, sondern eher noch durch die Erteilung eines uneingeschränkten Bestätigungsvermerks (→ § 322) für einen insgesamt unrichtigen Abschluss, der einen ausschüttbaren Bilanzgewinn vorweist, obwohl ein solcher bei ordnungsmäßiger Bilanzierung nicht vorgelegen hätte. Umgekehrt kann aber auch die Einschränkung eines Bestätigungsvermerks zu einem Vermögensschaden führen, wenn diese unzutreffend erfolgt ist und bei ordnungsmäßiger Erteilung eines uneingeschränkten Vermerks die Gesellschaft mit zusätzlichem Eigenkapital oder mit gläubigerorientiertem Fremdkapital hätte ausgestattet werden können.

33

---

19 So auch *Kuhner/Pässler*, in: Küting/Pfitzer/Weber, Handbuch der Rechnungslegung – Einzelabschluss, 5. Aufl., § 323 Tz. 28; *Bertram*, in: Haufe HGB Bilanz Kommentar, Freiburg 2009, § 323 Tz. 77.
20 Vgl. hierzu im Einzelnen *Ebke*, in: Münchner Kommentar zum Handelsgesetzbuch: HGB, 2. Aufl., München 2009, § 323 Tz. 69 ff.

34 In diesem Zusammenhang kommt einmal mehr der **Wesentlichkeitsgedanke** zum Tragen (→ § 317 Rz. 12). Durch irgendeinen Verstoß gegen die Prüfungsvorschriften wird so schnell kein Vermögensschaden für die Gesellschaft entstehen. Im Beispiel unter → Rz. 32 muss es sich bei den nicht entdeckten Wertverlusten der Kundenforderungen um erhebliche Beträge handeln, die beispielsweise den ausgewiesenen Jahresüberschuss in einen Fehlbetrag verwandeln würden. Den Antragsteller trifft insoweit die Darlegungs- und Beweislast.

3. Verpflichtete Personen (Abs. 1 Satz 4)

35 Die ersatzverpflichteten Personen umfasst der gesamte in Abs. 1 Satz 1 genannte Personenkreis (→ Rz. 8). Sie haften als **Gesamtschuldner**. Der Anspruchsberechtigte kann den Ersatz von jeder handelnden Person einfordern, insgesamt aber nur einmal (§ 421 BGB). Daraus wächst im Innenverhältnis der Schuldner ein Ausgleichsanspruch nach § 426 BGB. Der Prüfungsgehilfe kann dabei kaum entscheidend in die Pflicht genommen werden.

4. Anspruchsberechtigte Personen

36 Ersatzberechtigt sind die geprüfte **Gesellschaft** oder ein etwa geschädigtes **verbundenes Unternehmen** (→ § 271 Rz. 25), Letzteres auch ohne Einbeziehung in einen Konzernabschluss.

5. Konkurrierendes Verschulden

37 Auch im Abschlussprüferhaftungsprozess kann das Thema des aus dem allgemeinen Deliktsrecht bekannten konkurrierenden Verschuldens auftreten. Ein typischer Fall stellt die unvollständige Auskunft bzw. Verschleierung eines Tatbestands durch einen Geschäftsführer dar, der gegen seine Auskunftspflicht verstößt (→ § 320 Rz. 6).

> **BEISPIEL**[21] Der Geschäftsführer einer Betriebsaufspaltungs-GmbH hatte schwarze Konten auf den Namen der Besitz-GmbH errichtet und durch Überziehungskredite Gelder für sich selbst abgebucht. Die Abschlussprüferin hatte Saldenbestätigungen für beide Buchungskreise – Besitz- und Betriebsgesellschaft – angefordert, jedoch nur solche für die Betriebs-GmbH erhalten. Außerdem hatte sich der Geschäftsführer nicht genehmigte und nicht vertraglich vereinbarte Auszahlungen zukommen lassen und diese mit einem Eigenvermerk über die Genehmigung des Verwaltungsrats begründet. Ein Protokoll über eine nicht genehmigte Gehaltserhöhung des Geschäftsführers lag dem Abschlussprüfer vor.
>
> Die Besitzgesellschaft klagte auf Schadenersatz, weil sie bei Aufdeckung der Unregelmäßigkeiten im Rahmen der Prüfung den Geschäftsführer entlassen und deshalb weitere unzulässige Auszahlungen verhindert hätte.
>
> Nach Auffassung des BGH lag zwar eine vorsätzliche Irreführung des Geschäftsführers und damit der anspruchsberechtigten Gesellschaft vor, doch könne deshalb die Ersatzpflicht des Abschlussprüfers nicht ohne Weiteres entfallen. Dabei haben sich die Täuschungshandlungen des Geschäftsführers auch durch die unrichtige Vollständigkeitserklärung fortgesetzt.

---

21 Nach dem BGH-Urteil vom 10. 12. 2009 – VII ZR 42/08, DB 2010 S. 159.

> Dem Abschlussprüfer gegenüber hat der BGH gravierende Pflichtverletzungen festgestellt, die nahe an der groben Fahrlässigkeit lägen. Deshalb ist durch den BGH ein Verschulden des Abschlussprüfers festgestellt worden, allerdings begrenzt auf 1/3 der Schadenssumme, während der schadenersatzbegehrenden GmbH ein konkurrierendes Verschulden betreffend 2/3 des streitgegenständlichen Betrags zuerkannt worden ist.
>
> Nach Auffassung der Versicherungsstelle für Treuhandwesen in Wiesbaden[22] kann bei leichter Fahrlässigkeit – im vorliegenden Fall nicht gegeben – eine Ersatzpflicht des Abschlussprüfers bei konkurrierendem Verschulden des Auftraggebers ganz entfallen.

Generell kann das **Mitverschulden** des **Auftraggebers** in folgenden Konstellationen gegeben sein:[23]

38

▶ Der Jahresabschluss etc. wird von der Gesellschaft vorsätzlich falsch aufgestellt, was der Abschlussprüfer fahrlässig nicht bemerkt. In diesem Fall wäre es nach dem Verbot des venire contra factum proprium treuwidrig, Ersatz für einen vorsätzlich verursachten Schaden zu verlangen.

▶ Bei fahrlässiger Aufstellung des Jahresabschlusses etc. durch die Gesellschaft, die der Abschlussprüfer vorsätzlich nicht beachtet, muss er den Schaden insgesamt ersetzen.

▶ Bei vorsätzlichem Handeln beider „Parteien" ist der Abschlussprüfer nicht schutzwürdig, weshalb ihm der Schaden allein zugerechnet werden sollte, anders vielleicht bei nur bedingtem Vorsatz des Abschlussprüfers.

▶ Bei beiderseits fahrlässigem Handeln ist eine Abwägung der jeweiligen Verstöße gegen die auferlegte Sorgfaltspflicht – der Gesellschaft zur Erstellung eines ordnungsmäßigen Abschlusses, des Abschlussprüfers zur Durchführung einer pflichtgemäßen Prüfung – abzuwägen, um daraus eine Schadensteilung abzuleiten.

6. Haftung gegenüber Dritten

Besonders streitig im Schrifttum und in der Rechtsprechung stellt sich die Frage der Dritthaftung des Abschlussprüfers aus einer gesetzlichen oder freiwilligen Abschlussprüfung dar.[24] Aus § 323 HGB können nach dem Gesetzeswortlaut Dritte – Gläubiger, Aktionäre, Arbeitnehmer – keine Schadenersatzansprüche gegenüber dem Abschlussprüfer erheben. Anspruchsberechtigt ist hier allein die geprüfte Gesellschaft oder ein mit ihr verbundenes Unternehmen. Das Gesetz beschränkt sich auf diese Anspruchsgegner, um das Haftungsrisiko des Abschlussprüfers nicht ins Unermessliche wachsen zu lassen, etwa nach Art einer Sammelklage amerikanischen Ursprungs. Bei wirksamer Haftungsbeschränkung nach Abs. 2 (→ Rz. 44) bestünde zwar diese Gefahr nicht, doch müsste die anspruchsberechtigte (geprüfte) Gesellschaft ihre Forderung mit einer möglicherweise Vielzahl von anderen Gläubigern teilen.[25]

39

---

22 WPK Magazin 1/2010 S. 41.
23 Vgl. *Winkeljohann/Feldmüller*, in: Beck'scher Bilanz-Kommentar, 7. Aufl., München 2010, § 323 Tz. 122.
24 Vgl. im Einzelnen *Ebke*, in: Münchner Kommentar zum Handelsgesetzbuch: HGB, 2. Aufl., München 2009, § 323 Tz. 85 ff.; Gerichtsentscheidungen jüngeren Datums in BB 2010 Heft 4 S. VI.
25 Vgl. *Winkeljohann/Feldmüller*, in: Beck'scher Bilanz-Kommentar, 7. Aufl., München 2010, § 323 Tz. 171.

40 Allerdings können sich Ansprüche **Dritter** auf deliktischer Grundlage sowie teilweise in Verbindung mit § 323 HGB auch auf vertraglicher Grundlage ergeben. In der Übersicht der in Frage kommenden Haftungsgrundlagen gilt – den Vertrag mit Schutzwirkung zugunsten Dritter zunächst ausgeklammert – Folgendes:

1. Haftung aus unerlaubter Handlung:

1.1 Vorsätzliche oder fahrlässige Schädigung nach **§ 823 Abs. 1 BGB**:

Sie scheidet regelmäßig aus, da § 823 Abs. 1 BGB nur bei Verletzung absoluter Güter (Gesundheit, Eigentum etc.), nicht hingegen bei Vermögensschädigung greift.

1.2 Vorsätzliche oder fahrlässige Verletzung eines Schutzgesetzes nach **§ 823 Abs. 2 BGB**:

Sie ist nicht gegeben, da § 323 HGB kein Schutzgesetz ist.

1.3 Sittenwidrige vorsätzliche Schädigung nach **§ 826 BGB**.

Geschützt sind hier im Unterschied zu § 823 Abs. 1 BGB auch relative Güter, die Anwendung scheitert aber i. d. R am fehlenden oder nicht nachweisbaren, mindestens bedingten Vorsatz. Er ist ausnahmsweise dann gegeben, wenn der Abschlussprüfer erhebliche Zweifel an der Richtigkeit von Angaben des Bilanzierenden hatte, diesen aber nicht weiter nachgegangen ist oder wichtige prüfungsbedürftige Unterlagen bewusst gar nicht in die Prüfungsarbeit einbezogen worden sind. Nicht erforderlich ist die positive Kenntnis der Unrichtigkeit.[26]

2. Haftung aus Auskunftsvertrag gem. § 675 Abs. 2 BGB:

Ein solcher Vertrag kann bei für den Empfänger erkennbar bedeutsamer Auskunft insbesondere von besonders sachkundigen Auskunftspersonen auch stillschweigend abgeschlossen werden.[27] Erforderlich ist aber eine unmittelbare Kontaktaufnahme der Parteien,[28] nicht ausreichend etwa die Überlassung des Prüfungsberichts oder testierten Abschlusses an eine Bank ohne die nach Ziffer 7 Satz 1 AAB notwendige Zustimmung des Abschlussprüfers.[29] Kein Auskunftsvertrag liegt vor, wenn der Abschlussprüfer an Kreditverhandlungen teilnimmt, sich dabei aber auf technische Erläuterungen zum Inhalt von Bilanzposten beschränkt, also nur als verlängerter Arm oder technischer Unterstützer fungiert.

41 Aus dem Vorstehenden ergibt sich folgender **Zwischenbefund** zu den Ansprüchen eines Dritten aus dem durch eine fehlerhafte Prüfung entstandenen Schaden:

▶ Ansprüche aus unerlaubter Handlung bestehen nur **ausnahmsweise**, bei nachweisbarem (!) vorsätzlichen Handeln.

▶ Unbegrenzte Ansprüche aus stillschweigendem Auskunftsvertrag sind ebenfalls die große **Ausnahme**.

▶ Einen Anspruch aus § 323 HGB haben Dritte nach dem Gesetzeswortlaut **nicht**.

---

26 BGH vom 17. 9. 1985, NJW 1986 S. 180, DB 1986 S. 422.
27 BGH vom 15. 6. 1993, NJW S. 3073, m. w. N.
28 LG Frankfurt vom 8. 4. 1997, WPK-Mitt. S. 236.
29 OLG Saarbrücken vom 12. 7. 1978, BB S. 1434; OLG Düsseldorf, Urteil vom 2. 6. 2009, DStR 2010 S. 136.

Diese weitgehende Verschonung des fahrlässig handelnden Abschlussprüfers hat die Rechtsprechung auf den Plan gerufen und als weitere Anspruchsgrundlage den Vertrag mit **Schutzwirkung zugunsten Dritter** ins Spiel gebracht.[30] Hiernach gilt:

▶ Da der Wirtschaftsprüfer über eine besondere vom Staat anerkannte **Sach**kunde verfügt und seine Prüfungsleistung gerade **nicht** nur für das Innenverhältnis zum Mandanten bestimmt ist,

▶ sind Mitglieder von objektiv **abgrenzbaren** Personengruppen (z. B. bereits finanzierende Kreditinstitute) in den Schutzbereich des Prüfungsvertrags einbezogen.

Die **Kritik** an dieser weiteren Haftungsgrundlage entzündet sich an dem Widerspruch zum Zweck des § 323 HGB. Der Rechtsausschuss des Deutschen Bundestags hat insoweit in seiner Beschlussempfehlung zum KonTraG ausdrücklich aufgeführt, dass eine Regelung zur Dritthaftung nicht erforderlich sei, da § 323 HGB den Anspruch eines Dritten schon vom Wortlaut her ausschließe.[31]

42

Nimmt man gleichwohl eine sich auf § 323 HGB stützende Haftung aus Vertrag mit Schutzwirkung zugunsten Dritter an, ist zu fragen, ob für ihn auch die **Haftungsbeschränkung** des § 323 Abs. 2 HGB greift. Nach Auffassung des BGH ist dies der Fall.[32] Das OLG Hamm hat in diesem Zusammenhang die Bedeutung der Ziffer 7 der Allgemeinen Auftragsbedingungen betont, wonach die Weitergabe des Ergebnisses der Tätigkeit des Abschlussprüfers (z. B. der Prüfungsbericht) von der Zustimmung des Berufsangehörigen abhängt. Diese Bestimmung überlasse es gerade den Parteien des Prüfungsvertrags, die Reichweite der Dritthaftung zu bestimmen.[33]

7. Verjährung

Es gilt hier die regelmäßige Verjährungsfrist von drei Jahren gem. § 195 BGB. Diese beginnt nach § 199 Abs. 1 BGB mit dem Schluss des Jahrs, in dem der Anspruch entstanden ist und der Gläubiger die anspruchsbegründenden Umstände kannte oder hätte kennen müssen. Ohne Vorliegen der Voraussetzungen nach § 199 Abs. 1 BGB verjähren die Ansprüche nach § 199 Abs. 3 BGB in zehn Jahren, ansonsten in 30 Jahren.

43

Der Abschlussprüfer muss das geprüfte Unternehmen nicht über eine drohende Verjährung gegen ihn gerichteter Ansprüche **informieren**, anders als nach der Rechtsprechung zu Rechtsanwälten und Steuerberatern.[34]

IV. Haftungsbegrenzung (Abs. 2)

Die Haftungsbegrenzung gilt nur in Fällen der **fahrlässigen** Verursachung des Schadens, nicht bei Vorsatz. Auch das vorsätzliche Verhalten eines Mitarbeiters muss sich der beauftragte Ab-

44

---

30 Vgl. BGH vom 13. 7. 1994, NJW 1995 S. 51, m.w. N.; BGH vom 7. 2. 2002, NJW 2002 S. 1196, BGH vom 9. 7. 2002, NJW-RR 2002 S. 1528; BGH vom 17. 9. 2002, NJW 2002 S. 3625, m.w. N.
31 Dem folgend LG Frankfurt vom 8. 4. 1997, WPK-Mitt. 1997 S. 236.
32 BGH vom 2. 4. 1998, NJW 1998 S. 1948 ff., DB 1998 S. 1075.
33 OLG Hamm vom 9. 4. 2003, WPK-Magazin 1/2004 S. 50.
34 Vgl. *Winkeljohann/Feldmüller*, in: Beck'scher Bilanz-Kommentar, 7. Aufl., München 2010, § 323 Tz. 143.

schlussprüfer bzw. die Abschlussprüfungsgesellschaft zurechnen lassen. Das soll allerdings nur „**grundsätzlich**" gelten.[35] „Grundsätzlich" heißt vermutlich: Das Gegenteil ist richtig, also die Prüfungsgesellschaft muss sich den Vorsatz des handelnden Mitarbeiter nicht vorhalten lassen, wenn sie selbst kein eigenes Verschulden trifft. Allerdings haftet dann der betreffende Mitarbeiter unbeschränkt. Nur wenn ein gesetzlicher Vertreter der Gesellschaft vorsätzlich handelt, wirkt sich dies auf die – dann fehlende – Haftungsbegrenzung aus.

45 Die Haftungsbegrenzung beträgt nach Abs. 2 Satz 1 **generell** 1 Mio €, bei Abschlussprüfungen von AG/KGaA/SE, deren Aktien im Handel im regulierten Markt (→ § 264d Rz. 2) zugelassen sind, 4 Mio €. Bei einer möglichen **Neueinführung** von Aktien an den regulierten Markt bestimmt sich die Höchstgrenze nach dem Zeitpunkt der Beendigung der Abschlussprüfung, die mit der Übersendung des Prüfungsberichts festzulegen ist (→ § 321 Rz. 86). Wenn die amtliche Zulassung nach diesem Datum liegt, beläuft sich die Haftungsobergrenze auf 1 Mio €.

46 Diese Höchstgrenzen korrespondieren mit der **berufsrechtlich** vorgeschriebenen Mindestversicherungssumme für Haftpflichtversicherungen (§ 54 Abs. 1 WPO). Bei Durchführung von Abschlussprüfungen für die in Abs. 2 Satz 2 genannten Aktiengesellschaften muss entsprechend eine Mindestversicherungssumme von 4 Mio € vorgehalten werden. Die Haftungshöchstsumme bezieht sich auf „eine" Prüfung, unabhängig also davon, wie viel Pflichtverletzungen im Rahmen dieser (einen) Prüfung erfolgt sind. „Eine" Prüfung bedeutet aber auch das Erfordernis der **Trennung** von Abschluss- und Konzernabschlussprüfung. Für diese kommt dann jeweils die Höchstbetragsgrenze in Anwendung, auch wenn beide Prüfungen wie regelmäßig von einem Abschlussprüfer durchgeführt werden.

V. Zwingendes Recht (Abs. 4)

47 Der gesamte Regelungsgehalt des § 323 HGB beruht auf zwingendem Recht, kann also nicht **individualrechtlich** abbedungen werden.[36] Zivilrechtlich wäre eine Erweiterung der Haftung zulässig, würde aber gegen das berufsrechtliche Verbot von derart ausgestaltetem Wettbewerb um Prüfungsaufträge verstoßen.[37] In solchen Fällen bestünde auch kein **Versicherungsschutz**.

VI. Freiwillige Abschlussprüfungen

48 Auf freiwillige Abschlussprüfungen findet § 323 HGB keine Anwendung (→ Rz. 2). Die Vertragsverhältnisse und die Verpflichtungen und Anspruchsgrundlagen beruhen in diesen Fällen auf den Regelungen im Prüfungsvertrag. Das gilt auch für Haftungsbegrenzungsvereinbarungen. Wenn der Prüfungsauftrag auf die Erteilung eines Bestätigungsvermerks ausgerichtet ist (→ § 322 Rz. 74), gelten die Regeln des § 317 HGB. Dies muss im Auftragsbestätigungsschreiben festgelegt werden, wobei dann auch die Haftungsbegrenzung zu vereinbaren ist. Dazu sind sinnvollerweise die Allgemeinen Auftragsbedingungen (AAB) zu verwenden, welche die

---

35 So *Bertram*, in: Haufe HGB Bilanz Kommentar, Freiburg 2009, § 323 Tz. 90; ebenso *Winkeljohann/Feldmüller*, in: Beck'scher Bilanz-Kommentar, 7. Aufl., München 2010, § 323 Tz. 32.
36 Genauso § 16 BS WP/vBp.
37 § 16 BS WP/vBp.

Haftungsbegrenzung nach der Höchstgrenze des Abs. 2 Satz 1 vorsieht. Dabei ist auf die wirksame Vereinbarung der Haftungsbegrenzung zu achten, insbesondere auf die rechtsverbindliche Unterzeichnung beider Parteien auf einem Dokument. Für Ansprüche **Dritter** im Zusammenhang mit freiwilligen Abschlussprüfungen gelten die Abwägungskriterien für die Pflichtprüfung (→ Rz. 39).

VII. Straf- und berufsrechtliche Sanktionen

Die schuldhafte Verletzung der Verhaltenspflichten bei der Abschlussprüfung nach § 323 HGB wird strafrechtlich nach §§ 332, 333 HGB geahndet. Wegen Einzelheiten wird auf die dortige Kommentierung verwiesen. Die schuldhafte Missachtung von Berufspflichten führt außerdem zur Verhängung berufsgerichtlicher Maßnahmen nach § 67 Abs. 1 WPO.

§ 324 Prüfungsausschuss

(1) ¹Kapitalgesellschaften im Sinn des § 264d, die keinen Aufsichts- oder Verwaltungsrat haben, der die Voraussetzungen des § 100 Abs. 5 des Aktiengesetzes erfüllen muss, sind verpflichtet, einen Prüfungsausschuss im Sinn des Absatzes 2 einzurichten, der sich insbesondere mit den in § 107 Abs. 3 Satz 2 des Aktiengesetzes beschriebenen Aufgaben befasst. ²Dies gilt nicht für

1. Kapitalgesellschaften im Sinn des Satzes 1, deren ausschließlicher Zweck in der Ausgabe von Wertpapieren im Sinn des § 2 Abs. 1 Satz 1 des Wertpapierhandelsgesetzes besteht, die durch Vermögensgegenstände besichert sind; im Anhang ist darzulegen, weshalb ein Prüfungsausschuss nicht eingerichtet wird;
2. Kreditinstitute im Sinn des § 340 Abs. 1, die einen organisierten Markt im Sinn des § 2 Abs. 5 des Wertpapierhandelsgesetzes nur durch die Ausgabe von Schuldtiteln im Sinn des § 2 Abs. 1 Satz 1 Nr. 3 Buchstabe a des Wertpapierhandelsgesetzes in Anspruch nehmen, soweit deren Nominalwert 100 Millionen Euro nicht übersteigt und keine Verpflichtung zur Veröffentlichung eines Prospekts nach dem Wertpapierprospektgesetz besteht.

(2) ¹Die Mitglieder des Prüfungsausschusses sind von den Gesellschaftern zu wählen. ²Mindestens ein Mitglied muss die Voraussetzungen des § 100 Abs. 5 des Aktiengesetzes erfüllen. ³Der Vorsitzende des Prüfungsausschusses darf nicht mit der Geschäftsführung betraut sein. ⁴§ 124 Abs. 3 Satz 2 und § 171 Abs. 1 Satz 2 und 3 des Aktiengesetzes sind entsprechend anzuwenden.

Inhaltsübersicht	Rz.
I. Regelungshintergrund, Auffangtatbestand	1
II. Anwendungsbereich (Abs. 1)	2 - 7
1. Betroffene Gesellschaften (Abs. 1 Satz 2)	2 - 6
1.1 Kapitalmarktorientierte Kapitalgesellschaft	2
1.2 Fehlender Aufsichtsrat	3 - 4
1.3 Rechtsfolge: Einrichtung eines Prüfungsausschusses	5 - 6
1.3.1 Organisation	5
1.3.2 Befassungsgegenstand	6
2. Ausnahmen (Abs. 1 Satz 2)	7
III. Anwendungsvorschriften (Abs. 2)	8 - 12
1. Wahl des Prüfungsausschusses (Abs. 2 Satz 1)	8
2. Qualifikation der Mitglieder (Abs. 2 Satz 2)	9
3. Inhabilität (Abs. 2 Satz 3)	10
4. Wahl des Abschlussprüfers (Abs. 2 Satz 4 1. Alternative)	11
5. Berichterstattung des Abschlussprüfers (Abs. 2 Satz 4 2. Alternative)	12

Ausgewählte Literatur

Ebelshäuser/Stein, Modifikation der Zusammenarbeit des Prüfungsausschusses mit dem Abschlussprüfer durch den Gesetzentwurf des BilMoG, Der Konzern 2008 S. 486

Nonnenmacher/Pohle/v. Werder, Aktuelle Anforderungen an Prüfungsausschüsse, DB 2009 S. 1447

Erchinger/Melcher, Zur Umsetzung der HGB-Modernisierung durch das BilMoG, DB 2009 Beilage 5 S. 91

I. Regelungshintergrund, Auffangtatbestand

1 § 324 betrifft nur indirekt die Abschlussprüfung und verdankt seine Ansiedlung im Prüfungsbereich des HGB einer vom Gesetzgeber an anderer Stelle nicht gefundenen „passenden" Platzierung. Die Regelung entspringt der gebotenen Umsetzung des Art. 41 Abs. 1 Satz 1 der Abschlussprüferrichtlinie; danach hat jedes Unternehmen öffentlichen Interesses einen **Prüfungsausschuss** (→ § 268 Rz. 52d) zu bilden, allerdings darf die Aufgabe dieses Ausschusses auch durch den Aufsichtsrat selbst wahrgenommen werden. Dieser kann auch einen Prüfungsausschuss (neben anderen Ausschüssen) einrichten. Aus deutscher Sicht sind primär angesprochen die in aller Regel aktienrechtlich organisierten kapitalmarktorientierten Unternehmen (die EG-Richtlinie spricht von „öffentlichen Interessen"), so dass in diesem Unternehmensbereich die Vorgabe der EG-Richtlinie durch den Aufsichtsrat und seine Entscheidung wahrgenommen werden kann. Nur wenn ein Aufsichtsrat beim betreffenden kapitalmarktorientierten Unternehmen nicht vorliegt, musste vom deutschen Gesetzgeber eine andere Lösung als **Ersatztatbestand** gefunden werden, die sich in § 324 HGB niederschlägt.

II. Anwendungsbereich (Abs. 1)

1. Betroffene Gesellschaften (Abs. 1 Satz 2)

1.1 Kapitalmarktorientierte Kapitalgesellschaft

2 Zur Definition der kapitalmarktorientierten Kapitalgesellschaft kann dem Gesetz folgend auf die Kommentierung in → § 264a Rz. 1 ff. verwiesen werden.

1.2 Fehlender Aufsichtsrat

3 Das Gesetz spricht von fehlendem Aufsichts- oder **Verwaltungsrat**. Dabei ist nicht klar, was unter dem letztgenannten Begriff zu verstehen ist. Entweder soll auf das monistische System der SE verwiesen oder auf die außerhalb des Aktienrechts mögliche Begriffswandlung eingegangen werden. Der weitere Hinweis auf die Voraussetzungen des § 100 Abs. 5 AktG weitet den Anwendungsbereich aus: Wenn ein Verwaltungsrat nicht mit einer mit dem nötigen Sachverstand auf den Gebieten der Rechnungslegung und Abschlussprüfung vertrauten Mitglied besetz ist, gilt dieser Verwaltungsrat i. S. des § 324 HGB als nicht bestehend. Bei kapitalmarktorientierten AGs, KGAAs und SEs kann ein solcher Tatbestand nicht vorliegen, weil diese immer eine derart qualifizierte Person als Mitglied aufweisen müssen.

4 Im Wesentlichen sind folgende Gesellschaften, sofern kapitalmarktorientiert, angesprochen:[1]

▶ GmbHs ohne Aufsichtsrat, weil mitbestimmungsfrei,

---

[1] So *Veldkamp*, in: Haufe HGB Bilanz-Kommentar, Freiburg 2009, § 324 Rz. 12.

- GmbHs mit fakultativem Aufsichtsrat, bei denen aber die Satzung von § 100 Abs. 5 AktG dispensiert (§ 52 Abs. 1 GmbHG),
- OHGs und KGs mit Kapitalmarktorientierung (→ § 264b Rz. 5 f.),
- Kreditinstitute in der Rechtsform einer Personenhandelsgesellschaft nach § 340k HGB,
- Versicherungsunternehmen in der Rechtsform des Versicherungsvereins auf Gegenseitigkeit über § 341k HGB.

1.3 Rechtsfolge: Einrichtung eines Prüfungsausschusses

1.3.1 Organisation

Das Gesetz schreibt lediglich in Abs. 2 Satz 1 den **Wahlvorgang** vor (→ Rz. 8), schweigt sich aber über die weiteren zu treffenden Organisationsmaßnahmen aus. Deshalb bedarf es entsprechender Analogieschlüsse aus anderen Gesetzen, hier vornehmlich des Aktiengesetzes, betreffend:

- **Anzahl** der Mitglieder – nach § 108 Abs. 2 Satz 3 AktG mindestens drei Mitglieder,
- **Amtszeit** – nach § 102 Abs. 1 AktG maximal vier Geschäftsjahre zuzüglich des Jahrs der Tätigkeitsaufnahme,
- **Abberufung** – nach § 103 Abs. 1 Satz 2 AktG mit einer Dreiviertelmehrheit der Gesellschafter möglich.

Der Prüfungsausschuss kann statutarisch **andere** Regeln vorsehen.

1.3.2 Befassungsgegenstand

Das Gesetz verweist auf § 107 Abs. 3 Satz 2 AktG; danach befasst sich der Prüfungsausschuss mit der

- Überwachung des Rechnungslegungsprozesses,
- Wirksamkeit des internen Kontrollsystems,
- Wirksamkeit des Risikomanagementsystems,
- Wirksamkeit des internen Revisionssystems,
- Abschlussprüfung, insbesondere bezüglich der Unabhängigkeit des Abschlussprüfers und der von diesem über die Prüfungstätigkeit hinaus zusätzlich erbrachten Leistungen.

2. Ausnahmen (Abs. 1 Satz 2)

Vom Anwendungsbereich des § 324 HGB werden ausgenommen:

- Kapitalgesellschaften, deren ausschließlicher Zweck (*special purpose entities*) in der **Ausgabe** von **Wertpapieren** liegt, die durch Vermögensgegenstände besichert sind (*asset backed securities*); die Befreiung setzt eine entsprechende Anhangangabe voraus.
- Kreditinstitute, die Schuldtitel – Schuldverschreibungen, Genussscheine, Zertifikate u. Ä. – nur bis zum Gesamtbetrag von 100 Mio € am Bilanzstichtag emittiert haben und die eine Verpflichtung zur Prospektveröffentlichung nach dem Wertpapierprospektgesetz nicht trifft.

Nach der Regierungsbegründung zum BilMoG (S. 206) ist § 324 HGB außerdem nicht anzuwenden auf Unternehmen, die **freiwillig** einen Aufsichtsrat gebildet haben, der die Voraussetzungen von § 100 Abs. 5 AktG erfüllt. Die sonst dem Prüfungsausschuss unterliegenden Aufgaben (→ Rz. 6) sind dann vom Aufsichtsrat zu erfüllen.

III. Anwendungsvorschriften (Abs. 2)

1. Wahl des Prüfungsausschusses (Abs. 2 Satz 1)

8   Da ein Aufsichtsrat als Wahlorgan i. d. R. gerade in den Anwendungsfällen des § 324 HGB nicht besteht, bleibt nur die **Gesellschafterversammlung** als wahlberechtigtes Organ. In Ermangelung anderer Vorgaben gilt hier das Mehrheitsprinzip.

2. Qualifikation der Mitglieder (Abs. 2 Satz 2)

9   Von den – regelmäßig – drei Mitgliedern (→ Rz. 5) muss ein Mitglied auf dem Gebiet der Rechnungslegung und Prüfung **sachverständig** sein. Wie dieser „Sachverstand" zu definieren ist, bleibt der Auslegung durch die Kommentierung und Gerichtsbarkeit zu § 100 Abs. 5 AktG anheimgestellt. Die Begründung zum Regierungsentwurf des BilMoG[2] listet eine ganze Reihe von Berufsständen auf, denen ein einschlägiger Sachverstand zugetraut werden kann. Welchen „Sachverstand" die übrigen Mitglieder des Prüfungsausschusses aufzuweisen haben, bleibt nach dem Gesetzeswortlaut offen; auch der DCGK ist in Ziffer 5.3.1 nicht viel konkreter, wenn er „fachlich qualifizierte Ausschüsse" zur Bildung vorschlägt. Die Funktion eines (früheren) Finanzvorstands oder zumindest schwerpunktmäßige Tätigkeit auf diesem Gebiet soll nicht erforderlich sein (→ § 268 Rz. 52d).[3]

3. Inhabilität (Abs. 2 Satz 3)

10 Die an sich selbstverständliche Unzulässigkeit der Personalunion von Geschäftsleitung und Aufsichtstätigkeit über die Geschäftsführung wird vom Gesetz nur für den Vorsitzenden des Prüfungsausschusses verlangt. U. E. ist nach allgemeinen Regeln diese Unabhängigkeit auch von den übrigen Ausschussmitgliedern zu erfüllen (→ § 319 Rz. 35).

4. Wahl des Abschlussprüfers (Abs. 2 Satz 4 1. Alternative)

11 Das Gesetz nimmt Bezug auf § 124 Abs. 3 Satz 2 AktG: Eine wesentliche Aufgabe des Aufsichtsrats-Ausschusses bei Aktiengesellschaften besteht in der Unterbreitung eines Vorschlags zur Wahl des Abschlussprüfers. Bei Aktiengesellschaft ist dieser Vorschlag an den Aufsichtsrat zu richten. Wenn – wie hier im unterstellten Szenario des § 324 HGB – ein Aufsichtsrat i. d. R. nicht besteht, muss die entsprechende Empfehlung der Gesellschafterversammlung unterbreitet werden.

---

2   BilMoG-RegE S. 225.
3   LG München, Urteil vom 5. 11. 2009, nrkr.; OLG München, Beschluss vom 28. 4. 2010 – 23 U 5517/09, BB 2010 S. 885.

5. Berichterstattung des Abschlussprüfers (Abs. 2 Satz 4 2. Alternative)

Der so gewählte Abschlussprüfer muss dann nach § 171 Abs. 1 Satz 1 AktG (→ § 268 Rz. 52b) 12

- an der **Sitzung** des Prüfungsausschusses, in der über den Jahres- oder Konzernabschluss befunden wird, teilnehmen und dabei insbesondere über wesentliche Schwächen des internen Kontroll- und des rechnungslegungsbezogenen Risikomanagementsystems berichten;
- über mögliche **Befangenheitsbesorgnisse** (→ § 319 Rz. 7 ff. und → § 319 Rz. 24 ff.) informieren und dazu über die **übrigen** für die Gesellschaft getätigten **Leistungen** (→ § 285 Rz. 106 ff.) ohne die Abschlussprüfung berichten.

§ 324a Anwendung auf den Einzelabschluss nach § 325 Abs. 2a

(1) ¹Die Bestimmungen dieses Unterabschnitts, die sich auf den Jahresabschluss beziehen, sind auf einen Einzelabschluss nach § 325 Abs. 2a entsprechend anzuwenden. ²An Stelle des § 316 Abs. 1 Satz 2 gilt § 316 Abs. 2 Satz 2 entsprechend.

(2) ¹Als Abschlussprüfer des Einzelabschlusses nach § 325 Abs. 2a gilt der für die Prüfung des Jahresabschlusses bestellte Prüfer als bestellt. ²Der Prüfungsbericht zum Einzelabschluss nach § 325 Abs. 2a kann mit dem Prüfungsbericht zum Jahresabschluss zusammengefasst werden.

Inhaltsübersicht

	Rz.
I. Regelungszweck	1 - 3
II. Anwendungshinweise (Abs. 1)	4
III. Prüferbestellung (Abs. 2 Satz 1)	5
IV. Zusammengefasster Prüfungsbericht (Abs. 2 Satz 2)	6 - 7

Ausgewählte Literatur

Fey/Deubert, Befreiender IFRS-Einzelabschluss nach § 325 Abs. 2a HGB für Zwecke der Offenlegung, KoR 2006 S. 92

I. Regelungszweck

Der Gesetzgeber eröffnete im Jahr 2004 interessierten Unternehmen die Möglichkeit, einen (sog.) **Einzelabschluss** auf der Grundlage der IFRS-Rechnungslegungsvorschriften, soweit diese in europäisches Recht transformiert worden sind, zu erstellen und in geprüfter Form dem elektronischen Bundesanzeiger zur Bekanntmachung einzureichen (→ § 325 Rz. 22). Damit verbunden war nach damaliger Rechtslage eine befreiende Wirkung dieser Einreichung des Einzelabschlusses insoweit, weil – vor Einführung des elektronischen Handelsregisters – die Bekanntmachung eines solchen Einzelabschlusses im Bundesanzeiger von der gleichzeitigen Veröffentlichung des (handelsrechtlichen) Jahresabschlusses an dieser Stelle entbunden hatte. Es war lediglich im (noch nicht elektronischen) Bundesanzeiger die Hinterlegungsbekanntmachung für den (handelsrechtlichen) Jahresabschluss beim örtlichen Registergericht bekannt zu machen. 1

Seit Einführung des elektronischen Bundesanzeigers setzt die (angeblich) befreiende Wirkung der Offenlegung des IFRS-Einzelabschlusses u. a. die Einreichung des (handelsrechtlichen) Jahresabschlusses voraus (→ § 325 Rz. 24). Dadurch hebt sich die Befreiung in Bezug auf die Einreichung selbst auf. Der Jahresabschluss mit den weiteren Unterlagen (→ § 325 Rz. 24) findet dann seinen Verbleib beim Unternehmensregister nach § 8b HGB. „Befreit" wird nur von **zusätzlichen** Kosten für die Veröffentlichung im eBAnz. Die effektive Kostenbelastung ist gleich, einerlei ob ein Jahres- oder Einzelabschluss (zur Veröffentlichung) eingereicht wird. Sie ist eher beim Einzelabschluss wegen des größeren Umfangs höher. 2

Unabhängig davon verspürt die deutsche Wirtschaft auch keinerlei Interesse an einer förmlichen Erstellung eines IFRS-Einzelabschlusses zur (lediglichen) Information der Öffentlichkeit. 3

Umgekehrt besteht offensichtlich auch keinerlei Interesse der Öffentlichkeit an solchen Einzelabschlüssen, die im Übrigen auch noch einer förmlichen Prüfung zu unterziehen sind, weil zur Offenlegung auch der Bestätigungsvermerk des Abschlussprüfers dem elektronischen Bundesanzeiger einzureichen ist (→ § 325 Rz. 24).

§ 324a HGB stellt deshalb eine Rechtsnorm ohne praktischen Anwendungsbereich dar, was sich auch in der Kürze unserer folgenden Kommentierung niederschlägt.

II. Anwendungshinweise (Abs. 1)

4   Wenn eine solche Prüfung des IFRS-Einzelabschlusses durchgeführt werden soll, müssen die **gesamten Regeln** des Prüfungsgeschehens nach §§ 316 ff. HGB angewandt werden (Abs. 1 Satz 1). Da auf der Grundlage des IFRS-Einzelabschlusses kein Gewinnausschüttungsbeschluss in Frage kommt, wird die für den Jahresabschluss erforderliche Feststellung durch die Billigung – vergleichbar mit dem Konzernabschluss – ersetzt (Abs. 1 Satz 2).

III. Prüferbestellung (Abs. 2 Satz 1)

5   Der für den Jahresabschluss bestellte Abschlussprüfer (→ § 318 Rz. 5) ist von **Gesetzes** wegen auch für die Prüfung des IFRS-Einzelabschlusses bestellt. Wenn eine Gesellschaft also tatsächlich die Lust zur Erstellung eines IFRS-Einzelabschlusses in geprüfter Form verspüren sollte, muss sie auf die entsprechende Qualifikation des Abschlussprüfers bezüglich dessen Kenntnisse der IFRS-Regeln achten, da dieser ohne entsprechendes *know how* einen solchen Prüfungsauftrag nicht annehmen darf.[1]

IV. Zusammengefasster Prüfungsbericht (Abs. 2 Satz 2)

6   Das Gesetz erlaubt eine Zusammenfassung der Prüfungsberichte für den (handelsrechtlichen) **Jahres**abschluss mit dem des IFRS-**Einzel**abschlusses. Sinnvoll ist eine solche Zusammenfassung wegen der z.T. höchst unterschiedlichen Rechnungslegungsgrundsätze nicht (→ § 322 Rz. 92).

7   Nach § 325 Abs. 3a HGB kann der Prüfungsbericht des Konzernabschlusses mit demjenigen für den IFRS-Einzelabschluss zusammengefasst bekannt gemacht werden (→ § 325 Rz. 27). Eine solche Zusammenfassung wäre sinnvoll, nicht aber diejenige eines HGB-Konzernabschlusses und mit einem IFRS-Einzelabschluss.

---

1 § 43 WPO, § 11 Abs. 2 BS WP/vBp.

Vierter Unterabschnitt: Offenlegung, Prüfung durch den Betreiber des elektronischen Bundesanzeigers

§ 325 Offenlegung

(1) ¹Die gesetzlichen Vertreter von Kapitalgesellschaften haben für diese den Jahresabschluss beim Betreiber des elektronischen Bundesanzeigers elektronisch einzureichen. ²Er ist unverzüglich nach seiner Vorlage an die Gesellschafter, jedoch spätestens vor Ablauf des zwölften Monats des dem Abschlussstichtag nachfolgenden Geschäftsjahrs, mit dem Bestätigungsvermerk oder dem Vermerk über dessen Versagung einzureichen. ³Gleichzeitig sind der Lagebericht, der Bericht des Aufsichtsrats, die nach § 161 des Aktiengesetzes vorgeschriebene Erklärung und, soweit sich dies aus dem eingereichten Jahresabschluss nicht ergibt, der Vorschlag für die Verwendung des Ergebnisses und der Beschluss über seine Verwendung unter Angabe des Jahresüberschusses oder Jahresfehlbetrags elektronisch einzureichen. ⁴Angaben über die Ergebnisverwendung brauchen von Gesellschaften mit beschränkter Haftung nicht gemacht zu werden, wenn sich anhand dieser Angaben die Gewinnanteile von natürlichen Personen feststellen lassen, die Gesellschafter sind. ⁵Werden zur Wahrung der Frist nach Satz 2 oder Absatz 4 Satz 1 der Jahresabschluss und der Lagebericht ohne die anderen Unterlagen eingereicht, sind der Bericht und der Vorschlag nach ihrem Vorliegen, die Beschlüsse nach der Beschlussfassung und der Vermerk nach der Erteilung unverzüglich einzureichen. ⁶Wird der Jahresabschluss bei nachträglicher Prüfung oder Feststellung geändert, ist auch die Änderung nach Satz 1 einzureichen. ⁷Die Rechnungslegungsunterlagen sind in einer Form einzureichen, die ihre Bekanntmachung nach Absatz 2 ermöglicht.

(2) Die gesetzlichen Vertreter der Kapitalgesellschaft haben für diese die in Absatz 1 bezeichneten Unterlagen jeweils unverzüglich nach der Einreichung im elektronischen Bundesanzeiger bekannt machen zu lassen.

(2a) ¹Bei der Offenlegung nach Absatz 2 kann an die Stelle des Jahresabschlusses ein Einzelabschluss treten, der nach den in § 315a Abs. 1 bezeichneten internationalen Rechnungslegungsstandards aufgestellt worden ist. ²Ein Unternehmen, das von diesem Wahlrecht Gebrauch macht, hat die dort genannten Standards vollständig zu befolgen. ³Auf einen solchen Abschluss sind § 243 Abs. 2, die §§ 244, 245, 257, 264 Abs. 2 Satz 3, § 285 Nr. 7, 8 Buchstabe b, Nr. 9 bis 11a, 14 bis 17, § 286 Abs. 1, 3 und 5 sowie § 287 anzuwenden. ⁴Der Lagebericht nach § 289 muss in dem erforderlichen Umfang auch auf den Abschluss nach Satz 1 Bezug nehmen. ⁵Die übrigen Vorschriften des Zweiten Unterabschnitts des Ersten Abschnitts und des Ersten Unterabschnitts des Zweiten Abschnitts gelten insoweit nicht. ⁶Kann wegen der Anwendung des § 286 Abs. 1 auf den Anhang die in Satz 2 genannte Voraussetzung nicht eingehalten werden, entfällt das Wahlrecht nach Satz 1.

(2b) Die befreiende Wirkung der Offenlegung des Einzelabschlusses nach Absatz 2a tritt ein, wenn

1. statt des vom Abschlussprüfer zum Jahresabschluss erteilten Bestätigungsvermerks oder des Vermerks über dessen Versagung der entsprechende Vermerk zum Abschluss nach Absatz 2a in die Offenlegung nach Absatz 2 einbezogen wird,

2. der Vorschlag für die Verwendung des Ergebnisses und gegebenenfalls der Beschluss über seine Verwendung unter Angabe des Jahresüberschusses oder Jahresfehlbetrags in die Offenlegung nach Absatz 2 einbezogen werden und

3. der Jahresabschluss mit dem Bestätigungsvermerk oder dem Vermerk über dessen Versagung nach Absatz 1 Satz 1 bis 4 offen gelegt wird.

(3) Die Absätze 1, 2 und 4 Satz 1 gelten entsprechend für die gesetzlichen Vertreter einer Kapitalgesellschaft, die einen Konzernabschluss und einen Konzernlagebericht aufzustellen haben.

(3a) Wird der Konzernabschluss zusammen mit dem Jahresabschluss des Mutterunternehmens oder mit einem von diesem aufgestellten Einzelabschluss nach Absatz 2a bekannt gemacht, können die Vermerke des Abschlussprüfers nach § 322 zu beiden Abschlüssen zusammengefasst werden; in diesem Fall können auch die jeweiligen Prüfungsberichte zusammengefasst werden.

(4) ¹Bei einer Kapitalgesellschaft im Sinn des § 264d, die keine Kapitalgesellschaft im Sinn des § 327a ist, beträgt die Frist nach Absatz 1 Satz 2 längstens vier Monate. ²Für die Wahrung der Fristen nach Satz 1 und Absatz 1 Satz 2 ist der Zeitpunkt der Einreichung der Unterlagen maßgebend.

(5) Auf Gesetz, Gesellschaftsvertrag oder Satzung beruhende Pflichten der Gesellschaft, den Jahresabschluss, den Einzelabschluss nach Absatz 2a, den Lagebericht, den Konzernabschluss oder den Konzernlagebericht in anderer Weise bekannt zu machen, einzureichen oder Personen zugänglich zu machen, bleiben unberührt.

(6) Die §§ 11 und 12 Abs. 2 gelten für die beim Betreiber des elektronischen Bundesanzeigers einzureichenden Unterlagen entsprechend; § 325a Abs. 1 Satz 3 und § 340l Abs. 2 Satz 4 bleiben unberührt.

Inhaltsübersicht

	Rz.
I. Überblick über die Einreichungsvorschriften	1 - 3
II. Einreichungspflichten	4 - 21
1. Subjektbezug (Abs. 1 Satz 1)	4
2. Einzureichende Dokumente (Abs. 1 Sätze 1 bis 3)	5 - 8
3. Besonderheiten, insbesondere rechtsformspezifischer Art (Abs. 1 Satz 3)	9 - 13
4. Zeitbezug (Abs. 1 Satz 2 und Abs. 4)	14 - 16
5. Sukzessive Einreichung der Unterlagen (Abs. 1 Satz 5)	17 - 18
6. Geänderte Unterlagen (Abs. 1 Satz 6)	19
7. Personenbezogene Daten bei GmbHs (Abs. 1 Satz 4)	20
8. Form der Einreichung (Abs. 1 Satz 7)	20a
9. Bekanntmachungsauftrag (Abs. 2)	21
III. Einreichung eines IFRS-Einzelabschlusses	22 - 24
1. Regelungsinhalt (Abs. 2a)	22 - 23
2. Voraussetzung für die (scheinbare) Befreiungswirkung des IFRS-Einzelabschlusses (Abs. 2b)	24
IV. Konzernabschluss	25 - 27
1. Gesetzesverweis und Besonderheiten (Abs. 3)	25 - 26
2. Zusammengefasste Bekanntmachung (Abs. 3a)	27
V. Andere Bekanntmachungspflichten	28 - 32
1. Überblick (Abs. 5)	28
2. Publizitätsgesetz (PublG)	29 - 32

VI. Ergänzende Vorschriften (Abs. 6)	33
VII. Sanktionen	34
VIII. Beanstandung unzutreffender oder fehlender Offenlegungen durch den Abschlussprüfer	34a
IX. Befreiung von den Offenlegungspflichten	35

Ausgewählte Literatur

Fey/Geubert, Befreiender IFRS-Einzelabschluss nach § 325a HGB für Zwecke der Offenlegung, KoR 2006 S. 92

Grashoff, Offenlegung von Jahres- und Konzernabschlüssen nach dem EHUG, DB 2006 S. 2641

Henselmann/Kaya, Empirische Analyse des Offenlegungszeitpunkts von Jahresabschlüssen nach dem EHUG, WPg 2009 S. 497

Huettche, Der deutsche IFRS-Einzelabschluss, DStR 2004 S. 1189

Petersen/Zwirner, Besonderheiten der Konzernrechnungslegung im deutschen Mittelstand, StuB 2008 S. 380

Schlauß, Über 90 % Publizität – nachhaltiger Wandel der Offenlegungskultur, DB 2010 S. 153

Schlotter, Das EHUG ist in Kraft getreten, BB 2007 S. 1

Schmidt, Digitalisierung der Registerführung und Neuregelung der Unternehmenspublizität, DStR 2006 S. 2272

Schmittmann, Offenlegung und Ordnungsgeld, StuB 2009 S. 543

Sultana/Willeke, Die Neuerungen bei der Offenlegung von Jahres- und Konzernabschlüssen nach dem EHUG, StuB 2007 S. 45

Theile/Nitsche, Praxis der Jahresabschlusspublizität bei der GmbH, WPg 2006 S. 1141

I. Überblick über die Einreichungsvorschriften

Die Offenlegungspflichten (zur Terminologie vgl. → Rz. 3) sind als logischer **Fortsatz** der speziellen Rechnungslegungsvorschriften für die im 2. Abschnitt des Dritten Buches des HGB gehandelten Gesellschaften wie folgt zu verstehen: Wer sich am Wirtschaftsleben unternehmerisch unter **Haftungsbeschränkung** beteiligt, muss im Interesse des Gläubigerschutzes spezifische Regeln zur Rechnungslegung und deren Prüfung in Kauf nehmen (→ § 264a Rz. 1) und die Ergebnisse dieser Prozedur der **Öffentlichkeit** zur Verfügung stellen. Die §§ 325 bis 329 HGB regeln diese Veröffentlichungspflicht. Als Veröffentlichungs**medium** (→ Rz. 21) fungiert der „elektronische Bundesanzeiger" (eBAnz, vgl. → § 329). Die Rechtsgrundlage für die Einreichungspflichten wurde durch das EHUG (Gesetz über das elektronische Handelsregister sowie das Unternehmensregister vom 15. 11. 2006) geschaffen. Es ist am 1. 1. 2007 in Kraft getreten und betrifft Geschäftsjahre, die nach dem 31. 12. 2005 begonnen haben. 1

▶ In § 325 Abs. 1 HGB ist der Pflichtenkatalog für die **Einreichung** des Jahresabschlusses, Lageberichts und der zugehörigen Unterlagen zum Veröffentlichungsmedium zusammengefasst (→ Rz. 4 ff.).

- § 325 Abs. 2 HGB enthält die Aufforderung an die Verantwortlichen des Unternehmens, die Veröffentlichung zu **veranlassen** (→ Rz. 21).
- § 325 Abs. 2a und 2b HGB befasst sich mit dem Sonderproblem der ersatzweisen Veröffentlichung eines **Einzelabschlusses** (→ § 242 Rz. 14) nach den Regeln der IFRS anstelle eines HGB-Jahresabschlusses (→ Rz. 22).
- § 325 Abs. 3 HGB weitet die für den Jahresabschluss gültige Vorgabe auf den **Konzernabschluss** aus (→ Rz. 25).
- § 325 Abs. 3a HGB erlaubt eine **zusammengefasste** Veröffentlichung des Jahres- bzw. Einzelabschlusses mit dem Konzernabschluss (→ Rz. 27).
- § 325 Abs. 4 bis 6 HGB behandeln verschiedene **Sonderprobleme** (→ Rz. 14, → Rz. 28 und → Rz. 33).
- § 325a HGB befasst sich mit inländischen **Zweigniederlassungen** ausländischer Kapitalgesellschaften.
- § 326 HGB gewährt **kleinen** Kapital- und Kap. & Co.-Gesellschaften (→ § 267 Rz. 12) Erleichterungen.
- § 327 HGB gewährt **mittelgroßen** Kapital- und Kap. & Co.-Gesellschaften (→ § 267 Rz. 12) Erleichterungen.
- § 327a HGB gewährt bestimmten **kapitalmarktorientierten** Kapitalgesellschaften (→ § 264d Rz. 1) Erleichterungen.
- § 328 HGB enthält detaillierte Vorschriften zur **Form** und zum **Inhalt** der zu veröffentlichenden Unterlagen. Z.T. ergeben sich redaktionell wenig glückliche Überlappungen mit dem Inhalt von § 325 HGB.
- § 329 HGB liefert dem Betreiber des Veröffentlichungsmediums „elektronischer Bundesanzeiger" (eBAnz) ein **Prüfungsrecht** und einen **Pflichtenkatalog**.

2 Außerhalb der unter dieser Randziffer aufgelisteten Veröffentlichungspflichten bestehen weitere branchenspezifisch ausgerichtete, und zwar für **Kreditinstitute** nach § 340l HGB und für **Versicherungs**unternehmen nach § 341l HGB. Diese beziehen sich in Teilbereichen auf die hier aufgelisteten Vorschriften.

Einer Veröffentlichungspflicht unterliegen auch die durch das sog. **Publizitätsgesetz** erfassten Unternehmen gem. § 9 PublG (→ Rz. 29).

3 Die Sprachregelung des § 325 HGB ist missverständlich:[1] Die Überschrift lautet „Offenlegung". Das könnte man als **Ober**begriff verstehen, der sich auf die **Unter**begriffe
- Einreichung (Abs. 1) und
- Bekanntmachung (Abs. 2)

bezieht.

In Abs. 2a Satz 1 (→ Rz. 22) wird allerdings die Offenlegung als Bekanntmachung verstanden, ebenso in der Einleitung von Abs. 2b (→ Rz. 24), dann aber unter Abs. 2b Nr. 3 als Einreichung (→ Rz. 24).

---

[1] Vgl. hierzu *Fehrenbacher*, in: Münchner Kommentar zum Handelsgesetzbuch: HGB, 2. Aufl., München 2009, § 325 Tz. 2.

II. Einreichungspflichten

1. Subjektbezug (Abs. 1 Satz 1)

Angesprochen sind die **Unternehmen**, die dem Betreiber des eBAnz (→ § 329) die zur Veröffentlichung bestimmten Unterlagen in elektronischer Form einreichen müssen. Hierbei handelt es sich um

▶ Kapitalgesellschaften (AG, GmbH, KGaA) und

▶ Kap. & Co.-Gesellschaften (→ § 264a Rz. 3).

Wegen **weiteren** von der Veröffentlichungspflicht betroffenen Unternehmen vgl. → Rz. 3. Andererseits entfällt unter bestimmten Voraussetzungen die Veröffentlichungspflicht für **Tochtergesellschaften** konzernabschlusspflichtiger Mutterunternehmen (→ § 264 Rz. 37 sowie → § 264b Rz. 6). Das gilt auch für Tochterunternehmen, die in einen Konzernabschluss nach § 11 PublG einbezogen werden. Dabei können

▶ Befreiungsbeschluss (→ § 264 Rz. 43),

▶ Hinweisbekanntmachung (→ § 264 Rz. 49) und

▶ Verlustübernahmeverpflichtung (→ § 264 Rz. 45)

bei der Offenlegung zusammengefasst werden.[2]

Für die der Veröffentlichungspflicht unterworfenen Gesellschaften sind die **gesetzlichen** Vertreter handlungsverpflichtet (→ § 238 Rz. 2), bei Kap. & Co.-Gesellschaften gilt der Regelungsgehalt des § 264a Abs. 2 HGB (→ § 264a Rz. 11). Im Insolvenzfall trifft diese Pflicht den Insolvenzverwalter (§ 155 Abs. 1 Satz 2 InsO), bei Liquidation der Gesellschaft den Liquidator.

4

2. Einzureichende Dokumente (Abs. 1 Sätze 1 bis 3)

Der Jahresabschluss ist nicht identisch mit (z. B.) dem Sachkontennachweis in einem Datev-Ausdruck oder gar der Debitoren- und Kreditorensaldenliste. Deren (zusätzliche) Einreichung wird vom Betreiber des eBAnz nicht beanstandet (→ § 329 Rz. 1), verursacht aber unnötige zusätzliche Kosten.[3]

5

Die Darstellung der einzureichenden Unterlagen ist in der Gesetzesfassung wenig glücklich erfolgt: Satz 1 bezieht sich nur auf den **Jahresabschluss** (→ § 264 Rz. 1) und wird in Satz 3 um weitere Unterlagen **ergänzt**:

▶ Lagebericht (→ § 289 Rz. 8),

▶ Ergebnisverwendungsvorschlag (→ § 268 Rz. 8),

▶ Ergebnisverwendungsbeschluss (→ § 268 Rz. 52n bzw. → § 268 Rz. 52u),

▶ Aufsichtsratsbericht (→ § 268 Rz. 52f),

▶ Entsprechenserklärung des Vorstands einer AG gem. § 161 AktG (→ § 285 Rz. 105),

▶ Änderungen des Jahresabschlusses bei Nachtragsprüfung (→ § 316 Rz. 19) oder Feststellung (→ § 268 Rz. 20) sowie

---

[2] Vgl. *Schlauß*, DB 2010 S. 155.
[3] Solche überschießenden Veröffentlichungen sind häufig festzustellen, z. B. vom 20. 4. 2010 im eBAnz.

- bei prüfungspflichtigen Gesellschaften der Bestätigungs- oder Versagungsvermerk – bei Nachtragsprüfung Änderungen des Bestätigungsvermerks (→ § 322 Rz. 84).

Der Erstellungspflicht in **deutscher** Sprache (→ § 244 Rz. 1) folgt die Veröffentlichung des Jahresabschlusses.

6 Der sog. „**Bilanzeid**" wird nicht als Veröffentlichungsobjekt erwähnt, obwohl dieser zum Mindestinhalt des **Jahresfinanzberichts** nach dem Wertpapierhandelsgesetz gehört (→ § 264 Rz. 31). Möglicherweise liegt hier ein redaktionelles Versehen des Gesetzgebers vor,[4] das jedenfalls dann ohne Bedeutung ist, wenn der „Bilanzeid" im Jahres- bzw. Konzernabschluss – also im Anhang – selbst platziert ist (→ § 264 Rz. 34).

7 Die Einreichung muss in **elektronischer** Form erfolgen. Dabei sind ergänzend die spezifischen Vorgaben in → § 328 zu beachten.

8 **Kleine** (→ § 326) und **mittelgroße** (→ § 327) Kapital- und Kap. & Co.-Gesellschaften erfahren bezüglich der Offenlegung verschiedene Erleichterungen.

3. Besonderheiten, insbesondere rechtsformspezifischer Art (Abs. 1 Satz 3)

9 Ein Aufsichtsratsbericht über die Prüfung nach § 171 AktG obliegt nicht nur dem Aufsichtsrat der AG, sondern auch dem der **GmbH** (→ § 268 Rz. 52p) bei
- obligatorischer Bestellung nach § 42a Abs. 1 Satz 3 GmbHG und
- fakultativer Bestellung nach § 52 Abs. 1 GmbHG.

Ein (fakultativer) **Verwaltungs-** oder **Beirat** einer GmbH ist ohne förmlichen Ausschluss von der Jahresabschlussprüfung wie ein Aufsichtsrat verpflichtet.

Bei **Kap. & Co.-Gesellschaften** i. S. des § 264a HGB besteht für etwa bestellte Aufsichts- oder Beiräte keine Prüfungspflicht der Abschlüsse, so dass insoweit auch keine Einreichung infrage kommt.[5]

10 **Ergebnisverwendungs**vorschlag und -beschluss sind als Veröffentlichungsobjekt nicht nahtlos mit den Erstellungsvorgaben im AktG (§ 170 Abs. 2, § 174 AktG) abgestimmt (→ § 268 Rz. 52a ff.). Das beginnt mit den Begrifflichkeiten (→ § 268 Rz. 10): Gewinnverwendung (AktG) vs. Ergebnisverwendung (§ 325 HGB). Unter „Ergebnis" ist auch ein Jahresfehlbetrag bzw. ein Bilanzverlust zu verstehen. Ohne die Möglichkeit einer Auflösung von Rücklagen (→ § 268 Rz. 20) kann es in diesen Fällen nicht zu einer Gewinnverwendung kommen. Vielmehr geht es nur um die **Behandlung** eines Jahresfehlbetrags bzw. eines Bilanzverlustes. Der übliche Satz: „Der Jahresfehlbetrag wird auf neue Rechnung vorgetragen" kann keinen Verwendungsvorschlag darstellen, da es nichts zu „verwenden" gibt. Entsprechend muss auch eine Einreichung entfallen. Der zitierte Satz erschöpft seinen Sinngehalt in der Vermeidung unerwünschter Nachfragen zur Ergebnisverwendung im Rahmen der Abschluss**erstellung** (vgl. → § 268 Rz. 4)

11 Für die GmbH **ohne Aufsichtsrat** ist ein Ergebnis- bzw. Gewinnverwendungsvorschlag förmlich nicht vorgesehen, praktisch aber üblich unter Einbeziehung in den **Anhang**. Bei **fakultativer**

---

4 So *Ellrott/Grottel*, in: Beck'scher Bilanz-Kommentar, 7. Aufl., München 2010, § 325 Tz. 6.
5 Gl. A. *Ellrott/Grottel*, in: Beck'scher Bilanz-Kommentar, 7. Aufl., München 2010, § 325 Tz. 6 und 12.

Aufsichtsratsinstallation nach § 52 Abs. 1 GmbH (→ Rz. 8) ist wegen des dortigen Verweises auf § 170 HGB ein Gewinnverwendungsvorschlag dem Aufsichtsrat zu unterbreiten und damit auch zur Veröffentlichung einzureichen.

Jahres**überschuss** bzw. **-fehlbetrag** sind innerhalb des Ergebnisverwendungsvorschlags bzw. -beschlusses mit anzugeben, allerdings dann nicht, wenn diese Posten aus der Bilanz oder der GuV ersichtlich sind.

12

Bei Verpflichtung zur Gewinnabführung an bzw. Berechtigung zur Verlustübernahme durch die Muttergesellschaft infolge eines **Gewinnabführungsvertrags** nach § 291 Abs. 1 AktG (steuerlich Organschaft) wird regelmäßig kein Jahresüberschuss bzw. -fehlbetrag ausgewiesen. Folgerichtig entfällt deren Einreichung zur Offenlegung.

13

4. Zeitbezug (Abs. 1 Satz 2 und Abs. 4)

Das Gesetz kennt drei Einreichungsfristen für den Jahresabschluss:

14

- ▶ **unverzüglich** nach Vorlage an die **Gesellschafter**,
- ▶ **spätestens** vor Ablauf von **zwölf** Monaten nach dem Bilanzstichtag sowie
- ▶ **längstens vier Monate** nach dem Bilanzstichtag für **kapitalmarktorientierte** Gesellschaften (→ § 264d Rz. 1) mit Einschränkungen nach § 327a HGB.

Der Zwölfmonatsfrist kommt eine Auffangfunktion zu: Die Veröffentlichung soll nicht durch bewusst verzögerte Vorlage an die Gesellschafter ungebührlich hinausgeschoben werden. Das gilt insbesondere für Einpersonengesellschaften mit Gesellschafter-Geschäftsführern, bei denen der Vorlage des Jahresabschlusses zur Feststellung eine eher formale Bedeutung zukommt.

15

Die Einhaltung der ersten und dritten Frist in der vorstehenden Aufzählung kann der Betreiber des eBAnz nicht überwachen; er stellt deshalb nur auf die Zwölf-Monats-Frist ab.[6]

Die **unverzügliche** Vorlage (→ Rz. 14) ist primär an den Rechtsstrukturen der **Publikums-AG** (§ 176 Abs. 1 Satz 1 AktG) ausgerichtet. Hier stellt der Aufsichtsrat gem. § 172 AktG in aller Regel den Jahresabschluss fest oder billigt den Konzernabschluss, der dann der Hauptversammlung zusammen mit den übrigen Dokumenten (z. B. Lagebericht) vorzulegen ist. Diese Vorlage enthält einen rechtsgültigen (weil festgestellten) Jahresabschluss, was bei einer GmbH mit Feststellungskompetenz der Gesellschafterversammlung (→ § 268 Rz. 52q) nicht der Fall ist. Die Gesellschafterversammlung der GmbH kann (bis dahin) den Entwurf des Abschlusses zurückweisen oder einer Änderungsfeststellung unterziehen (→ § 268 Rz. 52l). Bei Vorlage an die Gesellschafterversammlung hängt der Jahresabschluss der GmbH rechtlich noch in der Schwebe. U. E. sollte die Fristenvorgabe in Abs. 1 Satz 2 extensiv auf den **Feststellungsbeschluss** ausgelegt werden,[7] um einen zweifachen Einreichungsvorgang (→ Rz. 17) – mit Jahresabschluss, Ergebnisverwendungsbeschluss oder gar geändertem Beschluss – zu vermeiden. Diese Gesetzesauslegung berücksichtigt auch gebührend die Rechtsnatur der Abschlussfeststellung, wo-

16

---

6 Vgl. *Buchheim*, DB 2010 S. 1139.
7 Ähnlich *Hütten*, in: Küting/Pfitzer/Weber (Hrsg.), Handbuch der Rechnungslegung – Einzelabschluss, § 325 Tz. 82; enger *Ellrott/Grottel*, in: Beck'scher Bilanz-Kommentar, 7. Aufl., München 2010, § 325 Tz. 40; ebenso *Kaminski*, in: Haufe HGB Bilanz Kommentar, Freiburg 2009, § 325 Rz. 82.

5. Sukzessive Einreichung der Unterlagen (Abs. 1 Satz 5)

17 Bei Einhaltung der Vorgaben in Abs. 1 Satz 2 können im Einreichungszeitpunkt nicht alle einzureichenden Unterlagen vorliegen, insbesondere nicht der Gewinnverwendungsbeschluss der AG oder die Abschlussfeststellung mit Gewinnverwendungsbeschluss der GmbH (wenn man nicht dem Vorschlag in → Rz. 16 folgt). Diese Nachreichung ist der Informationsverarbeitung des Adressatenkreises nicht unbedingt förderlich. Erneut bietet sich eine extensive Gesetzesauslegung an, derzufolge bei engem zeitlichen Zusammenhang der einschlägigen Rechtsakte eine Gesamteinreichung der geforderten Unterlagen erfolgen sollte, wenn auch damit die strikte Fristvorgabe nach Abs. 1 Satz 2 nicht eingehalten wird. Es wäre also der Gewinnverwendungsbeschluss nach § 174 AktG bzw. § 46 Nr. 1 GmbHG abzuwarten. Bei der GmbH ist dieser Beschluss regelmäßig mit der Feststellung verbunden, so dass die beiden Gesetzesauslegungsvorschläge hier und unter → Rz. 16 zusammenlaufen.

Außerhalb des Bereichs der kapitalmarktorientierten Unternehmen (→ § 264d Rz. 1) wird weiterhin überwiegend die **Zwölf-Monats**-Frist (→ Rz. 14) ausgenutzt (→ Rz. 15).[8]

Spezialgesetzlich darf die Offenlegung eines eine **vereinfachte Kapitalherabsetzung** enthaltenen Jahresabschlusses einer AG oder KGaA nach § 236 AktG und einer GmbH nach § 58f Abs. 3 GmbHG erst nach den geforderten Handelsregistereintragungen erfolgen. Das ist insofern sinnvoll, weil wegen des bedingten Bestätigungsvermerks ein Abschluss im Rechtssinne zuvor nicht vorliegt (→ § 322 Rz. 82). U. E. sind von dieser Sonderfrist auch die übrigen einzureichenden Unterlagen betroffen.[9]

18 **Anfechtungs-** und **Nichtigkeitsklagen** bezüglich des Jahresabschlusses sind ohne Einfluss auf die Einreichungsfristen.

6. Geänderte Unterlagen (Abs. 1 Satz 6)

19 **Änderungen** des bereits eingereichten Jahresabschlusses, ggf. unter Einbeziehung des Bestätigungsvermerks bei erforderlicher Nachtragsprüfung (→ § 316 Rz. 19), sind nachzureichen. Diese Pflicht könnte sich dem Wortlaut nach auf die geänderten Posten des Jahresabschlusses beschränken. Nach h. M.[10] ist der Öffentlichkeit kein Vergleich mit der ursprünglichen Form zuzumuten, so dass der **gesamte** geänderte Abschluss als solcher gekennzeichnet einzureichen ist – u. E. aber nicht der unveränderte Lagebericht. Der generelle Einreichungstermin (→ Rz. 14) gilt auch hier: „unverzüglich" nach Vorlage an die Gesellschafter.

---

[8] Vgl. *Henselmann/Kaya*, WPg 2009 S. 497.

[9] So auch *Kaminski*, in: Haufe HGB Bilanz Kommentar, Freiburg 2009, § 325 Rz. 35.

[10] So *Hütten*, in: Küting/Pfitzer/Weber (Hrsg.), Handbuch der Rechnungslegung – Einzelabschluss, § 325 Tz. 29; *Ellrott/ Grottel*, in: Beck'scher Bilanz-Kommentar, 7. Aufl., München 2010, § 325 Tz. 20.

7. Personenbezogene Daten bei GmbHs (Abs. 1 Satz 4)

Für personenbezogene Daten einer GmbH besteht eine optional auszuübende Befreiung von der Einreichung des Ergebnisverwendungsvorschlags und -beschlusses (→ Rz. 10), soweit sich daraus die Gewinnanteile **natürlicher** Personen feststellen lassen. Diese „Feststellung" kann auch aus anderen öffentlich zugänglichen Dokumenten gezogen werden, wie hier aus dem Gesellschaftsvertrag nach § 8 Abs. 1 Nr. 1 GmbHG und der ebenfalls dem Unternehmensregister vorliegenden Gesellschafterliste nach § 40 Satz 1 GmbHG. Dabei genügt **eine** natürliche Person als Gesellschafter zur Inanspruchnahme dieser Befreiungsvorschrift.[11] Unerheblich ist, ob die natürliche Person die Anteile in eigener Sache oder als Treuhänder hält. Fraglich erscheint die Ausdehnung der Befreiung auf stille Gesellschafter, die natürliche Personen sind, und auf von Personengesellschaften gehaltene Anteile an der Kapitalgesellschaft.[12]

20

8. Form der Einreichung (Abs. 1 Satz 7)

Die Rechnungslegungsunterlagen sind nach Abs. 1 Satz 7 in einer Form einzureichen, welche die Bekanntmachung im elektronischen Bundesanzeiger ermöglicht. I. V. mit Abs. 1 Satz 1, der die elektronische Einreichung vorschreibt, gilt damit: Die Einreichung muss in einer Form erfolgen, die eine erneute, manuelle Datenerfassung beim Bundesanzeiger überflüssig macht. Nach Registrierung und Anmeldung des Unternehmens beim Bundesanzeiger stehen zwei Möglichkeiten offen:

20a

- ▶ Im **Upload-Verfahren** werden die Unterlagen in den gängigen Datenformaten MS Word, MS Excel, RTF, PDF oder preisgünstig in XML übertragen.
- ▶ Per **Online-Webformular** können kleine Gesellschaften (→ § 267 Rz. 12) i. S. von § 267 HGB stattdessen wahlweise ihre Bilanzdaten in die mit den üblichen Bilanzposten vorbelegten Felder eintragen und in ein zweites Feld den Anhang hineinkopieren.

9. Bekanntmachungsauftrag (Abs. 2)

Als Veröffentlichungsmedium (→ Rz. 1) fungiert der **elektronische Bundesanzeiger** (eBAnz). Das Gesetz trennt förmlich zwischen **Einreichung** der zu veröffentlichenden Unterlangen und dem **Auftrag** an den Betreiber zur Bekanntmachung. Praktisch ist in der Einreichung konkludent der Veröffentlichungsauftrag zu sehen. Wegen der missverständlichen Terminologie vgl. → Rz. 4.

21

III. Einreichung eines IFRS-Einzelabschlusses

1. Regelungsinhalt (Abs. 2a)

Anstelle (→ Rz. 24) eines (handelsrechtlichen) **Jahres**abschlusses (→ § 242 Rz. 14) kann ein (vom Gesetz) sog. **Einzel**abschluss eingereicht werden, der nach den in § 315a HGB genannten Rechnungslegungsstandards (→ § 315a Rz. 2) erstellt worden ist. Es handelt sich um die IFRS-

22

---

11 Vgl. *Ellrott/Grottel*, in: Beck'scher Bilanz-Kommentar, 7. Aufl., München 2010, § 325 Tz. 21; *Hütten*, in: Küting/Pfitzer/Weber (Hrsg.), Handbuch der Rechnungslegung – Einzelabschluss, § 325 Tz. 51.
12 Für eine Ausdehnung *Ellrott/Grottel*, in: Beck'scher Bilanz-Kommentar, 7. Aufl., München 2010, § 325 Tz. 21.

III. Einreichung eines IFRS-Einzelabschlusses

Regeln, soweit sie im sog. „Komitologie-Verfahren" in europäisches Recht überführt worden sind. Diese Einreichung ist rein freiwilliger Natur. Die Aufstellungspflicht für den Jahresabschluss samt Einreichung (→ Rz. 24) bleibt davon unberührt. Von dieser Möglichkeit soll nach der Gesetzesidee im Interesse einer positiven **Öffentlichkeitswirkung** Gebrauch gemacht werden, nach bisheriger Erkenntnis tendiert die praktische Bedeutung jedoch gegen Null (→ § 324a Rz. 3). Infrage kommen dabei aus Wirtschaftlichkeitsgründen ohnehin nur solche Gesellschaften, die für den Konzernpflichtabschluss nach § 315a HGB sog. *„packages"* (→ § 317 Rz. 66) liefern müssen.

23   Der IFRS-Einzelabschluss mit all seinen Bestandteilen[13] ist durch **HGB-spezifische** Ergänzungen (Währung, Sprache, Lagebericht, einige Anhangangaben) anzureichern. Diese in Satz 3 aufgeführten Gesetzesvorgaben sind unter den jeweiligen Paragraphen kommentiert. Ansonsten sind die §§ 242 bis 288 HGB nicht anzuwenden (Satz 5).

Konzeptionell vergleichbar sind diese Ergänzungen zu den IFRS-Regelungen mit denjenigen für den **IFRS-Konzernabschluss** (→ § 315a Rz. 89). Der Bezug auf den Abschluss im Lagebericht ist nach Abs. 2a Satz 4 wie nach § 289 Abs. 1 Satz 3 HGB herzustellen (→ § 289 Rz. 29). Bei einem – praktisch kaum vorstellbaren – Anwendungsfall des § 286 Abs. 1 HGB (→ § 286 Rz. 1), aufgrund der vollständigen Anwendung der IFRS-Regeln, entfällt nach Abs. 2a Satz 6 das Wahlrecht zur Offenlegung eines IFRS-Einzelabschlusses statt des handelsrechtlichen Jahresabschlusses.

2. Voraussetzung für die (scheinbare) Befreiungswirkung des IFRS-Einzelabschlusses (Abs. 2b)

24   Das Gesetz macht die befreiende (→ Rz. 22) Wirkung der Offenlegung des IFRS-Einzelabschlusses von der **kumulativen** Erfüllung folgender Einreichungen zum eBAnz abhängig:

- Des Bestätigungsvermerks des Abschlussprüfers zum Einzelabschluss,
- des Ergebnisverwendungsvorschlags und -beschlusses etc., wie nach Abs. 1 Satz 3 (→ Rz. 5),
- des (handelsrechtlichen) Jahresabschlusses mit Bestätigungsvermerk.

Die letztgenannte Voraussetzung relativiert (besser: konterkariert) die Befreiungswirkung der Offenlegung eines IFRS-Einzelabschlusses (→ Rz. 22). Die Befreiung mutiert zur **Verdoppelung** des Einreichungssubstrats (→ § 324a Rz. 2).

Der Inhalt der vom Gesetz ausgedrückten **Befreiung** ist auch wegen der widersprüchlichen Terminologie (→ Rz. 3) schwer feststellbar:

- Einzureichen nach Abs. 1 (→ Rz. 4) sind neben dem IFRS-Einzelabschluss die vorstehend genannten Unterlagen, also auch der (HGB-)Jahresabschluss.
- Zur Bekanntmachung im eBAnz (→ Rz. 21) gelangt indes nur der IFRS-Einzelabschluss.
- Der Jahresabschluss mit Bestätigungsvermerk etc. wird nicht bekannt gegeben, sondern landet beim Unternehmensregister nach § 8b HGB (Gesetzesverweis in Abs. 2b Nr. 3 nur auf Abs. 1 Satz 1 bis 4).

---

13   Vgl. *Lüdenbach*, in: Lüdenbach/Hoffmann (Hrsg.), Haufe IFRS-Kommentar, 8. Aufl., Freiburg 2010, § 2 Rz. 4.

„Befreit" wird also nur von der zusätzlichen Bekanntmachung des HGB-Rechenwerks im eBAnz.[14] Einzureichen (→ Rz. 4) ist das Gesamtpaket der Rechnungslegung.

IV. Konzernabschluss

1. Gesetzesverweis und Besonderheiten (Abs. 3)

Durch Gesetzes**verweis** („entsprechend") gelten die Einreichungs- und Bekanntmachungspflichten für den Jahresabschluss mit ergänzenden Unterlagen auch für die gesetzlichen Vertreter von Kapitalgesellschaften (→ Rz. 4), die pflichtmäßig – nicht freiwillig – einen **Konzern**abschluss nebst -lagebericht erstellen („aufzustellen haben"). 25

Der Gesetzes- erlaubt einen **Kommentierungs**verweis auf die vorstehenden Erläuterungen zum Jahresabschluss (Abs. 1, 2 und 4) etc. (→ Rz. 5 ff.) mit folgenden **Ergänzungen**: 26

▶ Der **Inhalt** des Konzernabschlusses ergibt sich aus § 297 Abs. 1 HGB (→ § 297 Rz. 1 ff.).

▶ Eine Feststellung und Gewinnverwendung entfällt für den Konzernabschluss. Stattdessen **billigt** der Aufsichtsrat der konzernrechnungslegungspflichtigen **AG** den Konzernabschluss nach § 171 Abs. 2 Satz 4 AktG, ersatzweise (sehr selten) die Hauptversammlung nach § 173 Abs. 1 Satz 2 AktG (→ § 268 Rz. 52k).

▶ Diese aktienrechtlichen Vorgaben gelten auch für eine konzernrechnungslegungspflichtige **GmbH** (→ Rz. 9).

▶ Ein nach dem **PublG** konzernrechnungspflichtiges Unternehmen ist über den Verweis in § 15 Abs. 2 PublG an die Vorgaben des Abs. 3 gebunden.

▶ Im **EU/EWR-Ausland** ansässige Muttergesellschaften sind bei Erstellung eines für den Inlandsbereich befreienden Konzernabschlusses nach § 291 Abs. 1 Satz 1 HGB zu dessen Offenlegung nach Abs. 3 in deutscher Sprache verpflichtet (→ § 291 Rz. 13). Die Veröffentlichung muss dabei durch das zu befreiende inländische Mutterunternehmen in der obersten Hierarchiestufe des inländischen Teilkonzerns erfolgen.

▶ Für im **Dritt-Ausland** ansässige Muttergesellschaften gilt nach § 292 HGB i.V. mit der KonBefrV durch Verweis auf § 291 HGB die Verpflichtung zur Offenlegung des befreienden Konzernabschlusses nach Abs. 3 (→ § 292 Rz. 4). Die Veröffentlichungspflicht trifft dabei das zu befreiende inländische Mutterunternehmen in der obersten Hierarchiestufe des inländischen Teilkonzerns nach § 1 KonBefrV.

▶ Die Befreiung von der Offenlegung und Bekanntmachung des Jahresabschlusses etc. nach § 264 Abs. 3 HGB (→ § 264 Rz. 50) bzw. § 264b HGB (→ § 264 Rz. 21) muss für das **Tochterunternehmen** nach §§ 264 Abs. 3 Nr. 4b bzw. 264b Nr. 3b HGB bekannt gemacht werden (→ § 264 Rz. 50).

2. Zusammengefasste Bekanntmachung (Abs. 3a)

Der Konzernanhang kann nach § 298 Abs. 3 HGB mit dem Anhang des Jahresabschlusses eines **Mutterunternehmens** zusammengefasst werden (→ § 298 Rz. 37). Entsprechendes gilt nach 27

---

14 BT-Drucks. 16/960, S. 49.

§ 315 Abs. 3 HGB für die Lageberichte (→ § 315 Rz. 3). Voraussetzung für die Zusammenfassung ist die **gemeinsame Offenlegung** der beiden Abschlüsse des Mutterunternehmens. Diese verbundene Bekanntmachung erlaubt auch eine Zusammenfassung der Bestätigungsvermerke (→ § 322 Rz. 92) und der Prüfungsberichte (→ § 321 Rz. 101). Letztere sind allerdings nicht zur Veröffentlichung bestimmt.[15]

V. Andere Bekanntmachungspflichten

1. Überblick (Abs. 5)

28 Die Vorschriften des § 325 HGB lassen **andere** Offenlegungspflichten nach Gesetz und Gesellschaftsvertrag unberührt. Einschlägige gesetzliche Vorgaben gelten u. a. für

- Genossenschaften nach § 339 HGB,
- Kreditinstitute nach § 340l HGB,
- Versicherungsunternehmen nach § 341l HGB sowie
- große Unternehmen nach §§ 9 und 15 PublG (→ Rz. 29).

Davon zu **unterscheiden** sind Auskunfts- und Kontrollrechte von **Gesellschaftern** gegenüber dem geschäftsführenden Organ, z. B nach § 51a GmbHG oder §§ 118, 166 HGB. Wegen der Informationsrechte der **Arbeitnehmer**vertreter vgl. → § 267 Rz. 21.

2. Publizitätsgesetz (PublG)

29 Einer gesonderten Offenlegungspflicht unterliegen **große** Unternehmen nach den Merkmalen des § 1 PublG. Diese Verpflichtung für den Jahresabschluss gem. § 9 PublG und den Konzernabschluss gem. § 15 PublG mit den ergänzenden Unterlagen nimmt inhaltlich und technisch Bezug auf die Regeln der §§ 325 und 329 HGB. Betroffen sind nach § 3 PublG Einzelkaufleute und insbesondere Unternehmen in der Rechtsform der OHG und KG (nicht Kap. & Co.-Gesellschaften → § 264a Rz. 3), des Vereins, der Stiftung und der Körperschaft öffentlichen Rechts.

30 Als **Kaufleute** sind diese Unternehmen den Regeln der §§ 238 bis 263 HGB unterworfen. **Ergänzend** verweist § 5 PublG auf die Gliederungsvorschriften u. Ä. in den §§ 265 bis 278 HGB sowie auf die Vorschriften über den Anhang (Teilbereiche) und den Lagebericht. Vergleichbares gilt in § 13 PublG für den nach § 11 PublG zu erstellenden Konzernabschluss.

31 Den **Umfang** der Offenlegung regelt § 9 PublG unter Bezugnahme auf die wesentlichen Inhalte der §§ 325, 328 und 329 HGB. **Erleichterungen** gewährt § 9 Abs. 2 und 3 i.V. mit § 5 Abs. 5 Satz 3 PublG den Einzelkaufleuten und Personenhandelsgesellschaften (OHG, KG). Diese betreffen den Verzicht auf die Offenlegung einer GuV unter (dann) als Anlage aus Bilanz aufzuführenden Angaben (z. B. Umsatzerlöse, Personalkosten etc.) sowie eine Zusammenfassung der Eigenkapitalbestandteile zu einem Sammelposten „Eigenkapital".

---

15 So IDW PS 450.138; a. A. *Kaminski*, in: Haufe HGB Bilanz Kommentar, Freiburg 2009, § 325 Rz. 123, der die Prüfungsberichte des Aufsichtsrats in das Gesetz hineinliest. Abs. 3a schafft die Voraussetzung zur Zusammenfassung der genannten Abschlussbestandteile sowie der Verlautbarungen des Abschlussprüfers. Zur Veröffentlichungspflicht enthält Abs. 3a keine Aussage.

Die Veröffentlichungsinhalte samt Erleichterungen für den Jahresabschluss (→ Rz. 31) gelten auch für den **Konzern**abschluss gem. §§ 15, 13 PublG und damit auch die Bezugnahme auf die §§ 325, 328 und 329 HGB. 32

VI. Ergänzende Vorschriften (Abs. 6)

In Abs. 6 Satz 1 wird unter Bezugnahme auf § 11 HGB die Möglichkeit eröffnet, **zusätzlich** zur deutschen Fassung die Unterlagen auch in einer **EU-Amtssprache** einzureichen. Der weitere Verweis auf § 12 Abs. 2 HGB bezieht sich auf die Einreichungstechnik in **elektronischer** Form. 33

Die Einreichung einer Originalfassung der Unterlagen in **ausländischer** Sprache (→ § 325a Rz. 6) bleibt nach Abs. 6 Satz 2 unberührt.

VII. Sanktionen

Einen Verstoß gegen die Offenlegungspflichten meldet der Betreiber des elektronischen Bundesanzeigers dem Bundesamt für Justiz (→ § 329 Rz. 6). Es beginnt dann eine Sechs-Wochen-Frist zur Behebung des Veröffentlichungsverstoßes. Nach erfolglosem Ablauf der Frist wird ein Ordnungsgeld zwischen 2.500 € und 25.000 € erhoben. 34

VIII. Beanstandung unzutreffender oder fehlender Offenlegungen durch den Abschlussprüfer

Die Offenlegung kann unzutreffend erfolgen, etwa indem (ohne Vorliegen eines gesetzlichen Befreiungstatbestands) Teile des festgestellten Jahresabschlusses weggelassen oder gekürzt werden. Wird hierbei gleichwohl der zum vollständigen Abschluss erteilte Bestätigungsvermerk des Abschlussprüfers verwendet, sind dessen Interessen tangiert. Er hat einen Anspruch auf Unterlassung und ist gehalten, eine Richtigstellung zu veranlassen.[16] Offen bleibt dabei, was zu tun ist, wenn das geprüfte Unternehmen dieser „Veranlassung" nicht folgt. Dem Abschlussprüfer kommt hierzu förmlich kein Weisungsrecht zu. 34a

Wenn dem Abschlussprüfer im Rahmen seiner Prüfungstätigkeit eine nicht erfolgte oder fehlerhafte Offenlegung des Vorjahresabschlusses bekannt wird, muss er nach der Vorstellung des IDW im Prüfungsbericht für das laufende Jahr darauf hinweisen.[17] Wegen unserer Vorbehalte gegen diese Anweisung wird auf → § 321 Rz. 44 verwiesen.

IX. Befreiung von den Offenlegungspflichten

In einen Konzernabschluss einbezogene **Tochter**gesellschaften sind von der Offenlegung u.U. befreit, und zwar 35

---

[16] IDW PS 400 Tz. 16.
[17] IDW PS 450.50.

IX. Befreiung von den Offenlegungspflichten

- bei einer Kapitalgesellschaft als Mutterunternehmen nach § 264 Abs. 3 HGB (→ § 264 Rz. 50) sowie
- bei einer Kap. & Co.-Gesellschaft als Mutterunternehmen nach § 264b Nr. 3 HGB (→ § 264b Rz. 14 f.).

§ 325a Zweigniederlassungen von Kapitalgesellschaften mit Sitz im Ausland

(1) ¹Bei inländischen Zweigniederlassungen von Kapitalgesellschaften mit Sitz in einem anderen Mitgliedstaat der Europäischen Wirtschaftsgemeinschaft oder Vertragsstaat des Abkommens über den Europäischen Wirtschaftsraum haben die in § 13e Abs. 2 Satz 4 Nr. 3 genannten Personen oder, wenn solche nicht angemeldet sind, die gesetzlichen Vertreter der Gesellschaft für diese die Unterlagen der Rechnungslegung der Hauptniederlassung, die nach dem für die Hauptniederlassung maßgeblichen Recht erstellt, geprüft und offen gelegt worden sind, nach den §§ 325, 328, 329 Abs. 1 und 4 offen zu legen. ²Die Unterlagen sind in deutscher Sprache einzureichen. ³Soweit dies nicht die Amtssprache am Sitz der Hauptniederlassung ist, können die Unterlagen der Hauptniederlassung auch

1. in englischer Sprache oder
2. in einer von dem Register der Hauptniederlassung beglaubigten Abschrift oder,
3. wenn eine dem Register vergleichbare Einrichtung nicht vorhanden oder diese nicht zur Beglaubigung befugt ist, in einer von einem Wirtschaftsprüfer bescheinigten Abschrift, verbunden mit der Erklärung, dass entweder eine dem Register vergleichbare Einrichtung nicht vorhanden oder diese nicht zur Beglaubigung befugt ist,

eingereicht werden; von der Beglaubigung des Registers ist eine beglaubigte Übersetzung in deutscher Sprache einzureichen.

(2) Diese Vorschrift gilt nicht für Zweigniederlassungen, die von Kreditinstituten im Sinne des § 340 oder von Versicherungsunternehmen im Sinne des § 341 errichtet werden.

Inhaltsübersicht

	Rz.
I. Die Offenlegungspflicht (Abs. 1 Satz 1)	1 - 5
1. Die betroffenen Unternehmen	1 - 3
2. Die handlungsverpflichteten Personen	4
3. Die offen zu legenden Unterlagen	5
II. Die Sprachfassung (Abs. 1 Sätze 2 und 3)	6
III. Branchenspezifische Besonderheiten (Abs. 2)	7

Ausgewählte Literatur

Graf/Bisle, Besteuerung und Rechnungslegung der britischen „*private company limited by shares*" (Limited), IStR 2004 S. 838 und 873

Seibert, Neuordnung des Rechts der Zweigniederlassung im HGB, DB 1993 S. 1705

I. Die Offenlegungspflicht (Abs. 1 Satz 1)

1. Die betroffenen Unternehmen

Angesprochen sind **Kapital**gesellschaften mit Sitz in einem anderen EU/EWR-Staat. Die förmlichen Bezeichnungen sind in Art. 1 der jeweils aktualisierten Fassung der 4. EG-Richtlinie für die

1

EU-Staaten aufgeführt. Bezüglich der Gesellschaften aus dem EWR-Raum ist ein Typenvergleich mit der Organisationsstruktur der deutschen Kapitalgesellschaft geboten.

2   Streitig ist im Schrifttum die Ausdehnung auf **Kap. & Co.-Gesellschaften** (→ § 264a Rz. 5).[1] U. E. ist diese Ausdehnung in praktischer Hinsicht zweifelhaft, da die besondere Rechtsstruktur der Kap. & Co.-Gesellschaft als Spezifikum deutschen Gesellschaftsrechts anzusehen und im EU-Ausland nicht oder nicht direkt vergleichbar anzutreffen ist.

3   Die inländischen **Zweigniederlassungen** einer ausländischen Kapitalgesellschaft haben ihren Regelungsbereich in §§ 13d bis 13g HGB gefunden. Es handelt sich um rechtlich unselbständige und räumlich getrennte Organisationseinheiten eines Kaufmanns unter **einem** rechtlichen Dach. Gewöhnlich besteht eine Identität mit der steuerlichen **Betriebsstätte**. Nach der – in der EuGH-Rechtsprechung „Überseering" – nunmehr dominierenden Gründungstheorie kann eine Zweigniederlassung einer im EU-Ausland gegründeten Kapitalgesellschaft auch bei tatsächlichem Verwaltungssitz in Deutschland ins Handelsregister eingetragen werden. Dieser Sachverhalt trifft auf die britische „Limited" (*private company limited by shares*) zu. Sie unterliegt deshalb mit ihren bilanzrechtlichen Vorgaben nach britischem Recht dem Anwendungsbereich des § 325a HGB.[2] Die deutschen Rechnungslegungsregeln sind deshalb auf sie nicht anzuwenden.[3] Dagegen handelt es sich bei der „Ltd. & Co. KG" um eine deutsche Personenhandelsgesellschaft mit entsprechend deutscher Rechnungslegungspflicht.

2. Die handlungsverpflichteten Personen

4   Die Gesetzesvorgabe ist **zweistufig** ausgerichtet:

1. Primär verantwortlich sind die ins Handelsregister eingetragenen **ständigen** Vertreter für den Geschäftsbetrieb der inländischen Zweigniederlassung i. S. des § 13e Abs. 2 Satz 4 Nr. 3 HGB.
2. Ohne Bestehen eines solchen ständigen Vertreters trifft die **gesetzlichen** Vertreter der (ausländischen) Kapitalgesellschaft die persönliche Verpflichtung.

3. Die offen zu legenden Unterlagen

5   Anders als nach § 325 HGB (→ § 325 Rz. 5) verzichtet der Gesetzgeber auf eine Detaillierung der offen zu legenden Bestandteile der Rechnungslegung, weil die einschlägigen nationalen Vorschriften zu stark divergieren. Angesprochen sind deshalb nur die „Unterlagen der **Rechnungslegung**" nach den Rechtsvorgaben der Hauptniederlassung. Gefordert wird dazu die Erstellung, Prüfung und Offenlegung nach den dortigen Rechtsvorschriften. Mit diesem Inhalt und in dieser Form muss die Einreichung beim Betreiber des elektronischen Bundesanzeigers sowie die Bekanntmachung unter Bezugnahme auf die §§ 325, 328, 329 Abs. 1 und 4 HGB erfolgen. Auf die dortigen Kommentierungen wird verwiesen. Der Mindestinhalt der offen zu legenden Unterlagen besteht im Jahresabschluss und Lagebericht, bei Konzernrechnungs-

---

[1] Dafür ohne Begründung *Ellrott/Grottel*, in: Beck'scher Bilanz-Kommentar, 7. Aufl., München 2010, § 325a Tz. 12; ähnlich *Kaminski*, in: Haufe HGB Bilanz-Kommentar, Freiburg 2009, § 325a Tz. 9; dagegen *Hütten*, in: Küting/Pfitzer/Weber (Hrsg.), Handbuch der Rechnungslegung – Einzelabschluss, § 325 Tz. 6.

[2] Vgl. *Graf/Bisle*, IStR 2004 S. 874; vgl. dort auch die britischen Rechnungslegungspflichten.

[3] Str. wie hier *Graf/Bisle*, IStR 2004 S. 874; a. A. aus eher steuerlicher Perspektive u. a. *Korts/Korts*, BB 2005 S. 1476

legungspflicht im Konzernabschluss und -lagebericht. U. E. entfällt die Einreichung eines Lageberichts, wenn nach dem Recht der Hauptniederlassung ein solcher nicht zu erstellen ist.

II. Die Sprachfassung (Abs. 1 Sätze 2 und 3)

Als Regelform ist die **deutsche** Sprache für die Einreichung vorgesehen (Satz 2). Entspricht diese nicht der Amtssprache am Sitz der Hauptniederlassung (bei Österreich, Belgien, Luxemburg und Südtirol wohl immer der Fall), sind nach Satz 3 Hilfslösungen zulässig:

- Einreichung in **englischer** Sprache sowie
- Einreichung in der Sprache der **Hauptniederlassung** (z. B. polnisch).

Im letztgenannten Fall ist wie folgt **weiter** zu verfahren:

- Eine vom Register der Hauptniederlassung beglaubigte Abschrift der eingereichten Unterlagen oder,
- wenn ein Register nicht vorhanden oder zur Beglaubigung nicht befugt ist, eine von einem (auch ausländischen) Wirtschaftsprüfer bescheinigte Abschrift der eingereichten Unterlagen,
- wobei der Wirtschaftsprüfer zusätzlich das Fehlen eines Registers oder dessen Nichtbefugnis zur Beglaubigung bestätigen muss.
- Zusätzlich ist die Beglaubigung des Registers in beglaubigter Übersetzung in deutscher Sprache einzureichen.

In **Sonderfällen** kann der Betreiber des elektronischen Bundesanzeigers nach § 329 Abs. 3 HGB die Vorlage einer Übersetzung in die **deutsche** Sprache verlangen (→ § 329 Rz. 5).

III. Branchenspezifische Besonderheiten (Abs. 2)

Zweigniederlassung von Kreditinstituten und Versicherungsunternehmen sind wegen bestehender Sondervorschriften von der Anwendung des § 325a HGB ausgeschlossen.

§ 326 Größenabhängige Erleichterungen für kleine Kapitalgesellschaften bei der Offenlegung

(1) ¹Auf kleine Kapitalgesellschaften (§ 267 Abs. 1) ist § 325 Abs. 1 mit der Maßgabe anzuwenden, dass die gesetzlichen Vertreter nur die Bilanz und den Anhang einzureichen haben. ²Der Anhang braucht die die Gewinn- und Verlustrechnung betreffenden Angaben nicht zu enthalten.

Inhaltsübersicht	Rz.
I. Erleichterungen bei der Erstellung des Abschlusses	1
II. (Zusätzliche) Erleichterungen bei der Einreichung (Sätze 1 und 2)	2 - 5
III. Verhältnis von Erstellung und Offenlegung	6 - 8
IV. Mindestangaben	9

Ausgewählte Literatur

Vgl. → § 325.

I. Erleichterungen bei der Erstellung des Abschlusses

Die Einreichungserleichterungen bezüglich des Jahresabschlusses gegenüber den Vorgaben 1
des § 325 Abs. 1 HGB (→ § 325 Rz. 5) für kleine Kapital- (→ § 267 Rz. 12) und Kap. & Co.-Gesellschaften (→ § 264a Rz. 5 ff.) sind vor dem Hintergrund schon **zuvor** bei der Abschlusserstellung wählbarer Erleichterungen verständlich. Diese Aufstellungserleichterungen beziehen sich auf Verkürzungen

- der Bilanz (→ § 266 Rz. 8).
- der GuV (→ § 276 Rz. 1),
- des Anhangs (→ § 288 Rz. 1 sowie → § 276 Rz. 5) sowie
- die **Befreiung** von der Beachtung verschiedener Sondervorschriften (→ § 274a Rz. 2 ff.).

Außerdem sind kleine Gesellschaften der Aufstellung eines Lageberichts enthoben (→ § 264 Rz. 4). Dagegen bestehen **keine** Befreiungsvorschriften für die in → § 266 Rz. 13 aufgelisteten ergänzenden Angaben.

Die Nichtinanspruchnahme von Aufstellungserleichterungen präjudiziert nicht die Möglichkeit zur Inanspruchnahme der Offenlegungserleichterungen. Sofern und soweit eine kleine Gesellschaft bei der Abschlusserstellung von den genannten Befreiungen bei der Aufstellung keinen Gebrauch gemacht hat, ist sie bei der Einreichung zur Offenlegung daran **nicht gebunden** (→ § 266 Rz. 8). Sie kann also beispielsweise einen Lagebericht freiwillig erstellen, ohne diesen veröffentlichen zu müssen (→ Rz. 6).

Bei freiwilliger Abschlussprüfung einer kleinen Gesellschaft **kann** der Bestätigungsvermerk mit eingereicht werden (→ § 328 Rz. 8a). Bezieht sich die Prüfung jedoch auf einen „vollständigen" Abschluss, während für die Einreichungen alle Erleichterungen in Anspruch genommen werden, ist hierauf bei der Offenlegung hinzuweisen (→ § 328 Rz. 8a).

II. (Zusätzliche) Erleichterungen bei der Einreichung (Sätze 1 und 2)

2 Der nach → Rz. 1 verkürzte Abschluss kann zur Einreichung um
- die GuV insgesamt (Satz 1) und
- die Anhangangaben mit GuV-Bezug (Satz 2)

weiter „eingeschmolzen" werden.

3 Die (verkürzten, vgl. → § 288 Rz. 1) **Anhangangaben** können bei der Offenlegung ausgehend von der Gesamtauflistung in → § 284 Rz. 36 um folgende **weitere** Angaben zur GuV reduziert werden:
- außerplanmäßige Abschreibungen auf Anlagevermögen nach § 277 Abs. 3 Satz 1 HGB (→ § 277 Rz. 30),
- Abweichungen von der Vorjahresdarstellung nach § 265 Abs. 1 Satz 2 HGB (→ § 265 Rz. 16),
- Angabe und Erläuterung nicht vergleichbarer Vorjahreszahlen nach § 265 Satz 2 HGB (→ § 265 Rz. 23),
- Angabe und Begründung der Abschlussergänzung um die für andere Geschäftszweige vorgeschriebene Gliederung (→ § 265 Rz. 52),
- gesonderter Ausweis von zusammengefassten Posten nach § 265 Abs. 7 Nr. 2 HGB (→ § 265 Rz. 47) sowie
- Angabe des Personalaufwands bei Anwendung des Umsatzkostenverfahrens nach § 285 Nr. 8b HGB (→ § 285 Rz. 37).

Weitere Angabepflichten zur GuV sind nach § 276 Satz 2 HGB (→ § 276 Rz. 5) schon bei der **Aufstellung** entbehrlich.

4 Bezüglich des Konzernabschlusses bestehen keine Erleichterungen.

5 Sodann entfällt die Einreichungspflicht für die **übrigen** Dokumente außerhalb des Jahresabschlusses, die in → § 325 Rz. 5 aufgelistet sind. Informationsrechte der **Arbeitnehmervertreter** bleiben unberührt (→ § 267 Rz. 21).

III. Verhältnis von Erstellung und Offenlegung

6 Der Weg von der Erstellung des Abschlusses zur Offenlegung **kann** durch die kleinformatigen Gesellschaften (→ Rz. 1) in **drei Stufen** absolviert werden:
1. Erstellung von Bilanz und GuV nach dem ungekürzten Format der §§ 266 und 275 HGB,
2. Reduzierung um die Aufstellungserleichterungen,
3. weitere Beschränkung auf die einzureichenden Posten.

Es sind zunächst bei der **Erstellung** auch Zwischenlösungen denkbar, also z. B. die Erstellung der Bilanz nach dem Gliederungsschema des § 266 HGB und der verkürzten GuV nach § 276 Satz 1 (→ § 276 Rz. 2). U. E. empfiehlt sich im Interesse der Gesellschafterinformation sowie der Arbeitnehmervertreter (→ § 267 Rz. 21) die Erstellung der Bilanz und der GuV in der unverkürzten Form; anderes gilt für den Anhang, dessen Erstellung im Komplettformat dem Schießen auf Spatzen mit Kanonen gleich käme.

Bei allen individuell oder gesellschaftsvertraglich zu wählenden oder zu beachtenden **Erstellungs**varianten bleibt die **Option** zur Einreichung und Veröffentlichung nach dem Mindestmaß des § 326 HGB unberührt. Die Erstellungsvariante präjudiziert nicht das Veröffentlichungsformat.[1] Auch bei der Veröffentlichung gilt nicht das Prinzip „Alles oder nichts." Vielmehr sind hier ebenfalls Zwischenlösungen denkbar, also z. B. Veröffentlichung der Bilanz in ungekürzter Form, Nichtveröffentlichung der GuV. 7

Eine ganze Anzahl von **Sonderausweisen** zur **Bilanz** kleiner Gesellschaften ist der Kürzung bei Erstellung und Offenlegung nicht zugänglich (→ § 266 Rz. 8a). 8

IV. Mindestangaben

Eine kleine Gesellschaft muss nach Inanspruchnahme aller Erstellungs- und Offenlegungserleichterungen folgende Anhangangaben – soweit tatsächlich zutreffend – machen (nicht GuV-Posten betreffend):[2] 9

§ 264 Abs. 2 Satz 2 HGB	Vermögens-, Finanz- und Ertragslage (→ § 264 Rz. 14)
§ 265 Abs. 1 HGB	Darstellungsstetigkeit der Bilanz (→ § 265 Rz. 7 ff.)
§ 265 Abs. 2 HGB	Vorjahreswerte der Bilanz (→ § 265 Rz. 19 ff.)
§ 265 Abs. 3 HGB	Postenmitzugehörigkeit der Bilanz (→ § 265 Rz. 48 ff.)
§ 265 Abs. 4 HGB	Gliederungsergänzungen der Bilanz (→ § 265 Rz. 52 ff.)
§ 284 Abs. 2 Nr. 1 HGB	angewandte Bilanzierungs- und Bewertungsmethoden (→ § 284 Rz. 40 ff.)
§ 284 Abs. 2 Nr. 2 HGB	Fremdwährungsumrechnung (→ § 284 Rz. 51)
§ 284 Abs. 2 Nr. 3 HGB	Abweichungen von Bilanzierungs- und Bewertungsmethoden (→ § 284 Rz. 52 ff.)
§ 284 Abs. 2 Nr. 5 HGB	Einbeziehung von Fremdkapitalzinsen in die Herstellungskosten (→ § 284 Rz. 62)
§ 285 Nr. 1 HGB	Zusatzangaben zu Verbindlichkeiten (→ § 285 Rz. 2 ff.)
§ 285 Nr. 9c HGB	Gewährte Vorschüsse an Organe (→ § 285 Rz. 66 ff.)
§ 285 Nr. 10 HGB	Mitglieder der Geschäftsführungsorgane und des Aufsichtsrats (→ § 285 Rz. 73 ff.)
§ 285 Nr. 11 HGB	Anteilsbesitz (→ § 285 Rz. 77 ff.)
§ 285 Nr. 11a HGB	Unternehmen, für die unbeschränkt gehaftet wird (→ § 285 Rz. 94)

---

[1] Einheitliche Meinung im Schrifttum.
[2] Aufstellung nach *Müller/Kreipl*, in: Haufe HGB Bilanz-Kommentar, Freiburg 2009, § 326 Tz. 20.

IV. Mindestangaben

§ 285 Nr. 13 HGB	Nutzungsdauer des Geschäfts- oder Firmenwerts von mehr als fünf Jahren (→ § 285 Rz. 97 f.)
§ 285 Nr. 14 HGB	Vorhandenen Mutterunternehmen (→ § 285 Rz. 99 ff.)
§ 285 Nr. 18 HGB	Finanzanlagen, die über ihren beizulegenden Wert ausgewiesen sind (→ § 285 Rz. 115)
§ 285 Nr. 23 HGB	Bewertungseinheiten (→ § 285 Rz. 149 ff.)
§ 285 Nr. 24 HGB	Pensionsrückstellungen (→ § 285 Rz. 152)
§ 285 Nr. 25 HGB	Angaben zu einem saldierten Planvermögen (→ § 285 Rz. 153 ff.)
§ 285 Nr. 26 HGB	inländisches Investmentvermögen (→ § 285 Rz. 157 ff.)
§ 285 Nr. 27 HGB	Eventualverbindlichkeiten (→ § 285 Rz. 160)
§ 285 Nr. 28 HGB	Ausschüttungssperre (→ § 285 Rz. 161)
§ 286 Abs. 3 Satz 3 HGB	Verzicht auf Angaben nach § 285 Nr. 11 und 11a HGB (→ § 286 Rz. 7)

Dazu kommen die folgenden rechtsformspezifischen Angaben:

- § 152 Abs. 2 AktG: Kapitalrücklagen,
- § 152 Abs. 3 AktG: Gewinnrücklagen,
- § 42 Abs. 3 GmbHG: Forderungen und Verbindlichkeiten gegen(über) Gesellschafter(n).

§ 327 Größenabhängige Erleichterungen für mittelgroße Kapitalgesellschaften bei der Offenlegung

Auf mittelgroße Kapitalgesellschaften (§ 267 Abs. 2) ist § 325 Abs. 1 mit der Maßgabe anzuwenden, dass die gesetzlichen Vertreter

1. die Bilanz nur in der für kleine Kapitalgesellschaften nach § 266 Abs. 1 Satz 3 vorgeschriebenen Form zum Handelsregister einreichen müssen. ²In der Bilanz oder im Anhang sind jedoch die folgenden Posten des § 266 Abs. 2 und 3 zusätzlich gesondert anzugeben:

Auf der Aktivseite

A I 1	Selbst geschaffene gewerbliche Schutzrechte und ähnliche Rechte und Werte;
A I 2	Geschäfts- oder Firmenwert;
A II 1	Grundstücke, grundstücksgleiche Rechte und Bauten einschließlich der Bauten auf fremden Grundstücken;
A II 2	technische Anlagen und Maschinen;
A II 3	andere Anlagen, Betriebs- und Geschäftsausstattung;
A II 4	geleistete Anzahlungen und Anlagen im Bau;
A III 1	Anteile an verbundenen Unternehmen;
A III 2	Ausleihungen an verbundene Unternehmen;
A III 3	Beteiligungen;
A III 4	Ausleihungen an Unternehmen, mit denen ein Beteiligungsverhältnis besteht;
B II 2	Forderungen gegen verbundene Unternehmen;
B II 3	Forderungen gegen Unternehmen, mit denen ein Beteiligungsverhältnis besteht;
B III 1	Anteile an verbundenen Unternehmen.

Auf der Passivseite

C 1	Anleihen, davon konvertibel;
C 2	Verbindlichkeiten gegenüber Kreditinstituten;
C 6	Verbindlichkeiten gegenüber verbundenen Unternehmen;
C 7	Verbindlichkeiten gegenüber Unternehmen, mit denen ein Beteiligungsverhältnis besteht;

2. den Anhang ohne die Angaben nach § 285 Nr. 2 und 8 Buchstabe a, Nr. 12 beim Betreiber des elektronischen Bundesanzeigers einreichen dürfen.

Inhaltsübersicht

	Rz.
I. Bezug auf § 325 HGB	1 - 2a
II. Verkürzung der Bilanz (Nr. 1)	3 - 7
III. Verkürzung des Anhangs (Nr. 2)	8
IV. Bestätigungsvermerk	9

Ausgewählte Literatur

Vgl. → § 325.

I. Bezug auf § 325 HGB

1   Die mittelgroßen Kapital- (→ § 267 Rz. 12) und Kap. & Co.-Gesellschaften (→ § 264a Rz. 4) müssen die in § 325 HGB genannten Dokumente (→ § 325 Rz. 5) – ggf. unter Beachtung der dort genannten Erleichterungen – mit folgenden Ausnahmen einreichen:

1. Die **Bilanz** in der für kleine Gesellschaften erlaubten Erstellungsform (→ § 266 Rz. 8), allerdings mit der technisch recht umständlichen Aufzählung einer ganzen Anzahl von Posten mit den entsprechenden Beträgen (→ Rz. 2).

2. Den Verzicht auf verschiedene **Anhang**angaben (→ Rz. 8).

Zu veröffentlichen sind dabei auch die **zusätzlichen** Bilanzposten bzw. Anhangangaben rechtsformspezifischer Art (→ § 266 Rz. 8a).

2   Die **GuV** ist von den Erleichterungen nicht berührt. Sie kann in der „gestauchten" Form des § 276 Satz 1 HGB (→ § 276 Rz. 3) erstellt und dann unverändert veröffentlicht werden. Bei Erstellung der GuV in der **kompletten** Form nach § 275 HGB ist die Veröffentlichung in der **Verkürzungs**variante des § 276 Satz 1 HGB zulässig (→ § 326 Rz. 7).

2a Wie bei kleinen Kapitalgesellschaften (→ § 326 Rz. 1) gilt für mittelgroße: Die Nichtinanspruchnahme von Aufstellungserleichterungen (→ § 276 Rz. 2, → § 288 Rz. 2) präjudiziert nicht die Möglichkeit zur Inanspruchnahme der Offenlegungserleichterungen.

Der Bestätigungsvermerk zum Jahresabschluss einer mittelgroßen Gesellschaft bezieht sich auf den „vollständigen" Abschluss. Werden bei der Offenlegung die Erleichterungen nach § 327 HGB in Anspruch genommen, muss hierauf bei der Offenlegung des Bestätigungsvermerks hingewiesen werden (→ § 328 Rz. 8a).

II. Verkürzung der Bilanz (Nr. 1)

3   Aus Sicht der praktischen Handhabung – man kann auch sagen der „Veröffentlichungspolitik" – ist vorab nach dem Inhalt der **nicht** zur Einreichung verpflichteten Bilanzposten zu fragen. Dazu ist **spiegelbildlich** das Gliederungsschema des § 266 HGB den in § 327 HGB aufgeführten „Pflichtposten" gegenüberzustellen. Daraus ergeben sich folgende **nicht** zur Veröffentlichung verpflichtete Posten:

Aktiva

- Entgeltlich erworbene Immaterialgüter des Anlagevermögens,
- geleistete Anzahlungen auf solche Immaterialgüter,
- Wertpapiere des Anlagevermögens,
- Aufgliederung des Vorratsvermögens sowie
- Forderungen aus Lieferungen und Leistungen.

Passiva

- Aufgliederung der Gewinnrücklage,
- Aufgliederung der Rückstellungen,
- erhaltene Anzahlungen auf Bestellungen,
- Verbindlichkeiten aus Lieferungen und Leistungen sowie
- Wechselverbindlichkeiten.

Dazu kommen die verschiedenen Auffangposten mit dem Titel „**Sonstige**", also Ausleihungen, Wertpapiere des Umlaufvermögens, Vermögensgegenstände und Verbindlichkeiten.

Auf dieser Grundlage kann dann die Entscheidung über die Inanspruchnahme der Erleichterung gefällt werden. Möglicherweise sind von der Veröffentlichungs-Befreiung nur wenig „sensible" Posten betroffen, so dass die Entscheidung auf Einreichung der unverkürzten Bilanz entfällt. U. E. kann auch die Verkürzung in **Teilbereichen** in Anspruch genommen werden; dazu bedarf es einer besonderen Darstellungs**technik** (→ Rz. 7).   4

Die vorstehenden „veröffentlichungspolitischen" Überlegungen sind dann **gegenstandslos**, wenn a priori die Entscheidung lautet:

- Entweder: so wenig wie möglich veröffentlichen,
- oder: wir haben nichts zu verbergen.

Bei Option zur (teilweisen) Verkürzung der offenzulegenden Bilanzposten ist sodann der **Ort** zu bestimmen: 5

- Entweder „**in** der Bilanz"
- oder im **Anhang**.

Die Darstellungsform lässt der Gesetzgeber offen. Die wohl einfachste „Technik" besteht in der Aufnahme der im Gliederungsschema der kleinen Gesellschaft (→ § 266 Rz. 8) nicht gesondert enthaltenen Posten in den **Anhang** ohne weitere Strukturierung.   6

BEISPIEL

	31.12.01	31.12.00
Geschäfts- oder Firmenwert	900	950
Forderungen gegen verbundene Unternehmen	2.100	3.500
Verbindlichkeiten gegenüber Kreditinstituten	1.300	1.700

Die **Vorjahresvergleichszahlen** sind u. E. in dieser Sonderaufstellung nach § 265 Abs. 2 HGB (→ § 265 Rz. 19) ebenfalls anzugeben.

Bei Aufnahme der in § 327 HGB unter Punkt 1 genannten Posten **in** die zu veröffentlichende **Bilanz** stehen drei Darstellungstechniken zur Verfügung,[1] die entweder vom (vollständigen) Format des § 266 HGB ausgehen – so nachstehend die Varianten 2 und 3, oder auf dem verkürzten Gliederungsschema für kleine Gesellschaften beruhen – so nachstehend unter 1.   7

---

[1] Vgl. ADS, 6. Aufl., § 327 Tz. 13.

II. Verkürzung der Bilanz

1. „Davon"-Vermerk.
2. Löschung des oder der „unerwünschten" Posten (→ Rz. 4).
3. Zusammenfassung der nicht zur Veröffentlichung bestimmten Posten zu einem Sammler „Übrige" oder „Sonstige".

Der „Davon"-Vermerk sähe (unter 1) etwa wie folgt aus:

BEISPIEL

	31.12.01	31.12.00
Anlagevermögen		
Immaterielle Vermögensgegenstände	900	950
- davon Geschäfts- oder Firmenwert	(900)	(950)
Umlaufvermögen		
Forderungen und sonstige Vermögensgegenstände	6.300	7.800
- davon Forderungen gegen verbundene Unternehmen	(2.100)	(3.500)
Verbindlichkeiten	9.400	8.700
- davon gegenüber Kreditinstituten	(1.300)	(1.700)

Bei der „Löschungstechnik" (unter 2) muss in unschöner Form der nicht zur Veröffentlichung vorgesehene Posten geschwärzt oder sonst wie unkenntlich gemacht werden.

Die optisch eleganteste Form böte die Zusammenfassung der nicht zu veröffentlichenden Posten unter „Sonstige" (unter 3).

BEISPIEL

	31.12.01	31.12.00
Anlagevermögen		
Immaterielle Vermögensgegenstände		
- davon Geschäfts- oder Firmenwert	900	900
	900	900
Umlaufvermögen		
Forderungen und sonstige Vermögensgegenstände		
- Forderungen gegen verbundene Unternehmen	2.100	3.500
- Sonstige	4.200	4.300
	6.300	7.800

Verbindlichkeiten		
- gegenüber Kreditinstituten	1.300	1.700
- Sonstige	8.100	7.000
	9.400	8.700

III. Verkürzung des Anhangs (Nr. 2)

Bei der Veröffentlichung sind folgende Anhangangaben verzichtbar: 8

- ▶ Aufgliederung von Laufzeitvermerken, Pfandrechten u. Ä. nach § 285 Nr. 2 HGB (→ § 285 Rz. 4b),
- ▶ Erläuterung der „sonstigen Rückstellungen" nach § 285 Nr. 12 HGB (→ § 285 Rz. 95),
- ▶ Angabe des Materialaufwands bei Anwendung des Umsatzkostenverfahrens nach § 285 Nr. 8a HGB (→ § 285 Rz. 37).

Die beiden ersten Verzichtsposten sind als **Folgeeffekte** der nicht erforderlichen Postenangaben zu werten: Wenn die **Verbindlichkeiten** nur beschränkt aufzugliedern sind (→ Rz. 3), hat die Aufgliederung der (zusätzlichen) Angaben zu diesem Posten wenig Sinn. Entsprechendes gilt für die Rückstellungen, da die „Sonstigen" nicht anzugeben sind (→ Rz. 3).

Mit dem Angabeverzicht für den **Materialaufwand** beim Umsatzkostenverfahren (→ § 275 Rz. 8) wird ein Gleichklang mit dem entsprechenden Verfahren bereits bei der Aufstellung des Anhangs kleiner Gesellschaften (→ § 288 Rz. 1) erreicht.

IV. Bestätigungsvermerk

Der sich auf den **gesamten** Jahresabschluss beziehende Bestätigungsvermerk bedarf bei Inanspruchnahme von Erleichterungen eines entsprechenden Hinweises (→ § 328 Rz. 8). 9

§ 327a Erleichterung für bestimmte kapitalmarktorientierte Kapitalgesellschaften

§ 325 Abs. 4 Satz 1 ist auf eine Kapitalgesellschaft nicht anzuwenden, wenn sie ausschließlich zum Handel an einem organisierten Markt zugelassene Schuldtitel im Sinn des § 2 Abs. 1 Satz 1 Nr. 3 des Wertpapierhandelsgesetzes mit einer Mindeststückelung von 50 000 Euro oder dem am Ausgabetag entsprechenden Gegenwert einer anderen Währung begibt.

Ausgewählte Literatur

Vgl. → § 325.

§ 327a HGB schließt die Einreichungspflicht von vier Monaten nach § 325 Abs. 4 HGB (→ § 325 Rz. 14) für kapitalmarktorientierte (→ § 264d Rz. 1) Kapital- und Kap. & Co.-Gesellschaften aus, die **Schuldtitel** – Schuldverschreibungen, Genussrechte u. Ä. – an einem organisierten Markt mit einer Mindeststückelung von 50.000 € oder einem entsprechenden Gegenwert in ausländischer Währung emittieren. Für diese Gesellschaften **verbleibt** es bei der Fristenregelung in § 325 Abs. 1 HGB (→ § 325 Rz. 14 ff.). Der Veröffentlichungs**inhalt** (→ § 325 Rz. 5) bleibt unberührt.

§ 328 Form und Inhalt der Unterlagen bei der Offenlegung, Veröffentlichung und Vervielfältigung

(1) Bei der vollständigen oder teilweisen Offenlegung des Jahresabschlusses, des Einzelabschlusses nach § 325 Abs. 2a oder des Konzernabschlusses und bei der Veröffentlichung oder Vervielfältigung in anderer Form aufgrund des Gesellschaftsvertrags oder der Satzung sind die folgenden Vorschriften einzuhalten:

1. ¹Abschlüsse sind so wiederzugeben, dass sie den für ihre Aufstellung maßgeblichen Vorschriften entsprechen, soweit nicht Erleichterungen nach §§ 326, 327 in Anspruch genommen werden oder eine Rechtsverordnung des Bundesministeriums der Justiz nach Absatz 4 hiervon Abweichungen ermöglicht; sie haben in diesem Rahmen vollständig und richtig zu sein. ²Ist der Abschluss festgestellt oder gebilligt worden, so ist das Datum der Feststellung oder Billigung anzugeben. ³Wurde der Abschluss aufgrund gesetzlicher Vorschriften durch einen Abschlussprüfer geprüft, so ist jeweils der vollständige Wortlaut des Bestätigungsvermerks oder des Vermerks über dessen Versagung wiederzugeben; wird der Jahresabschluss wegen der Inanspruchnahme von Erleichterungen nur teilweise offen gelegt und bezieht sich der Bestätigungsvermerk auf den vollständigen Jahresabschluss, so ist hierauf hinzuweisen.

2. Werden der Jahresabschluss oder der Konzernabschluss zur Wahrung der gesetzlich vorgeschriebenen Fristen über die Offenlegung vor der Prüfung oder Feststellung, sofern diese gesetzlich vorgeschrieben sind, oder nicht gleichzeitig mit beizufügenden Unterlagen offen gelegt, so ist hierauf bei der Offenlegung hinzuweisen.

(2) ¹Werden Abschlüsse in Veröffentlichungen oder Vervielfältigungen, die nicht durch Gesetz, Gesellschaftsvertrag oder Satzung vorgeschrieben sind, nicht in der nach Absatz 1 vorgeschriebenen Form wiedergegeben, so ist jeweils in einer Überschrift darauf hinzuweisen, dass es sich nicht um eine der gesetzlichen Form entsprechende Veröffentlichung handelt. ²Ein Bestätigungsvermerk darf nicht beigefügt werden. ³Ist jedoch aufgrund gesetzlicher Vorschriften eine Prüfung durch einen Abschlussprüfer erfolgt, so ist anzugeben, zu welcher der in § 322 Abs. 2 Satz 1 genannten zusammenfassenden Beurteilungen des Prüfungsergebnisses der Abschlussprüfer in Bezug auf den in gesetzlicher Form erstellten Abschluss gelangt ist und ob der Bestätigungsvermerk einen Hinweis nach § 322 Abs. 3 Satz 2 enthält. ⁴Ferner ist anzugeben, ob die Unterlagen bei dem Betreiber des elektronischen Bundesanzeigers eingereicht worden sind.

(3) ¹Absatz 1 Nr. 1 ist auf den Lagebericht, den Konzernlagebericht, den Vorschlag für die Verwendung des Ergebnisses und den Beschluss über seine Verwendung sowie auf die Aufstellung des Anteilsbesitzes entsprechend anzuwenden. ²Werden die in Satz 1 bezeichneten Unterlagen nicht gleichzeitig mit dem Jahresabschluss oder dem Konzernabschluss offen gelegt, so ist bei ihrer nachträglichen Offenlegung jeweils anzugeben, auf welchen Abschluss sie sich beziehen und wo dieser offen gelegt worden ist; dies gilt auch für die nachträgliche Offenlegung des Bestätigungsvermerks oder des Vermerks über seine Versagung.

(4) Die Rechtsverordnung nach § 330 Abs. 1 Satz 1, 4 und 5 kann dem Betreiber des elektronischen Bundesanzeigers Abweichungen von der Kontoform nach § 266 Abs. 1 Satz 1 gestatten.

Inhaltsübersicht	Rz.
I. Überblick	1 - 2
II. Pflichtmäßige Wiedergaben	3 - 8b
1. Darstellungsformen	3
2. Formelle Anforderungen (Abs. 1 Nr. 1)	4 - 5
3. Zeitbezug (Abs. 1 Nr. 2)	6
4. Inhalte (Abs. 1 Nr. 1 Sätze 2 und 3 sowie Abs. 3)	7 - 8b
III. Freiwillige Wiedergaben	9 - 12
1. Tatbestand (Abs. 2 Satz 1 1. Halbsatz)	9 - 11
1.1 Werbecharakter, Darstellungsform	9
1.2 Verkürzte Wiedergabe	10
1.3 Erweiterte Publizität	11
2. Rechtsfolge (Abs. 2 Satz 1 2. Halbsatz; Sätze 2 bis 4)	12
IV. Abweichen des Bilanzformats (Abs. 4)	13

Ausgewählte Literatur

Vgl. → § 325.

I. Überblick

1 In § 328 HGB sind verschiedene Aspekte der Mitteilung von Abschlüssen mit zugehörigen Unterlagen ohne konsistente Strukturierung miteinander verwoben, was die Lektüre und die Kommentierung nicht erleichtert.

Es geht dabei inhaltlich um

- **Offenlegung** von Abschlüssen und sonstigen Unterlagen nach §§ 325 bis 327 HGB (→ Rz. 7),
- Veröffentlichungen und Vervielfältigungen **außerhalb** der §§ 325 bis 327a HGB (→ Rz. 9) sowie
- **Abweichungen** von den Veröffentlichungsvorgaben durch Rechtsverordnungen (→ Rz. 13).

2 Die teilweise **misslungene Gliederung** des § 325 HGB (→ § 325 Rz. 5) findet in § 328 HGB ihre Fortsetzung. Entsprechendes gilt für die **Zeitvorgabe** mit der daraus folgenden Unübersichtlichkeit für den Anwender (Leser) des elektronischen Bundesanzeigers (→ § 325 Rz. 16).

Die implizierte Bezugnahme auf § 325 HGB umfasst auch die **subjektive** Verantwortlichkeit (→ § 325 Rz. 4) und die **Verweise** aus anderen gesetzlichen Vorgaben (→ § 325 Rz. 3).

II. Pflichtmäßige Wiedergaben

1. Darstellungsformen

3 **Wiedergaben** werden nach der Gesetzeslogik als **Oberbegriff** zum Kanal der Darstellung von Abschlussdaten an das Publikum verstanden:

- Die **Offenlegung** meint die gesetzlich vorgegebene Mitteilungsform nach Maßgabe der §§ 325 bis 327 HGB (Pflichtpublizität).
- Die **Veröffentlichung** beschreibt die Datenübermittlung auf gesellschaftsvertraglicher Grundlage an die undefinierte Öffentlichkeit.
- Die **Vervielfältigung** spricht Reproduktionen für einen bestimmten Personenkreis an.[1]

Die Übermittlung von (z. B.) Abschlüssen auf anderen Rechtsgrundlagen (z. B. steuerlicher Art) fallen nicht unter den Regelungsbereich des § 328 HGB.

2. Formelle Anforderungen (Abs. 1 Nr. 1)

Verlangt wird die:

4

- **Wiedergabe** der Abschlüsse in Entsprechung zu den Vorschriften, nach denen sie erstellt sind, jedoch mit der Option zur Inanspruchnahme der Offenlegungserleichterungen nach §§ 326, 327 HGB oder nach der Rechtsverordnung in Abs. 4 (→ Rz. 13);
- **Vollständigkeit** der Wiedergabe: „Halbe Sachen gibt es nicht." Und **negativ: Zusätzliche** Angaben gegenüber der Originalfassung sind unzulässig;
- **Richtigkeit** der Wiedergabe: „Geschummelt wird nicht."

Diese Vorgaben entsprechen zunächst einmal den zivilatorischen Vorgaben einer zwischenmenschlichen Kommunikation, wie in der vorstehenden Aufzählung dargestellt. Positiv kann aus diesen gesetzlichen Anweisungen die strenge Bezugnahme auf die **Original**fassung herausgelesen werden. Deshalb darf bei Erstellung der Bilanz und GuV z. B. in T€ (→ § 244 Rz. 3), nicht bei der Wiedergabe auf Mio € gewechselt werden und umgekehrt.[2] Zulässig ist jedoch die Wiedergabe in gerundeten Zahlen, wenn die Originalfassung in Cent ausgedruckt wird. Die Wiedergaben der Abschlussunterlagen sind nicht der Ort zur **Berichtigung** irgendwelcher materieller oder formeller Fehler.[3] Ironischerweise verlangt also das gesetzliche Gebot der „Richtigkeit" gerade keine Korrektur von Fehlern oder: Richtigkeit i. S. des Gesetzes verlangt eine **Wiedergabe** in der fehlerhaften Form des Originals.

Mitteilungs**medium** ist die **deutsche** Sprache (Ausnahme, vgl. → § 325a Rz. 6). Übersetzungen in fremde Sprachen bewegen sich außerhalb des Anwendungsbereichs des § 328 HGB.

5

3. Zeitbezug (Abs. 1 Nr. 2)

Die von uns als **nicht sinnvoll** erachtete Offenlegung von Abschlüssen vor Beendigung der Prüfung und vor Feststellung (→ § 325 Rz. 16 ff.) – oder gleichzeitig – bedarf eines zusätzlichen Hinweises. Es geht dabei nur um gesetzlich zur Offenlegung bestimmte Unterlagen.[4]

6

---

[1] Vgl. *ADS*, 6. Aufl., § 328 Tz. 15.
[2] Vgl. *ADS*, 6. Aufl., § 328 Tz. 43; *Hütten*, in: Küting/Pfitzer/Weber (Hrsg.), Handbuch der Rechnungslegung – Einzelabschluss, § 328 Tz. 25.
[3] Vgl. *ADS*, 6. Aufl., § 328 Tz. 28 f.
[4] So auch *Müller/Kreipl*, in: Haufe HGB Bilanz Kommentar, Freiburg 2009, § 328 Tz. 29.

4. Inhalte (Abs. 1 Nr. 1 Sätze 2 und 3 sowie Abs. 3)

7   Bezüglich der wiederzugebenden Unterlagen mit Fristen etc. bedient sich das Gesetz einer unschönen Wiederholung der Inhalte von § 325 HGB (→ § 325 Rz. 5) und somit auch der dortigen „technischen" Schwächen in der zeitlichen Abfolge (→ § 325 Rz. 16 ff.). Einfacher wäre ein Generalverweis auf das Offenlegungssubstrat des § 325 HGB. Dieser Befund gilt insbesondere auch für Abs. 3 mit dem Hinweis auf Lagebericht, Gewinnverwendungsvorschlag und -beschluss sowie die zeitversetzte Offenlegung der Unterlagen. Dadurch hätten sich auch Redaktionsversehen (Nichtnennung des Aufsichtsratsberichts in § 328 HGB) und Banalitäten, wie Datierung von Feststellung oder Billigung des Abschlusses (→ § 252 Rz. 12) – vermeiden lassen.

8   Für die Kommentierung kann es bei einem **Verweis** auf die Ausführungen in § 325 HGB mit folgenden Ergänzungen verbleiben:
- ▶ „Abschlüsse" ist als Oberbegriff für **alle** Arten zu verstehen.
- ▶ Bei **freiwillig geprüften** Abschlüssen muss der Bestätigungsvermerk nicht beigefügt werden.
- ▶ Bei Inanspruchnahme von Offenlegungs- oder nachgeholter Aufstellungs**erleichterungen** (→ § 327 Rz. 2) muss dem Vermerk des Abschlussprüfers, der sich auf den kompletten Abschluss bezieht, ein entsprechender Hinweis beigefügt werden (→ § 322 Rz. 96). Vgl. hierzu unter → Rz. 8a.
- ▶ Der **Bestätigungsvermerk** muss mit Name, Ort und Datum wiedergeben werden (→ § 322 Rz. 61 ff.).

8a Ein Spannungsverhältnis zwischen der Wiedergabe des Abschlusses und der des Bestätigungsvermerks kann sich vor allem bei **mittelgroßen** Gesellschaften ergeben, entweder weil sie die Aufstellungserleichterungen nach § 276 Abs. 1 Nr. 1 HGB und § 288 Abs. 2 HGB nicht in Anspruch nehmen, gleichwohl bei der Offenlegung von diesen Erleichterungen Gebrauch machen, oder weil sie gem. § 327 HGB die vollständige Bilanz nur verkürzt offen legen bzw. die Angaben nach § 285 Nr. 2 HGB nicht offen legen. Dann stimmen der offen gelegte Abschluss und der Abschluss, auf den sich der Bestätigungsvermerk bezieht, nicht überein. Abs. 1 Nr. 1 Satz 3 verpflichtet entsprechend das Unternehmen zu einem Hinweis, der etwa wie folgt lauten kann: „Der Bestätigungsvermerk wurde zum vollständigen Jahresabschluss und Lagebericht erteilt und betrifft nicht die vorliegende, unter Inanspruchnahme der Offenlegungserleichterungen des § 327 HGB verkürzte Fassung".

Der Hinweis **kann** durch eine dem Bestätigungsvermerk voranzustellende Bescheinigung des Abschlussprüfers ersetzt werden, wonach die zur Offenlegung verkürzte Fassung den gesetzlichen Vorschriften entspricht.

8b Das vorgenannte Spannungsverhältnis kann sich auch bei **kleinen** Gesellschaften ergeben, wenn diese sich ohne gesetzliche Verpflichtung einer Abschlussprüfung unterwerfen und den Bestätigungsvermerk freiwillig offen legen wollen. Auch in diesem Fall ist der in → Rz. 8a geforderte Hinweis bzw. alternativ die Bescheinigung des Abschlussprüfers geboten.

III. Freiwillige Wiedergaben

1. Tatbestand (Abs. 2 Satz 1 1. Halbsatz)

1.1 Werbecharakter, Darstellungsform

Die freiwillige Publizität ist als **Werbe**maßnahme zu verstehen. Sie bewegt sich außerhalb des Regelungsbereichs der §§ 325 bis 327a HGB. Das zeigt sich insbesondere bei Publikumsgesellschaften mit der dort üblichen drucktechnisch anspruchsvollen und umfangreichen Aufmachung mit vielen schönen Fotografien in Form des sog. „Geschäftsberichts". Daneben gibt es auch einfachere Varianten in kurzer Form durch Einrückung als Annonce in Tageszeitungen und Magazinen. 9

Zu unterscheiden sind danach

▶ verkürzte Wiedergabe des Abschlusses und
▶ erweiterte Publizität unter Verwendung des Abschlusses.

Tatbestandlich wird nur der **Abschluss** (Jahres-, Einzel- und Konzernabschluss) angesprochen, nicht die übrigen Dokumente der Pflichtveröffentlichung nach Abs. 1 und Abs. 3. Das Gesetz spricht nur die vom betroffenen Unternehmen veranlassten Publikationen an, nicht die von Dritten veranlassten.

1.2 Verkürzte Wiedergabe

Bei einer **verkürzten** Wiedergabe muss ein **Bezug** auf den Abschluss ersichtlich sein. Deshalb ist eine bloße Wiedergabe von Kennzahlen nicht als freiwillige Abschlussveröffentlichung i. S. des Abs. 2 zu verstehen. Umgekehrt können Bilanz und GuV ohne Anhang wiedergegeben werden (was regelmäßig der Fall ist). Auch **nur** die Bilanz **ohne** GuV und umgekehrt erfüllt die Tatbestandsvoraussetzungen des Abs. 2 Satz 1.[5] 10

Selbstverständlich und deshalb im Gesetz nicht förmlich verlangt, verbietet sich eine Darstellung unter Bezugnahme auf den Abschluss, die dessen Aussagegehalt **vernebelt** oder gar in ihr **Gegenteil verkehrt**.

1.3 Erweiterte Publizität

Bei der **erweiterten** Publizität (→ Rz. 9) gesellen sich zum Jahres- und Konzernabschluss oder nur zum IFRS-Konzernabschluss weitere Aussagen zur Selbstdarstellung des Unternehmens/ Konzerns. Gewöhnlich trägt dieses Druckstück den Titel „Geschäftsbericht" und ist mit kunstvollen Fotografien bestückt, beginnend mit einem Porträt des Vorstandsvorsitzenden und gefolgt von einem Gruppenbild des Gesamtvorstands. Von diesen mit Werbecharakter versehenen Bestandteilen des Geschäftsberichts müssen sich die der Pflichtpublizität unterliegenden Teile (Abs. 1 und 3) deutlich unterscheiden. Auf dieses Erfordernis sind die Rechtsfolgen des Abs. 2 Satz 1 speziell ausgerichtet. 11

---

[5] Vgl. *ADS*, 6. Aufl., § 328 Tz. 86; *Ellrott/Grottel*, in: Beck'scher Bilanz-Kommentar, 7. Aufl., München 2010, § 328 Tz. 17.

2. Rechtsfolge (Abs. 2 Satz 1 2. Halbsatz; Sätze 2 bis 4)

12 An die freiwillige Publizität stellt das Gesetz folgende Anforderungen im Interesse der **Unterscheidbarkeit** der freiwilligen Zusatzangaben (→ Rz. 11) bzw. der freiwilligen verkürzten Wiedergabe (→ Rz. 10) von den Pflichtbestandteilen der Offenlegung:

- ▶ Gezielte **Überschrift** mit dem Hinweis auf die nichtgesetzentsprechende Form: „Kurzfassung von Bilanz und GuV."
- ▶ Verzicht auf die Beifügung des **Bestätigungsvermerks**.
- ▶ Bei gesetzlich verpflichtender Prüfung jedoch Hinweis auf die **Erteilung** des Bestätigungsvermerks und dessen **Inhalt** (z. B. „uneingeschränkt" → § 322 Rz. 33), ggf. auf eine Ergänzung (→ § 322 Rz. 37).
- ▶ Hinweis auf die **Einreichung** der Pflichtunterlagen nach Abs. 1 und 3 beim elektronischen Bundesanzeiger.

Wird ein umfangreicher Geschäftsbericht zur Erfüllung der Pflichtpublizität verwendet, muss u. E. eine deutliche Abhebung der verpflichtend zu veröffentlichten Bestandteile von den freiwilligen Ergänzungen erfolgen.[6] Zumindest ist eine räumliche Zusammenfassung der Pflichtbestandteile erforderlich. Nicht zulässig wäre etwa die Reihenfolge: Bilanz und GuV, dann freiwillige Angaben, dann Anhang und Lagebericht. Entsprechend wäre es unzulässig, den Bestätigungsvermerk nicht dem Lagebericht und Abschluss zuzuordnen, sondern in einem freiwillige Zusatzangaben betreffenden Teil.

IV. Abweichen des Bilanzformats (Abs. 4)

13 Die Kontoform der Bilanz nach § 266 Abs. 1 Satz 1 HGB (→ § 266 Rz. 10) kann durch Rechtsverordnung vom Betreiber des elektronischen Bundesanzeigers zur Vereinfachung der datentechnischen Erfassung und Aufbereitung abgewandelt werden. Angesprochen ist das häufig verwendete DIN-A3-Format, das durch Gruppierung der Passiv- **unter** die Aktivseite vermieden werden kann. Nicht angesprochen ist die in der 4. EG-Richtlinie erlaubte, aber nicht in das deutsche Recht transformierte **Staffelform** der Bilanz.

---

6 Ähnlich *Ellrott/Grottel*, in: Beck'scher Bilanz-Kommentar, 7. Aufl., München 2010, § 328 Tz. 16.

§ 329 Prüfungs- und Unterrichtungspflicht des Betreibers des elektronischen Bundesanzeigers

(1) ¹Der Betreiber des elektronischen Bundesanzeigers prüft, ob die einzureichenden Unterlagen fristgemäß und vollzählig eingereicht worden sind. ²Der Betreiber des Unternehmensregisters stellt dem Betreiber des elektronischen Bundesanzeigers die nach § 8b Abs. 3 Satz 2 von den Landesjustizverwaltungen übermittelten Daten zur Verfügung, soweit dies für die Erfüllung der Aufgaben nach Satz 1 erforderlich ist. ³Die Daten dürfen vom Betreiber des elektronischen Bundesanzeigers nur für die in Satz 1 genannten Zwecke verwendet werden.

(2) ¹Gibt die Prüfung Anlass zu der Annahme, dass von der Größe der Kapitalgesellschaft abhängige Erleichterungen oder die Erleichterung nach § 327a nicht hätten in Anspruch genommen werden dürfen, kann der Betreiber des elektronischen Bundesanzeigers von der Kapitalgesellschaft innerhalb einer angemessenen Frist die Mitteilung der Umsatzerlöse (§ 277 Abs. 1) und der durchschnittlichen Zahl der Arbeitnehmer (§ 267 Abs. 5) oder Angaben zur Eigenschaft als Kapitalgesellschaft im Sinn des § 327a verlangen. ²Unterlässt die Kapitalgesellschaft die fristgemäße Mitteilung, gelten die Erleichterungen als zu Unrecht in Anspruch genommen.

(3) In den Fällen des § 325a Abs. 1 Satz 3 und des § 340l Abs. 2 Satz 4 kann im Einzelfall die Vorlage einer Übersetzung in die deutsche Sprache verlangt werden.

(4) Ergibt die Prüfung nach Absatz 1 Satz 1, dass die offen zu legenden Unterlagen nicht oder unvollständig eingereicht wurden, wird die jeweils für die Durchführung von Ordnungsgeldverfahren nach den §§ 335, 340o und 341o zuständige Verwaltungsbehörde unterrichtet.

Inhaltsübersicht	Rz.
I. Prüfungspflicht des Betreibers des eBAnz	1 - 4
1. ... generell (Abs. 1)	1
2. ... bezüglich der Erleichterungen (Abs. 2)	2 - 4
II. Deutsche Übersetzung (Abs. 3)	5
III. Sanktionen (Abs. 4)	6
IV. Weitere Handlungspflichten	7

Ausgewählte Literatur

Vgl. → § 325.

I. Prüfungspflicht des Betreibers des eBAnz

1. ... generell (Abs. 1)

Dem Betreiber des elektronischen Bundesanzeigers (eBAnz, vgl. → § 325 Rz. 1) kommt eine Prüfungspflicht bezüglich **Vollständigkeit** (→ § 325 Rz. 5) und **Fristgerechtigkeit** (→ § 325 Rz. 14) der einzureichenden Unterlagen zu. Dazu kann er sich des Datenmaterials des Betreibers des Unternehmensregisters bedienen, soweit dieses dem genannten Prüfungserfordernis dient. Die **inhaltliche Richtigkeit** ist nicht Prüfungsgegenstand.

Die Vollständigkeitsprüfung findet nur auf oberer Aggregationsebene statt, also etwa bezüglich der Frage, ob die Nichteinreichung einer GuV zutreffend (→ § 326 Rz. 2) oder unzutreffend ist. Hingegen prüft der Betreiber nicht, ob Aufstellungserleichterungen (z. B. Verzicht auf ein Anlagengitter gem. § 274a Nr. 1 HGB oder Zusammenfassung von Umsatzerlösen etc.) zu einem Rohergebnis gem. § 276 Satz 1 HGB zu Recht oder zu Unrecht in Anspruch genommen wurden.

2. ... bezüglich der Erleichterungen (Abs. 2)

2 Im Eingabefeld des Internetportals wird die Größenklasse der Gesellschaft i. S. des § 267 HGB abgefragt. Erfolgt dort ein Eintrag als „mittelgroß", verlangt das Kontrollsystem u. a. die Einreichung eines Lageberichts (→ § 327 Rz. 1). Ohne einen solchen wird unter entsprechendem Hinweis an den Einreicher die Veröffentlichung verweigert. Bei Eingabe „klein" begnügt sich der Kontrollprozess mit der Einreichung einer Bilanz mit Anhang (→ § 326 Rz. 2). Insoweit lässt sich der Prüfungsvorgang **elektronisch** abwickeln.

3 Nun können aber **Zweifel** an der größenmäßigen Eingruppierung durch den Einreicher bestehen. Der Aufhänger dürfte i. d. R. die **Bilanzsumme** sein. Da die zwei übrigen Determinanten zur Bestimmung der Größenklasse (→ § 267 Rz. 13) nicht vorliegen (müssen), kann der Betreiber des elektronischen Bundesanzeigers die Mitteilung der **Umsatzerlöse** und der durchschnittlichen **Arbeitnehmerzahl** unter Fristsetzung verlangen. Entsprechendes gilt für den Sonderfall des § 327a HGB. Eine Prüfungsmöglichkeit und -pflicht für diese Angaben besteht nicht.

4 Bei **Versäumnis** der für die Mitteilung von Umsatzerlösen und Arbeitnehmerzahl gesetzten Frist fingiert das Gesetz nach Abs. 2 Satz 2 die unrechtmäßige Inanspruchnahme der Erleichterung. Die Publizitätspflicht ist dann nicht vollständig erfüllt. Die fehlenden Unterlagen – z. B. der Lagebericht – sind dann nachzureichen, denn ansonsten gilt die Offenlegungspflicht als nicht erfüllt (→ Rz. 6).

II. Deutsche Übersetzung (Abs. 3)

5 Die Offenlegungspflicht der **Zweigniederlassungen** ausländischer Unternehmen und Kreditinstitute muss nicht in deutscher Sprache erfolgen (→ § 325a Rz. 6). In besonderen Fällen („im Einzelfall") kann eine einfache Übersetzung verlangt werden. Anlass dürfte regelmäßig die Vermutung fehlender Unterlagen sein.

III. Sanktionen (Abs. 4)

6 Bei Nichteinreichung oder unvollständiger Einreichung informiert der Betreiber des elektronischen Bundesanzeigers das Bundesamt für Justiz mit den in → § 335 genannten Rechtsfolgen.

IV. Weitere Handlungspflichten

7 Der Betreiber des eBAnz (→ Rz. 1) gibt die eingereichten Unterlagen nach § 8b Abs. 3 Nr. 1 i.V. mit Nr. 4 HGB an das Unternehmensregister weiter.

Fünfter Unterabschnitt: Verordnungsermächtigung für Formblätter und andere Vorschriften

§ 330 Formvorschriften

(1) ¹Das Bundesministerium der Justiz wird ermächtigt, im Einvernehmen mit dem Bundesministerium der Finanzen und dem Bundesministerium für Wirtschaft und Technologie durch Rechtsverordnung, die nicht der Zustimmung des Bundesrates bedarf, für Kapitalgesellschaften Formblätter vorzuschreiben oder andere Vorschriften für die Gliederung des Jahresabschlusses oder des Konzernabschlusses oder den Inhalt des Anhangs, des Konzernanhangs, des Lageberichts oder des Konzernlageberichts zu erlassen, wenn der Geschäftszweig eine von den §§ 266, 275 abweichende Gliederung des Jahresabschlusses oder des Konzernabschlusses oder von den Vorschriften des Ersten Abschnitts und des Ersten und Zweiten Unterabschnitts des Zweiten Abschnitts abweichende Regelungen erfordert. ²Die sich aus den abweichenden Vorschriften ergebenden Anforderungen an die in Satz 1 bezeichneten Unterlagen sollen den Anforderungen gleichwertig sein, die sich für große Kapitalgesellschaften (§ 267 Abs. 3) aus den Vorschriften des Ersten Abschnitts und des Ersten und Zweiten Unterabschnitts des Zweiten Abschnitts sowie den für den Geschäftszweig geltenden Vorschriften ergeben. ³Über das geltende Recht hinausgehende Anforderungen dürfen nur gestellt werden, soweit sie auf Rechtsakten des Rates der Europäischen Union beruhen. ⁴Die Rechtsverordnung nach Satz 1 kann auch Abweichungen von der Kontoform nach § 266 Abs. 1 Satz 1 gestatten. ⁵Satz 4 gilt auch in den Fällen, in denen ein Geschäftszweig eine von den §§ 266 und 275 abweichende Gliederung nicht erfordert.

(2) ¹Absatz 1 ist auf Kreditinstitute im Sinne des § 1 Abs. 1 des Gesetzes über das Kreditwesen, soweit sie nach dessen § 2 Abs. 1, 4 oder 5 von der Anwendung nicht ausgenommen sind, und auf Finanzdienstleistungsinstitute im Sinne des § 1 Abs. 1a des Gesetzes über das Kreditwesen, soweit sie nach dessen § 2 Abs. 6 oder 10 von der Anwendung nicht ausgenommen sind, sowie auf Zahlungsinstitute im Sinne des Zahlungsdiensteaufsichtsgesetzes, nach Maßgabe der Sätze 3 und 4 ungeachtet ihrer Rechtsform anzuwenden. ²Satz 1 ist auch auf Zweigstellen von Unternehmen mit Sitz in einem Staat anzuwenden, der nicht Mitglied der Europäischen Gemeinschaft und auch nicht Vertragsstaat des Abkommens über den Europäischen Wirtschaftsraum ist, sofern die Zweigstelle nach § 53 Abs. 1 des Gesetzes über das Kreditwesen als Kreditinstitut oder als Finanzinstitut gilt. ³Die Rechtsverordnung bedarf nicht der Zustimmung des Bundesrates; sie ist im Einvernehmen mit dem Bundesministerium der Finanzen und im Benehmen mit der Deutschen Bundesbank zu erlassen. ⁴In die Rechtsverordnung nach Satz 1 können auch nähere Bestimmungen über die Aufstellung des Jahresabschlusses und des Konzernabschlusses im Rahmen der vorgeschriebenen Formblätter für die Gliederung des Jahresabschlusses und des Konzernabschlusses sowie des Zwischenabschlusses gem. § 340a Abs. 3 und des Konzernzwischenabschlusses gem. § 340i Abs. 4 aufgenommen werden, soweit dies zur Erfüllung der Aufgaben der Bundesanstalt für Finanzdienstleistungsaufsicht oder der Deutschen Bundesbank erforderlich ist, insbesondere um einheitliche Unterlagen zur Beurteilung der von den Kreditinstituten und Finanzdienstleistungsinstituten durchgeführten Bankgeschäfte und erbrachten Finanzdienstleistungen zu erhalten.

(3) ¹Absatz 1 ist auf Versicherungsunternehmen nach Maßgabe der Sätze 3 und 4 ungeachtet ihrer Rechtsform anzuwenden. ²Satz 1 ist auch auf Niederlassungen im Geltungsbereich dieses Gesetzes von Versicherungsunternehmen mit Sitz in einem anderen Staat anzuwenden, wenn sie zum Betrieb des Direktversicherungsgeschäfts der Erlaubnis durch die deutsche Versicherungsaufsichtsbehörde bedürfen. ³Die Rechtsverordnung bedarf der Zustimmung des Bundesrates und ist im Einvernehmen mit dem Bundesministerium der Finanzen zu erlassen. ⁴In die Rechtsverordnung nach Satz 1 können auch nähere Bestimmungen über die Aufstellung des Jahresabschlusses und des Konzernabschlusses im Rahmen der vorgeschriebenen Formblätter für die Gliederung des Jahresabschlusses und des Konzernabschlusses sowie Vorschriften über den Ansatz und die Bewertung von versicherungstechnischen Rückstellungen, insbesondere die Näherungsverfahren, aufgenommen werden. ⁵Die Zustimmung des Bundesrates ist nicht erforderlich, soweit die Verordnung ausschließlich dem Zweck dient, Abweichungen nach Absatz 1 Satz 4 und 5 zu gestatten.

(4) ¹In der Rechtsverordnung nach Absatz 1 in Verbindung mit Absatz 3 kann bestimmt werden, dass Versicherungsunternehmen, auf die die Richtlinie 91/674/EWG nach deren Artikel 2 in Verbindung mit Artikel 3 der Richtlinie 73/239/EWG oder in Verbindung mit Artikel 2 Nr. 2 oder 3 oder Artikel 3 Richtlinie 79/267/EWG nicht anzuwenden ist, von den Regelungen des Zweiten Unterabschnitts des Vierten Abschnitts ganz oder teilweise befreit werden, soweit dies erforderlich ist, um eine im Verhältnis zur Größe der Versicherungsunternehmen unangemessene Belastung zu vermeiden; Absatz 1 Satz 2 ist insoweit nicht anzuwenden. ²In der Rechtsverordnung dürfen diesen Versicherungsunternehmen auch für die Gliederung des Jahresabschlusses und des Konzernabschlusses, für die Erstellung von Anhang und Lagebericht und Konzernanhang und Konzernlagebericht sowie für die Offenlegung ihrer Größe angemessene Vereinfachungen gewährt werden.

(5) Die Absätze 3 und 4 sind auf Pensionsfonds (§ 112 Abs. 1 des Versicherungsaufsichtsgesetzes) entsprechend anzuwenden.

Inhaltsübersicht	Rz.
I. Zweck und Inhalt	1 - 2
II. Betroffene Unternehmen	3 - 4
III. Verhältnis zu den allgemeinen Gliederungsvorschriften	5 - 7
IV. Geltende Formblattverordnungen	8

I. Zweck und Inhalt

1   Abs. 1 Satz 1 ermächtigt das Bundesministerium der Justiz (im Einvernehmen mit weiteren Bundesministerien sowie ggf. der Bundesbank) zum Erlass **geschäftszweigspezifischer Formblätter** oder anderer (etwa die Untergliederung einzelner Bilanzposten betreffender) Vorschriften zu folgenden Bereichen:

▶ **Gliederung** des Jahres-/Konzernabschlusses,

▶ Inhalt des (Konzern-)**Anhangs**,

▶ Inhalt des (Konzern-)**Lageberichts**.

Die Formblätter oder anderen Vorschriften sollen den für große Kapitalgesellschaften i. S. des § 267 Abs. 3 HGB geltenden Regeln **gleichwertig** sein (Abs. 1 Satz 2).

Mit einer versicherungstechnische Rückstellungen betreffenden Ausnahme (Abs. 3 Satz 4) ermächtigt § 330 HGB nicht zum Erlass von Sondervorschriften bezüglich Ansatz oder Bewertung.

II. Betroffene Unternehmen

Anzuwenden sind nach § 330 HGB erlassene Vorschriften von in den entsprechenden Geschäftszweigen (→ Rz. 8) tätigen

- Kapitalgesellschaften und **Kap. & Co.**-Gesellschaften i. S. des § 264a Abs. 1 Satz 1 HGB,
- Unternehmen i. S. des **PublG** (§§ 5 Abs. 3 und § 13 Abs. 4 PublG),
- **Genossenschaften** (Abs. 1 i. V. mit § 336 Abs. 3 HGB).

§ 330 HGB ist außerdem im Falle von **Kreditinstituten**, Finanzdienstleitungsinstituten, Zahlungsinstituten und Versicherungen unabhängig von der Rechtsform (Abs. 2 Satz 1 und Abs. 3 Satz 1) sowie auch für bestimmte Zweigstellen bzw. Niederlassungen ausländischer Unternehmen (Abs. 2 Satz 2 und Abs. 3 Satz 2) anzuwenden.

III. Verhältnis zu den allgemeinen Gliederungsvorschriften

Die in den nach § 330 HGB erlassenen Verordnungen enthaltenen Sonderregelungen (im Kernbereich die Gliederungsvorschriften) haben **Vorrang** vor den allgemeinen handelsrechtlichen Regelungen (also insbesondere §§ 266 und 275 HGB). Die Nichtbeachtung der Sondervorschriften führt – unter Wesentlichkeitsvorbehalt – bei Kapitalgesellschaften zur Nichtigkeit des Abschlusses gem. § 256 Abs. 4 AktG (für die GmbH analog).

Unberührt bleibt aber die Möglichkeit und ggf. die Pflicht, ausgehend von den Formblättern unternehmensspezifische Konstellationen gem. § 265 Abs. 4 bis 7 HGB durch **Individualisierung** der Gliederung zu berücksichtigen,[1] etwa neue im Formblatt nicht berücksichtigte Posten **hinzuzufügen**, wenn ihr Inhalt nicht von einem vorgeschriebenen Posten gedeckt ist (→ § 265 Rz. 36), oder Posten **zusammenzufassen**, wenn sie einen Betrag enthalten, der nicht erheblich ist (→ § 265 Rz. 44).

Sofern ein Konzern in **mehreren** durch Formblatt geregelten **Geschäftszweigen** tätig wird, ist § 265 Abs. 4 HGB zu beachten, d. h. nach einer (den wichtigeren Geschäftszweig betreffenden) Form zu gliedern und nach der anderen Form zu ergänzen.

IV. Geltende Formblattverordnungen

Derzeit sind aufgrund von § 330 HGB folgende Formblattverordnungen in Kraft:

---

[1] Gl. A. *Müller/Kreipl*, in: Haufe HGB Bilanz Kommentar, Freiburg 2009, § 330 Tz. 3, und *Förschle/Lavall*, in: Beck'scher Bilanz-Kommentar, 7. Aufl., München 2010, § 330 Tz. 15.

IV. Geltende Formblattverordnungen

- **Krankenhaus**-Buchführungs-Verordnung vom 24. 3. 1987,
- Verordnung über die Rechnungslegung der **Kreditinstitute und Finanzdienstleistungsinstitute** vom 11. 12. 1998,
- Verordnung über die Rechnungslegung von **Pensionsfonds** vom 25. 2. 2003,
- Verordnung über die Rechnungslegungs- und Buchführungspflichten der **Pflegeeinrichtungen** vom 22. 11. 1995,
- Verordnung über die Gliederung des Jahresabschlusses von **Verkehrsunternehmen** vom 13. 7. 1988,
- Verordnung über die Rechnungslegung von **Versicherungsunternehmen** vom 8. 11. 1994,
- Verordnung über Formblätter für die Gliederung des Jahresabschlusses für **Wohnungsunternehmen** vom 6. 3. 1987,
- Verordnung über die Rechnungslegung der **Zahlungsinstitute** vom 2. 11. 2009.

Mit Ausnahme des letzten Aufzählungspunkts sind sämtliche genannten Verordnungen zuletzt durch das BilMoG geändert worden.

Sechster Unterabschnitt: Straf- und Bußgeldvorschriften, Zwangsgelder

§ 331 Unrichtige Darstellung

Mit Freiheitsstrafe bis zu drei Jahren oder mit Geldstrafe wird bestraft, wer

1. als Mitglied des vertretungsberechtigten Organs oder des Aufsichtsrats einer Kapitalgesellschaft die Verhältnisse der Kapitalgesellschaft in der Eröffnungsbilanz, im Jahresabschluss, im Lagebericht oder im Zwischenabschluss nach § 340a Abs. 3 unrichtig wiedergibt oder verschleiert,

1a. als Mitglied des vertretungsberechtigten Organs einer Kapitalgesellschaft zum Zwecke der Befreiung nach § 325 Abs. 2a Satz 1, Abs. 2b einen Einzelabschluss nach den in § 315a Abs. 1 genannten internationalen Rechnungslegungsstandards, in dem die Verhältnisse der Kapitalgesellschaft unrichtig wiedergegeben oder verschleiert worden sind, vorsätzlich oder leichtfertig offen legt,

2. als Mitglied des vertretungsberechtigten Organs oder des Aufsichtsrats einer Kapitalgesellschaft die Verhältnisse des Konzerns im Konzernabschluss, im Konzernlagebericht oder im Konzernzwischenabschluss nach § 340i Abs. 4 unrichtig wiedergibt oder verschleiert,

3. als Mitglied des vertretungsberechtigten Organs einer Kapitalgesellschaft zum Zwecke der Befreiung nach § 291 Abs. 1 und 2 oder einer nach § 292 erlassenen Rechtsverordnung einen Konzernabschluss oder Konzernlagebericht, in dem die Verhältnisse des Konzerns unrichtig wiedergegeben oder verschleiert worden sind, vorsätzlich oder leichtfertig offen legt,

3a. entgegen § 264 Abs. 2 Satz 3, § 289 Abs. 1 Satz 5, § 297 Abs. 2 Satz 4 oder § 315 Abs. 1 Satz 6 eine Versicherung nicht richtig abgibt,

4. als Mitglied des vertretungsberechtigten Organs einer Kapitalgesellschaft oder als Mitglied des vertretungsberechtigten Organs oder als vertretungsberechtigter Gesellschafter eines ihrer Tochterunternehmen (§ 290 Abs. 1, 2) in Aufklärungen oder Nachweisen, die nach § 320 einem Abschlussprüfer der Kapitalgesellschaft eines verbundenen Unternehmens oder des Konzerns zu geben sind, unrichtige Angaben macht oder die Verhältnisse der Kapitalgesellschaft, eines Tochterunternehmens oder des Konzerns unrichtig wiedergibt oder verschleiert.

Inhaltsübersicht	Rz.
I. Überblick	1 - 4
II. Täterkreis: Gesetzliche Vertreter und Aufsichtsräte	5 - 8
III. Tathandlungen	9 - 20
1. Unrichtige Darstellung der Unternehmensverhältnisse in Unternehmensabschlüssen (Nr. 1 und Nr. 2)	9 - 14
1.1 Unrichtige Wiedergabe oder Verschleierung	9 - 12
1.2 Verhältnis zu § 334 HGB	13 - 14
2. Offenlegung eines unrichtigen befreienden Einzelabschlusses (Nr. 1a) oder Konzernabschlusses (Nr. 3)	15 - 18

3. Unrichtige Versicherung – „Bilanzeid" (Nr. 3a)	19
4. Unrichtige Angaben gegenüber Abschlussprüfern (Nr. 4)	20
IV. Verhältnis zu anderen Straftatbeständen	21

Ausgewählte Literatur

Eisolt, Strafbare unrichtige Darstellung (§ 331 HGB) im Fall der sofortigen Vereinnahmung von Mietgarantiegebühren – Erläuterung des Beschlusses des KG Berlin vom 11. 2. 2010, StuB 2010 S. 533

Maul, Geschäfts- und Konzernlagetäuschung als Bilanzdelikte, DB 1989 S. 185

Spatscheck/Wulf, Straftatbestände der Bilanzfälschung nach dem HGB – ein Überblick, DStR 2003 S. 173

Stahlschmidt, Schlafende Straftatbestände des HGB, StuB 2003 S. 107

Stahlschmidt, Die Straftatbestände im HGB, StB 2003 S. 63

Wolf, Bilanzmanipulationen: Wann ist die Übersicht erschwert?, StuB 2009 S. 909

Ziemann, Der strafbare „Bilanzeid" nach § 331 Nr. 3a HGB, wistra 2007 S. 292

I. Überblick

1 § 331 HGB sanktioniert unabhängig davon, ob ein konkreter Erfolg (z. B. Schaden) eintritt, mit Freiheitsstrafe bis zu drei Jahren oder Geldstrafe

- ▶ **unrichtige Darstellungen** (→ Rz. 10), die
- ▶ in **Unternehmensabschlüssen** und -lageberichten (→ Rz. 9) und im Bilanzeid (→ Rz. 19) oder
- ▶ **gegenüber dem Abschlussprüfer** (→ Rz. 20)

getätigt werden.

Betroffen sind nur die Abschlüsse von **Kapitalgesellschaften**, **Kap. & Co.-Gesellschaften** (§ 335b HGB) sowie rechtsformunabhängig die Abschlüsse von **Kreditinstituten** (§ 340m HGB) und Versicherungsunternehmen (§ 341m HGB); vergleichbare Straftatbestände bestehen jedoch für große Personenunternehmen nach § 17 PublG und für Genossenschaften nach § 147 GenG.

2 Als **Täter** kommen – mit einer Ausnahme (→ Rz. 18) – nur **gesetzliche Vertreter** und Mitglieder von **Aufsichtsräten** des berichts- bzw. prüfungspflichtigen Unternehmens in Frage (→ Rz. 5).

3 Subjektive Voraussetzung ist **Vorsatz**, in zwei Ausnahmefällen (→ Rz. 15) auch **Leichtfertigkeit**.

4 In allen Varianten von § 331 HGB handelt es sich um ein Vergehen. Der **Versuch** ist daher **nicht** strafbar (§§ 12 Abs. 2, 23 Abs. 1 StGB).

II. Täterkreis: Gesetzliche Vertreter und Aufsichtsräte

5 Täter können – mit einer Auskünfte von Tochterunternehmen an den Konzernabschlussprüfer betreffenden Ausnahme (→ Rz. 18) – nur gesetzliche Vertreter und Aufsichtsratsmitglieder sein.

Gesetzliche Vertreter sind etwa

- bei der AG die **Vorstände** (§ 76 Abs. 2 und 3 AktG), soweit sie Vorstandsgeschäfte wahrnehmen auch die Stellvertreter (§ 94 AktG), und
- bei der GmbH die **Geschäftsführer** (§ 35 Abs. 1 GmbHG) und deren Stellvertreter (§ 44 GmbHG).

Trotz zivilrechtlich **(noch) unwirksamer Bestellung** kann eine natürliche Person gesetzlicher Vertreter i. S. von § 331 HGB sein, wenn sie die Organtätigkeit mit der Duldung des für die Bestellung zuständigen Organs ausübt.[1]

In **Strohmann-Konstellationen** kann sowohl der faktische Geschäftsführer/Vorstand als auch der formell eingetragene Täter sein. Der faktische Geschäftsführer/Vorstand unterliegt jedoch dann nicht den Vorgaben von § 331 HGB, wenn er keine „überragende Stellung" hat, also nur neben und nicht im Wesentlichen an Stelle des formellen handelt.[2]

Auch ein nach den **internen Zuständigkeitsregelungen** für die Abschlüsse nicht zuständiger Geschäftsführer/Vorstand unterliegt § 331 HGB.[3] Die Nichtzuständigkeit kann aber bei der Bemessung des Verschuldens Bedeutung haben.

Mitglieder eines **obligatorischen Aufsichtsrats** unterliegen immer § 331 HGB, Mitglieder des **fakultativen Aufsichtsrats** einer GmbH nur dann, wenn die Übertragung der Prüfungspflichten i. S. von §§ 171, 337 AktG durch die Satzung nicht ausgeschlossen wurde (§ 52 GmbHG).[4]

III. Tathandlungen

1. Unrichtige Darstellung der Unternehmensverhältnisse in Unternehmensabschlüssen (Nr. 1 und Nr. 2)

1.1 Unrichtige Wiedergabe oder Verschleierung

Sanktioniert wird die **vorsätzlich unrichtige** Darstellung von Verhältnissen der Kapitalgesellschaft bzw. des Konzerns in

- Eröffnungsbilanz und **Jahresabschluss/Lagebericht** (Nr. 1) oder
- **Konzernabschluss/-lagebericht** (Nr. 3),
- sowie bei Kreditinstituten auch im **Zwischenabschluss**.

Im Gesetz genannte Formen der unrichtigen Darstellung sind die unrichtige Wiedergabe und die Verschleierung. Abstrakt werden beide Fälle im Schrifttum wie folgt abgegrenzt:[5]

---

1 Vgl. *Münster/Meier-Behringer*, in: Haufe HGB Bilanz Kommentar, Freiburg 2009, § 331 Tz. 17 ff.; *Kozikowski/Huber*, in: Beck'scher Bilanz-Kommentar, 7. Aufl., München 2010, § 331 Tz. 18.
2 Vgl. *Münster/Meier-Behringer*, in: Haufe HGB Bilanz Kommentar, Freiburg 2009, § 331 Tz. 22 ff.
3 Vgl. *Kozikowski/Huber*, in: Beck'scher Bilanz-Kommentar, 7. Aufl., München 2010, § 331 Tz. 18.
4 Vgl. *Kozikowski/Huber*, in: Beck'scher Bilanz-Kommentar, 7. Aufl., München 2010, § 331 Tz. 18; *Münster/Meier-Behringer*, in: Haufe HGB Bilanz Kommentar, Freiburg 2009, § 331 Tz. 26 f.
5 Vgl. *Münster/Meier-Behringer*, in: Haufe HGB Bilanz Kommentar, Freiburg 2009, § 331 Tz. 34 ff; *Kozikowski/Huber*, in: Beck'scher Bilanz-Kommentar, 7. Aufl., München 2010, § 331 Tz. 11 ff.

III. Tathandlungen

- Die **unrichtige Wiedergabe** soll eine nicht mit der Wirklichkeit übereinstimmende, objektiv unwahre Darstellung sein,
- die **Verschleierung** hingegen eine objektiv wahre Darstellung, die den wirklichen Tatbestand jedoch nur schwer oder überhaupt nicht erkennen lässt und so die Gefahr einer Falschinterpretation provoziert.

Als **Beispiel** für eine Verschleierung wird im Schrifttum ein Verstoß gegen das **Saldierungsverbot** des § 246 Abs. 2 HGB (→ § 246 Rz. 283) genannt.[6] Sowenig wie die abstrakte Abgrenzung beider Formen vermag dieses Beispiel zu überzeugen: Nur in **krassen Ausnahmefällen**, etwa bei der Bilanzierung tatsächlich gar nicht vorhandener Sachanlagen oder beim Ausweis tatsächlich nie getätigter Umsätze, lässt sich der Begriff der objektiven Unwahrheit noch sinnvoll anwenden. In der **Mehrzahl** der Fälle gilt hingegen:

- Die Bilanz liefert keine ungefilterte Abbildung der wirtschaftlichen Wirklichkeit, sondern eine Darstellung nach bestimmten Abbildungs**regeln**.
- Unwahr ist dann eine **nicht** den gesetzlich oder als GoB anerkannten Abbildungsregeln folgende Darstellung. Beispiele wären etwa die Aktivierung eines selbst geschaffenen Kundenstamms (→ § 248 Rz. 10), oder der Ausweis eines Umsatzes in Periode 1, bei Übergang von Chance, Risiko oder Verfügungsmacht am Lieferobjekt erst in Periode 2 (→ § 252 Rz. 94).
- In diesen praktisch relevanten Fällen ergibt sich erst aus den gesetzlichen Abbildungsregeln und ihrer Auslegung in Schrifttum und Rechtsprechung, ob eine Darstellung unrichtig ist. Hierbei besteht der Unterschied zwischen einer durch das Gesetz nicht gedeckten Saldierung und einer durch Gesetz nicht gedeckten Aktivierung lediglich auf der Wirkungsseite: Im zweiten Fall sind auch Jahresergebnis und Eigenkapital tangiert, im ersten nur Bilanzsumme, Höhe der betroffenen Position etc. Unrichtig, weil nicht konform zu den Abbildungsregeln, die allein ein Urteil über die Unrichtigkeiten erlauben, sind aber beide Darstellungen.

11 Ein weiterer Versuch, dem Begriff der **Verschleierung** einen eigenen Gehalt zu geben, bezieht sich auf die Ausnutzung von **Ermessens-** und **Beurteilungs**spielräumen. Hiernach soll eine Verschleierung in Betracht kommen, wenn sich der Bilanzierende bei seiner **Ermessensentscheidung** auf eine wissenschaftliche Mindermeinung beruft, dies aber nicht offen legt.[7] U. E. trägt auch dieses Beispiel nicht:

- Entweder handelt es sich bei der Ausübung des Ermessens um eine im Anhang offen zu legende Bilanzierungs- oder Bewertungsmethode, dann ist die fehlende Anhangangabe eine unrichtige Darstellung oder
- eine Pflicht zur Offenlegung im Anhang besteht nicht, dann kann diese auch nicht auf dem Umweg über die Verschleierung konstruiert werden.

---

6 Vgl. *Münster/Meier-Behringer*, in: Haufe HGB Bilanz Kommentar, Freiburg 2009, § 331 Tz. 41; *Quedenfeld*, in: Münchner Kommentar zum Handelsgesetzbuch, HGB, 2. Aufl., München 2009, § 331 Tz. 39; *Kozikowski/Huber*, in: Beck'scher Bilanz-Kommentar, 7. Aufl., München 2010, § 331 Tz. 15.
7 Vgl. *Münster/Meier-Behringer*, in: Haufe HGB Bilanz Kommentar, Freiburg 2009, § 331 Tz. 37.

Unrichtig ist eine Darstellung erst dann, wenn die vorgenommene Bilanzierungsmethode **schlechthin unvertretbar** ist; verschiedene Schrifttumsauffassungen (im Rahmen des Vertretbaren) sind daher – so das Kammergericht Berlin – vom Strafrecht zu akzeptieren.[8]

Dem zuletzt zitierten Beschluss lag folgender Fall zugrunde: Im Zuge der Auflage verschiedener geschlossener Immobilienfonds wurde die prospektierte Miete für die Dauer von i. d. R. **25 Jahren garantiert**. Die jeweilige Mietgarantiegebühr wurde für den gesamten vereinbarten Garantiezeitraum vorab als Einmalbetrag gezahlt und von dem Garanten in voller Höhe **sofort ertragswirksam** verbucht. Die Staatsanwaltschaft beurteilte – u. E. in Übereinstimmung mit der ganz h. M. – diese Art der Bilanzierung als Verstoß gegen die Pflicht zur periodengerechten Erfolgsermittlung, hier durch passive Abgrenzung gem. § 250 HGB. Das Kammergericht Berlin hielt eine sofortige Ertragsrealisierung hingegen nicht für schlechthin unvertretbar.[9]

Der Beschluss hinterlässt insgesamt den Eindruck, dass außerhalb der Bilanzfälschung durch frei erfundene Vorgänge (**Luftbuchungen**) und ähnlich Massives eine strafbare unrichtige Wiedergabe i. S. von § 331 HGB kaum je zu bejahen ist.

1.2 Verhältnis zu § 334 HGB

Nach § 334 HGB werden lediglich als **Ordnungswidrigkeit** (und damit nach Maßgabe des Opportunitätsprinzips) Verstöße gegen die dort im Einzelnen genannten wesentlichen Ansatz-, Ausweis-, Bewertungs- und Konsolidierungsvorschriften geahndet. Nur in wenigen wesentlichen Fällen, so insbesondere bei Verletzung des Einzelbewertungs-, Realisations- und Imparitätsprinzips (§ 252 HGB), ergibt sich kein Konkurrenzverhältnis, da § 334 HGB auf § 252 HGB nicht Bezug nimmt (→ § 334 Rz. 7).

Die Mehrzahl der zwingenden Ansatz-, Ausweis-, Bewertungs- und Konsolidierungsvorschriften wird in § 334 HGB aber angeführt (→ § 334 Rz. 5). Bei einem Verstoß gegen das Vollständigkeitsgebot oder Saldierungsverbot, bei der Aktivierung selbst erstellter Kundenlisten, bei der Nichtpassivierung von Verbindlichkeitsrückstellungen, beim Unterlassen planmäßiger oder außerplanmäßiger Abschreibungen etc. stellt sich daher jeweils die Frage, ob eine **strafbewehrte unrichtige Darstellung** oder lediglich eine **Ordnungswidrigkeit** vorliegt.

Das Schrifttum versucht **Straftat** und **Ordnungswidrigkeit** wie folgt **abzugrenzen**:

- „Detailverstöße", „weniger gravierende Zuwiderhandlungen", „schlichte Verstöße", „Rechtsgutsverletzung geringeren Unrechtsgehalts" sollen § 334 HGB unterliegen,
- „Schwere Verstöße", „erhebliche Verletzungen", „Mehrfachverstöße" hingegen § 331 HGB.[10]

Die Schwierigkeit dieser Abstufung wird zugleich zugestanden, eine generelle Abstufung zwischen erheblichen und unerheblichen Verstößen daher für nicht möglich gehalten.[11] Dem ist zuzustimmen, das Abgrenzungsproblem zwischen Ordnungswidrigkeit und Straftat bleibt damit aber weiter ungelöst.

---

8 *KG Berlin*, 1. Strafsenat Beschluss vom 11. 2. 2010 – 1 Ws 212/08, wistra 2010 S. 235 ff.
9 Vgl. zur Besprechung des KG-Beschlusses in seinen Einzelheiten *Eisolt*, StuB 2010 S. 533 ff.
10 Vgl. *Kozikowski/Huber*, in: Beck'scher Bilanz-Kommentar, 7. Aufl., München 2010, § 331 Tz. 1, sowie § 334 Tz. 20; *Münster/Meier-Behringer*, in: Haufe HGB Bilanz Kommentar, Freiburg 2009, § 331 Tz. 44, § 334 Tz. 1.
11 Vgl. *Kozikowski/Huber*, in: Beck'scher Bilanz-Kommentar, 7. Aufl., München 2010, § 331 Tz. 21.

Die Lösung wird auch nicht dadurch erleichtert, dass das **Wesentlichkeitsprinzip** ungeschriebener Bestandteil der GoB ist, eine unwesentliche Verletzung einer Vorschrift also nicht als fehlerhaft gilt. Die zweistufige Abgrenzung ist also zu einer dreistufigen auszuweiten, deren Grenzen noch fließender sind:

- **unwesentliche** Verstöße, nach dem materiellen Bilanzrecht also Nichtverstöße,
- nicht mehr unwesentliche, aber auch **noch nicht erhebliche** und damit als Ordnungswidrigkeit verfolgbare Verstöße,
- **erhebliche** und damit als Straftat zu verfolgende Verstöße.

Eine auch nur einigermaßen handhabbare Abgrenzung kann kraft seiner Befugnisse nur dem **Gericht** im Einzelfall gelingen. Uns bleibt an dieser Stelle nur die allgemeine Feststellung: Dort wo §§ 331 und 334 HGB gleiche Regelverletzungen ansprechen, ist das Verhältnis beider Vorschriften ungelöst.

2. Offenlegung eines unrichtigen befreienden Einzelabschlusses (Nr. 1a) oder Konzernabschlusses (Nr. 3)

15 Nr. 1a und Nr. 3 sanktionieren die
- vorsätzliche oder leichtfertige (d. h. in höherem Maße fahrlässige) **Offenlegung** (→ Rz. 17)
- **befreiender Abschlüsse** (→ Rz. 16),
- in denen **Verhältnisse** der Kapitalgesellschaft bzw. des Konzerns unrichtig wiedergeben oder verschleiert (→ Rz. 10) sind.

16 Betroffen sind die Wahlrechte
- einer Kapitalgesellschaft statt des Jahresabschlusses nach Handelsrecht einen **IFRS-Einzelabschluss** nach den in § 315a HGB beschriebenen internationalen Regeln offen zu legen (→ § 325 Rz. 22) bzw.
- als an der Spitze eines Teilkonzerns stehende inländische Kapitalgesellschaft (Mutterunternehmen unterer Stufe) statt eines diesen Teilkonzern umfassenden Abschlusses einen **befreienden Konzernabschluss** höherer Stufe offen zu legen (→ § 325 Rz. 22).

17 Die **Offenlegung**, also die Einreichung beim Betreiber des eBAnz, muss in Kenntnis oder leichtfertiger Nichtkenntnis der Unrichtigkeit des befreienden Abschlusses und zum Zwecke der Befreiung erfolgen.

18 **Taugliche Täter** sind nach beiden Vorschriften die Mitglieder des vertretungsberechtigen Organs der befreiten Kapitalgesellschaft (→ Rz. 5), nach Nr. 3 in Abhängigkeit davon, wer die Offenlegung vornimmt, auch die Mitglieder des vertretungsberechtigten Organs des Mutterunternehmens höherer Stufe.

3. Unrichtige Versicherung – „Bilanzeid" (Nr. 3a)

19 Die gesetzlichen Vertreter sog. **kapitalmarktorientierter Unternehmen** i. S. des § 2 Abs. 7 WpHG (sog. Inlandsemittent) sind gem. § 264 Abs. 2 Satz 3 HGB verpflichtet, eine Versicherung darüber abzugeben, dass in den Finanzberichten ein den tatsächlichen Verhältnissen entsprechendes Bild der Vermögens-, Finanz- und Ertragslage des Unternehmens vermittelt wird (sog. **Bilanzeid**).

Nr. 3a sanktioniert eine vorsätzlich falsche Versicherung. Eine Versicherung ist falsch, wenn der zugrunde liegende Abschluss die Verhältnisse unrichtig wiedergibt oder verschleiert (→ Rz. 10).

Wegen Einzelheiten wird auf → § 264 Rz. 30 ff. verwiesen.

4. Unrichtige Angaben gegenüber Abschlussprüfern (Nr. 4)

Der Abschlussprüfer kann zur Erfüllung seiner Aufgabe nach § 320 Abs. 2 HGB von den gesetzlichen Vertretern (→ Rz. 5), im Falle der Konzernabschlussprüfung auch von den gesetzlichen Vertretern der Tochterunternehmen oder deren vertretungsberechtigten Gesellschaftern, **Aufklärungen und Nachweise** verlangen (→ § 320 Rz. 6). 20

Nr. 4 sanktioniert vorsätzlich unrichtige oder verschleiernde Angaben (→ Rz. 9) in solchen Aufklärungen oder Nachweisen.

Unerheblich ist, ob die unrichtige Darstellung gegenüber dem Abschlussprüfer als Person oder gegenüber einem seiner Gehilfen erfolgt.

Nicht durch Nr. 4 sanktioniert ist die Verweigerung der Auskunft.[12]

IV. Verhältnis zu anderen Straftatbeständen

Im Verhältnis zu andern Straftatbeständen ergeben sich u. a. folgende Beziehungen: 21

- **Allgemeine Wirtschaftsdelikte** wie § 265b StGB (Kreditbetrug) stehen in Tateinheit mit den Tatbeständen des § 331 HGB, wenn die einzelnen Handlungen (Erstellung einer falschen Bilanz, Vorlage zur Krediterlangung) von einem einheitlichen Willensentschluss getragen werden.

- Zu den **Bankrottdelikten** der §§ 283 Abs. 1 Nr. 7a, 283b Abs. 1 Nr. 3a StGB besteht eine Gesetzeskonkurrenz. Die mit einer höheren Strafandrohung belegten Insolvenzdelikte gehen § 331 HGB vor.

- § 82 Abs. 2 Nr. 2 GmbHG und § 400 Abs. 1 Nr. 1 AktG gelten für unrichtige Angaben in **sonstigen Darstellungen oder Übersichten** (etwa Quartalsberichten), jedoch ausdrücklich nicht für solche in Eröffnungsbilanz bzw. Jahresabschluss/Lagebericht oder befreiendem IFRS-Einzelabschluss.

---

12 Vgl. *Münster/Meier-Behringer*, in: Haufe HGB Bilanz Kommentar, Freiburg 2009, § 331 Tz. 69.

§ 332 Verletzung der Berichtspflicht

(1) Mit Freiheitsstrafe bis zu drei Jahren oder mit Geldstrafe wird bestraft, wer als Abschlussprüfer oder Gehilfe eines Abschlussprüfers über das Ergebnis der Prüfung eines Jahresabschlusses, eines Einzelabschlusses nach § 325 Abs. 2a, eines Lageberichts, eines Konzernabschlusses, eines Konzernlageberichts einer Kapitalgesellschaft oder eines Zwischenabschlusses nach § 340a Abs. 3 oder eines Konzernzwischenabschlusses gem. § 340i Abs. 4 unrichtig berichtet, im Prüfungsbericht (§ 321) erhebliche Umstände verschweigt oder einen inhaltlich unrichtigen Bestätigungsvermerk (§ 322) erteilt.

(2) Handelt der Täter gegen Entgelt oder in der Absicht, sich oder einen anderen zu bereichern oder einen anderen zu schädigen, so ist die Strafe Freiheitsstrafe bis zu fünf Jahren oder Geldstrafe.

Inhaltsübersicht	Rz.
I. Überblick	1 - 5
II. Täterkreis: Abschlussprüfer und deren Gehilfen	6 - 8
III. Tathandlungen: Verletzungen der Berichtspflicht	9 - 12

Ausgewählte Literatur

Hoffmann/Knierim, Falsche Berichterstattung des Abschlussprüfers, BB 2002 S. 2275

Stahlschmidt, Schlafende Straftatbestände des HGB, StuB 2003 S. 107

I. Überblick

§ 332 HGB sanktioniert mit Freiheitsstrafe bis zu drei Jahren (bzw. fünf Jahren) oder Geldstrafe 1
- **Verletzungen der Berichtspflicht** (→ Rz. 9)
- über das Ergebnis einer **Abschlussprüfung** von Jahres- oder Konzernabschlüssen oder (Konzern-)Lageberichten
- durch den **Abschlussprüfer oder dessen Gehilfen** (→ Rz. 6).

Betroffen ist nur die gesetzliche Prüfung der Abschlüsse von **Kapitalgesellschaften, Kap. & Co.-Gesellschaften** (§ 335b HGB) sowie rechtsformunabhängig der Abschlüsse von **Kreditinstituten** (§ 340m HGB) und Versicherungsunternehmen (§ 341m HGB); vergleichbare Straftatbestände bestehen jedoch für große Personenunternehmen nach § 18 PublG und für Genossenschaften nach § 150 GenG, freiwillige Abschlussprüfungen unterliegen nicht § 332 HGB.

Als **Täter** kommen nur Abschlussprüfer oder deren Gehilfen in Frage (→ Rz. 6). 2

Eine **Freiheitsstrafe** von bis zu drei Jahren kann unabhängig davon, ob ein konkreter Erfolg 3
(z. B. Schaden) eintritt, verhängt werden. Das **erhöhte Strafmaß** von bis zu fünf Jahren (Abs. 2) kommt nur zum Tragen, wenn der Täter gegen Entgelt handelt oder in der Absicht, sich oder einen anderen zu bereichern oder einen anderen zu schädigen.

Subjektive Voraussetzung ist **Vorsatz**. 4

5 In allen Varianten von § 332 HGB handelt es sich um ein Vergehen. Der **Versuch** ist daher **nicht** strafbar (§§ 12 Abs. 2, 23 Abs. 1 StGB).

II. Täterkreis: Abschlussprüfer und deren Gehilfen

6 Täter können nur Abschlussprüfer (→ Rz. 7) und deren Gehilfen (→ Rz. 8) sein.

7 Hinsichtlich des **Abschlussprüfers** ist wie folgt zu differenzieren:[1]

- ▶ Wer sich die Prüfungstätigkeit nur **anmaßt**, etwa als „**Bilanzexperte**" unter dieser Bezeichnung ein Testat erteilt, ist kein tauglicher Täter.
- ▶ Hingegen führen **Ausschlussgründe** nach §§ 319 oder 319a HGB nicht zum Ausschluss vom Täterkreis.
- ▶ Bei Bestellung einer **Wirtschafts- oder Buchprüfungsgesellschaft** zum Abschlussprüfer ist der Wirtschaftsprüfer/vereidigte Buchprüfer, der persönlich handelt, tauglicher Täter.

8 Angestellte oder freie Mitarbeiter, die bei der Prüfungstätigkeit nicht nur als Hilfskräfte (z. B. Schreibkräfte) mitwirken, sind als **Gehilfen** des Abschlussprüfers taugliche Täter.

III. Tathandlungen: Verletzungen der Berichtspflicht

9 Die Berichtspflicht kann auf drei Arten verletzt werden, durch

- ▶ **unrichtige Berichterstattung**,
- ▶ **Verschweigen** erheblicher Umstände im Prüfungsbericht (→ Rz. 10) und
- ▶ Erteilen eines **unrichtigen Bestätigungsvermerks** (→ Rz. 11).

10 In der zweiten Variante ergibt sich aus dem Gesetzeswortlaut, dass sie nur im **schriftlichen Prüfungsbericht** nach § 331 HGB verwirklicht werden kann. Zur Vermeidung sinnwidriger Ergebnisse gilt nach der h. M. für die erste Variante aber Entsprechendes.[2]

Unrichtig ist der Bericht über das Ergebnis der Prüfung nicht dann, wenn er von den **tatsächlichen** Umständen und Sachverhalten abweicht. Entscheidend ist vielmehr die Abweichung des **mitgeteilten** vom **tatsächlichen** Prüfungsergebnis.

> **BEISPIEL** ▶ In Folge einer in Teilen mangelhafter Prüfung stellt Abschussprüfer A bestimmte Bilanzierungsfehler nicht fest und berichtet daher auch nicht über diese.

Hat der Abschlussprüfer keine oder **keine wesentlichen Prüfungshandlungen** vorgenommen und deshalb den Bilanzierungsfehler nicht bemerkt, täuscht er aber im Prüfungsbericht eine ordnungsgemäße Prüfung vor, soll dies jedoch eine unrichtige Darstellung des Prüfungsergebnisses sein.[3]

---

1 Vgl. *Münster/Meier-Behringer*, in: Haufe HGB Bilanz Kommentar, Freiburg 2009, § 332 Tz. 10 ff.; *Kozikowski/Huber*, in: Beck'scher Bilanz-Kommentar, 7. Aufl., München 2010, § 332 Tz. 32 ff.

2 Vgl. *Münster/Meier-Behringer*, in: Haufe HGB Bilanz Kommentar, Freiburg 2009, § 332 Tz. 18; *Kozikowski/Huber*, in: Beck'scher Bilanz-Kommentar, 7. Aufl., München 2010, § 332 Tz. 6 ff.

3 Vgl. *Münster/Meier-Behringer*, in: Haufe HGB Bilanz Kommentar, Freiburg 2009, § 332 Tz. 22; *Graf*, BB 2001 S. 562 ff.

Auch beim Verschweigen erheblicher Umstände kommt es nicht auf die Abweichung zwischen Prüfungsbericht und **tatsächlichen** Umständen, sondern auf die zwischen Prüfungs**bericht** und Prüfungs**ergebnis** an. Bestraft wird das Verschweigen im Prüfungsbericht. Die Mitteilung der erheblichen Umstände in *Sideletters* oder mündlicher Form befreit den Abschlussprüfer daher nicht.

Ein nach den Vorgaben von § 322 Abs. 1 bis 3 und 6 HGB erteilter **Bestätigungsvermerk** ist unrichtig, wenn er vom Ergebnis der Abschlussprüfung abweicht, also insbesondere ein uneingeschränkter Bestätigungsvermerk erteilt wurde, obwohl eine Einschränkung oder Versagung geboten gewesen wäre. Ein nach dem Ergebnis der Prüfung zu Unrecht erteilter **Versagungsvermerk** unterliegt nicht § 332 HGB, da der Versagungsvermerk nach § 322 Abs. 4 Satz 2 HGB kein Bestätigungsvermerk ist. 11

In allen Varianten von § 332 HGB handelt es sich um ein **Vergehen**. Der **Versuch** ist daher **nicht** strafbar (§§ 12 Abs. 2, 23 Abs. 1 StGB). Entscheidend ist die Vollendung der Tat. Sie setzt voraus, dass der Prüfungsbericht bzw. der Bestätigungsvermerk den gesetzlichen Adressaten zugegangen ist, also so in deren Verfügungsbereich gelangt ist, dass sie ihn zur Kenntnis nehmen konnten. 12

§ 333 Verletzung der Geheimhaltungspflicht

(1) Mit Freiheitsstrafe bis zu einem Jahr oder mit Geldstrafe wird bestraft, wer ein Geheimnis der Kapitalgesellschaft, eines Tochterunternehmens (§ 290 Abs. 1, 2), eines gemeinsam geführten Unternehmens (§ 310) oder eines assoziierten Unternehmens (§ 311), namentlich ein Betriebs- oder Geschäftsgeheimnis, das ihm in seiner Eigenschaft als Abschlussprüfer oder Gehilfe eines Abschlussprüfers bei Prüfung des Jahresabschlusses, eines Einzelabschlusses nach § 325 Abs. 2a oder des Konzernabschlusses bekannt geworden ist, oder wer ein Geschäfts- oder Betriebsgeheimnis oder eine Erkenntnis über das Unternehmen, das ihm als Beschäftigter bei einer Prüfstelle im Sinne von § 342b Abs. 1 bei der Prüftätigkeit bekannt geworden ist, unbefugt offenbart.

(2) ¹Handelt der Täter gegen Entgelt oder in der Absicht, sich oder einen anderen zu bereichern oder einen anderen zu schädigen, so ist die Strafe Freiheitsstrafe bis zu zwei Jahren oder Geldstrafe. ²Ebenso wird bestraft, wer ein Geheimnis der in Absatz 1 bezeichneten Art, namentlich ein Betriebs- oder Geschäftsgeheimnis, das ihm unter den Voraussetzungen des Absatzes 1 bekannt geworden ist, unbefugt verwertet.

(3) Die Tat wird nur auf Antrag der Kapitalgesellschaft verfolgt.

Inhaltsübersicht	Rz.
I. Überblick	1 - 5
II. Täterkreis	6 - 10
III. Geheimnisse und Erkenntnisse über das Unternehmen	11 - 12
IV. Unbefugtes Offenbaren	13 - 15
V. Antragsdelikt	16

Ausgewählte Literatur

Quick, Geheimhaltungspflicht des Abschlussprüfers: Strafrechtliche Konsequenzen bei Verletzung, BB 2004 S. 1490

Stahlschmidt, Schlafende Straftatbestände des HGB, StuB 2003 S. 107

I. Überblick

§ 333 HGB sanktioniert mit Freiheitsstrafe bis zu einem Jahr (bzw. zwei Jahren – → Rz. 3) oder Geldstrafe 1

▶ die unbefugte **Offenbarung**

▶ von **Geheimnissen** (→ Rz. 11) einer Kapitalgesellschaft (oder ihrer Tochter-, Gemeinschafts- bzw. assoziierten Unternehmen).

Betroffen sind Erkenntnisse, die im Rahmen einer **DPR-Prüfung** (→ § 342b) oder der **gesetzlichen Prüfung** der Abschlüsse oder Konzernabschlüsse von **Kapitalgesellschaften, Kap. & Co.-Gesellschaften** (§ 335b HGB) sowie rechtformunabhängig der Abschlüsse von Kreditinstituten (§ 340m HGB) und Versicherungsunternehmen (§ 341m HGB) gewonnen wurden. Vergleichbare Straftatbestände bestehen jedoch für große Personenunternehmen nach § 19 PublG und für Genossenschaften nach § 151 GenG. Die Offenbarung von Erkenntnissen, die bei freiwilligen Abschlussprüfungen oder außerhalb von Prüfungen gewonnen wurden, unterliegt nicht § 333 HGB (→ Rz. 10).

2 Als **Täter** kommen nur in Frage:
- **Abschlussprüfer** oder deren Gehilfen (→ Rz. 7) sowie
- **Beschäftigte der Prüfstelle** i. S. des § 342c Abs. 1 HGB (→ Rz. 9).

3 Eine Freiheitsstrafe von bis zu einem Jahr kann unabhängig davon, ob ein konkreter Erfolg (z. B. Schaden) eintritt, verhängt werden. Das **erhöhte Strafmaß** von bis zu zwei Jahren (Abs. 2) kommt nur zum Tragen, wenn
- der Täter gegen **Entgelt** handelt oder
- in der Absicht, sich oder einen anderen zu **bereichern** oder einen anderen zu **schädigen** oder
- das Geheimnis unbefugt **verwertet**, d. h. wirtschaftlich nutzt.

4 Subjektive Voraussetzung ist **Vorsatz**.

In allen Varianten von § 333 HGB handelt es sich um ein **Vergehen**. Der **Versuch** ist daher **nicht** strafbar (§§ 12 Abs. 2, 23 Abs. 1 StGB).

5 Die Tat wird nur auf **Antrag** der Kapitalgesellschaft verfolgt (→ Rz. 16).

II. Täterkreis

6 **Geheimhaltungsverpflichtungen** bestehen für
- den **Abschlussprüfer** und dessen Gehilfen nach § 323 HGB,
- Beschäftigte einer **Prüfstelle** nach § 342c Abs. 1 HGB.

§ 333 HGB regelt die strafrechtlichen Konsequenzen einer Verletzung dieser Pflichten. Die zivilrechtlichen Folgen (Schadenersatz) sind unter → § 323 Rz. 31 ff. und → § 342c Rz. 5 ff. dargestellt.

7 Hinsichtlich des **Abschlussprüfers** ist wie folgt zu differenzieren:
- Wer sich die Prüfungstätigkeit nur **anmaßt**, etwa als „Bilanzexperte" unter dieser Bezeichnung ein Testat erteilt, ist kein tauglicher Täter.
- Hingegen führen **Ausschlussgründe** nach §§ 319 HGB oder 319a HGB nicht zum Ausschluss vom Täterkreis.
- Bei Bestellung einer Buch- oder **Wirtschaftsprüfungsgesellschaft** zum Abschlussprüfer ist der Wirtschaftsprüfer/vereidigte Buchprüfer, der persönlich handelt, tauglicher Täter.

8 Angestellte oder freie Mitarbeiter, die bei der Prüfungstätigkeit nicht nur als Hilfskräfte (Schreibkräfte) mitwirken, sind als **Gehilfen** des Abschlussprüfers taugliche Täter, wobei abweichend von den Regelungen in § 332 HGB (→ § 322 Rz. 8) als Gehilfe aber nicht nur Personen

in Frage kommen, die Einfluss auf das Prüfungsergebnis haben können, sondern jeder an der Prüfung Beteiligte (also etwa auch Schreibkräfte).[1]

Beschäftigte der **Prüfstelle** sind nicht nur Arbeitnehmer, sondern auch Personen, derer sich die Prüfstelle i. S. des § 342b Abs. 1 Satz 4 HGB bei der Durchführung ihrer Aufgaben, insbesondere als Gutachter, bedient (→ § 342b Rz. 8). 9

Der Täter muss die Informationen **im Rahmen seiner Prüfungstätigkeit** und damit zu einem Zeitpunkt erlangt haben, als er noch Abschlussprüfer, Gehilfe oder Beschäftigter einer Prüfstelle war. Hingegen ist unerheblich, ob er dies im Zeitpunkt der unbefugten Offenbarung noch ist.[2] 10

Geheimnisse, die **nicht** im Rahmen der Prüfungstätigkeit bekannt geworden sind, können strafrechtlich dem Schutz von §§ 203 und 204 StGB unterliegen.

III. Geheimnisse und Erkenntnisse über das Unternehmen

(Unbefugt) offenbart werden können nur **Geheimnisse**. Sachverhalte, die ohnehin allgemein bekannt oder zugänglich sind, also etwa in das Handelsregister eingetragene Tatsachen, sind kein Geheimnis. Hingegen sind Grundbucheintragungen wegen der Bindung der Grundbucheinsicht an ein berechtigtes Interesse ein nicht allgemein zugänglicher und daher ggf. als Geheimnis zu qualifizierender Sachverhalt. 11

Aus Sicht der betroffenen Kapitalgesellschaft bzw. ihrer Vertreter muss ein objektiv begründbares **Geheimhaltungsinteresse** bestehen. Trivialen Informationen fehlt auch dann der Geheimnischarakter, wenn sie nicht allgemein bekannt sind.

Als **Beispiele** für Geheimnisse werden im Schrifttum genannt:[3]
- Kunden- und Lieferantenlisten,
- Gehaltslisten und Personalakten,
- Protokolle von Vorstands- und Aufsichtsratssitzungen,
- Beteiligungsverhältnisse, sofern sie nicht ohnehin im Anhang offen gelegt sind.

Beschäftigten einer **Prüfstelle** i. S. des § 342b HGB ist nicht nur die Offenbarung von Geheimnissen, sondern ebenso die **anderer Erkenntnisse** über das Unternehmen untersagt. Das Prüfungsergebnis der Prüfstelle selbst wird etwa nicht als Geheimnis, jedoch als eine andere Erkenntnis qualifiziert. 12

IV. Unbefugtes Offenbaren

Offenbarung der Geheimnisse (→ Rz. 11) oder anderer Erkenntnisse (→ Rz. 12) ist deren 13

---

[1] Vgl. *Münster/Meier-Behringer*, in: Haufe HGB Bilanz Kommentar, Freiburg 2009, § 333 Tz. 9; *Kozikowski/Huber*, in: Beck'scher Bilanz-Kommentar, 7. Aufl., München 2010, § 333 Tz. 16.
[2] Vgl. *Münster/Meier-Behringer*, in: Haufe HGB Bilanz Kommentar, Freiburg 2009, § 333 Tz. 21 ff.; *Kozikowski/Huber*, in: Beck'scher Bilanz-Kommentar, 7. Aufl., München 2010, § 333 Tz. 17.
[3] Vgl. *Münster/Meier-Behringer*, in: Haufe HGB Bilanz Kommentar, Freiburg 2009, § 333 Tz. 17.

- schriftliche oder mündliche **Mitteilung**
- an mindestens eine Person, der diese Information **bisher noch nicht bekannt** war.

Auch die Bestätigung oder das Dementi eines Gerüchts stellt eine Offenbarung dar.[4]

14 Bei gesetzlich begründeten Mitteilungs- oder Offenbarungspflichten erfolgt die Offenbarung **nicht unbefugt**. Betroffen ist etwa die

- Mitteilungspflicht der Beschäftigten der Prüfstelle nach § 342b Abs. 6 HGB bei dem Verdacht von Straftaten im Zusammenhang mit der Rechnungslegung,
- Offenbarung von Informationen durch den Abschlussprüfer gegenüber der APAK oder dem Peer Reviewer im Qualitätskontrollverfahren.

15 Vorläufig frei

V. Antragsdelikt

16 Nach Abs. 3 ist die Verletzung der Geheimhaltungspflicht ein **Antragsdelikt**. Antragsberechtigt ist nur die Kapitalgesellschaft. Keine Berechtigung haben deren (in den Geheimnisschutz einbezogenen) Tochter-, Gemeinschafts- oder assoziierte Unternehmen.

Der Strafantrag ist nach § 77b Abs. 1 StGB binnen drei Monaten nach Erlangung der Kenntnis über die Tat zu stellen.

---

4 Vgl. *Münster/Meier-Behringer*, in: Haufe HGB Bilanz Kommentar, Freiburg 2009, § 333 Tz. 25.

§ 334 Bußgeldvorschriften

(1) Ordnungswidrig handelt, wer als Mitglied des vertretungsberechtigten Organs oder des Aufsichtsrats einer Kapitalgesellschaft

1. bei der Aufstellung oder Feststellung des Jahresabschlusses einer Vorschrift

    a. des § 243 Abs. 1 oder 2, der §§ 244, 245, 246, 247, 248, 249 Abs. 1 Satz 1 oder Abs. 2, des § 250 Abs. 1 oder 2, des § 251 oder des § 264 Abs. 2 über Form oder Inhalt,

    b. des § 253 Abs. 1 Satz 1, 2, 3 oder Satz 4, Abs. 2 Satz 1, auch in Verbindung mit Satz 2, Abs. 3 Satz 1, 2 oder 3, Abs. 4 oder 5, des § 254 oder des § 256a über die Bewertung,

    c. des § 265 Abs. 2, 3, 4 oder 6, der §§ 266, 268 Abs. 2, 3, 4, 5, 6 oder 7, der §§ 272, 274, 275 oder des § 277 über die Gliederung oder

    d. des § 284 oder des § 285 über die in der Bilanz oder im Anhang zu machenden Angaben,

2. bei der Aufstellung des Konzernabschlusses einer Vorschrift

    a. des § 294 Abs. 1 über den Konsolidierungskreis,

    b. des § 297 Abs. 2 oder 3 oder des § 298 Abs. 1 in Verbindung mit den §§ 244, 245, 246, 247, 248, 249 Abs. 1 Satz 1 oder Abs. 2, dem § 250 Abs. 1 oder dem § 251 über Inhalt oder Form,

    c. des § 300 über die Konsolidierungsgrundsätze oder das Vollständigkeitsgebot,

    d. des § 308 Abs. 1 Satz 1 in Verbindung mit den in Nummer 1 Buchstabe b bezeichneten Vorschriften, des § 308 Abs. 2 oder des § 308a über die Bewertung,

    e. des § 311 Abs. 1 Satz 1 in Verbindung mit § 312 über die Behandlung assoziierter Unternehmen oder

    f. des § 308 Abs. 1 Satz 3, des § 313 oder des § 314 über die im Anhang zu machenden Angaben,

3. bei der Aufstellung des Lageberichts einer Vorschrift des § 289 Abs. 1, 4 oder Abs. 5 oder des § 289a über den Inhalt des Lageberichts,

4. bei der Aufstellung des Konzernlageberichts einer Vorschrift des 315 Abs. 1 oder 4 über den Inhalt des Konzernlageberichts,

5. bei der Offenlegung, Veröffentlichung oder Vervielfältigung einer Vorschrift des § 328 über Form oder Inhalt oder

6. einer aufgrund des § 330 Abs. 1 Satz 1 erlassenen Rechtsverordnung, soweit sie für einen bestimmten Tatbestand auf diese Bußgeldvorschrift verweist,

zuwiderhandelt.

(2) Ordnungswidrig handelt, wer zu einem Jahresabschluss, zu einem Einzelabschluss nach § 325 Abs. 2a oder zu einem Konzernabschluss, der aufgrund gesetzlicher Vorschriften zu prüfen ist, einen Vermerk nach § 322 Abs. 1 erteilt, obwohl nach § 319 Abs. 2, 3, 5, § 319a Abs. 1 Satz 1, Abs. 2, § 319b Abs. 1 Satz 1 oder 2 er oder nach § 319 Abs. 4, auch in Verbindung mit § 319a Abs. 1 Satz 2, oder § 319a Abs. 1 Satz 4, 5, § 319b Abs. 1 die Wirtschaftsprüfungsgesell-

schaft oder die Buchprüfungsgesellschaft, für die er tätig wird, nicht Abschlussprüfer sein darf.

(3) Die Ordnungswidrigkeit kann mit einer Geldbuße bis zu fünfzigtausend Euro geahndet werden.

(4) Verwaltungsbehörde im Sinne des § 36 Abs. 1 Nr. 1 des Gesetzes über Ordnungswidrigkeiten ist in den Fällen der Absätze 1 und 2 das Bundesamt für Justiz.

(5) Die Absätze 1 bis 4 sind auf Kreditinstitute im Sinne des § 340 und auf Versicherungsunternehmen im Sinne des § 341 Abs. 1 nicht anzuwenden.

Inhaltsübersicht	Rz.
I. Überblick	1 - 3
II. Verletzung von Vorschriften zum Jahres-/Konzernabschluss sowie Lage-/Konzernlagebericht (Abs. 1 Nr. 1 bis 4)	4 - 8
1. Täterkreis	4
2. Geschützte Vorschriften	5 - 8
III. Fehlerhafte Offenlegung (Abs. 1 Nr. 5)	9
IV. Erteilung eines Bestätigungsvermerks durch inhabilen Abschlussprüfer (Abs. 2)	10 - 11

I. Überblick

1 § 334 HGB sanktioniert als **Ordnungswidrigkeit**
- ▶ Verstöße von Mitgliedern des **Vertretungs- oder Aufsichtsorgans** gegen bestimmte bei der Aufstellung oder Offenlegung von Jahres- oder Konzernabschluss zu beachtende Vorschriften des **materiellen Bilanzrechts**,
- ▶ die Erteilung des Bestätigungs- oder Versagungsvermerks durch einen **inhabilen Prüfer**.

Betroffen sind nur die Abschlüsse von **Kapitalgesellschaften, Kap. & Co.-Gesellschaften** (§ 335b HGB), ausgenommen durch Abs. 5 die Abschlüsse von Kreditinstituten und Versicherungsunternehmen. Für sie gelten rechtsformunabhängig §§ 340n und 341n HGB. Große Personenunternehmen unterliegen nach § 20 Abs. 1 PublG ähnlichen Regelungen.

2 Subjektive Voraussetzung der Ordnungswidrigkeit ist **Vorsatz**.

3 Sanktioniert wird nur die **vollendete** Tat, nicht der **Versuch** (§ 13 Abs. 2 OWiG).

II. Verletzung von Vorschriften zum Jahres-/Konzernabschluss sowie Lage-/Konzernlagebericht (Abs. 1 Nr. 1 bis 4)

1. Täterkreis

4 Die Verletzung von Vorschriften des materiellen Bilanzrechts muss bei der **Aufstellung oder Feststellung** des Jahresabschlusses/Lageberichts bzw. der Aufstellung des Konzernabschlus-

ses/-lageberichts begangen werden. Als Täter kommen daher nur Personen in Frage, die zur Aufstellung/Feststellung berechtigt sind, also

- Mitglieder des **vertretungsberechtigten Organs** (→ § 331 Rz. 5),
- **Mitglieder des Aufsichtsrats**, soweit dieser für die Feststellung des Jahresabschlusses zuständig ist, bei fakultativem Aufsichtsrat also nur bei entsprechender satzungsmäßiger Kompetenzzuweisung.

2. Geschützte Vorschriften

Abs. 1 Nr. 1 und 3 für den Jahresabschluss/Lagebericht und Abs. 1 Nr. 2 und 4 für den Konzernabschluss/-lagebericht führen die Vorschriften, deren Verletzung sanktioniert wird, enumerativ auf. Es ist daher anders als beim Straftatbestand des § 331 HGB nicht jede unrichtige Darstellung potenziell sanktioniert, sondern nur eine, die sich aus der Verletzung der enumerativ aufgeführten Regeln ergibt. Wegen des Verhältnisses von §§ 331 und 334 HGB wird im Übrigen auf → § 331 Rz. 13 verwiesen. 5

Wegen der als Ordnungswidrigkeit in Frage kommenden Verstöße gilt für den Jahresabschluss Folgendes: 6

Ausgenommen sind zunächst

- **Definitionsnormen** (etwa §§ 255, 264d oder 271 HGB) sowie
- mit bestimmten Rückausnahmen (etwa § 248 Abs. 2 Satz 1 HGB) Ansatz-, Bewertungs- und Ausweis**wahlrechte** (z. B. § 250 Abs. 3 HGB betreffend Disagios, § 253 Abs. 3 Satz 4 HGB über die außerplanmäßige Abschreibung von Finanzanlagen bei vorübergehender Wertminderung, § 256 HGB zu Verbrauchsfolgeverfahren, § 265 Abs. 5 und 7 HGB über die Individualisierung der Gliederung).

Neben diesen systematisch zu rechtfertigenden Ausnahmen wird noch auf folgende Vorschriften kein Bezug genommen: 7

- § 249 Abs. 1 Satz 2 HGB Rückstellungen für unterlassene Instandhaltung und für Gewährleistung ohne rechtliche Verpflichtung,
- § 252 HGB allgemeine Bewertungsgrundsätze (also u. a. Realisations- und Vorsichtsprinzip),
- § 253 Abs. 2 Satz 3 HGB Bewertung bestimmter Rentenverpflichtungen,
- § 265 Abs. 1 HGB über die Ausweisstetigkeit,
- § 268 Abs. 8 HGB über Ausschüttungssperren.

Ein diesen Ausnahmen zugrunde liegendes **Prinzip**, etwa derart, dass Verstöße gegen die ausgenommenen Normen minderschwer wögen als die gegen andere, ist **nicht erkennbar**. Dazu sind die Ausnahmen schon untereinander zu unterschiedlich. Eine systematische Rechtfertigung für einen Ordnungswidrigkeitenkatalog besteht daher nicht.

Das Bedauern hierüber kann sich aber in Grenzen halten, da die **praktische Bedeutung** von § 334 Abs. 1 HGB ohnehin äußerst gering ist. Das für die Verfolgung der Fehler bei Aufstellung und Feststellung zuständige Bundesamt für Justiz (Abs. 4) ist personell und fachlich nicht so ausgestattet, dass eine merkliche Anwendung der Vorschrift durchgesetzt werden könnte. 8

III. Fehlerhafte Offenlegung (Abs. 1 Nr. 5)

9   Eine gesetzlich vorgesehene Offenlegung kann nicht bzw. nicht fristgerecht oder in falscher Art und Weise erfolgen:

▶ **Unterbleibt** eine fristgerechte Offenlegung von Jahres- oder Konzernabschluss überhaupt, greift das Ordnungsgeldverfahren des → § 335.

▶ Abs. 1 Nr. 5 sanktioniert hingegen Verstöße gegen § 328 HGB bei **erfolgter** Offenlegung.

Als Täter einer fehlerhaften Offenlegung kommen nur die gesetzlichen Vertreter in Frage.

IV. Erteilung eines Bestätigungsvermerks durch inhabilen Abschlussprüfer (Abs. 2)

10 Ordnungswidrig handelt, wer als **Wirtschaftsprüfer**/vereidigter Buchprüfer in eigener Sache oder für eine Wirtschaftsprüfungs- oder Buchführungsprüfungsgesellschaft einen Bestätigungsvermerk oder Versagungsvermerk erteilt, obwohl er nach § 319 HGB oder § 319a HGB **nicht Abschlussprüfer sein durfte**.

11 **Nicht** durch Abs. 2 sanktioniert ist die Erteilung eines Bestätigungs-/Versagungsvermerks aber in folgenden Fällen:

▶ Fehlen einer wirksamen Bescheinigung über Teilnahme an der Qualitätskontrolle (§ 319 Abs. 1 HGB).

▶ Tätigkeit für eine Wirtschafts- oder Buchprüfungsgesellschaft, die als befangen gilt (§ 319 Abs. 4 HGB).

▶ Ausschluss wegen Durchführung abschlussrelevanter Bewertungsleistungen, Entwicklung von Informationssystemen oder Unterzeichnung in sieben Fällen (§ 319a Abs. 1 Nr. 3 bis 4 HGB).

§ 335 Festsetzung von Ordnungsgeld

(1) ¹Gegen die Mitglieder des vertretungsberechtigten Organs einer Kapitalgesellschaft, die

1. § 325 über die Pflicht zur Offenlegung des Jahresabschlusses, des Lageberichts, des Konzernabschlusses, des Konzernlageberichts und anderer Unterlagen der Rechnungslegung oder
2. § 325a über die Pflicht zur Offenlegung der Rechnungslegungsunterlagen der Hauptniederlassung

nicht befolgen, ist wegen des pflichtwidrigen Unterlassens der rechtzeitigen Offenlegung vom Bundesamt für Justiz (Bundesamt) ein Ordnungsgeldverfahren nach den Absätzen 2 bis 6 durchzuführen; im Fall der Nummer 2 treten die in § 13e Abs. 2 Satz 4 Nr. 3 genannten Personen, sobald sie angemeldet sind, an die Stelle der Mitglieder des vertretungsberechtigten Organs der Kapitalgesellschaft. ²Das Ordnungsgeldverfahren kann auch gegen die Kapitalgesellschaft durchgeführt werden, für die die Mitglieder des vertretungsberechtigten Organs die in Satz 1 Nr. 1 und 2 genannten Pflichten zu erfüllen haben. ³Dem Verfahren steht nicht entgegen, dass eine der Offenlegung vorausgehende Pflicht, insbesondere die Aufstellung des Jahres- oder Konzernabschlusses oder die unverzügliche Erteilung des Prüfauftrags, noch nicht erfüllt ist. ⁴Das Ordnungsgeld beträgt mindestens zweitausendfünfhundert und höchstens fünfundzwanzigtausend Euro. ⁵Eingenommene Ordnungsgelder fließen dem Bundesamt zu.

(2) ¹Auf das Verfahren sind die §§ 15 bis 19, § 40 Abs. 1, § 388 Abs. 1, § 389 Abs. 3, § 390 Abs. 2 bis 6 des Gesetzes über das Verfahren in Familiensachen und in den Angelegenheiten der freiwilligen Gerichtsbarkeit sowie im Übrigen § 11 Nr. 1 und 2, § 12 Abs. 1 Nr. 1 bis 3, Abs. 2 und 3, §§ 14, 15, 20 Abs. 1 und 3, § 21 Abs. 1, §§ 23 und 26 des Verwaltungsverfahrensgesetzes nach Maßgabe der nachfolgenden Absätze entsprechend anzuwenden. ²Das Ordnungsgeldverfahren ist ein Justizverwaltungsverfahren. ³Zur Vertretung der Beteiligten sind auch Wirtschaftsprüfer und vereidigte Buchprüfer, Steuerberater, Steuerbevollmächtigte, Personen und Vereinigungen im Sinne des § 3 Nr. 4 des Steuerberatungsgesetzes sowie Gesellschaften im Sinne des § 3 Nr. 2 und 3 des Steuerberatungsgesetzes, die durch Personen im Sinne des § 3 Nr. 1 des Steuerberatungsgesetzes handeln, befugt.

(2a) ¹Für eine elektronische Aktenführung und Kommunikation sind § 110a Abs. 1, § 110b Abs. 1 Satz 1, Abs. 2 bis 4, § 110c Abs. 1 sowie § 110d des Gesetzes über Ordnungswidrigkeiten entsprechend anzuwenden. ²§ 110a Abs. 2 Satz 1 und 3 sowie § 110b Abs. 1 Satz 2 und 4 des Gesetzes über Ordnungswidrigkeiten sind mit der Maßgabe entsprechend anzuwenden, dass das Bundesministerium der Justiz die Rechtsverordnung ohne Zustimmung des Bundesrates erlassen kann; es kann die Ermächtigung durch Rechtsverordnung auf das Bundesamt für Justiz übertragen.

(3) ¹Den in Absatz 1 Satz 1 und 2 bezeichneten Beteiligten ist unter Androhung eines Ordnungsgeldes in bestimmter Höhe aufzugeben, innerhalb einer Frist von sechs Wochen vom Zugang der Androhung an ihrer gesetzlichen Verpflichtung nachzukommen oder die Unterlassung mittels Einspruchs gegen die Verfügung zu rechtfertigen. ²Mit der Androhung des Ordnungsgeldes sind den Beteiligten zugleich die Kosten des Verfahrens aufzuerlegen. ³Der Einspruch kann auf Einwendungen gegen die Entscheidung über die Kosten beschränkt werden. ⁴Wenn die Beteiligten nicht spätestens sechs Wochen nach dem Zugang der Androhung der

gesetzlichen Pflicht entsprochen oder die Unterlassung mittels Einspruchs gerechtfertigt haben, ist das Ordnungsgeld festzusetzen und zugleich die frühere Verfügung unter Androhung eines erneuten Ordnungsgeldes zu wiederholen. ⁵Wenn die Sechswochenfrist nur geringfügig überschritten wird, kann das Bundesamt das Ordnungsgeld herabsetzen. ⁶Der Einspruch gegen die Androhung des Ordnungsgeldes und gegen die Entscheidung über die Kosten hat keine aufschiebende Wirkung. ⁷Führt der Einspruch zu einer Einstellung des Verfahrens, ist zugleich auch die Kostenentscheidung nach Satz 2 aufzuheben.

(4) Gegen die Entscheidung, durch die das Ordnungsgeld festgesetzt oder der Einspruch oder der Antrag auf Wiedereinsetzung in den vorigen Stand verworfen wird, sowie gegen die Entscheidung nach Absatz 3 Satz 7 findet die Beschwerde nach den Vorschriften des Gesetzes über das Verfahren in Familiensachen und in den Angelegenheiten der freiwilligen Gerichtsbarkeit statt, soweit sich nicht aus Absatz 5 etwas anderes ergibt.

(5) ¹Die Beschwerde ist binnen einer Frist von zwei Wochen einzulegen; über sie entscheidet das für den Sitz des Bundesamts zuständige Landgericht. ²Die Landesregierung des Landes, in dem das Bundesamt seinen Sitz unterhält, wird ermächtigt, zur Vermeidung von erheblichen Verfahrensrückständen oder zum Ausgleich einer übermäßigen Geschäftsbelastung durch Rechtsverordnung die Entscheidung über die Rechtsmittel nach Satz 1 einem anderen Landgericht oder weiteren Landgerichten zu übertragen. ³Die Landesregierung kann diese Ermächtigung auf die Landesjustizverwaltung übertragen. ⁴Ist bei dem Landgericht eine Kammer für Handelssachen gebildet, so tritt diese Kammer an die Stelle der Zivilkammer. ⁵Entscheidet über die Beschwerde die Zivilkammer, so sind die §§ 348 und 348a der Zivilprozessordnung entsprechend anzuwenden; über eine bei der Kammer für Handelssachen anhängige Beschwerde entscheidet der Vorsitzende. ⁶Die Rechtsbeschwerde findet nicht statt. ⁷Das Landgericht kann nach billigem Ermessen bestimmen, dass die außergerichtlichen Kosten der Beteiligten, die zur zweckentsprechenden Rechtsverfolgung notwendig waren, ganz oder teilweise aus der Staatskasse zu erstatten sind. ⁸Satz 7 gilt entsprechend, wenn das Bundesamt der Beschwerde abhilft. ⁹§ 91 Abs. 1 Satz 2 und die §§ 103 bis 107 der Zivilprozessordnung gelten entsprechend. ¹⁰Absatz 2 Satz 3 ist anzuwenden.

(5a) ¹Für die elektronische Aktenführung des Gerichts und die Kommunikation mit dem Gericht nach Absatz 5 sind § 110a Abs. 1, § 110b Abs. 1 Satz 1, Abs. 2 bis 4, § 110c Abs. 1 sowie § 110d des Gesetzes über Ordnungswidrigkeiten entsprechend anzuwenden. ²§ 110a Abs. 2 Satz 1 und 3 sowie § 110b Abs. 1 Satz 2 und 4 des Gesetzes über Ordnungswidrigkeiten sind mit der Maßgabe anzuwenden, dass die Landesregierung des Landes, in dem das Bundesamt seinen Sitz unterhält, die Rechtsverordnung erlassen und die Ermächtigung durch Rechtsverordnung auf die Landesjustizverwaltung übertragen kann.

(6) ¹Liegen dem Bundesamt in einem Verfahren nach den Absätzen 1 bis 3 keine Anhaltspunkte über die Einstufung einer Gesellschaft im Sinne des § 267 Abs. 1, 2 oder Abs. 3 vor, ist den in Absatz 1 Satz 1 und 2 bezeichneten Beteiligten zugleich mit der Androhung des Ordnungsgeldes aufzugeben, im Fall des Einspruchs die Bilanzsumme nach Abzug eines auf der Aktivseite ausgewiesenen Fehlbetrags (§ 268 Abs. 3), die Umsatzerlöse in den ersten zwölf Monaten vor dem Abschlussstichtag (§ 277 Abs. 1) und die durchschnittliche Zahl der Arbeitnehmer (§ 267 Abs. 5) für das betreffende Geschäftsjahr und für diejenigen vorausgehenden Geschäftsjahre, die für die Einstufung nach § 267 Abs. 1, 2 oder Abs. 3 erforderlich sind, anzugeben. ²Unterbleiben die Angaben nach Satz 1, so wird für das weitere Verfahren vermutet, dass

die Erleichterungen der §§ 326 und 327 nicht in Anspruch genommen werden können. ³Die Sätze 1 und 2 gelten für den Konzernabschluss und den Konzernlagebericht entsprechend mit der Maßgabe, dass an die Stelle der §§ 267, 326 und 327 der § 293 tritt.

Inhaltsübersicht

	Rz.
I. Überblick	1 - 5
II. Normadressaten	6 - 10
III. Mit Ordnungsgeld bewehrte Pflichten (Abs. 1 Satz 1 Nr. 1 und 2)	11 - 12
IV. Verlauf des Ordnungsgeldverfahrens	13 - 23
1. Überblick	13
2. Androhung des Ordnungsgelds	14 - 16
3. Einspruch	17 - 18
4. Festsetzung des Ordnungsgelds, erneute Androhung	19 - 20
5. Beschwerde	21 - 22
6. Vertretung durch Wirtschaftsprüfer/Steuerberater im Verfahren	23

Ausgewählte Literatur

Clausnitzer/Blatt, Das neue elektronische Handels- und Unternehmensregister. Ein Überblick über die wichtigsten Veränderungen aus der Sicht der Wirtschaft, GmbHR 2006 S. 1303

Deilmann, EHUG: Neuregelung der Jahresabschlusspublizität und mögliche Befreiung nach § 264 Abs. 3 HGB, BB 2006 S. 2347

Grashoff, Offenlegung von Jahres- und Konzernabschlüssen nach dem in Kraft getretenen EHUG: Sanktionen und steuerliche Folgen, DB 2006 S. 2641

Grashoff, Die handelsrechtliche Rechnungslegung durch den Insolvenzverwalter nach Inkrafttreten des EHUG, NZI 2008 S. 65

Lüdenbach, Ordnungsgeldverfahren wegen nicht fristgerechter Offenlegung, StuB 2010 S. 468

Schlauß, Das neue Ordnungsgeldverfahren bei Verletzung der Publizitätspflicht, DB 2007 S. 2191

Schlauß, Neues Ordnungsgeldverfahren wegen Verletzung von Jahresabschluss-Publizitätspflichten: erste Erfahrungen und Praxistipps aus dem Bundesamt für Justiz, BB 2008 S. 938

Schlotter/Reiser, Ein Jahr EHUG – die ersten Praxiserfahrungen, BB 2008 S. 118

Stollenwerk/Kurpat, BB-Rechtsprechungsreport zum Ordnungsgeldverfahren nach dem EHUG, BB 2009 S. 150

Weyand, Sanktionen bei Verletzung der Publizitätspflichten nach dem EHUG, StuB 2007 S. 935

Wenzel, Ordnungsgeldverfahren nach § 335 HGB wegen unterlassener Offenlegung von Jahresabschlüssen, BB 2008 S. 769

I. Überblick

Nach § 335 HGB hat das **Bundesamt für Justiz** die Möglichkeit, Verstöße gegen Offenlegungspflichten 1

- ▸ zunächst durch **Androhung** eines Ordnungsgeldes (→ Rz. 14),
- ▸ sodann durch dessen **Festsetzung**, verbunden ggf. mit einer erneuten Androhung (→ Rz. 19)

zu **sanktionieren**.

Das Ordnungsgeldverfahren wird **von Amts wegen** eingeleitet. Die in § 335a HGB a. F. enthaltene Bindung der Verfahrens an den Antrag eines Dritten ist entfallen.

2 Die Androhung und Festsetzung des Ordnungsgeldes erfolgt gegen (→ Rz. 6)
- ▸ die offenlegungspflichtige **Gesellschaft selbst** oder
- ▸ deren **gesetzliche Vertreter** (Abs. 1 Satz 2),
- ▸ bei **Zweigniederlassung** bestimmter ausländischer Gesellschaften gegen deren ständige Vertreter (Abs. 1 Satz 1 2. Halbsatz HGB).

3 Mit Ordnungsgeld bewährt ist die **schuldhafte** (→ Rz. 12), **nicht fristgerechte** Offenlegung der nach §§ 325 bis 327 HGB geforderten Unterlagen (→ Rz. 11).

4 Als **Rechtsbehelfe** sind
- ▸ der **Einspruch** gegen die Androhung (→ Rz. 17) und
- ▸ die **Beschwerde** gegen die Festsetzung des Ordnungsgelds oder die Ablehnung des Einspruchs (→ Rz. 21)

gegeben.

5 **Vertreter** in dem Ordnungsgeldverfahren, insbesondere im Rechtsbehelfsverfahren, können auch Steuerberater und Wirtschaftsprüfer sein (→ Rz. 23).

II. Normadressaten

6 Die Androhung und Festsetzung des Ordnungsgelds erfolgt gegen
- ▸ die **gesetzlichen Vertreter** der offenlegungspflichtigen Gesellschaft (Abs. 1 Satz 1 1. Halbsatz) (→ Rz. 8) oder
- ▸ die **Gesellschaft selbst** (Abs. 1 Satz 2) (→ Rz. 9),
- ▸ bei inländischen Zweigniederlassungen von Kapitalgesellschaften mit Sitz in einem anderen EU/EWR-Staat gegen deren **ständige Vertreter** (Abs. 1 Satz 1 2. Halbsatz).

7 Vorauszusetzen ist eine Offenlegungspflicht der Gesellschaft nach §§ 325 oder 325a HGB. Betroffen sind somit
- ▸ **Kapitalgesellschaften**, es sei denn, sie sind als Tochterunternehmen nach § 264 Abs. 3 HGB von einer Offenlegung befreit (→ § 264 Rz. 37 ff.),
- ▸ **Kap. & Co.-Gesellschaften** (→ § 335b),
- ▸ bestimmte inländische **Zweigniederlassungen** (→ § 325a).

Für **Kreditinstitute** und **Versicherungen** gelten die Offenlegungs- und damit auch die Ordnungsgeldvorschriften rechtsformunabhängig (§§ 340o und 341o HGB). Für **große Personenunternehmen** schreibt § 21 PublG die entsprechende Anwendung von § 335 HGB vor.

8 **Gesetzliche Vertreter** sind die Vorstände bzw. Geschäftsführer, bei einer Kap. & Co.-Gesellschaft die Vertreter der Komplementär-Kapitalgesellschaft. Das Ordnungsgeldverfahren kann

gegen alle Mitglieder des Vertretungsorgans betrieben werden, unabhängig von der internen Zuständigkeitsverteilung.[1]

Das Ordnungsgeldverfahren kann **alternativ**[2] zum Verfahren gegen die gesetzlichen Vertreter auch gegen die **Gesellschaft selbst** durchgeführt werden. Die Zustellung der Verfügung kann in diesem Fall an einen leichter zu ermittelnden Geschäftssitz erfolgen.

9

Kein Normadressat ist der **Insolvenzverwalter**.[3] Ihn trifft zwar nach § 155 Abs. 1 Satz 2 InsO die Rechnungslegungspflicht für die Insolvenzmasse. Er ist jedoch kein gesetzlicher Vertreter.[4]

10

In der Insolvenz bleiben aber die Gesellschaft bzw. gesetzlichen Vertreter nach § 155 Abs. 1 Satz 1 InsO für das nicht zur Insolvenzmasse gehörende Vermögen offenlegungspflichtig. Fehlt es an insolvenzfreiem Vermögen, haben sie ggf. eine Nullbilanz offen zu legen.[5]

III. Mit Ordnungsgeld bewehrte Pflichten (Abs. 1 Satz 1 Nr. 1 und 2)

Das Ordnungsgeldverfahren setzt die **Verletzung der Offenlegungspflicht** nach §§ 325, 325a HGB unter Berücksichtigung der größenabhängigen Erleichterungen nach §§ 326 und 327 HGB und der rechtsformabhängigen Erleichterung des § 325 Abs. 1 Satz 5 HGB voraus. Auf die dortige Kommentierung wird verwiesen.

11

Verletzt ist die Offenlegungspflicht dann, wenn die notwendigen Unterlagen nicht unverzüglich nach der Vorlage an die Gesellschafter, spätestens aber zwölf Monaten nach dem Bilanzstichtag (bei bestimmten kapitalmarktorientierten Unternehmen vier Monate gem. § 325 Abs. 4 HGB) vollständig beim Betreiber des eBAnz eingereicht sind (→ § 325 Rz. 14).

Die Verletzung der Offenlegungspflicht muss **schuldhaft** erfolgen.[6] Ein Verschulden des mit Erstellung und/oder Offenlegung beauftragten Beraters ist der Gesellschaft bzw. deren Vertretern nach § 278 BGB zuzurechnen.[7]

12

Ein Verschulden ist **auch** gegeben bei

- unzureichender Besetzung oder Ausstattung des Rechnungswesens,[8]
- fehlenden Finanzmitteln für die Abschlusserstellung, insbesondere die Beauftragung eines Steuerberaters oder Wirtschaftsprüfers mit dieser Tätigkeit,[9]
- verzögerter Erstellung des Jahresabschlusses wegen laufender Betriebsprüfungen,[10]

---

1 Vgl. *Münster/Meier-Behringer*, in: Haufe HGB Bilanz Kommentar, Freiburg 2009, § 335 Tz. 9.
2 Vgl. *Kozikowski/Huber*, in: Beck'scher Bilanz-Kommentar, 7. Aufl., München 2010, § 335 Tz. 10.
3 Vgl. *Kozikowski/Huber*, in: Beck'scher Bilanz-Kommentar, 7. Aufl., München 2010, § 335 Tz. 10.
4 Einzelheiten zu den Pflichten des Insolvenzverwalters bei *Münster/Meier-Behringer*, in: Haufe HGB Bilanz Kommentar, Freiburg 2009, § 335 Tz. 53 ff.
5 *LG Bonn*, Beschluss vom 13. 11. 2008 – 30 T 275/08 (www.justiz.nrw.de).
6 *LG Bonn*, Beschluss vom 10. 12. 2008 – 30 T 190/08 (www.justiz.nrw.de).
7 *LG Bonn*, Beschluss vom 29. 10. 2008 – 30 T 104/08 (www.justiz.nrw.de).
8 *LG Bonn*, Beschluss vom 28. 7. 2008 – 30 T 52/08 (www.justiz.nrw.de).
9 *LG Bonn*, Beschluss vom 30. 6. 2008 – 11 T 48/07 (www.justiz.nrw.de).
10 *LG Bonn*, Beschluss vom 1. 12. 2008 – 37 T 288/08 (www.justiz.nrw.de).

- Beschlagnahme von Buchhaltungsunterlagen durch die Staatsanwaltschaft.[11]

IV. Verlauf des Ordnungsgeldverfahrens

1. Überblick

13 Dem Ordnungsgeldverfahren vorgelagert ist die Prüfung durch den Betreiber des eBAnz gem. § 329 Abs. 1 HGB. (→ § 329 Rz. 1). Ist nach dieser Prüfung die Offenlegungspflicht nicht oder nur unvollständig erfüllt worden, informiert der Betreiber das Bundesamt für Justiz (§ 329 Abs. 4 HGB). Hiernach folgt das eigentliche Ordnungsgeldverfahren mit

- **Androhung** des Ordnungsgelds unter Fristsetzung (→ Rz. 14),
- **Festsetzung** des Ordnungsgelds bei erfolglosem Verstreichen der Frist oder unbegründetem Einspruch (→ Rz. 19).

2. Androhung des Ordnungsgelds

14 Das Bundesamt leitet das Verfahren **von Amts wegen** ein, indem es ein Ordnungsgeld in bestimmter Höhe androht und der Gesellschaft bzw. ihren Vertretern aufgibt, binnen sechs Wochen der Offenlegungspflicht nachzukommen oder die Unterlassung mittels Einspruch zu rechtfertigen (Abs. 3 Satz 1). Rechtswirksam ist die Androhung, wenn

- die Offenlegung inhaltlich bestimmt, insbesondere also der **Stichtag** des offenlegungspflichtigen Abschlusses benannt ist,
- ein Hinweis auf die **Sechs-Wochenfrist** zur Nachreichung und
- eine **Rechtsmittelbelehrung** erfolgt,
- das angedrohte Ordnungsgeld **konkret beziffert** und nicht nur der von 2.500 bis 50.000 € reichende gesetzliche Rahmen benannt wird.

15 Mit der Androhung sind den Vertretern bzw. der Gesellschaft zugleich die **Kosten des Verfahrens** aufzuerlegen (Abs. 3 Satz 2).

16 Entspricht der Umfang bzw. Inhalt der offen gelegten Unterlagen dem für kleine oder mittelgroße Gesellschaften (→ § 267 Rz. 12) geforderten, liegen dem Bundesamt aber keine Anhaltspunkte für die **Größeneinordnung** vor, ist den Verfahrensbeteiligten zugleich mit der Androhung des Ordnungsgelds aufzugeben, im Falle eines Einspruchs Bilanzsumme, Umsatzerlöse und Arbeitnehmerzahl für das laufende Geschäftsjahr und die für die Einstufung relevanten Vorjahre mitzuteilen (Abs. 6 Satz 1). Unterbleiben diese Angaben, wird für das weitere Verfahren vermutet, dass die Erleichterungen nicht in Anspruch genommen werden können (Abs. 6 Satz 2).

Ein entsprechendes Vorgehen ist vorgesehen, wenn beim Konzernabschluss keine Anhaltspunkte für die größenabhängige Befreiungsmöglichkeit nach § 293 HGB bestehen (Abs. 6 Satz 3).

---

[11] *LG Bonn*, Beschluss vom 28. 7. 2008 – 30 T 52/08 (www.justiz.nrw.de).

3. Einspruch

Gegen die Androhungsverfügung kann nach Abs. 3 binnen sechs Wochen **Einspruch** eingelegt werden. Der Einspruch kann auf die Kostenentscheidung beschränkt werden (Abs. 3 Satz 3).

Der Einspruch gegen die Ordnungsgeldandrohung und/oder die Kostenfestsetzung hat **keine aufschiebende Wirkung** (Abs. 3 Satz 6). Ist binnen der Sechs-Wochenfrist über den Einspruch nicht entschieden, kann das Ordnungsgeld daher festgesetzt und eine erneute Androhungsverfügung erlassen werden.

Über die Zulässigkeit und Begründetheit des Einspruchs entscheidet das Bundesamt für Justiz.

- Die Androhung des Ordnungsgelds sowie die Kostenfestsetzung sind **aufzuheben**, wenn der **zulässige**, also insbesondere fristgerechte **Einspruch begründet** ist (§ 135 Abs. 1 FGG).
- Ist der Einspruch **unzulässig** oder **unbegründet**, wird das Ordnungsgeld nach Ablauf der Sechs-Wochenfrist festgesetzt, außerdem – wenn auch die Offenlegung innerhalb von sechs Wochen noch nicht erfolgt ist – eine **erneute Ordnungsgeldandrohung** verfügt.

Beruft sich das Unternehmen im Einspruchsverfahren auf größenabhängige Erleichterungen, müssen Unterlagen zum Nachweis der Größenklasse eingereicht werden (→ Rz. 16).

4. Festsetzung des Ordnungsgelds, erneute Androhung

Kommt das Unternehmen der Offenlegung binnen sechs Wochen nach Androhungsverfügung nicht nach (und legt es auch keinen Einspruch ein, dem abgeholfen wird), erfolgt die **Festsetzung** des Ordnungsgelds durch das Bundesamt für Justiz. Soweit die Sechs-Wochenfrist nur **geringfügig**, d. h. i. d. R. nicht mehr als eine Woche überschritten wurde, kann das Bundesamt das Ordnungsgeld herabsetzen (Abs. 3 Satz 5) und zwar auch unter die sonst gesetzlich vorgesehene Mindestgrenze von 2.500 €.[12]

Bei nicht nur geringfügiger Überschreitung der Frist gilt: Mit der Festsetzung ist die frühere Verfügung unter **Androhung eines erneuten Ordnungsgelds** zu wiederholen (Abs. 3 Satz 4 HGB). Es beginnt die nächste Sechs-Wochen-Frist, nach deren fruchtlosem Ablauf erneut ein Ordnungsgeld festzusetzen ist, bis die Offenlegungsverpflichtung erfüllt oder die Nichterfüllung gerechtfertigt ist.

5. Beschwerde

Beschwerde ist gem. Abs. 4 zulässig gegen

- die **Festsetzung** des Ordnungsgelds,
- die **Abweisung eines Einspruchs** oder Antrags auf Wiedereinsetzung in den vorherigen Stand,
- die **Kostenentscheidung** bei Einstellung des Verfahrens.

Die Beschwerde ist innerhalb von zwei Wochen schriftlich oder zur Niederschrift beim Bundesamt für Justiz einzulegen (§ 335 Abs. 5 Satz 11 HGB).

Hält das Bundesamt die Beschwerde für

---

12 Vgl. *Lüdenbach*, StuB 2010 S. 468.

- **begründet**, hilft es ihr selbst ab (Abs. 5 Satz 12 HGB),
- **nicht begründet**, leitet es sie unverzüglich an das **Landgericht Bonn** als dem örtlich und sachlich zuständigen Gericht weiter (§ 335 Abs. 5 Satz 1 HGB).

Wie der Einspruch hat auch die Beschwerde keine aufschiebende Wirkung (→ Rz. 17).

6. Vertretung durch Wirtschaftsprüfer/Steuerberater im Verfahren

23 Nach Abs. 2 Satz 3 können sich die Beteiligten im Ordnungsgeldverfahren, d. h. insbesondere auch im Einspruchs- und Beschwerdeverfahren, nicht nur durch Anwälte, sondern ebenso durch:

- Wirtschaftsprüfer und vereidigte Buchprüfer,
- Steuerberater sowie
- entsprechende Gesellschaften

vertreten lassen.

§ 335b Anwendung der Straf- und Bußgeld- sowie der Ordnungsgeldvorschriften auf bestimmte offene Handelsgesellschaften und Kommanditgesellschaften

Die Strafvorschriften der §§ 331 bis 333, die Bußgeldvorschrift des § 334 sowie die Ordnungsgeldvorschrift des § 335 gelten auch für offene Handelsgesellschaften und Kommanditgesellschaften im Sinn des § 264a Abs. 1.

Nach dem durch das KapCoRiliG eingeführten § 335b HGB gelten die nur von Kapitalgesellschaften sprechenden Straf-, Buß- und Ordnungsgeldvorschriften der §§ 331 bis 335 HGB auch für Personenhandelsgesellschaften i. S. des § 264a Abs. 1 HGB.

Dritter Abschnitt: Ergänzende Vorschriften für eingetragene Genossenschaften

§ 336 Pflicht zur Aufstellung von Jahresabschluss und Lagebericht

(1) ¹Der Vorstand einer Genossenschaft hat den Jahresabschluss (§ 242) um einen Anhang zu erweitern, der mit der Bilanz und der Gewinn- und Verlustrechnung eine Einheit bildet, sowie einen Lagebericht aufzustellen. ²Der Jahresabschluss und der Lagebericht sind in den ersten fünf Monaten des Geschäftsjahrs für das vergangene Geschäftsjahr aufzustellen.

(2) ¹Auf den Jahresabschluss und den Lagebericht sind, soweit in den folgenden Vorschriften nichts anderes bestimmt ist, § 264 Abs. 1 Satz 4 Halbsatz 1, Abs. 2, §§ 265 bis 289 über den Jahresabschluss und den Lagebericht entsprechend anzuwenden; § 277 Abs. 3 Satz 1, § 285 Nr. 6 und 17 brauchen jedoch nicht angewendet zu werden. ²Sonstige Vorschriften, die durch den Geschäftszweig bedingt sind, bleiben unberührt.

(3) § 330 Abs. 1 über den Erlass von Rechtsverordnungen ist entsprechend anzuwenden.

Inhaltsübersicht	Rz.
I. Aufstellungspflicht	1 - 2
1. Inhalt (Abs. 1 Satz 1)	1
2. Frist (Abs. 1 Satz 2)	2
II. Anwendungshinweise (Abs. 2)	3 - 5
1. Positivliste (Abs. 2 Satz 1 1. Halbsatz)	3
2. Verzicht auf bestimmte Anhangangaben (Abs. 2 Satz 1 2. Halbsatz)	4
3. Geschäftszweigbedingte Besonderheiten (Abs. 2 Satz 2)	5
III. Formblattermächtigungen (Abs. 3)	6
IV. Sondervorschriften	7 - 14
1. Konzernrechnungslegung	7
2. Abschlussprüfung	8 - 14
V. Steuerliche Besonderheiten	15

Ausgewählte Literatur

Kommentare zum Genossenschaftsrecht

I. Aufstellungspflicht

1. Inhalt (Abs. 1 Satz 1)

Genossenschaften gelten nach § 17 Abs. 2 GenG als **Kaufleute** i. S. des HGB. Sie unterliegen deshalb den Rechnungslegungsvorschriften der §§ 238-261 HGB. Auf die dortige Kommentierung wird verwiesen. Über die in diesen Paragraphen angesprochenen Inhalte des Jahresabschlusses hinaus (Bilanz und GuV-Rechnung) wird der Erstellungsbereich in Abs. 1 um den **Anhang** und den **Lagebericht ergänzt**, insoweit auf die Rechtslage für Kapital- und Kap & Co.- 1

Gesellschaften (→ § 264 Rz. 1) Bezug genommen. Für Kreditinstitute in der Rechtsform der Genossenschaft gehen die Spezialnormen für die Kreditwirtschaft in §§ 340 ff. HGB vor.

2. Frist (Abs. 1 Satz 2)

2 Die **unbestimmte** Frist des „ordnungsmäßigen Geschäftsgangs" (→ § 243 Rz. 22) zur Erstellung des Jahresabschlusses wird ersetzt durch eine **zeitlich** definierte von fünf Monaten.

II. Anwendungshinweise (Abs. 2)

1. Positivliste (Abs. 2 Satz 1 1. Halbsatz)

3 Neben den aufgrund der Kaufmannseigenschaft anzuwendenden allgemeinen Bilanzierungsvorschriften (§§ 238 ff. bis 261 HGB) haben Genossenschaften die meisten der für Kapitalgesellschaften gültigen Regeln der §§ 264 bis 289 HGB zu beachten. Diese Rechtsvorschriften sind auf Genossenschaften „**entsprechend** anzuwenden", d. h. sie müssen die Spezifika dieser Rechtsform beachten,[1] insbesondere bezüglich der Rechtsbeziehungen zwischen der eingetragenen Genossenschaft und den Mitgliedern.

Die für Kapitalgesellschaften gültigen Regeln sind jedoch nicht ausnahmslos anzuwenden. Vielmehr zählt Abs. 2 Satz 1 die zu beachtenden Normen im Einzelnen in Form einer Positivliste auf. Kein Bestandteil dieser Positivliste ist § 264 Abs. 1 Satz 1 HGB, teils weil in Abs. 1 bereits geregelt betreffend Anhang, Lagebericht und Erstellungsfrist, teils weil die Kapitalmarktorientierung einer Genossenschaft nicht zu einer Erweiterung der Rechnungslegungsbestandteile des § 264 Abs. 1 Satz 2 HGB (→ § 264 Rz. 5) führen soll.

Dagegen bleibt die Befreiung von der **Lagebericht**erstattung (→ § 264 Rz. 4) für **kleine** Genossenschaften erhalten (→ § 267 Rz. 12).

2. Verzicht auf bestimmte Anhangangaben (Abs. 2 Satz 1 2. Halbsatz)

4 Optional **können** eingetragene Genossenschaften auf folgende **Anhang**angaben **verzichten**:
- § 277 Abs. 3 Satz 1 HGB: Darstellung der vorgenommenen außerplanmäßigen Abschreibungen (→ § 277 Rz. 29).
- § 285 Nr. 6 HGB: Ertragsteuerspaltung (→ § 285 Rz. 32).
- § 285 Nr. 17 HGB: Abschlussprüferhonorar (→ § 285 Rz. 106).

Unabhängig davon ist diesen Genossenschaften die Inanspruchnahme der diversen **größenabhängigen Erleichterungen** für die Anhangberichterstattung erlaubt, die auch den Kapital- und Kap & Co.-Gesellschaften offenstehen. Auf die dortigen Kommentierungen wird verwiesen (→ § 288 Rz. 1 f.).

Zu den Anhangangaben enthält § 338 HGB (weitere) Sondervorschriften (→ § 338 Rz. 2 f.). Die **Bezüge** etc. der Organmitglieder von Genossenschaften gem. § 285 Nr. 9a und b HGB (→ § 285

---

[1] So auch *Förschle*, in: Beck'scher Bilanz-Kommentar, 7. Aufl., München 2010, § 336 Tz. 16.

Rz. 38 ff.) sind gem. § 388 Abs. 3 HGB nicht offen zu legen, wohl aber **Forderungen** gegen diesen Personenkreis (→ § 338 Rz. 5).

3. Geschäftszweigbedingte Besonderheiten (Abs. 2 Satz 2)

Die spezialgesetzlichen Vorschriften der §§ 340a ff. HGB für Kreditgenossenschaften bleiben von den Vorgaben des Abs. 1 und 2 unberührt. 5

III. Formblattermächtigungen (Abs. 3)

Die abweichenden Gliederungsvorschriften des § 330 HGB (→ § 330 Rz. 3) sind bei eingetragenen Genossenschaften auf **Wohnungsunternehmen** und auf **Kreditinstitute** anzuwenden. 6

IV. Sondervorschriften

1. Konzernrechnungslegung

Durch die **Kaufmannseigenschaft** (→ Rz. 1) unterliegen die eingetragenen Genossenschaften auch der Konzernrechnungslegungspflicht des § 11 **PublG**, sofern die dortigen Größenmerkmale erfüllt sind. Für **Kreditgenossenschaften** ergibt sich die Konzernrechnungslegungspflicht aus § 340i HGB, der den Regeln des PublG vorgeht. 7

2. Abschlussprüfung

Die Abschlussprüfung der eingetragenen Genossenschaft ist nach § 53 Abs. 2 GenG formal als **Anhängsel** zur Prüfung der wirtschaftlichen Verhältnisse und der Ordnungsmäßigkeit der Geschäftsführung einschließlich der Führung der Mitgliederliste nach § 53 Abs. 1 Satz 1 GenG konstruiert. Diese Prüfung muss **jährlich** erfolgen; für kleine Genossenschaften mit einer Vorjahres-Bilanzsumme von bis zu 2 Mio € erlaubt § 53 Abs. 1 Satz 2 GenG einen zweijährigen Prüfungsturnus. 8

Die eigentliche **Abschlussprüfung** unter Einbeziehung von Buchführung und Lagebericht ist pflichtgemäß bei 1 Mio € übersteigender Bilanzsumme und mehr als 2 Mio € Umsatzerlösen pflichtmäßig durchzuführen (§ 53 Abs. 2 Satz 1 GenG). Auf zentrale Bereiche der HGB-Gesetzgebung zur Abschlussprüfung in den §§ 316 und 317 HGB wird dabei Bezug genommen. Dabei gelten für die Abschlussprüfung von **großen** Genossenschaften i. S. des § 58 Abs. 2 GenG nach § 53 Abs. 2 Satz 2 GenG die internationalen Prüfungsstandards (→ § 317 Rz. 76). Kapitalmarktorientierte Genossenschaften ohne Aufsichtsrat müssen nach § 53 Abs. 3 GenG einen Prüfungsausschuss i. S. des § 324 HGB einrichten (→ § 324 Rz. 5). 9

Als Abschlussprüfer kommt nach § 55 GenG anstelle des Wirtschaftsprüfers (→ § 319 Rz. 4) der **Prüfungsverband** in Betracht. Jede eingetragene Genossenschaft muss nach § 54 GenG einem Prüfungsverband angehören. **Auswahl** (→ § 319 Rz. 4) und **Wahl** (→ § 318 Rz. 6) des Abschlussprüfers sind deshalb entbehrlich. Allerdings kommen nach § 55 Abs. 2 GenG Ausschlussgründe wegen **Befangenheit** in Betracht (→ § 319 Rz. 7 ff.). Nach § 57 Abs. 1 GenG haben die Verbands- 10 prüfer die erforderlichen Auskunftsrechte (→ § 320 Rz. 6 ff.) auch zur Erfüllung ihrer Aufgaben, die über die eigentliche Abschlussprüfung hinausgehen (→ Rz. 8).

11 Der **Prüfungsbericht** ist dem Vorstand der Genossenschaft und dem Aufsichtsratsvorsitzenden nach § 58 Abs. 3 Satz 1 GenG vorzulegen. Bezüglich des die Abschlussprüfung betreffenden Teils sind die Vorgaben des § 321 HGB in wesentlichen Teilen zu erfüllen (→ § 321).

12 Nach Prüfung ist vom Prüfungsverband eine **Bescheinigung** über die Durchführung der Prüfung ohne Erwähnung des Ergebnisses zu erteilen. Diese Bescheinigung ist gem. § 59 Abs. 1 GenG vom Vorstand der Genossenschaft dem Register einzureichen. **Ein Bestätigungsvermerk** ist pflichtgemäß nur für große Genossenschaften (→ § 267 Rz. 12) vorgesehen, in anderen Fällen nur bei Prüfung nach Art und Umfang entsprechend den Vorgaben des § 53 Abs. 1 GenG.[2]

13 Einzelheiten zur **Feststellung** und **Gewinnverwendung** ergeben sich nach §§ 48 ff. GenG.

14 Nach Art. 25 EGHGB gelten für die Prüfung von
- Kapital- und Kap. & Co.-Gesellschaften, die mehrheitlich als **Tochtergesellschaften** Genossenschaften gehören, sowie
- **Wohnungsunternehmen**, die am 31. 12. 1989 als gemeinnützig oder als Organe der staatlichen Wohnungspolitik anerkannt waren,

folgende Besonderheiten: Diese Gesellschaften **dürfen** sich von genossenschaftlichen Prüfungsverbänden prüfen lassen, **alternativ** von Wirtschaftsprüfern und Wirtschaftsprüfungsgesellschaften (→ § 319 Rz. 4).

V. Steuerliche Besonderheiten

15 Für Genossenschaften sind die Regeln über die **Rückvergütung** nach § 22 KStG zu beachten. Dabei werden den Genossen aus dem erzielten Jahresabschluss **Rückvergütungen** erteilt, die ganz oder teilweise an den mit der Genossenschaft ausgerichteten Umsätzen ausgerichtet sind.

---

[2] IDW PS 400.5.

§ 337 Vorschriften zur Bilanz

(1) ¹An Stelle des gezeichneten Kapitals ist der Betrag der Geschäftsguthaben der Mitglieder auszuweisen. ²Dabei ist der Betrag der Geschäftsguthaben der mit Ablauf des Geschäftsjahrs ausgeschiedenen Mitglieder gesondert anzugeben. ³Werden rückständige fällige Einzahlungen auf Geschäftsanteile in der Bilanz als Geschäftsguthaben ausgewiesen, so ist der entsprechende Betrag auf der Aktivseite unter der Bezeichnung „Rückständige fällige Einzahlungen auf Geschäftsanteile" einzustellen. ⁴Werden rückständige fällige Einzahlungen nicht als Geschäftsguthaben ausgewiesen, so ist der Betrag bei dem Posten „Geschäftsguthaben" zu vermerken. ⁵In beiden Fällen ist der Betrag mit dem Nennwert anzusetzen. ⁶Ein in der Satzung bestimmtes Mindestkapital ist gesondert anzugeben.

(2) An Stelle der Gewinnrücklagen sind die Ergebnisrücklagen auszuweisen und wie folgt aufzugliedern:

1. Gesetzliche Rücklage;
2. andere Ergebnisrücklagen; die Ergebnisrücklage nach § 73 Abs. 3 des Genossenschaftsgesetzes und die Beträge, die aus dieser Ergebnisrücklage an ausgeschiedene Mitglieder auszuzahlen sind, müssen vermerkt werden.

(3) Bei den Ergebnisrücklagen sind in der Bilanz oder im Anhang gesondert aufzuführen:

1. Die Beträge, welche die Generalversammlung aus dem Bilanzgewinn des Vorjahres eingestellt hat;
2. die Beträge, die aus dem Jahresüberschuss des Geschäftsjahrs eingestellt werden;
3. die Beträge, die für das Geschäftsjahr entnommen werden.

Inhaltsübersicht

	Rz.
I. Geschäftsguthaben (Abs. 1 Satz 1)	1 - 4
1. Begriffe, Ausweispflicht (Abs. 1 Satz 1)	1
2. Geschäftsguthaben ausgeschiedener Mitglieder (Abs. 1 Satz 2)	2
3. Rückständige Einzahlungen auf Geschäftsanteile (Abs. 1 Sätze 3 bis 5)	3
4. Mindestkapital (Abs. 1 Satz 6)	4
II. Aufgliederung der Ergebnisrücklagen (Abs. 2)	5
III. Rücklagenbewegung (Abs. 3)	6

Ausgewählte Literatur

Vgl. die Hinweise zu → § 336

I. Geschäftsguthaben (Abs. 1 Satz 1)

1. Begriffe, Ausweispflicht (Abs. 1 Satz 1)

Statt des gezeichneten Kapitals (→ § 272 Rz. 3) ist der Gesamtbetrag der **Geschäftsguthaben** der Genossenschaftsmitglieder auszuweisen. Das Geschäftsguthaben umfasst zunächst die tatsächliche Einzahlung des Mitglieds auf den **Geschäftsanteil** und muss nach § 7 Nr. 1 GenG

1

mindestens 10 % des Geschäftsanteils betragen. Das Geschäftsguthaben erhöht sich durch stehen gelassene Gewinngutschriften sowie Zinsen und mindert sich um Verlustanteile.

Im Geschäftsanteil wird der Höchstbetrag festgelegt, mit dem sich das einzelne Mitglied am Genossenschaftsvermögen beteiligen kann.

2. Geschäftsguthaben ausgeschiedener Mitglieder (Abs. 1 Satz 2)

2   Die Geschäftsguthaben der zum Ende des Geschäftsjahrs ausgeschiedenen Mitglieder sind als „Davon"-Vermerk getrennt anzugeben.

3. Rückständige Einzahlungen auf Geschäftsanteile (Abs. 1 Sätze 3 bis 5)

3   Sofern Einzahlungen auf Geschäftsanteile **fällig** sind, aber tatsächlich noch nicht geleistet wurden (sog. rückständige fällige Einzahlungen), besteht ein Wahlrecht zwischen zwei Ausweisformaten:

- ▶ **Bruttoform**: Aktivierung der rückständigen fälligen Einzahlungen mit entsprechender Passivierung als Geschäftsguthaben.
- ▶ **Nettoform**: Verzicht auf den aktiven Ausweis der rückständigen fälligen Einzahlungen mit der Folge eines entsprechend niedrigeren Passivansatzes der Geschäftsguthaben; der rückständige Betrag ist in diesem Fall nachrichtlich beim Geschäftsguthaben zu vermerken.

Die Bruttomethode entspricht der für Kapitalgesellschaften vorgesehenen Darstellung eingeforderter, aber noch ausstehender Einlagen (→ § 272 Rz. 23).

Unabhängig vom Ausweisformat hat die Bewertung gem. Abs. 1 Satz 5 mit dem **Nennwert** zu erfolgen.

4. Mindestkapital (Abs. 1 Satz 6)

4   Bei einem satzungsmäßig vorgesehenen Mindestkapital ist dieses **gesondert** auszuweisen.

II. Aufgliederung der Ergebnisrücklagen (Abs. 2)

5   Die Gewinnrücklage i. S. des § 272 Abs. 3 HGB (→ § 272 Rz. 230 ff.) werden durch die Ergebnisrücklagen **ersetzt** und wie folgt **aufgegliedert** in

- ▶ **gesetzliche** Rücklage nach Abs. 2 Nr. 1 gem. § 7 Nr. 2 GenG, wie die Satzung diese festlegt;
- ▶ **andere** Ergebnisrücklagen nach Abs. 2 Nr. 2.

Zu den anderen Ergebnisrücklagen zählen die **satzungsgemäß** vorgesehenen und die durch **Beschluss** der Generalversammlung gebildeten Rücklagen.

Unter den anderen Ergebnisrücklagen sind die besondere Ergebnisrücklage gem. § 73 Abs. 3 GenG und die daraus an ausgeschiedene Mitglieder auszuzahlenden Beträge als „davon" zu **vermerken**.

III. Rücklagenbewegung (Abs. 3)

In Ergänzung zur **Ergebnisverwendungsrechnung** nach § 268 Abs. 1 Satz 2 HGB (→ § 268 Rz. 12) sind in der Bilanz oder im Anhang folgende Beträge der Ergebnisrücklagen aufzuführen:

6

- ▶ Einstellung durch die Generalversammlung aus dem Bilanzgewinn des Vorjahrs.
- ▶ Einstellung aus dem Jahresüberschuss des Geschäftsjahrs.
- ▶ Entnahmen für das Geschäftsjahr, z. B. zur Verlustdeckung.

Nicht förmlich genannt, aber zulässig bzw. erforderlich ist auch die Darstellung der Bewegungen **innerhalb** der Ergebnisrücklagen durch Umbuchungen.

Die Rücklagenbewegung ist im Rahmen der Darstellung der Bilanz zu zeigen. U. E. bestehen keine Bedenken gegen eine Verlagerung in den Anhang[1] – vergleichbar der Ergebnisverwendungsrechnung nach § 158 Abs. 1 AktG (→ § 268 Rz. 7).

---

1 Ähnlich *Förschle*, in: Beck'scher Bilanz-Kommentar, 7. Aufl., München 2010, § 337 Tz. 12.

§ 338 Vorschriften zum Anhang

(1) ¹Im Anhang sind auch Angaben zu machen über die Zahl der im Laufe des Geschäftsjahrs eingetretenen oder ausgeschiedenen sowie die Zahl der am Schluss des Geschäftsjahrs der Genossenschaft angehörenden Mitglieder. ²Ferner sind der Gesamtbetrag, um welchen in diesem Jahr die Geschäftsguthaben sowie die Haftsummen der Mitglieder sich vermehrt oder vermindert haben, und der Betrag der Haftsumme anzugeben, für welche am Jahresschluss alle Mitglieder zusammen aufzukommen haben.

(2) Im Anhang sind ferner anzugeben:

1. Name und Anschrift des zuständigen Prüfungsverbandes, dem die Genossenschaft angehört;
2. alle Mitglieder des Vorstands und des Aufsichtsrats, auch wenn sie im Geschäftsjahr oder später ausgeschieden sind, mit dem Familiennamen und mindestens einem ausgeschriebenen Vornamen; ein etwaiger Vorsitzender des Aufsichtsrats ist als solcher zu bezeichnen.

(3) ¹An Stelle der in § 285 Nr. 9 vorgeschriebenen Angaben über die an Mitglieder von Organen geleisteten Bezüge, Vorschüsse und Kredite sind lediglich die Forderungen anzugeben, die der Genossenschaft gegen Mitglieder des Vorstands oder Aufsichtsrats zustehen. ²Die Beträge dieser Forderungen können für jedes Organ in einer Summe zusammengefasst werden.

Inhaltsübersicht	Rz.
I. Die Stellung des Anhangs bei der Genossenschafts-Rechnungslegung	1
II. Die Mitgliederbewegungen (Abs. 1)	2 - 3
1. Allgemeines (Abs. 1 Satz 1)	2
2. Veränderungen der Geschäftsguthaben, Haftsumme (Abs. 1 Satz 2)	3
III. Weitere personenbezogene Angaben (Abs. 2)	4
IV. Bezüge von und Forderungen gegen Organmitglieder (Abs. 3)	5

Ausgewählte Literatur

Vgl. die Hinweise zu → § 336

I. Die Stellung des Anhangs bei der Genossenschafts-Rechnungslegung

Nach § 336 Abs. 1 Satz 1 HGB ist der Anhang wie bei Kapitalgesellschaften Bestandteil des Jahresabschlusses (→ § 336 Rz. 1). Nach § 336 Abs. 2 Satz 1 HGB gelten zum Inhalt des Anhangs die für Kapitalgesellschaften bestehenden Vorschriften im Wesentlichen entsprechend. Hiervon bestehen jedoch spezifische Ausnahmen, die 1

▶ als Wahlrecht gem. § 336 Abs. 2 Satz 1 Halbsatz 2 HGB i.V. mit § 338 Abs. 3 HGB eine **Verringerung** der Angaben erlauben (→ § 336 Rz. 2),

▶ als Gebot gem. § 338 Abs. 1 und 2 HGB eine **Erweiterung** um bestimmte Angabepflichten (Abs. 1 und 2) verlangen.

Bei den **Übergangsvorschriften** nach EGHGB werden Genossenschaften unterschiedlich behandelt:

- Die Fehlbeträge bei Pensionsrückstellungen für Alt- und indirekte Zusagen (→ § 249 Rz. 111) sind nur für Kapital- und Kap & Co.-Gesellschaften nach Art. 28 Abs. 2 EGHGB angabepflichtig.
- Die Vorschriften zu möglichen Unter- und Überdeckungen von Rückstellungen nach Art. 67 Abs. 1 und 2 EGHGB haben generelle Gültigkeit, also auch für Genossenschaften (→ Art. 67 EGHGB Rz. 3 ff.).

II. Die Mitgliederbewegungen (Abs. 1)

1. Allgemeines (Abs. 1 Satz 1)

2 In getrennter Form sind im Anhang aufzuführen

- die im Geschäftsjahr **eingetretenen** Mitglieder,
- die im Geschäftsjahr **ausgeschiedenen** Mitglieder,
- die Zahl der am Ende des Geschäftsjahrs **vorhandenen** Mitglieder.

2. Veränderungen der Geschäftsguthaben, Haftsumme (Abs. 1 Satz 2)

3 Als **Saldogröße** ist die Veränderung der **Geschäftsguthaben** (→ § 337 Rz. 1) im abgelaufenen Geschäftsjahr anzugeben, außerdem der Gesamtbetrag der **Haftsumme** aller Mitglieder am Stichtag.

III. Weitere personenbezogene Angaben (Abs. 2)

4 Weiter sind im Anhang anzugeben:

- Name und Anschrift des Prüfungsverbands (→ § 336 Rz. 10), dem die Genossenschaft angehört,
- die Mitglieder des Vorstands und des Aufsichtsrats, die während (eines Teils) des Geschäftsjahrs bestellt waren, unter Beifügung wenigstens eines ausgeschriebenen Vornamens und mit Kennzeichnung eines etwa bestellten Aufsichtsratsvorsitzenden.

Dabei ist zusätzlich die Berufsangabe des jeweiligen Organmitglieds nach § 285 Nr. 10 HGB (→ § 285 Rz. 73) vorzusehen.[1]

---

[1] So auch *Förschle*, in: Beck'scher Bilanz-Kommentar, 7. Aufl., München 2010, § 338 Tz. 7.

IV. Bezüge von und Forderungen gegen Organmitglieder (Abs. 3)

Sprachlich versteckt („lediglich") werden die Angabepflichten für Bezüge etc. der aktiven und früheren Organmitglieder und deren Hinterbliebene nach § 285 Nr. 9 HGB (→ § 285 Rz. 38 ff.) aufgehoben (Ausnahmen für Kreditgenossenschaften). An deren Stelle tritt eine Angabepflicht für **Forderungen** gegen die Mitglieder von Vorstand und Aufsichtsrat einer Genossenschaft, und zwar zusammengefasst für Vorstand und Aufsichtsrat. Dabei geht es um die Forderungen gegen die am Geschäftsjahresende amtierenden Organmitglieder mit den dann bestehenden Beträgen.[2] Die **Art** der Forderung ist unbeachtlich.

5

---

[2] So auch *Förschle*, in: Beck'scher Bilanz-Kommentar, 7. Aufl., München 2010, § 338 Tz. 9.

§ 339 Offenlegung

(1) ¹Der Vorstand hat unverzüglich nach der Generalversammlung über den Jahresabschluss, jedoch spätestens vor Ablauf des zwölften Monats des dem Abschlussstichtag nachfolgenden Geschäftsjahrs, den festgestellten Jahresabschluss, den Lagebericht und den Bericht des Aufsichtsrats beim Betreiber des elektronischen Bundesanzeigers elektronisch einzureichen. ²Ist die Erteilung eines Bestätigungsvermerks nach § 58 Abs. 2 des Genossenschaftsgesetzes vorgeschrieben, so ist dieser mit dem Jahresabschluss einzureichen; hat der Prüfungsverband die Bestätigung des Jahresabschlusses versagt, so muss dies auf dem eingereichten Jahresabschluss vermerkt und der Vermerk vom Prüfungsverband unterschrieben sein. ³Ist die Prüfung des Jahresabschlusses im Zeitpunkt der Einreichung der Unterlagen nach Satz 1 nicht abgeschlossen, so ist der Bestätigungsvermerk oder der Vermerk über seine Versagung unverzüglich nach Abschluss der Prüfung einzureichen. ⁴Wird der Jahresabschluss oder der Lagebericht nach der Erreichung geändert, so ist auch die geänderte Fassung einzureichen.

(2) § 325 Abs. 1 Satz 7, Abs. 2, 2a und 6 sowie die §§ 326 bis 329 sind entsprechend anzuwenden.

Inhaltsübersicht	Rz.
I. Überblick	1
II. Rechtsformspezifische Vorgaben (Abs. 1)	2
III. Verweise auf die allgemein gültigen Vorschriften (Abs. 2)	3

Ausgewählte Literatur

Vgl. die Hinweise zu → § 336

I. Überblick

Die Veröffentlichungspflichten sind in Abs. 1 **rechtsformspezifisch** ausgerichtet, nehmen in Abs. 2 demgegenüber Bezug auf **generell** gültige Vorschriften. Für Konzernabschlüsse sind nach § 15 PublG die Offenlegungspflichten des § 325 Abs. 3-6 HGB (→ § 325 Rz. 25 ff.) zu beachten. Kreditgenossenschaften unterliegen wie alle anderen Kreditinstitute den Vorgaben des § 340l HGB.   1

Die „Technik" der Offenlegung erfolgt in der üblichen Form über den elektronischen Bundesanzeiger = eBAnz (→ § 325 Rz. 5 ff.).

II. Rechtsformspezifische Vorgaben (Abs. 1)

Die Einreichungsfrist ist auf zwölf Monate nach dem Abschlussstichtag begrenzt; allerdings darf diese nicht ausgenutzt werden, da die erste Grenzmarke durch den Zeitpunkt der Generalversammlung gesetzt wird: „Unverzüglich nach".   2

Die einzureichenden **Unterlagen** sind der

▶ festgestellte Jahresabschluss,

- Lagebericht,
- Bericht des Aufsichtsrats sowie
- Bestätigungsvermerk bei Pflichtprüfungen gem. § 58 Abs. 2 GenG.

Freiwillig geprüfte kleine und mittelgroße Gesellschaften **können** einen Bestätigungsvermerk beifügen, der aber nur bei Durchführung einer Abschlussprüfung nach §§ 316 f. HGB erteilt werden darf (→ § 322 Rz. 74).[1] Der Bestätigungsvermerk kann nachgereicht werden, wenn zur Fristwahrung eine Vorab-Einreichung der übrigen Unterlagen erfolgt.

III. Verweise auf die allgemein gültigen Vorschriften (Abs. 2)

3   Auf einige für alle veröffentlichungspflichtigen Unternehmen (mit branchenspezifischen Besonderheiten) Vorschriften wird in Abs. 2 Bezug genommen. Insbesondere gelten die Erleichterungen für kleine und mittelgroße Gesellschaften in §§ 326 ff. HGB auch für Genossenschaften. Auf die dortigen Kommentierungen kann deshalb verwiesen werden.

---

[1] IDW PS 400.5.

Fünfter Abschnitt: Privates Rechnungslegungsgremium; Rechnungslegungsbeirat

§ 342 Privates Rechnungslegungsgremium

(1) ¹Das Bundesministerium der Justiz kann eine privatrechtlich organisierte Einrichtung durch Vertrag anerkennen und ihr folgende Aufgaben übertragen:

1. Entwicklung von Empfehlungen zur Anwendung der Grundsätze über die Konzernrechnungslegung,
2. Beratung des Bundesministeriums der Justiz bei Gesetzgebungsvorhaben zu Rechnungslegungsvorschriften,
3. Vertretung der Bundesrepublik Deutschland in internationalen Standardisierungsgremien und
4. Erarbeitung von Interpretationen der internationalen Rechnungslegungsstandards im Sinne des § 315a Abs. 1.

²Es darf jedoch nur eine solche Einrichtung anerkannt werden, die aufgrund ihrer Satzung gewährleistet, dass die Empfehlungen und Interpretationen unabhängig und ausschließlich von Rechnungslegern in einem Verfahren entwickelt und beschlossen werden, das die fachlich interessierte Öffentlichkeit einbezieht. ³Soweit Unternehmen oder Organisationen von Rechnungslegern Mitglied einer solchen Einrichtung sind, dürfen die Mitgliedschaftsrechte nur von Rechnungslegern ausgeübt werden.

(2) Die Beachtung der die Konzernrechnungslegung betreffenden Grundsätze ordnungsmäßiger Buchführung wird vermutet, soweit vom Bundesministerium der Justiz bekannt gemachte Empfehlungen einer nach Absatz 1 Satz 1 anerkannten Einrichtung beachtet worden sind.

Inhaltsübersicht	Rz.
I. Überblick	1 - 2
II. Die Anerkennung des DRSC als privates Rechnungslegungsgremium (Abs. 1 Satz 2)	3 - 3a
III. Aufgaben des DRSC (oder einer Nachfolgeeinrichtung)	4 - 9
1. Entwicklung von Rechnungslegungsstandards (Abs. 1 Nr. 1)	4 - 6
2. Beratung bei Gesetzesvorhaben (Abs. 1 Nr. 2)	7
3. Vertretung der Bundesrepublik Deutschland in internationalen Standardisierungsgremien (Abs. 1 Nr. 3)	8
4. Erarbeitung von Interpretationen der internationalen Rechnungslegungsstandards (Abs. 1 Nr. 4)	9
IV. Bekanntmachung der Standards, Vermutung der Richtigkeit (Abs. 2)	10 - 12
1. Bekanntmachung	10
2. Bedeutung der Richtigkeitsvermutung für den Bilanzierer	11
3. Konsequenzen der Abweichung von DRS-Empfehlungen für die Abschlussprüfung	12

Ausgewählte Literatur

Baetge/Krumnow/Noelle, Das „Deutsche Rechnungslegungs Standards Committee" DRSC, DB 2001 S. 769

Berberich, Ein Framework für das DRSC, Berlin 2002

Budde/Steuber, Normsetzungsbefugnis eines deutschen Standard Setting Body, DStR 1998 S. 1181

Hommelhoff/Schwab, Gesellschaftliche Selbststeuerung im Bilanzrecht – Standard Setting Bodies und staatliche Regulierungsverantwortung nach deutschem Recht, BFuP 1998 S. 38

Küting/Dürr/Zwirner, Das Deutsche Rechnungslegungs Standards Committee – Standortbestimmung und künftige Aufgabenschwerpunkte, BuW 2003 S. 133

Löw, Deutsches Rechnungslegungs Standards Committee, ZBB 2001 S. 19

Peemöller, Grundsätze ordnungsmäßiger Rechnungslegung, StuB 2003 S. 211

Spanheimer, Spezifische Problemfelder des gesetzlichen Standardisierungsauftrages an den DSR gem. § 342 Abs. 1 Nr. 1 HGB, WPg 2000 S. 997

Zitzelsberger, Überlegungen zur Einrichtung eines nationalen Rechnungslegungsgremiums in Deutschland, WPg 1998 S. 246

I. Überblick

1 § 342 HGB ist zum einen eine **Ermächtigungsvorschrift**: Dem Bundesministerium der Justiz wird durch Abs. 1 die Möglichkeit gegeben, auf eine (bestimmten Anforderungen genügende) privatrechtlich organisierte Einrichtung (→ Rz. 3) Aufgaben in folgenden Bereichen zu übertragen:

- **Empfehlungen** zur Anwendung von Rechungslegungsgrundsätzen (→ Rz. 4),
- **Beratung** bei Gesetzesvorhaben (→ Rz. 7),
- **Vertretung** in internationalen Gremien (→ Rz. 8),
- Erarbeitung von **Interpretationen** zu internationalen Rechnungslegungsstandards (→ Rz. 9).

2 Zum ersten Punkt trifft Abs. 2 eine Regelung mit materieller Bedeutung für den **Bilanzierer** (→ Rz. 11) und **Konzern-Abschlussprüfer** (→ Rz. 12): Soweit im Abschluss Rechnungslegungsgrundsätze beachtet werden, die von der anerkannten privaten Einrichtung entwickelt und vom Bundesministerium der Justiz bekannt gemacht wurden, besteht die **Vermutung**, dass die die Konzernrechnungslegung betreffenden GoB beachtet wurden.

II. Die Anerkennung des DRSC als privates Rechnungslegungsgremium (Abs. 1 Satz 2)

3 Mit sog. **Standardisierungsvertrag** vom 3.9.1998[1] hat das Bundesministerium der Justiz das Deutsche Rechnungslegungs Standards Committee (DRSC) e.V. in Berlin als privatrechtliche Einrichtung i. S. von Abs. 1 anerkannt. Die Anerkennung setzt nach Abs. 1 Satz 2 satzungsmäßi-

---

[1] Vgl. http://www.standardsetter.de/drsc/docs/verein/Standardisierungsvertrag_BMJ.pdf.

ge Vorkehrungen zur Gewährleistung unabhängiger Empfehlungen unter Einbeziehung der fachlich interessierten Öffentlichkeit voraus.

Details der Organisation des DRSC, seiner Zwecke und seiner Arbeitsweise ergeben sich aus der DRSC-**Satzung**.[2] Diese sieht als **zentrales Fachgremium** des DRSC den Deutschen Standardisierungsrat **(DSR)** vor, dem die Aufgaben gem. Abs. 1 Satz 1 Nr. 1 bis 3 unterliegen. Als **weiteres Gremium** besteht seit 2003 das Rechnungslegungs Interpretations Committe **(RIC)**, dessen Aufgabe die (erst durch das BilMoG förmlich in das Gesetz aufgenommene) Entwicklung von Interpretationen der internationalen Rechnungslegungsstandards i. S. von § 315a Abs. 1 HGB ist.

Nach Beschluss vom 28. 6. 2010 hat das DRSC jedoch den Standardisierungsvertrag zum 31. 12. 2010 **gekündigt**. Wegen der **Gründe** wird auf → § 342a Rz. 1 verwiesen. Vorbehaltlich der rechtzeitigen Anerkennung eines anderen privaten Gremiums oder des Abschlusses eines neuen bzw. geänderten Vertrags mit dem DRSC gehen die bisher von diesem verfolgten Aufgaben zum 1. 1. 2011 auf das Bundesministerium der Justiz bzw. den von diesem zu installierenden **Rechungslegungsbeirat** über (→ § 342a).

3a

III. Aufgaben des DRSC (oder einer Nachfolgeeinrichtung)

1. Entwicklung von Rechnungslegungsstandards (Abs. 1 Nr. 1)

Abs. 1 nennt als erste Aufgabe der privaten Einrichtung, konkret bis zum 31. 12. 2010 (→ Rz. 3a) also des DRSC, die Entwicklung von **Empfehlungen zur Konzernrechnungslegung**.

4

Die Beschränkung auf die Konzernrechnungslegung erklärt sich historisch auch daraus, dass in Anbetracht der Maßgeblichkeit des **handelsrechtlichen Jahresabschlusses** für die steuerliche Gewinnermittlung ein privatrechtlich organisierter Eingriff nicht ohne Weiteres mit den Anforderungen an die Gesetzmäßigkeit der Besteuerung in Einklang zu bringen ist.[3] Mit der sinkenden Bedeutung der Maßgeblichkeit (→ § 252 Rz. 204) nimmt auch die Tragkraft dieses Arguments ab.

Fraglich ist dann aber, was die Grundsätze ordnungsmäßiger Konzernrechnungslegung ausmacht bzw. wo es einen von den Grundätzen einzelbilanzieller Rechnungslegung **unterscheidbaren** Bereich gibt:

▶ In einer **engen Lesart** wären dies die nur den Konzernabschluss betreffenden Aspekte, also Fragen der **Konsolidierungsmethoden, Währungsumrechnung** ausländischer Tochterunternehmen etc.

▶ Nach der **entgegengesetzten Lesart** wären alle den Konzernabschluss betreffenden Rechnungslegungsgrundsätze, damit gem. § 297 Abs. 2 HGB **fast alle** für den handelsrechtlichen Einzelabschluss **(Jahresabschluss)** geltenden Grundsätze (etwa Vollständigkeitsprinzip, Realisationsprinzip, Niederstwertprinzip etc.) betroffen.

---

2 Vgl. http://www.standardsetter.de/drsc/docs/charter.pdf.
3 Vgl. *Ernst*, WPg 1998 S. 1025 ff.

▶ Herrschend ist eine dritte, **mittlere Lesart**: Danach haben Empfehlungen des DRSC jedenfalls dann für die GoB des Jahresabschlusses eine **„Ausstrahlungswirkung"**, wenn die Besonderheiten des Jahresabschlusses (z. B. Zahlungsbemessungsfunktion) nicht tangiert sind.[4]

5   Am deutlichsten ist die Ausstrahlungswirkung auf den Jahresabschluss bei den Standards des DRSC, die gesetzliche Vorschriften zu **Ausweis, Anhang und Lagebericht** betreffen, die gleichermaßen für Konzern- und Jahresabschluss gelten. Der DRSC beschränkt sich zwar auch in diesen Fällen **formal** auf den **Konzern**, empfiehlt aber die entsprechende einzelbilanzielle Behandlung. Beispielhaft sei DRS 17 „Berichterstattung über die Vergütung der Organmitglieder" (→ § 285 Rz. 38 ff.) genannt:

▶ Formal gilt: „Der Standard konkretisiert die Anforderungen an die Berichterstattung gem. §§ 314 Abs. 1 Nr. 6, 315 Abs. 2 Nr. 4 HGB von Konzernen" (DRS 17.3).

▶ Zugleich wird aber festgehalten: „Eine entsprechende Anwendung dieses Standards auf die Berichterstattung gem. §§ 285 Satz 1 Nr. 9, 289 Abs. 2 Nr. 5 HGB wird empfohlen."

6   Undeutlicher ist die Ausstrahlung auf den Jahresabschluss bei Standards, die **Ansatz- oder Bewertungsfragen** betreffen. Vor Verabschiedung des BilMoG war etwa die Latenzierung von Verlustvorträgen betroffen. Die durch DRS 10.11 zugelassene (im Übrigen auch vorgesehene) Aktivierung begründete der DRS mit einer entsprechenden Interpretation des Gesetzes. Die vor Veröffentlichung von DRS 10 ganz einhellige Ablehnung einer solchen Aktivierungsmöglichkeit wurde dadurch aufgeweicht: Seit Veröffentlichung fanden sich vermehrt Meinungen, die eine Aktivierung latenter Steuern auf Verlustvorträge auch im Jahresabschluss für zulässig (allerdings nicht geboten) erachten. Bei den aktiven latenten Steuern auf Bewertungs- und Ansatzunterschiede zur Steuerbilanz sah DRS 10.4 abweichend vom Gesetzeswortlaut ein Ansatzgebot vor (DRS 10.4). Unter Berufung auf den **Gäubigerschutzzweck des Jahresabschlusses** wurde eine Ausstrahlungswirkung dieses Gebotes auf den Jahresabschluss im Schrifttum und vom IDW[5] abgelehnt.

2. Beratung bei Gesetzesvorhaben (Abs. 1 Nr. 2)

7   Die Beratung des Bundesministeriums der Justiz bei Gesetzesvorhaben ist in §§ 4, 5 und 6 des Standardisierungsvertrags konkretisiert und beschränkt sich ausdrücklich **nicht** auf die Konzernrechnungslegung.

3. Vertretung der Bundesrepublik Deutschland in internationalen Standardisierungsgremien (Abs. 1 Nr. 3)

8   Weder das Gesetz noch der Standardisierungsvertrag konkretisiert die internationale Vertretung. Die Satzung des DRSC erwähnt ausdrücklich die Zusammenarbeit mit dem **IASB** (§ 2) und deckt sich hier mit der Gesetzesbegründung. Der Vorsitzende des DRSC hat außerdem einen ständigen Sitz (ohne Stimmrecht) in der *Technical Expert Group* der **EFRAG** und wirkt somit bei der Beratung der EU-Kommission im Rahmen des sog. *Endorsement* mit.

---

4 Vgl. u. a. *Förschle*, in: Beck'scher Bilanz-Kommentar, 7. Aufl., München 2010, § 342 Tz. 9; *Spanheimer*, WPg 2000 S. 997 ff.
5 IDW, WPg 2001 S. 1087 ff.

4. Erarbeitung von Interpretationen der internationalen Rechnungslegungsstandards (Abs. 1 Nr. 4)

Im Rahmen des **BilMoG** ist die Erarbeitung von Interpretationen der internationalen Rechnungslegungsstandards als vierte Aufgabe des privaten Gremiums in das Gesetz eingefügt worden. Betroffen sind vor allem Fragen der Anwendung der IFRS unter spezifischen **nationalen Rahmenbedingungen**. Ein Musterbeispiel ist RIC 3, der klarstellt, wie die Regelungen des IAS 32 zur Abgrenzung von **Eigen- und Fremdkapital** bei kündbaren Anteilen auf deutsches **Personengesellschaftsrecht** anzuwenden sind. Die Begründung des Regierungsentwurfs führt als weitere Beispiele an:

9

- ▶ Im Zusammenhang mit dem Insolvenzrecht aufgetretene Probleme bei der bilanzbefreienden Übertragung von Pensionsverpflichtungen auf Treuhänder (CTA-Konstruktionen).
- ▶ Bilanzierung der ratierlichen Auszahlung von KSt-Guthaben nach der Änderung des KStG.
- ▶ Auswirkungen der Änderung des Betriebsrentengesetzes auf die Rechnungslegung nach IFRS.

IV. Bekanntmachung der Standards, Vermutung der Richtigkeit (Abs. 2)

1. Bekanntmachung

Verbindlichkeit (im eingeschränkten Sinne → Rz. 11) erlangen die Standards der privaten Einrichtung (bis 31.12.2010 DRSC → Rz. 3a) erst mit der Bekanntmachung durch das Bundesministerium der Justiz. Für die Interpretationen der internationalen Rechnungslegungsstandards (RIC) ist keine Bekanntmachung vorgesehen, da es sich nicht um handelsrechtliche Rechnungslegungsgrundsätze handelt.

10

2. Bedeutung der Richtigkeitsvermutung für den Bilanzierer

Mit Bekanntmachung (→ Rz. 10) eines Rechungslegungsstandards gilt: Eine Befolgung der Empfehlungen des Standards begründet die **Vermutung** der Beachtung der die Konzernrechnungslegung betreffenden Grundsätze ordnungsmäßiger Buchführung (Abs. 2).

11

Für das einen Konzernabschluss aufstellende Unternehmen hat die Vermutungsregel hauptsächlich die Funktion einer **Beweiserleichterung** bei Rechtstreitigkeiten.[6] Dies bedeutet umgekehrt: Bei einer Abweichung von den DRS besteht ein erhöhter Begründungsbedarf.[7] Dieser kann sich etwa in Fällen ergeben, in denen eine (angeblich) unrichtige Bilanzierung von Gläubigern oder Aktionären zum Gegenstand einer **Haftungsklage** gemacht wird. Hilfreich ist hier, wenn die Abweichung von dem DRS im Anhang kenntlich gemacht wurde.

Hingegen ist die **gesellschaftsrechtliche Bedeutung** der Vermutungsregel **gering**, da der Konzernabschluss mangels formeller Feststellung weder anfechtbar noch nichtig sein kann.[8]

---

[6] Vgl. *Knorr*, in: Haufe HGB Bilanz Kommentar, Freiburg 2009, § 342 Tz. 14.
[7] Vgl. *Böcking/Dutze*, in: Baetge/Kirsch/Thiele (Hrsg.), Bilanzrecht (Loseblatt), § 342 Tz. 70.
[8] Vgl. *Budde/Steuber*, DStR 1998 S. 1181 ff.

3. Konsequenzen der Abweichung von DRS-Empfehlungen für die Abschlussprüfung

12 Im Umgang des **Abschlussprüfers** mit Abweichungen des Konzernabschlusses – ggf. auch des Jahresabschlusses (→ Rz. 4) – von den DRS hält IDW PS 201 Folgendes fest:

- ▶ **Einschränkung gesetzlicher Wahlrechte:** Schränkt ein DRS ein gesetzliches Wahlrecht ein (so für HGB a. F. etwa DRS 10 das Wahlrecht, latente Steuern nicht zu aktivieren), begründet eine Nichtbeachtung dieser Einschränkung keine Einwendung des Konzern-Abschlussprüfers gegen die Ordnungsmäßigkeit der Konzernrechnungslegung. Lediglich im **Prüfungsbericht** ist auf eine solche Abweichung hinzuweisen (→ § 321 Rz. 96).

- ▶ **Anforderungen, die über das Gesetz hinausgehen:** Stellt ein DRS über das Gesetz hinausgehende Anforderungen (z. B. Anhangangaben in Zusammenhang mit einem Unternehmenserwerb in DRS 4), führt die Nichtbeachtung dieser Vorschriften zu **keinen zwingenden Konsequenzen** für Prüfungsbericht und Bestätigungsvermerk. Ein entsprechender Hinweis im Prüfungsbericht ist jedoch zu empfehlen.

- ▶ **Füllung von Regelungslücken:** Legt ein DRS das Gesetz lediglich aus (ohne gegen dessen eindeutigen Wortlaut zu verstoßen) und weicht der Konzernabschluss von dieser Auslegung ab, hat der Konzern-Abschlussprüfer nach den allgemeinen Grundsätzen zu beurteilen, ob sich im **Einzelfall** aus der Abweichung Konsequenzen für die Berichterstattung bzw. den Bestätigungsvermerk ergeben.

§ 342a Rechnungslegungsbeirat

(1) Beim Bundesministerium der Justiz wird vorbehaltlich Absatz 9 ein Rechnungslegungsbeirat mit den Aufgaben nach § 342 Abs. 1 Satz 1 gebildet.

(2) Der Rechnungslegungsbeirat setzt sich zusammen aus

1. einem Vertreter des Bundesministeriums der Justiz als Vorsitzendem sowie je einem Vertreter des Bundesministeriums der Finanzen und des Bundesministeriums für Wirtschaft und Technologie,
2. vier Vertretern von Unternehmen,
3. vier Vertretern der wirtschaftsprüfenden Berufe,
4. zwei Vertretern der Hochschulen.

(3) ¹Die Mitglieder des Rechnungslegungsbeirats werden durch das Bundesministerium der Justiz berufen. ²Als Mitglieder sollen nur Rechnungsleger berufen werden.

(4) ¹Die Mitglieder des Rechnungslegungsbeirats sind unabhängig und nicht weisungsgebunden. ²Ihre Tätigkeit im Beirat ist ehrenamtlich.

(5) Das Bundesministerium der Justiz kann eine Geschäftsordnung für den Beirat erlassen.

(6) Der Beirat kann für bestimmte Sachgebiete Fachausschüsse und Arbeitskreise einsetzen.

(7) ¹Der Beirat, seine Fachausschüsse und Arbeitskreise sind beschlussfähig, wenn mindestens zwei Drittel der Mitglieder anwesend sind. ²Bei Abstimmungen entscheidet die Stimmenmehrheit, bei Stimmengleichheit die Stimme des Vorsitzenden.

(8) Für die Empfehlungen des Rechnungslegungsbeirats gilt § 342 Abs. 2 entsprechend.

(9) Die Bildung eines Rechnungslegungsbeirats nach Absatz 1 unterbleibt, soweit das Bundesministerium der Justiz eine Einrichtung nach § 342 Abs. 1 anerkennt.

Inhaltsübersicht	Rz.
I. Überblick	1
II. Aufgaben des Rechnungslegungsbeirats (Abs. 1 und 9)	2 - 3
III. Personelle Zusammensetzung (Abs. 2 bis 4)	4 - 5
IV. Organisation (Abs. 5 bis 7)	6
V. Verbindlichkeit der Beiratsempfehlungen (Abs. 8)	7

I. Überblick

Mit Erfüllung der **Aufgaben nach § 342** Abs. 1 Satz 1 Nr. 1 bis 4 HGB (→ § 342 Rz. 1) kann das Bundesministerium der Justiz statt einer privaten Einrichtung (bisher das DRSC) auch einen Rechnungslegungsbeirat betrauen. Nach Abs. 9 unterbleibt die Bildung eines Rechnungslegungsbeirats jedoch, soweit das Bundesministerium der Justiz eine Einrichtung nach § 342 Abs. 1 HGB anerkennt. Da durch Standardisierungsvertrag vom 3.9.1998 mit dem **DRSC** eine entsprechende Einrichtung anerkannt wurde (→ § 342 Rz. 3), war § 342a HGB bisher ohne Relevanz.

1

Nach Beschluss vom 28. 6. 2010 hat das DRSC jedoch den Standardisierungsvertrag zum 31. 12. 2010 **gekündigt**. Gründe waren u. a. die als unzureichend empfundene Finanzierung sowie gewisse Schwierigkeiten, die sich international daraus ergaben, dass die deutschen Interessen nicht kanalisiert durch den DRSC vertreten wurden, sondern ebenso durch andere Organisationen. Die mit der/dem Kündigungsbeschluss vom DRSC herausgegebene Pressemitteilung spricht dies als Problem der Orchestrierung „der nationalen Meinungsbildung" an.[1]

Vorbehaltlich der rechtzeitigen Anerkennung eines anderen privaten Gremiums oder des Abschlusses eines neuen bzw. geänderten Vertrags mit dem DRSC gehen die bisher von diesem verfolgten Aufgaben zum 1. 1. 2011 auf das Bundesministerium der Justiz bzw. den von diesem zu installierenden Rechungslegungsbeirat über.

II. Aufgaben des Rechnungslegungsbeirats (Abs. 1 und 9)

2   Das Bundesministerium der Justiz hat nach Abs. 1 die Kompetenz und u. E. auch die Pflicht zur Bildung eines Rechnungslegungsbeirats, sofern nicht der Vorbehalt von Abs. 9 greift, d. h. sofern nicht eine private Einrichtung als Standardisierungsgremium anerkannt ist. Dieser Vorbehalt wird wegen Kündigung des Standardisierungsvertrags durch den DRSC zum 31. 12. 20010 (→ Rz. 1) voraussichtlich ab 1. 1. 2011 nicht mehr greifen.

3   Nach Abs. 1 hat der Rechnungslegungsbeirat die Aufgaben nach § 342 Abs. 1 Satz 1 HGB, also
- **Empfehlungen** zur Anwendung von Rechungslegungsgrundsätzen (→ § 342 Rz. 4).
- **Beratung** bei Gesetzesvorhaben (→ § 342 Rz. 7).
- **Vertretung** in internationalen Gremien (→ § 342 Rz. 8).
- Erarbeitung von **Interpretationen** zu internationalen Rechnungslegungsstandards (→ § 342 Rz. 9).

III. Personelle Zusammensetzung (Abs. 2 bis 4)

4   Die Mitglieder des Rechnungslegungsbeirats werden durch das Bundesministerium der Justiz berufen (Abs. 2 Satz 2). Berufungsfähig sind „**Rechnungsleger**", nach der bisher beim DSRC angewandten Definition[2] also **natürliche Personen**, die
- mit entsprechender Qualifikation die **Handelsbücher** oder die sonstigen in § 257 Abs. 1 Nr. 1 HGB bezeichneten Unterlagen führen oder erstellen oder
- als **Wirtschaftsprüfer, vereidigte Buchprüfer, Steuerberater, Rechtsanwalt** oder mit vergleichbarer Qualifikation auf dem Gebiet der internationalen Rechnungslegung prüfend, beratend, lehrend, überwachend oder analysierend tätig sind.

Zur konkreten Zusammensetzung des Rechnungslegungsbeirats sieht Abs. 2 vor:
- je einen Vertreter der **Bundesministerien** für Justiz (als Vorsitzender), Finanzen sowie Wirtschaft und Technologie,

---

1 Vgl. http://www.standardsetter.de/drsc/docs/press_releases/2010/100628_neuordnungDRSC.pdf.
2 Vgl. http://www.standardsetter.de/drsc/gasc_about.html.

- vier Vertreter von **Unternehmen**,
- vier Vertreter der **wirtschaftsprüfenden Berufe**,
- zwei Vertreter der **Hochschulen**.

Die Mitglieder des Rechnungslegungsbeirats sind (sollen sein?) nach Abs. 4 Satz 1 **unabhängig** und nicht weisungsgebunden Nach Abs. 4 Satz 2 üben sie ihre Tätigkeit **ehrenamtlich** aus. Fraglich ist, ob sich beide Anforderungen faktisch miteinander vertragen, wenn etwa die angemessene Vergütung der fachlich hoch qualifizierten Personen nicht über die ehrenamtliche Beiratstätigkeit, sondern indirekt über „abstellende" Organisationen und Unternehmen gewährleistet wird.

IV. Organisation (Abs. 5 bis 7)

Das Bundesministerium der Justiz kann gem. Abs. 5 eine **Geschäftsordnung** für den Beirat erlassen, die dann die näheren organisatorischen Einzelheiten regelt.

Das Gesetz selbst enthält nur geringe Vorgaben:

- Nach Abs. 6 kann der Beirat **Fachausschüsse und Arbeitskreise** einsetzen.
- Nach Abs. 7 Satz 1 sind der Beirat, seine Fachausschüsse und Arbeitskreise **beschlussfähig**, wenn mindestens 2/3 der Mitglieder anwesend sind,
- Nach Abs. 7 Satz 2 entscheidet bei Abstimmungen die **Stimmenmehrheit**, bei Stimmengleichheit die Stimme des (dem Bundesministerium des Justiz angehörenden) Vorsitzenden.

V. Verbindlichkeit der Beiratsempfehlungen (Abs. 8)

Nach Abs. 8 i.V. mit § 342 Abs. 2 HGB gilt mit Bekanntmachung eines Rechungslegungsstandards durch den Beirat: Eine Befolgung der Empfehlungen des Standards begründet die **Vermutung** der Beachtung der die Konzernrechnungslegung betreffenden Grundsätze ordnungsmäßiger Buchführung. Wegen Einzelheiten wird auf → § 342 Rz. 11 ff. verwiesen.

Sechster Abschnitt: Prüfstelle für Rechnungslegung

§ 342b Prüfstelle für Rechnungslegung

(1) ¹Das Bundesministerium der Justiz kann im Einvernehmen mit dem Bundesministerium der Finanzen eine privatrechtlich organisierte Einrichtung zur Prüfung von Verstößen gegen Rechnungslegungsvorschriften durch Vertrag anerkennen (Prüfstelle) und ihr die in den folgenden Absätzen festgelegten Aufgaben übertragen. ²Es darf nur eine solche Einrichtung anerkannt werden, die aufgrund ihrer Satzung, ihrer personellen Zusammensetzung und der von ihr vorgelegten Verfahrensordnung gewährleistet, dass die Prüfung unabhängig, sachverständig, vertraulich und unter Einhaltung eines festgelegten Verfahrensablaufs erfolgt. ³Änderungen der Satzung und der Verfahrensordnung sind vom Bundesministerium der Justiz im Einvernehmen mit dem Bundesministerium der Finanzen zu genehmigen. ⁴Die Prüfstelle kann sich bei der Durchführung ihrer Aufgaben anderer Personen bedienen. ⁵Das Bundesministerium der Justiz macht die Anerkennung einer Prüfstelle sowie eine Beendigung der Anerkennung im amtlichen Teil des elektronischen Bundesanzeigers bekannt.

(2) ¹Die Prüfstelle prüft, ob der zuletzt festgestellte Jahresabschluss und der zugehörige Lagebericht oder der zuletzt gebilligte Konzernabschluss und der zugehörige Konzernlagebericht sowie der zuletzt veröffentlichte verkürzte Abschluss und der zugehörige Zwischenlagebericht eines Unternehmens im Sinne des Satzes 2 den gesetzlichen Vorschriften einschließlich der Grundsätze ordnungsmäßiger Buchführung oder den sonstigen durch Gesetz zugelassenen Rechnungslegungsstandards entspricht. ²Geprüft werden die Abschlüsse und Berichte von Unternehmen, deren Wertpapiere im Sinne des § 2 Abs. 1 Satz 1 des Wertpapierhandelsgesetzes an einer inländischen Börse zum Handel im regulierten Markt zugelassen sind. ³Die Prüfstelle prüft,

1. soweit konkrete Anhaltspunkte für einen Verstoß gegen Rechnungslegungsvorschriften vorliegen,
2. auf Verlangen der Bundesanstalt für Finanzdienstleistungsaufsicht oder
3. ohne besonderen Anlass (stichprobenartige Prüfung).

⁴ Im Fall des Satzes 3 Nr. 1 unterbleibt die Prüfung, wenn offensichtlich kein öffentliches Interesse an der Prüfung besteht; Satz 3 Nr. 3 ist auf die Prüfung des verkürzten Abschlusses und des zugehörigen Zwischenlageberichts nicht anzuwenden. ⁵Die stichprobenartige Prüfung erfolgt nach den von der Prüfstelle im Einvernehmen mit dem Bundesministerium der Justiz und dem Bundesministerium der Finanzen festgelegten Grundsätzen. ⁶Das Bundesministerium der Finanzen kann die Ermächtigung zur Erteilung seines Einvernehmens auf die Bundesanstalt für Finanzdienstleistungsaufsicht übertragen.

(3) ¹Eine Prüfung des Jahresabschlusses und des zugehörigen Lageberichts durch die Prüfstelle findet nicht statt, solange eine Klage auf Nichtigkeit gem. § 256 Abs. 7 des Aktiengesetzes anhängig ist. ²Wenn nach § 142 Abs. 1 oder Abs. 2 oder § 258 Abs. 1 des Aktiengesetzes ein Sonderprüfer bestellt worden ist, findet eine Prüfung ebenfalls nicht statt, soweit der Gegenstand der Sonderprüfung, der Prüfungsbericht oder eine gerichtliche Entscheidung über die abschließenden Feststellungen der Sonderprüfer nach § 260 des Aktiengesetzes reichen.

(4) ¹Wenn das Unternehmen bei einer Prüfung durch die Prüfstelle mitwirkt, sind die gesetzlichen Vertreter des Unternehmens und die sonstigen Personen, derer sich die gesetzlichen Vertreter bei der Mitwirkung bedienen, verpflichtet, richtige und vollständige Auskünfte zu erteilen und richtige und vollständige Unterlagen vorzulegen. ²Die Auskunft und die Vorlage von Unterlagen kann verweigert werden, soweit diese den Verpflichteten oder einen seiner in § 52 Abs. 1 der Strafprozessordnung bezeichneten Angehörigen der Gefahr strafgerichtlicher Verfolgung oder eines Verfahrens nach dem Gesetz über Ordnungswidrigkeiten aussetzen würde. ³Der Verpflichtete ist über sein Recht zur Verweigerung zu belehren.

(5) ¹Die Prüfstelle teilt dem Unternehmen das Ergebnis der Prüfung mit. ²Ergibt die Prüfung, dass die Rechnungslegung fehlerhaft ist, so hat sie ihre Entscheidung zu begründen und dem Unternehmen unter Bestimmung einer angemessenen Frist Gelegenheit zur Äußerung zu geben, ob es mit dem Ergebnis der Prüfstelle einverstanden ist.

(6) ¹Die Prüfstelle berichtet der Bundesanstalt für Finanzdienstleistungsaufsicht über

1. die Absicht, eine Prüfung einzuleiten,

2. die Weigerung des betroffenen Unternehmens, an einer Prüfung mitzuwirken,

3. das Ergebnis der Prüfung und gegebenenfalls darüber, ob sich das Unternehmen mit dem Prüfungsergebnis einverstanden erklärt hat.

²Ein Rechtsbehelf dagegen ist nicht statthaft.

(7) Die Prüfstelle und ihre Beschäftigten sind zur gewissenhaften und unparteiischen Prüfung verpflichtet; sie haften für durch die Prüfungstätigkeit verursachte Schäden nur bei Vorsatz.

(8) ¹Die Prüfstelle zeigt Tatsachen, die den Verdacht einer Straftat im Zusammenhang mit der Rechnungslegung eines Unternehmens begründen, der für die Verfolgung zuständigen Behörde an. ²Tatsachen, die auf das Vorliegen einer Berufspflichtverletzung durch den Abschlussprüfer schließen lassen, übermittelt sie der Wirtschaftsprüferkammer.

Inhaltsübersicht	Rz.
I. Überblick	1 - 5
II. Errichtung und Organisation der Prüfstelle, allgemeine Anforderungen an ihre Tätigkeit (Abs. 1 und Abs. 7)	6 - 8
III. Durchführung der Prüfung, Urteilsfindung	9 - 11
IV. Objekt, Anlässe und Maßstab der Prüfung (Abs. 2)	12 - 18
1. Prüfungsobjekt	12
2. Prüfungsanlässe	13 - 14
3. Prüfungsmaßstab	15 - 18
3.1 Entsprechensprüfung	15 - 16
3.2 Grundsatz der Wesentlichkeit	17 - 18
V. Vorrang von Nichtigkeitsklage und Sonderprüfung (Abs. 3)	19 - 20
VI. Auskunfts- und Offenlegungspflichten bei Prüfungsmitwirkung (Abs. 4)	21 - 22
VII. Mitteilung des Prüfungsergebnisses, Veröffentlichungsverfahren (Abs. 5 und 6)	23 - 26
VIII. Anzeigen gegenüber Strafverfolgungsbehörden und Wirtschaftsprüferkammer (Abs. 8)	27
IX. Pre-Clearance	28

Ausgewählte Literatur

Berger, Pre-Clearance leistet einen Beitrag zur Stärkung des Vertrauens in einen funktionierenden Kapitalmarkt, DB 2008 S. 1843

Bräutigam/Heyer, Das Prüfverfahren durch die Deutsche Prüfstelle für Rechnungslegung, AG 2006 S. 188

Gahlen/Schäfer, Bekanntmachung von fehlerhaften Rechnungslegungen im Rahmen des Enforcement-Verfahrens: Ritterschlag oder Pranger?, BB 2006 S. 1619

Gelhausen/Hönsch, Rechtsschutz im Enforcement-Verfahren, AG 2007 S. 308

Hennrichs, Fehlerbegriff und Fehlerbeurteilung im Enforcement-Verfahren, DStR 2009 S. 1446

Hütten/Lorson, Staatliches versus privates Enforcement, StuB 2002 S. 122

Kumm, Fehlerfeststellung und Fehlerveröffentlichung im Enforcement-Verfahren, DB 2009 S. 1635

Meyer, Aktuelle Fragen des Enforcement in Deutschland, WPg 2009 S. 447

Müller, Die Fehlerveröffentlichung im Enforcement-Verfahren, AG 2008 S. 438

Schildbach, Zur Sinnhaftigkeit eines Pre-Clearance im Rahmen des Enforcement, StuB 2006 S. 924

Schön, Pre-Clearance – noch mehr Unklarheit im Bilanzrecht?, DB 2008 S. 1027

Zimmermann, Beurteilungskriterien für enforcement-Modelle, StuB 2003 S. 353

Zülch, Die Deutsche Prüfstelle für Rechnungslegung DPR e.V. – Organisation und Prüfverfahren, StuB 2005 S. 565

Zülch, Das deutsche Enforcement-Modell des Bilanzkontrollgesetzes – Ausgestaltung und Implikationen für Rechnungslegung und Abschlussprüfung, StuB 2005 S. 1

Zülch/Burghardt, Die deutsche Prüfstelle für Rechnungslegung DPR e.V.: Bestandsaufnahme nach knapp zwei Jahren Tätigkeit, StuB 2007 S. 369

I. Überblick

§§ 342b ff. HGB regeln die **Prüfung** von Unternehmensabschlüssen und -berichten kapitalmarktorientierter Unternehmen durch eine von den Bundesministerien der Justiz und der Finanzen anerkannte **privatrechtliche organisiert Prüfstelle**. Zweck ist die Durchsetzung (*Enforcement*) von Rechnungslegungsvorschriften.

Eine Prüfung findest statt bei (→ Rz. 13)

▶ konkreten Anhaltspunkten für Rechungslegungsverstöße **(Anlassprüfung)**,

▶ auf **Verlangen der BaFin** oder

▶ aufgrund einer **Stichprobe**.

Prüfungsgegenstand sind vor allem festgestellte bzw. gebilligte und damit notwendig schon geprüfte **Jahres- und Konzernabschlüsse**, daneben aber auch **Zwischenabschlüsse** (→ Rz. 16).

2   Das *Enforcement*-Verfahren ist zweistufig organisiert[1]:

▶ **Stufe 1:** Nur bei **freiwilliger** Mitwirkung (→ Rz. 21) des Unternehmens kommt es zu einer Prüfung durch die privatrechtliche **Prüfstelle**.

▶ **Stufe 2:** Verweigert das Unternehmen die Mitwirkung, findet jedoch regelmäßig gem. § 37p Abs. 1 Satz 2 Nr. 1 WpHG eine Prüfung durch die **BaFin** statt (Stufe 2). Eine Prüfung auf der Stufe 1 erfolgt außerdem, wenn das BaFin der auf der Stufe 1 getroffenen Fehlerfeststellung nicht zustimmt.

Während die DPR für ihre *Enforcement*-Prüfung keine **Kosten** erhebt, haben die Unternehmen im Fall der Weigerung gem. § 17c FinDAG die durch die *Enforcement*-Prüfung auf der Stufe 2 entstehenden Kosten zu tragen.

Weder die Prüfung erster Stufe noch die der zweiten finden statt, solange eine **Nichtigkeitsklage** anhängig oder soweit eine **Sonderprüfung** vorgenommen wird (→ Rz. 19).

3   Auch bei freiwilliger Mitwirkung, also im Verfahren der Stufe 1, bestehen bestimmte **Auskunft- und Offenlegungspflichten** für das Unternehmen und ggf. für den Abschlussprüfer (→ Rz. 21).

4   Das **Prüfungsergebnis** ist zunächst dem Unternehmen und sodann der BaFin mitzuteilen (→ Rz. 23).

Ist Ergebnis der Prüfung eine Fehlerfeststellung, entscheidet die BaFin unter Berücksichtigung des öffentlichen Interesses und der Belange des Unternehmens über die **Fehlerveröffentlichung** (§ 37q Abs. 2 Satz 2 und 3 WpHG) durch das betroffene Unternehmen (→ Rz. 25).

5   Mitteilungs- bzw. Anzeigepflichten der Prüfstelle bestehen auch gegenüber **Strafverfolgungsbehörden** sowie bezüglich des Abschlussprüfers gegenüber der **Wirtschaftsprüferkammer** (→ Rz. 27).

II. Errichtung und Organisation der Prüfstelle, allgemeine Anforderungen an ihre Tätigkeit (Abs. 1 und Abs. 7)

6   Abs. 1 regelt die Anerkennung einer privatrechtlich organisierten Institution **(Prüfstelle)** als erste Stufe des zweistufigen *Enforcement*-Verfahrens (→ Rz. 2).[2]

Nach Satzung, personeller Zusammensetzung und Verfahrensordnung muss die Prüfstelle **Unabhängigkeit, Sachverstand und Vertraulichkeit** gewährleisten (Abs. 1 Satz 2). Die Prüfstelle und ihre Beschäftigten sind zur gewissenhaften und unparteilichen Prüfung verpflichtet (Abs. 7 1. Halbsatz). Ein durch die Verletzung dieser Vorgaben entstandener **Schaden** ist nur bei Vorsatz zu ersetzen (Abs. 7 2. Halbsatz). Verstöße gegen das Vertraulichkeitsgebot können auch bei Fahrlässigkeit Schadenersatzpflichten auslösen (→ § 342c Rz. 1 ff.).

---

[1] Vgl. *Zülch*, StuB 2005 S. 1
[2] Zur Diskussion staatliches versus privates Enforcement vgl. *Hütten/Lorson*, StuB 2002 S. 122; *Zimmermann*, StuB 2003 S. 353.

Mit dem **Anerkennungsvertrag**[3] vom 30.3.2005 ist die DPR e.V. von den Bundesministerien der Justiz und der Finanzen als Prüfstelle i.S. von Abs. 1 anerkannt worden.

7

Die Prüfstelle kann sich gem. Abs. 1 Satz 4 bei der Prüfung **externer Personen** bedienen. Vornehmlich beauftragt sie in diesem Rahmen **Wirtschaftsprüfungsgesellschaften** und **Rechtsanwälte** mit der Begutachtung strittiger vorläufiger Prüfungsergebnisse. Auch die externen Personen unterliegen der Vertraulichkeitspflicht (→ § 342c Rz. 3).

8

III. Durchführung der Prüfung, Urteilsfindung

Zentrales Organ für die Durchführung der Prüfungen durch die DPR ist die **Prüfstelle**. Mitglieder der Prüfstelle sind nach § 9 Abs. 1 Satz 1 der Vereinssatzung[4] Präsident und Vizepräsident sowie mindestens drei weitere Personen.

9

Die Prüfstelle der DPR hat satzungsgemäß eine **Verfahrensordnung**[5] erstellt, die von den Bundesministerien der Justiz und der Finanzen genehmigt worden ist. Sie sieht für die Durchführung der einzelnen Prüfungen Folgendes vor:

- Ein sog. **fallverantwortlicher Prüfer** (§ 6 Verfahrensordnung), dem ein Berichtskritiker zugeordnet wird (§ 8 Verfahrensordnung), nimmt die Prüfungshandlungen vor und berichtet unter Erläuterung der Prüfungsdurchführung über seine abschließenden Prüfungsfeststellungen an die sog. Kammer (§ 17 Satz 1 Verfahrensordnung).

- Die aus jeweils drei Mitgliedern der Prüfstelle (i. d. R. Präsident, Vizepräsident und ein weiteres Mitglied) für den jeweiligen Fall gebildete **Kammer** entscheidet auf der Grundlage des Berichts eigenständig, ob die Rechnungslegung fehlerhaft ist (§ 17 Satz 2 Verfahrensordnung).

- Erkennt der fallverantwortliche Prüfer, dass er die Prüftätigkeiten in Hinblick auf seine Sachkunde bzw. den zeitlichen Aufwand nicht in eigener Person wird durchführen können, setzt er den Vorsitzenden der Kammer davon unverzüglich in Kenntnis, damit entschieden werden kann, ob weitere Mitglieder der Prüfstelle und/oder Honorarkräfte **beigezogen** werden sollen (§ 7 Verfahrensordnung).

Die als Regelfall vorgesehene Prüfung durch einen einzigen Fallverantwortlichen zeigt bereits im Verhältnis zum personellen Aufwand der Abschlussprüfung kapitalmarktorientierter Unternehmen die stärkere Fokussierung der Prüfung durch die DPR. Sie ist **keine zweite Abschlussprüfung**, bei der mit großer Mannschaft vor Ort erschienen wird, um die Inventuraufnahme zu beobachten, Saldenbestätigungen zu veranlassen, interne Kontrollen einer System- und Funktionsprüfung zu unterwerfen etc. Die Prüfung der DPR beschränkt sich vielmehr auf nach den Verhältnissen des jeweiligen Falls **ausgewählte Einzelfragen**, die sich in Kenntnis der branchen- und unternehmensindividuellen Verhältnisse teils nach öffentlich zugänglichen Informationen außerhalb des Abschlusses (Wirtschaftspresse, ad hoc Mitteilungen), teils aus einem Abgleich der verschiedenen Teile des Jahres- bzw. Konzernberichts (etwa von Bilanzierung vs.

10

---

3 Vgl. http://www.frep.info/docs/anerkennungsvertrag.pdf.
4 Vgl. http://www.frep.info/docs/rechtliche_grundlagen/2009-04-01_satzung.pdf ; vgl. *Zülch*, StuB 2005 S. 565.
5 Vgl. http://www.frep.info/docs/rechtliche_grundlagen/20050824_verfahrensordnung_pruefstelle.pdf

Anhangangaben vs. Lagebericht) ergeben. Die Prüfung kann daher in weiten Teilen im **Schriftverkehr**, also ohne Präsenz vor Ort, abgewickelt werden.

11   Wegen des eingeschränkten Prüfungsumfangs stellt auch eine DPR-Prüfung, die zu keinen Beanstandungen führte, **kein positives Gesamturteil** über den geprüften Abschluss dar. Hierauf weist die DPR die geprüften Unternehmen ausdrücklich hin, damit diese durch den Verweis auf eine beanstandungsfreie Prüfung keinen falschen Eindruck in der Öffentlichkeit erwecken.[6]

IV. Objekt, Anlässe und Maßstab der Prüfung (Abs. 2)

1. Prüfungsobjekt

12   Das **Objekt** der Prüfung wird in Abs. 2 Sätze 1 und 2 in personeller, sachlicher und zeitlicher Hinsicht bestimmt:

- ▶ **Personell**: Geprüft werden **kapitalmarktorientierte Unternehmen**, also solche, deren Wertpapiere an einer deutschen Börse zum Handel im regulierten Markt zugelassen sind (→ § 264d Rz. 1). Ob der satzungsmäßige Sitz im Inland oder Ausland liegt, ist unerheblich.[7] Bei **Delisting** gilt: Eine noch nicht abgeschlossene Prüfung wird ohne Ergebnis eingestellt, sobald die Wertpapiere des Unternehmens nicht mehr gehandelt werden. Umgekehrt gilt bei **erstmaligem Listing**: Geprüft werden können auch Abschlüsse aus der Zeit vor Börseneinführung.
- ▶ **Sachlich**: Geprüft werden vornehmlich der **Jahresabschluss**/Lagebericht bzw. **Konzernabschluss**/Konzernlagebericht. Daneben kann aber auch der verkürzte **Halbjahresabschluss** mit Zwischenlagebericht i. S. von § 37w Abs. 2 WpHG zum Prüfungsobjekt werden. Quartalsabschlüsse unterliegen hingegen nicht dem *Enforcement*.
- ▶ **Zeitlich**: Objekt der Prüfung ist jeweils der **zuletzt festgestellte bzw. gebilligte** bzw. veröffentlichte Abschluss. Wird während der Prüfung durch die DPR der Folgeabschluss festgestellt, gebilligt oder veröffentlicht, hindert dies eine Fortführung der Prüfung nicht.[8]

2. Prüfungsanlässe

13   Drei Anlässe zu einer Prüfung werden in Abs. 2 unterschieden:

- ▶ Eine **Anlassprüfung** (Abs. 2 Satz 3 Nr. 1) wird vorgenommen, soweit Anhaltspunkte für einen Rechnungslegungsverstoß vorliegen. Ein Vorprüfungs-Ausschuss entscheidet, ob die Voraussetzungen für die Einleitung einer solchen Prüfung vorliegen (§ 17 Abs. 1 Satz 1 Verfahrensordnung). Neben substantiierten Hinweisen aus des Presse oder von Einzelpersonen kann ein **eingeschränkter Bestätigungsvermerk** einen Anhaltspunkt darstellen, ebenso eine „Fehlerfeststellung" der Wirtschaftsprüferkammer im Rahmen der Durchsicht der veröffentlichten Abschlüsse.

---

6   Vgl. *Berger/Zempel*, in: Haufe HGB Bilanz Kommentar, Freiburg 2009, § 342b Tz. 54.
7   Vgl. *Berger/Zempel*, in: Haufe HGB Bilanz Kommentar, Freiburg 2009, § 342b Tz. 42, unter Verweis auf die BegrRegE BilKoG, BT-Drucks. 15/3241 S. 14.
8   Vgl. *Berger/Zempel*, in: Haufe HGB Bilanz Kommentar, Freiburg 2009, § 342b Tz. 37.

- Eine besondere Form der Anlassprüfung ist die Prüfung auf **Verlangen der BaFin** (Abs. 2 Satz 3 Nr. 2). Das Verlangen wird nach § 37o Abs. 1 WpHG aufgrund der BaFin vorliegender substantiierter **Anhaltspunkte** für einen Rechungslegungsverstoß ausgesprochen.
- Eine **Stichprobenprüfung** (Abs. 2 Satz 3 Nr. 3) stellt den Regelfall (mehr als 80 %) der Prüfungen der Jahres- und Konzernabschlüsse dar. Halbjahresabschlüsse sind von der Stichprobenprüfung ausgenommen.

Eine **Stichprobenprüfung** soll bei den einem DAX-Segment (DAX, MDAX, SDAX und TecDAX) angehörenden Unternehmen im Durchschnitt zu einem **Prüfungsturnus** von vier bis fünf Jahren, bei den übrigen Unternehmen von acht bis zehn Jahren führen.

3. Prüfungsmaßstab

3.1 Entsprechensprüfung

Nach Abs. 2 Satz 1 prüft die Prüfstelle, ob der Jahresabschluss/Lagebericht, Konzernabschluss/Konzernlagebericht oder Halbjahresabschluss/Zwischenlagebericht den gesetzlichen Vorschriften einschließlich der GoB bzw. den sonstigen durch Gesetz zugelassenen Rechnungslegungsstandards **entspricht**. Wie die (Konzern-)Abschlussprüfung zielt die Prüfung der DPR nicht darauf, die **Lage** des Unternehmens zu beurteilen. Geprüft wird lediglich, ob diese Lage nach Maßgabe der GoB und der anzuwendenden Rechnungslegungsvorschriften und unter Berücksichtigung sachlicher (Beschränkungen auf monetäre Größen, Pagatorik) und zeitlicher (Stichtagsprinzip) Restriktionen ordnungsgemäß dargestellt ist.

Anzuwendende **Rechungslegungsvorschriften** sind bei inländischen Unternehmen:
- für den Jahresabschluss das HGB sowie branchenspezifische Vorschriften, ggf. auch in Gesellschaftsvertrag oder Satzung getroffene Vorschriften mit Rechnungslegungsrelevanz,
- für den Konzernabschluss die IFRS sowie die in § 315a Abs. 1 HGB genannten Vorschriften,
- für den i. d. R. konsolidierten Zwischenabschluss die IFRS.

3.2 Grundsatz der Wesentlichkeit

Die Prüfstelle hat zu beurteilen, ob **der** Jahres-, Konzern- oder Halbjahresbericht den anzuwendenden Rechnungslegungsvorschriften entspricht. Gefordert ist damit ein auf den jeweiligen Unternehmensbericht **als Ganzes** gerichtetes Urteil.

Nicht jeder Verstoß gegen eine Rechnungslegungsnorm begründet aber eine Fehlerhaftigkeit des Unternehmensberichts als Ganzes. Voraussetzung eines Rechnungslegungsverstoßes ist vielmehr, dass die Abweichung der Ist- von der Soll-Darstellung die Entscheidungen der Berichtsadressaten beeinflussen könnte, in diesem Sinne also **wesentlich** ist (→ § 252 Rz. 182).

Es gelten zwar für die Abschlussprüfung und die Prüfung durch die DPR die gleichen Wesentlichkeitskriterien,[9] sehr häufig wird in der ermessensbehafteten Wesentlichkeitsfrage aber mehr als eine Beurteilung möglich sein. Das der Fehlerfeststellung immanente Wesentlichkeitsurteil der Prüfstelle (oder BaFin) kann dann von dem des **Abschlussprüfers** abweichen

---

9 Vgl. *OLG Frankfurt am Main*, Beschluss vom 22. 1. 2009 – WpÜG 1 und 3/08, DB 2009 S. 333 ff.; vgl. *Zülch/Hoffmann*, StuB 2010 S. 83.

(→ § 321 Rz. 33). Deshalb ist aus einer Fehlerfeststellung der DPR zu einem mit uneingeschränktem Bestätigungsvermerk versehenen Abschluss nicht zwingend auf eine nicht gewissenhafte Berufsausübung durch den Abschlussprüfers zu schließen (→ Rz. 27).[10]

18   Das Schrifttum hält sich bei der Formulierung von Anforderungen an die Wesentlichkeit (meist diskutiert für Zwecke der Abschlusserstellung und Abschlussprüfung) zurück. Fast immer wird die Bedeutung der Umstände des **Einzelfalls** betont (→ § 252 Rz. 184).

Die daraus für die Unternehmen und Abschlussprüfer resultierende **Rechtsunsicherheit** ist im Bereich der **Anhangangaben zum IFRS-Konzernabschluss** besonders misslich. Die IFRS kennen unzählige Angabevorschriften, von denen je nach Art der Unternehmenstätigkeit im jeweiligen Geschäftsjahr oft noch 100 oder mehr in Frage kommen. Stellt die DPR dann eine fehlende (oder fehlerhafte) Anhangangabe fest, ist eine von ihr in **qualitativer** Hinsicht angenommene Wesentlichkeit schwer zu widerlegen. Der Beweis, dass die geforderte Information nicht einmal **potenzielle** Relevanz für (aktuelle und potenzielle) Kapitalgeber haben könnte, ist kaum zu erbringen:

- Die Position des Unternehmens ist dann tendenziell schlechter als bei einem Verstoß gegen **Ansatz- oder Bewertungsvorschriften**. Hat ein Unternehmen etwa von 100 gleichartigen Anlagegegenständen drei nicht oder in zu geringer Höhe angesetzt, ist bei einer Fehlergröße von nicht mehr als 3 % die Wesentlichkeit **quantitativ** schnell zu verneinen.
- Fehlen bei 100 **Anhangangaben** deren drei, scheitert wegen der Unmöglichkeit, die Wichtigkeit der Angaben objektiv zu quantifizieren, eine entsprechende (quantitative) Argumentation. Die stattdessen notwendige **qualitative** Würdigung führt aber meist und damit auch auf Seiten der Prüfungsinstanz zu subjektiven Urteilen. Eine große Zurückhaltung beim Schluss vom Fehlen einzelner Anhangangaben auf die Fehlerhaftigkeit der Rechnungslegung wäre daher u. E. geboten.

V. Vorrang von Nichtigkeitsklage und Sonderprüfung (Abs. 3)

19   Um den Vorrang der Justiz zu wahren und abweichende Entscheidungen zwischen einem *Enforcement*-Verfahren und (auch) auf die mögliche Fehlerhaftigkeit des Jahresabschlusses gerichteten aktienrechtlichen Verfahren zu vermeiden, bestimmt Abs. 3 die **Subsidiarität des Enforcement**: Eine Prüfung durch die Prüfstelle ist nicht einzuleiten, eine bereits eingeleitete zu unterbrechen,

- solange eine **Nichtigkeitsklage** gem. § 256 Abs. 7 AktG anhängig ist;
- soweit ein **Sonderprüfer** nach §§ 142 ff. oder §§ 258 ff. AktG bestellt ist.

Die Sperrwirkung durch die Nichtigkeitsklage ist absolut („solange"), die der Sonderprüfung beschränkt auf deren Gegenstand („soweit").

Wird die Nichtigkeit des Jahresabschlusses **gerichtlich festgestellt**, besteht kein öffentliches Interesse mehr an der Wiederaufnahme der *Enforcement*-Prüfung. Wird die Nichtigkeitsklage **ab-**

---

10 So *Hennrichs*, DStR 2009 S. 1446 ff.

gewiesen, kann die Prüfung (wieder) aufgenommen werden, soweit sie sich auf Fehler bezieht, die nicht Gegenstand der Nichtigkeitsklage waren.

Der **Konzernabschluss** kann aktienrechtlich weder einer Nichtigkeitsklage noch einer Sonderprüfung unterworfen werden. Insoweit greift die Sperrwirkung von Abs. 3 für eine hier vorgesehene oder eingeleitete Prüfung **formal nicht**. Sind aber wesentliche Sachverhalte für Zwecke des Konzernabschlusses ähnlich zu beurteilen wie für Zwecke des Jahresabschlusses, kann sich ein Verzicht auf die Prüfung des Konzernabschlusses bei Nichtigkeitsklage oder Sonderprüfung des Jahresabschlusses empfehlen.[11]

VI. Auskunfts- und Offenlegungspflichten bei Prüfungsmitwirkung (Abs. 4)

Die **Mitwirkung** eines Unternehmens an einer Prüfung durch die DPR ist **freiwillig** (→ Rz. 2).

Hat sich das Unternehmen aber zur freiwilligen Mitwirkung entschlossen, ist es **auskunfts- und offenlegungspflichtig**. Unrichtige oder unvollständige Informationen können dann mit Bußgeld belegt werden (→ § 342e Rz. 2).

Auskünfte und Offenlegungen können jedoch

- **verweigert** werden, soweit die Auskunftspersonen sich oder einen Angehörigen der Gefahr einer strafgerichtlichen oder ordnungswidrigkeitsrechtlichen Verfolgung aussetzen würden (Abs. 4 Satz 2),
- **beendet** werden durch jederzeit möglichen Widerruf der freiwilligen Teilnahme am *Enforcement*; das *Enforcement*-Verfahren wird dann in der zweiten Stufe (→ Rz. 2) von der BaFin fortgesetzt.

Auskunfts- und vorlagepflichtige Personen sind neben den gesetzlichen Vertretern des Unternehmens auch „die **sonstigen Personen**, derer sich die gesetzlichen Vertreter bei der Mitwirkung bedienen".

Neben den Angestellten ist hier ggf. auch der **Abschlussprüfer** angesprochen. Bei ihm sind jedoch folgende Unterscheidungen geboten:

- Das Unternehmen **entbindet** den Abschlussprüfer **nicht** von seiner nach § 323 Abs. 1 Satz 1 HGB und Berufsrecht bestehenden **Verschwiegenheitspflicht**: Der Abschlussprüfer wirkt nicht mit und hat daher – anders als nach § 37o Abs. 4 WpHG – auch keine Auskunftspflichten (und -rechte).

- Das Unternehmen **entbindet** den Abschlussprüfer zwar von seiner Verschwiegenheitspflicht, der **Abschlussprüfer verweigert** aber mit Blick auf eigene Interessen oder wegen Nichteinigung über die Honorierung die **Mitarbeit** im *Enforcement*-Verfahren. Er ist unter diesen Umständen nur eine Person, der sich die gesetzlichen Vertreter bedienen möchten, jedoch keine, derer sie sich **tatsächlich** bedienen, und hat demzufolge auch keine Auskunfts- und Vorlagepflichten.

---

11 Vgl. *Berger/Zempel*, in: Haufe HGB Bilanz Kommentar, Freiburg 2009, § 342b Tz. 71.

▶ Das Unternehmen entbindet den Abschlussprüfer von seiner Verschwiegenheitspflicht und dieser erklärt sich zur **Mitwirkung** am Verfahren bereit: Sein Auskünfte und Offenlegungen müssen richtig und vollständig sein, ansonsten handelt er ordnungswidrig nach § 342e HGB.

Auch im letzten der drei Fälle erscheint unklar, ob die Prüfstelle Anspruch auf Einsicht in die **Arbeitspapiere** des Abschlussprüfers hat (→ § 323 Rz. 22). Nach § 37o Abs. 4 Satz 1 WpHG besteht eine solche Verpflichtung zwar in der zweiten, hoheitlichen Stufe des *Enforcement*-Verfahrens gegenüber der BaFin. Eine entsprechende Verpflichtung für die erste, privatrechtliche Stufe ist hieraus u. E. aber nicht abzuleiten.[12]

VII. Mitteilung des Prüfungsergebnisses, Veröffentlichungsverfahren (Abs. 5 und 6)

23 Zeitlich erster Adressat des Prüfungsergebnisses ist das **Unternehmen**. Die Prüfstelle teilt ihm nach Beendigung der Prüfung das Ergebnis mit (Abs. 5 Satz 1). Nur im Falle einer fehlerhaften Rechnungslegung hat sie das Ergebnis zu begründen und dem Unternehmen eine angemessene Frist zu geben, das Einverständnis oder Nichteinverständnis zu erklären (Abs. 5 Satz 2).

24 Das **Ergebnis** der Prüfung und im Falle der **Fehlerfeststellung** das Einverständnis/Nichteinverständnis des Unternehmens (→ Rz. 23) werden der **BaFin** mitgeteilt (Abs. 6 Satz 1 Nr. 3):

▶ Ist das Unternehmen nicht einverstanden, ordnet die BaFin in aller Regel eine *Enforcement-Prüfung* auf der 2. Stufe an (§ 37p Abs. 1 Satz 2 Nr. 1 WpHG).

▶ Ist das Unternehmen einverstanden, leitet die BaFin das **Veröffentlichungsverfahren** gem. § 3q Abs. 2 WpHG ein (→ Rz. 25).

25 Zum Veröffentlichungsverfahren trifft § 37q Abs. 2 WpHG folgende Regelungen:

▶ Die BaFin verlangt keine Veröffentlichung, wenn ein **öffentliches Interesse** fehlt. In aller Regel besteht aber ein öffentliches Interesse. Die BaFin ordnet dann die unverzügliche Bekanntmachung des Fehlers und der wesentlichen Teile der Begründung der Fehlerfeststellung im elektronischen Bundesanzeiger sowie entweder in einem Börsenpflichtblatt oder über ein weit verbreitetes elektronisches Informationssystem an.

▶ Das Unternehmen kann beantragen, von der Veröffentlichungsanordnung abzusehen, wenn die Veröffentlichung geeignet ist, den berechtigten **Interessen des Unternehmen** zu schaden.

Zum öffentlichen Interesse und zum Unternehmensinteresse hält der Beschluss des **OLG Frankfurt** am 14. 6. 2007 fest:[13]

▶ Das öffentliche Interesse entfällt nicht bereits dadurch, dass zwischenzeitlich ein neuer Abschluss vorliegt, in dem der festgestellte Fehler korrigiert wurde.

---

12 Gl. A. *Paal*, BB 2007 S. 1775 ff.; a. A. *Berger/Zempel*, in: Haufe HGB Bilanz Kommentar, Freiburg 2009, § 342b Tz. 78, und *Bräutigam/Heyer*, AG 2006 S. 188 ff.
13 *OLG Frankfurt am Main*, Beschluss vom 14. 6. 2007 – WpÜG 1/07, DB 2007 S. 1913 ff.; vgl. dazu *Zülch/Pronobis*, StuB 2007 S. 863.

▶ Die Vermeidung eines durch die Fehlerveröffentlichung erwarteten Rückgangs des Aktienkurses ist kein berechtigtes Unternehmensinteresse.

Gegen die Anordnung der BaFin zur Fehlerveröffentlichung kann nach § 37t WpHG bei der BaFin Widerspruch eingelegt werden, gegen eine Ablehnung des Widerspruchs Beschwerde nach § 37u WpHG i.V. mit § 48 Abs. 4 WpÜG beim OLG Frankfurt.

26

Widerspruch und Beschwerde haben **keine aufschiebende Wirkung** (§§ 37t Abs. 2 bzw. 37u Abs. 1 Satz 2 WpHG). Nach § 37u Abs. 2 WpHG i.V. mit § 50 Abs. 3 WpÜG kann das Beschwerdegericht aber bei „ernsthaften Zweifeln an der Rechtmäßigkeit" der Anordnung der BaFin eine aufschiebende Wirkung anordnen.[14]

VIII. Anzeigen gegenüber Strafverfolgungsbehörden und Wirtschaftsprüferkammer (Abs. 8)

Tatsachen, die den Verdacht einer Straftat im Zusammenhang mit der Rechnungslegung eines Unternehmens begründen, hat die Prüfstelle nach Abs. 8 Satz 1 der **Strafverfolgungsbehörden** (Staatsanwaltschaft) anzuzeigen.

27

Gegenüber der **Wirtschaftsprüferkammer** besteht gem. Abs. 8 Satz 2 eine Anzeigepflicht bei Tatsachen, die auf das Vorliegen einer Berufspflichtverletzung durch den Abschlussprüfer schließen lassen. Ein entsprechender „Anfangsverdacht" (aber auch nicht mehr → Rz. 17) ist i. d. R. gegeben, wenn die Prüfstelle den Abschluss als fehlerhaft feststellt, der Abschlussprüfer aber einen (insoweit) uneingeschränkten Bestätigungsvermerk erteilt hat.[15]

IX. Pre-Clearance

Seit November 2009 beantwortet die DPR einzelne Voranfragen zu konkreten Bilanzierungsproblemen von kapitalmarktorientierten Unternehmen (sog. *pre-clearance*). Anders als entsprechende Institute im Steuer(bilanz-)recht hat die Auskunft der DPR **keine verbindliche** Wirkung.

28

Anforderungen an den Antrag auf *pre-clearance* sind:

▶ Die Anfrage ist **schriftlich** zu stellen.
▶ In ihr ist ein **Sachverhalt hinreichend konkret** darzulegen,
▶ und die vom Unternehmen erwogene bilanzielle Behandlung zu **begründen**.
▶ Ergänzend ist eine **Stellungnahme des Abschlussprüfers** beizufügen.

Der Nutzen des *pre-clearance* ist im Schrifttum umstritten.[16]

---

14 Einzelheiten zum Rechtsschutz bei *Gelhausen/Hönsch*, AG 2007 S. 308 ff.
15 Vgl. *Berger/Zempel*, in: Haufe HGB Bilanz Kommentar, Freiburg 2009, § 342b Tz. 104, unter Verweis auf BegrReE BilKog, BT-Drucks. 15/3421 S. 16.
16 Vgl. *Schildbach*, StuB 2006 S. 924; *Berger*, DB 2008 S. 1843 ff., vs. *Schön*, DB 2008 S. 1027 ff.

§ 342c Verschwiegenheitspflicht

(1) ¹Die bei der Prüfstelle Beschäftigten sind verpflichtet, über die Geschäfts- und Betriebsgeheimnisse des Unternehmens und die bei ihrer Prüftätigkeit bekannt gewordenen Erkenntnisse über das Unternehmen Verschwiegenheit zu bewahren. ²Dies gilt nicht im Fall von gesetzlich begründeten Mitteilungspflichten. ³Die bei der Prüfstelle Beschäftigten dürfen nicht unbefugt Geschäfts- und Betriebsgeheimnisse verwerten, die sie bei ihrer Tätigkeit erfahren haben. ⁴Wer vorsätzlich oder fahrlässig diese Pflichten verletzt, ist dem geprüften Unternehmen und, wenn ein verbundenes Unternehmen geschädigt worden ist, auch diesem zum Ersatz des daraus entstehenden Schadens verpflichtet. ⁵Mehrere Personen haften als Gesamtschuldner.

(2) ¹Die Ersatzpflicht von Personen, die fahrlässig gehandelt haben, beschränkt sich für eine Prüfung und die damit im Zusammenhang stehenden Pflichtverletzungen auf den in § 323 Abs. 2 Satz 2 genannten Betrag. ²Dies gilt auch, wenn an der Prüfung mehrere Personen beteiligt gewesen oder mehrere zum Ersatz verpflichtende Handlungen begangen worden sind, und ohne Rücksicht darauf, ob andere Beteiligte vorsätzlich gehandelt haben. ³Sind im Fall des Satzes 1 durch eine zum Schadensersatz verpflichtende Handlung mehrere Unternehmen geschädigt worden, beschränkt sich die Ersatzpflicht insgesamt auf das Zweifache der Höchstgrenze des Satzes 1. ⁴Übersteigen in diesem Fall mehrere nach Absatz 1 Satz 4 zu leistende Entschädigungen das Zweifache der Höchstgrenze des Satzes 1, so verringern sich die einzelnen Entschädigungen in dem Verhältnis, in dem ihr Gesamtbetrag zum Zweifachen der Höchstgrenze des Satzes 1 steht.

(3) ¹Die §§ 93 und 97 der Abgabenordnung gelten nicht für die in Absatz 1 Satz 1 bezeichneten Personen, soweit sie zur Durchführung des § 342b tätig werden. ²Sie finden Anwendung, soweit die Finanzbehörden die Kenntnisse für die Durchführung eines Verfahrens wegen einer Steuerstraftat sowie eines damit zusammenhängenden Besteuerungsverfahrens benötigen, an deren Verfolgung ein zwingendes öffentliches Interesse besteht, und nicht Tatsachen betroffen sind, die von einer ausländischen Stelle mitgeteilt worden sind, die mit der Prüfung von Rechnungslegungsverstößen betraut ist.

Inhaltsübersicht	Rz.
I. Regelungsinhalt	1
II. Normadressaten	2
III. Verschwiegenheitspflicht und Verwertungsverbot	3 - 4
IV. Schadenersatzpflicht dem Grunde nach	5 - 6
V. Schadenersatzpflicht der Höhe nach	7 - 8
IV. Auskunfts- und Vorlagepflichten gegenüber Finanzbehörden	9

I. Regelungsinhalt

Abs. 1 trifft zu den bei der Prüfungstätigkeit der DPR erlangten Kenntnissen folgende Regelung: 1

▶ Für „bei der Prüfstelle Beschäftigte" als **Normadressaten** (→ Rz. 2)

- bestehen **Verschwiegenheitspflichten** und **Verwertungsverbote** (→ Rz. 3).
- Ein aus der vorsätzlichen oder fahrlässigen Verletzung dieser Vorgaben resultierender **Schaden** ist zu ersetzen (→ Rz. 5).

Abs. 2 enthält **Haftungsbegrenzungen** für den Fall der lediglich fahrlässigen Pflichtverletzung (→ Rz. 8).

Abs. 3 normiert das Verhältnis der Verschwiegenheitspflicht zu Auskunfts- und Vorlagepflichten gegenüber **Finanzbehörden** (→ Rz. 9).

Strafrechtliche Sanktionen bei Verstoß gegen **Verschwiegenheitspflichten und Verwertungsverbote** sind in § 333 Abs. 1 HGB geregelt (→ § 333 Rz. 1).

II. Normadressaten

2   Verschwiegenheitspflichten und Verwertungsverbot gelten für „die bei der Prüfstelle Beschäftigten". Unmittelbar betroffen sind die **Arbeitnehmer der DPR**.

Externe Gutachter (Wirtschaftsprüfer, Anwälte, Grundstückssachverständige etc.), die die DPR nach § 342b Abs. 1 Satz 4 HGB im Rahmen der Prüfung beauftragt, sind nach der Verfahrensordnung der DPR (§ 10) entsprechend zu behandeln. Diese Gleichbehandlung ist sachgerecht, da es nicht darauf ankommen kann, auf welcher vertraglichen Basis im Auftrag der DPR an der Prüfung mitwirkende Personen tätig sind.[1]

III. Verschwiegenheitspflicht und Verwertungsverbot

3   Die Verschwiegenheitspflicht gem. Abs. 1 Satz 1 erstreckt sich nur auf Sachverhalte, die nicht ohnehin allgemein bekannt oder zugänglich sind, also etwa nicht auf in das Handelsregister eingetragene Tatsachen.

Geschützt sind nur die bei der Prüfung **über das Unternehmen** erlangten Erkenntnisse. Die **Tatsache** der Durchführung eines *Enforcement*-Verfahrens **selbst** stellt keine solche Erkenntnis dar.[2]

Die Verschwiegenheitspflicht gilt nach Abs. 1 Satz 2 nicht im Falle **gesetzlich begründeter Mitteilungspflichten**, insbesondere also nicht gegenüber der BaFin (→ § 342b Rz. 24), Strafverfolgungsbehörden und der Wirtschaftsprüferkammer (→ § 342b Rz. 27).

4   Das **Verwertungsverbot** gem. Abs. 1 Satz 3 betrifft nur **Geschäfts- und Betriebsgeheimnisse**, also inhaltlich einen engeren Bereich von Informationen als die Verschwiegenheitspflicht. Grundbucheintragungen sind etwa wegen der Bindung der Grundbucheinsicht an ein berechtigtes Interesse ein nicht allgemein zugänglicher und damit der Verschwiegenheit unterliegender Sachverhalt, jedoch kein Betriebs- oder Geschäftsgeheimnis. Wegen Einzelheiten wird auf die entsprechenden Abgrenzungen bei der Abschlussprüfung verwiesen (→ § 323 Rz. 26 ff.).

---

[1] Gl. A. *Berger/Zempel*, in: Haufe HGB Bilanz Kommentar, Freiburg 2009, § 342c Tz. 7.
[2] Vgl. *Berger/Zempel* in: Haufe HGB Bilanz Kommentar, Freiburg 2009, § 342c Tz. 4, unter Verweis auf die Gesetzesbegründung.

IV. Schadenersatzpflicht dem Grunde nach

Die in Abs. 1 Satz 4 normierte Schadenersatzpflicht dem Grunde nach setzt voraus: 5

- Ein **fahrlässiger oder vorsätzlicher** (subjektiver Tatbestand) Verstoß gegen Verschwiegenheitsgebot oder Verwertungsverbot
- hat einen Schaden verursacht **(Kausalität)** und zwar
- bei dem geprüften oder einem mit diesem verbundenen Unternehmen **(Anspruchsberechtigte)**.

Ersatzpflichtig sind die unter → Rz. 2 genannten Personen. Mehrere Personen haften nach Abs. 1 Satz 4 **gesamtschuldnerisch** (→ § 323 Rz. 35). 6

V. Schadenersatzpflicht der Höhe nach

Im Falle **vorsätzlicher** Pflichtverletzung ist die Schadenersatzpflicht der Höhe nach **unbegrenzt**. 7

Für lediglich **fahrlässige** Pflichtverletzungen besteht durch Verweis von Abs. 2 Satz 1 auf die Abschlussprüferhaftung (§ 323 Abs. 2 Satz 2 HGB) eine **Haftungssummenbegrenzung** auf 4 Mio € (→ § 323 Rz. 44). Nach Abs. 3 Satz 2 gilt dies auch, wenn mehrere Personen an der Prüfung beteiligt waren oder eine Person mehrere Pflichtverletzungen begangen hat (→ § 323 Rz. 35). 8

Die Haftungshöchstgrenze verdoppelt sich nach Abs. 3 Satz 3 auf 8 Mio € wenn durch eine zum Schadenersatz verpflichtende Handlung mehrere Unternehmen (das geprüfte und mit ihm verbundene) gleichzeitig fahrlässig geschädigt wurden. Übersteigt dabei der Gesamtschaden den Betrag von 8 Mio €, wird der unternehmensindividuelle Schadenersatzanspruch nach Abs. 3 Satz quotal gekürzt.

IV. Auskunfts- und Vorlagepflichten gegenüber Finanzbehörden

Den in §§ 93, 97 AO geregelten Auskunfts- und Vorlagepflichten gegenüber den Finanzbehörden unterliegen die im Rahmen eines *Enforcement*-Verfahrens tätigen (→ Rz. 2) gem. Abs. 3 **nicht**. 9

Eine **Ausnahme** besteht für Informationen, die von der Finanzverwaltung für ein **Steuerstrafverfahren** mit zwingendem öffentlichem Interesse benötigt werden, eine **Rückausnahme** für strafverfahrensrelevante Informationen, die von einer **ausländischen** *Enforcement*-Stelle erlangt wurden (Abs. 3 Satz 2 2. Halbsatz).

§ 342d Finanzierung der Prüfstelle

¹Die Prüfstelle hat über die zur Finanzierung der Erfüllung ihrer Aufgaben erforderlichen Mittel einen Wirtschaftsplan für das Folgejahr im Einvernehmen mit der Bundesanstalt für Finanzdienstleistungsaufsicht aufzustellen. ²Der Wirtschaftsplan ist dem Bundesministerium der Justiz und dem Bundesministerium der Finanzen zur Genehmigung vorzulegen. ³Die Bundesanstalt für Finanzdienstleistungsaufsicht schießt der Prüfstelle die dieser nach dem Wirtschaftsplan voraussichtlich entstehenden Kosten aus der gem. § 17d Abs. 1 Satz 3 des Finanzdienstleistungsaufsichtsgesetzes eingezogenen Umlagevorauszahlung vor, wobei etwaige Fehlbeträge und nicht eingegangene Beträge nach dem Verhältnis von Wirtschaftsplan zu dem betreffenden Teil des Haushaltsplanes der Bundesanstalt für Finanzdienstleistungsaufsicht anteilig zu berücksichtigen sind. ⁴Nach Ende des Haushaltsjahres hat die Prüfstelle ihren Jahresabschluss aufzustellen. ⁵Die Entlastung erteilt das zuständige Organ der Prüfstelle mit Zustimmung des Bundesministeriums der Justiz und des Bundesministeriums der Finanzen.

Finanzierung durch Umlageverfahren

Der Finanzbedarf der Prüfstellen ergibt sich nach Sätzen 1 und 2 aus dem im Einvernehmen mit der BaFin erstellten und vom Bundesministerium der Justiz genehmigten **Wirtschaftsplan**.

Nach Satz 3 i.V. mit §§ 17a bis d Finanzdienstleistungsaufsichtsgesetz (FinDAG) und Bilanzkontrollkosten-Umlageverordnung (BilKoUmV) erhebt die BaFin die erforderlichen Mittel im **Umlageverfahren**. Dabei gilt:

- Die BaFin ermittelt aus dem Finanzbedarf der DPR und dem Finanzbedarf des bei der BaFin für *Enforcement*-Tätigkeit zuständigen Organisationsbereichs einen Gesamtumlagebetrag.
- Der Anteil des einzelnen Unternehmens daran bemisst sich nach dessen Anteil an den inländischen Börsenumsätzen sämtlicher umlagepflichtiger Unternehmen.
- Der Anteil beträgt mindestens 250 € und höchstens 40.000 €.

§ 342e Bußgeldvorschriften

(1) Ordnungswidrig handelt, wer vorsätzlich oder fahrlässig entgegen § 342b Abs. 4 Satz 1 der Prüfstelle eine Auskunft nicht richtig oder nicht vollständig erteilt oder eine Unterlage nicht richtig oder nicht vollständig vorlegt.

(2) Die Ordnungswidrigkeit kann mit einer Geldbuße bis zu fünfzigtausend Euro geahndet werden.

(3) Verwaltungsbehörde im Sinne des § 36 Abs. 1 Nr. 1 des Gesetzes über Ordnungswidrigkeiten ist bei Ordnungswidrigkeiten nach Absatz 1 die Bundesanstalt für Finanzdienstleistungsaufsicht.

Tatbestand, Rechtsfolgen, Normadressaten

§ 342e HGB sanktioniert mit einer Geldbuße von bis zu 50.000 € vorsätzlich oder fahrlässig falsche oder unvollständige Auskünfte oder Offenlegungen gegenüber der Prüfstelle. Ob dadurch ein bestimmter Erfolg (unzutreffende Feststellung der Prüfstelle, Prüfungshemmnis) herbeigeführt wird, ist unerheblich. Handlungen **nach** Abschluss des Prüfverfahrens bei der Prüfstelle sind nicht sanktioniert.[1]   1

Die Pflicht zur Auskunft und Offenlegung besteht für die gesetzlichen Vertreter und sonstigen Personen, derer sich diese bedienen, wenn und solange das Unternehmen freiwillig am *Enforcement*-Verfahren mitwirkt (→ § 342b Rz. 21).   2

Wegen der Voraussetzungen, unter denen die Pflicht sich auch auf den **Abschlussprüfer** erstreckt, und der Frage, ob bei entsprechender Erstreckung auch die Arbeitspapiere der Prüfstelle vorzulegen sind, wird auf → § 342b Rz. 22 verwiesen.   3

Entsprechende Sanktionen bestehen, wenn mangels Einwilligung des Unternehmens das *Enforcement*-Verfahren auf der zweiten Stufe (→ § 342b Rz. 2) durchgeführt wird (§ 39 Abs. 3 Nr. 1 Buchst. c i.V. mit Abs. 4 WpHG).   4

---

1 Vgl. *Berger/Zempel*, in: Haufe HGB Bilanz Kommentar, Freiburg 2009, § 342e Tz. 3 und Tz. 8.

Übergangsvorschriften zum Bilanzrechtsmodernisierungsgesetz

Art. 66 EGHGB

(1) Die §§ 241a, 242 Abs. 4, § 267 Abs. 1 und 2 sowie § 293 Abs. 1 des Handelsgesetzbuchs in der Fassung des Bilanzrechtsmodernisierungsgesetzes vom 25. Mai 2009 (BGBl I S. 1102) sind erstmals auf Jahres- und Konzernabschlüsse für das nach dem 31. Dezember 2007 beginnende Geschäftsjahr anzuwenden.

(2) [1]§ 285 Nr. 3, 3a, 16, 17 und 21, § 288 soweit auf § 285 Nr. 3, 3a, 17 und 21 Bezug genommen wird, § 289 Abs. 4 und 5, die §§ 289a, 292 Abs. 2, § 314 Abs. 1 Nr. 2, 2a, 8, 9 und 13, § 315 Abs. 2 und 4, § 317 Abs. 2 Satz 2, Abs. 3 Satz 2, Abs. 5 und 6, § 318 Abs. 3 und 8, § 319a Abs. 1 Satz 1 Nr. 4, Satz 4 und 5, Abs. 2 Satz 2, die §§ 319b, 320 Abs. 4, § 321 Abs. 4a, § 340k Abs. 2a, § 340l Abs. 2 Satz 2 bis 4, § 341a Abs. 2 Satz 5 und § 341j Abs. 1 Satz 3 des Handelsgesetzbuchs in der Fassung des Bilanzrechtsmodernisierungsgesetzes vom 25. Mai 2009 (BGBl I S. 1102) sind erstmals auf Jahres- und Konzernabschlüsse für das nach dem 31. Dezember 2008 beginnende Geschäftsjahr anzuwenden. [2]§ 285 Satz 1 Nr. 3, 16 und 17, § 288 soweit auf § 285 Nr. 3 und 17 Bezug genommen wird, § 289 Abs. 4, § 292 Abs. 2, § 314 Abs. 1 Nr. 2, 8 und 9, § 315 Abs. 4, § 317 Abs. 3 Satz 2 und 3, § 318 Abs. 3, § 319a Abs. 1 Satz 1 Nr. 4, Satz 4, § 341a Abs. 2 Satz 5 sowie § 341j Abs. 1 Satz 3 des Handelsgesetzbuchs in der bis zum 28. Mai 2009 geltenden Fassung sind letztmals auf Jahres- und Konzernabschlüsse für vor dem 1. Januar 2009 beginnende Geschäftsjahre anzuwenden.

(3) [1]§ 172 Abs. 4 Satz 3, die §§ 246, 248 bis 250, § 252 Abs. 1 Nr. 6, die §§ 253 bis 255 Abs. 2a und 4, § 256 Satz 1, die §§ 256a, 264 Abs. 1 Satz 2, die §§ 264d, 266, 267 Abs. 3 Satz 2, § 268 Abs. 2 und 8, § 272 Abs. 1, 1a, 1b und 4, die §§ 274, 274a Nr. 5, § 277 Abs. 3 Satz 1, Abs. 4 Satz 3, Abs. 5, § 285 Nr. 13, 18 bis 20, 22 bis 29, § 286 Abs. 3 Satz 3, § 288 soweit auf § 285 Nr. 19, 22 und 29 Bezug genommen wird, die §§ 290, 291 Abs. 3, § 293 Abs. 4 Satz 2, Abs. 5, § 297 Abs. 3 Satz 2, § 298 Abs. 1, § 300 Abs. 1 Satz 2, § 301 Abs. 3 Satz 1, Abs. 4, die §§ 306, 308a, 310 Abs. 2, § 313 Abs. 3 Satz 3, § 314 Abs. 1 Nr. 10 bis 12, 14 bis 21, § 315a Abs. 1, § 319a Abs. 1 Halbsatz 1, § 325 Abs. 4, § 325a Abs. 1 Satz 1, § 327 Nr. 1 Satz 2, §§ 334, 336 Abs. 2, die §§ 340a, 340c, 340e, 340f, 340h, 340n, 341a Abs. 1 Satz 1, Abs. 2 Satz 1 und 2, die §§ 341b, 341e, 341l und 341n des Handelsgesetzbuchs in der Fassung des Bilanzrechtsmodernisierungsgesetzes vom 25. Mai 2009 (BGBl I S 1102) sind erstmals auf Jahres- und Konzernabschlüsse für das nach dem 31. Dezember 2009 beginnende Geschäftsjahr anzuwenden. [2]§ 253 des Handelsgesetzbuchs in der Fassung des Bilanzrechtsmodernisierungsgesetzes findet erstmals auf Geschäfts- oder Firmenwerte im Sinn des § 246 Abs. 1 Satz 4 des Handelsgesetzbuchs in der Fassung des Bilanzrechtsmodernisierungsgesetzes Anwendung, die aus Erwerbsvorgängen herrühren, die in Geschäftsjahren erfolgt sind, die nach dem 31. Dezember 2009 begonnen haben. [3]§ 255 Abs. 2 des Handelsgesetzbuchs in der Fassung des Bilanzrechtsmodernisierungsgesetzes findet erstmals auf Herstellungsvorgänge Anwendung, die in dem in Satz 1 bezeichneten Geschäftsjahr begonnen wurden. [4]§ 294 Abs. 2, § 301 Abs. 1 Satz 2 und 3, Abs. 2, § 309 Abs. 1 und § 312 in der Fassung des Bilanzrechtsmodernisierungsgesetzes finden erstmals auf Erwerbsvorgänge Anwendung, die in Geschäftsjahren erfolgt sind, die nach dem 31. Dezember 2009 begonnen haben. [5]Für nach § 290 Abs. 1 und 2 des Handelsgesetz-

buchs in der Fassung des Bilanzrechtsmodernisierungsgesetzes erstmals zu konsolidierende Tochterunternehmen oder bei erstmaliger Aufstellung eines Konzernabschlusses für nach dem 31. Dezember 2009 beginnende Geschäftsjahre finden § 301 Abs. 1 Satz 2 und 3, Abs. 2 und § 309 Abs. 1 des Handelsgesetzbuchs in der Fassung des Bilanzrechtsmodernisierungsgesetzes auf Konzernabschlüsse für nach dem 31. Dezember 2009 beginnende Geschäftsjahre Anwendung. ⁶Die neuen Vorschriften können bereits auf nach dem 31. Dezember 2008 beginnende Geschäftsjahre angewandt werden, dies jedoch nur insgesamt; dies ist im Anhang und Konzernanhang anzugeben.

(4) §§ 324, 340k Abs. 5 sowie § 341k Abs. 4 des Handelsgesetzbuchs in der Fassung des Bilanzrechtsmodernisierungsgesetzes vom 25. Mai 2009 (BGBl I S. 1102) sind erstmals ab dem 1. Januar 2010 anzuwenden; § 12 Abs. 4 des Einführungsgesetzes zum Aktiengesetz ist entsprechend anzuwenden.

(5) § 246 Abs. 1 und 2, § 247 Abs. 3, die §§ 248 bis 250, § 252 Abs. 1 Nr. 6, die §§ 253, 254, 255 Abs. 2 und 4, § 256 Satz 1, § 264c Abs. 4 Satz 3, § 265 Abs. 3 Satz 2, die §§ 266, 267 Abs. 3 Satz 2, § 268 Abs. 2, die §§ 269, 270 Abs. 1 Satz 2, § 272 Abs. 1 und 4, die §§ 273, 274, 274a Nr. 5, § 275 Abs. 2 Nr. 7 Buchstabe a, § 277 Abs. 3 Satz 1, Abs. 4 Satz 3, die §§ 279 bis 283, 285 Satz 1 Nr. 2, 5, 13, 18 und 19, Sätze 2 bis 6, § 286 Abs. 3 Satz 3, §§ 287, 288 soweit auf § 285 Satz 1 Nr. 2, 5 und 18 Bezug genommen wird, §§ 290, 291 Abs. 3 Nr. 1 und 2 Satz 2, § 293 Abs. 4 Satz 2, Abs. 5, § 294 Abs. 2 Satz 2, § 297 Abs. 3 Satz 2, § 298 Abs. 1, § 300 Abs. 1 Satz 2, § 301 Abs. 1 Satz 2 bis 4, Abs. 2, 3 Satz 1 und 3, Abs. 4, die §§ 302, 306, 307 Abs. 1 Satz 2, § 309 Abs. 1, § 310 Abs. 2, § 312 Abs. 1 bis 3, § 313 Abs. 3 Satz 3, Abs. 4, § 314 Abs. 1 Nr. 10 und 11, § 315a Abs. 1, § 319a Abs. 1 Satz 1 Halbsatz 1, § 325 Abs. 4, § 325a Abs. 1 Satz 1, § 327 Nr. 1 Satz 2, die §§ 334, 336 Abs. 2, § 340a Abs. 2 Satz 1, die §§ 340c, 340e, 340f, 340h, 340n, 341a Abs. 1 und 2 Satz 1 und 2, § 341b Abs. 1 und 2, § 341e Abs. 1, § 341l Abs. 1 und 3 und § 341n des Handelsgesetzbuchs in der bis zum 28. Mai 2009 geltenden Fassung sind letztmals auf Jahres- und Konzernabschlüsse für das vor dem 1. Januar 2010 beginnende Geschäftsjahr anzuwenden.

(6) § 335 Abs. 5 Satz 11 und 12 des Handelsgesetzbuchs in der Fassung des Bilanzrechtsmodernisierungsgesetzes vom 25. Mai 2009 (BGBl I S. 1102) ist nur vom 29. Mai 2009 bis zum 31. August 2009 anzuwenden und tritt am 1. September 2009 außer Kraft.

(7) § 248 Abs. 2 und § 255 Abs. 2a des Handelsgesetzbuchs in der Fassung des Bilanzrechtsmodernisierungsgesetzes vom 25. Mai 2009 (BGBl I S. 1102) finden nur auf die selbst geschaffenen immateriellen Vermögensgegenstände des Anlagevermögens Anwendung, mit deren Entwicklung in Geschäftsjahren begonnen wird, die nach dem 31. Dezember 2009 beginnen.

Inhaltsübersicht	Rz.
I. Überblick	1 - 3
II. Vorgezogene Pflichtanwendungen	4 - 8
1. Deregulierende Erleichterungen (Abs. 1 Satz 1)	4 - 6
2. Angabepflichten im Anhang und Lagebericht (Abs. 2)	7
3. Prüfungsvorschriften	8
III. Anwendung der BilMoG-Fassung der HGB-Rechnungslegung	9 - 19
1. Genereller Anwendungszeitpunkt (Abs. 3 Satz 1)	9 - 10
2. Regelmäßig retrospektive Anwendung	11 - 11a
3. Einzelfälle der prospektiven Anwendung	12 - 19
3.1 Zugang eines Geschäfts- oder Firmenwerts (Abs. 3 Satz 2)	12

3.2 Umfang der Herstellungskosten (Abs. 3 Satz 3)	13 - 14
3.3 Konzernrechnungslegungsvorschriften (Abs. 3 Satz 4)	15
3.4 Einbeziehung von Tochterunternehmen, insbesondere Zweckgesellschaften (Abs. 3 Satz 5)	16
3.5 Vorzeitige Anwendung insgesamt (Abs. 3 Satz 6)	17 - 19
IV. Sonderfall Prüfungsausschuss (Abs. 4)	19a
V. Letztmalige Anwendung der Rechtslage vor dem BilMoG (Abs. 5)	20
VI. Erstmalige Anwendung der Regeln zu den hergestellten immateriellen Anlagegütern (Abs. 7)	21

Ausgewählte Literatur

Auf die Nachweise zu → Art. 67 wird verwiesen.

I. Überblick

Die **beiden** das Übergangsverfahren zum BilMoG regelnden Artikel des EGHGB (Art. 66 und 67 EGHGB) sind nicht in allen Teilen konsistent gegliedert. 1

Art. 66 EGHGB regelt schwerpunktmäßig die **Zeitschiene** des Übergangs, befasst sich allerdings in Abs. 3 Satz 2 bis 5 auch mit **einzelnen Posten** des Jahres- und Konzernabschlusses (→ Rz. 12 ff.). Art. 67 EGHGB behandelt ebenfalls besondere Verfahrensregeln für eine ganze Reihe von **Posten** der **Bilanz**- und GuV im Übergangsprozess mit dem Schwerpunkt der Beibehaltungs- und Fortführungs**wahlrechte**.[1] Abs. 7 befasst sich speziell mit zeitlichen Aktivierungsvorgaben für hergestellte Immaterialgüter des Anlagevermögens (→ Rz. 21).

Umbewertungsdifferenzen aus der Anwendung des neuen Rechts sind ergebniswirksam zu behandeln, sofern das Gesetz keine erfolgsneutrale Anwendung (→ Art. 67 Rz. 15) vorschreibt oder erlaubt.[2]

Abs. 1 schreibt die Anwendung deregulierender Erleichterungen bereits bei Geschäftsjahresbeginn ab **1.1.2008** (→ Rz. 4) vor. Abs. 2 ordnet Angabepflichten im Anhang und Lagebericht für Geschäftsjahre an, die ab 1.1.2009 beginnen (→ Rz. 7). 2

Abs. 3 Satz 1 zählt umfassend die Vorschriften auf, die in am 1.1.2010 und später beginnenden Geschäftsjahren **erstmals** anzuwenden sind (→ Rz. 9); entsprechend regelt Abs. 5 die letztmalige Anwendung von Vorschriften des **bisherigen** Rechts (→ Rz. 20).

Pflichtgemäß gilt das BilMoG – mit Ausnahme der deregulierenden Erleichterungen (→ Rz. 4) und bestimmter Angabepflichten (→ Rz. 7) – für die ab 1.1.2010 beginnenden Geschäftsjahre (→ Rz. 9). Abs. 3 Satz 6 **erlaubt** die vorgezogene Anwendung der BilMoG-Gesetzesfassung **insgesamt** in Geschäftsjahren mit Beginn ab 1.1.2009 (→ Rz. 17). 3

---

[1] Zur Kritik an dieser eher unübersichtlichen Strukturierung des Übergangsverfahrens vgl. auch *Kirsch*, DStR 2009 S. 1048.
[2] IDW HFA 28 Tz. 6.

II. Vorgezogene Pflichtanwendungen

1. Deregulierende Erleichterungen (Abs. 1 Satz 1)

4 Nach Abs. 1 sind folgende drei Sachverhalte in Geschäftsjahren mit Beginn ab 1.1.2008 – bei kalendergleichem Geschäftsjahr für 2008, bei abweichendem Geschäftsjahr später – anzuwenden:

1. **Verzicht** auf die Buchführung und Bilanzierung (→ Rz. 5) nach §§ 241a, 242 Abs. 4 HGB (→ § 241a Rz. 1).
2. **Größenmerkmale** (→ Rz. 6) für den **Jahres**abschluss der haftungsbeschränkenden Gesellschaften i. S. des § 267 Abs. 1 HGB (→ § 267 Rz. 12).
3. **Größenmerkmale** (→ Rz. 6) für die Erstellung eines Konzernabschlusses gem. § 293 Abs. 1 HGB (→ § 293 Rz. 10).

5 Ob die Anwendung der Befreiungsvorschrift für die Buchführung und Bilanzierung **sinnvoll** ist, muss im Einzelfall entschieden werden. Eine generelle Empfehlung „pro" wäre nicht angemessen (→ § 241a Rz. 3). Steuerliche Buchführungspflichten sind ohnehin zu beachten (§ 141 AO).

6 Die geänderten **Größenmerkmale** für den Anwendungsbereich der Kapital- und Kap. & Co.-Gesellschaften (→ § 267 Rz. 12) entfalten einen besonderen Rückwirkungseffekt. Sie sind (z. B.) auf den Jahresabschluss zum 31.12.2008 anzuwenden. Wegen des Kriteriums der zweimaligen Unterschreitung zweier Parameter zur Neueingruppierung gelangen auch die Verhältnisse der Jahre 2006 und 2007 ins Spiel. Wegen Einzelheiten wird auf → § 267 Rz. 20 sowie → § 293 Rz. 11 verwiesen.

2. Angabepflichten im Anhang und Lagebericht (Abs. 2)

7 Einige Angaben im (Konzern-)Anhang und im (Konzern-)Lagebericht unterliegen gem. Abs. 2 Satz 1 bereits bei Geschäftsjahresbeginn ab 1.1.2009 der Berichterstattungs**pflicht**. Der Rechtsgrund liegt in der Umsetzung einschlägiger EU-Richtlinien. Bei der erlaubten vorzeitigen Anwendung der BilMoG-Fassung des HGB insgesamt (→ Rz. 17) geht diese Sondervorschrift ins Leere. Folgende Angaben sind betroffen:

Fundstelle			
Anhang/ Lagebericht	Konzernanhang/ -lagebericht	Kurzbezeichnung	Verweis auf Kommentierung
§ 285 Nr. 3 HGB	§ 314 Abs. 1 Nr. 2 HGB	*off balance*-Gestaltungen	→ § 285 Rz. 10
§ 285 Nr. 3a HGB	§ 314 Abs. 1 Nr. 2a HGB	Finanzielle Verpflichtungen	→ § 285 Rz. 14
§ 285 Nr. 16 HGB	§ 314 Abs. 1 Nr. 8 HGB	*compliance*-Erklärung	→ § 285 Rz. 105
§ 285 Nr. 17 HGB	§ 314 Abs. 1 Nr. 9 HGB	Abschlussprüferhonorar	→ § 285 Rz. 106
§ 285 Nr. 21 HGB	§ 314 Abs. 1 Nr. 13 HGB	Geschäfte mit Nahestehenden	→ § 285 Rz. 136
§ 288 HGB	Fehlanzeige	Bezugnahme auf § 285 Nr. 3, 3a, 17 und 21 HGB	→ § 288 Rz. 1
§ 289 Abs. 4 HGB	§ 315 Abs. 4 HGB	Angaben alternativ im Anhang oder Lagebericht	→ § 289 Rz. 73

§ 289 Abs. 5 HGB	§ 315 Abs. 2 Nr. 5 HGB	Internes Kontrollsystem für die Abschlusserstellung	→ § 289 Rz. 75
§ 289a HGB	Fehlanzeige	Erklärung zur Unternehmensführung	→ § 289a Rz. 2

Abs. 2 Satz 2 verweist auf Angabepflichten im (Konzern-)Anhang und (Konzern-)Lagebericht nach HGB a. F., die mit der (erstmaligen) Anwendung des BilMoG **entfallen**.

3. Prüfungsvorschriften

Bei Geschäftsjahresbeginn ab 1.1.2009 sind anzuwenden die Vorschriften zur Abschlussprüfung: 8

Fundstelle	Kurzbezeichnung	Verweis auf Kommentierung
§ 317 Abs. 2 Satz 2 HGB	Prüfung der Darstellung von Chancen und Risiken im Lagebericht	→ § 317 Rz. 57 ff.
§ 317 Abs. 3 Satz 2 HGB	Überprüfung der anderen Abschlussprüfer beim Konzernabschluss	→ § 317 Rz. 69 ff.
§ 317 Abs. 5 HGB	Anwendung der internationalen Prüfungsstandards	→ § 317 Rz. 76 f.
§ 317 Abs. 6 HGB	Ermächtigung zur Rechtsverordnung	→ § 317 Rz. 79
§ 318 Abs. 3 HGB	Gerichtliche Ersetzung des Abschlussprüfers	→ § 318 Rz. 31 ff.
§ 318 Abs. 8 HGB	Mitteilung an die WP-Kammer bei Kündigung oder Widerruf des Prüfungsauftrags	→ § 318 Rz. 50
§ 319a Abs. 1 Satz 1 Nr. 4 HGB	Rotationsgebot für Prüfer	→ § 319a Rz. 30
§ 319a Abs. 1 Satz 4 HGB	Rotationsgebot für Prüfungsgesellschaften	→ § 319a Rz. 31
§ 319a Abs. 1 Satz 5 HGB	Bestimmung des ausscheidenden Prüfers	→ § 319a Rz. 33
§ 319a Abs. 2 Satz 2 HGB	Bestimmung des ausscheidenden Prüfers auf Konzernebene	→ § 319a Rz. 39
§ 319b HGB	Netzwerk	→ § 319b Rz. 1 ff.
§ 320 Abs. 4 HGB	Berichtspflicht des ausscheidenden an den neuen Prüfer	→ § 320 Rz. 23
§ 321 Abs. 4a HGB	Unabhängigkeitsbestätigung	→ § 321 Rz. 79

III. Anwendung der BilMoG-Fassung der HGB-Rechnungslegung

1. Genereller Anwendungszeitpunkt (Abs. 3 Satz 1)

Die BilMoG-Fassung des HGB ist auf Jahresabschlüsse für Geschäftsjahre mit **Beginn ab 1.1.2010** verpflichtend anzuwenden. Enumerativ sind die einschlägigen Gesetzesregeln aufgelistet (Abs. 3 Satz 1). Zu diesen treten die Anhangangaben und Lageberichterstattungspflichten mit vorzeitiger Anwendungspflicht (→ Rz. 7). Korrespondierend hierzu sind in Abs. 5 (→ Rz. 20) die Gesetzesregeln aufgeführt, die letztmals vor Anwendung des BilMoG Gültigkeit besitzen. 9

10 Freiwillig können nach Abs. 3 Satz 6 die BilMoG-Regeln bereits für Geschäftsjahre mit Beginn ab 1. 1. 2009 angewandt werden, allerdings nur **insgesamt** und mit entsprechenden **Anhang**angaben (→ Rz. 17).

2. Regelmäßig retrospektive Anwendung

11 Abs. 3 Satz 2 bis 5 enthalten abschlusspostenbezogene Sondervorschriften zum Übergang auf das neue Recht (→ Rz. 12 ff.) in **prospektiver** Form. Das Gleiche gilt für die hergestellten immateriellen Anlagegüter nach Abs. 7 (→ Rz. 21). Die übrigen Regeln in Abs. 3 Satz 1 – also fast alle Bilanzierungsregeln und Angabepflichten – sind **retrospektiv** zu erfüllen, gelten somit nicht nur auf die ab deren Anwendungszeitpunkt entstandenen Bilanzposten, sondern auch für die sog. „Altfälle", wie z. B. Bilanzposten, die schon zuvor zugegangen und bis zum 1. 1. 2010 (1. 1. 2009 beim vorgezogenen Übergang, → Rz. 10) noch nicht abgegangen sind. Die Begründung zum BilMoG-RegE[3] nennt beispielhaft die **latenten Steuern**, die auf weiterbestehende Buchwertunterschiede anfallen, auch wenn diese auf Vorgängen beruhen, die nach alter Rechtslage begründet worden sind.

11a Im Regelfall des Übergangs (→ Rz. 17) stellt bei kalendergleichem Geschäftsjahr der 1. 1. 2010 den **Umstellungs**zeitpunkt und der 31. 12. 2010 den **Erstanwendungs**zeitpunkt dar. Die von den Übergangsvorschriften erfassten Bilanzposten sind aufzulisten und zum 31. 12. 2010 dem Übergangsprozedere zu unterwerfen. Dazu gehört auch die Ausübung der Wahlrechte (→ Art. 67). Diese Auflistung kann man als **Eröffnungsbilanz**[4] bezeichnen, eine Bilanz im **Rechtssinne** liegt jedenfalls nicht vor (→ § 245 Rz. 10). Auch wird der Bilanzenzusammenhang nicht durchbrochen, die Schlussbilanzwerte zum 31. 12. 2009 sind zum 1. 1. 2010 in das neue Geschäftsjahr vorzutragen, auch wenn zum 31. 12. 2010 für den einen oder anderen Posten eine ergebnisneutrale Anpassung (→ Art. 67 Rz. 15) gewählt wird.

Die **Ausnahmen** einer nur **prospektiven** Anwendung sind in → Rz. 12 ff. dargestellt. Aus ihnen lässt sich auch im **Umkehrschluss** die vorstehend dargelegte Regel der retrospektiven Umstellung ableiten.[5]

3. Einzelfälle der prospektiven Anwendung

3.1 Zugang eines Geschäfts- oder Firmenwerts (Abs. 3 Satz 2)

12 Das Aktivierungsgebot des § 246 Abs. 1 Satz 4 HGB (→ § 246 Rz. 279) ist auf entgeltlich erworbene Geschäfts- oder Firmenwerte anzuwenden, die aus Erwerbsvorgängen im zeitlichen Anwendungsbereich des BilMoG zugegangen sind. Aus früheren Erwerbsvorgängen entstandene Geschäfts- oder Firmenwerte, die im Aufwand verrechnet wurden, sind demnach nicht zu „re- aktivieren" und über die Nutzungsdauer abzuschreiben. Da das frühere Aktivierungswahlrecht im Einzelabschluss mangels steuerlicher Anerkennung in der Praxis kaum in Anspruch genom-

---

3 BR-Drucks. 344/08, S. 217.
4 So *Petersen/Zwirner/Künkele*, DB 2010, Beilage 4, S. 4: „Eigenständige Eröffnungsbilanz" und „Durchbrechung des Bilanzzusammenhangs". IDW HFA 28 Tz. 26 verlangt demgegenüber zu Recht ein „Vergleichen".
5 Vgl. *Gelhausen/Fey/Kirsch*, WPg 2010 S. 25.

men worden ist, bleibt auch die Übergangsregelung ohne nennenswerten Anwendungsbereich. Das bisher angewandte Abschreibungsverfahren kann weitergeführt werden.[6]

Anders verhält es sich mit der Begründungspflicht für die festgelegte **Nutzungsdauer** des Geschäfts- und Firmenwerts nach § 285 Nr. 13 HGB (→ § 285 Rz. 97). Die Abweichung von der Gesetzeshypothese einer Nutzungsdauer von fünf Jahren muss begründet werden; ein Hinweis z. B. auf die steuerliche Typisierung von 15 Jahren genügt nicht. Die Begründungspflicht für Nutzungsdauern über fünf Jahre hinaus besteht auch für Zugänge vor dem Übergang zum BilMoG.[7]

3.2 Umfang der Herstellungskosten (Abs. 3 Satz 3)

Die Neufassung des § 255 Abs. 2 HGB sieht insbesondere eine Aktivierungspflicht für Material- und **Fertigungsgemeinkosten** vor (→ § 255 Rz. 85). Sollte bei früheren (vor Anwendung des BilMoG begonnenen) Herstellungsvorgängen das Wahlrecht zur Nichterfassung dieser Gemeinkosten ausgeübt worden sein, kommt eine „Nachaktivierung" unter der BilMoG-Anwendung nicht in Betracht. Die Gesetzesneufassung ist erstmals auf Herstellungsvorgänge anzuwenden, die im Anwendungsbereich des BilMoG begonnen worden sind. Für zuvor begonnene Herstellungen verbleibt es bei dem bis dahin gültigen Wahlrecht.[8]

13

> **BEISPIEL** ▶ Die U hat ein kalendergleiches Geschäftsjahr und nach altem Recht auf die Aktivierung von Gemeinkosten verzichtet. Folgende Posten sind zu bilanzieren:
>
> ▶ Vorräte und Anlagen, deren Herstellung in 2009 begonnen und abgeschlossen wurde: Es bleibt bei der bisherigen Bewertung zu Einzelkosten.
>
> ▶ Vorräte und Anlagen, deren Herstellung in 2009 begonnen und in 2010 abgeschlossen wurde: Für die bis 31.12.2009 getätigten Fertigungsleistungen bleibt es bei der Erfassung zu Einzelkosten. Die zusätzlichen Fertigungsleistungen in 2010 können nach HGB a. F. wahlweise zu Einzel- oder Gemeinkosten erfasst werden.
>
> ▶ Vorräte und Anlagen, deren Herstellung – auch durch Erweiterung und wesentliche Verbesserung – in 2010 begonnen wurde: Neben den Einzelkosten sind auch die Gemeinkosten zu aktivieren.

Zuvor orientierte sich die Rechnungslegungspraxis allerdings an den **steuerlichen** Vorschriften, hier der Aktivierungs**pflicht** von Fertigungsgemeinkosten, und hat somit die jetzige handelsrechtliche Regelung vorweggenommen. Deshalb ist diese Übergangsvorschrift ebenfalls (→ Rz. 12) ohne nennenswerten Anwendungsbereich.

14

3.3 Konzernrechnungslegungsvorschriften (Abs. 3 Satz 4)

Verschiedene Regeln der Konzernrechnungslegung sind nur prospektiv, also für Erwerbsvorgänge ab Anwendungszeitpunkt des BilMoG (→ Rz. 9 f.), anzuwenden:

15

---

6 IDW HFA 28 Tz. 32; a. A. *Kessler/Leinen/Paulus*, BB 2009 S. 1911; wie hier *Gelhausen/Fey/Kirsch*, WPg 2010 S. 29.
7 IDW ERS HFA 28.33.
8 IDW HFA 28 Tz. 54 eröffnet bei Herstellungsbeginn ein Wahlrecht für unfertige Erzeugnisse „aus Praktikabilitätsgründen". Derer bedarf es wegen des weiter bestehenden Wahlrechts alten Rechts nicht.

- § 294 Abs. 2 HGB: Unbedingte **Angabepflicht** im Anhang bei wesentlicher Änderung des **Konsolidierungskreises** (→ § 294 Rz. 3).
- § 301 Abs. 1 Satz 2 und 3 HGB: Die **Neubewertungs**methode, d. h. die früher zulässige Buchwertmethode, kann weitergeführt werden (→ § 301 Rz. 11), und zwar auch bei Änderung der Beteiligungsquote an einem Tochterunternehmen ohne Statusänderung.
- § 301 Abs. 2 HGB: Der **Zeitpunkt** der Erstkonsolidierung (→ § 301 Rz. 13).
- § 309 Abs. 1 HGB: Das Gebot der Aktivierung des **Geschäfts- oder Firmenwerts** aus der Erstkonsolidierung (→ § 309 Rz. 7) mit Abschreibung nach Maßgabe der Vorschriften für den Jahresabschluss (→ § 246 Rz. 279); die bisherige Bewertungsmethode nach altem Recht ist weiterzuführen, mit Rücklagen verrechnete Posten sind nicht zu reaktivieren.
- Keine Übergangsregel gibt es allerdings für bislang **saldierte** aktive und passive **Unterschieds**beträge aus der Erstkonsolidierung (→ § 301 Rz. 101). Hier ist auch in Altfällen auf den Bruttoausweis nach neuem Recht umzustellen.[9]
- § 312 HGB: Die *equity*-Bilanzierung bei Beteiligung an assoziierten Unternehmen (→ § 312 Rz. 12) mit Weiterführung der früher zulässigen Neubewertungs- bzw. Kapitalanteilsmethode mit separatem Ausweis des *goodwill*.

3.4 Einbeziehung von Tochterunternehmen, insbesondere Zweckgesellschaften (Abs. 3 Satz 5)

16 Nach § 290 Abs. 1 und 2 HGB i. d. F. des BilMoG zu konsolidierende Unternehmen sind **unabhängig** vom Zeitpunkt der **Begründung** des beherrschenden Einflusses ab dem Geschäftsjahr 2010 in den Konzernabschluss einzubeziehen. Betroffen sind insbesondere Zweckgesellschaften nach § 290 Abs. 2 Nr. 4 HGB (→ § 290 Rz. 39 ff.).

Die Kapitalkonsolidierung ist nach § 301 Abs. 2 Satz 1 HGB (→ § 301 Rz. 13) mit den Wertansätzen vorzunehmen, die im Zeitpunkt der Begründung des Tochterverhältnisses – regelmäßig am 1. 1. 2010 – vorliegen.[10] Entsprechendes gilt bei **erstmaliger** Konzernabschlusserstellungspflicht aufgrund der Änderung von § 290 HGB.

3.5 Vorzeitige Anwendung insgesamt (Abs. 3 Satz 6)

17 Die BilMoG-Fassung des HGB ist **optional** statt für das ab 1. 1. 2010 beginnende Geschäftsjahr schon ein Jahr früher anzuwenden (→ Rz. 3).

> **BEISPIEL** Das Geschäftsjahr der X-GmbH oder Y-OHG läuft vom 1. 2. bis zum 31. 1. (→ § 240 Rz. 22). Die GmbH bzw. die OHG **können** zum 31. 1. 2010 nach HGB in Gestalt des BilMoG bilanzieren, **müssen** dies zum 31. 1. 2011.

Das Regeldatum 1. 1. 2010 in den Übergangsvorschriften ist bei vorzeitiger Anwendung auf den 1. 1. 2009 „**umzudeuten**". Entsprechende Daten mit festen Laufzeiten verändern sich entsprechend. So endet z. B. die Übergangsfrist zur Anpassung der Pensionsrückstellungen nach

---

9 IDW RS HFA 28 Tz. 63.
10 IDW ERS HFA 28 Tz. 55.

Art. 67 Abs. 1 Satz 1 EGHGB (→ Art. 67 Rz. 4) nicht am 31. 12. 2024, sondern bereits ein Jahr früher. Vgl. hierzu auch die Erwägungen in → Art. 67 Rz. 19.

Die BilMoG-Fassung des HGB ist vorzeitig nur **insgesamt** anzuwenden. Eine Selektion einzelner Bilanzposten bzw. Vorschriften ist unzulässig. Eine **Mutter**gesellschaft i. S. des § 290 HGB kann somit nicht den Konzernabschluss nach altem und den Einzelabschluss (Jahresabschluss) nach neuem Recht erstellen. Bei einer in den Konzernabschluss einzubeziehenden **Tochter**gesellschaft ist die Perspektive eine andere: Sie kann ihren Einzelabschluss im Geschäftsjahr 2009 nach altem Recht erstellen und der Muttergesellschaft die HB II-Werte nach neuem Recht zu Konsolidierungszwecken zur Verfügung stellen oder umgekehrt. Diese differenzierende Vorgehensweise innerhalb eines Konzerns ist u. E. dann unzulässig, wenn die Tochtergesellschaft die Option nach § 264 Abs. 3 HGB (→ § 264 Rz. 37) ausübt. 18

Die vorzeitige Anwendung der BilMoG-Fassung des HGB ist im **Anhang** darzulegen (→ § 284 Rz. 36), u. E. auch ohne förmliche Gesetzesvorgabe im **Konzern**anhang, wenn dieser nicht integriert mit dem Anhang (zum Jahresabschluss) erstellt wird (→ § 298 Rz. 37). 19

IV. Sonderfall Prüfungsausschuss (Abs. 4)

Die Vorschriften über Prüfungsausschüsse (→ § 324) sind unabhängig vom Lauf eines Geschäftsjahrs ab 1. 1. 2010 anzuwenden. 19a

V. Letztmalige Anwendung der Rechtslage vor dem BilMoG (Abs. 5)

In Abs. 5 sind die letztmals vor dem zwingenden oder optionalen (→ Rz. 17) Übergang zur BilMoG-Fassung des HGB gültigen Regeln im Einzelnen aufgelistet. Diese Gesetzespassage wirkt redundant, ihr kommt eher eine Kontrollfunktion zu. 20

VI. Erstmalige Anwendung der Regeln zu den hergestellten immateriellen Anlagegütern (Abs. 7)

Das Aktivierungswahlrecht für die hergestellten Immaterialgüter des Anlagevermögens (→ § 248 Rz. 9) ist erstmals auf **Entwicklungsleistungen** anzuwenden, die in Geschäftsjahren mit Beginn ab 1. 1. 2010 begonnen werden. **Unwesentliche** zuvor schon begonnene Entwicklungsprojekte sollen von dieser Zeitschranke nicht betroffen sein;[11] eine Nachaktivierung der in früheren Geschäftsjahren angefallenen Aufwendungen kommt allerdings nicht in Betracht. Diese Zeitschranke gilt nach dem Gesetzeswortlaut auch im Fall des optionalen vorzeitigen Übergangs (→ Rz. 17) auf die BilMoG-Regeln, was nicht recht einleuchten will.[12] 21

---

[11] IDW RS HFA 28 Tz. 34 entsprechend der Begründung des Rechtsausschusses.
[12] *Kirsch* legt das Gesetz anders aus: Einheitlicher Übergang bei vorzeitiger Anwendung, DStR 2009 S. 1049; ebenso *Petersen/Zwirner/Froschhammer*, DB 2009 S. 2279. So auch IDW RS HFA 28 Tz. 35. Dagegen die wortlautgetreue Gesetzesauslegung unterstützend *Kessler/Leinen/Paulus*, BB 2009 S. 1912.

Art. 67 EGHGB

(1) ¹Soweit auf Grund der geänderten Bewertung der laufenden Pensionen oder Anwartschaften auf Pensionen eine Zuführung zu den Rückstellungen erforderlich ist, ist dieser Betrag bis spätestens zum 31. Dezember 2024 in jedem Geschäftsjahr zu mindestens einem Fünfzehntel anzusammeln. ²Ist auf Grund der geänderten Bewertung von Verpflichtungen, die die Bildung einer Rückstellung erfordern, eine Auflösung der Rückstellungen erforderlich, dürfen diese beibehalten werden, soweit der aufzulösende Betrag bis spätestens zum 31. Dezember 2024 wieder zugeführt werden müsste. ³Wird von dem Wahlrecht nach Satz 2 kein Gebrauch gemacht, sind die aus der Auflösung resultierenden Beträge unmittelbar in die Gewinnrücklagen einzustellen. ⁴Wird von dem Wahlrecht nach Satz 2 Gebrauch gemacht, ist der Betrag der Überdeckung jeweils im Anhang und im Konzernanhang anzugeben.

(2) Bei Anwendung des Absatzes 1 müssen Kapitalgesellschaften, Kreditinstitute und Finanzdienstleistungsinstitute im Sinn des § 340 des Handelsgesetzbuchs, Versicherungsunternehmen und Pensionsfonds im Sinn des § 341 des Handelsgesetzbuchs, eingetragene Genossenschaften und Personenhandelsgesellschaften im Sinn des § 264a des Handelsgesetzbuchs die in der Bilanz nicht ausgewiesenen Rückstellungen für laufende Pensionen, Anwartschaften auf Pensionen und ähnliche Verpflichtungen jeweils im Anhang und im Konzernanhang angeben.

(3) ¹Waren im Jahresabschluss für das letzte vor dem 1. Januar 2010 beginnende Geschäftsjahr Rückstellungen nach § 249 Abs. 1 Satz 3, Abs. 2 des Handelsgesetzbuchs, Sonderposten mit Rücklageanteil nach § 247 Abs. 3, § 273 des Handelsgesetzbuchs oder Rechnungsabgrenzungsposten nach § 250 Abs. 1 Satz 2 des Handelsgesetzbuchs in der bis zum 28. Mai 2009 geltenden Fassung enthalten, können diese Posten unter Anwendung der für sie geltenden Vorschriften in der bis zum 28. Mai 2009 geltenden Fassung, Rückstellungen nach § 249 Abs. 1 Satz 3, Abs. 2 des Handelsgesetzbuchs auch teilweise, beibehalten werden. ²Wird von dem Wahlrecht nach Satz 1 kein Gebrauch gemacht, ist der Betrag unmittelbar in die Gewinnrücklagen einzustellen; dies gilt nicht für Beträge, die der Rückstellung nach § 249 Abs. 1 Satz 3, Abs. 2 des Handelsgesetzbuchs in der bis zum 28. Mai 2009 geltenden Fassung im letzten vor dem 1. Januar 2010 beginnenden Geschäftsjahr zugeführt wurden.

(4) ¹Niedrigere Wertansätze von Vermögensgegenständen, die auf Abschreibungen nach § 253 Abs. 3 Satz 3, § 253 Abs. 4 des Handelsgesetzbuchs oder nach den §§ 254, 279 Abs. 2 des Handelsgesetzbuchs in der bis zum 28. Mai 2009 geltenden Fassung beruhen, die in Geschäftsjahren vorgenommen wurden, die vor dem 1. Januar 2010 begonnen haben, können unter Anwendung der für sie geltenden Vorschriften in der bis zum 28. Mai 2009 geltenden Fassung fortgeführt werden. ²Wird von dem Wahlrecht nach Satz 1 kein Gebrauch gemacht, sind die aus der Zuschreibung resultierenden Beträge unmittelbar in die Gewinnrücklagen einzustellen; dies gilt nicht für Abschreibungen, die im letzten vor dem 1. Januar 2010 beginnenden Geschäftsjahr vorgenommen worden sind.

(5) ¹Ist im Jahresabschluss für ein vor dem 1. Januar 2010 beginnendes Geschäftsjahr eine Bilanzierungshilfe für Aufwendungen für die Ingangsetzung und Erweiterung des Geschäftsbetriebs nach § 269 des Handelsgesetzbuchs in der bis zum 28. Mai 2009 geltenden Fassung gebildet worden, so darf diese unter Anwendung der für sie geltenden Vorschriften in der bis zum 28. Mai 2009 geltenden Fassung fortgeführt werden. ²Ist im Konzernabschluss für ein vor dem 1. Januar 2010 beginnendes Geschäftsjahr eine Kapitalkonsolidierung gemäß § 302 des Handelsgesetzbuchs in der bis zum 28. Mai 2009 geltenden Fassung vorgenommen worden, so darf diese unter Anwendung der für sie geltenden Vorschriften in der bis zum 28. Mai 2009 geltenden Fassung beibehalten werden.

(6) ¹Aufwendungen oder Erträge aus der erstmaligen Anwendung der §§ 274, 306 des Handelsgesetzbuchs in der Fassung des Bilanzrechtsmodernisierungsgesetzes vom 25.5.2009 (BGBl I S. 1102) sind unmittelbar mit den Gewinnrücklagen zu verrechnen. ²Werden Beträge nach Absatz 1 Satz 3, nach Absatz 3 Satz 2 oder nach Absatz 4 Satz 2 unmittelbar mit den Gewinnrücklagen verrechnet, sind daraus nach den §§ 274, 306 des Handelsgesetzbuchs in der Fassung des Bilanzrechtsmodernisierungsgesetzes entstehende Aufwendungen und Erträge ebenfalls unmittelbar mit den Gewinnrücklagen zu verrechnen.

(7) Aufwendungen aus der Anwendung des Artikels 66 sowie der Absätze 1 bis 5 sind in der Gewinn- und Verlustrechnung gesondert unter dem Posten „außerordentliche Aufwendungen" und Erträge hieraus gesondert unter dem Posten „außerordentliche Erträge" anzugeben.

(8) ¹Ändern sich bei der erstmaligen Anwendung der durch die Artikel 1 bis 11 des Bilanzrechtsmodernisierungsgesetzes vom 25.5.2009 (BGBl I S. 1102) geänderten Vorschriften die bisherige Form der Darstellung oder die bisher angewandten Bewertungsmethoden, so sind § 252 Abs. 1 Nr. 6, § 265 Abs. 1, § 284 Abs. 2 Nr. 3 und § 313 Abs. 1 Nr. 3 des Handelsgesetzbuchs bei der erstmaligen Aufstellung eines Jahres- oder Konzernabschlusses nach den geänderten Vorschriften nicht anzuwenden. ²Außerdem brauchen die Vorjahreszahlen bei erstmaliger Anwendung nicht angepasst zu werden; hierauf ist im Anhang und Konzernanhang hinzuweisen.

Inhaltsübersicht	Rz.
I. Überblick	1 - 2
II. Rückstellungsbewertung (Abs. 1)	3 - 7
1. Pensionsrückstellungen (Abs. 1 Satz 1)	3 - 6c
2. Alle Verbindlichkeitsrückstellungen (Abs. 1 Sätze 2 bis 4)	7
III. Fehlbetragsangabe für Pensionsverpflichtungen (Abs. 2)	8
IV. Nach BilMoG unzulässig gewordene Bilanzansätze (Abs. 3)	9 - 19
1. Anwendungsbereich: Aufwandsrückstellungen, Sonderposten	9 - 12
2. Das Beibehaltungswahlrecht	13 - 14a
3. Das Auflösungswahlrecht	15
4. Sonderprobleme der Aufwandsrückstellungen	16 - 19
4.1 Teilweise Beibehaltung	16 - 17
4.2 Erfolgswirksame Auflösung	18 - 19
V. Nach BilMoG unzulässig gewordene Bewertungen (Abs. 4)	20 - 24
1. Anwendungsbereich	20
2. Die Wahlrechte	21 - 24
VI. Die Bilanzierungshilfe für Ingangsetzungskosten (Abs. 5 Satz 1)	25 - 27

VII. Beibehaltung der *pooling of interest*-Methode der Kapitalkonsolidierung (Abs. 5 Satz 2)	28
VIII. Latente Steuern (Abs. 6)	28a - 36
1. Konzeptionelle Grundlage	28a - 30
2. Ergebniseffekte aus erstmaliger Anwendung des *temporary*-Konzepts (Abs. 6 Satz 1)	31 - 33
3. Folgeeffekte aus der Rücklagenverrechnung einzelner Bilanzposten (Abs. 6 Satz 2)	34 - 36
IX. Ausweis von Aufwendungen und Erträgen als außerordentlich (Abs. 7)	37 - 41
X. Durchbrechung des Stetigkeitsgebots (Abs. 8)	42
XI. Bilanzposten und Anhangangaben ohne Übergangsregelungen	43

Ausgewählte Literatur

Briese/Suermann, Sonderposten mit Rücklagenanteil und steuerliche Abschreibung im Jahresabschluss nach BilMoG, DB 2010 S. 121

Gelhausen/Fey/Kirsch, Übergang auf die Rechnungslegungsvorschriften des BilMoG, WPg 2010 S. 24

Kessler/Leinen/Paulus, Stolpersteine beim Übergang auf die Vorschriften des BilMoG, BB 2009 S. 1910

Kirsch, Übergangsvorschriften zum Jahresabschluss nach dem BilMoG, DStR 2009 S. 1048

Lüdenbach/Hoffmann, Die wichtigsten Änderungen der HGB-Rechnungslegung durch das BilMoG, StuB 2009 S. 287

Petersen/Zwirner/Künkele, Umstellung auf das neue deutsche Bilanzrecht, DB 2010 Beilage 4

Rhiel/Veit, Auswirkungen des Gesetzes zur Modernisierung des Bilanzrechts (BilMoG) auf Pensionsverpflichtungen, DB 2008 S. 1513

Rhiel/Veit, Auswirkungen des BilMoG bei der Bilanzierung von Pensionsrückstellungen, PiR 2009 S. 167

Thaut, Auswirkungen des BilMoG auf die Bilanzierung und Bewertung von Pensionsverpflichtungen in der Handelsbilanz unter besonderer Berücksichtigung des 15-jährigen Übergangszeitraums, WPg 2009 S. 723

Theile, Übergang auf BilMoG im Jahresabschluss: Insbesondere niedrigere Wertansätze von Vermögensgegenständen, StuB 2009 S. 749

Wolz/Oldewurtel, Pensionsrückstellungen nach BilMoG, StuB 2009 S. 424

Zwirner/Künkele, Übergangsvorschriften der geänderten Regelungen des BilMoG, DB 2009 S. 1081

I. Überblick

Art. 66 EGHGB regelt in den Grundzügen das BilMoG-Übergangsverfahren im Allgemeinen, insbesondere die Retrospektivität, korrigiert durch einzelne Fälle einer prospektiven Anwendung (→ Art. 66 Rz. 12). Demgegenüber behandelt Art. 67 EGHGB (kasuistisch) eine ganze Anzahl von Einzelfällen des Übergangsprocederes:

1

Abs. 1:	Verteilung der durch den Übergang auf das BilMoG bedingten Zuführungen zu Pensionsrückstellungen (→ Rz. 3), Beibehaltung überdotierter Rückstellungen (→ Rz. 7).
Abs. 2:	Anhangangaben für untergedeckte Pensionsverpflichtungen (→ Rz. 8).
Abs. 3:	Beibehaltungswahlrechte für nach BilMoG nicht mehr zulässige Bilanzposten, insbesondere Aufwandsrückstellungen und Sonderposten mit Rücklagenanteil (→ Rz. 9).
Abs. 4:	Beibehaltungswahlrechte für nach BilMoG nicht mehr zulässige Bewertungen, insbesondere steuerlich motivierte Abschreibungen (→ Rz. 20).
Abs. 5:	Weiterführung der nach BilMoG nicht mehr aktivierbaren Ingangsetzungskosten (→ Rz. 25) sowie der *pooling of interest*-Methode der Kapitalkonsolidierung (→ Rz. 28).
Abs. 6:	Behandlung von Steuerlatenzen, die sich aus dem BilMoG-Übergang ergeben (→ Rz. 29).
Abs. 7:	Ausweis von Ergebniseffekten aus den Übergangsverfahren im außerordentlichen Bereich (→ Rz. 37).
Abs. 8:	Aufhebung des Stetigkeitsgebots; Verzicht auf die Anpassung von Vorjahreszahlen (→ Rz. 42).

2   Aus diesen Regeln sind folgende **Grundtendenzen** ableitbar:
▶ Gegenüber dem BilMoG-Ansatz bislang erlaubte niedrigere Aktiv- und höhere Passivwerte (aus BilMoG-Sicht stille Reserven) dürfen nach neuem Recht **weitergeführt** werden, solange diese vor BilMoG gültigen Tatbestandsvoraussetzungen vorliegen. Statt dieser Option ist unter Verletzung des Kongruenzprinzips (→ § 252 Rz. 7) auch eine erfolgsneutrale Überleitung dieser stillen Reserven in die **Gewinnrücklage** zulässig (→ Rz. 15).
▶ Verbleibende **erfolgswirksame** Anpassungen an die BilMoG-Regeln sind im **außerordentlichen** Bereich der GuV auszuweisen (→ Rz. 37).
▶ Erforderliche **Steuerlatenzierungen** folgen der erfolgsneutralen oder -wirksamen Überleitung des betreffenden Bilanzpostens (→ Rz. 29).

Im Übrigen handelt es sich um **Einzelfallregeln**. Diese und die dargestellten Wahlrechte beeinträchtigen die zwischenbetriebliche Vergleichbarkeit von Jahresabschlüssen auf geraume Zeit.[1]

II. Rückstellungsbewertung (Abs. 1)

1. Pensionsrückstellungen (Abs. 1 Satz 1)

3   Insbesondere die Berücksichtigung von Gehalts-, Karriere- und Rententrends wird regelmäßig zu deutlichen **Erhöhungen** der Pensionsrückstellungen führen (→ § 253 Rz. 54). Für deren „Neubewertung" ist eine **Übergangsfrist** vorgesehen. Der maximale **Anpassungszeitraum** ist auf den 31. 12. 2024 angesetzt. Man fragt sich unwillkürlich, ob die HGB-Rechnungslegung als nationales Inselprodukt tatsächlich noch so lange Bestand haben wird.

4   Die Übergangsregelung sieht eine **Mindest**zuführung von 1/15 beginnend ab dem 31. 12. 2010 und endend am 31. 12. 2024 (bei kalendergleichem Geschäftsjahr) vor. Bei vorzeitiger Anwendung des BilMoG insgesamt (→ Art. 66 Rz. 17) verschiebt sich das Datum auf den 31. 12. 2023. Daraus ist zunächst das **Wahlrecht** zur „normalen", **sofortigen** aufwandswirksamen Rückstel-

---

1 Vgl. *Zwirner/Künkele*, DB 2009 S. 1087.

lungszuführung des Unterschiedsbetrags nach bisherigem Recht (31.12.2009) und neuem Recht (31.12.2010) abzuleiten, d.h. Anwendung des neuen Rechts uno actu. Das **andere Extrem** liegt in der Verteilung dieses Unterschiedsbetrags über 15 Jahre und somit eine jährliche (Mindest-)Zuführung von 1/15. **Dazwischen** liegt ein weiteres Wahlrecht in Form eines *frontloading*, in dem beispielsweise zunächst nur 1/15, später bei gutem Ergebnis ein höherer Betrag bis zur noch nicht erfolgten Gesamterfassung zugeführt wird. Im Folgejahr kann dann wieder (bei noch offener Restzuführung) der 1/15-Betrag verwendet werden. Das enorme bilanzpolitische Gestaltungspotenzial ist offensichtlich.

Zusätzlich ist auch die „normale" Anpassung des Rückstellungsbetrags (nach neuem Recht) zu berücksichtigen. Es laufen daher **zwei Anpassungsschienen** nebeneinander her (Beispiel unter → Rz. 5). Die Verteilung des Unterschiedsbetrags endet, sobald der Rückstellungswert nach § 253 Abs. 1 Satz 2 HGB (→ § 253 Rz. 46 ff.) erreicht ist.[2]

Die der Übergangsregelung zugrunde liegende **Rechengröße** wird vom Gesetz nicht förmlich definiert, Abs. 1 Satz 1 spricht nur von der „erforderlichen Zuführung aufgrund der geänderten Bewertung" (Letzteres nach den Vorgaben des neuen Rechts). Das könnte so verstanden werden:

5

BEISPIEL

Bilanzansatz zum 31.12.2009 (altes Recht)	1.000
Bilanzansatz zum 31.12.2010 (neues Recht)	1.345
Unterschiedsbetrag	**345**

Damit würde aber die **reguläre** Zuführung nach neuem Recht – der periodengerechte Zuführungsbetrag – (im Beispiel angenommen mit 45) mit der Zuführung aufgrund der **Gesetzesänderung vermischt**, also Äpfel mit Birnen verglichen. Zur Vermeidung dieser Inkonsistenz ist u.E. zum 31.12.2009, genauer zum 1.1.2010, der Wert nach neuem Recht zu ermitteln, im obigen Beispiel also angenommen 1.300.[3] Dann können die wichtigsten Aufwandskomponenten festgestellt (→ § 253 Rz. 46 ff.) und entsprechend der üblichen Handhabung dem Aufwand des Jahrs 2010 zugeordnet werden:

▶ Aufzinsung,

▶ erdienter (zusätzlicher) Altersversorgungsanteil,

▶ geänderte versicherungsmathematische Annahmen sowie

▶ geänderte Lohnsteigerungserwartungen, Rententrends etc.

Auf der Grundlage des vorstehenden Beispiels ist der Unterschiedsbetrag nach der Übergangsvorschrift in Parallele zum regulären Zuführungsbetrag unter Berücksichtigung von Optionen (→ Rz. 4) weiter zu entwickeln. Dabei ist die Zuführung zum Unterschiedsbetrag nach der Übergangsvorschrift als **außerordentlicher** Aufwand auszuweisen (→ Rz. 38). Der **reguläre** Zuführungsbetrag stellt Pensionsaufwand dar und ist ggf. teilweise im Zinsaufwand (→ § 275 Rz. 41) auszuweisen.

---

[2] IDW RS HFA 28 Tz. 43.
[3] So auch IDW RS HFA 28 Tz. 42 „zweckmäßigerweise".

II. Rückstellungsbewertung

BEISPIEL[4] Zum 31.12.2009/1.1.2010 beträgt der Wert der Pensionsverpflichtung 1.300 nach neuem und 1.000 nach altem Recht. Der Unterschiedsbetrag von 300 ist mit mindestens 1/15 = 20 pro Jahr zuzuführen. Per 31.12.2010 ist der Wert der Pensionsverpflichtung nach neuem Recht 1.345.

Stichtag	Wert nach neuem Recht	+ Zuführung Unterschiedsbetrag	+ Zuführung/ - Auflösung „regulär"	Ausweis	Fehlbetrag/ Anhangangabe
31.12.09	1.300			1.000	entfällt
31.12.10	1.345	+20	45	1.065	280
31.12.11	1.375	+20	+30	1.115	260
31.12.12	1.435	+100	+60	1.275	160
31.12.13	1.445	+20	+10	1.305	140
31.12.14 (1)	1.395	+20	-50	1.275	120
31.12.14 (2)	1.395	+70	-50	1.325	70

Per 31.12.2012 wird der Unterschiedsbetrag im Hinblick auf eine gute Geschäftslage mit 100 statt 20 zugeführt. Dies ist zulässig, da 1/15 = 20 nur der mindestens zuzuführende Betrag ist.

Per 31.12.2014 soll im Hinblick auf ein schwaches Geschäftsjahr nur der Mindestbetrag zugeführt werden. Eine Besonderheit ergibt sich hier aus einem „regulären" Rückgang des Rückstellungsbetrags nach neuem Recht.

In der Variante (1) wird zum 31.12.2014 die 1/15-Anpassung „unbeirrt" weitergerechnet (20) und demgegenüber die Rückstellung mit der „regulären" Wertveränderung aufgelöst. In der Variante (2) wird die „reguläre" Wertveränderung als eine Art „Sondertilgung" des Unterschiedsbetrags „missbraucht".

Für die Variante (2) spricht das Auflösungsverbot des § 249 Abs. 3 Satz 2 HGB.[5] Für die Variante (1) sprechen zwei Argumente:

1. Bei dem eben genannten Auflösungsverbot handelt es sich um eine **Ansatz**vorschrift, die Übergangsregelung betrifft die **Bewertung**.

2. Die Zwangsinanspruchnahme widerspricht der „Idee" der **möglichen Verteilung** des Unterschiedsbetrags auf 15 Jahre.

Wir halten die Variante (1) für besser begründet. Freiwillig kann im Jahr 2014 (wie im Jahr 2012) der Unterschiedsbetrag aus der Umstellung mit mehr als 1/15 zugeführt werden.

Der „Fehlbetrag" ist im **Anhang** gem. Art. 67 Abs. 2 EGHGB zu nennen (→ Rz. 8).

6   Dieser Fehlbetrag gesellt sich zu den aus BiRiLiG-Zeiten überkommenden Ansatzwahlrechten für sog. **Altzusagen** und **indirekten Verpflichtungen** nach Art. 28 Abs. 1 EGHGB (→ § 249

---

[4] Nach *Lüdenbach/Hoffmann*, StuB 2009 S. 296.
[5] Dafür *Rhiel/Veit*, DB 2008 S. 1513; nunmehr wie hier *Rhiel/Veit*, PiR 2009 S. 167; *Thaut*, WPg 2009 S. 725.

Rz. 111), ebenfalls mit Angabeverpflichtung im Anhang (→ Rz. 8 sowie → § 284 Rz. 36). Nach Schrifttumsauffassung[6] können diese Fehlbeträge in die Übergangsregelung zum BilMoG nach Abs. 1 Satz 1 integriert werden. U. E. ist dies im Hinblick auf die klare gesetzliche Differenzierung beider Fehlbeträge nicht möglich. Vor allem aber kommt diese Vermischung von Fehlbeträgen aus systematischer Sicht nicht in Betracht: Art. 67 Abs. 1 EGHGB befasst sich nur mit der **Bewertung**, bei den Altzusagen und deren Nichtbilanzierung ist dagegen ein Nicht**ansatz** gegeben, der folgerichtig in Art. 28 Abs. 2 EGHGB gesondert als Anhangbestandteil behandelt wird. Anderseits ist die „Nachholung" des Fehlbetrags alten Rechts dann möglich, wenn eine Begründung für die Abweichung vom Stetigkeitsgebot nach § 246 Abs. 3 HGB gefunden wird, was regelmäßig kein unüberwindbares Hindernis bereitet (→ § 246 Rz. 293) und vom IDW bestätigt wird (→ Rz. 6c).

Das Ansatzwahlrecht für **Altzusagen** und **indirekte Verpflichtungen** (→ § 249 Rz. 112) kann nach altem Recht (voll) ausgeübt worden sein. Durch den Übergang auf das neue Recht lebt dieses Wahlrecht nicht (negativ) im Sinne der Auflösung eines zuvor wahlweise vorgenommenen Bilanzansatzes wieder auf (→ § 249 Rz. 156).[7] Die „Mechanik" der Unterschiedsbetragsermittlung und der entsprechenden Handhabung nach neuem Recht (→ Rz. 5) gilt in diesen Fällen entsprechend. 6a

Pensionsrückstellungen sind mit ggf. vorhandenem **Deckungsvermögen** zu saldieren (→ § 246 Rz. 290). Der Zuführungsbetrag im Übergangsverfahren (→ Rz. 5) ist dann auf den **Saldo** zwischen den beiden Wertansätzen zu begrenzen.[8] 6b

> **BEISPIEL**
>
> | | | |
> |---|---:|---:|
> | Unterschiedsbetrag für die Pensionsverpflichtung im Beispiel unter → Rz. 5 | | 345 |
> | Deckungsvermögen in der HB zum 31. 12. 2009 | 200 | |
> | Deckungsvermögen zum Zeitwert am 1. 1. 2010 | 280 | 80*) |
> | Zu verteilender Unterschiedsbetrag (→ Rz. 5) | | **265** |
> | *) = unrealisierter Ertrag aus Höherbewertung | | |

Ein Unternehmen kann sich im Übergangsjahr zur BilMoG-Bilanzierung für die Wahlrechtsausübung entscheiden und ist dabei nicht an das zuvor nicht bestehende Gebot der **Ansatzstetigkeit** (→ § 246 Rz. 293) gebunden. Da unverändert das Ansatz**wahlrecht** für Altzusagen und indirekte Verpflichtungen aus Altersversorgung von Mitarbeitern gilt (→ § 249 Rz. 112), ist auch ein **Teil**ansatz der **Sache** nach (z. B. für einen Durchführungsweg der indirekten Verpflichtung) oder der **Höhe** nach zulässig. Früher nicht angesetzte Beträge sind also nicht zwingend nachzuholen.[9] Auch in Folgejahren – außerhalb der BilMoG-Übergangsregeln – ist eine Nachholung bislang nicht angesetzter Beträge möglich, weil die Ausnahme vom Stetigkeitsgrundsatz 6c

---

6 Vgl. *Kirsch*, DStR 2009 S. 1051.
7 So auch *Fey/Ries/Lewe*, BB 2010 S. 1012.
8 IDW RS HFA 28 Tz. 48; so auch *Bertram*, in: Haufe HGB Bilanz Kommentar, Freiburg 2009, § 249 Rz. 334.
9 So auch *Fey/Ries/Lewe*, BB 2010 S. 1013.

(→ § 246 Rz. 294)[10] immer durch die Verbesserung des Einblicks (u. a.) in die Vermögenslage gerechtfertigt sein soll.[11] In der umgekehrten Richtung (Auflösung) gilt dies gerade nicht.

2. Alle Verbindlichkeitsrückstellungen (Abs. 1 Sätze 2 bis 4)

7 Eine anders konzipierte Übergangslösung ist in Abs. 1 Satz 2 bis 4 für den – eher seltenen – Fall einer **niedrigeren** Rückstellungsbewertung im ersten Anwendungsjahr des neuen Rechts (regelmäßig 2010, → Art. 66 Rz. 17) gegenüber dem bisherigen Ausweis vorgesehen. Betroffen sind nicht nur Pensionsrückstellungen, sondern auch **sonstige** Verbindlichkeitsrückstellungen. Dabei stellt das Gesetz zwei Varianten zur Verfügung:

- **Beibehaltung** des bisherigen gesamthaft zu beurteilenden Bilanzpostens – keine Auflösung –, sofern der „an sich" aufzulösende Betrag bis spätestens zum 31. 12. 2024 wieder zugeführt werden müsste – eine bemerkenswerte Dauer einer Zukunftsvision, die einem faktischen Beibehaltungswahlrecht gleichkommt. Der Überdeckungsbetrag ist nach Satz 4 im **Anhang** gem. Abs. 1 Satz 4 (→ § 284 Rz. 36) anzugeben.

- **Unmittelbare** Einstellung in die **Gewinnrücklage**, d. h. als Einmalvorgang im Übergangsjahr auf die Bilanzierung nach BilMoG.[12]

Dieses Wahlrecht betrifft nur die **Bewertung**, und zwar für jeden Bilanzposten einzeln.[13] In seltenen Fällen kann auch eine Überdeckung der **Pensionsverpflichtungen** nach neuem (BilMoG-)Recht vorliegen. Dann kommt u. E. sinnvollerweise keine Einzelbetrachtung jeder Verpflichtung in Betracht, sondern nur die Gesamtsicht der Verpflichtungen aus der Altersversorgung am Bilanzstichtag, die mit dem mutmaßlichen Wert zum 31. 12. 2024 verglichen werden muss. Dabei sind auch zu erwartende Zusagen bis 2024 (!) in das Kalkül einzubeziehen.[14] Nur in **Ausnahmefällen** einer grundlegenden Umstellung des Versorgungswerks wird sich dann ein Auflösungs**zwang** zum aktuellen Stichtag ergeben.

Bei Ansammlungsrückstellungen (→ § 253 Rz. 43) ist der auf den 31. 12. 2024 fortgeschriebene Wert als Vergleichsmaßstab heranzuziehen.[15]

III. Fehlbetragsangabe für Pensionsverpflichtungen (Abs. 2)

8 Für Kapitalgesellschaften, Kreditinstitute und andere zur Erstellung eines Anhangs verpflichtete Unternehmen schreibt Abs. 2 die **Angabe** des noch nicht zugeführten Unterschiedsbetrags aus der Neubewertung der Pensionsverpflichtungen (→ Rz. 3) vor (→ § 284 Rz. 36).

---

10 IDW ERS HFA 30 Tz. 80.
11 IDW ERS HFA 38 Tz. 16 (bislang IDW HFA 3/1997).
12 IDW RS HFA 28 Tz. 39.
13 So wohl auch IDW RS HFA 28 Tz. 38 „Einzelbewertungsgrundsatz ist zu beachten".
14 IDW RS HFA 28 Tz. 46.
15 IDW RS HFA 28 Tz. 36.

IV. Nach BilMoG unzulässig gewordene Bilanzansätze (Abs. 3)

1. Anwendungsbereich: Aufwandsrückstellungen, Sonderposten

Folgende Bilanzposten, die durch das BilMoG ihre Berechtigung verloren haben, können nach Abs. 3 weitergeführt werden, soweit die **bisherigen Tatbestandsvoraussetzungen** vorliegen:

- **Aufwands**rückstellungen nach § 249 Abs. 1 Satz 3 und Abs. 2 HGB a. F.,
- steuerliche **Sonderposten** mit Rücklagenanteil nach §§ 247 Abs. 3, 273 HGB a. F. (→ Rz. 14a),
- **Rechnungsabgrenzungsposten** nach § 250 Abs. 1 Satz 2 HGB a. F. (ohne nennenswerten Anwendungsbereich, deshalb hier nicht weiter kommentiert).

Für diese Bilanzposten alten Rechts, die nach Inkrafttreten des BilMoG am 29.5.2009 nicht mehr gebildet werden dürfen[16], stellt Abs. 3 zwei Behandlungs**alternativen** für den Stichtag des Übergangs auf die BilMoG-Bilanzierung zur Verfügung:

1. **Weiterführung** nach Maßgabe des alten Rechts (→ Rz. 13);
2. Erfolgsneutrale **Auflösung** unter unmittelbarer Einstellung in die Gewinnrücklagen (→ Rz. 15).

Diese Wahlrechte dürfen nur **einmalig** im erstmaligen Jahresabschluss nach neuem (Bil-MoG-)Recht ausgeübt werden.

Fraglich ist, ob bei der Wahlrechtsausübung eine **Gesamtbetrachtung** möglich oder geboten ist, und zwar

- für **alle** in Abs. 3 aufgeführten Bilanzposten gemeinsam (ggf. im konkreten Fall vorhanden) oder
- **innerhalb** des ausgewiesenen Bilanzpostens die jeweiligen Inhalte.

U. E. folgt aus dem **Gesetzeswortlaut**, der von „Posten" spricht[17] und aus der **Sonder**vorschrift für die Aufwandsrückstellungen (→ Rz. 16) mit der dort erlaubten „Teilung" im **Umkehrschluss**:

- Die steuerlichen Sonderposten können **unabhängig** von den Aufwandsrückstellungen weitergeführt oder aufgelöst werden; es besteht also keine Sippenhaft zwischen den in Abs. 3 genannten Paragraphen alten Rechts (→ Rz. 9).
- **Innerhalb** des (steuerlichen) Sonderpostens mit Rücklagenanteil nach §§ 247 Abs. 3, 273 HGB a. F. kann nicht differenziert werden, d. h. **alle** 6b-Rücklagen und Ersatzbeschaffungsrücklagen etc. sind insgesamt entweder aufzulösen oder weiterzuführen (vgl. aber → Rz. 16); nicht dagegen ist eine einzelfallbezogene Vorgehensweise (z. B. 6b-Rücklage für Grundstück A auflösen, für Grundstück B nicht) zulässig.[18]
- Bei den **Aufwandsrückstellungen** bedarf es einer Interpretation von „teilweise" (→ Rz. 16).

---

16 Teilweise a. A. und differenzierend *Hennrichs*, Ubg 2009 S. 534: Kapital- und Kap. & Co.-Gesellschaften nicht mehr für Zugänge in 2009 insgesamt, für die restlichen Unternehmen ab 2010.
17 Vgl. *Gelhausen/Fey/Kirsch*, WPg 2010 S. 27.
18 So auch IDW RS HFA 28 Tz. 14; *Hennrichs*, Ubg 2009 S. 534.

IV. Nach BilMoG unzulässig gewordene Bilanzansätze

2. Das Beibehaltungswahlrecht

13 Das **Beibehaltungswahlrecht** gilt nur insoweit, wie die **Tatbestandsvoraussetzungen** nach altem Recht gegeben sind.

> **BEISPIEL** Die Wohnbauvermietungs-GmbH W erneuert planmäßig alle zwölf Jahre den Fassadenanstrich eines Wohnblocks. Für den Block 4711 hat der Turnus am 1.1.2006 begonnen; deshalb werden ab diesem Zeitpunkt jeweils 1/12 der geschätzten Kosten von 1.200 = 100 der Aufwandsrückstellung nach § 249 Abs. 2 HGB a. F. zugeführt, Bilanzausweis am 31.12.2009 somit 400.
>
> W kann diesen Betrag bis zum 31.12.2017 bilanziell weiterführen, eine weitere Ansammlung ist dagegen nicht möglich, da das Gesetz von „Beibehaltung" eines Bilanzpostens spricht.[19] Bei Durchführung des geplanten Fassadenanstrichs in 2017 ist der Gesamtaufwand von 1.200 zunächst mit dem fortgeführten Wert von 400 zu verrechnen (die Rückstellung wird „verbraucht", nicht aufgelöst) und der Restbetrag von 800 dem Aufwand zu belasten.
>
> Sollte die Fassadenrenovierung erst in 2020 erfolgen, kann der Bilanzausweis von 400 auch bis dahin weitergeführt werden. Wird dagegen die Renovierung z. B. wegen eines Verkaufs des Wohnblocks in 2013 abgeblasen, ist die Rückstellung zu diesem Zeitpunkt nach § 249 Abs. 3 Satz 2 HGB a. F. gewinnerhöhend aufzulösen.

Die Lösung der letzten Fallvariante beruht auf der Gesetzesvorgabe in Abs. 3 Satz 1: „unter Anwendung der für sie geltenden Vorschriften" (nach altem Recht).[20] Deshalb kommt auch eine Abzinsung nach § 253 Abs. 2 Satz 1 HGB (→ § 253 Rz. 70 ff.) nicht in Betracht, ebenso wenig die Bewertung mit dem Erfüllungsbetrag nach § 253 Abs. 1 Satz 2 HGB (→ § 253 Rz. 30 f.).[21]

14 Für die (früheren) **Sonderposten** mit **Rücklagenanteil** oder die **steuerlichen Sonderabschreibungen** gilt die Fortführungsmöglichkeit[22] im BilMoG-Anwendungsbereich ebenso wie für die **Auf**wandsrückstellungen (→ Rz. 13) – zumindest nach der Gesetzesintention.

> **BEISPIEL** Die U-GmbH hat das betrieblich genutzte Grundstück in der Innenstadt in 2007 verkauft und den erzielten Buchgewinn steuerlich durch eine 6b-Rücklage neutralisiert, die handelsbilanziell zur Bildung des Sonderpostens nach § 273 HGB a. F. führte.
>
> ▶ U will in 2011 den Gewinn auf ein dann zu erwerbendes Ersatzgrundstück übertragen. Der Sonderposten alten Rechts kann nach der bis zum Inkrafttreten des BilMoG gültigen Fassung des HGB weitergeführt und dann auf die Anschaffungskosten des neuen Grundstücks übertragen werden. Buchungen: Per außerplanmäßige Abschreibung an Grundstück sowie per Sonderposten an Ertrag aus Auflösung des Sonderpostens. Die dadurch

---

19 IDW RS HFA 28 Tz. 17.
20 IDW RS HFA 28 Tz. 17.
21 IDW RS HFA 28 Tz. 17.
22 IDW HFA 28 Tz. 3 unter Hinweis auf Abs. 3 Satz 1 und Abs. 4 Satz 1.

> geminderten Anschaffungskosten stellen die neue Basis (→ § 253 Rz. 94) für die planmäßigen Abschreibungen dar.[23]
>
> ▶ Alternative: Die Absicht des Neuerwerbs zerschlägt sich. Spätestens zum 31.12.2013 (Bilanzstichtag) ist der Sonderposten alten Rechts gewinnerhöhend aufzulösen. Die unmittelbare Einstellung in die Gewinnrücklage nach Abs. 3 Satz 2 (→ Rz. 15) kommt nicht (mehr) in Betracht.

Für die Beibehaltungsperiode gilt die Gesetzeslage **vor** BilMoG. Deshalb ist die Anhangangabe nach § 273 Satz 2 2. Halbsatz HGB a. F. zu beachten. Die Übertragung von steuerlichen Sonderposten auf Ersatzanschaffungen im BilMoG-Anwendungsbereich ist zwar im Gesetzestext nicht angesprochen, doch spricht der **Sinngehalt** dafür. Die alte Rechtslage soll konserviert werden, solange die dafür einschlägigen Sachverhaltsmerkmale gegeben sind. Dazu gehört auch die Ersatzbeschaffung[24] als letzte Funktion des Sonderpostens. Dieser dient funktionell als Platzhalter für eine Sonderabschreibung nach §§ 254, 279 Abs. 2 HGB a. F. und führt dadurch Veräußerungsgewinn und die diese neutralisierende Sonderabschreibung zeitlich zusammen. Sonderabschreibungen dürfen uneingeschränkt weitergeführt werden (→ Rz. 23). Entsprechendes muss für die „Vorstufe" der Sonderabschreibung – den Sonderposten – gelten.

Zur **Bildung** von Sonderposten mit Rücklagenanteil gilt folgende **Zeitschiene**:[25]   14a

▶ „Normale" **Personenhandelsgesellschaften** (keine Kap. & Co.-Gesellschaften i. S. des § 264a HGB) und Einzelkaufleute dürfen Sonderposten nach §§ 247 Abs. 3, 254 Satz 1 HGB a. F. in Geschäftsjahren, die vor dem 1.1.2010 beginnen, neu vornehmen, da sie nicht der umgekehrten Maßgeblichkeit unterliegen.

▶ **Kapital-** und **Kap. & Co.**-Gesellschaften dürfen die genannten Sonderposten letztmals in einem vor dem 29.5.2008 begonnenen Geschäftsjahr neu bilden.

3. Das Auflösungswahlrecht

Die in → Rz. 9 genannten Bilanzposten können anstatt weitergeführt (→ Rz. 10) auch **erfolgsneutral** in die (anderen) **Gewinnrücklagen** (→ § 272 Rz. 65) umgebucht („eingestellt") werden. Die Möglichkeit ist zeitlich auf den Bilanzstichtag des Übergangsjahrs (Erstanwendungszeitpunkt → Art. 66 Rz. 11a) und der Höhe nach auf die bis dahin nach HGB a. F. zugeführten Beträge beschränkt (→ Rz. 9 und Ausnahme → Rz. 18). Davon unberührt bleibt die Weiterführung der Sonderposten in der **Steuerbilanz**.[26] Bei einer ausnahmsweise gebotenen Verrechnung sind neben den Gewinnrücklagen auch die Kapitalrücklagen und letztlich der Bilanzverlust heranzuziehen.[27]   15

Diese Regelung – Gewinnrücklagendotierung – ist förmlich auf Kapital- und Kap. & Co.-Gesellschaften gemünzt. Die (übrigen) **Personenunternehmen** kennen diesen Bilanzposten nicht.

---

23 Vgl. *Petersen/Zwirner/Künkele*, DB 2010 Beilage 4.
24 A. A. *Kirsch*, DStR 2009 S. 1052, da §§ 254, 279 Abs. 2 HGB a. F. nicht mehr gültig seien. Dem folgend *Zwirner/Künkele*, DB 2009 S. 1084.
25 IDW RS HFA 28 Tz. 3.
26 Vgl. *Hennrichs*, Ubg 2009 S. 534.
27 IDW RS HFA 28 Tz. 7.

Der **Einzelkaufmann** muss anstatt der Gewinnrücklage das Eigenkapital anbuchen. Bei „normalen" **Personenhandelsgesellschaften** kommt die Einstellung in eine Gewinnrücklage bei entsprechender gesellschaftsvertraglicher Grundlage oder aufgrund eines Mehrheitsbeschlusses der Gesellschafter in Betracht. Möglich ist auch eine Kapitalerhöhung durch Einbuchung in das sog. Festkapital (→ § 246 Rz. 101)[28] nach Maßgabe des Gewinnverteilungsschlüssels. Es bedarf diesbezüglich jedenfalls eines Gesellschafterbeschlusses, der sinnvollerweise im Rahmen der Feststellung des Jahresabschlusses (→ § 255 Rz. 124) gefasst wird.

Zur (regelmäßigen) **buchtechnischen** Behandlung der Einstellung in die Gewinnrücklagen wird auf → § 268 Rz. 52 verwiesen. Dabei ist die (unmittelbare) Einstellung in Gewinnrücklagen ausnahmsweise nicht in der Ergebnisverwendungsrechnung zu zeigen, wohl aber die gleichzeitig als erlaubt erachtete[29] Auflösung zugunsten des Bilanzgewinns bzw. -verlusts.

4. Sonderprobleme der Aufwandsrückstellungen

4.1 Teilweise Beibehaltung

16   Im Gegensatz zu den steuerlichen Sonderposten alten Rechts (vor BilMoG) kann das Wahlrecht zur Fortführung nach BilMoG nicht mehr zulässiger Bilanzposten für Aufwandsrückstellung „**teilweise**" ausgeübt werden. Die Gesetzesintention hierfür ist nicht recht ersichtlich; jedenfalls werden bilanzpolitische Gestaltungsmöglichkeiten eröffnet. Aus dem Gesetzestext und den Begründungen zum BilMoG-RegE und des Rechtsausschusses ergeben sich keine Anhaltspunkte zur Auslegung. Da der „Teil" eine mathematische Größe darstellt, könnte eine entsprechend zu definierende Teilmenge der Aufwandsrückstellungen in Betracht kommen, z. B. 50 % oder 42,5 % des Gesamtbestands am Bilanzstichtag des Übergangs auf die BilMoG-Bilanzierung. Im Beispiel unter → Rz. 13 wären dann etwa 50 % von 400 in die Gewinnrücklage einzustellen.

17   Eine solche mathematische Bestimmung des „Teils" erscheint uns nicht als sinnvolle Gesetzesauslegung. Diese müsste sich eher **qualitativ** orientieren, also die Aufwandsrückstellungen nach Tatbeständen[30] sortieren und daraus eine **Gruppierung** vornehmen, z. B.

- Verteilung von unregelmäßig anfallendem Aufwand (Beispiel unter → Rz. 13 oder D-Check beim Flugzeug),
- unterlassene Reparatur (Beispiel unter → § 249 Rz. 151 ff. mit Nachholung im Juni 02 nach dem Bilanzstichtag 31.12.01) sowie
- Umzugskosten, die in zwei Jahren nach dem Stichtag vermutlich anfallen werden.

Eine i. S. der Objektivierung sinnvolle Entscheidung könnte dann lauten:

- Ansammlungsrückstellungen zur periodengerechten Aufwandszuordnung (→ Rz. 13) werden rückblickend auf die Vorgehensweise „vor BilMoG" behandelt: Wenn der Reparaturaufwand für Wohnblock A nach der damaligen Entscheidung auch bei allen anderen Wohn-

---

28 IDW/FN 5/2010 S. 211 (Arbeitskreis „Personengesellschaften").
29 IDW RS HFA 28 Tz. 21.
30 IDW RS HFA 28 Tz. 14 spricht von „sachverhaltsbezogen", was als erlaubtes „*cherry picking*" verstanden werden kann. Petersen/Zwirner/Künkele fordern diesbezüglich eine Beschränkung durch die „zu fordernde Willkürfreiheit". Fraglich ist aber der Beginn von Willkür. Eine mathematische Teilung lehnen sie wie hier ab (DB 2010 Beilage 4 S. 7).

blocks angesammelt wurde, ist die Entscheidung zwischen Auflösung oder Beibehaltung einheitlich für **alle** Wohnblocks zutreffend; umgekehrt bei früherer selektiver Vorgehensweise: Dann ist auch die Entscheidung im Übergangsverfahren **einzelfall**bezogen zutreffend.

▶ Ebenso die unterlassene Instandsetzung, die in vergleichbaren Fällen künftig innerhalb der Drei-Monats-Frist erledigt werden soll (→ § 249 Rz. 151).

▶ Umzugskosten fallen, wenn überhaupt, nur selten an, deshalb Auflösung am Übergangs-Bilanzstichtag.

4.2 Erfolgswirksame Auflösung

Gem. Abs. 3 Satz 2 2. Halbsatz können bei Ausübung des Auflösungswahlrechts (→ Rz. 15) Rückstellungen insoweit nicht erfolgsneutral in die Gewinnrücklagen eingestellt werden, wie sie auf Zuführungen im letzten vor dem 1.1.2010 beginnenden Geschäftsjahr beruhen.

18

> **BEISPIEL** (Fortsetzung aus → Rz. 13)
>
> Zwischen 2006 und 2009 ist der Rückstellung für Ende 2017 erwartete Instandhaltungskosten von 1.200 jährlich ein Betrag von 100 zugeführt worden. Per 31.12.2009 beträgt die Rückstellung 400, hiervon 300 aus Ansammlung in 2006 bis 2008, 100 aus Zuführung in 2009.
>
> Bei Auflösung in 2010 sind 300 unmittelbar in die Gewinnrücklagen einzustellen, 100 hingegen ertragswirksam zu buchen.

Sofern die **Weiterführungsoption** für den betreffenden Bilanzposten gewählt wird (im Beispiel unter → Rz. 13), ist diese spezielle Anwendungsvorschrift gegenstandslos. Das folgt aus dem grammatikalischen Zusammenhang der Regeln: „Dies gilt nicht" bezieht sich auf die vorher genannte Regelung, nämlich „Einstellung in Gewinnrücklagen". Die Begründung des Rechtsausschusses zum BilMoG spricht missverständlich von nicht möglichem „Beibehaltungswahlrecht" (→ Rz. 15) für diese Rücklagendotierungen.

Fraglich ist, ob beim **vorzeitigen** Übergang auf die BilMoG-Rechnungslegung nach Art. 66 Abs. 3 Satz 6 EGHGB (→ Art. 66 Rz. 17) die **Zeitschiene** für diese Sonderregelung um ein Jahr nach vorne zu verschieben ist. U. E. ist dies i. S. einer geltungserhaltenden Interpretation der Fall, weil sonst die Gesetzesvorgabe (beim Bilanzerstellungstermin 31.3.2009) ohne Anwendungsbereich bliebe. Ein weiteres Argument „Dafür" liegt in der Gleichbehandlung des Übergangsverfahrens unabhängig vom gewählten Zeitpunkt.

19

V. Nach BilMoG unzulässig gewordene Bewertungen (Abs. 4)

1. Anwendungsbereich

20 In Abs. 4 erfahren verschiedene Bewertungswahlrechte, die nach Inkrafttreten des BilMoG nicht mehr zulässig sind, eine Übergangsregelung, die konzeptionell derjenigen in Abs. 3 für vergleichbare Bilanzansätze entspricht. **Tatbestandlich** geht es um folgende Wahlrechte:

- verlustantizipierende Abschreibungen auf Vorräte wegen bevorstehenden **Wertschwankungen** nach § 253 Abs. 3 Satz 3 HGB a. F.,
- sog. **Willkürabschreibungen** nach § 253 Abs. 4 HGB a. F. sowie
- **steuerliche** Sonderabschreibungen nach §§ 254, 279 Abs. 2 HGB a. F.

Die beiden erstgenannten Bewertungswahlrechte sind mangels steuerlicher Anerkennung von höchst geringer praktischer Bedeutung. Im Mittelpunkt des Interesses stehen die steuerlichen **Sonderabschreibungen** im dritten Aufzählungspunkt. Auf diese ist deshalb die nachfolgende Kommentierung ausgerichtet. Wegen des nicht abgestimmten Übergangszeitpunkts für die Handelsbilanz und die Abschaffung der umgekehrten Maßgeblichkeit vgl. → § 252 Rz. 215.

Fraglich ist der Begriffsinhalt von steuerlichen **Sonderabschreibungen**: Umfasst er

- nur die **förmlichen** Subventionsregeln (z. B. nach § 6b EStG)
- oder auch **faktische** Steuervergünstigungen, z. B. steuerliche Nutzungsdauer für Energieversorgungsnetze von 15 Jahren, bei tatsächlicher Nutzung von 35 bis 50 Jahren?

Im letztgenannten Fall ist weiter die Ausprägung des **Beibehaltungswahlrechts** zu definieren:

- Ist die Restnutzungsdauer nach bisherigem Plan unverändert weiterzuführen
- oder an die tatsächlichen Verhältnisse anzupassen?

Das Gesetz spricht von „fortführen" der niedrigeren Wertansätze. Eine mögliche Lesart dieser Klausel, die von uns favorisiert wird, umfasst (auch) den bisherigen Abschreibungsplan nach Maßgabe der bislang zugrunde gelegten Nutzungsdauer.

2. Die Wahlrechte

21 Die identische Konzeption des Abs. 4 mit derjenigen des Abs. 3 erlaubt statt einer eigenständigen Kommentierung weitgehend einen Verweis:

Wahlrecht zur Weiterführung des niedrigen (abgeschriebenen) Wertansatzes oder erfolgsneutrale Einstellung des Zuschreibungsgewinns in die Gewinnrücklagen	→ Rz. 10
Einmalige Ausübung dieses Wahlrechts am Bilanzstichtag der erstmaligen Bilanzierung nach BilMoG	→ Rz. 11
Unklarheit über das Erfordernis und den Inhalt einer **Gesamtbetrachtung**	→ Rz. 12; vgl. hierzu weiter unter → Rz. 22
Inhalt des **Beibehaltungswahlrechts**	→ Rz. 13 f.
Ausnahmsweise erfolgswirksame Zuschreibung bei Abschreibung im letzten Geschäftsjahr vor BilMoG	→ Rz. 18 f.

Das Thema der **Gesamtbetrachtung** (→ Rz. 12) ist in Abs. 4 aus praktischer Sicht ohne nennenswerte Problematik, da die beiden erstgenannten Wahlrechte in → Rz. 20 kaum ausgeübt worden sind. Jedenfalls ist u. E. eine getrennte Betrachtung der drei in → Rz. 20 aufgeführten Sachverhalte geboten – ähnlich der Auslegung zu Abs. 3 (→ Rz. 12). 22

Bei Ausübung des **Fortsetzungswahlrechts** – d. h. Beibehaltung der **steuerlichen Sonderabschreibungen** z. B. nach §§ 254, 279 Abs. 2 HGB a. F. i.V. mit § 6b EStG – gilt insoweit die Rechtslage **vor** BilMoG weiter.[31] Deshalb ist die **Anhangangabe** nach § 285 Nr. 5 2. Halbsatz HGB a. F. beachtlich: Das Ausmaß erheblicher (steuerlicher) Belastungen in der Zukunft ist darzulegen. Eine passive **Steuerlatenz** kann hier mangels Buchwertunterschieds (→ § 274 Rz. 14) nicht vorliegen. 23

Diese Sonderabschreibungen können bis zum **Abgang** des Vermögensgegenstands – regelmäßig Grundstück – beibehalten werden. Möglich ist auch eine (erfolgswirksame) Auflösung nach dem Übergangszeitpunkt (→ Rz. 37). Die Begründung für die dann gebotene Anhangangabe nach § 284 Abs. 2 Nr. 3 HGB (→ § 284 Rz. 52) lautet: „Zur Verbesserung des Einblicks in die Vermögenslage ..." (→ Rz. 33).

Für die Darstellung etwaiger Umbewertungen im Anlagenspiegel (§ 268 Abs. 2 HGB) empfiehlt das IDW[32] eine gesonderte Spalte (z. B. „Anpassungen an das Bilanzrechtsmodernisierungsgesetz"), wobei zwischen erfolgswirksamen und erfolgsneutralen Anpassungen zu differenzieren ist. Dieser Empfehlung sollte u. E. mit Zurückhaltung entsprochen werden. Zugänge, Zuschreibungen und Abschreibungen nach den Übergangsregeln werden vom Gesetz nicht als Sonderposten des Anlagespiegels genannt. Die Kennzeichnung der Gegenbuchung ist dem Anlagespiegel systemfremd und wird von den Übergangsregeln einzeln erfasst. Ggf. kann in den vorhandenen Inhalten des Anlagespiegels ein Fußnotenhinweis („davon") in Betracht kommen. 23a

Das Wahlrecht der erfolgsneutralen Zuschreibung kann für Abschreibungen im letzten vor dem 1. 1. 2010 begonnenen Geschäftsjahr **nicht beansprucht** werden. Insoweit ist die spätere Zuschreibung erfolgswirksam vorzunehmen. Diese Regel entspricht derjenigen zu den Aufwandsrückstellungen (→ Rz. 18). Fraglich ist auch hier die Gesetzesanwendung beim vorzeitigen Übergang auf die BilMoG-Bilanzierung nach Art. 66 Abs. 3 Satz 6 EGHGB (→ Rz. 19). Unser dortiger Lösungsvorschlag gilt auch hier. 24

VI. Die Bilanzierungshilfe für Ingangsetzungskosten (Abs. 5 Satz 1)

In Abs. 3 und 4 sind erlaubte stille Reserven nach der Rechtslage vor Inkrafttreten des BilMoG behandelt worden. In Abs. 5 Satz 1 geht es um eine erlaubte **stille Last** für Ingangsetzungs- und Erweiterungskosten des Geschäftsbetriebs nach § 269 HGB a. F. Diese Bilanzierungshilfe **darf** weitergeführt werden. 25

---

[31] IDW RS HFA 28 Tz. 16.
[32] IDW RS HFA 28 Tz. 57.

Der Anwendungsbereich in der Bilanzierungspraxis war sehr beschränkt, da durch den gesonderten Ausweis ganz vorne auf der Aktivseite der bilanzgestaltende Hintergrund sofort für jedermann ersichtlich ist: „Die haben's nötig."

26 Bei Weiterführung des Postens sind die Folgeregeln zu beachten:[33]
- **Abschreibung** nach § 282 HGB a. F. auf vier Jahre beginnend nach dem Zugangsjahr sowie
- **Ausschüttungssperre** nach § 269 Satz 2 HGB a. F.

27 Bei Nichtausübung des Beibehaltungswahlrechts ist der Buchwert im Übergangszeitpunkt nach Abs. 7 als außerordentlicher Aufwand auszuweisen (→ Rz. 37).

VII. Beibehaltung der *pooling of interest*-Methode der Kapitalkonsolidierung (Abs. 5 Satz 2)

28 Die nach BilMoG nicht mehr zulässige Sonderform der Kapitalkonsolidierung nach der *pooling of interest*-Methode kann für Erwerbsvorgänge vor Einführung des BilMoG weitergeführt werden. Dabei ist die Angabepflicht nach § 302 Abs. 3 HGB a. F. zu erfüllen.

VIII. Latente Steuern (Abs. 6)

1. Konzeptionelle Grundlage

28a Die Steuerlatenzierung aus dem **Umstellungsvorgang** verläuft technisch unabhängig von der Ermittlung der bisher schon bestehenden Buchwertdifferenzen zwischen Handels- und Steuerbilanz, erfasst also lediglich die Anpassung handelsrechtlicher Wertansätze an die BilMoG-Regeln nach Maßgabe der Wertverhältnisse am (regelmäßig) 1. 1. 2010.[34]

> **BEISPIEL** ▶ Die mittelgroße G-GmbH hat zum 31. 12. 2008 eine Rücklage für Ersatzbeschaffung in der Handels- und Steuerbilanz gebildet und löst diese in der Handelsbilanz zum 31. 12. 2010 unter Beibehaltung in der Steuerbilanz auf. In der Folge ergibt sich eine passive Latenz, die den Übergangsregeln in Abs. 6 unterliegt.

29 Das Ergebnis aus der Steuerlatenzrechnung ist regelmäßig **erfolgswirksam** darzustellen (→ § 274 Rz. 63). Für den Übergang auf das BilMoG-Recht wird in Abs. 6 diese Regel gerade **umgedreht**: Die Aufwendungen und Erträge aus der Steuerlatenzierung sind „unmittelbar" mit der **Gewinnrücklage** zu verrechnen, also ergebnisneutral zu erfassen. Betroffen sind zwei unterschiedliche Sachverhalte:

1. Erstmalige Anwendung des *temporary*-Konzepts (→ Rz. 31);
2. temporäre Differenzen, die durch **Übergang** auf die BilMoG-Regeln erfolgsneutral entstanden sind (→ Rz. 34).

---

33 IDW RS HFA 28 Tz. 20.
34 IDW RS HFA 28 Tz. 53.

Nicht in Abs. 6 angesprochen sind **andere** Inhalte des Übergangsverfahrens, die der allgemeinen Regel folgend und im Umkehrschluss zu den Vorgaben von Abs. 6 **erfolgswirksam** zu behandeln sind (→ Rz. 36).

Bei der Buchungsanweisung in Abs. 6 – erfolgsneutrale Behandlung – bleiben zwei Sachverhalte auf der **Rechtsfolgenseite** ungeklärt:

1. Wie ist zu buchen bei Unternehmen, die **keine Gewinnrücklage** kennen?[35] – Der Lösungsvorschlag ist unter → Rz. 15 dargestellt.
2. Wie ist zu buchen, wenn bei erforderlicher Sollbuchung (→ Rz. 32) **nicht genügend Volumen** an Gewinnrücklagen verfügbar sind? – Eine negative Gewinnrücklage kommt wohl nicht in Betracht, es bleibt dann nur die Einfügung eines negativen Sonderpostens im Eigenkapital[36] nach § 265 Abs. 5 Satz 2 HGB (→ § 265 Rz. 36).

Zu klären ist der Anwendungsbereich der in Abs. 6 Satz 1 und 2 HGB angesprochenen §§ 274, 306 HGB im Hinblick auf

▶ die **Befreiungsvorschrift** des § 274a Nr. 5 HGB für kleine Kapital- und Kap. & Co.-Gesellschaften sowie auch Einzelkaufleuten und „normale" Personenhandelsgesellschaften (→ § 274 Rz. 2);

▶ das **Ansatzwahlrecht** nach § 274 Abs. 1 Satz 2 HGB bei einem Aktivüberhang der Steuerlatenzen insgesamt (→ § 274 Rz. 45) einschließlich eines zu latenzierenden Verlustvortrags.

In beiden Fällen besteht keine Pflicht zur Steuerlatenzierung. Unterbleibt diese optional, ist eine Steuerlatenzrechnung im betreffenden Jahresabschluss nicht enthalten. Die Übergangsregelung in Abs. 6 hat insoweit **keinen Anwendungsbereich**. Wo es im Jahresabschluss keine Steuerlatenzposten gibt, bedarf es keiner Übergangsregelung. Ein solcher „Posten" kann im Anhang nicht enthalten sein. Deshalb entfällt auch eine Anhangerläuterung nach § 285 Nr. 29 HGB (→ § 285 Rz. 162).

2. Ergebniseffekte aus erstmaliger Anwendung des *temporary*-Konzepts (Abs. 6 Satz 1)

Satz 1 vergleicht tatbestandlich die §§ 274, 306 HGB nach altem und neuem Recht (bezogen auf das BilMoG). Letzteres hat das bis dahin gültige *timing*- durch das *temporary*-Konzept der Steuerlatenzierung ersetzt (→ § 274 Rz. 5). Daraus könnte eine Art „*fresh start*"-Konzept der Steuerlatenzrechnung abgeleitet werden: Zuvor gab es zwar auch die Steuerlatenzierung, durch das BilMoG ist eine neue Welt geschaffen worden. Diese bezieht sich u. a. auf die nunmehr gebotene Latenzierung von **quasi-permanenten** Differenzen (→ § 274 Rz. 10).

BEISPIEL ▶ Die mittelgroße L-GmbH hat seit jeher einen Buchwertunterschied für den betrieblich genutzten Grund und Boden ausgewiesen: HB 120, StB 20. Als quasi-permanente Differenz ist dafür nach dem bisherigen *timing*-Konzept keine Steuerlatenz bilanziert worden.

---

35 Nach Auffassung des IDW ERS HFA 27 Tz. 19 steht auch Einzelkaufleuten und „einfachen" Personenhandelsgesellschaften die Steuerlatenzrechnung offen (→ § 274 Rz. 2).
36 IDW RS HFA 28 Tz. 7; dort weitere Einzelheiten.

> Das *temporary*-Konzept verlangt hingegen den Ansatz einer Passivlatenz. Buchungssatz nach Abs. 6 Satz 1: per Gewinnrücklage an passive Steuerlatenz.

Umgekehrt verhält es sich, wenn bisher schon eine Latenzierung erfolgt ist, d. h. zwischen *timing*- und *temporary*-Konzept kein materieller Unterschied bestand.

> **BEISPIEL** Die mittelgroße A-GmbH weist zum 31.12.2009 eine steuerlich nicht anzuerkennende Aufwandsrückstellung von 1.000 aus, die in 2007 gebildet worden ist. Andere Bilanzpostenunterschiede zwischen Handels- und Steuerbilanz bestehen nicht. A hat seit dem 31.12.2007 eine Steuerlatenz von 300 aktiviert. Sie setzt nach Abs. 3 Satz 1 (→ Rz. 14) den Rückstellungsansatz zum 31.12.2010 fort. Daraus entsteht kein „Ertrag" i. S. des Abs. 6 Satz 1. Die Aktivlatenz kann ohne weitere Bilanz- und GuV-Effekte fortgeführt werden, es besteht allerdings auch eine Option zur Aufhebung der Latenzierung[37] (→ § 274 Rz. 42).

32 Einen weiteren Anwendungsbereich von Abs. 6 Satz 1 bietet die Erstmal-Latenzierung von **Verlustvorträgen**, für die nach Rechtslage vor dem BilMoG keine Ansatzmöglichkeit bestand. Werden solche in die Steuerlatenzrechnung insgesamt eingeführt, kommt es auch dann zu einem Einmaleffekt i. S. des Abs. 6 Satz 1, wenn aus Buchwertunterschieden keine Auswirkungen resultieren. Dann ist der Aktivüberhang bei Ausübung des Ansatzwahlrechts (→ § 274 Rz. 45) gegen die Gewinnrücklage zu verbuchen mit dem verblüffenden Ergebnis einer (anteiligen) Dotierung der Gewinnrücklage aus bestehenden steuerlichen Verlustvorträgen.

33 Die Möglichkeit zum Ansatz der Steuereffekte aus bestehenden Verlustvorträgen kann **bilanzpolitische** Begehrlichkeiten wecken. In der Folge wird dann möglicherweise die Option zur Steuerlatenzrechnung trotz gesetzlicher Befreiung (→ § 274 Rz. 1) oder Aktivüberhangs (→ § 274 Rz. 45) ausgeübt. Erfolgt dies in der Übergangsbilanz zum BilMoG, ist der Anwendungsbereich des Abs. 6 Satz 1 gegeben, d. h. Einstellung des resultierenden Betrags in die **Gewinnrücklagen**. Sollte der Bilanzierende Lust zu einem erfolg**swirksamen** Übergang auf die (immer noch freiwillige) Steuerlatenzrechnung verspüren, muss er ein Jahr zuwarten und sich eine Begründung für die Ausnahme vom Stetigkeitsgebot – z. B. besserer Einblick in die Vermögenslage – einfallen lassen (→ § 246 Rz. 293, → Rz. 23). Dann ist eine Anhangerläuterung nach § 284 Abs. 2 Nr. 3 HGB geboten (→ § 284 Rz. 52), möglicherweise auch ein Ausweis als außerordentlicher Ertrag, u. E. allerdings nicht (→ Rz. 37).

3. Folgeeffekte aus der Rücklagenverrechnung einzelner Bilanzposten (Abs. 6 Satz 2)

34 In Abs. 6 Satz 2 werden drei Bilanzposten aus den Übergangsregelungen in Art. 67 EGHGB zum BilMoG aufgegriffen:

1. Abs. 1 Satz 3: Überdotierte Rückstellungen (→ Rz. 7),

2. Abs. 3 Satz 2: Aufwandsrückstellungen und Sonderposten mit Rücklagenanteil (→ Rz. 9) und

---

[37] IDW RS HFA 28 Tz. 52.

3. Abs. 4 Satz 2: Sonderfälle von Abschreibungen (→ Rz. 21).

In diesen Fällen besteht ein Auflösungswahlrecht der nach BilMoG nicht mehr zulässigen Ansätze und Bewertungen. Sofern aus der Ausübung dieses Wahlrechts ein Buchwertunterschied zwischen Handels- und Steuerbilanz (→ § 274 Rz. 14) resultiert, ist dann – bei pflichtmäßiger oder freiwilliger Steuerlatenzrechnung (→ § 274 Rz. 1 und → § 274 Rz. 45) – die entstehende Latenz **erfolgsneutral** in die **Gewinnrücklage** einzustellen oder dieser zu belasten (→ Rz. 29). Diese Buchungsanweisung stellt eine logische Folge für die ebenfalls erfolgsneutral vorzunehmende Auflösung der genannten Posten dar und entspricht der Vorgabe in IAS 12.61A. Sofern die Auflösung dieser Bilanzposten ausnahmsweise **erfolgswirksam** vorzunehmen ist (→ Rz. 18 und → Rz. 24), folgt die Steuerlatenzierung dieser Vorgabe.

Zu klären ist sodann, wann es zu einem Buchwertunterschied in den drei unter → Rz. 34 aufgeführten Fällen kommen kann. Dazu folgende Beispiele: 35

> **BEISPIELE** Eine Rückbauverpflichtung, fällig am 1.1.2012, Erfüllungsbetrag 484, wird seit 2008 in Beträgen von jährlich 121 angesammelt. Vereinfacht werden konstante Preisverhältnisse (Erfüllungsbeträge) und ein konstanter Diskontierungssatz (10 %) unterstellt. Steuerbilanziell wird zu allen Stichtagen mit 5,5 % diskontiert.

	HGB a. F.		BilMoG	StB
Zuführung 08	121,00			
31.12.08	121,00			
Zuführung 09	121,00			
31.12.09	242,00	1.1.2010 diskontiert	200,00	217,43
		Aufzinsung 10	20,00	11,96
		Sonstige Zuführung 10 (121 diskontiert)	110,00	114,69
		31.12.2010	330,00	344,08
		Aufzinsung 11	33,00	18,92
		Sonstige Zuführung 11	121,00	121,00
		31.12.2011	484,00	484,00

Per 31.12.2009 hat das Unternehmen eine temporäre Differenz von 242 - 217 = 25 und hierauf eine aktive latente Steuer von 0,3 · 25 = 7,5 aktiviert.

In den Buchungen ist zwischen dem eigentlichen Übergangseffekt (datiert auf den 1.1.2010) und den normalen Bewegungen des Geschäftsjahrs 2010 (Zuführungen) zu differenzieren (→ Rz. 5). Durch die Bewertung der Rückstellung nach BilMoG mit 200 statt 242 (HGB) auf den 1.1.2010 ändern sich Betrag und Vorzeichen der temporären Differenz. Die Aktivlatenz von 7,5 verwandelt sich in eine passive von 0,3 · (200 - 217) = 5,1. Zu buchen ist daher wie folgt:

Zum 1.1.2010 (Übergang auf BilMoG)

per Rückstellung	42	an Gewinnrücklage	42
per Gewinnrücklage	7,5	an aktive latente Steuer	7,5
per Gewinnrücklage	5,1	an passive latente Steuer	5,1

Zum 31.12.2010 (Bewegungen des Geschäftsjahrs 2010)

Die temporäre Differenz verringert sich auf (300 - 314) = 14, die passive Latenz mithin von 5,1 auf 0,3 · 14 = 4,2 mit folgenden Buchungen:

per passive latente Steuer	0,9	an Steuerertrag	0,9

Für das Jahr 2010 ergibt sich eine zutreffende Steuerquote (→ § 274 Rz. 4).

Einem handelsbilanziellen Aufwand aus der Rückstellungszuführung von 130 steht steuerbilanziell ein Aufwand von nur 127 und damit ein laufender „Steuerertrag" von 0,3 · 127 = 38,1 gegenüber. Es gilt:

Aufwand Handelsbilanz	130,0
Ertrag latente Steuer	0,9
Ertrag tatsächliche Steuer	38,1
Steuerertrag insgesamt	39

Die Gesamtsteuer von 39 entspricht 30 % von 130 und damit der zu erwartenden Steuerquote.

BEISPIELE

► Die W-GmbH im Beispiel unter → Rz. 13 löst die angesammelte Aufwandsrückstellung von 400 am 31.12.2010 auf, davon die Zuführung in 2009 von 100 erfolgswirksam (→ Rz. 18) und den Restbetrag von 300 erfolgsneutral zugunsten der Gewinnrücklagen. Durch die Auflösung der Aufwandsrückstellung insgesamt wird ein Buchwertunterschied vermieden, weshalb eine Steuerlatenzierung entfällt. Abs. 6 Satz 2 ist insofern nicht anwendbar. Anders wäre es nur, wenn die W-GmbH (unrealistisch) nach altem Recht eine Steuerlatenz von 120 aktiviert hätte; dann wäre dieser Betrag zu 100/400 = 1/4, mithin zu 30 erfolgswirksam, zu 3/4 = 90 erfolgsneutral aufzulösen. Wenn die W-GmbH per 31.12.2009 erstmals aktive latente Steuern gebildet hätte, müsste dieser Betrag korrespondierend zur Auflösung der Rückstellung gewinnmindernd verbucht werden.

► Die kleine F-GmbH (§ 267 Abs. 1 HGB) will zur Erhöhung des Eigenkapitalausweises die 6b–Rücklage gem. § 273 HGB a. F. in der Handelsbilanz zum 31.12.2009 auflösen. Dazu wendet sie vorzeitig die BilMoG-Fassung des HGB gem. Art. 66 Abs. 3 Satz 6 EGHGB an (→ Art. 66 Rz. 17). Die Zuschreibung von (angenommen) 1.000 nach Abs. 3 Satz 2 ist in die Gewinnrücklage einzustellen. Diese ist ihrerseits um die passive Steuerlatenz von 300 zu kürzen, aber nur, wenn sie zur Anwendung von § 274 HGB optiert (→ Rz. 33).

> ▶ Die gleiche Lösung (wie die vorstehende) ergibt sich bei der Zuschreibung von steuerlichen Sonderabschreibungen nach §§ 254, 279 Abs. 2 HGB a. F. (→ § 274 Rz. 14 zweitletztes Beispiel).
>
> ▶ Die mittelgroße (§ 267 Abs. 2 HGB) Z-GmbH hat zum 31. 12. 2009 nach § 253 Abs. 3 Satz 3 HGB in der Handels- nicht in der Steuerbilanz eine Abschreibung auf das unfertige Brückenbauwerk i. H. von 2.000 vorgenommen. Zum 31. 12. 2010 löst sie diese Abschreibung durch Zuschreibung wieder auf. Es besteht dann kein Buchwertunterschied und somit keine Grundlage für eine Steuerlatenzierung mehr. Der Anwendungsbereich von Abs. 6 Satz 2 ist nicht eröffnet.

Abs. 6 behandelt **nicht sämtliche** Sachverhalte, die im Übergangsverfahren auf das BilMoG zu Buchwertunterschieden zwischen Handels- und Steuerbilanz führen können. Musterbeispiel für einen nicht speziell geregelten Fall ist der Fehlbetrag der **Pensionsrückstellung** (→ Rz. 3). Die entsprechende Aktivlatenz ist erfolgswirksam einzubuchen und korrespondierend mit dem Abbau der Differenzen aufzulösen und u. E. nicht im außerordentlichen Bereich (→ Rz. 37), sondern im Steueraufwand auszuweisen (→ § 277 Rz. 48). 36

IX. Ausweis von Aufwendungen und Erträgen als außerordentlich (Abs. 7)

Nach Abs. 7 sind Aufwendungen und Erträge **aus der Anwendung** des Art. 66 EGHGB sowie Art. 67 Abs. 1 bis 5 EGHGB in der GuV gesondert unter den Posten „außerordentliche Aufwendungen" bzw. „außerordentliche Erträge" anzugeben (→ § 277 Rz. 47). Dieser Ausweis ist auf Ergebniseffekte des **Übergangsverfahrens** beschränkt („aus der Anwendung …"). **Danach** ist Abs. 7 nicht mehr anwendbar, wenn z. B. eine steuerliche Sonderabschreibung (→ Rz. 23) im Jahr 2012 aufgelöst wird.[38] 37

Nicht betroffen sind **Personenunternehmen** außer Kap. & Co.-Gesellschaften (→ § 264a Rz. 5), da für diese die Vorschriften des § 275 HGB zur Gliederung der GuV und zum gesonderten Ausweis außerordentlicher Posten nicht einschlägig sind.[39]

Sachverhaltsseitig sind folgende Fälle angesprochen: 38

▶ Höherbewertung von Planvermögen aus Pensionsverpflichtungen (etwa Rückdeckungsversicherungen) aufgrund der Zeitbewertung nach § 253 Abs. 1 Satz 4 HGB (→ § 253 Rz. 69).

▶ Höherbewertung von Pensions- oder sonstigen Rückstellungen aufgrund der Neufassung von § 253 Abs. 1 Satz 2 HGB, insbesondere der Berücksichtigung zukünftiger Preisverhältnisse (→ § 253 Rz. 30).

▶ Währungsumrechnung gem. § 256a Satz 1 HGB mit dem Kassamittelkurs des Bilanzstichtags anstatt wie bisher mit dem Geld- oder Briefkurs (→ § 256a Rz. 11).

---

38 A. A. IDW RS HFA 28 Tz. 12, begründet mit einer Analoganwendung. U. E. sind Spezialvorschriften wie Art. 67 EGHGB nicht analogiefähig. Wie hier *Kessler/Leinen/Paulus*, BB 2009 S. 1911.

39 A. A. IDW RS HFA 28 Tz. 45: Generell im außerordentlichen Aufwand auszuweisen, wie es der Gesetzeswortlaut entgegen der allgemeinen Regelung in § 242 Abs. 2 HGB (→ § 242 Rz. 13) vorsieht.

IX. Ausweis von Aufwendungen und Erträgen als außerordentlich

- Sofortige Auflösung von aktivierten Ingangsetzungskosten aufgrund des Wegfalls von § 269 HGB a. F. (→ Rz. 27).
- Umbewertung von Vorräten, die zuvor nicht nach LiFo oder FiFo, sondern nach einem anderen, in der Neufassung von § 256 HGB nicht mehr zulässigen Verfahren bewertet wurden (→ § 256 Rz. 17).
- Auflösung in 2009 vorgenommener Zuführungen zu nach BilMoG nicht mehr zulässiger Aufwandsrückstellungen (→ Rz. 18) sowie Zuschreibung nach in 2009 vorgenommenen, nach BilMoG nicht mehr zulässige Abschreibungen (→ Rz. 21).

Wird die erforderliche Höherbewertung von Pensionsrückstellungen nach Abs. 1 Satz 1 zeitlich auf (bis zu) 15 Jahre gestreckt (→ Rz. 5), fällt außerordentlicher Aufwand über (bis zu) 15 Jahre an. Dieser Aufwand entsteht „aus der Anwendung" des Abs. 1 Satz 1, beruht also auf dem Übergangsverfahren.

Bei Ansammlungsrückstellungen, etwa Pensionsrückstellungen (→ § 253 Rz. 46 ff.), aber auch Rückstellungen für Entfernungsverpflichtungen (→ § 253 Rz. 80) bedingt die Anwendung von Abs. 7 eine Trennung zwischen dem „normalen" Zuführungsbetrag des Jahrs 2010 und dem Zuführungseffekt aus Änderung der Bewertungsgrundlagen (→ Rz. 5). Diese Trennung setzt einen Vergleich des Rückstellungswerts per 31. 12. 2009 (altes Recht) mit demjenigen per 1. 1. 2010 (neues Recht) voraus.

> **BEISPIEL** Eine Entfernungsverpflichtung wird am 1. 1. 2009 begründet und ist am 31. 12. 2013 zu erfüllen.
>
> Der Erfüllungsbetrag beläuft sich nach Preisverhältnissen 31. 12. 2009 auf 1.000, nach erwarteten Preisverhältnissen 31. 12. 2012 auf 1.200. Die Diskontierung aus Vereinfachungsgründen vernachlässigt ergibt sich folgender Rückstellungsverlauf:
>
> | | | |
> |---|---|---|
> | 31. 12. 2008 | 0 | |
> | Zuführung 2009 | 200 | |
> | 31. 12. 2009 (1/5 von 1.000) | 200 | HGB a. F. |
> | Zuführung 2010 | 280 | davon außerordentlich 40 |
> | 31. 12. 2010 (2/5 von 1.200) | 480 | BilMoG |
>
> Hätte immer schon das neue Recht gegolten, betrüge die Rückstellung per 31. 12. 2009 240 (40 mehr) und wäre in 2010 nur eine Zuführung von 240 (40 weniger) notwendig gewesen. Der Mehrbetrag der Zuführung erklärt sich aus dem Übergang auf das neue Recht und hat außerordentlichen Charakter. Unterstellt, der HB-Wert am 31. 12. 2009 entspricht dem StB-Wert, käme eine aktive Steuerlatenz von 30 % von 80 = 24 zum Tragen.

39 Demgegenüber ist Abs. 7 auf folgende Fälle nicht anwendbar:
- **Niedrigere Bewertung** von Pensions- oder sonstigen Rückstellungen, da die aufzulösenden Beträge nach Abs. 3 Satz 3 unmittelbar gegen Gewinnrücklagen zu verrechnen sind (→ Rz. 7).
- Entsprechendes gilt (wegen der Rücklagenverrechnung), wenn von dem **Beibehaltungswahlrecht** nach Abs. 3 und 4 (→ Rz. 10) für nach BilMoG nicht mehr zulässige Aufwands-

rückstellungen und Abschreibungen Gebrauch gemacht wird und die Bildung der Rückstellung bzw. die Vornahme der Abschreibung vor 2009 erfolgt ist (→ Rz. 13).

▶ Bewertung von **Fremdwährungs**forderungen und -verbindlichkeiten mit einer Restlaufzeit von nicht mehr als einem Jahr unabhängig vom Realisations- und Imparitätsprinzip gem. § 256a Satz 2 HGB, da die betreffende Forderung oder Verbindlichkeit am 31. 12. 2009 dann noch eine Restlaufzeit von mehr als einem Jahr hatte, also nach altem und neuem Recht gleichermaßen dem Realisations- und Imparitätsprinzip unterliegen (→ § 256a Rz. 12).

▶ Planmäßige Abschreibung von aktivierten **Ingangsetzungskosten** nach § 282 HGB a. F., da die planmäßige Abschreibung zu Aufwand aus altem Recht und nicht aus der Anwendung des neuen Rechts führt; wohl aber die Auflösung eines solchen Postens insgesamt (→ Rz. 27).

Der verlangte gesonderte, d. h. von anderen außerordentlichen Aufwendungen oder Erträgen (→ § 277 Rz. 39 ff.) unterschiedene Ausweis kann etwa durch einen **„Davon"-Vermerk** („davon aus der Anwendung von Art. 67 Abs. 7 EGHGB") erfolgen oder in einer **vorspaltigen** Darstellung. 40

Hat das Unternehmen außer den Aufwendungen und Erträgen aus Übergangsvorschriften keine weiteren außerordentlichen Ergebnisse, kommt stattdessen eine **Erweiterung der Postenbezeichnung** in Frage, etwa bei Aufwendungen in „außerordentlichen Aufwendungen aus Art. 67 Abs. 7 EGHGB".

Für den Ausweis gilt das allgemeine **Saldierungsverbot** des § 246 Abs. 2 HGB (→ § 246 Rz. 283). Führt die Anwendung des neuen Rechts teils zu Aufwendungen, teils zu Erträgen, sind diese daher jeweils separat darzustellen.

Nicht betroffen von dem Ausweis als außerordentlicher Posten sind u. E. die mit dem als außerordentlich zu qualifizierenden Grundsachverhalt verbundenen **steuerlichen Wirkungen**,[40] die sich insbesondere auf Ebene der Steuerlatenz ergeben. Auf → § 277 Rz. 48 wird verwiesen. 41

X. Durchbrechung des Stetigkeitsgebots (Abs. 8)

Nicht anzuwenden im Übergangsverfahren sind unter **Anhang**angabe folgende Vorschriften: 42

▶ **Bewertungs**stetigkeit nach § 252 Abs. 1 Nr. 6 HGB (→ § 252 Rz. 167),

▶ **Ausweis**stetigkeit nach § 252 Abs. 1 Nr. 6 HGB (→ § 265 Rz. 6),

▶ **Anhang**angabe nach § 284 Abs. 2 Nr. 3 HGB (→ § 284 Rz. 53) bei **Abweichungen**,

▶ entsprechende Angabe im **Konzern**anhang nach § 313 Abs. 1 Nr. 3 HGB (→ § 313 Rz. 23) sowie

▶ **Verzicht** auf die Anpassung von Vorjahresbeträgen in der Bilanz und GuV gem. § 265 Abs. 2 Satz 3 HGB (→ § 265 Rz. 19).

---

40 A. A. *Kirsch*, DStR 2009 S. 1048 ff.

XI. Bilanzposten und Anhangangaben ohne Übergangsregelungen

43 Keine Übergangsregelungen sind in folgenden Fällen vorgesehen:

- Bildung von **Bewertungseinheiten** nach § 254 HGB (→ § 254 Rz. 1 ff.); wurden vor Inkrafttreten des BilMoG trotz Absicherung eines Grundgeschäfts Drohverlustrückstellungen gebildet oder außerplanmäßige Abschreibungen vorgenommen, ist die erfolgswirksame Auflösung der Rückstellungen mit der Begründung einer nachträglichen Dokumentation der Sicherungsbeziehung i. S. des § 254 HGB nicht möglich.[41]

- Kürzung **eigener Anteile** gegen das Eigenkapital (→ § 272 Rz. 26 ff.); dementsprechend ist der Ausweis von im Übergangszeitpunkt gehaltenen eigenen Anteilen beim Übergang auf das neue Recht anzupassen, d. h. die Rücklage für eigene Anteile aufzulösen und der frei werdende Betrag einer frei verfügbaren Rücklage zuzuführen, das gezeichnete Kapital um den Nennbetrag zu reduzieren.[42]

- Anhangangaben zu außerbilanziellen Geschäften und Geschäfte mit Nahestehenden, die im Übergangszeitpunkt noch nicht vollständig abgewickelt worden sind.[43]

---

[41] IDW RS HFA 28 Tz. 49.
[42] IDW RS HFA 28 Tz. 50.
[43] IDW RS HFA 28 Tz. 55 und 56.

STICHWORTVERZEICHNIS

Die fettgedruckten Ziffern verweisen auf den jeweiligen Paragraphen, die nachfolgenden Ziffern auf die zugehörigen Randziffern.

A

Abbruch- und Entfernungsverpflichtungen **253**, 43
– Abbruchkosten **249**, 162
– Bauwerke **249**, 38
ABC, Abgrenzung von Anlage- und Umlaufvermögen **247**, 37
– immaterielle Vermögensgegenstände **246**, 32
– LiFo-Verfahren **256**, 41
– Rückstellungen **249**, 162
– Umsatzerlöse **277**, 4
Abfall **277**, 3
– Beseitigung **249**, 38, 162
– Kategorien des Umweltschutzes **249**, 59
Abfindung aus dem Gesellschaftsvermögen, Anschaffungskosten **255**, 72c
Abfindung aus GmbH-Vermögen, Anschaffungskosten **255**, 72c
Abfindung bei Personenhandelsgesellschaften, Anschaffungskosten **255**, 72d
Abfindungen, Löhne und Gehälter **275**, 37
– Personal **249**, 162
– Rückstellungen bei Arbeitsverhältnissen **249**, 82
Abführungsverpflichtung, Gewinnabführungsvertrag **277**, 35
Abgang des Vermögensgegenstands, Realisationsprinzip **252**, 85
Abgang eines Bilanzpostens, Liquidation **255**, 121b
Abgang von Sachanlagevermögen, sonstige betriebliche Erträge **275**, 17
Abgang, Festbewertung **240**, 30
Abgänge, Anlagespiegel **268**, 61, 77
Abgangsverluste bei Sachanlagen, sonstige betriebliche Aufwendungen (Gesamtkostenverfahren) **275**, 58
Abgasreinigungsanlage **249**, 38, 162

abgeführte Gewinne, Gewinnabführungsvertrag **277**, 32
abgeschwächter Gläubigerschutz, vereinfachte Kapitalherabsetzung **272**, 18
abgezinste Verbindlichkeiten, Bewertung von Verbindlichkeiten **253**, 24
Abgrenzung Anlage- und Umlaufvermögen **247**, 37
Abgrenzung Gebäude zu ähnlichen Vermögensgegenständen, Bilanzgliederung **266**, 28
Abgrenzung von Anlage- und Umlaufvermögen, ABC **247**, 37
Abgrenzung von Eigen- und Fremdkapital, Personenhandelsgesellschaften **246**, 76
Abgrenzung von fertigen und unfertigen Produkten, Bilanzgliederung **266**, 61
Abgrenzung zu Haftungsverpflichtungen, Anhangangaben zu finanziellen Verpflichtungen **285**, 15
Abgrenzung zur Anschaffung, Herstellungsvorgänge **255**, 73
Abgrenzung zur Aufwandsrückstellung, faktische Verpflichtungen **249**, 17
Abgrenzung zur Herstellung, Anschaffungsvorgänge **255**, 10
Abgrenzungskriterien, Erhaltungs- und Herstellungsaufwand **255**, 108
Abgrenzungsposten für Erlöse, Zeitwertermittlung Erstkonsolidierung **301**, 83
Abkopplungsthese, Generalnorm **264**, 16
Abladevorrichtungen, Bilanzgliederung **266**, 36
Ablehnung, Prüfungsauftrag **318**, 21
abnutzbare Anlagegegenstände, immaterielle Anlagegüter **253**, 83
– Sachanlagen **253**, 83

Abraumbeseitigung 249, 162
– Aufwandsrückstellungen 249, 151
Abraumvorrat 250, 51
Abrechnungskosten für bereits ausgeführte Leistungen im Baugewerbe 249, 38
Abrechnungsverpflichtungen im Baugewerbe 249, 162; 253, 41
Absatzgeschäfte, schwebende Geschäfte 249, 121
Abschluss nach PublG, Bestätigungsvermerk 322, 72
Abschluss von Versicherungsverträgen, Aktivierungsverbote 248, 5
Abschlusserstellung, Ergebnisverwendung 268, 8
Abschlussgebühr für Bausparvertrag 250, 53
Abschlussprüfer, „Allweiler"-Urteil 319a, 11 ff.
– Ausschlussgründe 318, 17
– Ausschlussgründe bei Prüfung von Tochtergesellschaften 319a, 39
– Ausschlussgründe bei Unternehmen von öffentlichem Interesse 319a, 3 ff.
– befangenes Personal 319, 58
– Befangenheit bei finanziellen Interessen 319, 30
– Befangenheit bei Personalunion 319, 35
– Befangenheit bei Selbstprüfung 319, 36
– Befangenheit bei Sozietät 319, 27
– Befangenheit von Ehegatten und Lebenspartnern 319, 63
– Bestellung 318, 5
– Bewertungsleistungen 319, 52
– Ersetzung, gerichtliche 318, 31
– Finanzdienstleistungen 319, 50
– gerichtliche Bestellung 318, 37
– Gewissenhaftigkeit 323, 10
– Haftung 323, 31
– Haftung gegenüber Dritten 323, 39
– Haftungsbegrenzung 323, 44
– Mitwirkung bei Buchführung 319, 43
– Mitwirkung bei der internen Revision 319, 48
– prinzipienorientierte Befangenheitsbesorgnis 319, 7 ff.
– Prüfungsauftrag 318, 21

– Rechnungslegungsinformationssystem 319a, 23 ff.
– Rechtsfolgen bei Befangenheit 319, 69
– regelbasierte Befangenheitsvermutung 319, 24 ff.
– Rotationsgebot 319a, 29 ff.
– Schutzmaßnahmen bei Befangenheit 319, 10 ff.
– Steuerberatungstätigkeit 319a, 4 ff.
– Unabhängigkeit 319, 59
– Unparteilichkeit 323, 12
– Unternehmensleitungsaufgaben 319, 50
– unwirksame Bestellung 319, 6
– Verantwortlichkeit 323, 1 ff.
– Verschwiegenheit 323, 14
– versicherungsmathematische Aufträge 319, 52
– Wahl 318, 6 ff.
– Wählbarkeit 318, 17; 319, 4 ff.
– Zeitvorgabe für die Wahl 318, 14
– zweigeteilter Berufsstand 319, 4
Abschlussprüfung 249, 162
– Änderungsfeststellung 316, 17
– Aufklärung und Nachweise 320, 6
– Genossenschaften 336, 8
– Offenlegungspflichten 325, 34a
– Prüfungsrecht 320, 5
– Vorlagepflicht 320, 3
Abschlussprüfungshonorar, Anhang 285, 106
– Konzernanhang 314, 12
Abschreibung bei Eigenkapitalersatz, Forderungen 253, 157
Abschreibung von Verlusten, Kap. & Co.-Gesellschaften 264c, 25
Abschreibungen, Anlagevermögen 253, 82
– außerplanmäßige Abschreibungen 253, 105
– Bankguthaben 253, 158
– Börsen- oder Marktpreis 253, 144
– eigenkapitalersetzende Darlehen 253, 158
– Finanzanlagen 253, 127, vgl. auch Abschreibungen auf Finanzanlagen
– Forderungen 253, 157, vgl. auch Abschreibungen auf Forderungen
– geringwertige Anlagegüter 253, 104a
– GuV 275, 49

Stichwörter VERZEICHNIS

– Komponentenabschreibung   253, 92c
– Komponentenansatz   253, 92
– Lagerreichweite   253, 153
– langfristige Auftragsfertigungen   253, 152
– modischer Geschmack   253, 153
– Niederstwert in der Produktion und im Handel   253, 147
– niedriger beizulegender Wert   253, 147
– physische Beschaffenheit von Rohmaterialien und Waren   253, 153
– planmäßige Abschreibungen   253, 85
– Poolabschreibung   253, 104a
– Umlaufvermögen   253, 141
– Umschlagshäufigkeit   253, 153
– verlustfreie Bewertung   253, 149
– Verlustprodukte   253, 150
– Vollkostenbewertung   253, 150
– Wertpapiere   253, 154, vgl. auch Abschreibungen auf Wertpapiere des Umlaufvermögens
Abschreibungen auf Finanzanlagen, Anhangangaben   284, 49
– Anteile an verbundenen Unternehmen   275, 101
– Ausleihungen   275, 101
– Beteiligungen   275, 101
– Wertpapiere des Anlagevermögens   275, 101
Abschreibungen auf Forderungen, sonstige betriebliche Aufwendungen (Gesamtkostenverfahren)   275, 58
Abschreibungen auf Kundenforderungen, Ausweis unter den Vertriebskosten   275, 70a
Abschreibungen auf Wertpapiere des Umlaufvermögens, das Übliche überschreitende Abschreibungen   275, 101
– übliche   275, 101
Abschreibungen in ihrer gesamten Höhe, Anlagespiegel   268, 64
Abschreibungen, auf Geschäftsjahr entfallend, Anlagespiegel   268, 65
Abschreibungsbeginn, planmäßige Abschreibungen   253, 97
Abschreibungsende, planmäßige Abschreibungen   253, 99

Abschreibungsmethode, goodwill   309, 8
– planmäßige Abschreibungen   253, 100
Abschreibungsplan, planmäßige Abschreibungen   253, 86
Abschreibungsspiegel, Anlagespiegel   268, 66
Abschreibungsvolumen, planmäßige Abschreibungen   253, 94
Absicherung eines Aktienbestands, Bewertungseinheiten   254, 27
Absicherung erwarteter Transaktionen, Bewertungseinheiten   254, 27
Absicherung Festzinsanleihe, Bewertungseinheiten   254, 26
Absicherung geplanter oder bereits kontrahierter Fremdwährungstransaktionen, Bewertungseinheiten   254, 76
Absicherung schwebender Geschäfte, Bewertungseinheiten   254, 27
Absicherung variabel verzinslicher Anleihe, Bewertungseinheiten   254, 26, 82
Absicherung von Teilen eines Grundgeschäfts, Bewertungseinheiten   254, 14
Abstandszahlungen, Anschaffungskosten   255, 33
Abstockung, Währungsumrechnungsdifferenz im Konzern   308a, 37
Abstockung einer Mehrheitsbeteiligung, Einheitsgrundsatz   301, 112
– erfolgsneutrale Lösung   301, 112
– erfolgswirksame Lösung   301, 112
– Minderheiten   301, 112
abstrakt bilanzierbare Vermögensgegenstände, Bestandsaufnahme   240, 16
abstrakte Bilanzierbarkeit   246, 3
ABS-Transaktionen, Anhangangaben   285, 10b
– Zweckgesellschaften   290, 51
Abwärtskonsolidierung, Änderung des Konsolidierungskreises   294, 5
– veräußerte Anteile   301, 109
– verbleibende Anteile   301, 109
– Währungsumrechnungsdifferenz im Konzern   308a, 37
Abwasseranlage einer Brauerei, Bilanzgliederung   266, 36

abweichende Stichtage,
  Aufwandskonsolidierung   299, 17
– Konzernabschlussstichtag   299, 6
– Schuldenkonsolidierung   299, 17; 303, 6
– Zwischenergebniseliminierung   299, 18
abweichender Stichtag von
  Tochterunternehmen   299, 13
Abweichungen, Stetigkeitsgebot   246, 294
Abweichungen von Bilanzierungs- und
  Bewertungsmethoden, Anhangangaben
  284, 52
Abweichungen von Rechnungslegungsstandards
  des DRSC, Bestätigungsvermerk   342, 12
– Prüfungsbericht   342, 12
Abweichungsmöglichkeiten in Ausnahmefällen,
  GoB   252, 181
Abzinsung, siehe Diskontierung
– siehe Erträge und Aufwendungen aus
  Diskontierung   249, 162
– Rückstellungen   253, 70
Abzinsung für Pensionsverpflichtungen
  249, 162
Abzinsung von Rückstellungen, sonstige Zinsen
  und ähnliche Erträge   275, 97
Abzinsung von Schulden oder
  Vermögensgegenständen, in der GuV   277, 57
Abzinsungen in der Steuerbilanz   253, 81a
Abzinsungsbeträge bei zinslosem Darlehen an
  Arbeitnehmer   250, 51
Abzinsungspflicht, Rentenverpflichtungen
  253, 76
Abzinsungssätze, Festlegung   253, 78
Abzinsungsvorgabe, Bewertung von
  Rückstellungen   253, 31
Adressatenkreis, Bestätigungsvermerk   322, 1
Adressensammlung   246, 32
– Bilanzgliederung   266, 20
Agio aus der Ausgabe von Anteilen,
  Kapitalrücklage   272, 37
aktienbasierte Vergütungen, Organbezüge
  285, 65e
Aktiengesellschaften, Ergebnisverwendung
  268, 7

aktienkursorientierte Vergütung, siehe reale
  Aktienoptionen, siehe virtuelle
  Aktienoptionen   249, 162
– Anhangangabe   274, 48
– Ansatzwahlrecht für Aktivüberhänge   274, 42
– bedingte Kapitalerhöhung   272, 11
– Behandlung nach IFRS 2   272, 72
– Bilanzgliederung   266, 76
– Budgetierung   274, 36
– faktisches Ansatzwahlrecht   274, 42
– förmliches Ansatzwahlrecht   274, 45
– Fünfjahresgrenze   274, 36
– reale Aktienoptionen   272, 68
– Rückstellungen bei Arbeitsverhältnissen
  249, 98
– Stetigkeitsgebot   246, 293; 274, 48
– stock appreciation rights   272, 68
– überschlägiger Check   274, 47
– Verlusthistorie   274, 33
– Verlustvorträge   274, 32
– virtuelle Optionen   272, 68
– Wahrscheinlichkeitsgrad   274, 35
– Zinsvorträge   274, 32
aktiver Unterschiedsbetrag aus der
  Vermögensverrechnung, Bilanzgliederung
  266, 76
aktivierte Eigenleistungen, siehe andere
  aktivierte Eigenleistungen
aktivierte Entwicklungskosten,
  Kapitalflussrechnung   297, 55
aktivierte Zinsen, Bestandsveränderungen
  277, 27
– Bruttomethode   277, 27
– Gesamtkostenverfahren   277, 28
– Nettomethode   277, 27
– Umsatzkostenverfahren   277, 28; 275, 63
– Zinsen und ähnliche Aufwendungen   275, 107
Aktivierung von Forderungen,
  Aktivierungszeitpunkt   246, 42
– auflösend bedingte Forderungen   246, 38
– aufschiebend bedingte Forderungen   246, 38
– Besserungsvereinbarungen   246, 39
– persönliche Zurechnung   246, 42
– Rangrücktrittserklärung   246, 41
– Rechtsgrundlage   246, 35

– Rechtsmängel behaftete Forderungen 246, 40
– verjährte Forderungen 246, 40
aktivierungspflichtige Gemeinkostenbestandteile, Herstellungskosten 255, 86
Aktivierungsverbote, Abschluss von Versicherungsverträgen 248, 5
– Drucktitel 248, 10
– Eigenkapitalbeschaffung 248, 3
– Gründungskosten 248, 2
– Kundenlisten 248, 10
– Marken 248, 10
– Sacheinlagen 272, 10j
– spezielle Ansatzverbote 248, 10
– Verlagsrechte 248, 10
Aktivierungswahlrecht, Disagio 250, 47
Aktivierungszeitpunkt, Aktivierung von Forderungen 246, 42
Aktivüberhang 246, 292
akzelerierende Verzinsung, Bewertung von Verbindlichkeiten 253, 27
Alarmanlage, Erweiterung als Gebäudeherstellung 255, 112
Alleinvertriebsrecht 246, 32
allgemeine Auftragsbedingungen, Prüfungsauftrag 318, 22
allgemeine Verwaltungskosten, GuV 275, 71
– Umsatzkostenverfahren 275, 71
„Allweiler"-Urteil, Abschlussprüfer 319a, 11 ff.
als Sicherheit gehaltene Anteile, Mutter-Tochter-Verhältnis 290, 71
Altautorücknahme 249, 38
Altbatterien 249, 162
Altersteilzeit 249, 162
– Arbeitnehmerzahl 267, 7
– Rückstellungen bei Arbeitsverhältnissen 249, 83
Altersteilzeitgesetz, Blockmodell Freistellungsphase 249, 38
Altersteilzeitverpflichtungen, Pensionsrückstellungen 253, 45a
Altersversorgung, siehe Aufwendungen für Altersversorgung
– siehe Pensionsrückstellungen
– Personalaufwand 275, 29

Altersversorgungsverpflichtungen, Stetigkeitsgebot 246, 293
Altfahrzeuge 249, 162
Altfahrzeugverordnung, Kategorien des Umweltschutzes 249, 70
Altglas, Gruppenbildung 256, 14
Altholz, Gruppenbildung 256, 14
Altkunststoff, Gruppenbildung 256, 14
Altlasten 249, 38
– Kategorie des Umweltschutzes 249, 58
Altlastensanierung 249, 162
Altpapier, Gruppenbildung 256, 14
Altreifen 249, 162
Altzusagen und indirekte Verpflichtungen betrieblicher Altersversorgung, Anhangangaben 284, 47
Analogiemethoden, Zeitwertermittlung Erstkonsolidierung 301, 75
Anbringung eines Wasser- und Gasanschlusses, Erhaltungsaufwand 255, 110
andere aktivierte Eigenleistungen, aktivierte Zinsen 275, 15
– Gegenposten zu Aufwendungen der Periode 275, 12
– sachliche Abgrenzung 275, 14
– zeitliche Abgrenzung 275, 13
– zusätzliche Fremdleistung 275, 14
andere Anlagen, Betriebs- und Geschäftsausstattung, Bilanzgliederung 266, 42
andere Einblickrechte, größenabhängige Erleichterungen 274a, 7
andere Gesellschafter, siehe Minderheiten
andere Gewinnrücklagen, AG 272, 66
– Eigenkapitalanteil von Wertaufholungen 272, 65
– GmbH 272, 66
– Restkategorie 272, 65
andere Vermögensgegenstände und Schulden, Gruppenbewertung 240, 34
andere Zuzahlungen, Bewertung 272, 51
– Einstellung in die Kapitalrücklage 272, 48
– ertragswirksame Vereinnahmung 272, 48
Änderung der Gliederung, Bilanzgliederung 266, 11

Änderung des Konsolidierungskreises,
Abwärtskonsolidierung 294, 5
– Aufwärtskonsolidierung 294, 5
– Eigenkapitalspiegel 297, 105
– Einbeziehungswahlrechte 294, 5
– Entkonsolidierung 294, 5
– ergänzende Angaben 294, 11
– Erstkonsolidierung 294, 5
– Erwerb von Tochterunternehmen 294, 5
– Konzernanlagespiegel 298, 23
– quotal in den Konzernabschluss einbezogenes Unternehmen 294, 6
– Veräußerung von Tochterunternehmen 294, 5
– Vorjahresbeträge 265, 22
– Wesentlichkeit 294, 5
– Wesentlichkeit der Änderungen 294, 8
Änderungen im Steuerstatut, latente Steuern 274, 57
Änderungsfeststellung 245, 12
– Abschlussprüfung 316, 17
– Hauptversammlung 268, 52m
Änderungsmöglichkeiten, Bilanzänderungen 252, 194
Androhung von Ordnungsgeld, siehe Ordnungsgeldverfahren wegen nicht fristgerechter Offenlegung
Anfechtungsrecht, Verbindlichkeit 246, 53
Anforderungen an das Grundgeschäft, Bewertungseinheiten 254, 9
Anforderungen an den Sicherungszusammenhang, Bewertungseinheiten 254, 25
Anforderungen an Sicherungsinstrumente, Bewertungseinheiten 254, 17
Angabe der persönlich haftenden Gesellschafter, Anhangangabe 285, 104
Angaben zum Beteiligungsbesitz, kapitalmarktorientierte Kapitalgesellschaft 264d, 9
Angabepflichten bei fehlender Vergleichbarkeit, Vorjahresbeträge 265, 21
Angemessenheitsprüfung, nahestehende Personen 317, 41
angewandtes Schuldrecht, Realisationsprinzip 252, 93

Anhang, außerordentliches Ergebnis 277, 50
– außerplanmäßige Abschreibungen 277, 29
– Beteiligungen 271, 2
– Darstellungsstetigkeit 265, 4
– Eigenkapitalspiegel 297, 107
– genehmigtes Kapital 272, 5
– Gesellschafterfinanzierung 246, 61
– goodwill 301, 105
– Kapitalflussrechnung 297, 88
– Kapitalkonsolidierung 301, 126
– negativer Unterschiedsbetrag 301, 105
– periodenfremde Erträge und Aufwendungen 277, 51
– quotale Konsolidierung 310, 37
– Stetigkeit der Konsolidierungsmethoden 297, 123
– Vorjahresbeträge 265, 20
Anhang, freiwilliger, Personenunternehmen 264, 8
Anhangangaben, siehe Organbezüge
– Abschreibungen auf Finanzanlagen 284, 49
– ABS-Transaktionen 285, 10b
– Abweichungen von den Bilanzierungs- und Bewertungsmethoden 284, 52
– aktive latente Steuern 274, 48
– Altzusagen und indirekte Verpflichtungen aus der betrieblichen Altersversorgung 284, 47
– Angabe der persönlich haftenden Gesellschafter 285, 104
– Annuitätendarlehen 285, 4
– Anteile an Investmentvermögen 285, 157
– Anwendungsbereich 284, 1
– Anzahl der Arbeitnehmer 285, 36
– Aufgliederung der Umsatzerlöse 285, 27
– Aufschlüsselung der Honorare für den Abschlussprüfer 285, 106
– Ausschüttungssperre 285, 161
– außerbilanzielle Geschäfte 285, 10, 10b
– Ausweis der Bewertungs-Unterschiedsbeträge 284, 60
– Befreiung bei 100 %igem Beteiligungsbesitz 285, 144
– Begriff des Nahestehens 285, 137
– Beibehaltungswahlrecht für Aufwandsrückstellungen 284, 47

- beschränkte Angabepflicht   285, 139
- Bestandsaufnahme   240, 15
- Bestellobligo   285, 10b, 19
- Beteiligungsbesitz   285, 77
- Bewertungseinheiten   285, 149
- Bewertungsparameter für Pensionsrückstellungen   285, 152
- Bilanzierungs- und Bewertungsmethoden   284, 40
- breach of covenants   285, 4
- Checklisten   284, 36
- Corporate Governance Kodex   285, 105
- Deckungsvermögen   285, 153
- derivative Finanzinstrumente   285, 120
- Disagio   284, 47
- Eigentumsvorbehalt   285, 5
- Einbeziehung von allgemeinen Verwaltungskosten   284, 49
- Einbeziehung von Fremdkapitalzinsen   284, 49
- Einbeziehung von Fremdkapitalzinsen in die Herstellungskosten   284, 62
- erhaltene Anzahlungen   285, 3
- Erklärung zum Coporate Governance Kodex   285, 105
- Erläuterung sonstiger Rückstellungen   285, 95
- Erleichterungen für mittelgroße Kapitalgesellschaften   288, 2
- Ertragsteuerspaltung   285, 32
- Factoring   285, 10
- Festbewertungen   284, 49
- förmliche Wahlrechte   284, 40
- Formulierungsbeispiel   284, 15
- Forschungs- und Entwicklungstätigkeit   285, 147
- freiwillige Berichterstattung   285, 142
- Funktion   284, 7
- Genossenschaften   338, 1
- geringwertige Anlagegüter   284, 20
- Geschäfte mit nahestehenden Personen   285, 136
- Geschäfts- oder Firmenwert   285, 97
- gesetzliche Erleichterungen   284, 39
- Gliederung   284, 13
- GmbH & Co. KG   285, 104

- größenabhängige Erleichterungen   288, 1
- Großreparaturen   285, 22
- Grundlage der Berichterstattung   284, 10
- Gruppenbewertungen   284, 49
- Haftungsverhältnisse   251, 7; 285, 15, 160
- Hinweis auf Konzernabschlüsse vom Mutterunternehmen   285, 99
- Honorare für den Abschlussprüfer   285, 106
- Informationsgehalt   284, 14
- Informationsverarbeitung   284, 17
- Inhalt   284, 13
- inhaltslose Aussagen   284, 20
- Investmentanteile   285, 157
- Kapitalkonsolidierung   301, 126
- Komplementär   285, 94
- Komplementärfunktion   285, 94
- Konzernabschlüsse von Mutterunternehmen   285, 99
- Kredite und Vorschüsse an Organmitglieder   285, 66
- Kreditzusagen   285, 21
- Lagebericht   284, 19
- latente Steuern   285, 162
- Leasingverträge   285, 10
- Nachschusspflichten   285, 15
- nahestehende Personen   285, 136
- namentliche Aufführung der Organmitglieder   285, 73
- nicht zum Zeitwert bilanzierte derivative Finanzinstrumente   285, 120
- Nichtauflösung von Rückstellungen   284, 49
- Nutzungsdauer des Geschäfts- oder Firmenwerts   285, 97
- Organbezüge   285, 38
- Organmitglieder   285, 73
- Outsourcing-Verträge   285, 10
- Pensionsgeschäfte   285, 10
- Pensionsrückstellungen   285, 152
- persönlich haftende Gesellschafter   285, 104, 15
- Pfandrechte   285, 5
- Planvermögen bei Pensionsverpflichtungen   285, 153
- Poolabschreibung   284, 20
- Restlaufzeit von Verbindlichkeiten   285, 4

- Risiko der Inanspruchnahme aus Haftungsübernahmen   285, 160
- roll over-Kredite   285, 4
- sachverhaltsgestaltende Bilanzpolitik   284, 57
- sale and lease back   285, 10b, 11
- selbsterstellte immaterielle Anlagegegenstände   284, 47
- Sensivitätsanalysen   284, 44
- Sicherheiten   285, 5
- Sicherungsabtretung   285, 5
- Sicherungsübereignung   285, 5
- sonstige finanzielle Verpflichtungen   285, 10b, 14
- sonstige Rückstellungen   285, 95
- Spezialfonds   285, 157
- Steuerlatenzrechnung   285, 162
- take or pay-Verträge   285, 10
- Typologie der Erläuterung   284, 21
- Überleitungsrechnung (tax reconciliation)   285, 170
- Umsatzkostenverfahren   285, 37
- unechte Wahlrechte   284, 40
- unterlassene Abschreibung von Finanzanlagen   285, 115
- Verbot   284, 39
- Verbrauchsfolgeverfahren   284, 49
- Verlustübernahmeverpflichtungen   285, 15
- Verschleierung   284, 14
- Vollständigkeitskontrolle   284, 14
- vorgeschriebene Angaben   284, 34
- vorübergehende Wertminderung   285, 115
- Währungsumrechnung   284, 51
- Wesentlichkeit   284, 28
- zum Zeitwert erfasste Finanzinstrumente bei Banken   285, 134
- Zusatzangaben im Umsatzkostenverfahren   285, 37
- Zweckgesellschaften   285, 10, 11

Anhangangaben für ausstehende Hafteinlagen, Kap. & Co.-Gesellschaften   264c, 43

Anhangangaben zu außerbilanziellen Geschäften, off balance-Gestaltungen   285, 10

Anhangangaben zu finanziellen Verpflichtungen, Abgrenzung zu den Haftungsverpflichtungen   285, 15
- Angabeinhalt   285, 23
- Befreiung   285, 26
- Sonderausweis bei Unternehmensverbund   285, 25
- Wesentlichkeitsaspekt   285, 14

Anhangangaben zu Verbindlichkeiten, Aufgliederung   285, 8
- äußere Darstellung   285, 2
- Restlaufzeit   285, 4
- Sicherheiten   285, 5

Anhangangabepflicht großer Gesellschaften, latente Steuern   274, 91

Anhangangabepflichten, Zeitwert   255, 146

Anhangerläuterungen, Haftungsverhältnisse   251, 38
- latente Steuern   274, 82

Anlage- oder Umlaufvermögen, Finanzanlagen   247, 30a

Anlage- vs. Umlaufvermögen, Abgrenzung   247, 37
- Bedeutung der Unterscheidung   247, 16

Anlagegitter, siehe Anlagespiegel

Anlagen im Bau, Bilanzgliederung   266, 23, 43

Anlagespiegel, siehe Konzernanlagespiegel
- Abgänge   268, 61, 77
- Abschreibungen in ihrer gesamten Höhe   268, 64
- Abschreibungsspiegel   268, 66
- Anlagezugänge in Form von Sachgesamtheiten   268, 74
- auf Geschäftsjahr entfallende Abschreibungen   268, 65
- direkte Bruttomethode   268, 56
- direkte Nettomethode   268, 55
- Festwerte   268, 87
- geleistete Anzahlungen und Anlagen im Bau   268, 89
- geringfügige Zugangswerte   268, 85
- gesamte Anschaffungs- und Herstellungskosten   268, 59, 72
- immaterielle Anlagewerte   268, 90
- indirekte Bruttomethode   268, 55

- Nachaktivierungen aufgrund steuerlicher Außenprüfung 268, 81
- Umbuchungen 268, 62
- Umgliederungen aus Umlauf- in Anlagevermögen 268, 75
- vertikale Entwicklung 268, 70
- Zugänge 268, 60
- Zuschreibungen 268, 63

Anlagevermögen, Abschreibungen 253, 82
- bedingte Verkaufsabsicht 247, 24
- Bestimmung bzw. Widmung 247, 31
- Betriebsverpachtung 246, 307
- Dauerhaftigkeit 247, 22
- Grundstück mit gemischter Zweckbestimmung 247, 25
- konstitutives Merkmal 247, 19
- Währungsumrechnung 256a, 16

Anlagezugänge in Form von Sachgesamtheiten, Anlagespiegel 268, 74

Anleihe mit Gläubigerkündigungsrecht 246, 218

Anleihe mit Schuldnerkündigungsrecht 246, 218

Anleihen, Bilanzgliederung 266, 85

Anliegerbeitrag, Grund und Boden 255, 105

Annuitätendarlehen, Anhangangaben 285, 4
- Währungsumrechnung 256a, 14a

Anpassung an Feststellungen der steuerlichen Außenprüfung, Bilanzänderungen 252, 200
- Bilanzberichtigungen 252, 200

Anpassung an geänderte wirtschaftliche Verhältnisse, Bewertungsstetigkeit 252, 176

Anpassung an konzerneinheitliche Ausweismethoden, Darstellungsstetigkeit 265, 14

Anpassungsverpflichtungen aus Umweltgründen 249, 162

Anrechnungsverfahren, Steuern 278, 1

Ansammlung 249, 162

Ansammlung im Zeitverlauf, Bewertung von Rückstellungen 253, 43

Ansammlungsrückstellungen, buchungstechnisches Vorgehen 253, 80

Ansatzpflicht für Passivüberhänge, latente Steuern 274, 41

Ansatzverbot, schwebende Geschäfte 246, 3

Ansatzwahlrecht, Anschaffungsvorgänge 255, 12
- hergestellte Immaterialgüter des Anlagevermögens 248, 9
- immaterielle Anlagegüter 246, 3
- Konzernabschluss 300, 17
- Pensionsverpflichtungen 246, 3
- Rückstellungen 249, 111
- Stetigkeitsgebot 246, 293
- Übergangsvorschriften 246, 3

Ansatzwahlrecht für Aktivüberhänge, aktive latente Steuern 274, 42

Anschaffung, siehe Anschaffungsvorgänge
- Umlegungsverfahren bei Baulanderschließung 255, 52a

Anschaffungs- oder Herstellungskosten, an deren Stelle tretender Wert 253, 7
- Anlagespiegel 268, 59, 72

Anschaffungskosten, Abfindung aus dem Gesellschaftsvermögen 255, 72c
- Abfindung aus GmbH-Vermögen 255, 72c
- Abfindung bei Personenhandelsgesellschaften 255, 72d
- Abstandszahlungen 255, 33
- Anschaffungspreisminderungen 255, 35
- Anwachsung 255, 72g
- Beratungskosten 255, 27
- Besichtigungs- und Reisekosten 255, 27
- Boni 255, 36
- Branntweinsteuer 255, 33
- due diligence-Aufwendungen 255, 24
- Einkaufsprovisionen 255, 27
- Einzelbewertungsgrundsatz 255, 43
- Entfernungsverpflichtungen 255, 37
- Erdölbevorratungsbeitrag 255, 32
- erhaltene Zuschüsse und Zulagen 255, 38
- externe Nebenkosten des Erwerbs 255, 21
- Finanzierungskosten 255, 72a
- Finanzierungsleasing 255, 19
- Fremdwährung 255, 20
- Gebühren 255, 27
- Gemeinkosten 255, 31
- Geschäfts- oder Firmenwert 255, 126

- gesellschaftsrechtliche Einbringungsvorgänge 255, 53
- gewinn- oder umsatzabhängige Gegenleistung 255, 59
- Grund und Boden 255, 98
- Herstellung der Betriebsbereitschaft 255, 28
- Individualsoftware 255, 29
- interne Nebenkosten des Erwerbs 255, 28
- Kaufoptionen 255, 72
- Kaufpreis 255, 18
- Kaufpreisaufteilung bei Sachgesamtheiten 255, 42
- kostenlose Anschaffungen 255, 57
- Lagerkosten 255, 30
- Machbarkeitsstudie 255, 22
- Maklerprovisionen 255, 25
- nachträgliche Anschaffungskosten 255, 32
- negativer Kaufpreis 255, 64
- Notargebühren 255, 27
- Rechtsstreitigkeiten 255, 33
- Rückbaukosten 255, 37
- Rückdeckungsversicherung 255, 125c
- Sanierungsaufwendungen 255, 34
- Steuern und Abgaben 255, 27
- symbolischer Preis 255, 58
- Tausch 255, 49
- Transportkosten 255, 27
- überhöhte 255, 63
- Übernahme von Verbindlichkeiten, Renten, Kaufpreisraten 255, 54
- unechte Gemeinkosten 255, 22
- Unternehmensumstrukturierungen 255, 69
- Verbrauchssteuern 255, 27
- vergebliche Ausgaben 255, 24
- Vermittlungsprovisionen 255, 25
- Warenlogistik 255, 23
- Wasserversorgungs- und Abwasserbeiträge 255, 32
- Zinseffekt 255, 36
- Zuschüsse privater Auftraggeber 255, 41
- Zwangsversteigerung 255, 72b

Anschaffungskosten ohne Anschaffung?, Beteiligungen an Tochtergesellschaften 255, 118

anschaffungsnahe Herstellungskosten 255, 117

Anschaffungsnebenkosten, Erstkonsolidierung 301, 31

Anschaffungspreisminderungen, Anschaffungskosten 255, 35

Anschaffungsvorgänge, Abgrenzung zur Herstellung 255, 10
- Ansatzwahlrecht 255, 12
- Anschaffungszeitpunkt 255, 14
- betriebsbereiter Zustand 255, 11
- Definition 255, 10
- echte Auftragsproduktion 255, 12
- EDV-Programme 255, 12
- immaterielle Anlagegegenstände 255, 12
- Sonderfälle 255, 13
- unechte Auftragsproduktion 255, 12

Anschaffungszeitpunkt, Anschaffungsvorgänge 255, 14

Anschluss an Versorgungsnetze, Grund und Boden 255, 103

Anschlussgeschäfte, Bewertungseinheiten 254, 24a

Ansiedlungsbeiträge, Grund und Boden 255, 104

Anspruch auf Nichtvermarktungsprämien 250, 52

Anspruchsberechtigte, Pensionsrückstellungen 253, 52

Anteil an einem assoziierten Unternehmen, Beteiligungen 271, 2

Anteile, Abgrenzung zwischen Anlage- und Umlaufvermögen 271, 17
- beabsichtigte Veräußerung 271, 18
- mit bedingter Veräußerungsabsicht 271, 17
- mit kurzfristiger Veräußerungsabsicht 271, 17
- Zuordnung Anlage- oder Umlaufvermögen 247, 30a

Anteile an der Komplementärgesellschaft, Kap. & Co.-Gesellschaften 264c, 50

Anteile an herrschenden Unternehmen, siehe Rücklage für Anteile an herrschenden oder mehrheitlich beteiligten Unternehmen

Anteile an Investmentvermögen, Anhangangaben 285, 157

Stichwörter **VERZEICHNIS**

Anteile an mehrheitlich beteiligten Unternehmen, siehe Rücklage für Anteile an herrschenden oder mehrheitlich beteiligten Unternehmen
Anteile an nicht kaufmännischen Gemeinschaften, Bilanzgliederung 266, 51
Anteile an übergeordneten Unternehmen, wirtschaftliches Eigentum 272, 60
Anteile an verbundenen Unternehmen, Bilanzgliederung 271, 2
Anteile anderer Gesellschafter, siehe Minderheiten
anteilsbasierte Vergütungen, siehe Aktienoptionen
Anteilsbesitz, Unterlassen von Anhangangaben 286, 6
anteilsmäßige Konsolidierung, siehe quotale Konsolidierung
Anteilstausch, Erstkonsolidierung 301, 33
antizipative Posten, Erläuterung 268, 116
antizipativer hedge, Bewertungseinheiten 254, 10, 49
Antragsberechtigung, Ersetzung des Abschlussprüfers 318, 33
Antragsfrist, Ersetzung des Abschlussprüfers 318, 35
Antragsverfahren, Ersetzung des Abschlussprüfers 318, 36
Anwachsung, Anschaffungskosten 255, 72g
– Eröffnungsbilanz 242, 9
Anwartschaftsbarwertverfahren, Pensionsrückstellungen 253, 55
Anwendungsbereich, Anhangangaben 284, 1
– Bestätigungsvermerk 322, 11
– Wertaufholung 253, 159
Anzahl der Arbeitnehmer, Anhangangabe 285, 36
– Konzernanhang 314, 8
Anzahlungen außerhalb des Vorrätebereichs, Bilanzgliederung 266, 70
anzuwendende Steuersätze, latente Steuern 274, 53
Arbeitgeberanteile zur Sozialversicherung, soziale Abgaben 275, 39

Arbeitnehmerbegriff, Löhne und Gehälter 275, 30
Arbeitnehmerüberlassung, Umsatzerlöse 277, 4
Arbeitnehmervertreter im Aufsichtsrat, Organbezüge 285, 68
Arbeitnehmerzahl, Altersteilzeit 267, 7
– Gesellschafter-Geschäftsführer 267, 8
– Größenmerkmale 267, 5
– Größenmerkmale Konzern 293, 15
– Leiharbeitnehmer 267, 8
– Rumpfgeschäftsjahr 267, 11
– Teilzeitbeschäftigte 267, 6
– Vorstandsmitglieder 267, 8
Arbeitspapiere 317, 48
Arbeitsteilung innerhalb der Organmitglieder, Buchführungspflicht 238, 3
Arbeitsverhältnisse, Ausgeglichenheitsvermutung 249, 162
– Rückstellungen 249, 81
Arbeitszeitkonten 249, 162
– Bewertung 253, 81c
– Rückstellungen bei Arbeitsverhältnissen 249, 89
Archiv von Verlagen 246, 32
ARGE in Bauindustrie, gemeinschaftliche Tätigkeiten 310, 4
Arzneimittelregistrierung 249, 38
Arzneimittelzulassung 246, 32; 249, 162
– Bilanzgliederung 266, 20
Ärztemuster 247, 37; 249, 38, 162
Assekuradeur 250, 52
asset backed securities 246, 201
asset deal, Erwerbsmethode 301, 7
assoziiertes Unternehmen, siehe equity-Methode, siehe maßgeblicher Einfluss
– Beteiligungscharakter 311, 4
– Entkonsolidierung 312, 62
– Erwerb weiterer Anteile 312, 59
– Konzern-GuV 298, 32
– Übergang zur einfachen Beteiligung 312, 64
– Unternehmensqualität 311, 4
– Veräußerung ohne Statuswechsel 312, 63
– Veräußerung von Anteilen 312, 62
– Veräußerungsabsicht 311, 5

Stichwörter

atypisch stille Gesellschaft, Mitunternehmerschaft 246, 319
Auf- und Abzinsungseffekte, GuV 253, 77
Aufbewahrung von Geschäftsunterlagen 253, 41
Aufbewahrungspflicht, AG 257, 5
– Bewertung von Rückstellungen 253, 44
– Datenträger 257, 14
– Erbfall 257, 6
– Fristen 257, 9
– Fristenberechnung 257, 16
– für Geschäftsunterlagen 249, 162
– Genossenschaft 257, 5
– Gesellschaft 257, 5
– GmbH 257, 5
– Insolvenz 257, 7
– Kaufmann 257, 4
– KG 257, 5
– Objekte 257, 9
– OHG 257, 5
– Techniken 257, 9
– Unternehmensveräußerung 257, 8
– Verkauf eines einzelkaufmännischen Unternehmens 257, 8
Aufdeckung einer Straftat, Stichtagsprinzip 252, 81
Aufdeckung einer Straftat nach dem Bilanzstichtag 252, 81
Auffüllrecht 246, 32
Auffüllverpflichtung 249, 162
Aufgliederung, Haftungsverhältnisse 251, 13; 268, 118
– Sachanlagen 265, 47
– Vorräte 265, 47
Aufgliederung der Ergebnisrücklagen, Genossenschaften 337, 5
Aufgliederung der Umsatzerlöse, Anhangangaben 285, 27
– Konzernanhang 314, 7
– Unterlassen von Anhangangaben 286, 3
Aufgliederung eines Postens 265, 33
Aufgliederung einzelner Kapitalkonten, Personenhandelsgesellschaft 246, 83
Aufgliederung und Erläuterung der Abschlussposten, Prüfungsbericht 321, 66

Aufhebung der umgekehrten Maßgeblichkeit, dauernde Wertminderung 253, 137a
– vorübergehende Wertminderung 253, 137a
Aufklärung und Nachweise, Abschlussprüfung 320, 6
Aufklärungen und Nachweise der gesetzlichen Vertreter, Prüfungsbericht 321, 70
Aufklärungsverpflichtungen, bei Mutter- und Tochtergesellschaften 320, 15
auflösend bedingte Forderungen, Aktivierung von Forderungen 246, 38
auflösend bedingte Verbindlichkeiten 246, 55
auflösende Bedingungen, Organbezüge 285, 65b
Auflösung von Rückstellungen 249, 162
– sonstige betriebliche Erträge 275, 17; 275, 19
Aufrechnung, Kapitalflussrechnung 297, 86
Aufrechnungsdifferenzen, siehe Schuldenkonsolidierung
aufschiebend bedingte Forderungen, Aktivierung von Forderungen 246, 38
aufschiebend bedingte Verbindlichkeiten 246, 55
aufschiebende Bedingungen, Organbezüge 285, 65c
Aufschlüsselung der Abschlussprüferhonorare, Anhangangaben 285, 106
Aufsichtsrat, Berichterstattung an Hauptversammlung 268, 52f
– Feststellung des Jahresabschlusses 268, 52i
– Organbezüge 285, 41
– Prüfungsausschuss 268, 52d
Aufsichtsratskompetenz, GmbH 268, 52p
Aufsichtsratsvergütungen, sonstige betriebliche Aufwendungen (Gesamtkostenverfahren) 275, 58
Aufspaltung, strukturierte Finanzinstrumente 246, 217
Aufstellung des Jahresabschlusses, Unterzeichnung des Jahresabschlusses 245, 7
Aufstellung durch die gesetzlichen Vertreter, Jahresabschluss 264, 9
Aufstellung eines Anlagespiegels, größenabhängige Erleichterungen 274a, 2

Aufstellung eines Teilkonzernabschlusses, kapitalmarktorientierte Kapitalgesellschaft 264d, 9
Aufstellungsfristen, Jahresabschluss 243, 22; 264, 11
– Konzernabschluss 290, 7
Aufstockung einer Mehrheitsbeteiligung, Minderheiten 301, 110
– partielle Neubewertung 301, 110
– Transaktion zwischen Eigenkapitalgebern 301, 110
– Verzicht auf Neubewertung 301, 110
– vollständige Neubewertung 301, 110
Aufstockung und Umbau, Erweiterung als Gebäudeherstellung 255, 111
Auftragsbestand 246, 32
– Erstkonsolidierung 301, 50, 53
– Zeitwertermittlung Erstkonsolidierung 301, 80, 134
Auftragsfertigungen, Bilanzgliederung 266, 64
Aufwands- und Ertragskonsolidierung, siehe Konsolidierung der Umsatzerlöse
Aufwandskonsolidierung, abweichende Stichtage 299, 17
Aufwandsrückstellungen, Abraumbeseitigung 249, 151
– ansatzfähige 249, 162
– nicht ansatzfähige 249, 162
– Übergangsvorschriften zum BilMoG Art. 67 EGHGB, 9
– unterlassene Instandhaltungskosten 249, 151
Aufwärtskonsolidierung, Änderung des Konsolidierungskreises 294, 5
– goodwill 301, 108
– stille Reserven 301, 108
– Übergang von der equity-Konsolidierung zur Vollkonsolidierung 301, 108
Aufwendungen, sachliche Zurechnung beim Einzelkaufmann 246, 129
Aufwendungen aus Beteiligungen, Konsolidierung der Umsatzerlöse 305, 11
Aufwendungen des Mieters und Verpächters für Einbauten 250, 51

Aufwendungen für Altersversorgung, Direktversicherungen 275, 41
– Erfassung des Zinsanteils 275, 43
– Komponenten des Versorgungsaufwands 275, 41
– Pensionskassen 275, 41
– Pensionssicherungsverein 275, 41
– Unterstützungskassen 275, 41
– Zuführungen zu Pensionsrückstellungen 275, 41
– Zusatzversorgungskassen 275, 41
Aufwendungen für bezogene Leistungen, Fremdreparaturen an Produktionsanlagen 275, 26
– Leiharbeitnehmer 275, 28
– Materialaufwand 275, 25
– Strom 275, 27
Aufwendungen für bezogene Waren, Materialaufwand 275, 21
Aufwendungen für Unterstützung, Belastungen bei einzelnen Arbeitnehmern 275, 48
– Hinterbliebene 275, 48
Aufwendungen und Erträge 246, 122
Aufzinsung, siehe Erträge aus Aufzinsungen
Aufzinsungsbeträge, sonstige Zinsen und ähnliche Erträge 275, 94
Ausbietungsgarantie 250, 52
Ausbildungskosten bei Überbestand an Azubis 249, 162
Ausbuchung ohne Realisationstatbestand, Realisationsprinzip 252, 144
Ausfallrisikoversicherungen, Herstellungskosten 255, 91
Ausfuhrzölle, sonstige Steuern 275, 117
Ausgabe neuer Aktien, reale Aktienoptionen 272, 69
Ausgangsfrachten, Herstellungskosten 255, 91
Ausgeglichenheitsvermutung, schwebende Geschäfte 246, 4
Ausgewogenheit, Lagebericht 289, 12
Ausgleichsanspruch, für Handelsvertreter 252, 81
– gegen Urlaubskasse 253, 42
Ausgleichsanspruch für Handelsvertreter, Stichtagsprinzip 252, 81

Ausgleichsposten 246, 282
– Organschaft 246, 341, 336
Ausgleichsschuld, gegenüber Handelsvertretern 249, 162
– gegenüber Landesvertreter 249, 38
Ausgleichszahlungen an Minderheitsgesellschafter, Gewinnabführungsvertrag 277, 37
Ausgliederung einer Komponente aus einem Sammelposten 265, 33
Auskunfts- und Vorlagepflichten gegenüber Finanzbehörden, Prüfstelle für Rechnungslegung 342c, 9
Auskunftsrechte, Konzernabschlussprüfung 320, 18
Auslagenersatz, Umsatzerlöse 277, 4
ausländische Steuern, sonstige Steuern 275, 117
Ausleihungen an Beteiligungs- und verbundene Unternehmen, Bilanzgliederung 271, 2
Ausleihungen an GmbH, Bilanzgliederung 266, 49
Ausnahmen, Bewertungsstetigkeit 252, 178
– Prüfungspflicht 317, 65
Ausschlussgründe, Abschlussprüfer 318, 17
– Konzernabschlussprüfer 319, 68
Ausschlussgründe bei Prüfung von Tochtergesellschaften, Abschlussprüfer 319a, 39
Ausschlussgründe bei Unternehmen von öffentlichem Interesse, Abschlussprüfer 319a, 3 ff.
Ausschüttung in Sachwerten 268, 13f; 252, 162a
Ausschüttungspotenzial, Ausschüttungssperre 268, 133
Ausschüttungssperre, Anhangangabe 285, 161
– Ausschüttungspotenzial 268, 133
– Befreiung von der Steuerlatenzierung 268, 129
– Berechnungsschema 268, 128
– Berechnungsstruktur 268, 128
– betroffene Bilanzposten 268, 126
– Doppelungseffekt 268, 132
– Ermittlung 268, 131

– Folgeanwendung auf KG 268, 136
– Gläubigerschutzaspekt 268, 124
– Kommanditisten 268, 136
Außenanlagen, Bilanzgliederung 266, 33
Außentreppe, Erweiterung als Gebäudeherstellung 255, 112
außerbilanzielle Geschäfte, Anhangangaben 285, 10, 10b
– Konzernanhang 314, 5
außerordentliche Aufwendungen, siehe außerordentliches Ergebnis
außerordentliche Erträge, siehe außerordentliches Ergebnis
außerordentliches Ergebnis, Anhang 277, 50
– Aufgliederung der Gesamtsteuer im Anhang 277, 46
– aus Übergang auf das BilMoG 277, 47
– außerplanmäßige Abschreibungen 277, 44
– Einzelwertberichtigungen 277, 44
– Erträge aus dem Eingang wertberichtigter Forderungen 277, 44
– internationale Rechnungslegung 277, 41
– Inventurdifferenzen 277, 44
– Naturkatastrophen 277, 45
– Seltenheit als notwendige Bedingung 277, 42
– steuerliche Wirkungen 277, 46
– Stilllegung 277, 44
– Tautologie des Gesetzes 277, 39
– Umwandlung 277, 45
– Verkauf wesentlicher Betriebsteile 277, 45
– Währungsgewinne 277, 44
außerplanmäßige Abschreibungen, siehe unüblich hohe Abschreibungen auf Vermögensgegenstände des Umlaufvermögens
– Anhang 277, 29
– außerordentliches Ergebnis 277, 44
– beizulegender Wert 253, 107
– betriebswirtschaftlicher Gehalt 253, 105
– Disagio 250, 48
– Einzelveräußerungspreis 253, 108
– equity-Methode 312, 44
– Ertragswert 253, 108
– Gesamt- statt Einzelbewertung 253, 109
– Gesamtrentabilität 253, 110
– goodwill 309, 9

– GuV 275, 49
– steuerlicher Teilwert 253, 107
– Umsatzkostenmethode 277, 31
– Unternehmensbewertung 253, 110
– vs. Teilwertabschreibung 253, 137a
– Wegfall der Gründe 253, 166
– Wertmaßstäbe 253, 108
– Wiederbeschaffungswert 253, 108
– Zuschreibungspflicht 253, 166
(außer-)planmäßige Abschreibungen, Umsatzkosten 275, 63
Aussetzung des Imparitätsprinzips, Bewertungseinheiten 254, 46
ausstehende Einlagen, Bilanzgliederung 266, 13
– eingeforderter Betrag 272, 23
– nicht eingeforderter Betrag 272, 23
– Schuldenkonsolidierung 303, 7
– Wertberichtigung 272, 25
Ausstellungen und Messen, Herstellungskosten 255, 91
Ausstellungsstücke 247, 37
Ausweis, Haftungsverhältnisse 251, 13
– latente Steuern 274, 62
Ausweis der Bewertungs-Unterschiedsbeträge, Anhangangaben 284, 60
Ausweis des Ergebnisses in der GuV, assoziiertes Unternehmen 312, 47
Ausweis von Beteiligungen an equity-konsolidierten assoziierten und sonstigen Unternehmen, Konzernabschluss 298, 14
Ausweisstetigkeit, siehe Darstellungsstetigkeit
Ausweistechnik, Bilanzvermerke für Forderungen und Vermögensgegenstände 268, 104
– Bilanzvermerke für Verbindlichkeiten 268, 112
– Ergebnisverwendung 268, 45
Ausweiswahlrecht, siehe Darstellungswahlrechte
– erhaltene Anzahlungen 268, 114
– latente Steuern 274, 62
Automatisch gesteuerte Lagersysteme, permanente Inventur 241, 19
Automobilindustrie, Realisationsprinzip 252, 148a
Autopilot, Zweckgesellschaften 290, 39

Autovermieter, Umsatzerlöse 277, 3
Avalprovisionen, sonstige betriebliche Aufwendungen (Gesamtkostenverfahren) 275, 58
– sonstige Zinsen und ähnliche Erträge 275, 96
– Zinsen und ähnliche Aufwendungen 275, 105

B

Bäder in Badeanstalten, Bilanzgliederung 266, 36
Bagger, Bilanzgliederung 266, 41
Bahnanlagen, Festbewertung 240, 33
Bankbestätigung, Einzelfallprüfungen 317, 35
Bankgebühren, sonstige betriebliche Aufwendungen (Gesamtkostenverfahren) 275, 58
Bankguthaben, Abschreibungen 253, 158
Barauslagen, Löhne und Gehälter 275, 34
Bareinlagen, siehe Kapitalerhöhung durch Bar- oder Sacheinlage
bargain purchase, negativer Unterschiedsbetrag 301, 101; 309, 14
Batterierücknahmeverpflichtung 249, 38, 162
Bau-ARGE, gemeinschaftliche Tätigkeiten 310, 4
– Gewinngemeinschaft 310, 6
Baukostenzuschüsse 250, 52
– Energieversorger 277, 4
– Umsatzerlöse 277, 4
– Versorgungsunternehmen 277, 4
Bauleistungen, Bilanzgliederung 266, 59
Baumschulkulturen 247, 37
Bausparkassen, Rückzahlung von Einlagen 249, 38
bauspartechnische Abgrenzung 250, 53
Bausparvorratsvertrag 247, 37
Bauten auf eigenen Grundstücken, Bilanzgliederung 266, 25
Bauten auf fremden Grundstücken, Bilanzgliederung 266, 25
Bauten zu vorübergehendem Zweck, Bilanzgliederung 266, 27, 33
Be- und Entlüftungsanlagen, Bilanzgliederung 266, 32

Beanstandungen, Prüfungsbericht   321, 52
Bearbeitungsleistungen eines Assekuradeurs   250, 52
Bedeutende Vorgänge nach dem Stichtag, Zwischenabschlüsse   299, 13
Bedienungsvorrichtungen, Bilanzgliederung   266, 36
bedingte Erteilung, Bestätigungsvermerk   322, 82
bedingte Kapitalerhöhung   272, 8
– Aktienoptionen   272, 11
– Bezugsrecht   272, 11
– eingetragener Beschluss   272, 7
– Optionsrechte   272, 11
– Umtauschrecht   272, 11
– Wandelanleihen   272, 11
bedingter Verkauf, Realisationsprinzip   252, 112
bedingtes Kapital, gezeichnetes Kapital   272, 4
Beendigung der Abschlussprüfung, Unterzeichnung des Jahresabschlusses   245, 7
befangenes Personal, Abschlussprüfer   319, 58
Befangenheit bei finanziellen Interessen, Abschlussprüfer   319, 30
Befangenheit bei Personalunion, Abschlussprüfer   319, 35
Befangenheit bei Selbstprüfung, Abschlussprüfer   319, 36
Befangenheit bei Sozietät, Abschlussprüfer   319, 27
Befangenheit des Abschlussprüfers, Hinweise außerhalb des HGB   319, 12 ff.
Befangenheit von Ehegatten und Lebenspartnern, Abschlussprüfer   319, 63
Befeuchtungsanlagen, Bilanzgliederung   266, 36
Beförderung von Schülern oder Schwerbehinderten, öffentlicher Nahverkehr   277, 18
Befragung, Einzelfallprüfungen   317, 33, 38
befreiende Schuldübernahmen, Stichtag   252, 29
befreiender Konzernabschluss, Anhangangaben im Einzelabschluss des befreiten Mutterunternehmens   291, 24
– Befreiung von der Pflicht zur Aufstellung eines Jahresabschlusses   264b, 8

– Befreiungswirkung eines Konzernabschlusses nach IFRS   291, 20
– Befreiungswirkung eines Konzernabschlusses nach PublG   291, 17
– Einklang mit den EG-Richtlinien   291, 16
– kapitalmarktorientiertes Mutterunternehmen   291, 26
– Konsolidierungskreis   291, 21
– Kreditinstitute   291, 23
– Maßgeblichkeit des nationalen Rechts oder der IFRS   291, 14
– Minderheitenschutz   291, 27
– Prüfung   291, 22
– Versicherungen   291, 23
befreiender Konzernabschluss aus Drittstaat, Anhang des Jahresabschlusses des befreiten Unternehmens   292, 9
– Bestätigungs- oder Versagungsvermerk   292, 6
– Gleichwertigkeit des Konzernabschlusses   292, 12
– Gleichwertigkeit im Hinblick auf den Konzernlagebericht   292, 15
– Gleichwertigkeit von Prüfer und Prüfung   292, 18
– kapitalmarktorientierte Gesellschaft   292, 10
– Kreditinstitute   292, 11
– Mutter-Tochter-Verhältnis   292, 6
– qualifizierte Minderheit   292, 10
– Versicherungen   292, 11
Befreiung von der Buchführungs- und Inventarisierungspflicht   241a, 1
Befreiung von der Pflicht zur Aufstellung eines Jahresabschlusses, befreiender Konzernabschluss   264b, 8
– Konzernabschluss eines persönlich haftenden Gesellschafters   264b, 16
– Offenlegung der Befreiung   264b, 21
– Qualität des befreienden Konzernabschlusses   264b, 20
Beginn des Handelsgewerbes   242, 5
Behandlung von Verlusten, Kap. & Co.-Gesellschaften   264c, 37

beherrschender Einfluss, aktienrechtlicher
  Begriff   290, 9
– Beherrschungsbegriff der internationalen
  Rechnungslegung   290, 12
– Beherrschungsvertrag   290, 38
– Beständigkeit   290, 13
– divergierende Organmehrheiten   290, 17
– fakultativer Aufsichtsrat   290, 36
– fehlende gesetzliche Definition   290, 8
– Finanz- und Geschäftspolitik   290, 11
– Geschäftsführung einer GmbH   290, 36
– gesellschaftsrechtliche Vermittlung   290, 13
– Komplementärgesellschaft   290, 14, 37
– Machtbefugnisse des betroffenen Organs
  290, 35
– Möglichkeit der Einflussnahme   290, 10
– Organmehrheit   290, 33
– Präsenzmehrheit   290, 11, 15
– qualifizierte Mehrheitserfordernisse   290, 27
– Satzungsbestimmung   290, 38
– Stimmbindungsverträge   290, 32
– stimmrechtslose Aktien   290, 24
– Stimmrechtsmehrheit   290, 22
– substance over form   290, 31
– tatsächlicher Einfluss   290, 10
– typisierte Fälle   290, 19
– wertpapierrechtliche Meldepflichten   290, 26
– Zweckgesellschaften   290, 13
**Beherrschungs- oder
  Gewinnabführungsverträge**,
  Tochterkapitalgesellschaften   264, 47
Beherrschungsverträge   264, 47
– beherrschender Einfluss   290, 38
– Minderheiten   307, 14
behobene Mängel, Prüfungsbericht   321, 49
**Beibehaltungswahlrecht für
  Aufwandsrückstellungen**, Anhangangaben
  284, 47
Beihilfen für Krankheit im Ruhestand   249, 162
Beihilfen für Ruheständler   249, 38
Beirat und ähnliche Einrichtung, Organbezüge
  285, 42
Beiträge an Berufsverbände, sonstige
  betriebliche Aufwendungen
  (Gesamtkostenverfahren)   275, 58

Beiträge zur Energie- und Wasserversorgung,
  Grund und Boden   255, 103
beizulegender Wert, außerplanmäßige
  Abschreibungen   253, 107
beizulegender Zeitwert, siehe Zeitwert, siehe
  Zeitwertermittlung Erstkonsolidierung
Bekanntmachungsauftrag,
  Einreichungspflichten   325, 21
Beleg- oder Buchinventur, Bestandsaufnahme
  240, 5
Belege   238, 13
Beleuchtungsanlagen, Festbewertung   240, 33
Belieferungsrechte, allgemein   246, 32
– an Gastwirte   246, 32
– Bilanzgliederung   266, 20
– immaterielle Vermögensgegenstände   246, 21
– Zeitschriftengrossist   246, 32
beneficial contracts, Erstkonsolidierung   301, 50,
  62
Beratungshonorare, sonstige betriebliche
  Aufwendungen (Gesamtkostenverfahren)
  275, 58
Beratungskosten, Anschaffungskosten   255, 27
Bergbauanlagen, Festbewertung   240, 33
Bergbauunternehmen, Rückstellungen für
  Bergschäden   265, 35
Bergschäden   249, 162
Berichterstattung an Hauptversammlung,
  Aufsichtsrat   268, 52f
Berichterstattung des Abschlussprüfers,
  Prüfungsausschuss   324, 12
Berichterstattungspflicht, Folgeprüfer   320, 23
**Berichtigung rückwirkend oder im aktuellen
  Abschluss**, Bilanzänderungen   252, 198
Berichtsanlagen, Prüfungsbericht   321, 87
Berücksichtigung in Bilanz/GuV oder Anhang,
  Zwischenabschlüsse   299, 13
Berufsgenossenschaft, soziale Abgaben   275, 39
berufsständische Prüfungsstandards, Übersicht
  317, 15 ff.
Beschaffungsbereich, drohende Verluste
  249, 140
Beschaffungsgeschäfte, schwebende
  Geschäfte   249, 121

VERZEICHNIS Stichwörter

Beschränkung auf Buchwertunterschiede, temporary-Konzept 274, 6a
Beschränkungen in den Vermögens- oder Geschäftsführungsrechten, Einbeziehungswahlrechte 296, 3
beschreibender Abschnitt, Bestätigungsvermerk zum Konzernabschluss 322, 66
Besichtigungs- und Reisekosten, Anschaffungskosten 255, 27
Besichtigungskosten, Grund und Boden 255, 99
Besonderheiten der Konzern-GuV, Konzernabschluss 298, 31
Besonderheiten für Kommanditisten, Kap. & Co.-Gesellschaften 264c, 37
Besserungsvereinbarungen, Aktivierung von Forderungen 246, 39
Besserungszusage, Forderungsverzicht 246, 62c, 62g
– Gesellschafterfinanzierung 246, 61
Bestandsaufnahme, abstrakt bilanzierbare Vermögensgegenstände 240, 16
– Anhangangaben 240, 15
– Beleg- oder Buchinventur 240, 5
– betriebliche Altersversorgungsverpflichtungen 240, 7
– Bilanzstichtag 240, 21
– Bürgschaftsobligo 240, 7
– erweiterte Stichtagsinventur 241, 6
– für sämtliche betroffenen Vermögensgegenstände 241, 7
– immaterielle Vermögensgegenstände des Anlagevermögens 240, 7
– körperliche Bestandsaufnahme 240, 5
– latente Steuern 240, 8
– nicht bilanzierungspflichtige Vorgänge 240, 13
– permanente Inventur 241, 6
– Rechnungsabgrenzungsposten 240, 8
– Sachanlagevermögen 240, 6
– schwebende Geschäfte 240, 7
– Stichprobeninventur 241, 7
– Umfang 241, 5
– unfertige Leistungen 240, 11
– Vertragsinventur 240, 5
– vor- oder nachverlagerte Stichtagsinventur 241, 6
– Vorratsvermögen 240, 10
– Wohnhäuser 240, 12
– Zeitpunkt 241, 5
Bestandsaufnahme IT-System 240, 19
Bestandserhöhungen, siehe Bestandsveränderungen
bestandsgefährdende Risiken, Bestätigungsvermerk zum Konzernabschluss 322, 69
bestandsgefährdende Tatsachen, Prüfungsbericht 321, 35
Bestandsgefährdung, Bestätigungsvermerk 322, 27
Bestandsminderungen, siehe Bestandsveränderungen
Bestandsveränderungen, aktivierte Zinsen 277, 27
– Erzeugnisse 277, 22
– Gesamtkostenverfahren 277, 22
– unüblich hohe Abschreibungen auf Vermögensgegenstände des Umlaufvermögens 277, 22
Bestätigungen Dritter, Einzelfallprüfungen 317, 33, 35
Bestätigungsvermerk, Abschluss nach PublG 322, 72
– Abweichungen von Rechnungslegungsstandards des DRSC 342, 12
– Adressatenkreis 322, 1
– Anwendungsbereich 322, 11
– bedingte Erteilung 322, 82
– beschreibender Abschnitt 322, 21
– Bestandsgefährdung 322, 27
– Bußgeldvorschriften 334, 10
– Datierung 322, 62
– einleitender Abschnitt 322, 16
– Einwendungen 322, 41
– Einzelabschluss nach § 325a HGB 322, 93
– Erstprüfung 322, 91
– Erteilung 322, 61
– freiwillige Abschlussprüfungen 322, 73 ff.
– fremdsprachige Fassungen 322, 95

– Gemeinschaftsprüfung (joint audit)   322, 94
– Genossenschaften   336, 12
– Gliederungsstruktur   322, 14
– Insolvenzfall   322, 97
– internationale Rechnungslegung   322, 71
– Konzernabschluss   322, 65
– Nachtragsprüfung   322, 84
– Offenlegung   322, 96
– rechtliche Bedeutung   322, 7
– Regelungsgehalt   322, 1
– Tatsachen nach Erteilung   322, 83
– Unterzeichnung   322, 63
– Varianten   322, 24
– Verletzung der Berichtspflicht   332, 11
– Widerruf   322, 86 ff.
– Zusammenfassung   322, 92
Bestätigungsvermerk bei Inanspruchnahme von Erleichterungen, Offenlegungspflichten   328, 8a
Bestätigungsvermerk zum Konzernabschluss,
– beschreibender Abschnitt   322, 66
– bestandsgefährdende Risiken   322, 69
– beurteilender Abschnitt   322, 67
– einleitender Abschnitt   322, 65
– Formulierungen   322, 66
Bestellobligo, Anhangangaben   285, 10b, 19
Bestellung, Abschlussprüfer   318, 5
– Konzernabschlussprüfer   318, 29a
Bestimmung der Saldogröße, drohende Verluste   249, 134
Bestimmung zweier Zeitpunkte, Periodisierungsprinzip   252, 163
Bestreiten, Verbindlichkeit   246, 53
Beteiligung an einer Personenhandelsgesellschaft, Ausweis   246, 121
– Bewertung   246, 121
– Folgebewertung   246, 121
– Gewinnbezugsrecht   246, 121
– Spiegelbildmethode   246, 121
Beteiligungen, siehe auch Beteiligungsbegriff   247, 37
– Anhang   271, 2

– Anteil an einem assoziierten Unternehmen   271, 2
– Bilanzgliederung   271, 2
Beteiligungen an Personengesellschaften, Maßgeblichkeit   252, 214
Beteiligungen an Personenhandelsgesellschaften   246, 121
– Bilanzgliederung   266, 48
Beteiligungen an Tochtergesellschaften, Anschaffungskosten ohne Anschaffung?   255, 118
– Sanierungsmaßnahmen bei Kapitalgesellschaften   255, 119
Beteiligungen und Forderungen, Kaufpreisaufteilung   255, 48
Beteiligungsbegriff, siehe Unternehmensbegriff
– 20 % des Nennkapitals   271, 22
– Berechnung der 20 %-Schwelle   271, 23
– Beteiligungsvermutung   271, 22
– börsennotierte Aktien   271, 20
– Erträge aus Beteiligungen   275, 83
– Genussrechte   271, 8
– Herstellung einer dauernden Verbindung   271, 16
– Komplementär-GmbH   271, 5
– marktgängige Anteile   271, 20
– Mitgliedschaftsrechte   271, 4
– Stiftungen   271, 7
– stille Beteiligungen   271, 8
– Unternehmen   271, 9
Beteiligungsbesitz (Anhangangabe),
Darstellungsform und -ort   285, 77, 92
– Erleichterungen und Befreiungen   285, 93
– Tatbestandsvoraussetzungen   285, 77
– Umfang der Angabepflicht   285, 86
– Zusatzangaben bei Börsennotierung   285, 91
Beteiligungserträge, siehe Erträge aus Beteiligungen
Betreibermodelle   246, 273; 250, 50
betriebliche Altersversorgung   249, 162
betriebliche Altersversorgungsverpflichtungen, Bestandsaufnahme   240, 7
betriebliche Steuererklärungen   249, 162

betriebliche Steuern, sonstige betriebliche Aufwendungen (Gesamtkostenverfahren) 275, 58
Betriebsaufspaltung,
Dividendenvereinnahmung 246, 301
− getrennte Bilanzierung 246, 301
− getrennte Bilanzierungssubjekte 246, 301
− Gewährung eines Sachdarlehens 246, 300
− Korrespondenzprinzip 246, 300
− Rechtsgrundlagen 246, 296
− Rechtsprechungsdivergenz bei der kapitalistischen Betriebsaufspaltung 246, 304
− steuerbilanzielle Sondertatbestände 243, 296
− Tatbestandsmerkmale 246, 296
− Teilwertabschreibung auf eigenkapitalersetzendes Darlehen 246, 302
− Typologie 246, 299
− Verflechtungsmerkmale 246, 296
− Zeitpunkt der Vereinnahmung von Dividenden 246, 300
betriebsbereiter Zustand, Anschaffungsvorgänge 255, 11
Betriebsfeiern, soziale Abgaben 275, 40
Betriebsprüfungskosten 249, 162
Betriebsprüfungsrisiko, siehe auch unsichere Steuerbuchwerte 249, 162; 274, 26
Betriebsvermögen, bei Personenhandelsgesellschaften 246, 143
− Dreiteilung 246, 142a
− Einzelkaufmann 246, 131
− gewillkürtes 246, 142g
− Mitunternehmerschaft 246, 320
− notwendiges 246, 142b
− widmungsfeindlich 246, 142h
Betriebsvermögenseigenschaft, Grundstück 246, 136
− Unteilbarkeitsgrundsatz 246, 135
Betriebsvermögenseinheit, Unteilbarkeitsgrundsatz 246, 135
Betriebsverpachtung, Anlagevermögen 246, 307
− Korrespondenzprinzip 246, 308
− Rückstellung für Ersatzbeschaffung 246, 307
− Sachwertdarlehen 246, 309

− Substanzerhaltungspflicht des Pächters 246, 307
− Vorratsvermögen 246, 309
Betriebsvorrichtungen, Abladevorrichtungen 266, 36
− Abwasseranlage 266, 36
− Bäder in Badeanstalten 266, 36
− Bedienungsvorrichtungen 266, 36
− Befeuchtungsanlagen 266, 36
− Bilanzgliederung 266, 33
− Datenkabel 266, 36
− Flachsilo 266, 36
− Förderbänder 266, 36
− Hofbefestigung 266, 36
− Klimaanlagen 266, 36
− Kühleinrichtungen 266, 36
− Lastenaufzüge 266, 36
− Lüftungsanlage 266, 36
− Mietereinbauten 246, 239
− Schaukästen 266, 36
− Schutz- und Sicherungseinrichtungen 266, 36
betriebswirtschaftliche Orientierung, Bilanzgliederung 266, 1
betriebswirtschaftlicher Gehalt, außerplanmäßige Abschreibungen 253, 105
Beurkundungsgebühren, Zwischenergebniseliminierung 304, 8
beurteilender Abschnitt, Bestätigungsvermerk zum Konzernabschluss 322, 67
bewegliche Anlagegüter, Wertaufholung 253, 161
Bewertung, Arbeitszeitkonten 253, 81c
− Gewährleistungsrückstellung 253, 81d
− Haftungsverhältnisse 251, 17
− latente Steuern 274, 51
− Rechnungsabgrenzungsposten 250, 33a
− Urlaubsrückstellung 253, 81b
Bewertung im Konzern, siehe Einheitlichkeit der Bewertung im Konzern
Bewertung latenter Steuern, Erstkonsolidierung 301, 90
Bewertung mit Zinseffekten, Verbindlichkeiten 253, 22

Bewertung von Rückstellungen, Abbruch- und Entfernungsverpflichtungen 253, 43
– Abrechnungsverpflichtungen im Baugewerbe 253, 41
– Abzinsungsvorgabe 253, 31
– Ansammlung im Zeitverlauf 253, 43
– Aufbewahrung von Geschäftsunterlagen 253, 41
– Aufbewahrungspflichten 253, 44
– Ausgleichsansprüche gegen Urlaubskasse 253, 42
– Einnahmen aus Kippgebühren 253, 42
– Einzelgarantiefälle 253, 41
– einzelne Rückstellungskategorien 253, 39
– einzubeziehende Kosten 253, 38
– Entsorgung von Kernkraftwerken 253, 43
– Erfüllungsbetrag 253, 30
– Ermessensspielraum 253, 30
– Erstattungsanspruch gegen die Arbeitsbehörde 253, 42
– Erstellung der betrieblichen Steuererklärungen 253, 41
– Erstkonsolidierung 301, 91
– Erwartungswert 253, 35
– Forderungsübergang bei Inanspruchnahme durch Dritte 253, 42
– Jahresabschlusserstellung und -prüfung 253, 41
– Jubiläumsgelder 253, 43
– Kosten der Schadensermittlung bei Versicherern 253, 41
– künftige Vorteile 253, 42
– Pachterneuerung 253, 43
– Preissteigerungen 253, 31
– Rückgriffsforderung eines Bauunternehmers 253, 42
– Rückgriffsforderung für Sprungrückstellungen 253, 42
– Rückgriffsrechte gegen Versicherer 253, 42
– Rücknahme und Verwertung von Erzeugnissen 253, 43
– Sachleistungsverpflichtungen 253, 41
– Sammelbewertungsgrundsatz 253, 40
– Schätzung 253, 30
– Schätzungserfordernis 253, 32
– singuläre Sachverhalte 253, 34
– Stilllegungskosten 253, 43
– Verpflichtung zur Rekultivierung 253, 43
– Vorteilsverrechnung 253, 41
– Wahrscheinlichkeitskalkül 253, 33
Bewertung von Verbindlichkeiten, abgezinste Verbindlichkeiten 253, 24
– akzelierende Verzinsung 253, 27
– Erfüllungsbetrag 253, 17
– nahestehende Personen 253, 23
– Nullcoupon-Anleihe 253, 25
– Sachwertdarlehen 253, 20
– steuerliche Abzinsungspflicht 253, 23
– Tauschgeschäft 253, 20
– un-, nieder- und hochverzinsliche Verbindlichkeiten 253, 22
– Unter- oder Überverzinslichkeit 253, 26
– unverzinsliche Verbindlichkeiten 253, 24
– Wertsicherungsklauseln 253, 29
– Zinseffekte 253, 28
Bewertungseinheiten, Absicherung eines Aktienbestands 254, 27
– Absicherung erwarteter Transaktionen 254, 27
– Absicherung Festzinsanleihe 254, 26
– Absicherung geplanter oder bereits kontrahierter Fremdwährungstransaktionen 254, 76
– Absicherung schwebender Geschäfte 254, 27
– Absicherung variabel verzinslicher Anleihe 254, 26
– Absicherung variabel verzinslicher Darlehen 254, 82
– Absicherung von Teilen eines Grundgeschäfts 254, 14
– Anforderungen an das Grundgeschäft 254, 9
– Anforderungen an den Sicherungszusammenhang 254, 25
– Anforderungen an Sicherungsinstrumente 254, 17
– Anhangangaben 285, 149
– Anschlussgeschäfte 254, 24a
– antizipativer hedge 254, 10, 49
– Aussetzung des Imparitätsprinzips 254, 46
– Ausweis des ineffektiven Teils 254, 50a

- Begriff der Finanzinstrumente 254, 18
- Brutto- vs. Nettomethode 254, 47
- Bruttomethode 254, 47, 66, 73
- change in fair value-Methode 254, 51
- critical terms match 254, 36, 57
- derivatives Finanzinstrument 254, 20
- Devisentermingeschäfte 254, 54
- Dokumentation des Sicherungszusammenhangs 254, 40
- Drohverlustrückstellungen 254, 45, 88
- Durchbuchungsmethode 254, 47
- Effektivität bei der Zahlungsstromsicherung von Fremdwährungsgeschäften 254, 63
- eigene Anteile 254, 13
- einfache Dollar-Offset-Methode 254, 51
- Einfrierungsmethode 254, 47
- eingebettete Derivate 254, 9
- Einzelbewertung 252, 36
- Einzelbewertungsprinzip 254, 45
- Einzelfälle der Sicherung im Mikro-hedge 254, 68
- erwartete Transaktionen 254, 9
- Festbewertungsmethode 254, 47
- Fremdwährungsposten 254, 45
- Grundgeschäfte 254, 9
- GuV 254, 50b
- hedge accounting auf Konzernebene 254, 21
- historische Dollar-Offset-Methode 254, 37
- hypothetische Derivate-Methode 254, 52, 56
- Imparitätsprinzip 254, 1, 45
- interne Sicherungsgeschäfte 254, 21
- Kapitalflussrechnung 297, 21
- Kassakomponente 254, 63, 75
- Kombinationsoptionen 254, 39
- kompensatorische Bewertung 254, 7
- Makro-hedge 254, 28, 44
- Marktbewertungsmethode 254, 47
- Methode der Effektivitätsmessung 254, 35
- Mikro-hedge 254, 28, 44, 68
- nachträglicher Wegfall einer Sicherungsbeziehung 254, 64
- nachträgliches Entstehen einer Sicherungsbeziehung 254, 64
- Nettomethode 254, 47, 66, 73, 78
- Nichtanwendung bestimmter Vorschriften 254, 45
- originäres Finanzinstrument 254, 20
- payer swap 254, 82
- Portfolio-hedge 254, 28, 44
- prospektive Effektivität 254, 30, 34
- Regressionsmethode 254, 37
- retrospektive Effektivität 254, 32, 50
- schwebende Geschäfte 254, 9
- Sensivitätsanalysen 254, 37
- Sicherung erwarteter konzerninterner Umsätze 254, 12
- Sicherung von Fremdwährungsforderungen und Verbindlichkeiten 254, 68
- steuerliche Gewinnermittlung 254, 88
- Swap 254, 20, 44, 53, 67, 82
- Umfang der Designation des Sicherungsinstruments 254, 24
- Versicherungen 254, 19
- Vorsichtsprinzip 254, 1
- Warentermingeschäfte 254, 22
- Wertänderungs- vs. Zahlungsstromrisiko 254, 26
- Wetterderivate 254, 19
- Zinsbegrenzungsvereinbarung 254, 39
- Zinskomponente 254, 63, 75, 78
- zusammengesetzte Optionen 254, 39

Bewertungsgrundlagen, Prüfungsbericht 321, 55

Bewertungskomponenten, Rückstellungen 253, 71a

Bewertungsleistungen, Abschlussprüfer 319, 52

Bewertungsparameter, Pensionsrückstellungen 253, 51

Bewertungsparameter für Pensionsrückstellungen, Anhangangabe 285, 152

Bewertungsprozesse, strukturelle Verbindung 253, 8

Bewertungsstetigkeit, Anpassung an geänderte wirtschaftliche Verhältnisse 252, 176
- Ausnahmen 252, 178
- Inhalt und Zielsetzung 252, 167
- Methode 252, 168
- Schätzungserfordernisse 252, 177

Bewertungsvereinfachungsverfahren,
  Maßgeblichkeit 252, 214
Bewertungsverfahren, Pensionsrückstellungen
  253, 55
Bewertungswahlrechte, Konzernabschluss
  300, 17
bezogene Leistungen, siehe Aufwendungen für
  bezogene Leistungen
Bezüge von Organmitgliedern,
  Genossenschaften 338, 5
Bezugnahme auf den Jahresabschluss,
  Lagebericht 289, 12
Bezugsrecht, bedingte Kapitalerhöhung 272, 11
Bezugsrechte auf Aktien, Organbezüge 285, 61
Biersteuer, Umsatzerlöse 277, 21
Bilanz, ergänzende Gliederungsvorschriften
  247, 7
– Gliederung 247, 6
– Gliederungstiefe 247, 8
– Individualisierung der gesetzlichen
  Gliederungsschemata 265, 31
– Inhalt 242, 11
– Vorjahresbeträge 265, 19
Bilanzänderungen, Änderungsmöglichkeiten
  252, 194
– Anpassung an Feststellungen der steuerlichen
  Außenprüfung 252, 200
– Definition von Fehler 252, 193
– im Steuerrecht 252, 201l
– Mehr-Weniger-Rechnung 252, 201
– nichtige Abschlüsse 252, 197
– rückwirkend oder im aktuellen Abschluss
  252, 198
– Zeitverlauf 252, 192
Bilanzansatz, latente Steuern 274, 10
Bilanzberichtigungen, siehe Bilanzänderungen
– Anpassung an Feststellungen der steuerlichen
  Außenprüfung 252, 200
– Fehlerkorrekturen 252, 193
– im Steuerrecht 252, 201a
Bilanzeid 264, 31
– Lagebericht 289, 47
– persönlicher Anwendungsbereich 264, 32
– unrichtige Darstellung 331, 19
Bilanzerstellung, Ergebnisverwendung 268, 3

Bilanzgarantien des Verkäufers,
  Erstkonsolidierung 301, 35
– Wertänderung 301, 39
– Wertaufhellung 301, 39
Bilanzgewinn/-verlust, Gewinnvortrag 275, 123
– mezzanine Finanzierungen 275, 125
– Überleitung vom Jahresergebnis 275, 122
– Verlustvortrag 275, 123
Bilanzgliederung, Abgrenzung Gebäude zu
  ähnlichen Vermögensgegenständen 266, 28
– Abgrenzung von fertigen und unfertigen
  Produkten 266, 61
– Abladevorrichtungen 266, 36
– Abwasseranlage einer Brauerei 266, 36
– Adressensammlung 266, 20
– aktive latente Steuern 266, 76
– aktiver Unterschiedsbetrag aus der
  Vermögensverrechnung 266, 76
– Alleinvertriebsrecht 266, 20
– andere Anlagen, Betriebs- und
  Geschäftsausstattung 266, 42
– Änderung der Gliederung 266, 11
– Anlagen im Bau 266, 23, 43
– Anleihen 266, 85
– Anteile an nicht kaufmännischen
  Gemeinschaften 266, 51
– Anteile an verbundenen Unternehmen 271, 2
– Anzahlungen außerhalb des Vorrätebereichs
  266, 70
– Arzneimittelzulassung 266, 20
– Auftragsfertigungen 266, 64
– Ausleihungen 266, 52
– Ausleihungen an Beteiligungs- und verbundene
  Unternehmen 271, 2
– Ausleihungen an GmbH 266, 49
– Außenanlagen 266, 33
– ausstehende Einlagen 266, 13
– Bäder in Badeanstalten 266, 36
– Bagger 266, 41
– Bauleistungen 266, 59
– Bauten auf eigenen Grundstücken 266, 25
– Bauten zu vorübergehendem Zweck 266, 33
– Be- und Entlüftungsanlagen 266, 32
– Bedienungsvorrichtungen 266, 36
– Befeuchtungsanlagen 266, 36

- Belieferungsrechte 266, 20
- Beteiligungen 271, 2
- Beteiligungen an Personenhandelsgesellschaften 266, 48
- Betriebsvorrichtungen 266, 33, 36
- betriebswirtschaftliche Orientierung 266, 1
- Bilanzvermerke 266, 14
- Blockheizkraftwerke 266, 32
- Brennrecht 266, 20
- Brücken 266, 40
- Büro- und Werkstatteinrichtungen 266, 42
- Computeranlagen 266, 42
- Dämme 266, 40
- Darlehen 266, 90
- Darstellung der Mehrzugehörigkeit 266, 69
- Datenkabel 266, 36
- Dauerwohn- und Dauernutzungsrecht 266, 25
- Dienstleistungen 266, 58
- Disagio 266, 13
- Domain-Name 266, 20
- EDV-Programme 266, 20
- Eigenkapital 266, 77
- Eigenkapitalanteile bei Kap. & Co.-Gesellschaften 266, 13
- eingeforderte Nachschüsse 266, 13
- Einzahlungsverpflichtungen bei Kap. & Co.-Gesellschaften 266, 13
- Elektroinstallation 266, 32
- Erbbaurechte 266, 25
- ergänzende Vorschriften 266, 13
- erhaltene Anzahlungen auf Bestellungen 266, 86
- Erstausstattungen von Ersatzteilen 266, 41
- Fahrzeuge 266, 42
- Fehlanzeigen 266, 11
- fertige Produkte 266, 61
- Finanzanlagen 266, 45
- Flachsilo 266, 36
- Förderbänder 266, 36
- Forderungen und sonstige Vermögensgegenstände 266, 67
- Forderungen und Verbindlichkeiten betreffend Gesellschafter 266, 13
- Forderungen und Verbindlichkeiten gegenüber Gesellschaftern einer Kap. & Co.-Gesellschaft 266, 13
- formelle Anforderungen 266, 10
- Gabelstapler 266, 42
- Gasbehälter 266, 41
- Gebäude auf eigenem Grund 266, 26
- Gebäude auf fremdem Grund 266, 26
- Gehaltsvorschüsse 266, 70
- geleistete Anzahlungen 266, 22, 43
- geleistete und erhaltene Anzahlungen 266, 65
- gemischt genutzte Gebäude 266, 33
- Genussscheine 266, 85
- Genussscheinkapital 266, 50
- Geschäfts- oder Firmenwert 266, 21
- Geschmacks- und Gebrauchsmuster 266, 20
- gesetzliche Rücklage 266, 13
- gewerbliche Schutzrechte 266, 20
- Gewinnchance 266, 20
- Gewinnschuldverschreibungen 266, 85
- GmbH-Anteile 266, 48
- Grunddienstbarkeiten 266, 25
- Grundstücke 266, 24
- grundstücksgleiche Rechte 266, 25
- Güterfernverkehrsgenehmigung 266, 20
- Heizungsanlage einer Fabrikhalle 266, 32
- Hilfs- und Betriebsstoffe 266, 55
- Hofbefestigung 266, 36
- immaterielle Anlagegüter 266, 19
- Kanalbauten 266, 40
- Kapitalanteile persönlich haftender Gesellschafter einer KGaA 266, 13
- Klimaanlagen 266, 36
- know how 266, 20
- Krane 266, 41
- Kühleinrichtungen 266, 36
- Kundenlisten 266, 20
- Ladeneinbauten 266, 33
- Lastenaufzüge 266, 36
- laufende Personalkosten 266, 90
- laufende Steuerschulden 266, 90
- liquide Mittel 266, 72
- Lizenzen 266, 20
- Lohnveredelung 266, 60
- Lüftungsanlage 266, 36

- Marken-, Urheber- und Verlagsrecht   266, 20
- Mietereinbauten   266, 33
- Mitzugehörigkeitsvermerk   266, 11
- Möbel   266, 42
- nach Gewinnverwendung   266, 13
- nicht durch Eigenkapital gedeckter Fehlbetrag   266, 13
- Nießbrauch   266, 25
- Nutzungs- und Funktionszusammenhang   266, 31
- Nutzungsrechte   266, 20
- Optionsschuldverschreibungen   266, 85
- Patente   266, 20
- Profisportler   266, 20
- Prototyp   266, 20
- Rechnungsabgrenzungsposten   266, 76, 92
- Rohmaterialien   266, 55
- Rohrleitungsnetz   266, 41
- Rolltreppen   266, 32
- Rückstellungen   266, 78
- Sauna- und Schwimmbadanlage   266, 32
- Schachtanlagen   266, 40
- Schadenersatzansprüche   266, 70
- Schaukästen   266, 36
- Schuldverschreibungen   266, 85
- Schutz- und Sicherungseinrichtungen   266, 36
- Sonderposten   266, 76
- Sonderposten Passivseite   266, 92
- sonstige Verbindlichkeiten   266, 90
- Sozialversicherungsabgaben   266, 90
- Spezialreserveteile   266, 41
- Sprinkleranlage   266, 32
- Steuererstattungsansprüche   266, 70
- Steuerlatenzposten   266, 92
- subjektive Anwendungsbereiche   266, 6
- Tanks   266, 41
- technische Anlagen und Maschinen   266, 41
- Teileigentum   266, 25
- Telefone   266, 42
- Termingeldeinlagen   266, 74
- Thermalwasserbezugsrecht   266, 20
- Umspannstation   266, 41
- unfertige Produkte   266, 56
- ungeschützte Erfindungen   266, 20
- Verbindlichkeiten   266, 83
- Verbindlichkeiten aus Lieferungen und Leistungen   266, 88
- Verbindlichkeitenspiegel   266, 84
- verbriefte Titel   266, 52
- Verbundposition   266, 47
- Verfliesung eines milchverarbeitenden Betriebs   266, 32
- Vierteilung des Gebäudes   266, 29
- Vorjahreszahlen   266, 11
- Vorräte   266, 53
- Wandelschuldverschreibungen   266, 85
- Warenzeichen   266, 20
- Wasserbauten   266, 40
- Wasserzufuhr und Entwässerung   266, 32
- Wechselverbindlichkeiten   266, 89
- Wege- und Durchleitungsrechte   266, 20
- weitere Untergliederung   266, 11
- Werbefilm   266, 20
- Wertaufholungsrücklagen   266, 13
- Wertpapiere des Umlaufvermögens   266, 71
- Wettbewerbsverbote   266, 20
- Wohnungseigentum   266, 25
- Zeitschriftentitel   266, 20
- zurückgekaufte Anleihestücke   266, 85
- Zusammenfassung von Posten   266, 11
- Zusammenspiel mit Anhangangaben   266, 14

Bilanzidentität, Einzelheiten   252, 10
- keine Ausnahmen   252, 13
- Sinn und Zweck   252, 7
- Stichtagsprinzip   252, 6

bilanzielle Zuordnung, Mitunternehmerschaft   246, 327c

bilanzielle Zurechnung, Leasing   246, 172

bilanzielle Zurechnung bei Immobilienleasing, Leasing   246, 183

bilanzielle Zurechnung bei Teilamortisationsverträgen über Mobilien, Leasing   246, 180

bilanzielle Zurechnung bei Vollamortisationsverträgen über Mobilien, Leasing   246, 176

bilanzieller Zu- und Abgang   246, 126

Bilanzierungs- und Bewertungsmethoden, Anhangangaben   284, 40

Bilanzierungsbeispiel, Mitunternehmerschaft 246, 335
Bilanzierungsregeln, Leasing 246, 170
Bilanzierungswahlrechte, Konzernabschluss 300, 15
Bilanzklarheit, Tatbestände 246, 3
bilanzorientierte Methode, latente Steuern 274, 5
bilanzpolitisch motivierte Transaktionen, Realisationsprinzip 252, 89, 146
bilanzrechtliche Nichterfassung, schwebende Geschäfte 249, 127
Bilanzstichtag, Bestandsaufnahme 240, 21
– Haftungsverhältnisse 251, 11
– Stichtagsprinzip 252, 51
Bilanzsumme, Größenmerkmale 267, 2
Bilanzverlust, ordentliche Kapitalherabsetzung 272, 15
Bilanzvermerke, Bilanzgliederung 266, 14
Bilanzvermerke für Forderungen und Vermögensgegenstände, Ausweistechnik 268, 104
– Laufzeitvermerk für Forderungen 268, 98
– Restlaufzeit 268, 101
Bilanzvermerke für Verbindlichkeiten, Ausweistechnik 268, 112
– Laufzeitvermerk 268, 109
– Restlaufzeit 268, 111
Billigung durch Aufsichtsrat, Einzelabschluss nach § 325 Abs. 2a HGB 268, 52h
– Konzernabschluss 268, 52j
biometrische Berechnungsgrundlagen, Pensionsrückstellungen 253, 53
Bleischrotte, Gruppenbildung 256, 14
Blockheizkraftwerke, Bilanzgliederung 266, 32
Bodenschätze, Kaufpreisaufteilung 255, 48
Bohr- oder Schürfrechte 246, 56
Bohrlochverfüllung 249, 162
Bond-stripping 246, 223
Boni, Anschaffungskosten 255, 36
Bonitätsanleihe 246, 218
Börsen- oder Marktpreis, Abschreibungen 253, 144

börsennotierte Aktiengesellschaften, kapitalmarktorientierte Kapitalgesellschaft 264d, 12
branchenspezifische Gliederungsvorschriften, mehrere Geschäftszweige 265, 1
branchenspezifische Vorschriften, Konzernabschluss 298, 11
Branntweinsteuer, Anschaffungskosten 255, 33
breach of covenants, Anhangangaben 285, 4
– Währungsumrechnung 256a, 14b
Brennrecht 246, 32
– Bilanzgliederung 266, 20
Brennstoffe, Festbewertung 240, 32, 33
Brennstoffelemente 247, 37
Bruchteilsgemeinschaften, Unternehmensbegriff 271, 11
Brücken, Bilanzgliederung 266, 40
Brutto- vs. Nettomethode, Bewertungseinheiten 254, 47
Bruttoergebnis vom Umsatz, Umsatzkostenverfahren 275, 68
Bruttomethode, aktivierte Zinsen 277, 27
– Bewertungseinheiten 254, 47, 66, 73
– Größenmerkmale Konzern 293, 5
Buchführung, Ablösung durch EDV-System 238, 10
– Fiskus 238, 11
– Grundaufzeichnungen 239, 6
– Information 238, 11
– Kapitalgeber 238, 11
– Kaufmann 238, 11
– Ort 239, 11
– Rechtsstreitigkeiten 238, 11
– Vorstufe der Bilanzierung 238, 11
– Zeitnähe 239, 6
Buchführungsbefreiung, Neugründung 241a, 2
Buchführungsformen, Datenträger 239, 10
– Fernbuchführung 239, 8
– offene-Posten-Buchführung 239, 8
Buchführungskosten 249, 162
Buchführungspflicht, Arbeitsteilung innerhalb der Organmitglieder 238, 3
– Beginn 238, 6
– Ende 238, 8
– faktischer Geschäftsführer 238, 3

– Insolvenzverwalter 238, 3
– Kaufmannseigenschaft 238, 1
– öffentlich-rechtliche Natur 238, 11
– Organmitglieder 238, 2
– persönliche Erfüllung 238, 4
– Testamentsvollstrecker 238, 3
– Vorgesellschaft 238, 7
– Zweigniederlassung 238, 3
Buchung laufender Geschäftsvorfälle des Vorjahrs 249, 38
Buchwertunterschiede, latente Steuern 274, 10, 29
Budgetierung, aktive latente Steuern 274, 36
Bundesamt für Justiz, Offenlegungspflichten 329, 6
Bundesschatzbriefe 246, 222
Bürgschaften 249, 162
– Haftungsverhältnisse 251, 22
Bürgschaftsinanspruchnahme 249, 38
Bürgschaftsobligo, Bestandsaufnahme 240, 7
Büro- und Werkstatteinrichtungen, Bilanzgliederung 266, 42
Bürocontainer 246, 44
Bußgeldvorschriften, Bestätigungsvermerk 334, 10
– Erteilung eines Bestätigungsvermerks durch inhabilen Abschlussprüfer 334, 10
– fehlerhafte Offenlegung 334, 9
– geschützte Vorschriften 334, 5
– Täterkreis 334, 4
– Verletzung von Vorschriften zum Abschluss sowie Lagebericht 334, 4

C

callable bond 246, 218
capital charges, Zeitwertermittlung Erstkonsolidierung 301, 82, 137
capped floating rate note 246, 218
Cash Pooling, Kapitalflussrechnung 297, 28
Cashflow nach DVFA/SG, Kapitalflussrechnung 297, 10
Chancen und Risiken, Lagebericht, Prüfung 317, 54
– wirtschaftliches Eigentum 246, 151

change in fair value-Methode, Bewertungseinheiten 254, 51
Checklisten, Anhangangaben 284, 36
– Lagebericht 289, 13
closing, Realisationsprinzip 252, 117c
collared floating rate note 246, 218
components approach, planmäßige Abschreibungen 253, 92
Computeranlagen, Bilanzgliederung 266, 42
Computer-Hard- und Software, Kaufpreisaufteilung 255, 48
contractual trust arrangement, siehe Planvermögen
contractual trust arrangements (CTA), Pensionsrückstellungen 253, 47
– Planvermögen 246, 289, 290c
convertible bond 246, 218
Corporate Governance Kodex, Anhangangaben 285, 105
cost approach, Zeitwertermittlung Erstkonsolidierung 301, 74
credit linked notes 246, 218
credit sensitive bond 246, 218
critical terms match, Bewertungseinheiten 254, 36, 57

D

D&O-Versicherungen, Organbezüge 285, 60
Dach, Erweiterung als Gebäudeherstellung 255, 111
Dachausbau, Erweiterung als Gebäudeherstellung 255, 111
Dachgeschoss, Erweiterung als Gebäudeherstellung 255, 111
Dachmarken, Erstkonsolidierung 301, 50
Dämme, Bilanzgliederung 266, 40
Darlehen, Bilanzgliederung 266, 90
Darlehen bei gesunkenem Marktzins 249, 162
Darstellung der Mehrzugehörigkeit, Bilanzgliederung 266, 69
Darstellung des Prüfungsauftrags, Prüfungsbericht 321, 14
Darstellung des Prüfungsgeschehens, Prüfungsbericht 321, 71

Darstellungsstetigkeit, Anhang 265, 4
- Anpassung an konzerneinheitliche Ausweismethoden 265, 14
- Bilanz 265, 6
- Darstellungswahlrechte 265, 7
- Durchbrechungen 265, 10
- Eigenkapitalspiegel 265, 3, 6
- Erläuterungspflicht im Anhang 265, 16
- freiwillige Änderungen der Darstellung 265, 11
- für alle Kaufleute 265, 5
- Gesamtkostenverfahren 265, 15
- GuV 265, 6; 275, 9
- implizite Wahlrechte 265, 9
- interperiodische Vergleichbarkeit 265, 1
- Kapitalflussrechnung 265, 3, 6
- Ort der Darstellung 265, 8
- Umsatzkostenverfahren 265, 15

Darstellungswahlrechte, Darstellungsstetigkeit 265, 7

Datenbanken, Erstkonsolidierung 301, 50

Datenkabel, Bilanzgliederung 266, 36

Datenspeicherungsleitungen 250, 53

Datierung, Bestätigungsvermerk 322, 62

Dauer der Wertminderung, Definition 253, 117
- Zukunftsperspektive, Aufhebung des Stichtagsprinzips 253, 115

Dauerkundenverträge, Erstkonsolidierung 301, 50

dauernde Wertminderung, Aufhebung der umgekehrten Maßgeblichkeit 253, 137a
- Forderungen 253, 157b
- Maßgeblichkeit 252, 214

dauernde Wertminderung im Körperschaftsteuerbereich, Forderungen 253, 157c

Dauerschuldverhältnisse, drohende Verluste 249, 143
- schwebende Geschäfte 249, 122

Dauervertragsbeziehungen, Erstkonsolidierung 301, 53

Dauervertragskunden, Zeitwertermittlung Erstkonsolidierung 301, 80, 137

Dauerwohn- und Dauernutzungsrecht, Bilanzgliederung 266, 25

Debitoren und Kreditoren gegenüber verbundenen Unternehmen, Mehrfachzugehörigkeit 265, 51

debt for equity swap, Forderungsverzicht 246, 62a

Deckungsvermögen, siehe Planvermögen

defined benefit, Pensionsrückstellungen 253, 48

defined contribution, Pensionsrückstellungen 253, 48

Definition, Dauer der Wertminderung 253, 117
- Netzwerk 319b, 1 ff.

Definition von Fehler, Bilanzänderungen 252, 193

Definitionsmerkmale für Vermögenswert/Vermögensgegenstand/Wirtschaftsgut, Nutzungsrechte 246, 25

degressive AfA, Maßgeblichkeit 252, 214

degressive Leasingraten und Vormieten für Immobilienleasing 250, 50

degressive Raten, Leasing 246, 189

Delkredereprovision, Erlösschmälerungen 277, 17

Derivate, beizulegender Zeitwert 285, 129
- Buchwert 285, 132
- Derivatespiegel 285, 133
- Kategorisierung 285, 125
- keine Bilanzierung zum Zeitwert 285, 123

derivative Finanzinstrumente, Anhangangaben 285, 120
- Bewertungseinheiten 254, 20

Deutsche Prüfstelle für Rechnungslegung, siehe Prüfstelle für Rechnungslegung

Deutsche Rechnungslegungs Standards Committee (DRSC), siehe privates Rechnungslegungsgremium

Deutsche Rechnungslegungsstandards, GoB 243, 13

deutsche Sprache, Jahresabschluss 244, 1

Devisentermingeschäfte 249, 162
- Bewertungseinheiten 254, 54
- drohende Verluste 249, 142; 254, 61
- Einzelkaufmann 246, 134
- Kassakomponente 254, 61
- Zinskomponente 254, 61

Dienstbarkeit/Grunddienstbarkeit,
  Erbbaurecht   246, 32
Dienstjubiläum, Rückstellungen   249, 157
Dienstleistungen, Bilanzgliederung   266, 58
Dienstleistungsunternehmen, GuV   275, 5
Dienstwagen   247, 37
Direkte Bruttomethode, Anlagespiegel   268, 56, 55
Direktversicherungen, Aufwendungen für Alterversorgung   275, 41
Disagio   250, 50
– Aktivierungswahlrecht   250, 47
– Anhangangaben   284, 47
– außerplanmäßige Abschreibungen   250, 48
– Ausweis   268, 117
– Bilanzgliederung   266, 13
– Kapitalflussrechnung   297, 46
– Stetigkeitsgebot   246, 293
– Umschuldung   250, 47
– verbesserte Kreditbedingungen   250, 48
– Wandelanleihe   272, 40
Disagio Ausweis, größenabhängige Erleichterungen   274a, 5
Diskontierung, siehe Erträge und Aufwendungen aus Diskontierung
Diskontspesen und Diskontzinsen   250, 50
Divergenz von tatsächlicher und dargestellter Lage, Generalnorm   264, 19
Dividenden, Kapitalflussrechnung   297, 47
Dividendengarantien, Erträge aus anderen Wertpapieren und Ausleihungen des Finanzanlagevermögens   275, 89
– Erträge aus Beteiligungen   275, 85
– Gewinnabführungsvertrag   277, 37
Dividendenvereinnahmung von Kapitalgesellschaften, Wertaufhellung   252, 75
Dokumentation des Sicherungszusammenhangs, Bewertungseinheiten   254, 40
Domain-Name   246, 32
– Bilanzgliederung   266, 20
Doppelbilanzierung, Mietereinbauten   246, 241
doppeltes Bilanzierungswahlrecht, Finanzanlagen   253, 127

Downstream-Lieferungen, equity-Methode   312, 51
DPR, siehe Prüfstelle für Rechnungslegung
Dreiecksgeschäfte, Zwischenergebniseliminierung   304, 21
Drittschuldverhältnisse, siehe Schuldenkonsolidierung
drohende Verluste   249, 162
– Abgrenzung zum nachteiligen Vertrag   249, 133
– Beschaffungsbereich   249, 140
– Bestimmung der Saldogröße   249, 134
– Dauerschuldverhältnisse   249, 143
– Devisentermingeschäfte   249, 142; 254, 61
– einmalige Beschaffungsgeschäfte   249, 138
– keine Antizipation   249, 130
– Mehrkomponentengeschäfte   249, 137
– schwebende Absatzgeschäfte   249, 135
– steuerliches Ansatzverbot   249, 130
– Stichtagsbetrachtung   249, 130
– ungünstiger Vertrag   253, 26
– Warentermingeschäfte   249, 142
Drohverlustrückstellungen, Ansatz in der Steuerbilanz bei Realisation   249, 161d
– Ansatzverbot in der Steuerbilanz   249, 161a
– Bewertungseinheiten   254, 45
– im Steuerrecht   249, 161a
– Schuldenkonsolidierung   303, 13
– Übertragung auf nahestehendes Unternehmen   249, 161d
DRSC, siehe privates Rechnungslegungsgremium
Druckbeihilfe   246, 56
Drucktitel, Aktivierungsverbote   248, 10
due diligence-Aufwendungen, Anschaffungskosten   255, 24
Durchbuchungsmethode, Bewertungseinheiten   254, 47
durchfeuchtete Fundamente, Erhaltungsaufwand   255, 110
durchschnittlicher Marktzinssatz, Pensionsrückstellungen   253, 75

E

earn out-Klauseln, Anpassung der ursprünglichen Annahmen   301, 38
– Erstkonsolidierung   301, 35
E-Bilanz, siehe elektronische Steuerbilanz
EBITDA, GuV   275, 7
echte Aufrechnungsdifferenzen, siehe Schuldenkonsolidierung
echte Auftragsproduktion, Anschaffungsvorgänge   255, 12
EDV-Programme   246, 32
– Anschaffungsvorgänge   255, 12
– Bilanzgliederung   266, 20
EDV-System, Ablösung der Buchführung   238, 10
effektive Nutzung, planmäßige Abschreibungen   253, 93
Effektivität bei der Zahlungsstromsicherung von Fremdwährungsgeschäften, Bewertungseinheiten   254, 63
eigene Anteile, Bewertungseinheiten   254, 13
– Eigenkapitalspiegel   297, 98
– Erwerb   272, 32
– fehlende Vermögensgegenstandseigenschaft   272, 26
– Kapitalflussrechnung   297, 58, 62
– Konzernlagebericht   314, 10
– Mutter-Tochter-Verhältnis   290, 4
– steuerliche Behandlung   272, 33f
– Stimmrechtsmehrheit   290, 74
– Transaktionskosten   272, 32
– Voraussetzungen eines wirksamen Erwerbs   272, 31
– Wiederausgabe   272, 33
Eigenkapital, Abgrenzung bei Personenhandelsgesellschaften   246, 78
– Begriff   246, 63
– Bilanzgliederung   266, 77
– Genussrechte   246, 66
– hybride Finanzierungen   246, 65
– Kommanditgesellschaft   246, 116
– Konzernabschluss   298, 17
– Perpetuals   246, 65
– Personenhandelsgesellschaften   246, 75
– private equity   246, 68

– Schulden   247, 13
– Schuldverschreibung mit Emittententilgungswahlrecht   246, 74
– stille Gesellschaft   246, 67
– Wandelschuldverschreibungen   246, 71
Eigenkapitalanteil von Wertaufholungen, andere Gewinnrücklagen   272, 65
Eigenkapitalanteile bei Kap. & Co.-Gesellschaften, Bilanzgliederung   266, 13
Eigenkapitalausweis, Kap. & Co.-Gesellschaften   264c, 9
Eigenkapitalbeschaffung, Aktivierungsverbote   248, 3
Eigenkapitalersatz, siehe Gesellschafterfinanzierung
eigenkapitalersetzende Darlehen, Abschreibungen   253, 158
Eigenkapitalspiegel, Änderungen des Konsolidierungskreises   297, 105
– Anhang   297, 107
– Anpassung der Struktur an das BilMoG   297, 94
– Darstellungsstetigkeit   265, 3
– eigene Anteile   297, 98
– erwirtschaftetes Ergebnis   297, 101
– gezeichnetes Kapital   297, 100
– Grundstruktur   297, 93
– kapitalmarktorientierte Kapitalgesellschaft   264d, 10
– Kapitalrücklage   297, 100
– Konzernabschluss   297, 1
– Minderheiten   297, 104
– nicht eingeforderte Einlagen   297, 100
– persönlicher Anwendungsbereich   297, 91
– übriges Ergebnis   297, 101
Eigenkapitalveränderungsrechnung, Rücklagenveränderungsrechnung   268, 23
Eigentumsvorbehalt, Anhangangaben   285, 5
Eigentumswohnungen   247, 37
Einbehaltene Bearbeitungsgebühren und Risikoprämien   250, 50
Einbehaltene Steuern für Rechnungen Dritter, Kapitalflussrechnung   297, 36
Einbeziehung von allgemeinen Verwaltungskosten, Anhangangaben   284, 49

Stichwörter **VERZEICHNIS**

Einbeziehung von Anteilen   272, 7
Einbeziehung von Fremdkapitalzinsen, Anhangangaben   284, 49
Einbeziehung von Fremdkapitalzinsen in die Herstellungskosten, Anhangangaben   284, 62
Einbeziehungsverbote, Herstellungskosten   255, 90, 96
Einbeziehungswahlrechte, Anhang   296, 22
– Beschränkungen der Transferierbarkeit und/oder der Konvertierbarkeit der Gewinne   296, 6
– Beschränkungen in den Vermögens- oder Geschäftsführungsrechten   296, 3
– Einbeziehung nach der Equity-Methode   296, 23
– Erheblichkeit der Beschränkungen   296, 5
– gesellschaftsrechtliche Beschränkungen   296, 6
– gesetzliche bzw. staatliche Beschränkungen   296, 6
– Herstellungskosten   255, 87
– Nachhaltigkeit der Beschränkungen   296, 4
– Rechtsfolgen der Nichteinbeziehung   296, 22
– untergeordnete Bedeutung des Tochterunternehmens   296, 18
– unverhältnismäßige Kosten oder Verzögerungen   296, 8
– Weiterveräußerungsabsicht   296, 12
einfache Dollar-Offset-Methode, Bewertungseinheiten   254, 51
einfachverglaste Fenster, wesentliche Verbesserung als Gebäudeherstellung   255, 114
Einfrierungsmethode, Bewertungseinheiten   254, 47
Eingänge auf abgeschriebene Forderungen, periodenfremde Erträge und Aufwendungen   277, 54
eingebettete Derivate   246, 216
– Bewertungseinheiten   254, 9
eingeforderte Einlagen, Schuldenkonsolidierung   303, 7
eingeforderte Nachschüsse, Bilanzgliederung   266, 13
eingeführte Organisation, goodwill   301, 46

eingeschränkter Bestätigungsvermerk, Abgrenzung zum Versagungsvermerk   322, 42
– Angaben zur Tragweite   322, 48
– fehlende Prüfungshandlungen   322, 56
– Formulierungshinweise   322, 49
– Prüfstelle für Rechnungslegung   342b, 13
– Prüfungshemmnisse   322, 52
– Tatbestände   322, 41
Einheit von Bilanz, GuV und Anhang, Jahresabschluss   264, 3
einheitlicher Nutzungs- und Funktionszusammenhang, Einzelbewertungsgrundsatz   246, 43a
– Mietereinbauten   246, 239
Einheitlichkeit der Bewertung im Konzern, Anhang   308, 7
– Ausnahmen von der einheitlichen Bewertung   308, 14
– Ermessensausübung   308, 6
– faktische Wahlrechte   308, 6
– Kreditinstitute   308, 4, 15
– Maßgeblichkeit des Rechts des Mutterunternehmens   308, 3
– Pauschalwertberichtigungen   308, 11
– Pensionszusagen   308, 11
– Sachanlagen   308, 11
– ungleichartige Sachverhalte   308, 10
– Unmaßgeblichkeit der Rechtsausübung im Einzelabschluss des Mutterunternehmens   308, 5
– Versicherungen   308, 4, 15
Einheitsbilanz, Maßgeblichkeit   252, 204
Einheitsgrundsatz   297, 115
Einheitstheorie, siehe Einheitsgrundsatz
Einkaufsprovisionen, Anschaffungskosten   255, 27
Einklang mit dem Jahresabschluss, Lagebericht, Prüfung   317, 54
einkommens- oder kapitalwertorientierte Bewertung, Zeitwert   255, 149
einkommensorientierte Verfahren, Zeitwertermittlung Erstkonsolidierung   301, 73, 76

2187

Einlagen, siehe ausstehende Einlagen; siehe Sacheinlagen 255, 7; **246**, 310
- steuerbilanzielle Sondertatbestände 246, 310

Einlagen á fonds perdu, Stichtag 252, 29

einleitender Abschnitt, Bestätigungsvermerk zum Konzernabschluss 322, 65

Einmalentgelt für die Überlassung einer Baulast 250, 53

einmalige Bearbeitungsgebühren 250, 50

einmalige Beschaffungsgeschäfte, drohende Verluste 249, 138

einmalige Entschädigung für dauernde Unterlassungslast 250, 52

einmalige Verwaltungsgebühren 250, 50

einmaliger Entschädigungsbetrag zur Abfindung 250, 52

Einnahmen aus Kippgebühren 253, 42

Einreichungspflichten, Bekanntmachungsauftrag 325, 21
- Dokumente 325, 5
- Formvorschriften 325, 20a
- geänderte Unterlagen 325, 19
- IFRS-Einzelabschluss 325, 22
- Konzernabschluss 325, 25
- nach PublG 325, 29
- personenbezogene Daten bei GmbHs 325, 20
- Rechtsformspezifika 325, 9
- sukzessive Einreichung 325, 17
- verpflichtete Personen 325, 4
- Zeitbezug 325, 14
- zusammengefasste Bekanntmachung 325, 27

einseitig verpflichtende Haftungsverhältnisse 251, 6

Einsichtnahme durch Gericht und Parteien, Handelsbücher 259, 3

Einstandsgebühr für Nutzungsberechtigung eines Golfplatzes 250, 53

Einstellungen in/Entnahmen aus Rücklagen, Konzernabschluss 298, 8

Einwendungen, Bestätigungsvermerk 322, 41

Einzahlungen auf Geschäftsanteile, Genossenschaften 337, 3

Einzahlungsverpflichtungen bei Kap. & Co.-Gesellschaften, Bilanzgliederung 266, 13

Einzelabschluss nach § 325 Abs. 2a HGB, Billigung durch Aufsichtsrat 268, 52h

Einzelabschluss nach § 325a HGB, Anwendung der Prüfungsvorschriften 324a, 1
- Bestätigungsvermerk 322, 93

Einzelbewertung, Abgrenzungsprobleme beim Vermögensgegenstand 252, 31
- Bewertungseinheiten 252, 36
- Einschränkungen des Einzelbewertungsgrundsatzes 252, 33
- Sinngehalt 252, 30

Einzelbewertungsgrundsatz, Anschaffungskosten 255, 43
- Bewertungseinheiten 254, 45
- einheitlicher Nutzungs- und Funktionszusammenhang 246, 43a

einzelbilanzielle Vorschriften, entsprechende Anwendung, Konzernabschluss 298, 1, 5

Einzelerwerbsfiktion, Erwerbsmethode 301, 7

Einzelfälle, pauschale Garantieverpflichtungen 249, 75

Einzelfälle der Sicherung im Mikro-hedge, Bewertungseinheiten 254, 68

Einzelfallprüfungen, Bankbestätigung 317, 35
- Befragung 317, 33, 38
- Bestätigungen Dritter 317, 33, 35
- Inaugenscheinnahme 317, 33, 34
- Saldenbestätigungen 317, 35
- statistisches Auswahlverfahren 317, 33
- Vollständigkeitserklärung 317, 39
- vorgeschriebene Prüfungsgebiete lt. IDW 317, 41
- Wesentlichkeit 317, 42

Einzelgarantiefälle 253, 41

Einzelkaufmann, Abgrenzung unternehmerischer vom privaten Bereich 246, 130
- Betriebsvermögen 246, 131
- branchenfremde Devisentermingeschäfte 246, 134
- gewillkürtes Betriebsvermögen 246, 132
- monetäre Vermögensgegenstände und Verbindlichkeiten 246, 133
- notwendiges Betriebsvermögen 246, 131
- notwendiges Privatvermögen 246, 131
- privater Bereich 246, 130

– Privatvermögen 246, 131
– unternehmerischer Bereich 246, 130
– Unterzeichnung des Jahresabschlusses 245, 1
– Zuordnung von Schulden zur privaten oder betrieblichen Sphäre 246, 138
Einzelveräußerungsfiktion, Entkonsolidierung 301, 113
Einzelveräußerungspreis, außerplanmäßige Abschreibungen 253, 108
Einzelverwertbarkeit, immaterielle Vermögensgegenstände 246, 12
– Vermögensgegenstand 246, 12
Einzelwertberichtigungen, außerordentliches Ergebnis 277, 44
Einzelzwangsvollstreckung, Vermögensgegenstand 246, 12
Einziehung von Anteilen 272, 8, 33g
einzubeziehende Kosten, Bewertung von Rückstellungen 253, 38
einzureichende Unterlagen, Genossenschaften 339, 2
eiserner Bestand 247, 37
Elektrobereich, wesentliche Verbesserung als Gebäudeherstellung 255, 115
Elektroinstallation, Bilanzgliederung 266, 32
elektronische Steuerbilanz 243, 28 ff.
– § 5b EStG 243, 25
– Mussfelder 243, 28
– Taxonomie 243, 28
– XBRL 243, 27
Elektroschrott 249, 38, 162
Eliminierung konzerninterner Beziehungen, Konzernabschluss 300, 5
Emissionsrechte 247, 37
– abstrakt bilanzierbar 246, 31a
– Ausweis 246, 31b
– Folgebewertung 246, 31d
– Rückgabeverpflichtung 246, 31e
– Verkauf 246, 31g
– Zugangsbewertung 246, 31c
empfangene Gewinne, Gewinnabführungsvertrag 277, 32
Empfehlungen zur Konzernrechnungslegung, privates Rechnungslegungsgremium 342, 4

Ende der Buchführungspflicht, Aufgabe 238, 8
– Erlöschung 238, 8
– Liquidation 238, 8
Energieversorger, Baukostenzuschüsse 277, 4
enforcement, siehe Prüfstelle für Rechnungslegung
Entbindung, Verschwiegenheit des Abschlussprüfers 323, 23
Entdeckungsrisiko, Festlegung der Prüfungshandlungen 317, 32
– nahestehende Personen 317, 32, 38
Entfernungsverpflichtungen 249, 162
– Anschaffungskosten 255, 37
Entfernungsverpflichtungen, Rückbau, Kategorien des Umweltschutzes 249, 61
Entgelte für zeitlich unbefristete Grunddienstbarkeiten 250, 52
Entgelt-Rahmenabkommen (ERA), Rückstellungen bei Arbeitsverhältnissen 249, 90
Entkonsolidierung 301, 113
– Änderung des Konsolidierungskreises 294, 5
– assoziiertes Unternehmen 312, 62
– Einzelveräußerungsfiktion 301, 113
– goodwill 301, 113; 309, 13
– latente Steuern im Konzern 306, 8
– Minderheiten 301, 114
– negativer Unterschiedsbetrag 301, 113; 309, 21
– quotale Konsolidierung 310, 36
– variabler Kaufpreisbestandteil 301, 115
– Währungsumrechnungsdifferenz im Konzern 308a, 33
Entnahmen 246, 310
– steuerbilanzielle Sondertatbestände 246, 310
entry standard, kapitalmarktorientierte Kapitalgesellschaft 264d, 3
Entschädigung für Aufhebung eines Schuldverhältnisses 250, 53
(Versicherungs-)Entschädigungen, sonstige betriebliche Erträge 275, 17
Entschädigungszahlung an Handelsvertreter für Wettbewerbsverbot 250, 52
Entsorgung von Kernkraftwerken 253, 43

Entsorgungsverpflichtungen 249, 162
– Bestandteil der Herstellungskosten 243, 17
Entsorgungswirtschaft, LiFo-Verfahren 256, 41
Entsprechenserklärung, Prüfungsbericht 321, 45
Entstehungsprozess, immaterielle Vermögensgegenstände 246, 18
Entwicklung, Ansatzkriterien nach IFRS 255, 134
– beispielhafte Aufzählung 255, 133
– Bilanzierungspraxis 255, 139
– Prognose und Dokumentationspflicht 255, 136
Entwicklung im Zeitverlauf, Stetigkeitsgebot 246, 294
entwicklungsbeeinträchtigende Tatsachen, Prüfungsbericht 321, 35
Entwicklungskosten, immaterielle Vermögensgegenstände 246, 17
– Künstler 255, 145
– Profisportler 255, 144
equity-Beteiligungen, Konzernanlagespiegel 298, 29
equity-Methode, Anhangangabe zum Unterschiedsbetrag 312, 14
– Anpassung der Bilanzierungsmethoden 312, 48
– Anschaffungszeitpunkt 312, 7
– anteilige Aufdeckung stiller Reserven und Lasten 312, 15
– assoziierte Unternehmen 312, 6
– außerplanmäßige Abschreibungen 312, 44
– Bewertung von equity-Beteiligungen bei Verlusten 312, 37
– Buchwertmethode 312, 12
– downstream-Lieferungen 312, 51
– Ergebnis- und Dividendenanteil 312, 34
– Ergebnisfortschreibung bis Buchwert Null 312, 37
– Folgestichtage 312, 7
– Fortschreibung des goodwill 312, 28
– Fortschreibung des passiven Unterschiedsbetrags 312, 28
– Fortschreibung stiller Reserven und Lasten 312, 27
– Fortschreibungen und ihre GuV-Wirkung 312, 8

– Gemeinschaftsunternehmen 312, 6
– goodwill 312, 19
– Kapitalmaßnahmen beim assoziierten Unternehmen 312, 30
– maßgeblicher Abschluss des Beteiligungsunternehmens 312, 57
– negativer Unterschiedsbetrag 312, 19
– Neubewertungsmethode 312, 12
– nicht GuV-wirksame Einkommen des assoziierten Unternehmens 312, 35
– Rückbeteiligung 312, 34a
– Statusänderung ohne Änderung der Anteilsquote 312, 20
– sukzessiver Anteilserwerb 312, 20
– thesaurierte Gewinne 312, 29
– Überkreuzbeteiligung 312, 34a
– überschießende Verluste in Haftungsfällen 312, 40
– unterjähriger Erwerb 312, 24
– upstream-Lieferungen 312, 51
– vorläufige Ermittlung und Aufteilung des Unterschiedsbetrags 312, 25
– Zeitwert 255, 146
– Zwischenergebniseliminierung 312, 50
ERA-Anpassungsfonds 249, 38, 162
Erbbauberechtigter, Grund und Boden 255, 103
Erbbaurecht 246, 32
– Bilanzgliederung 266, 25
Erbbaurechtsvertrag, Einmalkosten der Anschaffung 246, 7
– Erschließungsbeiträge 246, 7
– Heimfall 246, 7
– Kanalanschlussgebühren 246, 7
– mit aufstehendem Gebäude 246, 7
– Nutzungsrechte 246, 7
Erbbauzinsen, im Voraus vereinnahmt 250, 52
– sonstige betriebliche Aufwendungen (Gesamtkostenverfahren) 275, 58
Erbringung von Dienstleistungen, Realisationsprinzip 252, 89, 118
Erdölbevorratungsbeitrag, Anschaffungskosten 255, 32
Ereignisse nach dem Bilanzstichtag, Prüfungshandlungen 317, 64

Erfassung des Zinsanteils, Aufwendungen für Altersversorgung 275, 43
Erfolgsprämien 249, 38
– an Arbeitnehmer 249, 162
Erfüllungsbetrag 249, 162
– Bewertung von Rückstellungen 253, 30
– Bewertung von Verbindlichkeiten 253, 17
– Pensionsrückstellungen 253, 54
Erfüllungsrückstand 249, 162
Erfüllungsübernahme, Haftungsverhältnisse 251, 23
– Zurechnung bei mehreren Schuldnern 246, 278
ergänzende Gliederungsvorschriften, Bilanz 247, 7; 266, 13
ergänzender Hinweis, uneingeschränkter Bestätigungsvermerk 322, 37
ergänzender Hinweis im Bestätigungsvermerk, Formulierungsvorschlag 322, 39
– Tatbestände 322, 38
Ergänzungsbilanzen, latente Steuern 274, 25
– Mitunternehmerschaft 246, 328
– Steuerbilanz 243, 328
Ergebnis aus equity-konsolidierten assoziierten und sonstigen Unternehmen, Konzernabschluss 298, 31
Ergebnisabführungen, Kapitalflussrechnung 297, 47
Ergebnisabführungsvertrag, Tochterkapitalgesellschaften 264, 46
Ergebnisermittlung, Ergebnisverwendung 268, 12
Ergebnisverteilung und Entnahmeberechtigung, persönlich haftender Gesellschafter 246, 87
Ergebnisverwendung, Abschlusserstellung 268, 4, 8
– Aktiengesellschaften 268, 7
– Ausweistechnik 268, 45
– Bilanzerstellung 268, 3
– Buchungstechnik 268, 47
– durch Gewinnausschüttung 268, 9
– Einstellung in Gewinnrücklagen 268, 7
– Entnahmen aus Kapital- und Gewinnrücklagen 268, 7
– Ergebnisermittlung 268, 12

– Gewinnverteilung 268, 10
– GmbH-Gesellschafterversammlung 268, 52u
– Kapitalrücklage 268, 7
– Rücklagenauflösung 268, 21
– Teilbereich der erfolgsneutralen Eigenkapitalveränderungsrechnung 268, 18
– Verrechnung von Jahresüberschüssen mit Verlustvorträgen 268, 7
– vollständig und teilweise 268, 14
– Vorjahresvergleich 268, 45
– Vortrag von Jahresüberschüssen 268, 7
erhaltene Anzahlungen, Anhangangaben 285, 3
– Ausweiswahlrecht 268, 114
– Schuldenkonsolidierung 303, 9
– Umsatzerlöse 277, 9
erhaltene Anzahlungen auf Bestellungen, Bilanzgliederung 266, 86
erhaltene Preisnachlässe, Skonti 275, 3
erhaltene Werkzeugkostenbeiträge 250, 53
erhaltene Zuschüsse und Zulagen, Anschaffungskosten 255, 38
Erhaltungs- und Herstellungsaufwand, Abgrenzungskriterien 255, 108
Erhaltungsaufwand, Anbringung eines Wasser- und Gasanschlusses 255, 110
– durchfeuchtete Fundamente 255, 110
– Ersatz eines Flachdachs 255, 110
– Ersatz vorhandener Türschlösser 255, 110
– Fenstervergrößerung 255, 110
– Umbau eines Großraumbüros 255, 110
– Umstellung der Gebäudeheizung 255, 110
– Versetzen von Wänden 255, 110
– zusätzliche Fassadenverkleidung 255, 110
erhöhte Absetzungen für Anlagegegenstände des Kohle- und Erzbergbaus, Maßgeblichkeit 252, 205
erhöhte Absetzungen für Baudenkmale, Maßgeblichkeit 252, 205
erhöhte Absetzungen für Gebäude in Sanierungsgebieten, Maßgeblichkeit 252, 205
erhöhte Absetzungen nach § 82a EStDV, Maßgeblichkeit 252, 205
Erklärung zum Coporate Governance Kodex, Anhangangaben 285, 105
– Konzernanhang 314, 11

Erläuterung bestimmter Forderungen, größenabhängige Erleichterungen 274a, 3
Erläuterung bestimmter Verbindlichkeiten, größenabhängige Erleichterungen 274a, 4
Erläuterung sonstiger Rückstellungen, Anhangangaben 285, 95
Erläuterungen zum Jahresabschluss, Prüfungsbericht 321, 54 ff.
Erledigung schwebender Rechtsstreitigkeiten, Erstkonsolidierung 301, 86
Erleichterungen für bestimmte kapitalmarktorientierte Kapitalgesellschaften 264d, 8
– Offenlegungspflichten 327a
Erleichterungen für mittelgroße Kapitalgesellschaften, Anhangangaben 288, 2
– Offenlegungspflichten 327, 3
Erlöse, siehe Umsatzerlöse
Erlösschmälerungen, Boni 277, 10
– Delkredereprovision 277, 17
– Kundenbindungsprogramme 277, 11
– Miles and More 277, 11
– Payback 277, 11
– Rabatte 277, 10
– Sachboni 277, 11
– Skonti 275, 3
– Treueprämienprogramme 277, 11
– Werbekostenzuschüsse 277, 17
Ermessenausübung, Einheitlichkeit der Bewertung im Konzern 308, 6
Ermessensspielräume 249, 162
– Bewertung von Rückstellungen 253, 30
– Prüfungsbericht 321, 60
– Rückstellungen 249, 43
Ermittlung, Zeitwert 255, 147
Eröffnungsbilanz, Anwachsung 242, 9
– Beginn des Handelsgewerbes 242, 5
– Formwechsel 242, 9
– Kapitalgesellschaften 242, 7, 8b
– Spaltung zur Neugründung 242, 9
– Unternehmensumstrukturierungen 242, 9
– Verschmelzung durch Neugründung 242, 9
– Vorbereitungshandlungen 242, 6
– Vorgründungsgesellschaft 242, 7

ERP-Software, immaterielle Vermögensgegenstände 246, 20
Ersatz eines Flachdachs, Erhaltungsaufwand 255, 110
Ersatz vorhandener Türschlösser, Erhaltungsaufwand 255, 110
Ersatzteile 247, 37
Erschließungsbeiträge, Erbbaurechtsvertrag 246, 7; 250, 52
– Grund und Boden 255, 101
Erschließungsbeiträge und Kanalanschlussgebühren, vom Erbbauberechtigten übernommen 250, 50
Erschließungsbeiträge einer Privatstraße, Grund und Boden 255, 103
Ersetzung des Abschlussprüfers, Antragsberechtigung 318, 33
– Antragsfrist 318, 35
– Antragsverfahren 318, 36
Ersetzung, gerichtliche, Abschlussprüfer 318, 31
Erstattungsanspruch gegen Arbeitsbehörde 253, 42
Erstausstattungen von Ersatzteilen, Bilanzgliederung 266, 41
Ersteinrichtung von WC oder Bad, Erweiterung als Gebäudeherstellung 255, 112
Erstellung der betrieblichen Steuererklärungen 253, 41
Erstellungsfrist, Wertaufhellung 252, 78
Erstellungstag, Stichtagsprinzip 252, 51
Erstellungsvorgang, Wertaufhellung 252, 78
Erstkonsolidierung, siehe Erstkonsolidierungszeitpunkt, siehe goodwill; siehe negativer Unterschiedsbetrag, siehe Zeitwertermittlung Erstkonsolidierung
– allgemeiner Bewertungsmaßstab 301, 70
– Änderung des Konsolidierungskreises 294, 5
– Anpassungen innerhalb von zwölf Monaten 301, 24
– Anpassungen nach mehr als zwölf Monaten 301, 40
– Anpassungen nach zwölf Monaten 301, 24
– Ansatz erworbener Vermögensgegenstände und Schulden 301, 44
– Anschaffungsnebenkosten 301, 31

Stichwörter VERZEICHNIS

- Anteilstausch 301, 33
- Auftragsbestände 301, 50, 53
- beneficial contracts 301, 50, 62
- besondere Bewertungsregeln für latente Steuern und Rückstellungen 301, 70
- Bestimmung der Anschaffungskosten 301, 29
- Bestimmung des Beteiligungsbuchwerts 301, 29
- Beteiligungsbuchwert 301, 10
- Bewertung latenter Steuern 301, 90
- Bewertung von Rückstellungen 301, 91
- Bewertungsmaßstäbe 301, 70
- Bilanzgarantien des Veräußerers 301, 35
- Buchwertmethode 301, 11
- Dachmarken 301, 50
- Datenbanken 301, 50
- Dauerkundenverträge 301, 50
- Dauervertragsbeziehungen 301, 53
- earn out-Klauseln 301, 35
- Erledigung schwebender Rechtsstreitigkeiten 301, 86
- erstmaliger Konzernabschluss 301, 3
- favorable contracts 301, 62
- Forschungspipeline 301, 58
- Handelsmarken 301, 50
- immaterielles Anlagevermögen 301, 45, 50
- in process research and development 301, 58
- Kaufpreisallokation 301, 10
- Kaufpreisanpassungsklauseln 301, 35
- Konditionenverträge 301, 53
- Kontrollerlangung ohne Erwerb von Anteilen 301, 116
- Kundenbeziehungen 301, 52
- Kundenlisten 301, 50, 54
- Kursgarantien des Erwerbers 301, 35
- latente Steuern 301, 90, 120
- latente Steuern auf Verlustvorträge 301, 69
- Lifestyle-Marken 301, 57
- Marken 301, 50
- Methode der vollständigen Neubewertung 301, 11
- Minderheiten 307, 15
- patentierte und unpatentierte Technologien 301, 50
- Pensionsrückstellungen 301, 91a
- Pensionsverpflichtungen in Altfällen 301, 68
- Rahmenverträge 301, 53
- Restrukturierungsrückstellungen 301, 66
- Rezepturen 301, 50
- Rückerwerb von Rechten 301, 86
- Rückstellungen 301, 65, 91
- schwebende Verträge 301, 62
- Software 301, 50
- Stammkundenbeziehungen 301, 55
- Stichtag der Erstkonsolidierung 301, 10
- sukzessiver Anteilserwerb 301, 3, 27
- Tausch von Anteilen 301, 32
- technologisch getriebene Marken 301, 57
- Verlust des Tochterstatus ohne Anteilsveräußerung 301, 116
- verzögerte Einbeziehung 301, 3, 25
- vorläufige 301, 23
- vorteilhafte Verträge 301, 50
- Wertaufhellung 301, 23
- wertgeminderte Forderungen 301, 86
- Wettbewerbsverbot 301, 59

Erstkonsolidierungszeitpunkt, Genehmigungsvorbehalte 301, 16
- Gewinnbezugsrecht 301, 16
- kartellrechtliche Genehmigungsvorbehalte 301, 20
- rechtliche Stufen des Erwerbsprozesses 301, 16
- sukzessiver Anteilserwerb 301, 13
- vertragliche Rückwirkungen 301, 16
- verzögerte Erstkonsolidierung 301, 15
- Zweckgesellschaften 301, 13

erstmaliger Konzernabschluss, Erstkonsolidierung 301, 3

Erstprüfung, Bestätigungsvermerk 322, 91
- Prüfungsbericht 321, 107

Erteilung, Bestätigungsvermerk 322, 61

Ertrag aus der Kapitalherabsetzung, Konzernabschluss 298, 8

Erträge, sachliche Zurechnung beim Einzelkaufmann 246, 129

Erträge aus anderen Wertpapieren und Ausleihungen des Finanzanlagevermögens,

2193

Abgrenzung Kapitalüberlassung gegenüber Dienstleistung 275, 89
– Dividendengarantien 275, 89
– Gebühren für die Kreditbearbeitung 275, 91
– Genussrechte 275, 89
– Inhalt des Postens 275, 87
– Kontoführung 275, 91
– Kreditbereitstellung 275, 91
– verbundene Unternehmen 275, 87
– Vorfälligkeitsentschädigungen 275, 89
– Zerobonds 275, 89
Erträge aus Auflösung von Wertberichtigungen, sonstige betriebliche Erträge 275, 17
Erträge aus Aufzinsungen 277, 60
Erträge aus Beteiligungen, Beteiligungsbegriff 275, 83
– Dividendengarantien 275, 85
– Konsolidierung der Umsatzerlöse 305, 11
– Sonderausweis von Erträgen aus Gewinngemeinschaften und Gewinnabführungen 275, 83
– stille Beteiligungen 275, 86
– verbundene Unternehmen 275, 83
Erträge aus dem Eingang wertberichtigter Forderungen, außerordentliches Ergebnis 277, 44
Erträge und Aufwendungen aus Diskontierungen, Änderung des Diskontierungssatzes 277, 59
– Bruttomethode 277, 58
Ertrags- und Aufwandskonsolidierung, latente Steuern im Konzern 306, 26
Ertragsteuerspaltung, Anhangangaben 285, 32
Ertragswert, außerplanmäßige Abschreibungen 253, 108
Ertragswertentschädigung 250, 53
erwartete Transaktionen, Bewertungseinheiten 254, 9
Erwartungswert 249, 162
– Bewertung von Rückstellungen 253, 35
erweiterte Pflichten, kapitalmarktorientierte Kapitalgesellschaft 264d, 8
erweiterte Stichtagsinventur 241, 25
– Bestandsaufnahme 241, 6
Erweiterung, Herstellungskosten 255, 74

Erweiterung als Gebäudeherstellung, Alarmanlage 255, 112
– Aufstockung und Umbau 255, 111
– Außentreppe 255, 112
– Dach 255, 111
– Dachausbau 255, 111
– Dachgeschoss 255, 111
– Ersteinrichtung von WC oder Bad 255, 112
– Jalousien 255, 112
– Kachelofen 255, 112
– Kamin 255, 112
– Miethaus 255, 111
– Rollläden 255, 112
– Satteldach 255, 112
– Sonnenmarkise 255, 112
– Substanzvermehrung durch Natursteinplatten 255, 111
– Treppenhausauslagerung 255, 112
– Umgestaltung der Dachterrasse 255, 111
Erweiterung des Prüfungsauftrags, Prüfungsbericht 321, 80
Erwerb von Tochterunternehmen, Änderung des Konsolidierungskreises 294, 5
Erwerbsmethode, asset deal 301, 7
– Einzelerwerbsfiktion 301, 7
– Folgekonsolidierung 301, 106
– Minderheiten 301, 9
– reverse acquisition 301, 12
– share deal 301, 7
– umgekehrter Unternehmenserwerb 301, 12
– Umstrukturierungen 301, 12
Erzeugnisse, Bestandsveränderungen 277, 22
– unüblich hohe Abschreibungen auf Vermögensgegenstände des Umlaufvermögens 275, 51
– Zeitwertermittlung Erstkonsolidierung 301, 71, 133
Erzeugnisse und Waren, Zeitwertermittlung Erstkonsolidierung 301, 78
EU-/EWR-Staaten, Teilkonzernabschluss 291, 10
Euro, Jahresabschluss 244, 1
Eventualschulden, Haftungsverhältnisse 251, 2
– Verbindlichkeit 246, 54
– Verbindlichkeitsrückstellungen 249, 12
ewige Anleihen, Perpetuals 246, 65

expected cashflow approach, Zeitwertermittlung Erstkonsolidierung   301, 140
Explorationskonsortien, gemeinschaftliche Tätigkeiten   310, 4
externe Nebenkosten des Erwerbs, Anschaffungskosten   255, 21

F

Factoring   246, 201
– Anhangangaben   285, 10
Factoring – echtes vs. unechtes, Grenzverlauf   246, 204a
Fahrstuhlanlagen   246, 44
Fahrzeuge, Bilanzgliederung   266, 42
faktische Verpflichtungen   249, 162
– Abgrenzung zur Aufwandsrückstellung   249, 17
– fehlende Gläubigeridentifizierung   249, 13
– Kulanzweg   249, 14
– Sozialplan   249, 15
– veröffentlichte Selbstbindung   249, 16
faktische Wahlrechte, Einheitlichkeit der Bewertung im Konzern   308, 6
– Konzernabschluss   300, 16
faktischer Geschäftsführer, Buchführungspflicht   238, 3
faktisches Ansatzwahlrecht, aktive latente Steuern   274, 42
favorable contracts, Erstkonsolidierung   301, 62
Fehlanzeigen, Bilanzgliederung   266, 11
– Lagebericht   289, 12
Fehlbetragsangabe für Pensionsverpflichtungen, Übergangsvorschriften zum BilMoG   Art. 67 EGHGB, 8
fehlende Gläubigeridentifizierung, faktische Verpflichtungen   249, 13
– Kulanzweg   249, 14
– Sozialplan   249, 15
– veröffentlichte Selbstbindung   249, 16
fehlende Prüfungshandlungen, eingeschränkter Bestätigungsvermerk   322, 56
fehlende Rentabilität, Teilwert   253, 114
fehlender Aufsichtsrat, Prüfungsausschuss   324, 3

Fehler der Vorjahre, periodenfremde Erträge und Aufwendungen   277, 52
Fehler- und Entdeckungsrisiko, Prüfungsrisikomodell   317, 21
Fehlerfeststellung, Prüfstelle für Rechnungslegung   342b, 24
fehlerhafte Offenlegung, Bußgeldvorschriften   334, 9
Fehlerkorrekturen, Bilanzberichtigungen   252, 193
Fehlerrisiken, Ermittlung, internes Kontrollsystem   317, 27
– Unternehmensanalyse   317, 25
Fehlerveröffentlichung, Prüfstelle für Rechnungslegung   342b, 25
Fenster, wesentliche Verbesserung als Gebäudeherstellung   255, 115
Fenstervergrößerung, Erhaltungsaufwand   255, 110
Fernbuchführung   239, 6
Fertige Produkte, Bilanzgliederung   266, 61
Festbewertung, Abgang   240, 30
– Anhangangaben   284, 49
– Anwendungsbereiche   240, 32
– Bahnanlagen   240, 33
– Beleuchtungsanlagen   240, 33
– Bergbauanlagen   240, 33
– Bestandsaufnahme   240, 23
– Brennstoffe   240, 32, 33
– Buchungstechnik   240, 30
– Fette   240, 33
– Feuerlöschgeräte   240, 33
– Flaschen, Kästen etc.   240, 33
– Formen   240, 33
– Formen und Modelle   240, 32
– geringe Änderungen   240, 23
– Gerüst- und Schalmaterial   240, 32, 33
– Geschirr   240, 33
– Gleis- und Signalanlagen   240, 32
– Handels- und Steuerbilanz   240, 25
– Kleinmaterial   240, 32
– Laboratoriumseinrichtungen   240, 33
– Leuchtstoffröhren   240, 33
– Mess- und Prüfgeräte   240, 33
– Modelle   240, 33

- nachrangige Bedeutung   240, 23
- Rebstöcke   240, 33
- regelmäßiger Ersatz   240, 23
- Roh-, Hilfs- und Betriebsstoffe   240, 23
- Sachanlagevermögen   240, 23
- Schmieröle   240, 33
- Schrauben, Nägel etc.   240, 33
- Steinkohlebergbau   240, 33
- Tatbestandsmerkmale   240, 23
- Unwesentlichkeit   240, 24
- Vorratsvermögen   240, 31
- Werkzeuge   240, 33
- Werkzeuge, Mess- und Prüfgeräte   240, 32
- Zugang   240, 30

Festbewertungsmethode, Bewertungseinheiten   254, 47

Festkapital, Personenhandelsgesellschaft   246, 78, 101

Festkapitalkonten, Personenhandelsgesellschaft   246, 102

Festlegung der Prüfungshandlungen, Entdeckungsrisiko   317, 32

feststehender Gewinn, negativer Unterschiedsbetrag   309, 18

Feststellung, Unterzeichnung des Jahresabschlusses   245, 7

Feststellung der Jahresabschlüsse, KGaA   268, 52m
- Aufsichtsrat   268, 52i
- bei Personenhandelsgesellschaften   268, 52z; 246, 63; 264c, 29
- Fristenregelung   268, 52r
- GmbH-Gesellschafterversammlung   268, 52q
- Hauptversammlung   268, 52k
- nach PublG   268, 52y

Feststellung und Gewinnverwendung, Genossenschaften   336, 13

Feststellungsdatum, Unterzeichnung des Jahresabschlusses   245, 11

Festwerte, Anlagespiegel   268, 87

Fette, Festbewertung   240, 33

Feuerlöschgeräte, Festbewertung   240, 33

FiFo-Verfahren   256, 34
- Verbrauchsfolge   256, 17

fiktiver Steueraufwand, Kap. & Co.-Gesellschaften   264c, 49

Filme   247, 37

Filmkredit   246, 56

finance lease, Kapitalflussrechnung   297, 57, 85

Finanzanlagen, Anlage- oder Umlaufvermögen   247, 30a
- Bilanzgliederung   266, 45
- doppeltes Bilanzierungswahlrecht   253, 127
- Finanzrechtsprechung zur handelsrechtlichen Bilanzierung   253, 138
- Finanzrechtsprechung zur steuerlichen Bilanzierung   253, 132
- Lösungsvorschlag des IDW   253, 128
- Wertaufholung   253, 164

Finanzderivate, siehe derivative Finanzinstrumente   246, 207
- Kapitalflussrechnung   297, 21

Finanzdienstleistungen, Abschlussprüfer   319, 50

Finanzergebnis, Posten   275, 83

finanzielle Verpflichtungen, Konzernanhang   314, 6

Finanzierungsarten, Pensionsrückstellungen   253, 46

Finanzierungskosten, Anschaffungskosten   255, 72a
- Herstellungskosten   255, 92

Finanzierungsleasing, Anschaffungskosten   255, 19

Finanzierungszuschläge von Teilzahlungskunden   250, 52

Finanzinstrumente, Begriff   254, 18

Finanzprodukte   246, 32, 207

Finanzrechtsprechung zur handelsrechtlichen Bilanzierung, Finanzanlagen   253, 138

Finanzrechtsprechung zur steuerlichen Bilanzierung, Finanzanlagen   253, 132

Finanzvermögen, Zeitwertermittlung Erstkonsolidierung   301, 71

Finanzwerte, Realisationsprinzip   252, 155

firmenwertähnliche Wirtschaftsgüter, Kaufpreisaufteilung   255, 48

Flächenbeitrag, Grund und Boden   255, 103

Flachsilo, Bilanzgliederung   266, 36

Flaschen, Kästen etc., Festbewertung 240, 33
floored floating rate note 246, 218
Flugzeug, Komponentenabschreibung 253, 92b
Flugzeuge 246, 46
– Hinzufügung neuer Posten 265, 36
Folgebewertung, Währungsumrechnung 256a, 11
Folgekonsolidierung, Aufwendungen für Material 301, 106
– außerplanmäßige Abschreibung des goodwill 301, 106
– Erträge aus der Auflösung des negativen Unterschiedsbetrags 301, 106
– Erwerbsmethode 301, 106
– Minderheiten 307, 16
– planmäßige Abschreibungen 301, 106
Folgeprüfer, Berichterstattungspflicht 320, 23
Förderbänder, Bilanzgliederung 266, 36
Forderungen, Abschreibung bei Eigenkapitalersatz 253, 157
– Abschreibungen 253, 157
– dauernde Wertminderung 253, 157b
– dauernde Wertminderung im Körperschaftsteuerbereich 253, 157c
– Herstellungskosten, Anschaffungskosten 255, 125
– unüblich hohe Abschreibungen auf Vermögensgegenstände des Umlaufvermögens 275, 51
– wertbestimmende Faktoren 253, 157a
– Zeitwertermittlung Erstkonsolidierung 301, 71
– Zugangsbewertung 255, 125
– Zugangsbewertung bei Unverzinslichkeit 255, 125a
Forderungen gegen Organmitglieder, Genossenschaften 338, 5
Forderungen und sonstige Vermögensgegenstände, Bilanzgliederung 266, 67
Forderungen und Verbindlichkeiten, Währungsumrechnung 256a, 19
– Zeitwertermittlung Erstkonsolidierung 301, 77

Forderungen und Verbindlichkeiten gegenüber Gesellschaftern, Ausweistechnik 264c, 6
– Bilanzgliederung 266, 13
– Konzernabschluss 298, 8
Forderungen und Verbindlichkeiten gegenüber Gesellschaftern einer Kap. & Co.-Gesellschaft, Bilanzgliederung 266, 13
Forderungsausweis, Kap. & Co.-Gesellschaften 264c, 37
Forderungsübergang bei Inanspruchnahme durch Dritte 253, 42
Forderungsverzicht 246, 56, 62a
– (mit) Besserungszusage 246, 62c, 62g
– Besteuerung beim Schuldner 246, 62e
– Bilanzierung beim Gläubiger/Gesellschafter 246, 62i
– Bilanzierung beim Schuldner 246, 62d
– debt for equity swap 246, 62a
– Stichtag 252, 29
Forfaitierung, Leasing 246, 188
Formblattverordnung, mehrere Geschäftszweige 265, 52
Formblattverordnungen, geltende 330, 8
– Krankenhaus-Buchführungs-Verordnung 330, 8
– Kreditinstitute und Finanzdienstleistungsinstitute 330, 8
– Pensionsfonds 330, 8
– Pflegeeinrichtungen 330, 8
– Verkehrsunternehmen 330, 8
– Versicherungsunternehmen 330, 8
– Wohnungsunternehmen 330, 8
– Zahlungsinstitute 330, 8
formelle Anforderungen, Bilanzgliederung 266, 10
– Offenlegungspflichten 328, 4
Formen, Festbewertung 240, 33
Formen und Modelle, Festbewertung 240, 32
förmliche Wahlrechte, Anhangangaben 284, 40
förmliches Ansatzwahlrecht, aktive latente Steuern 274, 45
Formulierungsvorschlag, ergänzender Hinweis im Bestätigungsvermerk 322, 39
– uneingeschränkter Bestätigungsvermerk 322, 36

Formvorschriften, Konzernabschluss 298, 5
Formwechsel, Eröffnungsbilanz 242, 9
– latente Steuern 274, 23
Forschung und Entwicklung, Definition 255, 132
– Lagebericht 289, 64
– Unterscheidung 255, 140
Forschungs- und Entwicklungskosten, Herstellungskosten als Bewertungsgrundlage 255, 131
– Regelungsgehalt 255, 127
– sonstige betriebliche Aufwendungen 275, 78
– Umsatzkostenverfahren 275, 79
Forschungs- und Entwicklungstätigkeit, Anhangangaben 285, 147
Forschungskosten, Herstellungskosten 255, 90
Forschungspipeline, Erstkonsolidierung 301, 58
– Zeitwertermittlung Erstkonsolidierung 301, 139
Forschungsprojekt 246, 56
Forstrecht 246, 32
Fortbestehenshypothese, ökonomischer Gehalt 252, 16
– Rechtsfolge 252, 23
– Stichtagsprinzip 252, 22
Fortsetzungssammelwerk 246, 32
„fraud", internes Kontrollsystem 317, 30
free-cashflow, Kapitalflussrechnung 297, 10
freie Rücklagen, AG 268, 133
– GmbH 268, 133
– GmbH & Co. 268, 133
– Unternehmergesellschaft 268, 133
freiwillige Abschlussprüfung, Haftungsbegrenzung 323, 48
– Prüfungsbericht 321, 102
– Prüfungsinhalt 318, 29
freiwillige Abschlussprüfungen, Bestätigungsvermerk 322, 73 ff.
freiwillige Angaben, Jahresabschluss 264, 7
freiwillige Erweiterungen, Jahresabschluss 264, 6
freiwillige Wiedergaben, Offenlegungspflichten 328, 9
freiwilliger Anhang, Personenunternehmen 264, 8

fremdsprachige Fassungen, Bestätigungsvermerk 322, 95
Fremdwährung, Anschaffungskosten 255, 20
– Kapitalflussrechnung 297, 64
Fremdwährungsposten, Bewertungseinheiten 254, 45
Frist zur Offenlegung von Jahresabschluss und Lagebericht, kapitalmarktorientierte Kapitalgesellschaft 264d, 9
Fristenregelung, für die Feststellung des Jahresabschlusses 268, 52r
funding, Pensionsrückstellungen 253, 47
Fünfjahresgrenze, aktive latente Steuern 274, 36
Funktion der Abschlussprüfung, Standards des DRSC 252, 203
Funktionsanalyse, internes Kontrollsystem 317, 27
Fußballprofis, immaterielle Vermögensgegenstände 246, 17
Fußgängerzone, Grund und Boden 255, 103

G

Gabelstapler, Bilanzgliederung 266, 42
Garagenplatzablösebeitrag, Grund und Boden 255, 104
Garantie-(Gewährleistungs-)verpflichtungen, Kulanz, Einzelrückstellungen 249, 74
Garantiefonds, Beiträge 249, 162
Garantiefonds der Banken 249, 38
Garantieleistungen 249, 38
garantierte Leistung, Pensionsrückstellungen 253, 48
garantierter Betrag, Pensionsrückstellungen 253, 48
Garantierückstellungen, sonstige betriebliche Erträge 275, 20
Garantieverpflichtungen 249, 162
Gasbehälter, Bilanzgliederung 266, 41
Gasrückführungssystem bei Tankstellen 249, 38, 162
Gebäude, Grund und Boden 255, 107
– Komponentenabschreibung 253, 92b

Stichwörter **VERZEICHNIS**

Gebäude auf eigenem Grund, Bilanzgliederung 266, 26
Gebäude auf fremdem Grund, Bauten zu vorübergehendem Zweck 266, 27
– Bilanzgliederung 266, 26
Gebäudeabbruch, Kaufpreisaufteilung 255, 48
Gebäudeabbruch zur Neubauerstellung, Grund und Boden 255, 107
Gebühren, Anschaffungskosten 255, 27
Gebühren für betriebliche Nutzbarmachung, Grund und Boden 255, 105
Gebühren für die Kreditbearbeitung, Erträge aus anderen Wertpapieren und Ausleihungen des Finanzanlagevermögens 275, 91
Gebührenanteile für eine Bürgschaftsübernahme 250, 52
gegebene Sicherheiten für fremde Verbindlichkeiten, Haftungsverhältnisse 251, 35
gegenläufige put- und call-Optionen 246, 229
Gehaltsvorschüsse, Bilanzgliederung 266, 70
Geheimhaltungspflicht, siehe Verletzung der Geheimhaltungspflicht
Geldeingang auf garantierten Kredit 252, 81
Geldeingang auf wertberichtigte Kundenforderung 252, 81
– Stichtagsprinzip 252, 81
Gelegenheitsgeschäfte, Umsatzerlöse 277, 4
geleistete Anzahlungen, Bilanzgliederung 266, 22, 43
– Schuldenkonsolidierung 303, 9
geleistete Anzahlungen und Anlagen im Bau, Anlagespiegel 268, 89
geleistete und erhaltene Anzahlungen, Bilanzgliederung 266, 65
Gemeinkosten, Anschaffungskosten 255, 31
– Herstellungskosten 255, 85
Gemeinkosten auf angemessene Teile, Herstellungskosten 255, 86
gemeinschaftliche Führung, Gemeinschaftsunternehmen 310, 15
gemeinschaftliche Tätigkeiten, ARGE in Bauindustrie 310, 4
– Bau-ARGE 310, 4
– Explorationskonsortien 310, 4

– Wertpapieremissionskonsortien 310, 4
gemeinschaftliches Vermögen, Gemeinschaftsunternehmen 310, 13
Gemeinschaftsprüfung (joint audit), Bestätigungsvermerk 322, 94
– Prüfungsbericht 321, 114
Gemeinschaftsunternehmen, siehe quotale Konsolidierung
– Abgrenzung zu gemeinschaftlich geführtem Vermögen 310, 4
– equity-Konsolidierung 310, 39
– gemeinschaftliche Führung 310, 15
– gemeinschaftliches Vermögen 310, 13
– nicht unternehmerische Joint Ventures 310, 13
– Spezialfonds 310, 12
– Stimmrechtsmehrheit 310, 18
– Unternehmensbegriff 310, 8
– Wahlrecht 310, 40
gemischt genutzte Gebäude, Bilanzgliederung 266, 33
gemischt veranlasste Verbindlichkeiten, Schulden 246, 140
gemischte Wertpapierpension, wirtschaftliches Eigentum 246, 152
genehmigtes Kapital, Anhang 272, 5
Genehmigungsvorbehalte, Erstkonsolidierungszeitpunkt 301, 16
general standard, kapitalmarktorientierte Kapitalgesellschaft 264d, 2
Generalnorm 264, 15
– Abkopplungsthese 264, 16
– Divergenz von tatsächlicher und dargestellter Lage 264, 19
– dynamische Sicht 264, 24
– Erläuterungen im Anhang 264, 27
– Imparitäts- und Realisationsprinzip 264, 19
– Konzernabschluss 297, 112
– Prüfungsbericht 264, 25
– Sachverhaltsgestaltungen 264, 22
– statische Sicht 264, 24
– Wahlrechte 264, 20
Genossenschaften, Abschlussprüfung 336, 8
– Anhangangaben 338, 1
– Aufgliederung der Ergebnisrücklagen 337, 5

- Bestätigungsvermerk 336, 12
- Bezüge von Organmitgliedern 338, 5
- Einzahlungen auf Geschäftsanteile 337, 3
- einzureichende Unterlagen 339, 2
- Feststellung und Gewinnverwendung 336, 13
- Forderungen gegen Organmitglieder 338, 5
- Geschäftsguthaben 337, 1
- Konzernrechnungslegung 336, 7
- Mitgliederbewegung 338, 2
- Offenlegung 339, 1
- personenbezogene Angaben 338, 4
- Prüfungsverband 336, 10
- Rechnungslegungspflicht 336, 1
- Rücklagenbewegung 337, 6
- Veränderung der Geschäftsguthaben 338, 3
- Verweis auf allgemeine Vorschriften 336, 3
- Verzicht auf Anhangangaben 336, 4
- Vorschriften zur Bilanz 337, 1

Genossenschaftsanteile, Beteiligungsbegriff 271, 24

Genussrechte, Beteiligungsbegriff 271, 8
- Bilanzierung beim Schuldner 246, 66
- Eigen- oder Fremdkapital 246, 66
- Eigenkapital 246, 66
- Erträge aus anderen Wertpapieren und Ausleihungen des Finanzanlagevermögens 275, 89
- Verlustabschreibung 253, 140a
- Verlustzurechnung 253, 29b
- Wertminderung 253, 140a

Genussrechtskapital, beim Emittenten im Verlustfall 253, 29a
- Gewinnbezugsrecht 255, 124c
- Verlustdeckungsverpflichtung 255, 124d
- Zugangsbewertung 255, 124a

Genussscheine, Bilanzgliederung 266, 85

Genussscheinkapital, Bilanzgliederung 266, 50

geometrisch-degressive Abschreibungen, planmäßige Abschreibungen 253, 100

gerichtliche Bestellung, Abschlussprüfer 318, 37

Gerichtskosten, sonstige betriebliche Aufwendungen (Gesamtkostenverfahren) 275, 58

geringfügige Zugangswerte, Anlagespiegel 268, 85

geringwertige Anlagegüter, Abschreibungen 253, 104a
- Anhangangaben 284, 20
- Wesentlichkeit 252, 187

Gerüst- und Schalmaterial 247, 37
- Festbewertung 240, 32, 33

Gesamt- statt Einzelbewertung, außerplanmäßige Abschreibungen 253, 109

gesamthänderisch gebundene Rücklage, Personenhandelsgesellschaft 246, 105

Gesamtkostenverfahren, aktivierte Zinsen 275, 15; 277, 28
- Bestandsveränderungen 277, 22
- Darstellungsstetigkeit 265, 15
- Konsolidierung der Umsatzerlöse 305, 5
- nature of expense-Methode 275, 8

Gesamtrentabilität, außerplanmäßige Abschreibungen 253, 110

Gesamtschuld, Zurechnung bei mehreren Schuldnern 246, 278

Gesamtschulden, Haftungsverhältnisse 251, 23

Geschäfte mit nahestehenden Personen, Anhangangaben 285, 136
- Befreiung bei 100 %igem Beteiligungsbesitz 285, 144
- Begriff des Nahestehens 285, 137
- beschränkte Angabepflicht 285, 139
- Beurteilung der Marktüblichkeit 285, 141, 141a
- Beziehungen in der Seitenlinie 285, 137b
- Beziehungen in gerader Linie 285, 137a
- freiwillige Berichterstattung 285, 142
- GmbH & Co. KG 285, 137d
- Großlieferanten 285, 137g
- Hausbanken 285, 137g
- nahe Familienmitglieder 285, 137e
- Verhältnis zu anderen Angabepflichten 285, 146a
- zeitliche Aspekte, insbesondere bei Dauerschuldverhältnissen 285, 141a

Geschäfte mit nahestehenden Personen und Unternehmen, Konzernanhang 314, 14

Geschäfts- oder Firmenwert, siehe goodwill 246, 279
– Anhangangaben   285, 97
– Anschaffungskosten   255, 126
– Bilanzgliederung   266, 21
– bilanzrechtlicher Charakter   246, 279
– Erwerb eines start up-Unternehmens   246, 281a
– Erwerb von Teilen des wesentlichen Vermögens   246, 281a
– Filialunternehmen   246, 281d
– Teilbetrieb   246, 281d
– Teilerwerb   246, 281d
– Unternehmensqualität einer erworbenen Sachgesamtheit   246, 281a
– Wertaufholung   253, 167
– Zuschreibungsverbot   253, 167
Geschäfts- und Betriebsgeheimnisse, Verschwiegenheit des Abschlussprüfers 323, 26
Geschäfts- und Finanzpolitik, maßgeblicher Einfluss   311, 8
Geschäftsbeziehung   246, 32
Geschäftsführung, Organbezüge   285, 39
Geschäftsführung (Ordnungsmäßigkeit), Objekt der Abschlussprüfung   317, 8
Geschäftsguthaben, Genossenschaften   337, 1
Geschäftsjahr, Dauer   240, 22
– Höchstgrenze IFRS   240, 22
– Monatsende   240, 22
– Rumpfjahr   240, 22
– Zustimmung des Finanzamts   240, 22
Geschäftsverlegung   249, 162
Geschäftswert, Kaufpreisaufteilung   255, 48
geschäftswertbildende Faktoren, goodwill 301, 46
Geschirr, Festbewertung   240, 33
Geschmacks- und Gebrauchsmuster   246, 32
– Bilanzgliederung   266, 20
Gesellschaft in Abwicklung, Prüfungspflicht 316, 3
Gesellschafterdarlehen, Abgrenzung bei Personenhandelsgesellschaften   246, 78

Gesellschafterfinanzierung, Anhang   246, 61
– Besserungszusage   246, 61
– kapitalersetzende Darlehen   246, 58
– Rangrücktritt   246, 60
– Sonderposten zwischen Eigen- und Fremdkapital   246, 59
Gesellschafter-Geschäftsführer, Arbeitnehmerzahl   267, 8
Gesellschaftervermögen, Kap. & Co.-Gesellschaften   264c, 44
Gesellschafterversammlung, Gewinnverwendungsvorschlag   268, 20
Gesellschafterwechsel bei Personenhandelsgesellschaften, latente Steuern   274, 20
gesellschaftsrechtliche Einbringungsvorgänge, Anschaffungskosten   255, 53
gesetzliche Ausnahme, Verschwiegenheit des Abschlussprüfers   323, 22
gesetzliche Erleichterungen, Anhangangaben 284, 39
gesetzliche Rücklage, Bemessungsgrundlage der Zuführung   272, 57
– Bilanzgliederung   266, 13
– Konzernabschluss   298, 8
– Verwendungsbeschränkungen   272, 58
gesetzliche Schuldverhältnisse, Verbindlichkeitsrückstellungen   249, 10
gesetzliche Vertreter, Personenhandelsgesellschaften und persönliche Haftung   264a, 11
Gestionsgebühren, Holdinggesellschaften 277, 4
– Umsatzerlöse   277, 4
gesunkene Wiederbeschaffungskosten, Teilwert   253, 114
getrennte Bilanzierung, Betriebsaufspaltung 246, 301
Gewährleistungsrückstellungen, Berechnungstool   253, 81d
– Bewertung   253, 81d
Gewährleistungsverpflichtungen   249, 162
Gewährleistungsverträge, Haftungsverhältnisse   251, 31

Gewährung von Rückdeckungsansprüchen, Stichtag 252, 29
Gewerbeertragsteuer, Steuern vom Einkommen und vom Ertrag 275, 113
gewerbliche Schutzrechte, Bilanzgliederung 266, 20
gewerblicher Grundstückshandel 247, 37
gewichtete Wahrscheinlichkeitsrechnung, Rückstellungen 249, 44
gewillkürtes Betriebsvermögen 246, 142g
– Beispiel aus BFH-Rechtsprechung 246, 142g
– Bürgschaft 246, 142h
– Darlehensgewährung bei späterem Ausfall 246, 142g
– Devisentermingeschäfte 246, 142g
– Einzelkaufmann 246, 132
– Gemäldesammlung 246, 142h
– GmbH-Anteil 246, 142h
– Mietwohngrundstück 246, 142g
– Unfallversicherung 246, 142g
– verlustträchtige Wertpapiere, Optionen 246, 142h
– Verpfändung einer privaten Forderung für betriebliche Zwecke 246, 142g
– Vorratsgelände 246, 142g
– wertlose Darlehensforderung 246, 142h
gewillkürtes Sonderbetriebsvermögen, Personenhandelsgesellschaft 246, 143
gewinn- oder umsatzabhängige Gegenleistung, Anschaffungskosten 255, 59
Gewinn- und Verlustrechnung, Definition 242, 13
Gewinnabführungssperre 268, 137
Gewinnabführungsvertrag, Abführungsverpflichtung 277, 35
– abgeführte Gewinne 277, 32
– Aufwandsrealisation 277, 38
– Ausgleichszahlungen an Minderheitsgesellschafter 277, 37
– Dividendengarantie 277, 37
– empfangene Gewinne 277, 32
– Ertragsrealisation 277, 38
– Verlustausgleich 277, 35

Gewinnbezugsrecht, Erstkonsolidierungszeitpunkt 301, 16
– Genussrechtskapital 255, 124c
– Personenhandelsgesellschaften 255, 123
Gewinnbezugsrechte, stille Beteiligung 255, 124b
Gewinnchance, Bilanzgliederung 266, 20
Gewinnentnahmerechte als Fremdkapital, Personenhandelsgesellschaft 246, 106
Gewinnermittlung, Mitunternehmerschaft 246, 331
Gewinnerwartungen, goodwill 301, 46
Gewinngemeinschaft 277, 32
– Bau-ARGE 310, 6
– Wertpapieremissionskonsortium 310, 6
Gewinnrücklagen, Auflösung 270, 9
– Einstellung 270, 7
– Inhalt und Ausweis 272, 53
– Kapitalrücklage 270, 6
Gewinnschuldverschreibungen, Bilanzgliederung 266, 85
Gewinnvereinnahmung von Personengesellschaften, Wertaufhellung 252, 77
Gewinnverteilung, Ergebnisverwendung 268, 10
Gewinnverwendung, Hauptversammlung 268, 52n
Gewinnverwendung nach Aktienrecht 268, 13a
– Hauptversammlungskompetenz 268, 13e
Gewinnverwendungsbeschluss, Personenhandelsgesellschaft 246, 107
Gewinnverwendungsbeschluss nach dem Bilanzstichtag 252, 81
Gewinnverwendungsrechnung, Konzernabschluss 298, 8
– vereinfachte Kapitalherabsetzung 272, 19
Gewinnverwendungsvorschlag, Gesellschafterversammlung 268, 20
Gewinnvortrag, Bilanzgewinn/-verlust 275, 123
Gewissenhaftigkeit, Abschlussprüfer 323, 10
gewöhnliche Geschäftstätigkeit, Umsatzerlöse 277, 1
gezahltes Urlaubsentgelt bei abweichendem Wirtschaftsjahr 250, 50

gezeichnetes Kapital, bedingtes Kapital   272, 4
– Eigenkapitalspiegel   297, 100
– Grundkapital der AG   272, 3
– Mehrstimmrechtsaktien   272, 4
– Nennbetrag des Stamm- bzw. Grundkapitals   272, 3
– Stammkapital der GmbH   272, 3
– stimmrechtslose Vorzugsaktien   272, 4
Gläubigerschutzaspekt, Ausschüttungssperre   268, 124
gleichartige Vermögensgegenstände, Verbrauchsfolge   256, 11
Gleichordnungskonzern, Konzernabschluss   301, 119d
Gleis- und Signalanlagen, Festbewertung   240, 32
Gleitzeitguthaben   249, 162, 38
– Berechnungsschema   253, 81b
Gliederung, siehe Darstellungsstetigkeit
– Bilanz   247, 6
Gliederung der Bilanz, siehe Bilanzgliederung
Gliederung von Bilanz- oder GuV, Änderung   265, 37
Gliederungsschema, Individualisierung   265, 1
Gliederungsstruktur, Bestätigungsvermerk   322, 14
– Prüfungsbericht   321, 5
Gliederungstiefe, Bilanz   247, 8
Gliederungsvorgaben, GuV   275, 1
Gliederungsvorschriften, Konzernabschluss   298, 5
Gliederungsvorschriften für große Kapitalgesellschaften, kapitalmarktorientierte Kapitalgesellschaft   264d, 9
GmbH, Aufsichtsratskompetenz   268, 52p
GmbH & Co. KG, Anhangangaben   285, 104
– Geschäfte mit nahestehenden Personen   285, 137d
GmbH-Anteile, Bilanzgliederung   266, 48
GmbH-Gesellschafterversammlung, Ergebnisverwendung   268, 52u
– Feststellung des Jahresabschlusses   268, 52q
– Rücklagendotierung   268, 52v

GoB, Abweichungsmöglichkeiten in Ausnahmefällen   252, 181
– Deduktion   243, 10
– deutsche Rechnungslegungsstandards   243, 13
– Ermittlung   252, 5
– Ermittlungsmethoden und -quellen   243, 9
– geschriebene und ungeschriebene Grundsätze   243, 8
– Grundsatz   243, 4
– Hierarchie   243, 5
– Hierarchie und Systematik   252, 4
– induktive Methode   243, 9
– Kasuistik   243, 8
– matching principle   243, 16
– offene Auslegungshilfe   243, 15
– Rechnungslegungsstandards des DRSC   342, 11
– Regelungsinhalt und Ausnahmen   252, 1
GoB-Verweis, Rechtsnatur   243, 2
GoB-widrige steuerliche Wahlrechte, Maßgeblichkeit   252, 209
going concern-Prämisse, siehe Fortbestehenshypothese
goodwill, Abgrenzung vom immateriellen Anlagevermögen   301, 45
– Abschreibung nach Komponenten   309, 7
– Abschreibungsbeginn   309, 6
– Abschreibungsmethode   309, 8
– Anhang   301, 105
– Aufwärtskonsolidierung   301, 108
– außerplanmäßige Abschreibung   309, 9
– eingeführte Organisation   301, 46
– Entkonsolidierung   301, 113; 309, 13
– equity-Methode   312, 19
– geschäftswertbildende Faktoren   301, 46
– Gewinnerwartungen   301, 46
– Konzernerweiterung nach oben   301, 95, 97
– Konzernerweiterung nach unten   301, 95, 96
– Lagevorteile   301, 46
– latente Steuern im Konzern   306, 11
– mehrstufiger Konzern   301, 93
– Minderheiten   307, 17
– Nutzungsdauer   309, 7
– planmäßige Abschreibung   309, 5

- Ruf eines Unternehmens   301, 46
- verkehrsfähige Vorteile   301, 46
- Zuschreibung   309, 12

Gratifikationen   249, 162
- an Arbeitnehmer   249, 38

Gratifikationen, Boni, Tantiemen, Rückstellungen bei Arbeitsverhältnissen   249, 91

greenfield approaches, Zeitwertermittlung Erstkonsolidierung   301, 142, 80

Grenzen, Systemprüfung   317, 32

große Kapitalgesellschaft, Schwellenwerte   267, 12

größenabhängige Befreiung, Konzernabschlusspflicht   293, 1

größenabhängige Befreiung von der Konzernabschlusspflicht, kapitalmarktorientierte Kapitalgesellschaft   264d, 9

größenabhängige Erleichterungen, andere Einblicksrechte   274a, 7
- Anhangangaben   288, 1
- Aufstellung eines Anlagespiegels   274a, 2
- Ausweis Disagio   274a, 5
- Erläuterung bestimmter Forderungen   274a, 3
- Erläuterung bestimmter Verbindlichkeiten   274a, 4
- latente Steuern   274a, 6
- Offenlegungspflichten   326, 2
- Verzicht auf Anhangangaben   276, 5
- Zusammenfassung zum Rohergebnis   276, 1

Größenklassen, siehe Größenmerkmale
- formwechselnde Umwandlung   267, 17
- Informationsrechte der Arbeitnehmer   267, 21
- Neugründungsfälle außerhalb des Umwandlungsrechts   267, 18a
- Rechtsfolgen   267, 1
- Schwellenwerte   267, 12
- Umwandlung zur Aufnahme   267, 18b
- Umwandlung zur Neugründung   267, 18a

Größenmerkmale, siehe Arbeitnehmerzahl
- Arbeitnehmerzahl   267, 5
- Bilanzsumme   267, 2
- BilMoG   267, 20
- formwechselnde Umwandlung   267, 17
- kapitalmarktorientierte Unternehmen   267, 19

- Konzernabschlusspflicht   293, 2
- Neugründung   267, 16
- Neugründungsfälle außerhalb des Umwandlungsrechts   267, 18a
- Rumpfgeschäftsjahr   267, 9
- Umsatzerlöse   267, 4
- Umwandlung einer Personengesellschaft in eine Kapitalgesellschaft   267, 17
- Umwandlung zur Aufnahme   267, 18b
- Umwandlung zur Neugründung   267, 18a

Größenmerkmale Konzern, Änderungen des Konsolidierungskreises   293, 9
- Arbeitnehmerzahl   293, 9, 15
- Bilanzsumme   293, 9, 12
- Bruttomethode   293, 5
- einmaliges Unter-/Überschreiten   293, 17
- erstmalige Konzernbildung   293, 19
- formwechselnde Umwandlung   293, 20
- Nettomethode   293, 5
- Neugründung   293, 19
- potenzieller Konsolidierungskreis   293, 8
- Umsatz   293, 9
- Umsatzerlöse   293, 13
- Umwandlung einer Personengesellschaft   293, 20
- zeitliche Anforderungen an die Über-/Unterschreitung der Schwellenwerte   293, 17

Großlieferanten, Geschäfte mit nahestehenden Personen   285, 137g

Großreparaturen, Anhangangaben   285, 22

Grund und Boden, Anliegerbeitrag   255, 105
- Anschluss an Versorgungsnetze   255, 103
- Ansiedlungsbeiträge   255, 104
- Beiträge zur Energie- und Wasserversorgung   255, 103
- Besichtigungskosten   255, 99
- Erbbauberechtigter   255, 103
- Erschließungsbeiträge   255, 101
- Erschließungskosten einer Privatstraße   255, 103
- Flächenbeitrag   255, 103
- Fußgängerzone   255, 103
- Garagenplatzablösebeitrag   255, 104
- Gebäude   255, 107

Stichwörter **VERZEICHNIS**

- Gebäudeabbruch zur Neubauerstellung 255, 107
- Gebühren für betriebliche Nutzbarmachung 255, 105
- Grunderwerbsteuer 255, 99
- Hausanschlusskosten 255, 104
- Herstellungskosten von Gebäuden 255, 104
- Kanalbaubeitrag 255, 103
- Kinderspielplatz 255, 104
- kontaminiert 253, 114; 249, 58
- Landgewinnung 255, 106
- Maklergebühren 255, 99
- Nachfolgelastenbeiträge 255, 104
- nachträgliche Anschaffungskosten 255, 101
- Notar- und Grundbuchgebühren 255, 99
- Rekultivierung 255, 106
- Sielanschlusskosten 255, 104
- Straßenerstanlage 255, 103
- Wasserver- und -entsorgung 255, 103
- Wertaufholung 253, 163
- Zuschüsse für Baukosten an Versorgungsunternehmen 255, 103
- Zuschüsse zur Umgehungsstraße 255, 105
- Zweiterschließung 255, 103

Grunddienstbarkeiten 250, 52
- Bilanzgliederung 266, 25

Grunderwerbsteuer, Grund und Boden 255, 99
- Zwischenergebniseliminierung 304, 8

Grundgeschäfte, Bewertungseinheiten 254, 9

Grundgliederung, Kap. & Co.-Gesellschaften 264c, 18

Grundkapital der AG, gezeichnetes Kapital 272, 3

Grundsätze ordnungsmäßiger Abschlussprüfung, Prüfungselement 317, 13 ff.

Grundsätze ordnungsmäßiger Inventur, Einzelerfassung 240, 17
- Nachprüfbarkeit 240, 17
- Richtigkeit 240, 17
- Vollständigkeit 240, 17

Grundstücke, Betriebsvermögenseigenschaft 246, 136
- Bilanzgliederung 266, 24

Grundstücke und Gebäude, Zeitwertermittlung Erstkonsolidierung 301, 71

Grundstückserwerb mit Gebäude, Kaufpreisaufteilung 255, 48

grundstücksgleiche Rechte, Bilanzgliederung 266, 25

Gründungskosten, Aktivierungsverbote 248, 2
- sonstige betriebliche Aufwendungen (Gesamtkostenverfahren) 275, 58

Gruppenbewertung, andere Vermögensgegenstände und Schulden 240, 34
- gewogener Durchschnittswert 240, 34
- tatbestandliche Voraussetzungen 240, 34
- Vorratsvermögen 240, 34

Gruppenbewertungen, Anhangangaben 284, 49

Gruppenbildung, Altglas 256, 14
- Altholz 256, 14
- Altkunststoff 256, 14
- Altpapier 256, 14
- Aluminium-Schrotte 256, 14
- Bleischrotte 256, 14
- Eisen-Schrotte 256, 14
- Kupferschrotte 256, 14
- legierte Stahl-Schrotte 256, 14
- Messingschrotte 256, 14
- Schaumwein 256, 14
- Spätlese 256, 14
- Tafelwein 256, 14
- Verbrauchsfolge 256, 11
- Zigarettenindustrie 256, 14
- Zink- und Zinn-Schrotte 256, 14

günstige Marktverhältnisse, Nutzungsrechte 246, 27

günstiger Kauf, negativer Unterschiedsbetrag 301, 101; 309, 14

Güterfernverkehrsgenehmigung 246, 32
- Bilanzgliederung 266, 20

GuV, Abschreibungen 275, 71
- allgemeine Verwaltungskosten 275, 49
- außerplanmäßige Abschreibungen 275, 9
- Darstellungsstetigkeit 275, 5
- Dienstleistungsunternehmen 275, 7
- EBITDA 275, 1
- Gliederungsvorgaben 275, 5
- Handelsunternehmen 275, 5

- Holdinggesellschaften 265, 31
- Individualisierung der gesetzlichen Gliederungsschemata 275, 4
- Individualisierung der Gliederung 275, 2
- Saldierungsverbot
- Vertriebskosten 275, 69
- Vorjahresbeträge 265, 19
- Währungserfolge 277, 61
- Zusammenfassung von Posten 275, 6
- Zwischensummen 275, 7

GuV-Gliederung, Davon-Vermerk für verbundene Unternehmen 271, 2
- Erträge aus Beteiligungen 271, 2

H

Haft- und Pflichteinlage, Kommanditgesellschaft 246, 94
Haftung, Abschlussprüfer 323, 31
Haftung gegenüber Dritten, Abschlussprüfer 323, 39
Haftungsbegrenzung, Abschlussprüfer 323, 44
- freiwillige Abschlussprüfung 323, 48

Haftungstatbestand, Personenhandelsgesellschaften und persönliche Haftung 264a, 6

Haftungsverhältnisse, Angabe unter der Bilanz 251, 1
- Anhangangaben 251, 7; 285, 15, 160
- Anhangerläuterungen 251, 38
- Aufgliederung 251, 13; 268, 118
- Ausweis 251, 13
- Begriffsinhalt 251, 8
- beschränkte Angabepflicht 251, 9
- Bewertung 251, 17
- Bilanzstichtag 251, 11
- Bürgschaften 251, 22
- Darstellungsform 268, 123
- doppelte oder mehrfache Haftung 251, 12
- einseitig verpflichtend 251, 6
- enumerative Darstellung 251, 9
- Erfüllungsübernahme 251, 23
- Eventualschulden 251, 2
- gegebene Sicherheiten für fremde Verbindlichkeiten 251, 35

- generelle bilanzielle Behandlung 251, 4
- Gesamtschulden 251, 23
- Gewährleistungsverträge 251, 31
- Inhalt der Angabepflicht 268, 118
- Konzernanhang 314, 15
- Patronatserklärungen 251, 18, 26
- Rückgriffsforderungen 251, 37
- Schuldmitübernahme 251, 23
- Wechselobligo 251, 21
- wechselseitig verpflichtend 251, 6

Haftungsverhältnisse für Drittschulden 249, 162

Handelsbestand bei Banken, Zeitwert 255, 146
Handelsbriefe, Aufbewahrungspflicht 238, 14
- Einsichtnahme durch Gericht und Parteien 259, 3
- lebende Sprache 239, 2
- Vorlegung bei Auseinandersetzungen 260, 1
- Vorlegung im Rechtsstreit 258, 1; 259, 1

Handelsmarken, Erstkonsolidierung 301, 50
Handelsregister, Kapitalerhöhung 272, 6
- Kapitalerhöhung durch Bar- oder Sacheinlage 272, 9
- Kapitalherabsetzung 272, 6

Handelsunternehmen, GuV 275, 5
- Umsatzkosten 275, 60

Handelsvertreter, Ablösung des Ausgleichsanspruchs 246, 32
- Ausgleichsanspruch 249, 162
- Löhne und Gehälter 275, 32

Hauptversammlung, Änderungsfeststellung 268, 52m
- Feststellung des Jahresabschlusses 268, 52k
- Gewinnverwendung 268, 52n

Hauptversammlungskompetenz, Gewinnverwendung nach Aktienrecht 268, 13e

Hauptversammlungskosten 249, 162
- sonstige betriebliche Aufwendungen (Gesamtkostenverfahren) 275, 58

Hausanschlusskosten, Grund und Boden 255, 104

Hausbanken, Geschäfte mit nahestehenden Personen 285, 137g

hedge accounting, siehe Bewertungseinheiten

hedge accounting auf Konzernebene, Bewertungseinheiten 254, 21
Heimfall, Erbbaurechtsvertrag 246, 7
Heirats- und Geburtsbeihilfen, Löhne und Gehälter 275, 35
Heizung, wesentliche Verbesserung als Gebäudeherstellung 255, 115
Heizungsanlagen, Bilanzgliederung 266, 32
Hennen 247, 37
hergestellte Immaterialgüter des Anlagevermögens, Ansatzwahlrecht 248, 9
Herstellerleasing, Umsatzerlöse 277, 4
Herstellung der Betriebsbereitschaft, Anschaffungskosten 255, 28
Herstellungskosten, aktivierungspflichtige Gemeinkostenbestandteile 255, 86
– Anwendungsbereiche 255, 81
– Ausfallrisikoversicherungen 255, 91
– Ausgangsfrachten 255, 91
– Ausstellungen und Messen 255, 91
– Einbeziehungsverbote 255, 90, 96
– Einbeziehungswahlrechte 255, 87
– Entsorgungsverpflichtung 243, 17
– Erweiterung 255, 74
– Finanzierungskosten 255, 92
– Forschungskosten 255, 90
– Gemeinkosten 255, 85
– Gemeinkosten auf angemessene Teile 255, 86
– Herstellungszeitraum 255, 77
– kalkulatorische Zinsen, Unternehmerlöhne 255, 82
– Komponentenansatz 255, 117a
– Kostenrechnung 255, 83
– Kostenrechnungsmodell 255, 84
– langfristige Fertigung 255, 91
– Lizenzgebühren 255, 91
– Marktstudien 255, 91
– Neuerstellung 255, 74
– nützliche Angaben 255, 91
– Pflichtbestandteile 255, 82
– Pflichtbestandteile der Bewertung 255, 96
– Reisekosten des Vertriebsapparats 255, 91
– Reklamefeldzüge 255, 91
– Sondereinzelkosten der Fertigung 255, 91
– Sondereinzelkosten des Vertriebs 255, 91
– Sonderposten im Personalbereich 255, 88
– Tagungen und Schulungen 255, 91
– Unterscheidung zwischen Anschaffung und Herstellung 255, 75
– Verkaufsprovisionen 255, 91
– Verpackungen 255, 91
– Vertriebskosten 255, 90
– Verwaltungskosten 255, 87
– Wahlrechte der Einbeziehung 255, 96
– Werbung 255, 91
– wesentliche Verbesserung 255, 74
Herstellungskosten der zur Erzielung der Umsatzerlöse erbrachten Leistungen, siehe Umsatzkosten
Herstellungskosten von Gebäuden, Grund und Boden 255, 104
Herstellungskostenbegriff der GuV im Vergleich zu dem der Bilanz, Umsatzkosten 275, 62
Herstellungsvorgänge, Abgrenzung zur Anschaffung 255, 73
– Anwendungsbereiche 255, 73
– Definition 255, 73
Herstellungszeitraum, Herstellungskosten 255, 77
Hilfs- und Betriebsstoffe, Bilanzgliederung 266, 55
Hilfsbetriebe, sonstige betriebliche Erträge 275, 17
Hinterbliebene, Aufwendungen für Unterstützung 275, 48
– Organbezüge 285, 47
Hinweis auf Konzernabschlüsse vom Mutterunternehmen, Anhangangabe 285, 99
Hinzuerwerb von Anteilen, siehe Aufstockung einer Mehrheitsbeteiligung, siehe Aufwärtskonsolidierung
Hinzufügung neuer Posten, Flugzeuge 265, 36
– Schiffe 265, 36
– Tankstellenanlagen 265, 36
historische Dollar-Offset-Methode, Bewertungseinheiten 254, 37
Hofbefestigung, Bilanzgliederung 266, 36

Holdinggesellschaften, Gestionsgebühren 277, 4
– GuV   275, 5
– Umsatzerlöse   277, 4
Honorare für den Abschlussprüfer, Anhangangaben   285, 106
Hörgeräteakustiker, Nachbetreuungsleistungen   249, 38
Hubschrauber   249, 38
– Inspektionskosten   249, 162
hybride Finanzierungen   246, 65
– Eigenkapital   246, 65
Hyperinflation, Anpassung der GuV   308a, 53
– Anpassung nicht monetärer Bilanzposten   308a, 52
– Anpassung Vorjahreszahlen   308a, 55
– Anwendungsbeispiel   308a, 57
– Aufstellung des Abschlusses in einer Hartwährung   308a, 48
– Auswahl eines Preisindexes   308a, 51
– Ermittlung Schuldnergewinn/Gläubigerverlust   308a, 54
– Indexierung der nicht monetären Posten   308a, 48
– Indikatoren   308a, 50
– Umrechnung in Berichtswährung   308a, 56
Hyperlizenzen, Zeitwertermittlung Erstkonsolidierung   301, 80, 142
hypothetische Derivate-Methode, Bewertungseinheiten   254, 52, 56

I

IFRS-Einzelabschluss, Befreiungswirkung   325, 24
– Einreichungspflichten   325, 22
IFRS-Höchstgrenze, Geschäftsjahr   240, 22
IFRS-Konzernabschluss, befreiender   315a, 1
– kapitalmarktorientierte Kapitalgesellschaft   264d, 14
immaterielle Anlagegüter, Anlagespiegel   268, 90
– Ansatzwahlrecht   246, 3
– Anschaffungsvorgänge   255, 12
– Bilanzgliederung   266, 19

immaterielle Sachanlagegegenstände, planmäßige Abschreibungen   253, 101
immaterielle Vermögensgegenstände, ABC   246, 32
– Abgrenzung HGB/IFRS   246, 17
– Belieferung von Abonnentenverträgen   246, 21
– Belieferung von Gemeinden mit Gas und Strom   246, 21
– Belieferung von Lese- und Schallplattenringen   246, 21
– Belieferung von Lesezirkel durch Verlag   246, 21
– Belieferungsrechte   246, 21
– EDV-Programme   246, 19
– Einzelverwertbarkeit   246, 12
– Entstehungsprozess   246, 18
– Entwicklungskosten   246, 17
– ERP-Software   246, 20
– Fußballprofis   246, 17
– Nutzungsrechte   246, 24
– Schuldendeckungspotenzial   246, 12, 14
– selbständige Bewertbarkeit   246, 16
– Wahlrecht   246, 12
– Zeitwertermittlung Erstkonsolidierung   301, 71, 80
– Zuschüsse   246, 21, 23
– Zuschüsse an Elektrizitätswerk zum Bau einer Transformatorenstation   246, 23
– Zuschüsse an Gemeinde zur Schaffung einer besseren Straßenverbindung   246, 23
– Zuschüsse an Gemeinden oder Versorger   246, 23
immaterielle Vermögensgegenstände des Anlagevermögens, Bestandsaufnahme   240, 7
immaterielle Wirtschaftsgüter, Kaufpreisaufteilung   255, 48
– konkrete Ansatzkriterien   246, 16
– selbständige Bewertbarkeit   246, 16
immaterielles Anlagevermögen, Abgrenzung vom goodwill   301, 45
– Erstkonsolidierung   301, 50
Immobilienleasing   246, 183
Imparitäts- und Realisationsprinzip, Generalnorm   264, 19

Imparitätsprinzip **252**, 82
– Bewertungseinheiten **254**, 1, 45
in process research and development, Erstkonsolidierung **301**, 58
– Zeitwertermittlung Erstkonsolidierung **301**, 139
Inaugenscheinnahme, Einzelfallprüfungen **317**, 33, 34
income approach, Zeitwertermittlung Erstkonsolidierung **301**, 76
incremental cashflow method, Zeitwertermittlung Erstkonsolidierung **301**, 128
Indexanleihe mit variabler Rückzahlung **246**, 218
Indexierung, Verbindlichkeiten **253**, 29
indirekte Beteiligungen, Mutter-Tochter-Verhältnis **290**, 63
indirekte Bruttomethode, Anlagespiegel **268**, 55
Individualsoftware, Anschaffungskosten **255**, 29
Informationsrechte der Arbeitnehmer, Größenklassen **267**, 21
Inhalt des Kapitalanteils, Personenhandelsgesellschaft **246**, 86
Inhaltsübersicht, Prüfungsbericht **321**, 1
Inkassozession **246**, 201
inside basis differences, latente Steuern **274**, 65
Insolvenzfall, Bestätigungsvermerk **322**, 97
insolvenzfeste Deckung von Altersversorgungsverpflichtungen, siehe Planvermögen
– Versorgungs- vs. Zinsaufwand **275**, 45
Insolvenzverwalter, Buchführungspflicht **238**, 3
– Ordnungsgeldverfahren wegen nicht fristgerechter Offenlegung **335**, 10
Inspektionsverpflichtungen **249**, 162
Instandhaltung **249**, 162
Instandhaltung als Kostenbestandteil des Mietzinses **250**, 53

Instandhaltungsaufwendungen eines Wartungsunternehmens **250**, 53
Interessenzusammenführungsmethode, pooling of interests **301**, 11
– Vergleich zur acquisition method der internationalen Rechnungslegung **301**, 12
internationale Prüfungsstandards **317**, 76
internationale Rechnungslegung, Bestätigungsvermerk **322**, 71
– Prüfungsbericht **321**, 109
internationale Rechungslegungsstandards, siehe IFRS; siehe Konzernabschluss nach IFRS
interne Nebenkosten des Erwerbs, Anschaffungskosten **255**, 28
interne Sicherungsgeschäfte, Bewertungseinheiten **254**, 21
internes Kontrollsystem, „fraud" **317**, 30
– Fehlerrisiken, Ermittlung **317**, 27
– Funktionsanalyse **317**, 27
interperiodische Vergleichbarkeit, Darstellungsstetigkeit **265**, 1
– Vorjahr **265**, 1
Inventar, Inhalt **240**, 2
– Vorstufe der Bilanzierung **240**, 2
Inventarerstellung, Inventur **240**, 2
Inventarisierung, Zeitdimension **240**, 21
Inventur, Inventarerstellung **240**, 2
– Zweck **240**, 4
Inventurdifferenzen, außerordentliches Ergebnis **277**, 44
Inventurvereinfachungsverfahren, Anwendungsbereich **241**, 1
– IT-gestützte Bestandsführung **241**, 3
Investitionszulagen **255**, 39
– Maßgeblichkeit **252**, 214
Investitionszuschüsse **255**, 39
– Maßgeblichkeit **252**, 214
Investmentanteile, Anhangangaben **285**, 157
– Besteuerung **246**, 225
– Transparenzprinzip **246**, 225
Investmentfonds, siehe Spezialfonds
IT-System, Bestandsaufnahme **240**, 19

J

Jahresabschluss 249, 162
- Aufstellungsfrist 243, 22
- Definition 242, 14
- deutsche Sprache 244, 1
- Euro 244, 1
- freiwillige Angaben 264, 7
- Kapitalflussrechnung 264, 5
- Prüfungsobjekt 316, 1
- Prüfungspflicht des Aufsichtsrats 268, 52b; 316, 6
- Vorlage an Aufsichtsrat 268, 52a

Jahresabschlusserstellung und -prüfung 253, 41

Jahresboni, rechtlich noch nicht entstandene Vermögensgegenstände 268, 105

Jahres-cashflow, Kapitalflussrechnung 297, 10

jährlich wiederkehrende Versicherungsprämien 250, 51

Jalousien, Erweiterung als Gebäudeherstellung 255, 112

joint venture, siehe Gemeinschaftsunternehmen

Journal 238, 13

Jubiläumsgelder 253, 43

Jubiläumsgratifikation, Organbezüge 285, 65c

Jubiläumsleistungen, Pensionsrückstellungen 253, 45a

Jubiläumszuwendungen 249, 157, 162
- Rückstellungen bei Arbeitsverhältnissen 249, 93

K

Kachelofen, Erweiterung als Gebäudeherstellung 255, 112

kalkulatorische Zinsen, Unternehmerlöhne, Herstellungskosten 255, 82

Kamin, Erweiterung als Gebäudeherstellung 255, 112

Kanalanschlussgebühren, Erbbaurechtvertrag 246, 7

Kanalbaubeitrag, Grund und Boden 255, 103

Kanalbauten, Bilanzgliederung 266, 40

Kap. & Co.-Gesellschaften 290, 1
- Abschreibung von Verlusten 264c, 25
- Anhangangabe für ausstehende Hafteinlagen 264c, 43
- Anteile an der Komplementärgesellschaft 264c, 50
- Behandlung von Verlusten 264c, 37
- Besonderheiten für Kommanditisten 264c, 37
- Eigenkapitalausweis 264c, 9
- fiktiver Steueraufwand 264c, 49
- Forderungsausweis 264c, 37
- Gesellschaftervermögen 264c, 44
- Grundgliederung 264c, 18
- Konzernabschlusspflicht 290, 1
- Negativkapital 264c, 40
- Negativkapital des Komplementärs 264c, 35
- Rücklagen 264c, 41
- Sonderposten 264c, 54
- Trennung der Gesellschaftergruppen 264c, 20
- Unterzeichnung des Jahresabschlusses 245, 2
- Vervielfachung der Kapitalkonten? 264c, 13
- Zuschreibung von Gewinnen 264c, 29

Kapitalanteil und Ergebnisverteilung, Kommanditisten 246, 92

Kapitalanteile persönlich haftender Gesellschafter einer KGaA, Bilanzgliederung 266, 13

Kapitalerhöhung, Handelsregister 272, 6
- Kapitalflussrechnung 297, 62

Kapitalerhöhung aus Gesellschaftsmitteln 272, 8
- Kapitalerhöhungsbeschluss 272, 13
- Kapitalerhöhungsbilanz 272, 13
- nicht prüfungspflichtige Kapitalgesellschaften 272, 13
- umwandlungsfähige Rücklagen 272, 14
- Zwischenbilanz 272, 13

Kapitalerhöhung durch Bar- oder Sacheinlage 272, 8
- Eintragung nach dem Stichtag 272, 10
- Handelsregister 272, 9
- konstitutive Wirkung der Handelsregistereintragung 272, 10

kapitalersetzendes Darlehen, Gesellschafterfinanzierung 246, 58

Kapitalertragsteuer, Kapitalflussrechnung 297, 36

Kapitalflussrechnung, aktivierte Entwicklungskosten 297, 55
- Aktivitätsformat 297, 12
- Anhang 297, 88
- Annuitätendarlehen 297, 63
- Aufrechnung 297, 86
- Ausgaben im Zusammenhang mit der Veräußerung von Anlagengegenständen 297, 59
- Besonderheiten im Konzern 297, 73
- Bewertungseinheiten 297, 21
- cash pooling 297, 28
- cashflow nach DVFA/SG 297, 10
- cashflows aus der Finanzierungstätigkeit 297, 61
- cashflows aus der Investitionstätigkeit 297, 50
- cashflows aus der laufenden Geschäftstätigkeit 297, 30
- cashflows in Fremdwährung 297, 64
- Darstellungsstetigkeit 265, 3
- Definition und Zusammensetzung des Finanzmittelfonds im Anhang 297, 27
- Desinvestitionen 297, 50
- direkte Methode 297, 31
- Disagio 297, 46
- Dividenden 297, 47, 62
- eigene Anteile 297, 58, 62
- Ein- und Auszahlungen aus außerordentlichen Posten 297, 35
- equity-konsolidiertes Unternehmen 297, 74
- Ergebnisabführungen 297, 47
- Erst-/Entkonsolidierung ohne Erwerb/Veräußerung 297, 84
- Ertragsteuern 297, 36
- Erwerb und Veräußerung von voll oder quotal konsolidierten Unternehmen 297, 76
- Erwerb von Anteilen 297, 58
- finance lease 297, 57, 85
- Finanzderivate 297, 21
- Finanzmittelfonds 297, 22
- Fondsänderungsrechnung 297, 11
- free-cashflow 297, 10
- Fremdwährung 297, 64
- für Rechnung Dritter einbehaltene Steuern 297, 36
- Grundstruktur 297, 14
- indirekte Methode 297, 40
- Investitionen 297, 50
- Jahresabschluss 264, 5
- Jahres-cashflow 297, 10
- Kapitalerhöhungen 297, 62
- Kapitalertragsteuer 297, 36
- Kapitalherabsetzungen 297, 62
- kapitalmarktorientierte Kapitalgesellschaft 264d, 10
- Kontokorrentverkehr 297, 17
- Konzernabschluss 297, 1
- Kreditkartenunternehmen 297, 17
- net working capital 297, 42
- Netto-cashflow 297, 10
- Nettoumlaufvermögen 297, 42
- nicht zahlungswirksame Transaktionen 297, 85
- öffentliche Investitionszuwendungen 297, 56
- quotenkonsolidiertes Gemeinschaftsunternehmen 297, 73
- Sacheinlagen 297, 86
- Saldierungsverbot 297, 15
- Schuldenerlass 297, 86
- Schuldübernahme 297, 86
- Stetigkeitsgebot 297, 20
- Tausch 297, 86
- Überleitungsrechnung zwischen Bilanz und Finanzmittelfonds 297, 27
- Umsatzsteuereinzahlungen 297, 37
- Ursachenrechnung 297, 11
- Verfügungsbeschränkungen im Finanzmittelfonds 297, 29
- Währungsumrechnung Tochterunternehmen 297, 69
- Wechselkursänderungen des Finanzmittelfonds 297, 65
- wechselkursbedingte Ausgleichsposten 297, 70
- Zahlungen aus Ertragsteuern 297, 43
- Zahlungsmitteläquivalente 297, 26
- Zahlungsströme aus Ertragsteuern 297, 36

- Zerobonds 297, 46, 62
- Zinsen 297, 45
- Zweck 297, 6

Kapitalgesellschaften 242, 7
- Eröffnungsbilanz 242, 8b
- Konzernabschlusspflicht 290, 1
- nicht betriebliche Sphäre 246, 146
- Unterzeichnung des Jahresabschlusses 245, 1
- Zuordnung von Vermögensgegenständen 246, 146

Kapitalgesellschaftsanteile, Teilwertabschreibung 253, 166c

Kapitalherabsetzung, siehe ordentliche Kapitalherabsetzung
- siehe vereinfachte Kapitalherabsetzung
- Handelsregister 272, 6
- Kapitalflussrechnung 297, 62
- Teilabgang 255, 121c

Kapitalherabsetzung durch Einbeziehung 272, 7

Kapitalkonsolidierung, siehe Abstockung einer Mehrheitsbeteiligung
- siehe Abwärtskonsolidierung
- siehe Aufstockung einer Mehrheitsbeteiligung
- siehe Aufwärtskonsolidierung
- siehe Erstkonsolidierung
- siehe Erwerbsmethode
- Anhangangaben 301, 126
- Folgekonsolidierung 301, 126
- Kapitalmaßnahmen beim Tochterunternehmen 301, 117
- quotale Konsolidierung 310, 23
- Rückbeteiligung der Tochter 301, 122
- Rückbeteiligung der Tochter an der Mutter 301, 4

Kapitalkonto II, Personenhandelsgesellschaft 246, 103

kapitalmarktorientierte Gesellschaften, Teilkonzernabschluss 291, 3

kapitalmarktorientierte Kapitalgesellschaft, Angaben zum Beteiligungsbesitz 264d, 9
- Aufstellung eines Teilkonzernabschlusses 264d, 9
- börsennotierte Aktiengesellschaft 264d, 12
- Eigenkapitalspiegel 264d, 10
- entry standard 264d, 3
- Erleichterungen 264d, 8
- erweiterte Pflichten 264d, 8
- Frist zur Offenlegung von Jahresabschluss und Lagebericht 264d, 9
- general standard 264d, 2
- Gliederungsvorschriften für große Kapitalgesellschaften 264d, 9
- größenabhängige Befreiung von der Konzernabschlusspflicht 264d, 9
- IFRS-Konzernabschluss 264d, 14
- Kapitalflussrechnung 264d, 10
- kapitalmarktorientiertes Personenunternehmen 264d, 5
- Lagebericht 264d, 10
- open market 264d, 3
- organisierter Markt 264d, 1
- prime standard 264d, 2
- Prüfungsausschuss 264d, 9
- verschärfte Publizitätsanforderungen 264d, 7

kapitalmarktorientierte Unternehmen, Größenmerkmale 267, 19
- Konzernabschluss 290, 7

kapitalmarktorientiertes Mutterunternehmen, befreiender Konzernabschluss 291, 26

kapitalmarktorientiertes Personenunternehmen, kapitalmarktorientierte Kapitalgesellschaft 264d, 5

Kapitalrücklage, Agio aus der Ausgabe von Anteilen 272, 37
- andere Zuzahlungen 272, 47
- Auflösung 272, 36; 270, 4
- Differenzierung von Kapital- und Gewinnrücklage 272, 34
- Eigenkapitalspiegel 297, 100
- Einstellungen 270, 2; 272, 36
- Ergebnisverwendung 268, 7
- Gewinnrücklagen 270, 6
- informatorischer Zweck 272, 34
- Optionsanleihen 272, 38
- verdeckte Einlagen 272, 47
- Verwendungsbeschränkungen 272, 35
- Vorzugsrechte 272, 46
- Wandelanleihen 272, 38

Kapitalrückzahlung, negative Anschaffungskosten 255, 121a

kapitalwertorientierte Verfahren,
Zeitwertermittlung Erstkonsolidierung
301, 73, 76
kartellrechtliche Genehmigungsvorbehalte,
Erstkonsolidierungszeitpunkt   301, 20
Kassakomponente, Bewertungseinheiten
254, 63, 75
– Devisentermingeschäfte   254, 61
Kategorien des Umweltschutzes,
Abfallbeseitigung   249, 59
– Altfahrzeugverordnung   249, 70
– Altlasten   249, 58
– Entfernungsverpflichtungen, Rückbau   249, 61
– Rücknahme- und Entsorgungsverpflichtungen für Altgeräte   249, 65
– Umrüstungen, Anpassungen   249, 64
– Wiederherstellungsverpflichtungen   249, 63
Kaufanreize mit channel stuffing,
Realisationsprinzip   252, 153
Kaufmann, Aufbewahrungspflicht   257, 4
Kaufmannseigenschaft, Buchführungspflicht
238, 1
Kaufoptionen, Anschaffungskosten   255, 72
Kaufpreis, Anschaffungskosten   255, 18
Kaufpreisallokation, Erstkonsolidierung   301, 10
Kaufpreisaufteilung, Beteiligungen und Forderungen   255, 48
– Bodenschätze   255, 48
– Computer-Hard- und Software   255, 48
– firmenwertähnliche Wirtschaftsgüter   255, 48
– Gebäudeabbruch   255, 48
– Geschäftswert   255, 48
– Grundstückserwerb mit Gebäude   255, 48
– immaterielle Wirtschaftsgüter   255, 48
– Mitunternehmeranteil/Personengesellschafts-Anteil   255, 48
– Optionsanleihen   255, 48
– Restwertmethode   255, 46
– Verhältnismethode   255, 46
– Wertpapier mit Gewinnbezugsrecht   255, 48
Kaufpreisaufteilung bei Sachgesamtheiten,
Anschaffungskosten   255, 42
Kaufpreisrückerstattung wegen Sachmängeln
249, 38

kein Bestandteil des Jahresabschlusses,
Lagebericht   264, 4
keine Antizipation, drohende Verluste   249, 130
Kfz-Haftpflichtversicherung und Steuer   250, 50
KG, siehe Kap. & Co.-Gesellschaften
KGaA, Feststellung der Jahresabschlüsse
268, 52m
Kiesgrubenausbeute   249, 162
Kindergeld, Löhne und Gehälter   275, 35
Kinderspielplatz, Grund und Boden   255, 105
Klarheit, Lagebericht   289, 12
Klarheit der Darstellung, Zusammenfassung von Posten   265, 44
Klarheit und Übersichtlichkeit,
Anhangangaben   243, 21
– Erläuterungstext   243, 21
– Jahresabschluss   243, 18
Klarheitsgebot, Prüfungsbericht   321, 10
kleine Kapitalgesellschaften, Schwellenwerte
267, 12
kleine und mittelgroße Kapitalgesellschaften,
Rohergebnis   275, 3
Kleinmaterial, Festbewertung   240, 32
Klimaanlagen   246, 44
– Bilanzgliederung   266, 36
knock in- oder knock out-Anleihen   246, 218
know how   246, 32
– Bilanzgliederung   266, 20
Kohleöfen, wesentliche Verbesserung als Gebäudeherstellung   255, 114
Kombinationsoptionen, Bewertungseinheiten
254, 39
Kommanditgesellschaft, siehe Personenhandelsgesellschaft   246, 93
– Eigenkapital   246, 116
– Entnahmerechte   246, 99
– Ergebnisverteilung   246, 98
– Haft- und Pflichteinlage   246, 94
– negativer Kapitalanteil   246, 96
– Verlustanteile des Kommanditisten   246, 95
Kommanditisten, Kapitalanteil und Ergebnisverteilung   246, 92
– Kontenführung   246, 110

Kommissionsgeschäfte 246, 199
– Realisationsprinzip 252, 132
– Umsatzerlöse 277, 6
Kommunikationskosten, sonstige betriebliche Aufwendungen (Gesamtkostenverfahren) 275, 58
Kompensationsgeschäfte, Umsatzerlöse 277, 4
Kompensatorische Bewertung, Bewertungseinheiten 254, 7
Komplementär, Anhangangaben 285, 94
Komplementärfunktion, Anhangangaben 285, 94
Komplementärgesellschaft, beherrschender Einfluss 290, 14, 37
Komplementär-GmbH, Beteiligungsbegriff 271, 5
Komponenten des Versorgungsaufwands, Aufwendungen für Altersversorgung 275, 41
Komponenten des Zinsaufwands, Zinsen und ähnliche Aufwendungen 275, 102
Komponentenabschreibung, Abschreibungen 253, 92c
– außerplanmäßige Abschreibung 253, 126a
– Bestimmung der Komponenten 253, 92a
– Flugzeug 253, 92b
– Gebäude 253, 92b
– Müllverbrennungsanlage 253, 92b
– Steuerbilanz 253, 92d
Komponentenansatz 246, 46
– Abschreibungen 253, 92
– Herstellungskosten 255, 117a
KonBefrV, Teilkonzernabschluss 292, 4
Konditionenverträge, Erstkonsolidierung 301, 53
kongruente Rückdeckungsversicherung, Pensionsrückstellungen 253, 68
Kongruenzprinzip, siehe Bilanzidentität
Konsolidierung, siehe Erstkonsolidierung
– Stufenkonzept 310, 1
Konsolidierung der Umsatzerlöse, Aufwendungen aus Beteiligungen 305, 11
– Beteiligungserträge 305, 11
– Dienstleistungsumlagen 305, 10
– Gesamtkostenverfahren 305, 5
– Mieten 305, 10

– Umsatzkostenverfahren 305, 8
– Zinsaufwendungen 305, 10
– Zinserträge 305, 10
Konsolidierungskreis, siehe Änderungen des Konsolidierungskreises
– siehe Einbeziehungswahlrechte
– Angaben bei wesentlichen Veränderungen 294, 3
– befreiender Konzernabschluss 291, 21
– mittelbares Tochterunternehmen 294, 2
– Weltabschlussprinzip 290, 5; 294, 2
Konsolidierungsmethoden, Begriff 297, 120; 313, 23
– Stetigkeitsgebot 297, 121
Konsortialverträge, Mutter-Tochter-Verhältnis 290, 69
Kontenführung, Kommanditisten 246, 110
Kontenführung der Gesellschafter, Personenhandelsgesellschaften 246, 101
Kontingent 246, 32
Kontoauszüge, Versandkosten 249, 38, 162
Kontoführungsgebühren, Zinsen und ähnliche Aufwendungen 275, 104
Kontokorrent, Saldierung von Zinsaufwendungen und -erträgen 275, 99
– Zinskompensationsvereinbarungen 275, 100
Kontokorrentverbindlichkeiten, Währungsumrechnung 256a, 14c
Kontokorrentverkehr, Kapitalflussrechnung 297, 17
Kontrollkonzept, siehe beherrschender Einfluss
Konzernabschluss, siehe Konzernabschlusspflicht
– siehe Konzernabschlussstichtag
– siehe Konzernanlagespiegel
– siehe Mutter-Tochter-Verhältnis
– siehe Teilkonzernabschluss
– siehe Vorlagepflichten und Auskunftsrechte
– allgemeine Formvorschriften 298, 5
– allgemeine Gliederungsgrundsätze 298, 12
– Ansatzwahlrechte 300, 17
– Aufstellungsfristen 290, 7
– Ausweis von Beteiligungen an equity-konsolidierten assoziierten und sonstigen Unternehmen 298, 14
– Besonderheiten der Konzern-GuV 298, 31

- Bestandteile 297, 1
- Bestätigungsvermerk 322, 65
- Bewertungswahlrechte 300, 17
- Bilanzierungswahlrechte 300, 15
- Billigung durch Aufsichtsrat 268, 52j
- branchenspezifische Vorschriften 298, 11
- Dauer des Konzerngeschäftsjahrs 299, 4
- Eigenkapital 298, 17
- Eigenkapitalspiegel 297, 1
- Einheitsgrundsatz 297, 115
- Einstellungen in/Entnahmen aus Rücklagen 298, 8
- Eliminierung konzerninterner Beziehungen 300, 5
- Eliminierungs- bzw. Konsolidierungsbuchungen 300, 11
- entsprechende Anwendung einzelbilanzieller Vorschriften 298, 1, 5
- Ergebnis aus equity-konsolidierten assoziierten und sonstigen Unternehmen 298, 31
- Ertrag aus der Kapitalherabsetzung 298, 8
- faktische Wahlrechte 300, 16
- Fiktion der wirtschaftlichen Einheit 297, 1
- Forderungen/Verbindlichkeiten gegenüber Gesellschaftern 298, 8
- Generalnorm 297, 1, 112
- gesetzliche Rücklagen 298, 8
- Gewinnverwendungsrechnung 298, 8
- Gleichordnungskonzern 301, 119d
- Gliederung des Eigenkapitals im Konzern 298, 17
- Gliederungsvorschriften 298, 5
- HB II als technischer Konsolidierungsschritt 300, 10
- Interessentheorie 297, 115
- Kapitalflussrechnung 297, 1
- kapitalmarktorientierte Unternehmen 290, 7
- konzerninterne Umstrukturierung 301, 119b
- konzernspezifische Posten in der Bilanz 298, 14
- Kreditinstitute 298, 11
- Maßgeblichkeit des Rechts des Mutterunternehmens 300, 7
- Minderheitsanteile 298, 17
- Nachschuss 298, 8
- Nennbetrag der Aktien nach Gattungen 298, 8
- Prüfungsgegenstand 317, 66
- Prüfungshandlungen 317, 50
- Prüfungspflicht 316, 7
- rechtsformspezifische Vorschriften 298, 8
- Segmentberichterstattung 297, 1
- Sprache 298, 5
- Stetigkeit in der Anwendung der Konsolidierungsmethoden 297, 1
- Stichtag 299, 4
- Summenbilanz 300, 3
- Transaktionen unter gemeinsamer Kontrolle 301, 119d
- Unterschiedsbetrag aus der Kapitalkonsolidierung 298, 21
- Unterzeichnung 298, 5
- Verschmelzungen 301, 119e
- Versicherungen 298, 11
- Vollständigkeitsgebot 300, 13
- Vorräte 298, 1, 34
- Wahlrechtsausübung 300, 11
- Währung 298, 5
- Zusammenfassung von Konzernanhang und Anhang des Einzelabschlusses 298, 4

Konzernabschluss eines persönlich haftenden Gesellschafters, Befreiung von der Pflicht zur Aufstellung eines Jahresabschlusses 264b, 16

Konzernabschluss nach IFRS, Arbeitsteilung zwischen nationalem Recht und IFRS 315a, 5
- ergänzend zu beachtende handelsrechtliche Vorschriften 315a, 8
- kapitalmarktorientierte Gesellschaften 315a, 4
- Rückkehr zum HGB 315a, 16
- Vorrang des nationalen Rechts bei der Bestimmung der Konzernabschlusspflicht 315a, 4
- Zulassungsantrag 315a, 13

Konzernabschlusspflicht, Befreiung bei ausschließlich nicht einzubeziehenden Tochterunternehmen 290, 76
- größenabhängige Befreiung 293, 1
- Größenbestimmung nach Brutto- oder Nettomethode 293, 5

- Größenmerkmale 293, 2
- Kapitalgesellschaften 290, 1
- kapitalmarktorientierte Gesellschaften 293, 21
- Kreditinstitute 290, 1
- Schwellenwerte 293, 5
- Versicherungen 290, 1

Konzernabschlussprüfer, Ausschlussgründe 319, 68
- Bestellung 318, 29a

Konzernabschlussprüfung, „Vorweg"-Berichterstattung 321, 91
- Auskunftsrechte 320, 18
- Prüfungsbericht 321, 89
- Prüfungshandlungen 317, 74
- Prüfungsobjekt 317, 72
- Risikofrüherkennungssystem 317, 75
- Überprüfung anderer Abschlussprüfer 317, 69
- Vorlagepflicht 320, 16

Konzernabschlussstichtag, siehe Zwischenabschlüsse
- abweichende Stichtage 299, 6
- Tochterunternehmen mit abweichendem Stichtag 299, 6
- Zwischenabschlüsse 298, 7

Konzernanhang, Abschlussprüferhonorar 314, 12
- Abweichungen von Bilanzierungs-, Bewertungs- und Konsolidierungsmethoden 313, 22
- Angaben nach §§ 264 ff. HGB und EGHGB 313, 13
- Angaben zu assoziierten Unternehmen 313, 27
- Angaben zu quotal konsolidierten Unternehmen 313, 29
- Angaben zu sonstigen Beteiligungsunternehmen 313, 30
- Angaben zu Tochterunternehmen 313, 25
- Angaben zum Anteilsbesitz 313, 24
- Anzahl der Arbeitnehmer 314, 8
- Aufgliederung der Umsatzerlöse 314, 7
- außerbilanzielle Geschäfte 314, 5
- Bilanzierungs- und Bewertungsmethoden 313, 20
- eigene Anteile 314, 10
- Eigenkapitalspiegel 313, 2
- Erklärung zum Corporate Governance Kodex 314, 11
- finanzielle Verpflichtungen 314, 6
- formale Anforderungen an die Berichterstattung 313, 5
- Geschäfte mit nahestehenden Personen und Unternehmen 314, 14
- Gliederung 313, 9
- Haftungsverhältnisse 314, 15
- Kapitalflussrechnung 313, 2
- konzernspezifische Angaben nach §§ 290 HGB ff. 313, 15
- off balance-Gestaltungen 314, 5
- Organbezüge und -kredite 314, 9
- rechtsformspezifische Angaben 313, 19
- Schutzklausel 313, 33
- Sondervorschriften 314, 17
- Verbindlichkeiten 314, 2
- Verhältnis zum Anhang des Einzelabschlusses 313, 1
- Verweis auf die Anhangangaben nach § 285 HGB 314, 1
- Währungsumrechnung 313, 21
- Zusammenfassung mit dem Anhang der Muttergesellschaft 313, 1
- Zusammenfassung mit einzelbilanziellem Anhang 298, 37

Konzernanlagespiegel, Änderung des Konsolidierungskreises 298, 23
- equity-Beteiligungen 298, 29
- Umrechnung ausländischer Tochterunternehmen 298, 27
- Zwischenergebniseliminierung, unterbliebene 298, 26

Konzernanschaffungskosten, siehe Zwischenergebniseliminierung

konzerneinheitliche Bilanzierungs- und Bewertungsmethoden, latente Steuern im Konzern 306, 16

Konzernerweiterung nach oben, goodwill 301, 95, 97

Konzernerweiterung nach unten, goodwill 301, 95, 96

Konzerngeschäftsjahr, Dauer 299, 5

Konzern-GuV, assoziiertes Unternehmen 298, 32
– Minderheitenanteil am Ergebnis 298, 33
Konzernherstellungskosten, siehe Zwischenergebniseliminierung
konzerninterne Umstrukturierung, Konzernabschluss 301, 119b
Konzernlagebericht, inhaltliche Identität mit dem Lagebericht 315, 4
– konzernspezifische Teile der Berichterstattung 315, 6
konzernleitende GbR, Unternehmensbegriff 271, 13
Konzernrechnungslegung, Genossenschaften 336, 7
– Prüfungsbericht 321, 94
konzernspezifische Posten in der Bilanz, Konzernabschluss 298, 14
Konzernumlagen, Umsatzerlöse 277, 4
Konzessionen 246, 32
körperliche Bestandsaufnahme 240, 5
Körperschaftsteuer, Steuern vom Einkommen und vom Ertrag 275, 113
Korrektur von Fehlern in laufender Rechnung, periodenfremde Erträge und Aufwendungen 277, 52
Korrespondenzprinzip, Betriebsaufspaltung 246, 300
– Betriebsverpachtung 246, 308
korrespondierende Bewertung beim Gläubiger, Verbindlichkeiten 253, 23
korrespondierende Bilanzierung, Mitunternehmerschaft 246, 327a
Kosten der allgemeinen Verwaltung, Umsatzkosten 275, 63
Kosten der Schadensermittlung bei Versicherern 253, 41
kostenlose Anschaffungen, Anschaffungskosten 255, 57
kostenorientierte Bewertung, Zeitwert 255, 149
kostenorientierte Verfahren, Zeitwertermittlung Erstkonsolidierung 301, 73, 74, 127
Kostenrechnung, Herstellungskosten 255, 83
– Objekt der Abschlussprüfung 317, 6

Kostenrechnungsmodell, Herstellungskosten 255, 84
Kraftfahrzeugsteuer, sonstige Steuern 275, 117
Krane, Bilanzgliederung 266, 41
Krankenhaus-Buchführungs-Verordnung, Formblattverordnungen 330, 8
Krankenhäuser, mehrere Geschäftszweige 265, 53
Krankheit, Rückstellungen bei Arbeitsverhältnissen 249, 94
Kreditbereitstellung, Erträge aus anderen Wertpapieren und Ausleihungen des Finanzanlagevermögens 275, 91
Kreditbereitstellungsgebühren, Zinsen und ähnliche Aufwendungen 275, 103
Kredite und Vorschüsse an Organmitglieder, Anhangangabe 285, 66
Kreditinstitute, befreiender Konzernabschluss 291, 23
– befreiender Konzernabschluss aus Drittstaat 292, 11
– Bilanzansatz im Konzernabschluss 300, 18
– branchenfremder Konzernabschluss 298, 11
– Einheitlichkeit der Bewertung im Konzern 308, 4, 15
– Konzernabschluss 298, 11
– Konzernabschlusspflicht 290, 1
– mehrere Geschäftszweige 265, 53
Kreditinstitute und Finanzdienstleistungsinstitute, Formblattverordnungen 330, 8
Kreditkartenunternehmen, Kapitalflussrechnung 297, 17
Kreditsicherungen 246, 192
Kreditzinsen, Zinsen und ähnliche Aufwendungen 275, 103
Kreditzusagen, Anhangangaben 285, 21
Krisensituationen, Aufstellungsfristen 264, 12
Kühleinrichtungen, Bilanzgliederung 266, 36
Kulanz 249, 162
Kulanzweg, faktische Verpflichtungen 249, 14
– fehlende Gläubigeridentifizierung 249, 14
Kundenbindungsprogramme, Erlösschmälerungen 277, 11
kundengebundene Werkzeuge 246, 267

Kundenkonkurs nach dem Bilanzstichtag 252, 81
– Stichtagsprinzip 252, 81
Kundenlisten, Aktivierungsverbote 248, 10
– Bilanzgliederung 266, 20
– Erstkonsolidierung 301, 50
Kundenstamm 246, 32
– Zeitwertermittlung Erstkonsolidierung 301, 80
Kündigung, Prüfungsauftrag 318, 43
Kündigung des Prüfungsauftrags, Handlungspflichten 318, 49
– Mitteilung an WP-Kammer 318, 50
– Prüfungsbericht 321, 115
– Rechtsfolgen 318, 47
– wichtige Gründe 318, 43
künftige Anschaffungs- oder Herstellungskosten 249, 162
– Rückstellungen 249, 159
künftige Jubiläumszuwendungen 249, 38
künftige Vorteile, Bewertung von Rückstellungen 253, 42
– Gegenrechnung 249, 162
Künstler, Entwicklungskosten 255, 145
Kupferschrotte, Gruppenbildung 256, 14
Kursgarantien des Erwerbers, Erstkonsolidierung 301, 35

L

Laboratoriumseinrichtungen, Festbewertung 240, 33
Ladeneinbauten, Bilanzgliederung 266, 33
Lage der Gesellschaft, Prüfungshandlungen 317, 62
Lagebericht, Adressat 289, 14
– allgemeine Anforderungen an die Risikoberichterstattung 289, 53
– allgemeine Regeln 289, 9
– Analyse des Geschäftsverlaufs 289, 23
– Anforderungen durch die Standardsetter und das Schrifttum 289, 12
– Aufgaben 289, 6
– Ausgewogenheit 289, 12
– Aussagetechnik 289, 35

– Begriffsinhalte 289, 9
– Berichterstattungspflicht zum Risikomanagement 289, 57
– Bezugnahme auf den Jahresabschluss 289, 12
– Bilanzeid 289, 47
– Checklisten 289, 13
– Darstellung der Lage 289, 21
– Darstellung des Geschäftsverlaufs 289, 16
– eigenständiger Risikobericht 289, 50
– Einbezug der finanziellen Leistungsindikatoren 289, 27
– Fehlanzeigen 289, 12
– Forschung und Entwicklung 289, 64
– gesetzliche Anforderungen 289, 11
– kapitalmarktorientierte Kapitalgesellschaft 264d, 10
– Klarheit 289, 12
– Pflichtangaben 289, 16
– Plausibilität und Widerspruchsfreiheit 289, 12
– Prognosebericht über Chancen und Risiken 289, 30
– Prognosemethode 289, 32
– Prüfung 317, 51
– Prüfungsbericht 321, 51
– Prüfungsinhalte 317, 53
– Prüfungsobjekt 316, 1
– Risikoberichterstattung über Finanzinstrumente 289, 50
– Risikomanagement 289, 55
– Schätzungsprämissen 289, 12
– Schlusserklärung aus dem Abhängigkeitsbericht 289, 79
– Sollangaben 289, 48
– Sondervorschriften für bestimmte Aktiengesellschaften 289, 73
– Sondervorschriften für kapitalmarktorientierte Kapitalgesellschaften 289, 74
– Stetigkeit 289, 12
– Trennung von Risikobericht und Prognosebericht 289, 39
– uneingeschränkter Bestätigungsvermerk 322, 34
– Vergütungssystem für Organmitglieder 289, 69

- Vermeidung von Risikokonzentrationen 289, 58
- Vollständigkeit 289, 12
- Vorgänge nach Schluss des Geschäftsjahrs 289, 49
- Wahrheit bzw. Richtigkeit 289, 12
- Zusammenfassung der Chancen und Risiken 289, 38
- Zusatzbericht großer Kapitalgesellschaften 289, 70
- Zweigniederlassungen 289, 67

Lagebericht, Prüfung, Chancen und Risiken 317, 54
- Einklang mit dem Jahresabschluss 317, 54

Lagerkosten, Anschaffungskosten 255, 30
Lagerreichweite, Abschreibungen 253, 153
Lagevorteile, goodwill 301, 46
landesrechtliche Vorschriften 263, 1
Landgewinnung, Grund und Boden 255, 106
langfristige Auftragsfertigungen, Abschreibungen 253, 152
- Realisationsprinzip 252, 106

langfristige Fertigung, Herstellungskosten 255, 91
Lastenaufzüge, Bilanzgliederung 266, 36
latente Steuern, siehe aktive latente Steuern
- Änderungen im Steuerstatut 274, 57
- Anhangangaben 285, 162
- Anhangangabepflicht großer Gesellschaften 274, 91
- Anhangerläuterungen 274, 82
- Ansatzpflicht für Passivüberhänge 274, 41
- anzuwendende Steuersätze 274, 53
- Auflösung 274, 59
- aus Zugangsbuchungen 274, 15
- Ausweis 274, 62
- Ausweiswahlrechte in der Bilanz 274, 62
- Auswirkungen bei der Mutter-Kapitalgesellschaft 274, 76
- Auswirkungen bei der Personenhandelsgesellschaft 274, 75
- Bestandsaufnahme 240, 8
- Bewertung 274, 51
- Bilanzansatz 274, 10
- bilanzorientierte Methode 274, 5
- bilanzpolitische Entscheidungslinien 274, 84
- Buchwertunterschiede 274, 10, 29
- Ergänzungsbilanzen 274, 25
- Erstkonsolidierung 301, 90, 120
- Formwechsel 274, 23
- Gesellschafterwechsel bei Personenhandelsgesellschaften 274, 20
- größenabhängige Erleichterungen 274a, 6
- IFRS als Auslegungshilfe 274, 7
- inside basis differences 274, 65
- kleine Kapitalgesellschaften 274, 49
- Mindestbesteuerung 274, 56
- ökonomischer Gehalt 274, 2
- Organschaft 274, 68
- outside basis differences 274, 65
- Personenhandelsgesellschaft als untergeordnete Einheit 274, 75
- Personenunternehmen 274, 49
- Rechtsformwechsel 274, 57
- separater GuV-Ausweis 274, 63
- Sonderbilanzen 274, 25
- Steuern vom Einkommen und vom Ertrag 275, 114
- Übergang auf das BilMoG 268, 51
- Übergangsvorschriften zum BilMoG Art. 67 EGHGB, 29
- Unternehmensverbund 274, 64
- Verlust- und Zinsvorträge 274, 32, 56
- Verschmelzungen 274, 22
- zeitlich begrenzte vs. dauerhafte Unterschiede 274, 10
- Zinsvorträge 274, 56
- Zugangsbuchungen 268, 49; 274, 15
- Zwischenergebniseliminierung 304, 20a

latente Steuern auf Verlustvorträge, Erstkonsolidierung 301, 69
latente Steuern im Konzern, Anhang 306, 46
- Ansatzverbot für den goodwill 306, 37
- außerplanmäßige Abschreibungen auf konsolidierte Beteiligungen 306, 27
- Ausweis in Konzernbilanz 306, 43
- Ausweis in Konzern-GuV 306, 45
- Bewertung 306, 39
- Entkonsolidierung 306, 8
- Ertrags- und Aufwandskonsolidierung 306, 26

Stichwörter

- Folgekonsolidierung 306, 19
- goodwill 306, 11
- goodwill bei der Folgekonsolidierung 306, 10
- HB II 306, 14
- Kasuistik 306, 9
- kasuistisches Verhältnis von § 306 HGB zu § 274 HGB 306, 13
- Konsolidierungsmaßnahmen 306, 14
- konzerneinheitliche Bilanzierungs- und Bewertungsmethoden 306, 16
- konzerninterne Gewinnausschüttungen 306, 28
- outside basis-Differenzen 306, 38
- Schuldenkonsolidierung 306, 29
- stille Reserven/Lasten aus der Erstkonsolidierung 306, 18
- Stufenkonzept 306, 14
- temporary-Konzept 306, 6
- unternehmensindividuelle Steuersätze im Konzernabschluss 306, 40
- Währungsumrechnung 306, 38
- Zwischenergebniseliminierung 306, 23

laufende Personalkosten, Bilanzgliederung 266, 90

laufende Provisionsaufwendungen 250, 51

laufende Steuerschulden, Bilanzgliederung 266, 90

Laufzeitvermerk, Bilanzvermerke für Verbindlichkeiten 268, 109

Laufzeitvermerk für Forderungen, Bilanzvermerke für Forderungen und Vermögensgegenstände 268, 98

Leasing, anzuwendende Bilanzierungsregeln 246, 170
- bilanzielle Zurechnung 246, 172
- bilanzielle Zurechnung bei Immobilienleasing 246, 183
- bilanzielle Zurechnung bei Teilamortisationsverträgen über Mobilien 246, 180
- bilanzielle Zurechnung bei Vollamortisationsverträgen über Mobilien 246, 176
- degressive Raten 246, 189
- Forfaitierung 246, 188
- Mietkaufverträge 246, 186
- rechtliche und wirtschaftliche Grundlagen 246, 166
- sale and lease back 246, 190
- Sonderzahlungen 246, 189

Leasingobjektgesellschaft, Zweckgesellschaften 290, 39, 52

Leasingverträge 249, 162
- Anhangangaben 285, 10

Lebensarbeitszeitkonten 249, 162
- Berechnungsschema 253, 81c
- Pensionsrückstellungen 253, 45a
- Rückstellungen 249, 109

Leergut 247, 37; 249, 162

Leerposten 265, 29

Leiharbeitnehmer, Arbeitnehmerzahl 267, 8
- Aufwendungen für bezogene Leistungen 275, 28
- Löhne und Gehälter 275, 31

Leistungen an Arbeitnehmer, Umsatzerlöse 277, 4

leistungsabhängiges Abschreibungsverfahren, planmäßige Abschreibungen 253, 93

Leuchtstoffröhren, Festbewertung 240, 33

leveraged/bear floater 246, 218

Lifestyle-Marken, Erstkonsolidierung 301, 57

LiFo-Verfahren, ABC 256, 41
- Automobilhändler 256, 41
- Bilanzeffekte 256, 28
- chemische Industrie 256, 41
- Entsorgungswirtschaft 256, 41
- Hausgeräteindustrie 256, 41
- Hochregallager 256, 41
- Konzeption 256, 18
- Layer 256, 22
- Layer-Bildung 256, 41
- Mehrbestände 256, 41
- Minderbestände 256, 41
- Mineralölwirtschaft 256, 41
- Niederstwertprinzip 256, 26
- Perioden-LiFo 256, 20
- permanentes LiFo 256, 19
- Preisunterschiede 256, 41
- Qualitätsunterschiede 256, 41
- Sekundärrohstoffwirtschaft 256, 41

– Tabakvorräte 256, 41
– Textilindustrie 256, 41
– Verbrauchsfolge 256, 17
– verderbliche Ware 256, 41
– Weinwirtschaft 256, 41
– Zuckerindustrie 256, 41
lineare Abschreibungen, planmäßige Abschreibungen 253, 100
Liquidation, Abgang eines Bilanzpostens 255, 121b
– Währungsumrechnungsdifferenz im Konzern 308a, 35
liquide Mittel, Bilanzgliederung 266, 72
Listungsgebühren, siehe placement fees
Lizenzeinnahmen, Umsatzerlöse 277, 4
Lizenzen, Bilanzgliederung 266, 20
Lizenzerlöse, Softwareunternehmen 277, 4
Lizenzgebühren, Herstellungskosten 255, 91
Lizenzgebühren vor dem Verkauf von Schallplatten 250, 51
Löhne und Gehälter, Abfindung eines lästigen Arbeitnehmers 275, 37
– Abfindungen 275, 37
– Arbeitnehmerbegriff 275, 30
– Barauslagen 275, 34
– Handelsvertreter 275, 32
– Heirats- und Geburtsbeihilfen 275, 35
– Kindergeld 275, 35
– Leiharbeitnehmer 275, 31
– Personalaufwand 275, 29
– Reisespesen 275, 34
– Sachleistungen 275, 34
– Sozialplanleistungen 275, 37
– Trennungsentschädigungen 275, 35
Lohnveredelung, Bilanzgliederung 266, 60
lückenlose Prüfung, Prüfungstechnik 317, 16
lucky buy, negativer Unterschiedsbetrag 301, 101; 309, 14, 19
Lüftungsanlagen, Bilanzgliederung 266, 36

M

Machbarkeitsstudie, Anschaffungskosten 255, 22
Mahngebühren, Zinsen und ähnliche Aufwendungen 275, 104
Maklergebühren, Grund und Boden 255, 99
Maklerprovisionen, Anschaffungskosten 255, 25
Makro-hedge, Bewertungseinheiten 254, 28, 44
management letter, Prüfungsbericht 321, 33
Mängelrügen eines Kunden nach dem Bilanzstichtag, Stichtagsprinzip 252, 81
Marken, Aktivierungsverbote 248, 10
– Erstkonsolidierung 301, 50
– Zeitwertermittlung Erstkonsolidierung 301, 128
Marken-, Urheber- und Verlagsrecht, Bilanzgliederung 266, 20
Marken/Lizenzen, Zeitwertermittlung Erstkonsolidierung 301, 80
Markenerhaltungsaufwendungen, Zeitwertermittlung Erstkonsolidierung 301, 131
Markenrecht 246, 32
market approach, Zeitwertermittlung Erstkonsolidierung 301, 75
Marktbewertungsmethode, Bewertungseinheiten 254, 47
marktpreisorientierte Bewertung, Zeitwert 255, 149
marktpreisorientierte Verfahren, Zeitwertermittlung Erstkonsolidierung 301, 73, 75
Marktstudien, Herstellungskosten 255, 91
maßgeblicher Einfluss, Assoziierungsindizien 311, 14
– Bilanzausweis 311, 20
– eingeschränkter Zugang zu für die equity-Methode notwendigen Informationen 311, 17
– Geschäfts- und Finanzpolitik 311, 8
– Mehrheitsbesitz eines anderen Anteilseigners 311, 11
– mittelbare Anteile 311, 10

- Nichtassoziierungsindizien 311, 16
- personelle Verflechtung 311, 15
- sachliche Verflechtung 311, 15
- tatsächliche Ausübung 311, 12
- widerlegbare 20 %-Vermutung 311, 9

Maßgeblichkeit, Aktivierung von Zinsen 252, 214
- Beteiligungen an Personengesellschaften 252, 214
- Bewertungsvereinfachungsverfahren 252, 214
- dauernde Wertminderung 252, 214
- degressive AfA 252, 214
- Durchbrechung der Maßgeblichkeit 252, 214
- Einheitsbilanz 252, 204
- erhöhte Absetzungen für Anlagegegenstände des Kohle- und Erzbergbaus 252, 205
- erhöhte Absetzungen für Baudenkmale 252, 205
- erhöhte Absetzungen für Gebäude in Sanierungsgebieten 252, 205
- erhöhte Absetzungen nach § 82a EStDV 252, 205
- GoB-widrige steuerliche Wahlrechte 252, 209
- Investitionszulagen, -zuschüsse 252, 214
- konkrete 254, 88
- mittelbare Pensionsverpflichtungen 252, 214
- Pensionsrückstellungen 252, 209
- Rücklagen und Sonderabschreibungen für Ersatzbeschaffung 252, 205
- Rücklagen und Sonderabschreibungen nach § 6b EStG 252, 205
- Rückstellungen für die Jubiläumszuwendungen 252, 214
- Rückstellungen wegen Verletzung von Patentrechten 252, 214
- Systematik der Abweichungen von Handels- und Steuerbilanz 252, 214
- Teilwertabschreibungen 252, 209
- Umwandlungsrecht 252, 214
- Verbrauchsfolgeverfahren 252, 208

Maßgeblichkeit des Rechts des Mutterunternehmens, Konzernabschluss 300, 7

matching principle, GoB 243, 16

Materialaufwand, Aufwendungen für bezogene Leistungen 275, 25
- Aufwendungen für bezogene Waren 275, 21
- Aufwendungen für Roh-, Hilfs- und Betriebsstoffe 275, 21
- Strom 275, 22
- Wertaufholungen 275, 24

materiality, siehe Wesentlichkeit

Mehrbestände, LiFo-Verfahren 256, 41

mehrere Geschäftszweige, branchenspezifische Gliederungsvorschriften 265, 1
- Formblattverordnung 265, 52
- Krankenhäuser 265, 53
- Kreditinstitute 265, 53
- Verkehrsunternehmen 265, 53
- Versicherungen 265, 53
- Wohnungsunternehmen 265, 53

Mehrfachzugehörigkeit, Debitoren und Kreditoren gegenüber verbundenen Unternehmen 265, 51
- primärer Ausweis 265, 50
- Schulden 265, 1
- Vermögensgegenstände 265, 1

Mehrgewinnmethode, Zeitwertermittlung Erstkonsolidierung 301, 128

Mehrkomponentengeschäfte, drohende Verluste 249, 137
- Realisationsprinzip 252, 89, 122

Mehr-Mütter-Beziehung, Zweckgesellschaften 290, 61a

Mehrstimmrechtsaktien, gezeichnetes Kapital 272, 4

mehrstöckige Konstellationen, Personenhandelsgesellschaften und persönliche Haftung 264a, 9

mehrstufiger Konzern, siehe Teilkonzernabschluss
- goodwill 301, 93

Mehr-Weniger-Rechnung, Bilanzänderungen 252, 201

Mess- und Prüfgeräte, Festbewertung 240, 33

Messingschrotte, Gruppenbildung 256, 14

Methode, Bewertungsstetigkeit 252, 168

Methode der Effektivitätsmessung, Bewertungseinheiten 254, 35

Methode der Lizenzpreisanalogie,
  Zeitwertermittlung Erstkonsolidierung
  301, 128
mezzanine Finanzierungen, siehe hybride
  Finanzierungen 246, 63
– Bilanzgewinn/-verlust 275, 125
Mieten, sonstige betriebliche Aufwendungen
  (Gesamtkostenverfahren) 275, 58
Mieten, Pachten, Lizenzen 275, 17
Mieter als wirtschaftlicher Eigentümer,
  Mietereinbauten 246, 239
Mietereinbauten 246, 238
– Betriebsvorrichtungen 246, 239
– Bilanzgliederung 266, 33
– Doppelbilanzierung 246, 241
– einheitlicher Nutzungs- und
  Funktionszusammenhang 246, 239
– Mieter als wirtschaftlicher Eigentümer
  246, 239
– Rückbau 246, 242
– Scheinbestandteil 246, 239
– Wertersatz 246, 241
mietfreie Periode 249, 38
Miethaus, Erweiterung als Gebäudeherstellung
  255, 111
Mietkaufverträge, Leasing 246, 186
Mietverträge 249, 162
Mietvorauszahlungen 250, 50
Mietwagenunternehmen, Umsatzerlöse 277, 4
Mietwohngrundstück, gewillkürtes
  Betriebsvermögen 246, 142g
Mietzahlungsansprüche, rechtlich noch nicht
  entstandene Vermögensgegenstände
  268, 105
Mikro-hedge, Bewertungseinheiten 254, 28, 44,
  68
Miles and More, Erlösschmälerungen 277, 11
Minderbestände, LiFo-Verfahren 256, 41
Minderheiten, Abstockung einer
  Mehrheitsbeteiligung 301, 112
– Anteil am Ergebnis 298, 33
– Auf- und Abstockung des Mehrheitsanteils
  307, 27
– Aufstockung einer Mehrheitsbeteiligung
  301, 110

– Ausweis eines negativen Ausgleichspostens
  307, 7
– Beherrschungsverträge 307, 14
– Bewertung 307, 10
– Bezeichnung und Ausweis in Bilanz 307, 6
– Bezeichnung und Ausweis in GuV 307, 8
– Eigenkapitalspiegel 297, 104
– einzubeziehende Anteile 307, 11
– Ent- und Abwärtskonsolidierung von
  Tochterunternehmen 307, 30
– Entkonsolidierung 301, 114
– Erstkonsolidierung 307, 15
– Erwerbsmethode 301, 9
– Folgekonsolidierung 307, 16
– goodwill 307, 17
– im mehrstufigen Konzern 307, 17
– Kapitalmaßnahmen beim
  Tochterunternehmen 307, 19
– maßgeblicher Prozentsatz 307, 14
– mittelbare Anteile 307, 13
– negativer Unterschiedsbetrag 307, 17
– Neubewertungsmethode 307, 4
– Schuldenkonsolidierung 303, 16a; 307, 5;
  307, 24
– stille Reserven 307, 4
– Währungsumrechnungsdifferenzen 307, 26
– Währungsumrechnungsdifferenzen im
  Konzern 308a, 26
– Zweckgesellschaften 307, 14
– Zwischenergebniseliminierung 307, 5, 20
Minderheitenanteile, siehe Minderheiten
– Konzernabschluss 298, 17
Minderheitenanteile am Ergebnis,
  Konzern-GuV 298, 33
Minderheitenschutz, befreiender
  Konzernabschluss 291, 27
Minderheitsgesellschafter, siehe Minderheiten
Mindestangaben kleiner Gesellschaften,
  Offenlegungspflichten 326, 9
Mindestbesteuerung, latente Steuern 274, 56
Mineralölsteuer, sonstige Steuern 275, 117
– Umsatzerlöse 277, 21
Mineralölwirtschaft, LiFo-Verfahren 256, 41
Mineralvorkommen 247, 37
Mitgliederbewegung, Genossenschaften 338, 2

Mitgliedschaftsrechte, Beteiligungsbegriff 271, 4
Mitteilung an WP-Kammer, Kündigung des Prüfungsauftrags 318, 50
mittelbare Haftung, Personenhandelsgesellschaften und persönliche Haftung 264a, 9
mittelbare Pensionsverpflichtungen 249, 162
– Maßgeblichkeit 252, 214
mittelbares Tochterunternehmen, Konsolidierungskreis 294, 2
mittelgroße Kapitalgesellschaft, Schwellenwerte 267, 12
Mitunternehmeranteil/Personengesellschafts-Anteil, Kaufpreisaufteilung 255, 48
mitunternehmerische Betriebsaufspaltung, Mitunternehmerschaft 246, 327c
Mitunternehmerschaft, atypisch stille Gesellschaft 246, 319
– Betriebsvermögen 246, 320
– bilanzielle Zuordnung 246, 327c
– Bilanzierungsbeispiel 246, 335
– Definition 246, 317
– Ergänzungsbilanzen 246, 328
– Gesellschaftsvermögen 246, 320
– Gewinnermittlung für den Gesellschafter 246, 331
– korrespondierende Bilanzierung 246, 327a
– Mitunternehmerinitiative 246, 318
– mitunternehmerische Betriebsaufspaltung 246, 327c
– Mitunternehmerrisiko 246, 318
– Nutzungsüberlassung durch Einzelunternehmer 246, 327c
– Nutzungsüberlassung durch freiberufliche Schwestergesellschaft 246, 327c
– Privatvermögen 246, 321
– Sonderbetriebsvermögen 246, 322
– Sondervergütungen 246, 325
– transparentes Steuersystem 246, 316
– Typusbegriff 246, 318
– Veranlassung der Leistung durch das Gesellschaftsverhältnis 246, 327b
– Veräußerungsgeschäfte zwischen Gesellschaft und Gesellschafter 246, 327a

Mitwirkung bei Buchführung, Abschlussprüfer 319, 43
Mitwirkung bei der internen Revision, Abschlussprüfer 319, 48
Mitzugehörigkeitsvermerk, Bilanzgliederung 266, 11
Möbel, Bilanzgliederung 266, 42
Mobilfunklizenzen, Zeitwertermittlung Erstkonsolidierung 301, 142
Modelle, Festbewertung 240, 33
modifizierte Stichtagsmethode, Währungsumrechnung 308a, 9
modische Textilartikel 252, 81
modischer Geschmack, Abschreibungen 253, 153
Monatsende, Geschäftsjahr 240, 22
monetäre Vermögensgegenstände und Verbindlichkeiten, Einzelkaufmann 246, 133
Monopolabgaben, Umsatzerlöse 277, 21
Montageleistungen, Realisationsprinzip 252, 111
Mühlenbetrieb 250, 52
Müllverbrennungsanlage 246, 47
– Komponentenabschreibung 253, 92b
multi period excess earnings-Ansatz, Zeitwertermittlung Erstkonsolidierung 301, 80, 137
Musterhäuser 247, 37
Musterkollektionen 247, 37
Mutter-Tochter-Verhältnis, siehe beherrschender Einfluss
– abstrakte Definition 290, 3
– als Sicherheit gehaltene Anteile 290, 71
– eigene Anteile 290, 4
– indirekte Beteiligungen 290, 63
– Konkretisierung 290, 3
– Konsortialverträge 290, 69
– Pensionsgeschäfte 290, 65
– Poolverträge 290, 69
– potenzielle Stimmrechte aus Kaufoptionen und Bezugsrechten 290, 66
– Stimmbindungsverträge 290, 69
– Treuhandverhältnisse 290, 4, 65

N

Nachaktivierung, Wertaufholung   253, 165
Nachaktivierungen aufgrund steuerlicher Außenprüfung, Anlagespiegel   268, 81
Nachbetreuungsleistungen   249, 162
Nachfolgelastenbeiträge, Grund und Boden   255, 104
Nachschuss, Konzernabschluss   298, 8
Nachschusspflichten, Anhangangaben   285, 15
nachteiliger Vertrag   249, 162
– Abgrenzung zum drohenden Verlust   249, 133
nachträgliche Anschaffungskosten, Anschaffungskosten   255, 32
– Grund und Boden   255, 101
nachträgliche Herstellungskosten, planmäßige Abschreibungen   253, 93
nachträglicher Wegfall einer Sicherungsbeziehung, Bewertungseinheiten   254, 64
nachträgliches Entstehen einer Sicherungsbeziehung, Bewertungseinheiten   254, 64
Nachtragsprüfung   316, 12 ff.
– Bestätigungsvermerk   322, 84
– Prüfungsbericht   321, 111
– Rechtsfolgen   316, 19 ff.
nahe Familienmitglieder, Geschäfte mit nahestehenden Personen   285, 137e
Nahestehende, überhöhte Anschaffungskosten   255, 63
nahestehende Personen, Angemessenheitsprüfung   317, 41
– Anhangangaben   285, 136
– Bewertung von Verbindlichkeiten   253, 23
– Entdeckungsrisiko   317, 32, 38
namentliche Aufführung der Organmitglieder, Anhangangabe   285, 73
Naturkatastrophen, außerordentliches Ergebnis   277, 45
natürliche Person, Personenhandelsgesellschaften und persönliche Haftung   264a, 7
negative Anschaffungskosten, Kapitalrückzahlung   255, 121a

negativer Kaufpreis, Anschaffungskosten   255, 64
– Ausgleichsposten   265, 36
– negativer Unterschiedsbetrag   301, 104
negativer Unterschiedsbetrag, Anhang   301, 105
– Auflösung   309, 16
– bargain purchase   301, 101; 309, 14
– Eintritt erwarteter Aufwendungen   309, 16
– Eintritt erwarteter ungünstiger Entwicklungen   309, 16
– Entkonsolidierung   301, 113; 309, 21
– Entstehungsursachen   309, 14
– equity-Methode   312, 19
– feststehender Gewinn   309, 18
– günstiger Kauf   301, 101; 309, 14
– lucky buy   301, 101; 309, 14, 19
– Minderheiten   307, 17
– negativer Kaufpreis   301, 104
– Restrukturierungsaufwendungen   301, 103
– thesaurierte Gewinne   301, 101; 309, 14, 20
– Thesaurierungen   301, 27
Negativkapital, Kap. & Co.-Gesellschaften   264c, 40
Negativkapital des Komplementärs, Kap. & Co.-Gesellschaften   264c, 35
Nennbetrag der Aktien nach Gattungen, Konzernabschluss   298, 8
Nennbetrag des Stamm- bzw. Grundkapitals, gezeichnetes Kapital   272, 3
net working capital, Kapitalflussrechnung   297, 42
Netto-cashflow, Kapitalflussrechnung   297, 10
Nettokaltmiete, Umsatzerlöse   277, 20
Nettomethode, aktivierte Zinsen   277, 27
– Bewertungseinheiten   254, 47, 66, 73, 78
– Größenmerkmale Konzern   293, 5
Nettoumlaufvermögen, Kapitalflussrechnung   297, 42
Netzwerk, Definition   319b, 1 ff.
– unwiderlegbare Ausschlussgründe   319b, 10
– widerlegbare Ausschlussgründe   319b, 6
Neubewertungsmethode, Minderheiten   307, 4
Neueindeckung eines Dachs   250, 50
Neuerstellung, Herstellungskosten   255, 74

VERZEICHNIS — Stichwörter

Neuerstellung des Jahresabschlusses durch Hauptversammlung 268, 52l
Neugründung, Buchführungsbefreiung 241a, 2
– Größenmerkmale 267, 16
nicht abnutzbare Anlagegüter, Finanzanlagen 253, 83
– geleistete Anzahlungen 253, 83
– Grund und Boden 253, 83
– immaterielle Vermögensgegenstände 253, 83
nicht abziehbare Vorsteuern, Zwischenergebniseliminierung 304, 8
nicht aktivierungsfähige Kosten des Herstellungsbereichs, Umsatzkosten 275, 63
nicht betriebliche Sphäre, Kapitalgesellschaft 246, 146
nicht bilanzierungspflichtige Vorgänge, Bestandsaufnahme 240, 13
nicht durch Eigenkapital gedeckter Fehlbetrag, Ausweistechnik 268, 97
– Bilanzgliederung 266, 13
– bilanzieller Gehalt 268, 93
nicht eingeforderte Einlagen, Eigenkapitalspiegel 297, 100
– Schuldenkonsolidierung 303, 7
nicht mehr ermittelbarer Zeitwert 255, 150
nicht realisierte Verluste und Risiken 252, 82
nicht rechtskräftiger Anspruch auf Schadenersatz 252, 81
nicht zum Zeitwert derivative Finanzinstrumente, Anhangangabe 285, 120
Nichtanwendung bestimmter Vorschriften, Bewertungseinheiten 254, 45
Nichtauflösung von Rückstellungen, Anhangangaben 284, 49
Nichtbilanzierung schwebender Geschäfte, Nutzungsrechte 246, 27
Nichteinbeziehung von Tochterunternehmen, siehe Einbeziehungswahlrechte
Nichteinrichtung eines Risikofrüherkennungssystems, Prüfungsbericht 321, 45
nichtige Abschlüsse, Bilanzänderungen 252, 197
nichtige Rechtsgeschäfte 246, 159
Nichtigkeitsklage, Vorrang vor DPR-Prüfung 342b, 19

Nichtkenntnis, Verbindlichkeiten 246, 53
Nichtprüfung, Rechtsfolgen, Einzelabschluss 316, 6
– Rechtsfolgen, Konzernabschluss 316, 11
Nichtvermarktungsprämien 250, 52
Niederstwert in der Produktion und im Handel, Abschreibungen 253, 147
Niederstwertprinzip, LiFo-Verfahren 256, 26
niedriger beizulegender Wert, Abschreibungen 253, 147
Nießbrauch, Bilanzgliederung 266, 25
Notar- und Grundbuchgebühren, Grund und Boden 255, 99
Notargebühren, Anschaffungskosten 255, 27
Notarkosten, sonstige betriebliche Aufwendungen (Gesamtkostenverfahren) 275, 58
notwendiges Betriebsvermögen 246, 142b
– Arbeiterwohnhaus 246, 142c
– aus einem Tauschverfahren hervorgegangene Grundstücke 246, 142c
– Barrengold 246, 142e
– Beispiel aus BFH-Rechtsprechung 246, 142c
– Beteiligung an einer Absatzgenossenschaft 246, 142c
– Beteiligung an Einkaufsgenossenschaft 246, 142c
– Betriebsaufspaltung 246, 142e
– Branchennähe eines Wirtschaftsguts 246, 142d
– branchenübliche Wertpapiergeschäfte eines Bankiers 246, 142c
– branchenuntypische Termin- und Optionsgeschäfte 246, 142e
– Bürgschaft 246, 142c, 142e
– Darlehensgewährung eines Freiberuflers trotz Standeswidrigkeit 246, 142c
– Darlehensgewährung zur Rettung einer betrieblichen Forderung 246, 142c
– Einzelkaufmann 246, 131
– Gemälde 246, 142e
– Lebensversicherung 246, 142e
– Lotteriespiel 246, 142e

– Pensionsverpflichtung einer Personengesellschaft gegenüber ihrem Gesellschafter-Geschäftsführer 246, 142c
– Silberabfälle eines Röntgenarztes 246, 142c
– umgekehrte Betriebsaufspaltung 246, 142c
– verlustträchtige Wertpapiere 246, 142e
– Wertpapiere eines Freiberuflers 246, 142e
– zur Rettung einer Forderung ersteigertes Grundstück 246, 142c

notwendiges Privatvermögen 246, 142f
– Einzelkaufmann 246, 131

Nullcoupon-Anleihe, Bewertung von Verbindlichkeiten 253, 25

nützliche Angaben, Herstellungskosten 255, 91

Nutzungs- und Funktionszusammenhang, Bilanzgliederung 266, 31

Nutzungsdauer, goodwill 309, 7
– planmäßige Abschreibungen 253, 88

Nutzungsdauer des Geschäfts- oder Firmenwerts, Anhangangabe 285, 97

Nutzungsintensität, planmäßige Abschreibungen 253, 88

Nutzungsrechte 246, 32
– Bilanzgliederung 266, 20
– Definitionsmerkmale für Vermögenswert/Vermögensgegenstand/ Wirtschaftsgut 246, 25
– Erbbaurechtsvertrag 246, 7
– günstige Marktverhältnisse 246, 27
– immaterielle Vermögensgegenstände 246, 24
– Nichtbilanzierung schwebender Geschäfte 246, 27
– Sacheinlagen 272, 10c

Nutzungsüberlassung durch Einzelunternehmer, Mitunternehmerschaft 246, 327c

Nutzungsüberlassung durch freiberufliche Schwestergesellschaft, Mitunternehmerschaft 246, 327c

Nutzungsvergütungen, Realisationsprinzip 252, 89, 121

O

Objekt der Abschlussprüfung, Geschäftsführung (Ordnungsmäßigkeit) 317, 8
– Kostenrechnung 317, 6
– Offenlegungsverpflichtung 317, 8
– Versicherungsschutz 317, 8

objektive Zurechnung 246, 129

Objektivierungsgebot, Rückstellungen 249, 39

off balance-Gestaltungen, Anhangangaben zu außerbilanziellen Geschäften 285, 10
– Konzernanhang 314, 5

Offenlegung, siehe Ordnungsgeldverfahren wegen nicht fristgerechter Offenlegung
– Bestätigungsvermerk 322, 96
– Genossenschaften 339, 1
– Teilkonzernabschluss 291, 12
– Überblick über Einreichungsvorschriften 325, 1

Offenlegung bei Insolvenz, Prüfungsbericht 321a, 1

Offenlegung der Befreiung, Befreiung von der Pflicht zur Aufstellung eines Jahresabschlusses 264b, 21

Offenlegung in Sonderfällen, Prüfungsbericht 321a, 1

Offenlegungsfrist, Teilkonzernabschluss 291, 13

Offenlegungspflichten, Abschlussprüfung 325, 34a
– Befreiung 325, 35
– Bestätigungsvermerk bei Inanspruchnahme von Erleichterungen 328, 8a
– Bundesamt für Justiz 329, 6
– Erleichterungen für bestimmte kapitalmarktorientierte Kapitalgesellschaften 327a
– Erleichterungen für mittelgroße Kapitalgesellschaften 327, 3
– formelle Anforderungen 328, 4
– freiwillige Wiedergaben 328, 9
– größenabhängige Erleichterungen 326, 2
– Mindestangaben kleiner Gesellschaften 326, 9
– Prüfungspflicht des Betreibers des eBAnz 329, 1

- Sprachfassung 325a, 6
- Untersuchungspflicht des Betreibers des eBAnz 329, 1
- Verhältnis von Erstellung und Offenlegung 326, 6
- Zweigniederlassungen 325a, 1

Offenlegungsverpflichtung, Objekt der Abschlussprüfung 317, 8

öffentliche Aufwands- und Ertragszuschüsse, Umsatzerlöse 277, 4

öffentliche Investitionszuwendungen, Kapitalflussrechnung 297, 56

öffentliche Zinszuschüsse, Zinsen und ähnliche Aufwendungen 275, 106

öffentliche Zuwendungen, sonstige betriebliche Erträge 275, 17

öffentlicher Nahverkehr, Beförderung von Schülern oder Schwerbehinderten 277, 18

öffentlich-private Partnerschaften 246, 273

öffentlich-rechtliche Verpflichtungen, Verbindlichkeitsrückstellungen 249, 10

OHG, siehe Kap. & Co.-Gesellschaften

open market, kapitalmarktorientierte Kapitalgesellschaft 264d, 3

Optionen 246, 209

Optionsanleihen 246, 71
- Kapitalrücklage 272, 38
- Kaufpreisaufteilung 255, 48

Optionsprämie, Vereinnahmung 246, 211

Optionsrechte 246, 32
- bedingte Kapitalerhöhung 272, 11

Optionsschuldverschreibungen, Bilanzgliederung 266, 85

ordentliche Kapitalherabsetzung 272, 8
- AG 272, 17
- Bilanzverlust 272, 15
- Gläubigerschutz 272, 17
- GmbH 272, 17
- Rückzahlungen an die Gesellschafter 272, 15
- Unterbilanz 272, 15

Ordnungsgeldverfahren wegen nicht fristgerechter Offenlegung, Androhung 335, 14
- Beschwerde 335, 21
- Einspruch 335, 17
- Insolvenzverwalter 335, 10
- Normadressaten 335, 6
- Rechtsmittelbelehrung 335, 14
- Sechs-Wochen-Frist zur Nachreichung 335, 14
- Verschulden 335, 12
- Vertretung durch WP/StB im Verfahren 335, 23

Ordnungsmäßigkeit der Buchführung, Sachverständiger 238, 12

Ordnungsmäßigkeit der Rechnungslegung, Prüfungsbericht 321, 47

Ordnungswidrigkeiten, siehe Bußgeldvorschriften

Organbezüge, aktienbasierte Vergütungen 285, 65e
- Anhangangabe 285, 38
- Arbeitnehmervertreter im Aufsichtsrat 285, 68
- auflösende Bedingungen 285, 65b
- aufschiebende Bedingungen 285, 65c
- Aufsichtsrat 285, 41
- Aufteilung der Angabe auf die Personengruppen 285, 49
- Beirat und ähnliche Einrichtung 285, 42
- Bezüge von einem verbundenen Unternehmen 285, 51
- Bezugsrechte auf Aktien 285, 61
- D&O-Versicherungen 285, 60
- erfolgsabhängige (kurzfristige) Vergütungen 285, 71
- erfolgsbezogene Vergütungen mit langfristiger Anreizwirkung 285, 71
- erfolgsunabhängige Bezüge 285, 71
- Ersatzmitglieder 285, 44
- Geschäftsführung 285, 39
- Grundzüge des Vergütungssystems 285, 71d
- Herkunft der Bezüge 285, 50
- Hinterbliebene 285, 47
- Jubiläumsgratifikation 285, 65c
- Konzept der definitiven Vermögensvermehrung 285, 65b
- Kredite und Vorschüsse 285, 66
- Leistungen von Dritten 285, 71a
- Pensionsrückstellungen 285, 59
- Personen im Zeitverlauf 285, 43
- Sachbezüge 285, 54

- sachlicher Umfang der Bezüge 285, 54
- Sonderangaben bei börsennotierten Aktienangaben 285, 71
- Spaltungen 285, 48
- Stellvertreter 285, 44
- Stichtags- und Periodenbezug 285, 43
- Tantiemen 285, 65d
- Umfang der Bezüge 285, 53
- Unfallversicherungsprämien 285, 60
- Vergütungsbericht 285, 71
- Verschmelzungen 285, 48
- von Dritten bezahlte Vergütungen 285, 71
- zeitliche Zuordnung der Bezüge 285, 65a

Organbezüge und -kredite, Konzernanhang 314, 9

organisierter Markt, kapitalmarktorientierte Kapitalgesellschaft 264d, 1

Organmehrheit, beherrschender Einfluss 290, 33

Organmitglieder, Anhangangaben 285, 73
- Buchführungspflicht 238, 2

Organschaft 246, 336
- Anknüpfung an Gesellschaftsrechte 246, 337
- Ausgleichsposten 243, 336; 246, 341
- latente Steuern 274, 68
- Rechtsfolgen 246, 340
- steuerliche Bilanzierung 246, 341
- Steuern vom Einkommen und vom Ertrag 275, 116a
- steuerökonomischer Gehalt 246, 336
- Tatbestandsvoraussetzungen 246, 339

Organvergütungen, Unterlassen von Anhangangaben 286, 9

originäres Finanzinstrument, Bewertungseinheiten 254, 20

outside basis differences, latente Steuern 274, 65
- latente Steuern im Konzern 306, 38

outsourcing, Zweckgesellschaften 290, 50

Outsourcing-Verträge, Anhangangaben 285, 10

P

Pachterneuerung 253, 43

Pachterneuerungsrückstellungen, Verbindlichkeitsrückstellungen 249, 149

passive Erlösabgrenzungen, Zeitwertermittlung Erstkonsolidierung 301, 83

passive Sonderposten, Bilanzgliederung 266, 92

passiver Unterschiedsbetrag, siehe negativer Unterschiedsbetrag

Patente 246, 32
- Bilanzgliederung 266, 20

patentierte und unpatentierte Technologien, Erstkonsolidierung 301, 50

Patentverletzung 249, 162

Patronatserklärungen, Haftungsverhältnisse 251, 18, 26

pauschale Garantieverpflichtungen, Bergschäden 249, 79
- Einzelfälle 249, 75
- Haftpflichtverbindlichkeiten 249, 78
- Produzentenhaftung 249, 78

Pauschalvergütung des Ehevermittlers 250, 52

Pauschalwertberichtigungen, Einheitlichkeit der Bewertung im Konzern 308, 11

Payback, Erlösschmälerungen 277, 11

payer swap, Bewertungseinheiten 254, 82

pension trust-Modelle, Planvermögen 246, 289

Pensionen und ähnliche Verpflichtungen, Überblick 249, 106

Pensionsfonds, Formblattverordnungen 330, 8

Pensionsgeschäfte, Anhangangaben 285, 10
- echte 246, 226
- gemischte 246, 226
- Mutter-Tochter-Verhältnis 290, 65
- unechte 246, 226

Pensionskassen, Aufwendungen für Altersversorgung 275, 41

Pensionsrückstellungen, Altersteilzeitverpflichtungen 253, 45a, 49
- Anhangangaben 285, 152
- Anspruchsberechtigte 253, 52
- Anwartschaftsbarwertverfahren 253, 55
- Bewertungsparameter 253, 51
- Bewertungsverfahren 253, 55

- biometrische Berechnungsgrundlagen 253, 53
- contractual trust arrangements (CTA) 253, 47
- defined benefit 253, 48
- defined contribution 253, 48
- durchschnittlicher Marktzinssatz 253, 75
- Eigenfinanzierung 253, 47
- Erfüllungsbetrag 253, 54
- Erstkonsolidierung 301, 91a
- Finanzierungsarten 253, 46
- Fremdfinanzierung 253, 47
- funding 253, 47
- garantierte Leistung 253, 48
- garantierter Betrag 253, 48
- Jubiläumsleistungen 253, 45a
- Jubiläumsverpflichtungen 253, 68
- kongruente Rückdeckungsversicherung 253, 68
- Lebensarbeitszeitkonten 253, 45a, 68
- Maßgeblichkeit 252, 209
- Mischfinanzierung 253, 47
- mittelbare Pensionsverpflichtungen 253, 66
- Organbezüge 285, 59
- pensionsähnliche Verpflichtung 253, 45b
- Sterbegelder 253, 45a
- Teilwertverfahren 253, 55
- unfunded 253, 47
- vergleichbare langfristig fällige Verpflichtungen 253, 45a
- Versorgungsformen 253, 46
- Vorruhestandsverpflichtungen 253, 68
- Wechsel des Durchführungswegs 249, 112a
- wertpapierabhängige Rückstellungsbewertung 253, 68

Pensionssicherungsverein 249, 162, 38
- Aufwendungen für Altersversorgung 275, 41
- Rückstellungen bei Arbeitsverhältnissen 249, 97

Pensionsverpflichtungen, Ansatz 249, 162
- Ansatzwahlrecht 246, 3
- Bewertung 249, 162

Pensionsverpflichtungen in Altfällen, Erstkonsolidierung 301, 68

Pensionszusagen, Einheitlichkeit der Bewertung im Konzern 308, 11

performance materiality, Prüfungstechnik 317, 17

periodenfremde Erträge und Aufwendungen, Anhang 277, 51
- Eingänge auf abgeschriebene Forderungen 277, 54
- Fehler der Vorjahre 277, 52
- Korrekturen von Fehlern in laufender Rechnung 277, 52
- Revision von Schätzungen 277, 53
- Steuernachzahlungen 277, 54
- Veräußerung von Sachanlagen 277, 54
- Zuschreibungen 277, 54

periodengerechte Erfolgsermittlung, Periodisierungsprinzip 252, 163

Periodisierungsprinzip, Bestimmung zweier Zeitpunkte 252, 163
- periodengerechte Erfolgsermittlung 252, 163
- Realisationsprinzip 252, 164
- Verbindlichkeitsrückstellungen 252, 165
- Verursachungsprinzip 252, 164

permanente Inventur, automatisch gesteuerte Lagersysteme 241, 19
- Bestandsaufnahme 241, 6
- Voraussetzungen 241, 17
- Warenwirtschaftssysteme 241, 19
- Werkstattinventur 241, 19

Perpetuals, Eigenkapital 246, 65
- ewige Anleihen 246, 65

Personalaufwand, Altersversorgung 275, 29
- Löhne und Gehälter 275, 29
- soziale Abgaben 275, 29
- Unterstützung 275, 29

personenbezogene Angaben, Genossenschaften 338, 4

Personenhandelsgesellschaften, Abgrenzung von Eigen- und Fremdkapital 246, 76
- Abgrenzung von Eigenkapital und Gesellschafterdarlehen 246, 78
- Aufgliederung einzelner Kapitalkonten 246, 83
- Betriebsvermögen 246, 143
- Eigenkapital 246, 75

- Ergebnisverteilung und Entnahmeberechtigung der persönlich haftenden Gesellschafter **246**, 87
- Festkapital **246**, 78, 101
- Festkapitalkonten **246**, 102
- gesamthänderisch gebundene Rücklagen **246**, 105
- Gesellschafterdarlehen **246**, 78
- gewillkürtes Sonderbetriebsvermögen **246**, 143
- Gewinnbezugsrecht **255**, 123
- Gewinnentnahmerechte als Fremdkapital **246**, 106
- Gewinnverwendungsbeschluss **246**, 107
- Inhalt des Kapitalanteils **246**, 86
- Kapitalanteil und Ergebnisverteilung der Kommanditisten **246**, 92
- Kapitalkonto II **246**, 103
- Kontenführung der Gesellschafter **246**, 101
- Straf-, Buß- und Ordnungsgeldvorschriften **335b**
- variable Kapitalkonten **246**, 103
- Verlustvortragskonto (Kapitalkonto IV) **246**, 78
- Zugangsbewertung **255**, 122
- Zuordnung von Vermögensgegenständen **246**, 143
- Zwei-Konten-Modell **246**, 103

Personenhandelsgesellschaften als untergeordnete Einheit, latente Steuern **274**, 75

Personenhandelsgesellschaften und persönliche Haftung, gesetzliche Vertreter **264a**, 11
- Haftungstatbestand **264a**, 6
- mehrstöckige Konstellationen **264a**, 9
- mittelbare Haftung **264a**, 9
- natürliche Person **264a**, 7

Personenkreis, Verantwortlichkeit des Abschlussprüfers **323**, 8

Personenunternehmen, freiwilliger Anhang **264**, 8

persönlich haftende Gesellschafter, Anhangangaben **285**, 104
- Ergebnisverteilung und Entnahmeberechtigung **246**, 87

persönlich haftender Gesellschafter, Anhangangaben **285**, 15

persönliche Erfüllung, Buchführungspflicht **238**, 4

persönliche Zurechnung, Aktivierung von Forderungen **246**, 42

Pfandkreislauf **246**, 257; **249**, 162
- Buchungspraxis **246**, 266a
- Realisationsprinzip **252**, 112

Pfandrechte, Anhangangaben **285**, 5

Pflegeeinrichtungen, Formblattverordnungen **330**, 8

Pflichtangaben, Lagebericht **289**, 16

Pflichtbestandteile, Herstellungskosten **255**, 82

Pflichtbestandteile der Bewertung, Herstellungskosten **255**, 96

Pflichtprüfung, Prüfungsobjekte **317**, 3, 5
- Prüfungsziele **317**, 4

physische Beschaffenheit von Rohmaterialien und Waren, Abschreibungen **253**, 153

placement fees, Rabatte **277**, 16
- sales incentives **277**, 15

Planänderung, planmäßige Abschreibungen **253**, 103

planmäßige Abschreibungen,
- Abschreibungsbeginn **253**, 97
- Abschreibungsende **253**, 99
- Abschreibungsmethode **253**, 100
- Abschreibungsplan **253**, 86
- Abschreibungsvolumen **253**, 94
- components approach **253**, 92
- effektive Nutzung **253**, 93
- ein oder mehrere Vermögensgegenstände **253**, 91
- geometrisch-degressive Abschreibungen **253**, 100
- goodwill **309**, 5
- immaterielle Sachanlagegegenstände **253**, 101
- keine Wertminderung **253**, 93
- leistungsabhängiges Abschreibungsverfahren **253**, 93
- lineare Abschreibungen **253**, 100
- nachträgliche Herstellungskosten **253**, 93
- Nutzungsdauer **253**, 88

- Nutzungsintensität 253, 88
- Planänderung 253, 103
- Restwert 253, 94
- steuerliche Nutzungsdauern 253, 90
- umgekehrte Maßgeblichkeit 253, 101
- unterjährige Anschaffung 253, 98
- wirtschaftlich sinnvolle Verwendungsmöglichkeiten 253, 93
- Zeitverlauf 253, 93

(außer-)planmäßige Abschreibungen, Umsatzkosten 275, 63

Planung, Prüfungsablauf 317, 61

Planvermögen, Aktivüberhang 246, 292
- ausschließliche Bestimmung zur Erfüllung der Altersversorgungsverpflichtung 246, 290b
- contractual trust arrangements (CTA) 246, 289, 290c
- Erträge 275, 45
- Insolvenzfestigkeit 246, 290c
- pension trust-Modelle 246, 289
- Qualifikation 246, 290a
- Versorgungs- vs. Zinsaufwand 275, 45
- Zeitwert 255, 146
- Zeitwertänderungen 275, 46
- Zinserträge 275, 98

Planvermögen bei Pensionsverpflichtungen, Anhangangabe 285, 153

Planvermögen zur Finanzierung von Pensionsverpflichtungen 246, 287

Plausibilität und Widerspruchsfreiheit, Lagebericht 289, 12

Poolabschreibung, Abschreibungen 253, 104a
- Anhangangaben 284, 20

pooling of interest, Interessenzusammenführungsmethode 301, 11

Poolverträge, Mutter-Tochter-Verhältnis 290, 69

Portfolio-hedge, Bewertungseinheiten 254, 28, 44

Postenbezeichnungen, Änderung 265, 41
- Anpassung 265, 41
- Erweiterung 265, 41
- Kürzung 265, 41
- Verwendung geraffter Bezeichnungen 265, 43

Präsenzmehrheit, beherrschender Einfluss 290, 11, 15

Pre-Clearence, Prüfstelle für Rechnungslegung 342b, 27

preexisting relationships, Zeitwertermittlung Erstkonsolidierung 301, 84

Preisentwicklung nach dem Bilanzstichtag, Wertaufhellung 252, 71

Preissteigerungen, Bewertung von Rückstellungen 253, 31

Preisunterschiede, LiFo-Verfahren 256, 41

prime standard, kapitalmarktorientierte Kapitalgesellschaft 264d, 2

principle override, Generalnorm 264, 17

prinzipienorientierte Befangenheitsbesorgnis, Abschlussprüfer 319, 7 ff.

private equity, Eigenkapital 246, 68

private oder betriebliche Sphäre, Schulden 246, 138

privater Bereich, Einzelkaufmann 246, 130

privates Rechnungslegungsgremium, Anerkennung des DRSC als privates Rechnungslegungsgremium 342, 3
- Aufgaben 342, 4
- Ausstrahlungswirkung von Konzernstandards auf den Jahresabschluss 342, 5
- Beratung bei Gesetzesvorhaben 342, 7
- Empfehlungen zur Konzernrechnungslegung 342, 4
- Entwicklung von Rechnungslegungsstandards 342, 4
- Interpretation der internationalen Rechnungslegungsstandards 342, 9
- Kündigung des Standardisierungsvertrags 342, 3a
- Rechnungslegungsbeirat 342, 3a
- Vermutung der Beachtung der GoB 342, 11
- Vertretung der Bundesrepublik Deutschland in internationalen Standardisierungsgremien 342, 8

Privatvermögen, Einzelkaufmann 246, 131
- Mitunternehmerschaft 246, 321
- notwendiges 246, 142f

Produkthaftung 249, 162

Profisportler 246, 32
– Bilanzgliederung 266, 20
– Entwicklungskosten 255, 144
Prognose, Prüfungshandlungen 317, 63
proportionale Konsolidierung, siehe quotale Konsolidierung
prospektive Effektivität, Bewertungseinheiten 254, 30, 34
Prototyp 246, 32
– Bilanzgliederung 266, 20
Provisionen, sonstige betriebliche Aufwendungen (Gesamtkostenverfahren) 275, 58
Provisionsanspruch des Handelsvertreters 249, 162
Provisionsaufwendungen des Darlehensnehmers 250, 51
Provisionsverpflichtungen gegenüber Handelsvertreter 249, 38
Provisionsvorschüsse an Handelsvertreter 250, 51
Prozesskosten 249, 38, 162; 252, 81
Prüfstelle, Verletzung der Geheimhaltungspflicht 333, 9
Prüfstelle für Rechnungslegung, Abschlussprüfer 342b, 22
– Anerkennungsvertrag 342b, 7
– Anlassprüfung 342b, 13
– Anzeigen gegenüber Strafverfolgungsbehörden und Wirtschaftsprüferkammer 342b, 27
– Auskunfts- und Offenlegungspflichten 342b, 21
– Auskunfts- und Vorlagepflichten gegenüber Finanzbehörden 342c, 9
– Durchführung der Prüfung 342b, 9
– eingeschränkter Bestätigungsvermerk 342b, 13
– Entsprechensprüfung 342b, 15
– fallverantwortlicher Prüfer 342b, 9
– Fehlerfeststellung 342b, 24
– Fehlerveröffentlichung 342b, 25
– Finanzierung durch Umlageverfahren 342d, 1
– Grundsatz der Wesentlichkeit 342b, 17
– Pre-Clearence 342b, 27
– Prüfstelle 342b, 9

– Prüfung auf Verlangen der BaFin 342b, 13
– Prüfungsanlässe 342b, 13
– Prüfungsmaßstab 342b, 15
– Stichprobenprüfung 342b, 13
– Verfahrensordnung der DPR 342b, 9
– Verschwiegenheitspflicht und Verwertungsverbot 342c, 3
– Vorrang von Nichtigkeitsklage und Sonderprüfung 342b, 19
– vorsätzlich oder fahrlässig falsche oder unvollständige Auskünfte 342e, 1
– zweistufiges Enforcement-Verfahren 342b, 2
Prüfung, befreiender Konzernabschluss 291, 22
– Lagebericht 317, 51
– Risikofrüherkennungssystem 317, 70
– Risikomanagementsystem 317, 60
Prüfungsablauf, Planung 317, 61
Prüfungsauftrag, Ablehnung 318, 21
– Abschlussprüfer 318, 21
– allgemeine Auftragsbedingungen 318, 22
– Kündigung 318, 43
– Vergütung 318, 25
– Widerruf 318, 28
Prüfungsausschuss, Aufsichtsrat 268, 52d
– Berichterstattung des Abschlussprüfers 324, 12
– fehlender Aufsichtsrat 324, 3
– kapitalmarktorientierte Kapitalgesellschaft 264d, 9
– Qualifikation der Mitglieder 324, 9
– Wahl des Abschlussprüfers 324, 11
Prüfungsbericht, „Vorweg"-Berichterstattung 321, 15
– Abweichungen von Rechnungslegungsstandards des DRSC 342, 12
– Aufgliederung und Erläuterung der Abschlussposten 321, 66
– Aufklärungen und Nachweise der gesetzlichen Vertreter 321, 70
– Beanstandungen 321, 52
– behobene Mängel 321, 49
– Berichtsanlagen 321, 87
– bestandsgefährdende Tatsachen 321, 35
– Bewertungsgrundlagen 321, 55

Stichwörter

- Darstellung des Prüfungsauftrags 321, 14
- Darstellung des Prüfungsgeschehens 321, 71
- Entsprechenserklärung 321, 45
- entwicklungsbeeinträchtigende Tatsachen 321, 35
- Erläuterungen zum Jahresabschluss 321, 54 ff.
- Ermessensspielräume 321, 60
- Erstprüfung 321, 107
- Erweiterung des Prüfungsauftrags 321, 80
- freiwillige Abschlussprüfung 321, 102
- fremdsprachig 321, 116
- Gemeinschaftsprüfung, joint audit 321, 114
- Gliederungsstruktur 321, 5
- Inhaltsübersicht 321, 1
- internationale Rechnungslegung 321, 109
- Klarheitsgebot 321, 10
- Konzernabschlussprüfung 321, 89
- Konzernrechnungslegung 321, 94
- Kündigung des Prüfungsauftrags 321, 115
- Lageberichte 321, 51
- management letter 321, 33
- Mängel 321, 117
- Nachtragsprüfung 321, 111
- Nichteinrichtung eines Risikofrüherkennungssystems 321, 45
- Offenlegung bei Insolvenz 321a, 1
- Offenlegung in Sonderfällen 321a, 1
- Ordnungsmäßigkeit der Rechnungslegung 321, 47
- Risikofrüherkennungssystem 321, 74
- Rückstellungsspiegel 321, 67
- sachverhaltsgestaltende Maßnahmen 321, 64
- Schriftform 321, 7
- schwerwiegende Verstöße 321, 44
- Stellungnahme zum Fortbestehen 321, 24
- Stellungnahme zur „Lage" 321, 17
- Stellungnahme zur künftigen Entwicklung 321, 26
- Unabhängigkeitsbestätigung 321, 79
- Unregelmäßigkeiten 321, 32
- Unrichtigkeiten 321, 32
- Unterzeichnung 321, 82
- Verstöße („fraud") 321, 32
- Volumen 321, 11
- Vorlage 321, 82
- Wiedergabe des Bestätigungsvermerks 321, 81

Prüfungsdurchführung, Verantwortlichkeit des Abschlussprüfers 323, 8

Prüfungselement, Grundsätze ordnungsmäßiger Abschlussprüfung 317, 13 ff.

Prüfungsgegenstand, Konzernabschluss 317, 66

Prüfungsgenauigkeit, Prüfungstechnik 317, 17

Prüfungsgesellschaften, Unabhängigkeit 319, 64

Prüfungshandlungen, abschließende 317, 44
- analytische 317, 43
- Ereignisse nach dem Bilanzstichtag 317, 64
- Konzernabschluss 317, 50
- Konzernabschlussprüfung 317, 74
- Lage der Gesellschaft 317, 62
- Prognose 317, 63
- Qualitätssicherung 317, 49
- Schätz- und Zeitwerte 317, 46

Prüfungshemmnisse, Beispiel 322, 54
- eingeschränkter Bestätigungsvermerk 322, 52
- Formulierungsvorschlag 322, 55

Prüfungsinhalte 317, 9 ff.
- freiwillige Abschlussprüfung 318, 29
- Lagebericht 317, 53

Prüfungskosten (Jahresabschluss) 249, 162

Prüfungsmaß, Prüfungstechnik 317, 17

Prüfungsobjekte, Jahresabschluss 316, 1
- Konzernabschlussprüfung 317, 72
- Lagebericht 316, 1
- Pflichtprüfung 317, 3, 5

Prüfungspflicht, Ausnahmen 316, 2; 317, 65
- Gesellschaft in Abwicklung 316, 3
- Konzernabschluss 316, 7

Prüfungspflicht des Aufsichtsrats, Jahresabschluss 268, 52b; 316, 6

Prüfungspflicht des Betreibers des eBAnz, Offenlegungspflichten 329, 1

Prüfungsrecht, Abschlussprüfung 320, 5

Prüfungsrisikomodell 317, 20
- Fehler- und Entdeckungsrisiko 317, 21

Prüfungstechnik, lückenlose Prüfung 317, 16
- performance materiality 317, 17
- Prüfungsgenauigkeit 317, 17
- Prüfungsmaß 317, 17

– Stichprobenauswahl 317, 16
– Wesentlichkeitsgrenze 317, 17
Prüfungsverband, Genossenschaften 336, 10
Prüfungsvertrag, Inhalt 318, 23
Prüfungsziele 317, 12
– Pflichtprüfung 317, 4
public private partnerships 246, 273
Publizität der kleinen GmbH, Vorab-Dividende 268, 39
puttable bond 246, 218

Q

Qualifikation der Mitglieder, Prüfungsausschuss 324, 9
qualifizierte Mehrheitserfordernisse, beherrschender Einfluss 290, 27
Qualität des befreienden Konzernabschlusses, Befreiung von der Pflicht zur Aufstellung eines Jahresabschlusses 264b, 20
Qualitätssicherung, Prüfungshandlungen 317, 49
Qualitätsunterschiede, LiFo-Verfahren 256, 41
quantitative oder qualitative Bestimmung, Wesentlichkeit 252, 184
Quasi-Wirtschaftsgut 246, 282
quotale Konsolidierung, abweichende Kapital- und Gewinnanteile 310, 29
– Anhang 310, 37
– Aufwands- und Ertragskonsolidierung 310, 24
– Ausweis quotal konsolidierter Posten 310, 28
– Entkonsolidierung 310, 36
– Kapitalkonsolidierung 310, 23
– Sacheinlagen 310, 25
– Schuldenkonsolidierung 310, 24
– sinngemäß anzuwendende Vollkonsolidierungsvorschriften 310, 21
– Statuswechsel 310, 31
– Stufenkonzept 310, 2
– vom Gemeinschaftsunternehmen zum Tochterunternehmen 310, 33
– vom Tochterunternehmen zum Gemeinschaftsunternehmen 310, 34

– Währungsumrechnung im Konzern 310, 27
– Zwischenergebniseliminierung 310, 25
Quotenkonsolidierung, siehe quotale Konsolidierung

R

Rabatte, placement fees 277, 16
Rahmenverträge, Erstkonsolidierung 301, 53
Rangrücktritt, Gesellschafterfinanzierung 246, 60
Rangrücktrittserklärung 246, 62
– Aktivierung von Forderungen 246, 41
– mittelbare Form 246, 62
Ratenzahlungen, Umsatzerlöse 277, 8
Rauchfilteranlage, Einbauverpflichtung 249, 162
reale Aktienoptionen, Ausgabe neuer Aktien 272, 69
– Einlagefähigkeit von Dienstleistungen 272, 79
– Erdienungszeitraum 272, 81
– grant date measurement 272, 81
– IFRS 2 272, 72
– nichtpagatorische Aufwendungen 272, 77
– Rückkauf eigener Aktien 272, 69
– Wert der Optionen im Zusagezeitpunkt 272, 81
Realisation, Umlegungsverfahren bei Baulanderschließung 255, 52a
Realisationsprinzip, Abgang der Vermögensgegenstände 252, 85
– angewandtes Schuldrecht 252, 93
– Ausbuchung ohne Realisationstatbestand 252, 144
– Automobilindustrie 252, 148a
– bedingter Verkauf 252, 112
– bilanzpolitisch motivierte Transaktionen 252, 89, 146
– closing 252, 117c
– Erbringung von Dienstleistungen 252, 89, 118
– Finanzwerte 252, 155
– Kaufanreize mit channel stuffing 252, 153
– Kommissionsgeschäft 252, 132

- langfristige Auftragsfertigung 252, 106
- Mehrkomponentengeschäfte 252, 89, 122
- Montageleistungen 252, 111
- Nutzungsvergütungen 252, 89, 121
- Periodisierungsprinzip 252, 164
- Pfandkreislauf 252, 112
- rechtsmängelbehaftete Erlöse 252, 89
- rechtsmängelbehaftete und nichtige Geschäfte 252, 139
- Risiko-Geschäfte 252, 116
- Risikominimierung 252, 96
- Rücktrittsrechte 252, 112
- Sachdividenden 252, 162b
- sale and buy back-Geschäfte 252, 146
- signing 252, 117e
- Sonderfälle des Übergangs der Preisgefahr 252, 100
- Stichtagsprinzip 252, 88
- Stornoreservekonto 252, 120a
- strukturierte Geschäftsmodelle 252, 89, 129
- Sukzessivlieferungsverträge 252, 154
- Tauschgeschäfte 252, 150
- umsatzbezogene Gewinnrealisierung 252, 85
- umsatzsteuerliche BFH-Rechtsprechung 252, 127
- Unternehmensverkauf 252, 117a
- Vergleich HGB/EStG und IFRS 252, 90
- Verkauf mit Nutzungsvorbehalt 252, 149
- Verkauf von Nutzungsrechten 252, 89, 135
- Verkaufsgeschäfte 252, 89, 93
- Versicherungsmakler 252, 120a
- Wiederkehrschuldverhältnisse 252, 154
- zeitpunktbezogene Dienstleistungen 252, 118
- zeitraumbezogene Dienstleistungen 252, 119
- Zeitverlauf 252, 88

Rebstöcke, Festbewertung 240, 33
receiver swap 254, 26
Rechnungsabgrenzungsposten, Abgrenzung zu Anzahlungen 250, 5
- Abgrenzung zu Dauerschuldverhältnissen 250, 8
- Abgrenzung zu Nutzungsrechten, öffentlich-private Partnerschaften 250, 18
- Abgrenzung zu Vermögensgegenständen und Schulden 250, 4
- Aufwendungen und Erträge 250, 31
- Ausgaben und Einnahmen 250, 27
- Bestandsaufnahme 240, 8
- bestimmte Zeit 250, 34
- Bestimmung nach dem Kalender 250, 34
- Bewertung 250, 33a
- Bilanzgliederung 266, 76, 92
- Mindestzeitraum 250, 37
- Schätzungserfordernis und Objektivierung 250, 40
- Schuldenkonsolidierung 303, 8
- schuldrechtliches Synallagma 250, 9
- tabellarischer Überblick 250, 50
- Tatbestandsmerkmale 250, 27
- Unterscheidungsmerkmale zu Bilanzposten 250, 4
- Vorfälligkeitsentschädigung 250, 11a
- Wesensgehalt 250, 1
- Wesentlichkeit 250, 3

Rechnungslegungsbeirat, Aufgaben 342a, 2
- Organisation 342a, 6
- personelle Zusammensetzung 342a, 4
- privates Rechnungslegungsgremium 342, 3a
- Verbindlichkeit der Beiratsempfehlungen 342a, 7

Rechnungslegungsinformationssystem, Abschlussprüfer 319a, 23 ff.
Rechnungslegungspflicht, Genossenschaften 336, 1
rechtlich noch nicht entstandene Vermögensgegenstände, Jahresboni 268, 105
- Mietzahlungsansprüche 268, 105
- Versorgungsverträge für Strom, Gas, Wasser 268, 105
- Zinserträge 268, 105

rechtliche Bedeutung, Bestätigungsvermerk 322, 7
rechtliche vs. wirtschaftliche Betrachtungsweise 246, 156
Rechtsfolgen bei Befangenheit, Abschlussprüfer 319, 69
Rechtsformspezifische Vorschriften, Konzernabschluss 298, 8
Rechtsformwechsel, latente Steuern 274, 57
rechtskräftiges Urteil, Stichtagsprinzip 252, 81

rechtskräftiges Urteil zu Schadenersatzverpflichtung 252, 81
Rechtsmängel der Forderung, Verbindlichkeiten 246, 53
rechtsmängelbehaftete Erlöse, Realisationsprinzip 252, 89
rechtsmängelbehaftete Forderungen, Aktivierung von Forderungen 246, 40
rechtsmängelbehaftete und nichtige Geschäfte, Realisationsprinzip 252, 139
Rechtsstreitigkeiten, Anschaffungskosten 255, 33
– Buchführung 238, 11
– Wertaufhellung 252, 73
Rechtsstrukturen, wirtschaftliches Eigentum 246, 154
Rechtsverfolgungskosten 249, 162
– Rückstellungen 249, 80
regelbasierte Befangenheitsvermutung, Abschlussprüfer 319, 24 ff.
Regelbewertung, einfach gewogener Durchschnittspreis 240, 36
– gewogener Durchschnitt 240, 35
– gleitend gewogene Durchschnittsberechnung 240, 36
Regelungsgehalt, Bestätigungsvermerk 322, 1
Registrierungskosten (für Arzneimittel) 249, 162
Regressionsmethode, Bewertungseinheiten 254, 37
Reisekosten des Vertriebsapparats, Herstellungskosten 255, 91
Reisespesen, Löhne und Gehälter 275, 34
Reklamefeldzüge, Herstellungskosten 255, 91
Rekultivierung 249, 162
– Grund und Boden 255, 106
Rekultivierungsaufwendungen 249, 38
relief from royalty-Methode, Zeitwertermittlung Erstkonsolidierung 301, 128
Rentenverpflichtungen, Abzinsungspflicht 253, 76
Reparaturkosten, sonstige betriebliche Aufwendungen (Gesamtkostenverfahren) 275, 58

Residualwertmethode, Zeitwertermittlung Erstkonsolidierung 301, 137
Restlaufzeit, Anhangangaben zu Verbindlichkeiten 285, 4
– Bilanzvermerke für Forderungen und Vermögensgegenstände 268, 101
– Bilanzvermerke für Verbindlichkeiten 268, 111
Restlaufzeit in Sonderfällen, Währungsumrechnung 256a, 14a
Restlaufzeit von Verbindlichkeiten, Anhangangaben 285, 4
Restrukturierungsaufwendungen, negativer Unterschiedsbetrag 301, 103
Restrukturierungskosten 249, 162
Restrukturierungsrückstellungen, Erstkonsolidierung 301, 66
Restwert, planmäßige Abschreibungen 253, 94
Restwertmethode, Kaufpreisaufteilung 255, 46
retrospektive Effektivität, Bewertungseinheiten 254, 32, 50
return of asset, Zeitwertermittlung Erstkonsolidierung 301, 82
reverse acquisition, Erwerbsmethode 301, 12
reverse floater 246, 218
reverse/bull floater 246, 218
Revision von Schätzungen, periodenfremde Erträge und Aufwendungen 277, 53
Rezepturen, Erstkonsolidierung 301, 50
Risiko der Inanspruchnahme aus Haftungsübernahmen, Anhangangabe 285, 160
Risiko-Chancen-Mehrheit, Zweckgesellschaften 290, 45
Risikofrüherkennungssystem, Konzernabschlussprüfung 317, 75
– Prüfung 317, 70
– Prüfungsbericht 321, 74
Risiko-Geschäfte, Realisationsprinzip 252, 116
Risikomanagementsystem, Prüfung 317, 60
Risikominimierung, Realisationsprinzip 252, 96

Roh-, Hilfs- und Betriebsstoffe, Materialaufwand   275, 21
– unüblich hohe Abschreibungen auf Vermögensgegenstände des Umlaufvermögens   275, 51
Rohergebnis, kleine und mittelgroße Kapital- und Kap. & Co.-Gesellschaften   276, 1
– kleine und mittelgroße Kapitalgesellschaften   275, 3
Rohmaterialien, Bilanzgliederung   266, 55
Rohrleitungsnetz, Bilanzgliederung   266, 41
Rohstoffe, Zeitwertermittlung Erstkonsolidierung   301, 71
roll over-Kredite, Anhangangaben   285, 4
– Währungsumrechnung   256a, 14c
Rollläden, Erweiterung als Gebäudeherstellung   255, 112
Rolltreppen, Bilanzgliederung   266, 32
Rotationsgebot, Abschlussprüfer   319a, 29 ff.
Rückbau, Mietereinbauten   246, 242
Rückbaukosten, Anschaffungskosten   255, 37
Rückbauverpflichtung   249, 162
Rückbeteiligung, equity-Methode   312, 34a
Rückbeteiligung der Tochter, Kapitalkonsolidierung   301, 122
Rückbeteiligung der Tochter an der Mutter, Kapitalkonsolidierung   301, 4
Rückdeckungsversicherung, Anschaffungskosten   255, 125c
Rückdeckungsversicherung bei Pensionsfonds, Zeitwert   255, 146
Rückerstattung des Kaufpreises   249, 162
Rückerwerb von Rechten, Erstkonsolidierung   301, 86
Rückgriffsforderungen, Haftungsverhältnisse   251, 37
Rückgriffsforderungen eines Bauunternehmers   253, 42
Rückgriffsforderungen für Sprungrückstellungen   253, 42
Rückgriffsrechte gegen Versicherer   253, 42
Rückkauf eigener Aktien, reale Aktienoptionen   272, 69

Rücklage für Anteile an herrschenden oder mehrheitlich beteiligten Unternehmen   272, 59
Rücklagen, siehe andere Gewinnrücklagen
– siehe gesetzlich Rücklage
– siehe Kapitalrücklage
– siehe satzungsmäßige Rücklagen
– Anteile an herrschenden oder mit Mehrheit beteiligten Unternehmen   268, 22
– Kap. & Co.-Gesellschaften   264c, 41
– Unternehmergesellschaft   268, 22
Rücklagen und Sonderabschreibungen für Ersatzbeschaffung, Maßgeblichkeit   252, 205
Rücklagen und Sonderabschreibungen nach § 6b EStG, Maßgeblichkeit   252, 205
Rücklagenauflösung, Ergebnisverwendung   268, 21
Rücklagenbewegung, Genossenschaften   337, 6
Rücklagenbildung, durch vertragliche Pflichten   270, 10
Rücklagendotierung, GmbH-Gesellschafterversammlung   268, 52v
Rücklagenveränderungsrechnung, Eigenkapitalveränderungsrechnung   268, 23
Rücknahme- und Entsorgungsverpflichtungen für Altgeräte, Kategorien des Umweltschutzes   249, 65, 162
Rücknahme und Verwertung von Erzeugnissen   253, 43
Rückstellungen für Ersatzbeschaffung, Betriebsverpachtung   246, 307
Rückstellungen, siehe auch Bewertung von Rückstellungen
– 51 %-Regel   249, 42
– ABC   249, 162
– Abgrenzung zum Steuerrecht   249, 113
– Abzinsung   253, 70
– Ansatzwahlrechte   249, 111
– Arbeitsverhältnisse   249, 81
– Bewertungskomponenten   253, 71a
– Bilanzgliederung   266, 78
– Dienstjubiläum   249, 157
– Ermessensspielraum   249, 43
– Erstkonsolidierung   301, 65, 91

– fehlendes Erfüllungsinteresse des Gläubigers **249**, 37, 10a
– für Dienstjubiläen **249**, 157
– für künftige Anschaffungs- oder Herstellungskosten (§ 5 Abs. 4b EStG) **249**, 159
– gewichtete Wahrscheinlichkeitsrechnung **249**, 44
– künftige Anschaffungs- oder Herstellungskosten **249**, 159
– Lebensarbeitszeitkonten **249**, 109
– Objektivierungsgebot **249**, 39
– Rechtsverfolgungskosten **249**, 80
– Schätzungszwang **249**, 43
– Unsicherheitsmoment **249**, 39
– Verletzung fremder Patent-, Urheber- oder ähnlicher Schutzrechte **249**, 161
– Verpflichtungen gegenüber dem Handelsvertreter **249**, 101
– Verpflichtungen im Rahmen der Rechnungslegung, Abrechnungsverpflichtung **249**, 103
Rückstellungen bei Arbeitsverhältnissen, Abfindungen **249**, 82
– aktienkursorientierte Vergütung **249**, 98
– Altersteilzeit **249**, 83
– Arbeitszeitkonten **249**, 89
– Entgelt-Rahmenabkommen (ERA) **249**, 90
– Gratifikationen, Boni, Tantiemen u. Ä. **249**, 91
– Jubiläumszuwendungen **249**, 93
– Krankheit **249**, 94
– Pensionssicherungsverein **249**, 97
– Sozialplanverpflichtung, Restrukturierung **249**, 95
– stock options **249**, 98
– Urlaub- und Gleitzeitguthaben **249**, 96
– Weihnachtsgeld **249**, 92
Rückstellungen für Altersversorgungsverpflichtungen, Zeitwert **255**, 146
Rückstellungen für Jubiläumszuwendungen, Maßgeblichkeit **252**, 214
Rückstellungen wegen Verletzung von Patentrechten, Maßgeblichkeit **252**, 214
Rückstellungsarten, Begrenzung **249**, 154

Rückstellungskategorien, Bewertung von Rückstellungen **253**, 39
Rückstellungsspiegel 253, 81
– Prüfungsbericht **321**, 67
Rücktrittsrechte, Realisationsprinzip **252**, 112
Rückzahlung von Beiträgen 249, 162
Rückzahlung von Entgelten 249, 38
Rückzahlungen an die Gesellschafter, ordentliche Kapitalherabsetzung **272**, 15
Rückzahlungsverpflichtung, gewinn- oder umsatzabhängig **246**, 56
Ruf eines Unternehmens, goodwill **301**, 46
Rumpfgeschäftsjahr, Größenmerkmale **267**, 9
Rumpfjahr, Geschäftsjahr **240**, 22

S

Sachanlagen, Aufgliederung **265**, 47
– Einheitlichkeit der Bewertung im Konzern **308**, 11
– Zeitwertermittlung Erstkonsolidierung **301**, 71
Sachanlagevermögen, Bestandsaufnahme **240**, 6
Sachbezüge, Organbezüge **285**, 54
Sachdividende 268, 13f; **252**, 162a
– Realisationsprinzip **252**, 162b
Sacheinlagen, siehe Kapitalerhöhung durch Bar- oder Sacheinlage
– Aktivierungsverbote **272**, 10d, 10j
– Bewertung **272**, 10e
– Bewertungsobergrenze **272**, 10k
– Bewertungswahlrecht **272**, 10l
– bilanzieller Zugangswert **272**, 10h
– Einlage eines Unternehmens **272**, 10i
– Einlage wesentlicher Beteiligungen **272**, 10m
– gesellschaftsrechtliche Bewertung **272**, 10f
– gesellschaftsrechtliche Einlagefähigkeit **272**, 10b
– handelsrechtliche Bilanzierungsfähigkeit **272**, 10b
– Interpretation als Anschaffung **272**, 10h
– Interpretation als lediglich anschaffungsähnlich **272**, 10h
– Kapitalflussrechnung **297**, 86

- Nutzungsrechte   272, 10c
- quotale Konsolidierung   310, 25
- steuerliche Bewertung   272, 10m
- Teilwert   272, 10m
- Unterbewertung   272, 10l
- Verkehrswert   272, 10k
- Zeitwert   272, 10k

Sachgesamtheiten   246, 43
Sachgründung, siehe Sacheinlagen
Sachleistungen, Löhne und Gehälter   275, 34
Sachleistungsverpflichtungen   249, 162
sachliche Zurechnung   246, 129
sachliche Zurechnung beim Einzelkaufmann, Aufwendungen   246, 129
- Erträge   246, 129
- Schulden   246, 129
- Vermögensgegenstände   246, 129

sachverhaltsgestaltende Bilanzpolitik, Anhangangaben   284, 57
sachverhaltsgestaltende Maßnahmen, Prüfungsbericht   321, 64
Sachverständiger, Ordnungsmäßigkeit der Buchführung   238, 12
Sachwertdarlehen, Betriebsverpachtung   246, 309
- Bewertung von Verbindlichkeiten   253, 20

Saldenbestätigungen, Einzelfallprüfungen   317, 35
Saldierung von Zinsaufwendungen und -erträgen   275, 100
- Kontokorrent   275, 99

Saldierungsverbot, GuV   275, 2
- Kapitalflussrechnung   297, 15

sale and buy back-Geschäfte, Realisationsprinzip   252, 146
sale and lease back, Anhangangaben   285, 10b, 11
- Leasing   246, 190

sale and lease back-Transaktionen   264, 23
sales incentives, placement fees   277, 15
Sammelabschreibung, Wesentlichkeit   252, 187
Sammelbewertung   249, 162
Sammelbewertungsgrundsatz, Bewertung von Rückstellungen   253, 40

Sanierungsaufwendungen, Anschaffungskosten   255, 34
Sanierungsmaßnahmen bei Kapitalgesellschaften, Beteiligungen an Tochtergesellschaften   255, 119
Sanitärbereich, wesentliche Verbesserung als Gebäudeherstellung   255, 115
Satteldach, Erweiterung als Gebäudeherstellung   255, 112
Satzungsbestimmung, beherrschender Einfluss   290, 38
satzungsmäßige Rücklagen, Abgrenzung zu anderen Gewinnrücklagen   272, 64
- Gesellschaftsvertrag oder Satzung   272, 64

Sauna- und Schwimmbadanlage, Bilanzgliederung   266, 32
Schachtanlagen, Bilanzgliederung   266, 40
Schadenersatzansprüche, Bilanzgliederung   266, 70
Schadstoffausstoß, siehe Emissionsrechte
Schadstoffemissionsrecht   247, 37
Schaffung eines Abraumvorrats   250, 51
Schattenanlagebuchführung, Wertaufholung   253, 161
Schätz- und Zeitwerte, Prüfungshandlungen   317, 46
Schätzungen, siehe Revision von Schätzungen
- Bewertung von Rückstellungen   253, 30

Schätzungserfordernisse, Bewertung von Rückstellungen   253, 32
- Bewertungsstetigkeit   252, 177
- deutsche Perspektive   252, 44
- eingeschränkte spezialgesetzliche Beachtung   252, 43
- kein Vorrang vor anderen Grundregeln   252, 40
- keine willkürliche Auslegung   252, 42
- ökonomische Perspektive   252, 46

Schätzungsprämissen, Lagebericht   289, 12
Schätzungsproblem, Wertaufhellung   252, 67
Schätzungszwang   249, 162
- Rückstellungen   249, 43

Schaukästen, Bilanzgliederung   266, 36
Schaumwein, Gruppenbildung   256, 14
Scheinbestandteil, Mietereinbauten   246, 239

Schiffe, Hinzufügung neuer Posten 265, 36
Schlusserklärung aus dem Abhängigkeitsbericht, Lagebericht 289, 79
Schmieröle, Festbewertung 240, 33
Schrauben, Nägel etc., Festbewertung 240, 33
Schriftform, Prüfungsbericht 321, 7
Schulden, Bekanntsein 246, 51
– betriebliche Veranlassung 246, 51
– Definition 246, 51
– Eigenkapital 247, 13
– Erfüllungsübernahme 246, 278
– gemischt veranlasste Verbindlichkeiten 246, 140
– Gesamtschuld 246, 278
– Gewissheit 246, 51
– Oberbegriff für Verbindlichkeiten 247, 14
– Quantifizierbarkeit 246, 51
– Rückstellungen 247, 14
– sachliche Zurechnung beim Einzelkaufmann 246, 129
– Schuldmitübernahme 246, 278
– treuhänderisch eingegangene Verpflichtungen 246, 278
– Veranlassungs- bzw. Entstehungszusammenhang 246, 138
– Verpflichtung 246, 51
– wirtschaftliche Begründung 246, 51
– wirtschaftliche Belastung 246, 51
– Zuordnung zur privaten oder betrieblichen Sphäre 246, 138
– Zurechnung bei mehreren Schuldnern 246, 277
Schulden, Zurechnung bei mehreren Schuldnern, Erfüllungsübernahme 246, 278
– Gesamtschuld 246, 277, 278
– Schuldübernahme 246, 278
– treuhänderisch eingegangene Verpflichtungen 246, 278
Schuldendeckungspotenzial, immaterielle Vermögensgegenstände 246, 12, 14
– Vermögensgegenstände 246, 10, 12, 14
Schuldenerlass, Kapitalflussrechnung 297, 86

Schuldenkonsolidierung, abweichende Stichtage 299, 17; 303, 6
– Anhangangaben zu Verbindlichkeiten und Haftungsverhältnissen 303, 18
– ausstehende Einlagen 303, 7
– Drittschuldverhältnisse 303, 10
– Drohverlustrückstellungen 303, 13
– echte Aufrechnungsdifferenzen 303, 13
– eingeforderte Einlagen 303, 7
– erhaltene Anzahlungen 303, 9
– geleistete Anzahlungen 303, 9
– latente Steuern im Konzern 306, 29
– Minderheiten 303, 16a; 307, 5, 24
– nicht eingeforderte Einlagen 303, 7
– quotale Konsolidierung 310, 24
– Rechnungsabgrenzungsposten 303, 8
– technisches Vorgehen bei echten Aufrechnungsdifferenzen 303, 17
– unechte Aufrechnungsdifferenzen 303, 5
– unverzinsliche Darlehen 303, 15a
– Währungserfolge auf konzerninterne Forderungen und Schulden 308a, 29
– Wertberichtigungen 303, 13
– zeitliche Buchungsunterschiede 303, 5
Schuldmitübernahme, Haftungsverhältnisse 251, 23
schuldrechtliches Synallagma, Rechnungsabgrenzungsposten 250, 9
Schuldübernahme, Kapitalflussrechnung 297, 86
– Zurechnung bei mehreren Schuldnern 246, 278
Schuldverschreibungen, Bilanzgliederung 266, 85
Schuldverschreibungen mit Emittententilgungswahlrecht, Eigenkapital 246, 74
Schutz- und Sicherungseinrichtungen, Bilanzgliederung 266, 36
Schutzklausel, Konzernanhang 313, 33
– Unterlassen von Anhangangaben 286, 1
Schutzmaßnahmen bei Befangenheit, Abschlussprüfer 319, 10 ff.
schwebende Absatzgeschäfte, drohende Verluste 249, 135

VERZEICHNIS Stichwörter

schwebende Geschäfte 246, 4; 249, 162
– Absatzgeschäfte 249, 121
– Ansatzverbot 246, 3
– Ausgeglichenheitsvermutung 246, 4
– Beginn und Ende 249, 123
– Begriffsdefinition, Anwendungsbereich 249, 121
– Beschaffungsgeschäfte 249, 121
– Bestandsaufnahme 240, 7
– Bewertungseinheiten 254, 9
– bilanzrechtliche Nichterfassung 249, 127
– Dauerschuldverhältnisse 246, 6; 249, 122
– Einmalgeschäfte 246, 6
schwebende Verträge, Erstkonsolidierung 301, 62
– Verbindlichkeiten 246, 54
– Verbindlichkeitsrückstellungen 249, 145
Schwebezustand, Beginn 246, 5
– Ende 246, 5
Schwellenwerte, alternierende Größe 267, 15
– große Kapitalgesellschaften 267, 12
– Größenklassen 267, 12
– kleine Kapitalgesellschaften 267, 12
– Konzernabschlusspflicht 293, 5
– mittelgroße Kapitalgesellschaften 267, 12
– Sprungwachstum/-verkleinerung 267, 15
– Stufenwachstum oder -verkleinerung 267, 15
– zeitliche Anforderungen an die Über-/Unterschreitung 267, 14
Schwerbeschädigte, soziale Abgaben 275, 40
Schwerbeschädigtenausgleichsabgaben, sonstige betriebliche Aufwendungen (Gesamtkostenverfahren) 275, 58
schwerwiegende Verstöße, Prüfungsbericht 321, 44
Seeliger-Formel, wirtschaftliches Eigentum 246, 152
Segmentberichterstattung, Konzernabschluss 297, 1
Sekundärrohstoffwirtschaft, LiFo-Verfahren 256, 41
selbst hergestellte Immaterialgüter des Anlagevermögens, Stetigkeitsgebot 246, 293
selbständige Bewertbarkeit, immaterielle Vermögensgegenstände 246, 16

selbsterstellte immaterielle Anlagegegenstände, Anhangangaben 284, 47
selbstgenutzte Sachanlagen, Zeitwertermittlung Erstkonsolidierung 301, 127
Sensitivitätsanalysen, Anhangangaben 284, 44
– Bewertungseinheiten 254, 37
separater GuV-Ausweis, latente Steuern 274, 63
share based payment, siehe Aktienoptionen
share deal, Erwerbsmethode 301, 7
Sicherheiten, Anhangangaben 285, 5
– Anhangangaben zu Verbindlichkeiten 285, 5
Sicherheitsinspektionen 249, 162
Sicherung erwarteter konzerninterner Umsätze, Bewertungseinheiten 254, 12
Sicherung von Fremdwährungsforderungen und Verbindlichkeiten, Bewertungseinheiten 254, 68
Sicherungsabtretung, Anhangangaben 285, 5
Sicherungsübereignung, Anhangangaben 285, 5
Sicherungszusammenhänge, siehe Bewertungseinheiten
Sielanschlusskosten, Grund und Boden 255, 104
signing, Realisationsprinzip 252, 117e
singuläre Sachverhalte, Bewertung von Rückstellungen 253, 34
Skonti, erhaltene Preisnachlässe 275, 3
– Erlösschmälerungen 275, 3
Software 246, 32
– Erstkonsolidierung 301, 50
Softwareunternehmen, Lizenzerlöse 277, 4
– Umsatzerlöse 277, 4
Sonderangaben bei börsennotierten Aktiengesellschaften, Organbezüge 285, 71
Sonderausweis von Erträgen aus Gewinngemeinschaften und Gewinnabführungen, Erträge aus Beteiligungen 275, 83
Sonderbetriebsvermögen, Mitunternehmerschaft 246, 322
– Sonderbetriebsvermögen I 246, 322
– Sonderbetriebsvermögen II 246, 323
– Willkürung 246, 324
– Zuordnung von Vermögensgegenständen 246, 145
Sonderbilanzen, latente Steuern 274, 25

Sondereinzelkosten der Fertigung, Herstellungskosten 255, 91
Sondereinzelkosten des Vertriebs, Herstellungskosten 255, 91
Sonderfälle, Anschaffungsvorgänge 255, 13
Sonderfälle des Übergangs der Preisgefahr, Realisationsprinzip 252, 100
Sonderposten, Bilanzgliederung 266, 76
– Kap. & Co.-Gesellschaften 264c, 54
– Übergangsvorschriften zum BilMoG Art. 67 EGHGB, 9
Sonderposten im Personalbereich, Herstellungskosten 255, 88
Sonderposten zwischen Eigen- und Fremdkapital, Gesellschafterfinanzierung 246, 59
Sonderprobleme der Aufwandsrückstellungen, Übergangsvorschriften zum BilMoG Art. 67 EGHGB, 16
Sonderprüfung, Vorrang vor DPR-Prüfung 342b, 19
Sondervergütungen, Mitunternehmerschaft 246, 325
Sondervorschriften, Konzernanhang 314, 17
Sondervorschriften für bestimmte Aktiengesellschaften, Lagebericht 289, 73
Sondervorschriften für kapitalmarktorientierte Kapitalgesellschaften, Lagebericht 289, 74
Sonderzahlungen, Leasing 246, 189
Sonnenmarkise, Erweiterung als Gebäudeherstellung 255, 112
sonstige betriebliche Aufwendungen (Gesamtkostenverfahren), Abgangsverluste bei Sachanlagen 275, 58
– Abschreibungen auf Forderungen 275, 58
– Aufsichtsratvergütungen 275, 58
– Avalprovisionen 275, 58
– Bankgebühren 275, 58
– Beiträge an Berufsverbände 275, 58
– Beratungshonorare 275, 58
– betriebliche Steuern 275, 58
– Erbbauzinsen 275, 58
– Gerichtskosten 275, 58
– Gründungskosten 275, 58
– Hauptversammlungskosten 275, 58
– Kommunikationskosten 275, 58
– Mieten 275, 58
– Notarkosten 275, 58
– Provisionen 275, 58
– Reparaturkosten 275, 58
– Restkategorie 275, 57
– Schwerbeschädigtenausgleichsabgaben 275, 58
– Spenden 275, 58
– Währungsverluste 275, 58
sonstige betriebliche Aufwendungen (Umsatzkostenverfahren), Forschungs- und Entwicklungskosten 275, 78
– Spenden 275, 78
– Umsatzkostenverfahren 275, 76
– Verluste aus Anlagenabgängen 275, 78
– Währungsverluste 275, 78
– Wertberichtigungen auf Forderungen 275, 78
– Zuführungen zu Rückstellungen 275, 78
sonstige betriebliche Erträge, (Versicherungs-)Entschädigungen 275, 17
– Abgang von Sachanlagevermögen 275, 17
– Abgrenzung von Umsatzerlösen 277, 1
– Auflösung von Rückstellungen 275, 17, 19
– Erträge aus Auflösung von Wertberichtigungen 275, 17
– Garantierückstellung 275, 20
– Hilfsbetriebe 275, 17
– Mieten, Pachten, Lizenzen 275, 17
– öffentliche Zuwendungen 275, 17
– Restkategorie 275, 16
– Umsatzkostenverfahren 275, 75
– Währungsumrechnung 275, 17
– Wertaufholungen 275, 17
– Zahlungseingänge auf ausgebuchte Forderungen 275, 17
sonstige finanzielle Verpflichtungen, Anhangangaben 285, 10b, 14
sonstige Rückstellungen, Anhangangaben 285, 95
sonstige Steuern, Ausfuhrzölle 275, 117
– ausländische Steuern 275, 117
– Kraftfahrzeugsteuer 275, 117
– Mineralölsteuer 275, 117
– Stromsteuer 275, 117
– Umsatzkostenverfahren 275, 118

- Verbrauchsteuer   275, 117
- Vergnügungsteuer   275, 117
- Versicherungsteuer   275, 119

sonstige Verbindlichkeiten, Bilanzgliederung   266, 90

sonstige Zinsen und ähnliche Erträge, Abzinsung von Rückstellungen   275, 97
- Aufzinsungsbeträge   275, 94
- Avalprovisionen   275, 96
- Komponenten des Zinsertrags   275, 92
- Stundung   275, 94
- Verzugszinsen   275, 94
- Zinsen aus Forderungen des Umlaufvermögens   275, 94
- Zinsen und Dividenden aus Wertpapieren des Umlaufvermögens   275, 94

soziale Abgaben, Arbeitgeberanteile zur Sozialversicherung   275, 39
- Berufsgenossenschaft   275, 39
- Betriebsfeiern   275, 40
- Personalaufwand   275, 29
- Schwerbeschädigte   275, 40

Sozialplan   249, 162
- faktische Verpflichtungen   249, 15
- fehlende Gläubigeridentifizierung   249, 15

Sozialplanleistungen, Löhne und Gehälter   275, 37

Sozialplanverpflichtung, Restrukturierung, Rückstellungen bei Arbeitsverhältnissen   249, 95

Sozialversicherungsabgaben, Bilanzgliederung   266, 90

Spaltung, Vorjahresbeträge   265, 22

Spaltung zur Neugründung, Eröffnungsbilanz   242, 9

Spaltungen, Organbezüge   285, 48

Spänetrocknungsanlage, Einbauverpflichtung   249, 162

Sparprämien   249, 38, 162

Spätlese, Gruppenbildung   256, 14

SPE, siehe Zweckgesellschaften

special purpose entities, siehe Zweckgesellschaften

Speditionskosten, Umsatzerlöse   277, 4, 18

Spenden, sonstige betriebliche Aufwendungen (Gesamtkostenverfahren)   275, 58
- sonstige betriebliche Aufwendungen (Umsatzkostenverfahren)   275, 78

Spezialfonds, Anhangangaben   285, 157
- Gemeinschaftsunternehmen   310, 12
- InvG   271, 15
- Konsolidierung   271, 15
- Unternehmensbegriff   271, 15
- wirtschaftliches Eigentum   271, 15
- Zweckgesellschaften   290, 54

Spezialreserveteile, Bilanzgliederung   266, 41

Spiegelbildmethode, Beteiligung an einer Personenhandelsgesellschaft   246, 121

Spielbanklizenzen, Zeitwertermittlung Erstkonsolidierung   301, 142

Spielerlaubnis, für Profisportler   246, 32

Sprache, Konzernabschluss   298, 5

Sprinkleranlage, Bilanzgliederung   266, 32

Stammkapital der GmbH, gezeichnetes Kapital   272, 3

Stammkundenbeziehungen, Erstkonsolidierung   301, 55

Standards des DRSC, Funktion der Abschlussprüfung   252, 203
- Vermutungsregel für die Konzernrechnungslegung   252, 202

statistisches Auswahlverfahren, Einzelfallprüfungen   317, 33

Stellungnahme zum Fortbestehen, Prüfungsbericht   321, 24

Stellungnahme zur „Lage", Prüfungsbericht   321, 17

Stellungnahme zur künftigen Entwicklung, Prüfungsbericht   321, 26

step up/step down bond   246, 218

Sterbegelder, Pensionsrückstellungen   253, 45a

Stetigkeit, siehe Darstellungsstetigkeit
- Lagebericht   289, 12

Stetigkeit der Konsolidierungsmethoden   297, 119
- Anhang   297, 123

Stetigkeitsgebot, Abweichungen   246, 294
- aktive latente Steuern   246, 293; 274, 48
- Altersversorgungsverpflichtungen   246, 293

- Ansatzwahlrechte 246, 293
- Disagio 246, 293
- Entwicklung im Zeitverlauf 246, 294
- Kapitalflussrechnung 297, 20
- selbst hergestellte Immaterialgüter des Anlagevermögens 246, 293
- wirtschaftliches Umfeld 246, 294

Steuerabgrenzung, siehe latente Steuern

Steuerberatungstätigkeit, Abschlussprüfer 319a, 4 ff.

Steuerbilanz, siehe elektronische Steuerbilanz
- Ausgleichsposten bei Organschaft 243, 336
- Betriebsaufspaltung 243, 296
- Betriebsverpachtung 243, 306
- Bilanzierungsfragen 243, 300
- Entnahmen und Einlagen 243, 316
- Ergänzungsbilanzen 243, 328
- Gewinnermittlung 243, 331
- Komponentenabschreibung 253, 92d
- Mitunternehmerschaft 243, 317
- Sondertatbestände der Bilanzierung 243, 296

Steuerbuchwert, Betriebsprüfungsrisiko 274, 26
- unsichere Steuerbuchwerte 274, 26

Steuererklärungen 249, 162

Steuererklärungskosten 249, 38

Steuererstattungsansprüche, Bilanzgliederung 266, 70

Steuerlatenz, siehe latente Steuern
- Überleitungsrechnung 274, 83a

Steuerlatenzposten, Bilanzgliederung 266, 92

Steuerlatenzrechnung, Anhangangaben 285, 162

steuerliche Abzinsungspflicht, Bewertung von Verbindlichkeiten 253, 23

steuerliche Bilanzierung, Organschaft 246, 341

steuerliche Nutzungsdauern, planmäßige Abschreibungen 253, 90

steuerliche Sonderposten 246, 282

steuerlicher Teilwert, außerplanmäßige Abschreibungen 253, 107

steuerliches Ansatzverbot, drohende Verluste 249, 130

Steuern, Anrechnungsverfahren 278, 1

Steuern und Abgaben, Anschaffungskosten 255, 27

Steuern vom Einkommen und vom Ertrag, Gewerbeertragsteuer 275, 113
- Körperschaftsteuer 275, 113
- latente Steuern 275, 114
- Organschaft 275, 116a

Steuernachzahlungen, periodenfremde Erträge und Aufwendungen 277, 54

steuerrechtliche Buchführungsvorschriften 238, 5

Stichprobenauswahl, Prüfungstechnik 317, 16

Stichprobeninventur, Bestandsaufnahme 241, 7

Stichprobenverfahren, Voraussetzungen 241, 11
- Zufallsprinzip 241, 12

Stichtag, siehe Konzernabschlussstichtag
- Ausnahmen 252, 27
- befreiende Schuldübernahmen 252, 29
- Einlagen á fonds perdu 252, 29
- Forderungsverzichte 252, 29
- Gewährung von Rückdeckungsansprüchen 252, 29
- Unternehmenssanierungen 252, 29
- Wertaufhellung 252, 26
- Werthaltigkeitsgarantien 252, 29
- Zeitverlauf 252, 26

Stichtag der Erstkonsolidierung 301, 10

Stichtagsbetrachtung, drohende Verluste 249, 130

Stichtagsprinzip, Aufdeckung einer Straftat 252, 81
- Ausgleichsanspruch für Handelsvertreter 252, 81
- Bilanzidentität 252, 6
- Bilanzstichtag 252, 51
- Einzelfälle aus der BFH-Rechtsprechung 252, 81
- Erstellungstag 252, 51
- Fortbestehenshypothese 252, 22
- Geldeingang auf wertberichtigte Kundenforderung 252, 81
- Kundenkonkurs nach dem Bilanzstichtag 252, 81
- Mängelrügen eines Kunden nach dem Bilanzstichtag 252, 81
- ökonomischer Gehalt 252, 53

- Realisationsprinzip 252, 88
- Rechtsbehelfseinlegung nach dem Bilanzstichtag 252, 81
- rechtskräftiges Urteil 252, 81
- Vergleichsangebot der Gegenseite 252, 81
- Vertragsänderung 252, 81
- Wechseleinlösung 252, 81
- Wechselschulden 252, 81
- Wertaufhellung 252, 51
- Wertaufhellung und Wertbegründung 252, 55

Stichtagsprinzip und Wertaufhellung, Währungsumrechnung 256a, 15

Stiftungen, Beteiligungsbegriff 271, 7

stille Beteiligung, beim Emittenten im Verlustfall 253, 29a
- Gewinnbezugsrechte 255, 124b
- Verlustabschreibung 253, 140a
- Verlustdeckungsverpflichtung 255, 124d
- Verlustzurechnung 253, 29b
- Zugangsbewertung 255, 124a

stille Beteiligungen, Beteiligungsbegriff 271, 8
- Erträge aus Beteiligungen 275, 86
- Wertminderung 253, 140a

stille Gesellschaft, Bilanzierung beim Inhaber/Emittenten 246, 67
- Eigenkapital 246, 67

stille Reserven, Aufwärtskonsolidierung 301, 108

Stilllegung, außerordentliches Ergebnis 277, 44

Stilllegungskosten 253, 43
- Mühlenbetrieb 250, 34

Stimmbindungsverträge, Mutter-Tochter-Verhältnis 290, 69

stimmrechtslose Vorzugsaktien, gezeichnetes Kapital 272, 4

Stimmrechtsmehrheit, beherrschender Einfluss 290, 22
- eigene Anteile 290, 74
- Gemeinschaftsunternehmen 310, 18
- qualifizierte Mehrheitserfordernisse 290, 27
- Zurechnung und Abzug von Rechten 290, 62

stock options 249, 162
- Rückstellungen bei Arbeitsverhältnissen 249, 98

Stornierungsgebot 239, 7

Stornoreservekonto, Realisationsprinzip 252, 120a

Straf-, Buß- und Ordnungsgeldvorschriften, Personenhandelsgesellschaften 335b

Strafvorschriften, unrichtige Darstellung 331, 1
- Verletzung der Geheimhaltungspflicht 333, 1

Straßenerstanlage, Grund und Boden 255, 103

Strom, Aufwendungen für bezogene Leistungen 275, 27

Stromsteuer, sonstige Steuern 275, 117
- Umsatzerlöse 277, 21

strukturierte Finanzinstrumente, Aufspaltung 246, 217

strukturierte Geschäftsmodelle, Realisationsprinzip 252, 89, 129

strukturierte Produkte 246, 216

strukturierte Rechtsgeschäfte 246, 163

Stufenkonzept, latente Steuern im Konzern 306, 14

Stufenzinsanleihe 246, 218

Stundung, sonstige Zinsen und ähnliche Erträge 275, 94
- Zinserträge 277, 8

Stundung des Leistungsentgelts, Umsatzerlöse 277, 8

Stundungszinsen, Zinsen und ähnliche Aufwendungen 275, 103

subjektive Anwendungsbereiche, Bilanzgliederung 266, 6

substance over form 246, 159
- beherrschender Einfluss 290, 31

Substanzerhaltungspflicht des Pächters 249, 162
- Betriebsverpachtung 246, 307

Substanzvermehrung durch Natursteinplatten, Erweiterung als Gebäudeherstellung 255, 111

subventionelle Zinszuschüsse 250, 52

sukzessiver Anteilserwerb, equity-Methode 312, 20
- Erstkonsolidierung 301, 3
- Erstkonsolidierungszeitpunkt 301, 13

Sukzessivlieferungsverträge, Realisationsprinzip 252, 154

Summenbilanz, keine eigenständige rechtliche Wirkung 300, 6
– Konzernabschluss 300, 3
super floater 246, 218
Swap 246, 212
– Bewertungseinheiten 254, 20, 44, 53, 67, 82
symbolischer Preis, Anschaffungskosten 255, 58
Systematik der Abweichungen von Handels- und Steuerbilanz, Maßgeblichkeit 252, 214
Systemprüfung, Grenzen 317, 32

T

Tabakquote 246, 32
Tabaksteuer, Umsatzerlöse 277, 21
Tabakvorräte, LiFo-Verfahren 256, 41
Tafelwein, Gruppenbildung 256, 14
Tagungen und Schulungen, Herstellungskosten 255, 91
take or pay-Verträge, Anhangangaben 285, 10
Tanks, Bilanzgliederung 266, 41
Tankstellenanlagen, Hinzufügung neuer Posten 265, 36
Tannenbaumprinzip, Teilkonzernabschluss 290, 6
Tantiemen 249, 162
– Organbezüge 285, 65d
Tatbestandsmerkmale, wirtschaftliches Eigentum 246, 151
Tatsachen nach Erteilung, Bestätigungsvermerk 322, 83
tatsachengetreue Darstellung, siehe Generalnorm
tatsächliche Verhältnisse, siehe Generalnorm
Tausch, Anschaffungskosten 255, 49
– Kapitalflussrechnung 297, 86
Tausch von Anteilen, Erstkonsolidierung 301, 32
Tauschgeschäft, Bewertung von Verbindlichkeiten 253, 20
– Realisationsprinzip 252, 150
– Umsatzerlöse 277, 5
tax amortization benefit, Zeitwertermittlung Erstkonsolidierung 301, 138, 144

Taxonomie, elektronische Steuerbilanz 243, 28
technische Anlagen und Maschinen, Bilanzgliederung 266, 41
technologisch getriebene Marken, Erstkonsolidierung 301, 57
Teilabgang, Kapitalherabsetzung 255, 121c
Teilamortisationsverträge über Mobilien 246, 180
Teilbetrieb, Geschäfts- oder Firmenwert 246, 281d
Teileigentum, Bilanzgliederung 266, 25
Teilerwerb, Unternehmen 246, 281d
Teilgewinnabführungsvertrag, Abführungsverpflichtung 277, 35
Teilkonzernabschluss, siehe befreiender Konzernabschluss
– siehe befreiender Konzernabschluss aus Drittstaat
– Befreiung 291, 2
– EU-/EWR-Staaten 291, 10
– indirektes Mutter-Tochter-Verhältnis 291, 9
– kapitalmarktorientierte Gesellschaften 291, 3
– KonBefrV 292, 4
– mehrstufiger Konzern 291, 1
– Mutter-Tochter-Verhältnis 291, 8
– Offenlegung 291, 12
– Offenlegungsfrist 291, 13
– Sitz und Rechtsform des Mutterunternehmens höherer Stufe 291, 6
– Tannenbaumprinzip 290, 6; 291, 1
– übergeordneter Konzernabschluss aus Drittstaat 292, 2
– Voraussetzungen für die Befreiung 291, 3
Teilwert, Dauer der Wertminderung 253, 115
– fehlende Rentabilität 253, 114
– gesunkene Wiederbeschaffungskosten 253, 114
– Sacheinlagen 272, 10m
– überhöhte Kosten 253, 113
Teilwertabschreibungen, Kapitalgesellschaftsanteile 253, 166c
– Maßgeblichkeit 252, 209
– vs. außerplanmäßige Abschreibung 253, 137a
– Wahlrecht 253, 137a

Teilwertabschreibungen auf eigenkapitalersetzendes Darlehen, Betriebsaufspaltung 246, 302
Teilwertverfahren, Pensionsrückstellungen 253, 55
Teilzeitbeschäftigte, Arbeitnehmerzahl 267, 6
Telefone, Bilanzgliederung 266, 42
temporäre Differenzen, siehe zeitlich begrenzte Unterschiede
temporary-Konzept, Beschränkung auf Buchwertunterschiede 274, 6a
Termingeldeinlagen, Bilanzgliederung 266, 74
Termingeschäfte 246, 208
Testamentsvollstrecker, Buchführungspflicht 238, 3
Textilindustrie, LiFo-Verfahren 256, 41
Thermalwasserbezugsrecht 246, 32
– Bilanzgliederung 266, 20
thesaurierte Gewinne, equity-Methode 312, 29
– negativer Unterschiedsbetrag 309, 14
Thesaurierungen, negativer Unterschiedsbetrag 301, 27
Tochterkapitalgesellschaften, Beherrschungs- oder Gewinnabführungsvertrag 264, 47
– Ergebnisabführungsvertrag 264, 46
– Erleichterungen 264, 37
– Verlustübernahme 264, 45
Tochterunternehmen mit abweichendem Stichtag, Konzernabschlussstichtag 299, 6
Tod nach Bilanzstichtag 252, 81
Tonträger 246, 32
traditional cashflow approach, Zeitwertermittlung Erstkonsolidierung 301, 140
Transaktionen unter gemeinsamer Kontrolle, Konzernabschluss 301, 119d
Transaktionskosten, Zwischenergebniseliminierung 304, 8
Transferentschädigung 246, 32
transparentes Steuersystem, Mitunternehmerschaft 246, 316
Transportkosten, Anschaffungskosten 255, 27
Transportleistungen, Umsatzerlöse 277, 19
Treibhausgas-Emissionsrechte, siehe Emissionsrechte

Trennung der Gesellschaftergruppen, Kap. & Co.-Gesellschaften 264c, 20
Trennungsentschädigungen, Löhne und Gehälter 275, 35
Treppenhausauslagerung, Erweiterung als Gebäudeherstellung 255, 112
Treueprämienprogramme, Erlösschmälerungen 277, 11
treuhänderisch eingegangene Verpflichtungen, Zurechnung bei mehreren Schuldnern 246, 278
Treuhandverhältnisse 246, 197
– Mutter-Tochter-Verhältnis 290, 65
– Mutter-Verhältnis 290, 4
true and fair view, siehe Generalnorm 264, 14
– uneingeschränkter Bestätigungsvermerk 322, 35
typische Dienstleistungen, Umsatzerlöse 277, 1
typische Erzeugnisse und Waren, Umsatzerlöse 277, 1
Typologie, Betriebsaufspaltung 246, 299

U

Überblick über Einreichungsvorschriften, Offenlegung 325, 1
Überführung 255, 7
Übergangskonsolidierung, siehe Abwärtskonsolidierung
– siehe Aufwärtskonsolidierung
Übergangsvorschriften zum BilMoG Art. 66 EGHGB, 1
– alle Rückstellungen Art. 67 EGHGB, 7
– Angaben im Konzernanhang Art. 67 EGHGB, 42
– Angabepflichten bei wesentlicher Änderung des Konsolidierungskreises Art. 66 EGHGB, 15
– Angabepflichten im Anhang und Lagebericht Art. 66 EGHGB, 7
– Anhangangaben Art. 67 EGHGB, 42
– Ansatzwahlrecht 246, 3
– Aufwandsrückstellungen Art. 67 EGHGB, 9
– Ausweis von Aufwendungen und Erträgen als außerordentlich Art. 67 EGHGB, 37
– Ausweisstetigkeit Art. 67 EGHGB, 42

- Bewertungsstetigkeit   Art. 67 EGHGB, 42
- deregulierende Erleichterungen   Art. 66 EGHGB, 4
- Durchbrechung des Stetigkeitsgebots   Art. 67 EGHGB, 42
- Einbeziehung Zweckgesellschaften   Art. 66 EGHGB, 12
- Einzelfälle der prospektiven Anwendung   Art. 66 EGHGB, 12
- equity-Bilanzierung   Art. 66 EGHGB, 15
- Ergebniseffekte aus erstmaliger Anwendung des temporary-Konzepts   Art. 67 EGHGB, 31
- Fehlbetragsangabe für Pensionsverpflichtungen   Art. 67 EGHGB, 8
- Folgeeffekte aus der Rücklagenverrechnung einzelner Bilanzposten   Art. 67 EGHGB, 34
- genereller Anwendungszeitpunkt   Art. 66 EGHGB, 9
- Geschäfts- oder Firmenwert   Art. 66 EGHGB, 15
- immaterielle Anlagegüter   Art. 66 EGHGB, 21
- Ingangsetzungskosten   Art. 67 EGHGB, 25
- Konzernrechnungslegungs- vorschriften   Art. 66 EGHGB, 15
- latente Steuern   Art. 67 EGHGB, 29
- Neubewertungsmethode   Art. 66 EGHGB, 15
- Pensionsrückstellungen   Art. 67 EGHGB, 3
- pooling of interest-Methode   Art. 67 EGHGB, 28
- Rückstellungsbewertung   Art. 67 EGHGB, 3
- Sonderprobleme der Aufwandsrückstellungen   Art. 67 EGHGB, 16
- Umfang der Herstellungskosten   Art. 66 EGHGB, 13
- unzulässig gewordene Bewertungen   Art. 67 EGHGB, 20
- Verzicht auf Anpassung von Vorjahresbeträgen   Art. 67 EGHGB, 42
- vorgezogene Pflichtanwendungen   Art. 66 EGHGB, 4
- vorzeitige Anwendungen insgesamt   Art. 66 EGHGB, 17
- Zeitpunkt der Erstkonsolidierung   Art. 66 EGHGB, 15
- Zugang eines Geschäfts- oder Firmenwerts   Art. 66 EGHGB, 12

überhöhte Anschaffungskosten, Anschaffungskosten   255, 63
- Fallbeispiele   255, 63d
- Nahestehende   255, 63
- unter Fremden   255, 63a

überhöhte Kosten, Teilwert   253, 113

Überkreuzbeteiligung, equity-Methode   312, 34a

Überleitung vom Jahresergebnis, Bilanzgewinn/-verlust   275, 122

Überleitung vom Jahresüberschuss zum Bilanzgewinn, Anhang   268, 29

Überleitungsrechnung, Steuerlatenz   274, 83a

Überleitungsrechnung (tax reconciliation), Anhangangaben   285, 170

Übernahme einer Ausbietungsgarantie   250, 52

Übernahme von Erschließungskosten   250, 52

Übernahme von Verbindlichkeiten, Renten, Kaufpreisraten, Anschaffungskosten   255, 54

Überprüfung anderer Abschlussprüfer, Konzernabschlussprüfung   317, 69

Überschreiten der vereinbarten Stundenhöchstmenge   252, 81

Übertragung auf nahestehendes Unternehmen, Drohverlustrückstellung   249, 161d

Uferschlammentsorgung   249, 162

Uferschutz und Entschlammung eines Flusskraftwerks   249, 38

Umbau eines Großraumbüros, Erhaltungsaufwand   255, 110

Umbuchungen, Anlagespiegel   268, 62

Umfang der Designation des Sicherungsinstruments, Bewertungseinheiten   254, 24

umgekehrte Betriebsaufspaltung, notwendiges Betriebsvermögen   246, 142c

umgekehrte Maßgeblichkeit   252, 215
- planmäßige Abschreibungen   253, 101

umgekehrter floater   246, 218

umgekehrter Unternehmenserwerb, Erwerbsmethode   301, 12

Umgestaltungen der Dachterrasse, Erweiterung als Gebäudeherstellung   255, 111

Umgliederungen aus Umlauf- in Anlagevermögen, Anlagespiegel   268, 75
Umlaufvermögen, siehe unüblich hohe Abschreibungen auf Vermögensgegenstände des Umlaufvermögens
– Abschreibungen   253, 141
– Wertaufholung   253, 162
Umlegungsverfahren bei Baulanderschließung, Anschaffung   255, 52a
– Realisation   255, 52a
Umrechnung, siehe Währungsumrechnung
Umrechnung ausländischer Tochterunternehmen, Konzernanlagespiegel   298, 27
Umrechnungsdifferenzen, siehe Währungsumrechnungsdifferenz im Konzern
Umrüstungen von Produktionsanlagen   249, 162
Umrüstungen, Anpassungen, Kategorien des Umweltschutzes   249, 64
umsatzbezogene Gewinnrealisierung, Realisationsprinzip   252, 85
Umsatzerlöse, siehe Erlösschmälerungen
– siehe Konsolidierung der Umsatzerlöse
– siehe Sachboni
– ABC   277, 4
– Abgrenzung von sonstigen Erträgen   277, 1
– Arbeitnehmerüberlassung   277, 4
– Auslagenersatz   277, 4
– Autovermieter   277, 3
– Baukostenzuschüsse   277, 4
– Biersteuer   277, 21
– erhaltene Anzahlungen   277, 9
– Erlöse aus Schrott   277, 1
– Gelegenheitsgeschäfte   277, 4
– Gestionsgebühren   277, 4
– gewöhnliche Geschäftstätigkeit   277, 1
– Größenmerkmale   267, 4
– Größenmerkmale Konzern   293, 13
– Herstellerleasing   277, 4
– Holdinggesellschaften   277, 4
– kommissionsähnliche Geschäfte   277, 6
– Kommissionsgeschäfte   277, 6
– Kompensationsgeschäfte   277, 4
– Konzernumlagen   277, 4
– Leistungen an Arbeitnehmer   277, 4
– Lizenzeinnahmen   277, 4
– Mietwagenunternehmen   277, 4
– Mineralölsteuer   277, 21
– Monopolabgaben   277, 21
– Nettokaltmiete   277, 20
– öffentliche Aufwands- und Ertragszuschüsse   277, 4
– Ratenzahlungen   277, 8
– Reisebüros   277, 6
– Softwareunternehmen   277, 4
– Speditionskosten   277, 4, 18
– Stromsteuer   277, 21
– Stundung des Leistungsentgelts   277, 8
– Tabaksteuer   277, 21
– Tauschgeschäfte   277, 5
– Transportleistungen   277, 19
– typische Dienstleistungen   277, 1
– typische Erzeugnisse und Waren   277, 1
– Umsatzsteuer   277, 21
– Untergliederung   265, 35
– Verbrauchssteuer   277, 21
– Versicherungsentschädigungen   277, 4
– Versicherungssteuer   277, 21
– Warmmiete   277, 20
– Werkskantine   277, 4
– Wohnungsunternehmen   277, 3, 20
– Zeitarbeitsunternehmen   277, 4
– Zeitschriftengrossisten   277, 3
Umsatzkosten, (außer-)planmäßige Abschreibungen   275, 63
– aktivierbare Zinsen   275, 63
– Handelsunternehmen   275, 60
– Herstellungskostenbegriff der GuV im Vergleich zu dem der Bilanz   275, 62
– Kosten der allgemeinen Verwaltung   275, 63
– nicht aktivierungsfähige Kosten des Herstellungsbereichs   275, 63
– sachliche und zeitliche Abgrenzung der Herstellungskosten   275, 61
– unangemessene Material- und Fertigungsgemeinkosten   275, 63
– wahlweise zu aktivierende Herstellungskosten   275, 63
– zeitliche Zuordnung der Herstellungskosten in der GuV   275, 67

Umsatzkostenmethode, außerplanmäßige Abschreibungen 277, 31
Umsatzkostenverfahren, aktivierte Zinsen 277, 28
– allgemeine Verwaltungskosten 275, 71
– Anhangangaben 285, 37
– Bruttoergebnis vom Umsatz 275, 68
– cost of sales-Methode 275, 8
– Darstellungsstetigkeit 265, 15
– Forschungs- und Entwicklungskosten 275, 79
– Konsolidierung der Umsatzerlöse 305, 8
– sonstige betriebliche Aufwendungen (Umsatzkostenverfahren) 275, 76
– sonstige betriebliche Erträge 275, 75
– Vertriebskosten 275, 69
Umsatzsteuer, Umsatzerlöse 277, 21
Umsatzsteuereinzahlungen, Kapitalflussrechnung 297, 37
umsatzsteuerliche BFH-Rechtsprechung, Realisationsprinzip 252, 127
Umschlagshäufigkeit, Abschreibungen 253, 153
Umschuldung, Disagio 250, 47
Umspannstation, Bilanzgliederung 266, 41
Umstellung der Gebäudeheizung, Erhaltungsaufwand 255, 110
Umstrukturierungen, Erwerbsmethode 301, 12
Umtauschrecht, bedingte Kapitalerhöhung 272, 11
Umwandlung, außerordentliches Ergebnis 277, 45
Umwandlung einer Personengesellschaft in eine Kapitalgesellschaft, Größenmerkmale 267, 17
Umwandlungsrecht, Maßgeblichkeit 252, 214
Umweltschutz, Verbindlichkeitsrückstellungen 249, 50
Umweltschutzverpflichtungen 249, 162
un-, nieder- und hochverzinsliche Verbindlichkeiten, Bewertung von Verbindlichkeiten 253, 22
Unabhängigkeit, Abschlussprüfer 319, 59
– Prüfungsgesellschaften 319, 64
Unabhängigkeitsbestätigung, Prüfungsbericht 321, 79

unangemessene Material- und Fertigungsgemeinkosten, Umsatzkosten 275, 63
unbeheiztes Bad, wesentliche Verbesserung als Gebäudeherstellung 255, 114
unechte Aufrechnungsdifferenzen, siehe Schuldenkonsolidierung
unechte Auftragsproduktion, Anschaffungsvorgänge 255, 12
unechte Gemeinkosten, Anschaffungskosten 255, 22
unechte Lohnveredelung, Zwischenergebniseliminierung 304, 21
unechte Wahlrechte, Anhangangaben 284, 40
uneingeschränkter Bestätigungsvermerk, ergänzender Hinweis 322, 37
– Formulierungsvorschlag 322, 36
– Inhalt 322, 33
– Lagebericht 322, 34
– true and fair view 322, 35
Unfallversicherungsprämien, Organbezüge 285, 60
unfertige Leistungen, Bestandsaufnahme 240, 11
unfertige Produkte, Bilanzgliederung 266, 56
unfunded, Pensionsrückstellungen 253, 47
Ungewissheitsmoment 249, 162
ungünstiger Vertrag, drohende Verluste 253, 26
Unparteilichkeit, Abschlussprüfer 323, 12
Unregelmäßigkeiten, Prüfungsbericht 321, 32
unrichtige Angaben gegenüber Abschlussprüfern, unrichtige Darstellung 331, 20
unrichtige Darstellung, Bilanzeid 331, 19
– Offenlegung eines unrichtigen befreienden Einzelabschlusses oder Konzernabschlusses 331, 15
– Strafvorschriften 331, 1
– Täterkreis: Gesetzliche Vertreter und Aufsichtsräte 331, 5
– unrichtige Angaben gegenüber Abschlussprüfern 331, 20
– unrichtige Versicherung – Bilanzeid 331, 19
– unrichtige Wiedergabe oder Verschleierung 331, 9

– Verhältnis zu § 334 HGB 331, 13
– Verhältnis zu anderen Straftatbeständen 331, 21
unrichtige Wiedergabe oder Verschleierung, unrichtige Darstellung 331, 9
Unrichtigkeiten, Prüfungsbericht 321, 32
unsichere Steuerbuchwerte 274, 26
Unsicherheitsmoment, Rückstellungen 249, 39
Unteilbarkeitsgrundsatz, Betriebsvermögenseigenschaft 246, 135
– Betriebsvermögenseinheit 246, 135
Unter- oder Überverzinslichkeit, Bewertung von Verbindlichkeiten 253, 26
Unterbewertung, Sacheinlagen 272, 10l
Unterbilanz, ordentliche Kapitalherabsetzung 272, 15
Untergliederung der Rückstellungen, Pensionen und ähnliche Verpflichtungen 249, 8
– sonstige Rückstellungen 249, 8
– Steuerrückstellungen 249, 8
unterjährige Anschaffung, planmäßige Abschreibungen 253, 98
Unterlassen von Anhangangaben, Anteilsbesitz 286, 6
– Aufgliederung der Umsatzerlöse 286, 3
– Organvergütungen 286, 9
– Schutzklausel 286, 1
– Vorstandsbezüge börsennotierter Kapitalgesellschaften 286, 11
unterlassene Abschreibung von Finanzanlagen, Anhangangabe 285, 115
unterlassene Instandhaltung 249, 162
unterlassene Instandhaltungskosten, Aufwandsrückstellungen 249, 151
Unternehmen, Beteiligungsbegriff 271, 9
– Definition 246, 281a
– Teilerwerb 246, 281d
Unternehmensanalyse, Fehlerrisiken, Ermittlung 317, 25
Unternehmensbegriff, Bruchteilsgemeinschaften 271, 11
– erwerbswirtschaftliche Interessen 271, 10
– gesamthänderisches Vermögen 271, 10
– konzernleitende GbR 271, 13
– Organisation 271, 10

– Rechtsbeziehungen 271, 10
– Spezialfonds 271, 15
Unternehmensbewertung, außerplanmäßige Abschreibungen 253, 110
Unternehmensführung, Klärung 289a, 1
Unternehmenskauf, Vorjahresbeträge 265, 22
Unternehmensleitungsaufgaben, Abschlussprüfer 319, 50
Unternehmenssanierungen, Stichtag 252, 29
Unternehmensumstrukturierungen, Anschaffungskosten 255, 69
– Eröffnungsbilanz 242, 9
Unternehmensverbund, latente Steuern 274, 64
Unternehmensverkauf, Realisationsprinzip 252, 117a
unternehmerischer Bereich, Einzelkaufmann 246, 130
Unterscheidung zwischen Anschaffung und Herstellung, Herstellungskosten 255, 75
unterschiedliche Abnutzungszeiträume 246, 43
Unterschiedsbetrag, siehe goodwill
– siehe negativer Unterschiedsbetrag
Unterschiedsbetrag aus der Kapitalkonsolidierung, Konzernabschluss 298, 21
Unterstützung, siehe Aufwendungen für Unterstützung
– Personalaufwand 275, 29
Unterstützungskassen, Aufwendungen für Altersversorgung 275, 41
Untersuchungspflicht des Betreibers des eBAnz, Offenlegungspflichten 329, 1
Unterzeichnung, Bestätigungsvermerk 322, 63
– Konzernabschluss 298, 5
– Prüfungsbericht 321, 82
Unterzeichnung des Jahresabschlusses, Aufstellung des Abschlusses 245, 10
– Aufstellung des Jahresabschlusses 245, 7
– Beendigung der Abschlussprüfung 245, 7
– Einzelkaufmann 245, 1
– Feststellung 245, 7, 10
– Feststellungsdatum 245, 11
– Kap. & Co.-Gesellschaften 245, 2
– Kapitalgesellschaften 245, 1
– Objekt der Unterzeichnung 245, 5

– persönlich 245, 4
– unter Beachtung der tatsächlichen Verhältnisse 245, 14
– Unterzeichnung des Jahresabschlusses 245, 14
– unterzeichnungspflichtiger Personenkreis 245, 1
– Vorlage des Jahresabschlusses 245, 7
– Zeitpunkt 245, 5
unüblich hohe Abschreibungen auf Vermögensgegenstände des Umlaufvermögens, Bestandsveränderungen 277, 22
– Erzeugnisse 275, 51
– Forderungen 275, 51
– Niederstwertabschreibung 277, 24
– Roh-, Hilfs- und Betriebsstoffe 275, 51
– Stilllegung 277, 24
– Waren 275, 51
– Wertpapiere des Umlaufvermögens 275, 52
– Zerstörung 277, 24
unverzinsliche Darlehen, Schuldenkonsolidierung 303, 15a
unverzinsliche Verbindlichkeiten, Bewertung von Verbindlichkeiten 253, 24
Unwesentlichkeit, Festbewertung 240, 24
– Zusammenfassung von Posten 265, 44
unwiderlegbare Ausschlussgründe, Netzwerk 319b, 10
unwirksame Bestellung, Abschlussprüfer 319, 6
unwirksame oder schwebend unwirksame Verträge, Wertaufhellung 252, 72
unzulässige Festwerte 240, 34
unzulässige Verbrauchsfolgeverfahren 256, 17
upstream-Lieferungen, equity-Methode 312, 51
Urheberrecht 246, 32
Urlaub 249, 162
Urlaub- und Gleitzeitguthaben, Rückstellungen bei Arbeitsverhältnissen 249, 96
Urlaubsgeld bei abweichendem Geschäftsjahr 250, 51
Urlaubsrückstellung, Berechnungsschema 253, 81b
– Bewertung 253, 81b
Urlaubsverpflichtung 249, 38

V

variabel verzinsliche Anleihe mit Maximalzins 246, 218
variabel verzinsliche Anleihe mit Mindest- und Höchstzins 246, 218
variable Kapitalkonten, Personenhandelsgesellschaften 246, 103
variable principal redemption bond 246, 218
Veränderung der Geschäftsguthaben, Genossenschaften 338, 3
Veranlassungs- bzw. Entstehungszusammenhang, Schulden 246, 138
Verantwortlichkeit, Abschlussprüfer 323, 1 ff.
Verantwortlichkeit des Abschlussprüfers, Personenkreis 323, 8
– Prüfungsdurchführung 323, 8
– Reglement 323, 10
Veräußerung von Sachanlagen, periodenfremde Erträge und Aufwendungen 277, 54
Veräußerung von Tochterunternehmen, Änderung des Konsolidierungskreises 294, 5
verbesserte Kreditbedingungen, Disagio 250, 47
Verbindlichkeiten, Anfechtungsrecht 246, 53
– Bestreiten 246, 53
– Bewertung mit Zinseffekten 253, 22
– Bilanzgliederung 266, 83
– Eventualverbindlichkeit 246, 54
– Indexierung 253, 29
– Konzernanhang 314, 2
– korrespondierende Bewertung beim Gläubiger 253, 23
– Nichtkenntnis 246, 53
– Rechtsmängel der Forderung 246, 53
– schwebende Verträge 246, 54
– Verjährung 246, 53
– Verlusttragungsverpflichtung des Gläubigers 253, 29a
– Verlustzurechnung an Gläubiger 253, 29a
– Zeitwertermittlung Erstkonsolidierung 301, 71
– Zurückbehaltungsrecht 246, 53

Verbindlichkeiten aus Lieferungen und Leistungen, Bilanzgliederung 266, 88
Verbindlichkeitenspiegel, Bilanzgliederung 266, 84
Verbindlichkeitsausweis, vollständige Gewinnverwendung 268, 30
Verbindlichkeitsrückstellungen, Begriffsinhalt (negativ) 249, 22
– BFH-Rechtsprechung 249, 56
– eigenständige Ansatzbegründung 249, 27
– Erfüllungszeitpunkt 249, 146
– Ergänzungsfunktion zum rechtlichen Bestehen der Verpflichtung 249, 26
– Eventualschuld 249, 12
– gesetzliche Schuldverhältnisse 249, 10
– im Rahmen eines schwebenden Vertrags 249, 145
– Kasuistik 249, 38
– Korrekturfunktion 249, 47
– matching principle 249, 32
– öffentlich-rechtliche Verpflichtungen 249, 10
– Pachterneuerungsrückstellungen 249, 149
– Periodisierungsprinzip 252, 165
– Tatbestandsmerkmale 249, 31
– Umweltschutz 249, 50
– Vertragsverhältnisse 249, 10
– wirtschaftliche Verursachung 249, 22
– Zuwachssparen 249, 148
Verbot, Anhangangaben 284, 39
Verbrauchsfolge, betriebswirtschaftliche Grundlagen 256, 1
– FiFo-Verfahren 256, 17
– gleichartige Vermögensgegenstände 256, 11
– GoB-Entsprechung 256, 5
– Gruppenbildung 256, 11
– LiFo-Verfahren 256, 17
– Tatbestandsvoraussetzungen 256, 5
– unzulässige Verfahren 256, 17
– zulässige Verfahren 256, 17
Verbrauchsfolgeverfahren, Anhangangaben 284, 49
– Maßgeblichkeit 252, 208
– Steuerbilanz 256, 38

Verbrauchssteuern, Anschaffungskosten 255, 27
– sonstige Steuern 275, 117
– Umsatzerlöse 277, 21
verbriefte Titel, Bilanzgliederung 266, 52
verbundene Unternehmen, ausländische Mutter 271, 27
– Begriff 271, 26
– enge Auslegung 271, 26
– Erträge aus anderen Wertpapieren und Ausleihungen des Finanzanlagevermögens 275, 87
– Erträge aus Beteiligungen 275, 83
– Gesamtkonzernabschluss nach Publizitätsgesetz 271, 27
– Gleichordnungskonzern 271, 27
– Mutterunternehmen nach Publizitätsgesetz 271, 27
– Relevanz der Abgrenzung 271, 25
– Unterschreiten der Größenmerkmale 271, 27
– weite Auslegung 271, 28
Verbundposition, Bilanzgliederung 266, 47
verdeckte Einlagen, siehe andere Zuzahlungen
– Bewertungswahlrecht 272, 51
– gesellschaftsrechtlich 272, 47a
– steuer- und bilanzrechtlich 272, 47a
– steuerrechtliche Behandlung 272, 51a
verdeckte Leasingverträge 246, 160
verderbliche Ware, LiFo-Verfahren 256, 41
vereinfachte Kapitalherabsetzung 272, 8
– abgeschwächter Gläubigerschutz 272, 18
– bilanzielle Rückbeziehung 272, 21
– Gewinnverwendungsrechnung 272, 19
– Handelsregistereintragung 272, 20
– Rückbezug 272, 7
Vereinnahmung der Optionsprämie 246, 211
Verfliesung eines milchverarbeitenden Betriebs, Bilanzgliederung 266, 32
Verfügungsmacht, wirtschaftliches Eigentum 246, 151
vergebliche Ausgaben, Anschaffungskosten 255, 24
Vergleich HGB/EStG und IFRS, Realisationsprinzip 252, 90
Vergleich über strittigen Sachverhalt 252, 81

Vergleichsangebot der Gegenseite, Stichtagsprinzip 252, 81
Vergleichswertverfahren, Zeitwertermittlung Erstkonsolidierung 301, 75
Vergnügungsteuer, sonstige Steuern 275, 117
Vergütung, Prüfungsauftrag 318, 25
Vergütungsbericht, siehe Organbezüge
Vergütungssystem für Organmitglieder, Lagebericht 289, 69
Verhältnis von Erstellung und Offenlegung, Offenlegungspflichten 326, 6
Verhältnismethode, Kaufpreisaufteilung 255, 46
verjährte Forderungen, Aktivierung von Forderungen 246, 40
Verjährung, Verbindlichkeiten 246, 53
Verkauf mit Nutzungsvorbehalt, Realisationsprinzip 252, 149
Verkauf von Nutzungsrechten, Realisationsprinzip 252, 89, 135
Verkauf wesentlicher Betriebsteile, außerordentliches Ergebnis 277, 45
Verkaufsgeschäfte, Realisationsprinzip 252, 89, 93
Verkaufsprovisionen, Herstellungskosten 255, 91
verkehrsfähige Vorteile, goodwill 301, 46
Verkehrsunternehmen, Formblattverordnungen 330, 8
– mehrere Geschäftszweige 265, 53
Verlagsarchiv 246, 32
Verlagsrecht 246, 32
– Aktivierungsverbote 248, 10
Verlängerungsrechnung, siehe Ergebnisverwendung
Verletzung der Berichtspflicht, Bestätigungsvermerk 332, 11
– Erteilen eines unrichtigen Bestätigungsvermerks 332, 9
– Strafvorschriften 332, 1
– Täterkreis: Abschlussprüfer und deren Gehilfen 332, 6
– unrichtige Berichterstattung 332, 9
– Verschweigen erheblicher Umstände im Prüfungsbericht 332, 9

Verletzung der Geheimhaltungspflicht, Abschlussprüfer 333, 6
– Antragsdelikt 333, 16
– Beschäftigte einer Prüfstelle 333, 6
– Geheimnisse und Erkenntnisse 333, 11
– Prüfstelle 333, 9
– Strafvorschriften 333, 1
– Täterkreis 333, 6
– unbefugtes Offenbaren 333, 13
Verletzung fremder Patent-, Urheber- oder ähnlicher Schutzrechte, Rückstellungen 249, 161
– Rückstellungen 249, 161
Verlust- und Zinsvorträge, latente Steuern 274, 32
Verlustabschreibung, Genussrecht 253, 140a
– stille Beteiligung 253, 140a
Verlustausgleich 249, 162
– Gewinnabführungsvertrag 277, 35
Verlustdeckungsverpflichtung, Genussrechtskapital 255, 124d
– stille Beteiligung 255, 124d
Verluste aus Anlagenabgängen, sonstige betriebliche Aufwendungen (Umsatzkostenverfahren) 275, 78
verlustfreie Bewertung, Abschreibungen 253, 149
Verlusthistorie, aktive latente Steuern 274, 33
Verlustprodukte, Abschreibungen 253, 150
Verlustübernahme, Aufwendungen (der ausgleichsverpflichteten Gesellschaft) 277, 32
– Erträge (der ausgleichsberechtigten Gesellschaft) 277, 32
– Tochterkapitalgesellschaften 264, 45
Verlustübernahmeverpflichtungen, Anhangangaben 285, 15
Verlustvorträge, aktive latente Steuern 274, 32
– Bilanzgewinn/-verlust 275, 123
– latente Steuern 274, 56
Verlustvorträge, Zinsvorträge, latente Steuern 274, 56
Verlustvortragskonto (Kapitalkonto IV), Personenhandelsgesellschaft 246, 78

VERZEICHNIS Stichwörter

Verlustzurechnung, Genussrecht 253, 29b
– stille Beteiligung 253, 29b
Verlustzurechnung an Gläubiger, Verbindlichkeiten 253, 29a
vermietete Anlagegegenstände, Zeitwertermittlung Erstkonsolidierung 301, 79
Vermittlungsprovisionen, Anschaffungskosten 255, 25
Vermögensgegenstände, Bestandsaufnahme 241, 7
– Einzelverwertbarkeit 246, 12
– Einzelzwangsvollstreckung 246, 12
– fehlende Legaldefinition 246, 8
– hoher Abstraktionsgrad 246, 11
– ökonomischer Gehalt 246, 9
– sachliche Zurechnung beim Einzelkaufmann 246, 129
– Schuldendeckungspotenzial 246, 10, 12, 14
– Verwandlung im Zeitverlauf 246, 48
– vs. Wirtschaftsgut 246, 10
– Wirtschaftsgut 246, 8, 10
Vermutungsregel für die Konzernrechnungslegung, Standards des DRSC 252, 202
Verneinung einer Schadenersatzverpflichtung 252, 81
veröffentlichte Selbstbindung, faktische Verpflichtungen 249, 16
– fehlende Gläubigeridentifizierung 249, 16
Verpackungen, Herstellungskosten 255, 91
Verpflichtung zur Rekultivierung 253, 43
Verpflichtungen gegenüber dem Handelsvertreter, Rückstellungen 249, 101
Verpflichtungen im Rahmen der Rechnungslegung, Abrechnungsverpflichtung, Rückstellungen 249, 103
Verrechnung in Bilanz erlaubt, erhaltene Anzahlungen 246, 285
– Rückdeckungsversicherungen 246, 285
– Steuerabgrenzung 246, 285
– Wertpapiere 246, 285
Verrechnungsverbot, allgemeine Regeln 246, 283
– Ausnahme 246, 283

Versagungsvermerk, Begründung 322, 60a
– Formulierungsvorschlag 322, 60
– praktische Bedeutung 322, 57
verschärfte Publizitätsanforderungen, kapitalmarktorientierte Kapitalgesellschaft 264d, 7
Verschmelzung durch Neugründung, Eröffnungsbilanz 242, 9
Verschmelzungen, Konzernabschluss 301, 119e
– latente Steuern 274, 22
– Organbezüge 285, 48
– Vorjahresbeträge 265, 22
Verschwiegenheit, Abschlussprüfer 323, 14
Verschwiegenheit des Abschlussprüfers, Entbindung 323, 23
– Geschäfts- und Betriebsgeheimnisse 323, 26
– gesetzliche Ausnahme 323, 22
Verschwiegenheitpflicht und Verwertungsverbot, Prüfstelle für Rechnungslegung 342c, 3
Versetzen von Wänden, Erhaltungsaufwand 255, 110
Versicherungen, befreiender Konzernabschluss 291, 23
– befreiender Konzernabschluss aus Drittstaat 292, 11
– Bewertungseinheiten 254, 19
– Bilanzansatz im Konzernabschluss 300, 18
– branchenfremder Konzernabschluss 298, 11
– Einheitlichkeit der Bewertung im Konzern 308, 4, 15
– Konzernabschluss 298, 11
– Konzernabschlusspflicht 290, 1
– mehrere Geschäftszweige 265, 53
(Versicherungs-)Entschädigungen, sonstige betriebliche Erträge 275, 17
Versicherungsmakler, Realisationsprinzip 252, 120a
versicherungsmathematische Aufträge, Abschlussprüfer 319, 52
Versicherungsprämien 250, 51
Versicherungsschutz, Objekt der Abschlussprüfung 317, 8
Versicherungssteuern, Umsatzerlöse 277, 21

Versicherungsunternehmen,
Formblattverordnungen 330, 8
Versicherungsvertreter,
Nachbetreuungsleistungen 249, 38
Versorgungs- vs. Zinsaufwand, insolvenzfeste Deckung von Altersversorgungsverpflichtungen 275, 45
– Planvermögen 275, 45
Versorgungsformen, Pensionsrückstellungen 253, 46
Versorgungsunternehmen,
Baukostenzuschüsse 277, 4
Versorgungsverträge für Strom, Gas, Wasser, rechtlich noch nicht entstandene Vermögensgegenstände 268, 105
Verstöße ("fraud"), Prüfungsbericht 321, 32
vertragliche Rückwirkungen,
Erstkonsolidierungszeitpunkt 301, 16
Vertragsänderung, Stichtagsprinzip 252, 81
Vertragsänderung nach Bilanzstichtag 252, 81
Vertragsarztzulassung 246, 32
Vertragsinventur, Bestandsaufnahme 240, 5
Vertragsverhältnisse,
Verbindlichkeitsrückstellungen 249, 10
Vertriebskosten, GuV 275, 69
– Herstellungskosten 255, 90
– Umsatzkostenverfahren 275, 69
Verursachungsprinzip, Periodisierungsprinzip 252, 164
Vervielfachung der Kapitalkonten?, Kap. & Co.-Gesellschaften 264c, 13
Verwaltungskosten, Herstellungskosten 255, 87
Verwendung des Ergebnisses, siehe Ergebnisverwendung
Verwendungsrecht für Formen, Spezialwerkzeug 246, 32
Verwertungsrecht an einen Film 246, 56
Verzicht auf Anhangangaben,
Genossenschaften 336, 4
– größenabhängige Erleichterungen 276, 5
Verzicht auf die Einbeziehung, siehe Einbeziehungswahlrechte

Verzugszinsen, sonstige Zinsen und ähnliche Erträge 275, 94
– Zinsen und ähnliche Aufwendungen 275, 103
Vierteilung des Gebäudes, Bilanzgliederung 266, 29
virtuelle Aktienoptionen, Ansammlung 272, 75
– bare Zahlungsverpflichtung 272, 70
– Fluktuation 272, 75
– IFRS 2 272, 72
Vollamortisationsverträge über Mobilien 246, 176
Vollkostenbewertung 249, 162
– Abschreibungen 253, 150
vollständige Gewinnverwendung,
Verbindlichkeitsausweis 268, 30
Vollständigkeit, Lagebericht 289, 12
Vollständigkeitserklärung, Einzelfallprüfungen 317, 39
– Funktion 320, 10
Vollständigkeitsgebot, Konzernabschluss 300, 13
Volumen, Prüfungsbericht 321, 11
vor- bzw. nachverlegte Stichtagsinventur,
Bestandsaufnahme 241, 6
– Fortschreibung/Rückrechnung auf Bilanzstichtag 241, 21
Vorab-Dividende, Publizität der kleinen GmbH 268, 39
Vorbereitungshandlungen 242, 6
Vorfälligkeitsentschädigung 250, 51, 53
– Erträge aus anderen Wertpapieren und Ausleihungen des Finanzanlagevermögens 275, 89
– Rechnungsabgrenzungsposten 250, 11a
Vorführwagen 247, 37
vorgeschriebene Angaben, Anhangangaben 284, 34
vorgeschriebene Prüfungsgebiete lt. IDW, Einzelfallprüfungen 317, 41
Vorgesellschaft, Buchführungspflicht 238, 7
Vorgründungsgesellschaft, Eröffnungsbilanz 242, 7

Vorjahresbeträge, Änderungen des Konsolidierungskreises **265**, 22
- Angabepflichten bei fehlender Vergleichbarkeit **265**, 21
- Anhang **265**, 20
- Bilanz **265**, 19
- geänderte Größenklassen **265**, 27
- Gesamtkostenformat **265**, 27
- GuV **265**, 19
- Spaltung **265**, 22
- Umsatzkostenformat **265**, 27
- Unternehmenskauf **265**, 22
- Verschmelzung **265**, 22

Vorjahresvergleich, Ergebnisverwendung **268**, 45

Vorjahreszahlen, Bilanzgliederung **266**, 11

vorkonzernliche Beziehungen, Zeitwertermittlung Erstkonsolidierung **301**, 84

Vorlage, Prüfungsbericht **321**, 82

Vorlage an Aufsichtsrat, Jahresabschluss **268**, 52a

Vorlage des Jahresabschlusses, Unterzeichnung des Jahresabschlusses **245**, 7

Vorlagepflicht, Abschlussprüfung **320**, 3
- Konzernabschlussprüfung **320**, 16

Vorlagepflichten und Auskunftsrechte, ausländische Tochtergesellschaft **294**, 18
- Durchsetzbarkeit der Ansprüche **294**, 20
- kleine und mittelgroße Tochtergesellschaften **294**, 18
- Konsolidierungswahlrecht als ultima ratio **294**, 22
- nach Veräußerung des Tochterunternehmens **294**, 20
- Personenhandelsgesellschaften **294**, 18
- Tochterunternehmen mit Sitz im Ausland **294**, 20
- Verhältnis von Vorlagepflicht und Auskunftsrecht **294**, 17
- zivilrechtliche Geltendmachung **294**, 21

Vorlegung im Rechtsstreit, Handelsbücher **258**, 1; **259**, 1

Vorlegung von Unterlagen auf Bild- oder Datenträgern **261**, 1

Vorleistungen bei Mineralausbeuteverträgen **250**, 50

Vorräte, Aufgliederung **265**, 47
- Bilanzgliederung **266**, 53
- Konzernabschluss **298**, 1, 34
- Währungsumrechnung **256a**, 18
- Zeitwertermittlung Erstkonsolidierung **301**, 71

Vorratsvermögen, Bestandsaufnahme **240**, 10
- Betriebsverpachtung **246**, 309
- Festbewertung **240**, 31
- Gruppenbewertung **240**, 34

Vorsichtsprinzip, Bewertungseinheiten **254**, 1
- eingeschränkte spezialgesetzliche Beachtung **252**, 43
- kein Vorrang vor anderen Grundregeln **252**, 40
- keine willkürliche Auslegung **252**, 42

Vorstandsbezüge börsennotierter Kapitalgesellschaften, Unterlassen von Anhangangaben **286**, 11

Vorstandsmitglieder, Arbeitnehmerzahl **267**, 8

vorteilhafte Verträge, Erstkonsolidierung **301**, 50

Vorteilsverrechnung, **253**, 41

vorübergehende Wertminderung, Aufhebung der umgekehrten Maßgeblichkeit **253**, 137a

Vorvereinnahmung von Leasingraten **250**, 52

„Vorweg"-Berichterstattung, Konzernabschlussprüfung **321**, 91
- Prüfungsbericht **321**, 15

vorzeitige Kündigungsmöglichkeit, Währungsumrechnung **256a**, 14b

Vorzugsrechte, Kapitalrücklage **272**, 46

W

WACC, Zeitwertermittlung Erstkonsolidierung **301**, 82

Wahl des Abschlussprüfers **318**, 6 ff.
- Prüfungsausschuss **324**, 11

Wählbarkeit, Abschlussprüfer **318**, 17; **319**, 4 ff.

Wahlrechte, Darstellungswahlrechte **265**, 7
- immaterieller Vermögensgegenstand **246**, 12
- Teilwertabschreibung **253**, 137a

Wahlrechte der Einbeziehung,
  Herstellungskosten 255, 96
Wahlrechtsausübung, Konzernabschluss
  300, 11
wahlweise zu aktivierende Herstellungskosten,
  Umsatzkosten 275, 63
Wahrheit bzw. Richtigkeit, Lagebericht 289, 12
Wahrscheinlichkeitsgrad, aktive latente
  Steuern 274, 35
Wahrscheinlichkeitskalküle, Bewertung von
  Rückstellungen 253, 33
Wahrscheinlichkeitskriterium 249, 162
Währung, Konzernabschluss 298, 5
Währungserfolge, GuV 277, 61
– in der GuV 277, 61
Währungsgewinne, außerordentliches
  Ergebnis 277, 44
Währungssicherung, Währungsumrechnung
  256a, 23
Währungsumrechnung, siehe
  Währungsumrechnungsdifferenz im Konzern
– Anhangangaben 284, 51
– Anlagevermögen 256a, 16
– Annuitätendarlehen 256a, 14a
– Anwendung im Zeitverlauf 256a, 3
– at equity-konsolidierte Unternehmen 308a, 3
– Berichtswährung und funktionale Währung
  308a, 7
– Bestimmung der Restlaufzeit in Sonderfällen
  256a, 14a
– breach of covenants 256a, 14b
– Folgebewertung 256a, 11
– Forderungen und Verbindlichkeiten 256a, 19
– GuV-Ausweis 256a, 22
– im Rahmen der Konsolidierung 308a, 1
– Kontokorrentverbindlichkeiten 256a, 14c
– Konzernanhang 313, 21
– konzerninterne Forderungen und Schulden
  308a, 30
– latente Steuern im Konzern 306, 38
– modifizierte Stichtagsmethode 308a, 9
– quotal konsolidierte
  Gemeinschaftsunternehmen 308a, 3
– Restlaufzeit in Sonderfällen 256a, 14a
– roll over-Kredite 256a, 14c
– sonstige betriebliche Erträge 275, 17
– Steuerbilanz 256a, 24
– Stichtagsprinzip und Wertaufhellung
  256a, 15
– Umrechnung der Bilanzposten von
  Tochterunternehmen, Gemeinschafts- und
  assoziierter Unternehmen 308a, 13
– Umrechnung der GuV-Posten von Tochter-,
  Gemeinschafts- und assoziierten
  Unternehmen 308a, 18
– Vorräte 256a, 18
– vorzeitige Kündigungsmöglichkeit 256a, 14b
– Währungssicherung 256a, 23
– Wechselkurse 256a, 5
– Zugangsbewertung 256a, 7
Währungsumrechnung Tochterunternehmen,
  Kapitalflussrechnung 297, 69
Währungsumrechnungsdifferenzen,
  Minderheiten 307, 26
Währungsumrechnungsdifferenzen im Konzern,
  Abstockung 308a, 37
– Abwärtskonsolidierung 308a, 37
– Ausweis in Konzernbilanz 308a, 43
– Ausweis in Konzern-GuV 308a, 44
– Besonderheiten im mehrstufigen Konzern
  308a, 41
– Entkonsolidierung 308a, 33
– erfolgsneutrale Dotierung 308a, 22
– Erfolgsrealisierung beim (Teil-)Abgang der
  Einheit 308a, 32
– Ermittlung und Verprobung der
  Umrechnungsdifferenz 308a, 23
– Liquidation 308a, 35
– Minderheitenanteil an der
  Umrechnungsdifferenz 308a, 26
– vollständige Veräußerung oder Liquidation
  308a, 32
Währungsverluste, sonstige betriebliche
  Aufwendungen (Gesamtkostenverfahren)
  275, 58
– sonstige betriebliche Aufwendungen
  (Umsatzkostenverfahren) 275, 78
Wandelanleihe 246, 71, 218
– bedingte Kapitalerhöhung 272, 11
– Berechnung des Zinsvorteils 272, 39

- Disagio 272, 40
- Kapitalrücklage 272, 38
- Nichtwandlung 272, 41
- Restwert- oder Residualmethode 272, 39
- Rückkauf der Anleihe am Markt 272, 41
- Verbesserung der Wandlungsbedingungen 272, 41
- vorzeitige Wandlung 272, 41
- Wandlung am Laufzeitende 272, 41

Wandelschuldverschreibungen, Bilanzgliederung 266, 85
- Eigenkapital 246, 71

Waren, unüblich hohe Abschreibungen auf Vermögensgegenstände des Umlaufvermögens 275, 51
- Zeitwertermittlung Erstkonsolidierung 301, 71

Warenlogistik, Anschaffungskosten 255, 23

Warentermingeschäfte 249, 162
- Bewertungseinheiten 254, 22
- drohende Verluste 249, 142

Warenwirtschaftssysteme, permanente Inventur 241, 19

Warenzeichen 246, 32
- Bilanzgliederung 266, 20

Warmmiete, Umsatzerlöse 277, 20

Wasserbauten, Bilanzgliederung 266, 40

Wassernutzungsrecht 246, 32

Wasserver- und -entsorgung, Grund und Boden 255, 103

Wasserversorgungs- und Abwasserbeiträge, Anschaffungskosten 255, 32

Wasserzufuhr und Entwässerung, Bilanzgliederung 266, 32

Web-Dateien 247, 37

Wechsel des Durchführungswegs, Pensionsrückstellung 249, 112a

Wechseleinlösung, Stichtagsprinzip 252, 81

Wechseleinlösung nach dem Bilanzstichtag 252, 81

Wechselkursänderungen des Finanzmittelfonds 297, 65

wechselkursbedingte Ausgleichsposten, Kapitalflussrechnung 297, 70

Wechselkurse, Währungsumrechnung 256a, 5

Wechselobligo, Haftungsverhältnisse 251, 21

Wechselschulden, Stichtagsprinzip 252, 81

wechselseitig verpflichtende Haftungsverhältnisse 251, 6

Wechselverbindlichkeiten, Bilanzgliederung 266, 89

Wege- und Durchleitungsrechte, Bilanzgliederung 266, 20

Wegfall der Gründe, außerplanmäßige Abschreibung 253, 166

Wegfall einer Verbindlichkeit 252, 81

Weihnachtsgeld 249, 162
- Rückstellungen bei Arbeitsverhältnissen 249, 92

Weinwirtschaft, LiFo-Verfahren 256, 41

weitere Untergliederung, Bilanzgliederung 266, 11

Weltabschlussprinzip, Konsolidierungskreis 290, 5; 294, 2

Werbeartikel 247, 37

Werbefilm 246, 32
- Bilanzgliederung 266, 20

Werbekostenzuschüsse, Erlösschmälerungen 277, 17

Werbung, Herstellungskosten 255, 91

Werkskantine, Umsatzerlöse 277, 4

Werkstattinventur, permanente Inventur 241, 19

Werkzeuge 247, 37
- Festbewertung 240, 33

Werkzeuge, Mess- und Prüfgeräte, Festbewertung 240, 32

Werkzeugkostenbeiträge 250, 53

Wertänderung, Bilanzgarantien des Verkäufers 301, 39

Wertänderungs- vs. Zahlungsstromrisiko, Bewertungseinheiten 254, 26

Wertaufhellung, Bilanzgarantien des Verkäufers 301, 39
- Dividendenvereinnahmung von Kapitalgesellschaften 252, 75
- Einzelfälle aus der BFH-Rechtsprechung 252, 81
- Ereignisse im Zeitverlauf 252, 62
- Erstellungsfrist 252, 78

- Erstellungsvorgang 252, 78
- Erstkonsolidierung 301, 23
- Gewinnvereinnahmung von Personengesellschaften 252, 77
- ökonomische Sicht 252, 62
- Preisentwicklung nach dem Bilanzstichtag 252, 71
- Rechtsstreitigkeiten 252, 73
- Schätzungsproblem 252, 67
- Stichtag 252, 26
- Stichtagsprinzip 252, 51
- Ungewissheit künftiger Entwicklungen 252, 66
- unwirksame oder schwebend unwirksame Verträge 252, 72
- Verhältnisse und Ereignisse bis zum Stichtag und danach 252, 64
- Zufallskurse am Bilanzstichtag 252, 69

Wertaufhellung und Wertbegründung, Stichtagsprinzip 252, 55

Wertaufhellungskonzeption, objektive 252, 58
- subjektive 252, 58

Wertaufholungen 277, 26
- Anwendungsbereich 253, 159
- bewegliche Anlagegüter 253, 161
- Finanzanlagen 253, 164
- Geschäfts- oder Firmenwert 253, 167
- Grund und Boden 253, 163
- Materialaufwand 275, 24
- Nachaktivierung 253, 165
- Schattenanlagebuchführung 253, 161
- sonstige betriebliche Erträge 275, 17
- Umlaufvermögen 253, 162
- Wegfall der Gründe 253, 166

Wertaufholungsrücklage 253, 166b
- nach Aktienrecht 268, 13d
- Bilanzgliederung 266, 13

Wertberichtigungen, Schuldenkonsolidierung 303, 13

Wertberichtigungen auf Forderungen, sonstige betriebliche Aufwendungen (Umsatzkostenverfahren) 275, 78

wertbestimmende Faktoren, Forderungen 253, 157a

Wertersatz, Mietereinbauten 246, 241

Werthaltigkeitsgarantien, Stichtag 252, 29

Wertmaßstäbe, außerplanmäßige Abschreibungen 253, 108

Wertminderung, Genussrechte 253, 140a
- stille Beteiligungen 253, 140a

Wertminderung, keine, planmäßige Abschreibungen 253, 93

Wertpapier mit Gewinnbezugsrecht, Kaufpreisaufteilung 255, 48

wertpapierabhängige Bewertung von Pensionsverpflichtungen 249, 162

Wertpapiere, Abschreibungen 253, 154
- Zeitwertermittlung Erstkonsolidierung 301, 71, 75

Wertpapiere des Umlaufvermögens, Bilanzgliederung 266, 71
- unüblich hohe Abschreibungen auf Vermögensgegenstände des Umlaufvermögens 275, 52

Wertpapieremissionskonsortium, gemeinschaftliche Tätigkeiten 310, 4
- Gewinngemeinschaft 310, 6

Wertpapier-Leihgeschäfte 246, 235

Wertpapierpensionsgeschäfte 264, 23

wertpapierrechtliche Meldpflichten, beherrschender Einfluss 290, 26

Wertsicherungsklauseln, Bewertung von Verbindlichkeiten 253, 29

wesentliche Verbesserung, Herstellungskosten 255, **74**

wesentliche Verbesserung als Gebäudeherstellung, einfachverglaste Fenster 255, **114**
- Elektrobereich 255, 115
- Fenster 255, 115
- Heizung 255, 115
- Kohleöfen 255, 114
- Sanitärbereich 255, 115
- unbeheiztes Bad 255, 114

Wesentlichkeit, Anhangangaben 284, 28
- Einzelfallprüfungen 317, 42
- geringwertige Anlagegüter 252, 187
- Notwendiger Bestandteil der Rechungslegung 252, 182

- quantitative oder qualitative Bestimmung 252, 184
- Rechnungsabgrenzungsposten 250, 3
- Sammelabschreibung 252, 187
- Wirtschaftlichkeit 252, 191

Wesentlichkeitsaspekt, Anhangangaben zu finanziellen Verpflichtungen 285, 14

Wesentlichkeitsgrenze, Prüfungstechnik 317, 17

Wettbewerbsverbot 246, 32; 250, 52
- Bilanzgliederung 266, 20
- Erstkonsolidierung 301, 59

Wetterderivate, Bewertungseinheiten 254, 19

widerlegbare Ausschlussgründe, Netzwerk 319b, 6

Widerruf, Bestätigungsvermerk 322, 86 ff.
- Prüfungsauftrag 318, 28

widmungsfeindliches Betriebsvermögen 246, 142h

Wiederbeschaffungswert, außerplanmäßige Abschreibungen 253, 108

Wiedergabe des Bestätigungsvermerks, Prüfungsbericht 321, 81

Wiederherstellungsverpflichtungen, Kategorien des Umweltschutzes 249, 63

Wiederkehrschuldverhältnisse, Realisationsprinzip 252, 154

Windparkanlagen 246, 47

wirksame Einreden, Verbindlichkeiten 246, 53

wirtschaftlich sinnvolle Verwendungsmöglichkeit, planmäßige Abschreibungen 253, 93

wirtschaftliche und formalrechtliche Betrachtungsweise, Ergänzung 246, 164

wirtschaftliche Verursachung 249, 162
- eigenständige Ansatzbegründung 249, 27
- Ergänzungsfunktion zum rechtlichen Bestehen der Verpflichtung 249, 26
- Kasuistik 249, 38
- matching principle 249, 32
- Tatbestandsmerkmale 249, 31
- Verbindlichkeitsrückstellungen 249, 22

wirtschaftliches Eigentum, Chancen und Risiken 246, 151
- Definition 246, 147
- gemischte Wertpapierpension 246, 152

- Rechtsstrukturen 246, 154
- Seeliger-Formel 246, 152
- Spezialfonds 271, 15
- Tatbestandsmerkmale 246, 151
- Verfügungsmacht 246, 151
- wirtschaftliches Eigentum 246, 148

wirtschaftliches Umfeld, Stetigkeitsgebot 246, 294

Wirtschaftlichkeit, Wesentlichkeit 252, 191

Wirtschaftsgut, Vermögensgegenstand 246, 8, 10

Wohnhäuser, Bestandsaufnahme 240, 12

Wohnungen 247, 37

Wohnungseigentum, Bilanzgliederung 266, 25

Wohnungsunternehmen, Formblattverordnungen 330, 8
- mehrere Geschäftszweige 265, 53
- Umsatzerlöse 277, 3, 20

X

XBRL, elektronische Steuerbilanz 243, 27

Z

Zahlung von Wechselschulden 252, 81

Zahlungseingänge auf ausgebuchte Forderungen, sonstige betriebliche Erträge 275, 17

Zahlungsinstitute, Formblattverordnungen 330, 8

Zahlungsmitteläquivalente, Kapitalflussrechnung 297, 26

Zeitarbeitsunternehmen, Umsatzerlöse 277, 4

zeitlich begrenzte Unterschiede, Beispielfälle 274, 14
- Gesellschafterwechsel bei Personenhandelsgesellschaften 274, 20
- Umstrukturierungen 274, 20
- Verschmelzungen, Spaltungen 274, 22

zeitlich begrenzte vs. dauerhafte Unterschiede, latente Steuern 274, 10

zeitliche Zuordnung der Herstellungskosten in der GuV, Umsatzkosten 275, 67

Zeitpunkt, Unterzeichnung des Jahresabschlusses 245, 6

zeitpunktbezogene Dienstleistungen, Realisationsprinzip 252, 118; 252, 119
Zeitschriftengrossisten, Umsatzerlöse 277, 3
Zeitschriftentitel, Bilanzgliederung 266, 20
Zeitverlauf, Bilanzänderungen 252, 192
- planmäßige Abschreibungen 253, 93
- Realisationsprinzip 252, 88
- Stichtag 252, 26
Zeitvorgabe für die Wahl, Abschlussprüfer 318, 14
Zeitwert, Anhangangabepflichten 255, 146
- einkommens- oder kapitalwertorientierte Bewertung 255, 149
- equity-Methode 255, 146
- Ermittlung 255, 147
- Handelsbestand bei Banken 255, 146
- kostenorientierte Bewertung 255, 149
- marktpreisorientierte Bewertung 255, 149
- nicht mehr ermittelbarer 255, 150
- Planvermögen 255, 146
- Rückdeckungsversicherungen bei Pensionsfonds 255, 146
- Rückstellungen für Altersversorgungsverpflichtungen 255, 146
- Tochterunternehmen bei Erstkonsolidierung 255, 146
Zeitwertermittlung Erstkonsolidierung, Abgrenzungsposten für Erlöse 301, 83
- Analogiemethoden 301, 75
- Auftragsbestände 301, 80, 134
- ausgewählte Beispiele 301, 127
- Bewertungstechniken 301, 71
- capital charges 301, 82, 137
- cost approach 301, 74
- Dauervertragskunden 301, 80, 137
- einkommensorientierte Verfahren 301, 73, 76
- Erzeugnisse 301, 71, 133
- Erzeugnisse und Waren 301, 78
- expected cashflow approach 301, 140
- Finanzvermögen 301, 71
- Forderungen 301, 71
- Forderungen und Verbindlichkeiten 301, 77
- Forschungspipeline 301, 139
- greenfield approaches 301, 80, 142
- Grundstücke und Gebäude 301, 71
- Hyperlizenzen 301, 80, 142
- immaterielle Vermögensgegenstände 301, 71, 80
- in process research and development 301, 139
- incom approach 301, 76
- incremental cashflow method 301, 128
- kapitalwertorientierte Verfahren 301, 73, 76
- kostenorientierte Verfahren 301, 73, 74, 127
- Kundenstamm 301, 80
- Marken/Lizenzen 301, 80, 128
- Markenerhaltungsaufwendungen 301, 131
- market approach 301, 75
- marktpreisorientierte Verfahren 301, 73, 75
- Mehrgewinnmethode 301, 128
- Methode der Lizenzpreisanalogie 301, 128
- Mobilfunklizenzen 301, 142
- multi period excess earnings-Ansatz 301, 80, 137
- passive Erlösabgrenzungen 301, 83
- preexisting relationships 301, 84
- Relief from Royalty-Methode 301, 128
- Residualwertmethode 301, 80, 137
- return on asset 301, 82
- Rohstoffe 301, 71
- Sachanlagen 301, 71
- selbstgenutzte Sachanlagen 301, 74, 127
- Spielbanklizenzen 301, 142
- tax amortization benefit 301, 138, 144
- traditional cashflow approach 301, 140
- Verbindlichkeiten 301, 71
- Verfahrenshierarchie 301, 73
- Vergleichswertverfahren 301, 75
- vermietete Anlagegegenstände 301, 79
- vorkonzernliche Beziehungen 301, 84
- Vorräte 301, 71
- WACC 301, 82
- Waren 301, 71, 133
- Wertpapiere 301, 71, 75
Zerobond, siehe Nullcoupon-Anleihe 246, 222
- Erträge aus anderen Wertpapieren und Ausleihungen des Finanzanlagevermögens 275, 89
- Kapitalflussrechnung 297, 46, 63

VERZEICHNIS Stichwörter

Zigarettenindustrie, Gruppenbildung 256, 14
Zink- und Zinn-Schrotte, Gruppenbildung 256, 14
Zinsanteil aus Leasingverträgen, Zinsen und ähnliche Aufwendungen 275, 103
Zinsaufwand, siehe Zinsen und ähnliche Aufwendungen
Zinsbegrenzungsvereinbarungen, Bewertungseinheiten 254, 39
– caps 246, 214
– collars 246, 214
– floors 246, 214
Zinsbegrenzungsvertrag 246, 32
Zinsderivate, Zinsen und ähnliche Aufwendungen 275, 109
Zinseffekte, Anschaffungskosten 255, 36
– Bewertung von Verbindlichkeiten 253, 28
Zinsen, Kapitalflussrechnung 297, 45
Zinsen auf Herstellungskosten, siehe aktivierte Zinsen
Zinsen auf Steuerschulden, Zinsen und ähnliche Aufwendungen 275, 103
Zinsen aus Forderungen des Umlaufvermögens, sonstige Zinsen und ähnliche Erträge 275, 94
Zinsen und ähnliche Aufwendungen, aktivierte Zinsen 275, 107
– Avalprovisionen 275, 105
– Komponenten des Zinsaufwands 275, 102
– Kontoführungsgebühren 275, 104
– Kreditbereitstellungsgebühren 275, 103
– Kreditzinsen 275, 103
– Mahngebühren 275, 104
– öffentliche Zinszuschüsse 275, 106
– Stundungszinsen 275, 103
– Verzugszinsen 275, 103
– Zinsanteil aus Leasingverträgen 275, 103
– Zinsderivate 275, 109
– Zinsen auf Steuerschulden 275, 103
Zinsen und Dividenden aus Wertpapieren des Umlaufvermögens, sonstige Zinsen und ähnliche Erträge 275, 94

Zinserträge, siehe sonstige Zinsen und ähnliche Erträge
– rechtlich noch nicht entstandene Vermögensgegenstände 268, 105
– Stundung 277, 8
Zinskomponente, Bewertungseinheiten 254, 63, 75, 78
– Devisentermingeschäft 254, 61
Zinsswap, siehe Swap
Zinsvorträge, aktive latente Steuern 274, 32
– latente Steuern 274, 56
Zinszuschüsse 250, 52
Zölle, Zwischenergebniseliminierung 304, 8
Zuckerindustrie, LiFo-Verfahren 256, 41
Zuckerrübenlieferrecht 246, 32
Zufallskurse am Bilanzstichtag, Wertaufhellung 252, 69
Zuführungen zu Pensionsrückstellungen, Aufwendungen für Altersversorgung 275, 41
Zuführungen zu Rückstellungen, sonstige betriebliche Aufwendungen (Umsatzkostenverfahren) 275, 78
Zugang von Schulden 246, 127
Zugang, Festbewertung 240, 30
Zugänge, Anlagespiegel 268, 60
Zugangsbewertung, erfolgsneutral 253, 13
– Erwerbsgewinn 253, 13
– Forderungen 255, 125
– Genussrechtskapital 255, 124a
– höchstens 253, 12
– negative Kaufpreise 253, 13
– Personenhandelsgesellschaften 255, 122
– stille Beteiligung 255, 124a
– Währungsumrechnung 256a, 7
– Zugangsverlust 253, 14
Zugangsbewertung bei Unverzinslichkeit, Forderungen 255, 125a
Zugangsbuchungen, latente Steuern 268, 49; 274, 15
Zukunftsperspektive, Aufhebung des Stichtagsprinzips, Dauer der Wertminderung 253, 115
zulässige Verbrauchsfolgeverfahren 256, 17
zum Zeitwert erfasste Finanzinstrumente bei Banken, Anhangangabe 285, 134

Zuordnung von Vermögensgegenständen, Kapitalgesellschaften **246**, 146
– Personenhandelsgesellschaften **246**, 143
– Sonderbetriebsvermögen **246**, 145
Zurückbehaltungsrecht, Verbindlichkeiten **246**, 53
zurückgekaufte Anleihestücke, Bilanzgliederung **266**, 85
Zusammenfassung, Bestätigungsvermerk **322**, 92
Zusammenfassung von Posten, Bilanzgliederung **266**, 11
– GuV **275**, 6
– Klarheit der Darstellung **265**, 44
– Unwesentlichkeit **265**, 44
Zusammenfassung zum Rohergebnis, größenabhängige Erleichterungen **276**, 1
zusammengesetzte Güter 246, 43
zusammengesetzte Optionen, Bewertungseinheiten **254**, 39
Zusammenspiel mit Anhangangaben, Bilanzgliederung **266**, 14
Zusatzangaben im Umsatzkostenverfahren, Anhangangabe **285**, 37
Zusatzbericht großer Kapitalgesellschaften, Lagebericht **289**, 70
zusätzliche Fassadenverkleidung, Erhaltungsaufwand **255**, 110
Zusatzversorgungskassen, Aufwendungen für Altersversorgung **275**, 41
Zuschreibung von Gewinnen, Kap. & Co.-Gesellschaften **264c**, 29
Zuschreibungen, Anlagespiegel **268**, 63
– goodwill **309**, 12
– periodenfremde Erträge und Aufwendungen **277**, 54
Zuschreibungspflicht, außerplanmäßige Abschreibung **253**, 166
Zuschreibungsverbot, Geschäfts- oder Firmenwert **253**, 167
Zuschüsse 246, 56
– Aufwands- oder Ertragszuschüsse **246**, 246
– Begriff **246**, 243
– Bierlieferungsverträge **246**, 249
– erhaltene Zuschüsse **246**, 244
– freiwillige Zuschüsse **246**, 253
– geleistete Zuschüsse **246**, 252
– immaterielle Wirtschaftsgüter **246**, 252
– Investitionszuschüsse **246**, 245
– nachträgliche Anschaffungs- oder Herstellungskosten **246**, 254
– private Zuschüsse **246**, 251; **255**, 41
– Realisationsgrundsatz **246**, 247
– Tiefgarage **246**, 248
– verlorene Baukostenzuschüsse **246**, 255
– von Gesellschaftern **272**, 48
Zuschüsse an Gemeinden oder Versorger, immaterielle Vermögensgegenstände **246**, 23
Zuschüsse für Baukosten an Versorgungsunternehmen, Grund und Boden **255**, 103
Zuschüsse zur Besetzung eines Ausbildungsplatzes 250, 52
Zuschüsse zur Umgehungsstraße, Grund und Boden **255**, 105
Zuwachssparen 249, 162
– Verbindlichkeitsrückstellungen **249**, 148
– Zinsen **249**, 38
Zuzahlungen, siehe andere Zuzahlungen
Zwangsversteigerung, Anschaffungskosten **255**, 72b
Zweckgesellschaften, ABS-Transaktionen **290**, 51
– Anhangangaben **285**, 10 f.
– Autopilot **290**, 39
– Erstkonsolidierungszeitpunkt **301**, 13
– Gesellschaften mit enger Zwecksetzung **290**, 48
– Grenzen des Leitungs- und Kontrollkonzepts nach HGB a. F. **290**, 39
– Leasingobjektgesellschaft **290**, 39, 52
– Mehr-Mütter-Beziehung **290**, 61a
– Minderheiten **307**, 14
– Outsourcing **290**, 50
– Quantifizierung der Risiko-Chancen-Verteilung **290**, 60
– Risiko-Chancen-Mehrheit **290**, 45
– Spezialfonds **290**, 54
– Vorrang der qualitativen Betrachtung **290**, 58
– Vorrang des Risikos **290**, 56

zweigeteilter Berufsstand, Abschlussprüfer 319, 4
Zweigniederlassung, Buchführungspflicht 238, 3
– Lagebericht 289, 67
Zwei-Konten-Modell, Personenhandelsgesellschaften 246, 103
Zweiterschließung, Grund und Boden 255, 103
Zwischenabschlüsse, Anforderungen 299, 10
– bedeutende Vorgänge nach dem Stichtag 299, 13
– bei abweichendem Abschlussstichtag des Tochterunternehmens 299, 7
– Berücksichtigung in Bilanz/GuV oder Anhang 299, 13
– Konzernabschlussstichtag 299, 7
Zwischenergebniseliminierung 304, 8
– abweichende Stichtage 299, 18
– Ansatzverbote 304, 3
– Beurkundungsgebühren 304, 8
– Bewertungsobergrenze 304, 3
– Dreiecksgeschäfte 304, 21
– equity-Methode 312, 50
– Grunderwerbsteuern 304, 8
– innerkonzernliche Transportkosten 304, 7
– Konzernanschaffungskosten 304, 6
– Konzernherstellungskosten 304, 13
– latente Steuern 304, 20a
– Minderheiten 307, 5, 20
– nicht abziehbare Vorsteuern 304, 8
– quotale Konsolidierung 310, 25
– Technik 304, 19
– Transaktionskosten 304, 8
– unechte Lohnveredelung 304, 21
– Zölle 304, 8
– Zwischenverluste 304, 18
Zwischenergebniseliminierung, unterbliebene, Konzernanlagespiegel 298, 26
Zwischensummen, GuV 275, 7

NWB Fach-Modul 3

NWB Unternehmensteuern und Bilanzen

So lösungsorientiert wie Sie!

Denn für Bilanzprofis zählen nur Ergebnisse

Kein Experte löst handelsrechtliche Bilanzfragen, ohne die steuerliche Seite zu betrachten und umgekehrt. StuB unterstützt Sie bei Ihrer täglichen Arbeit und bringt Klarheit ins Steuer- und Bilanzrecht. Der einzigartige Themen-Mix macht StuB zu einem Fachmagazin, wie es kein zweites gibt.

Mit kostenloser Datenbank für PC und Handy!

Sieger des AKEP AWARD 2010:
NWB Mobile, die Datenbank für internetfähige Handys, jetzt mit Innovationspreis ausgezeichnet.

Hier anfordern: **www.nwb.de/go/modul3**

▶ **nwb** GUTE ANTWORT

NWB Brennpunkt

BilMoG sicher anwenden.
Mit Fallstudien – von der Eröffnungs- bis zur Schlussbilanz.

Dieser „NWB Brennpunkt" unterstützt Sie bei der reibungslosen Umstellung der Rechnungslegung auf das BilMoG und bei der sicheren Anwendung der neuen Vorschriften – sowohl im Einzel- als auch im Konzernabschluss. Zahlreiche Beispiele und zwei komplexe Fallstudien verdeutlichen neben wichtigen Einzelaspekten die Gesamtzusammenhänge und geben konkrete Empfehlungen für die Praxis.

Der Gliederung des IDW RS HFA 28 folgend, gehen die Autoren auf die besonderen Fragestellungen und Probleme zum Umstellungszeitpunkt ein und stellen diese anhand von 60 praxisnahen Beispielen dar. Die beiden Fallstudien zum Einzel- und Konzernabschluss betrachten das komplette Geschäftsjahr, in dem die erstmalige Anwendung des BilMoG erfolgt: von der Umstellung über die BilMoG-Eröffnungsbilanz bis zu den Auswirkungen einzelner Geschäftsvorfälle des laufenden Geschäftsjahres auf die Schlussbilanz zum Jahresende.

Von erfahrenen Experten speziell für die Praxis konzipiert.

BilMoG in Fallstudien
Petersen · Zwirner · Künkele
2010. XX, 286 Seiten. € 29,80
ISBN 978-3-482-**63411**-6
🖱 Online-Version inklusive

Bestellen Sie jetzt unter **www.nwb.de/go/buchshop**

Unsere Preise verstehen sich inkl. MwSt. Bei Bestellungen von Endverbrauchern über den Verlag: Im Internet ab € 20,- versandkostenfrei, sonst zzgl. € 4,50 Versandkostenpauschale je Sendung.

NWB versendet Bücher, Zeitschriften und Briefe CO₂-neutral. Mehr über unseren Beitrag zum Umweltschutz unter www.nwb.de/go/nachhaltigkeit

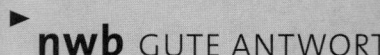